WIE FUNKTIONIERT DAS?

Die Technik im Leben von heute
608 Seiten mit 282 zweifarbigen und 8 vierfarbigen Schautafeln.

Der Mensch und seine Krankheiten
608 Seiten mit 257 zweifarbigen und 8 mehrfarbigen Schautafeln.

Der moderne Staat
512 Seiten mit 240 zweifarbigen Schautafeln.

Die Umwelt des Menschen
607 Seiten mit 244 zweifarbigen Schautafeln.

Die Wirtschaft heute
656 Seiten mit 315 ganzseitigen Schautafeln.

Die Energie – Erzeugung, Nutzung, Versorgung
303 Seiten mit 137 zweifarbigen Schautafeln.

Die Arzneimittel
320 Seiten mit 132 zweifarbigen Abbildungen.

Städte, Kreise und Gemeinden
336 Seiten mit 160 zweifarbigen Schautafeln.

Die Bundeswehr
316 Seiten mit rund 147 zweifarbigen Schautafeln.

Der Computer
288 Seiten mit 137 farbigen Bildtafeln.

Wetter und Klima
304 Seiten mit 142 farbigen Bildtafeln.

Die Ernährung
308 Seiten mit 134 zweifarbigen Bildtafeln.

MEYERS FORUM

Meyers Forum stellt Themen aus Geschichte, Politik, Wirtschaft, Naturwissenschaft und Technik prägnant und verständlich dar. Jeder Band wurde von einem anerkannten Wissenschaftler eigens für diese Reihe verfaßt. Alle Bände haben 128 Seiten.

Jürgen Domes/Marie-Luise Näth
Geschichte der Volksrepublik China
Mit mehreren Karten und Tabellen.

Imanuel Geiß
Die Deutsche Frage 1806–1990

Werner Glastetter
Allgemeine Wirtschaftspolitik
Mit zahlreichen Tabellen.

Uwe Halbach
Der sowjetische Vielvölkerstaat 1922–1991
Mit mehreren Karten.

Wolfg[illegible]
Geschichte der Stadt Berlin
Mit zahlreichen Fotos und Karten.

Wolfgang Pohlit
Radioaktivität
Mit zahlreichen Graphiken und Tabellen.

Rudolf Wildenmann
Wahlforschung

Karl-Georg Zinn
Soziale Marktwirtschaft
Idee, Entwicklung und Politik der bundesdeutschen Wirtschaftsordnung. Mit zahlreichen Tabellen.

KINDER- UND JUGENDBÜCHER

Meyers Jugendlexikon
Ein allgemeines Lexikon, das auf keinem Schülerschreibtisch fehlen sollte. 672 Seiten, rund 7500 Stichwörter, zahlreiche meist farbige Abbildungen, Fotos, Schautafeln und Tabellen.

Meyers Großes Kinderlexikon
Das neuartige Wissensbuch für Vor- und Grundschulkinder. 323 Seiten mit 1200 Artikeln, 1000 farbigen Abbildungen sowie einem Register mit etwa 4000 Stichwörtern.

Meyers Kinderlexikon
Mein erstes Lexikon. 259 Seiten mit etwa 3000 Stichwörtern und rund 1000 farbigen Bildern.

Meyers Buch vom Menschen und von seiner Erde
Erzählt für jung und alt von James Krüss, gemalt von Hans Ibelshäuser und Ernst Kahl.
162 Seiten mit 77 überwiegend ganzseitigen, farbigen Bildtafeln.

MEYERS KLEINE KINDERBIBLIOTHEK

Das Ei. Das Wetter. Der Marienkäfer. Die Farbe.
Das Auto. Unter der Erde. Das Flugzeug.
Der Elefant. Die Blumen. Die Ritterburg.
Der Vogel. Die Maus. Der Apfel. Das Haus.
Die neuartige Bilderbuchreihe mit umweltverträglichen Transparentfolien zeigt das Innen und Außen der Dinge und macht Veränderungen spielerisch sichtbar. Jeder Band mit 24 Seiten, durchgehend vierfarbig.

Meyers Großes Sternbuch für Kinder
126 Seiten mit über 100 farbigen, teils großformatigen Zeichnungen und Sternkarten.

MEYERS LEXIKONVERLAG

Mannheim · Leipzig · Wien · Zürich

DUDEN

Band 7

Der Duden in 12 Bänden

Das Standardwerk zur deutschen Sprache

Herausgegeben vom Wissenschaftlichen Rat
der Dudenredaktion:
Prof. Dr. Günther Drosdowski, Dr. Wolfgang Müller,
Dr. Werner Scholze-Stubenrecht,
Dr. Matthias Wermke

1. Rechtschreibung
2. Stilwörterbuch
3. Bildwörterbuch
4. Grammatik
5. Fremdwörterbuch
6. Aussprachewörterbuch
7. Herkunftswörterbuch
8. Sinn- und sachverwandte Wörter
9. Richtiges und gutes Deutsch
10. Bedeutungswörterbuch
11. Redewendungen und sprichwörtliche Redensarten
12. Zitate und Aussprüche (in Vorbereitung)

DUDEN

Etymologie

Herkunftswörterbuch der deutschen Sprache

2., völlig neu bearbeitete und erweiterte
Auflage von
Günther Drosdowski

DUDEN BAND 7

DUDENVERLAG
Mannheim · Leipzig · Wien · Zürich

CIP-Titelaufnahme der Deutschen Bibliothek
Der **Duden**: in 10 Bd.; d. Standardwerk zur dt. Sprache/
hrsg. vom Wiss. Rat d. Dudenred.: Günther Drosdowski...
Mannheim; Wien; Zürich: Dudenverl.
Früher mit d. Verl.-Angabe: Bibliogr. Inst.,
Mannheim, Wien, Zürich
Frühere Ausg. u.d.T.: Der große Duden
NE: Drosdowski, Günther [Hrsg.]
Bd. 7. Duden »Etymologie«. - 2., völlig neu bearb.
u. erw. Aufl./von Günther Drosdowski. - 1989
Duden »Etymologie«: Herkunftswörterbuch der deutschen Sprache.
2., völlig neu bearb. u. erw. Aufl./von Günther Drosdowski.
Mannheim; Wien; Zürich: Dudenverl., 1989
(Der Duden; Bd. 7)
ISBN 3-411-20907-0
NE: Drosdowski, Günther [Hrsg.]; Etymologie

Satz: Bibliographisches Institut & F. A. Brockhaus AG
(DIACOS Siemens) und Zechnersche Buchdruckerei, Speyer
Druck und Einband: Clausen & Bosse, Leck
Printed in Germany
ISBN 3-411-20907-0

Vorwort

Das Duden-Herkunftswörterbuch stellt die Geschichte der Wörter von ihrem Ursprung bis zur Gegenwart dar. Es bettet die Geschichte der Einzelwörter in größere Zusammenhänge ein, arbeitet die Wortfamilien heraus, um die weitreichenden sprachlichen Zusammenhänge sichtbar zu machen, und verknüpft die Wortgeschichte mit der Kultur- und Geistesgeschichte.
Das vorliegende Wörterbuch behandelt in mehr als 8 000 Artikeln über 20 000 Wörter, darunter alle gängigen Fremdwörter, bei denen das Fragebedürfnis erfahrungsgemäß besonders groß ist. Außerdem erklärt es die Herkunft zahlreicher Redewendungen.
Dieses etymologische Wörterbuch will das Interesse an der historischen Dimension der Sprache wecken und sprachgeschichtliche Kenntnisse erweitern. Es geht dem Weg der Wörter durch die Jahrhunderte nach und läßt Sprache zu einem faszinierenden Abenteuer werden.

Mannheim, den 1. Februar 1989

Der Wissenschaftliche Rat der Dudenredaktion

Vorwort des Bearbeiters

Immer wieder kommt es vor, daß man beim Lesen oder Sprechen plötzlich innehält und über ein Wort nachzudenken beginnt, daß man sich fragt, woher ein bestimmtes Wort kommt und was es eigentlich bedeutet.

Dieses Fragen nach der Herkunft und eigentlichen Bedeutung der Wörter stand auch an der Wiege der abendländischen Sprachwissenschaft. Griechische Philosophen der Stoa warfen die Frage auf „Wie kommen die Dinge zu ihren Namen?“, und die Beschäftigung mit dieser Frage nannten sie *etymología* „Lehre von der wahren Bedeutung der Wörter“ (zu griech. *étymos* „wahr, echt“ und *lógos* „Wort; Rede, Kunde; Vernunft“). Seit der Antike hat sich die Etymologie tiefgreifend gewandelt; sie ist von einer eher philosophischen Betrachtung und oftmals nur geistreichen Spielerei zu einer Forschungsrichtung der historisch-vergleichenden Sprachwissenschaft geworden. Begnügte sich die Sprachwissenschaft im 19. Jh. zunächst damit, den Ausgangspunkt der Wörter (eine rekonstruierte Wurzel und eine abstrakte Wurzel- oder Urbedeutung) zu ermitteln, die Entsprechungen der Wörter in verwandten Sprachen aufzuzeigen und die lautlichen Veränderungen der Wörter vorzuführen, so ging sie dann dazu über, die Geschichte der Wörter im Zusammenhang mit der kulturellen und gesellschaftlichen Entwicklung zu sehen und stärker die inhaltlichen Veränderungen der Wörter – die semantischen Prozesse – aufzuzeigen. In der modernen etymologischen Forschung hat sich der Blick von der Vor- und Frühgeschichte immer mehr auf die Zeit nach dem Einsetzen der schriftlichen Überlieferung verlagert, die Etymologie ist in starkem Maße zur Wortbiographie geworden.

Die Ergebnisse etymologischer und wortgeschichtlicher Untersuchungen finden sich – gewöhnlich in alphabetisch geordneten Artikeln – in historisch-etymologischen Wörterbüchern. Zu diesem Wörterbuchtyp gehört auch das Duden-Herkunftswörterbuch, das 1963 in 1. Auflage erschien als Fortführung der „Etymologie der neuhochdeutschen Sprache“ (München 1893) von Konrad Duden, allerdings mit einer völlig neuen Konzeption: Im Duden-Herkunftswörterbuch steht die inhaltliche Seite der Etymologie im

Vordergrund, das Motiv für die Benennung, die eigentliche Bedeutung und die Bedeutungsentwicklung der Wörter. Wo immer möglich, ist die Wortgeschichte mit der Kultur- und Geistesgeschichte verknüpft und die Geschichte des Einzelworts in größere Zusammenhänge eingebettet. Besonders kam es mir darauf an, durch eine neue „erzählende" Darstellungsart zu einem besseren Verständnis der Etymologie zu führen. Aus der Fülle der Sprachformen, den alt-, mittel- und frühneuhochdeutschen Nebenformen und Mundartformen und den Entsprechungen in verwandten Sprachen, ist eine für die Darstellung relevante Auswahl getroffen worden; gewöhnlich stehen stellvertretend für die nordgermanischen Formen die schwedische, für die ostgermanischen Formen die gotische und für die westgermanischen Formen die deutschen, niederländischen und englischen Formen. Das Alter der Wörter wird für die Zeit bis zum Ende des Mittelalters im allgemeinen mit indogermanisch, germanisch, althochdeutsch und mittelhochdeutsch angegeben, von 1500 an dann mit dem Jahrhundert, in dem das Wort nachweislich in Gebrauch kam.

Wichtige etymologische Hinweise und Anregungen verdanke ich vor allem Hans Holm Bielfeld und Johann Knobloch. Danken möchte ich auch allen, die mir ihre etymologischen und wortgeschichtlichen Untersuchungen zur Auswertung zugeschickt haben (aus Platzgründen war es nicht möglich, diese Arbeiten in den Artikeln zu zitieren; eine Zusammenstellung grundlegender etymologischer Untersuchungen und Nachschlagewerke findet sich am Ende des Bandes). Besonderen Dank schulde ich Jürgen Folz, der mir vor allem bei der Überprüfung der alt- und mittelhochdeutschen Formen und der Ermittlung der Erstbelege behilflich war und der die technische Herstellung des Bandes übernommen hat.

Mannheim, den 1. Februar 1989 Günther Drosdowski

Hinweise für den Benutzer

1. Das Auffinden eines Wortes

Hauptstichwörter stehen in alphabetischer Reihenfolge. Die dazugehörigen Ableitungen und Zusammensetzungen folgen in etwas kleinerer halbfetter Schrift. Zum besseren Auffinden sind außerdem alle Wörter, die innerhalb eines Artikels behandelt werden, an alphabetischer Stelle mit einem entsprechenden Verweis aufgeführt, z. B. **abflauen** ↑flau; **Kuhle** ↑Keule; **Zwiespalt** ↑Spalt.

2. Sprachangaben

Die Sprachangaben sind *kursiv* gedruckt, z. B. *engl., lat., griech.* Mit den Sprachangaben *ahd., mhd.* und *nhd.* verbinden sich zeitliche Gliederungen: *ahd.:* 8. bis 11. Jh., *mhd.:* 12. bis 15. Jh., *nhd.:* 16. Jh. bis zur Gegenwart. Diese grobe zeitliche Gliederung ist aus praktischen Gründen beibehalten worden, obwohl heute häufig andere und genauere Periodisierungen vorgenommen werden (z. B. *ahd.:* 750 bis 1050, *mhd.:* 1050 bis 1350, *frühnhd.:* 1350 bis 1650, *nhd.:* 1650 bis zur Gegenwart). Bei allen Periodisierungen ist zu bedenken, daß sich sprachliche Veränderungen nicht einheitlich und schlagartig vollziehen und daß dementsprechend die Grenzen zwischen den Zeitabschnitten fließend sind.

Die Gliederung des germanischen Sprachraumes folgt der herkömmlichen Dreiteilung in Nordgermanisch (Schwedisch, Dänisch, Norwegisch, Isländisch), Ostgermanisch (Gotisch, Burgundisch und andere Sprachreste) und Westgermanisch (Deutsch, Friesisch, Niederländisch, Englisch).

Zusammenfassend stehen die Bezeichnungen gemeingermanisch, wenn ein Wort im Nord-, Ost- und Westgermanischen vorkommt, und altgermanisch, wenn ein Wort im West- und Ostgermanischen oder im West- und Nordgermanischen bezeugt ist. Alle diese Bezeichnungen beziehen sich lediglich auf die Bezeugung eines Wortes innerhalb des germanischen Sprachbereiches und nicht etwa auf eine zeitliche Gliederung.

Um eine Häufung von Sprachformen zu vermeiden, stehen für die nordgermanischen Formen gewöhnlich stellvertretend die schwedische, für die ostgermanischen Formen die gotische und für die westgermanischen Formen die deutschen, niederländischen und englischen Formen. Die älteren Formen eines Wortes sind im allgemeinen nur für das deutsche Wort genannt. Die verwandten Wörter im germanischen Sprachbereich werden gewöhnlich in der heute üblichen Form aufgeführt. Sind sie nicht mehr bewahrt, tritt eine ältere Sprachform ein, und zwar die mittelniederländische für die niederländische, die altenglische oder die mittelenglische für die englische Form und die altisländische für die nordischen Formen.

Der Terminus indogermanisch bezeichnet einerseits Formen, die der erschlossenen Grundsprache der Indogermanen angehören, andererseits die Zugehörigkeit zum indogermanischen Sprachstamm. Zu diesem gehören folgende Sprachen: 1. Hethitisch, 2. Tocharisch, 3. Indisch, 4. Iranisch, 5. Armenisch, 6. Thrakisch, 7. Phrygisch, 8. Griechisch, 9. Albanisch, 10. Illyrisch, 11. Venetisch(?), 12. Italisch (vor allem Latein und seine romanischen Folgesprachen, wie z. B. Französisch, Spanisch, Italienisch), 13. Keltisch, 14. Germanisch, 15. Baltisch, 16. Slawisch.

Formen aus Sprachen, die nicht zum indogermanischen Sprachstamm gehören, treten nur bei Fremd- und Lehnwörtern auf. Dabei erscheinen Formen aus dem Hebräischen, Arabischen und aus den Indianersprachen Mittel- und Südamerikas am häufigsten.

3. Abkürzungen und Zeichen

Abkürzungen

Abk.	Abkürzung[en]
Abl.	Ableitung[en]
abulgar.	altbulgarisch
adj.	adjektivisch
Adj.	Adjektiv
adv.	adverbiell
Adv.	Adverb
aengl.	altenglisch
afghan.	afghanisch
aflām.	altflämisch
afränk.	altfränkisch
afries.	altfriesisch
afrik.	afrikanisch
afrz.	altfranzösisch
ägypt.	ägyptisch
ahd.	althochdeutsch
aind.	altindisch
air.	altirisch
aisl.	altisländisch
ait.	altitalienisch
Akk.	Akkusativ
akkad.	akkadisch
Akt.	Aktiv
alat.	altlateinisch
alban.	albanisch
aleman.	alemannisch
allg.	allgemein
altgerm.	altgermanisch
altgriech.	altgriechisch
altröm.	altrömisch
amerik.	amerikanisch
amtsspr.	amtssprachlich
angloamerik.	angloamerikanisch
angloind.	angloindisch
anord.	altnordisch
apers.	altpersisch
apoln.	altpolnisch
apreuß.	altpreußisch
aprov.	altprovenzalisch
arab.	arabisch
aram.	aramäisch
armen.	armenisch
aruss.	altrussisch
asächs.	altsächsisch
aschwed.	altschwedisch
asiat.	asiatisch
aslaw.	altslawisch
assyr.	assyrisch
awest.	awestisch
balt.	baltisch
baltoslaw.	baltoslawisch
bask.	baskisch
bayr.	bayrisch
bed.	bedeutet, -en
Bed.	Bedeutung[en]
berlin.	berlinerisch
Bez.	Bezeichnung[en]
böhm.	böhmisch
bret.	bretonisch
bulgar.	bulgarisch
chin.	chinesisch
dän.	dänisch
Dat.	Dativ
dicht.	dichterisch
dt.	deutsch
eigtl.	eigentlich
engl.	englisch
entspr.	entsprechend; entspricht
eskim.	eskimoisch
etrusk.	etruskisch
fachspr.	fachsprachlich
finn.	finnisch
finnougr.	finnougrisch
fläm.	flämisch
FN	Familienname[n]
fränk.	fränkisch
fries.	friesisch
frz.	französisch
FW	Fremdwort
gäl.	gälisch
gall.	gallisch
galloroman.	galloromanisch
gemeingerm.	gemeingermanisch
Gen.	Genitiv
germ.	germanisch
Ggs.	Gegensatz
gleichbed.	gleichbedeutend
got.	gotisch
griech.	griechisch
hait.	haitisch
hebr.	hebräisch
hess.	hessisch
hethit.	hethitisch
hochdt.	hochdeutsch
hochsprachl.	hochsprachlich
iber.	iberisch
idg.	indogermanisch
illyr.	illyrisch
Imp.	Imperativ
ind.	indisch
indian.	indianisch
indoiran.	indoiranisch
Inf.	Infinitiv

Interj.	Interjektion
intr.	intransitiv
ir.	irisch
isl.	isländisch
it.	italienisch
jap.	japanisch
jidd.	jiddisch
katalan.	katalanisch
kelt.	keltisch
kirchenlat.	kirchenlateinisch
kirchenslaw.	kirchenslawisch
klass.	klassisch
klass.-lat.	klassisch-lateinisch
Konj.	Konjunktion
kopt.	koptisch
kreol.	kreolisch
kret.	kretisch
krimgot.	krimgotisch
kroat.	kroatisch
kymr.	kymrisch
landsch.	landschaftlich
langob.	langobardisch
lapp.	lappisch
lat.	lateinisch
lett.	lettisch
lit.	litauisch
Lok.	Lokativ
LÜ	Lehnübersetzung
LW	Lehnwort
malai.	malaiisch
mdal.	mundartlich
mengl.	mittelenglisch
mgriech.	mittelgriechisch
mhd.	mittelhochdeutsch
militär.	militärisch
mind.	mittelindisch
mir.	mittelirisch
mitteld.	mitteldeutsch
mlat.	mittellateinisch
mnd.	mittelniederdeutsch
mniederl.	mittelniederländisch
mong.	mongolisch
mpers.	mittelpersisch
ngriech.	neugriechisch
nhd.	neuhochdeutsch
niederd.	niederdeutsch
niederl.	niederländisch

nlat.	neulateinisch
Nom.	Nominativ
nord.	nordisch
nordd.	norddeutsch
nordgerm.	nordgermanisch
norm.	normannisch
norw.	norwegisch
oberd.	oberdeutsch
ON	Ortsname[n]
osk.	oskisch
ostd.	ostdeutsch
österr.	österreichisch
ostgerm.	ostgermanisch
ostmitteld.	ostmitteldeutsch
ostpreuß.	ostpreußisch
Part.	Partizip
Pass.	Passiv
Perf.	Perfekt
pers.	persisch
Pers.	Person
peruan.	peruanisch
phryg.	phrygisch
pik.	pikardisch
Plur.	Plural
PN	Personenname[n]
poln.	polnisch
polynes.	polynesisch
port.	portugiesisch
Präp.	Präposition
Präs.	Präsens
Prät.	Präteritum
preuß.	preußisch
Pron.	Pronomen
prov.	provenzalisch
refl.	reflexiv
rhein.	rheinisch
röm.	römisch
roman.	romanisch
rotw.	rotwelsch
rumän.	rumänisch
russ.	russisch
s.	siehe
sächs.	sächsisch
scherzh.	scherzhaft
schles.	schlesisch
schott.	schottisch
schwed.	schwedisch
schweiz.	schweizerisch
s. d.	siehe dies; siehe dort
semit.	semitisch

serb.	serbisch
serbokroat.	serbokroatisch
sibir.	sibirisch
Sing.	Singular
skand.	skandinavisch
slaw.	slawisch
slowak.	slowakisch
slowen.	slowenisch
s. o.	siehe oben
sorb.	sorbisch
span.	spanisch
stud.	studentisch
s. u.	siehe unten
subst.	substantivisch
Subst.	Substantiv
südd.	süddeutsch
südslaw.	südslawisch
südwestd.	südwestdeutsch
sumer.	sumerisch
syr.	syrisch
tatar.	tatarisch
techn.	technisch
thrak.	thrakisch
tirol.	tirolisch
tochar.	tocharisch
tr.	transitiv
tschech.	tschechisch
türk.	türkisch
turkotat.	turkotatarisch
übertr.	übertragen
ugr.	ugrisch
ugs.	umgangssprachlich
ukrain.	ukrainisch
umbr.	umbrisch
ung.	ungarisch
urspr.	ursprünglich
urverw.	urverwandt
venez.	venezianisch
verw.	verwandt
vgl.	vergleiche
vlat.	vulgärlateinisch
westgerm.	westgermanisch
westmitteld.	westmitteldeutsch
westslaw.	westslawisch
wiener.	wienerisch
Wz.	Wurzel
Zus.	Zusammensetzung[en]

Zeichen

> geworden zu < entstanden aus → siehe! * erschlossene Form

4. Verzeichnis der wichtigsten Fachausdrücke

Fachausdrücke, die hier nicht erklärt sind, sehe man bitte in der Duden-Grammatik oder im Deutschen Universalwörterbuch nach.

Ablaut = gesetzmäßiger Vokalwechsel in der Stammsilbe etymologisch verwandter Wörter, z. B. winden – Wand.

Ableitung = Bildung eines Wortes durch Lautveränderung (Ablaut) oder durch das Anfügen von Suffixen, z. B. 'Trank' von 'trinken', 'kräftig' von 'Kraft', 'fröhlich' von 'froh'.

Analogiebildung = Formübertragung; Wortbildung, bei der ein Wort nach dem Vorbild eines anderen Wortes [um]gebildet wird, z. B. 'ritt' (für 'reit') in Angleichung an 'ritten', 'Diskothek' nach 'Bibliothek'.

Assimilation = Angleichung eines Konsonanten an einen anderen, z. B. in 'Lam*m*' aus *mhd.* la*mb*.

Bewirkungswort = Verb, das ausdrückt, daß ein durch ein Adjektiv bezeichneter Zustand an einem Wesen oder Ding bewirkt wird, z. B. 'schärfen' = (ein Messer) scharf machen.

deiktisch = hinweisend.

denominativ = von einem Substantiv oder Adjektiv abgeleitet.

Denominativ = von einem Substantiv oder Adjektiv abgeleitetes Verb, z. B. 'trösten' von 'Trost', 'bangen' von 'bang'.

deverbativ = von einem Verb abgeleitet.

Deverbativ = von einem Verb abgeleitetes Substantiv oder Adjektiv, z. B. 'Eroberung' von 'erobern', 'tragbar' von 'tragen'.

Diminutiv = Verkleinerungswort, z. B. 'Öfchen' zu 'Ofen', 'lächeln' zu 'lachen'.

Dissimilation = „Entähnlichung", d. h. stärkere Unterscheidung gleicher Laute oder Unterdrückung eines Lautes von zwei gleichen in einem Wort, z. B. Wechsel von *t* zu *k* in 'Kartoffel' (aus früherem 'Tartüffel') oder Ausfall eines *n* in 'König' (aus früherem 'kuning').

Dual[is] = Numerus für zwei Dinge oder Wesen bzw. Verbform für [zwei] zusammengehörende Tätigkeiten und Vorgänge, z. B. *idg.* *oktōu „acht", eigentlich „die beiden Viererspitzen (der Hände ohne Daumen)".

durativ = verlaufend, dauernd; durative Aktionsart = Aktionsart eines Verbs, die die Dauer eines Seins oder Geschehens ausdrückt, z. B. 'schlafen'.

Etymon = Stammwort.

expressiv = ausdrucksbetont, z. B. die Konsonantenverdoppelung in *mhd.* rappe „Rabe" für *mhd.* rabe „Rabe".

Faktitiv, Faktitivbildung → Bewirkungswort.

Gemination = Konsonantenverdoppelung, z. B. *bb* in 'Krabbe' neben *b* in 'Krebs'.

grammatischer Wechsel = in den germanischen Sprachen Wechsel von stimmlosen mit stimmhaften Reibelauten innerhalb zusammengehöriger Wortgruppen, wenn der unmittelbar vorhergehende Vokal nicht nach der *idg.* Betonung den Hauptton trug. Im *Nhd.* wechseln als Folge davon u. a. *h* und *g, d* und *t, s* und r, z. B. ziehen – zog, leiden – litt, Wesen – waren.

Homonym = Wort, das mit anderen gleich lautet, aber in der Bedeutung [und Herkunft] verschieden ist, z. B. 'Riemen' (Gurt, Gürtel) – 'Riemen' (Ruder).

Hüllwort = verhüllendes, beschönigendes Wort, z. B. 'verscheiden' für 'sterben'.

hybride Bildung = zusammengesetztes oder abgeleitetes Wort, dessen Teile verschiedenen Sprachen angehören, z. B. 'Auto-mobil' (*griech.; lat.*), 'Büro-kratie' (*frz.; griech.*), 'Intelligenz-ler' (*lat.; dt.*).

Intensivbildung = Verb mit einer Aktionsart, die den größeren Grad, die Intensität eines Geschehens kennzeichnet, z. B. 'schnitzen' = kräftig und ausdauernd schneiden, 'placken' = heftig plagen.

Iterativbildung = Verb mit einer Aktionsart, die eine stete Wiederholung von Vorgängen ausdrückt, z. B. 'sticheln' = ständig stechen pder 'betteln' = wiederholt bitten.

Kanzleisprache = (seit dem 13. Jh.) Form der deutschen Sprache im geschäftlichen Schriftverkehr besonders in Urkunden, Akten und Rechtsvorschriften.

Kausativ, Kausativbildung →Veranlassungswort.

Kollektivbildung, Kollektivum = Sammelname, z. B. 'Gemüse' zu 'Mus', 'Gebirge' zu 'Berg'.

Komparativsuffix = Nachsilbe, die ein Adjektiv oder Adverb zur Vergleichsform macht, z. B. *-er* in 'fleißig-er'.

Kompositum = zusammengesetztes Wort im Gegensatz zum →Simplex, z. B. 'Hauswand', 'hinunterlaufen', 'hierher'.

Kontamination = Wortkreuzung, Ineinanderrückung zweier Wörter oder Fügungen, die gleichzeitig in der Vorstellung des Sprechers auftauchen und von ihm versehentlich in ein Wort (oder eine Fügung) zusammengezogen werden, z. B. 'Gebäulichkeiten' aus 'Gebäude' und 'Baulichkeiten'.

Kontraktion = Zusammenziehung zweier oder mehrerer Vokale zu einem Vokal oder Diphthong, oft unter Ausfall eines dazwischenstehenden Konsonanten, z. B. 'nein' aus ni-ein oder 'nicht' aus ni-wiht.

Lehnübersetzung = genaue, d. h. Glied für Glied wiedergebende Übersetzung eines fremden Wortes im Gegensatz zur Lehnübertragung (s. d.), z. B. 'Dampfer' für *engl.* steamer, 'Gevatter' für *lat.* compater.

Lehnübertragung = freiere Übertragung eines fremden Wortes im Gegensatz zur Lehnübersetzung, z. B. 'Dunstkreis' für 'Atmosphäre'.

Lehnwort = aus einer fremden Sprache übernommenes Wort, das sich in Aussprache und/ oder Schreibweise und/oder Flexion der übernehmenden Sprache angepaßt hat, z. B. 'Mauer' aus *lat.* murus.
medial = das →Medium betreffend.
Medium = Verhaltensrichtung des Verbs, die das Betroffensein des tätigen Subjekts durch das Verhalten kennzeichnet.
Nomen actionis →Verbalsubstantiv.
Nomen agentis = Substantiv, das den Träger eines Geschehens bezeichnet, z. B. 'Läufer'.
Partizipialadjektiv = ein Partizip, das vorwiegend oder ausschließlich wie ein Adjektiv verwendet wird, z. B. 'reizend', 'betrunken', 'verliebt'.
postverbales Substantiv →Rückbildung.
Präfixbildung = Wort mit einer Vorsilbe, die als selbständiges Wort nicht mehr vorkommt, z. B. '*Be*sitz, *ent*laufen, *un*schön'.
Präfixverb = deutsches Verb mit einer Vorsilbe, die als selbständiges Wort nicht mehr vorkommt, '*be*wundern, *ver*lieren'. Bei lateinischen Verben auch dort üblich, wo eine Präposition im ersten Glied steht, z. B. *prae*-dicare „ausrufen, -sagen".
Präteritopräsens = Verb, dessen Präsens ein früheres starkes Präteritum ist, z. B. 'kann' (von 'können').
Präverb = nichtverbaler Teil eines Verbs, z. B. '*teil*nehmen'.
Reduplikation = Verdoppelung eines Wortes oder eines Wortteiles, z. B. *got.* skai-skaid „ich bin geschieden", 'Bonbon', 'Wirrwarr'.
reduplizieren = der Reduplikation unterworfen sein; reduplizierendes Verb = Verb, das bestimmte Formen mit Hilfe der →Reduplikation bildet, z. B. *lat.* cu-curri „ich bin gelaufen" zu currere „laufen".
relatinisieren = wieder in die lateinische Sprachform bringen, z. B. 'Sextett' aus *ital.* sestetto.
Rückbildung = Wort, besonders Substantiv, das aus einem [meist abgeleiteten] Verb oder aus einem Adjektiv gebildet ist, aber den Eindruck erweckt, die Grundlage des Verbs oder des Adjektivs zu sein, z. B. 'Kauf' aus 'kaufen', 'Blödsinn' aus 'blödsinnig'.
semantisch = bedeutungsmäßig.
Simplex = einfaches, nicht zusammengesetztes Wort, im Gegensatz zum →Kompositum, z. B. 'Haus'.
Suffix = hinter den Wortstamm tretende Silbe, Nachsilbe, z. B. '[Schön]*heit*'.
Terminus = Fachwort, Fachausdruck, z. B. 'Logarithmus'.
Veranlassungswort = Verb, das ausdrückt, daß ein durch ein Verb bezeichnetes Geschehen bei einem Wesen oder Ding veranlaßt wird, z. B. 'tränken' (eigentlich „trinken machen").
Verbalsubstantiv = als Substantiv gebrauchte Verbform oder zu einem Verb gebildetes Substantiv, das eine Geschehensbezeichnung, ein Nomen actionis, ist, z. B. 'Vermögen' (von 'vermögen' oder 'Trennung' (zu 'trennen').
Volksetymologie = volkstümliche Verdeutlichung eines nicht [mehr] verstandenen Wortes oder Wortteiles durch lautliche Umgestaltung unter (etymologisch falscher) Anlehnung an ein klangähnliches Wort, z. B. aus *ahd.* mūwerf (= Haufenwerfer) *nhd.* Maulwurf (= Tier, das die Erde mit dem Maul wirft) und aus *niederrhein.* rasen[d]montag (= rasender, wilder, toller Montag) *nhd.* Rosenmontag.
Wortfamilie = Gesamtheit aller Wörter, die etymologisch miteinander verwandt sind.
Wurzel = der einer Gruppe etymologisch verwandter Wörter zugrundeliegende Lautkomplex.
Zusammenbildung = Ableitung aus einer syntaktischen Wortgruppe, z. B. 'Arbeitnehmer' aus „Arbeit nehmen", 'blauäugig' aus „mit blauen Augen".
Zusammensetzung → Kompositum.

A

à „zu; zu je“: Die seit dem 16. Jh. bezeugte Präposition zur Angabe des Stückpreises und der Stückzahl ist aus *frz.* à „nach; zu; für“ entlehnt, das auf gleichbedeutend *lat.* ad zurückgeht. Die Präposition ist aus der Kaufmannssprache in die Allgemeinsprache gedrungen.

[1]a..., A... ↑ab..., Ab...

[2]a..., A..., (vor Vokalen meist:) an..., An...: Die Vorsilbe mit verneinender Bedeutung, die in Fremdwörtern wie ↑anonym und ↑Anekdote steckt, ist aus dem *Griech.* entlehnt. *Griech.* a[n]... (das sogenannte 'Alpha privativum') hat Entsprechungen in anderen *idg.* Sprachen, so z. B. in *lat.* in... (vgl. [2]*in..., In...*) und *dt.* ↑*un...*

Aa: Der seit dem Beginn des 19. Jh.s bezeugte kindersprachliche Ausdruck für „feste menschliche Ausscheidung“ ist aus der ankündigenden lautmalenden Interjektion a–a substantiviert.

Aal: Der Name des schlangenförmigen Fisches ist auf den *germ.* Sprachbereich beschränkt: *mhd., ahd.* āl, *niederl.* aal, *engl.* eel, *schwed.* ål. Welche Vorstellung dieser *altgerm.* Benennung zugrunde liegt, ist trotz aller Deutungsversuche unklar. Abl.: **aalen,** sich *ugs.* für „faulenzen, sich rekeln“ (19. Jh., zunächst *ostmitteld.*). Zus.: **aalglatt** (19. Jh.); **Aalraupe** „breitköpfiger und breitmäuliger, aalähnlicher Süßwasserfisch“ (17. Jh., älter Aalrupp [md. alrupp]; der 2. Bestandteil – *mhd.* ruppe, rutte, beachte *landsch.* 'Rutte' – hat nichts mit 'Raupe' zu tun, sondern ist eine alte Entlehnung aus *lat.* rubeta „Frosch, Kröte“, beachte die *nordd.* Bezeichnung [Aal]quappe). Siehe auch den Artikel *Spickaal.*

Aar: Der alte *idg.* Vogelname wurde im *Dt.* schon früh durch die seit dem 12. Jh. bezeugte Zusammensetzung ↑Adler (*mhd.* adelar[e], eigentlich „Edelaar“) zurückgedrängt und hielt sich bis zum 18. Jh. lediglich in einigen Zusammensetzungen, wie z. B. 'Mausaar' und 'Fischaar'. Dann wurde der Name wieder gebräuchlich, aber fast ausschließlich in dichterischer Sprache. – Die *germ.* Bezeichnungen *mhd.* ar, *ahd.* aro, daneben *mhd., ahd.* arn, *got.* ara, *aengl.* earn, *schwed.* örn sind z. B. verwandt mit *air.* irar „Adler“, *russ.* orël „Adler“ und mit *griech.* órnis „Vogel“ (beachte das Fachwort 'Ornithologie' „Vogelkunde“). Siehe auch den Artikel *Sperber.*

Aas „Fleisch eines toten Körpers, Kadaver“: In dem *nhd.* Wort Aas sind zwei verschiedene Wörter zusammengefallen, nämlich *mhd., ahd.* āʒ „Essen, Speise, Futter“ (vgl. den Artikel Obst) und *mhd.* ās „Futter, Fleisch zur Fütterung der Hunde und Falken; Fleisch eines toten Körpers“. Beide Wörter gehören im Sinne von „Essen, Fraß“ zu der Wortgruppe von ↑*essen* und sind z. B. verwandt mit *aengl.* ǣs „Futter, Nahrung, Köder“ und mit *aengl.* ǣt „Speise, Nahrung, Fleisch“, *aisl.* āt „Speise, Nahrung“. Zur Bedeutungsgeschichte und zur Verwendung von 'Aas' als Schimpfwort vgl. z. B. den Artikel *Luder.* – An die alte Bedeutung des Substantivs „Essen, Futter, Fleisch“ schließen sich an die Ableitungen ↑äsen „fressen“ (vom Wild) und das seit dem 18. Jh. bezeugte **aasen** „Fleisch von den Häuten schaben, fleischen“ (Fachwort der Gerber und Kürschner), dann „in Speisen herumsudeln, Nahrung vergeuden“, worauf die *ugs.* Verwendung im Sinne von „verschwenden“ beruht.

Aasgeier ↑Geier.

ab: Das *gemeingerm.* Wort (Adverb, Präposition) *mhd.* ab[e], *ahd.* aba, *got.* af, *engl.* of, off, *schwed.* av geht mit Entsprechungen in anderen *idg.* Sprachen auf *idg.* *apo- „ab, weg“ zurück. Verwandt sind z. B. *griech.* apó „von, ab“ und *lat.* ab „von“, die in zahlreichen aus dem *Griech.* und *Lat.* entlehnten Wörtern als erster Bestandteil stecken (↑*apo...* und *ab...*). Zu dieser *idg.* Wurzel gehören auch die unter ↑*aber* und ↑*Ebbe* behandelten Wörter (s. ferner den Artikel *Ufer*). – Als Präposition ist 'ab' im *Nhd.* durch 'von' verdrängt worden (außer in *schweiz.* und *südwestd.* Mundarten; beachte auch **abhanden,** das aus der Präposition ab und dem alten Dativ *Plural* von ↑Hand zusammengerückt ist). Wendungen wie 'ab Bremen', 'ab Werk' und 'ab morgen' stammen aus der neueren Kaufmannssprache (19. Jh.). Das Adverb 'ab' bildet vor allem unfeste Zusammensetzungen mit Verben der Bewegung, des Hauens, Schneidens u. a.

ab..., Ab..., [1]a..., A... (vor b, f, p, v), abs..., Abs... (vor c, z, q, t) „weg..., fort..., ab..., ent...; miß...“: Das in zahlreichen Zusammensetzungen auftretende Bestimmungswort stammt aus gleichbed. *lat.* ab..., das mit *dt.* ↑*ab* urverwandt ist.

Abart, abarten, abartig ↑Art.

abbauen ↑bauen.

abblenden ↑blenden.

abblitzen ↑blitzen.

abböschen ↑Böschung.

abbringen ↑bringen.

Abc, Abece: Die Abkürzung für ↑Alphabet mit Hilfe der ersten drei Buchstaben ist seit dem 13. Jh. üblich: *mhd.* ābēcē, auch: abc (vgl. *kirchenlat.* abecedarius „zum Alphabet gehörig“). Zus.: **Abc-Buch** „Fibel“ *(frühnhd.);* **Abc-Schütze** (16. Jh., für älteres Schütze „Schulanfänger“. Schütze gibt hier *lat.* tiro „Rekrut, Neuling“ wieder).

abdanken, Abdankung ↑Dank.

Abdecker ↑decken.

abdingbar, abdingen ↑dingen.
abdrehen ↑drehen.
abebben ↑Ebbe.
Abece ↑Abc.
Abend: Die *germ.* Bezeichnungen *mhd.* ābent, *ahd.* āband, *niederl.* avond, *engl.* evening, *schwed.* afton gehören wahrscheinlich zu der *idg.* Präposition *epi „nahe hinzu, nach, hinter" (vgl. *After*). Der Abend ist demnach von den Germanen als „der hintere oder spätere Teil des Tages" benannt worden. In den älteren Sprachzuständen hatte 'Abend' auch die Bedeutung „Vorabend", besonders „Abend vor Festtagen", dann auch „Tag vor einem Fest" (beachte 'Feierabend, Heiligabend, Sonnabend'). Dieser Wortgebrauch erklärt sich daraus, daß nach der früher üblichen Zeiteinteilung der Tag mit der Nacht begann. Die Verwendung des Wortes im Sinne von „Westen" findet sich zuerst in Luthers Bibelübersetzung. Abl.: **abendlich** (*mhd.* ābentlich, *ahd.* ābandlīh); **abends** (*mhd.* ābendes; adverbiell erstarrter Genitiv). Zus.: **Abendland** (16. Jh., zuerst im *Plural* abendlender); **Abendmahl** (*mhd.* ābentmāl „Abendessen"; von Luther für das Abschiedsessen Christi am Gründonnerstag und das dabei gestiftete Sakrament eingeführt); **Abendrot** (*mhd.* ābentrōt, *ahd.* ābandrōto); **Abendröte** (*mhd.* ābentrœte).
Abenteuer „prickelndes Erlebnis; gewagtes Unternehmen": Das Wort wurde Ende des 12. Jh.s (*mhd.* ābentiure, āventiure „Begebenheit; Erlebnis, Wagnis usw.") aus gleichbed. *afrz.* aventure entlehnt. Dies geht auf ein *vlat.* *adventura „Ereignis, Geschehnis" (eigentlich „das, was sich ereignen wird") zurück, das zu *lat.* ad-venire „herankommen; sich ereignen" (vgl. *Advent*) gehört. – Das Wort hatte eine reiche Bedeutungsentfaltung und wurde früher auch im Sinne von „Geschick, Zufall; Risiko; Kunde, Bericht von einem außerordentlichen Ereignis; Betrug, Gaunerei, Trick; [falscher] Edelstein; Preis, Trophäe; Wettschießen" verwendet. – Abl.: **abenteuerlich** (*spätmhd.* āventiurlich); **abenteuern** „sich in Abenteuer begeben" (*mhd.* āventiuren); **Abenteurer** (*mhd.* āventiurære).
aber: Das als Adverb, Konjunktion und Gesprächspartikel verwendete Wort (*mhd.* aber, aver, *ahd.* avur) ist eine alte Komparativbildung zu der unter ↑*ab* dargestellten *idg.* Wurzel *apo- „ab, weg". Es bedeutete demnach, wie auch die z. B. verwandten *got.* afar „nach, nachher" und *aind.* aparám „später", ursprünglich etwa „weiter weg". Aus „weiter weg, (nachher, später)" entwickelte sich im *Dt.* die Bed. „wieder, noch einmal", beachte z. B. 'tausend und aber tausend' und 'abermals'. Die Verwendung von 'aber' zum Ausdruck des Gegensatzes entwickelte sich aus der Verwendung des Wortes zum Ausdruck der Wiederholung. Bisweilen drückte 'aber' früher auch die Richtung auf das Verkehrte hin aus (↑Aberglaube und Aberwitz).
Aberglaube „in religiöser Scheu und in magischem Denken wurzelnder Glaube, Irrglaube": Die Zusammensetzung (*mhd.* abergloube) enthält als ersten Bestandteil das unter ↑*aber* behandelte Wort im Sinne von „verkehrt" (vgl. *Aberwitz*). Abl.: **abergläubisch** (16. Jh.).
Aberwitz: Das heute nur noch selten gebrauchte Wort für „Wahnwitz, Unverstand" (*mhd.* aberwitze) enthält als ersten Bestandteil das unter ↑*aber* behandelte Wort im Sinne von „verkehrt" (vgl. *Aberglaube*). Abl.: **aberwitzig** „verrückt, wahnwitzig" (15. Jh.).
abfinden, Abfindung ↑finden.
abflauen ↑flau.
Abgabe ↑geben.
Abgang ↑gehen.
abgeben ↑geben.
abgebrannt ↑brennen.
abgebrüht ↑brühen.
abgedroschen ↑dreschen.
abgefeimt „durchtrieben, listig, hinterhältig": Das seit dem 15. Jh. bezeugte Wort ist das in adjektivischen Gebrauch übergegangene 2. Partizip des heute veralteten Verbs abfeimen „den unreinen Schaum von einer Flüssigkeit entfernen, reinigen". Es bedeutet demnach eigentlich „abgeschäumt, gereinigt" und entspricht in der Bedeutungsentwicklung etwa dem Fremdwort ↑raffiniert „durchtrieben, schlau" (zu raffinieren „reinigen"). Das heute nicht mehr gebräuchliche Verb feimen „abschäumen, reinigen" (*mhd.* veimen, *ahd.* feimōn) ist abgeleitet von einem alten Wort für „Schaum", das noch *mdal.* als Feim, Faum „unreiner Schaum; Bierschaum" bewahrt ist. *Mhd.* veim, *ahd.* feim „Schaum, Unreinigkeit", *engl.* foam „Schaum" sind z. B. verwandt mit *lat.* spuma „Schaum" und beruhen auf *idg.* *[s]poimno-s „Schaum" (vgl. *Bimsstein*).
abgehen ↑gehen.
abgeleiert ↑Leier.
abgeneigt ↑neigen.
abgeschmackt „fade, reizlos, platt, albern": Das heute nur noch im übertragenen Sinne verwendete Adjektiv entstand im 17. Jh. aus älterem abgeschmack „geschmacklos, fade", dessen zweiter Bestandteil *frühnhd.* geschmack, *mhd.* gesmac „[wohl]schmeckend" ist (vgl. *schmecken*). *Frühnhd.* abgeschmack – vielleicht nach *frz.* dégoûtant – trat an die Stelle von *mhd.* ā-smec „geschmacklos".
abgespannt ↑spannen.
abgetakelt ↑Takel.
abgewöhnen ↑gewöhnen.
Abgott: Die *dt.* und *niederl.* Bezeichnung für „falscher Gott, Götze" (*mhd., ahd.* abgot, *niederl.* afgod) wurde im Rahmen der frühen christlichen Missionstätigkeit geschaffen. Sie ist wahrscheinlich eine Bildung zu einem alten christlichen Adjektiv für „gottlos", beachte *got.* afguþs „gottlos", das *griech.* asebḗs „ohne Ehrfurcht, gottlos" wiedergibt. Abl.: **Abgötterei** (*mhd.* abgötterīe); **abgöttisch** „maßlos" (*mhd.* abgötisch „falschen Göttern anhängend, gottlos").
abgreifen ↑greifen.
Abgrund: Der *dt.* und *niederl.* Ausdruck für „schauerliche Tiefe" (*mhd., ahd.* abgrunt, *niederl.* afgrond) ist aus den unter ↑*ab* und ↑*Grund* behandelten Wörtern gebildet und bedeutet

eigentlich „abwärts gehender [Erd]boden". Die *nord.* Sippe von *schwed.* avgrund ist aus dem *Mnd.* entlehnt. Abl.: **abgründig** „abgrundtief; unermeßlich, unergründlich" (*mhd.* abgründec; *ahd.* dafür abgrunti).

abhalten ↑halten.

abhanden ↑ab und ↑Hand.

Abhandlung ↑handeln.

Abhang, abhängig ↑hängen.

abhauen ↑hauen.

abhold ↑hold.

Abiturient: Das Wort wurde im 18. Jh. aus *nlat.* abituriens „wer (von der Schule) abgehen wird" eingedeutscht. Dazu stellt sich das Substantiv **Abitur** „Reifeprüfung" (aus *nlat.* abiturium). Beiden Wörtern liegt ein von *lat.* abire „fortgehen" weitergebildetes *nlat.* Verb abiturire „fortgehen werden" zugrunde. Über die *lat.* Vorsilbe ab... „weg, fort" vgl. *ab..., Ab...* Das Stammverb *lat.* ire „gehen", das urverwandt ist mit *dt.* ↑*eilen,* ist noch in folgenden Fremdwörtern enthalten: ↑Ambition, ↑Initialen, ↑Initiative, ↑Koitus, ↑Komteß, ↑Präteritum, ↑Trance, ↑Transit, ↑transitiv.

abkanzeln ↑Kanzel.

abkapseln ↑Kapsel.

abkarten ↑Karte.

Abklatsch ↑klatschen.

abknöpfen ↑Knopf.

abkommen, Abkommen, abkömmlich ↑kommen.

abkonterfeien ↑Konterfei.

abkratzen ↑kratzen.

abkühlen ↑kühl.

Abkunft ↑kommen.

abkupfern ↑Kupfer.

Ablaß, ablassen ↑lassen.

Ablativ: Der Name des in den germanischen Sprachen nicht vorhandenen Kasus (des sechsten in der lateinischen Deklination), der ursprünglich eine Trennung oder Entfernung zum Ausdruck bringt, beruht auf *lat.* (casus) ablativus. Dies gehört zu *lat.* auferre (ablatum) „forttragen, entfernen, wegnehmen, trennen usw."

ableben ↑leben.

ablegen, Ableger ↑legen.

ablehnen ↑[1]lehnen.

ableiern ↑Leier.

ablösen ↑lösen.

abmachen ↑machen.

abmagern ↑mager.

abmergeln ↑ausmergeln.

abmurksen (*ugs.* für:) „umbringen": Das seit dem Beginn des 19. Jh.s gebräuchliche Verb gehört zu *niederd.* murken „töten" (*mnd.* morken „zerdrücken"; vgl. *murksen*).

abnorm „nicht normal, krankhaft; ungewöhnlich": Das Adjektiv wurde im 19. Jh. aus *lat.* abnormis „von der Regel abgehend; abzeichnend" (vgl. *ab..., Ab...* und *Norm*) entlehnt. Dazu stellen sich die Bildungen **abnormal** und **Abnormität** (< *lat.* abnormitas).

abonnieren „(für eine bestimmte Zeit) im voraus bestellen": Das Verb wurde im 18. Jh. aus *frz.* s'abonner à „sich etwas ausbedingen; eine periodisch wiederkehrende Leistung vereinbaren" entlehnt. Das vorausliegende Verb *afrz.* abosner „abgrenzen" gehört als Ableitung zu dem unter ↑*borniert* genannten Substantiv *afrz.* bosne, bodne „Grenzstein". – Abl.: **Abonnement** „Vorausbestellung; Dauerkarte" (18. Jh., aus gleichbed. *frz.* abonnement); **Abonnent** „jemand, der auf etwas abonniert ist" (Ende des 18. Jh.s, nach gleichbed. *frz.* abonné).

[1]**Abort** „Toilette": Das seit dem 18. Jh. bezeugte Wort war zunächst im Sinne von „abgelegener Ort" gebräuchlich. Es stammt wahrscheinlich aus dem *Niederd.,* vgl. *mnd.* af ōrt „abgelegener Ort". Bereits im 18. Jh. wurde es dann als verhüllender Ausdruck für „Abtritt" verwendet (beachte dazu die verhüllenden Ausdrücke 'Örtchen' und 'Lokus'). Die Endbetonung beruht auf Vermischung mit ↑[2]Abort „Fehlgeburt".

[2]**Abort** „Fehlgeburt": Das seit dem Ende des 17. Jh.s bezeugte Wort (älter ist medizinisch-fachsprachliches Abortus) stammt aus gleichbed. *lat.* abortus, eigentlich „Abgang", zu *lat.* ab-oriri „abgehen, verschwinden" (vgl. *Orient*).

abprotzen ↑Protze.

abrahmen ↑Rahm.

abrechnen, Abrechnung ↑rechnen.

abreiben, Abreibung ↑reiben.

abreißen ↑reißen.

abrichten ↑richten.

abringen ↑ringen.

Abriß ↑reißen.

abrupt „abgebrochen, zusammenhanglos, plötzlich": Das Adjektiv wurde im 18. Jh. aus gleichbed. *lat.* abruptus (bzw. Adv. abrupte) „abgerissen" entlehnt, das zu *lat.* ab-rumpere „weg-, los-, abreißen", einer Bildung aus *lat.* ab... „weg, los, ab" (vgl. *ab..., Ab...*) und *lat.* rumpere „zerbrechen, zerreißen" (vgl. das Lehnwort *Rotte*), gehört.

abrüsten ↑rüsten.

abs..., Abs... ↑ab..., Ab...

absacken ↑versacken.

Absage, absagen ↑sagen.

absatteln ↑Sattel.

Absatz ↑setzen.

abschaffen ↑schaffen.

Abschaum ↑Schaum.

Abscheu, abscheulich ↑scheu.

abscheuern ↑scheuern.

Abschied: Das seit *spätmhd.* Zeit bezeugte Substantiv (*spätmhd.* abschid, abeschit, -scheit) gehört zu dem heute nur noch fachsprachlich gebräuchlichen Verb **abscheiden** „entfernen", *mhd.* abescheiden „lostrennen, entfernen; entlassen, verabschieden" (vgl. *scheiden*). Gebräuchlich ist dagegen noch das adjektivisch verwendete zweite Partizip **abgeschieden** „zurückgezogen, einsam; tot"; beachte dazu die **Abgeschiedenen,** verhüllend für „die Toten", und **Abgeschiedenheit** „Zurückgezogenheit, Einsamkeit". – Das Substantiv 'Abschied' bedeutete früher außer „Weggang, Trennung" und „Entlassung" (beachte z. B. 'seinen Abschied nehmen oder erbitten') auch „Tod" und „[richterliche] Entscheidung, Beschluß", daher älter *nhd.* 'Reichs-, Landtagsabschied'.

abschirmen ↑Schirm.
abschlagen, abschlägig, Abschlagszahlung ↑schlagen.
abschneiden, Abschnitt ↑schneiden.
abschotten ↑Schott.
abschrägen ↑schräg.
abschrecken ↑[1]schrecken.
abschreiben, Abschrift ↑schreiben.
abschreiten ↑schreiten.
abschweifen ↑schweifen.
absehbar, absehen, Absicht ↑sehen.
abseilen ↑Seil.
Absenker ↑senken.
absetzen, Absetzung ↑setzen.
Absicht, absichtlich ↑sehen.
Absinth: Die Bezeichnung für „Branntwein aus Wermut" wurde im 19. Jh. aus gleichbed. *lat.* absinthium < *griech.* apsinthion entlehnt, einem *vorgriech.* Wort dunkler Herkunft.
absolut „unabhängig, uneingeschränkt; unbedingt": Das seit dem Ende des 16. Jh.s bezeugte Adjektiv begegnet uns in zwei Bereichen, im philosophisch-allgemeinen und im politisch-staatsrechtlichen. Für jenen gilt unmittelbare Entlehnung aus *lat.* absolutus „losgelöst", während in diesem entsprechend *frz.* absolu auf das Wort eingewirkt hat. Das zugrundeliegende Verb *lat.* ab-solvere (absolutum) „loslösen" ist eine Bildung aus *lat.* ab... „weg, los, ab" (vgl. *ab..., Ab...*) und *lat.* solvere „lösen; befreien" (< *se-luere). Über *idg.* Zusammenhänge vgl. den Artikel [2]*Lohe*. Beachte noch die verwandten Fremdwörter ↑Absolution, ↑Absolutismus, ↑absolvieren, ↑resolut, Resolution.
Absolution „Freisprechung", insbesondere im Sinne von „Sündenvergebung": Das Wort wurde im 15. Jh. als kirchlich-religiöser Terminus aus *lat.* absolutio „Loslösung, Freisprechung (vor Gericht)" entlehnt. Es gehört zu *lat.* ab-solvere „loslösen; freisprechen" (vgl. *absolut*).
Absolutismus „uneingeschränkte Regierungsgewalt": Das Wort ist eine in der 1. Hälfte des 19. Jh.s aus dem *Frz.* übernommene Bildung (beachte entsprechend *frz.* absolutisme) zu *lat.* absolutus (> *frz.* absolu) „losgelöst; unabhängig usw." (vgl. *absolut*).
absolvieren „erledigen, ableisten; etwas zum Abschluß bringen": Das Verb wurde im 16. Jh. aus *lat.* ab-solvere „loslösen; vollenden" entlehnt (vgl. *absolut*). – Aus dem Part. Präs. *lat.* absolvens stammt das in neuerer Zeit aufgekommene Substantiv **Absolvent** „jemand, der nach erfolgreicher Prüfung von einer Schule (u. a.) abgeht".
absondern ↑sonder.
absorbieren „aufsaugen; (übertragen:) gänzlich beanspruchen": Das Verb wurde im 17. Jh. aus *lat.* ab-sorbere „hinunterschlürfen, verschlingen" entlehnt, einer Bildung aus *lat.* ab... „weg, fort" (vgl. *ab..., Ab...*) und *lat.* sorbere „schlürfen, verschlucken". Dazu gehört das im 19. Jh. aus *lat.* absorptio entlehnte **Absorption** „das Absorbieren"; vgl. auch das im 20. Jh. aus *engl.* absorber übernommene **Absorber** „Vorrichtung zur Absorption von Gasen". – Eine weitere Bildung zu *lat.* sorbere ist das *lat.* Verb resorbere „[wieder] einschlürfen" (zum 1. Bestandteil vgl. *re..., Re...*), aus dem unser Fremdwort **resorbieren** „flüssige oder gelöste Stoffe in die Blutbahn aufnehmen" (dazu das Substantiv **Resorption** „Aufnahme flüssiger oder gelöster Stoffe in die Blutbahn") stammt.
abspeisen ↑Speise.
abspenstig: Das seit dem 16. Jh. bezeugte Adjektiv, das heute nur noch in der Wendung 'jemandem eine Person abspenstig machen' gebräuchlich ist, gehört zu *frühnhd.* abspannen „weglocken", einer Zusammensetzung mit dem im *Nhd.* untergegangenen einfachen Verb *mhd.* spanen, *ahd.* spanan „locken" (vgl. *Gespenst*).
abspielen, sich ↑Spiel.
Absprache, absprechen, absprechend ↑sprechen.
abstammen, Abstammung ↑Stamm.
Abstand ↑stehen.
abstatten ↑Statt.
abstauben ↑Staub.
abstechen, Abstecher ↑stechen.
abstecken ↑stecken.
abstehen ↑stehen.
abstellen ↑stellen.
absterben ↑sterben.
abstimmen ↑Stimme.
Abstinenz „Enthaltsamkeit (besonders vom Alkoholgenuß)": Das seit *mhd.* Zeit (*mhd.* abstinen[t]z „Mäßigung im Essen und Trinken") gebräuchliche Substantiv ist aus gleichbed. *lat.* abs-tinentia entlehnt. Das *lat.* Wort gehört zu *lat.* abs-tinere „fernhalten; fasten lassen; enthaltsam sein", einer Bildung aus *lat.* abs... „ab..., ent..." (vgl. *ab..., Ab...*) und *lat.* tenere „halten" (vgl. *tendieren*). Auf das Part. Präs. abs-tinens (Genitiv abs-tinentis), geht das seit dem Ende des 16. Jh.s bezeugte Adjektiv **abstinent** „enthaltsam" zurück. Die Einengung auf „enthaltsam, Enthaltsamkeit im Alkoholgenuß" erfolgte im 19. Jh. wohl unter dem Einfluß von *engl.* abstinence und abstinent. – Abl.: **Abstinenzler** „Antialkoholiker" (Ende des 19. Jh.s).
abstoßen, abstoßend ↑stoßen.
abstottern ↑stottern.
abstrahieren „das Allgemeine aus dem zufälligen Einzelnen begrifflich heraussondern; verallgemeinern": Das seit dem 16. Jh. bezeugte Fremdwort aus dem Bereich der Philosophie beruht auf *lat.* abs-trahere (abstractum) „abziehen, wegziehen", einer Bildung aus *lat.* ab... „ab..., weg..." (vgl. *ab..., Ab...*) und *lat.* trahere „ziehen, schleppen usw." (vgl. das Lehnwort *trachten*). – Dazu: **abstrakt** „vom Dinglichen gelöst, begrifflich; nur gedacht, unwirklich" (18. Jh., aus entsprechend *lat.* abstractus „abgezogen"); **Abstraktion** „Begriffsbildung; Verallgemeinerung" (18. Jh., aus gleichbed. *spätlat.* abstractio).
abstreichen, Abstrich ↑streichen.
abstreifen ↑streifen.
abstreiten ↑Streit.
abstrus „schwerverständlich, verworren; absonderlich": Das Adjektiv wurde im 17. Jh. aus

lat. abstrusus „versteckt, verborgen", dem Partizipialadjektiv von *lat.* abs-trudere (abstrusum) „wegstoßen; verbergen", entlehnt. Das einfache Verb *lat.* trudere „stoßen" ist etymologisch verwandt mit *dt.* ↑*verdrießen.*

abstumpfen ↑Stumpf.

absurd „ungereimt, widersinnig": Das Adjektiv wurde im 16. Jh. aus gleichbed. *lat.* absurdus, einer Kontamination aus ab-sonus „mißtönend" und surdus „taub; nicht verstehend", entlehnt. – Dazu gehört die Wendung 'ad absurdum führen' „die Widersinnigkeit einer Behauptung erweisen" und das Substantiv **Absurdität** „Ungereimtheit" (aus *spätlat.* absurditas „Mißklang, Ungereimtheit").

Abszeß „[Eiter]geschwür": Das Wort wurde Anfang des 18. Jh.s als medizinischer Terminus aus gleichbed. *lat.* abscessus (eigentlich Bed.: „Fortgang, Entfernung", danach: „Absonderung von eitrigem Sekret") entlehnt. Das *lat.* Substantiv gehört zu *lat.* abs-cedere „weggehen; sich ablagern, sich absondern", einer Bildung aus *lat.* abs..., „ab, weg" (vgl. *ab..., Ab...*) und *lat.* cedere „gehen; weichen" (vgl. das Fremdwort *Prozeß*).

Abszisse „Achsenabschnitt im Koordinatensystem": Der seit dem Anfang des 18. Jh.s bezeugte mathematische Terminus geht auf *nlat.* (linea) abscissa „die Abgeschnittene (Linie)" (zu *lat.* ab-scindere „abspalten") zurück. Das Stammwort *lat.* scindere (scissum) „zerreißen, spalten" gehört zur weitverzweigten Sippe der *idg.* Wurzel *skĕi- „schneiden, trennen" (vgl. den Artikel *Schiene*).

Abt „Kloster-, Stiftsvorsteher": Das Substantiv gehört zu einer Gruppe von Lehnwörtern aus der römischen Kirchensprache (insbesondere des Klosterwesens) wie ↑Mönch, ↑Nonne, ↑Priester u. a., die früh in die *germ.* Sprachen gelangten. *Mhd.* abbet, apt, *mnd.* ab[be]t, *ahd.* abbat beruhen wie z. B. entsprechend *engl.* abbot, *frz.* abbé, *it.* abate auf *kirchenlat.* abbatem, dem Akkusativ von abbas „Abt"; dies aus *spätgriech.* ábbas „Vater" (nach der biblischen Gebetsanrede *aram.* abạ' „Vater!"). Das alte Lallwort ist zur ehrenden Anrede und zum Titel des geistlichen Vorgesetzten geworden. Zum gleichen Wort gehören ↑Abtei, ↑Äbtissin.

Abtei „von einem Abt geleitetes Stift": Das Wort (*mhd.* abbeteie, *ahd.* abbateia) stammt aus gleichbed. *kirchenlat.* abbatia, das zu abbas (vgl. *Abt*) gehört. Gleicher Herkunft ist z. B. *frz.* abbaye (*engl.* abbey stammt selbst aus dem *Afrz.*).

Abteil, Abteilung ↑Teil.

Äbtissin „Vorsteherin eines Frauenstifts": Bei dem Wort (*spätmhd.* ebtissīn) handelt es sich um eine verdeutlichende Bildung mit der weiblichen Endung -in zu *mhd.* eppetisse, *ahd.* abbatissa, das auf gleichbed. *kirchenlat.* abbatissa, die weibliche Form zu abbas (vgl. *Abt*), zurückgeht. Gleicher Herkunft ist z. B. entsprechend *frz.* abbesse (*engl.* abbess kommt aus dem *Afrz.*).

abtönen ↑[2]Ton.

abtöten ↑tot.

Abtrag, abtragen, abträglich ↑tragen.

abtreiben, Abtreibung ↑treiben.

abtreten, Abtritt ↑treten.

ab trimo/ab trümo: Die Herkunft der landschaftlichen Aufforderung, fortzugehen, zu verschwinden, ist trotz aller Deutungsversuche unklar.

abtrünnig: Die nur *dt.* Adjektivbildung *mhd.* abetrünnec, *ahd.* ab[a]trunnīg gehört zu der unter ↑*trennen* behandelten Sippe und bedeutet eigentlich „wer sich von etwas absondert".

abtun ↑tun.

aburteilen ↑Urteil.

abwägen ↑wägen.

abwarten ↑warten.

abwechseln, Abwechslung ↑Wechsel.

Abwehr, abwehren ↑wehren.

abweichen, Abweichung ↑[2]weichen.

abwerfen ↑werfen.

abwerten ↑wert.

abwesend: Das seit dem 15. Jh. gebräuchliche Adjektiv ist eigentlich das erste Partizip von einem im *Nhd.* untergegangenen zusammengesetzten Verb *mhd.* abewesen, *ahd.* ab[a]wesan „fehlen, nicht dasein". *Ahd.* ab[a]wesan, das zum starken Verb *ahd.* wesan „sein" (vgl. *Wesen*) gehört, ist eine Lehnübersetzung von *lat.* abesse. – Zu dem substantivierten Infinitiv des zusammengesetzten Verbs (beachte *frühnhd.* Abwesen) ist **Abwesenheit** (16. Jh.) gebildet. Sowohl 'abwesend' als auch 'Abwesenheit' sind zuerst in *niederd.* Lautung bezeugt.

abwickeln ↑wickeln.

abwiegeln ↑aufwiegeln.

abwracken ↑Wrack.

abwürgen ↑würgen.

Abzeichen ↑Zeichen.

abzeichnen ↑zeichnen.

abziehen, Abzug, abzüglich ↑ziehen.

abzirkeln ↑Zirkel.

abzweigen, Abzweigung ↑Zweig.

ac..., Ac... ↑ad..., Ad...

Acetat: Die Bezeichnung für das Salz der Essigsäure gehört mit **Aceton** „farblose, stark riechende Flüssigkeit, die v. a. als Lösungsmittel verwendet wird" zu chemisch fachsprachlich **Acetum** „Essig". Dies stammt aus *lat.* acetum „saurer Wein, Weinessig" (vgl. *Essig*); vgl. auch *lat.* acidus „scharf, sauer", auf das chemisch fachsprachlich **Acid...** (Azid...) zurückgeht.

Ach „Leid, Klage": Das seit *mhd.* Zeit gebräuchliche Wort (*mhd.* ach), das heute gewöhnlich nur noch in den Wendungen 'mit Ach und Krach' und 'mit Ach und Weh' verwendet wird, ist eine Substantivierung der Interjektion ach! (*mhd.* ach, *ahd.* ah), Ausruf des Schmerzes, der Verwunderung u. ä. – Siehe den Artikel *ächzen.*

Achat: Der Name des Halbedelsteins, *mhd.* achāt[es], beruht auf gleichbed. *griech.-lat.* achátēs, dessen weitere Herkunft nicht geklärt ist.

Achillesferse „wunder Punkt, schwache Seite": Der Ausdruck bezieht sich auf ein altgriechisches Sagenmotiv, das in ähnlicher Form auch in der Siegfriedsage wiederkehrt: Der altgriechische Held Achill hatte nur eine verwundbare Stelle an seinem Körper: seine Ferse. Ein Pfeilschuß in die Ferse soll ihn getötet haben. – In Analogie dazu prägte man die Bezeichnung **Achillessehne** für die stark ausgeprägte Sehne am hinteren Fußgelenk (mit hoher Beanspruchung beim [Wett]lauf); denn ein Achillessehnenriß bewirkt sofortige Geh- und Stehunfähigkeit.

Achse: Die *altgerm.* Bezeichnung der Radachse *mhd.* achse, *ahd.* ahsa, *niederl.* as, *aengl.* eax, *schwed.* (weitergebildet) axel beruht mit der unter ↑*Achsel* behandelten Körperteilbezeichnung und mit verwandten Wörtern in anderen *idg.* Sprachen auf *idg.* *aĝes- „Achsel; Achse". Vgl. z. B. *griech.* áxōn „Achse" und *lat.* axis „Achse" (↑axial). Das *idg.* Wort ist eine Bildung zu der Verbalwurzel *aĝ- „[mit geschwungenen Armen] treiben" und bedeutete demnach ursprünglich etwa „Drehpunkt [der geschwungenen Arme]" oder „Schulter samt den geschwungenen Armen". Als die Indogermanen den Wagenbau kennenlernten, übertrugen sie das Wort auf den Wagenteil, benannten also die Achse, genauer das Ende der Achse, als „Drehpunkt der den Wagen vorwärts treibenden Räder" (vgl. zu diesem Benennungsvorgang die Artikel *Nabel* und *Nabe*). – Zu der *idg.* Verbalwurzel *aĝ- „[mit geschwungenen Armen] treiben" gehört aus dem *germ.* Sprachbereich auch das unter ↑*Acker* (wohl eigentlich „Viehtrift") behandelte Wort. Aus anderen *idg.* Sprachen gehören zu dieser Wurzel z. B. *griech.* ágein „führen" (s. die Fremdwörter Demagoge, Pädagoge, Synagoge und Stratege), *lat.* agere „treiben; führen; handeln" (s. die Fremdwörtergruppe um *agieren,* zu der Akt, Aktion, reagieren, redigieren, kaschieren u. a. gehören) und *gall.* amb-actus „Diener", eigentlich „Herumgeschickter" (↑Amt). Auf einem alten Bedeutungsübergang von „treiben, in Bewegung oder in Schwingung versetzen" zu „wiegen, wägen" beruhen z. B. *griech.* áxios „wert, würdig", eigentlich „von angemessenem Gewicht" (↑Axiom) und *lat.* exigere „abwägen, abmessen", ex-actus „genau abgewogen" (↑exakt), examen „Prüfung", eigentlich „Ausschlag der Waage" (↑Examen). – Das Wort Achse wurde bereits in *ahd.* Zeit – nach dem Vorbild von *lat.* axis – auch übertragen verwendet im Sinne von „Erdachse; Himmel[sgegend]". An diesen Wortgebrauch schließt sich die fachsprachliche Verwendung des Wortes im Sinne von „ortsfeste Gerade inmitten eines Systems" an. Häufig wurde 'Achse' früher auch im Sinne von „Wagen" verwendet, beachte dazu die Wendung 'auf [der] Achse sein' „umherziehen, unterwegs sein" (16. Jh.).

Achsel „Schulter[gelenk]": Die *altgerm.* Körperteilbezeichnung *mhd.* ahsel, *ahd.* ahsla, *niederl.* (ablautend) oksel, *aengl.* eaxl, *schwed.* axel beruht mit dem unter ↑*Achse* behandelten Wort auf einer alten *idg.* Bildung zu der Verbalwurzel *aĝ- „[mit geschwungenen Armen] treiben". Die Achsel ist demnach etwa als „Drehpunkt [der geschwungenen Arme]" benannt worden. Eng verwandt ist z. B. *lat.* ala „Achsel; Flügel" (aus *ags-la, beachte dazu die Verkleinerungsbildung axilla „Achselhöhle; kleiner Flügel").

acht: Das *gemeingerm.* Zahlwort *mhd.* aht, *ahd.* ahto, *got.* ahtau, *engl.* eight, *schwed.* åtta geht mit Entsprechungen in den meisten anderen *idg.* Sprachen auf *idg.* *ok̂tōu „acht" zurück, vgl. z. B. *griech.* oktō „acht" und *lat.* octo „acht" (↑Oktave). Das *idg.* Zahlwort *ok̂tōu ist eine Dualform und bedeutet wohl eigentlich „die beiden Viererspitzen", nämlich der Hände ohne die Daumen (vgl. *Ecke*). Die alte Viererzählung läßt sich auch noch an den unter ↑*neun* behandelten Zahlwörtern erkennen. Abl.: **achte** Ordnungszahl (*mhd.* ahte[de], *ahd.* ahtodo). Zus.: **Achtel** (*mhd.* ahtel, ahtteil; zum zweiten Bestandteil vgl. *Teil*); **achtzehn** (*mhd.* ahzehen, *ahd.* ahtozehan); **achtzig** (*mhd.* ahzec, *ahd.* ahtozug; zum zweiten Bestandteil vgl. *...zig*).

[1]**Acht** „Ausschluß aus der [weltlichen] Gemeinschaft": Das *westgerm.* Wort für „[öffentlich gebotene] Verfolgung" *mhd.* āhte, *ahd.* āhta, *mnd.* achte, *aengl.* ōht ist verwandt mit *air.* ēcht „Totschlag aus Rache". Die weitere Herkunft des den Kelten und Germanen gemeinsamen Wortes ist dunkel. – Nach *germ.* Recht konnte der in die Acht erklärte Verbrecher von jedem getötet werden. Im deutschen Mittelalter war die Acht als Reichs-, Landes- und Stadtacht eine häufig verhängte weltliche Strafe für Friedensbrecher und stand neben dem kirchlichen Bann (s. d.), daher die Formel 'in Acht und Bann tun'. Abl.: **ächten** „in die Acht erklären, ausstoßen" (*mhd.* æhten, *ahd.* āhten; entsprechend *aengl.* ēhtan „verfolgen").

[2]**Acht** „Aufmerksamkeit, Beachtung, Fürsorge": Das *westgerm.* Substantiv *mhd.* ahte, *ahd.* ahta, *niederl.* acht, *aengl.* eaht gehört mit *got.* aha „Sinn, Verstand", ahjan „meinen" und anderen verwandten Wörtern im *germ.* Sprachbereich zu der *idg.* Wurzel *ok- „nachdenken, überlegen". *Außergerm.* ist z. B. verwandt die Sippe von *griech.* óknos „Zaudern". – Im heutigen Sprachgebrauch ist 'Acht' nur noch in bestimmten Verbindungen und Zusammensetzungen bewahrt, beachte z. B. außer acht lassen, sich in acht nehmen, achtgeben, achtlos. – Vom Substantiv abgeleitet ist das Verb **achten** „aufpassen, beachten; für etwas halten; schätzen, hochachten" (*mhd.* ahten, *ahd.* ahtōn; entspr. *niederl.* achten, *aengl.* eahtian). Dazu gebildet ist **Achtung** „Rücksicht, Wertschätzung, Anerkennung" (*mhd.* ahtunge, *ahd.* ahtunga). Um das Verb gruppieren sich die Präfixbildungen **beachten** (*mhd.* beahten, *ahd.* biahtōn), dazu **beachtlich** „bemerkenswert" (19. Jh.), **erachten** (*mhd.* erahten, *ahd.* irahtōn) und **verachten** (*mhd.* verahten), dazu **verächtlich** „geringschätzig, minderwertig" (15. Jh.). Abl.: **achtbar** „angesehen, anständig" (*mhd.* ahtbære); **achtsam** „aufmerksam, fürsorglich" (*mhd.* in unahtsam). Siehe auch den Artikel 'Obacht' unter [1]*ob.*

achter „hinter": Das aus der *nordd.* Seemannssprache übernommene Wort (*mnd.* achter) ist die *niederd.* Entsprechung von *hochd.* after „hinter" (vgl. *After*). Beachte dazu das

Adverb **achtern** „hinten" und die Zusammensetzung **Achterdeck** „Hinterdeck" (↑Deck).

achtzehn, achtzig ↑acht.

ächzen „stöhnen": Das auf das *dt.* Sprachgebiet beschränkte Verb (*mhd.* achzen, echzen) ist eine Bildung zu der unter ↑*Ach* dargestellten Interjektion und bedeutet eigentlich „ach! sagen".

Acid... ↑Acetat.

Acker: Das *gemeingerm.* Wort *mhd.* acker, *ahd.* ackar, *got.* akrs, *engl.* acre, *schwed.* åker geht mit verwandten Wörtern in anderen *idg.* Sprachen zurück auf *idg.* *aĝro-s „Feld, Ackerland", eine Bildung zu der unter ↑*Achse* dargestellten Verbalwurzel *aĝ- „[mit geschwungenen Armen] treiben". Das *idg.* Wort bezeichnete demnach ursprünglich das Land außerhalb der Siedlungen, wohin das Vieh zum Weiden oder aber auch zum Düngen des Bodens getrieben wurde (vgl. dazu z. B. das zum Verb 'treiben' gebildete Substantiv 'Trift' „Weide, Flur"). In anderen *idg.* Sprachen sind z. B. verwandt *aind.* ájra-ḥ „Feld, Flur", *griech.* agrós „Feld, Land" (beachte das Fachwort **Agronom** „Diplomlandwirt", *griech.* agronómos „Aufseher über die Stadtländereien") und *lat.* ager „Feld, Ackerland" (↑Agrar...). Abl.: **ackern** „pflügen, das Feld bestellen", *ugs.* für „schwer arbeiten, schuften" (*mhd.* ackern, eckern; beachte auch *mhd.* z' acker gān, varn „zu Acker gehen, fahren", daraus zusammengezogen **zakkern** *südwestd., westmitteld.* für „pflügen"). Zus.: **Ackerbau** (16. Jh.); **Gottesacker** besonders *südd.* für „Friedhof" (*spätmhd.* goczacker; ursprünglich der in den Feldern liegende Begräbnisplatz, im Gegensatz zum Kirchhof). – Siehe auch den Artikel *Ecker.*

a conto ↑Konto.

ad..., Ad..., (vor folgendem Konsonant häufig angeglichen zu:) ac..., af..., ag..., ak..., al..., an..., ap..., ar..., as..., at...: Die Vorsilbe von Fremdwörtern mit den Bedeutungen „zu, hinzu, bei, an, hin", wie z. B. in ↑addieren, ↑Advent u. v. a., stammt aus gleichbed. *lat.* ad. (Präfix und Präposition.

adagio „langsam, ruhig": Die Vortragsanweisung in der Musik wurde im 17. Jh. aus gleichbed. *it.* adagio (eigentlich ad agio „auf bequeme Verse", zu *it.* agio „Bequemlichkeit") übernommen. Dazu: **Adagio** „langsames, ruhiges Musikstück".

Adamsapfel: Die seit dem 18. Jh. bezeugte volkstümliche Bezeichnung für den vorstehenden Schildknorpel des Mannes beruht auf der Vorstellung, daß Adam ein Stück des verbotenen Apfels im Halse steckengeblieben sei. Diese Vorstellung ist bei den europäischen Völkern weit verbreitet – beachte z. B. *engl.* Adam's apple, *schwed.* adamsäpple, *frz.* pomme d'Adam – und ist wohl eine Umdeutung von *hebr.* tappûaḥ ha ạḏam „vorstehender Schildknorpel des Mannes", weil *hebr.* tappûaḥ „Erhebung (am menschlichen Körper)" das Wort für „Apfel" ist und weil *hebr.* ạḏam „Mann, Mensch" zum Namen des ersten Mannes wurde.

adäquat „angemessen, entsprechend": Das Adjektiv wurde im 18. Jh. aus gleichbed. *lat.* adaequatus entlehnt. Dies gehört zu *lat.* adaequare „gleichmachen, angleichen". Stammwort ist *lat.* aequus „gleich" (vgl. hierüber das Fremdwort *egal*).

addieren „zusammenzählen" (Math.): Der mathematische Terminus wurde im 16. Jh. aus *lat.* ad-dere „beitun, hinzufügen; addieren" entlehnt. Das *lat.* Verb gehört vermutlich mit einigen anderen Bildungen wie *lat.* ab-dere „wegtun, verbergen", con-dere „zusammentun, gründen", die in der Flexion mit den Präfixbildungen von *lat.* dare „geben" (↑Datum) zusammengefallen sind, zu den unter ↑*tun* genannten Wörtern der *idg.* Wurzel *dhē- „setzen, stellen, legen". Zum 1. Bestandteil vgl. *ad..., Ad...* – Abl.: **Addition** „Zusammenzählen" (15. Jh.; aus entsprechend *lat.* additio).

ade! ↑adieu!

Adel „vornehmes Geschlecht, edler Stand; edles Wesen": Die Herkunft des *altgerm.* Wortes für „Abstammung, Sippe, Geschlecht" (*mhd.* adel, *ahd.* adal, *mniederl.* adel-, *aengl.* æđel-, *aisl.* ađal) ist nicht sicher geklärt. – Das Wort bezeichnete zunächst die alte Abstammung einer Sippe, dann die Sippe oder das Geschlecht selbst und schließlich speziell das vornehme Geschlecht und den edlen Stand. Im Ablaut zu diesem Wort, von dem das unter ↑*edel* behandelte Adjektiv abgeleitet ist, steht *germ.* *ōþela- „Odal, Sippeneigentum an Grund und Boden, väterliches Erbgut" (*ahd.* uodal, *asächs.* ōthil, *aengl.* ōđel, *aisl.* ōđal). Abl.: **adeln** „in den Adelsstand erheben; edel machen" (16. Jh.); **ad[e]lig** „aus edlem Geschlecht stammend, vornehm" (mit Wechsel der Endung aus *mhd.* adelich, *ahd.* adallīh).

Adept „Anhänger einer Lehre; Eingeweihter, Jünger": Das im 18. Jh. aus *lat.* adeptus „jemand, der etwas erreicht hat" entlehnte Wort bezeichnete ursprünglich denjenigen, der in die Geheimnisse der Alchimie eingedrungen ist, d. i. „der es (= den Stein der Weisen) erfaßt hat". Zugrunde liegt das *lat.* Verb adipisci „[geistig] erlangen".

Ader: Das im heutigen Sprachgebrauch im Sinne von „Blutgefäß" verwendete Wort bezeichnete früher alle Gefäße und Stränge sowie auch innere Organe des menschlichen und tierischen Körpers. Die heute übliche Bedeutung setzte sich erst in *nhd.* Zeit durch, begünstigt durch die früher überaus wichtige Rolle des medizinischen Aderlasses. Seit *ahd.* Zeit wird das Wort auch übertragen gebraucht, beachte dazu die Zusammensetzungen 'Erzader' und 'Wasserader'. *Mhd.* āder, *ahd.* ād[e]ra „Blutgefäß; Sehne; Nerv; Muskel; Darm", *Plural* auch „Eingeweide", *niederl.* ader „Ader", *aengl.* ǣdre „Ader", *Plural* auch „Nieren", *schwed.* åder „Ader" sind verwandt mit *griech.* ē̆tor „Herz", ē̆tron „Unterleib" und beruhen auf einer alten Bezeichnung für „Eingeweide". – Abl.: **ädern** „aderähnlich mustern" (*mhd.* ǣdern „mit Adern versehen"). Zus.: **Aderlaß** „Öffnung einer Ader zum Ablassen von Blut", übertragen „große Einbuße, finanzieller Verlust" (älter *nhd.* auch Aderlässe, *mhd.* āderlāʒ, -læʒe; vgl. *lassen*).

adieu! „lebe wohl!": Die im 16./17. Jh. aus *frz.* adieu „zu Gott, Gott befohlen!" übernommene Grußformel ist identisch mit 'ade', das schon in *mhd.* Zeit aus entspr. *afrz.* adé entlehnt worden war. *Frz.* adieu (= à dieu) geht zurück auf *lat.* ad deum. Über die *idg.* Zusammenhänge von *lat.* deus (*alat.* deivos) „Gott" und besonders über die Verwandtschaft mit *lat.* dies „Tag" unterrichtet der Artikel ↑*Zier.* – Zum gleichen Stamm gehört das Fremdwort ↑Diva. Vgl. auch den Artikel *tschüs!*

Adjektiv „Eigenschaftswort, Beiwort": Der grammatische Ausdruck stammt aus *lat.* [nomen] adiectivum „hinzufügbares Wort" (Übersetzung von *griech.* [ónoma] epítheton). Er gehört zu *lat.* ad-icere (adiectum) „hinzuwerfen, hinzutun", einer Bildung aus *lat.* ad „hinzu" (vgl. *ad..., Ad...*) und *lat.* iacere „werfen, schleudern" (vgl. hierüber das Fremdwort *Jeton*).

Adjutant „dem Kommandeur einer militärischen Einheit beigegebener Verbindungsoffizier": Das im Verlauf des 30jährigen Krieges aufgenommene Fremdwort bedeutet wörtlich etwa „Hilfsoffizier". Es ist aus gleichbed. *span.* ayudante (eigentlich „Helfer, Gehilfe") entlehnt, auf das auch *frz.* adjudant (älter: ajudant) zurückgeht. Das dem Wort zugrundeliegende *span.* Verb ayudar „helfen" beruht wie entsprechend *frz.* aider „helfen" auf gleichbed. *lat.* adiutare, einem Iterativ von *lat.* ad-iuvare „helfen, unterstützen".

Adler: Der Name des Raubvogels ist eine verdunkelte Zusammensetzung und bedeutet eigentlich „Edelaar" (vgl. *Aar*). Er geht zurück auf *mhd.* adel-ar[e], das im 12. Jh. in der aufblühenden Falknerei als Bezeichnung für den edlen Jagdvogel geschaffen wurde, da *mhd.* ar „Adler" auch unedle Jagdvögel wie Bussard und Sperber bezeichnete.

Administration, administrativ, administrieren ↑Minister.

Admiral: Die Bezeichnung für „Seeoffizier im Generalsrang" wurde im 16. Jh. aus gleichbed. *frz.* amiral, admiral (im *Afrz.* allgemein „Oberhaupt") entlehnt, das seinerseits aus *arab.* amīr „Befehlshaber" stammt (vgl. *Emir*). – Abl.: **Admiralität** „Marineoberkommando" (17. Jh.).

Adonis „schöner Jüngling oder Mann": Die im 18. Jh. aufkommende Bezeichnung beruht auf *griech.* Ádōnis, dem Namen eines von der altgriechischen Göttin Aphrodite wegen seiner Schönheit geliebten Jünglings. Der appellativische Gebrauch des Namens für den Typus des schönen Jünglings oder schönen Liebhabers war schon in der Antike üblich.

adoptieren „an Kindes Statt annehmen": Das Verb wurde im 16. Jh. aus gleichbed. *lat.* ad-optare (eigentlich „hinzuerwählen") entlehnt, einer Bildung aus *lat.* ad „hinzu" (vgl. *ad..., Ad...*) und *lat.* optare „wählen; wünschen". – Dazu: **Adoption** „Annahme an Kindes Statt" (16. Jh., aus entsprechend *lat.* adoptio); **Adoptiv...** „durch Adoption zugesprochen" (aus *lat.* adoptivus), in Zusammensetzungen wie 'Adoptivsohn'.

Adresse „Anschrift, Aufschrift, Wohnungsangabe": Das Fremdwort wurde im 17. Jh. aus gleichbed. *frz.* adresse (eigentlich „Richtung, Bestimmungsrichtung") entlehnt. Das zugrundeliegende Verb *frz.* adresser „etwas an jemanden richten; mit einer Anschrift versehen, einen Brief (u. a.) an jemanden schicken", das seinerseits unser gleichbedeutendes Fremdwort **adressieren** (16. Jh.) lieferte, beruht auf *vlat.* *ad-directiare „ausrichten". Dies gehört seinerseits zu *lat.* di-rigere (directum) „geraderichten, ausrichten" (vgl. *dirigieren*). – Abl.: **Adressat** „Empfänger eines Briefs" (18. Jh., mit *lat.* Endung gebildet).

adrett „nett, hübsch; ordentlich, sauber, gefällig gekleidet": Das seit dem 17. Jh. zunächst als 'addroitt' bezeugte Adjektiv ist aus *frz.* adroit (adroite) „geschickt, gewandt; richtig, ordentlich" entlehnt. Das *frz.* Wort beruht seinerseits auf *vlat.* *ad-directus „ausgerichtet; wohlgeleitet". Zugrunde liegt *lat.* di-rigere (directus) „geraderichten, ausrichten" (vgl. *dirigieren*).

Advent „Zeit der Ankunft Christi": *Mhd.* advent[e] ist aus *lat.* adventus „Ankunft" entlehnt, das zu ad-venire „ankommen" gehört. Das einfache Verb venire ist mit *dt.* ↑*kommen* urverwandt. Über die Vorsilbe vgl. ↑*ad..., Ad...* – Aus dem religiösen Bereich gehört noch das Substantiv ↑Adventisten hierher. Im weltlichen Bereich geht eine ganze Reihe von Fremdwörtern auf Komposita von *lat.* venire „kommen" zurück. Unmittelbar zu advenire gehört noch das Lehnwort ↑Abenteuer. Weiterhin gehören: zu con-venire „zusammenkommen; übereinkommen; passen, sich schicken" ↑Konvent und Konvention; zu in-venire „hineinkommen, auf etwas stoßen, etwas vorfinden; etwas erwerben" ↑Inventar, ↑Inventur; zu inter-venire „dazwischentreten, sich einmischen" intervenieren, ↑Intervention, Intervenient; zu e-venire „herauskommen, eintreffen, sich ereignen" ↑eventuell, ↑Eventualitäten; zu sub-venire „[unterstützend] hinzukommen" über *frz.* souvenir „ins Gedächtnis kommen; erinnern" ↑Souvenir.

Adventisten: Die Bezeichnung für die Anhänger einer Sekte, die an die baldige Wiederkehr Christi glauben, ist *engl.-amerik.* Ursprungs und erst in neuerer Zeit (19./20. Jh.) übernommen worden. *Engl.-amerik.* adventist ist eine Bildung zu *lat.* adventus „Ankunft" (hier im Sinne von „Ankunft des Herrn"); vgl. *Advent*.

Adverb „Umstandswort": Der grammatische Terminus wurde im 17. Jh. aus gleichbed. *lat.* adverbium (eigentlich „das zum Verb gehörende Wort", Übersetzung von *griech.* epírrhēma) entlehnt. Dies gehört seinerseits zu *lat.* verbum „Wort, Zeitwort" (vgl. *Verb*). – Abl.: **adverbial** „umstandswörtlich" (aus gleichbed. *lat.* adverbialis).

Advokat „[Rechts]anwalt": Das Wort wurde im 14. Jh. aus gleichbed. *lat.* advocatus (eigentliche Bed.: „der Herbeigerufene", nämlich zur

Beratung in einen Rechtsstreit) entlehnt. Es gehört zu *lat.* ad-vocare „herbeirufen", einer Bildung aus *lat.* ad „hinzu" (vgl. *ad..., Ad...*) und *lat.* vocare „rufen" (vgl. *Vokal*). Gleichen Ursprungs ist das Lehnwort ↑Vogt. – 'Advokat' wurde im 19. Jh. durch amtliche Sprachregelung als offizielle Berufsbezeichnung durch 'Rechtsanwalt' ersetzt.

aero..., Aero...: Das in zahlreichen Zusammensetzungen (Aerobus, aerodynamisch, Aeroplan, Aerosol usw.) auftretende Bestimmungswort mit der Bed. „Luft; Gas" gehört zu *griech.* aḗr „Luft".

af..., Af... ↑ad..., Ad...

Affäre „Angelegenheit; [unangenehmer] Vorfall; Streitsache": Das Fremdwort wurde im 17. Jh. aus gleichbed. *frz.* affaire entlehnt. Das *frz.* Wort selbst ist durch Zusammenrückung der Fügung '[avoir] à faire' „zu tun [haben]" entstanden. Das zugrundeliegende Verb *frz.* faire „machen, tun" beruht auf gleichbed. *lat.* facere (vgl. *Fazit*). – Beachte die Redensart 'sich aus der Affäre ziehen' „sich aus einer Sache herauswinden", die entsprechend *frz.* 'se tirer d'affaire' wiedergibt.

Affe: Der *altgerm.* Tiername *mhd.* affe, *ahd.* affo, *niederl.* aap, *engl.* ape, *schwed.* apa ist ein altes Lehnwort aus einer unbekannten Sprache. Die Germanen lernten das Tier schon früh durch umherziehende Kaufleute kennen, die es aus dem Süden mitbrachten. – Die soldatensprachliche Verwendung von 'Affe' im Sinne von „Tornister" geht von dem Bild des Affen auf der Schulter des wandernden Schaustellers aus; vielleicht knüpft daran auch die *ugs.* Verwendung des Wortes im Sinne von „Rausch" an: der Betrunkene bildet sich ein, ihm säße ein Affe auf der Schulter. In dieser Verwendung kann aber auch Einfluß von *tschech.* opít se „sich betrinken" (*tschech.* opice „Affe") vorliegen. Abl.: **äffen** „nachahmen; narren" (*mhd.* effen); **affig** „gefallsüchtig, albern" (19. Jh.); **äffisch** „affenartig" (16. Jh.). Zus.: **Affenliebe** „übertriebene Liebe" (17. Jh.); zu 'Maulaffe' siehe den Artikel *Maul;* (vgl. *Schlaraffe*).

Affekt „Gemütsbewegung; stärkere Erregung": Das Wort wurde im 16. Jh. aus *lat.* affectus „durch äußere Einflüsse bewirkte Verfassung, Gemütsbewegung, Leidenschaft" entlehnt. Es gehört zu *lat.* af-ficere „hinzutun; einwirken, Eindruck machen; stimmen, anregen, ergreifen", einem Kompositum von *lat.* facere „machen, tun; bewirken" (vgl. *Fazit*). – Dazu: **affektiert** „gemacht, erkünstelt; geziert, unnatürlich, gezwungen" (17. Jh.). Es handelt sich bei diesem Wort um das in adjektivischen Gebrauch übergegangene zweite Partizip des heute veralteten Zeitworts 'affektieren' „erkünsteln; sich zieren" (16. Jh.), das auf *lat.* affectare „sich an etwas machen; ergreifen; anstreben; sich etwas zurechtmachen, erkünsteln" zurückgeht (wohl nach dem Vorbild von entsprechend *frz.* affecter).

Affront „Beleidigung": Das Fremdwort wurde im 15. Jh. aus gleichbed. *frz.* affront entlehnt, das seinerseits ein postverbales Substantiv von *frz.* affronter „auf die Stirn schlagen; vor den Kopf stoßen, beschimpfen, beleidigen" ist. Dies gehört zu *frz.* front (< *lat.* frons, Genitiv frontis) „Stirn; Vorderseite" (vgl. *Front*).

After: Die Bezeichnung für das Ende des Mastdarms (*mhd.* after, *ahd.* aftero) ist eine Substantivierung des im *Nhd.* untergegangenen Adjektivs *ahd.* aftero, *mhd.* after „hinter; nachfolgend" und bedeutete dementsprechend zunächst „Hinterer" (vgl. die unter ↑*hinter* behandelte Substantivierung 'Hintern'). Das Adjektiv gehört zu der Präposition und zum Adverb älter *nhd., mhd.* after, *ahd.* aftar, *niederd.* achter (↑achter), *got.* aftra, *engl.* after, *schwed.* efter „nach; hinter; gemäß". Dieses *gemeingerm.* Wort beruht mit verwandten Wörtern in anderen *idg.* Sprachen auf *idg.* *epi-, *opi- „nahe hinzu, auf etwas hin, nach", vgl. z. B. *griech.* epí „auf etwas hin" und *lat.* ob „auf etwas hin, nach", die in zahlreichen aus dem *Griech.* und *Lat.* entlehnten Fremdwörtern als Präfix erscheinen (↑epi... und ↑ob...). Zu dieser *idg.* Präposition gehört wahrscheinlich auch das unter ↑*Abend* behandelte Substantiv. – Älter *nhd.* after „hinter" kam wegen der anstößigen Bedeutung des Substantivs außer Gebrauch. Auch die Zusammensetzungen mit 'after', wie z. B. 'Aftermiete' „Untermiete", sind heute nicht mehr gebräuchlich.

ag..., Ag... ↑ad..., Ad...

Agave: Für den aus dem *Frz.* übernommenen Namen der aloeähnlichen, tropischen Pflanze (*frz.* agave, älter: agavé) wurde von Botanikern des 18. Jh.s das Femininum von *griech.* agauós „edel", nämlich agauḗ verwendet. Er bedeutet demnach eigentlich „die Edle".

Agent: Das im 16. Jh. aus *it.* agente (= *frz.* agent) entlehnte Fremdwort bezeichnete ursprünglich einen „Geschäftsträger" im politischen Sinn. Später entwickelte sich daraus die spezielle Bed. „in staatlichem Auftrag tätiger Spion". Früh war das Wort auch in der Kaufmannssprache heimisch im Sinne von „[Handels]vertreter; Geschäftsvermittler" (beachte Zusammensetzungen wie 'Theateragent, Versicherungsagent' u. a.), was sich auch in der jungen, mit *lat.* Endung gebildeten Ableitung **Agentur** „Vermittlungsbüro, [Handels]vertretung" (19. Jh.) zeigt. – *It.* agente beruht auf *lat.* agens (agentis), dem Part. Präs. von *lat.* agere „tun, treiben, ausführen, handeln usw." (vgl. *agieren*).

Aggregat „Koppelung einer Kraftmaschine mit einer Arbeitsmaschine (Technik); mehrgliedrige Zahlengröße (Mathematik)": Das Fremdwort ist eine gelehrte Neubildung des 15. Jh.s zu *lat.* ag-gregare „anhäufen", es bedeutet also eigentlich „Anhäufung". Stammwort ist *lat.* grex, Genitiv gregis „Herde, Haufe, Schar", das verwandt ist mit *lat.* gremium „Schoß; Bündel" (vgl. *Gremium*). – Dazu die Zusammensetzung **Aggregatzustand** (19. Jh.) als Bezeichnung für die durch verschiedene „Zusammenhäufung" der Moleküle bedingte Erscheinungsform eines Stoffes.

Aggression „kriegerischer Angriff": Das

Wort wurde im 18. Jh. aus gleichbed. *lat.* aggressio entlehnt. Das *lat.* Wort gehört zu *lat.* aggredi „heranschreiten; angreifen", einer Bildung aus *lat.* ad „heran, hinzu" (vgl. *ad..., Ad...*) und *lat.* gradi „schreiten, gehen" (vgl. den Artikel *Grad*). – Dazu auch: **aggressiv** „angriffslustig, herausfordernd" (19. Jh., *nlat.* Bildung nach entsprechend *frz.* agressif); **Aggressor** „Angreifer" (17. Jh., aus gleichbed. *spätlat.* aggressor).

Ägide: Das vor allem aus der Verbindung 'unter jemandes Ägide' „unter jemandes Leitung und Verantwortung" bekannte Wort stammt aus *lat.* aegis, Genitiv aegidis „Schirm, Schutz; Schild", das seinerseits aus *griech.* aigís „Schild des Zeus und der Athene" (eigentlich „Ziegenfell", zu aíx „Ziege") entlehnt ist.

agieren „handeln, tätig sein; eine Rolle spielen": Das seit dem 16. Jh. bezeugte Verb geht auf gleichbed. *lat.* agere (actum) zurück. – Die Grundbedeutung von *lat.* agere, das urverwandt ist mit den unter ↑*Achse* genannten Wörtern, ist „treiben, antreiben". Aus dieser Grundbedeutung haben das Verb und zahlreiche Ableitungen und Präfixbildungen eine Fülle von Bedeutungen entwickelt, die den verschiedensten Anwendungsbereichen zugeordnet sind. Unter diesen sind einige von besonderem Interesse, weil sie in Fremdwörtern der Sippe von *lat.* agere lebendig sind. Aus dem allgemeinen Sprachgebrauch seien davon erwähnt: „in Bewegung setzen; bewirken; in einer bestimmten inneren Verfassung sein" (in den Fremdwörtern ↑agil, ↑aktiv, Aktivität, aktivieren, ↑reagieren, Reaktion; in gewissem Sinne auch in ↑Akt und ↑Aktion). Auf wirtschaftlichem Gebiet sind es Bedeutungen wie „handeln, ein Geschäft betreiben; wirksam sein" (so in ↑Aktiva, ↑Aktie, Aktionär, ↑Transaktion). 'Aktie' und 'Aktionär' gehören ursprünglich allerdings mehr zur dritten Gruppe von Fachwörtern des Rechtswesens und der Verwaltungssprache (wie ↑Aktion und ↑Akten); denn das dem Fremdwort 'Aktie' zugrundeliegende *lat.* Substantiv actio hat im altrömischen Recht die Bed. „klagbarer Anspruch". – Mehr politischen Charakter haben die Wörter ↑Agent, ↑Agitation, Agitator, agitieren, ↑Reaktion (unter 'reagieren'), Reaktionär. Die Bedeutungsentwicklung ist dabei zwar modern, aber doch schon im *Lat.* vorgebildet in der Bedeutung „eine Sache öffentlich (vor dem Volk oder Senat) betreiben", die agere und noch schärfer das abgeleitete Intensivum agitare „etwas heftig betreiben; (das Volk) aufhetzen, aufwiegeln" entwickelt haben. – Auch in der Sprache des Schauspielers war *lat.* agere mit der Bedeutung „eine Rolle spielen" heimisch. Die Fremdwörter ↑Akt, ↑Akteur und auch 'agieren' bestätigen dies. – Ausschließlich modern ist die Bedeutungsentwicklung in Fremdwörtern aus Naturwissenschaft und Technik (wie in ↑reagieren, Reagenz, Reagenzglas, Reaktor) oder aus der Publizistik und dem Verlagswesen (wie in ↑redigieren, Redaktion, Redakteur; im gewissen Sinn auch in ↑aktuell, Aktualität). – Eine schon im *Idg.* erfolgte Sonderentwicklung in der Bedeutung liegt in den zum Stamm von *lat.* agere gehörenden Fremdwörtern ↑Examen, examinieren, ↑exakt vor (vgl. hierzu im besonderen auch die Artikel *Achse* und *Axiom*).

agil „beweglich, geschäftig": Das Adjektiv wurde im 18. Jh. aus gleichbed. *frz.* agile entlehnt, das auf *lat.* agilis „leicht zu führen, beweglich; geschäftig" zurückgeht. Dies ist eine Bildung zu *lat.* agere „treiben, führen; handeln usw." (vgl. *agieren*).

Agitation „aufrührerische [politische] Hetze; politische Aufklärungsarbeit": Das Wort wurde in der 1. Hälfte des 19. Jh.s als politisches Schlagwort zusammen mit dem dazugehörigen Substantiv **Agitator** „Aufwiegler; jemand, der Agitation betreibt" aus entsprechend *engl.* agitation (bzw. agitator) entlehnt. Die *engl.* Wörter beruhen ihrerseits formal auf entsprechend *lat.* agitatio „das In-Bewegung-Setzen, die Bewegung" bzw. *lat.* agitator „Treiber", in der Bedeutungsentwicklung jedoch sind sie abhängig von dem zugrundeliegenden Verb *lat.* agitare „etwas heftig betreiben; schüren, aufpeitschen, aufwiegeln, aufhetzen". Aus diesem Verb stammt *engl.* to agitate, unter dessen Einfluß *dt.* **agitieren** „aufrührerisch tätig sein; politisch aufklären, werben" (aus *lat.* agitare oder nach *frz.* agiter) – auch in der 1. Hälfte des 19. Jh.s – in Gebrauch kam. Über weitere etymologische Zusammenhänge vgl. den Artikel *agieren*.

à gogo „in Hülle und Fülle; nach Belieben": Der *ugs.* Ausdruck wurde in der 2. Hälfte des 20. Jh. aus gleichbed. *frz.* à gogo, einer scherzhaften Verdoppelung der Anfangssilbe von *frz.* gogue „Scherz", entlehnt.

Agonie: Der Ausdruck für „Todeskampf" wurde im 18. Jh. aus gleichbed. *frz.* agonie entlehnt. Dies geht auf *kirchenlat.* agonia zurück, das seinerseits aus *griech.* agōnía „Kampf; Anstrengung; Angst" (zu *griech.* ágein; vgl. *Achse*) stammt.

Agraffe: Die Bezeichnung für „Spange" wurde im 17. Jh. aus gleichbed. *frz.* agrafe (eigentlich „Haken") entlehnt. Dies gehört zu *frz.* agrafer „an-, einhaken".

Agrar...: Dem Bestimmungswort von Zusammensetzungen mit der Bedeutung „Landwirtschaft, Boden", wie in 'Agrarpolitik' (20. Jh.) u. a., liegt das *lat.* Adjektiv agrarius „den Akker[bau] betreffend" zugrunde, das von *lat.* ager „Acker" (urverwandt mit *dt.* ↑*Acker*) abgeleitet ist.

Agronom ↑Acker.

Ahle „Pfriem, Vorstecher": Der *altgerm.* Werkzeugname *mhd.* āle, *ahd.* āla, älter *niederl.* aal, *aengl.* ǣl, *aisl.* (ablautend) alr ist verwandt mit *aind.* ā́rā „Ahle". Es handelt sich also um eine uralte Bezeichnung eines schon für die Steinzeit nachgewiesenen spitzen Gerätes zum Vorstechen von Häuten oder dgl.

Ahn „Vorfahre": Das im *germ.* Sprachbereich nur im *Dt.* gebräuchliche Wort ist ein Lallwort der Kindersprache für ältere Personen aus der Umgebung des Kindes. Mit *mhd.* an[e], *ahd.* ano „Vorfahre; Großvater" sind z. B. [elementar]verwandt *griech.* annis „Großmutter" und *lat.* anus „altes Weib". – Eine Verkleinerungsbildung zu 'Ahn' ist das unter ↑*Enkel* behandelte Wort. Abl.: **Ahne** (*mhd.* ane, *ahd.* ana). Zus.: **Ahnherr** (*mhd.* anherre „Groß-, Vorvater"); **Urahn** (*mhd.* urane, *ahd.* urano).

ahnden „rächen, [be]strafen": *Mhd.* anden „Unwillen empfinden, rächen, strafen", *ahd.* antōn „zornig oder wütend werden, sich ereifern, sich heftig für etwas einsetzen, rächen, strafen", *mniederl.* anden „Unwillen empfinden, neidisch sein, seinen Ärger oder Zorn auslassen", *aengl.* andian „eifersüchtig, neidisch sein" sind abgeleitet von dem *westgerm.* Substantiv *mhd.* ande „Kränkung, Unwille", *ahd.* anto „das Eifern, Eifersucht, Mißgunst, Ärger, Zorn, Ärgernis", *mniederl.* ande „Eifer, Ärger, Zorn, Ärgernis", *aengl.* anda „Groll, Feindschaft; Mißgunst, Ärger, Zorn; Ärgernis". Dieses *westgerm.* Substativ ist wahrscheinlich eine Bildung zu der unter ↑*an* behandelten Präposition und bedeutet demnach eigentlich „das, was einen ankommt".

ähneln ↑ähnlich.

ahnen „voraussehen, unmittelbar empfinden, vermuten": Das nur *dt.* Verb (*mhd.* anen) ist wahrscheinlich von der unter ↑*an* behandelten Präposition abgeleitet und bedeutet demnach eigentlich „einen an- oder überkommen". Es wurde zunächst unpersönlich gebraucht, beachte *mhd.* 'es anet mir (auch: mich)' „es kommt mich an", d. h. etwas Unbestimmtes rührt mich von außen her an. Abl.: **Ahnung** „unbestimmtes Gefühl, Vermutung" (17. Jh).

Ahnherr ↑Ahn.

ähnlich: Die *nhd.* Form 'ähnlich' ist aus der Vermischung zweier verschiedener Wörter hervorgegangen: erstens *mhd.* ane-, enlich „ähnlich, gleich" (für *ahd.* anagilīh, vgl. *an* und *gleich*), zweitens *ostmitteld.* enlich, *mhd.* einlich „einheitlich" (Ableitung von *mhd.* ein „ein", vgl. [1]*ein*). Abl.: **ähneln** „ähnlich sein" (17. Jh., für älteres ähnlichen, *mhd.* anelīchen).

Ahnung ↑ahnen.

Ahorn: Der im *germ.* Sprachbereich nur im *Dt.* gebräuchliche Baumname (*mhd., ahd., mnd.* ahorn) gehört mit verwandten Wörtern in anderen *idg.* Sprachen – vgl. z. B. *lat.* acer „Ahorn" – zu der unter ↑*Ecke* dargestellten *idg.* Wurzel *ak̂- „spitz, scharf". Der Ahorn ist demnach nach seinen auffällig spitz eingeschnittenen Blättern benannt. – Andere im *Dt.* gebräuchliche Namen des Ahorns sind z. B. Maßholder (↑Maßlieb[chen]) und *niederd. mdal.* Löne.

Ähre: Das *gemeingerm.* Wort *mhd.* eher, *ahd.* ehir, *got.* ahs, *engl.* ear, *schwed.* ax gehört mit verwandten Wörtern in anderen *idg.* Sprachen – vgl. z. B. *lat.* acus „Granne, Spreu" – zu der unter ↑*Ecke* dargestellten *idg.* Wurzel *ak̂- „spitz, scharf". Die Ähre ist also nach ihren spitzen Grannen benannt.

ak..., Ak... ↑ad..., Ad...

Akademie „Forschungsstätte; Bildungsinstitution, Fachhochschule": Das Wort wurde im 16. Jh. aus *lat.* Academia, *griech.* Akadēmeia, dem Namen der Lehrstätte Platons, entlehnt. Diese wiederum heißt nach einem dem Heros Akádēmos geweihten Hain, in dem sie sich befand. Im 18. Jh. entwickelte das Wort die Bed. „gelehrte Gesellschaft" (nach *frz.* académie). – Dazu die *nlat.* Bildungen **akademisch** „an einer Universität oder Hochschule erworben; wissenschaftlich; trocken, theoretisch" (16. Jh.) u. **Akademiker** „jemand, der eine abgeschlossene Universitäts- oder Hochschulausbildung hat" (18. Jh.).

Akazie: Der in *dt.* Texten seit dem 18. Jh. bezeugte Name des [sub]tropischen Laubbaumes führt über entsprechend *lat.* acacia auf *griech.* akakía „Akazie; Ginster" zurück.

Akelei: Der Name der Zierpflanze aus der Familie der Hahnenfußgewächse, *mhd.* ageleie, ackelei, *ahd.* agaleia, *mnd.* ak[e]leye, beruht auf gleichbed. *mlat.* aquile[g]ia. Die weitere Herkunft des Wortes ist dunkel.

akklimatisieren, sich „sich (nach und nach) eingewöhnen, anpassen": Das Wort ist eine gelehrte Präfixbildung des 18. Jh.s zu ↑*Klima.* Dazu: **Akklimatisation** „Eingewöhnung" (19. Jh.).

[1]**Akkord** „Stücklohn[vertrag]": Das Fremdwort erscheint im 16. Jh. mit der allgemeinen Bed. „Vertrag, Abkommen, Vergleich". Erst im 19. Jh. kommt die heute übliche spezielle Bedeutung auf, an die sich Zusammensetzungen wie 'Akkordarbeit, Akkordlohn' und die Wendung 'im Akkord arbeiten' anschließen. Entlehnt ist das Fremdwort aus *frz.* accord „Übereinstimmung; Abkommen, Vertrag" (= *it.* accordo). Das zugrundeliegende Verb *frz.* accorder „in Übereinstimmung bringen; ein Abkommen treffen" beruht wie entsprechend *it.* accordare auf gleichbed. *vlat.* *ad-cordare, einer denominativen Präfixbildung zu *lat.* cor, Genitiv cordis „Herz; Geist, Verstand; Gemüt; Stimmung, Gestimmtheit" (vgl. *Courage*).

[2]**Akkord** „Zusammenklang (mehrerer Töne)": Der musikalische Terminus wurde zu Beginn des 18. Jh.s aus gleichbed. *frz.* accord entlehnt. Für das zugrundeliegende Verb *frz.* accorder „(die Instrumente) stimmen" (15. Jh.), das wohl ursprünglich identisch ist mit *frz.* accorder „in Übereinstimmung bringen" (s. oben unter [1]Akkord), vermutet man sekundären Quereinfluß von *lat.* chorda (> *frz.* corde) „Saite". – **Akkordeon:** Die Bezeichnung für „Handharmonika" ist eine künstliche Neubildung des 19. Jh.s zu [2]Akkord (s. oben).

akkreditieren „beglaubigen (insbesondere den diplomatischen Vertreter eines Landes)": Das Verb wurde im 18. Jh. aus gleichbed. *frz.* accréditer entlehnt, einer Präfixbildung zu *frz.* crédit „Vertrauen; Kredit" (vgl. *Kredit*). – Dazu das Substantiv **Akkreditiv** „Beglaubigungsschreiben eines diplomatischen Vertreters; Krediteinräumung; Kreditbrief" (19. Jh.).

Akkumulator „Energiespeicherer" (dafür häufig das Kurzwort 'Akku'): Das Wort ist eine gelehrte Entlehnung des 19. Jh.s aus *lat.* accumulator „Anhäufer", das zu *lat.* ac-cumulare „anhäufen" und weiter zu *lat.* cumulus „Haufe" (vgl. *Kumulus*) gehört.

akkurat: Das seit dem 17. Jh. zunächst als Adverb mit der Bed. „genau" bezeugte Fremdwort, das erst im 18. Jh. auch als Adjektiv „gewissenhaft, ordentlich" gebräuchlich wurde, ist aus *lat.* accurate „sorgfältig" entlehnt, dem Adverb zu gleichbed. *lat.* accuratus. Zugrunde liegt das *lat.* Verb ac-curare „mit Sorgfalt tun". Über das Stammwort *lat.* cura „Sorge, Pflege usw." vgl. den Artikel *Kur.* – Abl.: **Akkuratesse** „peinliche Genauigkeit, Gewissenhaftigkeit" (um 1700; mit *frz.* Endung hinzugebildet).

Akkusativ „Wenfall" (Grammatik): Der grammatische Terminus stammt aus *lat.* (casus) accusativus „der die Anklage betreffende (vierte) Fall". Der *lat.* Name beruht (ähnlich wie bei ↑Genitiv) auf einem Mißverständnis bei der Übersetzung von *griech.* (ptō̄sis) aitiatikḗ „Ursache und Wirkung betreffender Fall". Gemeint ist dabei einerseits das vom Verb gleichsam verursachte Objekt im vierten Fall, andererseits auch die an diesem Objekt auftretende Wirkung. Fälschlich wurde nun das unmittelbar zu *griech.* aítion „Ursache" gehörende Adj. aitiatikós auf aitiā̂sthai „beschuldigen, anklagen" bezogen und von den Lateinern mit dem von *lat.* accusare „beschuldigen, anklagen" abgeleiteten Adjektiv accusativus wiedergegeben.

Akontozahlung ↑Konto.

Akquisiteur „Kundenwerber, Werbevertreter; jemand, der Anzeigen für eine Zeitung einholt": Das Wort ist eine französisierende Bildung des 20. Jh.s zu **akquirieren** „erwerben, anschaffen; Kunden werben" (16. Jh.; aus *lat.* acquirere „erwerben" < *lat.* ad und *lat.* quaerere, vgl. *requirieren*) und **Akquisition** „Erwerbung, Anschaffung; Kundenwerbung" (16. Jh.; aus *lat.* acquisitio „Erwerbung").

Akribie: Der bildungssprachliche Ausdruck für „höchste Genauigkeit, Sorgfalt" ist über *kirchenlat.* acribia aus gleichbed. *griech.* akríbeia (zu *griech.* akribḗs „genau, sorgfältig") entlehnt. Abl.: **akribisch** „höchst genau und sorgfältig".

Akrobat „Turnkünstler": Das seit dem Anfang des 19. Jh.s zunächst nur im Sinne von „Seiltänzer" bezeugte Fremdwort, das im Bereich des Zirkuswesens seine heutige Bed. entwickelte, geht zurück auf *griech.* akróbatos „auf den Fußspitzen gehend", das zu *griech.* ákros „äußerst, oberst; spitz" und *griech.* bateīn „gehen" (vgl. *Basis*) gehört. – Abl.: **akrobatisch** „den Akrobaten betreffend; körperlich überaus gewandt" (19. Jh.).

Akt: Das seit dem 16. Jh. bezeugte Fremdwort, das auf *lat.* actus „Handlung; Geschehen; Darstellung; Vorgang usw." zurückgeht (zu *lat.* agere, actum „treiben; handeln, tätig sein usw.", vgl. *agieren*), erscheint zuerst mit der allgemeinen Bed. „[feierliche] Handlung". Diese Bedeutung wird in jungen Zusammensetzungen wie 'Gewaltakt' (19. Jh.), 'Willensakt' (19. Jh.), 'Gnadenakt' (19. Jh.) besonders deutlich. Ebenfalls schon im 16. Jh., jedoch anfangs meist noch in der Form 'actus', findet sich das Wort in der Bühnensprache mit der schon im *Lat.* vorgebildeten Bed. „Aufzug eines Theaterstücks". Seit dem 19. Jh. ist 'Akt' auch als Fachwort der bildenden Kunst bezeugt. Es bezeichnet dort die Stellung des nackten Modells und die danach entworfene künstlerische Darstellung des nackten menschlichen Körpers (beachte auch die junge Zusammensetzung 'Aktphoto'). – In der modernen Verwaltungssprache wird 'Akt' gelegentlich auch im Sinne von „Vorgang; über Personen oder Vorgänge angefertigter Schriftsatz" gebraucht. Es handelt sich dabei wohl um eine junge Rückbildung aus dem bereits in der Kanzleisprache des 15./16. Jh.s üblichen gleichbedeutenden Fremdwort **Akten,** das auf *lat.* acta „das Verhandelte, die Ausführungen, der Vorgang", dem substantivierten Neutr. Plur. des Part. Perf. von agere, beruht. Häufiger als die Singularform 'Akt' begegnet der gleichfalls aus dem Plural rückgebildete Singular **Akte.**

Akteur „handelnde Person; Schauspieler": Das Wort wurde im 18. Jh. aus gleichbed. *frz.* acteur als Ersatzwort für das ältere, aber in der Bedeutung abgewertete 'Komödiant' übernommen. Das *frz.* Wort beruht seinerseits auf *lat.* actor, Genitiv actoris „handelnde Person [auf der Bühne]", das zu *lat.* agere (actum) „treiben; handeln, tätig sein; eine Rolle spielen" (vgl. *agieren*) gehört.

Aktie: Die Bezeichnung für „Anteilschein, Urkunde über den Anteil am Grundkapital einer Aktiengesellschaft" wurde um 1700 aus gleichbed. *niederl.* actie (älter: action) entlehnt, das seinerseits wie entsprechend *engl.* action und *frz.* action auf *lat.* actio „Handlung, Tätigkeit; Tätigwerden vor Gericht" (↑Aktion) in dessen speziell juristischer Bed. „klagbarer Anspruch" zurückgeht (vgl. *agieren*). Der Inhaber einer Aktie heißt 'Aktionär' (18. Jh., aus entsprechend *frz.* actionnaire).

Aktion „Handlung; Verfahren": Das Substantiv wurde im 16. Jh. aus gleichbed. *lat.* actio entlehnt, das zu *lat.* agere (actum) „treiben; handeln usw." (vgl. *agieren*) gehört. Siehe auch den Artikel *Aktie.*

aktiv „tätig, wirksam": Das Adjektiv wurde im 17. Jh. aus gleichbed. *lat.* activus entlehnt, das zu *lat.* agere (actum) „treiben; handeln, tätig sein usw." (vgl. *agieren*) gehört. – Substantiviert zu **Aktiv** bezeichnet das Wort als grammatischer Terminus (im Gegensatz zu ↑Passiv) die „tätige" Verhaltensrichtung des Zeitworts. – Auf dem substantivierten Neutr. Plur. (*lat.* activa) beruht das finanzwirtschaftliche Fachwort **Aktiva** „Guthaben, vorhandene [Vermögens]werte". Es bezeichnet gleichsam das „wirksame" Kapital, im Gegensatz zu ↑Passiva. – Zu 'aktiv' gehören weiter die folgenden Fremdwörter: **aktivieren** „in Tätigkeit setzen, in Gang bringen" (19. Jh., nach entsprechend *frz.* activer gebildet); **Aktivität** „Tatkraft; Unternehmungsgeist" (17. Jh., nach entsprechend *mlat.* activitas).

aktuell „zeitnah; zeitgemäß; vordringlich": Das im 18. Jh. aufgekommene Fremdwort, das in neuster Zeit durch die Publizistik allgemein bekanntgeworden ist, ist aus gleichbed. *frz.* actuel entlehnt. Das *frz.* Wort seinerseits beruht auf entsprechend *spätlat.* actualis „wirksam; wirklich, tatsächlich". Dies gehört zu *lat.* agere (actum) „treiben, betreiben; handeln usw." (vgl. *agieren*). Dazu das Substantiv **Aktualität** „Tagesereignis; bedrängende Gegenwart" (im 19. Jh. nach gleichbed. *frz.* actualité hinzugebildet).

Akupunktur: Die Bezeichnung für die aus China stammende [Heil]behandlung durch Einstiche mit feinen Nadeln in bestimmte Körperstellen ist eine gelehrte Bildung des 20. Jh.s aus *lat.* acus „Nadel" (vgl. *Ecke*) und *lat.* punctura „das Stechen; Stich" (vgl. *Punkt*). Dazu: **akupunktieren** „eine Akupunktur durchführen".

akustisch „den Schall, das Gehör betreffend; klanglich": Das Wort ist eine gelehrte Entlehnung des 18. Jh.s aus *griech.* akoustikós „das Gehör betreffend" (zu *griech.* akoúein „hören", wahrscheinlich urverwandt mit *dt.* ↑*hören*). – Dazu das Substantiv **Akustik** „Lehre vom Schall (18. Jh.); Klangwirkung (19. Jh.)".

akut „heftig, dringend; unvermittelt auftretend (von Krankheiten)": Das erst im 19. Jh. gebuchte Adjektiv ist ein altes medizinisches Fachwort (Gegensatz: ↑chronisch). Es wurde als solches aus *lat.* acutus entlehnt, das eigentlich „geschärft, scharf, spitz" bedeutet. Das *lat.* Wort wurde aber schon von altrömischen Ärzten in einem speziell medizinischen Sinne zur Charakterisierung von unvermittelt auftretenden Krankheiten gebraucht, die einen kurzen und heftigen Verlauf haben (*lat.* 'morbus acutus', im Gegensatz zu 'morbus longus' bzw. 'morbus vetustus'). – Das dem *lat.* Wort zugrundeliegende Verb *lat.* acuere (acutum) „schärfen, spitzen" ist mit *dt.* ↑*Ecke* etymologisch verwandt. – Gleichen Ausgangspunkt (*lat.* acutus) hat das sprachwissenschaftliche Fachwort **Akut** „Betonungszeichen für den steigenden (= scharfen) Ton", das sich aus *lat.* Fügungen wie 'acutus accentus' „scharfe Betonung, Scharfton; Akut" entwickelt hat.

Akzent: Der sprachwissenschaftliche Ausdruck für „Betonung; Tonfall" wurde im 16. Jh. aus gleichbed. *lat.* ac-centus (eigentlich „das An-, Beitönen") entlehnt, das seinerseits Lehnübersetzung von entsprechend *griech.* prosōidia ist. Das zugrundeliegende Verb *lat.* accinere „dazu singen; dazu tönen" ist eine Bildung aus *lat.* ad „hinzu, dazu" (vgl. *ad..., Ad...*) und *lat.* canere (cantum) „singen; ertönen" (vgl. *Kantor*). – Dazu: **akzentuieren** „betonen; hervorheben" (18. Jh., aus entsprechend *mlat.* accentuare).

akzeptieren „annehmen; billigen": Das Verb wurde im 15. Jh. aus gleichbed. *lat.* ac-ceptare entlehnt, einer Intensivbildung zu gleichbed. *lat.* ac-cipere (vgl. *kapieren*). – Dazu das Adjektiv **akzeptabel** „annehmbar" (18. Jh.; über entsprechend *frz.* acceptable aus gleichbed. *spätlat.* acceptabilis).

al..., Al... ↑ad..., Ad...

alaaf!: Der rheinische Karnevalsruf ist entstanden aus *köln.* all-af (= alles ab) und meint „alles weg [, Köln voran]".

Alabaster: Der Name der feinkörnigen weißlichen Gipsart, *mhd.* alabaster, führt über entsprechend *lat.* alabaster auf *griech.* alábast[r]os „Gips; gipserne Salbenbüchse" zurück.

Alarm „Gefahrmeldung; Beunruhigung": Das seit *spätmhd.* Zeit bezeugte Substantiv (*spätmhd.* alerm, *frühnhd.* Alarm[a], Alerman, Lerman) stammt wie entspr. *frz.* alarme aus gleichbed. *it.* allarme. Das *it.* Wort selbst ist durch Zusammenziehung aus dem militär. Ruf 'all'arme!' „zu den Waffen!" entstanden. Das zugrundeliegende Substantiv *it.* arma „Waffe" (Plural arme „Waffen") beruht auf *spätlat.* arma „Waffe", das sich aus *klass. lat.* arma (Neutr. Plur.) „Waffen" (vgl. *Armee*) entwickelt hat. – Dazu: **alarmieren** „Warnzeichen geben; beunruhigen" (17. Jh., nach gleichbed. *frz.* alarmer). – Vgl. auch den Artikel *Lärm*.

Alaun: Der Name des Bittersalzes (chem.: Kalium-Aluminium-Sulfat), *mhd., mnd.* alūn, geht zurück auf *lat.* alumen „bitteres Tonerdesalz, Alaun". – Vgl. auch den Artikel *Aluminium*.

Albatros: Der Name des auf den Meeren der südlichen Halbkugel beheimateten Sturmvogels ist aus *niederl.* albatros entlehnt. Das *niederl.* Wort stammt aus *engl.* albatross, das seinerseits – umgestaltet nach *lat.* albus „weiß" (wegen des weißen Gefieders des Vogels) – aus *span.* alcatraz entlehnt ist. Diese Benennung des Vogels gehört zu älter *span.* alcaduz (heute: arcaduz) „Brunnenrohr" (< *arab.* [mit Artikel] al-qādūs „Schöpfkrug"). Der Vogel ist also nach der hornigen Nasenröhre auf dem Schnabel benannt.

Alben ↑Elf.

albern: Das Adjektiv ist eine verdunkelte Zusammensetzung aus dem unter ↑*all* behandelten Wort und einem im *Dt.* untergegangenen Adjektiv *u̯āri- „freundlich, hold, gütig" und bedeutete demnach ursprünglich „ganz freundlich". *Mhd.* alwære „schlicht; einfältig, dumm", *ahd.* alawāri „freundlich, wohlwollend" entspricht *aisl.* ǫlværr „freundlich, gastlich", vgl. dazu *got.* allawērei „schlichte Güte". Damit verwandt ist z. B. der 2. Bestandteil von *lat.* severus „streng" (eigtl. „ohne Freundlichkeit"). Entfernt verwandt sind damit auch die unter ↑*gewähren* und unter ↑*wahr* behandelten Wörter und wahrscheinlich auch die Sippe von ↑Wirt. – Das auslautende -n von 'albern' gegenüber *mhd.* alwære stammt aus den gebeugten Formen des Adjektivs. Abl.: **albern** „sich kindisch oder närrisch benehmen" (17. Jh.); **Albernheit** (17. Jh., in der Form alberheit).

Albino: Die Bezeichnung für „Mensch, Tier oder Pflanze mit fehlender Farbstoffbildung" ist eine gelehrte Entlehnung neuster Zeit aus *span.* albino „Albino", einer Ableitung von *span.* albo < *lat.* albus „weiß" (vgl. *Album*).

Album „Sammel-, Gedenkbuch": Das seit dem 17. Jh. bezeugte Fremdwort bezeichnete zunächst allgemein ein Buch mit weißen, d. h. leeren Blättern für Aufzeichnungen. Die gleichfalls seit dem 17. Jh. bezeugte Bedeutung „Sammel-, Gedenkbuch" wird seit dem 18. Jh. allein üblich. Das Wort geht zurück auf *lat.* album „weiße Tafel für Aufzeichnungen; öffentliche

Liste, Verzeichnis". Stammwort ist das *lat.* Adjektiv albus „weiß", das auch dem Fremdwort ↑Albino zugrunde liegt.

Alchimie: Die Bezeichnung für die mittelalterliche Goldmacherkunst (*spätmhd.* alchemie, *frühnhd.* alchimei) führt über gleichbed. *frz.* alchimie und *span.* alquimia auf *arab.* (mit Artikel) al-kīmiyā' „Kunst der Metallverwandlung, der Legierung" zurück. – Abl.: **Alchimist** „Goldmacher, Schwarzkünstler" (*spätmhd.* alchimiste, aus entspr. *mlat.* alchimista). – Vgl. auch den Artikel *Chemie.*

Alge: Der Name der Wasserpflanze geht auf *lat.* alga „Seegras, Seetang" zurück.

Algebra „Buchstabenrechnung, Lehre von den mathematischen Gleichungen": Der Fachausdruck der Mathematik wurde im 17. Jh. durch *roman.* Vermittlung (beachte entsprechend *span., port.* álgebra, *it.* algebra, *frz.* algèbre) aus *arab.* (mit Artikel) al-ǧabr (eigentlich „die Einrenkung [gebrochener Teile]", dann „Wiederherstellung der normalen Gleichungsform ohne negative Glieder") entlehnt. – Abl.: **algebraisch.**

alias „anders, sonst, auch" (Adverb): Das Wort ist aus dem Lateinischen übernommen. Das *lat.* Adverb alias „ein anderes Mal; anders, sonst" gehört zu *lat.* alius „ein anderer" (urverwandt mit gleichbed. *griech.* állos; vgl. die Vorsilbe *allo..., Allo...*). – Zum gleichen Stamm, mit Komparativsuffix gebildet, stellt sich *lat.* alter „der eine von zweien, der andere" mit *lat.* alternus „abwechselnd" (in ↑Alternative). – Als Vorderglied erscheint der Stamm von *lat.* alius in dem *lat.* Adv. alibi „anderswo", das unserem der Kriminalistik und der Rechtswissenschaft angehörenden Substantiv **Alibi** „Nachweis der Abwesenheit vom Tatort, Unschuldsbeweis" (18. Jh.; vielleicht vermittelt durch gleichbed. *frz.* alibi) zugrunde liegt.

Alimente: der Ausdruck für „Unterhaltsbeiträge (besonders für uneheliche Kinder)" wurde als Wort der Rechtssprache im 18. Jh. aus gleichbed. *lat.* alimenta (Neutr. Plur. von alimentum) entlehnt. Das *lat.* Wort bedeutet eigentlich „Nahrung[smittel]". Es gehört zu dem mit *dt.* ↑*alt* etymologisch verwandten Verb *lat.* alere (altum) „[er]nähren; aufziehen". – Zum gleichen Stamm gehören auch *lat.* altus „hoch; tief" (eigentlich „emporgewachsen") in den Fremdwörtern ↑Alt, ↑Altan, ↑exaltiert und *lat.* proles „Sprößling, Nachkomme" im Fremdwort ↑Proletarier, ferner *lat.* co-alescere „zusammenwachsen" (↑Koalition).

Alkalde ↑Kadi.

Alkali: Das seit dem 15. Jh. – zunächst in Fügungen wie salcz alkali – bezeugte Wort für Laugensalz stammt aus gleichbed. *frz.* alcali, *span.* álcali, das aus *arab.* (mit Artikel) al-qalī „kalzinierte Asche" entlehnt ist. – Abl.: **alkalisch** „laugenhaft, Laugenwirkung zeigend (von chem. Reaktionen)", 18. Jh.; **Kali:** Sammelbezeichnung für Kalisalze (wichtige Ätz- und Düngemittel), im 19. Jh. aus 'Alkali' rückgebildet.

Alkohol „Weingeist, Spiritus": Das seit dem 16. Jh. bezeugte Fremdwort entstammt der Sprache der Alchimisten. Es erscheint dort zunächst mit der eigentlichen Bed. „feines, trockenes Pulver", in der es über entsprechend *span.* alcohol aus *arab.* (mit Artikel) al-kuḥl „Antimon; daraus bereitete Salbe zum Schwarzfärben der Augenlider" entlehnt wurde. Die Alchimisten verwandten das Wort aber bereits im gleichen Jahrhundert in der übertragenen Bedeutung „Weingeist" ('alcohol vini'). Sie bezieht sich auf die besonders feine Stofflichkeit und hohe Flüchtigkeit des Alkohols. – Abl.: **alkoholisch** „Alkohol enthaltend" (20. Jh.); **Alkoholiker** „Gewohnheitstrinker" (20. Jh.) und **Alkoholismus** „Trunksucht" (20. Jh.). Von dem Wort Alkohol stammt auch das in der Chemie gebräuchliche Suffix **...ol** zur Kennzeichnung alkoholischer Verbindungen.

Alkoven „Nebenraum, Bettnische": Das seit Anfang des 18. Jh.s zuerst nur in der Form Alkove bezeugte Fremdwort ist aus gleichbed. *frz.* alcôve entlehnt. Das *frz.* Wort selbst führt über *span.* alcoba „Schlafgemach" auf *arab.* (mit Artikel) al-qubba[h] „Kuppel" zurück.

all: Das *gemeingerm.* Wort *mhd., ahd.* al, *got.* alls, *engl.* all, *schwed.* all gehört wahrscheinlich im Sinne von „ausgewachsen" zu der Wortgruppe von ↑*alt.* Das zugrundeliegende *germ.* *alla- entstand demnach durch Angleichung von -ln- zu -ll- aus *idg.* *alnós „ausgewachsen, vollständig, gesamt", einer alten Partizipialbildung zu der unter ↑*alt* dargestellten *idg.* Wurzel *al- „wachsen". – Schon seit *mhd.* Zeit wird 'all' bei Voranstellung flexionslos gebraucht, beachte z. B. 'all der Schmerz', 'mit all seiner Habe'. Seit dem 16. Jh. findet sich statt dessen auch ungebeugtes 'alle', das in '[mit, von, aus usw.] alledem' bewahrt ist. Die in Nord- und Mitteldeutschland übliche Verwendung von 'alle' im Sinne von „nicht mehr vorhanden, zu Ende" – wie in 'alle sein, werden, machen' – beruht wahrscheinlich auf Ellipse, d. h., 'alle sein' steht für 'alle verbraucht, verzehrt oder dgl. sein'. – Abl.: **All** (17. Jh., als Ersatzwort für das Fremdwort Universum; beachte die verdeutlichende Zusammensetzung 'Weltall', 18. Jh.). Zus.: **allein** (*mhd.* alein[e], entsprechend *niederl.* alleen, *engl.* alone; vgl. [1]*ein*), dazu **alleinig** (17. Jh., zunächst *oberd.*); **allenfalls** (17. Jh., entstanden aus '[auf] allen Fall' „für jeden möglichen Fall" mit angetretenem adverbiellen -s, vgl. *Fall*); **allerdings** (16./17. Jh., mit adverbiellem -s, aus *spätmhd.* allerdinge „in jeder Hinsicht, gänzlich", das aus *mhd.* aller dinge Genitiv Plural zusammengerückt ist, vgl. *Ding;* im Sinne von „zwar, freilich" ist 'allerdings' seit dem 19. Jh, gebräuchlich); **allerhand** (16. Jh., zusammengerückt aus *mhd.* aller hande, Genitiv Plural „von allen Arten", eigentlich „von allen Seiten", vgl. *Hand*); **Allerheiligen** (eigentlich Genitiv Plural, gekürzt aus 'aller Heiligen Tag', *mhd.* aller heiligen tac für *kirchenlat.* omnium sanctorum dies „allen Heiligen gewidmetes Fest der röm.-kath. Kirche"); **allerlei** (zusammengerückt aus der genitivischen Verbindung *mhd.* aller lei[e] „von aller

Art", vgl. *...lei;* beachte dazu 'Leipziger Allerlei' „Leipziger Mischgemüse"); **Allerseelen** „katholischer Totengedenktag am 2. November" (19. Jh., eigentlich Genitiv Plural; nach dem Muster von 'Allerheiligen' gekürzt aus 'aller Seelen Tag' für *kirchenlat.* [omnium] animarum dies); **allgemein** (*mhd.* algemeine [Adverb] „auf ganz gemeinsame Weise, insgesamt"; mit 'all' verstärktes ↑gemein in dessen alter Bed. „gemeinsam"); **allmächtig** (*mhd.* almehtec, *ahd.* al[a]mahtig, Lehnübersetzung von *lat.* omnipotens), dazu **Allmacht** (17. Jh., rückgebildet aus *frühnhd.* allmächtigkeit, *mhd.* almehtecheit); **allmählich** (*mhd.* almechlich „langsam"; der zweite Bestandteil gehört zu ↑*gemach*, vgl. *mhd.* algemechliche Adv. „nach und nach" und älter *nhd.* allgemach „langsam"), **Alltag** (um 1800; junge Rückbildung aus Wörtern wie 'Alltagskleid, Alltagsmensch', in denen älteres 'alle Tage, alletag' „täglich; gewöhnlich" steckt; zu 'alletag' gehören auch **alltäglich**, 17. Jh., und **alltags**, 19. Jh.).

Allee „Baumstraße": Das Fremdwort wurde im 17. Jh. aus gleichbed. *frz.* allée (eigentlich „Gang", dann „Baumgang") entlehnt. Das zugrundeliegende Verb *frz.* aller „gehen" beruht auf gleichbed. *vlat.* *alare, das für *klass.-lat.* ambulare „umhergehen, gehen; spazieren" (vgl. *ambulant*) steht. – Siehe auch die Artikel *allez!, Allüren.*

Allegorie „sinnbildliche Darstellung, Gleichnis": Das Wort wurde in *frühnhd.* Zeit aus *griech.-lat.* allēgoría entlehnt, das eigentlich „das Anderssagen" bedeutet. Gemeint ist die Darstellung eines abstrakten Begriffes durch ein konkretes Bild. Formal zugrunde liegen *griech.* állos „anderer" (állon „anderes") – vgl. *allo..., Allo...* – und *griech.* agoreúein „sagen, sprechen" (vgl. *Kategorie*). Abl.: **allegorisch** „[sinn]bildlich", nach *griech.-lat.* allēgorikōs (Adverb).

allegro: Der musikalisch-fachsprachliche Ausdruck für „lebhaft, munter" wurde im 17. Jh. mit anderen musikalischen Tempobezeichnungen (wie ↑andante usw.) aus gleichbed. *it.* allegro übernommen. Das *it.* Wort selbst beruht auf einem *vlat.* Adjektiv *alacrus, das für *klass.-lat.* alacer (alacris) „lebhaft, munter" steht. – Dazu: **Allegro** „lebhafter, schneller Satz eines Musikstücks" (18. Jh.); **allegretto** „mäßig schnell, mäßig lebhaft" (18. Jh., aus gleichbed. *it.* allegretto).

Allelujah ↑Hallelujah.

allenfalls, allerdings ↑all.

Allergie „Überempfindlichkeit (als krankhafte Reaktion des Körpers auf körperfremde Stoffe)": Der medizinische Fachausdruck ist eine gelehrte Neubildung des 20. Jh.s zu *griech.* állos „anderer" (vgl. *allo..., Allo...*) und *griech.* érgon „Werk; Ding, Sache" (vgl. *Energie*), also etwa im Sinne von „Fremdeinwirkung" zu verstehen. Das Wort lehnt sich auch formal an das Fremdwort ↑Energie an. – Abl.: **allergisch** „überempfindlich" (20. Jh.).

allerhand ↑all u. ↑Hand.

Allerheiligen, Allerseelen ↑all.

allerlei ↑all.

allesamt ↑samt.

allez! „vorwärts!": Die veraltete, noch *landsch.* gebräuchliche Interjektion wurde im 19. Jh. aus gleichbed. *frz.* allez!, der 2. Pers. Plur. des Imperativs von *frz.* aller „gehen" (vgl. *Allee*), entlehnt.

allgemein ↑all.

Allianz: Die Bezeichnung für „Staatenbündnis" wurde im 17. Jh. aus *frz.* alliance „Verbindung, Bund; Staatenbündnis" entlehnt. Das *frz.* Substantiv gehört zu *afrz.* aleier (= *frz.* allier) „verbinden, vereinigen", das seinerseits auf *lat.* alligare „anbinden; verbinden" beruht, einer Bildung aus *lat.* ad „an, hinzu" (vgl. *ad..., Ad...*) und *lat.* ligare „binden" (vgl. *legieren*). – Dazu auch das Fremdwort **Alliierte** „Verbündeter" (17. Jh.; nach entsprechend *frz.* allié „verbündet; Bundesgenosse" gebildet).

Alligator: Die seit dem 16. Jh. bezeugte Benennung für das v. a. in Sümpfen und Flüssen des tropischen und subtropischen Amerikas lebende krokodilähnliche Reptil ist über *engl.* bzw. *frz.* alligator aus *span.* el lagarto „die Eidechse (Amerikas)" entlehnt. Das *span.* Wort geht auf *lat.* lacerta „Eidechse" zurück.

Allmacht, allmächtig ↑all.

allmählich ↑all.

allo..., Allo...: Das Bestimmungswort von Zusammensetzungen mit der Bed. „anders, verschieden, fremd", vgl. z. B. **Allopathie** „Heilverfahren, bei dem im Gegensatz zur ↑Homöopathie Krankheiten mit entgegengesetzt wirkenden Mitteln behandelt werden" stammt aus dem *Griech.* Das *griech.* Adjektiv állos „ein anderer", das urverwandt ist mit gleichbed. *lat.* alius (vgl. *alias*), ist auch das Stammwort der Fremdwörter ↑Allotria und ↑parallel.

Allotria (meist als Singular empfunden) „Unfug; Narretei": Das Fremdwort erscheint zuerst in der Gelehrtensprache des 17. Jh.s. Von dort drang es seit dem ausgehenden 18. Jh. in die Allgemeinsprache. Das Wort geht zurück auf *griech.* allótria „sachfremde, abwegige Dinge", das seinerseits zu *griech.* állos (állo) „anderer; andersartig, verschieden" gehört (vgl. *allo.., Allo...*).

Alltag, alltäglich, alltags ↑all.

Allüren „aus dem Rahmen fallendes Benehmen; arrogantes Auftreten": Das Wort wurde im 19. Jh. aus dem *Plural* von *frz.* allure „Gang; Benehmen" entlehnt, das zu *frz.* aller „gehen" gehört (vgl. *Allee*).

Alm ↑[1]Alp.

Almanach „Kalender; [bebildertes] Jahrbuch": Das Wort wurde im 15. Jh. durch *niederl.* Vermittlung (*mniederl.* almanag) aus entsprechend *mlat.* almanachus entlehnt. Die weitere Herkunft des Wortes ist unsicher.

Almosen „milde, barmherzige Gabe": *Griech.* eleēmosýnē „Mitleid, Erbarmen", das zu *griech.* éleos „Jammer, Klage; Mitleid" gehört, gelangte über *kirchenlat.* eleemosyna „Almosen" und über *vlat.* Zwischenformen mit anlautendem a- mit der Einführung des Christentums in die *germ.* Sprachen: *mhd.* almuose, *ahd.* alamuosa, vgl. *niederl.* aalmoes, *engl.* alms, *schwed.* allmosa. – Im *Frz.* erscheint das Wort als aumône.

Aloe: Der Pflanzenname (*mhd., ahd.* ālōe) ist über *lat.* aloe aus gleichbed. *griech.* alóē entlehnt.

[1]**Alp,** Alpe: Der Ausdruck für „Bergweide" (*mhd.* albe, *ahd.* alba) geht mit den Gebirgsnamen 'Alb' und 'Alpen' *Plural* wahrscheinlich auf ein *voridg.* *alb- „Berg" zurück, das aber schon früh an die Sippe von *lat.* albus „weiß" volksetymologisch angeschlossen wurde. Die seit dem 15./16. Jh. gebräuchliche Nebenform 'Alm' entstand durch Angleichung aus alb[e]n, dessen -n aus den gebeugten Formen von *mhd.* albe stammt.

[2]**Alp** (Alpdrücken, Alptraum) ↑ Elf.

[1]**Alpaka:** Der Name der südamerikanischen Lamaart gehört zu den wenigen Fremdwörtern (wie ↑ Chinin, ↑ Kautschuk, ↑ Lama), die den Indianersprachen Perus entstammen. Grundwort ist *peruan.-indian.* paco „rötlich-braun, hell glänzend" in allpaca, was etwa „Tier mit rötlichbraunem Fell" bedeutet. Dies gelangte im 18. Jh. durch *span.* Vermittlung zu uns und bezeichnet auch eine seidenweiche, glänzende Wolle, die Alpakawolle. Nicht damit identisch ist [2]**Alpaka** „Neusilber", dessen Herkunft unklar ist.

Alphabet „Abc": Die seit *mhd.* Zeit bezeugte, aus der Schulsprache übernommene Bezeichnung führt über entsprechend *kirchenlat.* alphabetum auf gleichbed. *griech.* alphábētos zurück. Wie *dt.* 'Abc' ist auch das *griech.* Wort aus den Anfangsbuchstaben des (griech.) Alphabets (álpha und bēta) gebildet, die ihrerseits (wie die Buchstabenschrift überhaupt) aus dem *Semit.* stammen und den Griechen durch die Phönizier vermittelt wurden (beachte: *hebr.* ạlẹf „a" und bêṯ „b"). – Abl.: **alphabetisch** „abecelich"; **alphabetisieren** „abecelich einreihen, nach der Buchstabenfolge ordnen" (20. Jh.); **Analphabet** „jemand, der nicht lesen und schreiben gelernt hat" (Anfang 19. Jh., aus entsprechend *griech.* an-alphábētos; über das verneinende Präfix vgl. [2]*a..., A...*).

Alraun, gewöhnlich **Alraune:** Der Name der als zauberkräftig angesehenen menschenähnlichen Wurzel der Alraunpflanze (Mandragora) lautete in den älteren Sprachzuständen *mhd.* alrūne, *ahd.* alrūn[a]. Diese Benennung ist wahrscheinlich durch Erleichterung der Drittkonsonanz -lbr- aus *albrūn[a] entstanden und enthält demnach als Bestimmungswort *ahd.* alb „Kobold, Geist, Mahr" (vgl. *Elf*). Das Grundwort gehört zu *ahd.* rūnēn „heimlich reden, flüstern" (vgl. *raunen*). Da nach dem Volksglauben die Zauberkraft der Wurzel von einem Geist ausgeht, ist *ahd.* alrūn[a] wohl eigentlich der Name des in die Wurzel gebannten Geistes.

also: Die *nhd.* Form geht über *mhd.* alsō zurück auf *ahd.* alsŏ, das ein mit al (vgl. *all*) verstärktes sō (vgl. *so*) ist und demnach ursprünglich „ganz so" bedeutete. – Neben *mhd.* alsō findet sich die abgeschwächte Form als[e], auf der die *nhd.* Konjunktion **als** beruht.

alt: Das *gemeingerm.* Adjektiv *mhd., ahd.* alt, *got.* (weitergebildet) alþeis, *engl.* old, *schwed.* (Komparativ) äldre bedeutet eigentlich „aufgewachsen" und ist das 2. Partizip zu einem im *Dt.* untergegangenen Verb mit der Bed. „wachsen; wachsen machen, aufziehen, ernähren": *got.* alan „wachsen", *aengl.* alan „nähren", *aisl.* ala „nähren, hervorbringen". *Außergerm.* entspricht z. B. *lat.* altus „hoch", das eigentlich das 2. Partizip von *lat.* alere „nähren, großziehen" ist und ursprünglich „großgewachsen" bedeutete (s. die Artikel *Alt, Alimente* u. *Proletarier*). Diese *germ.* und *lat.* Formen beruhen mit verwandten Wörtern in anderen *idg.* Sprachen auf der *idg.* Wurzel *al-, „wachsen; wachsen machen, nähren", zu der aus dem *germ.* Sprachbereich auch die unter ↑*all,* ↑*Alter* und ↑*Welt* behandelten Wörter gehören. Abl.: **veralten** (*mhd.* veralten, *ahd.* firaltēn „zu alt werden", Präfixbildung zu *mhd.* alten, *ahd.* altēn „alt werden"); **ältlich** „alt wirkend" (*mhd.* altlich, *ahd.* altlīh). Zus.: **altbacken** (16. Jh.; ↑*backen*); **Altenteil** „Vorbehaltsteil der Eltern nach Übergabe eines Bauernhofs an die Kinder" (18. Jh., zunächst *nordd.*); **altklug** „klug wie ein Alter" (18. Jh.; tadelnd verwendet); **Altmeister** (17. Jh., zunächst im Sinne von „Obermeister einer Zunft", dann als Ersatzwort für ↑ Senior); **Altvordern** „Vorfahren" (*mhd.* altvorder, *ahd.* altford[o]ro „Vorfahr", gewöhnlich *Plural* „Vorfahren, Voreltern"; eigentlich „der Altfrühere", vgl. *vorder*); **Altweibersommer** „Spät-, Nachsommer; die im Spätsommer herumfliegenden Spinnenfäden" (Anfang des 19. Jh.s).

Alt „tiefe Frauenstimme": Der seit dem 15./16. Jh. bezeugte musikalische Terminus, der letztlich auf *lat.* altus „hoch; tief" beruht (zum Stamm von *lat.* alere „[er]nähren; aufziehen", vgl. *Alimente*), erscheint zunächst mit der Bed. „hohe Männerstimme". In diesem Sinne setzt er gleichbed. *lat.* 'vox alta' fort. Der Bedeutungsübergang von „hohe Männerstimme" zu „tiefe Frauenstimme" war erst möglich, als sich die Frau als Solistin in der Kirchenmusik und in der Oper durchgesetzt hatte und damit die vorher von Männern gesungene, für die natürliche männliche Stimmlage zu hohe Altstimme übernahm. Im Deutschen vollzog sich dieser Übergang in der Bedeutung wohl unmittelbar nach dem Vorbild von älter *it.* alto „hohe Männerstimme; tiefe Frauenstimme". – Abl.: **Altistin** „Altsängerin".

Altan „Balkon; Söller": Das seit dem 15. Jh. zuerst als 'Altane' bezeugte Fremdwort (die heute übliche männliche Form entwickelte sich nach dem Vorbild von 'Balkon') breitete sich von Österreich und Bayern auf das gesamte Sprachgebiet aus. Das Wort gehört zu einer Reihe anderer Fremdwörter, wie ↑ Bastei und ↑ Bastion, die seit dem Beginn der Renaissance als Fachwörter der italienischen Baukunst von Italien nach Deutschland gelangt sind. *It.* altana „hoher, vorspringender Teil eines Gebäudes; Altan" ist eine Bildung zu *it.* alto (< *lat.* altus) „hoch". Über weitere etymologische Zusammenhänge vgl. den Artikel *Alimente.*

Altar: Die Bezeichnung des erhöhten Opfertisches (vor allem in christlichen Kirchen) geht auf *lat.* altare (*klass.-lat.* nur *Plural* altaria) „Aufsatz auf dem Opfertisch, Opferherd, Brandaltar" zurück. Das *lat.* Wort wurde im 8. Jh. im Rahmen der Christianisierung des germanischen Nordens entlehnt (*ahd.* altāri, altār[e], *mhd.* altære, altāre, entsprechend *engl.* altar).

altbacken ↑backen.

Altenteil ↑alt.

Alter: Das *altgerm.* Wort für „Lebensalter, Lebenszeit, Zeit" (*mhd.* alter, *ahd.* altar, *niederl.* ouder[dom], *aengl.* ealdor, *schwed.* ålder) gehört zu der Wortgruppe von ↑*alt.* Im heutigen Sprachgebrauch wird 'Alter' gewöhnlich im Sinne von „Lebensjahre, Lebensabschnitt" und als Gegenwort zu 'Jugend' verwendet. In Zusammensetzungen und in bestimmten Wendungen hat 'Alter' auch die Bed. „Zeit, langer [Zeit]abschnitt", beachte z. B. 'von alters her' und 'Zeitalter, Weltalter'. Abl.: **altern** „alt werden" (18. Jh.); **Altertum** (17. Jh., im Sinne von „Altsein"; seit dem 18. Jh. in der heute üblichen Bed. „alte Zeit der Geschichte"; beachte auch die Verwendung des Plurals Altertümer im Sinne von „Realien, Gegenstände der Altertumskunde"), dazu **altertümlich** (18. Jh.) und **altertümeln** (Anfang des 19. Jh.s).

Alternative „Entscheidung zwischen zwei Möglichkeiten; andere Möglichkeit; Möglichkeit, zwischen zwei oder mehreren Dingen zu wählen": Das Substantiv wurde im 17. Jh. aus dem Französischen entlehnt. Das gleichbed. *frz.* alternative gehört zu *frz.* alterne (< *lat.* alternus) „abwechselnd; wechselweise" (vgl. *alias*). Im Gegensatz zu dem gebräuchlichen Substantiv hat das seit dem 18. Jh. bezeugte Adj. **alternativ** „wahlweise; zwischen zwei oder mehreren Möglichkeiten die Wahl lassend" (< gleichbed. *frz.* alternatif) in den vergangenen Jahrhunderten so gut wie gar keine Rolle gespielt. Es ist erst in der 2. Hälfte des 20. Jh.s allgemein üblich geworden, und zwar v. a. in der Bed. „eine andere Lebensweise vertretend; für als menschen- und umweltfreundlicher angesehene Formen des [Zusammen]lebens eintretend". An diese Bedeutung schließen sich die Substantivierung **Alternative** und die Bildung **Alternativler** „jemand, der einer Alternativbewegung angehört" an.

Altistin ↑Alt.

altklug, ältlich, Altmeister ↑alt.

altmodisch ↑Mode.

Altruismus „durch Rücksicht auf andere gekennzeichnete Denk- und Handelsweise, Selbstlosigkeit": Das im 19. Jh. aus gleichbed. *frz.* altruisme entlehnte Fremdwort gehört zu *lat.* alter „der andere" (vgl. *Alternative*). Abl.: **altruistisch** „selbstlos" (19. Jh.).

Altvordern, Altweibersommer ↑alt.

Aluminium: Das im 19. Jh. entdeckte weißglänzende Leichtmetall wurde nach seinem natürlichen Vorkommen in der „Alaunerde" benannt. Das Wort ist eine gelehrte *nlat.* Bildung zu *lat.* alumen „Alaun" (vgl. *Alaun*).

am..., Am... ↑amb..., Amb...

Amalgam: Das vor allem aus der Zahnmedizin durch die Amalgamfüllungen bekannte Wort für „Legierung eines Metalls mit Quecksilber" stammt aus dem mittelalterlichen Alchimistenlatein. Die weitere Herkunft von *mlat.* amalgama ist nicht sicher geklärt.

Amateur: Das seit dem 18. Jh. bezeugte Fremdwort bezeichnete zunächst den Kunstliebhaber und Kunstfreund, allerdings mit dem leicht verächtlichen Nebensinn des Dilettantischen. Erst vom Ende des 19. Jh.s an kommt die heute übliche Bedeutung des Wortes „jemand, der eine Sache nicht berufsmäßig, sondern aus Liebhaberei betreibt" auf. Das Wort ist aus gleichbed. *frz.* amateur entlehnt, das seinerseits *lat.* amator (-toris) „Liebhaber, Verehrer; jemand, der einer Sache sehr zugetan ist" fortsetzt. Zugrunde liegt das *lat.* Verb amare „lieben, verehren; gern tun", das wie *lat.* amicus „Freund", *lat.* amita „Vatersschwester, Tante" (↑Tante) von dem auch in ↑*Amme* vorliegenden kindersprachlichen Lallwort *am[m]a ausgeht.

Amazone: Das schon im *Mhd.* vorkommende Fremdwort hat zunächst die historische Bed. „kriegerische Frau". Es geht über entsprechend *lat.* Amazoes *(Plural)* auf *griech.* Amāzones (*Plural; Singular* Amāzōn) zurück, den Namen eines kriegerischen Frauenvolkes in Kleinasien. In der *frz.* Ritterpoesie tritt dann das Wort in der Bedeutung „kühne Reiterin" (*frz.* amazone) auf und wird so auch bei uns verwendet. Danach nennt man im modernen Reitsport die weiblichen Teilnehmer am Spring- oder Jagdreiten 'Amazonen'.

amb..., Amb... (vor Vokalen), ambi..., Ambi..., am..., Am... (vor Konsonanten): Die aus dem *Lat.* stammende Vorsilbe mit der Bed. „um, herum, ringsum" in Fremdwörtern wie ↑Ambition und ↑ambulant stammt aus *lat.* amb[i]-, am- „um, herum, ringsum", das etymologisch verwandt mit *dt.* ↑*bei* ist.

Ambiente „das Umgebende, Umwelt, Milieu": Das im 20. Jh. aus gleichbed. *it.* ambiente entlehnte Wort geht zurück auf *lat.* ambiens, Genitiv ambientis, das 1. Partizip von ambire „herumgehen" (vgl. *Ambition*).

Ambition „[beruflicher] Ehrgeiz": Das im 18. Jh. aus gleichbed. *frz.* ambition entlehnte Wort geht auf *lat.* ambitio zurück. Das *lat.* Substantiv bedeutet eigentlich „das Herumgehen", dann im speziell politischen Sinn „das Herumgehen bei den Wählern in der Absicht, sich deren Gunst zu erschleichen". Es gehört als Ableitung zu *lat.* amb-ire „herumgehen", einer Bildung zu *lat.* ire „gehen" (vgl. *amb...* und *Abiturient*). Dazu gehören **ambitiös** „ehrgeizig" (aus *frz.* ambitieux) und **ambitioniert** „ehrgeizig, strebsam" (2. Partizip von veraltet ambitionieren aus *frz.* ambitionner).

Amboß „Unterlage bei der Metallbearbeitung, bes. beim Schmieden": Das auf das *dt.* Sprachgebiet beschränkte Substantiv *mhd.* anebōȝ, *ahd.* anabōȝ bedeutet eigentlich „woran (worauf) man schlägt". Der erste Bestandteil ist die unter ↑*an* behandelte Präposition, der zweite

Bestandteil gehört zu dem im *Nhd.* untergegangenen Verb *mhd.* bōȥen, *ahd.* bōȥan „schlagen, stoßen, klopfen". Das *ahd.* Wort anabōȥ ist wahrscheinlich eine Lehnbildung nach *lat.* incus, Genitiv incudis „Amboß" (zu *lat.* in „in, auf" und cudere „schlagen") und bezeichnete demnach den römischen Amboß, den die Germanen durch die römische Schmiedekunst kennengelernt und übernommen hatten.

ambulant „nicht ortsgebunden; nicht stationär": Fügungen wie 'ambulantes Gewerbe' u. 'ambulante Behandlung' (Gegensatz: 'stationäre Behandlung') weisen dieses Fremdwort zwei Bereichen zu, dem kaufmännischen und medizinischen. Entlehnt wurde das Wort im 19. Jh. aus dem Französischen. *Frz.* ambulant geht zurück auf *lat.* ambulans (ambulantis) „herumgehend", zu ambulare „herumgehen", das vielleicht mit *griech.* alāsthai „umherirren" und alýein „außer sich sein, umherirren" (↑Halluzination, halluzinieren) unter einer *idg.* Wurzel *ǎl (erweitert: *aleu-, *alu-) „planlos umherirren" zu vereinigen ist. – Dazu das seit dem 19. Jh. bezeugte Substantiv **Ambulanz** „bewegliches Feldlazarett", das aus *frz.* ambulance entlehnt ist. Beachte ferner das Fremdwort ↑Präambel, das *lat.* ambulare als Grundwort enthält. – Im *Vlat.* hat sich aus ambulare die Kurzform *alare entwickelt, auf das *frz.* aller (↑Allee, allez!, Allüren) zurückgeht.

Ameise: Der *westgerm.* Insektenname *mhd.* āmeiȥe, *ahd.* āmeiȥa, *mnd.* ēmete, *engl.* emmet, ant gehört zu dem unter ↑*Meißel* behandelten Verb *mhd.* meiȥen, *ahd.* meiȥan „[ab]schneiden; hauen". Die Vorsilbe *mhd., ahd.* ā- bedeutet „fort, weg" (vgl. *Ohnmacht*). Die Ameise ist wohl nach dem scharfen Einschnitt zwischen Vorder- und Hinterkörper als „Abgeschnittene" benannt (vgl. die Benennung 'Insekt').

amen: Das Schlußwort beim Gebet, *mhd.* āmen, beruht auf *lat.-griech.* āmēn, *hebr.* ạmen „wahrlich; es geschehe!".

Amethyst: Der Name des veilchenblauen Schmucksteins (*mhd.* ametiste) ist aus *lat.* amethystus entlehnt, das seinerseits aus gleichbed. *griech.* améthystos stammt. Das *griech.* Wort bedeutet eigentlich „nicht trunken" (zu *griech.* a- „nicht, un-" [vgl. *a..., A...*] und *griech.* methýein „trunken, berauscht sein"); es bezieht sich darauf, daß man im Altertum glaubte, der Stein würde vor Trunkenheit schützen.

Amid, Amin, Aminosäure ↑Ammoniak.

Amman ↑Amt.

Amme: Das Wort für „Ziehmutter, Pflegemutter, Kinderfrau" (*mhd.* amme, *ahd.* amma) ist ein Lallwort aus der Kindersprache und ist z. B. [elementar]verwandt mit *aisl.* amma „Großmutter", *griech.* ámmia „Mutter" und *span.* ama „Amme". Von einem Lallwort *am[ma]- geht vermutlich auch die *lat.* Sippe von amare „lieben" aus (vgl. das Fremdwort *Amateur*). Siehe auch den Artikel *Hebamme*.

Ammer: Der Name der Finkenart geht zurück auf *ahd.* amaro, das wahrscheinlich aus *amarofogal gekürzt ist und eigentlich „Dinkelvogel" bedeutet. Das Bestimmungswort gehört zu *ahd.* amar „Dinkel" (eine heute kaum noch angebaute Weizenart), beachte *südd.* **Emmer** „Dinkel", das auf gleichbed. *ahd.* amari zurückgeht. Der Vogel ist so benannt, weil er sich vorwiegend von Getreidekörnern ernährt (vgl. zur Benennung den Artikel *Hänfling*). Mit *ahd.* amaro, *mhd.* amer „Ammer" ist verwandt *aengl.* amor[e], emer „Ammer".

Ammoniak: Der Name der stechend riechenden gasförmigen Stickstoff-Wasserstoff-Verbindung geht auf *lat.* 'sal Ammoniacum' „Ammonssalz" zurück (nach der Ammonsoase [heute Siwa] in Ägypten, in der dieses Salz gefunden wurde). Mit 'Ammoniak' sind in der chemischen Fachsprache 'Ammonium' sowie 'Amid' und 'Amin' (Aminogruppe) gebildet. – 'Ammon', der Name des ägyptischen Gottes, steckt außer in 'Ammoniak' auch in **Ammonshorn,** der Bezeichnung für die Versteinerung eines Kopffüßers aus der Jura- u. Kreidezeit (zu *lat.* cornu Ammonis „Horn des Ammon" [nach der Gestalt des Kalkgehäuses, die einem Widderhorn – dem Attribut des ägyptischen Gottes – ähnelt]).

Amnestie: Das Wort für „Begnadigung; Straferlaß" wurde in *frühnhd.* Zeit aus *griech.(-lat.)* amnēstía „Vergessen; Vergebung" entlehnt. Es ist gebildet mit ↑[2]*a..., A...* und *griech.* mnāsthai „sich erinnern", das verwandt ist mit *griech.* maínesthai „rasen, toben usw." (vgl. *Manie*). – Abl.: **amnestieren** „begnadigen" (18./19. Jh.).

Amöbe: Der Name des zur Klasse der Wurzelfüßer gehörenden Urtierchens beruht auf einer gelehrten Entlehnung aus *griech.* amoibḗ „Wechsel, Veränderung" (zu *griech.* ameíbein „wechseln", das wohl zu der unter ↑*Meineid* dargestellten *idg.* Wortsippe gehört). Die Amöbe ist also nach ihrer Eigenschaft, ständig die Gestalt zu „wechseln", benannt.

Amok „blindwütiges Rasen und Töten, krankhafte Angriffs- und Mordlust": Das in bestimmten Fügungen und Zusammensetzungen (Amok laufen, fahren; Amokfahrer, -läufer, -schütze) vorkommende Wort wurde im 20. Jh. aus *malai.* amuk „wütend, rasend" entlehnt. Zus.: **Amoklauf, Amokläufer.**

amortisieren „[Schulden] tilgen, abschreiben": Das seit dem 18./19. Jh. – zunächst in der Bed. „eine [Schuld]urkunde für ungültig erklären" – bezeugte kaufmannssprachliche Wort ist mit Endungserweiterung aus *frz.* amortir „abtöten; abschwächen; abtragen, amortisieren" entlehnt. Das *frz.* Wort selbst beruht auf *vlat.* *admortire „tot machen, abtöten", einem denominativen Präfixverb von *lat.* mortuus (*vlat.* mortus) „tot". Stammwort ist das mit *dt.* ↑*mürbe* etymologisch verwandte Verb *lat.* mori „sterben". – Abl.: **Amortisation** „[Schulden]tilgung" (19. Jh.).

amourös „Liebschaften betreffend; Liebes...": Das Adjektiv wurde im 20. Jh. aus *frz.* amoureux entlehnt, das auf *lat.* amorosus (zu *lat.* amor „Liebe", vgl. *Amateur*) zurückgeht.

Ampel: *Mhd.* ampel, ampulle, *ahd.* amp[ul]la gehen zurück auf *lat.* ampulla „kleine Flasche;

Ölgefäß" (vgl. auch die Artikel *Ampulle* und *Pulle*). Bis ins 14. Jh. bezeichnete das Wort 'Ampel' ausschließlich die Ewige Lampe (Glasgefäß mit Öl und Docht) über dem Altar in der Kirche. Erst von da an wurden auch Beleuchtungskörper im häuslichen Leben so benannt. Seit dem 16. Jh. wird das Wort jedoch immer mehr von dem Lehnwort ↑Lampe zurückgedrängt. Im modernen Sprachgebrauch hat sich 'Ampel' als Kurzform für 'Verkehrsampel' allgemein durchgesetzt, vgl. dazu die Ableitung **beampeln.** – *Lat.* ampulla (< *ampor-la) ist eine Verkleinerungsbildung zu *lat.* amp[h]ora „zweihenk(e)liger Krug", das seinerseits entlehnt ist aus *griech.* amphoreús (für amphiphoreús) „an beiden Seiten zu tragender (Krug)", das zu *griech.* amphí „zu beiden Seiten; ringsum, um – herum" (vgl. *amphi..., Amphi...*) und *griech.* phérein „tragen" (vgl. *Peripherie*) gehört. – Vgl. auch den Artikel *Eimer.*

amphi..., Amphi...: Die aus dem *Griech.* stammende Vorsilbe mit der Bed. „ringsum, um – herum; beidseitig; zweifach", z. B. im Fremdwort ↑Amphibie stammt aus gleichbed. *griech.* amphí (Präposition u. Präfix), das etymologisch verwandt ist mit *dt.* ↑*bei.*

Amphibie „Tier, das sowohl im Wasser als auf dem Land leben kann; Lurch": Das seit dem 18. Jh. bezeugte Fremdwort beruht auf einer gelehrten Entlehnung aus gleichbed. *griech.-lat.* amphíbion. Das zugrundeliegende Adjektiv *griech.* amphí-bios „doppellebig, auf dem Lande und im Wasser lebend" gehört zu *griech.* amphí „ringsum, um – herum; beidseitig; zweifach" (vgl. *amphi..., Amphi...*) und *griech.* bíos „Leben" (vgl. *bio..., Bio...*). – Im übertragenen Sinne erscheint das Fremdwort in der Zusammensetzung **Amphibienfahrzeug** „schwimmfähiges Landfahrzeug" (20. Jh.).

Ampulle: Die Bezeichnung für „bauchiges Gefäß; Glasröhrchen" wurde im 19. Jh. aus *lat.* ampulla „kleine Flasche; Ölgefäß" (vgl. *Ampel*) entlehnt. – Vgl. auch den Artikel *Pulle.*

amputieren „einen Körperteil operativ abtrennen" (Med.): Das Wort wurde im 18. Jh als medizinischer Terminus aus gleichbed. *lat.* amputare (eigentlich „ringsherum wegschneiden, abschneiden") entlehnt, einer Bildung zu *lat.* putare „schneiden; reinigen, ordnen; berechnen, vermuten usw." (über den 1. Bestandteil vgl. den Artikel *amb..., Amb...*). – Beachte in diesem Zusammenhang drei weitere Präfixverben von *lat.* putare, die einigen Fremdwörtern im *Dt.* zugrunde liegen: *lat.* de-putare „einem etwas zuschneiden, bestimmen" (in ↑deputieren, Deputat, Deputation, Deputierte), *lat.* disputare „nach allen Seiten erwägen" (in ↑Disput, disputieren), *lat.* com-putare „zusammenrechnen" (in ↑Computer, ↑Konto, ↑Kontor, Kontor[ist], ↑Diskont, ↑Skonto). Abl.: **Amputation** „operative Abtrennung eines Körperteils" (18. Jh.; aus gleichbed. *lat.* amputatio).

Amsel: Die Herkunft des *westgerm.* Vogelnamens (*mhd.* amsel, *ahd.* ams[a]la, *engl.* ouzel) ist nicht sicher geklärt. Entfernt verwandt ist vielleicht *lat.* merula „Amsel".

Amt „Dienststellung; Dienstraum, Dienstgebäude; Dienstbereich, Verwaltungsbezirk": Die *germ.* Substantivbildungen *mhd.* amb[e]t, ambahte, *ahd.* ambaht[i], *got.* andbahti, *aengl.* ambeht, *schwed.* ämbete gehören im Sinne von „Dienst, Dienstleistung" zu einem *gemeingerm.* Wort für „Diener, Gefolgsmann": *ahd.* ambaht, *got.* andbahts, *aengl.* ambeht „Diener, Dienstmann, Bote", vgl. die Femininbildung *aisl.* ambātt „Dienerin". Dieses Wort ist – wie wahrscheinlich auch die unter ↑*Eid,* ↑*Geisel* und ↑*Reich* behandelten Wörter – aus dem *Kelt.* entlehnt, und zwar aus *kelt.* *amb[i]aktos „Diener, Bote", das *gallolat.* als ambactus überliefert ist und eigentlich „Herumgeschickter" bedeutet (vgl. *Achse*). Abl.: **amten** *südd.* und *schweiz.* für „ein Amt ausüben" (*mhd., ahd.* ambahten; seit dem 19. Jh. durch **amtieren** verdrängt); **amtlich** „dienstlich; von einer Amtsstelle ausgehend, offiziell" (*mhd.* ambetlich, *ahd.* ambahtlīh); **Beamte** „Inhaber eines öffentlichen Amtes" (17. Jh., Substantivierung von *frühnhd.* beam[p]t „mit einem Amt betraut, beamtet"). Zus.: **Ammann** *schweiz.* in 'Landammann' „Regierungspräsident" und in 'Gemeindeammann' „Gerichtsvollzieher" (*mhd.* amman, älter ambetman, *ahd.* ambahtman „Amtmann, Verwalter, Gerichtsperson"). Siehe auch den Artikel *Amtsschimmel.*

Amtsschimmel: Der seit dem 19. Jh. gebräuchliche Ausdruck für „Bürokratie" enthält als Grundwort wahrscheinlich ein volksetymologisch umgestaltetes *österr.* Simile „Formular" (aus *lat.* similis „ähnlich"). Das Simile war im alten Österreich ein Musterformular, nach dem bestimmte wiederkehrende Angelegenheiten schematisch erledigt wurden (im Juristenjargon wurde 'Schimmel' im Sinne von „Musterentscheid, Vorlage" gebraucht). Daher nannte man Beamte, die alles nach dem gleichen Schema erledigten, scherzhaft Simile- oder Schimmelreiter. – Andererseits könnte der Ausdruck von der Schweiz ausgegangen sein und sich darauf beziehen, daß die Schweizer Amtsboten früher auf Pferden (Schimmeln) Akten und Entscheidungen zu überbringen pflegten.

Amulett „kleiner, oft als Anhänger getragener Gegenstand als Talisman": Das Wort wurde im 16. Jh. aus gleichbed. *lat.* amuletum entlehnt. Die weitere Zugehörigkeit des Wortes ist unsicher.

amüsieren „unterhalten, die Zeit vertreiben, erheitern, Vergnügen bereiten", auch reflexiv gebraucht: Das Fremdwort ist seit dem Ende des 17. Jh.s als 'amusieren' „hinhalten, aufhalten; Maulaffen feilhalten" bezeugt. Seit dem 18. Jh. wird es in der heutigen Form und im heutigen Sinne allgemein üblich. Es ist entlehnt aus *frz.* amuser „das Maul aufreißen machen; Maulaffen feilhalten; foppen, belustigen" (für den reflexiven Gebrauch ist *frz.* s'amuser „sich vergnügen usw." Vorbild). Das *frz.* Wort ist wohl eine Bildung (denominatives Präfixverb) zu *vlat.* *musus „Schnauze, Maul" (in *frz.* museau „Schnauze", *it.* muso „Schnauze"). – Dazu: **amüsant** „unterhaltsam, vergnüglich"

(18. Jh., aus gleichbed. *frz.* amusant) und **Amüsement** „unterhaltsamer Zeitvertreib; Vergnügen" (18. Jh., aus gleichbed. *frz.* amusement).

an: Das *gemeingerm.* Wort (Präposition und Adverb) *mhd.* an[e], *ahd.* an[a], *got.* ana, *engl.* on, *schwed.* å beruht mit verwandten Wörtern in anderen *idg.* Sprachen auf *idg.* *an- „an etwas hin oder entlang", vgl. z. B. *griech.* aná „auf, hinan, entlang", das in zahlreichen aus dem *Griech.* entlehnten Wörtern als erster Bestandteil steckt (↑ana..., *Ana...*). – Zu 'an' stellen sich im *Dt.* die Bildungen ↑ahnen und ↑ähnlich. Als Adverb ist 'an' durch 'heran' und 'hinan' ersetzt worden, steckt aber in unfest zusammengewachsenen Verben und in Wörtern wie bergan, hintenan, anbei.

an..., An... ↑ad..., Ad...

ana..., Ana...: Die aus dem *Griech.* stammende Vorsilbe mit den Bedeutungen „auf, hinauf; gemäß, entsprechend", in Fremdwörtern wie ↑Analyse, ↑analog u. a. *Griech.* aná (Präposition und Präfix) „auf, hinauf; entlang; gemäß usw." ist mit *dt.* ↑*an* urverwandt.

analog „entsprechend, ähnlich, gleichartig": Das Adjektiv wurde im 18. Jh. über entsprechend *frz.* analogue aus gleichbed. *griech.-lat.* análogos (eigentlich „dem Logos, der Vernunft entsprechend") entlehnt. Dies gehört zu *griech.* aná „gemäß" (vgl. *ana..., Ana...*) und *griech.* lógos „Wort, Rede; Satz, Maß; Denken, Vernunft" (vgl. *Logik*). – Das hierhergehörende Substantiv **Analogie** „Entsprechung, Gleichartigkeit, Übereinstimmung" erscheint als wissenschaftlicher Terminus bereits im 17. Jh. in unmittelbarer Übernahme von entsprechend *griech.-lat.* analogía.

Analphabet ↑Alphabet.

Analyse „Auflösung; Zergliederung, Untersuchung": Der in dieser Form seit dem 18. Jh. bezeugte wissenschaftliche Terminus geht zurück auf *griech.-mlat.* análysis „Auflösung; Zergliederung". Dies gehört zu *griech.* ana-lýein „auflösen", einem Kompositum von *griech.* lýein „lösen" (etymologisch verwandt mit den unter ↑*los* genannten Wörtern). – Dazu: **analysieren** „zergliedern, untersuchen; eine chemische Analyse vornehmen" (17. Jh.).

Ananas: Der seit dem 16. Jh. bezeugte Name der tropischen Südfrucht ist – vielleicht über *span.* ananá(s) – aus *port.* ananás entlehnt, dem das gleichbedeutende naná der südamerikanischen Indianersprache Guaraní zugrunde liegt.

Anarchie „[Zustand der] Herrschaftslosigkeit; Zustand, in dem die Staatsgewalt nicht ausgeübt wird; politisches, wirtschaftliches, soziales Chaos": Das Wort wurde im 17./18. Jh. aus gleichbed. *griech.* an-archía entlehnt, das seinerseits von *griech.* án-archos „führerlos; zügellos" abgeleitet ist. Das *griech.* Wort ist mit verneinendem Präfix (vgl. [2]*a..., A...*) zu *griech.* árchein „vorangehen, Führer sein, herrschen" (vgl. *Archiv*) gebildet. – Zu 'Anarchie' stellen sich die Bildungen **Anarchismus** „Lehre, Anschauung, die jede Staatsgewalt und jeden gesetzlichen Zwang ablehnt" und **Anarchist** „Anhänger des Anarchismus", die mit den in der 2. Hälfte des 19. Jh.s aufkommenden politischen Anschauungen Verbreitung fanden.

Anästhesie: Der medizinische Fachausdruck für „Schmerzunempfindlichkeit; Schmerzbetäubung" ist eine gelehrte Entlehnung neuester Zeit aus *griech.* an-aisthēsía „Gefühlslosigkeit, Unempfindlichkeit", einer Bildung aus *griech.* a- „un..." (vgl. [2]*a..., A...*) und *griech.* aisthánesthai „fühlen, empfinden; wahrnehmen" (vgl. *Ästhetik*). – Abl.: **anästhesieren** „betäuben, schmerzunempfindlich machen" (20. Jh.); **Anästhesist** „Narkosefacharzt" (20. Jh.).

Anatomie: Die medizinische Bezeichnung für „Lehre vom Körperbau der Lebewesen" wurde im 16. Jh. aus gleichbed. *griech.-spätlat.* anatomía entlehnt, das seinerseits zu *griech.* ana-témnein „aufschneiden, sezieren" gehört, einer Bildung aus *griech.* aná „auf" (vgl. [2]*a..., A...*) und *griech.* témnein „schneiden, zerteilen" (vgl. *Atom*). – Abl.: **anatomisch** „die Anatomie betreffend, zergliedernd" (17. Jh.); **Anatom** „Lehrer der Anatomie" (um 1800).

anbahnen ↑Bahn.

anbändeln ↑Bendel.

anbelangen ↑belangen.

anberaumen „zeitlich festlegen, ansetzen": Das aus der Kanzleisprache stammende Wort hat sich – unter Anlehnung an das unter ↑*Raum* behandelte Substantiv – aus älterem 'anberamen' entwickelt und gehört zu *spätmhd.* berāmen „als Ziel festsetzen", *mhd.* rāmen, *ahd.* rāmēn „zielen, streben", *mhd.* rām „Ziel" (vgl. *Arm*).

anbiedern, sich ↑bieder.

anbieten ↑bieten.

anbinden ↑binden.

anblaffen ↑blaffen.

anbringen ↑bringen.

Andacht: Die Bildung *mhd.* andāht, *ahd.* anadāht „Denken an etwas, Aufmerksamkeit, Hingabe" gehört zu dem unter ↑*denken* behandelten starken Verb, beachte die im *Nhd.* untergegangene Substantivbildung *mhd., ahd.* dāht „Denken, Gedanke". Seit dem 12. Jh. wird 'Andacht' speziell im Sinne von „Denken an Gott; innige, religiöse Hingabe" verwendet. Im *Nhd.* wird das Wort auch im Sinne von „inniges Gebet, kurzer Gebetsgottesdienst" gebraucht, beachte z. B. die Zusammensetzung 'Morgenandacht'. Abl.: **andächtig** „aufmerksam, hingebungsvoll, fromm" (*mhd.* andæhtec, *ahd.* anadāhtīg).

andante „mäßig langsam": Das Wort wurde als musikalische Tempobezeichnung im 17. Jh. aus gleichbed. *it.* andante (eigentlich „gehend") übernommen. Das zugrundeliegende Verb *it.* andare „gehen" beruht auf *vlat.* ambitare, einer Intensivbildung zu *lat.* ambire (vgl. *Ambition*).

ander: Das *gemeingerm.* Für- und Zahlwort *mhd., ahd.* ander, *got.* anþar, *engl.* other, *aisl.* annar beruht mit verwandten Wörtern in anderen *idg.* Sprachen auf einer alten Komparativbildung, und zwar entweder zu der *idg.* Demonstrativpartikel *an- „dort" oder aber zu dem unter ↑*jener* behandelten *idg.* Pronominalstamm. *Außergerm.* entsprechen z. B. *aind.* ántara-ḥ

„anderer“ und *lit.* añtras „anderer“. – Als Ordnungszahlwort ist ‘ander’ im *Nhd.* durch die junge Bildung ‘zweite’ (vgl. *zwei*) verdrängt worden. Von der alten Verwendung von ‘ander’ im Sinne von „der zweite“ gehen aus **anderthalb** „eineinhalb“, eigentlich „das zweite halb“ (*mhd.* anderhalp, *ahd.* anderhalb; *spätmhd.* anderthalp mit dem -t- der Ordnungszahlwörter); **anderweit** veraltet für „in anderer Hinsicht, sonstwie“ (*mhd.* anderweide, anderweit „zum zweiten Mal“; durch Anlehnung an das Adjektiv ‘weit’ seit dem 17. Jh. dann „anderwärts, anderswo, sonst“; zum Grundwort *mhd.* weide „Weide, Tagesreise, Weg“ vgl. [2]*Weide*), dazu **anderweitig** (17. Jh.); **selbander** veraltet für „zu zweit“ (*mhd.* selbe ander „selbst der zweite“). Die alte Verwendung von ‘ander’ als Ordnungszahlwort läßt sich auch noch in der Gegenüberstellung mit ‘ein’ erkennen, beachte z. B. ‘der eine – der andere’, ‘ein Wort gab das andere’. Heute wird ‘ander’ zum Ausdruck der Verschiedenheit und zu unbestimmt unterscheidender Wertung verwendet. – Das Adverb **anders** (*mhd.* anders, *ahd.* anderes) ist der adverbiell erstarrte Genitiv Singular. Abl.: **ändern** „anders machen“ (*mhd.* endern).

andeuten ↑deuten.

andrehen ↑drehen.

anecken ↑Ecke.

Anekdote „knappe, pointierte, charakterisierende Geschichte“: Das Wort wurde im 18. Jh. aus gleichbed. *frz.* anecdote entlehnt. Das *frz.* Wort selbst geht zurück auf Anekdota (zu *griech.* an-ék-dota „noch nicht Herausgegebenes, Unveröffentlichtes“), den Titel eines aus dem Nachlaß des byzantinischen Geschichtsschreibers Prokop herausgegebenen Werkes, in welchem eine Fülle von Einzelheiten über die Begebenheiten und Personen aus dessen Lebenszeit zusammengetragen sind.

Anemone „Windröschen“: Der seit dem 16. Jh. zunächst in Zusammensetzungen wie ‘Anemonenblume’ bezeugte Blumenname geht auf *griech.-lat.* anemṓnē zurück. Schon im Altertum brachte man den Namen mit *griech.* ánemos „Wind“ in Verbindung. Eine zwingende Erklärung für die Benennung dieser Blume als „Windblume“ gibt es jedoch trotz vieler poetischer Versuche (u. a.: „weil sie vom Wind entblättert wird“) nicht.

Anerbe ↑[1]Erbe.

anerkennen ↑erkennen.

anfangen: Die heute übliche Form anfangen hat sich im *Frühnhd.* gegenüber der älteren Form anfahen (*mhd.* an[e]vāhen, *ahd.* anafāhan) durchgesetzt, wie auch beim einfachen Verb die jüngere Form fangen die ältere Form fahen verdrängt hat (vgl. *fangen*). Aus der ursprünglichen Bed. „anfassen, anpacken, in die Hand nehmen“ entwickelte sich bereits im *Ahd.* die Bed. „beginnen“. Abl.: **Anfang** (*mhd.* an[e]vanc, *ahd.* anafang), dazu **anfänglich** und **anfangs; Anfänger** „Lernender, Lehrling“ (16. Jh., in der Bed. „Urheber“).

anfechten ↑fechten.

anfeinden ↑Feind.

anfordern ↑fordern.

anfreunden ↑Freund.

anführen, Anführungsstriche, Anführungszeichen ↑führen.

Angeber ↑geben.

Angebinde ↑binden.

angeblich ↑geben.

Angebot ↑bieten.

angegossen ↑gießen.

angeheitert ↑heiter.

angehen ↑gehen.

Angehöriger ↑gehören.

angekränkelt ↑krank.

Angel: Das *altgerm.* Wort *mhd.* angel, *ahd.* angul, *niederl.* angel, *engl.* angle, *schwed.* angel ist eine Bildung zu einem im *Nhd.* untergegangenen *altgerm.* Substantiv mit der Bed. „Haken“: *mhd.* ange, *ahd.* ango, *aengl.* anga, *aisl.* ange „Haken; Stachel; Spitze“. Diese *germ.* Sippe mit verwandten Wörtern in anderen *idg.* Sprachen zu der *idg.* Wurzel *ank-, *ang-, „biegen, krümmen“, vgl. z. B. *aind.* aṅkuśá-ḥ „Haken; Angelhaken; Elefantenstachel“, *griech.* agkýlos „krumm, gebogen“, ágkȳra „Anker“ (↑Anker) und *lat.* angulus „Winkel, Ecke“. Zu dieser Wurzel gehört ferner die unter ↑*Anger* (eigentlich „Biegung, Bucht, Tal“) behandelte Wortgruppe. – Das *altgerm.* Wort, das ursprünglich den aus Knochen geschnitzten oder aus Metall geschmiedeten, zum Fischfang dienenden Haken bezeichnete, ging später auf das ganze Fanggerät über (beachte die verdeutlichende Zusammensetzung ‘Angelhaken’). Schon früh bezeichnete es auch speziell den hölzernen oder metallenen Haken oder Stift, um den sich die Türflügel drehen. An diesen Wortgebrauch schließen sich an **Angelpunkt** „Dreh-, Kernpunkt“ und **sperrangelweit** „weit offenstehend“ (eigentlich „so weit offen, wie die Türangeln es zulassen“; s. auch *sperren*), beachte auch die Wendung ‘aus den Angeln heben’. Abl.: **angeln** „mit der Angel fischen“ (*mhd.* angeln; dagegen *ahd.* angulōn „mit Haken oder Stacheln versehen“), dazu **Angler.** Zus.: **Fußangel** „Nagelbrett oder mehrspitziges Eisen zum Schutz von Grundstücken“ (*spätmhd.* vuoȥangel).

angelegen, Angelegenheit ↑liegen.

angemessen ↑messen.

angenehm ↑genehm.

Anger: Das veraltende Wort für „grasbewachsenes Land; Dorfplatz“ (*mhd.* anger, *ahd.* angar) gehört im Sinne von „Biegung, Bucht“ zu der unter ↑*Angel* dargestellten *idg.* Wortgruppe. Eng verwandt sind die *nord.* Sippe von *schwed.* äng „Wiese“ und *außergerm.* z. B. *lat.* ancrae *Plural* „Bucht, bepflanzter Streifen an Flüssen“ und *griech.* ágkos „Tal“. Zus.: **Schindanger** „Platz der Abdecker“ (17. Jh.).

angesäuselt ↑säuseln.

angesehen ↑sehen.

Angesicht, angesichts ↑Gesicht.

angespannt ↑spannen.

angestammt ↑Stamm.

Angestellter ↑stellen.

angewöhnen ↑gewöhnen.

Angina „Rachen-, Mandelentzündung“: Die

Krankheitsbezeichnung ist aus gleichbed. *lat.* angina entlehnt. Das *lat.* Wort selbst beruht auf *griech.* agchónē „Erwürgen, Erdrosseln" (zu dem mit *dt.* ↑*eng* urverwandten Verb *griech.* ágchein „erwürgen, die Kehle zuschnüren"), das bei der Entlehnung dem etymologisch verwandten Verb *lat.* angere „beengen, würgen" lautlich angeglichen wurde. Der Name der Krankheit bezieht sich also auf die für die Angina charakteristische „Verengung" der Kehle (mit Schluckbeschwerden).

Angler ↑Angel.

angreifen, Angreifer, Angriff ↑greifen.

angrenzen ↑Grenze.

Angst: Die auf das *dt.* und *niederl.* Sprachgebiet beschränkte Substantivbildung (*mhd.* angest, *ahd.* angust, *niederl.* angst) gehört im Sinne von „Enge, Beklemmung" zu der *idg.* Wortgruppe von ↑*eng*. Vgl. z. B. aus anderen *idg.* Sprachen *lat.* angustus „eng", angustiae „Enge, Klemme, Schwierigkeiten". Im *Nhd.* wird 'Angst' auch als Artangabe verwendet, beachte z. B. 'mir ist angst', 'jemandem angst und bange machen'. Abl.: **ängstigen** „furchtsam, ängstlich machen" (abgeleitet von *frühnhd.* engstig „ängstlich", für älteres, heute nur noch dichterisch verwendetes **ängsten,** *mhd.* angesten, *ahd.* angusten); **ängstlich** „furchtsam, bedrohlich" (*mhd.* angestlich, *ahd.* angustlīh). Zus.: **Angströhre** scherzh. für „Zylinder" (1848 in Wien geprägt, als die aufständischen Studenten statt der Kalabreser wieder bürgerliche Zylinder aufsetzten).

angstschlotternd ↑schlottern.

anhalten, Anhalter, Anhaltspunkt ↑halten.

Anhang, Anhänger, anhänglich, Anhängsel ↑hängen.

anhauen ↑hauen.

anheim...: Verdeutlichend für 'heim' „nach Hause" (vgl. *Heim*) kam in *frühnhd.* Zeit gleichbed. 'anheim' auf, das besonders in der Kanzleisprache gebraucht wurde und mit einigen Verben unfeste Zusammensetzungen einging, beachte z. B. **anheimfallen** und **anheimstellen.**

anheimeln „heimatlich vorkommen, traulich anmuten": Das ursprünglich nur *südwestdt.* Verb ist von dem unter ↑*Heim* behandelten Wort abgeleitet, beachte das in der Schweiz gebräuchliche einfache **heimeln.** Beachte auch das Adjektiv **heimelig** „anheimelnd".

anheischig: Das nur noch in der Wendung 'sich anheischig machen' „sich erbieten" gebräuchliche Adjektiv ist durch Anlehnung an das Verb ↑heischen aus *mhd.* antheiȥec „verpflichtet, durch Versprechen gebunden" entstanden. *Mhd.* antheiȥec ist an die Stelle von gleichbed. *mhd.* antheiȥe, *ahd.* antheiȥi getreten, einer Ableitung von *mhd., ahd.* antheiȥ „Versprechen, Gelübde" (eigentlich „Entgegenrufen", vgl. *ent-* und *heißen*).

animalisch „tierisch": Das Adjektiv ist eine gelehrte Neubildung des 17. Jh.s zu *lat.* animal „Tier". Das *lat.* Wort gehört mit seiner ursprünglichen Bed. „beseeltes Geschöpf" zu *lat.* animus „Lebenshauch; Seele" (vgl. *animieren*).

animieren „anregen, ermuntern": Das Verb wurde im 17. Jh. aus *frz.* animer (eigtl.: „beseelen, beleben") entlehnt. In den Zusammensetzungen 'Animierdame, Animiermädchen' zeigt sich deutlich die Bedeutungsabwertung, die sich an diesem Wort vollzogen hat. – Voraus liegt *lat.* animare „Leben einhauchen, beseelen", das zu *lat.* animus, anima „Lebenshauch; Seele" (beachte *ugs.* Animus „Ahnung") gehört, ebenso wie animal „Tier" mit einer Grundbedeutung „beseeltes Geschöpf" (↑animalisch). – Es besteht Urverwandtschaft mit *griech.* ánemos „Wind[hauch]" (↑Anemone) und wohl auch mit *griech.* ãsthma „schweres, kurzes Atmen, Keuchen" (↑Asthma) und *lat.* halare „hauchen" (dazu in-halare „einhauchen", ↑inhalieren). Als gemeinsame *idg.* Wurzel gilt *an[ə]- „hauchen, atmen", die auch in anderen *idg.* Sprachen vertreten ist. Dabei ist für das mit unorganischem „h" gebildete *lat.* halare eine Grundform *an-slare anzusetzen und entsprechend für *griech.* ãsthma eine Form *án-sthma.

Anis: Der Name der am östlichen Mittelmeer beheimateten Gewürz- und Heilpflanze (*mhd.* anīs) führt über *lat.* anisum (Nebenform von *lat.* anesum) auf *griech.* ánēs[s]on, ánēthon „Dill" zurück. Die weitere Herkunft des Wortes ist dunkel.

Anker: Die *germ.* Bezeichnungen des Geräts zum Festlegen von Schiffen (*mhd., spätahd.* anker, *niederl.* anker, *engl.* anchor, *schwed.* ankare) beruhen auf einer frühen Entlehnung aus *lat.* ancora „Anker". Als die Germanen, die ihre Schiffe mit schweren Steinen festzulegen pflegten, durch die Römer am Niederrhein und an der Nordsee den zweiarmigen Schiffsanker kennenlernten, übernahmen sie mit dem Gerät auch dessen Namen. Die Römer ihrerseits übernahmen den dreiarmigen Schiffsanker von den Griechen und entlehnten die *griech.* Bezeichnung ágkȳra (vgl. *Angel*). – Im *Nhd.* bezeichnet 'Anker' auch verschiedene technische Vorrichtungen (Bolzen, Hebel, Klammern) zur Festigung von Holz- und Steinbauten, zur Befestigung von Maschinenteilen od. dgl., beachte die Zusammensetzungen 'Ankerbalken, Maueranker, Uhranker'. Abl.: **ankern** (*mhd.* ankern), dazu **verankern** (18. Jh., zuerst von Mauerankern gebraucht). Zus.: **Ankerspill** (↑Spindel).

anketten ↑Kette.

anklagen ↑klagen.

Anklang ↑klingen.

Ankommen, Ankömmling, Ankunft ↑kommen.

ankotzen ↑kotzen.

Ankratz, ankratzen ↑kratzen.

ankreiden ↑Kreide.

ankünden, ankündigen ↑kund.

Anlage ↑legen.

anlangen ↑lang.

Anlaß, anläßlich ↑lassen.

anlassen, Anlasser ↑lassen.

Anlauf, anlaufen ↑laufen.

anlegen ↑legen.

Anleihe ↑leihen.

anleiten, Anleitung ↑leiten.
anliegen, Anliegen, Anlieger ↑liegen.
anmaßen, Anmaßung ↑Maß.
anmerken, Anmerkung ↑merken.
Anmut: Das im *germ.* Sprachbereich nur im *Dt.* gebräuchliche Wort (*mhd.* anemuot) bedeutet eigentlich „der an etwas gesetzte Sinn" (vgl. *Mut*). Es wurde zunächst im Sinne von „Verlangen, Lust, Vergnügen" verwendet. Auf Anlehnung an die Bedeutung des Adjektivs 'anmutig' (s. u.) beruht der heutige Wortgebrauch im Sinne von „Liebreiz, anziehendes Wesen". Das seit dem 15. Jh. bezeugte Adjektiv **anmutig** bedeutete zunächst „Verlangen, Lust erweckend". Aus diesem Wortgebrauch entwickelte sich die heute übliche Bed. „gefällig, liebreizend".
anmuten ↑Mut.
Annahme ↑nehmen.
Annalen „[geschichtliche] Jahrbücher, chronologisch geordnete Geschichtswerke": Das Wort wurde im 18. Jh. aus gleichbed. *lat.* (libri) annales entlehnt, das zu *lat.* annus „Jahr" gehört.
annehmen ↑nehmen.
annektieren „sich [gewaltsam] aneignen": Das Verb wurde als politischer Terminus im 19. Jh. aus gleichbed. *frz.* annexer (zu *frz.* annexe „Verknüpftes; Dazugehöriges; Anhang") entlehnt und nach *lat.* an-nectere (annexus) „verknüpfen", das dem *frz.* Wort zugrunde liegt, relatinisiert. – Das Stammverb *lat.* nectere (nexus) „knüpfen, binden" ist etymologisch verwandt mit *dt.* ↑*Netz.* – Dazu **Annexion** „[gewaltsame] Aneignung fremden Gebiets" (19. Jh.; aus gleichbed. *frz.* annexion < *lat.* annexio „Verknüpfung"). – Siehe auch den Artikel *Konnex.*
anno, Anno: Der Ausdruck für „im Jahre" wurde aus dem Ablativ von *lat.* annus „Jahr" (vgl. *Annalen*) übernommen. Das Wort lebt nur in festen, scherzhaften Wendungen wie 'anno/Anno dazumal' und 'anno/Anno Tobak' „in alter Zeit", die nach dem Vorbild von 'Anno Domini' „im Jahre des Herrn" entstanden sind.
annoncieren „eine Zeitungsanzeige aufgeben": Das Verb wurde im 18. Jh. aus *frz.* annoncer „ankündigen, öffentlich bekanntmachen" entlehnt. Das *frz.* Wort selbst beruht auf *lat.* annuntiare „an-, verkündigen", das zu *lat.* nuntius „Botschaft; Bote" (vgl. *Nuntius*) gehört. – Abl.: **Annonce** „Zeitungsanzeige" (18./19. Jh.; aus *frz.* annonce „Ankündigung; Anzeige, Bekanntmachung").
annullieren „für ungültig, für nichtig erklären; vernichten": Das Verb wurde im 16. Jh. als Rechtsterminus aus gleichbed. *spätlat.* an-nullare entlehnt. Das *lat.* Wort ist eine Bildung (denominatives Präfixverb) zu *lat.* nullus „keiner" (vgl. *null*).
Anode „positiv geladene Elektrode" (Phys.): Das im 19. Jh. aus gleichbed. *engl.* anode entlehnte Wort geht zurück auf *griech.* án-odos „Aufweg; Eingang" (zu *griech.* hodós „Weg", vgl. *Periode*). Die Anode bezeichnet also die „Eintrittsstelle" der Elektronen in den geschlossenen Stromkreis. – *Engl.* anode wurde in Deutschland durch die Entdeckungen Faradays bekannt.
anöden ↑öde.
anonym „ungenannt, namenlos" (besonders von Schriftwerken, deren Verfasser nicht genannt sein will): Das seit dem 18. Jh. zuerst in der Form 'anonymisch' bezeugte Fremdwort geht auf *griech.-lat.* an-ónymos „namenlos; unbekannt" zurück. Dessen Stammwort ist *griech.* ónoma (bzw. eine Dialektform ónyma) „Name", das urverwandt ist mit gleichbed. *lat.* nomen und *dt.* ↑*Name.* – Abl.: **Anonymität** (19. Jh.). – *Griech.* ónyma erscheint auch in den Fremdwörtern ↑Homonym, ↑Pseudonym und ↑Synonym.
Anorak „Windbluse, Schneejacke": Der Name des Kleidungsstücks wurde im 20. Jh. aus *eskim.* anorak entlehnt, einer Bildung zu *eskim.* anore „Wind".
anorganisch ↑Organ.
anpacken ↑packen.
anpassen ↑passen.
anpfeifen, Anpfiff ↑pfeifen.
anpflaumen: Der im 20. Jh. aufgekommene *ugs.* Ausdruck für „jemanden verulkend oder anzüglich ansprechen" gehört wohl zu ↑Pflaume in der übertragenen Bed. „boshafte Bemerkung, Spott".
anprangern ↑Pranger.
anrainen, Anrainer ↑Rain.
anranzen (*ugs.* für:) „hart anfahren, barsch zurechtweisen": Die Herkunft des seit dem 19. Jh. gebräuchlichen Verbs ist nicht sicher geklärt. Es kann auf eine Weiterbildung von *mhd.* ranken „wie Esel schreien" zurückgehen oder aber zusammenhängen mit dem nur noch *landsch.* und weidmännisch gebräuchlichen Verb **ranzen** „unruhig umherlaufen; sich begatten; sich balgen" (*mhd.* ranzen „ungestüm umherspringen; necken", Weiterbildung von *mhd.* ranken „sich hin und her bewegen").
anregen, Anregung ↑regen.
anreißen, Anreißer ↑reißen.
anrempeln ↑rempeln.
Anrichte, anrichten ↑richten.
anrotzen ↑Rotz.
anrüchig „übel beleumdet, verdächtig": Die heute übliche Form 'anrüchig', die durch Anlehnung an 'riechen, Geruch' aus 'anrüchtig' entstanden ist, hat sich erst im 19. Jh. gegenüber der älteren Form durchgesetzt. Das seit dem 15. Jh. zunächst in *hochd.* Rechtstexten bezeugte 'anrüchtig' ist aus *mnd.* anrüchtig „von schlechtem Leumund, ehrlos" übernommen. Es gehört wie die unter ↑*berüchtigt,* ↑*Gerücht* und ↑*ruchbar* behandelten Wörter zu *mnd.* ruchte „Ruf, Leumund", dem *mhd.* ruoft „Ruf, Leumund" entspricht (vgl. *rufen*). Zu *niederd.* -cht- statt *hochd.* -ft- s. den Artikel *Gracht.*
anrühren ↑rühren.
Ansage, ansagen, Ansager ↑sagen.
ansässig: Das seit dem 18. Jh. bezeugte Adjektiv gehört zu *frühnhd.* anseß „fester Wohnsitz", ansesse „Alteingesessener, Hauseigentümer" (vgl. *sitzen*).
ansäuseln ↑säuseln.

anschaffen ↑schaffen.
anschauen, anschaulich, Anschauung ↑schauen.
anscheinend ↑scheinen.
anschicken ↑schicken.
Anschiß ↑scheißen.
Anschlag, anschlagen ↑schlagen.
anschmachten ↑schmachten.
anschmieren ↑schmieren.
anschnauzen (*ugs.* für:) „barsch zurechtweisen": Das seit dem 16. Jh. bezeugte Verb, das im heutigen Sprachgefühl als zu 'Schnauze' gehörig empfunden wird, hat sich aus *anschnau[b]ezen entwickelt, einer Intensivbildung zu dem im gleichen Sinne verwendeten anschnauben (vgl. *schnauben*). Abl.: **Anschnauzer** *ugs.* für „Rüffel".
anschneiden ↑schneiden.
anschreiben, Anschreiben ↑schreiben.
anschuldigen ↑Schuld.
anschwärzen ↑schwarz.
ansehen, Ansehen, ansehnlich ↑sehen.
anseilen ↑Seil.
Ansicht, Ansichtskarte ↑sehen.
Ansinnen ↑sinnen.
anspielen, Anspielung ↑Spiel.
Ansporn, anspornen ↑Sporn.
Ansprache, ansprechen, ansprechend ↑sprechen.
Anspruch ↑sprechen.
Anstalt: *Mhd.* anstalt „Richtung, Beziehung; Aufschub" ist eine Bildung zum alten Präteritumstamm von *mhd.* an[e]stellen „einstellen, aufschieben" (vgl. *stellen* und den Artikel *Gestalt*). Im *Nhd.* schloß sich 'Anstalt' an die Verwendung des Verbs im Sinne von „anordnen, vorbereiten, einrichten" an. Darauf beruht der Wortgebrauch im Sinne von „Anordnung, Vorbereitung", beachte die Wendung 'Anstalten treffen oder machen', und im Sinne von „Einrichtung, Organisation mit eigener Rechtspersönlichkeit" (18. Jh.), dann auch „Gebäude einer Einrichtung", beachte z. B. die Zusammensetzungen 'Blinden-, Lehr-, Irrenanstalt'. – Abl. **veranstalten** „unternehmen, machen, ins Werk setzen" (18. Jh.), dazu **Veranstaltung.**
Anstand „gutes Benehmen, Schicklichkeit; Einwand, Aufschub; Standort oder Hochsitz des Jägers": Das seit *mhd.* Zeit gebräuchliche Wort (*mhd.* anstant) ist eine Bildung zu dem zusammengesetzten Verb 'anstehen' „stehenbleiben, warten; aufschieben; passen, geziemen" (*mhd.* an[e]stēn, *ahd.* anastēn, vgl. *stehen*). Das Substantiv schließt sich also eng an die verschiedenen, z. T. heute veralteten Bedeutungen des zusammengesetzten Verbs an. Von der Bed. „Einwand, Aufschub", die in Wendungen wie 'Anstand nehmen' bewahrt ist, gehen aus **anstandslos** „ohne weiteres" (Anfang 20. Jh.) und **beanstanden** „Einwände erheben, bemängeln" (19. Jh.). Abl.: **anständig** „schicklich, geziemend, passend; gehörig, ordentlich" (17. Jh.).
anstatt ↑Statt.
anstechen, Anstich ↑stechen.
anstecken ↑stecken.
anstellen, anstellig, Anstellung ↑stellen.
anstiften ↑stiften.
anstimmen ↑Stimme.
Anstoß, anstoßen, anstößig ↑stoßen.
ansträngen ↑Strang.
anstreichen, Anstreicher, Anstrich ↑streichen.
anstrengen ↑streng.
Ansturm ↑Sturm.
[1]**ant..., Ant...:** Die Vorsilbe mit der Bedeutung „entgegen" ist heute nur noch in ↑Antlitz und ↑Antwort und verdunkelt in ↑anheischig bewahrt. Sie war im *Mhd.* und *Ahd.* in Substantiven und Adjektiven ebenso verbreitet wie bei Verben die Vorsilbe ↑ent..., die durch Abschwächung in unbetonter Stellung aus 'ant...' entstanden ist. Das *gemeingerm.* Präfix *mhd., ahd.* ant-, *got.* and[a]-, *aengl.* and-, *aisl.* and- ist z. B. verwandt mit *griech.* antí „angesichts, gegenüber" und *lat.* ante „vor", die in zahlreichen aus dem *Griech.* und *Lat.* entlehnten Wörtern als erster Bestandteil stecken (vgl. *anti..., Anti...* und den Artikel *antik*). Diese Wörter beruhen auf erstarrten Kasusformen des *idg.* Substantivs *ant-s „Vorderseite, Stirn, Gesicht". Die Bed. „entgegen, gegenüber, vor" haben sich also aus „auf die Vorderseite zu, ins Gesicht, im Angesicht von" entwickelt. Verwandt ist auch das unter ↑*Ende* behandelte Wort.
[2]**ant..., Ant...** ↑anti..., Anti...
Antarktis ↑Arktis.
Anteil, Anteilnahme ↑Teil.
Antenne: Die Bezeichnung für die „[hoch aufragende] Vorrichtung zum Empfang und zur Ausstrahlung elektromagnetischer Wellen" wurde im 20. Jh. aus gleichbed. *it.* antenna entlehnt. Das *it.* Wort bedeutet eigentlich „Segelstange; Stange; Fühler" und geht zurück auf gleichbed. *lat.* antenna, antemna.
Anthologie „Sammlung, Auswahl von Gedichten oder Prosastücken": Das Wort ist eine gelehrte Entlehnung des 18. Jh.s aus gleichbed. *griech.* anthología (eigentlich „Blumensammeln, Blütenlese"), das zu *griech.* ánthos „Blume, Blüte" und *griech.* légein „sammeln; lesen" (vgl. *Lexikon*) gehört.
Anthrazit „harte, glänzende Steinkohle": Das Wort ist eine gelehrte Entlehnung neuester Zeit aus *lat.* anthracites, < *griech.* anthrakítēs „Kohlenstein" (Name eines Edelsteins), einer Bildung zu *griech.* ánthrax, Gen. ánthrakos „Kohle". Dazu auch chemisch fachsprachlich **Anthracen** „aus Steinkohlenteer gewonnenes Ausgangsmaterial vieler Farbstoffe".
anthropo..., Anthropo...: Das in mehreren Zusammensetzungen auftretende Bestimmungswort mit der Bed. „Mensch" (Anthropologie, Anthroposophie, anthropomorph usw.) geht zurück auf *griech.* ánthrōpos „Mensch".
anti..., Anti..., (vor Vokalen und vor h:) [2]ant..., Ant...: Die Vorsilbe mit der Bed. „gegen, entgegen, wider; gegenüber; anstatt", in Fremdwörtern wie ↑Antipathie, ↑Antipode u. a., stammt aus *griech.* antí (Präposition u. Präfix) „angesichts, gegenüber; anstatt; vor; gegen", das etymologisch verwandt mit der *dt.* Vorsilbe ↑[1]*ant..., Ant...* ist.

antichambrieren „katzbuckeln; liebedienern": Das Verb ist eine Bildung des 18. Jh.s zu *frz.* antichambre „Vorzimmer" (also eigentlich „in Vorzimmern herumlungern"), einer Nachbildung von *it.* anticamera. Dies gehört zu *lat.* ante, „vor" und camera (vgl. *Kammer*).

antik altertümlich": Das im 18. Jh. aus gleichbed. *frz.* antique entlehnte Adjektiv geht zurück auf *lat.* antiquus „vorig; alt", eine Nebenform von *lat.* anticus „der vordere", die ihrerseits von *lat.* ante „vor" (urverwandt mit *dt.* ↑[1]*ant..., Ant...*) abgeleitet ist. Dazu das Substantiv **Antike** als Bezeichnung für das klassische Altertum (18. Jh.). – Auf die weibliche Form von *lat.* antiquus (-a, -um) geht **Antiqua** „Lateinschrift", eigtl. „die alte Schrift", zurück. Die 'littera antiqua', die karolingische Minuskel, wurde von den italienischen Humanisten statt der gotischen Schrift wieder verwendet. Zu *lat.* antiquus gehören auch die Fremdwörter ↑Antiquar, Antiquariat, antiquarisch, antiquiert und Antiquitäten.

Antilope: Der im *Dt.* seit dem 18./19. Jh. bezeugte Name des gehörnten Huftieres (Asiens und besonders Afrikas) geht zurück auf den Namen eines Fabeltiers *mgriech.* anthólōps (> *mlat.* ant[h]alopus), der wörtlich „Blumenauge" bedeutet (zu *griech.* ánthos „Blume" und *griech.* ōps „Auge"). In den europäischen Sprachen erscheint der Name zuerst im *Engl.* als antelope (Anfang 17. Jh.) u. wird von dort weitervermittelt. Uns erreicht er über gleichbed. *frz.-niederl.* antilope.

Antipathie „Abneigung, Widerwille" (im Gegensatz zu ↑Sympathie): Das Wort wurde im 16. Jh. über gleichbed. *lat.* antipathia aus gleichbed. *griech.* anti-pátheia entlehnt. Über das zugrundeliegende Substantiv *griech.* páthos „Leid; Leidenschaft; Gemütsstimmung" vgl. den Artikel *Pathos*.

Antipode „auf dem gegenüberliegenden Punkt der Erde lebender Mensch", übertragen auch: „Gegenspieler": Das Fremdwort ist seit dem 16. Jh. als geographischer Terminus bezeugt, anfänglich nur in der Pluralform 'Antipoden'. Es geht zurück auf gleichbed. *griech.-lat.* antípous (*Plural* antípodes), das wörtlich „Gegenfüßler" bedeutet und zu *griech.* antí „gegenüber" (vgl. *anti..., Anti...*) und *griech.* poús (podós) „Fuß" (vgl. *Podium*) gehört.

Antiqua ↑antik.

Antiquar „Händler mit Altertümern, Altbuchhändler": Das seit dem 18. Jh. bezeugte Fremdwort geht zurück auf *lat.* antiquarius „Kenner und Anhänger des Alten (der alten Sprache, Literatur usw.)", einer Bildung zu *lat.* antiquus „vorig; alt" (vgl. *antik*). – Abl.: **Antiquariat** „Geschäft eines Antiquars" (19. Jh., *nlat.* Bildung); **antiquarisch** „alt, gebraucht" (19. Jh.). – Zu *lat.* antiquus gehören auch die beiden folgenden Fremdwörter: **antiquiert** „veraltet" (Neubildung des 17. Jh.s); **Antiquitäten** „Altertümer, Denkmäler aus alter Zeit" (16. Jh., aus *lat.* antiquitates „Altertümer, alte Sagen, alte Geschichte usw.)". Dazu die Zusammensetzung **Antiquitätenhändler.**

Antlitz „Gesicht": Das heute nur noch in gehobener Sprache gebräuchliche Wort bedeutet eigentlich „das Entgegenblickende". *Mhd.* antlitze, *ahd.* antlizzi (Mischform aus *antliȝ und gleichbed. antlutti), *aengl.* andwlita, *schwed.* anlete enthalten als ersten Bestandteil die unter ↑[1]*ant..., Ant...* „entgegen" behandelte Vorsilbe und als zweiten Bestandteil eine Bildung zu einem im *Dt.* untergegangenen Verb mit der Bed. „blicken, sehen": *aengl.* wlītan, *aisl.* līta „blikken, schauen, sehen" (beachte *got.* wlits „Aussehen; Gestalt", *aengl.* wlite „Blick; Gesicht; Aussehen; Gestalt, Erscheinung", *aisl.* litr „Aussehen, Glanz").

Antrag, antragen ↑tragen.

antreiben, Antrieb ↑treiben.

antreten, Antritt ↑treten.

antun ↑tun.

Antwort: Das *gemeingerm.* Substantiv *mhd.* antwürte, *ahd.* antwurti, *got.* andawaúrdi, *aengl.* andwyrde, *aisl.* andyrđi bedeutet eigentlich „Gegenrede". Das Grundwort ist eine Kollektivbildung zu dem unter ↑*Wort* behandelten Substantiv, das Bestimmungswort ist die unter ↑[1]*ant..., Ant...* „entgegen" behandelte Vorsilbe. Die *nhd.* Form 'Antwort' gegenüber *mhd.* antwürte ist durch Anlehnung an 'Wort' entstanden. – Davon abgeleitet ist das Verb **antworten** (*mhd.* antwürten, *ahd.* antwurten, *got.* andwaúrdjan, *aengl.* andwyrdan), um das sich die Präfixbildungen **beantworten, verantworten** (s. d.) und das zusammengesetzte Verb ↑überantworten gruppieren.

anvertrauen ↑trauen.

anvisieren ↑[2]Visier.

Anwalt: Die *westgerm.* Substantivbildung *mhd.* anwalte, *ahd.* anawalto, *mnd.* anwalde, *aengl.* onwealda gehört zu dem unter ↑*walten* behandelten Verb und bedeutet eigentlich „einer, der über etwas Gewalt hat". Das Wort bezeichnete im *Ahd.* den Macht- oder Befehlshaber, im *Mhd.* dann gewöhnlich den bevollmächtigten Beamten oder Gesandten eines Fürsten oder einer Stadt und schließlich den Vertreter einer Partei vor Gericht. Im Sinne von „berufener Vertreter vor Gericht, Rechtsberater" hat es die Fremdwörter Prokurator, Konsulent und Advokat verdrängt. – Zus.: **Rechtsanwalt** (seit dem 19. Jh. amtliche Standesbezeichnung in Deutschland, in der Schweiz neben 'Fürsprech'); **Staatsanwalt** (2. Hälfte des 19. Jh.s).

anwandeln, Anwand[e]lung ↑wandeln.

Anwärter: Das seit dem 16. Jh. bezeugte Wort gehört zu *frühnhd.* anwarten „auf etwas [mit Anspruch] warten" (*mhd.* an[e]warten, *ahd.* anawartēn „erwarten, ausschauen"; vgl. *warten*). Seit 1900 hat sich 'Anwärter' in der Beamtensprache gegenüber dem Fremdwort ↑Aspirant durchgesetzt. Zu *frühnhd.* anwarten ist auch **Anwartschaft** „Anspruch oder Aussicht auf ein Amt oder dgl." (17. Jh.) gebildet.

anwenden, Anwendung ↑wenden.

anwerfen ↑werfen.

Anwesen: Das vorwiegend im *oberd.* Sprachraum gebräuchliche Wort für „[bebautes] Grundstück" geht zurück auf *mhd.* anewesen

„Anwesenheit". Dies ist der substantivierte Infinitiv von *mhd.* an[e]wesen, *ahd.* anawesan „darin, dabei sein", einer Lehnübersetzung von *lat.* adesse (vgl. *Wesen*). Von diesem Präfixverb ist im heutigen Sprachgebrauch noch das 1. Partizip **anwesend** „zugegen, gegenwärtig" bewahrt. – Aus der ursprünglichen Bed. „Anwesenheit", die sich vereinzelt bis ins 18. Jh. hielt, entwickelte sich seit dem 15. Jh. die Bed. „Aufenthalt[sort], Wohnung". Abl.: **Anwesenheit** (17. Jh.).

anwidern ↑ wider.

Anwurf ↑ werfen.

Anzahl ↑ Zahl.

anzapfen ↑ Zapfen.

Anzeichen ↑ Zeichen.

Anzeige, anzeigen ↑ zeigen.

anzetteln ↑ [1]Zettel.

anziehen, Anzug, anzüglich ↑ ziehen.

anzünden ↑ zünden.

anzwecken ↑ Zweck.

Äon: Das gewöhnlich im *Plural* gebräuchliche Wort für „unendlich langer Zeitraum; Ewigkeit" wurde im 18. Jh. aus *lat.* aeon übernommen, das seinerseits auf *griech.* aiōn „Leben[szeit], Zeit[dauer], Ewigkeit" zurückgeht.

Aorta: Die medizinische Bezeichnung der Hauptkörperschlagader geht zurück auf gleichbed. *griech.* aortḗ. Das *griech.* Substantiv gehört zu *griech.* aeírein „zusammen-, anbinden" und bedeutet demnach ursprünglich „das Anbinden, Anhängen", dann im konkreten Sinne „angebundener, angehängter Gegenstand; Anhängsel". Die Aorta ist also danach benannt, daß sie gleichsam am Herzbeutel wie ein Schlauch „angebunden" oder „angehängt" ist. – Siehe auch den Artikel *Arterie*.

ap..., Ap... ↑ ad..., Ad... und ↑ apo..., Apo...

apart „von eigenartigem Reiz; geschmackvoll": Das seit dem 17./18. Jh. bezeugte Adjektiv ist durch Zusammenrückung entstanden, und zwar aus der *frz.* Fügung à part „beiseite, abgesondert; besonders; eigenartig", wobei sich die ursprüngliche Bed. des Wortes zu „besonders schön usw." verengt hat. Dem *frz.* à part entspricht im Italienischen a parte (*lat.* ad partem; vgl. *Part*), von dem appartare „trennen, absondern" abgeleitet ist. Dazu gehört *it.* appartamento „abgeteilte Wohnung" (↑ Appartement). – Beachte auch das zu *niederl.* apart gehörende *afrikaans* apartheid, eigentlich „Gesondertheit", aus dem **Apartheid** „Rassentrennung zwischen schwarzer und weißer Bevölkerung" stammt.

Apartment ↑ Appartement.

Apathie: *Griech.* a-pátheia „Schmerzlosigkeit, Unempfindlichkeit" (zu ↑ [2]*a..., A...* „un..." und *griech.* páthos „Schmerz", vgl. *Pathos*) gelangte als zentraler Begriff stoischer Philosophie („völlige Absage an Lust und Unlust") über entsprechend *lat.* apathia im 18. Jh. ins Deutsche. Mit dem Beginn des 19. Jh.s wurde das Wort (wohl nach gleichbed. *frz.* apathie) in die medizinische Fachsprache zur Bezeichnung des Krankheitsbildes der geistigen Erschöpfung und völligen Teilnahmslosigkeit übernommen. Daran schließt sich im gleichen Sinne das abgeleitete Adjektiv **apathisch** „teilnahmslos, geistig erschöpft" an (19./20. Jh.).

Aperçu: Der seit dem 19. Jh. bezeugte Ausdruck für „geistreicher Einfall" stammt aus *frz.* aperçu „kurzer Überblick", *Plural* „Bemerkungen, Ansichten", dem substantivierten 2. Part. von *frz.* apercevoir „wahrnehmen, bemerken".

Aperitif: Die Bezeichnung für ein appetitanregendes alkoholisches Getränk wurde im ausgehenden 19. Jh. aus dem *Frz.* übernommen. *Frz.* apéritif ist ursprünglich ein Adjektiv mit der Bed. „öffnend"; das Substantiv ist demnach eigentlich etwa als „Magenöffner" zu verstehen. Dem *frz.* Wort liegt ein *mlat.* Adjektiv aperitivus „öffnend" zugrunde, das von *lat.* aperire „öffnen" abgeleitet ist.

Apfel: Das *gemeingerm.* Wort *mhd.* apfel, *ahd.* apful, *krimgot.* apel, *engl.* apple, *schwed.* äpple ist verwandt mit der *kelt.* Sippe von *air.* ubull „Apfel" und mit der *baltoslaw.* Sippe von *russ.* jabloko „Apfel", beachte auch den *lat.* Namen der kampanischen Stadt Abella, die wohl nach ihrer Apfelzucht benannt ist. Welche Vorstellung dieser den Germanen, Kelten, Balten und Slawen gemeinsamen Benennung der Frucht des Apfelbaums zugrunde liegt, ist dunkel. – Das *gemeingerm.* Wort bezeichnete ursprünglich wahrscheinlich den Holzapfel. Als die Germanen durch den römischen Obstanbau veredelte Apfelsorten kennenlernten, übertrugen sie die Bezeichnung für den wildwachsenden Apfel auf die veredelte Frucht, während sie sonst die *lat.* Namen der Früchte von den Römern übernahmen (vgl. z. B. die Artikel *Birne, Kirsche, Pflaume*). – Im übertragenen Gebrauch bezeichnet 'Apfel' im *Dt.* Dinge, die mit der Form eines Apfels Ähnlichkeit haben, beachte z. B. 'Augapfel' (vgl. *Auge*), 'Gallapfel' (vgl. [2]*Galle*), 'Granatapfel' (s. d.), 'Reichsapfel' (vgl. *Reich*). Zus.: **Apfelbaum** (*mhd.* apfelboum, für die alte *germ.* Benennung *mhd.* apfalter, *ahd.* affoltra, *aengl.* apulder, *aisl.* apaldr; zum 2. Bestandteil vgl. *Teer*); **Apfelschimmel** (17. Jh.; nach den apfelförmigen Flecken benannt). Vgl. den Artikel *Apfelsine*.

Apfelsine: Die Frucht wurde um 1500 von den Portugiesen aus Südchina eingeführt. Nach Norddeutschland gelangte sie um 1700 über die Nordseehäfen Amsterdam und Hamburg. Ihr *nordd.* Name beruht auf älter *niederl.* appelsina (noch *mdal.*, im heutigen *Niederl.* gilt sinaasappel), *niederd.* Appelsina, was wörtlich soviel bedeutet wie „Apfel von China". ('Sina' ist die alte Form des Ländernamens China.) Im 18. Jh. hieß die Frucht deshalb bei uns auch 'Chinaapfel'. Die anderen Namen ↑ Orange und ↑ Pomeranze kamen aus Italien nach Deutschland.

aph..., Aph... ↑ apo..., Apo...

Aphorismus „Gedankensplitter; geistreicher, prägnant formulierter Sinnspruch": Das Wort stammt aus *lat.* aphorismus < *griech.* aph-orismós „Abgrenzung, Bestimmung; kurzer Satz, der den Hauptgedanken einer Sache in gedrängter Form zusammenfaßt". Das *griech.* Substantiv gehört zu aph-orízein „abgrenzen, genau bestimmen" (vgl. *apo..., Apo...* u. *Horizont*). – Dazu das Adjektiv **aphoristisch** „im Stil des Aphorismus; prägnant, geistreich".

apo..., Apo..., (vor Vokalen und vor h:) ap..., Ap... bzw. aph..., Aph...: Die Vorsilbe mit der Bed. „von – weg, ab", in Fremdwörtern wie ↑Apostroph, ↑Aphorismus u. a., stammt aus *griech.* apó „von – weg, ab" (Präposition u. Präfix), die etymologisch verwandt mit *dt.* ↑*ab* ist.

apodiktisch „unumstößlich, unwiderleglich; keinen Widerspruch duldend": Das seit dem Anfang des 19. Jh.s bezeugte Adjektiv ist aus *lat.* apodicticus entlehnt, das auf *griech.* apodeiktikós „beweiskräftig" zurückgeht (zu apodeiknýnai „vorzeigen, beweisen"; vgl. *zeihen*).

Apokalypse „Offenbarung, prophetische Schrift über das Weltende; grauenvolles Ende, schrecklicher Untergang": Das im Mittelalter aus *kirchenlat.* apocalypsis übernommene Wort geht zurück auf gleichbed. *griech.* apokálypsis, eigentlich „Enthüllung" (zu apo-kalýptein „enthüllen"; aus griech. apó „von – weg" [vgl. *apo..., Apo...*] und *griech.* kalýptein „verhüllen, bedecken"). Dazu stellt sich das Adjektiv **apokalyptisch** „die Apokalypse betreffend; grauenvoll, schrecklich" (nach *griech.* apokalyptikós). Die vier Apokalyptischen Reiter, Sinnbilder für Pest, Krieg, Hunger, Tod, entstammen der Apokalypse des Johannes.

Apostel „Sendbote" (insbesondere „Jünger Jesu"), auch übertragen gebraucht im Sinne von „Vertreter einer neuen [Glaubens]lehre": Das aus der *lat.* Kirchensprache übernommene Wort (*mhd.* apostel, *ahd.* apostolo; entsprechend schon *got.* apaústaúlus), das jedoch erst durch Luthers Bibelübersetzung allgemein bekanntwurde, führt über *kirchenlat.* apostolus auf *griech.* apó-stolos „abgesandt; Bote; Apostel" zurück. Dies gehört zu *griech.* apo-stéllein „entsenden", einer Bildung zu *griech.* stéllein „fertigmachen, aufstellen, ausrüsten; senden" (vgl. *Stola* und zum 1. Bestandteil den Artikel *apo..., Apo...*). – Dazu das Adjektiv **apostolisch** „nach Art der Apostel, von den Aposteln ausgehend; (im kathol. Sprachgebrauch auch:) päpstlich" (aus gleichbed. *kirchenlat.* apostolicus, *griech.* apostolikós).

Apostroph „Auslassungszeichen": Das Fremdwort ist eine gelehrte Entlehnung des 16. Jh.s aus gleichbed. *griech.-spätlat.* apó-strophos. Das *griech.* Wort ist eigentlich ein Adjektiv mit der Bed. „abgewandt; abfallend" und gehört zu *griech.* apostréphein „abwenden", einer Bildung zu *griech.* stréphein „wenden" (vgl. *Strophe* und zum 1. Bestandteil den Artikel *apo..., Apo...*).

Apotheke: Grundwort dieses seit dem Mittelalter bezeugten Lehnwortes (*mhd.* apotēke) ist das unter ↑*Theke* behandelte *griech.* Substantiv thḗkē „Behältnis", das in Verbindung mit der Vorsilbe ↑*apo..., Apo...* (*griech.* apothḗkē) einen Ort bezeichnet, an dem man etwas abstellen und aufbewahren kann, also einen „Abstellraum, eine Vorratskammer, ein Magazin". Deutlicher wird dies noch in dem daraus entlehnten *lat.* Substantiv apotheca und in den hieraus hervorgegangenen *roman.* Wörtern *span.* bodega, *frz.* boutique (↑Boutique und ↑Butike). So bezeichnete denn auch die Apotheke ursprünglich einen Vorratsraum, speziell den in alten Klöstern zur Versorgung der Kranken angelegten Raum für Heilkräuter. Entsprechend war der **Apotheker** ursprünglich der Lagerdiener oder Lagerverwalter (*mhd.* apotēker < *lat.-mlat.* apothecarius). – Interessant ist, daß diese Bezeichnungen im *Frz.* nicht gelten. Vielmehr stehen dort pharmacie für „Apotheke" u. pharmacien für „Apotheker". Diese entsprechen unseren rein wissenschaftlichen Fachwörtern ↑Pharmazie, ↑Pharmazeut, pharmazeutisch. – In den gleichen kulturgeschichtlichen Zusammenhang gehören noch Lehn- u. Fremdwörter wie ↑Arznei, ↑Pille, ↑Mixtur; und aus jüngerer Zeit: ↑destillieren, ↑kondensieren, ↑filtrieren (unter *Filter*), ↑Droge u. a.

Apparat „Gerät; Vorrichtung; Ausrüstung": Das Fremdwort erscheint zuerst im 17. Jh. mit der allgemeinen Bed. „Vorrat an Werkzeugen". Die heute übliche Bed. „Gerät; Vorrichtung; Ausrüstung" kommt erst im Anfang des 19. Jh.s auf. Quelle des Wortes ist *lat.* apparatus „Zubereitung, Zurüstung; Einrichtung; Werkzeuge", das von *lat.* ap-parare „beschaffen; ausrüsten" (vgl. *parat*) abgeleitet ist. – Dazu die junge *nlat.* Bildung **Apparatur** „Gesamtanlage von Apparaten; Gerätschaft" (20. Jh.).

Appartement [*...mang; schweiz.: ...ment*] „komfortable Kleinwohnung; Zimmerflucht in einem luxuriösen Hotel": Das Wort wurde im 17. Jh. entlehnt aus *frz.* appartement „(größere) abgeteilte und abgeschlossene Wohnung" (< *it.* appartamento, vgl. *apart*). Zugleich drang das *frz.* Wort in das *Engl.-Amerik.* (apartment), von wo es im 20. Jh. ein zweites Mal ins *Dt.* als **Apartment** [*ᵉpartmᵉnt*] „Kleinwohnung in einem [komfortablen] Mietshaus" entlehnt wurde. – Das zugrundeliegende *it.* Verb appartare „abteilen" geht auf *lat.* a parte „zur Seite, abgetrennt" zurück, das seinerseits zu *lat.* pars (partis) „Teil" (vgl. *Partei*) gehört.

Appeal ↑Appell.

Appell „Aufruf; Mahnruf": Das Fremdwort wurde im 18. Jh. zunächst als militärischer Fachausdruck aus *frz.* appel entlehnt (zu *frz.* appeler „[auf]rufen"). Voraus liegt ein zu *lat.* pellere „stoßen, treiben" (vgl. das Fremdwort *Puls*) gehörendes Kompositum, *lat.* appellare (< *adpellāre) „um Hilfe ansprechen, anrufen", das ursprünglich etwa „mit Worten antreiben, auffordern" bedeutete. Unmittelbar hieraus wurde in *mhd.* Zeit das Verb **appellieren** „anrufen; (mit Nachdruck) hinweisen" entlehnt. – *Frz.* appel wurde auch ins *Engl.* entlehnt (*engl.* appeal), von wo es im 20. Jh. als **Appeal** „Anziehungskraft, Wirkung" – zunächst in der Verbindung 'Sex-Appeal' – ins Deutsche gelangte.

Appetit „Eßlust, Hunger; Verlangen": Das Wort wurde im 15. Jh. aus *lat.-mlat.* appetitus (cibi) „Verlangen (nach Speise)" entlehnt. Das zugrundeliegende Verb *lat.* ap-petere „nach etwas hinlangen; verlangen, begehren" ist eine

Bildung zu *lat.* petere „zu erreichen suchen; begehren, verlangen", das etymologisch mit *dt.* ↑*Feder* verwandt ist. Abl.: **appetitlich** „appetitanregend; sauber, nett" (16. Jh.). – Zum gleichen Stammwort (*lat.* petere) gehören auch die Fremdwörter ↑kompetent und ↑repetieren.

applaudieren „Beifall klatschen": Das Verb wurde im 17. Jh. aus gleichbed. *lat.* applaudere (applausum) entlehnt, einer Bildung zu *lat.* plaudere (plausum) „klatschen, schlagen; Beifall klatschen" (vgl. *plausibel*). – Dazu das Substantiv **Applaus** „Beifall" (18. Jh; aus gleichbed. *spätlat.* applausus).

applizieren „anwenden; (Farben) auftragen; aufnähen, als modische Verzierung anbringen": Das seit dem Anfang des 19. Jh.s bezeugte Verb ist entlehnt aus *lat.* applicare „anfügen; anwenden", einer Bildung zu *lat.* plicare „falten, zusammenlegen" (vgl. *kompliziert*). Dazu das Substantiv **Applikation** „das Applizieren; Anwendung; aufgenähte Verzierung" (19. Jh., aus *lat.* applicatio „das Sichanschließen").

apportieren: Der Ausdruck für „etwas (besonders erlegtes Wild) herbeibringen" ist seit dem 18. Jh. bezeugt. Er ist formal aus *frz.* apporter „herbeibringen" entlehnt, hat jedoch seinen besonderen Bezug auf den Hund von entsprechend *frz.* rapporter übernommen. Quelle des *frz.* Wortes ist *lat.* ap-portare „herbeibringen", eine Bildung zu *lat.* portare „tragen, bringen" (vgl. den Artikel *Porto*).

Apposition „hauptwörtliche Beifügung; Beisatz": Der grammatische Terminus ist aus *lat.* appositio, eigentlich „das Hinsetzen; der Zusatz", entlehnt. Das *lat.* Substantiv gehört zu ap-ponere „hinstellen; hinzufügen", einer Bildung zu *lat.* ponere (positum) „setzen, stellen, legen" (vgl. den Artikel *Position*).

appretieren „Geweben durch entsprechendes Bearbeiten ein besseres Aussehen, Glanz, Festigkeit geben": Das Verb wurde im 18. Jh. aus gleichbed. *frz.* apprêter entlehnt, einer Bildung zu *frz.* prêt „bereit, fertig". Dazu das Substantiv **Appretur** „das Appretieren; Glanz, Festigkeit eines Gewebes" (18. Jh.).

approbiert „(nach bestandener Prüfung) als Arzt oder Apotheker bestätigt und zugelassen": Das seit dem 17. Jh. gebräuchliche Wort ist das in adjektivische Funktion übergegangene zweite Partizip des heute wenig gebräuchlichen Verbs **approbieren** „billigen, genehmigen". Quelle des Wortes ist gleichbed. *lat.* ap-probare, eine Bildung zu *lat.* probare „billigen" (vgl. *prüfen*). – Dazu **Approbation** „staatliche Zulassung zur Berufsausübung (bei Ärzten u. Apothekern)", aus *lat.* approbatio „Billigung, Genehmigung".

Aprikose: Die seit dem 17. Jh. bei uns bekannte Steinfrucht trägt im Grunde einen *lat.* Namen, dessen ursprüngliche Gestalt auf den verschlungenen Pfaden seiner Entlehnung verstümmelt wurde. Zu dem unter ↑*kochen* behandelten *lat.* Verb coquere „kochen; zur Reife bringen" gehört ein Adjektiv praecoquus „vorzeitig Früchte tragend", das in der Verbindung *vlat.* (persica) praecocia einen „frühreifen Pfirsich" bezeichnete. Name und Sache gelangten durch griech. Vermittlung (*spätgriech.* praikókkion) zu den Arabern (*arab.* [mit Artikel] al-barqūq „die Pflaume") und von dort mit den Mauren nach Spanien (*span.* albaricoque) und Westeuropa. Uns erreichte der Name über Frankreich (*frz.* abricot, *Plural* abricots) und die Niederlande (*niederl.* abrikoos).

April: Der Name des vierten Monats des Kalenderjahres, *ahd.* abrello, *mhd.* aberelle, abrille, beruht wie z. B. entsprechend *it.* aprile, *frz.* avril und *engl.* April auf *lat.* Aprilis (mensis). Die weitere Herkunft des *lat.* Wortes ist nicht sicher geklärt.

apropos „nebenbei bemerkt, übrigens": Das seit dem 17. Jh. zunächst mit der Bed. „zur Sache, zum behandelten Gegenstand" bezeugte Adverb ist aus *frz.* à propos „der Sache, dem Gegenstand, dem Thema angemessen" (zu *frz.* propos „Gespräch") entlehnt.

Aquamarin: Der Name des meerwasserblauen Edelsteins ist eine gelehrte Bildung aus *lat.* aqua marina „Meerwasser", die in den *roman.* Sprachen bereits für das 16. Jh. bezeugt ist (beachte z. B. gleichbed. *it.* acquamarina und *frz.* aigue-marine).

Aquarell: Die im *Dt.* seit dem Anfang des 19. Jh.s gebräuchliche Bezeichnung für die Technik, in Wasserfarben zu malen, und konkret für das in Wasserfarbe gemalte Bild beruht wie entsprechend *frz.* aquarelle auf gleichbed. *it.* acquerello (älter: acquerella). Das *frz.* Wort mag dabei auf die Form unseres Fremdwortes eingewirkt haben. Das *it.* Substantiv selbst gehört als Ableitung zu *it.* acqua < *lat.* aqua „Wasser" (vgl. *Aquarium*). – Beachte in diesem Zusammenhang noch einige andere aus dem *It.* stammende Fachwörter aus dem Gebiet der Malerei und der Zeichenkunst, wie ↑Fresko, ↑Profil und ↑Skizze, die den Einfluß Italiens in diesem Bereich widerspiegeln.

Aquarium „Wasserbehälter zur Pflege und Zucht von Wassertieren und -pflanzen": Das Wort ist eine gelehrte Neubildung des 19. Jh.s zu *lat.* aquarius „zum Wasser gehörig". – Das zugrundeliegende Stammwort *lat.* aqua „Wasser", das etymologisch mit *dt.* ↑*Au[e]* verwandt ist, erscheint auch in den Fremdwörtern ↑Aquamarin, ↑Aquarell, ↑Aquavit. Dazu: **Aquarianer** „Aquarienliebhaber" (20. Jh.).

Äquator: Die Bezeichnung für den größten Breitenkreis, der die Erdkugel in zwei „gleiche" Halbkugeln teilt, erscheint als geographischer Terminus seit dem 16. Jh. Es handelt sich bei diesem Fremdwort um eine gelehrte Entlehnung aus *lat.* aequator „Gleichmacher", das zu *lat.* aequare „gleichmachen" und weiter zu *lat.* aequus „gleich" (vgl. *egal*) gehört.

Aquavit: Das Fremdwort kam im 16. Jh. in der Apothekersprache als gelehrte Bezeichnung für „Branntwein" auf. Es beruht auf *lat.* aqua vitae und bedeutet demnach eigentlich „Lebenswasser" (im *Frz.* entspricht eau-de-vie). Heute versteht man unter 'Aquavit' einen bestimmten, charakteristisch gewürzten Trinkbranntwein.

Ar: Die Bezeichnung für das Flächenmaß von 100 qm wurde im 19. Jh. aus gleichbed. *frz.* are entlehnt. Das *frz.* Wort selbst beruht auf *lat.* area „freier Platz, Fläche". – Siehe auch den Artikel *Hektar*.

ar..., Ar... ↑ad..., Ad...

Ära „Zeitabschnitt; Amtszeit": Das Wort wurde im 18. Jh. aus *spätlat.* aera „gegebene Zahlengröße (als Ausgangspunkt einer Berechnung); Zeitabschnitt, Epoche" entlehnt. Das *lat.* Wort stellt einen alten Neutr. Plur. von *lat.* aes (aeris) „Erz, Kupfererz" (etymologisch verwandt mit *dt.* ↑*ehern*) dar, der als Femin. Sing. aufgefaßt wurde.

Arabeske: Die Bezeichnung für „Ornament in arabischer Art, ranken-, blattförmige Verzierung" wurde im 18. Jh. als Terminus der bildenden Kunst und der Baukunst aus gleichbed. *frz.* arabesque entlehnt, das seinerseits aus entsprechend *it.* arabesco, einer Bildung zu *it.* arabo „arabisch", stammt. Die Kunst der Pflanzenornamentik nach antikem Vorbild wurde von den Arabern zu einer neuen Blüte gebracht. Danach lebte sie auch in Europa mit der Renaissance wieder auf.

Arbeit: Das *gemeingerm.* Wort *mhd.* ar[e]beit, *ahd.* ar[a]beit, *got.* arbaiþs, *aengl.* earfođe, *aisl.* erfiđi ist wahrscheinlich eine Bildung zu einem im *germ.* Sprachbereich untergegangenen Verb mit der Bed. „verwaist sein, ein zu schwerer körperlicher Tätigkeit verdingtes Kind sein", das von *idg.* *orbho-s „verwaist; Waise" abgeleitet ist (vgl. *Erbe*). Eng verwandt ist die *slaw.* Wortgruppe von *poln.* robota „Arbeit" (s. den Artikel *Roboter*). Das *gemeingerm.* Wort bedeutete ursprünglich im Deutschen noch bis in das *Nhd.* hinein, „schwere körperliche Anstrengung, Mühsal, Plage". Den sittlichen Wert der Arbeit als Beruf des Menschen in der Welt hat Luther mit seiner Lehre vom allgemeinen Priestertum ausgeprägt. Er folgte dabei Ansätzen zu einer Wertung der Arbeit, wie sie sich in der Ethik des Rittertums und in der mittelalterlichen Mystik finden. Dadurch verlor das Wort 'Arbeit' weitgehend den herabsetzenden Sinn „unwürdige, mühselige Tätigkeit". Es bezeichnete nun die zweckmäßige Beschäftigung und das berufliche Tätigsein des Menschen. Das Wort bezeichnet außerdem das Produkt einer Arbeit. – Abl.: **arbeiten** (*mhd.* ar[e]beiten, *ahd.* ar[a]beiten „[sich] plagen, [sich] quälen, angestrengt tätig sein", entsprechend *got.* arbaidjan, *aisl.* erfiđa), dazu – z. T. mit reicher Bedeutungsentfaltung – die Präfixbildungen 'be-, er-, verarbeiten' und die zusammengesetzten Verben 'ab-, auf-, aus-, durch-, ein-, mit- zusammenarbeiten', ferner die Bildung **Arbeiter** (*mhd.* arbeiter „Tagelöhner, Handwerker"; seit dem 19. Jh. besonders Standesbezeichnung des Lohnarbeiters in Industrie und Landwirtschaft); **arbeitsam** „fleißig; reich an Arbeit" (*mhd., ahd.* arbeitsam „mühsam, beschwerlich").

Archäologie „Altertumskunde (als Wissenschaft von den alten Kulturen und ihren Kunstdenkmälern)": Das Wort ist eine gelehrte Entlehnung des 18. Jh.s aus *griech.* archaiología „Erzählungen aus der alten Geschichte". Dies gehört zu *griech.* archaîos „ursprünglich; altertümlich; alt" und *griech.* lógos „Wort, Rede; Kunde, Wissenschaft usw." (vgl. *Logik*). – Dazu: **Archäologe** „Altertumsforscher, -kenner" (aus *griech.* archaiológos „Altertumsforscher").

Arche: Das Wort gelangte früh mit den römischen Händlern zu den Germanen. Aus *lat.* arca „Kasten, Lade, Geldkasten" (zu *lat.* arcanus „verschlossen, geheim" u. arcere „verschließen, in Schranken halten"; ↑exerzieren, Exerzitien) wurde *got.* arka, *ahd.* arka, archa, *mhd.* arke, arche, *mnd.* arke, *engl.* ark, *schwed.* ark. Die Bedeutung „Geldkasten" hält sich bei dem Wort bis ins *Mhd.* Im *Nhd.* lebt es nur in der biblischen Bedeutung (Arche Noah) fort, die aus der Vulgata in die Luthersche Bibel überging. In den Mundarten hat sich das Wort in verschiedener Schreibweise und Bedeutung (als „Truhe, Fischkasten, Mühlengerinne", auch „Haufen") erhalten.

Architekt „Baumeister": Das in dieser Form seit dem 16. Jh. bezeugte Fremdwort führt über gleichbed. *lat.* architectus auf *griech.* archi-téktōn „Baumeister" (eigentlich „Oberzimmermann") zurück. Dessen Bestimmungswort archi- „Ober-, Haupt-" gehört zu *griech.* árchein „der erste sein, Führer sein", archós „Anführer, Oberhaupt" (vgl. *Archiv*). Über das Grundwort téktōn „Zimmermann, Zimmerer" vgl. den Artikel *Technik*. – Dazu: **Architektur** „Baukunst; Baustil" (16. Jh., aus gleichbed. *lat.* architectura); **architektonisch** „baulich, baukünstlerisch, den Gesetzen der Baukunst entsprechend" (17. Jh.; aus gleichbed. *spätlat.* architectonicus < *griech.* archi-tektonikós).

Archiv „Aufbewahrungsort für [amtliche] Dokumente, Akten; Urkundensammlung": Das in dieser Form seit dem Anfang des 17. Jh.s bezeugte Fremdwort wurde im Bereich der Kanzleisprache aus *spätlat.* archivum (Nebenform von archium) „Aufbewahrungsort für amtliche Urkunden und Dokumente" entlehnt. Das *lat.* Wort selbst beruht auf *griech.* archeîon „Regierungs-, Amtsgebäude". Stammwort ist das *griech.* Verb árchein „der erste sein; anfangen, beginnen; regieren, herrschen" (dazu *griech.* archḗ „Anfang, Ursprung; Herrschaft, Macht; Regierung"), das u. a. auch im Bestimmungs- oder Grundwort von Fremdwörtern wie ↑Architekt, ↑Anarchie, ↑Hierarchie, ↑Monarch, Monarchie, ↑Patriarch erscheint, ferner verdunkelt in der Vorsilbe ↑Erz... und in den Lehnwörtern ↑Arzt und ↑Arznei. – Abl.: **Archivar** „Archivbeamter" (18. Jh.).

Arena: Die Bezeichnung für „Kampfbahn, Sportplatz; Manege" wurde im 18. Jh. aus *lat.* [h]arena „Sand, Sandbahn; Kampfplatz im Amphitheater" entlehnt. Die Deutung des *lat.* Wortes ist unsicher.

arg „schlimm, böse, schlecht": Das *altgerm.* Adjektiv *mhd.* arc, *ahd.* arg, *niederl.* erg, *aengl.* earg, *schwed.* arg wurde in den alten Sprachzuständen in den Bed. „ängstlich, feige; geil, wolllüstig; (moralisch) schlecht" verwendet. Es gehört wahrscheinlich im Sinne von „bebend, zitternd, erregt" zu der *idg.* Wurzelform *ergh- „[sich] heftig bewegen, erregt sein, beben" und ist dann z. B. verwandt mit *griech.* orcheĩsthai „beben; hüpfen, springen; tanzen" (↑Orchester). Die Substantivierung **Arg** (*mhd.* arc, *ahd.* arg „Böses, Schlechtigkeit") ist heute nur noch in 'ohne Arg' und 'kein Arg' gebräuchlich, beachte dazu die Bildung **arglos** (18. Jh.). Abl.: **ärgern** (s. d.); **verargen** „übelnehmen" (*mhd.* verargen „arg werden"). Zus.: **Arglist** „Hinterlist, Hinterhältigkeit" (*mhd.* arclist), dazu **arglistig** (*mhd.* arclistec); **Argwohn** „Mißtrauen" (*mhd.* arcwān, *ahd.* argwān „schlimme Vermutung, Verdacht"; zum zweiten Bestandteil vgl. *Wahn*), dazu **argwöhnen** (*mhd.* arcwǣnen, *ahd.* argwānen) und **argwöhnisch** (*mhd.* arcwǣnec, *ahd.* argwānīg).

ärgern „erzürnen, reizen": Das Verb *mhd.* ergern, argern, *ahd.* argorōn, ergirōn ist von dem Komparativ des unter ↑*arg* behandelten Adjektivs abgeleitet und bedeutet demnach eigentlich „schlimmer, böser, schlechter machen". Abl.: **Ärger** (18. Jh.); **ärgerlich** (*mhd.* ergerlich); **Ärgernis** (*mhd.* ergernis).

Arglist, arglistig; arglos ↑arg.

Argument „Beweisgrund, Beweismittel": Das Fremdwort wurde im 16. Jh. aus gleichbed. *lat.* argumentum (eigentlich „was der Erhellung und Veranschaulichung dient") entlehnt. Stammwort ist *lat.* arguere „erhellen; beweisen". – Abl.: **argumentieren** „etwas als Argument anführen; beweisen, begründen" (nach gleichbed. *lat.* argumentari); **Argumentation** „Beweisführung" (aus gleichbed. *lat.* argumentatio).

Argusaugen „scharfe, wachsame Augen": Die Bezeichnung geht auf die altgriechische Sage vom hundertäugigen Riesen Argos (*lat.* Argus) zurück, der im Auftrag der Göttin Hera die in eine Kuh verwandelte Geliebte des Zeus, Jo, zu bewachen hatte.

Argwohn, argwöhnen, argwöhnisch ↑arg.

Arie „Sologesangstück mit Instrumentalbegleitung (bes. in Oper u. Oratorium)": Das seit dem Anfang des 17. Jh.s bezeugte Fremdwort bedeutete zunächst allgemein „Weise, Melodie". Die heutige spezielle Bedeutung bildete sich erst im 18. Jh. heraus. Das Wort beruht wie *frz.* air „Lied, Weise; Arie" auf gleichbed. *it.* aria.

Arithmetik „Zahlenlehre, das Rechnen mit Zahlen": Die seit dem 16. Jh. bezeugte Bezeichnung führt über *lat.* arithmetica auf *griech.* arithmētikḗ (téchnē) „Rechenkunst" zurück. Das zugrundeliegende Adjektiv *griech.* arithmētikós „zum Rechnen gehörig" gehört zu *griech.* arithmeĩn „zählen, rechnen" und weiter zu *griech.* arithmós „Zahl". – Abl.: **arithmetisch** (16. Jh.).

Arkade: Die Bezeichnung für „Bogen auf zwei Pfeilern oder Säulen", meist im *Plural* gebraucht im Sinne von „fortlaufende Bogenreihe zwischen zwei Räumen, Bogengang" wurde als Fachwort der Baukunst im 18. Jh. aus gleichbed. *frz.* arcade entlehnt, das seinerseits auf *it.* arcata „Arkade" beruht. Dies gehört zu *it.* arco (< *lat.* arcus) „Bogen, Schwibbogen; Bogengewölbe".

Arktis: Die geographische Bezeichnung der Nordpolgegend ist eine gelehrte Neubildung zu *lat.* arcticus < *griech.* arktikós „arktisch". Stammwort ist *griech.* árktos „Bär" (< *idg.* *r̥k̑-to-s) in seiner speziellen Bed. „Großer Bär" (= Nordgestirn). – Die auf der Erdkugel „gegenüberliegende" Südpolgegend heißt entsprechend **Antarktis,** nach *lat.* antarcticus < *griech.* antarktikós; vgl. die Vorsilbe *anti..., Anti...*

arm: Das *gemeingerm.* Adjektiv *mhd., ahd.* arm, *got.* arms, *aengl.* earm, *schwed.* arm gehört wahrscheinlich im Sinne von „verwaist" zu der *idg.* Wortgruppe von ↑*Erbe.* Das Adjektiv wurde zunächst im Sinne von „vereinsamt, bemitleidenswert, unglücklich" verwendet. An diese Bedeutung schließen sich an ↑barmherzig und ↑erbarmen; beachte auch die Verwendung von 'arm' im christlichen Sinne, z. B. 'arme Seele', 'armer Sünder'. Im Sinne von „besitzlos" wurde 'arm' im *Westgerm.* Gegenwort zu 'reich'. – Abl.: **verarmen** (*mhd.* verarmen, für älteres armen, *ahd.* armēn „arm werden oder sein"); **ärmlich** (*mhd.* ermelich, *ahd.* armalīh „dürftig; unglücklich"); **Armut** (*mhd.* armuot[e], *ahd.* armuotī, mit dem Suffix, mit dem auch ↑Einöde und ↑Heimat gebildet sind); **armselig** (15. Jh., von einem im *Nhd.* untergegangenen Substantiv *mhd.* armsal „Armut, Elend").

Arm: Die *gemeingerm.* Körperteilbezeichnung *mhd., ahd.* arm, *got.* arms, *engl.* arm, *schwed.* arm beruht mit verwandten Wörtern in anderen *idg.* Sprachen auf einer Bildung zu der *idg.* Wurzel *ar[ə]- „fügen, zupassen", vgl. z. B. *lat.* armus „Oberarm, Schulterblatt; Vorderbug bei Tieren" und *aind.* īrmá-ḥ „Arm; Vorderbug bei Tieren". Die Bed. „Arm" hat sich demnach aus „Fügung, Gelenk, Glied" entwickelt. – Die vielfach weitergebildete und erweiterte *idg.* Wurzel *ar[ə]-, *rē- bezog sich ursprünglich wahrscheinlich auf das Stapeln, Zurechtlegen und Zusammenfügen der Bauhölzer, dann auch auf geistiges Zurechtlegen, Zählen und Berechnen. Zu ihr gehören ferner aus anderen *idg.* Sprachen z. B. *griech.* arariskein „zusammenfügen; verfertigen; einrichten", árthron „Gelenk, Glied" (↑Arthritis), harmonía „Fügung; Fuge; Bund; Ordnung" (↑Harmonie) und wohl auch arithmós „Zählung, [An]zahl" (↑Arithmetik), weiterhin *lat.* arma *Plural* „Ausrüstung, Gerätschaft, Waffen" (↑Armee), artus und articulus „Gelenk, Glied" (↑Artikel), ars (Genitiv artis) „Geschicklichkeit, Kunst" (↑Artist) und ratus „berechnet" (↑Rate), ratio „Berechnung" (↑Ration und rational), ritus „religiöser Brauch" (↑Ritus). Aus dem *germ.* Sprachbereich gehören zu dieser Wurzel außer 'Arm' die Sippen von ↑Rede (s. d. über raten, [1]gerade, hundert) und ↑Reim sowie die unter ↑*anberaumen* und ↑*Art* behandelten Wörter. – Von 'Arm' abgeleitet ist ↑Ärmel. Eine junge Bildung ist **umarmen** „in die Arme nehmen" (17. Jh.). An den übertragenen Gebrauch von 'Arm' schließen sich

z. B. die Zusammensetzungen **Flußarm** und **Hebelarm** an.

Armatur „Ausrüstung von technischen Anlagen, Maschinen und Fahrzeugen mit Bedienungs- und Meßgeräten; der Bedienung und Überwachung dienendes Teil von technischen Anlagen; Vorrichtung zum Drosseln": Das Wort ist aus *lat.* armatura „Ausrüstung; Bewaffnung" entlehnt, das zu *lat.* arma „Gerätschaften; Waffen" (vgl. *Armee*) gehört. Zus.: **Armaturenbrett** „Schaltbrett, besonders in Kraftfahrzeugen" (20. Jh.).

Armbrust: Der Name der mittelalterlichen Schußwaffe geht zurück auf *mhd.* armbrust, das durch volksetymologische Umbildung nach 'Arm' und 'Brust' aus *mlat.* arbalista bzw. *aprov.* arbalesta entstand. (*Mhd.* armbrust kann zunächst an *mhd.* berust „Bewaffnung, Ausrüstung" angelehnt und als „Armwaffe" verstanden worden sein.) Das *mlat.* Wort geht zurück auf *lat.* arcuballista, eine Zusammensetzung aus *lat.* arcus „Bogen" (vgl. *Arkade*) und *lat.* ballista „Wurfmaschine" (vgl. *ballistisch*). Die arcuballista war im Altertum eine Art Bogenschleuder, die als Handwaffe getragen oder auf Rädern fortbewegt werden konnte. Im Mittelalter setzte sie sich, obwohl zunächst vom Rittertum verpönt, als Waffe zum Schießen von Bolzen, Pfeilen, Stein- und Bleikugeln durch. Seit dem 15./16. Jh. wurde die Armbrust durch die Feuerwaffen verdrängt.

Armee „Streitmacht, Heer": Das Fremdwort wurde zu Beginn des 17. Jh.s als militärischer Terminus aus gleichbed. *frz.* armée (eigtl. „bewaffnete Truppe") entlehnt. Das zugrundeliegende Verb *frz.* armer „bewaffnen; ausrüsten", aus dem unser Verb **armieren** „bewaffnen; ausrüsten; mit Armaturen versehen" stammt, beruht auf gleichbed. *lat.* armare. Stammwort ist das *lat.* Substantiv arma (Neutr. Plur.), das zunächst allgemein „Gerätschaften" bedeutet, dann im speziellen Sinne „Kriegsgerät, Waffen". Mit beiden Bedeutungen spielt das mit *dt.* ↑*Arm* etymologisch verwandte Wort in Fremdwörtern eine Rolle, mit der ursprünglichen Bed. in ↑Armatur, mit der speziellen Bed. „Waffen" noch in ↑Alarm, ↑Lärm und ↑Gendarm.

Ärmel: Das *westgerm.* Substantiv *mhd.* ermel „Ärmel", *ahd.* armilo „Armring; Armfessel", *mnd.* ermel „Ärmel", *aengl.* earmella „Ärmel" ist eine Bildung zu der unter ↑*Arm* behandelten Körperteilbezeichnung und bezeichnet also das, was den Arm bedeckt oder am Arm getragen wird. Anders gebildet ist die *nord.* Sippe um *schwed.* ärm „Arm". – Die Redensart 'etwas aus dem Ärmel schütteln' „etwas mühelos, scheinbar unvorbereitet ausführen" bezieht sich darauf, daß die Ärmel der spätmittelalterlichen Kleidungsstücke oft sehr weit waren und als Taschen dienten.

armieren ↑Armee.

ärmlich; armselig; Armut ↑arm.

Aroma, Arom „Wohlgeruch, -geschmack": Das Fremdwort wurde im 19. Jh. aus *griech.-lat.* árōma „Gewürz" entlehnt. Die weitere Herkunft ist unsicher. – Die Bedeutungsentwicklung zu „Wohlgeruch" vollzog sich zuerst im abgeleiteten Adjektiv **aromatisch** „würzig, wohlriechend", das schon im 16. Jh. aus *lat.* aromaticus < *griech.* arōmatikós übernommen wurde.

Arrak: Die seit dem 17. Jh. zuerst in Norddeutschland bekannte Bezeichnung für „Branntwein [aus Reis]" führt über gleichbed. *frz.* arak (arac) auf *arab.* 'araq „eine Art starken Branntweins" (eigentlich „Schweiß") zurück. Die Araber bezeichneten mit diesem Wort ein aus Ostindien bekanntes, aus gegorenem Reis, Zucker und Kokosnüssen hergestelltes alkoholisches Getränk.

arrangieren „anordnen, zusammenstellen; vorbereiten", auch im speziellen Sinne von „ein Musikstück für Instrumente bearbeiten": Das Verb wurde Anfang des 18. Jh.s aus *frz.* arranger „in Ordnung bringen, einrichten, zurechtmachen" entlehnt, das zu *frz.* ranger „ordnungsgemäß aufstellen" (vgl. *Rang*) gehört. – Dazu: **Arrangement** „Anordnung, Zusammenstellung; Einrichtung eines Musikstücks, Instrumentierung" (18./19. Jh., aus gleichbed. *frz.* arrangement); **Arrangeur** „jemand, der etwas arrangiert, der ein Musikstück einrichtet, instrumentiert" (20. Jh., aus gleichbed. *frz.* arrangeur).

Arrest „Haft; Nachsitzen": Das Fremdwort (*spätmhd.* arrest) wurde zunächst als juristischer Terminus verwendet, später vorwiegend in der Militär- und Schulsprache. Es geht zurück auf *mlat.* arrestum „Verhaftung", das zu *mlat.* arrestare (< *ad-restare) „dableiben; dableiben machen" gehört (vgl. *ad...*, *Ad...* und *Rest*). Dieses Verb liegt *frz.* arrêter zugrunde, aus dem im 18. Jh. unser Verb **arretieren** „verhaften; feststellen, sperren" entlehnt wurde. Dazu wurde im 20. Jh. das technische Fachwort **Arretierung** „Sperrvorrichtung (an Geräten)" gebildet.

arrivieren „vorwärtskommen, Erfolg haben": Das Verb wurde im 19. Jh. aus *frz.* arriver „ankommen; (ein Ziel) erreichen" entlehnt. Dies geht auf *vlat.* *arripare (< *ad-ripare) „das Ufer erreichen" zurück. Stammwort ist *lat.* ripa „Ufer" (vgl. *ad...*, *Ad...* und *Revier*).

arrogant „anmaßend": Das Adjektiv wurde im 18. Jh. – zusammen mit dem Substantiv **Arroganz** „Anmaßung" – entlehnt aus *lat.* arrogans (arrogantis) bzw. arrogantia, möglicherweise durch *frz.* Vermittlung. Das zugrundeliegende *lat.* Verb ar-rogare (< *ad-rogare) bedeutet eigentlich etwa „(Fremdes) für sich beanspruchen", dann übertragen „sich anmaßen". Über weitere etymologische Zusammenhänge vgl. den Artikel *regieren*.

Arsch (*derb* für:) „Gesäß": Das *altgerm.* Wort *mhd., ahd.* ars, *niederl.* aars, *engl.* arse, *schwed.* ars beruht mit verwandten Wörtern in anderen *idg.* Sprachen auf *idg.* *orso-s „Hinterer" (eigentlich wohl „Erhebung, hervorragender Körperteil"), vgl. z. B. *hethit.* arraš „Hinterer" und *griech.* órros „Hinterer". – In der niederen Umgangssprache wird das Wort 'Arsch' mit seinen Ableitungen und Zusammensetzungen überaus häufig verwendet, beachte z. B. die Zusammensetzungen **Arschbacke** *derb* für „Gesäßhälfte" (↑den Artikel [2]*Backe*), **Arschgeige** *derb* für „Mensch, der nichts leistet oder dumm ist, Versager", **arschklar** *derb* für „ganz klar, völlig einleuchtend", **Arschkriecher** *derb* für „liebedienernder, unterwürfiger Mensch", **Arschlecker** *derb* für „Schmeichler", **Arschpauker** *derb* für „Lehrer" (↑den Artikel *Pauke*) und die Ableitung **verarschen** *derb* für „sich mit jemandem einen Spaß erlauben"), ferner z. B. Wendungen wie 'Schütze Arsch' soldatensprachlich für „einfacher Soldat", 'Arsch mit Ohren' *derb* für „ausdrucksloses oder häßliches Gesicht; widerlicher Mensch" und 'jemandem den Arsch [bis zum Stehkragen] aufreißen' *derb* für „jemandem Ordnung beibringen, ihn drillen, heftig zurechtweisen".

Arsen: Der Name des chemischen Elementes ist aus der älteren Bezeichnung 'arsenic' (15. Jh.) hervorgegangen. Diese Form lebt in dem Fremdwort 'Arsenik' unmittelbar fort, das im modernen Sprachgebrauch eine äußerst giftige Arsenverbindung bezeichnet. Der Name führt über *spätlat.* arsenicum (*lat.* arrhenicum) „Arsenik" auf *griech.* arsenikón (arrhenikón) „Arsenik" zurück, das selbst wohl ein orientalisches Lehnwort ist, aber im antiken Sprachgefühl als zu *griech.* arsenikós „männlich; stark" gehörig empfunden wurde (wegen der „starken" Giftwirkung des Stoffes).

Arsenal: Die Bezeichnung für „Zeughaus, Gerät- und Waffenlager" wurde im 16. Jh. aus gleichbed. *it.* arsenale entlehnt, das selbst auf *arab.* dār aṣ-ṣinā'a[h] „Arsenal" (eigentlich „Haus des Handwerks") zurückgeht.

Art: Die *nhd.* Form geht zurück auf *mhd.* art „Herkunft, Abstammung; angeborene Eigentümlichkeit, Natur, Wesen, Beschaffenheit; Art und Weise", dessen weitere Herkunft nicht sicher ist. Einerseits kann *mhd.* art identisch sein mit *mhd.* art „Ackerbau; [Pflug]land; Ertrag" und auf *ahd.* art „Pflügen, Ackerbau" beruhen, vgl. *ahd.* artōn „pflügen, den Boden bestellen; wohnen; bleiben, dauern" und *aengl.* eard „[bebautes] Land, Wohnplatz, Heimat", *aisl.* ǫrđ „Ertrag, Ernte". Diese *germ.* Sippe ist z. B. verwandt mit *lat.* arare „pflügen" und *griech.* aróein „pflügen". Andererseits kann *mhd.* art zu der unter ↑*Arm* dargestellten *idg.* Wurzel gehören und eng verwandt sein mit *aengl.* eard „Fügung, Schicksal; Lage" und *norw.* einard „einfach, unvermischt". – Um 'Art' gruppieren sich die Bildungen **artig** „wohlerzogen", früher auch „anmutig, hübsch; höflich" (*mhd.* ertec „angestammte gute Beschaffenheit habend") und **arten** „in die Art schlagen, veranlagt sein" (*mhd.* arten „abstammen; eine Beschaffenheit haben oder annehmen; gedeihen"), beachte die zusammengesetzten Verben und Präfixbildungen **abarten** „aus der Art schlagen, abweichen" (17. Jh. für *lat.* degenerare), daraus rückgebildet **Abart** „abweichende Art" (18. Jh., in der Bed. „Entartetes"), dazu **abartig** „vom Normalen abweichend, krankhaft" (17. Jh.); **ausarten** „Maß und Form verlieren" (17. Jh., für *lat.* degenerare); **entarten** „seine Art verlieren, aus der Art schlagen" (*mhd.* entarten).

Arterie: Die medizinische Bezeichnung für „Schlagader" ist aus gleichbed. *lat.* arteria < *griech.* artēría (< *au̯ertēría) entlehnt. Das *griech.* Wort gehört zu aeírein „anbinden, aufhängen", mit einer ähnlichen Bedeutungsentwicklung wie im verwandten ↑*Aorta*.

Arthritis „Gelenkentzündung": Die Krankheitsbezeichnung ist über *lat.* arthritis aus *griech.* arthrītis (nósos) „Gliederkrankheit; Gicht" entlehnt, das zu *griech.* árthron „Glied, Gelenk" (etymologisch verwandt mit *dt.* ↑*Arm*) gehört.

artig ↑Art.

Artikel: *Lat.* articulus „kleines Gelenk; Glied; Abschnitt; Teilchen", eine Verkleinerungsbildung zu *lat.* artus „Gelenk; Glied" (vgl. hierüber das Fremdwort *Artist*), gelangte in *spätmhd.* Zeit in die deutsche Kanzleisprache mit der Bed. „Abschnitt eines Schriftstücks, eines Vertrages". In der Kaufmannssprache entwickelte das Wort seit dem 17. Jh. nach entsprechend *frz.* article die neue Bed. „Handelsgegenstand, Ware". In der Sprachlehre schließlich wurde 'Artikel' vom 18. Jh. an zur festen Bezeichnung des Geschlechtswortes (etwa im Sinne von „Rede-, Satzteilchen"). – Aus einem von *lat.* articulus abgeleiteten Verb *lat.* articulare „gliedern; deutlich (gegliedert) aussprechen" stammt unser seit dem 16. Jh. bezeugtes Verb **artikulieren** „betont und deutlich aussprechen; zum Ausdruck bringen". Dazu das Substantiv **Artikulation** „das Artikulieren; gegliederte Aussprache; Lautbildung" (nach *spätlat.* articulatio „gehörig gegliederter Vortrag").

Artillerie: Das seit dem Anfang des 17. Jh.s bezeugte Fremdwort ist aus *frz.* artillerie „Gesamtheit der Geschütze, des schweren Kriegsmaterials; mit Geschützen ausgerüstete Truppe" entlehnt, das seinerseits von *afrz.* artill[i]er „mit Kriegsgerät bestücken, ausrüsten" abgeleitet ist. Dieses Verb ist wahrscheinlich unter dem Einfluß von *afrz.* art „Geschicklichkeit" aus *afrz.* atilier „schmücken; ausrüsten; bewaffnen" (< *vlat.* *apticulare, zu *lat.* aptare „instand setzen, rüsten", aptus „geeignet") hervorgegangen. – Abl.: **Artillerist** „Soldat der Artillerie" (18. Jh.).

Artischocke: Der seit dem 16. Jh. bezeugte Name der Zier- und Nutzpflanze, deren fleischiger Blütenboden als Feingemüse verwendet wird, beruht wie entsprechend *frz.* artichaut auf *nordit.* articiocco „Artischocke", einer Nebenform von *it.* carciofo, das wahrscheinlich über älter *span.* alcarchofa aus *arab.* (mit Artikel) al-ḫaršūf entlehnt ist.

Artist „Künstler, der [mit Geschicklichkeitsübungen] im Zirkus oder Varieté auftritt": Das Fremdwort erscheint zuerst im 16. Jh. mit der allgemeinen Bed. „Künstler". Es ist in diesem Sinne unmittelbar aus gleichbed. *mlat.* artista entlehnt. Die heute vorherrschende spezielle Bedeutung des Wortes kommt erst im 19. Jh. unter dem Einfluß von entsprechend *frz.* artiste auf. – *Mlat.* artista gehört als Ableitung zu *lat.*

ars (artis) „Geschicklichkeit; Kunst; Wissenschaft", das ebenso wie *lat.* artus „Gelenk; Glied" (↑Artikel) urverwandt ist mit *dt.* ↑*Art.* – Abl.: **Artistik** „Varieté-, Zirkuskunst; größe körperliche Geschicklichkeit" (19. Jh.); **artistisch** „nach Art eines Artisten, von besonderer [körperlicher] Geschicklichkeit; hohes formalkünstlerisches Können zeigend" (19. Jh.).

Arznei: Zu dem Lehnwort *ahd.* arzāt (vgl. *Arzt*) gehören *ahd.* gi-arzātōn „ärztlich behandeln" und *mhd.* arzātīe „Heilmittel, Heilkunst". Das von dem Lehnwort abgeleitete Verb geriet unter den Einfluß des heimischen Verbs für „heilen": *ahd.* lāchinōn. Daraus entstanden die *ahd.* Formen gi-arzinōn, erzinōn, *mhd.* erzenen „heilen". In Analogie hierzu wurde *mhd.* arzātīe von arzenīe, erzenīe abgelöst, woraus *frühnhd.* arz[e]nei wurde.

Arzt: Das Wort wurde im 9. Jh. als *ahd.* arzāt (*mhd.* arzet, arzāt) aus *spätlat.* archiater < *griech.* arch-iātros „Oberarzt" (vgl. *archi..., Archi...* und *...iater*) entlehnt. Es war Titel der Hofärzte antiker Fürsten, zuerst bei den Seleukiden in Antiochia. Mit den römischen Ärzten kam es zu den fränkischen Merowingern. Von den Königshöfen ging der Titel auf die Leibärzte geistlicher und weltlicher Persönlichkeiten über und wurde schon in *ahd.* Zeit allgemeine Berufsbezeichnung. Dadurch wurde die *germ.* Bezeichnung des Heilkundigen verdrängt: *ahd.* lāchi, *got.* lēkeis, eigentlich „Besprecher" (s. auch *ahd.* lāchinōn unter ↑*Arznei*). Volkstümlich ist das Wort 'Arzt' nicht geworden, wohl aber das im 15. Jh. entlehnte ↑Doktor. – Abl.: **ärztlich** (*mhd.* arzātlich); **verarzten** (*mdal.* und *ugs.* für:) „[als Arzt] behandeln, versorgen" (20. Jh.).

As: Das Wort bezeichnete ursprünglich die „Eins" auf Würfeln, später auch auf Spielkarten. Weil das As in den meisten Kartenspielen die höchste [Trumpf]karte ist, nennt man heute (nach *engl.* Vorbild) im übertragenen Gebrauch z. B. auch einen besonders gelungenen Aufschlagball im Tennis oder auch einen hervorragenden Spitzensportler 'As'. Das Wort wurde in *nhd.* Zeit als Terminus des Würfelspiels aus *frz.* as übernommen, das seinerseits auf *lat.* as (assis) „das Ganze als Einheit" (als Münzname u. a.) beruht.

as..., As... ↑ad..., Ad...

Asbest „mineralischer, feuerfester Faserstoff": Das Fremdwort ist eine gelehrte Entlehnung des 17. Jh.s aus *griech.-lat.* á-sbestos (líthos) „Asbeststein". Das zugrundeliegende *griech.* Adjektiv á-sbestos „unauslöschlich, unzerstörbar" ist eine mit Alpha privativum (vgl. [2]*a..., A...*) gebildete Ableitung von *griech.* sbénnȳmi „ich lösche, lösche aus usw.".

Asche: Das *altgerm.* Wort *mhd.* asche, *ahd.* asca, *niederl.* as, *engl.* ash, *schwed.* aska gehört mit dem anders gebildeten *got.* azgō „Asche" zu der unter ↑*Esse* dargestellten *idg.* Wortgruppe. – Abl.: **einäschern** „in Asche legen, verbrennen" (17. Jh., von der Nebenform Ascher, s. u. Aschermittwoch; seit etwa 1900 speziell für die Feuerbestattung gebraucht, beachte dazu **Einäscherung** im Sinne von „Leichenverbrennung, Kremation"). Zus.: **Aschenbecher** (Ende des 19. Jh.s; nach der früher üblichen becherähnlichen Form des Gefäßes); **Aschenbrödel** (*mhd.* aschenbrodele „Küchenjunge", eigentlich „einer, der in der Asche wühlt", vgl. *brodeln.*) Im Volksmärchen bezeichnet 'Aschenbrödel' den jüngsten von drei Brüdern, der untätig in der Herdasche liegt und sich später als der stärkste und klügste erweist; im Grimmschen Märchen bezeichnet es die jüngste, zur Küchenarbeit gezwungene Tochter. – *Landsch.* ist auch **Aschenputtel** gebräuchlich (vgl. *buddeln*); **Aschermittwoch** (15. Jh., *spätmhd.* aschermitwoche für *mhd.* aschtac; das Bestimmungswort ist eine Nebenform des heute allein üblichen *Plurals* Aschen, s. o. einäschern und vgl. *mhd.* aschervar „aschenfarben". Der erste Tag des vorösterlichen Fastens ist so benannt, weil der Priester an diesem Tage den büßenden Gläubigen ein Aschenkreuz auf die Stirn zeichnet. Die Asche gilt als Sinnbild der Vergänglichkeit, Trauer und Buße.)

äsen „fressen" (vom Wild): Das Verb ist von dem unter ↑*Aas* behandelten Substantiv in dessen alter Bed. „Speise, Futter" abgeleitet. Um das Verb gruppieren sich die weidmännischen Ausdrücke **Äser**, [1]**Geäse** „Maul (beim Wild)" und **Äsung**, [2]**Geäse** „Nahrung des Wildes".

Askese „streng enthaltsame Lebensweise; Bußübung": Das Fremdwort ist eine gelehrte Entlehnung des 18. Jh.s aus *griech.* áskēsis „(körperliche und geistige) Übung; Lebensweise", das zu *griech.* askeīn „sorgfältig tun; verehren; üben" gehört. – Dazu: **Asket** „in Askese lebender Mensch; Büßer" (18. Jh., aus *griech.* askētḗs > *mlat.* asceta „jemand, der sich in etwas übt") mit dem abgeleiteten Adj. **asketisch** „entsagend, enthaltsam" (19. Jh.).

asozial ↑sozial.

Aspekt „Betrachtungsweise, Gesichtspunkt; Aussicht": Das Fremdwort erscheint im 18. Jh., zunächst als astronomischer Terminus („Stellung der Gestirne am Himmel") bezeugt. Es ist aus *lat.* aspectus „Anblick; Aussicht" (eigentlich „das Hinsehen") entlehnt, das zu *lat.* aspicere (< *ad-specere) „hinsehen" gehört. Das Grundwort *lat.* specere „schauen" ist urverwandt mit *dt.* ↑*spähen.* Vgl. im übrigen das Lehnwort ↑*Spiegel,* unter dem die *lat.* Sippe dieses Stammes behandelt ist.

Asphalt: Die Bezeichnung für ein Gemisch aus Bitumen und Mineralstoffen, das v. a. als Straßenbelag verwendet wird, wurde im 19. Jh. über *frz.* asphalte aus *lat.* asphaltus entlehnt, das seinerseits aus *griech.* ásphaltos „Asphalt, Erdharz" stammt. Das *griech.* Wort ist ursprünglich ein substantiviertes, mit Alpha privativum (vgl. [2]*a..., A...*) gebildetes Verbaladjektiv von *griech.* sphállesthai „zu Fall kommen, beschädigt werden" und bedeutet demnach eigentlich „unzerstörbar". Das ursprünglich vornehmlich im Mauerbau verwendete Material ist also nach seiner starken Bindeeigenschaft benannt. – Eine junge Ableitung ist **asphaltieren** „mit Asphalt versehen".

Aspik: Der Ausdruck für „Gallert aus Gelatine oder Kalbsknochen" wurde im 19. Jh. aus gleichbed. *frz.* aspic entlehnt, dessen Herkunft unklar ist.

Aspirant „Bewerber, Anwärter": Das Wort wurde im 18. Jh. aus gleichbed. *frz.* aspirant entlehnt. Das zugrundeliegende Verb *frz.* aspirer „anhauchen, einatmen; nach etwas streben, trachten; sich bewerben" beruht auf *lat.* aspirare (< *adspirare) „hinhauchen, zuhauchen; (übertr.:) sich einer Person oder Sache nähern; etwas anstreben", einer Bildung zu *lat.* spirare „hauchen, blasen" (vgl. *Spiritus*).

Assel: Die Herkunft des erst seit dem 16. Jh. bezeugten Namens des Krebstieres ist nicht sicher geklärt. Vielleicht beruht er auf *lat.* asellus „Eselchen", einer Verkleinerungsbildung zu *lat.* asinus „Esel", beachte *it.* asello „Assel". Vgl. zu diesem Benennungsvorgang *griech.* oniskos „Assel" zu *griech.* ónos „Esel". Das Krebstier wäre dann nach seiner grauen Farbe als „Eselchen" benannt. – Zur genaueren Bestimmung dienen die Zusammensetzungen 'Keller-, Mauer-, Wasserassel'.

Assessor „Anwärter auf die höhere Beamtenlaufbahn": Das Wort wurde im 15./16. Jh. zunächst als juristischer Terminus mit der Bed. „Beisitzer am Gericht" aus gleichbed. *lat.* assessor entlehnt, das zu *lat.* assidere „dabeisitzen" (< *ad-sedere) gehört. – Das Stammwort *lat.* sedere „sitzen", das urverwandt ist mit *dt.* ↑*sitzen,* liegt auch in den Fremdwörtern ↑possessiv und ↑präsidieren vor.

assimilieren „angleichen, anpassen": Das Verb wurde im 18. Jh. aus *lat.* as-similare (assimulare) „ähnlich machen, angleichen" entlehnt, einer Bildung aus *lat.* ad „an, zu" (vgl. *ad..., Ad...*) und *lat.* simulare (vgl. *simulieren*). Es wird wie das dazugehörige Substantiv **Assimilation** „Angleichung, Anpassung" (aus *lat.* assimilatio „Ähnlichmachung") besonders fachsprachlich (Biologie, Sprachwissenschaft) verwendet.

assistieren „beistehen, unterstützen": Das Verb wurde im 17. Jh. aus gleichbed. *lat.* as-sistere entlehnt, einer Bildung aus *lat.* ad „hinzu" (vgl. *ad..., Ad...*) und *lat.* sistere „hinstellen; sich hinstellen, sich stellen" (vgl. *stabil*). – Dazu: **Assistent** „Gehilfe, [wissenschaftlicher] Mitarbeiter" (16. Jh., zunächst im allgemeinen Sinne „Helfer, Freund"; aus *lat.* assistens, -tentis, dem Part. Präs. von assistere); **Assistenz** „Beistand, Mithilfe" (*mlat.* assistentia). – *Lat.* sistere erscheint auch in dem Fremdwort ↑existieren.

assoziieren „sich [genossenschaftlich zusammenschließen, anschließen; eine gedankliche Vorstellung mit etwas verknüpfen": Das Verb ist zunächst als kaufmännischer Ausdruck seit dem 17. Jh. bezeugt. Es ist aus gleichbed. *frz.* s'associer entlehnt, das seinerseits auf *lat.* associare „beigesellen; vereinigen, verbinden" beruht, einer Bildung aus *lat.* ad „hinzu" (vgl. *ad..., Ad...*) und *lat.* sociare „verbinden" (vgl. *sozial*). Vgl. dazu **Associé** (veraltet für:) „Geschäftsteilhaber, Gesellschafter" (18. Jh.; aus gleichbed. *frz.* associé. Die Verwendung als psychologischer Fachausdruck ist jünger. Dazu: **Assoziation** „Vereinigung, [genossenschaftlicher] Zusammenschluß; Verknüpfung von Vorstellungen" (in neuerer Zeit aus gleichbed. *frz.* association) und **assoziativ** „verknüpfend; auf Assoziation beruhend" (aus gleichbed. *frz.* associatif).

Ast: Das *altgerm.* Wort *mhd., ahd.* ast, *got.* asts, *mniederl.* ast beruht mit verwandten Wörtern in anderen *idg.* Sprachen auf *idg.* *ozdo-s „Ast, Zweig", vgl. z. B. *griech.* ózos „Ast, Zweig" und *armen.* ost „Ast, Zweig". Das *idg.* Wort ist eine alte Zusammensetzung und bedeutet eigentlich „was [am Stamm] ansitzt". Der erste Bestandteil ist *idg.* *ŏ̄ „nahe an etwas heran, zusammen mit", der zweite Bestandteil gehört zu der *idg.* Wurzel *sed- „sitzen" (vgl. *sitzen;* s. auch den Artikel *Nest*). – Im heutigen Sprachgebrauch bezeichnet 'Ast' auch einen Knorren oder Auswuchs im Holz. An diesen Wortgebrauch schließt sich die *ugs.* Verwendung von 'Ast' im Sinne von „Buckel" an, beachte z. B. 'einen Ast haben', 'sich einen Ast lachen' und das abgeleitete Verb **asten** (*ugs.* für:) „schwer tragen", eigentlich „buckeln" (20. Jh.). Abl.: **Geäst** „Gesamtheit der Äste, Astwerk" (18. Jh.); **verästeln,** sich „sich in viele immer dünner werdende Äste teilen" (18. Jh.).

Aster: Die Zierpflanze ist nach ihrem „sternförmigen" Blütenstand benannt. Der Name kam im 18. Jh. als gelehrte Entlehnung aus *griech.-lat.* astḗr „Stern; Sternblume" auf. *Griech.* astḗr (daneben *griech.* ástron „Stern" in den Fremdwörtern ↑Astrologie und ↑Astronomie) ist mit *dt.* ↑*Stern* urverwandt.

Ästhetik „Lehre vom Schönen": *Nlat.* Aesthetica, um 1750 von dem deutschen Philosophen A. G. Baumgarten geprägt, ist eine gelehrte Bildung zu *griech.* aisthētikós „wahrnehmend". Es meinte zunächst die „Wissenschaft vom sinnlich Wahrnehmbaren, von der sinnlichen Erkenntnis", dann – verengt – die „Wissenschaft, Lehre vom sinnfällig Schönen". *Griech.* aisthētikós „wahrnehmend" gehört zum Verb aisthánesthai „wahrnehmen" (vgl. den Artikel *Anästhesie*). Damit urverwandt ist *lat.* audire „hören" (↑Audienz, Auditorium). Als gemeinsame *idg.* Wurzel gilt *au̯-, *au̯ēi- „sinnlich wahrnehmen, auffassen". – Abl.: **ästhetisch** „schön; die Ästhetik betreffend", dazu **Ästhet** „Mensch mit ausgeprägtem Schönheitssinn".

Asthma „erschwertes Atmen in Anfällen heftiger Atemnot": Der medizinische Ausdruck ist eine gelehrte Entlehnung des 16. Jh.s aus *griech.* āsthma „schweres, kurzes Atemholen; Beklemmung". Das *griech.* Substantiv gehört wohl (als *ansthma) zum Stamm *an[ə]- „atmen, hauchen" in *griech.* ánemos „Wind" und in den unter ↑*animieren* genannten Wörtern. – Abl.: **asthmatisch** „an Asthma leidend, kurzatmig" (nach gleichbed. *griech.* āsthmatikós).

Astrologie „Sternkunde (als Lehre vom Einfluß der Gestirne auf irdisches Geschehen)": Das Wort ist eine gelehrte Entlehnung des 16. Jh.s aus *griech.-lat.* astro-logia, zu *griech.*

ástron „Stern" (vgl. *Aster*) u. *griech.* lógos „Wort; Kunde, Wissenschaft" (vgl. *Logik*). – Dazu: **Astrologe** „Sterndeuter" (16. Jh.; aus *griech.* astro-lógos > *lat.* astrologus „Sternkundiger; Sterndeuter"). – Gegenüber der Astrologie bezeichnet die **Astronomie** als „Stern- und Himmelskunde" die rein wissenschaftliche, mathematische Beschäftigung mit den Himmelskörpern. Das Fremdwort, das im 16. und 17. Jh. vielfach noch im Sinne von „Astrologie" gebraucht wurde, beruht auf *griech.-lat.* astronomía „Sternkunde" (über das Grundwort vgl. den Artikel *...nomie*). Dazu: **Astronom** „Wissenschaftler auf dem Gebiet der Astronomie" (aus *griech.* astro-nómos > *spätlat.* astronomus „Sternkundiger"); **astronomisch** „die Astronomie betreffend" (*griech.* astro-nomikós > *spätlat.* astronomicus „sternkundlich"), in der Umgangssprache häufig auch übertragen gebraucht im Sinne von „unermeßlich groß, riesig".

Astronaut: Die Bezeichung für „[Welt]raumfahrer" wurde in der 2. Hälfte des 20. Jh.s aus gleichbed. *engl.-amerik.* astronaut übernommen, das zu *engl.-amerik.* astronautics „Astronautik" gehört. Zugrunde liegt *frz.* astronautique, eine aus *griech.* Elementen (vgl. *Astrologie* und *Nautik*) gebildete Schöpfung des Romanschriftstellers J. H. Rosny d. Ä. (1927). Vgl. den Artikel *Kosmonaut.*

Äsung ↑ äsen.

Asyl „Zufluchtsstätte; Heim für Obdachlose": Das Wort wurde im 18. Jh. aus *lat.* asylum < *griech.* ásȳlon „Freistätte, Zufluchtsort" (eigtl. „Unverletzliches") entlehnt. Es gehört zu *griech.* a- „un-" (vgl. [2]*a..., A...*) und *griech.* sȳlon „Plünderung; Raub, Beute". Dazu: **Asylant** „Bewerber um politisches Asyl" (2. Hälfte des 20. Jh.s).

at..., At... ↑ ad..., Ad...

Atelier „Künstlerwerkstatt": Das Fremdwort wurde im Anfang des 19. Jh.s aus *frz.* atelier „Werkstatt" entlehnt. Das *frz.* Wort (*afrz.* astelier) bedeutete ursprünglich „Haufen von Holzspänen" und bezeichnete danach speziell den Arbeitsraum des Zimmermanns, in dem Holzspäne anfallen. Es handelt sich bei dem Wort um eine Ableitung von *afrz.* astele „Splitter, Span", das auf gleichbed. *spätlat.* astella (für *lat.* assula, astula) beruht. Dies ist eine Verkleinerungsbildung zu *lat.* asser „Stange, Balken".

Atem: Das *westgerm.* Wort *mhd.* ātem, *ahd.* ātum, *niederl.* adem, *aengl.* ǣđm ist verwandt mit *aind.* ātmán- „Hauch; Seele". Die weiteren Beziehungen sind dunkel. – Die Nebenform (mit *mdal.* Lautung) **Odem,** die durch Luthers Bibelübersetzung Verbreitung fand, ist nur im religiösen Bereich üblich. – Abl.: **atmen** (*mhd.* ātemen, *ahd.* ātamōn).

Atheismus „Gottesleugnung": Das seit dem Ende des 16. Jh.s bezeugte Fremdwort ist eine *nlat.* Bildung zu *griech.* á-theos „ohne Gott, gottlos, Gott leugnend" (zu *griech.* a- „un-", vgl. [2]*a..., A...,* und *griech.* theós „Gott"). – Der Anhänger des Atheismus heißt entsprechend **Atheist** (Anfang 17. Jh.).

Äther „strahlender, blauer Himmel; farblose, als Narkose- und Lösungsmittel verwendete Flüssigkeit": Nach altgriechischer Vorstellung bestand der Luftraum über der Erde aus zwei verschiedenen Luftzonen, aus einer unteren, niederen Schicht, die durch neblig-wolkige und dicke Luft gekennzeichnet ist (*griech.* āēr, vgl. *aero..., Aero...*) und aus einer himmelsfernen, äußerst feinen und klaren Luftzone, die zugleich als Wohnsitz der unsterblichen Götter galt. Diese letztere heißt nach dem in südlichen Gegenden besonders hell und strahlend erscheinenden Firmament, mit dem sie gleichgesetzt wird, *griech.* aithēr (eigentlich „das Brennende, Glühende, Leuchtende"). Über *lat.* aether im 17./18. Jh. ins *Dt.* entlehnt, wurde dieses Wort oft poetisch als Synonym für „Sternenhimmel, Firmament" gebraucht. In etwas willkürlicher Übertragung benannte man später damit auch ein „leicht flüchtiges" Betäubungsmittel. – Das abgeleitete Adjektiv **ätherisch** „ätherartig, flüchtig" verdankt seine Entstehung den Alchimisten, die es im ursprünglichen Sinne des Grundwortes verwendeten: ätherisches (d. i. „besonders fein glühendes") Feuer. Von da gelangte es einerseits in die Dichtersprache im Sinne von „himmlisch", andererseits in den theologischen Bereich in Fügungen wie 'ätherischer Leib' (d. i. „engelhaft, entrückt, nicht greifbar"). Entsprechend bedeutet es im heutigen Sprachgebrauch etwa „zart, gebrechlich". – Das den Wörtern zugrundeliegende *griech.* Verb aíthein „brennen, glühen, leuchten" hat *idg.* Entsprechungen in *lat.* aestus „Glut, Hitze", aestas „sommerlich warme Jahreszeit". Als gemeinsame *idg.* Wurzel gilt *aidh- „brennen, glühen".

Athlet „Sportsmann, Wettkämpfer; Kraftmensch": Das Fremdwort wurde im 18. Jh. über *lat.* athleta aus *griech.* āthlētēs „Wettkämpfer" entlehnt. Dazu stellen sich das Adjektiv **athletisch** „sportlich; durchtrainiert" (bereits im 17. Jh. mit der allgemeinen Bedeutung „kräftig, gesund" [aus *lat.* athleticus < *griech.* āthlētikós „athletisch"]) und das Substantiv **Athletik** „sportlicher Wettkampf" (aus gleichbed. *lat.* athletica [ars]), das jedoch nur noch in den Zusammensetzungen 'Leicht-, Schwerathletik' lebt.

Atlantik „Atlantischer Ozean": Das nach dem altgriechischen Gott Atlās (vgl. unten [1]*Atlas*) benannte Gebirge Atlas in Afrika, auf dem nach antiken mythologischen Vorstellungen der Himmel ruhte, lieferte den Namen für das entlang der Westküste Afrikas sich erstreckende Meer, *griech.* Atlantikón pélagos, *lat.* Atlanticum mare (bzw. Atlanticus oceanus). Dieser Name wurde in die modernen Sprachen entlehnt (beachte entsprechend *engl.* Atlantic), und zwar nunmehr zur Bezeichnung für das gesamte zwischen Afrika, Europa und Amerika liegende Weltmeer.

[1]**Atlas** „Kartenwerk": Die Bezeichnung begegnet zum erstenmal als Titel eines im Jahre 1595 von dem Geographen Mercator herausgegebenen Landkartenwerkes. Sie ist vom Namen des

griech. Gottes Atlās genommen, der nach antiken mythologischen Vorstellungen die Erdkugel auf seinen Schultern trug. – Siehe auch den Artikel *Atlantik.*

[2]**Atlas** „seidenartiges Gewebe mit hochglänzender Oberfläche": Das Fremdwort erscheint im *Dt.* bereits im 15. Jh. Es geht zurück auf *arab.* aṭlas „kahl; glatt", das in Verbindung mit Wörtern für Seidenstoffe eine glatte, minderwertige Seide bezeichnete und danach auch selbständig in diesem Sinne gebraucht wurde.

atmen ↑Atem.

Atmosphäre „Lufthülle"; übertragen: „Fluidum, Umwelt, Stimmung"; in der Physik Bezeichnung für die Einheit des Luftdrucks: Das Fremdwort ist eine gelehrte Neubildung des 17. Jh.s zu *griech.* atmós „Dunst" und *griech.* sphaĩra „Scheibe, Kugel; Erdkugel" (vgl. *Sphäre*).

Atoll: Die im Deutschen seit dem 19./20 Jh. übliche Bezeichnung für eine ringförmige Koralleninsel stammt vermutlich aus der südwestindischen Drawidasprache Malayalam, wo aḍal „verbindend" bedeutet. Ins *Dt.* gelangte das Wort durch Vermittlung von gleichbed. *engl.* atoll.

Atom „kleinste, nicht zerlegbare Einheit eines Elements, Grundteilchen der Materie": Das Wort, das häufig in Zusammensetzungen wie **Atomkern, Atomphysik, Atomkraftwerk, Atomkrieg, Atombombe** (alle im 20. Jh. gebildet) gebraucht wird, beruht auf einer gelehrten Entlehnung des 18. Jh.s aus *griech.* átomos > *lat.* atomus „der letzte unteilbare Urstoff der Materie", dem substantivierten Femininum des *griech.* Adjektivs á-tomos „ungeschnitten; unteilbar". Das Adjektiv ist eine ablautende Präfixbildung (vgl. [2]*a..., A...*) zu *griech.* témnein „schneiden" (etymologisch verwandt u. a. mit *lat.* tondere „scheren, abschneiden", vgl. *Tonsur*). – Abl.: **atomar** „Atome, Atomwaffen betreffend" (20. Jh.).

Attaché „Gesandter ohne Botschafterrang": Der Terminus der Diplomatensprache wurde im 19. Jh. aus gleichbed. *frz.* attaché übernommen. Das *frz.* Wort selbst ist das substantivierte Part. Perf. von *frz.* attacher „festmachen, anbinden, anknüpfen; zuweisen, zuordnen" und bezeichnet demnach eigentlich den einem Gesandten zugewiesenen Hilfsbeamten. *Frz.* attacher geht zurück auf gleichbed. *afrz.* estachier, das zu estache „Pfahl, Pfosten" (<*fränk.* *stakka „Pfahl", verwandt mit ↑*Stecken*) gehört.

attackieren „eine Attacke reiten; angreifen, zusetzen": Das Verb wurde im 17. Jh. als militärischer Terminus aus *frz.* attaquer „angreifen" (<*it.* attaccare „Streit anfangen, mit jemandem anbinden", eigentlich „festmachen") entlehnt. Dazu gehört das etwa gleichzeitig übernommene Substantiv **Attacke** „Kavallerieangriff; Angriff, Anfall" (*frz.* attaque).

Attentat „Mordanschlag": Das Fremdwort wurde im 16. Jh. aus *lat.* attentatum „Versuchtes" entlehnt. Es wurde zunächst ganz allgemein im Sinne von „versuchtes Verbrechen" verwendet. Seit dem 19. Jh. hat es durch den Einfluß von *frz.* attentat nur noch die Bedeutung „Mordanschlag auf einen politischen Gegenspieler". Das zugrundeliegende Verb *lat.* attentare, attemptare (< *ad-temptare) „antasten" enthält die *idg.* Wurzel *temp- „dehnen; (seine Aufmerksamkeit) anspannen", eine Erweiterung von gleichbed. *ten- (vgl. *tendieren*). Dazu das abgeleitete Substantiv **Attentäter** (19. Jh.), das volksetymologisch an 'Täter' angelehnt ist.

Attest „[ärztliche] Bescheinigung; Zeugnis": Das seit dem 18. Jh. bezeugte Wort ist eine Kurzform für älteres 'Attestat'. Quelle des Fremdwortes ist *lat.* attestatum, das substantivierte Part. Perf. von *lat.* at-testari „bezeugen, bestätigen" (vgl. *Testament*).

Attraktion „zugkräftige Darbietung, Glanznummer; Anziehung, Anziehungskraft": Das seit dem 19. Jh. bezeugte Fremdwort erscheint zuerst in der Sprache des Zirkuswesens und erlangt von dort her allgemeine Geltung. Es ist aus gleichbed. *engl.* attraction (eigentlich „Anziehung, Anziehungskraft") entlehnt. Das *engl.* Wort selbst führt über *frz.* attraction „Anziehung, Anziehungskraft" auf *spätlat.* attractio „das Ansichziehen" zurück. Es gehört zu *lat.* attrahere „an sich ziehen, anziehen", einer Bildung aus *lat.* ad „an, hinzu" (vgl. *ad..., Ad...*) und *lat.* trahere (tractum) „ziehen, schleppen" (vgl. das Lehnwort *trachten*). – Zum gleichen Kompositum (*lat.* at-trahere) gehört das Fremdwort **attraktiv** „anziehend, hübsch, elegant". Es erscheint im 18. Jh. mit der allgemeinen Bed. „anziehend" und ist aus gleichbed. *frz.* attractif (<*spätlat.* attractivus) entlehnt.

Attrappe „täuschend ähnliche Nachbildung (z. B. von Waren in Schaufenstern)": Das Fremdwort wurde im 19. Jh. aus gleichbed. *frz.* attrape entlehnt. Das *frz.* Substantiv ist von *frz.* attraper „fangen; anführen, täuschen, foppen" abgeleitet und bedeutet demnach eigentlich „Falle", dann „Scherz; täuschender Scherzartikel". *Frz.* at-traper ist eine Bildung zu *frz.* trappe „Falle, Schlinge", das seinerseits aus gleichbed. *afränk.* *trappa stammt (↑*trappen*).

Attribut „Kennzeichen, charakteristische Beigabe (einer Person, besonders in der bildenden Kunst); Wesensmerkmal; Beifügung (in der Gramm.)": Das Wort ist eine gelehrte Entlehnung des 18. Jh.s aus gleichbed. *lat.* attributum, dem substantivierten Part. Perf. von *lat.* at-tribuere „zuteilen, zuweisen, verleihen; beilegen, beifügen", einer Bildung aus *lat.* ad „zu, hinzu" (vgl. *ad..., Ad...*) und *lat.* tribuere „teilen, zuteilen" (vgl. *Tribut*). – Abl.: **attributiv** „beifügend (in der Grammatik)".

atzen (weidmännisch für:) „die Jungen füttern", von Raubvögeln: Das heute nur noch in der Weidmannssprache gebräuchliche Verb (*mhd.* atzen, *ahd.* āz[z]en „speisen, füttern, nähren") ist Veranlassungswort zu dem unter ↑*essen* behandelten Verb und bedeutet demnach eigentlich „essen machen". Abl.: **Atzung** weidmännisch für „Fütterung, Nahrung der jungen [Raub]vögel", bisweilen auch *ugs.* scherzhaft für „Essen" (*mhd.* atzunge „Speise, Fütterung, Futter"). Siehe auch den Artikel *ätzen.*

ätzen „durch Säuren oder Laugen auflösen, entfernen oder zerstören; durch Säure einzeichnen oder mustern": Das *gemeingerm.* Verb *mhd.* etzen, *ahd.* ezzen, *got.* [fra]atjan, *aengl.* ettan, *aisl.* etja ist das Veranlassungswort zu dem unter ↑*essen* behandelten Verb und bedeutet demnach eigentlich „essen lassen". Es wurde in den älteren *germ.* Sprachzuständen im Sinne von „verzehren lassen, füttern, grasen lassen, weiden" verwendet. Im *Dt.* wurde das Verb Ende des 15. Jh.s zum technischen Fachwort, wobei der fachsprachliche Gebrauch von der Anschauung ausgeht, daß sich die Säure gewissermaßen in das Metall hineinfrißt (vgl. den Artikel *beizen*). In der Jugend- und Umgangssprache (2. Hälfte des 20. Jh.s) wird das erste Partizip **ätzend** im Sinne von „sehr schlecht", z. T. aber auch als Ausdruck der Anerkennung im Sinne von „sehr gut, hervorragend" verwendet. Eine nicht umgelautete Nebenform ist ↑atzen.

Au, Aue „Niederung, Flußlandschaft, Wiese", (*landsch.* auch für:) „Insel": *Mhd.* ouwe, *ahd.* ouw[i]a „Land im oder am Wasser, Halbinsel, Insel; Wasser", *afries.* ei- „Insel-" (↑Eiland), *aengl.* īeg „Insel", *schwed.* ö „Insel" beruhen auf der Substantivierung eines Adjektivs mit der Bed. „zum Wasser gehörig, am Wasser befindlich". Das zugrundeliegende *germ.* *a[ʒ]wjō „Insel, Au", das also eigentlich „die zum Wasser Gehörige" bedeutet, ist abgeleitet von einem im *Nhd.* nur noch in Flußnamen bewahrten *gemeingerm.* Wort für „Wasser, Gewässer": *mhd.* ahe, *ahd.* aha, *got.* aƕa, *aengl.* ēa, *schwed.* å „Wasser, Gewässer, Flußlauf" (vgl. die *dt.* Flußnamen Ach, Aach, Brigach, Salzach, Fulda). Damit ist *außergerm.* z. B. verwandt *lat.* aqua „Wasser, Gewässer, Fluß" (↑Aquarium und Aquarell). – Das Wort 'Au[e]' kommt heute außer im dichterischen Sprachgebrauch gewöhnlich nur noch in Orts-, Landschafts- und Inselnamen vor, beachte z. B. Goldene Aue, Isarauen, Reichenau. – Eine Kollektivbildung zu 'Au[e]' ist vermutlich ↑Gau.

auch: In dem *gemeingerm.* Wort (Adverb und Konjunktion) *mhd.* ouch, *ahd.* ouh, *got.* auk, *aengl.* ēac, *schwed.* ock sind wahrscheinlich zwei ursprünglich verschiedene Wörter zusammengefallen: 1. eine adverbiell erstarrte Kasusform eines im *Dt.* untergegangenen Substantivs mit der Bed. „Zunahme, [Ver]mehrung", vgl. *aengl.* ēaca „Zunahme; Vermehrung; Vorteil; Wucher" *aisl.* auki „Vermehrung; Zuwachs; Nachkommen" und weiterhin *got.* aukan „vermehren"; 2. eine z. B. mit *griech.* aũ „wieder, abermals, hingegen" und *lat.* aut „oder", autem „aber" verwandte Partikel. Der doppelte Ursprung läßt sich noch an den verschiedenen Verwendungen des *gemeingerm.* Wortes in den alten Sprachzuständen erkennen, einerseits hinzufügend im Sinne von „und, auch", andererseits begründend im Sinne von „denn, nämlich" und entgegensetzend im Sinne von „aber, dagegen". Im heutigen *dt.* Sprachgebrauch wird 'auch' nur noch hinzufügend verwendet.

Audienz „feierlicher Empfang bei hohen politischen oder kirchlichen Würdenträgern": Das seit etwa 1500 in der Hof- und Regierungssprache übliche Fremdwort, das auf *lat.* audientia „Gehör, Aufmerksamkeit" zurückgeht, entwikkelte seine spezielle Bedeutung aus Wendungen wie 'audientiam bitten bzw. geben'. – Das dem *lat.* Substantiv zugrundeliegende Verb *lat.* audire (< *au̯is-dh-ire) „hören", das auch in unserem Fremdwort ↑Auditorium erscheint, ist urverwandt u. a. mit *griech.* aisthánesthai „wahrnehmen" (vgl. *Ästhetik*).

Auditorium: Die Bezeichnung für „Hörsaal, Zuhörerschaft" wurde im 16. Jh. aus gleichbed. *lat.* auditorium entlehnt. Es gehört zu *lat.* auditorius „Zuhörer", einer Bildung zu audire „hören" (vgl. *Audienz*).

Auerhahn: Die *nhd.* Form des Vogelnamens geht zurück auf *mhd.* ūrhan, das unter dem Einfluß von *mhd.* ūr[e], *ahd.* ūro „Auerochse" (vgl. *Auerochse*) aus *mhd.* orhan umgebildet worden ist. Das Bestimmungswort dieser verdeutlichenden Zusammensetzung *mhd.* or-, *ahd.* orre- (in orrehuon „Auerhenne") entspricht *schwed., norw.* orre, *aisl.* orri „Birkhahn". Dieser Vogelname ist z. B. verwandt mit *griech.* ársēn „männlich" und *apers.* aršan- „Mann, Männchen" und bedeutet – wie auch das eng verwandte *schwed.* orne „Zuchteber" – eigentlich „männliches Tier, Männchen". Man benannte also zuerst den männlichen Vogel, weil sich dieser in der Größe und in der Farbe des Gefieders vom weiblichen Vogel unterscheidet und für den Jäger von größerem Interesse ist.

Auerochse: Die seit *ahd.* Zeit gebräuchliche Zusammensetzung *mhd.* ūrochse, *ahd.* ūrohso steht verdeutlichend für das im *Nhd.* untergegangene *altgerm.* Wort für „Auerochse": *mhd.* ūr[e], *ahd.* ūro, *aengl.* ūr, *aisl.* ūrr. Gleichfalls verdeutlichende Zusammensetzungen sind z. B. 'Lindwurm', 'Murmeltier' und 'Schmeißfliege' (s. d.). – Das *altgerm.* Wort ist wahrscheinlich im Sinne von „Befeuchter, [Samen]spritzer" mit der *nord.* Sippe von *aisl.* ūr „Feuchtigkeit, feiner Regen" und weiterhin z. B. mit *lat.* urina „Harn" (↑Urin) verwandt. Vgl. zu diesem Benennungsvorgang den Artikel *Ochse.* – Seit dem 18. Jh. ist neben 'Auerochse' auch eine erneuerte altdeutsche Form 'Ur' gebräuchlich.

auf: Das *altgerm.* Wort (Adverb und Präposition) *mhd., ahd.* ūf, *niederl.* op, *engl.* up, *schwed.* upp gehört mit ablautend *got.* iup „aufwärts" und den unter ↑*¹ob,* ↑*obere* und ↑*offen* behandelten Wörtern zu *idg.* *up[o]-, *eup- „von unten an etwas heran oder hinauf". In anderen *idg.* Sprachen sind z. B. verwandt *griech.* hypó „unten an etwas heran, unter" und *lat.* sub „unter", die in zahlreichen aus dem *Griech.* und *Lat.* entlehnten Wörtern als erster Bestandteil stecken (↑*hypo..., Hypo...* und ↑*sub..., Sub...*). Im Sinne von „über das Maß hinausgehend" gehören hierher wahrscheinlich auch die unter ↑*übel* und ↑*üppig* behandelten Adjektive. Zu *up[o] gehört ferner *idg.* *upér[i] „über, oberhalb", auf dem die Wortgruppe von ↑*über* beruht. – Als Adverb ist 'auf', das mit zahlreichen Verben unfeste Zusammensetzungen bildet, im heutigen *dt.* Sprachgebrauch durch 'hinauf', 'herauf' und 'aufwärts' zurückgedrängt. – Siehe auch den Artikel *Summe.*

aufbahren ↑Bahre.

aufbauen ↑bauen.

aufbäumen ↑Baum.

aufbauschen ↑Bausch.

aufbieten ↑bieten.

aufbinden ↑binden.

aufbrechen, Aufbruch ↑brechen.

aufbringen ↑bringen.

aufbrummen ↑brummen.

aufbürden ↑Bürde.

aufdringlich ↑Drang.

Aufenthalt „Bleiben, Verweilen; Ort des Verweilens, Wohnort; Unterbrechung, Verzögerung": Die *nhd.* Form geht zurück auf *mhd.* ūfenthalt „Aufrechthaltung, Beistand; Unterhalt; Bleibe", das zu *mhd.* ūf-enthalten „aufrecht halten, beistehen; Unterhalt gewähren; zurückhalten" gehört (vgl. *halten*).

auferstehen, Auferstehung ↑stehen.

auferwecken ↑wecken.

auffallen, auffallend, auffällig ↑fallen.

auffassen ↑fassen.

auffordern ↑fordern.

auffrischen ↑frisch.

aufführen, Aufführung ↑führen.

Aufgabe ↑geben.

aufgabeln ↑Gabel.

Aufgang ↑gehen.

aufgeben ↑geben.

Aufgebot ↑bieten.

aufgedonnert ↑Donner.

aufgehen ↑gehen.

aufgeilen ↑geil.

aufgekratzt ↑kratzen.

aufgelegt ↑legen.

aufgeräumt ↑Raum.

aufhalsen ↑Hals.

aufhalten ↑halten.

aufheitern ↑heiter.

aufhören ↑hören.

aufklaren, aufklären, Aufklärer, Aufklärung ↑klar.

aufkommen ↑kommen.

aufkündigen ↑kund.

Auflage ↑legen.

auflauern ↑lauern.

Auflauf, auflaufen ↑laufen.

auflegen ↑legen.

auflehnen ↑[1]lehnen.

auflösen ↑lösen.

aufmachen ↑machen.

aufmerken, aufmerksam ↑merken.

aufmöbeln ↑Möbel.

aufmuntern ↑munter.

aufmüpfig ↑muffeln.

aufoktroyieren ↑oktroyieren.

aufpassen ↑passen.

aufplustern ↑plustern.

aufputschen ↑Putsch.

aufregen, Aufregung ↑regen.

aufreiben ↑reiben.

aufreißen ↑reißen.

aufrichten ↑richten.

aufrichtig ↑richtig.

Aufriß ↑reißen.

Aufruhr „Empörung, Tumult, Erhebung": Die seit dem 15. Jh. bezeugte Zusammensetzung enthält als Grundwort das unter ↑*Ruhr* behandelte Substantiv in dessen älterer Bed. „heftige Bewegung". Abl.: **Aufrührer** (15. Jh.); **aufrührerisch** (18. Jh., für älteres aufrührig, aufrührisch).

aufrühren ↑rühren.

aufrüsten ↑rüsten.

aufsässig „widersetzlich, aufrührerisch": Der zweite Bestandteil des seit dem 16. Jh. bezeugten Adjektivs gehört zu der Wortgruppe von ↑*sitzen* (vgl. *mhd.* sāȥe „Rast[ort], Wohnsitz; Lage, Stellung; Lauer, Nachstellung, Hinterhalt" und die heute veraltete Verwendung des zusammengesetzten Verbs 'aufsitzen' im Sinne von „sich widersetzen, feindlich sein").

Aufsatz ↑setzen.

Aufschlag, aufschlagen ↑schlagen.

aufschlüsseln ↑Schlüssel.

aufschneiden, Aufschneider, Aufschnitt ↑schneiden.

aufschreiben, Aufschrift ↑schreiben.

aufschwemmen ↑schwemmen.

aufsehen, Aufsehen, Aufseher ↑sehen.

aufsetzen ↑setzen.

Aufsicht ↑sehen.

aufsitzen ↑aufsässig.

aufspielen, sich ↑Spiel.

Aufstand, aufständisch ↑stehen.

aufstecken ↑stecken.

aufstehen ↑stehen.

auftakeln ↑Takel.

auftischen ↑Tisch.

Auftrag, auftragen ↑tragen.

auftreiben ↑treiben.

auftreten ↑treten.

Auftrieb ↑treiben.

Auftritt ↑treten.

auftrumpfen ↑Trumpf.

auftürmen ↑Turm.

Aufwand ↑wenden.

aufwarten, Aufwärter ↑warten.

aufwärts ↑...wärts.

Aufwartung ↑warten.

aufwecken ↑wecken.

aufwenden ↑wenden.

aufwerfen ↑werfen.

aufwiegeln „zur Meuterei oder Empörung anstiften, verhetzen": Das seit dem 16. Jh. bezeugte zusammengesetzte Verb, das sich von der Schweiz ausgebreitet hat, enthält als 2. Bestandteil eine Intensivbildung zu dem unter ↑*bewegen* behandelten einfachen Verb (*mhd.* wegen, *ahd.* wegan), vgl. *mhd.* wigelen „schwanken". Es bedeutet demnach eigentlich „heftig in Bewegung setzen". Eine junge Gegenbildung ist **abwiegeln** „beschwichtigen; dämpfen" (20. Jh.).

aufzäumen ↑Zaum.

aufziehen, Aufzug ↑ziehen.

Auge: Das *gemeingerm.* Wort *mhd.* ouge, *ahd.* ouga, *got.* augō, *engl.* eye, . schwed. öga gehört mit verwandten Wörtern in den meisten anderen *idg.* Sprachen zu der *idg.* Wurzel *okᵘ̯- „sehen; Auge“, vgl. z. B. *russ.* oko „Auge“, *lat.* oculus „Auge“ (↑*okulieren* und *Okular*) und *griech.* ópsesthai „sehen werden“ , ómma „Auge“, optikós „zum Sehen gehörig“ (↑*Optik* und ↑*Panoptikum*). Falls die *idg.* Wurzel ursprünglich verbal war und „sehen“ bedeutete, ist das Auge als „Seher“ benannt worden. – Im übertragenen Gebrauch bezeichnet 'Auge' im *Dt.* Dinge, die mit der Form eines Auges Ähnlichkeit haben, speziell augenförmige Öffnungen und Tupfen, beachte z. B. die Zusammensetzungen 'Bullauge' (↑[1]Bulle), 'Hühnerauge' (s. d.) 'Pfauenauge' (↑Pfau). Vor allem wird es übertragen im Sinne von „[geschlossene] Pflanzenknospe, Keim“, „Punkt auf dem Würfel“ und „Fetttropfen auf einer Flüssigkeit“ verwendet. Die große Bedeutung des Gesichtssinnes für den Menschen spiegelt sich sprachlich in einer Fülle von Verbindungen und Redewendungen wider, beachte z. B. 'im Auge haben', 'unter die Augen kommen', 'ein Auge zudrücken', 'einem Sand in die Augen streuen', 'aus den Augen, aus dem Sinn'. Abl.: **äugeln** „mit den Augen zublinzeln, Blicke tauschen“ (*mhd.* öugeln substantivierter Infinitiv „Liebäugeln“, sonst „mit Augen versehen“); **äugen** „vorsichtig oder scharf blicken“, gewöhnlich vom Wild (17. Jh.; dagegen *mhd.* öugen „vor Augen bringen, zeigen“, siehe dazu den Artikel *ereignen*). Zus.: **Augapfel** (*mhd.* ougapfel, *ahd.* ougapful; auch übertragen im Sinne von „Liebstes“ gebraucht); **Augenblick** (*mhd.* ougenblic „[schneller] Blick der Augen“, seit dem 13. Jh. dann auch „ganz kurze Zeitspanne“); **Augenbraue** (↑Braue); **Augenlid** (↑Lid); **Augenweide** (↑[2]Weide); **Augenwischerei** „Täuschung, Betrug“ (20. Jh.; für älteres 'Augenauswischerei', das zu einer veralteten Wendung 'jemandem die Augen auswischen' „jemanden täuschen, übervorteilen, betrügen“ gehört).

August: Der Name für den achten Monat des Kalenderjahres, *ahd.* a[u]gusto, *mhd.* ougest[e], beruht wie z. B. entsprechend *frz.* août auf gleichbed. *lat.* (mensis) Augustus. Der Monat wurde von den Römern zu Ehren des Kaisers Octavian nach dessen Beinamen Augustus „der Erhabene“ benannt. Im Deutschen wurde der fremde Name gegenüber der einheimischen Bezeichnung 'Erntemond' von der Kanzleisprache des 16. Jh.s durchgesetzt.

Auktion „Versteigerung“: Das Fremdwort wurde im 16. Jh. als kaufmännischer Terminus aus gleichbed. *lat.* auctio (eigentlich „Vermehrung“, dann „Steigerung, nämlich des Preises“) entlehnt. Es gehört zu *lat.* augere (auctum) „wachsen machen; vergrößern, vermehren usw.“ (vgl. *Autor*). – Abl.: **auktionieren** „versteigern“ (17. Jh., dafür zuerst meist 'verauktionieren'; nach gleichbed. *lat.* auctionari); **Auktionator** „Versteigerer“ (18. Jh., aus gleichbed. *spätlat.* auctionator).

Aula: Die Bezeichnung für den Festsaal (in [Hoch]schulen) wurde im 17. Jh. aus *lat.* aula „eingehegter Hofraum; bedeckte Halle (im röm. Haus)“ entlehnt, das seinerseits aus *griech.* aulḗ „äußerer oder innerer Hof; Wohnung“ stammt.

Aule: Die Herkunft des *landsch.* Ausdrucks für „Auswurf“ ist dunkel.

aus: Das *gemeingerm.* Adverb *mhd.*, *ahd.* ūz, *got.* ūt, *engl.* out, *schwed.* ut beruht mit verwandten Wörtern in anderen *idg.* Sprachen auf *idg.* *ŭd- „auf etwas hinauf, aus etwas hinaus“, vgl. z. B. *aind.* úd-, út- „empor, hinaus“ und *lit.* už- „empor, hinauf, zu“. Auf ein weitergebildetes *ŭd-s geht die unter dem Präfix ↑*ur..., Ur...* behandelte *germ.* Wortgruppe zurück (siehe auch den Artikel *er...*). Im *Westgerm.* entwikkelte sich das Adverb auch zur Präposition. Im heutigen *dt.* Sprachgebrauch ist das Adverb 'aus', das mit zahlreichen Verben unfeste Zusammensetzungen bildet, als selbständiges Wort nur noch selten gebräuchlich, beachte z. B. 'aus und ein gehen'. Das in der Sprache des Sports verwendete **Aus** „Raum außerhalb des Spielfeldes“ (20. Jh.) ist Lehnübersetzung von *engl.* out. – Von 'aus' abgeleitet sind die unter ↑*außen* und ↑*außer* behandelten Wörter.

ausarten ↑Art.

ausbaden ↑Bad.

ausbaldowern (*ugs.* für:) „auskundschaften“: Das im 19. Jh. aus der Gaunersprache übernommene Wort gehört zu *rotwelsch* Baldower „Auskundschafter, Anführer bei einem Diebesunternehmen“, das *jidd.* bal „Herr, Mann“ (*hebr.* ba'al) und dowor „Sache“ (*hebr.* dạvạr) enthält und demnach eigentlich „Herr (Mann) der Sache“ bedeutet.

ausbedingen ↑bedingen.

Ausbeute, ausbeuten, Ausbeuter ↑Beute.

ausbilden ↑bilden.

ausbojen ↑Boje.

ausbomben ↑Bombe.

ausbooten ↑Boot.

ausbrechen ↑brechen.

ausbuchten, Ausbuchtung ↑Bucht.

Ausbund: Das seit dem 16. Jh. bezeugte Wort, das heute nur noch im übertragenen Sinne von „Höchstes, Bestes, Muster, Inbegriff“ verwendet wird, stammt aus der Kaufmannssprache und bezeichnete ursprünglich das an einer Ware nach außen Gebundene, d. h. das beste Stück einer Ware, das dem Käufer zur Schau gestellt wird (vgl. *binden*).

ausbürgern ↑Bürger.

Ausdruck, ausdrücken, ausdrücklich ↑drücken.

ausdünsten ↑Dunst.

auseinanderstieben ↑stieben.

auserkoren ↑kiesen.

auserlesen ↑lesen.

auserwählen, auserwählt ↑wählen.

ausfallen, ausfallend werden, ausfällig werden ↑fallen.

ausfechten ↑fechten.

ausfeilen ↑Feile.

ausfindig ↑finden.

Ausflucht ↑[2]Flucht.

Ausflug ↑Flug.

ausführen, ausführlich, Ausführung ↑führen.

Ausgabe ↑geben.
Ausgang ↑gehen.
ausgattern ↑Gatter.
ausgeben ↑geben.
ausgebombt ↑Bombe.
ausgebufft: Der im 20. Jh. aufgekommene *ugs.* Ausdruck für „raffiniert, gerissen" gehört zu 'buffen' „stoßen, schlagen", einer *landsch.* Nebenform von ↑puffen. Es bedeutet wohl eigentlich „durch Schläge, Püffe erfahren, gewitzt" (vgl. die Bedeutungsentwicklung von 'verschlagen' und 'verschmitzt').
Ausgeburt ↑Geburt.
ausgefuchst: Der seit dem 19. Jh. bezeugte *ugs.* Ausdruck für „listig, gerissen" gehört vielleicht zu einem veralteten Verb 'fuchsen' im Sinne von „Geschlechtsverkehr mit jemandem haben" und bedeutete dann etwa „im Geschlechtsverkehr erfahren". Heute wird das Wort gewöhnlich auf 'Fuchs' als listiges Tier bezogen.
ausgehen ↑gehen.
ausgekocht: Der im 20. Jh. aufgekommene *ugs.* Ausdruck für „raffiniert, gerissen" ist vielleicht eine volksetymologische Umbildung von *rotw.* kochem „gescheit".
ausgelassen ↑lassen.
ausgeleiert ↑Leier.
ausgesucht ↑suchen.
ausgezeichnet ↑zeichnen.
ausgiebig ↑geben.
ausgraben, Ausgrabung ↑graben.
ausgräten ↑Gräte.
ausgreifen ↑greifen.
aushalten ↑halten.
Aushang, Aushängebogen, Aushängeschild ↑hängen.
aushecken ↑hecken.
auskegeln ↑[1]Kegel.
auskehlen ↑Kehle.
ausklügeln ↑klug.
auskneifen ↑kneifen.
ausknocken ↑knockout.
auskommen, auskömmlich ↑kommen.
auskotzen ↑kotzen.
auskundschaften ↑kund.
Auskunft, Auskunftei ↑kommen.
Auslage ↑legen.
Ausland, Ausländer, ausländisch ↑Land.
auslassen ↑lassen.
auslaugen ↑Lauge.
auslegen ↑legen.
ausleiern ↑Leier.
Auslese, auslesen ↑lesen.
ausloben ↑loben.
auslosen ↑Los.
auslösen, Auslöser ↑lösen.
ausmanövrieren ↑Manöver.
ausmergeln „entkräften, schwächen": Das seit dem 16. Jh. gebräuchliche Verb gehört zu dem unter ↑[3]*Mark* (*mhd.* marc, -ges „Innengewebe") behandelten Substantiv und bedeutet demnach eigentlich „das Mark ausziehen". Auf die Bedeutung des Verbs wirkte wahrscheinlich das medizinische Fachwort *lat.* marcor „Schlaffheit" ein. Später wurde 'ausmergeln' im Sprachgefühl mit dem unter ↑*Mergel* „Ton-Kalkstein" behandelten Wort verbunden. Diese Verknüpfung lag nahe, weil eine häufige Mergeldüngung den Boden allmählich auslaugt und verdirbt. – Neben 'ausmergeln' ist auch gleichbed. **abmergeln** (16. Jh.) gebräuchlich.
ausmerzen „als untauglich aussondern, beseitigen": Die Herkunft des seit dem 16. Jh. gebräuchlichen Verbs ist unklar. Das Verb wurde ursprünglich in der Sprache der Schafzüchter gebraucht, und zwar im Sinne von „die zur Zucht untauglichen Schafe aus einer Herde aussondern", wovon der übertragene Wortgebrauch ausgeht. – Durch volksetymologische Anlehnung an den Monatsnamen März wurde 'ausmerzen' früher als „die Schafe im März aussondern" verstanden.
ausposaunen ↑Posaune.
ausreißen ↑reißen.
ausrenken ↑renken.
ausrotten „völlig vernichten": Das seit dem 15. Jh., zuerst in der Form ausrutten bezeugte zusammengesetzte Verb gehört zu dem heute nicht mehr gebräuchlichen einfachen Verb rotten „völlig vernichten", das eigentlich „roden, mit der Wurzel beseitigen" bedeutet (vgl. *roden*).
aussagen ↑sagen.
Aussatz „Lepra": Die *nhd.* Form geht auf gleichbed. *mhd.* ūʒsaz zurück, das aus dem Adjektiv *mhd.* ūʒsetzic, älter ūʒsetze, *ahd.* ūʒsāzeo „aussätzig" zurückgebildet ist. Das Adjektiv gehört zu dem unter ↑*setzen* behandelten Verb und bedeutet demnach eigentlich „ausgesetzt, abgesondert". Die von der Lepra befallenen Kranken mußten abseits von den menschlichen Siedlungen wohnen. – Das Adjektiv **aussätzig** (*mhd.* ūʒsetzic, s. o.) wurde im *Nhd.* an die Schreibung des Substantivs angeglichen.
ausschachten ↑Schacht.
Ausschank ↑Schank.
ausscheren ↑scheren.
ausschlachten ↑Schlacht.
Ausschlag, ausschlagen ↑schlagen.
ausschreiben ↑schreiben.
ausschreiten, Ausschreitung ↑schreiten.
Ausschuß: Das seit dem 15. Jh. bezeugte Substantiv ist eine Bildung zu dem heute nur noch sondersprachlich gebräuchlichen Verb 'ausschießen' „aussondern (*mhd.* ūʒschieʒen „auswerfen; aussondern; ausschließen; keimen, knospen", vgl. *schießen*). Es bezeichnete zunächst die aus einer größeren Versammlung ausgesonderte Anzahl von Menschen, seit dem 17. Jh. dann auch die als minderwertig oder unbrauchbar ausgesonderte Ware.
ausschweifen, ausschweifend, Ausschweifung ↑schweifen.
aussehen, Aussehen ↑sehen.
außen: Das *gemeingerm.* Wort (Adverb und Präposition) *mhd.* ūʒen, *ahd.* ūʒan[a], *got.* ūtana, *aengl.* ūtan[e], *schwed.* utan ist von dem unter ↑*aus* behandelten Wort abgeleitet. Zus.: **Außenseiter** (Ende des 19. Jh.s, Lehnübersetzung des *engl.* Sportausdrucks outsider „Pferd, auf das nicht gewettet wird", dann auch „Sport-

ler, der mit wenig Siegesaussichten an den Start geht" und „Abseitsstehender, Eigenbrötler").
Außenstände ↑stehen.
außer: Das *altgerman.* Wort (Adverb und Präposition) *mhd.* ūʒer, *ahd.* ūʒar, *asächs.* ūtar, *aengl.* ūtor, *aisl.* ūtar ist von dem unter ↑*aus* behandelten Wort abgeleitet. Im heutigen Sprachgebrauch wird 'außer', das früher räumliche Geltung hatte und sowohl die Lage als auch die Richtung angab, gewöhnlich nur noch übertragen im Sinne von „abgesehen von, mit Ausnahme von" verwendet. Abl.: **äußere** (*mhd.* ūʒer, *ahd.* ūʒaro, vgl. *engl.* outer, utter, *schwed.* yttre; die Adjektivbildung hat sekundären Umlaut nach dem Superlativ 'äußerst'), dazu **äußerlich** (*mhd.* ūʒerlich), beachte **Äußerlichkeit; äußern** [sich] „aussprechen, vortragen, [sich] zeigen" (*mhd.* ūʒern reflexiv „aus der Hand, aus dem Besitz geben, verzichten", vgl. *engl.* to utter „äußern"), dazu **Äußerung** (*mhd.* ūʒerunge „Aussprache, Rede; Entfernung, Ausweisung") und die Präfixbildungen **entäußern** und **veräußern.**
aussetzen ↑setzen.
Aussicht ↑sehen.
aussondern ↑sonder.
ausspannen ↑spannen.
aussprengen ↑sprengen.
ausstaffieren ↑staffieren.
Ausstand ↑stehen.
ausstatten „mit etwas versehen, ausrüsten, [groß] aufmachen": Das seit dem 17. Jh. bezeugte zusammengesetzte Verb gehört zu dem in *frühnhd.* Zeit untergegangenen einfachen Verb statten (*mhd.* staten „wozu verhelfen, zufügen"), das – wie auch das unter ↑*gestatten* behandelte Verb – von *mhd.* state, *ahd.* stata „rechter Ort, Gelegenheit" abgeleitet ist (vgl. *Statt*).
ausstechen ↑stechen.
ausstehen ↑stehen.
ausstellen, Ausstellung ↑stellen.
aussterben ↑sterben.
Aussteuer, aussteuern ↑[1]Steuer.
ausstopfen ↑stopfen.
aussuchen ↑suchen.
Auster: Der im 16. Jh. vom *Niederd.* ins *Hochdt.* gelangte Name der eßbaren Meeresmuschel (*niederd.* üster, *frühnhd.* Uster) wurde aus dem *Niederl.* entlehnt. Das *niederl.* Wort selbst, *(m)niederl.* oester, führt wie entsprechend *afrz.* oistre > *frz.* huître (aus dem *Afrz.* stammt *engl.* oyster) über *roman.* ostrea < *lat.* ostreum „Auster" auf gleichbed. *griech.* óstreon zurück, das zum Stamm von *griech.* ostéon „Knochen, Bein", *griech.* óstrakon „harte Schale; Scherbe" (↑*Estrich*) gehört. Die Auster ist also nach ihrer hartknochigen Schale benannt.
austilgen ↑tilgen.
austreten ↑treten.
austricksen ↑Trick.
Austritt ↑treten.
austrocknen ↑trocken.
austüfteln ↑tüfteln.
ausweichen ↑[2]weichen.
ausweiden ↑Eingeweide.
Ausweis, ausweisen ↑weisen.
auswendig ↑wenden.
auswerfen, Auswurf ↑werfen.
auszehren, Auszehrung ↑zehren.
auszeichnen, Auszeichnung ↑zeichnen.
ausziehen, Auszug ↑ziehen.
autark „[wirtschaftlich] unabhängig": Das Wort ist eine junge Entlehnung aus *griech.* autárkēs „sich selbst genügend; unabhängig". Dies gehört zu *griech.* autós „selbst" (vgl. *auto..., Auto...*) und *griech.* arkeīn „abwehren; helfen; ausreichen, genügen". Bereits im 19. Jh. im Sinne von „Selbstgenügsamkeit" bezeugt ist das Substantiv **Autarkie** (< *griech.* autárkeia).
authentisch „(nach einem sicheren Gewährsmann) glaubwürdig u. zuverlässig verbürgt; echt": Das Wort wurde in der Kanzleisprache des 16. Jh.s aus *spätlat.* authenticus „zuverlässig verbürgt; urschriftlich, eigenhändig (von Schriften)" entlehnt, das seinerseits aus *griech.* authentikós „zuverlässig verbürgt" stammt, das zu *griech.* auth-éntēs „Urheber, Ausführer" (ursprünglich vielleicht „jemand der mit eigener Hand etwas vollbringt") gehört. Dessen erstes Glied ist *griech.* autós „selbst; eigen" (vgl. *auto..., Auto...*). Das zweite Glied ist nicht sicher gedeutet.
Auto: Die alltagssprachliche Bezeichnung für „Kraftfahrzeug" ist eine Kurzform für die Ende des 19. Jh.s aufgekommene Bildung **Automobil.** Sie bedeutet wörtlich „Selbstbeweger" und gehört zu *griech.* autós „selbst" (vgl. *auto...*) und *lat.* mobilis „beweglich" (vgl. *mobil*).
auto..., Auto..., (vor Vokalen und vor h:) aut..., Aut...: Quelle für das Bestimmungswort von Zusammensetzungen mit der Bed. „selbst, eigen, persönlich, unmittelbar", in Fremdwörtern wie ↑Autodidakt, ↑Autogramm, ↑autark, ↑authentisch u. a., ist *griech.* autós „selbst; eigen; persönlich".
Autobus ↑Omnibus.
Autodidakt „jemand, der sich durch Selbstunterricht gebildet hat": Das Wort ist eine gelehrte Entlehnung des 18. Jh.s aus *griech.* autodídaktos „selbstgelehrt", zu *griech.* autós „selbst" (vgl. *auto..., Auto...*) und *griech.* didáskein „lehren, unterrichten" (vgl. *didaktisch*).
autogen „selbst hervorbringend": Das Adjektiv tritt vornehmlich auf in den Fügungen 'autogenes Schweißen' (unmittelbare Verschweißung zweier Werkstücke ohne Zuhilfenahme artfremden Bindematerials), 'autogenes Training' (Beherrschung des Leibes durch Selbstversenkung, d. h. heilendes Wirkenlassen der körpereigenen Kräfte). Das Wort geht zurück auf *griech.* autogenḗs „selbst erzeugt, selbst hervorgebracht", das seinerseits zu *griech.* autós „selbst" (vgl. *auto..., Auto...*) u. *griech.* génos „Geschlecht, Abstammung usw." (vgl. *Genus*) gehört.
Autogramm „eigenhändig geschriebener Namenszug": Das Wort ist eine Neubildung des 20. Jh.s aus *griech.* autós „selbst, eigen" (vgl. *auto..., Auto...*) und griech. grámma „das Geschriebene; der Buchstabe", das zu *griech.*

gráphein „schreiben“ (vgl. *Graphik*) gehört. – Dazu die Zusammensetzung **Autogrammjäger.**

Automat „selbsttätige Vorrichtung; Verkaufs-, Bearbeitungsapparat“: Das Fremdwort erscheint zuerst im 16. Jh. in der noch nicht eingedeutschten Pluralform ‘automata’, später auch im Singular. als ‘Automaton’. Die eingedeutschte Form setzt sich erst im 18. Jh. unter dem Einfluß von entsprechend *frz.* automate durch. Das Wort ist substantiviert aus dem *griech.* Adjektiv autó-matos „sich selbst bewegend, aus eigenem Antrieb, von selbst“. Dessen Bestimmungswort ist *griech.* autós „selbst“ (vgl. *auto..., Auto...*). Über das Grundwort vgl. den Artikel *Manie.* – Abl.: **automatisch** „selbsttätig; zwangsläufig“ (19. Jh., nach gleichbed. *frz.* automatique); **automatisieren** „(einen Betrieb) auf vollautomatische Fabrikation umstellen“ (20. Jh., nach gleichbed. *frz.* automatiser).

Automobil ↑Auto.

autonom „nach eigenen Gesetzen lebend, selbständig, unabhängig“: Das Adjektiv ist eine gelehrte Entlehnung des 19. Jh.s aus gleichbed. *griech.* autónomos (vgl. *auto..., Auto...* und *...nom*). Das dazugehörige Substantiv **Autonomie** „Recht auf Unabhängigkeit, Selbstgesetzlichkeit“ (aus gleichbed. *griech.* auto-nomía) erscheint vor dem Adjektiv im 18. Jh., in latinisierter Form als ‘Autonomia’ schon am Ende des 16. Jh.s

Autor „Urheber; Verfasser eines Werkes der Literatur, Musik, Kunst usw.“: Das seit dem 15. Jh. bezeugte, zunächst in der Form ‘Auctor’ gebräuchliche Fremdwort geht auf *lat.* auctor „Urheber; Schöpfer, Autor“ zurück, das wörtlich etwa „Mehrer, Förderer“ bedeutet. Stammwort ist *lat.* augere (auctum) „wachsen machen, mehren, fördern; vergrößern; erhöhen, verherrlichen“ (etymologisch verwandt mit *dt.* ↑[2]*wachsen*). – Hierher: **autorisieren** „ermächtigen, bevollmächtigen“ (16. Jh., nach *mlat.* auctorizare „sich verbürgen; Vollmacht geben“); **autoritär** „totalitär, diktatorisch; unbedingten Gehorsam fordernd“ (Ende 19. Jh. aus gleichbed. *frz.* autoritaire, einer Bildung zu *frz.* auteur, das wie *dt.* Autor auf *lat.* auctor beruht); **Autorität** „die zwingende Macht des Überlegenen; Ansehen; angesehene, maßgebliche Persönlichkeit“ (15. Jh.; aus gleichbed. *lat.* auctoritas); **autoritativ,** (älter:) auctoritativ „auf Autorität beruhend; maßgebend, entscheidend“ (Ende 19. Jh.). – Siehe auch die Artikel *Auktion* usw. und *oktroyieren.*

avancieren: Das Verb erscheint zuerst im 17. Jh. als militärischer Terminus mit der Bed. „vorrücken“. Die heute übliche übertragene Bed. „aufrücken; befördert werden“ kam im 18. Jh. auf. Entlehnt ist das Wort aus gleichbed. *frz.* avancer, das seinerseits auf einem *vlat.* Verb *abantiare „vorwärtsbringen“ beruht. Dies gehört zu *spätlat.* ab-ante „vorweg“ (daraus z. B. *frz.* avant „vor“, ↑Avantgarde).

Avantgarde „Vorhut“: Das aus gleichbed. *frz.* avant-garde (aus *frz.* avant „vor, vgl. *avancieren,* und frz. garde „Wache“, vgl. *Garde*) entlehnte Wort erscheint im Deutschen zunächst als militärischer Terminus im Verlauf des Dreißigjährigen Krieges. In diesem Sinne ist es heute veraltet. Es lebt jedoch noch im übertragenen Sinne als Bezeichnung für die Vorkämpfer einer Idee, einer Richtung usw. – Abl.: **Avantgardist** „Vorkämpfer“ (20. Jh.) mit dem dazugehörigen Adjektiv **avantgardistisch** „vorkämpferisch“ (20. Jh.).

Aversion „Abneigung“: Das Wort wurde im 17. Jh. aus gleichbed. *frz.* aversion entlehnt, das auf *lat.* aversio „das Abwenden; das Sichabwenden; *(spätlat.:)* Abscheu“ beruht. Es gehört zu *lat.* a-vertere „abwenden“, einer Bildung zu *lat.* vertere (versum) „wenden, drehen“ (vgl. *Vers* und zum 1. Bestandteil *ab..., Ab...*).

axial „in der Achsenrichtung verlaufend“: Das Adjektiv ist eine *nlat.* Bildung neuester Zeit zu dem mit *dt.* ↑*Achse* urverwandten *lat.* Substantiv axis „Achse (am Wagen); Erdachse; Pol“.

Axiom „(ohne Beweis anerkannter, geforderter) Grundsatz“: Das Wort wurde im 17. Jh. entlehnt aus gleichbed. *lat.* axioma, *griech.* axíōma, (eigentlich „was für wichtig erachtet wird“), das seinerseits zu *griech.* axióein „würdigen; verlangen“ gehört. Stammwort ist *griech.* axiós „würdig, wert“, das über eine Vorform *áktios „ein entsprechendes Gewicht habend, wichtig“ zu einer *idg.* Wurzel *aĝ- „wiegen, wägen“ gehört, einer Sonderentwicklung von *aĝ- „treiben“ (vgl. *Achse*), etwa im Sinne von „die Arme der Waage in Schwingung bringen“. Vgl. hierzu die Entsprechungen im *Lat.* unter den Fremdwörtern ↑Examen, ↑exakt.

Axt: Das *gemeingerm.* Wort *mhd.* ackes, ax[t], *ahd.* ackus, *got.* aqizi, *engl.* axe, *schwed.* yxa hängt mit *griech.* axínē „Axt, Beil“ und *lat.* ascia (aus *acsia) „Zimmermannsaxt“ zusammen. Wahrscheinlich handelt es sich um ein altes Wanderwort kleinasiatischen Ursprungs.

Azalee: Der Name der Zierpflanze ist eine gelehrte *nlat.* Bildung von Linné (1735) zu dem Femininum des *griech.* Adjektivs azaléos „trokken, dürr“ (Femin zum: azaléē). Die Pflanze ist vermutlich so benannt worden, weil sie „trockenen“ Nährboden bevorzugt.

Azur „Himmelsblau; hochblauer Farbton“: Das Wort wurde Anfang des 18. Jh.s aus *frz.* azur „Lapislazuli; Himmelsblau; blauer Farbton“ entlehnt. Das *frz.* Wort seinerseits führt über *mlat.* azzurum „[Himmels]blau“ auf *arab.* lāzaward (<*pers.* lāĝward) „Lasurstein; lasurfarben“ zurück, das auch die Quelle für unser Fremdwort ↑Lasur ist. Das anlautende l- des *arab.* Wortes ist in den *roman.* Sprachen abgefallen (beachte entsprechend *it.* azzurro und *span.* azul), weil es fälschlich als *arab.* Artikel angesehen wurde. – Dazu: **azurn** „himmelblau“ (18. Jh.) und gleichbed. **azurblau** (18. Jh.).

B

babbeln (*ugs.* für:) „schwatzen“: Das seit dem 16. Jh. bezeugte Verb ist (so auch *niederl.* babbelen „schwatzen, klatschen“, *engl.* to babble „stammeln; schnattern, schwatzen“ und *schwed.* babbla „schwatzen, plappern“) lautnachahmenden Ursprungs. Elementarverwandt ist z. B. *mlat.* babellare „lallen, stammeln“. Ähnliche Lautnachahmungen oder kindersprachliche Lallwörter sind z. B. *griech.* bárbaros „ausländisch; (von der Sprache) unverständlich; roh, ungebildet“, eigtl. „stammelnd“ (↑Barbar), *lat.* balbus „lallend, stammelnd“, *russ.* balabólit' „schwatzen“. Siehe auch die Artikel *Baby, Base, Bube, Buhle.*

Baby „Säugling; Kleinkind“: Das Wort wurde im 19. Jh. aus gleichbed. *engl.* baby entlehnt, das wahrscheinlich aus der Lallsprache der Kinder stammt (vgl. die Artikel *Bube* und *babbeln*). Zus.: **Babydoll** „Damenschlafanzug aus leichtem Stoff mit kurzem Höschen und weitem Oberteil“ (20. Jh.; nach der weiblichen Titelfigur des gleichnamigen amerikanischen Films Babydoll, eigentlich „Püppchen“); **Babysitter** „jemand, der ein kleines Kind während der Abwesenheit der Eltern beaufsichtigt“ (20. Jh.; aus gleichbed. *engl.* baby-sitter zu *engl.* to sit „sitzen“), dazu **babysitten** und **babysittern** (nach *engl.* to baby-sit).

Bach: Die Herkunft des *altgerm.* Wortes, das in zahlreichen Gewässer- und Siedlungsnamen steckt, ist unklar. Vielleicht sind *mhd.* bach, *ahd.* bah, *niederl.* beek, *aengl.* bece, *schwed.* (anders gebildet) bäck „kleines fließendes Gewässer“ verwandt mit *mir.* būal „fließendes Wasser“ (aus *bhog-lā).

Bache „weibliches Wildschwein“: *Frühnhd., mhd.* bache „Schinken“, die ältere Form von ↑[2]*Backe,* wurde im 16. Jh. zur Bezeichnung des [gemästeten] Hausschweins und blieb in der Jägersprache als Bezeichnung für das weibliche Wildschwein vom 3. Lebensjahr an erhalten.

Bachstelze: Der seit dem 14. Jh. bezeugte Vogelname (*mhd.* bachstelz) ist etwa als „Bachschwanz“ zu verstehen (vgl. die Artikel *Bach* und *Sterz*). Der zweite Bestandteil wird mit Blick auf die stelzende Gangart des wasserliebenden Vogels heute auf 'stelzen' bezogen (vgl. *Stelze*). Entsprechendes gilt für den im *oberd.* Bereich auftretenden Namen **Wasserstelz[er]** (*ahd.* waȥȥerstelza). Dem im *Niederd.* heimischen Namen **Wippstert** (vgl. *wippen* und *Sterz*) liegt die Vorstellung vom ständig wippenden Schwanz des Vogels zugrunde.

Backbord „linke Schiffsseite (von hinten gesehen)“: Das Wort wurde im 18. Jh. aus *niederd. (-mnd.)* ba[c]kbōrt aufgenommen. Zum Bestimmungswort (*niederd.* back „Rücken“) vgl. [2]*Backe.* Zum Grundwort vgl. [2]*Bord.* In der alten Schiffahrt hatte der Mann am Steuerruder, das sich damals an der rechten hinteren Schiffsseite befand, diese Seite im Rücken.

[1]Backe, *(südd.:)* Backen „Wange, Kinnbacke“: Das nur *dt.* Wort lautet *mhd.* backe, *mnd.* backe, *ahd.* backo. Vielleicht ist *griech.* phagónes „Kinnbacken“, phageīn „essen“ (zu *idg.* *bhag- „zuteilen, als Anteil erhalten“) urverwandt, so daß die Kinnbacke als „Esser“ benannt worden wäre. – Zus.: **Backenzahn,** älter **Backzahn** (*mhd.* baczan, ahd. back[o]zan[d]); **Backpfeife** (19. Jh., bes. *nordostd.* Dem Wort liegt wohl die Vorstellung zugrunde, daß es beim Schlag an der Backe pfeift; möglich ist auch Umdeutung aus „gebackene Feige“, vgl. *Ohrfeige*).

[2]Backe „Gesäßhälfte“ (in 'Hinter-, Arschbacke'): *mhd.* [ars]backe, bache, *ahd.* bahho „Schinken, Speckseite“ ist eine Ableitung von *ahd.* bah „Rücken“, die an das unverwandte ↑[1]Backe angelehnt wurde. Die Herkunft des *ahd.* Substantivs bah (entsprechend gleichbed. *engl.* back, *schwed.* bak) ist ungeklärt. Vgl. auch den Artikel *Bache.*

backen: Das *altgerm.* Verb *mhd.* bachen, *ahd.* bahhan, backan, *niederl.* bakken, *engl.* to bake, *schwed.* baka ist eng verwandt mit *griech.* phṓgein „rösten, braten“ und gehört zu der Wortgruppe von ↑*bähen.* Das älteste Backen (↑Brot, ↑Fladen) war ein Rösten. Übertragen galt 'backen' früher *landsch.* vom Ziegelbrennen (Backstein, s. u.) und von der Töpferei (*niederrhein.* Pottbäcker, *nassauisch* Kannenbäcker), intransitiv bedeutet es auch „kleben“ ('der Schnee backt'; dazu wohl ↑Batzen). Abl.: **Bäcker** (*mhd.* becker); **Gebäck** (15. Jh., in der Bed. „auf einmal Gebackenes“; später „feines Backwerk“). Zus.: **Backfisch** (eigentlich der junge, nur zum Backen geeignete Fisch; seit dem 16. Jh. zeitweise der unreife Student [mit Anlehnung an *nlat.* baccalaureus „Gelehrter des untersten Grades“], besonders aber das halbwüchsige Mädchen); **Backstein** „Ziegelstein“ (*mnd.* backstēin); **altbacken** „trocken“, von Gebäck (16. Jh.; das 2. Part. von 'backen' steht in der Zusammensetzung ohne ge-); **hausbacken** (auch für:) „bieder, schwunglos“ (16. Jh., von grobem, hausgebackenem Brot); **Zwieback** (s. unter *zwie...*).

Backenzahn ↑[1]Backe.

Backpfeife ↑[1]Backe.

Backenstreich ↑Streich.

Bad: Die *altgerm.* Substantivbildung *mhd.* bat, *ahd.* bad, *niederl.* bad, *engl.* bath, *schwed.* bad gehört zu der Wortgruppe von ↑*bähen* „feucht erhitzen“. In Ortsnamen wie Baden, Wiesbaden steht der alte Dativ des Plurals „zu den Bädern" als Lehnübersetzung für *lat.* Aquae. Abl.: **baden** (ebenfalls *altgerm.: mhd.* baden, *ahd.* badōn, *niederl.* baden, *engl.* to bathe, *schwed.* bada), dazu: etwas **ausbaden** (übertragen für:) „die Folgen tragen" (eigentlich „das von andern angerichtete Bad bis zu Ende aushalten"); **Bader** veraltet für: „Barbier, Heilgehilfe" (*mhd.* badære bezeichnet den Inhaber einer Badestube, der auch zur Ader ließ, Schröpfköpfe setzte und die Haare schnitt).

Bafel, (auch:) **Bofel, Pafel, Pofel:** Der *ugs.* Ausdruck für „Ausschußware; Geschwätz" wurde im 18. Jh. aus *talmudisch* babel, bafel „minderwertige Ware" übernommen.

baff (*ugs.* für:) „verblüfft": Das seit dem 17. Jh. bezeugte Wort, das heute nur noch in der Wendung 'baff sein' „verblüfft sein" gebräuchlich ist, ahmt wie die Interjektion paff! (vgl. *paffen*) den Schall eines Schusses nach. Die Wendung bezieht sich auf die Verblüffung, die durch den unvermuteten Schall eines Schusses ausgelöst wird.

Bagage: Das seit dem 16. Jh. bezeugte Fremdwort stammt aus der Soldatensprache und bedeutete ursprünglich „Gepäck, Troß". Heute ist es veraltet und lebt eigentlich nur noch als Scheltwort für „Gesindel", eine Bedeutungsentwicklung, die der von ↑Pack entspricht. Das vorausliegende *frz.* bagage ist von *afrz.* bague „Gepäck" abgeleitet, dessen weitere Herkunft unsicher ist.

Bagatelle „unbedeutende Kleinigkeit": Das Fremdwort wurde im 17./18. Jh. aus *frz.* bagatelle entlehnt, das seinerseits aus gleichbed. *it.* bagatella übernommen ist. Dies ist eine Verkleinerungsbildung zu *lat.* baca „Beere", das wohl aus einer *voridg.* Mittelmeersprache stammt. Abl.: **bagatellisieren** „verniedlichen" (19./20. Jh.).

baggern „Erdreich mit einem Bagger abtragen": Das Wort ist seit dem 18. Jh. bezeugt, und zwar zunächst im *Niederd.* Es wurde aus *niederl.* baggeren „[ein Wasserbett] ausschlammen" entlehnt, das seinerseits zu niederl. bagger „Bodenschlamm" gehört. Weiteres ist unsicher. – Abl.: **Bagger** (18. Jh.).

bähen „feucht erhitzen", *(südd., österr.:)* „[Brot] leicht rösten": *Mhd.* bæhen, *ahd.* bāen „wärmen, mit erweichenden Umschlägen heilen" gehört zur *idg.* Wurzel *bhē-, *bhō- „wärmen, rösten", die mit t-Suffix auch in ↑Bad und mit g erweitert in ↑backen (s. auch *Batzen*) fortwirkt.

Bahn: Das auf das *dt.* und *niederl.* Sprachgebiet beschränkte Wort (*mhd.* ban[e], *mnd.* bāne, *niederl.* baan) gehört wahrscheinlich zu der *germ.* Wortgruppe von *got.* banja „Schlag; Wunde" und bedeutete demnach ursprünglich etwa „Waldschlag, Durchhau im Walde". Beachte dazu das zu 'schneiden' gehörige 'Schneise' und die Wendung '[sich] Bahn brechen'. Weiter bezeichnet 'Bahn' als „glatter, vorgezeichneter Weg" eine Lauf- oder Rennstrecke, den Weg der Gestirne oder eines Geschosses und dgl.; als „gerade Strecke" bezeichnet es breite Tuch- oder Papierstreifen (nach gleichbedeutendem *niederl.* baan). 'Bahn' heißt auch kurz die Eisen- und die Straßenbahn. Abl.: **bahnen** (besonders 'einen Weg bahnen'; *mhd.* banen), dazu **anbahnen** (19. Jh.); Zus.: **Bahnhof** (Mitte des 19. Jh.s für älteres Eisenbahnhof); **Bahnsteig** (2. Hälfte des 19. Jh.s für das Fremdwort Perron); **Eisenbahn** (s. d.).

Bahre: Das *westgerm.* Wort *mhd.* bāre, *ahd.* bāra, *niederl.* baar, *engl.* bier gehört zu dem im *Nhd.* untergegangenen *gemeingerm.* Verb *ahd.* beran „tragen" usw. (vgl. *gebären*). Es bedeutet also eigentlich „Trage". Abl.: **aufbahren** „auf eine Totenbahre legen" (*mhd.* ūfbāren). Zus.: **Tragbahre** (*mhd.* tragebāre; verdeutlichend für 'Bahre' wegen dessen spezieller Bed. „Totenbahre").

Bai „Meeresbucht": Das Wort wurde im 15. Jh. durch *niederl.* Vermittlung aus *frz.* baie < *span.* bahía < *spätlat.* baia entlehnt. Es ist vermutlich *iber.* Ursprungs.

Bajadere ↑[2]Ball.

Bajonett: Die Bezeichnung für „auf das Gewehr aufsetzbare Hieb-, Stoß- und Stichwaffe mit Stahlklinge für den Nahkampf" wurde Anfang des 18. Jh.s aus *frz.* baïonnette entlehnt. Das *frz.* Wort gehört zu Bayonne, dem Namen einer südfranzösischen Stadt, wo diese Waffe zuerst hergestellt wurde.

Bake „festes Seezeichen": Ein *fries.* Wort (*afries.* bāken), das als Lehnwort im ganzen Nord- u. Ostseebereich auftritt: *niederl.* baak, *norw.* båke, *finn.* paakku. Die *mnd.* Form bāke[n] wurde im 17. Jh. ins *Hd.* übernommen. Gemeinsam ist allen Sprachen die Bed. „Seezeichen, Leuchtfeuer". Verwandt sind *asächs.* bōkan (entsprechend *afränk.* *bōkan in ↑Boje), *ahd.* bouhhan, *mhd.* bouchen „Zeichen" (in *bad.* mdal. Bauche „[Bodensee]boje") u. *engl.* beacon „Zeichen, Leuchtturm". Die weitere Herkunft des *germ.* Wortes ist ungeklärt.

Bakken ↑[1]Bank.

Bakterie „einzelliges Kleinstlebewesen, Spaltpilz (oft als Krankheitserreger)": Das medizinische Fachwort wurde im 19. Jh. über *lat.* bacterium aus *griech.* baktḗrion, baktēría „Stab, Stock" entlehnt. Die Bakterie ist also nach ihrer Stabform benannt. – Das *griech.* Wort gehört zu einer *idg.* Wurzel *bak- „Stab, Stock", zu der auch *lat.* baculum (vgl. *Bazillus*) gehört. – Abl.: **bakteriell** „durch Bakterien hervorgerufen" (20. Jh.).

Balance „Gleichgewicht": Das Fremdwort wurde in der Artistensprache des 17. Jh. aus *frz.* balance entlehnt, das wie ↑*Bilanz* auf *vlat.* *bilancia zurückgeht. Abl.: **balancieren** „[sich] im Gleichgewicht halten" (18. Jh.; aus gleichbed. *frz.* balancer).

balbieren, Balbier[er] ↑Barbier.

bald: Das *westgerm.* Adverb *mhd.* balde, *ahd.* baldo, *mniederl.* boude, *aengl.* bealde gehört zu einer *germ.* Adjektivbildung mit der Bedeutung „kühn" (vgl. *mhd.* balt, *ahd.* bald „kühn", *niederl.* boud „dreist, verwegen, keck", *engl.* bold „kühn", *schwed.* båld „stolz, kühn"), die im Sinne von „aufgeschwellt, hochfahrend" zu der unter ↑ [1]*Ball* genannten *idg.* Wurzel zu stellen ist. Zu der *germ.* Adjektivbildung gehören auch Personennamen wie Balduin, Leopold, Theobald, die ihrerseits zum Muster namenartiger Schelten wie 'Raufbold, Trunkenbold, Witzbold' wurden, wobei -bold zu einem leeren Suffix erstarrte. Der Bedeutungsübergang von „kühn" zu „schnell, eilig" fällt in die *mhd.* Zeit (vgl. die gleiche Entwicklung bei ↑*schnell*). Im *Nhd.* wandelt sich der Sinn zu „in kurzer Zeit, bald darauf". – Abl.: **Bälde** (nur in: 'in Bälde', 17. Jh.; *mhd.* belde, *ahd.* beldī „Kühnheit" ging mit dem Adjektiv unter); **baldig** (*spätmhd.* baldec).

Baldachin: Die Bezeichnung für „prunkvolle Überdachung aus Stoff, Thron-, Traghimmel" wurde Anfang des 17. Jh.s aus gleichbed. *it.* baldacchino entlehnt. Das *it.* Wort gehört zu Baldacco, einer älteren Form des *it.* Namens für Bagdad, das früher wegen seiner kostbaren [Seiden]stoffe berühmt war. „Baldachin" bedeutet also „Stoff aus Bagdad".

Balg: das *gemeingerm.* Wort bezeichnete die als Ganzes abgezogene Haut kleinerer Säugetiere (*nhd.* auch von Vögeln), die als Lederbeutel, Luftsack u. a. diente. *Mhd.* balc, *ahd.* balg, *got.* balgs, *aengl.* bielg „Ledersack" (*engl.* belly „Bauch", bellows „Blasebalg"), *schwed.* bälg „Balg" entsprechen *außergerm.* Wörtern wie *gall.* bulga „Ledersack" (↑ Budget) und *pers.* bāliš „Kissen" (vgl. [1]*Ball*). Eng verwandt ist im *germ.* Sprachbereich das unter ↑*Polster* behandelte Wort. – Abwertend wird 'Balg' auch für „[unartiges, schlecht erzogenes] Kind" gebraucht (schon *mhd.* balc steht verächtlich für „Leib", s. auch 'Wechselbalg' unter *Wechsel;* die Menschenhaut wird als etwas Verächtliches abgetan). – Abl. **Balgen** „harmonikaartiger Auszug am Fotoapparat" (Neubildung nach dem gelegentlich schwachen *Plural* [Orgel]balgen statt -bälge); **balgen,** sich „raufen" (17. Jh.; mit unklarer Bedeutungsentwicklung) dazu **Balgerei** und **katzbalgen** (16. Jh.). Zus.: **Blasebalg** (*mhd.* blāsebalc, *ahd.* blāsbalg).

Balken: Das *westgerm.* Wort *mhd.* balke, *ahd.* balko, *niederl.* balk, *engl.* balk steht im Ablaut zu der *nord.* Sippe von *schwed.* bjälke „Balken". Aus dem *Germ. (Langobard.)* entlehnt ist *it.* balcone „gestützter Gebäudevorbau" (↑ Balkon). *Außergerm.* ist z. B. verwandt *griech.* phálagx „Balken; Stamm; Schlachtreihe" (↑ Phalanx). Diese Wörter gehören wohl mit dem unter ↑*Bohle* behandelten Wort zu der *idg.* Wortgruppe von ↑ [1]*Ball.* – Abl.: **Gebälk** (*spätmhd.* gebelke „Stockwerk im Fachwerkbau").

Balkon „nicht überdachter Vorbau an einem Haus": Das Substantiv wurde im 18. Jh. aus *frz.* balcon entlehnt, das seinerseits aus *it.* balcone stammt. Das *it.* Wort selbst ist *germ.* Ursprungs und gehört wohl im Sinne von „Balkengerüst" zu dem unter ↑*Balken* behandelten *germ.* Wort (*ahd.* balko = *langobard.* *balko).

[1]**Ball** „kugelförmiger, meist mit Luft aufgeblasener Gegenstand": Das Substantiv *mhd., ahd.* bal „Ball, Kugel", *niederl.* bal „Ball" (*engl.* ball „Ball, Kugel" ist Lehnwort aus *frz.* balle „Kugel", das selbst wieder aus dem *Afränk.* stammt) gehört mit dem anders gebildeten *schwed.* boll „Ball" und dem weitergebildeten *engl.* ballock „Hoden" (eigentlich „Bällchen") zu der *idg.* Wurzel *bhel- „schwellen, strotzen, [auf]blasen, quellen, sprudeln"; es bedeutet also eigentlich „Geschwollenes, Aufgeblasenes". – Zu der vielfach weitergebildeten und erweiterten Wurzel *bhel- gehören ferner die Wörter ↑ bald (dessen zugehöriges Adjektiv die Grundbedeutung „aufgeschwellt, hochfahrend" hatte), ↑ Balg (eigentlich abgezogene Haut, die durch Füllung prall wird), wohl auch ↑ Balken „dickes, langes Vierkantholz", das Fremdwort ↑ Ballon (das zu der ins *Roman.* gelangten Sippe von ↑ [1]*Ball* gehört), sicher auch ↑ Bohle „dickes Brett", ↑ [1]Bulle (der nach seinem Zeugungsglied benannt ist) und schließlich im *außergerm.* Bereich z. B. *griech.* phallós „männliches Glied", aus dem unser gleichbedeutendes Fremdwort **Phallus** entlehnt ist. Auf einem Bedeutungsübergang zu „knospen, sprießen" beruht die Wortgruppe um ↑ blühen mit ↑ Blume, ↑ [1]Blüte (eigentlich „Zustand des Blühens") und ↑ Blatt (eigentlich [Aus]geblühtes) sowie *lat.* flos „Blume" (↑ [1]Flor „Blumenfülle"), *lat.* folium „Blatt" (↑ Folie) und *griech.* phýllon „Blatt" (↑ Chlorophyll). Zur Bedeutung „blasen" stellt sich die Wortgruppe um ↑ blähen mit ↑ blasen und ↑ Blatter „Pocke, Bläschen", zur Bedeutung „quellen, sprudeln" ↑ Blut (eigentlich „Fließendes"). Eine Nebenform zu 'Ball' ist ↑ Ballen. – Abl.: **ballen** „zum Ball machen" (*mhd.* ballen).

[2]**Ball** „Tanzfest": Das Wort wurde im 17. Jh. aus *frz.* bal entlehnt. Das *frz.* Substantiv gehört zu einem ausgestorbenen Zeitwort *afrz.* baller „tanzen", das über gleichbed. *spätlat.* ballare auf *griech.* bállein „werfen, schleudern" (vgl. *ballistisch*) zurückgeht. Auf *spätlat.* ballare beruht auch *port.* bailar „tanzen"; dazu gehört *port.* bailadeira „Tänzerin", auf das über *frz.* bayadère unser Fremdwort **Bajadere** „indische Tempeltänzerin" zurückgeht, ferner *it.* ballare „tanzen", zu dem ballerina „Tänzerin" – daraus entlehnt **Ballerina** „Ballettänzerin" – und die unter ↑*Ballade* und ↑*Ballett* behandelten Wörter gehören. Siehe auch den Artikel *Ballade.*

Ballade „episch-dramatisches Gedicht": Das Wort wurde im 16. Jh. – zunächst in der Bed. „Tanzlied" – aus *frz.* ballade entlehnt, das seinerseits aus *it.* ballata stammt (zu *it.* ballare „tanzen"). Die seit dem 18. Jh. bezeugte heutige Bedeutung bildete sich unter dem Einfluß von *engl.* ballad (< *frz.* ballade) heraus, das eine volkstümliche Erzählung in Liedform bezeichnet. Über weitere Zusammenhänge vgl. den Artikel [2]*Ball.*

Ballast „tote Last; Überflüssiges": Das im 17. Jh. aus dem *Niederd.* ins *Hochd.* aufgenommene Wort war ursprünglich ein Seefahrtsausdruck und bezeichnete die Sandlast, die zur Erhaltung des Gleichgewichts in den untersten Raum des Schiffes geladen wurde. *Mnd.* ballast (zweite Hälfte des 14. Jh.s), *niederl.* ballast, *engl.* ballast, *schwed.* ballast gehen auf eine Zusammensetzung mit dem unter ↑*Last* behandelten Substantiv zurück, deren erstes Glied nicht sicher gedeutet ist. Die heutige Form des Wortes entstand vielleicht durch Lautangleichung aus der *schwed.* und älter *dän.* Form barlast (um 1400), deren erstes Glied mit dem Adjektiv ↑*bar* identisch sein könnte. Die ursprüngliche Bedeutung von 'Ballast' wäre dann „bloße, reine Last (ohne Handelswert)" gewesen.

ballen ↑[1]Ball.

Ballen: Das Wort *mhd.* balle, *ahd.* ballo ist die schwach gebeugte Nebenform von ↑[1]*Ball,* von dem es sich in der Bedeutung gelöst hat. Es wird heute gewöhnlich im Sinne von „Muskelpolster, Rundung und Schwielenpartie an Händen und Füßen" und im Sinne von „zusammengeschnürtes größeres Frachtstück, Packen" verwendet.

Ballerina ↑[2]Ball.

ballern ↑poltern.

Ballett „Bühnentanz; Tanzgruppe": Das Wort wurde im 17. Jh. aus *it.* balletto entlehnt, das eine Verkleinerungsbildung zu *it.* ballo „rhythmische Körperbewegung, Tanz" ist. Das zugrundeliegende Verb *it.* ballare entspricht *afrz.* baller in ↑[2]*Ball.* – Abl.: **Balletteuse** „Ballettänzerin" (französierende Bildung des 20. Jh.s).

ballhornisieren ↑verballhornen.

ballistisch „die Flugbahn eines Körpers betreffend": Das Adjektiv ist eine gelehrte Neubildung zu *lat.* ballista (< *griech.* *ballístēs) „Wurf-, Schleudermaschine". Dazu stellt sich das Substantiv **Ballistik** „Lehre von der Bewegung geschleuderter oder geschossener Körper". – Zugrunde liegt das *griech.* Verb bállein „werfen, schleudern usw.", dessen etymologische Zugehörigkeit nicht sicher zu ermitteln ist. – Die Wortfamilie von *griech.* bállein ist – außer den unter ↑[2]*Ball* behandelten Wörtern – in unserem Fremd- und Lehnwortschatz mit zahlreichen Ableitungen und Zusammensetzungen vertreten. Dazu gehören *griech.* dia-bállein „durcheinanderwerfen" in ↑diabolisch und im Lehnwort ↑Teufel (teuflisch usw.); *griech.* em-bállein „hineinwerfen" in ↑Embolie und ↑Emblem; *griech.* para-bállein „neben etwas hinwerfen; vergleichen; sich nähern" in ↑Parabel, ↑parlieren, ↑Parlament, Parlamentär, Parlamentarier, parlamentarisch, ↑Parole, ↑Polier, ↑Palaver, palavern; *griech.* sym-bállein „zusammenwerfen, vergleichen; übereinkommen, vereinbaren" (↑Symbol, symbolisch, Symbolik); *griech.* pro-bállein „vorwerfen, hinwerfen; aufwerfen" (↑Problem, problematisch); schließlich noch die hybride Bildung *lat.* arcu-ballista „Bogenschleuder" im Lehnwort ↑Armbrust.

Ballon „mit Gas oder Luft gefüllter Ball; Glaskolben": Das Wort wurde im 18. Jh. aus gleichbed. *frz.* ballon entlehnt, das seinerseits auf *it.* pallone „großer Ball" beruht, einer Vergrößerungsbildung zu *it.* palla „Kugel, Ball". Das Wort ist *germ.* Ursprungs (< *langobard.* *palla) und gehört zu dem unter ↑[1]*Ball* behandelten *germ.* Wort.

Balsam „Linderung[smittel], Labsal": *Mhd.* balsam[e], balsem, *ahd.* balsamo sind aus *lat.* balsamum „Balsamstrauch (bzw. der aus ihm gewonnene heilende, harzige Saft)" entlehnt. Das *lat.* Wort geht auf *griech.* bálsamon, *hebr.* bośęm „Balsamstaude; Wohlgeruch" zurück. Unmittelbar verwandt ist ↑Bisam. Abl.: **[ein]balsamieren** (z. B. Leichen).

Balustrade „Brüstung": Das Fremdwort wurde im 18. Jh. aus *frz.* balustrade entlehnt, das seinerseits aus *it.* balaustrata stammt. Zugrunde liegt *it.* balaustro „Baluster, kleine Säule als Stütze eines Geländers", das zunächst wie die vorausliegenden Substantive *lat.* balaustium, *gr.* balaústion „Blüte des wilden Granatapfelbaumes" bedeutete. Die Übertragung bezieht sich auf die an Balustraden beliebten Ornamente in Form von Granatapfelblüten.

Balz „Liebesspiele bestimmter Vögel während der Paarungszeit": Das im *germ.* Sprachbereich nur im *Dt.* gebräuchliche Wort (*mhd.* balz, valz) ist dunklen Ursprungs. Abl.: **balzen** „um das Weibchen werben, sich paaren" (16. Jh., in der Form falzen).

Bambus „tropisches Rohrgras": Das Wort wurde im 17. Jh. über *niederl.* bamboes aus *malai.* bambu entlehnt.

Bammel: Die Herkunft des *ugs.* Ausdrucks für „Angst" ist nicht sicher geklärt. Vielleicht gehört er im Sinne von „[inneres] Schwanken" zu dem unter ↑*bammeln* behandelten Verb.

bammeln (ugs. für:) „baumeln": Das Verb (*mnd.* bammeln, *mitteld. mdal.* bambeln, pampeln) bezeichnet eigentlich die Bewegung des Glockenschwengels und gehört damit zu der lautmalenden Reihe bim, bam, bum!, die auch die Verben ↑bimmeln und ↑bummeln ergeben hat (vgl. den Artikel *Bombe*).

banal „alltäglich, unbedeutend": Das Wort wurde im 19. Jh. aus *frz.* banal entlehnt. Dies ist eine Ableitung aus *afrz.* ban „Bann" und bedeutete zunächst soviel wie „gemeinnützig", und zwar hinsichtlich der Sachen, die in einem Gerichtsbezirk allen gehörten. Aus der Bedeutung „allgemein" entwickelte sich über die Bedeutung „ohne besonderen Eigenwert" der heutige Sinn. *Afrz.* ban ist Lehnwort aus *afränk.* *ban, der Entsprechung von *ahd.* ban in ↑*Bann.* Abl.: **Banalität** „Gemeinplatz" (nach *frz.* banalité).

Banane: Der Name dieser tropischen Südfrucht entstammt einer Eingeborenensprache des ehemaligen Portugiesisch-Guineas in Westafrika und wurde durch die Portugiesen (*port.* banana) den anderen Europäern vermittelt.

Banause „Mensch ohne Verständnis für etwas Höheres, Geistiges, Künstlerisches": Das Wort wurde im 19. Jh. aus *griech.* bánausos „Handwerker; gemein, niedrig" entlehnt, dessen Deutung unklar ist. Abl.: **banausisch.**

[1]Band (im Sinne von „[Gewebe]streifen" und „Fessel" Neutrum, im Sinne von „Buch" Maskulinum): *Mhd., ahd.* bant „Band, Fessel", *niederl.* band „Streifen, [Ein]band, Reifen", *schwed.* band „Streifen, Schlinge, [Ein]band" wie auch die anders gebildeten *got.* bandi „Band, Fessel" und *aengl.* bend „Band, Binde, Fessel" gehören zu dem unter ↑*binden* behandelten Verb. *Außergerm.* sind z. B. verwandt *aind.* bandhá-ḥ „Binden, Band" und *awest.* banda- „Fessel". In der Wendung 'außer Rand und Band' ist das Faßband gemeint (↑Rand). Für die Bed. „Fessel" und „Bindung, enge Beziehung" gilt der *Plural* Bande, sonst ist die Pluralform Bänder gebräuchlich. Seit dem 17. Jh. ist 'Band' auch für „Einband", dann für „Eingebundenes, Buch" bezeugt. In dieser Bedeutung hat es die Pluralform Bände. Zu 'Band' stellen sich die Ableitungen ↑Bendel und ↑bändigen.

²Band: Die Bezeichnung für „Gruppe von Musikern, die vorzugsweise moderne Musik, Jazz spielen" wurde im 19./20. Jh. aus gleichbed. *engl.-amerik.* band entlehnt, das eigentlich „Verbindung, Vereinigung (von Personen)" bedeutet und selbst auf *frz.* bande zurückgeht (vgl. ¹*Bande*). – Zus.: **Jazzband.**

Bandage „Wund-, Stützverband": Das Fremdwort wurde im 18. Jh. aus *frz.* bandage entlehnt, einer Ableitung von *frz.* bande „Band" (vgl. ¹*Bande*). Abl.: **bandagieren** „eine Bandage anlegen" (19. Jh.).

¹Bande „Rand, Einfassung": Das Wort wurde im 18. Jh. aus gleichbed. *frz.* bande (*afrz.* bende) entlehnt, das eigentlich „Band, Binde" bedeutet und seinerseits aus einem *westgerm.* *binda (zur Sippe von *nhd.* ↑*binden*) stammt. Dazu gehören die Fremdwörter ↑²Band und ↑Bandage.

²Bande „Gruppe von Kriminellen": Das Wort wurde im 17. Jh. aus *frz.* bande „Truppe, Schar" (< *aprov.* banda) entlehnt, das vielleicht auf *got.* bandwa „Feldzeichen" zurückgeht. Es würde dann also eigentlich diejenigen bezeichnen, die sich unter einem gemeinsamen Zeichen (Fahne) zusammenrotten. Näher verwandt sind ↑Banner und ↑Banderole.

Bändel ↑Bendel.

Banderole: Die Bezeichnung für „Klebe- oder Verschlußband mit einem Steuerzeichen" wurde im 19. Jh. in der Bedeutung „Fähnchen" aus *frz.* banderole entlehnt. Das französische Wort geht auf *it.* banderuola, eine Verkleinerungsform von bandiera zurück, das zu dem unter ↑*Banner* genannten *roman.* *bandiere gehört. Die heutige Bedeutung entwickelte sich durch falschen Anschluß an die Sippe des unverwandten Verbs ↑*binden.*

bändigen „zähmen, abrichten": Das seit dem 17. Jh. bezeugte Verb ist abgeleitet von dem Adjektiv *frühnhd.* bändig „[am Bande] festgebunden, leitbar", von Hunden (*mhd.* bendec; vgl. ¹*Band*). Dieses Adjektiv ist im heutigen Sprachgebrauch bewahrt in **unbändig** (*mhd.* unbendec „durch kein Band gehalten", von Hunden).

Bandit: Der Ausdruck für „[Straßen]räuber, Gauner" wurde im 17. Jh. aus *it.* bandito (eigentlich „Geächteter") entlehnt, das zu *it.* bandire „verbannen" gehört, einer Kreuzung wohl von gleichbed. *afränk.* *bannjan (zur Sippe von ↑*Bann*) und einem *roman.* Abkömmling des in ↑²*Bande* vorliegenden *germ.* *bandwōn, *got.* bandwa „[Feld]zeichen".

Bandoneon, Bandonion: Die Bezeichnung des ziehharmonikaartigen Musikinstruments wurde im 19. Jh. zu dem Namen des Instrumentenbauers Heinrich Band (zur Endung vgl. *Akkordeon*) gebildet.

bang[e] „ängstlich": Das Wort ist aus be-ange entstanden. *Mhd.* ange, *ahd.* ango ist altes Adverb zu dem unter ↑*eng* behandelten Adjektiv. 'Bang[e]' bedeutet also soviel wie „beengt". Das Wort war ursprünglich nur im *Niederd.* und im *Mitteld.* beheimatet. Seit Luthers Bibelübersetzung geht es in die Schriftsprache ein, und zwar zunächst nur als Adverb, seit dem 17. Jh. auch als Adjektiv. – Abl.: **Bange** „Angst" (nur in: 'keine Bange haben'; *mhd.* bange); **bangen** „ängstlich sein" (18. Jh.; zuvor schon *mhd.* bangen „ängstlich werden; in die Enge treiben").

¹Bank: Das *altgerm.* Wort für „[Sitz]bank" (*mhd., ahd.* banc, *niederl.* bank, *engl.* bench, *schwed.* bänk) ist eng verwandt mit der *nord.* Sippe von *aisl.* bakki „Erhöhung, Hügel, Flußufer" und bedeutet demnach ursprünglich wahrscheinlich „Erhöhung". Aus *norweg.* bakken „Hügel; Sprunghügel" ist unser **Bakken** „Sprungschanze" entlehnt. – Auf die soziale Gleichstellung aller, die auf einer Bank sitzen, bezieht sich die Redensart 'durch die Bank', während 'auf die lange Bank schieben' sich auf die Aktentruhen der alten Gerichte bezieht. Eine Ableitung von 'Bank' im Sinne von „Schlafbank" ist ↑Bankert. Siehe auch die Artikel ²*Bank* und *Bänkelsänger.*

²Bank „Geldinstitut": Italienische Geldwechsler und Kaufleute standen an der Wiege des modernen europäischen Bankwesens. Die seit dem 15. Jh. von Italien eindringenden Fachwörter legen davon Zeugnis ab. Aus der großen Zahl dieser Fremdwörter seien genannt: ↑Kasse, ↑Prokura, ↑Konto, ↑Saldo, ↑Bilanz, ↑Diskont, ↑Skonto; ↑brutto, ↑netto. Auch unser Wort ²Bank „Geldinstitut" gehört zu dieser Reihe. Es ist seinem Ursprung nach identisch mit ↑¹*Bank* „Sitzbank", dessen *germ.* Vorformen früh ins *Roman.* entlehnt wurden (*it.* banca, banco). Aus dem *Italienischen* wurde das Wort mit der dort entwickelten Bedeutung „langer Tisch des Geldwechslers" im 15. Jh. rückentlehnt, einer Bedeutung, die noch in *mhd.* wehselbanc vorliegt. Die Schreibung schwankte anfangs zwischen Formen wie banc, Bancho, Bancko. Erst im 17./18. Jh. bildete sich die endgültige Form heraus, nicht zuletzt unter dem Einfluß von *frz.* banque (woraus *engl.* bank), das auch für den Genuswechsel des Wortes bestimmend war. – *Frz.* Einfluß zeigt auch die im 18. Jh. aufkommende Bedeutung „Spielbank". – Zu 'Bank' gehören die Bildungen ↑Bankier, Banker und ↑Bankrott. Zus.: **Banknote** „von einer Notenbank ausgegebener Geldschein" (18. Jh.; zuerst im *Engl.* als banknote bezeugt). Über weitere Zusammenhänge vgl. den Artikel ¹*Bank.*

Bänkelsänger: Das seit dem 18. Jh. gebräuchliche Wort enthält als 1. Bestandteil eine *mdal.* Verkleinerungsbildung zu ¹*Bank* (neben 'Bänkelsänger' war auch 'Bänkleinsänger' gebräuchlich). Es ist vielleicht eine Lehnbildung nach *it.* cantambanco (canta in banco „singe auf der Bank") und bezieht sich darauf, daß umherziehende Sänger die ersten fliegenden Blätter, die Vorläufer unserer Zeitung, auf einer kleinen Bank stehend dem Publikum erläuterten.

Banker ↑Bankier.

Bankert (veraltet, noch verächtlich für:) „uneheliches Kind": *Frühnhd.* bankart, *mhd.* banchart meint eigentlich das auf der Schlafbank der Magd (vgl. [1]*Bank*), nicht im Ehebett des Hausherrn gezeugte Kind. Der im *Nhd.* abgeschliffene zweite Wortteil ist das in vielen Personennamen auftretende Grundwort -hard (vgl. *hart*), das auch sonst als bloße Endung verwandt wird und hier wohl in Anlehnung an das Lehnwort ↑Bastard fest wurde.

[1]**Bankett** „Festmahl": Das Fremdwort wurde im 15./16. Jh. aus *it.* banchetto entlehnt, das die kleinen Beisetztische bezeichnete, die bei einem festlichen Diner um die Tafel herum aufgestellt wurden und dem Festmahl selbst den Namen gaben. *It.* banchetto ist eine Verkleinerungsbildung zu dem unter ↑[2]*Bank* genannten *it.* banco und bedeutet eigentlich „kleine Bank". Über weitere Zusammenhänge vgl. [1]*Bank.*

[2]**Bankett:** Die Bezeichnung für „erhöhter [befestigter] Randstreifen einer Straße" wurde im 19. Jh. aus *frz.* banquette „Fußsteig" entlehnt, einer zuerst im *Norm.* bezeugten Ableitung von *frz.* banc „Bank". Die ursprüngliche Bedeutung von banquette ist demnach „bankartiger Erdaufwurf (als Einfassung)". *Frz.* banc geht auf *afränk.* *bank zurück, das mit *ahd.* bank in ↑[1]*Bank* „Sitzbank" identisch ist.

Bankier „Bankinhaber; Bankkaufmann": Das Wort wurde im 15. Jh. aus *it.* banchiere, einer Bildung zu *it.* banca (↑[2]Bank), entlehnt. Es geriet dann – wie die Form 'Banquier' zeigt – unter den Einfluß von gleichbed. *frz.* banquier (zu *frz.* banque) oder wurde aus diesem neu entlehnt. In der 2. Hälfte des 20. Jh.s wurde dann noch aus *engl.* banker (zu *engl.* bank) **Banker** „[hervorragender] Bankfachmann" entlehnt. Über weitere Zusammenhänge vgl. [2]*Bank.*

Banknote ↑[2]Bank.

Bankrott: Die Bezeichnung für „finanzieller Zusammenbruch, Zahlungsunfähigkeit" wurde im 16. Jh. aus *it.* banca rotta (banco rotto) entlehnt, das eigentlich „zerbrochener Tisch (des Geldwechslers)" bedeutet, wohl aber eher bildlich als konkret zu verstehen ist (daß dem zahlungsunfähigen Geldwechsler der Wechseltisch öffentlich zerschlagen wurde, ist nirgends bezeugt). – Über *it.* banca vgl. [2]*Bank;* das Adjektiv *it.* rotta (rotto) geht auf *lat.* rupta (ruptus) zurück (vgl. *Rotte*). – Abl.: **bankrott** „zahlungsunfähig" (17. Jh.); **Bankrotteur** „Zahlungsunfähiger" (19. Jh.; mit französierender Endung für älteres Bankrottierer).

Bann „Ausschluß aus der [kirchlichen] Gemeinschaft, (früher auch:) „Gerichtsbarkeit, Rechtsbezirk": Das *altgerm.* Wort (*mhd., ahd.* ban „Gebot, Aufgebot", *niederl.* ban, *engl.* ban, *schwed.* bann) gehört zu dem starken Verb *ahd.* bannan, *mhd.* bannen „unter Strafandrohung ge- oder verbieten" (s. u.). Dies ist mit *aind.* bhánati „spricht", mit *griech.* phánai und *lat.* fari „[feierlich] sagen, sprechen" verwandt. Zugrunde liegt die *idg.* Wurzel *bhā- „sprechen". Das im Ablaut zu *griech.* phánai (in ↑Prophet und ↑Blasphemie, blamieren) stehende Substantiv *griech.* phōnḗ „Stimme" ist Ausgangspunkt für die Fremdwörter um ↑*Phonetik. Lat.* fari erscheint in den Wortgruppen um ↑*fatal* (besonders famos, Fabel, Fee, infantil, Konfession, Professor). Auf dem *germ.* Wort wiederum beruhen die über das *Frz.* zu uns gekommenen Fremdwörter ↑banal und ↑Banner und das aus dem *It.* entliehene Fremdwort ↑Bandit. – Im *dt.* Mittelalter war 'Bann' ein wichtiges Rechtswort. Aus den Bedeutungen „Gebot" und „Verbot" entwickelte sich die des „Aufgebots" zu Gericht und Krieg (z. B. Heerbann), der „Gerichtsbarkeit" (z. B. Blutbann) und der „grundherrlichen Gewalt" in einem bestimmten Bezirk (z. B. Wildbann „königliches Jagdrecht"); auch der Bezirk selbst konnte 'Bann' heißen. Von alledem ist in der Neuzeit fast allein der Begriff des Kirchenbanns übriggeblieben, der mit dem Wort seit *ahd.* Zeit verbunden ist. Er beruht auf der obrigkeitlichen Strafgewalt. Die Formel 'in Acht und Bann' (↑[1]Acht) bedeutet den vollständigen Ausschluß aus der weltlichen und kirchlichen Gemeinschaft. Die katholische Kirche hat das Wort 'Bann' jedoch durch 'Exkommunikation' (s. d.) ersetzt. Von den Zusammensetzungen sind heute noch wichtig: **Bannmeile** „Schutzbezirk um ein öffentliches Gebäude" (*mhd.* banmīle war der auf 1 Meile im Umkreis ausgedehnte Bezirk, in dem das Markt- und Zunftrecht einer Stadt galt; ↑Weichbild); **Bannwald** „Schutzwald gegen Lawinen" (in dem kein Holz geschlagen werden darf; *mhd.* banwalt war „Herrschaftswald"); **Bannware** (im 19. Jh. für Konterbande).

bannen: Das unter ↑Bann genannte früher starke Verb erscheint seit dem 15. Jh. in schwacher Beugung, weil es als Ableitung von 'Bann' empfunden wurde. Es bedeutete zunächst in rechtlichem Sinne „in den [Kirchen]bann tun", dann „durch Zauberkraft vertreiben oder festhalten"; dabei wirkt die alte Bedeutung von 'Bann' „feierliches Gebot" nach. Dazu das Präfixverb **verbannen** (*mhd.* verbannen „ge- oder verbieten; durch Bann verstoßen, verfluchen", *ahd.* farbannan „den Augen entziehen"; *nhd.* nur in der Bed. „verstoßen, des Landes verweisen").

Banner „Heerfahne": *Mhd.* banier[e] ist aus *(a)frz.* bannière entlehnt, das unter Einfluß von *afrz.* banier „öffentlich ankündigen" (zur Sippe von ↑*Bann*) über eine *roman.* Vorform *bandiere „Ort, wo die Fahne aufgestellt wird" auf *germ.* *bandwōn „[Feld]zeichen" (↑[2]*Bande*) zurückgeht. Als Nebenform von *mhd.* banier[e] kam im 15. Jh. panier auf, auf dem **Panier** „Banner, Heerzeichen; Wahlspruch" beruht.

Bannmeile, Bannwald, Bannware ↑Bann.

Baptist „Anhänger einer christlichen Sekte, die nur die Erwachsenentaufe zuläßt": Das Wort ist aus gleichbed. *engl.* baptist entlehnt, das über *kirchenlat.* baptista auf *griech.* baptistḗs „Täufer" zurückgeht. Das *griech.* Wort gehört zu *griech.* baptízein „taufen", einer Bildung zu báptein „[ein]tauchen" (in der alten Christengemeinde wurde der Täufling noch mit seinem ganzen Körper ins Wasser getaucht).

bar „unbedeckt, bloß, nackt; offenkundig, deutlich; entblößt, frei von; sofort verfügbar (von Geld)": Das *altgerm.* Adjektiv für „unbedeckt, nackt" *mhd., ahd.* bar, *niederl.* ba[a]r, *engl.* bare, *schwed.* bar beruht mit verwandten Wörtern in anderen *idg.* Sprachen auf *idg.* *bhoso-s „nackt", vgl. z. B. die *baltoslaw.* Sippe von *russ.* bosoj „barfüßig". – Im Sinne von „sofort verfügbar; in Geldmünzen" wird das Adjektiv im *Dt.* seit *mhd.* Zeit verwendet. Diese Bedeutung, an die sich die Bildung **Barschaft** (14. Jh.) anschließt, ist wohl als „offen, frei daliegend" zu verstehen. – Zus.: **barfuß** (*mhd.* barvuoȥ, entsprechend *engl.* barefoot; eigentlich ein adjektivisch gebrauchtes Substantiv, das „bloße Füße besitzend" bedeutet; heute steht es nur aussagend), dazu die Ableitung **barfüßig** (*spätmhd.* barvüeȥic); analog ist **barhaupt** (veraltet für:) „mit bloßem Kopf" gebildet (*spätmhd.* barhoubet), dazu **barhäuptig** (16. Jh.).

...bar: Zu *ahd.* beran „tragen, bringen" (vgl. *gebären*) gehört das nur in Zusammensetzungen vorkommende Adjektiv *ahd.* -bāri, *mhd.* -bāre (adverbial -bare), dem *aengl.* -bǣre und das selbständige *aisl.* bǣrr „tragfähig" entsprechen. Seine Grundbedeutung „tragend, fähig zu tragen" ließ es ursprünglich nur zu Substantiven treten (z. B. fruchtbar „Frucht tragend"); es wurde aber bald Suffix (z. B. in offenbar, sonderbar) und bildet seit dem *Spätmhd.* vor allem Adjektive zu Verben (hörbar „was gehört werden kann" oder ersetzbar „was ersetzt werden kann").

[1]**Bar:** Die Benennung der Maßeinheit des Luftdruckes ist eine gelehrte Bildung zu *griech.* báros „Schwere, Gewicht" (s. auch *baro..., Baro...*). Das zugrundeliegende Adjektiv *griech.* barýs „schwer", das auch in ↑Bariton und ↑Isobare vorliegt, ist urverwandt mit *lat.* gravis „schwer" (vgl. *gravitätisch*).

[2]**Bar** „[Nacht]lokal, Räumlichkeit mit hohem Schanktisch und Barhockern": Das Wort wurde im 19. Jh. aus *engl.* bar entlehnt, das wie das vorausliegende *afrz.* (= *frz.*) barre zunächst nur „Stange" bedeutete, dann eine aus mehreren Stangen bestehende „Schranke" bezeichnete, wie sie z. B. in Wirtsstuben charakteristisch war, um Gastraum und Schankraum zu trennen. Über *afrz.* barre vgl. den Artikel *Barre.*

Bär: Die *germ.* Bezeichnungen für den Bären *mhd.* ber, *ahd.* bero, *niederl.* beer, *engl.* bear, *aisl.* bjǫrn, *schwed.* björn (auch im *norw.* Ortsnamen Björndal „Bärental"), daneben *aisl.* berin der Zusammensetzung ↑Berserker bedeuten eigentlich der „Braune". Vermutlich aus der Furcht heraus, das gefährliche Tier durch die Nennung seines wahren Namens zu reizen oder zum Erscheinen zu veranlassen, ersetzten die Germanen den alten *idg.* Bärennamen (↑Arktis) durch einen verhüllenden Ausdruck. Die Häufigkeit des Bären in älteren Zeiten, seine Beliebtheit als Jagdbeute und seine Stellung als König der Wälder spiegeln sich sprachlich in zahlreichen Orts- und Personennamen wider. Auch im Volksglauben, im Märchen, in Sprichwörtern und Redensarten spielt der Bär eine Rolle, beachte z. B. 'das Fell des [noch nicht erlegten] Bären verkaufen', 'einen Bären aufbinden' „prahlen; [be]lügen". Im Tiermärchen heißt der Bär Braun, auch [Meister] Petz (Koseform des männlichen Personennamens Bernhard). Seit dem 17. Jh. bedeutet 'Bär' auch „Rammklotz" (entsprechende Übertragungen von Tiernamen s. unter *Bock, Wolf, Kran* u. a.). Gemäß *griech.-röm.* Tradition wird das Wort ferner als Name des Sternbildes verwendet. – Zus.: **bärbeißig** „grimmig, verdrießlich" (17. Jh.; eigentlich „bissig wie der Bärenbeißer" [ein zur Bärenjagd gebrauchter Hund]); **Bärendienst:** in der Wendung 'jemandem einen Bärendienst erweisen/leisten' „in guter Absicht etw. tun, was einem anderen, zu dessen Nutzen es gedacht war, schadet" (vielleicht nach der Fabel „Der Bär und der Gartenliebhaber" von La Fontaine, in der der Bär diensteifrig eine Fliege von der Nase des Gärtners verscheucht, ihn dabei aber tötet); **Bärlapp** (eine Farnart; 16. Jh.; eigentlich „Bärentatze"; der zweite Wortteil geht auf *ahd.* lappo „flache Hand, Tatze" zurück; vgl. *Luv*).

Baracke „behelfsmäßiger Holzbau": Das Wort wurde im 17. Jh. als „Feldhütte der Soldaten" aus *frz.* baraque, *span.* barraca entlehnt. Es bezeichnete ursprünglich wohl eine Art „Lehmhütte" und gehört dann zu *span.* barro „Lehm".

Barbar „ungesitteter Rohling": Das Substantiv (*spätmhd.* barbar) ist aus *lat.* barbarus < *griech.* bárbaros entlehnt. Das *griech.* Wort ist mit *aind.* barbara-ḥ „stammelnd" identisch und bezeichnet ursprünglich den fremden Ausländer, der mit der einheimischen Sprache und Gesittung nicht vertraut war und darum als „roh und ungebildet" galt. Das Wort gehört als Lallbildung zu der in verschiedenen Varianten auftretenden lautmalenden *idg.* Wurzel *baba-, *bar-bar- (vgl. *babbeln*). Abl.: **barbarisch** „roh, unmenschlich" (17. Jh.); **Barbarei** „Roheit, Wildheit" *(spätmhd.)*, aus *lat.* barbaria. – *Griech.* bárbaros ist auch Ausgangspunkt für das Adjektiv ↑brav.

Barbe: Der Name des karpfenartigen Fisches (*mhd.* barbe, *ahd.* barbo) ist aus *lat.* barbus entlehnt, das zu *lat.* barba „Bart" gehört. Der Fisch ist nach den vier Bartfäden am Maul als „der Bärtige" benannt.

bärbeißig ↑Bär.

Barbier „Bartpfleger" (veralt.), *mdal.* noch **Balbier[er]**: *Mhd.* barbier (*spätmhd.* barbierer) wurde durch *roman.* Vermittlung (*it.* barbiere, *frz.* barbier) aus *mlat.* barbarius „Bartscherer" entlehnt, einer Ableitung von *lat.* barba „Bart" (urverwandt mit *dt.* ↑*Bart*). Abl.: **barbieren** *(spätmhd.)* „den Bart pflegen" (veraltet), dafür *mdal.* noch **balbieren.**

Barde: Die Bezeichnung für den altkeltischen Sänger und Dichter wurde im 17. Jh. aus *frz.* barde entlehnt, das auf gleichbed. *lat.* bardus (< *kelt.* *bardo) zurückgeht.

Barett: Die Bezeichnung für eine (besonders

als Amtstracht getragene) flache Kopfbedekkung wurde im 15. Jh. aus *mlat.* barretum, birretum entlehnt. Es gehört zu *lat.* birrus „kurzer Umhang mit Kapuze", das wahrscheinlich *gall.* Herkunft ist.

barfuß, barfüßig, barhaupt, barhäuptig ↑bar.

Bariton: Die Bezeichnung für die „mittlere Männerstimme" wurde im 17. Jh. aus *it.* baritono entlehnt, das als substantiviertes Adjektiv auf *griech.* barýtonos „volltönend" zurückgeht und die Stimmlage zwischen Baß und Tenor bezeichnet. *Griech.* barýtonos gehört zu griech. barýs „schwer" und tónos „Spannung; Ton"; vgl. [1]*Bar* und [1]*Ton*.

Bark ↑Barke.

Barkarole ↑Barke.

Barkasse ↑Barke.

Barke „kleines Boot ohne Mast": *Mhd.* barke geht über *mniederl.* barke und *afrz., pik.* barque, *aprov.* barca auf *lat.* barca zurück. Das *lat.* Wort (Vorform *barica) stammt aus *griech.* bãris, das seinerseits aus *kopt.* barī „Nachen, Floß" entlehnt ist. In *nhd.* Zeit wird das Wort über *engl.-niederl.* bark als **Bark** neu entlehnt, und zwar diesmal als Bezeichnung für ein mehrmastiges Segelschiff. – Auf *lat.* barca beruht *it.* barca, zu dem als Vergrößerungsbildung barcaccia „großes, flaches Boot" gehört; auf dieses Wort geht über *niederl.* barkas und *span.* barcaza unser **Barkasse** „Beiboot auf Kriegsschiffen; kleines Hafenboot" (18. Jh.) zurück. Zu *it.* barca gehört auch barcarolo „Gondoliere", zu dem sich *it.* barcarola „Gondellied" stellt, auf das über *frz.* barcarole unser **Barkarole** zurückgeht.

Bärlapp ↑Bär.

Bärme (*nordd.* für:) „[Bier]hefe": Das im 17. Jh. aus dem *Niederd.* aufgenommene Wort ist ein *westgerm.* Substantiv (*mnd.* berme, barm[e], älter *niederl.* berm[e], *engl.* barm „Hefe") und beruht wie *lat.* fermentum „Gärungsstoff, Sauerteig" (↑Ferment) auf einer Weiterbildung der *idg.* Wurzel *bher[ə]- „quellen, [auf]wallen, sieden" (die Bärme wird zuerst als Schaum auf der gärenden Flüssigkeit sichtbar; s. auch *Hefe*). Zu dieser vielfach erweiterten und weitergebildeten Wurzel gehören zahlreiche weitere Ausdrücke im Bereich der Nahrungsmittelbereitung, die alle von der Beobachtung des Aufwallens und Brodelns beim quellenden oder siedenden Wasser ausgehen, so z. B. aus dem *germ.* Sprachbereich die unter ↑*braten,* ↑*Brodem,* ↑*brühen* und ↑*Brei* behandelten *germ.* Wörter sowie die Wortgruppe von ↑*brauen* (mit ↑brodeln und ↑Brot). *Außergerm.* sind z. B. verwandt *griech.* phrýgein „rösten, dörren, braten" und *lat.* frigere „rösten, dörren" (↑Frikadelle). Zu der vielfach erweiterten und weitergebildeten Wurzel gehören ferner aus dem *germ.* Sprachbereich die unter ↑*Brunnen* (eigentlich „quellendes Wasser") und ↑*brennen* behandelten Sippen (die heftig bewegten Flammen wurden mit dem siedenden Wasser verglichen).

barmen ↑erbarmen.

barmherzig: *Mhd.* barmherze[c], *ahd.* barmherzi sind in Anlehnung an *ahd.* ir-barmēn (↑*erbarmen*) umgebildet aus *ahd.* armherz[īg] (vgl. *arm* und *Herz*). Dies stammt aus *got.* armahaírts, einer Lehnübersetzung der *got.* Kirchensprache von *lat.* misericors „mitleidig" (eigentlich „jemand, der ein Herz für die Unglücklichen hat"). Abl.: **Barmherzigkeit** (*mhd.* barmherzekeit für älteres barmherze, *ahd.* armherzī, *got.* armahaírtei, nach *lat.* misericordia).

Barmixer ↑mixen.

baro..., Baro...: Das in zahlreichen Zusammensetzungen auftretende Bestimmungswort mit der Bedeutung „Schwere" ist aus *griech.* báros „Schwere" gebildet, das zu *griech.* barýs „schwer" gehört; vgl. [1]*Bar*.

barock „von verschwenderisch gestalteter Formenfülle (den Kunststil des 17. und 18. Jh.s betreffend)": Das Wort wurde im 18. Jh. aus gleichbed. *frz.* baroque (eigentlich „schief, unregelmäßig") entlehnt. Das *frz.* Wort hat die Bedeutung „im Stil des Barocks" von dem *it.* Adjektiv barocco übernommen. Beide Wörter gehen auf *port.* barroco zurück, das ursprünglich nur zur Charakterisierung einer unregelmäßigen Perlenoberfläche diente. Von hier aus nahm es die allgemeine Bed. „schief, unregelmäßig" an. – Dazu stellt sich das seit dem 19. Jh. bezeugte Substantiv **Barock.**

Barometer: Die seit dem 18. Jh. bezeugte Bezeichnung für „Luftdruckmesser" ist aus *engl.* barometer entlehnt. Das *engl.* Wort ist eine gelehrte Neubildung (1665) des englischen Physikers R. Boyle (1627–1691) für das von Torricelli 1643 erfundene Gerät zu *griech.* báros „Schwere" (barýs „schwer") und *griech.* métron „Maß" (vgl. [1]*Bar* und *Meter*).

Baron „Freiherr": Der Adelstitel wurde im 16./17. Jh. aus *frz.* baron entlehnt, das auf *afränk.* *baro „Lehnsmann, streitbarer Mann" zurückgeht. Dies gehört mit *aisl.* berja „schlagen, töten", berjask „sich schlagen, kämpfen" zur *germ.* Sippe von ↑*bohren.* Abl.: **Baronesse** „Freifräulein" (aus *frz.* baronnesse „Baronin", im 18. Jh. auch Baronessin); **Baronin** „Freifrau" (19. Jh.).

Barras: Der soldatensprachliche Ausdruck für „Militär; Militärdienst" ist seit dem 19. Jh. bezeugt, zunächst in der Bed. „Kommißbrot". Seine Herkunft ist unklar.

Barre „[Quer]stange, Riegel": Das seit *mhd.* Zeit bezeugte Substantiv stammt aus *frz.* barre und weiter aus *galloroman.* *barra „Stange, Balken", das auch den Fremdwörtern ↑Barriere, ↑Embargo zugrunde liegt. – Abl.: **Barren** (schon *frühnhd.* bezeugt mit der Bed. „Stange, Metallstange", seit Jahn Name eines Turngerätes und später auch Bezeichnung der handelsüblichen Stangenform von Edelmetallen).

Barriere „Schranke, Sperre, Schlagbaum": Das Fremdwort wurde Anfang des 18. Jh.s aus *frz.* barrière, einer Kollektivbildung zu barre „Stange", entlehnt (vgl. *Barre*). Es bedeutet also eigentlich „Gestänge".

Barrikade „[Straßen]sperre": Das Wort wurde im 18. Jh. aus *frz.* barricade entlehnt, aber erst nach 1848 allgemein gebräuchlich. *Frz.* barricade ist eine Bildung zu *frz.* barrique „Faß, Tonne“, was sich daraus erklärt, daß für Straßensperren oft Fässer und Tonnen verwendet wurden. Abl.: **[ver]barrikadieren** „verrammeln“ (19. Jh.; nach *frz.* barricader).

barsch: Das im 17. Jh. aus dem *Niederd.* ins *Hochd.* übernommene Adjektiv geht zurück auf *mnd.* barsch „scharf, streng (vom Geschmack), ranzig“, das im Sinne von „scharf, spitz“ zu der Wortgruppe von ↑*Barsch* gehört. Seit dem 18. Jh. wird ‘barsch’ übertragen im Sinne von „unfreundlich, grob“ verwendet.

Barsch: Der *westgerm.* Fischname *mhd., ahd.* bars, *niederl.* baars, *engl.* barse gehört mit verwandten Wörtern in anderen *idg.* Sprachen zu der vielfach weitergebildeten und erweiterten *idg.* Wurzel *bhar- „Spitze, Stachel, Borste, starr Emporstehendes“. Der Raubfisch ist also nach seinen auffallend stachligen Flossen benannt. Zu dieser *idg.* Wurzel gehören auch die Sippen von ↑*Borste* und ↑*Bürste* und wahrscheinlich das unter ↑*Bart* behandelte Wort, ferner aus dem *germ.* Sprachbereich das Adjektiv ↑*barsch,* vgl. dazu *aisl.* barr „rauh, scharf“ und *ahd.* barrēnti „starr aufgerichtet, eigensinnig“.

Barschaft ↑bar.

Bart: Das *westgerm.* Wort *mhd., ahd.* bart, *niederl.* baard, *engl.* beard ist verwandt mit *lat.* barba „Bart“ (↑Barbier) und mit der *baltoslaw.* Sippe von *russ.* boroda „Bart, Kinn“. Es gehört wahrscheinlich im Sinne von „Borste[n]“ zu der *idg.* Wortgruppe von ↑*Barsch.* – Im übertragenen Gebrauch bezeichnet das Wort Dinge, die mit einem Bart Ähnlichkeit haben, beachte z. B. die Zusammensetzung **Schlüsselbart** und die Ableitung [1]**Barte** „Beil“ (*mhd.* barte, *ahd.* barta), die auch als Grundwort in ↑Hellebarde steckt. Auf die Ähnlichkeit der aus Fischbein bestehenden Hornplatten im Oberkiefer der Bartenwale mit Barthaaren bezieht sich [2]**Barte** „Fischbein“, das aber wahrscheinlich aus dem *Niederl.* stammt, vgl. *niederl.* baard, *Plural* baarden „Bart; Fischbein“. Abl.: **bärtig** (für älteres bärticht, *mhd.* bartoht).

Basalt: Das Wort wurde im 18. Jh. aus *lat.* basaltes entlehnt, einer handschriftlich bezeugten Verschreibung für richtiges basanites. Dies stammt aus *griech.* basanítēs „[harter] Probierstein“. Zugrunde liegt gleichbed. *griech.* básanos, ein wohl ägyptisches Fremdwort (*ägypt.* baḫan bezeichnet ein sehr hartes und deshalb zur Goldprüfung verwendetes Schiefergestein), das den Griechen durch die Lyder vermittelt wurde.

Basar „Händlerviertel in orientalischen Städten; Warenverkauf auf Wohltätigkeitsveranstaltungen“: Das Wort wurde im 19. Jh. – wohl über *frz.* bazar – aus *pers.* bāzār „Markt“ entlehnt.

[1]**Base** „Kusine“: Das auf das *dt.* Sprachgebiet beschränkte Wort (*mhd.* base, *ahd.* basa) stammt – wie auch gleichbed. *mitteld., niederd.* wase – wahrscheinlich aus der Lallsprache der Kinder. Zu der ursprünglichen Bedeutung „Vaterschwester“ (Ggs. Muhme, s. d.) tritt im 15. Jh. „Mutterschwester“; später wird die Bezeichnung, ähnlich der Entwicklung bei Vetter (s. d.), auf alle entfernten weiblichen Verwandten ausgedehnt.

[2]**Base** ↑Basis.

basieren ↑Basis.

Basilika: Die Bezeichnung für „Kirche mit überhöhtem Mittelschiff“ ist aus *lat.* basilica „Hauptkirche; Markt-, Gerichtshalle“ entlehnt, das seinerseits aus *griech.* basilikḗ (stoá) „Säulenhalle“ stammt. Das *griech.* Wort bedeutet eigentlich „königliche (Halle)“ und gehört zu *griech.* basileús „König“. Dazu stellt sich auch der Pflanzenname **Basilikum,** der aus *mlat.* basilicum entlehnt ist, einer Substantivierung von *lat.* basilicus (< *griech.* basilikós) „königlich, fürstlich“. Die Pflanze ist nach dem edlen Duft als „die Königliche“ benannt.

Basis „Grundlage; Ausgangspunkt“: Das Wort, ursprünglich ein Terminus der Baukunst, wurde im 16. Jh. aus *griech.-lat.* básis „Sockel, Fundament; Grund“ entlehnt. *Griech.* básis „Schritt; Gang; Grund, Boden“ gehört als Substantiv zum Stamm des mit ↑*kommen* urverwandten Verbs *griech.* baínein „gehen, treten“ und bedeutet eigentlich „etwas, auf das man treten kann, worauf etwas stehen kann“. Die früher (wohl unter dem Einfluß von *frz.* base) gebräuchliche Nebenform **Base** wird heute nur noch in der Fachsprache der Chemie als Bezeichnung für Metallhydroxyde verwendet, die als die Grundlage für die Säuren bei der Bildung von Salzen angesehen wurden; dazu das Adjektiv **basisch** (19. Jh.). Abl.: **basieren** „sich gründen auf, beruhen auf“ (19. Jh.; nach gleichbed. *frz.* baser). – Vgl. auch die hierher gehörende Zusammensetzung ↑Akrobat. Über weitere Zusammenhänge vgl. *kommen.*

Basketball: Der Name des Mannschaftsspiels, das um 1920 von Amerika nach Europa gelangte, ist aus *engl.* basketball entlehnt, einer Zusammensetzung aus *engl.* basket „Korb“ und ball „Ball“.

baß (veraltet für:) „besser, weiter; sehr“: Die Komparativbildung *mhd., ahd.* baz̧ gehört zusammen mit *aengl.* bet und *aisl.* betr zu der *idg.* Wurzel *bhăd- „gut“ und ist der Form nach die umlautlose Adverbbildung zu dem ebenfalls komparativischen umgelauteten Adjektiv ↑besser. ‘Baß’ ist unregelmäßiger Komparativ zu dem Adverb ↑wohl, wie ‘besser’ unregelmäßiger Komparativ zu dem Adjektiv ↑gut ist. In den *germ.* Sprachen gibt es zahlreiche Verwandte unseres Wortes, z. B. *aisl.* bati „Besserung, Nutzen“, *mnd.* bate „Vorteil, Nutzen“, *aengl.* batian „besser werden, heilen“, *niederl.* baten „nützen“. Ablautend gehören ↑Buße und ↑büßen zur gleichen Familie. Im *Nhd.* ist ‘baß’ allmählich durch ‘besser’ verdrängt worden und erscheint mit der jungen Bed. „sehr“ nur noch scherzhaft in Wendungen wie ‘er war baß erstaunt’ und in der Zusammensetzung **fürbaß** „weiter, vorwärts“ (z. B. ‘rüstig fürbaß schreiten’) aus gleichbed. *mhd.* vürbaz̧, *ahd.* furbaz̧.

Baß: Die musikalische Bezeichnung der „tiefsten Stimmlage“ stammt wie ↑Tenor, ↑Bariton, ↑Alt, ↑Sopran, ↑Falsett aus dem *Italienischen.*

Sie wurde im 15. Jh. aus *it.* basso „tief" übernommen, dem ein undurchsichtiges *spätlat.* Adjektiv bassus „dick; niedrig" vorausliegt. Abl.: **Bassist** „Sänger mit Baßstimme" (16. Jh.).

Bassin „Wasserbecken": Das seit dem 18. Jh. bezeugte Fremdwort gehört zu einer Reihe von Fachwörtern der Gartenbaukunst, die teils aus dem *Frz.* (wie ↑Fontäne, ↑Allee, ↑Kaskade), teils aus dem *It.* (wie ↑Grotte), teils auch durch *niederl.* Vermittlung (wie ↑Rabatte) entlehnt wurden. Bassin stammt aus *frz.* bassin (< *afrz.* bacin), das seinerseits auf *vlat.* *baccinum zurückgeht. Siehe auch den Artikel *Becken.*

Bast: Das *altgerm.* Substantiv *mhd., ahd.* bast, *niederl.* bast, *engl.* bast, *schwed.* bast ist dunklen Ursprungs. Der Bast ist die innere Schicht der Pflanzenrinde. In alter Zeit dienten besonders der Linden- und Ulmenbast zum Flechten und Nähen. Das abgeleitete Verb *mhd., ahd.* besten „mit einem Bastfaden binden, schnüren", lebt vermutlich in ↑basteln fort. In der Jägersprache bezeichnet 'Bast' die samtartige Haut um das werdende Hirschgeweih oder Rehgehörn.

basta: Der *ugs.* Ausdruck für „genug!, Schluß!" wurde im 17. Jh. aus *it.* basta „es ist genug" (zu *it.* bastare „genug sein, hinreichen") entlehnt.

Bastard „uneheliches Kind": Das seit *mhd.* Zeit belegte Substantiv (*mhd.* bast[h]art) beruht auf gleichbed. *afrz.* bastard (= *frz.* bâtard), das neben gleichbed. *afrz.* 'fils (bzw. fille) de bast' steht. Das *frz.* Wort selbst, dessen weitere Herkunft nicht gesichert ist, war ursprünglich ein fester Terminus des Feudalwesens zur Bezeichnung für das von einem Adligen in außerehelicher Verbindung gezeugte, aber von ihm rechtlich anerkannte Kind.

Bastei „Bollwerk": Der Ausdruck des Festungsbaus, (*spätmhd.* bastīe) stammt aus gleichbed. *it.* bastia, zu dem als Vergrößerungsbildung *it.* bastione (↑Bastion) gehört. Quelle des *it.* Wortes ist vermutlich ein *afrz.* Substantiv *bastie, das zu *afrz.* bastir „herrichten, fertigstellen" (= *frz.* bâtir „bauen") gebildet ist.

basteln: Das Verb erscheint erst seit dem 18. Jh. in der Schriftsprache, ist aber in *oberd.* und *mitteld.* Mundarten seit langem verbreitet und zuerst im 15. Jh. als *bayr.* pästlen bezeugt. Es bedeutet „kleine Handarbeiten machen, ohne Handwerker zu sein" und wurde früher besonders von unzünftiger Handwerksarbeit gebraucht. Vielleicht ist es eine Weiterbildung zu dem von ↑*Bast* abgeleiteten Verb *mhd., ahd.* besten „binden, schnüren".

Bastion „Bollwerk": Das Wort wurde im 17. Jh. über *frz.* bastion aus *it.* bastione entlehnt, einer Vergrößerungsbildung zu *it.* bastia *(↑Bastei).*

Bataillon: Die Bezeichnung der militärischen Einheit wurde im 17. Jh. aus *frz.* bataillon entlehnt, das seinerseits aus *it.* battaglione, einer Vergrößerungsform von *it.* battaglia (= *frz.* bataille) „Schlacht; Schlachthaufen", stammt. Voraus liegen *vlat.* battalia, *lat.* battualia „Fechtübungen". Das zugrundeliegende Verb *lat.* battuere (battere) „schlagen, klopfen" gilt als *gall.* Lehnwort. Es ist noch in den Fremdwörtern ↑Batterie, ↑debattieren, ↑Rabatt (usw.) vertreten.

Batist: Die Bezeichnung für das feine [Baumwoll]gewebe wurde im 18. Jh. aus *frz.* batiste entlehnt. Das *frz.* Wort gehört wahrscheinlich im Sinne von „gewalktes (Tuch)" zu *frz.* battre „schlagen" (vgl. den Artikel *Batterie*).

Batterie „mit mehreren Geschützen bestückte militärische Grundeinheit; aus mehreren zusammengeschalteten Elementen bestehende Stromquelle": Das seit dem Anfang des 17. Jh.s bezeugte Wort ist aus *frz.* batterie entlehnt, das eine Bildung zu *frz.* battre „schlagen" ist und eigentlich „Schlagen, Geschlage" bedeutet. *Frz.* battre geht über *vlat.* battere auf *lat.* battuere zurück (vgl. *Bataillon*). Aus *frz.* batterie stammt auch *engl.* battery, das von Benjamin Franklin als Bezeichnung für eine Kombination mehrerer Leydener Flaschen gebraucht wurde. Daher rührt die Bed. „Stromquelle".

Batzen „Klumpen; frühere Münze, (*schweiz.* noch für:) Zehnrappenstück": Das Substantiv *frühnhd.* batze[n] „Klumpen" ist eine Bildung zu dem heute veralteten Verb 'batzen' „klebrig, weich sein, zusammenkleben". Es ist möglich, daß dieses Verb über *back[e]zen aus ↑*backen* (in der Bed. „kleben") entstanden ist. Der Name der Münze geht auf die Bezeichnung der Dickpfennige (↑Groschen) zurück, die zuerst im 15. Jh. in Salzburg und Bern geprägt und nach ihrem Aussehen benannt wurden. Abl.: **patzig** (s. d.).

Bau: Das *altgerm.* Wort *mhd., ahd.* bū, *niederl.* bouw, *aengl.* bū, *schwed.* bo „Bau, Nest, Horst" gehört zu der unter ↑*bauen* dargestellten *idg.* Wortgruppe. Die Grundbedeutung aller genannten Formen ist „Wohnung, Wohnstätte", die heute noch in den Zusammensetzungen 'Fuchs-, Dachsbau' lebendig ist. Die Bed. „Feldbau, Bestellung" ist schon *ahd.,* vgl. auch die Zusammensetzungen 'Ackerbau, Gartenbau, Weinbau'. Seit *mhd.* Zeit wird es als Verbalsubstantiv des transitiven Verbums ↑bauen empfunden und bedeutet sowohl „das Bauen [eines Hauses]" wie das in Arbeit befindliche und fertige Gebäude; vgl. die Zusammensetzungen 'Einbau, Ausbau, Hausbau, Maschinenbau'. Der *Plural* Bauten (für älteres Baue, Bäue) gehört zu dem veralteten Kanzleiwort Baute, das im 18. Jh. aus *niederd., mnd.* bū[we]te „Bebauung; Bau" übernommen wurde. – Zus.: **baufällig** (15. Jh.; zuerst vom schlechten Zustand der Feldfrucht); **Bergbau** (s. den Artikel *Berg*); **Raubbau** (s. den Artikel *Raub*).

Bauch: Die *altgerm.* Körperteilbezeichnung *mhd.* būch, *ahd.* būh, *niederl.* buik, *aengl.* būc, *schwed.* buk gehört wahrscheinlich im Sinne von „Geschwollener" zu der unter ↑*Beule* dargestellten *idg.* Wortgruppe. Abl.: **bauchig** „bauchartig gewölbt" (17. Jh. für *mhd.* bucheht); **bäuchlings** „auf dem Bauch liegend" (*mhd.* biuchelingen). Zus.: **Bauchredner** (zuerst im 16. Jh. als Bauchrednerin, Lehnübersetzung von *spätlat.* ventriloquus).

bauen: Das *altgerm.* Verb *mhd.* būwen, *ahd.*

būan, *niederl.* bouwen, *aengl.* būan, *schwed.* bo gehört mit dem ablautenden *got.* bauan und verwandten Wörtern in anderen *idg.* Sprachen zu der *idg.* Wurzel *bheu- „wachsen, gedeihen, entstehen, werden, sein, wohnen", vgl. z. B. *griech.* phýesthai „werden, wachsen", *griech.* phýsis „Natur" (↑die Fremdwörter Physik, physisch), *lat.* fuisse „gewesen sein", *lat.* futurus „künftig" (↑Futur), *aind.* bhávati „ist, wird", *lit.* būti „sein", *russ.* byt' „sein". Im *germ.* Sprachbereich sind verwandt die unter ↑*Bau*, ↑[2]*Bauer* und ↑[3]*Bauer* (vgl. *Nachbar*) behandelten Substantive sowie die Einzahlformen 'bin' und 'bist' des Hilfszeitwortes ↑sein. Die obengenannte *idg.* Wurzel war ursprünglich wahrscheinlich identisch mit der unter ↑*Beule* dargestellten *idg.* Wurzel *b[h]eu- „[auf]blasen, schwellen". Die Bedeutungen „wachsen, gedeihen, entstehen, werden, sein, wohnen" haben sich demnach aus der Bedeutung „schwellen, strotzen" entwickelt. – Die alte Bed. „wohnen" reichte im *Dt.* zwar mit bestimmten Wendungen bis ins 18. Jh., wurde aber seit *mhd.* Zeit verdrängt durch die Bedeutungen „bestellen" (z. B. den Acker bauen), „anpflanzen, anbauen" (z. B. Korn, Gemüse, Wein bauen) und „errichten, anlegen" (z. B. Häuser, Brücken, Städte bauen). Dann konnten auch Schränke, Geigen, Schiffe, Maschinen, u. a. 'gebaut' werden, und *ugs.* kann man heute auch sein Examen oder einen Unfall bauen. Die übertragenen Wendungen 'auf jemanden bauen', 'auf Sand bauen' sind biblischen Ursprungs. Um das einfache Verb gruppieren sich die Präfixverben 'be-, er-, verbauen' (vgl. den Artikel *erbauen*) und mehrere zusammengesetzte Verben, z. T. mit reicher Bedeutungsentfaltung wie **abbauen** „(Erze) fördern; senken, herabsetzen; (in der Leistung) nachlassen", **aufbauen** „gestalten, schaffen, hervorbringen" oder **vorbauen** „Vorsorge treffen" (eigentlich „vor etwas zur Abwehr einen schützenden Bau errichten"). – Abl.: **[1]Bauer** „Erbauer" (heute nur in Zusammensetzungen wie 'Ackerbauer, Geigenbauer'; *mhd.* būwære „Pflüger; Erbauer"); **baulich** (*spätmhd.* būlich „zum Bauen geeignet", būwelich „fest gebaut"; heute vom Sprachgefühl meist zu ↑Bau gezogen), dazu **Baulichkeit** „Gebäude" (um 1800); **Gebäude** (s. d.). Zus.: **Baumeister** (*spätmhd.* būmeister „beamteter Leiter der städtischen Bauten").

[1]Bauer ↑bauen.

[2]Bauer „Käfig": Zu der unter ↑*bauen* dargestellten Wortgruppe gehört das *altgerm.* Substantiv *mhd.* būr „Vogelkäfig", *ahd.* būr „Haus; Kammer; Zelle", *engl.* bower „Laube; Gemach", *schwed.* bur „Arrest[zelle]; Käfig; Kasten". Es erscheint noch mit verschiedenen Nebenformen in *dt.* Ortsnamen wie Buren, Wesselburen, Benediktbeuren und ist auch in den Wörtern ↑[3]Bauer und ↑Nachbar enthalten. In *mhd.* būr „Vogelkäfig" ist das Substantiv bereits auf seine heutige Bedeutung eingeschränkt.

[3]Bauer „Landmann, Landwirt": Das Substantiv ist nicht vom Zeitwort 'bauen' abgeleitet, sondern gehört zu *ahd.* būr „Haus" (vgl. ↑[2]*Bauer*). *Mhd.* būr[e], gebūr[e], *ahd.* gebūro bedeuteten zunächst „Mitbewohner, Nachbar, Dorfgenosse" (vgl. den Artikel *Nachbar*). Erst die soziale Entwicklung im Mittelalter machte 'Bauer' zur Berufs- und Standesbezeichnung und ließ in der Anschauung der anderen Stände (besonders Adel und Bürgertum) den Nebensinn „grober, dummer Mensch" entstehen. In der ländlichen Sozialordnung bezeichnet 'Bauer' den vollberechtigten Hofbesitzer im Gegensatz zum Häusler oder Kätner. Abl.: **bäuerlich** (*mhd.* gebiurlich, būrlich „bauernmäßig"); **bäurisch** (*mhd.* [ge]biurisch „bäurisch, einfach", teilweise schon mit dem tadelnden Sinn, der oft mit der Endung -isch verbunden ist); **Bauernschaft** „Gesamtheit der Bauern" (*mhd.* būrschaft).

Bäuerchen: Der familiäre Ausdruck für „Rülpser" ist eine Verkleinerungsbildung zu ↑[3]Bauer und bedeutet eigtl. „kleiner Bauer". Er geht von der Anschauung aus, daß sich Bauern unfein benehmen und aufstoßen.

baufällig ↑bauen.

baulich, Baulichkeit ↑bauen.

Baum: Das *westgerm.* Wort *mhd., ahd.* boum, *niederl.* boom, *engl.* beam bezeichnete sowohl das lebende Gewächs wie den zu mancherlei Zwecken (als Schranke, Deichsel, Stange am Webstuhl usw.) einzeln verwendeten Baumstamm. Die weitere Herkunft des Wortes ist ungeklärt. (Die *idg.* Bezeichnung für „Baum" ist unter ↑*Teer* behandelt). – Abl.: **bäumen,** (auch:) **aufbäumen,** sich „sich aufrichten", (ursprünglich wohl als Jägerwort vom Bären, der sich am Baum aufrichtet, gebraucht, dann auch vom Pferd; so schon *mhd.* sich boumen). Zus.: **Baumkrone** (↑Krone); **Baumschule** „Pflanzgarten" (17. Jh.); **Baumwolle** (*mhd.* boumwolle; wohl nach der Überlieferung Herodots von wolletragenden indischen Bäumen; in Wirklichkeit ist die Pflanze ein Strauch; andere Namen s. unter *Bombast* und *Kattun*); **Schlagbaum** (*mhd.* slahboum „bewegliche Schranke"); **Stammbaum** (↑Stamm).

Baumeister ↑bauen.

baumeln: Das seit dem 17. Jh. bezeugte Verb ist entweder von ↑*Baum* abgeleitet und bedeutet dann eigentlich „an einem Baum hängend sich hin und her bewegen", oder es beruht auf der *sächs.-thüring.* Nebenform 'baumeln' des ursprünglich lautmalenden Verbs ↑bammeln *ugs.* für „schaukeln".

Baumschule, Baumwolle ↑Baum.

bäurisch ↑[3]Bauer.

Bausch „lockerer Knäuel, Wulstiges": *Mhd.* būsch „Knüttel, Knüttelschlag (der Beulen gibt); Wulst" gehört mit den unter ↑*Busen*, ↑*böse*, ↑*Pausback* und ↑*pusten* behandelten Wörtern zu der *idg.* Wortgruppe von ↑*Beule*. – Die Wendung 'in Bausch und Bogen' gehört der neueren Rechts- und Kaufmannssprache an und meinte ursprünglich wohl die Abmessung von Grundstücken ohne Rücksicht auf auswärts (Bausch) oder einwärts (Bogen) laufende Grenzstücke; dafür im 14.–18. Jh. 'im Bausch'

= „im ganzen genommen“ (vgl. den Artikel *Pauschale*). Abl.: **bauschen,** sich „aufschwellen“ (*mhd.* biuschen, būschen „schlagen, klopfen“; in der jetzigen Bedeutung wohl durch das *frühnhd.,* heute untergegangene Verb 'bausen' „schwellen“ stark beeinflußt), dazu **aufbauschen** „aufblähen, übertreiben“ (Anfang des 19. Jh.s); **bauschig** (19. Jh.; bauschecht).

Bazillus: Die häufig als Krankheitserreger auftretende Bakterie wurde im 19. Jh. nach ihrer Stabform mit *lat.* bacillus (bacillum) „Stäbchen“ benannt, einer Verkleinerungsbildung zu *lat.* baculum „Stock, Stab“. Über weitere Zusammenhänge vgl. *Bakterie*. Zus.: **Bazillenträger.**

be...: *Mhd.* be-, *ahd.* bi- sind die zum tonlosen Verbalpräfix gewordene Präposition ↑*bei.* Ihnen entsprechen *got.* bi-, *niederl.* be-, *engl.* be-. Daneben bestand *ahd.* ein betontes Präfix bibei Substantiven und Adjektiven (↑Beichte, ↑bieder). Das Verbalpräfix bezeichnete zunächst rein räumlich die Richtung eines Vorgangs, z. B. befallen (*ahd.* bifallan bed. „hinfallen“), dann allgemeiner die (zeitlich begrenzte) Einwirkung auf eine Sache oder Person, z. B. begießen, bemalen, begeifern, beschimpfen, belachen. Diese kann bis zur vollen Bewältigung gehen, z. B. bedecken, besteigen. Damit wurde be- zu einem auch heute noch oft gebrauchten Präfix, aus intransitiven Verben transitive zu machen, vgl. z. B. beleuchten, bedrängen, bekämpfen. Ferner drückt be- das Versehen mit einer Sache oder das Zuwenden einer Fähigkeit aus, z. B. bekleiden, beampeln, beaufsichtigen (zu den Substantiven Kleid, Ampel, Aufsicht), auch das Bewirken eines Zustandes, z. B. beengen, bereichern, besänftigen (zu den Adjektiven eng, reich, sanft). In vielen Fällen hat sich die Bedeutung der Verben von der ihrer Grundwörter stark entfernt; teilweise sind diese auch untergegangen (↑beginnen, ↑beleidigen u. a.). Einige Bildungen mit be- in der Form des 2. Partizips gehören zu Substantiven, z. B. begütert, bejahrt, bebrillt, behost. In ↑bleiben und ↑bange ist der Vokal des Präfixes ausgefallen.

beabsichtigen ↑sehen.

beachten, beachtlich ↑[2]Acht.

beampeln ↑Ampel.

Beamte ↑Amt.

beanstanden ↑Anstand.

beantragen ↑tragen.

beantworten ↑Antwort.

beaufsichtigen ↑sehen.

beauftragen ↑tragen.

beben: Die *germ.* Verben *mhd.* biben, *ahd.* bibēn, *asächs.* bibōn, *aengl.* bĭfian, *aisl.* bĭfa beruhen auf einer reduplizierenden Bildung zu der *idg.* Wurzel *bhōi-, *bhī- „zittern, sich fürchten“, vgl. *aind.* bibhēti und bhayatē „fürchtet sich“. Das e der *nhd.* Form dringt im 16. Jh. durch Luthers Bibelübersetzung durch; es ist vermutlich *niederd.* Ursprungs (*mnd.* bēven). Von den *mdal.,* bes. *niederd.* Iterativbildungen bebern, belbern, bibbern ist **bibbern** in die *hochd.* Umgangssprache gedrungen (19. Jh.). Abl.: **erbeben** (*ahd.* irbibēn, mhd. erbiben).

Becher: Das Wort (*mhd.* becher, *ahd.* behhari) ist wie auch andere Gefäßbezeichnungen, z. B. Bütte, Kanne, Kelch, ein Lehnwort. Es stammt aus *mlat.* bicarium „Becher, Kelch, Hohlmaß“, das auf *griech.* bīkos „Gefäß mit Henkeln“ zurückgeht. Das *griech.* Wort ist wahrscheinlich aus dem Ägyptischen entlehnt. Zus.: **Aschenbecher** (s. d.). Abl.: **bechern** *ugs.* für „zechen“ (18. Jh.).

becircen, (auch:) **bezirzen:** Der seit der 1. Hälfte des 20. Jh.s bezeugte *ugs.* Ausdruck für „betören, verführen“ ist von Circe (*griech.* Kírkē) abgeleitet, dem Namen einer griechischen Zauberin, die die Männer betörte.

Becken: *Mhd.* becken, *ahd.* beckīn ist aus *vlat.* *baccinum „Becken“ (s. *Bassin*) entlehnt. Das Wort bezeichnete zunächst ein flaches, offenes [Wasch]gefäß, dann das aus Messing geschlagene Handwerkszeug der Barbiere und das aus zwei tellerförmigen Metallscheiben bestehende Musikinstrument. In übertragenem Sinne heißt 'Becken' in der Erdkunde ein weites Tal (z. B. das Neuwieder Becken) und in der Anatomie der Knochengürtel im unteren Teil des Rumpfes. Siehe auch den Artikel *Pickelhaube.*

Beckmesser: Der Ausdruck für „kleinlicher Kritiker, Nörgler“ geht auf den Nürnberger Meistersinger (Sixtus) Beckmesser zurück, der in Richard Wagners Oper „Die Meistersinger“ als kleinlicher Kunstrichter dargestellt wird. Dazu stellen sich die Bildungen **Beckmesserei** „kleinliche Kritik, Nörgelei“, **beckmesserisch** „kleinlich, nörgelnd“ und **beckmessern** „kleinlich kritisieren“.

Bedacht „Bedenken, Überlegung“: *Mhd.* bedāht ist Verbalsubstantiv zu *mhd.* bedenken „über etwas nachdenken“ (vgl. *denken*). Abl.: **bedächtig** „überlegend, langsam“ (*mhd.* bedæhtic); **bedachtsam** (16. Jh.).

Bedarf ↑bedürfen.

bedauerlich, bedauern ↑[2]dauern.

bedenken, Bedenken, bedenklich ↑denken.

bedeppert: Der *ugs.* Ausdruck für „verwirrt, ratlos“ gehört wohl als entrundete Form zu älter *nhd.* betöbern „betäuben, bedrücken“ (vgl. den Artikel *taub*).

bedeuten, bedeutend, Bedeutung, ↑deuten.

bedienen, Bedienstete, Bedienung ↑dienen.

bedingen: Das Präfixverb hatte ursprünglich dieselbe Bedeutung wie das einfache Verb ↑dingen (vgl. *Ding; mhd.* bedingen „werben, durch Verhandlung gewinnen“), später die von „vereinbaren, bestimmen“, wofür heute 'sich ausbedingen' gilt (schon *mhd.* ūzbedingen). Aus der Rechtssprache gehört hierher noch die 'bedingte', d. h. durch rechtliche Bedingungen eingeschränkte Strafaussetzung; in übertragenem Sinne können auch Lob und Zustimmung 'bedingt' sein. Sonst aber bedeutet 'bedingen' „zur Folge haben“ und 'bedingt sein' „von Voraussetzungen abhängig sein“; dieser zuerst in der philosophischen Fachsprache des 18. Jh.s auftretende Sinn ist von der entsprechenden

Bedeutungsentwicklung bei 'Bedingung' beeinflußt. Dieses Verbalsubstantiv erscheint im 16. Jh. als „rechtliche Abmachung; Vereinbarung", später auch als „Voraussetzung" und als „Gegebenheit, Umstand". Auch **unbedingt** ist aus dem rechtlichen über den philosophischen in den allgemeinen Sprachgebrauch übergegangen, es bedeutete zunächst „ohne Vorbehalt, unangefochten", dann „absolut, unbeschränkt", schließlich „unter allen Umständen".

bedrücken ↑drücken.

bedürfen: Das Verb *mhd.* bedürfen, bedurfen, *ahd.* bidurfan „nötig haben" hat die Grundbedeutung des einfachen ↑*dürfen* bis heute bewahrt. – Abl.: **Bedürfnis** „Verlangen, Wunsch; Benötigtes" (15. Jh. bedurfnusse; es bedeutete früher auch „Mangel, Dürftigkeit" und wird wie 'Notdurft' [↑Not] auch verhüllend gebraucht); **bedürftig** „materielle Hilfe benötigend, arm" (*spätmhd.* bedurftic, Ableitung eines erst im 16. Jh. bezeugten Substantivs bedurft „Bedürfnis"); **Bedarf** „Benötigtes, Gewünschtes; Nachfrage" (im 17. Jh. aus *mnd.* bedarf, bederf „Notdurft, Mangel", einer Bildung zum Präsensstamm von 'bedürfen'. – Siehe auch die Artikel *bieder, unbedarft.*

beduselt ↑Dusel.

Beefsteak „kurzgebratenes Rindslendenstück": Das Bestimmungswort des aus dem *Engl.* entlehnten Wortes beef „Rind" geht über *afrz.* boef, buef (*frz.* bœuf) auf *lat.* bos „Rind" (vgl. *Posaune*) zurück. Über das Grundwort vgl. *Steak.*

Beere: *Mhd.* bere, auf dem die *nhd.* Form beruht, ist eigentlich eine *mitteld.* starke Pluralform zu dem Singular 'daʒ ber', die im 16. Jh. nicht mehr als solche verstanden und – wie ↑Träne – als Singular aufgefaßt wurde. Zu dieser Form wurde dann im 17. Jh. ein neuer schwacher Plural 'Beeren' gebildet. *Mhd.* ber, *ahd.* beri, *engl.* berry, *schwed.* bär zeigen r-Formen, die zu s-Formen wie *got.* weina-basi „Weinbeere", *niederl.* bes „Beere", *niederd. mdal.* Besing „Heidelbeere" in grammatischem Wechsel stehen. Diese *germ.* Wörter für „Beere" gehören vielleicht zu *aengl.* basu „purpurn", das mit *mir.* basc „rot" verwandt ist. Demnach wäre die Beere als „die Rote" benannt worden.

Beet: Das Wort wird im Schriftdeutschen erst seit dem 17. Jh. formal von ↑*Bett* unterschieden, mit dem es ursprünglich identisch war: *mhd.* bette, *ahd.* betti bedeutet sowohl „Liegestatt" wie „Feld- oder Gartenbeet". In *oberd.* Mundarten gilt 'Bett' bis heute für „Beet". Auch *niederl.* bed und *engl.* bed vereinen beide Bedeutungen. Der Vergleich des aufgelockerten, erhöhten Landstückes mit einem Polsterlager war Anlaß zu der Bedeutungsübertragung.

Beete ↑Bete.

beeinträchtigen ↑tragen.

beenden, beendigen ↑Ende.

beengen ↑eng.

beerben ↑Erbe.

beerdigen ↑Erde.

befähigen ↑fähig.

befangen: Das 2. Partizip zu dem heute veralteten Präfixverb 'befangen' „umfassen, umzäunen, einengen" (*mhd.* bevāhen, *ahd.* bifāhan; vgl. *fangen*) wird in der *mhd.* Klassik als Adjektiv übertragen gebraucht für „in etwas verwikkelt, unfrei, schüchtern"; in der neueren Rechtssprache bedeutet es danach „nicht frei, voreingenommen". Dazu **Befangenheit** (18. Jh.); **unbefangen** „ungezwungen, unparteilich, frei" (18. Jh.); **Unbefangenheit** (18. Jh.).

befehden ↑Fehde.

befehlen: Das Präfixverb *mhd.* bevelhen „übergeben, anvertrauen, übertragen", *ahd.* bifelahan „übergeben, anvertrauen, begraben" enthält ein heute untergegangenes einfaches Verb, das in *got.* filhan „verbergen" und *aisl.* fela „verbergen, übergeben" erhalten ist und auch dem Präfixverb ↑empfehlen zugrunde liegt. Es gehört zu der unter ↑*Fell* behandelten *idg.* Wurzel und bedeutete ursprünglich „der Erde übergeben, anvertrauen, begraben", dann allgemeiner „zum Schutz anvertrauen, übergeben". Aus *mhd.* Wendungen wie 'ein amt bevelhen' „ein Amt anvertrauen, übertragen" hat sich erst im *Nhd.* der heutige Sinn „gebieten" entwickelt, anfänglich in höflicher Sprache wie 'auftragen'. Nur im religiösen Bereich ist der Sinn „anvertrauen" erhalten: 'seine Seele Gott befehlen'. – Abl.: **Befehl** (*spätmhd.* bevel[ch] „Übergebung, Obhut" folgt der Bedeutungsentwicklung des Zeitwortes), dazu **befehligen** (18. Jh., nach *obd.* befelch, befehlich „Befehl") und **Befehlshaber** (*spätmhd.* bevelhhaber „Bevollmächtigter", so noch im 18. Jh. neben der jüngeren Bed. „Kommandeur").

Beffchen „Halsbinde mit zwei steifen, schmalen Leinenstreifen vorn am Halsausschnitt von (geistlichen) Amtstrachten": Das im 18. Jh. auftretende *nordd.* Wort, heute im ganzen *dt.* Sprachgebiet verbreitet, ist eine Verkleinerungsbildung zu *mnd.* beffe „Chorhut und Chorrock des Priesters", das wohl aus *mlat.* biffa „Überwurf, Mantel" entlehnt ist. Eine ähnliche Bedeutungsentwicklung nahm ↑Kappe.

befinden: Das Präfixverb *mhd.* bevinden, *ahd.* bifindan wurde wie auch das einfache Verb ↑finden schon früh für geistiges Finden im Sinne von „erfahren, kennenlernen, [be]merken, wahrnehmen" gebraucht. Daran schließt sich die Verwendung im Sinne von „in bestimmter Weise einschätzen, für etwas halten" ('etwas für gut befinden') an. Reflexives 'sich befinden' bedeutet eigentlich „bemerken, daß man an einer Stelle ist", jetzt nur noch „anwesend sein" (wie *frz.* se trouver). Abl.: **Befund** „[ärztliche] Feststellung" (18. Jh.); **befindlich** „anwesend" (so seit dem 18. Jh., früher für „erweislich, wahrnehmbar").

beflecken ↑Fleck.

befleißen, befleißigen, beflissen ↑Fleiß.

beflügeln ↑Flügel.

befolgen ↑folgen.

befördern ↑fördern.

befreien ↑frei.

befremden, Befremden, befremdlich ↑fremd.
befreunden ↑Freund.
befrieden, befriedigen ↑Friede[n].
befruchten ↑Frucht.
Befugnis, befugt ↑fügen.
befürworten: Das seit dem 19. Jh. bezeugte Wort ist eine kanzleisprachliche Bildung, die zu einem jetzt nicht mehr gebräuchlichen Substantiv 'Fürwort' „gutes Wort zu jemandes Gunsten" (17. Jh.; heute 'Fürsprache') gebildet wurde.
begaben, begabt, Begabung ↑Gabe.
begatten ↑Gatte.
begeben, Begebenheit ↑geben.
begegnen, Begegnung ↑gegen.
begehen ↑gehen.
begehren: *Mhd.* [be]gern, *ahd.* gerōn ist abgeleitet von dem Adjektiv *mhd., ahd.* ger „begehrend, verlangend" (vgl. *gern* und *Gier*). Dazu gehört das heute veraltete Substantiv **Begehr** (*mhd.* beger „Begehren, Bitte"), von dem **begehrlich** (*mhd.* begerlich) abgeleitet ist.
begeistern, Begeisterung ↑Geist.
Begier[de]: Die Substantivbildung *mhd.* [be]girde, *ahd.* girida gehört zu dem im *Nhd.* untergegangenen Adjektiv *mhd., ahd.* ger, daneben *mhd.* gir, *ahd.* giri „begehrend, verlangend" (vgl. *Gier* und weiterhin *gern*). Abl.: **begierig** (*mhd.* begirec, begirdec).
beginnen: Die *westgerm.* Präfixbildung *mhd.* beginnen, *ahd.* biginnan, *niederl.* beginnen, *engl.* to begin enthält ein im *germ.* Sprachbereich nur in Zusammensetzungen gebräuchliches *altgerm.* Verb, dessen Herkunft dunkel ist, vgl. *got.* duginnan „beginnen", *aengl.* onginnan „beginnen", *niederl.* ontginnen „urbar machen". Abl.: **Beginn** (*mhd.* begin, *ahd.* bigin).
beglaubigen ↑glauben.
begleichen ↑gleich.
begleiten: In dem im 17. Jh. zuerst bezeugten Verb sind zwei ältere Verbformen zusammengeflossen: 1. *mhd.* begleiten, *ahd.* bileiten „leiten, führen" (im 17. Jh. aussterbend); 2. geleiten, *mhd.* geleiten, *ahd.* gileiten (vgl. *leiten*). Die *niederl.* Form begeleiden läßt auf eine Vorform *begeleiten schließen. Die alte Bed. „führen" ist abgeschwächt zu „mitgehen" (in der Musik zu „ergänzend mitspielen", entsprechend dem *frz.* accompagner, *it.* accompagnare). Dazu **Begleiter, Begleitung** (beide 18. Jh.).
begnaden, begnadet, begnadigen ↑Gnade.
begnügen ↑genug.
Begonie: Die Zierpflanze wurde von dem *frz.* Botaniker Plumier im 17. Jh. entdeckt und zu Ehren des damaligen Generalgouverneurs von San Domingo, Bégon, benannt.
begraben, Begräbnis ↑graben.
begreifen, begreiflich ↑greifen.
begrenzen ↑Grenze.
Begriff, begriffsstutzig ↑greifen.
begründen ↑Grund.
begünstigen ↑Gunst.
begütert, begütigen ↑gut.
behäbig: Das um 1800 in Gebrauch gekommene Adjektiv trat an die Stelle von älterem [ge]häbig, einer Ableitung von Habe „Besitz" (vgl. *haben*). Es bedeutete zunächst „wohlhabend" (so noch *schweiz.*), dann „wohlbeleibt" und „schwerfällig".
behaftet: Das im heutigen Sprachgefühl auf 'haften' bezogene Wort ist eigentlich das 2. Part. des untergegangenen Verbs *mhd.* be-heften, *ahd.* bi-heften „zusammenheften, einschließen, festhalten" (vgl. *heften*). *Spätmhd.* behaftet hat älteres behaft, *ahd.* bihaft – daneben auch beheftet – ersetzt.
behagen: *Mhd.* [be]hagen „gefallen, behagen", *niederl.* behagen „gefallen, behagen", *aengl.* ge-, onhagian „gefallen, passen", *aisl.* hagar „es paßt, ziemt sich" gehören zu einem starken *germ.* Verb *hagan „schützen, hegen", das auch *ahd.* im 2. Part. gihagin „gehegt, gepflegt" und *mhd.* im 2. Part. behagen „frisch, freudig" bewahrt ist. *Außergerm.* Beziehungen des Wortes sind nicht gesichert. Die Grundbedeutung wäre demnach „sich geschützt fühlen" gewesen. Abl.: **behaglich** (älter behäglich, *mhd.* behegelich „wohlgefällig").
behalten, Behälter, Behältnis ↑halten.
Behandlung ↑handeln.
beharren, beharrlich, Beharrlichkeit ↑harren.
behaupten: Zu *mhd.* houbet in seiner Bed. „Oberhaupt, Herr" (vgl. *Haupt*) gehört *mhd.* [sich] houbeten „als Oberhaupt, Herrn anerkennen; sich als Oberhaupt, Herr ansehen". Dazu tritt *spätmhd.* behoubeten „bewahrheiten, bekräftigen", ein Wort der Gerichtssprache, das eigentlich „sich als Herr einer Sache erweisen" bedeutet. Seit dem 17. Jh. erscheint die heutige abgeschwächte Bed. „eine Meinung aussprechen". Abl.: **Behauptung** (17. Jh.).
Behausung ↑Haus.
Behelf, behelfen ↑helfen.
behelligen: In dem seit dem 17. Jh. gebräuchlichen Verb steckt das *mhd.* Adjektiv hel „schwach, matt", das eigtl. „ausgetrocknet" bedeutet. Es gehört zu der unter ↑*schal* behandelten *idg.* Sippe. Von *mhd.* hel abgeleitet ist *mhd.* hellec „ermüdet, erschöpft" und davon das Verb helligen „ermüden", das dann durch die Präfixbildung 'behelligen' ersetzt wurde. Die Bedeutung „ermüden, beschwerlich fallen" ist heute zu „stören, belästigen" abgeschwächt.
behende: Das *mhd.* Adjektiv behende „passend, geschickt, schnell" war ursprünglich Adverb und entstand aus bī hende „bei der Hand" (vgl. *Hand*); ähnlich heißt es noch *nhd.* 'schnell bei der Hand'. Abl.: **Behendigkeit** (*mhd.* behendecheit, zum abgeleiteten Adjektiv behendec).
beherrschen ↑herrschen.
beherzigen, beherzt ↑Herz.
behexen ↑Hexe.
behilflich ↑Hilfe.
Behörde: Das seit dem 18. Jh. bezeugte Kanzleiwort gehört zu älter *nhd.* behören, *mhd.* behœren „zugehören, zukommen" (vgl. *hören*) und bedeutete ursprünglich „das [Zu]gehörige", später „Ort, [Amts]stelle, wohin etwas zuständigkeitshalber gehört".

Behuf: *Mhd.* behuof „Nutzen, Vorteil; Zweck; Geschäft, Gewerbe", das zu *mhd.* beheben „erhalten, erwerben; behalten" (vgl. *heben*) gehört, hat sich in der Kanzleisprache in der Fügung 'zum/zu diesem Behuf' und in der Präposition **behufs** (erstarrter Genitiv Sing.) erhalten.
behüten, behutsam ↑hüten.
bei: Das *altgerm.* Wort (Adverb, Präposition) *mhd., ahd.* bī, *got.* bi, *niederl.* bij, *engl.* by geht zurück auf *idg.* *bhi, das aus *ambhi, *m̥bhi „um-herum" entstanden ist (vgl. *um*). Wie in 'bei' so ist auch in ↑beide der erste Teil des *idg.* Wortes abgefallen. In ↑be- ist das Wort tonloses Präfix geworden. Im *Dt.* ist 'bei' eigentlich Adverb mit der Bed. „nahe", tritt aber als solches schon seit dem *Ahd.* fast nur in Zusammensetzungen (z. B. dabei, herbei, nebenbei, vorbei, beisammen) und in unfest zusammengesetzten Verben (beilegen, beikommen, beistehen u. a.) auf. Als Präposition bezeichnet 'bei' zunächst die räumliche Nähe (bei Tisch, bei der Stadt), dann die begleitenden Umstände, oft mit finalem, konditionalem, kausalem o. ä. Nebensinn (bei guter Gesundheit, bei Glatteis, bei solchem Lärm, bei aller Verehrung). In Schwüren (bei Gott!, bei meiner Ehre!) wird ursprünglich die Gottheit als anwesend gedachter Zeuge gerufen.
beibringen ↑bringen.
Beichte: Die *nhd.* Form 'Beichte' hat sich über *mhd.* bigiht, zusammengezogen bīht[e] aus *ahd.* bigiht, bijiht entwickelt, das mit dem Nominalpräfix *ahd.* bi- (vgl. *be-*) und *ahd.* jiht „Aussage, Bekenntnis" (vgl. *Gicht*) gebildet ist. Das *ahd.* Substantiv jiht ist eine Nominalbildung zum Verb *ahd.* jehan, *mhd.* jehen, *asächs.* gehan, „sagen, bekennen" (aus dem über *afrz.* gehir unser ↑genieren stammt). Das innerhalb des *germ.* Sprachbereichs nur im *Dt.* bezeugte Verb gehört mit verwandten Wörtern in anderen *idg.* Sprachen zu der *idg.* Wurzel *i̯ek- „[feierlich] sprechen, reden", vgl. z. B. *aind.* yā́cati „fleht, fordert" und *lat.* iocus „Scherz[rede]" (↑Jux). – Abl.: **beichten** (*mhd.* bīhten). Zus.: **Beichtvater** (*mhd.* bīhtvater).
beide: *Mhd., ahd.* beide, bēde, *niederl.* beide, *engl.* both, *schwed.* båda sind zusammengerückt aus einem einsilbigen Wort mit der Bedeutung „beide" (*aengl.* bā, bū, *got.* bai, ba „beide") und dem Demonstrativpronomen (späteren Artikel). *Ahd.* bēde ist aus *bē de, beidiu aus *bei diu entstanden; die Formen haben sich dann später vermischt. Der erste Bestandteil geht zurück auf *idg.* *bhō[u]-, das aus *ambhō[u] „beide" entstanden ist, worauf z. B. *griech.* ámphō „beide" und *lat.* ambo „beide" beruhen (vgl. *um*). Die neutrale Singularform beides (*mhd.* beideȥ) wird erst *frühnhd.* häufiger.
beidrehen ↑drehen.
Beifall: Das seit dem 16. Jh. bezeugte Wort mit der Bedeutung „Anschluß an eine Partei; Zustimmung" ist wohl als Gegenwort zu 'Abfall' gebildet (vgl. *fallen*). Abl.: **beifällig** „zustimmend" (17. Jh.).
Beifuß: Der Pflanzenname geht zurück auf *mhd.* bīvuoȥ, das eine volksetymologische Umgestaltung von *mhd., ahd.* bībōȥ nach vuoȥ „Fuß" ist, und zwar nach dem Volksglauben, daß der Wanderer nicht ermüdet, der sich die Pflanze an den Fuß bindet. Der 2. Bestandteil -bōȥ gehört zu dem unter ↑*Amboß* behandelten Verb *mhd.* bōȥen, *ahd.* bōȥan „schlagen, stoßen"; auf welche Vorstellung er sich bezieht, ist unklar.
beige „sandfarben": Das Adjektiv ist aus *frz.* beige entlehnt, dessen weitere Herkunft unbekannt ist.
beigeben ↑geben.
Beil: Das auf das *dt.* und *niederl.* Sprachgebiet beschränkte Wort *mhd.* bīhel, zusammengezogen bīl, *ahd.* bīhal, *niederl.* bijl ist im *germ.* Sprachbereich verwandt mit *aisl.* bīldr „Pfeilspitze, Aderlaßmesser", *schwed.* plogbill „Pflugschar", im *Außergerm.* z. B. mit *air.* biāil „Beil", *russ.* bit' „schlagen" (↑Peitsche), *griech.* phithrós „Stamm, Holzscheit". Zugrunde liegt die *idg.* Wurzel *bhei[ə]-, *bhī- „schlagen", zu der auch die Sippe von ↑beißen gehört.
Beilage, beilegen ↑legen.
Beileid ↑leid.
Bein: Die Herkunft des *altgerm.* Wortes für „Knochen" (*mhd., ahd.* bein, *niederl.* been, *engl.* bone, *schwed.* ben) ist dunkel. – In Wendungen wie 'durch Mark und Bein', 'Fleisch und Bein', 'Stein und Bein' (↑Stein) ist die alte Bed. „Knochen" erhalten, ebenso in vielen, besonders anatomischen Zusammensetzungen, z. B. 'Nasen-, Hüft-, Jochbein'. Die jüngere Bed. „Ober- und Unterschenkel" ist schon *ahd.* bezeugt. In einigen Mundarten, z. B. im *Schwäb.*, heißt das Bein allerdings 'Fuß', umgekehrt wird z. B. im *Ostmitteld.* der Fuß 'Bein' genannt. Abl.: **beinern** „aus Knochen" (16. Jh.; für *mhd.* beinīn); **Gebein** „Gesamtheit von Knochen" (*mhd.* gebeine, *ahd.* gibeini). Zus.: **Eisbein** (s. d.). **Elfenbein** (s. d.); **Fischbein** (↑Fisch), **Überbein** (s. d.). Siehe auch 'Rauhbein' unter *rauh*.
beinah[e] ↑nah[e].
beipflichten ↑Pflicht.
beisammen ↑zusammen.
Beischlaf ↑Schlaf.
beisetzen, Beisetzung ↑setzen.
Beispiel: *Mhd., ahd.* bī-spel „belehrende Erzählung, Gleichnis, Sprichwort" ist gebildet aus *mhd., ahd.* bī (vgl. *bei*) und *mhd., ahd.* spel „Erzählung" und bedeutet eigtl. „nebenbei Erzähltes". Das Wort ist volksetymologisch an 'Spiel' (s. d.) angelehnt worden, zuerst in *spätmhd.* bīspil. Unter dem Einfluß von 'Exempel' (s. d.) hat 'Beispiel' seit dem 16. Jh. die heutige Bed. „Muster, Vorbild; Einzelfall als Erklärung für eine bestimmte Erscheinung" entwickelt. Das *gemeingerm.* Grundwort ist ein alter Fachausdruck der Dichtkunst und meinte die bedeutungsvolle Rede: *got.* spill „Sage, Fabel", *aengl.* spell, *aisl.* spjall „Erzählung, Rede" (*engl.* spell bedeutet wie auch das *aisl.* Wort, „Zauberspruch", gospel aus *aengl.* gōdspell „gute Botschaft, Evangelium").
beispringen ↑springen.
beißen: Das *gemeingerm.* Verb *mhd.* bīȥen,

ahd. bīʒ[ʒ]an, *got.* beitan, *engl.* to bite, *schwed.* bita „beißen; schneiden, verwunden" gehört mit verwandten Wörtern in anderen *idg.* Sprachen zu *idg.* *bheid- „hauen, spalten", einer Erweiterung von der unter ↑*Beil* dargestellten *idg.* Wurzel, vgl. z. B. *aind.* bhinátti „spaltet", *lat.* findere „spalten". Zu dem *gemeingerm.* Verb gehören das Veranlassungswort ↑beizen (eigentlich „beißen machen") und das Adjektiv ↑bitter (eigentlich „beißend"). Siehe auch den Artikel *Boot.* – Abl.: **Biß** „das [Zu]beißen; Bißwunde" (*mhd.* biʒ, biz, *ahd.* biz); **bissig** „zum Beißen neigend; scharf" (*frühnhd.* für *mhd.* bīʒec, das noch in 'bärbeißig' fortlebt, ↑Bär); **Bissen** „abgebissenes Stück, Happen", eigentlich „was man auf einmal abbeißt" (*mhd.* biʒʒe, *ahd.* biʒʒo, entsprechend *engl.* bit, *schwed.* beta); dazu **bißchen,** *landsch.* **bissel** „ein wenig" (eigentlich „kleiner Bissen"; 16. Jh.); **Gebiß** (s. d.); **Imbiß** (s. d.).

Beißzange ↑Zange.

Beistand, beistehen ↑stehen.

Beisteuer, beisteuern ↑[1]Steuer.

beistimmen ↑Stimme.

Beistrich: Die Bezeichnung des Interpunktionszeichens wurde – zuerst in der Form 'Beystrichlein' – von dem Grammatiker G. Schottel 1641 als Ersatzwort für 'Komma' (s. d.) gebraucht, ist aber erst seit dem 19. Jh. üblicher (vgl. *Strich*).

beizen: Das *altgerm.* Verb *mhd.* beiʒen, beizen, *ahd.* beizen, *mniederl.* be[i]ten „absteigen", *engl.* to bait „weiden lassen, das Pferd unterwegs füttern, einkehren", *schwed.* beta „weiden, grasen" ist Veranlassungswort zu ↑beißen. Die ursprüngliche Bedeutung ist also „beißen lassen, beißen machen". Auch die heute kaum miteinander zu vereinenden Bedeutungen „mit dem Greifvogel jagen" und „mit scharfer Flüssigkeit behandeln" gehen darauf zurück. 'Beizen' als Jagdausdruck bezog sich auf die Beizjagd mit Falken und anderen Greifvögeln, die in Mitteleuropa seit dem 7. Jh. bekannt war und ihre Blüte unter arabischem Einfluß in der ritterlichen Kultur der Stauferzeit erreichte. Eigentlich war es der jagende Vogel, den man das Wild „beißen ließ", später 'beizte man mit dem Falken [auf] Vögel'. Den gleichen Wechsel des syntaktischen Objekts zeigt das Verb im Sprachgebrauch der mittelalterlichen Färberei. Zunächst war es das Beizmittel das man „beißen ließ", dann 'beizte man mit Alaun, mit Lauge einen Stoff'. – Abl.: **Beize** „Beizjagd; Beizmittel" (*mhd.* beiʒe hat beide Bedeutungen, *ahd.* beiʒa „Lauge, Alaun").

bejahen ↑ja.

bekannt: Das heutige Adjektiv ist eigentlich das 2. Part. von *mhd.* bekennen „[er]kennen" (↑bekennen). In der jungen Wendung 'mit jemandem bekannt sein' ist die gegenseitige Kenntnis zweier Personen voneinander gemeint, danach die Vertrautheit. Zusammenschreibungen sind **bekanntgeben** „öffentlich verbreiten", dazu **Bekanntgabe,** und **bekanntmachen** „öffentlich kundgeben, verbreiten", dazu **Bekanntmachung.** Abl.: **Bekannte** (*frühnhd.* Substantivierung wie 'Verwandte', mit dem es oft zusammen steht); **Bekanntheit** (18. Jh.); **Bekanntschaft** (17. Jh.; auch als Kollektivum wie 'Verwandtschaft' gebraucht); **bekanntlich** (*mhd.* bekantlich „erkennbar"; im heutigen Sinn aus der *nhd.* Kanzleisprache).

Bekassine „Sumpfschnepfe": Der Vogelname ist aus *frz.* bécassine entlehnt, das zu *frz.* bécasse „Schnepfe" (zu *frz.* bec „Schnabel" < *lat.* beccus) gehört. Der Vogel ist also nach seinem langen Schnabel benannt.

bekehren: Das Präfixverb *mhd.* bekēren, *ahd.* bikēren, (vgl. *bei* und [1]*kehren* „wenden") ist Lehnübersetzung von *lat.* convertere „umwenden, umkehren" (↑Konvertit). Es wurde zunächst auch im kirchlichen Sprachgebrauch ganz konkret als „jemanden umkehren" verstanden (entsprechend ist *schwed.* omvända „bekehren" eigentlich „umwenden"). Die Übertragung auf weltliche Sinnesänderung beginnt schon im *Mhd.* Abl.: **Bekehrung** (*mhd.* bekērunge, für älteres bekērde, *ahd.* bikērida).

bekennen: Die Präfixbildung *mhd.* bekennen, *ahd.* bikennan bedeutete ursprünglich „[er]kennen" (vgl. *kennen*), wovon noch das Adjektiv ↑bekannt zeugt. Der heute allein gültige Sinn „gestehen, als Überzeugung aussprechen", eigentlich „zur Kenntnis geben, öffentlich kundgeben", geht von der mittelalterlichen Rechtssprache aus und ist von den Mystikern im 14. Jh. in religiösem Sinn (wie *lat.* confiteri, ↑Konfession) ausgeprägt worden. Abl.: **Bekenner** (14. Jh.; kirchensprachlich für *lat.* confessor); **Bekenntnis** (*mhd.* bekantnisse, bekentnisse bedeutet u. a. auch „Geständnis, Zeugnis, Glaube"; der heutige Gebrauch ist von 'Konfession' beeinflußt, das sich zu „Bekenntnisgruppe" entwickelt hat).

beklagen ↑klagen.

beklemmen ↑klemmen.

beklommen „ängstlich, bedrückt": Das Wort ist eigentlich das in adjektivischen Gebrauch übergegangene 2. Partizip des untergegangenen starken Verbs *mhd.* beklimmen „umklammern" (vgl. *klimmen*). Die *mhd.* Form lautete „beklummen"; im älteren *Nhd.* trat „beklemmt" an die Stelle; 'beklommen' wurde seit dem 18. Jh. gebräuchlich.

beknackt ↑Knacks.

bekommen: Das Verb *mhd.* bekomen, *ahd.* biqueman, *got.* biquiman „überfallen", *niederl.* bekomen „bekommen, erhalten", *aengl.* becuman „zu etwas kommen, gelangen" ist eine *altgerm.* Präfixbildung aus ↑be- und ↑kommen, die vielfältige Bedeutungen entwickelt hat. Im *Dt.* entwickelte sich über „hervorkommen, wachsen" die Bedeutung „gedeihen, anschlagen, jemandem zuträglich sein" (vgl. den Trinkspruch 'Wohl bekomm's!'), im *Engl.* die Bedeutung „werden" (to become). Die heutige Bed. „erhalten" hat das Verb zuerst im *Mhd.* – Zu 'bekommen' stellen sich die auch übertragen gebrauchten Zusammensetzungen 'abbekommen' und 'herausbekommen'. Abl.: **bekömmlich** (erst im 19. Jh. für „zuträglich"; älteres bekommlich, *mhd.* bekom[en]lich war „zukommend, passend, bequem"). Siehe auch den Artikel *bequem*.

bekostigen ↑Kost.

bekotzen ↑kotzen.

bekräftigen ↑Kraft.

bekritteln ↑kritteln.

bekümmern ↑Kummer.

bekunden ↑kund.

belagern ↑Lager.

belangen: Das Verb *mhd.* belangen, *ahd.* bilangēn ist eine Präfixbildung zu dem unter 'langen' behandelten Verb (↑lang). Es bedeutete zunächst „erreichen, sich erstrecken", dann „betreffen", wofür heute **anbelangen** steht (entsprechend *niederl.* [aan]belangen, *engl.* to belong). Die juristische Bed. „jemanden vor Gericht bringen, verklagen" (eigentlich „mit der Klage erreichen") erscheint im 15. Jh. – Aus dem Verb rückgebildet ist **Belang** „Bedeutung", „Interessen", das im 18. Jh. in die *nhd.* Kanzleisprache eindringt.

belasten ↑Last.

belästigen ↑lästig.

belauben ↑Laub.

belauern ↑lauern.

belaufen ↑laufen.

Belche (*landsch.* für:) „Bläßhuhn": Der vor allem am Bodensee gebräuchliche Name des Bläßhuhns geht zurück auf *mhd.* belche, *ahd.* belihha, belihho. Damit verwandt sind *lat.* fulica, fulix „Bläßhuhn" und *griech.* phalerís „Bläßhuhn". Den einzelsprachlichen Bildungen liegt die *idg.* Wurzel *bhel- „(weiß, bläulich, rötlich) schimmern[d], leuchten[d], glänzen[d]" zugrunde. Der schwarze Wasservogel ist nach seiner weithin sichtbaren weißen Stirnplatte benannt. So heißen auch zwei Berge im Schwarzwald und in den Vogesen nach ihrem kahlen, hellen Gipfel 'Belchen'. – Die *idg.* Wurzel erscheint in fast allen *idg.* Sprachen, so in *griech.* phalós „weiß", *lit.* bãlas „weiß", *russ.* bjelyj „weiß" (vgl. die *slaw.* Ortsnamen Belgrad und Białystok). Sie zeigt mannigfache Erweiterungen. So gehen z. B. auf *idg.* *bh[e]leg- „glänzen" das Verb ↑*blecken* (zu dem sich ↑blaken und die nasalierten Formen um ↑blinken und ↑blank stellen), *griech.* phlégma „Brand, Entzündung, Schleim" (↑Phlegma), *griech.* phlóx „Flamme" (siehe den Blumennamen *Phlox*) und *lat.* flagrare „brennen" (↑flagrant und das Lehnwort ↑Flamme) zurück. Aus *bhlendh- „fahl, rötlich; undeutlich schimmernd" entstand ↑blind (dazu ↑blenden, Blendling und ↑blond), aus *bhlē̆i-, *bhlī- „glänzen" der Metallname ↑Blei (s. dort über Blech, bleich, Blick, blitzen). Als unmittelbare Farbbezeichnungen sind schließlich ↑blau und ↑blaß (dazu Blesse) zu nennen.

Beleg, belegen, Belegschaft ↑legen.

belehnen ↑²lehnen.

beleibt ↑Leib.

beleidigen ↑leid.

belemmert: Der *ugs.* Ausdruck für „niedergedrückt, betreten; übel, schlimm" wurde im 18. Jh. aus dem *Niederd.* übernommen. Er ist eigentlich das 2. Partizip von *[m]niederd.* belemmer[e]n „hindern; hemmen; beschädigen", das im 18. Jh. auch „verlegen machen" bedeutete. Das Verb ist eine Iterativbildung zu *mniederd.* belemmen „lähmen" (↑lahm).

belesen ↑lesen.

beleuchten ↑leuchten.

beleumdet, beleumundet ↑Leumund.

belfern „kläffen, bellen": Die Herkunft des seit dem 16. Jh. gebräuchlichen Verbs ist unklar. Vielleicht ist es lautmalenden Ursprungs.

belichten ↑licht.

belieben: Das Verb ist eine Präfixbildung des 16. Jh.s zu 'lieben' (↑Liebe), die dann in höflicher Sprache für „Gefallen finden, mögen" gebraucht wurde. Dazu das verselbständigte Part. **beliebt.** Abl.: **beliebig** (im 17. Jh. „angenehm", später zu dem substantivierten **Belieben** „Neigung, Gefallen" gestellt).

bellen: *Mhd.* bellen, *ahd.* bellan (starkes Verb) „bellen (vom Hund)", *engl.* to bell „röhren (vom Hirsch)", *aisl.* belja „brüllen (von Kühen)", *norw.* belje „brüllen, schreien" sind lautnachahmenden Ursprungs und sind z. B. [elementar]verwandt mit *lit.* bildė́ti „dröhnen, klopfen, poltern" und *russ.* boltat' „pochen, klopfen; schwatzen". Beachte auch die unter ↑poltern und ↑bölken behandelten ähnlichen Lautnachahmungen.

Belletrist „Unterhaltungsschriftsteller": Das Wort ist eine Bildung des 18. Jh.s zu *frz.* belles-lettres „schön[geistig]e Literatur" (aus *frz.* belle „schön" und lettre „Literatur" [vgl. *Letter*]). Abl.: **Belletristik** „schöngeistige Literatur"; **belletristisch** „die Belletristik betreffend".

belobigen ↑loben.

belügen ↑lügen.

belustigen ↑lustig.

bemächtigen, sich ↑Macht.

bemängeln ↑²mangeln.

bemannen ↑Mann.

bemänteln ↑Mantel.

bemerken, Bemerkung ↑merken.

bemittelt ↑mittel.

Bemme: Die Herkunft des *ostmitteld.* Ausdrucks für „bestrichene [und belegte] Brotschnitte" (*frühnhd.* [butter]bamme, [butter]pomme) ist nicht sicher geklärt. Vielleicht gehört das Wort zu *ostmitteld.* bammen, bampen „essen, naschen".

bemühen ↑mühen.

bemuttern ↑Mutter.

benachrichtigen ↑Nachricht.

benachteiligen ↑Teil.

benamsen ↑Name.

Bendel „schmales Bändchen, Schnur": *Mhd.* bendel, *ahd.* bentil „Band, Binde" ist eine Verkleinerungsbildung zu dem unter ↑¹*Band* behandelten Wort (zur Bildung beachte das Verhältnis von 'Stengel' zu 'Stange'). Eine jüngere Nebenform mit orthographischer Angleichung an 'Band' ist (bes. *schweiz.*:) **Bändel,** zu dem sich **anbändeln** *ugs.* für „mit jemandem Streit oder eine Liebesbeziehung anfangen" stellt (19. Jh.).

benebeln ↑Nebel.

benedeien: Der kirchliche Ausdruck für „segnen, lobpreisen" geht zurück auf *mhd.* benedī[g]en, das aus gleichbed. *kirchenlat.* benedicere (aus *lat.* bene „gut, wohl" und dicere „sagen") stammt.

benehmen, Benehmen ↑nehmen.

beneiden ↑Neid.

benennen ↑nennen.

benetzen ↑netzen.

Bengel „[ungezogener] Junge", (*landsch.* auch:) „kurzes Holzstück, Knüppel": *Mhd.* bengel „derber Stock, Knüppel" (entsprechend *mniederl.* benghel und *engl. mdal.* bangle „Knotenstock") ist als „Stock zum Schlagen" von einem *ahd.* und *mhd.* nicht bezeugten Verb abgeleitet, das als *niederd.* bangen, *engl.* to bang, *aisl.* banga „klopfen" erscheint und wohl lautmalenden Ursprungs ist. Die Verwendung im Sinne von „[ungezogener] Junge" hat sich seit *frühnhd.* Zeit herausgebildet (ähnlich wie bei 'Flegel').

benommen ↑nehmen.

Benzin: „Gemisch aus gesättigten Kohlenwasserstoffen, das als Treibstoff und als Lösungs- und Reinigungsmittel verwendet wird": Das Wort, das 1833 von dem Chemiker E. Mitscherlich gebildet wurde, bezeichnete zunächst das aus dem Benzoeharz gewonnene Destillat. J. Liebig übertrug 1834 die Bezeichnung auf das Erdöldestillat und prägte 'Benzol' neu als Bezeichnung für diesen Kohlenwasserstoff. – Auszugehen ist von 'Benzoe', dem Namen eines ostindischen Harzes. Er geht auf älter *it.* bengiuì zurück, das aus *arab.* lubān ǧāwī (unter Ausfall der Anfangssilbe) hervorgegangen ist. Das *arab.* Wort bedeutet „javanischer Weihrauch".

beobachten ↑[1]ob.

beordern ↑Order.

bequem: *Mhd.* bequæme, *ahd.* biquāmi, ähnlich *aengl.* gecwǣme ist Verbaladjektiv zu dem unter ↑*kommen* behandelten Verb und hat dessen alten kw-Anlaut bewahrt. Die Grundbedeutung ist „zukommend, passend, tauglich" (wie in *got.* gaqimiþ „es ziemt sich", s. auch das nahverwandte *bekommen*). Die heutigen Bedeutungen „angenehm" (eigentlich „keine Schwierigkeiten bereitend") und „träge, faul" haben sich erst seit dem 18. Jh. entwickelt. – Abl.: **bequemen,** sich „sich fügen, herbeilassen" (18. Jh.); **Bequemlichkeit** (*mhd.* bequæmelicheit „gute Gelegenheit, Annehmlichkeit", von dem heute untergegangenen Adjektiv *mhd.* bequæmelich „passend").

berappen: Die Herkunft des *ugs.* Ausdrucks für „bezahlen", der aus der Studentensprache in den allgemeinen Sprachgebrauch gelangte, ist unklar. Er ist vielleicht *rotw.* Ursprungs, jedenfalls nicht von dem Münznamen 'Rappen' abgeleitet.

beratschlagen ↑Rat.

beräuchern ↑Rauch.

berauschen ↑rauschen.

berechnen, Rechnung ↑rechnen.

beredsam, Beredsamkeit, beredt ↑Rede.

Bereich ↑reichen.

bereichern ↑reich.

bereifen, Bereifung ↑[1]Reif.

bereinigen ↑rein.

bereit: Die auf das *Dt.* beschränkte Adjektivbildung *mhd.* bereit[e] „bereit, fertig, bereitwillig", *ahd.* bireiti „gerüstet, fertig" gehört wohl zu dem unter ↑*reiten* behandelten Verb in dessen alter Bedeutung „fahren". Es bedeutete also ursprünglich „zur Fahrt gerüstet" (ähnlich steht 'fertig' neben 'fahren'). Verwandt sind mit anderem Präfix z. B. *mnd.* gerēde „bereit, fertig", *got.* garaiþs „angeordnet" sowie die präfixlosen Formen *engl.* ready „bereit, fertig" und *aisl.* reiðr „fahrbar, bereit"; in *außergerm.* Sprachen *ir.* rēid „eben" (eigentlich „fahrbar") und *kymr.* rhwydd „leicht, frei" (eigentlich „fahrtbereit"). – Abl.: **bereiten** (*mhd.* bereiten „bereitmachen, rüsten"); **bereits** (17. Jh.; für älteres adverbielles bereit, das im *Spätmhd.* aufgetreten war; das 's' trat in Analogie zu 'flugs', 'rechts' hinzu); **Bereitschaft** (*mhd.* bereitschaft „Ausrüstung, Gerätschaft"; die Bed. „Bereitsein" ist erst *nhd.*, ganz jung der kollektive Sinn „Polizeiabteilung"). Siehe auch 'ruhmredig' unter *Ruhm* und *Rede.*

berennen ↑rennen.

bereuen ↑Reue.

Berg: Das *gemeingerm.* Wort *mhd.* berc, *ahd.* berg (*got.* in baírgahei „Gebirgsgegend"), *engl.* barrow „[Grab]hügel", *schwed.* berg „Hügel, Berg" beruht mit verwandten Wörtern in anderen *idg.* Sprachen auf *idg.* *bherĝos- „Berg", vgl. z. B. *armen.* berj „Höhe" und *russ.* bereg „Küste, Ufer". Das *idg.* Substantiv gehört zu der Wurzelform *bhereĝh- „hoch, erhaben", einer Erweiterung der unter ↑*gebären* dargestellten *idg.* Wurzel. Zu der genannten Wurzelform gehören z. B. noch *aind.* bṛhánt- „hoch, groß, erhaben, hehr", *lat.* fortis „kräftig, tapfer", eigentlich „hochgewachsen" (s. die Fremdwortgruppe um *Fort*), ferner *air.* Brigit (Name einer Heiligen und Frauenname, eigentlich „die Hohe, die Erhabene"; beachte den weiblichen Personennamen Brigitte) und Ortsnamen wie Bregenz und Burgund („die Hochragende", ältester Name von Bornholm, dem Stammland der ostgermanischen Burgunden). Im Ablaut zu 'Berg' steht das unter ↑*Burg* behandelte Wort. Wahrscheinlich gehört auch ↑bergen in diesen Zusammenhang, falls es ursprünglich „in einer Fluchtburg verwahren" bedeutete. – 'Berg' tritt in vielen Ortsnamen auf und ist dabei von den Namen mit 'Burg' (s. d.) oft nicht zu trennen. Es spielt eine besondere Rolle in der Sprache des Bergbaus (s. u.), weil nach Kohle und Erzen zunächst nur in Bergen gegraben wurde. Richtungsangaben mit 'Berg' sind **bergab, bergan, bergauf,** vgl. auch die Zusammensetzung **Bergfahrt** „Fahrt eines Schiffes stromaufwärts". – Abl.: **bergig** „reich an Bergen" (*mhd.* bergeht); **Gebirge** (s. d.). Zus.: **Bergbau** „Gewinnung von Bodenschätzen" (im 17. Jh. für älteres Bergwerk, s. u.); **Bergfried** (s. d.); **Bergmann** „Arbeiter im Tage- oder Untertagebau" (im 14. Jh. bercman); **Bergsteiger** „jemand, der sportlich klettert, Hochgebirgstouren unternimmt" (um 1800, zu der Fügung 'auf den Berg steigen'), dazu das Verb **bergsteigen** (19. Jh.); **Bergwerk** „Anlage zur Gewinnung von Bodenschätzen" (*mhd.* bercwerc „Tätigkeit im Berg und das dazu nötige Bauwerk unter Tage").

bergen „in Sicherheit bringen": Das *gemeingerm.* Verb *mhd.* bergen, *ahd.* bergan, *got.* baírgan, *aengl.* beorgan, *schwed.* bärga ist z. B. verwandt mit *lit.* birginti „sparen" und der *slaw.* Sippe um *russ.* beregu „hüte, bewahre". Es gehört wahrscheinlich im Sinne von „auf einer Fluchtburg unterbringen, in Sicherheit bringen" zu dem unter ↑*Berg* behandelten Wort. Im Ablaut zu 'bergen' steht die Sippe von ↑borgen. Präfixbildung: **verbergen** (*mhd.* verbergen, *ahd.* firbergan „verstecken", dann „verheimlichen"). In den Zusammensetzungen Halsberge (↑Hals) und Herberge (s. d.) ist ein von 'bergen' abgeleitetes, nur in Zusammensetzungen erhaltenes Substantiv *mhd.* -berge, *ahd.* -berga „schützender Ort, schützender Teil" enthalten.

Bergfried „Hauptturm einer mittelalterlichen Burg": Die Herkunft des Wortes (*mhd.* perfrit, bervrit, bercvrit) ist dunkel. Die älteste bezeugte Bedeutung ist „hölzerner Belagerungsturm". Die heutige Bedeutung ist im *Mhd.* noch selten und hat sich wahrscheinlich schon damals durch volksetymologische Anlehnung an *mhd.* berc „Berg" und *mhd.* vride „Schutz, Sicherheit" entwickelt.

bergig, Bergmann, Bergsteiger, bergsteigen, Bergwerk ↑Berg.

berichten: *Mhd.* berihten „recht machen, in Ordnung bringen; einrichten; belehren, unterweisen" gehört zu dem unter ↑*richten* behandelten Verb. Die heutige Bed. „Kunde von etwas geben, mündlich oder schriftlich darlegen" hat sich aus „unterweisen, unterrichten" entwickelt. Abl.: **Bericht** (*mhd.* beriht „Belehrung, Einrichtung, gütliche Beilegung"; die heutige Bedeutung ist dem Verb gefolgt); dazu **Berichterstatter** (19. Jh.).

berichtigen ↑richtig.

beritten ↑reiten.

Bernstein: Das in *frühnhd.* Zeit aus dem *Niederd.* übernommene Wort geht auf *mnd.* bern[e]stein (13. Jh.) zurück, das zu *mnd.* bernen „brennen" gehört und demnach eigentlich „Brennstein" bedeutet (vgl. *brennen*). Das an den deutschen Küsten, besonders im ostpreußischen Samland gefundene tertiärzeitliche Baumharz fiel durch seine Brennbarkeit auf. Es war im Norden seit der Steinzeit als Schmuckstein bekannt und gelangte durch den Handel seit dem 3. Jahrtausend v. Chr. in den europäischen Süden. Sein *griech.* Name ḗlektron ist in unserem Fremdwort ↑elektrisch enthalten, sein *germ.* Name *glasaz in *dt.* ↑[1]Glas.

Berserker „wilder altgermanischer Krieger": Das zu Beginn des 19. Jh.s aus dem Altisländischen (*aisl.* berserker) entlehnte Wort ist eine Zusammensetzung aus *aisl.* ber- „Bär" und serkr „Hemd, Gewand". Es bedeutete also zunächst „Bärenfell", dann „Krieger im Bärenfell".

bersten: *Mnd., mitteld.* bersten „brechen" gelangte durch Luthers Bibelübersetzung in die Hochsprache. Es steht – wie gleichbed. *niederl.* barsten, *engl.* to burst – mit Umstellung des r neben *mhd.* bresten, *ahd., asächs.* brestan (erhalten in dem Wort **Gebresten** „Gebrechen" [16. Jh.], zu *mhd.* gebresten, *ahd.* gibrestan „Mangel haben", zur Bedeutungsentwicklung vgl. 'Gebrechen' unter *brechen*), *schwed.* brista. *Außergerm.* Beziehungen sind nicht gesichert. Verwandt ist das unter ↑*prasseln* behandelte Verb.

berüchtigt „in schlechtem Rufe stehend": Das Adjektiv ist eigentlich das 2. Part. des im 17. Jh. untergegangenen Verbs berüchtigen „in üblen Ruf bringen, verklagen", das in die *frühnhd.* Gerichtssprache aus *mnd.* berüchtigen „ein Geschrei über jemanden erheben" (↑Gerücht) übernommen wurde. Die genannten Wörter gehören zu dem unter ↑*anrüchig* behandelten Wort. Siehe auch den Artikel *ruchbar.*

berücken: Das seit dem 16. Jh. bezeugte Verb stammt aus der Sprache der Fischer und Vogelsteller und bedeutet eigentlich „mit einem Netz über das zu fangende Tier rücken, mit einem Ruck das Netz zuziehen" (vgl. *rücken*). Aus der Bed. „[listig] fangen" entwickelte sich in der Barockzeit die heute übliche Bed. „betören, bezaubern".

berücksichtigen ↑Rücken.

berufen: Die Präfixbildung (*mhd.* beruofen) zu dem unter ↑*rufen* behandelten Verb bedeutete zunächst „herbei-, zusammenrufen, zu etwas rufen" (daher z. B. jemanden in ein Amt berufen, eine Versammlung [ein]berufen, vgl. auch 'zu etwas berufen sein'). In dieser Bedeutung verwendet Luther das Wort in der Bibel, wenn vom Ruf Gottes an den Menschen die Rede ist (s. u. Beruf). Aus der Gerichtssprache stammt die Verwendung im Sinne von „sich (zur Rechtfertigung, zum Beweis) auf jemanden oder etwas beziehen", eigentlich „appellieren", wofür heute 'Berufung einlegen' gilt. Aus der Verwendung im Sinne von „viel über jemanden oder etwas reden" entwickelte sich wie bei 'beschreien' die Bed. „zuviel über etwas reden, so daß es aus abergläubischer Vorstellung mißlingt oder nicht in Erfüllung geht – dazu stellt sich das verneinte Part. **unberufen.** – Abl.: **Beruf** (*mhd.* beruof „Leumund"; die *nhd.* Bedeutung hat Luther geprägt, der es in der Bibel zunächst als „Berufung" durch Gott für *griech.* klē̆sis, *lat.* vocatio gebrauchte, dann auch für Stand und Amt des Menschen in der Welt, die schon Meister Eckart als göttlichen Auftrag erkannt hatte. Dieser ethische Zusammenhang von Berufung und Beruf ist bis heute wirksam geblieben, wenn das Wort jetzt auch gewöhnlich nur die bloße Erwerbstätigkeit meint).

beruhigen ↑Ruhe.

berühmt ↑Ruhm.

berühren ↑rühren.

Beryll ↑Brille.

besagen ↑sagen.

besaiten, besaitet ↑Saite.

besänftigen ↑sanft.

Besatz, Besatzung ↑setzen.

besaufen ↑saufen.

beschädigen ↑Schaden.

beschaffen „geartet“: Das Adjektiv ist eigentlich das in adjektivischen Gebrauch übergegangene 2. Part. (*mhd.* beschaffen „vorhanden; befindlich“) zu dem starken *mhd.* Verb beschaffen „erschaffen“ (vgl. *schaffen*). Abl.: **Beschaffenheit** „Zustand“ (*mhd.* beschaffenheit „Schöpfung“; die heutige Bedeutung seit dem 17. Jh.).

beschäftigen: Das seit dem 17. Jh. bezeugte Verb enthält ein Adjektiv, das in der *mitteld.* Form scheftic „geschäftig, tätig, emsig“ (gleichbed. *mnd.* bescheftig) belegt ist und zu ↑*schaffen* „arbeiten“ gehört. Abl.: **Beschäftigung** (18. Jh.).

beschälen, Beschäler ↑Schälhengst.

beschämen ↑Scham.

beschatten ↑Schatten.

beschauen, Beschauer, beschaulich ↑schauen.

[1]**bescheiden:** Das zu ↑*scheiden* „trennen“ gebildete Präfixverb (*mhd.* bescheiden) entwikkelte in der mittelalterlichen Rechtssprache die Bedeutungen „zuteilen“ und „Bescheid geben“. Zur ersten gehört die Wendung 'mein bescheidener Anteil', die heute als „geringer Anteil“ verstanden wird. Die zweite lebt noch in der Kanzleisprache (z. B. 'jemanden abschlägig bescheiden'), sie meint eigtl. die Mitteilung eines richterlichen Entscheids; daran schließt sich die Verwendung im Sinne von „belehren, unterweisen“ an. Das reflexive 'sich bescheiden' „zufrieden sein, sich zufriedengeben, sich begnügen“ bedeutete ursprünglich „sich vom Richter bescheiden lassen“. Das ehemalige starke Part. [2]**bescheiden** entwickelte sich in der Bedeutung entsprechend dem Verb: Ursprünglich bedeutete es „[vom Richter] bestimmt, zugeteilt, festgesetzt“, dann wurde es von Personen gebraucht, die sich bescheiden ließen, sich zu bescheiden wußten und deshalb als „einsichtsvoll, erfahren, verständig, klug“ galten. Heute wird es im Sinne von „genügsam, einfach, anspruchslos“ verwendet. Dazu **Bescheidenheit,** das im *Mhd.* noch „Verstand, Verständigkeit“ war. Eine Rückbildung zu [1]bescheiden ist **Bescheid** (*mhd.* bescheit, bescheide „Bestimmung, Bedingung“), heute fast nur in 'Bescheid geben, wissen' und in 'Bescheid tun' gebräuchlich.

bescheinigen ↑scheinen.

bescheißen ↑scheißen.

bescheren „zu Weihnachten schenken“: Das nur im *Dt.* gebräuchliche Wort (*mhd.* beschern „zuteilen, verhängen“) wurde früher meist von Gott und dem Schicksal gesagt (z. B. *mhd.* ez ist mir beschert). Der heutige Sinn (seit dem 18. Jh.) ergab sich, weil die Weihnachtsgeschenke den Kindern als Gaben des Christkinds dargestellt wurden. *Mhd.* beschern ist eine Präfixbildung zu *mhd.* schern, *ahd.* scerjan „ab-, zuteilen“, *aengl.* scierian „zuteilen, bestimmen“, die ihrerseits von dem unter ↑[1]*Schar* behandelten Substantiv abgeleitet sind (beachte besonders *aengl.* scearu „Anteil“).

beschirmen ↑Schirm.

Beschiß ↑scheißen.

beschlafen ↑Schlaf.

Beschlag, beschlagen, Beschlagnahme ↑schlagen.

beschleunigen, Beschleunigung ↑schleunig.

beschließen: *Mhd.* besliezen, *ahd.* bisliozan bedeutete ursprünglich „zu-, ver-, einschließen“ (vgl. *schließen;* dazu noch **Beschließer** „Aufseher“), dann auch „beenden“. Daraus entwickelte sich schon *mhd.* die heutige Bed. „festsetzen“, eigentl. „zum Schluß der Gedanken kommen“ (s. auch *entschließen*). – Abl.: **Beschluß** (*mhd.* besluzz „Ab-, Verschluß, Ende“; die heute vorherrschende Bed. „Entscheidung“ ist seit dem 15. Jh. bezeugt).

beschneiden ↑schneiden.

beschönigen ↑schön.

beschottern ↑Schotter.

beschränken, beschränkt ↑schränken.

beschreiben, Beschreibung ↑schreiben.

beschreien ↑schreien.

beschuldigen ↑Schuld.

beschummeln ↑schummeln.

beschweren: Das Präfixverb *mhd.* beswæren, *ahd.* biswāren „schwerer machen, belasten; drücken, belästigen, betrüben“ gehört zu dem unter ↑*schwer* behandelten Adjektiv. Reflexiv bedeutet es seit dem 14. Jh. „sich (über Drükkendes) beklagen“. Abl.: **Beschwerde** (*mhd.* [be]swærde „Bedrückung, Betrübnis; *ahd.* swārida „drückende Last“; seit dem 15. Jh. Rechtswort für „Klage, Berufung“; der *Plural* Beschwerden bezeichnet *nhd.* auch körperliche Schmerzen und Störungen); **beschwerlich** (16. Jh.).

beschwichtigen: Das Ende des 18. Jh.s ins *Hochd.* übernommene *niederd.* beswichtigen, älter [be]swichten „zum Schweigen bringen“ entspricht (mit *niederd.* -cht- für *hochd.* -ft-) *mhd.* [be]swiften „stillen, dämpfen“, *ahd.* giswiftōn „still werden“. Das vorausliegende Adjektiv *mhd.* swifte „ruhig“ ist vielleicht verwandt mit *got.* sweiban „aufhören“ und *aisl.* svīfask „sich fernhalten“. Weitere Beziehungen sind ungeklärt.

beschwingt ↑schwingen.

beschwören ↑schwören.

beseelen ↑Seele.

beseitigen ↑Seite.

beseligen ↑selig.

Besen: Die Herkunft des *westgerm.* Wortes *mhd.* bes[e]me, besem, *ahd.* bes[a]mo, *niederl.* bezem, *engl.* besom ist unklar. – Im *Dt.* wird 'Besen' seit dem 16. Jh. auch übertragen gebraucht, zunächst für eine Magd, dann für ein einfaches Mädchen und schließlich für eine zänkische oder boshafte Frau.

besessen ↑sitzen.

besetzen ↑setzen.

besichtigen, Besichtigung ↑Sicht.

besiedeln ↑siedeln.

besiegeln ↑Siegel.

besinnen, besinnlich, Besinnung ↑sinnen.

Besitz, Besitzer, Besitzung ↑sitzen.

besoffen ↑saufen.

besohlen ↑Sohle.

besolden ↑Sold.
besonder: Das *mhd.* Adjektiv sunder „abgesondert, eigen, ausgezeichnet" (vgl. *sonder*) wird seit *spätmhd.* Zeit durch die Zusammensetzung besunder, *nhd.* besonder abgelöst, die nur attributiv gebraucht wird (z. B. ein besonderes Merkmal, ein besonderer Wein). Auf die Bildung dieser Zusammensetzung hat das ältere Adverb *mhd.* besunder eingewirkt, das aus bī (= bei) sunder entstanden ist und seit dem 16. Jh. mit genitivischem -s **besonders** lautet. Abl.: **Besonderheit** (18. Jh.).
besonnen ↑sinnen.
besorgen, Besorgnis, besorgt ↑Sorge.
bespitzeln ↑spitz.
besprechen, Besprechung ↑sprechen.
besprengen ↑sprengen.
bespringen ↑springen.
besser (Komparativ), beste (Superlativ): Die Vergleichsformen von 'gut' werden in allen *germ.* Sprachen mit Wörtern des unter ↑*baß* behandelten Stammes *bhā̆d- gebildet: *mhd.* bez̧z̧er, best (bez̧z̧ist), *ahd.* bez̧z̧iro, bez̧z̧isto, *got.* batiza, batista, *engl.* better, best (↑Bestseller), *schwed.* bättre, bäst. Die Wendung 'zum besten geben' bedeutet eigentlich den besten Preis eines Wettbewerbs beisteuern"; die Wendung 'jemanden zum besten haben' (necken) ist wohl so zu verstehen, daß jemand zum Scherz so behandelt wird, als wenn er der Beste wäre. – Abl.: **bessern** (*mhd.* bez̧z̧ern, *ahd.* bez̧z̧irōn; beachte dazu auf-, aus-, verbessern), dazu **Besserung** (*mhd.* bez̧z̧erunge, *ahd.* bez̧z̧irunga; im mittelalterlichen Recht auch „Entschädigung, Buße").
Besserwisser ↑wissen.
bestallen „in ein Amt einsetzen": Das Verb ist zu *mhd.* bestalt, dem erstarrten 2. Part. von *mhd.* bestellen „einweisen, einsetzen" (vgl. *stellen*), neu gebildet.
Bestand, beständig, Bestandteil ↑stehen.
bestätigen: Das Verb *mhd.* bestætigen „festmachen, bekräftigen" gehört zu dem unter ↑*stet* behandelten Adjektiv stetig (vgl. *ahd.* stātigōn).
bestatten: *Mhd.* bestaten ist verstärktes einfaches *mhd.* staten „an seinen Ort bringen" (von *mhd.* stat „Ort, Stelle, Stätte", vgl. *Statt*) und wird bereits verhüllend für „begraben" gebraucht. – Abl.: **Bestattung** (*mhd.* bestatunge „Begräbnis").
bestäuben ↑Staub.
bestechen: Die Präfixbildung zu ↑*stechen* (*mhd.* bestechen) war zunächst Fachwort der Bergleute und wurde im Sinne von „(durch Hineinstechen mit einem spitzen Werkzeug) untersuchen, prüfen" verwendet. Davon leitet sich wohl unsere heutige Bed. „jemanden durch Geld, Geschenke für seine eigenen Interessen gewinnen" her (eigentlich „jemanden mit Gaben prüfen, auf die Probe stellen"). Der übertragene Gebrauch von 'bestechen' im Sinne von „für sich einnehmen" ist seit dem 18. Jh. bezeugt. Abl.: **bestechlich** (18. Jh.); **Bestechung** (18. Jh.).
Besteck, bestecken ↑stecken.
bestehen ↑stehen.
bestellen, Bestellung ↑stellen.
besteuern ↑Steuer.
Bestie „wildes Tier; Unmensch": *Mhd.* bestie stammt wie *frz.* bête (*afrz.* beste) aus gleichbed. *lat.* bestia, das ohne überzeugende Anknüpfung ist. – Die im *Niederd.* seit dem Ende des 16. Jh.s bezeugte Form Beest „Untier", die auf *afrz.* beste zurückgeht, liegt **Biest** zugrunde. Dies wird heute im Sinne von „lästiges, unangenehmes Tier; gemeiner Mensch" gebraucht. Abl.: **bestialisch** „tierisch; roh" (16. Jh.; aus *lat.* bestialis); **Bestialität** „Unmenschlichkeit, Grausamkeit" (16./17. Jh.; aus *nlat.* bestialitas).
bestimmen: Die Grundbedeutung des Verbs *mhd.* bestimmen war „mit der Stimme [be]nennen, durch die Stimme festsetzen" (vgl. *stimmen*). Daraus entwickelte sich schon früh die Bedeutung „anordnen". Die Verwendung im Sinne von „nach Merkmalen abgrenzen, definieren" stammt aus der philosoph. Fachsprache des 18. Jh.s. Verselbständigt hat sich das 2. Partizip **bestimmt,** das auch adverbiell für „ganz gewiß" gebraucht wird; dazu **Bestimmtheit.** Abl.: **Bestimmung** (17. Jh.).
bestreiten ↑Streit.
bestricken: Das Verb (*mhd.* bestricken, *ahd.* bistricchan) war ursprünglich ein Jagdausdruck und bedeutet eigentlich „mit Stricken oder in einem Strick fangen" (vgl. *Strick*). Aus der Bed. „fangen, fassen" entwickelte sich dann in *mhd.* Zeit die heute übliche Bed. „betören, bezaubern" (vgl. zur Bedeutungsgeschichte den Artikel *berücken*).
Bestseller „Verkaufsschlager (meist von Büchern)": Das Wort wurde im 20. Jh. aus gleichbed. *engl.* best seller (eigentlich „was sich am besten verkauft") entlehnt. *Engl.* best entspricht *nhd.* best (vgl. *besser*), während seller von *engl.* to sell „verkaufen" abgeleitet ist.
bestrafen ↑Strafe.
bestücken ↑Stück.
bestürzen: Das Verb (*mhd.* bestürzen, *ahd.* bisturzan) ist eine Präfixbildung zu ↑stürzen und bedeutete ursprünglich „umstürzen; umwenden; bedecken". Daraus entwickelte sich die übertragene Bedeutung „außer Fassung bringen, verwirren". Abl.: **Bestürzung** (17. Jh.).
Besuch, besuchen, Besucher ↑suchen.
betagt ↑Tag.
betätigen ↑Tat.
betäuben ↑taub.
Bete „rote Rübe": Der Name des Wurzelgemüses geht auf *lat.* beta „Bete" zurück, das früh in die *germ.* Sprachen gelangte (beachte *ahd.* biez̧a, *mhd.* biez̧e, entsprechend *niederd.* bēte, *niederl.* biet, *engl.* beet und *schwed.* beta). Die heutige, seit dem 18. Jh. gebräuchliche Form des Wortes ist *niederd.*
beteiligen ↑Teil.
beten: Der Germane kannte das Beten nicht. Seit der Christianisierung wurde der Begriff durch das vorhandene Verb ↑*bitten* gedeckt. Nur das *Deutsche* hat durch Ableitung von *ahd.* „Bitte" einen Unterschied geschaffen: *ahd.* betōn, *mhd.* beten, *mnd.* bēden.
beteuern: Das Verb (*mhd.* betiuren „zu kostbar dünken; schätzen") ist von dem unter ↑*teuer*

behandelten Adjektiv abgeleitet. An die Verwendung von 'teuer' in Versicherungen und Beschwörungsformeln schließt sich die Bedeutung „mit Nachdruck erklären, versichern" an, eigentlich „sagen, daß etwas jemandem [hoch und] teuer ist".

Beton: Das aus *lat.* bitumen „Erdharz, Erdpech" stammende *frz.* Substantiv béton, das dann einen fest bindenden, harten Baustoff (ein Gemisch aus Zement, Wasser und Sand) bezeichnete, wurde im 19. Jh. ins *Deutsche* übernommen. Daneben lebt *lat.* bitumen, das wahrscheinlich *kelt.* Lehnwort ist und zur *idg.* Sippe von ↑*Kitt* gehört, in unveränderter Form als **Bitumen** „natürlicher Asphalt" fort. Abl.: **betonieren** (20. Jh.; aus *frz.* bétonner).

betonen ↑^{2}Ton.

betören ↑^{2}Tor.

betrachten: Die Präfixbildung *mhd.* betrahten, *ahd.* bitrahtōn bedeutete wie das einfache Verb ↑*trachten* zunächst „bedenken, erwägen, streben". Erst in *frühnhd.* Zeit entwickelte sich über „nachdenklich ansehen" die heute übliche Bedeutung „ansehen, beschauen" (s. aber unten Betrachtung). Abl.: **Betracht** (nur noch in Verbindungen wie 'in Betracht kommen, ziehen', 'außer Betracht bleiben'; Kanzleiwort des 18. Jh.s wie gleichzeitiges 'in Anbetracht'); **beträchtlich** (im 15. Jh. in der Bedeutung „mit Überlegung", im 16. Jh. „was Beachtung verdient"; die heutige Bedeutung „erheblich" seit dem 18. Jh.); **Betrachtung** (*mhd.* betrahtunge „Trachten nach etwas; Überlegung").

Betrag, betragen ↑tragen.

betrauen ↑trauen.

betreffen ↑treffen.

betreiben ↑treiben.

betreten ↑treten.

betreuen ↑treu.

Betrieb, betriebsam ↑treiben.

betrinken ↑trinken.

betroffen ↑treffen.

betrüben, betrüblich ↑trüb[e].

Betrug, betrügen ↑trügen.

Betschwester ↑Schwester.

Bett: Das *gemeingerm.* Wort für „Lagerstatt, Schlafstelle" *mhd.* bet[te], *ahd.* betti, *got.* badi, *engl.* bed, *schwed.* bädd beruht auf germ. *badja „Bett" (eigentlich vielleicht „Polster", vgl. das *finn.* Lehnwort patja „Polster"). Es bezeichnete, da den Germanen die heutige Form des Bettes unbekannt war, die sogenannte „Erdbank", das mit Stroh und Fellen gepolsterte Lager entlang den Wänden. Der Gebrauch des beweglichen Bettes der Mittelmeervölker verbreitete sich bei den germanischen Völkern erst im Mittelalter. Doch hatte man über dem Stroh schon früh Tücher und Federbetten (*ahd.* bettiwāt, fedarbetti), so daß das Wort seit alters auch die Federkissen bezeichnen kann. – 'Bett' wird im *Dt.* auch übertragen gebraucht, beachte z. B. die Zusammensetzungen **Flußbett** und **Nagelbett.** – Abl.: **betten** (*mhd.* betten, *ahd.* bettōn „das Bett richten"), dazu **Bettung** (heute meist techn. für „feste Unterlage"). Zus.: **bettlägerig** (17. Jh.); **Bettstelle** (18. Jh.).

betteln: Das *dt.* und *niederl.* Verb (*mhd.* betelen, *ahd.* betalōn, *niederl.* bedelen) ist eine Iterativbildung zu dem unter ↑*bitten* behandelten Verb und bedeutet demnach eigentlich „wiederholt bitten". Abl.: **Bettel** „geringfügiges Zeug" (*mhd.* betel „das Betteln"; seit dem 17. Jh. in der heutigen Bedeutung, eigentlich „Erbetteltes, Almosen"); **Bettler** (*mhd.* betelære, *ahd.* betalāri).

Bettstelle ↑stellen.

betucht: Der *ugs.* Ausdruck für „wohlhabend", der nach dem heutigen Sprachgefühl als Ableitung von 'Tuch' aufgefaßt wird, geht zurück auf *jidd.* betuch „sicher; vertrauenswert" (< *hebr.* baṭûaḥ).

betulich ↑tun.

betupfen ↑tupfen.

beugen: Das *altgerm.* Verb *mhd.* böugen, *ahd.* bougen, *mniederl.* bōgen, *aengl.* bīegan, *schwed.* böja ist das Veranlassungswort zu dem unter ↑*biegen* behandelten Verb und bedeutet demnach eigentlich „biegen machen". Es ist im *dt.* Sprachgebrauch von 'biegen' nicht klar geschieden und hat meist die Bed. „herunterbiegen", reflexiv „sich unterwerfen". In der Grammatik verdeutscht es seit dem 17. Jh. das Fremdwort 'flektieren' (wie 'Beugung' das Fremdwort 'Flexion'). – Abl.: **Beuge** (*mhd.* biuge; als „Krümmung" nur noch in 'Arm-, Schenkel-, Leistenbeuge'. Die Zusammensetzungen 'Rumpf-, Kniebeuge' bezeichnen Turnübungen). Zus.: **verbeugen,** sich „sich höflich verneigen" (so seit dem 18. Jh., älter *nhd.* nicht von 'verbiegen' unterschieden), dazu **Verbeugung** (18. Jh.); **vorbeugen** (16. Jh.; die übertragene Bed. „im voraus verhindern" stammt aus schon früh verblaßtem militärischen Gebrauch für „den Weg versperren").

Beule: Das *westgerm.* Wort *mhd.* biule, *ahd.* būlla, *niederl.* buil, *aengl.* byle bedeutete ursprünglich „Schwellung" und bezeichnete demzufolge zunächst eine durch Schlag, Stoß oder Entzündung erzeugte Schwellung. Übertragen wird das Wort im *Dt.* auch im Sinne von „Schlagstelle im Metall, Delle" verwendet, beachte dazu die Verben ausbeulen und verbeulen. Im Ablaut zu dem *westgerm.* Wort stehen *isl.* beyla „Buckel, Höcker" und *got.* ufbauljan „aufblasen". Die genannte *germ.* Wortgruppe gehört zu der vielfach weitergebildeten und erweiterten, ursprünglich lautnachahmenden *idg.* Wurzel *bh[e]u-, *b[e]u- „[auf]blasen, schwellen", zu der sich aus dem *außergerm.* Sprachbereich z. B. *lat.* bucca „aufgeblasene Backe" stellt (vgl. das Lehnwort *Buckel*). Aus dem *germ.* Sprachbereich gehören ferner zu dieser Wurzel ↑Beutel „Säckchen", ↑Pocke „Blatter" und wahrscheinlich auch ↑Bauch; dann ↑Pausback, ↑böse (eigentlich „aufgeblasen"), ↑pusten, ↑Bausch (mit Pausche und pauschal), ↑Busen und wohl auch ↑Busch (mit Böschung).

beurkunden ↑Urkunde.

beurlauben ↑Urlaub.

beurteilen ↑Urteil.

Beute: Die *nhd.* Form geht auf *mhd.* biute „Beute" zurück, das aus dem *Mnd.* übernommen ist. *Mnd.* būte „Tausch, Wechsel; Verteilung; Anteil, Beute" war ein Ausdruck des mittelalterlichen Handels; es ist eine Bildung zu *mnd.* būten „Tauschhandel treiben; fortnehmen; verteilen". Dieses Verb gehört wohl als *bi-ūtian „herausgeben" zu ↑*aus* (beachte *mnd.* ūten „ausgeben", *ahd.* ūzōn „ausschließen"). Es gelangte mit dem Substantiv in die *nord.* Sprachen (*aisl.* bȳta, *schwed.* byta „tauschen, wechseln", *aisl.* bȳti „gegenseitige Schuldforderung") und seit dem 14. Jh. in das *Mittel-* und *Oberd.*, nun meist auf Krieg und Plünderung bezogen (*mhd.* biuten „Kriegsbeute machen, rauben"). Das Verb lebt im *Nhd.* fort in **erbeuten** „als Beute erringen" (im 16. Jh. *schweiz.*) und **ausbeuten** „abbauen, fördern; wirtschaftlich nutzen; ausnutzen" (16. Jh.), dazu das gleich alte **Ausbeute** „Ertrag" und im 19. Jh. das politische Schlagwort **Ausbeuter.** – Hierher gehört auch **Freibeuter** „Seeräuber" (*mnd.* vrībūter „Schiffsführer mit Vollmacht zum Kapern; Seeräuber", zu vrībūte „freigegebene Kriegsbeute"; entsprechend *niederl.* vrijbuiter).

Beutel: *Mhd.* biutel, *ahd.* būtil, *niederl.* bui[de]l „Beutel, Tasche, [kleiner] Sack" sind eng verwandt mit *isl.* budda „[Geld]beutel" und *engl.* bud „Knospe" und gehören mit diesen im Sinne von „Aufgeschwollenes" zu der unter ↑*Beule* dargestellten Wortgruppe. – Der Geldbeutel war ursprünglich ein Säckchen. In der mittelalterlichen Tracht diente der Beutel als Gürteltasche wie später der militärische Brotbeutel. 'Beutel' heißt auch das Mehlsieb des Müllers (schon *mhd.*), der Hodensack mancher Tiere (vgl. Bocksbeutel unter *Bock*) und die taschenartige Hautfalte bei manchen Tieren, vgl. die Bezeichnung **Beuteltier, Beutler** für eine urtümliche Säugetierart. Abl.: **beuteln** (*mhd.* biuteln „Mehl im Beutel sieben", danach *frühnhd.* übertragen für „tüchtig durchschütteln"; mit Beziehung auf den Geldbeutel auch „beim Spiel Geld abnehmen"). Zus.: **Beutelschneider** „Wucherer", veraltet für: „Taschendieb" (*mhd.* biutelsnīder „Dieb, der jemandem den Geldbeutel vom Gürtel schneidet"); **Windbeutel** „leichtes, mit Schlagsahne gefülltes Gebäck", *ugs.* für „leichtfertiger, windiger Mensch", eigentlich „Beutel, in dem nur Wind ist" (18. Jh.).

bevölkern, Bevölkerung ↑Volk.

bevor: Die Konjunktion ist wahrscheinlich aus der *mhd.* Fügung ...[be]vor, ē... „(es geschah) vorher, ehe ..." entstanden, indem 'bevor' in den Nebensatz übertrat und 'ehe' verdrängte. Im 17. Jh. heißt es noch 'ehe und bevor ihr fahren werdet'. Als Adverb ist *mhd.* bevor, *ahd.* bifora aus bī fora „vorn, voraus" zusammengerückt (ähnlich *asächs.* biforan, *engl.* before; vgl. *bei* und *vor*).

bevormunden ↑Vormund.

bewachen ↑wachen.

bewaffnen ↑Waffe.

bewahren ↑wahren.

bewähren ↑wahr.

bewältigen ↑Gewalt.

bewandert ↑wandern.

bewandt, Bewandtnis ↑bewenden.

[1]bewegen „veranlassen": Die Präfixbildung *mhd.* bewegen „bewegen", *mhd.* sich bewegen „sich zu etwas entschließen", *ahd.* biwegan „bewegen, abwägen" gehört zu dem einfachen starken Verb *mhd.* wegen „sich bewegen; Gewicht haben", *ahd.* wegan „bewegen, wiegen", das im *Nhd.* mit anderer Bedeutung in ↑wägen (s. d. über erwägen, verwegen, wiegen, Gewicht, Wucht, Waage, wagen) bewahrt ist. Diesem einfachen starken Verb entsprechen im *germ.* Sprachbereich *got.* (ga)wigan „bewegen", *aengl.* wegan „bewegen; wägen, messen" (*engl.* to weigh „wiegen, wägen"), *aisl.* vega „schwingen, heben; wiegen". Sie beruhen mit verwandten Wörtern in anderen *idg.* Sprachen auf der *idg.* Wurzel *u̯eĝh- „sich bewegen, schwingen, fahren, ziehen", vgl. z. B. *aind.* váhati „er fährt, zieht, führt heim", *aind.* vahítra-m „Fahrzeug, Schiff", *lat.* vehere „fahren, führen" und *lat.* vehiculum „Wagen" (s. die Fremdwortgruppe um *Vehikel*). Aus dem *germ.* Sprachbereich stellen sich zu dieser Wurzel ferner die unter ↑*Weg,* ↑*Woge,* ↑*Wagen* und ↑*Wiege* behandelten Wörter. Zu dem obengenannten *gemeingerm.* starken Verb gehört als schwach gebeugtes Veranlassungswort *mhd.* wegen, *ahd.* wegen „in Bewegung setzen", *got.* wagjan „schütteln", *aengl.* wecgan „[sich] bewegen, treiben" und – als Präfixbildung – **[2]bewegen** „die Lage von etwas oder jemandem ändern; (übertragen:) geistig oder seelisch erregen". Die Verben [1]bewegen und [2]bewegen laufen schon seit *ahd.* Zeit ohne scharfe Trennung nebeneinander her. Erst im *Nhd.* wird die heutige Differenzierung erreicht. Die Grundbedeutung der Bewegung enthalten auch die *dt.* Iterative ↑wackeln, ↑watscheln und ↑aufwiegeln. – Abl.: **beweglich** (*mhd.* bewegelich, zu [2]bewegen). Siehe auch *unentwegt;* **Bewegung** (*mhd.* bewegunge, zu [2]bewegen).

Beweis, beweisen ↑weisen.

bewenden: Von der Präfixbildung *mhd.* bewenden, *ahd.* biwenten „hin-, um-, anwenden" (vgl. *wenden*) ist heute nur noch der Infinitiv gebräuchlich, und zwar in den Fügungen 'es bei/mit etwas bewenden lassen' und – substantiviert – in 'Es mag dabei sein Bewenden haben'. Veraltet ist das 2. Part. **bewandt** (*mhd.* [so] bewant „[so] beschaffen"), dazu **Bewandtnis** (17. Jh.), nur noch in: 'damit hat es folgende, seine eigene Bewandtnis'.

bewerben ↑werben.

bewerkstelligen ↑Werk.

bewerten ↑Wert.

bewilligen ↑Wille.

bewirken ↑wirken.

bewirten ↑Wirt.

bewölken, Bewölkung ↑Wolke.

bewußt: Das seit dem 16. Jh. bezeugte Adjektiv ist eigentlich das 2. Part. der heute nicht mehr gebrauchten Präfixbildung *frühnhd.* bewissen „sich zurechtfinden", *mnd.* bewēten „auf etwas sinnen, um etwas wissen". Die *mitteld.* und *mnd.* Form bewūst hat sich gegenüber der normalen Form bewist durch Luthers Bibelübersetzung durchgesetzt. Dazu stellen sich **Bewußtheit** „das Geleitetsein durch das klare

Bewußtsein" (19. Jh.), **Bewußtsein** „deutliches Wissen von etwas; Zustand geistiger Klarheit; Gesamtheit der psychischen Vorgänge, durch die sich der Mensch der Außenwelt und seiner selbst bewußt wird" (im 18. Jh. zunächst philosophisch, dann als Gegenwort zu 'Ohnmacht' auch allgemein gebraucht), **bewußtlos** „ohne Bewußtsein" (zu dem heute veralteten Substantiv *frühnhd.* bewußt „Wissen, Kenntnis", also eigentlich „ohne [sein] Wissen"); **unbewußt** (*frühnhd.* unbewist, *mnd.* unbewust „unbekannt, nicht wissend", dann „nicht bewußt, nicht ins Bewußtsein tretend"), **Unterbewußtsein** (im 19. Jh. als Begriff der Psychologie gebildet), vgl. auch **selbstbewußt, Selbstbewußtsein** (18. Jh.) und **schuldbewußt** (18. Jh.).

bezahlen ↑Zahl.

bezaubern ↑Zauber.

bezechen, bezecht ↑Zeche.

bezeichnen, Bezeichnung ↑zeichnen.

bezeigen ↑zeigen.

bezeugen ↑Zeuge.

bezichtigen „beschuldigen": Das seit dem 16. Jh. – neben heute veraltetem 'bezichten' – bezeugte Verb gehört zu *mhd.* beziht, biziht „Beschuldigung", *ahd.* biziht „Verdachtszeichen", einer Bildung zu *mhd.* bezīhen, *ahd.* bizīhan „beschuldigen" (vgl. *zeihen*).

beziehen, Beziehung ↑ziehen.

Bezirk „[Verwaltungs]gebiet": Das seit *spätmhd.* Zeit bezeugte Substantiv (*spätmhd.* bezirc „Umkreis, Bezirk") trat als Präfixbildung an die Stelle des älteren Substantivs *mhd.* zirc „[Um]kreis, Bezirk", das (bereits in *ahd.* Zeit) aus *lat.* circus „Kreis, Kreislinie, Kreisbahn" (vgl. *Zirkus*) entlehnt wurde.

bezirzen ↑becircen.

Bezug, bezüglich ↑ziehen.

bezwecken ↑Zweck.

bezweifeln ↑Zweifel.

bezwingen ↑zwingen.

bi..., Bi...: Das Bestimmungswort von Zusammensetzungen mit der Bed. „zwei, doppel[t]" stammt aus gleichbed. *lat.* bi... (*alat.* dui...), das auf *idg.* *du̯i- „zwei" (vgl. *Duo*) zurückgeht.

bibbern ↑beben.

Bibel „die Heilige Schrift": Der aus der ägyptischen Papyrusstaude gewonnene und zu Papierrollen verarbeitete Papyrusbast wurde im alten Griechenland vornehmlich aus der phönizischen Hafenstadt Byblos (heute Dschubail im Libanon) importiert. Nach ihr nannten die Griechen das verarbeitete Rohmaterial selbst býblos. Das davon abgeleitete byblíon, dessen -y- an das -i- der folgenden Silbe assimiliert wurde zu biblíon „Papierrolle, Buch" (nach diesem Vorbild entstand *klass.-griech.* bíblos), wurde im *Plural* biblía „Bücher" ins *Kirchenlat.* zur Bezeichnung der „Heiligen Bücher (des Alten und Neuen Testaments)" entlehnt. Die eigenartige Betonung auf der vorletzten Silbe bewirkte dann, daß das Wort (ursprünglich ein Neutr. Plur.) bei der Übernahme ins *Mhd.* als Femin. Sing. gefaßt wurde (*mhd.* biblie, später: bibel): die Bibel als „das Buch". Abl.: **biblisch** (16. Jh.). – Dazu ↑*biblio..., Biblio...* ↑[1]*Fibel.*

Biber: Der *altgerm.* Name des im Wasser lebenden Nagetieres *mhd.* biber, *ahd.* bibar, *niederl.* bever, *engl.* beaver, *aisl.* bjōrr ist z. B. verwandt mit *lat.* fiber „Biber" und *russ.* bobr „Biber" und beruht mit diesen auf *idg.* *bhebhru-s „Biber", einem substantivierten Adjektiv mit der Bedeutung „glänzend, hellbraun", vgl. *aind.* babhrú-ḥ „rotbraun" (vgl. *braun*). Der Biber ist also nach seiner Farbe als der „Braune" benannt worden. Auf die alte Verbreitung des heute in Deutschland fast ausgerotteten Pelztieres weisen zahlreiche Orts- und Flußnamen hin, z. B. *gall.* Bibracte, *dt.* Biberach, Bebra, Bever, *slaw.* Bober (*poln.* Bobr). Zus.: **Bibergeil** „Drüsenabsonderung des Bibers" (*mhd.* bibergeil, zu Geile „Hode" [vgl. *geil*]; man hielt die Drüsen fälschlich für die Hodensäcke des Tieres); **Biberschwanz** „flacher Dachziegel" (16. Jh.).

biblio..., Biblio...: Das Bestimmungswort von Zusammensetzungen mit der Bed. „Buch" stammt aus gleichbed. *griech.* biblíon (vgl. *Bibel*).

Bibliographie „Bücher-, Schriftenverzeichnis; Bücherkunde": Das Wort stammt aus *griech.* biblio-graphía „Bücherschreiben", vgl. auch **Bibliograph** (< *griech.* biblio-gráphos „Bücherschreiber"). Über weitere Zusammenhänge vgl. *biblio..., Biblio...* und *Graphik.* Abl.: **bibliographisch** „bücherschreibend; bücherkundlich".

Bibliothek „Bücherei": Das Wort (*spätmhd.* bibliothec) wurde aus *lat.* bibliotheca entlehnt, das seinerseits auf *griech.* bibliothḗkē „Büchersammlung" (eigentlich: „Büchergestell") zurückgeht. Über weitere Zusammenhänge vgl. *biblio..., Biblio...* und *Theke.* – Dazu: **Bibliothekar** „[wissenschaftl.] Verwalter einer Bücherei" (18. Jh.; aus *lat.* bibliothecarius).

biblisch ↑Bibel.

bieder, (altertümelnd auch:) **biderb:** Das auf das *dt.* Sprachgebiet beschränkte Adjektiv *mhd.* bider, biderbe, *ahd.* bitherbi ist aus dem Präfix ↑be- und dem Stamm des unter ↑*dürfen* behandelten Verbs gebildet. Aus der Grundbedeutung „dem Bedürfnis entsprechend" wurde „brauchbar, nützlich", von Personen „tüchtig, brav, wacker". Im *Nhd.* erst im 17./18. Jh. wiederaufgenommen, wird das Adjektiv heute fast nur noch abwertend im Sinne von „auf beschränkte Weise rechtschaffen, einfältig" gebraucht. Abl.: **anbiedern,** sich „plump um Vertrauen werben" (19. Jh.); **Biederkeit** (im 18. Jh. neugebildet, ohne Anschluß an *mhd., ahd.* biderbecheit „Tüchtigkeit"). Zus.: **Biedermann** (*mhd.* biderb man, biderman „unbescholtener Mann, Ehrenmann"; es blieb im Gegensatz zum Adjektiv auch *nhd.* stets gebräuchlich, wird aber seit dem 19. Jh. fast nur abwertend gebraucht); **Biedermeier** „[Kunst]stil der Zeit 1815 bis 1848" (nach dem Schulmeister Gottlieb Biedermaier, einer Figur aus Ludwig Eichrodts (und seines Freundes Adolf Kußmaul) Gedichten in den „Münchener Fliegenden Blättern" (1855–1857), einem treuherzigen, philiströsen und beschränkten Menschen mit später als zeittypisch empfundenen Charakterzügen, in Anlehnung an den Familiennamen Biedermann gebildet; seit den 90er Jahren Bezeichnung des gediegen-bürgerlichen Stils der Vormärzjahre).

biegen: *Mhd.* biegen, *ahd.* biogan, *got.* biugan stehen im Ablaut zu gleichbed. *niederl.* buigen, *engl.* to bow, *schwed.* buga und gehören mit diesen zu der *idg.* Wurzel *bheug[h]„biegen". In anderen *idg.* Sprachen sind z. B. verwandt *aind.* bhujáti „er biegt, schiebt weg" und *air.* fid-bocc „hölzerner Bogen". Aus dem *germ.* Sprachbereich gehören hierher auch die unter ↑*Bogen*, ↑*Bügel* und ↑*Bucht* behandelten Wörter. Das Veranlassungswort zu 'biegen' ist ↑beugen (eigentlich „biegen machen"); eine Intensivbildung ist ↑bücken. – Abl.: **Biege** „Krümmung" (17. Jh.); **biegsam** (17. Jh.).

Biene: Die *germ.* Bezeichnungen der Biene *mhd.* bin[e], *ahd.* bini, *niederl.* bij, *engl.* bee, *schwed.* bi sind z. B. verwandt mit *air.* bech „Biene", *russ.* pčela „Biene", lit. bìtė „Biene". Die starken Abweichungen dieser Formen – auch der *germ.* Formen untereinander – beruhen vermutlich nicht nur auf verschiedener Stammbildung, sondern auch auf tabuistischen Entstellungen. Die Biene war früher ein wichtiges Jagdtier, das wegen des Honigs sehr geschätzt war und durch Nennung des richtigen Namens nicht vertrieben werden durfte. Die Bedeutung der Bienenwirtschaft in früheren Zeiten spiegelt sich in der Ausbildung einer Imkersprache wider, aus der Wörter wie Imme, Drohne, Wabe, Weisel (s. d.) allgemein bekannt sind. Zus.: **Bienenkorb** (*mhd.* binen-, bīnkorp ist vielleicht Umbildung des älteren bīnenkar, *ahd.* binikar, ↑Kar); **Bienenstich** "Stich einer Biene; Kuchen mit einem Belag aus zerkleinerten Mandeln, Butter und Zucker" (das Benennungsmotiv für das Gebäck ist unklar); **Bienenstock** (*spätmhd.* binestoc ist eigentlich der ausgehöhlte Klotz des Waldbienenzüchters, ↑Stock).

Biennale: Die Bezeichnung für „zweijährliche Veranstaltung" wurde im 20. Jh. aus *it.* biennale entlehnt, das auf *lat.* biennalis (biennale) – zu *lat.* biennium „Zeitraum von zwei Jahren" – zurückgeht; zu *lat.* bi... „zwei" (vgl. *bi..., Bi...*) und *lat.* annus „Jahr" (vgl. *Annalen*).

Bier: Die Herkunft des *westgerm.* Wortes *mhd.* bier, *ahd.* bior, *niederl.* bier, *engl.* beer ist unklar. Vielleicht ist es aus *vlat.* biber „Trank" (zu *spätlat.* bibere „trinken") entlehnt. Unser heutiges mit Hopfen gebrautes Bier wurde um 600 zuerst in den Klöstern hergestellt und hat das ungehopfte *germ.* Bier verdrängt. Mit der neuen Brauweise kann auch das neue Wort aufgekommen sein. Aus dem *Dt.* stammt *it.* birra, aus dem *Niederl.* ist *frz.* bière entlehnt.

Biese *w* „Nahtbesatz (besonders an Uniformen); Säumchen": Das erst seit dem 19. Jh. bezeugte Wort stammt aus dem *Niederd.* und ist wahrscheinlich identisch mit *niederd.-niederl.* bies „Binse" (*mnd.* bēse „Binse"). Die zuerst bei Lederbekleidung und Schuhwerk angewandte Nahtverstärkung durch Einnähen eines [andersfarbigen] Streifens ist demnach als „Binsenhalm" benannt worden.

Biest ↑Bestie.

bieten: Das *gemeingerm.* Verb *mhd.* bieten „[an]bieten, darreichen; gebieten", *ahd.* biotan „bekanntmachen; entgegenhalten, darreichen; erzeigen, erweisen", *got.* (ana-, faúr)biudan „(ent-, ver)bieten", *aengl.* bēodan „bieten, darbieten, ankündigen, zeigen", *schwed.* bjuda „[an]bieten, antragen; gewähren" beruht mit verwandten Wörtern in anderen *idg.* Sprachen auf der *idg.* Wurzel *bheudh- „erwachen, bemerken, geistig rege sein, aufmerksam machen, warnen, gebieten". *Außergerm.* sind z. B. verwandt *aind.* bṓdhati „er erwacht" (dazu der Name Buddhas, des „Erweckten"), *griech.* pynthánesthai „erfahren, wahrnehmen", *lit.* bùdinti „wecken". Zu der *idg.* Wurzel gehören aus dem *germ.* Sprachbereich noch die unter ↑*Bote* und ↑*Büttel* behandelten Wörter. – Zusammensetzungen und Präfixbildungen: **anbieten** (*mhd.* anebieten), dazu **Angebot** „Kaufangebot, Offerte; angebotene Waren; Vorschlag"; **aufbieten** (*mhd.* ūfbieten „[zeigend] in die Höhe heben, bekanntmachen", auch „[zur Heeresfolge] auffordern"), dazu **Aufgebot** „öffentliche Bekanntmachung" (z. B. eines Brautpaares; 16. Jh., für *mhd.* ūfbōt); **entbieten** (besonders in ‚Grüße entbieten'; *mhd.* enbieten, *ahd.* inbiotan „wissen lassen"); **erbieten,** sich (*mhd.* erbieten, *ahd.* irbiotan „anbieten, darreichen", heute in der Bed. „sich bereit erklären"), dazu **ehrerbietig** (16. Jh.; aus *mhd.* einem ēre erbieten) und **erbötig** (*frühnhd.*, Ableitung vom *frühnhd.* Verbalsubstantiv erbot „Anerbieten"); **gebieten** (*mhd.* gebieten, *ahd.* gibiotan, verstärkt einfaches 'bieten', das ebenfalls „befehlen" bedeuten konnte, dazu **Gebiet** (s. d.) und **Gebot** (s. d.); **verbieten** (*mhd.* verbieten, *ahd.* farbiotan; vgl. *got.* faúrbiudan, *engl.* to forbid), dazu **Verbot** (*mhd.* verbot).

Bigamie „Doppelehe": Das Wort wurde im 16. Jh. aus *mlat.* bigamia entlehnt, das zum Adjektiv *kirchenlat.* bi-gamus „zweifach verheiratet" gehört. Dies ist eine Mischbildung aus dem gleichbed. *griech.* Adjektiv dí-gamos und *lat.* bi... „zwei" *(↑bi..., Bi...).* Das Grundwort gehört zu *griech.* gameīn „heiraten". Dazu **Bigamist** „jemand, der eine Doppelehe führt".

bigott „übertrieben fromm; scheinheilig": Das Adjektiv wurde im 18. Jh. aus gleichbed. *frz.* bigot entlehnt, dessen Herkunft umstritten ist. Voraus liegt vielleicht *aengl.* bī god (entsprechend *nhd.* „bei Gott"), eine alte *engl.* Schwurformel. Abl.: **Bigotterie** „abgöttische Frömmigkeit; Scheinheiligkeit" (17. Jh.; aus *frz.* bigoterie).

Bikini: Der zweiteilige Badeanzug für Damen ist nach dem gleichnamigen Südseeatoll benannt, das zur Zeit des Aufkommens dieses Badeanzugs zufällig durch die dort erfolgten Atombombenversuche weltbekannt wurde. Die Wirkung, die dieser knapp geschnittene Badeanzug hervorrief, wurde mit der gleichen moralischen Entrüstung betrachtet wie die Atombombenversuche auf Bikini.

Bilanz „vergleichende Gegenüberstellung von Gewinn und Verlust; Schlußabrechnung": Das

Wort der Kaufmannssprache wurde im 17. Jh. aus gleichbedeutend *it.* bilancio entlehnt. Es ist wahrscheinlich zu *it.* bilanciare „abwägen, abschätzen; im Gleichgewicht halten" gebildet, das seinerseits von *it.* bilancia „Waage" abgeleitet ist. Dies geht wie entsprechend *frz.* balance (↑Balance) auf *vlat.* *bilancia (zu *lat.* bilanx „zwei Waagschalen habend") zurück. Dessen Grundwort *lat.* lanx „Schüssel; [Waag]schale" (ursprünglich „ausgebogener Gegenstand") gehört zur *idg.* Sippe von ↑*Elle*.

Bild: Die Herkunft des nur *dt.* und *niederl.* Wortes ist unklar. *Mhd.* bilde „Bild; Gestalt; Beispiel", *ahd.* bilidi „Nachbildung, Abbild; Muster, Beispiel, Vorlage; Gestalt, Gebilde", *niederl.* beeld „Gemälde, Bild[säule], Figur" hängen vielleicht zusammen mit den unter ↑*billig* und ↑*Unbill* behandelten Wörtern sowie dem nur noch *landsch.* gebräuchlichen **Bilwiß** „Kobold, Zauberer" (*mhd.* bilwiz̧, eigentlich „Wundersames wissend") und gehen mit diesen von einem *germ.* Stamm *bil- „Wunderkraft, Wunderzeichen" aus. Die ursprüngliche Bedeutung wäre dann im *asächs.* biliđi „Wunder[zeichen]" bewahrt. Die Bed. „Gestalt" lebt verdunkelt noch in den Zusammensetzungen **Mannsbild** und **Weibsbild** (*mhd.* mannes, wībes bilde). Meist bezeichnet 'Bild' jetzt das Werk des Malers und Graphikers, seltener des Bildhauers (s. u.). – Abl.: **bilden** (s. d.); **bildhaft** „wie ein Bild, anschaulich" (19. Jh.); **bildlich** (*mhd.* bildelich „bildlich; wahrnehmbar", *ahd.* bildlīcho „entsprechend"); **Bildnis** (*mhd.* bildnisse); **Gebilde** (*mhd.* gebilde „äußere Gestalt, Sternbild", *ahd.* gebilide, ein altes Kollektiv zu 'Bild'; das Wort wurde im 18. Jh. in der Bed. „[Ab]bild" wieder aufgenommen, seitdem aber mehr an 'bilden' angelehnt). Zus.: **Bildhauer** (im 15. Jh. bildhower, nach *mhd.* ein bilde houwen „eine Plastik gestalten"); **Bildfläche** (die Wendung 'auf der Bildfläche erscheinen' wurde im 19. Jh. zuerst technisch vom Entwickeln einer photographischen Platte oder einer geätzten Druckplatte gebraucht); **Bildstock** „[Säule mit] Heiligenbild" (*spätmhd.* bildestoc; ähnlich ist **Bildsäule** „Statue", 16. Jh. zu verstehen); **bildschön** (im 18. Jh. zuerst *oberd. ugs.;* eigentlich „schön wie ein Heiligenbild" hat es älteres 'engelschön' verdrängt), danach im 19. Jh. **bildhübsch; Urbild** (im 17. Jh. Lehnübertragung für *griech.-lat.* archetypus, später Ersatzwort für Original, Idee, Ideal); **Vorbild** (*mhd.* vorbilde, *ahd.* forebilde).

bilden: Als Ableitung von dem unter ↑*Bild* behandelten Substantiv erscheinen *ahd.* biliden „einer Sache Gestalt und Wesen geben" und *ahd.* bilidōn „eine Gestalt nachbilden". *Mhd.* 'bilden' vereinigt beide Bedeutungen und gilt besonders von handwerklicher und künstlerischer Arbeit (dazu *nhd.* 'die bildenden Künste'), aber auch von Gott als Schöpfer wie später vom Schaffen der Natur und (reflexiv) vom Werden natürlicher Formen. Als pädagogische Begriffe treten 'bilden' und 'Bildung' (s. u.) erst im 18. Jh. auf, jedoch vorbereitet durch die mittelalterliche Mystik (↑ein-, ausbilden); dazu gehört das verselbständigte Partizip **gebildet,** substantiviert der **Gebildete** (18. Jh.). – Abl.: **Bildner** (älter auch Bilder; *mhd.* bildenære, bildære, *ahd.* bilidāri „schaffender Künstler"; heute z. B. in 'Maskenbildner'); **bildsam** (im 18. Jh. für „plastisch, formbar"); **Bildung** (*mhd.* bildunge, *ahd.* bildunga „Schöpfung, Verfertigung", auch „Bildnis, Gestalt"; im 18. Jh. folgt das Wort der Entwicklung von 'bilden' zum pädagogischen Begriff, verflacht aber vielfach zur Bezeichnung bloßen Formalwissens). Zus.: **ausbilden** (*spätmhd.* in der Mystik ūz̧bilden „zu einem Bild ausprägen", *nhd.* im Anschluß an 'bilden' „durch Unterricht technisch oder körperlich vervollkommnen"); **einbilden** (*mhd.* īnbilden „[in die Seele] hineinprägen", ebenfalls ein Mystikerwort, dann „vorstellen", im *Nhd.* reflexiv als „sich vorstellen, wähnen"), dazu **eingebildet** „sich selbst überschätzend" (18. Jh., eigentlich 2. Part.), **Einbildung** (*mhd.* īnbildunge „Einprägung, Phantasie", *nhd.* „irrige Vorstellung"), **Einbildungskraft** „Phantasie" (im 17. Jh. Lehnübertragung für *lat.* vis imaginationis; es hat bis heute den guten Sinn von 'einbilden' bewahrt).

Bildfläche, bildhaft, Bildhauer, bildhübsch, bildlich, Bildnis, Bildsäule, bildschön, Bildstock ↑Bild.

Billard: Der Name des Spiels, bei dem Kugeln mit einem Stock nach bestimmten Regeln gestoßen werden, wurde im 18. Jh. aus *frz.* billard entlehnt, das ursprünglich „krummer Stab" bedeutete und zu *frz.* bille „Holzpflock" gehört. Kreuzung mit einem unverwandten gleichlautenden bille „Kugel" ergab dann (zunächst als jeu de billard „Billardspiel") die heutige Bedeutung.

Billett: Der veraltende Ausdruck für: „Fahrkarte; Eintrittskarte; Briefchen" wurde um 1600 zunächst in der Militärsprache als „[Quartier]schein" aus *frz.* billet (de logement) entlehnt. Das vorausliegende *afrz.* billette ist ein durch bille „Kugel" entstelltes *afrz.* bullette „Beglaubigungsschein". Dies gehört als Ableitung von bulle „Wasserblase; Siegelkapsel" zu *lat.* bulla mit der in ↑[2]*Bulle* angedeuteten Bedeutungsentwicklung.

billig: Das Adjektiv *mhd.* billich, *ahd.* billīh gehört wohl zu dem unter ↑*Bild* behandelten Stamm und bedeutete danach ursprünglich etwa „wunderkräftig, wirksam", woraus sich dann die Bed. „recht, passend, angemessen, gemäß" entwickelte. Beachte dazu *mhd.* un-bil „ungemäß" (s. den Artikel *Unbill*). Im 17. Jh. wurde das Wort in der Endung an die Adjektive auf -ig angeglichen. In der Verbindung 'recht und billig' bedeutet 'recht', was durch Gesetze begründet ist, 'billig', was nach natürlichem Rechtsempfinden „angemessen" ist. Dazu stellt sich die Verneinung **unbillig** (*mhd.* unbillich „unrecht, unschicklich, gewalttätig"). Die heutige Bed. „nicht teuer, niedrig im Preis" entstand im 18. Jh. aus „dem Wert angemessen"; ein 'billiger Preis' war ein „dem Wert der Ware angemessener Preis". Da billige Ware oft minderwertige Ware ist, konnte 'billig' auch gleichbed. mit „minderwertig" werden. – Abl.: **billi-**

gen (*mhd.* billichen „für angemessen erklären"), dazu die Zus. **zubilligen** „zugestehen" und **mißbilligen** „tadeln" (17. Jh.) und die Präfixbildung **verbilligen** „billiger machen" (19. Jh.).

Billion ↑ Million.

Bilwiß ↑ Bild.

bimmeln: Das seit dem 17. Jh. im *Hochd.* bezeugte Verb (im *Niederd.* schon *mnd.* bimmelen) ist lautmalenden Ursprungs und ahmt den hellen Ton kleiner Glocken nach, beachte das Schallwort 'bim!' und die Nachahmung des Glockengeläuts 'bim, bam [, bum]!'. Dazu gehört der *ugs.* Ausruf 'heiliger Bimbam!'.

Bimsstein: Das seit dem 16. Jh. gebräuchliche Wort ist eine verdeutlichende Zusammensetzung für das einfache **Bims** (*mhd.* bümeʒ, *ahd.* bumiʒ), das aus *lat.* pumex (Genitiv pumicis) „helles, schaumiges vulkanisches Gestein" entlehnt ist. Das *lat.* Wort bedeutet eigentlich „Schaumstein" und gehört zu *lat.* spuma „Schaum" (vgl. *abgefeimt*). – Abl.: **bimsen,** eigentlich „mit Bimsstein glätten, reiben" (z. B. Pergament, Holz), in der Soldatensprache für „putzen, schleifen, scharf exerzieren", *ugs.* für „prügeln", beachte die Präfixbildung **verbimsen.**

binden: Das *gemeingerm.* Verb *mhd.* binden, *ahd.* bintan, *got.* bindan, *engl.* to bind, *schwed.* binda beruht mit verwandten Wörtern in anderen *idg.* Sprachen auf der *idg.* Wurzel *bhendh- „binden", vgl. z. B. *aind.* badhnā̆ti, bandhati „er bindet, fesselt". Zu dem *gemeingerm.* Verb gehören auch die alten Bildungen ↑ Band und ↑ Bund sowie das Lehnwort ↑ [1]Bande „[Rand]streifen" (s. dort über Bandage und [2]Band „Musikkapelle"). Die Bedeutung des Umwindens, Zusammenfügens, Zusammenhaltens und Befestigens wird in Zusammensetzungen wie 'an-, auf-, ein-, um-, vor-, zu-, fest-, losbinden' näher bestimmt. – Abl.: **Binde** (*mhd.* binde, *ahd.* binta; eigentlich „Bindendes"; z. B. Leib-, Arm-, Halsbinde; dazu die *ugs.* Wendung 'einen hinter die Binde gießen' für „Alkohol trinken"); **Binder** (*mhd.* binder „Faßbinder"; heute Bezeichnung für Geräte wie Mähbinder, für einen querliegenden Mauerstein und für eine Krawatte); **Bindung** (*mhd.* bindunge „Verknüpfung"; heute auch in 'Schibindung; Leinen-, Köper-, Atlasbindung' usw.); **Gebinde** (*mhd.* gebinde „Band"; *nhd.* seit dem 18. Jh. Maßbezeichnung für Zusammengebundenes, z. B. Garn, dann auch für Blumenstrauß). – Zusammensetzungen und Präfixbildungen: **abbinden** (*mhd.* abebinden „losbinden [den Helm]"; dann auch „durch Binden unterbrechen, abschnüren", „[ein Kalb] entwöhnen", fachsprachlich u. a. auch „eine Verbindung eingehen und hart werden [von Beton]"); **anbinden** (*mhd.* anebinden, *ahd.* anabintan; die *nhd.* Redensart 'mit einem anbinden' für „Streit anfangen" kommt vielleicht aus der Fechtersprache: die Klingen werden 'gebunden', d. h. gekreuzt; gleicher Herkunft mag 'kurz angebunden' für „barsch, abweisend" sein), dazu **Angebinde** „Geschenk" (17. Jh.; es wurde früher dem Beschenkten an den Arm gebunden); **aufbinden** (*mhd.* ūfbinden; die Bed. „einem etwas weismachen", eigentlich „eine Last aufdrängen", drastisch 'einen Bären aufbinden', entstand im 17. Jh. als Lehnbildung für *lat.* imponere „weismachen"); **Ausbund** (s. d.); **einbinden** „geheftete Blätter mit einem Einband versehen" (*mhd.* īnbinden „in etwas binden; einschärfen"), dazu **Einband; entbinden** (*mhd.* enbinden, *ahd.* intbintan „losbinden; befreien", so noch in den Fügungen 'vom Eid, von einer Pflicht entbinden'; der Ausdruck 'entbunden werden' für „gebären" ist schon *mhd.* und bezieht sich auf das Abbinden der Nabelschnur des Neugeborenen); **unterbinden** „durch Binden unterbrechen, abschnüren; verhindern" (*mhd.* underbinden); **verbinden** (*mhd.* verbinden „fest-, zusammenbinden, Wunden zubinden", *ahd.* farbintan); dazu **Verbindung** (*spätmhd.* verbindunge; heute auch „studentische Korporation"); **verbindlich** (16. Jh.; heute meist für „höflich", doch haben Wendungen wie 'verbindliche [= bindende] Zusage' den alten Sinn „verpflichten" bewahrt, ebenso die Verneinung **unverbindlich** [18. Jh., für älteres unverbündlich]), dazu **Verbindlichkeit,** verbindliches Wesen, Höflichkeit; bindender, verpflichtender Charakter einer Sache; Verpflichtung, kleinere Schuld"; **Verband** (im 18. Jh. zuerst als „Wundverband" und im Schiffsbau für „tragendes, stützendes Bauteil"; erst im 19. Jh. für „Organisation, Körperschaft"); **Verbund** (*mhd.* verbunt „Bündnis"; das Wort wurde in der technischen Sprache des 20. Jh.s wohl neu zurückgebildet aus dem 2. Part. 'verbunden', zuerst in Zusammensetzungen wie 'Verbundglas, Verbundmaschine', neuerdings selbständig als Bezeichnung für die ergänzende Zusammenarbeit [Verbundwirtschaft] von Kraftwerken und Fabriken).

binnen: *Mhd.* (mitteld.), *mnd.* binnen, ist aus *bī innen „innerhalb" entstanden (vgl. *bei* u. *innen*). Es erscheint als Raumadverb noch in Zusammensetzungen wie 'Binnenland' und 'Binnensee'. Als Präposition wird es nur noch zeitlich gebraucht: binnen kurzem, binnen weniger Tage.

Binse: Der *westgerm.* Name der grasähnlichen Sumpfpflanze *mhd.* bin[e]ʒ, *ahd.* binuʒ, *asächs.* binut, *engl.* bent[grass] ist dunklen Ursprungs. Die heutige Singularform ist aus dem *frühnhd.* *Plural* bintze, bintzen entstanden. Die *ugs.* Redensart 'in die Binsen gehen' „verlorengehen" (19. Jh.) bezieht sich wohl auf die Entenjagd (die Binse bezeichnete *landsch.* auch das Schilfrohr; im Schilf findet der Jagdhund die getroffene Wildente nicht). Zus.: **Binsenwahrheit** „Selbstverständliches" (eigentlich „binsenglatte" Wahrheit; im 19. Jh. wohl nach *lat.* nodum in scirpo quaerere „einen Knoten an der völlig glatten Binse suchen", d. h. „Schwierigkeiten suchen, wo es keine gibt").

bio..., Bio...: Das in zahlreichen Zusammensetzungen (↑ Biographie, ↑ Biologie) auftretende Bestimmungswort mit der Bed. „Leben" geht zurück auf gleichbed. *griech.* bíos, das zur *idg.* Sippe von ↑*keck* gehört. Als Grundwort erscheint bíos in ↑ Amphibie.

Biograph „Verfasser einer Lebensbeschreibung“: Das Wort ist eine Bildung des 18. Jh.s – vermutlich unter dem Einfluß von *frz.* biographe – zu *griech.* bíos „Leben“ (vgl. *bio..., Bio...*) und gráphein „schreiben“ (vgl. *Graphik*). Das Substantiv **Biographie** „Lebensbeschreibung“ (18. Jh.) geht dagegen auf gleichbed. *spätgriech.* biographía zurück. Dazu stellt sich das Adjektiv **biographisch.**

Biologie „Lehre von der belebten Natur“: Die Bezeichnung wurde 1802 von dem dt. Naturwissenschaftler Gottfried Treviranus aus *griech.* bíos „Leben“ (vgl. *bio..., Bio...*) und *griech.* lógos „Wort; Wissenschaft“ (vgl. *...loge*) gebildet. – Dazu **biologisch** (19. Jh.), **Biologe** (20. Jh.).

Birke: Die *germ.* Benennungen der Birke *mhd.* birke, *ahd.* birihha, *niederl.* berk, *engl.* birch, *schwed.* björk sind z. B. verwandt mit *aind.* bhūrjá-ḥ „eine Art Birke“ und *russ.* berëza „Birke“ (beachte den historisch bekannten Flußnamen Beresina, eigentlich „Birkenfluß“). Diese Wörter gehören zu der Wurzelform *bher[ə]ĝ- „glänzen, leuchten; glänzend, leuchtend“ (↑*braun*), vgl. z. B. *ahd.* beraht, *mhd.* berht „glänzend“, *got.* baírhts „hell, glänzend“, *engl.* bright „strahlend, leuchtend“, *schwed.* bjärt „grell“. Die Birke ist also nach ihrer leuchtendweißen Rinde benannt. Zus.: **Birkhuhn** (Wildhuhn, das im Winter von Birken- und Erlenkätzchen lebt; *mhd.* birk-, *ahd.* birchuon).

Birne: Im Gegensatz zum Namen des Apfels ist der *germ.* Name der Birne nicht bewahrt: *Mhd.* bir[e], *ahd.* bira beruht auf *vlat.* pira, das erst nach der *hochd.* Lautverschiebung von Mönchen in Süddeutschland übernommen wurde und auf *lat.* pirum „Birne“ zurückgeht. Der Nordwesten des *germ.* Sprachgebiets übernahm dagegen schon zur Römerzeit das *vlat.* Wort; das zeigen *niederl.* peer, *engl.* pear. *Frz.* poire und *it.* pera gehen ebenfalls auf das *vlat.* Wort zurück. Das n der schwach gebeugten Pluralform (*mhd.* bir[e]n) trat im 17. Jh. in den Nominativ über (birn), das auslautende e ist sekundär. – Zus.: **Birnbaum** (*mhd.* birboum, *ahd.* biraboum).

bis: Die *nhd.* Form geht auf *mhd.* biȥ (bitze) zurück, das wahrscheinlich aus *ahd.* bī ze „dabei zu“ (vgl. *bei* und *zu*) entstanden ist. Ursprünglich stand das Wort als Adverb neben Präpositionen, die eine Richtung bezeichnen, wie z. B. in *nhd.* 'bis zu' oder 'bis an'. Durch Ausfall der zweiten Wörter wurde es selbst Präposition mit dem Akkusativ. Als Konjunktion ist es aus der Fügung 'bis daß' hervorgegangen. Zus.: **bislang** bes. *nordd.* für: „bisher, bis jetzt“ (gekürzt aus älter *nhd.* bissolang, bis so lange); **bisweilen** „manchmal“ (16. Jh.; vielleicht wurden gleichbed. *mhd.* bī wīlen und ze wīlen zu *bīzwīlen vermischt; vgl. *Weile*).

Bisam: Die ältere Bezeichnung für ↑Moschus (*mhd.* bisem, *ahd.* bisam[o]) stammt aus *mlat.* bisamum, das auf *hebr.* boṣęm (vgl. *Balsam*) zurückgeht. Im Sinne von „Pelz der Bisamratte“ ist 'Bisam' aus 'Bisamratte' gekürzt.

Bischof: Die den *germ.* Sprachen gemeinsame Bezeichnung des kirchlichen Würdenträgers (*mhd.* bischof, *ahd.* biscof, *niederl.* bisschop, *engl.* bishop, *schwed.* biskop) beruht auf einer frühen Entlehnung aus *kirchenlat.* episcopus „Aufseher; Bischof“. Die *germ.* Formen (mit Abfall des anlautenden e- und Erweichung des p- zu b-) weisen auf *roman.* Vermittlung hin (beachte z. B. entsprechend *it.* vescovo, *afrz.* vesque gegenüber *afrz.* evesque > *frz.* évêque), während *got.* aípiskaúpus unmittelbar aus *griech.* epí-skopos „Aufseher; (im N. T.:) geistlicher Leiter einer Gemeinde, Bischof“ stammt, das auch die Quelle des *kirchenlat.* Wortes ist. Über weitere etymologische Zusammenhänge vgl. den Artikel *Skepsis.* – Abl.: **bischöflich** (*mhd.* bischoflich). Zus.: **Erzbischof** (*mhd.* erzebischof, *ahd.* erzibiscof, entsprechend z. B. *engl.* archbishop), aus *kirchenlat.* archiepiscopus „Erzbischof“ (über das Bestimmungswort vgl. den Artikel *Erz...*); **Bistum** „Sprengel, Diözese; Amtsbezirk eines Bischofs“ (*mhd.* bis[ch]tuom für bischoftuom, *ahd.* biscoftuom).

Biskuit „Feingebäck aus Mehl, Eiern und Zukker“: Das Fremdwort wurde im 17. Jh. (zunächst mit der speziellen Bed. „feiner Zwieback“) aus *frz.* biscuit „Zwieback; Biskuit“ entlehnt, das auf *lat.* bis coctum „zweimal Gebakkenes“ zurückgeht. Zugrunde liegt *lat.* coquere „kochen, sieden, braten, backen usw.“ (vgl. das Lehnwort *kochen*).

bislang ↑bis.

Bison ↑Wisent.

Biß, bißchen, bissel, Bissen, bissig ↑beißen.

Bistum ↑Bischof.

bisweilen ↑bis.

bitten: Das *gemeingerm.* Verb *mhd., ahd.* bitten, *got.* bidjan, *aengl.* biddan, *schwed.* bedja hängt wahrscheinlich zusammen mit *mhd.* beiten, *ahd.* beitten „zwingen, drängen, fordern“, *got.* baidjan „zwingen“, *aengl.* bǣdan „zwingen, bedrängen, verlangen“, *aisl.* beiđa „nötigen, zwingen“. Diese *germ.* Wortgruppe ist verwandt mit *griech.* peithesthai „sich überreden lassen“, *lat.* fidere „vertrauen“ (↑fidel), *lat.* foedus „Bündnis“ (↑Föderation), *abulgar.* běditi „zwingen“ und gehört wahrscheinlich im Sinne von „jemanden oder sich selbst (durch ein Versprechen, einen Vertrag und dgl.) binden“ zu einer Wurzel *bheidh- „binden, winden, flechten“, zu der z. B. auch *lat.* fiscus „Geldkorb, Kasse“, eigentlich „geflochtener Korb“ (↑Fiskus) gehört. Um 'bitten' gruppieren sich im *Dt.* die Bildungen ↑beten, ↑Gebet und ↑betteln. – Abl.: **bitte** (bei höflicher Aufforderung in *nhd.* Zeit verkürzt aus 'ich bitte'); **Bitte** (*spätmhd.* bitte steht für *mhd.* bete „Bitte, Gebet, Befehl“ wie *ahd.* bita neben häufigerem beta [↑beten]; *got.* entsprechend bida „Gebet, Aufforderung“; der religiöse Sinn des *dt.* Wortes erscheint z. B. in den Bitten des Vaterunsers), dazu **Fürbitte** (*mhd.* vürbete, -bite, besonders in der katholischen Heiligenverehrung). Zus.: **Bittgang** (19. Jh., auch für Prozession, *mhd.* dafür bite vart, bete vart); **Bittschrift** (17. Jh., für *lat.* supplicatio); **Bittsteller** (18. Jh., Ersatzwort für: Supplikant).

bitter: Das *altgerm.* Adjektiv *mhd.* bitter, *ahd.* bittar, *niederl.* bitter, *engl.* bitter, *schwed.* bitter steht im Ablaut zu *got.* baitrs „bitter" und gehört mit diesem zu der Wortgruppe um ↑beißen. Die Adjektivbildung bedeutete demnach ursprünglich „beißend, scharf (vom Geschmack)". Abl.: **Bitterkeit** (*mhd.* bitterkeit); **bitterlich** (*mhd.* bitterlich, Adjektiv, und bitterliche, Adv.); **Bitternis** (19. Jh.); **erbittern** (*mhd.* erbittern als Ersatz für einfaches *mhd.* bittern „bitter sein; bitter machen", nur übertragen gebraucht als „mit Groll erfüllen, in Zorn versetzen"), dazu **Erbitterung** (17. Jh., als vorübergehender Gemütszustand); **verbittern** (*spätmhd.* verbittern, heute nur übertragen „mit bleibendem Groll erfüllen; vergällen"), dazu **Verbitterung** (16. Jh.; ursprünglich „Erbitterung", dann entsprechend dem Verb als dauernder Gemütszustand).

Bitumen ↑Beton.

Biwak *s* „Feld[nacht]lager": Das Wort wurde im 17. Jh. aus *frz.* bivouac, bivac entlehnt, das ursprünglich „Nachtwache" bedeutete und seinerseits aus *niederl.* bijwacht „Beiwache" stammt. Die Beiwache, die im Freien kampierte, ergänzte die in einem Wachhäuschen untergebrachte Hauptwache. Abl.: **biwakieren** „im Freien lagern" (aus *frz.* bivouaquer).

bizarr „seltsam; wirrförmig": Das seit dem 17. Jh. bezeugte Adjektiv stammt aus *frz.* bizarre, das seinerseits aus *it.* bizarro entlehnt ist. Der Ursprung des *it.* Wortes ist dunkel.

blaffen, bläffen: Das seit *spätmhd.* Zeit bezeugte Verb ist – wie auch gleichbed. *mnd.* blaffen, *niederl.* blaffen – lautnachahmenden Ursprungs; beachte die Interjektion 'blaff!', die den Knall eines Gewehres nachahmt. Gebräuchlich ist in der Umgangssprache **anblaffen** im Sinne von „anfahren, zurechtweisen".

Blahe ↑Plane.

blähen: Das *westgerm.* Verb *mhd.* blæjen, *ahd.* blājan „blasen, [auf]blähen", *engl.* to blow „blasen, wehen" ist eng verwandt mit den unter ↑*blasen* und ↑*Blatter* behandelten Wörtern und gehört mit diesen zu der unter ↑[1]*Ball* dargestellten Wortgruppe. *Außergerm.* ist z. B. *lat.* flare „blasen" eng verwandt.

Blahe ↑Plane.

blaken „schwelen, rußen": Das um 1800 in die *hochd.* Schriftsprache übernommene *niederd.* blaken „glühen; flackern, qualmen" gehört zu der Wortgruppe von ↑*blecken.* Im *Niederl.* entspricht blaken „versengen, glühen".

blamieren „bloßstellen, beschämen", auch reflexiv gebraucht: Das Verb wurde im 17. Jh. aus *frz.* blâmer „tadeln" entlehnt, das über *vlat.* blastemare auf *lat.* blasphemare „lästern, schmähen" > *griech.* blasphēmeīn zurückgeht (vgl. *Blasphemie*). – Dazu: **blamabel** „beschämend" (19. Jh.; aus *frz.* blâmable); **Blamage** „Beschämung; Schande" (französierende Neubildung des 18./19. Jh.s).

blank: *mhd.* blanc „blinkend, weißglänzend, schön", *ahd.* blanch „blank", *niederl.* blank „blank, glänzend, weiß", *schwed.* black „fahl, falb" gehören mit den unter ↑*blinken* behandelten Wörtern zu der Wortgruppe von ↑*blecken.* Das Adjektiv wurde mit anderen Farbbezeichnungen wie 'blau, blond, braun' (s. d.) ins *Roman.* entlehnt, vgl. *frz.* blanc „weiß; rein, sauber" (daraus *engl.* blank) und *it.* bianco „weiß, blank, hell; unbeschrieben" (↑blanko). Im *Nhd.* wird 'blank' auch im Sinne von „sauber, rein" und „bloß, entblößt" gebraucht, beachte die *ugs.* Wendung 'blank sein' „ohne Geld sein". Dazu die Zusammensetzung **Blankvers** „reimloser fünffüßiger Jambus" (nach *engl.* blank verse).

blanko „leer, unbeschrieben", besonders in Zusammensetzungen wie **Blankoscheck, Blankovollmacht** „unbeschränkte Vollmacht": Das Wort des Geld- und Rechnungswesens wurde im 17. Jh. aus *it.* bianco (vgl. blank) entlehnt und in der Form an das Adjektiv 'blank' angeglichen.

Blarre ↑plärren.

blasen: Das *gemeingerm.* Verb *mhd.* blāsen, *ahd.* blāsan „blasen, hauchen, schnauben", *got.* (uf)blēsan „(auf)blasen", *niederl.* blazen „blasen, anfachen", *schwed.* blåsa „blasen" ist eng verwandt mit den unter ↑*blähen* und ↑*Blatter* behandelten Wörtern und gehört zu der Wortgruppe von ↑[1]*Ball.* Abl.: **Blase** (*mhd.* blāse, *ahd.* blāsa „Harnblase"); **Blasebalg** ↑Balg; **Gebläse** (s. d.).

blasiert „hochnäsig, uninteressiert": Das Adjektiv wurde um 1800 aus *frz.* blasé „abgestumpft" entlehnt, eigentlich „(von Flüssigkeiten) übersättigt". Das zugrundeliegende Verb *frz.* blaser „abstumpfen; übersättigen", eigentlich „aufquellen; schwellen" ist wahrscheinlich aus *niederl.* blazen „blasen" (vgl. *blasen*) entlehnt.

Blasphemie: Der Ausdruck für „[Gottes]lästerung" wurde im 16. Jh. aus *lat.* blasphemia, *griech.* blasphēmía „Schmähung" entlehnt. Das zugrundeliegende Verb *griech.* blasphēmeīn „schmähen, lästern", das auch die Quelle für *frz.* blâmer (↑blamieren) ist, gehört – bei unklarem Bestimmungswort – zur Sippe von *griech.* phánai „sagen, reden" (vgl. *Phonetik*). Dazu das Adjektiv **blasphemisch** „[gottes]lästernd", nach *griech.* blásphēmos „schmähend, lästernd".

blaß: Das auf das *dt.* Sprachgebiet beschränkte Adjektiv (*mhd.* blas „kahl; gering, nichtig") gehört mit den unter ↑*Blesse* behandelten Wörtern zu der vielfach weitergebildeten und erweiterten *idg.* Wurzel *bhel- „leuchten[d], glänzen[d]" (vgl. *Belche*). Es bedeutete demnach ursprünglich „blank". Die heutige Bed. „bleich" ist seit dem 14. Jh. von Ostpreußen her allgemein geworden. Dazu stellen sich die *nhd.* Verben **erblassen** und **verblassen** und das Substantiv **Blässe** „Blaßheit" (17. Jh.). Vgl. 'Bläßhuhn' unter *Blesse.*

Blatt: Das *altgerman.* Wort *mhd., ahd.* blat, *niederl.* blad, *engl.* blade, *schwed.* blad gehört im Sinne von „Aufgeblühtes" zu der unter ↑*blühen* dargestellten Wortgruppe. Die schon *mhd.* bezeugte Bed. „Blatt im Buch" ist von *lat.* folium beeinflußt (↑Folio). Das Wort bezeichnet auch andere dünne und flache Dinge, so die

Klinge bei Schwert, Messer, Axt, Säge usw., weidmännisch die Gegend des Schulterblatts beim Wild, an diese Bedeutung schließt sich **Blattschuß** (19. Jh.) an. – Abl.: **blättern** „Blätter bilden (von Schiefer, Teig u. ä.); Papierblätter umschlagen" (*mhd.* bleteren). Beachte auch die Zusammensetzungen **Blättermagen** „dritter Magen der Wiederkäuer" (nach den blattartigen Falten) und **Blätterteig.** Vgl. auch 'Blattgold' unter *Gold.*

Blatter „Pocke (meist Plural: Pockenkrankheit)": *Mhd.* blātere, *ahd.* blāt[t]ara „Wasser-, Harnblase; Pocke", *niederl.* blaar „Blatter", *engl.* bladder „[Harn]blase, Blatter", älter *schwed.* bläddra „Blase" sind eng verwandt mit den unter ↑*blasen* und ↑*blähen* behandelten Wörtern und gehören zu der unter ↑[1]*Ball* dargestellten Wortgruppe.

blau: Das *altgerm.* Farbadjektiv *mhd.* blā, *ahd.* blāo, *niederl.* blauw, *aengl.* *blǣw (in blǣhǣwen „hellblau"), *schwed.* blå ist z. B. eng verwandt mit *lat.* flavus „goldgelb, blond" und gehört mit anderen verwandten Wörtern zu der unter ↑*Belche* dargestellten *idg.* Wurzel *bhel- „schimmern[d], leuchten[d], glänzen[d]". 'Blau' ist wie andere *germ.* Farbenbezeichnungen in die *roman.* Sprachen entlehnt worden: *it.* biavo „blau", *frz.* bleu „blau" (daraus *engl.* blue; s. die Artikel *blümerant, Blue jeans, Blues*). – Die heutige Farbvorstellung 'blau' hat sich erst im *Germ.* herausgebildet; selbst *ahd.* blāo kann gelegentlich noch *lat.* flavus „gelb" übersetzen. Die Abstufungen der Farbe werden im *Dt.* durch Zusammensetzungen näher bestimmt wie 'hell-, dunkel-, schwarz-, grau-, himmel-, wasser-, veilchen-, stahlblau' u. a. In übertragenem Sinne meint 'blau' die unbestimmte Ferne (ins Blaue träumen, reisen), einen geheimnisvollen Zauber (blaue Blume) und das Betrunkensein (wohl nach dem Schwindelgefühl des Betrunkenen, beachte die schon im 16. Jh. bezeugte Wendung 'es wird mir blau [heute: schwarz] vor den Augen' „ich werde ohnmächtig"). Der 'blaue Brief' hat seinen Namen von den Umschlägen preußischer Kabinettsschreiben im 19. Jh. 'Blaues Blut' ist im 19. Jh. übersetzt worden aus *span.* sangre azul, das die vornehmsten (ursprünglich westgotischen) Familien des spanischen Adels bezeichnete (bei denen die blauen Adern durch die helle Haut schimmerten). Zu 'blaumachen' und zum 'blauen Montag' ↑*Montag.* – Abl.: **Bläue** (*mhd.* blǣwe); **blauen** „blau werden, sein" (17. Jh.); **bläuen** „blau färben" (*mhd.* blǣwen; vgl. aber 'bleuen'); **bläulich** (älter *nhd.* blälich, in der jetzigen Form 18. Jh.). Zus.: **Blaubart** „Frauenmörder" (um 1800 nach dem *frz.* Märchen des 17. Jh.s vom Ritter Barbe-Bleue); **Blaubuch** „dokumentarische Darstellung zur auswärtigen Politik" (um 1850 nach *engl.* blue book, das seit dem 17. Jh. alle Parlamentsdrucksachen nach der Farbe ihrer Umschläge bezeichnete; in Deutschland ist das Weißbuch häufiger); **blaumachen** „feiern" (eigentlich „den blauen Montag feiern", ↑Montag); **Blaustrumpf** scherzhaft für „gelehrte Frau (ohne weiblichen Charme)" (im 18. Jh. als Lehnübersetzung für *engl.* bluestocking, den Spottnamen für die Teilnehmerinnen eines Londoner schöngeistigen Zirkels um 1750, in dem der Botaniker B. Stillingfleet und dann auch die Frauen in blauen Garnstrümpfen statt der üblichen schwarzseidenen erschienen. Der *dt.* Ausdruck wurde erst um 1830 durch die Schriftsteller des Jungen Deutschlands populär).

Blech: Die Bezeichnung für die aus Metallen hergestellten [dünnen] Platten (*mhd.* blech, *ahd.* bleh) bedeutet eigentlich „Glänzendes" und gehört mit den eng verwandten Sippen von ↑blicken und ↑bleich zu der unter ↑*Blei* dargestellten Wortgruppe. Ursprünglich bezeichnete 'Blech' demnach wahrscheinlich das Goldblech, während es im heutigen Sprachgebrauch gewöhnlich im Sinne von „Eisenblech" verwendet wird. Schon im *Mhd.* überwiegt die Vorstellung des Dünnen, Flachgehämmerten. *Rotw.* Blech „Geld" erscheint um 1500 als Bezeichnung kleiner Münzen. Dazu das *ugs.* Verb **blechen** „zahlen" (im 18. Jh. studentisch). Die Bed. „Unsinn, dummes Gerede" (19. Jh.) geht von der Wertlosigkeit des Eisenblechs aus. – Abl. **blechern** „aus Blech" (17. Jh., für älteres 'blechen').

blecken (in der Wendung 'die Zähne blekken'): Das nur *dt.* Verb *mhd.* blecken, *ahd.* blecchen „[sich] entblößen; sehen lassen" bedeutet eigentlich „glänzen machen" und ist das Veranlassungswort zu einem *urgerm.* *blikan „glänzen" (vgl. auch *blaken*). Dazu stellen sich im *germ.* Sprachbereich die nasalierten Formen ↑blinken und ↑blank. *Außergerm.* sind z. B. verwandt *griech.* phlégein „brennen" (↑Phlegma und ↑Phlox) und *lat.* flagrare „flammen" (↑flagrant und ↑Flamme). Die ganze Wortgruppe gehört zu der unter ↑*Belche* dargestellten *idg.* Wurzel *bhel- „schimmern[d], leuchten[d], glänzen[d]".

Blei: Die *germ.* Bezeichnungen des weichen Schwermetalls (*mhd.* blī, *ahd.* blīo, *mniederl.* blī, *schwed.* bly) beruhen auf einer substantivierten Adjektivbildung zu der *idg.* Wurzelform *bhlĕi- „schimmern, leuchten, glänzen". Das Metall ist demnach als „das [bläulich] Glänzende" benannt worden. Zu dieser Wurzelform gehören auch die unter ↑*bleich* (eigentlich „glänzend"), ↑*Blech* (eigentlich „Glänzendes"), ↑*blicken* (eigentlich „leuchten, anstrahlen") und ↑blitzen (eigentlich „schnell oder wiederholt aufleuchten") behandelten Wörter. Der ganzen Wortgruppe liegt die unter ↑*Belche* dargestellte *idg.* Wurzel zugrunde. Vgl. auch die Artikel *Lot* und *Plombe.* – Abl.: **bleiern** „aus Blei; bleischwer" (16. Jh., für älteres bleien, *mhd.* blījīn, *ahd.* blīīn). Zus.: **Bleistift** (im 17. Jh. in Nürnberg Bleystefft als Klammerform für Bleyweißstefft; der Name blieb, als man im 18. Jh. zu Graphitminen mit Tonzusatz überging; gegossene Bleigriffel benutzte man schon im Mittelalter); **Bleiweiß** (als Farbstoff verwendetes Bleikarbonat, *spätmhd.* blīwīz).

bleiben: Das Verb *mhd.* belīben, *ahd.* bilīban, *got.* bileiban, *aengl.* belīfan ist eine alte Präfixbildung zu einem im *germ.* Sprachbereich untergegangenen starken Verb *līban „haften, klebrig sein", das zu der unter ↑*Leim* dargestellten *idg.* Wurzel gehört. 'Bleiben' bedeutet also eigentlich „klebenbleiben, haften". Die Präfixbildung wird im *Nhd.* nicht mehr als solche empfunden, da das e der *mhd.* Form geschwunden ist. Im *germ.* Sprachbereich sind ferner verwandt die Sippe von ↑*leben* und der zweite Bestandteil der Zahlwörter ↑elf, ↑zwölf und die Personennamen Detlef und Olaf. – Abl.: **Bleibe** „Aufenthaltsort, Herberge" (seit 1900 besonders in der Jugendbewegung). Zus.: **unterbleiben** (*frühnhd.* für „unterlassen werden"); **verbleiben** (*mhd.* ver[b]līben), dazu **Verbleib** kanzleisprachlich für „Aufenthaltsort" (19. Jh.).

bleich: Das *altgerm.* Adjektiv *mhd.* bleich, *ahd.* bleih, *niederl.* bleek, aengl. blāc, *schwed.* blek hatte ursprünglich die Bed. „glänzend". Diese Bedeutung ist noch im *Aengl.* bewahrt. Das Wort ist eng verwandt mit dem *altgerm.* starken Verb, das in ↑verbleichen und ↑erbleichen bewahrt, aber sonst untergegangen ist, sowie mit den unter ↑*Blech* (eigentlich „Glänzendes") und ↑*blicken* (ursprünglich „leuchten, anstrahlen") behandelten Wörtern und gehört mit diesen zu der unter ↑*Blei* dargestellten *idg.* Wurzelform. – Abl.: **bleichen** „bleich machen" (*mhd.* bleichen „bleich machen; bleich werden", *ahd.* bleihhen „bleich machen", bleihhēn „bleich werden"); **Bleiche** (*mhd.* bleiche „Blässe"; [Platz zum] Bleichen von Leinwand").

bleiern, Bleistift, Bleiweiß ↑Blei.

blenden: Das *westgerm.* Verb *mhd.* blenden, *ahd.* blenten, *mniederl.* blenden, *aengl.* blendan ist das Bewirkungswort zu dem unter ↑*blind* behandelten Adjektiv und bedeutet demnach eigentlich „blind machen". Es bezeichnete ursprünglich die alte Strafe des Augenausstechens, heute meist das vorübergehende Blindmachen durch übermäßige Lichteinwirkung; übertragen wird es im Sinne von „beeindrukken; für sich einnehmen" verwendet, vgl. dazu **blendend** „herrlich, ausgezeichnet" und 'Blender' „jemand, der andere zu beeindrucken sucht" (s. d.). – Abl.: **Blende** (16. Jh., in der Bed. „trügerisch glänzendes Mineral ohne Erzgehalt", dann „Vorrichtung zum Abblenden einer Lampe oder einer optischen Linse; Nische, Attrappe"); dazu die bergmännischen Zusammensetzungen 'Horn-, Pech-, Zinkblende' u. a.; **Blender** „jemand, der andere zu beeindrucken, für sich einzunehmen (und über seine negativen Eigenschaften hinwegzutäuschen) versucht" (19. Jh., zuerst von Rennpferden mit trügerischen äußeren Vorzügen). Zus.: **abblenden** „mit einer Blende bedecken" (19. Jh.); **verblenden** „Geist oder Sinne trüben", auch „[Mauerwerk] verkleiden" (*mhd.* verblenden).

Blesse „weißer [Stirn]fleck bei Tieren; Tier mit solchem Fleck": Die heute übliche Form trat an die Stelle der nicht umgelauteten Form *frühnhd.* Blasse, *mhd.* blasse, *ahd.* blassa „weißer Stirnfleck", vgl. *mnd.* bles[se] „Blesse" und weiterhin *niederl.* bles „Blesse", *schwed.* bläs „Blesse". Diese Wörter sind eng verwandt mit dem unter ↑*blaß* behandelten Adjektiv. – Bei der Zusammensetzung **Bleßhuhn** ist auch die etymologisierende Schreibung mit ä (Bläßhuhn) gebräuchlich. Siehe auch den Artikel *Belche.*

bleuen (*ugs.* für:) „schlagen": Das vom Sprachgefühl irrigerweise meist zu 'blau' gestellte Verb, zu dem **verbleuen** „verprügeln" und **einbleuen** „[durch Schläge] beibringen" gehören, hat mit 'blauen' Flecken nichts zu tun. Es handelt sich vielmehr um ein *germ.* Verb *mhd.* bliuwen, *ahd.* bliuwan „schlagen", *got.* bliggwan „schlagen, prügeln", *niederl.* blouwen „Flachs brechen, die Arme umeinanderschlagen, um warm zu werden". Die *außergerm.* Beziehungen dieses Verbs sind unklar. – Abl.: **Bleuel** veraltet für: „hölzerner [Wäsche]schlegel" (*mhd.* bliuwel, *ahd.* bliuwil), dazu mit hyperkorrektem p **Pleuel, Pleuelstange** „Schub- oder Kolbenstange bei Motoren und Dampfmaschinen" (19. Jh.).

Blick: Das heute im Sinne von „kurzes Hinsehen; Augenausdruck" verwendete Wort bedeutete ursprünglich „Aufleuchten, heller Lichtstrahl". *Mhd.* blic „Glanz, Blitz; Blick der Augen", *ahd.* blicch „schnelles Glanzlicht, Blitz", *niederl.* blik „Blick; (älter:) Lichtstrahl" gehören zu dem Verb **blicken:** *mhd.* blicken „glänzen; einen Blick tun", *ahd.* blicchen „glänzen, strahlen", *niederl.* blikken „glänzen, funkeln; blicken". Die heutige Bedeutung „sehen, schauen" hat sich demnach aus „leuchten, [an]strahlen" entwickelt. Das Verb ist eng verwandt mit den unter ↑*bleich* (ursprünglich „glänzend") und ↑*Blech* (eigentlich „Glänzendes") behandelten Wörtern (vgl. *Blei*).

blind: Das *gemeingerm.* Adjektiv *mhd., ahd.* blint, *got.* blinds, *engl.* blind, *schwed.* blind bedeutete ursprünglich wohl „undeutlich schimmernd, fahl" und gehört wahrscheinlich zu der vielfach weitergebildeten und erweiterten *idg.* Wurzel *bhel- „schimmernd, leuchtend, glänzend" (vgl. *Belche*). *Außergerm.* ist z. B. eng verwandt die *baltoslaw.* Wortgruppe von *lit.* blandùs „unrein, trüb, düster". – Zu dem *gemeingerm.* Adjektiv gehört das Bewirkungswort ↑blenden (eigentlich „blind machen"). Im Ablaut zu 'blind' steht wahrscheinlich *germ.* *blundaz „blond" (vgl. *blond*). – Das Adjektiv bedeutete früher auch „versteckt, nicht zu sehen". An diese Bedeutung schließt sich die Fügung 'blinder Passagier' an. – Abl.: **blindlings** (17. Jh., vgl. *mnd.* blindelinge, *ahd.* blindilingōn). Zus.: **Blinddarm** (*frühnhd.* Lehnübersetzung für *mlat.* intestinum coecum, wobei 'blind' „ohne Öffnung" bedeutet, wie in 'blinde Tasche, blinde Tür'; das Wort bezeichnet meist nicht den eigentlichen Blinddarm, sondern den Wurmfortsatz oder Appendix); **Blindschleiche** „fußlose Eidechsenart mit sehr kleinen Augen" (*mhd.* blintslīche, *ahd.* blintslīhho, eigtl. „blinder Schleicher"; vgl. *schleichen*).

blinken „glänzen, funkeln": Das im 16. Jh. aus dem *Niederd.* übernommene Verb geht zurück auf *mnd.* blinken „glänzen", das verwandt ist mit *niederl.* blinken „schimmern, blinken", *engl.* to blink „blinken; blinzeln, schimmern", *schwed.* blinka „schimmern; blinzeln". Das Verb gehört mit dem unter ↑*blank* behandelten Adjektiv zu der Sippe von ↑*blecken*. Siehe auch den Artikel *blinzeln*. – Abl.: **Blinker** „Blinklicht an Fahrzeugen; metallener Köderfisch" (20. Jh.), davon **blinkern** „unruhig blinken; mit dem Blinker angeln" (20. Jh.).

blinzeln: Das auf das *dt.* Sprachgebiet beschränkte Verb (*mnd.* blinzeln) ist eine Iterativbildung zu dem im 19. Jh. veralteten gleichbedeutenden blinzen (*mhd.* blinzen „zwinkern"), das wahrscheinlich im Sinne von „schimmern, flimmern" mit der Sippe von ↑*blinken* zusammenhängt.

blitzen: Das auf das *dt.* Sprachgebiet beschränkte Verb *mhd.* blitzen, bliczen, *ahd.* blecchazzen gehört zu der unter ↑*Blei* (eigentlich „[bläulich] Glänzendes") dargestellten Wortgruppe. Es ist eine Intensiv-Iterativ-Bildung und bedeutet demnach eigentlich „schnell oder wiederholt aufleuchten". – Abl.: **Blitz** (*mhd.* blitze, blicz[e], blikize ersetzt das ältere blic „Blitz, Blick" in der ersten Bedeutung), dazu **Blitzableiter** (18. Jh.), **Blitzlicht** (Photographie; 20. Jh.). Zus.: **abblitzen** *ugs.* für „abgewiesen werden" (18. Jh.; bildlich seit dem 19. Jh.; ursprünglich vom wirkungslosen Abbrennen des Pulvers auf der Pfanne bei alten Gewehren).

Block: Die heute übliche Form stammt aus dem *Niederd.* und geht zurück auf *mnd.* blok „Holzklotz oder -stamm; Kloben des Flaschenzugs". Sie hat sich seit dem 17. Jh. gegenüber der nur noch *oberd. mdal.* bewahrten Form Bloch (*mhd.* bloch, *ahd.* bloh[h] „Klotz, Bohle") durchgesetzt. Im *germ.* Sprachbereich entsprechen *mniederl.* bloc „Block, Balken, Klotz, Klumpen" (daraus entlehnt *frz.* bloc „Klotz" [↑blockieren]) und *schwed.* block „Klotz, Block". Die weiteren *außergerm.* Beziehungen sind unklar. – In der alten Rechtssprache bezeichnete das Wort den Block des Scharfrichters und den zweiteiligen Block, in den die Füße Gefangener geschlossen wurden. Jung gegenüber „Klotz, Quader" ist die Bed. „Papierblock", vgl. die Zusammensetzungen 'Zeichen-, Notiz-, Fahrscheinblock' usw. Die Bed. „ein Quadrat bildende Gruppe von Wohnhäusern, Häuserblock" wurde im 19. Jh. aus dem *amerik. Englisch* entlehnt. Übertragen bezeichnet 'Block' eine in sich geschlossene Gruppe von Kräften, einen festen Zweckverband von politischen Parteien oder von Staaten, vgl. dazu die Zusammensetzungen 'blockfrei' und 'Blockstaaten'. – Zus.: **Blockflöte** (*mnd.* blokfloite, -pīpe bezeichnete eine einteilige, unzerlegbare Flöte; das heutige Instrument ist wohl nach dem im Mundstück eingelassenen scharfkantigen Block benannt); **Blockhaus** (*mnd.* blok-, *spätmhd.* blochhus „militärisches Vorwerk aus Baumstämmen"; im 19. Jh. als Bezeichnung des nordamerikanischen Siedlerhauses neu aufgenommen aus *engl.* blockhouse; s. a. *blockieren*); **Blockstelle** „Bahnstellwerk zur Überwachung eines Gleisabschnitts, der nach Einfahrt eines Zuges geblockt oder blockiert wird" (19. Jh.).

Blockade „Sperre, Einschließung": Das Substantiv wurde im 17. Jh. mit *roman.* Endung zu ↑*blockieren* gebildet.

blockieren „[ab]sperren": Das Verb wurde im 17. Jh. aus *frz.* bloquer (zu bloc „Klotz") entlehnt, aber wegen seiner Grundbedeutung „mit einer Befestigungsanlage versehen" wohl stark von blocus „Festung" beeinflußt (das über eine *mdal.* Zwischenstufe blocquehuis auf *mniederl.* blochuus „Blockhaus" zurückgeht). *Frz.* bloc selbst ist Lehnwort aus *mniederl.* bloc „Klumpen, Klotz", der Entsprechung von *mhd.* bloch, *mnd.* blok (vgl. *Block*). Siehe auch den Artikel *Blockade*.

blöd[e]: *Mhd.* blœde „gebrechlich, schwach, zart, zaghaft", *ahd.* blōdi „unwissend, scheu, furchtsam", älter *niederl.* blood „schüchtern, feige", *aengl.* blēad „sanft, furchtsam, schlaff", *schwed.* blöd[ig] „weich, empfindsam" gehören wohl zu der unter ↑*bloß* dargestellten Wortgruppe. Die Bedeutung des Adjektivs ist erst im *Nhd.* auf „schwachsinnig" und „dumm, albern, unsinnig" eingeengt worden. – Abl.: **blödeln** *ugs.* für „blöde tun oder reden" (19. Jh.); **entblöden,** sich (17. Jh., im Sinne von „die Scheu abtun, sich erkühnen"; daneben schon die heute allein gültige Form 'sich nicht entblöden' mit verstärkter, doppelter Verneinung); **verblöden** „geistesschwach werden" (*mhd.* verblœden „einschüchtern"). Zus.: **blödsinnig** „schwachsinnig, verrückt" (17. Jh.), dazu die Rückbildung **Blödsinn** (18. Jh.).

blöken: Das im 17. Jh. ins *Hochd.* übernommene *niederd.* blöken (*mnd.* blēken) ist lautnachahmenden Ursprungs, vgl. die [elementar]-verwandten Nachahmungen des Schaflautes *griech.* blēchāsthai „blöken" und *russ.* blekotat' „blöken".

blond „goldgelb" (besonders von der Haarfarbe): Das Adjektiv wurde im 17. Jh. aus gleichbed. *frz.* blond (= *it.* biondo) entlehnt, es ist aber vereinzelt schon im *Mhd.* und *Mnd.* als 'blunt' bezeugt. Wegen der zahlreichen *frz.* Farbadjektive, die *germ.* Ursprungs sind (beachte z. B. *frz.* blanc, bleu, gris, brun = *dt.* blank, blau, grau, braun), liegt auch für *frz.* blond Entlehnung aus dem *Germ.* nahe (vgl. *blind*). – Abl.: **Blonde** „blonde Frau; Glas Weißbier"; **Blondine,** „blonde Frau" (17./18. Jh.; aus *frz.* blondine); **blondieren** „(die Haare) blond färben, aufhellen" (20. Jh.).

¹bloß (Adj.): *Mhd.* blōʒ „nackt, unbedeckt; unbewaffnet; unvermischt, rein, ausschließlich", *ahd.* blōʒ „stolz", *niederl.* bloot „nackt, bloß", *aengl.* blēat „elend, armselig", *schwed.* blöt „weich, aufgeweicht, naß" sind vermutlich mit *griech.* phlydarós „matschig" und *lat.* fluere „fließen, strömen" verwandt. Die ursprüngliche Bed. „feucht, naß, aufgeweicht" wäre demnach im *Nord.* bewahrt, während sich in den anderen *germ.* Sprachen über „weich[lich], schwach" die Bed. „elend, nackt usw." entwikkelten. Mit 'bloß' ist wohl das unter ↑*blöde* behandelte Adjektiv verwandt, das ursprünglich „schwach" bedeutete. – Das seit dem 15. Jh. bezeugte Adverb **²bloß** „nur" hat sich aus der Verwendung des Adjektivs im Sinne von „rein, ausschließlich" entwickelt. Abl.: **Blöße** „Nacktheit, bloße Stelle; Waldlichtung" (*mhd.* blœʒe; die Wendung 'sich eine Blöße geben' stammt aus der Fechtersprache); **entblößen** (verstärkend neben älter *nhd.* blößen, *mhd.* [en]blœʒen). Zus.: **bloßstellen** (*nhd.* Zusammenrückung; wohl aus der Fechtersprache).

Bluejeans, auch: **Blue jeans:** Die Bezeichnung für „[enganliegende] Hose aus festem Baumwollgewebe von verwaschener blauer Farbe" wurde im 20. Jh. aus *engl.-amerik.* blue jeans entlehnt. Über das *engl.* Adjektiv blue „blau" vgl. *dt.* ↑*blau.* Das Grundwort *engl.* jean „Baumwolle" geht vermutlich auf *frz.* Gênes, den Namen der norditalienischen Stadt Genua zurück, die zu den Hauptausfuhrhäfen für Baumwolle gehörte. – Gebräuchlicher als 'Bluejeans' ist heute die Kürzung 'Jeans'.

Blues „schwermütiges Volkslied der nordamerikanischen Neger (zum Jazz entwickelt); langsamer Tanz im Jazzrhythmus": Das Fremdwort, das im 20. Jh. aus *amerik.* blues entlehnt wurde, ist vermutlich eine Kurzform von 'blue devils', was eigentlich „blaue Teufel" bedeutet und die dämonischen Gaukelbilder benennt, die einem Menschen in ekstatischer Verzücktheit oder bei einem Anfall von Schwermut erscheinen. Gleichwohl scheint für die moderne Bedeutung von 'blues' nicht zuletzt auch die Vorstellung von einer „blauen (= sentimentalen) Stunde" eine Rolle zu spielen.

Bluff *m* „Irreführung, Täuschung": Das nach der Jahrhundertwende aus dem *Engl.* ins *Dt.* und andere europäische Sprachen übernommene Substantiv geht zurück auf *engl.* bluff „Irreführung, Täuschung", eine Substantivbildung zu *engl.* to bluff „einschüchtern, irremachen, verblüffen, (im Poker:) täuschen". Die letztere Bedeutung, die für unser Wort ausschlaggebend geworden ist, stammt aus dem *amerik. Englisch.* Das *engl.* Verb gehört zu der unter ↑*verblüffen* behandelten Wortgruppe. Abl.: **bluffen** „täuschen" (20. Jh.).

blühen: Die *westgerm.* Verben *mhd.* blüejen, blüen, *ahd.* bluojan, bluowen, *niederl.* bloeien, *engl.* (starkes Verb:) to blow gehören mit den unter ↑*Blatt,* ↑*Blume,* ↑*Blust* und ↑*Blüte* behandelten Wörtern zu der unter ↑[1]*Ball* dargestellten, vielfach weitergebildeten und erweiterten *idg.* Wurzel *bhel- in der Bedeutungswendung „schwellen, knospen, blühen". *Außergerm.* sind z. B. eng verwandt *lat.* flos „Blume", *lat.* florere „blühen" (s. die Fremdwortgruppe um [1]*Flor*), *lat.* folium „Blatt" (↑Folie) und *griech.* phýllon „Blatt" (↑Chlorophyll).

Blume: Das *gemeingerm.* Wort *mhd.* bluome, *ahd.* bluoma, bluomo, *got.* blōma, *niederl.* bloem, *schwed.* blomma gehört zu der unter ↑*blühen* dargestellten Wortgruppe. Zur Bildung vgl. z. B. das Verhältnis von 'Same' zu 'säen'. Das Wort steckt in zahlreichen zusammengesetzten Pflanzennamen, beachte z. B. 'Sonnen-, Ringel-, Glockenblume'. In übertragenem Gebrauch wird 'Blume' im Sinne von „Duft, Bukett des Weines" verwendet. Die Bed. „Bierschaum im vollen Glas" erklärt sich wohl aus einem alten Trinkbrauch, der den Schaum bei geschicktem Austrinken als Flocken oder Blümchen im Glase hängen ließ. Abl.: **blumig** (älter *nhd.* blumicht, *mhd.* bluomeht); **Blümchenkaffee** (ugs. für:) „sehr dünner Kaffee" (so benannt, weil man durch den dünnen Kaffee das Blumenmuster auf dem Tassenboden erkennen kann); **geblümt** (2. Part. zu älterem blümen, *mhd.* blüemen „mit Blumen schmücken" [z. B. geblümtes Tuch], übertragen als 'geblümter Stil' der Rede unter Einfluß von *lat.* flosculus „[Rede]blümchen"; ↑Floskel); **verblümt** (16. Jh., „was 'durch die Blume', also in bildlichen Andeutungen gesagt wird"; Ggs.: **unverblümt** „geradeheraus"; 16. Jh.). Zus.: **Blumenkohl** (↑Karfiol); **Blumenkorso** (↑Korso).

blümerant „schwindelig, flau" *(ugs.):* Das Adjektiv wurde im 17. Jh. aus *frz.* bleu mourant „sterbendes (= blasses) Blau" entlehnt. Aus der Wendung 'blümerant vor den Augen' (gemeint ist der schillernde Farbschleier, der sich bei Schwindelanfällen über die Augen legt) entwickelte sich die heutige Bedeutung.

Bluse: Der im 19. Jh. aufgekommene Name des weiblichen Kleidungsstückes ist aus dem *Frz.* entlehnt worden. *Frz.* blouse, dessen Herkunft nicht gesichert ist, begegnet zuerst während der Französischen Revolution mit der auch heute noch gültigen eigentlichen Bed. „[Fuhrmanns]kittel, Arbeiterkleid".

Blust „Blühen, Blütezeit": Das veraltende, nur noch in Süddeutschland und in der Schweiz gebräuchliche Wort (*mhd.* bluost) ist eine Bildung zu dem unter ↑*blühen* behandelten Verb.

Blut: Das *gemeingerm.* Wort *mhd., ahd.* bluot, *got.* blōþ, *engl.* blood, *schwed.* blod gehört wahrscheinlich im Sinne von „Fließendes" zu der unter ↑[1]*Ball* behandelten *idg.* Wurzel. – Nach altem Glauben ist das Blut der Sitz des Lebens, beachte z. B. die Zusammensetzungen **Blutrache** (17. Jh.) und **Blutschuld** (16. Jh.), sowie Träger des Temperaments (beachte z. B. 'heißes, kaltes Blut') und der Rasse, beachte z. B. die Zusammensetzung **blutsverwandt** (16. Jh.), dazu **Blutsverwandtschaft,** ferner **Blutschande** (16. Jh.), **Vollblut** und **Halbblut** [s. d.]). Der übertragene Gebrauch des Wortes bezieht sich meist auf die Farbe, beachte z. B. **Blutbuche** (18. Jh.) und **blutrot** (*mhd.* bluotrōt). Das Wort wird auch verstärkend gebraucht, beachte z. B. **blutjung** (18. Jh.). – Abl.: **bluten** (*mhd.* bluoten, *ahd.* bluoten), dazu **Bluter** „Mann, der zu schwer stillbaren Blutungen neigt" (19. Jh.); **blutig** (*mhd.* bluotec, *ahd.* bluotag); **Geblüt** (s. d.). Zus.: **blutdürstig** (↑Durst); **Blutegel** (↑Egel); **blutrünstig** (s. d.).

Blüte: Die heutige Form hat sich im 17. Jh. aus dem Plural (*mhd.* blüete) von *mhd., ahd.* bluot „Blühen; Blüte" entwickelt, das zu der unter ↑*blühen* dargestellten Wortgruppe gehört. Zur Bildung beachte z. B. das Verhältnis von 'Saat' zu 'säen'. Das Wort bezeichnete ursprünglich den Zustand des Blühens (z. B. in Baumblüte), dann die blühenden Pflanzenteile, besonders an Bäumen und Sträuchern. Übertragen wird es auf Glanzzeiten kulturellen und wirtschaftlichen Lebens angewandt (beachte die Zusammensetzung 'Blütezeit'). Wie sich der *ugs.* Gebrauch von 'Blüte' im Sinne von „gefälschte Banknote" herausgebildet hat, ist nicht sicher geklärt.

Blutegel, bluten, Bluter, blutig, blutjung, Blutrache, blutrot ↑Blut.

blutrünstig „blutgierig, schauerlich": Die *nhd.* Form hat sich über *spätmhd.* blutrünstec aus *mhd.* bluotruns[ic] „blutig wund" entwickelt. Dieses Adjektiv ist abgeleitet von *mhd.* bluotruns[t] „Blutfluß, blutende Wunde", eigentlich „Rinnen des Blutes". Der zweite Bestandteil gehört zu dem unter ↑*rinnen* behandelten Verb; beachte *oberd. mdal.* Runse „Rinne (an Berghängen)".

Blutschande, Blutschuld, blutsverwandt, Blutsverwandtschaft ↑Blut.

Bö „heftiger Windstoß, Schauer": *Niederl.* bui erscheint seit dem 17. Jh. als *niederd.* bui, buy, mit eingedeutschter Schreibung böi und wird im 19. Jh. in der jungen *niederd.* Form bö *hochdeutsch.* Die weitere Herkunft des *niederl.* Wortes ist unklar. Abl.: **böig** (19. Jh.).

Bob „Rennschlitten": Das Wort ist eine Kurzform von Bobsleigh, das im 20. Jh. aus dem *engl.-amerik.* bobsleigh entlehnt wurde. Das Grundwort sleigh ist die *engl.* Entsprechung zu *dt.* ↑*Schlitten,* während das Bestimmungswort zu *engl.* to bob „ruckartig bewegen" gehört.

Bock: Das *altgerm.* Wort *mhd., ahd.* boc, *niederl.* bok, *engl.* buck, *schwed.* bock ist eng verwandt mit der *kelt.* Sippe von *ir.* boc „Ziegenbock" und weiterhin z. B. mit *pers.* buz „Ziege[nbock]". Zugrunde liegt *idg.* *bhuğo-s „Ziegenbock". Ursprünglich bezeichnete das Wort also den Ziegenbock, dann auch das Männchen anderer Tiere, beachte z. B. 'Schaf-, Rehbock'. Im übertragenen Gebrauch bezeichnet 'Bock' ein vierbeiniges Gestell (s. u. bockbeinig), seit dem 18. Jh. auch den erhöhten Kutschersitz, seit dem 19. Jh. ein Turngerät (beachte 'Bockspringen'). Erst *nhd.* ist die Bed. „Fehler", die wohl auf einen alten Schützenbrauch zurückgeht (Bock als Trostpreis für den schlechtesten Schützen, daher 'einen Bock schießen'). Auf den Ziegenbock, seine störrische Art und seine Geilheit, beziehen sich auch 'Bock' als Schimpfwort für „[geiler] Mann" und die Wendungen 'einen Bock haben' (= störrisch, widerspenstig sein) und '[keinen] Bock auf etwas haben' (= [keine] Lust auf etwas haben), 'null Bock' (= keine Lust) u. a. Zu 'Bock' gehören die Bildungen ↑Bückling (nach dem Geruch) und Buxe *nordd., westmitteld.* für „Hose" (*mnd.* bükse, zusammengezogen aus *buckhose „Hose aus Bockleder"). – Abl.: **bokken** „bockig sein" (*mhd.* bocken „stoßen wie ein Bock"); **böckeln, böckseln** *mdal.* für „nach Bock riechen" (*frühnhd.* böckelen, bockenzen); **bokkig** „trotzig, störrisch, widerspenstig", (von Ziegen auch:) „nach dem Bock verlangend" (älter *nhd.* bockicht, böckisch). Zus.: **bockbeinig** „störrisch", eigentlich „mit gespreizten Beinen wie ein Bock" (18. Jh., zunächst *bayr.*); **Bockbier** (s. d.); **Bocksbeutel** (17. Jh. „Hodensack eines Bockes"; die heutige Bed. „bauchig-breite Flasche für Frankenwein" nach der Ähnlichkeit mit dem Hodensack); **Bockshorn** (im *Mhd.* ein Pflanzenname, wie *nhd.* Bockshornklee; die Redensart 'ins Bockshorn jagen, (älter auch:) zwingen' für „Angst machen, einschüchtern" ist im 15. Jh. zuerst belegt; sie geht vielleicht auf das alte ↑Haberfeldtreiben zurück, bei dem der Gerügte in ein Bocksfell gezwängt wurde; '-horn' wäre dann aus unverstandenem *mhd.* hame „Hülle" in *ahd.* *bockes hamo „Bocksfell" umgedeutet; vgl. *Hemd*).

Bockbier „Starkbier mit hohem Gehalt an Stammwürze": Im 19. Jh. wurde älteres *bayr.* Aimbock, Oambock zu 'Bock' gekürzt. Das Mundartwort ist eine Umdeutung der Herkunftsbezeichnung Ain- oder Einbeckisch Bier (16. Jh.), ampokhisch pier (17. Jh.). Die Stadt Einbeck in Niedersachsen führte seit dem späten Mittelalter ein berühmtes Hopfenbier aus, das später auch in Bayern getrunken wurde. – Zus.: **Bockwurst** (19. Jh., ursprünglich eine in München zur Bockbierzeit um Fronleichnam genossene Wurstart).

böckeln, bocken, böckseln, bockig, Bocksbeutel, Bockshorn ↑Bock.

Bodden ↑Boden.

Boden: Die *germ.* Bildungen *mhd.* bodem, *ahd.* bodam, *niederl.* bodem, *engl.* bottom, *schwed.* botten beruhen mit verwandten Wörtern in anderen *idg.* Sprachen auf *idg.* *bhudhm[e]n „Boden", vgl. z. B. *aind.* budhná-h „Grund, Boden", *griech.* pythmḗn „Boden, Fuß eines Gefäßes" und *lat.* fundus „Boden eines Gefäßes, Grund" (s. die Fremdwortgruppe um *Fundus*). Dazu stellt sich **Bodden** „flacher Strandsee, Meeresbucht" mit der ursprünglichen Bedeutung „Grund eines [flachen] Gewässers". Nur *dt.* ist die vom bebauten Erdboden her übertragene Bed. „auf Stützen erhöhte Bretterlage" ('Fuß-, Heu-, Dachboden' im Haus, dazu 'Bodenkammer'), an die sich vielleicht ↑Bühne anschließen läßt. Zus.: **bodenlos** (*mhd.* bodem-, *ahd.* bodomelōs; meist übertragen für „unermeßlich": bodenlose Gemeinheit); **bodenständig** (im 17. Jh. „am Boden stehend", heute übertragen für „fest verwurzelt, einheimisch").

Bofist, Bovist: Der Name des Bauchpilzes, dessen reife Sporen unter einem Fußtritt stäubend entweichen, bedeutet eigentlich „Füchsinfurz". Der erste Bestandteil von *spätmhd.* vohenvist ist *mhd.* vohe „Füchsin" (beachte Fähe [↑Fuchs] weidmännisch für „Füchsin"), der zweite Bestandteil ist *mhd.* vist „Bauchwind". Das *spätmhd.* vohenvist wurde *mitteld.* und *niederd.* dissimiliert zu bō-, pōvist, die *landsch.* zu Buben- oder Pfauenfist umgedeutet und wegen der alten v-Schreibung als Fremdwort mißverstanden wurden. Gleichbed. *niederl.* wolfsveest stimmt zu *frz.* vesse-de-loup, *span.* pedo de lobo u. a. *roman.* Namen; vgl. auch den *nlat.* wissensch. Namen Lycoperdon, eigentlich „Wolfsfurz".

Bogen: Das *altgerm.* Wort *mhd.* boge, *ahd.*

bogo, *niederl.* boog, *engl.* bow, *schwed.* båge gehört zu dem unter ↑*biegen* behandelten Verb und bedeutet demnach eigentlich „Biegung, Gebogenes". Siehe auch die Zusammensetzungen *Ellen-, Regenbogen* und den Artikel *Bausch.*

Boheme: Das Wort für „ungezwungenes Künstlerleben" wurde im 19. Jh. aus *frz.* bohème entlehnt, das seinerseits auf *mlat.* bohemus „Böhme" zurückgeht. Das *mlat.* Wort bezeichnete auch den „Zigeuner", offenbar weil die Zigeuner über Böhmen nach Westeuropa eingewandert sind. Das „Zigeunerleben" der Pariser Künstler wird schließlich für eine ungebundene Lebenshaltung, für ein unkonventionelles Milieu bezeichnend. Dazu: **Bohemien** „Angehöriger der Boheme" (aus *frz.* bohémien).

Bohle: *Spätmhd.* bole „Brett", *mnd.* bōle, bolle „dickes Brett", *mniederl.* bolle „Baumstamm", *schwed.* bål „Rumpf" sind wohl mit dem unter ↑*Balken* behandelten Wort verwandt und gehören im Sinne von „dickes Brett" zu der Wortgruppe von ↑[2]*Ball.* Vgl. auch den Artikel *Bollwerk.*

Bohne: Die Herkunft des *altgerm.* Namens der Nutzpflanze *mhd.* bōne, *ahd.* bōna, *niederl.* boon, *engl.* bean, *schwed.* böna ist nicht sicher geklärt. Vielleicht gehört er zu der unter ↑*Beule* dargestellten *idg.* Wurzel *bh[e]u- „[auf]blasen, schwellen". Er bezeichnete bis zum 16. Jh. die dicke Bohne (Puff-, Saubohne), die demnach nach dem äußeren Eindruck der Aufgeblasenheit, Geschwollenheit benannt worden wäre. Die Busch- oder Stangenbohne kam erst im 16. Jh. aus Amerika zu uns. Die *ugs.* Redensart 'nicht die Bohne' für „gar nichts; keineswegs" bezieht sich auf die Wertlosigkeit der einzelnen Bohne, 'grob oder dumm wie Bohnenstroh' auf die als ärmlicher Strohersatz gebrauchten Stengel der Saubohne.

bohnern: Das ursprünglich *nordostd.* Verb ist eine Iterativbildung zu gleichbed. *[m]niederd.* bōnen, beachte gleichbed. *nordwestd.* bohnen. Das *mnd.* Verb, dem *niederl.* boenen „bohnern; scheuern" entspricht, bedeutet eigentlich „glänzend machen" und gehört mit verwandten Wörtern in anderen *idg.* Sprachen zu der *idg.* Wurzel *bhā- „glänzen, leuchten", vgl. z. B. *aind.* bhā́ti „leuchtet", *aind.* bhā́na-m „das Leuchten", *griech.* phaínesthai „leuchten, [er]scheinen" (s. die Fremdwortgruppe um *Phänomen* mit Phantom, Phantasie usw., Fanal), *griech.* phásis „Erscheinung; Aufgang eines Gestirns" (↑Phase), *griech.* phōs „Licht, Helle" (↑Phosphor und die unter photo..., Photo... genannten Wörter). – Abl.: **Bohner** „Gerät zum Bohnern" (19. Jh., Abl. zu *niederd.* bōnen oder Kürzung aus 'Bohnerbesen'). Siehe auch den Artikel *Beere.*

bohren: Das *altgerm.* Verb *mhd.* born, *ahd.* borōn, *niederl.* boren, *engl.* to bore, *schwed.* borra gehört mit verwandten Wörtern aus anderen *idg.* Sprachen zu der *idg.* Wurzel *bher- „mit scharfem oder spitzem Werkzeug bearbeiten", vgl. z. B. *griech.* pharóein „pflügen" und *lat.* forare „bohren" (vgl. auch den Artikel *perforieren*). Zu dieser Wurzel stellt sich auch die *germ.* Wortgruppe von *aisl.* berja „schlagen, dreschen; töten" (↑Baron, eigentlich „kämpfender, streitbarer Mann"), die näher verwandt ist mit *lat.* ferire „schlagen, stoßen" und *russ.* borot' „bezwingen, überwältigen". Auf die zahlreichen Weiterbildungen und Erweiterungen dieser Wurzel geht *lat.* friare „zerreiben" (↑frivol) zurück; im *germ.* Sprachbereich die Wortgruppe um ↑*Brett* (s. d. über Bord, Bordell, Pritsche u. a.), eigentlich „[aus einem Stamm] Geschnittenes", und ↑Brosame (eigentlich „Zerriebenes, Zerbröckeltes"). – Abl.: **Bohrer** (15. Jh.); **verbohrt** „starrköpfig" (19. Jh.; 2. Part. des Zimmermannsworts verbohren „falsch bohren").

böig ↑Bö.

Boiler „Warmwasserspeicher": Das Substantiv wurde im 20. Jh. aus *engl.* boiler entlehnt. Dies gehört zu *engl.* to boil „aufwallen machen; erhitzen", das über *mengl.* boilen auf *afrz.* boillir (= *frz.* bouillir) < *lat.* bullire zurückgeht; Stammwort ist *lat.* bulla „Wasserblase" (vgl. [2]*Bulle*).

Boje „verankerter Schwimmkörper (als Seezeichen)": Das Substantiv wurde im 16. Jh. aus *niederd.* boye übernommen, das zu *mniederl.* bo[e]ye, *afrz.* boie (= *frz.* bouée) gehört. Das *afrz.* Wort kann aus *afränk.* *bōkan „Zeichen" entlehnt sein und dann zur Sippe von ↑*Bake* gehören.

Bolero: Das Substantiv ist aus *span.* bolero entlehnt, das zunächst den [Bolero]tänzer bezeichnete, dann den Tanz selbst, der sich durch scharfe rhythmische Drehungen auszeichnet. Zugrunde liegt *span.* bola „Kugel" (< *lat.* bulla); vgl. [2]*Bulle.* Das Wort bezeichnete dann auch das kurze, offen getragene Herrenjäckchen der spanischen Nationaltracht, schließlich ein kurzes Jäckchen generell.

bölken „schreien, brüllen" (besonders von Rindern): Das dem *Oberd.* ursprünglich fremde Verb (*mitteld.* bülken 15. Jh., *mnd.* bolken) ist lautnachahmenden Ursprungs, vgl. die [elementar]verwandten Wörter *niederl.* balken „schreien" (vom Esel), bulken „schreien, blöken", *engl.* to belch „rülpsen, aufstoßen". Beachte auch die unter ↑*bellen* und ↑*poltern* behandelten ähnlichen Lautnachahmungen.

Bolle ↑Bowle.

Bollwerk: *Mhd.* bolwerc, *mnd.* bōlwerk, *mniederl.* bolwerc ist eine Zusammensetzung aus dem unter ↑*Bohle* behandelten Wort und dem Substantiv 'Werk'. Es bezeichnete also einen aus starken Bohlen errichteten Schutzbau. Aus dem *Dt.* entlehnt ist *frz.* boulevard „breite [Ring]straße" (↑Boulevard).

Bolz[en] „Pflock; kurzer, dicker Pfeil": Das *altgerm.* Wort *mhd., ahd.* bolz, *niederl.* bout, *engl.* bolt, *schwed.* bult ist verwandt mit der *balt.* Sippe von *lit.* bélsti „pochen, klopfen", baldas „Stößel" und mit dieser lautnachahmenden Ursprungs.

bombardieren „[mit Bomben] beschießen": Das Wort wurde im 17. Jh. aus *frz.* bombarder entlehnt. Dies gehört zu bombarde (eigentlich

„Steinschleudermaschine"), einer Ableitung von bombe (vgl. *Bombe*). Abl.: **Bombardement** „Beschießung [mit Bomben]" (17./18. Jh.; aus *frz.* bombardement).

Bombast: Der Ausdruck für „[Rede]schwulst, Wortschwall" wurde im 18. Jh. aus *engl.* bombast entlehnt, das zunächst ein zum Auswattieren von Jacketts verwendetes Baumwollgewebe bezeichnete. Die Bedeutungsübertragung auf übertrieben umständliches und schwülstiges Sprechen geht denn auch von der Vorstellung einer aufgebauschten Jacke aus. – Voraus liegen *afrz.* bombace, *spätlat.* bombax (bambagium), *griech.* pámbax (bambákion), *pers.* panbak, panba[h], alle mit der Bed. „Baumwolle". Abl.: **bombastisch** „schwülstig; hochtrabend" (19. Jh.). – Gleicher Herkunft ist unser Lehnwort ↑Wams.

Bombe „Sprengkörper": Das Wort wurde im 17. Jh. über *frz.* bombe aus gleichbed. *it.* bomba entlehnt, das auf *lat.* bombus „dumpfes Geräusch", *griech.* bómbos zurückgeht. Das *griech.* Wort ist schallnachahmenden Ursprungs und hat zahlreiche Entsprechungen in anderen *idg.* Sprachen, z. B. in unseren Schallwörtern bim, bam, bum, zu denen auch die Verben ↑bimmeln, ↑bummeln und ↑baumeln gehören. – Um 'Bombe' gruppieren sich die Bildungen **Bomber** „Bombenflugzeug" (20. Jh.) und **bomben** „bombardieren; mit Wucht schießen" (20. Jh.), beachte auch **ausbomben** und **zerbomben** „durch einen Bombenangriff zerstören" (20. Jh.). Als Inbegriff des „Wirkungsvollen und Gewaltigen" erscheint 'Bombe' in den Ableitungen und Zusammensetzungen **bombig, bombensicher, bombenfest, Bombenerfolg, Bombenstimmung, Sexbombe,** die alle im 20. Jh. entstanden sind. – Vgl. den Artikel *bombardieren*.

Bon „Gutschein": Das Wort wurde im 18./19. Jh. als kaufmännischer Terminus aus gleichbed. *frz.* bon entlehnt, dem substantivierten Adjektiv *frz.* bon „gut", das seinerseits auf gleichbed. *lat.* bonus beruht. Auf das *lat.* Wort geht über *engl.* bonus unser **Bonus** „Vergütung; [Schadenfreiheits]rabatt; Ausgleich" zurück. – Zu *frz.* bon gehören auch die Fremdwörter Bonbon (s. d.) und Bonmot (s. d.).

Bonbon „Süßigkeit, Zuckerzeug": Das Wort wurde im 18. Jh. aus *frz.* bonbon entlehnt, einer der Kindersprache entstammenden Wiederholungsform von bon „gut" (vgl. *Bon*). – Dazu: **Bonbonniere** „Bonbonschachtel" (im 18./19. Jh. aus *frz.* bonbonnière entlehnt).

Bönhase *m* (*nordd.* für:) „Pfuscher, nichtzünftiger Handwerker": *Mnd.* bön[e]hase erscheint zuerst als Familienname im 14. Jh. und war wie *nhd.* Dachhase ein Scherzname der Katze (zu *mnd.* böne „Dachboden", vgl. *Buhne*). Im 16. Jh. wurde das Wort zur Schelte der unzünftigen Schneider, die heimlich auf dem Dachboden arbeiteten und von der Zunft polizeilich verfolgt wurden.

Bonmot: Der Ausdruck für „treffende, geistreiche Wendung" wurde im 17./18. Jh. aus *frz.* bon mot entlehnt, eine Fügung aus *frz.* bon „gut" (vgl. *Bon*) und *frz.* mot „Wort" (< *lat.* muttum „Muckser"; vgl. das Fremdwort *Motto*).

Bonus ↑Bon.

Bonze „höherer [Partei]funktionär" (mit verächtlichem Nebensinn): Der Ausdruck wurde im 18. Jh. über *frz.* bonze, *port.* bonzo aus *jap.* bōzu „Priester" entlehnt.

Boogie-Woogie: Der Name des Tanzes wurde im 20. Jh. aus *amerik.* boogie-woogie, einer Reimbildung zu boogie (abschätzig für:) „Neger", entlehnt.

Boom: Der seit dem Ende des 19. Jh. gebräuchliche Ausdruck für „Wirtschaftsaufschwung, Hochkonjunktur" stammt aus gleichbed. *engl.-amerik.* boom, das im Sinne von „Summen, Brausen, geschäftiges Treiben" zu *engl.* to boom „summen, brausen" gehört.

Boot: Das im 16. Jh. aus der *niederd.* Seemannssprache übernommene Wort geht zurück auf *mnd.* bōt, das – wie auch *niederl.* boot – aus *mengl.* bot entlehnt ist (vgl. *engl.* boat). Voraus liegt *aengl.* bāt, „Boot, Schiff", dem die gleichbedeutenden *aisl.* beit, bātr, *schwed.* båt entsprechen. Das Wort gehört wahrscheinlich zu der unter ↑*beißen* behandelten Sippe, so daß als Grundbedeutung wohl „ausgehauener Stamm" (↑Einbaum) anzunehmen ist. Die gleiche Bedeutungsentwicklung zeigen die Wörter ↑Schiff und ↑Nachen. Abl.: **ausbooten** „mit dem Boot von Bord bringen", *ugs.* für: „aus einer Stellung oder Gemeinschaft entfernen" (19. Jh.).

Bor (chem. Grundstoff): *Pers.* būra[h] „borsaures Natron" wurde über *arab.* bawraq ins *Mlat.* als borax entlehnt. Dies lebt zum einen in unveränderter Form in **Borax,** der Bezeichnung eines als Waschmittel benutzten borhaltigen Minerals, weiter; zum anderen entwickelte sich daraus über *spätmhd.* buras und *frühnhd.* borros unser Wort Bor.

[1]Bord „[Wand-, Bücher]brett": *Mnd.* bōrt, *asächs.* bord „Brett, Tisch" ist in der *niederd.* Form Bord *hochd.* geworden. Ihm entsprechen *got.* [fōtu]baúrd „[Fuß]bank", *engl.* board „Brett, Tisch", *schwed.* bord „Tisch". Das *gemeingerm.* Wort steht im Ablaut zu ↑Brett. Vgl. den Artikel *Bordell*.

[2]Bord „[Schiffs]rand; Deck": Das *altgerm.* Wort *mhd., ahd.* bort, *niederl.* boord, *engl.* board, *schwed.* bord war ursprünglich identisch mit dem unter ↑[1]*Bord* behandelten Substantiv, vermischte sich aber früh mit nicht verwandtem *ahd.* brort, *aengl.* breord „Rand". *Schweiz.* bedeutet 'Bord' „Rand, [Ufer]böschung". Verwandt sind ↑Borte und ↑bordieren. – Zus.: **Backbord** (s. d.); **Dollbord** (↑Dolle); **Steuerbord** (↑Steuer).

Bordell „Dirnenhaus": Das Wort wurde in *mhd.* Zeit aus dem *Roman.* entlehnt (vgl. z. B. *frz.* bordel und *it.* bordello). Die *roman.* Wörter, die ursprünglich „Bretterhüttchen" bedeuteten, gehören als Verkleinerungsformen zu einem in *afrz.* borde, *altprov.* borda und *span.* borda bewahrten Wort mit der Bedeutung „Hütte; Bauernhof", das seinerseits auf das unter ↑[1]*Bord* behandelte *germ.* Wort zurückgeht.

bordieren: „einfassen; mit einer Borte versehen"; Das Verb wurde im 16. Jh. entlehnt aus *frz.* border „umranden, einfassen", zu bord „Rand, Borte", das aus *afränk.* *bord „Rand" stammt (vgl. [2]*Bord*). Dazu: **Bordüre** (17. Jh.; aus *frz.* bordure).

borgen: Das *altgerm.* Wort *mhd.* borgen, ahd. bor[a]gēn, *niederl.* borgen, *engl.* to borrow, *schwed.* borga steht im Ablaut zu dem unter ↑*bergen* behandelten Verb. Es bedeutete ursprünglich „auf etwas achthaben, schonen; jemandem eine Zahlung ersparen". Zu 'borgen' gebildet ist ↑Bürge. – Abl.: **Borg** (nur noch in 'auf Borg kaufen'; *mhd.* borc „Geliehenes").

Borke „rauhe Baumrinde": Das Wort ist aus dem *Niederd.* ins *Hochd.* gelangt. *Mnd.* borke – im Ablaut dazu die *nord.* Gruppe von *schwed.* bark, aus der *engl.* bark stammt – gehört wahrscheinlich im Sinne von „Rauhes, Rissiges" zu einer g-Erweiterung der unter ↑*Barsch* behandelten *idg.* Wurzel.

Born ↑Brunnen.

borniert „geistig beschränkt": Das Adjektiv wurde im 18. Jh. aus dem Part. Perf. von *frz.* borner „beschränken" (eigentlich „mit Grenzzeichen versehen") entlehnt. Dies ist abgeleitet von *frz.* borne (< *afrz.* bosne, bodne) „Grenzstein" (wozu auch *frz.* abonner im Fremdwort ↑abonnieren gehört), das wohl *gall.* Ursprungs ist. Abl.: **Borniertheit** „Beschränktheit".

[1]**Börse:** Die Bezeichnung für „Geldbeutel" wurde im 18. Jh. aus *niederl.* (geld)beurs entlehnt, das wie *frz.* bourse auf *spätlat.* bursa (< *griech.* býrsa) „Fell, Ledersack" zurückgeht. Über weitere Zusammenhänge vgl. den Artikel ↑*Bursch[e].* [2]**Börse** „Markt für Wertpapiere, vertretbare Güter": Das Wort wurde im 16. Jh., zunächst in der Form Börs, aus *niederl.* beurs entlehnt, das ursprünglich ein Gebäude bezeichnete, in dem sich Kaufleute zu Geschäftszwecken regelmäßig trafen. Die ersten Zusammenkünfte dieser Art sollen vor dem Haus einer angesehenen Brügger Kaufmannsfamilie namens 'van der Burse' stattgefunden haben. Diesen Namen führt man wegen dreier im Hauswappen der Familie erscheinender „Geldbeutel" auf das unter [1]*Börse* (s. o.) genannte *niederl.* beurs zurück. – Abl.: **Börsianer** „Börsenspekulant" (19. Jh.; mit *lat.* Endung gebildet).

Borste: Die heutige weibliche Form geht über *mhd.* borste zurück auf *ahd.* bursta. Diese Form – wie auch das gleichbedeutende bursti (↑Bürste) – ist eine Nebenform des starken Maskulinums (Neutrums) *mhd.* borst, *ahd.* burst, dem *aengl.* byrst und *schwed.* borst entsprechen. Das Wort gehört im Sinne von „Emporstehendes" mit verwandten Wörtern in anderen *idg.* Sprachen zu der unter ↑*Barsch* dargestellten *idg.* Wurzel, vgl. z. B. *aind.* bhṛṣṭí-ḥ „Zacke, Ecke, Kante" und *russ.* boršč „Rotrübensuppe" (ursprünglich Bezeichnung der spitzblättrigen Pflanze Bärenklau). – Abl.: **borstig** (*mhd.* borstoht), dazu **widerborstig** (im 15. Jh. wider borstig, *mnd.* wedderborstich, eigentlich „struppig" [von Tieren], dann übertragen für „störrisch, widerspenstig").

Borte: *Mhd.* borte, *ahd.* borto „Rand, Besatz" ist wie gleichbed. *aengl.* borda, schwache Nebenform zu dem unter ↑[2]*Bord* behandelten Wort. Siehe auch den Artikel *bordieren.*

Böschung „Abdachung": Das Fachwort der Festungsbaukunst, das zuerst im 16. Jh. auftritt, bezeichnete ursprünglich die mit dicht und niedrig gehaltenem Strauchwerk befestigten Abhänge mittelalterlicher Festungswälle, die selbst Kanonenschüsse aushalten konnten, dann schräge Flächen aller Art. 'Böschung' gehört danach zu *aleman.* Bosch[en] „Strauch" aus *mhd.* bosch (vgl. *Busch*). Das dazugehörige Verb **böschen,** meist **abböschen** „abschrägen" ist erst seit dem 18. Jh. bezeugt.

böse: *Mhd.* bœse „gering, wertlos; schlecht, schlimm, böse", *ahd.* bōsi „hinfällig, nichtig, gering, wertlos, böse", *niederl.* boos „böse, schlecht, schlimm" sind im *germ.* Sprachbereich eng verwandt mit der *nord.* Sippe von *norw.* baus „stolz, heftig" (eigentlich „aufgeblasen, geschwollen") und weiterhin mit den unter ↑*Bausch,* ↑*Busen,* ↑*Pausback* und ↑*pusten* behandelten Wörtern (vgl. *Beule*). Das Adjektiv 'böse' bedeutete demnach ursprünglich etwa „aufgeblasen, geschwollen". – Abl.: **erbosen** „erzürnen" (*mhd.* [er]bōsen „schlecht werden oder handeln", *ahd.* bōsōn „gotteslästerlich reden"); **boshaft** (16. Jh., für älteres boshaftig); **Bosheit** (*mhd., ahd.* bōsheit bedeutet auch „Wertlosigkeit"). Zus.: **Bösewicht** (*mhd.* bœsewiht, zusammengerückt aus 'der bœse wiht', *ahd.* pōse wiht; vgl. *Wicht*).

Boß: Der *ugs.* Ausdruck für „Chef" wurde im 20. Jh. aus *engl.-amerik.* boss entlehnt, das seinerseits aus *niederl.* baas „Meister" stammt.

Botanik: Die Bezeichnung für „Pflanzenkunde" wurde im 17. Jh. aus *nlat.* (scientia) botanica < *griech.* botanikḗ (epistḗmē) entlehnt. Das *griech.* Adjektiv botanikós „pflanzlich" ist von botánē „Weide, Futterpflanze" abgeleitet. – Abl.: **botanisch** „pflanzenkundlich" (nach *griech.* botanikós); **Botaniker** „Pflanzenkundler" (18./19. Jh.; für älteres Botanicus bzw. Botanist); **botanisieren** „Pflanzen sammeln" (18. Jh.; nach gleichbed. *griech.* botanízein).

Bote: Das *altgerm.* Wort *mhd.* bote, *ahd.* boto, *niederl.* bode, *aengl.* boda, *aisl.* boði „Bote, Verkünder, Herold" ist eine Bildung zu dem unter ↑*bieten* behandelten Verb in dessen Bedeutung „wissen lassen, befehlen". Abl. **Botschaft** (*mhd.* bot[e]schaft, *ahd.* botoscaft; im 16./17. Jh. auch für „Gesandter"), dazu **Botschafter** (im 16. Jh. „Bote", dann „Leiter einer Gesandtschaft"; seit dem 18. Jh. Titel des Staatsgesandten wie *frz.* ambassadeur). Zus.: **Vorbote** (*mhd.* vorbote, *ahd.* foraboto „Vorläufer; Ankündiger (eines Herrn); Anzeichen".

Böttcher: Der besonders *nordd.* Handwerkername wurde erst vom *nhd.* Sprachgefühl mit dem in Norddeutschland ursprünglich nicht heimischen Wort ↑Bottich verknüpft. *Mnd.* bödeker, böddeker ist wahrscheinlich mit dem früher bei *niederd.* Handwerkernamen auftretenden -ker-Suffix abgeleitet aus *mnd.* böde, bödde „hölzerne Wanne", das dem *hochd.* ↑*Bütte* entspricht.

Bottich: In dem Wort *mhd.* botech[e], botige, *ahd.* botega haben sich vermutlich *roman.* Abkömmlinge von *griech.-lat.* apothēca „Abstellraum, Magazin“ (vgl. z. B. *mlat.* potecha „Abstellraum, Vorratslager“ und *span.* bodega „Weinkeller“) und *vlat.* buttis „Faß“ (vgl. z. B. *mlat.* butica und *it.* botte „Faß“) miteinander vermischt. Siehe auch *Böttcher* und *Bütte.*

[1]**Bouclé** „gekräuseltes, lockenartiges Garn“: Das Substantiv ist aus dem Part. Perf. von *frz.* boucler „ringeln“, einer Ableitung von boucle „Ring, Schleife“, entlehnt. Das vorausliegende *lat.* buccula „Bäckchen“, eine Verkleinerungsbildung zu bucca „aufgeblasene Backe“ (vgl. *Buckel*), entwickelte im *Afrz.* eine wohl von der Rundung der Wange her übertragene Bedeutung „Schildknauf“, die die spätere, verallgemeinernde Bed. „Öse, Schleife“ vorbereitete. –

[2]**Bouclé** „Haargarnteppich“: Das Fremdwort stammt aus *frz.* tapis bouclé „mit Kräuselgarn gewebter Teppich“.

Bouillon „Fleischbrühe“: Das Wort wurde im 18. Jh. aus *frz.* bouillon entlehnt. Das zugrundeliegende Verb *frz.* bouillir „wallen, sieden“ geht auf gleichbed. *lat.* bullire (eigentlich „Blasen werfen“) zurück, das seinerseits von *lat.* bulla „Blase“ (vgl. [2]*Bulle*) abgeleitet ist.

Boulevard Die Bezeichnung für „breite [Ring]straße“ ist aus *frz.* boulevard entlehnt. Dies stammt seinerseits aus *mniederl.* bolwerc, das *dt.* ↑*Bollwerk* entspricht. – Die Ringstraßen verlaufen oft im Zuge alter Stadtbefestigungen.

Bourgeoisie „(wohlhabendes) Bürgertum“: Das Fremdwort wurde im 19. Jh. aus *frz.* bourgeoisie entlehnt, einer Bildung zu *frz.* bourgeois „Bürger“. Das zugrundeliegende Substantiv *frz.* bourg „Burg; Marktflecken“ stammt aus *afränk.* *burg, das zu dem unter ↑*Burg* behandelten *germ.* Wort gehört.

Bouteille ↑Buddel.

Boutique Die Bezeichnung für „kleines [elegantes] Modegeschäft“ wurde im 20. Jh. aus gleichbed. *frz.* boutique entlehnt, das bereits im 17. Jh. in der älteren Bed. „[Kram]laden“ ins Deutsche übernommen worden war (↑Butike).

Bovist ↑Bofist.

Bowle: Die Bezeichnung für ein „Getränk aus Wein, Schaumwein, Früchten oder aromatischen Pflanzen [und Zucker]“ wurde im 18. Jh. aus *engl.* bowl „[Punsch]napf“ entlehnt, das auf *aengl.* bolla „Schale“ zurückgeht. Verwandt damit sind *ahd.* bolla, *mhd.* bolle „Schale, bügelförmiges Gefäß; Knospe, Fruchtknoten“, *nhd.* Bolle „Zwiebel“, *schwed.* bulle „Brötchen“.

Box „Behälter; Unterstellraum; Pferdestand“: Das Wort ist eine junge Entlehnung aus *engl. (aengl.)* box, das auf *vlat.* buxis (= *lat.* pyxis) „(aus Buchsbaumholz hergestellte) Büchse“ (vgl. *Buchs*) zurückgeht und somit formal und in der Bedeutung unserem Lehnwort ↑Büchse entspricht. – Zus.: **Boxkalf** „Kalbsleder“ (aus gleichbed. *engl.* boxcalf, das ursprünglich die „kästchenförmige“ Narbung auf der Unterseite von Kalbsleder bezeichnete).

boxen „mit den Fäusten kämpfen“: Das Verb wurde im 18. Jh. aus gleichbed. *engl.* to box entlehnt. Eine weitere Anknüpfung ist unsicher. – Abl.: **Boxen** „Faustkampf“; **Boxer** „Faustkämpfer“; auch übertragen gebraucht als Name einer Hunderasse (19. Jh.).

Boykott „Ächtung; Abbruch bestehender [wirtschaftl.] Beziehungen“: Das Fremdwort wurde im 19. Jh. aus gleichbed. *engl.* boycott entlehnt. Hinter diesem Wort steht der zur Gattungsbezeichnung gewordene Name eines britischen Hauptmanns und Gutsverwalters, der von der irischen Landliga geächtet wurde. – Das entsprechende Verb *engl.* to boycott ist die Quelle für unser Verb **boykottieren** „ächten, in Verruf erklären“.

Brache „unbestellter Acker“: Das Substantiv *mhd.* brāche, *ahd.* brāhha ist eine Bildung zu dem unter ↑*brechen* behandelten Verb und bedeutete ursprünglich „das Brechen“, dann speziell „erstes Umbrechen des Bodens“, vgl. *mniederl.* brāke „Stück, Brocken; Bruch; Brechwerkzeug“ und *aengl.* brǣc „Bruch; Zerstörung; Streifen ungepflügten Landes“. In der alten Dreifelderwirtschaft blieb ein Drittel der Flur nach der Ernte des Sommerkorns als Stoppelweide liegen und wurde erst im folgenden Juni gepflügt und zur Aufnahme der Winterfrucht vorbereitet. Der Juni heißt deshalb auch **Brachet, Brachmonat, Brachmond** (*ahd.* brachōd, *mhd.* brāchōt, eigentlich „Zeit des Brachens“, *mhd., ahd.* brāchmānōt). Das Pflügen hieß früher 'brachen' (*mhd.* brāchen, *ahd.* brāhhōn), das Feld nennt man heute 'Brache' oder **Brachfeld** (*ahd.* brāchvelt, *mhd.* brāchvelt). Aus der *mhd.* Fügung 'in brāche ligen' hat sich das Adjektiv **brach** „unbenutzt, unbebaut“ entwikkelt (17. Jh.), das in **brachliegen** auch übertragen gebraucht wird. Der **Brachvogel** (*mhd.* brāchvogel, *ahd.* brāhfogal, eine Art Schnepfenvogel) ist so benannt, weil er sich gerne auf Brachen aufhält.

Brachialgewalt „rohe Gewalt“: Das Bestimmungswort ist das von *lat.* bracchium „Arm“ abgeleitete Adjektiv *lat.* bracchialis „den Arm betreffend“. Das Wort meint also eigentlich „Gewaltanwendung unter Zuhilfenahme der Arme“. Über *lat.* bracchium vgl. das Lehnwort *Brezel.*

brachliegen, Brachmonat, Brachmond, ↑Brache.

Brachse oder **Brachsen** „ein karpfenartiger Fisch“: *Mhd.* brahsem, *ahd.* brahsema, brahs[i]a gehören mit *nordd.* Brasse, Brassen (ein Seefisch), *mnd.* brassem, *niederl.* brasem, *schwed.* braxen zu der Wortgruppe von *mhd.* brehen „plötzlich aufleuchten“ (vgl. *Braue*). Der Fisch ist also nach den glänzenden Schuppen benannt.

Brachvogel ↑Brache.

brackig „mit Seewasser gemischt, salzhaltig“: Das seit dem 19. Jh. bezeugte Adjektiv steht für älteres gleichbedeutendes brack, *mnd.* brak, *niederl.* brak, brakkig, dessen Herkunft unklar ist (vielleicht im Ablaut zu der unter ↑[2]*Bruch* „Sumpfland“ behandelten Wortgruppe). Dazu **Brackwasser** „Gemisch von Salz- und Süßwasser“ (17. Jh.).

Bräme ↑verbrämen.

Brand: Das *altgerm.* Wort *mhd., ahd.* brant, *niederl.* brand, *engl.* brand, *schwed.* brand ist eine Bildung zu dem im *Nhd.* untergegangenen starken Verb *mhd.* brinnen, *ahd.* brinnan (vgl. *brennen*). Es bedeutete zunächst „Feuerbrand, Feuersbrunst", dann „das Brennen von Tonwaren, Kalk, Ziegeln", auch „Brandzeichen" (z. B. bei Pferden) und entwickelte zahlreiche übertragene Bedeutungen, z. B. als Bezeichnung einer Pflanzenkrankheit. Zus.: **Brandbrief** (*spätmhd.* brantbrief [15. Jh.] bezeichnete einen Branddrohbrief ähnlich dem Fehdebrief, wie er bis ins 19. Jh. vorkam. Die heutige *ugs.* Bed. „dringlicher Brief", eigentlich „Bettelbrief um Geld" [18. Jh., studentisch], geht von behördlichen Schreiben aus, die zum Sammeln für Abgebrannte berechtigen und vielfach mißbraucht wurden); **brandmarken** (eigentlich „ein [schändendes] Zeichen einbrennen", heute meist übertragen für „öffentlich bloßstellen, anprangern" gebraucht; im 17. Jh. zu älterem brandmerk, -mark „Brandmal" gebildet); **brandschatzen** „[durch Branddrohung] erpressen" (im 14. Jh. brantschatzen; vgl. Schatz), dazu **Brandschatzung** „Zahlung zum Loskauf von Plünderung und Brand" (14. Jh.); **Brandsohle** (18. Jh.; die innere Schuhsohle wird aus geringerem Leder gemacht, in dem meist das Brandzeichen der Tiere sitzt). – Das Adjektiv **brandneu** ist eine Lehnübersetzung von *engl.* brand-new, eigentlich „frisch vom Feuer" (20. Jh.). Siehe auch den Artikel *Brandung*.

branden ↑Brandung.

Brandung: Die heutige Form ist im 18. Jh. zum erstenmal bezeugt und steht für älteres Branding (17. Jh.), das aus dem *Niederl.* (*niederl.* branding) entlehnt ist. Dieses Substantiv ist abgeleitet von dem *niederl.* Verb branden „brennen", das eine unter dem Einfluß des Substantivs *mniederl.* brant „Brand, Feuer" gebildete Nebenform zu dem unter ↑*brennen* behandelten Verb ist. Die Brandung wird also mit der Bewegung der Flammen oder mit einer kochenden Masse verglichen. Vermutlich zu 'Brandung' erst gebildet ist **branden,** das im 18. Jh. zuerst in dichterischer Sprache von den Meereswellen und später auch übertragen gebraucht wird.

Branntwein: Die zuerst aus Wein und Weinrückständen, dann auch aus Getreide destillierte Flüssigkeit heißt *mhd.* gebranter wīn, im 16. Jh. zusammengerückt brantewein (aus entspr. *mnd.* brandewīn, *niederl.* brandewijn stammt *engl.* brandy). 'Brennen' (s. d.) bedeutet hier „durch Erhitzen verdampfen". Anfänglich war der Branntwein nur äußerlich angewandtes Heilmittel; s. auch *Weinbrand*. – Zus.: **Franzbranntwein** (im 17. Jh. ein geringer „französischer Branntwein", heute künstlich hergestelltes Einreibemittel).

Brasse, Brassen ↑Brachse.

braten: Das *westgerm.* starke Verb *mhd.* brāten, *ahd.* brātan, *niederl.* braden, *aengl.* brǣdan gehört mit den unter ↑*Brodem* und ↑*brühen* behandelten Wörtern zu der Wortgruppe von ↑*Bärme*. *Außergerm.* ist z. B. eng verwandt *lat.* fretum „Wallung, Hitze", *lat.* fretale „Bratpfanne" und *aisl.* brǣda „schmelzen, teeren". Nicht verwandt ist das Substantiv ↑Braten. – Zus.: **Bratspieß** (↑[1]Spieß).

Braten: Die Herkunft des *altgerm.* Substantivs *mhd.* brāte, *ahd.* brāto „schieres Fleisch, Weichteile", *mniederl.* brāde „Wade, Muskel, Faser", *aengl.* brǣd „Fleisch", *aisl.* brāđ „Fleisch" ist ungeklärt. Das Wort hat nichts mit ↑braten zu tun, erhielt aber im *Mhd.* durch Anlehnung an dieses Verb die Bedeutung „gebratenes Fleisch". In ↑Wildbret ist die ursprüngliche Bedeutung noch bewahrt; dagegen ist die Zusammensetzung **Bratwurst** (*mhd., ahd.* brātwurst, eigentlich „Fleischwurst") wieder an 'braten' angelehnt. Das n der *nhd.* Form 'Braten' ist aus den schwach gebeugten obliquen Kasus in den Nominativ übergetreten. – Zus. **Bratenrock** (Ende des 18. Jh.s scherzhafte Bezeichnung für den festlichen Männerrock, den man bei festlichen Essen, wo es Braten gab, trug; im 17. Jh. schon bezeugt 'Bratenwams').

Bratsche: Der Name des Musikinstruments ist seit dem 17. Jh. bezeugt. Er ist gekürzt aus 'Bratschgeige', das aus *it.* viola da braccio „Armgeige" entlehnt ist (entsprechend *it.* viola da gamba in ↑Gambe). Über das vorausliegende Substantiv *lat.* bra(c)chium „Arm" vgl. den Artikel *Brezel*. Über *it.* viola s. den Artikel *Violine*. Abl.: **Bratscher, Bratschist** „Bratschenspieler".

Bratspieß ↑Spieß.

Bratwurst ↑Braten.

brauchen: Das *altgerm.* Verb *mhd.* brūchen, *ahd.* brūhhan, *got.* brūkjan, *mniederl.* brūken, *aengl.* brūcan ist verwandt mit *lat.* frui „genießen", *lat.* fructus „Ertrag [Acker]frucht" (↑Frucht) und *lat.* frux, -gis „[Feld]frucht" (↑frugal). Die Grundbedeutung ist „Nahrung aufnehmen", aus der sich die allgemeineren Bedeutungen „genießen, in Genuß von etwas sein, an etwas teilhaben; nutzen, anwenden, verwenden" und schließlich die Bedeutung „benötigen, nötig haben" entwickelten, an die sich die Verwendung von 'brauchen' als Modalverb anschließt. – Abl.: **Brauch** (*mhd.* brūch, *ahd.* brūh „Nutzen, Gebrauch", seit dem 16. Jh. besonders „Sitte, Gewohnheit [einer Gemeinschaft]"), dazu **Brauchtum** (volkskundliches Fachwort des 20. Jh.s) und **Nießbrauch** (↑genießen); **brauchbar** „tauglich" (17. Jh.). Zusammensetzungen und Präfixbildungen: **gebrauchen** (*mhd.* gebrūchen, *ahd.* gibrūhhan verstärkte einfaches 'brauchen' „verwenden" und hat es jetzt weitgehend ersetzt), dazu **Gebrauch** (*mhd.* gebrūch, *nhd.* zeitweise auch für „Gewohnheit") und **gebräuchlich** (im 18. Jh. für älteres bräuchlich); **mißbrauchen** „falsch oder böse gebrauchen" (*mhd.* missebrūchen, *ahd.* misbrūhhan; vgl. *miß...*), dazu **Mißbrauch** (16. Jh.); **mißbräuchlich** (17. Jh.); **verbrauchen** „zu Ende [ge]brauchen" (*frühmhd.* verbrūchen, dann aber erst seit dem 15. Jh. wieder bezeugt), dazu **Verbrauch** und **Verbraucher** (im 18./19. Jh. für 'Konsumtion' und 'Konsument').

Braue: *Mhd.* brā „Braue, Wimper", *ahd.* brā[wa] „Braue, Wimper, Lid", *asächs.* brāha „Braue" *aengl.* brǣw „Braue, Augenlid", *aisl.* brā „Wimper" hängen mit *got.* bralva in 'in bralva augins' „im Augenblick", eigentlich „im Aufleuchten der Augen" zusammen. Verwandt sind im *germ.* Sprachbereich z. B. *mhd.* brehen „plötzlich und stark aufleuchten, funkeln" und *aisl.* braga „glänzen, flimmern". Die gesamte *germ.* Wortgruppe gehört zu der unter ↑*braun* dargestellten *idg.* Wurzel. Die ursprüngliche Bedeutung von 'Braue' läßt sich nicht mit Sicherheit ermitteln, weil bereits in den älteren Sprachzuständen die Bedeutungen „Braue" und „Lid [mit Wimpern]" nebeneinander hergehen. Schon das *Ahd.* unterschied darum die ubarbrā „[obere] Braue" von der unter- oder wintbrā (↑Wimper). Wahrscheinlich bezeichnete das Wort ursprünglich das Lid als „das Zwinkernde, Blinzelnde".

brauen: *Mhd.* briuwen, brūwen, *ahd.* briuwan, brūwan, *niederl.* brouwen, *engl.* to brew, *schwed.* brygga „brauen" sind *germ.* Verbbildungen zu der unter ↑*Bärme* „Bierhefe" genannten *idg.* Wurzelform *bh[e]reu- „aufwallen", die vielfach in Bezeichnungen des Gärens und gegorener Speisen und von Getränken erscheint. Vgl. z. B. *lat.* defrutum „eingekochter Most" und *thrak.* brȳtos „Gerstenbier", weiterhin die unter ↑*Brot* und ↑*brodeln* genannten *germ.* Wörter. Da zum Bierbrauen würzende Zutaten (besonders Hopfen) gehören, wird das Verb 'brauen' schon in *mhd.* Zeit auch auf die Herstellung anderer Getränke übertragen (heute *ugs.* z. B. bei Punsch, Kaffee, Arzneien). Abl.: **Bräu** (besonders *südd.* für:) „Bier; Brauerei", älter „Gebrautes" (*mhd.* briuwe „das Brauen; was auf einmal gebraut wird"), vgl. die Kollektivbildung **Gebräu; Brauer** (*mhd.* brouwer); **Brauerei** „Bierherstellung, Brauhaus" (17. Jh.).

braun: Das *altgerm.* Farbadjektiv *mhd., ahd.* brūn, *niederl.* bruin, *engl.* brown, *schwed.* brun beruht auf einer Bildung zu der *idg.* Wurzel *bher- „(weiß, rötlich, braun) schimmern[d], leuchten[d], glänzen[d]", vgl. *griech.* phrȳnē „Kröte", eigentlich „die Braune". Zu dieser vielfach weitergebildeten und erweiterten *idg.* Wurzel gehören ferner die Tiernamen ↑Bär (eigentlich „der Braune") und ↑Biber (eigentlich „der Braune"), der Baumname ↑Birke (nach der leuchtendweißen Rinde), der Fischname ↑Brachse[n], Brasse[n] (nach den glänzenden Schuppen), der Personenname Bruno und das unter ↑*Braue* (eigentlich „das Zwinkernde, Blinzelnde") behandelte Wort. Das *altgerm.* Adjektiv wurde früh ins *Roman.* entlehnt, vgl. *frz.* brun, *it., span.* bruno (↑brünett). – Abl.: **Bräune** (*mhd.* briune „braune [Gesichts]farbe"; seit dem 16. Jh. volkstümlich für „Diphtherie, Angina" nach der braunroten Entzündung); **bräunen** „braun machen" (*mhd.* briunen); **bräunlich** (im 16. Jh. bräunlicht). Zus.: **Braunkohle** (18. Jh.).

brausen: Das auf das *dt.* und *niederl.* Sprachgebiet beschränkte Verb *mhd.* brūsen, *niederl.* bruisen ist entweder lautnachahmenden Ursprungs oder gehört zu der Wortgruppe von ↑*brauen*. Abl.: **Braus** nur noch in der Wendung 'in Saus und Braus (= verschwenderisch) leben' (*mhd.* brūs „Lärm"; vgl. *niederl.* bruis „Schaum; Gischt"; vgl. 'Saus' unter *sausen*); **Brause** „Wasserverteiler der Gießkanne, Dusche" (im 18. Jh. aus *niederd.* bruse übernommen; in der Bedeutung „Limonade" aus 'Brauselimonade' gekürzt [20. Jh.]). Zus.: **Brausekopf** „Mensch mit überschäumendem Temperament" (Ende des 18. Jh.s).

Braut: Das *gemeingerm.* Wort *mhd., ahd.* brūt, *got.* brūþs („Schwiegertochter"), *engl.* bride, *schwed.* brud ist dunklen Ursprungs. Im *Dt.* wurde es seit dem 16. Jh. auch im Sinne von „Verlobte" gebräuchlich und verdrängte *mhd.* gemahel aus dieser Bedeutung (↑Gemahl). *Ugs.* wird es auch im Sinne von „Freundin, Mädchen" verwendet. – Abl.: **bräutlich** (*mhd.* brūtlich, *ahd.* brūtlīh). Die zahlreichen Zusammensetzungen beziehen sich vor allem auf die Vermählung (Brautmesse, -kranz, -schleier, -stuhl, -bett, -nacht usw.), dann auch auf die Verlobungszeit (Brautschau, -stand, -zeit).

Bräutigam: Die *altgerm.* Zusammensetzung *mhd.* briutegome, *ahd.* brūtigomo, *niederl.* bruidegom, *aengl.* brȳdguma (*engl.* bridegroom nach groom „Jüngling"), *schwed.* brudgum enthält als ersten Bestandteil das unter ↑*Braut* behandelte Wort, der zweite Bestandteil ist das im *Nhd.* untergegangene *gemeingerm.* Wort für „Mann": *mhd.* gome, *ahd.* gomo (verwandt z. B. mit *lat.* homo „Mann, Mensch"; ↑Humus). 'Bräutigam' bezeichnet heute den Verlobten am Hochzeitstag und in der Zeit davor.

brav „wacker, tüchtig; ordentlich, artig": Das Adjektiv wurde im 17. Jh. aus gleichbed. *frz.* brave entlehnt, das seinerseits aus *it.* bravo (= *span.* bravo) „wacker, unbändig, wild" stammt (s. auch *bravo!, Bravour, bravourös*). Das *it.* Wort geht auf *vlat.* *brabus (< *lat.* barbarus) „fremd; ungesittet" zurück. Über weitere Zusammenhänge vgl. *Barbar.*

bravo! „trefflich!", bravissimo! „ausgezeichnet!": Das unter ↑*brav* genannte Adjektiv *it.* bravo wurde – wie auch das superlativische bravissimo – in der *it.* Oper zum stürmischen Beifallsruf der Zuschauer an die gefeierten Sänger. Von daher in die Allgemeinsprache übernommen, gelangten die beiden Wörter im 18. Jh. zu uns.

Bravour „Schneid" (besonders auch in Zusammensetzungen wie 'Bravourstück' „Glanzleistung"): Das Fremdwort wurde im 18. Jh. aus *frz.* bravoure entlehnt, das seinerseits aus *it.* bravura „Tüchtigkeit, Tapferkeit" übernommen ist. Über das zugrundeliegende Adjektiv *it.* bravo vgl. den Artikel *brav.* Abl.: **bravourös** „schneidig, meisterhaft" (19. Jh.).

brechen: Das *altgerm.* starke Verb *mhd.* brechen, *ahd.* brehhan, *got.* brikan, *niederl.* breken, *engl.* to break gehört mit verwandten Wörtern in anderen *idg.* Sprachen zu der *idg.* Wz. *bhreĝ- „brechen, krachen", vgl. z. B. *lat.* frangere „[zer]brechen" (s. die Fremdwortgruppe um *Fragment*). Um das Verb 'brechen' gruppieren sich die ablautenden Substantive ↑[1]Bruch, ↑Brocken und ↑Brache und wahrscheinlich das unter ↑*prägen* behandelte Verb. Aus einem im *Hochd.* untergegangenen ablautenden Verb stammt ↑Pracht. Schließlich gehört als alte Entlehnung ins *Roman.* auch das Fremdwort ↑Bresche hierher. – Das starke Verb war ursprünglich transitiv, wurde dann auch intransitiv gebräuchlich und erscheint in bekannten Redensarten, wie z. B. 'eine Lanze für jemanden brechen' (eigentlich beim Turnier), 'Streit (eigentlich eine Latte) vom Zaun brechen', 'etwas (voreilig, ohne Sorgfalt) übers Knie brechen'. Vom Magen wird '[sich er]brechen' seit dem 14. Jh. gesagt. Vgl. auch den Artikel *radebrechen.* – Abl.: **Breche** „Werkzeug zum Brechen" (z. B. Flachsbreche, *mhd.* breche); **Brecher** „Sturzsee" (19. Jh.; Lehnübersetzung von *engl.* breaker, älter ist *niederd.* bräcker). – Zusammensetzung und Präfixbildungen: **aufbrechen** (*mhd.* ūfbrechen; die Bed. „sich erheben, fortgehen" meint eigentlich „das Lager aufbrechen", ähnlich wie das bildliche 'seine Zelte abbrechen'), dazu **Aufbruch** (*mhd.* ūfbruch); **ausbrechen** (*mhd.* ūzbrechen, *ahd.* ūzbrehhan); **einbrechen** (*mhd.* īnbrechen, *ahd.* īnbrehhan), dazu **Einbrecher** (16. Jh.) und **Einbruch** (*mhd.* īnbruch „Eingriff, Eindringen, Einbruch"); **gebrechen,** nur in 'es gebricht [mir] an etwas' (*mhd.* gebrechen „mangeln, fehlen; zerbrechen", *ahd.* gibrehhan „zerbrechen", vgl. *got.* gabrikan „zerbrechen"), dazu **Gebrechen** „[körperlicher] Mangel" (*mhd.* gebrechen für älteres gebreche) und **gebrechlich** „hinfällig" (*mhd.* gebrechlich); **verbrechen** (*mhd.* verbrechen, *ahd.* farbrechan, eigentlich wie 'zerbrechen' ein verstärktes 'brechen' mit der Bed. „zerstören, vernichten"; in der Rechtssprache wurde es vom Brechen des Friedens, eines Eides oder Gesetzes gebraucht, seit dem 18. Jh. nur noch mit allgemeinem Objekt: etwas verbrechen; scherzhafte Übertragungen wie 'ein Gedicht verbrechen' sind ganz jung), dazu **Verbrechen** „[schweres] Vergehen" (17. Jh.), **Verbrecher** (*mhd.* verbrecher; beide Wörter wurden früher auch bei leichten Übertretungen gebraucht), **verbrecherisch** (18. Jh.); s. a. 'unverbrüchlich' unter [1]Bruch; **zerbrechen** (*mhd.* zerbrechen, *ahd.* zibrehhan), dazu **zerbrechlich** (18. Jh.).

Bregen ↑Hirn.

Brei: Das *westgerm.* Wort *mhd.* brī[e], *ahd.* brīo, *niederl.* brij, *aengl.* brīw gehört im Sinne von „Sud, Gekochtes" zu der unter ↑*Bärme* dargestellten *idg.* Wurzel. Abl.: **breiig** (18. Jh., für älteres breiicht).

breit: Das *gemeingerm.* Adjektiv *mhd., ahd.* breit, *got.* braiþs, *engl.* broad, *schwed.* bred ist dunklen Ursprungs. Es bezeichnete ursprünglich ganz allgemein die Ausdehnung (so noch in 'weit und breit', bildlich in der Wendung 'die breite Masse'), dann die Querausdehnung eines Gegenstandes (breite Straße). In den oft zusammengeschriebenen formelhaften Maßbezeichnungen 'eine Handbreit', 'einen Fingerbreit' u. ä. stand es früher mit dem Genitiv (z. B. *mhd.* eines hāres breit). Jung sind die *ugs.* Ausdrücke sich **breitmachen** „anmaßend sein", **breittreten** „wortreich darlegen oder verbreiten", **breitschlagen** „überreden" (dies wohl aus der Metallverarbeitung). – Abl.: **Breite** (*mhd.* breite, *ahd.* breitī, vgl. *got.* braidei; seit *mhd.* Zeit auch für „Ackerfläche"; die geographische Bed. „Polhöhe eines Ortes" geht von der Vorstellung der – auf den Karten waagerechten – Breitenkreise aus, die die Erdkugel sozusagen 'der Breite nach' teilen); **breiten** „auseinanderdehnen" (*mhd., ahd.* breiten, vgl. *got.* usbraidjan), heute meist durch **ausbreiten** und **verbreiten** ersetzt ('verbreitern' dagegen ist „breiter machen"), dazu **unterbreiten** „[ein Schriftstück] vorlegen" (19. Jh., aus der *österr.* Kanzleisprache). Zus.: **Breitseite** (eines Schiffes, danach das zusammengefaßte Feuer der Geschütze einer Schiffsseite; 19. Jh.).

Breme ↑[2]Bremse.

[1]Bremse „Hemmvorrichtung": Die heutige Form geht zurück auf *spätmhd.* bremse „Nasenklemme", das aus dem *Mnd.* (*mnd.* premese „Nasenklemme") entlehnt ist. Das *mnd.* Wort gehört zu *mnd.* prāme „Zwang, Druck", prāmen „drücken", deren Herkunft ungeklärt ist. 'Bremse' bezeichnete zunächst eine Vorrichtung zum Klemmen, speziell die Nasenklemme zur Bändigung störrischer Pferde, seit dem 17. Jh. auch eine Vorrichtung zum Hemmen in Bergwerken und Mühlen. Seit dem 19. Jh. verbindet man mit dem Wort meist den Begriff der Radbremse an Pferde-, Eisenbahn- und Kraftwagen. – Abl.: **bremsen** (im 14. Jh. premezen „zwängen, bändigen", später von der Radbremse gebraucht).

[2]Bremse: Die Bezeichnung für „Stechfliege" wurde im 17. Jh. aus dem *Niederd.* ins *Hochd.* übernommen. *Niederd.* bremse, *ahd.* brimissa, *niederl.* brems, *schwed.* broms gehören zu dem im *Nhd.* untergegangenen starken Verb *mhd.* bremen, *ahd.* breman „brummen" (vgl. *brummen*). Zu diesem Verb gebildet ist auch *ahd.* bremo, *mhd.* breme „Stechfliege", das *oberd.* und *mitteld. mdal.* als **Breme** bewahrt ist. Das Insekt ist also nach dem brummenden Geräusch benannt, das es beim Fliegen verursacht.

brennen: Das *gemeingerm.* Verb *mhd.* brennen, *ahd.* brennan, *mnd.* (mit r-Umstellung) bernen (↑Bernstein), *got.* (in-, ga)brannjan, *engl.* to burn, *schwed.* bränna ist das Veranlassungswort zu dem im *Nhd.* untergegangenen starken Verb *mhd.* brinnen, *ahd.* brinnan „brennen, leuchten", *got.* brinnan „brennen", *aengl.* beornan, *schwed.* brinna „brennen". Im *Nhd.* hat 'brennen', um das sich die Präfixbildungen 'entbrennen' und 'verbrennen' und die Zusammensetzungen 'ab-, an, auf-, aus-, durch-, einbrennen' gruppieren, die Bedeutungen des starken Verbs mit übernommen. Das *gemeingerm.* starke Verb, zu dem die unter ↑*Brand* und ↑*Brunst* behandelten Wörter gebildet sind, gehört zu der unter ↑*Bärme* dargestellten *idg.* Wurzel *bher[ə]-„quellen, [auf]wallen, sieden" und bezeichnet demnach eigentlich das heftige Züngeln der Flammen. Abl.: **brenzeln** (s. d.). –

Zus.: **abgebrannt** (16. Jh., „wem das Haus abgebrannt ist", danach gaunersprachlich und studentisch für „verarmt, ohne Geld"; 2. Partizip von 'abbrennen'); **durchbrennen** (eigentlich von hindurchdringendem Feuer; in der Bed. „[den Gläubigern] davonlaufen" um 1840 studentisch); **Branntwein** (s. d.); **Brennessel** (16. Jh., für *mhd.* eiternezzel, eigentlich „Giftnessel"; vgl. den Artikel *Nessel*); **Brennpunkt** (einer optischen Linse; 17. Jh., Lehnübersetzung für *lat.* punctum ustionis).

brenzeln „verbrannt riechen": Das seit dem 16. Jh. bezeugte Verb ist eine Verkleinerungsbildung zu *frühnhd.* brenzen „verbrannt riechen", das von dem unter ↑*brennen* behandelten Verb abgeleitet ist. Abl.: **brenzlig** „angebrannt", *ugs.* für „verdächtig, bedenklich" (im 17. Jh. in der Form brenzelicht).

Bresche: Das seit etwa 1600 bezeugte Substantiv ist eigentlich ein militärisches Fachwort des Festungs- und Belagerungskampfes. Es bezeichnete ursprünglich die aus einer Festungsmauer herausgeschossene Öffnung, als Ersatzwort für *frühnhd.* 'lucke'. Heute wird das Wort vorwiegend übertragen gebraucht im Sinne von „gewaltsam gebrochene Lücke; Durchbruch" (militärisch und allgemein). Beachte dazu die Redewendungen 'eine Bresche schlagen' und 'in die Bresche springen'. Quelle des Wortes ist *frz.* brèche „Bresche", das seinerseits aus dem *Germ.* stammt und wohl auf einem zur Sippe von *dt.* ↑[1]*brechen* gehörenden *afränk.* *breka „Bruch" beruht.

Brett: Das *westgerm.* Wort *mhd., ahd.* bret, *asächs.* bred, *aengl.* bred gehört im Sinne von „[aus einem Stamm] Geschnittenes" zu der unter ↑*bohren* behandelten Wortgruppe. Eng verwandt sind ↑[1]Bord (dazu Bordell) und ↑[2]Bord (dazu bordieren, Borte). Eine alte Ableitung ist ↑Pritsche. Das 'Schwarze Brett' bezeichnete zunächst im Wirtshaus die Schuldtafel, wo 'angekreidet' wurde (s. *Kreide*), in den Hochschulen seit dem 17. Jh. dann auch die Anschlagtafel. – An die Verwendung von 'Brett' für „Spielplatte" schließt sich die Redensart 'einen Stein im Brett haben' für „gut mit jemandem stehen" an. Der *Plural* 'Bretter' wird im Sinne von „Skier" gebraucht, vgl. dazu *oberd.* Brett[e]l „Ski". Abl.: **Brettl** „Kleinkunstbühne" (Ende des 19. Jh̄s., wohl nach der Bezeichnung der Bühne als 'Bretter'); **brettern** (Adj., 15. Jh.).

Brevier „Gebetbuch (katholischer Geistlicher); Sammlung bedeutsamer Buchstellen": Das Fremdwort wurde im 15. Jh. in der Form breviere aus *mlat.* breviarium „kurzes Verzeichnis, Auszug" entlehnt. Über das zugrundeliegende Adjektiv *lat.* brevis „kurz" vgl. das Lehnwort *Brief.*

Brezel: *Mhd.* prēzel, prēzile, brēzel, *ahd.* brezzila, brezzitel[la] gehen wahrscheinlich auf eine Verkleinerungsbildung zu *lat.* bracchium „[Unter]arm" zurück, dessen *roman.* Folgeform etwa in *it.* bracciatello „Brezel" faßbar wird. Diese Herleitung wird vom Sachlichen her durch die Form der Brezel gestützt, die an verschlungene „Arme" erinnert. – *Lat.* bracchium, das auch den Fremd- und Lehnwörtern ↑Brachialgewalt und ↑Bratsche zugrunde liegt, ist selbst Lehnwort aus *griech.* brachíōn „[Ober]arm". Dies ist vielleicht Komparativform von dem mit *lat.* brevis „kurz" (↑Brief, Brevier usw.) urverwandten Adjektiv *griech.* brachýs „kurz" und bedeutet dann eigentlich „kürzeres Stück (des Armes)".

Bridge: Der Name des Kartenspiels wurde im 20. Jh. aus dem *Engl.* entlehnt. Die Vorgeschichte von *engl.* bridge (älter: biritch) ist dunkel. Die übliche Verbindung mit dem gleichlautenden *engl.* bridge „Brücke" hat nur volksetymologische Bedeutung. Zugrunde liegt etwa die Vorstellung, daß der Erstansagende seinem Partner gleichsam eine „Brücke" baut, indem er ihn durch sein Angebot über die eigene Spielstärke unterrichtet.

Brief: Mit der Buchstabenschrift, die die Germanen durch die Römer kennenlernten – die kulturgeschichtlichen Zusammenhänge sind unter ↑*schreiben* aufgezeigt –, strömte eine Fülle von fremden Bezeichnungen aus dem *Lat.* in unseren Sprachbereich. Auch das Lehnwort Brief gehört in diesen Zusammenhang. *Mhd., ahd.* brief, briaf gehen mit entsprechend *asächs., afries., aisl.* brēf zurück auf *vlat.* breve (scriptum) „kurzes (Schreiben), Urkunde", das für *klass.-lat.* breve – Neutrum von brevis „kurz" – steht. Lange Zeit lebte das Wort vorwiegend in der Kanzleisprache und galt dort in der ursprünglichen Bedeutung von „Schreiben, offizielle schriftliche Mitteilung, Urkunde", wie sie noch heute erhalten ist in den Zusammensetzungen **Schuldbrief, Freibrief, Frachtbrief,** in dem Kompositum **verbriefen** „urkundlich garantieren" und in der Wendung 'Brief und Siegel geben'. Die heute übliche gemeinsprachliche Bedeutung entwickelte sich in *mhd.* Zeit, ausgehend von der schon älteren Zusammensetzung **Sendbrief.** Von den zahlreichen mit 'Brief' (in moderner Bedeutung) gebildeten Wörtern seien erwähnt: **Briefschaften** (18. Jh.), **Briefkasten** (19. Jh.; aber schon *mhd.* im Sinne von „Archiv"), **Briefmarke** (19. Jh.), **Brieftaube** (18. Jh.), **Briefträger** (18. Jh.; aber schon im 14. Jh. mit der Bed. „Gerichtsdiener, der amtliche Briefe zustellt"), **Briefwechsel** (17. Jh.). Die Ableitung **brieflich** stammt aus dem 17. Jh. (ohne Verbindung zu *ahd.* briaflīh „schriftlich"). – Über die etymologischen Zusammenhänge von *lat.* brevis, das auch den Fremdwörtern ↑Brevier und ↑Brimborium zugrunde liegt, vgl. das Lehnwort ↑*Brezel.*

Bries, Briesel, Brieschen „Brustdrüse (Thymus) des Kalbes; Gericht aus Kalbsbries": Das erst *nhd.* bezeugte Wort, mit dem gleichbed. *norw.* bris, *dän.* brissel, *schwed.* [kalv]bräss zu vergleichen sind, ist vermutlich mit ↑Brosame verwandt und nach dem bröseligen Aussehen benannt. Die markartige, als Kinder- und Krankenkost beliebte Drüse bröselt beim Backen.

Brigade: Die Bezeichnung für „größere Truppenabteilung" wurde im 17. Jh. aus *frz.* brigade entlehnt, das seinerseits aus *it.* brigata „streitbarer [Heer]haufen" stammt. Das zugrundeliegende Substantiv *it.* briga „Streit" ist ohne sichere Deutung. Abl.: **Brigadier** „Befehlshaber einer Brigade" (18. Jh.).

Brikett: Das Wort für „geformte Preßkohle" wurde im 19. Jh. aus gleichbed. *frz.* briquette entlehnt, einer Ableitung von *frz.* brique „Ziegelstein", dem das Brikett in seiner äußeren Form gleicht. Voraus liegt *mniederl.* bricke, das eigentlich „abgebrochenes Stück" bedeutet und zur Sippe von *dt.* ↑*brechen* gehört.

brillant, Brillant, Brillantine, Brillanz, ↑brillieren.

Brille: Für die Linsen der ersten um 1300 entwickelten Brillen verwandte man geschliffene Berylle (*mhd.* berillus, berille, barille), nachdem man deren optische Eigenschaft, Gegenstände stark zu vergrößern, erkannt hatte. Danach nannte man zunächst das einzelne Augenglas *spätmhd.* b[e]rille. Aus der gleichlautenden Pluralform wurde dann der Singular zur Bezeichnung der beiden Augengläser zurückgebildet. Der Name wurde auch beibehalten, als man später dazu überging, die Linsen aus Bergkristall bzw. aus dem wesentlich billigeren Glas zu schleifen. – Der Name des meergrünen Halbedelsteins **Beryll,** der wahrscheinlich auch *frz.* briller „glänzen (wie ein Beryll)" zugrunde liegt (↑brillieren), geht vermutlich auf den Namen der südindischen Stadt Bēlūr (früher: Vēlūr) zurück. Er wurde den Europäern durch *lat.* beryllus < *griech.* bḗryllos (< *mind.* vēruliya < vēḷuriya) vermittelt.

brillieren „glänzen, sich hervortun": Das Verb wurde im 18. Jh. aus gleichbed. < *frz.* briller entlehnt, das seinerseits auf *it.* brillare übernommen ist. Das *it.* Wort gehört wahrscheinlich mit einer ursprünglichen Bed. „glänzen wie ein Beryll" zu *lat.* beryllus „Beryll". Über weitere Zusammenhänge vgl. den Artikel *Brille.* – Aus dem Part. Präs. von *frz.* briller stammt unser **brillant** „glänzend, hervorragend" (18. Jh.), das substantiviert zur Bezeichnung des „geschliffenen Diamanten" (schon im *Frz.*) wird: **Brillant** (18. Jh.). Zur gleichen Wortfamilie gehören noch: **Brillanz** „Glanz; Feinheit" (19. Jh.); **Brillantine** „Haarpomade" (19./20. Jh.; aus *frz.* brillantine „die [dem Haar] Glanz Verleihende").

Brimborium „überflüssiges Drumherum; unnötig großer Aufwand": Das seit dem 19. Jh. gebräuchliche Wort ist eine latinisierte Form von *frz.* brimborion. Das *frz.* Wort – beeinflußt von *frz.* bribe, brimbe „Gesprächsfetzen", brimber „betteln" – geht über *mfrz.* breborion „gemurmeltes Gebet, Zauberformel" auf *lat.* breviarium (↑Brevier) zurück.

bringen: Die Herkunft des *altgerm.* Verbs *mhd.* bringen, *ahd.* bringan, *got.* briggan, *engl.* to bring ist nicht sicher geklärt. Vielleicht ist es mit der *kelt.* Sippe von *kymr.* he-brwng „bringen, geleiten, führen" verwandt. Um das einfache Verb gruppieren sich mit reicher Bedeutungsentfaltung die präfigierten und zusammengesetzten Verben **abbringen** „veranlassen, von etwas abzugehen oder abzulassen", **anbringen** „anschleppen, herbeibringen; anmontieren, befestigen" (*mhd.* anebringen), **aufbringen** „beschaffen; in Umlauf setzen; erzürnen; ein Schiff stoppen und kontrollieren" (*mhd.* ūfbringen), **beibringen** „herbeischaffen, vorlegen; lehren, übermitteln; von etwas unterrichten", **durchbringen** „durchsetzen; am Leben erhalten, ernähren; vergeuden", **umbringen** „töten" (*mhd.* umbebringen „ abwenden; verderben lassen, ums Leben bringen"), **verbringen** „Zeit auf etwas verwenden; verweilen, sich aufhalten" (*mhd.* verbringen), **vorbringen** „vortragen; von sich geben" und **zubringen** „verbringen" (*mhd.* zuobringen). – Abl.: **Mitbringsel** „kleines Reisegeschenk" (19. Jh.; zu 'mitbringen').

brisant „hochexplosiv; mit Zündstoff für eine Diskussion enthaltend, äußerst aktuell": Das Adjektiv stammt aus gleichbed. *frz.* brisant, dem Part. Präs. von briser „zerbrechen, zertrümmern" (aus *vlat.* brisare „zerquetschen", das seinerseits *gall.* Ursprungs ist). Abl.: **Brisanz.**

Brise: Der Ausdruck für „Fahrwind, Lüftchen" wurde im 18. Jh. als Seemannswort aus *frz.* brise entlehnt, einem in allen *roman.* und *german.* Sprachen verbreiteten Wort, dessen Ursprung dunkel ist.

Brocken: Das auf das *dt.* und *niederl.* Sprachgebiet beschränkte Substantiv (*mhd.* brocke, *ahd.* brocc[h]o, *niederl.* brok) ist eine Bildung zu dem unter ↑*brechen* behandelten Verb und bedeutet eigentlich „Abgebrochenes". Abl.: **brokken** „in kleine Stücke brechen; Brocken in etwas hineintun" (*mhd.* brocken, *ahd.* brocchōn), dazu **bröckeln** (18. Jh.), **bröck[e]lig** (im 17. Jh. in der Form brököet).

brodeln „aufwallen, sieden": Das nur im *Dt.* bezeugte Verb (*spätmhd.* brodelen) ist abgeleitet von *mhd., ahd.* brod „Brühe" (vgl. *engl.* broth „Suppe, Brühe" und *aisl.* broð „Brühe"). Verwandt sind die unter ↑*brauen* und ↑*Brot* behandelten Wörter; s. auch den Artikel *brutzeln.* Eine andere Bed. „aufwühlen" zeigt 'brodeln' in der Ableitung 'Aschenbrödel' (↑Asche).

Brodem „[heißer] Qualm, Dampf": Die auf das *dt.* Sprachgebiet beschränkte Substantivbildung (*mhd., mnd.* brādem, *ahd.* brādam) ist eng verwandt mit *engl.* breath „Atem", *aengl.* brǣd „Dampf, Dunst, Gestank" und weiterhin mit den unter ↑*braten* und ↑*Brut* behandelten Wörtern (vgl. den Artikel *Bärme*).

Brokat: Die Bezeichnung für „mit Gold- oder Silberfäden durchwirktes Seidengewebe" wurde im 17./18. Jh. aus gleichbed. *it.* broccato entlehnt. Das zugrundeliegende Verb *it.* broccare „durchwirken" (eigentlich „hervorstechen machen") gehört zu dem unter ↑*Brosche* genannten *galloroman.* *brocca „Dorn, Spitze".

Brom: Das im 19. Jh. von dem *frz.* Chemiker Balard entdeckte Element wurde seines scharfen, erstickenden Geruchs wegen nach *griech.* brōmos (> *lat.* bromus) „Gestank" benannt.

Brombeere: *Mhd.* brāmber, *ahd.* brāmberi ist zusammengesetzt aus einem im *Nhd.* untergegangenen Substantiv *mhd.* brāme, *ahd.* brāma „Dornstrauch" und dem Substantiv ↑Beere. Der erste Teil der Zusammensetzung ist noch lebendig in *niederd. mdal.* Bram „[Besen]ginster", ihm entsprechen *niederl.* braam „Brombeere", *engl.* broom „Ginster, Besen". Das Wort bezeichnete ursprünglich wohl den Stechginster.

Bronchien, Bronchen: Die medizinische Bezeichnung der Luftröhrenäste ist aus gleichbed. *lat.* bronchia (< *griech.* brógchia) entlehnt. Zugrunde liegt das etymologisch nicht sicher gedeutete Substantiv *griech.* brógchos „Luftröhre, Kehle". Dazu gehören als gelehrte Neubildungen das Adjektiv **bronchial** „die Bronchien betreffend" – bekannt vor allem durch die Zusammensetzung **Bronchialkatarrh** – und das Substantiv **Bronchitis** „Luftröhrenkatarrh".

Bronnen ↑ Brunnen.

Bronze: Die Bezeichnung für „Legierung aus Kupfer und Zinn von gelblichbrauner Farbe" wurde im 17. Jh. in der Form Bronzo aus gleichbed. *it.* bronzo entlehnt, später über entsprechend *frz.* bronze neu entlehnt. Die Vorgeschichte des *roman.* Wortes ist dunkel. Abl.: **bronzen** „aus Bronze; bronzefarben".

Brosame (meist Plural): Die auf das *dt.* und *niederl.* Sprachgebiet beschränkte Substantivbildung (*mhd.* brōs[e]me, *ahd.* brōs[a]ma, *mniederl.* brōsem[e]) gehört mit *aengl.* brosnian „zerfallen" und *aengl.* brysan (*engl.* to bruise) „zerquetschen" zu der unter ↑*bohren* behandelten Wortgruppe. Das Wort bedeutete demnach ursprünglich etwa „Zerriebenes, Zerbröckeltes". *Außergerm.* ist z. B. *lat.* frustum „Stückchen, Brocken" verwandt. Abl.: **Brösel, Brös[e]lein** (im 17. Jh. für *mhd.* brōsemlin), dazu **bröseln** „krümeln" (16. Jh.).

Brosche: Das Wort für „Anstecknadel" wurde im 19. Jh. aus *frz.* broche „Spieß, Nadel" entlehnt. Voraus liegt *galloroman.* *brocca „Spitze" – wozu auch *it.* broccare „durchwirken" in ↑ Brokat gehört. Das Wort ist *gall.* Ursprungs (*gall.* *brokkos „Spitze"). – Dazu gehören noch: **broschieren** „durch Rückstich heften, in Papier binden" (18. Jh.; aus *frz.* brocher „aufspießen; durchstechen"); **broschiert** „geheftet, gebunden"; **Broschur** „Tätigkeit des Broschierens", auch „Broschüre" (20. Jh.); **Broschüre** „broschiertes Schriftwerk (geringeren Umfangs)" (18. Jh.; aus gleichbed. *frz.* brochure).

Brot: Das *altgerm.* Wort *mhd.* brōt, *ahd.* prōt, *niederl.* brood, *engl.* bread, *schwed.* bröd bezeichnete zunächst nur die durch ein Treibmittel (Sauerteig, Hefe) aufgelockerte Form des Nahrungsmittels „Brot", wie sie in Europa seit der Eisenzeit bekannt ist. *Germ.* *brauđa- „Brot" gehört zu der unter ↑*brauen* behandelten *idg.* Wortgruppe und ist eng verwandt mit *ahd.* brod „Brühe" und *engl.* broth „Brühe" (↑ brodeln). Es bedeutet demnach eigentlich „Gegorenes" und bezog sich ursprünglich wohl auf den durch die warme Sauerteiggärung getriebenen Teig. Schon im *Ahd.* wurde aber die Bezeichnung 'Brot' auch auf die ältere (bereits jungsteinzeitliche) Form der Brotnahrung übertragen, auf den festen Fladen aus ungesäuertem Teig. Für ihn hatte ursprünglich das unter ↑*Laib* behandelte *gemeingerm.* Wort gegolten, das nun von 'Brot' zurückgedrängt wurde. In weiterem Sinne bedeutet 'Brot' überhaupt „Nahrung, Lebensunterhalt" (beachte Wendungen wie 'sein Brot verdienen', 'das Gnadenbrot essen' und das Adjektiv **brotlos** „ohne Lebensunterhalt; nichts einbringend" (18. Jh.). Abl.: **Brötchen** „kleines brotförmiges Gebäck, Semmel" (18. Jh.).

¹Bruch: Das Substantiv *mhd.* bruch, *ahd.* bruh ist zu dem unter ↑*brechen* behandelten Verb gebildet und bezeichnete ursprünglich den Vorgang des Brechens, dann auch das Ergebnis und weiterhin den Ort, wo etwas gebrochen wird, beachte die Zusammensetzung **Steinbruch** (15. Jh.). Neben zahlreichen Zusammensetzungen wie 'Deich-, Stimm-, Friedensbruch' stehen Bildungen aus zusammengesetzten Verben wie 'Ab-, Aus-, Zusammenbruch'. Auf Risse im Gewebe bezieht sich 'Bruch' in 'Leisten-, Nabelbruch', auf das Brechen von Knochen in 'Bein-, Armbruch' usw. nach *lat.* fractura). Als mathematischer Begriff ist 'Bruch' Lehnübertragung nach *lat.* numerus fractus „gebrochene Zahl" (16. Jh.; dazu die Redensart 'in die Brüche gehen', die ursprünglich „nicht aufgehen" bedeutete). – Abl.: **brüchig** (*mhd.* brüchic); **unverbrüchlich** (das Rechtswort *mhd.* unverbrüchelīchen, unverbruchlich gehört zu dem erst in *nhd.* Zeit bezeugten, heute veralteten Substantiv Verbruch [zu 'verbrechen', ↑ brechen] und bedeutet „was nicht gebrochen werden kann"). Zus. **Bruchstück** (17. Jh., für *lat.* fragmentum, ↑ Fragment).

²Bruch *m* (auch: *s*) „Sumpfland": *Mhd.* bruoch, *ahd.* bruoh „Sumpfland, Moor", *niederl.* broek „Moorboden, nasses Uferland", *engl.* brook „Bach" sind dunklen Ursprungs. Das *westgerm.* Wort steckt in zahlreichen Ortsnamen, beachte z. B. Bruchsal, Brüssel, Grevenbroich. Abl.: **bruchig** „sumpfig" (*spätmhd.* bruochec).

³Bruch ↑ Hose.

Brücke: Die älteste Form der Brücke in *germ.* Zeit war der Knüppeldamm oder Bohlenweg in sumpfigem Gelände. Die Flüsse wurden in Furten oder auf Fährbooten überquert, kleinere Gewässer auch auf bohlenbelegten Stegen. So sind *mhd.* brücke, brucke, *ahd.* brucca, *niederl.* brug, *engl.* bridge, *schwed.* brygga nahe mit ↑ Prügel „Holzscheit, Knüppel" verwandt und gehören zu einer *idg.* Wurzel *bhrēu-, *bhrū- „Balken, Knüppel". Zu dieser Wurzel gehört auch die *nord.* Sippe von *schwed.* bro „Brücke" und *außergerm.* z. B. *gall.* brīva „Brücke". Kunstvolle Holzbrücken, ähnlich den heutigen Pionierbauten, waren die römischen Militärbrücken. Auf die Bauweise deuten Wendungen wie 'eine Brücke schlagen bzw. abbrechen'. Auch die steinerne Bogenbrücke brachten erst die Römer nach Deutschland. Bekannte Ortsnamen sind z. B. Brügge, Innsbruck, Zweibrükken. – Abl.: **überbrücken** (16. Jh.). Zus.: **Brükkenkopf** „militärisch gesicherte Stellung vor einer Flußbrücke" (*nhd.*, entsprechend *frz.* tête de pont).

Bruder: Die *gemeingerm.* Verwandtschaftsbezeichnung *mhd., ahd.* bruoder, *got.* brōþar, *engl.* brother, *schwed.* bro[de]r beruht mit Entsprechungen in anderen *idg.* Sprachen auf *idg.* *bhrā̆ter- „Bruder, Blutsverwandter", vgl. z. B. *griech. (ionisch)* phrḗtēr „Bruder", *lat.* frater (beachte das Fremdwort fraternisieren „sich verbrüdern") und *russ.* brat „Bruder". – Abl.: **brüderlich** (*mhd.* bruoderlich, *ahd.* bruodarlīh); **Bruderschaft** „religiöse Vereinigung" (*mhd.* bruoderschaft, *ahd.* bruodarscaf); erst *nhd.* ist **Brüderschaft** „brüderliches Verhältnis (z. B. in 'Brüderschaft trinken')"; **Gebrüder** „Gruppe leiblicher Brüder" (*mhd.* gebruoder, gebrüeder, *ahd.* gibruoder); **verbrüdern,** sich (17. Jh.; *mhd.* dafür 'sich gebruodern').

brühen: Das nur im *Dt.* und *Niederl.* bezeugte Verb (*mhd.* brüen, brüejen „brühen, sengen, brennen", *niederl.* broeien „brühen") gehört wie ↑braten und ↑Brodem zu der unter ↑*Bärme* dargestellten Wortgruppe. Zu 'brühen' in der allgemeinen Bed. „erwärmen" stellt sich das Substantiv ↑Brut. Beachte **abgebrüht** *ugs.* für „unempfindlich, teilnahmslos" (19. Jh.; übertragen gebrauchtes 2. Part. von 'abbrühen' „zur Reinigung mit heißer Flüssigkeit übergießen") und die Präfixbildung **verbrühen** „mit heißem Wasser verbrennen" (*mhd.* verbrüejen). – Abl.: **Brühe** (*mhd.* brüeje „heiße Flüssigkeit").

brummen: Das Verb *mhd., spätahd.* brummen steht im Ablaut zu *mhd., mnd.* brimmen „brummen, brüllen" und *mnd.* brammen „brummen, schreien, klagen", vgl. außerhalb des *Dt.* z. B. *niederl.* brommen „brummen, summen, surren" und *schwed.* brumma „brummen, murren". Diese Verben sind lautnachahmenden Ursprungs und elementarverwandt mit *mhd.* bremen, *ahd.* breman „brummen, brüllen" (↑[2]Bremse), *aengl.* breman „brüllen" und weiterhin z. B. mit *lat.* fremere „brummen, brüllen, tosen". In der *ugs.* Bed. „im Gefängnis sitzen" (19. Jh.) war 'brummen' zuerst gaunersprachlich und studentisch. – Abl.: **brummeln** (15. Jh.); **brummig** (im 17. Jh. brummicht); **Brummer** „Schmeißfliege" (19. Jh., für älteres Brumme). Zus.: **aufbrummen** *ugs.* für „[eine Strafe] auferlegen" (19. Jh.).

brünett „bräunlich, von brauner Haarfarbe, von dunklem Teint": Das seit dem Anfang des 18. Jh.s bezeugte Farbadjektiv ist aus gleichbed. *frz.* brunet (-ette) entlehnt. Dies gehört zu *frz.* brun „braun", das selbst aus dem *Germ.* stammt (vgl. *braun*). – Früher als das Adjektiv erscheint im *Dt.* das abgeleitete Substantiv **Brünette** „Frau von brauner Haarfarbe bzw. von dunklem Teint" (17. Jh.; aus gleichbed. *frz.* brunette).

Brunft: *w:* Der weidmännische Ausdruck für „Paarung[szeit] des Schalenwildes" (*mhd.* brunft) ist eine Bildung zu dem im *Nhd.* untergegangenen starken Verb *mhd.* bremen, *ahd.* breman „brummen, brüllen" (vgl. *brummen*). Das Wort bezeichnete demnach ursprünglich das Brüllen der Hirsche in der Paarungszeit. Zur Bildung beachte z. B. das Verhältnis von '[An-, Aus-, Zu-]kunft' zu 'kommen'. Abl.: **brunften** „sich begatten" (vom Schalenwild).

Brünne ↑Brust.

Brunnen: Das *gemeingerm.* Wort *mhd.* brunne, *ahd.* brunno, *mnd.* born (mit r-Umstellung, s. unten 'Born'), *got.* brunna, *aengl.* brunna, *schwed.* brunn ist eng verwandt mit der Wortgruppe von ↑brennen und gehört mit dieser zu der unter ↑*Bärme* dargestellten *idg.* Wurzel *bher[ə]- „aufwallen, sieden", vgl. z. B. aus anderen *idg.* Sprachen *griech.* phréar „Brunnen". Eine Bedeutungsparallele ist *mhd.* sōt „Brunnen" zu 'sieden'. Das auslautende n der heutigen Nominativform ist von den ehemals schwachen obliquen Fällen herübergenommen. Eine Form mit Umstellung des r hat sich in **Born** erhalten. **Bronn[en]** (mit *nhd.* o statt *mhd.* u vor nn) wird seit dem 18. Jh. in dichterischer Sprache gebraucht.

Brunst: *Mhd., ahd.* brunst „Brand, Glut", *got.* (ala)brunsts „Brandopfer", *mniederl.* bronst „Glut" gehören zu dem im *Nhd.* untergegangenen *gemeingerm.* Verb *mhd.* brinnen, *ahd.* brinnan „brennen" (vgl. *brennen*). Die alte Bedeutung lebt noch in **Feuersbrunst** (17. Jh.). Seit *mhd.* Zeit wird das Wort übertragen auf geistige und sinnliche Erregung, besonders auch auf die Paarungszeit der Tiere. Abl.: **brünstig** „entbrannt" (schon *mhd.* brünstec gilt nur übertragen). Zus.: **Inbrunst** (*mhd.* inbrunst war in der Mystik die „innere Glut" des Menschen vor Gott), dazu **inbrünstig** (*mhd.* inbrünstec „heiß verlangend").

brüsk „barsch, rücksichtslos": Das Adjektiv wurde im 18. Jh. aus gleichbed. *frz.* brusque entlehnt, das auf *it.* brusco „stachlig, rauh" (im konkreten Sinne) zurückgeht. Abl.: **brüskieren** „vor den Kopf stoßen" (18. Jh.; aus *frz.* brusquer).

Brust: *Mhd., ahd.* brust, *got.* brusts *(Plural),* mit r-Umstellung *niederl.* borst stehen im Ablaut zu gleichbed. *engl.* breast, *schwed.* bröst. Diese *germ.* Wörter sind eng verwandt mit *mhd.* briustern „aufschwellen", *asächs.* brustian „knospen" und bezeichneten demnach ursprünglich die beiden weiblichen Brüste (als Schwellungen). Die gesamte *germ.* Wortgruppe gehört zu der Wurzelform *bhreus- „schwellen, sprießen", vgl. aus anderen *idg.* Sprachen z. B. *russ.* brjucho „Unterleib, Wanst" und *air.* brū „Bauch", bruinne „Brust"; aus dem *Kelt.* stammt die Bezeichnung des Brustpanzers: **Brünne** (*mhd.* brünne, *ahd.* brunna, brunia, *got.* brunjo, *aisl.* brynja). – Abl.: **brüsten,** sich (*mhd.* brüsten); **Brüstung** „brusthohe Schutzwand" (18. Jh.).

Brut: Das *westgerm.* Wort *mhd.* bruot, *mnd.* brōt, *niederl.* broed, *engl.* brood ist eine Bildung zu dem unter ↑*brühen* behandelten Verb in dessen älterer allgemeiner Bedeutung „erwärmen". Zur Bildung beachte z. B. das Verhältnis von 'Glut' zu 'glühen' und 'Naht' zu 'nähen'. Das Wort bezeichnete zunächst das Beleben durch Wärme, dann auch die ausgebrüteten Wesen selbst und wurde von Anfang an auf Vögel angewandt, dann auch auf die aus Eiern schlüpfenden Jungen anderer Tiere (vgl. z. B. 'Schlangenbrut'). – Abl.: **brüten** (*mhd.* brüeten, *ahd.*

bruoten; vgl. *niederl.* broeden, *engl.* to breed „aushecken, erzeugen, erziehen").

brutal „roh, gewalttätig": Das Adjektiv wurde im 16./17. Jh. aus *spätlat.* brutalis „tierisch; unvernünftig" entlehnt. Das zugrundeliegende Adjektiv *lat.* brutus „schwerfällig; roh", das mit einer *vlat.* Nebenform *bruttus auch in *it.* brutto „roh" (↑brutto) erscheint, ist ursprünglich wohl ein *oskisches* Dialektwort. Es ist mit *lat.* gravis „schwer" verwandt (vgl. *gravitätisch*). – Abl. **Brutalität** „Roheit" (16./17. Jh.; aus *mlat.* brutalitas).

brutto: Der Ausdruck für „ohne Abzug (vom Rohpreis, Rohgewicht usw.)" wurde im 16. Jh. als Kaufmannswort aus *it.* brutto „roh" entlehnt. Es bezeichnete zunächst nur das rohe Gesamtgewicht einer Ware mit Verpackung, im Gegensatz zu ↑netto. Später wurde das Wort auch auf andere Zusammenhänge übertragen. *It.* brutto stammt aus *vlat.* *bruttus (< *lat.* brutus) „schwer[fällig], roh" (vgl. *brutal*). Als Bestimmungswort erscheint 'brutto' häufig in Zusammensetzungen wie **Bruttolohn, Bruttoregistertonne.**

brutzeln, brotzeln (*ugs.* für) „mit leisem Geräusch braten": Das seit dem 16. Jh. bezeugte Verb ist eine Intensivbildung zu ↑*brodeln.*

Bube „gemeiner, verächtlicher Mensch": *Mhd.* buobe „Knabe, Diener; zuchtloser Mensch", dem *mnd.* bōve „gewalttätiger Mensch, Spitzbube, Räuber" und *niederl.* boef „Schelm, [Spitz]bube" entsprechen, stammt wahrscheinlich aus der Lallsprache der Kinder wie z. B. auch *engl.* baby „Säugling, Kleinkind" und *schwed. mdal.* babbe „kleiner Junge" (s. auch den Artikel *Buhle*). Die heutige abwertende schriftsprachliche Bedeutung ist besonders durch die 'bösen Buben' der Lutherschen Bibel gefestigt worden. Dagegen bewahrt die gekürzte *oberd.* Form **Bub** *südd., schweiz., österr.* für „Junge, Knabe" noch die ursprüngliche Bedeutung, beachte die Bedeutungsparallele *aengl.* cnafa „Knabe" – *engl.* knave „Schurke". Abl.: **Büberei** „gemeine, verächtliche Tat" (*mhd.* buoberīe); **bübisch** „gemein, verächtlich, schurkisch" (*spätmhd.* büebisch); **Bubi** (*oberd.* Koseform, meist als Name), dazu **Bubikopf** „kurze weibliche Haartracht" (20. Jh.). Zus.: **Lausbub** scherzhaft für „ungezogener Junge" (*oberd.,* besonders seit Ludwig Thoma bekannt); **Spitzbube** (im 16. Jh. für „Falschspieler", zu ↑*spitz* in seiner früheren Bed. „überklug, scharfsinnig"; heute meist scherzhaft), dazu **Spitzbüberei, spitzbübisch** (16. Jh.).

Buch: *Mhd.* buoch, *ahd.* buoh ist erst in der Bed. „geschriebenes Pergamentbuch" zum neutralen Singular geworden; älter ist der *Plural ahd.* buoh, *got.* bōkōs „Schrift, Buch" (Plural zu bōka „Buchstabe"), *aengl.* bēc, *aisl.* bœkr. Das Wort bedeutete ursprünglich wohl „[Runen]zeichen; Buchstabe", dann – vermutlich nach dem Vorbild von *lat.* littera „Buchstabe; Schriftstück" (vgl. Literatur) – auch „Schriftstück". Mit 'Buch' sind im *germ.* Sprachbereich *niederl.* boek „Buch", *engl.* book „Buch", *schwed.* bok „Buch" verwandt. In der weiteren Entwicklung bezeichnete 'Buch' alle Arten gehefteter oder gebundener Papierlagen (auch ein Papiermaß von 24–25 Bogen), heute besonders das gedruckte Buch, aber auch Schreibbücher (z. B. Tage-, Haupt-, Kirchenbuch). – Abl.: **buchen** kaufmännisch für „in ein Rechnungsbuch eintragen" (18. Jh., wohl nach *engl.* to book, *niederl.* boeken; dazu als neue Lehnbedeutung aus dem *Engl.* „einen Schiffs- oder Flugzeugplatz bestellen"); **Bücherei** (17. Jh., Lehnübersetzung aus *niederl.* boekerij, das selbst für älteres Liberey aus *lat.* libraria eingetreten war). Zus.: **Bücherwurm** (eigentlich eine in Büchern lebende Larve, seit dem 17. Jh. scherzhaft auf den versponnenen Gelehrten übertragen); **Buchhalter** „kaufmännischer Rechnungsführer" (im 16. Jh. zusammengebildet aus der Wendung 'die Bücher halten', die seit dem 15. Jh. das *it.* tenere i libri übersetzt); **Buchmacher** „Vermittler von Rennwetten" (2. Hälfte des 19. Jh.s; Lehnübersetzung nach *engl.* bookmaker). **Buchstabe** (s. d.)

Buche: Die *germ.* Bezeichnungen für die [Rot]buche *mhd.* buoche, *ahd.* buohha, *aengl.* bōc (daneben bœce, *engl.* beech), *schwed.* bok sind z. B. verwandt mit *lat.* fagus „Buche", *griech.* phēgós „Eiche" und *russ.* boz, ablautend buzina „Holunder". Allen diesen Wörtern liegt *idg.* *bhā[u]g-s „Buche" zugrunde. Da die Buche ursprünglich nur in einem bestimmten Gebiet wuchs, wurde das *idg.* Wort in Ländern, in denen die Buche nicht heimisch war, als Bezeichnung für andere Bäume verwendet. Abl.: [2]**buchen** „aus Buchenholz" (*mhd.* buochīn, *ahd.* buohhīn). Zus.: **Buchecker** „Buchenfrucht" (im 15. Jh. *niederd.* und *mitteld., s. Ecker*); **Buchfink** (*spätmhd.* buochvinke); **Buchweizen** (s. d.)

Buchs: Der Name der strauch- oder baumartigen Zierpflanze (*mhd.* buhs, *ahd.* buhsboum) geht auf *lat.* buxus zurück, das früh auch in anderen *germ.* Sprachen (z. B. *engl.* box „Buchs") und im *Roman.* (*it.* bosso, *frz.* buis) erscheint. Das Wort stammt wie *griech.* pýxos (oder durch dieses vermittelt) aus einer unbekannten Mittelmeersprache. Das Holz des Buchsbaumes war schon im Altertum sehr geschätzt und wurde besonders zur Herstellung von (oft walzenförmig gedrehten) Dosen und Kästchen verwendet. So findet sich *griech.* pyxís „Dose aus Buchsbaumholz" und, daraus entlehnt, gleichbed. *lat.* pyxis. Aus dessen *vlat.* Nebenform buxis (puxis) entwickelten sich u. a. *frz.* boîte „Büchse, Dose", *engl. (aengl.)* box „Behältnis" (↑Box, Boxkalf), *it.* bussola „Kästchen", ferner unsere Lehnwörter ↑Büchse und Buchse.

Büchse: Das Wort (*mhd.* bühse, *ahd.* buhsa „Dose, Büchse") wurde in *vorahd.* Zeit zuerst in der Bedeutung „Arzneibüchse" mit anderen Wörtern der Heilkunst wie ↑Arzt und ↑Pflaster aus *vlat.* buxis (< *lat.* pyxis) „Dose aus Buchsbaumholz" entlehnt (vgl. *Buchs*). Da die Form solcher Büchsen ursprünglich zylindrisch war, bezeichnete das Wort auch zylindrische Rohre. Davon zeugt auch die Verwendung von 'Büchse' im Sinne von „[Hand]feuerwaffe" (nach dem zylinderförmigen Rohr oder Lauf).

Ähnliches gilt von dem jungen, im Anfang des 20. Jh.s aufkommenden Substantiv **Buchse** „Hohlzylinder zur Aufnahme eines Zapfens; Steckdose", einer in *oberd.* Mundarten üblichen, nicht umgelauteten Form von 'Büchse'.

Buchstabe: Die *altgerm.* Zusammensetzung *mhd.* buochstap, -stabe, *ahd.* buohstap, *niederl.* boekstaaf, *aengl.* bōcstæf, *schwed.* bokstav bezeichnete ursprünglich wohl einen „Stab mit [Runen]zeichen" (vgl. Buch) und wurde dann erst auf den Baumnamen 'Buche' bezogen und als „Stab aus Buchenholz" verstanden. Der zweite Bestandteil ist identisch mit dem unter ↑*Stab* behandelten Substantiv. Abl.: **buchstabieren** (16. Jh., für älteres buchstaben, *mhd.* buochstaben); **buchstäblich** (18. Jh., meist für „wörtlich, tatsächlich").

Bucht: Das im 17. Jh. aus dem *Niederd.* in die *hochd.* Schriftsprache übernommene Wort geht zurück auf *mnd.* bucht „Biegung, Krümmung", vgl. *niederl.* bocht „Biegung, Krümmung, Bucht", *engl.* bight „Bucht", *aisl.* bōt „Bucht, kleiner Meerbusen". Das Substantiv ist eine Bildung zu dem unter ↑*biegen* behandelten Verb. *Mnd.* bucht, *mniederl.* bocht bedeutet auch „Einfriedung (Pferch, Verschlag) für Tiere" (noch *nordd.* in 'Schweine-, Kälberbucht'), wobei wohl der Begriff „Winkel" zugrunde liegt. – Abl.: **ausbuchten** „bogenförmig ausschneiden" (19. Jh.), dazu **Ausbuchtung; einbuchten** (19. Jh., wie ausbuchten; *ugs.* auch für „einsperren", zu 'Bucht' „Verschlag").

Buchweizen *m:* Die seit dem 15. Jh. angebaute Nutzpflanze heißt *mnd.* bōkwēite, *mniederl.* boecweit (daraus entlehnt *engl.* buckwheat), im 16. Jh. *nhd.* Buchweiß. Sie ist nach der Bucheckernform der Früchte und dem weizenartigen Geschmack benannt.

Buckel: Das Substantiv geht zurück auf *mhd.* buckel, das den halbrund erhabenen Metallbeschlag in der Mitte des Schildes bezeichnete und aus gleichbed. *afrz.* bo[u]cle (↑Bouclé) entlehnt ist. Das vorausliegende *lat.* buccula „Bäckchen" ist eine Verkleinerungsbildung zu bucca „aufgeblasene Backe", das zu der unter ↑*Beule* behandelten *idg.* Wurzel gehört. Erst im 15. Jh. wird 'Buckel' auf den menschlichen Höcker übertragen, seit dem 16. Jh. gilt es *ugs.* für „Rücken". – Abl.: **buckeln** „Metall treiben; *ugs.* für: einen Buckel machen, auf dem Buckel tragen" (in der 1. Bed. schon *mhd.* buckeln), dazu **katzbuckeln** „übertrieben höflich sein" (19. Jh.); **bucklig** (*spätmhd.* buckeleht „höckerig").

bücken: Das seit *mhd.* Zeit bezeugte Verb (*mhd.* bücken) ist eine Intensivbildung zu dem unter ↑*biegen* behandelten Verb, vgl. die ähnlich gebildeten *mnd.* bucken „sich neigen, sich bücken" und *niederl.* bukken „bücken". Zur Bildung beachte z. B. das Verhältnis von 'schmiegen' zu 'schmücken'. – Abl.: [1]**Bückling** (*frühnhd.* bücking „sich bückender Mensch" wird [wie Diener, s. d.] auf die höfliche Verbeugung übertragen und seit dem 17. Jh. mit dem geläufigeren -ling gebraucht; heute nur abwertend).

[1]**Bückling** ↑bücken.

[2]**Bückling** „geräucherter Hering": Das schon in *spätmhd.* Zeit übernommene *mnd.* bückinc ist, wie auch *mniederl.* bucking, eine Ableitung von dem unter ↑*Bock* behandelten Wort. Der geräucherte Hering ist nach seinem unangenehmen Bocksgeruch benannt worden. Die heute übliche Form – mit der geläufigeren Nachsilbe '-ling' – findet sich schon im 15. Jh.

Buddel, Buttel (*ugs.* für:) „Flasche": Mit dem Import von Flaschenweinen aus Frankreich erreichte uns im 17./18. Jh. *frz.* bouteille „Flasche", das sich einerseits im Fremdwort **Bouteille** bis heute unverändert gehalten, andererseits eine *niederd.* Form buddel entwickelt hat. Das *frz.* Wort, das auch *engl.* bottle zugrunde liegt, geht auf *spätlat.* but[t]icula „Fäßchen", die Verkleinerungsform von *vlat.* buttis „Faß", zurück. Dies ist wahrscheinlich Lehnwort aus dem *Griech.* und hängt mit dem unter ↑*Bütte* genannten Substantiv *griech.* bytínē „Weinflasche" zusammen.

buddeln (*ugs.* für:) „im Sand wühlen, graben": Das seit dem 19. Jh. bezeugte Verb ist eine Nebenform des unter ↑*Pudel* genannten Verbs 'pudeln' „im Wasser plätschern" und wohl von Berlin her in die *nordd.* und *mitteld.* Umgangssprache eingedrungen. Siehe auch 'Aschenputtel' im Artikel *Asche*.

Bude: *Mhd.* buode „Hütte, Gezelt, Bude", *mnd.* bōde „kleines Haus, [Verkaufs-, Arbeits]bude, Zelt", *mniederl.* boede „kleines Haus, Bude, Zelt, Schuppen, Faß", *schwed.* bod „Laden, Geschäft, Schuppen" gehören zu dem unter ↑*bauen* behandelten Verb. *Außergerm.* eng verwandt sind *air.* both „Hütte" und *lit.* bùtas „Haus". Seit dem 18. Jh. wird 'Bude' auch im Sinne von „möbliertes Zimmer" (zunächst für einen Studenten) verwendet, vgl. dazu *ugs.* **Budenzauber** „ausgelassenes Fest, das man auf dem Zimmer feiert".

Budget Die Bezeichnung für „[Staats]haushaltsplan" wurde im 18. Jh. aus *engl.* budget entlehnt, später in der Aussprache an *frz.* budget angelehnt, das selbst aus dem *Engl.* stammt. *Engl.* budget bedeutete ursprünglich wie das vorausliegende *afrz.* bougette (Verkleinerungsbildung zu bouge „Ledersack") „Balg, Lederbeutel". Auf den „Finanzsäckel" des Staates übertragen, bezeichnete es dann die [in einem Staat] vorhandenen Geldmittel, über die in einem Haushaltsplan verfügt werden kann. – Quelle für *frz.* bouge ist ein mit *nhd.* ↑*Balg* urverwandtes Substantiv *gall.-lat.* bulga „lederner [Geld]sack". Abl.: **budgetieren** „einen Haushaltsplan aufstellen" (20. Jh.).

Budike ↑Butike.

Büfett, (*österr.* auch: Büffet, Buffet) „Anrichte, Geschirrschrank; Schanktisch": Das Wort wurde im 18. Jh. aus *frz.* buffet entlehnt, dessen weitere Herkunft unbekannt ist.

Büffel: Der Name des wildlebenden Rindes wurde in *spätmhd.* Zeit aus gleichbed. *frz.* buffle entlehnt. Das *frz.* Wort seinerseits führt über entsprechend *it.* bufalo auf *lat.* bubalus (Nebenform bufalus) „Antilope; Auerochse; (seit dem 7. Jh. n. Chr.:) Büffel" und weiter auf *griech.* boûbalos „Antilope; Büffel" zurück. *Griech.* boûbalos gehört vermutlich zu *griech.* boūs „Rind" (als „rinderartiges" Tier), wobei die Bildung allerdings unklar ist. – Das Verb **büffeln** „hart und angestrengt lernen, pauken", das im 16. Jh. aufkam und durch die Studentensprache verbreitet wurde, gehört vielleicht unmittelbar als Intensivbildung zu *mhd.* buffen „schlagen, stoßen" und wurde erst sekundär an 'Büffel' angeschlossen (im Sinne von „wie ein Büffel arbeiten", beachte auch das im 19. Jh. analog gebildete Verb 'ochsen' unter *Ochse*).

Bug: Das *altgerm.* Wort *mhd.* buoc „Obergelenk des Armes oder Beines, Achsel; Biegung", *ahd.* buog „Oberarm, Schulter[blatt]", *niederl.* boeg „Schiffsbug", *aengl.* bōg „Arm; Schulter; Ast", *schwed.* bog „Schulter, Keule; Schiffsbug" beruht mit verwandten Wörtern in anderen *idg.* Sprachen auf *idg.* *bhāghú-s „Ellbogen, Unterarm", vgl. z. B. *aind.* bāhú-ḥ „Arm, Vorderfuß" und *griech.* pē̃chys „Ellbogen, Unterarm". Alt ist im *Germ.* die Übertragung auf den Ast als Arm des Baumes, die noch in *engl.* bough „Zweig" und dem *dt.* Zimmermannswort 'Bug' „Strebe im Gebälk" erscheint, alt aber auch die Bed. „Schiffsbug", die wohl von der Vorstellung des Schiffes als 'Wogenroß' ausging; beachte auch ↑*bugsieren*. Vom heutigen Sprachgefühl wird 'Bug' mit 'biegen' verbunden. Zus.: **Bugspriet** seemännisch für „über den Bug hinausragende Segelstange" (17. Jh., aus *mnd.* bōchsprēt, *niederl.* boegspriet; der 2. Bestandteil ist ein *westgerm.* Wort für „Stange": *mnd.* sprēt, *niederl.* spriet, *aengl.* spreot).

Bügel: Das seit dem 16. Jh. bezeugte Wort gehört zu dem unter ↑*biegen* behandelten Verb wie auch *mnd.* bögel „Ring, Reif" und *niederl.* beugel „Bügel", vgl. auch die ältere Bildung *mhd.* bügele „Steigbügel". Das im 17. Jh. zuerst bezeugte **Bügeleisen** heißt wohl so nach seinem bügelförmigen Griff; dazu **bügeln** „Wäsche oder Kleidung mit dem Bügeleisen glätten" (ebenfalls 17. Jh.).

bugsieren „[ein Schiff] ins Schlepptau nehmen, lenken": Das seit dem 17. Jh. zunächst als 'buxiren', 'büksieren' u. ä. bezeugte Verb, das sich in seiner heutigen Lautgestalt erst seit dem 19. Jh. durchgesetzt hat, wurde im Bereich der Seemannssprache aus gleichbed. *niederl.* boegseren entlehnt. Das *niederl.* Wort selbst ist unter Anlehnung an das unverwandte Substantiv *niederl.* boeg „Bug" aus älterem boesjaren, boechseerden umgestaltet, das seinerseits über *port.* puxar „ziehen, schleppen" auf *lat.* pulsare „stoßen; forttreiben" zurückführt. Dies gehört zu *lat.* pellere (pulsum) „schlagen, klopfen; in Bewegung setzen" usw. (vgl. *Puls*).

Bühl, (auch:) Bühel „Hügel": Das Substantiv (*mhd.* bühel, *ahd.* buhil „Hügel, Berg") ist auf das deutsche Sprachgebiet beschränkt. Es steckt in vielen Ortsnamen (z. B. Kitzbühel) und ist heute noch in Süddeutschland, in Österreich und in der Schweiz gebräuchlich.

Buhle (veraltet für:) „Geliebter": Das Wort (*mhd.* buole, *mnd.* bōle) stammt aus der Lallsprache der Kinder. Schon in *mhd.* Zeit ist es aus der Anrede des nahen Verwandten zu der des vertrauten Freundes und des Geliebten geworden. Später erhielt es abwertenden Sinn. Erst im 15. Jh. erscheint das Femininum (*spätmhd.* buole), das wie *nhd.* die Buhle selten geblieben ist. Abl.: **buhlen** (*spätmhd.* buolen „lieben", später in abfälligem Sinn; in der Wendung 'um etwas buhlen' bedeutet es „sich eifrig bemühen, werben"), dazu **Buhler** „Liebhaber" (*mhd.* buolære; heute meist in der Zus. **Nebenbuhler** gebraucht; 17. Jh.) und **Buhlerin** (15. Jh., erst später abwertend und beschönigend für „Dirne"); **Buhlschaft** (*mhd.* buolschaft „Liebesverhältnis").

Buhne *w:* Das ursprünglich *nordd.* Wort bezeichnet einen senkrecht zur Küste oder zum Stromufer errichteten Schutzdamm aus Pfahlwerk, Reisigbündeln und Steinen. Es kam im 17. Jh. mit der norddeutschen Wasserbaukunst ins Binnenland. Es geht zurück auf *mnd.* būne „Schutzdamm, Fischwehr" (vgl. *niederl.* bun „Fischreuse, -kasten"), dessen weitere Herkunft unklar ist.

Bühne: Die Herkunft von *mhd.* büne „Bretterbühne, Zimmerdecke", *mnd.* böne „bretterne Erhöhung, Empore, Zimmerdecke", *niederl.* beun „bretterne Erhöhung, Bretterdiele, Steg; Decke" ist nicht sicher geklärt. Vielleicht hängt das auf das *dt.* und *niederl.* Sprachgebiet beschränkte Wort mit der Sippe von ↑*Boden* zusammen. Das aus 'Schaubühne' verkürzte Wort 'Bühne' wird im 18. Jh. auf das Podium des Schauspielers eingeschränkt und alsbald auch übertragen für „Theater" gebraucht.

Bukett „[Blumen]strauß", auch übertragen gebraucht im Sinne von „Blume, Duft des Weines": Das Fremdwort wurde im 18. Jh. aus *frz.* bouquet entlehnt, einer Mundartform von *afrz.* boschet „Wäldchen". Das *frz.* Wort bedeutet demnach etwa „Strauß von Bäumen". *Afrz.* boschet ist eine Verkleinerungsbildung zu *frz.* bois „Holz, Wald", das seinerseits wohl auf *westgerm.* *bosk – zur Sippe von *nhd.* ↑*Busch* – zurückgeht.

Bulldogge: Im 18. Jh. aus *engl.* bulldog entlehnt, das wie *dt.* **Bullenbeißer** (18. Jh., *niederd.* bullenbiter) eine Hundeart bezeichnet, die man früher zur Bullenhetze (daher der Name) abrichtete (vgl. [1]*Bulle* und *Dogge*). – Der Name wurde dann auch als Warenzeichen für eine Zugmaschine verwendet: **Bulldog** (20. Jh.; aus *engl.* bulldog).

[1]Bulle: Das im 17. Jh. aus dem *Niederd.* ins *Hochd.* übernommene Wort geht zurück auf *mnd.* bulle „[Zucht]stier", vgl. gleichbed. *niederl.* bul, *engl.* bull, *aisl.* boli. Die Bezeichnung des Stiers gehört zu der unter ↑[1]*Ball* dargestellten *idg.* Wurzel *bhel- „schwellen" und ist z. B. eng verwandt mit *griech.* phallós „männliches Glied" und *air.* ball „männliches Glied". Der Bulle ist also nach seinem Zeugungsglied benannt. – Zus.: **Bullauge** seemännisch für „rundes Schiffsfenster" (in *nhd.* Zeit aus *niederd.* bulloog, ähnlich *engl.* bull's-eye „rundes Glasfenster" [an Gebäuden und Schiffen] und *nie-*

derl. bulleglas „Lichtöffnung im Schiffsdeck"; vgl. *Auge*); **Bulldogge** (s. d.); **Bullenbeißer** (↑ Bulldogge).

[2]Bulle „mit Siegelkapsel versehene päpstliche Verordnung", früher auch allgemein im Sinne von „versiegelte Urkunde": Das Wort wurde in *mhd.* Zeit aus gleichbed. *lat.* bulla entlehnt, das zunächst „Wasserblase" bedeutete, dann auch verschiedene andere Dinge bezeichnete, deren äußere Form mit einer Wasserblase vergleichbar ist. Mit der Bed. „Kugel" lebt es in *frz.* bulle (↑ Bulletin und Billett). – Auf ein von *lat.* bulla „Blase" abgeleitetes Verb bullire „Blasen werfen, wallen, sieden" gehen die Fremdwörter ↑ Boiler und ↑ Bouillon zurück.

Bullenbeißer ↑ Bulldogge.

bullern ↑ poltern.

Bulletin: Der Ausdruck für „amtlicher Bericht" wurde im 18./19. Jh. zunächst in der Bedeutung „Nachrichtenblatt" aus *frz.* bulletin „Bericht" entlehnt. Das *frz.* Wort ist eine Ableitung von *afrz.* bulle „Wasserblase; [Siegel]kapsel" (nach dem Vorbild von entsprechend *it.* bullettino). Die hier vorliegende Bedeutungsentwicklung entspricht der, die sich bei dem vorausliegenden *lat.* bulla in ↑[2]*Bulle* vollzogen hat.

Bumerang „gekrümmtes Wurfholz": Das Fremdwort wurde im 19. Jh. über *engl.* boomerang aus der Sprache der Urbewohner Australiens entlehnt.

bummeln: Das seit dem 18. Jh. zunächst in der Bed. „hin und her schwanken" bezeugte Verb geht vom Bild der beim langsamen Ausschwingen bum, bum! läutenden Glocke aus. Daraus wird in *niederd.* Mundarten des 18. Jh.s „schlendern, nichts tun", das bald allgemein *hochd.* wird. – Abl.: **Bummel** „gemütlicher Spaziergang" (19. Jh., zuerst studentisch); **Bummler** „Nichtstuer" (19. Jh.), dazu **Schlachtenbummler** „Anhänger einer [Fußball]mannschaft, der seine Mannschaft zu einem auswärtigen Spiel begleitet", zunächst „neugieriger Zivilist auf dem Kriegsschauplatz" (19. Jh.).

bums!: Das Schallwort, das einen dumpfen Schlag, Fall oder Aufprall nachahmt, ist seit dem 18. Jh. als bums, bumbs bezeugt. Das Substantiv **Bums** bezeichnet nicht nur ein dumpfes Geräusch und den das Geräusch verursachenden Schlag, Stoß oder Aufprall, sondern auch ein lautes Tanzvergnügen und ein Lokal, in dem solche Tanzvergnügen stattfinden, vgl. die Zusammensetzung 'Bumslokal'. – Abl.: **bumsen** „ein dumpfes Geräusch von sich geben; gegen etwas schlagen, stoßen, prallen" und in salopper Sprache „koitieren" (19. Jh., für älteres bumbsen, bumpsen).

Bund *m,* (als „Gebundenes") *n:* Das auf das *dt.* und *niederl.* Sprachgebiet beschränkte Wort (*mhd., mnd.* bunt, *niederl.* bond) ist eine Bildung zu dem unter ↑*binden* behandelten Verb und bedeutet eigentlich „Bindendes, Gebundenes". Fachsprachlich bedeutet 'Bund' „Faßreifen", ferner „Querleiste auf dem Griffbrett von Zupfinstrumenten" und „Einfassung an Hose oder Hemd" u. a. Als „Gebundenes" wird 'Bund' *n* in bezug auf Stroh, Reisig u. a. gebraucht. Die Bed. „Vereinigung", im Mittelalter ausgeprägt, gilt heute besonders von Gruppen mit enger gegenseitiger „Bindung" der Mitglieder (Jugendbund, Ehe-, Freundschafts-, Staatenbund). Dazu die Zusammensetzungen **Bundesgenosse, Bundesbrief, Bundestag** und das studentische **Bundesbruder** (18. Jh.). – Abl. **Bündel** (*mhd., mnd.* bündel, *asächs.* bundilīn; vgl. *engl.* bundle „Bund, Bündel, Paket"; das Wort ist eine Verkleinerungsbildung und bedeutet eigentlich „kleines Bund", wird aber heute nicht mehr als Verkleinerungsbildung empfunden), dazu das Verb **bündeln** (18. Jh.); **Bündnis** (*mhd.* buntnisse „Vereinigung, Zusammenschluß"); **bündig** (*mhd.* bündec „verbündet"; *frühnhd.* für „verbindend, kräftig"; heute in der Formel 'kurz und bündig'; in der Baukunst „in gleicher Fläche liegend"); **bündisch** (im 16. Jh. in der Bed. „verbündet", wie *mhd.* bündec; im 20. Jh. als charakterisierendes Beiwort der Jugendbewegung neu belebt). Zusammensetzungen und Präfixbildungen: **Bundschuh** (*mhd.* buntschuoch; der altgermanische Fellschuh mit Knöchelbändern gehörte im Mittelalter zur Tracht des einfachen Mannes und wurde so zum Standeszeichen; im 15. Jh. gebrauchten aufständische Bauern einen Bundschuh als Feldzeichen, später als gemaltes Fahnenbild; so bezeichnet das Wort schließlich die Aufstandsbewegung der Bauern); **verbünden,** sich (*mhd.* verbunden „verbinden, einen Bund schließen"), vgl. das Part. 'verbündet', das als Ersatz für 'alliiert' gebräuchlich ist, substantiviert: **Verbündeter.**

Bungalow „eingeschossiges Wohnhaus": Das Wort wurde im 20. Jh. über *angloind.* bungalow entlehnt aus *Hindi* banglā (eigentlich „[Haus] aus Bengalen"), einer Bezeichnung für die von Europäern in Indien bewohnten einfachen, einstöckigen Wohnhäuser.

Bunker: Das seit dem 19. Jh. im Sinne von „Behälter zur Aufnahme von Massengut" – so vor allem in Zusammensetzungen wie **Kohlenbunker** – bezeugte Fremdwort ist aus *engl.* bunker entlehnt, dessen weitere Herkunft unsicher ist. Im 1. Weltkrieg nahm das Wort die Bedeutung „Betonunterstand" an, beachte z. B. die Zusammensetzung **Luftschutzbunker.**

bunt: *Mhd.* bunt „schwarz-weiß gefleckt" bezieht sich zuerst auf Pelze (dazu *mhd.* bunt „zweifarbiges Pelzwerk", *niederl.* bont „Pelzwerk", *niederl.* bont „bunt"), es gewinnt aber im 14. Jh. die heutige Bedeutung. Im *Ahd.* unbezeugt, beruht 'bunt' vielleicht auf *lat.* punctus „gestochen" (vgl. *Punkt*) und wurde zuerst in den Klöstern für Stickereien gebraucht. Zus.: **Buntmetall** „Schwermetall (außer Eisen), das selbst farbig ist oder farbige Legierungen bildet" (20. Jh.). Siehe auch *kunterbunt.*

Buntspecht ↑ Specht.

Bürde: Die *germ.* Substantivbildungen *mhd.* bürde, *ahd.* burdī, *got.* baurþei, *engl.* burden, *schwed.* börda gehören im Sinne von „Getragenes" zu der unter ↑*gebären* dargestellten *idg.* Wurzel *bher[ə]- „tragen". Abl.: **bürden** (*mhd.*

bürden „zu tragen geben“, heute nicht mehr gebraucht), dazu die Zusammensetzungen **aufbürden** (17. Jh.) und **überbürden** (17. Jh.).

Burg: Das *gemeingerm.* Wort *mhd.* burc, *ahd.* bur[u]g „Burg, Stadt“, *got.* baúrgs „Turm, Burg; Stadt“, *aengl.* burg „Burg, Stadt“, *schwed.* borg „Burg“ steht wahrscheinlich im Ablaut zu dem unter ↑*Berg* behandelten Wort und bedeutete demnach ursprünglich „[befestigte] Höhe“. *Frz.* bourg „Marktflecken“ (↑Bourgeoisie) ist aus dem *Afränk.* entlehnt. Das *germ.* Wort tritt zuerst in erdkundlichen Namen auf. So heißt der ‘Teutoburger’ Wald nach einer germanischen „Volksburg“ (zu *ahd.* diot „Volk“; ↑deutsch). Wie diese großen, mit Erdwällen befestigten Fluchtburgen nannten die Germanen auch die ummauerten Römerstädte und -kastelle ‘Burg’ (z. B. Augsburg, Regensburg oder die Saalburg im Taunus). Seit der Karolingerzeit gab es außerdem befestigte Herrenhöfe, was zum Begriff der Ritterburg geführt hat. Burgen all dieser Art konnten zu mittelalterlichen Städten werden (z. B. Würzburg, Nürnberg, s. unter ↑*Berg*), so daß *mhd.* burc schließlich „Stadt“ bedeutete (dazu ↑Bürger). Auf diese Entwicklung hat auch *lat.* burgus „Kastell, Wachtturm“ eingewirkt, das über *griech.* pýrgos „Turm“ möglicherweise ebenfalls aufs *Germ.* zurückgeht. – Zus.: **Burgfriede[n]** (*mhd.* burcvride war der vertragliche Friede innerhalb der Erbengemeinschaft einer Burg, auch der Schutzbereich eines Fürstenhofs oder einer Stadt; danach die heutige Bed. „Friedensabkommen zwischen zwei Parteien“).

Bürge „Gewährsmann“: Das *westgerm.* Substantiv *mhd.* bürge, *ahd.* burgeo, *mnd.* börge, *aengl.* byrga gehört zu dem unter ↑*borgen* behandelten Verb und bezeichnete ursprünglich „jemand, der bei einem Verleihgeschäft für das Verliehene bürgt“. Abl.: **bürgen** (*mhd.* bürgen, *ahd.* purigōn „appellieren, sich berufen“).

Bürger: Die heutige Form geht über *mhd.* burger, burgære zurück auf *ahd.* burgāri. Dieses ist wahrscheinlich eine Umbildung einer dem *aengl.* burgware „Bürger“ entsprechenden Zusammensetzung, und zwar nach den mit dem Suffix *ahd. -āri* (*nhd.* ...er) gebildeten Wörtern. Der erste Bestandteil ist das unter ↑*Burg* behandelte Wort, der zweite entspricht *aengl.* -ware, *aisl.* -veri und gehört zu dem unter ↑*wehren* behandelten Verb. Es bedeutete ursprünglich „Verteidiger“, dann „Bewohner“, vgl. die *germ.* Völkernamen Baioarii „Bewohner des Bojerlandes, Bayern“ und Ampsivarii „Emsanwohner“. ‘Bürger’ bedeutete demnach ursprünglich „Burgverteidiger“, dann „Burg-, Stadtbewohner“, im rechtlichen Sinne seit dem 12. Jh. das vollberechtigte Mitglied eines [städtischen] Gemeinwesens. – Abl.: **bürgerlich** (*spätmhd.* burgerlich); **Bürgertum** (um 1800 für ↑Bourgeoisie). Vgl. auch die Bildung **ausbürgern** „jemandem die Staatsbürgerschaft aberkennen“ (für *frz.* expatrier). Zus.: **Bürgermeister** (*mhd.* burgermeister, daneben die *mdal.* noch erhaltene Form burgemeister, deren erstes -er- vor dem zweiten zu -e -dissimiliert wurde).

Burgfriede[n] ↑Burg.

burlesk „possenhaft“: Das Adjektiv wurde im 17. Jh. aus *frz.* burlesque entlehnt, das seinerseits aus *it.* burlesco stammt. Das *it.* Wort gehört zu *it.* burla „Narretei, Posse“ und geht vermutlich auf eine Verkleinerungsbildung (*burrula) von *lat.* burra „zottiges Gewand“, *Plural* „läppisches Zeug, Possen“ zurück (vgl. *Büro*). Abl.: **Burleske** „Schwank, Posse“ (18. Jh.).

Burnus *m* „Kapuzenmantel (der Beduinen)“: Das Wort wurde im 19. Jh. über *frz.* b[o]urnous aus *arab.* burnus entlehnt, das seinerseits aus *griech.* bírros (< *lat.* birrus) „Überwurf“ stammt.

Büro: Die Bezeichnung für „Arbeits-, Amtszimmer“ wurde im 17./18. Jh. aus *frz.* bureau entlehnt, das als Ableitung von *afrz.* bure bzw. burel wie diese ursprünglich einen „groben Wollstoff“ bezeichnete, wie er u. a. zum Beziehen von [Schreib]tischen verwendet wurde, dann den „Schreibtisch“ selbst und schließlich, weil der Schreibtisch als wesentliches Zubehör eines Arbeitszimmers gilt, die „Schreibstube“. – Voraus liegt ein etymologisch undurchsichtiges Substantiv *vlat.* *bura (< *lat.* burra) „zottiges Gewand; Wolle“. – Die Bildung **Bürokratie** wurde im 18./19. Jh. aus *frz.* bureaucratie entlehnt, eine Prägung des französischen Nationalökonomen Vincent de Gournay. Dazu stellen sich **Bürokrat** (aus *frz.* bureaucrate) und **bürokratisch** (aus *frz.* bureaucratique).

Bursch[e]: An den Universitäten des Mittelalters gab es gemeinschaftliche Wohn- und Kosthäuser für Studenten, die nach französischem Vorbild zumeist auf Stiftungen beruhten. Sie hießen *mlat.* bursa, was ursprünglich „Ledersack, Beutel“, dann „[gemeinsame] Kasse“ bedeutete (vgl. [1]*Börse*). Das aus diesem Wort entlehnte *mhd.* burse „Beutel, Kasse“ erscheint seit dem 15. Jh. als Name solcher Studentenhäuser und der darin wohnenden Gemeinschaften (danach noch *nhd.* **Burse** „Studentenheim“). Als *frühnhd.* Form galt ‘die Bursch[e]’, das bis ins 17. Jh. in gleicher Bedeutung fortlebte, dann aber, als *Plural* gefaßt, Anlaß zu einem neuen Singular ‘der Bursch’ gab. Dieses Wort löste als Ehrenname der Studenten ältere Bezeichnungen wie ‘bursgesell’, ‘bursant’ u. ä. ab. Auch bei Handwerkern und Soldaten gab es solche Gemeinschaften, so daß ‘Bursch’ heute *landsch.* jeden jungen Mann bezeichnen kann oder auch den Handwerksgesellen als ‘Metzger-, Bäckerburschen’ usw. Die zweisilbige Form **Bursche** wird außerdem allgemein für „Kerl“ gebraucht. Studentisch gilt ‘Bursch’ heute für das vollberechtigte Mitglied einer Verbindung nach Abschluß der Fuchsenzeit. Abl.: **Burschenschaft** (im 18. Jh. Bezeichnung der Studentenschaft an norddeutschen Universitäten; Anfang des 19. Jh.s Name der neuen gesamtstudentischen Gemeinschaft, die die Trennung der Landsmannschaften überwinden wollte; heute Bezeichnung für bestimmte Korporationen), dazu **Burschenschafter** (erste Hälfte des 19. Jh. s); **burschikos** „burschenhaft ungezwungen, formlos; flott" (18. Jh., scherzhafte studentische Bildung mit der *griech.* Adverbendung -ikós).

Burse ↑ Bursch.

Bürste: Die heutige Form geht zurück auf *mhd.* bürste, das eigentlich der verselbständigte Plural des unter ↑*Borste* (*mhd.* borst, *ahd.* burst) behandelten Wortes ist und demnach „Gesamtheit der Borsten" bedeutet. – Abl.: **bürsten** „mit einer Bürste entfernen oder glätten", in neuerer Zeit auch derb für „koitieren" (*mhd.* bürsten). Zus.: **Bürstenbinder** (15. Jh.)

Bürzel: Das seit dem 16. Jh. bezeugte Substantiv ist eine Bildung zu dem nur noch *oberd.* bewahrten Verb borzen „hervorstehen", einer Ableitung von *mhd., ahd.* bor „Höhe" (vgl. *empor*). Es bezeichnet den hervorstehenden Steiß des Geflügels, weidmännisch auch den Schwanz von Dachs und Wildschwein (letzteres auch als 'Pürzel'), Abl.: **purzeln** (s. d.).

Busch: Das *altgerm.* Wort *mhd.* busch, *ahd.* busk, *niederl.* bos[ch] „Wald", *engl.* bush, *schwed.* buske gehört wohl zu der unter ↑*Beule* behandelten *idg.* Wurzel *bh[e]u- „blasen, schwellen" in der Bedeutungswendung „aufgetrieben, dick, dicht sein". Aus dem *Germ.* entlehnt ist *afrz.* bos, *frz.* bois „Wald, Baum, Holz" (↑ Bukett). Aus der Jägersprache stammt die Redensart 'auf den Busch klopfen' (für: „ausforschen"; eigentlich um das Wild aufzuscheuchen). Abl.: **buschig** (*spätmhd.* buscheht); **Büschel** (*mhd.* büschel, Verkleinerungsbildung, eigentlich „kleiner Busch"); **Gebüsch** (*mhd.* gebüsche, Kollektivbildung). Zus.: **Buschklepper** „Strauchdieb, [berittener] Wegelagerer" (17. Jh.; zu ↑ Klepper, das in älterer Sprache auch „Reiter" bedeuten kann). Siehe auch den Artikel *Böschung.*

Busen „weibliche Brust": Das *westgerm.* Wort *mhd.* buosem, buosen, *ahd.* buosam, *niederl.* boezem, *engl.* bosom gehört zu der unter ↑*Beule* dargestellten *idg.* Wurzel *bh[e]u „[auf]blasen, schwellen". Eng verwandt ist z. B. die Sippe von ↑ Bausch. Zus.: **Busenfreund** (18. Jh.); **Meerbusen** (17. Jh.; Lehnbildung nach *lat.* sinus).

Bussard: Der seit dem 16. Jh. bezeugte Name des Raubvogels ist aus *frz.* busard „Weihe, Bussard" entlehnt, das seinerseits mit Suffixwechsel umgestaltet ist aus gleichbed. *afrz.* bu[i]son (daraus bereits im 13. Jh. *mhd.* būsant „Bussard"). Letzte Quelle des Wortes ist *lat.* buteo (-eonis) „Mäusefalke, Bussard". – Vor der Entlehnung des *frz.* Namens galt im *Dt.* für den Vogel die alte einheimische Bezeichnung *ahd.* mūsāri, *mhd.* mūs-ar, mūsære, *mnd.* mūser „Mäuseaar" (entsprechend *aengl.* mūsere).

Buße: Das *gemeingerm.* Wort *mhd.* buoz[e], *ahd.* buoz[a], *got.* bota, *engl.* boot, *schwed.* bot gehört zu der unter ↑*baß* „besser" dargestellten Wurzel. Es bedeutete ursprünglich „Nutzen, Vorteil", so noch im *Got.* und im *Engl.* Im *Ahd.* konnte es auch „Heilung durch Zauber" bedeuten. In der *dt.* Kirchensprache bezeichnete *ahd.* buoza die Genugtuung des Sünders gegenüber Gott und trat statt des zuerst verwendeten *ahd.* hriuwa „Reue" für *lat.* poenitentia als Bezeichnung des Bußsakraments ein. Luther vertiefte den Begriff wieder als „Schrecken und gläubige Reue" im Sinn des *griech.* Grundworts metánoia „Sinnesänderung". Rechtlich bezeichnet 'Buße' heute eine Entschädigung oder Sühnezahlung (Geldbuße); s. a. *büßen.*

büßen: Das *gemeingerm.* Verb *mhd.* büezen „bessern, wiedergutmachen, vergüten", *ahd.* buozen „[ver]bessern, wiedergutmachen, wiederherstellen, ersetzen", *got.* bōtjan „bessern, nützen", *aengl.* bētan „bessern, heilen, wiedergutmachen", *aisl.* bœta „büßen, heilen, schenken" gehört mit dem unter ↑*Buße* behandelten Substantiv zu der unter ↑*baß* „besser" dargestellten *idg.* Wurzel. Das Verb wird entsprechend dem Substantiv, jedoch nicht amtlich gebraucht (kirchlich gilt 'Buße tun', juristisch 'eine Strafe verbüßen'). Die alte Bedeutung „[aus]bessern" zeigen noch die Bildung **Lückenbüßer** (16. Jh., seit dem 19. Jh. Fachwort der Zeitungssprache) und die Zusammensetzung **einbüßen** „verlieren" (eigentlich „zusetzen", im 15. Jh. als Handwerkerwort ein püßen „einflikken"), dazu **Einbuße** („Verlust", früher „Ersatz").

Busserl (*bayr., österr.* für:) „Kuß": Das lautmalende Buß „Kuß" (entsprechend *engl.* buss, *schwed.* puss) ist im 16. Jh. neben dem Verb bussen, pussen „küssen" bezeugt und seit dem 18. Jh. in der *bayr.* Verkleinerungsform 'Busserl' bekannt. Daneben kommen auch die Formen 'Bussel' und 'Bussi' vor. Abl.: **busserln** „küssen".

Büste „aus Stein, Erz, Bronze oder anderem Material gearbeitetes Brustbild": Das Fremdwort erscheint zuerst im Anfang des 18. Jh.s als 'Buste' bzw. 'Busto'. Es ist unmittelbar aus gleichbed. *it.* busto entlehnt. Die heute übliche Form, die sich von der zweiten Hälfte des 18. Jh. s an durchsetzt, beruht auf gleichbed. *frz.* buste, das ebenfalls aus dem *It.* stammt. – Im 19. Jh. übernimmt das Wort Büste von *frz.* buste die zusätzliche, im *Frz.* durch Bedeutungsverengung entwickelte spezielle Bed. „weibliche Brust", die besonders auch in der Zusammensetzung **Büstenhalter** (20. Jh.) lebendig ist. – Die Herkunft des *it.* Subtantivs busto ist nicht gesichert.

Butike „Kramladen; Kneipe": Das Wort wurde im 17. Jh. aus *frz.* boutique (*afrz.* botique; vgl. *Boutique*) entlehnt, das – wahrscheinlich durch Vermittlung von *aprov.* botica – auf *griech.* apothḗkē (< *lat.* apotheca) „Abstellraum, Magazin" zurückgeht (vgl. *Apotheke*). Die volkstümliche Nebenform **Budike** ist an 'Bude' angelehnt.

Butt *m* „Flunder, Scholle": Der Fischname wurde im 16. Jh. aus dem *Niederd.* ins *Hochd.* übernommen. *Niederd.* butt, *mnd.* būt[te], *niederl.* bot gehören zu dem Adjektiv *nd.* butt, *niederl.* bot „stumpf, plump" (vgl. *Butzen*). Der Fisch ist also nach seiner plumpen Gestalt benannt. Zus.: **Heilbutt** (18. Jh., aus *niederd.* hell-, hilligbutt, entsprechend *niederl.* heilbot, *engl.* halibut; eigentlich der „heilige Butt" für Festtage); **Steinbutt** (18. Jh., aus *niederd.* steenbutt;

benannt nach den früher als eingewachsene Steine gedeuteten kleinen Knochenhöckern in der Haut).

Bütte, *(oberd.:)* **Butte:** „offenes Daubengefäß, Wanne“: *Mhd.* büt[t]e, büten, *ahd.* butin[na] ist entlehnt aus *mlat.* butina „Flasche, Gefäß“, das auf gleichbed. *griech.* bytínē (pytínē) zurückgeht. Im *Mnd.* entspricht bōde[ne], bödde, büdde (dazu wahrscheinlich ↑Böttcher), im *Aengl.* byden „Bütte, Tonne“. Mit dem *griech.* Stammwort hängt wahrscheinlich auch *vlat.* buttis „Faß“ (↑Bottich und Buddel) zusammen. Die Bütte dient als Tragfaß, z.B. bei der Weinlese, bei den Papiermachern enthält sie den Brei, aus dem früher mit Handsieben der Papierbogen geschöpft wurde (daher noch das handgeschöpfte **Bütten[papier]** mit faserigem Rand). Im *rhein.* Karneval diente ursprünglich ein offenes Faß als Kanzel für den **Büttenredner.** Der Verfertiger von Bütten heißt in Franken und Ostmitteldeutschland **Büttner** (*mhd.* bütenære); das Wort steht dem *nordd.* Böttcher nahe, s.d.

Buttel ↑Buddel.

Büttel: Das *westgerm.* Substantiv *mhd.* bütel, *ahd.* butil, *niederl.* beul „Henker“, *aengl.* bydel ist eine Bildung zu dem unter ↑*bieten* behandelten Verb in dessen alter Bedeutung „bekanntmachen, wissen lassen“. Es bezeichnete den vorladenden Gerichtsboten, später vielfach den Häscher oder den Scharfrichter.

Butter: Die *westgerm.* Bezeichnung des aus Milch hergestellten Speisefettes (*mhd.* buter, *ahd.* butera, *niederl.* botter, *engl.* butter) ist über *vlat.* *butira, *butura entlehnt aus *lat.* butyrum, das selbst wiederum aus *griech.* boú-tȳron „Kuhquark“ übernommen ist. Gleicher Herkunft sind z.B. *frz.* beurre und *it.* burro. – Abl.: **buttern** „Butter machen“ (im 15. Jh. außputtern), dazu **hinein-, zubuttern** *ugs.* für „Geld zuschießen“ (ursprünglich „Speisen mit Butter verbessern“). Zus.: **Buttermilch** (*mhd.* butermilch).

Büttner ↑Bütte.

Butz[e] ↑putzig.

Butzemann ↑putzen.

Butzen, (auch:) Butz „Klumpen, Unreinigkeit, Kerngehäuse des Obstes, Kerzenschnuppe“: Das besonders *südwestd.* Wort, zuerst im 15. Jh. belegt, gehört wohl mit *niederd.* butt „stumpf, plump“ (vgl. *Butt*) zu dem im *Nhd.* untergegangenen Verb *mhd.* bōʒen, *ahd.* bōʒan „schlagen, stoßen, klopfen“ (vgl. *Amboß*) und bedeutet eigentlich „abgeschlagenes, kurzes Stück“. Wahrscheinlich verwandt ist der zweite Bestandteil von Hagebutte (*mhd.* butte „Hagebutte“; vgl. *Hag*). Abl.: **putzen** (s.d.). Zus.: **Butzenscheibe** „runde, in der Mitte verdickte Glasscheibe“ (19. Jh.; dafür *mhd.* schībe; vgl. *Scheibe*), dazu **Butzenscheibenlyrik** (ironische Bildung P. Heyses 1884 für die altertümelnde Dichtung des späten 19. Jh.s).

C

Café ↑Kaffee.

Camembert: Die Bezeichnung für „vollfetter Weichkäse mit weißem Schimmelbelag“ wurde Ende des 19. Jh.s aus gleichbed. *frz.* camembert entlehnt. Der Käse ist nach einem kleinen Ort in der Normandie benannt, in dessen Umgebung der eigentliche französische Camembert hergestellt wird.

Camp „[Feld-, Gefangenen]lager“: Das Substantiv wurde im 20. Jh. aus gleichbed. *engl.* camp entlehnt, das über *frz.* camp, *it.* campo auf *lat.* campus „Feld“ zurückgeht (vgl. *Kampf*). Dazu: **campen** „im freien Feld lagern; zelten“ (20. Jh.; aus *engl.* to camp); **Camping** „das Campen, Leben auf Zeltplätzen“ (20. Jh.).

Canasta: Der Name des aus Südamerika stammenden Kartenspiels ist aus *span.* canasta entlehnt. Das *span.* Wort bedeutet eigentlich „Korb“ (das Spiel ist wohl nach dem „Körbchen“, in dem die Karten aufbewahrt oder abgelegt wurden, benannt); es geht zurück auf *spätlat.* canistellum, eine Verkleinerungsbildung von *lat.* canistrum „Korb aus Rohr“ (dies aus gleichbed. *griech.* kánastron, zu kánna „Rohr“; ↑Kanal).

Cape „ärmelloser Umhang“: Der Name des Kleidungsstücks wurde im 20. Jh. aus *engl.* cape „Mantelkragen; Umhang“ entlehnt. Dies gehört zu *afrz., aprov.* capa, *vlat.* cappa „Mantel mit Kapuze“ (vgl. *Kappe*).

Capriccio ↑Kaprice.

carb[o]..., Carb[o]... ↑karbo..., Karbo...

Catcher „Berufsringer, Schaukämpfer im Catch-as-catch-can (eine Art des Freistilringens)“: Der Ausdruck wurde im 20. Jh. aus gleichbed. *engl.* catcher entlehnt. Dies gehört zu *engl.* to catch „fassen, fangen“, das die Grundlage für unser **catchen** „als Catcher auftreten, ringen“ bildet. Das *engl.* Verb geht zurück auf eine Dialektform cachier von *afrz.* chacier (= *frz.* chasser) und somit weiter auf *vlat.* *capitare „schnappen, greifen“ (zu gleichbed. *lat.* captare).

Cello (Streichinstrument): Der Name des Instrumentes ist aus ‘Violoncello’ gekürzt. Er wurde wie die meisten musikalischen Fachwörter aus Italien übernommen (18./19. Jh.). *It.* violoncello „kleine Baßgeige“ ist Verkleinerungsform von violone, das seinerseits eine Vergrößerungsbildung von viola „Bratsche“ ist (vgl. *Violine*). Abl.: **Cellist** „Cellospieler“, gekürzt aus ‘Violoncellist’.

Cembalo „klavierähnliches Tasteninstrument, dessen Saiten angerissen werden“: Der Name des Musikinstruments ist gekürzt aus **Clavicembalo,** das aus *it.* clavicembalo entlehnt ist. Dies geht auf *mlat.* clavicymbalum „cembaloähnliches Instrument“ zurück (zu *lat.* clavis „Schlüssel“ [vgl. *Klavier*] und *lat.* cymbalum „Becken“ [vgl. *Zimbel*]).

Chamäleon: Der Name der baumbewohnenden Eidechse ist *griech.* Ursprungs. *Griech.* chamai-léōn (> *lat.* chamaeleon) bedeutet wörtlich „Erdlöwe“ – zu chamaí „auf der Erde“ und léōn „Löwe“ (vgl. *Löwe*). Der Name ist wohl eine ironische Anspielung auf den furchtsamen Charakter des Tieres.

Champagner: Die Bezeichnung für „Schaumwein aus Weinen der Champagne“ wurde im 18. Jh. nach *frz.* [vin de] Champagne gebildet. ‘Champagne’, der Name der nordfranzösischen Landschaft, geht zurück auf *lat.* campania „flaches Feld“ (zu *lat.* campus „Feld“, vgl. *Kampf*).

Champignon: Der seit dem 17. Jh. bezeugte Name des Edelpilzes stammt aus *frz.* champignon. Dies ist mit Suffixwechsel umgestaltet aus *afrz.* champegnuel (< *vlat.* *campaniolus) und bezeichnet eigentlich „den auf dem freien Felde Wachsenden (Pilz)“. Die *vlat.* Bildung gehört zu *lat.* campania „flaches Feld“ (zu *lat.* campus „Feld“, vgl. *Kampf*).

Champion: Die Bezeichnung für „Meister in einer Sportart“ wurde im 19. Jh. aus *engl.* champion entlehnt. Das *engl.* Wort geht über *afrz.* champion zurück auf das von *lat.* campus „[Schlacht]feld“ (vgl. *Kampf*) abgeleitete Substantiv *galloroman.* campio „Kämpfer“. Abl.: **Championat** „Meisterschaft“ (20. Jh.; aus *frz.* championnat).

Chance: Das Fremdwort wurde im 19. Jh. aus *frz.* chance (< *afrz.* cheance) entlehnt, das schon früher unser Lehnwort ↑[1]Schanze „Glückswurf“ ergeben hatte (s. auch *Mummenschanz* und ‘zuschanzen’ unter ↑[1]*Schanze*). *Frz.* chance bezeichnete ursprünglich wie das vorausliegende *vlat.* *cadentia „Fall“ (s. auch *Kadenz*) den glücklichen „Fall“ der Würfel beim Glücksspiel, woraus sich dann die allgemeine übertragene Bed. „glücklicher Umstand“ entwickelte. Stammwort ist das *lat.* Verb cadere „fallen“, das daneben noch mit einigen anderen Ableitungen und Zusammensetzungen in unserem Fremdwortschatz vertreten ist. Hierher gehören: *lat.* casus „Fall“ (↑Kasus), *lat.* cadaver „der gefallene (tot daliegende) Körper“ (↑Kadaver), ferner das Intensivum *vlat.* *casicare „fallen“ (in ↑Kaskade), schließlich *mlat.* decadentia „Zerfall“ (↑Dekadenz, dekadent) und *lat.* oc-cidere „niederfallen; untergehen“ (↑Okzident).

Chanson: Das im 18. Jh. aus *frz.* chanson entlehnte Fremdwort wurde zunächst in dessen Bedeutung „[Volks]lied“ gebraucht. Unter dem Einfluß des Kabaretts wurde es dann zur Bezeichnung eines den Zeitgeist persiflierenden, frechen, geistreichen rezitativischen Liedes. *Frz.* chanson geht zurück auf *lat.* cantio(nem) „Gesang“, einer Bildung zu *lat.* canere „singen“ (vgl. *Kantor*).

Chaos „ungeformte Urmasse der Welt; Auflösung aller Werte; Durcheinander“: Das Wort, das aus der Vulgata bekannt wurde, bezeichnete wie das vorausliegende *griech.* cháos zunächst nur die „klaffende Leere [des Weltraums]“. Die modernen Bedeutungen hingegen weisen zurück auf die bei Hesiod und später im *Lat.* bei Ovid vorliegende Ausdeutung des Begriffs auf „die in unermeßlicher Finsternis liegende, gestaltlose Urmasse“. – *Griech.* cháos, das auch Quelle für unser Lehnwort ↑Gas ist, gehört zur *idg.* Sippe von ↑*gähnen*. Abl.: **chaotisch** „ungeordnet, wirr“ (17./18. Jh.; *nlat.* Bildung), dazu **Chaot** „jemand, der seine politischen Ziele auf radikale Weise mit Gewaltaktionen durchzusetzen versucht“ (20. Jh.).

Charakter „individuelles Gepräge, Eigenart, Gesamtheit der wesensbestimmenden Züge; Mensch mit bestimmten ausgeprägten Wesenszügen; Schriftzeichen“: Das Wort wurde bereits in *mhd.* Zeit (*mhd.* karacter) aus *lat.* character „eingebranntes Zeichen; Zauberzeichen; Gepräge, Eigenart“ entlehnt und zunächst im Sinne von „eingeprägtes [Schrift]zeichen; Zauberschrift, Zauberspruch; Gepräge, Merkmal“ verwendet. Die Übertragung auf die gleichsam in die Seele eingeprägten Eigenschaften des Menschen vollzog sich – unter dem Einfluß von *frz.* caractère – im 17. Jh. – *Lat.* character seinerseits stammt aus *griech.* charaktēr „Werkzeug zum Gravieren; Gravierer; Stempel, Siegel; Zeichen, Buchstabe; Gepräge, Eigenart“, einer Bildung zu *griech.* charássein „spitzen, schärfen, einritzen“. Abl.: **charakterisieren** „in seiner Eigenheit darstellen“ (17. Jh.; nach *griech.* charaktērízein, *frz.* caractériser mit der oben aufgezeigten Bedeutungsentwicklung); **charakteristisch** „eigentümlich, bezeichnend“ (18. Jh.; nach *griech.* charaktēristikós); **Charakteristik** „Kennzeichnung, treffende Schilderung“; **Charakteristikum** „bezeichnendes, hervorstechendes Merkmal“ (*nlat.* Bildung).

Charge „Amt, Rang; Dienstgrad; Nebenrolle“: Das Fremdwort wurde im 17. Jh. aus gleichbed. *frz.* charge entlehnt, das als Ableitung von charger „beladen“ eigentlich „Last“ bedeutet, dann übertragen etwa „Bürde eines Amtes“. Voraus liegt *vlat.* carricare „beladen“ (zu *lat.* carrus „Wagen“; vgl. *Karre*). Abl.: **Chargierte** „Vorsitzender einer student. Verbindung“ (im 19. Jh. für älteres ‘Chargenträger’).

Charme, (eingedeutscht:) **Scharm** „Anmut, Liebreiz, Zauber“: Das Wort wurde im 18. Jh. aus gleichbed. *frz.* charme entlehnt, das seinerseits auf *lat.* carmen „Gesang, Lied, Gedicht; Zauberspruch, Zauberformel“ beruht. Das *lat.* Substantiv gehört wohl zum Stamm von *lat.* canere „singen“ (vgl. *Kantor*). – Früher als das Substantiv erscheint im *Dt.* das dazugehörige Adjektiv **charmant,** (eingedeutscht:) **scharmant** „anmutig, liebenswürdig, bezaubernd“ als Fremdwort (Ende 17. Jh.; aus gleichbed. *frz.* charmant, dem Part. Präs. von *frz.* charmer < *spätlat.* carminare „bezaubern“).

Charta ↑Karte.

Charter: Die Bezeichnung für „Urkunde; Freibrief; Frachtvertrag" wurde im 19. Jh. aus gleichbed. *engl.* charter entlehnt. Dies geht über *afrz.* chartre auf *lat.* chartula „kleine Schrift, Briefchen" zurück, eine Verkleinerungsform von charta (vgl. den Artikel *Karte*). Abl.: **chartern** „(Schiff oder Flugzeug) mieten" (19./20. Jh.; aus gleichbed. *engl.* to charter).

Chassis „Fahrgestell (bei Kraftfahrzeugen); Montagerahmen (z. B. von Rundfunkgeräten)": Das Fremdwort wurde im 19. Jh. aus *frz.* châssis „Einfassung, Rahmen" entlehnt. Das zugrundeliegende Substantiv *frz.* châsse „Kästchen, Einfassung" geht auf *lat.* capsa „Behältnis" zurück (vgl. *Kasse*).

Chauffeur „Fahrer (eines Kraftwagens)": Das Fremdwort wurde im 20. Jh. aus gleichbed. *frz.* chauffeur (ursprünglich „Heizer") entlehnt. Dies gehört zu *frz.* chauffer „warm machen, heizen", das auf gleichbed. *vlat.* *calefare (für *lat.* cal[e]facere) zurückgeht (vgl. *Kalfakter*). Abl.: **chauffieren** „einen Kraftwagen steuern".

Chaussee Die heute veraltende Bezeichnung für „Landstraße" wurde im 18. Jh. aus *frz.* chaussée entlehnt, das auf *galloroman.* (via) *calciata „Straße mit festgestampften Steinen" zurückgeht. Auszugehen ist wohl von einem Verb *calciare „mit den Füßen stampfen" (zu *lat.* calx „Ferse").

Chauvinismus „übersteigerter Patriotismus; Nationalismus", in neuerer Zeit auch – meist in der Fügung 'männlicher Chauvinismus' – „übertriebenes männliches Selbstwertgefühl": Das Fremdwort wurde im 19. Jh. aus *frz.* chauvinisme entlehnt; dies ist eine Bildung zu (Nicolas) Chauvin, dem Namen der Gestalt eines patriotischen, begeisterten Soldaten aus einem Lustspiel der Brüder Cogniard (1831). Abl.: **Chauvinist** „übersteigerter Patriot; Vertreter des männlichen Chauvinismus" (aus *frz.* chauviniste; *ugs.* gekürzt zu **Chauvi**), dazu **chauvinistisch** „übersteigert patriotisch; den männlichen Chauvinismus vertretend".

Chef: Der Ausdruck für „Leiter; Geschäftsführer" wurde im 17. Jh. – zunächst im militärischen Sinne von „Anführer, Vorgesetzter" – aus *frz.* chef „[Ober]haupt" entlehnt, das über *galloroman.* *capum auf gleichbed. *lat.* caput zurückgeht. Über weitere Zusammenhänge vgl. den Artikel *Kapital*.

Chemie „Stoffkunde": Das bis um 1800 in der Form 'Chymie' auftretende Wort ist wohl aus ↑*Alchimie* zurückgebildet. Abl.: **Chemikalien** „chemische Stoffe"; **Chemiker; chemisch.**

Chemisette ↑Hemd.

...chen: Die verkleinernde Bedeutung der *germ.* Suffixe -ka, -ko (*ahd.* -cha, z. B. in *ahd.* fulicha „Füllen") und -īn (in *mnd.* kūk-en „Küken") ist früh verblaßt, was zu den verstärkten Doppelbildungen *asächs.* -kīn, *mnd.* -ken, *mitteld.* -chin, -chen geführt hat, die zuerst besonders in der Dichtung auftreten: *asächs.* skipikīn „Schiffchen", *mnd.* vürken „Feuerchen", *mitteld.* bruoderchīn „Brüderchen". Seit dem 17. Jh. hat sich das *mitteld.* -chen (früher auch -gen geschrieben) gegenüber dem früher weiter verbreiteten -lein (s. d.) in der Schriftsprache durchgesetzt.

chic ↑schick.

Chicorée ↑Zichorie.

Chiffon: Die Bezeichnung für ein leichtes, schleierartiges Gewebe wurde im 19. Jh. aus *frz.* chiffon „Lumpen, Fetzen; durchsichtiges Gewebe" entlehnt. Dies gehört zu *frz.* chiffe „minderwertiges Gewebe", das auf *arab.* šiff „durchsichtiger Stoff, Gaze" zurückgeht.

Chiffre „Kennwort, Geheimzeichen": Das Fremdwort wurde im 17./18. Jh. aus *frz.* chiffre (*afrz.* cifre) entlehnt (vgl. *Ziffer*). Abl.: **chiffrieren** „verschlüsseln" (18. Jh.; aus *frz.* chiffrer); **dechiffrieren** „entschlüsseln" (18. Jh.; aus *frz.* déchiffrer).

Chinin „fiebersenkendes Heilmittel": Wesentlicher Bestandteil des Chinins ist das Alkaloid des Chinarindenbaumes, der in Peru beheimatet ist und von den Ureinwohnern 'quina' bzw. 'quinaquina' genannt wurde. Hieraus wurde im *It.* china, dessen Ableitung chinina uns im 19. Jh. als 'Chinin' erreichte.

Chip „Spielmarke; in Fett gebackene dünne Kartoffelscheibe; winziges Halbleiterplättchen, auf dem sich Schaltung und mikroelektronische Schaltelemente befinden": Das Wort wurde in seinen verschiedenen Bedeutungen zu verschiedenen Zeiten aus *engl.* chip (eigentlich „Schnipsel", zu *mengl.* chippen „schneiden") entlehnt.

chir[o]..., Chir[o]...: Dem Bestimmungswort von Zusammensetzungen mit der Bed. „Hand", wie z. B. in Chiropraktiker oder ↑Chirurg liegt *griech.* cheír „Hand" zugrunde.

Chirurg „Facharzt für Chirurgie": Das Fremdwort wurde im 18./19. Jh. aus *lat.* chirurgus < *griech.* cheirourgós „Wundarzt" entlehnt. Es bedeutet eigentlich „Handwerker" (zu *griech.* cheír „Hand" vgl. *chir[o]..., Chiro...* und *griech.* érgon „Tätigkeit, Werk"; vgl. *Energie*) und bezeichnete demnach den mit den Händen arbeitenden Wundarzt. Entsprechend heißen die „Wundheilkunde" *griech.* cheirourgía (> *lat.* chirurgia) und das die Tätigkeit des Chirurgen beschreibende Adjektiv *griech.* cheirourgikós (> *lat.* chirurgicus). Beide Bildungen erscheinen gleichfalls als Fremdwörter: **Chirurgie** (schon im 15./16. Jh.) und **chirurgisch** (16. Jh.).

Chitin: Die Bezeichnung für „hornähnlicher Stoff (im Panzer der Gliederfüßer)" ist eine *nlat.* Bildung zu *griech.* chitōn „[Unter]kleid, Brustpanzer", einem zur Sippe von ↑*Kattun* gehörenden *semit.* Lehnwort (*aram.* kiṯuna, *hebr.* kuṯönä).

Chlor: Das zu den chemischen Grundstoffen gehörende Gas wurde im 19. Jh. wegen seiner Farbe nach *griech.* chlōrós „gelblichgrün" (urverwandt mit ↑*gelb*) benannt. Abl.: **chloren, chlorieren** „mit Chlor behandeln" (20. Jh.); **chlorig** „chlorhaltig" (20. Jh.).

Chloroform (Betäubungsmittel): Die im 19. Jh. in Frankreich entwickelte chemische Verbindung ist nach den Stoffen benannt, die bei der Erstherstellung eine entscheidende Rolle gespielt haben, nämlich *Chlor*kalk und

Ameisensäure, deren wissenschaftlicher Name acidum *formi*cicum ist. 'Formicicus' ist eine *nlat.* Ableitung von *lat.* formica „Ameise". Abl.: **chloroformieren** „mit Chloroform betäuben" (20. Jh.).

Chlorophyll: Die fachsprachliche Bezeichnung für „Blattgrün" ist eine gelehrte Neubildung aus *griech.* chlōrós „gelblichgrün" (vgl. *Chlor*) und *griech.* phýllon „Blatt", das seinerseits zur Sippe von ↑*blühen* gehört.

Cholera: Die im 19. Jh. aus Asien eingeschleppte Infektionskrankheit wurde wegen der Ähnlichkeit der Symptome mit dem Namen einer schon den alten Griechen bekannten Krankheit bezeichnet: *griech.* choléra (> *lat.* cholera), das auch die Quelle für unser Lehnwort ↑Koller (s. auch *Kohldampf*) ist, war die Bezeichnung für „Gallenbrechdurchfall". Das Wort ist abgeleitet von *griech.* cholḗ „Galle", das urverwandt ist mit *nhd.* ↑[1]*Galle* und das als Grundwort auch in ↑Melancholie erscheint.

cholerisch „jähzornig, aufbrausend": Das Adjektiv ist eine Neubildung zu *griech.-lat.* choléra (vgl. *Cholera*), das im *Mlat.* die Bedeutung „galliges Temperament, Zorn[ausbruch]" entwickelte (vgl. unser Wort Koller „Wutanfall" und *frz.* colère „Zorn"). Auch *griech.* cholḗ, das „Galle" und „Zorn" bedeutet, dürfte dabei eingewirkt haben. Die Bedeutungsentwicklung des Wortes erklärt sich aus der mittelalterlichen Lehre, die auf den *griech.* Arzt Hippokrates zurückgeht und nach der den vier Grundtemperamenten (cholerisch, ↑melancholisch, ↑phlegmatisch unter Phlegma, ↑sanguinisch) vier verschiedene Mischungen der Elemente (heiß, kalt, trocken, feucht) und danach vier Körpersäfte entsprechen. Die Mischung heißtrocken beim cholerischen Temperament zielt auf die Vorstellung des von der Gallenflüssigkeit überschwemmten und gleichsam überhitzten und verbrannten Blutes; vgl. auch den Artikel *Temperament.* Abl.: **Choleriker** „Mensch von reizbarem, jähzornigem Temperament".

Chor „Sängerschar; erhöhter Kirchenraum": *Griech.* chorós „Tanz, Reigen; tanzende Schar; Tanzplatz", das über *lat.* chorus ins *Dt.* gelangte, wurde im *Ahd.* (*ahd.* chōr) im Sinne von „gemeinsamer Gesang der Geistlichen in der Kirche" (s. auch *Choral*) verwendet. Im *Mhd.* (kōr) bezeichnete das Wort dann auch einerseits den „Chorraum" (als den Ort, an dem der Chor sich aufstellt), andererseits allgemein jede „Sängerschar". – *Griech.* chorós ist nicht sicher gedeutet. Vielleicht gehört es mit einer ursprünglichen Bed. „eingehegter Tanzplatz" zur *idg.* Wurzel *ĝher- „greifen, [ein]fassen", die auch unserem Substantiv ↑*Garten* zugrunde liegt.

Choral: Die Bezeichnung für „Gemeindegesang in der Kirche; Kirchenlied" wurde im 17. Jh. aus *mlat.* (cantus) choralis „Chorgesang" (zu *lat.* chorus, vgl. *Chor*) entlehnt.

[1]Christ, Christus „der Gesalbte": Der Beiname Jesu von Nazareth (*mhd., ahd.* Krist) gelangte im Zuge der arianischen Mission aus dem *Got.* zu uns. Daneben ist die *lat.* Vollform Christus gebräuchlich. Beiden Wörtern liegt das *griech.* Adjektiv chrīstós „gesalbt" (zu *griech.* chríein „bestreichen; salben") zugrunde, das substantiviert eine Übersetzung von *hebr.* māšīaḥ „Messias" ist. Zus.: **Christbaum, Christkind** (16. Jh.), **Christmette** *(spätmhd.),* **Christstolle[n]** (s. Stollen). **[2]Christ** „der Gläubige in der Nachfolge Christi": Das Wort ist aus *frühnhd.* kriste, *mhd.* kristen, dem substantivierten *mhd.* Adjektiv kristen „christlich" verkürzt. Die volle Form ist in **Christenheit** (*mhd.* kristenheit) und **Christentum** (*mhd.* kristentuom) bewahrt. Das Adjektiv **christlich** hingegen zeigt die gleiche Kürzung gegenüber *mhd.* kristenlīch. *Mhd.* kristen (< *ahd.* kristāni) geht wie *frz.* chrétien auf *lat.* Christianus (woraus *griech.* Chrīstiānós) „christlich" zurück. Über das zugrundeliegende Adjektiv *griech.* chrīstós „gesalbt" s. o. unter *[1]Christ.* Abl.: **christianisieren** „zum Christentum bekehren", nach *lat.* christianizare „sich zum Christentum bekennen" (woraus *griech.* chrīstiānízein).

Chrom: Der Name dieses Metalls wurde um 1800 aus *frz.* chrome übernommen. Das *frz.* Wort ist eine gelehrte Bildung zu *griech.-lat.* chrōma „Farbe" und bezieht sich auf die augenfällige Schönheit der Farben, die Chrom in Verbindungen zeigt. – *Griech.* chrōma bedeutet – wie chróa, zu dem es gehört – zunächst „Haut", dann auch „Hautfarbe" und schließlich allgemein „Farbe" (so auch im Fremdwort ↑Chromosomen).

chromatisch „(sich) in Halbtönen (bewegend)": Das musikwissenschaftliche Fachwort geht zurück auf *lat.* chromaticus, *griech.* chrōmatikós, das zu *griech.* chrōma „Klangfarbe" gehört (vgl. *Chrom*). Es bezeichnet somit eigentlich die Veränderung der „Klangfärbung" der sieben Grundtöne, die durch Halbtonversetzung nach oben oder unten erzielt wird. Dazu: **Chromatik** „Veränderung der sieben Grundtöne um einen halben Ton nach oben oder unten".

Chromosomen: Die naturwissenschaftliche Bezeichnung für die die Erbfaktoren tragenden Zellkernfäden ist eine gelehrte Neubildung zu *griech.* chrōma „Farbe" (vgl. *Chrom*) und *griech.* sōma „Körper". Die wörtliche Bed. „Farbkörper" bezieht sich auf die Tatsache, daß die Chromosomen durch bestimmte Färbung sichtbar gemacht werden können.

Chronik „Aufzeichnung geschichtlicher Ereignisse nach ihrer Zeitfolge": Das Wort wurde bereits in *mhd.* Zeit (krōnik[e]) aus gleichbed. *lat.* chronica entlehnt. Dies stammt seinerseits aus *griech.* chronikà (biblía) „einen Zeitraum betreffende Bücher" (s. den Artikel *chronisch*). Über das zugrundeliegende Substantiv *griech.* chrónos „Zeit" vgl. *chrono..., Chrono...* – Eine *frühnhd.* gelehrte Bildung zu 'Chronik' ist **Chronist** „Verfasser einer Chronik".

chronisch „langsam verlaufend; langwierig" (von Krankheiten), aber auch allgemein im Sinne von „gewohnheitsmäßig": Das Adjektiv wurde im 18. Jh. als medizinisches Fachwort aus *lat.* (morbus) chronicus „chronische Krankheit" entlehnt. Voraus liegt das von *griech.* chrónos „Zeit" (vgl. *chrono..., Chrono...*) abgeleitete Adjektiv *griech.* chronikós „zeitlich [lang]".

chrono..., Chrono...: Das Bestimmungs- und Grundwort von Zusammensetzungen mit der Bed. „Zeit", wie z. B. ↑Chronologie, ↑Chronometer, ↑synchron, synchronisieren, gehört zu *griech.* chrónos „Zeit", das ohne sichere Anknüpfungen im *Idg.* ist. – Beachte noch die Fremdwörter ↑Chronik, Chronist und ↑chronisch, die letztlich auch zu *griech.* chrónos gehören.

Chronologie „Wissenschaft von der Zeitmessung; Zeitrechnung; zeitliche Abfolge": Das seit dem 17. Jh. bezeugte Fremdwort geht zurück auf *nlat.-griech.* chronologia „Zeitrechnung" (vgl. *chrono..., Chrono...* und *Logik*). Abl.: **chronologisch** „nach der zeitlichen Abfolge geordnet".

Chronometer: Die Bezeichnung für „Zeit-, Taktmesser" ist eine Neubildung des 18. Jh.s zu *griech.* chrónos „Zeit" (vgl. *chrono..., Chrono...*) und *griech.* métron „Maß" (vgl. *Meter*).

Chrysantheme: Der Blumenname ist aus *griech.-lat.* chrysánthemon „Goldblume" (zu *griech.* chrysós „Gold" und *griech.* ánthemon „Blume" [vgl. *Antilope*]) entlehnt.

circa ↑zirka.

City: Die Bezeichnung für „Geschäftsviertel (in Großstädten), Innenstadt" wurde im 19. Jh. aus *engl.* city „[Haupt]stadt" entlehnt. Dies geht über *frz.* cité zurück auf *lat.* civitas (civitatem) „Bürgerschaft; Gemeinde; Staat". Über das zugrundeliegende Substantiv *lat.* civis „Bürger" vgl. den Artikel *zivil.*

Clavicembalo ↑Cembalo.

clever „beweglich, wendig, von schnellem Reaktionsvermögen": Das Adjektiv wurde im 20. Jh. aus gleichbed. *engl.* clever entlehnt. Die weitere Herkunft des Wortes ist unsicher. Abl.: **Cleverneß** „Wendigkeit, Tüchtigkeit" (aus *engl.* cleverness).

Clinch: Der Ausdruck der Boxersprache für das Umklammern des Gegners wurde im 20. Jh. aus gleichbed. *engl.* clinch entlehnt, das zu to clinch (*mengl.* clenchen „festhalten") gehört.

Clipper ↑Klipper.

Clique „Sippschaft, Klüngel": Das Fremdwort wurde im 18. Jh. aus gleichbed. *frz.* clique, einer Ableitung von dem lautmalenden *afrz.* Zeitwort cliquer, „klatschen" entlehnt. Die Grundbedeutung von *frz.* clique wäre demnach „das Klatschen" bzw. „die beifällig klatschende Menge".

Clou: Der Ausdruck für „Höhepunkt, Kernpunkt" wurde im 20. Jh. aus gleichbed. *frz.* clou (eigentlich „Nagel") entlehnt. Der Bedeutungsübertragung, die sich wohl in der *frz.* Umgangssprache vollzogen hat, liegt etwa die Vorstellung zugrunde, daß der 'Clou' einer Sache das Ganze befestigt und zusammenhält wie ein Nagel. – *Frz.* clou geht auf *lat.* clavus „Nagel, Pflock" zurück, das zusammen mit *lat.* clavis (in ↑Klavier) zu der unter ↑*Klause* dargestellten Sippe von *lat.* claudere „schließen" gehört.

Clown: Die Bezeichnung für den Spaßmacher im Zirkus wurde im 19. Jh. aus *engl.* clown entlehnt, das ursprünglich die Charakterrolle des „Bauerntölpels" im alten *engl.* Theater bezeichnete und insofern wohl auf *frz.* colon, *lat.* colonus „Bauer; Siedler" zurückgeht. Zugrunde liegt *lat.* colere (vgl. *Kolonie*).

Cockpit „Kabinenvorraum auf Jachten; vertiefter Sitzraum auf Segelbooten, Plicht; Pilotenkabine in Flugzeugen; Fahrersitz in Rennwagen": Das Wort wurde im 20. Jh. aus gleichbed. *engl.* cockpit entlehnt. Dies bedeutet wörtlich „Hahnengrube" (zu *engl.* cock „Hahn" [vgl. *Cocktail*] und pit [*aengl.* pytt „Grube"; vgl. *Pfütze*]). Das Wort bezeichnet also eigentlich eine vertiefte Einfriedung für Hahnenkämpfe.

Cocktail: Die Bezeichnung für „alkoholisches Mixgetränk" wurde zu Beginn des 20. Jh.s aus gleichbed. *engl.-amerik.* cocktail entlehnt. Dies bedeutet wörtlich „Hahnenschwanz". Der Bedeutungsübertragung liegt ein Vergleich mit der Buntheit eines Hahnenschwanzes zugrunde. Das Grundwort *engl.* tail „Schwanz" ist verwandt mit ↑*Zagel,* während das Bestimmungswort *engl.* cock „Hahn" (s. auch *Cockpit*) lautnachahmenden Ursprungs ist und zu der unter ↑*kokett* entwickelten Sippe gehört. Zus.: **Cocktailparty** „Party, bei der Cocktails gereicht werden" (20. Jh.); **Cocktailkleid** „kurzes Nachmittags- oder Abendkleid, wie man es zu Cocktailparties trägt" (20. Jh.).

Compagnie ↑Kompagnie.

Computer Die Bezeichnung für „elektronische Rechenanlage; Rechner" wurde in der 2. Hälfte des 20. Jh.s aus gleichbed. *engl.* computer entlehnt. Das *engl.* Wort gehört zum Verb *engl.* to compute „[be]rechnen", das auf *lat.* computare „[zusammen]rechnen" zurückgeht. Vgl. den Artikel *Konto.*

Conférence „Ansage (z. B. in Kabaretts)": Das Fremdwort wurde im 20. Jh. aus *frz.* conférence „Vortrag", der Entsprechung unseres Fremdwortes 'Konferenz' (↑konferieren), entlehnt. Abl.: **Conférencier** „Ansager, Unterhaltungskünstler" (nach *frz.* conférencier „Vortragender, Redner").

contre..., Contre... ↑kontra..., Kontra...

Copyright „Verlagsrecht": Das *engl.* Wort bedeutet eigentlich „Vervielfältigungsrecht". Das Bestimmungswort entspricht unserem Fremdwort ↑Kopie; das Grundwort 'right' ist mit unserem *nhd.* Wort ↑*Recht* verwandt.

Couch „Liegesofa": Der Name des Möbelstücks wurde im 20. Jh. aus *engl.* couch entlehnt. Dies geht auf *afrz.* (= *frz.*) couche „Lager" zurück, eine Ableitung von *(a)frz.* coucher „hinlegen; lagern" (< *lat.* col-locare). Über weitere Zusammenhänge vgl. *kon..., Kon...* und *lokal.*

Coup „Schlag, Streich; kühnes, auf einen Überraschungserfolg angelegtes Unternehmen": Das Fremdwort wurde im 18. Jh. aus gleichbed. *frz.* coup entlehnt, das über *vlat.* colpus, colap[h]us „Faustschlag, Ohrfeige" auf gleichbed. *griech.* kólaphos zurückgeht. Die weitere Herkunft ist unsicher.

Coupé, Kupee „[zweisitziger] Personenkraftwagen mit sportlicher Karosserie", (veraltet auch:) „geschlossene zweisitzige Kutsche" und „Eisenbahnabteil": Das Fremdwort wurde im 19. Jh. aus *frz.* coupé entlehnt, das als substantiviertes 2. Part. von couper „[ab]schneiden" (s. *kupieren*) allgemein „abgeschnittener Teil, Abgeteiltes" bedeutete.

Coupon, Kupon: Die Bezeichnung für „Abschnitt (auf Wertpapieren); Stoffrest" wurde im 18. Jh. aus gleichbed. *frz.* coupon entlehnt, das zu *frz.* couper „[ab]schneiden" (vgl. *kupieren*) gehört.

Courage „Beherztheit, Mut": Das Fremdwort wurde in der Soldatensprache des 16. Jh.s aus gleichbed. *frz.* courage entlehnt, einer Ableitung von *frz.* cœur „Herz". Dies geht auf *galloroman.* cor (coris) „Herz" zurück, das für *klass.-lat.* cor (cordis) steht. Das *lat.* Wort ist urverwandt mit *dt.* ↑*Herz.* Abl.: **couragiert** „beherzt, mutig".

Cousin: Die im 17. Jh. aus dem *Frz.* übernommene Verwandtschaftsbezeichnung schränkte den Geltungsbereich des ererbten Wortes ↑Vetter ein. Heute drängt allerdings das Wort 'Vetter', vor allem in der Hochsprache, das Wort 'Cousin' wieder zurück. Dagegen konnte sich **Cousine,** das im 18. Jh. entlehnt wurde, gegenüber ↑Muhme und ↑[1]Base voll durchsetzen. *Frz.* cousin geht auf *vlat.* *cosinus zurück, eine aus *klass.-lat.* con-sobrinus (< *con-suesrinos) „Geschwisterkind (von mütterlicher Seite)" gekürzte Koseform. Das zugrundeliegende Substantiv *lat.* soror (< *suesor) „Schwester" – woraus gleichbed. *frz.* sœur entstand – ist mit *dt.* ↑*Schwester* urverwandt.

Cowboy: Die Bezeichnung für den reitenden amerikanischen Rinderhirten wurde im 20. Jh. mit den Erzählungen und Filmen über den Wilden Westen Amerikas aus *amerik.-engl.* cowboy (wörtlich: „Kuhjunge") entlehnt.

Creme, Krem „Sahne; schaumige Süßspeise; Salbe; gesellschaftliche Oberschicht": Das Fremdwort wurde im 18. Jh. aus gleichbed. *frz.* crème (*afrz.* craime, cresme) entlehnt. Dies ist eine Kreuzung von *gall.-lat.* crama „Sahne" und *griech.-lat.* chrīsma „Salbe" (daraus *frz.* chrême „Salböl"). Die von 'Creme' entwickelte Bed. „gesellschaftliche Oberschicht" ist von der fetten Sahneschicht auf der Milch übertragen.

Croupier: Die Bezeichnung für den Gehilfen des Bankhalters (im Glücksspiel) wurde im 18./19. Jh. aus gleichbed. *frz.* croupier entlehnt. Dies bedeutet als Ableitung von *frz.* croupe „Hinterteil" (vgl. *Kruppe*) eigentlich „Hintermann", dann übertragen etwa „unauffälliger Helfer".

Curry: Der Name dieser Gewürzmischung (in Pulverform) ist aus *angloind.* curry entlehnt, das ursprünglich eine mit verschiedenen scharfen Gewürzen gekochte Speise bezeichnete, dann auch eine Zusammenstellung solcher Gewürze überhaupt. Voraus liegt *tamil.* kari „Tunke".

Cutaway, (Kurzform:) Cut „Herrenschoßrock": Der Name des Kleidungsstücks ist aus *engl.* cutaway (coat) „abgeschnittener Rock" entlehnt. Es gehört zu *engl.* to cut „schneiden" (vgl. *Cutter*) und *engl.* away „weg, fort".

Cutter „Schnittmeister (Film- und Tontechnik)"; auch: „Fleischereimaschine": Das Fremdwort ist aus gleichbed. *engl.* cutter entlehnt (s. auch *Cutaway* und *Kutter*). Das zugrundeliegende Verb *engl.* to cut „schneiden" ist ohne sichere Deutung.

D

[1]da: Das *gemeingerm.* Ortsadverb *mhd.* dā[r], *ahd.* dār (entsprechend *niederl.* daar, *engl.* there und mit Kürzung des Vokals *got.* þar, *schwed.* där) gehört zum Stamm des Demonstrativpronomens ↑*der.* Das auslautende r schwand schon im *Mhd.,* hat sich aber in Zusammensetzungen vor anlautendem Vokal gehalten: daran, darin, darüber usw.

[2]da: Das mit [1]da im *Nhd.* zusammengefallene Zeitadverb *mhd.* dō, *ahd.* dō, thō, *asächs.* thō, *aengl.* đā gehört ebenfalls zum Stamm von ↑*der.* Wahrscheinlich war es weiblicher Akkusativ Singular des Artikels (*got.* þō), neben dem ein zugehöriges Substantiv weggefallen ist, und bedeutete etwa „die [Zeit]" (wie in *nhd.* 'diesen Morgen fuhr er ab'). Üblich ist es noch in der Wendung 'von da an' und zur Fortführung einer Erzählung (da kam ich ..., da sagte er ...) und als kausale Konjunktion (da es mir nicht gelungen ist, ...).

Dach: Das *altgerm.* Wort *mhd.* dach, *ahd.* dah, *niederl.* dak, *engl.* thatch, *schwed.* dak gehört zu der Wortgruppe von ↑*decken.* Es ist eng verwandt z. B. mit *griech.* tégos „Dach, Haus" und mit der *kelt.* Sippe von *kymr.* to „Dach" und bedeutet eigentlich „das Deckende". Das dekkende, schützende Dach ist eine Urform des Hauses, wie sie z. B. noch die wandlosen Schafställe der Lüneburger Heide zeigen. So kann das Wort sinnbildlich für „Haus" stehen ('ein gastliches Dach; unter Dach und Fach bringen', ↑Fach). Schon *mhd.* ist der übertragene Gebrauch für „Bedeckung, Oberstes, Schirmendes" (dazu 'Obdach' [↑ob] und *nhd.* 'Dachverband, -gesellschaft') und für „Schädeldecke", wozu die *ugs.* Redensart 'jemandem eins aufs Dach geben' und scherzhaft. **Dachschaden** „geistiger Defekt" gehören. Dagegen stammt 'einem aufs Dach steigen' für „tadeln, strafen" aus altem Rechtsbrauch: dem Pantoffelhelden konnte noch im 18. Jh. von den Nachbarn das Dach abgedeckt werden. – Zus.: **Dachreiter** „kleiner Turm auf dem First" (18. Jh.); **Dachstuhl** „Stützgebälk des Daches" (um 1500; vgl. *Stuhl*).

Dachs: Die Herkunft des *germ.* Tiernamens *mhd., ahd.* dahs, *niederl.* das, *norw.-dän.* [svin]toks „[Schweine]dachs" ist unklar. Das Tier kann nach seiner Fähigkeit, kunstvolle Bauten anzulegen, benannt worden sein, dann wäre das Wort z. B. verwandt mit *aind.* tákṣati „zimmert, verfertigt", tákṣan- „Zimmermann" und *griech.* téktōn „Zimmermann" (vgl. die Wortgruppe um ↑*Technik*). Der Tiername kann aber auch zu der unter ↑*dick* dargestellten Wortgruppe gehören, so daß der Dachs als „Dickling" benannt worden wäre. Zus.: **Dachshund** (↑Dackel); **Frechdachs** *ugs.* für „frecher junger Mensch" (20. Jh.; ähnlich 'junger Dachs').

Dächsel ↑Dachs.

Dackel: Der zum Aufsuchen von Fuchs und Dachs im Bau abgerichtete Hund heißt **Dachshund** (*spätmhd.* dahshunt). Als *oberd.* Kurz- und Koseform zu 'Dachshund' ist 'Dackel' seit dem Ende des 19. Jh.s belegt. Älter sind das jetzt veraltete *oberd.* **Dächsel** (erste Hälfte des 18. Jh.s) und das *nordd.* **Teckel** (2. Hälfte des 18. Jh.s), das heute besonders bei Züchtern und Jägern gilt.

Daffke: Das Wort, das nur in der *ugs.* Fügung 'aus Daffke' „nun gerade, zum Trotz; aus Spaß" gebräuchlich ist, geht auf *jidd.* daffke (aus *hebr.* dawqā) „nun gerade" zurück.

daheim ↑Heim.

dahinsiechen ↑siech.

Dahlie: Die zur Familie der Korbblütler gehörende Zierpflanze wurde im 18. Jh. zu Ehren des schwedischen Botanikers und Linné-Schülers A. Dahl benannt.

Dalles: Der *ugs.* Ausdruck für „Geldverlegenheit, Notlage" geht zurück auf *jidd.* dalles, *hebr.* dallûṯ „Armut", das zu *hebr.* dal „arm; schlapp" gehört.

dalli: Der *ugs.* Ausdruck für „[mach] schnell, [los] rasch!", der sich vor allem von Berlin aus ausgebreitet hat, geht zurück auf *poln.* dalej „los, weiter [voran]!". Das poln. Wort ist der Komparativ von *poln.* daleko „weit".

damals: Das seit dem 16. Jh. bezeugte Adverb (*mhd.* des māles „diesmal; damals") gehört zu ↑[2]da und ↑[1]Mal. Abl.: **damalig** (17. Jh.).

Damast „[Seiden]gewebe": *Spätmhd.* damasch, damast, *mnd.* damask stammen aus *it.* damasco, damasto, das ein aus der Stadt *Damaskus* in Syrien stammendes feines Gewebe bezeichnet. Abl.: **damasten** „aus Damast" (18. Jh.).

Dambock, Damhirsch, Damwild: Diese Bezeichnungen sind verdeutlichende Zusammensetzungen, wie z. B. auch 'Windhund' oder 'Lindwurm' (s. d.). Als das alte Wort für die Wildart *mhd.* tāme, *ahd.* tām[o] „Damhirsch" unüblich wurde, verdeutlichte man es mit bekannten Wörtern, von denen 'Bock', 'Hirsch', 'Wild' (s. d.) die heute üblichsten sind. Das Bestimmungswort ist entlehnt aus *lat.* dama, das ursprünglich allgemein rehartige Tiere, erst später das Damwild bezeichnete und vielleicht selbst wieder auf einer Entlehnung aus dem *Kelt.* beruht, vgl. *air.* dam „Ochse", dam allaid „Hirsch", eigentlich „wilder Ochse".

Dame: Das Wort wurde um 1600 aus *frz.* dame „Herrin; Frau; Ehefrau" entlehnt. Während es im 17. Jh., als Pendant zu ↑Kavalier, die feingebildete Geliebte, die Herzensdame, die „Herrin" bezeichnete, wurde es wenig später zum festen Titel der Frau in Hof- und Adelskreisen. Erst seit dem Ende des 18. Jh.s wurde es auch in der Sprache der bürgerlichen Gesellschaft heimisch, wo es ↑Frau und ↑Frauenzimmer teilweise ersetzte. Die abwertende Bedeutung „Geliebte; Konkubine" von 'Dame', wie sie noch heute in der Verkleinerungsform 'Dämchen' zum Ausdruck kommt, reicht auch schon ins 17. Jh. zurück. Sie hat sich vielleicht, ähnlich wie bei ↑Mätresse, das in gewissem Sinne Synonym war, als Euphemismus entwickelt. *Frz.* dame, das in Verbindung mit dem Possessivpronomen (gleich 'monsieur' und 'mademoiselle') als 'madame' zur feststehenden Anredeform für die reife, vor allem verheiratete Frau wurde (daher unser seit dem Ende des 17. Jh.s bezeugtes Fremdwort **Madam**), geht wie entsprechend *it.* donna und *span.* doña auf *lat.* domina „[Haus]herrin" zurück. Dies ist die weibliche Form zu *lat.* dominus „[Haus]herr" (vgl. über weitere Zusammenhänge den Artikel *dominieren*). – Die Verwendung von 'Dame' als Bezeichnung für ein Brettspiel bezieht sich auf den Stein, der mit einem anderen belegt wird.

Damhirsch ↑Dambock.

damisch ↑dämlich.

dämlich (*ugs.* für:) „dumm, albern": Das seit dem 18. Jh. bezeugte *mitteld.* und *niederd.* Wort gehört zu dem seit dem 16. Jh. belegten Verb *niederd.* dämelen „nicht recht bei Sinnen sein". Verwandt ist z. B. *bayr.-schwäb.* damisch, dem älteres, heute untergegangenes 'dämisch' entspricht, ferner im *außergerm.* Sprachbereich z. B. *lat.* temetum „berauschendes Getränk", temulentus „berauscht", *mir.* tām „Krankheit, Tod" und *russ.* tomit' „quälen, bedrücken".

Damm: Älter *nhd.* Tamm (*mhd.* tam „Flut-, Seedamm") hat unter dem Einfluß der norddeutschen Wasserbaukunst seit dem 17. Jh. *niederd.* Anlaut angenommen. Dem *mnd.* dam entsprechen gleichbed. *niederl.* dam, *engl.* dam, *schwed.* damm. Das *gemeingerm.* Wort (s. unten dämmen) hat keine sicheren *außergerm.* Beziehungen. – Abl.: **dämmen** „eindämmen, stauen" (*mhd., ahd.* temmen, *mnd.* demmen, *got.* [faúr]dammjan „eindämmen, verhindern", *engl.* to dam, *schwed.* dämma).

Dämmer, dämmern ↑Dämmerung.

Dämmerung: *Mhd.* demerunge, *ahd.* demarunga ist eine Bildung zu dem im *Nhd.* untergegangenen *mhd.* demere, *ahd.* demar „Dämmerung". Von diesem Wort ist auch das Verb **dämmern** (17. Jh.) abgeleitet, aus dem **Dämmer** poet. für „Dämmerung" (18. Jh.) rückgebildet ist. Mit dem *ahd.* Wort sind die unter ↑*finster* und ↑*diesig* behandelten Adjektive verwandt. Es bezeichnete ursprünglich die Abenddämmerung als Einbruch der Nacht, dann auch den Tagesanbruch. Zusammen mit *außergerm.* Wörtern wie *air.* temel „Finsternis", *russ.* temrivo „Finsternis", *lat.* temere „blindlings", tenebrae „Finsternis" geht es auf die *idg.* Wurzel *tem[ə]- „dunkel" zurück. – Zus.: **Götterdämmerung** (s. d.).

Dämon „[böser] Geist" (Mittelwesen zwischen Gott und Mensch): Das Substantiv wurde im 18. Jh. aus *lat.* daemon erneut entlehnt, nachdem es bereits Ende des 16. Jh.s im Sinne von „Teufel" entlehnt worden war. *Lat.* daemon „böser Geist; Teufel" seinerseits stammt aus *griech.* daímōn „göttliche Macht, Gott; Geschick". Dies gehört vermutlich mit einer Grundbedeutung „Verteiler, Zuteiler (des Schicksals)" zu *griech.* daíesthai „[ver]teilen" und steht dann – wohl zusammen mit *griech.* dēmos „Gebiet, Gau; Volk" (eigentlich „Abteilung"), s. hierzu *demo..., Demo..., Demokratie* usw. – im größeren Zusammenhang der *idg.* Sippe von *nhd.* ↑*Zeit.* Abl.: **dämonisch** „von einem [bösen] Geist beherrscht; unheimlich", nach gleichbed. *lat.* daemonicus < *griech.* daimonikós (18. Jh.).

Dampf: Das *westgerm.* Substantiv *mhd.* dampf, tampf, *ahd.* damph, *niederl.* damp, *engl.* damp ist eine Bildung zu dem im *Nhd.* untergegangenen starken Verb *mhd.* dimpfen „dampfen, rauchen" und bedeutete ursprünglich „Dunst, Nebel, Rauch". Zu diesem Verb gehören das Veranlassungswort ↑dämpfen (eigentlich „dampfen machen") und die Adjektivbildung ↑dumpf (eigentlich „durch Rauch beengend"), vielleicht auch das unter ↑*Duft* behandelte Wort. Diese *germ.* Wortgruppe beruht mit verwandten Wörtern in anderen *idg.* Sprachen auf der vielfach weitergebildeten und erweiterten *idg.* Wurzel *dhem[ə]- „stieben, rauchen, wehen", vgl. z. B. *aind.* dhámati „weht, bläst" und *mir.* dem „dunkel, schwarz". Zu dieser Wurzel gehört aus dem *germ.* Sprachbereich auch das unter ↑*dunkel* (eigentlich „dunstig, neblig") behandelte Adjektiv. – Abl.: **dampfen** „Dampf von sich geben, mit Dampf fahren" (in der ersten Bedeutung im 17. Jh. für älteres 'dämpfen' und *mhd.* dimpfen, s. o.), dazu **Dampfer** (*niederd.* Damper; Lehnübersetzung von *engl.* steamer; 19. Jh.) und **Dampfschiff** (Anfang des 19. Jh.s für *engl.* steamship); **dampfig** (*mhd.* dampfec); **dämpfen:** Das Verb *mhd.* dempfen, *ahd.* demphan ist das Veranlassungswort zu dem im *Nhd.* untergegangenen starken Verb *mhd.* dimpfen „dampfen, rauchen" (vgl. *Dampf*) und bedeutet demnach eigentlich „dampfen machen, (ein Feuer) rauchen machen", weiter „durch Rauch ersticken", dann übertragen „schwächen, mäßigen". Seit dem 15. Jh. wird es als Ableitung von 'Dampf' empfunden und daher auch im Sinne von „mit Dampf kochen oder behandeln" verwendet. – Abl.: **Dämpfer** (18. Jh., z. B. bei Musikinstrumenten; daher die Wendung 'einen Dämpfer aufsetzen' für „mäßigen"). Zus.: **Dampfheizung** (1. Hälfte des 19. Jh.s); **Dampfkessel** (2. Hälfte des 18. Jh.s); **Dampfmaschine** (2. Hälfte des 18. Jh.s); **Dampfwalze** (Anfang des 20. Jh.s).

Damwild ↑Dambock.

Dank: Das *gemeingerm.* Substantiv *mhd., ahd.* danc, *got.* þagks, *engl.* thanks *(Plural), schwed.* tack ist eine Bildung zu dem unter ↑*denken* behandelten Verb. Es bedeutete ursprünglich also „Denken, Gedenken" und bezeichnete dann das mit dem [Ge]denken verbundene Gefühl und die Äußerung dankbarer Gesinnung. – Abl.: **dank** (Präposition; erst im 19. Jh. entstanden aus der Wendung 'Dank sei [ihm]...'); **danken** (*mhd.* danken, *ahd.* danchōn, vgl. *engl.* to thank, *schwed.* tacka), dazu **danke!** (erst *nhd.* verkürzt aus 'ich danke'), die Präfixbildungen **bedanken** und **verdanken** und schließlich **abdanken** (*frühnhd.* 'jemandem abdanken' war „ihn mit Dank verabschieden", was in *schweiz.* **Abdankung** „Leichenfeier" fortlebt; im 17. Jh. wurde 'ein Amt abdanken' für „zurücktreten" gebraucht); **dankbar** (*mhd.* dancbære, *ahd.* dancbāri „Geneigtheit hervorbringend, angenehm").

dann: Das Adverb, das heute vor allem als Zeitadverb gebräuchlich ist, wurde bis ins 18. Jh. ohne Bedeutungsunterschied wie seine Nebenform **denn** gebraucht: *mhd.* dan[ne], den[ne], *ahd.* dana, danne, denne, *asächs.* than[na], *got.* þan; entspr. *schwed.* då „dann, da", *engl.* than „als", then „damals". Ursprünglich ist 'dann/denn' ein *germ.* Ortsadverb aus dem Stamme von ↑*der* mit der Grundbedeutung „von da aus" (wie *ahd.* dana „von dannen"). So steht 'dann/denn' als Vergleichspartikel beim Komparativ: 'größer dann/denn ...' ist eigentlich „von da aus groß". Ins Zeitliche gewandt bedeutet 'dann/denn' „darauf" und weist als Adverb oder Konjunktion auf einen nach Zeit oder Umständen vorausgehenden Satz oder es steht für „ferner, weiter" in Aufzählungen. In anderen Verwendungen, als begründende Konjunktion und Partikel, hat sich heute 'denn' durchgesetzt.

dar...: Neben *mhd., ahd.* dār in 'daraus, darin, darunter' usw. (vgl. [1]*da*), die auf die Frage wo? antworten, gab es ein kurzes *mhd.* dar[e], *ahd.* dara „dahin", das in Verben wie 'darbieten, -legen, -stellen' und Adverbien wie 'daran, darein' (Frage: wohin?) steckt, aber auch in r-losem 'dagegen, dazu' u. ä. Es gehört ebenfalls zum Stamm des Artikels ↑*der.*

darben: *Mhd.* darben, *ahd.* darbēn, *got.* (ga)þarban, *aengl.* đearfian, *schwed.* tarva stehen im Ablaut zu dem unter ↑*dürfen* (ursprünglich „brauchen, nötig haben") behandelten Verb.

Darlehen ↑[2]lehnen.

Darling „Liebling": Das Fremdwort wurde im 20. Jh. aus gleichbed. *engl.* darling entlehnt. Das zugrundeliegende Adjektiv *engl.* dear „lieb, wert" ist verwandt mit *dt.* ↑*teuer.*

Darm: Die *altgerm.* Körperteilbezeichnung *mhd.* darm, *ahd.* dar[a]m, *niederl.* darm, *aengl.* đearm, *schwed.* tarm gehört zu der unter ↑*drehen* dargestellten *idg.* Wurzel *ter[ə]- „drehen, reiben, bohren". *Außergerm.* entspricht z. B.

griech. tórmos „Loch“, vgl. auch *griech.* trámis „Damm zwischen Scham und After“. Das *altgerm.* Wort bedeutete demnach ursprünglich „[Arsch]loch“. Der Darm könnte aber auch nach seiner Verwendung zum Binden und Schnüren als „Gedrehter“ benannt worden sein und eine nur *germ.* Bildung sein.

Darre: Die Bezeichnung für „Trocken- oder Röstvorrichtung“ (*mhd.* darre, *ahd.* darra) gehört zu der Wortgruppe von ↑*dürr.* Im *germ.* Sprachbereich ist *schwed. landsch.* tarre „Trokkenvorrichtung für Obst, Flachs, Hopfen u. ä.“ verwandt, *außergerm.* z. B. *griech.* tarsiá „Darre, Horde“.

darstellen, Darsteller, Darstellung ↑stellen.

das ↑der.

Dasein: Der substantivierte Infinitiv des *nhd.* Verbs 'dasein' „gegenwärtig, vorhanden sein“ bedeutete im 17./18. Jh. zunächst „Anwesenheit“. Im 18. Jh. wurde es als Ersatz für das Fremdwort ↑Existenz in die philosophische Fachsprache aufgenommen und dann auch dichterisch im Sinne von „Leben“ verwendet. Das Schlagwort 'Kampf ums Dasein' (1860) übersetzt Darwins 'struggle for life'.

dasig ↑hiesig.

daß: Die Konjunktion (*mhd., ahd.* daz, *mnd.* dat, *engl.* that) ist identisch mit dem Neutrum 'das' des Demonstrativpronomens und des Artikels (vgl. *der*). Erst seit dem 16. Jh. wird sie orthographisch unterschieden. Die Entwicklung begann mit Satzverbindungen wie: 'Ich sehe das: er kommt'. Daraus entstand durch Übertritt des Pronomens in den zweiten Satz das Satzgefüge 'Ich sehe, daß er kommt', und nach solchen Mustern konnte die Konjunktion 'daß' bald die verschiedensten Arten von Nebensätzen einleiten.

dasselbe ↑selb.

datieren ↑Datum.

Dativ (Wemfall): Der seit dem 18. Jh. gebräuchliche grammatische Ausdruck ist aus *lat.* (casus) dativus „Gebefall“ (zu *lat.* dare „geben“; vgl. *Datum*) entlehnt.

Dattel (Südfrucht): In *mhd.* tatel, *spätmhd.* datel begegnen sich (ebenso wie in entsprechend *niederl.* dadel) gleichbed. älter *it.* dattilo und *span.* dátil, die mit dem Südfruchthandel des ausgehenden Mittelalters zu uns gelangten und das schon in *ahd.* Zeit unmittelbar dem *Lat.* bzw. *Vlat.* entlehnte dahtilboum „Dattelbaum“ ablösten. Voraus liegen *lat.* dactylus < *griech.* dáktylos „Dattel“. Das *griech.* Wort ist zunächst nicht identisch mit dem gleichlautenden Wort für „Finger“. Es scheint *semit.* Ursprungs (*arab.* daqual „Dattel“) und dann volksetymologisch an *griech.* dáktylos „Finger“ angeglichen zu sein, wohl wegen der Ähnlichkeit der Dattelpalmenblätter mit den gespreizten Fingern der Hand oder wegen der Ähnlichkeit der länglichen Dattel mit einem Finger.

Datterich ↑Tatterich.

Datum „Zeitangabe, Zeitpunkt“: Das *lat.* Verb dare „geben“, das urverwandt ist mit gleichbed. *griech.* didónai (über dessen Wortfamilie vgl. *Dosis*), hat im weiteren Sinne auch die Bedeutung „ausfertigen; schreiben“ (so besonders auch in der Fügung 'litteras dare' „einen Brief schreiben“). Entsprechend erscheint das Part. Perf. *lat.* datum „gegeben, ausgefertigt“ in der deutschen Kanzleisprache seit dem 13. Jh. als regelmäßige Einleitungsformel (mit Zeitangabe) auf Urkunden und Briefköpfen – dafür vereinzelt auch die Übersetzung: 'gegeben am ... (im ...)'. Später löste sich das Wort aus dieser Formel heraus und wurde zum selbständigen Substantiv. Abl.: **dato** (kaufmännisch für „heute“), mit *lat.* Flexion gebildet; **datieren** „mit Zeitangabe versehen“ (16. Jh.; nach *frz.* dater). Von Interesse sind in diesem Zusammenhang verschiedene Komposita und Nominalbildungen aus der Sippe von *lat.* dare, die in Fremd- und Lehnwörtern bei uns eine Rolle spielen. Hierzu gehört: *lat.* (casus) dativus „Gebefall“ (↑Dativ), ferner wohl *lat.* mandare „in die Hand geben, anvertrauen“ (↑Mandat, Mandant), commendare (> *vlat.* *commandare) „anvertrauen, empfehlen; befehlen“ (↑kommandieren, Kommandant, Kommandeur, Kommando); *lat.* reddere (> *roman.* *rendere) „zurückgeben; ergeben“ (↑Rente, Rentner, rentieren, rentabel), tradere „übergeben“ (↑Tradition, traditionell), schließlich noch *lat.* donum „Gabe, Geschenk“, wozu *spätlat.* perdonare „völlig schenken“ > *frz.* pardonner „verzeihen“ gehört (↑Pardon).

Daube „gebogenes Seitenbrett eines Fasses“: Die *nhd.* Form hat sich unter dem Einfluß von gleichbed. *frz.* douve aus *mhd.* dūge entwickelt. Das *mhd.* Wort ist aus *mlat.* doga, duga entlehnt, das auf *lat.* doga „Faß, Gefäß“ (< *griech.* dochḗ „Behälter“) zurückgeht.

[1]dauern „währen, bestehen, bleiben“: Die heutige Form geht zurück auf *mhd.* tūren, dūren „dauern, Bestand haben; aushalten“, das im 12. Jh. aus *mnd., mniederl.* dūren „währen, bleiben, Bestand haben; sich ausstrecken“ übernommen wurde. Dieses ist wie *frz.* durer im 11. Jh. aus *lat.* durare „[aus]dauern, währen; aushalten“ entlehnt. Das erste Partizip **dauernd** wird heute adjektivisch im Sinne von „beständig, fortwährend“ gebraucht. Abl.: **Dauer** (*spätmhd.* dūr); **dauerhaft** „beständig“ (16. Jh.; für älteres dauerhaftig).

[2]dauern „leid tun“: Das seit *mhd.* Zeit bezeugte, von Anfang an unpersönlich gebrauchte Verb (*mhd.* tūren) gehört zu dem unter ↑*teuer* behandelten Adjektiv und bedeutete ursprünglich „[zu] teuer dünken, [zu] kostbar vorkommen“. Im 16. Jh. entwickelte sich aus „als zu teuer erscheinen, was für eine Sache aufgewendet worden ist“ der Sinn „leid tun; Mitleid erregen“. Die Präfixbildung **bedauern** geht auf *mhd.* betūren zurück, das verstärkend für einfaches tūren stand; erst im 17. Jh. beginnt der heutige persönliche Gebrauch des Verbs, der oft nur der höflichen Form dient: '[ich] bedauere sehr'. Dazu **bedauerlich** „beklagenswert“ (17. Jh.).

Daumen: Das *altgerm.* Wort *mhd.* dūme, *ahd.* dūmo, *niederl.* duim, *engl.* thumb, *schwed.* tumme beruht auf einer Bildung zu der *idg.* Verbalwurzel *tēu-, tū̆- „schwellen" und bedeutet demnach eigentlich „der Dicke, der Starke" (im Gegensatz zu den anderen Fingern). Zu dieser vielfach weitergebildeten und erweiterten *idg.* Wurzel gehören z. B. *aind.* túmra-ḥ „dick, kräftig", *lat.* tumere „geschwollen, aufgeblasen sein", *lat.* tumor „Geschwulst" (daraus entlehnt unser Fremdwort ↑Tumor), *lat.* tumultus „Unruhe, Getöse" (↑Tumult) und *lit.* tumėti „dick werden", ferner die unter ↑*Dolle* (eigentlich „[dicker] Pflock"), ↑*Dünung* (eigentlich „das Anschwellen") und ↑*tosen* (eigentlich „anschwellend rauschen, brausen") behandelten Wörter sowie der erste Bestandteil des Zahlwortes ↑tausend (eigentlich „vielhundert"). – Abl.: **Däumling** (*frühnhd.* deum[er]ling bezeichnete zunächst den kleinen Daumen, dann auch einen übergezogenen Daumenschutz, bildlich einen sehr kleinen Menschen oder Kobold).

Daune: Die Flaumfedern der nordischen Eiderente wurden seit dem Mittelalter aus den nordischen Ländern nach Deutschland eingeführt. So ist *mnd.* dūn[e] (14. Jh.) wie *engl.* down eine Entlehnung aus gleichbed. *aisl.* dūnn „Flaumfeder, Daune" (vgl. *Dunst*). Im 17. Jh. erscheint *niederd.* Dune zuerst mit *hochd.* Lautung -au-. Zus.: **Eiderdaune** (um 1700 als Edderdune entlehnt aus *isl.* ǣđardúnn; der erste Bestandteil ist *isl.* ǣđar [mit ei- gesprochen], *aisl.* ǣđr, das nicht sicher erklärt ist).

davonstieben ↑stieben.

de..., De...: Die aus dem *Lat.* stammende Vorsilbe (aus gleichbed. *lat.* de, das zur *idg.* Sippe von ↑*zu* gehört) tritt in zwei Funktionen auf. Sie bezeichnet einmal eine Abtrennung oder Loslösung, hat oft aber auch nur verstärkenden Charakter, wenn das Grundwort selbst schon eine Trennung ausdrückt. Zum anderen erscheint sie als in der Bedeutung verblaßte Vorsilbe von Verben, die deren Ableitung von einem Nominalstamm kennzeichnet, z. B. *lat.* de-clarare „klarmachen" – zu *lat.* clarus „klar" (↑deklarieren).

Debakel „Niederlage, Zusammenbruch; unheilvoller Ausgang": Das Substantiv wurde im 18. Jh. aus *frz.* débâcle „Auflösung, Zusammenbruch; Aufbrechen des Eises" entlehnt, das zu *frz.* débâcler „aufbrechen; aufgehen (von vereisten Gewässern)" gehört. Das zugrundeliegende *frz.* Verb bâcler „(mit einem Stück Holz) versperren" ist aus gleichbed. *prov.* baclar entlehnt, das zu *lat.* baculum „Stab, Stock; Riegel" (↑Bazille) gehört.

debattieren: „lebhaft erörtern; wortgemein werden": Das Verb wurde im 17. Jh. aus *frz.* débattre entlehnt, dessen Grundbedeutung „schlagen" hier auf den Ablauf einer heftigen Diskussion übertragen ist, im Sinne von „(den Gegner) mit Worten schlagen". Das vorausliegende Verb *galloroman.* *debattere ist ein mit verstärkendem ↑*de..., De...* gebildetes Kompositum von *vlat.* battere (= *lat.* battuere) „schlagen". Über weitere Zusammenhänge vgl. *Bataillon.* – Dazu: **Debatte** „Wortschlacht" (im 17. Jh. rückgebildet aus dem auf *frz.* débats [zu débattre] zurückgehenden *Plural* Debatten).

Debüt „erstes Auftreten": Das seit dem 18. Jh. bezeugte Fremdwort entstammt der Bühnensprache. Es ist aus *frz.* début entlehnt. Dies ist mit einer Grundbedeutung „Anspiel; Anfang" aus der Fügung 'jouer de but' „auf das Ziel hin spielen" hervorgegangen. *Frz.* but ist nicht sicher gedeutet. – Dazu: **debütieren** „erstmals öffentlich auftreten" (18. Jh.; aus *frz.* débuter); **Debütant** „erstmalig Auftretender, Anfänger" (19. Jh.; aus *frz.* débutant).

dechiffrieren ↑Chiffre.

Dechsel ↑Technik

Deck: Das im 17. Jh. in die *hochd.* Schriftsprache übernommene *niederd.[-niederl.]* dek „Schiffsdeck" gehört zu *niederd.* decken „be-, ver-, zudecken", *niederl.* dekken „decken" (vgl. *decken*). 'Deck' bezeichnet also die den Schiffskörper von oben deckenden Planken. Ebenfalls im 17. Jh. aus dem *Niederd.* übernommen ist **Verdeck** (*mnd.* vordecke „Überdecke, Behang, Deckel"), das heute meist auf die Bedachung von Landfahrzeugen bezogen wird. – Abl.: **Doppeldecker** „Flugzeug mit zwei Tragflächen" (20. Jh.; wohl nach dem Vorbild älterer Schiffsbezeichnungen wie 'Zwei-, Dreidecker', die seit dem 18. Jh. belegt sind; entsprechend 'Hoch-, Tiefdecker' nach dem Tragflächenansatz).

decken: Das *altgerm.* Verb (Iterativ-Intensiv-Bildung) *mhd.* decken, *ahd.* decken, decchen, *niederl.* dekken, *engl.* to thatch, *schwed.* täcka gehört mit verwandten Wörtern in anderen *idg.* Sprachen zu der *idg.* Wurzel *[s]teg „decken", vgl. z. B. *griech.* stégein „[be]decken", *lat.* tegere „[be]decken" (↑Detektiv und protegieren), *lat.* tegula „Dachziegel" (↑Ziegel und Tiegel), *lat.* toga „Obergewand" (↑Toga). Zu dieser Wurzel gehört auch die Wortgruppe von ↑*Dach* (eigentlich „das Deckende"). Im *Dt.* wird 'decken' allgemein im Sinne von „bedecken, verhüllen, schützen", in der Tierzucht für begatten, besonders bei Pferden, und kaufmännischen im Sinne von „sicherstellen" gebraucht; beachte die Wendungen 'seinen Bedarf decken, sich eindecken'. Zu 'decken' sind gebildet **Decke** (*mhd.* decke, *ahd.* decchī) und **Deckel** (15. Jh.; mit dem l-Suffix der Gerätenamen gebildet); s. auch *Deck.* – Abl.: **Deckung** (15. Jh.; auch militärisch für „Schutzwehr" und im Sport für „Verteidigung"). – Präfixbildungen und Zusammensetzungen: **Abdecker** (seit dem 16. Jh. für „Schinder", zu *frühnhd.* abdecken „ein Tier aus der Decke [= Fell, Haut] schlagen, abhäuten"); **Deckmantel** (↑Mantel); **entdecken** (s. d.); **Gedeck** (*mhd.* gedeck, *ahd.* gideki „Decke, Bedeckung", die Bed. „Eß- und Trinkgerät für eine Person" zuerst im 18. Jh. nach *frz.* couvert „Tischzeug"); **Verdeck** (↑Deck).

dedizieren „widmen, schenken": Das Verb wurde im 16. Jh. aus *lat.* dedicare „kundgeben, dartun, erklären" entlehnt, das in der Sakralsprache die Bedeutung „(einer Gottheit) weihen" angenommen hat. Das zugrundeliegende Verb *lat.* dicare „feierlich verkünden, weihen" ist eine Intensivbildung zu dicere „sagen" (vgl. *diktieren*). – Abl.: **Dedikation** „Widmung, Geschenk" (im 16. Jh. aus *lat.* dedicatio entlehnt).

de facto ↑Faktum.

Defätismus „Haltung, die dadurch bestimmt ist, keine Aussicht auf Erfolg zu haben; Neigung zum Aufgeben": Das Fremdwort wurde zu Beginn des 20. Jh.s aus gleichbed. *frz.* défaitisme entlehnt, das zu défaite „Niederlage, Schlappe" gehört. Das zugrundeliegende Verb *frz.* défaire „vernichten" geht auf *vlat.* *dis-facere zurück. Über weitere Zusammenhänge vgl. *dis..., Dis...* und *Fazit.* – Dazu: **Defätist** „Miesmacher" (20. Jh.; aus *frz.* défaitiste).

defekt „schadhaft": Das Adjektiv wurde im 17. Jh. aus *lat.* defectus „geschwächt; mangelhaft", dem Partizipialadjektiv von de-ficere (vgl. *Defizit*), entlehnt. Das entsprechende Substantiv **Defekt** „Fehler, Schaden" (16. Jh.) stammt aus dem gleichbed. *lat.* Substantiv defectus.

defensiv „abwehrend, verteidigend": Das Adjektiv wurde im 16. Jh. aus *mlat.* defensivus entlehnt, das von *lat.* defendere „wegstoßen, abwehren" abgeleitet ist. Das einfache Verb *fendere „stoßen" ist nicht bezeugt; es kommt außer in 'defendere' auch noch in *lat.* offendere „anstoßen, angreifen" (↑offensiv) vor. – Das Substantiv **Defensive** erscheint im 16. Jh. und ist wohl aus *frz.* défensive übernommen.

defilieren „feierlich vorbeiziehen": Das Verb wurde um 1700 als militärisches Fachwort mit der Bedeutung „parademäßig in Reih und Glied vorbeimarschieren" aus gleichbed. *frz.* défiler (eigentlich „der Reihe nach von Fäden befreien") entlehnt. Dies gehört zu *frz.* fil „Faden, Reihe" (vgl. *Filet*). Abl.: **Defilee** „parademäßiger Vorbeimarsch" (um 1700; aus *frz.* défilé).

definieren „begrifflich bestimmen": Das Verb wurde im 15./16. Jh. als philosophisches Fachwort aus *lat.* definire (eigentlich „abgrenzen") entlehnt. Dies gehört zu ↑*de..., De...* und *lat.* finis „Grenze" (vgl. *Finale*). – Dazu: **Definition** „Begriffsbestimmung" (*frühnhd.*; aus gleichbed. *lat.* definitio); **definitiv** „abschließend, bestimmt, endgültig" (17. Jh.; aus gleichbed. *lat.* definitivus, eigentlich „die Grenzen genau absteckend").

Defizit „Mangel, Verlust": Das Fremdwort wurde im 18. Jh. aus gleichbed. *frz.* déficit entlehnt, das seinerseits auf *lat.* deficit „es fehlt" beruht. Dies gehört zu gleichbed. *lat.* deficere „sich losmachen, abnehmen, fehlen" (vgl. *Fazit*); s. auch *defekt.* Abl.: **defizitär** „mit einem Defizit belastet; zu einem Defizit führend" (2. Hälfte des 20. Jh.s; aus gleichbed. *frz.* déficitaire).

deformieren „verunstalten, entstellen": Das Verb wurde im 19. Jh. aus gleichbed. *frz.* déformer oder direkt aus *lat.* de-formare „verformen, verbilden, verunstalten" (vgl. *de..., De...* und *Form*) entlehnt. Abl.: **Deformation** „Verformung; Mißbildung" (19. Jh.; aus *frz.* déformation oder *lat.* deformatio „Verformung").

deftig: Der vorwiegend in der *nordd.* Umgangssprache seit dem 17. Jh. gebräuchliche Ausdruck für „tüchtig, stark, kräftig, solide" stammt aus *fries.-niederl.* deftig „stattlich, würdevoll", früher „belangreich, gewichtig", das im *germ.* Sprachbereich verwandt ist z. B. mit *got.* ga-daban „eintreffen, passen", *got.* ga-dōfs „schicklich", *aengl.* gedæfte „mild, sanft", *aengl.* gedafen „passend, geeignet". *Außergerm.* ist z. B. verwandt die *slaw.* Sippe von *russ.* dobryj „gut".

[1]**Degen** (dichterisch und altertümlich für:) „[junger] Held, Krieger": *Mhd.* degen „Krieger, Held; männliches Kind, Knabe", *ahd.* thegan „Gefolgsmann; Knabe", *aengl.* đegn „Diener, Gefolgsmann; Held, Krieger; Schüler, Jünger", *aisl.* þegn „Mann, freier Diener" sind verwandt mit *aind.* tákman- „Abkömmling, Kind" und *griech.* téknon „Kind" und gehören mit diesen zu der *idg.* Verbalwurzel *tek- „zeugen, gebären", vgl. z. B. *griech.* tíktein „zeugen, gebären". 'Degen' bezeichnete also ursprünglich das männliche Kind. Seit dem Ende des Mittelalters nicht mehr im Gebrauch, wird das Wort im 18. Jh. von den Dichtern neu belebt.

[2]**Degen** „Stichwaffe": Das seit dem 15. Jh. bezeugte Wort (*spätmhd.* degen) ist entlehnt aus *ostfrz.* degue (*frz.* dague) „langer Dolch", das seinerseits auf unerklärtes *provenz.* daga „Dolch" zurückgeht. Es bezeichnete zunächst den Dolch, seit dem 16. Jh. dann die längere Form der Waffe, wie sie noch heute als Sportdegen üblich ist. Zus.: **Haudegen** (↑hauen).

degenerieren „entarten, sich zurückbilden": Das Verb wurde im 16. Jh. aus gleichbed. *lat.* degenerare entlehnt (vgl. *de..., De...* und *Genus*). Abl.: **Degeneration** „Entartung, Zurückbildung; Verfall" (18. Jh.; aus gleichbed. *frz.* dégénération).

degradieren „(im Rang) herabsetzen": Das Verb wurde in *mhd.* Zeit aus gleichbed. *mlat.* degradare entlehnt, einer Bildung zu *lat.* de „von – weg" (vgl. *de..., De...*) und gradus „Schritt; Stufe; Rang" (vgl. *Grad*). Abl.: **Degradierung** „Herabsetzung, Erniedrigung" (15. Jh.)

dehnen: Das *gemeingerman.* Verb *mhd., ahd.* den[n]en, *got.* (uf)þanjan, *aengl.* dennan, *schwed.* tänja gehört mit verwandten Wörtern in anderen *idg.* Sprachen zu der vielfach weitergebildeten und erweiterten *idg.* Wurzel *ten- „dehnen, ziehen, spannen", vgl. z. B. *griech.* teínein „dehnen, strecken, spannen", *griech.* tónos „[An]spannung, Spannkraft; Klang [der Stimme]" (s. die Fremdwortgruppe um [2]*Ton* „Laut"), *lat.* tendere „spannen, anziehen, dehnen" (↑tendieren) und *lat.* tempus „Zeit[spanne]" (↑Tempo). Aus dem *germ.* Sprachbereich gehören ferner zu dieser Wurzel die unter ↑*dünn* (eigentlich „lang ausgedehnt"), ↑*Deichsel* (eigentlich „Zugstange") und ↑*gedunsen* (eigentlich „ausgedehnt, angefüllt") behandelten Wörter. Verwandt sind auch die unter ↑*gedeihen,* ↑*dicht,* ↑[1]*Ton* „Erde", ↑*Tang* dargestellten Wortgruppen, die auf einem Bedeutungsübergang von „[sich] zusammenziehen" zu „gerinnen; dicht, fest werden; stark werden, gedeihen" beruhen. Siehe auch den Artikel *Ding.*

Deich: Die *nhd.* Form geht zurück auf *spätmhd.* dīch, das im 15. Jh. aus *mnd.* dīk

„Deich" übernommen wurde, vgl. *niederl.* dijk „Deich" und *aengl.* dīc „Deich, Graben, Damm, Wall" (s. den Artikel *Teich*). Zus.: **Deichgraf,** (auch:) **Deichhauptmann** *nordd.* für „Vorsteher eines Deichbezirkes" (*mnd.* dīk-grēve; ↑Graf).

Deichsel: Die Zugvorrichtung am Wagen heißt *mhd.* dīhsel, *ahd.* dīhsala, *niederl.* dissel, *aengl.* dīxl, *aisl.* þīsl. Die Formen sind mit Ersatzdehnung der Stammsilbe entwickelt aus *germ.* *þinh-slō „Zugstange", einer Bildung zu der erweiterten Wurzel *tengh- „ziehen; dehnen, spannen" (vgl. *dehnen*). – Abl.: **deichseln** *ugs.* für „etwas Schwieriges zustande bringen" (19. Jh.; eigentlich „einen Wagen an der Deichsel rückwärts lenken").

deka..., Deka...: Das Bestimmungswort von Zusammensetzungen mit der Bed. „zehn" stammt aus gleichbed. *griech.* déka, das urverwandt mit gleichbed. *lat.* decem und *nhd.* ↑*zehn* ist.

Dekade: Die Bezeichnung für eine Einheit aus 10 Jahren, 10 Abschnitten o. ä. wurde im 17. Jh. aus gleichbed. *frz.* décade entlehnt, das über *mlat.* decas, decadis auf *griech.* dekás, dekádos (zu déka „10", vgl. *deka..., Deka...*) zurückgeht.

Dekadenz „Verfall, Entartung": Das Substantiv wurde im 17. Jh. aus *frz.* décadence entlehnt, das auf *mlat.* decadentia zurückgeht (vgl. *de..., De...* und *Chance*). – Abl.: **dekadent** „verfallen, entartet" (Anfang des 20. Jh.s; aus gleichbed. *frz.* décadent).

Dekan „evangelischer Geistlicher als Vorsteher eines Kirchenkreises; Vorsteher einer Fakultät": Das Wort wurde im 15./16. Jh. aus *lat.* decanus „Führer von 10 Mann" (zu *lat.* decem „zehn"; vgl. *Dezi...*) entlehnt, das im *Kirchenlat.* die Bedeutung „Vorsteher von 10 Mönchen" und dann „Vorsteher eines Domkapitels" angenommen hatte. Abl.: **Dekanat** „Amt, Bezirk eines Dekans" (15. Jh.; aus *mlat.* decanatus).

deklamieren „vortragen": Das Verb wurde im 16. Jh. aus *lat.* declamare „laut aufsagen" entlehnt. Dies ist eine Bildung mit verstärkendem ↑*de..., De...* zu *lat.* clamare „laut rufen". Über weitere Zusammenhänge vgl. den Artikel *klar*.

deklarieren „erklären": Das Verb (*mhd.* declarīren) ist aus gleichbed. *lat.* declarare entlehnt (vgl. *de..., De...* und *klar*). – Abl.: **Deklaration** „Erklärung" (15. Jh.; aus *lat.* declaratio).

deklassieren ↑Klasse.

deklinieren „beugen": Der grammatische Terminus stammt mit dem entsprechenden Substantiv **Deklination** „Beugung" und Adjektiv **deklinabel** „beugbar" aus dem *Lat.* Das *lat.* Verb de-clinare (davon abgeleitet declinatio und declinabilis) bedeutet wörtlich „abbiegen". Es ist eine Bildung dem zur *idg.* Sippe von ↑*¹lehnen* gehörenden Verb *lat.* *clinare „neigen, biegen".

dekolletiert „tief ausgeschnitten" (von Damenkleidern): Das Fremdwort wurde im 19. Jh. aus gleichbed. *frz.* décolleté(e), dem Part. Perf. von décolleter „den Hals, den Nacken entblößen", entlehnt. Substantiviert erscheint das Partizip als **Dekolleté** „tiefer Ausschnitt" (aus *frz.* décolleté). Das *frz.* Verb décolleter ist mit verneinendem dé... (< *lat.* dis, vgl. *dis..., Dis...*) abgeleitet von *frz.* collet „Halskragen", einer Verkleinerungsbildung zu *frz.* col „Hals". Voraus liegt *lat.* collum „Hals" (urverwandt mit *dt.* ↑*Hals*).

dekorieren „[aus]schmücken, verzieren": Das Verb wurde im 16. Jh. aus *lat.* decorare entlehnt, in der Folge aber von entsprechend *frz.* décorer beeinflußt. *Frz.* Einfluß zeigt auch das dazugehörige Substantiv **Dekoration** „Schmuck, Ausstattung" (16. Jh.; aus *spätlat.* decoratio). Die anderen Ableitungen hingegen, **Dekorateur** „Ausstatter" (18. Jh.), **dekorativ** „durch Aufmachung und Ausschmückung ansprechend" (19. Jh.) und **Dekor** „Verzierung, Ausschmükkung" (19. Jh.), stammen unmittelbar aus dem *Frz.* (*frz.* décorateur, décoratif, décor). Die Bedeutung „mit einem Orden auszeichnen" hat 'dekorieren' im 20. Jh. von *engl.* to decorate übernommen. – *Lat.* decorare „zieren, schmükken" ist eine Ableitung von *lat.* decus (decoris) „Zierde", das seinerseits zur Wortfamilie von *lat.* decere „zieren; sich ziemen" gehört (vgl. *dezent*).

Dekret: Der Ausdruck für „Beschluß, Verordnung" wurde in *mhd.* Zeit aus *lat.* decretum „Entscheidung; Bescheid", dem substantivierten Part. Perf. von decernere „entscheiden", entlehnt. Über weitere Zusammenhänge vgl. *Dezernent*. Abl.: **dekretieren** „anordnen, bestimmen" (16. Jh.; aus *mlat.* decretare).

delegieren „abordnen": Das Verb wurde im 16. Jh. aus gleichbed. *lat.* de-legare entlehnt. Das Grundwort *lat.* legare „als Legaten abordnen" ist rückgebildet aus dem Substantiv legatus „mit gesetzlicher Vollmacht Beauftragter, Gesandter", das seinerseits von *lat.* lex (legis) „Gesetz, Bestimmung" abgeleitet ist (vgl. *legal*). – Dazu: **Delegierte** „Abgeordnete" (17. Jh.); **Delegation** „Abordnung" (18. Jh.; aus *lat.* delegatio „Anweisung" entlehnt, in der Bedeutung durch das Verb 'delegieren' bestimmt).

delikat „auserlesen fein, lecker (vor allem von Speisen); mit Takt zu behandeln; heikel": Das Adjektiv wurde im 17. Jh. aus gleichbed. *frz.* délicat entlehnt, das auf *lat.* delicatus „reizend, fein; luxuriös; schlüpfrig" zurückgeht. – Abl.: **Delikatesse** „Leckerbissen; Zartgefühl" (17. Jh.; aus gleichbed. *frz.* délicatesse; dies nach *it.* delicatezza).

Delikt „Vergehen, Straftat": Das Fremdwort wurde im 16. Jh. aus *lat.* delictum „Verfehlung", dem substantivierten Part. Perf. von delinquere „ermangeln, fehlen", entlehnt. Das Part. Präs. *lat.* delinquens „fehlend" erscheint in unserem Fremdwort **Delinquent** „Übeltäter" (16. Jh.). *Lat.* de-linquere bedeutet eigtl. etwa „hinter dem erwarteten Verhalten zurückbleiben". Über das Grundwort linquere „zurücklassen" vgl. das Fremdwort *Reliquie*.

Delirium „Bewußtseinstrübung mit Wahnvorstellungen": Das medizinische Fachwort wurde im 17. Jh. aus *lat.* delirium „Irresein" entlehnt. Das zugrundeliegende Adjektiv *lat.* delirus

„wahnsinnig" ist von delirare „wahnsinnig sein, verrückt sein" abgeleitet, das sich aus der Fügung 'de lira (ire)' „von der Furche (= geraden Linie) abweichen; den normalen Weg verlassen" entwickelt hat. *Lat.* lira „Furche" ist urverwandt mit *mhd.* leis[e] „Spur" in ↑*Geleise*.

Delle: Der *landsch.* Ausdruck für „leichte Vertiefung" (*mhd.* telle „Schlucht") beruht auf einer alten Bildung zu dem unter ↑*Tal* behandelten Wort, vgl. *mniederl.* delle „Niederung, Tal", *engl.* dell „Tal, Schlucht". Es bezeichnet heute Vertiefungen im Gelände, in einem Hut, Ausbeulungen in Blech u. ä. Vgl. auch den Artikel *Tülle*.

Delphin: Der Name des zu der Familie der Zahnwale gehörenden fischähnlichen Meeressäugetiers (*mhd.* delfīn) ist aus gleichbed. *lat.* delphinus entlehnt, das seinerseits auf *griech.* delphīnos, der Genitivform von *griech.* delphís „Delphin", beruht. Der Name ist letztlich eine Bildung zu *griech.* delphýs „Gebärmutter", so daß der Delphin vermutlich nach seinem gebärmutterähnlichen Körperbau benannt worden ist.

Delta: Der Name des vierten Buchstabens im griech. Alphabet, *griech.* délta (Zeichen: Δ), der auf *hebr.* dạlẹṯ zurückgeht, wurde schon im *Griech.* zur übertragenen Bezeichnung für den zwischen den Nilarmen liegenden deltaförmigen Teil Unterägyptens. In dieser Bedeutung erscheint 'Delta' bei uns im 16. Jh. als Fremdwort. Seit dem 19. Jh. bezeichnet es dann allgemein jede deltaförmige Flußmündung.

Demagoge „Volksaufwiegler, politischer Hetzer, Wühler": Das Fremdwort wurde im 18. Jh. aus gleichbed. *griech.* dēmagōgós entlehnt, das ursprünglich allgemein „Volksführer, Staatsmann" bedeutete. Es ist eine Bildung aus *griech.* dēmos „Volk" (vgl. *demo..., Demo...*) und *griech.* agōgós „führend". Letzteres gehört zu ágein „führen, treiben" (vgl. *Achse*). Dazu: **Demagogie** „gewissenlose politische Hetze" (17. Jh.; aus *griech.* dēmagōgía); **demagogisch** „Hetzpropaganda treibend" (18. Jh.; nach *griech.* dēmagōgikós).

demaskieren ↑Maske.

Dementi „Widerruf, Berichtigung": Das Substantiv wurde im 18. Jh. aus *frz.* (donner un) démenti entlehnt. *Frz.* démenti gehört zu *frz.* démentir „ableugnen". Dies ist ein durch dé... (aus *lat.* dis; vgl. *dis...*) verstärktes mentir „lügen", das auf *lat.* mentiri zurückgeht. Dessen Grundbedeutung ist etwa „sich etwas ausdenken", entsprechend dem zugrundeliegenden Substantiv *lat.* mens „Denktätigkeit, Verstand, Gedanke" (vgl. *Mentalität*). Dazu: **dementieren** „widerrufen, berichtigen" (19. Jh.; aus *frz.* démentir).

demo..., Demo..., (vor Vokalen:) dem..., Dem...: Das Bestimmungswort von Zusammensetzungen mit der Bed. „Volks...", wie z. B. ↑Demokrat, Demokratie, demokratisch, ↑Demagoge, demagogisch, stammt aus *griech.* dēmos „Gebiet; gemeines Volk", das sich – wohl mit einer eigentlichen Bed. „Abteilung" – zur Wortfamilie von *griech.* daiesthai „[ver]teilen" stellt. Über weitere Zusammenhänge vgl. *Dämon*.

Demokratie „Regierungsform, bei der die Regierung den politischen Willen des Volkes repräsentiert": Das Wort wurde Ende des 16. Jh.s aus *mlat.* democratia entlehnt, das auf *griech.* dēmokratía „Volksherrschaft" zurückgeht. Das *griech.* Wort ist gebildet aus *griech.* dēmos „Volk" (vgl. *demo..., Demo...*) und *griech.* krátos „Kraft, Macht" (kratein „herrschen"). Letzteres gehört zur *idg.* Sippe von *nhd.* ↑*hart*. – Dazu: **Demokrat** „Anhänger der Demokratie" (18. Jh.; aus *frz.* démocrate); **demokratisch** „nach den Prinzipien der Demokratie, freiheitlich" (Ende des 16. Jh.s); **demokratisieren** „nach den Grundsätzen der Demokratie gestalten" (Ende des 18. Jh.s; aus *frz.* démocratiser).

demolieren „abreißen, zerstören": Das Verb wurde im 16. Jh. als Wort der Militärsprache aus gleichbed. *frz.* démolir entlehnt, das auf *lat.* demoliri „herabwälzen, niederreißen, zerstören" zurückgeht. Dies gehört zu *lat.* de (vgl. *de..., De...*) und *lat.* moliri „mit Anstrengung in Bewegung setzen". Zugrunde liegt wohl *lat.* moles „Last, Masse" (vgl. *Mole*).

demonstrieren „beweisen, vorführen; eine Protestveranstaltung durchführen (besonders um seine [politische] Meinung offen kundzutun)": Das Verb wurde im 16. Jh. aus *lat.* demonstrare „hinweisen, deutlich machen" entlehnt. Dies ist durch ↑*de..., De...* verstärktes monstrare „zeigen". Zugrunde liegt *lat.* monstrum „Mahnzeichen" (vgl. *Monstrum*). Im Sinne von „eine Massenkundgebung, Protestveranstaltung durchführen" wird das Wort seit dem 19. Jh. in Anlehnung an *engl.* to demonstrate verwendet. – Abl.: **Demonstration** „Beweis, eingehende Darlegung, Vorführung; Protestveranstaltung, Massenkundgebung" (16. Jh.; aus *lat.* demonstratio entlehnt; in der Bedeutung „Massenkundgebung, Protestveranstaltung" im 19. Jh. an *engl.* demonstration angelehnt und in der 2. Hälfte des 20. Jh.s auch in der Kurzform 'Demo' gebräuchlich); **demonstrativ** „hinweisend; absichtlich, drohend" (18. Jh.; aus *lat.* demonstrativus); **Demonstrativ, Demonstrativpronomen** „hinweisendes Fürwort".

Demontage ↑Montage.

demoralisieren ↑Moral.

Demut: Zu den Wörtern der frühen christlichen Mission in Oberdeutschland gehört (wie z. B. auch 'barmherzig') das Adjektiv *ahd.* diomuoti „dienstwillig", zu dem das Substantiv *ahd.* diomuotī (*mhd.* diemüete, diemuot) „dienende Gesinnung, Demut" gebildet ist. Der zweite Bestandteil ist von dem unter ↑*Mut* behandelten Wort abgeleitet, der erste gehört zum Stamm des unter ↑*dienen* behandelten Verbs und entspricht *got.* þius „Knecht", steht aber begrifflich eher dem *urnord.* þewar „Gefolgsmann" nahe, so daß die Wiedergabe des *lat.* humilitas an einen Begriff des *germ.* Gefolgschaftswesens anknüpfte. Die *nhd.* Form mit -e ist vom *Niederd.* beeinflußt. – Abl.: **demütig** „voller Demut; bescheiden" (*mhd.* diemüetec, *spätahd.* diemuotic ersetzt das ältere obengenannte Adjektiv); **demütigen** „herabsetzen, erniedrigen" (*mhd.* diemüetigen).

dengeln „die Sense mit dem Dengelhammer schärfen": Das heute nur noch in der Landwirtschaft gebräuchliche Verb (*mhd.* tengelen „hämmern, klopfen") gehört zu *ahd.* tangol „Hammer" und *mhd.* tengen „schlagen" (entsprechend *schwed.* dänga „prügeln", *engl.* to ding „schlagen"). Die weitere Herkunft dieser *germ.* Wortgruppe ist nicht sicher geklärt.

denken: Das *gemeingerm.* Verb *mhd., ahd.* denken, *got.* þagkjan, *engl.* to think (*aengl.* đencan), *schwed.* tänka gehört mit der Sippe von ↑*dünken* zu der *idg.* Wurzel *teng- „empfinden, denken", vgl. z. B. *alat.* tongere „kennen, wissen". Die alten Bildungen ↑Dank und ↑Gedanke zeigen noch den *germ.* Stammvokal. *Mhd.* dāht „Denken" ist nur noch in Zusammensetzungen wie ↑Andacht und Bedacht, Verdacht (s. u.) erhalten. Das Präteritum 'dachte' und das Partizip 'gedacht' sind durch Ausfall des n und Ersatzdehnung entstanden (*mhd.* dāhte, *ahd.* dāhta, *got.* þāhta aus *þanhta; s. auch *dünken*). Abl.: **Denker** (18. Jh.; Lehnübersetzung von *engl.* thinker); **denkbar** (18. Jh.). – Präfixbildungen und Zusammensetzungen: **bedenken** (*mhd.* bedenken, *ahd.* bidenchan „über etwas nachdenken" bedeutet seit dem 13. Jh. auch „begaben, beschenken", z. B. in einem Testament), dazu **Bedenken** „zweifelnde Überlegung" (kanzleisprachlich im 15. Jh.), **bedenklich** (16. Jh.), **Bedacht** (s. d.); **Denkmal** (16. Jh.; Lehnübertragung für *griech.* mnēmósynon „Gedächtnishilfe", vgl. [2]*Mal;* in der Bed. „Erinnerungszeichen" wird das Wort seit dem 16. Jh., in den Bedeutungen „Gedenkstein oder -bild" und „Schrift-, Bild-, Bauwerk der Vorzeit" seit dem 17. Jh. verwendet, z. T. in Anlehnung an *lat.* monumentum); **Denkzettel** (das rechtssprachliche *mnd.* denkcēdel „Urkunde, schriftliche Nachricht, Vorladung" gebraucht Luther zur Übersetzung von *griech.* phylaktḗrion „jüdischer Gebetsriemen mit Gesetzessprüchen" und für „Notizblatt"; im 16. Jh. hängte man Schülern Schandzettel mit ihren Schulvergehen an, woher der heutige Sinn „körperliche Strafe [zur Erinnerung]" stammt); **gedenken** (*mhd.* gedenken, *ahd.* gadenchan „an etwas denken" entwickelte im *Mhd.* auch die Bed. „eingedenk sein, sich erinnern"), dazu **Gedächtnis** (s. d.); **nachdenken** (15. Jh.), dazu **nachdenklich** (17. Jh.); **verdenken** „übelnehmen" (*mhd.* verdenken „[zu Ende] denken, erwägen, sich erinnern"; in älterer Sprache auch für „Übles von jemandem denken, ihn in Verdacht haben", dazu **Verdacht** (s. d.).

denn ↑dann.

Dentist ↑Zahn.

denunzieren „(aus persönlichen niedrigen Beweggründen) anzeigen, verraten": Das Verb wurde im 16. Jh. aus *lat.* de-nuntiare „ankündigen; anzeigen" entlehnt (vgl. *de...*, *De...* und *Nuntius*). Aus dem Part. Präs. *lat.* denuntians stammt das Substantiv **Denunziant** „jemand, der einen anderen denunziert" (16. Jh.).

Depesche: Der veraltende Ausdruck für „Eilbotschaft" wurde im 17. Jh. aus *frz.* dépêche entlehnt. Dies gehört zu *frz.* dépêcher „beschleunigen" (eigentlich „Hindernisse aus den Füßen räumen"), einer Gegenbildung mit dé... (< *lat.* dis; vgl. *dis...*) zu *frz.* empêcher „verhindern" (eigentlich „Fußschlingen legen"), das auf gleichbed. *spätlat.* impedicare zurückgeht. Zugrunde liegt *lat.* pedica „Fußschlinge" das zu *lat.* pes „Fuß" (vgl. *Pedal*) gehört.

deplaciert, deplaziert ↑plazieren.

deponieren „hinterlegen": Das Verb wurde im 16. Jh. aus *lat.* deponere „ablegen, niederlegen" entlehnt, einer Bildung zu *lat.* ponere „setzen, stellen, legen" (vgl. *Position*). Dazu stellen sich die Fremdwörter ↑Depositen und ↑Depot. Abl.: **Deponie** „Müll-, Schuttabladeplatz" (2. Hälfte des 20. Jh.s).

Deportation „Verbannung, Verschleppung": Das Substantiv wurde im 16. Jh. aus *lat.* deportatio (zu *lat.* deportare; s. u.) entlehnt. Dazu: **deportieren** „verbannen, verschleppen" (17. Jh.; aus *lat.* deportare „fortbringen", einer Bildung zu *lat.* portare „tragen bringen"; vgl. *Porto*).

Depositen: Der Ausdruck für kurz- oder mittelfristige Einlagen bei Kreditinstituten, der seit dem 16. Jh. gebräuchlich ist, geht zurück auf das *lat.* Part. Perf. depositum (zu *lat.* deponere, vgl. *deponieren*) und bedeutet eigentlich „Abgelegtes, Hinterlegtes". Zus.: **Depositenbank** „Bank, die sich auf Depositenannahme beschränkt; Kreditbank" (18. Jh.).

Depot: Die Bezeichnung für „Sammelstelle, Lager, Aufbewahrungsort" wurde im 18. Jh. aus *frz.* dépôt (< *lat.* depositum) entlehnt. Über das zugrundeliegende Verb *lat.* deponere vgl. *deponieren.*

Depp (*ugs.* für:) „ungeschickter Mensch, Dummkopf": Das in neuerer Zeit aus *oberd.* Mundarten aufgenommene Wort (*bayr.-österr.* auch Tepp, Tapp, *frühnhd.* tapp) gehört wohl zur Sippe von ↑*tappen* und meint eigentlich den, der „täppisch" geht und zugreift. Vgl. das ebenfalls *ugs.* **Taps** „täppischer Bursche" (um 1700 Hans Taps).

deprimieren „bedrücken, entmutigen": Das Verb wurde um 1800 aus gleichbed. *frz.* déprimer (< *lat.* deprimere „niederdrücken") entlehnt, einer Bildung zu *lat.* premere „drücken" (vgl. *Presse*). Abl.: **deprimiert** „niedergeschlagen" (19. Jh.); **Depression** „Niedergeschlagenheit" (18. Jh. aus *frz.* dépression „Niederdrükken, Senkung" < *lat.* depressio); **depressiv** „gedrückt" (20. Jh.; aus *frz.* dépressif „niederdrükkend").

deputieren „abordnen": Das Wort ist seit dem 15. Jh. bezeugt. Es geht auf *lat.* de-putare „jemandem etwas zuschneiden, bestimmen" zurück (über das Grundwort *lat.* putare vgl. das Fremdwort *amputieren*). Diese Bedeutung des Wortes ist in dem Substantiv **Deputat** „Gehalts- oder Lohnanteil (in Form von Sachleistungen)" erhalten, das gleichfalls im 16. Jh. entlehnt wurde, und zwar aus *lat.* deputatum „Zugeschnittenes, Zugeteiltes", dem Part. Perf. von deputare. Die spezielle Bedeutung von 'deputieren', die zunächst in dem Substantiv **Deputation** „Abordnung" (16. Jh.; aus *mlat.* deputatio) erscheint, geht aus von *lat.* deputatus „jemand, dem etwas zugeschnitten, zugewiesen ist" in dessen im *Spätlat.* entwickelter Bed. „Repräsentant staatlicher Autorität". Abl.: **Deputierte** „Abgeordnete" (16. Jh.; wohl beeinflußt von gleichbed. *frz.* député).

der, die, das: Wie viele andere *idg.* Sprachen hat auch das *Germ.* den bestimmten Artikel aus einem hinweisenden Fürwort entwickelt. *Mhd., ahd.* der, diu, daz, *asächs.* the, thiu, that entspricht als Pronomen *niederl.* die, die, dat, *engl.* that, als Artikel *niederl.* de, *engl.* the. Im *Got., Aengl.* und *Aisl.* wird nur das Neutr. von diesem Stamm gebildet, der mit verwandten Wörtern im *Griech.* (tó „das"), *Lat.* (is-te „dieser") und anderen Sprachen auf den *idg.* Pronominalstamm *to-, Neutr. *tod zurückgeht.

derb: Das nur im *Dt.* erhaltene *altgerm.* Adjektiv (*mhd., ahd.* derp, *asächs.* therbi, *aengl.* đeorf, *aisl.* þjarfr) hatte bis ins 18. Jh. die Bed. „ungesäuert", eigentlich „steif, fest, massiv" (von Erz und Gestein). Es bezeichnete das flache, feste Fladenbrot (*mhd.* derbez brōt) im Gegensatz zum lockeren Sauerteigbrot und gehört zu der unter ↑*starr* behandelten *idg.* Wortgruppe. An der Entwicklung seiner heutigen allgemeineren Bed. „grob, kräftig; gemein" hat ein anderes *germ.* Adjektiv Anteil, das in *asächs.* derbi „kräftig, böse", *aengl.* dearf, „kühn" und *aisl.* djarfr „kühn" erscheint und zur Sippe von ↑ *verderben* gehört. In *mnd.* derve „ungesäuert, fest; tüchtig" waren beide Wörter lautlich zusammengefallen. Daher wird der heutige Sinn von *nhd.* 'derb' zuerst in der *nordd.* Sprache des 17. Jh.s greifbar und hat sich von dorther ausgebreitet. Abl.: **Derbheit** (18. Jh.).

Derby: Der Ausdruck für „Pferderennen (als Zuchtprüfung); sportliches Spiel von besonderem Interesse" wurde im 19. Jh. aus *engl.* derby entlehnt (nach dem 12. Earl of Derby, der solche Rennen im Jahre 1780 begründete).

der[mal]einst ↑einst; **derjenige** ↑jener; **dermaßen** ↑Maß; **derselbe** ↑selb.

Dermatologe ↑zehren.

des..., Des... ↑dis..., Dis...

Desaster „Mißgeschick, Unglück": Das Fremdwort wurde um 1800 aus gleichbed. *frz.* désastre entlehnt, das aus *it.* disastro eigentlich „Unstern" stammt. Zugrunde liegt *it.* disastrare „unter einem ungünstigen Stern geboren sein", das zu ↑*dis..., Dis...* und *griech.* ástron (< *lat.* astrum) „Stern" gehört (↑*Aster*).

Deserteur: Die Bezeichnung für „Fahnenflüchtiger" wurde im 17. Jh. aus *frz.* déserteur (< *lat.* desertor; zu *lat.* deserere, s. u.) entlehnt. – Das Verb **desertieren** „fahnenflüchtig werden" wurde gleichfalls im 17. Jh. aus *frz.* déserter übernommen, das als Ableitung von désert „verlassen" eigentlich „verlassen machen, einsam zurücklassen" bedeutet. Voraus liegt *lat.* desertus, ursprünglich Part. Perf. von deserere „abreihen, abtrennen; verlassen", einer Bildung aus *lat.* de (vgl. *de..., De...*) und *lat.* serere „aneinanderreihen, -fügen" (vgl. *Serie*).

Design „Entwurf[szeichnung]; Muster, Modell (für Formgestaltung)": Das Fremdwort wurde in der 2. Hälfte des 20. Jh.s aus gleichbed. *engl.* design entlehnt, das aus älter *frz.* dessein (heute: dessin) „Zeichnung, Muster" stammt. Darauf geht auch unser Fremdwort **Dessin** zurück. – Das *frz.* Wort gehört zum Verb dessiner „zeichnen", das über *it.* disegnare auf *lat.* designare „bezeichnen" zurückgeht (vgl. *Signum*). Abl.: **Designer** „Formgestalter" (20. Jh.).

desinfizieren ↑infizieren.

despektierlich „verächtlich, ohne Respekt": Das Adjektiv wurde im 17. Jh. zu veraltet **despektieren** „geringschätzig behandeln" gebildet, das aus *lat.* despectare „von oben herab sehen", entlehnt ist. Dies gehört zu *lat.* de (vgl. *de..., De...*) und *lat.* specere „schauen" (vgl. *Aspekt*).

Despot „Gewaltherrscher; herrischer Mensch": Das Substantiv wurde im 15. Jh. aus *griech.* despótēs entlehnt, das wahrscheinlich aus der Fügung *dem-s poti-s „Herr des Hauses" hervorgegangen ist. Es war früher auch Titel bestimmter Balkanfürsten. Über weitere Zusammenhänge vgl. *ziemen* und *potent.* Abl.: **despotisch** „herrisch" (17. Jh.); **Despotismus** „Gewaltherrschaft; unumschränkte Herrschergewalt" (18. Jh.).

Dessert: Die Bezeichnung für „Nachtisch" wurde im 18. Jh. aus *frz.* dessert, (älter:) desserte entlehnt. Das *frz.* Wort gehört zu desservir „die Speisen abtragen", einer Gegenbildung mit dé... (< *lat.* dis; vgl. *dis..., Dis...*) zu *frz.* servir „dienen, aufwarten, servieren" (vgl. *servieren*). Der „Nachtisch" folgt der abgeschlossenen Hauptmahlzeit erst dann, wenn die Speisen „abgetragen" sind.

Dessin ↑Design.

destillieren „flüssige Stoffe durch Verdampfung reinigen und trennen": In dieser Form ist das Verb seit dem 16. Jh. für älteres 'distillieren' bezeugt. Dies ist aus *vlat.* distillare (*lat.* destillare) „herabträufeln" entlehnt. Das *lat.* Verb ist gebildet zu *lat.* de (↑*de..., De...*) und *lat.* stilla „Tropfen", das mit gleichbed. *lat.* stiria (vielleicht als Verkleinerungsbildung dazu), *griech.* stílē zu *idg.* *stāi-, stĭ- „verdichten" gehört (vgl. *Stein*). Abl.: **Destillation** „das Destillieren" (16. Jh.; aus *lat.* destillatio „das Herabtröpfeln"; **Destillat** „Destillationsprodukt" (16. Jh.; aus *lat.* destillatum).

Detail „Einzelheit, Einzelteil": Das Fremdwort wurde um 1700 aus *frz.* détail in allgemeiner Bedeutung entlehnt. Es war jedoch schon vorher als Terminus der Kaufmannssprache übernommen worden, woran noch die Wendung **en détail** „im kleinen, im Einzelverkauf" erinnert, ebenso die Zusammensetzung **Detailhandel** „Einzelhandel". *Frz.* détail ist von *frz.* détailler „abteilen, in Einzelteile zerlegen" abgeleitet, das seinerseits durch dé... (< *lat.* dis; vgl. *dis..., Dis...*) verstärktes tailler „schneiden, zerlegen" ist (vgl. *Taille*). Dazu: **detaillieren** „im einzelnen darlegen" (18. Jh.; aus gleichbed. *frz.* détailler).

Detektiv „jemand, der Ermittlungen durchführt; Geheimpolizist": Das Substantiv wurde im 19. Jh. aus *engl.* detective (policeman) entlehnt. Das zugrundeliegende Verb *engl.* to detect „aufdecken, ermitteln" geht zurück auf *lat.* de-tegere (de-tegi, de-tectum) „aufdecken, enthüllen". Das einfache Verb *lat.* tegere ist urverwandt mit *dt.* ↑*decken*. Abl. **detektivisch** (20. Jh.).

detonieren „laut krachen, explodieren": Das Verb wurde im 18. Jh. aus *frz.* détoner entlehnt, das auf *lat.* detonare „herabdonnern" zurückgeht. Das einfache Verb *lat.* tonare „donnern" ist urverwandt mit *dt.* ↑*Donner*. Abl.: **Detonation** „Explosion" (Ende des 17. Jh.s).

Deut: In der Fügung 'keinen, nicht einen Deut' (für „fast gar nichts") lebt der Name einer alten holländisch-niederrheinisch Kleinmünze fort, die bis ins 19. Jh. Geltung hatte. Die Münzbezeichnung *niederl.* duit, *mniederl.* duyt ist verwandt mit *aisl.* þveiti „Münze" und gehört zu *aisl.* þveita „schlagen, hauen", *aengl.* đwītan „[ab]schneiden". Als „abgehauenes Stück" erinnert der Münzname an die Frühzeit des friesisch-nordgermanischen Handels, in der zerschnittenes Edelmetall (Hacksilber) als Zahlungsmittel galt.

deuten: *Mhd., ahd.* diuten „zeigen, erklären, übersetzen; ausdrücken, bedeuten" *niederl.* duiden „zeigen, erklären, auslegen", *aengl.* (ge)điedan „übersetzen", *schwed.* tyda „auslegen, erklären, hinweisen" beruhen auf einer Ableitung von dem *germ.* Substantiv *þeudō- „Volk" (vgl. *deutsch*). Die Grundbedeutung dieses Verbs war wohl „für das (versammelte) Volk erklären, verständlich machen". Daraus entstand einerseits der Sinn „aus einer fremden Sprache übersetzen", der schon in *Mhd.* zu „ausdeuten, auslegen" gewandelt wurde, andererseits der Sinn „ausdrücken" (von einem Wort oder Zeichen gesagt), für den heute 'bedeuten' (s. u.) gilt. Die Bed. „(mit dem Finger) zeigen" meint eigentlich eine erklärende Handbewegung. Abl.: **deuteln** „kleinlich auslegen" (16. Jh.); **...deutig** (nur in *nhd.* Bildungen wie 'ein-, mehr-, vieldeutig'; beachte besonders **zweideutig,** das im 17. Jh. als Übersetzung von *lat.* aequivocus „doppelsinnig, mehrdeutig" auftrat und über „absichtlich unklar" im 18. Jh. die Bed. „schlüpfrig, zotig" entwickelte); **deutlich** „leicht zu erkennen oder zu verstehen" (als Adverb *mhd.* diut[ec]līche[n]; Adjektiv *spätmhd.* diutelich), dazu **verdeutlichen** (18. Jh.); **Deutung** (*mhd.* diutunge „Auslegung, Bedeutung"). Zus. und Präfixbildungen: **andeuten** „zu verstehen geben; knapp oder unvollständig ausführen" (16. Jh.); **bedeuten** (*mhd.* bediuten „andeuten, verständlich machen, anzeigen", sich bediuten „zu verstehen sein, bedeuten", heute „ausdrükken, den Sinn haben" und „von Wichtigkeit sein"), dazu das adjektivische Partizip **bedeutend** „wichtig, hervorragend" (18. Jh., eigentlich „auf etwas hinweisend; bezeichnend") sowie die Ableitungen **bedeutsam** „bedeutungsvoll" (Ende des 18. Jh.s) und **Bedeutung** „Sinngehalt; Wichtigkeit" (*mhd.* bediutunge „Auslegung").

deutsch: Im Gegensatz zu anderen Bezeichnungen dieser Art ist das Wort 'deutsch' nicht von einem Volks- oder Stammesnamen abgeleitet, sondern geht auf ein altes Substantiv der Bed. „Volk, Stamm" zurück (s. u.). Das Adjektiv *mhd.* diut[i]sch, tiu[t]sch, *ahd.* diutisc, *niederl.* duits[ch] „deutsch" (aus dem *Niederl.* stammt *engl.* Dutch „holländisch") ist seit dem 10. Jh. bezeugt und steht neben dem schon im 8. Jh. belegten *mlat.* theodiscus „zum Volk gehörig, volksgemäß" (*mlat.* 'theodisca lingua' war die amtliche Bezeichnung der germanischen [altfränkischen] Sprache im Reich Karls d. Gr.). Zugrunde liegt ein *westfränk.* Adjektiv *þeodisk (als Gegenwort zu *walhisk „romanisch"). Es ist mit Hilfe des Suffixes -isc (*nhd.* -isch) zu dem später untergegangenen *gemeingerm.* Substantiv *mhd.* diet, *ahd.* diot[a], *got.* þiuda, *aengl.* đeod, *aisl.* þjōđ „Volk" gebildet, das auch im ersten Glied *germ.* Personennamen wie Dietrich, Dietmar erscheint und außerdem der Sippe von ↑*deuten* zugrunde liegt. Das Substantiv ist z. B. urverwandt mit *air.* tūath „Volk, Stamm, Land" und *lit.* tautà „Volk, Nation", Tautà „Deutschland". In der Geschichte des Wortes 'deutsch' spiegelt sich die Herausbildung des deutschen Sprach- und Volksbewußtseins gegenüber den romanischen und romanisierten Teilen der Bevölkerung im Frankenreich und gegenüber dem Lateinischen. In der Auseinandersetzung zwischen West- und Ostfranken ist das Wort 'deutsch' zur Gesamtbezeichnung der Stammessprachen im Osten des Frankenreichs, dem späteren Deutschland, geworden. Abl.: **verdeutschen** „ins Deutsche übersetzen" (im 15. Jh. vertūtschen, dafür *mhd.* diutschen „auf deutsch sagen, erklären"); **Deutschtum** „deutsche Eigenart" (Anfang des 19. Jh.s, zuerst ironisch gebraucht, ersetzt es dann das ältere 'Deutschheit'), dazu mit abschätzigem Sinn **Deutschtümelei** (1. Hälfte des 19. Jh.s). Zus.: **Deutschland** (seit dem 15. Jh. neben der Fügung 'das deutsche Land', *mhd.* daz tiutsche lant, *Plural* tiutschiu lant).

Devise „Wahlspruch, Losung": Das seit dem 16. Jh. bezeugte Fremdwort ist aus *frz.* devise entlehnt. Dies ist ursprünglich ein Ausdruck der Wappenkunst und bezeichnete zunächst die „abgeteilten" Felder eines Wappens, dann auch den in einem solchen Feld stehenden „Sinnspruch", woraus sich schließlich die allgemeine Bedeutung entwickelte. *Frz.* devise ist abgeleitet von deviser „einteilen", das auf *vlat.* *devisare (divisare) zurückgeht (über das zugrundeliegende Verb *lat.* dividere „teilen" vgl. *dividieren*). – Verselbständigt hat sich der *Plural* **Devisen** „Zahlungsmittel in ausländischer Währung", der seit dem 19. Jh. zunächst in der Bedeutung „im Ausland zahlbarer Wechsel" (ursprünglich wohl „Wechselvordruck mit Aufdruck eines Wahlspruchs") bezeugt ist.

devot „unterwürfig; demütig": Das Adjektiv, das seit dem 15. Jh. – zunächst in der Bed. „andächtig, fromm" – bezeugt ist, ist aus gleichbed. *lat.* devotus entlehnt. Dies gehört zu *lat.* devovere „geloben, weihen, sich aufopfernd hingeben", vovere „geloben; weihen" (vgl. *Votum*).

Dezember: Der 12. Monat des Jahres, der früher Christmonat, Heilig-, Winter-, Hart-, Schlacht- oder Wolfmonat hieß, wurde seit dem ausgehenden Mittelalter mit dem *lat.* Namen bezeichnet. *Lat.* (mensis) December, das von decem „zehn" (vgl. *Dezi...*) abgeleitet ist, steht ursprünglich für den zehnten Monat des römischen Jahres, das bis ins zweite vorchristliche Jahrhundert von März bis Februar währte. Später galt das Wort dann entsprechend für den zwölften Monat.

dezent „schicklich; zurückhaltend; zart, gedämpft": Das Adjektiv wurde im 18. Jh. aus gleichbed. *frz.* décent entlehnt, das auf *lat.* decens (decentis) „geziemend, schicklich" zurückgeht. Zugrunde liegt das *lat.* Verb decere „zieren; sich ziemen", das mit decus (decoris) „Zierde, Schmuck; Würde" (↑dekorieren, Dekorateur usw.), dignus (< *dec-nos) „würdig, wert" (↑indigniert) zu einer *idg.* Wurzel *dek- „[auf]nehmen, annehmen, empfangen; begrüßen, Ehre erweisen" gehört, wobei als vermittelnde Bedeutung etwa „gern aufnehmen" anzusetzen ist (was man gern aufnimmt, ist „willkommen, genehm, passend, würdig, schicklich usw."). Ferner gehören hierher das ablautende Kausativ *lat.* docere „einen etwas annehmen machen, lehren" (hierzu *lat.* doctus „gelehrt", doctrina „Lehre", documentum „das zur Belehrung, Erhellung Dienliche; Beweis; Urkunde"; s. im einzelnen die Artikel *dozieren, Dozent, Doktor, Doktrin, Dokument* usw.). Aus anderen *idg.* Sprachen sind u. a. als verwandt zu erwähnen *griech.* dékesthai (déchesthai) „annehmen, empfangen" und das dazugehörige Iterativ *griech.* dokeúein, dokein „ansehen; meinen; scheinen" (formal identisch mit *lat.* docere, s. o.). Wichtig sind die Nominalbildungen *griech.* dóxa „Ansicht, Meinung" (↑orthodox, paradox) und *griech.* dógma „Meinung; Beschluß; Lehrsatz" (↑Dogma, dogmatisch).

Dezernat „Geschäftsbereich eines Dezernenten": Das seit dem 19. Jh. bezeugte Fremdwort stammt aus der Kanzleisprache. Es ist hervorgegangen aus der 3. Pers. Sing. Konj. Präs. von *lat.* decernere „entscheiden" (vgl. *Dezernent*), etwa in Formeln wie 'decernat Herr X' „es soll Herr X entscheiden". Damit mag der Chef einer Behörde einzelne Vorgänge an die entsprechenden Sachbearbeiter zur Entscheidung weitergeleitet haben. Die Betonung des Wortes auf der Schlußsilbe deutet darauf hin, daß es später irrtümlich als Part. Perf. aufgefaßt wurde, das richtig in ↑Dekret vorliegt. – Ähnlich entstanden die Fremdwörter ↑Imprimatur, Inserat (↑inserieren), Referat (↑referieren).

Dezernent: Die Bezeichnung für „Sachbearbeiter (bei Behörden und Verwaltungen)" wurde im 18. Jh. aus *lat.* decernens, dem Part. Präs. von decernere „entscheiden", entlehnt (s. auch *Dezernat* und *Dekret*). Das zugrundeliegende einfache Verb *lat.* cernere (crevi, cretum) „sondern, scheiden", das zur *idg.* Sippe von ↑[1]*scheren* gehört, erscheint u. a. noch in folgenden Bildungen: *lat.* dis-cernere „absondern; unterscheiden" (↑diskret, Diskretion), *lat.* discrimen „trennender Zwischenraum" (↑diskriminieren), *lat.* se-cernere „aussondern, ausscheiden" (↑Sekret), dazu secretus „abgesondert, geheim" (↑Sekretär, Sekretärin, Sekretariat). Ferner stellen sich zu *lat.* cernere die Iterativbildung *lat.* [con-]certare „etwas zur Entscheidung bringen; wetteifern" (↑Konzert, konzertant, konzertieren) und das Adjektiv *lat.* certus „entschieden, bestimmt, gewiß, sicher" (vgl. auch *Zertifikat*).

Dezi...: Das Bestimmungswort von Zusammensetzungen mit der Bed. „Zehntel", wie in 'Dezimeter', ist entlehnt aus *frz.* déci-, das auf *lat.* decimus „zehnte" zurückgeht. Dies ist das entsprechende Ordnungszahlwort zum Grundzahlwort *lat.* decem „zehn", das urverwandt ist mit *dt.* ↑*zehn.* Folgende Ableitungen von *lat.* decem bzw. decimus sind noch von Interesse: *lat.* decanus „Führer von 10 Mann" (↑Dekan), *lat.* (mensis) December (↑Dezember), *lat.* duodecim „zwölf" (↑Dutzend), *lat.* decimare „den 10. Mann zur Bestrafung herausnehmen" (↑dezimieren) und *mlat.* decimalis „den [Steuer-]zehnten betreffend", aus dem im 18. Jh. unser **dezimal** „auf die Grundzahl 10 bezogen" entlehnt wurde, dazu die Zusammensetzungen **Dezimalbruch** und **Dezimalsystem.**

dezimieren „stark verringern, vermindern": Das Verb wurde im 17./18. Jh. im ursprünglichen Sinne von „jeden zehnten Mann herausziehen und mit dem Tode bestrafen" aus gleichbed. *lat.* decimare entlehnt. Das *lat.* Verb gehört zu decimus „zehnte", decem „zehn" (vgl. *Dezi...*).

[1]di..., Di... ↑dia..., Dia...

[2]di..., Di...: Die Vorsilbe mit der Bedeutung „zwei[fach]" stammt aus gleichbed. *griech.* dís, das in Zusammensetzungen vor Konsonanten als di... erscheint. *Griech.* dís geht wie *lat.* bis auf *idg.* *du̯is „zweimal" zurück; zu *du̯ō(u) „zwei" (vgl. *zwei*).

[3]di..., Di... ↑dis..., Dis...

dia..., Dia..., (vor Vokalen:) [1]di..., Di...: die Vorsilbe mit der Bedeutung „auseinander; durch, hindurch, zwischen" stammt aus *griech.* diá, das etymologisch mit der *dt.* Vorsilbe ↑*zer...* verwandt ist.

Dia ↑Diapositiv.

diabolisch „teuflisch": Das seit dem 16. Jh. bezeugte Adjektiv ist entlehnt aus gleichbed. *lat.* diabolicus (< *griech.* diabolikós, zu diábolos, vgl. *Teufel*).

Diadem „Stirnband, -reif, Krone": Das Wort (*mhd.* diadēm, *ahd.* diadēma, deadēma) ist aus gleichbed. *lat.* diadema < griech. diádēma entlehnt. Dies ist von *griech.* dia-deīn „umbinden" abgeleitet und bedeutet demnach wörtlich „Umgebundenes". Ursprünglich bezeichnete das Wort speziell das blaue, weiß durchwirkte Band um den Turban der Perserkönige.

Diagnose „[Krankheits]erkennung": Das Fremdwort wurde im 18. Jh. aus gleichbed. *frz.* diagnose entlehnt, das auf *griech.* diágnōsis „unterscheidende Beurteilung, Erkenntnis" zurückgeht. Das zugrundeliegende Verb *griech.* dia-gi-gnṓskein „durch und durch erkennen, beurteilen" ist eine Bildung zu gi-gnṓskein „erkennen", das zur *idg.* Sippe von ↑*können* gehört. – Die Bildung *griech.* pro-gi-gnṓskein „im voraus erkennen" erscheint im Fremdwort ↑Prognose. Von den zahlreichen zum Stamm von *griech.* gi-gnṓ-skein gebildeten Substantiven ist *griech.* gnṓmōn „Kenner, Beurteiler; Richtschnur" von besonderem Interesse, weil es wahrscheinlich die Quelle für *lat.* norma „Richtschnur, Regel" ist (vgl. *Norm*). – Abl.: **Diagnostik** „Fähigkeit, Lehre, Krankheiten usw. richtig zu erkennen" (19. Jh.); **diagnostizieren** „eine Diagnose stellen" (19. Jh.).

diagonal „schräg", substantiviert: **Diagonale** „Schräge"; (Geometrie:) „Gerade, die zwei nicht benachbarte Ecken eines Vielecks miteinander verbindet": Das Fremdwort wurde im 18. Jh. aus *spätlat.* diagonalis (wörtliche Bed. „durch die Winkel führend") entlehnt. Das *lat.* Adjektiv ist eine Neubildung zu *griech.* diá „durch" (vgl. *dia..., Dia...*) und *griech.* gōnía „Ecke, Winkel", das verwandt ist mit *griech.* góny (= *lat.* genu) „Knie" und somit zur *idg.* Sippe von *nhd.* ↑*Knie* gehört.

Diakon „Pfarrhelfer, Krankenpfleger (vornehmlich in der Inneren Mission); katholischer Geistlicher, der einen Weihegrad unter dem Priester steht": *Ahd.* diacan, *mhd.* diāken, seit der Reformation relatinisiert, ist entlehnt aus *kirchenlat.* diaconus, *griech.* diā́konos „Diener", das wohl von *griech.* diākoneīn „dienen" abgeleitet ist. Dazu: **Diakonie** „Dienst (in der christlichen Nächstenliebe)", aus *lat.* diaconia, *griech.* diākonía „Dienst"; **diakonisch** (19. Jh.); **Diakonisse, Diakonissin** „evangelische Kranken- und Gemeindeschwester" (19. Jh.; aus *kirchenlat.* diaconissa „[Kirchen]dienerin").

Dialekt: Die Bezeichnung für „Mundart" wurde im 17. Jh. aus *lat.* dialectos < *griech.* diálektos „Ausdrucksweise" entlehnt. Zugrunde liegt das Verb *griech.* dialégesthai „sich unterreden; sprechen" (vgl. über weitere Zusammenhänge den Artikel *Lexikon*). Abl.: **dialektal** „mundartlich" (20. Jh.); **dialektisch** „mundartlich" (19. Jh.).

Dialektik „Kunst der Gesprächsführung; eine bestimmte philosophische Methode des Denkens, der Beweisführung; innere Gesetzmäßigkeit, Struktur": Der philosophische Terminus wurde im 16. Jh. aus *lat.* (ars) dialectica entlehnt, das auf *griech.* dialektikḗ (téchnē) „Disputierkunst" zurückgeht (zu dialégesthai „sich unterreden", vgl. *Dialekt*). Abl.: **Dialektiker** „jemand, der sich der Dialektik als Methode der Gesprächs- bzw. Beweisführung bedient" (18. Jh.; aus *lat.* dialecticus); **dialektisch** „die Dialektik betreffend; spitzfindig" (16. Jh.; aus *lat.* dialecticus < *griech.* dialektikós).

Dialog „Zwiegespräch, Wechselrede": Das Fremdwort wurde im 18. Jh. aus gleichbed. *frz.* dialogue entlehnt, das über *lat.* dialogus auf *griech.* diálogos (eigentlich „Unterredung, Gespräch") zurückgeht. Das *griech.* Wort gehört zu dia-légesthai „sich unterreden" (vgl. *Dialekt*).

Diamant: Der Edelsteinname wurde in *mhd.* Zeit (*mhd.* diamant, dīemant) aus *frz.* diamant entlehnt, das auf *spätlat.* diamas zurückgeht. Dies stammt mit unklarer lautlicher Entwicklung aus *lat.* adamas < *griech.* adámās „Diamant; hartes Metall". Dessen eigentliche Bedeutung könnte „Unbezwingbarer" sein. Dann läge eine mit a-privativum (vgl. [2]*a..., A...*) gebildete Ableitung von *griech.* damnánai „bezwingen" vor, das zu *idg.* *demə-, domə- gehört (vgl. *zähmen*). Abl.: **diamanten** „aus Diamant" (17. Jh.).

Diapositiv, (Kurzform:) Dia „durchsichtiges, fotografisches Positivbild": Das seit dem Beginn des 20. Jh.s bezeugte Wort ist gebildet aus *griech.* diá „durch" (= „durchsichtig") und ↑Positiv.

Diarrhö[e]: Das medizinische Fachwort für „Durchfall" wurde im 18. Jh. aus *lat.* diarrhōea, *griech.* diárrhoia (eigentlich „Durchfluß") entlehnt. Zugrunde liegt *griech.* dia-rrheīn „[hin]durchfließen", eine Bildung mit ↑*dia..., Dia...* und *griech.* rheīn, das über eine Vorstufe *sréu̯ein auf *idg.* *sreu- „fließen" zurückgeht (vgl. *Rhythmus*).

Diät „gesunde Ernährungs- und Lebensweise; Schonkost": Das Substantiv wurde im 15. Jh. als medizinischer Terminus aus gleichbed. *lat.* diaeta entlehnt, das auf *griech.* díaita (Grundbedeutung etwa „[Lebens]einteilung") zurückgeht. Abl.: **diät** „der richtigen Ernährung entsprechend" (18. Jh.).

Diäten „Tagegelder (der Abgeordneten)": Das Wort ist wohl eine Kürzung aus 'Diätengelder', dessen Bestimmungswort im 18. Jh. aus *frz.* diète „tagende Versammlung" entlehnt ist. Voraus liegt *mlat.* dieta, diaeta „festgesetzter Tag, Termin, Versammlung", eine Ableitung von *lat.* dies „Tag" (vgl. *Journal*).

dich ↑du.

dicht: Das *altgerm.* Adjektiv *mhd.* dīhte „dicht", *mnd.* dicht[e] „dicht, fest; stark, zuverlässig", *aengl.* đīht „dick, stark", *aisl.* þēttr „dicht, dick, fett" gehört zu der unter ↑*gedeihen* dargestellten *idg.* Wortgruppe. Die heutige Form 'dicht' mit kurzem i gegenüber *frühnhd.* deicht (*mhd.* dīhte mit langem i) stammt aus dem *Mnd.* Aus der wahrscheinlichen Grundbedeutung „fest, undurchlässig" (so z. B. in 'wasser-, luftdicht' und in '[1]dichten', s. u.) ist die heute vorherrschende „enggedrängt, nahe" entstanden (z. B. 'dichtes Gebüsch, dichtbevölkert, dicht beim Haus'). Abl.: **Dichte** „dichtes Nebeneinander" (Ende des 16. Jh.s; heute bes. physikalisches Fachwort); [1]**dichten** „abdichten, dicht machen" (im 16. Jh. seemännisch, dann allgemein verwendet), dazu [1]**Dichtung** „Schicht, Vorrichtung zum [Ab]dichten" (19. Jh.).

[1]**dichten** ↑dicht.

[2]**dichten:** Die *nhd.* Form geht über *mhd.* tihten zurück auf *ahd.* dihtōn, tihtōn „schriftlich abfassen, ersinnen", das aus *lat.* dictare „zum Nachschreiben vorsagen, vorsagend verfassen" (vgl. *diktieren*) entlehnt ist. Neben der allgemeinen Bed. „ein Schriftwerk verfassen", die sich bis ins 17. Jh. hielt, zeigt schon *mhd.* tihten den heutigen Sinn „Verse machen". – Abl.: **Dichter**

(*mhd.* tihtære erscheint erst im 12. Jh. Das Wort blieb selten, bis es im 18. Jh. als Ersatz für das verflachte 'Poet' neu belebt wurde), dazu **dichterisch** (17. Jh.) und **Dichterling** „schlechter Dichter" (17. Jh.); [2]**Dichtung** (*spätmhd.* tihtunge „Diktat, Gedicht" wird erst *nhd.* zur Bezeichnung der Dichtkunst und des dichterischen Werks); **Gedicht** (*mhd.* getiht[e] „schriftliche Aufzeichnung", auch „Erfindung, Betrug"; seit dem 13. Jh. begegnet der heutige Sinn „[lyrisches] Dichtwerk", der im Gegensatz zu Lied und Spruch noch heute meist das Schreiben voraussetzt).

dick: Das *altgerm.* Adjektiv *mhd.* dic[ke], *ahd.* dicki, *asächs.* thikki, *engl.* thick, *schwed.* tjock ist verwandt mit der *kelt.* Sippe von *air.* tiug „dick". Die weiteren Beziehungen sind unklar. Das Wort bedeutete früher sowohl „dicht" als auch „dick". Die erste Bedeutung ist heute noch in Fügungen wie 'durch dick und dünn' und 'dicke Luft' erhalten und zeigte sich bis zum 15. Jh. auch in dem Gebrauch des Adverbs *ahd.* dicco, *mhd.* dicke für „häufig, oft" (s. auch *Dickicht*). Im Sinne von „umfänglich, massig" hat sich 'dick' im *Nhd.* gegen 'groß' (s. d.) durchgesetzt. Abl.: **Dicke** „Dicksein" (*mhd.* dicke, *ahd.* dickī); **dick[e]tun** (*ugs.* für:) „angeben, sich wichtig machen" (18. Jh.); **dickfellig** (↑Fell); **Dickhäuter** (↑Haut); **Dickicht** „dichtes Gebüsch" (17. Jh.; Wort der Jagd- und Forstsprache, wohl nach dem Muster von 'Röhricht' gebildet, jetzt in der Bedeutung unterschieden von **Dickung** „dicht geschlossener Jungbaumbestand" [15. Jh.]).

didaktisch „lehrhaft": Das Adjektiv wurde im 18. Jh. aus gleichbed. *griech.* didaktikós entlehnt. Das zugrundeliegende Verb *griech.* didáskein „lehren" – wohl Bewirkungszeitwort zu *griech.* daēnai „lernen" – erscheint auch in ↑Autodidakt. Abl.: **Didaktik** „Lehre vom Lehren und Lernen" (18. Jh.; aus *lat.* didactica < *griech.* didaktikḗ [téchnē]); **Didaktiker** „Fachvertreter der Didaktik" (19. Jh.).

die ↑der; **dieselbe** ↑selb.

Dieb: Die Herkunft des *gemeingerm.* Wortes *mhd.* diep, diup, *ahd.* diob, thiob, *got.* þiubs, *engl.* thief, *schwed.* tjuv ist nicht sicher geklärt. Vielleicht gehört es im Sinne von „Sichniederkauernder" zu der *idg.* Wurzel *teup- „sich niederkauern, sich verbergen"; vgl. z. B. *lit.* tū̃pi „sich hinhocken", *lett.* tupt „hocken". – Abl.: **diebisch** (*mhd.* diebisch). Zus.: **Tagedieb** (17. Jh., eigentlich „wer dem lieben Gott den Tag stiehlt"; *mnd.* dachdēf); **Diebstahl** (*mhd.* diupstāle, diepstāl; ursprünglich keine Zusammensetzung mit dem maskulinen 'Dieb', sondern mit dem im *Nhd.* untergegangenen Femininum *mhd.* diube, *ahd.* diub[i]a „Diebstahl" [das *frühnhd.* noch als 'Deube' erscheint] und dem gleichbedeutenden *ahd.* stāla, das zu ↑*stehlen* gehört).

Diele „[Fußboden]brett; Hausflur, Vorraum der Wohnung": Die *germ.* Substantivbildungen *mhd.* dil[le], *ahd.* dilla „Brett, Bretterwand, -boden in Schiffen und Häusern", *niederl.* deel „Diele, Brett; Tenne", *aengl.* đille „Planke", *schwed.* tilja „Diele, Bühne" gehören zu einem *germ.* Wort mit der Bed. „Boden", das in *aisl.* þel „Grund, Boden" bewahrt ist. Dieses Substantiv gehört mit verwandten Wörtern in anderen *idg.* Sprachen zu der *idg.* Wurzel *tel- „Fläche, Boden", vgl. z. B. *aind.* tala-m „Fläche, Ebene", *lat.* tellus „Erdboden", *lit.* tìlēs *Plural* „Bodenbretter (im Kahn)". Die Bed. „Hausflur; [Vor]raum" (auch in 'Eis-, Tanzdiele' und *oberd. mdal.* 'Heudiele' „Heuboden") geht vom Begriff des bretternen Fußbodens aus, in Norddeutschland auch von der ebenerdigen, lehmgestampften Längsdiele (*niederd.* Dele) des niedersächsischen Bauernhauses, die als Tenne und Herdraum diente und im Bürgerhaus oft zum Wohnraum wurde. – Abl.: **dielen** „mit Brettern belegen" (*mhd.* dillen, *ahd.* gi-dillōn).

dienen: Das *altgerm.* Verb *mhd.* dienen, *ahd.* dionōn, *niederl.* dienen, *schwed.* tjäna ist abgeleitet von einem *germ.* Substantiv mit der Bed. „Diener, Gefolgsmann", das in *got.* þius „Knecht", *urnord.* þewaR „Diener, Lehnsmann" bewahrt ist und als erster Bestandteil in der unter ↑*Demut* behandelten Zusammensetzung erscheint. Dieses *germ.* Substantiv bedeutet eigentlich „Läufer" und gehört zu der *idg.* Verbalwurzel *tek^{u}- „laufen", vgl. z. B. *aind.* tákti „eilt", *aind.* takvá-ḥ „eilend, rasch", als Substantiv „Läufer", *lit.* tekė́ti „laufen, fließen, rinnen" und *lett.* teksnis „Aufwärter". Die Grundbedeutung von 'dienen' ist also „Knecht sein" (wie in *lat.* servire neben servus). Sie hat sich jedoch mit der Einstellung zu Dienst und Dienstleistung vielfach gewandelt. In der Anwendung auf Sachen bedeutet es „zu etwas gebraucht werden, nützen". – Abl.: **Diener** (*mhd.* dienære; die Bed. „Verbeugung" ist im 18. Jh. aus der Höflichkeitsformel 'gehorsamster Diener' entstanden), dazu **dienern** „Verbeugungen machen" (19. Jh.); **dienlich** „nützlich" (16. Jh.); **Dienst** (*mhd.* dien[e]st, *ahd.* dionōst, vgl. *asächs.* thionōst, *aengl.* đeonest), dazu **dienstbar** (mhd. dienstbære), **dienstlich** (*mhd.* dienestlich „dienstbeflissen"; der heutige Sinn erst im 17. Jh.). Präfixbildungen: **bedienen** „jemandem Dienste erweisen, besonders jemanden am Tisch mit Speisen und Getränken versorgen" (16. Jh.), dazu **Bedienter** (17. Jh.), **Bediensteter** und **Bedienung** (17. Jh.); **verdienen** „durch Dienstleistung oder Berufsarbeit erwerben" (*mhd.* verdienen, *ahd.* ferdionōn; schon *mhd.* auch für „einen Lohn oder eine Strafe wert sein"; 'sich verdient machen' „Anspruch auf Anerkennung erwerben" ersetzt seit dem 18. Jh. älteres 'sich verdienen'), dazu **Verdienst** „Erwerb, Gewinn" oder (als Neutrum) „durch Tätigkeit erworbener Wert" (*spätmhd.* verdienst, *mnd.* vordēnst) und **verdienstlich** (18. Jh.).

Dienstag: Die Namen unserer Wochentage sind Lehnübersetzungen. Die ursprünglich babylonische siebentägige Woche hatte, z. T. durch Vermittlung der Juden, bei Römern und Griechen Eingang gefunden, wobei die Wochentage nach den Göttern der sieben alten Planeten benannt wurden (Sonne, Mond, Mars, Merkur, Jupiter, Venus, Saturn). Die Germanen lernten diese Namen im 4. Jh. kennen und bildeten sie mit den Namen der entsprechenden *germ.* Götter um (s. die Artikel für die einzelnen Wochentage). Der Name Dienstag hat sich vom Niederrhein her ausgebreitet. *Mnd.* dinges-, dinsdach, *mniederl.* dinxendach geht zurück auf den in einer *fries.-röm.* Inschrift des 3. Jh.s genannten Gott Mars Thingsus, den „Thingbeschützer" (vgl. *Ding*). Das Wort ist Nachbildung des *lat.* Martis dies (*frz.* mardi, *it.* martedì). Der germanische Gott, um den es sich hier handelt, ist der ursprüngliche Himmelsgott *ahd.* Ziu, *anegl.* Tīw, *aisl.* Tyr (der Name ist urverwandt mit *griech.* Zeus; vgl. *Zier*), der später zum Kriegsgott wurde und deshalb dem römischen Mars gleichgesetzt werden konnte. Der Name dieses Gottes ist noch in anderen Bezeichnungen des Wochentages erhalten, z. B. in *aleman.* Zištig (*mhd.* zīestac, *ahd.* ziostag), *engl.* Tuesday (*aengl.* tīwesdæg), *schwed.* tisdag (*aisl.* tȳsdagr). Entsprechend ist *bayr.* Ertag als Wort der *got.* Mission aus *griech.* Areōs hēméra „Tag des Ares" (= Mars = Ziu) entlehnt. Die *oberd.* Mundartwörter sind erst seit dem 17. Jh. von ‘Dienstag’ verdrängt worden.

dieser, diese, dies[es]: Das im Gegensatz zu ↑jener auf Naheliegendes weisende Demonstrativpronomen lautet *mhd.* diser (meist dirre), disiu, ditze od. diʒ, *ahd.* desēr (therēr), desiu, diz[i], ähnl. im *Asächs., Aengl.* u. *Aisl.* (*engl.* this, *schwed.* denne, denna, detta). Das alte Demonstrativ ↑*der* wurde verstärkt durch Verschmelzung mit einem zu *idg.* *so (vgl. *sie*) gehörenden -si, das dann schon im *Ahd.* die Flexion an sich gezogen hat. – Abl.: **diesjährig** (im 18. Jh. aus dem Akkusativ ‘dies Jahr’); **diesseits** (*mhd.* dissīt „auf dieser Seite"; *nhd.* als Präposition mit dem Genitiv), dazu **Diesseits** „irdisches Leben" (im 19. Jh. als Gegenwort zu ↑Jenseits); **diesseitig** (17. Jh.).

diesig: Der Ausdruck für „neblig, dunstig, trüb" wurde erst Ende des 19. Jh.s aus der Sprache der *nordd.* Küstenbewohner ins *Hochd.* übernommen. *Niederd.* dīsig (beachte *mnd.* dīsinge „Nebelwetter"), *niederl.* dijzig „neblig", *schwed.* disig „dunstig, trüb, diesig" gehören zu der Wortgruppe von ↑*Dämmerung*.

Dietrich „Nachschlüssel": *Spätmhd.* dieterich (um 1400), *mnd.* diderīk, auch diez (16. Jh.) und *mnd.* dirker sind scherzhafte Übertragungen des Vornamens auf den sonst *mhd.* diep-, miteslüʒʒel, *ahd.* aftersluʒʒil genannten Hakenschlüssel. Die gleiche Übertragung finden wir z. B. auch bei dem Vornamen Klaus (*rhein.* Klas „Nachschlüssel, Dietrich") und bei dem *engl.* Namen James, dessen Koseform jemmy „Brecheisen" bedeutet.

diffamieren „in Verruf bringen, verleumden": Das Verb wurde um 1600 aus gleichbed. *lat.* diffamare entlehnt (vgl. *dis..., Dis...* und *famos*). Abl.: **Diffamie** „Verleumdung".

Differenz „Unterschied; Meinungsverschiedenheit": Das Substantiv wurde Ende des 15. Jh.s aus *lat.* differentia „Verschiedenheit" (zu *lat.* dif-ferre; vgl. *differieren*) entlehnt. Ableitungen und Zusammensetzungen: **differenzieren** „unterschiedlich behandeln; Differentialrechnung anwenden"; [1]**Differential** „unendlich kleine Differenz" (18. Jh.; *nlat.* Bildung); dazu: **Differentialrechnung** (18. Jh.); [2]**Differential** „Differentialgetriebe; Getriebe bei Kraftwagen, das den in Kurven auftretenden Unterschied in der Drehzahl zwischen Außen- und Innenrad ausgleicht" (20. Jh.).

differieren „abweichen, verschieden sein": Das Verb wurde im 17. Jh. (vielleicht durch Vermittlung von *frz.* différer) aus gleichbed. *lat.* dif-ferre (eigentlich „auseinandertragen") entlehnt (vgl. *dis..., Dis...* und *offerieren*).

diffizil „schwierig; heikel": Das Adjektiv wurde um 1700 aus *frz.* difficile entlehnt, das auf *lat.* difficilis (< *disfacilis) „nicht leicht zu tun" zurückgeht. Grundwort ist *lat.* facere „machen, tun" (vgl. *dis..., Dis...* und *Fazit*).

diffus „zerstreut, ungeordnet": Das hauptsächlich in der Fügung ‘diffuses Licht’ „verschwommenes, weiches Licht ohne geordneten Strahlenverlauf" gebräuchliche Adjektiv ist entlehnt aus *lat.* diffusus, dem Part. Perf. von diffundere „ausgießen; zerstreuen" (vgl. *dis..., Dis...* und *Fusion*).

diktieren „(zum Nachschreiben) vorsprechen; vorschreiben, aufzwingen": Das Verb wurde im 15. Jh. aus gleichbed. *lat.* dictare, dem Intensivum von dicere „sagen, sprechen", entlehnt. Aus dem Part. Perf. *lat.* dictatum „Diktiertes" stammt das Substantiv **Diktat** „Niederschrift, Nachschrift; Machtspruch" (um 1600). Daneben *lat.* dictator im Fremdwort **Diktator** „unumschränkter Gewalthaber, Gewaltmensch" (16. Jh.) – wozu als Adjektiv **diktatorisch** „gebieterisch, willkürlich" (16. Jh.; nach *lat.* dictatorius) gehört –, ferner *lat.* dictatura in **Diktatur** „unumschränkte Gewaltherrschaft" (16. Jh.). – *Lat.* dicere (eigentliche Bed. „mit Worten auf etwas hinweisen"), das urverwandt ist mit *nhd.* ↑*zeihen*, ist auch Stammwort für folgende Lehn- und Fremdwörter: Diktion, Diktionär, dedizieren, Dedikation, dito, Indikativ, Indiz, Prädikat, predigen, Predigt, Prediger, Index (s. die einzelnen Artikel). Vgl. noch das Lehnwort [2]*dichten*.

Diktion *w* „Ausdrucksweise, Stil": Das Fremdwort wurde am Ende des 15. Jh.s aus *lat.* dictio entlehnt. Dies gehört zu dicere „sagen, sprechen" (vgl. *diktieren*).

Diktionär: Der veraltende Ausdruck für „Wörterbuch" wurde im 18. Jh. aus *frz.* dictionnaire entlehnt, das auf *mlat.* dictionarium zurückgeht. Dies gehört zu *lat.* dictio „das Sagen, der Ausdruck" (über das Stammwort *lat.* dicere vgl. *diktieren*).

Dilemma „Zwangslage": Das Fremdwort wurde im 17. Jh. aus *lat.* dilemma bzw. *griech.* di-lēmma „Doppelsatz" (eigentlich „Doppelfang, Zwiegriff") entlehnt. Dieser ursprünglich der Logik zugehörige Terminus bezeichnet eigentlich eine Art „Fangschluß", der eine Entscheidung nur innerhalb von zwei gleich unangenehmen Möglichkeiten eines Alternativsatzes (entweder – oder) zuläßt. Stammwort ist *griech.* lambánein „nehmen, ergreifen".

Dilettant: Das seit dem 18. Jh. bezeugte Fremdwort bezeichnete zunächst nur den nicht beruflich geschulten Künstler bzw. den Kunstliebhaber, dann allgemeiner den Nichtfachmann und schließlich abwertend den Stümper. Das Wort ist aus gleichbed. *it.* dilettante entlehnt. Das zugrundeliegende Verb *it.* dilettare geht auf *lat.* delectare zurück und bedeutet wie dieses „ergötzen, amüsieren". Stammwort ist *lat.* lacere „verlocken" bzw. das Intensiv lactare „locken, ködern", das zusammenhängt mit *lat.* laqueus „Strick als Schlinge" (daraus unser Lehnwort ↑*Latz*). Die vermittelnde eigentlich Bedeutung von lacere wäre dann etwa „in eine Schlinge locken, bestricken". – Abl.: **dilettantisch** „laienhaft; stümperhaft" (um 1800); **Dilettantismus** „Laienhaftigkeit; Stümperhaftigkeit" (um 1800; aus *it.* dilettantismo).

Dill: Der *altgerm.* Pflanzenname *mhd.* tille, *ahd.* tilli (daneben tilla), *niederl.* dille, *engl.* dill, *schwed.* dill ist unbekannter Herkunft. Der Anlaut d ist *niederd.* wie in 'Damm, Dohle' u. a.

Dimension „Ausdehnung, Ausmaß, Bereich": Das Fremdwort wurde im 16. Jh. (vielleicht durch *frz.* Vermittlung) aus *lat.* dimensio „Ausmessung, Abmessung, Ausdehnung" entlehnt. Zugrunde liegt *lat.* di-metiri „nach allen Seiten hin abmessen". Über weitere Zusammenhänge vgl. *dis..., Dis...* und *Mensur*. – Abl.: **dimensional** „die Ausdehnung betreffend" (20. Jh.), dazu **dreidimensional** „räumlich, plastisch".

Diner: Der Ausdruck für „Mittagessen, Festmahl" wurde im 18. Jh. aus *frz.* dîner entlehnt, dem substantivierten Infinitiv von dîner. Das *frz.* Zeitwort (*afrz.* disner) bedeutete zunächst allgemein „eine Hauptmahlzeit zu sich nehmen". Da die Hauptmahlzeit des Tages regional verschieden eingenommen wird, kann 'dîner' bald „Mittagessen", bald „Abendessen" bedeuten. Während sich bei uns für 'Diner' die Bedeutung „Mittagsmahl" eingebürgert hat, bezeichnet das um 1900 übernommene, gleichfalls auf *afrz.* disner (s. o.) zurückgehende *engl.* Fremdwort **Dinner** die zur „Abendzeit eingenommene Hauptmahlzeit". Dem *frz.* Wort voraus liegt *vlat.* *disieiunare „zu fasten aufhören", das zu *lat.* dis (vgl. *dis..., Dis...*) und ieiunus „nüchtern, hungrig" gehört. Die weitere Herkunft des Wortes ist unsicher. Dazu: **dinieren** „zu Mittag essen; speisen" (18./19. Jh.; aus dem *frz.* Zeitwort dîner, s. o.).

Ding: Das heute im Sinne von „Gegenstand, Sache" verwendete Wort stammt aus der *germ.* Rechtssprache und bezeichnete ursprünglich das Gericht, die Versammlung der freien Männer. Als „Gericht" galt *ahd.* thing, ding, *mhd., mnd.* dinc bis zum Ausgang des Mittelalters. In *schwed.* ting „Gericht", *norweg.* storting, *dän.* folketing „Parlament" und der historisierenden *nhd.* Form 'Thing' lebt die alte Bedeutung bis heute fort. Jedoch zeigte sich im *Dt.* von Anfang an wie bei *engl.* thing und *schwed.* ting die Bed. „Sache, Gegenstand" (eigentlich „Rechtssache, Rechtshandlung", beachte die ähnliche Entwicklung von ↑Sache und *frz.* chose). *Germ.* *þinga-z „Volksversammlung", das auch in ↑Dienstag enthalten ist, gehört wahrscheinlich zu der unter ↑*dehnen* behandelten *idg.* Wurzel *ten- „dehnen, ziehen, spannen", und zwar entweder im Sinne von „Zusammenziehung (von Menschen), Zusammenkunft, Versammlung" oder aber im Sinne von „Flechtwerk, Hürde, eingefriedeter Platz (für Volksversammlungen)", was auf einem Bedeutungsübergang von „dehnen, ziehen, spannen" zu „winden, flechten" beruhen würde. Der alte rechtliche Sinn von 'Ding' erscheint teilweise noch in den Wortgruppen um 'dingen' (s. u.) und ↑verteidigen, der heutige in Bildungen wie ↑allerdings und den jüngeren 'neuer-, schlechter-, platterdings'. *Ugs.* bezeichnet 'Ding' (*Plural* Dinger) unbedeutende oder geringe Sachen, auch Kinder und junge Mädchen. – Abl.: **dingen** (s. d.); **dinglich** „gegenständlich; das Recht an Sachen betreffend" (*mhd.* dingelīch, *ahd.* dinglīh „dem Gericht zugehörig"); **Dings** *ugs.* für „unbestimmter oder unbekannter Mensch, Ort oder Gegenstand" (im 16. Jh. aus dem partitiven Genitiv in Wendungen wie 'ein stück dings', *mhd.* 'vil dinges' verselbständigt), vgl. dazu die gleichbedeutenden *ugs.* Ausdrücke **Dingsbums** (19. Jh.) und **Dingsda** (19. Jh.); Zus.: **dingfest** (die Wendung 'dingfest machen' „verhaften" ist erst im 19. Jh. belegt, gehört aber zu Ding „Gericht" wie das veraltete Gegenwort 'dingflüchtig', *mhd.* dincfluhtic „wer sich dem Gericht entzieht").

dingen „in Dienst nehmen": Das *altgerm.* ursprünglich schwache Verb *mhd.* dingen, *ahd.* dingōn „vor Gericht verhandeln", *niederl.* dingen „dingen; markten, abhandeln", *aengl.* đingian „bitten, verlangen; sich vertragen, beschließen", *schwed.* tinga „bestellen; mieten" ist eine Ableitung von dem unter ↑*Ding* behandelten Substantiv. Es erhielt im 17. Jh. starke Formen, von denen nur das 2. Part. gedungen üblich blieb, während das Präteritum dang meist auf die Präfixbildung 'er bedang [sich aus]' beschränkt blieb. Die *mhd.* Nebenbedeutung „vertraglich gegen Lohn in Dienst nehmen" ist heute die einzige des seltenen Verbs. Zusammensetzungen und Präfixbildungen: **abdingen** (*mhd.* abedingen „vereinbaren, abmachen", heute besonders „[vom Preis] abhandeln"), dazu die Adjektive **[un]abdingbar** (20. Jh.); **bedingen** (s. d.).

dinieren ↑Diner.

Dinkel: Die besonders im schwäbisch-alemannisch Gebirgsland angebaute Weizenart (auch Spelt genannt, s. d.) heißt *mhd.* dinkel, *ahd.* dinchel, thincil. Die Herkunft des nur *hochd.* bezeugten Wortes ist unbekannt.

Dinner ↑Diner.

Diözese: Die Bezeichnung für „Amtsbezirk eines [katholischen] Bischofs; (früher:) evangelischer Kirchenkreis" wurde im 16. Jh. aus *lat.* dioecesis entlehnt, das auf *griech.* dioíkēsis „Verwaltung[sbezirk]" zurückgeht. Dies gehört zu *griech.* di-oikeīn „verwalten". Zugrunde liegen *griech.* diá „[hin]durch" (vgl. *dia..., Dia...*) und *griech.* oĩkos „Haus" (vgl. *Ökumene*). Es handelt sich also eigentlich um einen Begriff der Hauswirtschaft (wörtlich „durch das Haus walten"), der die gleiche Bedeutungserweiterung aufweist wie unsere Wörter *Haushalt – Staatshaushalt*.

Diphtherie: Der Name der Infektionskrankheit des Hals- und Rachenraums wurde im 19. Jh. aus *frz.* diphtérie, einer Bildung zu *griech.* diphthéra „Haut, Fell", entlehnt. Die Krankheit ist nach dem dicken, grau-weißen haut- oder fellartigen Belag auf den Mandeln und der Umgebung benannt.

Diphthong: Der sprachwissenschaftliche Ausdruck für „Zwielaut" (Gebilde aus zwei verschiedenen Selbstlauten) wurde im 15./16. Jh. entlehnt aus *lat.* diphtongus, *griech.* díphthoggos, einem substantivierten Adjektiv (eigentlich „zweifach tönend"), das zu *griech.* dís „zweimal" (vgl. [2]*di..., Di...*) und phthóggos „Ton, Laut", phthéggesthai „tönen" gehört.

Diplom „[Ehren]urkunde, Zeugnis": Die Form 'Diplom' trat im 18. Jh. an die Stelle von älterem 'Diploma', das auf *lat.* diploma < *griech.* dí-plōma zurückgeht. Das Wort bedeutet eigentlich „zweifach Gefaltetes", woraus dann die Bed. „Handschreiben auf zwei zusammengelegten Blättern; Urkunde" entsteht. Das zugrundeliegende Adjektiv *griech.* di-plóos „zweimal gefaltet" entspricht genau *lat.* duplus im Lehnwort ↑doppelt. Über das Präfix vgl. [2]*di..., Di...*, über den zweiten Wortbestandteil vgl. den Artikel *falten*.

Diplomat „höherer Beamter im auswärtigen Dienst, der durch Beglaubigungsschreiben" seiner Regierung akkreditiert ist": Das Fremdwort wurde im 19. Jh. aus *frz.* diplomate entlehnt, einer Rückbildung aus diplomatique „urkundlich" (zu *lat.* diploma „Urkunde"; vgl. *Diplom*). Nach der politischen Wendigkeit, die von einem Diplomaten verlangt wird, bezeichnet man auch einen Menschen allgemein als Diplomaten, wenn er sich im Umgang mit seinen Mitmenschen durch ein klug berechnendes, aber nach allen Seiten zu Kompromissen geneigtes Wesen auszeichnet. Diese Bedeutung ist besonders auch in den folgenden Ableitungen lebendig: **Diplomatie** (18. Jh.; aus *frz.* diplomatie); **diplomatisch** (18. Jh.; aus *frz.* diplomatique).

dir ↑du.

direkt „gerade, unmittelbar": Das Adjektiv wurde um 1500 aus *lat.* directus „gerade, ausgerichtet" entlehnt. Dies gehört zu *lat.* dirigere „ausrichten" (vgl. *dirigieren*). Abl.: **Direktheit** (20. Jh.).

Direktion „Richtung, Anweisung; [Geschäfts]leitung": Das Fremdwort wurde im 16. Jh. aus gleichbed. *frz.* direction entlehnt, das auf *lat.* directio „das Ausrichten" zurückgeht. Dies gehört zu *lat.* dirigere (vgl. *dirigieren*).

Direktive „Weisung, Verhaltungsregel": Das seit dem 19. Jh. bezeugte Fremdwort ist wahrscheinlich zurückgebildet aus der Zusammensetzung 'Direktivnorm'. Zugrunde liegt ein von *lat.* dirigere (vgl. *dirigieren*) abgeleitetes Adjektiv (*nlat.* *directivus „richtungweisend").

Direktor „Leiter, Vorsteher": Das Fremdwort, das im 17. Jh. aus *lat.* director entlehnt wurde, gehört zu *lat.* dirigere (vgl. *dirigieren*). – Dazu **Direktorium** „Vorstand, leitende Behörde" (17. Jh.; aus *lat.* directorium); **Direktrice** „Leiterin" (18. Jh.; aus *frz.* directrice < *nlat.* directrix).

dirigieren „leiten": Das Verb wurde im 16. Jh. aus *lat.* dirigere „ausrichten; leiten" (< dis-regere) entlehnt (vgl. *dis..., Dis...* und *regieren*). Aus dem Part. Präs. *lat.* dirigens stammt das Substantiv **Dirigent** „[Chor]leiter, Kapellmeister" (19. Jh.). – Zu *lat.* dirigere gehören zahlreiche Ableitungen und Nominalbildungen, die in entsprechenden Fremdwörtern eine Rolle spielen, so in ↑Adresse, ↑adrett, ↑direkt, ↑Direktion, ↑Direktive, ↑Direktor, ↑Directrice, ↑Dirigent, ↑Dreß, ↑dressieren.

Dirne: Das auf das *dt.* und *niederl.* Sprachgebiet beschränkte Wort *mhd.* dierne, *ahd.* thiorna, *mnd.* dērne, *niederl.* deern[e] geht zurück auf **germ.* þewerno „Jungfrau", das vermutlich zu der unter ↑[1]*Degen* (ursprünglich „männliches Kind") behandelten *idg.* Wurzel gehört. Die *nord.* Sippe von *schwed.* tärna „Mädchen, Maid" stammt aus dem *Mnd.* Die alte Bedeutung „Jungfrau, Mädchen" ist noch in den Mundarten bewahrt, beachte z. B. *nordd.* 'Deern' und *bayr.-österr.* 'Dirndl' (s. u.). In *mhd.* Zeit wurde das Wort dann auch im Sinne von „Dienerin, Magd" verwendet und gelangte schließlich im 16. Jh. zu der heutigen Bedeutung „Hure". Abl.: **Dirndl** *bayr.-österr.* für „junges Mädchen" (im 19. Jh. literarisch), dazu **Dirndl[kleid]** „trachtenartiges Kleid" (1. Hälfte des 20. Jh.s).

dis..., Dis..., (vor f:) dif..., Dif..., oft auch gekürzt zu di..., Di...: Die Vorsilbe, die eine Trennung, eine Unterbrechung oder auch den Gegensatz zu dem im Grundwort Ausgedrückten bezeichnet, stammt aus gleichbed. *lat.* dis- (eigentliche Bed. „entzwei") – urverwandt mit *dt.* ↑*zer...* –, das im *Frz.* als dés... (dé...) erscheint. Daraus *dt.* des..., Des..., in Fremdwörtern wie ↑Desaster „Unstern".

Diskant: Die Bezeichnung für „hohe Gegenstimme zur Hauptstimme; oberste Stimme, Sopran" wurde im 15. Jh. aus *mlat.* dis-cantus „abweichende Gegenstimme" entlehnt, das zu *lat.* dis- (vgl. *dis..., Dis...*) und cantus „Gesang", cantare „singen" (vgl. *Kantor*) gehört.

Diskont *m* „Zinsabzug bei noch nicht fälligen Zahlungen (besonders beim Ankauf eines Wechsels)": Der Bankausdruck wurde im 17. Jh. aus *it.* disconto entlehnt, das auf *mlat.* discomputus „Abrechnung, Abzug" zurückgeht. Dies gehört zu *lat.* dis- (vgl. *dis..., Dis...*) und *lat.* computare „zusammenrechnen" (vgl. *Konto*). Abl.: **diskontieren** „Zinsen abziehen" (19. Jh.).

Diskothek, Kurzform: Disko „Schallplattensammlung; Tanzlokal mit Schallplatten- oder Tondbandmusik": Das Wort wurde im 20. Jh. vermutlich aus *frz.* discothèque entlehnt, einer Bildung zu *frz.* disque „Schallplatte" (aus *lat.* discus, *griech.* dískos „Scheibe"; vgl. *Diskus*) und *frz.* ...thèque (aus *griech.* thḗkē „Behältnis", vgl. *Theke*). Das Wort ist nach dem Vorbild von Zusammensetzungen wie ↑Bibliothek gebildet. Aus dem *Engl.* ist dagegen **Diskjockey** „jemand, der Schallplattenmusik präsentiert" entlehnt.

diskreditieren ↑Kredit.

Diskrepanz „Mißverhältnis; Widersprüchlichkeit": Das Fremdwort wurde um 1600 aus gleichbed. *lat.* discrepantia entlehnt, einer Bildung zum Part. Präs. discrepans (discrepantis) von dis-crepare „nicht übereinstimmen". Dies ist eine Bildung aus *lat.* dis- (vgl. *dis..., Dis...*) und *lat.* crepare „platzen, bersten" (vgl. *krepieren*).

diskret „verschwiegen, zurückhaltend; abgesondert": Das Adjektiv wurde um 1600 entlehnt aus *frz.* discret (< *mlat.* discretus), das entsprechend seiner Zugehörigkeit zu *lat.* discernere (discretum) „scheiden, trennen; unterscheiden" zwei Grundbedeutungen entwickelt hat: „abgesondert" und „fähig, unterscheidend wahrzunehmen". Aus der letzteren entwickelte sich die Bed. „verschwiegen, zurückhaltend", etwa als Folge des „abständigen Betrachtens" der Dinge. – Dazu stellt sich die Gegenbildung **indiskret** „nicht verschwiegen, taktlos, zudringlich" (18. Jh.), ferner das Substantiv **Diskretion** „Verschwiegenheit, taktvolle Zurückhaltung", das im 16. Jh. – unter dem Einfluß von *frz.* discrétion – aus *lat.* discretio „Absonderung; Unterscheidung" entlehnt wurde. – *Lat.* dis-cernere ist durch ↑*dis..., Dis...* verstärktes cernere „sondern, scheiden" (vgl. *Dezernent*).

diskriminieren „herabsetzen, herabwürdigen": Das Verb wurde im 19. Jh. aus *lat.* discriminare „trennen, absondern" entlehnt. Es bedeutet demnach eigentlich etwa „jemanden von anderen absondern, ihn unterschiedlich behandeln und damit in den Augen der anderen herabsetzen". Zugrunde liegt *lat.* discrimen „Trennendes, Unterschied", das zu *lat.* discernere „trennen" gehört (vgl. *diskret*). Zu den weiteren Zusammenhängen vgl. *Dezernent.*

Diskus „Wurfscheibe": Der Name des Sportgeräts wurde um 1800 aus gleichbed. *lat.* discus (daraus auch unser Lehnwort ↑Tisch) entlehnt, das auf *griech.* dískos zurückgeht. Das *griech.* Wort gehört wohl zu *griech.* diskeīn „werfen".

diskutieren „erörtern, besprechen": Das seit dem 16. Jh. gebräuchliche Verb ist – wohl über *frz.* discuter – aus *lat.* discutere (discussum) „zerschlagen, zerteilen, zerlegen" in dessen übertragener Bed. „eine zu erörternde Sache zerlegen, sie im einzelnen durchgehen" entlehnt. Grundverb ist *lat.* quatere „schütteln, erschüttern; stoßen; beschädigen" – dazu als Intensivbildung *lat.* quassare „schütteln, erschüttern; zerschmettern", *vlat.* *quassicare „zerbrechen" > *span.* cascar (↑Kasko) –, das urverwandt ist mit *dt.* ↑*schütten.* – Abl.: **diskutabel** „erwägenswert; strittig" (19. Jh.; aus *frz.* discutable < *nlat.* discutabilis), dazu als Gegenbildung **indiskutabel** „nicht der Erörterung wert"; **Diskussion** „Erörterung, Aussprache" (16. Jh.; aus gleichbed. *lat.* discussio).

dispensieren „[vorübergehend] freistellen, entbinden": Das Verb wurde in *mhd.* Zeit (*mhd.* dispensiren) aus *mlat.* dispensare entlehnt, das zum Part. Perf. dispensus von *lat.* dispendere „zuwägen, austeilen" gehört (zu *lat.* pendere „wägen"; vgl. *Pensum*). Abl.: **Dispens** „Freistellung" (um 1500; aus *mlat.* dispensa).

disponieren „planen, verfügen, einteilen": Das Verb wurde im 16. Jh. aus gleichbed. *lat.* dis-ponere (vgl. *dis..., Dis...* und *Position*) entlehnt. Dies bedeutet eigentlich „auseinanderstellen" – nämlich „in einer bestimmten Ordnung aufstellen". Abl.: **disponiert** „aufgelegt, gestimmt" (verselbständigtes Partizip; 16. Jh.), dazu als Gegenbildung **indisponiert** „nicht in der rechten Verfassung, unpäßlich". Aus dem Part. Präs. von *lat.* disponere stammt das Substantiv **Disponent** „Planer, Verfügender" (18. Jh.). Das Nomen *lat.* dispositio „Anordnung" erscheint in unserem Fremdwort **Disposition** „Planung, Verfügung; [innere] Verfassung" (16. Jh.).

Disput „Wortwechsel, Streitgespräch": Das Substantiv wurde in *spätmhd.* Zeit aus *frz.* dispute entlehnt. Das zugrundeliegende Verb *frz.* disputer stammt wie entsprechend *dt.* **disputieren** „Streitgespräche führen, seine Meinung vertreten" (13. Jh.) aus *lat.* dis-putare „nach allen Seiten erwägen" (wörtlich: „auseinanderschneiden"). Die Bedeutungsentwicklung ist ähnlich wie bei dem unverwandten ↑diskutieren. Über weitere Zusammenhänge vgl. *dis..., Dis...* und *amputieren.*

Disqualifikation, disqualifizieren ↑Qualität.

Dissertation „wissenschaftliche Arbeit zur Erlangung der Doktorwürde": Das Fremdwort wurde im 17. Jh., zunächst in der allgemeinen Bed. „wissenschaftliche Abhandlung", aus *lat.* dissertatio „Erörterung" entlehnt. Zugrunde liegt *lat.* dis-sertare „auseinandersetzen, entwickeln", ein Intensiv zu *lat.* dis-serere. Über weitere Zusammenhänge vgl. *dis..., Dis...* und *Serie.*

Dissonanz „Mißklang; Unstimmigkeit": Das Fremdwort wurde als musikalischer Terminus in *spätmhd.* Zeit aus gleichbed. *spätlat.* dissonantia entlehnt, das zu *lat.* dis-sonare „mißtönen" (vgl. *dis..., Dis...*und *sonor*) gehört.

Distanz „Abstand": Das Substantiv wurde im 15. Jh. aus gleichbed. *lat.* distantia entlehnt und geriet dann z. T. unter den Einfluß von *frz.* distance. Zugrunde liegt *lat.* di-stare „auseinanderstehen". Über weitere Zusammenhänge vgl. *dis..., Dis...* und *stabil.* Abl.: **distanzieren** „Distanz halten; abrücken; [im Wettkampf] hinter sich zurücklassen, überbieten" (19. Jh.; z. T. unter dem Einfluß von *frz.* distancer).

Distel: Der *altgerm.* Pflanzenname *mhd.* distel, *ahd.* distil[a], *niederl.* distel, *engl.* thistle, *schwed.* tistel gehört zu der unter ↑*Stich* dargestellten *idg.* Wurzel *[s]teig- „stechen; spitz". Die Pflanze ist also nach ihren Stacheln benannt. Zus.: **Distelfink** (*mhd.* distelvinke, *ahd.* distelfinko, so benannt, weil sich der Vogel vorwiegend von Distelsamen ernährt).

Distrikt „Bezirk": Das Wort bezeichnete

ursprünglich als Terminus des Feudalwesens etwa den „Zwingbezirk", innerhalb dessen dem Lehnsherrn die freie Ausübung der Gerichtsbarkeit gegenüber den Hörigen zustand. Es wurde im 16. Jh. aus *spätlat.* districtus „Umgebung der Stadt" entlehnt, das zu *lat.* di-stringere (districtum) „auseinanderziehen, -dehnen; von allen Seiten zusammenschnüren, einengen" gehört (vgl. *dis..., Dis...* und *strikt*). In jüngster Zeit geriet das Wort unter den Einfluß von *engl.-amerik.* district.

Disziplin „Zucht, Ordnung; Wissenszweig; Unterabteilung": Das Fremdwort wurde in *mhd.* Zeit (*mhd.* disciplīne) aus *lat.* disciplina „Schule; Wissenschaft; schulische Zucht" entlehnt. Das zugrundeliegende Substantiv *lat.* discipulus „Lehrling, Schüler" gehört wohl zu einem nicht bezeugten Kompositum von *lat.* capere (vgl. *kapieren*), nämlich *lat.* *dis-cipere „(geistig) zergliedern, um zu erfassen" (zum 1. Bestandteil vgl. *dis..., Dis...*). Abl.: **disziplinarisch** „streng"; **disziplinieren** „an Zucht und Ordnung gewöhnen" (15. Jh.).

dito „desgleichen, ebenso": Das Adverb wurde als Ausdruck der Geschäftssprache im 15. Jh. aus gleichbed. *it.* detto (*toskan.* ditto) entlehnt, das eigentlich „das Besagte" bedeutet und das substantivierte Part. Perf. von *it.* dire „sagen" (aus *lat.* dicere; vgl. *diktieren*) ist.

Diva: Die Bezeichnung für „gefeierte Künstlerin" wurde im 19. Jh. aus gleichbed. *it.* diva (eigentlich „Göttliche") entlehnt. Es bezeichnet also die abgöttisch verehrte Künstlerin. Zugrunde liegt *lat.* diva (divus) „göttlich", das zum Stamm von *lat.* deus (*alat.* deivos) „Gott" gehört.

divers „verschieden", im *Plural* „einige, mehrere": Das Adjektiv wurde im 17. Jh. aus *lat.* diversus „verschieden" entlehnt, das zu di-vertere „auseinandergehen, sich abwenden" (vgl. *Vers*) gehört. Dazu gehört auch *lat.* diversio „Ablenkung", auf das *russ.* diversija zurückgeht. Daraus entlehnt ist **Diversion** „Sabotage, Störmanöver"; aus *russ.* diversant stammt **Diversant** „jemand, der Sabotage treibt, Störmanöver durchführt" (beide 20. Jh.).

Dividende: Die Bezeichnung für den auf eine Aktie entfallenden Anteil vom Reingewinn wurde im 18. Jh. aus *frz.* dividende, *lat.* dividendum „das zu Teilende" entlehnt. Dies gehört zu *lat.* dividere „teilen" (vgl. *dividieren*).

dividieren „teilen": Das Verb wurde in *spätmhd.* Zeit aus *lat.* di-videre (divisum) „auseinandertrennen, teilen" entlehnt. Dessen Grundwort *videre ist als einfaches Verb nicht bezeugt. Es gehört zusammen mit *lat.* vidua „Witwe" – dazu viduus „verwitwet; einsam" – zur *idg.* Sippe von *nhd.* ↑*Witwe.* Verschiedene Ableitungen von *lat.* dividere spielen als Fremdwörter in unserem Wortschatz eine Rolle, so in ↑[1]Division, ↑[2]Division, ↑Dividende, ↑Devise, ↑Devisen, ↑Individuum (*lat.* in-dividuus „unteilbar"), ↑individuell, ↑Individualismus, ↑Individualist usw.

[1]**Division** „Teilung": Das seit dem 15. Jh. – vor allem als mathematischer Fachausdruck – gebräuchliche Wort ist aus gleichbed. *lat.* divisio entlehnt, das zu *lat.* dividere „teilen" (vgl. *dividieren*) gehört. [2]**Division** „Heeresteil": Das Wort wurde als militärischer Fachausdruck zu Beginn des 18. Jh.s aus gleichbed. *frz.* division (eigentlich „Abteilung") entlehnt, das auf *lat.* divisio zurückgeht (s. o.).

Diwan „Sofa": Das Wort wurde im 18. Jh. durch *roman.* Vermittlung (*frz.* divan, *it.* divano) aus *türk.* divan entlehnt, das zunächst den mit Polsterbänken oder Sitzkissen ausgestatteten Empfangsraum in den Häusern vornehmer Türken bezeichnet, dann auch solche Polsterbänke selbst. Voraus liegt *pers.* dīwān „Schreib-, Amtszimmer; [Sitz des] Staatsrat[es]". Das Wort gehört zu *pers.* dabīr „Schreiber" und bedeutete ursprünglich „Sammlung beschriebener Blätter", dann auch „Gedichtsammlung". Letztere Bedeutung wurde bei uns durch Goethes 'Westöstlichen Diwan' (1819) bekannt.

Döbel, döbeln ↑Dübel.

Dobermann: Der Wach- und Polizeihund heißt eigentlich 'Dobermannpinscher' nach dem Hundezüchter Dobermann, der die Rasse um 1890 in Apolda durch Kreuzung aus Pinscher und deutschem Schäferhund entwickelte.

doch: Das *gemeingerm.* Wort (Adverb u. Konjunktion des Gegensatzes) lautet *mhd.* doch, *ahd.* doh, *asächs.* thoh, *aengl.* þeah, *aisl.* Þō. Seine Bildung wird in *got.* þauh „doch" deutlich, das aus þau „als, oder, doch" und -[u]h „und" (verwandt mit *lat.* -que „und") zusammengesetzt ist.

Docht: Die heutige Form hat sich durch Verdumpfung von ā zu o aus *mhd., ahd.* tāht entwickelt. Das Wort, dem *aisl.* þāttr „Draht, Faden, Docht" entspricht, bedeutet eigentlich „Zusammengedrehtes" und ist z. B. verwandt mit *lat.* texere „weben, flechten" (vgl. *Technik*).

Dock „Anlage zum Trockenstellen und Ausbessern von Schiffen": Das im *Hochd.* zuerst im 18. Jh. als Dok, Docke bezeugte Wort ist aus dem *Niederl.* oder *Engl.* entlehnt worden. *Niederl.* dok, *mniederl.* doc[ke], *engl.* dock, älter dok, docke sind seit dem 16. Jh. bezeugt; das zufällig früher bezeugte *mnd.* docke (15. Jh.) bezieht sich nur auf Schiffsanlagen in London. Der Ursprung des Wortes ist ungeklärt. Beachte die Zusammensetzungen **Schwimmdock** (Ende des 19. Jh.s, vorher 'schwimmendes Dock' nach *engl.* floating dock) und **Trockendock** (19. Jh., nach *engl.* dry dock).

Dogge: Die Bezeichnung für die Hunderasse wurde im 17. Jh. über das *Niederd.* aus *engl.* dog „Hund" entlehnt, nachdem das Wort bereits im 16. Jh. in der Form dock[e] herübergekommen war. Die weitere Herkunft des Wortes ist unbekannt. Beachte noch die Zusammensetzung **Bulldogge** (↑[1]Bulle).

Dogma „Kirchenlehre; [Glaubens]satz; Lehrmeinung": Das Substantiv wurde im 16. Jh. aus *griech.-lat.* dógma „Meinung, Lehrsatz" – zu *griech.* dokeúein, dokeīn „meinen, scheinen" – entlehnt. Über weitere Zusammenhänge vgl. den Artikel *dezent.* Abl.: **Dogmatik** „Glaubenslehre; dogmatische Gesinnung“ (18. Jh.), dazu **Dogmatiker** (18. Jh.); **dogmatisch** „lehrhaft; streng [an Glaubens-, Lehrsätze] gebunden“ (18. Jh.; nach *lat.* dogmaticus < *griech.* dogmatikós).

Dohle: Die heute übliche Form des Vogelnamens stammt aus dem *Mitteld. (Thüring.)* und erlangte im 16. Jh. gemeinsprachliche Geltung. *Mhd.* tahele, tāle (beachte *mdal.* Dahle) ist eine Verkleinerungsbildung zu gleichbed. *mhd.* tahe, *ahd.* taha, vgl. *engl.* daw „Dohle“. Der kleine Rabenvogel ist nach seinem eigentümlichen Lockruf benannt.

Doktor (höchster akademischer Grad, Abk.: 'Dr.'; *ugs.* auch für „Arzt“): Das Wort wurde im 15. Jh. aus *mlat.* doctor „Lehrer“ – zu *lat.* docere „lehren“ (vgl. *dozieren*) – entlehnt. Die Bed. „Arzt“ erscheint schon im 16. Jh. zur Unterscheidung des durch Hochschulstudium ausgebildeten vom ungelehrten Heilkundigen. Abl.: **doktern, herumdoktern** *ugs.* und scherzhaft, zuweilen auch abfällig für „den Arzt spielen; ohne ärztliche Beratung zu heilen versuchen“ (17. Jh.); **doktorieren** „an der Doktorschrift arbeiten; die Doktorwürde erlangen“ (16. Jh.; aus *mlat.* doctorare); **Doktorand** „jemand, der doktoriert“ (16. Jh.; aus *mlat.* doctorandus); **Doktorat** „Doktorwürde“ (16. Jh.; aus *mlat.* doctoratus).

Doktrin „Lehrsatz, Lehrmeinung“: Das seit dem 16. Jh. bezeugte Fremdwort stammt wie entsprechend *frz.* doctrine aus *lat.* doctrina „Lehre“, das zu *lat.* docere „lehren“ (vgl. *dozieren*) gehört. – Zu *frz.* doctrine gehört die Ableitung doctrinaire „an einer Lehrmeinung starr festhaltend“, das zum politischen Schlagwort im Sinne von „fanatisch“ wurde. Daraus wurde im 19. Jh. unser Fremdwort **doktrinär** entlehnt.

Dokument „Urkunde, Schriftstück; Beweis“: Das Substantiv wurde im 16. Jh. aus *lat.* documentum „Beweis“ (zu *lat.* docere „[be]lehren“; vgl. *dozieren*) in dessen *mlat.* Bed. „beweisende Urkunde“ entlehnt. Die eigentliche Bedeutung von *lat.* documentum ist „das zur Belehrung über eine Sache bzw. zur Erhellung einer Sache Dienliche“. Abl.: **Dokumentar** „jemand, der Dokumentation betreibt“ (20. Jh.); **Dokumentation** „das Dokumentieren; Sammlung von Zeugnissen“ (17. Jh.; aus *frz.* documentation); **dokumentieren** „beurkunden; beweisen“ (19. Jh.); **dokumentarisch** „urkundlich, belegbar“ (19. Jh.).

Dolch: Der seit dem 15. Jh. bezeugte Name der zweischneidigen kurzen Stichwaffe ist unbekannter Herkunft. Vielleicht handelt es sich um ein altes heimisches Wort für „Messer“, das nach einem aus *lat.* dolo „Stockdegen, Dolch“ entlehnten Wort umgestaltet worden ist.

Dolde „büscheliger Blütenstand“: Das nur im *Dt.* bezeugte Wort *mhd.* tolde, *ahd.* toldo „Pflanzen-, Baumkrone“, das auch zu ↑Tolle „Haarbüschel“ geführt hat, ist vielleicht mit *ahd.* tola „Stiel der Weintraube“ verwandt. Weitere Beziehungen sind ungewiß. Der Botaniker unterscheidet die echten, von einem Punkt ausstrahlenden Dolden der Doldenblütler (z. B. wilde Möhre) von den ungleich gestielten Schein- oder Trugdolden anderer Pflanzen (z. B. Holunder).

doll ↑toll.

Dollar: Der Name der Währungseinheit (in den USA, in Kanada und Australien) wurde im 19. Jh. aus *amerik.-engl.* dollar entlehnt, das selbst aus *niederd.* dāler (= *nhd.* ↑*Taler*) stammt.

Dolle „Ruderpflock“: Die paarweise im Bootsrand steckenden Pflöcke oder Eisengabeln zum Halten der Ruder heißen *mnd.* dolle, *niederl.* dol, *engl.* thole, *schwed.* tull. *Außergerm.* ist u. a. *griech.* týlos „Wulst, Schwiele, Pflock, Nagel“ verwandt. Diese Wörter gehören zu der unter ↑*Daumen* behandelten Wurzel *tŭ- „schwellen“. Zus.: **Dollpunkt** „von jemandem immer wieder aufgegriffenes Thema, strittiger Punkt“ (20. Jh.; eigentlich „Punkt, an der die Dolle angebracht ist und von dem sich die Ruder bewegen“).

Dolmetscher, auch: Dolmetsch „berufsmäßiger Übersetzer“: *Mhd.* tolmetsche stammt aus *ung.* tolmács, *osmanisch-türk.* tilmač „Mittler (zwischen zwei Parteien)“. Letzte Quelle des Wortes ist gleichbed. talami der Mitannisprache in Kleinasien. Abl.: **dolmetschen** „übersetzen“ (16. Jh.).

Dom „Hauptkirche“: Das Wort wurde im 16. Jh. aus *frz.* dôme entlehnt, das über *it.* duomo auf *kirchenlat.* domus (ecclesiae) „Haus (der Christengemeinde)“ zurückgeht. Dies ist eine Übersetzung von *griech.* oĩkos tē̃s ekklēsías. *Lat.* domus „Bau, Haus“, das identisch ist mit entsprechend *griech.* dómos und *aind.* dámaḥ, gehört zu der unter ↑*ziemen* entwickelten Sippe von *idg.* *dem- „bauen, fügen“. Von Bedeutung für unseren Wortschatz sind einige Bildungen zu *lat.* domus: *lat.* dominus „Hausherr, Herr“ – dazu *lat.* dominari „Herr sein über, [be]herrschen“, dominium „Herrschaftsgebiet“ –, entspr. *lat.* domina „Hausherrin, Hausfrau, Herrin“ – dazu *mlat.* dom[i]nicella „Frauchen“ –, ferner *lat.* domicilium „Wohnstätte, Wohnsitz“. Vgl. hierzu im einzelnen die Artikel: [1]Domino, [2]Domino, dominieren, Domizil, Domäne, Dame, Madam, Madonna, Primadonna. Zus.: **Domkapitel** (↑Kapitel).

Domäne Die Bezeichnung für „staatliches Gut; hauptsächliches Wirkungsgebiet“ wurde um 1700 zunächst mit der Bed. „Gut in landesherrlichem Besitz“, aus *frz.* domaine (< *lat.* dominium „Herrschaftsgebiet“) entlehnt. Über die weiteren Zusammenhänge vgl. *Dom.*

dominieren „vorherrschen; beherrschen, überlegen sein“: Das Verb wurde im 16. Jh. aus gleichbed. *lat.* dominari (vgl. *Dom*) entlehnt. Dazu gehört als Part. Präs. *lat.* dominans (dominantis), aus dem im 18. Jh. unser Fremdwort **dominant** „vorherrschend“ entlehnt wurde.

[1]Domino „Herrenkostüm im Karneval“: *It.* domino „Herr“ (< *lat.* dominus; vgl. *Dom*), die landläufige Bezeichnung für den geistlichen Herrn wie auch für seine Winterkleidung, wird (vermutlich über *frz.* domino) im 18. Jh. als Name für ein Maskenkostüm übernommen. –

²Domino Der seit dem 18. Jh. bezeugte Name für ein Anlegespiel ist (vermutlich über *frz.* domino) aus gleichbed. *it.* domino entlehnt. Er ist wahrscheinlich mit ↑¹Domino identisch, vielleicht weil der Gewinner sich 'Domino' „Herr" nennen durfte.

Domizil „Wohnsitz": Das seit dem 19. Jh. gebräuchliche Fremdwort ist aus gleichbed. *lat.* domicilium (vgl. *Dom*) entlehnt. Abl.: **domizilieren** „ansässig sein; ansässig machen" (18. Jh.; wohl aus *frz.* domicilier).

Dompteur: Die Bezeichnung für „Tierbändiger" wurde im 20. Jh. aus *frz.* dompteur entlehnt. Zugrunde liegt das Verb *frz.* dompter „zähmen", das auf gleichbed. *lat.* domitare, eine Intensivbildung zu dem mit *dt.* ↑*zähmen* urverwandten Verb *lat.* domare, zurückgeht.

Donner: Das *altgerm.* Wort *mhd.* doner, *ahd.* donar, *niederl.* donder, *engl.* thunder, *aisl.* þórr war zugleich der Name des Donnergottes (↑Donnerstag). Es gehört mit *mhd.* dunen, *aengl.* đunian „donnern" und verwandten Wörtern in anderen *idg.* Sprachen zu der lautnachahmenden Wurzel *[s]ten-, vgl. z. B. *lat.* tonare „donnern" (↑detonieren und Tornado) und *aind.* tányati „es donnert, rauscht, dröhnt". Im *germ.* Sprachbereich stellt sich auch ↑stöhnen zu dieser Wurzel. Abl.: **donnern** (*mhd.* donern, *ahd.* donarōn), dazu stellen sich **aufdonnern** *ugs.* für „sich geschmacklos oder übertrieben zurechtmachen" und **verdonnern** *ugs.* für „verurteilen" (beide zuerst im 19. Jh. belegt). Zus.: **Donnerkeil** (im 16. Jh. für den Blitzstrahl, daher auch als Fluch, und für die versteinerten Enden urzeitlicher Kopffüßer, der Belemniten, die der Volksglaube als mit dem Blitz niedergefahrene Keile ansah); **Donnerwetter** veraltet für „Gewitter", heute nur noch im Sinne von „Krach, Auseinandersetzung" und als Ausruf des Erstaunens oder als Verwünschung (um 1500).

Donnerstag: Auch der Name des fünften Wochentages ist eine *germ.* Lehnübersetzung nach dem *Lat.* (s. den Artikel *Dienstag*). *Mhd.* donerstac, *ahd.* Donares tag, *niederl.* donderdag, *aengl.* đunresdæg wurde mit dem Namen des *germ.* Donnergottes Donar gebildet, den man mit dem Juppiter tonans der Römer gleichsetzte (vgl. *Donner;* entsprechend *schwed.* torsdag und *engl.* Thursday enthalten *aisl.* þórr „Thor, Donar"). Der Tag heißt *lat.* Jovis dies „Jupiters Tag" (beachte auch *it.* giovedì, *frz.* jeudi). Ein anderer Name ist das *mdal. bayr.-österr.* Pfinztag (*mhd.* pfinztac), das als *got.* Missionswort auf *griech.* pémptē hēméra „fünfter Tag" zurückgeht. Zus.: **Gründonnerstag** (↑grün).

doof (*ugs.* für:) „dumm, einfältig, beschränkt": Das Wort ist eigentlich die *niederd.* Entsprechung von *hochd.* ↑*taub* (beachte *mnd.* dōf „taub", dōve „Tauber, Einfältiger"). Der Taube gilt wegen seiner mangelnden Verständigungsmöglichkeit oft als dumm. Das Wort ging seit etwa 1900 von Berlin aus in die allgemeine Umgangssprache über.

dopen „durch verbotene [Anregungs]mittel zu sportlichen Höchstleistungen bringen": Das Verb ist eine Entlehnung des 20. Jh.s aus gleichbed. *engl.* to dope. Aus dem substantivierten Part. Präs. *engl.* doping stammt entsprechend **Doping.** Das zugrundeliegende Substantiv *engl.* dope „zähe Flüssigkeit; Narkotikum; aufpeitschendes Getränk" geht auf *niederl.* doop „Soße" zurück. Dies gehört zur Sippe von *nhd.* ↑*taufen.*

Doppeldecker ↑Deck.

doppelt: *Frz.* double „doppelt", das die Fremdwörter ↑Double, ↑Dublee und ↑Dublette ergeben hat, wurde im 15. Jh. am Niederrhein in der Form dobbel, dubbel entlehnt. Gleichzeitig erscheint dort das Verb dubbelen, *nhd.* **doppeln** (nach *frz.* doubler), aus dessen 2. Part. 'gedoppelt' das Adjektiv später sein -t erhielt (nicht in Zusammensetzungen, s. u.). Heute ist als Verb **verdoppeln** (18. Jh.) üblicher. – Das *frz.* double zugrundeliegende *lat.* Adjektiv du-plus „zwiefältig" ist gebildet aus duo „zwei" und dem Stamm *pel- „falten" (vgl. *Duo* und *falten;* s. a. *Diplom*). – Abl.: **Doppel** „Zweitschrift, Kopie" (17. Jh.; im Sinne von „Spiel zweier Spieler gegen zwei andere" nach gleichbed. *engl.* doubles, 20. Jh.). Zus.: **Doppeldecker** (↑Deck); **Doppelgänger** (1796 bei Jean Paul „wer sich selbst an einem anderen Ort [gehen] sieht", heute verallgemeinert zu „einem andern zum Verwechseln ähnlicher Mensch"); **Doppelpunkt** (Mitte des 17. Jh.s für *lat.* colon, das eigentlich „Redeglied", im 16. Jh. aber „Trennungszeichen zwischen Satzgliedern" bedeutete und zuerst in der 1. Hälfte des 16. Jh.s als 'zwen punct' umschrieben wurde; ↑Semikolon).

Dorf: Das *gemeingerm.* Wort *mhd., ahd.* dorf, *got.* þaurp, *engl.* thorp, *aisl.* Þorp bezeichnet, abgesehen vom *Got.,* wo es „Acker" bedeutete, eine bäuerliche Siedlung, vielfach auch einen Einzelhof. Verwandte Wörter wie *kymr.* tref „Wohnung" *lit.* trobà „Haus" und *lat.* trabs „Balken" machen eine Grundbedeutung „Balkenbau, Haus" wahrscheinlich, die sich je nach der Siedlungsform wandeln konnte. – Abl.: **dörfisch** „bäurisch" (im 16. Jh. für *mhd.* dörpisch; ↑Tölpel); **dörflich** (16. Jh.); **Dörfler** (18. Jh.).

Dorn: Das *gemeingerm.* Wort *mhd., ahd.* dorn, *got.* þaúrnus, *engl.* thorn, *schwed.* torn beruht auf einer Bildung zu der unter ↑*starren* dargestellten *idg.* Wurzel *[s]ter- „starr, steif sein". *Außergerm.* sind z. B. verwandt *griech.* térnax „Kaktusstengel" und *russ.* tërn „Schlehdorn". Abl.: **dornig** (*mhd.* dornec, *ahd.* dornac).

dorren „dürr werden": Zu dem unter ↑*dürr* behandelten Adjektiv gehören die Verben *mhd.* dorren, *ahd.* dorrēn „dürr werden" und (anders gebildet) *aisl.* þorna und *got.* gaÞaúrsnan. Üblicher als 'dorren' ist das perfektive **verdorren** (*mhd.* verdorren, *ahd.* fardorrēn). Siehe auch den Artikel *dörren.*

dörren „dürr machen": Das *altgerm.* Verb *mhd.* derren, *ahd.* derran, darran, *mniederl.* derren, *aengl.* (ā)đierran, *aisl.* þerra ist das Veranlassungswort zu einem in *got.* (ga)þaírsan „verdorren" erscheinenden starken Verb. Die *nhd.* Form mit ö gegenüber der älteren mit e beruht auf Anlehnung an das o in 'dorren'. Die Substantive **Dörrfleisch** *landsch.* für „magerer Speck", **Dörrgemüse** und **Dörrobst** enthalten nicht das Verb, sondern eine *mitteld.* Form von ↑*dürr* (dort Weiteres über die *idg.* Sippe).

Dorsch: *Mnd., mniederl.* dorsch ist als Bezeichnung des jungen Kabeljaus entlehnt aus *aisl.* þorskr, das wahrscheinlich zur Sippe von ↑*dürr* gehört. Der Dorsch wird nämlich getrocknet (siehe 'Stockfisch' und 'Klippfisch' unter *Stock* und *Klippe*).

dort: Das auf das deutsche Sprachgebiet beschränkte Adverb (*mhd.* dort, *ahd.* tharōt, dorōt, *asächs.* tharod, *afries.* thard) ist eine Bildung zu dem unter ↑*dar...* behandelten Wort. Es bedeutet zunächst „dorthin", seit *mhd.* Zeit dann „dort". Abl.: **dortig** (16. Jh.).

Dose „Büchse, Schachtel": Das im 17. Jh. vom Niederrhein aus schriftsprachlich gewordene Substantiv geht zurück auf *mnd.-mniederl.* dose „Behälter zum Tragen, Lade, Koffer" (daraus entsprechend *niederl.* doos). Die weitere Herkunft des Wortes ist dunkel.

dösen „gedankenlos dasitzen; halb schlafen": Das erst im 19. Jh. aus dem *Niederd.* aufgenommene *ugs.* Wort (dafür *mhd., frühnhd.* dōsen „schlummern") entspricht dem *engl.* to doze „schläfrig sein" und steht neben dem etwas früher entlehnten Adjektiv **dösig** „schläfrig, stumpfsinnig", aus *mnd.* dösich (entsprechend *aengl.* dysig „töricht, blödsinnig"). Die Wörter gehören wie das bedeutungsverwandte ↑Dusel zu der unter ↑*Dunst* behandelten Sippe.

Dosis „zugemessene [Arznei]gabe; kleine Menge": Das Substantiv wurde als medizinischer Fachausdruck im 16. Jh. aus *griech.-mlat.* dósis „Gabe" entlehnt. Das Verb **dosieren** „die gehörige Dosis zumessen" erscheint im 20. Jh. durch Vermittlung von *frz.* doser (zu *frz.* dose < *mlat.* dosis). – Zugrunde liegt das *griech.* Verb didónai „geben" (beachte auch das Verbaladjektiv *griech.* dotós in ↑Anekdote), das zur *idg.* Sippe von *lat.* dare „geben" (vgl. *Datum*) gehört.

dotieren „mit einer bestimmten Geldsumme ausstatten": Das Verb wurde in *mhd.* Zeit (*mhd.* dotiren) aus *lat.* dotare „ausstatten" entlehnt. Abl.: **Dotierung** (17. Jh.).

Dotter „Eigelb": Das *westgerm.* Wort *mhd.* toter, *ahd.* totoro, *niederl.* dooier, (andersgebildet:) *aengl.* dydring ist wohl verwandt mit *norw. mdal.* dudra „zittern" und weiter mit der unter ↑*Dunst* behandelten *idg.* Wortgruppe. Das Eigelb ist also nach seiner gallertartigen Beschaffenheit benannt. Von den verschiedenen Pflanzennamen mit 'Dotter' als Bestimmungswort heißt jedenfalls die **Sumpfdotterblume** (im 15. Jh. doderblum) nach ihren gelben Blüten.

Double „Ersatzmann, der für den eigentlichen Darsteller gefährliche Rollenpartien spielt" (Film); auch im Sinne von „Doppelgänger": Das Fremdwort wurde im 19. Jh. aus *frz.* double „doppelt; Doppelgänger" (> *lat.* duplus; vgl. *doppelt*) entlehnt.

dozieren „lehren, lehrhaft vortragen": Das Verb wurde im 16. Jh. aus gleichbed. *lat.* docere (docui, doctum) entlehnt. Über weitere Zusammenhänge vgl. den Artikel *dezent.* – Dazu: **Dozent** „Hochschullehrer" (18. Jh.; aus dem Part. Präs. *lat.* docens entlehnt). Vgl. ferner die Artikel *Doktor, Doktrin, Dokument.*

Drache „Lindwurm": Der Name des Fabeltiers (*ahd.* trahho, *mhd.* trache, entspr. *niederl.* draak, *engl.* drake, *schwed.* drake) beruht auf einer alten Entlehnung aus gleichbed. *lat.* draco, das seinerseits aus *griech.* drákōn „Drache" stammt. Das Fabeltier begegnete den Germanen zuerst in römischen Kohortenzeichen. – Im weiteren Sinne wird das Wort – und zwar mit der Nebenform **Drachen** – einerseits für „zänkische Frau" (beachte die Zusammensetzung **Hausdrachen**), andererseits als Bezeichnung für ein Kinderspielzeug (**Papierdrachen**) gebraucht. Siehe auch die Artikel *Dragoner* und *drakonisch.*

Dragée, auch: Dragee „überzuckerte Frucht; Arzneipille mit Überzug aus Zuckerglasur": Das Substantiv wurde im 17. Jh. aus *frz.* dragée entlehnt, das – bei allerdings ungeklärter lautlicher Entwicklung – wohl auf *griech.-lat.* tragēmata „Naschwerk" zurückgeht. Das zugrundeliegende Verb *griech.* trṓgein „nagen, naschen" stellt sich zur *idg.* Sippe von *dt.* ↑*drehen.*

Dragoner: Die Bezeichnung für „leichter Reiter" wurde im Verlauf des Dreißigjährigen Krieges aus gleichbed. *frz.* dragon entlehnt. Ursprünglich war dies der Name einer Handfeuerwaffe, mit der die französischen Kavalleristen ausgerüstet waren, und bedeutete etwa „feuerspeiender Drache". Zugrunde liegt *griech.* drákōn (> *lat.* draco) „Drache" (vgl. *Drache*). Die Verwendung im Sinne von „robuste oder dicke Person" ist seit dem 18. Jh. bezeugt.

Draht: Das *altgerm.* Wort *mhd., ahd.* drāt, *niederl.* draad, *engl.* thread, *schwed.* tråd ist eine Partizipialbildung zu dem unter ↑*drehen* behandelten Verb und bedeutet eigentlich „Gedrehtes". *Außergerm.* verwandt ist z. B. *griech.* trētós „durchbohrt". Das Wort bezeichnet bis in die Neuzeit – wie heute noch im *Engl.* und *Nord.* – den „gedrehten Faden" (Pechdraht ist der Nähfaden des Schuhmachers). Der Metalldraht, der gezogen, nicht gedreht wird, heißt aber schon im *Mhd.* so, zuerst wohl als Goldfaden in Geweben. Seit den 70er Jahren des 19. Jh.s wird 'Draht' für 'Telegrafendraht, Telegraf' gebraucht, und an diese Verwendung schließen sich **drahten** „telegrafieren" (19. Jh.) und **drahtlos** (Anfang des 20. Jh.s) an. Weitere Ableitung: **drahtig** „sehnig, straff" (20. Jh.). Zus.: **Drahtzieher** (im 14. Jh. „Drahtmacher"; seit dem 18. Jh. politisches Schlagwort für „geheimer Hintermann", nach den Marionettenspielern).

drakonisch „sehr streng": Das seit dem 18. Jh. bezeugte Adjektiv ist eine Bildung zu dem Namen des altgriechischen Gesetzgebers Drakon, dessen im Jahre 624 v. Chr. den Athenern gegebene Gesetze sehr hart und grausam waren. Der Name Drakon ist identisch mit *griech.* drákōn „Lindwurm" im Lehnwort ↑*Drache.*

drall „derb, stramm": Das *niederd.* Adjektiv

bedeutet eigentlich „fest gedreht" (so in *mnd.* drall) und ist eine Bildung zu dem unter ↑*drillen* behandelten Wort. Gleicher Herkunft ist **Drall,** das im *Nhd.* als technisches Fachwort die Drehung bei Garn und Zwirn, die Windung der Züge in Feuerwaffen (seit dem 18. Jh.) und danach die Drehung des fliegenden Geschosses bezeichnet.

Drama „Schauspiel", auch übertragen gebraucht im Sinne von „aufregendes, erschütterndes Geschehen": Das Substantiv wurde im 17. Jh. aus gleichbed. *griech.-lat.* drāma (Grundbedeutung: „Handlung, Geschehen") entlehnt. Zugrunde liegt dieser Bildung *griech.* drān „tun, handeln", zu dem sich als Adjektiv *griech.* drāstikós „wirksam" (↑drastisch) stellt. Abl.: **dramatisch** „aufregend, spannend" (17. Jh.; nach *griech.-lat.* drāmatikós); **Dramatik** „erregende Spannung" (18. Jh.); **Dramatiker** „Schauspieldichter" (18. Jh.); **dramatisieren** „als Drama darstellen; übertrieben aufregend darstellen" (18. Jh.). Zus.: **Dramaturg** „literarischer Berater des Bühnenleiters" (18. Jh.); aus *griech.* drāmatourgós „Schauspielmacher, -dichter" entlehnt (das Grundwort gehört zu *griech.* érgon „Werk", vgl. *Energie*). Dazu **Dramaturgie** „Gestaltung eines Dramas; Tätigkeit des Dramaturgen" (aus *griech.* drāmatourgía).

Drang: Neben ↑*dringen,* das in den älteren Sprachzuständen auch transitiv gebraucht wurde, gab es früher das Verb *ahd.* drangōn, *mhd.* drangen „[sich] drängen". Das spät belegte Substantiv *mhd., mnd.* dranc „Gedränge, Bedrängnis" kann ablautend zu 'dringen' oder als Rückbildung zu diesem 'drangen' gehören. Seine heutige Bed. „innerer, geistig-seelischer Trieb" erhielt 'Drang' erst im 18. Jh., es wurde dann zum literarischen Schlagwort (↑Sturm). – Neben 'Drang' in seiner alten Bedeutung steht **Drangsal** (*spätmhd.* drancsal „Bedrängung, Nötigung", wohl unmittelbar aus *mhd.* drangen abgeleitet), dazu **drangsalieren** „quälen" (19. Jh.). Auch **Gedränge** (*mhd.* gedrenge, *ahd.* gidrengi) ist zum gleichen Verb gebildet. Dagegen ist **drängen** erst in *mhd.* Zeit als Veranlassungswort zu ↑*dringen* entstanden (*mhd.* drengen „dringen machen") und hat das starke Verb aus dem transitiven Gebrauch verdrängt. An diesen Gebrauch erinnern noch **aufdringlich** und **zudringlich** (18. Jh., zu veraltetem transitivem 'auf-, zudringen'). Abl.: **drängeln** (19. Jh.).

Drasch ↑dreschen.

drastisch „sehr wirksam; derb": Das seit dem 18. Jh. bezeugte Adjektiv galt zunächst nur im medizinischen Bereich zur Bezeichnung „kräftiger, hochwirksamer" Arzneimittel, seit dem 19. Jh. dann auch allgemein. Es ist aus gleichbed. *griech.* drāstikós entlehnt (zu *griech.* drān „tun, handeln, [be]wirken"; vgl. *Drama*).

dräuen ↑drohen.

drechseln: Das nur im *Dt.* vorkommende Verb *mhd.* drǣhseln, drehseln ist von dem Handwerkernamen *mhd.* drǣhsel, *ahd.* drāhsil „Drechsler" (s. u.) abgeleitet. Diesem liegt ein untergegangenes Verb zugrunde (beachte *aengl.* đrǣstan „drehen, [zer]drücken, zwingen"), das mit *lat.* torquere „drehen, winden" (s. die Fremdwörter *Tortur* und *Retorte*) und verwandten Wörtern in anderen *idg.* Sprachen zu der unter ↑*drehen* dargestellten *idg.* Wurzel gehört. 'Drechseln' gilt nur von Arbeiten in Holz, Horn und Knochen. Übertragen bedeutet es schon *mhd.* „kunstvoll verfertigen", wohl nach *lat.* tornare versus „Verse drechseln", heute besonders in der Wendung 'Phrasen drechseln'. – Abl.: **Drechsler** (*mhd.* drǣhseler, drehseler, *ahd.* thrāslāri hat die alte Bildung auf -el abgelöst).

Dreck: Das *gemeingerm.* Substantiv *mhd., ahd.* drec, *niederl.* drek, *aengl.* đreax „Fäulnis, Kehricht", *schwed.* träck „Kot" gehört wie *griech.* stérganos „Kot, Mist" und (mit anderem Auslaut) *lat.* stercus „Kot, Mist, Dünger" zu der vielfach weitergebildeten und erweiterten *idg.* Wurzel *[s]ter- „Mist; besudeln, verwesen". Die meist vergessene alte Bed. „Exkremente" (noch in 'Mäusedreck' u. ä. Zusammensetzungen) läßt das Wort vielfach noch anstößig erscheinen, doch steht es meist als derberer Ausdruck für „Schmutz", z. B. in den Redensarten 'die Karre aus dem Dreck ziehen', 'Dreck am Stecken haben' (d. h. „nicht sauber dastehen"). Schon *mhd.* ist die übertragene Bed. „Wertloses". – Abl.: **dreckig** (im 16. Jh. für älteres dreckich[t]).

drehen: Das *westgerm.* Verb *mhd.* drǣ[je]n, drǣhen, *ahd.* drāen, *niederl.* draaien, *aengl.* đrāwan (*engl.* to throw „werfen") beruht mit verwandten Wörtern in anderen *idg.* Sprachen auf der *idg.* Wurzel *ter[ə]- „drehen, [drehend] reiben, bohren", vgl. z. B. *lat.* terere „reiben", *griech.* teírein „reiben" und *griech.* tórnos „Dreheisen, Zirkel" (s. die Fremdwortgruppe um *Turnus*). Zu der vielfach weitergebildeten und erweiterten Wurzel gehören ferner im *germ.* Sprachbereich z. B. die Verben ↑*drohen,* ↑*drücken* und ↑*dringen* (alle mit der von „reiben" abgeleiteten Grundbedeutung des Drängens), die Sippen von ↑*drillen* (dazu ↑drall und ↑drollig) und ↑*drechseln* (dazu die Gruppe um ↑zwerch „quer") mit der Grundbedeutung des Drehens, schließlich auch ↑*Darm.* Im *außergerm.* Bereich stellt sich z. B. *griech.* trṓgein „nagen, naschen" zu dieser Wurzel (↑Dragée). Das *dt.* Verb 'drehen' bezeichnet zunächst verschiedene handwerkliche Verrichtungen wie Drechseln, Töpfern, Seil- und Garn drehen (dazu ↑Draht). Kurbeln werden gedreht (daher noch 'einen Film drehen' und 'Drehbuch'), wer sich beeilt, 'dreht auf' (ursprünglich konkret auf das Ventil der Dampfmaschine bezogen). Aus der Gaunersprache stammt 'ein Ding drehen' für „etwas (ein Verbrechen) geschickt ausführen". Die Bedeutung „wenden" ist z. B. seemännisch, an die sich **abdrehen** „den Kurs ändern, ausweichen" und **beidrehen** „durch ein Wendemanöver stoppen" anschließen. Um 'drehen' gruppieren sich ferner die Präfixbildungen und Zusammensetzungen **andrehen** *ugs.* auch für „jemandem etwas Minderwertiges zu teuer verkaufen" (wohl nach der alten Wendung 'jemandem eine Nase andrehen' „jemandes Leichtgläubigkeit mißbrauchen, ihn zum Narren halten", mit Bezug auf die Wachs- oder

Pappnasen der Narren), **durchdrehen** *ugs.* auch für „kopflos werden, die Nerven verlieren" (ausgehend von der Bed. „sich um die eigene Achse drehen") und **verdrehen** „zu weit herausdrehen; unrichtig darstellen, entstellt wiedergeben" (*mhd.* verdræjen). Vgl. auch den Artikel *bewenden.* – Abl.: **Dreh** *ugs.* für „Drehung; Finte, List, gute Gelegenheit" (junge Rückbildung); **drehbar** (19. Jh.); **Dreher** (im 15. Jh. für „Drechsler", jetzt für den Metallarbeiter an der Drehbank).

drei: Das *gemeingerm.* Zahlwort *mhd., ahd.* drī, *got.* Þreis, *engl.* three, *schwed.* tre geht mit Entsprechungen in den meisten anderen *idg.* Sprachen auf *idg.* *treįes „drei" zurück, vgl. z. B. *lat.* tres „drei" und *griech.* treīs „drei" (s. dazu die Vorsilbe *tri..., Tri...*). Die *idg.* Wurzel *trei- liegt auch dem Ordnungszahlwort ↑dritte zugrunde. Die im *Ahd.* noch klar getrennten Geschlechter drī, drīo, driu werden *nhd.* nicht mehr unterschieden. Flexion ist nur teilweise üblich, die Nominativform dreie, *mhd.* drīe, wie bei allen Einern nur in volkstümlicher Sprache. Seit ältesten Zeiten kommt der Dreizahl als kleinster Vielheit große Bedeutung zu. Sie begegnet immer wieder in Mythologie, Märchen, Recht und Volksbrauch. Das Christentum hat diese Wertschätzung durch die Dreieinigkeitslehre noch verstärkt. So wurzelt das Sprichwort 'Aller guten Dinge sind drei' tief in der Überlieferung. Siehe auch die Artikel *Drillich* und *Drilling.* – Von Ableitungen und Zusammensetzungen seien genannt: **Dreier** (alte Scheidemünze, *spätmhd.* drīer; auch für die Ziffer oder die Zensur Drei); **dreißig** (*mhd.* drīzec, *ahd.* drīzuc; das -ß- erklärt sich aus der Verschiebung des *germ.* t nach Vokal zur Spirans z, nicht zur Affrikata z, vgl. *...zig*); **dreizehn** (*mhd.* drīzehen, *ahd.* drīzehan; als Unglückszahl schon vorchristlich); **Dreieck** (im 16. Jh. rückgebildet aus dem *mhd.* Adjektiv drīecke, -eckeht); **Dreieinigkeit** (bei *mhd.* Mystikern drīeinecheit) und **Dreifaltigkeit** (*mhd.* drīvaltecheit) sind jüngere Lehnübertragungen für *kirchenlat.* trinitas, dazu **dreieinig** (im 15. Jh. drīeinec) und das schon ältere **dreifaltig** (*mhd.* drīvalt[ec]; vgl. '...falt' unter *Falte);* **Dreimaster** „Schiff mit drei Masten" (1774; im 19. Jh. auf den dreispitzigen Hut [der Seeoffiziere] übertragen, der *oberd.* etwa gleichzeitig auch **Dreispitz** heißt).

dreist: Das *niederd.* Adjektiv (*mnd.* drīste, drīstich „beherzt, kühn, frech" vgl. *niederl.* driest „dreist", *aengl.* đrist[e] „dreist, kühn, schamlos") kam im 17. Jh. über das *Ostmitteld.* in die *nhd.* Schriftsprache. *Oberd.* gilt dafür 'keck', in tadelndem Sinn 'frech'. Das *westgerm.* Adjektiv ist wahrscheinlich eine Bildung zu der unter ↑*dringen* behandelten Wurzelform *trenk- „stoßen, drängen". Abl.: **Dreistigkeit** (*mnd.* drīsticheit).

dreschen: Zu dem *gemeingerm.* Verb *mhd.* dreschen, *ahd.* dreskan, *got.* Þriskan, *engl.* thrash, *schwed.* tröska „dreschen" gehören frühe *roman.* Lehnwörter wie *it.* trescare „tanzen", tresca „Springtanz". Die Germanen entfernten also die Getreidekörner durch Trampeln aus den Ähren, während man in den Mittelmeerländern und im Orient das Vieh darüber führte. Erst später erscheint der römische Dreschflegel, den die Germanen dann übernahmen (↑Flegel). Das *gemeingerm.* Verb ist wahrscheinlich lautnachahmenden Ursprungs und [elementar]verwandt mit *lit.* su-trě̃skinti „entzweischlagen" und *russ.* tresk „Krachen, Knistern". Schon im *Mhd.* wird 'dreschen' übertragen für „prügeln" gebraucht, an diese Bedeutung schließt sich **verdreschen** *ugs.* für „verprügeln" an. Bildlich gesprochen sind Wendungen wie 'leeres Stroh (oder Phrasen) dreschen', 'Skat dreschen'. Abl.: **Drescher** (*spätmhd.* drescher); **Drasch** *ugs.* für „lärmende Geschäftigkeit" (18. Jh., eigentlich „das Dreschen"); **Drusch** „Dreschen, Ausgedroschenes" (18. Jh.). Zus.: **abgedroschen** „wertlos, oft vorgebracht" (im 18. Jh. bildl., wohl nach gleichbed. *lat.* verba trita „abgenutzte, abgedroschene Worte"). Zus.: **Dreschflegel** (↑Flegel).

Dreß: Der seit dem 19. Jh. bezeugte Ausdruck für „[Sport]kleidung" ist aus *engl.* dress „Aufmachung" entlehnt. Das *engl.* Wort ist eine Substantivierung zu to dress „herrichten, aufmachen", das auf *frz.* dresser (vgl. *dressieren*) zurückgeht.

dressieren „abrichten, einschulen": Das Verb wurde im 18. Jh. als Jagdausdruck – vor allem im Sinne von „Hunde abrichten" – aus *frz.* dresser „aufrichten; aufmachen; abrichten" entlehnt, das auch die Quelle für *engl.* to dress „aufrichten, aufmachen" ist (↑Dreß). Zugrunde liegt ein von *lat.* di-rigere „ausrichten" (vgl. *dirigieren*) abgeleitetes Verb *vlat.* *directiare (vgl. auch die Artikel *Adresse* und *adrett*). Abl.: **Dresseur** „Abrichter, Tierlehrer" (19. Jh.; aus *frz.* dresseur); **Dressur** „Abrichtung" (19. Jh.; mit *lat.* Endung gebildet).

dribbeln „den Ball durch kurze Stöße vorwärts treiben": Das Verb wurde im 20. Jh. zusammen mit anderen Fachausdrücken der Fußballersprache (vgl. hierüber den Artikel *foul*) aus dem *Engl.* entlehnt. *Engl.* to dribble – dazu das substantivierte Part. Präs. *engl.* dribbling, das unserem Fremdwort **Dribbling** zugrunde liegt – gehört als Intensivbildung zu *engl.* to drip und bedeutet wie dieses eigentlich „tröpfeln", dann beim Fußballspiel entsprechend etwa „den Ball tröpfchenweise nach vorne bringen". *Engl.* to drip stellt sich mit dem Substantiv drop „Tropfen" (↑Drops) zur *germ.* Wortgruppe um ↑*triefen.*

Drift (seemännisch für:) „vom Wind bewirkte Strömung; Abtreiben des Schiffes vom Kurs": Das Wort ist zuerst bezeugt als *mnd.* drift und gehört wie die *hochd.* Entsprechung 'Trift' zu ↑*treiben.* Abl.: **driften** (seemänn. für:) „treiben" (20. Jh.), dazu **abdriften** „vom Kurs abweichen".

drillen: Das im *Hochd.* zuerst im 16. Jh. bezeugte Verb beruht auf einer Weiterbildung der unter ↑*drehen* behandelten *idg.* Wurzel. Das anlautende d ist *niederd.* – Ablautbildungen dazu sind ↑drall und ↑drollig. An die Grundbedeutung „[herum]drehen" schließen sich verschiedene technische Anwendungen an, vgl. z. B. **Drillbohrer** (ursprünglich durch eine Schnur, später durch eine auf und ab bewegte Schraubenmutter angetrieben). In der Soldatensprache bedeutet 'drillen' seit dem 17. Jh. „exerzieren", dann auch „der militärischen Grundausbildung unterziehen; hart schulen" eigentlich „herumwirbeln". Dazu gehört die Rückbildung **Drill** (19. Jh.). In der jungen Bed. „in Reihen säen" ist 'drillen' aus *engl.* to drill entlehnt (die Drillmaschine wurde in England 1731 erfunden).

Drillich: *Mhd.* dril[i]ch ist das substantivierte Adjektiv *mhd.* dril[i]ch, *ahd.* drilīh „dreifach", eine Bildung zu dem unter ↑*drei* behandelten Wort. Der Stoff ist nach seinen dreifachen Fäden benannt. Das *mhd.* Adjektiv gewann die Bedeutung „dreifädig" in Anlehnung an *lat.* trilix „dreifädig" (zu *lat.* licium „Faden"). Vgl. den Artikel *Zwillich.*

Drilling: Nach dem Muster von ↑Zwilling[e] werden seit dem 16. Jh. auch drei gleichaltrige Geschwister 'Drillinge' genannt (älter *nhd.* Dreiling; vgl. *drei*). Entsprechend heißt seit dem 19. Jh. auch das dreiläufige Jagdgewehr 'Drilling'.

dringen: Das *altgerm.* starke Verb *mhd.* dringen, *ahd.* dringan, *niederl.* dringen, *aengl.* đringan, *aisl.* þryngva steht im grammatischen Wechsel zu *got.* Þreihan „drängen". Es bedeutete, wie die verwandten Verben ↑drücken und ↑drohen, ursprünglich „stoßen, drängen" und beruht auf einer Wurzelform *trenk-, die vermutlich zu der unter ↑*drehen* behandelten Wurzel *ter[ə]- „drehen, reiben, bohren" gehört. Zu der Wurzelform stellen sich auch das unter ↑*dreist* behandelte Adjektiv und *außergerm.* z. B. *lat.* truncare „verstümmeln" (↑tranchieren). Reste des alten transitiven Gebrauchs (dafür jetzt ↑drängen) sind die verselbständigten Partizipien **dringend** (z. B. 'dringend bitten', 'dringender Verdacht'; sonst auch für „eilig") und **gedrungen** „fest, dicht" (besonders vom Körperbau) sowie die Ableitung **dringlich** (15. Jh., wie 'dringend' gebraucht). Siehe auch den Artikel *Drang.*

Drink ↑Trunk.

dritte: Das *gemeingerm.* Ordnungszahlwort *mhd.* drit[t]e, *ahd.* dritt[i]o, *got.* Þridja, *engl.* third, *schwed.* tredje ist wie *lat.* tertius und verwandte Wörter anderer *idg.* Sprachen (z. B. *griech.* trítos) zu der unter ↑*drei* behandelten Wurzel gebildet. Abl.: **drittens** (17. Jh.). Zus.: **Drittel** (*mhd.* dritteil; vgl. *Teil*), dazu **dritteln** (17. Jh., neben älterem dritteilen).

Droge: Das Wort wurde im 17. Jh. in der Bed. „(tierischer oder pflanzlicher) Rohstoff" aus gleichbed. *frz.* drogue entlehnt, das wahrscheinlich zu *nhd.* ↑*trocken* gehört, und zwar als Entlehnung aus dessen *niederd.* Form droge oder *niederl.* Form droog (etwa im Sinne von „Getrocknetes, Trockenware"). Im 20. Jh. wird 'Droge' auch im Sinne von „medizinisches Präparat" und „Rauschgift" gebraucht. Abl.: **Drogerie** „Geschäft für nicht apothekenpflichtige Heilmittel, Kosmetika u. ä.", älter „Heilmittel" (16. Jh.; aus *frz.* droguerie); **Drogist** (17. Jh.; aus *frz.* droguiste).

drohen: Die heutige Form geht zurück auf *mhd.* drōn, eine durch Kontraktion oder durch Anlehnung an das Substantiv *mhd.* drō „Drohen, Drohung" entstandene Nebenform von *mhd.* dro[u]wen, dröuwen, *ahd.* drouwen „drohen". Die umgelautete Form hat das heute veraltete *nhd.* **dräuen** ergeben. Das Verb gehört zu der Wurzelform *treu- der unter ↑*drehen* dargestellten *idg.* Wurzel. Im *germ.* Sprachbereich ist z. B. verwandt *aengl.* đrēan „drohen, bedrängen, plagen", im *außergerm.* z. B. *griech.* trýein „aufreiben". Abl.: **Drohung** (*ahd.* drōunga; *mhd.* sind nur dröuwunge und drō belegt).

Drohne: Die heutige Form ist im 17. Jh. aus dem *Niederd.* ins *Hochd.* gelangt (*mnd.* drōne, drāne). Daneben steht mit anderer Ablautstufe *mhd.* trene, *ahd.* treno, das mit verwandten Wörtern in anderen *idg.* Sprachen auf der lautnachahmenden *idg.* Wurzel *dher-, *dhrĕn- „brummen, murren, lärmen" beruht. Im *germ.* Sprachbereich gehört das unter ↑*dröhnen* behandelte Verb zu dieser Wurzel, im *außergerm.* sind z. B. *griech.* thrṓnax „Drohne", tenthrḗnē „Hornisse", thrēnos „Totenklage" verwandt. Schon *frühnhd.* ist die Anwendung des Wortes auf den faulen Nutznießer fremder Arbeit; so wurde 'Drohne' im 19. Jh. sozialpolitisches Schlagwort. Dem männlichen Geschlecht der Drohne trägt das in der Imkersprache übliche 'Drohn' Rechnung.

dröhnen: Das im 17. Jh. aus dem *Niederd.* ins *Hochd.* übernommene Verb geht zurück auf *mnd.* drönen „mit Erschütterung lärmen". Damit verwandt sind im *germ.* Sprachbereich gleichbed. *niederl.* dreunen und *isl.* drynja „brüllen", ferner *got.* drunjus „Schall". Diese Wortgruppe ist lautnachahmenden Ursprungs (vgl. *Drohne*). Im *Dt.* gilt das Verb besonders von dumpf-metallischem Klang (Geschütz, Glocken).

Drohung ↑drohen.

drollig: Das Wort wurde im 17. Jh. aus dem *Niederd.* ins *Hochd.* übernommen. Das *niederd.* Wort ist aus *niederl.* drollig entlehnt, das eine Ableitung von *niederl.* drol „Knirps, Spaßmacher" ist und eigentlich „rund gedrehter Kegel" bedeutet. Es steht im Ablaut zu dem unter ↑*drillen* behandelten Wort. Auch das gleichbed. *frz.* drôle stammt aus dem *Niederländischen.*

Dromedar: Der Name des einhöckerigen Kamels wurde in *mhd.* Zeit durch Vermittlung von *afrz.* dromedaire (= *frz.* dromadaire) aus *lat.* dromedarius (camelus) „Rennkamel, Renner" entlehnt. Dies ist Ableitung von *griech.-lat.* dromás „laufend". Zugrunde liegen *griech.* drameīn „laufen", *griech.* drómos „Lauf", die vielleicht zur *idg.* Sippe von *dt.* ↑*zittern* gehören.

Drops (meist Plural) „Fruchtbonbon": Das Substantiv wurde im 19. Jh. aus dem *Engl.* entlehnt. *Engl.* drop ist identisch und bedeutungsgleich mit *nhd.* ↑*Tropfen,* so daß diese Bonbons also nach ihrer Tropfenform benannt sind.

Droschke: Die Bezeichnung für „Mietkutsche" wurde im 18. Jh. aus *russ.* drožki „leichter

Wagen" entlehnt, das zu *russ.* droga „Verbindungsstange zwischen Vorder- und Hinterachse" gehört.

[1]**Drossel:** Die heutige, zuerst im 15. Jh. bezeugte Form ist *niederd.-mitteld.* Ursprungs (*ahd.* [*rhein.*] drosla, *mnd.* drōsle). Die im *Mhd.* und *Ahd.* übliche Form ist *mhd.* droschel, *ahd.* drōsca[la] (vgl. *engl.* thrush), daneben auch *mhd.* trostel, vgl. *engl.* throstle, *schwed.* (mit Ablaut) trast. Die Fülle der Formen läßt lautnachahmenden Ursprung des Vogelnamens vermuten. Urverwandt sind z. B. gleichbed. *lat.* turdus, *lit.* strazdas und *russ.* drozd.

[2]**Drossel** (weidmännisch für:) „Luftröhre des Schalenwildes": *Spätmhd.* droʒʒel ist eine Weiterbildung zu *mhd.* droʒʒe, *ahd.* droʒʒa „Kehle, Gurgel" (wie gleichbed. *engl.* throttle neben throat steht). Entsprechende gleichbedeutende Bildungen mit s-Anlaut sind *mhd.* stroʒʒe, *asächs.* strota, *niederl.* strot. Alle diese Wörter gehören zu der unter ↑*strotzen* behandelten Wortgruppe und beziehen sich auf die Festigkeit und Prallheit der Luftröhre. Heute gilt das Wort 'Drossel' nur in einigen *dt.* Mundarten, besonders aber weidmännisch für die Luftröhre des Schalenwildes. Sehr wahrscheinlich heißt auch der Märchenkönig Drosselbart nach einem Bart an seiner Kehle. Abl.: **drosseln** „die Kehle zudrücken" (15. Jh., dafür heute meist 'würgen'; seit Ende des 19. Jh.s in technischer Fachsprache „[Gas und Dampf] absperren, bremsen"); **erdrosseln** „durch Drosseln töten" (17. Jh.).

drucken: Die Kunst des Buchdrucks hat sich im 15. Jh. zuerst in Oberdeutschland ausgebildet, so daß die umlautlose *oberd.* Form von ↑*drücken* schnell zum Fachwort wurde. Das Abdrücken von Platten (Holzschnitten) oder Lettern auf Papier oder Stoff war im Gegensatz zum Schreiben das wesentliche Kennzeichen des neuen Verfahrens. Abl.: [1]**Druck** (wie ↑[2]Druck, aber *frühnhd.* auf den Druckvorgang und sein Ergebnis bezogen; dazu v. a. fachsprachliche Zusammensetzungen wie 'Ab-, Auf-, Nachdruck, Hoch-, Tief-, Steindruck, Schön-, Widerdruck [d. h. auf Vorder- und Rückseite]', vgl. auch die Verben 'ab-, an-, auf-, be-, nach-, verdrucken'); **Drucker** (15. Jh.); **Druckerei** (15. Jh.; auch für das Handwerk gebraucht). Zus.: **Druckfehler** (17. Jh.); **Drucksache** (Anfang des 18. Jh.s im Sinne von „gedruckter Bogen", so z. B. noch für die Arbeitsvorlagen der Parlamente; heute besonders postalisches Fachwort).

drücken: Das *altgerm.* Verb *mhd.* drücken, *ahd.* drucchen, *niederl.* drukken, *aengl.* đryccan, *schwed.* trycka ist eine Intensivbildung zu einem noch in *aisl.* Þruga „drohen, unterdrücken" (*schwed.* truga „nötigen") erscheinenden *germ.* Verb. Es gehört mit der Grundbedeutung „reiben, bedrängen" zu der unter ↑*drehen* behandelten Wortgruppe. Es wird schon im *Mhd.* auf geistigen und seelischen Druck übertragen, ohne seinen eigentlichen Sinn zu verändern, vgl. auch die Präfixbildung **bedrücken** „traurig, niedergeschlagen machen". Reflexives 'sich drücken' „heimlich verschwinden" wird ursprünglich weidmännisch vom Hasen gesagt, der sich duckt (dazu das *ugs.* **Drückeberger,** das wie 'Schlauberger' scherzhaft einen Einwohnernamen nachbildet; 19. Jh.), vgl. dazu auch die Präfixbildung **verdrücken,** die reflexiv im Sinne von „heimlich verschwinden" gebraucht wird. Um 'drücken' gruppieren sich die Bildungen 'ab-, an-, auf-, durch-, er-, zudrücken' sowie 'ausdrücken' (s. u.). Abl.: [2]**Druck** (*mhd., ahd.* druc; heute besonders technisches Fachwort, vgl. die Zusammensetzungen 'Luft-, Wasser-, Über-, Unterdruck' usw.), dazu **Eindruck** (für die „geistige Einwirkung" im 18. Jh. neu belebt aus *mhd.* īndruc, einer Lehnübersetzung der Mystiker für *lat.* impressio); **eindrücklich** „nachhaltig, eindrucksvoll" (Lehnübersetzung von *frz.* impressif); **Drücker** „Gerät zum Drükken" (17. Jh.); **drucksen** *ugs.* für „zaudern, gehemmt reden oder handeln" (im 18. Jh. als Iterativbildung zu drucken, drücken gebildet). Zus.: **ausdrücken** (*mhd.* ūʒ drücken, im 16. Jh. nach dem Vorbild von *lat.* exprimere auf Sprachliches, im 18. Jh. auch auf das Mienenspiel übertragen und dann allgemein vom künstlerischen Gestalten, wie *frz.* exprimer), dazu **Ausdruck** (im 18. Jh. nach *frz.* expression neu gebildet, jedoch schon *spätmhd.* als ūʒdruc bei Mystikern) und **ausdrücklich** (16. Jh.).

Drusch ↑dreschen.

Drüse: Das auf das *dt.* und *niederl.* Sprachgebiet beschränkte Wort *mhd., ahd.* druos „Drüse, Schwellung, Beule", *niederl.* droes „Kropf; Entzündung von Drüsenorganen beim Pferd" ist ungedeutet. Die heutige Form ist ursprünglich der umgelautete *Plural* (*mhd.* drües, *ahd.* druosi). Die alte, nicht umgelautete Form setzt sich fort in *nhd.* **Druse** (seit dem 16. Jh. bergmännische Bezeichnung für kristallbesetzte Höhlungen im Gestein, später auch Bezeichnung einer katarrhalischen Pferdekrankheit).

Dschiu-Dschitsu ↑Jiu-Jitsu.

Dschungel: Der Ausdruck für „undurchdringlicher tropischer Sumpfwald" wurde im 19. Jh. aus gleichbed. *engl.* jungle entlehnt, das aus *Hindi* jangal „Wildnis" (< *aind.* jaṅgala-ḥ) stammt.

Dschunke: Die seit dem 16. Jh. bezeugte Bezeichnung für ein in Ostasien verwendetes Segelschiff ist durch westeuropäische Vermittlung (*engl.* junk, *span., port.* junco, *frz.* jonque) aus *malai.* djung „großes Schiff" entlehnt.

du: Das *gemeingerm.* Personalpronomen der 2. Person *mhd., ahd.* dū̆, *got.* Þu, älter *engl.* thou, *schwed.* du geht mit *lat.* tu, *griech.* tý, sý und entsprechenden Wörtern fast aller *idg.* Sprachen auf *idg.* *tū̆ zurück. Der Dativ **dir** (*mhd., ahd.* dir) und der Akkusativ **dich** (*mhd.,* dich, *ahd.* dih) sind durch Ablaut (*idg.* *te-) und mit Suffixen gebildet. In der Anrede ist 'du' gegenüber 'Sie' seit langem auf den vertrauten und kameradschaftlichen Verkehr beschränkt. – Abl.: **duzen** (*mhd.* duzen, dutzen), dazu **Duzbruder** (16. Jh.).

Dübel „Zapfen, Holzpflock": *Mhd.* tübel, *ahd.* tubil, *engl.* dowel, *niederl.* deuvik, *schwed.* dubb stellen sich zu einem nur in Resten erhaltenen Verb mit der Bed. „schlagen“ (z. B. *ostfries.* duven, *südniederl.* doffen). Außerhalb des *Germ.* ist *griech.* týphos „Keil“ vergleichbar. Abl.: **dübeln** „mit Holznägeln befestigen, Holzkeile einschlagen“. Die Formen mit ö **Döbel, döbeln** sind *niederd.* (*mnd.* dōvel, dōvelen).

Dublee: Das Fremdwort für „Metall mit Edelmetallüberzug“ wurde im 20. Jh. aus gleichbed. *frz.* doublé (eigentlich „gedoppelt“) entlehnt. Dies gehört zu *frz.* doubler „doppeln“, das auf *spätlat.* duplare zurückgeht. Über weitere Zusammenhänge vgl. *doppelt.*

Dublette „doppelt Vorhandenes, Doppelstück, -treffer“: Das Fremdwort wurde im 18. Jh. aus gleichbed. *frz.* doublet entlehnt, das zu *frz.* double (< *lat.* duplus „doppelt“; vgl. *doppelt*) gehört.

ducken: *Mhd.* tucken, tücken „eine schnelle Bewegung [nach unten] machen“ ist eine Intensivbildung zu ↑*tauchen.* Es hat sich im 18. Jh. in der *oberd.-niederd.* Mischform ‘ducken’ durchgesetzt und wird besonders vom schnellen Niederbeugen bei Gefahr, transitiv auch für „demütigen“ gebraucht.

Duckmäuser: *Spätmhd.* duckelmūser „Schleicher, Heuchler“ (15. Jh.) gehört zu dem seltenen Verb *mhd.* tockelmūsen „Heimlichkeit treiben“, in dem *mhd.* mūsen „Mäuse fangen, schleichen“ und ein in *bayr.* duckeln „hinterhältig, betrügerisch sein“ (zu ↑ducken) erhaltenes Verb zusammengezogen sind.

dudeln „schlecht musizieren“: Das seit dem 17. Jh. bezeugte Verb ist entweder lautnachahmend (vgl. den *frühnhd.* Tanznamen ‘Tutelei’ und das Schallwort ‘dudel[dum]dei’), oder es gehört zu der Instrumentenbezeichnung **Dudelsack.** Dieses als **Sackpfeife** (*spätmhd.* sacphīfe) schon dem Mittelalter bekannte, ursprünglich wohl indische Blasinstrument heißt *poln., tschech.* dudy, was auf *türk.* düdük „Flöte“ zurückgeht. Im 17. Jh. erscheinen die *dt.* Bezeichnungen Dudei, Dudelbock, polnischer Bock, Dudelsack, von denen das letzte sich schließlich durchgesetzt hat.

Duell „Zweikampf“: Das Wort wurde im 17. Jh. aus älter *lat.* duellum „Krieg“ für *klass.-lat.* bellum (↑rebellieren [unter *Rebell*] und ↑Krawall) entlehnt. Die Bedeutung „Zweikampf“ entstand durch volksetymologischen Anschluß an das unverwandte *lat.* Zahlwort duo „zwei“. Das reflexive Verb **duellieren** (sich) „einen Zweikampf austragen“ (17. Jh.) stammt aus *mlat.* duellare.

Duett: Die Bezeichnung für „Musikstück für zwei Gesangsstimmen; Zwiegesang“ wurde im 18. Jh. aus gleichbed. *it.* duetto entlehnt, das zu *it.* due „zwei“ (vgl. *Duo*) gehört.

Dufflecoat „dreiviertellanger Sportmantel“: Der Name des Kleidungsstücks ist eine Neubildung des 20. Jh.s. Dem Bestimmungswort liegt der Name der belgischen Stadt Duffel zugrunde. Über das Grundwort *engl.* coat, das auch in ↑Petticoat und ↑Trenchcoat erscheint, vgl. den Artikel [1]*Kotze.*

Duft: Das auf das *dt.* Sprachgebiet beschränkte Wort *mhd.* tuft, *ahd.* duft „Dunst, Nebel, Tau, Reif“ ist vielleicht aus *dumpft, *dunft entstanden und würde dann als Verbalsubstantiv zu *mhd.* dimpfen „dampfen“ gehören (vgl. *Dampf*). Es kann aber auch, wie *aisl.* dupt, *schwed.* doft (*aschwed.* duft) „Staub“, zur Sippe von ↑*Dunst* gehören. Die alten Bedeutungen „Dunst, Nebel, Tau, Reif“ sind nur noch *mdal.* bewahrt. Schriftsprachlich wird ‘Duft’ seit dem 18. Jh. im Sinne von „feine Ausdünstung, feiner Geruch“ verwendet. Abl.: **duften** (*mhd.* tuften, tüften „dampfen, dünsten“), dazu *ugs.* **verduften** „unauffällig verschwinden“ (19. Jh.); **duftig** (*frühnhd.;* heute meist für „leicht, schwebend, zart“).

dufte „gut, fein“: Das seit dem 19. Jh. bezeugte, durch das *Berlinische* populär gewordene Adjektiv stammt aus der Gaunersprache. Es geht zurück auf *jidd.* toff (< *hebr.* tôv) „gut“.

Dukaten, (fachsprachlich auch:) Dukat: Der Name der alten Goldmünze, die von 1559 bis 1857 in Deutschland geprägt wurde (in Österreich sogar bis ins 20. Jh.), wurde in *spätmhd.* Zeit (*spätmhd.* ducat) aus *it.* ducato entlehnt, das zu *it.* duca „Herzog“ (< *lat.* dux „Führer“) gehört. Der Dukaten ist also nach dem Bildnis des Herzogs bzw. des venezianischen Dogen auf dieser Münze benannt.

dulden: Das Verb (*mhd., ahd.* dulten) ist eine *südwestdt.* Neubildung des 8. Jh.s zu dem Verbalabstraktum *ahd.* [gi]dult (s. u.), das seinerseits zu dem im *Dt.* untergegangenen gleichbed. *gemeingerm.* Verb *mhd.* doln, *ahd.* dolēn, *got.* þulan, *engl.* to thole, *schwed.* tåla gehört. Dies ist verwandt mit *lat.* tolerare „[er]tragen“ (s. die Fremdwörter um *tolerieren*), *griech.* tlēnai „ertragen“, *griech.* télos „Auferlegung; Zahlung, Steuer“ (↑[1]Zoll) und geht auf die *idg.* Wurzel *tel[ə]- „aufheben, wägen; tragen; dulden“ zurück. – Das Verb dulden wurde zunächst im christlichen Sinne von „Leid auf sich nehmen, Schweres ertragen“ gebraucht, wofür heute **erdulden** gebräuchlicher ist, dann auch in der Bed. „ohne Widerspruch zulassen, nachsichtig gelten lassen“. Abl.: **Dulder** (2. Hälfte des 18. Jh.s, zuerst für Christus gebraucht); **duldsam** (17. Jh.), dazu **Duldsamkeit** (im 18. Jh. für Toleranz, s. d.; heute bes. in der Verneinung mit Un... gebräuchlich). Als selbständige Bildung zu *ahd.* dolēn (s. o.) hat sich **Geduld** (*mhd.* [ge]dult, *ahd.* [gi]dult, entsprechend *asächs.* gihuld, *aengl.* geđyld) eng an dulden angeschlossen und bedeutet heute besonders „Langmut, Ausharren“; dazu **geduldig** (*mhd.* gedultec, *ahd.* gidultig); **gedulden** (*mhd.* gedulden, *ahd.* gidulten werden wie dulden gebraucht; jetzt gilt im Anschluß an das Substantiv nur ‘sich gedulden’ „ergeben abwarten“).

dumm: Das *gemeingerm.* Adjektiv *mhd.* tump „töricht, unerfahren, stumm“, *ahd.* tumb „stumm, taub, töricht“, *got.* dumbs „stumm“, *engl.* dumb „stumm“, *schwed.* dum „dumm“ (älter: „stumm“) geht von der Grundbedeutung „stumm“, eigentlich wohl „verdunkelt, mit stumpfen Sinnen“ aus. Demnach stellt sich das Wort wie ↑taub und ↑toben zu der unter ↑*Dunst* dargestellten Wortgruppe. Die schon *ahd.* Bed. „töricht" erscheint im *Mhd.* teilweise als „unerfahren, unverständig", vgl. dazu die *nhd.* Bildung **Dummerchen** „unerfahrenes Kind"; heute überwiegt der tadelnde Sinn, verstärkt in den Bildungen 'saudumm' und 'strohdumm' (19. Jh.). Abl.: **Dummheit** (*mhd.* tumpheit); **dümmlich** „leicht beschränkt; ein wenig töricht" (*mhd., spätahd.* tumplich); **Dümmling** „törichter Mensch" (*spätmhd.* tumbelinc; im Volksmärchen der jüngste, „dumme" Bruder, dem alles gelingt); **verdummen** „dumm werden oder machen" (*mhd.* vertumben). Zus.: **Dummkopf** (18. Jh.); **Dummerjan, Dumm[r]ian** (17. Jh., für *frühnhd.* 'dummer Jan'; der zweite Bestandteil des Scheltwortes ist die *niederd.* Kurzform 'Jan' des Personennamens Johannes).

dumpf: Das erst im *Nhd.* bezeugte Adjektiv ist wohl verkürzt aus dem älteren **dumpfig** „schimmlig, muffig" (15. Jh.; entsprechend *niederl.* dompig), einer Ableitung von dem untergegangenen Substantiv dumpf „Schimmel", das auch „Atemnot, Asthma" bedeuten konnte. Die Wörter stehen im Ablaut zu ↑*Dampf.* Aus der Grundbedeutung „durch Rauch, Dunst beengend; feucht, modrig" hat sich über „engbrüstig" der Sinn „heiser, hohl" entwickelt, während 'dumpfig' nur in der alten Bedeutung verwendet wird. Abl.: **Dumpfheit** (18. Jh.).

Dumping „Preisunterbietung (auf dem internationalen Markt) zur Erlangung einer Monopolstellung": Das Wort wurde im 20. Jh. aus gleichbed. *engl.* dumping entlehnt, das zu to dump „zu Schleuderpreisen verkaufen" (eigentlich „abladen, hin[unter]werfen") gehört.

Dune ↑ Daune.

Düne: Das im 16. Jh. aus dem *Niederd.* ins *Hochd.* übernommene Wort geht auf *mnd.* dūne, *mniederl.* dūne zurück. Die *nhd.* Form folgt der älteren *niederl.* Aussprache mit ü (*niederl.* duin). Das Wort gehört mit *aisl.* dȳja „schütteln" im Sinne von „(vom Wind) Aufgeschüttetes" zu der unter ↑*Dunst* dargestellten *idg.* Wurzel *dheu „stieben".

Dung: Nach Tacitus und Plinius hatten die Germanen unterirdische Vorratsräume und Webkammern, die gegen die Winterkälte mit Mist bedeckt wurden. Sie heißen *ahd.* tung, *mhd.* tunc (vgl. *aengl.* dung „Gefängnis", *aisl.* dyngja „Frauengemach; Haufen"). Das Wort Dung (*mhd.* tunge, *ahd.* tunga, *[a]engl.* dung, *schwed.* dynga) bedeutet also eigentlich „das Bedeckende" und gehört wohl zu der Wurzel *dhengh- „drücken, bedecken", die z. B. in *air.* dingid „unterdrückt" und *lit.* deñgti „bedekken" erscheint. Abl.: **düngen** (*mhd.* tungen), dazu **Dünger** (16. Jh.; jetzt besonders auch für künstliche Düngemittel).

dunkel: Die *germ.* Adjektivbildungen *mhd.* tunkel, *ahd.* tunkal, *niederl.* donker, *aisl.* døkkr gehören im Sinne von „dunstig, neblig" zu der unter ↑*Dampf* dargestellten *idg.* Wurzel. Der d-Anlaut setzte sich erst im 18. Jh. völlig durch. – Abl.: **Dunkel** (das Femininum *mhd.* tunkel, *ahd.* tunkali „Dunkelheit" wurde *nhd.* durch das substantivierte Adjektiv ersetzt); **Dunkelheit** (*mhd.* tunkelheit); **dunkeln** „dunkel werden" (*mhd.* tunkeln, *ahd.* tunkalēn), dazu **verdunkeln** (*mhd.* vertunkeln). Zus.: **Dunkelmann** (um 1795 als Lehnübersetzung für *lat.* vir obscurus; die 'Epistolae obscurorum virorum', d. h. „Briefe unberühmter Männer", eine satirische Streitschrift deutscher Humanisten um 1516, geißelten, angeblich von scholastischen Theologen verfaßt, die Unbildung und Rückständigkeit des damaligen Wissenschaftsbetriebs. Erst zu Anfang des 19. Jh.s wurden jene „Unbekannten" als „Finsterlinge und Bildungsfeinde" im heutigen Sinn des Wortes aufgefaßt).

dünken: Das *gemeingerm.* Verb *mhd.* dünken, dunken, *ahd.* dunchen, *got.* þugkjan, *engl.* to think (*aengl.* đyncan), *schwed.* tycka steht im Ablaut zu dem unter ↑*denken* behandelten Verb und bedeutete ursprünglich „den Anschein haben, vorkommen", im *Got.* auch „meinen". Die *nhd.* Nebenformen deucht, Präteritum deuchte, Partizip gedeucht sind aus dem *mhd.* Konj. Präteritum diuhte entstanden und setzen das alte Präteritum *mhd.* dūhte, *ahd.* dūhta, Partizip gedūht fort. Schon im 13. Jh. begegnen die heute herrschenden Formen 'dünkte, gedünkt'. – Abl.: **Dünkel** (seit dem 16. Jh. für *mhd.* dunc „Bedünken, Meinung", seit dem 17. Jh. in der heutigen Bed. „eingebildeter Stolz"); dazu **dünkelhaft** (18. Jh.).

dünn: Das Gegenwort zu 'dick' und 'dicht' *mhd.* dünne, *ahd.* dunni, thunni, *asächs.* thunni, *engl.* thin, *schwed.* tunn ist z. B. verwandt mit *lat.* tenuis „dünn, fein, zart" und *aind.* tanvī „dünn, zart, schmächtig, unbedeutend". Es geht zurück auf das *idg.* Adjektiv *tenu-s „dünn", das zu der unter ↑*dehnen* behandelten Wurzel *ten- gebildet ist und demnach eigentlich „lang ausgedehnt" bedeutet. Das alte Verb **dünnen** (*mhd.* dünnen, *ahd.* dunnēn, *niederl.* dunnen, *engl.* to thin, *schwed. mdartl.* tynnäs) ist außer Gebrauch gekommen; an seiner Stelle werden 'ausdünnen' und 'verdünnen' gebraucht. Abl.: **Dünne** (*mhd.* dünne, *ahd.* dunnī).

Dunst: *Mhd.* dunst, tunst „Dampf, Dunst", *ahd.* tun[i]st „Sturm" geht wie *mnd.* dust, dūst „[Mehl]staub" und *engl.* dust „Staub" auf ein *westgerm.* Substantiv zurück, das wahrscheinlich „Staub, Staubwind" bedeutete. Die Bedeutungen „Staub" und „Dampf" sind auch heute nicht scharf getrennt: *nhd.* Dunst bezeichnet nicht nur eine Lufttrübung, sondern fachsprachlich auch eine feine Mehlsorte und als '[Vogel]dunst' (17./18. Jh.) weidmännisch das feinste Schrot für die Vogeljagd. Die Wendung 'blauen Dunst vormachen' „betören, etwas vorspiegeln" erscheint im 16. Jh. Diese Beziehung auf die Umnebelung der Sinne, des Verstandes zeigen auch die mit 'Dunst' nahe verwandten unter ↑*dösen,* ↑*Dusel* und ↑[2]*Tor* „Dummkopf" behandelten *germ.* Wörter. Andere dagegen, z. B. ↑Tier und *aslaw.* duša „Atem", enthalten ursprünglich die Bed. „hauchen, atmen; Lebewesen". Der ganzen Gruppe liegt eine s-Erweiterung der *idg.* Wurzel *dheu-, *dheu̯ə- „stieben, wirbeln, blasen; rauchen, dampfen; in heftiger Bewegung sein" zugrunde. Diese Wurzel ist, vielfach erweitert und weitergebildet, in den meisten *idg.* Sprachen vertreten, (vgl. z. B. *aind.* dhū-má-ḥ, *lat.* fumus „Rauch", *griech.* thȳmós „Geist, Mut", ähnlich *ahd.* toum „Dampf, Rauch" und tūmōn „sich im Kreis drehen", das *nhd.* ↑*taumeln* vorausliegt). Aus dem *germ.* Sprachbereich gehören hierher die unter ↑*Daune* (eigentlich „Aufgewirbeltes"), ↑*Düne* (eigentlich „Aufgeschüttetes") und ↑[1]*Tau* „niedergeschlagene Luftfeuchtigkeit" (vgl. auch *Duft*) behandelten Wörter, weiter die Sippe von ↑*toll* (eigentlich „getrübt, geistig schwach"). Auch ↑Tod und ↑tot lassen sich als Bildungen zu einem Verb mit der Bed. „betäubt werden, hinschwinden" hier anschließen. Ähnliche Bedeutungen zeigt die Wortgruppe um die erweiterte Wurzelform *dheubh- „rauchen; neblig, verdunkelt" mit den auf Geist und Sinne bezogenen Wörtern ↑taub, ↑toben, ↑dumm. Zu ihr stellt sich wohl auch der Vogelname ↑Taube (nach der dunklen Farbe) und das Substantiv ↑Duft, dessen Bedeutung sich mit der von 'Dunst' nahe berührt. Die erweiterte Wurzelform *dheudh- „durcheinanderwirbeln, schütteln" liegt den unter ↑*verdutzt* „verwirrt" und ↑*Dotter* (eigentlich „der Zitternde") behandelten Wörter zugrunde. – Ableitungen von 'Dunst' sind: **dunsten, dünsten** „Dunst verbreiten" (*mhd.* dunsten, dünsten; erst *nhd.* gilt 'dünsten' für „im Dunst gar machen"), dazu **ausdünsten** (*mhd.* ūẓdunsten) und **verdunsten** (17. Jh.); **dunstig** (*mhd.* dunstec „dampfend", *ahd.* dunistīg „stürmisch"). Zus.: **Dunstkreis** (17. Jh., Lehnübertragung für 'Atmosphäre'; jetzt nur noch bildlich gebraucht); **Vogeldunst** (s. o.).

Dünung „Seegang nach dem Sturm": Das heutige Substantiv mit dem Stammvokal ü hat sich im 19. Jh. durchgesetzt. Frühere konkurrierende Formen wie 'Deining' oder 'Dienung' sind aus dem *Niederl.* in die *dt.* Seemannssprache eingedrungen: *niederl.* deining, älter deyninghe, das zu dem Verb *niederl.* deinen „auf und nieder wogen" gehört (vgl. *fries.* thīnen „schwellen"). Das Wort geht wahrscheinlich zurück auf *niederd.* dunen, dünen „schwellen, auf und nieder wogen" (18. Jh.). Die *dt.* wie die *niederl.* Wörter beruhen auf der unter ↑*Daumen* dargestellten *idg.* Wurzel.

Duo „Musikstück für zwei verschiedenartige Instrumente", auch Bezeichnung der beiden ausführenden Solisten: Der Fachausdruck der Musik wurde im 19. Jh. aus *it.* duo „Duett" – dazu *it.* duetto (↑Duett) – entlehnt. *It.* duo ist die ältere Form von *it.* due „zwei", das auf *lat.* duo „zwei" zurückgeht (urverwandt mit *nhd.* ↑*zwei*). *Lat.* duo erscheint als Bestimmungswort in *lat.* duplus (↑doppelt, Double, Dublee usw.) und in duplex (↑Duplikat, Duplizität). Ferner gehört zu *lat.* duo das Präfix ↑bi..., Bi... Im *Frz.* wurde *lat.* duo zu deux.

düpieren „vor den Kopf stoßen; verwirren, verblüffen": Das Verb wurde im 17. Jh. aus *frz.* duper „narren, täuschen" entlehnt, einer Ableitung von *frz.* dupe „Narr, Tropf".

Duplikat „Zweitausfertigung, Zweitschrift, Abschrift": Das Wort ist eine gelehrte Entlehnung des 17. Jh.s aus *lat.* duplicatum „zweifältig, verdoppelt", dem Partizipialadjektiv von *lat.* duplicare „zweifältig machen, verdoppeln". Dies ist abgeleitet von *lat.* duplex „doppelt zusammengelegt, doppelt". Dessen Bestimmungswort ist *lat.* duo „zwei" (vgl. *Duo*). Die Deutung des zweiten Wortbestandteils -plex, der auch in verschiedenen anderen *lat.* Wörtern erscheint, so in simplex „einfach" (↑simpel), triplex „dreifach", multiplex „vielfach" (↑multiplizieren), ist umstritten. Er könnte zum Wortstamm der unter ↑*kompliziert* genannten *lat.* Wörter plectere „flechten", plicare „[zusammen]falten" gehören. Allein durch das Nebeneinander von *lat.* duplex, *griech.* díplax „zweischichtig, doppelt" und *umbrisch* tuplak „zweizackige Gabel" ist es wahrscheinlich, daß *lat.* -plex etymologisch zu *lat.* plaga „Fläche" (= *griech.* pláx) zu stellen ist (vgl. den Artikel *flach*) und sich erst sekundär mit dem Wortstamm von *lat.* plectere vermischt hat. – Vgl. noch das ebenfalls zu *lat.* duplex gehörende Fremdwort ↑*Duplizität.*

Duplizität „Doppelheit, doppeltes Auftreten": Das Fremdwort wurde im 18. Jh. aus gleichbed. *lat.* duplicitas entlehnt, das zu *lat.* duplex „doppelt zusammengelegt, doppelt" gehört (vgl. *Duplikat*).

Dur: Die seit dem 17. Jh. bezeugte musikalische Bezeichnung der „harten Tonart" (im Gegensatz zu ↑Moll) geht auf das *lat.* Adjektiv durus „hart" zurück. Der charakteristische Unterschied zwischen Dur und Moll besteht nämlich in dem Dreiklang mit der großen Terz, der als „hart" empfunden wurde.

durch: Das *westgerm.* Wort (Präposition und Adverb) *mhd.* dur[ch], *ahd.* dur[u]h, *niederl.* door, *engl.* th[o]rough steht im Ablaut zu *got.* þaírh „durch". *Außergerm.* sind z. B. verwandt *aind.* tiráḥ „durch, über, abseits" und *lat.* trans „jenseits, über – weg", das in zahlreichen aus dem *Lat.* entlehnten Fremdwörtern als erster Bestandteil steckt (↑trans..., Trans...). Siehe auch den Artikel *Thriller.* Für das Adverb 'durch' steht schriftsprachlich gewöhnlich 'hindurch' (↑hin) oder auch die Verdoppelung 'durch und durch'. Als Präposition mit dem Akkusativ gab 'durch' im *Ahd.* meist *lat.* per wieder; es kann wie dieses Weg oder Zeit im Sinn eines Hindurchgehens bezeichnen, woraus sich schon *ahd.* die Übertragung auf eine vermittelnde Person oder Sache ergab (Gott spricht durch den Mund der Propheten; durch Leid gereift); in dieser Verwendung konkurrieren z. T. 'mit' und 'von'. Mit Verben bildet 'durch' unfeste, aber auch feste Zusammensetzungen, die sich oft nahe berühren (dúrchbohren, durchbóhren). Zus.: **durchaus** (*frühnhd.* als Raumadverb für „hindurch und hinaus", seit dem 18. Jh. übertragen für „ganz und gar, unbedingt"); **durchweg** „ohne Ausnahme" (18. Jh.).

durchbrennen ↑brennen.

durchbringen ↑bringen.

durchdrehen ↑drehen.

Durchfall, durchfallen ↑fallen.

durchforsten ↑Forst.
durchgeistigt ↑Geist.
Durchlaucht: Die *mitteld.* Form des 2. Partizips von *mhd.* durchliuhten „durchstrahlen" (vgl. *leuchten*), durchlūht, erscheint seit dem 15. Jh. als Lehnübersetzung von *lat.* perillustris „sehr strahlend, sehr berühmt" und wird im 16. Jh. substantiviert zum Titel fürstlicher Personen (jetzt meist für den Fürstenrang im engeren Sinne); s. a. *erlaucht.* – Abl.: **durchlauchtig** (*mhd.* durchliuhtec „durchstrahlend, helleuchtend", *nhd.* als durchlauchtigst, Adjektiv zum Titel 'Durchlaucht').
durchleuchten ↑leuchten.
durchlöchern ↑Loch.
durchpassieren ↑passieren.
durchpausen ↑pausen.
durchscheuern ↑scheuern.
durchschleusen ↑Schleuse.
durchschneiden ↑schneiden.
Durchschnitt: Das seit dem 16. Jh. bezeugte Substantiv ist eine Bildung zu dem zusammengesetzten Verb 'durchschneiden' (vgl. *schneiden*). Es wurde zunächst im Sinne von „Durchschneidung [zweier Linien], Durchmesser" gebraucht, dann (im 17. Jh.) als „zeichnerische Darstellung eines durchschnitten gedachten Gebäudes, Schiffes und dgl.". Die übertragene Bed. „Mittelwert" (18. Jh.) stammt wohl aus der Arithmetik: Die Durchschnittszahl mehrerer Größen wird zum Maßstab der Leistung gemacht, die dann **durchschnittlich** (18. Jh.), aber auch über oder unter dem Durchschnitt sein kann. Ganz jung ist die leicht abwertende Zusammensetzung **Durchschnittsmensch.**
durchseihen ↑seihen.
durchsetzen ↑setzen.
durchtrieben: Das Wort ist das in adjektivischen Gebrauch übergegangene 2. Partizip von *mhd.* durchtrīben „mit etwas durchdringen, -setzen" (vgl. *treiben*), das schon im 13. Jh. den tadelnden Sinn „listig, gerissen" annimmt. Siehe auch den Artikel *abgefeimt.*
durchweg ↑weg.
dürfen: Das *gemeingerm.* Verb (Präteritopräsens) *mhd.* durfen, dürfen, *ahd.* durfan, *got.* Þaurban, *aengl.* đurfan, *aisl.* Þurfa bedeutete ursprünglich „brauchen, nötig haben", wie es die Ableitungen ↑dürftig und ↑bedürfen und das verwandte ↑darben noch zeigen (s. auch *bieder*). *Außergerm.* Beziehungen sind nicht gesichert. Reste der alten Bedeutung sind noch in Wendungen wie 'du darfst nicht erschrecken', 'ich darf nur bitten' (um etwas sofort zu bekommen) erhalten. Aus dem verneinten Gebrauch hat sich schon im 16. Jh. der heutige Sinn „die Erlaubnis haben" entwickelt.
dürftig: Das Adjektiv *mhd.* dürftic, *ahd.* durftic, *asächs.* thurftig „bedürftig" ist abgeleitet von dem Verbalsubstantiv *mhd., ahd.* durft, *asächs.* thurft, *got.* Þaurfts „Bedürfnis, Not", das im *Dt.* nur noch in ↑Notdurft erhalten ist. In der alten Bedeutung ist 'dürftig' jetzt durch 'bedürftig' (↑bedürfen) ersetzt. Der Sinn „ärmlich, unzureichend" zeigt sich bereits im *Mhd.*
dürr: Das *gemeingerm.* Adjektiv *mhd.* dürre, *ahd.* durri, *got.* Þaúrsus, *aengl.* dyrre, *schwed.* torr gehört mit verwandten Wörtern in anderen *idg.* Sprachen zu der *idg.* Wurzel *ters „austrocknen, verdorren; dürsten, lechzen; dörren", vgl. z. B. *griech.* térsesthai „trocken werden", *lat.* torrere „dörren, rösten" (↑Toast), *lat.* torr[id]us „ausgetrocknet, dürr" und *lat.* terra „Erde", eigentlich „die Trockene (s. die Fremdwörter um *Terrain*). Zur *germ.* Familie von 'dürr' gehören ↑dorren, ↑dörren, ↑Durst, ↑Darre und wohl auch ↑Dorsch. Im *Dt.* hat sich aus der Grundbedeutung „trocken, ausgedörrt" der Sinn „hager, mager" entwickelt, an die sich die Steigerungen 'klapperdürr' und 'spindeldürr' anschließen. – Abl.: **Dürre** „Trockenheit" (*mhd.* dürre, *ahd.* durrī).
Durst: Das *gemeingerm.* Substantiv *mhd., ahd.* durst, *got.* Þaúrstei, *engl.* thirst, *schwed.* törst gehört zu der unter ↑*dürr* dargestellten Wortsippe und bedeutete demnach ursprünglich „Trokkenheit (in der Kehle)". Es steht neben dem *altgerm.* Verb **dürsten** (*mhd.* dürsten, dursten, *ahd.* dursten, *niederl.* dorsten, *engl.* to thirst, *schwed.* törsta). Abl.: **durstig** (*mhd.* durstec, *ahd.* durstac), dazu mit Umlaut **blutdürstig** (16. Jh.).
Dusche „Brause, Brausebad": Das Wort wurde im 18. Jh. als medizinischer Terminus aus *frz.* douche „Gießbad, Brausebad" entlehnt und wurde erst im 19. Jh. gemeinsprachlich. *Frz.* douche selbst beruht auf entsprechend *it.* doccia „Wasserrinne; Gießbad", das seinerseits vermutlich von *it.* doccione „(Wasser)leitungsröhre" abgeleitet ist. Quelle des Wortes ist *lat.* ductio (ductionem) „das Ziehen, das Führen" mit seiner im *Spätlat.* aufgekommenen Bed. „Ableitung; Wasserleitung". – Stammwort ist das mit *dt.* ↑*ziehen* etymologisch verwandte Verb *lat.* ducere (ductum) „ziehen; leiten; führen", das mit einigen Bildungen in unserem Wortschatz vertreten ist. Siehe hierzu im einzelnen die Fremdwörter *produzieren, reduzieren* und *Viadukt.* Vgl. auch den Artikel *Dukaten.* – Von dem Substantiv 'Dusche' ist das Verb **duschen** „ein Brausebad nehmen" (um 1800; nach entsprechend *frz.* [se] doucher) abgeleitet.
Düse: Das seit dem 16. Jh. (zuerst in der Form t[h]üsel) bezeugte Wort bezeichnete zunächst die Mündung des Blasebalgrohres. Später wurde es auf das verengte Saug- oder Ausstoßrohr der modernen Technik übertragen, beachte dazu Zusammensetzungen wie **Düsenantrieb, Düsentriebwerk, Düsenflugzeug** (alle 20. Jh.). Die weitere Herkunft des Wortes ist unklar.
Dusel: Das im 16. Jh. aus dem *Niederd.* ins *Hochd.* übernommene Wort gehört mit *mnd.* dūsinge „Betäubung", *ahd.* tūsig „einfältig", *norw.* dusa „duseln", *niederl.* dwaas „töricht" und den unter ↑*dösen* behandelten Wörtern zu den mannigfachen Ausdrücken für geistige Verwirrung in der Sippe von ↑*Dunst* (↑auch dumm und [2]Tor). Die *ugs.* Bed. „Glück (des Betrunkenen oder Träumers)" geht im 19. Jh. von Norddeutschland aus. Das gleiche Wort ist *ugs.* **Dussel** „Dummkopf, Schlafmütze". Abl.: **duseln** „träumen, still vor sich hin gehen" (16. Jh.),

dazu **Duselei** (besonders in 'Gefühls-, Humanitätsduselei', 19. Jh.); **dusselig, dußlig** „dumm, schlafmützig" (17. Jh.); **beduselt** *ugs.* für „betrunken" (17. Jh.; zu 'Dusel' „Rausch").

düster: Das *westgerm.* Adjektiv *mnd.* dūster, *asächs.* thiustri, *niederl.* duister, *aengl.* điestre ist urverwandt mit der *slaw.* Sippe von *russ.* tusk „Nebel, Finsternis". Es wurde im 16. Jh. aus dem *Niederd.* ins *Hochd.* übernommen. Eine *mdal.* Nebenform **duster** erscheint *ugs.* in zappenduster „sehr dunkel", übertragen „ganz schlimm". Abl.: **Düster** (18. Jh.); **Düsternis** (*mnd.* dūsternis[se]); **düstern** dicht. für „dunkel werden" (*mnd.* düsteren), dazu **verdüstern** (16. Jh.).

Dutzend „Anzahl von 12": *Mhd.* totzan, totzen stammt aus *afrz.* dozeine (= *frz.* douzaine). Zugrunde liegt das Zahlwort *frz.* douze „zwölf", das auf *lat.* duo-decim „zwölf" (eigentlich „zweizehn") zurückgeht (vgl. *Duo* und *Dezi...*).

Duzbruder, duzen ↑du.

dynamisch „energiegeladen, voll innerer Spannkraft": Das Adjektiv wurde im 18. Jh. nach *griech.* dynamikós „mächtig, kräftig, stark, wirksam" zu *griech.* dýnamis „Vermögen, Kraft" gebildet. Zugrunde liegt das etymologisch nicht sicher gedeutete Verb *griech.* dýnasthai „vermögen, können", wozu auch *griech.* dynástēs „Machthaber", dynasteía „Herrschaft" (↑Dynastie) gehört. Aus der Fügung *griech.* dynamikḗ (téchnē) (> *lat.* dynamice) entwickelte sich – vielleicht unter dem Einfluß von *frz.* dynamique – das Substantiv **Dynamik** „Lehre von der Bewegung bzw. Kraft" (18. Jh.). Dessen allgemeine Bedeutung „Schwung-, Triebkraft" geht allerdings von dem Adjektiv 'dynamisch' aus. Beachte noch die folgenden Neubildungen 'Dynamit' und 'Dynamo'.

Dynamit „Sprengstoff": Das Wort ist eine gelehrte Neubildung des Schweden Alfred Nobel (1833–1896) zu *griech.* dýnamis „Kraft" (vgl. *dynamisch*).

Dynamo „Strommaschine, Generator": Das Fremdwort ist eine im 19. Jh. in England gebildete Kurzform aus 'Dynamomaschine' (für 'dynamo-elektrische Maschine'), mit der Werner v. Siemens ein Gerät, das „Arbeitskraft" in elektrischen Strom umwandelt, bezeichnete. Zugrunde liegt *griech.* dýnamis „Kraft" (vgl. *dynamisch*).

Dynastie „Herrschergeschlecht, Herrscherhaus": Das Substantiv wurde im 16. Jh. aus *griech.* dynasteía „Herrschaft" entlehnt. Dies gehört zu *griech.* dynasteúein „herrschen", dynástēs „Machthaber" (daraus unser Fremdwort **Dynast** „Herrscher, Fürst"; 16. Jh.), dýnasthai „vermögen" (vgl. *dynamisch*).

dys..., Dys...: Die Vorsilbe mit der Bedeutung „von der Norm abweichend; miß..., schlecht, krankhaft" ist aus gleichbed. *griech.* dys..., dy... entlehnt.

E

e..., E... ↑¹ex..., Ex...

Ebbe: Das um 1600 aus dem *Niederd.* ins *Hochd.* übernommene Wort geht zurück auf *mnd.* ebbe, dem *afries.* ebba, *mniederl.* ebbe, *engl.* ebb entsprechen. Das *westgerm.* Wort gehört im Sinne von „Rückgang, Zurückfluten" zu der unter ↑*ab* dargestellten *idg.* Präposition mit der Bedeutung „weg, zurück". – Abl.: **ebben** „bei Ebbe absinken" (*mnd.* ebben), dazu **abebben** und **verebben** „schwächer werden, abnehmen, nachlassen" (19. Jh., in übertragener Bedeutung).

eben: Das *gemeingerm.* Adjektiv *mhd.* eben, *ahd.* eban, *got.* ibns, *engl.* even, *schwed.* jämn bedeutet von Anfang an „gleich" (*dt.* nur noch in Zusammensetzungen) und „gleich hoch, flach". Weitere Beziehungen des Wortes sind nicht gesichert. Als Adverb (*mhd.* ebene, *ahd.* ebano) hat sich 'eben' ähnlich wie 'gerade', 'gleich' und 'genau' entwickelt. *Nhd.* steht es besonders in demonstrativen Zusammensetzungen wie 'ebenda, ebenderselbe, ebendarum, ebenso'. Verblaßt drückt es wie ↑halt aus, daß etwas Unabänderliches hinzunehmen sei ('das ist eben so'). Als Zeitadverb meint 'eben' schon *mhd.* gleichzeitiges oder unmittelbar vorangehendes Geschehen. – Abl.: **Ebene** „flaches Land; Fläche" (*mhd.* ebene, *ahd.* ebanī, eigentlich „Ebenheit, Gleichheit"; im 16. Jh. mathematisches Fachwort für *lat.* planum; s. a. *neben*); **ebnen** „eben machen" (*mhd.* ebenen, *ahd.* ebanōn, vgl. *got.* ga-ibnjan). Zus.: **Ebenbild** (*mhd.* ebenbilde, wohl nach *lat.* configuratio „ähnliche Bildung"); **ebenbürtig** (*mhd.* ebenbürtec „von gleicher Geburt"); **ebenfalls** „übereinstimmend" (16. Jh., für älteres ebenes Falls); **Ebenmaß** (*mhd.* ebenmāʒ[e] „Gleichmaß, Ebenbild"), dazu **ebenmäßig** (*mhd.* ebenmæʒe[c]).

Ebenholz: Der Name des sehr harten und dauerhaften Holzes ist eine verdeutlichende Zusammensetzung. *Mhd., spätahd.* ebēnus „Ebenbaum, Ebenholz" ist entlehnt aus gleichbed. *lat.* ebenus, das seinerseits über *griech.* ébenos auf *ägypt.* hbnj „Ebenholz" zurückführt.

Eber: Die *altgerm.* Bezeichnung für das männliche Schwein lautet *mhd.* eber, *ahd.* ebur, *niederl.* ever, *aengl.* eofor (das entsprechende *aisl.* jǫfurr kommt nur als dichterische Bezeichnung des Fürsten vor). Im *außergerm.* Sprachbereich sind z. B. gleichbed. *lat.* aper und *lett.* vepris verwandt. Der Name des Tieres erscheint oft in

Personennamen (beachte z. B. Eberhard). Heute gilt die Bezeichnung besonders für den zahmen Zuchteber, der wilde Eber heißt weidmännisch ↑Keiler.

Eberesche: Der im *Dt.* erst spät bezeugte Baumname hat nichts mit dem Eber zu tun. Vielmehr wird man *spätmhd.* eberboum (15. Jh.), *frühnhd.* eberasch, -esche, ab[e]resch[e] an das in *kelt.* Orts- und Personennamen überlieferte *gall.* eburos „Eibe" anschließen können, das auf ein *idg.* Farbadjektiv zurückgeht (vgl. *Erpel*). Namengebend wären dann bei beiden Bäumen die roten Beeren gewesen, nach denen die Eberesche auch 'Vogelbeerbaum' (↑Vogel) heißt. Zum Grundwort vgl. *Esche.*

ebnen ↑eben.

echauffiert „erhitzt, aufgeregt": Das Adjektiv ist das zweite Partizip zu dem zuerst im 17. Jh. bezeugten Verb [sich] **echauffieren** „[sich] erhitzen". Dies stammt aus *frz.* [s']échauffer, das auf *vlat.* *excalefare (= *lat.* ex-calefacere) zurückgeht (vgl. *Kalfakter*).

Echo „Widerhall": Das Wort wurde im 16. Jh. aus gleichbed. *griech.-lat.* ēchṓ entlehnt, das zu *griech.* ēchḗ „Schall" gehört. Abl.: **echoen** „widerhallen; wiederholen" (19. Jh.). Zus.: **Echolot** „Instrument zur Messung von Meerestiefen auf Grund von Schallwellen" (20. Jh.; vgl. *Lot*). – *Griech.* ēchḗ erscheint auch in dem abgeleiteten Verb *griech.* kat-ēcheīn „entgegentönen; mündlich unterrichten" (↑Katechismus).

Echse ↑Eidechse.

echt: Das als Wort der Rechtssprache im 16. Jh. aus dem *Niederd.* ins *Hochd.* übernommene Wort geht zurück auf *mnd.* echt „echt, recht, gesetzmäßig", dem *mniederl.* echt entspricht. Es ist zusammengezogen aus *mnd.* ehacht, dem *mhd., ahd.* ēhaft „gesetzmäßig" entspricht. (Zum Lautwandel ↑Gracht). Dieses Adjektiv ist abgeleitet von dem Substantiv *mhd.* ē, *ahd.* ēwa „Recht, Gesetz; Ehe[vertrag]" (vgl. *Ehe*). Heute ist 'echt' meist nur Gegenwort zu „falsch, künstlich, nachgemacht". – Abl.: **Echtheit** (18. Jh.).

Ecke, *(südd., österr.:)* Eck: Das *altgerm.* Substantiv *mhd.* ecke, egge, *ahd.* ecka, *niederl.* eg[ge], *aengl.* ecg (*engl.* edge), *schwed.* egg geht mit verwandten Wörtern in zahlreichen anderen *idg.* Sprachen auf die *idg.* Wurzel *ak̑-, *ok̑- „scharf, spitz, kantig" zurück, vgl. z. B. *lat.* acies „Schärfe, Schneide, Schlachtreihe", *lat.* acetum „Essig" (↑Essig und ↑Acetat, Aceton, Acid...), *lat.* acus „Nadel" (↑Akupunktur), *lat.* acuere „schärfen" (↑akut), *griech.* akís „Spitze, Stachel", *griech.* ákros „spitz" (s. z. B. *Akrobat*), *griech.* oxýs „scharf" (↑Oxyd). Im *germ.* Sprachbereich stellen sich zu dieser Wurzel z. B. ↑Ahorn (nach den spitz eingeschnittenen Blättern), ↑Ähre (nach den spitzen Grannen) und ↑Egge (als Gerät mit Spitzen). Wahrscheinlich sind auch das Zahlwort ↑acht und der Vogelname ↑Elster aus der gleichen Wurzel herzuleiten. Von der Vorstellung der Straßenecke geht *ugs.* 'um die Ecke bringen' für „töten" (eigentlich „schnell wie hinter einer Straßenecke verschwinden lassen") aus. An die im 13. Jh. geschwundene *germ.* Bed. „Spitze oder Schneide von Schwert und Speer, (auch:) Schwert" erinnern nur noch die Personennamen mit Eck[e]-, z. B. Eck[e]hard. – Abl.: **eckig** (älter *nhd.* eckiht, *mhd.* eckeht); **ecken** (*spätmhd.* ecken; veraltet für „Ecken bilden; anstoßen"), dazu noch *ugs.* **anecken** „Anstoß erregen" (19. Jh.). Zu 'Dreieck' s. den Artikel *drei.*

Ecker „Eichen-, Buchenfrucht", (heute fast nur noch in:) Buchecker: *Mhd.* ecker[n], *mnd.* eckeren sind Umlautformen für *mhd.* ackeran, *mnd.* ackeren „Eichel, Buchel, Eichelmast", zu denen *niederl.* aker, *engl.* acorn, *schwed. mdal.* akarn „Eichel" und *got.* akran „Frucht, Ertrag" gehören. Die *germ.* Wörter gehören vielleicht mit *ir.* āirne „Schlehe", *kymr.* aeron „Baumfrüchte", *russ.* jagoda „Beere" u. a. zu einer *idg.* Wurzel *ōg-, *əg- „wachsen; wilde Frucht". Bucheckern und Eicheln waren früher wichtige Baumfrüchte, weil sie als Waldweide für die Schweineherden dienten (Eichelmast). Man kann 'Ecker' deshalb auch zu ↑*Acker* in seiner ältesten Bed. „unbebautes (Weide)land" stellen. 'Eckern' als Bezeichnung der Spielkartenfarbe ist eigentlich der alte Singular *mhd.* ekkern in der Bedeutung „Eichel".

edel: Das *westgerm.* Adjektiv *mhd.* edel[e], *ahd.* edili, *mnd.* ēdel, *aengl.* æđele „adlig, vornehm" ist von dem unter ↑*Adel* behandelten Substantiv abgeleitet und wurde seit dem Mittelalter zunehmend auf vortreffliche geistige und seelische Eigenschaften übertragen. Zus.: **Edelmut** (17. Jh.), dazu **edelmütig** (18. Jh.); **Edelstein** (*mnd.* edelstein verdeutlicht *mhd., ahd.* stein, das – wie noch im *Nhd.* – oft für 'Edelstein' steht); **Edelweiß** (*tirol.,* 18. Jh.).

Efeu: Der Name der Kletterpflanze, früher mit ph geschrieben, lautet *mhd.* ep-, ebehöu, *ahd.* ebihouwi. Letztere Form ist wohl aus unverstandenem *ahd.* ebowe, ebewe, ebah umgebildet und volksetymologisch an ↑Heu angelehnt worden. *Ahd.* ebah ist verwandt mit *aengl.* īfig, *engl.* ivy „Efeu"; weitere Beziehungen sind nicht gesichert. Im *Hochd.* hat mißverstandenes ph schon im 17. Jh. zur Schreibung mit f geführt, die 1901 amtlich wurde.

Effekt „Wirkung, Erfolg", auch in Zusammensetzungen wie 'Effekthascherei, Knalleffekt, effektvoll': Das Wort wurde im 16. Jh. aus gleichbed. *lat.* effectus entlehnt, das zu *lat.* efficere (> ex-facere) „hervorbringen, bewirken" (vgl. [1]*ex...*, *Ex...* und *Fazit*) gehört. Dazu stellt sich das Adjektiv **effektiv** „wirklich, tatsächlich" (17. Jh.; aus *lat.* effective, dem Adverb zu effectivus „[be]wirkend"). Im *Frz.* wurde *lat.* effectus zu effet. Dies erscheint zum einen im 20. Jh. bei uns im Fremdwort **Effet** „Wirkung, Eindruck; Drall", zum anderen ist es Vorbild für den banktechnischen Terminus **Effekten** „Wertpapiere" (17. Jh.), besonders dazu Zusammensetzungen wie **Effektenbörse** und **Effektenhandel** (beide 19. Jh.). Das Wort ist latinisiert nach Effekt (s. o.)

egal „gleich; gleichgültig": Das Adjektiv wurde im 17. Jh. aus *frz.* égal entlehnt, das seinerseits auf *lat.* aequalis „gleich" zurückgeht.

Das zugrundeliegende Adjektiv *lat.* aequus „eben, ausgeglichen", das etymologisch nicht sicher gedeutet ist, erscheint mit einer Ableitung aequare „gleichmachen" auch in unserem Lehnwort ↑eichen, ferner in den Fremdwörtern ↑adäquat und ↑Äquator. – Abl.: **egalisieren** „ausgleichen, gleichziehen" (18. Jh.; aus *frz.* égaliser).

Egel: *Mhd.* egel[e], *ahd.* egala bezeichnete einen Ringelwurm, der wegen seiner medizinischen Verwendung seit dem 16. Jh. gewöhnlich 'Blutegel' genannt wurde. Das Wort ist wohl verwandt mit *griech.* échis „Schlange" (vgl. den Artikel *Igel*). Der Blutegel wäre dann ursprünglich als „kleine Schlange, Wurm" aufgefaßt worden. Das Geschlecht hat im *Nhd.* unter dem Einfluß von 'Igel' vom Femininum zum Maskulinum gewechselt. Nach dem Blutegel ist um 1800 der ebenfalls saugende, aber biologisch unverwandte Leberegel benannt worden.

Egge: Der Name des Ackergerätes *frühnhd.* eg[g]e (15. Jh.) ist rückgebildet aus dem Verb **eggen** (*mhd.* eg[g]en, *ahd.* egen, ecken), das selbst aus dem alten Namen des Geräts abgeleitet ist: *mhd.* egede, *ahd.* egida, *asächs.* egiđa, *aengl.* egeđe. Diese Wörter sind urverwandt mit gleichbed. *lit.* ekėčios, *akymr.* ocet und *lat.* occa und gehören mit diesen zu *idg.* *oḱeta „Egge", dem wiederum die unter ↑*Ecke* dargestellte Wurzel *aḱ-, *oḱ- „scharf, spitz" zugrunde liegt. Die 'Egge' wäre demnach ursprünglich als „Gerät mit Spitzen" benannt worden. Man nimmt als Urform des Geräts zusammengebundene gespaltene Fichtenstämmchen mit ihren Aststummeln an, wie sie in Schweden noch im 19. Jh. gebraucht wurden.

Egoismus „Selbstsucht, Eigenliebe" und **Egoist** „selbstsüchtiger Ichmensch": Beide Wörter wurden im 18. Jh. aus *frz.* égoïsme bzw. égoïste entlehnt (und relatinisiert). Es sind gelehrte Neubildungen zu dem *lat.* Personalpronomen ego „ich", das mit entsprechend *dt.* ↑*ich* urverwandt ist. – Dazu das Adjektiv **egoistisch** „selbstsüchtig" (18. Jh.). Als Bestimmungswort erscheint *lat.* ego ferner in der gelehrten Zusammensetzung **egozentrisch** „ichbefangen, ichbezogen, das eigene Ich in den Mittelpunkt stellend" (vgl. *zentrisch*).

ehe: Das Adv. *mhd.* ē „vormals, früher" ist verkürzt aus ēr (vgl. *eher*). *Nhd.* ehe dient noch bei Luther als Adverb; heute wird nur *bayr.-österr.* 'eh' für „früher", meist aber für „ohnehin schon" ('das hab ich eh gewußt') verwendet. Alter Gebrauch als Präposition zeigt sich resthaft z. B. in **ehedem** „vor dieser Zeit". Als Konjunktion wird 'ehe' im Sinne von „bevor" gebraucht. Der junge Superlativ **ehest** (16. Jh., meist in 'am ehesten') hat sich an ↑eher angeschlossen, ebenso das Adverb **ehestens** (aus: 'des ehesten' „in nächster Zeit").

Ehe: Aus dem umfassenden Sinn „Recht, Gesetz" des *westgerm.* Wortes *mhd.* ē, ēwe, *ahd.*, *afries.* ēwa, *aengl.* ǣ[w] hat sich im *Ahd.* und *Aengl.* die Bed. „Ehe[vertrag]" abgesondert, die eine der wichtigsten Institutionen des rechtlichen und sozialen Lebens heraushebt. Diese Bedeutung ist im *Nhd.* allein erhalten (doch beachte den Artikel *echt*). Ob das *westgerm.* Wort eins ist mit *mhd.* ē[we], *ahd.* ēwa „Ewigkeit" (vgl. *ewig*), so daß es „seit unbedenklichen Zeiten geltendes Recht" bedeuten würde, oder ob es als „Gewohnheitsrecht" mit *aind.* éva̯h- „Lauf, Gang, Gewohnheit, Sitte" zu der unter ↑*eilen* behandelten Sippe gehört, läßt sich nicht entscheiden. Abl.: **ehelich** (*mhd.* ēlich; *ahd.* ē[o]līh ist nur „gesetzmäßig"), dazu **ehelichen** „heiraten" (*spätmhd.* ēlichen) und **verehelichen** (16. Jh.). Zus.: **ehebrechen** (*mhd.* ēbrechen), dazu **Ehebrecher** (*mhd.* ēbrechære) und **Ehebruch** (*spätmhd.* ēbruch).

eher: Das *altgerm.* komparativische Adverb *mhd.* ē[r], *ahd.* ēr, *got.* airis, *niederl.* eer, *aengl.* ǣr gehört zu einem im *Dt.* untergegangenen Positiv, der noch in *got.* air „früh" und *aisl.* ār „früh" bewahrt ist. Dessen eigentliche Bed. „am Morgen" zeigen das verwandte *griech.* ēri „morgens" und das *awest.* ayarə „Tag". Der Superlativ ↑erst dient im *Westgerm.* als Ordnungszahl zu 'eins'. *Nhd.* eher ist nicht unmittelbar aus *mhd.* ēr, sondern aus *frühnhd.* ehe, *mhd.* ē durch Anlehnung an den adjektivischen Komparativ *mhd.* ērer- „der frühere" entstanden.

ehern „bronzen, (auch:) eisern, (übertragen:) hart, ewig während": Das *westgerm.* Adjektiv *mhd.*, ahd. ērīn, *afries.* ēren, *aengl.* ǣren ist abgeleitet von dem im *Nhd.* untergegangenen *gemeingerm.* Substantiv *mhd.*, *ahd.* ēr „Erz", *got.* aiz „Erz[münze]", *engl.* ore „Erz", *aisl.* eir „Erz, Kupfer" und gehört mit verwandten Wörtern in anderen *idg.* Sprachen zu *idg.* *ai̯os- „Kupfer, Bronze", das vielleicht ursprünglich „das brandfarbige (Metall)" bedeutete. Verwandt sind z. B. *lat.* a[h]enus „aus Bronze, ehern" und *awest.* ayaṅhaēna „eisern". Das *idg.* Substantiv ist der einzige Metallname *idg.* Alters. Es bezeichnete bei den Ostindogermanen besonders das Eisen (vgl. z. B. *aind.* áyas, *awest.* ayaṅh- „Eisen"), bei den Italikern und Germanen besonders Kupfer und Bronze, vgl. z. B. *lat.* aes „Kupfer, Bronze" (↑Ära).

Ehre: *Mhd.* ēre „Ehrerbietung, Ansehen, Ruhm, Sieg, Herrschaft, Ehrgefühl, ehrenhaftes Benehmen", *ahd.* ēra „[Ver]ehrung, Scheu, Ehrfurcht, Ansehen, Berühmtheit, Würde, Hochherzigkeit", *niederl.* eer „Ehre, Ansehen, Verehrung", *aengl.* ār „Ehre, Würde, Ruhm, Achtung, Verehrung, Besitz, Einkommen; Gnade, Mitleid", *aisl.* eir (anders gebildet) „Gnade, Milde, Hilfe" gehören mit verwandten Wörtern aus anderen *idg.* Sprachen zu der *idg.* Wurzel *ais- „ehrfürchtig sein, verehren". Zu der mit -d- erweiterten Wurzel stellen sich z. B. *griech.* aídesthai „scheuen, verehren", *griech.* aidṓs „Scheu, Ehrfurcht" und *aind.* īḍḗ „verehre, preise, flehe an", aus dem *germ.* Sprachbereich *got.* aistan „sich scheuen". Die Ehre ist zumeist äußeres Ansehen (Ruhm, Freisein von Schande), was auch der früher häufige *Plural* ausdrückt (noch in 'zu Ehren', 'ehrenhalber', 'mit Ehren bestehen' u. ä. Fügungen). Als 'innere Ehre' (Selbstachtung) erscheint sie vereinzelt schon *ahd.* bei Notker. – Abl.: **ehren** (*mhd.* ēren, *ahd.* ērēn);

ehrbar (*mhd.* ērbære „ehrenhaft handelnd" wurde später zum bürgerlichen Titel); **ehrlich** (*mhd.* ērlich, *ahd.* ērlīh war „ehrenwert, ansehnlich, vortrefflich" und bezog sich vor allem auf das ständische Ansehen, von dem bestimmte 'unehrliche' Berufe wie Henker und Schinder, aber z. B. auch Schäfer und Müller ausgeschlossen waren; jetzt ist 'ehrlich' meist Gegenwort zu 'betrügerisch' u. ä.). Zusammengebildet ist **ehrerbietig** (↑bieten). Zus.: **Ehrenkodex** (↑Kodex); **Ehrenmann** (Ende des 15. Jh.s *schweiz.* und *oberd.*, vielleicht Lehnübersetzung für *lat.* vir honestus); **Ehrenpreis** (Name verschiedener Heilpflanzen, im 15. Jh. *schweiz.* erenbris); **ehrenrührig** „die Ehre angreifend" (als Rechtswort *frühnhd.* neben ehr[en]rührend); **Ehrenwort** (seit Anfang des 18. Jh.s im heutigen Sinn, vorher für „Kompliment"); **ehrfürchtig** (16. Jh.; ↑fürchten), dazu die Rückbildung **Ehrfurcht** (17. Jh.); **Ehrgeiz, ehrgeizig** (↑Geiz); **ehrwürdig** (*mhd.* ērwirdec, *ahd.* ērwirdīg), dazu der geistliche Titel [Euer] **Ehrwürden** (16. Jh.).

Ei: Das *gemeingerm.* Wort *mhd.*, *ahd.* ei, *krimgot.* ada, *aengl.* ǣg, *schwed.* ägg geht mit verwandten Wörtern in anderen *idg.* Sprachen zurück auf *idg.* *ō[u̯]i-om „Ei", vgl. z. B. *griech.* ōión „Ei" und *lat.* ovum „Ei" (↑oval). Dieses *idg.* Wort ist eine Bildung zu *idg.* *au̯ei- „Vogel" – vgl. z. B. *lat.* avis „Vogel" – und bedeutete demnach ursprünglich „das zum Vogel Gehörige". Vom Vogelei her ist das Wort früh auf die Eier anderer Tiere (Reptilien, Insekten usw.) und in der Biologie schließlich auf die weibliche Keimzelle von Mensch, Tier und Pflanze übertragen worden. – Abl.: **eiern** *ugs.* für „ungleichmäßig rotieren (von Rädern); wackelnd gehen" (20. Jh.). Zus.: *Nordd.* **Eierkuchen** (*spätmhd.* eierkuoche, *mnd.* eyerkōke) entspricht *südd.* 'Pfannkuchen' „Omelett" (↑Pfanne); **Eierstock** (seit dem 16. Jh. für gleichbed. *mlat.* ovarium); **Eiertanz** (um 1800; eigentlich ein kunstvoller Tanz zwischen ausgelegten Eiern, wie er in Italien und Oberdeutschland vorkam; übertragen meint es das gewundene Verhalten in einer heiklen Situation; dazu die schon *frühnhd.* *ugs.* Redensart 'er geht wie auf Eiern', d. h. behutsam oder mit schmerzenden Füßen); **Eigelb** (19. Jh., älter *nhd.* Eiergelb); **Eiweiß** (im 18. Jh. für *frühnhd.* eier-weiß, ähnlich *mnd.* eyeswit[te]; seit dem 19. Jh. chemisches Fachwort).

Eibe: Der *altgerm.* Baumname *mhd.* īwe, *ahd.* īwa, *niederl.* ijf, *engl.* yew, *aisl.* ȳr beruht mit verwandten Wörtern in anderen *idg.* Sprachen auf einer Bildung zu dem *idg.* Farbadjektiv *ei- „rötlich, bunt", vgl. z. B. *gall.* ivos „Eibe" und die *baltoslaw.* Sippe von *russ.* iva „Weide". Die Eibe ist also nach ihrem rötlichbraunen Kernholz benannt. Die Eibe galt als zauber- und geisterbannend und steht deshalb oft auf Friedhöfen. – Abl.: **eiben** „aus Eibenholz" (*mhd.* īwīn).

Eibisch: Das heilkräftige Malvengewächs verdanken wir den alten Klostergärten. *Mhd.* ībesche, *ahd.* ībisca ist aus *lat.* [h]ibiscum entlehnt, einem wohl *kelt.* Wort aus dem wahrscheinlich auch gleichbed. *griech.* ibiskos stammt.

Eiche: Der nur im *Got.* nicht bezeugte *altgerm.* Baumname lautet *mhd.* eich[e], *ahd.* eih, *niederl.* eik, *engl.* oak, *schwed.* ek. *Außergerm.* Beziehungen etwa zu *griech.* aigílōps (eine Eichenart) und *lat.* aesculus „Bergeiche", sind nicht gesichert. Der mächtige, Jahrhunderte überdauernde Baum war den Germanen heilig; er war wie die Linde Gerichtsbaum. Zum deutschen Sinnbild wurden Eiche und Eichenlaub seit dem 18. Jh. Groß war der wirtschaftl. Nutzen des Holzes für den Haus- und Schiffsbau, der Rinde für die Gerberei (↑²Lohe), der Eichelmast für die alte Schweinezucht (s. a. *Ecker*). – Abl.: **Eichel** „Eichenfrucht" (*mhd.* eichel, *ahd.* eihhila; das l-Suffix bezeichnet hier die Zugehörigkeit; seit dem 16. Jh. ist 'Eichel[n]' auch Bezeichnung einer deutschen Spielkartenfarbe); ebenfalls seit dem 16. Jh. wird der vorderste Teil des männlichen Gliedes nach seiner Form als 'Eichel' bezeichnet. Dazu **Eichelhäher** (18. Jh., nach der Hauptnahrung); **¹eichen** „aus Eiche" (*mhd.* eichīn, *ahd.* eihhīn). Zus.: **Eichhorn** (s. d.).

¹eichen ↑Eiche.

²eichen „das gesetzliche Maß geben oder prüfen": *Spätmhd.* īchen, eichen, *mnd.* īken, *niederl.* ijken war ursprünglich ein Fachwort des Weinbaus für das Ausmessen und Zeichnen der Gefäße. Es ist trotz der späten Bezeugung wahrscheinlich schon vor der *hochd.* Lautverschiebung als *afränk.* *īkōn in Nordgallien entlehnt worden, und zwar aus *spätlat.* [ex]aequare (misuras) „(die Maße) ausgleichen", ebenso wie gleichbed. *afrz.* essever. Mit ähnlicher Bedeutung hat *lat.* signare „zeichnen" (↑signieren) von Südgallien her *aleman.* sinnen „eichen" ergeben, das aber *mdal.* blieb. – Abl.: **Eicher** „Eichmeister" (*spätmhd.* īcher).

Eichhorn, -hörnchen: Das erste Glied des *altgerm.* Tiernamens (*mhd.* eichorn, *ahd.* eihhorno, *niederl.* eekhoorn, *aengl.* āc-weorna, *schwed.* ekorre) wurde schon sehr früh an das unter ↑*Eiche* behandelte Wort angelehnt, ist aber wohl eher zu der *idg.* Wurzel *aig- „sich heftig bewegen" zu stellen, vgl. z. B. *aengl.* ācol „erschrocken", *aisl.* eikinn „rasend" und *russ.* igrat' „spielen; sich tummeln". Das zweite Glied ist z. B. verwandt mit *lit.* vėveris, *tschech.* veverka, *pers.* varvarah „Eichhorn", *lit.* vaiveris „männlicher Iltis oder Marder" und *lat.* viverra „Frettchen". Es wurde im *Dt.* seit dem 11. Jh. an das unter ↑*Horn* behandelte Wort angelehnt. Das hat im 19. Jh. zur Benennung der Nagetiergruppe als 'Hörnchen' geführt; ähnlich entstand 'Echse' (↑Eidechse).

Eid: Das wichtige *gemeingerm.* Rechtswort *mhd.* eit, *ahd.* eid, *got.* aiþs, *engl.* oath, *schwed.* ed ist wahrscheinlich aus dem *Kelt.* entlehnt (beachte *air.* ōeth „Eid", *kymr.* an-udon „Meineid"). Von frühem *kelt.* Einfluß auf die Germanen zeugen auch staatsrechtliche Ausdrücke wie 'Amt, Geisel, Reich' (s. d.). Die Grundbedeutung des Wortes ist dunkel. Es kann, als Handlung gesehen (feierlicher Eidgang, beachte *schwed.* edgång „Eidesleistung" und die Grundbedeutung von ↑leisten), zu *griech.* oĩtos

„Schicksal", eigtl. „Gang", gehören (vgl. *eilen*) oder als „bedeutsame Rede, Eidesformel" zum Stamm von *griech.* aí-nos „Lob". Als Verb dient seit alters ↑schwören, erst seit dem späten Mittelalter 'vereidigen' und 'beeid[ig]en'. Abl.: **eidlich** (17. Jh.). Zus.: **Eidgenosse** (*mhd.* eitgenōz[e] „durch Eid Verbündeter, Verschworener"; seit 1315 amtliche Bezeichnung der Mitglieder der Schweizer Eidgenossenschaft); **Meineid** (s. d.).

Eidechse: Der *westgerm.* Tiername *mhd.* egedehse, eidehse, *ahd.* egidehsa, *mniederl.* ēghedisse (*niederl.* hagedis, *mniederl.* eghedisse), *aengl.* ađexe ist eine verdunkelte Zusammensetzung. Das erste Glied *agi- könnte mit *griech.* óphis „Schlange" (aus *og^u^his; vgl. *Unke*) verwandt sein, der zweite Bestandteil könnte *mhd.* dehse „Spindel" sein. Durch falsche Abtrennung des zweiten Gliedes entstand im 19. Jh. 'Echse' als zoologischer Sammelname für eine Unterordnung der Kriechtiere, beachte den gleichen Vorgang bei Falter und Hörnchen (↑Eichhorn).

Eiderdaune ↑Daune.

Eierkuchen, Eierstock, Eiertanz ↑Ei.

Eifer: Das Substantiv findet sich zuerst in Luthers Bibelübersetzung, wo es *lat.* zelus wiedergibt und die Bedeutung „lieblicher Zorn", auch „Zorn Gottes" hat. Daraus ist der heutige Sinn „heftiges Bemühen um eine gute Sache" geworden. Die Bildungen **eifern** (15. Jh.), **Eiferer** (14. Jh.) und **eifrig** (16. Jh., schon im 15. Jh. im Sinne von „eifersüchtig"), die zunächst die Eifersucht bezeichneten, schlossen sich dann der Bedeutung von 'Eifer' an. Den alten, auf die Liebe bezogenen Sinn gibt das 16. Jh. der verdeutlichenden Zusammensetzung **Eifersucht,** dazu **eifersüchtig** (17. Jh.). Vielleicht hängt die ganze Sippe mit *ahd.* eivar „scharf, bitter" und *aengl.* āfor „herb, scharf" zusammen.

Eigelb ↑Ei.

eigen: Das *altgerm.* Adjektiv *mhd.* eigen, *ahd.* eigan, *niederl.* eigen, *aengl.* āgen (*engl.* own), *schwed.* egen ist das früh verselbständigte 2. Part. eines im *Dt.* untergegangenen *gemeingerm.* Verbs mit der Bed. „haben, besitzen" (vgl. z. B. *ahd.* eigan, *got.* aigan, *schwed.* äga) und bedeutet demnach eigentlich „in Besitz genommen, besessen". Eine *altgerm.* Ableitung lebt in ↑Fracht fort. *Außergerm.* ist z. B. *aind.* íśē „besitzt" verwandt. In der alten Bedeutung wird 'eigen' heute nur noch in der Zusammensetzung 'leibeigen' (↑Leib) gebraucht. Sonst bedeutet es jetzt „zugehörig" ('das eigene Fleisch und Blut, der eigene Herd') und steht auch für „selbst, selbständig" ('mit eigener Hand, auf eigenen Füßen'). Daraus haben sich die Bedeutungen „besonder; eigentümlich, seltsam" entwickelt ('ein eigenes Zimmer, ein ganz eigener Mensch'). Diese Bedeutungsvielfalt spiegelt sich auch in den zahlreichen Ableitungen und Zusammensetzungen sowie in mehreren Adjektiven auf -ig wie 'eigenhändig, eigenmächtig, eigennützig, eigensinnig, eigenwillig', die aus entsprechenden syntaktischen Fügungen zusammengebildet sind (aus 'mit eigenen Händen' usw.). Im einzelnen seien genannt die Ableitungen: **Eigen** „Besitztum" (*gemeingerm.* Substantivierung *mhd.* eigen, *ahd.* eigan, usw.; das heute seltene Wort steckt auch in jetzt als adjektivisch empfundenen Fügungen wie 'zu eigen haben, geben, es ist sein eigen'); **Eigenheit** „[charakterliche] Besonderheit" (*mhd.* eigenheit; in der Geniezeit um 1770 neu belebt); **eigens** „besonders" (18. Jh.); **Eigenschaft** „Wesensmerkmal" (so *nhd.; mhd.* eigenschaft, *ahd.* eiginscaft bedeutet meist „Eigentum"), dazu **Eigenschaftswort** (2. Hälfte des 18. Jh.s); **eigentlich** (*mhd.* eigenlich bedeutete „[leib]eigen", als Adverb eigenlīche auch schon „ausdrücklich, bestimmt"; heute wird es im Sinne von „ursprünglich, wirklich, genaugenommen" verwendet); **Eigentum** (*mhd.* eigentuom war besonders „freies Besitzrecht"), dazu **Eigentümer** (15. Jh.) und **eigentümlich** (*frühnhd.* „als Besitz eigen"; jetzt besonders von 'Eigenheiten' gesagt, s. o.); **eignen** (s. d.). – Zus.: Zusammengebildet ist **Eigenbrötler** „Sonderling" (im 19. Jh. aus *südwestdt.* Mundarten übernommen, wo es den für sich lebenden Junggesellen bezeichnete, der sein Brot selber bäckt; schon *mhd.* einbrœtec „jemand, der sein eigen Brot ißt"); **Eigenheim** (20. Jh.); **Eigenlob** (*frühnhd.* eigen lob „Selbstlob"); **eigenmächtig** (↑Macht); **Eigenname** (im 17. Jh. Lehnübersetzung für *lat.* nomen proprium; ↑Name).

eignen: Das *gemeingerm.* Verb *mhd.* eigenen, *ahd.* eiganēn, *got.* (ga)eiginōn, *engl.* to own, *schwed.* ägna bedeutete als Ableitung von ↑*eigen* zunächst „in Besitz nehmen, haben, geben", wie es noch die *nhd.* Bildungen 'sich aneignen, zueignen, übereignen, enteignen' zeigen. Die heute allein übliche Verwendung im Sinne von „sich zu oder für etwas eignen, geeignet sein" setzt sich seit etwa 1800 für 'sich qualifizieren' durch. Die Bed. „passend sein, sich ziemen" ist schon *frühnhd.* bezeugt. Abl.: **Eigner** „Besitzer" (17. Jh.; jetzt, außer in 'Schiffseigner', veraltet); **Eignung** (älter *nhd.* für „Widmung"; jetzt für „Geeignetsein"). Nicht verwandt ist 'ereignen' (s. d.).

Eiland „Insel": Dem *mhd.* ouwe „Wasser, Strom, [Halb]insel, wasserreiches Wiesenland" (vgl. *Au*) entsprechen *mnd.* ō[ge], ōch, oie „Insel" (in den Inselnamen Langeoog, Wangeroog[e], Greifswalder Oie) und mit Umlaut *afries.* ei (in: Nordern-ey), *aisl.* ey, *dän.* ø (in: Hiddensee aus Hiddens-ø), *aengl.* īeg. Im *Afries.* wurde 'ei' durch 'eiland' „Inselland" verdeutlicht; daraus wurde *mniederl., mnd.* eilant übernommen. Aus dem *Niederd.* gelangte das Wort im 17. Jh. ins *Hochd.*

eilen: Das auf das *dt.* und *niederl.* Sprachgebiet beschränkte Verb (*mhd.* īlen, *ahd.* īlen, īllan, *niederl.* ijlen) beruht mit verwandten Wörtern in anderen *idg.* Sprachen auf der *idg.* Wurzel *ei- „gehen", vgl. z. B. *griech.* iénai „gehen", *griech.* íon „das Gehende" (↑Ion), *lat.* ire (s. die Fremdwortgruppe um ↑Abiturient) und *russ.* itti „gehen". Zu dieser vielfach weitergebildeten und erweiterten Wurzel gehört auch die unter ↑*Jahr* (eigtl. „Gang, Umlauf") behandelte Substantivbildung, ferner der *lat.* Göttername

Janus, eigtl. „Durchgang“ (↑Januar) und vielleicht auch das unter ↑*Eid* (falls urspr. „Eidgang“) behandelte Wort. Auf einer alten Zusammensetzung (*idg.* u̯i-itós, eigtl. „auseinandergegangen“) beruht das unter ↑*weit* dargestellte Wort. Siehe auch den Artikel *Ehe.* – Abl.: **Eile** „Bestreben, etwas so schnell wie möglich zu erledigen“ (*mhd.* īle, *ahd.* īla); **eilends** „unverzüglich“ (15. Jh.); **eilig** „in Eile; dringend“ (*mhd.* īlec, *ahd.* īlīc). Zus.: **Eilbote** (18. Jh., für *frz.* courier); **Eilbrief** (von F. L. Jahn gebildet, 1875 amtlich für „Expreßbrief“); **eilfertig** „beflissen“ (17. Jh., ↑fertig); **Eilzug** (19. Jh., zuerst gleichbed. mit Schnellzug, seit etwa 1930 amtlich unterschieden).

Eimer: Mit dem zweihenkligen römischen Vorratskrug aus Ton wurde auch seine Bez. *lat.* amp[h]ora (vgl. dazu *Ampel*) ins *Germ.* entlehnt und ergab *ahd.* amber, *aengl.* amber (beachte den entsprechenden Vorgang bei ‘Becher, Kanne, Pfanne’ u. a. Gefäßnamen). Auf einen [Holz]kübel mit nur einem Henkel übertragen, wurde das fremde Wort an das Zahlwort ↑[1]*ein* und *ahd.* beran „tragen“ angelehnt (zu dessen *idg.* Sippe *lat.* amphora allerdings gehört; vgl. *gebären*); *ahd.* eim-, bar, daraus *mhd.* einber, eimer. ‘Eimer’ war damit Gegenwort zu ↑Zuber geworden. *Ugs.* ‘im Eimer sein’ für „verloren sein“ meint den Abfalleimer.

[1]ein: Das *germ.* Zahlwort *mhd., ahd.* ein, *got.* ains, *aeng.* ān, *schwed.* en geht mit gleichbed. *lat.* unus, *griech.* oinē „Eins auf dem Würfel“ und entsprechenden Wörtern anderer *idg.* Sprachen auf *idg.* *oi-no-s „eins“, zurück, eine Bildung zum Pronominalstamm *e-, *i- (vgl. *er*). Das Zahlwort ist, ähnlich wie *lat.* unus in den *roman.* Sprachen, schon im *Ahd.* zum unbestimmten Artikel geworden (das *Engl.* unterscheidet den Artikel a[n] vom Zahlwort one), zum unbestimmten Pronomen dagegen erst im *Mhd.* (*nhd.* einer, eine, eines; die einen – die andern). Über die zahlreichen Zusammensetzungen und Zusammenbildungen mit [1]ein s. die folgenden Stichwörter, aber auch die Artikel *elf* und *nein* und *allein* (↑all). Abl.: **einen** „zu einer Einheit machen, verbinden“ (*mhd.* einen, *ahd.* einōn, heute meist ‘einigen’, ↑[1]einig), dazu **vereinen** (*mhd.* vereinen; zu ‘vereinigen’ ↑[1]einig) und die Rückbildung **Verein** (*oberd.* im 18. Jh. für *frühnhd.* vereine „Vereinigung, Übereinkommen“), nicht aber **vereinbaren** (s. d.); **Einer** „Einmannboot“ (20. Jh.); **Einheit** (15. Jh.); **[1,2]einig** (s. d.); **eins** (Zahlwort, verselbständigt aus dem Neutr. *mhd.* ein[e]z, *ahd.* einaz; daraus entstanden *frühnhd.* die Wendung ‘eins sein, werden’ für „gleichen Sinnes“ und das verneinte Adverb **uneins** „uneinig“); **einsam** (s. d.); **Ein[s]er** „die Ziffer Eins“ (18. Jh.); **einst** (s. d.); **Eintel** „Ganzes“ (19. Jh., mathematisches Fachwort); **einzeln** (s. d.); **einzig** (s. d.).

[2]ein (Adverb): *Mhd., ahd.* īn „ein, hinein, herein“ ist gedehnt aus älterem ‘in’. Über die weiteren Zusammenhänge vgl. den Artikel *in.* Anders als die Präposition ‘in’ bezeichnet ‘ein’ immer eine Richtung, so in zusammengerückten Adverbien wie ‘herein, hinein, d[a]rein, [quer]feldein’ oder in Fügungen wie ‘jahrein, jahraus’. Mit ‘aus’ kann es auch selbständig stehen (z. B. ‘nicht ein noch aus wissen’). Meist bildet es unfeste Zusammensetzungen mit Verben, die ein Hineinbringen (z. B. ‘einbauen, eintreten’) oder umfassen (z. B. ‘einzäunen, einfangen’) ausdrücken, und hat auf diese Weise viele übertragene Bedeutungen ausgebildet. In einigen Fällen bedeutet ein... „darin“ und hat dann *mhd.* in... ersetzt (vgl. z. B. *Eingeweide, Einwohner;* s. dazu auch den Artikel *in*).

einäschern ↑Asche.

einbalsamieren ↑Balsam.

einbilden, Einbildung, Einbildungskraft ↑bilden.

einbleuen ↑bleuen.

einbrechen, Einbrecher, Einbruch ↑brechen.

einbuchten ↑Bucht.

Einbuße, einbüßen ↑büßen.

Eindruck, eindrücklich ↑drücken.

einengen ↑eng.

Einer ↑[1]ein.

einfach: Das erst im 15. Jh. mit ‘...fach’ (vgl. *Fach*) gebildete Adjektiv hat neben der Bed. „einmal, nicht doppelt, nicht zusammengesetzt“ schon im 16. Jh. den Sinn von „schlicht, gering“, dann auch den von „leicht zu verstehen“. Abl.: **Einfachheit** (18. Jh.).

einfädeln ↑Faden.

Einfall, einfallen ↑fallen.

Einfalt: Aus dem *gemeingerm.* Adjektiv *mhd., ahd.* einvalt, *got.* ainfalÞs, *aengl.* ānfeald, *aisl.* einfaldr „einfach“ (vgl. ‘...falt’ unter *Falte*) ist im *Got.* (ainfalÞei) und *Ahd.* (einfaltī, *mhd.* einvalte) ein Substantiv mit der Bed. „Einfachheit; Schlichtheit (des Herzens)“ abgeleitet worden. Das alte Adjektiv wurde durch die neue Bildung *ahd.* einfaltīg, *mhd.* einvaltec, -veltec, *nhd.* **einfältig** zurückgedrängt. Substantiv und Adjektiv haben den Sinn des Schlichten, Arglosen bis ins *Nhd.* erhalten, jedoch herrscht jetzt, ähnlich wie bei ‘albern’ (s. d.), die abschätzige Bed. „Dummheit; dumm“ vor. Zus.: **Einfaltspinsel** (im 18. Jh. studentisch; vgl. [1]*Pinsel*).

einflößen ↑flößen.

Einfluß: *Mhd.* īnvluz ist eine Lehnübersetzung der Mystiker von *lat.* influxus und wird wie das *lat.* Wort nur bildlich für das wirkende Hineinfließen göttlicher Kräfte in den Menschen gebraucht. Es gilt bis heute nur in übertragenem Sinne und steht ohne Beziehung neben dem selten gebrauchten Verb ‘einfließen’ (dies besonders in ‘[im Gespräch] eine Bemerkung oder Andeutung einfließen lassen’). Siehe auch *Fluß.*

einfried[ig]en ↑Friede[n].

Eingabe ↑geben.

Eingang ↑gehen.

eingeben ↑geben.

eingebildet ↑bilden.

Eingebung ↑geben.

eingedenk ↑in.

eingefleischt ↑Fleisch.

eingehen ↑gehen.

Eingeweide: *Frühnhd., mhd.* ingeweide steht verdeutlichend für *mhd.* geweide. Das auf das deutsche Sprachgebiet beschränkte Wort stammt wohl aus der alten Jägersprache: die Eingeweide des Wildes wurden den Hunden vorgeworfen (vgl. [2]*Weide* „Speise"). Dazu die Jägerwörter **ausweiden** „die Eingeweide entfernen" (*mhd.* [ūz]weiden) und **weidwund** „im Eingeweide verletzt" (15. Jh., zuerst vom Menschen, seit dem 18. Jh. vom Wild gebraucht).

eingravieren ↑gravieren.

eingreifen ↑greifen.

einhalten ↑halten.

einheimsen: Das seit dem 17. Jh. bezeugte Verb, das heute im wesentlichen *ugs.* für „an sich nehmen, als Gewinn einbringen" gebraucht wird, ist aus ↑[2]*ein* und *mhd.* heimsen „heimbringen" (vgl. *Heim*) zusammengesetzt.

Einheit ↑[1]ein.

einhellig: *Spätmhd.* einhellec „übereinstimmend" ist weitergebildet aus *mhd., ahd.* einhel, dem die Fügung *mhd.* enein hellen, *ahd.* in ein hellan „übereinstimmen" zugrunde liegt. Der eigentliche Sinn ist „zusammenklingend" (vgl. das unter ↑[2]*ein* behandelte Wort und das unter ↑*Hall* dargestellte, im *Nhd.* untergegangene Verb *mhd.* hellen, *ahd.* hellan „schallen, ertönen"; ähnlich hat sich später 'Einklang' entwikkelt). Dazu das Gegenwort **mißhellig** (*spätmhd.* missehellec aus messehel, *ahd.* missahel[li] „nicht übereinstimmend, uneins", zu missahellan „mißlauten; nicht zusammenstimmen") mit **Mißhelligkeit** (meist *Plural*) „Unstimmigkeiten, Streit" (im 15. Jh. missehellecheit).

Einhorn: *Mhd.* einhürne (auch: einhorn) „Einhorn", *ahd.* einhurno „Einhorn, Nashorn" ist – wie *aengl.* ānhyrne „Einhorn, Nashorn" – Lehnübersetzung von *lat.* unicornis „einhörnig", (substantiviert:) „Rhinozeros" und gleichbed. *griech.* monókerōs, die mehrfach im Alten Testament erscheinen. Die mittelalterliche Vorstellung von dem einhörnigen, pferdegestaltigen Fabeltier ist durch den altchristlichen Physiologus, ein legendenhaftes Tierbuch, bestimmt.

[1]**einig** (Adj.): *Mhd.* einec, einic, *ahd.* einac, *asächs.* ēnag, ähnl. *got.* ainaha bedeuteten „einzig, allein" (vgl. [1]*ein*). Die *nhd.* Bed. „mit gleichem Sinn und Willen zusammenstehend" begegnet zuerst im 16. Jh. Abl.: **einigen** „in eins verbinden" (*mhd.* einegen, einigen), dazu **vereinigen** (*mhd.* vereinigen); **Einigkeit** „das Einigsein" (*mhd.* einecheit, *ahd.* einigheit „Einzigheit, Einsamkeit"; *mhd.* auch schon im heutigen Sinn). Zus.: **handelseinig** (19. Jh.; für älteres '[des] Handels einig').

[2]**einig** (unbestimmtes Zahlwort): *Mhd.* einic, *ahd.* einig „irgendein" ist das weitergebildete Zahlwort ein (vgl. [1]*ein*) und hat im *Nhd.* um 1700 die neue Bed. „nicht viel" im *Plural* „wenige" entwickelt, in der es ↑etlich zurückdrängte: 'einiges Geld, einige Leute'. Dazu **einigermaßen** (Adverb, um 1700 in der genitivischen Fügung 'einiger Maßen' „ziemlich"; vgl. *Maß*).

einigeln ↑Igel.

einigermaßen ↑Maß.

einkassieren ↑Kasse.

einkellern ↑Keller.

einkesseln ↑Kessel.

einkommen, Einkommen, Einkünfte ↑kommen.

einladen ↑laden.

Einlage ↑legen.

Einlaß, einlassen ↑lassen.

Einlauf ↑laufen.

einlegen ↑legen.

einleiten, Einleitung ↑leiten.

einleuchten ↑leuchten.

einlösen ↑lösen.

einmachen ↑machen.

einmal: Das seit dem 16. Jh. bezeugte Adverb ist aus dem Akkusativ 'ein Mal' zusammengerückt worden. Vorher waren genitivische oder präpositionale Fügungen (*mhd.* eines māles, zeineme māle; vgl. [1]*Mal*) gebräuchlich. Das Wort kann ebenso Wiederholungszahlwort (neben zweimal, dreimal usw.) sein wie unbestimmtes Zeitadverb; vgl. dazu [1]*ein*. Abl.: **einmalig** (17. Jh.). Zus.: **Einmaleins** (im 16. Jh. Bezeichnung einer Rechentafel).

einmotten ↑Motte.

einmummen ↑mummen.

Einöde: Das *westgerm.* Substantiv ist erst in der *mhd.* Form einœde an ↑Öde angelehnt worden. Älteres *mhd.* einœte, einōte, *ahd.* einōti, *asächs.* ēnōdi, *aengl.* ānad „Einsamkeit; einsamer Ort" sind Ableitungen von dem unter ↑[1]*ein* behandelten Wort mit dem Suffix *germ.* *-odus, *-oþus (= *lat.* -atus; s. a. *Armut, Kleinod, Heimat*). Der alte Sinn lebt fort in *bayr.* **Einöd, Einödhof** „inmitten seiner Felder einzeln liegender Bauernhof".

einpferchen ↑Pferch.

einpökeln ↑Pökel.

einquartieren ↑Quartier.

einreißen ↑reißen.

einrenken ↑renken.

einrichten, Einrichtung ↑richten.

einrühren ↑rühren.

eins ↑[1]ein.

einsacken ↑Sack.

einsam: Die *frühnhd.* Ableitung zu *mhd.* ein „allein" (vgl. [1]*ein*) wurde besonders durch Luthers Bibelübersetzung verbreitet. Abl.: **Einsamkeit** (im 15. Jh. für *lat.* solitudo).

Einsatz ↑setzen.

einschärfen ↑scharf.

einschläfern ↑Schlaf.

einschlagen, einschlägig ↑Schlag.

einschränken ↑Schranke.

einschreiben, Einschreiben ↑schreiben.

einschreiten ↑schreiten.

einschüchtern ↑schüchtern.

einsehen ↑sehen.

einseifen ↑Seife.

Einser ↑[1]ein.

einsetzen ↑setzen.

Einsicht, einsichtig ↑sehen.

Einsiedler: *Spätmhd.* einsideler ist unter Anlehnung an das Verb 'siedeln' weitergebildet aus *mhd.* einsidele, *ahd.* einsidilo (*nhd.* veraltet Einsiedel), einer Lehnübertragung von *griech.-lat.* mon-achus (↑Mönch), zu der auch Ortsnamen wie Einsiedeln „bei den Einsiedlern" gehören. Zu Weiterem vgl. *siedeln*. Abl.: **Einsiedelei** (17. Jh.; zu Einsiedel).

einspannen ↑spannen.

einsprechen, Einspruch ↑sprechen.

einst: *Mhd.* ein[e]st, *ahd.* eines, einēst, *aengl.* ænes (*engl.* once) „[irgend]einmal" ist der mit -t weitergebildete Genitiv von ↑[1]*ein*. Es bezeichnet gewöhnlich die entfernte Vergangenheit oder Zukunft. Abl.: **einstig** (19. Jh.). Zus.: **einstmals** (17. Jh.; *mhd.* eines māles); **einstweilen** (18. Jh.; vgl. *Weile*); **der[mal]einst** (16. Jh.).

Einstand, einstehen ↑stehen.

einstimmig ↑Stimme.

Eintel ↑[1]ein.

Eintracht: Das zunächst nur *mittel-* und *niederd.* Wort erscheint im 14. Jh. in der Rechtssprache als *mnd.* ēndracht, *mhd.* eintraht „Übereinstimmung, Vertrag". Voraus liegt *mnd.* ēndrāgen, älter över ēn drāgen (*mhd.* über ein tragen) „übereinkommen, -stimmen" (vgl. [1]*ein* und *tragen*). Abl.: **einträchtig** (*mnd.* ēndrachtich, -drechtich, *mhd.* [*mitteld.*] eintrehtec). Auch das Gegenwort **Zwietracht** geht seit 1300 vom *mittel-* und *niederd.* Gebiet aus: *mnd.* twidracht (*mhd.* zwitraht) ist abgeleitet aus *mnd.* twēdrāgen, entwey drāgen (*mhd.* enzwei tragen) „sich entzweien, uneins sein". Dazu **zwieträchtig** (*mnd.* twidrachich, -drechtich, *mhd.* zwitrehtec). Die ganze Wortgruppe wird vom *nhd.* Sprachgefühl zu 'trachten' gestellt.

Eintrag, eintragen ↑tragen.

eintreffen ↑treffen.

eintrichtern ↑Trichter.

einverleiben ↑Leib.

einverstanden, Einverständnis ↑verstehen.

Einwand ↑wenden.

einweihen, Einweihung ↑weihen.

einwenden ↑wenden.

einwerfen ↑werfen.

einwilligen ↑Wille.

Einwohner ↑in.

Einwurf ↑werfen.

Einzahl: Das Wort wurde um 1807 von Campe vorgeschlagen als Ersatz für *lat.* [numerus] singularis, ebenso **Mehrzahl** für *lat.* [numerus] pluralis. Ältere Verdeutschungen wie 'einzelne Zahl', 'mehrere Zahl' (1641 bei Schottel), 'Mehrheit, Vielheit' (18. Jh.) haben sich nicht durchsetzen können.

einzäunen ↑Zaun.

einzeln: Das Adjektiv lautet älter *nhd.* und *mhd.* einzel (so noch in der jungen Substantivierung **Einzel** „Einzelspiel im Tennis" und in Wörtern wie 'Einzelfall, Einzelteil, Einzelheit, ver-einzel-n'). Das Adverb ist schon *mhd. (mitteld.)* als ēnzelen bezeugt. Die nur im *Dt.* vorkommenden Wörter sind ebenso wie ↑einzig weitergebildet aus *mhd.* einez, *ahd.* einaz „einzeln", einer Ableitung aus dem Zahlwort ↑[1]*ein*.

einzig: *Mhd.* einzec ist ähnlich wie 'einzel' (vgl. *einzeln*) gebildet und wird erst in der neueren Schriftsprache scharf von diesem getrennt. Es hat ↑[1]einig aus dessen alter Bed. „alleinstehend" verdrängt.

Eis: Das *altgerm.* Wort *mhd., ahd.* īs, *niederl.* ijs, *engl.* ice, *schwed.* is ist urverwandt mit *awest.* isu- „eisig", *afghan.* asai „Frost" u. ä. Wörtern anderer *idg.* Sprachen, ohne daß sich weitere Anknüpfungen finden. In der jungen Bed. „Speiseeis" (18. Jh.) ist 'Eis' Lehnübersetzung von *frz.* glace. Abl.: **eisig** (*mhd.* īsec); **enteisen** „vom Eis befreien" (19. Jh.); **loseisen** *ugs.* für „mühsam frei machen" (18. Jh., eigentlich vom Loslösen eines Schiffes aus dem Eis); **vereisen** „mit Eis, mit einer Eisschicht überziehen", dann auch „durch Aufsprühen eines Mittels (für operative Eingriffe) unempfindlich machen" (19. Jh.). Zus.: **Eisbahn** (↑Bahn); **Eispickel** (↑[1]Pickel); **Grundeis** „Bodeneis in Gewässern" (*mhd.* gruntīs, seit dem 17. Jh. bildlich gebraucht für aufbrechende Unruhe, beachte die Wendung 'ihm geht der Arsch mit Grundeis', heute derb *ugs.* für „er hat große Angst".

Eisbein: Die *nordd.* Bezeichnung des Gerichts, das *südd.* Schweinsfüße oder Schweinshaxen, *pfälz.* Eisknochen heißt, meint das Schienbein des Schweines mit den ansitzenden Fleischteilen. Aus den gespaltenen Röhrenknochen großer Schlachttiere wurden in *germ.* Zeit (in Skandinavien bis in die Neuzeit) Knochenschlittschuhe hergestellt. Sie heißen *mdal. schwed.* isläggor *(Plural), norw.* islegg (zu lägg, legg, *aisl.* leggr „Bein, Knochenröhre"). 'Eisbein' als Gericht bedeutet demnach eigentlich „zum Eislauf geeigneter Knochen" (vgl. *Bein*).

Eisen: Der *gemeingerm.* Name des Schwermetalls (*mhd.* īse[r]n, *ahd.* īsa[r]n, *got.* eisarn, *engl.* iron, *schwed.* järn) entspricht der *kelt.* Sippe von *air.* īarn. Der Name war also Germanen und Kelten gemeinsam; seine weitere Herkunft ist unklar. Abl.: **eisern** (*mhd.* īser[n]īn, īsern, *ahd.* īsarnīn, *got.* eisarneins). Zus.: **Eisenbahn** (ursprünglich Bezeichnung für die seit dem 18. Jh. im Bergbau – zuerst in Großbritannien – statt der früher üblichen Holzschienen verwendeten eisernen Gleise, dann auch für die außerhalb der Bergwerke benutzten Schienen; seit etwa 1820 heißt das neue Verkehrsmittel Eisenbahn [wie *frz.* chemin de fer, *it.* ferrovia, *schwed.* järnväg, etwas anders *engl.* railway „Schienenweg", railroad „Schienenstraße"; vgl. *Bahn*], und dieser Name wurde auch beibehalten, als man nicht mehr Eisen-, sondern Stahlschienen verwendete); **Eisenhut** „blau blühende Staude" (16. Jh., nach der helmartigen Form der Blüten benannt); **Eiszeit** (19. Jh.; von dem Botaniker Karl Friedrich Schimper geprägt).

eisig ↑Eis.

Eiszapfen ↑Zapfen.

eitel: Das *westgerm.* Adjektiv *mhd.* ītel, *ahd.* ītal, *niederl.* ijdel, *engl.* idle hat keine sicheren Verwandten. Die im *Mhd.* und *mdal.* noch erhaltene Grundbedeutung „leer, ledig" hat einerseits „nichts als, unvermischt" ergeben ('eitel Gold', wofür jetzt 'lauter Gold' gilt), andererseits den Sinn „gehaltlos, nichtig" (biblisch 'es ist alles ganz eitel'), woraus sich die jetzige Hauptbedeutung „eingebildet, selbstgefällig" entwickelte. Ein Personennamen wie 'Eitelfriedrich' bedeutet „nur Friedrich" im Gegensatz zu Doppelnamen wie 'Georg Friedrich, Friedrich Wilhelm' u. ä. Danach erscheint 'Eitel' gelegentlich auch als selbständiger Name. Abl.: **Eitelkeit** (*mhd.* ītelkeit „Nichtigkeit, leerer Hochmut"); **vereiteln** „wirkungslos, zunichte machen" (so erst seit dem 18. Jh.; *mhd.* verītelen war „schwinden, kraftlos werden").

Eiter: Das *altgerm.* Wort (*mhd.* eiter, *ahd.* eit[t]ar, *niederl.* etter, *aengl.* ātor, *schwed.* etter) ist nächstverwandt mit *mhd., ahd.* eiʒ (noch *oberd. mdal.* Eiß) „Eitergeschwulst" und geht mit *griech.* oidáein „schwellen" und vielleicht mit der *slaw.* Sippe von *russ.* jad „Gift" sowie verwandten Wörtern anderer *idg.* Sprachen auf die *idg.* Wz. *oid- „schwellen, Geschwulst" zurück. Abl.: **eitrig** (*mhd.* eiterec, *ahd.* eitarig „giftig", die heutige Bedeutung seit dem 16. Jh.); **eitern** (*mhd.* eitern „vergiften", die heutige Bedeutung seit dem 16. Jh.).

Eiweiß ↑Ei.

ek..., Ek... ↑[2]ex..., [2]Ex...

[1]**Ekel** „Abscheu" (eigentlich „was zum Erbrechen reizt") und **ekel** „ekelerregend", (veraltet für:) „wählerisch": Beide Wörter erscheinen erst im 16. Jh. als *mitteld.* e[c]kel (*mnd.* ēkel „Greuel"); ihre Herkunft und das Verhältnis zu *oberd.* heikel (s. d.) sind ungeklärt. Dazu [2]**Ekel** (*ugs.* für:) „ekelhafter Mensch" (18. Jh.); **ekeln** „Ekel erregen oder empfinden" (16. Jh.; *mnd.* ēkelen); **ekelhaft, ek[e]lig** (17. Jh.).

eklatant „aufsehenerregend, auffallend, offenkundig": Das Adjektiv wurde um 1700 aus *frz.* éclatant, dem Part. Präs. von éclater (*afrz.* esclater) „bersten, krachen; verlauten, ruchbar werden", entlehnt. Die weitere Herkunft ist unsicher. Aus dem von *frz.* éclater abgeleiteten Substantiv *frz.* éclat stammt unser Fremdwort **Eklat** „Aufsehen, Skandal" (17. Jh.).

Ekstase „[religiöse] Verzückung; höchste Begeisterung": Das Fremdwort wurde im 16. Jh. aus gleichbed. *kirchenlat.* ecstasis (< *griech.* ékstasis „das Aussichheraustreten, die Begeisterung, Verzückung") entlehnt. Dazu gehört das Adjektiv **ekstatisch** „außer sich, verzückt, schwärmerisch" (18. Jh.; nach *griech.* ekstatikós). Das zugrundeliegende Verb *griech.* histánai „setzen, stellen, legen" ist urverwandt mit *dt.* ↑*stehen.*

Elan „Schwung, Begeisterung": Das Wort wurde im 19. Jh. aus gleichbed. *frz.* élan entlehnt, das eine Bildung zu *frz.* s'élancer „vorschnellen, sich aufschwingen" ist. Zugrunde liegt *frz.* lancer „schleudern" (vgl. *lancieren*).

elastisch „federnd, dehnbar": Das seit dem 17./18. Jh. bezeugte Fachwort der Technik ist eine gelehrte Neubildung zu *griech.* elastós (elatós) „getrieben; dehnbar, biegbar", dem Verbaladjektiv von *griech.* elaúnein „treiben, ziehen". Dazu als Substantiv **Elastizität** „Spannkraft, Biegsamkeit" (17./18. Jh.).

Elben, elbisch ↑Elf.

Elch: Das Hirschtier mit schaufelförmigem Geweih trägt einen *germ.* Namen: *mhd.* elhe, elch, *ahd.* el[a]ho, *aengl.* eolh, ähnl. *schwed.* älg. Auch die ältesten sprachlichen Zeugnisse, *lat.* alces und *griech.* álkē, sind *germ.* Lehnwörter. *Außergerm.* sind *russ.* los' „Elch" und *aind.* ṛśya-ḥ „Antilopenbock" urverwandt. Der Elch war in Deutschland noch im Mittelalter weit verbreitet. Später war er auf den Nordosten, besonders Ostpreußen, beschränkt. So konnte sich im 16. Jh. als neue Bezeichnung des Tieres *frühnhd.* elen[d] einbürgern – *nhd.* **Elen,** verdeutlicht **Elentier** –, das aus *alit.* ellenis (*lit.* élnis) „Hirsch" entlehnt ist und mit gleichbed. *russ.* olen' und verwandten Wörtern anderer *idg.* Sprachen auf *idg.* *elen- „Hirsch" zurückgeht.

Eldorado „sagenhaftes an Goldschätzen reiches Land; Wunsch-, Traumland; Tummelplatz": Das Substantiv wurde im 18. Jh. aus *span.* el dorado (país) „das vergoldete (Land)" entlehnt. *Span.* dorado geht zurück auf *lat.* deauratus, das Part. Perf. von de-aurare „vergolden" (zu *lat.* aurum „Gold").

Elefant: Der Name des Tieres lautet *mhd.* elefant, *ahd.* elpfant, elafant, daneben schon im *Ahd.* helfant mit volksetymologischer Anknüpfung an *helfen* (der Elefant galt als hilfreiches Arbeitstier). Die Germanen erhielten durch den Elfenbeinhandel vom Südosten her schon früh Kunde von diesem Tier, das sie allerdings viel später als seinen Namen kennenlernten. Benannt ist es nach seinen (elfenbeinernen) Stoßzähnen. So weisen die vorausliegenden Formen *lat.* elephantus < *griech.* eléphas (Genitiv: eléphantos) zurück auf *ägypt.* āb[u], *kopt.* eb[o]u „Elfenbein; Elefant", das zugleich Quelle ist für *lat.* ebur „Elfenbein". Vgl. noch die Artikel *Elfenbein* und *Element.*

elegant „auserlesen fein, geschmackvoll": Das Adjektiv, das früher auch substantiviert als **Elegant** „Modegeck, Stutzer" vorkam, wurde im 18. Jh. aus *frz.* élégant (< *lat.* elegans) „wählerisch, geschmackvoll" entlehnt. *Lat.* elegans ist eine Nebenform von eligens, dem Part. Präs. von e-ligere (< ex-legere) „auslesen, auswählen". Über weitere Zusammenhänge vgl. den Artikel *Legion.* – Zu 'elegant' gehört das Substantiv **Eleganz** „Geschmack, Feinheit, geschmackvolle Vornehmheit", das im 16. Jh. als rhetorischer Terminus („Gewähltheit im Vortrag") aus *lat.* elegantia entlehnt wurde. Die spätere Verwendung in allgemeinem Sinne steht unter Einfluß von *frz.* élégance. – Aus *lat.* e-ligere oder *vlat.* *ex-legere stammt auch *frz.* élire „auslesen" (↑Elite).

Elegie: Die Bezeichnung für „wehmütiges Gedicht, Klagelied" wurde im 16. Jh. aus gleichbed. *lat.* elegia entlehnt, das seinerseits aus *griech.* elegeía übernommen ist. Das *griech.* Wort bezeichnete ursprünglich allgemein jedes in Distichen abgefaßte Gedicht, später bedeutete es dann auch „Klagelied". Zugrunde liegt *griech.* élegos „Trauergesang mit Flötenbegleitung", das vermutlich kleinasiatischer Herkunft ist. – Abl.: **elegisch** „klagend, wehmütig" (18. Jh.).

elektrisch: Das seit dem 18. Jh. bezeugte Adjektiv ist hervorgegangen aus *nlat.* electricus „(durch elektrische Ladung) magnetisch", das zu *lat.* electrum „Bernstein" gebildet ist. Dies stammt aus *griech.* ēlektron „Bernstein". Die geheimnisvolle Kraft, die manche Stoffe nach Reibung auf andere ausüben, wurde bis ins 16. Jh. nur beim ↑Bernstein beobachtet. In der Folge wurden dann allgemein nach dessen *griech.* Namen (ēlektron) bestimmte Anziehungs- und Abstoßungskräfte von verschieden geladenen Elementarteilchen bzw. das Kraftfeld zwischen ihnen und ihre Bewegung gegeneinander benannt (beachte z. B. die Fügung 'elektrischer Strom'). Neben den Ableitungen **Elektrizität** (18. Jh.; nach *frz.* électricité) und **elektrisieren** „elektrisch aufladen; den Körper mit elektrischen Stromstößen behandeln, aufregen, begeistern" (18. Jh.; nach *frz.* électriser) – stehen zahlreiche Zusammensetzungen, in denen *griech.* ēlektron als Bestimmungswort erscheint, so in 'Elektrolyse, Elektroingenieur, Elektrotechnik'. Von besonderem Interesse sind ferner **Elektrode** „eines der [metallenen] Enden eines Stromkreises, zwischen denen Strom durch ein anderes Medium geleitet wird" (19. Jh.; entlehnt aus *engl.* anode, das durch die Entdeckungen Faradays bekannt wurde; Grundwort ist *griech.* hodós „Weg", vgl. *Periode*); **Elektron** „negativ geladenes Elementarteilchen" (um 1900; entlehnt aus *engl.* electron, geprägt von dem britischen Physiker G. J. S. Stoney [1826–1911]), davon **elektronisch** (20. Jh.).

Element „Grundstoff; Urstoff; Grundbestandteil": Das Wort wurde im 13. Jh. aus gleichbed. *lat.* elementum entlehnt, dessen Herkunft nicht gesichert ist. Wegen der wahrscheinlichen Grundbedeutung (des meist im *Plural* auftretenden Wortes) „Buchstaben (Schriftzeichen; Laute) als Grundbestandteile des [gesprochenen] Wortes", der die anderen Bedeutungen als Lehnübersetzungen von *griech.* stoicheĩa folgen, vermutet man Entlehnung von *lat.* elementum aus *griech.* eléphanta (Akkusativ von eléphas „Elfenbein; Elefant") über eine Zwischenstufe *elepantum „elfenbeinerner Buchstabe" (vgl. den Artikel *Elefant*). – Abl.: **elementar** „grundlegend; urwüchsig; naturbedingt" (17. Jh.; aus gleichbed. *lat.* elementarius).

Elen, Elentier ↑Elch.

elend: *Mhd.* ellende „fremd, verbannt; unglücklich, jammervoll" (entsprechend *aengl.* ellende „fremd") ist verkürzt aus *ahd.* elilenti, *asächs.* eli-lendi „in fremdem Land, ausgewiesen". Der Bedeutungswandel erklärt sich daraus, daß der Ausschluß aus der Rechtsgemeinschaft des eigenen Volkes als schweres Unglück empfunden wird. – Im ersten Teil des Wortes hat sich der sonst untergegangene *germ.* Pronominalstamm *alja- „ander" erhalten, der dem *lat.* alius (vgl. *alias*) entspricht. Der zweite Teil ist eine Ableitung von dem unter ↑*Land* behandelten Wort. Das Substantiv **Elend** ist aus dem Adjektiv entstanden (*mhd.* ellende „anderes Land, Verbannung; Not, Trübsal", *ahd.* elilenti, *asächs.* elilendi „Fremde"), die alte Bedeutung hat es z. T. bis ins 18. Jh. festgehalten. Jung sind *ugs.* Wendungen wie 'das graue, heulende Elend kriegen'. Abl.: **elendig[lich]** „jämmerlich" (*mhd.* ellendec[līchen]).

Eleve „Schauspiel-, Ballettschüler; Forst-, Landpraktikant": Das Fremdwort wurde im 19. Jh. aus *frz.* élève „Schüler" entlehnt. Das zugrundeliegende Verb *frz.* élever bedeutet zunächst wörtlich „heraus-, emporheben", dann übertragen u. a. auch „aus der Unwissenheit herausheben, unterweisen". Voraus liegt *vlat.* *exlevare, das für *klass.-lat.* elevare „herausheben" steht. Über das Stammwort *lat.* levis „leicht" vgl. *leger*.

elf: Das *gemeingerm.* Zahlwort *mhd.* eilf (so noch im 19. Jh.), einlif, *ahd.* einlif, *got.* ainlif, *engl.* eleven, *schwed.* elva ist eine Zusammensetzung aus ↑[1]*ein* und dem unter ↑*bleiben* behandelten Stamm *germ.* *līb- mit der Bed. „Überbleibsel, Rest", d. h. elf ist eine Zahl, die sich ergibt, wenn man zehn gezählt hat und eins übrigbleibt (das zu zehn noch hinzugezählt werden muß). Entsprechend werden im *Lit.* alle Zahlen von 11–19 mit -lika gebildet (das zur Sippe von ↑*leihen*, ursprünglich „lassen" gehört): vienúolika, dvý-, trýlika usw.; s. a. *zwölf*. – Abl.: **elfte** (Ordnungszahl; *mhd.* ei[n]l[i]fte, *ahd.* einlifto).

Elf, Elfe: Unsere heutige Vorstellung von den Wald- und Blumenelfen stammt aus der Dichtung des 18. Jh.s und der Romantik. Das Wort 'Elf' wurde im 18. Jh. entlehnt aus *engl.* elf (bei Shakespeare), *aengl.* ælf. Damit sind eigentlich die Unterirdischen gemeint, niedere Naturgeister des *germ.* Volksglaubens, die unseren Zwergen entsprechen, von der Kirche aber früh als böse Dämonen und Gespenster mit dem Teufel zusammengebracht wurden. So ist schon das entsprechende *ahd.* alb, alp, (*mhd.* alp, *nhd.* [2]Alp) die Bezeichnung des Nachtmahrs, der die Schlafenden drückt (Alpdrücken, Alptraum), während *aisl.* alfr, *schwed.* alf die Bed. „Elf" bewahren. In der Religionswissenschaft heißen die *germ.* Geister **Alben, Elben** (*Plural; mhd.* elbe[n]), das zugehörige Adjektiv ist **elbisch** (z. B. 'ein elbisches Wesen'; *mhd.* elbisch „alpartig; von Elben sinnverwirrt"), während neben 'Elf' im heutigen Sinn **elfisch** steht (*engl.* elfish „geisterhaft, neckisch"). In der alten Bedeutung erscheint schon *ahd.* alb nur noch in Namen, von denen der des Zwergkönigs Alberich am bekanntesten ist (zu -rich „Herrscher" vgl. *Reich*). Die Herkunft des *germ.* Wortes ist ungeklärt. Siehe auch den Artikel *Alraun*.

Elfenbein: Die Stoßzähne des Elefanten wurden den *germ.* Völkern, wie ehemals den Griechen, früher bekannt als das Tier selbst. So kann *ahd.* helfant (vgl. *Elefant*) ebenso „Elfenbein" wie „Elefant" bedeuten. Die Zusammensetzung *ahd.* helfantbein „Elefantenknochen" (vgl. *Bein*) diente der Unterscheidung (entspr. *aengl.* elpen-, ylpenbān, älter *niederl.* elpenbein); sie wurde seit dem 10. Jh. zu helfan-, *mhd.* helfenbein vereinfacht und hielt sich in dieser Form bis ins 18. Jh. Die Lutherbibel setzte die nach dem *Lat.* berichtigte heutige Form ohne h durch. – Abl.: **elfenbeinern** (18. Jh., *mhd.* helfen-, *ahd.* helfantbeinīn).

elfisch ↑Elf.

elfte ↑elf.

eliminieren „ausscheiden, beseitigen“: Das Verb wurde im 18./19. Jh. über gleichbed. *frz.* éliminer aus *lat.* eliminare „über die Schwelle setzen, aus dem Haus treiben; entfernen“ (zu *lat.* limen „Schwelle“) entlehnt.

Elite „Auslese der Besten“: Das Substantiv wurde im 18. Jh. aus gleichbed. *frz.* élite entlehnt, das zu *frz.* élire (< *vlat.* *exlegere) „auslesen“ (vgl. *elegant*) gehört. Abl.: **elitär** „einer Elite angehörend“ (20. Jh.; französierende Bildung).

Elixier „Heiltrank, Lebenssaft“: Das Wort des Alchimistenlateins (wie ↑Alchimie, ↑hermetisch) wurde im 13. Jh. als elixirium aus *arab.* (mit Artikel) al-iksīr „der Stein der Weisen“ entlehnt. Das *arab.* Wort bedeutet eigentlich etwa „trockene Substanz mit magischen Eigenschaften“. Es geht seinerseits auf *griech.* xḗrion „Trockenes (Heilmittel)“ (zu *griech.* xērós „trocken“) zurück.

Elle: Der Unterarm vom Ellbogen bis zur Mittelfingerspitze ist ein natürliches Längenmaß wie z. B. auch der Fuß. Als Maßbezeichnung und Benennung des Maßstockes war das Wort (*mhd.* elne, elle, *ahd.* elina, *got.* aleina, *engl.* ell, *schwed.* aln) früher gebräuchlich, während es heute nur noch im Sinne von „Knochen des Unterarms“ verwendet wird. Mit dem *gemeingerm.* Wort urverwandt sind z. B. *lat.* ulna, *griech.* ōlénē „Ellbogen“, *air.* uile „Winkel“, *aind.* aratní-ḥ „Ellbogen“. Den Bildungen liegt die *idg.* Wurzel *el-, *elĕ̄i- „biegen“ zugrunde. Der Unterarm ist also, ähnlich wie bei dem gleichfalls verwandten Wort ↑Glied, nach dem zunächstliegenden Gelenk benannt. Die gleiche Wurzel begegnet weitergebildet in ↑Bilanz und ↑Balance (zu *lat.* lanx „[gebogene] Schüssel“). Vielleicht gehört auch ↑ledig hierher. Zus.: **Ellbogen, Ellenbogen** (*mhd.* el[l]enboge, *ahd.* el[l]inbogo); **ellenlang** „übermäßig lang“ (*mhd.* ellenlanc).

Eller: Als *niederd.* Name der ↑Erle hat *mnd.* eller, elre die alte Form des Baumnamens bewahrt: *ahd.* elira, *asächs.* elora, ähnlich *aengl.* alor (*engl.* alder), *aisl.* ǫlr (*schwed.* al) aus *germ.* *alizō, *aluz-. Verwandte Wörter zeigen das *Lat.* (alnus) und die *kelt.* und *baltoslaw.* Sprachen. Dies sind mannigfache Erweiterungen und Weiterbildungen einer *idg.* Wurzel *el-, *ol- „glänzend, schimmernd“, die besonders für rötliche und bräunliche Farben gebraucht wurde und auch im Namen der ↑Ulme fortlebt. Das Holz der Eller wird beim Schlagen orangerot. Eine Ableitung des Baumnamens ist der Fischname ↑Elritze.

Ellipse: Zu *griech.* leípein „[zurück]lassen“, das zur *idg.* Sippe von *dt.* ↑*leihen* gehört, stellt sich die Bildung el-leípein „darin zurücklassen; zurückstehen; mangeln, fehlen“. Das davon abgeleitete Substantiv *griech.* élleipsis „Mangel“ wurde im 18. Jh. über *lat.* ellipsis ins *Dt.* entlehnt zu 'Ellipse', und zwar einerseits als sprachwissenschaftlich-rhetorischer Ausdruck zur Bezeichnung einer Redefigur („Auslassung von Satzteilen“), andererseits in der Mathematik als Name eines Kegelschnitts, des sogenannten Langkreises, dem durch seine unvollständige Rundung die Eigenschaft des Vollkreises „fehlt“. Abl.: **elliptisch** „ellipsenförmig; unvollständig“ (17. Jh.; aus *nlat.* ellipticus < *griech.* elleiptikós „mangelhaft“).

Elmsfeuer: Die elektrische Lichterscheinung an Schiffsmasten bei gewittriger Luft heißt seit dem 19. Jh. 'Elmsfeuer', älter auch 'Sankt-Helms-Feuer'. Die Bezeichnung geht auf einen in Deutschland seit dem 15. Jh. bekannten *roman.* Schifferglauben zurück, der die Lichtbüschel dem Schutzheiligen der Seefahrer, St. Elmo (*roman.* Form von *Erasmus*), zuschrieb.

Elritze: Der kleine Karpfenfisch heißt im 16. Jh. *ostmitteld.* Elderitz, Elritz, im 15. Jh. *westmitteld.* erlitz, *mhd.* erlinc. Die Namen sind Ableitungen von ↑*Eller* und ↑*Erle*. Der Fisch ist als „Erlenfisch“ benannt, weil er sich gerne unter Erlen am Ufer von Gewässern aufhält.

Elster: Die heutige Form des Vogelnamens (*mhd.* agelster, alster, elster, *ahd.* ag-alstra) ist nur eine von vielen verwandten Mundartformen. So ist z. B. *ahd.* ag-astra über *mnd.* [h]ēgester zu *nordd.* Heister, Häster und *westfäl.* Ekster geworden (dazu die Externsteine bei Detmold). Ein drittes *ahd.* ag-aza liegt den *germ.* Lehnwörtern *frz.* agace und *it.* gazza und dem *schwäb. mdal.* Hetze „Elster“, die Verkleinerungsbildung *agazala dem *hess.-pfälz.-elsäss.* Atzel zugrunde. Diese Fülle weitergebildeter und wieder vereinfachter Formen beruht auf einem noch unerklärten *ahd.* aga, *aengl.* agu „Elster“. Es bleibt ganz ungewiß, ob man dieses Wort wegen des langen, spitzen Schwanzes der Elster zur Sippe von ↑*Ecke* stellen darf (beachte *schwed.* skata „Elster“, das zu *schwed. mdal.* skate „Spitze, Schwanz“ gehört).

Eltern: *Mhd.* altern, eltern, *ahd.* eldirōn (neben altirōn „die Älteren“), *mniederl.* ouderen (*niederl.* ouders), *aengl.* eldran ist der substantivierte Komparativ zu ↑alt. Die Schreibung mit E- blieb erhalten, weil der Begriff „alt“ gegenüber der Vorstellung „Vater und Mutter“ verblaßte.

em..., Em... ↑en..., En...

Email und **Emaille** „Schmelzüberzug“: Das Fachwort wurde mit der Technik der französischen Miniaturmalerei im 18. Jh. aus *frz.* émail entlehnt. Zugrunde liegt der Stamm des *nhd.* Verbs ↑*schmelzen* in *afränk.* *smalt, das früh ins *Roman.* übernommen wurde (*mlat.* smeltum, *it.* smalto; *afrz.* *esmalt, esmal „Schmelzglas“). Abl.: **emaillieren** „mit Schmelz überziehen“ (im 17./18. Jh. aus *frz.* émailler).

emanzipiert „Gleichberechtigung, Selbständigkeit anstrebend, unabhängig (von Frauen); nicht fraulich“: Das Adjektiv ist das 2. Partizip zu dem heute seltener gebräuchlichen, im 17. Jh. aus *lat.* emancipare entlehnten Verb **emanzipieren.** Der ursprünglich im römischen Patriarchat begründete Sinn von *lat.* emancipare „(einen erwachsenen Sohn bzw. einen Sklaven) aus der väterlichen Gewalt zur Selbständigkeit entlassen“ wurde bei uns einerseits eingeschränkt auf die Bestrebungen der Frau, aus der traditionellen Rolle des „Nur-Frau-Seins“ (mit allen Beschränkungen der aktiven Teilnahme am gesellschaftlichen und öffentlichen Leben) auszubrechen und volle Gleichberechtigung neben dem Mann zu erlangen. Andererseits wird 'emanzipieren' auch allgemein auf die innere Befreiung aus den Fesseln des Herkommens, der Weltanschauung, von Vorurteilen usw. bezogen. *Lat.* e-mancipare bedeutet wörtlich „aus dem Mancipium geben“. Das Mancipium – < *man-capium, zu *lat.* manus „Hand“ (vgl. *manuell*) und capere „ergreifen“ (vgl. *kapieren*) – galt bei den Römern als feierlicher Eigentumserwerb durch „Handauflegen“. – Das dazugehörige Substantiv **Emanzipation** erscheint im 18. Jh. (aus *lat.* emancipatio), die abwertende Bezeichnung **Emanze** „emanzipierte Frau“ im 20. Jh.

Embargo: Der Ausdruck für „(von einer Regierung verhängte) Ausfuhrsperre“ ist zuerst im 19. Jh. bezeugt, und zwar mit der Bed. „Beschlagnahme (besonders von Schiffsfrachten)“, wie sie zuweilen noch heute vorkommt. Er ist aus gleichbed. *span.* embargo entlehnt, dem das *span.* Verb embargar „in Beschlag nehmen; behindern“ zugrunde liegt. Dies geht auf *vlat.* *imbarricare „in Sperrschranken legen“ zurück. Über das Grundwort *galloroman.* *barra „[Sperr]balken“ vgl. den Artikel *Barre.*

Emblem „Kennzeichen, Sinnbild“: Das Fremdwort wurde im 16. Jh. aus gleichbed. *frz.* emblème entlehnt, das auf *lat.* emblema < *griech.* émblēma „Eingesetztes; eingelegte Metallarbeit mit Symbolgehalt“ zurückgeht. Über das zugrundeliegende Verb *griech.* em-bállein „hineinwerfen; darauflegen, einlegen“ vgl. den Artikel *ballistisch.*

Embolie „Verstopfung eines Blutgefäßes durch einen in die Blutbahn geratenen Fremdkörper“: Der medizinische Fachausdruck ist eine gelehrte Bildung des 19. Jh.s zu *griech.* embolḗ „Hineinwerfen“, hier speziell im Sinne von „das Eindringen eines Pfropfes“. Zugrunde liegt *griech.* embállein „hineinwerfen“, ein Kompositum von *griech.* bállein „werfen“ (vgl. *ballistisch*).

Embryo „im Anfangsstadium der Entwicklung befindlicher Keim; die noch ungeborene Leibesfrucht“: Der Fachausdruck ist eine gelehrte Entlehnung *nhd.* Zeit aus *griech.* émbryon > *lat.* embryo „Neugeborenes (Lamm); ungeborene Leibesfrucht“ (zu *griech.* en „in; darin“ [vgl. *en..., En...*] und *griech.* brýein „sprossen, treiben“).

emigrieren „(aus politischen oder religiösen Gründen) auswandern“: Das Verb wurde im 18. Jh. aus *lat.* e-migrare „aus-, wegziehen“ entlehnt. Das einfache Verb *lat.* migrare „wandern“ gehört zu der unter ↑*Meineid* entwickelten *idg.* Sippe. Aus dem Part. Präs. *lat.* emigrans stammt unser Substantiv **Emigrant,** das bereits seit dem 17. Jh. bezeugt ist. Abl.: **Emigration** (aus *spätlat.* emigratio „das Aus-, Wegziehen“).

eminent „hervorragend, außerordentlich“: Das Adjektiv wurde im 18. Jh. relatinisiert aus gleichbed. *frz.* éminent, das auf *lat.* eminens, das Part. Präs. von e-minere „heraus-, hervorragen“, zurückgeht. Das zugrundeliegende Verb *lat.* *minere ist als einfaches Verb nicht bezeugt. Es erscheint aber noch in anderen Bildungen, so in *lat.* pro-minere „vorspringen, hervorragen“ (↑prominent, Prominenz). *Lat.* *minere ist abgeleitet von dem mit *lat.* mons „Berg“ (vgl. *montan*) verwandten Substantiv minae „hochragende Mauerzinnen; (übertr.) Drohungen“, wozu sich auch das *lat.* Verb minari „drohen“ stellt. Aus der Bauernsprache stammt das transitive *vlat.* minare „das Vieh durch drohende Schreie vor sich hertreiben; führen, treiben“, das in *frz.* mener „führen“ (↑Promenade, promenieren) erscheint. – Abl.: **Eminenz** „Hoheit“ (als Titel von Kardinälen), im 16./17. Jh. aus *lat.* eminentia „das Hervorragen“.

Emir: Der Titel orientalischer Fürsten wurde im 18. Jh. aus *arab.* amīr „Befehlshaber“ entlehnt. Dies gehört zu *arab.* amara „befehlen“, das auch unserem Fremdwort ↑Admiral zugrunde liegt. Abl.: **Emirat** „orientalisches Fürstentum“.

Emmer ↑Ammer.

Emotion „Gefühl, Gemütsbewegung, seelische Erregung“: Das Fremdwort ist aus gleichbed. *frz.* émotion entlehnt. Das *frz.* Wort gehört zu émouvoir „bewegen, erregen“, das auf *lat.* emovere „herausbewegen, emporwühlen“ (zu movere „bewegen“, vgl. *Lokomotive*) zurückgeht. Dazu stellen sich die Adjektivbildungen **emotional** und **emotionell** „voller Emotionen; gefühlsmäßig“ (beide 20. Jh.). Von 'emotional' abgeleitet ist **emotionalisieren** „Emotionen erregen“ (20. Jh.).

empfangen: Als Präfixbildung aus ↑*fangen* und ↑*ent..., Ent...* bezeichnen *mhd.* enphāhen, entvāhen, *ahd.* intvāhan ursprünglich das tätige An- und Aufnehmen eines Entgegenkommenden (wie in 'Gäste empfangen', 'Empfangschef' u. ä.), jetzt meist das einfache Hinnehmen einer Sache (Wohltaten, die Taufe empfangen). Die spezielle Bed. „schwanger werden“ ist schon *ahd.* bezeugt. Abl.: **Empfang** (*mhd.* en-, anphanc, *ahd.* antfanc); **empfänglich** (*mhd.* enphenclich „aufnahmebereit; annehmbar, angenehm“, *ahd.* antfanclīh); **Empfängnis** (*spätmhd.* enphencnisse „Einnahme, Belehnung“, *ahd.* intfancnissa; seit Luther im heutigen Sinn).

empfehlen: Das Verb *mhd.* enphelhen, enphelen, *mnd.* en[t]fēlen „zur Bewahrung oder Besorgung übergeben“ ist eine Präfixbildung zu dem unter ↑*befehlen* behandelten untergegangenen einfachen Verb (vgl. auch den Artikel *ent..., Ent...*). Im Gegensatz zu 'befehlen' hat 'empfehlen' seine Bedeutung bewahrt (z. B. „ich empfehle ihn deiner Fürsorge“), wird heute aber meist im Sinne von „zu etwas raten“ gebraucht.

empfinden: Das *westgerm.* Verb *mhd.* enphinden, ent-finden, *ahd.* intfindan „fühlen, wahrnehmen“, *mniederl.* ontvinden „erkennen“, *aengl.* onfindan „entdecken, wahrnehmen“ ist eine Präfixbildung aus ↑*ent..., Ent...* und ↑*fin-*

den. Im *Dt.* gilt es heute meist von seelischen Gefühlen: Schmerz, Reue, Freundschaft empfinden. Abl.: **empfindlich** (*mhd.* enphintlich, *ahd.* inphintlich „der Empfindung zugänglich“, *nhd.* auch für „schmerzhaft“: eine empfindliche Strafe), dazu **Empfindlichkeit** (*mhd.* enphintlīchkeit „Wahrnehmung“); **empfindsam** „zartfühlend“ (im 18. Jh. nach *engl.* sentimental, Schlagwort der literarischen Richtung der Empfindsamkeit); **Empfindung** (*spätmhd.* enphindunge).

Emphase „Nachdruck, Eindringlichkeit; Übertreibung (in der Aussage)“: Das Fremdwort wurde im 18. Jh. aus gleichbed. *frz.* emphase < *griech.-lat.* émphasis (eigtl. „Verdeutlichung“) entlehnt. Es gehört zu *griech.* emphaínein „darin sichtbar machen, aufzeigen“ (vgl. *en..., En...* und *Phänomen*). – Dazu: **emphatisch** „eindringlich; übertrieben“ (im 17./18. Jh. nach *frz.* emphatique < *griech.* emphatikós „bezeichnend, nachdrücklich“).

Empire: Die Bezeichnung für den Stil und die Stilepoche der Zeit Napoleons I. und der folgenden Jahre wurde im 19. Jh. aus gleichbed. *frz.* (style) Empire entlehnt. *Frz.* empire „Kaiserreich“ geht auf *lat.* imperium (vgl. *Imperium*) zurück.

empirisch „auf Erfahrung, Beobachtung beruhend“: Das Adjektiv wurde im 18./19. Jh. aus gleichbed. *griech.* em-peirikós entlehnt. Dies gehört zum Adjektiv *griech.* ém-peiros „erfahren, kundig“, das sich mit seiner eigentlichen Bed. „im Versuch, im Wagnis seiend“ zu *griech.* peīra „Versuch, Wagnis“ stellt (vgl. *Pirat*).

empor (Adv.): *Mhd.* enbor[e], embor aus *ahd.* in bor „in die Höhe“ (dazu ↑Bürzel, ↑purzeln) enthält das Substantiv *mhd., ahd.* bor „oberer Raum, Höhe“, das zum *idg.* Verbalstamm *bher- „heben, tragen“ gehört (vgl. *gebären*). Die *frühnhd.* Form entbor ergibt *nhd.* empor. – Dazu: **Empore** „erhöhter Sitzraum [in Kirchen]“ (im 18. Jh. für älteres ‘Emporkirche, Porkirche’, *spätmhd.* borkirche „oberer Kirchenraum“, zu *mhd.* bor; s. o.). Zus.: **Emporkömmling** (18. Jh.; Ersatzwort für ↑Parvenü, aber erst in den Freiheitskriegen durchgedrungen).

empören: *Mhd.* enbœren „erheben; sich erheben, sich auflehnen“, gehört mit *mhd.* bōr „Trotz“ zur *idg.* Wurzel *bher- „heben, tragen“ (vgl. *gebären*), hängt aber mit dem in ↑empor enthaltenen bor „Höhe“ nur mittelbar zusammen.

emsig: Das auf das *Dt.* beschränkte Adjektiv (*mhd.* emzec, *ahd.* emazzig, emizzig „beständig, fortwährend, beharrlich“) ist eine Ableitung von einem im *Ahd.* noch erhaltenen Adjektiv emiz „beständig“. Verwandt im *germ.* Sprachbereich ist z. B. *aisl.* ama „belästigen, plagen“, *außergerm.* z. B. *aind.* áma-ḥ „Andrang, Ungestüm“ und *griech.* omoiíos „plagend“. Als Grundbedeutung ist demnach „unablässig, drängend“ anzusetzen. Abl.: **Emsigkeit** (*spätmhd.* emzicheit).

Emulsion „Gemenge aus zwei nicht mischbaren Flüssigkeiten; lichtempfindliche Schicht“: Das Wort ist eine fachsprachliche Bildung zu *lat.* emulsus, dem Part. Perf. von e-mulgere „aus-, abmelken“ (vgl. *melken*). Es bedeutet also eigentlich „Aus-, Abgemolkenes“. Die Emulsion ist so benannt, weil sie Ähnlichkeit mit Milch hat.

en..., En..., (vor Lippenlauten assimiliert zu:) em..., Em...: Die aus dem *Griech.* stammende Vorsilbe bezeichnet ein Verharren „in“ etwas oder einen erfolgreichen Abschluß. *Griech.* en ist identisch mit gleichbed. *lat.* in und *nhd.* ↑*in*. Alle beruhen auf *idg.* *en.

Ende: Das *gemeingerm.* Substantiv *mhd.* ende, *ahd.* enti, *got.* andeis, *engl.* end, *schwed.* ända gehört mit der Grundbedeutung „vor einem Liegendes“ zu der unter [1]*ant..., Ant...* „entgegen“ behandelten *idg.* Sippe. Verwandte Bildungen sind z. B. *griech.* antíos „gegenüberliegend“, *lat.* antiae „Stirnhaare“, *aind.* ántya-ḥ „der letzte“. Als „äußerster Punkt“ wird ‘Ende’ schon früh auch zeitlich verstanden. Vielfach bezeichnet es zugleich das äußerste Stück, z. B. ‘ein Ende Brot’, ‘ein Endchen Licht’. Nach seinen Geweihenden heißt der Hirsch ‘Sechs-, Achtender’ usw. Räumliche Ausbreitung zeigt ‘an allen Ecken und Enden’ für „überall“. Abl.: **enden** (*mhd.* enden, *ahd.* entōn), dazu **beenden** (18. Jh.; ursprünglich Kanzleiwort) und **verenden** „sterben (von erkrankten, angeschossenen Tieren)“ (*mhd.* verenden, *ahd.* firentōn „ein Ende nehmen; sterben“); **endigen** (15. Jh.; zu *spätmhd.* endec „zu Ende kommend“), dazu **beendigen** (18. Jh.; ursprünglich Kanzleiwort); **endlich** „am Ende kommend, zuletzt“ (*mhd.* endelich), dazu **unendlich** „endlos ausgedehnt“ (auch als bloße Verstärkung; *mhd.* unendelich war „endlos, unvollendet, unnütz, schlecht“, *ahd.* unentilīh „unbegrenzt“); **Endung** (*spätmhd.* für „Beendigung“; als grammatischer Begriff im 17. Jh. eingeführt).

Endivie: Der Name der Salatpflanze (*mhd.* enduvie, *mnd.* endivie ist durch *roman.* Vermittlung (*it.* endivia, *frz.* endive) entlehnt aus *lat.* intubus (intubum) bzw. aus *spätlat.* intiba. Letzte Quelle des Pflanzennamens ist wohl *ägypt.* tōbi „Januar“, woraus *griech.* tybí „Januar“ geworden ist. Das davon abgeleitete *griech.* entýbion (éntybon), das den Namen der Pflanze den europäischen Sprachen vermittelte, bedeutet demnach eigentlich „im Januar wachsende Pflanze“.

en détail ↑Detail.

endlich ↑Ende.

endo..., Endo...: Die Vorsilbe von Fachwörtern aus dem Bereich der Medizin und der Naturwissenschaft mit der Bed. „innen, innerhalb“ ist gleichbed. *griech.* én-don (Adverb) entlehnt.

Endung ↑Ende.

Energie „die Fähigkeit, Arbeit zu verrichten (Physik); Spannkraft, Tatkraft“: Das Substantiv wurde im 18. Jh. aus gleichbed. *frz.* énergie entlehnt, das über *spätlat.* energia auf *griech.* en-érgeia „wirkende Kraft“ zurückgeht. Zugrunde liegt das von *griech.* érgon „Werk, Wirken“ abgeleitete Adjektiv *griech.* en-ergós „einwirkend“. Als Grundwort erscheint *griech.* érgon, das mit *dt.* ↑*Werk* urverwandt ist, auch in den Fremdwörtern ↑Allergie, allergisch, ↑Chirurg, Chirurgie und ↑Liturgie. – Abl.: **energisch** „tatkräftig, entschlossen" (18. Jh.; nach *frz.* énergique).

enervieren ↑Nerv.

eng: Das *gemeingerm.* Adjektiv *mhd.* enge, *ahd.* engi, *got.* aggwus, *aengl.* enge, *norw.* ang gehört mit seinem in *nhd.* ↑bang[e] erhaltenen Adverb *mhd.* ange, *ahd.* ango zu der *idg.* Wurzel anĝh- „eng; einengen, zusammendrücken oder -schnüren". Urverwandt sind zahlreiche Wörter ähnlicher Bedeutung im *Lat., Griech., Kelt., Baltoslaw.* und *Aind.*, z. B. *griech.* ágchein „erdrosseln" (↑Angina), ágchi „nahe bei", *lat.* angere „beengen", angiportus „enges Gäßchen". Aus einer Weiterbildung der Wurzel entstanden *dt.* ↑Angst, *lat.* angustiae „Enge, Klemme" und *aind.* áṁhas- „Angst, Bedrängnis". Die Bedeutung der Wortgruppe umfaßt also schon früh körperliche wie seelische Einengung, wie es der Gebrauch von *dt.* eng noch heute zeigt. Abl.: **Enge** (*mhd.* enge, *ahd.* engi; räumlich z. B. in Landenge); **engen** veraltet für „be-, einengen" (*mhd., ahd.* engen, *got.* [ga]aggwjan), dazu die heute üblichen **beengen, einengen, verengen** (17. Jh.).

engagieren „verpflichten, unter Vertrag nehmen (besonders von Künstlern); (eine Dame) zum Tanz auffordern; sich binden, sich [leidenschaftlich] für etwas einsetzen": Das Verb wurde im 17./18. Jh. aus *frz.* engager „in Gage nehmen" entlehnt (vgl. [1]*in..., In...* und *Gage*). Dazu gehört das Substantiv **Engagement** „Anstellung[svertrag] eines Künstlers; Bindung, Einsatz" (17./18. Jh.; aus *frz.* engagement).

Engel: Die den *germ.* Sprachen gemeinsame Bezeichnung für die im christlichen Glauben als Boten Gottes benannten Mittelwesen zwischen Gott und Mensch (*mhd.* engel, *ahd.* engil, *got.* aggilus, *niederl.* engel, *aengl.* engel, *schwed.* ängel) beruht auf einer frühen Entlehnung aus *griech.* ággelos „Bote; (N. T.:) Bote Gottes". Zu den Westgermanen gelangte das Wort vermutlich durch *got.* Vermittlung im Zuge der arianischen Mission, während es die Nordgermanen wohl unmittelbar durch angelsächsische oder deutsche Missionare erreichte. – Zus.: **Erzengel** (*mhd.* erz-engel, aus *kirchenlat.* archangelus, *griech.* arch-ággelos „Erzengel"; vgl. *Erz...*). Siehe auch *Evangelium.*

Engerling: Die Maikäferlarve teilte früher ihren Namen mit anderen Maden (so bezeichnet weidmännisch Engerling noch die Larve der Dasselfliege). *Mhd.* enger[l]inc, *ahd.* engiring „Made" ist abgeleitet von gleichbed. *mhd.* anger, enger, *ahd.* angar, das wie *lit.* ankštara „Dassellarve", *lett.* anksteri „Maden, Engerlinge" wahrscheinlich zur Sippe von ↑*Unke* gehört.

en gros „im großen" (Gegensatz: en détail), besonders auch in Zusammensetzungen wie 'Engroshandel' „Großhandel": Die seit dem 17. Jh. gebräuchliche, aus dem *Frz.* übernommene Fügung (vgl. [1]*Gros)* stammt aus der Kaufmannssprache.

engstirnig ↑Stirn.

Enkel „Kindeskind": *Frühnhd.* enikel, *mhd.* eninkel (*ahd.* enichlīn) ist eine Verkleinerung zu dem unter ↑*Ahn* behandelten Wort. Der Enkel galt vielen Völkern als der wiedergeborene Großvater, wie es auch *germ.* Sitte war, ihm den Namen und damit Kraft und Glück des [verstorbenen] Großvaters zu geben (z. B. wechselten so bei den Karolingern die Namen Pipin und Karl). Im *Dt.* hat 'Enkel' das ältere ↑Neffe aus dieser Bedeutung verdrängt. – Zus.: **Urenkel** (*mhd.* ureniklīn; Gegenbildung zu 'Urahn' [↑Ahn]; vgl. *ur..., Ur...*).

Enklave: Das politische Fachwort bezeichnet eine fremdstaatliche „Insel" auf eigenem Staatsgebiet. 'Enklave' wurde im 19. Jh. entlehnt aus *frz.* enclave (zu enclaver „[mit einem Schlüssel] einschließen" < *vlat.* *in-clavare, weiter zu ↑[1]*in..., In...* und *lat.* clavis „Schlüssel", vgl. *Klavier*). Das Wort bezeichnet also eigentlich ein „eingeschlossenes, eingefügtes Gebiet". **Exklave** als Bezeichnung für eine eigenstaatliche „Insel" auf fremdem Staatsgebiet wurde im 20. Jh. analog dazu gebildet.

en masse „in Masse, haufenweise": Die Fügung wurde im 19. Jh. aus dem *Frz.* entlehnt (vgl. *Masse*).

enorm „außerordentlich; ungeheuer": Das Adjektiv wurde im 18. Jh. aus gleichbed. *frz.* énorme entlehnt, das auf *lat.* e-normis „von der Norm abweichend; unverhältnismäßig groß" zurückgeht (vgl. [1]*ex..., Ex...* und *Norm*).

en passant „im Vorbeigehen, beiläufig": Die seit dem 17. Jh. bezeugte, aus dem *Frz.* stammende Fügung wurde lange Zeit nur im Sinne von „auf der Durchreise" verwendet. Erst im 19. Jh. kam die heute übliche Bedeutung auf. *Frz.* passant ist Part. Präs. von passer (vgl. *passieren*).

Ensemble „Künstlergruppe; Zusammenstellung modisch aufeinander abgestimmter Kleidungsstücke (Frauenmode)": Das Fremdwort wurde im 18. Jh. aus *frz.* ensemble „zusammen" entlehnt, das auf *lat.* in-simul „zusammen, miteinander" zurückgeht (vgl. *simulieren*).

ent..., Ent...: Die Vorsilbe *mhd.* ent-, *ahd.* int- bezeichnet Gegensatz oder Trennung und steht vor Verben und Ableitungen aus Verben (z. B. führen – entführen – Entführung); sie ist das Gegenstück zu dem betonten 'ant-' der nominalen Zusammensetzung, von dem sie sich als stets unbetonte Partikel lautlich geschieden hat. Voraus liegt *germ.* *and[a]- „entgegen; von etwas weg" (vgl. [1]*ant..., Ant...*). Der Begriff des Trennens hat sich aus dem des Dagegenwirkens entwickelt. Nicht hierher gehören Wörter wie 'entbehren, entgegen, entlang, entzwei' und Verben des Beginnens wie 'entflammen, entstehen'; bei ihnen hat sich altes 'in-' mit 'ent-, int-' vermischt, deren -t- im *Ahd.* und *Mhd.* oft abfiel, wie umgekehrt -t- als Gleitlaut an 'in-, en-' antreten konnte. Vor f ist 'ent-' zu 'emp-' angeglichen worden (↑empfangen, empfehlen, empfinden).

entarten ↑Art.

entbehren: Das Verb *mhd.* enbern, *mnd.*

en[t]bēren, *ahd.* inberan ist eine Verneinung des im *Nhd.* untergegangenen Verbs *ahd.* beran „tragen" (vgl. *gebären*) und hat aus „nicht [bei sich] tragen" den Sinn „ermangeln, vermissen" entwickelt. Die unbetonte Vorsilbe ist die abgeschwächte Verneinungspartikel ni, ne (vgl. *nein*) und wurde erst nachträglich an das häufige Verbalpräfix 'ent-' (s. d.) angelehnt.

entbieten ↑ bieten.

entbinden ↑ binden.

entblöden ↑ blöd[e].

entblößen ↑ [1]bloß.

entdecken: *Mhd.* endecken, *ahd.* intdecchan ist – anders als *niederl.* ontdekken – in seiner alten konkreten Bedeutung seit dem 17. Jh. durch 'aufdecken' und 'entblößen' abgelöst worden. Übertragen steht es schon *ahd.* von erkannten Lügen, seit dem *Mhd.* wird 'jemandem etwas entdecken' für „mitteilen" gebraucht. Der heute vorherrschende Sinn „Unbekanntes, Verborgenes auffinden" hat sich erst seit dem 16. Jh. entwickelt.

Ente: Der *germ.* Vogelname hat Entsprechungen in vielen *idg.* Sprachen. *Mhd.* ente (aus *ahd.* enita) steht neben *mhd.* ant (aus *ahd.* anut), denen *aengl.* ened, *schwed.* and entsprechen. Urverwandt sind u. a. *lat.* anas „Ente" und *lit.* ántis „Ente". *Idg.* *anət- bezeichnet die Wildente. Die zahme Ente gewinnt wie die ↑ Gans erst später Bedeutung, in Deutschland erst seit der Karolingerzeit. In der Bed. „Zeitungslüge" begegnet 'Ente' erst um 1850 nach dem Vorbild von gleichbed. *frz.* canard. Doch kommt 'blaue Enten' für „Lügen" schon im 16. Jh. vor. Die 'kalte Ente' erscheint *nordd.* im 19. Jh. als 'Ente' „feines Mischgetränk". Das Männchen des Wasservogels heißt 'Erpel' (s. d.) oder **Enterich** (*mhd.* antreche, *ahd.* anutrehho, *mnd.* āntreke, āntdrāke); der 2. Bestandteil ist unerklärt, doch beachte *engl.* drake (13. Jh.), *niederd.* drake „Enterich". Im *Nhd.* an die Personennamen auf -rich angelehnt, regte 'Enterich' ähnliche Bildungen, z. B. 'Gänserich, Täuberich' an.

entern: Das aus dem *Niederd.* ins *Hochd.* gelangte und dort seit dem Ende des 17. Jh.s bezeugte Verb wird heute einerseits in seiner alten Bed. „ein feindliches Schiff erklettern und im Kampf aufbringen" verwendet, andererseits ist es in der modernen Seemannssprache in der neuen Bed. „in die Takelung eines Schiffes klettern" gebräuchlich. *Niederd.* entern, das seit dem 15. Jh. begegnet, wurde im Bereich der Seemannssprache aus gleichbed. *(m)niederl.* enteren entlehnt. Das *niederl.* Wort selbst führt über *span.* entrar „hineingehen; hineinbringen; überfallen, einnehmen" auf *lat.* intrare „hineingehen, betreten" zurück. Dies gehört zu *lat.* intra „innerhalb, innen" (vgl. *inter..., Inter...*). Zus.: **Enterhaken** (Anfang des 18. Jh.s).

entfernen, Entfernung ↑ fern.

entflechten ↑ flechten.

entfliehen ↑ fliehen.

entfremden ↑ fremd.

entführen, Entführer, Entführung ↑ führen.

entgegen: Das Adverb *mhd.* engegen, *ahd.* ingegin, -gagan ist aus den unter ↑ *in* und ↑ *gegen* behandelten Wörtern gebildet. Durch Anlehnung an das unverwandte Präfix 'ent-' (s. d.) entstand die *nhd.* Form. Zu 'entgegnen' s. den Artikel *gegen.*

entgegnen ↑ gegen.

entgehen ↑ gehen.

entgeistern, entgeistert ↑ Geist.

Entgelt, entgelten ↑ gelten.

entgleisen ↑ Geleise.

entgräten ↑ Gräte.

enthalten, enthaltsam, Enthaltsamkeit, Enthaltung ↑ halten.

enthaupten, Enthauptung ↑ Haupt.

enthülsen ↑ Hülse.

entkommen ↑ kommen.

entkorken ↑ Kork.

entkräften ↑ Kraft.

entlang: Die Präposition wurde erst im 18. Jh. aus dem *Niederd.* übernommen. *Mnd.* en[t]lanc gehört wie gleichbed. *engl.* along (aus *mengl.* on long) zu den unter ↑ *in* und ↑ *lang* behandelten Wörtern (s. a. *ent..., Ent...*). Das Wort ist zusammengerückt aus Fügungen wie *mnd.* bi dīke [in] lanc „beim Deich [ent]lang" oder den wech [in] lanc (mit adverbialem Akkusativ der Erstrekkung) „den Weg [ent]lang" (in *niederd.* Umgangssprache bleibt ent... meist weg; s. auch 'längs' unter *lang*).

entlarven ↑ Larve.

entlassen, Entlassung ↑ lassen.

entlasten ↑ Last.

entlauben ↑ Laub.

entlausen ↑ Laus.

entledigen ↑ ledig.

entre..., Entre...: Die Vorsilbe mit der Bedeutung „zwischen, unter" ist entlehnt aus *frz.* entre, das seinerseits zurückgeht auf gleichbed. *lat.* inter (vgl. *inter..., Inter...*).

entrichten ↑ richten.

entrinnen: Das auf das dt. Sprachgebiet beschränkte Verb (*mhd.* entrinnen, *ahd.* intrinnan) ist eine Präfixbildung zu dem unter ↑ *rinnen* behandelten Wort in dessen alter Bed. „rennen, laufen". Zum Präfix vgl. den Artikel *ent..., Ent...*

entrümpeln ↑ Gerümpel.

entrüsten, Entrüstung ↑ rüsten.

entsaften, Entsafter ↑ Saft.

entsagen, Entsagung ↑ sagen.

entschädigen ↑ Schaden.

Entscheid, entscheiden, Entscheidung, entschieden ↑ scheiden.

entschlafen ↑ Schlaf.

entschließen, sich: *Mhd.* entslieȥen, *ahd.* intslioȥan „aufschließen" (vgl. *schließen*) gewann *frühnhd.* die Bed. „entscheiden", genauer „zur Entscheidung gelangen", wobei es sich als Verb des Beginnens von dem perfektiven ↑ beschließen unterscheidet. Dazu **entschlossen** „von festem Vorsatz, tatkräftig" (16. Jh.; eigentlich zweites Part.). Abl.: **Entschluß** (17. Jh.).

entschlüsseln ↑ Schlüssel.

entschuldigen, Entschuldigung ↑ Schuld.

entseelt ↑ Seele.

entsetzen: Als *dt.* Präfixbildung zu dem unter

↑*setzen* behandelten Verb ist *mhd.* entsetzen, *ahd.* intsezzen Veranlassungsverb zu dem untergegangenen *mhd.* entsitzen, *ahd.* intsizzan „aus dem Sitz, aus der ruhigen Lage kommen; furchtsam entweichen“ (beachte schon *got.* andsitan „scheuen“; vgl. auch den Artikel *ent..., Ent...*). *Mhd.* entsetzen bedeutete daher „aus dem Besitz bringen, berauben“, reflexiv „sich scheuen, fürchten“. Die zweite Bedeutung hat sich im *Nhd.* zu „Schrecken, Grauen empfinden“ verstärkt. Im gleichen Sinne erscheinen seit dem 16. Jh. der substantivierte Infinitiv **Entsetzen** sowie die Adjektive **entsetzt** (eigentlich 2. Part.) und **entsetzlich.** Als militärisches Fachwort bedeutete schon *mhd.* entsetzen „von einer Belagerung befreien“; es war damit Gegenwort zu *mhd.* besetzen in dessen Bed. „belagern“; dazu um 1600 **Entsatz** „Befreiung[sheer]“.

entsinnen ↑sinnen.

entspannen ↑spannen.

entsprechen, entsprechend ↑sprechen.

entspringen ↑springen.

entstehen ↑stehen.

entstellen ↑stellen.

entstören ↑stören.

enttäuschen: Das erst nach 1800 als Ersatz für die aus dem *Frz.* übernommenen Fremdwörter ‘detrompieren’ und ‘desabusieren’ aufgekommene Wort bedeutet eigentlich in positivem Sinne „aus einer Täuschung herausreißen, eines Besseren belehren“ (vgl. *ent..., Ent...*). Es wird aber unter dem Einfluß von ↑*täuschen* nur für die unangenehme Zerstörung guter Erwartungen gebraucht.

entwaffnen ↑Waffe.

entweichen ↑^{2}weichen.

entwenden ↑wenden.

entwerfen: *Mhd.* entwerfen bedeutete ursprünglich „ein Bild gestalten“; es war ein Fachwort der Bildweberei, bei der das Weberschiffchen hin und her in die aufgezogene Gewebekette geworfen wird (beachte auch ‘hinwerfen’ in der Bed. „skizzieren“). Aber bereits im *Mhd.* gilt ‘entwerfen’ auch für literarisches und geistiges Gestalten. Der Sinn des Vorläufigen kommt erst durch den Einfluß von *frz.* projeter „planen“ (eigentlich vor-werfen) hinzu. Abl.: **Entwurf** „vorläufige Skizze; Plan“ (17. Jh.).

entwerten ↑wert.

entwickeln, Entwicklung ↑wickeln.

entwirren ↑verwirren.

entwischen ↑Wisch.

entwöhnen: Das Verb *mhd.* entwenen, *ahd.* intwennen hat seine besondere Bedeutung „ein Kind von der Muttermilch entwöhnen“ bis heute bewahrt. Es ist Gegenwort zu dem unter ↑*gewöhnen* behandelten Verb (vgl. dort *engl.* to wean „ein Kind an andere Nahrung als die Muttermilch gewöhnen“). Seit *mhd.* Zeit wird ‘entwöhnen’ auch im allgemeinen Sinne gebraucht.

entwürdigen ↑Würde.

entziffern ↑Ziffer.

entzücken: In der mittelalterlichen Mystik wurden die Verben *mhd.* enzücken und verzükken, die sonst „eilig wegnehmen, rauben“ bedeuteten (vgl. *zücken*) für die andächtige geistige Entrückung (Ekstase) gebraucht. Während **verzücken** und sein 2. Part. **verzückt** diesen Sinn bis heute bewahrt haben, wird ‘entzücken’ in der Barockzeit auf die Seligkeit der Liebe übertragen und verblaßt dann bald zum allgemeinen Ausdruck angenehmen Empfindens. Neben der Passivform ‘von etwas entzückt sein’ wird besonders das erste Partizip **entzückend** als Adjektiv in diesem Sinne verwendet.

entzünden, Entzündung ↑zünden.

entzwei: Die heutige Form hat sich in *spätmhd.* Zeit aus *mhd.* enzwei, *ahd.* in zwei eigentlich „in zwei Teile“ entwickelt. Das Verb **entzweien** „uneins machen, verfeinden“ ist nicht von ‘entzwei’ abgeleitet, sondern eine Bildung aus ‘ent...’ (vgl. *ent..., Ent...*) und ‘zweien’ (*mhd.* zweien; vgl. *zwei*).

Enzian: Der Name der Gebirgspflanze (*mhd.* encian, entian) ist eine Entlehnung aus *spätlat.* jentsiana < *lat.* gentiana, dessen weitere Herkunft unklar ist.

ep..., Ep..., eph..., Eph... ↑epi..., Epi...

epi..., Epi..., (vor Vokalen und h:) ep..., Ep..., eph..., Eph...: Die Vorsilbe mit der Bedeutung „[dar]auf, darüber; über – hin; hinzu“ ist entlehnt aus gleichbed. *griech.* epí, das etymologisch mit der unter ↑*After* behandelten *germ.* Präposition verwandt ist.

Epidemie „ansteckende Massenerkrankung, Seuche“: Der gelehrte Name für die volkstümlichen Bezeichnungen „Plage“ und „Seuche“ hat sich im 18. Jh. bei uns eingebürgert, ist aber in *mlat.* Form (epidemia) schon seit dem Beginn des 16. Jh.s in deutschen Texten bezeugt. Voraus liegt *griech.* epidēmía nósos „im ganzen Volk verbreitete Krankheit“. Über das Grundwort *griech.* dēmos „Gebiet; Volk“ vgl. *demo..., Demo...* Abl.: **epidemisch** „seuchenartig auftretend“ (17. Jh.).

Epigone: Die Bezeichnung für „unbedeutender Nachfolger berühmter Vorgänger, Nachahmer“ (besonders in Literatur und Kunst) wurde im 19. Jh. in der Pluralform ‘Epigonen’ aus *griech.* epí-gonoi „Nachgeborene“ entlehnt, womit speziell die Söhne der sieben großen Heerführer im ersten Thebanischen Krieg, später auch die Nachfolger Alexanders des Großen bezeichnet wurden. *Griech.* epí-gonoi gehört zu gígnesthai „werden, entstehen“ (vgl. *Genus*).

Epigramm „kurzes, prägnantes Sinn- oder Spottgedicht; knappe, scharf pointierte [künstlerische] Äußerung“: Das Fremdwort wurde im 18. Jh. aus gleichbed. *lat.* epigramma entlehnt, das seinerseits aus *griech.* epí-gramma „Aufschrift, Inschrift (besonders die in Distichen abgefaßte Inschrift auf Statuen, Gräbern, Weihgeschenken usw.)“ übernommen ist (vgl. *epi..., Epi...* und *...gramm*).

Epilepsie „Fallsucht (mit meist plötzlich einsetzenden Krampfanfällen)“: Die Epilepsie gehört – wie Cholera und Diarrhöe – zu den schon den altgriechischen Ärzten bekannten und von ihnen benannten Krankheiten. *Griech.* epilēpsíā „Anfassen; Anfall" wurde über *lat.* epilepsia, *frz.* épilepsie im 18. Jh. übernommen. Zugrunde liegt das *griech.* Zeitwort epi-lambánein „anfassen, befallen". – Dazu gehören das Adjektiv **epileptisch** (nach *lat.* epilepticus < *griech.* epi-lēptikós) und das Substantiv **Epileptiker.**

Epilog „Nachwort, Nachruf, Nachspiel": Das Fremdwort wurde im 18. Jh. wie *frz.* épilogue aus gleichbed. *lat.* epilogus entlehnt, das seinerseits aus *griech.* epí-logos „Schlußrede; Schluß des Dramas", eigentlich „das, was zusätzlich gesagt wird" (zu *griech.* epi-légein „zusätzlich sagen", vgl. *epi..., Epi...* und den Artikel *Logik*).

Episode: Der Ausdruck für „unbedeutende Begebenheit" wurde im 18. Jh. aus *frz.* épisode entlehnt, einem Bühnenwort, das auf *griech.* ep-eis-ódion zurückgeht. *Griech.* epeisódion, das etwa mit „Hinzukommendes" wiederzugeben ist, bezeichnete in der altgriechischen Tragödie die zwischen die einzelnen Chorlieder eingeschobenen Dialogteile. Da der Chor der Hauptträger der Handlung war, wurden die hinzukommenden Dialogteile der handelnden Personen als „unwesentliche Nebensache" empfunden. Das Grundwort in *griech.* ep-eis-ódion ist *griech.* hodós „Weg" (vgl. *Periode*).

Epoche „[bedeutsamer] Zeitraum, -abschnitt": Das Wort wurde im 18. Jh. über *mlat.* epocha aus *griech.* epochḗ entlehnt. Dessen Grundbedeutung ist etwa mit „das Anhalten" wiederzugeben. Die moderne Bedeutung geht von der Bed. „Haltepunkt in der Zeitrechnung (der in ein Neues hinüberleitet)" aus. *Griech.* epochḗ ist abgeleitet von ep-échein „hin-, fest-, anhalten"; über das Stammwort vgl. den Artikel *hektisch*). – Die Wendung 'Epoche machen' im Sinne von „durch herausragende Leistung (z. B. Erfindung) eine neue Phase der Entwicklung einleiten", – beachte auch 'epochemachend' –, die seit dem 18. Jh. bezeugt ist, ist Lehnübersetzung von *frz.* faire époque. – Eine junge Ableitung von 'Epoche' ist das Adjektiv **epochal** „aufsehenerregend, bedeutend" (20. Jh.).

Epos: Die Bezeichnung für „erzählende Dichtung; Heldengedicht" wurde im 18. Jh. aus *griech.(-lat.)* épos „Wort; Rede, Erzählung; Heldendichtung" entlehnt, das zu der unter ↑*erwähnen* entwickelten Wortfamilie gehört. Abl.: **episch** „breit erzählend" (18. Jh.; aus *lat.* epicus < *griech.* epikós), dazu **Epik** „erzählende Dichtkunst" und **Epiker** „epischer Dichter".

equipieren: Der veraltende Ausdruck für „ausstatten, ausrüsten" wurde im 18. Jh. aus gleichbed. *frz.* équiper (< *afrz.* esquiper, eschiper) entlehnt. Das *frz.* Verb seinerseits stammt aus dem *Germ.* und bedeutet eigentlich „ein Schiff ausrüsten" (zu *germ.* *skip „Schiff"; vgl. *Schiff*). Zu *frz.* équiper gehören die Bildungen équipe und équipage, auf die unsere Fremdwörter **Equipe** „Mannschaft (besonders im Reitsport)" (19. Jh.) und **Equipage** „elegante Reisekutsche" (18. Jh.) zurückgehen.

er, es: Das Pronomen der 3. Person *ahd., mhd.* er, ez, *got.* is, ita geht wie *lat.* is, id (in ↑identisch) auf den *idg.* Pronominalstamm *e-, *i- zurück, der weitergebildet auch das Zahlwort ↑[1]ein ergeben hat. Vom gleichen Stamm sind der Dativ **ihm,** [1]**ihr** und der Akkusativ **ihn** gebildet (*ahd.* imu, imo, iru; in[an]), ebenso der Genitiv **ihrer** im Singular und Plural und das Possessivpronomen [2]**ihr** (*ahd.* ira, iro, *mhd.* ir). Als Anrede war 'Er' im 18. Jh. gegenüber Personen geringeren Standes üblich.

er...: *Mhd.* er-, *ahd.* ar-, ir-, er- ist das in unbetonter Stellung bei Verben abgeschwächte Präfix ↑*ur..., Ur...* Wie dieses bedeutet es eigentlich „heraus, hervor", dann aber auch „zum Ende hin" und bezeichnet daher das Einsetzen eines Geschehens oder die Erreichung eines Zwekkes, beachte z. B. 'er-blühen, er-steigen, er-blassen, sich er-mannen'.

erachten ↑achten.

erbarmen: Das Verb *mhd.* [er]barmen, *ahd.* [ir]barmēn stammt – wie auch 'barmherzig' (s. d.) – aus der *got.* Kirchensprache, vgl. *got.* [ga]arman „sich erbarmen", das eine Lehnübersetzung von *lat.* misereri (zu miser „arm, elend"; vgl. *arm*) ist. Als eins der zentralen Worte der christlichen Liturgie (Kyrie eleison! = Herr, erbarme dich!) erhielt das Verb im *Ahd.*, um Verwechslung mit *ahd.* armēn „arm sein, werden" zu vermeiden, die Vorsilbe ab- „weg": *ahd.* *ab-armēn (eigentlich „von Not befreien"; vgl. *aengl.* ofearmian „sich erbarmen"). Durch Verschiebung der Sprechsilbengrenze kam -b- zum Stamm und a- fiel ab. So konnte als neue Vorsilbe 'er-' antreten. Das einfache Verb hat sich erhalten als **barmen** *nordd., ostd.* für „jammern, klagen".

erbauen: *Mhd.* erbūwen bedeutete „anbauen, durch Anbau gewinnen (z. B. Feldfrüchte); aufbauen; ausrüsten". Der übertragene Gebrauch knüpfte schon im *Mhd.* und besonders in Luthers Bibelübersetzung an die Bed. „aufbauen" an. Daraus entwickelte der Pietismus des 18. Jh.s den heutigen Sinn „durch fromme Gedanken erheben, andächtig stimmen". Abl.: **erbaulich** (17. Jh.; zuerst für „heilsam, nützlich", dann „erhebend, andächtig stimmend").

[1]**Erbe** „Hinterlassenschaft": Der Ursprung dieses bei Germanen und Kelten schon früh bezeugten Rechtsbegriffes liegt in der Vorstellung des verwaisten schutzlosen Kindes. Das *gemeingerm.* Substantiv *mhd.* erbe, *ahd.* erbi, *got.* arbi, *aengl.* ierfi, *schwed.* arv „Erbschaft" ist urverwandt mit gleichbed. *air.* orbe, *lat.* orbus „beraubt", *griech.* orphanós „verwaist", *armen.* orb „Waise" und *aind.* árbha-ḥ „klein, schwach"; substantiviert „Kind" und geht zurück auf die *idg.* Wurzel *orbho- „verwaist; Waise". Die ursprüngliche Bedeutung ist also „Waisengut". Zu derselben Wurzel werden gewöhnlich ↑Arbeit (eigentlich „schwere körperliche Arbeit eines verwaisten Kindes") und ↑arm (eigentlich „verwaist") gestellt. Abl.: [2]**Erbe** (*gemeingerm.* und *kelt.* bezeugt: *mhd.* erbe, *ahd.* erbo, arpeo, *got.* arbja, *aengl.* ierfa, *aisl.* arfi entsprechen gleichbed. *air.* orbe; beachte auch die Übereinstimmung der alten Rechtswörter *got.* ga-arbja und *air.* comarbe „Miterbe"), dazu

Anerbe „bäuerlicher Alleinerbe" (im 16. Jh. *nordd.; mnd.* anerve „nächster Erbe", auch „Miterbe"); **erben** (zu [1]Erbe; *mhd., ahd.* erben, vgl. *aengl.* ierfan, *aisl.* erfa), dazu **beerben** (*mhd.* beerben) und **vererben** (*mhd.* vererben); **erblich** (15. Jh.; *mhd.* als Adverb erbelīchen); **Erbschaft** (*mhd.* erbeschaft, jetzt üblicher als [1]Erbe). Zus.: **Erblasser** (16. Jh.; ursprünglich für den ohne Testament Verstorbenen, zu *mhd.* daʒ erbe lān); **Erbschleicher** (im 17. Jh. als Lehnübertragung von *lat.* heredipeta); **Erbsünde** (*mhd.* erbesünde, Lehnübersetzung von *lat.* peccatum hereditarium).

erbeben ↑beben.

erbeuten ↑Beute.

erbieten ↑bieten.

erbittern, Erbitterung ↑bitter.

erblassen ↑blaß.

erbleichen: In dem *nhd.* Wort leben zwei *mhd.* Verben fort: Das schwache *mhd.* erbleichen „bleich werden, sterben" ist eine Ableitung von ↑*bleich*, das starke *mhd.* erblīchen „erblassen, verbleichen" gehört zu dem unter ↑*verbleichen* genannten einfachen starken Verb *mhd.* blīchen „glänzen". Im *Nhd.* hat sich noch das starke 2. Part. 'erblichen' in der Bed. „gestorben" erhalten, die übrigen Formen beugen heute schwach.

erbosen ↑böse.

erbötig ↑bieten.

Erbse: Der Name der Hülsenfrucht *mhd.* areweiʒ, arwiʒ, erbeiʒ, *ahd.* araweiʒ, -wiʒ, *niederl.* erwt, *schwed.* ärt ist verwandt mit *lat.* ervum „Wicke" und *griech.* órobos, erébinthos „Kichererbse". Zugrunde liegt wahrscheinlich ein *voridg.* Wort des östlichen Mittelmeers. Zus.: **Erbswurst** (Suppenkonserve aus gepreßtem Erbsenmehl; zuerst beim deutschen Heer 1870/71).

Erbsünde ↑[1]Erbe.

Erde: Das *gemeingerm.* Substantiv *mhd.* erde, *ahd.* erda, *got.* aírþa, *engl.* earth, *schwed.* jord beruht mit verwandten Wörtern in anderen *idg.* Sprachen auf *idg.* *er[t-, -u̯-] „Erde", vgl. z. B. *griech.* érā „Erde" (éraze „zu Erde"), *aisl.* jorfi „Sand[bank]" und *kymr.* erw „Feld". Auch *ahd.* ero „Erde" stellt sich zu dieser Wurzel. – Das Wort bezeichnet zunächst die Erde als Stoff (nasse, schwarze, gebrannte Erde usw.; dazu die Ableitungen ↑irden, irdisch), dann den [Erd]boden (z. B. 'auf der Erde liegen', 'zu ebener Erde wohnen', 'Erdgeschoß'). Weiter ist 'Erde' im Gegensatz zu 'Himmel' das vom Menschen bewohnte Festland (s. unten Erdkreis) und wird schließlich zum Namen unseres Planeten. Abl.: **erden** „elektrische Geräte mit der Erde verbinden" (20. Jh.); **erdig** „Erde enthaltend, erdartig" (15. Jh.; jetzt besonders vom Geschmack mancher Weine); **beerdigen** (17. Jh.). Zus.: **Erdapfel** (seit dem 17. Jh. *landsch.* für „Kartoffel", wie sonst auch 'Erd-, Grundbirne'; *mhd.* ertapfel, *ahd.* erdaphul war u. a. gebräuchlich als Benennung für die Melone oder die Gurke); **Erdbeere** (*mhd.* ertber, *ahd.* erdberi, da sie an der Erde wächst); **Erdkreis** „bewohnte Erde" (nach der antiken Vorstellung des flachen 'orbis terrarum'; im 16. Jh. erdenkreis); **Erdkunde** (Lehnübertragung des 18. Jh.s für ↑Geographie); **Erdnuß** (früher für Knollengewächse, *ahd.* erdnuʒ; seit dem 18. Jh. für die tropische Ölfrucht, deren Samenhülsen sich in den Boden bohren); **Erdöl** (18. Jh.; Lehnübertragung für ↑Petroleum); **Erdreich** (*mhd.* ertrīche, *ahd.* ertrīhhi „bewohnte Erde" im Gegensatz zu 'Himmelreich'; die jetzige Bed. „Erdboden, Erde als Stoff" schon *spätmhd.*).

erdrosseln ↑[2]Drossel.

Erdsatellit ↑Satellit.

ereignen, sich: Älter *nhd.* eräugnen (bis ins 18. Jh.) ist Nebenform zu älter *nhd.* eräugen, ereigen (*mhd.* [er]öugen, *ahd.* [ir]ougen „vor Augen stellen, zeigen"; vgl. *Auge*) und hat aus „sich zeigen" die heutige Bed. „geschehen" entwickelt. Das Wort wurde unrichtig an 'eignen' (↑eigen) angelehnt, weil einige Mundarten äu zu ei entrundet hatten. Abl.: **Ereignis** (18. Jh.; für älteres Eräugnung, Ereignung; *ahd.* arougnessi „Sichzeigen" war untergegangen).

Eremit: Der Ausdruck für „Einsiedler" wurde im 16. Jh. aus gleichbed. *lat.* eremita entlehnt, das auf *griech.* erēmítēs zurückgeht. Das zugrundeliegende Adjektiv *griech.* erēmos (érēmos) „leer, einsam, verlassen" ist ohne sichere Anknüpfungen. Im *Frz.* wurde *lat.* eremita zu ermite. Das davon abgeleitete Substantiv *frz.* ermitage erscheint bei uns im Fremdwort **Eremitage** „Einsiedelei" (17. Jh.), das lautlich an 'Eremit' angeglichen wurde.

[1]**erfahren:** Das Verb *mhd.* ervarn, *ahd.* irfaran bedeutete ursprünglich „reisen; durchfahren, durchziehen; erreichen", wurde aber schon früh im heutigen Sinn gebraucht als „erforschen, kennenlernen, durchmachen". Besonders wird das 2. Part. [2]**erfahren** seit dem 15. Jh. als Adjektiv für „klug, bewandert" gebraucht. Dazu gehört **Erfahrenheit** (15. Jh.), während **Erfahrung** (*mhd.* ervarunge) als Verbalsubstantiv im Sinne von „Wahrnehmung, Kenntnis" verwendet wird (*mhd.* auch „Durchwanderung, Erforschung").

erfassen ↑fassen.

erfinden, Erfinder, erfinderisch, Erfindung ↑finden.

Erfolg, erfolgen, erfolglos, erfolgreich ↑folgen.

erfreuen ↑freuen.

erfrischen ↑frisch.

erfüllen, Erfüllung ↑füllen.

ergänzen ↑ganz.

ergattern ↑Gatter.

ergeben (zum Resultat haben), **ergeben** (gefügig), **Ergebenheit, Ergebnis, Ergebung** ↑geben.

ergehen ↑gehen.

ergiebig ↑geben.

ergötzen: Älter *nhd., mhd.* ergetzen, *ahd.* irgetzen war Veranlassungswort zu *mhd.* ergeʒʒen, *ahd.* irgeʒʒan „vergessen" (vgl. *vergessen*). Es bedeutete also „vergessen machen, entschädigen, vergüten", woraus sich seit dem 15. Jh. der Sinn „sich erholen, [sich] erfreuen" entwickelte. Heute gilt 'ergötzen' besonders von heiterem Vergnügen ('zum Ergötzen der Zuschauer ...'). Abl.: **ergötzlich** (im 16. Jh. ergetzlich „angenehm").

ergreifen, ergreifend, ergriffen, Ergriffenheit ↑greifen.

ergrimmen ↑grimm.

ergründen ↑Grund.

erhaben: *Mhd.* erhaben, das alte 2. Part. von 'erheben' „in die Höhe heben", hat sich in adjektivischem Gebrauch erhalten (sonst *nhd.* erhoben). Es bedeutete zunächst „emporragend" (z. B. von Bergen; heute noch im Fachwort 'erhabene Arbeit' für „Relief") und entwickelte dann, besonders seit dem 18. Jh., die übertragene Bedeutung „vornehm, hochstehend", die vor allem im sittlichen und ästhetischen Bereich gebraucht wird.

erhalten ↑halten.

erheben, erheblich, Erhebung ↑heben.

erhitzen ↑Hitze.

erhöhen ↑hoch.

erholen, Erholung ↑holen.

erhören ↑hören.

Erika „Heidekraut": Der Name der auf der ganzen Erde verbreiteten, meist in Form von kleinen Sträuchern vorkommenden Pflanze mit immergrünen Blättern beruht auf einer gelehrten Entlehnung in *nhd.* Zeit aus *lat.* erice < *griech.* ereíkē „Heidekraut". Während in der botanischen Fachsprache die ursprüngliche Betonung des Wortes auf der vorletzten Silbe bewahrt ist, bürgerte sich in der Volkssprache (durch Anlehnung des Wortes an den Personennamen Erika) die heute allgemein übliche Anfangsbetonung ein.

erinnern: Zum *ahd.* Adjektiv innaro (vgl. *in*) gehört das Verb *mhd.* [er]innern, *ahd.* innarōn mit der Grundbedeutung „machen, daß jemand einer Sache inne wird". Die Bedeutung des Verbs reicht im *Nhd.* von „[sich] ins Gedächtnis zurückrufen" bis zu „aufmerksam machen" und „mahnen". Abl.: **Erinnerung** (15. Jh.).

erkalten, erkälten, Erkältung ↑kalt.

erkennen: Als Präfixbildung zu dem unter ↑*kennen* behandelten Wort bedeutet *mhd.* erkennen, *ahd.* irchennan „innewerden, geistig erfassen, sich erinnern". Von der gleichen Grundbedeutung geht die zugehörige Nominalbildung ↑Urkunde aus. In der Rechtssprache ist 'erkennen' seit dem 13. Jh. im Sinne von „entscheiden, urteilen, bekanntmachen" gebräuchlich (z. B. 'das Gericht erkannte auf Freispruch'), woran sich neben **aberkennen** und **zuerkennen** das heute sehr häufige **anerkennen** anschließt (im 16. Jh. wohl nach *lat.* agnoscere gebildet). Die verhüllende biblische Wendung 'ein Weib erkennen' für „Geschlechtsverkehr haben" ist Lehnübersetzung von *lat.* cognoscere feminam und geht letztlich auf den *hebr.* Urtext zurück. Abl.: **erkenntlich** (im 14. Jh. für „kenntlich", im 17. Jh. für „[dankbar] anerkennend", besonders in der Wendung 'sich erkenntlich zeigen'), dazu **Erkenntlichkeit** (17. Jh.; auch für „kleine Gebühr"). [1]**Erkenntnis** (*mhd.* erkantnisse „Erkennung, Einsicht"); [2]**Erkenntnis** „richterliches Urteil" (erst im 18. Jh. von [1]Erkenntnis unterschieden).

Erker „Vorbau": *Mhd.* erker[e], ärkēr ist wohl Lehnwort aus *nordfrz.* arquière „Schützenstand, Schießscharte" (eigentlich „Mauerausbuchtung"), das seinerseits auf *mlat.* *arcuarium „bogenförmige Ausbuchtung" (zu *lat.* arcus „Bogen"; vgl. *Arkade*) zurückgeht.

erklären, Erklärung ↑klar.

erklecklich ↑klecken.

erkoren ↑kiesen.

erkranken ↑krank.

erkühnen, sich ↑kühn.

erkunden, erkundigen, Erkundung ↑kund.

erlangen: Das Verb *mhd.* erlangen „erreichen" ist eine perfektive Bildung zu dem unter ↑*lang* behandelten Verb 'langen' „sich ausstrekken".

Erlaß, erlassen ↑lassen.

erlauben: Das Verb *mhd.* erlouben, erlöuben, *ahd.* irlouben, *got.* uslaubjan gehört wie 'glauben' (s. d.) zu der unter ↑*lieb* behandelten Wortgruppe. Im *Nhd.* hat sich – gegen Luthers erleuben – die *oberd.* Form ohne Umlaut durchgesetzt. Eine alte Bildung zu 'erlauben' ist ↑Urlaub. Siehe auch den Artikel *Verlaub.* Abl.: **Erlaubnis** (15. Jh.).

erlaucht: Die *mitteld.* Form des 2. Partizips von *mhd.* erliuhten „erleuchten, aufleuchten" (vgl. *leuchten*), erluht, erscheint seit dem 15. Jh. als Lehnübersetzung von *lat.* illustris „strahlend, berühmt", das seit spätrömischer Zeit als Hoftitel gebraucht und so noch im Mittelalter verwendet wurde (wie ↑Durchlaucht für perillustris). Das Wort gilt noch heute für „hochstehend, edel", auch in geistigem Sinne. Der Titel [Seine, Ihre] **Erlaucht** erscheint seit dem 16. Jh. und steht besonders den Reichsgrafen zu.

erläutern ↑lauter.

Erle: Der *hochd.* Name des Baumes (*mhd.* erle, *ahd.* erila) ist durch Umstellung aus älterem elira entstanden (vgl. *Eller*). Abl.: **erlen** „aus Erlenholz" (*mhd., ahd.* erlīn). Zus.: **Erlkönig** (1778 von Herder durch falsche Lehnübersetzung von *dän.* elle[r]konge „Elfenkönig" gebildet und durch Goethes Ballade bekannt geworden).

erleben, Erlebnis ↑leben.

erledigen, erledigt ↑ledig.

erlegen ↑legen.

erleichtern ↑leicht.

erleiden ↑leiden.

erlesen ↑lesen.

erleuchten ↑leuchten.

Erlös, erlösen, Erlöser, Erlösung ↑lösen.

ermächtigen ↑Macht.

ermangeln ↑[2]mangeln.

ermannen ↑Mann.

ermäßigen, Ermäßigung ↑mäßig.

ermatten ↑matt.

ermitteln ↑mittel.

ermüden ↑müde.

ermuntern ↑munter.

ernähren, Ernährer, Ernährung ↑nähren.

ernennen ↑nennen.

erneuen, erneuern ↑neu.

erniedrigen ↑nieder.

Ernst: Das *westgerm.* Substantiv *mhd.* ernest, *ahd.* ernust „Kampf; Festigkeit, Aufrichtigkeit", *niederl.* ernst „Ernst", *aengl.* eornost „Ernst, Eifer, Kampf", *engl.* earnest „Ernst" gehört zu der unter ↑*rinnen* dargestellten *idg.* Wurzel *er[ə]- „[sich] bewegen, erregen" und bedeutete demnach etwa „Kampf[eseifer]", woraus sich „Festigkeit im Kampf" und weiter „Festigkeit im Willensentschluß" entwickelte. *Außergerm.* ist z. B. *awest.* arənu- „[Wett]-kampf" näher verwandt. Das Adjektiv **ernst** ist erst in *frühnhd.* Zeit (16. Jh.) entstanden, aus Wendungen wie 'es ist mir Ernst'. Abl.: **ernsthaft** (*mhd.* ernesthaft „kampfbereit, ernst", *ahd.* ernusthaft); **ernstlich** (*mhd.* ernestlich „wohlgerüstet, streitbar; wahrhaft", *ahd.* ernustlīh).

Ernte: Die *nhd.* Form geht zurück auf die *mhd.* Nebenform ernde „Ernte", die sich aus dem *Plural* von *ahd.* arnōt „Ernte[zeit]" (vgl. *aengl.* ernđ „Kornernte") entwickelt hat. Das *ahd.* Wort ist eine Bildung zu dem Verb *ahd.* arnōn „ernten". Dieses Verb wiederum ist abgeleitet von dem im *Nhd.* untergegangenen *gemeingerm.* Substantiv *mhd.* erne (gegenüber der oben genannten Nebenform ernde die übliche Form!), *ahd.* ar[a]n, *got.* asans, *aengl.* ern, *schwed.* and. Diese Wörter gehen alle von einer Grundbedeutung „Erntezeit, Sommer" aus. *Außergerm.* ist z. B. die slaw. Sippe von *russ.* osen' „Herbst" verwandt. – Abl.: **ernten** (16. Jh.; für *mhd.* arnen, ernen, *ahd.* arnōn).

erobern: *Spätmhd.* erobern (*mnd.* eröveren, eroveren) hat *mhd.* [ge]oberen, *ahd.* [ga]obarōn ersetzt. Als Ableitung von ↑*obere* bedeutete es zunächst „erlangen, gewinnen" (eigentlich „der Obere werden"). Erst im 16. Jh. wurde es auf die militärische Bedeutung eingeengt. Aus dieser wieder entwickelte sich der *nhd.* übertragene Gebrauch (z. B. 'den Markt, die Freiheit, eine Frau erobern'). Abl.: **Eroberung** (*mnd.* eröveringe „Ertrag, Gewinn; Erwerbung"; jetzt besonders in '[moralische] Eroberungen machen').

erörtern „durchsprechen, darlegen": Das seit dem 16. Jh. bezeugte Verb ist eine Lehnübertragung von *lat.* determinare „abgrenzen, festlegen, bestimmen" (↑Terminus) und wurde zunächst in der Rechtssprache im Sinne von „verhandeln" gebraucht. Es ist eine Bildung zum *Plural* Örter von ↑*Ort* in dessen alter Bed. „äußerstes Ende, Ecke, Rand, Grenze" (vgl. *spätmhd.* örtern „genau untersuchen").

erotisch „die sinnliche Liebe betreffend": Das Adjektiv wurde im 18. Jh. über *frz.* érotique aus gleichbed. *griech.* erōtikós entlehnt. Das zugrundeliegende Substantiv *griech.* érōs „Liebe[sverlangen]", aus dem unser Fremdwort **Eros** „sinnliches Verlangen, Liebe" stammt, ist nicht sicher gedeutet. – Dazu das Substantiv **Erotik** „sinnliche Liebe; Sinnlichkeit".

Erpel: Die *nordd.* Bezeichnung des Enterichs (*mnd., mniederl.* erpel) stammt von den mittelalterlichen flämischen Siedlern in Brandenburg. Die Jägersprache übernahm das Wort für die männliche Wildente. Es ist verwandt mit *ahd.* erph, *aengl.* eorp, *aisl.* jarpr „dunkelfarbig" und scheint eine Koseform des zu *ahd.* erph gehörigen Personennamen *asächs.* Erpo, *ahd.* Erpho (eigtl. „der Braune") zu sein, ähnlich wie Gänserich und Gans noch jetzt in *niederd.* Mundarten 'Gerd' und 'Aleid' ('Gerhard' und 'Adelheid') heißen. Die *germ.* Wortgruppe geht zurück auf *idg.* *erebh- „dunkelrötlich, bräunlich", zu dem u. a. auch *griech.* orphnós „finster", *gall.* eburos „Eibe" (mit ausgestoßenem erstem -r-; ↑Eberesche) und der Vogelname ↑Rebhuhn gehören.

erpicht: Die Wendung 'auf etwas erpicht sein' für „auf etwas versessen sein, nach etwas verlangen" ist seit Ende des 16. Jh.s bezeugt (bis ins 18. Jh. auch als 'verpicht sein'). Es bedeutet soviel wie „(mit Pech) festgeklebt sein" und bezog sich auf die Pechruten beim Vogelfang (ähnlich wie 'versessen sein', ↑sitzen). Im eigentlichen Sinn wird 'verpichen' „mit Pech verkleben oder überziehen" (*mhd.* verbichen, zu ↑*Pech*) besonders für das Dichtmachen von Booten, Fässern und dgl. gebraucht.

erpressen ↑pressen.

erproben, erprobt ↑Probe.

erquicken: Das Verb *mhd.* erquicken, *ahd.* irquicchan ist eine Präfixbildung zu dem im *Nhd.* untergegangenen einfachen Verb *mhd.* quicken, *ahd.* quicchan, das von dem unter ↑*keck* behandelten Adjektiv in dessen ursprünglicher Bedeutung „lebendig" abgeleitet ist. Es bedeutete demnach „lebendig machen, wiederbeleben".

erregen, Erregung ↑regen.

erreichen ↑reichen.

errichten ↑richten.

erringen ↑ringen.

erröten ↑rot.

Errungenschaft ↑ringen.

Ersatz ↑setzen.

ersaufen, ersäufen ↑saufen.

erschaffen ↑schaffen.

erscheinen ↑scheinen.

erschlaffen ↑schlaff.

erschöpfen, erschöpft ↑schöpfen.

erschrecken ↑[1]schrecken.

erschüttern: Das Verb ist eine *frühnhd.* Intensivbildung zu einem im *Nhd.* untergegangenen Verb *mhd.* erschütten, *ahd.* irscutten, einer verstärkenden Präfixbildung zu dem unter ↑*schütten* behandelten Verb in dessen alter Bed. „schütteln". Das einfache 'schüttern' „beben, zittern" (15. Jh.) ist intransitiv. 'Erschüttern' wird häufig übertragen gebraucht, besonders auch für tiefe seelische Bewegung. Daher stehen die Partizipien **erschütternd** und **erschüttert** oft als Adjektive in diesem Sinn: 'eine erschütternde Nachricht'; 'er schwieg erschüttert'. Dazu die Ableitung **unerschütterlich** (18. Jh.).

erschwingen, erschwinglich ↑schwingen.

ersehnen ↑sehnen.

ersetzen ↑setzen.

ersinnen ↑sinnen.

ersprießlich ↑sprießen.

erst: Die *westgerm.* Ordnungszahl *mhd.* ēr[e]st, *ahd.* ērist, *niederl.* eerst, *aengl.* ǣrest ist eigentlich der Superlativ zu dem unter ↑*eher* behandelten, im *Dt.* untergegangenen Positiv. Sie bezeichnete ursprünglich den zeitlich ersten, dann auch den Ersten im Rang. Die Fügung 'der erste beste' (auch: erstbeste) steht kurz für 'der erste ist (wahllos) der beste'. Statt 'zum ersten', 'fürs erste' stehen gewöhnlich die Adverbien **zuerst** (*mhd.* zērist, *ahd.* zi ērist) und **vorerst** (18. Jh.; für älter *nhd.* fürerst), aber auch **erstens** (18. Jh.). Als sekundärer Komparativ wurde im 17. Jh. **erstere** zur Bezeichnung des „Erstgenannten" gebildet. Zu den Ableitungen gehören noch **erstlich** (16. Jh.) und **Erstling** „zuerst Hervorgebrachtes", jetzt besonders „erstes Kind" (biblisch).

erstatten ↑Statt.

erstaunen, erstaunlich ↑staunen.

erstehen ↑stehen.

ersteigern ↑steigern.

erstellen ↑stellen.

ersterben ↑sterben.

ersticken: *Mhd.* ersticken, *ahd.* irsticken bedeutet eigentlich wohl „mit dem Atem steckenbleiben" (vgl. *stecken*). Als Veranlassungswort stand daneben *mhd.* erstecken „vollstopfen, ersticken machen". Diese Verben haben sich im 18. Jh. miteinander vermischt. Siehe auch den Artikel *Stickstoff*.

erstinken ↑stinken.

erstklassig ↑Klasse.

erstrecken ↑strecken.

ersuchen ↑suchen.

ertappen ↑tappen.

erteilen ↑Teil.

ertönen ↑²Ton.

ertöten ↑tot.

Ertrag, ertragen, erträglich ↑tragen.

ertränken ↑tränken.

ertrinken ↑trinken.

ertüchtigen ↑tüchtig.

erübrigen ↑über.

Eruption „[vulkanischer] Ausbruch": Das Wort wurde im 19. Jh. als geologischer Fachausdruck aus *lat.* eruptio „das Hervorbrechen, der Ausbruch" (zu e-rumpere „hervorbrechen") entlehnt (vgl. *¹ex..., Ex...* und *Rotte*).

erwachen ↑wachen.

erwachsen ↑²wachsen.

erwägen ↑wägen.

erwählen ↑wählen.

erwähnen: Das in dieser Form seit dem 16. Jh. belegte Wort (dafür *mhd.* ge-wähenen, *ahd.* gi-wahan[en] „sagen, berichten, gedenken") hat nichts mit 'wähnen' (s. d.) zu tun. Es ist mit gleichbed. *niederl.* gewagen der Rest einer größeren *west-* und *nordgerm.* Sippe (vgl. z. B. *aengl.* wōm[a] „Lärm", *aisl.* ōmun „Laut, Stimme"), die auf die *idg.* Wurzel *u̯ekᵘ- „sprechen" zurückgeht. In den *außergerm.* Sprachen sind z. B. verwandt *griech.* épos (aus u̯épos) „Wort" (↑Epos) und *lat.* vox „Stimme", *lat.* vocare „rufen" (siehe die Fremdwortgruppe um *Vokal*). Abl.: **Erwähnung** (17. Jh.).

erwärmen ↑warm.

erwarten ↑warten.

erwecken ↑wecken.

erweichen ↑weich.

erweitern ↑weit.

Erwerb, erwerben ↑werben.

erwidern ↑wider.

erwürgen ↑würgen.

Erz: *Mhd.* erze, arze, *ahd.* aruzzi, arizzi, aruz, *asächs.* arut ist verwandt mit dem Bestimmungswort der *nord.* Münzbezeichnung *aisl.* ørtog. Die Herkunft des Wortes ist nicht sicher geklärt. Vielleicht handelt es sich um ein altes Wanderwort kleinasiatischen Ursprungs, vgl. *sumer.* urdu „Kupfer". In seiner Hauptbedeutung als „metallhaltiges Gestein, rohes Material" erscheint 'Erz' in den Zusammensetzungen 'Erzader' (↑Ader), 'Blei-, Kupfer-, Manganerz' usw. sowie in den Namen des Erzgebirges und des Erzberges bei Eisenerz (Steiermark). Daneben bedeutete es „Bronze" (*frühnhd.* auch „Kupfer") und hat in dieser Bedeutung die nicht verwandte Metallbezeichnung *mhd.* ēr (↑ehern) verdrängt. Dazu das seltene Adjektiv **erzen** „aus Erz" (im 16. Jh. ertzin).

Erz...: Zu *griech.* árchein „der erste sein, an der Spitze stehen; regieren; anfangen, beginnen" (vgl. *Archiv*) gehört *griech.* arch[i]- als Bestimmungswort von Zusammensetzungen mit der Bedeutung „Ober..., Haupt..., Vorsteher, Führer, Meister usw.", wie z. B. in *griech.* archi-téktōn „Baumeister" (↑Architekt) und *griech.* archíātros „Oberarzt" (s. d. Lehnwort *Arzt*). In solchen Zusammensetzungen, vornehmlich aus dem kirchlichen Bereich, wurde das *griech.* Wort über gleichbed. *kirchenlat.* archi- (arci-) früh ins *Dt.* entlehnt (*ahd.* erzi-, *mhd.* erze-, erz-). Zu den frühsten zusammengesetzten Lehnwörtern dieser Art gehören **Erzbischof** (↑Bischof), **Erzengel** (↑Engel) und verdunkelt ↑Arzt. Seit dem 15. Jh. begegnet das Bestimmungswort dann auch in Zusammensetzungen aus dem weltlichen Sprachbereich, so z. B. in **Erzherzog** (15. Jh.; Lehnübersetzung von *mlat.* archidux). In neuerer Zeit schließlich ist das Bestimmungswort zum bloßen Präfix verblaßt. Es hat daher nur verstärkenden und steigernden Charakter in Neubildungen wie **Erzgauner, Erzlügner,** ferner auch in adjektivischen Bildungen wie **erzdumm, erzfaul** u. a.

erzählen: In der *germ.* Wortfamilie von ↑*zählen* hat sich mehrfach aus der Bed. „aufzählen, zu Ende zählen" der Sinn „berichten, Bericht" ergeben (beachte z. B. *engl.* to tell „zählen, erzählen", tale „Erzählung" und *niederd.* vertellen „erzählen"). So werden auch *mhd.* zel[le]n und erzel[le]n nicht nur für „[auf]zählen" gebraucht, sondern auch für „berichten, mündlich mitteilen". Im *Nhd.* hat nur 'erzählen' diese Bedeutung bewahrt. Abl.: **Erzähler** (18. Jh.); **Erzählung** (*frühnhd.* erzelunge „Aufzählung"; jetzt auch für eine einfachere Art epischer Dichtung).

Erzbischof ↑Bischof.

erzeigen ↑zeigen.

Erzengel ↑Engel.

erzeugen, Erzeuger, Erzeugnis, Erzeugung ↑²zeugen.

erziehen, Erzieher, Erziehung ↑ziehen.

erzittern ↑zittern.
erzürnen ↑Zorn.
es ↑er.
Esche: Die *altgerm.* Bezeichnung des Laubbaumes *mhd.* asch, esche, *ahd.* asc, *niederl.* es, *engl.* ash, *schwed.* ask beruht mit verwandten Wörtern in anderen *idg.* Sprachen auf *idg.* *osk-, *ōsen-, *ōsi- „Esche", vgl. z. B. *armen.* haçi „Esche", *griech.* oxýē „Buche, Speerschaft", *lit.* úosis „Esche" und *russ.* jasen' „Esche". – Die *nhd.* Form 'Esche' ist eigentlich der umgelautete Plural *mhd.* esche von *mhd.* asch. Die botanisch nicht verwandte ↑Eberesche heißt so nach ihren eschenähnlich gefiederten Blättern. Abl.: **eschen** „aus Eschenholz" (*mhd.* eschīn, *ahd.* eskīn).
Esel: Der *altgerm.* Tiername (*mhd.* esel, *ahd.* esil, *got.* asilus, *niederl.* ezel, *aengl.* eosol) beruht auf einer sehr frühen Entlehnung aus *lat.* asinus „Esel" (oder aus der gleichbedeutenden Verkleinerungsform *lat.* asellus). Das *lat.* Wort ist selbst ein Lehnwort und stammt vermutlich aus einer kleinasiatischen Sprache im Süden des Schwarzen Meeres. – Wie die meisten Tiernamen wird auch 'Esel' als Scheltwort gebraucht im Sinne von „Einfaltspinsel, Dummkopf" (so schon *lat.* asinus und entsprechend *mhd.* esel). Daran schließt sich das abgeleitete Substantiv **Eselei** „Dummheit" (*mhd.* eselīe) an. Zus.: **Eselsbrücke** „bequemes Hilfsmittel für den Einfältigen und Trägen zum besseren Verständnis einer Sache oder zur leichteren Überwindung einer Schwierigkeit; Gedächtnisstütze" (in der Schulsprache des 18. Jh.s aufgekommen als Lehnübersetzung von *mlat.* pons asinorum, einem Ausdruck der scholastischen Philosophie, der auch in entsprechend *frz.* pont aux ânes fortwirkt); **Eselsohr** „eingeknickte Ecke einer Buchseite" (17. Jh.; nach einem Vergleich mit dem umgeklappten Ohr eines Esels).
eskaladieren, Eskaladierwand ↑eskalieren.
eskalieren „allmählich steigern, verschärfen": Das Verb wurde in der 2. Hälfte des 20. Jh.s aus gleichbed. *engl.* to escalate entlehnt, zusammen mit der Substantivbildung **Eskalation** „allmähliche Steigerung, Verschärfung" (< *engl.* escalation). Auszugehen ist wahrscheinlich von *engl.* escalator „Rolltreppe", einer Bildung aus to escalade „eine Mauer, eine Festung mit Leitern erstürmen" und elevator „Fahrstuhl". – Zugrunde liegt *frz.* escalade „Erstürmung einer Mauer, einer Festung [mit Hilfe von Leitern]", das zu *lat.* scalae „Leiter, Treppe" (vgl. *Skala*) gehört. Aus dem abgeleiteten Verb *frz.* escalader „[mit Hilfe von Leitern] ersteigen, erstürmen" ist unser Fremdwort **eskaladieren** entlehnt, beachte dazu die Bildung **Eskaladierwand.**
Eskapade „Sprung (eines Schulpferdes) zur Seite", (davon übertragen:) „übermütiger Streich, Abenteuer; Seitensprung": Das Fremdwort wurde im 19. Jh. aus gleichbed. *frz.* escapade entlehnt, das seinerseits aus *it.* scappata stammt. Zugrunde liegt *it.* scappare „sich davonmachen, durchgehen", das wie entsprechend *frz.* échapper auf *vlat.* *ex-cappare „sich davonmachen" – eigentlich „die Ordensmütze (= *lat.* cappa; vgl. *Kappe*) wegwerfen" – zurückgeht.
Eskorte „Geleit; Gefolge": Das Substantiv wurde als militärischer Fachausdruck im 17./18. Jh. aus *frz.* escorte entlehnt. Das davon abgeleitete Verb *frz.* escorter erscheint als Fremdwort bei uns erst im 18./19. Jh. als **eskortieren** „Geleitschutz geben, geleiten" – *Frz.* escorte geht zurück auf *it.* scorta „Geleit", das zu *it.* scorgere „geleiten" gebildet ist. Voraus liegt *vlat.* *ex-corrigere „ausrichten; beaufsichtigen" (vgl. [1]*ex..., Ex...* und *korrigieren*).
Espe: Die *altgerm.* Bezeichnung des Laubbaumes *mhd.* aspe, espe, *ahd.* aspa, *niederl.* esp, *engl.* asp, *schwed.* asp beruht mit verwandten Wörtern in anderen *idg.* Sprachen auf *idg.* *apsā „Espe", vgl. *russ.* osina „Espe", *lett.* apse „Espe" und das aus einer *idg.* Sprache als Lehnwort übernommene *osmanische* apsak „Pappel". Die Umstellung von -ps- zu -sp- ist *germ.* Die *nhd.* Form mit e ist wohl von dem umgelauteten Adjektiv **espen** (*mhd.* espīn) beeinflußt. Weil die Blätter des Baumes sich im kleinsten Windhauch bewegen (daher auch der Name 'Zitterpappel'), sagt man von einem Ängstlichen: 'er zittert wie Espenlaub'.
Espresso „starker, schnell zubereiteter Kaffee", auch Bezeichnung von Lokalen, in denen dieser Kaffee serviert wird: Das Wort wurde im 20. Jh. aus *it.* (caffè) espresso „Schnellkaffee" entlehnt. *It.* espresso bedeutet wörtlich „ausgedrückt"; es geht zurück auf *lat.* expressus (vgl. *Expreß*). *It.* caffè espresso bezeichnete urspr. also einen auf „ausdrücklichen" Wunsch eigens zubereiteten Kaffee.
Esprit „Geist, Witz": Das Fremdwort wurde im 18. Jh. aus gleichbed. *frz.* esprit entlehnt, das auf *lat.* spiritus „[Lebens]hauch; Geist" zurückgeht (vgl. *Spiritus*).
Essay „Abhandlung, die eine literarische oder wissenschaftliche Frage in knapper und anspruchsvoller Form behandelt": Das Fremdwort wurde in der 2. Hälfte des 19. Jh.s aus gleichbed. *engl.* essay entlehnt, das aus *frz.* essai „Versuch, Abhandlung" stammt. Das *frz.* Wort geht zurück auf *lat.* exagium „das [Er]wägen", das zu ex-igere „erwägen, überlegen" gehört (vgl. [1]*ex..., Ex...* und über den 2. Bestandteil *lat.* agere den Artikel *Achse*). Abl.: **Essayist** „Verfasser von Essays" (19. Jh.; aus gleichbed. *engl.* essayist); **essayistisch** „in der Form eines Essays".
Esse: Das Substantiv *mhd.* esse, *ahd.* essa „Herd des Metallarbeiters" (entsprechend *schwed.* ässja „[Schmiede]esse") beruht mit verwandten Wörtern in anderen *idg.* Sprachen auf der *idg.* Wurzel *ās- „brennen, glühen", vgl. z. B. *aind.* ása-ḥ „Asche, Staub", *lat.* ara „Brandaltar" und *lat.* area „freier Platz, Fläche", eigentlich „ausgebrannte, trockene, kahle Stelle" (↑Ar). Zu der erweiterten *idg.* Wurzel stellen sich im *germ.* Sprachbereich z. B. *dt.* ↑Asche, im *außergerm.* z. B. *griech.* azaléos „trocken, dürr, entflammend" (↑Azalee). – Erst

in neuerer Zeit ist das Wort *landsch. (ostmitteld.)* auf den Rauchabzug übertragen worden, der sonst 'Schornstein, Kamin, Schlot' usw. heißt. Dazu die Zusammensetzungen **Eßkohle** „für die Schmiedeesse geeignete Steinkohle" und **Essenkehrer** „Schornsteinfeger" (18. Jh.).

essen: Das *gemeingerm.* Verb *mhd.* ezzen, *ahd.* ezzan, *got.* itan, *engl.* to eat, *schwed.* äta beruht mit verwandten Wörtern in anderen *idg.* Sprachen auf der *idg.* Wurzel *ed- „kauen, essen", vgl. z. B. *lat.* edere „essen", *griech.* édmenai „essen" und *lit.* ésti „essen". Zu dieser Wurzel gehören auch das unter ↑*Zahn* (eigentlich „der Kauende") behandelte Wort und die unter ↑*Aas* angeführten Substantivbildungen. Um 'essen' gruppieren sich im *germ.* Sprachbereich noch die Präfixbildung ↑fressen und die Veranlassungswörter ↑atzen und ↑ätzen (eigentlich „essen machen"). Abl.: **eßbar** (15. Jh.); **Essen** (*mhd.* ezzen, *ahd.* ezzan); **Mitesser** (s. unter *mit*).

Essenz „Wesen, Wesentliches; konzentrierter Auszug (aus pflanzl. oder tier. Stoffen)": Das Fremdwort wurde in *spätmhd.* Zeit als essenzje aus *lat.* essentia „Wesen" entlehnt, das – als Lehnübersetzung von *griech.* ousía „Seiendheit, Wesen" – von *lat.* esse „sein, existieren" abgeleitet ist. Die übertragene Bed. „konzentrierter Auszug" entwickelte sich in der Sprache der Alchimisten. *Lat.* esse, das mit unserem Hilfszeitwort ↑*sein* urverwandt ist, liegt auch folgenden Fremdwörtern zugrunde: ↑Interesse (usw.), ↑Präsens (usw.), ↑repräsentieren, ↑prost! (usw.).

Essig: Der Weinessig kam schon früh mit der römischen Weinkultur zu den Germanen. *Lat.* acetum „Essig", das mit *lat.* acer „scharf" zu der unter ↑*Ecke* behandelten Sippe gehört, ergab *got.* akeit, *asächs.* ēkid, *aengl.* ēced „Essig", während *ahd.* ezzih, *mhd.* ezzich, *mnd.* ētik auf ein umgestelltes *atecum zurückgehen. – Erst *nhd.* ist der übertragene Gebrauch in 'zu Essig werden', 'es ist Essig damit' für „zunichte werden, geworden sein". Zus.: **Essigmutter** „Bodensatz, Hefe im Essig" (16. Jh.; ähnlich *niederl.* azijumoer, *engl.* mother of vinegar; trotz des Gleichklangs mit 'Mutter' wohl eher zu ↑*Moder*).

Establishment „etablierte bürgerliche Gesellschaft; Oberschicht": Das Fremdwort wurde in der 2. Hälfte des 20. Jh. aus gleichbed. *engl.* establishment entlehnt, das zu to establish „festsitzen, einrichten" (< *afrz.* establir; vgl. *etablieren*) gehört.

Estrich „[Stein]fußboden": *Mhd.* est[e]rich, *mnd.* est[e]rik, *ahd.* esterih, astrih gehen zurück auf *mlat.* astracum, astricum „Pflaster", das seinerseits wohl Lehnwort aus *griech.* óstrakon „Scherbe; harte Schale" ist (vgl. *Auster*).

etablieren „einrichten; begründen", häufiger reflexiv im Sinne von „sich niederlassen": Das Verb wurde im 17. Jh. aus *frz.* [s']établir (eigtl. „festmachen") entlehnt, das auf *lat.* stabilire „befestigen" zurückgeht. Über das zugrundeliegende Adjektiv *lat.* stabilis „feststehend, fest" vgl. *stabil.* – Dazu das Substantiv **Etablissement** „Einrichtung; Niederlassung (18. Jh.; aus *frz.* établissement).

Etage „Stockwerk": Das seit dem 18. Jh. bezeugte Wort wurde zusammen mit anderen Bezeichnungen aus dem Bereich des Wohnungsbaus wie ↑Salon, ↑Parterre, ↑Parkett aus dem *Frz.* entlehnt. *Frz.* étage, das ursprünglich etwa „Aufenthalt; [Zu]stand; Rang" bedeutete – die moderne Bedeutung resultiert aus einer Bedeutungsverengung von „Rang" zu „unterschiedliche Höhenlage" –, geht zurück auf *vlat.* *staticum „Standort", das von *lat.* status „Stand, Zustand, Standort usw." abgeleitet ist (vgl. *Staat*). Aus dem von *frz.* étage abgeleiteten Substantiv *frz.* étagère „Gestell aus übereinander angebrachten Brettern" stammt unser Fremdwort **Etagere** „[Bücher]gestell" (veraltet).

Etappe: Der militärische Ausdruck für „Versorgungsgebiet hinter der Front" wurde im 18. Jh. aus gleichbed. *frz.* étape entlehnt, dessen Grundbedeutung entsprechend dem vorausliegenden *mniederl.* stapel *(= nhd.* ↑*Stapel)* „Warenniederlage, Handelsplatz (der Kaufleute)" ist. In neuerer Zeit wird 'Etappe' auch im Sinne von „Teilstrecke, Abschnitt eines zurückgelegten Weges" und „Zeit-, Entwicklungsabschnitt" verwendet.

Etat „[Staats]haushaltsplan": Das Wort wurde im 18. Jh. aus *frz.* état „Staat; Staatshaushalt" (Grundbed. „Zustand, Beschaffenheit") entlehnt, das auf *lat.* status (vgl. *Staat*) zurückgeht.

etepetete: Der *ugs.* Ausdruck für „geziert, zimperlich, übertrieben fein" ist wohl eine berlinische Umformung von *niederd.* ete, öte „geziert" oder von *frz.* être, peut-être „[kann] sein, vielleicht".

Ethos „sittliche Haltung; Gesamtheit moralischer Lebensgrundsätze": Das Fremdwort ist aus *griech.(-lat.)* ēthos „Gewohnheit, Herkommen; Gesittung, Charakter" entlehnt. Dies steht dehnstufig neben *griech.* éthos „Sitte, Brauch". Zugrunde liegt *idg.* *suedhos „Eigenart, Eigenheit", das zum Reflexivstamm *idg.* *sue- *(seue-) gehört. – Das Adjektiv **ethisch** „die Ethik betreffend; sittlich" wurde im 17./18. Jh. aus *lat.* ethicus (< *griech.* ēthikós „sittlich, moralisch") entlehnt. Dazu gehört das Substantiv **Ethik** „Moralphilosophie, Sittenlehre; Gesamtheit moralischer Lebensgrundsätze" (17. Jh.; aus *lat.* ethice, [res] ethica < *griech.* ēthikḗ).

Etikett und **[1]Etikette** „Zettel mit [Preis]aufschrift, Hinweisschildchen": Die weibliche Form 'die Etikette' ist seit Anfang des 18. Jh. bezeugt, während die sächliche 'das Etikett' erst im 19. Jh. erscheint. Entlehnt wurde das Wort aus gleichbed. *frz.* étiquette. Dessen ursprüngliche Bed. „an einem Pfahl befestigte Markierung" weist zurück auf ein altes Verb *afrz.* estiquier, estiquer „feststecken", das aus *mniederl.* stikken (= *nhd.* ↑*sticken*) stammt und somit zur Sippe von ↑*Stich* gehört. Davon abgeleitet ist das Verb **etikettieren** „mit einem Etikett versehen, beschildern, (Waren) auszeichnen" (19. Jh.; nach *frz.* étiqueter). Mit [1]Etikette ursprünglich identisch ist das im 17. Jh. aus *frz.* étiquette entlehnte Substantiv **[2]Etikette** „[Hof]sitte; Gesamtheit der festgelegten gesellschaftlichen Umgangsformen". Die übertragene Bedeutung des *frz.* Wortes ergab sich aus der Tatsache, daß das Zeremoniell der bei Hof geübten gesellschaftlichen Formen auf einem „Zettel" genau festgelegt und beschrieben war. Vgl. auch den Artikel *Ticket.*

etlich: Das unbestimmte Zahlwort *mhd.* ete[s]lich, *ahd.* eta-, eteslīh „irgendein" ist gekürzt aus *ahd.* edde[s]hwelīh, einer Lehnübersetzung des gleichbedeutenden *lat.* aliquis. Zum zweiten Wortteil vgl. *welch;* der erste entspricht der *got.* Konjunktion aiþþau (vgl. *oder*) und dient wie in ↑etwa, ↑etwas der Bezeichnung der Unbestimmtheit.

Etüde: Die Bezeichnung für ein musikalisches Übungsstück wurde im 19. Jh. aus gleichbed. *frz.* étude entlehnt, das auf *lat.* studium „eifriges Streben, intensive Beschäftigung" (vgl. *studieren*) zurückgeht.

Etui: „Futteral, Schutzhülle; [Schmuck]kästchen": Das Wort wurde im 18. Jh. aus gleichbed. *frz.* étui (< *afrz.* estui; zu *afrz.* estuier, estoier „in eine Hülle legen, einschließen") entlehnt. Die weitere Herkunft ist unsicher.

etwa: Das Adverb *mhd.* etewā „irgendwo; ziemlich, sehr" ist gebildet aus et- (vgl. *etlich*) u. ↑wo (*mhd.* wā). *Frühnhd.* ersetzt es auch 'etwan' aus *mhd.* etewenne „irgendeinmal" und wird schließlich wie 'vielleicht' und 'ungefähr' zur allgemeinen Bezeichnung von Unbestimmtem verwendet. Abl.: **etwaig** (18. Jh., für älteres etwanig).

etwas: *Mhd.* etewaȥ, *ahd.* eddes-, etewaȥ ist das Neutrum eines untergegangenen Pronomens etewer „irgend jemand". Wie alle Bildungen mit 'et-' (vgl. *etlich*) ist es auf das *hochd.* Sprachgebiet beschränkt und wahrscheinlich als Lehnübersetzung von *lat.* aliquid entstanden. Es dient zur Bezeichnung der Unbestimmtheit vorhandener oder gedachter Dinge oder Mengen und hat so auch die Bed. „ein wenig" entwickelt ('etwas Geld' ist eigentlich 'etwas des Geldes, vom Geld'). *Ugs.* wird etwas oft durch ↑*was* ersetzt. Substantiviert erscheint **Etwas** im 17. Jh., die Fügung 'ein gewisses Etwas' in der Popularphilosophie des 18. Jh.s.

Etymologie: Die Bezeichnung für „Wissenschaft vom Ursprung der Wörter" wurde im 16. Jh. aus *griech.-lat.* etymología entlehnt, das wörtlich „Untersuchung des wahren (ursprünglichen) Sinnes eines Wortes" bedeutet. Bestimmungswort ist *griech.* étymos „wahrhaft, wirklich", dazu tò étymon „die wahre Bedeutung (eines Wortes), das Stammwort". Über das Grundwort vgl. *Logik.* Dazu: **Etymologe** „Kenner, Forscher auf dem Gebiet der Etymologie" (19. Jh.; aus *griech.-lat.* etymo-lógos); **etymologisch** „die Etymologie betreffend" (17./18. Jh.; nach *lat.* etymologicus < *griech.* etymologikós).

eu..., Eu...: Die Vorsilbe mit der Bedeutung „wohl, gut, schön, reich", wie in euphemistisch, Euthanasie, euphorisch), ist aus gleichbed. *griech.* eũ entlehnt.

Eucharistie „das Abendmahl als Altarsakrament, Meßopfer, Opfergottesdienst": Ursprünglich bezeichnete das Wort das die Abendmahlsfeier eröffnende „Dankgebet". Das vorausliegende Substantiv *griech.-lat.* eucharistía „Dankbarkeit, Danksagung" ist eine Bildung aus *griech.* eũ (vgl. *eu..., Eu...*) und *griech.* cháris „Freude, Gnade, Dankbarkeit". Letzteres gehört zu der unter ↑*gern* dargestellten *idg.* Sippe. Abl.: **eucharistisch** „die Eucharistie betreffend".

Eukalyptus: Der Name des australischen Baumes, der u. a. das als Heilmittel bekannte Eukalyptusöl liefert, ist eine gelehrte Bildung des 18. Jh.s zu *griech.* eũ „wohl, schön" (vgl. *eu..., Eu...*) und *griech.* kalýptein „verhüllen"; er bedeutet also eigentlich „der Wohlverhüllte". Der Baum wurde benannt nach dem „haubenartig geschlossenen" Blütenkelch, der sich beim Aufblühen deckelförmig ablöst. *Griech.* kalýptein gehört zu *idg.* *k̑el- „bergen, verhüllen" und ist urverwandt mit *lat.* celare (in ↑*okkult*) und mit *nhd.* ↑*hehlen.*

Eule: Die *germ.* Bezeichnungen für die Eule *mhd.* iule, iuwel, *ahd.* ūwila, *niederl.* uil, *engl.* owl, *schwed.* uggla sind lautnachahmenden Ursprungs und gehen von der Nachahmung des eigentümlichen Rufes dieses Vogels aus. Siehe auch den Artikel *Uhu.* Nach seinem Aussehen heißt der Flederwisch 'Eule', *niederd.* ūle, wovon *niederd.* ulen „fegen, reinigen" abgeleitet ist. Auch der Name des Narren **Eulenspiegel** gehört wohl hierher: *niederd.* Ulenspēgel wird als Satzname „Feg (mir) den Spiegel" gedeutet, wobei 'Spiegel' (s. d.) scherzhaft für „Hinterteil" steht.

Eunuch: Die Bezeichnung für „(entmannter) Haremswächter" wurde im 18. Jh. aus *lat.* eunuchus < *griech.* eun-ūchos „Kämmerer" (eigentlich „Betthalter, -schützer") entlehnt. Bestimmungswort ist das etymologisch ungeklärte Substantiv *griech.* eunḗ „Lager, Bett". Das Grundwort gehört zu *griech.* échein „halten, bewahren" (vgl. den Artikel *hektisch*).

euphemistisch „verhüllend, beschönigend" (z. B. 'einschlafen' für 'sterben'): Das Adjektiv wurde im 18./19. Jh. zu *griech.* euphēmeĩn „gut reden, Unangenehmes mit angenehmen Worten sagen" gebildet. Über das Bestimmungswort *griech.* eũ „gut, schön" vgl. *eu..., Eu...* Das Grundwort *griech.* phḗmē „Kunde, Ruf; Stimme, Sprache, Wort" stellt sich zu *griech.* phánai „sagen, sprechen", das zu der unter ↑*Bann* entwickelten *idg.* Sippe gehört. Dazu: **Euphemismus** „verhüllende, beschönigende Umschreibung".

Euphorie „Hochstimmung, Hochgefühl; Zustand übersteigerter Heiterkeit": Das Fremdwort ist eine gelehrte Entlehnung des 19. Jh.s aus *griech.* eu-phoría „leichtes Tragen; Geduld" (zu *griech.* eũ „gut, schön" [vgl. *eu..., Eu...*] und phérein „tragen" [vgl. *gebären*]). Abl.: **euphorisch** „hochgestimmt, im Zustand der Euphorie" und **euphorisieren** „in Hochstimmung versetzen".

Euter: Das *westgerm.* Wort *mhd.* iuter, ūter, *ahd.* ūtar[o], *niederl.* uier, *engl.* udder steht im Ablaut zu der *nord.* Gruppe von *schwed.* juver. Diese *germ.* Wortsippe beruht mit verwandten

Wörtern in anderen *idg.* Sprachen auf *idg.* *eudh-, *oudh- „Euter", vgl. z. B. *aind.* ū́dhar „Euter" und *griech.* oũthar „Euter". Dieses *idg.* Wort gehört wohl zu einer Verbalwurzel mit der Bed. „schwellen" (vgl. z. B. *russ.* udit' „anschwellen, reifen") und bedeutet demnach eigentlich „Schwellendes".

Euthanasie „Erleichterung des Sterbens; beabsichtigte Herbeiführung des Todes bei unheilbar Kranken": Das seit dem 18. Jh. gebräuchliche Fremdwort ist eine Entlehnung aus *griech.* eu-thanasía „schöner, leichter Tod" (zu eũ „gut, schön" [vgl. *eu..., Eu...*] und thánatos „Tod").

evakuieren „[vorübergehend] aussiedeln": Das Verb wurde im 19. Jh. aus gleichbed. *frz.* evacuer entlehnt, das auf *lat.* e-vacuare „leer machen, räumen" zurückgeht. Über das zugrundeliegende Adjektiv *lat.* vacuus „leer" vgl. *vakant.*

Evangelium („Frohbotschaft" von der Ankunft des Erlösers; Bezeichnung der Geschichte Jesu in den vier ersten Büchern des Neuen Testaments): Das schon in *ahd.* Zeit (*ahd.* evangēljō, *mhd.* evangēlje) aus *kirchenlat.* euangelium < *griech.* eu-aggélion entlehnte Wort hat seit der Reformationszeit wieder die *lat.* Lautung angenommen. *Griech.* eu-aggélion bezeichnet eigentlich „das, was ein Freudenbote (*griech.* eu-ággelos) mit sich bringt" (vgl. *eu..., Eu...* und *Engel*). Gemeint ist die Verkündigung des Reiches Gottes, das der prophezeite Messias in Erfüllung von Gottes Wort auf Erden errichtet. Im angelsächsischen Sprachbereich wird dies sinngemäß mit *aengl.* godspel (*engl.* gospel) „Gottes Wort" wiedergegeben. Das abgeleitete Adjektiv **evangelisch** (aus *kirchenlat.* euangelicus < *griech.* eu-aggelikós) geht in seiner heutigen konfessionellen Bedeutung auf Luther zurück, dem nicht nur das Neue Testament, sondern die ganze Bibel Evangelium war, so daß er unter evangelischem Christentum die ausschließliche Abhängigkeit vom überlieferten und wörtlich zu nehmenden Bibeltext verstand (im Gegensatz zu ↑katholisch). Hierzu noch: **Evangelist** „Verkünder, Verfasser des Evangeliums (Lukas, Matthäus, Markus, Johannes); [Wander]prediger" (*mhd.;* aus *kirchenlat.* euangelista < *griech.* eu-aggelistḗs); **Evangelisation** „Verkündigung des Evangeliums" (20. Jh.; *nlat.* Bildung).

eventuell „möglicherweise, vielleicht": Das Adjektiv wurde im 18. Jh. aus gleichbed. *frz.* éventuel entlehnt, das auf *mlat.* eventualis zurückgeht. Dazu stellt sich das Substantiv **Eventualitäten** „Möglichkeiten, Zufälligkeiten" (aus *frz.* éventualité). Zugrunde liegt *lat.* e-venire „herauskommen, eintreffen, sich ereignen", eine Bildung zu venire „kommen" (vgl. *Advent*).

evident „augenscheinlich, offenkundig": Das Adjektiv wurde im 17./18. Jh. aus *lat.* e-videns „ersichtlich" entlehnt. Über das zugrundeliegende Verb *lat.* videre „sehen" vgl. *Vision.* Dazu stellt sich das Substantiv **Evidenz** „Einsichtigkeit, Deutlichkeit".

Ewer „flachbodiges Fracht- u. Fischereischiff der Nordseeküste": *Mnd.* ēver ist verkürzt aus älterem ēnvār (um 1250), das wohl als *ēn-faro „Einfahrer" zu deuten ist („Schiff, das nur ein Mann fährt").

ewig: Das auf das *Dt.* und *Niederl.* beschränkte Adjektiv *mhd.* ēwic, *ahd.* ēwīg, *niederl.* eeuwig ist abgeleitet von dem unter ↑*Ehe* behandelten, im *Dt.* untergegangenen Substantiv *mhd.* ē[we], *ahd.* ēwa „Ewigkeit" (beachte *niederl.* eeuw „Jahrhundert, Zeitalter"), das verwandt ist mit *got.* aiws „Zeit, Ewigkeit", *aisl.* ǣvi „Zeit, Ewigkeit", *lat.* aevum „Zeit, Ewigkeit, Leben" und *griech.* aiṓn „[Lebens]zeit, Ewigkeit". Diese Substantivbildungen beruhen auf der *idg.* Wurzel *aiu̯-, *ai̯u- „Lebensdauer, -kraft". Aus dem *germ.* Sprachbereich stellen sich noch hierher die unter ↑*je* und ↑*nie* behandelten Wortgruppen. Abl.: **Ewigkeit** (*mhd.* ēwicheit, *ahd.* ēwigheit); **ewiglich** (*mhd.* ēwiclich, -līche).

[1]**ex...,** [1]**Ex...,** (vor einigen Konsonanten:) e..., E..., (vor f meist angeglichen zu:) ef..., Ef...: Die Vorsilbe bezeichnet einen Ausgangspunkt, die Entfernung von etwas oder einen Abschluß bzw. eine Vollendung. Die zugrundeliegende Präposition und Vorsilbe *lat.* ex „aus, heraus" hat eine genaue Entsprechung in *griech.* ex (↑[2]*ex..., Ex...*). – Weiterbildungen von *lat.* ex erscheinen in ↑extern, ↑extra und ↑extrem, Extremitäten.

[2]**ex...,** [2]**Ex...,** (vor Konsonanten:) ek..., Ek...: Der Vorsilbe mit der Bed. „[her]aus" liegt die Präposition *griech.* ex „aus, heraus" zugrunde, die urverwandt mit entsprechend *lat.* ex (vgl. [1]*ex..., Ex...*) ist. Zu *griech.* ex stellt sich als Weiterbildung *griech.* éxō „außerhalb" (↑exo..., Exo... und ↑exotisch, Exot).

exakt „genau, sorgfältig": Das Adjektiv wurde im 17. Jh. aus *lat.* exactus „genau zugewogen, abgemessen" entlehnt, das das Part. Perf. von *lat.* ex-igere (ex-egi, ex-actum) „heraustreiben; abmessen, abwägen, untersuchen" ist. Über weitere Zusammenhänge und über die Bedeutungsentwicklung vgl. den Artikel *Examen.*

exaltiert „aufgeregt, überspannt": Das Adjektiv wurde im 18. Jh. aus *frz.* exalté, dem Part. Perf. von exalter „erheben; erhitzen, erregen", entlehnt. Das *frz.* Wort geht zurück auf *lat.* exaltare „erhöhen" (vgl. über das Stammwort *lat.* altus „hoch; tief" den Artikel *Alimente*).

Examen „Prüfung": Das Substantiv wurde im 16. Jh. aus gleichbed. *lat.* examen (< *eks-ag-s-men „das Heraustreiben") entlehnt. Dem Wort liegt eine schon *idg.* Sonderanwendung der unter ↑*Achse* entwickelten Wurzel *ag̑- „treiben, führen" vor für „wägen", die auch im *Griech.* nachgewiesen werden kann (↑Axiom). Als vermittelnd kann man wohl eine Bed. „in Schwingung bringen (nämlich die Waage)" ansetzen. In Verbindung mit ex- gelten entsprechend als Grundbedeutung etwa „Herausschwingen (der Waage aus der Ruhelage)" oder „Ausschlag (des Züngleins an der Waage)", woraus sich dann übertragene Bedeutungen wie „Abwägen, Untersuchen" entwickeln konnten. – Das dazugehörende Verb *lat.* examinare „abwägen, untersuchen" wurde bereits im 14. Jh. als **examinieren** „prüfen" entlehnt. – *Lat.* exigere und dessen Part. Perf. ex-actus in unserem Fremdwort ↑exakt zeigen die gleiche Entwicklung. Über die *idg.* Zusammenhänge vgl. den Artikel *Achse.*

Exekution „Vollstreckung (eines Urteils); Hinrichtung": Das seit dem 15. Jh. bezeugte Fremdwort stammt aus der Kanzleisprache, wo es zunächst nur im allgemeinen Sinne von „Ausführung einer Anordnung" galt. Die Bed. „Hinrichtung" erscheint erst im 16. Jh. Das Wort ist aus *lat.* ex(s)ecutio „Ausführung, Vollstreckung" entlehnt, das von exsequi „verfolgen; einer Sache nachgehen, sie ausführen" abgeleitet ist (vgl. [1]*ex..., Ex...* und *konsequent*). Dazu seit dem 18./19. Jh. **exekutieren** „vollstrekken; hinrichten"; **exekutiv** „ausführend" (< *nlat.* executivus), substantiviert zu **Exekutive** „vollziehende Gewalt im Staat".

Exempel „Beispiel": Das Wort wurde in *mhd.* Zeit aus *lat.* exemplum (< *ex-em-lom) entlehnt, das mit einer ursprünglichen Bed. „(aus verschiedenen gleichartigen Dingen) als Muster Herausgenommenes" zu *lat.* ex-imere „herausnehmen", einer Bildung zu emere „nehmen", gehört. Das Substantiv **Exemplar** „Einzelstück" (16. Jh.; schon *mhd.* in der Bed. „Muster, Modell" bezeugt) stammt aus *lat.* exemplar „Abbild, Muster". Das dazugehörige Adjektiv *lat.* exemplaris „beispielhaft, musterhaft" liefert im 16. Jh. **exemplarisch,** beachte auch die Fügung 'exemplarische Strafe' „abschreckende Strafe". Von Interesse sind in diesem Zusammenhang verschiedene Bildungen zu *lat.* emere, soweit sie in entsprechenden Fremdwörtern eine Rolle spielen: *lat.* promere „hervornehmen", dazu promptus „zur Stelle, bereit" (↑prompt), *lat.* sumere „an sich nehmen, verbrauchen", dazu resumere „wieder vornehmen" (↑resümieren, Resümee) und consumere „verwenden, verbrauchen" (↑konsumieren, Konsument und Konsum); ferner *lat.* praemium (< *prae-emium, *prai-emiom) „Belohnung, Preis, Gewinn, Beute" (↑Prämie, prämiieren), das ursprünglich „vorweg Genommenes" bedeutete und den Anteil der einem besiegten Feind abgenommenen Siegesbeute bezeichnete, der vorweg der Gottheit als Opfer bestimmt war.

exerzieren „üben" (meist im militärischen Sinn): Das Verb wurde im 16. Jh. aus gleichbed. *lat.* ex-ercere entlehnt, einer Bildung zu *lat.* arcere „verschließen, bewahren" (vgl. *Arche*). Für die Bedeutungsentwicklung des *lat.* Wortes ist wohl davon auszugehen, daß exercere ursprünglich etwa „aus einem eingehegten Raum (beachte *lat.* arx „Burg") herausführen und zur Betätigung antreiben" bedeutet hat. – Zu *lat.* exercere stellt sich als Substantiv exercitium „Übung", dessen *Plural* exercitia unser Fremdwort **Exerzitien** „geistliche Übungen (zur inneren Einkehr)" (16./17. Jh.) geliefert hat.

exhumieren ↑Humus.

Exil: Die Bezeichnung für „Verbannung[sort]" wurde im 18. Jh. aus gleichbed. *lat.* exilium entlehnt, das seinerseits zu *lat.* exul, exsul „in der Fremde weilend, verbannt" gehört.

existieren „vorhanden sein, dasein; bestehen": Das Verb wurde im 17./18. Jh. aus *lat.* exsistere „heraus-, hervortreten, zum Vorschein kommen, vorhanden sein" entlehnt. Über weitere Zusammenhänge vgl. *assistieren.* – Aus dem Part. Präs. *lat.* ex-sistens stammt das Adjektiv **existent** „vorhanden; wirklich". Dazu stellt sich das Substantiv **Existenz** „Dasein (als Wirklichkeit); Auskommen" (17. Jh.), als philos. Terminus entlehnt aus *spätlat.* ex(s)istentia „Dasein". Als *nlat.* Bildungen erscheinen im 20. Jh.: **Existentialismus** „Existenzphilosophie", **Existentialist** „Anhänger des Existentialismus", letzteres oft auch abfällig gebraucht zur Bezeichnung der Anhänger einer extravaganten Lebensführung und **existentialistisch.**

Exklave ↑Enklave.

exklusiv „ausschließend, nur wenigen zugänglich; sich absondernd": Das Adjektiv wurde im 19. Jh. aus gleichbed. *engl.* exclusive entlehnt, das auf *mlat.* exclusivus zurückgeht. Zugrunde liegt *lat.* excludere „ausschließen", eine Bildung aus *lat.* ex „aus, heraus" (vgl. [1]*ex..., Ex...*) und *lat.* claudere „schließen" (vgl. *Klause*). Abl.: **Exklusivität.** Abgesondertheit, Abgeschlossenheit; Ausschließlichkeit; Vornehmheit" (19. Jh.).

exkommunizieren „aus der (katholischen) Kirchengemeinschaft ausschließen": Das Verb wurde im 16. Jh. aus *kirchenlat.* ex-communicare entlehnt. Über das zugrundeliegende Adjektiv *lat.* communis „allen gemeinsam" vgl. *Kommune.* – Dazu das Substantiv **Exkommunikation** „Kirchenbann" (16. Jh.; aus *kirchenlat.* excommunicatio).

Exkurs „Erörterung in Form einer Abschweifung": Das philologische Fachwort wurde im 19. Jh. aus *lat.* ex-cursus „Auslauf; Streifzug" entlehnt. Von dem zugrundeliegenden Verb *lat.* ex-currere „herauslaufen" (vgl. *Kurs*) ist auch *lat.* excursio „das Herauslaufen; der Streifzug" abgeleitet, das über *frz.* excursion im 18. Jh. als **Exkursion** „Ausflug (zu Studienzwecken), Lehrfahrt" entlehnt wurde.

Exmatrikulation, exmatrikulieren ↑Matrikel.

exo..., Exo...: Die Vorsilbe vor allem von naturwissenschaftlichen Fachwörtern mit der Bed. „außerhalb, außen, von außen her" ist entlehnt aus gleichbed. *griech.* éxō, einer Weiterbildung von *griech.* ex „aus, heraus" (vgl. [2]*ex..., Ex...*). Zu *griech.* éxō stellt sich das Adjektiv exōtikós „außerhalb (des eigenen Landes bzw. Kulturkreises) befindlich", das in ↑exotisch, Exot erscheint.

exotisch „fremdländisch, überseeisch, fremdartig": Das Adjektiv wurde im 18. Jh. aus *lat.* exoticus < *griech.* exōtikós „ausländisch" entlehnt (vgl. *exo..., Exo...*). Dazu das Substantiv **Exot** „Angehöriger ferner Länder" (19./20. Jh.).

Expander „Sportgerät zur Stärkung der Oberkörpermuskulatur": Das Substantiv wurde im 20. Jh. aus dem *Engl.* entlehnt. *Engl.* expander ist von to expand „ausdehnen, strecken" abgeleitet, das auf gleichbed. *lat.* ex-pandere zurückgeht (vgl. *Expansion*).

Expansion „Ausdehnung; Ausbreitung (eines Staates)“: Das Fremdwort wurde im 19. Jh. zunächst als physikalischer Terminus (beachte die Zusammensetzung 'Expansionskraft') aus *frz.* expansion < *lat.* expansio „Ausdehnung, Ausstreckung“ entlehnt. Das zugrundeliegende Verb *lat.* expandere „ausbreiten, auseinanderspannen“, auf das unser (erst in neuerer Zeit häufiger gebrauchtes) Verb **expandieren** „ausdehnen, vergrößern, erweitern“ zurückgeht, ist eine Bildung zu *lat.* pandere (pandi, pansum, bzw. passum) „auseinanderspannen“ (vgl. [1]*ex..., Ex...* und *Paß*). Abl.: **expansiv** „sich ausdehnend“. Vgl. auch den Artikel **Expander.**

expedieren „abfertigen, befördern, versenden“: Das Verb wurde im 15. Jh. aus *lat.* ex-pedire „losmachen, entwickeln, aufbereiten“ entlehnt. Der mit der Abfertigung und mit dem Versand von Waren beauftragte Kaufmann heißt **Expedient** (19. Jh.; aus *lat.* expediens). Entsprechend wird die „Abfertigung und der Versand (von Gütern)“ mit dem Fremdwort **Expedition** (16. Jh.; aus lat. expeditio) bezeichnet, das daneben auch im Sinne von „Unternehmen, Forschungsreise“ gebraucht wird. Beachte in diesem Zusammenhang auch die über das *It.* entlehnten Fremdwörter ↑Spediteur, ↑Spedition. *Lat.* ex-pedire gehört zu *vlat.* *pedis „Fußfessel“ – neben gleichbed. *lat.* pedica in ↑Depesche –, das von *lat.* pes (pedis) „Fuß“ (vgl. *Pedal*) abgeleitet ist. Grundbedeutung von *lat.* expedire wäre demnach etwa „aus der Fußfessel herausbringen“ (= „frei machen“).

Experiment „[wissenschaftlicher] Versuch; [gewagtes] Unternehmen“: Das Substantiv wurde im 17. Jh. aus *lat.* experimentum „Versuch, Probe; Erfahrung“ (zu *lat.* ex-periri „versuchen, erproben“; s. auch *Experte*) entlehnt. Das zugrundeliegende Verb *lat.* *periri, das nur in Komposita bezeugt ist, so z. B. in *lat.* comperire „genau erfahren“ und op-periri „erwarten“, gehört zu der unter ↑*Gefahr* dargestellten Wortgruppe. – Abl.: **experimentell** „auf Experimenten beruhend“ (19./20. Jh.; mit französierender Endung gebildet); **experimentieren** „Versuche anstellen“ (18. Jh.; nach *frz.* expérimenter < *mlat.* experimentare).

Experte: Das Wort für „Sachverständiger“ wurde im 19. Jh. nach *frz.* expert „erfahren, sachkundig; Experte“ aus *lat.* expertus „erprobt, bewährt“ entlehnt. Über das zugrundeliegende Verb *lat.* experiri „versuchen, erproben“ vgl. *Experiment.*

explodieren „zerknallen, bersten“: Das Verb wurde im 19. Jh. aus *lat.* ex-plodere (< ex-plaudere) „klatschend heraustreiben, ausklatschen“ entlehnt (vgl. [1]*ex..., Ex...* und *plausibel*). Dazu stellen sich das Substantiv **Explosion** „das Explodieren“ (18. Jh.; aus *lat.* explosio „das Herausklatschen“) und die Adjektivbildungen **explosibel** und **explosiv** „leicht explodierend, explosionsgefährlich“ (19./20. Jh.).

Exponent „repräsentativer Vertreter in exponierter Stellung“; (Mathematik:) „Hochzahl“: Das Fremdwort wurde im 19. Jh. aus *lat.* exponens (im Sinne von *lat.* expositus „herausgestellt“), dem Part. Präs. von *lat.* ex-ponere „herausstellen; aussetzen, preisgeben“ entlehnt (vgl. [1]*ex..., Ex...* und *Position*). – Aus *lat.* exponere stammt auch das seit dem 18. Jh. bezeugte Verb **exponieren** „aussetzen, preisgeben“, das vor allem in dem adjektivisch gebrauchten 2. Partizip **exponiert** „(Angriffen) ausgesetzt, gefährdet“ lebt.

Export „Ausfuhr (von Waren)“: Die Fachwörter unserer Handelssprache, soweit sie Lehn- oder Fremdwörter sind, zeigen seit dem späten Mittelalter vorwiegend italienischen, seit dem 17. Jh. in zunehmendem Maße französischen Einfluß. Vom Ende des 18. Jh.s an dringen auch aus England Handelswörter in unseren Sprachschatz ein, so ↑Partner, ↑Safe, ↑Scheck u. a. Zu diesen gesellen sich ↑Import und Export. – Etwas früher als das Substantiv wurde das Verb **exportieren** entlehnt. *Engl.* to export – davon abgeleitet das Substantiv export – geht seinerseits auf *lat.* ex-portare „heraus-, hinaustragen“ zurück (vgl. [1]*ex..., Ex...* und *Porto*). Das Substantiv **Exporteur** „Exportkaufmann“ wurde später mit *frz.* Endung hinzugebildet.

Exposé „Denkschrift, Bericht, Darlegung“: Das Fremdwort wurde im 19. Jh. aus *frz.* exposé entlehnt. Das zugrundeliegende Verb *frz.* exposer „auseinandersetzen, darlegen“ geht auf *lat.* exponere zurück (vgl. *Exponent*), ist aber nach *frz.* poser (↑Pose) umgestaltet.

Expreß „Schnellzug“ (veraltend): Das Wort wurde im 19. Jh. aus 'Expreßzug' gekürzt, das seinerseits eine Übersetzung von *engl.* express train ist. Das hier als Bestimmungswort auftretende, heute veraltete Adjektiv **expreß,** das allerdings noch in Zusammensetzungen wie **Expreßgut** lebt, geht zurück auf *lat.* expressus „ausgedrückt, ausdrücklich“ (zu *lat.* exprimere „ausdrücken“; vgl. [1]*ex..., Ex...* und *Presse*). 'Expreßzug' bezeichnete demnach ursprünglich wohl einen Zug mit „ausdrücklich und genau“ festgelegter Route bzw. Abfahrs- und Ankunftszeiten, woraus sich im modernen Sprachgebrauch der Begriff des „Schnellzugs“ entwikkelt hat. Die gleiche Bedeutungsentwicklung zeigt auch *it.* espresso (↑Espresso).

Expressionismus „Ausdruckskunst“ (Kunstrichtung des frühen 20. Jh.s): Das Fachwort ist eine *nlat.* Bildung zu *lat.* expressio „Ausdrükken, Ausdruck“, das zu ex-primere „ausdrükken“ (vgl. [1]*ex..., Ex...* und *Presse*) gehört. Dazu stellen sich die Bildungen **Expressionist** und **expressionistisch.**

exquisit „ausgesucht, erlesen“: Das Adjektiv wurde im 17./18. Jh. aus gleichbed. *lat.* exquisitus, dem Part. Perf. von ex-quirere (< ex-quaerere) „aussuchen“, entlehnt. Das *lat.* Wort gehört zu quaerere „[unter]suchen, fragen“ (zum 1. Bestandteil vgl. [1]*ex..., Ex...*).

extensiv „ausgedehnt, in die Breite gehend“: Das Adjektiv wurde im 18. Jh. aus *spätlat.* extensivus (zu *lat.* ex-tendere „ausdehnen, ausspannen“; vgl. [1]*ex..., Ex...* und *tendieren*) entlehnt.

extern „äußerlich; auswärtig, fremd“: Das Wort wurde im 19. Jh. aus *lat.* externus entlehnt. Dies gehört zu *lat.* exterus „außen, außen befindlich“, einer komparativischen Weiterbildung von *lat.* ex „[her]aus“ (vgl. [1]*ex..., Ex...*). – Aus einem ursprünglichen Lokativ extera parte „im äußeren Teil“ entwickelte sich das Adverb und die Präposition *lat.* extra „außerhalb“ (↑extra). – Abl.: **Externe** „Schüler[in], der [die] nicht im Internat wohnt oder die Abschlußprüfung an einer Schule ablegt, die er [sie] nicht besucht hat“; **Externat** „Lehranstalt, deren Schüler außerhalb der Schule wohnen“, junge Gegenbildung zu 'Internat' (↑intern). – Beachte noch die superlativische Bildung *lat.* extremus „äußerste“ in ↑extrem.

extra (Adverb) „außerdem, nebenbei, besonders“, auch als Bestimmungswort in Zusammensetzungen wie ↑extravagant: Das Wort wurde im 16. Jh. aus *lat.* extra (ordinem) „außer (der Ordnung, der Reihe)“ aufgenommen (vgl. *extern).*

Extrakt „Auszug (aus Stoffen, Büchern usw.); wesentlicher Bestandteil“: Das seit dem 16. Jh. bezeugte, zunächst in der Alchimistensprache gebräuchliche Wort ist entlehnt aus *lat.* extractum „Herausgezogenes“, dem substantivierten Part. Perf. von ex-trahere „herausziehen“ (vgl. [1]*ex..., Ex...* und *trachten*).

extravagant „überspannt, verstiegen, übertrieben“: Das Adjektiv wurde im 18. Jh. aus *frz.* extravagant „ab-, ausschweifend“ entlehnt. Das *frz.* Wort geht zurück auf *mlat.* extravagans, das zu *lat.* extra-vagari „ausschweifen“ (vgl. *extra* und *vage*) gehört. Dazu stellt sich das Substantiv **Extravaganz** „extravagante Art“, das zunächst meist im Plural im Sinne von „närrische Streiche, extravagante Handlungen“ gebraucht wurde (18. Jh.; nach gleichbed. *frz.* extravagances).

extrem „äußerst; übertrieben“: Das Adjektiv wurde im 17. Jh. aus *lat.* extremus „äußerste“ entlehnt. Dies ist mit Superlativsuffix zu exterus „außen, außen befindlich“ (vgl. *extern*) gebildet. Abl.: **Extrem** „äußerster Standpunkt, Spitze; Übertreibung“ (18. Jh., unter dem Einfluß von *frz.* extrême); **Extremist** „(politisch) extrem, radikal eingestellter Mensch“ (20. Jh.; [vielleicht über *frz.* extrémiste] aus *engl.* extremist), davon **extremistisch** (20. Jh.); **Extremitäten** „Gliedmaßen“ (im 18. Jh. aus *lat.* extremitates (corporis) „die äußersten Enden (des Körpers)“ entlehnt.

exzellent „hervorragend, ausgezeichnet“: Das Adjektiv wurde im 16. Jh. aus *frz.* excellent entlehnt, das auf *lat.* excellens, das Part. Präs. von ex-cellere „hervorragen“, zurückgeht. Das nur in Komposita bezeugte Grundwort *lat.* *-cellere stellt sich zu der unter ↑*kulminieren* dargestellten Wortgruppe. – Dazu das Substantiv **Exzellenz** „Erhabenheit, Herrlichkeit“ (als Anrede an hochgestellte Persönlichkeiten im diplomatischen Verkehr), im 16. Jh. aus *frz.* excellence < *lat.* excellentia.

exzentrisch „überspannt, verschroben“: Das seit dem 18. Jh. bezeugte Adjektiv war zunächst ein mathematisch-physikalisches Fachwort und bedeutete „verschiedene Mittelpunkte bzw. Bewegungen habend“ (von Kreisen bzw. Planetenbahnen), daher dann „unregelmäßig, (von der Mitte) abweichend“. *Nlat.* excentricus steht für *spätlat.* eccentricus (vgl. [1]*ex..., Ex...* und *Zentrum*). Dazu stellen sich die Bildungen **Exzentrik** „exzentrisches, überspanntes Benehmen“ und **Exzentriker** „exzentrischer, überspannter Mensch“.

Exzeß „Ausschreitung, Ausschweifung“: Das Fremdwort wurde im 16. Jh. aus gleichbed. *lat.* excessus entlehnt, einer Bildung zu *lat.* ex-cedere „herausgehen; über ein bestimmtes Maß hinausgehen“. Über das Stammwort *lat.* cedere „gehen, weichen“ vgl. *Prozeß*.

F

Fabel: Das schon *mhd.* bezeugte Wort wurde durch *frz.* Vermittlung (*afrz., frz.* fable) aus *lat.* fabula „Erzählung, Sage“ entlehnt. Bis ins 18. Jh. galt 'Fabel' ausschließlich in dieser allgemeinen Bedeutung, wie sie noch erhalten ist in den Ableitungen **fabelhaft** „unglaublich, phantastisch“, dann auch „hervorragend“ (18. Jh.) und **fabeln** „Geschichtchen ersinnen und erzählen“ *(mhd.).* Erst im 18. Jh. kam nach dem Vorbild der Tierfabeln Äsops die heute gültige Bedeutung „lehrhafte (erdichtete) Erzählung“ auf; beachte z. B. die Wendung 'fabula docet' „die Fabel lehrt“ (d. h. „die Moral von der Geschichte ist ...“). Zu *lat.* fabula, das sich mit einer Grundbedeutung „Rede, Gerücht“ zur Wortfamilie von *lat.* fari „sprechen“ stellt (vgl. *fatal*), gehört als Ableitung *lat.* fabulari „sprechen, schwatzen, plaudern, phantasieren“, das im 15./16. Jh. unser gleichbedeutendes Verb **fabulieren** lieferte.

Fabrik „gewerblicher, mit Maschinen ausgestatteter Produktionsbetrieb“: Das Fremdwort erscheint in *dt.* Texten zuerst im 17. Jh. mit seiner eigentlichen Bedeutung „Herstellung; Herstellungsart“. Die moderne Bedeutung kommt im 18. Jh. auf. Das Wort ist in beiden Bedeutungen entlehnt aus *frz.* fabrique, das seinerseits auf *lat.* fabrica „Künstler-, Handwerksarbeit; Werkstätte“ beruht. Stammwort ist *lat.* faber (fabri) „Handwerker, Künstler“. – Dazu noch: **fabrizieren** „herstellen, fertigen; machen“ (16. Jh.; wie entsprechend *frz.* fabriquer aus *lat.*

fabricare „verfertigen, zimmern, bauen, herstellen"); **Fabrikant** „Besitzer einer Fabrik, Großhersteller" (17. Jh.; nach gleichbed. *frz.* fabricant); **Fabrikation** „Verfertigung, fabrikmäßige Herstellung" (Ende 18. Jh.; aus gleichbed. *frz.* fabrication < *lat.* fabricatio „Verfertigung, Bauen, Herstellung"); **Fabrikat** „Fabrikationsprodukt, in einer Fabrik hergestelltes Erzeugnis" (*nlat.* Bildung des ausgehenden 18. Jh.s).

Facette „eckig geschliffene Fläche (von Edelsteinen und Glaswaren)": Das Fremdwort wurde im 18. Jh. aus gleichbed. *frz.* facette, einer Verkleinerungsbildung zu *frz.* face „[Vorder]seite, Außenfläche", entlehnt. Dies geht auf *vlat.* *facia zurück, das für *klass.-lat.* facies „Gestalt, Angesicht" steht. Über weitere Zusammenhänge vgl. den Artikel *Fazit*.

Fach: Das *westgerm.* Substantiv *mhd.* vach „Fischwehr, Stück, Teil, Abteilung einer Wand, Mauer usw.", *ahd.* fah „Mauer", *niederl.* vak „Fach, Abgeteiltes, Beet", *aengl.* fæc „Fach, Zwischenraum; Einteilung; Zeit[raum]" beruht mit verwandten Wörtern in anderen *idg.* Sprachen auf der *idg.* Wurzel *pă̆k-, *pă̆g- „festmachen, [zusammen]fügen, binden, flechten", vgl. z. B. *lat.* pacisci „einen Vertrag festmachen, ein Übereinkommen treffen", *lat.* pangere „festmachen, einschlagen" (s. die Fremdwortgruppe um *Pakt*) und die *slaw.* Sippe von *russ.* paz „Fuge, Nute". Aus dem *germ.* Sprachbereich stellen sich noch zu dieser Wurzel z. B. die unter ↑*fangen* und ↑*fügen* (ablautend) behandelten Wortgruppen sowie *aengl.* fæger „schön, passend, angenehm" (↑fair) und *got.* fagrs „passend, geeignet". – In älterer Zeit bezeichnete 'Fach' vielfach das geflochtene Fischwehr in Flüssen (beachte Ortsnamen wie Fachbach, Fachingen, Vaake). Im *Mhd.* bezeichnet es auch das mit Flechtwerk ausgefüllte Zwischenfeld in einer aus Ständern und Querbalken errichteten Wand, die danach **Fachwerk** heißt. Von dieser Bauweise her ergibt sich wohl die Bed. „abgeteilter Raum" (die in *aengl.* fæc „Zeitspanne" und *mnd.* vāken, *niederl.* vaak „oft" auch auf die Zeit bezogen wurde). Auch die erst im 18. Jh. aufgekommene übertragene Bed. „Spezialgebiet in Handwerk, Kunst und Wissenschaft" schließt an die konkrete Vorstellung der Fächer in einem Schrank oder Regal an, die heute noch lebendig ist. Dazu gehört die Zusammensetzung **Fachmann** (19. Jh., eigentlich „Mann vom Fach") sowie jüngere Bildungen wie **Facharbeiter, Facharzt, Fachschule,** (s. a. *fachsimpeln*). Das Adjektivsuffix **...fach,** *spätmhd.* in zwi-, manecvach, *frühnhd.* in einfach (s. d.) belegt, ist wohl älterem -valt (↑Falte) nachgebildet. Abl.: **fachlich** „ein bestimmtes Fach betreffend"; **Fachschaft** „Gesamtheit der Personen eines Fachbereichs".

fachen: Das nur *dt.,* heute meist nur noch in 'anfachen' und 'entfachen' gebrauchte Verb erscheint im 18. Jh. für älteres 'fochen' „blasen" (15. Jh.), eine Entlehnung aus *mlat.* focare „entflammen" (zu *lat.* focus „Feuerstätte"; vgl. *Foyer*). Abl.: **fächeln** „[kühlende] Luft zuwehen" (17. Jh.; auch für fächern, ↑Fächer).

Fächer: Der Fächer kam im 17. Jh. unter der *frz.* Bezeichnung 'éventail' (zu *frz.* vent „Wind") nach Deutschland, erhielt hier aber noch im selben Jahrhundert den Namen des ähnlichen federbesteckten Feueranfachers der Küche. *Frühnhd.* focher, focker „Blasebalg, Feuerwedel" (entlehnt aus *mlat.* focarius „Heizer, Küchenjunge", zu *lat.* focus „Herd", vgl. *Foyer*) wurde, wohl in Anlehnung an ↑fachen, im 18. Jh. durch die heutige Form 'Fächer' verdrängt. Abl.: **fächern** „den Fächer bewegen" (18. Jh.; das Part. 'gefächert' bedeutet „nach Fächerart entfaltet"), dazu **Fächerung** (übertragen für: „Aufgliederung, Entfaltung").

Fachmann, Fachwerk ↑Fach.

fachsimpeln „(zur Unzeit) Fachgespräche führen": Das Wort wurde in der Studentensprache des 19. Jh.s zum Verb 'simpeln', 'versimpeln' „beschränkt, einfältig werden" gebildet (vgl. *Fach* und *simpel*).

Fackel: *Mhd.* vackel, *ahd.* faccala ist entlehnt aus gleichbed. *vlat.* facla, das auf *lat.* facula, einer Verkleinerungsbildung zu *lat.* fax „Fackel", beruht (vgl. *aengl.* fæcele „Fackel"). Die Ableitung **fackeln** erscheint erst im 14. Jh. als vackelen „unstet brennen wie eine Fackel", *nhd.* meist in der Wendung 'nicht lange fackeln' für „schnell handeln" (18. Jh.).

fad[e] „geschmacklos, läppisch": Das Adjektiv wurde im 18. Jh. aus gleichbed. *frz.* fade (< *galloroman.* *fatidus) entlehnt.

Faden: Das Substantiv *mhd.* vadem (abgeschwächt auch schon vaden), *ahd.* fadum beruht auf der *idg.* Wurzel *pet- „[die Arme] ausbreiten, umfassen, sich erstrecken". Ihm entsprechen *asächs.* fađmos *(Plural)* „die ausgespannten Arme", *aengl.* fæđm „ausgebreitete Arme, Umarmung, Klafter, Faden", *aisl.* fađmr „Umarmung, Schoß, Faden". In *engl.* fathom, *schwed.* famn und *dt.* seemännisch Faden gilt das Wort noch heute für ein Längenmaß. Es bedeutete demnach ursprünglich „soviel Garn, wie man mit ausgespanntem Arm mißt", dann das „Garn" selbst. Aus dem *germ.* Sprachbereich stellt sich ↑Fuder ablautend zu der Wurzel, *außergerm.* verwandt sind z. B. *lat.* pandere „ausbreiten" (s. *Patent* und die Lehn- und Fremdwörter um *Passus*), *lat.* patere „sich erstrecken, offenstehen" und *griech.* patánē „Schale, Schüssel" (s. das Lehnwort *Pfanne*). *Nhd.* Faden gilt allgemein für die gedrehte Faser zum Nähen, Weben, Binden, dann auch für Metallfäden, die Staubfäden der Pflanzen u. a. An das Spinnen schließt bildlicher Gebrauch an: der Lebensfaden (von der Parze zerschnitten) reißt, der Faden des Gesprächs geht verloren usw. Ein 'roter Faden' zieht sich als Kennzeichen durch alles Tauwerk der britischen Kriegsmarine. Abl.: **fädeln** (18. Jh., älter fädmen, *mhd.* vedemen „fädeln, reihen", *ahd.* fadamōn „nähen"), heute meist als **einfädeln** (17. Jh., übertragen für „etwas geschickt in Gang bringen"). Zus.: **fadenscheinig** „dürftig, leicht durchschaubar" (*frühnhd.* fadenschein; eigentlich von abgenutztem Gewebe, dessen Fäden erscheinen).

Fagott: Der Name des Holzblasinstruments wurde im 17. Jh. aus *it.* fagotto entlehnt, dessen weitere Herkunft unsicher ist.

Fähe ↑Fuchs.

fähig: Das seit dem 15. Jh. bezeugte Adjektiv (dafür *spätmhd.* gevæhic) ist von dem unter ↑*fangen* behandelten Verb abgeleitet. Seine Grundbedeutung war „imstande, etwas zu empfangen oder aufzunehmen". Im *Frühnhd.* wird es so von Gefäßen gebraucht, in der Rechtssprache auch für „berechtigt". Heute lebt dieser Sinn nur noch in Zusammensetzungen wie 'aufnahme-, rechts-, erbfähig', denen zahlreiche jüngere Bildungen mit aktiver ('trag-, geh-, lebensfähig') wie passiver Bedeutung ('streich-, abzugs-, transportfähig') gefolgt sind, in denen das Adjektiv fast zum Suffix verblaßt ist. Als selbständiges Wort wird 'fähig' seit langem nur von Lebewesen im Sinne des geistigen Erfassens und Begreifens gebraucht, es bedeutet daher „imstande, veranlagt (sein, etwas zu tun); begabt, tüchtig". Abl.: **befähigen** „fähig machen" (Anfang des 19. Jh.s); **Fähigkeit** „das Befähigtsein, Vermögen; Begabung" (*frühnhd.* fehikeit „Fassungskraft, Inhalt").

fahl: Das *altgerm.* Adjektiv *mhd.* val, valwer (daraus auch 'falb', s. d.), *ahd.* falo, *engl.* fallow, *aisl.* fǫlr beruht mit verwandten Wörtern in anderen *idg.* Sprachen auf *idg.* *polu̯os „fahl", einer Bildung zur Wurzel *pel- „grau, weißlich, scheckig", vgl. z. B. *griech.* poliós „grau", *lat.* palli-dus „blaß" und *lit.* pal̃vas „blaßgelb". Zu dieser Wurzel gehört wahrscheinlich auch der Tiername ↑Falke.

fahnden: Das erst im 18. Jh. belegte und wahrscheinlich aus dem *Niederd.* ins *Hochd.* übernommene Verb geht zurück auf *mnd.* vanden, *asächs.* fandon „auf-, besuchen", das eine Bildung zu dem unter ↑*finden* behandelten Verb ist, vgl. *ahd.* fantōn „untersuchen", *aengl.* fandian „versuchen, prüfen, untersuchen". Auf Aussprache und Gebrauch des *nhd.* Wortes hat wohl älter *nhd.* fahen (↑fangen) eingewirkt. Abl.: **Fahndung** (19. Jh.).

Fahne: Das *gemeingerm.* Wort *mhd.* van[e], *ahd.* fano, *got.* fana, *aengl.* fana, *aisl.* [gunn]fani hat die Grundbedeutung „Tuch" (die noch in *ahd.* Zus. wie halsfano „Halstuch" erscheint). Es führt mit den urverwandten Wörtern *lat.* pannus „Tuch, Lappen" und *griech.* pēnos „Gewebe" auf *idg.* *pān- „Gewebe". Die Bed. „Feldzeichen, Banner" hat sich wohl früh durch Kürzung der Zusammensetzung *ahd.* gundfano eigentlich „Kampftuch" (daraus *it.* gonfalone „Banner") ergeben und seit *mhd.* Zeit allein erhalten. Die Verwendung der Verkleinerungsbildung 'Fähnchen' im Sinne von „leichtes, billiges Kleid" ist jung. – Im Gegensatz zu 'Flagge' (s. d.) ist 'Fahne' gewöhnlich das Fahnentuch samt der Stange. Übertragungen sind u. a. die Bedeutungen „Schwanz von Fuchs und Eichhorn" (weidmännisch), „Korrekturabzug des Buchdruckers", ebenso „unangenehmer Geruch des Atems nach Alkohol" (scherzhaft). Als **Fähnlein** wurde in der Landsknechtszeit (16./17. Jh.) eine Truppeneinheit ähnlich der heutigen Kompanie bezeichnet. **Fähnrich** (*ahd.* faneri, *mhd.* venre; *frühnhd.* venrich) ist wie das ältere 'Wüterich' den Personennamen auf -rich nachgebildet. Zus.: **Fahnenflucht** „Desertion", eigentlich „das Fliehen von der Fahne" (19. Jh.), dazu **fahnenflüchtig** (19. Jh.); **Fahnenjunker** (↑Junker).

Fahr ↑Gefahr.

Fähre: Das Substantiv *mhd.* ver[e], *niederl.* veer, *schwed.* färja ist wahrscheinlich abgeleitet von dem im *Nhd.* untergegangenen, *gemeingerm.* schwachen Verb *mhd.* vern, *ahd.* ferian, *got.* farjan, *aengl.* ferian, *schwed.* färja „zu Schiffe fahren, übersetzen". Dessen Grundbedeutung zeigt *aengl.* ferian „tragen, bringen, sich begeben". – Es ist eigentlich Veranlassungswort zu ↑*fahren* „sich bewegen", ist aber sehr früh auf die Schiffahrt eingeschränkt worden. Die Zusammensetzung **Fährmann** hat seit dem 17. Jh. älteres 'Ferge' (*mhd.* verje, *ahd.* ferjo, zu *ahd.* far „Überfahrtsstelle") abgelöst, das dann im 19. Jh. wieder bei Dichtern vorkommt.

fahren: Das *gemeingerm.* Verb *mhd.* varn, *ahd.* faran, *got.* faran, *engl.* to fare, *schwed.* fara geht zurück auf *idg.* *per- „hinüberführen, -bringen, -kommen, übersetzen, durchdringen" (vgl. *ver...*). In anderen *idg.* Sprachen sind z. B. verwandt *griech.* perãn „durchdringen" und *lat.* portare „tragen" (s. die Fremdwortgruppe um *Porto*). Als Nominalbildungen gehören u. a. hierher *griech.* póros „Durch-, Zugang, Furt" (↑Pore) und die unter ↑*Furt* genannten Wörter. Zu 'fahren' stellen sich ferner die Bildungen ↑Fahrt und ↑Fuhre mit ihren Ableitungen (z. B. fertig), während ↑*Fähre* zu einem untergegangenen abgeleiteten Verb gehört. Schließlich ist als Veranlassungswort zu 'fahren' ↑führen zu nennen. – 'Fahren' bezeichnete ursprünglich jede Art der Fortbewegung wie gehen, reiten, schwimmen, im Wagen fahren, reisen. Das zeigen noch Ausdrücke wie 'fahrendes Volk', 'fahrende Habe' (Mobiliar); der Senn 'fährt zu Berge', der Fuchs 'fährt aus dem Bau'. Im neueren *Dt.* versteht man aber unter 'fahren' die Fortbewegung auf Wagen, Schiffen, mit der Bahn, dem Flugzeug u. a. Aus dem alten Sprachgebrauch heraus wurde 'fahren' auch auf schnelle Bewegungen (z. B. des Blitzes, der Hand) übertragen. Verblaßt ist die Vorstellung einer Bewegung in der *mhd.* und *mnd.* Nebenbedeutung „sich benehmen, leben, sich befinden". Von da ist der übertragene Gebrauch von 'gut oder übel mit jemandem fahren' ausgegangen. Siehe auch die Artikel *Hoffart, Wohlfahrt* und *verfahren*. Alle genannten Bedeutungsschattierungen zeigen sich heute noch in den Zusammensetzungen und Präfixbildungen: die Grundbedeutung z. B. in **widerfahren** übertragen für „begegnen" (z. B. von Leid, Unrecht) und ↑erfahren, der heutige Sinn in 'ab-, vor-, aus-, an-, überfahren' usw., die schnelle Bewegung in **auffahren** „zornig werden", **zusammenfahren** „erschrecken", **herumfahren, zurückfahren** u. ä. Abl.: **Fahrer** (älter nur in Zusammensetzungen wie 'Land-, Seefahrer'; in der jungen

Bed. „Chauffeur" gekürzt aus Kraft[wagen]fahrer); **fahrig** „unruhig, haltlos, zerfahren" (im 19. Jh. schriftsprachlich; beachte *frühnhd.* ferig „hurtig", *mhd.* ferec, „fahrtbereit"); **fahrlässig** (eigentlich „fahren lassend", zu *mhd.* varn lāzen „gehenlassen, vernachlässigen; seit dem 15. Jh. in der Rechtssprache), dazu **Fahrlässigkeit** (15. Jh.); **Vorfahr** (meist Plural; *mhd.* vorvar, *mnd.* vōrvāre ist mit der alten Bildung -var, *ahd.* -faro, *aisl.* -fari „Fahrender" gebildet, das Wort bedeutete bis ins 19. Jh. allgemein „Vorgänger", z. B. im Amt, doch ist die heutige Bed. „Ahne" schon alt); entsprechend **Nachfahr** (*mhd.* nāchvar „Nachfolger", jetzt „Enkel"). Substantivische Zusammensetzungen sind z. B. **Fahrgast** (19. Jh.); **Fahrrad** (1889 für 'Veloziped'; ↑Rad); **Fahrstuhl** „Aufzug" (17. Jh. für „Aufzug", im 19. Jh. auf den elektrischen ↑Lift übertragen); **Fahrzeug** (im 17. Jh. entlehnt aus *niederd.* fahrtüg, *niederl.* vaartuig „Schiff"; seit dem 19. Jh. auch für „Fuhrwerk").

Fährmann ↑Fähre.

Fahrt: Das *altgerm.* Substantiv *mhd., ahd.* vart, *niederl.* vaart, *aengl.* fierd, *schwed.* färd ist eine Bildung zu dem unter ↑*fahren* behandelten Verb. Dazu stellen sich die Zusammensetzungen 'Himmelfahrt, Wallfahrt, Hoffart, Wohlfahrt'. Abl.: **Fährte** „Spur [des Wildes]" (das Wort ist erst *nhd.* aus Flexionsformen von *mhd.* vart [verte] entstanden). Vgl. auch die Artikel *fertig, Gefährt, Gefährte.*

Faible „Schwäche, Vorliebe": Das Fremdwort wurde im 19. Jh. aus dem substantivierten Adjektiv *frz.* faible „schwach" entlehnt, das auf *lat.* flebilis „beweinenswert, kläglich" zurückgeht. Das zugrundeliegende Verb *lat.* flere „weinen" ist vielleicht urverwandt mit ↑*plärren.*

fair „anständig, sportlich sauber; ehrlich": Das Adjektiv wurde im 19. Jh. aus dem *Engl.* entlehnt. *Engl.* fair (< *aengl.* faeger „passend, angenehm, schön") stellt sich zu der unter ↑*Fach* entwickelten *germ.* Wortfamilie. – Abl.: **Fairneß** „[sportliches] ehrenhaftes Verhalten" (aus gleichbed. *engl.* fairness).

Fakir „mohammedanischer Büßer, Asket; Gaukler": Das seit dem 19. Jh. bezeugte Fremdwort geht zurück auf *arab.* faqīr „arm", das in alle europäischen Sprachen zur Bezeichnung des „Bettelmönchs" entlehnt wurde. Die jüngere Bed. „Gaukler" erklärt sich aus dem Verhalten besonders der indischen Fakire, die oft als wandernde Wundertäter auftreten.

Faksimile „Nachbildung einer handschriftlichen Vorlage": Das seit dem Anfang des 19. Jh.s bezeugte Fremdwort – im *Engl.* dagegen schon im 17. Jh. nachgewiesen! – ist substantiviert aus *lat.* fac simile „mache ähnlich!". – Dazu: **faksimilieren** „ein Faksimile herstellen".

Fakt, faktisch ↑Faktum.

Faktor „Vervielfältigungszahl; mitbestimmende Ursache, Umstand": Das in diesen Bedeutungen seit dem 18. Jh. gebräuchliche Wort ist bereits im 16. Jh. in der auch heute noch üblichen Bed. „Geschäftsführer" (heute besonders „Werkmeister einer Buchdruckerei") bezeugt. Es geht zurück auf *lat.* factor „Macher, Verfertiger usw.", das von *lat.* facere „machen, tun" (vgl. *Fazit*) abgeleitet ist. Dazu: **Faktorei** „Handelsniederlassung" (16. Jh.).

Faktotum „Mädchen für alles": Das seit dem 16. Jh. bezeugte Wort ist eine substantivische Neubildung aus der *lat.* Wendung fac totum „mache alles!" (vgl. *Fazit* und *total*).

Faktum, Fakt „Tatsache; Ereignis": Das Fremdwort wurde im 17. Jh. aus *lat.* factum „gemacht, getan, geschehen" substantiviert, dem Part. Perf. von *lat.* facere „machen, tun usw." (vgl. *Fazit*). Dazu die Wendung 'de facto' „tatsächlich (bestehend)". – Gegensatz: 'de jure' „von Rechts wegen, rechtlich gesehen" – und das Adjektiv **faktisch** „tatsächlich" (18. Jh.).

Faktur, 'Faktura' „[Waren]rechnung, Lieferschein": Das seit dem 17. Jh. bezeugte Handelswort ist aus *it.* fattura entlehnt und nach dem vorausliegenden Substantiv *lat.* factura „das Machen, die Bearbeitung" relatinisiert. Zugrunde liegt *lat.* facere „machen, tun usw." (vgl. *Fazit*). Abl.: **fakturieren** „Warenrechnungen aufstellen" (19. Jh.); **Fakturist** (20. Jh.).

Fakultät: Die Bezeichnung für einen der Hauptwissenschaftszweige an Universitäten und Hochschulen wurde im 16. Jh. aus *lat.* facultas „Fähigkeit, (körperliches und geistiges) Vermögen; Möglichkeit" entlehnt, das im *Mlat.* nach *griech.* dýnamis die zusätzliche Bed. „Wissens-, Forschungsgebiet" entwickelt hat. Über weitere Zusammenhänge vgl. den Artikel *Fazit.* Abl.: **fakultativ** „nach freiem Ermessen" (19. Jh.; aus *frz.* facultatif, zu faculté „Vermögen").

falb: Das neben ↑*fahl* aus *mhd.* val, valwer entwickelte *oberd.* Adjektiv gilt jetzt fast nur von der Haarfarbe gelblicher Pferde (substantiviert der **Falbe**) und ist frei von dem in 'fahl' mitschwingenden Gefühlswert (beachte das 'fahle Pferd' des Todes in der Offenbarung Johannis). Zum Nebeneinander der Formen vgl. 'gelb' und 'gehl' (↑gelb).

Falke: Die Herkunft des Vogelnamens (*mhd.* valk[e], *ahd.* falc[h]o) ist nicht sicher geklärt. Vielleicht beruht das Wort auf *vlat.* falco und stellt sich dann als „Sichelträger" zu *lat.* falx „Sichel" (wegen der Klauen und des Schnabels). Wahrscheinlicher ist aber *germ.* Ursprung. Das Wort wäre dann mit dem aus Kranich, Storch, Lerche u. a. Vogelnamen bekannten k-Suffix zum Stamm des Farbadjektivs ↑*fahl* gebildet. Der Falke würde demzufolge nach dem graubraunen Gefieder benannt sein. Dafür scheint auch das Vorkommen des Personennamens Falco bei Westgoten, Langobarden und Franken zu sprechen. Die Hochblüte der Falkenbeize in Europa fällt in die Ritterzeit (12./13. Jh., s. auch den Artikel *beizen*), damals wird z. B. *aisl.* falki „Falke" aus *mniederl.* falce entlehnt. Abl.: **Falkner, Falkenier** „Jäger, der Falken zur Beize abrichtet" (*mhd.* valkenære, *mlat.* falconarius, *frz.* fauconnier), dazu **Falknerei** „Kunst, mit Falken zu jagen".

Fallbeil ↑fallen.

fallen: Das *altgerm.* Verb *mhd.* vallen, *ahd.* fallan, *niederl.* vallen, *engl.* to fall, *schwed.* falla ist verwandt mit *armen.* p'ul „Einsturz" und der *balt.* Sippe von *lit.* pùlti „fallen". Wichtige Präfixbildungen und Zusammensetzungen mit 'fallen' sind: **auffallen** „[unangenehm] bemerkbar machen" (18. Jh., eigentlich „auf jemanden fallen"), dazu **auffallend, auffällig** (19. Jh.); **ausfallen** (*mhd.* ūʒvallen „herausfallen", *nhd.* auch „wegfallen; geraten"; im 18. Jh. Fachwort der Fechter für „vorstoßen", auch militärisch für den Vorstoß aus einer belagerten Festung, wofür jetzt 'einen Ausfall machen' gesagt wird), dazu **ausfallend, ausfällig werden** „mit Worten unsachlich angreifen" (19. Jh.); **durchfallen** (die *ugs.*, ursprünglich studentensprachliche Bed. „eine Prüfung nicht bestehen" geht auf den mittelalterlichen Schwank vom 'Schreiber im Korbe' zurück, bei dem ein Mädchen seinen Liebhaber zum Fenster hochzog, um ihn dann durch den schadhaften Boden fallen zu lassen; ↑Korb), dazu **Durchfall** (im 16. Jh. für die Krankheit wie *frühnhd.* 'durchfällig werden'; jetzt auch für das Durchfallen bei Prüfungen, Wahlen, im Theater usw.); **einfallen** (*mhd.* invallen war „einstürzen, zusammenfallen, einbrechen", auch „sich ereignen"; von Gedanken wird zuerst *mnd.* invallen um 1500 gebraucht), dazu **Einfall** (*mhd.* īnval; in der Bed. „plötzlicher Gedanke" schon bei *mhd.* Mystikern); **befallen** (*mhd.* bevallen „hinfallen; fallend bedekken, über etwas ausbreiten", *ahd.* bifallen „hinfallen"); **gefallen** (s. d.); **verfallen** „baufällig werden; seine Kraft verlieren; wertlos, ungültig werden; in einen Zustand geraten, übergehen" (*mhd.* verfallen, *ahd.* farfallan) dazu **Verfall** (17. Jh.). – Abl.: **Fall** (*mhd.* val, *ahd.* fal; die *nhd.* Bed. „Geschehnis" [beachte 'Krankheits-, Rechtsfall'] geht von der Vorstellung des Würfelfalls aus [beachte 'Glücks-, Unglücksfall' und ↑Unfall], ist aber beeinflußt von gleichbed. *lat.* casus „Fall" und *frz.* cas „Fall". Auch die grammatische Bed. „Beugefall" [17. Jh.] schließt an *lat.* casus an [↑Kasus]), dazu **falls** „im Falle, daß" (17. Jh.; eigentlich Genitiv von 'Fall', beachte Adverbien wie 'allen-, keinesfalls, bestenfalls'); **Falle** (*mhd.* valle, *ahd.* falla, ursprünglich ein Fanggerät mit Falltür; *ugs.* 'Falle' „Bett" tritt *mdal.* und soldatensprachlich im 19. Jh. auf); **fällen** (*mhd.* vellen, *ahd.* fellan; vgl. *niederl.* vellen, *engl.* to fell, *schwed.* fälla; *altgerm.* Veranlassungswort zu 'fallen' mit der Bed. „fallen machen"; *nhd.* besonders in 'Bäume fällen', übertragen 'ein Urteil fällen'); **fällig** „seit längerer Zeit notwendig; zur Bezahlung anstehend" (*mhd.* vellec, *ahd.* fellīc „zum Fallen kommend; baufällig"; *nhd.* häufig in Zusammenbildungen wie 'baufällig, fußfällig, kniefällig, augenfällig, straffällig', beachte auch die Bildungen 'beifällig', 'rückfällig' zu 'beifallen' und 'rückfallen'); **Gefälle** (*mhd.* gevelle „Fall, Sturz; Schlucht; guter Würfelfall, Glück", *ahd.* gefelli „Einsturz" ist Kollektivbildung zu 'Fall'; vom *nhd.* Sprachgefühl zu 'fallen' gezogen, bedeutet es jetzt besonders „Abfallen einer Straße oder eines Wasserlaufs"). Zus.: **Fallbeil** (literarisch im 17. Jh.; Anfang des 19. Jh.s Ersatzwort für *frz.* guillotine); **Fallreep** (*niederd.* falreep war im 17. Jh. ein Tau, an dem der Seemann sich vom Schiffsbord ins Boot 'fallen', d. h. gleiten ließ; der Name blieb, als das Tau durch eine Leiter und später durch eine Treppe ersetzt wurde; zum Stammwort vgl. [1]*Reif*); **Fallschirm** (um 1800), dazu **Fallschirmjäger** (1939).

Fallstrick ↑Strick.

falsch: *Mhd., mnd.* valsch „treulos, unehrenhaft; unecht, trügerisch" ist unter Einfluß von *mniederl.* valsc umgebildet aus *afrz.* fals (*frz.* faux, ↑Fauxpas), das seinerseits auf *lat.* falsus „falsch, irrig, unwahr" zurückgeht (↑Falsett). Das *lat.* Adjektiv gehört zu *lat.* fallere „täuschen" (vgl. *fehlen*). Im *Dt.* gilt 'falsch', wie auch die Ableitungen zeigen, vielfach von menschlichen Eigenschaften, besonders aber von verfälschten Dingen (Münzen, Schmuck usw.). Substantiviert ist **Falsch** in 'ohne Falsch' (*mhd.* āne valsch). Abl.: **Falschheit** (*mhd.* valschheit „Untreue, Unredlichkeit"); **fälschlich** (*mhd.* valsch-, velschlich „betrügerisch"); Zus.: **Falschmünzer** (seit dem 16. Jh. neben 'falscher Münzer'), ebenso **Falschspieler** (17. Jh.). Schon *ahd.* ist das Verb **fälschen** belegt (*ahd.* [gi]falscōn, [gi]felscen „für falsch erklären, widerlegen" ist entlehnt aus *mlat.* falsi[fi]care; *mhd.* velschen bedeutete meist „verfälschen, täuschen, verleumden"), dazu **Fälscher** (*mhd.* valschære, velscher „Verleumder, Betrüger, Falschmünzer") und **Fälschung** (18. Jh., besonders für gefälschte Urkunden und Kunstwerke).

Falsett „Fistelstimme": Die Bezeichnungen der verschiedenen menschlichen Stimmlagen wie ↑Bariton, ↑Baß, ↑Tenor, ↑Sopran, ↑Alt stammen aus dem *It.*, so auch 'Falsett'. Das vorausliegende Substantiv *it.* falsetto bezeichnet die im Verhältnis zur jeweils normalen Stimmlage des Sängers (bzw. auch Instrumentes) „falsche" [Sing]stimme. Das Wort ist abgeleitet von dem auf *lat.* falsus (vgl. *falsch*) zurückgehenden Adjektiv *it.* falso „falsch".

Falte: Die heutige Form beruht auf einer *mhd.* Nebenform valte zu *mhd.* valt, dem *ahd.* falt, *aengl.* feald „Mal" und *schwed.* fåll „Saum" entsprechen. Das *germ.* Substantiv ist eine Bildung zu dem unter ↑*falten* behandelten Verb. Es ist schon früh zur Zusammensetzung mit Zahlwörtern gebraucht worden, die ein Vielfaches bezeichnen. So entstand das *gemeingerm.* Adjektivsuffix **...falt** (*mhd.* -valt, *ahd.* -falt, *got.* -falþs, *engl.* -fold, *aisl.* -faldr), das *nhd.* nur noch dichterisch in 'mannigfalt' vorkommt, sonst aber durch die Weiterbildung **...faltig, ...fältig** (*mhd.* -valtec, -veltec) abgelöst wurde: dreifaltig (↑drei), vielfältig (↑viel); s. auch den Artikel *Einfalt.* Erst *frühnhd.* (16. Jh.) ist das Adjektiv **faltig** „Falten habend oder werfend".

falten: Das *gemeingerm.* Verb *mhd.* valten, *ahd.* faldan, *got.* falþan, *engl.* to fold, *schwed.* fålla gehört zu der *idg.* Wurzel *pel- „falten", vgl. z. B. *aisl.* fel „Falte" und weiterhin die Artikel *doppelt, Double, Simpel, Zweifel.* Verwandt ist wahrscheinlich auch die unter ↑*flechten* behandelte Wortgruppe. Zu 'falten' gehört das Substantiv ↑Falte mit seinen Ableitungen. Zus.: **Faltstuhl** (*mhd.* valtstuol, *ahd.* faltistuol; vgl. *niederl.* vouwstoel, *engl.* faldstool; auf einer *afränk.* Entsprechung des Wortes beruht ↑Fauteuil).

Falter: Diese Bezeichnung des Schmetterlings hat nichts mit 'falten' zu tun. Sie ist im 18. Jh. verselbständigt worden aus älteren, teils *mdal.* Formen wie *oberd.* Zweifalter, *aleman.* Fīfalter. Diesen liegt *mhd.* vīvalter, *ahd.* fīfaltra zugrunde, dem *asächs.* fīfoldara, *aengl.* fīfealde, *norw.* fifreld entsprechen. Das Wort gehört wohl zum Stamm des unter ↑*flattern* behandelten Verbs, der zum Ausdruck der schnellen Bewegung verdoppelt wurde. Der Falter ist demnach der „Flügelschwinger". Die gleiche Vorstellung und Bildung zeigt das urverwandte *lat.* pa-pil-io „Falter" (*frz.* papillon).

faltig, ...faltig, ...fältig ↑Falte.

falzen: *Mhd.* valzen, velzen „krümmen, ineinanderbiegen", *ahd.* [ga]falzen ist eine Intensivbildung zu ↑*falten* (wie blitzen zu blicken) mit der Grundbedeutung „fest zusammenlegen". Abl.: **Falz** (*mhd.* valz „Fuge, Schwertrinne").

Familie „Gemeinschaft der Eltern und ihrer Kinder", gelegentlich auch im weiteren Sinne von „Gruppe der Blutsverwandten; Sippe" gebraucht, meist in Zusammensetzungen wie 'Familienname, Familienrat, Familientag' u. a.: Zu *lat.* famulus „Diener" (vgl. *Famulus*) stellt sich als Kollektivbildung *lat.* familia „Gesamtheit der Dienerschaft; Gesinde". Der Begriff wurde in der patriarchalischen Ordnung weiter gefaßt. In ihr war 'familia' die gesamte Hausgenossenschaft von Freien und Sklaven, die dem 'pater familias' anvertraut war. – Bis zur Entlehnung von *lat.* familia im 16. Jh. wurde der Begriff Familie durch die Formel 'Weib und Kind' (aus der Sicht des Mannes) oder durch die Wörter 'Haus' oder (älter) 'hiwische' abgedeckt. – Abl.: **familiär** „eng verbunden, vertraut; allzu vertraulich" (im 17. Jh. mit französierender Endung [beachte *frz.* familier] aus älterem 'familiar' entwickelt, das auf *lat.* familiaris „zur Familie gehörig, vertraut, vertraulich" zurückgeht).

famos „prächtig, großartig": Das Adjektiv ist ein Studentenwort des 19. Jh.s, das schon früher in der Gerichtssprache im Sinne von „berüchtigt" bezeugt ist. Die Verallgemeinerung erfolgte nach *frz.* fameux „berühmt". Entlehnt ist das Wort im 17. Jh. aus *lat.* famosus „viel besprochen (im guten oder im bösen)", das zu fama „Gerede", fari „sprechen" gehört (vgl. *fatal*). – Hierher noch die Fremdwörter ↑diffamieren und ↑infam.

Famulus „Medizinstudent während seiner praktischen Ausbildung": Das seit dem 16. Jh. bezeugte Wort galt anfangs noch allgemein im Sinne von „akademischer Gehilfe (eines Hochschullehrers)", später wurde es dann mehr und mehr auf den medizinischen Bereich eingeschränkt. Es ist aus *lat.* famulus „Diener, Gehilfe" (< *alat.* famul) entlehnt, wozu als Kollektivbildung *lat.* familia „Gesamtheit der Dienerschaft" gehört (↑Familie). Die weitere Herkunft des Wortes ist nicht geklärt. Abl.: **famulieren** „als Famulus tätig sein" (19. Jh.; nach *lat.* famulari „Diener sein").

Fan „begeisterter Anhänger": Das Wort wurde im 20. Jh. aus gleichbed. *engl.* fan entlehnt. Dies ist eine Kurzform von fanatic (vgl. *fanatisch*).

Fanal „[Feuer-, Flammen]zeichen": Das Wort wurde um 1800 aus *frz.* fanal „Leuchtfeuer, Feuerzeichen" (gleichbed. *it.* fanale) entlehnt, das seinerseits – vielleicht durch *arab.* Vermittlung – auf *griech.* phānós „Leuchte, Fackel" zurückgeht. Das *griech.* Wort gehört zu dem in phaínesthai „leuchten, glänzen; erscheinen" vorliegenden Verbalstamm pha-n- „leuchten"; vgl. *Phänomen*.

fanatisch „eifernd, sich rücksichtslos einsetzend, schwärmerisch": Das seit dem 16. Jh. bezeugte Adjektiv wurde wie entsprechend *frz.* fanatique und *engl.* fanatic (s. auch *Fan*) aus gleichbed. *lat.* fanaticus entlehnt. Bis ins 19. Jh. galt es allerdings ausschließlich im Sinne von „religiös schwärmerisch". Erst dann entwickelte sich unter Einfluß von *frz.* fanatique die heute gültige allgemeine Bedeutung, und zwar zunächst im Bereich der Politik. – *Lat.* fanaticus ist ein Sakralwort und bedeutet eigentlich „von der Gottheit ergriffen und in rasende Begeisterung versetzt". Es gehört wie *lat.* pro-fanus „vor dem heiligen Bezirk liegend, ungeheiligt, gemein, ruchlos" (↑profan) zu dem mit *lat.* feriae „dem Gottesdienst bestimmte geschäftsfreie Tage, Feiertage" (vgl. *Feier*) verwandten Substantiv *lat.* fanum (< *fas-no-m) „der Gottheit geweihter Ort, Tempel". – Dazu noch: **Fanatiker** „Eiferer, [Glaubens]schwärmer" (18. Jh.); **Fanatismus** „blinde, hemmungslose Begeisterung" (19. Jh.; *nlat.* Bildung nach *frz.* fanatisme).

Fanfare: Der Name der einfachen Trompete ohne Ventile wurde im 18. Jh. aus gleichbed. *frz.* fanfare entlehnt, dessen Herkunft nicht gesichert ist.

fangen: Die *nhd.* Präsensformen des Verbs bestehen erst seit dem 16. Jh. Sie haben ihr -n- nach *niederd.* Vorbild (*mnd.* vangen) aus dem Präteritum und dem 2. Part. übernommen. Das *gemeingerm.* starke Verb, ursprünglich reduplizierend (vgl. *got.* faífāh „er fing"), lautete *mhd.* va[he]n, *ahd.* fāhan, *got.* fāhan, *aengl.* fōn, *schwed.* få und gehört zu der unter ↑*Fach* behandelten Sippe. Seine Grundbedeutung ist „greifen, fassen". – Um das Verb gruppieren sich die Ableitungen **Gefangene** usw. (*mhd.* gevangen), **Gefangenschaft** (*mhd.* gevangenschaft) und **Gefängnis** (*mhd.* [ge]vancnisse, [ge]vencnisse „Gefangennahme, -schaft", im 15. Jh. für den Ort des Gefangenseins), ferner die Präfixbildungen und Zusammensetzungen ↑anfangen, ↑empfangen, ↑umfangen und [sich] **verfangen** (*mhd.* [sich] vervāhen „zusammenfassen, sich festfangen") mit dem Adjektiv **verfänglich** „Schwierigkeiten verursachend, unangenehm" (*mhd.* vervenclich „tauglich, wirksam", seit dem 17. Jh. im heutigen Sinne). Abl.: **Fang** (*mhd.* vanc); beachte Zusammensetzungen wie **Rauchfang**

(15. Jh.) und **Windfang** (*mhd.* wintvanc) und weidmännisch 'den Fang geben' „verletztes Wild mit dem Messer töten" (16. Jh.); ebenfalls weidmännisch ist die Verwendung von 'Fang' im Sinne von „Maul des Raubwildes" und „Raubvogelklaue" (vgl. *engl.* fang „Reißzahn, Hauer"); **Fänger** (16. Jh.; meist in Zusammensetzungen wie 'Tierfänger, Fliegenfänger'; s. auch 'Hirschfänger' unter *Hirsch*).

Fantasie ↑Phantasie.

Farbe: *Mhd.* varwe, *ahd.* farawa, *niederl.* verf ist eine Substantivbildung zu dem im *Nhd.* untergegangenen Adjektiv *mhd.* var, varwer, *ahd.* faro, farawēr „farbig". Dieses Adjektiv gehört zu der *idg.* Wurzel *perk̂- „gesprenkelt, bunt", zu der sich z. B. auch das unter ↑*Forelle* behandelte Wort sowie *griech.* perknós „buntfarbig, dunkel[fleckig]" und *aind.* pŕ̥śni-ḥ „gefleckt, bunt" stellen. Ursprünglich bezeichnete 'Farbe' nur die Eigenschaft eines Wesens oder Dinges, erst in *mhd.* Zeit auch den pflanzlichen oder mineralischen Farbstoff (besonders die Schminke). Seit alters ist die Farbe Erkennungszeichen. So kann der *Plural* Farben auch für „Wappen, Fahne" stehen (z. B. 'die deutschen Farben'). Dagegen meint 'Farbe bekennen' „seine wirkliche Meinung sagen" eigentlich die ausgespielte Farbe des Kartenspiels, die der Gegenspieler bedienen muß. Abl.: **...farben** (z. B. in 'gold-, rosen-, fleischfarben'; älter *nhd.* -farb hatte *mhd.* var „farbig, aussehend nach" fortgesetzt und wurde dann nach Mustern wie 'golden, seiden' umgebildet); **färben** (*mhd.* verwen, *ahd.* farawen „ein Aussehen geben, färben", *mhd.* auch „schminken"), dazu **Färber** (*mhd.* verwære; der Schönfärber färbte mit hellen, der Schwarzfärber mit dunklen Farben; daher noch **Schönfärberei** für „zu günstige Darstellung"); **farbig** (älter *nhd.* farbicht, seit der Mitte des 19. Jh.s nach *engl.* coloured auch für die Hautfarbe der Angehörigen einer nichtweißen Rasse gebräuchlich); **farblich** „die Farbe betreffend" (19. Jh.).

Farce „Posse": Das Substantiv wurde um 1600 aus gleichbed. *frz.* farce entlehnt, das später (im 18. Jh.) auch in seiner Grundbedeutung „Fleischfüllsel" als Fachwort der Gastronomie übernommen wurde. Die Bedeutungsentwicklung erklärt sich daraus, daß Possenspiele oft zwischen die einzelnen Akte eines ernsten Schauspiels eingeschoben wurden, um mit ihren komischen, burlesken Einfällen die Zwischenpausen „auszufüllen". – *Frz.* farce geht zurück auf *vlat.* *farsa, das zu *lat.* farcire „hineinstopfen" gehört (s. auch *Infarkt*). Zu *lat.* farcire gehört wohl auch *lat.* frequens „häufig, zahlreich" (↑Frequenz), vermutlich in einem ursprünglichen Sinne von „gestopft voll".

Farm „landwirtschaftl. Großbetrieb (besonders in den USA); Hof für Geflügel- oder Pelztierzucht": Das Substantiv wurde im 19. Jh. aus *engl.-amerik.* farm entlehnt, das ursprünglich ein gegen „festen Preis" verpachtetes Landgut bezeichnet und auf *afrz.* (= *frz.*) ferme zurückgeht. Dies ist eine Bildung zu *frz.* fermer „zumachen, schließen", das hier im Sinne von „bindend vereinbaren" steht. Über das vorausliegende Verb *lat.* firmare „festmachen, sichern" vgl. *firm.* Abl.: **Farmer** (19. Jh.; aus *amerik.* farmer).

Farn: Der *westgerm.* Pflanzenname *mhd., ahd.* farn, *niederl.* varen, *engl.* fern ist z. B. verwandt mit *aind.* parṇá-m „Flügel, Feder, Blatt". Die Pflanze ist also nach ihren federartigen Blättern benannt worden. *Nhd.* gilt meist **Farnkraut** (15. Jh.).

Fasan: Der Fasan wurde den Deutschen (wie der Vogel ↑³Strauß und der ↑Pfau) durch die Römer bekannt. *Lat.* phasianus, das selbst auf *griech.* (órnis) Phāsianós „Vogel, der in der Gegend des Flusses Phasis (am Schwarzen Meer) lebt" zurückgeht, wurde vor 800 entlehnt zu *ahd.* *fasiān und verdeutlichend als fasihōn, fasihuōn „Fasanhuhn" wiedergegeben. An dessen Stelle trat im 12. Jh. die auf dem entsprechenden *afrz.* (*frz.*) faisan beruhende Form fasān. Abl.: **Fasanerie** „Fasanengehege" (im 18. Jh. nach *frz.* faisanderie gebildet).

Fasching: Die *südd.*, ursprünglich *bayr.-österr.* Bezeichnung der Fastnacht (s. d.) und der ihr vorausgehenden Festzeit erscheint im 13. Jh. als vaschanc, vastschang. Das *mhd.* Wort ist eine Umbildung von *vast-ganc (vgl. *mnd.* vastganc) „Fastenprozession" nach *mhd.* schanc „Schenken" und wurde als „Ausschenken des Fastentrunks" verstanden (vgl. *fasten* und *Schank*). Das auch als Freudenruf 'oho, vaschang!' bezeugte Wort wurde dann im 17. Jh. an die Wörter auf -ing angeglichen.

Faschismus: Nach dem 1. Weltkrieg wurde in Italien von Mussolini ein (revolutionärer) Kampfbund mit antidemokratischen, antiparlamentarischen Zielen gegründet, der sogenannte 'Fascismo'. Nach dessen Vorbild bezeichnete man später jede ähnliche Bewegung totalitären und rechtsradikalen Charakters mit dem aus *it.* Fascismo entlehnten Substantiv Faschismus. *It.* Fascismo ist abgeleitet von *it.* fascio „[Ruten]bündel", das seinerseits auf gleichbed. *lat.* fascis zurückgeht. Das Rutenbündel mit Beil war nämlich Symbol altrömischer Herrschergewalt und wurde als solches von den Anhängern des Fascismo übernommen und als Abzeichen getragen. – *Lat.* fascis „[Ruten]bündel" ist etymologisch nicht sicher gedeutet. Abl.: **Faschist** „Anhänger des Faschismus" (20. Jh.; aus *it.* fascista); **faschistisch** (20. Jh.).

faseln „wirr reden, plappern": Das nur *dt.* Verb erscheint erst im 17. Jh. neben einfachem fasen „irrereden". Im *germ.* Sprachbereich sind vielleicht verwandt *mnd.* vāse „Torheit, Unsinn" (16. Jh.), *norw.* fesja „Geschwätz", *aisl.* arga-fas „dummer Streich". Die weitere Herkunft dieser Wörter ist nicht geklärt. Dazu **Faselei, Faseler** und **Faselhans** (18. Jh.).

Faser: *Spätmhd.* vaser „Franse" ist eine Weiterbildung des *westgerm.* Wortes *mhd.* vase „loser Faden, Franse, Saum", *ahd.* faso, fasa, älter *niederl.* vēse, *aengl.* faes[n] (*nhd.* Fase ist jetzt veraltet, doch beachte noch die Verkleinerungsbildungen 'Fäschen, Fäslein'). Als „im Winde wehender Faden" gehört das Substantiv mit verwandten Wörtern in anderen *idg.* Sprachen zu der *idg.* Wurzel *pē̆s- „blasen, wehen", vgl. z. B. *aisl.* fǫnn „Schneewehe" und *russ.* pasmo „Garnsträhne"). Abl.: **faserig** (im 17. Jh. fasericht); **fasern** „Fasern ausziehen, absondern" (17. Jh.), dazu **zerfasern** (im 16. Jh. zerfäsern). Zus.: **fasernackt** „nackt bis auf die letzte Faser" (im 17. Jh. fasennackt, jetzt gewöhnlich verstärkt zu **splitterfasernackt,** ↑Splitter).

Faß: Das *westgerm.* Substantiv *mhd., ahd.* vaz̧, *niederl.* vat, *engl.* vat beruht mit verwandten Wörtern in anderen *idg.* Sprachen auf *idg.* *pē̆d-, *pō̆d- „Gefäß, Behälter", vgl. z. B. *lit.* púodas „Topf". Aus dem *germ.* Sprachbereich stellt sich z. B. ↑[2]Fessel „Band" (eigentlich wohl „Geflochtenes") zu dieser Wurzel. 'Faß' bedeutete demnach ursprünglich „geflochtenes, umwundenes Behältnis" (die älteste Töpferei schmierte Ton über rund geflochtene Körbe). Die Grundbedeutung bleibt noch lange ganz allgemein „Behältnis" (vgl. *schwed.* fat „Gefäß" und *mhd.* vaz̧, das auch „Kleidertruhe, Sarg" bedeutete). Nachklänge sind 'Salz-, Tintenfaß' u. a. Von 'Faß' abgeleitet ist ↑fassen. Zus.: **Faßbinder** *landsch.* für „Böttcher, Küfer, Büttner" (*mhd.* [vaz̧]binder; vgl. *binden*).

Fassade „Vorderseite; Ansicht": Das Fremdwort wurde im 18. Jh. aus *frz.* façade entlehnt, das selbst auf *it.* facciata zurückgeht, eine Ableitung von *it.* faccia „Vorderseite", das seinerseits auf *vlat.* *facia zurückgeht, das für *klass.-lat.* facies „Mache, Aufmachung; Gestalt, Aussehen usw." steht (vgl. hierüber den Artikel *Fazit*).

fassen: Das *altgerm.* Verb *mhd.* vaz̧z̧en, *ahd.* faz̧z̧ōn „ergreifen, fangen; einfassen; zusammenpacken, aufladen; kleiden, schmücken", *niederl.* vatten „fassen, ergreifen; verstehen", *aengl.* fatian „holen; eine Frau ins Haus holen, heiraten", *aisl.* fata „den Weg finden" läßt als Ableitung von ↑*Faß* „Gefäß" die Grundbedeutung „in ein Gefäß tun" erkennen, die auch in Verwendungen wie 'der Krug faßt 2 Liter' noch deutlich wird. An die Bed. „ergreifen (und festhalten)" schließt sich die übertragene Bedeutung von 'fassen' „geistig begreifen" an, beachte die Bildungen **auffassen** und **erfassen,** ferner auch **abfassen** „in schriftliche Form bringen", sich mit etwas **befassen** „beschäftigen" und **verfassen** (s. u.). Aus der *mhd.* Bed. „kleiden" (↑Fetzen) stammt *nhd.* 'sich fassen' mit dem Part. **gefaßt** „bereit, gesammelt", eigentlich „gerüstet". Auch edle Steine werden gefaßt und das Substantiv **Fassung** (*mhd.* vaz̧z̧unge „Gefäß, Bekleidung, Schmuck") kann ebensogut das geistige Bereitsein wie das Werk des Juweliers bezeichnen. Weitere Ableitungen und Präfixbildungen: **faßlich** „begreifbar, der Fassungskraft angemessen" (17. Jh.), ähnlich **faßbar** (19. Jh.), dazu **unfaßbar** (17. Jh.); **verfassen** (*mhd.* vervaz̧z̧en „in sich aufnehmen; etwas vereinbaren"; in der Rechtssprache „schriftlich niederlegen"; die jetzige Bed. „gestaltend niederschreiben" erst bei Luther), dazu **Verfasser** (17. Jh.; gekürzt aus 'Schriftverfasser' „Autor") und **Verfassung** (14. Jh.; *mhd.* vervaz̧z̧unge „schriftliche Darstellung, Vertrag"; seit dem 18. Jh. im Sinne von „Staatsgrundgesetz" und von „Zustand, Bereitschaft [eines Menschen]").

Fasson „Form, Muster; [Zu]schnitt": Das Fremdwort wurde im 16. Jh. aus gleichbed. *frz.* façon entlehnt, das auf *lat.* factio (factionem) „das Machen; die Eigenart, etwas zu tun" zurückgeht (vgl. *Fazit*).

Fassung ↑fassen.

fast: *Mhd.* vaste, *ahd.* fasto ist das umlautlose Adverb zu ↑*fest* (wie etwa 'schon' neben 'schön' steht). Aus den *mhd.* Bedeutungen „fest, eng anschließend; nahe; stark, sehr" hat sich *frühnhd.* zunächst die Bed. „sehr" durchgesetzt; jetzt wird 'fast' im Sinne von „beinahe" verwendet und hat in dieser Verwendung gleichbed. 'schier' (s. d.) verdrängt. Den Übergang bildeten Fügungen wie 'fast alle', 'fast nicht[s]', in denen die überflüssige Verstärkung des zweiten Worts als Zeichen der Ungewißheit angesehen wurde.

fasten: Das *gemeingerm.* Verb *mhd.* vasten, *ahd.* fastēn, *got.* [ga]fastan, *engl.* to fast, *schwed.* fasta ist abgeleitet von dem unter ↑*fest* behandelten Adjektiv und bedeutete im *Got.* zunächst „[fest]halten, beobachten, bewachen". Wahrscheinlich ist der wichtige christliche Begriff der Enthaltsamkeit zuerst von der ostgotischen Kirche in dieses Wort gelegt worden (zuerst im Sinne von „an den [Fasten]geboten festhalten") und hat sich von da schon im 5. Jh. zu den anderen *germ.* Stämmen und den Slawen (*aslaw.* postiti „fasten") ausgebreitet. Abl.: [1]**Fasten** (substantivierter Infinitiv, *mhd.* vasten); [2]**Fasten** „Fastenzeit" (*mhd.* vaste, *ahd.* fasta). Siehe auch die Artikel *Fasching* und *Fastnacht.*

Fastnacht: Der Tag vor Aschermittwoch heißt als „Vorabend der Fastenzeit" um 1200 *mhd.* vastnaht (Nacht in der Bed. „Vorabend"). In dem später bezeugten *mhd.* vas[e]naht (dem heute *oberd.* und *mittelrhein.* Fas[e]nacht entsprechen) ist die Aussprache erleichtert. Offen bleibt, ob ein z. B. in *frühnhd.* faseln „gedeihen, fruchtbar sein" (noch *rhein., oberd. mdal.)* enthaltener Stamm mit der Bed. „Fruchtbarkeit" hereingespielt hat, vgl. die *rhein.* Formen 'Fasabend, Fas[t]elabend'. Die Fastnacht ist, wie vielgestaltiges ländliches Brauchtum in fast allen *dt.* Landschaften zeigt, als altes Vorfrühlings- und Fruchtbarkeitsfest gefeiert worden, lange bevor sie im 12. Jh. durch die Kirche auf die Zeit vor den Fasten begrenzt wurde.

faszinieren „entzücken, bezaubern": Das Verb wurde im 18. Jh. aus *lat.* fascinare „beschreien, behexen" entlehnt, dessen Vorgeschichte nicht eindeutig geklärt ist. Dazu das Substantiv **Faszination** „Bezauberung" (aus *lat.* fascinatio „Beschreiung, Behexung").

fatal „verhängnisvoll; peinlich": Das Adjektiv wurde im 16. Jh. aus *lat.* fatalis „vom Schicksal bestimmt; verderbenbringend" entlehnt, das von *lat.* fatum „Schicksalsspruch" abgeleitet ist. Dies gehört zu der unter ↑*Bann* dargestellten *idg.* Wortsippe von *bhā- „sprechen", die im *Lat.* durch fa-ri „sprechen, feierlich sagen" und die dazugehörigen Ableitungen und Weiterbildungen vertreten ist. Neben den schon genannten Wörtern fatum und fatalis sind von Interesse: *lat.* fama „Gerücht“, dazu famosus „berüchtigt“ (s. hierzu die Fremdwörter *famos, diffamieren, infam*); *lat.* fabula „Rede, Gerede, Erzählung“ (↑Fabel); *vlat.* Fata „Schicksalsgöttin; Fee“, das den Wörtern ↑*Fee*, ↑*gefeit* (feien) und ↑*Fata Morgana* zugrunde liegt; *lat.* infans „was noch nicht sprechen kann, Kind“ (↑infantil, Infanterie); ferner *lat.* fateri „bekennen“ mit den Komposita confiteri „eingestehen“ (↑Konfession), profiteri „öffentlich erklären“ (↑Professor, Profession, Professur, professioniert, Profi). – Unmittelbar von *lat.* fatalis abgeleitet sind die *nlat.* Bildungen des 20. Jh.s: **Fatalismus** „Schicksalsglaube, völlige Ergebung in die Macht des Schicksals“, **Fatalist** „wer sich dem Schicksal ausgeliefert fühlt“, **fatalistisch** „vom Schicksalsglauben geprägt“.

Fata Morgana „Sinnestäuschung auf Grund von Luftspiegelungen“: Das seit dem 18./19. Jh. bezeugte Wort ist aus dem *It.* entlehnt. Es ist dort eigentlich der Name einer geheimnisvollen „Fee Morgana“ (*it.* fata ist identisch mit ↑*Fee*), auf die der Volksglaube jene Naturerscheinung zurückführt, die in der Straße von Messina häufig zu beobachten ist.

Fatzke: Der *ugs.*, um 1900 von Berlin ausgegangene Ausdruck für „eitler, arroganter Mann“ ist wohl eine Bildung mit dem *niederd.* Verkleinerungssuffix -ke (wie in ‘Piefke, Steppke, Raffke’) zu dem heute veralteten Verb fatzen „verspotten, necken“. Dieses Verb ist von älter *nhd.* Fatz „Witz, Spötterei“ (aus *lat.* facetia „Witz, Scherz“) abgeleitet.

fauchen, (*südd.* und *österr.:*) pfauchen: *Mhd.* pfūchen stellt sich zu der Interjektion pfūch, die den drohenden Laut der Katze und anderer Tiere wiedergibt. Im *Nhd.* hat sich der *ostmitteld.* f-Anlaut durchgesetzt.

faul „in Verwesung, Gärung übergegangen; verdorben (und dadurch ungenießbar)“: Das *gemeingerm.* Adjektiv *mhd.* vūl, *ahd.* fūl, *got.* fūls, *engl.* foul, *schwed.* ful bedeutet eigentlich „stinkend, modrig“. Es beruht auf einem *idg.* Verbalstamm *pū „faulen, stinken“, dem wohl ein lautmalendes *pu „pfui!“ zugrunde liegt. Unerweitert erscheint der Stamm z. B. in *aisl.* fūi „Fäulnis“, fūinn „verfault“, weitergebildet in ↑Fotze. Als Schelte des Trägen (schon *mhd.*) ist ‘faul’ ursprünglich schärfer gemeint als heute, wie noch *ugs.* ‘stinkfaul’ zeigt. Den Sinn „verdorben, schlecht“ hat es in ‘faule Witze’ und „nachlässig, säumig“ in ‘fauler Kunde’. Eine Sonderbedeutung zeigt das *engl.* Sportwort ↑foul. Abl.: **Fäule** „Fäulnis“ (*mhd.* viule, *ahd.* fūlī); **faulen** (*mhd.* vūlen, *ahd.* fūlēn); **faulenzen** „träge sein“ (16. Jh.; *ostmitteld.;* eigentlich „faulig schmecken, riechen“ wie *mhd.* vūlezen), dazu **Faulenzer** (16. Jh.); **Faulheit** „Unlust zu arbeiten; Trägheit“ (*mhd.* vūlheit); **faulig** „im Faulen begriffen“ (*nhd.* für *mhd.* vūl-lich); **Fäulnis** „Zustand des Faulens“ (*mhd.* vūlnis, *ahd.* fūlnussi). Zus.: **Faulbaum** (*ahd.* fūlpoum, nach dem fauligen Geruch der Rinde); **Faulpelz** (im 16. Jh. *schweiz.*); **Faultier** (das südamerikanische Säugetier heißt *nhd.* im 17. Jh. ‘das faul Thier’ nach gleichbed. *span.* perezoso [eigentlich „das Träge, Schwerfällige“]; vom Menschen erst im 19. Jh.).

Faun „lüsterner Mensch“: Das Wort ist eine Eindeutschung des 18. Jh.s von *lat.* Faunus, dem Namen eines weissagenden Feld- und Waldgottes, der dem *griech.* Pan (↑panisch) angeglichen wurde und dessen charakteristische Züge eines bocksfüßigen, von Triebhaftigkeit beherrschten Waldgottes annahm. Das *lat.* Wort Faunus ist ohne überzeugende Etymologie. Abl.: **faunisch** „lüstern“ (nach *lat.* Faunius). – Hierher gehört noch das Substantiv **Fauna** „Tierwelt [eines bestimmten Gebietes]“: Die Frau oder Schwester des Gottes Faunus heißt *lat.* Fauna. Sie hat entsprechend die Funktion einer die Fruchtbarkeit von Feld und Vieh – und der Tiere überhaupt – fördernden Göttin. Ihr Name erscheint seit dem 18. Jh. allegorisch als Titelstichwort auf zoologischen Büchern, woraus sich dann die Bezeichnung für „Tierwelt“ entwickelt hat.

Faust: Das nur im *Westgerm.* bezeugte Wort *mhd.* vust, *ahd.* fūst, *niederl.* vuist, *engl.* fist ist verwandt mit der *slaw.* Sippe von *russ.* pjast’ „flache Hand“, älter „Faust“. Vielleicht gehören die Wörter zu dem unter ↑*fünf* behandelten Zahlwort und bedeuten eigentlich „Fünfzahl der Finger“. Abl.: **Fäustel** „schwerer Bergmannshammer“ (16. Jh.); **fausten** „mit der Faust stoßen“ (*oberd.* im 18. Jh., aber schon *ahd.* fustōn; jetzt besonders beim Fußballspiel); **Fäustling** „Fausthandschuh“ (*mhd.* viustelinc, *ahd.* fūstiling). Zus.: **faustdick** (18. Jh.; erst später bildlich gebraucht); **Faustpfand** „Pfand, das der Gläubiger in die Faust bekommt“ (18. Jh.); **Faustrecht** „Recht des Stärkeren“ (im 16. Jh. für die Austragung von Streitigkeiten ohne Richter).

Fauteuil: Das Wort für „Armstuhl, Lehnstuhl“ wurde im 18. Jh. aus *frz.* fauteuil entlehnt, das sich aus älterem faldestueil, faldestoel entwickelt hat und ursprünglich einen bequemen „zusammenklappbaren Sessel“ bezeichnete. Quelle des *frz.* Wortes ist *afränk.* *faldistōl „Faltstuhl“ (vgl. den Artikel *falten*).

Fauxpas: Das Fremdwort für „Taktlosigkeit, gesellschaftlicher Verstoß“ wurde im 18. Jh. aus *frz.* faux pas „Fehltritt“ entlehnt (vgl. *falsch*).

Favorit „Günstling, Liebling; Wettkämpfer mit den größten Erfolgsaussichten“, dazu als weibliche Form ‘Favoritin’: Das Substantiv wurde im 16./17. Jh. entlehnt aus *frz.* favori (favorite) „beliebt; Günstling“, das auf *it.* favorito „Begünstigter“ zurückgeht. Populär wurde das Wort jedoch erst im 20. Jh. durch seine Verwendung in der Sportsprache, die zuerst im Pferderennsport auftritt und von *engl.* favourite ausgeht. – *It.* favorito gehört zu favorire „begünstigen“, das seinerseits von *it.* favore „Gunst“ abgeleitet ist. Dies geht zurück auf *lat.* favor „Gunst“ (zu *lat.* favere „gewogen sein, begünstigen“). Dazu: **favorisieren** „begünstigen; zum Favoriten erklären“ (17. Jh.; aus *frz.* favoriser).

Faxe „dummer Spaß“ (meist *Plural:* Faxen): *Mdal.* Fack[e]s, Faksen (18. Jh.) ist gekürzt aus ‘Fickesfackes’ „Possen“, einer Ableitung zu ‘fickfacken’ „hin und her laufen“ (↑ficken), das besonders auf die Possenreißer der Jahrmärkte angewendet wurde. Abl.: **Faxenmacher** (18. Jh.).

Fazit „Ergebnis; Schlußfolgerung“: Das seit dem 16. Jh. bezeugte Wort stammt aus dem Rechnungswesen bzw. der Kaufmannssprache. Es ist substantiviert aus *lat.* facit „es macht ...“, der 3. Pers. Sing. Präs. Akt. von *lat.* facere „machen, tun“, das zu der unter ↑*tun* dargestellten *idg.* Wortsippe gehört. – Zu *lat.* facere (feci, factum) stellen sich zahlreiche Ableitungen und Komposita, die in unserem Fremdwortschatz eine Rolle spielen. Vom Partizipialstamm fact(um) gehen aus die Fremdwörter ↑Faktum, Fakt, faktisch, de facto, ↑Faktor, Faktorei, ↑Kalfakter, ↑Faktur[a], Fakturist, fakturieren, ↑Manufaktur, ↑Feature, ferner das auf *lat.* facticius „künstlich zurechtgemacht“ zurückgehende Lehnwort ↑Fetisch (Fetischismus, Fetischist). Der Präsensstamm von *lat.* facere erscheint im Adjektiv *lat.* facilis (älter: facul) „machbar, ausführbar; leicht zu tun, leicht“ – dazu als Gegenbildung *lat.* difficilis „schwer zu tun, schwierig“ (↑diffizil) – und in dem davon abgeleiteten Substantiv *lat.* facultas „Fähigkeit (etwas zu tun), Vermögen; Möglichkeit“, das im *Mlat.* nach *griech.* dýnamis die zusätzliche Bed. „Wissens-, Forschungsgebiet“ entwickelte (↑Fakultät, fakultativ). Der Imperativ von facere, *lat.* fac „mache!“ ist Bestimmungswort in den Fremdwörtern ↑Faktotum und ↑Faksimile. Von besonderem Interesse sind ferner die Nominalbildungen *lat.* factio „das Machen, Treiben; das Recht oder die Eigenart, etwas zu machen“ (↑Fasson und ↑fesch) und *lat.* facie (= *vlat.* *facia) „Mache, Aufmachung; Gestalt, Form; Aussehen, Gesicht“ (↑Fassade und ↑Facette). Von den zahlreichen Bildungen zu ‘facere’ sind zu erwähnen: *lat.* af-ficere „hinzutun, versehen mit; Eindruck machen, in eine Stimmung versetzen“ (↑affektiert, Affekt), *lat.* conficere „fertigmachen, zustande bringen, zubereiten“ (↑Konfekt, ↑Konfektion, ↑Konfetti, ↑Konfitüre), *mlat.* contra-facere „nachmachen, nachbilden“ (↑Konterfei, konterfeien), *lat.* deficere „sich losmachen; abnehmen, fehlen, mangeln“ (↑Defizit, ↑defekt, Defekt), *vlat.* *disfacere (> *frz.* défaire) „abmachen, vernichten“ (↑Defätismus, Defätist), *lat.* ef-ficere „hervorbringen, bewirken“ (↑Effekt, effektiv, Effet), *vlat.* *cale-fare (= *lat.* cale-facere) „warm machen, einheizen“ (↑Kalfakter, ↑Chauffeur, chauffieren, ↑echauffiert), *lat.* in-ficere „hineintun; vergiften, anstecken“ (↑infizieren, desinfizieren, ↑Infektion, ↑infektiös), *lat.* per-ficere „durch und durch machen, fertigmachen, zustande bringen, vollenden“ (↑perfekt, Perfektion, Perfekt, Imperfekt, Plusquamperfekt), *lat.* pro-ficere „fortmachen, vorwärtskommen; Erfolg haben, gewinnen“ (↑Profit, profitieren); *lat.* suf-ficere „daruntermachen, nachfügen; hinlänglich zu Gebote stehen, genügen“ (↑süffisant). Beachte schließlich noch die in diesen Zusammenhang gehörenden Fremdwörter ↑Affäre, ↑Offizier und ↑offiziell.

Feature („für Funk oder Fernsehen aufgemachter) Dokumentarbericht“: Das Fremdwort wurde im 20. Jh. aus gleichbed. *engl.* feature (*mengl.* feture), eigentlich „Aussehen, charakteristischer Grundzug“ entlehnt, das über *afrz.* faiture auf *lat.* factura „das Machen, die Bearbeitung“ zurückgeht (vgl. *Fazit*).

Februar: Der zweite Monat des Jahres heißt bis zum 16. Jh. ↑Hornung oder Sporkel. Diese Namen werden durch ‘Februar’ verdrängt, der *österr.* auch als ‘Feber’ erscheint (wie Jänner zu ↑Januar). Das vorausliegende *lat.* (mensis) Februarius „Reinigungsmonat“ benennt den letzten Monat des mit dem 1. März beginnenden altrömischen Jahres nach den Reinigungs- und Sühneopfern, die in seiner zweiten Hälfte für die Lebenden und Abgeschiedenen veranstaltet wurden. Zugrunde liegt *lat.* februare „reinigen“, februum „Reinigungsmittel“.

fechten: Das *westgerm.* Verb *mhd.* vehten, *ahd.* fehtan, *niederl.* vechten, *engl.* to fight ist wahrscheinlich verwandt mit *lat.* pectere „kämmen“, *griech.* péktein „kämmen“ und *lit.* pèšti „rupfen, zausen“ (vgl. *Vieh*), hat also seine Bedeutung wie ↑raufen (ursprünglich „[sich] an den Haaren reißen“) entwickelt. Die allgemeine Bedeutung „kämpfen, streiten“ ist erst im *Nhd.* auf den Kampf mit der blanken Waffe begrenzt worden (heute besonders als Sport). Die ritterliche Fechtkunst, heute noch in Verbindungen studentischer Brauch, haben seit dem ausgehenden Mittelalter die Handwerkerbruderschaften gepflegt. Später zeigten wandernde Handwerksburschen für Geld ihre Künste, und so erscheint im 17. Jh. *rotw.* fechten für ‘betteln’, später auch **Fechtbruder** für „Bettler“. Abl.: **Fechter** (*mhd.* vehter „Kämpfer“); **Fuchtel, fuchtig** (s. d.); **Gefecht** (*mhd.* gevehte, *ahd.* gifeht; heute noch militärisch für „kleinere Kampfhandlung“). Um ‘fechten’ gruppieren sich **anfechten** „bestreiten; beunruhigen“ (*mhd.* anevehten „gegen jemanden kämpfen; beunruhigen; jemandem etwas abgewinnen“; *ahd.* anafehtan „[an]kämpfen, schlagen“), **ausfechten** (schon im 16. Jh. übertragen) und **verfechten** (*mhd.* vehten „fechtend verteidigen“).

Feder: Das *altgerm.* Substantiv *mhd.* veder[e], *ahd.* fedara, *niederl.* veder, *engl.* feather, *schwed.* fjäder beruht (ebenso wie das andersgebildete, unter ↑*Fittich* behandelte Wort) mit verwandten Wörtern in anderen *idg.* Sprachen auf der *idg.* Wurzel *pet- „auf etwas los- oder niederstürzen, hinschießen, fliegen“, vgl. z. B. *griech.* pterón „Feder, Flügel“, *griech.* pétesthai „fliegen“, *griech.* píptein „fallen“ (↑Symptom), *lat.* penna (*petna) „Feder“ (↑Pennal), *lat.* petere „losgehen, zu erlangen suchen“ (↑Appetit). – Da große Vogelfedern mit ihrem hohlen Kiel seit dem frühen Mittelalter zum Schreiben dienten, nannte man auch die im 16. Jh. erfundene, aber erst im 19. Jh. durchgängig verwendete metallene Schreibfeder so. Für die Benennung elastischer Metallstäbe oder -blätter (‘Uhr-, Sprung-, Spiral-, Blattfeder’ usw., beachte auch 'Triebfeder') war im 17. Jh. wohl die Biegsamkeit der Vogelfeder der Ausgangspunkt. Abl.: **federn** „elastisch schwingen" (19. Jh.; doch kennt schon das 18. Jh. Federkraft für „Elastizität"; *mhd.* videren, *ahd.* fideran „mit Federn versehen" lebt im Adjektiv **gefiedert** und in botanischen Fachwörtern wie **Fiederblatt** fort). Zus.: **Federball** „mit kleinen Federn versehener Ball" (18. Jh.; heute häufig für 'Badminton'); **Federfuchser** „Schreiberling" (18. Jh.; vgl. *fuchsen* unter 'Fuchs'); **Federhalter** „Schreibgerät" (19. Jh.); **Federlesen** (in: 'nicht viel Federlesens [d. h. Umstände] machen'; *spätmhd.* vederlesen, -klūben „Schmeichelei" meint eigentlich das beflissene Entfernen angeflogener Federn vom Kleid vornehmer Personen); **Federmesser** „Messer mit kleiner Klinge (ursprünglich zum Schneiden der Federkiele)" (17. Jh.); **Federweißer** „junger, noch gärender, milchig-trüber Wein" (wohl zu veraltetem Federweiß „Alaun", weil man früher dem Wein Alaun als Konservierungsmittel zugab).

Fee: Der seit dem 18. Jh. begegnende Name der Märchengestalt ist aus *frz.* fée „Fee, Zauberin" übernommen. Aus dem *Afrz.* war schon einmal um 1200 *mhd.* fei[e] „Fee" entlehnt worden, das jedoch in *frühnhd.* Zeit wieder verlorenging und nur noch in dem zu 'Fee' gehörenden veralteten Verb 'feien' (↑gefeit) nachwirkt. Quelle des *frz.* Wortes ist *vlat.* Fata „Schicksalsgöttin, Fee", das zu *lat.* fatum „Schicksal" (vgl. *fatal*) gehört.

fegen: Das *landsch.* Wort für „(mit dem Besen) kehren" ist bes. *nordd.*, aber auch *südwestd.* und *schweiz.;* doch gilt es im Süden meist für „scheuern, (naß) wischen". *Mhd., mnd.* vegen „fegen, putzen" ist ablautend verwandt mit *mniederl.* vāgen, *aisl.* fāga „reinigen, glänzend machen, schmücken". *Außergerm.* verwandt sind z. B. *lit.* puõšti, „schmücken" und *lett.* pùost „reinigen, säubern, putzen". Zus.: **Fegefeuer** (*mhd.* vegeviur ist Lehnübersetzung von *kirchenlat.* ignis purgatorius).

Fehde: Das heute nur noch in Wendungen wie 'mit jemandem in Fehde liegen' oder 'jemandem Fehde ansagen' für persönliche Streitigkeiten gebrauchte Wort ist durch die Ritterdichtung des 18./19. Jh.s wieder bekannt geworden. *Mhd.* vēhede, *ahd.* [gi]fēhida, *niederl.* veete, *aengl.* fǣhđ[u] „Feindschaft, Streit" ist eine *westgerm.* Bildung zu dem im *Nhd.* untergegangenen Adjektiv *mhd.* gevēch, *ahd.* gifēh „feindselig", *aengl.* fāh „feindlich; geächtet" (beachte auch *engl.* foe „Feind" und den Artikel ↑*feige*). Dieses Adjektiv beruht zusammen mit dem wohl verwandten *lit.* pìktas „böse, zornig" auf der *idg.* Wurzel *peik-, *poik- „feindselig". Die mittelalterliche Fehde war als Privatkrieg ursprünglich ein zulässiges Rechtsmittel und an die Einhaltung bestimmter Formen gebunden. So ist außer dem **Fehdebrief** (*mhd.* vēhedebrief) noch der zur Herausforderung geworfene **Fehdehandschuh** bekannt (die Zusammensetzung entstand erst im 18. Jh.; der Brauch ist schon *mhd.* bezeugt). Wer den Kampf verlor, mußte oft **Urfehde** schwören (*mhd.* urvēhe[de] „eidlicher Verzicht auf Rache", eigentlich „Heraustreten aus dem Fehdezustand"; vgl. *ur..., Ur...*). Das Verb **befehden** (*frühnhd.* befēhden) wurde mit dem Substantiv neu belebt.

fehlen: *Mhd.* vǣlen, vēlen ist wie *niederl.* falen und *engl.* to fail entlehnt aus *(a)frz.* fa[il]lir „verfehlen, sich irren". Dieses geht auf das etymologisch nicht sicher geklärte *lat.* fallere „täuschen" zurück, zu dem auch *lat.* falsus „falsch, irrig, unwahr" (↑falsch) gehört. Das *mhd.* Verb bedeutete wie das *frz.* „mit der Lanze verfehlen, vorbeischießen", „sich irren", „fehlschlagen" und „mangeln". Das verfehlte Ziel stand im Genitiv, später im Dativ mit 'an', woraus das unpersönliche 'es fehlt [mir] an ...' wurde. *Frühnhd.* tritt die übertragene Bed. „sündigen" auf. – Zu 'fehlen' stellt sich die Präfixbildung **verfehlen** „nicht treffen; verpassen, nicht erreichen" (schon *mhd.* vervǣlen), dazu **Verfehlung** „Vergehen" (17. Jh.). Etwas später als das Verb wurde *mhd.* vǣl[e] – *nhd.* **Fehl** – aus *afrz.* faille entlehnt; es kommt heute selbständig nur noch in der Fügung 'ohne Fehl', d. h. „Fehler" vor. In Zusammensetzungen wie 'fehlbitten, -gehen, -greifen, -schießen' ist es eigentlich Akkusativ. Die *nhd.* Substantive 'Fehlgeburt, Fehlbitte, -griff, -schuß, -tritt' sind Ableitungen aus solchen Verben. Auch das Adverb **fehl** (in 'er ist fehl am Platze') stammt aus dem Substantiv. Erst um 1500 erscheint **Fehler,** zunächst in der Bed. „Fehlschuß", seit dem 18. Jh. wie heute als „Versehen" ('Schreib-, Rechenfehler') und „bleibender Mangel". Die Adjektive **fehlbar** „schuldig" (17. Jh., noch *schweiz.*) und **unfehlbar** „nicht irrend; sicher" (17. Jh.) übersetzen *mlat.* fallibilis und infallibilis.

feien ↑gefeit.

Feier: Von *lat.* feriae „Festtage, geschäftsfreie Feiertage, Ruhetage", das in *frühnhd.* Zeit unser Fremdwort ↑Ferien lieferte, wurde im *Spätlat.* der Singular feria „Festtag, Feiertag; Fest" rückgebildet. Darauf beruht unser in *ahd.* Zeit entlehntes Substantiv 'Feier' (*mhd.* vīre, *ahd.* fīr[r]a „Festtag; Feier"). Das *lat.* Substantiv feriae (*alat.* fesiae) entstammt dem Bereich der Sakralsprache und bedeutete ursprünglich „die für religiöse Handlungen bestimmten Tage". Es gehört mit den verwandten Wörtern *lat.* festus „die für die religiösen Handlungen bestimmten Tage betreffend; festlich, feierlich" (↑Fest und die dazugehörigen Fremdwörter) und *lat.* fanum „heiliger, der Gottheit geweihter Ort; die für die religiöse Feier bestimmte Kultstätte" (↑fanatisch, Fanatiker, Fanatismus, ↑Fan und ↑profan) zu einer Nominalwurzel *fes-, *fas- „religiöse Handlung", die keine sicheren Entsprechungen im Außeritalischen hat. – Ableitungen und Zusammensetzungen: **feierlich** (*mhd.* vīrelich); **feiern** (*mhd.* vīren, *ahd.* fīrōn „einen Festtag begehen, feiern", nach gleichbed. *mlat.* feriare gebildet); **Feiertag** (*mhd.* vīretac, *ahd.* fīratag); **Feierabend** (*spätmhd.* vīrābent bedeutete ursprünglich „Vorabend eines Festes" und wurde dann auf „Ruhezeit nach der Arbeit am Abend" umgedeutet; s. hierzu *Abend*).

feig[e]: Die Grundbedeutung des *altgerm.* Adjektivs (*mhd.* veige, *ahd.* feigi, *niederl.* veeg, *aengl.* fǣge, *aisl.* feigr) war „dem Tode verfallen, unselig, verdammt“. Erst im 15. Jh. entwickelte sich, zuerst im *Mnd.* und *Ostmitteld.*, die Bed. „vor dem Tode, vor der Gefahr zurückschreckend, ängstlich“, die sich dann im *Nhd.* durchsetzte. Vielleicht gehört das *germ.* Adjektiv zur Sippe von ↑*Fehde:* der Friedensbrecher verfällt der Blutrache und Ächtung und damit dem Tode (beachte die Adjektive *ahd.* gifēh „feindselig“, *aengl.* fāh „feindlich, geächtet“ im Artikel *Fehde*). Abl.: **Feigheit** (*mhd.* veicheit „Unheil, Unseligkeit“; die Bedeutung hat sich in *nhd.* Zeit im Anschluß an das Adjektiv gewandelt); **Feigling** (um 1800).

Feige: Der Name der tropischen Südfrucht, *mhd.* vīge, *ahd.* fīga, beruht auf einer durch *aprov.* figa (daraus auch entspr. *frz.* figue) vermittelten Entlehnung aus *lat.* ficus (bzw. *vlat.* fica) „Feigenbaum; Feige“. Das *lat.* Wort selbst hängt zusammen mit *griech.* sȳkon „Feige“; vermutlich stammen beide (unabhängig voneinander) aus einer *voridg.* mittelmeerländischen oder kleinasiatischen Sprache. – Zus.: **Feigenblatt** (*mhd.* vīgen-blat; seit Luthers Bibelübersetzung übertragene Bezeichnung für „keusche Verhüllung der [weiblichen] Schamteile“); **Ohrfeige** (s. unter *Ohr*).

feil: Die *nhd.* Form des Adjektivs geht über *mhd.* veile zurück auf *ahd.* feili „käuflich“, dessen Zusammenhang mit gleichbed. *ahd.* fali und der *nord.* Sippe von *schwed.* fal „käuflich“ wegen des abweichenden Vokalismus unklar ist. Die letzteren Wörter sind sicher verwandt mit *griech.* pōleīn „verkaufen“, *lit.* peĩnas „Verdienst“ und *russ.* polon „Beute“ und stellen sich zu der *idg.* Wurzel *pel- „verkaufen, verdienen“. Das Adjektiv 'feil' ist heute veraltet; feste Verbindungen wie 'feile Dirne', 'feiler Sklave' stammen aus der alten Dichtersprache. Gebräuchlich sind noch die Zusammensetzungen **feilhalten** (*nhd.* für älteres feil haben, *mhd.* veile hān; s. auch 'Maulaffen' unter *Maul*) und **wohlfeil** (*mhd.* wol veile, wolveil „leicht zu kaufen, billig; häufig“). Abl.: **feilschen** „kleinlich um etwas handeln“ (*mhd.* veils[ch]en).

Feile: Die Herkunft der *altgerm.* Gerätebezeichnung *mhd.* vīle, *ahd.* fīhila, *niederl.* vijl, *engl.* file, *aisl.* fēl ist nicht geklärt. Ursprünglich war das Werkzeug wohl ein Reib- und Glättholz. Als die Germanen die eiserne Flachfeile zur Römerzeit kennenlernten, übertrugen sie den Namen auf sie. – Abl.: **feilen** (*mhd.* vīlen, *ahd.* fīhilon), auch übertragen für „einen Text formal und stilistisch glätten“, ebenso **ausfeilen** (*mhd.* ūzvīlen).

fein: Das den heutigen *germ.* Sprachen gemeinsame Adjektiv (*mhd.* fīn, *niederl.* fijn, *engl.* fine, *schwed.* fin) beruht auf Entlehnung aus *afrz.* (= *frz.*) fin „fein, zart“, das seinerseits aus einem zu *lat.* finis „Ende, Grenze“ (vgl. *Finale*) gehörenden *galloroman.* finus „Äußerstes; Bestes“ hervorgegangen ist. Diese übertragene Bedeutung ist auch schon für *lat.* finis in *klass.-lat.* Zeit bezeugt. – Abl.: **Feinheit** (15. Jh.); **feinern** „feiner machen“ (18./19. Jh.; vom Komparativ 'feiner' abgeleitet, gegenüber *mhd.* fīnen „fein machen“), dafür heute die Präfixbildung **verfeinern.** Siehe auch die Artikel *Finesse* und *raffiniert.*

Feind: Das *gemeingerm.* Substantiv *mhd.* vīant, vīnt, *ahd.* fīand, *got.* fijands, *engl.* fiend, *schwed.* fiende ist (ähnlich wie 'Freund' und 'Heiland') ein erstarrtes erstes Partizip mit der Grundbedeutung „der Hassende“. Das vorausliegende, im *Mhd.* untergegangene Verb *ahd.* fīēn „hassen“ (entsprechend *got.* fijan, *aengl.* fīon, *aisl.* fjā) führt mit verwandten Wörtern im *Aind.*, *Griech.* und *Lat.* (z. B. *lat.* pati „erdulden, leiden“, ↑Passion) auf die Wurzel *pē[i]-, „schädigen, weh tun, schmähen“. Das abgeleitete Verb 'feinden' (*spätmhd.* vinden) ist heute nur noch in **anfeinden** (16. Jh.) und **verfeinden,** sich (17. Jh.) gebräuchlich. Abl.: **feindlich** (*mhd.* vī[e]ntlich, *ahd.* fīantlīh; meist von der Gesinnung gesagt); **Feindschaft** (*mhd.* vī[e]ntschaft, *ahd.* fīantscaft). – Nach dem Muster anderer Bildungen auf ...selig (↑selig) erscheint *frühnhd.* **feindselig** (16. Jh., ursprünglich „verhaßt“, dann „gehässig“), dazu **Feindseligkeit** „feindlicher Sinn“ (*Plural:* „Kampfhandlungen“).

feinern; Feinheit ↑fein.

feist: Das ursprünglich *oberd.* Adjektiv *mhd.* veiz[e]t, *ahd.* feiz[z]it ist – wie das ursprünglich nur *niederd.* Gegenstück ↑fett – eigentlich das 2. Partizip eines im *Nhd.* untergegangenen Verbs *mhd.* veizen, *aengl.* fǣtan, *aisl.* feita „fett machen“. Dieses Verb ist abgeleitet von dem gleichfalls im *Nhd.* untergegangenen Adjektiv *mhd.* veiz[e], *mnd.* veit, *schwed.* fet „fett“. Zugrunde liegt eine Erweiterung der *idg.* Wurzel *pē̆[i]- „strotzen, fett sein, schwellen, quellen“. Abl.: **Feiste, Feistheit** „Fettheit“ (*mhd.* veiz[e]te, veizetheit).

feixen: Der *ugs.* Ausdruck für „grinsend lachen“ wurde im 19. Jh. zu *nordd.* Feix „Unerfahrener, Dümmling“ gebildet, das wohl eine studentische Scherzbildung des 17. Jh.s ist.

Feld: Das *westgerm.* Substantiv *mhd.* veld, *ahd.* feld, *niederl.* veld, *engl.* field geht zusammen mit den verwandten Wörtern *aisl.* fold „Erde, Weide“ und *asächs.* folda „Boden“ auf eine *idg.* Wurzel *pel[ə]- „platt, eben, breit; ausbreiten, breitschlagen“ zurück. Eine andere *germ.* Bildung zur gleichen Wurzel ist ↑Flur (eigentlich „flachgestampfter Boden“). Im *außergerm.* Sprachbereich sind z. B. verwandt *aslaw.* polje „Feld“ (im Landesnamen Polen), *lat.* palma „flache Hand; Palme“ (↑Palme), *lat.* planus „glatt, eben, flach“ (s. die Fremdwortgruppe um *plan*); auf das wurzelverwandte *aisl.* flana „umherlaufen“ geht ↑flanieren zurück. Im Sinne von „breit schlagen, aufstreichen“ gehören auch *griech.* plássein „aus weicher Masse bilden“ und émplastron „Pflaster“ hierher (s. die unter *Plastik* und *Pflaster* behandelten Wörter). Zu dieser vielfach weitergebildeten und erweiterten *idg.* Wurzel gehören auch die Wortgruppen von ↑*flach,* ↑*fluchen* (eigentlich „[auf die Brust] schlagen“; s. dort über *Plage, flakkern, Flagge, Fleck* usw.) und ↑*Fladen* „flacher

Kuchen“ (s. dort über *Flunder, Flöz, platt, Platz, Pflanze* usw.). – Aus der Bedeutung „offene Fläche, Ackerfeld“, mit der 'Feld' heute besonders als Gegenwort zu 'Wald' steht, entwickelte sich einerseits die Bed. „Schlachtfeld, Front“, die noch in zahlreichen Verwendungen ('ins Feld rücken, im Feld stehen') vorkommt und militärischen Fachwörtern wie **Feldküche, Feldpost, Feldwache** zugrunde liegt, andererseits die Bed. „abgeteiltes Acker-, Bodenstück“, übertragen „Unterteilung eines Spielbretts, Wappenschilds“, auch „Spielfeld“ und dgl. Auf der Vorstellung des begrenzten Gebietes oder Raumes beruht auch der Begriff **Kraftfeld** in der Physik (Ende des 19. Jh.s), während die Verwendung im Sinne von „Betätigungsgebiet, Fach“ (18. Jh.) vom Arbeitsfeld des Bauern ausgeht. Zus.: **Feldgraf** ↑Graf; **feldgrau, Feldgrau** ↑grau; **Feldherr** (16. Jh.); **Feldhüter** „Flurschütz“ (*spätmhd.* velthüeter); **Feldmarschall** (16. Jh., nach *frz.* maréchal de camp; ↑Marschall); **Feldscher** veraltet für „Militärarzt“ (im 18. Jh. verkürzt aus *frühnhd.* Feldscherer [16. Jh.], zu ↑[1]scheren „schneiden, rasieren“; im alten Heerwesen war der Bartscherer zugleich Chirurg); **Feldstecher** „Doppelfernrohr“ (1. Hälfte des 19. Jh.s, neben älterem 'Stecher' „Opernglas“, das ursprünglich vielleicht scherzhaft gemeint war); **Feldwebel** (Unteroffiziersdienstgrad, ursprünglich ein Verwaltungsbeamter; im 16. Jh. Feldweibel [so noch *schweiz.*]; das Grundwort, *mhd.* weibel, *ahd.* weibil „Gerichtsbote“ gehört zu *ahd.* weibōn „sich hin und her bewegen“). Siehe auch den Artikel *Gefilde.*

Felge: Der aus Krummhölzern gearbeitete Kranz des Wagenrades heißt *mhd.* velge, *ahd.* felga, *niederl.* velg, *engl.* felly. Das *westgerm.* Wort gehört wohl zu einem *germ.* Verb *felgan „wenden; biegen“ und bedeutet demnach eigentlich „die Gebogene“. Seit Jahn bezeichnet 'Felge' auch eine Turnübung am Reck, bei der die Füße nach Art einer Radfelge den Schwung geben.

Fell: Das *gemeingerm.* Substantiv *mhd., ahd.* vel, *got.* fill, *engl.* fell, *schwed.* fjäll „Hautschuppe“ bedeutete ursprünglich „Haut“ (von Mensch und Tier). Es ist verwandt mit *lat.* pellis „Fell, Pelz, Haut“ (↑Pelle und ↑Pelz) und *griech.* pélla „Haut, Leder“. Verwandt ist auch das anders gebildete *aengl.* filmen „Häutchen“ (↑Film). Zugrunde liegt die *idg.* Wurzel *pel- „bedecken, umhüllen“, zu deren k-Erweiterung die Verben ↑befehlen und ↑empfehlen gehören. Erst im *Nhd.* wird 'Fell' auf die Bed. „behaarte Tierhaut“ eingeschränkt. Der alte allgemeinere Sinn zeigt sich jetzt noch u. a. in *ugs.* Wendungen wie 'dich juckt wohl das Fell?' „du willst wohl Prügel haben?“ und 'ein dickes Fell haben' für „unempfindlich sein“, beachte auch die Adjektivbildung **dickfellig** (18. Jh.). Dagegen ist 'das Fell über die Ohren ziehen' für „betrügen, ausbeuten“ (17. Jh.) von der Arbeit des Schinders her übertragen worden (↑schinden). Die Redensart 'jemandem schwimmen die Felle weg' erinnert daran, daß die Lohgerber früher die gegerbten Häute im Stadtbach wässerten.

Fels, Felsen: *Mhd.* vels[e], *ahd.* felis, felisa ist verwandt mit *aisl.* fjall, fell, *norw.* fjell „Fels, Berg“ (↑Vielfraß). *Außergerm.* vergleichen sich z. B. *griech.* pélla und *aind.* pāṣāṇá-ḥ „Stein“. Abl.: **felsig** (im 19. Jh. für älteres felsicht, *mhd.* felseht).

Feme: Das geheime Gericht oder Freigericht war eine niederdeutsche, besonders westfälische Einrichtung, die ihre größte Bedeutung in der friedlosen Zeit des ausgehenden Mittelalters erreichte. *Mnd.* veime, vēme, *mhd.* veime ist im 18. Jh. mit *westfäl.* Lautung neu belebt und durch die Ritterdichtung (Goethe, Kleist) bekannt geworden. Die Herkunft des Wortes, das wohl identisch ist mit *niederl.* veem „Genossenschaft, Zunft“ (beachte *mnd.* veime nōt „Femgenosse, Freischöffe“), ist dunkel. Gebräuchlich ist noch das abgeleitete Verb **verfemen** „ächten, friedlos machen“ (*mhd.* verveimen, *mnd.* vorveimen).

Femelbetrieb ↑Fimmel.

feminin „weiblich; weibisch“: Das Wort ist aus gleichbed. *lat.* femininus entlehnt, einer Bildung zu *lat.* femina „Weib, Frau“ (vgl. hierüber den Artikel *Filius).* Dazu stellt sich der grammatische Ausdruck **Femininum** „weibliches Geschlecht; Substantiv mit weiblichem Geschlecht“ (neben ↑Maskulinum und ↑Neutrum) aus *lat.* (nomen bzw. genus) femininum. Die Bildungen **Feminismus** „Richtung der Frauenbewegung, die ein neues Selbstverständnis der Frau und die Aufhebung der traditionellen Rollenverteilung anstrebt“, **Feministin** „Vertreterin des Feminismus“ und **feministisch** „den Feminismus betreffend“ sind in der 2. Hälfte des 20. Jh.s aufgekommen, und zwar unter *engl.* oder *frz.* Einfluß (*frz.* féminisme [1837], *engl.* feminism [1895], *frz.* féministe, *engl.* feminist).

Fenster: Die festen Wohnstellen der Germanen waren in der ältesten Zeit Flechtwerkbauten, später auch Holzhäuser. Daran erinnern alte Bezeichnungen wie ↑Wand (ursprünglich „Gewundenes, Geflecht“) und ↑Zimmer (ursprünglich „Bauholz; Holzbau“). Erst mit dem Vordringen der Römer an Rhein und Donau lernten die Germanen den römischen Stein- und Mauerbau kennen. Zahlreiche *lat.* Bezeichnungen aus diesem Bereich gelangten als Lehnwörter in die *germ.* Sprachen, wo sie bis heute lebendig sind. Zu dieser Gruppe von Lehnwörtern wie ↑Kalk, ↑Mauer, ↑tünchen, ↑Mörtel, ↑Ziegel, ↑Keller, ↑Kammer, ↑Pforte, ↑Pfeiler, ↑Pfosten u. a. gehört auch das Substantiv Fenster (*mhd.* venster „Lichtluke, Fensteröffnung; Fenster“, ebenso *ahd.* fenstar, *niederl.* venster, *aengl.* fenester; *schwed.* fönster stammt unmittelbar aus *mnd.* vinster). Es geht zurück auf *lat.* fenestra „Öffnung für Luft und Licht in der Wand, Fensteröffnung; (seit der Kaiserzeit auch:) Glasfenster“, das auch die Quelle für entsprechend *frz.* fenêtre ist. Durch das Lehnwort 'Fenster' wurden die alten *germ.* Bezeichnungen wie *ahd.* augatora (= *got.* augadaúro; eigentlich wohl „Tor, Öffnung in Form eines

Auges"), *aisl.* vindauga (eigentlich wohl „[augenförmige] Öffnung für den Wind") zurückgedrängt. Letzteres ist allerdings bewahrt in *dän.* vindue und in dem aus dem *Aisl.* entlehnten *engl.* Wort window „Fenster" (*aengl.* fenester konnte sich in der Volkssprache nicht durchsetzen). – Abl.: **fensterln** „bei der Geliebten nachts durchs Fenster einsteigen" (*südd.;* zuerst im 16. Jh. in der Form 'fenstern' bezeugt).

Ferge ↑ Fähre.

Ferien „einzelne freie Tage; Urlaub": Das seit dem 16. Jh. bezeugte Fremdwort ist aus *lat.* feriae „Festtage, geschäftsfreie Tage, Ruhetage" entlehnt (vgl. das Lehnwort *Feier*). Es erscheint zunächst im Bereich der Rechtssprache zur Bezeichnung der Tage, an denen keine Gerichtssitzungen abgehalten wurden. Im schulischen Bereich entwickelte sich dann der freiere Gebrauch des Wortes.

Ferkel: Das Substantiv *mhd.* verkel[în], verhel[în], *ahd.* farhilī[n] ist eine Verkleinerungsbildung zu *ahd.* far[a]h [junges] „Schwein". Mit diesem Substantiv ist im *germ.* Sprachbereich z. B. gleichbed. *engl.* farrow verwandt, *außergerm.* z. B. die gleichbedeutenden *lat.* porcus, *mir.* orc, *lit.* par̃šas, *kurd.* purs. Die ganze Wortgruppe beruht auf *idg.* *porko-s „Schwein", das eine Bildung zu der *idg.* Verbalwurzel *perk- „aufreißen, wühlen" ist und demnach eigentlich „Wühler" bedeutet (vgl. *Furche*). Ähnliche Verkleinerungsbildungen sind z. B. *lat.* porculus, porcellus und *lit.* paršēlis „Ferkel". Siehe auch den Artikel *Porzellan*.

Ferment „Gärstoff": Das Substantiv wurde im 18. Jh. aus *lat.* fermentum „Gärung; Gärstoff" entlehnt, das urverwandt ist mit *dt.* ↑*Bärme*. Abl.: **fermentieren** „durch Gärung veredeln" (18. Jh.; aus *lat.* fermentare „gären machen"), dazu **Fermentation** „Gärung".

fern: Das *gemeingerm.* Adverb *mhd.* ver[re], *ahd.* ferro, *got.* fairra, *engl.* far, *aisl.* fjarri gehört zu der unter ↑*ver...* dargestellten *idg.* Wurzel *per- „über etwas hinausführen". Es ist im *Nhd.* von der Bildung *mhd.* verren, *ahd.* ferrana „[von] fern" ersetzt worden, wie auch *schwed.* fjärran „fern" älteres fjär verdrängt hat. *Außergerm.* lassen sich *aind.* párā „fort, weg", *griech.* pérā „darüber hinaus, jenseits" vergleichen. Das Wort ist dann auch zum Adjektiv geworden (*mhd.* verre, *ahd.* ferri). Abl.: **Ferne** (*frühnhd.*, für älteres *mhd.* virre, *ahd.* ferrī); **fernen** veraltet für „fern machen, sein" (*mhd.* verren, *ahd.* ferrēn), dazu **entfernen** (*mhd.* entverren) mit dem adjektivisch gebrauchten Part. **entfernt** und dem Substantiv **Entfernung** (17. Jh.); **ferner** (Komparativ des Adverbs, *mhd.* verrer, *ahd.* ferrōr). Zus.: **Fernfahrer** „Fahrer von Fernlastzügen" (um 1940; ebenso das *ugs.* **Fernlaster** „Fernlastzug"); **Fernglas** (im 17. Jh. zuerst für den 1608 in Holland erfundenen einrohrigen [verre]kijker, dann für das Doppelglas); **Fernrohr** (17. Jh.). In vielen technischen Wörtern ist 'Fern...' Lehnübersetzung für *griech.* Tele... (s. d.), bes. im Bereich der als 'Fernmeldewesen' (20. Jh.) zusammengefaßten elektrischen Nachrichtenübermittlung, z. B.: **Fernschreiber** (Anfang des 19. Jh.s für „Telegraf" vorgeschlagen, in der 1. Hälfte des 20. Jh.s für das Nachrichtengerät eingeführt), dazu **Fernschreiben** für die fernschriftlich übermittelte Nachricht; **Fernsprecher** (Ende des 18. Jh.s für den optischen Telegrafen; 1875 bei der Reichspost für „Telefon" eingeführt), dazu **Ferngespräch; Fernsehen** (Ende des 19. Jh.s gebildet, aber infolge der technischen Entwicklung erst im 20. Jh. allgemein bekannt geworden), dazu das jüngere Verb **fernsehen** (Mitte des 20. Jh.s) und das Substantiv **Fernseher** (schon 1905 für ein Gerät gebraucht, jetzt auch für den Fernsehteilnehmer).

Ferse: Die *altgerm.* Körperteilbezeichnung *mhd.* verse[ne], *ahd.* fersana, *got.* fairzna, *niederl.* verzenen *(Plural), aengl.* (anders gebildet) fiersn ist z. B. verwandt mit gleichbed. *aind.* pā́rṣṇi-ḥ und *griech.* ptérnē sowie mit *lat.* perna (*persna) „Hinterkeule, Schinken". Zus.: **Fersengeld:** Die scherzhafte Wendung 'Fersengeld geben' „fliehen" erscheint im 13. Jh. und wird *frühnhd.* als „Bezahlung mit der Ferse" beim heimlichen Verlassen einer Herberge aufgefaßt. Doch ist *mhd.* versengelt auch für bestimmte Abgaben und Bußen bezeugt und kann sich auf eine Strafe für Flucht vor dem Feinde bezogen haben. 'Fersen oder Fußsohlen zeigen' war schon bei Griechen und Römern Umschreibung für „fliehen".

fertig: Das nur *dt.* Adjektiv ist abgeleitet von dem unter ↑*Fahrt* behandelten Wort. Daher bedeutet *mhd.* vertec, *ahd.* fartīg eigentlich „zur Fahrt bereit, reisefertig". Daraus hat sich schon im *Mhd.* die allgem. Bed. „bereit" entwickelt, die dann zu dem jetzigen Sinn „zu Ende gebracht, zu Ende gekommen" führte (*ugs.* auch „erschöpft, erledigt"). Dazu **fertigbringen** „vollbringen, imstande sein" und **fertigmachen** *ugs.* für „jemanden erledigen; zurechtweisen". Die *mhd.* Bedeutung „beweglich, geschickt, gut beschaffen" lebt fast nur noch in der Ableitung **Fertigkeit** „Geschicklichkeit" (Plural: „Fähigkeiten"; 16. Jh.). Das Verb **fertigen** bedeutet heute „herstellen"; *mhd.* vertegen wurde im Sinne von „reisefertig machen" gebraucht.

Fertilität ↑ gebären.

Fes: Die seit dem 19. Jh. bezeugte Bezeichnung für eine rote Filzkappe, wie man sie im Vorderen Orient trägt, stammt aus gleichbed. *türk.* fes, das auf den Namen der Stadt Fes in Marokko (ursprünglich wohl der Hauptherstellungsort) zurückgeht.

fesch „schick, schneidig, flott, elegant": Das seit dem 19. Jh. bezeugte Adjektiv ist aus der Wiener Mundart übernommen, wo es gekürzt ist aus *engl.* fashionable „modisch, elegant". Zugrunde liegt *engl.* fashion „Aufmachung, Erscheinung" (*mengl.* fasoun, facioun), das auf *frz.* façon (vgl. *Fasson*) zurückgeht.

¹Fessel „Teil des Pferdebeines": *Mhd.* vezzel, fissel ist wie das Kollektiv *mhd.* vizzeloch, vizlach „Hinterbug des Pferdefußes" eine ablautende Bildung zu ↑*Fuß*.

²Fessel „hemmendes Band": *Mhd.* vezzel, *ahd.* fezzil bezeichnete ein Trag- und Halteband für

Schwert und Schild. Das Wort gehört wie *mnd.* vētel „Riemen, Nestel", *aengl.* fetel „Gürtel", *aisl.* fetill „Schulterband" zu der unter ↑*Faß* besprochenen Sippe und hat wohl die Grundbedeutung „Geflochtenes". Den heutigen Sinn erhielt 'Fessel' erst im *Nhd.* durch Vermischung mit *mhd.* vezzer, *ahd.* fezzara „Fessel" (entsprechend *engl.* fetter, *schwed.* fjätter), einem Wort, das zur Sippe von ↑*Fuß* gehört (vgl. *griech.* pédē „Fußfessel", *lat.* pedica „Fußfessel"). Abl.: **fesseln** (15. Jh.; *mhd.* vezzeren, *ahd.* fezzarōn).

fest: Die *germ.* Adjektivbildungen *mhd.* veste, *ahd.* festi, fasti, *niederl.* vast, *engl.* fast, *schwed.* fast gehen auf *idg.* *pasto- „fest" zurück, auf dem auch gleichbed. *armen.* hast und wahrscheinlich auch *aind.* pastyàm „Behausung" (eigentlich „fester Wohnsitz") beruhen. Im *Mhd.* bedeutete 'fest' „hart, stark, beständig", *nhd.* ist es auch Gegenwort zu 'beweglich, flüssig, lose' geworden. Abl.: **Feste** (*mhd.* veste, *ahd.* festī „Festigkeit, befestigter Ort"; im 18. Jh. auch für „Festland" und für „Festung" in Namen wie 'Veste Coburg, Franzensfeste'); **Festung** (*mhd.* vestunge) ist eine Ableitung von *mhd.* vesten, *ahd.* festen „befestigen", dafür jetzt **festigen** „festmachen" und **befestigen** „festmachen; durch Festungswerke sichern" (beide *spätmhd.*); Festigkeit (*mhd.* vestecheit). Zus.: **Festland** (im 19. Jh. für 'Kontinent').

Fest: Das seit dem 13. Jh. bezeugte Substantiv (*mhd.* fest) ist entlehnt aus *lat.* festum „Fest[tag]", dem substantivierten Neutrum des zum Stamm von *lat.* feriae „Festtage, Feiertage" (vgl. das Lehnwort *Feier*) gehörenden Adjektivs *lat.* festus „festlich, feierlich". – Auf einer *vlat.* Form festa „Fest" beruht entsprechend *frz.* fête „Fest", aus dem unsere Wörter ↑Fete und ↑Fez entlehnt sind. Ableitungen und Zusammensetzungen: **festlich** (Anfang 17. Jh.); **Festtag** (16. Jh.). – Siehe auch den Artikel *Festival.*

Feste, festigen, Festigkeit ↑fest.

Festival „kulturelle (besonders musikalische) Großveranstaltung": Das Wort wurde im 20. Jh. aus dem *Engl.* entlehnt. Gleichbed. *engl.* festival beruht auf *afrz.* festival, einer *roman.* Weiterbildung von *lat.* festivus „festlich" (vgl. *Fest*).

Festland ↑fest.

festlich, Festtag ↑Fest.

festsetzen ↑setzen.

Festung ↑fest.

Fete (scherzhaft für:) „Fest": Das seit dem 18. Jh. bezeugte Substantiv stammt aus der Studentensprache. Es tritt gleichwertig neben das schon im 17. Jh. vorhandene Studentenwort **Festivität.** Während letzteres eine scherzhafte Eindeutschung ist von *lat.* festivitas „Feierlichkeit, Festlichkeit" (zu *lat.* festus „feierlich"), ist 'Fete' aus *frz.* fête „Fest" entlehnt, das auch die Quelle für *dt.* ↑*Fez* ist. – Das *frz.* Wort seinerseits beruht auf *vlat.* festa „Fest", dem substantivierten Femininum von *lat.* festus „festlich" (vgl. das Lehnwort *Fest*).

Fetisch „mit magischer Kraft erfüllter Gegenstand; Götze[nbild]": Das Wort wurde im 18. Jh. aus gleichbed. *frz.* fétiche entlehnt, das seinerseits aus *port.* feitiço „Zauber[mittel]" – eigentliche Bed. „[Nach]gemachtes, künstlich Zurechtgemachtes" – stammt. Voraus liegt *lat.* facticius „nachgemacht, künstlich", das zu *lat.* facere „machen; erbilden" gehört (vgl. *Fazit*). Zu 'Fetisch' stellen sich die Bildungen **Fetischismus** „Fetischverehrung; krankhafte, gegenstandsbezogene Perversion" und **Fetischist** „Anhänger des Fetischismus".

fett: Das ursprünglich *niederd.* Adjektiv (*mnd.* vet, vgl. *niederl.* vet, *engl.* fat) ist – wie das ursprünglich nur *oberd.* Gegenstück ↑feist – eigentlich das 2. Partizip eines im *Nhd.* untergegangenen *germ.* Verbs (Weiteres s. unter *feist*). Seit dem 13. Jh. im *Niederrhein.* belegt, hat sich 'fett' in der Schriftsprache durchgesetzt. Die Substantivierung **Fett** (*mnd.* vet[te], *niederl.* vet) bezeichnete schon früh alle fetten Substanzen tierischer, pflanzlicher oder mineralischer Herkunft. Die Wendung 'sein Fett kriegen, weghaben' (18. Jh.) bezieht sich wohl auf einen früheren Brauch des gemeinsamen Schweineschlachtens, bei dem jeder Beiwohnende eine bestimmte Menge Fett [dann übertragen = „Schelte, Prügel"] erhielt. 'Ins Fettnäpfchen treten' („es mit jemandem verderben", 19. Jh.) konnte man früher in Bauernhäusern, wo der Topf mit Stiefelfett neben dem Ofen stand. Abl.: **fetten** (*mnd., spätmhd.* vetten „fett machen oder werden", dazu **einfetten** und **verfetten**); **fettig** „fettartig, fettbeschmiert" (16. Jh.), dazu **Fettigkeit** (*mhd.* veticheit; der *Plural* steht *landsch.* seit der 2. Hälfte des 19. Jh.s für „fette Nahrungsmittel").

Fetzen: *Mhd.* vetze „Fetzen, Lumpen" (*frühnhd.* auch „Kriegsfahne") schließt sich an die Bed. „kleiden" von *mhd.* vassen an (vgl. *fassen;* beachte *aisl.* fǫt „Kleider", den *Plural* von fat „Gefäß, Decke"). Abl.: **fetzen,** meist **zerfetzen** „in Fetzen reißen" (beide 16. Jh.), beachte *ugs.* **das fetzt** „das ist toll, prima" und **fetzig** „toll, prima" (20. Jh.).

feucht: Das *westgerm.* Adjektiv *mhd.* viuhte, *ahd.* fūht[i], *niederl.* vocht, *aengl.* fūht geht mit dem urverwandten *aind.* pánka-ḥ „Schlamm" auf eine *idg.* Wurzel *pen- „Schlamm, Sumpf, feucht" zurück, vgl. *ahd.* fenna, -ī „Sumpf", *got.* fani „Schlamm", *aengl.* fenn „Sumpf, Schlamm", *aisl.* fen „Sumpf" (beachte *niederd.* Fenn „Sumpf-, Moorland"). Abl.: **Feuchte** (*mhd.* viuthe, *ahd.* fūhtī); **Feuchtigkeit** (*mhd.* viuhtecheit zu weitergebildetem *mhd.* viuhtec „feucht"); **feuchten** (*mhd.* viuhten, *ahd.* fūhten; jetzt meist als 'an-, be-, durchfeuchten'). Zus.: **feuchtfröhlich** „fröhlich beim Zechen" (19. Jh.).

feudal „herrenmäßig, vornehm": Das Adjektiv, dessen heutige Bedeutung erst Ende des 19. Jh.s üblich wurde, gehörte ursprünglich der Rechtssprache an. Es wurde im 17. Jh. als 'feudalisch' „zum Lehnswesen gehörig" aus gleichbed. *mlat.* feudalis entlehnt, einer Ableitung von *mlat.* feudum, feodum „Lehnsgut". Dieses Substantiv ist, wohl unter Einwirkung des *germ.-mlat.* Rechtswortes allodium „Eigengut", umgebildet aus gleichbed. *mlat.* feum (= *it.* fio, *frz.* fief „Lehen"). Zugrunde liegt das unter ↑*Vieh* behandelte *germ.* Wort für „Vieh; Vermögen" (beachte besonders *got.* faíhu „Vermögen, Geld", *aengl.* feoh „Vieh, Eigentum, Geld").

Feuer: Das *altgerm.* Substantiv *mhd.* viur, *ahd.* fiur (älter fuir), *niederl.* vuur, *engl.* fire, *aisl.* fyrr ist z. B. verwandt mit *griech.* pȳr „Feuer" und *hethit.* paḫḫur „Feuer" und beruht mit diesen auf *idg.* *pe̯uōr, pŭr, Genitiv *punés „Feuer". Von den Formen mit -n- (Genitiv, Lokativ) sind z. B. ausgegangen *got.* fōn „Feuer" und *aisl.* funi „Feuer" sowie die unter ↑*Funke* behandelten Wörter. In militärischem Sinne bezeichnet 'Feuer' das Schießen mit Feuerwaffen und die einschlagenden Geschosse (z. B. 'Artilleriefeuer, Sperrfeuer, Feuerüberfall'). Abl.: **feuern** (*mhd.* viuren „Feuer machen; glühen"; jetzt meist für „schießen", übertragen „mit Wucht irgendwohin werfen", im Sinne von „jemanden hinauswerfen, entlassen" Bedeutungslehnwort von *engl.* to fire), dazu **anfeuern** „anheizen; anspornen" und **befeuern** „beheizen; anspornen; mit Leuchtfeuern versehen" sowie das Substantiv **Feuerung** (*spätmhd.* viurunge „Feuer", *mnd.* vūringe „Brennstoff"); **feurig** („temperamentvoll" (*mhd.* viurec „brennend, glühend"); **feurio!, feuerjo!** (alter, weithallender Notruf, im 15. Jh. fiuriō, viurā; jetzt ruft man gewöhnlich 'Feuer!'; s. a. *mordio*). Zus.: **Feuersbrunst** (↑Brunst); **Feuerprobe** „Prüfung, in der der Nachweis bester Befähigung, höchster Qualität erbracht werden soll" (ursprünglich vom Verfahren, Gold durch Feuer zu läutern, dann vom Gottesurteil); **Feuerstein** (*mhd.* viurstein; zum Feuerschlagen, vorgeschichtlich zu Steinwerkzeugen und -waffen benutzt); **Feuertaufe** (im 18. Jh. nach Matth. 3, 11 gebildet als „Taufe mit dem Heiligen Geist", um 1850 übertragen für „Einweihung, erstes Gefecht der Soldaten", jetzt auch allgemein für „erste Bewährung"); **Feuerwehr** (19. Jh.); **Feuerwerk** (*spätmhd.* viurwerc „Brennmaterial" wurde im 16. Jh. zur Bezeichnung von Pulver und Geschützmunition; auch die jetzige Bed. „Abbrennen von Feuerwerkskörpern" ist schon damals bezeugt), dazu **Feuerwerker** (seit dem 18. Jh. Dienstgrad bei der Artillerie; auch „Hersteller von Feuerwerkskörpern, Pyrotechniker"); **Feuerzeug** (*mhd.* viurziuc; ↑Zeug).

Feuilleton „literarischer Unterhaltungsteil einer Zeitung": Das im 18./19. Jh. aus *frz.* feuilleton entlehnte Fremdwort bezeichnet eigentlich das unterhaltende „Beiblättchen" einer Zeitung. Formal gehört es zu *frz.* feuille „Blatt", das auf *vlat.* folia zurückgeht (vgl. *Folie*). – Hierzu gehören die seit dem 19. Jh. bezeugten Bildungen **Feuilletonist, feuilletonistisch, Feuilletonismus.**

Fez „Ulk, Spaß" *(ugs.)*: Das Wort ist im *Berlin.* seit dem Ende des 19. Jh. s bezeugt. Es ist wahrscheinlich aus fêtes, dem *Plural* von *frz.* fête „Fest", hervorgegangen (mit ähnlicher Entwicklung wie in ↑*Fete*).

Fiaker „zweispännige Lohnkutsche", auch Bezeichnung des „Lohnkutschers": Das Substantiv wurde im 18. Jh. aus *frz.* fiacre entlehnt, war bald aber nur noch in Österreich und Bayern gebräuchlich und wurde sonst von ↑Droschke verdrängt. *Frz.* fiacre geht wohl auf den Namen des Pariser Hotels St.-Fiacre zurück, in dem im 17. Jh. das erste Vermietungsbüro für Lohnkutschen existierte.

Fiasko „Mißerfolg, Zusammenbruch": Das seit dem 19. Jh. bezeugte Wort war zunächst nur in der Bühnensprache gebräuchlich für Theaterstücke, die beim Publikum nicht ankommen. Es ist – vielleicht unter *frz.* Einfluß – entlehnt aus *it.* fiasco in der Wendung far fiasco, eigentlich „Flasche machen". *Nhd.* ↑*Flasche,* dessen *germ.* Vorform *flaskō dem *it.* fiasco zugrunde liegt, weist in seiner *ugs.* Nebenbedeutung „Versager" in die gleiche Richtung.

Fibel „Lesebuch": Das seit dem 15. Jh. bezeugte Wort hat sich in der Kindersprache entwickelt. Es ist entstellt aus ↑Bibel (die Lesebücher der Abc-Schützen enthielten sehr viele Geschichten aus der Bibel).

Fiber „[Muskel]faser; Faserstoff": Das seit der 2. Hälfte des 18. Jh.s bezeugte Fremdwort ist aus gleichbed. *lat.* fibra entlehnt.

Fichte: Der im *germ.* Sprachbereich nur im *Dt.* gebräuchliche Baumname (*mhd.* viehte, *ahd.* fiohta) ist verwandt mit *griech.* peúkē „Fichte", *lit.* pušis „Fichte" und *mir.* ochtach „Fichte". Im *Niederl., Fries., Engl.* und *Nord.* fehlt der Name, weil der Baum dort in alter Zeit nicht vorkam. Eine Nebenform *ahd.* fiuhta lebt noch in Mundartformen mit -eu-, -ei-, -ü- und in Ortsnamen, z. B. Feuchtwangen. Abl.: **fichten** „aus Fichtenholz" (*mhd.* viehtīn).

ficken: Das *mdal.* für „hin und her bewegen, reiben, jucken" gebrauchte Wort, *mhd.* als fikken „reiben", *niederrhein.* im 16. Jh. als vycken „mit Ruten schlagen" bezeugt, ist wohl wie *norw.* fikle „sich heftig bewegen, pusseln" eine lautmalende Bildung. Der obszöne Sinn erscheint zuerst im 16. Jh. Die alte Bedeutung zeigen noch *ugs.* **fickerig** „unruhig, widerspenstig" und *landsch.* **Fickmühle** „Zwickmühle". Weiterbildungen sind u. a. **fitzen** „mit Ruten schlagen" (*frühnhd.* aus *fickezen; noch *mdal.*) und *landsch.* **fickfacke[r]n** „herumlaufen, Ausflüchte suchen; Böses anstellen" (16. Jh.), dazu **Fickfacker** „unbeständiger Mensch" (16. Jh.). Vgl. den Artikel *Faxe.*

fidel (*ugs.* für:) „lustig, gutgelaunt, vergnügt": Das Adjektiv stammt aus der Studentensprache des 18. Jh.s und beruht auf einer scherzhaften Verwendung von älterem 'fidel' „treu": Das vorausliegende *lat.* Adjektiv fidelis „treu, zuverlässig" (woraus auch *frz.* fidèle) gehört mit *lat.* fides „Treue", fidere „[ver]trauen", foedus „Treubund" (↑Föderation, Föderalismus) zur *idg.* Sippe von ↑*bitten.* Vgl. auch den Artikel *per fid[e].*

Fidel ↑Fiedel.

Fidibus „gefalteter Papierstreifen zum [Pfeife]anzünden": Die Herkunft dieses lateinisch klingenden Wortes ist dunkel. Angeblich soll es in der Studentensprache beim Pfeiferauchen geprägt worden sein: Der Horazvers (Oden 1, 36) *Et ture et fidibus iuvat placare ...*

deos sei das Scherzobjekt gewesen, indem in der Übersetzung „freundlich stimme die Götter Weihrauch und Saitenspiel" *ture et fidibus* auf „Tabakrauch und Pfeifenanzünder" bezogen worden sei.

Fieber „krankhaft erhöhte Körpertemperatur": Das Substantiv *mhd.* fieber, *ahd.* fiebar „Fieber" beruht wie gleichbed. *engl.* fever auf einer Entlehnung aus *lat.* febris „Fieber". Gleicher Herkunft sind die *roman.* Entsprechungen *frz.* fièvre, *it.* febbre. Abl.: **fiebern** „Fieber haben" (*spätmhd.* viebern), auch bildlich übertragen gebraucht im Sinne von „vor Eifer und Sehnsucht glühen", besonders auch in der Präfixbildung **entgegenfiebern; fieb[e]rig** „fieberkrank, fiebernd" (*spätmhd.* fieberic); **fieberhaft** „wie vom Fieber gepackt, hektisch" (Anfang 18. Jh.).

Fiedel: Die *ugs.*, leicht abschätzige Bezeichnung der Geige galt ursprünglich für eine Vorform dieses Streichinstruments, die in Europa seit der Karolingerzeit bezeugte, neuerdings wieder gebaute **Fidel.** Die Herkunft des Wortes *mhd.* videl[e], *ahd.* fidula „Fidel", *niederl.* ve[d]el, *engl.* fiddle „Fiedel, Geige" ist ungeklärt (das als Quelle vermutete *mlat.* vitula „Saiteninstrument" ist erst im 12. Jh. bezeugt). Abl.: **fiedeln** *ugs.* für „auf der Geige spielen" (entsprechend *mhd.* videlen „auf der Fiedel spielen").

fies (*ugs.* für:) „ekelhaft, widerwärtig; unsympathisch, abstoßend": Das ursprünglich nur *mdal.*, seit dem 17. Jh. bezeugte Wort (*mnd.* vīs, *niederl.* vies) ist nicht sicher erklärt; vielleicht ist es eine Bildung zu lautmalendem fī „pfui" oder *mhd.* vi̊st „Blähung".

fifty-fifty (*ugs.* für:) „halbe-halbe": Das Wort stammt aus der *amerik.* Umgangssprache und wurde im 20. Jh. entlehnt. Es bedeutet eigentlich „fünfzig-fünfzig", d. h. „50 % für jeden" (vgl. 'fünfzig' unter *fünf*).

Figaro: Der Name der Bühnengestalt aus Beaumarchais' Lustspiel 'Der Barbier von Sevilla', das vor allem durch Mozarts Oper 'Die Hochzeit des Figaro' weltberühmt wurde, ist im 20. Jh. als scherzhafte Bezeichnung für den Friseur übernommen worden.

Fight „verbissen geführter Kampf; Boxkampf": Das Fremdwort wurde im 20. Jh. entlehnt aus *engl.* fight (*aengl.* feoht) „Gefecht, Kampf" (vgl. *fechten*). Abl.: **fighten** „boxen" (20. Jh.; aus *engl.* to fight); **Fighter** „Kämpfer[natur]; Boxer" (20. Jh.; aus *engl.* fighter).

Figur „Gestalt, [geometrisches] Gebilde": Das Substantiv wurde in *mhd.* Zeit durch Vermittlung von *afrz.* (= *frz.*) figure aus *lat.* figura „Gebilde, Gestalt, Erscheinung" entlehnt, das zu *lat.* fingere „formen, bilden, gestalten; ersinnen, erdichten" gehört (vgl. *fingieren*). Abl.: **figürlich** „bildlich übertragen" (15. Jh.); **figurieren** „erscheinen als ..., auftreten als ..., darstellen" (schon *mhd.* im Sinne von „im Bild darstellen, gestalten"; aus *lat.* figurare „bilden, gestalten, darstellen").

Fiktion „Einbildung; Annahme, Unterstellung": Das Fremdwort wurde im 17. Jh. aus gleichbed. *lat.* fictio entlehnt. Über das zugrundeliegende Verb *lat.* fingere „bilden, formen; ersinnen; erheucheln" vgl. *fingieren*. Abl.: **fiktiv** „erdichtet, nur angenommen" (20. Jh.; *nlat.* Bildung).

Filet „Lendenstück" (von Schlachtvieh und Wild); „Rückenstück" (bei Fischen): Das Fremdwort wurde im 18. Jh. aus gleichbed. *frz.* filet entlehnt, das von *frz.* fil „Faden" abgeleitet ist und demnach eigentlich „kleiner Faden" bedeutet. Der Grund für die Bedeutungsübertragung ist nicht ganz klar. Man vermutet ihn in der Tatsache, daß Lendenstücke dieser Art zuweilen zusammengerollt und mit einem Bindfaden umwickelt geliefert wurden. *Frz.* fil geht auf *lat.* filum „Faden" zurück, das auch in den Fremdwörtern ↑Profil und ↑Filigran erscheint.

Filiale: Die Bezeichnung für „Zweiggeschäft" ist ein Kaufmannswort des 19. Jh.s, das durch *frz.* Vermittlung aus *kirchenlat.* filialis „kindlich" – in dessen *nlat.* Bed. „töchterlich abhängig" – entwickelt wurde. Über weitere Zusammenhänge vgl. den Artikel *Filius*.

Filigran: Die Bezeichnung für „Zierarbeit aus feinen Gold- und Silberfäden" wurde im 17. Jh. aus *it.* filigrana entlehnt (die Filigranindustrie blühte damals besonders in Florenz und Rom). Das *it.* Wort bedeutet eigentlich etwa „Faden und Korn" und gehört zu *lat.* filum (vgl. *Filet*) und granum (vgl. *Granit*).

Filius: Als scherzhafte Bezeichnung für „Sohn" wurde durch die Schüler- und Studentensprache das *lat.* Wort filius eingeführt. *Lat.* filius „Sohn" (*uritalisch* *fēlios) – dazu *lat.* filia „Tochter" mit dem *kirchenlat.* Adjektiv filialis „töchterlich [abhängig]" (↑Filiale) – gehört vermutlich als „Säugling" zum Stamm von *lat.* fel[l]are „saugen". Zum gleichen Stamm gehört auch *lat.* femina „Weib, Frau" (↑feminin) mit einer Grundbedeutung „Säugende" oder „sich saugen Lassende".

Film: Das Substantiv wurde Ende des 19. Jh.s aus *engl.* film (< *aengl.* filmen) entlehnt, das zur *germ.* Wortgruppe um ↑*Fell* gehört und eigentlich „Häutchen" bedeutet, dann allgemein „dünne Schicht" (so auch in unserem Sprachgebrauch, besonders in Zusammensetzungen wie 'Ölfilm'). Heute lebt das Wort vor allem im fotografischen Bereich. Es bezeichnet hier nicht nur den lichtempfindlichen Zelluloidstreifen, sondern auch die auf solchen Streifen festgehaltenen und zu einer Geschehenseinheit künstlerisch zusammengeschlossenen Bilder, beachte in diesem Zusammenhang Zusammensetzungen wie 'Spielfilm' oder 'Filmstar' und die Ableitungen **filmen** „einen Film drehen", dazu **verfilmen** und **filmisch** „mit den Mitteln des Films gestaltet; dem Film eigen".

Filou „Spitzbube, Schlaukopf": Das Fremdwort wurde im 17. Jh. aus gleichbed. *frz.* filou entlehnt, das wohl aus *engl.* fellow „Genosse, Bursche" stammt.

Filter: Das Substantiv wurde im 19. Jh. eingedeutscht aus älterem 'Filtrum' (16. Jh.), *mlat.* filtrum „Durchseihgerät aus Filz", das aus dem Wortstamm von ↑*Filz* entwickelt ist. Mit der im

16. Jh. bezeugten Abl. **filtrieren** (< *mlat.* filtrare, *frz.* filtrer) steht das Wort mit ↑destillieren und ↑kondensieren in einer Reihe fachsprachlicher Ausdrücke der Alchimisten und Apotheker. Daneben steht mit deutscher Endung **filtern** „durch einen Filter gehen lassen" (19./20. Jh.). – **Filtrat** „Durchfiltriertes" ist im 20. Jh. entstanden aus *mlat.* filtratum, Part. Perf. von filtrare (s. o.). Vgl. auch *infiltrieren.*

Filz: Der aus Haaren oder Wollfasern zusammengepreßte Stoff heißt *mhd.* vilz, *ahd.* filz, *niederl.* vilt, *engl.* felt. Das *westgerm.* Wort, aus dem *mlat.* filtrum „Durchseihgerät aus Filz" (↑Filter) entlehnt ist, bedeutet eigentlich „gestampfte Masse". Es geht mit verwandten Wörtern in anderen *idg.* Sprachen zurück auf die *idg.* Wurzel *pel- „stoßen, schlagen, treiben", vgl. z. B. *lat.* pellere „stoßend oder schlagend treiben" (s. die Fremdwortgruppe um *Puls*). Die heute *landsch.* Bed. „Geizhals" gewann 'Filz' im 15. Jh., zunächst als Schelte des groben und geizigen Bauern, der nach seiner Lodenkleidung schon *mhd.* vilzgebur hieß. Abl.: **filzen** (*mhd.* vilzen „zu oder von Filz machen"), dazu [sich] **verfilzen** „filzig werden; sich unentwirrbar verwickeln" (*mhd.* verfilzen); in der *ugs.* Bed. „nach verbotenen Sachen durchsuchen" wurde 'filzen' zuerst im 19. Jh. von Handwerksburschen gebraucht, die der Herbergsvater auf Reinlichkeit prüfte; es bedeutet eigentlich „durch-, auskämmen" (vgl. *rotw.* Filzer „Kamm"); **filzig** (im 18. Jh. für älteres filzicht, *mhd.* vilzeht „verfilzt"; schon im 16. Jh. auch für „geizig").

Fimmel (*ugs.* für:) „übertriebene Vorliebe, Spleen, Verrücktheit": Die Herkunft des seit der Mitte des 19. Jh.s in *nordd.* Mundarten bezeugten Wortes ist nicht sicher erklärt. Vielleicht gehört es zu einem untergegangenen Verb fimmeln, femeln „die früher reifen männlichen Hanfpflanzen gesondert ausreißen", zu dem **Femelbetrieb** „Art des Forstbetriebs, bei der durch gezieltes Abholzen möglichst viele Altersstufen im Baumbestand erhalten werden" gehört.

final „zweckbestimmend, zweckbezeichnend" (Sprachw.): Das Adjektiv ist aus *lat.* finalis „die Grenze, das Ende betreffend" (hier im Sinne von „Endzweck") entlehnt. Zus.: **Finalsatz** „Umstandssatz der Absicht". Über weitere Zusammenhänge vgl. *Finale.*

Finale „Schlußteil" (besonders in der Musik als „Schlußsatz eines Tonstücks" und im Sport als „Endkampf, Endspiel, Endrunde"): Das Fremdwort wurde als musikalischer Fachausdruck schon im 17. Jh. aus dem *It.* entlehnt, erreichte uns dann zum zweiten Mal im 20. Jh. in seiner sportlichen Bedeutung, hier vielleicht durch *frz.* Vermittlung. *It.* finale geht zurück auf *lat.* finalis „die Grenze, das Ende betreffend", eine Ableitung von finis „Grenze, Ende". – Neben der Neubildung **Finalist** im Sinne von „Endspielteilnehmer" (*it.* finalista) steht eine Reihe weiterer Fremd- und Lehnwörter aus verschiedenen Sachbereichen, die alle auf *lat.* finis zurückgehen (s. die einzelnen Artikel). Auf dem Gebiet des Sports noch: Finish. Ferner: Finanzen, Finanz, Finanzamt, finanziell, Finanzier, finanzieren (Geldwesen, Verwaltungssprache); Paraffin, Raffinade, Raffinerie (chemische Industrie); Finesse, raffiniert, Raffinesse, Raffinement (allgemein); definieren, Definition, definitiv, final, Infinitiv (Sprachwissenschaft bzw. Philosophie); schließlich noch das Lehnwort ↑fein mit seinen Ableitungen.

Finanzen „Geldmittel, Vermögensverhältnisse; Staatshaushalt": Das seit dem 17. Jh. bezeugte Fremdwort ist entlehnt aus *frz.* finances *(Plural)* „Zahlungen, Geldmittel", das seinerseits auf *mlat.* finantia zurückgeht. Dies ist ursprünglich Neutr. Plur. des Part. Präs. von *mlat.* finare „endigen, zum Ende kommen" und bedeutet demnach eigentlich „was zu Ende kommt; was zu Termin steht". In einer ähnlichen Bedeutungsentwicklung wie bei *griech.* télos „Ende, Ziel", das im *Plural* télē auch „fällige Zahlungen, Abgaben" bedeutet (s. hierüber das Lehnwort ↑[2]*Zoll*) und in dieser Hinsicht als Vorbild gedient haben kann, nahm *mlat.* finantia – als Fem. Singular aufgefaßt – die Bed. „fällige Zahlung" an. *Mlat.* finare steht für *klass.-lat.* finire „begrenzen, einschließen; endigen, enden", das von *lat.* finis „Grenze, Ende" (vgl. *Finale*) abgeleitet ist. – Eine junge Rückbildung aus dem *Plural* 'Finanzen' ist das Substantiv **Finanz** „Geldwesen; Geldleute", das besonders auch in Zusammensetzungen wie **Finanzamt** und **Finanzbeamter** lebendig ist. Das im 19. Jh. aufkommende Adjektiv **finanziell** „geldlich, wirtschaftlich" ist eine französierende Neubildung. Echte Entlehnungen aus dem *Frz.* liegen dagegen noch vor in **Finanzier** „Finanz-, Geldmann" (18./19. Jh.; aus *frz.* financier) und in **finanzieren** „Geldmittel bereitstellen" (18./19. Jh.; aus *frz.* financer).

finden: Das *gemeingerm.* Verb *mhd.* vinden, *ahd.* findan, *got.* finþan, *engl.* to find, *schwed.* finna gehört mit verwandten Wörtern in anderen *idg.* Sprachen zu der *idg.* Wurzel *pent- „treten, gehen", vgl. z. B. *lat.* pons „Knüppeldamm, Brücke" (↑Ponton), *griech.* póntos „Meer[espfad]", *griech.* pátos „Pfad, Tritt" und *aind.* pánthāḥ „Weg, Pfad, Bahn". Aus dem *germ.* Sprachbereich stellen sich noch *asächs.* fađi „das Gehen", *mhd.* vende, *ahd.* fend[e]o „Fußgänger, junger Bursche" zu dieser Wurzel. Die Grundbedeutung von 'finden' ist demnach „auf etwas treten, antreffen" (vgl. *lat.* in-venire „finden", eigentlich „auf etwas kommen"). Eine Bildung zu 'finden' ist ↑fahnden. – Zusammensetzungen und Präfixbildungen zu 'finden': [sich] **abfinden** „entschädigen; sich vergleichen; sich zufriedengeben" (*mnd.* afvinden bedeutet als Rechtswort „jemanden verurteilen; einen Anspruch befriedigen; sich vergleichen"), dazu **Abfindung** „Vergleichszahlung (*mnd.* afvindinge); [sich] **befinden** (s. d.); **empfinden** (s. d.); **erfinden** „ersinnen (besonders in der Technik); sich ausdenken" (*mhd.* ervinden, *ahd.* irfindan „herausfinden, gewahr werden"; der alte Sinn ist noch in der Adjektivbildung

unerfindlich [*spätmhd.* unervindelich] bewahrt), dazu **Erfinder, Erfindung** (15. Jh.) und **erfinderisch** (18. Jh.). – Abl.: **Finder** (*mhd.* vindære); **Fund** (*mhd.* vunt; es bezeichnet das Finden wie sein Ergebnis, im *Plural* besonders vorgeschichtliche Altertümer), dazu die jungen Zusammensetzungen **Fundbüro, Fundsache** und das übertragen gebrauchte **Fundgrube** (im 15. Jh. bergmännisch). Ehemals von 'Fund' abgeleitet, dann aber auf 'finden' bezogen sind die folgenden Wörter: **Findel...** (jetzt nur in 'Findelhaus' und 'Findelkind'; *frühnhd.* fündel „gefundenes Kind" ist Verkleinerungsbildung zu 'Fund'); **Findling** (*mhd.* vundelinc „ausgesetztes, gefundenes Kind", seit dem 15. Jh. auch mit -i-; im 19. Jh. übertragen für „erratischer Block"); **findig** (*mhd.* vündec „erfinderisch", seit dem 16. Jh. auch mit -i-), dazu **spitzfindig** „überscharf denkend" (im 16. Jh. spitzfündig, -findig neben dem Substantiv spitzfünde *Plural* „Kunstgriffe, Kniffe") und **ausfindig** (in 'ausfindig machen' „entdecken", im 15. Jh. ausfundig machen, zu älter *nhd.* Ausfund „Entdekkung"); in anderer Bedeutung gilt bergmännisch **fündig** (16. Jh.) für „ergiebig", ferner 'fündig werden' (19. Jh.) für „Erz entdecken".

Finesse „Feinheit; Kunstgriff, Kniff": Das Fremdwort wurde im 17. Jh. aus gleichbed. *frz.* finesse entlehnt, das von fin „fein; durchtrieben" abgeleitet ist (vgl. *fein*).

Finger: Die *gemeingerm.* Körperteilbezeichnung *mhd.* vinger, *ahd.* fingar, *got.* figgrs, *engl.* finger, *schwed.* finger gehört – wie auch das unter ↑*Faust* dargestellte Substantiv – zu dem unter ↑*fünf* behandelten Zahlwort und bezeichnete demnach ursprünglich die Gesamtheit der Finger an einer Hand und dann den einzelnen Finger. Auch die einzelnen Finger selbst hatten schon früh bestimmte Namen. Im *Nhd.* gelten neben 'Daumen' (s. d.) **Zeigefinger** (15. Jh.), **Mittelfinger** (*mhd.* mittelvinger), **Ringfinger** (16. Jh.), **Goldfinger** (*mhd., spätahd.* goltvinger) und **kleiner Finger.** Abl.: **fingern** „die Finger bewegen, nach etwas greifen" (*mhd.* vingern); **Fingerling** „Schutzhülle" (18. Jh.; *mhd.* vingerlinc „Ring"). Zus.: **Fingerhut** (als Schutz beim Nähen schon *mhd.* vingerhuot; im 16. Jh. wegen der Form ihrer Blüten auf die Heilpflanze übertragen); **Fingerspitzengefühl** „Feingefühl, Einfühlungsgabe" (junge Bildung, die sich an älteres 'es in den Fingerspitzen wissen' anschließt); **Fingerzeig** (*mhd.* vingerzeic neben vingerzeigen bezeichnete tadelndes oder höhnisches Deuten mit dem Finger auf eine Person; seit dem 16. Jh. übertragen für „Hinweis").

fingieren „vortäuschen; unterstellen": Das Verb wurde im 16. Jh. aus *lat.* fingere „kneten, formen, bilden, gestalten; ersinnen, erdichten, vorgeben" entlehnt, das zu der unter ↑*Teig* dargestellten *idg.* Wortsippe gehört. – Aus dem Femininum des substantivierten Part. Perf. von *lat.* fingere, *lat.* ficta, das im *Spätlat.* auch nasaliert als fincta erscheint, wird *it.* finta „vorgetäuschter Stoß, Scheinstoß", das die Quelle für unser Fremdwort ↑Finte ist. Zu *lat.* fingere stellen sich ferner zwei Bildungen, die in unserem Fremdwortschatz eine Rolle spielen: *lat.* figura „Gebilde, Gestalt" (↑Figur) und *lat.* fictio „das Bilden, die erdichtete Annahme, die Einbildung" (↑Fiktion, fiktiv).

Finish „Endkampf, -spurt": Das Fremdwort gehört mit ↑starten, Start, ↑sprinten, Sprint, ↑spurten, Spurt u. a. zu einer Reihe von Ausdrücken der Leichtathletik, die im 20. Jh. aus dem *Engl.* übernommen wurden. *Engl.* finish „Endkampf, Endspurt; Abschluß" ist substantiviertes to finish „enden", das über *afrz.* fenir (= *frz.* finir) auf *lat.* finire (zu finis „Grenze, Ende") zurückgeht (vgl. *Finale*).

Fink: Der *westgerm.* Vogelname *mhd.* vinke, *ahd.* finc[h]o, *niederl.* vink, *engl.* finch ist elementarverwandt mit der *nord.* Sippe von *schwed.* spink „Sperling" und *außergerm.* z. B. mit *griech.* spiggos „Fink", *it.* pincione „Fink" und *frz.* pinson „Fink". Diese Namen sind lautnachahmend aus dem als [s]pink, [s]pink verstandenen Ruf des Sperlingsvogels gebildet. Da der Fink auch im Pferdekot pickt, galt er früher als schmutzig. Scheltwörter wie 'Dreck-, Mist-, Schmutzfink' begegnen seit *frühmhd.* Zeit. Auch in der Bed. „Freistudent, der keiner Verbindung angehört" (seit Ende des 18. Jh.s) war 'Fink' ursprünglich verächtlich gemeint. Zu den Zusammensetzungen 'Buch-, Distelfink' vgl. die Artikel *Buche* und *Distel.*

[1]**Finne:** Die spitze Rückenflosse großer Meeresfische heißt *nhd.* seit dem 16. Jh. Finne nach *mnd.* vinne „Feder, Flosse, Drachenflügel", dem gleichbed. *engl.* fin, *schwed.* fena entsprechen. *Germ.* *finnō, *finōn „spitzer Gegenstand" ist vielleicht als s-lose Form verwandt mit *lat.* spina „Dorn" (vgl. *spinal*). Dazu die *nhd.* Zusammensetzungen **Finnwal** (entsprechend *schwed.* fenaval, nach der großen Rükkenflosse). [2]**Finne** „Pustel, Blatter", eigentlich „spitzer Auswuchs", ist dasselbe Wort: *mhd.* vinne, *mnd.* vinne „Blatter". Es bezeichnete auch einen faulen Geruch (von Fleisch) und dann eine Schweinekrankheit. Erst im 19. Jh. erkannte man als deren Urheber die Bandwurmlarven und übertrug nun das Wort auch auf Larven parasitärer Würmer. Das Adjektiv **finnig** (*mhd.* vinnic, phinnic „ranzig, faul", *nhd.* auch „mit Pusteln behaftet") wird daher jetzt auch für finnenverseuchtes Fleisch gebraucht.

finster: Das nur *dt.* Adjektiv *mhd.* vinster, *ahd.* finstar ist wahrscheinlich dissimiliert aus gleichbed. *mhd.* dinster, *ahd.* dinstar und gehört dann mit *mniederl.* deemster, *asächs.* thimm „düster" zur Sippe von ↑*Dämmer[ung].* Abl.: **Finsternis** (*mhd.* vinsternisse, *ahd.* finstarnissi); **Finsterling** „Dunkelmann, Bildungsfeind" (1788 von Wieland geprägt, im 19. Jh. zum Schlagwort geworden). Zu dem untergegangen abgeleiteten Verb finstern „finster werden" stellt sich die Präfixbildung **verfinstern** (*mhd.* vervinstern).

Finte „listiger Vorwand, Ausflucht": Das Wort war ursprünglich ein Ausdruck der Fechtkunst, der einen nur „vorgetäuschten Stoß" bezeichnet. Es wurde im 16./17. Jh. entlehnt aus *it.* finta (entsprechend *frz.* feinte) „List" < *spätlat.*

fincta (= *klass.-lat.* ficta), dem substantivierten Part. Perf. von *lat.* fingere „ersinnen; vortäuschen“ (vgl. *fingieren*). Dazu etwa gleichzeitig das Zeitwort **fintieren** „eine Finte ausführen; vortäuschen“.

Firlefanz „Flitterkram; törichtes, dummes Zeug, Possen“: Das in dieser Bedeutung seit dem 16. Jh. gebräuchliche Substantiv beruht auf *mhd.* firli-fanz, das einen lustigen Springtanz bezeichnete. Die weitere Herkunft des Wortes ist nicht sicher geklärt. Der erste Wortbestandteil stammt vielleicht aus *afrz.* virelai „Ringellied“ (beachte *mhd.* virlei, das die gleiche Bedeutung hat wie *mhd.* firli-fanz).

firm „fest, sicher, gut beschlagen (in einem Fachgebiet)“: Das Adjektiv wurde im 18. Jh. aus *lat.* firmus „fest, stark, tüchtig, zuverlässig“ entlehnt. Von 'firmus' abgeleitet ist das Verb *lat.* firmare „festmachen, befestigen; bekräftigen; bestätigen“ mit dem gleichbedeutenden Kompositum con-firmare in den Fremdwörtern ↑firmen, konfirmieren, ↑Firma, ↑Farm und ↑Firmament.

Firma „Betrieb, Unternehmen“: Zu *lat.* firmus „stark, fest“ (vgl. *firm*) stellt sich das Verb *lat.* firmare „befestigen, bekräftigen, bestätigen“, das gleichlautend im *It.* erscheint. Im Sinne von „eine Abmachung, einen Vertrag durch Unterschrift rechtskräftig machen“ wird es in der Handelssprache gebraucht. Das davon abgeleitete Substantiv *it.* firma „bindende, rechtskräftige Unterschrift eines Geschäftsinhabers unter einen Vertrag bzw. unter einer geschäftlichen Vereinbarung“ wird schließlich zur Bezeichnung eines geschäftlichen Unternehmens oder seines Aushängeschildes. In dieser Bedeutung wurde das Wort im 18. Jh. ins *Dt.* entlehnt.

Firmament „Himmelsgewölbe“: Das Wort wurde in *mhd.* Zeit aus *spätlat.* firmamentum „Befestigungsmittel, Stütze; der über der Erde besfestigte Himmel (bildl.)“ entlehnt, das zu *lat.* firmare „befestigen“, firmus „fest“ (vgl. *firm*) gehört.

firmen: Durch das Sakrament der heiligen Taufe wird der Mensch in die Gemeinschaft der christlichen Kirche aufgenommen. Später bedarf er einer „Bestätigung“, einer „Festigung“ in dieser Zugehörigkeit. Er wird als Katholik gefirmt oder als Protestant konfirmiert. Beide Wörter 'firmen' und 'konfirmieren' gehen auf das gleiche *lat.* Verb [con]firmare „festmachen, bestärken“ zurück. Während 'firmen' schon in *ahd.* Zeit (firmōn) entlehnt wurde, erscheint 'konfirmieren' erst im *Mhd.* Zu 'firmen' stellen sich die Ableitungen **Firmung** und **Firmling**. Diesen stehen im evangelischen Sprachgebrauch **Konfirmation** (16. Jh.; aus *lat.* con-firmatio „Bestärkung“) und **Konfirmand** (aus *lat.* con-firmandus „der zu Bestärkende“) gegenüber. Über das allen zugrundeliegende Adjektiv *lat.* firmus „fest, stark“ vgl. den Artikel *firm*.

firn (selten für:) „vorjährig, alt“: *Mhd.* virne, *ahd.* firni, „alt, erfahren, weise“ ist wie *got.* fairneis von einem ↑*fern* eng verwandten *germ.* Zeitadverb abgeleitet, das *mhd.* als verne, ver[n]t „im vorigen Jahr“, *got.* u. *asächs.* als Adjektiv in den Wendungen af fairnin jera bzw. fernun jāra „im Vorjahre“ erscheint. Verwandt sind *lit.* pérnai, *lett.* pērns „vorjährig“. Das Adjektiv firn wird fast nur noch von vorjährigem Wein und Schnee gesagt. Abl.: **Firn** „Altschnee“ (besonders im Hochgebirge; *schweiz.* im 16. Jh.), dazu *bayr.-österr.* **Ferner, Firner** „alter Schnee; Gletscher“. Zus.: **Firnewein** „vorjähriger Wein“ (im 16. Jh. für *mhd.* der virne wīn).

Firnis „trockener Schutzanstrich (für Metall, Holz u. a.)“: Das Substantiv *mhd.* virnīs „Lack; Schminke“ beruht wie entsprechend *engl.* varnish „Firnis, Lack; Politur“ auf *(a)frz.* vernis „Firnis, Lack“ (= *it.* vernice). Die weitere Herkunft der *roman.* Wörter ist nicht sicher geklärt. – Abl.: **firnissen** „mit Firnis bestreichen“ (*mhd.* virnīsen).

First: Das *westgerm.* Substantiv *mhd.* virst, *ahd.* first, *mniederl.* verste, *aengl.* fierst bezeichnet den Dachfirst als Oberkante des Daches, eigentlich den waagerechten Firstbaum (Firstpfette) des alten Dachgerüsts. Im Ablaut dazu steht *niederl.* vorst „First“. Die *germ.* Wörter enthalten ebenso wie *aind.* pr̥-ṣṭhá-m „Rükken“, *awest.* par-šta- „Rückgrat“, *lit.* pir̃-štas „Finger“ und *griech.* pa[ra]-stás, *lat.* postis (*por-stis) „Pfosten“ (↑Pfosten) als ersten Bestandteil *idg.* *pr̥-, *per- „vorwärts, hervor“ (vgl. *ver...*). Der zweite Bestandteil gehört zu der *idg.* Wurzel *stā- „stehen“ (vgl. *stehen*). All diese Wörter bedeuten demnach eigentlich „Hervorstehendes“. Siehe auch den Artikel *Frist*.

Fisch: Das *gemeingerm.* Substantiv *mhd.* visch, *ahd.* fisk, *got.* fisks, *engl.* fish, *schwed.* fisk hat *außergerm.* Entsprechungen nur in lat. piscis und *air.* īasc „Fisch“. Abl.: **fischen** (*gemeingerm.* Verb, *mhd.* vischen, *ahd.* fiscōn; vgl. *got.* fiskōn, *engl.* to fish, *schwed.* fiska; entsprechend *lat.* piscari), **Fischer** (*mhd.* vischære, *ahd.* fiscāri), dazu **Fischerei** (*mhd.* vischerīe); **fischig** „nach Fisch riechend“ (*mhd.* fischec). Zus.: **Fischbein** (die knochenähnlichen Barten der Bartenwale hießen im 16. Jh. vischbein, wohl gekürzt aus später bezeugtem 'Walfischbein'; vgl. *Bein;* **Fischotter** (s. *Otter*).

Fisimatenten „leere Flausen, Ausflüchte; Faxen“: Die Herkunft des seit dem 16. Jh. in zahlreichen, z. T. stark voneinander abweichenden Formen bezeugten Ausdrucks ist – trotz aller Deutungsversuche (etwa aus *lat.* visae patentes „ordnungsmäßig verdientes Patent“ unter Einwirkung von *mhd.* visamente „Zierat“) – ungeklärt.

Fiskus „Staatskasse“: Das Wort wurde im 16. Jh. aus *lat.* fiscus „Korb; Geldkorb“ entlehnt, das seit der Kaiserzeit auch (übertragen) „Staatskasse“ bedeutet. Abl.: **fiskalisch** „den Fiskus betreffend“, aus *lat.* fiscalis. Zu *lat.* fiscus, das man mit einer ursprünglichen Bed. „der Geflochtene“ zu der unter ↑*bitten* dargestellten *idg.* Sippe stellt, gehört auch das Verb *lat.* con-fiscare „in der Kasse aufheben; in die kaiserliche Schatzkammer einziehen“, das um 1500 unser Fremdwort **konfiszieren** „[von Staats wegen, gerichtlich] einziehen, beschlagnahmen" lieferte. Dazu das Substantiv **Konfiskation** „[gerichtlich] Beschlagnahme; Einziehung" (17. Jh.; aus *lat.* confiscatio).

Fistel: Der medizinische Ausdruck für eine anormale röhrenförmige Verbindung zwischen Hohlorganen oder Körperhöhlen und der äußeren oder inneren Körperoberfläche (*mhd.* fistel, *ahd.* fistul „röhrenförmiges, tiefgehendes Geschwür") beruht auf Entlehnung aus *lat.* fistula „röhrenförmiges Geschwür, Fistel". Die Grundbedeutung von *lat.* fistula ist „Röhre". Sie wurde auf verschiedene „röhrenförmige" Dinge übertragen. So bedeutet *lat.* fistula u. a. auch „(helltönende) Rohrpfeife, Hirtenflöte". Mit dieser Bedeutung ist es die Quelle für das Bestimmungswort der erst *nhd.* (18. Jh.) Zus. **Fistelstimme** „hohe Kopfstimme, helle Eunuchenstimme" (eigentlich „helle Rohrpfeifenstimme").

fit „in bester körperlicher Verfassung": Das Adjektiv wurde im 20. Jh. – zusammen mit dem verstärkenden 'topfit' – aus gleichbed. *engl.* fit entlehnt, dessen Herkunft dunkel ist. Abl.: **Fitneß** (20. Jh.; aus *engl.* fitness).

Fittich „Flügel": Das heute fast nur dichterisch gebrauchte Wort (*mhd.* vitich, vetach, *ahd.* fettāh, feddāh) gehört zu der unter ↑*Feder* behandelten Wortgruppe. In der Zusammensetzung **Schlafittich, Schlafittchen** hat sich eine *frühnhd.* Übertragung des Wortes auf den „Gewandzipfel, Rockschoß" erhalten (im 18. Jh. *niederd.* 'enen bi de Slafittje kriegen', aus *slach-fitje, -fitken „bei den Schlagfittichen", wie man Gänse fängt). Siehe auch den Artikel *Flittchen*.

fitzen ↑ficken.

[1]**fix** „unbeweglich, fest[stehend]; konstant": Das im 16./17. Jh. aus *lat.* fixus „angeheftet, befestigt, fest", dem Part. Perf. von figere „anheften" (zur *idg.* Sippe von *nhd.* ↑*Teich*), entlehnte Adjektiv war zunächst nur in der Alchimistensprache heimisch, wo es den „festen" Aggregatzustand von Stoffen bezeichnete. Später eroberte es sich andere Sprachbereiche. So gibt es in der Medizin die Fügung 'fixe Idee' „Zwangsvorstellung" (18. Jh.). Im Geldwesen gilt neben Verbindungen wie 'fixe Summe' hauptsächlich das seit dem 17. Jh. bezeugte Substantiv **Fixum**, heute vor allem im Sinne von „festes Einkommen, Gehalt". Das dazugehörige Verb **fixieren** „eine Summe festsetzen, vereinbaren", das von *lat.* *fixare „festmachen" (*mlat.* fixare „fest ansehen") ausgeht, lebt daneben in einer heute überwiegenden Bed. „anstarren", die von *frz.* fixer beeinflußt ist. Aber auch in der Technik, vor allem in der Fotografie, wird 'fixieren' gebraucht, hier im Sinne von „[licht]beständig machen, haltbar machen". Auf die *frz.* Entsprechung fixer geht *engl.-amerik.* to fix „einen Termin festsetzen usw." zurück, das im Jargon auch „Rauschgift spritzen" bedeutet. Daraus wurde im 20. Jh. **fixen** entlehnt, dazu **Fixer** (aus *engl.-amerik.* fixer). Die Zusammensetzung **Fixstern** (17. Jh.) gibt *lat.* fixa stella wieder und bezeichnet den unserem Auge als „feststehend, unbeweglich" erscheinenden Himmelskörper im Gegensatz zum Wandelstern (↑Planet). – [2]**fix** „geschickt, anstellig, gewandt" gehört der Umgangssprache an. Es hat sich aus [1]fix (s. o.) entwickelt, einmal über eine Bedeutungsreihe „fest – beständig – verläßlich – geschickt", zum andern aber auch, indem es sich aus der Formel 'fix und fertig' herauslöste. – Als Hinterglied erscheint *lat.* fixus noch in den Fremdwörtern ↑Kruzifix, ↑Präfix, ↑Suffix.

Fjord: Die *skand.* Bezeichnung der schmalen, felsigen Meeresbucht (*schwed., norw.* fjord, *aisl.* fjǫrðr), die ablautend mit ↑*Furt* verwandt ist, wurde Ende des 19. Jh.s ins *Dt.* entlehnt. Auch gleichbed. *engl.* firth stammt aus dem *Nord.*

flach: Das ursprünglich nur *dt.* und *niederl.* Adjektiv *mhd.* vlach, *ahd.* flah, *mnd., niederl.* vlak, zu dem sich Substantive wie *asächs.* flaka „Sohle", *norw.* flak „Scheibe, Eisscholle" und *engl.* fluke „Leberegel" stellen, gehört mit verwandten *außergerm.* Wörtern zu der Wurzelform *plāg-, *plāk- „breit, flach; ausbreiten" (vgl. *Feld*). In anderen *idg.* Sprachen ist z. B. *lat.* plaga „Fläche" verwandt, weiter *lat.* placidus „flach, glatt, ruhig", *lat.* placere „gefallen" (s. die Fremdwortgruppe um *Plazet*), *griech.* pláx „[Meeres]fläche", *griech.* plakoũs „flacher Kuchen" (daraus ↑Plazenta, s. auch *Duplikat*). – Abl.: **Fläche** (*mhd.* vleche; seit dem 15. Jh. mathematisches Fachwort, *nhd.* auch in Zusammensetzungen wie 'Grund-, Oberfläche'; beachte die Bildung **oberflächlich** „am Äußerlichen haftend, flüchtig", 18. Jh.), dazu **flächig** „flächenhaft" (19. Jh.).

Flachs: Die wichtige, den Germanen seit der Bronzezeit bekannte Faserpflanze, deren ältester Name ↑Lein ist, heißt bei den Westgermanen *mhd.* vlahs, *ahd.* flahs, *niederl.* vlas, *engl.* flax. Das Wort ist eine Bildung zu dem unter ↑*flechten* behandelten Verbalstamm. Nach der hellen Farbe der Faser wird blondes Haar *nhd.* 'Flachshaar' genannt. Abl.: **flächse[r]n** „aus Flachs" (*spätmhd.* vlehsīn); **flachsen** „necken, spotten, scherzen" (das *ugs.* Wort, *rotw.* auch für „schmeicheln, betrügen" gebraucht, geht vielleicht vom *Ostmitteld.* aus, wo es *mdal.* für 'hecheln', ↑*Hechel,* in allen Bedeutungen gilt), beachte auch **Flachs** (*ugs.* für:) „spaßige Äußerung, Neckerei".

flackern: Das nur *dt.* und *niederl.* Verb (*spätmhd. [rhein.]* vlackern „flackern, flattern", *niederl.* flakkeren „flackern", älter „flattern") ist eine Weiterbildung eines in gleichbed. *oberd. mdal.* flacken, älter *niederl.* vlacken bezeugten Verbs. Vgl. auch *aisl.* flakka, *schwed.* flacka „umherstreifen" und das andersgebildete *aisl.* flǫgra „flattern" (↑Flagge). Die Wörter gehen wohl von einer Grundbedeutung „hin und her schlagen" aus und lassen sich an die unter ↑*fluchen* dargestellte *idg.* Wortgruppe anschließen.

Fladen „flacher Kuchen; breiiger Kot": Das *altgerm.* Substantiv *mhd.* vlade „breiter, dünner Kuchen; Honigwabe; Kuhfladen", *ahd.* flado „Opferkuchen; flacher Kuchen" *niederl.* vla[de] „Fladen", *mengl.* flaþe „flacher Kuchen", *norw. mdal.* fla[d]e „flache Wiese, Feld" geht mit verwandten Wörtern in anderen *idg.* Sprachen auf eine Wurzelform *plăt-, *plăd- „breit, flach; ausbreiten" zurück (vgl. *Feld*). Von verwandten *germ.* Wörtern sind zunächst die unter ↑*Flunder* behandelten Fischnamen zu nennen, ferner das im *Dt.* untergegangene Adjektiv *ahd.* flaz, *asächs.* flat „flach", zu dem die Wörter ↑fletschen und ↑Flöz gehören. Außerhalb des *Germ.* sind z. B. verwandt die Adjektive *griech.* platýs „eben, breit"; (s. die unter ↑*platt* genannten Lehn- und Fremdwörter) und *lit.* platùs „breit"; s. auch den *slaw.* Fischnamen ↑*Plötze.* Auf ein nasaliertes *lat.* planta „Fußsohle" (eigentlich „die Breite") gehen die unter ↑*Pflanze* und ↑²*Plan* „Grundriß, Entwurf" behandelten Wörter zurück.

Flagge: Das zunächst *niederd.,* noch jetzt besonders im Seewesen gebräuchliche Wort wurde um 1600 ins *Hochd.* übernommen. Ihm entsprechen *niederl.* vlag „Schiffsfahne" und gleichbed. *dän.* flag. Zugrunde liegt *engl.* flag „Fahne" (15. Jh.), das erst von den entlehnenden Nachbarsprachen auf die Bezeichnung der Schiffsflagge eingeengt wurde. Das spät bezeugte Wort ist wahrscheinlich verwandt mit *aisl.* flǫgra „flattern" usw. (vgl. *flackern*). Abl.: **flaggen** „die Flagge hissen" (18. Jh.; erst später erscheint gleichbed. *engl.* to flag). Zus.: **Flaggschiff** „Schiff eines Admirals ('Flaggoffiziers'), das dessen Kommandoflagge führt" (im 18. Jh. 'Flaggenschiff, -offizier').

flagrant „brennend, schreiend, in die Augen springend": Das Adjektiv wurde im 19. Jh. aus gleichbed. *frz.* flagrant entlehnt, das auf *lat.* flagrans (flagrantis) „brennend", dem adjektivisch gebrauchten Part. Präs. von *lat.* flagrare „brennen, lodern, glühen", zurückgeht. Dazu die Wendung 'jemanden in [crimine] flagranti ertappen' „jemanden auf frischer Tat (eigentlich „solange das Verbrechen noch warm ist") ertappen". – *Lat.* flagrare gehört zusammen mit *lat.* flamma „Flamme" (↑Flamme), *lat.* fulgere (fulgere) „blitzen; glänzen", fulgur, fulmen „Blitz, Blitzschlag" zu den unter ↑*blecken* genannten Wörtern.

Flakon „[Riech]fläschchen": Die *germ.* Gefäßbezeichnung *westgerm.* *flaska, *got.* *flaskō (= *nhd.* ↑*Flasche)* wurde von römischen Soldaten als *spätlat.* flasca, flasco entlehnt. Im *Roman.* entwickelten sich daraus u. a. *it.* fiasco (↑Fiasko) und *frz.* flacon (*afrz.* *flascon). Letzteres wurde im 18. Jh. in obiger Bedeutung ins *Dt.* rückentlehnt.

Flamingo: Der Name des langbeinigen Stelzvogels wurde in *nhd.* Zeit aus gleichbed. *span.* flamenco entlehnt (ältere Nebenform: flamengo). Die Herkunft des auch in anderen *roman.* Sprachen vertretenen Wortes (beachte z. B. entsprechend *prov.* flamenc, *frz.* flamant „Flamingo") ist nicht sicher geklärt. Vielleicht handelt es sich um eine im *Roman.* mit *germ.* Suffix gebildete Ableitung von *lat.* flamma „Flamme". Der Vogel wäre dann nach seinem „geflammten" Gefieder benannt.

Flamme: Das Substantiv *mhd., mnd.* vlamme ist aus *lat.* flamma (< *flag-ma) „Flamme" entlehnt, das zum Stamm von *lat.* flagrare „brennen, lodern, glühen" (vgl. *flagrant*) gehört. – Abl.: **flammen** (*mhd.* vlammen), dazu das in adjektivische Funktion übergegangene 2. Part. **geflammt** „flammenartig gemustert".

Flanell (Gewebe): Das Wort wurde Anfang des 18. Jh.s entlehnt aus gleichbed. *frz.* flanelle < *engl.* flannel, das selbst *kelt.* Ursprungs ist. *Kymr.* gwlān „Wolle", das zugrunde liegt, ist urverwandt mit ↑*Wolle.* – Dazu das Adjektiv **flanellen** „aus Flanell".

flanieren „müßig umherschlendern": Das Verb wurde im 19. Jh. aus gleichbed. *frz.* flâner entlehnt, das auf *aisl.* flana „ziellos herumlaufen" – zur *idg.* Sippe von ↑*Feld* – zurückgeht. Vermittelt wurde es wohl durch *norm.* Mundarten. Abl.: **Flaneur** (veraltet für:) „Müßiggänger, Pflastertreter" (19. Jh.; aus gleichbed. *frz.* flâneur).

Flanke: Das Wort wurde im 16./17. Jh. als militärischer Fachausdruck aus *frz.* flanc „Seite (eines Festungswerks oder eines in Schlachtordnung aufgestellten Heeres)" entlehnt. Dessen erhaltene Grundbedeutung „Hüfte, Lende, Weiche" weist auf den übertragenen Gebrauch einer ursprünglichen Körperteilbezeichnung und führt auf gleichbed. *afränk.* *hlanka (entsprechend *ahd.* [h]lanka in ↑*Gelenk*) zurück. Zwei abgeleitete Verben stehen – in der Bedeutung differenziert – nebeneinander: **flankieren** „von der Seite decken, in die (geschützte) Mitte nehmen" und **flanken** „(einen Ball) von der Seite (eines Spielfeldes) in die Mitte schlagen". Während jenes etwa gleichzeitig mit dem Substantiv aus *frz.* flanquer (eigentlich „mit Seitenbefestigungen versehen") übernommen wurde und heute noch seiner militärischen Grundbedeutung nahesteht, ist letzteres eine Ableitung des 20. Jh.s zu 'Flanke' im Sinne von „Flankenschlag" (Fußball).

Flansch: Der fachsprachliche Ausdruck für das verbreiterte Anschlußende von Rohren und die Schenkel der Eisenträger geht zurück auf *spätmhd.* vlansch „Zipfel", das zur Sippe von ↑*flennen* (eigentlich „den Mund verziehen") gehört. Beachte *mhd.* vlans verächtlich für „Maul", 'Flanschen' *ostmitteld.* für „Maul, klaffender Wundrand" und **Flunsch** *niederd.-mitteld.* für „verzogener Mund" (besonders in der Wendung 'eine[n] Flunsch ziehen').

Flasche: Das *altgerm.* Substantiv *mhd.* vlasche, *ahd.* flaska, älter *niederl.* flesch, *engl.* flask, *schwed.* flaska kann im Sinne von „flaches Gefäß" zu der unter ↑*flach* oder aber im Sinne von „umflochtenes Gefäß" zu der unter ↑*flechten* dargestellten *idg.* Wortsippe gehören. Die früher aus Holz, Ton, Zinn oder Blech hergestellten Flaschen waren zum Schutz und besseren Transport mit einem Geflecht umgeben. Auf die aus Blech oder Zinn hergestellte Flasche bezieht sich **Flaschner,** die *südwestd.* und *schweiz.* Bezeichnung des Klempners (*spätmhd.* vlaschener). Das *germ.* Wort wurde früh in andere Sprachen entlehnt: *spätlat.* flasco, flasca (↑Fiasko, Flakon), *serb.* ploska. Die *ugs.* (ursprünglich *nordd.*) Bezeichnung des Dummkopfs und Versagers (besonders im Sport) als 'Flasche' geht auf die Vorstellung der leeren Flasche zurück (s. a. *Fiasko*). Zus.: **Flaschenzug** (18. Jh.; die Rollen des Hebegeräts werden von einer backenartigen Halterung umfaßt, die früher 'Flaschen' hießen, heute in der Sprache der Technik 'Scheren' genannt werden).

flattern: *Frühnhd.* flatern, *mhd.* vladeren steht neben den gleichbedeutenden ablautenden Formen vlederen (in den Wörtern um ↑*Fledermaus*) und vlōdern, vlūdern, zu denen mit ausdrucksbetontem -i- noch vlittern tritt (daraus *nhd.* ↑flittern „glänzen"). Alle diese Wörter können zu einer Wurzelform *p[e]led- gestellt werden, zu der wohl auch *nhd.* ↑*Falter* gehört (vgl. den Artikel *viel*). Das Verb 'flattern' wird heute besonders von Vögeln, Schmetterlingen, Fahnen gebraucht, in älterer Sprache konnte es auch auf das flackernde Feuer bezogen werden. Die Bed. „unbeständig schwanken" zeigt sich in Bildungen wie **flatterhaft** (17. Jh.), **Flattergeist** (16. Jh.).

flau: Das zunächst nur *niederd.* Adjektiv bedeutet im 18. Jh. in *bremischer* Mundart „schal, kraftlos" (*mnd.* flau „matt, schwach, krank"). Dieses Wort ist aus gleichbed. *mniederl.* flau (*niederl.* flauw) entlehnt, dessen Herkunft nicht gesichert ist. Wichtig wurde 'flau' als Wort der *niederd.* Kaufmanns- und Börsensprache, in der es schon im 18. Jh. den Sinn des heutigen „lustlos, ohne Nachfrage" bekam. In der Seemannssprache bezieht sich das Adjektiv etwa seit der gleichen Zeit auf schwachen Wind. Heute gilt *ugs.* 'jemandem ist flau' für „jemandem ist schlecht, übel [im Magen]". Abl.: **flauen** veraltet für „im Preis sinken" (19. Jh.). Ursprüngliche Seemannswörter sind **abflauen** „(vom Wind) allmählich schwächer werden, nachlassen" (Ende des 19. Jh.s) und **Flaute** „Windstille" (19. Jh.; für älteres 'Flaue' „Flauheit"); sie wurden dann in den kaufmännischen und allgemeinen Sprachgebrauch übertragen.

Flaum „weiche Bauchfeder der Vögel; erster Bartwuchs; Wollhaar an Pflanzen und Früchten": Die *nhd.* Form geht über *mhd.* pflūme zurück auf *ahd.* pflūma, das aus *lat.* pluma „Flaumfeder" entlehnt ist, vgl. *mniederl.* plūme, *aengl.* plūm[feđer]. Das Wort ist den Germanen wohl durch die Ausfuhr germanischer Gänsefedern nach Rom bekannt geworden; es ist aus *plusma entstanden und gehört zu der unter ↑*Flaus* behandelten Sippe. *Nordd.* ist 'Flaum' in der Bedeutung „weiche Bauchfeder der Vögel" durch 'Daune' (s. d.) verdrängt worden. – Abl.: **flaumig** (im 18. Jh. für älteres pflaumicht). Zus.: **flaumweich** (*nhd.*, besonders von weichgekochten Eiern), in der älteren Form 'pflaum[en]weich' (zu älter *oberd.* Pflaum „Flaum" wird es heute fälschlich an den Namen der Frucht angeschlossen und *ugs.* für „schwächlich, nachgiebig" gebraucht).

Flaus, Flausch: *Niederd. mdal.* Fluus[ch], *mnd.* vlūs[ch] „Wollbüschel, Schaffell" wurde im 18. Jh. in der Form Flaus[ch] Bezeichnung eines wollenen Überrocks (jetzt 'Flauschrock'), den die hallischen Studenten trugen, und des dafür verwendeten weichen Wollstoffs. Das *niederd.* Wort geht zusammen mit dem untergegangenen *mhd.* vlius, vlūs „Schaffell", mit *niederl.* vlies (↑Vlies) und verwandten Wörtern in anderen *idg.* Sprachen auf eine *idg.* Wurzel *pleus- „ausrupfen; gerupfte Wollflocke oder Feder" zurück, vgl. z. B. *lat.* pluma (*plusma) „Feder" (↑Flaum und Plumeau) und *lit.* plùskos „Haarzotten". Als *landsch.* Nebenform besteht **Flause, Fluse** „loses Fadenende, herumfliegende Wollflocke"; der *Plural* **Flausen** gilt seit dem 18. Jh. übertragen für „Ausflüchte; Launen, närrische Einfälle; Schwierigkeiten", bes. in der Wendung 'Flausen machen'.

Flaute ↑flau.

Fläz (*ugs.* für:) „Lümmel, flegelhafter Mensch": Die Herkunft des seit dem 17. Jh. als *niederd.* flötz, flōts, *hochd.* als flätz, flötz bezeugten Wortes ist nicht sicher geklärt. Vielleicht gehört es zu *niederd.* vlöte „breiter Löffel zum Abrahmen". Zu 'Fläz' stellen sich die jungen Bildungen [sich] **fläzen** „nachlässig sitzen, liegen, sich hinflegeln" und **fläzig** „flegelhaft".

Flechse: Die Bezeichnung der Körpersehne (bei Medizinern durch den Anklang an *lat.* flexus „Beugung" gestützt) erscheint erst im 17. Jh. als 'Flechs', im 16. Jh. als 'Flachsader' (vgl. *bayr.* Flachsn aus älterem flah[t]sin). Vielleicht liegt eine Zusammensetzung *Flechtsehne voraus (vgl. *flechten*), denn mit Sehnen wurde früher viel geflochten. Abl.: **flechsig** „sehnig" (17. Jh.).

flechten: Das *altgerm.* Verb *mhd.* vlehten, *ahd.* flehtan, *niederl.* vlechten, *aengl.* fleohtan, *schwed.* fläta beruht zusammen mit *got.* flahta „Haarflechte" und verwandten Wörtern in anderen *idg.* Sprachen auf der *idg.* Wurzel *plek̂- „flechten, wickeln", die wohl eine Erweiterung der Wurzel *pel- „falten" (vgl. *falten*) ist. Näher verwandt ist z. B. *lat.* plectere „flechten" und weiterhin *griech.* plékein „flechten", *lat.* plicare „zusammenwickeln, -falten" (s. die Fremdwortgruppe um *kompliziert*). Aus dem *germ.* Sprachbereich stellt sich noch ↑Flachs zu der genannten Wurzel (s. auch den Artikel *Flasche*). Zu 'flechten' gebildet sind **verflechten** (17. Jh., heute meist auf enge [wirtschaftliche] Verbindungen bezogen und **entflechten** (19. Jh., heute meist für die Auflösung enger [wirtschaftlicher] Verbindungen gebraucht). Abl.: **Flechte** (*mhd.* vlehte „Flechtwerk, Geflochtenes". Seit dem 18. Jh. heißen die verflochtenen Algen und Pilzfäden an Rinden und Steinen 'Flechte'; daran schließt sich die Verwendung im Sinne von „schuppiger oder krustiger Hautausschlag" an. Im *Nhd.* wird 'Flechte' auch in der Bed. „Zopf" gebraucht). *Spätmhd.* ist die Kollektivbildung **Geflecht.**

Fleck, [1]Flecken: Das nur im *Dt.* und *Nord.* belegte Substantiv *mhd.* vlec[ke], *ahd.* flec[cho], *aisl.* flekkr, *schwed.* fläck bedeutete ursprünglich sowohl „Lappen, Landstück" wie „andersfarbige Stelle". Dazu tritt im *Mhd.* die Bed. „Eingeweidestück" (noch in *landsch.* Speisebezeichnungen wie 'Rinder-, Kuttelfleck'). Als Grundbedeutung ist wohl „flaches, breit geschlagenes Stück" anzusetzen, wie denn noch *mhd.* vlec auch „Schlag, breite Wunde" bedeuten kann. Über weitere Zusammenhänge vgl. den Artikel *fluchen.* Heute überwiegt die Bed. „Schmutz- oder Farbfleck"; an die alte Bed. „Lappen" schließt sich ↑flicken an. Als „Stelle, Ort" erscheint 'Fleck' heute besonders in Wendungen wie 'auf demselben Fleck stehen', 'nicht vom Fleck kommen'. Beachte auch [2]**Flekken, Marktflecken** „dörfliche Siedlung mit einzelnen städtischen Rechten" (im 14. Jh. marktfleck). Abl.: **flecken** „Flecken machen", *landsch. ugs.* „vorankommen" in 'es fleckt' „es geht voran" (*mhd.* vlecken „beschmutzen; schlagen; vom Fleck schaffen, fördern"), dazu **beflecken** „mit Flecken beschmutzen" (*mhd.* bevlecken, meist übertr.); **fleckig** „gefleckt, beschmutzt" (*mhd.* vleckic).

fleddern „Tote, Schlafende oder Hilflose berauben, ausplündern": Das *rotw.* Wort, erst im 19. Jh. bezeugt, ist wohl identisch mit *mhd.* vlederen „flattern". Wahrscheinlich bedeutet es, ebenso wie *rotw.* fladern, flattern, eigentlich „waschen", wurde also, wie es die Gaunersprache oft tut, verhüllend gebraucht. Abl.: **[Leichen]fledderer** (20. Jh.).

Fledermaus: Der *dt.* Tiername *mhd., mnd.* vledermūs, *ahd.* fledarmūs bedeutet „Flattermaus" und ist eine Bildung zu dem Verb *mhd.* vlederen, *ahd.* fledarōn, das im Ablaut zu ↑*flattern* steht (s. auch *Flederwisch* und *zerfled[d]ern*). Das meist von Insekten lebende Tier ist keine Maus, aber schon sein ältester *ahd.* Name mūstro, eigentlich „mausähnliches Tier", ist eine sehr altertümliche Ableitung von dem unter ↑*Maus* behandelten Substantiv.

Flederwisch: Der früher zum Putzen benutzte Gänseflügel heißt *mhd.* vederwisch (vgl. *Wisch*), woraus unter Anlehnung an *mhd.* vlederen „flattern" (vgl. *Fledermaus*) vlederwisch „Wisch zum Abfächeln" wurde. Heute ist der Flederwisch gewöhnlich ein Federbüschel mit einem Stiel.

Flegel „ungehobelter Mensch, Lümmel": *Lat.* flagellum „Geißel, Peitsche", das als Verkleinerungsbildung zu gleichbed. *lat.* flagrum gehört, gelangte mit seiner im *Kirchenlat.* entwickelten Bed. „Dreschflegel" früh als Lehnwort zu den Westgermanen (*ahd.* flegil, *mhd.* vlegel, *niederl.* vlegel, *engl.* flail). Während im deutschen Sprachraum das Wort in seiner eigentlichen Bedeutung durch die verdeutlichende Zusammensetzung **Dreschflegel** abgelöst wurde, konnte es seine Geltung als Scheltwort behaupten. Die Übertragung vom „Dreschflegel" auf den „Bauern, der den Dreschflegel schwingt" (seit dem 16. Jh. bezeugt) und danach weiter auf einen „derben, ungeschliffenen Menschen" allgemein, vollzog sich ähnlich wie bei den Scheltwörtern 'Bengel', 'Besen' u. a. – Ableitungen und Zusammensetzungen: **Flegelei** „derbes, ungehobeltes Benehmen; Ungezogenheit" (17. Jh.); **flegelhaft** (17. Jh.); **flegeln,** sich „sich bäurisch, ungehobelt benehmen; eine nachlässige Haltung beim Sitzen einnehmen" (in diesem Sinne seit dem 18./19. Jh.; zuvor schon *mhd.* vlegelen „dreschen; schlagen, peitschen", später auch transitiv „Flegeleien begehen"); **Flegeljahre** (18. Jh.; Bezeichnung für die jugendliche Entwicklungszeit, in der man dazu neigt, sich wie ein Flegel zu benehmen).

flehen: Das nur im *Dt., Niederl.* und *Got.* bezeugte Verb (*mhd.* vlēhen, *ahd.* flēhōn „schmeichelnd, dringlich bitten", *niederl.* vleien „schmeicheln", *got.* [ga]þlaihan „trösten, freundlich zureden") ist verwandt mit *aengl.* flāh, *aisl.* flār „trügerisch, hinterlistig, falsch". Die weitere Herkunft dieser *germ.* Wortgruppe ist unklar. Abl.: **flehentlich** (*mhd.* vlēhenlich ist vom Infinitiv abgeleitet, das t ist junger Gleitlaut wie in 'eigentlich, hoffentlich' u. ä.).

Fleisch: In den *westgerm.* Sprachen bezeichnet *mhd.* vleisch, *ahd.* fleisc, *niederl.* vlees, *engl.* flesh menschliches und tierisches Fleisch allgemein, während *aisl.* flesk[i], *schwed.* fläsk nur „Schweinefleisch, Speck" bedeutet. *Außergerm.* Beziehungen des Wortes sind nicht gesichert. Zu dem abgeleiteten, heute veralteten Verb **fleischen** (*mhd.* vleischen „im Fleisch verwunden; mit Fleisch versehen; Fleisch, Mensch werden") gehören **zerfleischen** (16. Jh.; schon *ahd.* zufleiscōn) und **eingefleischt** (16. Jh.; Lehnübersetzung von *lat.* incarnatus „Mensch geworden", schon *mhd.* īnvleischunge für die „Fleischwerdung, Inkarnation Christi"; jetzt versteht man das Adjektiv als „unveränderlich, unverbesserlich" [wem eine Eigenschaft in Fleisch und Blut übergegangen ist]); **Fleischer** (*landsch.* Handwerkername; *spätmhd.* vleischer ist wohl gekürzt aus vleischhouwer, -hacker, *nhd. landsch.* 'Fleischhauer, -hacker'; **fleischern** „aus Fleisch" (16. Jh.; für *mhd.* vleischīn, *ahd.* fleiskīn); **fleischig** „mit viel Fleisch" (z. B. von Händen; *spätmhd.* vleischic „fett"); **fleischlich** „Fleisch enthaltend; leiblich, sinnlich" (*mhd.* vleischlich, *ahd.* fleischlīch).

Fleiß: Das *westgerm.* Substantiv *mhd.* vlīz, *ahd.* flīz, *niederl.* vlijt, *aengl.* flīt steht neben einem im *Nhd.* untergegangenen starken Verb *mhd.* vlīzen, *ahd.* flīzan „streben, trachten, sich bemühen", *aengl.* flītan „streiten, zanken", das nur noch in *nhd.* sich **befleißen** (veraltet für:) „sich bemühen", dem Partizip **beflissen** „eifrig bemüht" und dem Adverb **geflissentlich** „[über]eifrig" (*frühnhd.* geflissenlichen) fortlebt. Die weiteren etymologischen Beziehungen dieser Wortgruppe sind unsicher. Das Substantiv bedeutete ursprünglich „Streit, Wettstreit", entwickelte schon *ahd.* die Bed. „Eifer", *mhd.* auch die Bed. „Sorgfalt" (dazu die Wendungen 'mit Fleiß' „eifrig", jetzt meist „absichtlich" [veraltet, noch *landsch.*] und 'viel Fleiß auf etwas verwenden'). Heute herrscht die Bed. „strebsames, unermüdliches Arbeiten" vor. Abl.: **fleißig** (*mhd.* vlīzec, *ahd.* vlīzic; das zugehörige Verb *mhd.* vlīzegen lebt in sich **befleißigen** fort; 16. Jh.).

flektieren „beugen": Der grammatische Ausdruck wurde im 18. Jh. aus *lat.* flectere „biegen, beugen" entlehnt, das ohne sichere Anknüpfung ist. – Dazu: **Flexion** „Beugung" (18. Jh.; aus gleichbed. *lat.* flexio). Das Adjektiv **flexi-**

bel – aus *lat.* flexibilis –, das im 19. Jh. als Fremdwort erscheint, ist heute in der Sprachlehre (im Sinne von „flektierbar") kaum noch gebräuchlich; eine Rolle spielt es dagegen in der Technik im Sinne von „biegsam, elastisch, geschmeidig" und übertragen als „anpassungsfähig, wendig". Zum Adjektiv stellen sich die neuen Bildungen **flexibilisieren** „flexibel gestalten" und **Flexibilisierung** (beide 2. Hälfte des 20. Jh.s). – Beachte noch die von dem Kompositum *lat.* re-flectere „zurückbeugen" ausgehenden Fremdwörter ↑reflektieren, Reflexion, Reflektor, Reflex, reflexiv.

flennen: Der *ugs.*, in allen *dt.* Mundarten verbreitete Ausdruck für „heulen, weinen" ist in dieser Bedeutung erst seit dem 17. Jh. bezeugt. Ursprünglich bedeutete es „den Mund verziehen" wie das verwandte *ahd.* flannēn. Somit sind ↑Flansch und Flunsch verwandt.

fletschen: *Mhd.* vletschen „die Zähne zeigen" bedeutet eigentlich „den Mund breit ziehen". Es gehört zu *ahd.* flaʒ „flach, breit" und damit zu der unter ↑*Fladen* behandelten Wortgruppe.

Fletz ↑Flöz.

flexibel, Flexion ↑flektieren.

flicken: Das Verb (*mhd.* vlicken „einen Fleck an- oder aufsetzen; ausbessern") ist abgeleitet von ↑*Fleck* in seiner alten Bed. „Lappen". Dazu wurde im 18. Jh. **Flicken** „Flicklappen" neu gebildet, das 'Fleck' aus dieser Bedeutung verdrängt. Seit dem 15. Jh. ist **Flickwerk** „schlechte, zusammengeflickte Arbeit" bezeugt.

Flieder: Der *nordd.* Name des ↑Holunders (*mnd.* vlēder, *asächs.* fliodar, *niederl.* vlier) ist erst seit dem 16./17. Jh. in der *hochd.* Form Flieder bekannt geworden. Ebenfalls in Norddeutschland wurde der Name im 18. Jh. auch auf den über Spanien und die Niederlande aus dem Orient eingeführten Zierstrauch Syringa vulgaris übertragen (spanischer, türkischer Flieder u. ä.). In dieser Bedeutung ist er heute gemeindeutsch. Die Herkunft des Wortes ist unbekannt; gebildet ist es – wie 'Holunder, Wacholder' u. a. – mit dem *germ.* Baumnamensuffix -đr[a] (vgl. *Teer*). Zus.: **Fliederbeere** „Holunderbeere", besonders in **Fliederbeersuppe; Fliedertee** „Tee aus Holunderblüten" *(landsch.).*

fliegen: Das *altgerm.* Verb *mhd.* vliegen, *ahd.* fliogan, *niederl.* vliegen, *engl.* to fly, *schwed.* flyga geht wie *lit.* plaũkti „schwimmen" auf eine Wurzel *pleuk- zurück, die aus *pleu- „rinnen, fließen, schwimmen, fliegen" erweitert ist und ursprünglich wohl ganz allgemein „sich [schnell] bewegen" bedeutete (s. auch *Flut, fließen*). Als alte ablautende Bildungen gehören ↑[1]Flucht, ↑Flug, ↑Flügel und ↑flügge zu 'fliegen', auch ↑Flitzbogen ist verwandt. – Abl.: **Fliege** (*mhd.* vliege, *ahd.* fliege; vgl. *engl.* fly, *schwed.* fluga; eigentlich „die Fliegende"), dazu **Fliegenpilz** (*nhd.* für älteres 'Fleugenschwamm', *spätmhd.* muckenswam; früher wurde er in Milch gekocht, um damit Fliegen zu töten); **Flieger** (Anfang des 19. Jh.s, zunächst im Sport für ein Rennpferd auf kurzen Strecken, danach auch im Radsport; nach 1900 für „Flugzeugführer").

fliehen: Die Herkunft des *gemeingerm.* Verbs *mhd.* vliehen, *ahd.* fliohan, *got.* (mit anderem Anlaut) þliuhan, *engl.* to flee, *schwed.* fly ist dunkel. Zu 'fliehen' gehören das unter ↑[2]*Flucht* behandelte Substantiv mit seinen Ableitungen und Zusammensetzungen sowie die Präfixbildung **entfliehen** (*mhd.* enphliehen, entvliehen). Siehe auch den Artikel *Floh.*

Fliese: Die Bezeichnung der Boden- und Wandplatte aus Stein oder Ton wird im 18. Jh. aus dem *Niederd.* aufgenommen. *Mnd.* vlīse „Steinplatte" ist verwandt mit *aisl.* flīs „Splitter" und gehört zu der unter ↑*spleißen* „spalten" behandelten Wortgruppe.

fließen: Das *altgerm.* starke Verb *mhd.* vlieʒen, *ahd.* flioʒan, *niederl.* vlieten, *engl.* to fleet, *schwed.* flyta gehört mit ↑*Flut* und verwandten Wörtern aus anderen *idg.* Sprachen zu der *idg.* Wurzel *pleu- „rinnen, fließen" (vgl. *viel*), vgl. z. B. *lit.* pláusti „waschen", *lit.* plū́sti „strömen, überfließen" und *air.* lūaid- „bewegen". Die Bedeutungen des Verbs gehen alle von der Bewegung des Wassers oder vom Treiben im Wasser aus. Das zeigen auch die Bildungen Floß, flößen, Flosse, flott, Flotte und Fluß (s. d. einzelnen Artikel). Zus.: **Fließpapier** „saugfähiges [Lösch]papier" (16. Jh.; so benannt, weil Tinte und Farbe darauf verfließen).

flimmern: Das seit dem 17. Jh. bezeugte Verb ist eine junge, lautspielerische Bildung zu dem heute nicht mehr gebräuchlichen Verb flammern, das zu 'flammen' (↑Flamme) gehört. Eine Rückbildung zu 'flimmern' ist **Flimmer** „beweglicher Glanz, Flitter" (18. Jh.), beachte auch die *ugs.* Zusammensetzung **Flimmerkiste** „Filmtheater" (1. Hälfte des 20. Jh.s).

flink: Das am Ende des 17. Jh.s aus *niederd.* flink „glänzend, blank" ins *Hochd.* übernommene Adjektiv entwickelte bald die Bed. „gewandt, schnell". Verwandt sind *spätmhd.* kupper-vlinke „blinkendes Kupfererz" und *nhd.* ↑*flunkern.*

Flinse ↑mahlen.

Flinte: Während des Dreißigjährigen Krieges wurde die alte, mit Radschloß und Lunte versehene Büchse durch eine neue, in Frankreich erfundene Form mit zuschnappendem Feuersteinschloß abgelöst. Sie kam wahrscheinlich zuerst aus niederländischen Werkstätten und hieß zunächst 'Flintbüchse' oder 'Flintrohr', bald verkürzt 'Flinte'. Das Bestimmungswort der Zusammensetzung ist das Substantiv *mniederl.* vlint, *mnd.* vlint[stēn], *engl.* flint „Kiesel, Feuerstein", dem gleichbed. *schwed.* flinta, *norw.* flint entsprechen. Es bedeutete ursprünglich „Steinsplitter" und stammt wie *ahd.* flins, *mhd., mnd.* vlins „Stein, Kiesel; Fels" wahrscheinlich aus einer nasalierten Form der Wurzel *[s]plei- „spalten" (vgl. *spleißen*). Heute ist die Flinte nur Jagdwaffe; an die alte militärische Verwendung erinnert die Redensart 'die Flinte ins Korn (d. h. ins Kornfeld) werfen' (d. h. „nicht mehr kämpfen [und fliehen]; verzagen").

flirten „den Hof machen, kokettieren": Das Verb wurde im 19. Jh. aus gleichbed. *engl.* to flirt (älter auch flert, flurt „herumflattern, herumtollen; sich schnell bewegen“) entlehnt, dessen weitere Herkunft nicht gesichert ist. Vielleicht stammt es aus *afrz.* fleureter „schmeicheln, den Hof machen“ (zu *frz.* fleur „Blume“; vgl. *Flor*). – Dazu das Substantiv **Flirt** „Bekundung erotischer Zuneigung; Liebelei“.

Flittchen ↑flittern.

flittern: Als Nebenform von ↑*flattern* erscheint *spätmhd.* flittern, dem *engl.* to flitter „flattern“ entspricht. Seine *nhd.* Bed. „unruhig glänzen“ hat sich unter dem Einfluß der *frühnhd.* Rückbildung **Flitter** „Metallblättchen, blinkende Blechmünze“ entwickelt. Zu dem Substantiv, das seit dem 18. Jh. auch im Sinne von „billiger Schmuck, Tand“ verwendet wird, gehört vermutlich die Bildung **Flittchen** (*ugs.* für:) „leichtlebige [junge] Frau“. Vgl. auch den Artikel *Flitterwochen*.

Flitterwochen: Die zuerst im 16. Jh. bezeugte Bezeichnung für die ersten Ehewochen gehört zu einem wohl lautmalenden *mhd.* vlittern „flüstern, kichern, liebkosen“, mit dem sich *ahd.* flitarezzen „schmeicheln“ vergleicht. Die Flitterwochen sind also „Kosewochen“. Erst nach dem Untergang des Verbs wurde das Substantiv vom Sprachgefühl mit ‘Flitter’ „wertloser, vergänglicher Tand“ (vgl. *flittern*) verbunden.

Flitzbogen: Ein zum Stamm von ↑*fliegen* gebildetes *germ.* Wort für „Pfeil“, das noch in *mnd.* vlēke, *mniederl.* vlieke erscheint, hat über *afränk.* *fliugika *frz.* flèche „Pfeil“ ergeben. Das *frz.* Wort wurde im 16. Jh. als *niederl.* flits, *mniederd.* flitse, *frühnhd.* flitsche, flitze, *nhd.* ‘Flitz’ zurückentlehnt. Während das einfache Wort jetzt veraltet ist, hat sich die Zusammensetzung *mnd.* flitsbōgen, *nhd.* Flitzbogen *ugs.* als Name des Spielzeugbogens erhalten. Das abgeleitete Verb **flitzen** bedeutet im 16. Jh. „mit Pfeilen schießen“, seit dem 19. Jh. *ugs.* „[wie ein Pfeil] dahinsausen, sich sehr rasch fortbewegen“. An diese Bedeutung schließt sich **Flitzer** (*ugs.* für:) „kleines, schnelles, sportliches Fahrzeug“ an.

Flocke: Die Herkunft des *altgerm.* Substantivs (*mhd.* vlock[e] „Schnee-, Blütenflocke; Funke; Wollflocke“, *ahd.* floccho „Wollflocke“, *niederl.* vlok „Flocke“, *engl.* flock „Flocke, Büschel“, *schwed.* flock „Wollflocke“) ist nicht sicher geklärt. Wahrscheinlich hat sich in den *germ.* Sprachen eine Entlehnung aus *lat.* floccus „Wollfaser“ mit einem heimischen Wort gemischt, das mit *balt.* Wörtern wie *lett.* plaũki „Schneeflocke, Webabfall“, *lit.* pláukas „Haar“ verwandt ist und wohl zu der Wurzel von ↑*fliegen* gehört. Abl.: **flocken** „Flocken absondern“ (17. Jh.); **flockig** „flockenförmig“ (17. Jh.).

Floh: Der *altgerm.* Name des Insektes *mhd.* vlō[ch], *ahd.* flōh, *niederl.* vlo, *engl.* flea, *aisl.* flō ist seit alters volksetymologisch an ‘fliehen’ (s. d.) angelehnt und als „schnell entkommendes Tier“ gedeutet worden. Der Blick auf *außergerm.* Namen des Flohs (*lat.* pulex, *aind.* plúṣi-ḥ, *griech.* psýlla, *lit.* blusà) zeigt aber, daß wahrscheinlich ein altes *idg.* Wort in den Einzelsprachen tabuistisch entstellt oder spielerisch abgewandelt worden ist. Abl.: **flöhen** „Flöhe suchen und fangen“ (17. Jh.).

¹Flor „Blüte, Blumenfülle“: Das schon im 16. Jh. im übertragenen Sinne von „kulturelle Blütezeit; Wohlergehen“ bezeugte Substantiv – die eigentliche Bedeutung erscheint erst im 18. Jh. – ist hervorgegangen aus der *lat.* Wendung ‘in flore esse’ „in Blüte stehen“. Das zugrundeliegende Substantiv *lat.* flos (floris) „Blume, Blüte, Knospe“, das zu der unter ↑*blühen* dargestellten *idg.* Wortsippe gehört, ist auch Quelle für entsprechend *frz.* fleur, *engl.* flower und *it.* fiore. Zu letzterem stellt sich die Verkleinerungsbildung *it.* fioretto „Blümchen, kleine Knospe“, das über *frz.* fleuret unser Fremdwort ↑Florett liefert. – An Ableitungen von *lat.* flos sind von Interesse: *lat.* Flora (Name einer Frühlingsgöttin) – daraus unser Fremdwort ↑Flora –, *lat.* florere „blühen“ (↑florieren), *lat.* flosculus „Blümchen“ (↑Floskel). Mit ¹Flor nicht verwandt ist ↑²Flor.

²Flor „dünnes, durchsichtiges Gewebe“: Das seit dem 15. Jh. (*spätmhd.* flor „am Hut getragener Gesichtsschleier“) bezeugte Wort ist vermutlich aus *afrz.* velou[r]s „Samt“ entlehnt, das auf eine Substantivierung von *lat.* villosus „haarig, zottig“ zurückgeht. Zu ‘Flor’ stellen sich die Zusammensetzung **Trauerflor** und die Bildung **umflort** „verschleiert, getrübt“. Über *frz.* velours vgl. *Velours*. – Nicht verwandt ist ↑¹Flor.

Flora „Pflanzenwelt eines bestimmten Gebietes“: Ursprünglich war ‘Flora’ der Name einer altrömischen Frühlingsgöttin der „Blumen und Blüten“, der seit dem 17. Jh. als Titelstichwort von Blumen- und Pflanzenbeschreibungen erscheint und von daher, wie bei ↑Fauna, übertragen wird. Dem Namen der Göttin liegt *lat.* flos „Blume“ zugrunde (vgl. ¹*Flor*).

Florett: Die Bezeichnung für „Stoßdegen“ wurde mit anderen Wörtern der Fechtkunst (wie ↑Finte, ↑¹parieren) aus dem *Frz.* oder *It.* entlehnt. Voraus liegt *frz.* fleuret, das im 17. Jh. als ‘Flöret’ entlehnt und später zu ‘Florett’ relatinisiert wurde. *Frz.* fleuret ist selbst aus *it.* fioretto „kleine Blume, Knospe“ übernommen und an *frz.* fleur „Blume“ angeglichen worden. Benannt wurde das Florett nach dem knospenähnlichen Knopf, der bei Fechtübungen auf die Spitze des Stoßdegens gesteckt wurde (vgl. ¹*Flor*).

florieren „blühen, gedeihen“: Das Verb wurde im 16. Jh. aus gleichbed. *lat.* florere entlehnt. Über das zugrundeliegende Substantiv *lat.* flos „Blume“ vgl. den Artikel ¹*Flor*.

Floskel „formelhafte Redewendung, nichtssagende Redensart“: Das Fremdwort wurde Ende des 18. Jh.s eingedeutscht aus *lat.* flosculus „Blümchen“ (im Sinne von „Redeblume, schmückender Ausdruck“), einer Verkleinerungsbildung zu flos „Blume“ (vgl. ¹*Flor*).

Floß: *Mhd.* vlōʒ, *ahd.* flōʒ, *mnd.* vlōt „Strömung; Flut; Holz- oder Schiffsfloß“ ist eine ablautende Bildung zu ↑fließen in seiner alten Bed. „schwimmen, treiben“. Siehe auch die Artikel *flößen, Flotte*.

Flosse: *Mhd.* vloz̨z̨e, *ahd.* floz̨z̨a ist eine Bildung zu ↑fließen in seiner alten Bed. „schwimmen, treiben". Das Wort hat sich allmählich gegen die jüngeren Bildungen *mhd.* vischveder, vlōz̨vedere (älter *nhd.* Floßfeder) durchgesetzt. Als *ugs.* Bezeichnung der menschlichen Hand erscheint 'Flosse' Ende des 19. Jh.s in der Soldatensprache.

flößen: Das heute gewöhnlich als Ableitung von 'Floß' (s. d.) empfundene Verb zeigt in der Zusammensetzung **einflößen** (auch: in den Mund flößen, *mhd.* īn vlœz̨en) seinen alten Sinn als Veranlassungswort zu ↑fließen: *Mhd.* vlœz̨en, vlœtzen bedeutet „fließen machen, schwemmen, übergießen". Auch 'Holz flößen' ist eigentlich als „schwimmen, treiben machen" zu verstehen. Abl.: **Flößer** (*spätmhd.* vlœz̨er, vlœtzer).

Flöte: Der Name des Musikinstrumentes *frühnhd.* Fleute, *mhd.* vloite ist wie entsprechend *niederl.* fluit aus *afrz.* flaüte (= *frz.* flûte) „Flöte" entlehnt. Quelle des *frz.* Wortes, wie auch für entsprechend *it.* flauto und *span.* flauta, ist *aprov.* flaüt „Flöte", dessen weitere Herkunft nicht gesichert ist. – Abl.: **flöten** „die Flöte blasen" (*mhd.* flöuten); **Flötist** „Flötenspieler" (im 19. Jh. mit *nlat.* Endung gebildet; dafür älter 'Flöter', *mhd.* vloitære).

flötengehen: Die Herkunft des aus dem *Niederd.* in die Umgangssprache gelangten Ausdrucks für „verlorengehen" (*niederd.* fleuten gahn, 18. Jh.) ist unbekannt.

flott: Das Adjektiv wurde im 17. Jh. aus der Seemannssprache ins *Hochd.* übernommen. *Niederd.* 'flot maken' „ein Schiff fahrbereit, schwimmfähig machen" geht auf die *mnd.* Fügung 'ēn schip an vlot bringen' zurück, in der das Substantiv vlot „Schwimmen, Treiben" bedeutet. Der übertragene Sinn „ungebunden, leicht, flink" erscheint im 18. Jh. zuerst im *Niederd.* und *Niederl.* und geht dann über die hallische Studentensprache ins *Hochd.* über.

Flotte: Die Bezeichnung für „größerer Schiffsverband" ist ein ursprünglich *germ.* Wort, das zur Sippe von ↑*fließen* gehört. Die heimischen Formen *mnd.* vlōte, *mniederl.* vlōte, vloot (entsprechend *aengl.* flota, *aisl.* floti „Floß, Wasserfahrzeug; Flotte") gerieten im 16./17. Jh. unter den Einfluß der aus dem *Roman.* rückentlehnten Formen *it.* flotta, *frz.* flotte, die ihrerseits aus dem *Germ.* entlehnt sind. – Das hierhergehörende Substantiv **Flottille** „Verband kleinerer Kriegsschiffe" wurde im 18./19. Jh. entlehnt aus *span.* flotilla, einer Verkleinerungsform von *span.* flota, das seinerseits aus *frz.* flotte stammt.

Flöz „nutzbare Gesteins-, bes. Kohlenschicht": *Frühnhd.* flötz, fletz[e] (16. Jh.) bezeichnete in der Bergmannssprache die plattenförmige Lagerstätte (zuerst im Bergbau des Erz- und des Riesengebirges). Das Wort geht zurück auf *mhd.* vletze, *ahd.* flezzi, flazzi „geebneter Boden, Tenne, Lagerstatt" (vgl. *oberd.* 'Fletz' „Hausflur", entsprechend *niederd.* Flett), eine Bildung zu dem *altgerm.* Adjektiv *ahd.* flaz̨ (*asächs.* flat, *mniederl.* vlat, *schwed.* flat) „flach, breit", das zur Sippe von ↑*Fladen* gehört.

fluchen: *Mhd.* vluochen, *ahd.* fluohhōn „fluchen", *niederl.* vloeken „fluchen" zeugen von einer alten, die Verwünschung begleitenden Ausdrucksbewegung. Ihre eigentliche Bedeutung ist nämlich „(mit der Hand auf die Brust) schlagen", wie die entsprechenden Verben *aengl.* flōcan „schlagen" und *got.* flōkan „beklagen" (eigentlich „trauernd an die Brust schlagen") zeigen. Im *außergerm.* Sprachbereich ist *lat.* plangere „schlagen, trauern" verwandt (vgl. auch *lat.* plaga „Schlag" in der Lehnwortgruppe um ↑Plage). Die zugrundeliegende Wurzelform *plak-, *plag- „schlagen" ist auch in den unter ↑*flackern* (mit Flagge) und ↑*Fleck* (mit flicken) behandelten Wortsippen enthalten. Sie gehört wahrscheinlich mit der Grundbedeutung „breit schlagen" zu der unter ↑*Feld* dargestellten *idg.* Wortgruppe. – Das Substantiv **Fluch** (*mhd.* vluoch, *ahd.* fluoh) ist eine Rückbildung aus dem Verb. – Im christlichen Sinne bezeichnet 'fluchen' das sündhafte Lästern; sonst wird es im Sinne von „Kraftausdrücke gebrauchen, schimpfen" verwendet. Nur in der Verbindung 'jemandem fluchen' und in der Präfixbildung **verfluchen** (*mhd.* vervluochen, *ahd.* farfluohhōn) ist – wie in 'Fluch' – der alte magische Sinn des „Verwünschens" noch spürbar. Eine verharmlosende Entstellung des adjektivischen Partizips 'verflucht' ist das *ugs.* **verflixt** (19. Jh.).

[1]Flucht: Das im 18. Jh. aus *niederd.* flugt (*mnd.* vlucht, *engl.* flight) in der Bed. „zusammen fliegende Vogelschar" ins *Hochd.* übernommene Substantiv ist eine Bildung zu dem unter ↑*fliegen* behandelten Verb. In der übertragenen Bed. „zusammenhängende gerade Reihe" (die etwa an die Flugweise der Wildgänse anschließt) lebt es heute in den Zusammensetzungen 'Bauflucht', 'Zimmerflucht' und besonders in **Fluchtlinie** „Gerade in perspektivischer Darstellung; zulässige Gebäudegrenze an Straßen und Plätzen" (19. Jh.). Abl.: **fluchten** „in gerade Linie bringen".

[2]Flucht: Die *westgerm.* Bildung zu dem unter ↑*fliehen* behandelten Verb lautet *mhd.* vluht, *ahd.* fluht, *niederl.* vlucht, *engl.* flight. In der Jägersprache bezeichnet 'Flucht' (*Plural:* Fluchten) den Sprung des Schalenwildes. Abl.: **flüchten** (*mhd.* vlühten, *ahd.* fluhten „in die Flucht schlagen"; in der Jägersprache bedeuten 'flüchten' und 'flüchtig werden' „[davon]springen" [vom Wild]); **flüchtig** (*mhd.* vlühtec, *ahd.* fluhtīc „fliehend"; seit dem 18. Jh. auch „oberflächlich" und „vergänglich", in der Chemie „leicht verdunstend"); dazu sich **verflüchtigen** (*spätmhd.* verfluchtigen „fliehen"; in der heutigen übertragenen Bedeutung erst seit dem 18. Jh.); **Flüchtling** (17. Jh.); ein Fachwort der Biologie ist **Nestflüchter** (↑Nest). Eine Zusammensetzung ist **Zuflucht** (*mhd.* z̨uovluht „schützender Ort" steht für *lat.* refugium, wie heute besonders in übertragenem Sinn). Dagegen ist **Ausflucht** (*spätmhd.* ūz̨vluht „Flucht, heimliches Entrinnen [aus der Haft]" eine Bildung zu einem im *Nhd.* untergegangenen Verb *mhd.* ūz̨vliehen. Es war zunächst vor allem ein Wort der Heeres- und Rechtssprache. Aus der Sonderbedeutung „Berufung an ein höheres Gericht" entstand schon um 1500 der heutige Sinn „[leere] Ausrede".

Flug: Die *altgerm.* Bildung zu dem unter ↑*fliegen* behandelten Verb (*mhd.* vluc, *ahd.* flug, *niederl.* vlucht, *aengl.* flyge, *aisl.* flugr) bezeichnet die Tätigkeit des Fliegens, im *Dt.* jetzt auch das technische Fliegen des Menschen. Zusammensetzungen der Fliegersprache sind u. a. 'An-, Ab-, Blind-, Kunst-, Segel-, Sturzflug'. In der Jägersprache wird 'Flug' im Sinne von „größere Schar jagdbarer Vögel" verwendet. Abl.: **flugs** (*mhd.* vluges „im Fluge, eilend", *mnd.* vluks, vluckes ist der erstarrte Genitiv). Zus.: **Flugblatt, Flugschrift** (die Ausdrücke 'fliegendes Blatt', 'fliegende Schrift' erscheinen im 18. Jh. wie *frz.* feuille volante; sie meinen eigentlich den losen Zustand der Zeitungsblätter und Streitschriften im Gegensatz zum gebundenen Buch, dann aber auch ihre schnelle Verbreitung); **Flugzeug** (Anfang des 20. Jh.s nach 'Fahrzeug' gebildet); **Ausflug** (*mhd.* ūʒvluc „erster Flug der Jungvögel und Bienen"; im 18. Jh. für „kleine Reise, Wanderung").

Flügel: Die verhältnismäßig junge Bildung zu dem unter ↑*fliegen* behandelten Verb (*mhd.* vlügel, *mnd.* vlögel, *niederl.* vleugel) bedeutete zunächst „Vogelflügel", wurde dann auch auf die Windmühlenflügel und später auf bewegliche Geräteteile verschiedener Art übertragen. Im Flugwesen steht es kurz für 'Tragflügel' eines Flugzeugs. Seit dem 18. Jh. wird eine Klavierform 'Flügel' benannt. Als „[symmetrische] Seitenteile" sind Bezeichnungen wie 'Nasen-, Lungen-, Tür-, Gebäudeflügel' zu verstehen. Auf die Verwendung im Sinne von „äußerer Teil einer Heeresaufstellung" – dann auch Mannschaft – hat gleichbed. *lat.* ala eingewirkt (dazu im 18. Jh. **Flügelmann** „Soldat am Flügel einer Truppenlinie"). Abl.: **flügeln** (veraltet für:) „Flügel geben, mit den Flügeln schlagen" (17. Jh.); 'geflügelte Worte' war bei J. H. Voß um 1780 Lehnübersetzung des homerischen *griech.* épea pteróenta (im Sinne von „schnell eilend") und erhielt durch Büchmann 1864 die Bed. „oft gebrauchtes Zitat", dazu im übertragenen Sinn **beflügeln** (18. Jh.) und **überflügeln** (18. Jh., zuerst im Kriegswesen); **Geflügel** (s. d.).

flügge: Das Adjektiv wurde im 16. Jh. aus dem *Niederd.* ins *Hochd.* übernommen. *Mnd.* vlügge „flugfähig, beweglich, emsig" gehört zu dem gleichbed. *westgerm.* Adjektiv *mhd.* vlücke, *ahd.* flucki, *niederl.* vlug, *aengl.* flycge, einer Bildung zu dem unter ↑*fliegen* behandelten Verb. 'Flügge' bezeichnet heute vor allem den Zustand des fertig befiederten Jungvogels, übertragen die beginnende Selbständigkeit des jungen Menschen.

Fluidum: Das Fremdwort erscheint zuerst im 18. Jh. als naturwissenschaftlicher Terminus zur Bezeichnung hypothetisch angenommener flüchtiger Stoffe, die als eine Art verdichteter Flüssigkeit angesehen wurden und denen man die Fähigkeit zuschrieb, Eigenschaften oder Wirkungen zu übertragen. Danach versteht man heute unter 'Fluidum' im allgemeinen Sinne jene eine Person oder Sache umgebende eigentümliche Ausstrahlung, die eine bestimmte geistige Atmosphäre schafft. Das Fremdwort beruht auf einer gelehrten Entlehnung aus *lat.* fluidus „fließend, flüssig", das zu *lat.* fluere „fließen, strömen" gehört (vgl. auch den Artikel *Influenza*).

Flunder: Der Name des Plattfisches *spätmhd.* vlunder, *mnd.* vlundere ist wahrscheinlich wie gleichbed. *engl.* flounder ein Lehnwort aus den *nord.* Sprachen (*schwed.*, *norw.* flundra). Daneben erscheinen andere Formen wie *spätmhd.* vluoder, vlander, *ostpreuß. mdal.* Flinder, *dän.* flynder, *norw.* flyndre. Die Bezeichnungen gehören alle im Sinne von „flacher Fisch" zu der unter ↑*Fladen* behandelten Wortgruppe. Siehe auch die Artikel *Butt* und [2]*Scholle*.

flunkern: Das im 18. Jh. zunächst *niederd.* bezeugte und bald ins *Hochd.* übernommene Verb bedeutet eigentlich wie *niederl.* flonkeren „glänzen, schimmern", entwickelte aber schon damals über „glänzen wollen, aufschneiden" die Bed. „harmlos lügen". Es steht im Ablaut zu *frühnhd.* flinke[r]n „glänzen", *mniederl.* vlinken „blitzen, sich schnell bewegen" und stellt sich damit zu dem unter ↑*flink* behandelten Wort.

Flunsch ↑Flansch.

Flur: Das *altgerm.* Substantiv, dem in anderen *idg.* Sprachen nur die *kelt.* Sippe von *air.* lār „Boden, Tenne" entspricht, gehört zu der unter ↑*Feld* dargestellten Wortgruppe. Aus der ursprünglichen Bed. „[flacher, festgestampfter] Boden" (*mnd.* vlōr „Diele, Estrich", *niederl.* vloer, *engl.* floor „Fußboden, Tenne", *norw. (mundartl.)* flor „Stallboden") hat sich die im *Nhd.* etwa seit 1700 bezeugte Bed. „Vorraum, Gang im Hause" entwickelt, die besonders *nordd.* ist. Im *mitteld.* und *oberd.* Raum entstand dagegen die Bed. „Feldflur" (*mhd.* vluor „Boden[fläche], Saatfeld"), für die seit dem 14. Jh. weibliches Geschlecht üblich wird. Das Wort bezeichnet im landwirtschaftlichen Sprachgebrauch die unbewaldete Dorfflur und ihre Unterteilungen (Fluren) und steht dichterisch für „freies Feld".

Fluß: Das nur *dt.* Substantiv (*mhd.* vluʒ, *ahd.* fluʒ) ist eine Bildung zu dem unter ↑*fließen* behandelten Verb und bedeutete zunächst „Fließen, Strömung". Erst in *nhd.* Zeit entwickelt sich die heutige Hauptbedeutung „fließendes Gewässer", daher steht 'Fluß' kaum in Gewässernamen, die vielmehr mit '-ach[e], -bach, -fließ, -wassser' u. ä. gebildet werden. Die alte Bedeutung zeigt sich heute noch in fachsprachlichen Wörtern wie **Glasfluß** „Email" (18. Jh.) und **Flußspat** „Mineral zur Glas- und Emailherstellung" (im 16. Jh. fluß, beim Erzschmelzen zugesetzt; vgl. *Spat*), ferner in teils bildlich gebrauchten Wendungen wie 'in Fluß geraten, kommen, sein' und in Bildungen zu zusammengesetzten Verben wie 'Ab-, Zu-, Ausfluß' (s. auch *Einfluß* und *Überfluß*). Abl.: **flüssig** (*mhd.* vlüʒʒec, *ahd.* fluʒʒīg).

flüstern: Das lautmalende Wort erscheint zuerst im 15. Jh. als *mnd.* flisteren „leise zischen", bald danach auch in *hochd.* Texten und wird im 18. Jh. gemeinsprachlich. Die alte Form mit i hält sich neben der jüngeren gerundeten Form bis ins 19. Jh. Dazu die jungen Zusammensetzungen **Flüsterpropaganda** und **Flüstertüte** (*ugs.* scherzhaft für:) „Megaphon".

Flut: Das *gemeingerm.* Substantiv *mhd.* vluot, *ahd.* fluot, *got.* flōdus, *engl.* flood, *schwed.* flod gehört zu dem im *Dt.* untergegangenen Verb *engl.* to flow, *niederl.* vloeien, *aisl.* flōa „fließen" und geht mit der näher verwandten Wortgruppe von ↑*fließen* auf die Wurzelform *plĕ̄[u]- „fließen, schwimmen, strömen" zurück (vgl. *viel*). In anderen *idg.* Sprachen sind z. B. eng verwandt *griech.* plōein „schwimmen", *griech.* plōtós „schwimmend, fahrbar" und *aind.* plávatē „schwimmt, schwebt, fliegt". – Die ursprüngliche Bedeutung von 'Flut' ist also „Fließen, Strömung". Sie zeigt sich besonders in dem *Plural* Fluten (z. B. 'die Fluten des Rheins'). Als Gegenwort zu 'Ebbe' tritt *mnd.* vlōt zuerst im 15. Jh. auf (dazu die Zusammensetzungen 'Sturm-, Springflut'; s. auch *Sintflut*). Zus.: **Flutlicht** „starkes künstliches Licht zur Beleuchtung von Sportplätzen o. ä." (20. Jh.; Lehnübersetzung von *engl.* floodlight). Abl.: **fluten** (*mhd.* vluoten).

Fock „unterstes Segel am Vordermast (bei Rahseglern); Vorsegel vor dem Großsegel": Das seit dem 17. Jh. im *Hochd.* bezeugte Seemannswort stammt aus dem *Niederd.* (*mnd.* vocke). Es ist vielleicht *niederl.* Ursprungs und gehört zu *niederl.* fokken „aufziehen".

Föderation: Die Bezeichnung für „[Staaten]bund", dafür häufig auch 'Konföderation', ist entlehnt aus *lat.* [con]foederatio „Vereinigung". Das zugrundeliegende Substantiv *lat.* foedus „Abmachung auf der Basis gegenseitigen Vertrauens, Bündnis" gehört zum Verbalstamm von *lat.* fidere „vertrauen" (vgl. *fidel*). – Die seit dem 18./19. Jh. bezeugte Bildung **Föderalismus** „Prinzip bundesstaatlicher Ordnung" ist eine (latinisierte) Entlehnung aus gleichbed. *frz.* fédéralisme. Dazu stellt sich das Adjektiv **föderalistisch.**

Fohlen: Die *gemeingerm.* Bezeichnung des jungen Pferdes lautet *mhd.* vol[e], *ahd.* folo, *got.* fula, *engl.* foal, *schwed.* fåle. Sie ist z. B. verwandt mit *griech.* pōlos „Fohlen, Tierjunges". Die Wortgruppe gehört zu der *idg.* Wurzel *pōu- „klein, gering, wenig", die z. B. *engl.* few „wenige", *lat.* paucus, paul[l]us „wenig" (im Personennamen Paulus), putus „Knabe" (↑Putte), *lat.* pullus „jung, Tierjunges" (vgl. *Folter*), *lat.* puer „Kind" und *griech.* pais „Kind" (s. die Fremdwortgruppe um *Pädagoge*) zugrunde liegt. Im *Dt.* bezeichnet das ursprünglich *niederd.* Fohlen seit alters das junge Pferd bis zum 3. Lebensjahr. Ursprünglich *südwestd.* ↑Füllen hat es im Geschlecht beeinflußt. Das -n der heutigen Form stammt aus den ursprünglich schwach gebeugten obliquen Fällen. Abl.: **fohlen** „ein Fohlen zur Welt bringen" (18. Jh.).

Föhn: Der trockene Fallwind heißt in *oberd.* Mundarten *mhd.* fœnne, *ahd.* phōnno. Als Schweizer Wort wird 'Föhn' seit dem 16. Jh. im *Nhd.* bekannt. Das Substantiv ist eine alte Entlehnung, die über *vlat.* faonius auf *lat.* favonius „lauer Westwind, Frühlingswind" zurückgeht. Dieses Wort gehört zu *lat.* fovere „warm machen, erwärmen". Dazu die Ableitung **föhnen** „föhnig werden, wehen" (*schweiz.* im 18. Jh.) und das Adjektiv **föhnig.** Das gleiche Wort ist das Warenzeichen **Fön** „elektrische Heißluftdusche" (um 1925) mit dem Verb **fönen** „[die Haare] mit dem Fön behandeln, trocknen".

Föhre: Die *germ.* Benennungen der Kiefer *mhd.* vorhe, *ahd.* for[a]ha, *aengl.* furh, *schwed.* fura, *dän.* fyr (daraus *engl.* fir) beruhen mit verwandten Wörtern in anderen *idg.* Sprachen – wie z. B. *lat.* quercus „Eiche" – auf *idg.* *perku̯u-s „Eiche". Zur Übertragung von Baumnamen vgl. die Artikel *Buche* und *Tanne.* Als verdunkeltes Grundwort ist 'Föhre' wahrscheinlich auch in gleichbed. ↑[1]Kiefer enthalten. Eine *südd.* Mundartform **Forle** „Föhre" ist besonders durch den Namen des schädlichen Schmetterlings **Forleule** bekannt geworden.

folgen: Das *altgerm.* Verb *mhd.* volgen, *ahd.* folgēn, *niederl.* volgen, *engl.* to follow, *schwed.* följa hat keine sicheren *außergerm.* Beziehungen. Die heute noch gültige räumliche Grundbedeutung „hinterher-, nachgehen" ist einerseits auf zeitliches Nacheinander (z. B. 'am folgenden Tag') und auf die kausale Verknüpfung ('daraus folgt, daß ...'; ↑erfolgen) übertragen worden, andererseits ergab der alte Rechtsbegriff der Heeresfolge schon in *ahd.* Zeit die Bed. „sich nach jemandem richten, beistimmen, gehorchen"; diese Bedeutung hat auch die Präfixbildung **befolgen** (18. Jh.). Abl.: **Folge** (*ahd.* nur in selbfolga „Partei"; von den vielerlei Bedeutungen von *mhd.* volge haben sich *nhd.* nur „Reihe; Ergebnis; Folgezeit" erhalten, ferner „Gehorsam" in der Wendung 'Folge leisten', die sich ursprünglich auf die Befolgung einer gerichtlichen Vorladung bezog; beachte auch die Präpositionen **infolge, zufolge** und Zusammensetzungen wie 'Erb-, Nach-, Reihenfolge'), dazu **folglich** (im 17. Jh. wie schon *ahd.* folglīcho in der Bed. „nacheinander, später", dann auch im folgernden Sinne von „also, daher") und **folgsam** (im 17. Jh. im folgernden Sinne, seit dem 18. Jh. auch in der Bed. „gehorsam" gebraucht) sowie die Zusammensetzungen **folgenschwer** (18. Jh.; Lehnübersetzung für *frz.* gros de conséquences) und **folgerichtig** (Anfang des 19. Jh.s neben älterem **folgerecht** als Lehnbildung für 'konsequent'); **folgern** „als Folge [logisch] ableiten" (im 16. Jh. verächtlich für „Sophisterei treiben", im 18. Jh. philosophisches Fachwort), dazu **Folgerung** (18. Jh.); **Gefolge** (im 17. Jh. für „begleitende Personen, Hofstaat"), dazu das rechtsgeschichtliche Fachwort **Gefolgschaft** (Anfang des 19. Jh.s). Präfixbildungen: **erfolgen** (*mhd.* ervolgen, *ahd.* erfolgēn „erreichen, erlangen; sich erfüllen, zuteil werden"; *nhd.* zuweilen im Sinn der kausalen und zeitlichen Folge, meist aber sinnentleert für „geschehen"), dazu die Rückbildung **Erfolg** (17. Jh.; meist „Erreichen des Zieles", aber auch allgemein für „Ausgang, Wirkung") mit den Adjektiven **erfolglos** und **erfolgreich; verfolgen** (*mhd.* vervolgen ist verstärktes volgen, beachte, 'einen Vorgang, eine Absicht, ein Ziel verfolgen'; im *Nhd.* häufig im Sinne von „[feindselig] nachstellen, nach dem Leben trachten"); dazu **Verfolger** und **Verfolgung** (14. Jh.); **verabfolgen** (kanzleisprachlich im 17. Jh. für älteres '[ab]folgen lassen' „zuteilen").

Foliant ↑Folio.

Folie „[Metall]blättchen": Das seit dem 16. Jh. bezeugte Substantiv bezeichnete ursprünglich ein metallenes Glanzblättchen, wie man es als Unterlage für gefaßte Edelsteine verwendete. Es geht wie *frz.* feuille (↑Feuilleton) auf *lat.* folium „Blatt" (*vlat.* folia) zurück (↑Folio, Foliant, foliieren), das zu der unter ↑*blühen* dargestellten *idg.* Sippe gehört.

Folio: Die Bezeichnung für „Buchformat in der Größe eines halben Bogens" ist ein Wort der Buchdruckersprache, das in einer Reihe steht mit Fremdwörtern wie ↑Oktav, ↑Format und ↑Exemplar. Es hat sich im 18. Jh. aus der Fügung 'in Folio' (< *lat.* in folio „in einem Blatt"; vgl. *Folie*) verselbständigt. Das Wort bezeichnet danach den nur einmal gefalzten Papierbogen gegenüber den kleineren Formaten (↑Oktav), bei denen der Bogen mehrfach gefalzt wird. Abl.: **Foliant** „Buch in Foliogröße; großes, unhandliches Buch" (17. Jh.); **foliieren** „Bogenseiten beziffern" (19. Jh.).

Folklore „Volkskunst": Das Fremdwort wurde zu Beginn des 20. Jh.s aus gleichbed. *engl.* folklore entlehnt, einer Bildung aus *engl.* folk „Leute, Volk" (vgl. *Volk*) und lore „Kunde, Überliefertes" (vgl. *Lehre*).

Folter: Als gerichtliche Untersuchungsmethode gehört die Folter dem römischen, nicht dem germanischen Recht an. Das Substantiv erscheint zuerst um 1400 als föltrit, foltren (Dativ); etwa gleichzeitig tritt das Verb **foltern** auf. Die Herkunft der Wörter ist nicht sicher geklärt. Vielleicht handelt es sich um eine Umgestaltung von *mlat.* poledrus „Fohlen" unter dem Einfluß von 'Fohlen'; die Folter[bank] wäre dann nach ihrer ursprünglichen Ähnlichkeit mit einem Pferdchen benannt worden, was durch *aspan.* poltro, *span.* potro „Fohlen" und „Foltergerät" gestützt wird. *Mlat.* poledrus gehört zu *lat.* pullus „Tierjunges" (vgl. *Fohlen*). Im 17. Jh. sind 'Folter' und 'foltern' in der Schriftsprache geläufig und werden auch schon übertragen von seelischer Qual gebraucht (dazu die Wendung 'auf die Folter spannen'). Abl.: **Folterung** (16. Jh.).

Fond „Rücksitz (im Auto); Hintergrund": Das Fremdwort wurde im 18. Jh. aus *frz.* fond „Grund; Grundstock" entlehnt, das neben gleichbed. *frz.* fonds steht. Letzteres wurde im 18. Jh. als **Fonds** übernommen, das bei uns speziell als Terminus des Geldwesens im Sinne von „Geld-, Vermögensreserve" gilt. Beide Wörter, *frz.* fond und *frz.* fonds, gehen zurück auf *lat.* fundus „Boden, Grund[lage]" (vgl. *Fundus*).

Fontäne „mächtiger, aufsteigender [Wasser]strahl (vor allem eines Springbrunnens)": Das seit dem 16./17. Jh. bezeugte, aus *frz.* fontaine „[Spring]brunnen" entlehnte Substantiv (jedoch schon *mhd.* fontāne, funtāne „Quelle" als Lehnwort aus dem *Afrz.*) gehört zu einer Reihe von Fremdwörtern aus dem Bereich der Gartenbaukunst der Renaissancezeit, die uns teils unmittelbar aus Frankreich (wie ↑Bassin und ↑Kaskade), teils durch *niederl.* Vermittlung (wie das Fremdwort ↑Rabatte) erreichten. Diese von Italien ausgehende Kunst war gerade in Frankreich und Holland zu hoher Kultur gelangt. *Frz.* fontaine geht zurück auf *vlat.* fontana „Quelle", das zu dem gleichbedeutenden Substantiv *lat.* fons (fontis) gehört.

foppen: Das seit Ende des 15. Jh.s zunächst in der Bedeutung „lügen" bezeugte Verb stammt aus der Gaunersprache. Seine weitere Herkunft ist dunkel. Im 17. Jh. erscheint es in der Umgangssprache mit dem heutigen Sinn „anführen, necken".

forcieren „mit Nachdruck betreiben, vorantreiben": Das Verb wurde im 17. Jh. aus gleichbed. *frz.* forcer entlehnt, das auf *vlat.* *fortiare „zwingen" zurückgeht (zu *vlat.* *fortia „Kraft, Macht", *lat.* fortis „stark, kräftig, fest"; vgl. *Fort*).

fordern: Das nur *dt.* Verb *mhd.* vo[r]dern, *mnd.* vorderen, *ahd.* fordarōn ist eine Ableitung von ↑*vorder* und bedeutet eigentlich „verlangen, daß jemand oder etwas hervorkommt". Seit dem 13. Jh. ist es ein typisches Wort der Rechtssprache für das Beanspruchen von Leistungen und Gebühren. Die zusammengesetzten Verben 'an-, auf-, heraus-, überfordern' werden mit persönlichem Objekt gebraucht. 'Herausfordern' meinte ursprünglich „zum Zweikampf aus dem Hause rufen", wie es noch im 18. Jh. studentischer Brauch war, doch gilt hierfür schon im 13. Jh. auch einfaches 'fordern'. Abl.: **Forderung** „[rechtliches] Verlangen; Geldanspruch; Herausforderung zum Zweikampf" (*mhd.* vo[r]derunge, *ahd.* fordrunga).

fördern: *Mhd.* vürdern, *mnd.* vörderen, *ahd.* furdiren, *aengl.* fyrđran bedeuten eigentlich „weiter nach vorn bringen". Sie sind abgeleitet von **fürder** „weiter, ferner", einer heute veralteten Komparativbildung zu ↑*fort* (*mhd.* vürder, *ahd.* furdir, *engl.* further). Seit dem 16. Jh. bedeutet 'fördern' bergmännisch auch „aus dem Erdinnern fort-, wegschaffen, durch Abbau gewinnen" (in 'Erz, Kohle fördern'). Abl.: **förderlich** (*mhd.* vürderlich). Präfixbildung: **befördern** (16. Jh., früher wie 'fördern' gebraucht, seit dem 18. Jh. für „im Dienst aufrücken lassen", seit Anfang des 19. Jh.s auch Verdeutschung von '[Waren] spedieren'), dazu **Beförderung** „Aufrücken im Dienst; Spedition".

Forelle: Die seit dem 16. Jh. bezeugte Form des Fischnamens hat sich durch Betonung der Mittelsilbe aus *mhd.* forhele entwickelt, einer Nebenform von *mhd.* forhe[n], *ahd.* forhana, entsprechend *mniederl.* voorne, *aengl.* forn[e]. Der *westgerm.* Name der Forelle, der im Ablaut zu *schwed.* färna „Weißfisch" steht, gehört zu der unter ↑*Farbe* dargestellten Wurzel *perk̂- „gesprenkelt, bunt", vgl. z. B. *mir.* erc „gefleckt, dunkelrot", substantiviert „Forelle, Lachs". Der Fisch ist nach den bunten Tupfen auf seinem Rücken benannt.

Forke: Der nur in Norddeutschland übliche Ausdruck für „Heu-, Mistgabel" geht zurück auf gleichbed. *mnd.* forke. Quelle des Wortes ist *lat.* furca „zweizinkige Gabel" (daraus z. B. auch *frz.* fourche, *engl.* forc, *niederl.* vork), das durch römische Händler früh mit der Sache in den *germ.* Nordwesten gelangte.

Forle, Forleule ↑ Föhre.

Form: In *mhd.* Zeit als forme aus *lat.* forma entlehnt, galt das Wort zunächst nur in dessen konkreter Grundbedeutung „äußere Gestalt, Umriß", dann auch im Sinne von „Muster, Modell (zur Herstellung einer bestimmten Form)", und im Sinne von „Art und Weise; Gepräge, eigentümlicher Charakter, [seelische] Verfassung". An diese Bedeutungen schließen sich an: **formen** „modellieren; gestalten, bilden" (*mhd.* formen); **...förmig** „von bestimmter Gestalt, von bestimmtem Ausdruck" *(mhd.),* heute nur noch als Hinterglied von Zusammensetzungen wie **einförmig** und **gleichförmig.** Aus dem sozialen Bereich, wo das Wort 'Form' etwa die Art und Weise, den Stil zwischenmenschlicher Kontakte, insbesondere auch die guten oder schlechten Manieren im Umgang bezeichnet, sind zu nennen die Adjektive **förmlich** „gezwungen, steif" (*mhd.* formelich „vorbildhaft; schicklich") und **formlos** „ungezwungen" (*mhd.* formelos „ohne Form, gestaltlos"), ferner die Zusammensetzung **Umgangsformen.** – Zu *lat.* forma, das vielleicht Lehnwort aus *griech.* morphḗ „Gestalt" ist (eventuell durch *etrusk.* Vermittlung), stellen sich zahlreiche Bildungen, die in unserem Fremdwortschatz eine Rolle spielen. Dazu gehören: *lat.* formalis „zur Form gehörig; äußerlich" (↑ formal, Formalität, Formalismus, formalistisch, formell), *lat.* formare „formen, gestalten; einrichten, ordnen" (↑ formieren, Format, Formation), *lat.* formula „kleine Form, Gestalt; Norm, Maßstab, Bestimmung" (↑ Formel, Formular, formulieren), ferner *lat.* con-formare „entsprechend (harmonisch) formen, bilden, passend einrichten, anordnen" (↑ konform, Konformismus), *lat.* deformare „abformen; verformen" (↑ deformieren, Deformation), *lat.* in-formare „eine Gestalt geben, formen; durch Unterweisung bilden" (↑ informieren, Information), *lat.* re-formare „umgestalten, umbilden, neugestalten" (↑ reformieren, Reformation, Reform, Reformer, Reformator), *lat.* trans-formare „umformen, verwandeln" (↑ Transformator), schließlich noch *lat.* uni-formis „einförmig; einfach"; (↑ Uniform, uniformieren). Beachte auch die Wendung *pro forma* und den Artikel *Plattform.*

formal „die Form betreffend, nur äußerlich, unlebendig": Das Adjektiv wurde im 18. Jh. wie *frz.* formel, aus dem etwa gleichzeitig unser Adjektiv **formell** „förmlich; unpersönlich, nur zum Schein" übernommen wurde, aus *lat.* formalis „die Form betreffend, äußerlich, förmlich" entlehnt (vgl. *Form*). Dazu stellen sich die *nlat.* Bildungen **Formalismus** „Überbetonung des rein Formalen" (19. Jh.) mit **formalistisch** und **Formalist,** ferner das aus *mlat.* formalitas stammende Substantiv **Formalität** „Formsache, Förmlichkeit" (17. Jh.).

Format: Das seit dem 16. Jh. bezeugte Fremdwort galt anfangs nur als Fachwort der Buchdruckersprache. Es bezeichnet dort das nach Länge und Breite genormte Größenverhältnis, speziell von Papierbogen. Später entwickelte sich daraus eine allgemeine übertragene Bed. „ausgeprägte Persönlichkeit und das von ihrer Eigenart bestimmte hohe Niveau". Das Wort ist entlehnt aus *lat.* formatum „das Geformte; das Genormte", dem substantivierten Part. Perf. von *lat.* formare „formen; ordnen" (vgl. *Form*).

Formation „Aufstellung; Gliederung; geordneter (militär.) Verband": Das Fremdwort wurde im 17. Jh. aus *lat.* formatio „Gestaltung; [An]ordnung" entlehnt, einer Bildung zu *lat.* formare „formen, gestalten; ordnen" (vgl. *Form*).

Formel „feststehender Ausdruck, Wendung, Redensart; durch mathem. Zeichen dargestellter Satz": Das Fremdwort wurde im 16. Jh. als 'formul' entlehnt aus *lat.* formula „kleine Form, Gestalt; Norm, Maßstab, Bestimmung", der Verkleinerungsform von *lat.* forma (vgl. *Form*). Vgl. auch die Artikel *Formular* und *formulieren.*

formell ↑ formal.

formieren „(Truppen) aufstellen, anordnen": Das Verb wurde als militärisches Fachwort im 17. Jh. aus gleichbed. *frz.* former entlehnt. Das *frz.* Verb geht wie *mhd.* formieren „gestalten, bilden" auf *lat.* formare zurück (vgl. *Form*).

förmlich, formlos ↑ Form.

Formular „Vordruck, Muster": Das Fremdwort wurde im 16. Jh. substantiviert aus *lat.* formularius (-ium) „die vorgeschriebenen [Rechts-, Gewichts]formeln betreffend, enthaltend", das zu *lat.* formula „kleine Form" (vgl. *Formel*) gehört.

formulieren „in eine angemessene sprachliche Form bringen, abfassen": Das Verb wurde im 19. Jh. aus gleichbed. *frz.* formuler entlehnt, das von *frz.* formule abgeleitet ist (vgl. *Formel*).

forsch „draufgängerisch, schneidig": Das durch die Studentensprache verbreitete Adjektiv wurde im 19. Jh. aus *niederd.* fors „kräftig" übernommen. Dies ist eine Neubildung zu dem *niederd.* Substantiv forse (woraus *mdal.* Forsche „Nachdruck"), das im 16. Jh. aus *frz.* force „Kraft, Macht" entlehnt wurde. Voraus liegt *vlat.* *fortia, das eigentlich Neutr. Plur. von *lat.* fortis „kräftig, stark, fest" ist (vgl. *Fort*).

forschen: Das ursprünglich nur im *hochd.* Sprachgebiet gebräuchliche Verb *mhd.* vorschen, *ahd.* forscōn „fragen, [aus]forschen" geht wie *lat.* poscere „fordern, verlangen" (↑ postulieren) und *aind.* pr̥cchấti „er fragt" auf die *idg.* Wurzel *per[e]k̑- „fragen, bitten" zurück, deren weitere Beziehungen im Artikel *Furche* dargestellt sind. Heute wird 'forschen' außer in der Bed. „zu finden, zu ermitteln suchen" besonders im Sinne von „sich um wissenschaftliche Erkenntnis bemühen, mit wissenschaftlichen Methoden ergründen" verwendet. An diesen Gebrauch schließen sich **Forscher** (*mhd.* vorschære), **Forschung** (*mhd.* vorschunge, *ahd.* forskunga) und das Präfixverb **erforschen** (*mhd.* ervorschen) an.

Forst: Die Herkunft des Wortes (*mhd.* vorst, *ahd.* forst) ist trotz aller Deutungsversuche unklar. Von Anfang an bezeichnet es den dem König zu Jagd, Holznutzung und Rodung vorbehaltenen Bannwald im Gegensatz zum bäuerlichen Markwald; auch *nhd.* Forst ist vor allem Bezeichnung des Staatswaldes. Abl.: **Förster** (*mhd.* forstære, forster, *spätahd.* forstāri); **aufforsten** „neu mit Wald bepflanzen" und **durchforsten** „den Baumbestand lichten" (19. Jh.).

fort: Das *westgerm.* Adverb *mhd.* vort, *asächs.* forth, *niederl.* voort, *engl.* forth „vorwärts, weiter, fortan" stellt sich zu den unter ↑*vor* behandelten Wörtern (vgl. *ver...*). In der ursprünglichen Bed. „vorwärts" steht es noch in Zusammensetzungen wie 'fortkommen, -pflanzen, -schreiten, -setzen' und ihren Ableitungen (z. B. ↑Fortschritt) und in Adverbien wie 'hinfort' „weiterhin", 'fortan' „von jetzt an" (s. auch *sofort*). Jetzt wird 'fort' meist wie 'weg' gebraucht, z. B. in 'forteilen, -nehmen, -gehen', die nur noch als „[sich] entfernen" verstanden werden. Der ursprüngliche Komparativ des Adverbs ist 'fürder' (s. unter *fördern*).

Fort „Festungsanlage": Der militärische Fachausdruck wurde im 16. Jh. aus gleichbed. *frz.* fort entlehnt. Dies ist das substantivierte Adjektiv fort „stark, kräftig, fest", das wie *it.* forte (↑forte, fortissimo) auf gleichbed. *lat.* fortis (*alat.* forctus) – zur *idg.* Sippe von *dt.* ↑*Berg* – zurückgeht. Ableitungen und Zusammensetzungen von *lat.* fortis erscheinen in den Fremd- und Lehnwörtern ↑forcieren, ↑forsch, Forsche und ↑Komfort.

forte „stark, laut", fortissimo „äußerst kräftig, sehr laut": Das musikalische Fachwort ist wie die meisten entsprechenden Termini des 17. und 18. Jh.s *it.* Ursprungs. *It.* forte (Superlativ: fortissimo) geht auf *lat.* fortis zurück (vgl. *Fort*).

Fortepiano ↑Piano.

fortschreiten ↑schreiten.

Fortschritt: Das im 18. Jh. als Lehnübersetzung von *frz.* progrès gebildete Substantiv wird gewöhnlich für „Weiterentwicklung [des Menschen]" und – wie sein *frz.* Vorbild – seit 1830 als politisches Schlagwort gebraucht. Abl.: **fortschrittlich** (19. Jh.).

Fossil „Abdruck, Versteinerung, Überrest von Tieren oder Pflanzen aus früheren Epochen der Erdgeschichte": Das seit dem 16. Jh. bezeugte Fremdwort ist eine Bildung zu *lat.* fossilis, -e „ausgegraben" und bedeutete dementsprechend zunächst allgemein „ausgegrabenes Mineral". *Lat.* fossilis gehört zu *lat.* fodere (fossum) „[aus]graben".

Foto, Fotograf, Fotografie ↑Photographie.

Fotze: Der seit dem 15. Jh. bezeugte vulgäre Ausdruck für das weibliche Geschlechtsteil ist eine Ableitung von gleichbed. *mhd.* vut, dem im *germ.* Sprachbereich *engl. mdal.* fud und *aisl.* fuđ- entsprechen. Diese Wörter gehören wahrscheinlich zu der unter ↑*faul* dargestellten *idg.* Wurzel *pū̆- „faulen, stinken". Als zweiter Bestandteil steckt das Wort in 'Hundsfott' (↑Hund).

foul „regelwidrig": Aus England, dem Mutterland des Fußballsports, wurde im 20. Jh. eine Reihe von Ausdrücken der Fußballersprache entlehnt. Die meisten davon wurden allerdings später durch Lehnübersetzungen ersetzt (beachte z. B. ↑Aus für *engl.* out, ↑abseits für offside oder ↑Halbzeit für half-time), andere wiederum leben nur noch in der Schweiz oder in Österreich (wie ↑Goal für „Tor" oder Back für „Verteidiger"). Durchgesetzt haben sich neben foul – dazu **Foul** „regelwidriges, unfaires Spiel" (< *engl.* foul) und **foulen** „regelwidrig, unfair spielen" (< *engl.* to foul) – nur noch ↑dribbeln, Dribbling, ↑kicken usw. und ↑stoppen, Stopper. *Engl.* foul bedeutet eigentlich „schmutzig, unrein; häßlich; übel" und ist identisch mit *dt.* ↑*faul.*

Foxterrier ↑Terrier.

Foxtrott: Der Name des modernen Tanzes wurde im 20. Jh. aus *engl.-amerik.* foxtrot entlehnt, das wörtlich „Fuchsgang" bedeutet (aus *engl.* fox „Fuchs" und trot „Trab, das Trotten"). – Dazu: **Slowfox** „langsamer Foxtrott" (20. Jh.; zu *engl.* slow „langsam").

Foyer: Die Bezeichnung für „Vorhalle, Wandelgang (im Theater)" wurde zu Beginn des 19. Jh.s aus gleichbed. *frz.* foyer entlehnt, dessen Grundbedeutung „Herd; Raum mit einem Herd, Wärmeraum" ist. Das *frz.* Wort geht zurück auf *vlat.* *focarium, eine Substantivierung von *lat.* focarius „zum Herd, zur Feuerstätte gehörend", das zu *lat.* focus „Herd, Feuerstätte" gehört. Im Foyer, dem Raum mit der Feuerstätte, kamen die Zuschauer und ursprünglich auch die Schauspieler vor den Aufführungen und während der Pausen zusammen, zum Aufwärmen und Entspannen und zum Gedankenaustausch. – Zu *lat.* focus, das etymologisch nicht geklärt ist, gehören noch die Lehn- und Fremdwörter ↑fachen, fächeln und ↑Fächer.

Fracht: Das im 16. Jh. aus dem *Niederd.* ins *Hochd.* übernommene Wort geht zurück auf *mnd.* vracht „Frachtgeld, Schiffsladung", das seinerseits aus dem *Fries.* stammt. Aus dem *Fries.* oder aus dem *Mnd.* stammen auch *[m]niederl.* vracht (daraus älter *engl.*, noch *schott.* fraught, *engl.* freight) und *schwed.* frakt. Das Substantiv hat sich wie entsprechend *ahd.* frēht „Verdienst, Lohn" aus *germ.* *fra-aihti entwikkelt, einer Bildung aus dem unter ↑*ver...* behandelten Präfix und dem im *Nhd.* untergegangenen Substantiv *ahd.* ēht, *got.* aihts, *aengl.* ǣht „Eigentum, Habe". Das Wort bedeutete ursprünglich „Beförderungspreis", dann „gegen Bezahlung beförderte Ladung". Abl.: **frachten** (veraltet, dafür jetzt **befrachten** und **verfrachten**; *mnd.* [be-, ver]vrachten „laden, ein Schiff mieten"); **Frachter** „Frachtschiff" (*niederd.* im 20. Jh.).

Frack: Die Bezeichnung für den Abendanzug wurde im 18. Jh. aus *engl.* frock „Rock" entlehnt, das ursprünglich ein langes Mönchsgewand bezeichnete und seinerseits auf ein nicht sicher gedeutetes *afrz.* (= *frz.*) froc zurückgeht.

Frage: Das auf das *dt.* und *niederl.* Sprachgebiet beschränkte Substantiv *mhd.* vrāge, *ahd.* frāga, *niederl.* vraag gehört mit dem im *Dt.* untergegangenen starken Verb *got.* fraíhnan „fragen", *aengl.* frignan „fragen, erfahren", *aisl.* fregna „fragen, erfahren" zu der *idg.* Wurzel *p[e]rek- „fragen, bitten". In anderen *idg.* Sprachen sind z. B. verwandt *aind.* praśná-ḥ „Frage, Erkundigung" und *lat.* precari „bitten" (↑prekär). Über die weiteren Zusammenhänge vgl. den Artikel *Furche.* Abl.: **fragen** (*mhd.* vrāgen, *ahd.* frāgēn, frāhēn; vgl. *niederl.* vragen, *aengl.* frāgian); **fraglich** „in Frage stehend; unsicher" (Anfang des 19. Jh.s; ähnlich schon *ahd.* frāgelīcho „in fragender Weise"). Zus.: **Fragezeichen** (Lehnübersetzung des 16. Jh.s für *lat.* signum interrogationis). Die Zusammensetzung **fragwürdig** bedeutete als Lehnübertragung von *engl.* questionable (um 1800) zunächst „einer Befragung wert", wurde dann aber im Sinne von „zweifelhaft, verdächtig" gebraucht, den auch das *engl.* Wort heute hat.

Fragment „Bruchstück": Das Fremdwort wurde im 16. Jh. aus gleichbed. *lat.* fragmentum entlehnt. Das zugrundeliegende Verb *lat.* frangere (fregi, fractum) „brechen", das urverwandt ist mit *dt.* ↑*brechen,* erscheint mit verschiedenen Ableitungen auch in den Fremdwörtern ↑Fraktion, ↑Fraktur, ↑Refrain. – Abl.: **fragmentarisch** „bruchstückhaft, unvollständig" (18. Jh.).

fragwürdig ↑Frage.

Fraktion: Die Bezeichnung für „parlamentarische Vertretung einer Partei" wurde im 19. Jh. aus *frz.* fraction „Bruchteil, Teil" entlehnt, das auf *lat.* fractio „das Brechen, der Bruch" zurückgeht (zu *lat.* frangere [fractum] „brechen", vgl. *Fragment*). Die Bedeutungsübertragung erfolgte wohl unter dem Einfluß des heute veralteten, aus *lat.* factio „Partei" entlehnten Fremdworts 'Faktion' „radikale politische Partei".

Fraktur: Das seit dem 16. Jh. bezeugte Fachwort der Druckersprache bezeichnet eine Art „Bruch"schrift, die sogenannte 'deutsche Schrift'. Es ist wohl verkürzt aus Zusammensetzungen wie 'Frakturbuchstabe, Frakturschrift'. Voraus liegt *lat.* fractura „Bruch", das zu *lat.* frangere „brechen" (vgl. *Fragment*) gehört. Die gebrochenen, eckigen Formen der Frakturschrift wurden gegenüber der weichen, runden Lateinschrift als derb und grob empfunden. Das kommt anschaulich zum Ausdruck in der im 17. Jh. aufkommenden Redensart 'Fraktur reden' „eine deutliche, grobe Sprache sprechen" – eigentlich „jemandem etwas in Frakturbuchstaben aufschreiben". Einen zweiten Anwendungsbereich fand 'Fraktur' späterhin in der medizinischen Fachsprache. Es wird dort im Sinne von „Knochenbruch" gebraucht.

Franc (französische Währungseinheit): Die *frz.* Bezeichnung franc – dafür in der Schweiz 'Franken' – hat sich aus der *mlat.* Devise 'Francorum rex' „König der Franken" entwickelt, die den ersten im Jahre 1360 hergestellten Münzen dieser Art aufgeprägt war.

frank „frei, offen": Das im 15. Jh. aus *frz.* franc < *mlat.* Francus „Franke; (adjektivisch:) fränkisch; frei" entlehnte Adjektiv war von Anfang an vornehmlich in der Fügung 'frank und frei' üblich, in der es heute noch allein lebendig ist. Die synonyme Stellung von „fränkisch" und „frei" ergab sich aus der historischen Bedeutung der Franken, die als Eroberer und freie Herren galten. Ihr Stammesname, der etymologisch mit unserem Adjektiv ↑*frech* verwandt ist, nennt sie die „Kühnen, Dreisten". Er erscheint im Landesnamen 'Frankreich', in Ortsnamen wie 'Frankfurt', ferner in zahlreichen Personennamen wie Frank, Franz, Franziska, schließlich noch in den Fremd- und Lehnwörtern ↑franko, frankieren, ↑Franc.

franko „frei": Das Adjektiv ist wie andere Wörter des Postwesens, z. B. ↑Post und ↑Porto, *it.* Herkunft. Voraus liegt *it.* franco in der Fügung porto franco „Beförderung frei", das im 17. Jh. mit dem abgeleiteten Verb francare „freimachen" – daraus *nhd.* **frankieren** – entlehnt wurde. Zugrunde liegt der Stammesname der Franken, *mlat.* Francus (vgl. *frank*).

Franse: Die seit *mhd.* Zeit bezeugte Bezeichnung für „Fadenbündel als Randbesatz; loser Gewebefaden" (*mhd.* franse) beruht auf einer Entlehnung aus gleichbed. *frz.* frange. Das *frz.* Wort geht auf *vlat.* *frimbia zurück, das aus *lat.* fimbria „Haargekräusel; Tierzotte; Franse" umgestellt ist.

Franzbranntwein ↑Branntwein.

frappieren „überraschen, befremden": Das Verb wurde im 18. Jh., etwas früher als das zugehörige Adjektiv **frappant** „überraschend, verblüffend", aus gleichbed. *frz.* frapper (Part. Präs. frappant) entlehnt, das eigentlich „schlagen, treffen" bedeutet und wohl auf *afränk.* *hrapōn „rupfen, raufen" zurückgeht (vgl. *raffen*).

Fräse „Hobel-, Feilmaschine": Der Werkzeugname wurde im 19. Jh. aus gleichbed. *frz.* fraise entlehnt. Das *frz.* Wort ist identisch mit fraise „Halskrause" (ursprünglich „Gekröse", zu fraiser „der Hülle entledigen"); das Werkzeug ist also nach den Einschnitten, die denen einer Halskrause ähneln, benannt. – Dazu die Zusammensetzung **Fräsmaschine** (20. Jh.) und das abgeleitete Verb **fräsen** „mit der Fräse arbeiten" (20. Jh.; nach gleichbed. *frz.* fraiser).

Fraß ↑fressen.

Fratze: Das zuerst bei Luther im *Plural* Fratzen für „Possen, albernes Gerede" bezeugte *nhd.* Wort geht vermutlich zurück auf *it.* frasche „Possen" (*Plural* zu frasca „Laubast [als Schenkenzeichen]", nach dem ausgelassenen Treiben in den Schenken). Die heutige Bed. „verzerrtes, häßliches Gesicht" entstand im 18. Jh. durch Verkürzung der Zusammensetzung 'Fratzengesicht' „Possenreißergesicht". Dazu **Fratz** „unartiges Kind, schelmisches Mädchen" (im 16. Jh. fratz[e] „Laffe, possenhafter Kerl", wohl unmittelbar nach gleichbed. *it.* frasca, das mit dem obengenannten Wort identisch ist).

Frau: *Mhd.* vrouwe, *ahd.* frouwe sind (wie der *aisl.* Name der Göttin Freyja) weibliche Bildungen zu einem im *Dt.* untergegangenen *germ.* Wort für „Herr", das in *got.* frauja, *asächs.* frōio, *aengl.* friega „Herr" und dem *aisl.* Namen des Gottes Freyr bewahrt ist, mit anderer Bildung auch in gleichbed. *ahd.* frō, *asächs.* frāo, *aengl.* frēa (s. die Wörter um *Fron*). Die eigentliche Bedeutung des Maskulinums ist „der erste". Es gehört zu *idg.* *prō̆- „vorwärts, vorn" (vgl. *ver...*); vgl. z. B. die verwandten Bildungen *aind.* pūrva-ḥ „der erste, vorderste", *alban.* parë „der erste, vorderste". Ebenso hat auch *dt.* Fürst (s. d.) seine Bedeutung gewonnen. Dieser Herkunft gemäß ist 'Frau' im *Dt.* lange Zeit vor allem die Bezeichnung der Herrin und der Dame von Stand gewesen, wovon heute noch die Gegenüberstellung mit Herr in der Anrede (auch als 'gnädige Frau') ebenso zeugt wie die Bezeichnung Marias als 'Unsere [Liebe] Frau'. Auch **Hausfrau** (*mhd.* hūsvrouwe) bedeutet eigentlich „Hausherrin, Gattin". An die ehrende Anrede weiblicher Götter und Geister erinnert noch der Name 'Frau Holle' (↑ ²Holle). Als Standesbezeichnung ist 'Frau' seit dem 17. Jh. von 'Dame' (s. d.) verdrängt worden, andererseits ist es in der Bed. „erwachsene weibliche Person, Ehefrau" an die Stelle von *mhd.* wīp getreten (↑ Weib). Abl.: **Fräulein** (seit dem 12. Jh. bezeichnet *mhd.* vrouwelīn als Verkleinerungsbildung zu vrouwe besonders die unverheiratete junge Frau vornehmen Standes; die Bezeichnung war bis ins 18./19. Jh. dem Adel vorbehalten und wurde dann auch auf bürgerliche junge Frauen ausgedehnt; danach galt sie allgemein für die unverheiratete [jüngere] Frau); **fraulich** „der Art einer [reifen] Frau entsprechend" (*mhd.* vrouwelich „der 'vrouwe' gemäß"). Zus.: **Frauenzimmer** (das Wort, *spätmhd.* vrouwenzimmer, bezeichnete zunächst die Räume der Herrin, dann die Räume des weiblichen Hofstaates und die Frauengemächer allgemein, schließlich kollektiv die darin wohnenden weiblichen Personen; die Bezeichnung wurde seit Anfang des 17. Jh.s – ähnlich wie 'Bursche, Rat' u. a. – auf die einzelne Person übertragen und vor allem im Sinne von „Frau von vornehmem Stand, Dame" verwendet, dann abgewertet und seit dem 19. Jh. meist verächtlich für „liederliche, leichtfertige Frau" gebraucht).

frech: Das *gemeingerm.* Adjektiv lautet *mhd.* vrech „tapfer, kühn; lebhaft; keck", *ahd.* freh „ungezähmt; begierig, habsüchtig", *got.* (faihu)friks „geldgierig", *aengl.* frec „gierig", *aisl.* frekr „gierig". Ablautend verwandt sind *mniederl.* vrak „gierig", *aengl.* fræc „gierig, eifrig, kühn" und *schwed. mdal.* frak „schnell, mutig" sowie der Stammesname Franken (in der Wortgruppe um ↑*frank*); vgl. auch *poln.* pragnąć „gierig verlangen". Den heutigen tadelnden Sinn von „dreist, unverschämt" hat 'frech' erst im *Nhd.* voll ausgebildet. Abl.: **Frechheit** (*mhd.* frecheit „Kühnheit"). Zus.: **Frechdachs** (↑ Dachs).

Fregatte (früher für:) „schnell segelndes, dreimastiges Kriegsschiff; Geleitschiff": Dieses ursprünglich ein „Beiboot" bezeichnende Wort erscheint seit dem 16. Jh., zuerst in *oberd.* Quellen. Gesichert ist nur die *roman.* Herkunft des Wortes (*frz.* frégate, *it.* fregata).

frei: Das Adjektiv *mhd.* vrī, *ahd.* frī, *got.* freis, *engl.* free, *aisl.* (anders gebildet) frjāls gehört mit verwandten Wörtern in anderen *idg.* Sprachen zu der *idg.* Wurzel *prāi- „schützen, schonen; gern haben, lieben", vgl. z. B. *aind.* priyá-ḥ „lieb, erwünscht; Geliebte[r], Gatte", *aslaw.* prijati „günstig sein, beistehen". Zu dieser Wurzel stellen sich im *germ.* Sprachbereich z. B. *got.* frijōn „lieben" (↑ ²freien und ↑ Freund), *got.* freidjan „schonen" (↑ Friedhof) und *ahd.* fridu „Schutz, Friede" (↑ Friede). Siehe auch den Artikel *Freitag*. Aus der obengenannten Grundbedeutung der *idg.* Wurzel haben die Germanen 'frei' als Begriff der Rechtsordnung entwickelt: die Personen, die man liebt und daher schützt, sind die eigenen Sippen- und Stammesgenossen, die 'Freunde' (s. d.); sie allein stehen 'frei', d. h. „vollberechtigt" in der Gemeinschaft, im Gegensatz zu den fremdbürtigen Unfreien (Unterworfenen, Kriegsgefangenen). Dieser rechtlich-soziale Begriff wandelte sich im historischen Ablauf durch vielerlei ständische Umschichtungen. Aus ihm ergibt sich der Gedanke der äußeren politischen wie der inneren geistig-seelischen Freiheit und weiter die allgemeine Anwendung des Adjektivs im Sinne von „nicht gebunden, unbelastet, unabhängig, nicht beengt oder bedeckt". Abl.: **¹freien** „frei machen" (*mhd.* vrīen, jetzt nur noch in **befreien** [*mhd.* bevrīen] und in ↑ Gefreiter); **Freiheit** (*mhd.* vrīheit, *ahd.* frīheit „freier Sinn; verliehenes Vorrecht", *mhd.* auch „privilegierter Bezirk, gefreiter Ort", woraus *nhd.* Schloß-, Domfreiheit in der Bed. „offener Platz vor einem Gebäude" wurde); **freilich** (*mhd.* vrīliche „ungehindert, unbekümmert" gewinnt im 15. Jh., wohl über „unverdeckt, offenbar" den bekräftigenden Sinn „sicherlich, allerdings"). Von den zahlreichen Zusammensetzungen seien genannt: **Freibank** „Verkaufsstelle für nicht vollwertiges Fleisch" (im 16. Jh. *oberd.* für den steuerfreien Verkaufsstand der Landmetzger in der Stadt); **Freibeuter** (↑ Beute); **Freibrief** (im 15. Jh. für „Privileg, Paß"; jetzt nur übertragen); **Freidenker** (im 18. Jh. Lehnübersetzung von *engl.* freethinker); **Freigeist** (im 17. Jh. Lehnübersetzung von *frz.* esprit libre); **Freiherr** „Baron" (*spätmhd.* vrīherre, vrīer herre „freier Edelmann", im Gegensatz zum unfreien Ministerialen), dazu **Freifrau** „Baronin" (*spätmhd.* vrīvrouwe); **Freimaurer** (im 18. Jh. Lehnübersetzung für *engl.* Freemason, das ursprünglich den in die Geheimzeichen der Bauhütten [*engl.* lodge, ↑ Loge] eingeweihten Steinmetzgesellen bezeichnete, seit etwa 1700 aber das Mitglied eines nach Art der Bauhütten organisierten Geheimbundes; entsprechend *frz.* franc-maçon); **Freischärler** (19. Jh.; Ableitung von 'Freischar' „Schar freiwilliger Soldaten" [19. Jh.], das für älteres 'Freikorps' steht); **freisprechen** (↑ sprechen); **Freistaat** (im 18. Jh. für 'Republik'); **Freitod** verhüllend für „Selbsttötung" (Anfang des 20. Jh.s nach Nietzsches 'Vom freien Tode' gebildet); **freiwillig** (16. Jh.); **Freizeit** (19. Jh.); **vogelfrei** (↑Vogel).

Freibank ↑frei.

Freibeuter ↑Beute.

Freibrief, Freidenker, [1]freien ↑frei.

[2]freien „heiraten, um eine Braut werben": Das im 16. Jh. durch Luthers Bibelübersetzung in die *hochd.* Schriftsprache eingeführte Wort (*mnd.* vrīen, vrigen, *mitteld.* vrīen) entspricht entweder *asächs.* friehōn, *got.* frijōn, *aengl.* friogan, *aisl.* frjā „lieben" (vgl. *Freund*) oder ist von *asächs.* frī „Frau, Weib" abgeleitet. Abl.: **Freier** (im 13. Jh. *mnd., mitteld.* vrīer, zunächst für den vermittelnden Boten, dann für den Bräutigam; dazu seit dem 16. Jh. die Wendung 'auf Freiersfüßen gehen' „eine Frau zum Heiraten suchen"); **Freite** veraltet für „Brautwerbung" (im 14. Jh. *mitteld.* vrīat[e]).

Freifrau ↑frei.

freigebig ↑geben.

Freigeist, Freiheit, Freiherr ↑frei.

Freikorps ↑Korps.

freilich, Freimaurer, Freischärler ↑frei.

freisprechen ↑sprechen.

Freistaat ↑frei.

Freitag: Die *altgerm.* Bezeichnung des sechsten Wochentages *mhd.* vrītac, *ahd.* frīa-, frijetag, *niederl.* vrijdag, *engl.* Friday, *schwed.* fredag ist wie die Namen der anderen Wochentage eine Lehnübersetzung. Sie ist gebildet mit dem Namen der Göttin Frija (der Gemahlin Wodans [Odins]), *ahd.* Frī[j]a, *aisl.* Frigg (eigentlich „die Geliebte"; vgl. *frei*), die die Germanen der römischen Venus gleichsetzten (*lat.* Veneris dies „Tag der Venus" lebt in *frz.* vendredi, *it.* venerdì; s. auch *Dienstag*). Zus.: **Karfreitag** (s. d.).

Freitod, freiwillig, Freizeit ↑frei.

fremd: Das *altgerm.* Adjektiv *mhd.* vrem[e]de, *ahd.* fremidi, *got.* framaþeis, *niederl.* vreemd, *aengl.* fremeđe ist eine Ableitung von dem im *Nhd.* untergegangenen *gemeingerm.* Adverb *fram „vorwärts, weiter; von - weg" (*mhd.* vram, *ahd.* fram, *got.* fram, *engl.* from, *aisl.* fram; vgl. *ver...*) und bedeutete ursprünglich „entfernt", dann „unbekannt, unvertraut". Abl.: **[1]Fremde** „Person, die aus einem anderen Land stammt; Unbekannte[r]" (*mhd.* vremde; noch in neuerer Zeit oft mit ↑Gast gleichgesetzt, beachte Zusammensetzungen wie 'Fremdenbuch, -heim, -verkehr'); **[2]Fremde** „Land fern der Heimat" (*mhd.* vrem[e]de „Entfernung, Trennung, Feindschaft; fremdes Land"); **Fremdling** (*mhd.* vremdelinc); zu der heute veralteten Ableitung 'fremden' (*mhd.* vremden „fremd machen, entfremden, fernbleiben") gebildet sind **befremden** „fremdartig berühren" (15. Jh.), dazu **Befremden** und **befremdlich** (17. Jh.), **entfremden** „fremd machen" (*mhd.* entvremden), ferner das heute besonders als literarisches Fachwort bekannte **verfremden** „unerwartet verändern, distanzieren, verwirren" (im 19. Jh. für „fremd machen, werden"). Zus.: **Fremdenlegion** (↑Legion); **Fremdkörper** (nach 1900 in der medizinischen Fachsprache); **Fremdwort** (Anfang des 19. Jh.s; dafür im 16. Jh. 'fremdes Wort').

frenetisch „rasend, tobend": Das in dieser Bedeutung erst im 19. Jh. bezeugte Adjektiv ist aus der auch heute noch häufigen Wendung 'frenetischer Beifall' hervorgegangen, mit der *frz.* applaudissements frénétiques übersetzt wird. Von Haus aus ist das Adjektiv jedoch ein medizinisches Fachwort im Sinne von „wahnsinnig" – so bereits im 18. Jh. in *dt.* Texten – und geht auf gleichbed. *lat.* phreneticus < *griech.* phrenētikós zurück. Zugrunde liegt das Substantiv *griech.* phrēn „Zwerchfell" bzw. der davon abgeleitete Name einer Gemütskrankheit: *griech.* phrenītis (das Zwerchfell war nach griechischen Vorstellungen Sitz und Quelle allen geistig-seelischen Erlebens).

Frequenz „Häufigkeit, Dichte (besonders auch in der Physik von der 'Anzahl' der Schwingungen pro Zeiteinheit); Besucherzahl": Das Fremdwort wurde in allgemeiner Bedeutung schon im 17. Jh. aus *lat.* frequentia „zahlreiches Vorhandensein, Häufigkeit" entlehnt. Das zugrundeliegende Adjektiv *lat.* frequens „häufig, zahlreich" gehört vielleicht mit einer Grundbedeutung „gestopft voll" zu *lat.* farcire „stopfen" (vgl. *Farce*). Abl.: **frequentieren** „häufig besuchen, ein- und aus gehen" (16./17. Jh.; aus gleichbed. *lat.* frequentare).

[1]Fresko „Wandmalerei auf frischem, feuchtem Kalkputz": Wie zahlreiche andere Fachwörter aus dem Bereich der bildenden Kunst (z. B. ↑Aquarell, ↑Miniatur, ↑Skizze) ist auch dieses Wort *it.* Herkunft. Es ist zunächst verkürzt aus der Zusammensetzung 'Freskogemälde' (18. Jh.), die zurückgeht auf *it.* pittura a fresco. Im 19. Jh. erscheint als jüngere Entlehnung aus *frz.* fresque (< *it.* fresco) gleichbed. **Freske** (*Plural* Fresken). *It.* fresco „frisch" ist wie entsprechend *frz.* frais aus einer *germ.* Vorform unseres Adjektivs ↑*frisch* hervorgegangen. – **[2]Fresko** „poröses, luftiges, rauhes Kammgarngewebe": Der Stoffname ist eine Phantasiebezeichnung, formal identisch mit ↑[1]Fresko (20. Jh.).

fressen: Das *altgerm.* Verb *mhd.* v[e]reȥȥen, *ahd.* freȥȥan, *got.* fra-itan, *niederl.* vreten, *engl.* to fret „zerfressen" ist gebildet aus dem unter ↑*essen* behandelten Verb und dem unter ↑*ver...* dargestellten Präfix. Die Grundbedeutung „weg-, aufessen, verzehren" gilt noch in *mhd.* Zeit. Erst im *Nhd.* wird 'fressen' gewöhnlich auf die Nahrungsaufnahme von Tieren bezogen und *ugs.* im Sinne von „gierig essen" verwendet. Um 'fressen' gruppieren sich die Verbbildungen 'ab-, an-, auffressen' und 'verfressen', beachte auch **verfressen** „gefräßig", dazu **Verfressenheit** (beide 19. Jh.). Abl.: **Fraß** (*mhd.* vrāȥ „Fressen, Schlemmerei" steht *nhd.* derb *ugs.* für „schlechtes Essen", in der alten Bedeutung noch in 'Knochenfraß' für „Karies"; die Bedeutung „Fresser" von *ahd.* frāȥ, *mhd.* vrāȥ zeigt noch ↑Vielfraß), dazu **gefräßig** (17. Jh.; für *mhd.* vrǣȥec); **Fressalien** *ugs.* für „Eßwaren" (im 19. Jh. nach 'Viktualien' gebildet, wohl studentensprachlich); **Fresse** derb für „Mund; Gesicht" (17. Jh.); **Fressen** (17. Jh.); **Fresser** *ugs.* für „Mensch, der viel ißt" (*mhd.* vreȥȥer). Zus.: **Freßsack** „Vielfraß" (im 18. Jh. *ugs.;* eigentlich „Speisesack des Reisenden").

Frett, Frettchen: Das zum Kaninchenfang abgerichtete wieselartige Tier war schon den alten Römern bekannt. Sein Name, der auf gleichbed. *lat.* furo, eigentlich „Räuber" (zu *lat.* fur „Dieb"; vgl. *Furunkel*) oder auf *vlat.* *furittus (> *it.* furetto) „Räuberchen" zurückgeht, erscheint in *frühnhd.* Texten als frett[e], fretlen (Verkleinerungsform im Plural), frettel durch Vermittlung von *frz.*, *mniederl.* furet, *niederl.* fret. Abl.: **frettieren** „mit dem Frettchen Kaninchen fangen" (20. Jh.; Weidmannssprache).

Freude: *Mhd.* vröude, *ahd.* frewida, frouwida (ähnlich *niederl.* vreugde) ist eine Bildung zu dem unter ↑*froh* behandelten Adjektiv. Es zeigt dasselbe Suffix wie z. B. 'Begierde, Gemeinde, Zierde'. Ablautend verwandt sind *schwed.* fröjd „Lust", *norw.* fryd (*mundartl.* frygd) „Lebhaftigkeit, Lebenslust", deren Bedeutung wohl vom *Dt.* beeinflußt ist. Auf dem im *Mhd.* häufig gebrauchten *Plural* beruht die Fügung 'mit, vor Freuden'. Abl.: **freudig** (16. Jh.). Zus.: **Freudenmädchen** „Prostituierte" (Lehnübersetzung des 18. Jh.s für *frz.* fille de joie), danach auch **Freudenhaus** „Bordell" (18. Jh.; älter in der Bed. „Haus voller Freude", wie schon *mhd.* vröudenhūs).

freuen: Das nur *dt.* Verb (*mhd.* vröuwen, *ahd.* frouwen, frewan) ist Bewirkungswort zu dem unter ↑*froh* behandelten Adjektiv und bedeutet daher eigentlich „froh machen". Das gewöhnlich reflexiv für „froh sein" gebrauchte Verb steht transitiv nur bei sachlichem Subjekt: 'das [Geschenk] freut mich'. Sonst gilt, bei persönlichem Subjekt ausschließlich, **erfreuen** (*mhd.* ervröuwen) in dieser Verwendung.

Freund: Wie sein Gegenwort 'Feind' ist auch das *gemeingerm.* Substantiv *mhd.* vriunt, *ahd.* friunt, *got.* frijōnds, *engl.* friend, ähnl. *schwed.* frände „Verwandte[r]" ein erstarrtes Partizip. Es gehört zu einem in *got.* frijōn „lieben" bezeugten *germ.* Verb aus der Sippe des unter ↑*frei* behandelten Adjektivs (s. auch ²*freien*). Neben der alten Bed. „Blutsverwandter, Stammesgenosse" zeigt sich schon in *germ.* Zeit der Sinn „persönlicher Vertrauter, Kamerad". Als Verbbildungen erscheinen 'sich mit jemandem an-, befreunden' (zu *mhd.* vriunden „zum Freund machen"). Weitere Ableitungen sind: **freundlich** „liebenswürdig, heiter" (*mhd.* vriuntlich, *ahd.* friuntlīh „befreundet, nach Freundesart; angenehm, lieblich"); **Freundschaft** (*mhd.* vriuntschaft, *ahd.* friuntscaf; ursprünglich und noch *mdal.* „Gesamtheit der Verwandten", dann „Freundesverhältnis"), dazu **freundschaftlich** (18. Jh.).

frevel: Das *westgerm.* Adjektiv *mhd.* vrevel, *ahd.* fravali „kühn, stolz, verwegen, frech", *asächs.* frabol „trotzig", *aengl.* frævel „schlau, frech" ist wahrscheinlich eine verdunkelte Zusammensetzung aus der Vorsilbe fra- (vgl. *ver...*) und einem nicht sicher erkennbaren Grundwort. Im *Nhd.* ist 'frevel' durch die Bildung **frevelhaft** (*spätmhd.* vrevelhaft „vermessen, verwegen") verdrängt worden. Die alte Substantivierung **Frevel** stimmt in der Bedeutung mit dem Adjektiv überein. Im alten Recht war 'Frevel' vor allem „Übermut, Gewalttat", später bezeichnete es leichte Vergehen und Übergriffe (noch in 'Feld-, Jagd-, Baumfrevel' und ähnlichen Zusammensetzungen). Abl.: **freveln** (*mhd.* vrevelen „gewalttätig sein, notzüchtigen"), dazu **Frevler** (*mhd.* vreveler); **freventlich** (Adv.; *mhd.* vrevel-, vrevenlīche mit *nhd.* Gleitlaut -t-).

Friede[n]: Das *altgerm.* Substantiv *mhd.* vride, *ahd.* fridu, *niederl.* vrede, *aengl.* friđ, *schwed.* frid gehört mit *aind.* prītí-ḥ „Freude, Befriedigung" zu der unter ↑*frei* behandelten *idg.* Sippe und bedeutet ursprünglich „Schonung, Freundschaft". Vgl. aus dem *germ.* Sprachbereich *got.* gafriþon „versöhnen". – Im germanischen und alten deutschen Recht bezeichnete 'Friede[n]' den Zustand der ungebrochenen Rechtsordnung als Grundlage des Gemeinschaftslebens; dieser konnte für das ganze Land (Land-, Königsfriede) oder für einen bestimmten Bezirk (Burg-, Marktfriede) gelten; noch heute sind Land- und Hausfriedensbruch juristische Begriffe. Im *Mhd.* wurde das Wort auch für „Waffenstillstand" gebraucht; die heutige Hauptbedeutung „völkerrechtlicher Friedensvertrag" hat sich unter dem Einfluß von *lat.* pax „Friede" (zu pacisci „übereinkommen", ↑Pakt) entwickelt. Als „innere Ruhe, Seelenfrieden" ist unser Wort ursprünglich religiös gemeint im Sinne des biblischen „Friede auf Erden" (von hier aus ist ↑Friedhof umgedeutet worden). Eine weitere *ahd.* und *mhd.* Bedeutung ist „Einfriedigung, Zaun"; sie geht von der Einzäunung des unter Schutz gestellten Bezirks (Gericht, Burg, Markt) aus und hat zu den folgenden Verben geführt: **befrieden** (*mhd.* [be]vriden „Schutz verschaffen, umzäunen", heute selten für „Frieden bringen"); **befriedigen** (im 15. Jh. bevridigen „schützen" neben vridigen „beruhigen"; dann an 'zufrieden' angelehnt und im Sinne von „zufriedenstellen" gebraucht); **einfried[ig]en** (*nordd.* im 18. Jh.; ähnlich 'umfried[ig]en'). Weitere Ableitungen von 'Friede[n]' sind: **friedlich** (*mhd.* vridelich „geschützt, friedfertig, ruhig"); **friedsam** (*mhd.* vridesam). Zus.: **zufrieden** „nicht beunruhigt; befriedigt" (im 16. Jh. zusammengerückt aus Wendungen wie 'zu frieden setzen' „zur Ruhe bringen", denen heutiges 'zufriedenlassen, -stellen' usw. entsprechen; seit dem 18. Jh. auch attributives Adjektiv), dazu **Zufriedenheit** (17. Jh.).

Friedhof: Die Zusammensetzung *mhd.* vrīthof, *ahd.* frīthof bedeutete ursprünglich „eingehegter Raum" und bezeichnete zunächst wie *asächs.* frīdhof den Vorhof eines Hauses oder der Kirche. Mit kirchlicher Weihe wurde dieser Kirchhof zur Begräbnisstätte. *Oberd. mdal.* Freithof setzt die alte Form lautgerecht fort, die sonst an ↑Friede[n] angelehnt wurde, weil der Begräbnisplatz als ein Ort des Friedens empfunden wurde. Das Bestimmungswort 'Fried-' gehört zu *ahd.* vrīten „hegen", *got.* freidjan „schonen" (vgl. *frei*).

frieren: Das *altgerm.* Verb *mhd.* vriesen, *ahd.* friosan, *niederl.* vriezen, *engl.* to freeze, *schwed.*

frysa bedeutet sowohl „Kälte empfinden" wie „gefrieren, zufrieren". Es gehört mit verwandten Wörtern in anderen *idg.* Sprachen zu der *idg.* Wurzel *preus- „sprühen (besonders von Tautropfen, Schneeflocken)". Aus dem *germ.* Sprachbereich ist *got.* frius „Kälte" verwandt. *Außergerm.* stellen sich z. B. *lat.* pruina „Reif, Frost" und *aind.* pruṣvā́ „Reif, Eis" zu dieser Wurzel. Das *nhd.* -r- in 'frieren' ist aus Formen des Präteritums (*mhd.* sie vrurn, gevrorn) verallgemeinert worden; beachte aber die Ableitung ↑Frost.

[1]Fries „ornamental ausgestalteter Gesimsstreifen (an antiken oder historischen Bauten); gliedernder, schmückender Wandstreifen": Der Terminus der bildenden Kunst und der Baukunst wurde im 17. Jh. aus gleichbed. *frz.* frise (eigtl. „krause Verzierung") entlehnt. Das *frz.* Wort ist identisch mit *frz.* frise „krauses Wollzeug; bestimmte Art Stickerei", aus dem ebenfalls im 17. Jh. unser Fremdwort **[2]Fries** „krauses Wollzeug, Gewebe" übernommen wurde. *Frz.* frise geht zurück auf *mlat.* frisium, eine Nebenform von frigium, phrygium „Stickerei, Franse", nach *lat.* Phrygiae (vestes) „golddurchwirkte Kleiderstoffe", eigentlich „Kleiderstoffe aus Phrygien".

frigid[e] „kühl, leidenschaftslos, nicht hingabefähig": Das Adjektiv wurde zu Beginn des 19. Jh.s – vielleicht durch *frz.* Vermittlung – entlehnt aus *lat.* frigidus „kalt, kühl; ohne Feuer, fühllos", das von *lat.* frigus „Kälte" abgeleitet ist. Damit vielleicht verwandt ist das *lat.* Verb rigere „starr sein, steif sein" (s. *rigoros*). – Abl.: **Frigidität** „Leidenschaftslosigkeit, Gefühlskälte der Frau" (19. Jh.; vielleicht unter Einfluß von *frz.* frigidité aus *lat.* frigiditas „Kälte; Fühllosigkeit").

Frikadelle: Die Bezeichnung für „gebratenes Fleischklößchen" wurde am Ende des 17. Jh.s entlehnt aus *it.* frittatella „Gebratenes" bzw. aus einer *oberit.* Form frittadella, mit Dissimilation des ersten Dentals wie in ↑Kartoffel. Das daneben seit dem beginnenden 18. Jh. bezeugte Fremdwort **Frikandelle** „Fleischklößchen", das allerdings in der exakten Fachsprache der Gastronomie „Schnitte aus gedämpftem Fleisch" bedeutet, zeigt deutlichen Einfluß von *frz.* fricandeau. Dies bezeichnet in der französischen Küche eine „Schnitte gebratenen oder geschmorten Kalbfleisches" (Kalbsnuß) und findet sich seit dem 19. Jh. als **Frikandeau** auch auf Speisekarten deutscher Restaurants. – Die wohl zugrundeliegende *galloroman.* Vorform *frigicare ist ein Intensivum zu *lat.* frigere „rösten, braten", das zur *idg.* Sippe von ↑*Bärme* gehört. – Zu dieser Gruppe gehören noch die Fremdwörter ↑Frikassee und ↑Pommes frites.

Frikassee: Der gastronomische Fachausdruck für „Ragout aus weißem (Hühner- oder Kalb)fleisch" wurde im 17. Jh. aus gleichbed. *frz.* fricassée entlehnt. Dies gehört zum Verb *frz.* fricasser, das schon vor dem Substantiv als **frikassieren** „Frikassee zubereiten" übernommen worden war. Die Grundbedeutung des Verbs ist etwa „kleingeschnittenes Fleisch in einer Soße zubereiten". Wahrscheinlich ist es eine Kreuzung zwischen *frz.* frire „braten, rösten" (aus *lat.* frigere; vgl. *Frikadelle*) und *frz.* casser „zerkleinern", das identisch ist mit *frz.* casser „zerbrechen, vernichten" (aus gleichbedeutend *spätlat.* cassare, ↑[2]*kassieren*).

frisch: Das *westgerm.* Adjektiv *mhd.* vrisch, *ahd.* frisc, *niederl.* vers, *engl.* fresh ist dunklen Ursprungs. Es wurde früh in die *roman.* Sprachen entlehnt, vgl. *frz.* frais und *it.* fresco „frisch" (↑Fresko). Abl.: **frischen** (*mhd.* vrischen, jetzt nur noch technisch für „Metallschmelzen reinigen" und weidmännisch vom Wildschwein „Junge werfen"; sonst durch **auffrischen** [18. Jh.] und **erfrischen** [*mhd.* ervrischen] ersetzt); **Frische** (*mhd.* vrische), dazu **Sommerfrische** „kühler Erholungsort" (*tirolisch* im 16. Jh. [sommer]frisch, seit dem 19. Jh. gemeinsprachlich); **Frischling** „junges Wildschwein" (*mhd.* vrisch[l]inc, *ahd.* frisking „junges [frisch geborenes] Lamm oder Ferkel", besonders als Zins-, *ahd.* auch als Opfertier).

frisieren „die Haare herrichten; etwas in betrügerischer Absicht zurechtmachen; die Leistung eines Kfz-Motors durch nachträgliche Änderungen steigern": Die moderne Entwicklung der Körper-, Bart- und Haarpflege zeigt seit dem 17. Jh. einen immer stärker werdenden Einfluß der aus Frankreich übernommenen Praktiken. Die verschiedenartigen Bezeichnungen aus diesem Bereich sind demgemäß zumeist Lehnwörter aus dem *Frz.*, so z. B. ↑Puder, ↑rasieren, ↑Pomade, ↑Perücke. Zu dieser Reihe gehört auch das im 17. Jh. bezeugte Verb 'frisieren'. Es wurde durch Vermittlung von *niederl.* friseren aus *frz.* friser „kräuseln, frisieren" entlehnt (der damaligen Haarmode entsprechend, bestand das Frisieren aus einem Kräuseln der Haare). – Die seit dem 18. Jh. bezeugten Ableitungen **Friseur, Frisur** und die erst im 20. Jh. aufkommende weibliche Berufsbezeichnung **Friseuse** sind keine echten Lehnwörter aus dem *Frz.* Es sind vielmehr französierende Bildungen, denen im *Frz.* die Wörter coiffeur, coiffure und coiffeuse (zu *frz.* coiffe „Frauenhaube") entsprechen. Diese allerdings werden in jüngster Zeit als Fremdwörter im *dt.* Sprachraum immer gebräuchlicher.

Frist: Als „festgesetzter Zeitraum" beziehen sich *mhd.* vrist, *ahd.* frist, *mnd.* verst, *aengl.* frist, first und das ähnlich gebildete *schwed.* frist auf einen in der Zukunft liegenden Zeitpunkt, an dem eine Leistung eintreten oder ein bestimmtes Verhältnis aufhören soll. 'Frist' bedeutet demnach wohl eigentlich „das Bevorstehende" und gehört damit zu der unter ↑*First* genannten Wortsippe, vgl. *aind.* pura-ḥ-sthitá-ḥ „bevorstehend". Die *germ.* Wörter sind gebildet aus einem Präfix mit der Bed. „vor-" (*idg.* *pres-, wie in *griech.* présbys „alt", ↑Priester) und der Verbalwurzel *stā- „stehen". In Wendungen wie 'eine Frist geben, bewilligen' entwickelte sich früh die Bed. „Aufschub" (über den eigentlich festgesetzten Zeitpunkt hinaus), die auch in den Zusammensetzungen 'Gnadenfrist' (s. unter *Gnade*) und 'Galgenfrist' (s. unter *Galgen*) erscheint. Abl.: **fristen** (*mhd.* vristen „aufschieben, bewahren, retten", *ahd.* frist[j]an; jetzt nur in 'sein Leben, sein Dasein fristen' „notdürftig erhalten").

fritieren: Der gastronomische Ausdruck für „Speisen in schwimmendem Fett braun bakken" ist eine junge Bildung zu *frz.* frit „gebraten, gebacken", dem Part. Perf. von *frz.* frire „braten, backen" (< *lat.* frigere „rösten"). Dazu stellt sich die französierende Bildung **Friteuse** „Gerät zum Fritieren" (20. Jh.), während **Fritüre** „heißes Fett zum Fritieren; fritierte Speise" bereits im 19. Jh. aus gleichbed. *frz.* friture entlehnt wurde (heute auch im Sinne von 'Friteuse' verwendet). Beachte auch das aus dem *Frz.* übernommene **Pommes frites** „in heißem Fett gebackene rohe Kartoffelstäbchen".

frivol „schamlos, frech; schlüpfrig": Das Adjektiv wurde im 18. Jh. aus gleichbed. *frz.* frivole (< *lat.* frivolus) entlehnt. Dies war früher schon in seiner Grundbedeutung „nichtig, unbedeutend" in unsere Gerichtssprache eingedrungen, ohne sich jedoch zu halten. Es gehört als „zerrieben; zerbrechlich" zu *lat.* friare „zerreiben" und weiter wie *lat.* fricare „reiben" in den größeren Zusammenhang der *idg.* Sippe von ↑bohren. Die Bedeutungsentwicklung des Adjektivs vollzog sich im *Roman.*, etwa in folgender Reihe: „zerbrechlich, unbedeutend (von Sachen) – läppisch, uninteressiert, gleichgültig, leichtfertig (von Personen) – unmoralisch, schamlos; schlüpfrig". – Hierzu als Substantiv **Frivolität** (18. Jh.; aus *frz.* frivolité).

froh: *Mhd.* vrō, *ahd.* frao, frō, *mniederl.* vrō sind verwandt mit *aisl.* frār „hurtig" und *mengl.* frow „eilig". Die Bed. „freudig gestimmt, heiter, vergnügt" hat sich demnach über „erregt, bewegt" aus „lebhaft, schnell" entwickelt. *Außergerm.* Beziehungen bleiben unsicher; vielleicht gehört das Wort als „hüpfend" mit 'Frosch' als „Hüpfer" zu einer Wurzel *preu- „hüpfen, springen". Eine alte Bildung zu 'froh' ist ↑Freude, das Bewirkungsverb ist ↑freuen. Abl.: **fröhlich** (*mhd.* vrœlich, *ahd.* frawalīh, frōlīh), dazu **Fröhlichkeit** (*mhd.* vrœlīcheit). Zus.: **frohlocken** (*spätmhd.* vrōlocken „jubeln" ist wohl umgebildet aus *vrō-lecken „vor Freude springen"; vgl. *löcken*).

fromm: Das unter ↑*frommen* genannte Substantiv *ahd.* fruma „Nutzen, Vorteil" ergab in Fügungen wie *ahd.* fruma wesan „ein Nutzen sein" ein Adjektiv *mhd.* vrum, vrom „nützlich, brauchbar", auf Personen bezogen „tüchtig, trefflich, tapfer, rechtschaffen" (z. B. 'die frommen Landsknechte'). Es wurde so auch von Luther in der Bibel verwendet. Seit dem 15. Jh. zeigt 'fromm' religiösen Sinn, der dann durch Umdeutung der Bibelstellen im *Nhd.* allgemein wurde und auch zu der Nebenbedeutung „fügsam, artig" führte (z. B. in 'lammfromm'). Abl.: **frömmeln** „fromm tun" (18. Jh.), dazu **Frömmelei** und **Frömmler; Frömmigkeit** (*mhd.* vrümecheit, *spätahd.* frumicheit „Tüchtigkeit, Tapferkeit", zum abgeleiteten Adjektiv *mhd.* vrümec, *ahd.* frumig).

frommen: Das heute nur noch unpersönlich gebrauchte Verb *mhd.* vrumen „nützen, helfen", *ahd.* frummen „fördern, vollbringen" ist abgeleitet von dem Substantiv *ahd.* fruma „Nutzen, Vorteil" (*mhd.* vrume, *nhd.* 'Fromme', nur noch in 'zu Nutz und Frommen'), von dem auch das unter ↑*fromm* behandelte Adjektiv stammt. Es bedeutet eigentlich – wie *aengl.* fruma – „Anfang" und ist verwandt mit *got.* fruma, *aisl.* frum- „erst", *engl.* former „früher", *außergerm.* z. B. mit *lit.* pirmas „erster". Über Weiteres vgl. *ver...* Siehe auch den Artikel *furnieren.*

Fron *w:* Aus dem Genitiv *Plural ahd.* frōno „(Besitz) der Götter" (zu dem unter ↑*Frau* genannten Substantiv *ahd.* frō „Herr, Gott") entwickelte sich ein Adjektiv, das *mhd.* als vrōn in der zweifachen Bed. „heilig" (Gott und Christus gehörig) und „herrschaftlich, öffentlich" (einem weltlichen Herrn gehörig) erscheint. Zur ersten Bedeutung stellt sich z. B. ↑Fronleichnam, zur zweiten gehören zahlreiche alte Zusammensetzungen wie **Fronbote** „Gerichtsbote", **Fronhof** „grundherrlicher Hof" und **Frondienst** „Herrschaftsdienst". Unmittelbar aus dem *mhd.* Adjektiv abgeleitet ist das Substantiv *mhd.* vrōn[e] „Herrschaft, Zwingburg, Herrschaftsdienst", das *nhd.* in der übertragenen Bed. „schwere, harte Arbeit" fortlebt. Dazu die Verben **fronen** „harte Arbeit, Frondienst leisten" und **frönen** „sich einer Leidenschaft ergeben", beide nur noch in gehobener Sprache und erst seit dem 18. Jh. in der Bedeutung differenziert (*mhd.* vrōnen, vrœnen, *ahd.* frōnen).

Fronde „scharfe politische Opposition; Auflehnung": Das Fremdwort wurde im 19. Jh. zusammen mit den Ableitungen **Frondeur** „scharfer politischer Opponent" und **frondieren** „scharf opponieren" aus *frz.* fronde (frondeur, fronder) entlehnt. Dessen ursprüngliche Bed. „Schleuder" erfuhr in dem abgeleiteten Verb *frz.* fronder „schleudern" eine Übertragung zu „angreifen; sich auflehnen". Auch das Substantiv wurde hiervon betroffen und erhielt, zunächst als Bezeichnung der Rebellion gegen Mazarin (1649), die moderne Bedeutung. – Formal liegt wohl ein *vlat.* *fundula zugrunde, eine Verkleinerungsbildung zu *lat.* funda „Schleuder", dessen weitere Herkunft unsicher ist.

Fronleichnam: *Mhd.* vrōnlicham, der vrōne līcham (zu *mhd.* vrōn „göttlich", vgl. *Fron*) bezeichnete die Hostie als Leib des Herrn (vgl. *Leichnam*). Heute bezeichnet es das seit 1264 am zweiten Donnerstag nach Pfingsten gefeierte Fronleichnamsfest.

Front „Stirnseite; Kampfgebiet; geschlossene Einheit": Das Substantiv wurde im 17. Jh. aus *frz.* front entlehnt, das seinerseits auf *lat.* frons (frontis) „Stirn, Stirnseite; vordere Linie" zurückgeht. Abl.: **frontal** „an der Vorderseite befindlich, von vorn kommend" (19. Jh.; *nlat.* Bildung). – *Lat.* frons liegt auch den Fremdwörtern ↑Affront und ↑konfrontieren zugrunde.

Frosch: Der *altgerm.* Tiername lautet *mhd.* vrosch, *ahd.* frosg, *niederl.* vors, *aengl.* forsc, frosc, *norw.* frosk. Verwandt sind ähnliche Bildungen im *germ.* Sprachbereich wie *aengl.*

frogga (*engl.* frog), *aisl.* frauki und frauðr (*schwed. mdal.* frö[d]). Die weitere Herkunft des Wortes ist unbekannt; vielleicht gehört es als „Hüpfer" mit 'froh' als „hüpfend" zu einer Wurzel *preu- „hüpfen, springen".

Frost: Das Substantiv *mhd.* vrost, *ahd.* frost, *niederl.* vorst, *engl., schwed.* frost ist eine *altgerm.* Bildung zu ↑*frieren*. Abl.: **frösteln** (16. Jh.); **frostig** (*mhd.* vrostec „kalt, frierend", *nhd.* meist übertragen).

frottieren „(mit Tüchern) abreiben": Das Verb wurde im 18./19. Jh. aus gleichbed. *frz.* frotter entlehnt, dessen Herkunft nicht gesichert ist. – Dazu das im 20. Jh. mit französierender Endung gebildete Substantiv **Frottee** „gekräuseltes, rauhes Gewebe".

frotzeln (*ugs.* für:) „necken, aufziehen": Die Herkunft des seit der 1. Hälfte des 19. Jh.s bezeugten *österr.-bayr.* Mundartworts ist unbekannt.

Frucht: *Ahd.* fruht (*mhd.* vruht) „Feld-, Baumfrucht" ist aus gleichbed. *lat.* fructus entlehnt, das als Substantivbildung zu *lat.* frui „genießen" (daneben frux „Frucht", ↑frugal) zur Sippe des unter ↑*brauchen* behandelten Verbs gehört. Von den fruchttragenden Bäumen her gelangte 'Frucht' zu seiner allgemeinen botanischen Bedeutung; dann wurde das Wort auch auf die tierische und menschliche Leibesfrucht übertragen. *Mhd.* fruht steht noch für „Kind", beachte auch das *nhd.* Scheltwort **Früchtchen.** Die schon *mhd.* bildliche Verwendung im Sinne von „Ertrag, Ergebnis" schließt an den landwirtschaftlichen Sprachgebrauch, aber auch an die entsprechende Bedeutung von *lat.* fructus an. Abl.: **fruchtbar** (*mhd.* vruhtbære); **fruchtig** „nach der Frucht schmeckend" (wohl junge Neubildung des Weinhandels; *mhd.* vrühtec „fruchtbringend" kam im 15./16. Jh. außer Gebrauch); **fruchten** (*mhd.* vrühten, vruhten „Frucht tragen; fruchtbar machen"; jetzt meist übertragen für „nützen, Erfolg haben"; dazu **befruchten** im biologischen und übertragenen Sinn [17. Jh.]).

frugal „einfach (aber gesund und nahrhaft)": Das Adjektiv wurde im 18./19. Jh. entlehnt aus *frz.* frugal < *lat.* frugalis „zu den Früchten gehörig, fruchtig"; zu *lat.* frux (frugis), vgl. *Frucht.* Gemeint ist also eigentlich das ländlich-bäuerliche Mahl (ohne aufwendigen Luxus), das aus den nahrhaften Früchten des Feldes bereitet ist. Heute wird das Wort oft fälschlich im Sinne von „üppig" gebraucht.

früh: Die *nhd.* Form geht über *mhd.* vrüe[je] zurück auf *ahd.* fruoi, das eine Adjektivbildung zu dem im *Nhd.* untergegangenen Adverb *mhd.* vruo, *ahd.* fruo ist. Das auf das *dt.* und *niederl.* Sprachgebiet beschränkte Adverb ist z. B. verwandt mit *griech.* prōí „früh" (dazu *griech.* prōios „morgendlich"), *aind.* prā-tár „früh" und beruht auf *idg.* *prō- „früh, morgens", eigentlich „(zeitlich) vorn, voran" (vgl. *ver...*). 'Früh' gilt noch jetzt besonders von der Tageszeit, es wird aber schon im *Ahd.* zuweilen auf die Jahres- und Lebenszeit übertragen und steht *nhd.* als allgemeines Gegenwort zu 'spät'; entsprechend bedeutet der Komparativ **früher** allgemein „vorher, vormals". Siehe die Artikel *Frühling* und *Frühstück.* Abl.: **Frühe** (*frühnhd.* frue, *ahd.* fruoē).

Frühling: Neben der älteren Bezeichnung ↑Lenz erscheint *spätmhd.* vrüelinc (vgl. *früh*) im 15. Jh. und hat sich seitdem im *Nhd.* durchgesetzt. Allerdings ist in der Alltagssprache **Frühjahr** (im 17. Jh. zuerst *mitteld.*) häufiger, besonders für die erste Zeit nach dem Winter, während 'Frühling' mehr die gefühlsmäßige Seite der Jahreszeit betont und auch bildlich gebraucht wird.

Frühstück: *Spätmhd.* vruo-, vrüestücke meint eigentlich das in der Frühe gegessene Stück Brot (wie *mhd.* morgenbrōt; beachte auch *bayr.* Brotzeit „zweites Frühstück"). Abl.: **frühstükken** (15. Jh.).

Fuchs: Die *westgerm.* Form des Tiernamens *mhd.* vuhs, *ahd.* fuhs, *niederl.* vos, *engl.* fox steht mit männlichem s-Suffix (wie bei 'Luchs') neben den weiblichen Bildungen *ahd.* voha, *mhd.* vohe „Fuchs, Füchsin" (älter *nhd.* Fohe, Föhe, verdunkelt im Pilznamen Bofist, s. d.), *got.* faúhō „Fuchs", *aisl.* fōa „Fuchs". Heute wird in der Jägersprache **Fähe** für das Weibchen des Fuchses und des übrigen Raubwilds gebraucht. Verwandt sind z. B. *aind.* púccha-ḥ „Schwanz, Schweif" und *russ.* puch „Flaumfedern, -haar". Der Fuchs ist demnach als „der Geschwänzte" benannt worden. Das ist vermutlich eine verhüllende Bezeichnung, ähnlich wie ↑Bär; sie hat den *idg.* Namen des Tieres (vgl. *lat.* vulpes, *griech.* alṓpēx) ersetzt, weil die Germanen den listigen Räuber nicht durch Nennung seines Namens 'berufen' wollten (so heißt er *mdal.* noch heute 'Langschwanz, Holzhund' u. ä.). Als 'Meister Reineke', *mhd.* Reinhart „der Ratskundige", *mniederl.* Reinaerd (daraus *frz.* renard „Fuchs") erscheint der Fuchs seit alters in der Tierdichtung. Der Student im ersten Semester heißt seit dem 17. Jh. 'Fuchs' (beachte auch andere Tiernamen für Studenten, z. B. 'Mulus, Kamel, Fink'). Abl.: **fuchsen** *ugs.* für „ärgern" (im 19. Jh. studentisch, es kann aber auch Weiterbildung von *mdal.* fucken „hin und her fahren" sein), dazu **Federfuchser** (s. d.); **fuchsig** „fuchsfarbig verschossen" (18. Jh.). Zus.: **Fuchsschwanz** „kurze Handsäge" (um 1800 nach der Form des Sägeblattes); nur verstärkend ist 'fuchs...' in **fuchs[teufels]wild** (16. Jh.). Nicht nach dem Tier, sondern nach einem deutschen Botaniker des 16. Jh.s heißt eine Zierpflanze **Fuchsie.**

Fuchtel: *Frühnhd.* fochtel, fuchtel bezeichnete als Bildung zu ↑*fechten* einen breiten Degen, später auch den Schlag mit der flachen Klinge. Da das Schlagen mit der flachen Klinge in der militärischen Ausbildung als Strafe üblich war, wurde das Wort zum Sinnbild strenger Zucht ('unter jmds. Fuchtel stehen' o. ä.). Abl.: **fuchteln** (meist in der Zusammensetzung 'herumfuchteln' „mit Stock oder Klinge herumschlagen"; 16. Jh.).

fuchtig (*ugs.* für:) „zornig, aufgebracht": Das bes. *oberd.* und *ostmitteld.* Adjektiv ist wie *schweiz.* fuchten „zanken", Fucht „Streit, hastige [Arm]bewegung" von ↑fechten abgeleitet.

Fuder „Wagenladung; großes Weinmaß": Das *westgerm.* Substantiv *mhd.* vuoder, *ahd.* fuodar, *niederl.* voer, älter *engl.* fother steht im Ablaut zu dem unter ↑*Faden* (ursprünglich „ausgespannte Arme") behandelten Wort.

[1]**Fuge** ↑fügen.

[2]**Fuge** „mehrstimmiges Tonstück, bei dem ein Thema durch alle Stimmen in [strenger] Wiederholung durchgeführt wird": Der Fachausdruck der Musik ist in diesem Sinne seit dem 15. Jh. bezeugt. Es ist aus *it.* fuga „Wechselgesang, Kanon" (< *lat.* fuga „Flucht" [= *griech.* phygḗ]) entlehnt. Die Bezeichnung 'Fuge' geht von der Vorstellung aus, daß die eine Stimme gleichsam vor der folgenden „flieht".

fügen: Das *westgerm.* Verb *mhd.* füegen, *ahd.* fuogen, *niederl.* voegen, älter *engl.* to fay gehört zu der unter ↑*Fach* behandelten Gruppe von Wörtern. Aus der Grundbedeutung „verbinden, ineinanderpassen" haben sich schon früh die übertragenen Bedeutungen „[sich] anpassen, unterordnen, anschließen" u. ä. entwickelt, beachte Zusammensetzungen wie 'an-, bei-, ein-, [hin]zu-, zusammenfügen'. Die umlautlose *oberd.* Form 'fugen' hat im Anschluß an [1]Fuge (s. u.) die handwerkliche Bed. „mit einer Fuge zusammenschließen" bewahrt. Abl.: [1]**Fuge** (*mhd.* vuoge „Zusammenfügung, Verbindungsstelle", übertragen „Schicklichkeit, Kunstfertigkeit"; **Fug** (*nhd.* nur noch in der Wendung 'mit Fug und Recht', *mhd.* vuoc im übertragenen Sinn von [1]Fuge), dazu **Befugnis** „Zuständigkeit" (17. Jh.), **befugt** (zu *spätmhd.* sich bevūgen „eine Befugnis ausüben"), **füglich** (*spätmhd.* vuoclich, vüeclich „schicklich, angemessen") sowie **Unfug** „unschickliches Treiben" (*mhd.* unvuoc); **fügsam** (im 17. Jh. „sich unterordnend", vorher „schicklich"); **Fügung** (*mhd.* vüegunge „Verbindung", *nhd.* oft verhüllend für „Schicksal", seit dem 17. Jh. grammatisches Fachwort für *lat.* constructio); **Gefüge** „[technische] Verbindung, Aufbau" (Neubildung des 18. Jh.s, aber schon *ahd.* als gafōgi belegt); **gefüge** selten für „fügsam" (*mhd.* gevüege, *ahd.* gafuogi; heute meist als **gefügig** [*spätmhd.* gefügig „von feiner Sitte"]), dazu die Verneinung **ungefüge** „unförmig" (*mhd.* ungevüege, ungevuoge „unartig; plump", *ahd.* ungafōgi „ungünstig; beschwerlich; riesig"). Siehe auch den Artikel *verfügen*.

fühlen: Das *westgerm.* Verb *mhd.* vüelen, *ahd.* fuolen, *niederl.* voelen, *engl.* to feel ist unbekannter Herkunft. Seine Grundbedeutung ist wohl „tasten"; es wurde dann auf alle körperlichen und im *Dt.* seit dem 18. Jh. auch auf seelische Empfindungen übertragen. Abl.: **fühlbar** (17. Jh.); **Fühler** „Antenne der Insekten" (18. Jh.; oft bildlich gebraucht); **Fühlung** (*frühnhd.* für „Empfindung"; jetzt nur in 'Fühlung suchen, nehmen' usw., militärisch in 'Tuchfühlung haben, halten'); **Gefühl** „Tastsinn, seelische Stimmung" (17. Jh.; dafür *spätmhd.* gevūlichkeit, gevūlunge neben gevūlen „fühlen"). Zus.: **fühllos** (17. Jh.; wohl mit dem untergegangenen Substantiv 'Fühle' „Gefühl" gebildet), häufiger ist **gefühllos** (18. Jh.).

Fuhre: Ähnlich wie 'Fahrt' sind *mhd.* vuor[e], *ahd.* fuora, *aengl.* fōr eine Bildung zu dem unter ↑*fahren* behandelten Verb, zunächst mit der Bed. „Fahrt, Reise, Weg", auch „Lebensweise". In der ersten Bedeutung steht es in *nhd.* Zusammensetzungen wie 'Aus-, Ein-, Zu-, Abfuhr', die gewöhnlich auf 'führen' bezogen werden. Schon früh entwickelte 'Fuhre' die Bedeutungen „Fahrt, bei der etwas transportiert wird" und „Wagenladung", die heute allein üblich sind. Zus.: **Fuhrmann** (*mhd.* vuorman); **Fuhrpark** (20. Jh.; ↑Park); **Fuhrwerk** (*spätmhd.* fūrwerc, *mnd.* vōrwerk ist wohl ursprünglich „Fuhrdienst"), dazu *ugs.* **fuhrwerken** „herumfahren, sich unruhig bewegen (im 19. Jh. studentisch).

führen: Als altes Veranlassungswort zu ↑*fahren* bedeutet das *altgerm.* Verb *mhd.* vüeren, *ahd.* fuoren, *niederl.* voeren, *aengl.* [ge]fœran, *schwed.* föra eigentlich „in Bewegung setzen, fahren machen", dann „bringen" und „leiten". Die *nhd.* Hauptbedeutung ist „leiten, die Richtung bestimmen". Abl.: **Führer** (*mhd.* vüerer); **Führung** (*mhd.* vüerunge; technisch auch „Lenkvorrichtung"). Zusammensetzungen und Präfixbildungen: **anführen** „leiten, befehligen; erwähnen, aufzählen, zitieren", auch (eigentlich ironisch) „irreführen, täuschen, zum besten haben" (*mhd.* anevüeren „an etwas führen; als Kleidung tragen"), dazu **Anführungszeichen** (18. Jh.; Lehnübersetzung von *lat.* signum citationis), dafür auch **Anführungsstriche; aufführen** (*mhd.* ūfvüeren, *ahd.* ūffuoren „hinaufbringen", daher „ein Gebäude aufführen"; als Fachwort des Theaters bezeichnet es im 17. Jh. das Heraufführen der Personen auf die Bühne, danach die Vorführung des Schauspiels; reflexives 'sich [gut, dumm usw.] aufführen' für „benehmen" ist eigtl. „sich jemandem vorstellen; auftreten"), dazu **Aufführung** (eines Theater- oder Musikstückes, auch für „Betragen"; 18. Jh.); **ausführen** (*mhd.* ūʒvüeren, *ahd.* ūʒvuoren „hinausführen"; es hat im *Nhd.* außer der kaufmännischen Bedeutung auch die von „zu Ende führen, fertigstellen"), dazu **ausführlich** (15. Jh., eigtl. „alle Teile herausarbeitend") und **Ausführung** „Herstellung; genaue Darlegung" (16. Jh.); **entführen** „heimlich oder gewaltsam an einen anderen Ort bringen" (*mhd.* enphüeren, ahd. intfuoren), dazu **Entführer** und **Entführung; verführen** (*mhd.* vervüeren „vollführen, ausüben; weg-, irreführen", *ahd.* firfuoren „entfernen, wegfahren"; seit dem 18. Jh. nur noch im Sinne von „dazu bringen, etwas Unkluges, Unerlaubtes zu tun"), dazu **Verführer** (15. Jh.), **verführerisch** „geeignet, jemanden zu verführen; reizvoll, attraktiv" (17. Jh.).

Fuhrmann ↑Fuhre.

Fuhrpark ↑Park.

Fuhrwerk, fuhrwerken ↑Fuhre.

Fülle: Das *gemeingerm.* Substantiv *mhd.* vülle, *ahd.* fullī, *got.* (ufar)fullei, *engl.* fill, *aisl.* fylli ist eine Bildung zu dem unter ↑*voll* behandelten Adjektiv. Abl.: **füllig** „beleibt" (17. Jh.; aus *mnd.* vüllīk). Zus.: **Füllhorn** (im 18. Jh. für älteres 'Horn der Fülle', eine Lehnübersetzung von *lat.* cornu copiae, das das oft in allegorischen Bildern gezeigte überquellende Horn des Erntesegens bezeichnete).

füllen: Das *gemeingerm.* Bewirkungswort zu ↑*voll* lautet *mhd.* vüllen, *ahd.* fullen, fulljan, *got.* fulljan, *engl.* to fill, *schwed.* fylla. Die Grundbedeutung ist „vollmachen". Zu 'füllen' stellen sich im *Dt.* die zusammengesetzten Verben 'ab-, an-, auf-, aus-, ein-, nachfüllen' und das Präfixverb **erfüllen** (*mhd.* ervüllen, *ahd.* irfullen „vollmachen, an-, ausfüllen; ausführen, vollenden"), dazu **Erfüllung;** Abl.: **Füller** (junge Kurzform für Füllfederhalter); **Füllsel** (*spätmhd.* vülsel). Siehe auch den Artikel *Fülle.*

Füllen: Das ursprünglich nur *südwestd.* Substantiv (*mhd.* vülī[n], *ahd.* fulī[n]) ist eine Verkleinerungsbildung zu dem Stamm des unter ↑*Fohlen* behandelten Wortes.

Füllhorn, füllig ↑Fülle.

fulminant „glänzend, prächtig": Das seit dem 18. Jh. – anfangs nur in der Bed. „blitzend, drohend" – bezeugte Adjektiv ist aus *lat.* fulminans entlehnt, dem Part. Präs. von fulminare „blitzen". Das zugrundeliegende Substantiv *lat.* fulmen „Blitz" ist mit *lat.* flagrare „brennen, glühen" verwandt (vgl. *flagrant*).

fummeln (*ugs.* für:) „tasten, herumfingern; streicheln, liebkosen; sich unsachgemäß an etwas zu schaffen machen; zu lange dribbeln": Das *nordd.* Wort (*spätmnd.* fummelen) erscheint im 18. Jh. in *hochd.* Texten. Es ist wohl eine lautnachahmende Bildung, vgl. gleichbed. *schwed., norw.* fumla, *engl.* to fumble und mit der Bed. „knittern" *niederl.* fommelen. Zu 'fummeln' gehört **Fummel** (*ugs.* für:) „Kleid aus billigem und leichtem Stoff".

Fund ↑finden.

Fundament, fundamental ↑fundieren.

Funde, Fundgrube, fündig ↑finden.

fundieren „[be]gründen; untermauern": Das Verb wurde in *mhd.* Zeit (*mhd.* fundieren) aus *lat.* fundare „den Grund legen" entlehnt, das von *lat.* fundus „Boden, Grund[lage]" abgeleitet ist (vgl. *Fundus*). Zu *lat.* fundare gehört das Substantiv fundamentum „Unterbau, Grundlage", das schon in *ahd.* Zeit übernommen wurde und unser Fremdwort **Fundament** (*mhd., ahd.* fundament) lieferte. Dazu als Adjektiv **fundamental** „grundlegend, bedeutsam" (17. Jh.; aus *spätlat.* fundamentalis).

Fundus „Unterbau; Fonds": Das Fremdwort ist – wie entsprechend *frz.* fond (↑Fond, Fonds) – aus *lat.* fundus „Boden, Grund[lage]" entlehnt, das mit *dt.* ↑*Boden* urverwandt ist. Neben *lat.* fundus wurden noch einige Ableitungen davon ins Deutsche entlehnt, vgl. ↑fundieren (Fundament, fundamental), ↑profund.

fünf: Das *gemeingerm.* Zahlwort *mhd.* vünv, vunv, *ahd.* funf, finf, *got.* fimf, *niederl.* vijf, *engl.* five, *schwed.* fem ist u. a. verwandt mit *lat.* quinque, *griech.* pénte, pémpe (das wir z. B. aus Pentagon „Fünfeck" und Pentagramm „Fünfstern" kennen; s. auch *Pfingsten*) und *aind.* páñca (↑Punsch). Zugrunde liegt *idg.* *penkᵘe „fünf". Die einzelsprachlichen Formen sind z. T. lautlich ausgeglichen worden, im *Lat.* nach dem Anlaut der zweiten, im *Germ.* nach dem der ersten Silbe. Der Vokal der *dt.* Form wurde im *Spätahd.* verdumpft, der Umlaut -ü- stammt aus der gebeugten Form *ahd.* funfi (*nhd. ugs.* fünfe). Zu dem *idg.* Zahlwort gehören aus dem *germ.* Sprachbereich wahrscheinlich auch die unter ↑*Finger* und ↑*Faust* (eigentlich „Gesamtheit der fünf Finger") behandelten Wörter. Abl.: **Fünfer** (*spätmhd.* vünfer „Mitglied eines Fünfmännerausschusses"; seit dem 16. Jh. für die Ziffer 5 und für bestimmte Münzen); **fünfte** (Ordnungszahl; *mhd.* vünfte, *ahd.* finfto, fimfto; s. auch *Quinta*). Zus.: **Fünftel** (im 17. Jh. für älteres 'Fünfteil', *mhd.* vünfteil; vgl. *Teil*); **fünfzehn** (*mhd.* vünfzehen, *ahd.* finfzehen; *mdal.* fuffzehn setzt ein *frühnhd.* funffzehen fort); **fünfzig** (*frühnhd.* auch funffzig, danach *mdal.* fuffzig; *mhd.* vünfzec, *ahd.* fimfzuc; vgl. *...zig;* beachte auch *engl.* ↑fifty-fifty).

fungieren „tätig sein, ein Amt verwalten": Das Verb wurde im 17. Jh. aus *lat.* fungi „verrichten, vollbringen, durchstehen; verwalten" entlehnt. Dazu stellen sich die Fremdwörter ↑Funktion, Funktionär, funktionieren.

Funk ↑Funke[n].

funkelnagelneu ↑Nagel.

Funke[n]: Das *westgerm.* Substantiv *mhd. (mitteld.)* vunke, *ahd.* funcho, *niederl.* vonk, *mengl.* vonke ist aus den mit -n- gebildeten Formen des *idg.* Stammes von ↑*Feuer* abgeleitet. Das auslautende n der *nhd.* Nominativform stammt aus den obliquen Fällen. Abl.: **funkeln** (*mhd.* vunkeln, „Funken geben, blinken" ist eine Iterativbildung zu gleichbed. vunken), dazu **funkelnagelneu** (im 18. Jh. zusammengezogen aus älterem 'funkelneu' und 'nagelneu' (↑Nagel); **funken** (*mhd.* vunken „Funken von sich geben; blinken, schimmern"; 1914 für „drahtlos telegraphieren", eigentlich „durch Funken übermitteln" vorgeschlagen, schon vorher in der Zusammensetzung 'Funkspruch' für „Radiogramm" üblich; in der Soldatensprache auch für „schießen" und *ugs.* für „funktionieren" gebraucht), dazu **Funk** „drahtlose Übertragung (beachte Zusammensetzungen wie 'Funkamateur, -betrieb, -gerät, -station, -streife, -trupp, -wagen') und seit den zwanziger Jahren **Rundfunk** „Radio", für das häufig die Kurzform **Funk** gebraucht wird (beachte Zusammensetzungen wie 'Funkbearbeitung, -haus, -turm, -universität'), ferner **Funker** „jemand, der Nachrichten drahtlos übermittelt".

Funkenmariechen: Die Bezeichnung für eine als Tänzerin auftretende Begleiterin der Funkengarde im (Kölner) Karneval geht zurück auf den Namen einer Marketenderin der Kölner Stadtsoldaten, die wohl nach ihren roten Uniformen 'Funken' (vgl. *Funke[n]*) hießen.

Funktion „Tätigkeit, Wirksamkeit; Aufgabe": Das Substantiv wurde im 17. Jh. aus *lat.* functio „Verrichtung; Geltung" entlehnt, das von *lat.* fungi „verrichten, vollbringen; gelten" abgeleitet ist (vgl. *fungieren*). – Dazu: **Funktionär** „führender aktiver Beauftragter eines Verbandes"

(20. Jh.; nach *frz.* fonctionnaire); **funktionieren** „reibungslos ablaufen, in [ordnungsgemäßem] Betrieb sein" (18./19. Jh.; nach *frz.* fonctionner).

für (Adverb, Präposition): *Mhd.* vür, *ahd.* furi „vor[aus]" (vgl. *aisl.* fyr „vor, für") ist eng verwandt mit dem unter ↑*vor* behandelten Wort und wurde wie dieses ursprünglich räumlich gebraucht. Über die weiteren Zusammenhänge vgl. *ver...* Im *Ahd.* und *Mhd.* steht 'für' mit dem Akkusativ bei Verben der Bewegung, 'vor' mit dem Dativ (und Genitiv) bei Verben der Ruhe. Für die Schriftsprache haben erst die Grammatiker des 18. Jh.s den Gebrauch so geregelt, daß heute 'vor' mit beiden Fällen räumlich und zeitlich, 'für' mit dem Akkusativ nur übertragen verwendet wird. Resthaft steht 'für' statt 'vor' in Fügungen wie 'Schritt für Schritt', 'Tag für Tag', 'für und für' (= immerfort) und in Zusammensetzungen wie **Fürwitz** (↑Vorwitz) und **fürbaß** (↑baß); andererseits hat sich 'vorliebnehmen' (s. d.) durchgesetzt. Der übertragene Gebrauch ist bei 'für' schon früh entwickelt. Er gibt entweder Bestimmung, Zweck, Schutz an ('ein Buch für dich' ist eigentlich „vor dich gebracht", 'ein Mittel für Husten' eigentlich „vor den Husten gestellt") oder „Stellvertretung" ('für jemand eintreten' ist „[schützend] vor ihn treten"; dazu auch 'für etwas halten', 'für Geld kaufen'). Als Adverb ist 'für' nur in 'für und für' (s. o.) erhalten. Auf einer substantivierten Superlativform des Adverbs beruht das unter ↑Fürst behandelte Substantiv.

Furage, furagieren ↑Furier.

fürbaß ↑baß.

Fürbitte ↑bitten.

Furche: Das *altgerm.* Wort *mhd.* vurch, *ahd.* fur[u]h, *niederl.* voor, *engl.* furrow, *schwed.* fåra gehört zu der *idg.* Wurzel *per[e]k̂- „wühlen, aufreißen". Im *germ.* Sprachbereich stellt sich das unter ↑*Ferkel* behandelte Wort zu dieser Wurzel, *außergerm.* ist z. B. *lat.* porca „Furche, Ackerstrecke" nahe verwandt. Die Bedeutung der *idg.* Wurzel hat sich über „herumwühlen" weiterentwickelt zu „suchen, ausforschen, fragen, bitten". Das zeigt sich einzelsprachlich z. B. in den Wortgruppen um *dt.* forschen und *lat.* poscere „fordern" (↑forschen) wie um *dt.* Frage und *lat.* precari „bitten" (↑Frage). Abl.: **furchen** (*mhd.* vurhen „Furchen ziehen, pflügen"; heute meist übertragen gebraucht), dazu die Präfixbildung **zerfurchen.**

fürchten: Das *altgerm.* Verb *mhd.* vürhten, *ahd.* furhten, furahtan, *got.* faúrhtjan, *mniederl.* vruchten, *aengl.* fyrhtan steht neben dem Substantiv **Furcht** (*mhd.* vorhte, *ahd.* for[a]hta, ähnl. *got.* faúrthei, *engl.* fright) und einem untergegangenen Adjektiv, das mit der Bed. „Furcht empfindend" als *ahd.* foraht, *got.* faúrhts, *aengl.* forht bezeugt ist. Herkunft und *außergerm.* Beziehungen dieser drei Wörter sind nicht gesichert. Abl. (alle zum Substantiv): **furchtbar** „Furcht, Beklemmung auslösend; schlimm, unangenehm; sehr, überaus" (*mhd.* vorhtebære); **furchtlos** „ohne Furcht" (16. Jh.); **furchtsam** „voller Furcht, ängstlich" (*mhd.* vorhtesam, bis ins 18. Jh. auch für „furchtbar"); **fürchterlich** „furchtbar" (im 18. Jh. für älteres fürcht-, furchtlich, *mhd.* vorhtlich, *ahd.* for[a]htlich; zur Bildung beachte 'leserlich, weinerlich'). Eine Ableitung auf -ig erscheint in **ehrfürchtig** (↑Ehre), **gottesfürchtig** (↑Gott).

fürder ↑fördern.

Furie: Zu *lat.* furere „rasen, wüten", das ohne sichere Beziehungen im *Idg.* ist, stellt sich als Substantiv *lat.* furia „Wut, Raserei". Die personifizierte Form *lat.* Furia „rasende Göttin, Rachegöttin" – meist *Plural* Furiae „Plagegeister" – wird auch übertragen gebraucht zur Bezeichnung eines wütenden, rasenden, von einem Dämon besessenen Menschen. Im Sinne von „wütendes, rasendes Weib" erscheint Furie, daraus entlehnt, im 17./18. Jh. bei uns als Fremdwort.

Furier „Verpflegungs-, Versorgungsunteroffizier": Das seit dem 14. Jh. vereinzelt bezeugte Fremdwort, das sich allerdings erst im 17. Jh. einbürgerte, ist aus *frz.* fourrier „Futtermeister" entlehnt. Dies ist abgeleitet von *afrz.* fuerre „Viehfutter" (= *frz.* feurre „Stroh"), wozu auch *frz.* fourrage „Viehfutter" gehört, aus dem unser Fremdwort **Furage** militärisch veraltet „Lebensmittel, Mundvorrat" (beachte auch **furagieren** militärisch veraltet „Furage beschaffen", aus gleichbed. *frz.* fourager) stammt. *Afrz.* fuerre geht wohl auf *afränk.* *fođr zurück, das mit ↑[1]*Futter* identisch ist.

furios „wütend, hitzig": Die Form 'furios' trat in neuerer Zeit an die Stelle von älterem 'furiös', das aus gleichbed. *frz.* furieux entlehnt ist. Das Adjektiv ist wohl nach *it.* furioso umgestaltet worden, das als musikalische Vortragsbezeichnung im Sinne von „wild, leidenschaftlich, feurig" entlehnt wurde und auch substantiviert in **Furioso** „leidenschaftliches Tonstück" gebräuchlich ist. Voraus liegt *lat.* furiosus „wütend, rasend" (zu furia „Wut", vgl. *Furie*).

furnieren „(minderwertiges Holz) mit edlem Blattholz belegen": Das Verb wurde im 16. Jh. aus *frz.* fournir „liefern; mit etwas versehen" entlehnt, das seinerseits auf *afränk.* *frumjan „fördern, vollbringen" (entsprechend *asächs.* frummian, *ahd.* frummen; vgl. *frommen*) zurückgeht. Abl.: **Furnier** „Blattholzbelag" (18. Jh.).

Furore: Das Wort ist nur in der Wendung 'Furore machen' „Aufsehen erregen", die seit dem 19. Jh. bezeugt ist, gebräuchlich. Voraus liegt gleichbed. *it.* far furore. *It.* furore „Leidenschaftlichkeit, Raserei, Wut; Aufsehen" geht zurück auf *lat.* furor (vgl. *Furie*).

Fürsorge, Fürsorger, Fürsorgerin ↑Sorge.

Fürsprech ↑sprechen.

Fürst: *Mhd.* vürste, *ahd.* furisto bedeutet eigentlich „der Vorderste, Erste, Vornehmste" und ist der substantivierte Superlativ des Adverbs *ahd.* furi „vor, voraus" (*ahd.* furist, *engl.* first, *schwed.* först „zuerst, erste"; vgl. *für;* ähnlich hat sich *ahd.* frō „Herr" entwickelt, ↑Frau). In der Bed. „Herrscher" ist das Wort auf das *dt.* Sprachgebiet beschränkt. Unter den besonderen Verhältnissen des mittelalterlichen deutschen Reiches hat es sich im 12. Jh. zur Bezeichnung des obersten Standes unter dem König entwickelt und wurde Sammelbegriff für alle Monarchen. Später benennt es außerdem einen bestimmten vom König verliehenen Rang zwischen Graf und Herzog. Abl.: **fürstlich** (*mhd.* vürst[e]lich; heute oft übertragen für „vornehm, großzügig"); **Fürstentum** (*mhd.* vürst[en]tuom „Fürstenwürde; Land eines Fürsten").

Furt „durchfahrbare Stelle eines Gewässers": Das *westgerm.* Substantiv *mhd.* vurt, *ahd.* furt, *mniederl.* vort, *engl.* ford steht im Ablaut zu *aisl.* fjǫrdr, *norw., schwed.* fjord „enge Meeresbucht" (↑Fjord). Alle diese Wörter sind ebenso wie *lat.* portus, porta „Zugang" (s. die Lehn- und Fremdwörter um *Pforte*) Substantivbildungen zu der unter ↑*fahren* dargestellten *idg.* Wurzel *per- „hinüberführen". Die Furt ist also als „Übergangs-, Überfahrtsstelle" benannt worden. Beachte auch gleichbed. *awest.* pərətu-š (im Flußnamen Euphrat „der gut Überschreitbare"). Das *germ.* Wort erscheint in vielen Ortsnamen, z. B. *dt.* Frankfurt, Schweinfurt, Herford, *engl.* Oxford.

Furunkel: Die Bezeichnung für „Eitergeschwür" wurde im 16. Jh. aus gleichbed. *lat.* furunculus entlehnt, das als Verkleinerungsbildung zu *lat.* fur „Dieb" gehört und eigentlich „kleiner Spitzbube" bedeutet. Die außerdem bezeugte Bed. „Nebenschößling (besonders an Rebstöcken)" legt nahe, daß das Wort – ähnlich wie bei *dt.* ↑*Geiz* (im Sinne von „schmarotzender Trieb") – ursprünglich scherzhaft von Winzern gebraucht wurde, weil die kleineren Nebentriebe des Rebstocks dem Haupttrieb den Saft „stehlen". Der Arzt mag dann den Namen übertragen haben, einmal wegen der äußeren Ähnlichkeit eines Geschwürs mit dem Auge am Rebstock, zum anderen auch wegen der Tatsache, daß Geschwüre eine Blutkonzentration um den Eiterherd bewirken und somit die Körpersäfte gleichsam „stehlen". *Lat.* fur „Dieb" – dazu *lat.* furo „Räuber" (Tiername), das die Quelle ist für unser Lehnwort ↑Frett (Frettchen) – stellt sich als Wurzelnomen zum Verbalstamm von *lat.* ferre „tragen" (vgl. *offerieren*), bedeutet also eigentlich „jemand, der etwas fortträgt". Abl.: **Furunkulose** „gleichzeitiges Auftreten mehrerer Furunkel" (20. Jh.; *nlat.* Bildung).

Fürwitz ↑Witz.

Fürwort: Das Substantiv bedeutete im 16. Jh. „Ausrede, Vorwand", später auch „Fürsprache" (dazu ↑befürworten). Im 18. Jh. wurde es als Ersatzwort für 'Pronomen' „Stellvertreter des Nomens" neu geprägt (vgl. *für*).

Furz (derb für:) „[laut] abgehende Blähung": Das Substantiv *mhd.* vurz, *spätahd.* furz, *mnd.* vort ist eine Bildung zu dem starken Verb *mhd.* verzen, *ahd.* ferzan, *mnd.* verten, dem gleichbed. *engl.* to fart und *schwed.* fjärta entsprechen. Dieses *altgerm.* Verb ist z. B. verwandt mit *aind.* párdatē „furzt", *griech.* pérdesthai „furzen" und *russ.* perdet' „furzen". Abl.: **furzen** (*spätmhd.* vurzen).

Fusel (*ugs.* für:) „schlechter Branntwein": Die Herkunft des erst zu Beginn des 18. Jh.s in Nordwestdeutschland bezeugten Wortes ist unerklärt.

füsilieren „standrechtlich erschießen": Das Verb wurde im 19. Jh. aus gleichbed. *frz.* fusiller entlehnt. Das zugrundeliegende Substantiv *frz.* fusil „Flinte" bedeutete ursprünglich „Feuerstahl, -stein" (die alten Handfeuerwaffen wurden mit Stahl und Stein gezündet). Es geht wohl auf *lat.* (petra) *focilis zurück, das zu *lat.* focus „Herd, [Herd]feuer" gehört (vgl. *Foyer*). Von *frz.* fusil „Flinte" abgeleitet ist *frz.* fusilier, auf das unser Fremdwort **Füsilier** „Schütze der leichten Infanterie" zurückgeht.

Fusion „Verschmelzung": Das Fremdwort wurde im 19. Jh. zunächst in der technischen Bed. „Schmelzung, Erzguß" gebraucht, dann übertragen im wirtschaftlichen Bereich. Es ist aus *lat.* fusio „Gießen, Schmelzen" entlehnt, das zu *lat.* fundere „gießen, fließen lassen" (urverwandt mit ↑*gießen*) gehört. – Eine Ableitung des 20. Jh.s ist **fusionieren** „eine Fusion vornehmen (Wirtschaft)". Siehe auch *konfus, Konfusion.*

Fuß: Die *gemeingerm.* Körperteilbezeichnung *mhd.* vuoȥ, *ahd.* fuoȥ, *got.* fōtus, *engl.* foot, *schwed.* fot beruht mit verwandten Wörtern in anderen *idg.* Sprachen auf der Ablautform *pŏ̄d- von *idg.* *pĕ̄d- „Fuß", vgl. z. B. *griech.* poús, Genitiv podós „Fuß" (↑Podium) und *lat.* pes, Gen. pedis „Fuß" (s. die Fremdwortgruppe um *Pedal*). Aus dem *germ.* Sprachbereich gehört hierher auch das unter ↑[1]*Fessel* behandelte Wort. – Im *Dt.* bezeichnet 'Fuß' den untersten Teil des Beines, *landsch.* auch das ganze Bein (↑Bein), im übertragenen Gebrauch den unteren [tragenden] Teil von etwas (beachte Zusammensetzungen wie 'Bergfuß' oder 'Lampenfuß'). Als Längenmaß ist 'Fuß' – im Gegensatz zu *engl.* foot – heute nicht mehr gebräuchlich. Die Wendung 'stehenden Fußes' „sofort" ist Lehnübersetzung von *lat.* stante pede und geht auf eine alte Rechtsformel zurück, die besagte, daß man sich an Ort und Stelle gegen ein ungerechtes Urteil wehren mußte, damit es nicht rechtskräftig wurde. Abl.: **fußen** (*mhd.* vuoȥen „den Fuß aufsetzen; sich stützen, gründen" wird heute nur noch in übertragenem Sinne gebraucht, *oberd. mdal.* auch für „gehen"); **Füßling** „Teil des Strumpfes, der den Fuß bedeckt" (15. Jh.). Von den zahlreichen Zusammensetzungen seien genannt: **Fußangel** (↑Angel); **Fußball** (Lehnübersetzung des 18. Jh.s von *engl.* football), zunächst für den mit dem Fuß getretenen Ball, seit dem Ende des 19. Jh.s auch für das Mannschaftsspiel), dazu **Fußballer; Fußgänger** (*mhd.* vuoȥgenger neben *mhd., ahd.* vuoȥgengel bezeichnete vor allem den 'zu Fuß' gehenden und kämpfenden Krieger, ähnlich wie das *nhd.* Kollektivum 'Fußtruppe' und das ältere 'Fußvolk', *mhd.* vuoȥvolc; vgl. *Volk*); **Fußnote** (↑Note); **Fuß[s]tapfe** (*mhd.* vuoȥstaphe, zu ↑Stapfe, ergibt schon *spätmhd.* durch falsche Abtrennung die Nebenform vuoȥ-taphe).

Fussel „Fädchen, Faserstückchen (besonders auf der Kleidung)": Das erst *nhd.* bezeugte

Wort steht neben gleichbed. *mdal.* Fis[s]el (*spätmhd.* viseln „Fasern, Fransen") und *ugs. fisseln* „fein regnen". Die Herkunft dieser Wörter ist unbekannt. Abl.: **fusselig** „fusselnd, fransig" (dazu *ugs.* 'sich den Mund fusselig reden'), auch „unruhig und unkonzentriert"; **fusseln** „Fusseln abgeben".

futsch (*ugs.* für:) „weg, verloren": Das seit dem 18. Jh. in allen *dt.* Mundarten verbreitete Wort ist wohl lautmalenden Ursprungs. Dazu die scherzhafte Weiterbildung 'futschikato'. Siehe auch *pfuschen.*

[1]Futter „Nahrung [der Tiere]": Das *altgerm.* Substantiv *mhd.* vuoter, *ahd.* fuotar, *niederl.* vœ[de]r, *engl.* fodder, *schwed.* foder geht ebenso wie das *gemeingerm.,* im *Nhd.* ausgestorbene Verb *mhd.* vuoten, *ahd.* fuottan, *got.* fōdjan, *engl.* to feed, *schwed.* föda „nähren" auf eine *idg.* Wurzel *pā[-t]- „füttern, nähren, weiden" zurück. Zu ihr gehören u. a. *griech.* pateīsthai „essen und trinken" und *lat.* pascere „weiden lassen, füttern" (s. die Fremdwortgruppe um *Pastor*). Die Bed. „Nahrung für Tiere" ist bei 'Futter' in den neueren Sprachen einheitlich durchgedrungen. Von [1]Futter abgeleitet ist **[1]füttern** „[Tieren] Nahrung geben" (*ugs.* und *mdal.* auch: futtern; *mhd.* vuotern, vüetern, *ahd.* fuotieren); daraus hat sich im *Nhd.* **futtern** als scherzhafte Bezeichnung für „tüchtig essen" abgezweigt.

[2]Futter „innere Stoffschicht der Oberbekleidung": Das *altgerm.* Substantiv *mhd.* vuoter, *ahd.* fuotar „Unterfutter, Futteral", *got.* fōdr „Schwertscheide", *mnd.* vōder „Unterfutter, Futteral, Behälter", *aengl.* fōdor „Scheide, Behälter" beruht mit verwandten Wörtern in anderen *idg.* Sprachen auf der *idg.* Wurzel *pō[i]- „Vieh hüten; schützen; bedecken", vgl. z. B. *aind.* pā́tra-m „Behälter". Im *außergerm.* Sprachbereich stellen sich noch *griech.* pōma „Deckel", *griech.* poimḗn „Hirt" und *aind.* pāti „schützt, behütet" zu dieser Wurzel. Grundbedeutung unseres Wortes war demnach „schützende Hülle, Überzug". Als „Schutzhülle" galt *dt.* Futter noch im 18. Jh., zuletzt in Zusammensetzungen wie 'Brillen-, Flaschen-, Pistolenfutter'. Seit dem 15. Jh. wird es aber aus dieser Bedeutung durch **Futteral** verdrängt, eine Entlehnung aus *mlat.* fotrale, futrale (zu fotrum „Überzug"), das selbst aus dem *dt.* Wort stammt. Abl.: **[2]füttern** „mit Unterfutter versehen" (*mhd.* vuotern, vüetern).

Futur „Zukunft": Der grammatische Fachausdruck ist entlehnt aus gleichbed. *lat.* (tempus) futurum. *Lat.* futurus „sein werdend" ist Part. Fut. zum Verbalstamm fu- (in *lat.* fuisse „gewesen sein"; über weitere etymologische Zusammenhänge vgl. *bauen*). Die Bildung **Futurismus** „zu Beginn des 20. Jh.s von Italien ausgehende Kunstrichtung, die den völligen Bruch mit der Tradition forderte" ist – wohl über *frz.* futurisme – aus *it.* futurismo (zu futuro „Zukunft") entlehnt. Beachte dazu **Futurist** und **futuristisch.**

G

Gabardine: Der Stoffname wurde in neuerer Zeit aus gleichbed. *frz.* gabardine entlehnt, das seinerseits aus *span.* gabardina „enganliegender Männerrock" stammt. Das *span.* Wort beruht wohl auf einer Kreuzung aus *span.* gabán „Mantel, Rock" und tabardina, einer Verkleinerungsbildung zu *span.* tabardo „Überrock aus grobem Tuch".

Gabe: *Mhd.* gābe, *mnd.* gāve, *niederl.* gave, *schwed.* gåva gehören zu dem unter ↑*geben* behandelten Verb. Im heutigen Sprachgebrauch wird 'Gabe' außer im Sinne von „Gegebenes, Geschenk" auch im Sinne von „angeborene Eigenschaft, Talent" verwendet. Abl.: **begaben** veraltet für „mit Gaben, mit Fähigkeiten ausstatten" (*mhd.* begāben), dazu das in adjektivischen Gebrauch übergegangene zweite Partizip **begabt** „befähigt, talentiert" und **Begabung** „Fähigkeit, Talent", das sich seit dem 18. Jh. in der Bedeutung an 'begabt' angeschlossen hat, während es davor gewöhnlich im Sinne von „Schenkung, Stiftung; Vorrechte" verwendet wurde. – 'Ab-, An-, Aufgabe' usw. stellen sich zu den unter ↑*geben* behandelten Zusammensetzungen und Präfixbildungen.

gäbe: Das heute nur noch in der Wendung 'gang und gäbe' gebräuchliche Wort geht zurück auf *mhd.* gæbe „annehmbar, willkommen, lieb, gut", das als Verbaladjektiv zu dem unter ↑*geben* behandelten Verb gehört und eigentlich „was gegeben werden kann, was sich leicht geben läßt" bedeutet. Das Wort wurde früher hauptsächlich in der Kaufmannssprache im Sinne von „im Umlauf befindlich, üblich" (von Münzen und Waren) verwendet. *Mhd.* gæbe entsprechen im *germ.* Sprachbereich *niederl.* gaaf „gut erhalten; ganz, unbeschädigt; unverletzt" und die *nord.* Sippe von *schwed.* gäv „gangbar, üblich, gebräuchlich; gut, ausgezeichnet". – Nicht mehr gebräuchlich ist die Negationsbildung 'ungäbe'.

Gabel: Das *westgerm.* Wort *mhd.* gabel[e], *ahd.* gabala, *mnd.* gaffel[e], (s. unten Gaffel), *niederl.* gaffel, *aengl.* g[e]afol ist verwandt mit der *kelt.* Sippe von *air.* gabul „gegabelter Ast; Gabel; Gabelpunkt der Schenkel" und steht wohl im Ablaut zu dem unter ↑*Giebel* (ursprünglich „Astgabel") behandelten Wort. – In der Frühzeit war die Gabel nichts anderes als der starke gegabelte Ast und diente als landwirtschaftliches Gerät zum Heben und Wenden des Heus, der Garben, des Mistes oder dgl. Die eiserne Form der Gabel lernten die Germanen im Rahmen der Handelsbeziehungen mit den Römern kennen und übernahmen mit dem Gerät auch das Wort (s. den Artikel *Forke*). Seit dem Mittelalter tritt die Gabel auch als Tischgerät auf, zunächst zum Vorlegen des Fleisches, seit dem ausgehenden Mittelalter dann auch als Eßgerät. In der Seemannssprache bezeichnet *niederd.* gaffel seit dem 17. Jh. auch die Segelstange mit gabelförmigem Ende. Aus dem *Niederd.* übernommen ist **Gaffel,** das also die *niederd.* Entsprechung von *hochd.* Gabel ist. Abl.: **gabeln,** sich „gabelförmig auseinandergehen", dazu **Gabelung** (beachte auch **aufgabeln** *ugs.* für „finden, auflesen"). Zus.: **Gabeldeichsel** „Doppeldeichsel des Einspänners" (17. Jh.); **Gabelfrühstück** (19. Jh., Lehnübertragung von *frz.* déjeuner à la fourchette); **Gabelweihe** „Weihe mit gabelförmigem Schwanz" (18. Jh.).

gackeln, gackern, gacksen: Die Verben, die *ugs.* auch im Sinne von „unterdrückt lachen, kichern, schwatzen" gebraucht werden, sind lautnachahmenden Ursprungs, und zwar ahmen sie speziell den Laut der Hühner nach, beachte auch **Gockel** (*ugs.* für:) „Hahn". Ähnliche Lautnachahmungen sind *mhd.* gāgen, gāgern „schnattern", *mhd.* gagzen, *ahd.* gagizōn „gackern", *niederl.* gaggelen „schnattern", *engl.* to gaggle „gackern; schnattern" (vgl. auch die unter ↑*keckern* behandelten Lautnachahmungen). Außerhalb des *germ.* Sprachbereichs sind z. B. elementarverwandt *lit.* gagéti „schnattern" und *russ.* gogotat' „gackern, schnattern", gagat' „schnattern". Siehe dazu auch den Artikel *Geck.*

Gaffel ↑Gabel.

gaffen: *Mhd.* gaffen „verwundert oder neugierig schauen" bedeutet eigentlich „mit offenem Munde anstarren, den Mund aufsperren". Die ursprüngliche Bedeutung bewahren die verwandten Wörter im *germ.* Sprachbereich, vgl. *mnd.* gapen „den Mund aufsperren" (↑jappen, japsen „lechzen, nach Luft schnappen"), *niederl.* gapen „gähnen; klaffen; gaffen", *schwed.* gapa „den Rachen aufreißen; schreien; gähnen; klaffen". Diese Wörter gehören wahrscheinlich zu der Wortgruppe von ↑*gähnen.*

Gag „komische Situation, witziger Einfall": Das Fremdwort wurde im 20. Jh. aus gleichbed. *engl.-amerik.* gag entlehnt, dessen weitere Herkunft unklar ist. Es bedeutet eigentlich „Knebel" (zum Verb to gag „knebeln, [ver]stopfen") und zeigt die gleiche Bedeutungsübertragung zu „Füllsel, improvisiertes Einschiebsel" wie ↑Farce in der Bühnensprache.

Gage „Künstlergehalt": Das Fremdwort wurde im 17. Jh. aus *frz.* gage „Pfand, Unterpfand, Löhnung, Sold" entlehnt. Anfangs noch ganz im militärischen Bereich im Sinne von „Entlöhnung" verwendet, wird 'Gage' seit dem 18. Jh. auch, wie heute ausschließlich, in der Theatersprache gebraucht, während von den abgeleiteten Fremdwörtern ↑engagieren und Engagement ersteres auch allgemeinsprachlich üblich ist. – Das *frz.* Wort ist selbst *germ.* Ursprungs und geht zurück auf ein altes Rechtswort, *afränk.* *wadi (*germ.* *wadja) „Pfand", aus dem sich *nhd.* ↑*Wette* entwickelt hat.

gähnen: *Mhd.* genen, ginen, *ahd.* ginēn „den Mund aufsperren, gähnen", *aengl.* ginian, gionian „den Mund aufsperren, gähnen" (*engl.* to yawn) stehen neben einem im *Dt.* untergegangenen starken Verb *aengl.* tōgīnan „sich spalten, sich auftun", *aisl.* gīna „den Rachen aufsperren, gähnen", ablautend dazu *ahd.* geinōn „gähnen" und *aengl.* gānian „gähnen". Diese *germ.* Wortgruppe gehört mit verwandten Wörtern in anderen *idg.* Sprachen zu der vielfach weitergebildeten und erweiterten *idg.* Wurzel *ĝhē- (*ĝhēi-, *ĝhēu-, *ĝhan-) „gähnen, klaffen", die eigentlich den Gähnlaut, das heisere Ausfauchen und ähnliche Schalleindrücke nachahmt. In anderen *idg.* Sprachen sind z. B. verwandt *griech.* cháskein „gähnen, klaffen", chásma „klaffende Öffnung", cháos „leerer Raum, Luftraum, Kluft" (↑Chaos und ↑Gas), *lat.* hiare und hiscere „gähnen; klaffen, aufgesperrt sein" und *russ.* zijat' „klaffen, gähnen". Aus dem *germ.* Sprachbereich gehören hierher auch die Sippen von ↑*gaffen* (eigentlich „den Mund aufreißen") und ↑*Gaumen* (eigentlich „Rachen, Schlund") sowie **Geest** „hochgelegenes, trockenes Land" (Substantivierung des *niederd.* Adjektivs gēst „trocken, unfruchtbar", eigentlich „klaffend, rissig"), ferner das unter ↑*Geifer* behandelte Wort, das auf einem Bedeutungsübergang von „den Mund aufsperren" zu „lechzen, gierig verlangen" beruht. Weiterhin verwandt ist die unter ↑*gehen* dargestellte *idg.* Wortgruppe, die auf einem Bedeutungswandel von „gähnen, klaffen" zu „leer sein, mangeln, verlassen, fortgehen" beruht. Hierher gehört auch der *idg.* Name der Gans, die nach ihrem heiseren Ausfauchen mit aufgesperrtem Schnabel benannt ist (vgl. *Gans*). Siehe auch den Artikel *vergeuden.*

Gala „Festkleidung": Das Fremdwort, das uns im 17./18. Jh. durch das Wiener Hofzeremoniell vermittelt wurde, geht unmittelbar zurückgeht auf gleichbed. *span.* gala. Entsprechendes gilt von dem Substantiv **Galan** „vornehmer (schön gekleideter) Liebhaber", das um 1600 aus *span.* galán „Liebhaber" entlehnt wurde. Dies gehört zu dem zu *span.* gala gebildeten Adjektiv galano „schön gekleidet, höfisch". Letzte bekannte Quelle dieser Wörter scheint ein *afrz.* Substantiv gale „Freude, Vergnügen" zu sein bzw. ein davon abgeleitetes Verb galer „sich amüsieren". Letzteres ist noch im Part. Präs. *frz.* galant „lebhaft; liebenswürdig (> *span.* galano) erhalten; s. hierzu den Artikel *galant.*

galant „höflich, ritterlich, zuvorkommend, aufmerksam": Das Adjektiv wurde im 18. Jh. entlehnt aus *frz.* galant „lebhaft, liebenswürdig", dem Part. Präs. von *afrz.* galer „sich amüsieren". Über weitere Zusammenhänge vgl. das Stammwort *Gala.* – Zu 'galant' gehört das Substantiv **Galanterie** „höfliches, zuvorkommendes Verhalten (gegenüber Frauen)", das im 18. Jh. aus gleichbed. *frz.* galanterie entlehnt wurde.

Galeere „Ruderschiff des Mittelmeerraums, auf dem meist Sklaven oder Sträflinge zum Rudern verurteilt waren“: Das seit dem Anfang des 17. Jh.s bezeugte Substantiv ist entlehnt aus gleichbed. *it.* galera, das über *mlat.* galea auf *mgriech.* galía zurückgeht. Dies gehört wohl zu *griech.* galéē „Schwertfisch“, eigentlich „Wiesel“ (nach den schnellen Bewegungen des Fisches).

Galerie: Das Fremdwort wurde als Terminus der [Garten]baukunst im 16. Jh. aus *it.* galleria (entsprechend *frz.* galérie) „langer, bedeckter Säulengang“ entlehnt; dann auch übertragen verwendet, so vor allem für einen mit Kunstschätzen reichlich ausgestatteten Saal (beachte die Zusammensetzung ‘Gemäldegalerie’). Stammwort ist wohl der biblische Name Galiläa (das heidnische Land, im Gegensatz zu Judäa), mit dem man seit dem 10. Jh., zunächst in Rom, die Vorhallen (von Kirchen) bezeichnete, in denen die Heiden, die sog. Galiläer, herumlungerten.

Galgen: Das *gemeingerm.* Wort *mhd.* galge, *ahd.* galgo, *got.* galga, *engl.* gallows, *schwed.* galge geht mit verwandten Wörtern in anderen *idg.* Sprachen zurück auf *idg.* *ĝhalg[h]- „Rute, Stange, Pfahl“, vgl. z. B. *armen.* jałk „Zweig, Gerte“ und *lit.* žalgà „lange, dünne Stange“. In der Frühzeit der Christianisierung des Germanentums wurde ‘Galgen’ auch als Bezeichnung für das Kreuz Christi gebraucht und in dieser Verwendung erst durch das aus dem *Lat.* entlehnte ‘Kreuz’ (s. d.) allmählich verdrängt. Außerdem bezeichnet das Wort galgenähnliche Gerüste (z. B. über dem Ziehbrunnen). Auf ‘Galgen’ im Sinne von „Vorrichtung zum Hinrichten“ beziehen sich die Zusammensetzungen **Galgenfrist** (16. Jh.), **Galgenhumor** (19. Jh.), **Galgenschwengel** (*mhd.* galgenswengel, „Dieb, der für den Galgen reif ist“; der Gehängte wird mit dem Schwengel einer Glocke verglichen), **Galgenstrick** (16. Jh.; ↑Strick), **Galgenvogel** (16. Jh.).

Galionsfigur: Die Bezeichnung für eine aus Holz geschnitzte Figur am Bug früherer Segelschiffe kam im 16. Jh. in der *nordd.* Seemannssprache auf. Der erste Bestandteil des Wortes ist über *mniederl.* galjoen „kunstvoll gestalteter Vorbau am Schiffsbug“ aus *frz.* galion entlehnt, das seinerseits auf *span.* galeón „großes Segelschiff, Galeone“ (zu *mlat.* galea, vgl. *Galeere*) zurückgeht.

[1]**Galle:** Das *altgerm.* Wort *mhd.* galle, *ahd.* galla, *niederl.* gal, *engl.* gall, *schwed.* galla gehört zu der unter ↑*gelb* dargestellten *idg.* Wurzel *ĝhel[ə]- „glänzend, [gelblich, grünlich, bläulich] schimmernd, blank“. Die Galle ist also nach ihrer gelblichgrünen Farbe benannt. In anderen *idg.* Sprachen sind z. B. verwandt *griech.* chólos, cholḗ „Galle; Bitteres; Zorn, Wut“, dazu choléra „Gallenbrechruhr“ (↑[1]Koller, ↑Cholera, cholerisch), und *lat.* fel „Galle; Bitterkeit; Zorn; Neid“. Wie bei anderen Völkern, so gilt auch bei uns die Galle als Symbol der Bitterkeit und als Sitz des Zorns, beachte z. B. die verstärkende Zusammensetzung **gallle[n]bitter** und die Wendung ‘mir läuft die Galle über’. Abl.: **gallig** „Galle enthaltend; bitter; schlechtgelaunt“ (17. Jh.); **vergällen** „verbittern, ungenießbar machen; denaturieren“ (*mhd.* vergellen).

[2]**Galle** „krankhafte Schwellung, Geschwulst bei Tieren (besonders bei Pferden)“: Das *westgerm.* Wort *mhd.* galle „Geschwulst bei Pferden“, *mnd.* galle „wunde Hautstelle“, *niederl.* gal „Hautkrankheit“, *aengl.* gealla „wunde Hautstelle“ hängt wahrscheinlich zusammen mit der *nord.* Sippe von *aisl.* galli „Fehler, Schaden“ und ist dann weiterhin verwandt z. B. mit *lit.* žalà „Schaden; Elend“. Mit diesem Wort zusammengefallen ist das wohl durch *frz.* Vermittlung aus *lat.* galla „kugelartiger Auswuchs, Gallapfel“ (vgl. *Kolben*) entlehnte ‘Galle’ „Auswuchs, Mißbildung an Pflanzen“, das heute gewöhnlich nur noch in **Gallapfel** und **Gallwespe** gebräuchlich ist, vgl. *niederl.* galappel „Gallapfel“ und *engl.* gall „Gallapfel“.

Gallert, Gallerte „aus tierischen oder pflanzlichen Säften eingedickte Brühe“: Die *nhd.* Form beruht auf einer mundartlichen Entstellung von *mhd.* galreide „Gallert“, das seinerseits aus *mlat.* gelatria (älter gelata) „Gefrorenes; Sülze“ entlehnt ist. Dies gehört zu *lat.* gelare „gefrieren machen; verdichten, eindicken“ (vgl. *Gelatine* und *Gelee*).

Galopp: Der seit dem 16. Jh. zuerst als ‘Galoppo’ bezeugte Ausdruck für „schnelle Gangart, Sprunglauf des Pferdes“ beruht auf einer Entlehnung aus gleichbed. *it.* galoppo, das seinerseits aus entsprechend *frz.* galop stammt. Die heute übliche, im Anfang des 17. Jh.s aufgekommene, eingedeutschte Form des Fremdwortes steht unter dem Einfluß von *frz.* galop. – Das dem *frz.* Substantiv zugrundeliegende Verb *frz.* galoper „Galopp reiten“ (*afrz.* auch ‘waloper’), das über gleichbed. *it.* galoppare im 16. Jh. unser Fremdwort **galoppieren** lieferte, geht wohl auf *afränk.* *wala hlaupan „gut springen“ (vgl. *wohl* und *laufen*) zurück.

Gamasche: Das im 16./17. Jh. aus *frz.* gamache „lederner Überstrumpf“ entlehnte Substantiv gehört – wie z. B. ↑Damast – zu den Fremdwörtern, die einen Stoff nach dem Herkunftsland oder -ort bezeichnen. Zugrunde liegt *span.* guadamecí „Leder aus der Stadt Ghadames (in Libyen)“, das durch *prov.* Vermittlung ins *Frz.* gelangte.

Gambe „Knie-, Beingeige“: Der seit dem 17. Jh. bezeugte Name des Musikinstruments ist eine Kurzform für älteres Violgambe, das aus *it.* viola da gamba „Beingeige“ entlehnt ist (entsprechend viola da braccio „Armgeige“ in ↑Bratsche). Über *it.* viola s. den Artikel *Violine*. *It.* gamba „Bein“ geht mit gleichbed. *frz.* jambe auf *spätlat.* gamba „Fesselgelenk (beim Pferd); Bein“ zurück, das selbst Lehnwort aus *griech.* kampḗ „Biegung, Krümmung; Gelenk“ ist.

gammeln „ungenießbar werden, verderben; untätig sein, faul in den Tag hinein leben“: Das aus dem *Niederd.* ins *Hochd.* gedrungene Verb geht zurück auf *mniederd.* gammeln „alt werden“, das zu einem im *Dt.* untergegangenen *germ.* Adjektiv mit der Bed. „alt" gehört: *aengl.* gamol, *schwed.* gammal, *dän.* gammel „alt", vgl. *asächs.* gi-gamalōd „betagt, bejahrt" und *niederd.* gammel „[altes] wertloses Zeug, Kram". Abl.: **Gammler** „jemand, der alle Formen des Etabliertseins ablehnt und daher keinerlei Wert auf sein Äußeres legt und keiner geregelten Arbeit nachgeht" (20. Jh.); **gammelig** „verdorben, ungenießbar; unordentlich, heruntergekommen" (20. Jh.); **vergammeln** „verderben, ungenießbar werden; untätig zubringen" (20. Jh.).

Gams ↑ Gemse.

¹Gang: Das *gemeingerm.* Wort *mhd., ahd.* ganc, *got.* gagg, *engl.* gang (↑ ²Gang und Gangway), *schwed.* gång gehört mit verwandten Wörtern in anderen *idg.* Sprachen zu der *idg.* Wurzel *ĝhengh- „die Beine spreizen, schreiten", vgl. z. B. *aind.* jáṅghā „Unterschenkel" und *lit.* žeñgti „schreiten". Aus dem *germ.* Sprachbereich gehört zu dieser Wurzel ferner das *gemeingerm.* starke Verb *ahd.* gangan „gehen", *got.* gaggan „gehen", *aengl.* gangan „gehen", *aisl.* ganga „gehen". Mit Formen dieses Verbs wird im *Dt.* das unter ↑ *gehen* behandelte – nicht verwandte – Verb ergänzt, beachte das Präteritum 'ging' und das zweite Partizip 'gegangen'. Das *gemeingerm.* starke Verb seinerseits ist rückgebildet aus einem *germ.* Iterativum *gangjan, das bewahrt ist in *mhd.* gengen „gehen machen, losgehen" (↑ gängeln) und *aengl.* gengan „gehen, reisen, ziehen". – Zu dem starken Verb gehört das Verbaladjektiv **gäng** (*mhd.* *genge, ahd.* gengi), eigentlich „was gehen oder umlaufen kann", besonders von Münzen und Waren: „Kurs oder Wert habend, üblich". Im heutigen Sprachgebrauch ist 'gäng' durch die junge Nebenform 'gang' ersetzt, beachte die Wendung 'gang und gäbe' (vgl. *gäbe*). – Das Substantiv 'Gang' bezeichnet heute gewöhnlich das Gehen, dann auch den [Ab]lauf, ferner die Gang- oder Bewegungsart (daher Gänge beim Auto) und das einmalige Gehen (einer Strecke) zu einem bestimmten Zweck, beachte z. B. die Zusammensetzungen 'Spazier-, Wahl-, Waffengang'. Außerdem bezeichnet 'Gang' den Ort des Gehens, beachte die Zusammensetzungen 'Haus-, Säulen-, Laubengang' und 'unterirdischer Gang', und bei der Mahlzeit das einzeln aufgetragene Gericht einer Speisenfolge. Abl.: **gangbar** „begehbar, üblich, gültig" (*mhd.* [un]gancbære), **gängig** „begehbar, befahrbar; gut laufend; gebräuchlich, üblich" (*mhd.* gengec). Zus. **Gangspill** (↑ Spill); **Kreuzgang** „Arkadengang in Klöstern und Stiftskirchen", älter auch „Gang mit dem Kreuz, Prozession" (*mhd.* kriuz[e]ganc); **Stuhlgang** (s. unter *Stuhl*). – 'Ab-, Auf-, Ausgang' usw. stellen sich zu den mit ↑ gehen zusammengesetzten Verben.

²Gang: Die Bezeichnung für „organisierte Bande von Verbrechern" ist eine Entlehnung des 20. Jh.s aus gleichbed. *engl.-amerik.* gang, das etymologisch ↑ *¹Gang* entspricht und eigentlich „das Gehen, der Gang" bedeutet (wie in ↑ Gangway), dann auch im Sinne von „Zusammengehen, gemeinsames Handeln mehrerer Personen" gebraucht wird. Eine Bildung dazu ist *engl.-amerik.* gangster, aus dem gleichfalls im 20. Jh. unser Fremdwort **Gangster** „organisierter Schwerverbrecher" entlehnt wurde.

gangbar ↑ ¹Gang.

gängeln „ein Kind gehen lehren, am Gängelband führen": Das seit dem 16. Jh. bezeugte Verb ist eine Iterativbildung zu dem im *Nhd.* untergegangenen Verb *mhd.* gengen „gehen machen; losgehen", das zu der Wortgruppe von ↑ *¹Gang* gehört. Zus. **Gängelband** „Band, an dem das Kind gehen lernt" (18. Jh.).

gängig ↑ ¹Gang.

Gangspill ↑ Spill.

Gangster ↑ ²Gang.

Gangway: Die Bezeichnung für „Laufgang (bzw. Lauftreppe) zum Betreten oder Verlassen eines Schiffes oder Flugzeugs" ist eine Entlehnung des 20. Jh.s aus gleichbed. *engl.* gangway (*aengl.* gangweg), eigentlich „Gehweg" (vgl. *¹Gang* und *Weg*).

Ganove „Betrüger, Verbrecher": Das Wort stammt aus der Gaunersprache und geht zurück auf *jidd.* gannaw „Dieb".

Gans: Der *altgerm.* Vogelname *mhd., ahd.* gans, *mnd.* gōs, *niederl.* gans, *engl.* goose, *schwed.* gås beruht mit verwandten Wörtern in anderen *idg.* Sprachen auf *idg.* *ĝhans- „[Wild]gans", vgl. z. B. *aind.* haṁsá-ḥ „Gans, Schwan", *griech.* chḗn „Gans" und *lat.* anser (aus *hanser) „Gans". Das *idg.* Wort gehört zu der den Gähnlaut nachahmenden *idg.* Wurzel *ĝhan- (vgl. *gähnen*). Das Tier ist also nach dem heiseren Ausfauchen mit aufgesperrtem Schnabel benannt. Im Altertum wurde die Gans zunächst vielfach nur als Ziervogel oder als heiliges Tier gehalten. Seit dem ausgehenden Altertum gewann die Gans dann wegen ihrer Federn und wegen ihres schmackhaften Fleisches immer mehr an Bedeutung. Abl.: **Gänserich** (16. Jh., Nachbildung von 'Enterich' vgl. *Ente;* neben schriftsprachlich 'Gänserich' sind *nordd.* **Ganter** und *südd.* **Ganser** gebräuchlich, die von *mhd.* ganze, *ahd.* ganzo, ganazzo, *mnd.* gante „Gänserich" ausgehen). Zus.: **Gänseblume** (16. Jh.); **Gänsefüßchen** „Anführungszeichen" (18. Jh.); **Gänsehaut** „vor Schreck oder Kälte schaudernde menschliche Haut" (16. Jh.; nach der Ähnlichkeit mit der Haut einer gerupften Gans); **Gänsemarsch** „Gang in einer Reihe hintereinander" (19. Jh.); **Gänsewein** scherzhaft für „Wasser" (16. Jh.).

ganz: Das ursprünglich auf das *hochd.* Sprachgebiet beschränkte Wort (*mhd., ahd.* ganz „heil, unversehrt; vollständig; vollkommen") ist dunklen Ursprungs. Vom *Hochd.* drang das Wort dann nach Norden vor, vgl. *mnd.* ganz, gans und weiterhin *niederl.* gans und *schwed.* ganska. Abl.: **ergänzen** „vervollständigen, hinzufügen" (16. Jh.); **Ganzheit** „Vollständigkeit, Geschlossenheit" (*mhd.* ganzheit); **gänzlich** „vollständig, völlig" (*mhd.* genzlich, ganzlich).

gar: *Mhd.* gar, *ahd.* garo „bereit gemacht, gerüstet; bereit; vollständig, ganz", *niederl.* gaar „gar", *aengl.* gearu „bereit, fertig; ausgerüstet" *aisl.* gǫrr „bereit; gerüstet" gehen zurück auf *germ.* *garwa-z, das wahrscheinlich aus *ga-

(vgl. das Präfix *ge...*) und *arwa-z „rasch, flink" (vgl. *rinnen*) gebildet ist. – Im heutigen Sprachgebrauch wird 'gar' – von fachsprachlichen Sonderverwendungen wie 'gares Eisen', 'gares Leder' abgesehen – nur noch auf den fertigen Zustand von Speisen bezogen. Das Adverb 'gar' wird im Sinne von „ganz, sehr, vollends" gebraucht (vgl. den Artikel *sogar*). – Von 'gar' abgeleitet ist das unter ↑*gerben* behandelte Verb. – Der Ausdruck **Garaus,** der heute nur noch in der Wendung 'jemandem den Garaus machen' „jemanden töten" gebraucht wird, ist hervorgegangen aus dem Ruf 'gar aus!' „vollständig aus!", mit dem seit dem 15. Jh. in Süddeutschland die Polizeistunde geboten wurde. Der Ausdruck wurde dann auch auf das Tagesende und den das Tagesende angebenden Glockenschlag übertragen.

Garage: Die Bezeichnung für „Raum, Gebäude zum Abstellen von Kraftfahrzeugen" ist eine Entlehnung des 20. Jh.s aus gleichbed. *frz.* garage. Wie *frz.* gare „Bahnhof" ist auch garage eine Bildung zu *frz.* garer „in sichere Verwahrung bringen", das seinerseits *germ.* Ursprungs ist. Voraus liegt wohl ein durch das *Norm.* vermittelte *anord.* Verb vara (< *germ.* *warōn), das dem *ahd.* biwarōn (vgl. *wahren*) „bewahren" entspricht.

Garantie „Bürgschaft, Gewähr, Sicherheit": Das Substantiv, ursprünglich ein Ausdruck der Diplomatensprache, wurde im 17. Jh. aus gleichbed. *frz.* garantie entlehnt. Etwa gleichzeitig wurde **garantieren** „verbürgen, gewährleisten" aus *frz.* garantir übernommen. Beide Wörter sind von *frz.* garant „Gewährsmann, Bürge" abgeleitet, auf das unser Fremdwort **Garant** zurückgeht. *Frz.* garant seinerseits ist *germ.* Ursprungs und geht wahrscheinlich zurück auf ein Part. Präs. *afränk.* *werēnd, entsprechend *ahd.* werēnt (zum Verb *ahd.* werēn „gewährleisten, sicherstellen" in ↑*gewähren*).

Garaus ↑gar.

Garbe: Das auf das *dt.* und *niederl.* Sprachgebiet beschränkte Wort (*mhd.* garbe, *ahd.* garba, *niederd.* garve, *niederl.* garf) gehört zu der unter ↑*grabbeln* dargestellten *idg.* Wurzel und bedeutet eigentlich „Zusammengegriffenes, Hand-, Armvoll". Im heutigen Sprachgebrauch wird 'Garbe' auch übertragen verwendet, beachte z. B. 'Lichtgarbe' und 'Maschinengewehrgarbe'.

Garde „[Leib]wache, Elite-, Kerntruppe; Fastnachtsgarde": Das Fremdwort wurde um 1700 aus *frz.* garde „Wache, Wachmannschaft" entlehnt, ist aber schon im 15. Jh. vereinzelt am Niederrhein als Bezeichnung von Landsknechtshaufen bezeugt. *Frz.* garde gehört zu garder „schützen, behüten, bewachen", das mit entsprechend *it.* guardare (guardia), *span.* guardar auf *germ.* *wardōn „Sorge tragen, auf der Hut sein" zurückgeht (vgl. *warten, Warte*). – In der Sprache der Schachspieler findet sich zuweilen noch die Befehlsform (von *frz.* garder) **gardez!,** eigentlich 'gardez la dame' „schützen Sie Ihre Dame!". Abl.: **Gardist** „Angehöriger einer Garde" (18. Jh.) Vgl. auch die Artikel *Avantgarde* und *Garderobe.*

Garderobe: Die Bezeichnung für „Kleiderablage[raum]; gesamter Kleiderbestand einer Person; Ankleideraum eines Künstlers im Theater" wurde im 17. Jh. aus *frz.* garde-robe „Kleiderzimmer; Kleiderschrank" (eigentlich „Kleiderverwahrung") entlehnt (vgl. *Garde* und *Robe*). – Dazu als französierende Bildung des 18. Jh.s **Garderobiere** „Garderobenfrau".

gardez ↑Garde.

Gardine „Fenstervorhang": Das seit dem 16. Jh. im *niederd.* Sprachraum bezeugte, über *niederl.* gordijn aus *frz.* courtine entlehnte Wort bezeichnete ursprünglich (bis ins 19. Jh.) den „Bettvorhang". Das zeigt noch die im 18. Jh. aufgekommene Zusammensetzung **Gardinenpredigt** (entsprechend *niederl.* gordijnpreek, *engl.* curtain lecture, beide schon im 17. Jh. belegt), die im ursprünglichen Sinne wörtlich zu verstehen ist als nächtliche Strafrede, mit der die Ehefrau den betrunkenen, vom Wirtshaus heimkehrenden Mann hinter dem 'Bettvorhang' empfing. – *Frz.* courtine geht auf *kirchenlat.* cortina „Vorhang" zurück. Dies ist eine ursprünglich adjektivische Weiterbildung von *lat.* c[h]ors (< co-hors) „Einzäunung, Hofraum", nach dem Vorbild von *griech.* aulaía „Vorhang" (zu aulḗ „Hofraum"), bedeutet also eigentlich „der (als Abschirmung) zum Hofraum Gehörige". Zum gleichen *lat.* Wort cors (< co-hors), dessen Stammwort urverwandt ist mit ↑*Garten,* gehören die *roman.* Wörter für „Hof[staat]" *it.* corte, *span.* corte, entsprechend *frz.* cour, das eine Vorform *vlat.* curs bzw. curtis voraussetzt. Eine Weiterbildung von *it.* corte ist cortigiano „Höfling", dazu cortigiana „Hofdame" (↑Kurtisane). – Schließlich sei noch die Redensart 'hinter schwedischen Gardinen sitzen' erwähnt, die aus der Gaunersprache übernommen ist. 'Gardinen' steht hier ironisch für „Gitterstäbe" am Fenster einer Gefängniszelle, während das Adjektiv 'schwedisch' an gewisse Grausamkeiten der Schweden im Dreißigjährigen Krieg erinnern soll.

Gardist ↑Garde.

gären: Die heute übliche Form 'gären' – gegenüber *mhd.* jesen (daneben gesen sowie auch schon jern, gern), *ahd.* jesan – ist dadurch entstanden, daß das r, das ursprünglich nur im Präteritum (*mhd.* jāren) auftrat, auch in die anderen Formen drang und daß das anlautende g (im *Mhd.* für j vor folgendem i) unter dem Einfluß der Sippe von ↑*gar* sich allgemein durchsetzte. Das Verb geht mit verwandten Wörtern in anderen *idg.* Sprachen auf die *idg.* Wurzel *i̯es- „[auf]wallen, sieden, brodeln" zurück, vgl. z. B. *aind.* yásyati „siedet, sprudelt", *griech.* zéō „siede, koche, walle" und *kymr.* ias „Kochen, Sieden, Schäumen". – Zu 'gären' gehören im *germ.* Sprachbereich die unter ↑*Gischt* behandelten Wörter und das Substantiv **Gur** bergmännisch für „breiige, erdige Flüssigkeit" (16. Jh., eigentlich „aus dem Gestein ausgärende Masse"), beachte die Zusammensetzung **Kieselgur** „Infusorienerde".

Garn: Das *altgerm.* Wort *mhd., ahd.* garn, *niederl.* garen, *engl.* yarn, *schwed.* garn bezeichnete ursprünglich die aus getrockneten Därmen gedrehte Schnur. Die eigentliche Bed. „Darm" zeigen die verwandten Wörter in anderen *idg.* Sprachen, vgl. z.B. *griech.* chordḗ „Darm; Darmsaite" (↑Kordel), *lat.* hernia „Darmbruch" (beachte medizinisch **Hernie** „Eingeweidebruch") und *lit.* žárna „Darm". Auch im *germ.* Sprachbereich ist noch die Bed. „Darm" bewahrt, vgl. *aisl.* gǫrn „Darm" und *ahd.* mitti[la]garni „Eingeweidefett", heute noch *niederd. mdal.* **Midder** „Kalbsmilch". Als der tierische Darm zum Nähen immer seltener verwendet wurde, ging 'Garn' auf den Faden über, und zwar auf den einfachen Webfaden, während der durch Zusammendrehen verstärkte Faden 'Zwirn' (s. d.) heißt. Bereits im *Mhd.* bezeichnete 'Garn' auch das aus Garn hergestellte Netz, das zum Wild-, Vogel- und Fischfang dient, beachte dazu die Redewendung 'ins Garn gehen' und die Ableitung **umgarnen** „betören" (eigentlich „mit Netzen umstellen"). Zus.: **Seemannsgarn** „abenteuerliche Geschichten" (19. Jh.; ursprünglich die Geschichten, die sich die Matrosen erzählen, wenn sie in ihren freien Stunden auf See aus altem Tau- und Takelwerk Garn spinnen).

Garnele: Der Name des Krebstiers, im *Dt.* seit dem 16. Jh. vorkommend, ist entlehnt aus *niederl.* garneel, garnaal „Garnele" (= *mniederl.* gheernaert), dessen weitere Herkunft unklar ist.

garnieren: „mit Zubehör, Zutaten versehen; verzieren": Das Verb wurde im 17. Jh. aus gleichbed. *frz.* garnir (ursprünglich „zum Schutz mit etwas versehen, ausrüsten") entlehnt. Dies geht wie gleichbed. *it.* guarnire auf *germ.* *warnjan „vorsehen" zurück, das zu der unter ↑*warnen* behandelten Wortgruppe gehört. – Dazu: **Garnitur** „Ausstattung, Verzierung; mehrere zu einem Ganzen gehörende Stücke (z. B. Kleidergarnitur); Satz" (17. Jh.; aus gleichbed. *frz.* garniture). Vgl. den Artikel *Garnison.*

Garnison „Standort einer Truppe; [Besatzungs]truppe": Das Fremdwort wurde um 1600 entlehnt aus *frz.* garnison „Besatzung; Schutz-, Verteidigungsausrüstung", einer Bildung zu *frz.* garnir „ausrüsten" (vgl. *garnieren*).

Garnitur ↑garnieren.

garstig: Das seit dem 15. Jh. bezeugte Adjektiv ist eine Bildung zu dem im *Nhd.* untergegangenen *mhd.* garst (adjektivisch) „ranzig, verdorben", (substantivisch) „ranziger Geschmack oder Geruch", das mit *ahd.* gersti „bitterer Geschmack" und *aisl.* gerstr „bitter; mürrisch, unwillig" zusammenhängt. Die weitere Herkunft dieser *germ.* Wortgruppe ist dunkel. – Während 'garstig' noch bis ins 18. Jh. hinein im Sinne von „ranzig, verdorben; schmutzig" gebraucht wurde, wird es heute nur noch im Sinne von „widerwärtig, ekelhaft, unfreundlich" verwendet.

Garten: *Mhd.* garte, *ahd.* garto „Garten", *got.* garda „Viehhürde", daneben gards „Hof, Haus; Familie", *engl.* yard „Hof", *schwed.* gård „Hof; Gehöft, Gut; Grundstück" beruhen entweder auf *idg.* *ĝhorto-s oder auf *idg.* *ĝhordho-s (*ĝhordhi-) „Flechtwerk, Zaun, Hürde; Umzäunung, Eingehegtes", die als to-Bildung bzw. als dh-Erweiterung zu der *idg.* Wurzel *ĝher- „umzäunen, einhegen, [umein]fassen" gehören. In anderen *idg.* Sprachen sind z. B. verwandt *griech.* chórtos „Weide; Gehege; Hof", vermutlich auch chorós „Tanzplatz; Tanz" (↑Chor), *lat.* hortus „Garten" (↑Hortensie), co-hors „Hof; Viehhürde; Schar, Kohorte", *kirchenlat.* cortina „Vorhang" (↑Gardine und ↑Kurtisane), *russ.* gorod „Stadt", ursprünglich „eingehegter Platz" (vielfach in Ortsnamen, beachte z. B. Nowgorod eigentlich „Neustadt"), *tschech.* hrad „Burg, Schloß", beachte Hradschin (Name der Burg und eines Stadtteiles von Prag). Zu dieser *idg.* Wurzel gehört aus dem *germ.* Sprachbereich auch die unter ↑*gürten* behandelte Wortgruppe. – Abl.: **Gärtner** (*mhd.* gartenære „Gärtner; Weinbauer; Mietwohner"), dazu **Gärtnerei** (17. Jh.), **gärtnern** „Pflanzenbau treiben" (19. Jh.).

Gas: Der Name des luftartigen Stoffes ist eine gelehrte Neuschöpfung des Brüsseler Chemikers J. B. v. Helmont (1577–1644) zu *griech.* cháos „leerer Raum; Luftraum" (vgl. *Chaos*). Das anlautende 'G' wurde dabei in *niederl.* Aussprache als stimmhafter Reibelaut gesprochen. Bis ins 19. Jh. blieb das Wort fast ausschließlich auf die Fachsprache beschränkt. Erst im 19. Jh. mit dem Aufkommen der Gasbeleuchtung wurde es allgemein üblich.

Gasse: Das *gemeingerm.* Wort *mhd.* gaz̧z̧e, *ahd.* gaz̧z̧a, *got.* gatwō, *schwed.* gata (aus dem *Nord.* stammt *engl.* gate) ist dunklen Ursprungs. Im *Dt.* ist 'Gasse' durch 'Straße' zurückgedrängt worden. Zus.: **Gassenhauer** (16. Jh., ursprünglich „Pflastertreter, Nachtbummler", zu dem unter ↑*hauen* behandelten Verb in der Bed. „treten, laufen", dann auf das von den Nachtbummlern gesungene Lied übertragen).

Gast: Das *gemeingerm.* Wort *mhd., ahd.* gast, *got.* gasts, *aengl.* giest, *schwed.* gäst beruht mit verwandten Wörtern im *Lat.* und *Slaw.* auf *idg.* *ghosti-s „Fremdling", vgl. *lat.* hostis „Feind, Gegner", dazu hospes „Gastherr; Gast" (s. die Artikel *Hospital, Hospiz, Hotel*) und die *slaw.* Sippe von *russ.* gost' „Gast", dazu gospodin „Herr" (übliche Anrede im *Russ.*). Die Einstellung zum Fremdling, die freundlich aufnehmende wie die feindlich abweisende, spiegelt sich in den Bedeutungsverhältnissen dieser Wortgruppe wider. Auch im *germ.* Sprachbereich wurde 'Gast' in den älteren Sprachzuständen nicht nur im Sinne von „Fremdling", sondern auch im Sinne von „Feind, feindlicher Krieger" verwendet. Erst seit dem ausgehenden Mittelalter, als das Bürgertum bewußt Gastfreundschaft zu üben begann, erhielt das Wort im *Dt.* seinen ehrenden Sinn. – Abl.: **gastieren** „als Gast (Künstler auf einer fremden Bühne) auftreten" (17. Jh., in der Bed. „bewirten"); **gastlich** „gastfreundlich" (*mhd.* gastlich). Zus.: **Gastarbeiter** (2. Hälfte des 20. Jh.s als Ersatz für 'Fremdarbeiter'); **gastfreundlich** „um das Wohl des Gastes bemüht" (18. Jh.), **Gastfreundschaft** (17. Jh.); **Gastgeber** (*mhd.* gastgeber „Gastwirt“); **Gasthaus** (*mhd., ahd.* gasthūs); **Gasthof** (15. Jh.); **Gastspiel** „Auftreten eines Künstlers auf fremder Bühne“ (20. Jh.); **Gaststätte** (20. Jh.); **Gastwirt** (17. Jh.); **Gastwirtschaft** (19. Jh.); **Fahrgast** (19. Jh.).

Gatte: *Mhd.* gate „Genosse, Gefährte; Ehegefährte, -mann“, daneben gleichbed. ge-gate, *asächs.* gigado „Genosse, Gefährte“, *niederl.* gade „Gattin, Gatte“, *aengl.* [ge]gada „Genosse, Gefährte“ gehören im Sinne von „jemand, der einem gleichsteht, der derselben Gemeinschaft angehört“ zu der Wortgruppe von ↑*gut* (ursprünglich „[in ein Baugefüge, in eine Gemeinschaft] passend“). Eng verwandt sind im *germ.* Sprachbereich *ahd.* gatilinc „Verwandter, Vetter, Stammesgenosse“, *got.* gadiliggs „Vetter“, *aengl.* gædeling „Verwandter, Genosse“. Die weibliche Form **Gattin** „Ehefrau“ ist seit dem 18. Jh. gebräuchlich. – Zu 'Gatte' stellt sich das Verb **gatten,** sich „sich paaren, sich vereinigen“ (*mhd.* gaten „zusammenkommen, genau zusammenpassen; vereinigen“, reflexiv: „sich fügen, sich zugesellen, sich vereinigen“), dazu die Bildung **Gattung** „Artgemeinschaft, Gruppe; Sorte“ (15. Jh.) und das Präfixverb **begatten,** [sich] „sich paaren“ (*mhd.* begaten).

Gatter: *Mhd.* gater, *ahd.* gataro „Gatter als Zaun oder Tor; Pforte aus Gitterstäben (an Burgen)“ ist eng verwandt mit den unter ↑*Gitter* und ↑*vergattern* behandelten Wörtern und gehört zu der Wortgruppe von ↑*gut.* Abl.: **ergattern** *ugs.* für „erhaschen, erwischen“ (16. Jh., eigentlich wohl „etwas aus einem Gatter oder über ein Gitter hinweg zu erlangen suchen“).

Gattin, Gattung ↑Gatte.

Gau: *Mhd.* gou, göu „Land[schaft], Gegend“, *ahd.* gewi, *got.* gawi, Genitiv gaujis „Land, Umgegend“, *niederl.* gouw „Landschaft, Gau“, *aengl.* (in Ortsnamen) -gē „Land[schaft]“ gehen wahrscheinlich zurück auf *germ.* *gaawja „Land am Wasser“, eine Kollektivbildung zu dem unter ↑*Au* behandelten Wort. – Neben 'Gau' ist *oberd. mdal.* die umgelautete Form 'Gäu' (*mhd.* göu) gebräuchlich, beachte den Landschaftsnamen Allgäu.

Gauch ↑Kuckuck.

Gaudium „Spaß, Vergnügen, Belustigung“, dafür *ugs.* und vor allem *südd.* **Gaudi:** Das Substantiv stammt aus gleichbed. *lat.* gaudium (zu *lat.* gaudere „sich freuen“) und wurde wohl durch die Studentensprache vermittelt.

gaukeln: Das Verb *mhd.* goukeln, *ahd.* goukolōn „Zauberei treiben, Possen reißen“ (vgl. gleichbed. *niederl.* goochelen) ist abgeleitet von dem Substantiv *mhd.* goukel, *ahd.* goukal „Zauberei; Taschenspielerei; Posse“. Im Ablaut dazu stehen *mhd.* giege[l] „Narr, Tor“, giege[le]n „narren“, *niederl. mdal.* guichel „Narr“. Die weitere Herkunft dieser Wörter ist unbekannt. – *Mdal.* Nebenformen von 'gaukeln' sind **gokeln, kokeln** vorwiegend *mitteld.* und *nordd.* für „mit Licht oder Feuer spielen; mit dem Stuhl wippen“. Abl.: **Gaukler** (*mhd.* goukelære, *ahd.* gougulāri); **gauklerisch** (16. Jh.); **gaukelhaft** (18. Jh.); **Gaukelei** (16. Jh.).

Gaul: Das hochsprachlich im verächtlichen Sinne von „schlechtes Pferd, Mähre“, mundartlich dagegen ohne Wertung im Sinne von „Pferd“ verwendete Wort geht zurück auf *mhd.* gūl „Pferd“, dessen weitere Herkunft unklar ist. Da *mhd.* gūl nicht nur „Pferd“, sondern auch „männliches Tier“, besonders „Eber“ bedeutet, gehört das Wort vielleicht im Sinne von „Befeuchter, Samenspritzer“ zu der Wortgruppe von ↑*gießen.* Zum Benennungsvorgang vgl. z. B. die Artikel *Ochse* und *Auerochse.*

Gaumen: Die *nhd.* Form geht über *mhd.* goume zurück auf *ahd.* goumo, das im Ablaut steht zu gleichbed. *ahd.* guomo (daneben auch giumo) und weiterhin *engl.* gums *Plural* „Zahnfleisch“ und *schwed.* gom „Gaumen“. Diese *germ.* Wörter gehören im Sinne von „Rachen, Schlund“ zu der unter ↑*gähnen* dargestellten *idg.* Wortgruppe und sind näher verwandt mit *lit.* gomurȳs „Kehle, Schlund“ und *lett.* gãmurs „Kehlkopf, Luftröhre“.

Gauner, älter: Jauner: Der Ausdruck für „Betrüger, Spitzbube“ stammt aus dem *Rotwelschen.* Die seit dem 15. Jh. bezeugten *rotw.* Wörter Juonner, Joner „[Falsch]spieler“ und junen, jonen „[falsch]spielen“ gehen wohl auf *hebr.* jạwạn „Griechenland“ (eigentlich „Jonien“) und *rotw.* *jōwōnen „[falsch]spielen wie ein Grieche“ zurück und gelangten mit den in den Türkenkriegen heimatlos gewordenen Griechen in deutschsprachige Gaunerkreise. Abl.: **gaunern** „falschspielen, betrügen“ (18. Jh., dazu **begaunern** und **ergaunern; Gaunerei** 18. Jh.).

gautschen „Papier zum Pressen und Entwässern in das Gautschbrett legen“ und „Lehrlinge nach altem Buchdruckerbrauch (durch Eintauchen in die Bütte, durch Bespritzen mit Wasser oder dgl.) unter die Gesellen aufnehmen“: Das Verb ist vermutlich aus *frz.* coucher „niederdrücken, legen, schichten“ (oder aus gleichbed. *engl.* to couch) entlehnt und geriet im *Dt.* unter den Einfluß von *mdal.* gautschen „wiegen, schaukeln“, Gautsche „Wiege, Schaukel“. – Beachte auch die Zusammensetzungen **Gautschbrief** und **Gautschfest.**

Gaze „weitmaschiges, durchsichtiges Gewebe“ (in der Medizin als Verbandsmull verwendet): Das Wort ist wohl *pers.-arab.* Ursprungs (*pers.* qazz, *arab.* qazz bezeichnen eine Art „Rohseide“) und gelangte über *span.* gasa, *frz.* gaze im 17. Jh. ins *Dt.,* zuerst in der Schreibung Gase.

Gazelle (Name einer Antilopenart der Steppengebiete Nordafrikas und Asiens): Der *arab.* Name des weiblichen Tieres (*arab.* ḡazālaʰ) gelangte in *nordafrik.* Aussprache ḡazēl im 16. Jh. durch Vermittlung von *it.* gazzella ins *Dt.* und bezeichnet hier beide Geschlechter.

ge..., Ge...: Das *gemeingerm.* Präfix *mhd.* ge-, gi-, *ahd.* ga-, gi-, *got.* ga-, *aengl.* ge- (*engl.* z. B. in enough „genug“), *aisl.* g- ist wahrscheinlich aus einer alten Präposition mit der Bed. „zusammen, mit“ entstanden. Das Präfix drückte zunächst die Vereinigung, das Zusammensein aus, beachte z. B. 'gerinnen, gemein, Gefährte', und wurde dann hauptsächlich zur Bildung der Kollektiva verwendet, beachte z. B. 'Gebirge, Gefieder, Gebüsch'. Ferner bezeichnet 'ge...' das Ergebnis, des durch das Verb bezeichneten Geschehens, beachte z. B. 'Geschenk, Gemälde, Gewächs', und auch -vielfach mit verächtlichem Nebensinn - das Geschehen selbst, beachte z. B. 'Gebrüll, Gerede, Getue'. Auch der Beginn oder der Abschluß eines Geschehens wird durch das Präfix ausgedrückt, beachte z. B. 'gebären, gefrieren, gestehen'. Aus diesem Gebrauch entwickelte sich die Verwendung von 'ge...' beim zweiten Partizip, beachte z. B. 'gesichert, gelungen, geschätzt', und bei der Bildung von Adjektiven wie 'gesittet, gestirnt, gelaunt'. In mehreren Bildungen ist die Bedeutung von 'ge...' heute nicht mehr erkennbar, beachte z. B. 'gestreng, getreu, geschwind'. In einigen Fällen ist der Vokal von 'ge...' geschwunden, beachte z. B. 'gleich, Glaube, begnügen'.

Geäse ↑äsen.

Geäst ↑Ast.

Gebäck ↑backen.

Gebälk ↑Balken.

Gebärde: Das auf das *dt.* Sprachgebiet beschränkte Wort (*mhd.* gebærde, *ahd.* gibārida „Benehmen, Aussehen, Wesensart") ist eine Bildung zu dem im *Nhd.* untergegangenen Verb *mhd.* gebæren, *ahd.* gibāren „sich verhalten, sich aufführen", das zu der Wortgruppe von ↑*gebären* gehört (vgl. auch den Artikel *gebaren*). Abl.: **gebärden,** sich „sich benehmen, sich aufführen" (16. Jh.).

gebaren „sich benehmen, sich verhalten": Das Verb *mhd.* gebāren, *ahd.* gibārōn gehört im Sinne von „sich betragen" zu *mhd.* bern, *ahd.* beran „tragen" (vgl. *gebären*). Beachte auch den substantivierten Infinitiv **Gebaren** „Benehmen, Verhalten".

gebären: *Mhd.* gebern, *ahd.* giberan „[her-vor]bringen, erzeugen, gebären" (entsprechend *got.* gabaíran „gebären") ist eine ge-Bildung zu dem im *Nhd.* untergegangenen *gemeingerm.* einfachen Verb *mhd.* bern, *ahd.* beran „tragen; bringen; hervorbringen; gebären", *got.* baíran „tragen; ertragen, leiden; gebären", *engl.* to bear „tragen; bringen; ertragen, aushalten; zur Welt bringen, gebären", *schwed.* bära „tragen; bringen; ertragen, aushalten". Dieses *gemeingerm.* Verb, das im *Dt.* auch in der Präfixbildung ↑entbehren (eigentlich „nicht tragen, nicht bei sich haben") steckt, gehört mit verwandten Wörtern in anderen *idg.* Sprachen zu der *idg.* Wurzel *bher[ə]- „[sich] heben, [sich] regen, [sich] bewegen", dann auch „tragen; bringen, holen; hervorbringen, erzeugen, gebären". Vgl. z. B. *aind.* bhárati „trägt", *griech.* phérein „tragen; bringen", phértron „Bahre", phóros „Ertrag, Steuer", phórtos „Bürde, Last, Ladung", -pher, -phor „tragend, bringend" (↑Euphorie, Peripherie, Metapher, Phosphor, Ampel, Ampulle, Eimer), *lat.* ferre „tragen; bringen" (s. die Fremdwortgruppen um *offerieren, differieren, konferieren, referieren*), ferculum „Bahre", fertilis „fruchtbar" (beachte das fachsprachliche Lehnwort **Fertilität** „Fruchtbarkeit"), fur „Dieb", eigentlich „jemand, der etwas forträgt" (↑Furunkel und Frettchen), -fer „tragend, bringend" (↑Luzifer). Aus dem *germ.* Sprachbereich gehören zu dieser Wurzel auch die Substantivbildungen ↑Bahre (eigentlich „Trage") und ↑Bürde (eigentlich „was getragen wird"), das Suffix ↑...bar (eigentlich „tragend", beachte z. B. 'fruchtbar' eigentlich „Frucht tragend") und ferner die Verben ↑gebaren (eigentlich „sich betragen", s. auch den Artikel *Gebärde*) und ↑gebühren (eigentlich „sich zutragen, geschehen, zufallen"). Von der ursprünglichen Bed. „[sich] heben" gehen die unter ↑*empor* und ↑*empören* behandelten Wörter aus (s. auch den Artikel *Berg*). – Eine alte Bildung zu 'gebären' ist das unter ↑*Geburt* behandelte Substantiv. Die Zusammensetzung **Gebärmutter** (älter auch 'Bärmutter') ist seit dem 16. Jh. bezeugt.

Gebäude: *Mhd.* gebūwede, *ahd.* gebūwida ist eine Bildung zu dem unter ↑*bauen* behandelten Verb und bedeutet eigentlich „Bau[en]". Heute bezeichnet 'Gebäude' gewöhnlich ein größeres Bauwerk.

Gebein ↑Bein.

geben: Das *gemeingerm.* Verb *mhd.* geben, *ahd.* geban, *got.* giban, *aengl.* giefan (*engl.* to give ist *nord.* Lehnwort), *schwed.* giva geht mit verwandten Wörtern in anderen *idg.* Sprachen auf die *idg.* Wurzel *ghabh- „fassen, ergreifen" zurück, vgl. z. B. *air.* gaibid „ergreift, nimmt", *lit.* gabénti „fortbringen" und *lat.* habere „halten, haben, besitzen", dazu habitus „Haltung, Aussehen, Kleidung" (↑Habitus), habilis „handlich, tauglich" (↑habilitieren), prae[hi]bere „darreichen", praebenda „Darzureichendes" (↑Proviant und ↑Pfründe). – Das *gemeingerm.* Verb ist in der Lautung von der Wortgruppe von 'nehmen' beeinflußt worden. Die Bed. „darreichen, schenken" hat sich aus „fassen, greifen, reichen" entwickelt. Um 'geben' gruppieren sich im *germ.* Sprachbereich die Substantivbildungen ↑Gift und ↑Gabe sowie das Verbaladjektiv ↑gäbe. Zusammensetzungen und Präfixbildungen: **abgeben** „einen Teil von etwas geben, weggeben; überreichen, überbringen; überlassen, zur Verfügung stellen; etwas sein", reflexiv „sich mit etwas befassen oder beschäftigen" (*mhd.* ab[e]geben, *ahd.* abageban), dazu **Abgabe** (17. Jh.); **angeben** „mitteilen, vorbringen; bestimmen; sich wichtig tun, prahlen", dazu **Angabe, Angeber** und **angeblich** „vermeintlich, vorgeblich" (18. Jh.); **aufgeben** „auftragen zu tun, erledigen lassen; zur Beförderung geben, absenden; fahrenlassen, preisgeben; vorzeitig abbrechen" (*mhd.* ūfgeben), dazu **Aufgabe** (17. Jh.); **ausgeben** „fortgeben, vertun; bekanntgeben; aushändigen, verteilen", *ugs.* auch für „spendieren" und für „Ertrag geben, Gewinn abwerfen" (*mhd.* ūzgeben, *ahd.* ūzgeban), dazu **Ausgabe** und **ausgiebig** „reichlich" (18. Jh.); **begeben** „in Umlauf setzen" (einen Wechsel oder dgl.), reflexiv „sich ereignen; sich aufmachen, ziehen, gehen; aufgeben, fahrenlassen" (*mhd.* begeben, *ahd.* bigeban), dazu **Begebenheit** „Ereignis" (17. Jh.); **beigeben** „hinzufügen, zur Seite stellen; seine Ansprüche herabsetzen, sich bescheiden, sich fügen" (der seit dem 19. Jh. bezeugte Gebrauch im letzteren Sinne bezog sich ursprünglich wohl auf das Kartenspielen); **eingeben** „zu trinken geben, einnehmen lassen, einflößen; einreichen" (*mhd.* īngeben „übergeben", dazu **Eingabe** (*mhd.* ingābe „Eingebung; Gesuch") und **Eingebung** „Gedanke, Einfall"; **ergeben** „zum Resultat haben", gewöhnlich reflexiv „zur Folge haben, zustande kommen; die Waffen strecken, sich beugen; sich hingeben, sich überlassen" (*mhd.* ergeben, *ahd.* irgeban), dazu **Ergebung,** ferner **Ergebnis** (um 1800 für 'Resultat'), **ergiebig** (17. Jh. in der Bed. „sich ergebend"; seit dem 18. Jh. in der heute üblichen Bed. „ertragreich, fruchtbar"), beachte auch das in adjektivischen Gebrauch übergegangene zweite Partizip **ergeben** „gefügig, in Treue zugetan", dazu **Ergebenheit** „Demut, Untertänigkeit" (18. Jh.); **freigebig** „gern schenkend, großzügig" (16. Jh.; wohl gebildet mit älter *nhd.* gebig, gäbig „gern gebend"); **hingeben** „fortgeben, verschenken", reflexiv „sich ganz und gar widmen, sich opfern" (18. Jh., aber schon *ahd.* hinageban), dazu **Hingabe** und **Hingebung,** beachte **hingebungsvoll; nachgeben** „nicht standhalten, locker, schwankend sein; sich abfinden, zustimmen" (*spätmhd.* nachgeben), dazu **nachgiebig** „locker, schwankend, weich; gern bereit, sich dem Willen anderer anzupassen" (18. Jh.); **preisgeben** (s. d.); **übergeben** „überreichen, aushändigen; ausliefern", reflexiv „sich erbrechen" (*mhd.* übergeben), dazu **Übergabe** (*mhd.* übergābe); **umgeben** „umringen, umschließen; umhüllen" (*mhd.* umbegeben, *ahd.* umbigeban eigentlich „etwas um etwas herumgeben" als Lehnübersetzung von *lat.* circumdare), dazu **Umgebung** (16. Jh. in der Bed. „das Herumgeben, Umhängen"; seit dem Beginn des 19. Jh.s in der heute üblichen Bed. „Landschaft, die einen Ort, Personenkreis, der jemanden umgibt"); **untergeben** veraltet für „unter Aufsicht stellen, in den Dienst geben" (*mhd.* undergeben, *ahd.* untargeban), dazu das substantivierte zweite Partizip **Untergebene** „der einem Vorgesetzten unterstellt ist"; **vergeben** „austeilen, verschenken; verzeihen; falsch geben, unrichtig austeilen" (*mhd.* vergeben, *ahd.* fargeban; der Wortgebrauch im Sinne von „verzeihen" geht von der Vorstellung aus, daß man jemandem etwas schenkt, das man von ihm zu beanspruchen hat), dazu **Vergebung** und **vergebens** „umsonst, ohne Erfolg, ohne Wirkung (*mhd.* vergeben[e]s, mit sekundärem s für *mhd.* vergebene „schenkweise, unentgeltlich; umsonst", Adverb zum zweiten Partizip *mhd.* vergeben in der Bed. „geschenkt"), **vergeblich** „erfolglos, unnütz" (*mitteld.* vergebelich, 15. Jh., wohl Kürzung aus einer Bildung zum 1. Partizip, vgl. *mhd.* vergebenlich); **zugeben** „hinzufügen, daraufgeben; bedienen (im Kartenspiel); einräumen; gestehen" (*mhd.* zuogeben „jemandem zusetzen"), dazu **Zugabe.**

Gebet: Das *westgerm.* Substantiv *mhd.* gebet, *ahd.* gibet, *niederl.* gebed, *aengl.* gebed (beachte *engl.* bead „Perle am Rosenkranz") ist eine Bildung zu dem unter ↑*bitten* behandelten Verb. Im heutigen Sprachgefühl wird 'Gebet' als zu 'beten' gehörig empfunden.

Gebiet: *Mhd.* gebiet[e] „Befehl, Gebot, Gerichtsbarkeit", dann „Bereich, über den sich Befehlsgewalt oder Gerichtsbarkeit erstreckt" ist eine Bildung zu der unter ↑*bieten* behandelten Präfixbildung 'gebieten'. Im heutigen Sprachgebrauch wird 'Gebiet' allgemein im Sinne von „in sich geschlossenes, größeres Stück Land; Bereich; Fach" verwendet.

gebieten ↑bieten.

Gebild[e] ↑Bild.

gebildet, Gebildeter ↑bilden.

Gebinde ↑binden.

Gebirge: Das auf das *dt.* Sprachgebiet beschränkte Wort (*mhd.* gebirge, *ahd.* gibirgi) ist eine Kollektivbildung zu dem unter ↑*Berg* behandelten Substantiv und bedeutet eigentlich „Gesamtheit der Berge".

Gebiß: Das auf das *dt.* und *niederl.* Sprachgebiet beschränkte Wort (*mhd.* gebiȥ, *ahd.* gibiȥ, *niederl.* gebit) ist eine Bildung zu dem unter ↑*beißen* behandelten Verb. Es bezeichnet im heutigen Sprachgebrauch die Gesamtheit der Zähne und das Mauleisen am Zaum, außerdem auch die künstlichen Zähne.

Gebläse: Das seit dem 16. Jh. bezeugte Wort ist eine Bildung zu dem unter ↑*blasen* behandelten Verb und bezeichnet eine Vorrichtung zum Blasen, den Blasebalg und Ventilationsapparat.

geblümt ↑Blume.

Geblüt: *Spätmhd.* geblüete „Gesamtmasse des Blutes" (bei einem Menschen oder Tier) ist eine Kollektivbildung zu dem unter ↑*Blut* behandelten Wort. Im heutigen Sprachgebrauch wird 'Geblüt' auf die Abstammungs- oder Verwandtschaftsverhältnisse bezogen, beachte z. B. 'fürstliches Geblüt'. Im *Schweiz.* wird 'Geblüt' im Sinne von „Menstruation" verwendet.

Gebot: Das *westgerm.* Substantiv *mhd.* gebot, *ahd.* gibot, *niederl.* gebod, *aengl.* gebod gehört teils zu der Präfixbildung gebieten und teils zum einfachen Verb bieten (vgl. *bieten*).

Gebräu ↑brauen.

Gebrauch, gebrauchen, gebräuchlich ↑brauchen.

gebrechen, Gebrechen, gebrechlich ↑brechen.

Gebresten veraltet für „Gebrechen, Krankheit": Das Substantiv gehört zu dem untergegangenen Verb *mhd.* [ge]bresten „brechen; gebrechen, mangeln", das umgestellt in ↑bersten bewahrt ist. Gleichfalls veraltet sind **bresthaft** „gebrechlich" (*mhd.* bresthaft „mangelhaft") und **Bresthaftigkeit** „Gebrechlichkeit".

Gebrüder ↑Bruder.

gebühren: *Mhd.* gebürn, *ahd.* giburian „sich ereignen, geschehen; widerfahren, zufallen, zukommen", *niederl.* gebeuren „geschehen, sich ereignen", *aengl.* gebyrian „geschehen, sich ereignen; zufallen, zukommen; gehören; angemessen sein", *aisl.* (mit Präfixverlust) byrja „zufallen, zukommen" gehören – etwa im Sinne von „sich zutragen" – zu der unter ↑*gebären* dargestellten *idg.* Wurzel *bher[ə]- „heben, tragen". Eng verwandt sind damit *mhd.* bürn, *ahd.*

burien „heben, in die Höhe halten", *niederl.* beuren „[er]heben", *aisl.* byrja „beginnen" (eigentlich „anheben") und die unter ↑*empor* und ↑*empören* behandelten Wörter. – Im *Nhd.* wird 'gebühren' nur noch im Sinne von „als Recht oder Pflicht zukommen, sich ziemen" verwendet. Abl.: **Gebühr** (*mhd.* gebür[e], *ahd.* giburi, eigentlich „was einem zukommt oder zufällt"; besonders gebräuchlich ist heute der *Plural* 'Gebühren' in der Amtssprache); **gebührlich** „geziemend" (*spätmhd.* gebürlich).

Geburt: Das *gemeingerm.* Wort *mhd.* geburt, *ahd.* giburt, *got.* gabaúrÞs, *aengl.* gebyrd (*engl.* birth ist *nord.* Lehnwort), *schwed.* börd ist eine Bildung zu dem unter ↑*gebären* behandelten Verb und bezeichnet sowohl den Vorgang des Gebärens als auch das Geborene. Abl.: **gebürtig** „geboren in" (*mhd.* gebürtich, *ahd.* gibürtīg). Zus.: **Geburtshelfer** (18. Jh.); **Geburtstag** (*mhd.* geburttac, *ahd.* giburt[i]tag[o], Lehnübersetzung von *lat.* dies natalis); **Ausgeburt** (18. Jh.); **Nachgeburt** (16. Jh.).

Gebüsch ↑Busch.

Geck: Das ursprünglich *niedersächs.* Wort, das seit der ersten Hälfte des 14. Jh.s als *mnd.* geck „Narr" bezeugt ist, drang Ende des 14. Jh.s ins *Niederfränk.* und wurde dort zur Bezeichnung der Hofnarren der Bischöfe. Später wurde es dann auf die Narren des rheinischen Karnevals übertragen und gewann daher seine Beliebtheit. – Wie auch *südd. mdal.* Gagg, Gaggel, Gagger „Narr" so ist auch 'Geck' ein lautnachahmendes Scheltwort für den Narren, der unverständliche Laute ausstößt. Neben dem Substantiv ist auch das Adjektiv 'geck', *rhein.* 'jeck' „närrisch, verrückt" gebräuchlich.

Gedächtnis: *Mhd.* gedæhtnisse „das Denken an etwas, Erinnerung", *ahd.* kithēhtnissi „das Denken an etwas, Andacht, Hingabe" ist eine Bildung zu dem zweiten Partizip gedacht (*mhd.* gedāht, *ahd.* gidāht) des Präfixverbs gedenken (vgl. *denken*).

Gedanke: Das Substantiv *mhd.* gedanc, *ahd.* gidanc (entsprechend *aengl.* geđonc „Gedanke") ist eine Bildung zu dem unter ↑*denken* behandelten Verb. – Zus.: **Gedankenfreiheit** (18. Jh.; eigentlich „Freiheit, Gedanken zu äußern"); **Gedankensplitter** (↑Splitter); **Gedankensprung** (↑Sprung); **Gedankenstrich** (18. Jh.).

Gedeck ↑decken.

gedeihen: Das *altgerm.* Verb *mhd.* bedīhen, *ahd.* gedīhan, *got.* gaÞeihan, *niederl.* gedijen, *aengl.* geđīon ist eine ge-Bildung zu dem im *Nhd.* untergegangenen einfachen Verb *mhd.* dīhen, *ahd.* thīhan „wachsen, gedeihen; austrocknen; fest, dicht werden", *got.* Þeihan „wachsen, gedeihen", *niederl.* dijen „schwellen", *aengl.* đīon „wachsen, gedeihen, reifen; nützen". Damit eng verwandt sind im *germ.* Sprachbereich die unter ↑*dicht*, ↑*Tang* und ↑[1]*Ton* (Sedimentgestein) behandelten Wörter. Diese *germ.* Wortgruppe gehört mit verwandten Wörtern in anderen *idg.* Sprachen zu der Wurzelform *tenk- „[sich] zusammenziehen, gerinnen; dicht, fest werden", vgl. z. B. *aind.* tanákti „zieht zusammen" und *lit.* tánkus „dicht; häufig". Über die weiteren Zusammenhänge vgl. *dehnen.* – Das Substantiv 'Gedeih' ist heute nur noch in der Wendung 'auf Gedeih und Verderb' gebräuchlich. Siehe auch den Artikel *gediegen.*

gedenken ↑denken.

Gedicht ↑[2]dichten.

gediegen „rein, lauter; solide, anständig, zuverlässig": *Mhd.* gedigen „ausgewachsen, reif; fest, hart; trocken, dürr; lauter, rein, gehaltvoll; tüchtig" ist das in adjektivischen Gebrauch übergegangene zweite Partizip von dem unter ↑*gedeihen* behandelten Verb. Die alte Form des zweiten Partizips (mit grammatischem Wechsel, beachte z. B. das Verhältnis von 'gezogen' zu 'ziehen') hat sich besonders als Fachwort des Bergbaus (beachte z. B. 'gediegenes Metall') gehalten und wird auch übertragen gebraucht. Als zweites Partizip von 'gedeihen' wird heute 'gediehen' verwendet.

Gedränge ↑Drang.

gedrungen ↑dringen.

Geduld, gedulden, geduldig ↑dulden.

gedunsen „geschwollen, aufgetrieben": Das Adjektiv ist eigentlich das zweite Partizip zu einem nur noch im *Hess.* bewahrten Verb dinsen „ziehen" (*mhd.* dinsen, *ahd.* dinsan „ziehen, zerren; schleppen", reflexiv „sich ausdehnen, sich mit etwas anfüllen", vgl. *got.* at-Þinsan „heranziehen"). Dieses Verb gehört mit verwandten Wörtern in anderen *idg.* Sprachen – vgl. z. B. *lit.* tęsti „ziehen, dehnen" – zu der unter ↑*dehnen* dargestellten Wortgruppe.

Geest ↑gähnen.

Gefahr: *Mhd.* gevāre „Nachstellung, Hinterhalt; Betrug" gehört zu dem heute veralteten einfachen Substantiv 'Fahr' „Gefahr": *mhd.* vāre „Nachstellung; Trachten, Streben; Hinterlist, Falschheit, Betrug; Furcht", *ahd.* fāra „Nachstellung, Hinterlist", *mnd.* vāre „Gefahr; Furcht" (↑unverfroren), *engl.* fear „Furcht". Von diesem Substantiv abgeleitet ist das Verb *ahd.* fārēn, *mhd.* vāren „nachstellen, [feindlich] nach etwas trachten, streben", das im *Nhd.* in ↑willfahren bewahrt ist. Diese *germ.* Wortgruppe beruht mit verwandten Wörtern in anderen *idg.* Sprachen auf *idg.* *per- „unternehmen, versuchen, wagen", vgl. z. B. *griech.* peĩra „Versuch, Wagnis" (↑Pirat), émpeiros „erfahren, kundig" (↑empirisch) und *lat.* ex-periri „versuchen, prüfen", experimentum „Versuch, Prüfung" (↑Experiment), periculum „Gefahr". Über die weiteren Zusammenhänge vgl. *ver...* Abl.: **gefährden** „in Gefahr bringen" (16. Jh.); **gefährlich** (*mhd.* geværlich „hinterlistig; verfänglich"). Siehe auch den Artikel *ungefähr.*

Gefährt: *Mhd.* gevert[e] „Fahrt, Gang, Reise, Weg; Gesinde; Lebensweise, Benehmen, Art; Umstände" ist eine Kollektivbildung zu dem unter ↑*Fahrt* behandelten Substantiv. Seit dem 17. Jh. ist das Wort im Sinne von „Fuhrwerk, Wagen" gebräuchlich.

Gefährte: *Mhd.* geverte, *ahd.* giferto ist eine Bildung zu dem unter ↑*Fahrt* behandelten Substantiv und bedeutete ursprünglich „der mit einem zusammen fährt (= reist)", dann allgemein „Begleiter; Kamerad".

Gefälle ↑fallen.
gefallen: *Mhd.* gevallen, *ahd.* gifallan ist eine ge-Bildung zu dem unter ↑*fallen* behandelten Verb. Die heute übliche Verwendung im Sinne von „zusagen, anziehend wirken; angenehm, hübsch sein" hat sich aus dem Wortgebrauch im Sinne von „zufallen, zuteil werden, bekommen" (ursprünglich wohl auf das Fallen der Würfel und Lose bezogen) entwickelt. Abl.: **gefällig** „gefallend, zusagend, angenehm, hübsch; hilfsbereit, dienstwillig" (*mhd.* gevellec, *ahd.* gefellig), dazu **Gefälligkeit** (*mhd.* gevellekeit). Zus.: **Gefallsucht** (18. Jh., für 'Koketterie').
Gefangener, Gefangenschaft, Gefängnis ↑fangen.
Gefäß: *Mhd.* gevæʒe „Schmuck, Ausrüstung, Gerät, Geschirr", *ahd.* givāʒi „Proviantladung", *got.* gafēteins „Schmuck" gehören zu dem unter ↑*fassen* behandelten Verb. Im *dt.* Sprachgefühl wurde 'Gefäß' später als Kollektivbildung zu 'Faß' verstanden, wodurch das Wort seine zahlreichen Bedeutungsschattierungen (z. B. „Griff am Degen", „Takelwerk der Schiffe", „Ladung eines Floßes") verlor. In der Naturwissenschaft spielt 'Gefäß' in Zusammensetzungen wie **Blutgefäß** und **Staubgefäß** eine Rolle.
gefaßt ↑fassen.
Gefecht ↑fechten.
gefeit „geschützt": Das seit dem 19. Jh. gebräuchliche Wort ist das in adjektivische Verwendung übergegangene zweite Partizip des heute veralteten Verbs 'feien' (*mhd.* veinen „nach Art der Feen durch Zauber schützen"), das von ↑*Fee* – unter Anlehnung an die ältere Form 'Fei', *mhd.* fei[e] – abgeleitet ist.
Gefieder: *Mhd.* gevider[e] „Federn; Federbett; Federvieh, Geflügel" ist eine Kollektivbildung zu dem unter ↑*Feder* behandelten Wort und bedeutet eigentlich „Gesamtheit der Federn". Heute wird 'Gefieder' nur noch im Sinne von „Federkleid" gebraucht.
gefiedert ↑Feder.
Gefilde: Das heute nur noch in gehobener Sprache gebräuchliche Wort (*mhd.* gevilde, *ahd.* gifildi) ist eine Kollektivbildung zu dem unter ↑*Feld* behandelten Substantiv und bedeutet eigentlich „Gesamtheit von Feldern".
Geflecht ↑flechten.
geflissentlich ↑Fleiß.
Geflügel: *Spätmhd.* gevlügel[e] ist eine Kollektivbildung zu dem unter ↑*Flügel* behandelten Wort und bedeutet demnach „Gesamtheit der flügeltragenden [Haus]tiere, Federvieh".
Gefolge, Gefolgschaft ↑folgen.
gefräßig ↑fressen.
Gefreite: Das Wort wurde im 16. Jh. nach *lat.* exemptus „ausgenommen" (vom Schildwachestehen) zu dem Verb 'freien' in der Bed. „frei machen, befreien" (vgl. *frei*) gebildet. Der Gefreite war ursprünglich „der vom Schildwachestehen befreite Soldat".
gefüge, Gefüge, gefügig ↑fügen.
Gefühl, gefühllos ↑fühlen.
gegen: Die *altgerm.* Präposition *mhd.* gegen, *ahd.* gegin, gagan, *mniederl.* jeghen, *aengl.* gegn (beachte *aengl.* ongegn, *engl.* again „wieder"), *aisl.* gegn ist unbekannter Herkunft. Aus der aus *mhd.* gegen zusammengezogenen Form *mhd.* gein ist durch Verkürzung *nhd.* **gen** biblisch und dichterisch für „gegen" entstanden. Das abgeleitete Verb *mhd.* gegenen, *ahd.* gaganen, *mnd.* gēgenen „entgegenkommen, begegnen" (↑Gegner) ist im *Nhd.* untergegangen. Gebräuchlich sind die Präfixbildungen **begegnen** „treffen" (*mhd.* begegenen, *ahd.* bigaganen), dazu **Begegnung,** und **entgegnen** „erwidern, antworten" (*mhd.* engegenen, *ahd.* ingaganen „entgegenkommen, gegenüberstehen"; in der heute üblichen Bedeutung seit etwa 1800), dazu **Entgegnung.** Abl.: **Gegend** (s. d.). Zus.: **Gegenfüßler** (17. Jh.; Lehnübersetzung von 'Antipode'); **Gegensatz** (15. Jh., wohl Lehnübersetzung von *lat.* oppositio; zunächst nur Wort der Rechtssprache in der Bed. „Gegenvorbringung im Rechtsstreit"), dazu **gegensätzlich; Gegenstand** (16. Jh.; eigentlich „das Entgegenstehende"; seit dem 18. Jh. als Ersatzwort für ↑Objekt), dazu **gegenständlich** (19. Jh., für 'objektiv'); **Gegenwart** (*mhd.* gegenwart „Anwesenheit"; seit dem 18. Jh. auch als Zeitbezeichnung für 'Präsens'), dazu **gegenwärtig** (*mhd.* gegenwertec, *ahd.* ganwertīg), **vergegenwärtigen,** sich „sich vorstellen" (16. Jh., Lehnübersetzung von *lat.* praesentare). – Beachte auch das als Adverb und Präposition verwendete **gegenüber,** das im *Nhd.* aus 'gegen' und 'über' zusammengewachsen ist. Die Substantivierung 'Gegenüber' (Anfang des 19. Jh.s) ahmt das *frz.* vis-à-vis nach.
Gegend: *Mhd.* gegende (daneben gegenōte) ist eine Bildung zu der unter ↑*gegen* behandelten Präposition, und zwar handelt es sich wahrscheinlich um eine Lehnübersetzung eines *vlat.* *contrata [regio] „gegenüberliegendes [Gebiet]" (zu *lat.* contra „gegen"), vgl. *frz.* contrée „Gegend, Landschaft" und *it.* contrada „Gegend". Aus dem *Afrz.* ist *engl.* country „Land" entlehnt.
Gegenfüßler, Gegensatz, gegensätzlich, Gegenstand, gegenständlich ↑gegen.
Gegenteil, gegenteilig ↑Teil.
gegenüber, Gegenwart, gegenwärtig ↑gegen.
Gegner: Als Lehnübersetzung von *lat.* adversarius „Gegner, Widersacher" tritt seit dem 14. Jh. in niederdeutschen Rechtstexten *mnd.* gēgenēre, jegenēre auf, das eine Bildung zu dem Verb *mnd.* gēgenen, jēgenen „entgegenkommen, begegnen" (vgl. *gegen*) ist. Es bezeichnete zunächst den Gegner im Rechtsstreit, dann den Gegner im allgemeinen und den auszutauschenden Kriegsgefangenen. Seit dem 17. Jh. setzte sich das *niederd.* Wort auch im *Oberd.* durch. Abl.: **gegnerisch** (18. Jh.).
gehaben: Das Verb, das heute nur noch in dem Abschiedsgruß 'gehab dich wohl!' gebräuchlich ist, ist eine Präfixbildung zu dem unter ↑*haben* behandelten einfachen Verb. In den älteren Sprachzuständen entsprechen *mhd.* gehaben, *ahd.* gihabēn „halten; sich befinden; haben, besitzen", reflexiv „sich halten, sich be-

nehmen, sich befinden". Beachte dazu den substantivierten Infinitiv **Gehaben** „Benehmen" und die Bildung **Gehabe** „Ziererei, eigenwilliges Benehmen" (*mhd.* gehabe).

Gehalt „Besoldung", „Inhalt, Wert", *südwestd.* und *schweiz.* für „Behälter, Behältnis; Schrank, Fach; Aufbewahrungsraum; Zimmer": Etymologisch gesehen handelt es sich um ein und dasselbe Wort, dessen Bedeutungen jedoch in Geschlecht und Pluralbildung geschieden werden. *Mhd.* gehalt „Gewahrsam; innerer Wert" gehört zu dem heute veralteten Präfixverb gehalten (*mhd.* gehalten „festhalten, gefangennehmen; behüten, bewahren; aufbewahren"; vgl. *halten*). Im Sinne von „Inhalt, Wert", eigtl. „was eine Sache enthält", bezog sich 'Gehalt' zunächst auf Metalle und Münzen, heute besonders auf Getränke und Speisen. In dieser Bedeutung ist das Substantiv ein Neutrum (*Plural* Gehalte). Die Bed. „Besoldung" kam im 18. Jh. auf und meint eigentlich die Summe, für die man jemanden in Diensten hält oder unterhält. In dieser Verwendung hat 'Gehalt' maskulines Geschlecht (*Plural* Gehälter).

gehandikapt ↑Handikap.

Gehänge ↑hängen.

geharnischt ↑Harnisch.

gehässig: *Mhd.* gehezzec „hassend, feindlich gesinnt" ist eine Ableitung von dem gleichbedeutenden Adjektiv *mhd.* gehaz (vgl. *Haß*). Im heutigen Sprachgefühl wird 'gehässig' wegen des umgelauteten a und wegen der abweichenden Bed. „boshaft, gemein" nicht mehr als zu 'Haß' gehörig empfunden.

Gehäuse: *Spätmhd.* gehiuse „Hütte, Verschlag" ist eine Kollektivbildung zu dem unter ↑*Haus* behandelten Wort. Seit dem 16. Jh. hat sich 'Gehäuse' allmählich in der Bedeutung von 'Haus' gelöst und wird seitdem gewöhnlich im Sinne von „Behältnis" gebraucht, beachte z. B. die Zus. 'Uhrengehäuse, Kerngehäuse'.

Gehecke ↑hecken.

Gehege „umfriedeter [Wald]bezirk" (besonders zur Wildpflege): *Mhd.* gehege, gehage, *ahd.* gahagi[um] „Umfriedung, Einhegung" ist eine Kollektivbildung zu dem unter ↑*Hag* behandelten Wort. Beachte die Redewendung 'jemandem ins Gehege kommen' „jemandem in die Quere kommen, jemanden stören oder belästigen" (eigentlich „in das umfriedete Gebiet eines anderen dringen").

geheim: Das seit dem 15. Jh. bezeugte Adjektiv ist von dem unter ↑*Heim* behandelten Wort abgeleitet und bedeutete zunächst „zum Haus gehörig, vertraut", beachte dazu die Verwendung von 'geheim' bei Titeln, z. B. Geheimer Rat, eigtl. „vertrauter Rat". Dann wurde das Adjektiv im Sinne von „heimlich; [streng] vertraulich" gebräuchlich. An diesen Wortgebrauch schließen sich z. B. an 'Geheimdienst, Geheimbund, Geheimlehre' und die Ableitung **Geheimnis** (16. Jh.), dazu Geheimniskrämer (18. Jh.), **geheimnisvoll** (18. Jh.). Das substantivierte Adjektiv ist in dem Adverb **insgeheim** bewahrt und auch sonst gebräuchlich, beachte z. B. 'im geheimen'.

Geheiß ↑heißen.

gehemmt, Gehemmtheit ↑hemmen.

gehen: Das *gemeingerm.* Verb *mhd., ahd.* gēn, gān, *krimgot.* geen, *engl.* to go, *schwed.* gå geht mit verwandten Wörtern in anderen *idg.* Sprachen auf die *idg.* Wurzel *ĝhē[i]- „klaffen, leer sein, verlassen, [fort]gehen" zurück, vgl. z. B. *aind.* jáhāti „verläßt; gibt auf" und *griech.* kichḗmenai „einholen, erreichen, erlangen". Über die weiteren Zusammenhänge vgl. *gähnen.* – Im Präteritum und im zweiten Partizip wird 'gehen' mit Formen von der Wurzel *ĝhengh- „die Beine spreizen, schreiten" (vgl. *Gang*) ergänzt. Im *Dt.* bezieht sich 'gehen' nicht nur auf den menschlichen Gang, es bedeutet auch allgemein „sich bewegen, reisen, fahren". Ferner wird es in den Bed. „möglich sein, angebracht sein", „funktionieren" und „sich erstrekken, führen, verlaufen" gebraucht und ist in der Frage nach dem Befinden 'wie geht es?' gebräuchlich. Wichtige Präfixbildungen und Zusammensetzungen mit 'gehen' sind **abgehen** „wegtreten, fortgehen; verlassen; fehlen; sich lösen, sich lockern, abfallen; Absatz finden, verkauft werden; verlaufen" (*mhd.* ab[e]gān, -gēn, *ahd.* abagān, -gēn), dazu **Abgang** (*mhd.* abeganc); **angehen** „angreifen; anhauen, um etwas bitten; betreffen; in einen Zustand geraten, anfangen; zu brennen anfangen; denkbar, möglich sein" (*mhd.* an[e]gān, -gēn, *ahd.* anagān); **aufgehen** „in die Höhe steigen; sich ausdehnen, schwellen; sichtbar werden; verständlich werden; sich öffnen; sich einer Sache ganz widmen" (*mhd., ahd.* ūfgān, -gēn), dazu **Aufgang** (*mhd., ahd.* ūfganc); **ausgehen** „fortgehen, das Haus verlassen, bummeln gehen; zu Ende gehen, schwinden, verlöschen; verlaufen, enden; als Ausgangspunkt nehmen" (*mhd., ahd.* ūzgān, -gēn), dazu **Ausgang** (*mhd., ahd.* ūzganc); **begehen** „beschreiten; benutzen (einen Weg); feiern, festlich gestalten (eigentlich „feierlich abschreiten, umgehen [bei Prozessionen]); ausführen, verüben" (*mhd.* begān, -gēn, *ahd.* bigān), dazu **Begängnis** (*mhd.* begancnisse, begencnisse); **eingehen** „hineingehen, eintreten; eintreffen, ankommen (von Sendungen); verständlich sein; sich auf etwas einlassen, sich mit etwas befassen; abmachen, abschließen; einlaufen, schrumpfen; verkümmern; sterben" (*mhd., ahd.* īngān), dazu **Eingang** (*mhd., ahd.* īnganc); **entgehen** „entkommen; nicht bemerkt werden" (*mhd.* en[t]gān, -gēn, *ahd.* intgān); **ergehen** „erlassen werden, abgeschickt werden (eine Verordnung, eine Einladung); sich befinden, sich fühlen" (*mhd.* ergān, -gēn, *ahd.* irgān); **hintergehen** „täuschen, betrügen" (*mhd.* hindergān „von hinten an einen herangehen, überfallen; betrügen"); **übergehen** „hinübergehen; überlaufen; nicht beachten, auslassen" (*mhd.* übergān, -gēn, *ahd.* ubargān), dazu **Übergang** (*mhd.* überganc, *ahd.* ubarkanc); **umgehen** „in Umlauf sein; spuken; behandeln; verkehren; um etwas herumgehen, -fahren; nicht zustande kommen lassen" (*mhd.* umbegān, -gēn, *ahd.* umbigān), dazu **Umgang** (*mhd.* umbeganc, *ahd.* umbigang); **untergehen** „sinken, versinken; zugrunde gehen; besiegt, vernichtet werden" (*mhd.* undergān, -gēn, *ahd.* untargān, -gēn), dazu **Untergang** (*mhd.* underganc); **vergehen** „dahingehen, schwinden, umkommen, sterben", reflexiv „gegen Gesetz und Anstand verstoßen, schuldig werden" (*mhd.* vergān, -gēn, *ahd.* firgān, beachte den substantivierten Infinitiv **Vergehen** „strafwürdige Handlung"); **vorgehen** „nach vorne gehen, vorwärts gehen; vorausgehen; geschehen, sich ereignen" (*mhd.* vorgān, -gēn, *ahd.* foragān), dazu **Vorgang** (*mhd.* vorganc), dazu wiederum **Vorgänger** (*mhd.* vorganger, -genger).

geheuer „vertraut, heimelig": Die *nhd.* Form geht zurück auf *mhd.* gehiure „lieblich, freundlich, hold, nichts Unheimliches an sich habend", eine ge-Bildung zu dem im *Mhd.* untergegangenen *altgerm.* Adjektiv *ahd.* hiuri „freundlich, lieblich", *aengl.* hīere „angenehm, sanft, mild", *aisl.* hýrr „freundlich; froh; mild". Dieses Adjektiv bedeutet eigentlich „zum Hauswesen, zur Hausgemeinschaft gehörig" und ist eng verwandt mit dem ersten Bestandteil von ↑Heirat, eigentlich „Hausbesorgung" (vgl. *Heim*). – Beachte auch die verneinte Form **ungeheuer** (*mhd.* ungehiure, *ahd.* un[gi]hiuri „unheimlich, grauenhaft, schrecklich"), substantiviert **Ungeheuer** (*mhd.* ungehiure „Unhold, gespenstisches Wesen; Scheusal; Drache; Heide"); dazu **ungeheuerlich** (*mhd.* ungehiurlich „schrecklich, groß, seltsam").

Gehilfe ↑Hilfe.

Gehirn ↑Hirn.

gehl, Gehlchen ↑gelb.

Gehöft: Das aus dem *Niederd.* ins *Hochd.* übernommene Wort ist eine Kollektivbildung zu dem unter ↑*Hof* behandelten Substantiv und bezeichnet eigentlich die Gesamtheit der Hofgebäude.

Gehölz ↑Holz.

Gehör ↑hören.

gehorchen ↑horchen.

gehören: In dieser ge-Bildung ist im *nhd.* Sprachgebrauch die Bedeutung des einfachen Verbs ↑*hören* völlig verblaßt. *Mhd.* gi-hœren, *ahd.* gi-hōrian bedeuteten dagegen noch „[worauf] hören, anhören; gehorchen", woraus sich dann die Bed. „zukommen, gebühren, als Eigentum haben" entwickelten. Abl.: **gehörig** (*mhd.* gehœrec, *ahd.* gahōrig „gehorchend, folgsam"; seit dem 15. Jh. hat sich 'gehörig' in der Bedeutung an 'gehören' angeschlossen und wird heute auch im Sinne von „sehr, anständig" verwendet), beachte **angehörig,** dazu **Angehörige** „Verwandter" (18. Jh.) und **zugehörig.**

gehorsam: Die *nhd.* Form geht über *mhd.* gehōrsam zurück auf *ahd.* gihōrsam, das eine Lehnübertragung von *lat.* oboediens „gehorsam, willfährig" ist, und zwar zur Wiedergabe des den Germanen fremden christlichen Obedienzbegriffes. Das Adjektiv gehört zu dem unter ↑*hören* behandelten Verb. Abl.: **Gehorsam** (*mhd.* gehōrsam[e], *ahd.* gihōrsami).

Gehrock: Der seit dem Anfang des 19. Jh.s bezeugte Name des Kleidungsstücks für Männer ist wahrscheinlich eine Kurzform von 'Ausgehrock'.

Geier: Der auf das *dt.* und *niederl.* Sprachgebiet beschränkte Vogelname (*mhd., ahd.* gīr, *mnd.* gīre, *niederl.* gier) ist ein substantiviertes Adjektiv und bedeutet eigentlich „der Gierige" (vgl. *Gier*). Der Geier ist also nach seiner übermäßigen Raubgier und Freßsucht benannt. Von den zahlreichen Benennungen der einzelnen Geierarten beachte z. B. 'Bart-, Hühner-, Lämmer-, Steingeier'. Zus.: **Aasgeier** (16. Jh.).

Geifer „ausfließender Speichel": Das seit dem 15. Jh. bezeugte Wort (*spätmhd.* geifer, gaifer) ist im *germ.* Sprachbereich z. B. verwandt mit *niederd.* gīpen „den Mund aufreißen; nach Luft schnappen", *niederl.* gijpen „nach Luft schnappen", *aengl.* gīpian „gähnen, klaffen" und *schwed.* gipa „den Mund verziehen" (vgl. *gähnen*). Die alte Bedeutung bewahren also die verwandten Formen. Beachte auch die aus dem *Niederd.* in die Umgangssprache übernommenen **Gieper,** *berlin.* **Jieper** „Verlangen, Gelüst" und **giepern,** *berlin.* **jiepern** „lüstern, gierig sein, verlangen". Abl.: **geifern** (*mhd.* geifern „Speichel ausfließen lassen, vor Wut schäumen").

Geige: Die Herkunft des Namens des ursprünglich dreisaitigen Musikinstrumentes (mit Griffbrett) ist nicht sicher geklärt. Erst seit dem 12. Jh. tritt 'gīga' vereinzelt in den Belegen auf. In *mhd.* Zeit breitet sich 'gīge' im gesamten *dt.* Sprachgebiet aus und drängt das ältere Wort ↑Fiedel, das heute abwertenden Nebensinn hat, zurück. Trotz der Entlehnung von ↑Violine im 17. Jh. bleibt 'Geige' das beherrschende Wort, das auch in die *nord.* und in einige *roman.* Sprachen entlehnt worden ist, vgl. z. B. *isl.* gīgja, *frz.* gigue. Gegen die Annahme, die Geige sei nach der Bewegung des Streichbogens benannt worden, sprechen die Bedeutungen der als verwandt angesehenen Bewegungsverben, wie *aisl.* geiga „seitwärts abweichen", *aengl.* for-, ofergǣgan „abirren, überschreiten". Das *dt.* Verb **geigen** (auch in der Bed. „hin und her bewegen") ist von 'Geige' abgeleitet. Sowohl das Substantiv als auch das Verb spielen in Redensarten und Redewendungen eine bedeutende Rolle, beachte z. B. 'der Himmel hängt voller Geigen', 'die erste Geige spielen', 'einem die Wahrheit geigen'.

geil: *Mhd., ahd.* geil „kraftvoll; üppig; lustig, fröhlich", *niederl.* geil „wollüstig", *aengl.* gāl „stolz; übermütig; lustig; lüstern", *aisl.* (weitergebildet) geiligr „stattlich, schön" sind im *germ.* Sprachbereich z. B. verwandt mit älter *niederl.* gijlen „gären" und *norw.* gil „gärendes Bier". Das *altgerm.* Adjektiv bedeutet also urspr. „in Gärung befindlich, aufschäumend", dann „erregt, heftig". *Außergerm.* ist damit verwandt die *baltoslaw.* Sippe von *lit.* gailùs „jähzornig; scharf, herb, beißend". – Im heutigen Sprachgebrauch wird 'geil' überwiegend im Sinne von „geschlechtlich erregt, brünstig" verwendet, während es als „üppig, wuchernd" (von Pflanzen) weitgehend veraltet ist; in der Jugendsprache ist 'geil' im Sinne von „großartig, toll" gebräuchlich. Veraltet ist auch das abgeleitete Verb **geilen** „ausgelassen sein; üppig wachsen" (*mhd.* geilen; vgl. *got.* gailjan „erfreuen"), beachte aber **aufgeilen,** [sich] „[sich] geschlechtlich erregen". Das Substantiv **Geile** veraltet für „Geilheit" (*mhd.* geil[e], *ahd.* geili) wird heute nur noch weidmännisch für „Hoden des Wildes" gebraucht.

Geisel: Der *altgerm.* Ausdruck für „Leibbürge" (*mhd.* gīsel, *ahd.* gīsal, *mniederl.* ghīsel, *aengl.* gīs[e]l, *aisl.* gīsl) stammt wahrscheinlich aus dem *Kelt.*, vgl. *air.* gīall „Geisel", *kymr.* gwystl „Geisel". Über andere aus dem *Kelt.* entlehnte Wörter s. die Artikel *Amt, Reich* und *Eid.* – Das Wort spielt auch in der Namengebung eine Rolle, beachte z. B. die Personennamen Gisela und Giselmar.

Geiser „durch Vulkanismus entstandene Springquelle": Das seit dem 19. Jh. bezeugte Wort ist aus gleichbed. *isl.* geysir entlehnt, das zu *isl.* geysa „in heftige Bewegung bringen" gehört (vgl. *gießen*).

Geiß: Das *gemeingerm.* Wort *mhd., ahd.* geiz, *got.* gaits, *engl.* goat, *schwed.* get geht mit *lat.* haedus „[junger] Ziegenbock" auf *ghaido-s „Ziege" zurück. Welche Anschauung dieser Benennung zugrunde liegt, läßt sich nicht ermitteln. Im *Deutschen* ist 'Geiß' seit dem 16. Jh. durch 'Ziege' zurückgedrängt worden. Das Wort bezeichnet heute als Gegensatz zu 'Bock' die weibliche Ziege und das weibliche Tier von Gemsen, Hirschen und Rehen. Zus.: **Geißfuß** „Werkzeug, Hebe-, Brecheisen" (nach der Ähnlichkeit mit einem gespaltenen Ziegenhuf benannt; auch Pflanzenname, wie 'Geißbart', 'Geißblatt').

Geißel: Das Wort ist heute weitgehend durch das *slaw.* Lehnwort ↑Peitsche zurückgedrängt und wird nur noch in der Bed. „Züchtigungswerkzeug" und übertragen im Sinne von „[Land]plage, Strafe" verwendet, beachte z. B. 'Geißel Gottes' und 'Geißel des Krieges'. *Mhd.* geisel, *ahd.* geis[i]la „Peitsche, Geißel", *niederl.* gesel „Peitsche, Geißel" sind im *germ.* Sprachbereich verwandt mit *aisl.* geisl „Stock" (des Skiläufers) und beruhen auf *germ.* *gaisilōn „Stock, Stange", einer Ableitung von *germ.* *gaizá- „Speer": *nhd.* Ger, *mhd., ahd.* gēr, *aengl.* gār, *aisl.* geirr. Auch dieses *altgerm.* Substantiv bedeutet eigentlich „Stock, Stange" und ist z. B. mit *griech.* chaîos „Hirtenstab" verwandt. – Abl.: **geißeln** „züchtigen, strafen; anprangern" (*mhd.* geiseln).

Geist: Das *westgerm.* Wort *mhd., ahd.* geist, *niederl.* geest, *engl.* ghost gehört zu einer Wurzel *ĝheis- „erregt, aufgebracht sein, schaudern", vgl. aus dem *germ.* Sprachbereich *got.* us-gaisjan „erschrecken" und *aisl.* geiskafullr „voller Entsetzen" und außerhalb des *Germ.* z. B. *awest.* zaēša- „schauderhaft". Aus der ursprünglichen Bed. „Erregung, Ergriffenheit" entwickelten sich die Bed. „Geist, Seele, Gemüt" und „überirdisches Wesen, Gespenst". Im Rahmen der Christianisierung wirkten auf das Wort *lat.* spiritus und *griech.* pneũma ein (beachte z. B. spiritus sanctus: Heiliger Geist). In der Neuzeit geriet es unter den Einfluß von *frz.* esprit. Im heutigen *dt.* Wortschatz nimmt 'Geist' mit seinen zahlreichen Ableitungen und Zusammensetzungen eine herausragende Stellung ein. Abl.: **geistig** (*mhd.* geistic; nicht nur als Gegensatz zu 'leiblich' gebräuchlich, sondern auch in der Bed. „alkoholisch", z. B. 'geistige Getränke', da 'Geist' auch „Essenz, Alkohol" bedeutet), dazu **vergeistigen, durchgeistigt; geistlich** „die Religion, den kirchlichen und gottesdienstlichen Bereich betreffend" (*ahd.* geistlīh; Lehnübersetzung von *lat.* spiritualis), substantiviert **Geistliche** „Pfarrer, Priester" (15. Jh.), **Geistlichkeit** (15. Jh.); **geisterhaft** „gespenstisch" (19. Jh.). Zus.: **Geistesabwesenheit** (19. Jh.; Lehnübersetzung von *frz.* absence d'esprit), dazu **geistesabwesend; Geistesarbeit[er]** (18. Jh.); **Geistesblitz** (19. Jh.); **Geistesfreiheit** (18. Jh.); **Geistesgegenwart** (18. Jh.; Lehnübersetzung von *frz.* présence d'esprit), dazu **geistesgegenwärtig; geisteskrank** (19. Jh.); **Geisteswissenschaft** (19. Jh.); **geistlos** (*mhd.* geistelōs); **geistreich** (*mhd.* geistrīch). Beachte auch die Präfixbildungen **begeistern** (17. Jh.; ursprünglich „beleben, mit Geist erfüllen"), dazu **Begeisterung** (18. Jh.) und **entgeistern** veraltet für „der Lebenskraft berauben" (17. Jh.), dazu das zweite Partizip **entgeistert** „überrascht, fassungslos" (17. Jh.), und die Zusammensetzung **herumgeistern, umhergeistern** „wie ein Gespenst herumspuken".

Geiz: Zu *mhd., ahd.* gīt[e] „Gier, Habgier" gehört das Verb *mhd.* gīten „gierig sein", dessen gleichbedeutende Weiterbildung gīt[e]sen, gīzen im *Nhd.* zu **geizen** wird. Das Substantiv 'Geiz' (*mhd.* gīz) ist entweder zum weitergebildeten Verb gebildet oder aber geht auf *mhd., ahd.* gīt[e] zurück und hat sich lautlich an 'geizen' angeschlossen. Die ursprüngliche Bed. „Gier" – erhalten noch in 'Ehrgeiz' (s. u.) – entwickelte sich über „Gier nach Reichtum" zu „übertriebener Sparsamkeit". Dasselbe Wort ist *mdal.* Geiz „Nebentrieb, störender Auswuchs" (besonders am Rebstock), so benannt, weil er den Pflanzen gierig den Saft aussaugt (vgl. den Artikel *Furunkel*). Mit dieser *dt.* Sippe sind verwandt im *germ.* Sprachbereich *aengl.* gītsian „begehren, verlangen" und *außergerm.* z. B. *lit.* geĩsti „wünschen, begehren, verlangen" und *russ.* ždat' „warten". Abl.: **geizig** (15. Jh., für *mhd.* gītec, *ahd.* gītag „[hab]gierig"). Zus.: **Geizhals** (16. Jh.) und **Geizkragen** (19. Jh.) für „geiziger Mensch"; **Ehrgeiz** (16. Jh.), dazu **ehrgeizig** (16. Jh.; schon *mhd.* ēr[en]gītec).

Gekröse: *Mhd.* gekrœse „kleines Gedärm" gehört zu der unter ↑*kraus* behandelten Wortgruppe und bedeutet eigentlich „Krauses".

Gel ↑Gelatine.

Gelächter: *Mhd.* gelehter ist eine Kollektivbildung zu dem im *Nhd.* untergegangenen *altgerm.* Substantiv *mhd.* lahter, *ahd.* [h]lahtar „[lautes] Lachen", *engl.* laughter „Gelächter", *aisl.* hlātr „Gelächter", einer Bildung zu dem unter ↑*lachen* behandelten Verb.

Gelage: Die heute übliche Form hat sich seit dem 19. Jh. gegenüber den älteren Formen 'Gelag, Gelach, Geloch' durchgesetzt. Das seit dem 14. Jh. zuerst *niederrhein.* bezeugte Wort ist eine Bildung zu dem unter ↑*legen* behandelten Verb und bedeutete ursprünglich „(zum Essen und Trinken) Zusammengelegtes", dann „Schmaus, Fest".

gelahrt ↑lehren.

Gelände: *Mhd.* gelende, *ahd.* gilenti ist eine Kollektivbildung zu dem unter ↑*Land* behandelten Wort.

Geländer: *Spätmhd.* gelenter (15. Jh., älter gelanter, 14. Jh.) ist eine Kollektivbildung zu dem im *Nhd.* untergegangenen Substantiv *mhd.* lander „Stangenzaun", das zu dem unter ↑*Linde* behandelten Baumnamen gehört und eigentlich „Latte, Stange aus Lindenholz" bedeutet.

gelangen „[bis] an einen bestimmten Ort kommen": Das auf das *dt.* Sprachgebiet beschränkte Verb (*mhd.* gelangen, *ahd.* gilangōn) ist eine ablautende Bildung zu dem unter ↑*gelingen* behandelten Verb.

Gelaß: Das seit dem 18. Jh. im Sinne von „Raum, Zimmer" gebräuchliche Wort ist eine Bildung zu dem unter ↑*lassen* behandelten Verb und bedeutet eigentlich „Raum, worin man etwas [zurück]lassen kann". *Mhd.* gelāʒ „Erlassung, Verleihung; Bildung, Gestalt; Benehmen" schließt sich dagegen mit seinen Bedeutungen an die verschiedenen Verwendungen von 'lassen' an. – Heute wird 'Gelaß' nur noch in gehobener Sprache gebraucht.

gelassen „ruhig, beherrscht, gleichmütig": Das Adjektiv (*mhd.* gelāʒen) ist das in adjektivischen Gebrauch übergegangene zweite Partizip von dem im *Nhd.* untergegangenen Präfixverb *mhd.* gelāʒen „[er-, ver-, unter]lassen; sich niederlassen; sich benehmen" (vgl. *lassen*). Es bedeutete in der Sprache der Mystiker „gottergeben", dann allgemein „ruhig" (im Gemüt). Abl.: **Gelassenheit** (*mhd.* gelāʒenheit).

Gelatine „Knochenleim, Gallert": Das Wort wurde im 19. Jh. eingedeutscht aus *nlat.* gelatina, einer Bildung zu *lat.* gelatus „gefroren, erstarrt" (vgl. *Gelee*). – Dazu das in der chemischen Industrie gebräuchliche Kurzwort **Gel** „gallertartig ausgeflockter Niederschlag aus kolloider Lösung" (20. Jh.) und das Verb **gelatinieren** „zu Gelatine erstarren" (20. Jh.).

geläufig ↑laufen.

gelaunt ↑Laune.

gelb: Das *westgerm.* Adjektiv *mhd.* gel, *ahd.* gelo, *niederl.* geel, *engl.* yellow steht im Ablaut zu der *nord.* Sippe von *schwed.* gul „gelb" und gehört mit dieser zu der vielfach weitergebildeten und erweiterten *idg.* Wurzel *ĝhel[ə]-, *ĝhlē- „glänzend, (gelblich, grünlich, bläulich) schimmernd, blank". *Außergerm.* sind z. B. verwandt *aind.* hári-ḥ „gelb, goldgelb, blond, grüngelb", *griech.* chlōrós „gelbgrün" (↑Chlor), *lat.* helvus „honiggelb" und *russ.* zelënyj „grün". Zu dieser Wurzel gehört auch das unter ↑*Galle* behandelte Wort. Die Galle ist nach ihrer gelblichgrünen Farbe benannt. Aus dem *germ.* Sprachbereich gehören ferner dazu die Substantivbildungen ↑Gold (eigentlich „das Gelbliche, das Blanke") und ↑Glas (ursprünglich „Bernstein") sowie die Sippen von ↑Glanz, glänzen, ↑gleißen (dazu glitzern), ↑glimmen (dazu glimmern, Glimmer), ↑glühen (dazu Glut) und ↑glotzen (eigentlich „[an]strahlen"). Auf einem Bedeutungsübergang von „glänzend, blank [sein]" zu „glatt [sein]" beruhen die unter ↑*glatt* (dazu Glatze) und ↑*gleiten* (dazu glitschen) behandelten Wörter. – Gegenüber dem hochsprachlichen 'gelb' steht *mdal.* 'gehl' (zum Lautlichen beachte das Verhältnis von 'falb' zu 'fahl'), dazu *mdal. (sächs.)* **Gehlchen** „Pfifferling", eigentlich „Gelbchen". In der Farbensymbolik hat gelb überwiegend negative Geltung, z. B. als Farbe der Falschheit und Eifersucht. Abl.: **vergilben** (*mhd.* vergilwen „gelb machen oder werden"). Zus.: **Gelbgießer** „Messinggießer" (im 18. Jh. aus *niederl.* geelgieter entlehnt); **Gelbsucht** (*mhd.*, gelsuht, *ahd.* gelasuht).

Geld: *Mhd.* gelt „Bezahlung, Ersatz, Vergütung, Einkommen, Rente; Zahlung; Schuldforderung; Wert, Preis; Zahlungsmittel", *ahd.* gelt „Zahlung; Lohn; Vergeltung", *asächs.* geld „Opfer; Vergeltung; Zahlung", *got.* gild „Steuer, Zins", *aengl.* gield „Opfer; Kult; Zahlung, Tribut", *aisl.* gjald „Lohn; Strafe; Steuer" gehören zu dem unter ↑*gelten* behandelten Verb. Das *gemeingerm.* Wort bedeutete ursprünglich „kultische oder rechtliche Einrichtung, Abgabe", wurde also zunächst im religiös-rechtlichen Bereich gebraucht. Die Bed. „geprägtes Zahlungsmittel" tritt im *Dt.* seit dem 14. Jh. auf und setzt sich seit dem 16. Jh. durch. Die Bed. „Zahlung, Abgabe" ist noch in den Zusammensetzungen 'Brücken-, Schul-, Lehrgeld' usw. bewahrt. Groß ist die Zahl der volkstümlichen Ausdrücke für „Geld", beachte z. B. 'Asche, Kies, Knete, Kohlen, Kröten, Mäuse, Moos, Moneten, Pinke, Pulver, Zaster'.

Gelee „gallertartiger, eingedickter Frucht- oder Fleischsaft": Das Substantiv wurde um 1700 aus gleichbed. *frz.* gelée entlehnt, das auf *vlat.* gelata, Part. Perf. von *lat.* gelare (gelatum) „gefrieren machen, zum Erstarren bringen", zurückgeht. Unmittelbar aus *lat.* gelare stammt (wie *it.* gelare, dazu gelato „Gefrorenes, Eis") *frz.* geler „zum Gefrieren bringen; gefrieren; steif werden", das im 20. Jh. ins *Nhd.* als **gelieren** „zu Gelee werden" entlehnt wurde. *Nlat.* und *mlat.* Weiterbildungen von *lat.* gelatus „gefroren; erstarrt" liegen vor in ↑Gelatine und ↑Gallert. – Allen Bildungen liegt *lat.* gelu „Frost, Kälte, Eis" zugrunde, das mit glacies „Eis" (↑Gletscher, ↑Glacé) zur *idg.* Sippe des urverwandten Adjektivs ↑*kalt* gehört.

gelegen: *Mhd.* gelegen, *ahd.* gelegan ist das in adjektivischen Gebrauch übergegangene zweite Partizip von dem unter ↑*liegen* behandelten Verb. Es bedeutete zunächst „angrenzend, benachbart", dann auch „verwandt" und „passend, geeignet", woraus sich die Bed. „bequem, angenehm" entwickelte. Abl.: **Gelegenheit** (*mhd.* gelegenheit „Art und Weise, wie etwas liegt, Lage, Stand [der Dinge]; angrenzendes Land"; heute nur noch „günstige Lage, Möglichkeit, Zufall"); **gelegentlich** (*mhd.* gelegentlich „gelegen, günstig"; heute „bei Gelegenheit").

gelehrig, gelehrsam, Gelehrsamkeit, gelehrt, Gelehrter ↑lehren.

Geleier ↑ Leier.

Geleise, auch: **Gleis:** *Mhd.* geleis[e] „Radspur" ist eine Kollektivbildung zu dem im *Nhd.* untergegangenen Substantiv *mhd.* leis[e] „Spur", *ahd.* (wagan)leisa „(Wagen)spur", das mit *lat.* lira „Furche" (↑ Delirium) und der *baltoslaw.* Sippe von *russ.* lecha „Furche; Beet" verwandt ist und zu der unter ↑*leisten* behandelten Wortgruppe gehört. Abl.: **entgleisen** „aus den Geleisen geraten; sich vorbeibenehmen" (19. Jh.).

Geleit[e], geleiten ↑ leiten.

Gelenk: *Mhd.* gelenke „Taille" ist eine Bildung zu *mhd.* lanke, *ahd.* [h]lanca „Hüfte, Lende, Weiche". Das Wort bezeichnete also zunächst den biegsamen Teil des Körpers zwischen Rippen und Becken und ging dann auf alle biegsamen Teile des Körpers über. – Mit *mhd.* lanke, *ahd.* [h]lanca (eigentlich „Biegung am Körper, biegsamer Teil") sind z. B. verwandt *aengl.* hlence „Glied einer Kette", hlanc „schlank" (eigentlich „biegsam") und *aisl.* hlykkr „Krümmung". Zugrunde liegt diesen Formen und verwandten Wörtern in anderen *idg.* Sprachen eine Wurzel *kleng- „biegen, winden". Aus dem *Germ.* entlehnt ist *frz.* flanc (↑ Flanke). Eine verbale Ableitung von *mhd.* lanke ist ↑*lenken* (ursprünglich „[um]biegen"). Abl.: **gelenk** (*mhd.* gelenke „biegsam, beweglich, gewandt"), besonders gebräuchlich in **ungelenk; gelenkig** (17. Jh.), dazu **Gelenkigkeit.**

Gelichter: Das Wort wird heute nur noch im verächtlichen Sinne von „Gesindel" gebraucht, während es bis zum 18. Jh. „Menschen übereinstimmender Art, Sippe, Zunft; übereinstimmende Art" bedeutete. *Mhd.* gelihter ist von *ahd.* lehtar „Gebärmutter" (vgl. *liegen*) abgeleitet und bedeutete ursprünglich „Geschwister", eigentlich „die zur selben Gebärmutter Gehörigen".

gelieren ↑ Gelee.

gelind[e] ↑ lind.

gelingen: Das nur *dt.* Verb *mhd.* [ge]lingen, *ahd.* gilingan „glücken, Erfolg haben", *mnd.* lingen „glücken, gedeihen" ist mit der Sippe von ↑*leicht* verwandt. Es bedeutete ursprünglich „leicht oder schnell vonstatten gehen". Im Ablaut zu 'gelingen' und 'leicht' stehen *ahd.* lungar „schnell, flink", von dem das Verb ↑ lungern abgeleitet ist, und die Sippe von ↑*Lunge* (eigentlich „die Leichte", weil sie auf dem Wasser schwimmt"). Diese *germ.* Wortgruppe gehört mit verwandten Wörtern in den meisten anderen *idg.* Sprachen zu der Wurzel *le[n]g^{u}h- „leicht (in Bewegung und Gewicht)", vgl. z. B. *lat.* levis „leicht, schnell", levare „leicht machen" (↑ leger). – Das Verb 'lingen' ist außer in 'gelingen' auch in **mißlingen** bewahrt (*mhd.* misselingen „mißglücken, fehlschlagen"). Siehe auch den Artikel *gelangen.*

gell[e]? ↑ gelten.

gellen: Das *altgerm.* Verb *mhd.* gellen, *ahd.* gellan, *niederl.* gillen, *engl.* to yell, älter *schwed.* gälla gehört mit verwandten Wörtern in anderen *idg.* Sprachen zu der *idg.* Wurzel *ghel- „rufen, schreien", vgl. z. B. *russ.* galit'sja „verspotten". Im Ablaut zu 'gellen' steht im *germ.* Sprachbereich die Sippe von *ahd.* galan „singen; Zaubersprüche singen, zaubern, behexen", beachte dazu den unter ↑*Nachtigall* (eigentlich „Nachtsängerin") behandelten Vogelnamen und [1]**gelt** (auch: 'galt') *mitteld.* und *oberd.* für „unfruchtbar, keine Milch gebend". Dieses Adjektiv (*mhd., ahd.* galt, *mnd.* gelde, *aengl.* gielde, *schwed.* gall) ist eigentlich das in adjektivischen Gebrauch übergegangene zweite Partizip von *ahd.* usw. galan „singen, zaubern, behexen" und bedeutet demnach „bezaubert, behext". Nach dem Volksglauben galt das unfruchtbare Vieh als behext.

geloben, Gelöbnis ↑ loben.

[1]**gelt** ↑ gellen.

[2]**gelt** ↑ gelten.

gelten: *Mhd.* gelten „zurückzahlen, zurückerstatten, entschädigen; für etwas büßen; eintragen, Einkünfte bringen; zahlen, bezahlen; kosten, wert sein", *ahd.* geltan „zurückzahlen, zurückerstatten; opfern", *got.* fragildan „vergelten", *aengl.* gieldan „zahlen; lohnen; strafen; opfern" (*engl.* to yield), *aisl.* gjalda „bezahlen, vergelten" (*schwed.* gälla) gehen zurück auf *germ.* *gelđan „entrichten, erstatten", das sich auf den heidnischen Opferdienst und im rechtlichen Bereich auf die Zahlung von Bußen, Abgaben, Steuern oder dgl. bezog. Die weitere Herkunft des *gemeingerm.* Verbs ist dunkel. Um 'gelten' gruppieren sich die Bildungen ↑ Geld (ursprünglich „kultische oder rechtliche Einrichtung, Abgabe"), ↑ Gilde (urspr. „Opfergelage anläßlich einer eingegangenen rechtlichen Bindung") und **Gült, Gülte** *südd.* für „Grundstücksertrag; Abgabe; Zins; Grundschuld", *schweiz.* für „Grundschuldverschreibung" (*mhd.* gülte, eigentlich „was zu entrichten ist"; vgl. *gültig*). Präfixbildungen mit 'gelten' sind **entgelten** (*mhd.* entgelten, *ahd.* intgeltan „für etwas zahlen, büßen"), dazu **Entgelt** (15. Jh.) und **unentgeltlich** (19. Jh.); **vergelten** (*mhd.* vergelten, *ahd.* fargeltan „zurückzahlen, zurückerstatten, heimzahlen"), dazu **Vergeltung.** – Die in Süd-, Südwest- und Mitteldeutschland gebräuchliche Fragepartikel [2]**gelt?,** auch **gell, gelle?** „nicht wahr?" ist eigentlich die verkürzte Form der 3. Pers. Sing. Konjunktiv von 'gelten' und bedeutet eigentlich „es möge gelten".

Gelübde: „(Gott oder bei Gott gegebenes) Versprechen": Das Substantiv *mhd.* gelüb[e]de, *ahd.* gilubida ist eine Bildung zu dem unter ↑*loben* behandelten Präfixverb geloben und bedeutet eigentlich „Gelöbnis".

Gelünge ↑ Lunge.

Gelüst[e], gelüsten ↑ Lust.

gemach: Das Wort, das heute nur noch als Adverb verwendet wird, ist eine Adjektivbildung zu dem unter ↑*machen* behandelten Verb und bedeutete ursprünglich „passend, geeignet, bequem". Diese Bedeutung hat noch *ahd.* gimah, während *mhd.* gemach bereits „bequem, ruhig, langsam" bedeutet. Abl.: **gemächlich** „ruhig, langsam, bedächtig" (*mhd.* gemechlich, *ahd.* gimahlīh), dazu **Gemächlichkeit** (16. Jh.). Über 'allmählich' s. den Artikel *all.*

Gemach: Das Substantiv *mhd.* gemach, *ahd.* gimah ist eine Bildung zu dem unter ↑*machen* behandelten Verb. Es bedeutete zunächst „Bequemlichkeit“, vgl. ‘gemach’, das ursprünglich „passend, geeignet, bequem“ bedeutete. Diese Bedeutung ist noch bewahrt in **Ungemach** „Unbequemlichkeit, Unbehagen“. In *mhd.* Zeit wurde ‘Gemach’ dann auf den Raum, in dem man seine Bequemlichkeit findet, übertragen. Heute wird es in gehobener Sprache und *landsch.* im Sinne von „Zimmer“ verwendet.

Gemächt[e]: Das Wort ist eine auf das *dt.* Sprachgebiet beschränkte ge-Bildung zu ↑Macht im Sinne von „Zeugungsvermögen, Potenz“. In den älteren Sprachzuständen entsprechen *mhd.* gemaht, *ahd.* gimaht[i] „Geschlechtsteile (des Mannes)“.

Gemahl: Das Substantiv *mhd.* gemahel[e], *ahd.* gimahalo ist eine Bildung zu dem im *Nhd.* untergegangenen Verb *mhd.* gemahelen, *ahd.* gimahalen „zusammensprechen, verloben“ (vgl. *vermählen*), das zu *mhd.* mahel, *ahd.* mahal „Versammlung[sort], Gericht[sstätte]; Vertrag; Ehevertrag“ gehört. Das Wort bezeichnete ursprünglich den Bräutigam, später dann auch den Ehemann. Das Verloben zweier Menschen war in alter Zeit ein Vertrag, den zwei Sippen vor der Volksversammlung abschlossen. *Ahd.* mahal „Versammlung[sort], Gericht[sstätte], [Ehe]vertrag“, *got.* maþl „Versammlungsort, Markt“, *aengl.* mæđel „Versammlung, Rede“ *aisl.* māl „Verhandlung; Rechtssache; Rede“ beruhen auf *germ.* *maþla- „Zusammenkunft, Treffen“, das zu der *idg.* Wurzel *mad- „zusammenkommen, begegnen“ gehört, vgl. aus dem *germ.* Sprachbereich z. B. *engl.* to meet „treffen, begegnen“, dazu meeting „Treffen, Zusammenkunft“, aus dem unser Fremdwort **Meeting** übernommen ist. Abl.: **Gemahlin** (15. Jh.; ersetzt älteres *mhd.* gemahele, *ahd.* gimahila „Braut; Ehefrau“).

Gemälde: Das Substantiv (*mhd.* gemælde, *ahd.* gimālidi) ist eine ge-Bildung zu dem unter ↑*malen* behandelten Verb und bedeutet eigentlich „Ge- oder Bemaltes“.

Gemarkung ↑[2]Mark.

gemäß: *Mhd.* gemæʒe, *ahd.* gimāʒi gehört als Verbaladjektiv zu dem unter ↑*messen* behandelten Verb und bedeutet eigentlich „was sich messen läßt, angemessen“. Heute wird ‘gemäß’ häufig präpositional verwendet und ist zweiter Bestandteil mehrerer Zusammensetzungen, wie z. B. ‘pflichtgemäß, standesgemäß’.

gemein: Das *altgerm.* Adjektiv *mhd.* gemein[e], *ahd.* gimeini, *got.* gamains, *niederl.* gemeen, *aengl.* gemæne, dem außerhalb des *Germ.* *lat.* communis „gemeinsam, gemeinschaftlich“ (↑Kommune) entspricht, gehört zu der unter ↑*Meineid* dargestellten *idg.* Wurzel *mei- „tauschen, wechseln“. Es bedeutete ursprünglich „mehreren abwechselnd zukommend“, woraus sich die Bed. „gemeinsam, gemeinschaftlich; allgemein“ entwickelten. Da das, was vielen gemeinsam ist, nicht wertvoll sein kann, erhielt das Wort den abwertenden Nebensinn „unheilig, alltäglich, gewöhnlich, roh, niederträchtig“. – Das substantivierte Adjektiv **Gemeine** bezeichnet den Soldaten des untersten Ranges. Abl.: **Gemeinde** (*mhd.* gemeinde, *ahd.* gimeinida; eine andere Bildung ist das gleichbed. *ahd.* gimeinī, das heute noch im *Oberd.* als ‘Gemeine’ fortlebt); **Gemeinheit** (*mhd.* gemeinheit „Gemeinschaft, Gemeinsamkeit“; erst seit dem 17. Jh. in der Bed. „Niederträchtigkeit“); **Gemeinschaft** (*mhd.* gemeinschaft, *ahd.* gimeinscaf), dazu **gemeinschaftlich** (17. Jh.). Zus.: **Gemeingeist** (18. Jh.; Lehnübersetzung von *engl.* public spirit); **gemeinnützig** (16. Jh.); **Gemeinplatz** (18. Jh.; Lehnübersetzung von *engl.* commonplace, das seinerseits Lehnübersetzung von *lat.* locus communis ist); **Gemeinsprache** (17. Jh.); **allgemein** (↑all).

Gemenge ↑mengen.

gemessen ↑messen.

Gemetzel ↑metzeln.

Gemisch ↑mischen.

Gemme „Edelstein mit tief oder erhaben eingeschnittenen Figuren“: Der im Altertum sehr geschätzte und beliebte Stein war mit seinem *lat.* Namen (gemma) schon in *ahd.* Zeit bekannt (*ahd.* gimma, *mhd.* gimme; entsprechend *aengl.* gimm: alle mit der Bed. „Edelstein“). Im ausgehenden Mittelalter allerdings ging das Wort verloren. Es wurde im 18. Jh. durch *it.* Vermittlung neu entlehnt, als die bedeutenden italienischen Sammlungen antiker Gemmen allgemeiner bekannt wurden. – *Lat.* gemma, das ursprünglich „Auge oder Knospe am Weinstock“ bedeutet, ist etymologisch nicht sicher gedeutet.

Gemse: Der Name der einzigen in Mitteleuropa noch vertretenen Antilopenart stammt wahrscheinlich aus einer untergegangenen, einstmals in den Alpen gesprochenen Sprache, aus der auch *spätlat.* camox „Gemse“ entlehnt ist. Neben *ahd.* gamiʒa, *mhd.* gemeʒe muß auch eine Nebenform *gamuz bestanden haben, die sich über *mhd.* gam[e]z zu *nhd.* **Gams** (beachte die Zusammensetzung ‘Gamsbart’) entwickelte.

Gemüse: Das im *germ.* Sprachbereich nur im *Dt.* gebräuchliche Wort (*mhd.* gemüese) ist eine Kollektivbildung zu dem unter ↑*Mus* behandelten Substantiv. Es bedeutete zunächst nur allgemein „Brei, Speise“, dann bezeichnete es speziell den Brei aus gekochten Nutzpflanzen und schließlich auch die unzubereiteten Nutzpflanzen.

gemut ↑Mut.

Gemüt: Das seit *mhd.* Zeit bezeugte Wort (*mhd.* gemüete) ist eine Kollektivbildung zu dem unter ↑*Mut* behandelten Substantiv und bezeichnete zunächst die Gesamtheit der seelischen Empfindungen und Gedanken, dann auch den Sitz der inneren Empfindungen und Gedanken.

gemütlich: Das angeblich eine typisch deutsche Wesensart bezeichnende Adjektiv geht auf *spätmhd.* gemüetlich zurück, in dem zwei Bildungen zusammengeflossen sind, nämlich die Ableitung von *mhd.* gemüete „Gemüt“ in der Bed. „das Gemüt betreffend“ und die Ableitung von *mhd.* gemüete, *ahd.* gimuati adjektivisch „gleichen Sinnes, angenehm, lieb“, substantivisch „das Angenehme; Zustimmung" in der Bed. „angenehm, lieb". Abl.: **Gemütlichkeit** (18. Jh.).

gen ↑gegen.

Gen: Der biologische Fachausdruck für den in den Chromosomen lokalisierten Träger einer Erbanlage ist eine Prägung des dänischen Botanikers W. Johannsen (1857–1927) zu *griech.* génos „Geschlecht, Gattung" (vgl. *Genus*). Dazu stellen sich Zusammensetzungen wie **Gentechnologie** und **Genmanipulation** (20. Jh.).

genant ↑genieren.

genau: *Mhd.* genou „knapp, eng; sorgfältig" ist eine ge-Bildung zu dem im *Nhd.* untergegangenen *altgerm.* Adjektiv *mhd.* nou „knapp, eng; sorgfältig", *niederl.* nauw „eng, knapp; sorgfältig", *aengl.* hnēaw „karg, geizig", *aisl.* hnøggr „geizig". Dieses Adjektiv gehört zu dem im *Nhd.* untergegangenen Verb *mhd.* niuwen, *ahd.* hniuwan „zerreiben, zerstoßen, zerstampfen" (entsprechend *aisl.* hnøggwa „stoßen"), das z. B. mit *griech.* knýein „schaben, kratzen" verwandt ist. Es bedeutet demnach eigentlich etwa „drückend, kratzend, schabend". Abl.: **Genauigkeit** (17. Jh.).

Gendarm: Das vor allem in der Umgangssprache und in Mundarten gebräuchliche Fremdwort wurde zu Beginn des 19. Jh.s aus *frz.* gendarme „Polizeisoldat" (ursprünglich „bewaffneter Reiter") entlehnt. Dies ist aus dem *Plural* gensdarmes (< gens d'armes „bewaffnete Männer") hervorgegangen. Grundwort ist *frz.* armes „Waffen" (< *lat.* arma; vgl. *Armee*), Bestimmungswort *frz.* gens „Leute, Volk" (< *lat.* gentes). – Abl.: **Gendarmerie** „Einheit der staatlichen Polizei in Landbezirken" (19. Jh., aus gleichbed. *frz.* gendarmerie).

genehm: Das seit *mhd.* Zeit bezeugte Wort (*mhd.* genæme) gehört als Verbaladjektiv zu dem unter ↑*nehmen* behandelten Verb und bedeutet eigentlich „was zu nehmen ist, was man gern nimmt". Abl.: **genehmigen** (18. Jh.; eigentlich „für genehm befinden"), dazu **Genehmigung** (18. Jh.). Zus.: **angenehm** (16. Jh.; in den älteren Sprachzuständen dafür *mhd.* annæme, das in *nhd.* **Unannehmlichkeit** steckt, *ahd.* nāmi, vgl. *got.* andanēms „angenehm").

geneigt ↑neigen.

General Die seit *mhd.* Zeit bezeugte Bezeichnung für den höchsten Offiziersrang geht zurück auf das *lat.* Adj. generalis „allgemein" (vgl. *Genus)* in Fügungen wie generalis abbas, womit im *Kirchenlat.* das Oberhaupt eines Mönchsordens bezeichnet wurde. Die militärische Bedeutung wurde im 15. Jh. vom Deutschen Orden entwickelt. Gleichwohl verdankt sie ihre Weitergeltung dem entscheidenden Einfluß des im 16. Jh. übernommenen *frz.* général (vgl. *generalisieren*). Die Zusammensetzungen 'Generalleutnant, Generalmajor, Generaloberst' usw. erinnern daran, daß das *frz.* Wort selbst aus Wendungen wie capitaine général, lieutenant général entstanden ist, die ihrerseits den oben erwähnten *kirchenlat.* Fügungen nachgebildet sind.

General...: Das Bestimmungswort von Zusammensetzungen mit der Bed. „allgemein", ausgenommen die unter ↑General erwähnten militärischen Rangbezeichnungen, ist entlehnt aus gleichbedeutend lat. generalis (vgl. *generell*).

generalisieren „verallgemeinern": Das Verb wurde im 18. Jh. aus *frz.* généraliser entlehnt. Dies gehört zum Adjektiv général „allgemein" (< *lat.* generalis, vgl. *generell*).

Generalprobe, Generalversammlung ↑generell.

Generation „Gesamtheit aller etwa zur gleichen Zeit geborenen Menschen; Menschenalter": Das Substantiv wurde im 17. Jh. aus *lat.* generatio „Zeugung[sfähigkeit]; Generation" entlehnt (vgl. *Genus*). Siehe auch den Artikel *regenerieren*.

Generator: Die technische Bezeichnung für ein Gerät oder eine Anlage zur Strom- bzw. Gaserzeugung wurde im 19. Jh. aus *lat.* generator „Erzeuger" entlehnt. Dies gehört zu *lat.* genus „Geschlecht" (vgl. *Genus*).

generell „allgemein[gültig]; im allgemeinen": Das Adjektiv ist eine französisierende Neubildung des 19. Jh.s für älteres 'general', das nur noch in Zusammensetzungen wie 'Generalprobe, Generalversammlung' (s. auch *General...*) lebt. Voraus liegt *lat.* generalis „allgemein" (vgl. *Genus*).

generös „groß-, edelmütig, freigebig, großzügig": Das Adjektiv wurde im 17. Jh. entlehnt aus *frz.* généreux, das auf *lat.* generosus „edel von Abstammung, von (edler) Art" zurückgeht. Grundwort ist *lat.* genus (vgl. *Genus*). Abl.: **Generosität** „Großmut, Freigebigkeit" (18. Jh.; aus gleichbed. *frz.* générosité).

Genese ↑Genus.

genesen: Das *altgerm.* Verb *mhd.* genesen, *ahd.* ginesan, *got.* ganisan, *niederl.* genezen, *aengl.* genesan gehört mit verwandten Wörtern in anderen *idg.* Sprachen zu der *idg.* Wurzel *nes- „davonkommen, am Leben oder gesund bleiben, glücklich heimkehren", vgl. z. B. *aind.* násatē „gesellt sich zu, vereinigt sich mit jemandem" und *griech.* néomai „komme glücklich an, kehre heim", dazu Néstōr (Name eines greisen Königs in der griechischen Sage, eigentlich „der immer Wiederkehrende"). – In den alten Sprachzuständen wurde 'genesen' im Sinne von „davonkommen, überleben, errettet werden" gebraucht, beachte das unter ↑*nähren* behandelte Veranlassungswort, das eigentlich „davonkommen machen, retten, am Leben erhalten" bedeutet. Die Bedeutungseinengung auf „von einer Krankheit geheilt werden, gesunden" trat im *Mhd.* ein. Abl.: **Genesung** (17. Jh.).

Genesis, Genetik ↑Genus.

Genetiv ↑Genitiv.

genial ↑Genie.

Genick: *Mhd.* genic[k]e ist eine Kollektivbildung zu dem im *Nhd.* untergegangenen Substantiv *mhd.* necke, das im Ablaut zu dem unter ↑*Nacken* behandelten Wort steht. Zus.: **Nickfänger,** älter **Genickfänger** weidmännisch für „spitzes Messer, mit dem der Jäger den Tieren den tödlichen Stich ins Genick gibt" (18. Jh.).

Genie „überragende schöpferische Geisteskraft; hervorragend begabter schöpferischer Mensch“: Das Fremdwort wurde Anfang des 18. Jh.s aus gleichbed. *frz.* génie entlehnt, das auf *lat.* genius „Schutzgeist“ zurückgeht, in dessen *spätlat.* Bed. „schöpferischer Geist, natürliche Begabung“ (vgl. *Genius*). – Hierzu das Adjektiv **genial** „hervorragend begabt, schöpferisch, überragend, großartig“, das im 18. Jh. aus älterem **genialisch** gekürzt wurde. Es liegt, wie auch bei dem abgeleiteten Substantiv **Genialität** „schöpferische Veranlagung des Genies“ (18. Jh.) eine rein deutsche Bildung vor, unabhängig von *frz.* génial, das erst wesentlich später bezeugt ist. Zu 'genial' stellt sich im 18. Jh. als *nlat.* Bildung das Adjektiv **kongenial** „geistesverwandt, geistig ebenbürtig“.

genieren „belästigen“, meist reflexiv 'sich genieren' „sich Zwang antun, gehemmt sein, sich unsicher fühlen“: Das Verb wurde im 18. Jh. aus gleichbed. *frz.* [se] gêner entlehnt und setzte sich auch in der Volkssprache durch, während das zugehörige Adjektiv **genant** „lästig; unangenehm, peinlich; gehemmt“, das später aus dem Part. Präs. *frz.* gênant entlehnt wurde, keine allgemeine Verbreitung fand. – *Frz.* gêner (< *afrz.* gehiner) ist eine Bildung zum Substantiv gêne „Störung, Zwang, Hemmung“, *afrz.* gehine, das selbst von einem *afrz.* Verb jehir, gehir „zum Geständnis bringen; gestehen“ abgeleitet ist. Voraus liegt ein *afränk.* Veranlassungsverb *jahjan „zum Gestehen bringen“ zu *ahd.* jehan „gestehen“ (vgl. *Beichte*). – Dazu das Adjektiv **ungeniert** „ungezwungen“ (18. Jh.) als Gegenbildung zu veraltet 'geniert' „gezwungen, verlegen“.

genießen: Das *gemeingerm.* Verb *mhd.* [ge]niezzen, *ahd.* [gi]niozan, *got.* [ga]niutan, *aengl.* nēotan, *schwed.* njuta geht mit verwandten Wörtern in anderen *idg.* Sprachen auf die Wurzel *neud- „fangen, ergreifen“ zurück, vgl. z. B. *lit.* naudà „Nutzen, Vorteil, Gewinn“. Die alte Bedeutung bewahrt im *germ.* Sprachbereich *got.* [ga]niutan „ergreifen, erwischen, erreichen“, beachte dazu die Substantivbildung *got.* nuta „Fischer“ (eigentlich „Fänger“). Da das, was man fängt, einem gehört, entwickelten sich aus „fangen, ergreifen“ die Bedeutungen „innehaben, benutzen, gebrauchen, Freude an etwas haben“. Um das *gemeingerm.* Verb gruppieren sich die Bildungen ↑Genosse (eigentlich „der die Nutznießung einer Sache mit einem anderen gemeinsam hat“), ↑Genuß, ↑Nieß... (s. u.), ↑nütze (eigentlich „was gebraucht werden kann“) und die Sippe von ↑Nutzen. Die Substantivbildung *mhd.* niez „Benutzung, Genuß“, älter *nhd.* Nieß ist bewahrt in **Nießbrauch** (16. Jh.; Lehnübersetzung von *lat.* ususfructus „Recht der Nutzung fremden Eigentums“) und in **Nießnutz** (19. Jh.). Abl.: **genießbar** „unverdorben, eßbar“ (17. Jh.; häufiger wird 'ungenießbar' gebraucht); **Genießer** „Genußmensch“ (*mhd.* geniezer).

Genitale „Geschlechtsorgan, -teil“: Das Fremdwort, das aus der medizinischen Fachsprache stammt und meist im *Plural* Genitalien gebraucht wird, ist entlehnt aus *lat.* (membrum) genitale „Geschlechtsglied, -teil“. *Lat.* genitalis „zur Zeugung, zur Geburt gehörig“ ist eine Bildung zu *lat.* gignere „erzeugen“ (vgl. *Genus*).

Genitiv, Genetiv „Wesfall“: Der grammatische Terminus ist entlehnt aus *lat.* (casus) genitivus bzw. genetivus „Fall, der die Abkunft, Herkunft, Zugehörigkeit bezeichnet“ (zur Sippe von *lat.* gignere „erzeugen, hervorbringen“; vgl. *Genus*). Ähnlich wie bei ↑Akkusativ liegt dem Namen allerdings ein Irrtum bei der Übersetzung von *griech.* genikḗ (ptōsis) zugrunde. Denn das *griech.* Adjektiv genikós, das zu génos „Abstammung, Geschlecht; Gattung“ gehört, bedeutet hier nach dem üblichen Sprachgebrauch der stoischen Grammatiker nicht so sehr „die Abstammung betreffend“, sondern vielmehr „die Gattung bezeichnend, allgemein“. Gemeint ist also eigentlich der „allgemeine Kasus“, der im Gegensatz zu den anderen Kasus zu jeder Wortart treten kann.

Genius „Schutzgeist“: Der Ausdruck aus der römischen Religion und Mythologie wurde im 16. Jh. übernommen. *Lat.* genius ist wohl eine *lat.* Bildung zum Verb gignere (genere) „hervorbringen, erzeugen“ (vgl. *Genus*) und bedeutet eigentlich „Erzeuger“. Als personifizierte Zeugungskraft war der altrömische Genius die Schutzgottheit des Mannes, die bei seiner Erzeugung und Geburt wirkt und ihn durchs Leben und über den Tod hinaus begleitet. – Im *Spätlat.* entwickelte 'genius' die Bed. „Schöpfergeist, natürliche Begabung“, die in ↑Genie (genial, Genialität, kongenial) vorliegt.

Genosse: Das *westgerm.* Wort *mhd.* genōz[e], *ahd.* ginōz[o], *niederl.* genoot, *aengl.* genēat gehört zu der Wortgruppe von ↑*genießen* und bezeichnete ursprünglich einen Menschen, der mit einem anderen die Nutznießung einer Sache gemeinsam hat, oder aber denjenigen, der dasselbe Vieh auf der [gleichen] Weide hat. Es bezog sich also auf den Gemeinbesitz in der Wirtschaftsform der Germanen. Das *westgerm.* Wort ist eine Bildung zu *germ.* *nauta- „Eigentum, [Nutz]vieh“: *mhd., ahd.* nōz, *engl.* neat, *schwed.* nöt „[Nutz]vieh, Rinder“. – Bis zum Ausgang des 19. Jh.s wurde 'Genosse' im wesentlichen im Sinne von „Gefährte; Gleichgestellter“ verwendet. Heute bezeichnet es gewöhnlich das Mitglied einer linksgerichteten politischen Partei. Abl.: **Genossenschaft** „Personenvereinigung zu gemeinschaftlichem Geschäftsbetrieb“ (17. Jh.).

Genre ↑Genus.

Gentleman „Mann von Lebensart und Charakter“: Das Fremdwort wurde im 18. Jh. aus *engl.* gentleman „Mann vornehmer Abkunft, edler Herr; Mann von Erziehung und Bildung“ entlehnt und wurde – wie ↑Kavalier – zur Bezeichnung des gesellschaftlichen Mannesideals einer Epoche. – *Engl.* gentleman ist Lehnübersetzung von *frz.* gentilhomme. Das Adjektiv *engl.* gentle geht zurück auf *frz.* gentil „edel, vornehm“ und weiter auf *lat.* gentilis „von (edler) Abstammung, Sippe, Art“. Stammwort ist *lat.* gens „Geschlechtsverband, Sippe“, das zur

Sippe von *lat.* gignere „hervorbringen, erzeugen" gehört und urverwandt ist mit ↑*Kind.*

genug: Das *gemeingerm.* Wort *mhd.* genuoc, *ahd.* ginuog, *got.* ganōhs, *engl.* enough, *schwed.* nog gehört im Sinne von „ausreichend" zu der *germ.* Wortgruppe von *got.* ganaúhan „reichen". Diese Wortgruppe geht mit verwandten Wörtern in anderen *idg.* Sprachen auf die *idg.* Wurzel *[e]nek̂- „reichen, [er]langen; bringen, tragen" zurück, vgl. z. B. *aind.* nákṣati „erreicht, erlangt" und *russ.* nesti „tragen". Abl.: **Genüge** (*mhd.* genüege, *ahd.* ginuogī); **genügen** (*mhd.* genüegen, *ahd.* ginuogen mit Entsprechungen in den anderen *germ.* Sprachen), dazu **begnügen,** sich *(mhd.* begenüegen „zufriedenstellen") und **vergnügen** (s. d.); [2]**genügsam** „bescheiden, anspruchslos" (15. Jh., an das Verb 'genügen' angeschlossen; *mhd.* genuocsam bedeutete „genügend"). Zus.: **genugtun** (*mhd.* genuoctun; Lehnübersetzung von *lat.* satisfacere), dazu **Genugtuung** (15. Jh.; Lehnübersetzung von *lat.* satisfactio).

Genus „Art, Gattung; grammatisches Geschlecht". Das Fremdwort ist eine *nhd.* Entlehnung aus *lat.* genus „Geschlecht; Gesamtheit der Nachkommenschaft; Art, Gattung", das identisch ist mit *griech.* génos. Beide sind Nominalbildungen zu dem *idg.* Verbalstamm *ĝen- „gebären, erzeugen", der in *lat.* gi-gne-re „erzeugen, hervorbringen" (vgl. auch *Genius, Genitale, Genitiv, Ingenieur, Natur, Nation*) und *griech.* gí-gne-sthai „geboren werden, werden, entstehen" vorliegt (vgl. *Kind*). Zu *griech.* gígnesthai gehört die Bildung *griech.* génesis „Geburt, Ursprung", auf die – über *lat.* genesis – unser Fremdwort **Genesis,** eingedeutscht **Genese** „Entstehung, Entwicklung" zurückgeht, beachte auch die gelehrte Neubildung **Genetik** „Vererbungslehre", dazu **Genetiker** und **genetisch.** Unmittelbar zu *lat.* genus (Ablativ: genere), auf das auch *frz.* genre zurückgeht (beachte das Fremdwort **Genre** „Gattung, Art [besonders in der Kunst]"), gehören etliche Ableitungen und Komposita, die als Fremdwörter im Deutschen eine Rolle spielen: *lat.* generalis „zum Geschlecht, zur Gattung gehörig; allgemein" (↑General, ↑generalisieren, ↑generell), *lat.* generatio „Erzeugung" (↑Generation), generator „Erzeuger" (↑Generator), generosus „von edler Abstammung" (↑generös), *lat.* degenerare „aus der Art schlagen" (↑degenerieren) und re-generare „von neuem hervorbringen" (↑regenerieren). Eine wissenschaftliche Bildung zu *griech.* génos „Geschlecht, Abstammung, Gattung, Art" ist ↑Gen.

Genuß: Das erst seit dem 17. Jh. bezeugte Substantiv ist eine Bildung zu dem unter ↑*genießen* behandelten Verb. Abl.: **genüßlich** „genießerisch" (17. Jh.). Zus.: **Genußsucht** (Anfang des 19. Jh.s), dazu **genußsüchtig.**

geo..., Geo...: Das Bestimmungswort von Zusammensetzungen mit der Bed. „Erde, Erdboden, Land", wie in ↑Geographie, ↑Geologie, ↑Geometrie, Geometer ist gebildet aus *griech.* gē̄ „Erde, Land", dessen Vorgeschichte dunkel ist.

Geographie: Das Wort für „Erdbeschreibung, Erdkunde" wurde im 15. Jh. aus *griech.-lat.* geōgraphía entlehnt (vgl. *geo..., Geo...* und *...graphie*). – Dazu die Bildungen **Geograph** (aus *lat.* geographus < *griech.* geōgráphos) und **geo-graphisch.**

Geologie: Die Bezeichnung für die Lehre von der Entstehung und dem Bau der Erde ist eine gelehrte Neubildung (vgl. *geo..., Geo...* und '...logie' unter *...loge*). – Dazu **Geologe** und **geologisch.**

Geometrie „Zweig der Mathematik, der sich mit der Darstellung von ebenen und räumlichen Gebilden befaßt": Das Fremdwort (*mhd.* geometrie) bedeutete ursprünglich „Feldmeßkunst". Diese Bedeutung bewahrt noch das Substantiv **Geometer** „Land-, Feldvermesser" (16. Jh.). Die Wörter sind aus *griech.-lat.* geōmetría bzw. geō-métrēs entlehnt (vgl. *geo..., Geo...* und *...metrie* bzw. *...meter).* – Dazu das Adjektiv **geometrisch** (aus *lat.* geo-metricus < *griech.* geō-metrikós).

Gepäck: Das seit dem 16. Jh. gebräuchliche Wort (für älteres gepac) ist eine Kollektivbildung zu dem unter ↑[1]*Pack* behandelten Substantiv. Es hat sich gegenüber den anderen Ausdrücken für „[Heeres]gepäck", ↑Plunder (in der Landsknechtssprache) und ↑Bagage (in der Soldatensprache), durchgesetzt.

Gepard: Der Name des katzenartigen Raubtiers wurde im 19. Jh. aus *frz.* guépard entlehnt, das seinerseits aus *it.* gatto-pardo (*mlat.* cattus pardus) übernommen ist. Das in Indien zur Jagd abgerichtete Raubtier trägt seinen Namen zur Unterscheidung von dem größeren Leoparden (s. *Leopard*). Grundwort ist *lat.* pardus „Parder, Panther"; über das Bestimmungswort *spätlat.* cattus, catta „Katze" (woraus *it.* gatto u. *frz.* chat) vgl. *Katze.*

Gepflogenheit ↑pflegen.

Gepräge ↑prägen.

Gepränge ↑prangen.

[1]**gerade** „durch zwei ohne Rest teilbar": Die Adjektivbildung *mhd.* gerat, *ahd.* girat „gleichzählend, gerade" (von Zahlen) gehört zu der *germ.* Wortgruppe von *got.* raþjō „Zahl", garaþjan „zählen" (vgl. *Rede*). Im heutigen Sprachgefühl wird [1]gerade als mit ↑[2]gerade identisch empfunden.

[2]**gerade** „in unveränderter Richtung verlaufend": *Mhd.* gerade, gerat „schnell; gewandt, schlank aufgewachsen, lang; gleich[artig]", *ahd.* Adverb rado „schnell", *got.* raþs „leicht", *aengl.* ræd „schnell, lebhaft, geschickt" gehören zu der unter ↑*Rad* dargestellten *idg.* Wurzel *ret[h]- „rollen, kullern, laufen". Die in *spätmhd.* Zeit aufkommende Verwendung von 'gerade' im Sinne von „lotrecht, in gerader Richtung verlaufend" geht vom Wortgebrauch im Sinne von „schlank aufgewachsen, lang" (im Gegensatz zu „krumm, verkrüppelt") aus. Heute wird 'gerade' auch in den Bedeutungen „direkt, genau" und „aufrecht, ehrlich, anständig" gebraucht. – Das substantivierte Adjektiv **Gerade** wird seit dem 19. Jh. in der Geometrie für „gerade Linie" gebraucht. Zusammenrük-

kungen sind **geradeaus** (19. Jh.) und **geradezu** (19. Jh.). – Siehe auch den Artikel *rasch*.

gerädert ↑Rad.

Geranie (Zierstaude), dafür der gelehrte botanische Name 'Geranium': Die Geranie gehört zur Gattung der Storchschnabelgewächse. Ihr Name ist *griech.-lat.* Ursprungs. Stammwort ist das mit ↑*Kranich* urverwandte *griech.* géranos „Kranich". Dazu gehört als Ableitung *griech.* geránion, der Name einer Pflanze, die nach ihren „kranichschnabelförmigen" Früchten benannt ist. Über *lat.* geranion gelangte dann das Wort in die Sprache der Botaniker.

Gerät: *Mhd.* geræte, *ahd.* girāti „Ausrüstung; Vorrat; Hausrat, Werkzeuge; Rat, Beratung; Überlegung" ist eine Kollektivbildung zu dem unter ↑*Rat* behandelten Wort (vgl. 'Hausrat' unter *Haus* und die Artikel *Vorrat* und *Unrat*).

geraten, Geratewohl ↑raten.

geraum, geräumig ↑Raum.

Geräusch: Das zu dem unter ↑*rauschen* behandelten Verb gebildete Substantiv (*mhd.* geriusche) hat sich in der Bedeutung vom Verb gelöst und bezieht sich auf jede Art von Schalleindrücken und Lärmvorstellungen.

gerben: Das *altgerm.* Verb *mhd.* gerwen, *ahd.* garawen, *mnd.* gerven, *aengl.* gearwian, *schwed.* garva ist von dem unter ↑*gar* behandelten Adjektiv abgeleitet und bedeutete ursprünglich „fertigmachen, [zu]bereiten, machen" (so heute noch im *Nord.*). Im *Dt.* kam es bereits in *ahd.* Zeit zur Einengung des Wortgebrauchs im Sinne von „Leder bereiten". Das Verb wurde Fachwort der Handwerkersprache, als das es dann in die Gemeinsprache überging. Auf die Bearbeitung der abgezogenen Häute, besonders auf das Geschmeidigmachen durch Kneten, Klopfen und Walken, bezieht sich die *ugs.* Verwendung von 'gerben' im Sinne von „durchprügeln". Abl.: **Gerber** (*mhd.* gerwer, *ahd.* [leder]gerwere).

gerecht: Das Wort, das als ge-Bildung zu dem unter ↑*recht* behandelten Adjektiv gehört, hat sich erst im *Nhd.* von diesem in der Bedeutung differenziert. *Ahd.* gireht bedeutete dagegen „gerad[linig]", *mhd.* gereht „gerade; recht (im Gegensatz zu 'links'); richtig; passend; tauglich; geschickt". Als zweiter Bestandteil steckt 'gerecht' in Zusammensetzungen wie z. B. 'maßgerecht, mundgerecht, weidgerecht'. Abl.: **Gerechtigkeit** (*mhd.* gerehtikeit); **Gerechtsame** „[Vor]recht" (15. Jh.).

gereichen ↑reichen.

gereuen ↑Reue.

[1]**Gericht** „zubereitete Speise": Das Substantiv (*mhd.* geriht[e]) ist eine Bildung zu dem unter ↑*richten* behandelten Verb in dessen Bed. „zubereiten, anrichten".

[2]**Gericht** „Rechtsprechung; Gerichtsverfahren; richtende Körperschaft; Gerichtsgebäude": Das Substantiv (*mhd.* geriht[e], *ahd.* girihti) gehört zu dem unter ↑*recht* behandelten Adjektiv, hat sich aber sekundär an das Verb 'richten' angeschlossen, beachte die Bildungen *got.* garaíhtei „Gerechtigkeit" und *aengl.* gerihte „gerade Richtung; Recht; Pflicht". Abl.: **gerichtlich** (15. Jh.); **Gerichtsbarkeit** (16. Jh., in der Form gerichtbarkeith). Zus.: **Gerichtshof** (18. Jh.); **Gerichtsvollzieher** (19. Jh.).

gerieben: Das seit dem 15. Jh. im Sinne von „gerissen, schlau, pfiffig" gebräuchliche Wort ist eigentlich das in adjektivischen Gebrauch übergegangene 2. Partizip von dem unter ↑*reiben* behandelten Verb.

gering: *Mhd.* [ge]ringe „leicht; schnell, behend; klein, unbedeutend, schlecht", *ahd.* (nur verneint) ungiringi „gewichtig", *mnd.* ringe „leicht; unbedeutend, schlecht; leichtfertig" (daraus *schwed.* ringa „unbedeutend, wenig"), *niederl.* gering „unbedeutend; geringfügig" sind vielleicht verwandt mit *griech.* rhímpha (Adverb) „leicht; schnell". Die weiteren Beziehungen sind unklar. Zus.: **geringfügig** (17. Jh.); **geringschätzig** (15. Jh.).

gerinnen: In diesem Verb drückt das Präfix ge- (s. d.) noch deutlich die Vereinigung, das Zusammensein aus und hebt die ge-Bildung in der Bedeutung vom einfachen Verb ↑*rinnen* ab. Im *Got.* bedeutet ga-rinnan „zusammenlaufen (von Menschen)", *ahd.* girinnen bedeutet „zusammenfließen", hat aber auch schon wie *mhd.* gerinnen die heute allein übliche Bed. „dick werden, erstarren (von Blut, von der Milch oder dgl.)". Abl.: **Gerinnsel** „kleiner Klumpen geronnenen Bluts in der Blutbahn", älter auch „Rinnsal" (16. Jh.).

Gerippe ↑Rippe.

gerissen: Der seit dem 19. Jh. gebräuchliche *ugs.* Ausdruck für „schlau, durchtrieben" ist das in adjektivischen Gebrauch übergegangene zweite Partizip von dem unter ↑*reißen* behandelten Verb. Der Ausdruck stammt vielleicht aus der Jägersprache und bezog sich dann ursprünglich auf ein Tier, das oft angefallen und 'gerissen' wurde (aber immer wieder entkommen konnte).

gern[e]: Das *altgerm.* Wort *mhd.* gerne, *ahd.* gerno, *niederl.* gaarne, *aengl.* georne, *schwed.* gärna ist das Adverb zu dem im *Nhd.* untergegangenen *gemeingerm.* Adjektiv *ahd.* gern „eifrig", *got.* (faíhu)gaírns „(hab)gierig", *aengl.* georn „begierig; eifrig; ernst", *aisl.* gjarn „begierig". Dieses Adjektiv gehört mit den unter ↑*Gier* und ↑*begehren* behandelten Wörtern zu der *idg.* Wurzel *ĝher- „sich an etwas erfreuen, nach etwas verlangen, begehren", vgl. z. B. *griech.* charē̃nai „sich freuen", cháris „Anmut, Gunst". Zus.: **Gernegroß** „Angeber" (16. Jh., eigentlich „jemand, der gern groß sein möchte").

gerochen ↑rächen.

Geröll[e]: Das erst seit dem 18. Jh. bezeugte Wort ist eine Bildung zu dem unter ↑*rollen* behandelten Verb und bezeichnet die an Berghalden oder Flußläufen 'angerollten' Steine.

Gerste: Der Name der Getreideart ist im *germ.* Sprachbereich nur im *Dt.* und *Niederl.* gebräuchlich: *mhd.* gerste, *ahd.* gersta, *niederl.* gerst. Im *Engl.* gilt barley, im *Schwed.* wird korn als Bezeichnung für „Gerste" verwendet. Die Herkunft des Wortes ist unklar. Einerseits kann es sich um ein altes Wanderwort *nichtidg.* Herkunft handeln, andererseits kann 'Gerste' mit *lat.* hordeum „Gerste" verwandt sein und auf einem substantivierten Adjektiv *gherzd[h]a „die Stachlige, die Grannige" beruhen. Zus.: **Gerstenkorn** „Vereiterung einer Drüse am Augenlid" (16. Jh.; nach der Ähnlichkeit mit einem Gerstenkorn benannt); **Gerstensaft** (18. Jh., für „Bier").

Gerte: *Mhd.* gerte, *ahd.* gerta „Rute, Zweig, Stab; Meßrute", *mniederl.* gaerde „Rute", *engl.* yard (Längenmaß; s. das Fremdwort *Yard*) beruhen auf einer Ableitung von dem im *Nhd.* untergegangenen *gemeingerm.* Substantiv *mhd., ahd.* gart „Stachel, Treibstecken", *got.* gazds „Stachel", *schwed.* gadd „Stachel", das mit *lat.* hasta „Stab, Stange; Speer, Spieß" und *mir.* gat „Weidenrute" verwandt ist. Die verschiedenen Verwendungen von Rute, Stock und Stange in den älteren Kulturzuständen spiegeln sich in den Bed. „Hirtenstab, Treibstecken, Stachel", „Meßrute, Maß" und „Speer; Spieß" wider. Auf die ausgezeichnete Biegsamkeit der Gerte bezieht sich die Zusammensetzung **gertenschlank.**

Geruch: *Mhd.* geruch ist eine Bildung zu dem nur noch vereinzelt in gehobener Sprache gebrauchten **Ruch** (*mhd.* ruch „Duft; Ausdünstung; Dunst, Dampf"), das zu dem unter ↑*riechen* behandelten Verb gehört. Die Bed. „Ruf, Leumund" – beachte z. B. die Wendung 'in einem Geruch stehen' – beruht nicht auf bildlicher Verwendung von 'Geruch'. Vielmehr handelt es sich um das volksetymologisch an 'riechen' angeschlossene ↑Gerücht.

Gerücht: *Mnd.* geruchte, das (mit *niederd.* -cht- statt *hochd.* -ft-) *mhd.* geruofte „Geschrei" entspricht, gehört mit den unter ↑*anrüchig*, ↑*berüchtigt* und ↑*ruchbar* behandelten Wörtern zu der Wortgruppe von ↑*rufen* und bedeutete ursprünglich „Gerufe, Geschrei". Im niedersächsischen Rechtsleben bezeichnete *mnd.* geruchte dann speziell das Not- und Hilfegeschrei, das bei der Ertappung eines Verbrechens auf frischer Tat erhoben wurde, und ferner das Geschrei und Gejammere, unter dem vor Gericht Klage erhoben wurde. In dieser rechtlichen Geltung entwickelte 'geruchte' die Bed. „Ruf, Leumund". Um 1500 drang das Wort in dieser Bedeutung aus dem *Niederd.* ins *Hochd.* Heute ist es nur noch im Sinne von „umlaufendes Gerede" gebräuchlich.

geruhen „sich huldvoll herbeilassen": Das Verb, das im heutigen Sprachgefühl auf 'ruhen' bezogen wird, ist seiner Herkunft nach mit ↑*ruchlos* und ↑*verrucht* verwandt und gehört vermutlich zu der unter ↑*recht* dargestellten *idg.* Wurzel *reĝ- „aufrichten, recken". Die heutige Bedeutung würde sich dann aus „aufrichten, stützen, helfen, für etwas Sorge tragen" entwickelt haben. Mit *mhd.* geruochen, *ahd.* [gi]ruohhen „bedacht, besorgt sein; belieben" sind im *germ.* Sprachbereich verwandt *aengl.* rēcan „sich kümmern, sich sorgen" und *aisl.* rǣkja „auf etwas achten, sich kümmern"; *außergerm.* ist eng verwandt *griech.* arḗgein „helfen, beistehen".

gerührt ↑rühren.

Gerümpel: *Mhd.* gerümpel „Gepolter, Lärm" ist eine Bildung zu dem unter ↑*rumpeln* behandelten Verb. Im *Nhd.* bezeichnete das Wort dann zunächst rumpelnd wackelnden oder zusammenbrechenden Hausrat und schließlich ganz allgemein unbrauchbares Zeug. Eine Bildung des 20. Jh. ist das Verb **entrümpeln** „von Gerümpel frei machen".

Gerüst: Das auf das *dt.* Sprachgebiet beschränkte Wort (*mhd.* gerüste, *ahd.* gi[h]rusti) ist eine Bildung zu dem unter ↑*rüsten* behandelten Verb. Es bedeutete zunächst abstrakt „Zu-, Ausrüstung, Bereitung", dann konkret „Rüstung; Kleidung; Gerät; Vorrichtung; Erbautes". Heute bezeichnet es gewöhnlich ein aus Brettern oder Balken errichtetes Gestell.

gesamt: Das Adjektiv ist das in adjektivischen Gebrauch übergegangene zweite Partizip *mhd.* gesam[en]t, *ahd.* gisamanōt von dem im *Nhd.* untergegangenen Verb *mhd.* samenen, *ahd.* samanōn „[ver]sammeln, vereinigen" (vgl. *sammeln*). Abl.: **Gesamtheit** (18. Jh.).

Gesandte: Das seit dem 16. Jh. bezeugte Wort ist aus der Kürzung von *spätmhd.* gesanter pote „abgesandter Bote" hervorgegangen (vgl. *senden*). Abl.: **Gesandtschaft** (17. Jh.; wohl dem gleichbed. älter *niederl.* ghesandschap nachgebildet).

Gesang: Das Substantiv *mhd.* gesanc, *ahd.* gisang ist eine ge-Bildung zu dem unter ↑*Sang* behandelten Wort, das heute allmählich veraltet. Zus.: **Gesangbuch** „Buch mit einer Sammlung von Kirchenliedern" (15. Jh.; heute auch *ugs.* für „Konfession", z. B. in der Wendung 'das richtige Gesangbuch haben').

Gesäß: *Mhd.* gesæ̨ze, *ahd.* gisāzi „Sitz, Wohnsitz; Lager; Belagerung; Lage; Hintern" ist eine Bildung zu dem unter ↑*sitzen* behandelten Verb und bedeutet eigentlich „das, worauf man sitzt; Ort, an dem man sich aufhält". Heute wird das Wort nur noch im Sinne von „Hintern" verwendet.

Geschäft: *Mhd.* gescheft[e] „Beschäftigung, Arbeit, Angelegenheit; Anordnung, Befehl; Testament; Abmachung, Vertrag" ist eine Bildung zu dem unter ↑*schaffen* behandelten schwach flektierenden Verb. Erst im *Nhd.* ist 'Geschäft' zu einem wichtigen Wort des Handelswesens geworden. Abl.: **geschäftig** „unentwegt tätig" (14. Jh.; *mitteld.* gescheftig), dazu **Geschäftigkeit** (16. Jh.); **geschäftlich** „die Geschäfte betreffend, dienstlich, beruflich" (16. Jh.). Zus.: **Geschäftsmann** (um 1800; Lehnübersetzung von *frz.* homme d'affaires); **Geschäftsträger** (18. Jh.; Lehnübertragung von *frz.* chargé d'affaires).

geschehen: Das *westgerm.* Verb *mhd.* geschehen, *ahd.* giskehan, *niederl.* geschieden, *aengl.* gescēon gehört zu dem einfachen Verb *ahd.* skehan „eilen, rennen, schnell fortgehen", *aengl.* scēon „eilen, laufen, fliegen; vorfallen, sich ereignen", das z. B. verwandt ist mit der *baltoslaw.* Sippe von *russ.* skok „Sprung", skočit' „springen". Die Bed. „sich ereignen" hat sich demnach aus „schnell vor sich gehen, plötzlich vorkommmen" entwickelt. Zu 'geschehen' ist das Substantiv ↑Geschichte (eigentlich „Geschehnis, Begebenheit“) gebildet. Zu dem obenerwähnten einfachen Verb gehört als Veranlassungswort das unter ↑schicken (eigentlich „vonstatten gehen lassen“) behandelte Verb. Abl.: **Geschehnis** (19. Jh.).

gescheit: *Mhd.* geschīde „schlau, klug“ ist eine Bildung zu *mhd.* schīden „scheiden; deuten, auslegen; entscheiden“ (vgl. *scheiden*) und bedeutet eigentlich „[unter]scheidend, scharf“ (vom Verstand und von den Sinnen). Abl.: **Gescheitheit** (18. Jh.).

Geschenk ↑schenken.

Geschichte: Das auf das *dt.* Sprachgebiet beschränkte Wort (*mhd.* geschiht, *ahd.* gisciht) ist eine Bildung zu dem unter ↑*geschehen* behandelten Verb und bedeutete zunächst „Geschehnis, Begebenheit, Ereignis“. In *mhd.* Zeit wurde das Wort dann auch in den Bedeutungen „Angelegenheit, Sache, Ding; Eigenschaft, Art, Weise“ und im Sinne von „Folge der Ereignisse“ verwendet. Erst seit dem 15. Jh. tritt 'Geschichte' auch in den Bedeutungen „Erzählung“ und „Bericht über Geschehenes“ auf und wird dem aus *lat.* historia entlehnten ↑Historie[n] gleichgesetzt. – Der Begriff 'Geschichte' erfuhr seine Vertiefung im 18. Jh., vor allem durch Herder, und seit dieser Zeit wird das Wort auch im Sinne von „Geschichtswissenschaft“ verwendet. Groß ist die Zahl der Zusammensetzungen, in denen 'Geschichte' als zweiter Bestandteil steckt, beachte z. B. 'Kurz-, Liebes-, Natur-, Kultur-, Literatur-, Geistes- und Vorgeschichte'. Abl.: **geschichtlich** (17. Jh.). Zus.: **Geschichtsklitterung** (↑klittern).

Geschick: *Mhd.* geschicke „Begebenheit; Ordnung, Aufstellung; Anordnung, Verfügung; Testament; Gestalt; Benehmen“ ist eine Bildung zu dem unter ↑*schicken* behandelten Verb, das früher auch „geschehen lassen, bewirken, fügen, ordnen, verfügen, vormachen“ bedeutete. Heute wird das Wort im Sinne von „Fügung, Schicksal“ und – in Anlehnung an das Adjektiv 'geschickt' (s. d.) – im Sinne von „Gewandtheit“ gebraucht, beachte z. B. die Wendung 'etwas mit Geschick ausführen'. Zu 'Geschick' in der Bed. „Gewandtheit“ stellt sich das heute veraltete Adjektiv **geschicklich,** von dem das Substantiv **Geschicklichkeit** abgeleitet ist. Zus.: **Mißgeschick** (18. Jh.).

geschickt „anstellig, gewandt“: Das seit *mhd.* Zeit gebräuchliche Adjektiv (*mhd.* geschicket) ist eigentlich das zweite Partizip von dem unter ↑*schicken* behandelten Verb. Die heutige Bedeutung hat sich aus „geeignet, passend“ entwickelt, beachte *mhd.* schicken (reflexiv) im Sinne von „vorbereitet sein; geeignet, passend sein“.

Geschiebe ↑schieben.

Geschirr: Das im *germ.* Sprachbereich nur im *Dt.* gebräuchliche Wort (*mhd.* geschirre, *ahd.* giscirri) ist eine Bildung zu dem unter ↑[1]*scheren* behandelten Verb und bedeutet eigentlich „das [Zurecht]geschnittene“. Das Wort bezeichnete in den älteren Sprachzuständen alle Arten von Gefäßen, Geräten und Vorrichtungen, heute nur noch Haushaltsgegenstände aus Porzellan, Steingut oder dgl. und das Riemenzeug der Zugtiere, beachte **Geschirrmacher** „Sattler“. Abl.: **schirren** (s. d.).

Geschlecht: Die auf das *dt.* Sprachgebiet beschränkte Substantivbildung (*mhd.* geslehte, *ahd.* gislahti) gehört zu dem unter ↑*schlagen* behandelten Verb und bedeutet eigentlich „das, was in dieselbe Richtung schlägt, [übereinstimmende] Art“, beachte z. B. die Bed. von 'schlagen' in den Wendungen 'aus der Art schlagen' und 'nach dem Vater schlagen'. Es wurde zunächst im Sinne von „Abstammung, [vornehme] Herkunft“ und im Sinne von „Menschen gleicher Abstammung“ gebraucht, dann auch im Sinne von „Gesamtheit der gleichzeitig lebenden Menschen“. Ferner bezeichnet es das natürliche und das grammatische Geschlecht, beachte dazu die Zusammensetzungen **Geschlechtsglied, Geschlechtsteil** (18. Jh.; Lehnübersetzung von *lat.* membrum genitale oder pars genitalis), **Geschlechtstrieb** (18. Jh.), **Geschlechtsverkehr** (20. Jh.) und **Geschlechtswort** (17. Jh.; für das aus dem *Lat.* entlehnte 'Artikel'). Die Verwendung von 'Geschlecht' wurde seit alter Zeit weitgehend von *lat.* genus beeinflußt. Abl.: **geschlechtlich** (19. Jh.).

Geschmack: *Mhd.* gesmac „Geruch, Ausdünstung; Geschmack; Geschmackssinn“ gehört mit dem im *Nhd.* untergegangenen gleichbedeutenden einfachen Substantiv *mhd., ahd.* smac (entsprechend *engl.* smack „Geschmack“) zu dem unter ↑*schmecken* behandelten Verb, das in den älteren Sprachzuständen auch „riechen“ und allgemein „wahrnehmen, empfinden“, bedeutete. Anders gebildet ist *mhd.* [ge]smach, *ahd.* gismahho „Geruch, Ausdünstung; Geschmack; Geschmackssinn“. Aus dem *Mnd.* stammt die *nord.* Sippe von *schwed.* smak „Geschmack“. – Die Verwendung von 'Geschmack' im Sinne von „[Wohl]gefallen; Stil[gefühl]; Schönheitssinn“ beruht auf Bedeutungsentlehnung aus *frz.* [bon] goût oder *it.* [buon] gusto. Zus.: **geschmacklos** (18. Jh.), dazu **Geschmacklosigkeit; geschmackvoll** (18. Jh.).

Geschmeide: Das auf das *dt.* Sprachgebiet beschränkte Wort (*mhd.* gesmīde, *ahd.* gismīdi) ist eine Kollektivbildung zu dem im *Nhd.* untergegangenen Substantiv *mhd.* smīde „Metall; Schmuck“, *ahd.* smīda „Metall“, das zu der unter ↑*Schmied* dargestellten Wortgruppe gehört. Die Kollektivbildung wurde zunächst im Sinne von „Metall“ gebraucht und bezeichnete dann das aus Metall geschmiedete Gefäß und Gerät, den Metallschmuck und die metallene Waffe und Rüstung. Während in Österreich 'Geschmeide' noch im Sinne von „Metallwaren“ gebräuchlich ist, bezieht sich das Wort in Deutschland nur noch auf die Erzeugnisse des Goldschmiedehandwerks. Abl.: **geschmeidig** (*mhd.* gesmīdec; eigentlich „leicht zu schmieden, gut zu bearbeiten“, dann „biegsam“).

Geschmeiß ↑[1]schmeißen.

Geschöpf ↑schaffen.

Geschoß: Das zu dem unter ↑*schießen* behandelten Verb gebildete Substantiv (*mhd.* geschǒz, *ahd.* giscoȥ; entsprechend *aengl.* gescot) ist heute nur noch im passivischen Sinne als „das, was geschossen wird“ (z. B. Pfeil, Kugel) gebräuchlich, während es in den älteren Sprachzuständen auch aktivisch als „das, womit man schießt“ (z. B. Bogen, Armbrust, Geschütz) verwendet wurde. Mit diesem ‘Geschoß’ identisch sind das heute veraltete Rechtswort ‘Geschoß’ „Abgabe, Steuer“, das sich an ‘schießen’ in der Bed. „zuschießen, beisteuern“ anschließt, und ‘Geschoß’ „Stockwerk“ (häufig in Zusammensetzungen wie ‘Dach-, Erdgeschoß’), das sich in der Bed. nach ‘schießen’ im Sinne von „aufschießen, in die Höhe ragen“ richtet. Im heutigen Sprachgefühl werden Geschoß „Stockwerk“ und Geschoß „Pfeil, Kugel“ als zwei verschiedene Wörter empfunden. Siehe auch den Artikel *²Schoß*.

Geschrei ↑schreien.

Geschütz: *Mhd.* geschütze ist eine Kollektivbildung zu dem unter ↑*Schuß* behandelten Substantiv. Das Wort bezeichnete zunächst die Gesamtheit der Schußwaffen, das Schießzeug, dann speziell die schweren Schußwaffen und schließlich auch die einzelne Kanone.

Geschwader: Die militärische Bezeichnung für eine größere Formation von Schiffen oder Flugzeugen, im *Dt.* seit dem 16. Jh. zuerst mit der Bed. „Reiterabteilung“ bezeugt, ist eine Kollektivbildung zu *spätmhd.* swader „Reiterabteilung; Flottenverband“, das seinerseits auf einer Entlehnung aus *it.* squadra „Viereck; in quadratischer Formation angeordnete [Reiter]truppe; Abteilung, Mannschaft“ beruht. Das dem *it.* Subst. squadra zugrundeliegende Verb *it.* squadrare „viereckig machen; im Viereck aufstellen“ geht zurück auf gleichbed. *vlat.* *ex-quadrare (zu *lat.* quadrus „viereckig“; vgl. *Quader*). Siehe auch den Artikel *Schwadron*.

Geschwätz ↑schwatzen.

geschweift ↑schweifen.

geschweigen ↑schweigen.

geschwind: *Mhd.* geswinde „schnell, ungestüm“ ist eine ge-Bildung zu dem im *Nhd.* untergegangenen *gemeingerm.* Adjektiv *mhd.* swinde, swint „stark; heftig; ungestüm; rasch; grimmig, böse; streng, hart“, *ahd.* swind (nur in Personennamen, beachte z. B. Adalswind), *got.* swinþs „stark“, *aengl.* swīđ „stark; heftig,; streng“, *aisl.* svinnr „rasch; klug“. Das zugrundeliegende *germ.* *swenþ[i]a- „stark, kräftig“ steht im Ablaut zu *germ.* *[ga]sunda- „stark, kräftig“, auf dem das unter ↑*gesund* behandelte Adjektiv beruht. Die *außergerm.* Beziehungen sind unklar. Abl.: **Geschwindigkeit** (16. Jh.).

Geschwister: Das *westgerm.* Wort *mhd.* geswister, *ahd.* giswestar, *asächs.* giswestar, *aengl.* gesweostor ist eine Kollektivbildung zu dem unter ↑*Schwester* behandelten Substantiv und bezeichnete zunächst nur die Schwestern, dann auch umfassender die Brüder. Abl.: **geschwisterlich** (16. Jh.).

geschwollen ↑¹schwellen.

Geschworene: Das im heutigen Sprachgebrauch als Bezeichnung für den Laienrichter des Schwurgerichts verwendete Wort ist das substantivierte zweite Partizip von dem unter ↑*schwören* behandelten Verb. *Spätmhd.* gesworne bezeichnete denjenigen, der geschworen hat und damit eidlich verpflichtet ist.

Geschwulst: Das Substantiv *mhd.* geswulst, *ahd.* giswulst ist eine Bildung zu dem unter ↑*schwellen* behandelten Verb und bedeutet eigentlich „Schwellung“.

Geschwür: Das seit dem 16. Jh. bezeugte Wort ist eine Bildung zu dem unter ↑*schwären* behandelten Verb und bedeutet eigentlich „das, was eitert“.

Geselle: Das auf das *dt.* Sprachgebiet beschränkte Wort (*mhd.* geselle, *ahd.* gisell[i]o) ist eine Kollektivbildung zu dem unter ↑*Saal* behandelten Substantiv und bedeutet eigentlich „der mit jemandem denselben Saal (früher: Wohnraum) teilt“. Aus dem *Dt.* stammt *niederl.* gezel „Geselle“. – Während ‘Geselle’ in den älteren Sprachzuständen die umfassenden Bedeutungen „Gefährte; Freund; Geliebter; junger Bursche; Standesgenosse“ hatte, bezieht es sich heute hauptsächlich auf das Handwerkswesen und bezeichnet den ausgelernten Lehrling. Abl.: **gesellen,** [sich] (*mhd.* gesellen, *ahd.* gisellan „[sich] zum Gefährten machen“); **gesellig** (*mhd.* gesellec „zugesellt, verbunden, freundschaftlich“), dazu **Geselligkeit** (*mhd.* gesellekeit); **Gesellschaft** (*mhd.* geselleschaft, *ahd.* giselliscaft „Vereinigung mehrerer Gefährten; freundschaftliches Beisammensein; Freundschaft; Liebe; Gesamtheit der Gäste; Handelsgenossenschaft“; seit dem 15. Jh. wird das Wort auch auf die soziale Ordnung der Menschheit bezogen), dazu **Gesellschafter** (16. Jh.), **gesellschaftlich** (18. Jh.), **Gesellschaftswissenschaft** (19. Jh. für ‘Soziologie’).

Gesetz: Das wichtige Wort des Rechtswesens ist erst in *mhd.* Zeit zu dem unter ↑*setzen* behandelten Verb in der Bedeutungswendung „festsetzen, bestimmen, anordnen“ gebildet. Es bedeutet also, wie z. B. auch ‘Satzung’ (s. unter *Satz*), eigtl. „Festsetzung“. – *Mhd.* gesetze hat sich gegenüber der gleichbed. Bildung *mhd.* gesetzede, *ahd.* gisezzida und gegenüber *mhd.* ēwe, *ahd.* ēwa „Gesetz; Recht“ (↑*Ehe*) erst allmählich durchgesetzt. Abl.: **gesetzlich** (15. Jh.). Zus.: **Gesetzbuch** (14. Jh.); **Gesetzgeber** (15. Jh.); **gesetzwidrig** (18. Jh.).

gesetzt ↑setzen.

Gesicht: *Mhd., ahd.* gesiht „das Sehen, Anblicken; Gesehenes, Anblick; Erscheinung, Vision; Aussehen, Gestalt; Antlitz“, *niederl.* gezicht „Anblick; Blick; Aussicht; Gesicht, Miene“, *aengl.* gesihđ „das Sehen; Anblick; Erscheinung, Vision“ gehören zu dem unter ↑*sehen* behandelten Verb. Die Bed. „Antlitz“, in der das Wort im *Ahd.* und *Mhd.* nur vereinzelt bezeugt ist, hat sich demnach aus „Anblick[en]“ oder aus „Teil des Kopfes, an dem sich der Gesichtssinn befindet“ entwickelt. Im heutigen Sprachgebrauch wird ‘Gesicht’ auch auf das geistige Schauen übertragen. Daher bezeichnet man (in Nachahmung des *engl.* second sight) mit dem ‘Zweiten Gesicht’ die Fähigkeit, künftige Vorgänge mit dem geistigen Auge zu schauen. – Zus.: **Angesicht** (*mhd.* angesiht „das Anschauen, Anblicken, Aussehen", dann auch „Antlitz"), beachte dazu das Adverb **angesichts** (16. Jh.); **Gesichtskreis** (16. Jh.; Ersatzwort für 'Horizont'); **Gesichtspunkt** (16. Jh.; Lehnübersetzung von *lat.* punctum visus; von Dürer auf das perspektivische Zeichnen bezogen, von Leibniz in Analogie zu *frz.* point de vue auf das Geistige übertragen).

Gesims ↑Sims.

Gesinde: Das Wort, das heute nur noch selten als Bezeichnung für die [niedere] Dienerschaft eines herrschaftlichen Haushaltes oder für Knechte und Mägde eines bäuerlichen Haushaltes verwendet wird, spielte in älterer Zeit eine bedeutende Rolle im Gefolgschaftswesen. *Mhd.* gesinde „Gefolge; Dienerschaft; Kriegsvolk, Truppen", *ahd.* gisindi „Gefolge; Kriegsvolk" (vgl. *aengl.* gesīđ „Gefolge") ist eine Kollektivbildung zu dem im *Nhd.* untergegangenen *gemeingerm.* Substantiv *mhd.* gesinde, *ahd.* gisind[o] „Gefolgsmann; Weggenosse; Diener, Hausgenosse", *got.* gasinþ[j]a „Weggenosse, Gefährte", *aengl.* gesīđa „Gefährte", *aisl.* sinni „Gefährte". Dieses Substantiv bedeutet eigentlich „der denselben Weg hat, der an derselben Unternehmung teilnimmt" und ist abgeleitet von dem gleichfalls im *Nhd.* untergegangenen *gemeingerm.* Substantiv *mhd.* sint, *ahd.* sind „Weg, Gang, Reise, Fahrt", *got.* sinþs „Gang, Mal", *aengl.* sīđ „Weg, Gang, Reise, Unternehmung", *aisl.* sinn „Gang, Mal" (vgl. *Sinn*). Vgl. den Artikel *Gesindel.*

Gesindel „Pack, Pöbel": Das erst seit dem 16. Jh. bezeugte Wort ist eine Verkleinerungsbildung zu dem unter ↑*Gesinde* behandelten Substantiv und bedeutete ursprünglich „kleine Gefolgschaft, Kriegsvölkchen". Im heutigen Sprachgebrauch wird 'Gesindel' nicht mehr als Verkleinerungsform empfunden.

gesinnt „von einer bestimmten Gesinnung": Das Adjektiv (*mhd.* gesinnet „mit Sinn und Verstand begabt"), das heute fälschlicherweise als zweites Partizip von 'sinnen' empfunden wird, ist eine Bildung zu dem unter ↑*Sinn* behandelten Substantiv.

Gesinnung „[sittliche] Einstellung, Grundhaltung": Das erst seit dem 18. Jh. bezeugte Wort gehört zu dem heute nicht mehr gebräuchlichen Verb gesinnen „an etwas denken, begehren, verlangen" (vgl. *sinnen*). Seit dem 19. Jh. wird 'Gesinnung' oft auch im Sinne von „politische Denkweise" gebraucht. Zus.: **gesinnungslos** (19. Jh.); **Gesinnungslump[erei]** (20. Jh.).

Gesocks: Die Herkunft des *ugs.* Ausdrucks für „Pack, Gesindel", der erst seit dem 20. Jh. gebräuchlich ist, ist unklar. Vielleicht handelt es sich um eine Bildung zu dem veralteten Verb socken „sich auf die Socken machen, laufen" (vgl. *Socke*).

Gesöff (*ugs.* für:) „schlechtes Getränk": Das seit dem 17. Jh. bezeugte Wort ist eine Kollektivbildung zu dem heute nicht mehr gebräuchlichen 'Soff', einer Nebenform von dem unter ↑*Suff* behandelten Substantiv.

gesonnen ↑sinnen.

Gespann: Das seit dem 16. Jh. bezeugte Wort ist eine Bildung zu dem unter ↑*spannen* behandelten Verb und bezeichnet die zusammen vor einen Wagen gespannten Zugtiere.

gespannt ↑spannen.

Gespenst: Das im *germ.* Sprachbereich nur im *Dt.* gebräuchliche Wort *mhd.* gespenst[e], *ahd.* gispensti „[Ver]lockung, [teuflisches] Trugbild, Geistererscheinung" ist eine Bildung zu dem im *Nhd.* untergegangenen Verb *mhd.* spanen, *ahd.* spanan „locken, reizen", vgl. *aengl.* spanan „reizen, verlocken, überreden". Dieses Verb, zu dem sich auch das unter ↑*abspenstig* behandelte Adjektiv stellt, gehört im Sinne von „anziehen" zu der Wortgruppe von ↑*spannen.* – Das Gespenst spielt im *dt.* Volksglauben eine überaus wichtige Rolle und ist ein beliebtes Motiv in der *dt.* Literatur. Abl.: **gespenstern** „als Gespenst umgehen" (19. Jh.); **gespenstig** und **gespenstisch** (18. Jh.).

Gespinst: Die *nhd.* Form geht über älter *nhd.* Gespünst[e] zurück auf *mhd.* gespunst „das Spinnen; Gesponnenes", eine Bildung zu dem unter ↑*spinnen* behandelten Verb. – Auf das Geistige übertragen wird 'Gespinst' im Sinne von „Ersonnenes" verwendet, beachte die Zusammensetzung **Hirngespinst** (18. Jh.).

Gespräch: *Mhd.* gespræche, *ahd.* gisprāchi „Sprechen; Sprechvermögen; Rede, Beredsamkeit; Unterredung, Beratung" ist eine Kollektivbildung zu dem unter ↑*Sprache* behandelten Wort. Abl.: **gesprächig** (*spätmhd.* gespræchec, für älteres *mhd.* gespræche, *ahd.* gisprāchi „beredt").

gesprenkelt ↑Sprenkel.

Gestade: Das Wort, das heute nur noch in der gehobenen Sprache der Dichtung verwendet wird, ist durch das ursprünglich *niederd.* Wort Ufer (s. d.) zurückgedrängt worden. *Mhd.* gestat „Ufer" ist eine Kollektivbildung zu dem *altgerm.* Substantiv *mhd.* stade, *ahd.* stad[o] „Ufer" (beachte 'Staden' *südd.* für „Ufer[straße]"), *got.* staþ[s] „Ufer", *aengl.* stæđ „Ufer", anders gebildet *aisl.* stǫđ „Stand, Stelle; Landeplatz". Dieses *altgerm.* Substantiv gehört mit Bildungen wie 'Stätte, Stadt, Stadel' zu der Wortgruppe von ↑*stehen.*

Gestalt: Das im *Nhd.* durch 'gestellt' ersetzte alte zweite Partizip *mhd.* gestalt, *ahd.* gistalt zu dem unter ↑*stellen* behandelten Verb ging früh in adjektivischen Gebrauch über und bildete im *Mhd.* die Grundlage für die Substantivbildung gestalt „Aussehen; Beschaffenheit, Art und Weise; Person". Abl.: **gestalten** „formen, bilden; arrangieren" (16. Jh.), dazu **Gestaltung** (16. Jh.). Siehe auch den Artikel *verunstalten.*

geständig, Geständnis ↑stehen.

Gestank: Das seit *mhd.* Zeit bezeugte Wort (*mhd.* gestanc) ist eine Kollektivbildung zu dem heute nur noch *ugs.* im Sinne von „Zank, Streit" gebräuchlichen Substantiv **Stank,** *mhd., ahd.* stanc „[schlechter] Geruch", entsprechend *niederl.* stank „Gestank", *engl.* stench „Gestank" (vgl. *stinken*).

gestatten: Im *Ahd.* existierte neben stat „Ort, Platz, Stelle" (vgl. *Statt*) auch ein Substantiv stata „rechter Ort, günstiger Zeitpunkt, Gelegenheit", das im *Nhd.* in **zustatten** (in der Fügung 'zustatten kommen') und in **vonstatten** (in der Fügung 'vonstatten gehen') bewahrt ist. Von diesem Substantiv abgeleitet ist *ahd.* gistatōn, *mhd.* gestaten „Gelegenheit geben, gewähren, erlauben" (vgl. auch *ausstatten*). Ferner gehört dazu das Adjektiv **statthaft** „zulässig" (*mhd.* statehaft, *ahd.* verneint unstatahaft).

Geste „Gebärde (als die die Rede begleitende Ausdrucksbewegung des Körpers, besonders der Arme und Hände)": Das Wort ist bereits um 1500 in der Wendung 'gesten machen' bezeugt. Es ist entlehnt aus *lat.* gestus „Gebärdenspiel des Schauspielers oder Redners", das zum Verb *lat.* gerere (gestum) „tragen, zur Schau tragen; sich benehmen" gehört. – Vom gleichen Stammwort *lat.* gerere, das ohne sichere außeritalische Entsprechungen ist, ist über eine Verkleinerungsbildung gesticulus „pantomimische Bewegung" das *lat.* Verb gesticulari „heftige Gebärden machen" abgeleitet (↑gestikulieren, Gestikulation). Die Komposita *lat.* re-gerere „zurückbringen, hinbringen; (übertragen:) eintragen, einschreiben" und sug-gerere „von unten herantragen; unterderhand beibringen; eingeben" liegen vor in unseren Fremdwörtern ↑suggerieren, Suggestion, suggestiv und ↑Register, registrieren, Registratur.

gestehen ↑stehen.

Gestell: *Mhd.* gestelle „Mühlengestell; Rahmenwerk", *ahd.* gistelli „Stellung; Standort; Zusammengestelltes" ist eine Kollektivbildung zu dem unter ↑*Stall* behandelten Wort. Im heutigen Sprachgefühl wird 'Gestell' auf das Verb 'stellen' bezogen.

Gestellungsbefehl ↑stellen.

gestern: Die *germ.* Ausdrücke für „am Tage vor heute" *mhd.* gester[n], *ahd.* gestaron, *niederl.* gisteren, *engl.* (in der Zusammensetzung) yesterday, *schwed.* (nicht weitergebildet und mit Präposition) i går beruhen mit verwandten Wörtern in anderen *idg.* Sprachen auf *idg.* *ĝh[d]ies- „am anderen Tage" (von heute aus gesehen), vgl. z. B. *griech.* chthés „gestern" und *lat.* heri „gestern", dazu *lat.* hesternus „gestrig". Aus der Bed. „am anderen Tage" (von heute aus gesehen) konnte sich auch die Bed. „morgen" entwickeln, beachte z. B. *got.* gistradagis „morgen". – Abl.: **gestrig** (*mhd.* gesteric, *ahd.* gesterig). Zus.: **vorgestern** (16. Jh.).

gestikulieren „Gebärden machen": Das Verb wurde im 17. Jh. aus gleichbed. *lat.* gesticulari (vgl. *Geste*) entlehnt. – Dazu das Substantiv **Gestikulation** „Gebärdenspiel" (18. Jh.; aus *lat.* gesticulatio).

Gestirn: *Mhd.* gestirne, *ahd.* gistirni „[Gesamtheit der] Sterne; Konstellation" ist eine Kollektivbildung zu dem unter ↑*Stern* behandelten Wort. Heute ist das Wort nur noch im nicht kollektiven Sinne von „leuchtender Himmelskörper" gebräuchlich.

gestirnt: Das Adjektiv *mhd.* gestirnet, *ahd.* gistirnōt, das nach Art der zweiten Partizipien gebildet ist, geht nicht von einem Verb aus, sondern ist unmittelbar von dem unter ↑*Stern* behandelten Substantiv abgeleitet und bedeutet „mit Sternen versehen".

Gestöber ↑stöbern.

Gesträuch ↑Strauch.

gestreift ↑Streif[en].

gestrichelt ↑Strich.

gestrig ↑gestern.

Gestrüpp: Das erst seit dem 16. Jh. bezeugte Wort ist eine Kollektivbildung zu dem im *Nhd.* untergegangenen Substantiv *mhd.* struppe „Buschwerk, Gesträuch" (vgl. *struppig*).

Gestüt: Das erst seit dem 16. Jh. bezeugte Wort ist eine Kollektivbildung zu dem unter ↑*Stute* behandelten Substantiv. Es bezeichnete zunächst die Herkunft von Pferden, dann auch die Anstalt für Pferdezucht.

Gesuch: Das seit dem 16. Jh. bezeugte Wort ist eine Bildung zu dem unter ↑*suchen* behandelten Verb und bedeutete zunächst „Streben nach Gewinn". Seit dem 17. Jh. wird es im Sinne von „[an eine Behörde gerichtete] Bitte" verwendet. Dazu existierte eine männliche Substantivbildung *mhd.* gesuoh, *ahd.* gisuoh, die aber „Erwerb; Ertrag; Zinsen; Weide[recht]; Pirsch[jagd]" bedeutete.

gesund: Das *westgerm.* Adjektiv *mhd.* gesunt, *ahd.* gisunt, *niederl.* gezond, *aengl.* [ge]sund (*engl.* sound) steht im Ablaut zu dem unter ↑*geschwind* behandelten Adjektiv. Abl.: **gesunden** (*mhd.* gesunden, *ahd.* gisunten „gesund werden; gesund machen"); **Gesundheit** (*mhd.* gesundheit).

Getränk: Das seit *mhd.* Zeit bezeugte Wort (*mhd.* getrenke) ist eine Kollektivbildung zu dem unter ↑*Trank* behandelten Substantiv.

Getreide: Das auf das *dt.* Sprachgebiet beschränkte Substantiv ist eine Bildung zu dem unter ↑*tragen* behandelten Verb und bedeutet eigentlich „das, was getragen wird": *mhd.* getregede, getreide „Bodenertrag; Nahrung; Kleidung; Gepäck; Last; Tragbahre" (seit dem 14. Jh. allmählich auf „Körnerfrucht" eingeengt), *ahd.* gitregidi „Ertrag, Einkünfte, Besitz".

getreu ↑treu.

Getriebe: Das seit dem 15. Jh. bezeugte Wort ist eine Bildung zu dem unter ↑*treiben* behandelten Verb. Es bezog sich zunächst auf die Treibvorrichtung in Mühlen, dann auf das Räderwerk in Uhren und schließlich auf Kraftübertragungsvorrichtungen.

Getto „Judenviertel": Die Etymologie dieses im 17. Jh. aus *it.* ghetto übernommenen Wortes ist nicht sicher geklärt. Vielleicht geht er auf *it.* getto, den Namen eines Stadtteils im alten Venedig, zurück. In diesem Stadtteil bzw. in unmittelbarer Nachbarschaft davon wurde das erste Judenquartier von Venedig eingerichtet. Der *it.* Name ist identisch mit *it.* getto „Gießerei; Guß" (zu gettare „gießen"), weil sich in diesem Stadtteil eine Gießerei befand.

Getümmel: Das seit dem 15. Jh. bezeugte Wort ist entweder eine Kollektivbildung zu dem im *Nhd.* untergegangenen Substantiv *mhd.* tumel „Lärm, betäubender Schall" oder aber eine Bildung zu dem unter ↑*tummeln* behandelten Verb.

getürkt ↑Türke.

Gevatter: Im Rahmen der frühen Missionstätigkeit in Deutschland tritt im 8. Jh. als Lehnübersetzung von *kirchenlat.* compater „Mitvater (in geistlicher Verantwortung), Taufpate" *ahd.* gifatero (vgl. *Vater*) auf, das sich auf das Verhältnis des Taufpaten zu den Eltern des Täuflings oder zum Täufling selbst, dann auch auf das Verhältnis der Taufpaten untereinander bezog. Im *Mhd.* entwickelte gavater[e] auch die Bed. „Onkel, Freund (der Familie)", und in diesem Sinne ist es im *Nhd.* gebräuchlich, während es als „Taufzeuge" von 'Pate' (s. d.) verdrängt wurde. Abl.: **Gevatterin** (15. Jh.); **Gevatterschaft** (*mhd.* gevaterschaft).

Geviert ↑vier.

Gewächs: Das seit *mhd.* Zeit bezeugte Substantiv (*mhd.* gewechse) ist eine Bildung zu dem unter ↑²*wachsen* behandelten Verb. Es bedeutete zunächst ganz allgemein „Gewachsenes", dann in erster Linie „Pflanze", aber auch „Auswuchs am Körper" und dgl. Zus.: **Gewächshaus** (17. Jh.).

gewahr: *Mhd.* gewar, *ahd.* giwar „beachtend, bemerkend; aufmerksam, sorgfältig, vorsichtig", *got.* wars „behutsam", *aengl.* [ge]wær „aufmerksam, vorsichtig; bereit" (*engl.* aware), *aisl.* varr „behutsam, vorsichtig, scheu" gehören zu der weitverzweigten Wortgruppe von ↑*wahren.* Die zugrundeliegende *germ.* Adjektivbildung *wara- „aufmerksam, vorsichtig" steht substantiviert in 'wahrnehmen' (s. d.). – Im heutigen Sprachgebrauch wird 'gewahr' nur noch in der Wendung 'gewahr werden' „erblicken, bemerken" gebraucht. Diese Wendung ist *westgerm.;* beachte *ahd.* giwar werdan, *mniederl.* gheware werden, *aengl.* gewær weorđan. – Abl.: **gewahren** „erblicken, bemerken" (*mhd.* gewarn); **Gewahrsam** (s. d.).

gewähren „zugestehen, bewilligen, erlauben": Das im *germ.* Sprachbereich nur im *Dt.* gebräuchliche Verb (*mhd.* [ge]wern, *ahd.* [gi]wern̄) gehört wahrscheinlich zu der unter ↑*wahr* dargestellten *idg.* Wurzel *u̯er- „Gunst, Freundlichkeit [erweisen]". – Aus dem *Afränk.* stammt *frz.* garant „Gewährsmann" (↑Garantie). Abl.: **Gewähr** (*mhd.* gewer, *ahd.* gaweri „Sicherstellung, Bürgschaft"; ursprünglich Rechtsausdruck, besonders häufig in der Verbindung 'für etwas Gewähr leisten', woraus durch Zusammenrückung **gewährleisten** entstand).

Gewahrsam „Schutz, Obhut; Haft": In Rechtstexten des 14. Jh.s tritt *mhd.* gewarsame „Sicherheit, Aufsicht; Obhut; sicherer Ort" auf, das eine Bildung zu *mhd.* gewarsam „sorgsam, vorsichtig" ist (vgl. *gewahr*). Das Adjektiv 'gewahrsam' ist seit dem 18. Jh. nicht mehr gebräuchlich. Das Substantiv hatte ursprünglich weibliches Geschlecht, nahm dann im 18. Jh. männliches Geschlecht an und wurde früher in der Bed. „Gefängnis" auch als sächliches Substantiv gebraucht.

Gewalt: *Mhd.* gewalt, *ahd.* [gi]walt, *niederl.* geweld, *aengl.* [ge]weald, *schwed.* våld gehören zu dem unter ↑*walten* behandelten Verb. Von 'Gewalt' abgeleitet ist **gewaltig** „mächtig, außerordentlich groß oder stark" (*mhd.* gewaltec, *ahd.* giwaltig), dazu **gewältigen** veraltet für „in seine Gewalt bringen; mit etwas fertig werden" (*mhd.* geweltigen), das seit dem 15. Jh. allmählich durch **bewältigen** (eigentlich „sich einer Sache gewaltig zeigen") und durch **überwältigen** verdrängt wurde, beachte auch die Bildung **vergewaltigen** (*spätmhd.* vergewaltigen „Gewalt antun; notzüchtigen"). Abl.: **gewaltsam** (15. Jh.). Zus.: **Gewaltakt** (19. Jh.); **Gewalthaber** (15. Jh.; wie auch das später bezeugte 'Gewaltherrscher' als Ersatz für 'Despot' und 'Tyrann'); **gewalttätig** (17. Jh.; von 'Gewalttat' abgeleitet).

Gewaltakt ↑Akt.

Gewand: Das Wort (*mhd.* gewant, *ahd.* giwant), das heute nur noch in gehobener Sprache im Sinne von „Kleidung[sstück]" verwendet wird, ist eine Bildung zu dem unter ↑*wenden* behandelten Verb. Es bedeutete ursprünglich „das Gewendete", d. h. „das gefaltete oder in Falten gelegte, aufbewahrte Tuch". Die ältere Bed. „Tuch" lebt noch in den Zusammensetzungen **Gewandschneider** „Tuchschneider" und **Gewandhaus** „Tuchhalle". In älterer Zeit war das Gewandhaus ein städtisches Gebäude, in dem die Tuchballen gelagert und zum Verkauf angeboten wurden. Besonders bekannt ist das im 18. Jh. errichtete Leipziger Gewandhaus, in dessen oberen Räumen Konzerte und Bälle stattfanden. Als Ende des 19. Jh.s in Leipzig ein besonderes Konzerthaus gebaut wurde, nannte man auch dieses 'Gewandhaus' und das dort musizierende Orchester **Gewandhausorchester.**

gewandt: Das Adjektiv ist eigentlich das zweite Partizip zu dem unter ↑*wenden* behandelten Verb. Im 17. Jh. ging das zweite Partizip im Sinne von „wendig" in adjektivischen Gebrauch über, bezog sich zunächst auf die Wendigkeit von Schiffen und auf die Beweglichkeit von Tieren, dann auch auf die Geschicklichkeit und die Umgangsformen von Menschen. Abl.: **Gewandtheit** (18. Jh.).

Gewann, Gewanne „viereckiges Flurstück, Ackerstreifen": Das Wort (*mhd., mnd.* gewande), das heute nur noch in landwirtschaftlicher Fachsprache gebräuchlich ist, gehört zu ↑*wenden* und bedeutete ursprünglich „Ackergrenze, an der der Pflug gewendet wird".

gewärtig ↑warten.

Gewäsch (ugs. für:) „[nutzloses] Gerede, Geschwätz": Das seit dem 16. Jh. bezeugte Substantiv gehört zu *spätmhd.* waschen, weschen „schwatzen", das wahrscheinlich mit *mhd.* waschen, weschen „waschen, spülen, reinigen" (vgl. *waschen*) identisch ist. Der Bedeutungsübergang von „waschen" zu „schwatzen" erklärt sich daraus, daß in älterer Zeit die Frauen in Gruppen an Brunnen und Bächen ihre Wäsche wuschen und bei dieser Arbeit unaufhörlich schwatzten. Ähnlich wird heute 'Waschweib' *ugs.* für „geschwätzige Frau" gebraucht.

Gewässer: Das seit etwa 1400 gebräuchliche Wort (*spätmhd.* gewez̧z̧ere) ist eine Kollektivbildung zu dem unter ↑*Wasser* behandelten Substantiv. Es bezog sich zunächst auf Überschwemmungen und Hochwasser, dann auf

Meere, Seen und Flüsse und bezeichnet heute auch einen einzelnen See oder Fluß.

Gewebe: Das Substantiv *mhd.* gewebe, *ahd.* giweb[i] ist eine ge-Bildung zu dem unter ↑*weben* behandelten Verb. Die einfache Substantivbildung *mhd.* weppe, *ahd.* weppi ist heute nur noch in 'Spinnwebe' (neben 'Spinngewebe') bewahrt (s. den Artikel *Spinne*). In Zusammensetzungen wird 'Gewebe' oft übertragen gebraucht, beachte z. B. 'Gewebelehre' (für „Histologie"), 'Gewebeveränderung, Muskelgewebe'.

Gewehr: *Mhd.* gewer, *ahd.* giwer ist eine Kollektivbildung zu dem unter ↑[1]*Wehr* „Befestigung, Verteidigung" behandelten Substantiv und wurde zunächst im Sinne von „Verteidigung, Abwehr, Schutz" verwendet. Während im allgemeinen der Bedeutungswandel der Wörter vom Konkreten zum Abstrakten führt, hat sich bei 'Gewehr' die konkrete Bed. „[Verteidigungs-, Schuß]waffe" erst sekundär entwickelt. In der Jägersprache bezeichnet 'Gewehr' die Hauer des Wildschweins und die Zähne und Klauen von Raubtieren. Zus.: **Maschinengewehr** (20. Jh.); **Seitengewehr** „Bajonett" (17. Jh. für „Degen, Säbel", älter 'Seitenwehr', 16. Jh.).

Geweih: Das Wort, das wahrscheinlich aus der Jägersprache stammt, bedeutete ursprünglich „Geäst". Ähnliche weidmännische Bezeichnungen sind 'Gestänge' oder 'Stangen' (zu *Stange*) und *österr.* 'Gestämme' (zu *Stamm*), beachte auch *mnd.* hertes-twīch „Geweih", eigentlich „Hirschzweig". Wie 'Gehörn' (zu *Horn*) so ist auch 'Geweih' (*mhd.* gewī[g]e) eine Kollektivbildung, und zwar zu einem untergegangenen *ahd.* *wī[a] „Ast, Zweig", das z. B. mit *aind.* vayā́ „Zweig, Ast", *air.* fē „Rute" und *russ.* veja „Zweig, Ast" verwandt ist.

Gewerbe: Das seit *mhd.* Zeit bezeugte Substantiv ist eine Bildung zu dem unter ↑*werben* behandelten Verb. *Mhd.* gewerbe „Wirbel; Gelenk; Geschäft, Tätigkeit; Anwerbung (von Truppen)" schloß sich in seinen Bedeutungen eng an das zugrundeliegende Verb *mhd.* werben „kreisen, sich drehen; sich umtun, tätig sein; handeln; [an]werben" an. Heute ist das Wort nur noch im Sinne von „berufsmäßige Beschäftigung um des Erwerbs willen" gebräuchlich. Abl.: **gewerblich** (19. Jh.). Groß ist die Zahl der Zusammensetzungen, in denen 'Gewerbe' als Grund- oder Bestimmungswort steckt, beachte z. B. **Gewerbefreiheit** (18. Jh.; Lehnübersetzung von *engl.* freedom of trade) sowie 'Gewerbesteuer, Gewerbeschule, Kunstgewerbe, Gaststättengewerbe'.

Gewerke, Gewerkschaft ↑Werk.

gewichst ↑wichsen.

Gewicht: *Mhd.* gewiht[e] ist eine ge-Bildung zu dem im *Hochd.* untergegangenen Substantiv *mnd.* wicht „Gewicht, Schwere", *niederl.* wicht „Gewicht", *engl.* weight „Gewicht", *aisl.* vǽtt „Gewicht, Schwere". Dieses *altgerm.* Substantiv ist eine Bildung zu dem unter ↑*wägen* behandelten Verb (vgl. *bewegen*). Abl.: **gewichtig** „schwerwiegend, bedeutsam" (15. Jh.). Von den zahlreichen Zusammensetzungen mit 'Gewicht' beachte z. B. 'Gleichgewicht' (17. Jh.), 'Übergewicht' (17. Jh.), 'Leicht-, Mittel-, Schwergewicht' usw.

gewieft (*ugs.* für:) „schlau, durchtrieben": Das Adjektiv ist wahrscheinlich eigentlich das zweite Partizip zu dem im *Nhd.* untergegangenen Verb *mhd.* wīfen „winden, schwingen", das zu der Wortgruppe von ↑*Wipfel* gehört. Ähnliche *ugs.* Ausdrücke für „schlau, raffiniert" sind z. B. 'gerieben', 'gerissen' und 'gewiegt'.

gewiegt (*ugs.* für:) „schlau, durchtrieben": Das seit dem 16. Jh. gebräuchliche Adjektiv ist eigentlich das zweite Partizip zu dem von ↑*Wiege* abgeleiteten Verb [1]wiegen „[in einer Wiege] schaukeln, schwingen". In etwas 'gewiegt' sein meint also eigentlich darin aufgezogen, groß geworden sein.

Gewinde: Das seit dem 15. Jh. bezeugte Wort ist eine Bildung zu dem unter ↑[2]*winden* behandelten Verb. Während 'Gewinde' heute nur noch in der Sprache der Technik Geltung hat, bezog es sich früher auch auf die Windungen und das Gewirr von Gängen, Fäden oder dgl.

gewinnen: *Mhd.* gewinnen, *ahd.* giwinnan „durch Anstrengung, Arbeit oder Kampf zu etwas gelangen, schaffen, erringen, erlangen", *got.* gawinnan „sich quälen, leiden", *aengl.* gewinnan „kämpfen, streiten, sich abmühen, sich plagen; erobern, erringen" sind ge-Bildungen zu dem im *Nhd.* untergegangenen einfachen Verb *mhd.* winnen, *ahd.* winnan „kämpfen, streiten; toben; sich anstrengen, sich plagen; leiden, erringen, erlangen", *got.* winnan „leiden", *engl.* to win „gewinnen, erringen, erlangen", *schwed.* vinna „erringen, erlangen, gewinnen". Dieses *gemeingerm.* Verb gehört mit verwandten Wörtern in anderen *idg.* Sprachen zu der *idg.* Wurzel *u̯en[ə]- „umherziehen, streifen, nach etwas suchen oder trachten". Diese Wurzel bezog sich ursprünglich wahrscheinlich auf die Nahrungssuche sowie auf jagdliche und kriegerische Unternehmungen. Aus den Bedeutungen „umherziehen, streifen, nach etwas suchen oder trachten" entwickelten sich aber bereits in der Grundsprache die Bedeutungen „wünschen, verlangen, begehren, lieben, gern haben". An diese Bedeutungswendung schließen sich z. B. an *aind.* vánati „wünscht, begehrt, liebt", vanas- „Verlangen, Lust", *lat.* venus, -eris „Liebe[sgenuß]" (beachte Venus „Göttin der Liebe") und aus dem *germ.* Sprachbereich die Sippe von ↑*Wunsch* und das alte *germ.* Wort für „Freund": *mhd.* wine, *ahd.* wini, *aengl.* wine, *aisl.* vinr, das in zahlreichen Personennamen erhalten ist, beachte z. B. 'Winfried, Erwin, Oswin'. – Auf das *Germ.* beschränkt sind die Bedeutungsübergänge von „wünschen, verlangen" zu „hoffen; erwarten; annehmen" und von „lieben, gern haben" zu „zufrieden sein, Gefallen finden; sich gewöhnen; bleiben, sich aufhalten". Daran schließen sich an die weitverzweigten Wortgruppen von ↑*Wahn* (ursprünglich „Hoffnung, Erwartung, Vermutung"), ↑*gewöhnen,* ↑*gewohnt* und von ↑*wohnen.* Die beiden Sippen von 'gewöhnen' und 'wohnen' haben sich erst allmählich in der Bedeutung differenziert. In den älteren Sprachzuständen bestand zwischen „zufrieden sein, Gefallen finden“ und „bleiben, sich aufhalten“ keine scharfe Trennung. Mit 'gewinnen' weiterhin verwandt ist die Wortgruppe von ↑Wonne. – Abl.: **Gewinn** (*mhd.* gewin, *ahd.* giwin „Kampf, Anstrengung, Plage, Arbeit; Erlangtes, Erwerb, Vorteil, Nutzen“); **Gewinnler** (16. Jh.; heute nur noch in 'Kriegsgewinnler' gebräuchlich).

Gewirr ↑verwirren.

gewiß: Das *gemeingerm.* Wort *mhd.* gewis, *ahd.* giwis, *got* (un)wiss („ungewiß“), *niederl.* [ge]wis, *aengl.* [ge]wiss, *schwed.* viss ist eigentlich das alte zweite Partizip *idg.* *u̯id-to-s zu der *idg.* Verbalwurzel *u̯eid- „erblicken, sehen“ (vgl. *wissen*). Das jetzt gebräuchliche zweite Partizip 'gewußt' ist eine jüngere Neubildung. *Germ.* *wissa- „gewiß“, dem z. B. genau *aind.* vitta-ḥ „bekannt“ entspricht, bedeutete zunächst „was gewußt wird“, dann prägnant „was sicher gewußt wird“, woraus sich die Bed. „sicher, bestimmt“ entwickelte. Abl.: **Gewißheit** (*mhd.* gewisheit, *ahd.* giwisheit); **gewißlich** (*mhd.* gewislich, *ahd.* Adv. giwislīho); **vergewissern,** sich „sich Gewißheit verschaffen, sich überzeugen“ (17. Jh.).

Gewissen: Als Lehnübersetzung von *lat.* conscientia „Mitwissen; Bewußtsein; Gewissen“, das seinerseits Lehnübersetzung von *griech.* syneídēsis ist, erscheint im *Ahd.* gewiʒʒenī „[inneres] Bewußtsein, [religiös-moralische] Bewußtheit“. Das *ahd.* Wort ist der Bildung nach Adjektivabstraktum zum zweiten Partizip *ahd.* gewiʒʒan „bewußt“ (vgl. *wissen*). Unter dem Einfluß des substantivierten Infinitivs setzte sich im *Mhd.* für gewiʒʒen[e] sächliches Geschlecht durch. Der Gewissensbegriff ist in Europa zuerst in Griechenland entwickelt worden. *Griech.* syneídēsis beruht auf der Vorstellung, daß es für jedes sittlich schlechte Verhalten gegenüber Menschen oder Göttern einen Zeugen, nämlich das innere 'Mitwissen', gibt. Seine Vertiefung und Bedeutung erhielt der Gewissensbegriff in der christlichen Ethik und in der mittelalterlichen Philosophie. Die Ausdrücke für „Gewissen“ sind in den meisten europäischen Sprachen Lehnübersetzung von *griech.* syneídēsis bzw. *lat.* conscientia. Abl.: **gewissenhaft** „genau und sorgfältig vorgehend“ (17. Jh.), dazu **Gewissenhaftigkeit; gewissenlos** „ohne Empfinden für Gut und Böse seines Tuns“ (um 1400), dazu **Gewissenlosigkeit**; Zus.: **Gewissensbiß** „quälendes Bewußtsein, unrecht gehandelt zu haben“ (17. Jh.; Lehnübersetzung von *lat.* conscientiae morsus); **Gewissensfrage** (17. Jh.).

gewissermaßen ↑Maß.

Gewitter: Das *westgerm.* Substantiv *mhd.* gewiter[e], *ahd.* giwitiri, *asächs.* gewidiri, *aengl.* gewidere ist eine Kollektivbildung zu dem unter ↑*Wetter* behandelten Wort. Zur Bildung beachte z. B. das Verhältnis von 'Gebirge' zu 'Berg'. – Das Wort wurde zunächst im Sinne von „Witterung, Wetter“ gebraucht. Erst seit dem 12. Jh. setzte sich im *Dt.* allmählich die Verwendung im Sinne von „schlechtes Wetter, [elektrisch sich entladendes] Unwetter“ durch. Abl.: **gewittern** (17. Jh.); **gewittrig** (19. Jh.).

gewitzigt ↑Witz.

gewogen „zugetan, wohlgesinnt“: Das seit dem 16. Jh. bezeugte Adjektiv ist eigentlich das zweite Partizip von *mhd.* [ge]wegen „Gewicht oder Wert haben, angemessen sein“ (vgl. *wägen*). Es ist in *mitteld.* Form schriftsprachlich geworden, vgl. dazu z. B. *mitteld.* gepflogen, bewogen gegenüber 'gepflegt', 'bewegt'. Abl.: **Gewogenheit** (17. Jh.).

gewöhnen: *Mhd.* gewenen, *ahd.* giwennen „gewöhnen“ ist eine ge-Bildung zu dem im *Nhd.* untergegangenen einfachen Verb *mhd.*, *ahd.* wenen „gewöhnen“, *niederl.* wennen „gewöhnen“, *engl.* to wean „ein Kind an andere Nahrung als an Muttermilch gewöhnen“, *schwed.* vänja „gewöhnen“. Dieses *altgerm.* Verb gehört mit den unter ↑*gewohnt,* ↑*Gewohnheit* und ↑*gewöhnlich* behandelten Wörtern zu der Wortgruppe von ↑*gewinnen.* Mit anderen Präfixen gebildet sind ↑entwöhnen und ↑verwöhnen. Abl.: **Gewöhnung** (16. Jh.). Beachte auch die zusammengesetzten Verben **angewöhnen** und **abgewöhnen.**

Gewohnheit: Das Substantiv *mhd.* gewon[e]heit, *ahd.* giwonaheit ist eine Bildung zu dem im *Nhd.* untergegangenen Adjektiv *mhd.* gewon, *ahd.* giwon „der Gewohnheit gemäß, üblich, herkömmlich“ (vgl. *gewohnt* und *gewöhnlich*).

gewöhnlich: *Mhd.* gewonlich „gewohnt; herkömmlich, üblich“ ist – wie auch das unter ↑*Gewohnheit* behandelte Wort – eine Ableitung von dem alten Adjektiv *mhd.* gewon, *ahd.* giwon „üblich, herkömmlich“ (vgl. *gewohnt*). Das Adjektiv 'gewöhnlich' wird auch im Sinne von „gemein, niedrig“ verwendet, weil das, was allgemein üblich und gebräuchlich ist, wenig Wert besitzt. Beachte auch die Zusammensetzungen **außergewöhnlich** und **ungewöhnlich.**

gewohnt: Das alte Adjektiv *mhd.* gewon, *ahd.* giwon „herkömmlich, üblich“ bildet die Grundlage für die unter ↑*gewöhnlich* und ↑*Gewohnheit* behandelten Bildungen sowie für das heute veraltete Verb 'gewohnen' „gewohnt sein“ (*mhd.* gewonen, *ahd.* giwonēn „gewohnt sein; wohnen, verweilen“). Seit dem 14. Jh. wurde das Adjektiv *mhd.* gewon durch das zweite Partizip *spätmhd.* gewon[e]t des Verbs 'gewohnen' allmählich verdrängt oder unter dessen Einfluß zu 'gewont' umgestaltet. Über den Zusammenhang von *ahd.* giwon „herkömmlich, üblich“ (entsprechend *niederl.* gewoon, *aengl.* gewun[a], ablautend die *nord.* Sippe von *schwed.* van „gewohnt, geübt, gewandt“) mit ↑gewöhnen und ↑wohnen vgl. *gewinnen.*

Gewölbe: Das Substantiv *mhd.* gewelbe, *ahd.* giwelbi ist eine Bildung zu dem unter ↑*wölben* behandelten Verb. Es bezeichnete zunächst die gewölbte Decke, d. h. die 'camera' im römischen Steinbau, dann auch den mit einer gewölbten Decke versehenen Raum.

Gewölk ↑Wolke.

Gewürm ↑Wurm.

Gewürz: Das seit dem 15. Jh. bezeugte Wort, das im heutigen Sprachgefühl auf 'würzen' bezogen wird, ist eine Kollektivbildung zu dem nur noch *mdal.* gebräuchlichen ↑*Wurz* „Kraut, Pflanze". Es bezeichnet also eigentlich die in der Kochkunst verwendeten Kräuter und Pflanzen.

Gezeiten: *Mhd.* gezīt „Zeit; festgesetzte Zeit; Gebetsstunde; Begebenheit", *ahd.* gizīt „Zeit; Zeitlauf" ist eine Bildung mit verstärkendem ge-Präfix (↑*ge...*) zu dem unter ↑*Zeit* behandelten Wort. Erst seit dem Anfang des 17. Jh.s setzte sich unter dem Einfluß von *mnd.* getīde „Flutzeit" für 'Gezeiten' die Bed. „Ebbe und Flut" durch.

Geziefer ↑Ungeziefer.

Gicht: Für die Benennung der Stoffwechselkrankheit ist von der im Volksglauben weitverbreiteten Vorstellung auszugehen, daß Krankheiten durch Beschreien oder Besprechen angezaubert werden können. 'Gicht' bedeutete ursprünglich „Besprechung, Behexung" und bezog sich zunächst auf alle Arten von Gliederschmerzen, Entzündungen, Krämpfen und Lähmungen. Der Name der Krankheit *mhd.* giht, *ahd.* fir-, gi-giht[e], *mnd.* gicht, jicht (entspr. *niederl.* jicht) ist demnach mit dem zu *ahd.* jehan „sagen, sprechen" gebildeten Substantiv *ahd.* jiht, *mhd.* giht „Aussage, Geständnis, Bekenntnis" (vgl. *Beichte*) identisch. Zus.: **gichtbrüchig** (15. Jh.; zunächst „vom Schlag gelähmt", dann „an der Gicht erkrankt").

Giebel: *Mhd.* gibel, *ahd.* gibil, *niederl.* gevel (daneben *got.* gibla „Giebel, Zinne") stehen im Ablaut zu der *nord.* Sippe von *schwed.* gavel „Giebel". Eng verwandt sind *ahd.* gibilla „Kopf" und *ahd.* gebal, *mhd.* gebel „Schädel, Kopf". Diese *germ.* Wortgruppe beruht mit verwandten Wörtern in anderen *idg.* Sprachen auf *idg.* *ghebh-[e]l- „Giebel", übertragen „Kopf", vgl. z. B. *griech.* kephalḗ „Schädel, Kopf". Das *idg.* Wort bedeutete ursprünglich wahrscheinlich „Astgabel" und steht wohl im Ablaut zu *idg.* *ghəbh-[o]l- „Gabelung des Astes, Astgabel" (vgl. *Gabel*). Der Giebel war ursprünglich die Stelle des Hausgerüstes, an der die Firstpfette in der Gabelung der Firstsäule ruhte. Beim germanischen Satteldach bezeichnete 'Giebel' die beiden spitz zulaufenden Schmalseiten des Daches, dann auch die dreieckige Wand zwischen den Dachflächen und das Satteldach als Ganzes.

Gieper, giepern ↑Geifer.

Gier: Das auf das *dt.* Sprachgebiet beschränkte Wort *mhd.* gir[e], *ahd.* girī ist eine Bildung zu dem durch 'gierig' (s. u.) verdrängten alten Adjektiv *mhd.* gir, *ahd.* giri „begehrend, verlangend". Dieses Adjektiv ist abgeleitet von dem gleichbedeutenden Adjektiv *mhd., ahd.* ger (vgl. *gern*). Als zweiter Bestandteil steckt 'Gier' in mehreren Zusammensetzungen, wie z. B. 'Blut-, Geld-, Habgier'. – Das Verb **gieren** „heftig verlangen" (14. Jh.), das im heutigen Sprachgefühl als von 'Gier' abgeleitet empfunden wird, ist dagegen vermutlich eine unabhängige Verbalbildung zu der unter ↑*gern* dargestellten Wurzel. Das Adjektiv **gierig** (*mhd.* giric, *ahd.* girīg) ist von dem oben erwähnten Adjektiv *mhd., ahd.* ger „begehrend, verlangend" abgeleitet. Vgl. auch die Artikel *Begier[de], Neugier[de]* und *begehren.*

gießen: Das *gemeingerm.* Verb *mhd.* gieʒen, *ahd.* gioʒan, *got.* giutan, *aengl.* gēotan, *schwed.* gjuta ist eng verwandt mit der Sippe von *lat.* fundere (fudi, fusum) „gießen; schmelzen; schütten" (s. die Fremdwortgruppe um *Fusion*) und gehört mit dieser zu der *idg.* Wurzel *ĝheu- „gießen", vgl. z. B. *griech.* chéein „gießen, ausschütten; ein Trankopfer bereiten", cheũma „Guß; Trankopfer", chēmeía „Vermischung von Flüssigkeiten". Zu dieser Wurzel gehört aus dem germanischen Sprachbereich auch das unter ↑*Geiser* „durch Vulkanismus entstandene Springquelle" behandelte Wort (s. auch den Artikel *Gaul*). – Durch alle Phasen der *dt.* Sprachgeschichte ist 'gießen' – wie auch 'fundere' im *Lat.* – als Wort der Metalltechnik bezeugt. An diese Verwendung des Verbs schließen sich an die Bildungen **Gießer** (16. Jh.) und **Gießerei** (17. Jh.) sowie die Bedeutungen des Substantivs ↑Guß, beachte auch die Verwendung des zweiten Partizips **[an]gegossen.** Im *Nhd.* wird 'gießen' oft im Sinne von „begießen, besprengen" und unpersönlich *ugs.* für „stark regnen" gebraucht. Substantivbildungen zu 'gießen' sind ↑Guß und ↑Gosse. Die zusammengesetzten Verben und Präfixbildungen 'auf-, aus-, be-, ein-, er-, vergießen' usw. schließen sich in der Bedeutung eng an das einfache Verb an, beachte dazu 'Auf-, Aus-, Erguß'. Zus.: **Gießkanne** (17. Jh.).

Gift: *Mhd., ahd.* gift „das Geben; Gabe; Übergabe; Gift", *got.* fra-gifts „Verleihung", *aengl.* gift „Gabe, Geschenk; Mitgift", *aisl.* gipt „Gabe; Glück" beruhen auf einer Bildung zu dem unter ↑*geben* behandelten Verb. Die alte Bed. „Gegebenes, Gabe" ist im *Dt.* noch in den Zusammensetzungen **Mitgift** „Heiratsgut" (15. Jh., eigentlich „das Mitgegebene") und *schweiz.* **Handgift** „Schenkung" (eigentlich „Handgabe") erhalten. Die jetzt allein übliche, schon für das *Ahd.* bezeugte Bed. „Gift" ist Lehnbedeutung nach *griech.-spätlat.* dósis, das eigentlich „Gabe" bedeutet (↑Dosis, Dose), aber auch als verhüllender Ausdruck für „Gift" gebraucht wurde. Ein euphemistischer Ausdruck für „Gift" ist z. B. auch *frz.* poison, eigentlich „Trank" (*lat.* potio). Abl.: **giftig** (*mhd.* giftec; seit dem 17. Jh. auch in der Bed. „boshaft"). Zus.: **Giftmischer** (18. Jh.; oft scherzhaft für „Apotheker").

Gigant „Riese": Das Wort (*mhd., ahd.* gigant) ist aus *griech.-lat.* Gigās (Genitiv: *griech.* Gígantos, *lat.* Gigantis) entlehnt, woraus auch *frz.* géant „Riese" stammt. Die Giganten der altgriechischen Sage sind die riesenhaften Söhne der Gaia. – Das dazugehörige Adjektiv *griech.* gigantikós wurde erst im 18. Jh. als **gigantisch** „riesenhaft, außerordentlich" übernommen.

Gilde: Das Wort ist entweder eine Ableitung von dem unter ↑*Geld* behandelten Substantiv oder aber eine unmittelbare Bildung zu dem unter ↑*gelten* behandelten Verb und bedeutete ursprünglich wahrscheinlich „Opfergelage anläßlich einer eingegangenen rechtlichen Bindung". In *niederd.* Lautgestalt und mit der sekundären, in den Randgebieten der Nord- und Ostsee entwickelten Bed. „zum gegenseitigen Rechtsschutz geschlossene Vereinigung, Vereinigung von Berufsgenossen" breitete sich 'Gilde' seit dem 17. Jh. allmählich im *hochd.* Sprachgebiet aus. Dem *niederd.* Wort, das im *Mnd.* noch in der Bed. „Trinkgelage" verwendet wurde, entsprechen im *germ.* Sprachbereich *mniederl.* gilde „Essen, Gelage; Zunft, Innung" (*niederl.* gilde „Zunft, Innung"), *aengl.* gilde „Mitgliedschaft", *aisl.* gildi „Trinkgelage, Schmaus; Bezahlung" (*schwed.* gille „Innung, Zunft").

Gimpel: Der Vogelname hat sich von Tirol ausgehend seit dem 15. Jh. im *dt.* Sprachgebiet ausgebreitet. *Spätmhd.* gümpel ist eine Bildung zu dem im *Nhd.* untergegangenen Verb *mhd.* gumpen „hüpfen, springen". Der Vogel ist also nach seinen ungeschickten Sprüngen auf ebener Erde benannt. Da der Gimpel leicht im Garn zu fangen ist, wurde sein Name schon früh als Bezeichnung für einen einfältigen Menschen verwendet.

Ginster: Die *nhd.* Form des Pflanzennamens geht über *mhd.* ginster, genster zurück auf *ahd.* genster, geneste, das aus *lat.* genista „Ginster" entlehnt ist. Das *lat.* Wort, auf dem z. B. auch *it.* ginestra „Ginster" und *frz.* genêt „Ginster" beruhen, ist dunklen Ursprungs.

Gipfel „höchste Spitze; Höhepunkt": Die Herkunft des seit dem Anfang des 15. Jh.s bezeugten Wortes ist nicht sicher geklärt. Neben den *spätmhd.* Formen gipfel, güpfel findet sich auch gleichbed. *spätmhd.* gipf. Abl.: **gipfeln** „eine Spitze bilden; einen Höhe- oder Endpunkt erreichen" (17. Jh.).

Gips: Wie die anderen im Mauerbau verwendeten Baumaterialien (z. B. ↑Kalk, ↑Mörtel, ↑Zement, ↑Ziegel) hat auch der Gips keinen *germ.* Namen. Sache und Wort wurden in *ahd.* Zeit von den Römern übernommen. Das *lat.* Wort gypsum geht seinerseits auf *griech.* gýpsos „Gips, Zement" zurück, das aus dem *Semit.* stammt. Abl.: **gipsen** (*spätmhd.* gipsen); **Gipser** (*mhd.* gipser).

Giraffe: Der Name des afrikanischen Steppentieres geht letztlich auf *arab.* zurāfa^h (*vulgärarab.* ğrāfa^h) zurück. Das Wort begegnet zum erstenmal in einem deutschen Text des 13. Jh.s als 'schraffe' (unmittelbar aus dem *Vulgärarab.*). Ebenfalls unmittelbar aus dem *Arab.* stammt die in Reisebeschreibungen des 15. und 16. Jh.s vorkommende Form 'seraph'. Hingegen weist die seit dem 16. Jh. bezeugte Form 'Giraff' (zuvor schon im 14. Jh. Geraff), die sich allein durchsetzen konnte und auf der unsere heutige Form 'Giraffe' beruht, auf Vermittlung von entsprechend *it.* giraffa hin.

Girlande „bandförmiges Laub- oder Blumengewinde": Das Substantiv wurde im 18. Jh. aus gleichbed. *frz.* guirlande entlehnt, das seinerseits aus *it.* ghirlanda „Kranz, Ranke". Das *it.* Wort geht wohl über *aprov.* guirlanda auf ein *afränk.* *wiara „Krone, Ornament aus Goldfäden" zurück.

Girlitz: Der seit dem 16. Jh. bezeugte Name des kleinen, zeisigähnlichen Singvogels aus der Finkengattung stammt entweder aus einer südosteuropäischen *slaw.* Sprache (beachte z. B. *slowen.* grlica „Turteltaube", zu grliti „girren") oder ist zu einem lautnachahmenden einheimischen 'girl' (beachte das Verb girren) mit der ursprünglich *slaw.* Endung -itz, wie in 'Kiebitz, Stieglitz' u. a., gebildet.

Giro „Überweisung im bargeldlosen Zahlungsverkehr; Übertragungsvermerk auf einem Orderpapier", besonders in Zusammensetzungen wie 'Girobank, Girokasse, Girokonto': Das Wort der Kaufmannssprache wurde im 17. Jh. aus *it.* giro „Kreis, Umlauf (besonders von Geld oder Wechseln)" entlehnt und anfangs nur von der „Übertragung" eines Wechsels auf einen anderen Namen gebraucht. Voraus liegen *lat.* gyrus, *griech.* gỹros „Rundung, Kreis" (zu *griech.* gỹrós „gebogen, krumm, rund", das urverwandt ist mit ↑*Keule*). Abl.: **girieren** (aus *it.* girare).

Gischt „Wellenschaum, Sprühwasser": Die heute übliche Form und die älteren Formen 'Gäscht' und 'Jescht' haben wohl lautmalendes -sch- gegenüber der in *mdal.* Gest und Jest bewahrten alten Lautung. *Mhd.* jest „Schaum, Gischt", *niederl.* gist „Hefe", *engl.* yeast „Hefe" (*aengl.* giest auch „Schaum"), *schwed.* jäst „Hefe" gehören zu der unter ↑*gären* dargestellten Wortgruppe.

Gitarre: Der Name des Musikinstruments wurde im 17. Jh. aus *span.* guitarra entlehnt und zuweilen noch im 18. Jh. in der Form Guitarra (Guitarre) gebraucht. Dem Namen dieses Instrumentes, der den Spaniern durch die Mauren aus *arab.* qīṯāra^h vermittelt wurde, liegt das *griech.* Wort kithárā zugrunde, aus dem auch unser Lehnwort ↑*Zither* stammt. – Dazu seit dem 19. Jh. die Abl. **Gitarrist** „Gitarrespieler".

Gitter: Das seit dem Ende des 15. Jh.s bezeugte Wort ist eng verwandt mit ↑Gatter und ↑vergattern und gehört zu der unter ↑*gut* dargestellten Wortgruppe. 'Gitter' ist wahrscheinlich erst aus der Kollektivbildung *spätmhd.* gegiter (zu *mhd.* geter „Gitter, Gatter") hervorgegangen. Abl.: **vergittern** „mit einem Gitter versehen" (*mhd.* vergitern).

Glacé „glänzendes, changierendes Gewebe", besonders in den Zusammensetzungen 'Glacéleder' und 'Glacéhandschuhe': Das Fremdwort wurde im 19. Jh. aus *frz.* glacé „Glanz" entlehnt, das ursprünglich Part. Perf. von glacer „vereisen, erstarren machen" ist und demnach eigentlich „vereist" bedeutet, dann auch übertragen „mit einer (wie Eis) glänzenden Schicht überzogen" (so gleichfalls in der *frz.* Fügung gants glacés „Handschuhe aus Glanzleder", die Vorbild für unsere Zusammensetzung Glacéhandschuhe war). – *Frz.* glacer geht zurück auf das von *lat.* glacies „Eis" abgeleitete Verb *lat.* glaciare „zu Eis machen; gerinnen machen" (vgl. *Gelee*).

Gladiole (Gartenblume aus der Gattung der Schwertliliengewächse): Die Pflanze trägt ihren *lat.* Namen – *lat.* gladiolus „kleines Schwert" (zu gladius „Schwert") – nach den „schwertförmigen" Blättern.

Glanz: Das auf das *dt.* Sprachgebiet beschränkte Wort (*mhd.* glanz „Schimmer, Leuchten") ist eine Substantivierung des heute veralteten Adjektivs glanz, *mhd., ahd.* glanz „leuchtend, strahlend, hell". Aus dem *Dt.* entlehnt sind *niederl.* glans „Glanz, Schimmer" und die *nord.* Sippe von *schwed.* glans „Glanz, Schein". Das Verb **glänzen** (*mhd.* glenzen, *ahd.* glanzen), das im heutigen Sprachgefühl als von 'Glanz' abgeleitet empfunden wird, ist eine Bildung zu dem im *Nhd.* untergegangenen starken Verb *mhd.* glinzen „leuchten, schimmern, glänzen", vgl. dazu im *germ.* Sprachbereich z. B. *niederl.* glinsteren „schimmern, glitzern", *engl.* to glint „glänzen", *schwed. mdal.* glinta „glatt sein" (eigentlich „blank sein"). – Die ganze *germ.* Wortgruppe gehört zu der vielfach weitergebildeten und erweiterten *idg.* Wurzel *ĝhel- „glänzend, schimmernd, blank" (vgl. *gelb*).

[1]**Glas:** Das Glas war dem *germ.* Kulturkreis fremd. Als die Germanen das Glas, und zwar zunächst in Form von Perlen und Schmuck, von den Römern kennenlernten, benannten sie es mit ihrem heimischen Wort für „Bernstein". Diese Übertragung der Bezeichnung lag nahe, da auch der Bernstein fast ausschließlich in Form von Schmuck gehandelt wurde. Die ursprüngliche Bed. „Bernstein" läßt sich für *ahd.* glas noch in den Glossen belegen, auch das latinisierte *germ.* glaesum und die im grammatischen Wechsel zu 'Glas' stehenden *mnd.* glār und *aengl.* glǣr bedeuten „Bernstein". *Mhd., ahd.* glas, *niederl.* glas, *engl.* glass (die *nord.* Sippe von *schwed.* glas ist aus dem *Mnd.* entlehnt) gehen auf *germ.* *glasa-z „Bernstein" zurück, das zu der vielfach weitergebildeten und erweiterten *idg.* Wurzel *ĝhel- „glänzend, schimmernd, blank" gehört (vgl. *gelb*). Der Bernstein ist also nach seinem Glanz oder nach dem gelblichen Farbton benannt. – Im heutigen Sprachgebrauch bezeichnet 'Glas' nicht nur den Grundstoff, sondern auch das aus Glas Hergestellte, z. B. das Trinkgefäß, die Scheibe, die Brille (s. auch den Artikel [2]*Glas*). Das abgeleitete Verb 'glasen' ist heute nicht mehr gebräuchlich, dagegen aber die Präfixbildung **verglasen** (18. Jh.) und das mit *roman.* Endung gebildete **glasieren** „mit einem glasartigen Überzug versehen" (15. Jh.), beachte dazu das gleichfalls mit *roman.* Endung gebildete **Glasur** „glasartiger Überzug" (16. Jh.). Abl.: **Glaser** (*mhd.* glaser, *ahd.* glesere); **Glaserei** (19. Jh.); **gläsern** (*mhd.* gleserīn); **glasig** (16. Jh.; früher auch „gläsern, glasähnlich", heute nur noch „starr, unlebendig", vom Auge).

[2]**Glas** (seemännisch für:) „halbe Stunde": Das Wort ist identisch mit ↑[1]*Glas*, das nicht nur den Grundstoff, sondern auch das aus Glas Hergestellte bezeichnet, z. B. 'Trink-, Fern-, Augen-, Stundenglas'. So nannte man früher auch die Sanduhr einfach 'Glas', woran sich der seemännische Gebrauch des Wortes im Sinne von „halbe Stunde" anschließt, weil die Sanduhren auf Schiffen halbstündig abliefen. Der Ablauf der Sanduhr mußte angeschlagen oder ausgesungen werden und regelte den Wachdienst auf Schiffen. Nach dem *niederl. Plural* glasen zu urteilen, hat sich das Wort in seemännischer Geltung von den Niederlanden ausgebreitet. Im *Dt.* ist es seit dem 16. Jh. bezeugt.

Glasfluß ↑Fluß.

glatt: *Mhd.* glat „glänzend, blank; eben; schlüpfrig", *ahd.* glat „glänzend", *niederl.* glad „glatt, schlüpfrig", *engl.* glad „fröhlich" (eigentlich „strahlend, heiter"), *schwed.* glad „heiter, fröhlich; angeheitert" gehören zu der vielfach weitergebildeten und erweiterten *idg.* Wurzel *ĝhel- „glänzend, schimmernd, blank" (vgl. *gelb*). Mit dem *altgerm.* Adjektiv sind z. B. eng verwandt *lat.* glaber „blank; glatt; kahl" und *russ.* gladkij „glatt". Abl.: **Glätte** (*mhd.* glete); **glätten** (*mhd.* gleten). Vgl. auch den Artikel *Glatze*.

Glatze: Das Wort für „Kahlköpfigkeit" (*frühnhd.* glatze, *mhd.* gla[t]z, entspr. *mnd.* glate) ist eine Bildung zu dem unter ↑*glatt* behandelten Adjektiv in dessen älterer Bed. „glänzend, blank". Zus.: **Glatzkopf** (16. Jh.).

glauben: *Mhd.* gelouben, *ahd.* gilouben, *got.* galaubjan, *niederl.* geloven, *aengl.* gelīefan (mit anderem Präfix *engl.* to believe) gehen zurück auf *germ.* *ga-laubjan „für lieb halten, gutheißen", das zu der weitverzweigten Wortgruppe von ↑*lieb* gehört. Schon bei den heidnischen Germanen bezog sich 'glauben' auf das freundschaftliche Vertrauen eines Menschen zur Gottheit. Nach der Christianisierung drückte es dann wie *lat.* credere und *griech.* pisteúein das religiöse Verhalten des Menschen zum Christengott aus. Abgeschwächt wird 'glauben' im Sinne von „für wahr halten" und „annehmen, vermuten" gebraucht. Abl.: **Glaube,** daneben auch **Glauben** (*mhd.* g[e]loube, *ahd.* gilouba, vgl. *niederl.* geloof, *aengl.* gelēafa); **gläubig** „vom Glauben erfüllt; vertrauensvoll" (*mhd.* geloubec, *ahd.* giloubīg, wahrscheinlich vom Substantiv Glaube abgeleitet), dazu **Gläubiger** „jemand, der einem Schuldner gegenüber anspruchsberechtigt ist" (15. Jh.; Lehnübersetzung von *lat.* creditor) und **beglaubigen** „amtlich als richtig, echt bestätigen" (17. Jh.); **glaubhaft** (*mhd.* g[e]loubehaft). Zus.: **glaubwürdig** (15. Jh.).

Glaubersalz: Das als Abführmittel verwendete Natriumsulfat ist nach dem Chemiker und Arzt J. R. Glauber (1604–1670) benannt.

gleich: Das *gemeingerm.* Adjektiv *mhd.* gelīch, *ahd.* gilīh, *got.* galeiks, *aengl.* gelīc (*engl.* like), *aisl.* [g]līkr (*schwed.* lik) ist eine alte Zusammensetzung aus *germ.* *ga- und *līka- „Körper, Gestalt" (vgl. *ge...* und *Leiche*) und bedeutete ursprünglich „denselben Körper, dieselbe Gestalt habend". *Außergerm.* entspricht die *balt.* Wortgruppe von *lit.* lýgus „gleich". – Aus der Verwendung von 'gleich' zum Ausdruck der Übereinstimmung von Raum und Zeit entwickelte sich im *Dt.* der adverbielle Wortgebrauch im

Sinne von „eben, gerade" (beachte das mit 'so' verstärkte **sogleich** „sofort"). Abl.: **Gleiche** (*mhd.* gelīche, *ahd.* gilīhī; heute im allgemeinen durch 'Gleichheit' ersetzt und nur noch in 'Tagundnachtgleiche' gebräuchlich); **gleichen** (*mhd.* gelīchen, *ahd.* gilīhhan, gilīhhēn), dazu die Präfixbildungen **begleichen** (19. Jh.; Verdeutschung von 'saldieren' in der Kaufmannssprache) und **vergleichen** (*mhd.* verg[e]līchen), **Vergleich** (17. Jh.; erst aus dem Verb rückgebildet); **Gleichnis** (*mhd.* gelīchnisse, *ahd.* gilīhnissa; eigentlich „das, was sich mit etwas anderem vergleichen läßt"); **gleichsam** (Zusammenrückung aus 'gleich' und 'sam', vgl. *-sam; mhd.* dem gelīche sam); **Gleichung** (*mhd.* g[e]līchunge „Gleichartigkeit, Ähnlichkeit"; Substantivbildung zum Verb 'gleichen'; heute besonders im Sinne von „Gleichsetzung rechnerischer Werte" gebräuchlich); **Gleisner** (s. d.). Zus.: **Gleichgewicht** (17. Jh.; Lehnübersetzung von *lat.* aequilibrium, *frz.* equilibre); **gleichgültig** (17. Jh.; zunächst „gleichwertig", dann „unterschiedslos; unbedeutend; uninteressiert"); dazu **Gleichgültigkeit** (17. Jh.); **gleichmäßig** (16. Jh.), daraus rückgebildet **Gleichmaß** (17. Jh.); **gleichmütig** (16. Jh.), daraus rückgebildet **Gleichmut** (17. Jh.); **Gleichschritt** (18. Jh.); **gleichzeitig** (18. Jh.).

Gleichgewicht ↑Gewicht.

gleichwertig ↑wert.

Gleis ↑Geleise.

Gleisner: Der veraltende Ausdruck für „Heuchler" (*mhd.* glīsnēre, gelīchsenǣre), der gewöhnlich auf 'gleißen' bezogen wird, ist eine Bildung zu dem von ↑*gleich* abgeleiteten Verb *mhd.* gelīchesen, *ahd.* gilīhhisōn „jemandem gleichtun, sich verstellen, heucheln". Abl.: **gleisnerisch** „heuchlerisch" (17. Jh.).

gleißen: *Mhd.* glīzen, *ahd.* glīz[z]an „schimmern, glänzen", *asächs.* glītan „glänzen, leuchten", *aisl.* glita „glänzen", weitergebildet *aengl.* glitenian „glänzen" sind näher verwandt mit den Sippen von ↑glimmen und ↑gleiten (ursprünglich wahrscheinlich „blank, glatt sein") und gehören zu der unter ↑*gelb* dargestellten *idg.* Wurzel. Siehe auch den Artikel *glitzern.*

gleiten: Das *westgerm.* Verb *mhd.* glīten, *ahd.* glītan, *niederl.* glijden, *engl.* to glide ist wahrscheinlich eng verwandt mit den unter ↑*gleißen* und ↑*glimmen* behandelten Wörtern und gehört dann zu der unter ↑*gelb* dargestellten *idg.* Wurzel. Die Bed. „rutschen, sich schwebend bewegen" hat sich demnach aus „blank, glatt sein" entwickelt. Vgl. auch den Artikel ↑*glitschen.*

Glencheck: Die Bezeichnung des modischen Dessins, das nach dem Vorbild der trachtenmäßigen Karomusterung auf Schottenröcken entwickelt wurde, ist eine Entlehnung des 20. Jh.s aus gleichbed. *engl.* glen check. *Engl.* glen, das ein für die schottische Landschaft charakteristisches „bergsschluchtenartiges Tal" bezeichnet steht dabei stellvertretend für den Namen „Schottland", während check (das unserem ↑Schach entspricht) „Schachbrettkaro" bedeutet. Die Bildung wäre also etwa mit „Schottenkaro" zu übersetzen.

Gletscher: Das Wort wurde im 16. Jh. aus *schweizerdt.* Mundarten übernommen und erlangte bald danach hochsprachliche Geltung. *Walliserisch* glačer „Gletscher" geht mit gleichbed. *tessinisch* giascei und *frz.* glacier auf *vlat.* *glaciarium „Eis; Gletscher" zurück, das eine Weiterbildung von *vlat.* glacia „Eis" ist. Das Stammwort *lat.* glacies „Eis" gehört zu der *idg.* Wortgruppe von ↑*kalt.*

Glied: Das Substantiv *mhd.* gelit, *ahd.* gilid ist eine ge-Bildung zu dem im *Nhd.* untergegangenen gleichbed. *gemeingerm.* Wort *mhd.* lit, *ahd.* lid, *got.* liþus, *aengl.* liđ, *aisl.* liđr, das zu der vielfach weitergebildeten und erweiterten *idg.* Wurzel *el- „biegen" gehört (vgl. *Elle*). Verwandt ist auch das mit anderem Suffix gebildete *aengl.* lim „Glied, Gelenk" (*engl.* limb). Für die Benennung ist also, wie auch für 'Elle' und *engl.* limb, von „Biegung, Gebogenes [am Körper]" auszugehen. 'Glied' bezeichnete dann nicht nur das Gelenk, sondern auch die Arme und Beine im Gegensatz zum Rumpf. Im übertragenen Gebrauch nahm 'Glied' dann auch die Bed. „Teil eines Ganzen (besonders auch einer Sippe); Mitglied", „Verbindungsstück [einer Kette]" und „Reihe [einer militärischen Abteilung]" an. Abl.: **gliedern** (17. Jh.; beachte auch 'ein-, aus-, zergliedern'), dazu **Gliederung** (19. Jh.). Zus.: **Gliedmaße,** meist *Plural* **Gliedmaßen** (*mhd.* gelidemǣze; eigentlich „Maß, rechtes Verhältnis der Glieder"); **Mitglied** (16. Jh.). Siehe auch den Artikel *ledig.*

glimmen: *Mhd.* glimmen „glühen", *niederl.* glimmen „glühen; glänzen, schimmern, blinken", *schwed.* glimma „glühen; glänzen" sind im *germ.* Sprachbereich eng verwandt mit *mhd.* glīmen „leuchten, glänzen", *asächs.* glīmo „Glanz", *engl.* gleam „Glanz" und weiterhin mit den Sippen von ↑*gleißen* und ↑*gleiten.* Die ganze Wortgruppe gehört zu der Wurzelform *ĝhlei- der unter ↑*gelb* dargestellten *idg.* Wurzel *ĝhel- „glänzend, schimmernd, blank". – Eine Iterativ-Intensiv-Bildung zu 'glimmen' ist **glimmern** (*mhd.* glimmeren „glänzen, leuchten", vgl. gleichbed. *engl.* to glimmer und *schwed.* glimra). Zu diesem Verb gehört die seit dem 16. Jh. bezeugte Mineralbezeichnung **Glimmer,** die sich vom erzgebirgischen Raum her ausgebreitet hat. – Die Zusammensetzung **Glimmstengel,** seit dem Anfang des 19. Jh.s zunächst als Ersatzwort für 'Zigarre' verwendet, wird heute gewöhnlich nur noch scherzhaft für 'Zigarette' gebraucht.

glimpflich: Das Adjektiv *mhd.* gelimpflich, *ahd.* gilimpflīh kann eine Ableitung sein von dem heute veralteten Substantiv **Glimpf** „Nachsicht; Fug, Billigkeit" (*mhd.* g[e]limpf, *ahd.* gilimpf) oder von dem nicht mehr gebräuchlichen Adjektiv *frühnhd.* glimpf, *mhd.* gelimpf „angemessen". Es kann aber auch unmittelbar gebildet sein zu dem im *Nhd.* untergegangenen Verb *mhd.* gelimpfen, *ahd.* gilimpfen „rücksichtsvoll, nachsichtig sein; sich schicklich verhalten; angemessen sein". Diese Sippe, zu der auch das gleichfalls mit 'ge-' gebildete *schweiz.* 'glimpfig' „biegsam, geschmeidig" gehört, ist näher verwandt mit den unter ↑*Lumpen* und ↑*Schlampe* behandelten Wörtern und gehört zu der *idg.* Wurzelform *[s]lembh- „schlaff, locker" (vgl. *Schlaf*). Aus „schlaff, locker" haben sich einerseits die Bedeutungen „weich, biegsam", andererseits die Bedeutungen „weich, zart, rücksichtsvoll, nachsichtig" und weiter „angemessen, schicklich" entwickelt. – Zu dem oben erwähnten Substantiv 'Glimpf', dem *aengl.* gelimp „Zufall, Schickung" entspricht, stellt sich **Unglimpf** „Mangel an Nachsicht, Strenge; Schimpf" (*mhd.* ungelimpf), von dem das Verb **verunglimpfen** „verunstalten, besudeln, verleumden" (15. Jh.) abgeleitet ist.

glitschen „[aus]rutschen, schliddern": Das seit dem 15. Jh. bezeugte Verb ist eine Intensivbildung zu dem unter ↑*gleiten* behandelten Verb. Abl.: **glitsch[e]rig** (18. Jh.); **glitschig** (17. Jh.).

glitzern: Das seit dem 15. Jh. bezeugte Verb ist eine Iterativbildung zu *mhd.* glitzen „glänzen", das von dem unter ↑*gleißen* behandelten Verb abgeleitet ist. Ähnliche, aber unabhängige Bildungen sind *engl.* to glitter „glitzern" und *schwed.* glittra „glitzern, flittern".

Globetrotter: Die Bezeichnung für „Weltenbummler" ist eine Entlehnung des 20. Jh.s aus gleichbed. *engl.* globetrotter (zu globe „Erdball" [vgl. *Globus*] und to trot „traben" [vgl. *trotten*]).

Globus „die Erdkugel (auch: die scheinbare Himmelskugel) in geographischer (astronomischer) Darstellung ihrer Oberfläche": Das Wort wurde im 15. Jh. – 1492 stellte Martin Behaim in Nürnberg den ersten Globus her – aus *lat.* globus „Kugel; Ball; Klumpen" entlehnt. *Lat.* globus gehört mit *lat.* galla „kugeliger Auswuchs, Gallapfel" (↑ [2]Galle), gleba „Klümpchen, Erdscholle" und glomus „Kloß, Knäuel" (↑ Konglomerat) zu der unter ↑*Kolben* dargestellten *idg.* Sippe. – Dazu das Adjektiv **global** „die gesamte Erdoberfläche betreffend", oft auch übertragen im Sinne von „weltumspannend, umfassend; in groben Zügen, ungefähr" (20. Jh.).

Glocke: Die im 6. Jh. aus Nordafrika nach Italien eingeführten Glocken fanden auch im übrigen Europa rasch Verbreitung. Besonders in Irland wurden kunstvolle Glocken für gottesdienstliche Zwecke hergestellt. Im Rahmen der Missionstätigkeit irischer Mönche lernten die Germanen diese Glocken kennen und übernahmen mit der Sache auch das Wort. *Mhd.* glocke, *ahd.* glocca, clocca, *mniederl.* klokke (daraus dann entlehnt *engl.* clock „Uhr"), *schwed.* klocka, *aengl.* clucge, *mlat.-roman.* clocca (beachte *frz.* cloche) beruhen auf einem *kelt.* *cloc (= *ir.* clocc) „Glocke, Schelle", das seinerseits schallnachahmenden Ursprungs ist und mit der Wortgruppe von ↑*lachen* urverwandt ist. Abl.: **glockig** „glockenförmig" (17. Jh.); **Glöckner** (*mhd.* glockenære). Zus.: **Glockenblume** (15. Jh.; nach der Form der Blüte benannt); **Glockenspeise** (*mhd.* glockenspîse „Metallmischung zum Glockenguß"); **Glockenstuhl** (18. Jh.).

Glorie „Ruhm, Glanz, Heiligenschein": Das Substantiv wurde in *mhd.* Zeit aus gleichbed. *lat.* gloria entlehnt, dessen Herkunft unklar ist. – Dazu stellen sich seit dem 17. Jh. das Adjektiv **glorreich** „ruhmreich" und die junge Zusammensetzung **Glorienschein.** – Zu *lat.* gloria gehören die Verkleinerungsbildung gloriola, aus dem unser Fremdwort **Gloriole** „Heiligenschein" entlehnt ist, die Adjektivbildung gloriosus, auf das **glorios** „ruhm-, glanzvoll" zurückgeht, und schließlich das Verb glorificere (aus gloria [s. o. 'Glorie'] und facere „machen", vgl. *Fazit*), aus dem **glorifizieren** „verherrlichen" stammt.

Glosse „erklärende, deutende, spöttische Randbemerkung" (auch als polemische feuilletonistische Kurzform): Das Fremdwort wurde zwar schon in *mhd.* Zeit (glōse) aus *lat.* glossa entlehnt, später aber in der Schreibung an die *klass.-lat.* Lautform angeglichen. Das *lat.* Wort, das seinerseits auf *griech.* glōssa „Zunge, Sprache" zurückgeht, bezeichnete – nach dem abgeleiteten *griech.-lat.* glóssēma – zunächst ein „schwieriges, erklärungsbedürftiges Wort", dann auch die in Handschriften zwischen den Zeilen oder am Rand angebrachten „erläuternden Bemerkungen" selbst, woraus sich dann im allg. Sprachgebrauch bei uns die heute übliche Bedeutung entwickelte. – Dazu **glossieren** „mit Glossen versehen" (aus *spätlat.* glossari) und **Glossar** „Glossensammlung; Wörterverzeichnis" (aus *lat.* glossarium < *griech.* glōssárion).

glotzen: Das seit *mhd.* Zeit gebräuchliche Verb (*mhd.* glotzen), das im *germ.* Sprachbereich mit *engl.* to gloat „hämisch blicken, anstarren" und *schwed.* glutta „gucken" verwandt ist, gehört wahrscheinlich zu der vielfach weitergebildeten und erweiterten *idg.* Wurzel *ghel- „glänzend, schimmernd, blank" (vgl. *gelb*). Die Bed. „[an]blicken, anstarren" hat sich demnach aus „leuchten, anstrahlen" entwikkelt. Eine Bildung des 20. Jh.s zu 'glotzen' ist *ugs.* **Glotze** „Fernsehgerät". Zus.: **Glotzauge** (18. Jh.).

Glück: Die Herkunft des seit dem 12. Jh. bezeugten Wortes, das sich vom Nordwesten her allmählich im *dt.* Sprachgebiet ausgebreitet hat, ist dunkel. Über die *altgerm.* Ausdrücke für „Glück" s. die Artikel *Heil* und *selig. Mniederl.* [ghe]lucke (aus dem *Niederl.* entlehnt *engl.* luck), *mnd.* [ge]lucke (daraus entlehnt die *nord.* Sippe von *schwed.* lykka), *mhd.* gelücke „Geschick, Schicksal[smacht]; Zufall; günstiger Ausgang; [guter] Lebensunterhalt" lassen sich mit keiner anderen *germ.* Wortgruppe in Zusammenhang bringen. Abl.: **glücken** (*mhd.* g[e]lücken „gelingen"), beachte auch **beglücken** und **verunglücken; glücklich** (*mhd.* g[e]lück[e]lich „vom Zufall, vom Schicksal abhängig, günstig"). Zus.: **glückselig** (*mhd.* glücksælec, ↑*selig*), dazu **Glückseligkeit** (15. Jh.); **Glückskind** (16. Jh.; wohl eigentlich „mit einer Glückshaube geborenes Kind" oder Lehnübertragung nach *lat.* fortunae filius); **Glückspilz** (18. Jh.; zunächst in der Bed. „Emporkömmling, Parvenü", dann „Glückskind"; nach *engl.*

mushroom „Pilz; Emporkömmling“); **Glücksrad** (*mhd.* gelückes rat, gelückrat); **Glücksritter** „Abenteurer, der auf Glück ausgeht“ (18. Jh.). Der Bergmannsgruß 'Glück auf!' (seit dem 17. Jh., vom erzgebirgischen Raum ausgehend, üblich) ist das Gegenstück zu der älteren Grußformel 'Glück zu!'.

Glucke, Klucke: Das fast im gesamten *dt.* Sprachgebiet gebräuchliche Wort für „Bruthenne“ (*mhd.* klucke) ist eine Rückbildung aus dem unter ↑*glucken* behandelten lautnachahmenden Verb.

glucken: Die *germ.* Verben *mhd.* glucken, klucken, *niederl.* klokken, *engl.* to cluck, *schwed.* klucka sind lautnachahmenden Ursprungs. Damit [elementar]verwandt sind z. B. *lat.* glocire „glucken“ und *lit.* žliúgauti „schluchzen“. Im *germ.* Sprachbereich ahmt 'glucken' einerseits die Laute mehrerer Vogelarten nach, insbesondere die Laute der Henne beim Brüten oder beim Locken der Jungen (vgl. den Artikel *Glucke*), andererseits ahmt es die Geräusche nach, die beim Gießen aus einer Flasche, beim Trinken, beim Schluckauf oder auch bei leichter Bewegung von Wasser entstehen. Dieselben Bezogenheiten haben auch die beiden Abl. **gluckern** (16. Jh.) und **glucksen** (*mhd.* glucksen, klucksen).

glühen: Das *altgerm.* Verb *mhd.* glüe[je]n, *ahd.* gluoen, *niederl.* gloeien, *engl.* to glow, älter *schwed.* glo gehört zu der Wurzelform *ĝhlō- der unter ↑*gelb* dargestellten *idg.* Wurzel *ĝhel- „glänzend, schimmernd, blank“. Zu 'glühen' gebildet ist das Substantiv ↑Glut. Zus.: **Glühbirne** (20. Jh., für älteres 'Glasbirne'; wohl nach 'Glühstrumpf' der Gasbeleuchtung); **Glühwein** (Anfang des 19. Jh.s; für älteres 'glühender bzw. geglühter Wein', d. h. „heißer oder heißgemachter Wein“); **Glühwürmchen** (Anfang des 19. Jh.s; Verkleinerungsbildung zu dem seit dem 18. Jh. bezeugten 'Glühwurm'; in den Mundarten leben zahlreiche andere Benennungen, z. B. 'Johanniskäfer, Johannisfünkchen, Zündwürmlein').

Glut: Das *altgerm.* Substantiv *mhd., ahd.* gluot, *niederl.* gloed, *engl.* gleed, *schwed.* glöd ist eine Bildung zu dem unter ↑*glühen* behandelten Verb. Abl.: **gluten** „glühend leuchten oder brennen“ (17. Jh.).

Glypte „geschnittener Stein, Skulptur“: Das Fremdwort wurde im 19. Jh. aus gleichbed. *griech.* glyptḗ (líthos) entlehnt. Zugrunde liegt das mit ↑*klieben* urverwandte Verb *griech.* glýphein „ausmeißeln, einschneiden, gravieren“. – Dazu: **Glyptik** „Steinschneidekunst“ (aus gleichbed. *griech.* glyptikḗ [téchnē]), **Glyptothek** „Sammlung von geschnittenen Steinen oder [antiken] Skulpturen“ (nach Vorbildern wie ↑Bibliothek gebildet) und ↑Hieroglyphe.

Glyzerin: Der Name des dreiwertigen Alkohols, der in allen Fetten enthalten ist, wurde im 19. Jh. aus gleichbed. *frz.* glycérine entlehnt, einer Bildung des französischen Chemikers E. Chevreul (1786–1889) zu *griech.* glykerós „süß“ (zu glykýs „süß“). Das Glyzerin ist also nach seinem süßlichen Geschmack benannt.

Gnade: *Mhd.* g[e]nade „Rast, Ruhe; Behagen, Freude; Gunst, Huld; [göttliche] Hilfe, [göttliches] Erbarmen“, *ahd.* ginâda „[göttliche] Hilfe, [göttliches] Erbarmen“, *niederl.* genade „Gnade“, *aisl.* nađ „Ruhe; Frieden; Schutz; [göttliche] Gnade“ (*schwed.* nåd „Gnade“) sind Substantivbildungen zu einem im *germ.* Sprachbereich nur im *Got.* bewahrten Verb niÞan „unterstützen, helfen“, dessen weitere Herkunft unbekannt ist. Die Bedeutungsgeschichte von 'Gnade' ist im *germ.* Sprachbereich weitgehend durch den Inhalt des christlichen Gnadenbegriffes bestimmt worden. Der Gnadenbegriff im weltlichen Sinne („Gewährung von Schonung, Milde, Mitleid gegenüber einem Besiegten, einem Verurteilten, einem Untergebenen“) war wohl aber bereits vor der Christianisierung bei den Germanen vorgeprägt worden. Die Formel 'von Gottes Gnaden', die seit dem Mittelalter als Zusatz bei Herrschertiteln erscheint, ist Übersetzung von *lat.* gratia dei, wie auch 'Euer Gnaden', das früher als Anrede gebräuchlich war, *lat.* tua bzw. vestra clementia wiedergibt. Abl.: **gnaden** „gnädig sein“ (heute nur noch in Wendungen wie 'gnade dir Gott' gebräuchlich; *mhd.* genāden, *ahd.* ginādōn), dazu **begnaden** (*mhd.* begnāden „mit Gnade beschenken; ein Privilegium erteilen; begnadigen; Almosen geben“; seit dem 17. Jh. wurde 'begnaden' allmählich durch 'begnadigen', das sich heute nur noch auf das Erlassen einer Strafe bezieht, ersetzt; gebräuchlich ist dagegen das in adjektivischen Gebrauch übergegangene zweite Partizip **begnadet,** eigentlich „mit Gnadengeschenken ausgestattet“); **gnädig** (*mhd.* g[e]nædec, *ahd.* g[i]nādīg „wohlwollend, liebreich, huldvoll, barmherzig“), davon *frühnhd.* begnädigen, das im 17. Jh. durch **begnadigen** ersetzt wurde (s. o. 'begnaden'). Zus.: **Gnadenakt** (↑Akt); **Gnadenbild** „Heiligenbild, von dem wundertätige Kräfte ausgehen“ (16. Jh.); **Gnadenbrot** (18. Jh.); **Gnadenfrist** (17. Jh., zuerst religiös); **Gnadenstoß** (Anfang des 18. Jh.s; eigentlich der Stoß, den der Henker dem auf das Rad geflochtenen Verbrecher in das Herz oder Genick gibt, um ihm weitere Qualen zu ersparen); **Gnadenwahl** (17. Jh.; Ersatzwort für 'Prädestination').

gnatzen, gnatzig ↑vergnatzen.

Gneis: Das seit dem 16. Jh. bezeugte Wort für vorwiegend schieferiges Gestein hat sich vom erzgebirgischen Raum ausgehend über das *dt.* Sprachgebiet ausgebreitet. Aus dem *Dt.* entlehnt sind *frz.* gneiss, *engl.* gneiss, *schwed.* gnejs. Die weitere Herkunft des Wortes ist unsicher. Falls der Gneis nach seinem funkelnden Glanz benannt worden ist, gehört es vielleicht zu der *germ.* Wortgruppe von *mhd.* g[a]neist „Funke“.

Gnitte, Gnitze ↑nagen.

Gnom „Erdgeist, Kobold; Zwerg“: Die Bezeichnung wurde von dem Arzt und Naturforscher Paracelsus im 16. Jh. geprägt. Welche Vorstellungen der Benennung zugrunde liegen, ist nicht bekannt.

Gobelin: Die Bezeichnung für einen Wandteppich mit eingewirkten Bildern wurde im

18. Jh. aus gleichbed. *frz.* gobelins *(Plural)* entlehnt. Das *frz.* Wort war wohl ursprünglich ein Appellativ, das aus 'les Gobelins' hervorgegangen ist, dem Namen einer renommierten Teppich- und Kunsttapetenfabrik, die ihrerseits nach einem Färber Gobelin benannt sein soll.

Gockel ↑gackeln.

gokeln ↑gaukeln.

Gold: Der *gemeingerm.* Metallname gehört mit verwandten, aber teils ablautenden, teils mit anderen Suffixen gebildeten Wörtern in anderen *idg.* Sprachen zu der unter ↑*gelb* dargestellten *idg.* Wurzel *ĝhel- „glänzend, schimmernd, blank", vgl. z. B. *lett.* zèlts „Gold" und *russ.* zoloto „Gold". *Germ.* *gulÞa-z „Gold", auf das *mhd.* golt, *ahd.* gold, *got.* gulÞ, *engl.* gold und *schwed.* guld zurückgehen, bedeutet daher „das Gelbliche" oder „das Glänzende, das Blanke". Das Metall ist also nach seinem Farbton oder nach seinem Glanz benannt. – Die Germanen kannten, wie sich aus den Funden ergibt, das Gold bereits in der frühen Bronzezeit. Neben Kupfer und Bronze war es der beliebteste Grundstoff für die Fertigung von Schmuck. Auch in der Vorstellungswelt der Germanen spielte das Gold als Inbegriff des Reichtums und der Machtfülle eine bedeutende Rolle. Abl.: **golden** (*mhd., ahd.* guldīn, vgl. *got.* gulÞeins, *aengl.* gylden, *aisl.* gullinn), das Adjektiv 'golden' hat sich Anfang des 18. Jh.s im Vokal an das Substantiv 'Gold' angeschlossen; die alte Form, die auch umgelautet als **gülden** erscheint, beachte z. B. 'Tausendgüldenkraut', ist noch in ↑Gulden bewahrt; auch das Verb **vergolden,** dessen ältere Formen 'vergulden, vergülden' lauten, hat sich an das Substantiv angelehnt); **goldig** (*frühnhd.* guldig; heute besonders in der Bed. „lieb, wonnig" gebräuchlich). Groß ist die Zahl der Zusammensetzungen, in denen 'Gold' als erster oder als zweiter Bestandteil steckt, beachte z. B. **Goldammer** (↑Ammer), **Goldfinger** (↑Finger), **Goldfisch** (15. Jh.), **Goldlack** (18. Jh.), **Goldstück** (17. Jh.), **Goldwaage** (15. Jh.), **Blattgold** (17. Jh.).

[1]Golf: Das Wort für „größere Meeresbucht, Meerbusen" wurde im 14. Jh. aus gleichbed. *it.* golfo entlehnt, das über *vlat.* colphus auf *griech.* kólpos „Busen, Bausch, Meerbusen, Bucht" zurückgeht. Das *griech.* Wort ist wohl urverwandt mit ↑*wölben.* Zus.: **Golfstrom** (aus dem Golf von Mexiko kommende Warmwasserströmung des Atlantischen Ozeans).

[2]Golf: Der Name des schottisch-englischen Rasenspiels wurde im 18. Jh. aus *engl.* golf entlehnt. Die weitere Herkunft des Wortes, das nicht verwandt ist mit ↑[1]Golf „Meerbusen", ist unklar.

Gondel „langes, schmales venezianisches Ruderboot", (übertragen auch:) „hängend befestigte Kabine an Ballon, Luftschiff, Seilbahn o. ä.": Das Wort wurde im 16. Jh. aus *venez.-it.* gondola „kleines Schiffchen, Nachen" entlehnt, dessen Herkunft unklar ist. – Unmittelbar abgeleitet ist das Verb **gondeln** „Gondel fahren", das in *ugs.* Übertragung etwa „gemächlich fahren" bedeutet. – In neuerer Zeit wurde auch das abgeleitete *it.* gondoliere als **Gondoliere** „Gondelführer" übernommen.

Gong: Das Wort gehört zu den wenigen Fremdwörtern *malai.* Ursprungs (wie ↑Bambus und ↑Kakadu), die zumeist durch englische Vermittlung nach Europa gelangten. *Angloind.* gong, das im 19. Jh. ins *Dt.* entlehnt wurde, geht zurück auf *malai.* [e]gung, das ein Schallbecken aus Metall bezeichnet, wie es von den Eingeborenen auf Java verwendet wird. Ableitungen und Zusammensetzungen: **gongen** „den Gong ertönen lassen"; **Gongschlag.**

gönnen: Das ursprünglich zu der Gruppe der Präteritopräsentia gehörige, erst seit dem 16. Jh. schwach flektierende Verb *mhd.* gunnen, günnen, *ahd.* giunnan (entsprechend *niederl.* gunnen) ist eine ge-Bildung zu dem einfachen Verb *ahd.* unnan „gönnen; gestatten, gewähren", *aengl.* unnan „gönnen; gestatten; wünschen", *schwed.* unna „gönnen". Die *außergerm.* Beziehungen dieses Verbs sind unklar. – Zu 'gönnen' gebildet ist das Substantiv ↑Gunst. Abl.: **Gönner** (*mhd.* gunner, günner), dazu **Gönnerschaft** (18. Jh.) und **Gönnermiene** (19. Jh.).

Gör, Göre: Das aus dem *Niederd.* stammende, seit dem 17. Jh. bezeugte Wort ist wahrscheinlich eine Bildung zu dem im *Dt.* untergegangenen Adjektiv *gōr „klein", das aber in der Weiterbildung *ahd.* gōrag, *mhd.* gōrec „klein, gering, armselig" bewahrt ist. Das Substantiv bedeutete demnach ursprünglich „kleines hilfloses Wesen". Allgemein bekannt ist auch die *berlin.* Form des Wortes: **Jöhre.** – Während der *Plural* Gören gewöhnlich im Sinne von „[kleine] Kinder" gebraucht wird, bedeutet der *Singular* Gör[e] meist „Mädchen", abwertend „ungezogenes Mädchen".

Gorilla: Das Wort stammt wahrscheinlich aus einer *westafrik.* Sprache. Es tritt zuerst im 5. Jh. in einer griechischen Übersetzung eines Reiseberichtes des Karthagers Hanno auf, bezieht sich darin aber auf einen Menschenstamm. Mit diesem Wort benennt der Engländer Savage 1847 die in Gabun entdeckte Menschenaffenart, und in dieser Bedeutung wird 'Gorilla' in der zweiten Hälfte des 19. Jh.s ins *Dt.* entlehnt.

Gosche, auch: Goschen, Gosch und Gusche: Das erst seit dem 16. Jh. bezeugte, in *mitteld., südd.* und *oberd.* Mundarten weitverbreitete Wort für „Mund, Maul" ist unbekannter Herkunft.

Gosse: Das auf das *dt.* und *niederl.* Sprachgebiet beschränkte Wort (*mitteld.* gosse, *mnd.* gote, *mniederl.* gote) ist eine Bildung zu dem unter ↑*gießen* behandelten Verb. Es bezeichnete früher jede Art von Rinne, in die etwas ausgegossen wird oder in der etwas abfließt. Heute ist 'Gosse' nur noch im Sinne von „Rinnstein" und übertragen für „Bereich moralischer Verworfenheit" gebräuchlich.

gotisch „den europäischen Kunststil von der Mitte des 12. bis zum Ende des 15. Jh.s betreffend, ihn kennzeichnend, ihm eigen": Das Adjektiv wurde im 18. Jh. aus gleichbed. *frz.* gothique bzw. *engl.* Gothic entlehnt. Zugrunde liegt das *mlat.* Adjektiv gothicus „die Goten betreffend, gotisch", das im Italien der Renaissance den als barbarisch und roh empfundenen mittelalterlichen Baustil kennzeichnete, der auf die Goten, also die Germanen, zurückgeführt wurde. – Dazu stellt sich seit dem Ende des 18. Jh.s das Substantiv **Gotik.**

Gott: *Mhd., ahd.* got, *got.* guþ, *engl.* god, *schwed.* gud gehen zurück auf *germ.* *guđa- „Gott", das ursprünglich sächliches Geschlecht hatte, weil es männliche und weibliche Gottheiten zusammenfaßte. Nach der Christianisierung wurde das Wort im gesamten *germ.* Sprachbereich als Bezeichnung des Christengottes verwendet. Der Ursprung des *gemeingerm.* Wortes ist nicht sicher geklärt. Am ehesten handelt es sich bei dem Wort um das substantivierte zweite Partizip *idg.* *ĝhutó-m der Verbalwurzel *ĝhau- „[an]rufen", wonach also 'Gott' als „das [durch Zauberwort] angerufene Wesen" zu verstehen wäre. Andererseits kann das *gemeingerm.* Wort im Sinne von „das, dem [mit Trankopfer] geopfert wird" zu der unter ↑*gießen* dargestellten *idg.* Wurzel *ĝheu- „gießen" gehören. Abl.: **vergöttern** (von dem *Plural* Götter ausgehende Verbalableitung; *frühnhd.* göttern „göttliche Art und Kraft verleihen"; daneben *mhd.* vergoten „göttlich machen"); **Gottheit** (*mhd., ahd.* got[e]heit für *lat.* divinitas und deitas); **göttlich** (*mhd.* gotelich, *ahd.* gotlīh); **Götze** (s. d.). Zus.: **Götterdämmerung** (s. d.); **Gottesacker** (↑Acker); **Gottesdienst** (*mhd.* gotsdienst); **Gottesfurcht** (15. Jh.; Lehnübersetzung von *lat.* timor dei), dazu **gottesfürchtig** (17. Jh.; älter dafür gotvorhtec); **Gotteshaus** (*mhd.* gotshūs, *ahd.* gotes hūs; Lehnübersetzung von *lat.* templum dei bzw. domus oder casa dei); **Gotteslästerung** (15. Jh.); **gottlob** (die *ahd.* Preisformel 'got sī lob' wurde im *Mhd.* zu 'got[e]lob' verkürzt und ging in interjektionelle und adverbielle Geltung über); **gottlos** (*mhd.* gotlōs), dazu **Gottlosigkeit** (16. Jh.); **gottvoll** (19. Jh.; *frühnhd.* dafür 'gottesvoll'). Siehe auch den Artikel *Abgott.*

Götterdämmerung: Die seit dem 18. Jh. – zuerst bei dem Dichter M. Denis – bezeugte Zusammensetzung, die dann durch R. Wagner populär gemacht wurde, ist eine falsche Lehnübersetzung von *aisl.* ragna rökkr „Götterverfinsterung", das mit *aisl.* ragna rök „Götterschicksal" durcheinandergebracht wurde. Der 'Untergang der Götter' in Verbindung mit dem Weltbrand vor dem Beginn eines neuen Weltzeitalters ist eine eigentümliche Vorstellung der *nord.* Mythologie.

Gottesacker ↑Acker.

Gottesdienst, Gottesfurcht, gottesfürchtig, Gotteshaus, Gotteslästerung, Gottheit, göttlich, gottlob, gottlos, Gottlosigkeit ↑Gott.

Gottseibeiuns: Aus der alten Bewahrungsformel 'Gott sei bei uns' wurde im 18. Jh. 'Gottseibeiuns' als verhüllender Ausdruck für den Teufel zusammengerückt. Der Teufel ist also derjenige, bei dessen Anblick man diesen Ausruf tut.

gottselig ↑selig.

gottvoll ↑Gott.

Götze: Zu den zweigliedrigen Männernamen werden im *Dt.* Koseformen gebildet, indem an den ersten Namensteil das Suffix *(ahd.)* -izo angefügt wird. Wie sich z. B. 'Hinz', 'Kunz', 'Petz' zu 'Heinrich', 'Konrad', 'Bernhard' stellen, so gehört 'Götz' als Koseform zu 'Gottfried'. Der Kosename wurde seit dem 15. Jh. Gattungsname und wurde im Sinne von „Dummkopf, Schwächling" gebraucht. Bereits im *Mhd.* wurde 'götz' auch als Koseform zu 'Gott' verstanden und bedeutete „Heiligenbild". In Luthers Bibelübersetzungen tritt das Wort dann in der Bed. „falscher Gott" auf. Zus.: **Götzendiener** und **Götzendienst** (16. Jh.); **Ölgötze** (s. d.).

Gourmand „jemand, der gerne gut und zugleich viel ißt; Schlemmer": Das Fremdwort wurde im 18. Jh. aus gleichbed. *frz.* gourmand entlehnt, der Substantivierung eines Adjektivs mit der Bed. „leckerhaft; gefräßig". Daneben steht *frz.* gourmet „Weinkenner; Feinschmekker", aus dem unser Fremdwort **Gourmet** „Feinschmecker" stammt. Die Herkunft der beiden *frz.* Wörter ist nicht geklärt.

Gouvernante: Die veraltende Bezeichnung für „Erzieherin, Hauslehrerin (in Herrenhäusern)" wurde im 18. Jh. aus gleichbed. *frz.* gouvernante (zu gouverner „lenken, leiten"; vgl. *Gouverneur*) entlehnt.

Gouverneur „Statthalter (einer Kolonie); Befehlshaber (einer Festung)": Das Fremdwort wurde im 16. Jh. aus gleichbed. *frz.* gouverneur entlehnt. Dies geht zurück auf *lat.* gubernator „Steuermann (eines Schiffes); Lenker, Leiter", das zu *lat.* gubernare „das Steuerruder führen; lenken, leiten" (< gleichbed. *griech.* kybernān; vgl. *Kybernetik*) gehört.

Grab: Das *westgerm.* Wort *mhd.* grap, *ahd.* grab, *niederl.* graf, *aengl.* græf (auch „Graben; Höhle") ist eine Bildung zu dem unter ↑*graben* behandelten Verb. Es bedeutete demnach ursprünglich „in die Erde gegrabene Vertiefung", dann speziell „zur Leichenbestattung dienende Grube". Ähnliche Substantivbildungen sind *got.* graba „Graben", *aengl.* grabu „Höhle" und *aisl.* grǫf „Graben; Grube; Grab".

grabbeln „schnell nach etwas greifen; tastend befühlen, herumwühlen": Das nur *ugs.* gebräuchliche Wort stammt aus dem *Niederd.* und gehört als Iterativbildung zu *niederd.* grabben „raffen, schnell an sich reißen". In *hochd.* Mundarten entspricht 'grappeln', das von 'grappen' „raffen, an sich reißen, [er]haschen" abgeleitet ist. Zu diesem *hochd. mdal.* grappen gehören die in der Umgangssprache gebräuchlichen Weiterbildungen **grapschen** und **grapsen** „gierig oder hastig ergreifen, packen". Mit dieser Sippe sind im *germ.* Sprachbereich verwandt *engl.* to grabble „grabbeln, packen", to grasp „packen, ergreifen" und *schwed.* grabba „packen". Diese *germ.* Wortgruppe gehört mit verwandten Wörtern in anderen *idg.* Sprachen zu der *idg.* Wurzel *gh[e]rebh- „raffen, an sich reißen", vgl. z. B. *aind.* grabh- „ergreifen, fassen" und *lit.* grabinéti, grabóti „tasten, greifen". Zu dieser Wurzel gehört auch das unter ↑*Garbe* behandelte Wort. Siehe auch den Artikel *graben*.

graben: Das *gemeingerm.* Verb *mhd.* graben, *ahd.* graban, *got.* graban, *engl.* to grave, *schwed.* gräva ist verwandt mit der *baltoslaw.* Sippe von *russ.* grebu „grabe; begrabe; harke; rudere", grob „Grab; Sarg". Weiterhin besteht wohl Zusammenhang mit den unter ↑*grabbeln* behandelten Wörtern. Um 'graben' gruppieren sich die Bildungen ↑Grab, ↑Graben und (mit *niederl.* Lautung) ↑Gracht sowie ↑Grube (s. auch *Grübchen*) und ↑Gruft. Eine Iterativbildung zu 'graben' ist ↑grübeln, das ursprünglich „wiederholt graben oder kratzen, herumstochern" bedeutete. Aus dem *dt.* Sprachbereich stammt *frz.* graver „eingraben, stechen, schneiden", das im 18. Jh. als ↑gravieren entlehnt wurde. Abl.: **Gräber** (*mhd.* grabǣre, *ahd.* bi-grabāri; heute vorwiegend in Zusammensetzungen 'wie Schatz-, Totengräber'). Zus.: **Grabscheit** veraltet für „Spaten" (*mhd.* grabeschīt; vgl. *Scheit*); **Grabstichel** „Werkzeug der Goldschmiede und Graveure" (15. Jh.). Beachte auch die Zusammensetzung **ausgraben,** dazu **Ausgrabung** (seit dem 18. Jh. besonders als Fachausdruck der Archäologen gebräuchlich) und die Präfixbildung **begraben** (*mhd.* begraben, *ahd.* bigraban), dazu **Begräbnis** (*mhd.* begrebnis[se] „Grabstätte").

Graben: Das Substantiv *mhd.* grabe, *ahd.* grabo ist eine Bildung zu dem unter ↑*graben* behandelten Verb.

Grabscheit ↑graben.

Grabstichel ↑Stichel.

Gracht „Wassergraben; Kanal[straße]": Das im 18. Jh. aus dem *Niederl.* entlehnte Wort ist eine Bildung zu dem unter ↑*graben* behandelten Verb. *Niederl.* gracht entspricht dem heute veralteten *hochd.* Graft „Graben; Wassergraben; Kanal" (*mhd., ahd.* graft). Zum *niederd.-niederl.* Wandel von -ft- zu -cht- vgl. z. B. die Artikel *anrüchig, berüchtigt, Gerücht, ruchbar, echt, sacht, Nichte, Schlucht, Schacht, sichten.*

Grad „Stufe, Rang": Das Wort (*mhd.* grāt, *ahd.* grād) ist aus *lat.* gradus (eigentlich „Schritt") entlehnt, das zu *lat.* gradi „schreiten" gehört. Verwandt sind: ↑Aggression, ↑degradieren, ↑Ingredienzen, ↑Kongreß, ↑progressiv. Abl.: **graduell** „stufenweise" (19. Jh.; aus gleichbed. *frz.* graduel < *mlat.* gradualis).

Graf: Die Geschichte des Wortes ist eng mit der Geschichte des Grafenamtes und des Grafenstandes verbunden. *Mlat.* graphio, das auf den byzantinischen Hoftitel grapheús (eigentlich „Schreiber", vgl. *Graphik*) zurückgeht, bezeichnete in frühmerowingischer Zeit einen Polizei- und Vollstreckungsbeamten, dann, im Rahmen des Ausbaus des merowingischen Verwaltungs- und Rechtswesens, einen königlichen Beamten mit administrativen und richterlichen Befugnissen. Dieses *mlat.* graphio liegt aller Wahrscheinlichkeit nach den *westgerm.* Wörtern zugrunde: *ahd.* grāfio, daneben grāvo, auf das *mhd.* grāve, *nhd.* Graf zurückgehen, *mnd.* grēve, *niederl.* graaf, *aengl.* gerēfa, das noch als zweiter Bestandteil in *engl.* sheriff steckt. In der Karolingerzeit wurde das Grafenamt in das Lehnswesen einbezogen und mit der Verleihung von Landbesitz verbunden, und seit dem Ende des 12. Jh.s bildeten die Grafen infolge der Begrenzung des Reichsfürstenstandes einen eigenen Adelsstand. – Regional verschieden, konnten seit dem hohen Mittelalter allerdings auch gewählte oder ernannte Personen ein Grafenamt mit niederer richterlicher Gewalt bekleiden. An diese Stellung des Grafen schließen sich Zusammensetzungen wie 'Deichgraf, Feldgraf, Wassergraf' an. Abl.: **gräflich** (*mhd.* grēflich); **Grafschaft** (*mhd.* grāveschaft; im *Ahd.* dafür grāscaf, grāschaft).

Gral: *Mhd.* grāl „heiliges, wundertätiges Ding, heiliger Stein", das in der mittelalterlichen *dt.* Gralsliteratur zuerst in Wolfram von Eschenbachs Parzivaldichtung erscheint, ist aus *afrz.* graal „heiliges, als Kelch gedachtes Gefäß, mit dem Christus die Spendung des Sakraments vollzog und in dem Joseph von Arimatäa das Blut Christi sammelte" entlehnt. Die Herkunft von *afrz.* graal, das außerhalb der *frz.* Gralsdichtungen in der Bed. „Gefäß" bezeugt ist, läßt sich nicht mit Sicherheit bestimmen. Am ehesten ist von einem *lat.* *cratalis „Schüssel, Topf" (Ableitung von *lat.* cratis „Flechtwerk, Geflochtenes") oder aber von *mlat.* gradalis „Stufenkelch" auszugehen. Vgl. den Artikel *grölen.*

gram: Das *altgerm.* Adjektiv *mhd., ahd.* gram, *niederl.* gram, *aengl.* gram, *aisl.* gramr steht im Ablaut zu dem unter ↑*grimm* behandelten Wort. Wie dies bedeutet es eigentlich „grollend, brummig" und wurde in den älteren Sprachzuständen in den Bed. „zornig, wütend, wild" verwendet. Im *Nhd.* ist 'gram' nur noch im Sinne von „unmutig, böse, bedrückt" gebräuchlich.

Gram „Kummer, schmerzliche Betrübnis" ist das in *spätmhd.* Zeit aus der Verbindung 'grame muot' „erzürnter Sinn" substantivierte Adjektiv und bedeutete zunächst „Unmut". Das Verb **grämen,** das heute fast ausschließlich reflexiv gebraucht wird, ist *gemeingerm.: mhd., ahd.* grem[m]en, *got.* gramjan, *aengl.* gremmian, *aisl.* gremja. Es ist eine alte Ableitung vom Adjektiv und bedeutete zunächst „zornig, wütend machen, erzürnen". Eine Iterativbildung zu 'grämen' ist das seit dem 17. Jh. bezeugte, bes. *mitteld.* und *niederd.* **grämeln** „mißmutig sein". Abl.: **grämlich** „unmutig, mürrisch" (*spätmhd.* grem[e]lich). Siehe auch den Artikel *Griesgram.*

Gramm: Die Bezeichnung für die Einheit des metrischen Gewichtssystems wurde im 19. Jh. aus gleichbed. *frz.* gramme entlehnt, das auf *griech.-lat.* grámma zurückgeht. Dieses bedeutet „Geschriebenes, Schrift, Schriftzeichen" (vgl. *...gramm*), wurde dann auch als Bezeichnung eines Gewichts von $\frac{1}{24}$ Unze gebraucht.

...gramm: Dem Grundwort von zusammengesetzten Hauptwörtern mit der Bed. „Geschriebenes, Schrift" liegt *griech.* grámma „Geschriebenes, Buchstabe, Schrift" zugrunde, das zu gráphein „schreiben" gehört (vgl. *Graphik*). Die einzelnen Zusammensetzungen sind teils alt und schon im *Griech.* bezeugt wie ↑Programm, teils auch gelehrte Neubildungen wie ↑Autogramm, ↑Monogramm, ↑Stenogramm, ↑Telegramm. Als Bestimmungswort steht *griech.* grámma in ↑Grammophon. – Zum gleichen Grundwort gehören ferner die sprachwissenschaftlichen Fremdwörter ↑Grammatik, grammatisch, Grammatiker, grammatikalisch und schließlich auch ↑Gramm als Bezeichnung einer Gewichtseinheit.

Grammatik (Teil der Sprachwissenschaft, der sich mit den sprachlichen Formen und ihrer Funktion beschäftigt; auch Bezeichnung für ein Lehrbuch der Sprachlehre): Das Wort (*mhd.* grammatic[a], *ahd.* gram[m]atik) ist entlehnt aus *lat.* (ars) grammatica „Sprachlehre" < *griech.* grammatikḗ (téchnē) „Sprachwissenschaft als Lehre von den Elementen (Buchstabe, Schrift, Satz, Satzbau) der Sprache". Stammwort ist *griech.* grámma „Geschriebenes, Buchstabe, Schrift" (vgl. *...gramm*). – Dazu: **Grammatiker** (*ahd.* grammatihhāre aus *lat.* grammaticus „Sprachgelehrter" < *griech.* grammatikós); **grammatisch** (16. Jh.); **grammatikalisch** (17. Jh.; aus *spätlat.* grammaticalis).

Grammophon: Die Bezeichnung des Gerätes, das eine aufgezeichnete Tonkurve in Töne umsetzt und zum Abspielen von Schallplatten dient, ist eine gelehrte Neubildung des 19. Jh.s. Als Wortbildungselemente dienten *griech.* grámma „Geschriebenes, Schrift" (vgl. *...gramm*) und *griech.* phōnḗ „Stimme, Ton, Schall" (vgl. *Phonetik*).

Granat: Die Bezeichnung des Halbedelsteins (*mhd.* granāt) ist entlehnt aus *mlat.* granatus, das aus dem *lat.* Adjektiv granatus „gekörnt" in der Fügung lapis granatus „körniger, kornförmiger [Edel]stein" hervorgegangen ist. Stammwort ist *lat.* granum „Korn" (vgl. *Granit*).

Granatapfel: Die Frucht des im Orient beheimateten Granatbaumes hieß bei den Römern wegen der großen Menge ihrer Samenkerne *lat.* malum granatum „kernreicher Apfel" (zu *lat.* granum „Korn, Kern"; vgl. *Granit*). In *mhd.* Zeit wurde das Wort entlehnt und teilweise übersetzt. – Für gleichbed. *it.* melagranata (melogranato), das in der Kurzform granata übertragen auch „Geschoß" bedeutet (↑Granate), ist statt *lat.* malum eine Form *lat.* melum oder *vlat.* mela anzusetzen (über das Verhältnis von *lat.* malum zu melum vgl. *Melone*). In Norditalien schließlich gilt *lat.* pomum „Apfel" (*it.* pomo) in der Fügung pomo granato (*mdal.* pom granat), das für *frz.* grenade „Granatapfel; Geschoß" Quelle ist (↑Grenadier).

Granate: Das Substantiv wurde um 1600 aus *it.* granata entlehnt, das eigentlich „Granatapfel" bedeutet, dann auch ein mit einem Granatapfel verglichenes, mit Sprengladung gefülltes Hohlgeschoß bezeichnete (entsprechend *frz.* grenade in ↑Grenadier). Über weitere Zusammenhänge vgl. *Granatapfel*. – Zus.: **Handgranate** (17. Jh.).

Grand: Die Bezeichnung für das höchste Spiel im Skat, bei dem nur die Buben Trumpf sind, wurde im 19. Jh. aus *frz.* grand jeu „großes Spiel" verselbständigt. Voraus liegt – wie auch für entsprechend *span.*, *it.* grande (↑grandios) – *lat.* grandis „groß; großartig; bedeutend, erhaben, vornehm".

grandios „großartig, überwältigend": Das Adjektiv wurde im 18. Jh. aus gleichbed. *it.* grandioso entlehnt (zu *it.* grande; vgl. *Grand*).

Granit: Die Bezeichnung der Gesteinsart wurde in *mhd.* Zeit als granīt aus *it.* granito (= *mlat.* granitum marmor „gekörntes Marmorgestein") entlehnt. Das zugrundeliegende Verb *it.* granire „körnen" gehört zu grano „Korn", das mit entsprechend *frz.* grain auf *lat.* granum „Korn, Kern" zurückgeht. Dieses mit *nhd.* ↑Korn und ↑*Kern* urverwandte Wort ist auch Quelle für die Fremdwörter ↑Granat, ↑Granate, ↑Granatapfel, ↑Grenadier, ↑Filigran. – Abl.: **graniten** „aus Granit" (18. Jh.).

Granne: *Mhd.* gran[e] „Haarspitze; Barthaar; Borste; Ährenborste; Gräte", *ahd.* grana „Barthaar; Gräte", *aengl.* granu „Schnurrbart", *aisl.* grǫn „Barthaar" und „Tanne" (eigentlich „Nadel[baum]") gehören mit verwandten Wörtern in anderen *idg.* Sprachen zu der *idg.* Wurzel *gher[ə]-, *ghrē- „hervorstechen, spitz sein", vgl. z. B. *gall.* grennos „Bart" und die *slaw.* Sippe von *russ.* gran' „Grenze", eigentlich „Ecke, Kante, Rand" (↑Grenze). Zu dieser Wurzel gehören aus dem *germ.* Sprachbereich auch die unter ↑*Grat* und ↑*Gräte* behandelten Wörter sowie die Sippen von ↑*Gras* und ↑*grün*, die auf einem Bedeutungswandel von „hervorstechen" zu „keimen, wachsen, grünen" beruhen. – Heute wird 'Granne' hochsprachlich nur noch im Sinne von „Ährenborste" gebraucht, während es *mdal.* auch noch „Schweinsborste" und „Haarspitze, Schnurrhaar" bedeutet. Abl.: **grannig** „stachlig, borstig" (16. Jh.).

grantig (*bayr.-österr.* für:) „mürrisch, übellaunig, unwillig": Die Herkunft des erst seit dem 16. Jh. bezeugten Adjektivs ist nicht sicher geklärt. Am ehesten gehört es (mit Nasaleinschub) im Sinne von „spitz, scharf" zu der unter ↑*Grat* behandelten Wortgruppe. Das Substantiv **Grant** „Übellaunigkeit; Unwille" ist wahrscheinlich erst aus dem Adjektiv rückgebildet.

Grapefruit: Der Name der Zitrusfrucht wurde im 20. Jh. aus *engl.* grapefruit entlehnt (zu *engl.* grape „Traube" und fruit „Frucht"). Die Grapefruit ist also nach den traubenförmigen Blütenständen benannt.

Graphik (Sammelbezeichnung für Holzschnitt, Kupferstich, Lithographie und Handzeichnung): Das Fremdwort wurde im 19. Jh. aus *griech.* graphikḗ (téchnē) „die Kunst zu schreiben, zu zeichnen, zu malen" entlehnt. Das *griech.* Adjektiv graphikós „das Schreiben usw. betreffend" gehört zu dem mit *nhd.* ↑*kerben* urverwandten Verb *griech.* gráphein „ritzen, einritzen, schreiben", das u. a. auch als Bestimmungswort **grapho...**, **Grapho...** in Zusammensetzungen wie ↑Graphologe, Graphologie oder als Grundwort **...graph**, **...graphie** in Zusammensetzungen wie ↑Biograph, Biographie, Geograph, Geographie, Kartograph, Kartographie, Stenographie erscheint. Eine gelehrte Neubildung zu gráphein ist ↑Graphit, während in unserem Lehnwort ↑Griffel das *griech.* Substantiv grapheīon „Schreibgerät" vorliegt. – Als Nominalbildung zu gráphein erscheint *griech.* grámma (< *gráph-ma) „Geschriebenes, Buchstabe, Schrift", das in verschiedenen Zusammensetzungen eine Rolle spielt (s. hierüber unter *...gramm*). Unmittelbar zu 'Graphik' gehören die Bildungen **Graphiker** (20. Jh.) und **graphisch** (19. Jh.).

Graphit: Die Bezeichnung des reinen Kohlenstoffs ist eine gelehrte Neubildung des 18. Jh.s zu *griech.* gráphein „schreiben" (vgl. *Graphik*). Der Graphit ist also nach der Möglichkeit, zum Schreiben verwendet zu werden, benannt.

grapho..., Grapho... ↑Graphik.

Graphologie „Lehre von der Deutung der Handschrift (als Ausdruck des Charakters)": Das Wort wurde im 19. Jh. aus gleichbed. *frz.* graphologie entlehnt, einer gelehrten Bildung zu *griech.* gráphein „schreiben" (vgl. *Graphik*) und lógos „Wort, Kunde, Bedeutung" (vgl. *Logik*). – Dazu **Graphologe** und 'graphologisch'.

grapschen, grapsen ↑grabbeln.

Gras: Das *gemeingerm.* Wort *mhd., ahd.* gras, *got.* gras, *engl.* grass, *schwed.* (weitergebildet) gräs gehört mit der Sippe von ↑*grün* zu der Wurzelform *ghrē-, *ghrə- „keimen, wachsen, grünen", eigtl. „hervorstechen" (vgl. *Granne*). *Außergerm.* eng verwandt ist z. B. *lat.* gramen „Gras" (aus *gras-men). Das *gemeingerm.* Wort bezeichnete also ursprünglich den frischen Wuchs, das sprießende Grün. Abl.: **grasen** (*mhd.* grasen „Gras schneiden; weiden", *ahd.* grasōn „Gras schneiden"; beachte auch 'abgrasen'), dazu **Graser** weidmännisch für „Zunge von Rot- und Damwild" (18. Jh.); **grasig** (*mhd.* grasec, *ahd.* grasag „grasbewachsen"). Zus.: **Grasaffe** (18. Jh.; Spott- und Schimpfwort für einen unreifen Menschen); **Grashüpfer** *mdal.* für „Heuschrecke" (16. Jh.; vgl. *engl.* grasshopper); **Grasmücke** (*mhd., ahd.* gras[e]muc[ke]; der Name des kleinen, vorwiegend in Gebüsch und Hecken lebenden Singvogels geht auf *ahd.* *grasa-smucka, eigentlich „Grasschlüpferin" zurück; diese Zusammensetzung, deren zweiter Bestandteil zu dem von 'schmiegen' abgeleiteten Intensivum ↑*schmücken* gehört, wurde aber schon früh als „Gras-Mücke" verstanden).

Grasnarbe ↑Narbe.

gräßlich: Das im 14. Jh. ins *Mitteld.* und *Oberd.* vordringende *mnd.* greselīk „schaudererregend" wurde im *mitteld.* und *oberd.* Sprachraum als Ableitung von dem heute nur noch *mdal.* bewahrten 'graß' „zornig, wütend" (*mhd.* graz̧) empfunden und nach diesem umgestaltet. Das *mnd.* Wort ist im *germ.* Sprachbereich verwandt mit *ahd.* grīsenlīh „gräßlich" und *engl.* grisly „gräßlich". Die weitere Herkunft ist unklar.

Grat: *Mhd.* grāt „Bergrücken; Rückgrat; Gräte; Spitze, Stachel; Ährenborste", *ahd.* grāt „Rückgrat", *niederl.* graat „Gräte" gehören im Sinne von „Spitze[s], Hervorstechendes" zu der unter ↑*Granne* dargestellten *idg.* Wurzel. *Außergerm.* eng verwandt ist die *slaw.* Sippe von *poln.* grot „Pfeilspitze, Wurfspieß". Zus.: **Rückgrat** (15. Jh. in der Form ruckegrāt). Vgl. *Gräte.*

Gräte: Die *nhd.* Form geht zurück auf gleichbed. *mhd.* græte *w.* Dieses Femininum entstand, indem aus *mhd.* græte, Plural von *mhd.* grāt *m* „Bergrücken; Rückgrat; Gräte; Spitze, Stachel; Ährenborste" (vgl. *Grat*), eine neue Einzahl gebildet wurde. – Die Bildungen **grätig** (*mhd.* grætec) und **ausgräten** und **entgräten** gehörten ursprünglich näher zu 'Grat' und haben sich erst sekundär eng an 'Gräte' angeschlossen.

gräten ↑grätschen.

Gratifikation „freiwillige Vergütung, Sonderzuwendung, Ehrengabe": Das Fremdwort wurde im 19. Jh.aus *lat.* gratificatio „Gefälligkeit" entlehnt. Dies gehört zu grati-ficari „eine Gefälligkeit erweisen" (zu *lat.* gratus „erwünscht, willkommen; gefällig" [vgl. *Grazie*] und *lat.* facere „machen, tun" [vgl. *Fazit*]).

gratis „unentgeltlich": Das Adverb wurde im 16. Jh. aus dem gleichbedeutenden *lat.* Adverb gratis entlehnt, das ein erstarrter Ablativ von gratia „Dank" (vgl. *Grazie*) ist und eigentlich „um den bloßen Dank" (und nicht um Belohnung) bedeutet.

grätschen: Das seit dem 17. Jh. bezeugte Verb ist eine Intensivbildung zu dem heute nicht mehr gebräuchlichen 'gräten' „mit ausgespreizten Beinen gehen, die Beine spreizen" (*mhd.* grēten), das vermutlich lautnachahmender Herkunft ist. Seit dem 19. Jh. ist 'grätschen' – beachte auch **Grätsche** (Turnübung) – hauptsächlich als Ausdruck der Turnersprache gebräuchlich.

gratulieren „Glückwünsche darbringen": Das Verb wurde im 16. Jh. aus gleichbed. *lat.* gratulari entlehnt, das zur Sippe von *lat.* gratus „willkommen", gratia „Gunst; Dank; Anmut" gehört (vgl. *Grazie*). Dazu: **Gratulant** (18. Jh.; aus dem Part. Präs. *lat.* gratulans, -ntis); **Gratulation** (16. Jh.; aus *lat.* gratulatio).

grau: Das *altgerm.* Farbadjektiv *mhd.* grā, *ahd.* grāo, *niederl.* grauw, *engl.* gray, *schwed.* grå gehört mit verwandten Wörtern in anderen *idg.* Sprachen zu der vielfach weitergebildeten und erweiterten *idg.* Wurzel *gher[ə]- *ghrē- „schimmern[d], strahlen[d], glänzen[d]", vgl. z. B. *lit.* žerėti „im Glanze strahlen", *russ.* zarja „Glanz, Röte am Himmel". Zu dieser Wurzel gehört aus dem *germ.* Sprachbereich auch die Sippe von ↑*greis* (ursprünglich „grau"). Die Bed. „grau" hat sich demnach aus „schimmernd, strahlend, glänzend" entwickelt. Auch die meisten anderen Farbadjektive – vgl. z. B. 'braun' und 'blau' – bedeuteten ursprünglich „schimmernd, glänzend, leuchtend", was sich daraus erklärt, daß die Indogermanen bei der sprachlichen Erfassung nicht vom Farbton, sondern von Glanz und Schimmer ausgingen. Heute wird der Farbton Grau oft näher bestimmt, beachte z. B. die Zusammensetzungen 'asch-, eis-, maus-, schiefer-, taubengrau'. Dagegen bezieht sich **feldgrau** (um 1900; auch substantiviert **Feldgrau**) auf die Tuchfarbe der im Felde befindlichen Truppe. – Nach der Farbe der Kleidung heißen die Zisterzienser (auch die Franziskaner) 'Graue Mönche', beachte auch 'Graues Kloster' (Schule in Berlin). Mit der Farbe Grau verbinden sich auch die Vorstellungen von hohem Lebensalter und von längst Vergangenem (beachte z. B. 'graue Vorzeit') sowie von Öde und Elend. Abl.: **[1]grauen** (*mhd.* grāwen, *ahd.* grāwēn; im Sinne von „grau werden" durch 'ergrauen' verdrängt, aber als „dämmern, tagen" auch heute noch gebräuchlich); **[1]graulich,** auch **gräulich** (17. Jh.).

[1]grauen ↑grau.

[2]grauen „Furcht, Widerwillen empfinden": Das Verb *mhd.* grūwen, *ahd.* (in)grūēn bildet mit den Sippen von ↑*grausen* und ↑*Greuel* sowie mit den unter ↑*graulen,* ↑*grausam* und ↑*gruseln* behandelten Wörtern eine im *germ.*, besonders im *dt.* Sprachbereich weitverästelte Wortgruppe, deren weitere Herkunft unklar ist. – Abl.: **Grauen** (16. Jh.; substantivierter Infinitiv), dazu **grauenhaft** (18. Jh.) und **grauenvoll** (18. Jh.).

graulen, [sich]: Das vorwiegend in der Umgangssprache gebräuchliche Verb (*mhd.* grūweln, griuweln „Furcht empfinden") ist eine Bildung zu dem unter ↑[2]*grauen* behandelten Verb.

[1]graulich, gräulich ↑grau.

[2]graulich ↑Greuel.

graumeliert ↑meliert.

Graupe: Das seit dem 16. Jh. bezeugte Wort für „geschälte Gerste" (seltener für „geschälter Weizen") stammt wahrscheinlich aus dem *Slaw.*, vgl. *obersorb.* krupa, *poln.* krupa, *russ.* krupa „Graupe, Grütze; Hagelkorn; schneeiger Hagel". Abl.: **graupen** „hageln" (16. Jh.; beachte *schles.* eysgrupe „Hagelkorn", 15. Jh.), dazu **graupeln** „hageln" (17. Jh.), **Graupel** „Hagelkorn" (19. Jh.).

grausam: Das Adjektiv *mhd.* grū[we]sam „Grauen erregend" gehört zu dem unter ↑[2]*grauen* behandelten Verb. Die heute übliche Bed. „hart, unbarmherzig" hat sich erst seit dem 16. Jh. allmählich durchgesetzt.

grausen: Das auf das *dt.* Sprachgebiet beschränkte Verb *mhd.* grūsen, griusen, *ahd.* irgrū[wi]sōn ist eine Weiterbildung zu dem unter ↑*grauen* behandelten Verb. Das Substantiv **Graus** (*mhd.* grūs[e] „Furcht, Schrecken; Schreckbild") ist durch den substantivierten Infinitiv **Grausen** (*mhd.* grūsen) weitgehend zurückgedrängt worden. Das Adjektiv **graus** „schrecklich, grauenerregend" ist erst in *nhd.* Zeit zu 'Graus' gebildet. Älter sind die Adjektivbildungen **grausig** (*ahd.* griusīg) und **grauslich** (*mhd.* grūslich, griuslich). Siehe auch den Artikel *gruseln*.

gravieren „in Metall, Stein [ein]schneiden", dafür häufiger 'eingravieren': Das Verb wurde im 18. Jh. aus gleichbed. *frz.* graver entlehnt, das ursprünglich „eine Furche ziehen, einen Scheitel ziehen" bedeutete. Die moderne Bedeutung zeigte sich zuerst in dem abgeleiteten Substantiv *frz.* graveur „Stecher, Metall-, Steinschneider", das im 18. Jh. als **Graveur** ins *Nhd.* gelangte. Im 19. Jh. wurde **Gravüre** „Erzeugnis der Gravierkunst (Kupfer-, Stahlstich)" aus *frz.* gravure übernommen. Daneben ist mit latinisierter Endung auch **Gravur** „Darstellung, Zeichnung auf Metall oder Stein" gebräuchlich. – Das Stammwort *frz.* graver ist *germ.* Ursprungs. Es geht auf eine durch das *Niederl.* vermittelte *mnd.* Form graven von *nhd.* ↑*graben* zurück.

gravitätisch „ernst, würdevoll, gemessen": Das Adjektiv ist eine Bildung des 16. Jh.s zu dem heute veralteten Substantiv 'Gravität', das auf *lat.* gravitas „Schwere; würdevolles Wesen" zurückgeht. Zugrunde liegt das *lat.* Adjektiv gravis „schwer, gewichtig, drückend", das mit *osk.-lat.* brutus „schwer, schwerfällig; roh" (↑brutal und brutto) und mit verwandten Wörtern in anderen *idg.* Sprachen wie *griech.* barýs „schwer" (↑[1]Bar), *got.* kaúrjōs (Nom. Plural) „schwer", *aind.* gurú-ḥ „schwer; wichtig; ehrwürdig", *lett.* grūts „schwer" zur *idg.* Wurzel *g^{u}er[ə]- „schwer" gehört.

Grazie „natürliche Anmut": Unter dem Einfluß des im 18. Jh. stark belebten mythologischen Gebrauchs des Namens 'Grazien' bildete der Archäologe Winckelmann die abstrakte Verwendung von 'Grazie' im Sinne von „Anmut" heraus. Der Name der drei Göttinnen der Anmut, *lat.* Gratiae (für *griech.* Chárites), ist der personifizierte Plural von *lat.* gratia „Gunst, Dank, Erkenntlichkeit; Anmut, Lieblichkeit". Dies gehört zu einer *idg.* Wurzel *g^{u}er[ə]- „loben, preisen, willkommen heißen". Auf eine tiefstufige Partizipialbildung *g^{u}r̥-to-s geht das *lat.* Adjektiv gratus „willkommen, angenehm" zurück, das u. a. in der Zusammensetzung *lat.* grati-ficari „sich jmdm. willfährig, gefällig zeigen; eine Gefälligkeit erweisen" vorliegt (↑Gratifikation). Außerdem spielt es eine Rolle in den besonders im modernen diplomatischen Verkehr üblichen Wendungen 'Persona grata' oder 'Persona ingrata'. – Unmittelbar zu *lat.* gratia gehören das Adjektiv gratiosus „wohlgefällig, lieblich" (↑graziös) und das Adverb gratis (↑gratis); dazu stellt sich noch *lat.* gratulari „Glück wünschen" (↑gratulieren, Gratulant, Gratulation). – Im heutigen Sprachgebrauch werden hübsche junge Damen oft scherzhaft-spöttisch als **Grazien** bezeichnet.

grazil „schlank, zierlich; geschmeidig; schmächtig": Das Adjektiv wurde im 19. Jh. aus *lat.* gracilis „schlank, schmal, mager, dürr; einfach" entlehnt, das nicht sicher gedeutet ist. Es ist jedenfalls nicht mit *lat.* gratia, gratiosus (↑Grazie, graziös) verwandt.

graziös „anmutig": Das Adjektiv wurde im 18. Jh. aus gleichbed. *frz.* gracieux entlehnt, das auf *lat.* gratiosus zurückgeht (vgl. *Grazie*).

Greif „Fabeltier; ein bestimmter Vogel": Die *nhd.* Form geht über *mhd.* grīf[e] zurück auf *ahd.* grīf[o], das unter Anlehnung an das unter ↑*greifen* behandelte Verb aus *lat.* gryphus „Greif" entlehnt ist. Das *lat.* Wort seinerseits stammt aus gleichbed. *griech.* grȳps, das wohl zu der Wortgruppe von *griech.* grȳpós „krummnasig, gekrümmt, mit einer Habichtsnase" gehört (vgl. *krumm*).

greifen: Das *gemeingerm.* Verb *mhd.* grīfen, *ahd.* grīfan, *got.* greipan, *engl.* to gripe, *schwed.* gripa ist verwandt mit der *balt.* Sippe von *lit.*

griebti „ergreifen, packen“. Die weiteren Beziehungen sind unklar. – Aus dem *Germ.* stammt *frz.* gripper „ergreifen“, zu dem als Substantivbildung *frz.* grippe (↑Grippe) gehört. – Um ‘greifen’ gruppieren sich die Bildungen ↑Griff und ↑Grips. Groß ist die Zahl der zusammengesetzten Verben, beachte z. B. **abgreifen** „abnutzen“, **ausgreifen** „rasch vorwärtsstreben, vorankommen“, **eingreifen** „sich einmischen, dazwischengehen; etwas vornehmen“, dazu **Eingriff; übergreifen** „über etwas hinausgehen, sich ausbreiten“, dazu **Übergriff.** Wichtig sind folgende Zusammensetzungen und Präfixbildungen: **angreifen** (*mhd.* an[e]grīfen, *ahd.* anagrīfan „berühren, anfassen; Hand an etwas legen“; seit dem 16. Jh. „feindlich entgegentreten, anfallen, herfallen über“ und „die Kräfte aufbrauchen, an der Gesundheit zehren“), dazu **Angreifer** (18. Jh.) und **Angriff** (*mhd.* an[e]grif, *ahd.* anagrif „Berührung, Anfassen; Umarmung“; erst im *Nhd.* auch „feindliches Entgegentreten“); **begreifen** (*mhd.* begrīfen, *ahd.* bigrīfan „berühren, betasten, anfassen; umfassen, umschließen; in Worte fassen; zusammenfassen; erreichen, erlangen; verstehen“), dazu **begreiflich** (*mhd.* begrīf[e]lich „faßbar; verstehend“) und **Begriff** (*mhd.* begrif „Umfang, Bezirk; Zusammenfassung; Umfang und Inhalt einer Vorstellung“; heute besonders im Sinne von „Allgemeinvorstellung“ und in der Wendung ‘im Begriff sein’ gebräuchlich; beachte auch die *ugs.* Wendung ‘schwer von Begriff sein’ „eine mangelhafte Auffassungsgabe besitzen“ und **begriffsstutzig,** 19. Jh.), **Inbegriff** „Gesamtheit der auf einen Begriff bezogenen Einzelheiten“ (18. Jh.); **ergreifen** (*mhd.* ergrīfen „packen, fassen; erreichen, erlangen“; im *Nhd.* auch „in Gemütsbewegungen versetzen“, beachte dazu **ergreifend** „rührend“, **ergriffen** „gerührt“ und **Ergriffenheit** „Rührung“); **vergreifen** (*mhd.* vergrīfen „falsch greifen; einschließen, umfassen“; im *Nhd.* besonders reflexiv gebraucht im Sinne von „einen Fehlgriff tun; jemandem etwas antun“; die Bed. „durch Greifen entfernen“ ist noch im 2. Partizip **vergriffen** bewahrt).

greinen ↑grinsen.

greis: Das Adjektiv (*asächs., mnd., mhd.* grīs) hat sich allmählich vom *Niederd.* her über das *dt.* Sprachgebiet ausgebreitet. Im *Niederl.* entspricht grijs „grau; alt“. Das Adjektiv, das zu der unter ↑*grau* dargestellten *idg.* Wurzel gehört, bedeutete zunächst „grau“. Da es besonders häufig auf das vom Alter ergraute Haar bezogen wurde, wandelte sich seine Bedeutung von „grau“ zu „alt“. In *Niederd.* ist die Bed. „grau“ bewahrt, beachte das dem *hochd.* greis entsprechende *niederd.* gries „grau“. Aus dem *Afränk.* entlehnt ist *frz.* gris „grau“, dazu *frz.* grisette „graues Tuch, Kleidung aus grauem Tuch“, dann auch „Näherin, Putzmacherin“ (nach der grauen schlichten Kleidung benannt) und „leichtfertiges Mädchen“, beachte das Fremdwort **Grisette.** Aus dem *Frz.* (*afrz.* grisel) stammt *engl.* grizzle, grizzly „grau“, beachte *engl.* grizzly bear eigentlich „Graubär“, aus dem **Grislybär** entlehnt ist. Abl.: **Greis** „alter Mann“ (*mhd.* grīse; substantiviertes Adjektiv, früher schwach flektierend), davon **greisenhaft** „sehr alt“ (19. Jh.); **vergreisen** „vorzeitig die Art eines Greises annehmen“ (19. Jh.).

grell: *Mhd.* grel „zornig, heftig, brüllend“ ist eine Bildung zu dem im *Nhd.* untergegangenen Verb *mhd.* grellen „laut schreien, vor Zorn brüllen“, vgl. *aengl.* griellan „erzürnen, die Zähne fletschen“. Im Ablaut dazu stehen die unter ↑*Groll* behandelten Wörter. Die ganze Wortgruppe ist lautnachahmenden Ursprungs und kann, falls es sich nicht um unabhängige Schallnachahmungen handelt, z. B. verwandt sein mit der Sippe von ↑*grüßen* und *aind.* ghargharā-ḥ „rasselnd, gurgelnd“. – Im *Nhd.* bezieht sich ‘grell’ auch auf Gesichtseindrücke und wird im Sinne von „hell (vom Licht), schreiend (von Farben)“ verwendet. Beachte dazu das Verhältnis von ‘hell’ zu ‘hallen’.

Gremium „beratende oder beschlußfassende Körperschaft“: Das Fremdwort wurde im 19. Jh. aus *lat.* gremium „Schoß“ in dessen *spätlat.* Bed. „Armvoll, Bündel“ (eigentlich „das, was man im Schoß fassen kann“) entlehnt. *Lat.* gremium ist verwandt mit *lat.* grex „Herde, Haufe“, wozu als Präfixverb *lat.* aggregare gehört (↑Aggregat). Den *lat.* Wörtern liegt eine *idg.* Wurzel *ger-, gere- „zusammenfassen, sammeln“, erweitert *grem-, zugrunde, zu der neben verwandten Wörtern in anderen *idg.* Sprachen auch *griech.* ageírein „[ver]sammeln“ gehört mit den abgeleiteten Wörtern agorá „Versammlungsplatz, Markt“, agoreúein „auf dem Markt reden“ (↑Allegorie, ↑Kategorie).

Grenadier: Die Bezeichnung für „Fußsoldat, Infanterist“ wurde im 17. Jh. aus gleichbed. *frz.* grenadier entlehnt, das ursprünglich „Handgranatenwerfer“ bedeutete. Das zugrundeliegende Substantiv *frz.* grenade „Granatapfel[baum]; Granate“, das identisch ist mit *it.* granata (↑Granate), wurde aus der Fügung *afrz.* pume grenate verselbständigt (vgl. *Granatapfel*).

Grenze: Das im 13. Jh. aus dem *Westslaw.* entlehnte greniz[e] hat sich von den östlichen Kolonisationsgebieten aus allmählich über das *dt.* Sprachgebiet ausgebreitet und das heimische Wort ²Mark „Grenze, Grenzgebiet“ (s. d.) verdrängt. *Poln.* granica „Grenze“, *tschech.* hranice „Grenze“, *russ.* granica „Grenze“ gehören zu der *slaw.* Wortgruppe von *russ.* gran' „Grenze“ (vgl. *Granne*). Abl.: **grenzen** (15. Jh.), beachte dazu **angrenzen** und **begrenzen; Grenzer** „Grenzwächter, Grenzsoldat“ (15. Jh.).

Greuel „Abscheu; Entsetzlichkeit, ungeheuerliche Tat; widerlicher Mensch“: Das auf das *dt.* und *niederl.* Sprachgebiet beschränkte Substantiv (*mhd.* griu[we]l, *mnd.* grūwel, *niederl.* gruwel) gehört zu dem unter ↑*grauen* behandelten Verb und bedeutete ursprünglich „Grauen, Schrecken“. Abl.: **greulich,** unter Anschluß an ↑graulen auch ²**graulich** „scheußlich, entsetzlich“ (*mhd.* griu[we]lich). Zus.: **Greueltat** (17. Jh.).

Griebe: Der *landsch.* Ausdruck für „[ausgebratenes] Speckstückchen; Bläschenausschlag an den Lippen“ (*mhd.* griebe, *ahd.* griobo) ist vermutlich näher verwandt mit den unter ↑*Griebs* und ↑*grob* behandelten Wörtern und gehört dann zu der Wortgruppe von ↑*groß*.

Griebs „Kerngehäuse des Obstes“: Das seit dem 15. Jh. (in der Form grübiz) bezeugte Wort ist vermutlich mit den unter ↑*Griebe* und ↑*grob* behandelten Wörtern eng verwandt und gehört dann zu der Sippe von ↑*groß*. In *mitteld*. Mundarten wird 'Griebs' auch im Sinne von „Adamsapfel“ verwendet. Andere *mdal*. Ausdrücke für „Kerngehäuse“ sind z. B. 'Butzen, Grotzen, Ketsche, Strunk'.

grienen ↑grinsen.

Griesgram: Aus dem heute veralteten Verb griesgramen „mürrisch sein“, *mhd*. grisgram[m]en, *ahd*. grisgramōn „mit den Zähnen knirschen, murren, brummen“ wurde in *mhd*. Zeit das Substantiv grisgram „Zähneknirschen“ rückgebildet. Dieses Substantiv wurde im *Nhd*. dann im Sinne von „mürrische Stimmung, Grämlichkeit“ gebräuchlich und bezeichnet seit dem 18. Jh. einen in mürrische Stimmung versunkenen Menschen. Der zweite Bestandteil des zusammengesetzten Verbs gehört zu dem unter ↑*gram* behandelten Wort, der erste Bestandteil vermutlich zu der Sippe von *dt. mdal*. 'grieseln' „[vor Kälte, Furcht, Ekel] erschauern“, 'grieselich' „schauerlich, grausig“, die wohl auf einer Nebenform mit i-Vokalismus beruht, während 'grausen', 'gruseln' u-Vokalismus haben (vgl. *grauen*). Abl.: **griesgrämig, griesgrämisch, griesgrämlich** (15. Jh. in der Form grisgramig).

Grieß „grobkörniger Sand; zu feinen Körnchen gemahlener Weizen, Reis oder Mais“: *Mhd*. griez, *ahd*. grioz „Sand, Kies; Sandplatz; sandiges Ufer, Strand; grobgemahlenes Mehl“, *engl*. grit „grobkörniger Sand, Kies; Sandstein“, *schwed*. gryt „Steinhaufen“ gehören im Sinne von „Zerriebenes, Zerbröckeltes“ zu der unter ↑*groß* dargestellten *idg*. Wurzel. Abl.: **grießeln** „körnig werden, bröckeln, rieseln“ (18. Jh.); **grießig** (*mhd*. griezec „sandig, körnig“; beachte dazu **Grießig** „Bienenkot“).

Griff: Das *westgerm*. Substantiv *mhd., ahd*. grif, *niederl*. greep, *engl*. grip ist eine Bildung zu dem unter ↑*greifen* behandelten Verb. Ähnlich gebildet ist die *nord*. Sippe von *schwed*. grepp „Griff“. Im *Dt*. wird 'Griff' auch im konkreten Sinne gebraucht, beachte z. B. die Zusammensetzung 'Messergriff'. Weidmännisch bedeutet 'Griff' „Klaue eines Raubvogels“. Abl.: **griffig** „handlich“ (*mhd*. griffec). Zus.: **Handgriff** (17. Jh.; schon *ahd*. hantgrif „Griff mit der Hand“); **Kunstgriff** (17. Jh.).

Griffel: Der Name des Schreibgerätes *mhd*. griffel, *ahd*. griffil ist wohl eine mit dem Werkzeugsuffix -il gebildete und formal an *ahd*. grīfan „greifen“ angelehnte Ableitung von *ahd*. graf „Schreibgerät“. Letzteres beruht auf einer Entlehnung aus *lat*. graphium (< *griech*. grapheīon, graphíon „Werkzeug zum Schreiben [auf Wachstafeln], Metallgriffel“; zu *griech*. gráphein „schreiben“, vgl. *Graphik*).

Grill: Die Bezeichnung für „Bratrost“ ist eine Entlehnung des 20. Jh.s aus gleichbed. *engl*. grill, das über *frz*. gril (neben grille) auf *lat*. craticulum (neben craticula) „Flechtwerk, kleiner Rost“ zurückgeht. Das Stammwort *lat*. cratis „Flechtwerk, Hürde“ ist urverwandt mit ↑Hürde. – Abl.: **grillen** „auf dem Grill braten“ (20. Jh.; aus *engl*. to grill).

Grille: Der Name des Insektes *mhd*. grille, *ahd*. grillo beruht auf einer Entlehnung aus *lat*. grillus „Heuschrecke, Grille“, das selbst lautnachahmenden Ursprungs ist. – Seit dem 16. Jh. wird das Wort auch im übertragenen Sinne von „wunderlicher Einfall; Laune“ gebraucht.

Grimasse „verzerrtes Gesicht, Fratze“: Das Substantiv wurde im 17. Jh. aus gleichbed. *frz*. grimace entlehnt, das selbst wohl *germ*. Herkunft ist. Man erwägt als Quelle ein im *Aisl*. und *Aengl*. bezeugtes Wort grīma „Maske, Larve“.

grimm: Das *altgerm*. Adjektiv *mhd*. grim[me], *ahd*. grim[mi], *mniederl*. grim[m], *engl*. grim, *schwed*. grym gehört mit verwandten Wörtern in anderen *idg*. Sprachen zu der lautnachahmenden *idg*. Wurzel *ghrem- „tönen, dröhnen, grollen“, vgl. z. B. *griech*. chremízein „wiehern“ und *russ*. gremet' „donnern, klirren, rasseln“, grom „Donner, Gewitter“, beachte auch *russ*. pogrom „Ausschreitung“ (daher das Fremdwort **Pogrom** „Ausschreitung, Hetze“). Die Bed. „zornig, wütend, wild“ hat sich demnach aus „grollend, brummig“ entwickelt. Im Ablaut zu 'grimm' steht im *germ*. Sprachbereich die Wortsippe von ↑gram. **Grimm** „Zorn, Erbitterung“ ist das in *mhd*. Zeit aus der Verbindung 'grimme muot' „zorniger Sinn“ substantivierte Adjektiv. – Das Verb **grimmen** (*mhd*. grimmen „vor Wut oder Schmerz mit den Zähnen knirschen, toben, brüllen“, vgl. *mniederl*. grimmen, *aengl*. grimman) flektierte ursprünglich stark und ist eine unmittelbare Bildung zu der oben genannten *idg*. Wurzel. Erst sekundär ist es an 'grimm' und 'Grimm' angeschlossen worden. Neben dem einfachen Verb ist auch **ergrimmen** gebräuchlich. Abl.: **grimmig** (*mhd*. grimmec, *ahd*. grimmīg; Abl. vom Adjektiv). Beachte auch die Zus. **Ingrimm** (18. Jh.), dazu **ingrimmig** (18. Jh.), deren erster Bestandteil die unter ↑*in* behandelte Präposition ist.

Grimmen „Leibschmerzen, Bauchweh“: Das auf das *dt*. Sprachgebiet beschränkte Wort (*frühnhd*. grimmen, *mhd*. grimme, krimme) bedeutet eigentlich „Kneifen, [krampfartiges] Reißen“ und gehört zu *mhd*. krimmen und (unter dem Einfluß von *mhd*. grimmen „vor Zorn oder Schmerz wüten“, vgl. *grimm*) grimmen „krallen; kratzen; kneifen; reißen“. Dieses Verb gehört zu der unter ↑*krumm* dargestellten Wortgruppe. Zus.: **Grimmdarm** (18. Jh.; als Ausgangspunkt und Sitz des Grimmens benannt).

Grind „Schorf, Kruste“ (bei [Kopf]hauterkrankungen): *Mhd*. grint „Ausschlag; Schorf; Kopfgrind; Kopf“, *ahd*. grint „Ausschlag; Schorf“, *mnd*. grint „grobkörniger Sand; grobes Mehl“, *niederl*. grind „Kies; Grieß“ stellen sich zu einem im *germ*. Sprachbereich nur im *Engl*. bewahrten starken Verb *aengl*. grindan, *engl*. to grind „zerreiben, zermalmen, mahlen“. Im Ablaut zu 'Grind' steht das aus dem *Niederd*. stammende **Grand** „Kies, grobkörniger Sand", dem *schwed.* grand „Staubkörnchen" entspricht, beachte auch *norw.* grande „Sandbank". Diese Sippe gehört zu der unter ↑*Grund* (eigentlich „Zerriebenes, Zermahlenes", dann „grobkörniger Sand") dargestellten Wortgruppe. – Die seit *mhd.* Zeit bezeugte, heute nur noch *mdal.* Verwendung von 'Grind' im Sinne von „Kopf" war zunächst verächtlich und erklärt sich daraus, daß der Kopfgrind in früheren Zeiten eine weitverbreitete Krankheit war. Auch in der Jägersprache wird der Kopf der Hirscharten und des Gamswildes noch 'Grind' genannt. Abl.: **grindig** „voller Grind" (*mhd.* grintec).

grinsen „höhnisch, spöttisch oder widerlich lächeln": Das Verb ist eine erst *frühnhd.* intensivierende Weiterbildung zu dem heute veralteten 'grinnen' „[mit den Zähnen] knirschen, keifen" (*mhd.* grinnen). Es wurde früher auch im Sinne von „weinerlich das Gesicht verziehen, weinen" verwendet. Das veraltete 'grinnen' hängt zusammen mit **greinen** *ugs.* für „weinen", veralt., aber noch *mdal.* auch für „keifen, zanken" (*mhd.* grīnen, *ahd.* grīnan „lachend oder weinend den Mund verziehen, murren, knurren, brüllen"), beachte das aus dem *Niederd.* stammende **grienen** *ugs.* für „spöttisch lächeln, grinsen". Damit verwandt sind im *germ.* Sprachbereich z. B. *engl.* to grin „grinsen" und to groan „stöhnen, jammern" und *schwed.* grina „grinsen, feixen; weinen, heulen", älter auch „nicht dicht schließen, offenstehen".

Grippe: Der Name der Erkältungskrankheit wurde im 18. Jh. aus gleichbed. *frz.* grippe entlehnt, das eigentlich „Grille, Laune" bedeutet. Die Bedeutungsübertragung mag von der Vorstellung ausgegangen sein, daß diese Krankheit den Menschen plötzlich und launenhaft befällt. Das *frz.* Wort ist mit dem danebenstehenden Verb gripper „nach etwas haschen, greifen" *germ.* Ursprungs (vgl. *greifen*).

Grips: Das im wesentlichen in der *nordd.* und *mitteld.* Umgangssprache gebräuchliche Wort für „Verstand, Auffassungsgabe" ist eine Substantivbildung zu dem *mdal.* Verb gripsen „schnell fassen, raffen, mausen, stehlen" und bedeutet eigentlich „Griff, Fassen". Das Verb gripsen, daneben auch gripschen, ist eine Iterativbildung zu dem gleichbedeutend *mdal.* grippen (vgl. *greifen*).

Grisette, Grislybär ↑greis.

grob: Das auf das *dt.* und *niederl.* Sprachgebiet beschränkte Adjektiv (*mhd.* grop, *ahd.* g[e]rob, *niederl.* grof) gehört wahrscheinlich zu der unter ↑*groß* dargestellten Wortgruppe. Im heutigen Sprachgebrauch wird 'grob' hauptsächlich im Sinne von „nicht fein", übertragen „ungelenk, bäurisch, ungebildet" verwendet. In den älteren Sprachzuständen bedeutete es auch „rauh, uneben" und „massig, schwer, groß". Abl.: **vergröbern** (18. Jh.); **Grobheit** (*mhd.* gropheit); **Grobian** (15. Jh.; nach Namen wie 'Cassian, Damian' mit *lat.* Endung aus 'grob' abgeleitete Scherzbildung); **gröblich** (*mhd.* grobelich). Zus.: **grobschlächtig** (19. Jh.); **Grobschmied** (17. Jh.).

Groden ↑grün.

Grog: Die Bezeichnung des heißen Getränks aus Rum, Zucker und Wasser wurde im 18. Jh. aus *engl.* grog entlehnt, dessen Herkunft nicht sicher geklärt ist. Bereits in Deutungen des 18. Jh.s wird das Wort mit dem englischen Admiral Vernon in Verbindung gebracht. Dieser Admiral, der wegen seines Überrocks aus grobem Stoff (= *engl.* grogram) bei den Matrosen den Spitznamen 'Old Grog' hatte, erließ einen Befehl, nur noch mit Wasser verdünnten Rum an die Matrosen auszugeben. Diese reagierten prompt und nannten das neue, verwässerte Getränk nach dem Spitznamen des Admirals. – Dazu das Adjektiv *engl.* groggy „betrunken, taumelnd" – eigentlich „vom Grog betrunken" – in unserem, im 20. Jh. entlehnten Fremdwort **groggy,** das bei uns vor allem in der Boxersprache, aber auch umgangssprachlich im Sinne von „angeschlagen, taumelnd; zerschlagen" verwendet wird.

grölen: Die im späteren Mittelalter in niederdeutschen Städten veranstalteten lärmenden Turnierfeste der Bürger hießen nach dem Heiligtum der Ritter ↑*Gral.* Von diesem Wort ist das seit dem 15. Jh. bezeugte *niederd.* grālen „laut sein, lärmen" abgeleitet, auf das die späteren Formen grä[e]llen, grölen zurückgehen.

Groll: Das seit dem 14. Jh. bezeugte Substantiv (*mhd.* grolle „Zorn") steht im Ablaut zu dem unter ↑*grell* behandelten Adjektiv. Zu 'Groll' stellt sich das Verb **grollen** „zürnen; murren; dumpf dröhnen" (*mhd.* grollen, daneben grullen, grüllen „zürnen; höhnen, spotten", vgl. *aengl.* gryllan „wüten, mit den Zähnen knirschen").

[1]**Gros** [*grō*] „Hauptmasse [des Heeres]": Das Wort wurde im 17. Jh. aus gleichbed. *frz.* gros, einer Substantivierung von *frz.* gros „groß, dick", entlehnt. Dies geht auf *spätlat.* grossus „dick; dicker Teil; Hauptmasse, Gros" zurück. – Gleicher Herkunft sind: ↑[2]Gros, ↑Grossist, ↑en gros, Engroshandel, ↑Groschen.

[2]**Gros** [*groß*] „12 Dutzend": Das Wort der Kaufmannssprache wurde im 17. Jh. durch *niederl.* Vermittlung aus *frz.* grosse (douzaine) „großes (Dutzend)" entlehnt. *Frz.* grosse ist die weibliche Form von gros „groß, dick" (vgl. [1]*Gros*).

Groschen: Der heute noch als volkstümliche Bezeichnung für „Zehnpfennigstück" erhaltene Name der alten, in Deutschland vom 14. Jh. bis ins 19. Jh. geprägten Silbermünze (*mhd.* grosse) beruht auf einer Entlehnung aus *mlat.* (denarius) grossus „Dickpfennig" (zu *lat.* grossus „dick", vgl. [1]*Gros*). Vorbild für den deutschen Groschen wurde der böhmische Groschen, mit dem sich zugleich die von der böhmischen Kanzleisprache im 14. Jh. entwickelte Lautform grosch[e] (das inlautende -ss- wurde im *Tschech.* zu š = sch) im deutschen Sprachgebiet allmählich durchsetzte.

groß: Das *westgerm.* Adjektiv *mhd., ahd.* grōz, *niederl.* groot, *engl.* great bedeutete ursprünglich „grobkörnig" und ist eng verwandt mit den unter ↑*Grieß* und ↑*Grütze* behandelten Wörtern sowie mit dem aus dem *Niederd.* ins *Hochd.* übernommenen **Grus** „Schutt, Geröll; Kohlenklein" (*mnd.* grūs, vgl. *mhd.* grūʒ „Sandkorn, Getreidekorn, [1]Grütze", *engl.* grout „grobes Mehl"). Weiterhin verwandt sind im *germ.* Sprachbereich die Sippe von ↑*grob* und die unter ↑*Griebe* „[ausgebratenes] Fettstückchen" und ↑*Griebs* „Kerngehäuse des Obstes" behandelten Wörter. Diese *germ.* Wortgruppe gehört mit verwandten Wörtern in anderen *idg.* Sprachen zu der z. T. auch erweiterten Wurzelform *ghreu- „zerreiben, zermahlen, zerbröckeln", vgl. z. B. *lit.* grū́sti „zerstoßen, zerstampfen, pressen". Weiterhin besteht Verwandtschaft mit der unter ↑*Grund* dargestellten Wortgruppe. – Durch 'groß' wurde im *Westgerm.* das alte *gemeingerm.* Adjektiv *mekila- „groß" (*mhd.* michel, *ahd.* mihhil, *got.* mikils, *engl.* much, *schwed.* mycken) verdrängt. Dieses Adjektiv ist noch in Namen bewahrt, beachte z. B. Michelstadt eigentlich „Großstadt" und Mecklenburg eigentlich „Großburg". – Abl.: **Größe** (*mhd.* grœẓe, *ahd.* grōẓi); **vergrößern** „größer machen"; Zus.: **großartig** (19. Jh.); **Größenwahn** (19. Jh.); dazu **größenwahnsinnig; Großherzog** (16. Jh.; Lehnübersetzung von *it.* gran duca und wie dieses bis zum 18. Jh. vorwiegend für die Herrscher von Florenz verwandt); **Großhundert** „120 Stück" (17. Jh.; bereits die Germanen kannten neben dem dezimalen auch das duodezimale Hundert. Das sogenannte Großhundert hat sich in Deutschland besonders lange im Handel der *nordd.* Küstengebiete gehalten); **Großmut** (16. Jh.), **großmütig** (*mhd.* grōẓmüetec „voll Selbstvertrauen"); **Großmutter** (um 1400; Lehnübersetzung von *frz.* grand-mère, entsprechend ist 'Großvater' Lehnübersetzung von *frz.* grand-père; 'Großmutter' und 'Großvater' sind an die Stelle von ↑Ahn[e] getreten); **großsprecherisch** (17. Jh.; beachte auch die Bildungen 'großkotzig, großmäulig, großschnauzig); **Großstadt** (schon im 16. Jh.; dann aber erst Anfang des 19. Jh.s, wohl rückgebildet aus 'Großstädter' oder 'großstädtisch'); **Großvater** (s. o. Großmutter).

Grossist: Die Bezeichnung für „Großhändler" wurde um 1800 für älteres 'Grossierer' (< *frz.* marchand grossier) gebildet. Stammwort ist *frz.* gros „groß, dick" (vgl. [1]*Gros*), das in der Kaufmannssprache recht geläufig war, z. B. in der Verbindung ↑en gros.

grotesk „wunderlich, verzerrt, seltsam": Das Adjektiv wurde im 16. Jh. durch Vermittlung von *frz.* grotesque aus *it.* grottesco, einem von grotta (vgl. *Grotte*) abgeleiteten Adjektiv, entlehnt, das zunächst in Fügungen wie 'grottesca pittura' jene seltsamen und phantastischen antiken Wand- und Deckenmalereien bezeichnet, wie man sie in „Grotten" und Kavernen, aber auch in anderen Gebäuden aus römischer Zeit gefunden hat. – Das Fremdwort wurde lange Zeit nur mit Beziehung auf Malereien gebraucht und ging erst seit der Mitte des 18. Jh.s allmählich in allgemeinen Gebrauch über. Beachte auch die Substantivierung **Groteske** „phantastisch gestaltete Tier- und Pflanzenmotive in der Ornamentik der Antike und der Renaissance; derbkomische, überspannte Erzählung; ins Verzerrte gesteigerter Ausdruckstanz" (18. Jh.; über *frz.* grotesque aus *it.* grottesca).

Grotte „malerische [Felsen]höhle (oft künstlich angelegt oder ausgestaltet)": Das Wort wurde im 15. Jh. aus *it.* grotta entlehnt, wozu als Adjektiv auch grottesco gehört (↑grotesk, Groteske). Voraus liegt *vlat.* crupta „Korridor, Kreuzgang; unterirdisches Gewölbe; Grotte, Gruft", das für *klass.-lat.* crypta (< *griech.* kryptē) steht (vgl. *Krypta*).

Grübchen: Das seit dem 18. Jh. bezeugte Wort ist – wie auch das ältere 'Grüblein' (*mhd.* grüebelīn) – eine Verkleinerungsbildung zu dem unter ↑*Grube* behandelten Wort in dessen Bed. „Vertiefung am Körper".

Grube: Das *gemeingerm.* Wort *mhd.* gruobe, *ahd.* gruoba, *got.* grōba, *niederl.* groeve, *aisl.* grōf ist eine Bildung zu dem unter ↑*graben* behandelten Verb. Das Wort hat im *Dt.* mehrere Anwendungsbereiche. So bezeichnet 'Grube' im Bergbau den Schacht und die gesamte Schachtanlage, beachte z. B. die Zusammensetzungen 'Erz-, Fund-, Kohlen-, Goldgrube' und 'Grubenbau, -gas, -hund („kleiner Kohlenwagen"), -licht, -wasser', im Jagdwesen die 'Fall- oder Fanggrube', beachte die Redensart 'wer andern eine Grube gräbt, fällt selbst hinein' und die Zusammensetzung 'Wolfsgrube', ferner wird es im Sinne von „Vertiefung am Körper" gebraucht, beachte die Zusammensetzungen 'Achsel-, Herz-, Magengrube' und auch ↑Grübchen. Die Bed. „Höhle, Versteck" ist noch in der Zusammensetzung **Mördergrube** „Schlupfwinkel für Mörder" bewahrt. Diese Zusammensetzung, die zuerst in Luthers Bibelübersetzung erscheint (für *lat.* spelunca latronum), lebt heute nur noch in der Wendung 'aus seinem Herzen keine Mördergrube machen' „seine Meinung nicht verhehlen". Biblisch wird 'Grube' auch im Sinne von „Grab" gebraucht.

grübeln: Das auf das *dt.* Sprachgebiet beschränkte Verb *mhd.* grübelen, *ahd.* grubilōn „[wiederholt] graben, herumstochern, herumbohren; nachforschen, nachdenken" ist eine Iterativbildung zu dem unter ↑*graben* behandelten Verb.

Grude „Braunkohlenkoks": Die Herkunft des seit dem 15. Jh. bezeugten *niederd.* Wortes (*mnd.* grude „glühende Asche; Strohasche") ist dunkel. Beachte die Zusammensetzungen **Grudekoks** und **Grudeherd.**

Gruft: Unter dem Einfluß von *vlat.* crupta (↑Krypta) wurde *ahd.* girophti „Graben", das eine Bildung zu dem unter ↑*graben* behandelten Verb ist, zu gruft, kruft „unterirdischer Raum; Grabkammer" umgestaltet.

Grummet, Grumt „durch den zweiten Schnitt gewonnenes Heu": Das im wesentlichen *nordd.* und *mitteld.* Wort ist eine verdunkelte Zusammensetzung und bedeutet eigentlich „sprießende Mahd". Der erste Bestandteil von *mhd.* gruo[n]māt, aus dem sich die *nhd.* Form Grummet entwickelt hat, gehört zu *mhd.* grüejen, *ahd.* gruoen „wachsen, sprießen, grünen" (vgl.

grün), der zweite Bestandteil ist das unter ↑*Mahd* behandelte Wort.

grün: Das *altgerm.* Adjektiv *nhd.* grüene, *ahd.* gruoni, *niederl.* groen, *engl.* green (beachte das Fremdwort 'Greenhorn' „Grünschnabel, Neuling"), *schwed.* grön ist eine Bildung zu dem im *Nhd.* untergegangenen Verb *mhd.* grüejen, *ahd.* gruoen „wachsen, grünen", *niederl.* groeien „wachsen, gedeihen", *engl.* to grow „wachsen, gedeihen, zunehmen", *schwed.* gro „wachsen". Das Adjektiv bedeutete demnach ursprünglich entweder „wachsend, sprießend" oder „grasfarben". Das *altgerm.* Verb ist eng verwandt mit der Wortgruppe von ↑*Gras* und gehört im Sinne von „hervorstechen, keimen" zu der unter ↑*Granne* dargestellten *idg.* Wurzel. Zu diesem Verb gehört auch die Substantivbildung **Groden** *niederd.* für „[mit Gras bewachsenes] angeschwemmtes Vorland an Deichen" (vgl. *mhd.* gruot „das Grünen, der frische Wuchs"; s. auch den Artikel *Grummet*). Das Adjektiv 'grün' ist im *Dt.* nicht nur Farbenbezeichnung, es wird oft als Gegensatz zu 'trocken, verwelkt' im Sinne von „frisch, jung, sprießend", andererseits als Gegensatz zu 'rot, reif' im Sinne von „unreif", auch „unerfahren" (beachte die Zusammensetzung 'Grünschnabel') gebraucht. Als Farbe des Frühlings hat sich Grün zur Farbe der Freude, besonders aber zum Symbol der Hoffnung entwickelt. Mit Grün verbindet sich auch die Vorstellung des Angenehmen, beachte die Wendungen 'jemandem [nicht] grün sein' und 'grüne Seite'. – Das substantivierte Adjektiv **Grün[e]** bedeutet nicht nur „grüne Farbe", sondern auch „frisches Laub, grünes Blattwerk" und „Grasboden, freie Natur", beachte die Wendung 'ins Grüne fahren'. Abl.: **grünen** (*mhd.* grüenen, *ahd.* gruonēn); **grünlich** (*mhd.* grüenlich); **Grünling** (14. Jh.; das Wort bezieht sich auf Pflanzen und Tiere mit vorwiegend grüner Färbung, wird aber auch im Sinne von „unerfahrener Mensch" gebraucht). Überaus groß ist die Zahl der Zusammensetzungen mit 'grün' bzw. dessen substantivierter Form, beachte z. B. 'Grünanlagen, Grünfutter, Grünkern, Grünkohl, Grünspecht'. Wichtige Zusammensetzungen sind: **Gründonnerstag** (*mhd.* grüene donerstac; der „Donnerstag der Karwoche" ist wohl nach dem weitverbreiteten Brauch benannt, an diesem Tag etwas Grünes, besonders Grünkohl zu essen); **Grünspan** (15. Jh.; Lehnübersetzung von *mlat.* viride Hispanum „spanisches Grün"; der aus essigsaurem Kupferoxid hergestellte Farbstoff wurde im Mittelalter aus Spanien eingeführt und hat daher seinen Namen). – Zu 'grüne Minna' s. den Artikel *Minna*.

Grund: Das *gemeingerm.* Wort *mhd., ahd.* grunt, *got.* grundu(waddjus) „Grund(mauer)", *engl.* ground, *schwed.* grund gehört im Sinne von „grobkörniger Sand, Sandboden, Erde" (eigentlich „Zerriebenes, Gemahlenes") zu der z. T. mit -d- und -dh- erweiterten Wurzelform *ghren- „scheuern, zerreiben, zermahlen", vgl. z. B. *engl.* to grind „zerreiben, zermalmen, mahlen". Zu dieser Wurzelform gehören aus dem *germ.* Sprachbereich auch die unter ↑*Grind* behandelten Wörter und aus anderen *idg.* Sprachen z. B. *griech.* chóndros „Krümchen, Korn, Graupe, Knorpel" (↑Hypochonder) und *lit.* gréndu, grę́sti „reiben, scheuern, kratzen". Weiterhin besteht Verwandtschaft mit der unter ↑*groß* dargestellten Wortgruppe. – Die Bedeutungen von 'Grund' schillern, wie bereits in den älteren Sprachzuständen, im heutigen Sprachgebrauch außerordentlich stark: „Erde, Erdboden"; „Boden, unterste Fläche"; „Unterlage, Grundlage, Fundament"; „Ursprung; Berechtigung; Ursache"; „Grundstück, Land[besitz]"; „Boden eines Gewässers, Meeresboden, Tiefe"; „Tal"; „Innerstes, Wesen". Die Ableitungen und Zusammensetzungen schließen sich in der Bedeutung an die verschiedenen Verwendungsweisen des Substantivs an. Abl.: **Grundel, Gründel** „kleiner, auf dem Grunde des Wassers lebender Fisch" (*mhd.* grundel, *ahd.* crundula); **gründen** „den Grund zu etwas legen, errichten, ins Leben rufen" (*mhd.* gründen, *ahd.* grunden, beachte die Präfixbildungen **begründen** und **ergründen**), dazu **Gründer** (17. Jh.; im ausgehenden 19. Jh. auch im Sinne von „schnellen Reichtum erstrebender, betrügerischer Unternehmer" gebraucht, beachte die Zusammensetzung **Gründerzeit**); **grundieren** „den Grund herstellen" (18. Jh.; in Anlehnung an ältere maltechnische Bezeichnungen wie 'schattieren' und 'lakkieren' mit *frz.* Endung von 'Grund' abgeleitet); **gründlich** „bis auf den Grund gehend, genau, gewissenhaft" (*mhd.* gründlich, *ahd.* Adv. gruntlīhho), dazu **Gründlichkeit** (18. Jh.); **Gründling** „kleiner, auf dem Grunde des Wassers lebender Fisch" (15. Jh.). Zus.: **Grundbesitz** (18. Jh.); **Grundbesitzer** (17. Jh.); **Grundeis** (↑Eis); **Grundlage** (17. Jh.); **Grundriß** (17. Jh.); **Grundsatz** (17. Jh.), dazu **grundsätzlich; Grundstück** (17. Jh.). Siehe auch den Artikel *Abgrund*.

Grundeis ↑Eis.

Grundstock ↑Stock.

Grünspecht ↑Specht.

grunzen: *Mhd.* grunzen, *ahd.* grunnizōn, *engl.* to grunt gehen von einem den Grunzlaut der Schweine nachahmenden 'gru[-gru]' aus und sind z. B. elementarverwandt mit *griech.* grýzein „grunzen" und *lat.* grundire, grunnire „grunzen".

Gruppe: Das seit dem Anfang des 18. Jh.s bezeugte Substantiv bezeichnet eine Ansammlung mehrerer Individuen oder Gegenstände, die durch gleichgeartete Interessen oder Zwecke, durch gemeinsame Merkmale o. ä. miteinander verbunden sind. Das Wort gilt also sowohl von Personen (beachte Zusammensetzungen wie 'Personengruppe, Gruppenführer' u. a.) als auch von leblosen Gegenständen und Dingen (beachte Zusammensetzungen wie 'Baumgruppe' und 'Häusergruppe'). Entlehnt ist 'Gruppe' als Fachwort der bildenden Kunst aus gleichbed. *frz.* groupe, das seinerseits auf *it.* gruppo „Ansammlung, Schar, Gruppe" beruht. Die weitere Herkunft des Wortes ist unklar. – Abl.: **gruppieren** „anordnen, [wirkungsvoll] zusammenstellen" (18. Jh.; meist reflexiv gebraucht).

Grus ↑groß.

gruseln: Die heute übliche Form gruseln, die der Lautgestalt nach unter *niederd.* Einfluß schriftsprachlich geworden ist, beruht auf *mhd.* griuseln, einer Intensivbildung zu *mhd.* griusen, grūsen „Grauen empfinden" (vgl. *Graus* unter 'grausen').

grüßen: *Mhd.* grüeʒen „anreden, ansprechen; grüßen; herausfordern; angreifen; strafen, züchtigen", *ahd.* gruoʒen „anreden; herausfordern, angreifen", *asächs.* grōtian „anreden; fragen; grüßen", *niederl.* groeten „grüßen; empfehlen", *aengl.* grœ̄tan „anreden; grüßen; besuchen; herausfordern; angreifen" (*engl.* to greet „grüßen") gehen auf *westgerm.* *grōtjan „zum Reden bringen, sprechen machen" zurück. Das *westgerm.* Verb gehört als Veranlassungswort zu *got.* grētan „weinen", eigentlich „schreien, jammern". Die *germ.* Wortgruppe ist wahrscheinlich lautnachahmenden Ursprungs (vgl. *grell*). – Das Substantiv **Gruß** (*mhd.* gruoʒ) ist aus dem Verb rückgebildet.

[1]**Grütze** „Getreideschrot, Brei": Das *westgerm.* Wort *mhd.* grütze, *ahd.* gruzzi, *mnd.* grutte, *niederl.* (mit r-Umstellung) gort, *engl.* grit steht im Ablaut zu dem unter ↑*Grieß* behandelten Wort und gehört mit diesem zu der Wortgruppe von ↑*groß*.

[2]**Grütze:** Der *ugs.* und *mdal.* Ausdruck für „Verstand" ist entweder identisch mit dem unter ↑[1]*Grütze* behandelten Wort (Grütze = Verstand im Gegensatz zu Spreu) oder aber ist umgebildet aus älter *nhd.* Kritz „Witz, Scharfsinn" (eigentlich „Kitzel", vgl. *kritzeln*).

gucken *oberd., mitteld.,* **kucken** *nordd.* (*ugs.* für:) „schauen": Die Herkunft des seit dem 13. Jh. bezeugten Verbs (*mhd.* gucken, gücken) ist unklar. Vielleicht stammt das Wort aus der Kindersprache. Um das Verb gruppieren sich die Ableitung **Gucker** (16. Jh., beachte dazu 'Topf-, Stern-, Operngucker') und die Zusammensetzungen **Guckfenster, Guckkasten, Guckloch, Ausguck,** ferner **Guckindieluft** und **Guckindiewelt.**

Guerilla „Kleinkrieg", so besonders in der Zusammensetzung 'Guerillakrieg'; daneben auch (vor allem im *Plural* 'Guerillas') im Sinne von „Freischärler, Partisan" gebräuchlich: Das Fremdwort, das im 19. Jh. durch die Freiheitskämpfe der Spanier gegen die französische Fremdherrschaft bei uns bekannt wurde, wurde über *frz.* guérilla aus *span.* guerrilla entlehnt. Dies ist eine Verkleinerungsbildung zu *span.* guerra „Krieg", das mit *frz.* guerre auf *afränk.* *werra (= *ahd.* werra) „Verwirrung, Streit" zurückgeht (vgl. *verwirren,* Wirren). Beachte auch **Guerillero** „Untergrundkämpfer in Lateinamerika", das im 20. Jh. über *frz.* guérillero aus *span.* guerrillero entlehnt wurde.

Gugelhupf, Gugelhopf: Das in Süddeutschland, in Österreich und in der Schweiz gebräuchliche Wort für „Napf-, Topfkuchen" ist eine Zusammensetzung, deren erster Bestandteil *frühnhd.* Gugel „Kapuze" (< *mlat.* cuculla) ist, während der zweite Bestandteil wohl zum Verb *hüpfen* gehört. Der Kuchen wäre also danach benannt, daß sich sein oberer Teil infolge der Hefe wie eine Kapuze hebt.

Gulasch: Der Name des Gerichts ist ein *ung.* Lehnwort, das im 19. Jh. durch *österr.* Vermittlung aufgenommen wurde. Zugrunde liegt *ung.* gulya „Rinderherde" und davon abgeleitetes gulyás „Rinderhirt". Danach heißt ein Pfefferfleischgericht, wie es von Rinderhirten im Kessel gekocht wird, gulyás hús, verkürzt: gulyás.

gülden ↑Gold.

Gulden: Das Wort, das heute nur noch als Bezeichnung der niederländischen Münzeinheit Geltung hat, ist in *mhd.* Zeit aus guldīn pfenni[n]c „goldene Münze" verselbständigt worden. 'Gulden' bedeutet also eigentlich „der Goldene" (vgl. *golden*).

Gully: Die Bezeichnung für „Schlammfang, Senkloch" ist ein junges Lehnwort aus gleichbed. *engl.* gully, das wohl zu gullet „Schlund" gehört. Voraus liegen *afrz.* goulet (Verkleinerungsbildung zu gole, goule; entspr. *frz.* gueule „Kehle"), *lat.* gula „Kehle". Das *lat.* Wort ist urverwandt mit ↑*Kehle.*

Gült[e] ↑gelten.

gültig „geltend; wirksam": *Mhd.* gültic „im Preis stehend, teuer; zu zahlen verpflichtet" ist abgeleitet von *mhd.* gülte „Schuld, Zahlung; Einkommen, Rente, Zins; Wert, Preis" (vgl. *gelten*). Abl.: **Gültigkeit** (15. Jh.).

Gummi: Das seit *mhd.* Zeit bezeugte Wort ist *ägypt.* Ursprungs. Es ist über *griech.* kómmi, *lat.* cummi[s], (jünger:) gummi in die europäischen Sprachen gelangt (*frz.* gomme, *engl.* gum). – Abl.: **gummieren** „mit Klebstoff versehen" (18./19. Jh.). – Zus.: **Gummibaum** und **Radiergummi.**

Gunst: Das auf das *dt.* und *niederl.* Sprachgebiet beschränkte Wort (*mhd., mnd.* gunst, *niederl.* gunst) ist eine Bildung zu dem unter ↑*gönnen* behandelten Verb. Zur Bildung beachte z. B. das Verhältnis von 'Kunst' zu 'können'. – Abl.: **günstig** (*mhd.* günstic „wohlwollend"), dazu **begünstigen** (17. Jh.); **Günstling** (17. Jh.; Übersetzung von *frz.* favori). Beachte auch die Zusammensetzungen 'Ab-, Miß-, Ungunst'.

Gur ↑gären.

Gurgel: Das Wort (*mhd.* gurgel[e], *ahd.* gurgula) wurde in *ahd.* Zeit aus *lat.* gurgulio „Kehle, Luftröhre" (vgl. *Köder*) entlehnt und hat die heimische Benennung *ahd.* querchela „Gurgel" verdrängt. Abl.: **gurgeln** (*mhd.* gurgeln).

Gurke: Der Name des Kürbisgewächses wurde im 16. Jh. aus dem *Westslaw.* entlehnt, vgl. *poln.* ogórek, *russ.* ogurec, *tschech.* okurka „Gurke". Die *slaw.* Wortgruppe ihrerseits stammt aus *mgriech.* ágouros „Gurke", das zu *griech.* áōros „unreif" gehört. Die Benennung bezieht sich darauf, daß die Gurke grün (unreif) geerntet wird. – Das Wort Gurke, das heute gemeinsprachlich ist, hatte früher nur in Nord-, Ost- und Mitteldeutschland Geltung, während im Westen, Süden und Südwesten des *dt.* Sprachraumes auf *lat.* cucumer „Gurke" zurückgehende Formen gebräuchlich waren, beachte z. B. *mdal.* guckummer, gommer, gummer, kummer, kümerling.

gurren: Das seit dem 13. Jh. bezeugte Verb (*mhd.* gurren) ist lautnachahmenden Ursprungs, beachte das gleichfalls lautnachahmende *mhd.* kurren „grunzen".

Gürtel: Das *altgerm.* Wort *mhd.* gürtel, *ahd.* gurtil[a], *niederl.* gordel, *engl.* girdle, *schwed.* gördel ist eine (Instrumental)bildung zu einem in *got.* [bi]gairdan „[um]gürten" bewahrten alten starken Verb (vgl. *gürten*). Abl.: **Gürtler** veraltet für „Gürtelmacher, Schnallenmacher" (*mhd.* gürtelære). Zus.: **Gürteltier** (19. Jh.).

gürten: *Mhd.* gürten, *ahd.* gurten, *engl.* to gird, *schwed.* gjorda, ablautend *got.* bigairdan „umgürten" gehen mit verwandten Wörtern in anderen *idg.* Sprachen auf die dh-Erweiterung der unter ↑*Garten* dargestellten Wurzel *gher- „umzäunen, einhegen, [ein]fassen" zurück. Bereits die Germanen waren mit der Sitte des Gürtens vertraut. Der Gürtel galt als Inbegriff der Kraft und Herrschaft, später auch als Symbol der ehelichen Treue und Keuschheit. – Das Substantiv **Gurt** (*mhd.* gurt) ist aus dem Verb rückgebildet. Siehe auch den Artikel *Gürtel.*

Guß: Das *westgerm.* Wort *mhd., ahd.* guz, *mnd.* göte, *aengl.* gyte ist eine Bildung zu dem unter ↑*gießen* dargestellten Verb. Das Substantiv schließt sich im *Dt.* mit seinen Bedeutungen eng an das Verb an. Es bedeutet sowohl „Gießen" als auch „Gegossenes", ferner *ugs.* „starker Regenfall" und als Wort der Metalltechnik „zum Gießen flüssig gemachtes Metall" und „das durch Gießen Geformte", beachte z. B. die Zusammensetzungen 'Gußeisen' und 'Glockenguß'.

gut: Das *gemeingerm.* Adjektiv *mhd., ahd.* guot, *got.* gōÞs, *engl.* good, *schwed.* god gehört mit den unter ↑*Gitter,* ↑*Gatter,* ↑*vergattern* und ↑*Gatte* behandelten Wörtern zu der *idg.* Wurzel *ghedh- „umklammern, fest zusammenfügen, zupassen", vgl. z. B. aus anderen *idg.* Sprachen *aind.* ā́-gadhita-ḥ „angeklammert". Das *gemeingerm.* Adjektiv bedeutete demnach ursprünglich etwa „[in ein Baugefüge, in eine menschliche Gemeinschaft] passend". Die Verwendung von 'gut' in den älteren Sprachzuständen deckt sich ungefähr mit derjenigen im heutigen dt. Sprachgebrauch, also in den Bedeutungen „brauchbar, tauglich; günstig; tüchtig, brav, wacker, wirksam", ferner „anständig, ehrlich" und „gütig, freundlich, hold" usw. – Abl.: **Gut** (*mhd., ahd.* guot „Gutes; Güte; Vermögen, Besitz; Landgut"; substantiviertes Adjektiv); **Güte** (*mhd.* güete, *ahd.* guotī); **vergüten** (*spätmhd.* vergüeten „ersetzen; auf Zinsen anlegen"), dazu **Vergütung; begütert** „wohlhabend, besitzend" (18. Jh.); **gütig** (*mhd.* güetec „freundlich"), dazu **begütigen** „besänftigen" (16. Jh.); **gütlich** (*mhd.* güetlich, *ahd.* guotlīh „gut, gütig, freundlich"). Zus.: **Gutachten** (16. Jh.); **Gutdünken** (*mhd.* guotdunken); **Guthaben** (19. Jh.); **gutmütig** (15. Jh.); **gutwillig** (*mhd.* guotwillic, *ahd.* guotwillīg).

gutsituiert ↑ situiert.

Gymnasium (Form der höheren Schule, mit besonderer Betonung des altsprachlichen Unterrichts): Das Gymnasium in seiner heutigen Form ist aus der alten Lateinschule hervorgegangen und verdankt seinen klassischen Namen den Humanisten des 15./16. Jh.s. Als Vorbild für die Benennung galt ihnen die übertragene Verwendung von *griech.* gymnásion, *lat.* gymnasium im Sinne von „Versammlungsstätte der Philosophen und Sophisten". Ursprünglich bezeichnete *griech.* gymnásion, das zu gymnázesthai „mit nacktem Körper Leibesübungen machen" gebildet ist, einen öffentlichen Platz, an dem die männliche Jugend zusammenkam, um sich mit „nacktem" Körper dem freien Spiel körperlicher Übungen (bzw. geistiger Schulung in der Diskussion) hinzugeben. Stammwort ist das mit *lat.* nudus und *nhd.* ↑*nackt* urverwandte *griech.* Adjektiv gymnós „nackt", das mit deutlicherem Bezug zur Grundbedeutung auch in den Fremdwörtern ↑Gymnastik, gymnastisch vorliegt. – Zu 'Gymnasium' gehören als *nlat.* Ableitungen die Fremdwörter **Gymnasiast** „Schüler eines Gymnasiums" (17. Jh.) und **gymnasial** „das Gymnasium betreffend" (20. Jh.).

Gymnastik „Körperschulung durch rhythmische Freiübungen": Das Fremdwort wurde im 18. Jh. aus gleichbed. *griech.* gymnastikḗ (téchnē) entlehnt, das seinerseits zu *griech.* gymnázesthai „mit nacktem Körper Leibesübungen machen" (vgl. *Gymnasium*) gehört. – Dazu das Adj. **gymnastisch** (18. Jh.; aus *lat.* gymnasticus < *griech.* gymnastikós).

H

Haar: *Mhd., ahd.* hār, *niederl.* haar, *engl.* hair, *schwed.* hår gehen auf *germ.* *hēra- „Haar" zurück, das mit verwandten Wörtern in anderen *idg.* Sprachen, z. B. *lit.* šerȳs „Borste", *russ.* šerst' „Wolle", zu einer Wurzel *k̑er[s]- „starren, rauh, struppig sein" gehört (vgl. *mnd.* haren „rauh, rissig, trocken sein", *isl.* hara „starren"). – Das Wort bezeichnet nicht nur das einzelne Haar, es wird auch kollektiv im Sinne von „Gesamtheit der Haare, Behaarung", speziell „Behaarung des Kopfes, Kopfhaar" gebraucht. Eine bedeutende Rolle spielt das Haar im Volksglauben (als Symbol der Freiheit, auch der Kraft) und in Redensarten, beachte z. B. 'Haare auf den Zähnen haben', 'kein gutes Haar an jemandem lassen', 'sich in die Haare kriegen'. Abl.: **haaren,** daneben [1]**hären,** [sich] (mhd. hāren „die Haare ausraufen", im *Nhd.*

dann „Haare verlieren"); [2]**hären** (*mhd.* hærin „aus Haaren"); **haarig** (15. Jh.; beachte auch 'widerhaarig' „widerspenstig"). Zus.: **Haaresbreite** (18. Jh.); **Haargarn** (20. Jh.); **haarscharf** (18. Jh.); **Haarspalterei** (19. Jh.); **haarsträubend** (19. Jh.).

haben: Das *gemeingerm.* Verb (*mhd.* haben, *ahd.* habēn, *got.* haban, *engl.* to have, *schwed.* hava) gehört zu der Wortgruppe von ↑*heben* und beruht auf einem Bedeutungswandel von „fassen, packen" zu „halten, haben". Es ist nicht mit *lat.* habere „haben" (↑geben) verwandt. Abl.: **Habe** (*mhd.* habe, *ahd.* haba „Besitz, Eigentum", aber auch „Halt, Anhalt, Stütze" und „Heft, Griff, Henkel", beachte die Zusammensetzung 'Handhabe'), davon **habhaft** (*mhd.* habhaft „mit Besitz versehen, begütert"; heute nur noch in der Wendung 'habhaft werden' „erlangen" gebräuchlich). Zus.: **Habenichts** (*mhd.* habenicht; wahrscheinlich substantivierter Satz mit ausgelassenem 'ich'); **Habgier** (18. Jh.), davon **habgierig**; **Habseligkeiten** (17. Jh.; früher auch im Singular gebräuchlich; das Wort ist in Analogie zu 'Armseligkeit, Trübseligkeit' usw. gebildet; der zweite Bestandteil dieser Zusammensetzung ist nicht 'Seligkeit', sondern geht auf ↑...sal zurück); **Habsucht** (18. Jh.), davon **habsüchtig.** Beachte auch die Artikel *gehaben* und *behäbig*.

Haberfeldtreiben: Vergehen, die sich nicht gerichtlich verfolgen ließen (z. B. Verstöße gegen das Brauchtum), wurden früher in Bayern und Tirol von einem nächtlichen Rügegericht geahndet, wobei der Schuldige in ein Hemd (ursprünglich ein Ziegenfell, vgl. *Bockshorn*) gesteckt und umhergetrieben wurde. Das Wort bedeutet also eigentlich „Ziegenfelltreiben". Die beiden ersten Bestandteile der Zusammensetzung Haberfeld „Haferfeld" (vgl. *Hafer*) sind volksetymologisch aus 'Haberfell' „Ziegenfell" (vgl. *Habergeiß*) entstellt.

Habergeiß „Sumpfschnepfe (Bekassine); Spukgestalt, Korndämon": Der erste Bestandteil 'Haber-' geht wahrscheinlich auf *idg.* *kapro-s „[Ziegen]bock" zurück und ist dann verwandt mit *aengl.* hæfer, *aisl.* hafr „Ziegenbock" (beachte *dt. mdal.* Häberling „einjähriger Ziegenbock") und weiterhin z. B. mit *lat.* caper „[Ziegen]bock" (vgl. *Kapriole* und *Kabriolett*) und *griech.* kápros „Eber". Im *dt.* Sprachgebiet ging 'Haber' „Ziegenbock" wegen der lautlichen Gleichheit mit 'Haber' „Hafer" (vgl. *Hafer*) unter. Die verdeutlichende Zusammensetzung Habergeiß „Bockgeiß" (vgl. zum Sachlichen z. B. 'Lindwurm', 'Schmeißfliege') wurde vielfach als „Haferziege" verstanden. – Der Vogel, der auch „[Himmels]ziege" genannt wird, hat seinen Namen nach dem meckernden Laut beim Balzflug. Die Spukgestalt, die auch 'Klapperbock' oder 'Schnabbuck' heißt, ist nach ihrer Ähnlichkeit mit einer Ziege bzw. als Monstrum mit Ziegenkopf benannt.

Habicht: Der *altgerm.* Vogelname *mhd.* habech, *ahd.* habuch, *niederl.* havik, *engl.* hawk, *schwed.* hök, der mit demselben Suffix wie 'Kranich' und 'Lerche' gebildet ist, gehört vielleicht zu der unter ↑*heben* dargestellten *idg.* Wurzel *kap- „fassen, packen" und bedeutet dann eigentlich „Fänger, Räuber" (nämlich der Hühner). Verwandt ist vielleicht die *slaw.* Sippe von *russ.* kobec „Bienen-, Wespenfalke".

habilitieren, [sich] „die Lehrberechtigung an Hochschulen erwerben": Das Verb wurde im 17. Jh. aus *mlat.* habilitare „geschickt, fähig machen" entlehnt, das zu *lat.* habilis „leicht zu handhaben, geschickt, geeignet, fähig" gehört. Stammwort ist *lat.* habere (vgl. *Habitus*). – Dazu das Substantiv **Habilitation** „Erwerb der Lehrberechtigung an Hochschulen".

Habitus „Aussehen, Erscheinungsbild; Anlage; Körperbau": Das seit dem 18. Jh. gebräuchliche Fremdwort ist aus *lat.* habitus „Gehabe; Haltung, Verhalten; Erscheinungsbild; Beschaffenheit" entlehnt, das zum Verb habere (habitum) „haben, halten" (mit zahlreichen Bedeutungsübertragungen) gehört. Damit urverwandt ist *dt.* ↑*geben*. – Neben *lat.* habitus stehen verschiedene Ableitungen und Komposita von *lat.* habere, die in verschiedenen Fremdwörtern enthalten sind, so z. B. *lat.* habilis „leicht zu handhaben; geeignet, fähig" (↑habilitieren, Habilitation), prae-[hi]bere „vorhalten, darreichen, gewähren" (↑Pfründe; ↑Proviant, proviantieren).

Hachse, Haxe, Hechse, Hesse „unteres Bein von Kalb oder Schwein" (*ugs.* auch:) „Bein": Die Herkunft des Wortes (*mhd.* hahse, hehse, *ahd.* hāhsina „Kniebug des Hinterbeines, besonders vom Pferd") ist unklar. Vielleicht ist es mit der *balt.* Wortgruppe von *lit.* kinka „Kniekehle, Hachse" verwandt oder aus *germ.* *hanhsenawō „Hangsehne" (als „Sehne, an der die geschlachteten Tiere aufgehängt werden") verstümmelt, beachte *aengl.* hōhsinu „Fersensehne", *aisl.* hāsin „Kniekehle".

[1]**Hacke,** Hacken: Das vorwiegend in Norddeutschland gebräuchliche Wort für „Ferse; Fersenteil am Strumpf; Absatz am Schuh" gehört vermutlich zu der unter ↑*Haken* behandelten Wortgruppe. Dem seit dem 12. Jh. bezeugten Wort (*spätahd.* hake) entspricht *niederl.* hak „Ferse".

[2]**Hacke** ↑hacken.

hacken: Das auf das *Westgerm.* beschränkte Verb *mhd.* hacken, *ahd.* hacchōn, *niederl.* hakken, *engl.* to hack gehört wahrscheinlich zu der Wortgruppe von ↑*Haken* und bedeutete demnach ursprünglich „mit einem hakenförmigen bzw. mit Haken versehenen Gerät bearbeiten". Abl.: [2]**Hacke** (*mhd.* hacke „Gerät zum Hacken; Axt"; das Substantiv ist aus dem Verb rückgebildet); **Häckerling** und **Häcksel** (s. d.). Zus.: **Hackbrett** „Brett oder Bank zum Fleischhakken", nach der äußeren Ähnlichkeit auch „eine Art Saiteninstrument" (15. Jh.); **Hackepeter** *nordd., berlin.* für „Gericht aus Gehacktem, Tatarbeefsteak" (der zweite Bestandteil ist der appellativisch verwandte Personennamen Peter). Vgl. auch den Artikel *hecken*.

Häcksel „kleingeschnittenes Stroh [zur Viehfütterung]": Das seit dem 16. Jh. bezeugte Wort gehört als Substantivbildung zu ↑*hacken* und ist wie 'Anhängsel', 'Überbleibsel' und dgl. gebildet. Im *Mitteld.* und *Niederd.* findet sich für „Schnittstroh" auch die Bezeichnung **Häckerling,** die gleichfalls zum Verb 'hacken' gehört.

[1]Hader: *Mhd.* hader „Streit, Zank; Injurienprozeß" gehört zu der *germ.* Sippe von *haþu- „Kampf" (beachte z. B. *ahd.* hadu „Kampf" in Personennamen wie 'Hadubrand, Hadumar' und 'Hedwig'), die mit verwandten Wörtern in anderen *idg.* Sprachen auf *kat[u]- „[Zwei]kampf" zurückgeht, vgl. z. B. *ir.* cáth „Kampf" und *russ.* kotora „Streit". Abl.: **hadern** (*mhd.* hadern „streiten, necken"; heute fast nur noch in der Wendung 'mit seinem Schicksal oder mit Gott hadern' im Sinne von „unzufrieden sein" gebräuchlich).

[2]Hader (*südd., österr.* für:) „Lumpen": *Mhd.* hader „zerrissenes Stück Zeug, Lappen, Lumpen", *ahd.* hadara „Fetzen; Schafspelz" sind vielleicht verwandt mit *oberd. mdal.* Hattel, Hätte[l] „Ziege", *aisl.* hađna „junge Ziege", die mit verwandten Wörtern in anderen *idg.* Sprachen auf *idg.* *kat- „Tierjunges" zurückgehen, vgl. z. B. *lat.* catulus „Tierjunges". Demnach bezeichnete 'Hader' ursprünglich eine Art Kleidungsstück aus Ziegenfell. Der Bedeutungswandel zu „Lumpen" erklärt sich daraus, daß die Kleidung aus [Ziegen]fell als weniger wertvoll als diejenige aus Tuch galt und von dieser allmählich verdrängt wurde. Zus. **Haderlump** (*mhd.* haderlump „Lumpensammler; zerlumpter Mensch").

Hafen: Der *niederd.* Ausdruck für „Lande-, Ruheplatz [für Schiffe]" hat sich erst in *nhd.* Zeit im gesamten *dt.* Sprachgebiet durchgesetzt und *hochd.* Bezeichnungen wie 'Schiffslände' und 'Anfurt' verdrängt. *Niederd.* have[n], *mnd.* havene, *engl.* haven (*nordd.* Lehnwort) und die *nord.* Sippe von *dän.* havn (beachte den Ortsnamen København „Kopenhagen", eigentlich „Kaufmannshafen") gehen auf *germ.* *hab[a]nō zurück, das als Substantivbildung zu der unter ↑*heben* dargestellten Wurzel *kap- „fassen, packen" gehört und demnach ursprünglich etwa „Umfassung, Ort, wo man etwas bewahrt oder birgt" bedeutete. – Auch in *dt.* Ortsnamen spielt 'Hafen' eine wichtige Rolle, beachte z. B. 'Bremerhaven, Cuxhaven, Ludwigshafen, Friedrichshafen'. Auch *frz.* Le Havre und *span.* La Habana gehen auf das *germ.* Substantiv zurück und bedeuten „Hafen".

[2]Hafen: Das im wesentlichen *südd.* Wort für „Topf" (*mhd.* haven, *ahd.* havan) gehört als Substantivbildung zu dem unter ↑*heben* dargestellten Verb (Wurzel *kap- „fassen, packen") und bedeutete demnach ursprünglich „Gefäß, Behältnis". Abl.: **Hafner** *südd.* für „Töpfer" (*mhd.* havenære).

Hafer: Der *altgerm.* Name der bereits seit der Bronzezeit in Mitteleuropa angebauten Getreideart (*mhd.* habere, *ahd.* habaro, *niederl.* haver, *schwed.* havre) ist vielleicht eine Ableitung von *germ.* *habra- „Ziegenbock, Bock" (vgl. *Habergeiß*) und bedeutet dann eigentlich „Bockskorn". – Die lautgerechte Form 'Haber', die heute noch in *südd.* Mundarten Geltung hat, ist in *nhd.* Zeit durch die *niederd.* Form 'Hafer' ersetzt worden.

Haff „durch Nehrungen vom Meer abgetrennte Küstenbucht, Mündungsgewässer": *Mnd.* haf „Meer", *aengl.* hæf „Meer" und die *nord.* Sippe von *schwed.* hav „Meer" gehen auf *germ.* *hafa- „Meer" zurück, das, falls es nicht aus einer *nichtidg.* Sprache entlehnt ist, als Substantivbildung zu dem unter ↑*heben* dargestellten Verb gehören kann, etwa als „das sich Hebende, die hohe (< gehobene) See". Das *niederd.* Wort, dem lautlich *mhd.* hap „Hafen; Meer" entspricht, nahm in den Küstengebieten am Südrand der Ostsee schon seit dem 13. Jh. die Bed. „durch Nehrungen vom Meer abgetrennte Küstenbucht" an und wurde in dieser Bedeutung und in *niederd.* Lautung in *nhd.* Zeit gemeinsprachlich.

...haft: Das *gemeingerm.* Adj. *hafta- „gefangen", das eigentlich eine Partizipialbildung zu der unter ↑*heben* dargestellten *idg.* Wurzel *kap- „fassen, packen" ist und *lat.* captus „gefangen" und *air.* cacht „Dienerin, Sklavin" (eigentlich „Gefangene") entspricht, wurde schon früh als Suffix verwandt, beachte z. B. *got.* auda-hafts „mit Glück behaftet", *ahd.* sunthaft „sündig", ēo-haft „gesetzlich". Weitergebildet erscheint bereits seit *ahd.* Zeit auch -haftig als Suffix, beachte z. B. 'leibhaftig, wahrhaftig, teilhaftig'. Vgl. auch die Artikel *haften, heften* und *heftig.*

Haft „Gewahrsam": Das Wort (*mhd.* haft „Fesselung, Gefangenschaft; Beschlagnahme", daneben hafte; *ahd.* hafta) gehört zu einer Gruppe *germ.* Substantivbildungen, die zu der unter ↑*heben* dargestellten *idg.* Wurzel *kap- „fassen, packen" gehören, beachte z. B. *aisl.* hapt „Fessel", *aengl.* hæft „Gefangenschaft, Haft", „Heft, Handhabe" und *-haft.* Zus.: **Haftbefehl** (19. Jh.; für älteres 'Haftbrief'). Vgl. den Artikel *inhaftieren.*

haften: Das Verb (*mhd.* haften, *ahd.* haftēn „befestigt sein, anhangen, festkleben"; *asächs.* haftōn) ist wahrscheinlich von dem unter ↑*...haft* behandelten *gemeingerm.* Adjektiv *mhd.* haft „gefangen; behaftet; von etwas eingenommen; verbunden, verpflichtet", *ahd.* haft, *got.* -hafts, *aengl.* hæft, *aisl.* haptr (substantiviert „Gefangener") abgeleitet. Die seit dem 14. Jh. bezeugte rechtliche Bedeutung „bürgen" hat 'haften' wohl in Anlehnung an das Substantiv 'Haft' entwickelt. Abl.: **Haftung** (*mhd.* haftunge „Verhaftung; Beschlagnahme; Bürgschaft"). Präfixbildung: **verhaften** (17. Jh.; für älteres *mhd.* verheften „festmachen; verbinden; verpflichten; in Haft nehmen", beachte auch **verhaftet** im Sinne von „verwurzelt, verbunden"), dazu **Verhaftung.**

Hag: Die *germ.* Wortgruppe *mhd.* hac „Dorngesträuch, Gebüsch; Umzäunung, Gehege; [umfriedeter] Wald; [umfriedeter] Ort", *ahd.* hag „Einhegung; Stadt", daneben *asächs.* hago „Weideplatz", *engl.* haw „Gehege; Hof", *schwed.* hage „Gehege; Weide; Wäldchen, Hain" geht mit verwandten Wörtern im Italischen und Keltischen, vgl. z. B. *kymr.* cae „Gehege", *mbret.* kae „Dornenhecke, Zaun", *gall.* caio- „Umwallung" (vgl. *Kai*), auf *kagh- „Flechtwerk, Zaun" (verbal „mit einem Zaun umgeben") zurück. Andere Substantivbildungen zu derselben Wurzel sind ↑Hain, ↑Hecke und ↑Heck. Eine Kollektivbildung zu 'Hag' ist ↑Gehege. Eine Verbalableitung von 'Hag' ist ↑hegen, ursprünglich „mit einem 'Hag' umgeben". Auch in der *dt.* Namengebung spielt die Sippe von 'Hag' eine bedeutende Rolle, beachte den Personennamen und Ortsnamen Hagen und die zahlreichen Ortsnamen auf ...hag, ...hagen. Zus.: **Hagebuche,** auch **Hainbuche** (*mhd.* hagenbuoche, *ahd.* haganbuohha, hagebuoche, *niederl.* haagbeuk; der zu den Birkengewächsen gehörige Laubbaum wird häufig als Hecke angepflanzt; Stamm und Blätter sind denen der Buche ähnlich), dazu **hagebüchen** (↑hanebüchen); **Hagebutte** (15. Jh.; der Name der Frucht der Heckenrose ist aus einfachem *mhd.* butte „Hagebutte" verdeutlicht worden; zum zweiten Bestandteil vgl. *Butzen*); **Hagedorn** „Weißdorn" (*germ.* Pflanzenname: *mhd.* hagedorn, *asächs.* hagindorn, *engl.* hawthorn, *schwed.* hagtorn); **Hagestolz** „[alter] Junggeselle" (*mhd.* hagestalt, -stolz, *ahd.* hagustalt „Unverheirateter"; Die Zusammensetzung, deren zweiter Bestandteil -stalt zu der *germ.* Sippe von *got.* staldan „besitzen" gehört und in *mhd.* Zeit volksetymologisch in -stolz umgedeutet wurde, bedeutet eigentlich „Hagbesitzer", d. h. „Besitzer eines [umfriedeten] Nebengutes" im Gegensatz zum Besitzer des Hofes. Da das Nebengut im allgemeinen zu klein war, um darauf einen Hausstand zu gründen, mußte der Hagbesitzer unverheiratet bleiben; später bezeichnete dann das Wort einen Mann, der über das gewöhnliche Alter hinaus ledig geblieben war). Auf eine alte Zusammensetzung mit 'Hag' geht auch ↑Hexe zurück.

Hagel: Das *altgerm.* Wort *mhd.* hagel, *ahd.* hagal, *niederl.* hagel, *engl.* hail, *schwed.* hagel ist vermutlich mit *griech.* káchlēx „Steinchen, Kiesel" (Verkleinerungsbildung von einem *káchlos) verwandt und geht dann auf *idg.* *kaghlo-s „kleiner, runder Stein" zurück. Zum Bedeutungswandel beachte *dt. mdal.* kieseln „hageln". Abl.: **hageln** (*mhd.* hagelen), beachte auch **verhageln** „zerstören, verderben".

hager: Die Herkunft des ursprünglich *niederd.* Adjektivs, das sich seit *spätmhd.* Zeit allmählich im *dt.* Sprachgebiet durchgesetzt hat, ist dunkel.

Häher: Der Vogelname ist lautnachahmenden Ursprungs und bedeutet eigentlich „Kik[kik]-Macher". *Mhd.* heher, *ahd.* hehera, mit grammatischem Wechsel *asächs.* higara, *aengl.* higora sind mit *aind.* kiki-[dīvi-ḥ] „blauer Holzhäher" und *griech.* kíssa (aus *kikia) „Häher; Elster" verwandt und beruhen auf der Schallnachahmung *kik-. Beachte die Zusammensetzungen 'Eichelhäher' und 'Nußhäher'.

Hahn: Das *gemeingerm.* Wort *mhd.* hane, *ahd.* hano, *got.* hana, *aengl.* hana, *schwed.* hane ist eine Substantivbildung zu der *idg.* Wurzel *kan- „singen, klingen, tönen", vgl. z. B. *lat.* canere „singen, klingen" (↑Kantor, Kantate, Chanson usw.) und *griech.* ēi-kanós „Hahn" (eigentlich „in der Morgenfrühe singend"). *Germ.* *hanan- „Hahn" bedeutet also eigentlich „Sänger". Beachte zur Begriffsbildung *österr. mdal.* Singerl „Hahn". Wegen der Ähnlichkeit mit der Gestalt eines Hahnes spricht man auch vom 'Wasser-, Zapf-, Gewehr-, Wetterhahn'. Der 'rote Hahn' (beachte die Wendung 'jemandem den roten Hahn aufs Dach setzen') gilt als der Inbegriff des flackernden Feuers. – Im Ablaut zu *germ.* *hanan- „Hahn" steht die Sippe von ↑*Huhn*. Eine Ableitung von *hanan- „Hahn", nachdem dieses Wort nicht mehr als „Sänger" verstanden wurde, ist ↑Henne. Zus.: **Hahnenfuß** (*mhd.* hane[n]vuoȥ, *ahd.* hanefuoz; die Pflanze ist nach der Ähnlichkeit ihrer Blätter mit einem Hahnenfuß benannt); **Hahnenkamm** (16. Jh.; die Pflanze ist nach der Ähnlichkeit ihrer Blüte mit einem Hahnenkamm benannt; das Wort selbst ist Lehnübersetzung von *lat.* crista galli, *griech.-lat.* aléctoros lóphos); **Hahnentritt** „Keimscheibe im Hühnerei" (19. Jh.); **Hahnrei** „betrogener Ehemann" (15. Jh.; das *niederd.* Wort, *mnd.* hanerei, hat sich seit dem 16. Jh. allmählich im *dt.* Sprachgebiet durchgesetzt; der zweite Bestandteil ...rei bedeutet eigentlich „Kastrat", beachte *niederl.* ruin „verschnittenes Pferd"; dem verschnittenen Hahn setzte man, um ihn aus der Hühnerschar herauszufinden, die abgeschnittenen Sporen in den Kamm, wo sie fortwuchsen und eine Art von Hörnern bildeten, beachte auch die Wendung 'einem Hörner aufsetzen'; mit 'Hahnrei' wurde zunächst „der Mann, der seinen ehelichen Pflichten nicht nachkommt", dann der „betrogene Ehemann" bezeichnet).

Hai, oft in der verdeutlichenden Zusammensetzung **Haifisch:** Der Name des Raubfisches wurde im 17. Jh. aus *niederl.* haai entlehnt. Das *niederl.* Wort selbst beruht (wie auch *schott.* hoe „Hai") auf Entlehnung aus gleichbed. *isl.* hai (< *anord.* hār „Hai; Ruderdolle"; ursprünglich wohl „Haken", so daß der Fisch nach seiner hakenförmigen Schwanzflosse benannt worden wäre).

Hain: Das nur noch in der Dichtersprache gebräuchliche Wort für „kleiner Wald" beruht auf der seit dem 14. Jh. bezeugten kontrahierten Form *mitteld.* hain, die auf *mhd.* hagen, *ahd.* hagan „Dorngesträuch; Einfriedung, Verhau, umfriedeter Platz" zurückgeht (vgl. *Hag*). 'Hain' kommt auch in zahlreichen *dt.* Ortsnamen vor, beachte z. B. 'Lichtenhain, Ziegenhain'. Zus.: **Hainbuche** (↑Hag); **Hainbund** (1804; der 1772 gegründete Göttinger Dichterbund hieß zunächst 'Hain'; der Name bezieht sich darauf, daß Klopstock den Hain zum Sitz und Symbol germanischer Dichtkunst gemacht hatte; 1804 änderte Voß den Namen in Hainbund).

häkeln: Das seit dem Ende des 17. Jh.s bezeugte Verb ist von der Verkleinerungsbildung *mhd.* hæ̈kel „Häkchen" (vgl. *Haken*) abgeleitet und bedeutete zunächst „[wie] mit Häkchen fassen" (beachte das von 'Haken' abgeleitete 'haken' „[wie] mit einem Haken fassen"). Heute bezieht sich das Wort nur noch auf die Arbeit mit der Häkelnadel. Abl.: **Häkelei** „Häkelarbeit".

Haken: *Mhd.* hāke[n], *ahd.* hāko, *mnd.* hōk, *engl.* hook, ablautend *asächs.* hako, *aengl.* haca, *schwed.* hake gehen mit verwandten Wörtern in anderen *idg.* Sprachen, vgl. z. B. die *baltoslaw.* Sippe von *russ.* kogot' „Klaue; gekrümmte Eisenspitze", auf die Wurzel *keg- „Haken, Spitze, Pflock" zurück. Zu der *germ.* Wortgruppe von 'Haken' gehören auch die Substantivbildungen ↑Hechel und ↑Hecht sowie die Verbalableitung ↑hacken. – Mit 'Haken' bezeichnete man früher auch ein mit einem Haken auf einem Gestell befestigtes Feuergewehr (heute verdeutlicht zu 'Hakenbüchse') und eine Art von räderlosem Pflug in hakenförmiger Gestalt (heute verdeutlicht zu 'Hakenpflug'). In der Jägersprache bezeichnet 'Haken' die plötzliche Richtungsänderung eines flüchtenden Hasen. Das Wort steht auch in mehreren Zusammensetzungen, beachte z. B. 'Angelhaken, Kanthaken, Hakennase'. Abl.: **haken** (15. Jh.; beachte die Zusammensetzungen 'abhaken, ein-, aushaken, [sich] unterhaken'); **häkeln** (s. d.).

halb: Das *gemeingerm.* Adjektiv *mhd.* halp, *ahd.* halb, *got.* halbs, *engl.* half, *schwed.* halv geht mit verwandten Wörtern in anderen *idg.* Sprachen, z. B. *lat.* scalpere „schneiden, ritzen, kratzen", auf die p-Erweiterung der unter ↑*Schild* dargestellten *idg.* Wurzel *[s]kel- „schneiden, spalten, hauen" zurück und bedeutete demnach ursprünglich „[durch]geschnitten, gespalten". – Eine alte Substantivbildung ist das in *nhd.* Zeit durch ↑Hälfte verdrängte 'Halbe' „Hälfte; Seite" (*mhd.* halbe, *ahd.* halba, *got.* halba, *aengl.* healf, *aisl.* halfa), dessen erstarrte Kasusformen seit *mhd.* Zeit als Adverb und nachgestellte Präposition verwendet wurden und heute noch in **...halb, ...halben, [...]halber** bewahrt sind, beachte z. B. 'deshalb, meinethalben, allenthalben, ehrenhalber'. Abl.: **Halbheit** (18. Jh.); **halbieren** (*mhd.* halbieren „in zwei Hälften teilen"; das Verb gehört zu den ältesten Mischbildungen mit *roman.* Endung). Zus.: **halbamtlich** (19. Jh.; für 'offiziös'); **Halbbildung** (19. Jh.; beachte auch 'halbgebildet'); **Halbblut** (19. Jh.; Lehnübersetzung von *engl.* halfblood); **Halbgott** (*spätmhd., ahd.* halbgot; Lehnübersetzung von *lat.* semideus); **Halbinsel** (17. Jh.; Lehnübertragung von *lat.* paeninsula, das genau genommen „Fastinsel" bedeutet); **halbmast** (19. Jh.; Lehnübersetzung von *engl.* halfmast); **halbschürig** (18. Jh.; das Adjektiv bezeichnet die in der Qualität schlechtere Wolle von halbjährlich geschorenen Schafen und bedeutet daher auch „minderwertig"); **halbseiden** (17. Jh.; *ugs.* für „der Halbwelt angehörig, weichlich [von Männern]", beachte **Halbseidene**); **Halbstarker** (um 1900); **Halbwelt** (19. Jh.; Lehnübersetzung von *frz.* demimonde); **Halbzeit** (um 1900; Lehnübersetzung von *engl.* half-time).

halbpart ↑Part.

Halde: Das auf das *dt.* Sprachgebiet beschränkte Wort (*mhd.* halde, *ahd.* halda „Abhang") ist eine Substantivbildung zum *germ.* Adj. *halþa- „geneigt, schief, schräg", das mit verwandten Wörtern in anderen *idg.* Sprachen zu der Wurzel *k̑el- „neigen" gehört. Auf einer Erweiterung dieser Wurzel (*klei-) beruht die weitverästelte *idg.* Wortgruppe von ↑¹*lehnen*. Im Ablaut zu *germ.* *halþa- steht wahrscheinlich die Sippe von ↑*hold* (eigentlich „geneigt"). Ferner gehören hierher die Substantivbildung ↑Helling *niederd.* für „schräger Schiffsbauplatz" und vermutlich die Sippe von ↑*halt* „eben, wohl, ja, schon", älter „[viel]mehr" (ursprünglich wohl „geneigter"). – In der Bergmannssprache bezeichnet 'Halde' den Schuttabhang (beachte die Zusammensetzung 'Abraumhalde') sowie den Kohlen[vorrats]berg.

Hälfte: Das ursprünglich *niederd.* Wort (*mnd.* helfte) hat sich seit *spätmhd.* Zeit im *dt.* Sprachgebiet durchgesetzt und die alte Substantivbildung 'Halbe' (vgl. *halb*) verdrängt.

¹Halfter „Zaum ohne Gebiß": Die auf das *Westgerm.* beschränkte Substantivbildung (*mhd.* halfter, *ahd.* halftra, *mnd.* halchter, *engl.* halter) gehört im Sinne von „Handhabe" zu der p-Erweiterung der unter ↑*Schild* dargestellten *idg.* Wurzel *[s]kel- „schneiden, spalten, hauen". Abl.: **halftern** „die Halfter anlegen" (16. Jh.), beachte auch **abhalftern.**

²Halfter „Pistolentasche": Zu der unter ↑*hehlen* dargestellten *idg.* Wurzel *k̑el- „bergen, verhüllen" gehört eine Reihe von Substantivbildungen mit der Bed. „Hülle", so auch *ahd.* hul[u]ft, *mhd.* hulft „Hülle, Futteral, Decke", von dem *mhd.* hulfter „Köcher", älter *nhd.* Hulfter, Holfter, *nhd.* Halfter abgeleitet ist.

Hall: Das in *mhd.* Zeit gebildete Substantiv hal „Schall, Klang" gehört zu dem von 'hallen' (s. u.) in *frühnhd.* Zeit verdrängten starken Verb *mhd.* hellen, *ahd.* hellan, „schallen, ertönen". Dieses Verb stellt sich zu der *germ.* Wortgruppe von ↑*hell,* zu der auch ↑holen ursprünglich „schreien, rufen" gehört. Abl.: **hallen** (15. Jh., beachte auch **verhallen**). Siehe auch den Artikel *einhellig.*

Halle: Das *altgerm.* Wort *mhd.* halle, *ahd.* halla, *niederl.* hal, *engl.* hall, *schwed.* hall gehört zu der unter ↑*hehlen* dargestellten *idg.* Wurzel *k̑el- „bergen, verhüllen", vgl. aus anderen *idg.* Sprachen z. B. die Substantivbildungen *lat.* cella „Kammer" (↑Keller und Zelle) und *aind.* śā́lā „Hütte, Haus". In früheren Zeiten war die Halle im Gegensatz zum Saal ein halboffener geräumiger Bau, dessen Überdachung von Pfeilern oder Säulen getragen wurde und Schutz vor Regen oder Sonne gewährte. Heute bezeichnet 'Halle' im allgemeinen einen geräumigen Bau oder Raum, beachte die Zusammensetzungen 'Vorhalle, Bahnhofshalle, Markthalle, Hallenbad'.

hallelujah!, allelujah! „lobet den Herrn!": Der aus den Psalmen übernommene gottesdienstliche Jubelruf ist aus *kirchenlat.* halleluia, alleluia (< *hebr.* hällĕlû-yah „preiset Jahwe!") entlehnt.

Hallig „kleine, uneingedeichte Insel in der

Nordsee": Die Herkunft des *nordfries.* Wortes ist nicht sicher geklärt. Es kann auf die unter ↑*schal* dargestellte Wurzel *[s]kel- „austrocknen, dörren" bezogen oder aber zu der Wortgruppe von ↑[2]*Holm* „kleine Insel" gestellt werden.

Hallimasch: Die Herkunft des Namens des eßbaren Blätterpilzes ist dunkel. Vielleicht ist das Wort eine Entstellung aus der *lat.* Bezeichnung des Pilzes armillaria oder aber, weil der reichlich genossene Pilz abführende Wirkung hat, eine Verstümmelung aus 'heil im Arsch' (*bayr.* hal „heil").

hallo: Die Interjektion kann auf den mit dem Ausruf ō verstärkten Imperativ von *ahd.* halōn, *mhd.* halen „rufen, holen" (daneben *ahd.* holōn, *mhd.* holen, vgl. *holen*) zurückgehen, falls sie nicht lautnachahmenden Ursprungs ist. Sie wäre dann wie 'holla' ursprünglich Ruf an den Fährmann zum Überholen gewesen. Im 20. Jh. wird 'hallo' nach *engl.* hallo auch als Grußformel gebraucht.

Halluzination: Die Bezeichnung für „Sinnestäuschung" wurde im 19. Jh. – zunächst in die medizinische Fachsprache – aus *lat.* [h]al[l]ucinatio „gedankenloses Reden" entlehnt. Dies gehört zu *lat.* [h]al[l]ucinari „gedankenlos reden oder sein". Das *lat.* Verb beruht wohl auf einer Entlehnung (mit Angleichung an *lat.* vaticinari „weissagen, schwärmen") aus *griech.* alýein „außer sich sein", das seinerseits vielleicht mit dem Grundwort von *lat.* ambulare urverwandt ist (vgl. *ambulant*).

Halm: Das *altgerm.* Wort für „Stengel, [Stroh]halm" (*mhd.* halm, *ahd.* hal[a]m, *niederl.* halm, *engl.* ha[u]lm, *schwed.* halm) beruht mit verwandten Wörtern in anderen *idg.* Sprachen auf *idg.* *k̑oləmo-s „Halm, Rohr", vgl. z. B. *lat.* culmus „Halm, Stroh" und *russ.* soloma „Stroh".

Halma: Das Brettspiel, das in ähnlicher Form schon im Altertum bekannt war, ist nach *griech.* hálma „Sprung" benannt. *Griech.* hálma gehört zum Verb hállesthai „springen", das urverwandt ist mit gleichbed. *lat.* salire (vgl. *Salto*).

Halogen ↑Salz.

Hals: Der Hals ist als „Dreher [des Kopfes]" benannt. Die *gemeingerm.* Körperteilbezeichnung *mhd., ahd., got.* hals, *aengl.* heals, *schwed.* hals, der genau *lat.* collus (*klass.-lat.* collum) „Hals" (↑[2]Kollier) entspricht, gehört zu der *idg.* Wurzel *k^u̯el „[sich] drehen, [sich] herumbewegen". Zu dieser Wurzel stellen sich aus anderen *idg.* Sprachen z. B. *griech.* pélein „in Bewegung sein", pólos „Achse, Drehpunkt" (↑Pol), kýklos „Kreis" (↑Zyklus), *lat.* colere „bebauen", colonus „Landwirt, Bauer" (↑Kolonie und Clown), *poln.* koło „Rad", kolaska „Räderfahrzeug" (↑Kalesche). Abl.: [1]**halsen** „umarmen" (*mhd.* halsen, *ahd.* halsōn mit Entsprechungen in anderen *germ.* Sprachen; gebräuchlicher als das einfache Verb ist heute **umhalsen** „um den Hals fallen, umarmen"; beachte auch **aufhalsen** „aufbürden"); **Halsung** weidmännisch für „Hundehalsband" (18. Jh.). Zus.: **Halsabschneider** „Wucherer" (19. Jh.); **Halsberge** „Teil der Rüstung, eine Art Panzerhemd" (*mhd.* halsberge, *ahd.* halsperga, eigentlich „was den Hals birgt"); **Halseisen** veraltet für „Pranger" (*mhd.* halsīsen); **Halsgericht** „Gericht für schwere Verbrechen im Mittelalter" (*mhd.* halsgerichte „Befugnis über den Hals, d. h. über Leben und Tod zu richten; hohe Gerichtsbarkeit"); **halsstarrig** (16. Jh.); **lauthals** „aus voller Kehle, sehr laut" (20. Jh.; Verhochdeutschung von *niederd.* lūdhals).

[1]**halsen** ↑Hals.

[2]**halsen:** Der seemännische Ausdruck für „ein Schiff vor dem Wind wenden" ist eine Ableitung von dem unter ↑*Hals* behandelten Wort in dessen seemännischer Geltung „vordere, untere Ecke des Segels". Aus dem Verb rückgebildet ist das Substantiv **Halse** „Wendung eines Schiffes vor dem Wind".

halsstarrig ↑starren.

halt: Das in *oberd.* Umgangssprache im Sinne von „eben, wohl, ja, schon" gebräuchliche Adverb beruht auf dem endungslosen Komparativadverb *mhd., ahd.* halt „mehr, vielmehr", beachte mit Endung *mhd.* halter, *got.* haldis, *aisl.* heldr „[viel]mehr". Der Postitiv lautet *ahd.* halto „sehr" und gehört wahrscheinlich zu der Sippe von *ahd.* hald „geneigt" (vgl. *Halde*).

halten: Das *gemeingerm.* Verb *mhd.* halten, *ahd.* haltan, *got.* haldan, *engl.* to hold, *schwed.* hålla, das ursprünglich im Sinne von „Vieh hüten, weiden" verwendet wurde, gehört mit verwandten Wörtern in anderen *idg.* Sprachen zu der *idg.* Wurzel *kel- „treiben", vgl. z. B. *aind.* kā̆layati „treibt (Vieh); beobachtet; trägt, hält" und *griech.* kéllein „treiben". Diese Wurzel war ursprünglich wahrscheinlich identisch mit der unter ↑*hell* dargestellten *idg.* Wurzel *kel- „rufen, schreien, lärmen", da das Treiben des Viehs oder des Wildes auf der Jagd unter lautem Rufen und Lärmen vor sich ging. – Abl.: **Halt** (*spätmhd.* halt „das Halten; Aufenthalt, Ort; Bestand"); **Halter** „Haltevorrichtung", *bayr., österr. mdal.* auch „Hirt" (*mhd.* haltǣre „Hirt; Bewahrer; Beobachter; Inhaber; Erlöser", *ahd.* haltāri „Erlöser; Empfänger"; das Wort steckt in mehreren Zusammensetzungen, z. B. 'Federhalter, Büstenhalter, Statthalter'); **Haltung** (*mhd.* haltunge „Verwahrung; Gewahrsam; Inhalt; Verhalten, Benehmen"). Das Verb 'halten' steckt in mehreren Zusammensetzungen und Präfixbildungen, beachte z. B. **abhalten** „hindern" (aber auch 'eine Sitzung abhalten' und 'ein Kind abhalten'); **aufhalten** „zurückhalten, hemmen", reflexiv „verweilen; sich über etwas abfällig äußern, sich entrüsten"; **aushalten** „Unterhalt gewähren, ernähren; bis zum Ende durchstehen, ausdauern, ertragen"; **einhalten** „von etwas ablassen, aufhören; aufhalten; beachten, wahren", dazu **Einhalt; erhalten** „bewahren, am Leben halten; empfangen, erlangen"; **mithalten** „an etwas teilnehmen". Wichtig sind folgende Zusammensetzungen und Präfixbildungen: **anhalten** „festhalten, zum Stillstand bringen; zu etwas nötigen, anleiten; haltmachen; andauern", dazu **Anhalter** in der *ugs.* Wendung 'per Anhalter fahren' „trampen" (20. Jh.) und **Anhaltspunkt** „Punkt, an den man sich hält"; **behalten** „bewahren, in Obhut haben, nicht weggeben; [inne]haben; im Gedächtnis bewahren, nicht vergessen (*mhd.* behalten, *ahd.* bihaltan; die ältere Bed. „erhalten" ist noch in 'wohlbehalten' bewahrt), dazu **Behälter** (15. Jh.) und **Behältnis** (15. Jh.); **enthalten** „als Inhalt haben", reflexiv „enthaltsam sein; nicht weggeben" (*mhd.* enthalten), dazu **Enthaltung** (*mhd.* enthaltunge) und **enthaltsam** (18. Jh.), **Enthaltsamkeit** (18. Jh.), **unterhalten** „die Existenz einer Person oder einer Sache sichern, bewahren; die Zeit vertreiben", reflexiv „sich die Zeit vertreiben, sich erfreuen; ein Gespräch führen" (17. Jh.; von *frz.* entretenir beeinflußt), dazu **Unterhalt** (17. Jh.) und **Unterhaltung** (18. Jh.); **verhalten** „hemmen, verlangsamen; unterdrücken, nicht laut werden lassen", reflexiv „sich benehmen" (*mhd.* verhalten, *ahd.* farhaltan), dazu **Verhalten** „Betragen, Benehmen" (17. Jh.; substantivierter Infinitiv), **Verhältnis** „Lage, Umstand, Beziehung zwischen zwei Dingen oder Personen" (17. Jh.). Vergleiche auch die Artikel *Aufenthalt, Gehalt* und *Zuhälter.*

Halunke „Nichtswürdiger; Schuft, Spitzbube": Das Wort wurde im 16. Jh. aus *tschech.* holomek „Diener, Knecht" (wohl aus holomudec eigentlich „Bartloser") entlehnt. *Tschech.* holý „nackt" ist urverwandt mit ↑*kahl.*

Hamburger: Die Bezeichnung für gebratenes Rinderhackfleisch [zwischen den getoasteten Hälften eines Brötchens] wurde in der 2. Hälfte des 20. Jh.s aus gleichbed *engl.* hamburger entlehnt, einer Kürzung aus hamburger steak.

hämisch: *Mhd.* hem[i]sch „versteckt, boshaft, hinterhältig" ist eine Weiterbildung von *mhd.* hem „zu schaden trachtend, aufsässig", das wahrscheinlich im Sinne von „verhüllt, versteckt" zu *mhd.* ham[e] „Hülle" (vgl. *Hemd*) gehört. In *frühnhd.* Zeit hat sich 'hämisch' mit 'heimisch' vermischt. Eine Bildung der 2. Hälfte des 20. Jh.s zum Adjektiv ist das Substantiv **Häme** „Bosheit, Gehässigkeit".

Hammel: Das Wort für „verschnittener Schafbock" (*mhd.* hamel, *spätahd.* hamal) ist eigentlich das substantivierte Adjektiv *ahd.* hamal „verstümmelt", vgl. *ahd.* hamalōn „verstümmeln", *aengl.* hamola „Verstümmelter", hamelian „verstümmeln, lähmen", *aisl.* hamla „verstümmeln". Die *germ.* Wortgruppe geht wohl samt *got.* hamfs „verstümmelt" auf *idg.* *kam[p]- „biegen, krümmen" zurück. Zur Benennung des verschnittenen Schafbockes beachte *frz.* mouton „Hammel" zu *lat.* mutilus „verstümmelt". Zus.: **Hammelsprung** (19. Jh.; scherzhafte Bezeichnung eines Abstimmungsverfahrens, bei dem alle Abgeordneten den Saal verlassen und ihn hinter ihren Parteiführern durch eine Ja- oder Nein-Tür wieder betreten).

Hammer: Das *altgerm.* Wort *mhd.* hamer, *ahd.* hamar, *niederl.* hamer, *engl.* hammer, *schwed.* hammare bedeutete ursprünglich „Stein", dann „Werkzeug aus Stein, Steinhammer". Beachte *anord.* hamarr, das nicht nur „Hammer", sondern auch „Stein, Fels[absturz]" bedeutet und in letzterer Bedeutung in mehreren skandinavischen Ortsnamen steckt, wie z. B. 'Hammerfest, Hammarby, Osthammar', ferner die verwandte *slaw.* Wortgruppe von *russ.* kamen' „Stein", zu der auch die Ortsnamen Kammin, Kamenz, Chemnitz gehören. Die *germ.* und *slaw.* Wörter, die auf *kāmen- „Stein" zurückgehen, stehen wohl weiterhin mit *idg.* *akmen-, *ak̂men- „Stein" in Zusammenhang, vgl. z. B. *aind.* áśman- „Stein; Himmel", *griech.* ákmōn „Amboß; Meteorstein; Himmel", *lit.* akmuõ „Stein". Da man sich in alter Zeit den Himmel als Steingewölbe vorstellte, ist vermutlich auch die *germ.* Wortgruppe von ↑Himmel verwandt. Abl.: **hämmern** (*mhd.* hemeren).

hämo..., Hämo...: das Bestimmungswort von Zusammensetzungen mit der Bed. „Blut", in Fremdwörtern wie ↑Hämorrhoiden, ist entlehnt aus *griech.* haĩma „Blut", das ohne sichere außergriechische Entsprechungen ist.

Hämorrhoiden „knotenförmig hervortretende Erweiterungen der Mastdarmvenen": Der Name der schon den antiken Ärzten bekannten Krankheit wurde im 18. Jh. über das *Lat.* aus *griech.* haimorrhoídes (eigentlich „Blutfluß"; zu haĩma „Blut", vgl. *hämo..., Hämo...* und rheĩn „fließen", vgl. Rhythmus) entlehnt.

hampeln (*ugs.* für:) „zappeln, sich unruhig hin und her bewegen": Die Herkunft des ursprünglich *niederd.* Wortes ist nicht sicher geklärt. Das Substantiv **Hampelmann** „Puppe, deren Glieder durch Ziehen an einem Faden bewegt werden können", auch „Einfaltspinsel, Waschlappen" ist seit dem 16. Jh. bezeugt.

Hamster: Der Name des Nagetieres ist in *ahd.* Zeit aus dem *Slawischen* entlehnt worden. *Ahd.* hamustro, das in den Glossen *mlat.* curculio „Kornwurm; Feldmaus" wiedergibt, geht auf *aslaw.* chomĕstorъ „Hamster" zurück, beachte *russ.* chomjak „Hamster". Die weitere Herkunft des *slaw.* Wortes ist umstritten. Abl.: **hamstern** „[gesetzwidrig] Vorräte anhäufen" (vereinzelt schon im 19. Jh., häufig erst seit dem 1. Weltkrieg), dazu **Hamsterer** (20. Jh.).

Hand: Die *gemeingerm.* Körperteilbezeichnung *mhd., ahd.* hant, *got.* handus, *engl.* hand, *schwed.* hand gehört wahrscheinlich als ablautende Substantivbildung zu der Sippe von *got.* -hinþan „fangen, greifen" und bedeutet demnach eigentlich „Greiferin, Fasserin". Im *Dt.* ist das Wort in die i-Deklination übergetreten. Der alte u-Stamm ist noch im Dativ Plural '-handen' bewahrt, beachte **abhanden** eigentlich „aus den Händen", **vorhanden** eigentlich „vor den Händen", **zuhanden** eigentlich „zu den Händen". Der Genitiv Plural des u-Stammes steckt noch in **allerhand** (↑all), wo 'Hand' die Bed. „Seite; Art" hat, beachte 'linker, rechter' Hand „auf der linken, rechten Seite". Aus einer präpositionellen Verbindung ist auch das Adjektiv ↑behende, eigentlich „bei der Hand" zusammengewachsen. Die Hand spielt in zahlreichen *dt.* Redewendungen und Sprichwörtern eine wichtige Rolle. Sie gilt seit alters her als Symbol der Gewalt über etwas, des Besitzes und des Schutzes.

Abl.: **handeln** (s. d.); **...händig,** z. B. in 'zweihändig, vierhändig' (16. Jh.); **...händigen,** in **aushändigen** und **einhändigen** (17. Jh.; beide Wörter stammen aus der *frühnhd.* Kanzleisprache und haben älteres '...henden' verdrängt, beachte z. B. *mhd.* behenden „einhändigen"); **handlich** (*mhd.* hantlich „mit der Hand verrichtet", *ahd.* in unhantlīh „unhandlich"); **Hantel** (s. d.) Zus.: **Handbuch** (15. Jh.; Lehnübersetzung von *lat.* manuale); **handfest** (*mhd.* hantveste „in feste Hand genommen, gefangen; tüchtig mit der Hand; treu am Glauben haltend"), **Handfeste** veralt. für „Urkunde" (*mhd.* hantveste „Handhabe, schriftliche Versicherung mit eigenhändiger Unterschrift, Verbriefung von Rechten, Urkunde"); **Handgeld** „Geld, das bei der Anwerbung in die gelobende Hand gezahlt wird" (17. Jh.); **handgemein** (18. Jh.); **Handgemenge** (17. Jh.); **handgreiflich** (17. Jh.); **Handhabe** (*mhd.* hanthabe, *ahd.* hanthaba „Handhabung; Griff, Henkel", ↑haben), davon **handhaben** (*mhd.* hanthaben „fest fassen, halten; schützen, erhalten, unterstützen"); **Handkuß** (17. Jh.); **Handlanger** (15. Jh.); **Handschelle** (↑ [3]Schelle); **Handschrift** (15. Jh.; früher auch „eigenhändige Unterschrift, eigenhändig unterschriebener Schuldbrief"); **Handschuh** (*mhd.* hantschuoch, *ahd.* hantscuoh, *mnd.* hantsche; die oft vertretene Ansicht, das Wort sei aus einem *antscuoh „Gegenschuh" umgedeutet, ist verfehlt; zum 2. Bestandteil ↑Schuh); **Handstreich** (16. Jh.; bis zum Anfang des 19. Jh.s nur in der Bed. „Handschlag"; dann nach *frz.* coup de main „Überrumpelung, plötzlicher Überfall"); **Handtuch** (*mhd.* hanttuoch, *ahd.* hantuh); **Handwerk** (*mhd.* hantwerc „Werk der Hände, Kunstwerk; Gewerbe; Zunft", *ahd.* hantwerc[h]; entsprechend *aengl.* handweorc „Handarbeit, mit der Hand Geschaffenes"), dazu **Handwerker** (*mhd.* hantwerker). Beachte auch die Zus. 'Vorhand, Vorderhand, Hinterhand, Oberhand' (*mhd.* oberhant „Übermacht", daneben auch überhant, älter *nhd.* Überhand, heute nur noch in 'überhandnehmen').

handeln: *Mhd.* handeln „mit den Händen fassen, berühren; [be]arbeiten; verrichten, vollbringen, tun; mit etwas verfahren; behandeln; bewirten", *ahd.* hantalōn „befassen, berühren; bearbeiten", *engl.* to handle „handhaben; behandeln; verwalten", *aisl.* hǫndla „mit der Hand berühren, fassen" sind von dem unter ↑*Hand* dargestellten *gemeingerm.* Substantiv abgeleitet. Seit dem 16. Jh. hat 'handeln' auch kaufmännische Geltung und wird im Sinne von „Handel treiben, Geschäfte machen", „verkaufen" und „über den Preis verhandeln, feilschen" gebraucht. Abl.: **Handel** (*spätmhd.* handel „Handlungsweise; Vorgang; Begebenheit, Handelsgeschäft; Handelsobjekt, Ware" und „gerichtliche Verhandlung, Rechtsstreit"; das Substantiv ist aus dem Verb rückgebildet; im heutigen Sprachgefühl werden 'Handel' „Kaufgeschäft" und 'Handel' „Streit", das häufiger im *Plural* 'Händel' gebraucht wird, als zwei verschiedene Wörter empfunden); **Händler** (*spätmhd.* hand[e]ller „jemand, der etwas tut, vollbringt, verrichtet; Unterhändler"; seit dem 16. Jh. „Handelsmann"); **Handlung** (*mhd.* handelunge „Behandlung, Handhabung; Aufnahme, Bewirtung; [gerichtliche] Verhandlung; Kaufhandel; Tun, Tätigkeit"). Zusammensetzungen und Präfixbildungen: **abhandeln** „über einen Gegenstand in einer Schrift handeln, ein Thema bearbeiten", auch „im Preis drücken" (16. Jh.), dazu **Abhandlung** (17. Jh.; für *lat.* tractatus); **behandeln** „mit jemand verfahren; sich mit etwas beschäftigen", dazu 'Behandlung' (17. Jh.); **mißhandeln** „übel zurichten, schlagen" (*mhd.* missehandeln), dazu **Mißhandlung** (*mhd.* missehandelunge); **unterhandeln** „zu vermitteln versuchen", dazu **Unterhändler** (16. Jh.); **verhandeln** (*mhd.* verhandeln); dazu **Verhandlung.**

handelseinig ↑ [1]einig.

Handgift ↑Gift.

Handgranate ↑Granate.

Handgriff ↑Griff.

Handikap „Benachteiligung, Behinderung": Das aus der Sportsprache stammende Fremdwort wurde im 20. Jh. aus *engl.* handicap übernommen. Das *engl.* Wort ist vielleicht aus der Fügung 'hand in cap', dem Namen eines Glücksspiels (eigentlich „Hand in der Mütze"), hervorgegangen. Es bezeichnete dann ein [Pferde]rennen, bei dem die Gewinnchancen dadurch ausgeglichen werden, daß man leistungsschwächeren Teilnehmern eine Strecken- oder Zeitvorgabe gewährt (eine „Benachteiligung" für die Besseren). Dann aber bedeutet es auch „Hindernis, Benachteiligung" überhaupt. – Dazu das Adjektiv **gehandikapt** „benachteiligt, behindert", ursprünglich zweites Part. des kaum gebräuchlichen Verbs **handikapen** (aus *engl.* to handicap) „ein Handikap auferlegen".

Handkuß ↑küssen.

hanebüchen: Wie die ältere, heute nur noch vereinzelt gebrauchte Form 'hagebüchen' erweist, ist das Adjektiv von 'Hagebuche' *(↑Hag)* abgeleitet: *mhd.* hagenbüechīn „aus Hagebuche[nholz] bestehend". Seit dem 18. Jh. nahm das Adjektiv *ugs.* die Bed. „grob, derb" an, weil das Holz der Hagebuche auffällig knorrig ist.

Hanf: Der *altgerm.* Name (*mhd.* han[e]f, *ahd.* hanaf, *niederl.* hennep, *engl.* hemp, *schwed.* hampa) stammt aus einer unbekannten ost- oder südosteuropäischen Sprache, vielleicht aus dem Skythischen. Aus dieser Quelle stammen auch *griech.* kánnabis „Hanf" (daraus gleichbed. *lat.* cannabis) und die *baltoslaw.* Sippe von *russ.* konoplja „Hanf" und *armen.* kanap' „Hanf". Abl.: **Hänfling** (s. d.).

Hänfling: Der auf das *dt.* Sprachgebiet beschränkte Vogelname (*mhd.* henfelinc) ist von dem unter ↑*Hanf* behandelten Wort abgeleitet. Der Vogel ist so benannt, weil er sich vorwiegend von Hanfsamen ernährt.

Hangar: Das Wort für „Flugzeughalle" ist eine Entlehnung des 20. Jh.s aus gleichbed. *frz.* hangar. Das *frz.* Wort, das eigentlich „Schuppen, Schirmdach" bedeutet, geht seinerseits auf *afränk.* *haim-gard „Gehege um das Haus" (vgl. *Heim* und *Garten*) zurück.

Hängematte: Die im *Dt.* seit dem 17. Jh. bezeugte Bezeichnung für die hängende Schlafstelle (ursprünglich speziell der Matrosen auf Schiffen) ist aus gleichbed. *niederl.* hangmat (älter: hangmak) entlehnt. Das *niederl.* Wort selbst hat ursprünglich weder mit dem Verb 'hängen' (*niederl.* hangen) noch mit dem Substantiv 'Matte' (*niederl.* mat) etwas zu tun. Es ist vielmehr ein Lehnwort und führt über gleichbed. *frz.* hamac und *span.* hamaca auf *hait.* (Eingeborenensprache) [h]amaca „Hängematte" zurück. Erst sekundär wurde das nicht verstandene fremde Wort als zu 'hängen' und 'Matte' gehörig gedeutet und diesen Wörtern lautlich angeglichen.

hängen: Das alte *gemeingerm.* starke Verb *hanhan „hängen" (*mhd.* hāhen, *ahd.* hāhan, *got.* hāhan, *aengl.* hōn, *aisl.* hanga), dessen *außergerm.* Beziehungen nicht sicher geklärt sind, hat sich in den jüngeren Sprachzuständen mit den von ihm abgeleiteten schwachen Verben (1. *ahd.* hangēn, *mhd.* hangen, *nhd., mdal* und *schweiz.* hangen, 2. *ahd., mhd.* hengen, *nhd.* hängen, 3. *ahd., mhd., nhd.* henken) vermischt. Um das Verb 'hängen' gruppiert sich im *Dt.* eine Reihe von Ableitungen und Zusammensetzungen: **Hang** „Neigung; abschüssige Stelle, Halde" (*spätmhd.* hanc „das Hängen; Neigung"); **hangeln** „sich im Hang fortbewegen" (Anfang des 19. Jh.s; Wort der Turnersprache); **Hangende** bergmännisch für „Gesteinsschichten über einer Lagerstätte" (17. Jh.); **Hanger** seemännisch für „Tau, an dem der Ladebaum hängt"; **Gehänge** (*mhd.* gehenge). Zu den zusammengesetzten Verben und Präfixbildungen 'ab-, an-, aus-, be-, über-, um-, verhängen' stellen sich: **Abhang** „abschüssige Stelle, Halde" (15. Jh.), **abhängig** (15. Jh.; zunächst „abschüssig, geneigt", dann „durch etwas bedingt, bestimmt; angewiesen; unselbständig"); **Anhang** (*mhd.* an[e]hanc „Angehängtes, Tau; Begleitung; Begleiter"; seit dem 15. Jh. nach *lat.* appendix auch „Anhang eines Buches oder Vertrages"), **Anhänger** (16. Jh.), **anhänglich** (18. Jh.; für älteres gleichbedeutendes 'anhängig'), **Anhängsel** (18. Jh.); **Aushang** (18. Jh.), **Aushängeschild** (18. Jh.); **Behang** „das, was an etwas [herab]hängt", weidmännisch für „Ohr des Hundes"; **Überhang** (*mhd.* überhanc „Umhang; überhängende Zweige und Früchte von Obstbäumen; Übergewicht"; heute besonders in der Bed. „überhängende Felswand" gebräuchlich); **Umhang** (*mhd., ahd.* umbehanc „Vorhang, Decke, Teppich"; seit dem 19. Jh. „umgehängtes Kleidungsstück"); **Vorhang** (*mhd.* vor-, vürhanc „Vorhang"). Beachte auch *Verhängnis*. Vgl. ferner die Artikel *henken* und *Henkel*.

Hanse: Die Bezeichnung bevorrechtigter Genossenschaften deutscher Kaufleute, die seit dem 12. Jh. auswärtigen Handel trieben, ging im 14. Jh. auf den großen Städtebund über. Das Wort Hanse geht auf *germ.* *hansō- „Schar" zurück, beachte *mhd.* hanse „Kaufmannsgilde, Genossenschaft", *ahd.* hansa „Kriegerschar, Gefolge", *got.* hansa „Schar, Menge", *aengl.* hōs „Schar". Die weitere Herkunft des *germ.* Wortes ist nicht sicher geklärt. Mit dem Untergang des Hansebundes verschwand das Wort aus der lebenden Sprache. Im 19. Jh. wurde es in latinisierter Form 'Hansa' als Bezeichnung wirtschaftlicher Unternehmungen neu belebt, beachte z. B. 'Lufthansa'. Neben dem von 'Hanse' abgeleiteten Adjektiv **hansisch** ist seit dem 18. Jh. **hanseatisch** gebräuchlich, das – wie **Hanseat** (19. Jh.). – auf *mlat.* hanseaticus zurückgeht. Die Zusammensetzung **Hansestadt** ist seit dem 14. Jh. bezeugt. Vgl. auch den Artikel *hänseln*.

hänseln „necken, foppen": Die Aufnahme in bestimmte Gemeinschaften ging im Mittelalter unter fest vorgeschriebenen Zeremonien vor sich. So hatten auch die Lehrlinge, die in eine Kaufmannsgilde – in eine Hanse – eintraten, verschiedene Mut- und Standhaftigkeitsproben zu bestehen. Das von *mhd.* hanse „Genossenschaft, Kaufmannsgilde" (vgl. *Hanse*) abgeleitete Verb hansen bedeutete zunächst „[unter gewissen Zeremonien] in eine Kaufmannsgilde aufnehmen", später, als das alte Brauchtum verblaßte, „necken, verulken". Im *Nhd.* wurde das Wort, zumal es dem *Oberd.* fremd war, auf den Personennamen Hans in dessen appellativischer Bed. „Narr" bezogen.

Hans Taps ↑Depp.

Hanswurst: Als Bezeichnung eines dicken, unbeholfenen Menschen, der einer Wurst ähnelt, ist 'Hanswurst' (zunächst getrennt geschrieben Hans Wurst) seit dem Anfang des 16. Jh.s bezeugt. Der Schelt- und Spottname für den Dickwanst wurde dann als Benennung für einen Tölpel und seit dem Ende des 16. Jh.s für den Spaßmacher [im Lustspiel] verwandt. Beachte auch die Ableitungen **Hanswursterei** und **Hanswurstiade.**

Hantel: *Niederd.* hantel „Handhabe", das zu der Wortgruppe von ↑*Hand* gehört, wurde Anfang des 19. Jh.s von F. L. Jahn in die Turnersprache zur Bezeichnung des Handturngerätes übernommen. Abl.: **hanteln** „mit der Hand arbeiten".

hantieren „handhaben, umgehen mit": Das seit *mhd.* Zeit bezeugte Verb (*mnd.* hantēren, *spätmhd.* hantieren „Kaufhandel treiben; handeln, verrichten, tun"), das im Sprachgefühl als zu 'Hand' gehörig empfunden wird, beruht auf Entlehnung aus *mniederl.* hantēren, hantieren (= *niederl.* hanteren) „umgehen mit jmdm.; Handel treiben; verrichten, tun". Das *niederl.* Wort selbst geht auf *(a)frz.* hanter „umgehen mit; häufig besuchen" zurück, dessen weitere Herkunft unsicher ist.

hapern (*ugs.* für:) „stocken, nicht vonstatten gehen; fehlen [an]": *Niederd.* hapern, das aus *mniederl.* hāperen „stottern" entlehnt ist, hat sich seit dem 17. Jh. über das *dt.* Sprachgebiet ausgebreitet. Auch im *Niederl.* hat sich die Bedeutung des Verbs von „stottern, beim Sprechen anstoßen oder stocken" zu „nicht vonstatten gehen, fehlen" gewandelt. Die weitere Herkunft des *mniederl.* Wortes ist unklar.

Happen „Bissen": Das erst seit dem 18. Jh. bezeugte, ursprünglich *niederd.* Wort stammt wahrscheinlich aus der Lallsprache der Kinder. Beachte das Lallwort 'Papp' „Brei" und die Zusammensetzung *berlin.* 'Happenpappen'. Abl.: **happig** „gierig [zubeißend]", *ugs.* auch „ungewöhnlich stark, arg" (18. Jh.).

Happy-End: Die Bezeichnung für „unerwartet glücklicher Ausgang einer [Liebes]geschichte" wurde im 20. Jh. aus gleichbed. *engl.* happy ending (eigentlich „glückliches Ende") entlehnt.

Harakiri: Die Bezeichnung für die in Japan geübte Art des Selbstmords durch Bauchaufschneiden wurde im 19. Jh. aus *jap.* harakiri entlehnt (zu *jap.* hara „Bauch" und kiru „schneiden"). Andere Fremdwörter aus dem *Jap.* s. unter ↑*Jiu-Jitsu,* ↑*Kimono,* ↑*Mikado.*

Harem „von Frauen bewohnter Teil des islam. Hauses", in heutiger Umgangssprache auch übertragen im Sinne von „weiblicher Anhang eines Mannes": Das Substantiv wurde im 18. Jh. aus *türk.* harem, *arab.* ḥarīm entlehnt, das zu *arab.* ḥaram „verboten" gehört und den für Fremde unzugänglichen „Frauenraum" bezeichnete.

hären ↑Haar.

Harfe: Der *altgerm.* Name des Musikinstrumentes *mhd.* harpfe, *ahd.* har[p]fa, *niederl.* harp, *engl.* harp, *schwed.* harpa gehört wahrscheinlich zu der *idg.* Wurzelform *[s]kerb[h]- „[sich] drehen, [sich] krümmen, schrumpfen" (vgl. *schräg*). Das Musikinstrument wäre demzufolge danach benannt, daß es mit gekrümmten Fingern gezupft wird. Die Benennung könnte sich allerdings auch auf die gekrümmte Form der Harfe beziehen. – Zu dieser z. T. auch nasalierten Wurzelform gehören aus dem *germ.* Sprachbereich ferner die unter ↑*rümpfen* und ↑*schrumpfen* behandelten Wörter (beachte auch die Artikel *Rampe* und *Harpune*) und aus anderen *idg.* Sprachen z. B. *lat.* corbis „Korb", eigentlich „Geflochtenes" (↑Korb). – Der *altgerm.* Name des Musikinstruments wurde auch in die *roman.* Sprachen entlehnt, vgl. *frz.* harpe, *it.* arpa, *span.* [h]arpa „Harfe". Abl.: **harfen** (*mhd.* harpfen „auf einer Harfe spielen"); **Harfenist** (16. Jh.); **Harfner** (18. Jh.).

Harke: Der im wesentlichen *nordd.* Name des landwirtschaftlichen Gerätes – in Mittel- und Süddeutschland gilt 'Rechen' (s. d.) – gehört zu der weitverästelten *idg.* Sippe der lautmalenden Wurzel *[s]ker-, die besonders heisere Töne, scharrende, kratzende und rasselnde Geräusche nachahmt. Das Gerät ist demnach nach dem Geräusch, das es beim Harken verursacht, benannt. *Mnd.* harke „Harke" ist näher verwandt z. B. mit *aisl.* hark „Lärm, Geräusch" und weiterhin mit den Wortgruppen von ↑*Rachen* und ↑*schreien* sowie mit den Vogelnamen ↑*Rabe* und ↑*Reiher.* Abl.: **harken** (*mnd.* harken, beachte auch **beharken** *ugs.* für „jemandem zusetzen").

Harlekin „Hanswurst": Der Harlekin ist ursprünglich eine Narrengestalt der italienischen Komödie, deren *it.* Name arlecchino durch *frz.* Vermittlung (*frz.* harlequin, heute: arlequin) am Ende des 17. Jh.s bei uns bekannt wurde. Die Quelle des *it.* Wortes ist die im *Afrz.* bezeugte Fügung maisnie Hellequin „Hexenjagd; wilde, lustige Teufelsschar", deren Herkunft nicht sicher gedeutet ist. – Dazu: **Harlekinade** „Hanswursterei" (19. Jh.; aus *frz.* arlequinade).

Harm: Das *altgerm.* Wort für „Kränkung, Kummer, Qual" (*mhd.* harm, *ahd.* haram, *engl.* harm, *schwed.* harm) ist wahrscheinlich mit der *baltoslaw.* Wortgruppe von *russ.* sorom „Schande" und mit *pers.* šarm „Scham" verwandt und geht auf *idg.* *k̑ormo-s „Qual, Schmach, Schande" zurück. Abl. **härmen** (*mhd.* hermen „plagen, quälen", *ahd.* harmen mit *germ.* Entsprechungen; beachte auch **abgehärmt**). Zus.: **harmlos** (18. Jh.; zunächst „leidlos", dann – nach *engl.* harmless – „unschädlich, ungefährlich"), dazu **Harmlosigkeit** (19. Jh.).

Harmonie „Übereinstimmung, Einklang; wohltönender Zusammenklang (Mus.); ausgewogen maßvolles Verhältnis der Teile zueinander (Bildkomposition)": Das Fremdwort wurde im 16. Jh. – zunächst als musikalischer Fachausdruck – aus *griech.-lat.* harmonía entlehnt, das ursprünglich „Fügung, Fuge; Bund; Ordnung" bedeutete und wie *griech.* harmózein „zusammenfügen" zur *idg.* Sippe von ↑*Arm* gehört. – Zum gleichen *griech.* Grundwort gehören die Neubildungen ↑Harmonika, ↑Harmonium, ↑Philharmoniker, ferner das Adjektiv **harmonisch** „den Gesetzen der Harmonie entsprechend; ebenmäßig; stimmig" (16. Jh.; nach *lat.* harmonicus < *griech.* harmonikós) und das Verb **harmonieren** „gut zusammenpassen, übereinstimmen" (17. Jh.).

Harmonika: Der Name verschiedener Musikinstrumente (wie 'Hand-, Mund-, Ziehharmonika') ist letztlich eine Wortschöpfung Benjamin Franklins (*engl.* harmonica) aus dem 18. Jh. nach *lat.* harmonicus < *griech.* harmonikós „harmonisch" (vgl. *Harmonie*). Der Name bezieht sich auf die Eigenart der Harmonikas, im Gegensatz zu anderen Instrumenten nur „[harmonische]" Akkorde ertönen zu lassen.

Harmonium: Der Name des orgelartigen Tasteninstruments wurde im 19. Jh. entlehnt aus *frz.* harmonium, einer Bildung des französischen Orgelbauers A. F. Febain (1809–1877) zu *griech.* harmonía (vgl. *Harmonie*), die auf den vollen und harmonischen Klang des Instruments anspielt.

Harn „Urin": Das auf das *dt.,* ursprünglich auf das *hochd.* Sprachgebiet beschränkte Wort *mhd.* harn, *ahd.* har[a]n gehört wohl im Sinne von „das Ausgeschiedene" (beachte das Verhältnis von *lat.* excrementum „Ausscheidung, Kot" zu excernere „ausscheiden" und von 'Scheiße' zu 'scheiden') zu der unter ↑¹*scheren* dargestellten *idg.* Wurzel *[s]ker „schneiden". Mit anlautendem s- sind dann verwandt *mnd.* scharn „Dreck, Mist", *aengl.* scearn „Dünger, Mist, Dreck", *schwed.* skarn „Unrat, Auswurf" und *außergerm.* z. B. *griech.* skōr „Kot". Beachte auch den Artikel *Schierling.* Abl.: **harnen** „urinieren" (*spätmhd.* harnen).

Harnisch „[Brust]panzer“: In der Blütezeit des französischen Rittertums wurde *mhd.* harnasch „Harnisch; kriegerische Ausrüstung“ aus *afrz.* harnais „kriegerische Ausrüstung“ entlehnt. Das *frz.* Wort seinerseits geht wohl auf ein *anord. (norm.)* *hernest „Heeresvorrat“ zurück (vgl. *Heer*). Im übertragenen Sinne wird 'Harnisch' in der Wendung 'in Harnisch bringen', eigentlich „in Kriegsbereitschaft bringen“, gebraucht. Beachte auch **geharnischt,** das das 2. Part. des untergegangenen Verbs 'harnischen' ist.

Harpune: Die Bezeichnung für „[zum (Wal)fischfang benutzter] Wurfspeer mit Widerhaken“ wurde im 17. Jh., zunächst in der Form Harpon, aus *niederl.* harpoen < *frz.* harpon entlehnt, das eigentlich „Eisenklammer“ bedeutet und eine Bildung zu *frz.* harpe „Klaue, Kralle“ ist. Das Wort ist *germ.* Ursprungs und gehört wohl zur Sippe von *nhd.* ↑*Harfe*. – Abl.: **harpunieren** „mit der Harpune erlegen“ (19. Jh.; nach *niederl.* harpoeneren).

harren: Die Herkunft des erst seit *mhd.* Zeit bezeugten Verbs (*mhd.* harren) ist dunkel. Das einfache Verb ist heute nahezu ausgestorben. Gebräuchlich sind dagegen die Zusammensetzungen und Präfixbildungen **ausharren** „geduldig warten, aushalten“, **verharren** „sich nicht von der Stelle rühren, in einem Zustand bleiben“ und **beharren** „auf etwas bestehen, an etwas festhalten“ zu dem **beharrlich** „ausdauernd, zäh“, **Beharrlichkeit** und **Beharrungsvermögen** gehören.

harsch: Das ursprünglich *niederd.* Wort (*mnd.* harsk „rauh, hart, rissig“) hat sich seit dem 17. Jh. über das *dt.* Sprachgebiet ausgebreitet. Dem *niederd.* Wort entspricht das *oberd.* Substantiv **Harsch** „hartgefrorener Schnee, Schneekruste“. Beachte auch das Verb **[ver]harschen** „hart, krustig werden [vom Schnee]“. Mit dieser Sippe, zu der auch *dt. mdal.* 'Harst' „Harke, Rechen“ und wahrscheinlich *oberd. mdal.* 'Haar' „Flachs“ gehören, ist z. B. die *nord.* Wortgruppe von *dän.* harsk „ranzig“, älter „rauh, streng, bitter“ verwandt (beachte das *nord.* Lehnwort *engl.* harsh). Zugrunde liegt eine *idg.* Wurzel *kars- „kratzen, reiben, striegeln, krempeln“, vgl. z. B. *lat.* carrere „Wolle krempeln“.

hart: Das *gemeingerm.* Adjektiv *mhd.* hert[e], *ahd.* herti, *got.* hardus, *engl.* hard, *schwed.* hård gehört mit verwandten Wörtern in anderen *idg.* Sprachen, vgl. z. B. *griech.* kratýs „stark, mächtig“, krátos „Stärke, Macht, Herrschaft“, kratein „[be]herrschen“ (beachte *...krat, ...kratie* z. B. in Demokrat, Demokratie), zu der *idg.* Wurzel *kar- (weitergebildet *kart-) „hart“. – Die *mhd.* Form hart beruht auf *mitteld.* Lautung, die der des Adverbs *mhd.* harte, *ahd.* harto entspricht. Das Adjektiv 'hart' spielt in der *dt.* Namengebung eine überaus bedeutende Rolle, beachte z. B. die Personennamen 'Bernhard, Eberhard, Gerhard, Richard, Hartmut, Hartwig', Abl.: **Härte** (*mhd.* herte, *ahd.* hartī); **härten** (*mhd.* herten, *ahd.* herten, beachte auch die Zusammensetzungen und Präfixbildungen 'ab-, er-, verhärten'); **Hartung** (heimische Bezeichnung des Januars; beachte älteres **Hartmonat** „Wintermonat“). Zus.: **hartnäckig** (15. Jh.; zum zweiten Bestandteil vgl. *Nacken*), dazu **Hartnäckigkeit** (16. Jh.); **Hartriegel** „Laubgehölz, Kornelkirsche“ (*mhd.* hartrügele, *ahd.* hart[t]rugil; der Name bezieht sich auf das harte Holz; zum zweiten Bestandteil vgl. *Teer*).

hartgesotten ↑sieden.

hartnäckig ↑Nacken.

Harz: Das Wort ist auf das *dt.* Sprachgebiet beschränkt: *mhd.* harz, *ahd.* harz[uh] „Harz“. Die weitere Herkunft der Bezeichnung des Stoffwechselproduktes verschiedener Pflanzen ist dunkel. Abl.: **harzen** (*mhd.* herzen „auspichen“); **harzig** (16. Jh.). Zus.: **Kunstharz** (20. Jh.).

Hasch ↑Haschisch.

Haschee: Die seit dem Beginn des 18. Jh.s bezeugte Bezeichnung für „feines Hackfleisch“ ist kein eigentliches Lehnwort, sondern eine eindeutschende Substantivierung aus *frz.* viande hachée „gehacktes Fleisch“, wofür im *Frz.* hachis gilt. Das *frz.* Verb hacher „zerhacken“ wurde im 20. Jh. selbständig als **haschieren** übernommen und in der Bedeutung an 'Haschee' angeglichen, im Sinne von „Haschee machen“. Grundwort ist *frz.* hache „Axt, Beil“, das auf *afränk.* *häppja zurückgeht.

¹haschen: Das seit dem 14. Jh. bezeugte *ostmitteld.* Verb hat seit dem 16. Jh. allmählich gemeinsprachliche Geltung erlangt. Das Wort gehört zu der unter ↑*heben* dargestellten *idg.* Wurzel *kap- „fassen, packen“. Früher bedeutete 'haschen' auch „festnehmen, gefangennehmen“, beachte das Substantiv **Häscher** „Büttel, Gerichtsdiener“ (16. Jh.).

²haschen, Hascher ↑Haschisch.

Haschisch: Der Name des aus dem Blütenharz einer indischen Hanfart gewonnenen Rauschgifts wurde im 19. Jh. aus gleichbed. *arab.* ḥašīš, das eigentlich „Gras, Heu“ bedeutet, entlehnt. *Ugs.* ist auch die Form **Hasch** gebräuchlich, beachte auch **haschen** *ugs.* für „Haschisch rauchen“ und **Hascher** *ugs.* für „jemand, der Haschisch raucht“ (beide 20. Jh.).

Hase: Der *altgerm.* Tiername *mhd.* hase, *ahd.* haso, *niederl.* haas, *engl.* hare, *schwed.* hare ist z. B. verwandt mit *aind.* śaśá-ḥ „Hase“ und *apreuß.* sasins „Hase“ und beruht mit diesen auf dem substantivierten *idg.* Adjektiv *k̑asen-, *k̑aso- „grau“, vgl. z. B. *ahd.* hasan „grau, glänzend“, *aengl.* hasu „graubraun“. Der „Graue“ als Name des Hasen ist wahrscheinlich altes Tabuwort, weil das Tier bei vielen Völkerschaften als dämonisch und unheimlich gilt. Auch im *dt.* Aberglauben spielt der Hase als Seelen- und Hexentier eine Rolle. In Tiererzählungen heißt der Hase '[Meister] Lampe' (Kurzform des Personennamens Lamprecht) oder 'Mümmelmann'; jägersprachlich gilt 'der Krumme'. Auf die hervorstechende Eigenschaft des Hasen, seine Furchtsamkeit, beziehen sich Zusammensetzungen wie **Angsthase, Hasenfuß, Hasenherz** und die Wendung 'das Hasenpanier (s. u.) ergreifen'. In den *dt.* Mundarten wird mit 'Hase' oft das Kaninchen bezeichnet, daher verdeutlichend 'Feldhase' im Gegensatz zu 'Stallhase'. Zus.: **Hasenpanier** (16. Jh.; wie der Schwanz des Fuchses 'Standarte', der des Eichhörnchens 'Fahne' heißt, so wurde der Schwanz des Hasen früher 'Panier' genannt; heute gilt 'Blume'); **hasenrein** weidmännisch für „(vom Hund) so abgerichtet, daß er Hasen aufstöbert, aber nicht verfolgt" (19. Jh.; beachte dazu 'nicht hasenrein sein' „nicht einwandfrei, verdächtig sein"); **Hasenscharte** „angeborene Spaltung der Oberlippe" (14. Jh.); **Dachhase** „Katze"; **Osterhase** (17. Jh.).

Hasel: Der *altgerm.* Name des Laubgehölzes *mhd.* hasel, *ahd.* hasal, *niederl.* hazelaar, *engl.* hazel, *schwed.* hassel ist mit *lat.* corulus „Haselstaude" und der *kelt.* Sippe von *air.* coll „Hasel" verwandt. Das zugrundeliegende *koslo-s „Hasel" ist, da weitere Anknüpfungen fehlen, nicht deutbar. Zus.: **Haselhuhn** (*mhd.* haselhuon, *ahd.* hasalhuon; das Haselhuhn hat seinen Namen daher, weil es sich vorwiegend im Haselgebüsch aufhält); **Haselmaus** (16. Jh.; die Haselmaus ist danach benannt, weil sie sich vorwiegend von Haselnüssen ernährt); **Haselnuß** (*mhd.* haselnuʒ, *ahd.* hasalnuʒ; vgl. *Nuß*).

Haspe, Haspel, haspeln ↑verhaspeln.

Haß: Das *gemeingerm.* Substantiv *mhd., ahd.* haʒ, *got.* hatis, *aengl.* hete, *schwed.* hat beruht mit verwandten Wörtern in anderen *idg.* Sprachen auf *idg.* *k̂ādos-, *k̂ades- „Leid, Kummer, Groll", vgl. z. B. die *kelt.* Sippe von *kymr.* cas „Haß" und *griech.* kēdos „Sorge; Trauer; Leichenbestattung". Im *germ.* Sprachbereich hat sich aus „Groll, Haß" auch die Bed. „Verfolgung" entwickelt (beachte die Bedeutungen von 'hetzen' und 'hassen'). Gleichfalls *gemeingerm.* ist das abgeleitete Verb **hassen** (*mhd.* haʒʒen, *ahd.* haʒʒēn, -ōn, *got.* hatan, *engl.* to hate, *schwed.* hata), das früher auch im Sinne von „verfolgen" verwendet wurde. Ferner gruppieren sich um 'Haß' die Bildungen ↑häßlich und ↑gehässig sowie ↑hetzen.

häßlich: Das auf das *Westgerm.* beschränkte Adjektiv *mhd.* haʒ-, heʒ[ʒe]lich, *ahd.* haʒlīh, *asächs.* hetelīk, *aengl.* hetelic ist von dem unter ↑*Haß* dargestellten Substantiv abgeleitet. Das Wort, das im heutigen Sprachgebrauch nicht mehr als zu 'Haß' gehörig empfunden wird, bedeutete in den älteren Sprachzuständen „feindselig, voller Haß, gehässig". Über die Bed. „hassenswert, verabscheuungswürdig" erlangte 'häßlich' in *frühnhd.* Zeit seine Geltung als Gegensatz zu 'schön'. Abl.: **Häßlichkeit** (16. Jh.).

Hast „(durch innere Erregung oder Unruhe ausgelöste) Eile, Ungeduld": Das im *Nhd.* seit dem Ende des 16. Jh.s bezeugte Substantiv ist aus dem *Mnd.* aufgenommen. *Mnd.* hast „Hast, Übereilung" führt über gleichbed. *niederl.* haast (*mniederl.* hast[e]) auf *afrz.* haste (= *frz.* hâte) „Hast, Eile" zurück, das selbst *germ.* Ursprungs ist. – Abl.: **hasten** „voller Ungeduld eilen" (16. Jh.; aus *mnd.* hasten < *mniederl.* haesten; seit dem Ende des 18. Jh.s schriftsprachlich); **hastig** „übereilt, ungeduldig" (schon *spätmhd.* hasteclīche, Adverb; aus *mnd.* hastich < *mniederl.* haestich).

hätscheln: Das seit dem 17. Jh. bezeugte Verb gehört wahrscheinlich mit *mdal.* hatschen „gleiten, rutschen, streicheln " zusammen, das wohl laut- oder bewegungsnachahmender Natur ist. Beachte die Präfixbildung **verhätscheln** „verzärteln, verziehen" (19. Jh.).

Haube: Das *altgerm.* Wort *mhd.* hūbe, *ahd.* hūba, *niederl.* huif, *aengl.* hūfe, *schwed.* huva gehört zu der unter ↑*hoch* dargestellten *idg.* Wortgruppe. Zus.: **Haubenlerche** (16. Jh.).

Haubitze: Das militärische Fachwort für „schweres Flach- und Steilfeuergeschütz" ist seit dem 15. Jh. (zuerst als 'hauf[e]niz') bezeugt. Es wurde im Verlauf der Hussitenkriege (1419–36) aus *tschech.* houfnice „Steinschleuder" entlehnt.

hauchen: Das seit dem 13. Jh. bezeugte *ostmitteld.* hūchen, das neben kūchen „hauchen" (vgl. *keuchen*) steht, ist wahrscheinlich schallnachahmenden Ursprungs. Das Substantiv **Hauch** ist im 17. Jh. aus dem Verb rückgebildet worden.

hauen: *Mhd.* houwen, *ahd.* houwan „[ab-, nieder-, zer]hauen, schlagen; stechen; behauen, bearbeiten; [ab]schneiden; mähen, ernten", *niederl.* houwen „hauen; schlagen; hacken", *engl.* to hew „hauen; hacken, fällen; behauen, bearbeiten", *schwed.* hugga „hauen, schlagen; stoßen; schneiden; stechen; hacken". Neben diesem starken Verb 'hauen' (hieb, gehauen) existiert ein gleichbedeutendes schwaches Verb 'hauen' (haute, gehaut): *mhd.* houwen, *ahd.* houwōn. Um das *altgerman.* Verb gruppieren sich die Substantivbildungen ↑Hieb und ↑Heu sowie 'Haue, Hauer' und dgl. (s. u.). Die *germ.* Wortgruppe geht mit verwandten Wörtern in anderen *idg.* Sprachen, vgl. z. B. mit *lat.* cudere „schlagen; stoßen; stampfen; prägen", dazu caudex, codex „Baumstamm, Klotz" (↑Kodex) und die *baltoslaw.* Sippe von *russ.* kovat' „hämmern, schmieden", auf *idg.* *kāu- „hauen, schlagen" zurück. Abl.: [1]**Haue** „Hacke" (*mhd.* houwe, *ahd.* houwa „Hacke"); [2]**Haue** *ugs.* für „Hiebe, Prügel" (eigentlich *Plural* von 'Hau' veraltet, noch *mdal.* für „Hieb", *mhd.* hou „Hieb; Holzhieb; Schlagstelle im Walde"); **Hauer** bergmännisch für „Erzhauer im Bergwerk; Bergmann mit abgeschlossener Ausbildung" (in dieser Bedeutung auch umgelautet 'Häuer'), weidmännisch für „Eckzahn des Keilers", *österr.* für „Weinhauer, Winzer", veraltet für „Holzfäller" (*mhd.* houwer). Zus.: **Haudegen** (17. Jh.; zunächst „Hiebwaffe", dann übertragen „alter, erprobter Krieger, Draufgänger"). Beachte auch die zusammengesetzten und präfigierten Verben, die z. T. reiche Bedeutungsentfaltung zeigen: **abhauen** *ugs.* seit dem 20. Jh. auch für „fortgehen, verschwinden" (zu 'hauen' in der Bedeutung „eilen", wohl vom Einhauen der Sporen in die Weichen des Pferdes), **anhauen** *ugs.* seit dem 20. Jh. auch für „jemanden um etwas angehen" (eigentlich „jemandem einen Schlag, Stoß geben, um etwas von ihm zu erbitten"), **verhauen** *ugs.* für „durchprügeln", reflexiv für „sich gröblich irren" (*mhd.* verhouwen „zerhauen; verwunden; beschädigen; ab-, niederhauen; ausholzen; durch Fällen von Bäumen versperren", *ahd.* firhouwan), dazu **Verhau** „Sperre" (18. Jh.).

Haufe, Haufen: Das nur *dt.* Wort *mhd.* hūfe, *ahd.* hūfo „Haufe; Menge; Schar" steht im Ablaut zu dem gleichbed. *westgerm.* Wort *mhd., ahd.* houf, *niederl.* hoop, *engl.* heap und gehört mit diesem zu der unter ↑*hoch* dargestellten *idg.* Wortgruppe. Eng verwandt sind im *germ.* Sprachbereich die unter ↑*Hüfte* und ↑*hüpfen* behandelten Wörter. *Außergerm.* vergleicht sich z. B. *lat.* cubare „liegen", cumbere „sich legen", eigentlich „sich zum Liegen niederbücken" (↑Konkubine). Abl.: **häufen** (*mhd.* hūfen, *ahd.* hūfōn, daneben houfōn; beachte auch die Zusammensetzungen 'anhäufen, überhäufen'); **häufeln** „Häufchen machen" (15. Jh.; das Wort ist heute hauptsächlich als landwirtschaftlicher Terminus gebräuchlich); **häufig** (16. Jh.; das Adjektiv, das im heutigen Sprachgefühl nicht mehr als zu 'Haufen' gehörig empfunden wird, bedeutete zunächst und bis ins 19. Jh. hinein „in Haufen, massenweise vorhanden"; die heutige Bed. „oft, sich oft wiederholend" ist seit dem Ende des 18. Jh.s belegt).

Haupt: Die *gemeingerm.* Körperteilbezeichnung *mhd.* houbet, *ahd.* houbit, *got.* haubiþ, *engl.* head, *schwed.* huvud ist wahrscheinlich verwandt mit *lat.* caput „Haupt, Kopf" (s. die Sippe von *Kapital*) und mit *aind.* kapūcchala-m „Schale; Haar am Hinterkopf, Schopf", kapāla-m „Schale; Hirnschale; Schädel; schalen- oder scherbenförmiger Knochen". Dieser *idg.* Wortgruppe liegt *kaput- *kapēlo- „Kopf" zugrunde, das vermutlich eine Substantivbildung zu der unter ↑*heben* dargestellten *idg.* Wurzel *kap- „fassen, packen" ist und ursprünglich „Gefäß, Schale" bedeutete. Zur Benennung des Kopfes als „Gefäß, Schale, Scherbe" beachte das Verhältnis von *nhd.* Kopf zu *ahd.* kopf „Trinkgefäß, Becher", von *aisl.* kollr „Kopf" zu *aisl.* kolla „Topf", von *frz.* tête „Kopf" zu *lat.* testa „Schale; Scherbe" usw. Der Vokalismus der *germ.* Formen, der von demjenigen der *lat.* und *aind.* Formen abweicht, beruht wohl auf Vermischung mit Vertretungen anderer *idg.* Wurzeln, z. B. mit der *germ.* Wortgruppe von ↑*Haube.* Abl.: **Häuptel** *südd., österr.* für „Kopf einer Gemüsepflanze"; **behaupten** (s. d.); **enthaupten** (*mhd.* enthoubeten „den Kopf abschlagen", beachte gleichbed. *ahd.* houbitōn), dazu **Enthauptung** (15. Jh.); **Häuptling** (17. Jh.; das Wort bedeutete zunächst „[Familien]oberhaupt; Anführer"; seit dem Erscheinen von Coopers Indianererzählungen in der 1. Hälfte des 19. Jh.s bezeichnet es speziell das Oberhaupt eines Stammes bei Naturvölkern); **häuptlings** „kopfüber" (18. Jh.). Zus.: **Hauptmann** (*mhd.* houbetman, *ahd.* houpitman „Oberster; Hauptperson; Anführer"); **Hauptquartier** (17. Jh.); **Hauptsache** (*spätmhd.* houbetsache „Rechtsstreit, Prozeß"; in der heutigen Bedeutung ist das Wort seit dem 16. Jh. bezeugt), dazu **hauptsächlich** (16. Jh.); **Hauptstadt** (*mhd.* houbetstat); **Hauptwort** für „Substantivum" (17. Jh.); **überhaupt** (s. d.).

Haus: Das *gemeingerm.* Wort *mhd., ahd.* hūs, *got.* in gudhūs („Gotteshaus"), *engl.* house, *schwed.* hus gehört zu der weitverästelten Wortgruppe der *idg.* Wurzel. *[s]keu- „bedecken, umhüllen" (vgl. *Scheune*). Eng verwandt sind im *germ.* Sprachbereich die unter ↑*Hose* und ↑*Hort* behandelten Wörter. – Das Wort 'Haus', das heute im allgemeinen ein Gebäude bezeichnet, das Menschen zum Wohnen dient, hat in Zusammensetzungen umfassenderen Sinn, beachte z. B. 'Bankhaus, Gewächshaus, Maschinenhaus, Spritzenhaus, Warenhaus'. Alt ist auch die Verwendung von 'Haus' im Sinne von „Hauswesen" und von „Familie". Abl.: **Häuschen** (die Verkleinerungsbildung von 'Haus' ahmt in der Wendung 'aus dem Häuschen sein oder geraten' *frz.* petites-maisons, den Namen einer Pariser Irrenanstalt, nach); **hausen** (*mhd.* hūsen, *ahd.* hūsōn „wohnen, sich aufhalten; beherbergen; wirtschaften"; seit dem 14. Jh. auch in der Bed. „übel wirtschaften; sich wüst aufführen"; beachte *mhd.* behūsen „mit einem Haus versehen; besiedeln; beherbergen", älter *nhd.* behausen, dazu **Behausung** „Obdach, Unterkunft" und **unbehaust** „keine [feste] Wohnung habend"), dazu **Hauser** *bayr.-österr.* für „Haushälter, Wirtschaftsführer"; **hausieren** „von Haus zu Haus Handel treiben" (15. Jh.; Mischbildung mit *roman.* Endung, wie z. B. 'glasieren, halbieren, hofieren'), dazu **Hausierer** „von Haus zu Haus ziehender Händler" (16. Jh.); **Häusler** „Dorfbewohner, der nur ein Haus, aber kein Feld hat" (17. Jh.); **häuslich,** *schweiz.* **hauslich** (*mhd.* Adverb hūslīche „ein Haus[wesen] besitzend, ansässig"), dazu **Häuslichkeit** (16. Jh.), **Gehäuse** (s. d.). Zus.: **hausbakken** (↑backen); **Hausdrachen** (↑Drache); **Hausflur** (18. Jh.); **Hausfrau** (*mhd.* hūsvrou[we] „Herrin im Haus; Gattin"); **Haushalt** (17. Jh.; das Substantiv ist aus dem Verb 'haushalten' rückgebildet); **haushalten** (*frühnhd.* haushalten ist aus *mhd.* hūs halten „das Haus bewahren" zusammengerückt), dazu **Haushälter** (16. Jh.), **haushälterisch** (18. Jh.); **Hausherr** (*mhd.* hūsherre „Hausherr; Hausvater; Hausverwalter"); **hausmachen** (18. Jh.; zunächst im 1. Part. 'hausmachend' „im eigenen Hause hergestellt, für den Hausbedarf gemacht", beachte auch 'Hausmacherwurst' und dgl.); **Hausmann** „den Haushalt führender [Ehe]mann" (*mhd.* hūsman „Hausherr; Hausbewohner; Mietsmann; Burgwart"), dazu **Hausmannskost** „handfeste Kost" (16. Jh.); **Hausputz** (↑putzen); **Hausrat** (*mhd.* hūsrāt „das für einen Haushalt erforderliche Gerät"; zum zweiten Bestandteil ↑*Rat*); **Haussegen** früher für „Segensspruch über der Tür eines Hauses, an der Wand eines Zimmers" (daher die Wendung 'bei jemandem hängt der Haussegen schief' „es hat Krach in der Ehe, in der Familie gegeben"); **Hausstand** (17. Jh.); **Haussuchung** (16. Jh.; *mhd.* hūssuochunge bedeutete dagegen „Hausfriedensbruch"); **Haustier** (18. Jh.).

Haut: Die Haut ist als „Hülle" (des menschlichen Körpers) benannt. Das *altgerm.* Wort *mhd., ahd.* hūt, *niederl.* huid, *engl.* hide, *schwed.*

hud gehört zu der (mit t erweiterten) *idg.* Wurzel *[s]keu- „bedecken, umhüllen" (vgl. *Scheune*). Eng verwandt sind im *germ.* Sprachbereich die unter ↑*Hode* und ↑*Hütte* behandelten Wörter. *Außergerm.* vergleichen sich z. B. *griech.* kýtos „Hülle; Haut; Behältnis" und *lat.* cutis „Haut", beachte fachsprachlich 'Kutis' „Lederhaut der Wirbeltiere", 'Kutikula' „äußere Zellschicht der Pflanzen", 'subkutan' „unter der Haut befindlich". – Die Haut spielt in zahlreichen Redensarten eine Rolle, beachte z. B. 'mit Haut und Haaren', 'aus der Haut fahren', 'seine Haut zu Markte tragen'. Abl.: **häuten** (*mhd.* [ent-, uz]- hiuten „die Haut, das Fell abziehen"; heute wird das Verb v. a. reflexiv gebraucht), beachte dazu **Dickhäuter** (19. Jh.). Zus.: **Rothaut** (19. Jh.; Lehnübersetzung von *engl.* redskin); **Vorhaut** (16. Jh.; Lehnübertragung von *lat.* praeputium).

Hautevolee „vornehme Gesellschaft; die oberen Zehntausend": Das Wort wurde im 19. Jh. aus *frz.* (des gens) de haute volée „(Leute) von hohem Rang" (zu *frz.* haut „hoch" und *frz.* volée „Rang" [eigentlich „Flug"]) entlehnt.

Havarie „Seeschaden (eines Schiffes oder seiner Ladung); Unfall (von Flugzeugen, Fahrzeugen, Kraftwerken)": Das Wort wurde im 17. Jh. durch Vermittlung von *niederl.* averij und *niederd.* haverye aus gleichbed. *frz.* avarie entlehnt, das seinerseits aus *it.* avaria stammt. Das *it.* Wort geht auf *arab.* 'awār „Fehler, Schaden" zurück. Die heute übliche Form des Wortes setzte sich im 19. Jh. durch (in Anlehnung an *frz.* avarie) für älteres 'Haverey', das allerdings noch im Seerecht als **Haverei** lebt. – Dazu **havarieren** „einen Unfall haben, beschädigt werden" (20. Jh.) und **Havarist** „havariertes Schiff; Eigentümer eines havarierten Schiffes oder Fahrzeuges" (20. Jh.).

Haverei ↑Havarie.

Haxe, Hechse ↑Hachse.

Hebamme: Der auf das *dt.* Sprachgebiet beschränkte Ausdruck für „Geburtshelferin" geht auf *mhd.* heb[e]amme, eigentlich „Hebe-Amme", zurück, das eine volksetymologische Umdeutung von *ahd.* hev[i]anna, eigentlich „Hebe-Ahnin", ist (beachte *ahd.* hevan „heben" und *ahd.* ana „Ahnin, Großmutter").

heben: Das *gemeingerm.* Verb *mhd.* heben, *ahd.* hevan, heffan, *got.* hafjan, *engl.* to heave (↑hieven), *schwed.* häva geht mit verwandten Wörtern in anderen *idg.* Sprachen, z. B. *lat.* capere „fassen, ergreifen, nehmen; fangen; erwerben; begreifen, verstehen" (s. die umfangreiche Fremdwortgruppe von *kapieren*), auf die *idg.* Wurzel *kap- „fassen, packen" zurück. Während sich in den beiden *germ.* Wortgruppen von 'heben' und ↑haben die Bedeutung gewandelt hat, schließen sich an die ältere Bed. „fassen, packen, fangen" an: der *germ.* Vogelname ↑Habicht (eigentlich „Fänger, Räuber"), das Verb ↑haschen und die Sippen von ↑[1]Hafen (eigentlich „Umfassung") und ↑[2]Hafen „Topf" (eigentlich „Gefäß"), von ↑Haft „Gewahrsam" und von ↑[1]Heft „Griff, Handhabe". Zu der *idg.* Wurzel *kap- „fassen, packen" gehören auch mehrere Wörter mit der Bed. „Gefäß", beachte z. B. *lat.* capsa „Kasten, Kapsel" (↑Kasse) und ferner *idg.* *kaput- „Schale" (vgl. *Haupt*). – Um 'heben' gruppieren sich die Zusammensetzungen 'ab-, an-, auf-, emporheben' und die Präfixbildung **erheben** (*mhd.* erheben, *ahd.* irheffan), dazu **Erhebung** (um 1800), **erheblich** (16. Jh.; das Wort stammt aus der Kanzlei- und Rechtssprache) und **erhaben** (s. d.). *Ugs.* steht 'einen heben' für „Alkohol trinken". Abl.: **Hebel** (15. Jh.); **Heber** „Gerät zum Heben" (16. Jh.); **Hefe** (s. d.); **Hub** (s. d.). Zus.: **Hebamme** (s.d.); **Behuf** (s. d.); **Urheber** (s. d.).

Hechel: *Germ.* *hakilō- (*hakulō-) „Hechel", auf das *mhd.* hechel, *spätahd.* hachele, *mnd.* hekele, *engl.* hatchel, *schwed.* häckla zurückgehen, gehört zu der Wortgruppe von ↑*Haken*. Das in der Flachs- und Hanfaufbereitung verwendete Gerät ist nach seinen scharfen (leicht gekrümmten) Eisenspitzen benannt. Um die spinnbare Faser vom Flachs- oder Hanfabfall (vgl. *Hede* und *Werg*) zu trennen, werden die gebrochenen Flachs- und Hanfstengel durch die Eisenspitzen gezogen. Abl.: [1]**hecheln** (*mhd.* hacheln, hecheln, *asächs.* hekilōn, *schwed.* häckla; heute wird das Verb, besonders die Zusammensetzung **durchhecheln,** überwiegend im übertragenen Sinne gebraucht), dazu **Hechelei.**

[2]**hecheln** „in schnellen, kurzen Stößen hörbar aus- und einatmen (besonders von Hunden)": Das erst im 20. Jh. allgemein gebräuchliche Verb ist eine Iterativ- bzw. Intensivbildung zu dem veralteten Verb hechen „keuchen", das lautmalenden Ursprungs ist.

Hecht: Der *westgerm.* Name des Fisches *mhd.* hech[e]t, *ahd.* hechit, hachit, *mnd.* heket, *aengl.* hacod gehört zu der Wortgruppe von ↑*Haken*. Der Hecht ist entweder nach seinem auffallend spitzen Maul oder nach seinen scharfen Zähnen benannt, beachte zur Benennung *schwed.* gädda „Hecht" zu gadd „Stachel", *engl.* pike „Hecht" zu pike „Spitze, Pike", *frz.* brochet „Hecht" zu broche „Spieß". – Mit dem Fischnamen ist vermutlich identisch 'Hecht' *ugs.* (ursprünglich studentensprachlich) für „dicker Tabaksqualm". Der Tabaksqualm wäre dann nach seiner hechtgrauen Färbung benannt worden. Sehr gebräuchlich sind heute in der Sportsprache **Hechtsprung** „Kopfsprung" und **hechten** „einen Kopfsprung machen".

[1]**Heck** „Schiffshinterteil": Der Platz des Steuermannes auf dem hinteren Oberteil des Schiffes war in früheren Zeiten mit einem Gitter umgeben, um ihn gegen überkommende Sturzseen zu schützen. Das *niederd.* Wort, das sich als seemännischer Ausdruck seit dem 18. Jh. im *dt.* Sprachgebiet durchgesetzt hat, ist identisch mit dem im wesentlichen *nordd.* [2]**Heck** „Gattertür, Koppel" und geht auf *mnd.* heck „Umzäunung" zurück, beachte *mhd.* heck „Hecke; Einzäunung", *niederl.* hek „Gitter[werk]; [Gatter]tür", *aengl.* hæcc „Gatter[tür]" (vgl. *Hecke* und *Hag*). Mit den Neuerungen im Schiffbau ging die Bezeichnung des Steuermannsplatzes auf das ganze Schiffshinterteil über.

Hecke: Die *westgerm.* Substantivbildung *mhd.* hecke, *ahd.* hegga, *niederl.* heg, *engl.* hedge gehört zu der unter ↑*Hag* behandelten Wortgruppe. Zus.: **Heckenrose** (17. Jh.); **Heckenschütze** (20. Jh.).

hecken „Junge zur Welt bringen": *Mhd.* hekken „sich begatten" [von Vögeln], dem im *germ.* Sprachbereich lediglich *engl.* to hatch „hecken; [aus]brüten" entspricht, ist wahrscheinlich identisch mit *mhd.* hecken, einer Nebenform von 'hacken' „hacken, hauen" (vgl. *hacken*). Das Verb würde sich demnach ursprünglich auf das Hacken, mit dem sich Küken oder junge Vögel aus dem Ei befreien, bezogen haben. Weitaus gebräuchlicher als 'hecken' ist heute die seit dem 15. Jh. bezeugte Zusammensetzung **aushecken** im Sinne von „ausbrüten, ausdenken, ersinnen". Abl.: **Geheck[e]** weidmännisch für „Brut oder Junge der Entenvögel, Wurf des Raubwildes" (16. Jh.). Zus.: **Heckpfennig** (18. Jh.; nach dem Volksglauben eine Münze, die man nie ausgeben darf und die immer neue Münzen erzeugt).

Heckmeck: Die Herkunft des *ugs.* Ausdrucks für „unnötige Umstände, überflüssiges Gerede" ist unklar.

Hede: Das *niederd.* Wort für den Flachs- oder Hanfabfall, der im *Oberd.* 'Werg' (s. d.) heißt, gehört mit verwandten Wörtern in anderen *idg.* Sprachen zu der *idg.* Wurzel *kes- „kratzen, hecheln, kämmen", vgl. z. B. *griech.* késkeon „Werg" und die *slaw.* Sippe von *russ.* čëska „Werg". Das zugrundeliegende *mnd.* hēde, dem *niederl.* hede „Flachsabfall" entspricht, ist im *germ.* Sprachbereich verwandt mit *mnd.* herde „Flachsfaser", *engl.* hards *(Plural)* „Werg" und *aisl.* haddr „Kopfhaar der Frau". – Abl.: **verheddern** (s. d.).

Hederich: Die Bezeichnung verschiedener Ackerunkrautarten (*mhd.* hederich, *ahd.* hederīh, *mnd.* hed[d]erick) ist wahrscheinlich aus *lat.* hederaceus „efeuähnlich" entlehnt und nach dem Pflanzennamen ↑Wegerich umgebildet.

Heer: Das Heer ist als „das zum Kriege Gehörige" benannt worden. *Gemeingerm.* *harja- „Heer" (*mhd.* her[e], *ahd.* heri, *got.* harjis, *aengl.* here, *schwed.* här) geht auf das substantivierte Adjektiv *idg.* *kori̯o-s „zum Krieg gehörig" zurück, das von *idg.* *koro-s „Krieg, Streit" abgeleitet ist. *Außergerm.* vergleichen sich z. B. *pers.* kār-zār „Schlachtfeld", *griech.* koíranos „Heerführer", *lit.* kãras „Krieg", kãrias „Heer". Bereits in *altgerm.* Zeit spielte das Wort 'Heer' in der Namengebung eine bedeutende Rolle. Es steckt heute noch in zahlreichen *dt.* Vor- und Ortsnamen, beachte z. B. Herbert, Hermann, Diet[h]er, Günt[h]er, Reiner, Werner, Walt[h]er, Herford, Heringen, Hersfeld. Ferner ist es Bestimmungswort in ↑Herberge, ↑Herold und ↑Herzog, beachte auch die Zusammensetzungen **Heerbann** (*mhd.* herban, *ahd.* heriban „Aufgebot der waffenfähigen Freien zum Kriegsdienst"), **Heerschau** (*mhd.* herschouwe „Besichtigung eines Heeres"), **Heerstraße** (*mhd.* herstrāẓe, *ahd.* heristrāẓa). Eine Verbalableitung ist **verheeren** (s. d.). S. auch den Artikel *Harnisch.*

Hefe: Der die Gärung bewirkende Stoff ist als „Hebemittel" benannt. Wie sich z. B. *frz.* levain „Hefe" zu lever „heben" stellt, so gehören *mhd.* heve, *ahd.* hevo, *mniederl.* heffe, *aengl.* hæf „Hefe" zu dem unter ↑*heben* dargestellten Verb. *Mdal.* Ausdrücke für Hefe sind 'Bärme, Germ, Gest'.

[1]Heft: Das Wort *mhd.* hefte, *ahd.* hefti „Griff, Handhabe" ist eine Substantivbildung zu der unter ↑*heben* dargestellten Wurzel *kap- „fassen, packen".

[2]Heft ↑heften.

heften: Das *gemeingerm.* Verb *mhd., ahd.* heften, *got.* haftjan, *aengl.* hæftan, *schwed.* häfta ist von dem unter dem Suffix ↑*...haft* dargestellten *germ.* Adj. *hafta- „gefangen" abgeleitet und bedeutete in den älteren Sprachzuständen „haftend machen, befestigen; festsetzen". Abl.: **[2]Heft** „zusammengeheftete Papierbogen" (18. Jh.; das Substantiv ist aus dem Verb rückgebildet). Vgl. den Artikel *behaftet.*

heftig: *Mhd.* heftec „haftend; beharrlich, beständig; mit Beschlag belegt", das von dem unter dem Suffix ↑*...haft* dargestellten Adjektiv abgeleitet ist, wandelte – wohl unter dem Einfluß des unverwandten *mhd.* heifte „ungestüm, heftig" – seine Bed. zu „stark, gewaltig; außerordentlich, wichtig". Im heutigen Sprachgebrauch bedeutet 'heftig' auch „erregt, leidenschaftlich, zornig" und als Adverb „sehr". Abl.: **Heftigkeit** (15. Jh.).

Hegemonie: Das Fremdwort für „Vorherrschaft, Vormachtstellung" wurde im 19. Jh. aus gleichbed. *griech.* hēgemonía entlehnt. Das zugrundeliegende Verb *griech.* hēgeîsthai „vorangehen, führen" gehört mit einer ursprünglichen Bed. „witternd vorangehen, aufspüren" zur *idg.* Sippe von *lat.* sagire „ahnen, spüren" und *nhd.* ↑*suchen.*

hegen: Das Verb *mhd.* hegen „umzäunen, umschließen; abgrenzen; schonen, pflegen, bewahren", *ahd.* heg[g]an „mit einem Zaun, mit einer Hecke umgeben" ist von dem unter ↑*Hag* behandelten Substantiv abgeleitet. Abl.: **Hege** „alle Maßnahmen zur Pflege und zum Schutz des Wildes" (*mhd.* hege, *ahd.* hegī „Umzäunung, Einhegung"); **Heger** (*mhd.* heger „Hüter eines Geheges, Waldaufseher; eine Art niedriger Lehnsmann").

Hehl ↑hehlen.

hehlen: Das *westgerm.* starke Verb *mhd.* heln, *ahd., asächs., aengl.* helan „bedecken, verbergen, verstecken", das im Ablaut zu den *germ.* Sippen von ↑*hüllen* und ↑*Halle* steht, geht mit verwandten Wörtern in anderen *idg.* Sprachen auf die Wurzel *k̑el- „verhüllen, [ver]bergen, schützen" zurück. *Außergerm.* vergleichen sich z. B. *griech.* kalýptein „umhüllen, verbergen" (↑Eukalyptus), *lat.* *celere in oc-culere „verbergen, verstecken" (↑okkult, Okkultismus), cella „[Vorrats]kammer" (s. die umfangreiche Sippe von *Zelle* mit *Keller, Kellner* u. a.), color „Farbe", wohl eigentlich „Hülle, Schutz" (↑kolorieren; Koloratur). Aus dem *germ.* Sprachbereich schließen sich ferner die Substantivbildungen ↑[1]Helm (eigentlich „[Be]schützer,

Schutz"), ↑Hölle (wohl eigentlich „die Bergende") und ↑Hülse „umschließende Hülle" an. – Das heute schwach flektierende 'hehlen' war in den älteren Sprachzuständen starkes Verb, beachte das zweite Partizip in **unverhohlen** „unverborgen". Das einfache Verb 'hehlen', das heute weitgehend von **verhehlen** „verbergen, verheimlichen" verdrängt ist, bedeutet speziell „einen Diebstahl oder Raub verbergen helfen", woran sich **Hehler** (*mhd.* helære) und **Hehlerei** (19. Jh.) anschließen. Die Substantivbildung **Hehl** (*mhd.* hæle „Verheimlichung", *ahd.* hāla „das Verbergen") lebt nur noch in bestimmten Wendungen, z. B. 'kein[en] Hehl daraus machen'.

hehr: Das heute wenig gebräuchliche Adjektiv (*mhd., ahd.* hēr „erhaben, vornehm; herrlich; heilig; hochmütig") ist mit *aengl.* hār „grau; alt" und *aisl.* hārr „grau" verwandt und hat demnach seine Bed. „erhaben, heilig usw." aus „grau[haarig]; alt" entwickelt. Auch *engl.* hoar bedeutet nicht nur „grau[weiß], altersgrau", sondern auch „ehrwürdig". Das zugrundeliegende *germ.* *haira- „grau" gehört mit verwandten Wörtern in anderen *idg.* Sprachen zu der Wurzel *k̑ei-, die hauptsächlich dunkle Farbtöne bezeichnet, vgl. z. B. *air.* cīar „dunkelbraun" und *russ.* seryj „grau". – Der Komparativ von *ahd.* hēr lautet heriro, auf den ↑Herr zurückgeht. Ableitungen sind ↑herrlich, ↑herrisch, ↑herrschen und ↑Herrschaft.

¹Heide: Die Herkunft dieses für die Kirchensprache wichtigen Wortes ist umstritten. Am ehesten handelt es sich um ein von den Goten aus *griech.* éthnos „Schar, Haufe, Volk; fremdes Volk" (beachte 'Ethnologie' „Völkerkunde") entlehntes Wort, das dann zu den anderen *germ.* Stämmen wanderte. Im *Griechischen* wird der Plural éthnē im Sinne von „Heiden" gebraucht. Von den Germanen wurde das fremde Wort vermutlich volksetymologisch an die *germ.* Wortgruppe von ↑²Heide angeschlossen. Andererseits besteht die Möglichkeit, daß die Bed. „Nichtchrist" im Rahmen der Missionstätigkeit auf das von *germ.* *haiþiō „Heide, unbebautes, ödes Land, Waldgegend" abgeleitete, dann substantivierte Adjektiv *haiþ[a]na- „zur Heide gehörig, die Waldgegend bewohnend, (unzivilisiert)" überging, vielleicht in Analogie zu *lat.* paganus „Dorfbewohner; Heide": pagus „Dorf, Gau, Gegend, Land". Die *germ.* Wortgruppe bilden *mhd.* heiden, *ahd.* heidano, *got.* haiþnō „Heidin", *engl.* heathen, *schwed.* hedning. – In Zusammensetzungen tritt 'Heide' oft verstärkend auf, beachte z. B. 'Heidenangst, Heidengeld, Heidenkrach'. Abl.: **Heidentum** (*mhd.* heidentuom, *ahd.* heidantuom); **heidnisch** (*mhd.* heidenisch, *ahd.* heidanisc).

²Heide: *Mhd.* heide, *ahd.* heida, *got.* haiþi, *engl.* heath, *schwed.* hed gehen auf *gemeingerm.* *haiþiō „unbebautes, wildgrünendes Land, Waldgegend" zurück und sind mit der *kelt.* Wortgruppe von *akymr.* coit „Wald" verwandt. Weitere Beziehungen fehlen. Das Wort 'Heide' steckt in einigen Zusammensetzungen, beachte z. B. 'Heidekraut, Heideröschen' und 'Heidschnucke' (s. *Schnucke*). Vgl. auch die Artikel *³Heide, ¹Heide* und *Heidelbeere*.

³Heide: Der in den *westgerm.* Sprachen verbreitete Name des Heidekrautes (*mhd.* heide, *ahd.* heida, *niederl.* heide, *engl.* heath) ist identisch mit ↑²*Heide* „unbebautes, wildgrünendes Land, Waldgegend". Die Benennung entwickelte sich wahrscheinlich in Sätzen wie 'die Heide blüht'.

Heidelbeere: Die Heidelbeere, die im südwestdeutschen Sprachraum auch einfach 'Heidel' heißt (beachte den Ortsnamen Heidelberg), ist als „die zur Heide Gehörige, die auf der Heide Wachsende" benannt. Andere Benennungen dieser Beerenfrucht sind z. B. 'Bick-, Blau-, Mol-, Wald-, Schwarzbeere'. Älter als 'Heidelbeere', *[früh]mhd.* heidelber, ist die Form *mhd.* heitber, *ahd.* heitperi. Zum Verhältnis 'Heide/Heidel' beachte 'Eiche/Eichel'.

Heidentum, heidnisch ↑¹Heide.

heikel „schwierig, mißlich, bedenklich", *oberd.* auch für „wählerisch [im Essen]": Die Herkunft des erst seit dem 16. Jh. bezeugten, zunächst *oberd.* Wortes ist unklar. Vielleicht handelt es sich um ein von *mhd.* hei[g]en „hegen, pflegen" abgeleitetes Adjektiv, das sich mit dem Adjektiv 'ekel' (s. *Ekel*) gekreuzt hat.

heil: Das *gemeingerm.* Adj. *mhd., ahd.* heil „gesund; unversehrt; gerettet", *got.* hails „gesund", *engl.* whole „ganz; völlig; vollständig; gesund, heil" und hale „frisch, ungeschwächt", *schwed.* hel „ganz" ist mit der *kelt.* Sippe von *kymr.* coel „Vorzeichen" und mit der *baltoslaw.* Sippe von *russ.* celyj „ganz; vollständig; groß, bedeutend; heil, unversehrt" verwandt. Das Wort ist vermutlich aus dem kultischen Bereich in die Profansprache gedrungen, beachte *kymr.* coel „Vorzeichen" und die Bedeutungsverhältnisse des Substantivs ↑Heil. – In *nordd.* Umgangssprache wird 'heil' auch im Sinne von „ganz" gebraucht. Beachte auch verstärkendes 'heil' in **heilfroh** „ganz und gar froh".

Heil: *Mhd.* heil „Glück; [glücklicher] Zufall; Gesundheit; Heilung, Rettung, Beistand", *ahd.* heil „Glück"; *aengl.* hǣl „günstiges Vorzeichen, Glück, Gesundheit", *aisl.* heill „günstiges Vorzeichen, Glück, Gesundheit" beruhen auf einem *germ.* s-Stamm *hailiz, dessen Bedeutung nicht sicher bestimmbar ist. Unter dem Einfluß des Christentums nahm 'Heil' auch die Bed. „Erlösung von den Sünden und Gewährung der ewigen Seligkeit" an, beachte die Zusammensetzungen 'Heilslehre, Heilsgeschichte, Heilsordnung', ferner **Heilsarmee,** das als Lehnübersetzung von *engl.* Salvation Army seit dem Ende des 19. Jh.s auftritt. – Die Verwendung von 'Heil' bzw. von 'heil' in Grußformeln, beachte z. B 'Heil dir!, Gut Heil!, Weidmannsheil!, Petri Heil!', reicht bis in *germ.* Zeit zurück. Zus.: **heillos** „sehr schlimm" (16. Jh.; eigentlich „ohne Glück, Wohlfahrt oder Gesundheit", daher „elend; verrucht, scheußlich").

Heiland: Als Lehnübersetzung von *kirchenlat.* salvator, das seinerseits Lehnübersetzung von *griech.* sōtḗr ist, erscheinen im *Westgerm. ahd.* heilant, *asächs.* hēliand, *aengl.* hǣlend „Erlöser, Retter, Heiland". Das Wort ist das substantivierte erste Partizip von dem unter ↑*heilen* dargestellten Verb und ist als Sakralausdruck in der alten Lautung bewahrt. **heilen:** In dem transitiven und intransitiven *nhd., mhd.* heilen sind zwei verschiedene Verbalableitungen von dem unter ↑*heil* dargestellten Adjektiv zusammengeflossen: *ahd.* heilen „gesund, heil machen; erretten" (entsprechend *got.* hailjan, *engl.* to heal, *aisl.* heila) und *ahd.* heilēn „gesund, heil werden". – Das Verb 'heilen' steckt als Bestimmungswort in mehreren Zusammensetzungen, beachte z. B. 'Heilanstalt, Heilquelle, Heilpflanze'. **heilig:** Das *gemeingerm.* Adjektiv *mhd.* heilec, *ahd.* heilag, *got.* (Runenschrift) hailag, *engl.* holy, *schwed.* helig ist entweder von einem Substantiv *germ.* *haila- etwa „Zauber, günstiges Vorzeichen, Glück" abgeleitet oder von dem unter ↑*heil* dargestellten Adjektiv weitergebildet. Die frühe Bedeutungsgeschichte des Wortes läßt sich nicht sicher klären. Vielleicht gehen die Bedeutungen „heilig, geweiht, verehrt, göttlich" auf „bezaubert, glückbringend" zurück. Abl.: **heiligen** (*mhd.* heiligen, *ahd.* heilagōn, *engl.* to hallow, *aisl.* helga); **Heiligtum** (*mhd.* heilectuom, *ahd.* heiligtuom). Zus.: **Heiligenschein** (19. Jh.).

Heim: Das *gemeingerm.* Wort *mhd., ahd.* heim „Haus, Wohnort, Heimat", *got.* haims „Dorf", *engl.* home „Haus, Wohnung, Aufenthaltsort, Heimat", *schwed.* hem „Haus, Wohnung, Heimat", mit dem in anderen *idg.* Sprachen z. B. *griech.* kṓmē „Dorf" und die *baltoslaw.* Sippe von *russ.* sem'ja „Familie" verwandt sind, ist eine Substantivbildung zu der *idg.* Wurzel *k̂ei- „liegen" und bedeutete demnach ursprünglich „Ort, wo man sich niederläßt, Lager". Zu dieser Wurzel *k̂ei- gehören auch die Wortgruppen von ↑*Heirat* (ursprünglich „Hausbesorgung") und von ↑*geheuer* (ursprünglich „zur Hausgemeinschaft gehörig, vertraut"). Die für *got.* haims bezeugte Bed. „Dorf" hatte früher auch im *dt.* Sprachgebiet Geltung, beachte z. B. **Heimbürge** veraltet für „Dorfrichter, Schöffe" (*mhd.* heimbürge, *ahd.* heimburgo „Dorfschulze"). Schon früh erstarrten der Akkusativ und Dativ von 'Heim' in adverbiellem Gebrauch, beachte **heim** (*mhd., ahd.* heim „nach Hause", entsprechend *engl.* home, *schwed.* hem) und **daheim** (*mhd.* dā heime, für älteres *mhd.* heim[e], *ahd.* heime „zu Hause", entsprechend *schwed.* hemma). Während das Adverb 'heim' ständig in lebendigem Gebrauch blieb, fehlt das Substantiv 'Heim' vom 16. Jh. bis zur Mitte des 18. Jh.s in den literarischen Belegen. Wohl unter dem Einfluß von *engl.* home wurde dann das Substantiv neu belebt oder das Adverb 'heim' substantiviert. Mit dem Adverb 'heim' sind einige Verben unfeste Zusammensetzungen eingegangen, beachte z. B. **heimfallen** „als Eigentum an den ursprünglichen Besitzer zurückfallen" (16. Jh.; vgl. *anheimfallen*), dazu **Heimfall** (17. Jh.); **heimgehen** (im übertragenen Sinne auch „sterben"), dazu **Heimgang; heimleuchten** (16. Jh.; zunächst „jemanden mit einer Fackel oder dgl. nach Hause geleiten", seit dem 18. Jh. „fortjagen, jemandem Beine machen"); **heimsuchen** (*spätmhd.* heimsuochen aus *mhd.* heime suochen „in freundlicher oder feindlicher Absicht aufsuchen, überfallen"), dazu **Heimsuchung** (*mhd.* heimsuochunge „Hausfriedensbruch"); **heimzahlen** „zurückzahlen, vergelten" (19. Jh.), dazu **Heimzahlung.** – Das Substantiv 'Heim' spielt in der geographischen Namengebung eine bedeutende Rolle, beachte z. B. die *dt.* Ortsnamen Mannheim, Rosenheim, Bochum, Dahlem, Locham, die *engl.* Ortsnamen Birmingham, Nottingham, die *schwed.* Ortsnamen Varnhem, Gudhem. Eine alte Ableitung von 'Heim' ist ↑Heimat. Abl.: **heimisch** (*mhd.* heimisch, *ahd.* heimisc „zum Heim, zur Heimat gehörig, einheimisch; zahm; nicht wildwachsend", beachte auch **einheimisch**); **heimlich** (s. d.). Zus.: **Heimtücke** (s. d.); **Heimweh** (16. Jh.; das Wort hat sich, und zwar zunächst als medizinischer Fachausdruck, von der Schweiz ausgebreitet). **Heimwesen** „Hauswesen", *schweiz.* für „Anwesen" (*mhd.* heimwesen). Vgl. auch die Artikel *anheim..., anheimeln, einheimsen, geheim* und ferner *Heimchen.*

Heimat: Das auf das *dt.* Sprachgebiet beschränkte Wort (*mhd.* heimuot[e], *ahd.* heimuoti, heimōti, *mnd.* hēmōde) ist mit dem Suffix -ōti, mit dem z. B. auch 'Armut' und 'Einöde' (s. d.) gebildet sind, von dem unter ↑*Heim* dargestellten Substantiv abgeleitet. Abl.: **heimatlich** (18. Jh.).

Heimchen: An die Stelle der alten *westgerm.* Benennung der Hausgrille *mhd.* heime, *ahd.* heimo, *mnd.* hēme, *aengl.* hāma, die zu der Wortgruppe von ↑*Heim* gehört, trat um 1500 'heimchen', das als Verkleinerungsbildung des alten Wortes verstanden werden kann (beachte *mhd.* heimelīn, *ahd.* heimili), falls es sich nicht um eine verdunkelte Zusammensetzung handelt, beachte *mhd.* heimamuch, umgestellt aus mūcheime, *ahd.* mūhheimo (erster Bestandteil wohl zu *got.* mūka- „sanft").

heimelig, heimeln ↑anheimeln.

Heimfall, heimfallen, heimleuchten ↑Heim.

heimlich: Das von dem unter ↑*Heim* dargestellten Substantiv abgeleitete Adjektiv *ahd.* heimilīch „zum Hause gehörig, vertraut", *mhd.* heim[e]lich „vertraut; einheimisch; vertraulich, geheim; verborgen" wird – wie auch 'geheim' (s. d.) – im heutigen Sprachgefühl nicht mehr als zu 'Heim' gehörig empfunden. Abl.: **Heimlichkeit** (*mhd.* heim[e]līchkeit „Annehmlichkeit, Freude; Vertraulichkeit; vertraute Gemeinschaft; Heimlichkeit; Geheimnis"); **verheimlichen** (18. Jh.). Beachte auch die Gegenbildung **unheimlich.**

heimsuchen, Heimsuchung ↑Heim.

Heimtücke: An die Stelle der seit dem 16. Jh. üblichen Formeln 'haimliche Dück' oder 'hemische Dück' „versteckte List, hinterhältiger Streich" (↑heimlich bzw. ↑hämisch und ↑Tücke) trat im 18. Jh. die Zusammensetzung 'Heimtücke'. Das Adjektiv **heimtückisch,** früher auch hämtückisch geschrieben, ist seit der 2. Hälfte des 16. Jh.s bezeugt.

Heimwesen, Heimzahlung ↑Heim.

Heinzelmännchen: Die seit dem 16. Jh. bezeugte Zusammensetzung enthält als Bestimmungswort die Koseform Heinzel zu dem männlichen Taufnamen Heinz (Kurzform von Heinrich). Um die nach dem Volksglauben hilfreichen kleinen Hausgeister wohlgesinnt zu stimmen, gab man ihnen schmeichelnde Kosenamen. Früher nannte man die Hauskobolde auch einfach 'Heinzel' oder 'Heinzlein'.

Heirat: Die Zusammensetzung *mhd., ahd.* hīrāt (entsprechend *aengl.* hīrēd) bedeutete ursprünglich „Hausbesorgung", dann „Ehestand" und schließlich „Eheschließung". Das Grundwort ist das unter ↑*Rat* dargestellte Substantiv, das auch in 'Hausrat, Vorrat, Unrat' und 'Gerät' steckt und früher auch „Versorgung, Hilfe, Mittel und dgl." bedeutete. Das Bestimmungswort geht auf *germ.* *hīwa[n]- „Haus, Hauswesen, Hausgemeinschaft" zurück, beachte z. B. *got.* heiwafrauja „Hausherr", *aengl.* hīwan „Haushalt, Familie", *ahd.* hī[w]o „Hausgenosse, Familienangehöriger, Gatte", hīwiski „Haushaltung, Hausgesinde, Familie". Das *germ.* Wort, mit dem in anderen *idg.* Sprachen z. B. *lat.* civis „Bürger", eigentlich „Haus- oder Gemeindegenosse" (↑Zivil), näher verwandt ist, gehört zu der unter ↑*Heim* (eigentlich „Ort, wo man sich niederläßt, Lager") dargestellten *idg.* Wurzel *k̑ei- „liegen". Während die Sippe von 'Heim' auf eine Bildung mit mo-Formans zurückgeht, beruht das Bestimmungswort von 'Heirat' auf einer Bildung mit u̯o-Formans. Abl.: **heiraten** (*mhd.* hīrāten), beachte auch verheiraten (*mhd.* verhīrāten).

Heiratskandidat ↑Kandidat.

heischen: Das *westgerm.* Verb *mhd.* [h]eischen, *ahd.* eiscōn „fordern; fragen", *asächs.* ēskōn „fordern; fragen", *engl.* to ask „fragen, bitten" gehört mit verwandten Wörtern in anderen *idg.* Sprachen, vgl. z. B. die *baltoslaw.* Sippe von *russ.* iskat' „suchen, trachten, fordern" und *aind.* iccháti „sucht, wünscht", zu der *idg.* Wurzel *ais- „suchen, trachten nach, verlangen". – Das anlautende h- im *Dt.* beruht wohl auf Anlehnung an das Verb 'heißen'. Beachte auch den Artikel *anheischig.*

heiser: Das *altgerm.* Adjektiv *mhd.* heis[er], *ahd.* heis[i], *niederl.* hees, *aengl.* hās, *schwed.* hes bedeutete ursprünglich „rauh" – diese Bedeutung hat *norw. mdal.* haas bewahrt – und gehört weiterhin vielleicht im Sinne von „dürr, trokken" zu der Sippe von ↑*heiß.* Abl.: **Heiserkeit** (15. Jh.; *mhd.* heiserheit).

heiß: Das *altgerm.* Adjektiv *mhd., ahd.* heiz, *niederl.* heet, *engl.* hot, *schwed.* het ist mit der *balt.* Sippe von *lit.* kaitrùs „heiß, brennend, sengend" verwandt. Der *germ.-balt.* Übereinstimmung liegt mit d-, t-, vielleicht auch mit s- (vgl. *heiser*) erweitertes *kăi- „heiß; Hitze" zugrunde, beachte zur unerweiterten Wurzel die Bildungen *ahd.* hei „dürr", gihei „Hitze, Dürre". Eine Substantivbildung ist ↑Hitze, eine Verbalableitung ist ↑heizen. Zus.: **Heißhunger** „besonders großer Hunger" (17. Jh.), dazu **heißhungrig** (17. Jh.); **Heißsporn** „hitziger Mensch, Draufgänger" (um 1800; Lehnübertragung nach *engl.* hotspur).

heißen: Das *gemeingerm.* Verb *mhd.* heizen, *ahd.* heizzan „auffordern, befehlen; sagen; nennen", *got.* haitan „befehlen; rufen, einladen; nennen", *aengl.* hātan „befehlen, heißen; verheißen; nennen", *schwed.* heta „heißen" gehört wahrscheinlich zu der *idg.* Wurzel *kēi-[d]- „in Bewegung setzen", hat also demnach seine Bedeutung aus „[an]treiben, zu etwas drängen" entwickelt. Zu dieser Wurzel gehören aus anderen *idg.* Sprachen z. B. *griech.* kineīn „in Bewegung setzen", *lat.* ciere „in Bewegung setzen", dazu citus „schnell", citare „in Bewegung setzen" (↑zitieren). – Die Bed. „genannt werden" hat 'heißen' im passivischen Gebrauch entwikkelt. In den Bedeutungen „auffordern, befehlen, nennen" ist das Verb heute wenig gebräuchlich. Abl.: **Geheiß** (*mhd.* geheiz[e], *ahd.* gaheiz[a] „Befehl, Gebot, Verheißung, Gelübde" mit Entsprechungen in den anderen *germ.* Sprachen). Präfixbildung: **verheißen** (*mhd.* verheizen „versprechen; verloben"), dazu **Verheißung** (15. Jh.). Beachte auch den Artikel *anheischig.*

Heißhunger, heißhungrig, Heißsporn ↑heiß.

...heit: Das *gemeingerm.* Substantiv *mhd., ahd.* heit „Person; Stand, Rang; Wesen, Beschaffenheit, Art; Geschlecht", *got.* haidus „Art und Weise", *aengl.* hād „Person; Stand, Rang; Würde, Amt; Wesen, Natur, Form, Art; Geschlecht, Familie", *aisl.* heiđr „Ehre; Rang; Lohn, Gabe" wurde im *Westgerm.* schon früh zu einem Mittel der Abstraktbildung und ging dann als selbständiges Wort verloren. Beachte z. B. *ahd.* got[e]heit „Gottheit", frīheit „Freiheit", *asächs.* juguthhēd „Jugend", *aengl.* cildhād (*engl.* childhood) „Kindheit". Mit dem Suffix ...heit werden vor allem Eigenschafts- und Zustandsbezeichnungen aus Adjektiven und Partizipien gebildet, z. B. 'Schönheit, Bescheidenheit, Trunkenheit, Vergangenheit'. In einigen Bildungen hat ...heit kollektive Bedeutung, z. B. in 'Christenheit' und 'Menschheit'. Eine Nebenform zu ...heit ist **...keit,** das sich aus der Ableitung der Adjektive auf -ig (*mhd.* -ec) entwickelte und dann als selbständiges Suffix fruchtbar wurde, beachte z. B. *mhd.* ēwecheit, ēwekeit „Ewigkeit", trūrecheit, trūrekeit „Traurigkeit", *nhd.* Eitelkeit, Langsamkeit, Tapferkeit. Andererseits entwickelte sich aus dieser Ableitung auch **...igkeit** zu einem selbständigen Suffix, beachte z. B. 'Feuchtigkeit, Müdigkeit, Süßigkeit'. – Das *germ.* Substantiv, aus dem das Suffix ...heit hervorgegangen ist, geht mit verwandten Wörtern in anderen *idg.* Sprachen, z. B. *aind.* kētú-ḥ „Lichterscheinung, Helle, Bild", auf eine Wurzel *kāi- „scheinen[d], leuchten[d]" zurück, zu der auch die Sippe von ↑*heiter* gehört. Die Bed. „Person, Stand, Zustand, Art, Wesen" haben sich demnach aus „Schein, Erscheinung" entwickelt. Auch in der Namengebung spielt das *germ.* Substantiv eine Rolle, beachte z. B. die Personennamen Heidebrecht, Adelheid.

heiter: Die auf das *Westgerm.* beschränkte Adjektivbildung *mhd.* heiter, *ahd.* heitar, *asächs.* hēdar, *aengl.* hādor gehört zu der unter dem Suffix ↑*...heit* dargestellten *idg.* Wurzel *kāi- „scheinen[d], leuchten[d]", vgl. z. B. *aind.* citrá-ḥ „hell; deutlich; herrlich". Aus der Bed. „klar, hell, wolkenlos" entwickelte sich im *Dt.* die Bed. „fröhlich"; beachte auch **aufheitern** „klar, wolkenlos werden" und „fröhlich machen, aufmuntern". Das seit dem 19. Jh. bezeugte **angeheitert** „leicht betrunken, beschwipst" beruht auf einer Kontamination aus 'aufgeheitert' und 'angetrunken'. Abl.: **Heiterkeit** (*mhd.* heiterkeit „Klarheit").

heizen: Das Verb *mhd., ahd.* heizen (heiẓen), *mnd.* hēten, *engl.* to heat, *aisl.* heita ist von dem unter ↑*heiß* dargestellten Adjektiv abgeleitet und bedeutete demnach ursprünglich „heiß machen". Die Zusammensetzungen 'einheizen' und 'verheizen' werden *ugs.* oft im übertragenen Sinne gebraucht. Abl.: **Heizer** (*mhd.* heiẓer); **Heizung** (17. Jh.).

Hektar: Die Bezeichnung für das Flächenmaß von 100 Ar wurde im 19. Jh. als amtliche Bezeichnung aus *frz.* hectare „100 Ar" entlehnt (vgl. *hekto..., Hekto...* und [1]*Ar*).

hektisch „fieberhaft, aufgeregt, von krankhafter Betriebsamkeit, sprunghaft, gehetzt": Das Adjektiv wurde aus der medizinischen Fachsprache in die Gemeinsprache übernommen. Das in der modernen Medizin gelegentlich noch im Sinne von „lange in demselben Zustand verharrend; hartnäckig" gebrauchte Wort, ferner die noch üblichen Fügungen 'hektisches Fieber' „chronisches Fieber bei Lungenschwindsucht" und 'hektische Röte' „fleckige Wangenröte des Schwindsüchtigen" weisen auf den in der mittelalterlichen Medizin ausgeprägten Sinn des Wortes: „an chronischer Brustkrankheit leidend, schwindsüchtig". Voraus liegt das *griech.* Adjektiv hektikós „den Zustand, die Körperbeschaffenheit betreffend; zuständlich; anhaltend, chronisch", das – entweder unmittelbar oder mittelbar über das *griech.* Substantiv héxis „Haltung, Zustand" – zu *griech.* échein (íschein, schein̄) „halten, haben, fest-, anhalten" gehört. Dies steht mit verschiedenen Substantivbildungen und Zusammensetzungen im größeren Zusammenhang der unter ↑*Sieg* behandelten *idg.* Sippe. Einige Bildungen zu *griech.* échein spielen als Fremdwörter im *Dt.* eine Rolle, z. B. *griech.* schēma „Haltung; Gestalt; Form" (↑Schema, schematisch usw.); ferner *griech.* scholḗ (eigentlich „das Innehalten in der Arbeit", dann:) „Muße, Ruhe; wissenschaftliche Beschäftigung während der Mußestunden" im Lehnwort ↑Schule (schulen, Schüler); schließlich als Hinterglied in Zusammensetzungen *griech.* óchos „Halter, Hüter" (↑Eunuch) und ochḗ „das Halten", ep-ochḗ „das Anhalten (in der Zeit), der Haltepunkt" (↑Epoche, epochal usw.). – Auch die Bildung **Hektik** wurde bis ins 20. Jh. hinein im Sinne von „Schwindsucht" gebraucht, dann erst in der Bed. „übersteigerte Betriebsamkeit, fieberhafte Hast".

hekto..., Hekto..., (vor Vokalen:) hekt..., Hekt...: Das Bestimmungswort von Zusammensetzungen mit der Bed. „hundertfach" (wie in ↑Hektar oder ↑Hektoliter) oder übertragen „vielfach" (wie in ↑hektographieren) geht zurück auf das *griech.* Zahlwort hekatón „hundert", das im *frz.* Sprachraum als hecto... erscheint. So sind denn auch fast alle Bildungen mit hekto..., Hekto... aus dem *Frz.* übernommen sind. *Griech.* hekatón (eigentlich he-katón „einhundert") ist urverwandt mit *lat.* centum und *dt.* ↑*hundert.*

Hektograph: Die Bezeichnung des Vervielfältigungsgerätes ist eine Bildung des 20. Jh.s zu *griech.* hekatón „hundert" (vgl. *hekto..., Hekto...*) und *griech.* gráphein „schreiben" (vgl. *Graphik*). Das Wort bedeutet also eigentlich „Hundertschreiber". – Abl.: **hektographieren** „(mit dem Hektographen) vervielfältigen".

Hektoliter: Die Bezeichnung für das Flüssigkeitsmaß von 100 Litern wurde im 19. Jh. aus *frz.* hectolitre „100 Liter" entlehnt (vgl. *hekto..., Hekto...* und *Liter*).

Hel ↑Hölle.

Held: Die Herkunft des *altgerm.* Substantivs *haliÞ-, *haluÞ- „[freier] Mann; Krieger; Held" (*mhd.* held, *niederl.* held, *aengl.* hæle[đ], *schwed.* hjälte) läßt sich nicht befriedigend deuten. Seit dem 18. Jh. wird 'Held' auch im Sinne von „Hauptperson einer Dichtung" – vermutlich nach dem Vorbild von *engl.* hero – gebraucht, woran sich die Verwendung des Wortes im Sinne von „Person, um die sich alles dreht" anschließt. Abl.: **Heldentum** (18. Jh.; als Ersatz für 'Heroismus' gebildet); **heldenhaft** (17. Jh.); **heldisch** (16. Jh.). Zus.: **Heldenmut** (17. Jh.); **Heldensage** (Anfang des 19. Jh.s); **Heldentat** (17. Jh.); **Heldentod** (17. Jh.).

helfen: Das *gemeingerm.* starke Verb *mhd.* helfen, *ahd.* helfan, *got.* hilpan, *engl.* to help, *schwed.* hjälpa ist wahrscheinlich mit der *balt.* Wortgruppe von *lit.* šel̃pti „helfen, unterstützen, fördern" verwandt. Weitere Beziehungen sind nicht gesichert. Eine Substantivbildung zu 'helfen' ist ↑Hilfe, zu dem sich 'Gehilfe' und 'behilflich' stellen. Zusammensetzungen und Präfixbildungen mit 'helfen' sind 'ab-, auf-, aus-, mit-, nachhelfen' und 'verhelfen', ferner sich **behelfen** (*mhd.* behelfen reflexiv „als Hilfe brauchen"), beachte **Behelf** (*mhd.* behelf „Ausflucht, Vorwand; Zuflucht"; heute fast nur noch in **Notbehelf** gebräuchlich) und **unbeholfen** (*mhd.* unbeholfen „nicht behilflich"). Abl.: **Helfer** (*mhd.* helfære, *ahd.* helfāri), dazu **Helfershelfer** (15. Jh.; zunächst „Mithelfer im Streite, Kampfgenosse", dann „Mithelfer an einem Verbrechen"; zur Bildung beachte z. B. 'Kindeskind, Zinseszins').

Helium: Der Name des Edelgases wurde im 19. Jh. aus gleichbed. *engl.* helium entlehnt, einer gelehrten Bildung von J. N. von Lockyer (1836–1920) und E. Frankland (1825–1899) zu *griech.* hḗlios „Sonne", das urverwandt ist mit *lat.* sol und *nhd.* ↑*Sonne.* – Das Gas erhielt seinen Namen, weil die beiden Wissenschaftler es zuerst im Spektrum der Sonne beobachteten.

hell: Das auf das *dt.* und *niederl.* Sprachgebiet beschränkte Adjektiv (*mhd.* hel „tönend, laut; licht, glänzend", *ahd.* -hel in Zusammensetzungen, *niederl.* hel ist mit den Wortgruppen von ↑*Hall* und von ↑*holen* ursprünglich „[herbei]rufen, schreien" verwandt und gehört zu der *idg.* Wurzel *kel[ə]-, *klē- „rufen, schreien, lärmen". Es bezog sich also zunächst ausschließlich auf Gehörseindrücke und wurde dann auch auf Gesichtseindrücke übertragen und als Gegensatz zu dunkel empfunden, beachte 'grell' (ursprünglich „laut schreiend") und 'schreiend' und 'knallig', die auf Farbtöne bezogen werden können. Ferner wird 'hell' übertragen auch im Sinne von „rasch auffassend, scharfsinnig, klug" gebraucht. Das zweisilbige **helle,** eigentlich die adverbielle Form (*mhd.* helle Adverb), ist heute *ugs.* auch adjektivisch gebräuchlich. – Zu der *idg.* Wurzel *kel-, die auch mit anlautendem s- als *skel- (vgl. die Fremdwortgruppe um *Schelle*) bezeugt ist, gehören aus anderen *idg.* Sprachen z. B. *griech.* kaleĩn „rufen, nennen", *lat.* calare „ausrufen, zusammenrufen", zu dem sich calendae, eigentlich „das Ausrufen der Nonen" (↑Kalender) und con-cilium „Versammlung; Vereinigung" (↑Konzil) stellen, ferner clarus „laut, schallend; hell, licht, deutlich" (s. die große Wortgruppe von *klar*), classis „Aufgebot; Heer; Flotte; Abteilung" (s. die Sippe von *Klasse*) und clamare „laut rufen, schreien" (s. die Sippe von *Reklame*). Auf einer alten Sonderentwicklung aus *kel- „rufen, schreien, lärmen" beruht wahrscheinlich *kel- „treiben" (vgl. *halten*). Abl.: **Helle** (*mhd.* helle „Helligkeit"); **hellen** in **aufhellen** und **erhellen,** dichterisch 'sich hellen' für „hell werden" (*mhd.* hellen „aufleuchten"); **Helligkeit** (16. Jh.). Zus.: **helldunkel,** auch substantiviert **Helldunkel** (18. Jh.); der im wesentlichen maltechnische Ausdruck ist eine Lehnübersetzung von *frz.* clair-obscur, das seinerseits Lehnübersetzung des seit dem 16. Jh. bezeugten *it.* chiaroscuro ist); **hellhörig** (19. Jh.); **Hellseher** „jemand, der mit den normalen Sinnen nicht erfaßbare Vorgänge o. ä. wahrnimmt" (Anfang des 18. Jh.s; Lehnübersetzung von *frz.* clairvoyant), dazu **Hellseherei, hellseherisch** und **hellsehen; hellsichtig** „scharfsinnig durchschauend, vorausblickend" (20. Jh.). S. auch *einhellig.*

Hellebarde: Der Name der alten Stoß- und Hiebwaffe, die aus einem langen Stiel mit axtförmiger Klinge und scharfer Spitze besteht, beruht auf *mhd.* helmbarte (helle[n]barte), dessen Bestimmungswort ↑[2]*Helm* „Stiel, Handhabe" und dessen Grundwort [1]*Barte* „Beil" (vgl. *Bart*) ist. Aus dem *Dt.* stammen *engl.* halberd, *schwed.* hillebard, *frz.* hallebarde usw.

Hellegat[t] ↑Hölle.

Heller: Die heute nicht mehr gültige Münze ist nach ihrer ersten Prägestätte, der alten Reichsstadt Schwäbisch Hall, benannt, wo seit etwa 1200 der Haller pfenninc (daraus gekürzt *mhd.* haller, heller) geprägt wurde. Heute lebt 'Heller' nur noch in einigen Redewendungen, beachte z. B. 'keinen roten Heller haben' und 'auf Heller und Pfennig'.

Helling: Der *niederd.* Ausdruck für „schräge Bahn zum Bau und zum Stapellauf von Schiffen; Schiffsbauplatz" geht auf *mnd.* hellinge, heldinge „Schräge, Abhang" zurück, das zu der Wortgruppe von ↑*Halde* gehört.

[1]Helm: Das *gemeingerm.* Wort *mhd., ahd.* helm, *got.* hilms, *engl.* helm, *schwed.* hjälm, dem in anderen *idg.* Sprachen z. B. *aind.* śárman- „Schirm, Schutz[dach], Decke" entspricht, ist eine Substantivbildung zu der unter ↑*hehlen* dargestellten Wurzel *kel- „verhüllen, verbergen". Der Helm ist demnach als „[Be]schützer, Schutz" benannt. Das Wort 'Helm' spielt auch in der Namengebung eine Rolle, beachte z. B. die Personennamen Helmut, Wilhelm, Hjalmar. Im übertragenen Gebrauch bezeichnet 'Helm' u. a. das [runde] Dach von Türmen.

[2]Helm „Stiel von Schlagwerkzeugen, Handhabe": Das Wort (*mhd.* helm, halm[e] „Axtstiel") ist z. B. mit ↑[1]Holm „Griffstange des Barrens" und mit ↑[1]Halfter „Zaum" verwandt und gehört zu der unter ↑*Schild* dargestellten Wortgruppe. Als Bestimmungswort steckt 'Helm' in Hellebarde (s. d.).

Hemd: Die Benennung des kittelartigen Kleidungsstückes ist eine auf das *Westgerm.* beschränkte Substantivbildung zu der *idg.* Wurzel *k̑em- „bedecken, verhüllen". Zu dieser Wurzel gehören aus dem *germ.* Sprachbereich *ahd.* hamo „Hülle", das als zweiter Bestandteil in ↑Leichnam, eigentlich „Leibeshülle", steckt (beachte auch den Artikel *hämisch,* ursprünglich „verhüllt, versteckt"), ferner vermutlich ↑Hummer im Sinne von „[mit einer Schale] bedecktes Tier" und vielleicht ↑Himmel, falls dieses Wort ursprünglich „Hülle, Decke" bedeutete. – Eine Vorform von *westgerm.* *hamiþia- „(Hülle), Hemd", auf das *mhd.* hem[e]de, *ahd.* hemidi, *niederl.* hemd und *aengl.* hemeđe zurückgehen, wurde früh von den Kelten entlehnt und von diesen dann von den Römern übernommen, beachte *spätlat.* camisia „Hemd", das *frz.* chemisette „Vorhemdchen" (daher **Chemisette**) und camisole „Unterjacke" (daher **Kamisol**) zugrunde liegt. Aus anderen *idg.* Sprachen vergleicht sich z. B. *aind.* śāmúla-m „wollenes Hemd". Zus.: **Hemdenmatz** (↑Mätzchen).

hemi..., Hemi...: Das aus dem *Griech.* stammendes Bestimmungswort von Zusammensetzungen mit der Bed. „halb", wie in ↑Hemisphäre, ist aus gleichbed. *griech.* hēmi... (dazu als Adjektiv hḗmisys „halb") entlehnt, das urverwandt ist mit entsprechend *lat.* semi... (vgl. *semi..., Semi...*).

Hemikranie ↑Migräne.

Hemisphäre: Die Bezeichnung für „halbe Erd- oder Himmelskugel" ist eine gelehrte Entlehnung des 18. Jh.s aus *lat.* hemisphaerium < *griech.* hēmisphaírion „Halbkugel", im Geschlecht an das Grundwort *griech.* sphaĩra „Kugel" (vgl. *Sphäre*) angeglichen. Zum Bestimmungswort vgl. *hemi..., Hemi...*

hemmen: *Mhd.* hemmen „aufhalten, hindern", daneben gleichbed. hamen, *aengl.* hemman „hemmen; verstopfen; schließen", *isl.* hemja „zügeln; zwingen" gehören mit verwandten Wörtern in anderen *idg.* Sprachen, z. B. der *baltoslaw.* Sippe von *russ.* kom „Klumpen", komit „zusammenballen", zu einer Wurzel *kem- „mit einem Flechtwerk oder Zaun umgeben, einpferchen, zusammendrücken, pressen", vgl. *griech.* kēmós „geflochtener Dekkel der Stimmurne; Fischreuse; Maulkorb" (ursprünglich „Flechtwerk") und die Sippe von *niederd.* Hamm „umzäuntes Stück Land". In *oberd.* Mundarten bedeutet 'hemmen' speziell „weidendes Vieh am Fortlaufen hindern", beachte dazu *aisl.* hemill „Beinfessel für weidendes Vieh". – Das zweite Partizip **gehemmt** – davon **Gehemmtheit** (20. Jh.) – spielt, wie auch 'Hemmung' (s. u.), in der Fachsprache der modernen Psychologie eine wichtige Rolle. Abl.: **Hemmnis** (19. Jh.); **Hemmung** (17. Jh.), dazu **hemmungslos** (20. Jh.). Zus.: **Hemmschuh** „schuhförmige Bremsvorrichtung" (16. Jh.).

Hengst: Die Bed. „unverschnittenes männliches Pferd" hat das Wort erst seit dem 15. Jh. In den älteren Sprachzuständen bedeutete es dagegen „verschnittenes männliches Pferd" oder „[männliches] Pferd" überhaupt, beachte *mhd.* heng[e]st „Wallach, Pferd", *ahd.* hengist „Wallach", *aengl.* hengest „männliches Pferd", *aisl.* hestr „[männliches] Pferd". Die Herkunft von *germ.* *hangista- (*hanhista-), das diesen Formen zugrunde liegt, ist nicht sicher gedeutet. Vielleicht handelt es sich um einen substantivierten Superlativ „am besten springend, am schnellsten, am feurigsten" zu einem *germ.* Adjektiv *hanha-, das sich mit der Wortgruppe von *lit.* šankùs „beweglich, schnell, hitzig" verbinden ließe.

Henkel: Das seit dem 15. Jh. bezeugte Wort ist eine Substantivbildung zum Verb ↑*henken* in dessen älterer Bed. „hängen machen, aufhängen".

henken: Das Verb *mhd., ahd.* henken „hängen machen, [auf]hängen" ist von dem unter ↑*hängen* dargestellten Verb abgeleitet. In *mhd.* Zeit nahm das Wort die heute übliche Bed. „an den Galgen hängen, [durch den Strang] hinrichten" an. Abl.: **Henker** (*mhd.* henker „Scharfrichter"), dazu **Henkersmahlzeit** (16. Jh.; ursprünglich „das letzte Mahl des Verurteilten vor dem Gang zum Henker", dann „Abschiedsmahl"). Vgl. den Artikel *Henkel.*

Henne: Das *westgerm.* Substantiv *mhd.* henne, *ahd.* henna, *niederl.* hen, *engl.* hen ist eine Ableitung von dem unter ↑*Hahn* behandelten Wort. Abl.: **Hendel** *österr. ugs.* für „[junges] Huhn, Henne".

her: Das Adverb *mhd.* her, *ahd.* hera bezeichnet im allgemeinen die Richtung auf den Standpunkt des Sprechenden zu, während ↑hin die von ihm weg ausdrückt. Zur genaueren Bestimmung des Verhältnisses des Ausgangspunktes einer Bewegung zum Standpunkt des Sprechenden kann 'her' mit anderen Adverbien, mit denen es zusammenwächst, ergänzt werden, beachte 'herab, -an, -auf, -aus, -bei, -ein, -nieder, -über, -um, -unter, -vor, -zu', die auch in der Zusammensetzung eine Rolle spielen. Vielfach wird 'her' auch mit der Angabe des Ausgangspunktes einer Bewegung gebraucht und drückt dann die Richtung selbst aus, beachte z. B. 'vom Walde her, von Westen her, von fern her' und die sich daran anschließende Verknüpfung mit Ortsadverbien der Ruhe, z. B. 'dorther, woher'. Zeitlich bezieht sich 'her' auf den Zeitpunkt, in dem sich der Sprechende befindet, beachte auch 'bisher, seither'. Als erster Bestandteil hat 'her' bisweilen weder räumliche noch zeitliche Geltung, sondern drückt einen Zweck aus, beachte z. B. 'herrichten, herstellen'. – Das Adverb her gehört zu dem *idg.* Pronominalstamm *k̑e, *k̑[e]i- „dieser", der auch in ↑hier und ↑hin und ferner in ↑heuer und ↑heute steckt, beachte z. B. aus dem *germ.* Sprachbereich *engl.* he „er" und *außergerm.* z. B. *lat.* -ce „her" (Partikel), cis „diesseits".

Heraldik: Die Bezeichnung für „Wappenkunde" wurde um 1700 aus gleichbed. *frz.* (science) héraldique (eigentlich „Heroldskunst") entlehnt. Dies bezieht sich auf die dem Herold zukommende Aufgabe, bei den Ritterturnieren, die nur dem Adel offenstanden, die Wappen der einzelnen Kämpfer zu prüfen. Stammwort ist demgemäß das unserem Substantiv ↑*Herold* zugrundeliegende *frz.* héraut in seiner latinisierten Form *mlat.* heraldus (entsprechend: ars heraldica). – Dazu **Heraldiker** „Wappenforscher" und **heraldisch** (18./19. Jh.).

herausfordern ↑fordern.

herb: Die Herkunft des seit *mhd.* Zeit in der Form har[e], flektiert har[e]wer bezeugten Adjektives ist unklar. Vielleicht gehört es im Sinne von „schneidend, kratzend, rauh, scharf" zu der unter ↑[1]*scheren* dargestellten *idg.* Wurzel *[s]ker- „schneiden". Zum Lautwandel beachte z. B. das Verhältnis von *nhd.* mürbe zu *mhd.* mür[w]e und von *nhd.* Farbe zu *mhd.* varwe. Heute bezieht sich 'herb' nicht nur auf Geschmacksempfindungen, sondern wird auch im Sinne von „hart, schlimm, schmerzlich" gebraucht. Abl.: **Herbe** (*mhd. herwe*); **Herbheit** (Anfang des 19. Jh.s); **Herbigkeit** (17. Jh.).

herbeischaffen ↑schaffen.

Herberge: Die auf das *dt.* und *niederl.* Sprachgebiet beschränkte Zusammensetzung *mhd.* herberge, *ahd.* heriberga, *niederl.* herberg (Bestimmungswort ist ↑*Heer,* das Grundwort gehört zum Verb ↑*bergen*) bedeutete ursprünglich „ein das Heer bergender Ort". Aus der Bed. „Heer-, Feldlager", die das Wort noch in *mhd.* Zeit hat, entwickelten sich aber schon früh die Bed. „Obdach, Unterkunft (für eine Schar oder einen einzelnen)" und „Haus zum Übernachten für Fremde". Aus dem *Mnd.* stammt *anord.* herbergi „Unterkunft, Herberge", woraus wiederum *engl.* harbour „Hafen" (eigentlich „Zuflucht für Schiffe") entlehnt ist. Auch in die *roman.* Sprachen ist das Wort gedrungen, beachte *frz.* auberge und *it.* albergo „Herberge". Abl.: **herbergen** „Unterkunft nehmen; Unterkunft gewähren" (*mhd.* herbergen, *ahd.* heribergōn; gebräuchlicher ist heute **beherbergen**).

Herbst: Die *germ.* Benennung der Jahreszeit zwischen Sommer und Winter *harbista *harbusta-, worauf *mhd.* herb[e]st, *ahd.* herbist, *nie-*

derl. herfst, *engl.* harvest „Ernte[zeit]; (älter:) Herbst" und die nordische Sippe von *schwed.* höst beruhen, stellt sich mit verwandten Wörtern in anderen *idg.* Sprachen – z. B. *lat.* carpere „pflücken, rupfen, abreißen" und *griech.* karpós „Frucht, Ertrag" – zu der unter ↑ [1]*scheren* dargestellten *idg.* Wurzel *[s]ker- „schneiden". Das Wort bedeutete demnach ursprünglich etwa „Pflückzeit, Ernte" oder „Zeit der Früchte", falls es sich nicht um einen substantivierten Superlativ „am besten zum Pflücken geeignet[e Zeit]" handelt. – In *süd-* und *südwestd.* Mundarten bedeutet 'Herbst' auch „Traubenlese" oder „Obsternte". Abl.: **herbsteln** „herbstlich werden", **herbsten** „herbstlich werden", *mdal.* „Weinlese halten, ernten" (*mhd.* herbesten „Weinlese halten"); **herbstlich** (16. Jh.); **Herbstling** „Reizker, Blätterschwamm" (18. Jh.; bereits im 17. Jh., aber in der Bed. „Herbstapfel" und „im Herbst geborenes Vieh" bezeugt). Zus.: **Herbstmonat,** auch **Herbstmond** „September" (*mhd.* herb[e]stmānōt, *ahd.* herbistmānōt); **Herbstzeitlose** (↑ Zeit).

Herd: Das auf das *Westgerm.* beschränkte Substantiv *mhd.* hert, *ahd.* herd, *niederl.* haard, *engl.* hearth gehört mit verwandten Wörtern in anderen *idg.* Sprachen, vgl. z. B. *lat.* carbo „[Holz]kohle" (↑ karbo..., Karbo...) und – weitergebildet – cremare „verbrennen, einäschern" (↑ Krematorium), zu der *idg.* Wurzel *ker- „brennen, glühen". – Der Herd, in früher Zeit Mittelpunkt des Hauses, gilt seit alters als Symbol des Hausstandes. Nach der Ähnlichkeit mit einem Herd heißt der dem Vogelfang dienende, mit Garnen und Leimruten versehene Platz 'Vogelherd'. Im übertragenen Sinne steht 'Herd' für „Ausgangspunkt", beachte z. B. 'Krankheitsherd, Eiterherd, Unruheherd'.

Herde: Das *gemeingerm.* Substantiv *mhd.* hert, *ahd.* herta, *got.* haírda, *engl.* herd, *schwed.* hjord geht mit verwandten Wörtern in anderen *idg.* Sprachen, z. B. *aind.* śárdha-ḥ „Schar, Herde" und der *baltoslaw.* Sippe von *russ.* čereda „Reihe[nfolge]", *mdal.* „Herde", auf *idg.* *k̑erdho-, *kerdho- zurück. Die Deutung des *idg.* Wortes ist umstritten. Vielleicht bedeutete es ursprünglich „Haufen" oder „Reihe (Rudel) ziehenden Wildes". – Das -d- in *nhd.* Herde beruht auf *niederd.* Einfluß, während die Ableitung ↑ Hirte die reguläre Lautung aufweist. Die Herde gilt als der Inbegriff der einheitlichen Menge, beachte dazu **Herdenmensch** (19. Jh.) und **Herdentrieb** (20. Jh.).

Hering: Die Herkunft des *westgerm.* Fischnamens *mhd.* hærinc, *ahd.* hārinc, *niederl.* haring, *engl.* herring ist dunkel. Aus dem *Westgerm.* stammt *mlat.* haringus „Hering", das *frz.* hareng und *it.* aringa zugrunde liegt. In den *nord.* Sprachen heißt der Hering *schwed.* sill, *dän., norw.* sild (beachte das entlehnte **Sild** „in schmackhafter Tunke eingelegter [Herings]fisch"). – Wohl nach der Ähnlichkeit mit der Gestalt des Fisches heißt der Zeltpflock seit etwa 1900 'Hering'.

herkommen, Herkommen, herkömmlich, Herkunft ↑ kommen.

Hermelin: Der im heutigen Sprachgefühl als fremdes – daher endbetontes – Wort empfundene Tiername (*mhd.* hermelīn, *ahd.* harmilī[n]) ist eigentlich eine Verkleinerungsbildung zur alten *westgerm.* Benennung des Wiesels bzw. Hermelins: *mhd.* harm[e], *ahd., asächs.* harmo, *aengl.* hearma. Damit verwandt ist die *balt.* Sippe von *lit.* šarmuõ „Wiesel, Hermelin, wilde Katze". Der Tiername läßt sich, da weitere sichere Beziehungen fehlen, nicht deuten. – Bereits in *mhd.* Zeit bezeichnete das Wort nicht nur das Tier, sondern auch dessen Pelz. Im Sinne von „Hermelinpelz" hat 'Hermelin' heute männliches Geschlecht.

hermetisch „dicht verschlossen, luft- und wasserdicht", meist adverbiell gebraucht in Fügungen wie 'hermetisch abriegeln, verschließen': Das seit dem 16. Jh. bezeugte Adjektiv hat seinen Ursprung in der Sprache der Alchimisten. Als deren geistiger Vater galt der sagenhafte ägyptische Weise Hermes Trismegistos (*griech.* Hermẽs trìs mégistos „dreimal größter Hermes"), der identisch ist mit dem ägyptischen Gott Thot und der die Kunst erfunden haben soll, eine Glasröhre mit einem geheimnisvollen Siegel (sigillum Hermētis) luftdicht (hermēticē) zu verschließen.

Hernie ↑ Garn.

Heroin: Der Name des Rauschgiftes ist eine gelehrte Bildung des 20. Jh.s zu *griech.* hḗrōs „Held" (vgl. *heroisch*).

heroisch „heldenmütig, heldisch; erhaben": Das Adjektiv wurde im 16. Jh. aus *lat.* heroicus entlehnt, das aus *griech.* hērōikós stammt. Dies gehört zu *griech.* hḗrōs „Held, Sagenheld, Halbgott", dessen Herkunft unklar ist.

Herold: Die historische Bezeichnung des mittelalterlichen Hofbeamten, der mit dem Hofzeremoniell betraut war und der insbesondere die Funktion eines Aufsehers bei Turnieren und Festen, ferner eines feierlichen Boten und Verkündigers hatte, ist seit dem 14. Jh. bezeugt (*spätmhd.* heralt). Sie ist aus gleichbed. *afrz.* heralt (= *frz.* héraut) entlehnt. Das *frz.* Wort selbst stammt aus dem *Germ.* Es geht auf ein *altgerm.* zusammengesetztes Substantiv (*afränk.* *hariwald „Heeresbeamter", vgl. *Heer* und *walten*) zurück, das noch in dem nordischen Männernamen 'Harald' enthalten ist. – Siehe auch den Artikel *Heraldik.*

Herr: Im ausgehenden Mittelalter kam bei den Römern *mlat.* senior (↑ Senior) als Bezeichnung für „Herr" auf und trat neben das bis dahin allein gebräuchliche dominus (↑ Dom). Dem *mlat.* senior „Herr", das auf den substantivierten Komparativ senior „älter" (zu *lat.* senex „alt") zurückgeht, ist wahrscheinlich *ahd.* hḗrro „Herr" nachgebildet, das seinerseits auf den substantivierten Komparativ hēriro „(*älter), ehrwürdiger, erhabener" (zu *ahd.* hēr, vgl. *hehr*) zurückgeht. Im *Mhd.* entwickelte sich in der Anrede und vor Titeln aus hḗrre die kürzere Form hēr. – Über das *altgerm.* Wort für „Herr" s. den Artikel *Frau.* Abl.: **Herrin** (16. Jh.). Zus.: **Herrenmensch** „jemand, der sich anderen überlegen fühlt" (19. Jh.); **Herrenreiter** (um 1900;

Lehnübersetzung von *engl.* gentleman rider „einer, der nicht berufsmäßig oder gegen Entgelt reitet"; danach dann im 20. Jh. auch auf das Autofahren bezogen, beachte 'Herrenfahrer'); **Herrgott** (*mhd.* herre-got; aus der Anrede herre got zusammengerückt; *südd.* wird 'Herrgott' auch im Sinne von „Kruzifix" gebraucht, beachte 'Herrgottsschnitzer, Herrgottswinkel'). Vgl. auch *herrje[mine].*

herrisch: Das von *mhd.* hēr „erhaben, vornehm; hochmütig; heilig" (vgl. *hehr*) abgeleitete Adjektiv hēr[i]sch „erhaben, herrlich; nach Art eines Herren sich benehmend" geriet – wie auch 'herrlich, herrschen, Herrschaft' (s. diese) – früh unter den Einfluß von 'Herr'.

herrje! und **herrjemine!:** Beide Ausrufe vermeiden aus religiöser Scheu oder speziell aus der Furcht heraus, das 2. Gebot zu verletzen, den vollen Namen Jesu und sind aus 'Herr Jesu' und 'Herr Jesu domine' hervorgegangen. Der Ausruf **jemine!** ist aus 'Jesu domine' entstanden, beachte auch 'ojemine!'und 'oje!'.

herrlich: *Mhd.* hērlich, *ahd.* hērlīch „erhaben, vornehm; stolz; glanzvoll, prächtig" sind von dem unter ↑*hehr* dargestellten Adjektiv abgeleitet. Das Wort wurde schon früh als zu 'Herr' gehörig empfunden. Die Bindung an 'hehr' ging völlig verloren, nachdem ē vor Doppelkonsonanz gekürzt worden war. Abl.: **Herrlichkeit** (*spätmhd.* hērlīcheit); **verherrlichen** (19. Jh.).

Herrschaft: Das Wort (*mhd.* hērschaft, *ahd.* hērscaf[t] „Hoheit, Herrlichkeit, Würde; Hochmut; Recht und Besitztum eines Herren; Obrigkeit; oberherrliches Amt und Gebiet; Herrscherfamilie; Herr und Herrin") ist mit dem Suffix -schaft (s. d.) von dem unter ↑*hehr* dargestellten Adjektiv abgeleitet. Wie ↑herrlich und ↑herrschen geriet auch 'Herrschaft' früh unter den Einfluß von 'Herr'. Abl.: **herrschaftlich** (17. Jh.).

herrschen: Das wie auch 'Herrschaft' und 'herrlich' früh unter den Einfluß von 'Herr' geratene Verb *mhd.* hērschen, hěrsen, *ahd.* hērisōn „Herr sein, [be]herrschen" geht auf das unter ↑*hehr* dargestellte Adjektiv zurück, und zwar kann das Verb vom Komparativ als „älter, ehrwürdiger sein" oder von einem untergegangenen Substantiv *hairisan- „Alter, Ehrwürdigkeit" abgeleitet sein. Abl.: **Herrscher** (*mhd.* herscher, *ahd.* hērisāri). Zusammensetzung und Präfixbildungen: **anherrschen** „herrisch anfahren, anschreien" (19. Jh.); **beherrschen** (18. Jh.), dazu **Beherrschung.**

herstellen, Hersteller, Herstellung ↑stellen.

herumdoktern ↑Doktor.

herumkritteln ↑kritteln.

herumlungern ↑lungern.

herumtüfteln ↑tüfteln.

herunterkanzeln ↑Kanzel.

herunterputzen ↑putzen.

Herz: Das *gemeingerm.* Wort *mhd.* herz[e], *ahd.* herza, *got.* hairtō, *engl.* heart, *schwed.* hjärta geht mit verwandten Wörtern in anderen *idg.* Sprachen, vgl. z. B. *lat.* cor, Genitiv cordis „Herz" (↑Courage), *griech.* kardia „Herz" (beachte medizinisch-fachsprachlich 'Kardio-' in 'Kardiogramm, Kardiologie' usw.) und *russ.* serdce „Herz", auf *idg.* *kērd- „Herz" zurück. – Seit alters her gilt das Herz als der Sitz der Empfindungen, beachte z. B. die Wendungen 'sich etwas zu Herzen nehmen', 'sein Herz ausschütten' und die Adjektive **herzig** (16. Jh.), **herzlich** (*mhd.* herze[n]lich) und **herzlos** (*mhd.* herzelōs). Ferner gilt das Herz auch als Sitz des Mutes, der Entschlußkraft und der Besonnenheit, beachte z. B. die Wendung 'sich ein Herz fassen', die Adjektive **herzhaft** „ordentlich; kräftig, gehaltvoll" (*mhd.* herzehaft „mutig; besonnen, verständig") und **beherzt** (*mhd.* beherz[et] „mutig") und das Verb **beherzigen** „ernst nehmen und befolgen" (16. Jh.; zunächst in der Bed. „ermutigen; in Rührung versetzen"). Übertragen wird 'Herz' außerdem im Sinne von „Innerstes, Bestes, Liebstes" gebraucht. Das Wort steckt ferner in zahlreichen Zusammensetzungen. Auf 'Herz' als Organ beziehen sich z. B. 'Herzkammer, Herzschlag, Herzverfettung', auf die Herzform z. B. 'Pfefferkuchenherz, Marzipanherz', auf 'Herz' im übertragenen Sinne z. B. 'Herzblatt' (eigentlich „das innerste, zarteste Blatt einer Pflanze"). Abl.: **herzen** „liebkosen" (eigentlich „ans Herz drükken"; *mhd.* herzen bedeutete dagegen „mit einem Herzen versehen").

Herzog: *Mhd.* herzoge, *ahd.* herizogo, *asächs.* heritogo, *aengl.* heretoga beruhen wahrscheinlich auf einem *got.* *harjatuga „Heerführer", das in byzantinischer Zeit dem *griech.* stratēlátēs „Heerführer" nachgebildet worden sein muß. Die Lehnübersetzung des *griech.* Wortes ist dann allmählich von den Südgermanen nach Norden gewandert. In karolingischer Zeit entwickelte sich aus der militärischen Stellung des Herzogs das (mit stammesherrschaftlichen Befugnissen ausgestattete) Herzogamt, aus dem dann später der Herzogstand hervorging. – Das Bestimmungswort von 'Herzog' ist das unter ↑*Heer* dargestellte Substantiv, das Grundwort gehört zu dem unter ↑*ziehen* behandelten Verb. Abl.: **herzoglich** (17. Jh.); **Herzogtum** (*mhd., spätahd.* herzog[en]tuom).

Hesse ↑Hachse.

hetzen: *Mhd.* hetzen „jagen, antreiben", *got.* hatjan „hassen", *aengl.* hettan „verfolgen" gehen auf *germ.* *hatjan zurück, das als Veranlassungswort zu ↑hassen (vgl. *Haß*) gehört und eigentlich „hassen machen, zum Verfolgen bringen" bedeutet. Während das Verb in *ahd.* und *mhd.* Zeit besonders weidmännische Geltung hatte, wird es heute hauptsächlich im Sinne von „zur Eile antreiben, bis zur Erschöpfung treiben" und „aufwiegeln, Zwietracht säen, üble Propaganda treiben" gebraucht. Auch das aus dem Verb rückgebildete Substantiv **Hetze** (16. Jh.), dem *oberd.* Hatz[e] entspricht, bedeutete zunächst „Hetzjagd; Hundemeute zur Hetzjagd", dann „Eile, Hast" und „Aufwiegelung, üble Propaganda", beachte auch **Hetzerei, hetzerisch** und **verhetzen.**

Heu: Das *gemeingerm.* Wort *mhd.* höu[we], *ahd.* houwi, *got.* hawi, *engl.* hay, *schwed.* hö ist eine Substantivbildung zu dem unter ↑*hauen* dargestellten Verb und bedeutet eigentlich „das zu Hauende" (oder „das Gehauene"). Abl.: **heuen** *landsch.* für „Heu machen" (*mhd.* höuwen); **Heuer** *landsch.* für „Heumacher" (*mhd.* höuwer); **Heuet** alte *dt.* Bezeichnung für „Juli", *südd., schweiz.* für „Heuernte" (*mhd.* höuwet, houwet „Heuernte; Zeit der Heuernte, Juli"). Zus.: **Heumonat** „Juli" (*mhd.* höumānōt, *ahd.* hewimānōth); **Heuschober** (15. Jh.; zum zweiten Bestandteil s. *Schober*); **Heuschrecke** (*mhd.* höuschrecke; *ahd.* hewiskrekko, houscrecho; das Wort, das früher männliches Geschlecht hatte, bedeutet eigentlich „Heuspringer"; der zweite Bestandteil gehört zu ↑schrecken in dessen alter Bed. „[auf]springen"; andere *ugs.* oder *landsch.* Benennungen der Heuschrecke sind 'Heupferd, Heuschnecke, Grashüpfer, Springhahn' und dgl.).

heucheln: Das seit dem 16. Jh. – zunächst in der Bed. „schmeicheln" – bezeugte Verb gehört vermutlich im Sinne von „sich ducken" (beachte *mhd.* hūchen „kauern") zu der Wortgruppe von ↑*hocken.* Abl.: **Heuchelei** (16. Jh.); **Heuchler** (16. Jh.); **heuchlerisch** (16. Jh.).

heuer (*südd.* und *österr.* für:) „in diesem Jahre": Das Zeitadverb (*mhd.* hiure, *ahd.* hiuru) ist aus *ahd.* hiu jāru „in diesem Jahre" hervorgegangen (vgl. *her* und *Jahr*). Ähnlich ist ↑heute aus *ahd.* hiu tagu „an diesem Tage" entstanden. Abl.: **heurig** *südd., österr.* für „diesjährig" (*mhd.* hiurec), dazu **Heurige** „junger Wein im ersten Jahr".

heuern: Die Herkunft des *westgerm.* Verbs *mhd.* hūren „mieten; auf einem Mietpferd reiten; in einem Mietwagen fahren", *mnd.* hūren, *niederl.* huren, *engl.* to hire ist dunkel. Während das Verb im *hochd.* Sprachraum seit dem 16. Jh. allmählich ungebräuchlich wurde, blieb es im *Niederd.* in der Seemannssprache bewahrt, zunächst im Sinne von „ein Schiff mieten oder pachten" (in dieser Bedeutung durch chartern ersetzt), dann „eine Mannschaft anwerben", beachte auch die Zusammensetzungen **anheuern, abheuern.** Abl.: **Heuer** „Löhnung [der Schiffsmannschaft]; Anmusterungsvertrag", älter auch „Miete, Pacht" (*mnd.* hūre).

heulen: Das Verb (*mhd.* hiulen, hiuweln), das *ugs.* und *mdal.* auch im Sinne von „weinen, plärren" gebraucht wird, ist von *mhd.* hiuwel, *ahd.* hūwila „Eule" abgeleitet und bedeutet demnach eigentlich „wie eine Eule schreien" (vgl. *Eule*).

Heumonat, Heuschober, Heuschrecke ↑Heu.

heute: Das Zeitadverb (*mhd.* hiute, *ahd.* hiutu) ist – vielleicht als Lehnübersetzung von *lat.* hodie – aus *ahd.* hiu tagu (Instrumental) „an diesem Tage" hervorgegangen, beachte *aengl.* hēodæg „heute" (vgl. *her* und *Tag*). Ähnlich ist ↑heuer aus *ahd.* hiu jāru „in diesem Jahr" entstanden. Abl.: **heutig** (*mhd.* hiutec, *ahd.* hiutīg).

Hexe: Das auf das *Westgerm.* beschränkte Wort (*mhd.* hecse, hesse, *ahd.* hagzissa, hag[a]zus[sa], *mniederl.* haghetisse, *aengl.* hægtes[se], verkürzt *engl.* hag) ist eine verdunkelte Zusammensetzung. Das Bestimmungswort ist wahrscheinlich das unter ↑*Hag* „Zaun, Hecke, Gehege" dargestellte Substantiv, das Grundwort, das bis heute nicht sicher gedeutet ist, gehört vielleicht mit *norw. mdal.* tysja „Elfe; verkrüppelte oder zerzauste Frau" zusammen. Demnach wäre Hexe ein sich auf Zäunen oder Hecken aufhaltendes dämonisches Wesen, beachte *aisl.* tūnriđa „Hexe", eigentlich „Zaunreiterin". Im ausgehenden Mittelalter ging das Wort für einen – dem Volksglauben nach – [bösen] weiblichen Geist auf eine Frau über, die mit dem Teufel im Bunde steht und über magisch-schädigende Kräfte verfügt, beachte dazu die Zusammensetzungen 'Hexenprozeß, Hexenverbrennung, Hexenverfolgung, Hexenwahn'. Abl.: **hexen** (16. Jh.), dazu **behexen** und **verhexen; Hexerei** (16. Jh.). Zus.: **Hexenmeister** (16. Jh.); **Hexenschuß** (16. Jh.; nach dem Volksglauben beruht die Krankheit Lumbago auf dem Schuß einer Hexe; diese Vorstellung scheint sehr alt zu sein, beachte *aengl.* hægtessan bzw. ylfa gescot „Hexen- bzw. Elbenschuß").

Hieb: Das seit dem 15. Jh. bezeugte Wort ist aus dem starken Verb ↑*hauen* (hieb, gehauen) rückgebildet.

hier: Das *gemeingerm.* Ortsadverb *mhd.* hie[r], *ahd.* hiar, hēr, *got.* hēr, *engl.* here, *schwed.* här ist eine Bildung mit dem Lokativsuffix r zu dem unter ↑*her* dargestellten *idg.* Pronominalstamm. Die heute veraltete, noch *südd.* und *österr.* gebräuchliche Form 'hie' setzt *mhd.* hie fort, das die reguläre Entwicklung von *ahd.* hiar darstellt. Die Form ohne r-Abfall *mhd.* hier hielt sich, wenn ein Wort mit vokalischem Anlaut folgte, und setzte sich im *Nhd.* allgemein durch.

Hierarchie „strenge Rangordnung": Das Wort wurde im 17. Jh. aus *kirchenlat.* hierarchia „heilige Rangordnung" entlehnt, das auf *griech.* hierarchía „Priesteramt" (zu *griech.* hierós „heilig; gottgeweiht" und *griech.* árchein „herrschen" [s. *Archiv*]) zurückgeht.

Hieroglyphe „Schriftzeichen einer Bilderschrift": Das seit dem 18. Jh. bezeugte Fremdwort steht für älteres 'hieroglyphische Figuren'. Voraus liegt das *griech.* Adjektiv hiero-glyphikós in der Fügung hieroglyphikà grámmata, der Bezeichnung für die „heiligen Schriftzeichen" der altägyptischen Bilderschrift, wie sie von Priestern auf heiligen Denkmälern eingegraben wurden. Grundwort des zusammengesetzten Adjektivs ist *griech.* glýphein „ausmeißeln, einschneiden, eingravieren" (vgl. *Glypte*); Bestimmungswort ist das auch in ↑Hierarchie vorliegende, ungedeutete Adjektiv *griech.* hierós „heilig".

hiesig: Das aus der Kanzleisprache des 17. Jh.s stammende Adjektiv ist wahrscheinlich eine Bildung aus 'hie' (vgl. *hier*) und aus einem nicht bezeugten *mhd.* *wesec (vgl. *Wesen*) und bedeutet demnach eigentlich etwa „hierseiend". Eine analoge Bildung ist das heute veraltete 'dasig'.

hieven: Der seemännische Ausdruck für „eine Last auf- oder einziehen, [hoch]winden" wurde im 19. Jh. aus *engl.* to heave „[hoch-, empor]heben" entlehnt (vgl. *heben*).

Hilfe: Von den drei Substantivbildungen zum Verb ↑helfen 1. *ahd.* helfa, *mhd.* helfe; 2. *ahd.* hilfa, *mhd.* hilfe, *nhd.* Hilfe und im Ablaut dazu 3. *ahd.* hulfa, *mhd.* hülfe, älter *nhd.* Hülfe hat heute allein 'Hilfe' Geltung. Es wird nicht nur abstrakt, sondern auch im Sinne von „helfende Person" gebraucht, beachte die Zusammensetzungen 'Aushilfe, Schreibhilfe, Sprechstundenhilfe'. Sonst dienen als Bezeichnungen der helfenden Person die Bildungen 'Helfer' (↑helfen) und **Gehilfe** (*mhd.* [ge]helfe, *ahd.* [ge]helfo). Das Adjektiv **behilflich** (*mhd.* behülfelich) ist von *mhd.* behülfe „Beihilfe" abgeleitet. Zus.: **hilflos** (*mhd.* helflōs, *ahd.* helfelōs), dazu **Hilflosigkeit** (18. Jh.); **hilfreich** (*mhd.* helferīche); **Hilfszeitwort** (19. Jh.; älter Hülfswort und Hülffwort).

Himbeere: Die Zusammensetzung *mhd.* hintber, *ahd.* hintperi, *asächs.* hindberi, *aengl.* hindber[r]ie enthält als Bestimmungswort das unter ↑*Hinde* „Hirschkuh" dargestellte Substantiv. Welche Vorstellung der Benennung des Gewächses als „Hirsch[kuh]beere" zugrunde liegt, ist nicht sicher geklärt. Vielleicht bedeutet 'Himbeere' „Gewächs, in dem sich die Hinde (mit ihren Jungen) gern verbirgt" oder „Beere, die die Hinde gern frißt".

Himmel: Die Deutung des *gemeingerm.* Wortes *mhd.* himel, *ahd.* himil, *got.* himins, *engl.* heaven, *aisl.* himinn ist umstritten. Am ehesten handelt es sich um eine Substantivbildung zu der unter ↑*Hemd* dargestellten *idg.* Wurzel *k̑em- „bedecken, verhüllen", wonach der Himmel als „Decke, Hülle" benannt worden wäre. Andererseits kann die Benennung des Himmels auf die uralte Vorstellung des Himmels als Steingewölbe zurückgehen. Dann bestünde Verwandtschaft mit der Wortgruppe von ↑*Hammer* (ursprünglich „Stein") und weiterhin wohl Zusammenhang mit *aind.* áśman- „Stein; Himmel", *griech.* ákmōn „Amboß; Meteorstein; Himmel" usw. – Abl. **himmeln** veraltet dichterisch für „in den Himmel aufgenommen werden" (*mhd.* himelen „in den Himmel aufnehmen"; gebräuchlich sind dagegen heute die Zusammensetzung **anhimmeln** und die Präfixbildung **verhimmeln**); **himmlisch** (*mhd.* himelisch, *ahd.* himilisc). Zus.: **Himmelbett** (16. Jh.; die Zusammensetzung enthält 'Himmel' im Sinne von „Decke, Baldachin"); **Himmelfahrt** (*mhd.* himelvart, *ahd.* himilfart), dazu **Himmelfahrtsnase** *ugs.* für „Stupsnase"; **Himmel[s]schlüssel** „Schlüsselblume" (*mhd.* himelslüẕẕel).

hin: Das Adverb (*mhd.* hin[e], *ahd.* hina) bezeichnet im allgemeinen die Richtung vom Standpunkt des Sprechenden weg, während ↑her die auf ihn zu ausdrückt. Zur genaueren Bestimmung der Richtung kann 'hin' mit einigen anderen Adverbien, mit denen es zusammenwächst, ergänzt werden, beachte 'hinab, -auf, -aus, -durch, -ein, -über, -unter, -weg, -zu', die auch in der Zusammensetzung eine Rolle spielen. Häufig wird 'hin' mit der Angabe des Zielpunktes einer Bewegung gebraucht und drückt dann die Richtung selbst aus (unabhängig vom Standpunkt des Sprechenden), beachte z. B. 'zum Hof hin, zum Meer hin' und die sich daran anschließende Verknüpfung mit Ortsadverbien der Ruhe, z. B. 'dorthin, wohin'. Aus der Verbindung mit bestimmten Verben, z. B. 'fallen, sinken, stürzen', hat 'hin' die spezielle Bed. „auf den Boden zu" entwickelt. Zeitlich bezieht sich 'hin' vom Zeitpunkt, in dem sich der Sprechende befindet, entweder auf die Zukunft oder auf die Vergangenheit, beachte 'lange hin, fürderhin, späterhin' und 'vorhin, letzthin'. Ferner gibt 'hin' bisweilen lediglich die Erstreckung bzw. die Dauer an. Vielfach drückt 'hin' auch die Entfernung aus und hat in dieser Verwendung die Bed. „weg, fort" und ferner „verloren, zugrunde, tot" entwickelt. In einigen Fällen, besonders in Zusammensetzungen, hat 'hin' weder räumliche noch zeitliche Geltung und läßt sich in der Bedeutung schwer fassen, beachte 'schlechthin, gemeinhin, leichthin, immerhin, ohnehin, umhin'. – Das Adverb ist eine Bildung mit n-Suffix zu dem unter ↑*her* dargestellten *idg.* Pronominalstamm. Eine Weiterbildung von 'hin' – beachte zur Bildung dannen – ist **hinnen** „von hier weg" (*mhd.* hinnen, *ahd.* hinnan, *asächs.* hinan[a], *aengl.* heonan). – Von den zahlreichen Zusammensetzungen mit 'hin' beachte z. B. **hinfällig** „schwach, gebrechlich" (*mhd.* hinvellic „hinfallend"), **hinlänglich** (17. Jh.; zu hinlangen „hin-, ausreichen"), **hinrichten** (16. Jh.; das Verb bedeutete früher auch „zugrunde richten; verderben"; seit dem 19. Jh. ausschließlich „das Todesurteil an jemandem vollstrecken"), dazu **Hinrichtung; Hinsicht** (18. Jh.; vielleicht Lehnbildung nach *lat.* respectus, eigentlich Hinsehen auf etwas"), dazu **hinsichtlich** (Anfang des 19. Jh.s).

hinauskomplimentieren ↑Kompliment.

Hinde, Hindin (veraltet für:) „Hirschkuh": Die Hirschkuh ist im Gegensatz zu dem geweihtragenden Hirsch (s. d.) als „die Horn-, Geweihlose" benannt worden. *Mhd.* hinde, *ahd.* hinta, *niederl.* hinde, *engl.* hind, *schwed.* hind „Hirschkuh" sind mit *griech.* kemás „junger Hirsch" verwandt und gehen mit verwandten Wörtern in anderen *idg.* Sprachen, z. B. *aind.* śáma-ḥ „hornlos", auf eine Wurzel *k̑em- „horn-, geweihlos" (bei sonst gehörnten oder geweihtragenden Tierarten) zurück.

hindern: Das *altgerm.* Verb *mhd.* hindern, *ahd.* hintarōn, *niederl.* hinderen, *engl.* to hinder, *schwed.* hindra ist von der unter ↑*hinter* dargestellten Präposition abgeleitet und bedeutet eigentlich „zurückdrängen, zurückhalten". Ähnliche Bildungen sind z. B. 'äußern' (zu 'außer') und 'fordern' (zu 'vorder'). Abl.: **hinderlich** (15. Jh.); **Hindernis** (*mhd.* hindernisse). Beachte auch die Präfixbildungen **behindern,** dazu **Behinderung,** und **verhindern.**

hineinbuttern ↑Butter.

hineinschlittern ↑schlittern.

Hingabe, hingeben, Hingebung, hingebungsvoll ↑geben.

hinken: Die Bedeutung „lahm gehen" hat sich aus der Vorstellung des Krummen bzw. des

Schiefen entwickelt. *Mhd.* hinken, *ahd.* hinkan, *niederl.* hinken, *aengl.* hincian, *aisl.* hinka sind mit den Sippen von ↑Schinken und ↑Schenkel verwandt und gehören zu der unter ↑*schenken* dargestellten *idg.* Wurzel *[s]keng- „schief, schräg, krumm", vgl. mit anlautendem s- z. B. *schwed. mdal.* skinka „hinken" und *griech.* skázein „hinken" usw. – Das in *ahd.* und *mhd.* Zeit starke Verb ist im *Nhd.* in die schwache Flexion übergetreten.

hinlänglich ↑hin.

hinreißen, hinreißend ↑reißen.

hinrichten ↑richten.

Hinsicht, hinsichtlich ↑hin.

hinten ↑hinter.

hinter: Die Präposition *mhd.* hinder, *ahd.* hintar, *got.* hindar, *aengl.* hinder, *aisl.* (Adjektiv) hindri ist eine *gemeingerm.* Komparativbildung zum Stamm *hin[d]-, von dem auch das Adverb **hinten** (*mhd.* hinden[e], *ahd.* hintana, *got.* hindana, *aengl.* hindan) abgeleitet ist. *Außergerm.* Entsprechungen sind nicht gesichert. – Aus der Präposition entwickelte sich schon früh ein flektierendes Adjektiv (*ahd.* hintaro, *mhd.* hinder), das substantiviert das Gesäß bezeichnet: *mhd.* hinder, *nhd. ugs.* **Hintere,** auch **Hintern.** Groß ist die Zahl der Zusammensetzungen mit 'hinter' (Präposition, Adverb und Adjektiv), beachte z. B. **hinterbleiben** veraltet für „zurückbleiben", dazu das substantivierte zweite Partizip **Hinterbliebene** (18. Jh.); **hinterbringen** „heimlich zukommen lassen, verraten" (17. Jh.); **hintergehen** (*mhd.* hindergān „einen Feind umgehen und von hinten anfallen, überlisten; betrügen"); **Hintergrund** (18. Jh.); **Hinterhalt** (*mhd.* hinderhalt „Versteck, Auflauerung; Rückhalt, Stütze"), dazu **hinterhältig;** 'Hinterland' (19. Jh.); **Hinterlist** (*mhd.* hinderlist „Nachstellung"), dazu **hinterlistig** (*mhd.* hinderlistec „nachstellend"); **hinterrücks** „von hinten" (15. Jh.; beachte *mhd.* hinderrucke „rückwärts" und vgl. *Rücken*); **Hintertreffen,** eigentlich „der beim Kampf hinten stehende Teil des Heeres", heute nur noch in der Wendung 'ins Hintertreffen geraten' „im Ansehen sinken" gebräuchlich (18. Jh.); **hintertreiben** „zu vereiteln suchen" (17. Jh.); **Hinterwäldler** (19. Jh.; Lehnübertragung von *engl.* backwoodsman, das die Ansiedler im Westen Nordamerikas jenseits des Alleghenygebirges bezeichnete).

Hinterlader ↑[1]laden.

Hiobspost „Unglücksnachricht": Die seit dem 18. Jh. bezeugte Zusammensetzung bezieht sich auf das Alte Testament, Hiob 1, 14–19 (Hiob ist der vom Schicksal schwer geprüfte Mann, der trotz Unglück und Leid am Glauben festhält). Entsprechende Bildungen sind z. B. 'Kainsmal' und 'Uriasbrief'. – Heute ist **Hiobsbotschaft** gebräuchlicher, da die alte Bedeutung von 'Post' „Nachricht, Botschaft" verblaßt ist.

Hippe: Der seit *ahd.* Zeit bezeugte Ausdruck für das sichelförmige Messer, das in alter Zeit in der Holzwirtschaft, danach dann im Garten- und Weinbau verwendet wurde, ist in *ostmitteld.* Lautung durch Luthers Bibelübersetzung in die Schriftsprache gedrungen. *Mdal.* Heppe stellt dagegen die lautgerechte Entwicklung aus *mhd.* heppe, hap[p]e, *ahd.* hăppa dar. Weiterhin gehört das Wort wohl zu der unter ↑*schaben* dargestellten *idg.* Wortgruppe. – In allegorischen Darstellungen erscheint der Tod als Gerippe mit Hippe und Stundenglas.

Hirn: *Mhd.* hirn[e], *ahd.* hirni, *niederl.* hersenen, *mengl.* hernes, *schwed.* hjärna gehen auf *germ.* *hirznia-, *herznan- „Hirn" zurück, das mit den *germ.* Sippen von ↑*Horn,* ↑*Hornisse* und ↑*Hirsch* sowie weiterhin mit ↑Ren und ↑Rind verwandt ist und zu der vielfach weitergebildeten und erweiterten *idg.* Wurzel *k̑er[ə]- „Horn, Geweih; gehörntes, geweihtragendes Tier; Kopf, Oberstes, Spitze" gehört. Zu dieser Wurzel stellen sich aus anderen *idg.* Sprachen z. B. *griech.* kárā „Kopf, Haupt" (↑Karotte), kéras „Horn" (↑Karat), krānion „Hirnschale, Schädel" (↑Migräne), *lat.* cerebrum „Hirn" (beachte fachsprachlich 'zerebral' „das Gehirn betreffend" und den Artikel *Zervelatwurst*). – Eine auf das *dt.* Sprachgebiet beschränkte Kollektivbildung zu 'Hirn' ist **Gehirn.** Ein anderer alter Ausdruck für „[Ge]hirn" ist das heute im wesentlichen *nordd.* **Bregen** (*mniederd.* brēgen, brāgen; vgl. *engl.* brain, *niederl.* brein). Zus.: **Hirngespinst** (18. Jh.); **hirnverbrannt** (19. Jh.; Lehnübersetzung von *frz.* cerveau brûlé). Siehe auch den Artikel *hurtig.*

Hirsch: Der *altgerm.* Tiername *mhd.* hirz, *ahd.* hir[u]z, *niederl.* hert, *engl.* hart, *schwed.* hjort ist eine Bildung zu der unter ↑*Hirn* dargestellten *idg.* Wurzel und bedeutet eigentlich „gehörntes oder geweihtragendes Tier", vgl. aus anderen *idg.* Sprachen z. B. *lat.* cervus „Hirsch" und die *kelt.* Sippe von *kymr.* carw „Hirsch". Im Gegensatz dazu ist die Hirschkuh als „die Horn- bzw. Geweihlose" benannt worden (s. den Artikel *Hinde*). – Der Tiername spielte in der Namengebung eine bedeutende Rolle, beachte z. B. die Ortsnamen Hirsau, Hirzbach, Herten, die Flurnamen Hirschel, Hirzel und den alten Stammesnamen Cherusker. Zus.: **Hirschfänger** (17. Jh.; ursprünglich „Messer des Jägers, mit dem er dem Hirsch den Fang gibt", d. h., ihn „absticht"); **Hirschhorn** (*mhd.* hirzhorn; im *Nhd.* bezeichnet das Wort auch den aus gebranntem und gestoßenem Hirschhorn hergestellten Stoff, beachte **Hirschhornsalz**); **Hirschkäfer** (17. Jh.; der Käfer ist nach seinem geweihförmigen Oberkiefer benannt).

Hirse: Der auf das *Westgerm.* beschränkte Name der Nutzpflanze *mhd.* hirs[e], *ahd.* hirsi, -o, *asächs.* hirsi, *aengl.* herse gehört vielleicht im Sinne von „Brotkorn, Nahrung" zu der (mit s erweiterten) *idg.* Wurzel *k̑er- „wachsen; wachsen machen, nähren; füttern, aufziehen". Zu dieser Wurzel stellen sich aus anderen *idg.* Sprachen z. B. *lat.* Ceres „Göttin des Wachstums", creare „zeugen, [er]schaffen" (↑kreieren), crescere „wachsen, zunehmen" (beachte musiksprachlich **crescendo** „anschwellend"; zu *it.* crescere „wachsen" [< *lat.* crescere]) und *lit.* šérti „füttern". – Die Hirse spielte in alter Zeit für die Ernährung eine wichtige Rolle. Sie wurde zum Brotbacken verwandt, besonders aber in Breiform gegessen. Zus.: **Hirsebrei** (15. Jh.).

Hirt[e]: Das *gemeingerm.* Wort *mhd.* hirt[e], *ahd.* hirti, *got.* haírdeis, *engl.* [shep]herd, *schwed.* herde ist eine Ableitung von dem unter ↑*Herde* dargestellten Substantiv. Abl.: **hirten** *schweiz. mdal.* für „das Vieh hüten oder besorgen". Zus.: **Hirtenbrief** „bischöfliches Sendschreiben, Brief eines geistlichen Hirten" (18. Jh.).

hissen: Das aus der *niederd.* Seemannssprache stammende Verb ist lautmalenden Ursprungs und ahmt das eigentümliche Geräusch nach, das beim Aufziehen der Segel oder dgl. entsteht. *Niederd.* hissen entspricht gleichbed. *niederl.* hijsen. Aus der *niederd.-niederl.* Seemannssprache drang das Wort in andere Sprachen, beachte z. B. *schwed.* hissa, *frz.* hisser, *it.* issare „hissen". – Statt 'hissen' ist seit dem Ende des 19. Jh.s bei der Marine 'heißen' (mit *niederl.* Vokal) gebräuchlich.

Historie „Geschichte, Geschichtswissenschaft": Das schon in *mhd.* Zeit aus *lat.* historia < *griech.* historía entlehnte Wort wurde seit dem 18. Jh. immer mehr von dem deutschen Synonym ↑Geschichte zurückgedrängt. Das dazugehörige Adjektiv **historisch** (16. Jh.; aus *lat.* historicus < *griech.* historikós) hingegen konnte sich behaupten, ebenso wie das im 18. Jh. danach gebildete Substantiv **Historiker** „Geschichtsforscher, -wissenschaftler". Zu 'Historie' stellt sich eine in neuester Zeit aufgenommene gemeinsprachliche Verkleinerungsform **Histörchen** im Sinne von „anekdotenhaftes Geschichtchen", dann auch „Klatschgeschichte, delikate [Liebes]geschichte". – Das allen zugrundeliegende Substantiv *griech.* historía bedeutet eigentlich „Wissen, Kunde; Erforschung und Untersuchung von Ereignissen, ihre Kenntnis und Darstellung" und gehört – mit Anschluß an das Verb historeīn „kundig sein, erzählen; erforschen" – zu *griech.* histōr (< *u̯id-tōr) „Wisser, Kundiger". Dies gehört seinerseits zu *griech.* eidénai „wissen". Über weitere Zusammenhänge vgl. den Artikel ↑*Idee*.

Hitze: Das *dt.* und *niederl.* Wort (*mhd.* hitze, *ahd.* hizz[e]a, *niederl.* hitte) ist eine ablautende Substantivbildung zu dem unter ↑*heiß* dargestellten Adjektiv. Ähnliche Bildungen sind *engl.* heat „Hitze" und *schwed.* hetta „Hitze". Abl.: **erhitzen** (*mhd.* erhitzen, zum heute veralteten einfachen Verb hitzen „heiß machen"); **hitzig** (*mhd.* hitzec „heiß, leicht erregbar"). Zus.: **Hitzkopf** (um 1800); **Hitzschlag** (19. Jh.).

Hobby: Das Wort für „Steckenpferd, Liebhaberei" wurde im 20. Jh. aus gleichbed. *engl.* hobby entlehnt, dessen weitere Herkunft unklar ist.

hobeln: Das erst seit dem 14. Jh. bezeugte, auf das *dt.* Sprachgebiet beschränkte Verb (*mhd.* hobeln, hoveln, *mitteld.* hubeln, hof[f]eln, *mnd.* hov[e]llen) ist vermutlich eine Ableitung von dem unter ↑*Hübel* „kleine Erhebung, Hügel" dargestellten Substantiv und bedeutet demnach eigentlich „Unebenheiten beseitigen". Der *altgerm.* Ausdruck dafür war 'schaben' (s. d.). Der Werkzeugname **Hobel** (*mhd.* hobel, hovel, *mnd.* hovel) ist aus dem Verb rückgebildet.

hoch: Das *gemeingerm.* Adjektiv *mhd.* hō[ch], *ahd.* hōh, *got.* hauhs, *engl.* high, *schwed.* hög, das seine Bedeutung aus „gewölbt (gebogen)" entwickelt hat, ist näher verwandt mit ↑Hügel und ↑Höcker und geht mit verwandten Wörtern in anderen *idg.* Sprachen auf die k-Erweiterung der Wurzel *keu- „biegen" zurück. Zu dieser vielfach erweiterten Wurzel gehören aus dem *germ.* Sprachbereich ↑hocken (eigentlich „sich biegen, sich bücken, sich ducken"), ↑hüpfen (eigentlich „sich [im Tanze] biegen, sich drehen"), ferner die Sippen von ↑Haube, ↑Haufe, ↑Hocke und ↑Hübel (eigentlich „Ausbiegung, Wölbung, Buckel, Berg") und die Körperteilbezeichnung ↑Hüfte (eigentlich „Biegung, gebogener Körperteil, Gelenk"). Das Adjektiv 'hoch' hat nicht nur räumliche, sondern auch zeitliche Geltung, beachte z. B. 'hoher Nachmittag', 'hohes Alter'. Ferner drückt es den Grad sowie Rang und Würde aus und wird im Sinne von „sittlich hochstehend, erhaben" gebraucht. Abl.: **Hoch** „Gebiet hohen Luftdrucks" (20. Jh.); **höchstens** (16. Jh.; zunächst „im höchsten Grade", dann „im besten Falle; vorausgesetzt"); **Höhe** (*mhd.* hœhe, *ahd.* hōhī), dazu **Anhöhe** (18. Jh.; Nachbildung von älterem gleichbedeutenden 'Amberg, Anberg'); **Hoheit** (*mhd.* hōch[h]eit), beachte auch **hoheitlich, hoheitsvoll, Hoheitsgebiet, Hoheitszeichen; erhöhen** (*mhd.* erhœhen, *ahd.* irhōhan). Zus.: **Hochachtung** (16. Jh.), dazu **hochachtungsvoll** (Anfang des 19. Jh.s); **Hochaltar** „Hauptaltar" (18. Jh.); **Hochamt** „feierliche Messe vor dem Hochaltar" (18. Jh.); **Hochgebirge** (*mhd.* hōchgebirge); **hochherzig** (17. Jh.); **Hochmeister** (*mhd.* hōchmeister „oberster Vorgesetzter eines geistlichen Ritterordens; Vorsteher; großer Gelehrter"); **Hochmut** (*mhd.* hōchmuot „gehobene Stimmung; edle Gesinnung; Freude; hohes Selbstgefühl; Überheblichkeit, Stolz"), dazu **hochmütig** (*mhd.* hōchmüetic, *ahd.* hōhmuotīg); **hochnäsig** „eingebildet" (19. Jh.); **hochnotpeinlich** (17. Jh.); **Hochofen** (19. Jh.); **Hochschule** (*mhd.* hōchschuole); **Hochstapler** (s. d.); **hochtrabend** (*mhd.* hōchtrabende; ursprünglich vom 'hoch' trabenden Pferd, das schwer zu reiten ist, dann übertragen „stolz, eingebildet, hoch hinauswollend"); **Hochverrat** (Anfang des 18. Jh.s; Lehnübersetzung von *frz.* haute trahison); **Hochwasser** „höchster Wasserstand der Flut; Überschwemmung" (18. Jh.); **Hochwild** „das zur hohen Jagd gehörige Wild, Edelwild" (18. Jh.); **hochwohlgeboren** (17. Jh.); **Hochwürden** (19. Jh.; für älteres 'Hochwird', *mhd.* der hōwerdege herr „Erzbischof"); **Hochzeit** (s. d.).

Hochspannung ↑spannen.

Hochstapler „jemand, der [in betrügerischer Absicht] etwas (eine hohe gesellschaftliche Stellung, ein nicht vorhandenes Wissen o. ä.) vortäuscht": Das seit dem 18. Jh. bezeugte Wort stammt aus der Gaunersprache und bezeichnete zunächst den 'hoch' (d. h. „vornehm") auftretenden Bettler. Das Grundwort ist eine Substantivbildung zu gaunersprachlich stap[p]eln „betteln, tippeln" (vgl. *stapfen*). Abl.: **hochstapeln** (19. Jh.); **Hochstapelei** (19. Jh.).

höchstens ↑hoch.

Hochzeit: Das im heutigen Sprachgefühl nicht mehr als Zusammensetzung mit 'hoch' empfundene Wort geht zurück auf *mhd.* hōchgezīt, verkürzt hōchzīt „hohes kirchliches oder weltliches Fest; höchste Herrlichkeit; höchste Freude; Vermählung[sfeier]; Beilager", beachte *ahd.* diu hōha gizīt „das Fest". Zum Grundwort s. den Artikel *Zeit.* Abl.: **hochzeiten** veraltet für „Hochzeit machen" (*mhd.* hōchzīten); **Hochzeiter** *mdal.* für „Bräutigam" (16. Jh.); **hochzeitlich** (*mhd.* hōchzīt[ec]lich „festlich").

[1]Hocke „zusammengesetzte Garben, Getreide- oder Heuhaufen": Das in den älteren Sprachzuständen nicht bezeugte, aber in den *dt.* Mundarten weitverbreitete Substantiv gehört, wie z. B. auch 'Hügel' und 'Höcker', zu der unter ↑*hoch* dargestellten *idg.* Wortgruppe. Mit '[1]Hocke' ist vermutlich **Hucke** *mdal.* für „auf dem Rücken getragene Last", auch „Erhebung" identisch (beachte zum Lautlichen das Verhältnis von 'hocken' zu 'hucken'). Die *ugs.* Wendung 'jemandem die Hucke voll hauen' bedeutet „jemanden verprügeln". Gebräuchlich sind auch **aufhucken** (aufhocken) „eine Last auf den Rücken nehmen" und **abhucken** „eine Last absetzen". Siehe auch den Artikel *huckepack.*

[2]Hocke ↑hocken.

hocken, hucken: Das erst seit dem 16. Jh. bezeugte Verb ist im *germ.* Sprachbereich näher verwandt mit *mhd.* hūchen „kauern" (vgl. *heucheln*) und *aisl.* hūka „kauern" und stellt sich im Sinne von „sich biegen, sich bücken, sich ducken" zu der unter ↑*hoch* dargestellten *idg.* Wortgruppe. Abl.: **[2]Hocke** (Anfang des 19. Jh.s; der turnsprachliche Ausdruck ist aus dem Verb rückgebildet); **Hocker** „eine Art Stuhl, Schemel" (Ende des 19. Jh.s).

Höcker: Das seit *mhd.* Zeit bezeugte, zunächst auf das *hochd.* Sprachgebiet beschränkte Wort (*mhd.* hocker, hoger) gehört, wie auch ↑[1]Hocke und ↑Hügel, wahrscheinlich zu der unter ↑*hoch* dargestellten Wortgruppe. Abl.: **höckerig** (älter höckericht, *mhd.* hockerecht).

Hockey: Der Name des Spiels wurde im 20. Jh. aus *engl.* hockey entlehnt, dessen weitere Herkunft unsicher ist. – Zus.: **Eishockey.**

Hode, Hoden: Das auf das *dt.* Sprachgebiet beschränkte Substantiv (*mhd.* hode, *ahd.* hodo) gehört, wie auch ↑Haut und ↑Hütte, wahrscheinlich zu der t-Erweiterung der unter ↑*Scheune* dargestellten *idg.* Wurzel *[s]keu- „bedecken, verhüllen". Vgl. aus anderen *idg.* Sprachen z. B. *kymr.* cwd „Hodensack" (eigentlich „Hülle").

Hof: Die Vorgeschichte des *altgerm.* Wortes *mhd., ahd.* hof, *niederl.* hof, *aengl.* hof, *aisl.* hof ist nicht sicher geklärt. Wahrscheinlich gehört es zu der unter ↑*hoch* dargestellten *idg.* Wurzel *keu- „biegen", entweder im Sinne von „Erhebung, Anhöhe", da sich in alter Zeit der Hof vielfach auf einer Anhöhe befand (beachte *norw.* hov „Anhöhe; heidnischer Tempel" und die Sippen von *Hübel* und *Hügel*), oder aber im Sinne von „eingehegter Raum". Im letzteren Falle wäre von einem Bedeutungswandel von „biegen" zu „winden, flechten; Geflecht, Zaun" auszugehen. – In *altgerm.* Zeit bezeichnete das Wort wahrscheinlich zunächst den eingehegten Raum, der ein oder mehrere Gebäude umgibt, dann auch den von einem Gebäude oder von Gebäudeteilen umschlossenen Raum. Dann ging das Wort auch auf das von einem Hof eingeschlossene Gebäude bzw. den Gebäudekomplex über und entwickelte die Bedeutungen „Haus, Wohnung; Gehöft, Anwesen, Besitztum, Gut", im *Aengl.* und *Anord.* auch die Bed. „Tempel". Die weitere Bedeutungsgeschichte des Wortes im *Dt.* steht zum Teil unter dem Einfluß von *afrz.* court, *frz.* cour, beachte 'Hof' im Sinne von „Herrenwohnsitz; Fürstenwohnsitz, Palast, Schloß; der Fürst und die ihn umgebenden Edlen", ferner die Wendung 'jemandem den Hof machen' (nach *frz.* faire la cour) und die Ableitungen 'hofieren, höfisch, höflich, Höfling' und 'hübsch'. Die Bed. „Dunstkreis um Mond oder Sonne" ist für 'Hof' seit dem 15. Jh. bezeugt. Eine Kollektivbildung zu 'Hof' ist ↑Gehöft. Abl.: **hofieren** (*mhd.* hovieren „gesellig sein, sich vergnügen; aufwarten, dienen; ein Ständchen bringen; galant sein, den Hof machen"; das Verb ist von *mhd.* hof mit *roman.* Endung abgeleitet); **höfisch** (*mhd.* hövesch „hofgemäß, fein, gebildet und gesittet; unterhaltend"; Lehnübersetzung von *afrz.* corteis, vgl. *hübsch*); **höflich** (s. d.); **Höfling** (*mhd.* hovelinc). Zus.: **Hofmeister** (*mhd.* hovemeister „Aufseher über die Hofhaltung eines Fürsten oder eines Klosters; Aufseher über einen Bauernhof, Oberknecht"; im *Nhd.* dann besonders „Erzieher"), dazu **hofmeistern** „schulmeistern, rügen" (16. Jh.); **Hofnarr** (16. Jh.); **Hofrat** (*mhd.* hoverāt „die Räte eines Fürsten"; seit dem 16. Jh. auch auf eine einzelne Person übertragen); **Hofreite** veraltet, noch *südd.* für „Hofraum; Inventar eines Hofraumes; Landgut" (*mhd.* hovereite); **Hofstaat** (15. Jh.).

Hoffart: Die verdunkelte Zusammensetzung geht zurück auf *mhd.* hōchvart, assimiliert hoffahrt „Art, vornehm zu leben; Hochmütigkeit, edler Stolz; äußerer Glanz, Pracht, Aufwand; Übermut" (vgl. *hoch* und *Fahrt*). Im *Mhd.* hatte das Verb 'fahren' auch die Bed. „sich befinden, leben", vgl. die Zusammensetzung **Wohlfahrt** „Wohlergehen, Leben in Wohlstand" (im 16. Jh. für *spätmhd.* wolvarn „Wohlergehen"). Abl.: **hoffärtig** (*mhd.* hōchvertec „hochgesinnt; stolz; übermütig; prachtvoll").

hoffen: Das ursprünglich auf den nördlichen Bereich des *Westgerm.* beschränkte Verb *mhd.* hoffen, *mnd.* hopen, *niederl.* hopen, *engl.* to hope ist vielleicht mit der Wortgruppe von ↑*hüpfen* verwandt und würde dann ursprünglich etwa „[vor Erwartung] zappeln, aufgeregt umherhüpfen" bedeutet haben. Abl.: **hoffentlich** Adverb (*mhd.* hof[f]entlich Adjektiv „erhoffend, Hoffnung erweckend"; die Ableitung geht nicht vom Partizip, sondern vom Infinitiv aus); **Hoffnung** (*mhd.* hoffenunge). Präfixbildung: **verhoffen** weidmännisch für „stutzen, sich unruhig umblicken, sichern" (*mhd.* verhoffen „stark hoffen; die Hoffnung aufgeben"), dazu **unverhofft** „unerwartet" (16. Jh.).

höflich: *Mhd.* hovelich, hoflich „hofgemäß, fein, gebildet und gesittet" ist, wie auch 'höfisch' und 'hübsch', von *mhd.* hof im Sinne von „Fürstenhof, Hofstaat" (vgl. *Hof*) abgeleitet. Abl.: **Höflichkeit** (15. Jh.).

Hoheit ↑hoch.

hohl: Die Herkunft des *altgerm.* Adjektivs *mhd., ahd.* hol, *niederl.* hol, *aengl.* hol (substantiviert *engl.* hole „Loch"), *aisl.* holr ist nicht sicher geklärt. Es kann zu der Sippe von ↑*hüllen* (vgl. *hehlen*) gehören oder aber mit *außergerm.* Substantiven in der Bed. „Knochen, Stengel, Stiel" verknüpft werden, falls diese ursprünglich „Röhrenknochen, Hohlstengel" bedeutet haben. Vgl. z. B. *griech.* kaulós „Stengel; Stiel; Federkiel", *lat.* caulis „Stengel; Stiel; Strunk; Kohl" (↑Kohl), *lit.* káulas „Knochen; Bein; Kern". Abl.: **Höhle** (*mhd.* hüle, *ahd.* huli); **höhlen** (*mhd.* holn, *ahd.* holōn mit Entsprechungen in den anderen *germ.* Sprachen), dazu **aushöhlen.** Zus.: **hohläugig** (16. Jh.); **Hohlspiegel** (18. Jh.); **Hohlweg** (17. Jh.).

Hohn: *Mhd.* hōn „Hohn; Schmach" und *ahd.* hōna „Hohn; Schimpf, Schmach" sind Substantivbildungen zu einem im *Dt.* untergegangenen *germ.* Adjektiv, das im *Got.* als hauns „niedrig; demütig" und im *Aengl.* als hēan „niedrig; verachtet; arm, elend" bewahrt ist. Dieses Adjektiv, von dem auch das Verb **höhnen** „höhnisch reden; verspotten" (*mhd.* hœnen, *ahd.* hōnen, *got.* haunjan, *aengl.* hīenan) abgeleitet ist, geht mit verwandten Wörtern in anderen *idg.* Sprachen – z. B. *griech.* kaunós „schlecht" und *lett.* kàuns „Scham, Schande, Schimpf" – auf eine Wurzel *kau- „niedrig; erniedrigen, herabsetzen" zurück. – Zu 'höhnen' gehört die Präfixbildung **verhöhnen** „höhnisch verspotten" (*mhd.* verhœnen). Abl.: **höhnisch** „voller Hohn" (*mhd.* hœnisch). Beachte auch den Artikel *verhohnepipeln.*

Höker „Kleinhändler, Krämer": Das Wort gehört wahrscheinlich im Sinne von „jemand, der seine Waren auf dem Rücken schleppt" zu 'Hucke' „auf dem Rücken getragene Last" (vgl. [1]*Hocke*). Weniger gut ist die Verknüpfung mit dem Verb 'hocken, hucken' (s. d.), wonach 'Höker' als „jemand, der auf dem Marktplatz hockt" zu verstehen wäre. *Nhd.* Höker, älter Höke, geht auf eine Form mit *ostmitteld.* Lautung zurück (gegenüber *mhd.* hocke, hucke „Kleinhändler"). Abl.: **höken, hökern** „Kleinhandel treiben" (17. Jh.), dazu **verhökern** „versetzen, verschachern".

Hokuspokus (Zauberformel der Taschenspieler, auch übertragen im Sinne von „Gaukelei, Blendwerk"): Zugrunde liegt wahrscheinlich eine im 16. Jh. bezeugte *pseudolat.* Zauberformel fahrender Schüler 'hax, pax, max, deus adimax', deren Anfang verstümmelt wurde und seit dem 17. Jh. – zunächst in England als hocas pocas – in verschiedener Form erscheint, z. B. Hockespockes, Okesbockes, Oxbox, Hokospokos.

hold: Das *gemeingerm.* Adjektiv *mhd.* holt, *ahd.* hold „günstig, gnädig; ergeben, dienstbar, treu", *got.* hulþs „gnädig", *aengl.* hold „gnädig, günstig, angenehm; treu", *schwed.* huld „gnädig, freundlich" gehört wahrscheinlich im Sinne von „geneigt" zu der unter ↑*Halde* dargestellten Wortgruppe. Das Adjektiv 'hold' liegt auch dem Namen der Sagen- und Märchengestalt Frau Holle (↑Holle) und der Bildung **Unhold** (*mhd.* unholde „der Böse, Teufel", *ahd.* unholdo „böser Geist") zugrunde. Eine Substantivbildung zu 'hold' ist ↑Huld. Zus.: **abhold** (*mhd.* abholt „nicht gewogen, abgeneigt").

holen: Das *westgerm.* Verb *mhd.* hol[e]n, *ahd.* holōn, *aengl.* ge-holian steht im Ablaut zu der *germ.* Sippe von *ahd.* halōn „rufen, schreien" und stellt sich im Sinne von „[herbei]rufen" zu der unter ↑*hell* dargestellten Wortgruppe, zu der auch ↑Hall, hallen gehören. Das Verb 'holen', das *mdal.* auch in der Bed. „nehmen" gebräuchlich ist, erscheint auch in mehreren Zusammensetzungen, beachte 'ab-, auf-, aus-, ein-, nachholen'. Wichtige Zusammensetzungen und Präfixbildungen sind **erholen** (*mhd.* erholn, *ahd.* irholōn „erwerben, sich verschaffen; gutmachen, nachholen, wieder einbringen; neue Kraft gewinnen"), dazu **Erholung** (16. Jh.); **überholen** „einholen und hinter sich lassen; übertreffen; überprüfen, ausbessern, in Ordnung bringen" (18. Jh.), dazu **Überholung** (19. Jh.); **verholen** seemännisch für „ein Schiff an eine andere Stelle bringen" (19. Jh.), beachte **Verholboje.** Vgl. die Artikel *hallo* und *holla.*

holla!: Die seit etwa 1500 bezeugte Interjektion geht wahrscheinlich auf den mit dem Ausruf ā verstärkten Imperativ von *mhd.* hol[e]n, *ahd.* holōn „holen" (daneben *mhd.* halen, *ahd.* halōn, vgl. *hallo*) zurück. Ursprünglich war 'holla' demnach Zuruf an den Fährmann im Sinne von „holüber!".

Holle in 'Frau Holle': Der Name der Sagen- und Märchengestalt beruht auf dem unter ↑*hold* dargestellten Adjektiv *mhd.* holt, *ahd.* hold „günstig, gnädig; ergeben, dienstbar, treu". *Ahd.* holda und *mhd.* holde bezeichnen einen [guten] weiblichen Geist, beachte *ahd.* holdo „Geist" (↑Unhold unter *hold*), *mhd.* die guoten holden „Hausgeister" und *mhd.* holde „Freundin, Dienerin". In der heutigen Sagen- und Märchenwelt spielt Frau Holle eine unbedeutende Rolle. Allgemein verbreitet ist nur der Volksglaube, daß es schneit, wenn Frau Holle ihre Kissen schüttelt.

Hölle: Das *gemeingerm.* Wort *mhd.* helle, *ahd.* hell[i]a, *got.* halja, *engl.* hell, *aisl.* hel, das in *altgerm.* Zeit den Aufenthalt der Toten bezeichnete, ging nach der Christianisierung der germanischen Stämme auf den christlichen Begriff über. In der nordischen Mythologie tritt hel „Totenreich" auch personifiziert auf, beachte 'Hel' als Name der germanischen Todesgöttin. Die *germ.* Benennung des Totenreiches gehört zu der unter ↑*hehlen* dargestellten *idg.* Wurzel *k̂el- „verhüllen, verbergen, schützen" und deutet demnach wahrscheinlich „die Bergende", falls für die Vorstellung des Totenreiches nicht von dem „mit einem Zaun oder mit Steinplatten geschützten Sippengrab" auszugehen ist. – In Zusammensetzungen tritt 'Hölle' verstärkend auf, beachte z. B. 'Höllenangst, Höllenlärm, Höllenschmerz'. Mit 'Hölle' im Sinne von „Ort der Verdammnis" ist identisch 'Hölle' als veraltete und *mdal.* Bezeichnung eines Raumes, in dem man etwas bergen kann, z. B. der Raum zwischen Ofen und Wand, beachte auch *niederd.* **Hellegat[t]** „Vorrats-, Gerätekammer auf Schiffen". Abl.: **höllisch** (*mhd.* hellisch), *ugs.* für „stark, heftig". Zus.: **Höllenmaschine** (19. Jh.; Lehnübertragung von *frz.* machine infernale); **Höllenstein** (18. Jh.; Lehnübersetzung von *nlat.* lapis infernalis, nach der starken Ätzkraft des Silbernitrates).

[1]Holm: Aus der Sondersprache des Holz- und Verschalungsbaus wurde 'Holm' als Bezeichnung für „Griffstange des Barrens; Längsstange der Leiter" von F. L. Jahn in die Turnersprache eingeführt. Das Wort, das eigentlich ein waagrechtes Holzstück, in das die Zapfen senkrechter Pfähle eingreifen, bezeichnet (beachte *mnd.* holm „Querbalken; Jochträger"), ist z. B. mit ↑[2]Helm „Stiel, Handhabe" und ↑[1]Halfter „Zaum" verwandt und gehört zu der unter ↑*Schild* dargestellten *idg.* Wortgruppe.

[2]Holm: Der *niederd.* Ausdruck für „kleine Insel" (*mnd.* holm) gehört mit *engl.* holm „Insel, Werder; üppiges Uferland" und mit der *nord.* Sippe von *schwed.* holme „[kleine] Insel" (beachte den Ortsnamen Stockholm und den Inselnamen Bornholm) zu der *idg.* Wurzel *kel- „ragen, sich erheben". Die Bed. „Insel" hat sich aus „Ragendes, Erhebung" entwickelt, beachte *asächs.* holm „Hügel". Aus anderen *idg.* Sprachen vergleichen sich z. B. *griech.* kolōnós „Hügel" und *lat.* collis „Hügel", ferner *lat.* *-cellere in excellere „herausragen" (↑exzellent), columen, culmen „Gipfel, Höhepunkt" (↑kulminieren) und columna „Säule" (↑Kolumne, ↑Kolonne). – Die Zusammensetzung **Holmgang** bezeichnet eine Art von Zweikampf, wie er in alter Zeit in den nordischen Ländern (auf einem Holm) ausgetragen wurde. Siehe auch den Artikel *Hallig*.

holo..., Holo...: Das Bestimmungswort von Zusammensetzungen mit der Bedeutung „ganz, vollständig, unversehrt" (z. B. in 'Holographie') ist entlehnt aus gleichbed. *griech.* hólos, das u. a. urverwandt ist mit *lat.* salvus „heil, gesund" (s. die Fremdwortgruppe um *Salve*). – Als Grundwort erscheint *griech.* hólos in dem Fremdwort ↑katholisch (Katholik, Katholizismus).

holpern: Die Herkunft des erst seit dem 16. Jh. bezeugten Verbs ist nicht sicher geklärt. Abl.: **holperig** (18. Jh.; im 16. Jh. dafür 'hölpericht').

Holunder: Der auf das *dt.* Sprachgebiet beschränkte Pflanzenname (*mhd.* holunder, *ahd.* holuntar) ist, wie z. B. auch ↑Flieder, ↑Wacholder und ↑Rüster, mit dem *germ.* Baumnamensuffix -đr[a]- (vgl. *Teer*) gebildet. Der erste Wortteil ist wohl mit *dän.* hyld, *südschwed.* hyll[e] „Holunder" verwandt, beachte auch *mengl.* hildir „Holunder". Weitere *außergerm.* Entsprechungen sind nicht gesichert. – In *ahd.* und *mhd.* Zeit war das Wort anfangsbetont. *Mdal.* Nebenformen von Holunder sind z. B. 'Holder, Holler'.

Holz: Das *altgerm.* Wort *mhd., ahd.* holz, *niederl.* hout, *engl.* holt, *schwed.* hult gehört mit verwandten Wörtern in anderen *idg.* Sprachen, z. B. *griech.* kládos „Ast; Zweig; Trieb" und *russ.* koloda „Balken; Block; Baumstamm", zu der Wurzelform *keld- „schlagen, hauen, brechen, spalten". Zu der unerweiterten *idg.* Wurzel *kel- – daneben *skel- „hauen, spalten, schneiden" (vgl. *Schild*) – stellen sich z. B. *griech.* kláein „[ab]brechen", klēros „Holzstückchen oder Scherbe als Los" (↑Klerus) und *lat.* *-cellere in per-cellere „zu Boden schlagen, zerschmettern", calamitas „Schaden" (↑Kalamität). – Im *Nhd.* ist 'Holz' im wesentlichen Stoffbezeichnung, während im *Engl.* und in den *nord.* Sprachen die Bed. „Gehölz, Wäldchen" bewahrt ist. Diese Bedeutung hat im *Dt.* die Kollektivbildung **Gehölz** (*mhd.* gehülze). Das Wort 'Holz' spielt auch in der Namengebung eine Rolle, beachte z. B. die Ländernamen 'Holland' und 'Holstein'. Abl.: **holzen** (*mhd.* holzen, hülzen „Holz fällen und aus dem Walde schaffen"; seit dem Anfang des 19. Jh.s, zunächst studentensprachlich, dann *ugs.* für „prügeln", in der Fußballersprache „roh spielen"; beachte auch **abholzen**); **Holzer** (*mhd.* holzer „Holzhauer"; heute in der Fußballersprache „roher Spieler"); **Holzerei** (19. Jh.; zunächst „Prügelei", heute in der Fußballersprache „rohes Spiel"); **hölzern** (*mhd.* hulzerīn, holzīn „von Holz"); **holzig** (16. Jh.); **Holzung** (*mhd.* holzunge „Holzschlag"). Zus.: **Holzapfel** (*mhd.* holzapfel „wilder, d. h. im Walde wachsender Apfel"; heute als „holziger Apfel" verstanden); **Holzschnitt** (18. Jh.; das Wort bezeichnete zunächst das in eine Holzplatte eingeschnittene Bild, dann den Abdruck davon); **Holzweg** (*mhd.* holzwec „Waldweg; Weg, auf dem Holz fortgeschafft wird"; dann, da so ein Weg nicht zur nächsten menschlichen Ansiedlung führt, im Sinne von „irrtümlicher Weg" gebraucht, beachte die Wendung 'auf dem Holzweg sein').

homo..., Homo..., (vor Vokalen:) hom..., Hom...: Das Bestimmungswort von Zusammensetzungen mit der Bedeutung „gleich, gleichartig, entsprechend" (z. B. in ↑Homosexualität und ↑Homonym) ist entlehnt aus *griech.* homós „gemeinsam; gleich; ähnlich", das mit homoīos „gleichartig, ähnlich" (↑homöo..., ...Homöo...) zur *idg.* Sippe von *nhd.* ↑*sammeln* gehört.

Homonym: Die seit dem 19. Jh. übliche sprachwissenschaftliche Bezeichnung für ein gleichlautendes, aber in der Bedeutung [und in der Herkunft] verschiedenes Wort beruht auf einer gelehrten Entlehnung aus *griech.-lat.* (rhēmata bzw. verba) homōnyma, das seinerseits zu *griech.* hom-ōnymos „gleichnamig" gehört. Über das Grundwort (*griech.* ónoma „Name") vgl. den Artikel *anonym*.

homöo..., Homöo..., (vor Vokalen:) homö...,

Homö...: Das Bestimmungswort von Zusammensetzungen mit der Bedeutung „ähnlich, gleichartig" (z. B. in ↑Homöopathie, homöopathisch, Homöopath) ist latinisiert aus *griech.* homoĩos „gleichartig, ähnlich". Über weitere Zusammenhänge vgl. *homo..., Homo...*

Homöopathie „Heilverfahren, bei dem der Kranke mit den Mitteln behandelt wird, die beim Gesunden ähnliche Krankheitserscheinungen hervorrufen": Das Wort ist eine gelehrte Bildung des Leipziger Arztes Samuel Hahnemann (1775–1843) aus *griech.* homoĩos „ähnlich, gleichartig" (vgl. *homöo..., Homöo...*) und *griech.* páthos „Leid, Schmerz; Krankheit" (vgl. *Pathos*). Als Vorbild diente der alte, im Volksglauben verwurzelte Grundsatz 'similia similibus curantur' „Gleiches wird durch Gleiches geheilt". – Dazu: **homöopathisch; Homöopath** „jemand, der [als Arzt] homöopathisch behandelt".

Homosexualität: Die Bezeichnung eines auf Menschen gleichen Geschlechts gerichteten Sexualempfindens ist eine gelehrte Neubildung des 20. Jh.s. Grundwort – wie auch für das Adjektiv **homosexuell** – ist *lat.* sexus „Geschlecht" (vgl. *Sex*); das Bestimmungswort ist *griech.* homós „gemeinsam, gleich, ähnlich" (vgl. *homo..., Homo...*).

Homunkulus „künstlich in der Retorte erzeugter Mensch": Das Fremdwort ist identisch mit *lat.* homunculus „Menschlein, Männlein, schwaches Geschöpf". Dies ist Verkleinerungsform von *lat.* homo „Mensch", das mit einer ursprünglichen Bed. „Irdischer" zur Sippe von *lat.* humus „Erde, Erdboden" (vgl. *Humus*) gehört. Die heutige Bedeutung besteht seit Goethes Faust.

Honig: Der Honig ist nach seiner Farbe als „der [Gold]gelbe" benannt worden. Das *altgerm.* Substantiv *mhd.* honec, *ahd.* hona[n]g, *niederl.* honing, *engl.* honey, *schwed.* honung ist z. B. mit *griech.* knēkós „gelblich, saflorfarben" und *aind.* kāñcana-ḥ „golden" verwandt und gehört zu *idg.* *k̑ₑnəko- „gelb[lich], goldfarben". Zus.: **Honigmond,** älter **Honigmonat** „Flitterwochen" (18. Jh.; Lehnübersetzung von *frz.* lune de miel, das seinerseits Lehnübersetzung von *engl.* honeymoon ist).

Honneurs „Ehrenerweisungen", besonders in der Fügung 'die Honneurs machen' im Sinne von „die Gäste gebührend willkommen heißen (bei Empfängen)": Das Fremdwort wurde im 18. Jh. aus *frz.* (faire les) honneurs entlehnt, das auf *lat.* honores, Plural von honor „Ehre, Ehrenbezeigung" (vgl. *honorieren*), zurückgeht.

Honorar „Vergütung (besonders für Arbeitsleistung in freien Berufen)": Das Fremdwort wurde Ende des 18. Jh.s eingedeutscht aus *lat.* honorarium „Ehrengabe, Ehrensold; Belohnung", das zu *lat.* honor „Ehre" (vgl. *honorieren*) gehört.

Honoratioren: Die Bezeichnung für „angesehene Bürger" wurde im 18. Jh. aus älterem 'Honoratiores' eingedeutscht, das auf *lat.* honoratiores „die mehr als andere Geehrten" (Komparativ Plural von honoratus „geehrt") zurückgeht. Stammwort ist *lat.* honor „Ehre" (vgl. *honorieren*).

honorieren „ein Honorar bezahlen; vergüten, belohnen": Das Verb wurde im 16. Jh. aus *lat.* honorare „ehren, auszeichnen; belohnen" entlehnt. Zugrunde liegt das etymologisch umstrittene Substantiv *lat.* honor (*alat.* honos) „Ehre, Ansehen", zu dem auch die unter ↑*Honneurs,* ↑*Honoratioren,* ↑*Honorar* und ↑*honorig* behandelten Wörter gehören.

honorig „ehrenhaft, freigebig, großzügig": Das Adjektiv wurde in der Studentensprache des ausgehenden 18. Jh.s zu *lat.* honor „Ehre" (vgl. *honorieren*) gebildet.

Hopfen: Der auf das *dt.* und *niederl.* Sprachgebiet beschränkte Pflanzenname (*mhd.* hopfe, *ahd.* hopfo, *mnd.* hoppe, *niederl.* hop) gehört wahrscheinlich zu der Sippe von *schweiz.* Hupp[en] „buschige Quaste", Huppi „knollen- oder kugelförmiger Auswuchs". Das Wort bezog sich demnach ursprünglich auf die für das Bierbrauen allein wichtigen weiblichen Zapfen des Hopfens und ging dann auf die Pflanze selbst über. Abl.: **hopfen** „Bier mit Hopfen versetzen" (16. Jh.).

hoppeln: Das erst seit dem 17. Jh. bezeugte Verb, das heute speziell die eigentümliche Bewegungsart des Hasen bezeichnet, ist eine Iterativbildung zu *mdal.* hoppen (vgl. *hüpfen*).

hopsen: Das erst in *nhd.* Zeit bezeugte Verb ist eine Iterativbildung zu *mdal.* hoppen (vgl. *hüpfen*). Abl.: **Hopser** „Sprung in die Höhe; eine Art Tanz" (19. Jh.).

horchen: Das auf das *Westgerm.* beschränkte Verb *mhd.* hōrchen, *spätahd.* hōrechen, *mnd.* horken, *engl.* to hark ist von dem unter ↑*hören* dargestellten Verb weitergebildet. Dem *oberd.* Sprachgebiet war 'horchen' in den älteren Sprachzuständen fremd. Erst seit dem 16. Jh. hat es sich allmählich gegenüber *oberd.* losen „hören" (s. unter *lauschen*) durchgesetzt. Das Verb horchen wird, wie auch 'hören', im Sinne von „auf etwas hören, einem Rat oder einer Aufforderung nachkommen" gebraucht. Gewöhnlich steht dafür aber die ge-Bildung **gehorchen** (*mitteld.* gehōrchen „zuhören; gehorsam sein"). Abl.: **Horcher** (17. Jh.).

[1]Horde „umherziehende, wilde Schar": Das seit dem 15. Jh. bezeugte Substantiv, das zunächst nur umherziehende Tatarenstämme bezeichnete, beruht auf Entlehnung aus *türk.* ordu „Heer" (< *tatar.* urdu „Lager"), das die europäischen Sprachen über den Balkan und Polen (beachte *poln.* horda „Horde") erreichte.

[2]Horde ↑Hürde.

hören: Das *gemeingerm.* Verb *mhd.* hœren, *ahd.* hōran, hōr[r]en, *got.* hausjan, *engl.* to hear, *schwed.* höra gehört mit verwandten Wörtern in anderen *idg.* Sprachen, vgl. z. B. *lat.* cavere „sich in acht nehmen" (↑Kaution) und *griech.* akoúein „hören; gehorchen" (↑akustisch), zu der *idg.* Wurzel *keu[s]- „auf etwas achten, merken, bemerken, hören, sehen". Eine mit s- anlautende Wurzelform *skeu- liegt vermutlich der Wortgruppe von ↑*schauen* zugrunde. – Das Verb 'hören' wird wie das weitergebildete ↑horchen auch im Sinne von „auf etwas hören, einem Rate oder einer Aufforderung nachkommen" gebraucht, beachte auch die Adjektivbildung ↑gehorsam. Die ge-Bildung ↑gehören (dazu 'gehörig') hat sich in der Bedeutung vom einfachen Verb gelöst. Eine ähnliche Bedeutungsgeschichte wie 'gehören' hat das im *Nhd.* untergegangene Verb 'behören', zu dem sich die Substantivbildungen ↑Behörde und ↑Zubehör stellen. Auch in der Zusammensetzung **aufhören** (*spätmhd.* ūfhœren) ist die Bedeutung des einfachen Verbs völlig verblaßt. Die Bed. „beenden, einstellen, nachlassen" hat sich wohl aus „aufhorchend von etwas ablassen" entwikkelt. – Enger an das Simplex schließen sich an **erhören** (*mhd.* erhœren „hören, wahrnehmen; anhören, anhörend erfüllen"), dazu **unerhört** (*spätmhd.* unerhōrt; eigentlich „nie gehört, beispiellos"), **überhören** (*mhd.* überhœren „aufsagen lassen, lesen lassen, befragen; nicht hören; nicht befolgen"), **verhören** (*mhd.* verhœren „hören, anhören, vernehmen, prüfen; erhören; überhören"), dazu **Verhör** (*mhd.* verhœre „Vernehmung, Befragung"). Abl.: **Hörer** (*mhd.* hœrer, hœrære „Zuhörer"; heute wird Hörer auch im Sinne von „Telefonhörer" gebraucht); **hörig** (*mhd.* hœrec „hörend auf, folgsam; leibeigen"), substantiviert **Hörige; Gehör** (*mhd.* gehœr[d]e „das Hören; der Gehörsinn"). Zus.: **Hörensagen** (15. Jh.; aus der Verbindung 'ich habe es hören sagen' hervorgegangen); **Hörrohr** (18. Jh.); **Hörsaal** (18. Jh.).

Horizont „scheinbare Begrenzungslinie zwischen Himmel und Erde; Sichtgrenze; Gesichtskreis (auch im übertragenen Sinne)": Das Substantiv wurde im 17. Jh. aus *lat.* horizon (Gen.: horizontis) entlehnt, das seinerseits aus *griech.* horízōn (ergänze: kýklos) „Grenzlinie, Grenzkreis, Gesichtskreis" stammt. Dies gehört zu *griech.* horízein „begrenzen", das mit einer übertragenen Bed. „abgrenzen, genau bestimmen" auch im Kompositum aph-orízein (↑Aphorismus, aphoristisch) vorliegt. Stammwort ist *griech.* hóros „Grenze, Grenzstein, Ziel", dessen Etymologie unsicher ist. – Dazu das Adjektiv **horizontal** „zum Horizont gehörig, waagrecht" (16. Jh.), das auch substantiviert als **Horizontale** „waagrechte Gerade" erscheint.

Hormon: Der medizinische Ausdruck für „körpereigener Wirkstoff" ist eine gelehrte Neubildung des 20. Jh.s zu *griech.* hormān „in Bewegung setzen, antreiben, anregen", einer Ableitung von *griech.* hormḗ „Anlauf, Angriff; Antrieb". Dies gehört zur *idg.* Sippe von ↑*Rhythmus* und ↑*Strom.* – Dazu das Adjektiv **hormonal** „die Hormone betreffend" (20. Jh.).

Horn: Das *gemeingerm.* Wort *mhd., ahd.* horn, *got.* haúrn, *engl.* horn, *schwed.* horn ist, wie z. B. auch das verwandte *lat.* cornu „Horn", eine Bildung zu der unter ↑*Hirn* dargestellten *idg.* Wurzel *ker[ə]-, die ursprünglich das Horn bzw. Geweih auf dem Tierkopf bezeichnete. In früher Zeit wurde das Tierhorn hauptsächlich als Trinkgefäß und als Blasinstrument verwendet. Seit alters bezeichnet das Wort auch aus Horn hergestellte Gegenstände, ferner ist es Stoffbezeichnung und wird auch im Sinne von 'hornförmiges Gebilde' und 'hornartige Masse' gebraucht, beachte z. B. 'Horn' *mdal.* für „Landspitze", **Hörnchen** „Gebäckart", **Pulverhorn, Hornhaut, Hornbrille.** Abl.: **hornen, hürnen** veraltet für „hörnern" (*mhd.* hürnīn, hornen, *ahd.* hurnīn); **hörnern** (17. Jh.); **hornig** (16. Jh.); **Hornist** „Hornbläser" (19. Jh.; beachte schon *got.* haúrnja „Hornbläser", haúrnjan „trompeten"). Zus.: **Hornblende** „eine Art Mineral" (18. Jh.; ↑blenden).

Hornisse: Das Insekt ist nach seinen knieförmig gebogenen Fühlhörnern benannt. Der *westgerm.* Name *mhd.* horniȥ (-uȥ), *ahd.* hornaȥ, hurnuȥ, *mniederl.* hornet, *engl.* hornet ist, wie z.B. auch die verwandten *lat.* crabro „Hornisse" und *russ.* šeršen' „Hornisse", eine Bildung zu der unter ↑*Hirn* dargestellten *idg.* Wurzel und bedeutet demnach eigentlich „gehörntes Tier".

Hornung: Die alte einheimische Benennung des Februars bezieht sich wahrscheinlich auf die verkürzte Anzahl von Tagen dieses Monats im Vergleich zu den anderen elf Monaten und spiegelt somit bereits römische Kalendereinflüsse wider. *Mhd., ahd.* hornunc „Februar" entsprechen im *germ.* Sprachbereich *afries.* horning „Bastard", *aengl.* hornung[sunu] „Bastard", *aisl.* hornungr „Bastard, Kebssohn" (eigentlich „der aus der Ecke Stammende, der im Winkel Gezeugte"), die von dem *gemeingerm.* Wort *hurna- „Horn; Spitze; Ecke" abgeleitet sind (vgl. *Horn*). Der Hornung ist also „der [in der Anzahl der Tage] zu kurz Gekommene".

Horoskop „astrologische Zukunftsdeutung": Das aus Schillers Wallenstein bekannte Fremdwort ist aus gleichbed. *spätlat.* hōroscopīum entlehnt, das auf *griech.* hōro-skopeīon zurückgeht. Es ist dies der Name eines Gerätes – eigentlich „Stundenschauer" –, das zur Ermittlung der Planetenkonstellation bei der Geburt eines Menschen diente und eine dementsprechende Schicksalsdeutung ermöglichte. – Das Grundwort von *griech.* hōroskopeīon gehört (mit o-Ablaut) zu *griech.* sképtesthai „spähen, schauen, betrachten" (vgl. *...skop* und *Skepsis*). Bestimmungswort ist *griech.* hōra „Stunde" (vgl. den Artikel *Uhr*).

Horst: Die auf das *Westgerm.* beschränkte Substantivbildung *mhd., ahd.* hurst „Gesträuch, Hecke, Dickicht", *mnd.* horst „Krüppelholz, niedriges Gestrüpp", *engl.* hurst „Wäldchen, Gehölz; [bewaldeter] Hügel; Sandbank" gehört zu der unter ↑*Hürde* (eigentlich „Flechtwerk") dargestellten *idg.* Wortgruppe. Beachte die ablautende Bildung *asächs.* harst „Flechtwerk; Lattenrost", *mnd.* harst „Reisig; Gebüsch". – Die heute übliche Bed. „Raubvogelnest" stammt aus der *ostmitteld.* Weidmannssprache und ist seit dem 18. Jh. gemeinsprachlich geworden; beachte auch die Zusammensetzung **Fliegerhorst.** Abl.: **horsten** „nisten (von Raubvögeln)" (18. Jh.).

Hort: Das *gemeingerm.* Substantiv *mhd., ahd.* hort „Schatz; das Angehäufte, Fülle, Menge", *got.* huzd „Schatz“, *engl.* hoard „Schatz; Vorrat“, *aisl.* hodd „Schatz, Gold“ gehört im Sinne von „das Bedeckte, das Verborgene“ zu der vielfach weitergebildeten und erweiterten *idg.* Wurzel *[s]keu- „bedecken, umhüllen“ (vgl. *Scheune*). Mit *germ.* *huzdō- „Hort“ näher verwandt sind die Sippen von ↑Haus und ↑Hose. – Im *Nhd.* wird 'Hort' – zunächst biblisch, auf Gott bezogen – auch im Sinne von „sicherer Ort, Schutz, Zuflucht“ gebraucht. An diese Bedeutung schließt sich die Zusammensetzung **Kinderhort** „Obhut für Kinder“ (19. Jh.) an. Abl.: **horten** „ansammeln, anhäufen“ (20. Jh.).

Hortensie (Zierstrauch): Die asiatische Zierpflanze wurde von dem französischen Botaniker Commerson (1727–1773) im 18. Jh. nach der Astronomin Hortense Lepaute, der Frau seines Freundes, benannt. Der Vorname Hortense gehört zu *lat.* hortus „Garten“ (vgl. *Garten*).

Hose: *Mhd.* hose, *ahd.* hosa „Bekleidung der [Unter]schenkel samt den Füßen“, *asächs.* hosa „eine Art Jagdstrumpf“, *aengl.* hosa „Strumpf, Bein- oder Fußbekleidung“, *aisl.* hosa „Langstrumpf, Hose“ gehen auf *germ.* *husōn- zurück, das in altgermanischer Zeit wahrscheinlich die mit Riemen um die Unterschenkel geschnürten Tuch- oder Lederlappen bezeichnete. Das *germ.* Wort gehört im Sinne von „Hülle, Bedeckung“ zu der weitverästelten *idg.* Wortgruppe der Wurzel *[s]keu- „bedecken, umhüllen“ (vgl. *Scheune*) und ist näher verwandt mit den Sippen von ↑Haus und ↑Hort. – Bis zum Beginn der Neuzeit bezeichnete 'Hose' im *Dt.* lediglich die Bekleidung der [Unter]schenkel samt den Füßen, während das nicht mehr gebräuchliche **Bruch** (beachte *engl.* breeches) die Bekleidung des Unterleibs samt den Oberschenkeln bezeichnete. Als im 16. Jh. ein Kleidungsstück in Gebrauch kam, das den Unterleib und die Schenkel bis an die Füße bedeckte, ging 'Hose' auf dieses Kleidungsstück über. – Nach der Ähnlichkeit mit der Form einer Hose bzw. eines Hosenbeins spricht man auch von **Wasserhose** (18. Jh.) und **Windhose** (19. Jh.), beachte *engl.* hose, das auch „Schlauch“ bedeutet. Zus.: **Hosenmatz** (20. Jh.; ↑Mätzchen); **Hosenträger** (19. Jh.).

Hospital „Krankenhaus“, dafür veraltend, aber noch *landsch.*, bes. *österr.* und *schweiz.* auch: **Spital:** Das früher auch im Sinne von „Armenhaus, Altersheim“ gebrauchte Wort ist schon im *Ahd.* in der verdeutlichenden Zusammensetzungen hospitālhūs (*mhd.* hospitāl[e]) bezeugt. Es geht wie *frz.* hôtel (↑Hotel) auf das *lat.* Adjektiv hospitalis „gastlich, gastfreundlich“ zurück, das im *Spätlat.* substantiviert erscheint als hospitale „Gast[schlaf]zimmer“. Stammwort ist *lat.* hospes (hospitis) „Gastfreund“, das u. a. auch in unserem aus dem *Engl.* entlehnten Fremdwort ↑Hosteß lebt. Mit den Ableitungen hospitium „Gastfreundschaft; Herberge“ (↑Hospiz) und hospitari „Gast sein, als Gast bewirtet werden; einkehren“ (↑hospitieren) gehört *lat.* hospes zur Wortfamilie von *lat.* hostis „Fremdling; Feind“ und damit zur *idg.* Sippe des urverwandten Substantivs ↑*Gast*. Üblicherweise gilt dabei *lat.* hospes als alte Zusammensetzung *hosti-pot-s „Herr des Fremden, Gastherr“, mit genauer Entsprechung in *russ.* gospod' „Herr, Gott“, wozu die *russ.* Anrede gospodin „Herr“ gehört. Über weitere Zusammenhänge dieser Sippe und die Bedeutungsgeschichte vgl. den Artikel *Gast*.

hospitieren „als Gast zuhören (insbesondere von Studenten während ihres Praktikums an [höheren] Schulen)“: Das Verb ist eine gelehrte Entlehnung des 18. Jh.s aus *lat.* hospitari „zu Gast sein, als Gast einkehren“ (vgl. *Hospital*). – Dazu **Hospitant** „Gasthörer“ (18./19. Jh.).

Hospiz „Beherbergungsbetrieb (mit christlicher Hausordnung)“: Das Hospiz war ursprünglich eine christliche Herberge für Reisende, insbesondere für Pilger und Mönche, also eine Art Herbergskloster, wie es z. B. heute noch auf dem St.-Bernhard-Paß existiert. Das Wort wurde im 19. Jh. aus älterem Hospitium eingedeutscht, das aus *lat.* hospitium „Gastfreundschaft; Bewirtung; Herberge“ stammt (vgl. *Hospital*).

Hosteß: Das Fremdwort wurde im 20. Jh. aus *engl.* hostess „Stewardeß; Begleiterin, Betreuerin, Führerin (auf Ausstellungen)“, eigentlich „Gastgeberin“, entlehnt. *Engl.* hostess geht auf *afrz.* [h]ostesse (*frz.* hôtesse) zurück, eine Feminbildung zu entsprechend *afrz.* [h]oste (*frz.* hôte) „Gastgeber; Gast“. Voraus liegt *lat.* hospes (Akkusativ: hospit-em) „Gastfreund“ (vgl. *Hospital*).

Hostie „ungesäuertes geweihtes Abendmahlsbrot (in Form einer runden Oblate, die dem Katholiken und Lutheraner bei der Kommunion bzw. beim Abendmahl gereicht wird)“: Das Substantiv wurde in *mhd.* Zeit aus *lat.* hostia „Opfertier; Opfer, Sühneopfer“ entlehnt. In den christlichen Wortschatz übernommen, wurde es zur sinnbildlichen Bezeichnung für das Opfer Christi, der als 'Opferlamm' die Schuld des Menschen vor Gott gesühnt hat. – Die Etymologie von *lat.* hostia ist umstritten.

Hotel „Haus mit einem bestimmten Komfort, in dem Gäste übernachten [und verpflegt werden] können“: Das Substantiv wurde im 18. Jh. aus *frz.* hôtel (< *afrz.* [h]ostel) entlehnt, das auf *spätlat.* hospitale „Gast[schlaf]zimmer“ zurückgeht (vgl. *Hospital*). – Dazu: **Hotelier** „Hotelbesitzer“ (19. Jh.; aus *frz.* hôtelier).

Hub: Das seit dem 17. Jh. im Sinne von „das Heben; das Gehobene“ bezeugte Wort, das heute im wesentlichen in technischer Fachsprache gebräuchlich ist – beachte **Hubbrücke, Hubraum, Hubschrauber** –, ist eine Substantivbildung zu ↑*heben*.

Hube ↑Hufe.

Hübel veraltet, aber noch *mdal.* für „kleine Erhöhung, Hügel“: Das auf das *dt.* und *niederl.* Sprachgebiet beschränkte Substantiv (*mhd.* hübel, *ahd.* hubil, *asächs.* huvil, *niederl.* heuvel) gehört zu der p-Erweiterung der unter ↑*hoch* dargestellten *idg.* Wurzel *keu- „biegen“. Zu dieser Erweiterung stellen sich aus dem *germ.* Sprachbereich wahrscheinlich die Sippe von

↑Hof und aus anderen *idg.* Sprachen z.B. die *baltoslaw.* Sippe von *russ.* kupa „Haufen, Menge" und *lat.* cupa „Kufe, Tonne" (↑[2]Kufe und ↑Kübel; s.auch den Artikel *Kopf*). – Von 'Hübel' abgeleitet ist das Verb ↑hobeln, eigentlich „Unebenheiten beseitigen".

hübsch: *Afrz.* cortois „hofgemäß, fein, gebildet und gesittet", das eine Ableitung von *afrz.* co[u]rt „Hof; Fürstenhof; der Fürst und die ihn umgebenden Edlen" ist, wurde im 12.Jh. als kurteis zunächst ins *Mhd.* entlehnt, dann in *mfränk.* hövesch, hüvesch, *mhd.* hüb[e]sch nachgebildet. Das von dem unter ↑*Hof* dargestellten Substantiv abgeleitete 'hübsch' wandelte im 16.Jh. seine Bedeutung von „hofgemäß, fein, gebildet und gesittet" zu „schön, angenehm, nett".

Hucke ↑Hocke.

hucken ↑hocken.

huckepack, in der Wendung 'huckepack tragen': Das im wesentlichen kindersprachliche Wort hat sich vom *Niederd.* ausgehend seit dem 18.Jh. im *dt.* Sprachgebiet durchgesetzt. *Niederd.* huckebak ist zusammengesetzt aus hukken „eine Last auf den Rücken nehmen" (vgl. [1]*Hocke*) und back „Rücken" (vgl. [2]*Backe*).

Hudel (veraltet *mdal.* für: „Lappen; Lumpen; Lump"): Das erst *spätmhd.* bezeugte Wort (hudel, daneben auch huder) steht vielleicht im Ablaut zu der Sippe von ↑[1]*Hader.* Abl.: **hudeln** „nachlässig sein oder handeln", älter auch „hänseln, plagen" (16.Jh.; eigentlich wohl „zerfetzen; schlampen"; heute besonders in der Zusammensetzung **lobhudeln** „übertrieben loben" gebräuchlich), dazu **Hud[e]ler** „Stümper, Pfuscher" und **Hudelei** „Stümperei, Pfuscherei".

Huf: Das *altgerm.* Wort *mhd., ahd.* huof, *engl.* hoof, *schwed.* hov hat lediglich im *Indoiran.* eine Entsprechung: *aind.* śaphá-ḥ „Huf; Klaue", *awest.* safa- „Huf". Da weitere Anknüpfungen fehlen, ist eine Deutung des Wortes nicht möglich. – Die Ableitungen '-hufig' und '-hufer' kommen nur in Zusammensetzungen vor, beachte z.B. **harthufig** und **Paarhufer.** Zus.: **Hufeisen** (*mhd.* huofīsen, *ahd.* huofīsin); **Huflattich** (*mhd.* huofleteche, *ahd.* huoflettihha; die Pflanze ist nach der Ähnlichkeit mit der Form eines Pferdehufes benannt; zum zweiten Bestandteil ↑Lattich); **Hufschmied** (*mhd.* huofsmit).

Hufe „ein bestimmtes Acker- bzw. Landmaß; ehemaliges Durchschnittsmaß bäuerlichen Grundbesitzes, kleiner Hof": Das auf das *dt.* und *niederl.* Sprachgebiet beschränkte Substantiv *mhd.* huobe, *ahd.* huoba, *mnd.* hōve, *niederl.* hoeve ist mit *griech.* kēpos „Garten, eingehegtes, bepflanztes Land" und *alban.* kopshtë „Garten" verwandt. – Das Wort 'Hufe' ist in *mitteld.-niederd.* Lautung hochsprachlich geworden; *südd., österr.* und *schweiz.* entspricht **Hube.** Die heute veraltete Ableitung 'Hufner, Hüfner', *südd., österr.* und *schweiz.* 'Huber, Hubner, Hübner' ist ein gebräuchlicher Familienname. Ähnlich wie mit dem Familiennamen Meier werden mit dem Familiennamen Huber in Süddeutschland Zusammensetzungen gebildet, beachte z.B. **Krafthuber, Vereinshuber, Schwindelhuber.**

Hüfte: Die *germ.* Körperteilbezeichnung *mhd., ahd.* huf, *got.* hups, *engl.* hip gehört im Sinne von „Biegung (am Körper), gebogener Körperteil, Gelenk" zu der b-Erweiterung der unter ↑*hoch* dargestellten *idg.* Wurzel *keu- „biegen". Vgl. aus anderen *idg.* Sprachen z.B. *lat.* cubitum „Ellenbogen". Näher verwandt im *germ.* Sprachbereich sind die Sippen von ↑Haufe (eigentlich „Ausbiegung, Wölbung, Buckel, Berg") und ↑hüpfen (eigentlich „sich [im Tanze] biegen"). – Die *nhd.* Form 'Hüfte' gegenüber *mhd., ahd.* huf geht vom *Plural* (*mhd.* hüfte, *ahd.* hufti) aus und hat, wie z.B. 'Saft' und 'Werft', sekundäres t.

Hügel: Das seit dem Anfang des 16.Jh.s bezeugte *mitteld.* Wort, das durch Luthers Bibelübersetzung gemeinsprachliche Geltung erlangte, gehört zu der unter ↑*hoch* dargestellten Wortgruppe. Es ist eine im Ablaut zu *frühnhd.* haug, *mhd.* houc, *ahd.* houg „Hügel" stehende Verkleinerungsbildung. Abl.: **hügelig** (18.Jh.).

Huhn: Im Ablaut zu *gemeingerm.* *hanan- „Hahn" (vgl. *Hahn*) steht *germ.* *hōnes- „Huhn", auf das *mhd., ahd.* huon, *asächs.* hōn, *niederl.* hoen (vgl. auch die *nord.* Sippe von *schwed.* höns „Huhn") zurückgehen. Zus.: **Hühnerauge** (s.d.).

Hühnerauge: Die erst seit dem Ende des 16.Jh.s bezeugte Zusammensetzung – die ältere Benennung ist 'Leichdorn' (s. *Leiche*) – ist vermutlich eine Lehnübersetzung von *mlat.* oculus pullinus. Beachte auch die *mdal.* Bezeichnungen 'Elsterauge, Krähenauge'.

Huld: *Mhd.* hulde, *ahd.* huldī „Gunst, Wohlwollen, Freundlichkeit, Ergebenheit, Treue", *aengl.* hyldu „Gunst, Gnade, Freundlichkeit; Treue, Ergebenheit; Schutz", *aisl.* hylli „Gunst, Zuneigung" sind, wie z.B. 'Fülle' zu 'voll' und 'Höhe' zu 'hoch', Abstraktbildungen zu dem unter ↑*hold* dargestellten Adjektiv. Abl.: **huldigen** (15.Jh.; für älteres *mhd.* hulden), dazu **Huldigung** (15.Jh.).

hüllen: Das *gemeingerm.* Verb *mhd.* hüllen, *ahd.* hullan, *got.* huljan, *aengl.* hyllan, *schwed.* hölja „[ein]hüllen, bedecken, verbergen" gehört zu der unter ↑*hehlen* dargestellten *idg.* Wortgruppe. Sowohl das einfache Verb als auch die Zusammensetzungen und Präfixbildungen 'ein-, um-, verhüllen' (dazu 'Verhüllung') werden hauptsächlich in gehobener Sprache gebraucht. Abl.: **Hülle** (*mhd.* hülle „Umhüllung; Mantel; Kopftuch", *ahd.* hulla „Kopftuch"; die seit dem 16.Jh. bezeugte Wendung 'Hülle und Fülle' bedeutete zunächst „Kleidung und Nahrung" – letzteres aus „Füllung des Magens" – und bezog sich auf den allernotwendigsten Lebensunterhalt; seit dem 17.Jh. wurde 'Fülle' in seiner üblichen Bedeutung verstanden und die ganze Wendung in „Überfluß" umgedeutet).

Hülse: Das auf das *dt.* und *niederl.* Sprachgebiet beschränkte Wort (*mhd.* hülse, *ahd.* hulsa, *niederl.* huls) ist eine Substantivbildung zu der unter ↑*hehlen* dargestellten *idg.* Verbalwurzel *kel- „verhüllen, verbergen". Abl.: **enthülsen** (um 1800). Zus.: **Hülsenfrucht** (16. Jh.).

human „menschlich, menschenfreundlich; gesittet, gebildet": Das Adjektiv wurde im 17. Jh. aus gleichbed. *lat.* humanus entlehnt, das mit seiner ursprünglichen Bed. „irdisch" zur Sippe von *lat.* humus „Erde, Erdboden" gehört (vgl. *Humus*). – Dazu stellt sich seit dem 16. Jh. das Substantiv **Humanität** „edle Menschlichkeit, hohe Gesittung", auch „feine, höhere Bildung", das aus gleichbed. *lat.* humanitas entlehnt ist. Das seit dem 18. Jh. bezeugte Substantiv **Humanist** „Anhänger des Humanismus, Verfechter humanistischer Ideale; Kenner der griechischen und römischen Sprache und Kultur" ist dagegen aus *it.* umanista (zu *it.* umano „menschlich" < *lat.* humanus) entlehnt. Dazu gebildet sind die seit dem 18./19. Jh. gebräuchlichen **Humanismus** und **humanistisch.** Sie sind vor allem historische Begriffe und beziehen sich auf jene Bewegung, die die Wiederbelebung des klassischen Altertums und seiner Bildungsideale anstrebte. Das Adjektiv **humanitär** „menschlich, dem Wohl des Menschen dienend" wurde im 19. Jh. aus gleichbed. *frz.* humanitaire, einer Bildung zu humanité (< *lat.* humanitas), entlehnt.

Humbug „Aufschneiderei, Schwindel, Unsinn": Das Wort wurde im 19. Jh. aus gleichbed. *engl.* humbug entlehnt, einem Slangwort unbekannter Herkunft.

Hummel: Die Benennung der Hummel läßt sich verschieden deuten. Einerseits kann das Insekt nach seinem Summen benannt worden sein. Dann ließen sich *mhd.* hummel, humbel, *ahd.* humbal, *engl.* humble-bee, *schwed.* humla und die verwandte *baltoslaw.* Sippe von *lit.* kamãnė und *russ.* šmel' „Hummel" auf eine lautnachahmende Wurzel *kem- „summen" zurückführen, vgl. *mhd.* hummen „summen", *engl.* to hum „summen, brummen, murmeln, rauschen". Andererseits kann der Name der Hummel als „Bewohnerin des Klumpens (Erdreiches, Mooses)" aufgefaßt werden. Dann würde er zu der unter ↑*hemmen* dargestellten *idg.* Wurzel gehören, vgl. z. B. *russ.* kom „Klumpen", *lit.* kiminaĩ „Moos".

Hummer: Der Name des Schalentieres scheint sich von Skandinavien, an dessen norwegischer Küste seit alters gute Möglichkeiten für den Hummerfang bestehen, ausgebreitet zu haben. Im *dt.* Sprachgebiet war das Wort zunächst auf das *Niederd.* beschränkt. Seit dem 16. Jh. erlangte es gemeinsprachliche Geltung. *Niederd.* hummer, *isl.* humar, *norw., schwed., dän.* hummer, mit denen wahrscheinlich *griech.* kámmaros „eine Art Krebs" verwandt ist, gehören vermutlich im Sinne von „gewölbtes oder [mit einer Schale] bedecktes Tier" zu der unter ↑*Hemd* dargestellten *idg.* Wurzel *k̑em- „bedecken, umhüllen".

Humor „Gabe eines Menschen, die Unzulänglichkeit der Welt und der Menschen, den Schwierigkeiten und Mißgeschicken des Alltags mit heiterer Gelassenheit zu begegnen": Die seelische Gestimmtheit des Menschen ist nach antiken Anschauungen abhängig von verschiedenen, im Körper wirksamen Säften (s. hierzu auch die Bezeichnungen der Grundtemperamente *cholerisch, melancholisch, phlegmatisch, sanguinisch*). In der mittelalterlichen Naturlehre heißen diese Säfte humores „Feuchtigkeiten" (zu *lat.* humor „Feuchtigkeit"), woraus sich allmählich eine allgemeine Bed. „Temperament" im Sinne von „(schlechte oder gute) Stimmung, Laune" entwickelte. Die Entwicklung der heute allein üblichen positiven Bedeutung des Wortes 'Humor', das formal (in der Endbetonung) an entsprechend *frz.* humeur angeglichen ist, vollzog sich unter *engl.* Einfluß: In England entstand im 17./18. Jh. unter dem Namen humour (< *afrz.* humour < *lat.* humorem) eine besondere Stilgattung, deren Hauptanliegen die Darstellung der verspielten Heiterkeit war, die von komischen Situationen ausging. – Das zugrundeliegende Substantiv *lat.* humor (besser: umor) „Feuchtigkeit" gehört mit umere „feucht sein", umidus „feucht" zu einer *idg.* Sippe, die im *Germ.* nur mit ↑*Ochse* (eigentlich: „Befeuchter, Besamer") vertreten ist. – Abl.: **humorig** „launig, mit Humor" (20. Jh.); **Humoreske** „kleine humoristische Erzählung" (deutsche Bildung des 19. Jh.s nach Vorbildern wie 'Burleske' und 'Groteske'); **Humorist** „jemand, der mit Humor schreibt, darstellt, vorträgt usw." (im 18. Jh. aus *engl.* humorist entlehnt); **humoristisch** (18. Jh.).

humpeln: Das ursprünglich *niederd.* Verb hat sich seit dem 18. Jh. über das *dt.* Sprachgebiet ausgebreitet. *Niederd.* humpeln, *niederl.* hompelen „hinken" sind vielleicht, wie z. B. auch rumpeln und *mdal.* pumpern, lautmalenden Ursprungs oder können zu einer nasalierten Form *kumb[h]- (vgl. *Humpen*) der unter ↑*hoch* dargestellten *idg.* Wurzel gehören (vgl. die Bedeutungsverhältnisse in der Sippe von 'hüpfen').

Humpen: Das erst seit dem 16. Jh., zunächst im *ostmitteld.* Schrifttum bezeugte Wort stammt vermutlich aus der Leipziger Studentensprache. Es gehört wohl zu der Sippe von *niederd.* hump[e] „Klumpen, Buckel", *nordd.* Humpel „Unebenheit, Höcker, Buckel", vgl. *engl.* hump „Buckel, Höcker", *norw.* hump „Unebenheit; kleine Erhebung" und *außergerm.* z. B. *aind.* kumbhá-ḥ „Topf, Krug", *griech.* kýmbos „Gefäß, Schale" (↑Zimbel). Es liegt vielleicht eine nasalierte Form *kumb[h]- der unter ↑*hoch* dargestellten *idg.* Wurzel zugrunde.

Humus „fruchtbarer Bestandteil des Erdbodens": Das Fremdwort ist identisch mit *lat.* humus „Erde, Erdboden", das zur gleichbed. *idg.* Nominalwurzel *ĝhđem-, ĝh[đ]om- gehört. In anderen *idg.* Sprachen entsprechen z. B. *griech.* chthṓn „Erde" mit dem Adjektiv chthónios „erdgebunden, unterirdisch", ferner das *griech.* Adverb chamaí „zur Erde hin, auf der Erde" (als Bestimmungswort in ↑Chamäleon). Zur gleichen Wurzel gehört die bereits grundsprachliche Benennung des Menschen als eines „auf der Erde Lebenden, Irdischen", so z. B. in *lat.* homo „Mensch, Mann" (↑Homunkulus), humanus „menschlich; menschenwürdig, menschenfreundlich; fein gebildet" (↑human, Humanität, Humanismus, humanistisch, humanitär) und in *ahd.* gomo „Mensch, Mann" (entspr. *got.* guma, *aisl.* gumi), das nur noch in ↑Bräutigam erhalten ist. Eine Ableitung von *lat.* humus ist humare „begraben", zu dem *mlat.* ex-humare „ausgraben" gehört. Darauf geht unser Fremdwort **exhumieren** „(eine Leiche) ausgraben" zurück.

Hund: Der Hund ist wahrscheinlich das älteste Haustier der Indogermanen. *Gemeingerm.* *hunđa- „Hund", das *mhd., ahd.* hunt, *got.* hunds, *engl.* hound, *schwed.* hund zugrunde liegt, geht mit verwandten Wörtern in den meisten anderen *idg.* Sprachen – z. B. *griech.* kýōn „Hund" (↑zynisch) und *lat.* canis „Hund" (↑Kanaille) – auf *idg.* *k̂úu̯ō[n], Gen. *k̂unós „Hund" zurück. – Die Rolle des Hundes kommt sprachlich sehr unterschiedlich zum Ausdruck. Einerseits gilt der Hund seit alters als treuer Begleiter und Diener des Menschen, als Helfer bei der Jagd und als Bewacher und Schützer der Herden und des Eigentums, beachte z. B. die Zusammensetzungen **Hundeblick** „treuer Blick", **Hofhund, Jagdhund, Schäferhund, Schießhund,** eigentlich „Hund, der das angeschossene Wild aufzuspüren hat", **Wachhund.** Andererseits gilt der Hund als niedere, getretene und geprügelte Kreatur und wird wegen seiner Unterwürfigkeit verachtet, beachte die Ableitung **hündisch** (s. u.), 'Hund' als Schimpfwort und die Zusammensetzungen **Hundesohn, Hundsfott** (s. u.), **Schweinehund,** ferner Zusammensetzungen wie **Hundeleben** oder **Hundelohn.** Außerdem steht 'Hund' in Zusammensetzungen verstärkend für etwas Schlechtes, z. B. in **hundsgemein, hundekalt, hundsmiserabel.** Die wichtige Stellung, die der Hund im Leben der Menschen einnimmt, spiegelt sich auch in zahlreichen Wendungen und Redensarten wider, beachte z. B. 'auf den Hund kommen', 'vor die Hunde gehen', 'ein ganz dikker Hund'. In der Bergmannssprache bezeichnet 'Hund' – auch in der Form **Hunt** gebräuchlich – den Förderkarren (beachte zu ähnlichen Übertragungen von Tiernamen z. B. die Artikel *Kran* und *Wolf*). Abl.: **hündisch** „kriecherisch, unterwürfig, gemein" (15. Jh.); **hunzen** (s. d.). Zus.: **Hundsfott** „Schurke, Schuft" (16. Jh.; das heute nicht mehr als vulgär empfundene Schimpfwort bezeichnet eigentlich das Geschlechtsteil der Hündin, vgl. zum zweiten Bestandteil den Artikel *Fotze;* es bezieht sich auf die als schamlos empfundene läufige Hündin), davon **hundsföttisch** (16. Jh.); **Hundstage** „die Tage vom 24. Juli bis zum 23. August" (15. Jh., *mhd.* hundetac und huntlīch tage; Lehnübersetzung von *lat.* dies caniculares; die Tage, an denen es gewöhnlich sehr heiß ist, haben ihren Namen daher, weil sie unter dem Sternbild canicula, dem Hund des Orion, stehen).

hundert: In *frühmhd.* Zeit wurde das Zahlwort hundert aus *asächs.* hunderod, dem *aengl.* hundred und *aisl.* hundrađ entsprechen, entlehnt. Diese Formen beruhen auf einer Zusammensetzung, deren Grundwort *germ.* *raþa- „Zahl" (vgl. *Rede*) ist. Das Bestimmungswort ist *germ.* *hunđa- „hundert" (*ahd.* hunt, *asächs.* hund, *got.* hunda *Plural, aengl.* hund), das mit verwandten Zahlwörtern in den meisten anderen *idg.* Sprachen – z. B. *aind.* śatám, *griech.* hekatón (↑hekto..., Hekto..., ↑Hektar) und *lat.* centum (↑Zentner, ↑Zentimeter, ↑Prozent) – auf *idg.* *k̂m̥tóm „hundert" zurückgeht. Das *idg.* Zahlwort ist vermutlich eine uralte Bildung zu *dek̂m̥[t]- „zehn" und bedeutete demnach ursprünglich „Zehnerdekade, Zehnheit von Zehnern".

Hüne: Das Wort für „Riese, großer, breitschultriger Mann" ist in *niederd.* Lautung – *mhd.* entspricht hiune, *frühnhd.* Heune – seit dem 19. Jh. gemeinsprachlich geworden. Es ist identisch mit *mnd.* hūne, *mhd.* hiune „Hunne; Ungar", geht also auf den Namen des innerasiatischen Reitervolkes, das im 4. Jh. n. Chr. ins Gotenreich einbrach, zurück. Beachte *mlat.* Hun[n]i (daraus *dt.* Hunnen), *spätgriech.* Hoūn[n]oi und hiung-nu in alten *chines.* Quellen. Abl.: **hünenhaft** (19. Jh.). Zus.: **Hünengrab** (16. Jh.).

Hunger: Das *gemeingerm.* Substantiv *mhd.* hunger, *ahd.* hungar, *got.* (mit gramm. Wechsel) hūhrus, *engl.* hunger, *schwed.* hunger gehört im Sinne von „Brennen, brennendes Verlangen" zu der *idg.* Wurzelform *kenk- „brennen" (auch vom Schmerz, Durst, Hunger). Vgl. aus anderen *idg.* Sprachen z. B. *griech.* kánkanos „dürr", kénkei „er hungert", *lit.* keñkti „weh tun; schaden". Abl.: **hungern** (*mhd.* hungern, *ahd.* hungiren, mit Entsprechungen in den anderen *germ.* Sprachen; beachte auch **aushungern** „durch Hunger zur Übergabe zwingen" und **verhungern** „an Hunger zugrunde gehen"); **hungrig** (*mhd.* hungerec, *ahd.* hung[a]rag). Zus.: **Hungerkünstler** (20. Jh.); **Hungerleider** (17. Jh.); **Hungersnot** (*mhd.* hungernōt); **Hungertuch** (*mhd.* hungertuoch „Altarvelum, Tuch, mit dem in der Fastenzeit der Altar verhüllt wird"; aus dem Brauch, das Fastenvelum zu nähen, um mit diesem den Altar zu verhüllen und die Gläubigen zur Buße zu mahnen, ging die seit dem 16. Jh. bezeugte Wendung 'am Hungertuch nähen' hervor, später umgedeutet in 'am Hungertuch nagen').

Hungerkur ↑Kur.

Hunt ↑Hund.

hunzen veraltet, noch *mdal.* für „wie einen Hund ausschimpfen oder behandeln, schinden, plagen", auch „verderben", dafür heute **verhunzen:** Das Verb ist erst in *nhd.* Zeit von ↑*Hund* abgeleitet. Ähnlich gebildet ist z. B. 'duzen' „jemanden 'du' nennen".

Hupe: Das seit 1898 in der Bed. „Signalinstrument für Kraftfahrzeuge" bezeugte Wort hängt mit *mdal.* Ausdrücken für „Pfeife, Flöte" zusammen, die schallnachahmender Herkunft sind. Vgl. z. B. *mdal.* Huppe „kleine, schlechtklingende Pfeife" (19. Jh.), Hub[en] „aus Rinde geschnitzte Pfeife" (18. Jh.). Abl.: **hupen** (20. Jh.). Zus.: **Lichthupe** (20. Jh.).

hüpfen: Die *germ.* Wortgruppe der Intensivbildung 'hüpfen' (*mhd.* hüpfen, *niederd.* hüppen) gehört im Sinne von „sich [im Tanze] biegen, sich drehen" zu der unter ↑*hoch* dargestellten *idg.* Wurzel *keu- „biegen". Andere Verbalbildungen sind *mhd.* hopfen, hupfen „springen, hüpfen", *nhd.* (veraltet) hupfen, vgl. *engl.* to hop, *schwed.* hoppa, ferner *nhd. mdal.* hoppen, auch huppen „springen, hüpfen; hinken; wippen; schwanken", dazu 'hoppeln' (s. d.) und 'hopsen' (s. d.), vgl. auch *engl.* to hobble „hinken, humpeln". Hierher gehört vielleicht weiterhin als „[vor Erwartung] zappeln, aufgeregt umherhüpfen" die Sippe von ↑hoffen. Abl.: **Hüpfer,** *(südd.* auch:) **Hupfer** „kleiner Sprung"; **Hüpferling** „eine Art Krebs" (18. Jh.).

Hürde: *Mhd.* hurt „Flechtwerk (als Zaun, Tür, Brücke, Belagerungsmaschine, Falle, Scheiterhaufen)", *ahd.* hurd „Flechtwerk aus Reisern oder Weiden, Hürde", *got.* haúrds „Tür", *aengl.* hyrd „Tür", *aisl.* hurđ „Tür[flügel]" gehören mit verwandten Wörtern in anderen *idg.* Sprachen zu der Wurzelform *ker[ə]-t- „drehen, winden, flechten". Im *germ.* Sprachbereich ist verwandt die Sippe von ↑Horst „Raubvogelnest". *Außergerm.* vergleichen sich z. B. *griech.* kýrtos „Fischreuse; Käfig", *lat.* cratis „Flechtwerk aus Ästen oder Ruten, Hürde, Rost" (↑Grill); *lat.* crassus „dick, derb, groß", eigentlich „fest zusammengedreht, verflochten" (↑kraß). – Mundartformen von *nhd.* Hürde sind 'Hurde' und **[2]Horde** „Flechtwerk; Pferch; Lattengestell; Rost". Seit dem 19. Jh. wird 'Hürde' auch im Sinne von Flechtwerk oder Holzgestell als Hindernis beim Pferderennen oder Laufen gebraucht, beachte die Zusammensetzung **Hürdenlauf.**

Hure: Die *germ.* Substantivbildung *mhd.* huore, *ahd.* huora, *niederl.* hoer, *engl.* whore, *schwed.* hora gehört zu der Wortgruppe von *ahd.* huor „außerehelicher Beischlaf oder Ehebruch", huorōn „außerehelichen Beischlaf oder Ehebruch treiben". In anderen *idg.* Sprachen entsprechen in der Bildung z. B. *lat.* carus „lieb, teuer, wert" (↑Karitas) und *lett.* kārs „lüstern, begehrlich". Das zugrundeliegende *idg.* *karo-s „lieb; begehrlich" gehört zu der *idg.* Wurzel *kā- „begehren, gern haben, lieben". – Zum abgeleiteten Verb **huren** (*mhd.* huoren, *ahd.* huorōn) ist **Hurerei** (15. Jh.) gebildet. Zus.: **Hurenhaus** (15. Jh.).

hürnen ↑Horn

hurra!: Der in *nhd.* Zeit erst seit der zweiten Hälfte des 18. Jh.s bezeugte Ausruf der Freude und Kampfruf setzt wahrscheinlich *mhd.* hurrā! fort, das ein mit dem Ausruf a verstärkter Imperativ zu *mhd.* hurren „sich schnell bewegen" ist. Ähnlich gebildet ist z. B. die Interjektion 'holla!' (s. d.).

Hurrikan: Die Bezeichnung für „verheerender tropischer Wirbelsturm" wurde im 20. Jh. aus *engl.* hurricane entlehnt, das seinerseits aus dem Taino, einer westindischen Sprache, stammt und durch *span.* Vermittlung (*span.* huracán) in die europäischen Sprachen gelangte. Gleicher Herkunft ist ↑Orkan.

hurtig: In der Blütezeit des französischen Rittertums wurde *mhd.* hurt[e] „Stoß, Anprall, stoßendes Losrennen" als Turnierausdruck aus gleichbed. *afrz.* hurt entlehnt, das eine Rückbildung aus *afrz.* hurter „stoßen" ist (vgl. *frz.* heurter und das entlehnte *engl.* to hurt „verletzen"). Von *mhd.* hurt[e] abgeleitet ist das Adjektiv hurtec „schnell, gewandt", auf das *nhd.* hurtig zurückgeht. – Das *afrz.* Verb hurter seinerseits ist eine Ableitung von einem aus dem *Altnord.* entlehnten hrūtr „Widder" (eigentlich „gehörntes Tier", vgl. *Hirn*) und bedeutete demnach ursprünglich „wie ein Widder stoßen".

Husar: Das seit dem 16. Jh. bezeugte, aus *ung.* huszár „Straßenräuber; verwegener Reiter" entlehnte Substantiv bezeichnete ursprünglich den „ungarischen Reiter" schlechthin, später den leichten Reiter in ungarischer Nationaltracht. Husarenregimenter gab es in Deutschland bis zum ersten Weltkrieg. – *Ung.* huszár ist selbst ein Lehnwort. Es geht über *serbokroat.* kursar auf *mlat.* cursarius zurück, auf dem auch *it.* corsare „Seeräuber" – daher unser Fremdwort **Korsar** (16. Jh.) – beruht. Zugrunde liegt *lat.* cursus „Fahrt zur See" (s. *Kurs*).

huschen „flüchtig dahingleiten, sich rasch bewegen": Das seit dem 16. Jh. (zunächst in der Lautung hoschen) bezeugte Verb ist von der Interjektion 'husch!' (*mhd.* hutsch!) abgeleitet. Die Interjektion, die wahrscheinlich lautnachahmender Herkunft ist, bezieht sich auf rasche bzw. flüchtige Bewegungen. Sie erscheint auch substantiviert als **Husch** „schnelle bzw. flüchtige Bewegung", älter auch im Sinne von „[Frost]schauder; geschwinder Schlag, Ohrfeige; Regenschauer", beachte **Husche** *ostmitteld.* und *niederd.* für „Regenschauer".

Husten: *Germ.* *hwōstan- „Husten", auf das *mhd.* huoste, *ahd.* huosto, *niederl.* hoest, *aengl.* hwōsta, *schwed.* hosta zurückgehen, ist eine Substantivbildung zu der das Hustengeräusch nachahmenden *idg.* Wurzel *kᵘās-, beachte z. B. *aind.* kāsáḥ- „Husten", kā́satē „er hustet" und die *baltoslaw.* Sippe von *russ.* kašel' „Husten". – Dazu stellt sich das Verb **husten** (*mhd.* huosten, *ahd.* huostōn, *aengl.* hwōstan, *schwed.* hosta). Abl.: **hüsteln** (18. Jh.).

[1]Hut: Die *westgerm.* Benennung der Kopfbedeckung *mhd., ahd.* huot, *mnd.* hōt, *niederl.* hoed „Hut", *engl.* hood „Haube, Kapuze" steht im Ablaut zu der anders gebildeten Sippe von *schwed.* hatt, *engl.* hat „Hut" und gehört zu der *germ.* Wortgruppe von ↑[2]*Hut.* Auf die Ähnlichkeit mit der Form eines Hutes beziehen sich die Zusammensetzung **Fingerhut** (*mhd., ahd.* vingerhuot) und **Zuckerhut** (18. Jh.).

[2]Hut: Das *westgerm.* Substantiv *mhd.* huote „Bewachung, Behütung, Obhut, Fürsorge; Wache; Wächter; Nachhut; Distrikt eines Försters oder Waldaufsehers; Nachstellung; Hinterhalt, Lauer", *ahd.* huota „Vorsorge, Bewachung, Behütung, Obhut", *mnd.* hōde „Hut, Obhut", *niederl.* hoede „Hut, Obhut" ist mit dem unter ↑[1]*Hut* behandelten Wort verwandt und geht auf eine Wurzel *kadh- etwa „schützend bedecken, [be]hüten" zurück. Sichere *außergerm.* Anknüpfungen fehlen. – Zusammensetzungen mit '[2]Hut' sind **Obhut** (17. Jh.), **Nachhut** (*mhd.* nāchhuote) und **Vorhut** (18. Jh.). Um das Verb **hüten** (*mhd.* hüeten, *ahd.* huotan, *niederl.* hoeden, *engl.* to heed) gruppieren sich **Hüter** (*mhd.* hüetære, *ahd.* huoteri) und die Präfixbildungen **behüten** (*mhd.* behüeten „bewahren; abhalten, verhindern; sich hüten"), dazu **behutsam** (16. Jh.), **verhüten** (*mhd.* verhüeten „behüten, bewahren; aufpassen, auflauern").

Hütte: Die ursprünglich auf das *hochd.* Sprachgebiet beschränkte Substantivbildung (*mhd.* hütte, *ahd.* hutta) gehört zu der weitverzweigten *idg.* Wortgruppe der Wurzel *[s]keu- „bedecken, umhüllen" (vgl. *Scheune*). Näher verwandt sind die Sippen von ↑Haut und ↑Hode. Das *hochd.* Wort drang schon früh in den *niederd.* Sprachbereich, beachte *asächs.* hutt[i]a, und wurde aus dem *Niederd.* in die *nord.* Sprachen entlehnt, beachte *schwed.* hytt „Kabine", hytta „Hütte[nwerk]". Auch *frz.* hutte „Hütte, Baracke", aus dem *engl.* hut „Hütte" entlehnt ist, stammt aus dem *Dt.* – Das Wort 'Hütte', das in den älteren Sprachzuständen auch im Sinne von „Zelt" und „Verkaufsbude" gebraucht wurde, bezeichnete zunächst einen bedeckten Schutzort, einen mit einfachen Mitteln ausgeführten Bau als Zufluchtsstätte oder als Aufbewahrungsort. An diese Verwendung des Wortes schließen sich Zusammensetzungen wie **Bauhütte** und **Hundehütte.** Auch die Hütte im Bergbau war zunächst eine Art Schuppen, in dem Geräte und Erze aufbewahrt wurden. Bereits in *mhd.* Zeit ging das Wort auf das Gebäude bzw. Werk, in dem die Erze geschmolzen wurden, über, beachte die Zusammensetzungen **Hüttenwerk, Hüttenwesen, Eisenhütte, Glashütte** und die Ableitung **verhütten** „(Erze) in einem Hüttenwerk zu Metall verarbeiten" (19. Jh.), dazu **Verhüttung** (19. Jh.). In *nhd.* Zeit wird 'Hütte' auch im Sinne von „armselige Behausung" gebraucht.

Hutzel: Die Herkunft des *mdal.* Ausdruckes für „Dörrobstschnitzel" (*mhd.* hutzel, hützel „getrocknete Birne, Dörrobst") ist dunkel. Um das Substantiv gruppieren sich **hutz[e]lig** „runzlig, dürr, welk" (18. Jh.) und **hutzeln** „wie eine Hutzel einschrumpfen" (18. Jh.; *mhd.* verhützeln; beachte dazu **verhutzelt**) sowie die Zusammensetzung **Hutzelbrot** „mit Hutzeln gebackenes Brot" (18. Jh.). Gebräuchlich sind auch die Zusammensetzungen **Hutzelmännchen** und **Hutzelweibchen.**

Hyäne „katzenartiges Raubtier (Afrikas und Asiens)": Der Name stammt aus *lat.* hyaena, das seinerseits aus *griech.* hýaina entlehnt ist. Schon in *ahd.* Zeit ist ijēna bezeugt, wofür im *Mhd.* verdeutlichend 'hientier' und später 'hienna' steht. – *Griech.* hýaina ist abgeleitet von dem mit *lat.* sus und *nhd.* ↑*Sau* urverwandten Substantiv *griech.* hȳs „Schwein". Man darf also vermuten, daß die Hyäne wegen ihres borstigen Rückens mit einem Schwein verglichen und danach benannt wurde.

Hyazinthe: Die im 16. Jh. aus Kleinasien eingeführte Pflanze (ein zwiebeltragendes Liliengewächs) wurde mit dem *lat.* Pflanzennamen hyacinthus benannt, der aus *griech.* hyákinthos stammt. Welche Pflanze das *griech.* Wort bezeichnete, ist unklar.

hydr..., Hydr... ↑hydro..., Hydro...

Hydra ↑Otter.

Hydrant: Das Wort für „Zapfstelle zur Wasserentnahme aus Rohrleitungen" wurde im 19. Jh. aus gleichbed. *engl.-amerik.* hydrant entlehnt, einer Neubildung zu *griech.* hýdōr „Wasser" (vgl. *hydro..., Hydro...*).

hydraulisch „mit Flüssigkeitsdruck, mit Wasserantrieb arbeitend": Das seit dem 19. Jh. in der Sprache der Technik gebräuchliche Wort ist aus *lat.* hydraulicus entlehnt, das seinerseits aus *griech.* hydraulikós „zur Wasserorgel gehörend" stammt. Das *griech.* Adjektiv ist von hýdraulis „Wasserorgel" abgeleitet, einer Bildung zu *griech.* hýdor „Wasser" (vgl. *hydro...*). Abl.: **Hydraulik** (19. Jh.).

hydro..., Hydro..., (vor Vokalen:) hydr..., Hydr....: Das Bestimmungswort von Zusammensetzungen mit der Bedeutung „Wasser, Feuchtigkeit" ist entlehnt aus gleichbed. *griech.* hýdōr (Genitiv hýdatos), das urverwandt ist mit *dt.* ↑*Wasser.* – Vgl. den Artikel *Hydrant.*

Hygiene „Gesundheitspflege; Gesundheitslehre; Sauberkeit": Das Fremdwort wurde im 18. Jh. zu dem *griech.* Adj. hygieinós „gesund, der Gesundheit zuträglich" gebildet, das mit hygíeia „Gesundheit" von hygiḗs „gesund, munter; gut, heilsam" (eigentlich: „gut lebend") abgeleitet ist. Die Wortgruppe gehört zur *idg.* Sippe von ↑*keck.* – Abl.: **hygienisch** „der Hygiene entsprechend, gesundheitsdienlich".

Hymne „feierlicher Festgesang, Lobgesang [für Gott], Weihelied": Das Fremdwort wurde im 18. Jh. aus gleichbed. *lat.* hymnus entlehnt, das seinerseits aus *griech.* hýmnos stammt. Dies vergleicht man mit *griech.* hymḗn „Häutchen, feines Band" und stellt es mit diesem unter Annahme einer ursprünglichen Bed. „Band; Gefüge (etwa von Tönen)" zur *idg.* Sippe von ↑²Saum „Rand". Die Begriffsbildung wäre dann ähnlich wie in *griech.* harmonía (↑Harmonie) und *lat.* sermo (↑Sermon).

hyper..., Hyper...: Die Vorsilbe mit der Bedeutung „über, über – hinaus, übermäßig", in medizinischer und biologischer Fachsprache auch mit dem Begriff der „Überfunktion", im Gegensatz zu ↑hypo..., Hypo... ist entlehnt aus gleichbed. *griech.* hypér, das urverwandt ist mit *lat.* super (vgl. *super...*) und *nhd.* ↑*über.*

hyph..., Hyph... ↑hypo..., Hypo...

Hypnose „schlafähnlicher Bewußtseinszustand, Zwangsschlaf": Das Wort ist eine gelehrte Neubildung des 19. Jh.s zum früher bezeugten Adjektiv **hypnotisch** „einschläfernd, den Willen lähmend". Dies ist aus *lat.* hypnoticus entlehnt, das auf *griech.* hypnōtikós „schläfrig; einschläfernd" zurückgeht. Zugrunde liegt das *griech.* Subst. hýpnos „Schlaf", das mit verwandten Wörtern in anderen *idg.* Sprachen, z. B. *lat.* sopor „tiefer Schlaf", sopire „einschläfern" und somnus „Schlaf", zur *idg.* Wurzel *su̯ep-, sup- „schlafen" gehört. – Ebenfalls eine Neubildung ist das Verb **hypnotisieren** „in Hypnose versetzen, beeinflussen, willenlos machen". Es ist zuerst im 19. Jh. im *Engl.* als to hypnotize belegt und gelangte von dort im 19. Jh. über *frz.* hypnotiser ins *Dt.*, zusammen mit dem abgeleiteten Substantiv **Hypnotiseur** (< *frz.* hypnotiseur).

hypo..., Hypo..., (vor Vokalen meist:) hyp..., Hyp..., (vor h:) hyph..., Hyph...: Die Vorsilbe mit der Bedeutung „unter, darunter", in der medizinischen und biologischen Fachsprache auch mit dem Begriff der „Unterfunktion", ist entlehnt aus gleichbed. *griech.* hypó, das urverwandt ist mit *lat.* sub (↑sub..., Sub...) und *nhd.* ↑*auf.*

Hypochonder „Schwermütiger, eingebildeter Kranker": Das Wort ist wie auch **Hypochondrie** „Schwermut, Trübsinn; eingebildetes Kranksein" eine Rückbildung des 18. Jh.s – vermutlich nach dem Vorbild von *frz.* hypocondre bzw. hypocondrie – aus dem Adj. **hypochondrisch** „schwermütig, trübsinnig" (17. Jh.). Dies geht auf *griech.* hypo-chondriakós „am Hypochondrion leidend" zurück. Das Hypochondrion (*griech.* hypo-chóndria) bezeichnet eigentlich „das unter dem Brustknorpel Befindliche", also die gesamten Organe des Unterleibs. Dort im Unterleib war nach antiken Anschauungen Sitz und Ursache von Gemütskrankheiten. Die Bedeutungsentwicklung ist ähnlich der von ↑hysterisch, Hysterie, die allerdings mehr von weiblichen Krankheiten gelten, während 'hypochondrisch' auf das männliche Geschlecht beschränkt ist. – Stammwort ist *griech.* chóndros „Krümchen, Korn; Knorpel, Brustknorpel", das zur *idg.* Sippe von ↑*Grund* gehört.

Hypothek „Pfandrecht an einem Grundstück zur Sicherung einer Forderung": Das Fremdwort wurde im 16. Jh. eingedeutscht aus gleichbed. *lat.* hypotheca, das auf *griech.* hypo-thḗkē (eigentlich: „Unterlage", übertragen „Unterpfand") zurückgeht. Dies gehört zu *griech.* hypotithénai „darunterlegen, -stellen" (vgl. *hypo..., Hypo...* und *Theke*).

Hypothese „Unterstellung, Voraussetzung, Annahme, unbewiesener Grundsatz": Das Fremdwort war ursprünglich ein philosophischer Fachausdruck, der im 18. Jh. aus *griech.-spätlat.* hypóthesis eingedeutscht wurde. Dies gehört zu *griech.* hypo-títhénai „[dar]unterstellen" (vgl. *hypo..., Hypo...* und *These*). – Dazu stellt sich das Adjektiv **hypothetisch** „nur angenommen, auf einer unbewiesenen Vermutung beruhend, fraglich, zweifelhaft" (17. Jh.; aus *lat.* hypotheticus < *griech.* hypo-thetikós).

hysterisch „überspannt": Das Adjektiv wurde im 18. Jh. aus gleichbed. *lat.* hystericus entlehnt, das seinerseits aus *griech.* hysterikós stammt. Dies bedeutet eigentlich „an der Gebärmutter leidend". Bereits den antiken Ärzten galt die Hysterie (*griech.* tà hysterikà páthē) als typische Frauenkrankheit, die man auf krankhafte Vorgänge im Unterleib, in der Gebärmutter (*griech.* hystéra) zurückführte. Das Substantiv **Hysterie** ist eine medizinisch fachsprachliche Neubildung des 18. Jh.s zum Adjektiv.

I

...iater als Grundwort von Zusammensetzungen mit der Bedeutung „Arzt" (wie in ↑Psychiater) und **...iatrie** als Grundwort von Zusammensetzungen im Sinne von „Heilkunde" sind entlehnt aus *griech.* iatrós „Arzt", das auch in unseren Lehnwörtern ↑Arzt und ↑Arznei vorliegt. Das zugrundeliegende Verb *griech.* iāsthai „heilen" ist nicht sicher gedeutet.

ich: Das *gemeingerm.* Personalpronomen *mhd.* ich, *ahd.* ih, *mnd.* ik, *got.* ik, *engl.* I, *schwed.* jag geht mit Entsprechungen in den anderen *idg.* Sprachen, z. B. *griech.* egṓ[n] und *lat.* ego (↑Egoismus), auf *idg.* *eĝom, *eĝ[ō] „ich" zurück. Die obliquen Kasus des Personalpronomens werden von anderen Stämmen gebildet. – Die substantivierte Form des Personalpronomens hat sächliches Geschlecht, beachte z. B. 'das bessere Ich'. Abl.: **Ichheit** (14. Jh.). Zus.: **Ichsucht** (18. Jh.; als Ersatz für 'Egoismus'), dazu **ichsüchtig** (18. Jh.).

ideal: Das schon im 17. Jh. in Zusammensetzungen wie 'Idealform' und 'Idealbild' im Sinne von „mustergültig, vorbildlich, vollkommen" bezeugte Adjektiv begegnet seit dem 18. Jh. zunächst in der Form 'idealisch', seit dem 19. Jh. in der daraus gekürzten heutigen Form. Die Bed. „vorbildlich, vollkommen" und „nur in der Vorstellung existierend" erscheinen beide auch in der Substantivierung **Ideal** „Sinnbild der Vollkommenheit, Leitbild, Wunschbild" (18. Jh.). Voraus liegt *lat.* idealis, das von *griech.-lat.* idéa abgeleitet ist (vgl. *Idee*). – Das Verb **idealisieren** „die Wirklichkeit verklären, etwas zum Ideal erheben" wurde im 18. Jh. – unter Einfluß von *frz.* idéaliser – zu ↑Ideal gebildet. Zum Adjektiv ↑ideal gehören dagegen die Substantivbildungen **Idealismus** und **Idealist.** Die heute übliche Bedeutung dieser Wörter „Streben nach Verwirklichung von Idealen" bzw. „Mensch, der nach der Verwirklichung von Idealen strebt; Schwärmer" führt wie bei 'ideal' auf die bei ↑Idee entwickelte philosophische und weltanschauliche Bedeutung zurück. In der Philosophie ist Idealismus die Lehre (Platons und Plotins) von der Scheinhaftigkeit alles Wirklichen (der konkreten Welt) im Verhältnis zu den Urbildern bzw. die Wissenschaft von den Ideen als dem nur im Denken seienden Wahren. Der Idealist ist der Vertreter dieser philosophischen Lehre.

Idee: „Vorstellung; Leitgedanke; Plan; Einfall“: Ein ursprünglich rein philosophischer Terminus, der in der Lehre des altgriechischen Philosophen Platon verwurzelt ist und von dort her in die geistige Welt Europas und in die europäischen Sprachen eingedrungen ist. *Griech.* idéa (> *lat.* idea), das von dem mit *lat.* videre „sehen“ und *nhd.* ↑*wissen* urverwandten Verb *griech.* ideīn (< *ui̯deīn) „sehen, erkennen; wissen“ abgeleitet ist, bedeutet zunächst „Erscheinung, Gestalt, Beschaffenheit, Form“, dann (bei Platon) vor allem „Urbild (als ewig unveränderliche Wesenheit der Dinge, jenseits ihres trügerischen Erscheinungsbildes).“ In diesem Sinne erscheint das Wort in den neueren philosophischen Systemen mit verschiedenen Modifikationen. – Die modernen Bedeutungen „Vorstellung; Leitgedanke; Einfall usw.“ entwickelten sich – zum Teil unter dem Einfluß von *frz.* idée – im 17. und 18. Jh. Ausgangspunkt ist der aus *griech.-lat.* idéa ableitbare Begriff des nur „geistig Vorgestellten, Gedanklichen“. Es ist einerseits der dem schöpferischen Menschengeist vorschwebende [Leit]gedanke, der zur Verwirklichung in der künstlerischen Aussage drängt, auch der schöpferische Gedanke überhaupt, andererseits allgemein der Gedanke, die Vorstellung von etwas und der Plan zur praktischen Verwirklichung des Gedachten. In der Gemeinsprache entspricht der Gebrauch von 'Idee' im Sinne von „plötzliche Eingebung, Einfall“. Die Bedeutung „ein bißchen“ ist der Umgangssprache zuzuordnen. Es handelt sich dabei um eine Übertragung, welche die Vorstellung von etwas als unscheinbar voraussetzt im Verhältnis zur Wirklichkeit; 'Idee' ist hier gleichsam nur der „Hauch eines Gedankens“. – Stärker noch als bei dem Wort 'Idee' kommen die Bedeutungen „Leitgedanke; Leitbild, Vorbild“ zum Ausdruck bei den dazugehörigen Fremdwörtern *ideal, idealisieren, Idealismus, Idealist, ideell* (s. die einzelnen Artikel). – Zu *griech.* ideīn gehören noch verschiedene Nominalbildungen, die in unserem Wortschatz als Fremdwörter eine Rolle spielen: *griech.* eīdos „Aussehen, Gestalt, Beschaffenheit; Gattung; Zustand“ (wozu als Hinterglied in Zusammensetzungen ...eidḗs gehört, entsprechend in Fremdwörtern ...id, ...oïd im Sinne von „die Gestalt von etwas habend; ähnlich“); davon abgeleitet ist die Verkleinerungsform *griech.* eidýllion „Bildchen, Gedichtchen“ (↑ Idyll, Idylle, idyllisch); *griech.* eídōlon „Bild, Gestalt; Trug-, Götzenbild“ erscheint in ↑ Idol und *griech.* histōr „Wisser“ (< *u̯id-tōr) in ↑ Historie, historisch, Historiker, Histörchen und ↑ Story.

ideell „die Idee betreffend; nur in der Vorstellung vorhanden; geistig“: Das Adjektiv ist eine deutsche Neubildung des 18./19. Jh.s zu ↑ ideal, nach dem Vorbild von 'real' – 'reell'.

identisch „ein und dasselbe bedeutend; völlig gleich (auch von Personen)“: Das Adjektiv ist eine Bildung des 18. Jh.s zu *spätlat.* identitas „[Wesens]einheit“, das schon vorher übernommen wurde als **Identität** „vollkommene Übereinstimmung zweier Dinge oder Personen“, auch „Echtheit“, wie noch in der im *Österr.* üblichen Zusammensetzung **Identitätsausweis** „Personalausweis“ (entsprechend *frz.* carte d'identité). Zugrunde liegt das *lat.* Demonstrativpronomen idem (< *isdem), eadem, idem „eben der, ein und derselbe“, das wohl als ein durch hinweisendes -em verstärktes is (ea, id) „er (sie, es)“ anzusehen ist. Urverwandt ist *dt.* ↑*er.* – Zu 'identisch' stellt sich das seit dem 19. Jh. gebräuchliche Verb **identifizieren** „etwas genau wiedererkennen; die Identität einer Person feststellen“ (wohl nach *frz.* identifier). Über dessen Grundwort *lat.* facere „machen, tun usw.“ s. unter *Fazit.*

Ideologie „Gesamtheit der Ideen, auf die sich eine Weltanschauung oder ein Parteiprogramm gründet“: Das Fremdwort wurde im 19. Jh. aus *frz.* idéologie „Ideenlehre“ entlehnt, einer von dem französischen Philosophen Destutt de Tracy 1796 zu *griech.* idéa (vgl. *Idee*) geprägten Bezeichnung für eine neue philosophische Richtung. Dazu stellen sich **Ideologie** (19. Jh.; aus *frz.* idéologue) und **ideologisch** (20. Jh.).

idio..., Idio...: Das Bestimmungswort von Zusammensetzungen mit der Bedeutung „eigen, selbst; eigentümlich, besonder...“ist entlehnt aus gleichbed. *griech.* ídios (vgl. *Idiot*).

Idiom „die einem einzelnen oder einer Gruppe zukommende Eigenart der Sprechweise, Spracheigentümlichkeit; Mundart“: Das Fremdwort wurde im 17. Jh. aus gleichbed. *frz.* idiome entlehnt, das über *lat.* idioma auf *griech.* idíōma „Eigentümlichkeit, Besonderheit“ zurückgeht. Dies gehört zum *griech.* Adjektiv ídios „eigen, eigentümlich“ (vgl. *Idiot*).

Idiot „hochgradig Schwachsinniger“, *ugs.* für: „Dummkopf, Trottel“: Das schon im 16. Jh. aus *lat.* idiota, idiotes < *griech.* idiṓtēs „Privatmann; gewöhnlicher, einfacher Mensch; unkundiger Laie, Stümper“ entlehnte Substantiv wurde bis ins 19. Jh. noch ganz im Sinne des *griech.* Wortes gebraucht und entwickelte dann erst die heute übliche Bedeutung. – Das *griech.* Wort ist eine Bildung zum Adjektiv *griech.* ídios „eigen, privat; eigentümlich“, das auch in *griech.* idíōma „Eigentümlichkeit“ (↑ Idiom) vorliegt, ferner in verschiedenen Zusammensetzungen als Vorderglied (↑ idio..., Idio...). – Dazu noch: **Idiotie** „hochgradiger Schwachsinn“, *ugs.* für: „Dummheit, Eselei“ (Ersatzwort des 19. Jh.s für älteres 'Idiotismus'); **idiotisch** (19. Jh.; aus *lat.* idioticus < *griech.* idiōtikós „eigentümlich; gewöhnlich; unwissend, ungebildet“, wovon als gelehrte Neubildung des 18. Jh.s **Idiotikon** „Mundartwörterbuch“, eigentlich „Wörterbuch des eigentümlichen Wortschatzes“, abgeleitet ist).

Idol „Götzenbild, Abgott; abgöttisch verehrter Mensch“: Das Fremdwort wurde im 18. Jh. aus gleichbed. *lat.* idolum, entlehnt, das auf *griech.* eídōlon „Gestalt, Bild; Trugbild, Götzenbild“ zurückgeht. Dies gehört zur Sippe von *griech.* ideīn „sehen, erkennen, wissen“ (vgl. *Idee*).

Idyll „Bild friedlichen und einfachen Lebens in (meist) ländlicher Abgeschiedenheit“: Das

Fremdwort wurde im 18. Jh. aus *lat.* idyllium „kleines [Hirten]gedicht" entlehnt, das aus *griech.* eidýllion stammt. Dies ist eine Verkleinerungsbildung zu *griech.* eĩdos „Bild, Gestalt usw." (vgl. *Idee*), bedeutet also eigentlich „Bildchen" und bezeichnet die Darstellung von Szenen aus dem ländlichen Leben vor allem in der Hirtendichtung. – Dazu das Adjektiv **idyllisch** „ländlich, friedlich, einfach" (18. Jh.) und das teilweise für 'Idyll' stehende Substantiv **Idylle** „Schilderung eines Idylls in Literatur und bildender Kunst" (18. Jh.).

Igel: Der *altgerm.* Name des Igels *mhd.* igel, *ahd.* ĭgil, *niederl.* egel, *aengl.* īgel, *aisl.* ĭgull ist, wie z. B. auch *griech.* echĩnos „Igel" und die *baltoslaw.* Sippe von *russ.* ëž „Igel", eine Ableitung von dem *idg.* Wort für „Schlange". Das von *idg.* *eĝhi- „Schlange" (beachte die Artikel *Egel* und *Unke*) abgeleitete und substantivierte Adjektiv bedeutet eigentlich „der zur Schlange Gehörende". Der Igel, der neben Insekten, Schnecken, Fröschen und Mäusen auch Schlangen jagt und vertilgt, ist also als „Schlangenfresser, Schlangentier" benannt worden. – Nach der Schnauzenform wird volkstümlich zwischen 'Hundsigel' und 'Schweinigel' (s. unter *Schwein*) unterschieden. Abl.: **einigeln,** sich „eine Igelstellung (zur Verteidigung nach allen Seiten) einnehmen" (20. Jh.).

...igkeit ↑ heit.

ignorieren „nicht wissen wollen, absichtlich übersehen, nicht beachten": Das Verb wurde im 18. Jh. aus *lat.* ignorare „nicht kennen [wollen]" entlehnt, das im Ablaut zu *lat.* ignarus (< in-gnarus) „unwissend", gnarus „einer Sache kundig, wissend" steht. Die Wörter gehören zur Wortfamilie von *lat.* noscere „erkennen, kennenlernen" (vgl. *nobel*). – Zu 'ignorieren' stellen sich **Ignorant** „Nichtwisser, Dummkopf" (16. Jh.; aus *lat.* ignorans, dem Part. Präs. von ignorare) und **Ignoranz** „Unwissenheit, Dummheit" (16. Jh.; aus *lat.* ignorantia).

ihm, ihn, ihr, ihrer ↑ er.

il..., Il... ↑ [1]in, In..., [2]in..., In...

illegal ↑ legal.

illegitim ↑ legitim.

illuminieren „(Häuser, Straßen usw.) festlich erleuchten": Das Verb wurde im 18. Jh. aus gleichbed. *frz.* illuminer entlehnt, das auf *lat.* illuminare „erleuchten" zurückgeht. Das zugrundeliegende Substantiv *lat.* lumen „Licht, Leuchte" stellt sich mit *lat.* lucere „leuchten", *lat.* lux „Licht, Glanz" – dazu *lat.* lucerna „Leuchte" (↑ Luzerne) und *kirchenlat.* Lucifer „Lichtbringer; Morgenstern" (↑ Luzifer) – und mit *lat.* luna „Mond" (daraus unser Lehnwort ↑ Laune) zu der unter ↑ *licht* dargestellten *idg.* Wurzel *leuk- „leuchten". – Abl.: **Illumination** „festliche Beleuchtung" (18. Jh.; aus *frz.* illumination < *lat.* illuminatio „Erleuchtung, Beleuchtung").

Illusion „Wunschbild, Selbsttäuschung": Das Fremdwort wurde im 17. Jh. aus gleichbed. *frz.* illusion entlehnt, das auf *lat.* illusio „Verspottung, Täuschung; eitle Vorstellung" zurückgeht. Dies gehört zu *lat.* il-ludere (< inludere) „hinspielen, sein Spiel treiben, verspotten; täuschen". Stammwort ist das etymologisch umstrittene Substantiv *lat.* ludus „Spiel, Schauspiel; Schule; Kurzweil, Scherz, Spaß", das auch in ↑ Präludium vorliegt. – Das Adjektiv **illusorisch** „nur in der Illusion bestehend, trügerisch; vergeblich" wurde im 18. Jh. aus gleichbed. *frz.* illusoire übernommen und nach *lat.* illusorius „zum Täuschen geeignet" latinisiert.

illuster „glänzend; vornehm, erlaucht": Das Adjektiv wurde im 19. Jh. aus gleichbed. *frz.* illustre entlehnt, das auf *lat.* illustris „im Licht stehend, strahlend; berühmt" (< *inlustris) zurückgeht. Dies gehört zu *lat.* lustrare „hell machen, beleuchten" (vgl. *Lüster*). – Die von *lat.* lustrare abgeleiteten Wörter illustrare „erleuchten; erhellen, erläutern; ausschmücken" und illustratio „Erhellung; anschauliche Darstellung" erscheinen in *dt.* Texten bereits im 17. bis 18. Jh. als **illustrieren** und **Illustration.** Ihre moderne Bedeutung „(ein Buch, eine Zeitschrift) mit Bildern schmücken" erlangen sie allerdings erst im 19. Jh. mit dem Aufkommen bebilderter Textausgaben. Das gilt besonders für das adjektivisch gebrauchte Partizip **illustriert** (19. Jh.) und dessen Substantivierung **Illustrierte** (20. Jh.).

Iltis: Der auf das *dt.* Sprachgebiet beschränkte Tiername (*mhd.* iltis, eltes, *ahd.* illi[n]tiso) ist nicht sicher gedeutet. Es handelt sich jedenfalls um eine verdunkelte Zusammensetzung, deren Grundwort vermutlich *germ.* *wis[j]o- „Wiesel" (vgl. *Wiesel*) ist. Allerdings kann das Grundwort auch mit *aisl.* dīs „weibliches göttliches Wesen" zusammenhängen und erst volksetymologisch an den Namen des Wiesels angeschlossen worden sein. Das Bestimmungswort ist vielleicht *ahd.* elo „gelbbraun" (vgl. *Elch*) oder aber *ahd.* ellenti „fremd" (vgl. *elend*). Im ersteren Falle wäre der Iltis als „gelbbraunes Wiesel", im letzteren Falle als „fremdes Wiesel" benannt worden. – Von den überaus zahlreichen Mundartformen beachte z. B. 'Elledeis, Eltes, Ilte, Ilske, Ilk, Illink'.

im ↑ in.

im..., Im... ↑ [1]in..., In..., [2]in..., In...

Image „Vorstellung, Bild (von jemandem); hohes Ansehen": Das Fremdwort wurde in der 2. Hälfte des 20. Jh.s aus gleichbed. *engl.* image entlehnt, das über *afrz.* imagene auf *lat.* imago „Bild" (vgl. *imaginär*) zurückgeht.

imaginär „unwirklich, nur in der Vorstellung vorhanden, nicht wirklich", in der Mathematik auch in der Fügung 'imaginäre Zahl' „durch eine positive oder negative Zahl nicht darstellbare Größe": Das Adjektiv wurde in beiden Bedeutungen aus *frz.* imaginaire entlehnt, das auf *lat.* imaginarius „zum Bild gehörig, bildhaft; nur in der Einbildung bestehend" zurückgeht. Zugrunde liegt das Substantiv *lat.* imago „Bild, Bildnis, Abbild; Trugbild, Vorstellung", das mit *lat.* imitari „nachahmen" (↑ imitieren) zu *lat.* aemulus „wetteifernd" gehört.

Imbiß: Das Substantiv (*mhd., ahd.* in-, imbiz̆) ist eine Bildung zu dem untergegangenen zusammengesetzten Verb *mhd.* enbīzen, *ahd.*

enbīzan „essend oder trinkend genießen" (vgl. *in* und *beißen*). In *nhd.* Zeit bezeichnete das Wort zunächst jede beliebige Mahlzeit, dann speziell das zweite Frühstück und schließlich eine außerhalb der Hauptmahlzeiten eingenommene kleinere Mahlzeit.

imitieren „nachahmen": Das Verb wurde im 16. Jh. aus gleichbed. *lat.* imitari entlehnt, das mit *lat.* imago „Bild, Bildnis" verwandt ist (vgl. *imaginär*). Dazu: **imitiert** „nachgemacht, künstlich, unecht (besonders von Schmuck)"; **Imitation** „[minderwertige] Nachbildung besonders von Schmuck" (16. Jh.; aus *lat.* imitatio „Nachahmung, Nachbildung"); **Imitator** „Nachahmer" (aus gleichbed. *lat.* imitator).

Imker: Das Wort für den Bienenzüchter stammt aus dem *niederl.-niederd.* Sprachbereich. Erst im 19. Jh. erlangte es gemeinsprachliche Geltung und drängte die *hochd.* Ausdrücke 'Bienenvater' und 'Zeidler' zurück. *Niederl.-niederd.* imker ist eine Zusammensetzung, deren Bestimmungswort das unter ↑*Imme* behandelte Substantiv ist, während das Grundwort zu der *germ.* Sippe von *mnd.* kar „Korb, Gefäß" gehört. Und zwar ist das Grundwort eine ja-Bildung (Nomen agentis), beachte das Verhältnis von 'Hirt' zu 'Herde' (vgl. *Kar*).

immanent ↑Menage.

Immatrikulation, immatrikulieren ↑Matrikel.

Imme: Der *landsch.* Ausdruck für „Biene" geht zurück auf *mhd.* imme (imbe, impe) „Bienenschwarm, Bienenstand", *ahd.* imbi „[Bienen]schwarm", beachte *mnd.* imme „Bienenschwarm; Biene", *aengl.* ymbe „Bienenschwarm". Erst in *spätmhd.* Zeit entwickelte sich aus dem kollektiven Sinn „Bienenschwarm" die Bed. „Biene". Ähnlich ist die Bedeutungsgeschichte von 'Stute', das früher „[Pferde]herde" bedeutete. – Die weitere Herkunft des *westgerm.* Substantivs mit der Bed. „[Bienen]schwarm" ist nicht sicher geklärt. Falls die Bed. „Schwarm" aus „Wolke" hervorgegangen ist, könnte es zu der unter ↑*Nebel* dargestellten *idg.* Wortgruppe gehören. Siehe auch den Artikel *Imker*.

immens „unermeßlich [groß]": Das Adjektiv wurde im 19. Jh. aus gleichbed. *lat.* im-mensus (zu ↑[2]*in...*, *In...* und *lat.* metiri „messen") entlehnt. Über weitere Zusammenhänge vgl. *Mensur*.

immer: Das Zeitadverb (*mhd.* immer, iemer, *ahd.* iomēr, *mnd., niederl.* immer) ist eine auf das *dt.* und *niederl.* Sprachgebiet beschränkte Zusammensetzung, deren erster Bestandteil das unter ↑*je* behandelte Adverb ist, während der zweite Bestandteil der unter ↑*mehr* dargestellte Komparativ ist. – Das Adverb, das hauptsächlich die Dauer und die Wiederholung ausdrückt und den Komparativ verstärkt, erscheint in mehreren Zusammenrückungen, beachte z. B. **immerdar, immerfort, immergrün,** substantiviert **Immergrün** (Pflanzenname), **immerhin, immerzu.**

Immobilien ↑Mobilien.

immun „unempfänglich gegenüber Krankheitserregern; unempfindlich; nicht zu beeindrucken; unter dem Rechtsschutz der Immunität stehend (von Abgeordneten und Diplomaten)": Das Adjektiv wurde im 18. Jh. aus *lat.* immunis „frei; unberührt, rein" (eigentlich: „frei von Leistungen") entlehnt. Über weitere Zusammenhänge vgl. [2]*in...*, *In...* und *Kommune*. Das dazugehörige Substantiv **Immunität** (aus *lat.* immunitas „Freisein [von Leistungen]") ist schon Anfang des 18. Jh.s bezeugt, in den modernen, dem Adjektiv entsprechenden Bedeutungen aber erst seit dem 19. Jh. Im politisch-rechtlichen Sinne bezeichnet es einmal den persönlichen Rechtsschutz der Parlamentarier vor strafrechtlicher Verfolgung, zum anderen auch die Befreiung der Diplomaten von der Gerichtsbarkeit des Gastlandes. – Eine junge Neubildung zu 'immun' ist das Verb **immunisieren** „unempfänglich machen für Krankheiten (z. B. durch Impfung)".

Imperativ „Befehlsform": Der grammatische Ausdruck ist aus gleichbed. *lat.* (modus) imperativus entlehnt. Das zugrundeliegende Zeitwort *lat.* imperare „anordnen, befehlen" gehört wohl zu *lat.* parare „rüsten, bereiten, schaffen" (vgl. *parat*). – Zu *lat.* imperare gehört als Substantivbildung *lat.* imperium „Befehl; [Staats]gewalt, Herrschaft; [Kaiser]reich", aus dem unser Fremdwort **Imperium** stammt. Vgl. auch den Artikel *Imperialismus*.

Imperfekt ↑perfekt.

Imperialismus „Bestrebung einer Großmacht, ihren politischen, militärischen und wirtschaftlichen Macht- und Einflußbereich weiter auszudehnen": Das seit dem 19. Jh. gebräuchliche Fremdwort ist relatinisiert aus *frz.* impérialisme (bzw. *engl.* imperialism), einer Bildung zu dem *spätlat.* Adjektiv imperialis „die Staatsgewalt betreffend; kaiserlich", das von *lat.* imperium „Befehl; Herrschaft, Staatsgewalt; [Kaiser]reich" abgeleitet ist (vgl. *Imperativ*). – Dazu: **Imperialist** „Vertreter des Imperialismus" (19. Jh.) und **imperialistisch** (20. Jh.).

Imperium ↑Imperativ.

impertinent „ungehörig, frech, unverschämt": Das in allgemeiner Bedeutung seit dem 18. Jh. bezeugte Adjektiv stammt aus der Juristensprache, wo es schon im 17. Jh. im Sinne von „nicht zur Sache gehörig, nicht sachdienlich, abwegig" belegt ist. Quelle ist *spätlat.* im-pertinens „nicht zur Sache gehörend, nicht dazugehörig", das zu ↑[2]*in...*, *In...* und *lat.* pertinere „sich erstrecken, sich beziehen auf etwas" (vgl. *per...* und [1]*Tenor*) gehört.

impfen: Das Verb war ursprünglich ein Fachwort des Obst- und Gartenbaues mit der Bed. „ein Pfropfreis einsetzen, veredeln". Es wurde als solches vor der hochdeutschen Lautverschiebung aus gleichbed. *vlat.* imputare entlehnt (*ahd.* impfōn, *mhd.* impfen), das seinerseits wohl Entlehnung aus *griech.* em-phyteúein „einpflanzen, pfropfen" ist. Im 18. Jh. wurde 'impfen' in die medizinische Fachsprache übernommen mit der Bedeutung „Krankheitserreger in abgeschwächter Form in den Körper übertragen zum Zwecke der Immunisierung gegen ansteckende Krankheiten". In diesem Sinne erlangte das Wort gemeinsprachliche Geltung. – Abl.: **Impfung** (*spätmhd.* impfung „Pfropfung"); **Impfling** „zu Impfender bzw. Geimpfter" (im 16. Jh. „Pfropfreis").

Imponderabilien „Unwägbarkeiten, Gefühls- und Stimmungswerte": Das Fremdwort ist eine gelehrte Bildung des 18. Jh.s mit ↑²*in..., In...* zu *lat.* ponderabilis „wägbar". Zugrunde liegt *lat.* pondus „Gewicht" (vgl. *Pfund*).

imponieren „Achtung einflößen, [großen] Eindruck machen": Das Verb wurde im 18. Jh. aus *lat.* imponere (< in-ponere) „hineinlegen; auf etwas stellen; auferlegen (insbesondere eine Last)" entlehnt, aber in der Bedeutung von *frz.* imposer (↑imposant) beeinflußt, das gleicher Herkunft ist und nach *frz.* poser (↑Pose) umgestaltet wurde. – Über weitere Zusammenhänge vgl. *Position.*

Import: Das Fremdwort für „Einfuhr" wurde Ende des 18. Jh.s aus *engl.* import entlehnt. Das *engl.* Wort ist das substantivierte Verb to import „einführen", das über *frz.* importer auf *lat.* importare (< in-portare) „hineinbringen; einführen" zurückgeht. Über weitere Zusammenhänge vgl. ¹*in..., In...* und *Porto.* – Unmittelbar aus *lat.* importare wurde schon im 17. Jh. **importieren** „Waren aus dem Ausland einführen" entlehnt. Das dazugehörende Substantiv **Importeur** „Großkaufmann, der gewerbsmäßig Waren aus dem Ausland einführt" ist hingegen eine sehr junge französierende Neubildung des 20. Jh.s, der im *Frz.* importateur entspricht.

imposant „eindrucksvoll, großartig, überwältigend": Das Adjektiv wurde im 18. Jh. aus gleichbed. *frz.* imposant entlehnt. Dies gehört zu *frz.* imposer „eine Bürde auferlegen; Respekt einflößen" (vgl. *imponieren*).

impotent, Impotenz ↑potent.

imprägnieren „feste Stoffe mit Flüssigkeiten durchtränken (zum Schutz vor Wasser, Zerfall u. ä.)": Das Verb ist schon im 17. Jh. als handwerklicher Fachausdruck bezeugt. Daneben galt es lange Zeit als Fachwort der Gerichtssprache im Sinne des vorausliegenden *lat.* Verbs im-praegnare „schwängern". Über das zugrundeliegende Adjektiv *lat.* praegnas „schwanger, trächtig" vgl. den Artikel *prägnant.* – Dazu das Substantiv **Imprägnation** (aus *vlat.* impraegnatio).

Impresario „Künstler-, Konzertagent": Das Fremdwort wurde im 18. Jh. aus *it.* impresario „Theaterunternehmer" entlehnt, einer Bildung zu *it.* impresa „Unternehmen".

Impression „Sinnes-, Gefühlseindruck": Das Fremdwort wurde – vielleicht unter dem Einfluß von *frz.* impression – im 18. Jh. aus *lat.* impressio „Eindruck" entlehnt, einer Bildung zum Part. Perf. impressus von imprimere „[hin]eindrücken" (vgl. *Imprimatur).*

Impressionismus „Eindruckskunst" (Bezeichnung einer im ausgehenden 19. Jh. aufkommenden Kunstrichtung): Das Fremdwort wurde Ende des 19. Jh.s aus *frz.* impressionisme entlehnt, einer Neubildung zu *lat.* impressio „Eindruck" nach dem Vorbild eines 'Impression' genannten Landschaftsbildes von Monet. – Zugrunde liegt das *lat.* Verb imprimere „eindrücken" (vgl. *Imprimatur*). Dazu stellen sich die Bildungen **Impressionist** und **impressionistisch.**

Impressum (Druckschriften mit kurzen Angaben über Erscheinungsort und -zeit, Herausgeber, Verlag, Drucke usw.): Das Fachwort der Druckersprache ist identisch mit *lat.* impressum „das Eingedrückte, Aufgedrückte", dem substantivierten Part. Perf. Pass. von im-primere (vgl. *Imprimatur*).

Imprimatur „Druckerlaubnis": Das seit dem Ende des 18. Jh.s bezeugte Fachwort der Druckersprache ist substantiviert aus *lat.* imprimatur „es werde gedruckt", dem üblichen Vermerk, durch den ein Manuskript zum Druck freigegeben wird. Das zugrundeliegende Kompositum *lat.* imprimere (< *in-premere) „hineindrükken, aufdrücken" von *lat.* premere „drücken" liegt auch vor in den Fremdwörtern ↑Impressum, ↑Impression und ↑Impressionismus. – Über weitere Zusammenhänge vgl. *Presse.*

improvisieren „etwas ohne Vorbereitung, aus dem Stegreif tun": Das Verb wurde im 18. Jh. aus *it.* improvvisare entlehnt, das zu improvviso „unvorhergesehen, unerwartet" gebildet ist. Das vorausliegende *lat.* im-pro-visus gehört zu ↑²*in..., In...* und *lat.* pro-videre „vorhersehen" (vgl. *pro...* und *Vision;* s. auch den Artikel *Provision*). – Dazu seit dem 19. Jh. das Substantiv **Improvisation.**

Impuls „(äußerer oder innerer) Antrieb, Anstoß": Das Fremdwort wurde im 18. Jh. aus gleichbed. *lat.* impulsus entlehnt. Dies gehört zu *lat.* im-pellere (< in-pellere) „anstoßen, stoßend in Bewegung setzen" (vgl. ¹*in..., In...* und *Puls*). – Das seit dem 19. Jh. bezeugte Adjektiv **impulsiv** „durch Impulse bedingt; lebhaft, rasch handelnd; spontan" ist wohl als psychologischer Fachausdruck aus gleichbed. *engl.* impulsive (< *frz.* impulsif < *spätlat.* impulsivus) entlehnt.

in: Die *gemeingerm.* Präposition *mhd., ahd.* in, *got.* in, *engl.* in, *schwed.* i geht mit Entsprechungen in den meisten anderen *idg.* Sprachen, z. B. *griech.* en „in" (↑en..., En...) und *lat.* in „in" (↑¹in..., In...) auf *idg.* *en „in" zurück. Zu *idg.* *en stellen sich die Bildungen *entós „[von] innen", vgl. z. B. *lat.* intus „von innen; drinnen" (↑intus), *enter „zwischenhinein" (vgl. *unter*) und *[e]nei-, Komparativ *nitero- „nieder" (s. die Sippe von *nhd. nieder*). – Die Präposition 'in' gab ursprünglich Lage, Erstreckung und Bewegung in Raum und Zeit an, woraus sich die vielfältigen übertragenen Verwendungen entwickelten. Im *Dt.* steht 'in' mit dem Dativ und Akkusativ, beachte die Zusammenziehungen **im** (aus 'in dem') und **ins** (aus 'in das') sowie die Verbindungen mit dem substantivierten Neutrum des Adjektivs, wie z. B. 'im allgemeinen, im besonderen, im stillen' und 'insbesondere, insgeheim, insgesamt'. – Als Adverb fungierte in *altgerm.* Zeit eine verstärkte Form der *gemeingerm.* Präposition: *got., aengl., aisl.* inn, *ahd., mhd.* in, mit sekundärer Länge *ahd., mhd.*

īn, auf das *nhd.* **ein** (↑ [2]ein) in Zusammensetzungen zurückgeht, beachte z. B. 'hinein, herein, d[a]rein' (*mhd.* hin īn usw.). Auf einer Lokativform dieses Adverbs beruht wahrscheinlich die *germ.* Sippe von *nhd.* **inne:** *mhd.* inne, *ahd.* inna, -e, -i, *got.* inna, *aengl.* inne, *aisl.* inni. Im heutigen Sprachgebrauch ist 'inne' weitgehend durch die Adverbien 'innen' (s. u.) und 'drin' ersetzt worden. Gebräuchlich ist es in der Verbindung **innewerden** „gewahr werden" und in den unfesten Zusammensetzungen **innehaben, innehalten, innewohnen.** Eine weitere *germ.* Adverbialbildung liegt vor in *nhd.* **innen,** *mhd.* innen, *ahd.* innan[a], *got.* innana, *aengl.* innan, *aisl.* innan. Eine komparativische Adjektivbildung ist *nhd.* **innere,** *schweiz.* auch mit sekundärem t **innert:** *mhd.* inner „inwendig", als Adverb und Präposition „innen; innerhalb", *ahd.* innaro „inwendig". Dazu gehören die Ableitungen **Innerei** „Gekröse, eßbare Tiereingeweide", **innerhalb** (*mhd.* innerhalp, innerhalbe[n], Adverb und Präposition), **innerlich** (*mhd.* innerlich) und **erinnern** (s. d.). – Die Präposition 'in' steckt in zahlreichen Zusammensetzungen, teils erkennbar, wie z. B. in **Inbegriff** (↑ greifen), **inbrünstig** (↑ Brunst), **Ingrimm** (↑ grimm), **Insasse** (*mhd.* insæze „Einwohner, Mietwohner"; zum zweiten Bestandteil vgl. *sitzen*), **inständig** (16. Jh.; Lehnübertragung von *lat.* instans), teils verdunkelt, wie z. B. in 'empor, entgegen, entzwei' (s. diese und beachte auch die Artikel *mitten, neben, weg, zwischen*) und 'entschlafen' eigtl. „einschlafen". In anderen Zusammensetzungen ist 'in' durch die Form 'ein' ersetzt worden, beachte z. B. **Eingeweide** (*mhd.* ingeweide), **Einwohner** (*mhd.* inwoner), **eingedenk** (*mhd.* indenke). Andererseits ist 'in' in einigen Zusammensetzungen an die Stelle von 'inne' getreten, beachte z. B. **Inhalt** (*mhd.* innehalt, zu 'innehalten' in der Bedeutungswendung „enthalten"), **inwendig** (*mhd.* innewendec). Von den zahlreichen Zusammenrückungen beachte z. B. **indem, indessen, insofern, inwieweit.** Siehe auch die Artikel *innig, Innung* und *binnen.*

[1]in..., In..., (vor Vokalen angeglichen zu:) il..., im..., ir...: Die Vorsilbe von Fremdwörtern mit der Bedeutung „ein, hinein" ist entlehnt aus gleichbed. *lat.* in[...], das urverwandt ist mit *dt.* ↑*in.* Im *Frz.* wurde *lat.* in[...] zu en[...], das gleichfalls als Vorsilbe in Fremdwörtern, die aus dem *Frz.* stammen, erscheint. Zur *lat.* Sippe von 'in' gehören auch verschiedene andere Präpositionen, wie inter, intra, intus; außerdem Adjektive wie intimus (vgl. hierüber den Artikel *intus*).

[2]in..., In..., (vor Konsonanten angeglichen zu:) il..., Il..., im..., Im..., ir..., Ir...: Die Vorsilbe mit der Bedeutung „un..., nicht, ohne", wie in 'inkorrekt, illoyal, irregulär', ist entlehnt aus gleichbed. *lat.* in... (< *en...), das urverwandt ist mit ↑*un...*

Inbegriff ↑greifen.

Inbrunst, inbrünstig ↑ Brunst.

Index „alphabetisches [Stichwort]verzeichnis; Kennziffer (zur Unterscheidung gleichartiger Größen)": Das seit dem 16. Jh. gebräuchliche Fremdwort ist entlehnt aus *lat.* index „Anzeiger; Register, Verzeichnis, Katalog", das zu *lat.* indicare „anzeigen" gehört. Dessen Stammwort *lat.* dicare „feierlich verkünden" ist ein Intensivum zu dicere „sprechen, verkünden, reden" (vgl. *diktieren*).

indifferent „unbestimmt, unentschieden; gleichgültig, teilnahmslos": Das Adjektiv wurde im 17. Jh. aus gleichbed. *lat.* in-differens (eigentlich: „keinen Unterschied habend") entlehnt, das zu ↑[2]*in..., In...* und *lat.* dif-ferre „sich unterscheiden" (vgl. *differieren*) gehört.

indigniert „unwillig, entrüstet": Das Adjektiv ist eigentlich das Part. Perf. des heute veralteten Verbs 'indignieren' „entrüsten". Dies ist entlehnt aus *lat.* indignari „für unwürdig halten, sich entrüsten" (zu ↑[2]*in..., In...* und *lat.* dignus „geziemend; würdig", das verwandt ist mit *lat.* decere „zieren; sich schicken, sich geziemen"; vgl. *dezent*).

Indigo: Der älteste und wichtigste organische, heute synthetisch hergestellte Farbstoff (beachte die Zusammensetzung **Indigoblau**) war schon den alten Griechen bekannt. Sie nannten ihn nach seiner ostindischen Heimat *griech.* indikón „das Indische". Über *lat.* indicum gelangte der Name ins *Mhd.* (*mhd.* indich), um jedoch später der *span.* Lautform índigo (17. Jh.) Platz zu machen, die sich endgültig einbürgerte.

Indikativ „Wirklichkeitsform des Verbs": Der grammatische Fachausdruck ist eine Entlehnung aus gleichbed. *lat.* (modus) indicativus (eigentlich: „der zur Aussage, zur Anzeige geeignete Modus"). Dies gehört zu *lat.* in-dicare „anzeigen, aussagen", dem Intensivum von indicere „ansagen, ankündigen". Über die weiteren Zusammenhänge vgl. [1]*in..., In...* und *diktieren.*

indirekt „mittelbar": Das Adjektiv wurde im 18. Jh. aus gleichbed. *spätlat.* indirectus (zu ↑[2]*in..., In...* und *lat.* dirigere „geraderichten" [vgl. *dirigieren*]) entlehnt.

indiskret ↑ diskret.

Individuum „der Mensch als Einzelwesen, die einzelne Person": Das Wort ist eine Entlehnung des 16. Jh.s aus gleichbed. *mlat.* individuum < *lat.* individuum „das Unteilbare", das als Lehnübersetzung von *griech.* átomos (↑ Atom) mit verneinendem ↑[2]*in..., In...* zu *lat.* dividere „trennen, zerteilen" gebildet ist (vgl. *dividieren*). – Der in dem Wort zum Ausdruck kommende Wertbegriff, der den Menschen als einzelnen mit allen seinen Wesensgestimmtheiten einer Gemeinschaft bzw. der Masse gegenüberstellt, findet sich auch in den verschiedenen Ableitungen neuerer Zeit ausgeprägt, so in: **individuell** „dem Individuum eigentümlich; von betonter Eigenart" (18. Jh.; aus *frz.* individuel < *mlat.* individualis), für älteres **individual,** das nur noch als Bestimmungswort in Zusammensetzungen wie **Individualethik** lebt; **Individualität** „persönliche Eigenart" (18. Jh.; latinisiert aus *frz.* individualité); **Individualismus** „betonte Zurückhaltung eines Menschen gegenüber einer Gemeinschaft, ihren Gepflogenheiten, Regeln und Ansprüche; Anschauung, die dem Individuum den Vorrang gegenüber der Gemeinschaft gibt" (20. Jh.); **Individualist** „Anhänger des Individualismus; betont eigenwilliger Mensch; Einzelgänger" (20. Jh.); **individualistisch** (20. Jh.).

Indiz „Hinweis, Anzeichen; Umstand, dessen Vorhandensein mit großer Wahrscheinlichkeit auf einen Sachverhalt schließen läßt (Rechtsw.)": Das Fremdwort wurde im 19. Jh. aus *lat.* indicium „Anzeige; Anzeichen; Beweis" eingedeutscht. Dies gehört zu *lat.* index „Anzeiger" (↑Index) und damit weiter zu *lat.* in-dicare „anzeigen", in-dicere „ansagen, ankündigen" (vgl. [1]*in..., In...* und *diktieren*). Zus.: **Indizienbeweis** (19. Jh.).

Industrie: Das Fremdwort tritt im *Dt.* im 18. Jh. zuerst in seiner eigentlichen (der Herkunft des Wortes entsprechenden) Bed. „Fleiß, Betriebsamkeit" auf. Seit der Mitte des 18. Jh.s wird es dann speziell im Sinne von „Gewerbefleiß, Gewerbe" verwendet, wodurch die gegen Ende des 18. Jh.s aufkommende, heute allein gültige Bed. „gewerbliche Fabrikation, Produktion materieller Güter" vorbereitet ist. Das Wort ist in allen Bedeutungen aus *frz.* industrie entlehnt, das seinerseits auf *lat.* industria „Fleiß, Betriebsamkeit" beruht. – Abl.: **industriell** „die Industrie betreffend" (19. Jh.; aus gleichbed. *frz.* industriel), dazu das Substantiv **Industrielle** „Eigentümer eines Industriebetriebes, Unternehmer" (19. Jh.; schon im *Frz.* substantivisch gebraucht); **industrialisieren** „eine Industrie auf- oder ausbauen" (20. Jh.; aus gleichbed. *frz.* industrialiser).

infam „ehrlos, niederträchtig, schändlich": Das Adjektiv war ursprünglich ein Wort der Rechtssprache, das im 17. Jh. aus *lat.* in-famis „berüchtigt, verrufen" entlehnt wurde. Dies gehört mit verneinendem ↑[2]*in..., In...* zu *lat.* fama „Sage, Gerücht, Ruf". Über weitere Zusammenhänge vgl. die Artikel *famos* und *fatal*.

Infanterie „Fußtruppe": Das seit Anfang des 17. Jh.s bezeugte Fremdwort ist wohl unmittelbar aus gleichbed. *it.* infanteria entlehnt, aus dem auch *span.* infantería und *frz.* infanterie stammen. *Frz.* infanterie kann in der Form eingewirkt haben. – *It.* infanteria ist eine Kollektivbildung zu infante (= *span.* infante, *frz.* enfant) in dessen heute veralteter militärischer Bed. „Fußsoldat". Dies bedeutet eigentlich, entsprechend seiner Herkunft aus *lat.* infans (vgl. *infantil*), „kleines Kind", auch „Knabe, Edelknabe". – Dazu: **Infanterist** (1801).

infantil „kindlich, unentwickelt": Das Adjektiv ist eine junge Entlehnung des 20. Jh.s aus *lat.* infantilis „kindlich". Dies gehört zu *lat.* infans „kleines Kind", das auch Quelle für das Fremdwort ↑Infanterie ist. – Über weitere etymologische Zusammenhänge vgl. *fatal*.

Infarkt „durch Unterbrechung der Blutzufuhr abgestorbenes Gewebestück", bes. in der Zusammensetzung **Herzinfarkt:** Der medizinische Fachausdruck ist eine gelehrte Bildung zu *lat.* infar[c]tus, dem Part. Perf. von *lat.* in-farcire „hineinstopfen" (vgl. [1]*in..., In...* und *Farce*). Die Bezeichnung bezieht sich also darauf, daß beim Infarkt ein Gefäß verstopft wird.

Infektion „Ansteckung (durch Krankheiten); Entzündung (als Folge einer Ansteckung)": Das Fremdwort wurde im 16. Jh. aus *spätlat.* infectio entlehnt. Dies gehört zu *lat.* inficere „anstecken" (vgl. *infizieren*).

infektiös „ansteckend; entzündlich": Das Adjektiv wurde im 19. Jh. aus gleichbed. *frz.* infectieux entlehnt. Dies gehört zu *lat.* inficere „anstecken" (vgl. *infizieren*).

infernalisch „höllisch, teuflisch": Das Adjektiv wurde im 16. Jh. aus gleichbed. *mlat.* infernalis entlehnt, das auf *spätlat.* infernalis „unterirdisch" beruht. Dies gehört zu *lat.* infernus „der untere" (vgl. *infra..., Infra...*). Auf die Substantivierung *lat.* infernum „das Untere; die Unterwelt" geht *it.* inferno „Hölle" zurück, aus dem – unter dem Einfluß von Dantes „Göttlicher Komödie" – im 19. Jh. unser Fremdwort **Inferno** „Hölle (im übertragenen Sinne)" übernommen wurde.

infiltrieren „einsickern, durchtränken": Das Verb wurde im 19. Jh. aus gleichbed. *frz.* infiltrer (vgl. [1]*in..., In...* und *Filter*) entlehnt. Das mit der Ableitung **Infiltration** vor allem in der Medizin heimische Wort wird seit neuester Zeit auch im politischen Bereich verwendet. Hier bezeichnet es die ideologische Unterwanderung (vor allem durch den Kommunismus).

Infinitiv „Grund-, Nennform (des Zeitwortes)": Der grammatische Fachausdruck ist *lat.* (modus) infinitivus „nicht näher bestimmte Zeitwortform" (zu ↑[2]*in..., In...* und *lat.* finire „begrenzen" [vgl. *Finale*]) entlehnt.

infizieren „anstecken" (Krankheiten übertragen): Das Verb wurde im 16. Jh. aus gleichbed. *lat.* inficere (eigentlich: „hineintun") entlehnt, einer Bildung zu *lat.* facere (vgl. *Fazit*). Abl.: **desinfizieren** „keimfrei machen", (19. Jh.). Näher verwandt sind 'Infektion' und 'infektiös' (s. d.).

in flagranti ↑flagrant.

Inflation „Geldentwertung (durch starke Vermehrung der umlaufenden Geldmenge)": Das Fremdwort wurde im 19. Jh. aus *lat.* inflatio „das Sichaufblasen; das Aufschwellen" entlehnt und zunächst nur als medizinischer Fachausdruck verwendet. Die moderne Bedeutung ist bildlich zu verstehen, etwa im Sinne von „Aufblähung der Währung". Das zugrundeliegende Verb *lat.* flare „blasen", das hier als inflare „hinein-, aufblasen" erscheint – als sufflare in ↑soufflieren (Souffleur, Souffleuse) –, gehört zur *idg.* Sippe von *nhd.* ↑[1]*Ball* „Spielball".

Influenza: Das seit dem 18. Jh. gebräuchliche Fremdwort für bestimmte Erkältungskrankheiten, das allerdings in neuerer Zeit von dem Synonym ↑Grippe stark zurückgedrängt worden ist, ist aus gleichbed. *it.* influenza entlehnt. Dies bedeutet wörtlich „Beeinflussung, Einfluß". Es meint den Einfluß der Sterne, in deren Konstellationen abergläubische Menschen die Ursache für Krankheiten, Seuchen usw. suchten. Das *it.* Wort geht auf *mlat.* influentia „das Eindringen, Einfließen" (zu *lat.* in-fluere „hineinfließen" [vgl. *Fluidum*]) zurück.

informieren „benachrichtigen, Auskunft geben, belehren": Das Verb wurde im 15. Jh. aus *lat.* in-formare entlehnt, und zwar in dessen übertragener Bedeutung „durch Unterweisung bilden, unterrichten", eigentlich „eine Gestalt geben, formen, bilden" (zu ↑[1]*in..., In...* und *lat.* forma „Gebilde, Gepräge, Gestalt" [vgl. *Form*]). Dazu stellen sich das Substantiv **Information** „Nachricht, Auskunft, Belehrung" (16. Jh.; aus *lat.* informatio), das Adjektiv **informativ** „belehrend, aufschlußreich" (19. Jh.) und die jungen Bildungen **Informand** „jemand, der [geheime] Informationen erhält", **Informant** „jemand, der [geheime] Informationen liefert", ferner **Informatik** „Wissenschaft von der Informationsverarbeitung, bes. von den elektronischen Datenverarbeitungsanlagen", dazu **Informatiker** (alle 20. Jh.).

infra..., Infra...: Die Vorsilbe mit der Bedeutung „unter[halb]" ist entlehnt aus gleichbed. *lat.* infra (Adverb und Präposition), einem erstarrten Ablativ (*inferad) des Adjektivs inferus „der untere", das dem urverwandten ↑unter „unterhalb" (vgl. *unter*) entspricht. – Eine Bildung zu *lat.* inferus ist das Adjektiv infernus „der untere" zu dem ↑infernalisch und Inferno gehören.

Ingenieur „auf einer Hoch- oder Fachschule ausgebildeter Techniker": Das Fremdwort ist seit dem 16. Jh. bezeugt, anfangs in der Form ingegnier (< *it.* ingegnere), die um 1600 von der *frz.* Form (*frz.* ingénieur) abgelöst wurde. Als Ersatzwort für 'Zeugmeister' bezeichnete 'Ingenieur' bis ins 18. Jh. ausschließlich den „Kriegsbaumeister". Auch das zugrundeliegende Substantiv *lat.* ingenium „angeborene natürliche Beschaffenheit; natürliche Begabung; Scharfsinn, Erfindungsgeist", das zur Sippe von *lat.* gignere „hervorbringen, erzeugen" gehört (vgl. hierüber *Genus*), entwickelte im *Mlat.* die Bedeutung „Kriegsgerät".

Ingredienzen „Zutaten, Bestandteile": Das Fremdwort wurde im 17. Jh. in die Apothekersprache aus *lat.* ingredientia „das Hineinkommende" entlehnt. Dies gehört zu *lat.* in-gredi „hineingehen", einem Kompositum von *lat.* gradi „gehen, schreiten" (vgl. *Grad*).

Ingrimm, ingrimmig ↑grimm.

Ingwer: Der Name der Gewürzpflanze (auch des daraus gewonnenen Gewürzes und der aromatischen, brennend scharf schmeckenden Teile des Wurzelstocks) wurde in *mhd.* Zeit (*mhd.* ing[e]wer, ing[e]ber, gingibere) aus *vlat.* gingiber entlehnt. Dies geht über *lat.* zingiber und *griech.* ziggíberis, auf *aind.* śr̥ṅgavera zurück. Das *aind.* Wort bedeutet eigentlich „hornförmig". Der Ingwer ist also nach der hornförmigen Form seiner Wurzel benannt.

inhaftieren „in Haft nehmen": Das seit dem 18. Jh. bezeugte Verb ist eine Bildung der Gerichtssprache mit der Endung -ieren aus „in Haft" (vgl. die Artikel *in* und *Haft*).

inhalieren „einatmen": Das Verb wurde im 20. Jh. aus *lat.* in-halare (eigentlich: „an-, hineinhauchen") entlehnt (vgl. [1]*in..., In...* und *animieren*).

Inhalt ↑in.

Initialen: Das Fremdwort für „große (meist durch Verzierung und Farbe hervorgehobene Anfangsbuchstaben" ist aus der im 18. Jh. bezeugten Zusammensetzung 'Initialbuchstaben' rückgebildet. Zugrunde liegt das *lat.* Adjektiv initialis „am Anfang stehend; anfänglich", das zu *lat.* initium „Anfang", in-ire „hineingehen; beginnen" gehört (vgl. *Initiative*).

Initiative „erster Anstoß zu einer Handlung; Entschlußkraft, Unternehmungsgeist": Das Wort wurde im 18. Jh. aus *frz.* initiative entlehnt, einem staatsrechtlichen Begriff mit der Bed. „Vorschlagsrecht", wie er noch heute in der Schweiz gilt. Die allgemeine Bedeutung hat sich erst später im 19. Jh. entwickelt. Zugrunde liegt *frz.* initier, das auf *lat.* initiare „den Anfang machen, einführen; einweihen" zurückgeht (zu *lat.* initium „Eingang, Anfang", in-ire „hineingehen; beginnen" [vgl. [1]*in..., In...* und *Abiturient*]). Siehe auch den Artikel *Initialen.*

Injektion „Einspritzung": Der medizinische Fachausdruck wurde im 19. Jh. aus gleichbed. *lat.* iniectio (eigentlich „das Hineinwerfen") entlehnt. Zugrunde liegt das *lat.* Verb iacere „werfen, schleudern" (vgl. hierüber *Jeton*) im Kompositum in-icere „hineinwerfen; einflößen usw.", das etwa gleichzeitig als **injizieren** „einspritzen" in die medizinische Fachsprache übernommen wurde.

inklusive „einschließlich, inbegriffen": Das Wort wurde im 16. Jh. aus *mlat.* inclusive entlehnt, der Adverbform des Adjektivs *mlat.* inclusivus „eingeschlossen". Dies gehört zu *lat.* in-cludere „einschließen" (vgl. [1]*in..., In...* und *Klause*).

inkognito „unerkannt, unter fremdem Namen", auch substantiviert als **Inkognito** „das Auftreten unter fremdem Namen": Das Fremdwort wurde im 17. Jh. aus gleichbed. *it.* incognito entlehnt, das auf *lat.* in-cognitus „nicht erkannt" zurückgeht. Dies gehört zu ↑[2]*in..., In...* und *lat.* cognoscere „kennenlernen, erkennen". Über weitere Zusammenhänge vgl. *nobel.*

inkommodieren ↑kommod.

inkonsequent, Inkonsequenz ↑konsequent.

Inland ↑Land.

Inlett: Der Ausdruck für „Stoff, in den die Bettfedern eingenäht werden" stammt aus dem *Niederd.* und erlangte im Rahmen des *nordd.* Leinenhandels gemeinsprachliche Geltung. Das zugrundeliegende *niederd.* īnlāt „Inlett" ist eine Bildung zum zusammengesetzten Verb īnlāten „einlassen" (vgl. *ein...* unter '[2]ein' und *lassen*), bedeutet also eigentlich „Einlaß".

innen, innere, innerhalb, innerlich ↑in.

innig: Das auf das *dt.* und *niederl.* Sprachgebiet beschränkte Adjektiv (*mhd.* innec, *niederl.* innig, *mniederl.* innich) ist von der unter ↑*in* dargestellten Präposition abgeleitet. Es bedeutete zunächst rein räumlich „innere, innerlich", wurde dann auf Seelisch-Geistiges übertragen und in der religiösen Sphäre im Sinne von „andächtig, inbrünstig", gebraucht. Früher bezeugt als 'innig' ist das Adjektiv **inniglich** (*mhd.* inneclich, *ahd.* innglīh). Abl.: **Innigkeit** (*mhd.* innecheit „Innerlichkeit; Andächtigkeit, Inbrünstigkeit; gespannte Aufmerksamkeit").

Innung: Das auf das *dt.* Sprachgebiet beschränkte Substantiv (*mhd.* innunge, *mnd.* inninge) ist eine Bildung zu dem untergegangenen Verb *mhd.* innen, *ahd.* innōn „in einen Verband aufnehmen", das zu der Wortgruppe von ↑*in* gehört. Das Substantiv bezeichnete zunächst die Aufnahme in einen Verband und ging dann auf den Verband selbst – speziell den Verband von Handwerkern, die Zunft – über.

in petto „beabsichtigt, geplant", fast nur in der Wendung 'etwas in petto haben': Der seit dem 18. Jh. bezeugte Ausdruck stammt aus dem *It.* und bedeutet eigentlich „in der Brust, im Sinn". *It.* petto „Brust" geht auf gleichbed. *lat.* pectus zurück.

Inquisition „katholische Ketzergerichte des Mittelalters: strenge Untersuchung, Verhör": Das Fremdwort wurde bereits im Mittelalter aus *lat.* inquisitio „Untersuchung" entlehnt. Dies ist eine Bildung zu inquisitus, dem Part. Perf. von *lat.* inquirere „untersuchen" (aus *lat.* in und quaerere „suchen").

ins ↑in.

Insasse ↑in.

Insekt „Kerbtier": Das Fremdwort wurde im 18. Jh. aus *lat.* insectum eingedeutscht. Dies gehört zu *lat.* in-secare „einschneiden" (vgl. [1]*in..., In...* und *sezieren*) und bedeutet demnach eigentlich „eingeschnittenes (Tier)". Es ist Lehnübersetzung von *griech.* éntomon „Insekt" (zu entémnein „einschneiden").

Insel: *Lat.* insula „Insel" gelangte durch *roman.* Vermittlung (beachte entsprechend *it.* isola, *afrz.* isle > *frz.* île) schon früh ins *Dt.*: *ahd.* īsila, *frühmhd.* īsele. Auf einer erneuten Entlehnung unmittelbar aus dem *Lat.* beruht *mhd.* insel[e], das unserem *nhd.* Wort Insel vorausliegt. – Dazu stellt sich **Insulaner** „Inselbewohner" (18. Jh., aus gleichbed. *lat.* insulanus). Siehe auch den Artikel *isolieren.*

inserieren „eine [Zeitungs]anzeige aufgeben": Das im 16. Jh. aus *lat.* in-serere „einfügen, einschalten" (vgl. [1]*in..., In...* und *Serie*) entlehnte Verb war bis ins 18. Jh. in der Verwaltungssprache heimisch und galt dort im Sinne von „einen ergänzenden, erklärenden Aktenvermerk in Schriftstücken anbringen". Das gleiche gilt von dem Substantiv **Inserat** „[Zeitungs]anzeige", das im 17. Jh. aus Vermerken wie 'inserat' „er soll einfügen" oder 'inseratur' „es soll noch eingefügt werden" entstanden ist (ähnlich wie ↑Dezernat und ↑Referat). Beide Wörter wurden erst im 18. Jh. in die Zeitungssprache übernommen.

Insignien „Kennzeichen staatlicher oder ständischer Macht und Würde (z. B. Krone, Rittersporen usw.)": Das Wort wurde im 16. Jh. aus *lat.* insignia „Abzeichen" entlehnt, dem Neutrum Plural des Adjektivs in-signis „durch Abzeichen vor anderen kenntlich; auffallend". Dies gehört zu [1]*in..., In...* und *lat.* signum „Zeichen" (vgl. *Signum*).

insistieren „bestehen, beharren auf": Das Verb wurde im 18. Jh. aus *lat.* insistere „nachsetzen, bedrängen; eifrig betreiben", eigentlich „sich auf etwas stellen" (zu ↑[1]*in..., In...* und *lat.* sistere; vgl. *assistieren*), entlehnt.

Inspektion „Prüfung, Kontrolle; Aufsichtsbehörde": Das im 16. Jh. aus *lat.* inspectio „Besichtigung; Untersuchung" entlehnte Fremdwort galt anfangs besonders im Bereich von Kirche und Schule, wie auch das gleichzeitig übernommene Substantiv **Inspektor** (aus *lat.* inspector „Besichtiger; Untersucher"), das heute im Sinne von „Aufseher, Vorsteher, Verwalter" verwendet wird, häufiger noch als Rangbezeichnung von Verwaltungsbeamten. Neben 'Inspektor' ist auch **Inspekteur** gebräuchlich, das aus *frz.* inspecteur (< *lat.* inspector) entlehnt ist. Es ist dies vor allem die Bezeichnung für die ranghöchsten, aufsichtführenden Soldaten innerhalb der einzelnen Teilstreitkräfte der Bundeswehr. – Allen zugrunde liegt das *lat.* Verb in-spicere „hineinblicken, besichtigen, untersuchen" (vgl. *inspizieren*).

Inspiration „Eingebung, Erleuchtung": Das Fremdwort wurde im 17. Jh. aus *lat.* inspiratio „das Einhauchen; die Eingebung" entlehnt. Dies gehört zu dem Verb *lat.* in-spirare „hineinblasen, einhauchen; begeistern", das im 18. Jh. als **inspirieren** „anregen, erleuchten, begeistern" übernommen wurde. – Über das Stammwort *lat.* spirare „hauchen, atmen; leben" vgl. den Artikel *Spiritus.*

inspizieren „be[auf]sichtigen; prüfen": Das Verb wurde um 1800 aus *lat.* in-spicere „hineinsehen, besichtigen; untersuchen" entlehnt. Aus dessen Part. Präs. in-spiciens stammt das in der Bühnensprache gebräuchliche **Inspizient** „Bühnen-, Spielwart; hinter den Kulissen tätige Hilfskraft des Regisseurs bei Proben und Aufführungen" (19. Jh.). Auf die Substantivbildungen *lat.* inspectio und inspector gehen unsere Fremdwörter ↑Inspektion (Inspektor, Inspekteur) zurück. Über weitere Zusammenhänge vgl. den Artikel *Spiegel.*

installieren „technische Anlagen einrichten, einbauen, anschließen", auch reflexiv im Sinne von „sich häuslich niederlassen und einrichten": Das Verb wurde im 16. Jh. aus *mlat.* installare „in eine Stelle, in ein [kirchliches] Amt einsetzen" entlehnt, aber erst in neuester Zeit übertragen verwendet. Das zugrundeliegende Substantiv *mlat.* stallus „[Chor]stuhl (als Zeichen der Amtswürde)" geht zurück auf *germ.* *stall- „Stelle, Platz" (vgl. *Stall*). – Dazu stellt sich die seit dem 19. Jh. bezeugte Bildung **Installation** „Bestallung, Einsetzung in ein [geistl.] Amt", heute vorwiegend ein technisches Fachwort im Sinne von „Einrichtung, Einbau, Anschluß von technischen Anlagen". Die Ableitung **Installateur** „Einrichter, Prüfer von technischen Anlagen (wie Heizung, Wasser, Gas, Licht)" ist eine französierende Neubildung des 20. Jh.s.

inständig ↑in.

Instanz „zuständige Stelle (besonders von Behörden oder Gerichten)": *Mhd.* instancie ist aus *lat.-mlat.* instantia entlehnt, dessen Grundbedeutung „(drängendes) Daraufstehen" in der Rechtssprache zu „beharrliche Verfolgung einer [Gerichts]sache" eingeengt wurde. Danach wurde die Behörde selber die „zuständige Stelle, vor der man sein Begehren zu Gehör bringt". *Lat.* instantia ist abgeleitet von instare „auf etwas stehen" (zu [1]*in..., In...* und *lat.* stare [vgl. *stabil*]).

Instinkt „angeborene Verhaltensweise und Reaktionsbereitschaft (besonders bei Tieren)", oft übertragen gebraucht im Sinne von „sicheres Gefühl für etwas": Das Fremdwort wurde im 18. Jh. aus *mlat.* instinctus naturae „Anreizung der Natur, Naturtrieb" entlehnt. Das zugrundeliegende Verb *lat.* in-stinguere „anstacheln, antreiben" ist eine Bildung zu *lat.* stinguere „stechen; (übertragen:) auslöschen", das zur *idg.* Sippe von ↑*Stich* gehört. Dazu gehört das Adjektiv **instinktiv** „vom Instinkt geleitet; trieb-, gefühlsmäßig", das seit dem 19. Jh. bezeugt ist und aus gleichbed. *frz.* instinctif übernommen wurde.

Institut „(wirtschaftliche) Einrichtung; Forschungs-, Bildungsanstalt": Das Wort wurde im 18. Jh. aus *lat.* institutum „Einrichtung" entlehnt. Dies gehört zu *lat.* in-stituere „einsetzen, einrichten", einer Bildung aus *lat.* in „in, hinein" (vgl. [1]*in..., In...*) und statuere „hin-, aufstellen" (vgl. *Statut*). – Zu *lat.* instituere gehört auch die Substantivbildung *lat.* institutio, auf die unser Fremdwort **Institution** „Einrichtung" zurückgeht.

instruieren „in Kenntnis setzen; unterweisen, anleiten": Das Verb wurde im 16. Jh. aus *lat.* instruere „aufschichten, herrichten; ausrüsten; unterweisen" (zu ↑[1]*in..., In...* und *lat.* struere „schichten" [vgl. Struktur]) entlehnt. Dazu stellen sich **Instruktion** „Anleitung, Dienstanweisung, Vorschrift" (16. Jh.; aus *lat.* instructio „Herrichtung, Ausrüstung, Unterweisung") und **instruktiv** „lehrreich, aufschlußreich" (18. Jh.; aus gleichbed. *frz.* instructif, einer Bildung zu *frz.* instruire < *lat.* instruere). Vgl. auch den Artikel *Instrument.*

Instrument „Mittel, Gerät, Werkzeug": Das Substantiv wurde im 16. Jh. aus gleichbed. *lat.* instrumentum entlehnt, das im Sinne von „Ausrüstung" zu *lat.* instruere „aufschichten; ausrüsten; unterweisen" (vgl. *instruieren*) gehört. Bereits im *Mhd.* ist 'instrument' in der Bed. „Urkunde, Beweismittel" bezeugt. – Dazu: **Instrumental** „das Mittel oder Werkzeug bezeichnender Fall", verkürzt aus älterem 'Instrumentalis' (= *nlat.* casus instrumentalis). Abl.: **instrumentieren** „ein Musikstück für Orchesterinstrumente einrichten" (19. Jh.).

Insulaner ↑Insel.

inszenieren ↑Szene.

intakt „unberührt; unversehrt, nicht schadhaft; voll funktionsfähig": Das Adjektiv wurde – wohl unter dem Einfluß von *frz.* intact – im 19. Jh. aus *lat.* in-tactus „unberührt" (zu [2]*in..., In...* und *lat.* tangere [tactum] „berühren" [vgl. *Tangente*]) entlehnt.

Intarsie, auch: Intarsia „Einlegearbeit aus andersfarbigem Holz, Elfenbein, Metall o. ä.": Das Fremdwort wurde im 19. Jh. aus gleichbed. *it.* intarsio entlehnt. Dies gehört zu gleichbed. *it.* tarsia, das auf *arab.* tarṣī' „das Besetzen (mit Edelsteinen)" (zu *arab.* raṣṣa'a „auslegen, einfügen, zusammensetzen") zurückgeht.

integer „unbescholten, makellos": Das Adjektiv wurde – wohl unter dem Einfluß von *frz.* intègre – im 19. Jh. entlehnt aus *lat.* integer (< *en-tag-ros) „unberührt, unversehrt; ganz", das mit verneinendem ↑[2]*in..., In...* zur Sippe von *lat.* tangere „berühren" (vgl. *Tangente*) gehört. – Eine besondere Rolle spielen im deutschen Wortschatz Ableitungen von *lat.* integer, nämlich *lat.* integrare „heil, unversehrt machen, wiederherstellen; ergänzen", *mlat.* integralis „ein Ganzes ausmachend" und *lat.* integratio „Wiederherstellung eines Ganzen". Aus ihnen sind die Fremdwörter **integrieren** (18. Jh.), **Integralrechnung** (17. Jh.) und **Integration** (19./20. Jh.) hervorgegangen.

Intellekt: Das Fremdwort für „Erkenntnis-, Denkvermögen, Verstand" wurde im 19. Jh. aus *lat.* intellectus „das Innewerden, die Wahrnehmung; geistige Einsicht, Erkenntnis; Erkenntnisvermögen; Verstand" entlehnt. Dies gehört zum Verb intellegere (vgl. *intelligent*). – Dazu stellt sich das Adjektiv **intellektuell** „geistig; [einseitig] verstandesmäßig", das im 18. Jh. aus gleichbed. *frz.* intellectuel (< *lat.* intellectualis) entlehnt wurde. Dazu die Substantivierung **Intellektueller** „jemand, der geistig arbeitet", auch: „übermäßig vom Verstand bestimmter Mensch".

intelligent „einsichtsvoll, [sach]verständig; klug, begabt": Das Adjektiv wurde im 18. Jh. aus *lat.* intelligens, intelligentis (Nebenform von intellegens) entlehnt. Dies ist Part. Präs. von intellegere (< *inter-legere) „mit Sinn und Verstand wahrnehmen; erkennen, verstehen", eigentlich „zwischen etwas wählen", d. h. „durch kritische Auswahl charakteristische Merkmale einer Sache erkennen". Über weitere Zusammenhänge vgl. *inter..., Inter...* und *Legion.* – Dazu stellt sich das Substantiv **Intelligenz** „geistige Fähigkeit; Klugheit", auch im Sinne von „Schicht der wissenschaftlich Gebildeten", das im 18. Jh. aus intelligentia (intellegentia) „Einsicht, Erkenntnisvermögen" übernommen wurde. – Zu *lat.* intellegere gehören noch die Fremdwörter ↑Intellekt, intellektuell.

Intendant: Die Bezeichnung für „Leiter eines Theaters, einer Rundfunk- oder Fernsehanstalt" wurde im 18. Jh. aus *frz.* intendant „Aufseher, Verwalter" entlehnt, das auf *lat.* intendens (intendentis), Part. Präs. von in-tendere „hinstrecken, anspannen; seine Aufmerksamkeit anspannen und auf etwas ausrichten" zurückgeht (vgl. [1]*in..., In...* und *tendieren*). Dazu: **Intendanz** „Amt und Büro eines Intendanten" (18. Jh.; aus *frz.* intendance). – Zu *lat.* intendere gehören noch die Fremdwörter ↑Intensität (intensiv, intensivieren), ↑Intention.

Intensität „Heftigkeit, Stärke; Wirksamkeit; Eindringlichkeit": Das Substantiv ist eine Neubildung des 18. Jh.s – vielleicht unter Einfluß von *frz.* intensité – zu *lat.* intensus (s. u.). – Das

Adjektiv **intensiv** „eindringlich; stark; gründlich; durchdringend" wurde im 18. Jh. aus gleichbed. *frz.* intensif entlehnt, einer Bildung zu *lat.* intensus „gespannt, aufmerksam; heftig". Dies ist Part. Perf. von in-tendere (vgl. *Intendant*). Dazu: **intensivieren** „verstärken, steigern; gründlicher durchführen" (20. Jh.); **Intensivum** „Zeitwort, das die Intensität eines Geschehens kennzeichnet".

Intention „Absicht, Vorhaben": Das Fremdwort wurde im 16. Jh. aus *lat.* intentio „Anspannung, Aufmerksamkeit; Bestreben, Vorhaben" entlehnt. Dies gehört zu *lat.* intendere „anspannen" (vgl. *Intendant*). Abl.: **intentional,** auch: **intentionell** „zweckgerichtet, zielbestimmt" (19. Jh.).

inter..., Inter...: Die Vorsilbe mit der Bedeutung „zwischen, unter" (örtlich und zeitlich) stammt wie *frz.* entre (↑entre..., Entre...) aus gleichbed. *lat.* inter. Dies gehört (mit ursprünglichem Komparativsuffix) zur Sippe von *lat.* in „in, hinein usw." (vgl. [1]*in..., In...*). In der Bildung entspricht es genau dem urverwandten *dt.* unter „zwischen" (vgl. *unter*). *Lat.* inter ist Grundlage für verschiedene Bildungen. So wird ein Adjektiv *interus vorausgesetzt für die Komparativ- und Superlativbildungen *lat.* interior „der Innere; enger, tiefer" und *lat.* intimus „innerst, vertrautest" (↑intim, Intimus, Intimität), ferner für das Adjektiv internus „inwendig; einheimisch" (wie *lat.* externus zu exterus; ↑extern) in den Fremdwörtern ↑intern, Interne, internieren, Internat, Internist. Erstarrte Ablative liegen vor in *lat.* intra (< *intera) „innerhalb, innen, binnen" (↑intra...) und intro (< *intero[d]) „hinein, inwendig" (↑intro..., Intro...). Von *lat.* intra wiederum ist das Verb intrare „hineingehen, betreten" abgeleitet, das z. B. in *frz.* entrer und in unserem Lehnwort ↑entern weiterlebt. – Unmittelbar zu *lat.* inter gehört noch das Adverb interim „unterdessen, inzwischen" (↑Interim, interimistisch).

Interesse: Das seit dem 15. Jh. bezeugte Fremdwort geht zurück auf *lat.* inter-esse „dazwischen sein, dabeisein; teilnehmen; von Wichtigkeit sein" (vgl. *inter..., Inter...* und *Essenz*), das im *Mlat.* substantiviert als Rechtswort im Sinne von „aus Ersatzpflicht resultierender Schaden" erscheint. Daraus ergibt sich für das Wort 'Interesse' einerseits die Bed. „Zinsen" (vom Standpunkt eines Schuldners aus, der den Schaden zu tragen hat), andererseits aber auch (vom Standpunkt des Gläubigers aus) die Bed. „Gewinn, Nutzen, Vorteil". Diese letztere Bedeutung hat sich bis heute gehalten, auch allgemeiner im Sinne von „persönliche Belange", so auch in der Fügung 'seine (oder eines anderen) Interessen wahrnehmen'. Die von einer Grundbedeutung „geistige Teilnahme" ausgehende Bed. „Aufmerksamkeit; Neigung" entwickelte sich erst im 18. Jh. unter dem Einfluß von *frz.* intérêt (< *lat.* interest). – Zu 'Interesse' stellen sich die Bildungen **interessieren** „Teilnahme, Aufmerksamkeit erwecken; jemanden für eine Sache oder Person erwärmen" (17. Jh.), auch reflexiv gebraucht (nach *frz.* s'intéresser); **interessiert** „in starkem Maße Anteil nehmend, aufmerksam" (am Ende des 16. Jh.s); **Interessent** „jemand, der sich für etwas interessiert; Teilnehmer; Bewerber" (17. Jh.). Das Adjektiv **interessant** „die Aufmerksamkeit erregend, fesselnd; bemerkenswert, aufschlußreich; vorteilhaft" wurde im 18. Jh. aus *frz.* intéressant, dem Part. Präs. von intéresser „interessieren", entlehnt.

Interim „zwischenzeitliche Regelung, Übergangslösung": Das Fremdwort ist eine junge Substantivierung des *lat.* Adverbs interim „unterdessen, inzwischen" (vgl. *inter.., Inter...*). Dazu stellt sich das seit dem Beginn des 19. Jh.s gebräuchliche Adjektiv **interimistisch** „vorläufig, einstweilig".

Interjektion „Ausrufe-, Empfindungswort": Der grammatische Fachausdruck wurde im 16. Jh. aus *lat.* interiectio „das Dazwischenwerfen; Zwischenwort" entlehnt. Dies gehört zu ↑*inter..., Inter...* und *lat.* iacere „werfen" (vgl. *Jeton*).

Intermezzo „Zwischenspiel": Das seit dem 18. Jh. bezeugte Fremdwort galt ursprünglich nur im Bereich der Bühne im Sinne von „komisches Zwischenspiel". Es geht auf gleichbed. *it.* intermezzo zurück, das seinerseits auf *lat.* intermedius „in der Mitte befindlich" beruht (vgl. *inter..., Inter...* und *Medium*).

intern „innerlich; im engsten Kreis; persönlich", (*österr.* auch:) „im Internat wohnend": Das Adjektiv wurde im 18./19. Jh. aus *lat.* internus „inwendig" entlehnt (vgl. *inter..., Inter...*). – Dazu gehören die Substantivierung **Interne** „Schüler[in] eines Internats" und die junge Bildung **Internat** „Lehr- und Erziehungsanstalt, in der die Schüler zugleich wohnen und verpflegt werden" (19. Jh.). – Hierzu noch ↑internieren und ↑Internist.

international ↑national.

internieren „in staatlichen Gewahrsam nehmen, in Lagern unterbringen": Das Verb wurde im 19. Jh. aus gleichbed. *frz.* interner eigentlich „(von den Grenzen) in das Innere des Landes bringen", entlehnt, einer Ableitung von *frz.* interne „innerlich; innen" (< *lat.* internus; vgl. *intern*).

Internist: Die Bezeichnung für „Facharzt für innere Krankheiten" ist eine junge Neubildung des 19./20. Jh.s zu *lat.* internus „innerlich, inwendig" (vgl. *intern*). – Dazu das Adjektiv **internistisch** „die innere Medizin betreffend".

interpretieren „auslegen, deuten, erklären": Das Verb wurde bereits in *mhd.* Zeit (*md.* interpretieren) aus gleichbed. *lat.* inter-pretari entlehnt. Dies gehört zu *lat.* interpres (Genitiv: interpretis) „Vermittler, Unterhändler; Ausleger, Erklärer, Dolmetscher", einem Wort der Kaufmanns- und Rechtssprache, dessen 2. Bestandteil etymologisch nicht sicher gedeutet ist. Aus *lat.* interpres stammt unser Fremdwort **Interpret** „Ausleger, Erklärer, Deuter" (18./19. Jh.). Abl. **Interpretation** „Erklärung, Deutung, Auslegung" (16. Jh.; aus gleichbed. *lat.* interpretatio).

Interpunktion „Zeichensetzung": Das Fremdwort wurde im 18. Jh. aus *lat.* interpunctio

„Scheidung (der Wörter im Satz) durch Punkte" entlehnt. Dies gehört zu ↑*inter..., Inter...* und *lat.* pungere „stechen" (vgl. *Punkt*).

Intervall „Zeitabstand, Zeitspanne, Zwischenraum": Das Fremdwort wurde im 18. Jh. – zuerst in der musikalischen Bed. „Abstand zwischen zwei Tönen" – aus *lat.* intervallum entlehnt, das mit seiner eigentlichen Bed. „Raum zwischen Schanzpfählen" zu *lat.* vallus „Schanzpfahl" gehört (vgl. *Wall*) und wohl aus der Fügung 'inter vallos' hervorgegangen ist.

intervenieren „vermittelnd eingreifen; sich [protestierend] einschalten; sich in die Angelegenheiten eines anderen Staates einmischen": Das Verb wurde im 17. Jh. als politischer Fachausdruck aus gleichbed. *frz.* intervenir entlehnt. Dies geht auf *lat.* intervenire „dazwischentreten, dazwischenkommen" zurück (vgl. *inter..., Inter...* und *Advent*). Zu 'intervenieren' stellen sich **Intervention** „das Intervenieren", das gleichfalls im 17. Jh. aus *frz.* intervention (< *lat.* interventio) entlehnt wurde, und **Intervenient** „jemand, der interveniert" (19. Jh.).

Interview „für die Öffentlichkeit bestimmtes Gespräch zwischen [Zeitungs]berichterstatter und einer meist bekannten Persönlichkeit über aktuelle Tagesfragen oder sonstige Dinge, die besonders durch die Person des Befragten interessant sind": Das Wort der Journalistensprache wurde in der 2. Hälfte des 19. Jh.s aus gleichbed. *engl.-amerik.* interview übernommen, das selbst auf *frz.* entrevue „verabredete Zusammenkunft" zurückgeht. Zugrunde liegt das Verb *frz.* entrevoir „einander (kurz) sehen, sich begegnen, treffen", eine Neubildung zu *frz.* voir „sehen" (< *lat.* videre). Über weitere Zusammenhänge vgl. *entre..., Entre...* und *Vision*. – Abl.: **interviewen** „jemanden in einem Interview befragen", **Interviewer** „jemand, der ein Interview macht" (beide 2. Hälfte des 19. Jh.s).

inthronisieren ↑Thron.

intim „vertraut, eng befreundet; innig; gemütlich (besonders von Räumen)": Das seit dem 18. Jh. (zuerst in der Fügung 'intimer Freund') bezeugte Wort ist entlehnt aus *lat.* intimus „innerst, innigst, vertrautest" (vgl. *inter..., Inter...*), das schon im 17. Jh. substantiviert als **Intimus** „Busenfreund" erscheint. – Abl.: **Intimität** „intime Beziehung, Vertraulichkeit" (19. Jh.; wohl aus *frz.* intimité).

intolerant, Intoleranz ↑tolerieren.

intonieren „anstimmen, erklingen lassen": Das Verb wurde im 16. Jh. aus *mlat.* in-tonare „anstimmen, ausrufen" entlehnt. Dies geht – vermutlich beeinflußt von *lat.* tonus „Ton" (vgl. [1]*Ton*) – auf *lat.* intonare „donnern; sich mit donnernder Stimme vernehmen lassen" (vgl. *Donner*) zurück. Abl.: **Intonation.**

intra...: Quelle für die Vorsilbe von Adjektiven mit der Bedeutung „innerhalb; während", wie in 'intrazellular' „im Zellinneren", ist gleichbed. *lat.* intra (vgl. *inter..., Inter...*).

Intrige „hinterhältige Machenschaften, Ränkespiel": Das Fremdwort wurde im 17. Jh. aus gleichbed. *frz.* intrigue entlehnt, einer Bildung zum Verb *frz.* intriguer, das seinerseits im 18. Jh. ins *Dt.* als **intrigieren** „Intrigen anzetteln, Ränke schmieden" übernommen wurde. Das *frz.* Verb geht über *it.* intrigare auf *lat.* in-tricare „verwirren" (zu *lat.* in „in" und tricae „Unsinn, Possen; Widerwärtigkeiten") zurück. – Das Adjektiv **intrigant** „auf Intrigen sinnend, hinterhältig" und die Substantivierung **Intrigant** „jemand, der intrigiert" wurden im 18. Jh. aus gleichbed. *frz.* intrigant, dem Part. Präs. von intriguer, entlehnt.

intro..., Intro...: Quelle für die Vorsilbe mit der Bedeutung „hinein, nach innen", wie in 'introvertiert', ist gleichbed. *lat.* intro (vgl. *inter..., Inter...*).

Intubation ↑Tube.

Intuition „Eingebung, ahnendes Erfassen": Das Fremdwort wurde im 18. Jh. aus *mlat.* intuitio „unmittelbare Anschauung" entlehnt. Dies gehört zu *lat.* in-tueri „anschauen, betrachten" (zu *lat.* in „in" und tueri „schauen"). – Dazu stellt sich das Adjektiv **intuitiv** „durch unmittelbare Anschauung (nicht durch Denken) erkennbar; auf Eingebung beruhend", das aus gleichbed. *frz.* intuitif (zu *lat.* intuitus) übernommen wurde.

intus „innen, inwendig", fast nur in der *ugs.* Wendung 'etwas intus haben' im Sinne von „etwas begriffen haben" oder „etwas im Bauch haben, etwas gegessen oder getrunken haben": Das Wort stammt aus der Studenten- und Schülersprache. Es wurde im 19. Jh. aus *lat.* intus entlehnt, das mit entsprechendem *griech.* entós zur *idg.* Sippe von *lat.* in (vgl. [1]*in..., In....*) und *nhd.* ↑*in* gehört.

invalid[e] „dienst-, arbeitsunfähig (auf Grund von Gebrechen)": Das zuerst im 18. Jh. als Substantiv **Invalide** im Sinne von „dienstuntauglicher, ausgedienter Soldat" bezeugte Fremdwort ist aus *frz.* invalide entlehnt, das auf *lat.* in-validus „kraftlos, schwach, hinfällig" zurückgeht. Über weitere Zusammenhänge vgl. [2]*in..., In...* und *Valuta*. Dazu: **Invalidität** „Erwerbs-, Dienst-, Arbeitsunfähigkeit" (im 19. Jh. aus *frz.* invalidité „Gebrechlichkeit" latinisiert).

Invasion „feindliches Einrücken von Truppen in fremdes Gebiet": Das Fremdwort wurde im 17. Jh. aus gleichbed. *frz.* invasion entlehnt, das auf *spätlat.* invasio „das Eindringen, der Angriff" zurückgeht. Dies gehört zu *lat.* invadere (invasum) „auf einen Ort losgehen, eindringen, angreifen". Das Stammwort *lat.* vadere „gehen, schreiten" ist urverwandt mit *dt.* ↑*waten.*

Inventar „Vermögensverzeichnis; Gesamtheit der Einrichtungsgegenstände eines Unternehmens": Das Fremdwort wurde als Ausdruck der Kaufmannssprache im 15. Jh. aus gleichbed. *lat.* inventarium entlehnt. Dies gehört mit dem aus *mlat.* inventura stammenden Fremdwort **Inventur** „Bestandsaufnahme" zu *lat.* invenire „auf etwas kommen, vorfinden; erwerben" und bedeutet eigentlich „das, was zum erworbenen Gut gehört" (vgl. [1]*in..., In...* und *Advent*).

investieren „Kapital (langfristig in Sachgüter) anlegen": Das Verb wurde bereits in *mhd.* Zeit (*mhd.* investieren) in der Bed. „feierlich mit den Zeichen der Amtswürde bekleiden" (= „in ein Amt einführen") aus *mlat.* investire (< *lat.* in-vestire „einkleiden, bekleiden") entlehnt. Die moderne wirtschaftliche Bed. „Kapital anlegen" hat sich erst in der 2. Hälfte des 19. Jh.s – vielleicht unter dem Einfluß von *it.* investire – herausgebildet. An diese Bedeutung schließt sich die Substantivbildung **Investition** „langfristige Kapitalanlage" (19. Jh.) an. – Das Substantiv **Investitur** „Einweisung in ein geistliches Amt" hat die alte Bedeutung bewahrt. Es wurde – ebenfalls schon in *mhd.* Zeit – aus *mlat.* investitura (eigentlich: „Einkleidung") entlehnt und bezeichnete im Mittelalter die feierliche Belehnung mit dem Bischofsamt durch den König. – Über weitere Zusammenhänge vgl. [1]*in...*, *In...* und *Weste.*

inwendig ↑in, ↑wenden.

Inzest: Die Bezeichnung für „Blutschande" wurde im 19. Jh. aus gleichbed. *lat.* incestus entlehnt. Dies gehört zu *lat.* in-cestus „unkeusch; blutschänderisch", einer Bildung aus *lat.* in „un..., nicht" (↑[2]in..., In...) und castus „keusch" (vgl. *Kaste*).

Inzucht ↑Zucht.

inzwischen ↑zwischen.

Ion: Die Bezeichnung für „elektrisch geladenes Teilchen von atomarer oder molekularer Größe" wurde im 19. Jh. aus gleichbed. *engl.* ion entlehnt. Dies ist eine gelehrte Prägung des englischen Physikers Faraday (1791–1867) zu *griech.* íon, dem Part. Präs. Neutr. von iénai „gehen" (zur *idg.* Sippe von ↑*eilen*). Der Name bezeichnet also eigentlich das „wandernde Teilchen", wie es sich z. B. bei der elektrochemischen Spaltung chemischer Verbindungen (Elektrolyse) zu den Elektroden hinbewegt. Abl.: **ionisieren** „Atome oder Moleküle in elektrisch geladenen Zustand versetzen" (aus gleichbed. *engl.* to ionize).

ir..., Ir... ↑[1]in..., In..., [2]in..., In...

irden: Das Adjektiv *mhd., ahd.* irdīn, erdīn (entsprechend *got.* aírþeins „irden; irdisch") ist von dem unter ↑*Erde* dargestellten Substantiv abgeleitet. Es bedeutete ursprünglich „aus Erde bestehend", dann speziell „aus gebrannter Erde, aus Ton gefertigt", beachte die Zusammensetzungen 'Irdengeschirr, Irdenware'. Eine andere Adjektivbildung ist **irdisch** (*mhd.* irdesch, *ahd.* irdisc), das zunächst mit dem Adjektiv 'irden' gleichbedeutend war, dann aber – unter dem Einfluß von *kirchenlat.* terrestris – die Bed. „von der Erde stammend, zur Erde gehörig" (speziell im Gegensatz zu 'himmlisch') annahm, beachte die Zusammensetzungen **überirdisch** (18. Jh.) und **unterirdisch** (17. Jh.).

irgend: Das auf das *dt.* Sprachgebiet beschränkte Adverb, das heute fast nur noch in Zusammenrückungen – wie z. B. **irgendein, irgendwann, irgendwer, irgendwie, irgendwo** – gebräuchlich ist, geht auf *mhd.* i[e]rgen[t] „irgend[wo]" zurück, dem *ahd.* io wergin „je irgend[wo]" zugrunde liegt. Der erste Bestandteil ist das unter ↑*je* dargestellte Adverb, der zweite Bestandteil (*ahd.* wergin) ist zusammengesetzt aus *ahd.* [h]wār „wo" (vgl. *wo*) und einer Indefinitpartikel *-gin. Das auslautende -d ist, wie auch in 'jemand' und 'niemand', sekundär. Die verneinte Form **nirgend** geht zurück auf *mhd.* ni[e]rgen[t], dem *ahd.* ni io wergin zugrunde liegt.

Iris „Regenbogen (Meteorologie); Regenbogenhaut des Auges (Medizin)", auch Name einer Schwertliliengattung: Das Fremdwort stammt aus *griech.* īris (< *u̯īris) „Regenbogen", das vielfach auf schillernde, buntfarbene Dinge übertragen wurde. Dies gehört wohl zur Sippe von *idg.* *u̯ei-, u̯i- „drehen, biegen"; vgl. hierüber den Artikel ↑[1]*Weide.*

Ironie „feiner, verdeckter Spott": Das Fremdwort wurde im 18. Jh. aus gleichbed. *lat.* ironia entlehnt, das seinerseits aus *griech.* eirōneía „erheuchelte Unwissenheit, Verstellung; Ironie" stammt. Dies gehört zu *griech.* eírōn „jemand, der sich unwissend stellt, der sich verstellt", dessen weitere Beziehungen unklar sind. Dazu das Adjektiv **ironisch** „voller Ironie; spöttisch" (16. Jh.; aus *lat.* ironicus < *griech.* eirōnikós).

irr[e]: *Nhd.* irre „verirrt; verlustig, frei von; ketzerisch; wankelmütig, unbeständig, untreu; erzürnt; ungestüm; uneinig, verfeindet", *ahd.* irri „verirrt; verwirrt; erzürnt", *got.* aírzeis „verirrt, verführt", *aengl.* ierre „irrend; verirrt; verkehrt; ketzerisch; verwirrt; zornig". Das *altgerm.* Adjektiv ist näher verwandt mit der Sippe von *lat.* errare „umherirren; sich verirren; schwanken; sich irren" und geht mit der unter ↑*rasen* dargestellten Wortgruppe auf die *idg.* Wurzelform *er[ə]s- „sich [schnell, heftig oder ziellos] bewegen" zurück (vgl. *rinnen*). Der Begriff des Irrens und der Begriff der seelischen Erregtheit beruhen also auf der Vorstellung der heftigen oder ziellosen Bewegung. – Die Bed. „geistesgestört" hat das Adjektiv erst in *nhd.* Zeit entwickelt. An diesen Sinn von 'irr[e]' schließen sich die Bildungen **Irre** „Geistesgestörte[r]" und die Zusammensetzungen **Irrenanstalt** (19. Jh.), **Irrenhaus** (18. Jh.) an, beachte auch die Zusammensetzung **Irrsinn** (17. Jh.), dazu **irrsinnig** (19. Jh.). In der ursprünglichen Bedeutung gruppieren sich um das Adjektiv die Bildungen **Irre** (*mhd.* irre „Verirrung; Irrfahrt", beachte *got.* aírzei „Verführung"), **irren** (*mhd.* irren, *ahd.* irrōn, daneben ein transitives irran; beachte die Zusammensetzungen **beirren** und sich **verirren**), **irrig** (*mhd.* irrec „zweifelhaft; hinderlich"), **Irrtum** (*mhd.* irretuom, *ahd.* irrituom „Irrglaube", dann säkularisiert „Zwistigkeit, Streit, Hindernis, Schaden; Versehen") und die Zusammensetzung **Irrfahrt** (*mhd.* irrevart), **Irrgarten** (16. Jh.), **Irrlehre** (17. Jh.), **Irrlicht** (17. Jh.; vermutlich nach der unruhigen Bewegung benannt); **Irrwisch** „Irrlicht" (16. Jh.; zum 2. Bestandteil vgl. *Wisch*).

irreal ↑real.

irritieren „verwirren, beunruhigen, unsicher machen; stören": Das Verb wurde im 16. Jh. aus *lat.* ir-ritare „[auf]reizen, erregen" entlehnt und zunächst in dessen Sinne verwendet. Die heutige Bedeutung kam erst im 19. Jh. durch volksetymologischen Anschluß an das Verb ↑irren auf.

is..., Is... ↑iso..., Iso...

Ischias: Die Bezeichnung für „Hüftschmerz" ist wie einige andere medizinische Fachausdrücke z. B. 'Hämorrhoiden, Rheuma', gemeinsprachlich geworden. Das Wort stammt aus *lat.* ischias, das seinerseits aus *griech.* ischiás (nósos) „Hüftschmerz" (zu *griech.* ischíon „Hüftgelenk, Hüfte") entlehnt ist.

Isegrim: Der seit dem 10. Jh. bezeugte Männername Isangrīm eigentlich „Eisenhelm" (vgl. *Eisen* und *Grimasse*), wurde in der mittelalterlichen Tierdichtung zum Namen des Wolfes, beachte z. B. 'Lampe' (Kurzform von 'Lamprecht') und 'Hinz' (Kurzform von 'Heinrich') als Namen von Hase und Kater in der Tierfabel. Seit dem 18. Jh. wurde der Name des Wolfes – unter volksetymologischer Anlehnung des zweiten Bestandteiles an das Adjektiv 'grimm' – auf einen mürrisch trotzigen Menschen übertragen.

iso..., Iso..., (vor Vokalen meist:) is..., Is...: Quelle für das Bestimmungswort von Zusammensetzungen mit der Bedeutung „gleich", wie in ↑Isobare, ↑Isotop, ist das etymologisch nicht sicher gedeutete *griech.* Adjektiv ísos (īsos) „gleich" (an Zahl, Größe, Stärke, Bedeutung usw.).

Isobare: Die fachsprachliche Bezeichnung für die Verbindungslinie zwischen Orten gleichen Luftdrucks ist eine gelehrte Neubildung zu *griech.* ísos „gleich" (vgl. *iso..., Iso...*) und báros „Schwere, Gewicht; Druck" (vgl. [1]*Bar*).

isolieren „absondern, vereinzeln; einen Isolator anbringen (Elektrotechnik)": Das besonders in der Partizipialform 'isoliert' „abgesondert, vereinzelt" auftretende Verb wurde am Ende des 18. Jh.s aus gleichbed. *frz.* isoler entlehnt, das seinerseits aus *it.* isolare stammt. Dies ist von *it.* isola „Insel" (< *lat.* insula; vgl. *Insel*) abgeleitet und bedeutet eigentlich „zur Insel machen, etwas von allem anderen abtrennen (wie eine Insel vom Festland)". – Dazu stellen sich die Bildungen **Isolation** (aus *frz.* isolation), **Isolierung** und **Isolator** „Stoff, der Energieströme schlecht oder gar nicht leitet.

Isotop „Atom, das sich von einem anderen des gleichen chemischen Elements nur in seiner Anzahl von Neutronen unterscheidet": Die wissenschaftliche Bezeichnung wurde im 20. Jh. aus gleichbed. *engl.* isotope entlehnt, einer gelehrten Bildung des englischen Chemikers F. Soddy (1877–1956) aus *griech.* ísos „gleich" (vgl. *iso..., Iso...*) und tópos „Platz, Ort, Stelle". Die Bezeichnung bezieht sich darauf, daß ein solches Atom im periodischen System der Elemente an der gleichen Stelle steht.

J

ja: Die Herkunft des *gemeingerm.* Adverbs *mhd., ahd.* jā, *got.* ja, *engl.* yea (daneben *engl.* yes ursprünglich „ja so"), *schwed.* ja ist nicht sicher geklärt. Das seit dem Anfang des 17. Jh.s bezeugte Verb **bejahen** bedeutete zunächst „bewilligen", dann – als Gegenwort zu 'verneinen' – „ja sagen". Zus.: **Jasager** (20. Jh.); **Jawort** (16. Jh.).

jachern ↑jagen.

Jacht: Das seit dem 16. Jh. bezeugte Substantiv ist eine Kurzform zu 'Jachtschiff' (daneben auch 'Jag[e]schiff'). Die seemannssprachliche Schreibung Yacht beruht auf Anlehnung des *dt.* Wortes an *engl.* yacht, das aus älter *niederl.* jaght[e] „Jacht" entlehnt ist. Das Fahrzeug ist also als „Schnellschiff" oder als „Verfolgungsschiff" benannt (vgl. *jagen*).

Jacke: Die Bezeichnung des Kleidungsstücks wurde bereits in *mhd.* Zeit aus *frz.* jaque „enge, kurze Oberbekleidung mit Ärmeln, Panzerhemd" entlehnt. Dies gehört vermutlich zu *frz.* jacques, dem Spitznamen für den französischen Bauern, da dieses Kleidungsstück hauptsächlich von Bauern getragen wurde. Der Spitzname ist wohl identisch mit Jacques „Jakob", weil dieser Name bei den Bauern häufig vorkam.

Jackett: Das Substantiv wurde im 19. Jh. als 'Jaquet' bzw. 'Jaquette' aus gleichbed. *frz.* jaquette entlehnt und dann an 'Jacke' in der Form angeglichen. *Frz.* jaquette ist eine Verkleinerungsbildung zu jaque (vgl. *Jacke*), bedeutet also eigentlich „Jäckchen".

jagen: Das auf das *dt.* und *niederl.* Sprachgebiet beschränkte Verb (*mhd.* jagen, *ahd.* jagōn, *mnd.* jagen, *mniederl.* jaghen) hat keine sicheren *außergerm.* Entsprechungen. Die Verknüpfung mit der Wortgruppe von *aind.* yalú-ḥ „rastlos" ist zweifelhaft. Die *nord.* Sippe von *schwed.* jaga „jagen" ist aus dem *Mnd.* entlehnt. Im *Engl.* gilt to hunt. Über das *altgerm.* Wort für „jagen" s. den Artikel [2]*Weide* (beachte '[aus]weiden, Weidmann, Weidwerk' usw.). – Das Verb 'jagen' bedeutet nicht nur „ein Wild verfolgen (um es zu fangen oder zu erlegen); auf die Jagd gehen", sondern auch allgemein „verfolgen; hetzen, [ver]treiben" (beachte die Präfixbildung **verjagen**) und „sich schnell bewegen, rasen". An den letzteren Sinn schließt sich die im wesentlichen *mitteld.* und *nordostd.* Ableitung **jachern** „japsend [umher]laufen" an. Das Verbalabstraktum zu 'jagen' ist **Jagd** (*mhd.* jaget, jagāt), das – ebenso wie der substantivierte Infinitiv **Jagen** – auch im Sinne von „Jagdrevier" gebräuchlich ist. Dazu stellen sich die Ableitung **jagdbar** (17. Jh.; dafür *mhd.* jagebære) und die Zusammensetzung **Jagdhund** (*mhd.* jagethunt, älter jagehunt, *ahd.* jagahunt) und **Jagd-**

spieß (*mhd.* jage[t]spieʒ). Abl.: **Jäger** (*mhd.* jeger[e]), dazu **jägerisch** (16. Jh.) und **Jägerei** (*mhd.* jegerie). Die Zusammensetzung **Jägerlatein** (19. Jh.) bezeichnete zunächst die dem Laien schwerverständliche Sondersprache der Jäger und ging dann auf die Aufschneidereien der Jäger über. – Beachte auch den Artikel *Jacht*.

Jaguar: Der Name des südamerikanischen katzenartigen Raubtiers stammt aus der Tupisprache der Indianer Brasiliens (*Tupi* jagwár[a]). Er wurde im 18. Jh. durch *port.* Vermittlung bei uns bekannt.

jäh: Die Herkunft des Adjektivs *mhd.* gæhe, *ahd.* gāhi ist dunkel. Die heute gemeinsprachliche Form mit j- beruht auf *mdal.* Aussprache des anlautenden g- (beachte 'jappen' neben 'gaffen', 'Jieper' neben 'Geifer' usw.) und ist seit dem 16. Jh. bezeugt. Die veraltete Form 'jach', *oberd. mdal.* gach geht auf das Adverb *mhd.* gāch, *ahd.* gāho zurück. Abl.: **Jähe** (*mhd.* gæhe „Eile, Ungestüm; steiler Abhang"); **jählings** (17. Jh.). Zus.: **Jähzorn** (17. Jh.; mit anlautendem g- bereits 15. Jh.; zusammengewachsen aus 'jäh' und 'Zorn'), dazu **jähzornig.**

Jahr: Das *gemeingerm.* Substantiv *mhd., ahd.* jār, *got.* jēr, *engl.* year, *schwed.* år geht mit verwandten Wörtern in anderen *idg.* Sprachen – vgl. z. B. *awest.* yārə „Jahr", *griech.* hṓra „Jahr[eszeit], Tageszeit, Stunde" (↑Horoskop und Uhr) und *russ.-kirchenslaw.* jara „Frühling" – auf *idg.* *i̯ēro-s zurück. Die Bedeutung des *idg.* Wortes ist nicht sicher bestimmbar. Falls *idg.* *i̯ēro-s eine Substantivbildung zu der Wurzelform *i̯ā-, *i̯ē- der Wurzel *ei- „gehen" (vgl. *eilen*) ist, bedeutete es ursprünglich etwa „Gang (der Sonne?); Lauf, Verlauf". – In *altgerm.* Zeit spielte das Wort eine untergeordnete Rolle, weil der unter 'Winter' (s. d.) behandelte Name der Jahreszeit früher auch „Jahr" bedeutete und Zeitspannen und Lebensjahre vorwiegend nach Wintern gezählt wurden. Abl.: **jähren,** sich „ein Jahr hersein" (17. Jh.; *mhd.* jæren, jāren bedeutete dagegen „mündig, alt werden; alt machen; auf-, hinhalten", beachte auch **bejahrt** und **verjähren**); **jährig** veraltet für „ein Jahr alt", heute nur noch als 2. Bestandteil in Zusammensetzungen wie **einjährig, minderjährig, volljährig** (*mhd.* jærec, *ahd.* jārig); **jährlich** (*mhd.* jærlich, *ahd.* jārlīh); **Jährling** „ein Jahr altes Tier" (*mhd.* jærlinc „einjähriges Fohlen"). Zus.: **Jahrbuch** (17. Jh.; zunächst Plural als Lehnbildung von *lat.* annales); **Jahrgang** (*mhd.* jārganc „Jahreslauf; Ereignisse im Jahre"; in *nhd.* Zeit „was in einem Jahre hervorgebracht wird"); **Jahrhundert** (17. Jh.); **Jahrmarkt** (*mhd.* jārmarket, *ahd.* iārmarchat); **Jahreszeit** (17. Jh.). Siehe auch den Artikel *heuer.*

Jahrzehnt ↑zehn.

Jalousie „aus beweglichen (Holz- oder Metall)latten zusammengesetzter Fensterladen": Das Fremdwort wurde im 18. Jh. aus gleichbed. *frz.* jalousie entlehnt, das seinerseits aus *it.* gelosia stammt. Dies ist eine Bildung zu *it.* geloso, älter zeloso „eifersüchtig" (aus *vlat.* *zelosus [zu *spätlat.* zelus < *griech.* zē̄los „Eifer; Eifersucht"]) und bedeutet eigentlich „Eifersucht". Die Benennung bezieht sich darauf, daß der eifersüchtige Ehemann seiner Frau zwar gestatten wollte, auf die Straße zu sehen, sie aber nicht den Blicken anderer preisgeben wollte – bei Jalousien kann man nur von innen nach außen hindurchsehen und ist vor Blicken von außen sicher. Vorbild waren wohl die typischen Fenstergitter, wie man sie zuerst an orientalischen Harems beobachtete.

Jammer: Das *westgerm.* Adjektiv *ahd.* jāmar, *asächs.* jāmar, *aengl.* geōmor „traurig, betrübt", das wahrscheinlich lautmalender Herkunft ist und sich aus einem Schmerzensruf entwickelt hat, ist im *dt.* Sprachgebiet in *ahd.* Zeit substantiviert worden: *ahd.* jāmar, mhd. jāmer „Traurigkeit, Herzeleid, schmerzliches Verlangen". Abl.: **jämmerlich** (*mhd.* jæmer-, jāmarlich, *ahd.* jāmarlih); dazu **Jämmerlichkeit** (17. Jh.); **jammern** (*mhd.* [j]āmern, *ahd.* āmarōn). Zus.: **Jammerlappen** (20. Jh.; eigentlich „zum Abwischen der Tränen dienendes Tuch"); **jammerschade** (18. Jh.; hervorgegangen aus der Formel 'Jammer und Schade sein'); **Jammertal** (*mhd.* jāmertal „Erde; Unglück", Lehnbildung nach *lat.* vallis lacrimarum).

Januar: Seit dem Jahre 153 v. Chr. wurde das römische Kalenderjahr nicht mehr von März bis Februar, sondern von Januar bis Dezember gerechnet. Demgemäß nannte man den das Jahr eröffnenden Monat (mensis) Ianuarius – nach dem altitalischen Gott Janus, dem Gott der Türen und Tore, symbolisch auch des Eingangs und [Jahres]anfangs. Mit den anderen römischen Monatsnamen wurde in *mhd.* Zeit auch *lat.* Ianuarius entlehnt – in seiner *vlat.* Form Ienuarius – zu jenner. Diese Form hat sich in **Jänner** bis ins 18. Jh. gehalten, wurde aber dann von der in gelehrter Entlehnung neu entwickelten Form 'Januar' (= *frz.* janvier, *engl.* January) in die *oberd.* Mundarten, besonders in den *schweiz.* und *österr.* Sprachraum abgedrängt. – Über die etymologischen Zusammenhänge von *lat.* Ianus, das ein personifiziertes *lat.* ianus „Torbogen" (ursprünglich: „Gang, Durchgang") ist, vgl. den Artikel *eilen.*

jappen, japsen „den Mund aufsperren, lechzen, nach Luft schnappen": Die beiden Verben, die vor allem in der *nordd.* und *mitteld.* Umgangssprache gebräuchlich sind, stellen sich zu *niederd.* gapen „den Mund aufsperren" (vgl. *gaffen*). Das anlautende j- beruht auf *mdal.* Aussprache des anlautenden g- (beachte den Artikel *jäh*).

Jargon: Der Ausdruck für „saloppe Sondersprache einer [Berufs]gruppe oder Gesellschaftsschicht" wurde im 18. Jh. aus gleichbed. *frz.* jargon übernommen, das ursprünglich etwa „unverständliches Gemurmel, Kauderwelsch" bedeutete und wohl zu einer Gruppe von Wörtern lautnachahmenden Ursprungs gehört, wie *frz.* gargoter „schmatzend und schlürfend essen oder trinken" (dazu *frz. ugs.* gargote „Lokal, in dem es zwar billiges, aber wenig qualitätvolles Essen gibt").

Jasmin: Der Name des Zierstrauchs mit stark

duftenden Blüten wurde im 16. Jh. durch *arab.-span.* Vermittlung aus *pers.* yāsaman entlehnt.

jäten: Die Herkunft des auf das *dt.* Sprachgebiet beschränkten Verbs (*mhd.* jeten, geten, *ahd.* jetan, getan, *asächs.* [ūt]gedan) ist dunkel. Im Gegensatz zur lautgesetzlichen Entwicklung ist im *Nhd.* ä durchgedrungen. Die Form mit anlautendem g- herrschte bis ins 18. Jh. vor.

Jauche: Das im ausgehenden Mittelalter aus dem *Westslaw.* – beachte *sorb.* jucha „Brühe; Suppe; Dungwasser, Jauche" – entlehnte jūche „trübe, stinkende Flüssigkeit, flüssiger Stalldünger" hat sich vom *Ostmitteld.* ausgehend im *dt.* Sprachgebiet durchgesetzt. Die *baltoslaw.* Sippe von *sorb.* jucha gehört mit verwandten Wörtern in anderen *idg.* Sprachen, vgl. z. B. *aind.* yūḥ „Brühe" und *lat.* ius „Brühe, Suppe; Saft", zu einer *idg.* Verbalwurzel *i̯eu- „rühren, vermengen (bei der Speisebereitung)". Zu dieser Wurzel gehört auch die *nord.* Sippe von *schwed.* ost „Käse".

jauchzen: Das auf das *dt.* Sprachgebiet beschränkte Verb (*mhd.* jūchezen) ist von der Interjektion 'juch!' (s. d.) abgeleitet und bedeutet demnach eigentlich „den Freudenschrei juch! ausstoßen". Beachte zur Bildung das Verhältnis von 'ächzen' – 'ach!'. Abl.: **Jauchzer** (18. Jh.; bereits im 16. Jh., aber im Sinne von „der Jauchzende" bezeugt). Die Nebenformen **juchzen** und **Juchzer** sind im wesentlichen *ugs.* gebräuchlich.

jaulen: Das um 1800 aus dem *Niederd.* ins *Hochd.* übernommene Verb 'jaulen' „jämmerlich wie ein Hund klagen" ist lautmalender Herkunft. Eine ähnliche, aber wohl unabhängige Lautnachahmung ist *engl.* to yowl „heulen, schreien".

Jauner ↑ Gauner.

Jause: Der *österr.* Ausdruck für „Zwischenmahlzeit, Vesper" geht auf *mhd.* jūs zurück, das aus *slowen.* južina „Mittagessen, Vesper" entlehnt ist. Das *slowen.* Wort gehört mit Entsprechungen in den anderen *slaw.* Sprachen zu der Wortgruppe von *russ.* jug „Süden" und bedeutet also eigentlich „Mittagsmahlzeit". Abl.: **jausen** „eine Jause einnehmen, vespern" (*mhd.* jūsen).

Jazz: Der Name dieser aus der Volksmusik der nordamerikanischen Neger hervorgegangenen, stark rhythmisierten und im 20. Jh. von Amerika nach Europa eingeführten Musik wurde im 20. Jh. aus gleichbed. *engl.-amerik.* jazz entlehnt, dessen Herkunft unklar ist. – Abl. und Zus.: **jazzen** *(ugs.)*; **Jazzer**; **Jazzmusik**; **Jazzband.**

je: Das *gemeingerm.* Adverb *mhd.* ie, *ahd.* io, eo, *got.* aiw, *aengl.* ā, *aisl.* ǣ geht auf eine erstarrte Kasusform eines *germ.* Substantivs (i-Stamm) mit der Bed. „Zeit, Lebenszeit, Zeitalter" zurück, das zu der unter ↑*ewig* dargestellten Wortgruppe gehört, beachte die verwandten Bildungen *ahd.* ēwa „Ewigkeit", *got.* aiws „Zeit, Ewigkeit", *aisl.* ævi „Lebensalter, Zeitalter". – Das Adverb 'je' steckt auch in 'immer', 'irgend', 'jeder', 'jeglich', 'jemand' (s. diese Artikel). Beachte auch den Artikel *Jelängerjelieber.*

Jeans ↑ Bluejeans.

jeck ↑ Geck.

jeder: Das alleinstehend und attributiv gebrauchte Pronomen, das im Gegensatz zum zusammenfassenden 'alle' eine Gesamtheit vereinzelt, hat sich aus *mhd.* ieweder, *ahd.* ioweder, eohwedar entwickelt, das aus *ahd.* io, eo „immer" (vgl. *je*) und [h]wedar „wer von beiden", indefinit „irgendeiner von beiden" (vgl. *weder*) zusammengewachsen ist. – Das der gehobenen Sprache angehörige **jedermann** ist in *mhd.* Zeit aus ieder und man zusammengerückt. Beachte auch die Adverbien **jedenfalls** (18. Jh.) und **jedesmal** (17. Jh.).

Jeep: Die Bezeichnung für „geländegängiger Kraftwagen mit Vierradantrieb" wurde im 20. Jh. aus *amerik.* jeep entlehnt. Dies ist eine Kurzform, die aus den Anfangsbuchstaben von *G*eneral *P*urpose (car) „Mehrzweckkriegslastkraftwagen" gebildet wurde.

jeglich: Das im heutigen Sprachgebrauch weitgehend durch 'jeder' (s. d.) zurückgedrängte Pronomen hat sich aus *mhd.* ieclich, älter iegelich, *ahd.* iogilīh entwickelt, das aus *ahd.* io, eo „immer" (vgl. *je*) und gilīh „gleich [welcher], jeder" (vgl. *gleich*) zusammengewachsen ist.

Jelängerjelieber: Der seit dem Anfang des 16. Jh.s – zuerst in der Form 'Ye lenger ye lieber' – bezeugte Pflanzenname bezeichnete zunächst den Roten Nachtschatten, dessen bittere Rinde um so süßer schmeckt, je länger man sie kaut, beachte auch die volkstümliche Benennung 'Bittersüß'. Dann findet sich der Name auch für den Gelben Günsel (weil diese Pflanze immer lieblicher duftet, je länger man daran riecht) und für verschiedene andere Pflanzen, seit dem 19. Jh. speziell für das Geißblatt.

jemand: Das alleinstehend gebrauchte Pronomen, das sich auf irgendeine beliebige, völlig unbestimmte Person bezieht, hat sich aus *mhd.* ieman, *ahd.* ioman, eoman entwickelt, das aus *ahd.* io, eo „immer" (vgl. *je*) und man „Mann, Mensch" (vgl. *Mann*) zusammengewachsen ist. Das auslautende -d ist, wie z. B. auch in 'irgend' und 'weiland', sekundär. – Beachte auch den Artikel *niemand.*

jemine! ↑ herrje!

jener: Das alleinstehend und attributiv gebrauchte Pronomen, das im Gegensatz zu 'dieser' (s. d.) auf etwas Entfernteres hinweist, lautete in den älteren Sprachzuständen *mhd.* [j]ener, *ahd.* [j]enēr, *got.* jains, *aengl.* geon, *aisl.* (bestimmter Artikel) inn. Zugrunde liegt diesen *germ.* Formen vermutlich der *idg.* Pronominalstamm *eno- „jener", der im *germ.* Sprachbereich wohl unter dem Einfluß des Relativstammes *io- und der Bildung *oino-s (vgl. *ein*) verschiedentlich umgestaltet worden ist. Beachte aus anderen *idg.* Sprachen z. B. die *baltoslaw.* Sippe von *russ.* on „er". – Das seit dem 16. Jh. bezeugte **derjenige** ist aus 'derjene' weitergebildet, das aus *spätmhd.* 'der' und 'jene' zusammengerückt ist. Beachte zur Bildung das Verhältnis von 'derselbe' zu 'derselbige'. – Aus *mhd.* jensīt (jene sīte) hat sich *frühnhd.* jenseit, mit sekundärem s (vgl. *Seite*) **jenseits** entwickelt. Die substantivierte Form **Jenseits** (um 1800) wird im Sinne von „Leben nach dem Tode" gebraucht.

Jeton „Rechenpfennig (früher); Spielmarke": Das Fremdwort wurde im 18. Jh. aus gleichbed. *frz.* jeton entlehnt. Dies ist von *frz.* jeter „werfen" in dessen älterem übertragenen Sinn „(durch Aufwerfen der Rechensteine) [be]rechnen" abgeleitet. Voraus liegt *vlat.* *iectare, das für *klass.-lat.* iactare „werfen, schleudern" steht. Dies ist ein Intensivum zu *lat.* iacere „werfen", das durch etliche Komposita in zahlreichen Fremdwörtern vertreten ist. Hierzu gehören: ad-icere „hinzuwerfen, -tun" (↑Adjektiv), in-icere „hineinwerfen, einflößen" (↑Injektion, injizieren), inter-icere „dazwischenwerfen, einwerfen" (↑Interjektion), ob-icere „entgegenwerfen, -stellen" (↑Objekt, objektiv, Objektiv), pro-icere „räumlich hervortreten lassen; entwerfen" (↑projizieren, Projektion, Projektor, Projekt), sub-icere „unter etwas werfen; zugrunde legen" (↑Subjekt, subjektiv, Sujet); schließlich noch tra-icere „hindurchwerfen, -bringen" im Lehnwort ↑Trichter. – Die *idg.* Zusammenhänge sind nicht eindeutig gesichert; formal und semantisch am nächsten steht die Familie von *griech.* hiénai „werfen; senden".

jetzt: Das Adverb hat sich samt seinen heute veralteten Nebenformen **itzt** und – ohne sekundäres -t – 'jetzo, itzo' aus *mhd.* iezuo (ieze, iezō) entwickelt, das aus den Adverbien ie „immer" (vgl. *je*) und zuo „zu" (vgl. *zu*) zusammengewachsen ist. Abl.: **jetzig** (*mhd.* iezec). Zus.: **Jetztzeit** (Anfang des 19. Jh.s).

Jieper ↑Geifer.

Jiu-Jitsu, (dafür eindeutschend:) Dschiu-Dschitsu: Der Name dieser in Japan beheimateten Kunst der waffenlosen Selbstverteidigung, deren sportliche Form ↑Judo heißt, wurde im 20. Jh. aus *jap.* jūjutsu „sanfte Kunst" entlehnt einer Bildung aus *jap.* jū „geschmeidig, sanft" und jutsu „Kunst[griff]".

Job: Der *ugs.* Ausdruck für „[Gelegenheits]arbeit; Beschäftigung, Stelle" wurde im 20. Jh. aus gleichbed. *engl.-amerik.* job entlehnt, dessen weitere Herkunft dunkel ist. Dazu stellen sich **jobben** „vorübergehend (zum Zweck des Geldverdienens arbeiten, einen Job übernehmen" und **Jobber** „Händler an der Börse; Börsenspekulant" (20. Jh.).

Joch: Die Benennung des Geschirrs zum Anspannen der Zugtiere ist eine Substantivbildung *idg.* Alters. Das *gemeingerm.* Wort *mhd.* joch, *ahd.* joh, *got.* juk, *engl.* yoke, *schwed.* ok geht mit Entsprechungen in anderen *idg.* Sprachen, z. B. *aind.* yugá-m, *griech.* zygón und *lat.* iugum, auf *idg.* *i̯ugo-m „Joch" zurück, das eine Bildung zu der mit -g erweiterten Verbalwurzel *i̯eu- „anschirren, zusammenbinden, verbinden" ist. Zu dieser Wurzel stellen sich aus anderen *idg.* Sprachen z. B. *lat.* iungere „verbinden" (↑Junktim, ↑Junta, ↑Konjunktion, ↑Konjunktiv, konjugieren) und *aind.* yṓga-ḥ „das Anschirren; Verbindung" (↑Joga). – Schon früh ging das Wort 'Joch' auf die unter einem Joch zusammengespannten Zugtiere über und bezeichnete dann auch ein Feldmaß, eigentlich „so viel Land, wie man mit einem Joch Ochsen an einem Tag pflügen kann". Alt ist auch die Übertragung auf Dinge, die mit der Form eines Jochs Ähnlichkeit haben, beachte *ahd.* joh in der Bed. „Bergrücken, Paß", *mhd.* joch in der Bed. „[Querbalken zu einem] Brückenjoch" und die Zusammensetzungen 'Jochbein, Bergjoch, Brückenjoch'. An 'Joch' im Sinne von „Zwang, Unterdrückung, Knechtschaft" schließt sich **unterjochen** „unterwerfen, unterdrücken" (18. Jh.) an. Das einfache Verb **jochen** ist lediglich *mdal.* im Sinne von „in ein Joch spannen" gebräuchlich.

Jockei: Die Bezeichnung für den berufsmäßigen Rennreiter wurde Ende des 18. Jh.s aus *engl.* jockey entlehnt. Das *engl.* Wort ist eine Verkleinerungsform zu Jock, der *schott.* Form von *engl.* Jack „Hans".

Jod: Der Name dieses chemischen Grundstoffes wurde zu Beginn des 19. Jh.s aus gleichbed. *frz.* iode entlehnt, einer gelehrten Bildung des französischen Chemikers B. Courtois (1777–1838) zu *griech.* i-ṓdēs (< io-eidḗs) „veilchenfarbig". Die Benennung bezieht sich darauf, daß bei der Erhitzung von Jod veilchenblaue Dämpfe entstehen. Bestimmungswort ist *griech.* íon „Veilchen", das verwandt ist mit gleichbed. *lat.* viola; vgl. hierzu das Lehnwort *Veilchen*. Über das Grundwort *griech.* ...eidḗs vgl. *Idee*.

jodeln: Das von dem eigentümlichen Jodelruf 'jo' abgeleitete Verb stammt aus den *dt.* Alpenmundarten. Es ist schriftsprachlich seit dem Anfang des 19. Jh.s bezeugt. Abl.: **Jodler** „jemand, der jodelt; Jodelruf". Vgl. den Artikel *johlen*.

Joga, auch: Yoga: Der Name der indischen Lehre von der Selbsterlösung durch völlige Beherrschung des Körpers und Befreiung des Geistes ist aus *aind.* yōga-ḥ entlehnt. Das *aind.* Wort bedeutet eigentlich „Verbindung, Vereinigung" und gehört zu *aind.* yugá-m „Joch", das mit den gleichbed. Wörtern *lat.* iugum, *griech.* zygón und *nhd.* ↑*Joch* urverwandt ist. – Der Anhänger des Joga heißt **Jogi.**

Joghurt „gegorene Milch": Das Wort ist eine junge Entlehnung aus gleichbed. *türk.* yoğurt.

johlen: Das auf das *dt.* Sprachgebiet beschränkte Verb (*mhd.* jōlen „vor Freude laut singen, grölen", *mnd.* jōlen „jubeln") ist von dem lautmalenden Ruf 'jo' abgeleitet und bedeutet also eigentlich „jo schreien". Aus dem gleichen 'jo' hat sich auch 'jodeln' (s. d.) entwickelt.

Jöhre ↑Gör.

Joker: Das im 20. Jh. aus dem *Engl.* entlehnte Substantiv bezeichnet eine Spielkarte mit dem Bild eines Narren, die jede beliebige Karte ersetzen kann. So bedeutet denn auch *engl.* joker wörtlich „Spaßmacher". Es ist abgeleitet von joke „Scherz, Spaß", das wie *frz.* jeu und *nhd.* ↑*Jux* auf *lat.* iocus zurückgeht.

Jolle „kleines [einmastiges] Boot": Die Herkunft des aus dem *Niederd.* stammenden Wortes (*mnd.* jolle) ist dunkel. *Schwed.* julle, *niederl.* jol (daraus wiederum *engl.* yawl) sind aus dem *Niederd.* entlehnt. Zus.: **Jollenkreuzer** (20. Jh.).

Jongleur „Geschicklichkeitskünstler“: Das Substantiv ist bereits im 18. Jh. bezeugt, während das Verb **jonglieren** erst im 19./20. Jh. erscheint. Quelle ist *frz.* jongleur (bzw. *frz.* jongler), das selbst auf *lat.* ioculator „Spaßmacher“ (vgl. *Jux*) zurückgeht.

Jota: Der *ugs.* Ausdruck für „kleinste Kleinigkeit“ ist aus *griech.* iōta (ι) entlehnt. Dies ist der aus dem *Semit.* stammende Name des 9. Buchstabens im griechischen Alphabet, der der kleinste ist und darum in der Bibel als Symbol der Kleinheit gilt.

Journaille: Die Bezeichnung für „gewissenlos und hetzerisch arbeitende Tagespresse“ ist eine französierende Neubildung des 20. Jh.s zu 'Journal' (s. d.).

Journal „Tageszeitung, Zeitschrift“: Das Fremdwort wurde im 17. Jh. aus *frz.* journal entlehnt und bis ins 18. Jh. im Sinne von „gelehrte Zeitschrift“ gebraucht. *Frz.* journal ist entsprechend seiner Ableitung von *frz.* jour (= *it.* giorno) „Tag“ eigentlich Adjektiv mit der Bed. „jeden einzelnen Tag betreffend“. Seit dem 15. Jh. erscheint es dann substantiviert im Sinne von „Nachricht über die täglichen Ereignisse“. Quelle für *frz.* jour (< *afrz.* jorn) – wie auch für *it.* giorno – ist *lat.* diurnus „täglich“ in seiner *vlat.* Substantivierung diurnum „Tag“. Zugrunde liegt das zur *idg.* Sippe von ↑*Zier* gehörende Substantiv *lat.* dies „Tageslicht, Tag“ (wozu auch ↑Diäten) bzw. dessen adverbialer Lokativ diu „bei Tage“. – Um 'Journal' gruppieren sich die Bildungen **Journalist** „jemand, der beruflich für die Presse, den Rundfunk, das Fernsehen schreibt, publizistisch tätig ist“ (17. Jh.; aus gleichbed. *frz.* journaliste), **journalistisch** (19. Jh.), **Journalistik** „Zeitungswesen“ (19. Jh.), **Journalismus** (19. Jh.; aus gleichbed. *frz.* journalisme).

jovial „froh, heiter; leutselig, gönnerhaft“: Das seit dem 18. Jh. bezeugte Adjektiv steht für älteres 'jovialisch' (16. Jh.), das mit entsprechend *frz.* jovial und *it.* gioviale auf *lat.* Iovialis „zu Jupiter (*lat.* auch: Iovis) gehörend“ zurückgeht. Für die Bedeutungsübertragung ist die mittelalterliche Astronomie verantwortlich, die den nach dem römischen Göttervater benannten Planeten Jupiter als Ursache für menschliche Fröhlichkeit und Heiterkeit ansah und danach den Heiteren mit iovialis „der im Sternbild des Planeten Jupiter Geborene“ bezeichnete. Über weitere Zusammenhänge vgl.: *Zier.* – Dazu das Substantiv **Jovialität** „heitere Gemütsart; Leutseligkeit“ (18. Jh.).

jubilieren „frohlocken“: Das Verb wurde bereits in *mhd.* Zeit (*mhd.* jubil[i]eren) aus *lat.* iubilare „jauchzen, jodeln“ entlehnt, das lautmalenden Ursprungs ist und zur Sippe von *nhd.* ↑*jauchzen* gehört. – Im *Vlat.* erscheint das Substantiv iubilum „das Jauchzen, das Frohlokken“ – dafür *kirchenlat.* auch iubilus zur Bezeichnung des langgezogenen jubelnden Ausklangs eines Kirchengesangs –, das in unserem, seit dem Beginn des 16. Jh.s bezeugten Lehnwort [1]**Jubel** weiterlebt. Dazu gehören verschiedene Zusammensetzungen wie **Jubelruf, Jubelgeschrei** und die Verbalbildungen **jubeln** (15. Jh.) und **verjubeln** (18./19. Jh.) – letzteres *ugs.* im Sinne von „jubelnd (= sinnlos) verprassen“. Anders verhält es sich mit dem lautgleichen Substantiv [2]**Jubel,** das noch in Zusammensetzungen lebt, so in **Jubeljahr** (*mhd.* jūbeljār) „heiliges Jahr mit besonderen Ablässen in der kath. Kirche (alle 25 Jahre)“ – wozu die Redensart 'alle Jubeljahre einmal' „selten gehört“ –, **Jubelfeier, Jubelgreis, Jubelhochzeit, Jubelpaar** u. ä. Quelle hierfür ist *hebr.* yôvel „Widderhorn; Freudenschall“ (das Widderhorn wurde zu dem alle 50 Jahre gefeierten Halljahr = Erlaßjahr der Juden geblasen), das sich in der Vulgata mit dem oben genannten *vlat.* iubilum vermischt hat. Als Ergebnis erscheinen denn auch Formen wie *spätlat.* (annus) iubilaeus (in der schon erwähnten Lehnübersetzung 'Jubeljahr'), ferner *spätlat.* iubilaeum „Jubelzeit“, aus dem **Jubiläum** „Jubel-, Fest-, Gedenkfeier; Ehren-, Gedenktag“ (Ende 16. Jh.) stammt; schließlich noch *mlat.* iubilarius „wer 50 Jahre im gleichen Stand ist“, das im 18. Jh. zu **Jubilar** „wer ein Jubiläum begeht; Gefeierter“ eingedeutscht wurde.

juch!: Die Interjektion (*mhd.* jūch!), die die ausgelassene Freude ausdrückt, tritt heute gewöhnlich nur noch in Verbindung mit anderen Ausrufen auf, beachte z. B. 'juchhe!, juchhei!, juchheirassa!'. Von der Interjektion abgeleitet sind die beiden Verben 'juchen' *mdal.* und *ugs.* für „jauchzen, aufkreischen“ und 'jauchzen'. – Neben 'juch!' existiert auch eine Interjektion 'ju!' (*mhd.* jū!), die gleichfalls die Freude ausdrückt. Mit diesen beiden Interjektionen ist wahrscheinlich elementarverwandt z. B. *griech.* iŭ. Auch *lat.* iubilare „jauchzen“ (↑jubilieren) ist von einer Interjektion *iu abgeleitet.

juchzen, Juchzer, ↑jauchzen.

jucken: Die Herkunft des nur *westgerm.* Verbs (*mhd.* jucken, *ahd.* jucchen, *niederl.* jeuken, *engl.* to itch) ist dunkel. Je nach der Konstruktion kann 'jucken' die Bed. „einen Juckreiz empfinden“, „einen Juckreiz verursachen, kitzeln“ oder „kratzen (um den Juckreiz zu beseitigen)“ haben. Im Volksglauben spielt der Juckreiz seit alters eine bedeutende Rolle. Beachte z. B. die Auslegungen, daß das Jucken der Hand auf Geldeinnahme, das Jucken der Nase auf [schlechte] Neuigkeiten hinweist.

Judas: Die Bezeichnung für „[heimtückischer] Verräter“ geht zurück auf Judas Ischariot, den Jünger Jesu, der diesen durch einen heuchlerischen Kuß – den sogenannten **Judaskuß** – verraten hat.

Judo: Der Name der sportlichen Form des Jiu-Jitsu wurde im 20. Jh. aus *jap.* jūdō (eigentlich „geschmeidiger Weg zur Geistesbildung“) entlehnt.

Jugend: *Mhd.* jugent, *ahd.* jugund, *niederl.* jeugd, *engl.* youth beruhen auf einer Substantivbildung zu dem unter ↑*jung* dargestellten *idg.*

Adjektiv. Beachte aus anderen *idg.* Sprachen z.B. die *lat.* Bildung iuventus „Jugend". Abl.: **jugendlich** (*mhd.* jugentlich, *ahd.* jugundlīh). Zus.: **Jugendherberge** (20. Jh.); **Jugendstil** (Ende des 19. Jh.s, nach der Münchner Zeitschrift 'Jugend'); **Jugendweihe** (20. Jh.).

Jul: Das aus dem *Nordischen* stammende Wort, das heute im wesentlichen in den Zusammensetzungen **Julfest** und **Julklapp** gebräuchlich ist, bezeichnete in *altgerm.* Zeit das heidnische Mittwinterfest und ging nach der Christianisierung auf das Weihnachtsfest über, beachte *norw., schwed., dän.* jul „Weihnachten, Weihnachtsfest". Auch in Nordostdeutschland, wohin das Wort zuerst drang, bedeutete *niederd.* jul „Weihnachtsfest". – Die weitere Herkunft von *aisl.* jōl, dem *aengl.* geohhol, gēol entspricht, ist dunkel.

Juli: Der 7. Monat des Jahres, der nach altrömischer Zählung (Jahresbeginn am 1. März) *lat.* (mensis) Quintilis „der fünfte (Monat)" hieß, wurde zu Ehren C. Julius Caesars, der den Kalender reformierte, *lat.* (mensis) Iulius genannt. Der *lat.* Name setzte sich bei uns in der Sprache der Kanzleien und der Humanisten seit dem 16. Jh. für 'Heumonat' durch. Die Eindeutschung ging – wie bei ↑Juni – vom Genitiv Iulii aus. Zum Sachlichen vgl. den Artikel Januar.

jung: Das *gemeingerm.* Adjektiv *mhd.* junc, *ahd.* jung, *got.* juggs, *engl.* young, *schwed.* ung geht, wie z.B. auch das substantivierte Adjektiv *lat.* iuvencus „junger Stier; junger Mensch", auf eine Weiterbildung des *idg.* Adjektivs *i̯uu̯en- „jung" zurück. Beachte z.B. aus anderen *idg.* Sprachen *aind.* yúvan- „jung" und *lat.* iuvenis „jung", wozu die Komparativbildung iunior „jünger" (↑Junior) gehört. Eine alte Substantivbildung zu *idg.* *i̯uu̯en- „jung" ist das unter ↑*Jugend* behandelte Wort. – Das Adjektiv 'jung' steht zunächst in Opposition zu 'alt' und wird ferner im Sinne von „frisch, neu; unreif, unausgegoren, unerfahren" und zeitlich im Sinne von „letzt, spät" gebraucht. – Die substantivierte Form der **Junge** bildet nicht nur den Gegensatz zu 'der Alte', sondern ist – besonders in *nordd.* und *mitteld.* Umgangssprache – auch im Sinne von „Knabe; Sohn" gebräuchlich. Dagegen hat das **Junge** die Bed. „neugeborenes bzw. junges Tier". Abl.: **jungen** „Junge werfen" (15. Jh.); **verjüngen** „jung machen", reflexiv auch „nach oben spitz zulaufen, dünner werden" (16. Jh.; für veraltetes 'jüngen', *mhd.* jungen, *ahd.* jungan „jung machen"); **Jünger** (s. d.); **Jüngling** (s. d.); **jüngst** (s. d.). Zus.: **Jungbrunnen** (*mhd.* juncbrunne „verjüngender Brunnen"); **Jungfrau** (*mhd.* juncvrou[we], *ahd.* juncfrouwa „junge Herrin, Edelfräulein", dann „junge, noch unverheiratete Frau [adligen Geschlechts]" und schließlich „junge, unberührte Frau"; ↑Jungfer), dazu **jungfräulich** „rein, unberührt" (*mhd.* juncvrouwelich); **Junggeselle** (15. Jh.; zunächst in der Bed. „junger Handwerksbursche", dann „[junger] unverheirateter Mann"); **Junker** (s. d.).

Jünger: Der substantivierte Komparativ (*mhd.* junger, *ahd.* jungiro) von dem unter ↑*jung* behandelten Adjektiv bezeichnete – nach dem Muster von *mlat.* iunior: senior – zunächst den Untergebenen, den Lehrling, den Schüler im Gegensatz zum "Herrn' (*ahd.* hērro, eigentlich „der Ältere"; s. d.). Dann wurde das Wort, in Wiedergabe des biblischen discipulus, speziell auf die Schüler Jesu bezogen.

Jungfer: Das Wort, das heute fast nur noch in der Verbindung 'alte Jungfer' gebräuchlich ist, hat sich in *spätmhd.* Zeit – unter Abschwächung des zweiten Bestandteils – aus *mhd.* juncvrou[we] „junge Herrin, Edelfräulein" (↑Jungfrau) entwickelt. Es bezeichnete dann eine junge, noch unverheiratete Frau [adligen Geschlechts], speziell auch ein adliges Fräulein, das einer Fürstin zur Aufwartung dient, beachte die Zusammensetzung 'Kammerjungfer', und ferner eine Frau, die die Keuschheit bewahrt, beachte die Bildungen **entjungfern** „das Jungfernhäutchen [beim ersten Geschlechtsverkehr] zerstören, deflorieren", **Jungfernhäutchen** „Hymen" und **Jungfernschaft** „Jungfräulichkeit". Abl.: **jüngferlich** „altmodisch, verschroben, wie eine alte Jungfer" (17. Jh.; gebräuchlicher ist heute 'altjungfräulich'). Zus.: **Jungfernfahrt** „erste planmäßige Fahrt [eines Schiffes]" (20. Jh.); **Jungfernrede** „erste Rede eines Abgeordneten vor dem Parlament" (19. Jh.; Lehnübersetzung von *engl.* maiden speech).

Jüngling: Das auf das *Westgerm.* beschränkte Wort (*mhd.* jungelinc, *ahd.* jungaling, *niederl.* jongeling, *aengl.* geongling) ist mit dem Suffix -ling von dem unter ↑*jung* dargestellten Adjektiv abgeleitet. Die *nord.* Sippe von *schwed.* yngling ist dem *westgerm.* Substantiv nachgebildet oder daraus entlehnt.

jüngst: An die Verwendung des unter ↑*jung* behandelten Adjektivs im Sinne von „neu" schließt sich das Adverb 'jüngst' „neulich, zuletzt" an, das sich aus *mhd.* [ze] jungest, *ahd.* zi jungist „zu neuest" entwickelt hat. – In den Verbindungen „Jüngstes Gericht" und „Jüngster Tag" bedeutet der Superlativ „allerletzt".

Juni: Der Name des sechsten Monats geht – wie entsprechend *frz.* juin, *engl.* June – auf *lat.* (mensis) Iunius „Monat, welcher der Göttin Juno geweiht ist" zurück. Dieser Name setzte sich seit dem 16. Jh. in der Kanzleisprache durch und verdrängt alte deutsche Namen wie 'Brachmonat' und 'Heumonat'. Die heutige Form bildete sich aus dem Genitiv Iunii.

Junior „der Jüngere", auch im Sinne von „Jungsportler: Das Wort wurde im 19. Jh. aus *lat.* iunior „jünger; der Jüngere" entlehnt, einer zur Familie von *lat.* iuvenis „jung" gehörenden Komparativbildung. Über weitere Zusammenhänge vgl. den Artikel *jung*.

Junker: Das Wort hat sich aus *mhd.* juncherre entwickelt – beachte die entsprechende Entwicklung von *niederl.* jonker aus *mniederl.* jonchēre – und bedeutet also eigentlich „junger Herr". Im Mittelalter bezeichnete es speziell den Edelknaben, den noch nicht zum Ritter geschlagenen jungen Adligen, dann auch den sich auf den Ritterdienst vorbereitenden Knappen. Daran schließt sich die neuzeitliche Verwendung des Wortes an, einerseits im Sinne von „Sohn eines Adligen, besonders eines adligen Gutsbesitzers" dann auch „Adliger, adliger Gutsbesitzer", andererseits im Sinne von „zur Beförderung zum Offizier in die Armee eintretender junger Adliger; Offiziersanwärter". Zus.: **Junkertum** (19. Jh.); **Fahnenjunker** (17. Jh.).

Junktim „notwendige Verflechtung mehrerer Dinge, die in ihrem Bestand einander bedingen (besonders von Gesetzen, politischen oder wirtschaftlichen Entwicklungen)": Das junge Fremdwort ist eine Substantivierung von *lat.* iunctim (Adverb) „vereinigt, verbunden, miteinander", das zu *lat.* iungere (iunxi, iunctum) „verbinden, verknüpfen" gehört. Dies stellt sich zusammen mit *lat.* iugum „Joch; Gespann" (dazu *lat.* con-iugare „verbinden" in ↑konjugieren) zu der unter ↑*Joch* dargestellten *idg.* Sippe. – Aus dem Part. Perf. von *lat.* iungere stammt *span.* junto „vereinigt, verbunden", dessen Femininum in unserem Fremdwort ↑Junta lebt. Die Bildung *lat.* con-iungere „verbinden" liegt den Fremdwörtern ↑Konjunktion, ↑Konjunktiv und ↑Konjunktur zugrunde.

Junta „Regierung[sausschuß]" (besonders in Südamerika), häufig in der Zusammensetzung **Militärjunta:** Das Fremdwort wurde im 18./19. Jh. aus *span.* junta „Versammlung, Sitzung, Rat, Kommission" entlehnt. Dies ist das substantivierte Femininum von *span.* junto „vereinigt, verbunden", das auf gleichbed. *lat.* iunctus zurückgeht (vgl. *Junktim*).

Jura „die Rechte" (als umfassende Bezeichnung aller zur Rechtswissenschaft gehörenden Begriffe und Vorgänge): Das Fremdwort wurde aus dem *Lat.* übernommen. *Lat.* iura ist Plural von ius (< *alat.* ious < *iou̯os) „Recht als Gesamtheit der Gesetze und Satzungen", das nur spärliche und unsichere Entsprechungen in anderen *idg.* Sprachen hat. Am ehesten stimmt dazu *aind.* yōḥ „Heil!". – Neben den unmittelbar abgeleiteten Neubildungen ↑Jurist, juristisch, Juristerei gehören zur Sippe von *lat.* ius noch das Adjektiv iustus „gerecht" (mit der Ableitung iustitia „Gerechtigkeit", ↑Justiz), das auch im Sinne von „recht, gehörig, billig; gerade" erscheint – wie besonders im Adverb *lat.* iuste und in *mlat.* iustare „berichtigen, in die gehörige Ordnung bringen" (↑just, justieren) –, ferner die Verbalbildung *lat.* iurare „das Recht durch Schwur bekräftigen, schwören" (↑Jury).

Jurist „Rechtskundiger (mit akademischer Ausbildung)": Das Fremdwort wurde bereits in *mhd.* Zeit (*mhd.* juriste) aus *mlat.* iurista entlehnt, das zu *lat.* ius (iuris) „Recht" gehört. Über weitere Zusammenhänge vgl. *Jura.* – Dazu das Adjektiv **juristisch** „rechtswissenschaftlich; das Recht betreffend" (15./16. Jh.) und das im 16. Jh. gebildete Substantiv **Juristerei** „Rechtswissenschaft", das der Umgangssprache angehört; dafür fachsprachlich **Jurisprudenz** (18. Jh., aus *lat.* iuris prudentia „Rechtsgelehrsamkeit").

Jury „Schwurgericht; Preisgericht": Das seit dem Anfang des 19. Jh.s bezeugte Fremdwort stammt aus dem *Engl.*, wurde aber hauptsächlich durch *frz.* Vermittlung bei uns bekannt. So ist denn auch die Aussprache bis heute schwankend, wenngleich die *frz.* Aussprache [*schüri*] neuerdings bevorzugt erscheint vor der *engl.* [*dschuri*] und vor der eingedeutschten [*juri*]. *Engl.* jury geht selbst auf *afrz.* jurée „Versammlung der Geschworenen" zurück, das sich an *frz.* juré „Geschworener", jurer „schwören" und an das vorausliegende *lat.* Verb iurare „schwören" anschließt. Beachte auch **Juror** „Mitglied einer Jury" (19. Jh.; aus gleichbed. *engl.* juror). Über weitere Zusammenhänge vgl. *Jura.*

just (veraltend für:) „eben, gerade; recht": Das seit dem 16. Jh. bezeugte Adverb entspricht *frz.* juste, *engl.* just, *niederl.* juist und geht mit diesen auf *lat.* iuste „mit Recht, billig, gehörig; gerade" zurück, das Adverb zu iustus „gerecht; recht, gehörig". Über weitere Zusammenhänge vgl. den Artikel *Jura.* – Von *lat.* iustus abgeleitet ist ein *mlat.* Verb iustare „berichtigen, in die gehörige Ordnung bringen", aus dem unser Fremdwort **justieren** „(Geräte, Maschinen) genau einstellen, einspannen; ausrichten" entlehnt ist. Das Verb ist zuerst im 16. Jh. im Sinne von „Münzen ausgleichen, berichtigen (hinsichtlich ihres Gewichts)" und von „Maße eichen" belegt.

Justiz „Gerechtigkeit; Rechtspflege": Das Fremdwort wurde im 17. Jh. aus *lat.* iustitia „Gerechtigkeit; Recht" entlehnt, das unmittelbar zu *lat.* iustus „gerecht; recht" (vgl. *just*), mittelbar zur Sippe von *lat.* ius „Recht" gehört (vgl. *Jura*). – Zus.: **Justizmord** „Hinrichtung eines auf Grund eines Fehlurteils unschuldig zum Tode Verurteilten" (18. Jh.).

Juwel „Edelstein; Schmuckstück", oft übertragen im Sinne von „wertvolles, geschätztes Stück": Das seit dem 15./16. Jh. bezeugte Substantiv wurde durch Vermittlung von *mniederl.* juweel aus *afrz.* joël „Schmuck" entlehnt. Das *frz.* Wort geht auf *vlat.* *iocellum eigentlich „Scherzhaftes, Kurzweiliges" zurück, eine Bildung zu *lat.* iocus „Spaß, Scherz" (vgl. den Artikel *Jux*). Dazu stellt sich die seit dem 18. Jh. bezeugte Berufsbezeichnung **Juwelier** „Goldschmied, Schmuckhändler" (aus *mniederl.* ju[we]lier, jolier < *afrz.* joellier), dafür älter: jubelierer (zu 'Jubel', einer früheren Nebenform von 'Juwel').

Jux (*ugs.* für:) „Scherz, Spaß": Das seit dem 18. Jh. bezeugte Substantiv stammt aus der Studentensprache. Es ist aus gleichbed. *lat.* iocus entlehnt. Dies gehört – wohl mit einer ursprünglichen Bed. „Rederei, Geschwätz" – zur *idg.* Sippe des *ahd.* Verbs jehan „[aus]sagen; gestehen" (vgl. *Beichte*). – Das abgeleitete Verb **juxen** *(ugs.)* „scherzen, Spaß machen" ist jüngeren Datums. – Zu *lat.* iocus, das auch in *frz.* jeu „Spiel, Spaß" und in *engl.* joke (↑Joker) erscheint, gehören die Bildungen *lat.* ioculator „Spaßmacher" – näher zu oiculus „Späßchen" – und *iocalis „spaßig, kurzweilig", aus denen die Fremdwörter ↑Jongleur, jonglieren und ↑Juwel, Juwelier stammen.

K

Kabarett „zeit- und sozialkritische Kleinkunstbühne“: Das Fremdwort, das auch in der Bed. „[drehbare] mit kleinen Fächern versehene Platte für Speisen“ gebräuchlich ist, wurde Ende des 19. Jh.s aus *frz.* cabaret „Kleinkunst[bühne]; Restaurant; Satz Gläser mit Flasche“ entlehnt. Das *frz.* Wort seinerseits stammt aus *mniederl.* cabret (Nebenformen von cambret, cameret), das zu dem unter ↑*Kammer* behandelten Wort gehört und eigentlich „Kämmerchen“ bedeutet. – Im 20. Jh. stellt sich zu 'Kabarett' die Ableitung **Kabarettist** „Künstler an einer Kleinkunstbühne“.

kabbeln, sich (*ugs.* für:) „sich zanken, sich streiten, sich necken“: Die Herkunft des aus dem *Niederd.* stammenden Verbs (*mnd.* kabbelen) ist nicht sicher geklärt. Vermutlich handelt es sich um eine Schall- oder Bewegungsnachahmung. Abl.: **Kabbelei** (19. Jh.).

Kabel: Das seit dem 13. Jh. bezeugte Substantiv wurde bis ins 19. Jh. ausschließlich in der Bed. „Ankertau, Schiffsseil“ verwendet, in der es aus *frz.* câble entlehnt worden ist. Erst seit dem 19. Jh. wird das Wort auch im technischen Sinne von „überseeische Telegrafenleitung; isolierte Stromleitung“ gebraucht. Schließlich nannte man auch die über ein solches Telegrafenkabel vermittelten Nachrichten einfach 'Kabel' (zuvor in Zusammensetzungen wie 'Kabeltelegramm'). Dazu stellt sich das abgeleitete Verb **kabeln** „ein Überseetelegramm über Kabel aufgeben“ (gegen Ende des 19. Jh.s nach gleichbed. *engl.* to cable). – *Frz.* câble geht auf *mlat.* capulum „Fangseil“ zurück, dessen weitere Herkunft unsicher ist.

Kabeljau: Der Name des zur Familie der Dorsche gehörenden Speisefischs, der in getrockneter Form 'Stockfisch' (s. unter *Stock*), getrocknet und gesalzen 'Klippfisch' (s. unter *Klippe*) genannt wird, gelangte im 16. Jh. aus *mniederl.* cabbeliau (= *niederl.* kabeljauw) über *mnd.* kabelow, kabbelouw ins *Frühnhd.* – Die Herkunft des *niederl.* Wortes, das zuerst im 12. Jh. in der latinisierten Form cabellauwus vorkommt, ist unklar.

Kabine: Das Substantiv erscheint zuerst am Anfang des 17. Jh.s mit der auch heute noch üblichen Bed. „Wohn- und Schlafraum auf Schiffen für Offiziere und Passagiere“. Es ist in diesem Sinne aus gleichbed. *engl.* cabin entlehnt. Heute bezeichnet man mit 'Kabine' vor allem auch einen kleinen, abgeteilten Raum (z. B. zum Umkleiden in Badeanstalten). Auf die Form von 'Kabine' hat in neuster Zeit das *frz.* Substantiv cabine „Koje; Kajüte; Kabine“ eingewirkt, das selbst aus dem *Engl.* stammt. – *Engl.* cabin seinerseits führt über *mengl.* caban[e], *afrz.* (= *frz.*) cabane „Hütte; Koje; Zelt“, gleichbed. *aprov.* cabana auf *spätlat.* capanna „Hütte (der Weinbergshüter)“ zurück, eigentlich wohl „Zeltdach“ (zu *lat.* pannus „Lappen, Tuch“; urverwandt mit *dt.* ↑*Fahne*).

Kabinett: Das seit dem Ende des 16. Jh.s bezeugte, aus *frz.* cabinet entlehnte Fremdwort tritt zuerst in der ursprünglichen Bedeutung des *frz.* Wortes „kleines Gemach, Nebenzimmer“ auf. In der Folge werden verschiedene übertragene Bedeutungen des Wortes aus dem *Frz.* übernommen, wie „abgeschlossener Beratungs- und Arbeitsraum eines Fürsten oder Ministers“ und „engster Beraterkreis eines Fürsten“. An die letztere schließt sich die heutige Verwendung von 'Kabinett' im Sinne von „Kreis der die Regierungsgeschäfte eines Staates wahrnehmenden Minister“ an. Die Bed. „Zimmer zur Aufbewahrung von Sammlungen“, die für 'Kabinett' schon im 18. Jh. bezeugt ist, lebt heute noch in Zusammensetzungen wie **Raritätenkabinett** (17. Jh.), **Wachsfigurenkabinett** (19. Jh.) und **Kabinettstück** „besonders gelungenes Prachtstück; Kunststück“ (18. Jh.; bezeichnet eigentlich ein auserlesenes Stück, wie es für eine Sammlung geeignet wäre). – *Frz.* cabinet ist wahrscheinlich eine alte Verkleinerungsform zu dem etymologisch nicht geklärten Substantiv *afrz.* cabine „Spielhaus“.

Kabriolett ↑Kapriole.

Kabuse, Kabüse: Der vorwiegend in *nordd.* Mundarten gebräuchliche Ausdruck für „enge Kammer; kleine Hütte; schlechte Wohnung“ stammt aus der *niederd.* Schiffersprache: *mnd.* kabūse „Bretterverschlag auf dem Schiffsdeck, der zum Kochen und Schlafen dient“, vgl. *mniederl.* cabūse „Schiffsküche, Vorratskammer“. Die weitere Herkunft des Wortes, das vielleicht eine verdunkelte Zusammensetzung mit *niederd.* hūs „Haus“ ist, ist dunkel. Vgl. den Artikel *Kombüse.*

Kachel: Die *nhd.* Form des Wortes geht über *mhd.* kachel[e] auf *ahd.* chachala zurück. Bis in die *mhd.* Zeit hinein bedeutete das Wort ausschließlich „irdener Topf; irdenes Gefäß“. Daraus entwickelte sich dann die heute gültige Bed. „Ofenkachel, Fliese“. Quelle des Wortes ist eine *vlat.* Nebenform *caccalus von *lat.* caccabus „Tiegel, Pfanne“, das seinerseits aus *griech.* kákkabos „dreibeiniger Kessel“ entlehnt ist. – Zus.: **Kachelofen** (*spätmhd.* kacheloven).

kacken: Das seit dem 15. Jh. bezeugte Verb ist ein – auch in *nichtidg.* Sprachen verbreitetes – Lallwort der Kindersprache. Elementarverwandt sind z. B. *lat.* cacare „kacken“ und *russ.* kakat' „kacken“, beachte auch *ung.* kakalni „kacken“. – Dazu stellen sich die Ableitungen

Kacke (17. Jh.) und das derbe Schimpfwort **Kakker** (15. Jh.), beachte auch die Zusammensetzungen 'Dukatenkacker' und 'Hosenkacker'.

Kadaver „toter [Tier]körper; Aas": Das Substantiv wurde im 16. Jh. aus gleichbed. *lat.* cadaver entlehnt, das mit einer ursprünglichen Bed. „gefallener (tot daliegender) Körper" zu *lat.* cadere „fallen" gehört. Über die weiteren Zusammenhänge vgl. den Artikel *Chance.* – Zus.: **Kadavergehorsam** „blinder, willenloser Gehorsam unter Aufgabe der eigenen Persönlichkeit" (19. Jh.; nach der Vorschrift aus den jesuitischen Ordensregeln des Ignatius von Loyola, sich von Gott und den Vorgesetzten leiten zu lassen „perinde ac si cadaver essent" = „als seien sie ein Leichnam" [der alles mit sich geschehen läßt]).

Kadenz „das Abfallen der Stimme (am Ende eines Satzes, eines Verses); Akkordfolge als Abschluß eines Tonsatzes": Das Fremdwort wurde im 16. Jh. aus gleichbed. *it.* cadenza entlehnt, das auf *vlat.* cadentia „das Fallen" zurückgeht. Über das Stammwort *lat.* cadere „fallen" vgl. den Artikel *Chance.*

Kader „erfahrener Stamm (eines Heeres, einer Sportmannschaft)": Das Fremdwort wurde im 19. Jh. aus gleichbed. *frz.* cadre entlehnt, das eigentlich „Rahmen, Einfassung" bedeutet. *Frz.* cadre seinerseits stammt aus *it.* quadro „vierekkig; Viereck; Kader" (< *lat.* quadrus; vgl. *Quader*). Im Sinne von „Gruppe von Personen, die wichtige Funktionen in Partei, Wirtschaft, Staat o. ä. haben; Mitglied eines solchen Kaders" ist 'Kader' Bedeutungslehnwort von *russ.* kadr.

Kadett: Die Bezeichnung für „Zögling einer für Offiziersanwärter bestimmten Erziehungsanstalt" wurde im 18. Jh. aus *frz.* cadet „Offiziersanwärter" entlehnt, das auf *gaskognisch* capdet „kleines Haupt, (kleiner) Hauptmann" (= *aprov.* capdel) zurückgeht und ursprünglich speziell die von der Erbfolge ausgeschlossenen, nachgeborenen Söhne gaskognischer Edelleute bezeichnete, die als Offiziere ('cadets') in den königlichen Dienst traten (daher dann auch die übertragene Bedeutung von *frz.* cadet „zweitgeboren, jünger"). Später bezeichnete das *frz.* Wort dann auch allgemein den jungen Adligen, der als „Offiziersanwärter" in den militärischen Dienst eintritt. – *Aprov.* capdel ist hervorgegangen aus *lat.* capitellum „Köpfchen", einer Verkleinerung von *lat.* caput „Kopf; Spitze; Oberhaupt". Über weitere Zusammenhänge vgl. den Artikel *Kapital.*

Kadettenkorps ↑ Korps.

Kadi: Der „Richter" heißt im vorderen Orient *arab.* qāḍī. Mit beliebten orientalischen Erzählungen wie 'Tausendundeinenacht' wurde das Wort im 17./18. Jh. entlehnt. Später wurde es von der Umgangssprache als scherzhafte Bezeichnung des Richters aufgenommen. – Aus *arab.* (mit Artikel) al-qāḍī stammt auch *span.* alcalde „Dorfvorsteher", aus dem unser Fremdwort **Alkalde** entlehnt ist.

Kadmium: Der Name des chemischen Grundstoffs ist eine gelehrte *nlat.* Bildung zu *lat.* cadmea, cadmia, das aus *griech.* kadmía, kadmeía „Zinkerz" entlehnt ist. Dazu stellen sich die Bildungen **kadmieren** und **verkadmen** „Metalle mit einer Kadmiumschicht überziehen".

Käfer: Der Käfer ist wahrscheinlich nach seinen Mundwerkzeugen als „Kauer, Nager" benannt worden. *Mhd.* kever, *ahd.* chevar, daneben cheviro, *niederl.* kever, *engl.* chafer sind auf das *Westgerm.* beschränkte Substantivbildungen zu einem untergegangenen Verb mit der Bed. „kauen, nagen", vgl. z. B. *mhd.* ki-fe[r]n „kauen, nagen" (↑ ²*Kiefer*). Die bekanntesten Zusammensetzungen mit 'Käfer' als Grundwort sind **Hirschkäfer** (s. d.), **Maikäfer** (s. d.) und **Mistkäfer** (s. d.).

Kaff (*ugs.* für:) „armselige Ortschaft, langweiliges, kleines Nest": Das aus der Gaunersprache stammende Wort geht vermutlich auf *zigeunerisch* gāw „Dorf" zurück.

Kaffee: Die letzte sicher zu ermittelnde Quelle für die Bezeichnung des anregenden Getränks ist *arab.* qahwa, das sowohl „Wein" als auch „Kaffee" bedeuten konnte. Venezianische Kaufleute brachten als erste den Kaffee mit seinem *arab.* Namen im 16./17. Jh. aus der Türkei (*türk.* kahve) nach Italien (*it.* caffè) und von dort weiter nach Südwesteuropa (beachte z. B. entsprechend *frz.* café, *span.* café). Auf unabhängiger Entlehnung beruhen hingegen wohl entsprechend *niederl.* koffie und *engl.* coffee (s. auch *Koffein*). Aus dem *Engl.* oder *Niederl.* stammt *russ.* kofe. Uns erreichte das Wort im 17. Jh. aus *frz.* café, das in unveränderter Lautform erhalten ist in dem jüngeren, erst im 19. Jh. aufgenommenen Fremdwort **Café**, dem Ersatzwort für die ältere, heute noch in Österreich übliche Bezeichnung **Kaffeehaus** (18. Jh.; älter nach *engl.* Vorbild 'Coffeehaus', für Hamburg im 17. Jh. bezeugt). – In der Zusammensetzung **Kaffeebohne** steckt als Grundwort *arab.* bunn „Kaffeebohne", das volksetymologisch zu 'Bohne' umgedeutet wurde.

Kaffer (*ugs.* für:) „dummer, blöder Kerl": Das seit dem Beginn des 18. Jh.s bezeugte Wort hat nichts mit dem gleichlautenden Namen des afrikanischen Volksstamms zu tun. Es stammt vielmehr aus dem Rotwelschen und geht auf *jidd.* kapher „Bauer" zurück.

Käfig: Das *westgerm.* Subst. (*mhd.* kevje „Vogelbauer, Käfig", *ahd.* chevia, *niederl.* kevie) beruht auf Entlehnung aus *lat.* cavea „Käfig, Behältnis". – Gleichen Ursprungs ist das aus dem *niederd.* Sprachbereich aufgenommene Fremdwort ↑ Koje.

Kaftan: Der Name des langen Obergewandes, wie es früher zur typischen Tracht der Ostjuden gehörte, geht auf *arab.* quftān, *pers.* ḫaftān „[militärisches] Obergewand" zurück, das in neuerer Zeit durch Vermittlung von *türk.* kaftan, *slaw.* kaftan bei uns eindrang, nachdem schon im 17. Jh. das *türk.* Wort in seiner Bed. „langes Ehrenkleid (vornehmer Türken)" über *frz.* cafetan entlehnt worden war.

kahl: Das *westgerm.* Adjektiv *mhd.* kal, *ahd.* chalo, *niederl.* kaal, *engl.* callow ist nicht, wie vielfach angenommen, aus *lat.* calvus „kahl, glatzköpfig" entlehnt, sondern mit der *balto-*

slaw. Sippe von *russ.* golyj „kahl, nackt, bloß" verwandt. Beachte noch aus dem *Slaw.-Tschech.* holý „nackt", das dem Fremdwort ↑Halunke zugrunde liegt. Abl.: **Kahlheit** (15. Jh.).

Kahn: Das ursprünglich nur *mitteld.* und *niederd.* Wort wurde im 16. Jh. durch Luthers Bibelübersetzung hochsprachlich und hat heute gemeinsprachliche Geltung. *Mitteld., mnd.* kane „Boot, kleines Wasserfahrzeug" gehört wahrscheinlich zu der *nord.* Sippe von *aisl.* kani „Schüssel" und bedeutete dann ursprünglich „[muldenförmiges, trogartiges] Gefäß". *Außergerm.* entspricht vermutlich *mir.* gann „Gefäß". – Umgangssprachlich wird Kahn auch im Sinne von „Bett" und „Gefängnis" gebraucht.

Kai: Die Bezeichnung für den gemauerten Uferdamm wurde im 17. Jh. aus *niederl.* kaai entlehnt, das wie gleichbed. *engl.* quay auf *frz.* quai zurückgeht. Das Wort ist *kelt.* Ursprungs, vgl. *kymr.* cae „Gehege", *mittelbretonisch* kae „Dornenhecke, Zaun", *gall.* caio- „Umwallung", und mit *dt.* ↑*Hag* verwandt.

Kaiser: Das *altgerm.* Substantiv (*mhd.* keiser, *ahd.* keisar, *got.* kaisar, *niederl.* keizer, *aengl.* cāsere) ist vermutlich das älteste *lat.* Lehnwort im Germanischen. Es geht auf den Beinamen des römischen Diktators C. Julius Caesar zurück, der von den Germanen als Gattungsname für 'Herrscher' übernommen wurde. Die Entlehnung fällt in eine Zeit (bereits vor Christi Geburt), in der das ae im *Lat.* noch diphthongisch gesprochen wurde (das *got.* kaisar kann indessen auch auf dem aus dem *Lat.* entlehnten *griech.* Kaĩsar beruhen). Das Wort lebt in diesem Sinne nicht in den *roman.* Sprachen, die stattdessen für „Herrscher" *lat.* imperator übernommen haben (vgl. z. B. *frz.* empereur „Kaiser"). Beachte in diesem Zusammenhang auch die *slaw.* Sippe von *russ.* car' „Zar, Kaiser" (daraus unser Fremdwort **Zar** für den ehemaligen Herrschertitel bei Russen, Serben und Bulgaren), entsprechend *bulg.* car, deren Quelle ein *aslaw.* *cěsarь „Kaiser" ist, das seinerseits wohl unmittelbar aus *got.* kaisar stammt. – Vgl. auch den Artikel *Kaiserschnitt.*

Kaiserschnitt: Bei dem römischen Schriftsteller Plinius findet sich der wohl legendäre Versuch einer Deutung des altrömischen Namens 'Caesar' (vgl. den Artikel *Kaiser*). Danach soll der erste Träger dieses Namens bei der Geburt aus dem Leib seiner Mutter herausgeschnitten worden sein (zu *lat.* caedere, caesum „schlagen, hauen; herausschneiden"). Auf Grund dieser Legende prägte man in der mittelalterlichen Medizin für die operative Entbindung (die notwendig wird, wenn der natürliche Geburtsvorgang nicht möglich ist) die Bezeichnung *mlat.* sectio caesarea „cäsarischer Schnitt". Dieser Terminus lebt in den modernen europäischen Sprachen fort (vgl. z. B. entsprechend *engl.* Caesarian section und *frz.* césarienne). Im Deutschen kamen dafür die Lehnübersetzungen 'kaiserlicher Schnitt' (18. Jh.) und 'Kaiserschnitt' (17. Jh.) auf, von denen sich die letztere durchsetzte.

Kajak: Die Bezeichnung für ein „ein- oder mehrsitziges Sportpaddelboot" wurde im 17. Jh. aus der Eskimosprache entlehnt, wo das Wort ein einsitziges Männerboot bezeichnet (im Gegensatz zum Umiak, dem mehrsitzigen, offenen Frauenboot).

Kajüte „Wohn- und Schlafraum auf Schiffen": Das aus der *nordd.* Seemannssprache ins *Hochd.* übernommene Substantiv geht auf *mnd.* kajüte „Wohnraum an Bord eines Schiffes" zurück, dessen weitere Herkunft trotz aller Deutungsversuche unsicher ist.

Kakadu: Der Name der Papageienart wurde im 17. Jh. aus *niederl.* kakatoe (kaketoe) entlehnt, das seinerseits aus *malai.* kaka[k]tua stammt. Das *malai.* Wort ist wohl lautmalenden Ursprungs.

Kakao: Der Name der tropischen Frucht des Kakaobaumes und des aus ihr bereiteten Getränks ist seit dem Ende des 16. Jh.s bezeugt. Er ist wie u. a. auch ↑Mais, ↑Schokolade, ↑Tabak und ↑Tomate *mittelamerik.* Ursprungs (*aztekisch* cacauatl) und wurde den Europäern durch *span.* cacao vermittelt.

Kakerlak „Küchenschabe": Das seit dem 16. Jh. bezeugte Wort stimmt in der Lautung zu *niederl.* kakkerlak – woraus *frz.* cancrelat stammt –, das allerdings wesentlich später belegt ist. Der Zusammenhang mit dem u. a. auch im *Engl.* als cockroach vertretenen, gleichbedeutenden *span.* cucaracha ist unklar.

kako..., Kako...: Quelle für das Bestimmungswort von Zusammensetzungen mit der Bedeutung „schlecht, übel, miß...", wie in 'Kakophonie', ist das gleichbedeutende *griech.* Adjektiv kakós, dessen weitere Herkunft dunkel ist.

Kaktus: Der Name der [stachligen] dickfleischigen Pflanze ist eine gelehrte Entlehnung des 18. Jh.s aus *lat.* cactus „Stachelartischocke", das seinerseits aus *griech.* káktos (eine Distelart) übernommen ist. Die Herkunft des *griech.* Wortes ist dunkel. – Neben 'Kaktus' ist auch die Form **Kaktee** gebräuchlich.

Kalamität „[schlimme] Verlegenheit, Übelstand, Notlage": Das Fremdwort wurde im 17. Jh. aus *lat.* calamitas „Schaden, Unglück" entlehnt, das wohl im Sinne von „Schlag" zu der unter ↑*Holz* dargestellten Sippe der *idg.* Wurzel *kel- „schlagen, hauen" gehört.

Kalauer „fauler [Wort]witz": Die seit 1858 bezeugte Bezeichnung ist wohl eine Umformung von *frz.* calembour „Wortspiel" nach dem Namen der niederlausitzischen Stadt Kalau. Abl.: **kalauern** „Kalauer machen" (20. Jh.).

Kalb: Die Vorgeschichte des *gemeingerm.* Wortes für „neugeborenes bzw. junges Rind" ist nicht mit Sicherheit zu klären. *Mhd.* kalp, *ahd.* chalp, *got.* kalbō, *engl.* calf, *schwed.* kalv stehen im Ablaut zu der Sippe von *dt. mdal.* Kilber „weibliches Lamm" (*ahd.* chilburra) und stellen sich – dem Anlaut nach – zu der unter ↑*Kolben* dargestellten *idg.* Wurzel *gelbh- „[sich] ballen, klumpig werden, schwellen" (mutmaßliche Bedeutungsentwicklung: „Schwellung" zu „Mutterleib, Leibesfrucht").

Dagegen gehört das Wort – der Stammbildung und der Bedeutung nach – besser zu *idg.* *gᵘelbh- „Gebärmutter; Mutterleib; Leibesfrucht; Junges", vgl. z. B. *aind.* gárbha-ḥ „Mutterleib; Leibesfrucht". Abl.: **Kalbe** „junge Kuh" (*mhd.* kalbe, *ahd.* chalba; *got.* kalbō); **kalben** „ein Kalb werfen" (*mhd.* kalben; vgl. *engl.* to calve, *schwed.* kalva); **kalbern, kälbern** „herumalbern, Späße treiben" (16. Jh.; eigentlich „wie ein junges Kalb umhertollen"). Zus.: **Kalbsnuß** (↑Nuß).

Kaldaune „Eingeweide; eßbare Innereien bes. vom Rind": Das seit *mhd.* Zeit (*mhd., mniederd.* kaldūne) bezeugte Wort ist aus *mlat.* calduna, caldumen „Eingeweide" entlehnt, das vermutlich zu *lat.* cal[i]dus „warm" gehört und demnach die warmen, dampfenden Teile frisch geschlachteter Tiere meint.

Kaleidoskop „Guckkasten mit bunten Glassteinchen oder Kunststoffstückchen, die sich beim Drehen zu verschiedenen Mustern und Bildern ordnen", auch übertragen im Sinne von „lebendig-bunte Bilderfolge": Das Fremdwort ist eine gelehrte Neubildung des 19. Jh.s zu *griech.* kalós „schön", eĩdos „Gestalt, Bild" und skopeĩn „betrachten, schauen", nach dem Vorbild von Fremdwörtern wie 'Mikroskop'. Das Wort bedeutet also eigentlich etwa „Schönbildschauer".

Kalender „Zeitweiser durchs Jahr": Das Substantiv wurde im 15. Jh. aus gleichbed. *mlat.* calendarius entlehnt. Dies steht für *lat.* calendarium „Schuldbuch" (nach den am Monatsersten fälligen Zahlungen), das zu *lat.* Calendae „der erste Tag des Monats" gehört. *Lat.* Calendae ist wohl eine Bildung zu *lat.* calare „rufen" und bedeutet demnach eigentlich „das Ausrufen", weil an diesem Tag Termine o. ä. durch einen Priester ausgerufen wurden.

Kalesche: Die Bezeichnung für eine leichte, vierrädrige Kutsche wurde im 17. Jh. – anfangs auch in den Formen Kolesse, Kalesse – aus *tschech.* kolesa, *poln.* kolaska „Räderfahrzeug" entlehnt. Letzterem liegt *poln.* koło „Rad" zugrunde, das zur *idg.* Sippe von ↑*Hals* gehört.

Kalfakter, Kalfaktor: Das im 16. Jh. in der Schülersprache aufgekommene, aus *mlat.* cal[e]factor „Warmmacher" entlehnte Wort bezeichnete ursprünglich den mit dem Einheizen der Öfen betrauten Schüler, Hausmeister usw. Von dort ging das Wort in den allgemeinen Gebrauch über und wurde zur leicht abwertenden Bezeichnung für jemanden, der niedere Hilfsdienste verrichtet. In Mundartbereichen gilt es daneben auch übertragen im Sinne von „Nichtstuer, Schmeichler, Aushorcher". *Mlat.* cal[e]factor ist abgeleitet von *lat.* cal[e]facere „warm machen, einheizen", das auch die Quelle ist für die Fremdwörter ↑Chauffeur, chauffieren, ↑echauffiert. Über weitere Zusammenhänge vgl. den Artikel *Fazit.*

kalfatern ↑Klabautermann.

Kali ↑Alkali.

Kaliber „lichte Weite von Rohren; Durchmesser", in der Umgangssprache auch übertragen im Sinne von „Art, Schlag": Das Substantiv wurde als militärischer Fachausdruck zu Beginn des 17. Jh.s aus gleichbed. *frz.* calibre entlehnt, das seinerseits aus *arab.* qālib „Schusterleisten; (allgemein:) Form, Modell" stammt. Voraus liegt – wie auch für *türk.* kalıp „Form, Modell" (> *russ.* kalyp' „Gießform") – das *griech.* Substantiv kālopódion „Schusterleisten" (eigentlich „Holzfüßchen"), Verkleinerung von kālo-pous „Holzfuß". – Dazu: **...kalibrig** in Zusammensetzungen wie 'kleinkalibrig'.

Kalif: Der Titel morgenländischer Herrscher wurde bereits in *mhd.* Zeit aus *arab.* ḫalīfaʰ „Nachfolger, Stellvertreter (insbesondere des Propheten Mohammed)" entlehnt. Dies ist eine Bildung zum Verb *arab.* ḫalafa „nachfolgen".

Kalk: Das *westgerm.* Substantiv (*mhd.* kalc „Kalk; Tünche", *ahd.* kalk, *niederl.* kalk, *aengl.* cealc „Kalk; Tünche" > *engl.* chalk „Kreide") beruht auf früher Entlehnung aus *lat.* calx (calcem) „Spielstein; Kalkstein, Kalk", das mit *griech.* chálix „kleiner Stein, Kies; Kalkstein, ungebrannter Kalk" verwandt oder auch aus diesem entlehnt ist. Der den Germanen vertraute Baustoff war der Lehm. Den Kalk lernten sie erst von den Römern kennen, und zwar zusammen mit anderen Ausdrücken aus dem Bereich des Stein- und Mauerbaues (vgl. zum Sachlichen den Artikel *Fenster*). – Zu *lat.* calx gehört die Verkleinerungsform calculus „Steinchen; Spielstein, Rechenstein", die Ausgangspunkt für unsere Fremdwörter ↑kalkulieren, Kalkül, Kalkulation, Kalkulator ist. – Abl.: **kalken** „mit Kalk tünchen, düngen" (*mhd.* kelken, *ahd.* im zweiten Part. gichalct); **kalkig** „kalkhaltig; fahl" (18. Jh.; älter 'kalkicht').

kalkulieren „[be]rechnen, veranschlagen; überlegen, meinen": Das Wort wurde als Ausdruck der Kaufmannssprache im 16. Jh. aus *lat.* calculare „mit Rechensteinen rechnen, berechnen" entlehnt. Das zugrundeliegende Substantiv *lat.* calculus „Steinchen, Rechenstein; Rechnung, Berechnung", das als Verkleinerungsform zu *lat.* calx „Spielstein; Kalk[stein]" gehört (vgl. hierüber den Artikel *Kalk*), erscheint in *dt.* Texten des 17. Jh.s als 'Calculus' und 'Kalkul' im Sinne von „Berechnung". In neuerer Zeit wurde es jedoch abgelöst von dem aus *frz.* calcul (einer Bildung zu *frz.* calculer „[aus-, be]rechnen" < lat. calculare) entlehnten Substantiv **Kalkül** „Berechnung, Überschlag". – Abl.: **Kalkulation** „Kostenermittlung, [Kosten]voranschlag" (17. Jh.; aus *spätlat.* calculatio „Berechnung"); **Kalkulator** „Angestellter des betrieblichen Rechnungswesens" (19. Jh.; aus *spätlat.* calculator „Rechner, Rechnungsführer").

Kalorie: Die Bezeichnung für „Wärmeeinheit, Maßeinheit für den Energieumsatz des Körpers" ist eine gelehrte Neubildung des 20. Jh.s zu *lat.* calor (caloris) „Wärme, Hitze, Glut", das zu *lat.* calere „warm, heiß sein, glühen" (urverwandt mit *dt.* ↑*lau*) gehört. – Beachte in diesem Zusammenhang noch die Fremdwörter ↑Kalfakter, ↑Chauffeur, chauffieren, ↑echauffiert (denen das *lat.* Kompositum cal[e]facere „warm machen, einheizen" zugrunde liegt), ferner ↑nonchalant, Nonchalance (zu *afrz.* chaloir „sich erwärmen für etwas" < *lat.* calere).

kalt: Das *gemeingerm.* Adjektiv *mhd., ahd.* kalt, *got.* kalds, *engl.* cold, *schwed.* kall ist eigentlich das in adjektivische Funktion übergegangene 2. Partizip eines im *Dt.* untergegangenen starken Verbs, vgl. z. B. *aengl.* calan, *aisl.* kala „abkühlen, frieren". Im Ablaut dazu steht die unter ↑*kühl* behandelte Sippe. Die gesamte *germ.* Wortgruppe gehört mit verwandten Wörtern in anderen *idg.* Sprachen – vgl. z. B. *lat.* gelare „gefrieren" (↑Gelee) – zu einer Wurzel *gel- „abkühlen, [ge]frieren", die vermutlich mit *idg.* *gel- „[sich] ballen, klumpig werden" (↑*Kolben)* ursprünglich identisch war. – Abl.: **Kälte** „niedrige [Außen]temperatur" (*mhd.* kelte, *ahd.* chaltī); **erkalten** (*mhd.* [er]kalten, *ahd.* [ir]kaltēn „kalt werden"); **erkälten** „sich durch Kälteeinwirkung eine Infektion der oberen Luftwege zuziehen, Schnupfen, Husten bekommen" (*mhd.* [er]kelten „kalt machen"), dazu **Erkältung** (18. Jh.). Zus.: **kaltblütig** „ruhig und überlegt, beherrscht; rücksichtslos, skrupellos; wechselwarm" (18. Jh.); **Kaltschale** „kalt servierte süße Suppe" (17. Jh.; zusammengerückt aus 'kalte Schale'); **Kaltschmied** (*mhd.* kaltsmit, *ahd.* chaltsmid „Schmied, der ohne Feuer arbeitet, Kupferschmied").

Kamel: Der Name des zu den wiederkäuenden Paarhufern gehörenden Wüsten- und Steppentieres geht auf *griech.* kámēlos „Kamel" zurück, das selbst *semit.* Ursprungs ist (beachte *arab.* ǧamal „Kamel"). Die frühsten Belege des Wortes im Deutschen (*mhd.* kembel, kem[m]el, kamel) weisen auf unmittelbare Entlehnung (im Verlauf der Kreuzzüge) aus *griech.-mgriech.* kámēlos hin. Die heute übliche Form des Wortes und die Endbetonung beruhen auf gelehrter Angleichung an *lat.* camelus. – In der biblischen Redensart „Eher geht ein Kamel durch ein Nadelöhr..." steht 'Kamel' nicht für *griech.* kámēlos „Kamel", sondern für kámilos „Tau, Seil".

Kamelie : Die Zierpflanze wurde im 19. Jh. zu Ehren des Brünner Jesuitenpaters und Missionars Georg Josef Kámel benannt, der diese Pflanze aus Japan nach Europa brachte.

Kamellen ↑Kamille.

Kamera „photographisches Aufnahmegerät": Das seit dem 19. Jh. bezeugte Substantiv ist aus *nlat.* 'Camera obscura' (wörtlich „dunkle Kammer") gekürzt, dem im 17. Jh. aufkommenden Namen jenes optischen Instrumentes, aus dem sich der moderne Fotoapparat entwickelt hat und das nach der hinter dem Objektiv gelegenen „lichtdichten Kammer" (= *lat.* camera; vgl. *Kammer)* benannt ist.

Kamerad: Zu *it.* camera, das wie *dt.* ↑*Kammer* auf *lat.* camera „Gewölbe, gewölbte Decke eines Zimmers; Raum mit gewölbter Decke" zurückgeht, stellt sich als Kollektivbildung *it.* camerata „Kammergemeinschaft, Stubengenossenschaft; Genosse, Gefährte". Auf dieses Wort geht *frz.* camerade „Genosse, Gefährte" zurück, das im 16. Jh. ins *Dt.* entlehnt wurde (die *frz.* Hauptform camarade geht auf gleichbed. *span.* camarada zurück). – Abl.: **Kameradschaft** (17. Jh.).

Kamille: Der Name der zu den Korbblütlern gehörenden Heilpflanze (*mhd.* gamille, kamille), deren getrocknete Blüten zu Aufgüssen und zur Bereitung von Tee verwendet werden, beruht auf Entlehnung und Kürzung aus *mlat.* camomilla. Dies geht über *lat.* chamaemelon auf *griech.* chamaímēlon „Kamille" zurück, das wörtlich etwa „Erdapfel" bedeutet (zu *griech.* chamaí „am Boden, an der Erde" und *griech.* mēlon „Apfel"). Der Name soll sich auf den apfelähnlichen Duft der Blüten beziehen. – Auf der *niederd.* Form des Wortes 'Kamille' beruht das Substantiv **Kamellen,** das bei uns in der Wendung 'olle Kamellen' „altbekannte Geschichten" (eigentlich etwa „alte, wieder aufgewärmte Kamillen") üblich ist.

Kamin „offene Feuerstelle in Wohnräumen": Das Substantiv (*mhd.* kámīn, kémīn, *ahd.* kémīn „Schornstein; Feuerstätte") ist aus *lat.* caminus „Feuerstätte, Esse, Herd, Kamin" entlehnt, das seinerseits aus *griech.* káminos „Schmelzofen; Bratofen" übernommen ist. – Im süddeutschen Raum gilt das Wort 'Kamin' auch noch für „Schornstein", beachte die Zusammensetzung **Kaminfeger.**

Kamisol ↑Hemd.

Kamm: Der Name des zum Ordnen und Stekken der Haare dienenden Gerätes *mhd.* kam[p], *ahd.* kamb, *niederl.* kam, *engl.* comb, *schwed.* kam bedeutet eigentlich „Zähne" (kollektiv). Das *altgerm.* Wort beruht mit Entsprechungen in anderen *idg.* Sprachen auf *idg.* *ĝombho-s „Zahn", vgl. z. B. *aind.* jámbha-ḥ „Zahn", *griech.* gómphos „Zahn, Pflock, Nagel" und *russ.* zub „Zahn". Das *idg.* Substantiv ist eine Bildung zu der Verbalwurzel *ĝembh- „beißen, zermalmen" und bedeutet demnach eigentlich „Zermalmer, Beißer". – Wegen der Ähnlichkeit mit der Form eines Kammes spricht man auch vom 'Hahnenkamm, Bergkamm' (beachte auch die Zusammensetzungen 'Kammwanderung, Traubenkamm' und dgl.). Abl.: **kämmen** (*mhd.* kemben, *ahd.* chempen, vgl. *aengl.* cemban, *aisl.* kemba; beachte auch die Zusammensetzungen 'durch-, auskämmen'). Zus.: **Kammgarn** (19. Jh.; eigentlich 'Kammwollgarn', d. h. Garn aus Wolle, die durch Kämmen gelockert und gereinigt ist). – Vgl. auch den Artikel *Kimme.*

Kammer: Das Wort kam schon früh mit dem römischen Steinbau zu den Germanen. *Mhd.* kamer[e] „Schlafgemach; Vorratskammer; Schatzkammer; öffentliche Kasse; Gerichtsstube usw.", *ahd.* chamara, entsprechend *niederl.* kamer gehen auf *lat.(-gemeinroman.)* camera „gewölbte Decke, Zimmerwölbung; Gemach mit gewölbter Decke, Kammer" zurück, das seinerseits aus gleichbed. *griech.* kamárā entlehnt ist. Schon in den älteren Sprachzuständen haben sich aus der allgemeinen Bedeutung des Wortes „kleines, abgeteiltes Gemach des Hauses" zahlreiche spezielle Bedeutungen entwickelt, die sich in den Zusammensetzungen widerspiegeln, beachte z. B. 'Schlafkammer,

Vorratskammer, Schatzkammer, Waffenkammer, Volkskammer, Kammergericht, Zivilkammer, Strafkammer'. Schon in alter Zeit bezeichnete das Wort auch speziell die fürstlichen Wohnräume. Daran erinnern Zusammensetzungen wie **Kammerherr, Kammerdiener, Kammergut** (eigentlich „Domäne des Fürsten als Landesherrn"), **Kammerjäger** (ursprünglich „fürstlicher Leibjäger", seit dem 17. Jh. scherzhafte Bezeichnung des gewerbsmäßigen Rattenfängers, danach heute „berufsmäßiger Vertilger von Ungeziefer"), **Kammermusik** (ursprünglich „die in den fürstlichen Gemächern dargebotene Musik"; danach heute Bezeichnung jeder für eine kleine solistische Gruppe bestimmten Kunstmusik, im Gegensatz zur Orchestermusik), dazu **Kammersänger** (heute als Titel für hervorragende Sänger). – Abl.: **Kämmerer** (*mhd.* kameræ̂re, kamerer, *ahd.* chamarāri; das Wort bezeichnete im Mittelalter einen fürstlichen Hofbeamten, speziell den Aufseher über die Vorrats- und Schatzkammer; danach gilt es heute als Bezeichnung für den Leiter des [städtischen] Finanzwesens, beachte dazu die Zusammensetzung 'Stadtkämmerer'). – Auf *lat.* camera, das auch die Quelle für unser Fremdwort ↑Kamera ist, beruhen aus dem *roman.* Sprachbereich z. B. *it.* camera „Kammer; [Schlaf]zimmer" (dazu *it.* camerata „Kammergemeinschaft, Stubengenossenschaft"; vgl. *Kamerad*) und entsprechend *frz.* chambre „[Schlaf]zimmer; Kammer usw.". Vgl. auch den Artikel *Kabarett.*

Kampagne: Zu *lat.* campus „[flaches] Feld" (vgl. *Kampf*) stellt sich das Adjektiv *spätlat.* campaneus [-ius] „zum flachen Land gehörig". Dessen substantivierter Neutr. Plur. *spätlat.* campania „flaches Land, Blachfeld" erscheint im *It.* als campagna und wird von dort ins *Frz.* als campagne „Ebene" übernommen. Daraus wurde im 17. Jh. unser Fremdwort 'Kampagne' entlehnt, zuerst mit der Bed. „Feldzug", wie sie im übertragenen Sinn heute noch in Zusammensetzungen wie 'Presse-, Wahlkampagne' zum Ausdruck kommt. In der Kaufmannssprache entwickelte 'Kampagne' im 19. Jh. die Bed. „Geschäftszeit, Saison".

Kämpe „Kämpfer, alter Haudegen": Das im 18. Jh. aus dem *Niederd.* ins Hochdeutsche übernommene Substantiv geht auf *mnd.* kempe, kampe „Kämpfer, Held" zurück, das *mhd.* kempfe „Wett-, Zweikämpfer" entspricht (vgl. Kämpfer unter *Kampf*).

Kampf: Das *westgerm.* Substantiv (*mhd.* kampf „Zweikampf; Kampfspiel; Kampf", *ahd.* champf, *mnd.* kamp, *aengl.* camp „Feld; Kampf, Streit"; die *nord.* Sippe von entsprechend *schwed.* kamp stammt aus dem *Mnd.*) beruht wohl auf Entlehnung aus *lat.* campus „Feld; Schlachtfeld". – Abl.: **kämpfen** (*mhd.* kempfen, *ahd.* chamfan, *mnd.* kempen „einen Zweikampf bestehen, kämpfen"); **Kämpfer** (*spätmhd.* kempfer; für *mhd.* kempfe „Zweikämpfer, Kämpfer, Streiter", auf dessen *mnd.* Entsprechung kempe unser Substantiv ↑Kämpe beruht). – Zu *lat.* campus als Stammwort gehören zahlreiche Fremdwörter in unserem Wortschatz, beachte ↑Camp (campen, Camping), ↑Champion (Championat) ↑Champignon, ↑kampieren, ↑Kampagne.

Kampfer: Der Name des aus dem Holz des ostasiatischen Kampferbaumes destillierten und vorwiegend für medizinische Zwecke verwendeten Stoffes (*mhd.* kampfer) führt über *mlat.* camphora auf *arab.* kāfūr „Kampferbaum" und weiter auf gleichbed. *aind.* karpūra-h zurück.

kampieren „[im Freien] lagern, übernachten": Das Verb wurde in der Zeit des Dreißigjährigen Krieges in der Soldatensprache aus gleichbed. *frz.* camper entlehnt, einer Ableitung von *frz.* camp „Feldlager". Voraus liegt *it.* campo „Feld; Feldlager", das wie gleichbed. *frz.* champ auf *lat.* campus „Feld" zurückgeht. Über weitere Zusammenhänge vgl. den Artikel *Kampf.*

Kanaille „Schurke, Schuft" *(ugs.):* Das seit dem 17. Jh. bezeugte Schimpfwort stammt aus *frz.* canaille „Hundepack, Gesindel", das seinerseits auf *it.* canaglia „Hundepack" zurückgeht. Stammwort ist *lat.* canis „Hund" (wohl mit *dt.* ↑*Hund* urverwandt trotz der Abweichung im Vokalismus), das im *It.* als cane und im *Frz.* als chien erscheint.

Kanal: Zu *lat.* canna „kleines Rohr, Schilfrohr, Röhre" stellt sich die Bildung *lat.* canalis „Röhre, Rinne, Wasserlauf, Kanal", auf das *it.* canale zurückgeht. Dies wurde im 15. Jh. mit den Bedeutungen „Leitungsröhre; künstlich ausgegrabener Wasserlauf; Schiffahrtskanal" ins *Dt.* entlehnt. Unmittelbar aus *lat.* canalis stammt hingegen *ahd.* kánāli „Röhre, Rinne", das in gleichbed. *mhd.* kanel, kenel, känel und in Mundartformen wie 'Kännel' und 'Kandel' fortlebt. – Abl.: **Kanalisation** „System von Rohrleitungen und Kanälen zum Abführen von Abwässern; Ausbau von Flüssen zu schiffbaren Kanälen" und **kanalisieren** „mit einer Kanalisation versehen; schiffbar machen; in eine bestimmte Richtung lenken". Beide Wörter sind junge Bildungen des 19. Jh.s. – *Lat.* canna geht zurück auf *griech.* kánna „Rohr, Rohrgeflecht", das selbst wohl aus *babyl.-assyr.* qanū „Rohr" (< *sumer.-akkad.* gin „Rohr") entlehnt ist. Dazu gehören auch die unter ↑*Kanon,* ↑*Kanone,* ↑*Kanister,* ↑*Kanüle* und ↑[1]*Knaster* behandelten Fremdwörter.

Kanapee: Die veraltende Bezeichnung für „Sofa" wurde im 18. Jh. aus *frz.* canapé entlehnt, das über *mlat.* canapeum und *lat.* conopeum auf *griech.* kōnōpeĩon zurückgeht. Diese bedeuten eigentlich „feinmaschiges Mückennetz", dann auch „Bett mit einem solchen Netz". Das *griech.* Wort ist eine Bildung zu *griech.* kṓnōps „Mücke, Schnake"

Kandare „zum Zaumzeug gehörende Gebißstange im Maul des Pferdes": Die Kandare, die gegenüber der einfachen Zäumung auf ↑Trense ein schärferes Zügeln des Pferdes gestattet, wurde von den Ungarn eingeführt. Sie wurde im 16. Jh. mit ihrem *ung.* Namen kantár „Zaum, Zügel", zunächst als 'Kantare', übernommen. – Beachte dazu auch die seit dem 19. Jh. bezeugte Wendung 'jemanden an die Kandare nehmen' im Sinne von „jemanden unter Kontrolle stellen, streng vornehmen".

Kandelaber: Die Bezeichnung für das säulenartige Gestell zum Tragen von Kerzen, Lampen und Räucherschalen wurde im 18. Jh. aus gleichbed. *frz.* candélabre entlehnt, das auf *lat.* candelabrum „Leuchter" zurückgeht. Über weitere Zusammenhänge vgl. den Artikel *Kandidat.*

Kandelzucker ↑ Kandis[zucker].

Kandidat „[Amts]bewerber; Anwärter". Das seit dem 16. Jh. bezeugte Fremdwort geht auf gleichbed. *lat.* candidatus zurück, das eigentlich ein von *lat.* candidus „glänzend, weiß" abgeleitetes Adjektiv mit der Bed. „weißgekleidet" ist. Substantiviert bezeichnete es den Amtsbewerber, der sich dem Volk in der 'toga candida', in der glänzendweißen Toga vorzustellen pflegte. Zugrunde liegt das *lat.* Verb candere „glänzen, schimmern, hell glühen", zu dem auch *lat.* candela „Kerze", candelabrum „Leuchter" (↑ Kandelaber) gehört. Abl.: **Kandidatur** „Bewerbung um ein [politisches] Amt" (19. Jh.; aus *frz.* candidature); **kandidieren** „sich [um ein Amt] bewerben" (Kürzung oder Analogiebildung zu 'präsidieren' o. ä.). – Beachte dazu auch die Zusammensetzungen **Heiratskandidat** und **Todeskandidat,** die beide seit dem 19. Jh. bezeugt sind.

Kandis[zucker], dafür *mdal.* auch **Kandelzucker:** Die Bezeichnung für den an Fäden auskristallisierten Zucker ist seit dem 18. Jh. gebräuchlich. Bereits im 16. Jh. sind Formen wie 'Zuckerkandit' und 'Zuckerkandi' (noch heute gelten volkstümlich **Zuckerkand** und **Zuckerkandis**) bezeugt. Der fremde Bestandteil des Wortes ist aus *it.* (zucchero) candito bzw. älter candi entlehnt und stammt aus *arab.* qandī „gezuckert" (zu *arab.* qand „Rohrzucker"). Das Verb **kandieren** „Früchte einzuckern und dadurch haltbar machen" wurde im 17. Jh. dem von *it.* candi abgeleiteten Verb *it.* candire „einzuckern" und dem daraus entlehnten gleichbedeutenden *frz.* candir nachgebildet.

Kanditor ↑ Konditor.

Känguruh: Der Name des in Australien beheimateten und dort von Cook im 18. Jh. entdeckten Beuteltieres entstammt einer Sprache der Ureinwohner Australiens.

Kaninchen: Der Name des Hasentieres ist eine Verkleinerungsbildung zu **Kanin** „Kaninchen; Kaninchenfell", das seinerseits über gleichbed. *mnd.* kanīn auf *afrz.* conin „Kaninchen" zurückgeht. Das *afrz.* Wort (im *Frz.* gilt dafür lapin) ist mit Suffixwechsel aus *lat.* cuniculus „Kaninchen" umgestaltet, das selbst vermutlich *iberischen* Ursprungs ist. – Auf einer älteren Verkleinerungsform 'Ka[r]nickelgen' (*mniederd.* kaniken) beruht *landsch.* **Karnickel** „Kaninchen".

Kanister „tragbarer Behälter für Flüssigkeiten": Das seit dem 18. Jh. mit der Bed. „Korb" bezeugte Fremdwort, das allerdings erst gegen Ende des 19. Jh.s in seiner modernen, durch entsprechend *engl.* canister beeinflußten Bedeutung allgemeiner bekannt wurde, ist aus *it.* canestro „Korb" entlehnt. Dies geht auf *lat.* canistrum zurück, das seinerseits aus *griech.* kánistron „aus Rohr geflochtener Korb" (zu *griech.* kánna „Rohr, Rohrgeflecht"; vgl. hierüber den Artikel *Kanal*) entlehnt ist.

Kanne: Die *altgerm.* Gefäßbezeichnung *mhd.* kanne, *ahd.* channa, *niederl.* kan, *engl.* can, *schwed.* kanna ist wahrscheinlich entlehnt aus *lat.* canna „Schilf, Rohr; Röhre" (vgl. *Kanal*), das demnach in der römischen Töpferei zunächst ein Gefäß mit einer Ausgußröhre bezeichnet haben mußte. – Der seit dem 18. Jh. bezeugte, heute wenig gebräuchliche Ausdruck für einen politischen Schwätzer **Kannegießer** bezieht sich auf das Lustspiel des Dänen Holberg 'Der politische Kannegießer' (1722; übersetzt von Detharding), in dem ein ohne Sachverstand politisierender Zinngießer die Hauptfigur ist. Davon abgeleitet ist **kannegießern** „politisierend schwatzen" (18. Jh.).

Kannibale „Menschenfresser", auch übertragen im Sinne von „roher, ungesitteter Mensch": Das Fremdwort ist seit dem Anfang des 16. Jh.s – in der Pluralform Canibali – bezeugt. Es geht wie entsprechend *frz.* cannibales und *engl.* cannibals auf *span.* caníbales zurück, das zuerst in den von Chr. Kolumbus über seine Entdeckungsreisen geführten Tagebüchern begegnet und dort gleichbedeutend neben caríbales steht. Es ist also identisch mit dem Stammesnamen der die Antillen bewohnenden Kariben. – Dazu das Adjektiv **kannibalisch** „roh, ungesittet; grausam" (16. Jh.).

Kanon „Richtschnur, Maßstab; Regel; Leitfaden; Gesamtheit der für ein bestimmtes Gebiet geltenden Regeln; (nach strengen Regeln) aufgebauter Kettengesang": Das Fremdwort wurde im 17. Jh. aus gleichbed. *lat.* canon, das seinerseits aus *griech.* kanṓn „Richtscheit, Richtschnur, Regel, Vorschrift" übernommen ist, entlehnt. Dies gehört wohl mit einer ursprünglichen Bedeutung „Rohrstab" zu *griech.* kánna „Rohr" (vgl. hierüber den Artikel *Kanal*). – Zu 'Kanon', und nicht zu 'Kanone', gehört auch die Redensart 'unter aller Kanone', eine wohl von Schülermund gefundene scherzhafte Übersetzung von *lat.* 'sub omni canone' „unter aller Richtschnur" (d. h. so schlecht, daß ein normaler Beurteilungsmaßstab versagt).

Kanone „[schweres] Geschütz", *ugs.* auch übertragen für „[Sport]größe, bedeutender Könner": Das seit dem 16. Jh. bezeugte Substantiv ist aus *it.* cannone entlehnt. Dies ist eine vergrößernde Bildung zu *lat.-it.* canna „Rohr" (vgl. hierüber den Artikel *Kanal*) und bedeutete zunächst „großes Rohr", dann in der militärischen Fachsprache als Pars pro toto „schweres Geschütz". – Zus.: **Kanonenfutter** (19. Jh.; freie Übersetzung von *engl.* 'food for powder'). Abl.: **Kanonade** „anhaltendes Geschützfeuer; Trommelfeuer" (17. Jh.; aus gleichbed. *frz.* canonnade, zu *frz.* canon „Geschütz" < *it.* cannone); **Kanonier** „Soldat der Geschützbedienung" (17. Jh.; aus gleichbed. *frz.* canonnier); **kanonie-**

ren „mit Kanonen schießen" (17. Jh.; aus gleichbed. *frz.* canonner), in diesem Sinne heute veraltet, aber *ugs.* noch übertragen in der Sportsprache gebraucht für „kraftvoll aufs Tor schießen". – Über die Redensart 'unter aller Kanone' vgl. den Artikel *Kanon.*

Kantare ↑ Kandare.

Kantate „lyrisches Chorwerk mit Sologesängen und Instrumentalbegleitung": Der musikalische Fachausdruck wurde um 1700 aus gleichbed. *it.* cantata entlehnt, dem 2. Part. von *it.* cantare „singen". Es bedeutet also eigentlich „Gesungenes". Das *it.* Verb geht auf *lat.* cantare zurück, dem Intensivum von *lat.* canere „singen" (vgl. *Kantor).*

Kante: Das im 17. Jh. aus dem *Niederd.* übernommene Wort für „Rand, Ecke" geht auf *mnd.* kant[e] „Ecke" zurück. Quelle des Wortes ist vermutlich *lat.* cantus „eiserner Radreifen, Radfelge", das uns mit seiner im *Roman.* entwickelten Bed. „Ecke, Kreis, Rand" über *afrz.* cant „Ecke" (= *it.* canto) erreichte. – Abl.: **kanten** „auf die Kante stellen, wenden" (17./18. Jh.); **kantig** „Kanten habend" (18. Jh.). Zus.: **Kanthaken** „eiserner Haken zum Kanten und Fortbewegen von Lasten" (aus dem *Niederd.),* heute nur mehr übertragen gebraucht in der Wendung 'jemanden beim Kanthaken nehmen' (17. Jh.). – Vgl. auch die Artikel *Kanton* und *kentern.*

Kantersieg: Die Bezeichnung für einen leichten, mühelosen Sieg enthält als ersten Bestandteil Kanter „kurzer, leichter Galopp", das aus gleichbed. *engl.* canter entlehnt ist. Dies ist eine Kürzung aus Canterbury gallop, dem ursprünglichen Namen für diese Gangart des Pferdes. 'To win in a canter' meinte also zunächst ein Rennen nur kurz, leicht galoppierend gewinnen.

Kantine „Erfrischungs-, Speise-, Verkaufsraum (in größeren Betrieben, Kasernen usw.)": Das Fremdwort wurde im 19. Jh. – zunächst in der Bed. „Soldatenschenke" – aus *frz.* cantine entlehnt, das aber bereits im 18. Jh. bei uns mit der Bed. „Feldflasche" erscheint. *Frz.* cantine seinerseits stammt aus *it.* cantina „Wein-, Flaschenkeller", dessen weitere Herkunft unklar ist.

Kantilene ↑ Kantor.

Kanton: Die Bezeichnung für die einzelnen Bundesstaaten der Schweizer Eidgenossenschaft ist seit dem 16. Jh. bezeugt (daneben bis ins 18. Jh. noch die Bezeichnungen 'Ort', 'Gebiet' und 'Stand'). Das Wort stammt aus *frz.* canton „Ecke, Winkel; Landstrich, Bezirk", das seinerseits aus gleichbed. *it.* cantone, einer Vergrößerungsbildung zu *it.* canto „Winkel, Ecke", entlehnt ist. Über weitere Zusammenhänge vgl. den Artikel *Kante.* – Abl.: **kantonal** „den Kanton betreffend" (*nlat.* Bildung).

Kantor „Leiter des Kirchenchores, Organist, Leiter der Kirchenmusik": Das Fremdwort, das im 16. Jh. aus *lat.* cantor „Sänger" entlehnt wurde, bezeichnete zunächst den Vorsänger im Gregorianischen Choral, dann überhaupt den Gesangsmeister in Kirche und Schule. *Lat.* cantor ist von canere „singen" abgeleitet, bedeutete also ursprünglich „Sänger" und ist urverwandt mit *dt.* ↑*Hahn* (eigentlich „Sänger"). – Zu *lat.* canere gehören einige Ableitungen und Zusammensetzungen, die im *dt.* Wortschatz als Fremdwörter eine Rolle spielen: *lat.* cantio „das Singen, der Gesang", daraus *it.* canzone und *frz.* chanson (↑Chanson), beachte weiterhin *lat.* cantilare „trillernd singen" und das davon abgeleitete Substantiv *lat.-it.* cantilena „Singsang, Lied" in **Kantilene;** ferner: *lat.-it.* cantare „singen" (↑Kantate), *lat.* cantus „Gesang", *lat.* accinere „dazu tönen" (↑Akzent). Zu *lat.* canere gehört schließlich wohl auch *lat.* carmen (< *canmen) „Gedicht, Lied", das die Quelle ist für *frz.* charme „Zauber, Reiz, Anmut" (↑Charme, charmant).

Kanu: Die Bezeichnung für ein ein- oder mehrsitziges Sportpaddelboot wurde im 18. Jh. aus *engl.* canoe (< *frz.* canot [älter: canoë] < *span.* canoa) entlehnt, nachdem früher verschiedentlich aus Reiseschilderungen die *span.* und *frz.* Form unmittelbar bekannt geworden waren, ohne sich jedoch zu behaupten. Quelle des Wortes ist *karib.* can[a]oa „Baumkahn". – Abl.: **Kanute** „Kanufahrer" (20. Jh.).

Kanüle: Die fachsprachliche Bezeichnung für „Röhrchen; Hohlnadel an Injektionsspritzen" wurde im 19. Jh. aus gleichbed. *frz.* canule entlehnt, das seinerseits auf *spätlat.* cannula „kleines Rohr" (Verkleinerungsform zu *lat.* canna „kleines Rohr, Schilfrohr, Röhre"; vgl. *Kanal*) zurückgeht.

Kanzel: Das Wort bezeichnet in der christlichen Kirche den erhöhten [mit einer Brüstung umgebenen] Stand für den Prediger. Daneben hatte es früher (wie noch heute in Österreich) auch die Bed. „Lehrstuhl". Im übertragenen Sinne wurde 'Kanzel' dann z. B. auch für die Pilotenkabine in Flugzeugen gebraucht. Das Substantiv (*mhd.* kanzel, *ahd.* káncella) wurde im Bereich der Kirchensprache in der Bed. „abgesonderter Platz für die Geistlichkeit in der Kirche" aus *lat.-mlat.* cancelli „Gitter, Schranken; das durch Schranken abgetrennte Lesepult für die Geistlichkeit in der Kirche" entlehnt. Es gehört zu *lat.* cancer (cancri) „Gitter, Schranke", das vermutlich durch Dissimilation aus *lat.* carcer „Umfriedung; Kerker; Schranken" entstanden ist (vgl. das Lehnwort *Kerker*). – Abl.: **kanzeln** „jmdm. von der Kanzel herab eine Strafpredigt halten" (18. Jh.), heute nur mehr gebräuchlich in **abkanzeln** (18./19. Jh.) und **herunterkanzeln** (18. Jh.) mit der allgemeinen Bed. „streng zurechtweisen". – Auf *lat.-mlat.* cancelli „Schranken, Gitter" geht auch das Substantiv **Kanzlei** (*mhd.* kanzelīe) zurück. Es bezeichnete ursprünglich einen mit Schranken umgebenen Dienstraum für Beamte und Schreiber an Behörden und Gerichtshöfen, danach die Schreibstube, das Büro (vor allem bei Behörden und Rechtsanwälten). – Der Vorsteher und Leiter einer Kanzlei war im Mittelalter der **Kanzler** (*mhd.* kanzelære, *ahd.* kanzellāri; aus gleichbed. *spätlat.* cancellarius), ein hoher Beamter, der insbesondere für die Ausfertigung von Staatsurkunden zuständig war. Daraus entwickelte sich der moderne Sprachgebrauch des Wortes als Bezeichnung für den Regierungschef eines Staates (beachte die Zusammensetzungen 'Reichskanzler' und 'Bundeskanzler').

Kap „Vorgebirge, vorspringender Teil einer Felsenküste": Das seit dem Beginn des 17. Jh.s in *hochd.* Texten bezeugte Wort entstammt der *niederd.* Seemannssprache, wo es im 15. Jh. aus *niederl.* kaap entlehnt wurde. Dies stammt seinerseits aus gleichbed. *frz.* cap „Vorgebirge", das über *aprov.* cap auf *vlat.* *capum (= *lat.* caput) „Kopf, Spitze usw." zurückgeht. Über weitere Zusammenhänge vgl. den Artikel *Kapital.*

Kapaun „verschnittener Masthahn": *Spätlat.* capo (älter capus, *vlat.* *cappo) „verschnittener Masthahn", das zu der unter ↑*schaben* behandelten *idg.* Wurzel mit der Bed. „schneiden; hauen; spalten" gehört, gelangte schon früh als Lehnwort ins Deutsche (*ahd.* kappo, *mhd.* kappe). Eine spätere Neuentlehnung des Wortes über *frz.* chapon „Kapaun" bzw. *frz.* mundartlich capon ergab *mhd.* kappūn „Kapaun", das unserer *nhd.* Form 'Kapaun' zugrunde liegt.

Kapazität „Fassungsvermögen, [geistige] Aufnahmefähigkeit", auch konkret gebraucht im Sinne von „hervorragender Fachmann": Das seit dem 16. Jh. bezeugte Fremdwort geht auf *lat.* capacitas „Fassungsvermögen, geistige Fassungskraft" zurück. Das zugrundeliegende Adjektiv *lat.* capax „viel fassend; befähigt, tauglich" ist abgeleitet von *lat.* capere „nehmen, fassen; begreifen usw." (vgl. *kapieren*).

Kapee ↑kapieren.

[1]**Kapelle** „kleines, meist nur für eine Andacht und nicht für regelmäßige Gottesdienste einer Gemeinde bestimmtes Gotteshaus; abgeteilter Raum für Gottesdienste in einer Kirche oder einem größeren profanen Gebäude": Das aus der Kirchensprache aufgenommene Wort (*mhd.* kap[p]elle, *ahd.* kapella) beruht auf Entlehnung aus *mlat.* cap[p]ella „kleines Gotteshaus". Die eigentliche Bedeutung des *mlat.* Wortes ist „kleiner Mantel". Es ist eine Verkleinerungsform zu *spätlat.* cappa „eine Art Kopfbedekkung; Mantel mit Kapuze" (vgl. *Kappe*). Der Bedeutungsübergang von „kleiner Mantel" zu „Kapelle" stammt aus der Zeit der fränkischen Könige. Diese bewahrten den „Mantel" des heiligen Martin von Tours als Reliquie in einem privaten Heiligtum auf, das danach seinen Namen (capella) erhielt. Seit dem 7. Jh. ging dann die Bezeichnung 'capella' auf jedes kleinere Gotteshaus (ohne eigene Geistlichkeit) über. Siehe auch den Artikel *Kaplan.* – Das Substantiv [2]**Kapelle** mit der Bed. „Instrumentalorchester", das seit dem 16. Jh. belegt ist, ist dem Ursprung nach mit '[1]Kapelle' identisch. Es beruht jedoch auf unmittelbarer Entlehnung aus *it.* cappella „Musikergesellschaft", das ursprünglich den von einem Fürsten in seiner „Schloßkapelle" bei festlichen Anlässen versammelten Sänger- und Musikerchor bezeichnete und das danach in seiner Bedeutung verweltlicht wurde. – Dazu die Zusammensetzung **Kapellmeister** „Leiter einer Musikkapelle" (16. Jh.).

[1]**Kaper:** Der Name der (in Essig eingelegten oder eingesalzenen) Blütenknospe des im Mittelmeergebiet vorkommenden Kapernstrauches wurde im ausgehenden 15. Jh. wohl durch *roman.* Vermittlung (beachte entsprechend *it.* cappero, woraus *frz.* câpre) aus gleichbed. *lat.* capparis entlehnt, das seinerseits aus *griech.* kápparis „Kapernstrauch; Kaper" stammt. Die weitere Herkunft des Wortes ist unbekannt.

[2]**Kaper:** Dieses Wort war die früher übliche Bezeichnung für einen (privilegierten) Freibeuter, Seeräuber und dessen Kaperschiff. Das Wort wurde im 17. Jh. aus gleichbed. *niederl.* kaper entlehnt, das von *niederl.* kapen „durch Freibeuterei erwerben, kapern" abgeleitet ist. Das *niederl.* Wort gehört wahrscheinlich zu dem mit *dt.* Kauf (vgl. *kaufen*) verwandten Substantiv *afries.* kāp „Kauf", das zum verhüllenden Ausdruck für „Seeraub" geworden war. – Abl.: **kapern** „als Kaper ein Schiff aufbringen" (17. Jh.; heute in der *Ugs.* meist übertragen gebraucht, und zwar im Sinne von „jemanden wider seinen Willen für eine Sache gewinnen; sich einer Sache bemächtigen").

kapieren „begreifen, verstehen" *(ugs.):* Das seit dem 18. Jh. bezeugte Wort stammt aus der Schülersprache. Es geht auf *lat.* capere „nehmen, fassen, ergreifen; begreifen, verstehen usw." zurück, das mit *dt.* ↑*heben* urverwandt ist. – Eine mit französierender Endung gebildete Ableitung von 'kapieren' erscheint um 1900 in dem Substantiv **Kapee** *(ugs.),* das allerdings nur in der Wendung 'schwer von Kapee sein' „begriffsstutzig sein" vorkommt. – Zu *lat.* capere gehören einige Ableitungen und Zusammensetzungen, die auch im *dt.* Wortschatz als Entlehnungen eine Rolle spielen, so z. B. *lat.* capacitas „Fassungsvermögen, geistige Fassungskraft" in ↑Kapazität, *lat.* ac-cipere „annehmen" (↑akzeptieren, akzeptabel), *lat.* con-cipere „zusammenfassen, aufnehmen, in sich aufnehmen, eine Vorstellung von etwas entwerfen; empfangen, schwanger werden" (↑konzipieren, Konzept, Konzeption), *lat.* re-cipere „zurücknehmen, entgegennehmen, empfangen" (↑Rezept, ↑rezipieren, Rezeption), ferner *lat.* *dis-cipere „geistig zergliedern, um zu erfassen" (↑Disziplin, disziplinarisch, diszipliniert). Mit dem Stamm von 'capere' verbindet sich auch das nur in Zusammensetzungen als Grundwort auftretende Wurzelnomen -ceps „Nehmer, Greifer; fassend, greifend", beachte z. B. *lat.* particeps „teilnehmend, beteiligt" (↑Partizip), *lat.* princeps „die erste Stelle einnehmend; Vornehmste, Fürst" (↑Prinz, Prinzessin, ↑Prinzip, Prinzipal, Prinzipat, prinzipiell) und *lat.* manceps „Aufkäufer, Unternehmer", *lat.* mancipium „förmlicher Kaufvollzug durch Ergreifen mit der Hand" (↑emanzipieren, Emanzipation).

Kapital „Geld für Investitionszwecke, Vermögen[sstamm]", auch im Sinne von „Nutzen, Gewinn" in der Redewendung 'Kapital aus etwas schlagen': Das seit dem 16. Jh. bezeugte, aus *it.* capitale „Hauptsumme; Reichtum" (eigentlich „Kopfzahl einer Viehherde") entlehnte Fremdwort ersetzt die in der älteren Sprache üblichen

Ausdrücke 'Hauptgut, -geld, -summe', deren erster Bestandteil 'Haupt...' allerdings selbst eine Lehnübersetzung von *lat.* capitalis „vorzüglich, hauptsächlich" ist. Das *lat.* Adjektiv, das von dem mit *dt.* ↑*Haupt* urverwandten Substantiv *lat.* caput „Kopf; Spitze; Hauptsache usw." abgeleitet ist und auf das auch *it.* capitale (s. o.) zurückgeht, erscheint bei uns im 17. Jh. als **kapital** in der Bed. „hauptsächlich, vorzüglich, besonders (groß, schön, schwerwiegend u. ä.)". Im heutigen Sprachgebrauch begegnet es fast nur in Zusammensetzungen wie 'Kapitalfehler, Kapitalhirsch, Kapitalverbrechen'. – Ableitungen von 'Kapital': **Kapitalismus** „Wirtschafts- und Gesellschaftsordnung, deren treibende Kraft das Gewinnstreben einzelner ist" (19. Jh.); **Kapitalist** „Anhänger des Kapitalismus; jemand der Kapital besitzt" (17. Jh.); **kapitalistisch** „den Kapitalismus betreffend". – Zu *lat.* caput gehören einige Bildungen, die auch im *dt.* Wortschatz als Entlehnungen eine Rolle spielen. An erster Stelle ist der militärische Bereich zu nennen mit der übertragenen Bed. „Spitze, Anführer, Oberhaupt" von *lat.* caput, beachte die aus 'caput' entwickelten Wörter *frz.* chef und *it.* capo in ↑Chef und ↑Korporal, beachte ferner *spätlat.* capitaneus „durch Größe hervorstechend; vorzüglich" in ↑Kapitän und *lat.* capitellum „Köpfchen" in ↑Kadett. In den militärischen Bereich gehören auch die Fremdwörter ↑kapitulieren und Kapitulation, die auf ein von *lat.* capitulum „Köpfchen; Hauptabschnitt" (↑Kapitel u. ↑rekapitulieren), einer Verkleinerungsform von *lat.* caput, abgeleitetes *mlat.* Verb capitulare „über einen Vertrag (bzw. dessen Hauptpunkte) verhandeln" zurückgehen. Vergleiche schließlich noch die hierhergehörenden Entlehnungen ↑Kapitell (*lat.* capitellum „Säulenköpfchen"), ↑Kap (*it.* capo „Spitze" < *lat.* caput) und ↑Kappes (*mlat.* caputia „Kohlkopf").

Kapitän „Kommandant eines Schiffes (oder Flugzeuges); Anführer, Spielführer einer Sportmannschaft": Zu *lat.* caput „Kopf, Spitze; Oberhaupt, Anführer" (vgl. *Kapital*) stellt sich die Bildung *spätlat.* capitaneus „durch Größe hervorstechend, vorzüglich", die in den *roman.* Sprachen die Bedeutung „Anführer, Hauptmann" entwickelte. In dieser Bedeutung wurde das Wort zuerst im *Mhd.* als kapitān aus *afrz.* *(frz.)* capitaine, ein zweites Mal zu Beginn des 16. Jh.s als Capitan „Schiffsführer" aus *it.* capitano entlehnt. – Das *roman.* Wort drang auch in die anderen europäischen Sprachen, beachte z. B. *engl.* captain, *schwed.* kapten, *russ.* kapitan.

Kapitel: Das aus *lat.* capitulum „Köpfchen; Hauptabschnitt", einer Verkleinerungsform von *lat.* caput „Kopf; Spitze; Hauptsache usw." (vgl. *Kapital*), entlehnte Substantiv erscheint in *dt.* Texten seit *mhd.* Zeit, zuerst in der noch heute üblichen Bed. „Hauptversammlung einer geistlichen Körperschaft" (daran schließt sich z. B. die Zusammensetzung 'Domkapitel' an). Diese Bedeutung geht allerdings von der bei uns erst zu Beginn des 16. Jh.s aufkommenden Hauptbedeutung des Wortes „Hauptabschnitt, Hauptstück" aus, denn in den geistlichen Versammlungen wurden zunächst die in Kapitel (= Abschnitte) eingeteilten Ordensregeln verlesen. Unter den „Hauptabschnitten" eines Buches verstand man damals vor allem jene der Bibel, wie noch das Adjektiv **kapitelfest** „bibelfest" (18. Jh.) zeigt. – Siehe auch den Artikel *rekapitulieren.*

Kapitell: Die Bezeichnung für „Säulenkopf, -knauf" wurde in *mhd.* Zeit aus gleichbed. *lat.* capitellum entlehnt, das als Verkleinerungsform von *lat.* caput „Kopf, Spitze" (vgl. *Kapital*) eigentlich „Köpfchen" bedeutet.

kapitulieren „sich [dem Feinde] ergeben": Das Verb wurde im 18. Jh. aus *frz.* capituler „bezüglich eines Vertrages (insbesondere eines Übergabevertrages) verhandeln, unterhandeln" entlehnt, das auf *mlat.* capitulare „über einen Vertrag (bzw. dessen Hauptpunkte) verhandeln" zurückgeht. Über weitere Zusammenhänge vgl. den Artikel *Kapital.* – Das zu *frz.* capituler gehörige Substantiv *frz.* capitulation „Übergabe[vertrag], Vergleich" erscheint in *dt.* Texten schon im 16. Jh. als **Kapitulation** „Ergebung[svertrag]".

Kaplan: Die seit *mhd.* Zeit bezeugte Bezeichnung für einen katholischen Hilfsgeistlichen oder einen Geistlichen, der mit besonderen Aufgaben betraut ist (*mhd.* kap[p]ellān, kaplān), geht auf *mlat.* capellanus „Geistlicher, der den Gottesdienst an einer Kapelle hält" zurück. Dies gehört zu *mlat.* cap[p]ella „kleines Gotteshaus, Kapelle" (vgl. [1]*Kapelle*).

Kapo ↑Korporal.

Kapok (Frucht- und Samenfaser des Kapokbaumes): Sache und Name stammen aus dem *Malai.* und wurden im 19. Jh. bei uns bekannt.

Kaporal ↑Korporal.

kapores (*ugs.* für:) „entzwei, kaputt", besonders in den Fügungen 'kapores gehen' und 'kapores sein': Das seit dem 18. Jh. bezeugte Adjektiv entstammt der Gaunersprache und gehört letztlich zu *hebr.* kapạrôṯ „Sühneopfer, Versöhnung". Dabei muß man von dem jüdischen Brauch ausgehen, daß am Vorabend des Versöhnungsfestes Hühner 'kapores' geschlagen wurden.

Kappe „krempenlose Kopfbedeckung, Mütze": Die Bezeichnung für die Kopfbedekkung (*mhd.* kappe „Mantel mit Kapuze; Bauernkittel; Mütze, Kappe", *ahd.* kappa „Mantel mit Kapuze", entsprechend *niederl.* kap „Kappe", *engl.* cap „Mütze") beruht auf einer Entlehnung aus *spätlat.* cappa „Mantel mit Kapuze; eine Art Kopfbedeckung". – Abl.: **Käppi** „[Soldaten]mütze" (eine im 19. Jh. aus dem *Schweiz.* übernommene Verkleinerungsbildung zu 'Kappe'); **verkappen** „unkenntlich machen" (Anfang 16. Jh.; eigentlich etwa „unter einem Kapuzenmantel verbergen"), fast nur gebräuchlich in dem in adjektivische Funktion übergegangenen zweiten Partizip **verkappt** „verkleidet, getarnt". – Vgl. auch die Artikel *Cape, Kapuze,* [1]*Kapelle,* [2]*Kapelle* und *Kaplan.*

kappen „abschneiden, beschneiden (Baumspitzen, Zweige, Reben); abhauen (Mast, Ankertau)“: Das im 17. Jh. aus dem *Niederd.* ins *Hochd.* übernommene Verb geht zurück auf *mniederl.* cappen „abschneiden, abhauen, zerschneiden, zerhacken“, das vermutlich aus dem *Roman.* stammt (vgl. *mlat.* cappare „schneiden“, *span.* capar „verschneiden, kastrieren“).

Kappes: Der in *westdt.* Mundarten und in der Umgangssprache gebräuchliche Ausdruck für „dummes Zeug, törichtes Geschwätz; unbrauchbare Stümperarbeit“ ist identisch mit dem noch *mdal.* üblichen Wort für „[Weiß]kohl“ (*mhd.* kabeȥ, *ahd.* kabuȥ; *mdal.* Kappes, Kappus u. a.), das auf Entlehnung aus gleichbed. *mlat.* caputia „Kohlkopf, Weißkohl“ beruht (zu *lat.* caput, capitis „Kopf; Spitze“, vgl. *Kapital*).

Käppi ↑Kappe.

Kaprice „verspielter Eigensinn“: Das Fremdwort wurde im 17. Jh. aus gleichbed. *frz.* caprice entlehnt, das auf *it.* capriccio „Laune, Grille“ zurückgeht und aus dem auch unser **Kapriccio** (Capriccio) „scherzhaftes, launiges Musikstück“ stammt. – Dazu stellen sich das Adjektiv **kapriziös** „launenhaft, eigenwillig“ (17. Jh.; aus *frz.* capricieux) und das Verb sich **kaprizieren** „eigensinnig auf etwas bestehen, sich auf etwas festlegen“ (17. Jh.).

Kapriole „drolliger Luftsprung; übermütiger Streich“: Das Fremdwort wurde um 1600 als Bezeichnung der kunstvollen Sprünge italienischer Tänzer aus *it.* capriola „Bocksprung“ entlehnt, das zu *it.* capro < *lat.* caper „Bock“ gehört. Dies ist urverwandt mit *dt.* Haber- in ↑*Habergeiß*. – Im *Frz.* erscheint *it.* capriola als cabriole; dazu gehört das Verb *frz.* cabrioler „Luftsprünge machen“. Das davon abgeleitete Substantiv *frz.* cabriolet wurde zur Bezeichnung leichter einspänniger Wagen (wohl wegen der charakteristisch hüpfenden Bewegung) und wurde in dieser Bedeutung auch ins *Dt.* entlehnt: **Kabriolett** (18. Jh.). Heute gilt dieses Fremdwort als Typenbezeichnung für einen sportlichen Personenkraftwagen mit vollständig zurückklappbarem Verdeck (dafür auch die Kurzform **Kabrio**). – Vgl. auch den Artikel *Köper*.

Kapsel: Das Substantiv wurde im 15. Jh. aus *lat.* capsula „Kästchen“, der Verkleinerungsform von *lat.* capsa „Behältnis“ (vgl. *Kasse*), entlehnt. – Dazu stellen sich die Verbalableitungen **abkapseln** (20. Jh.) und **verkapseln** (20. Jh.).

kaputt „verloren [im Spiel]; zerschlagen, zerbrochen, entzwei“: Das seit dem 17. Jh., zuerst in der Wendung ‘caput (capot) machen’ bezeugte Fremdwort wurde während des Dreißigjährigen Krieges aus *frz.* capot entlehnt, und zwar in den Wendungen ‘être capot’ und ‘faire capot’. Das *frz.* Wort entstammt der Sprache der Kartenspieler und bedeutet eigentlich „ohne Stich; schwarz“. Die weitere Herkunft ist unsicher.

Kapuze „Mantelhaube“: Die seit etwa 1500 bezeugte Bezeichnung für das den Kopf und Hals einhüllende Kleidungsstück ist aus gleichbed. *it.* cappuccio entlehnt. Dies ist wahrscheinlich von *spätlat.-it.* cappa „Mantel mit Kapuze; eine Art Kopfbedeckung“ (vgl. *Kappe*) abgeleitet. – Dazu stellt sich der Name der **Kapuzinermönche** (*it.* cappuccino *Singular*), die nach ihrer charakteristischen, an die Mönchskutte angenähten spitzen Kapuze benannt sind.

Kar: Der aus den *dt.* Alpenländern stammende Ausdruck für „Mulde vor Hochgebirgswänden, Hochgebirgskessel“ ist identisch mit dem noch *mdal.* bewahrten Substantiv ‘Kar’ „Gefäß, Topf, Pfanne“ (*mhd.* kar „Schüssel, Geschirr, Korb“, *ahd.* char „Schüssel, Geschirr, Tonne“, *got.* kas „Gefäß“, *aisl.* ker „Gefäß“, vgl. auch den Artikel *Imker*). – Zugrunde liegt *germ.* *kasa-, *kaza- „Gefäß“, auf das auch die Sippe von ↑Kasten zurückgeht. Die weitere Herkunft des *germ.* Wortes ist nicht sicher geklärt. Vielleicht handelt es sich um ein altes Wanderwort kleinasiatischen Ursprungs, vgl. z. B. *assyr.* kāsu „Schale“.

Karabiner: Die Bezeichnung für das kurze Gewehr wurde um 1600 aus *frz.* carabine „kurze Reiterflinte“ entlehnt, das von dem etymologisch nicht sicher deutbaren Substantiv *frz.* carabin „Reiter“ abgeleitet ist.

Karacho: Das erst im 20. Jh. bezeugte, in der Umgangssprache in der Wendung ‘mit Karacho’ „mit großer Geschwindigkeit, sehr schnell“ verwendete Wort stammt vermutlich aus *span.* carajo „[zum] Donnerwetter!“, einem derben Fluch, der eigentlich „Penis“ bedeutet.

Karaffe: Die Bezeichnung für „bauchige Glasflasche“ wurde um 1700 aus gleichbed. *frz.* carafe entlehnt, das seinerseits aus *it.* caraffa stammt. Dies geht auf *arab.* ǧarrāfa[h] „weitbauchige Flasche“ (zu *arab.* ǧarafa „schöpfen“) zurück, das den Europäern durch *span.* garrafa vermittelt wurde.

Karambolage: Das seit dem 19. Jh. bezeugte Fremdwort war zunächst nur ein Fachausdruck des Billardspiels. Es bezeichnet dort das Zusammenstoßen der roten Spielkugel mit den beiden anderen Kugeln. Von daher übertragen wird es heute allgemein im Sinne von „Zusammenstoß, Zusammenprall“ verwendet. Das vorausliegende gleichbedeutende Substantiv *frz.* carambolage ist von dem *frz.* Verb caramboler abgeleitet (daraus *dt.* **karambolieren** „zusammenstoßen“; 19. Jh.), das seinerseits zu *frz.* carambole „roter Ball beim Billardspiel“ gehört. Die weiteren Zusammenhänge des Wortes sind nicht sicher geklärt.

Karamel „gebrannter Zucker“: Das seit dem 19. Jh. bezeugte Fremdwort ist aus *frz.* caramel „Gerstenzucker, gebrannter Zucker“ entlehnt, das über *span.*, *port.* caramelo „Zuckerrohr; gebrannter Zucker“ auf *lat.* calamellus „Röhrchen“, die Verkleinerungsform von *lat.* calamus (< *griech.* kálamos) „Schilfrohr“, zurückgeht. – Abl.: **Karamelle** „Rahmbonbon“ (20. Jh.).

Karat: Dieses Substantiv ist die seit dem 16. Jh. übliche, aus dem *Frz.* übernommene Bezeichnung eines Gold- und Edelsteingewichtes. *Frz.* carat geht über *mlat.* carratus auf *arab.* qīrāṭ „Gold- und Edelsteingewicht“ zurück, das seinerseits aus gleichbed. *griech.* kerátion stammt. Das *griech.* Wort ist eine Verkleinerungsbildung zu *griech.* kéras (kératos) „Horn“, das zu der unter ↑*Hirn* dargestellten *idg.* Wortsippe gehört. Das Wort bedeutet also eigentlich „Hörnchen“. Es bezeichnete speziell die hörnchenförmig gebogenen Samen der Schoten des Johannisbrotbaumes. Zur Gewichtsbezeichnung wurde es, weil man die Samen des Johannisbrotbaums zum Wiegen von Gold und Edelsteinen benutzte.

Karausche: Der Name des karpfenartigen Süßwasserfisches wurde um 1500 aus *lit.* karõsas „Karausche“ entlehnt, offensichtlich von ostpreußischen Fischern am Kurischen Haff. *Lit.* karõsas seinerseits stammt aus dem *Weißruss.*, beachte die *slaw.* Sippe von *russ.* karas' „Karausche“, deren weitere Herkunft dunkel ist.

Karawane: Das Wort für „Gruppe von Reisenden, Kaufleuten o. ä. (im Orient) wurde im 16. Jh. durch Vermittlung von gleichbed. älter *it.* caravana aus *pers.* kārwān „Kamelzug, Reisegesellschaft“ entlehnt.

Karbid: Die junge gelehrte Neubildung zu *lat.* carbo „Kohle“ (vgl. *karbo..., Karbo...*) bezeichnet in der Chemie eine Verbindung von Kohlenstoff und Metallen. Im allgemeinen Sprachgebrauch steht 'Karbid' für 'Kalziumkarbid'.

karbo..., Karbo..., (vor Vokalen:) karb..., Karb..., im chemischen Schrifttum nur carb[o]..., Carb[o]...: Dem Bestimmungswort von Zusammensetzungen mit der Bedeutung „Kohle“ liegt *lat.* carbo (-onis) „[Holz]kohle“ zugrunde, das zu der unter ↑*Herd* dargestellten *idg.* Sippe gehört. – *Lat.* carbo ist die Grundlage für einige gelehrte Neubildungen aus dem Bereich der Chemie wie ↑Karbol, ↑Karbonat, ↑Karbid. Eine Verkleinerungsbildung dazu ist *lat.* carbunculus „kleine Kohle“, das im übertragenen Gebrauch einmal einen dunkelroten Edelstein (↑Karfunkel), zum anderen auch ein „fressendes Geschwür“ (↑Karbunkel) bezeichnet.

Karbol: Der Name dieser als Desinfektionsmittel dienenden organischen chemischen Verbindung ist eine junge gelehrte Neubildung aus *lat.* carbo „Kohle“ (vgl. *karbo..., Karbo...*) und *lat.* oleum „Öl“. Das Karbol wurde nämlich zuerst im Steinkohlenteer festgestellt.

Karbonat: Die Bezeichnung für „kohlensaures Salz“ ist eine gelehrte Neubildung zu *lat.* carbo „Kohle“ (vgl. *karbo..., Karbo...*), das in der Chemie „Kohlenstoff“ bedeutet.

Karbunkel: Die medizinische Bezeichnung für eine Gruppe von dicht beieinander stehenden Furunkeln ist seit dem 16. Jh. bezeugt. Sie geht auf *lat.* carbunculus „fressendes Geschwür“ zurück (vgl. *karbo..., Karbo...*).

Kardinal: Der Titel des nach dem Papst höchsten katholischen Würdenträgers, der in *dt.* Texten schon *mhd.* bezeugt ist, geht auf *spätlat.* cardinalis zurück. Dies ist eine adjektivische Ableitung von *lat.* cardo (cardinis) „Türangel; Dreh-, Angelpunkt“ (beachte auch das dazugehörende *frz.* charnière „Winkelgelenk“ in unserem Lehnwort ↑Scharnier) und bedeutet eigentlich „zur Türangel gehörig“. Im übertragenen Gebrauch entwickelte es Bedeutungen wie „im Angelpunkt (d. i. auf einem zentralen, wichtigen Platz) stehend; vorzüglich“. So erscheint es in der Kirchensprache vornehmlich als Beiwort für die der Hauptkirche in Rom nächststehenden Geistlichen (z. B. *kirchenlat.* cardinalis episcopus). Das *spätlat.* Adjektiv cardinalis spielt auch im allgemeinen Sinne von „vorzüglich, grundlegend, Haupt..., Grund...“ eine Rolle im deutschen Wortschatz, und zwar in Zusammensetzungen wie 'Kardinaltugenden, Kardinalfrage' und 'Kardinalzahl' „Grundzahl“.

Karenz „Wartezeit, Sperrfrist“, dafür meist die Zusammensetzung **Karenzzeit:** Das Wort wurde in neuerer Zeit aus *mlat.* carentia „das Nichthaben, das Entbehren“ entlehnt, das zu *lat.* carere „frei sein, nicht haben“ gehört.

Karfiol: Der vorwiegend *südd.* und *österr.* Ausdruck für „Blumenkohl“ wurde um 1600 eingedeutscht aus *it.* cavolfiore „Kohlblume“. Dies ist zusammengesetzt aus *it.* cavolo (< *lat.* caulis „Kohl“ [vgl. das Lehnwort *Kohl*]) und *it.* fiore (< *lat.* flos (floris) „Blume“ [vgl. [1]*Flor*]). Gleicher Herkunft sind gleichbed. *span.* coliflor und *engl.* cauliflower, während *frz.* chou-fleur wie *dt.* Blumenkohl eine Lehnübertragung des *it.* Wortes ist.

Karfreitag: Das Bestimmungswort, das als selbständiges Wort in *spätmhd.* Zeit untergegangen ist, bedeutet „Klage, Trauer“, vgl. *mhd.* kar, *ahd.* chara „Wehklage, Trauer“, denen *got.* kara „Sorge“, *engl.* care „Kummer, Sorge“ entsprechen. Von diesem *germ.* Substantiv ist das unter ↑*karg* behandelte Adjektiv abgeleitet. Die *germ.* Wortgruppe gehört mit verwandten Wörtern in anderen *idg.* Sprachen – vgl. z. B. *griech.* gērys „Ruf, Stimme“ und *air.* gāir „Geschrei“ – zu der schallnachahmenden Wurzel *ĝār- „rufen, schreien, jammern“. – Neben 'Karfreitag' (*mhd.* karvrītac) ist auch die Zusammensetzung **Karwoche** (*mhd.* karwoche) gebräuchlich.

Karfunkel: Die Bezeichnung für feurigrote Edelsteine wurde in *mhd.* Zeit (*mhd.* karfunkel) aus *lat.* carbunculus (vgl. *karbo..., Karbo...*) entlehnt und nach *dt.* 'Funke' umgestaltet.

karg: Das *westgerm.* Adjektiv *mhd.* karc, *ahd.* karag, *mnd.* karich, *engl.* chary ist von dem unter ↑*Karfreitag* dargestellten Bestimmungswort mit der Bed. „Klage, Trauer, Kummer“ abgeleitet. Es bedeutete demzufolge in den alten Sprachzuständen „traurig, bekümmert, besorgt“, woraus sich die Bedeutungen „sorgsam, schlau, listig; sparsam, knauserig, streng; spärlich, knapp“ entwickelten. Abl.: **kargen** (*mhd.* kargen „betrübt, ängstlich, besorgt sein; sparsam sein, knausern“); **kärglich** (*mhd.* kerclich „listig, schlau; sparsam; knapp“).

kariert „gewürfelt, gekästelt“: Das Adjektiv wurde im 18. Jh. aus gleichbed. *frz.* carré entlehnt, das auf *lat.* quadratus „viereckig“ (das adjektivisch gebrauchte Part. Perf. Pass. von *lat.* quadrare „viereckig machen“; vgl. *Karo*) zurückgeht. Das später hinzutretende Verb **ka-**

rieren „mit Würfelzeichnung mustern, kästeln" entspricht *frz.* carrer (< *lat.* quadrare). Aus der Substantivierung *frz.* carré „Viereck" wurde im 17./18. Jh. **Karree** „Viereck" übernommen.

Karies: Der medizinische Fachausdruck für „Zahnfäule; Knochenfraß" ist eine gelehrte Entlehnung aus *lat.* caries „Fäulnis, Morschsein".

Karikatur „Zerrbild, Spottbild, Fratze": Das Wort wurde als Fachterminus der Malerei im 18. Jh. aus gleichbed. *it.* caricatura entlehnt, das eigentlich „Überladung" bedeutet, dann die übertriebene, komisch verzerrte Darstellung charakteristischer Eigenarten von Personen oder Sachen bezeichnet. *It.* caricatura ist von *it.* caricare „beladen; übertrieben komisch darstellen" abgeleitet – daraus im 19. Jh. *dt.* **karikieren** –, das seinerseits zu *gall.-lat.* carrus „Karren" gehört (vgl. *Karre*). Abl.: **Karikaturist** „Karikaturenzeichner" (18. Jh.; aus *it.* caricaturista).

Karitas „christliche Nächstenliebe, Wohltätigkeit", auch Kurzbezeichnung für den deutschen 'Caritasverband' der katholischen Kirche: Das Fremdwort ist entlehnt aus *lat.* caritas „Wert, Wertschätzung, Liebe". Zugrunde liegt das *lat.* Adjektiv carus „begehrt, lieb, teuer, wert; hoch im Preis" (daraus *frz.* cher „lieb, geliebt", wozu chéri „Liebling"), das urverwandt ist mit *dt.* ↑*Hure.* – Abl. **karitativ** „mildtätig, wohltätig" (19. Jh.).

karnen ↑kirnen.

Karneval: Die seit dem 17. Jh. bezeugte Bezeichnung der Fastnacht und des während der Fastnachtszeit üblichen närrischen Treibens stammt wie gleichbed. *frz.* carnaval aus *it.* carnevale. Dessen genaue Herkunft ist bis heute ungeklärt. Am ehesten handelt es sich um eine volksetymologische Umdeutung von *mlat.* carnelevale „Fleischwegnahme (während der Fastenzeit)" oder von *lat.* carrus navalis „Schiffskarren" (wie er bei festlichen Umzügen zur Wiedereröffnung der Schiffahrt im Frühjahr begegnete), und zwar nach *(lat.)* 'carne vale' „Fleisch, lebe wohl!" – Abl.: **Karnevalist** „aktiver Teilnehmer am Karneval (besonders Büttenredner, Sänger usw.)" und **karnevalistisch.**

Karnickel ↑Kaninchen.

Karo „auf der Spitze stehendes (gleichseitiges) Viereck, Raute" (insbesondere als Stoffmuster und als Spielfarbe französischer Spielkarten): Das Fremdwort wurde im 18. Jh. aus gleichbed. *frz.* carreau entlehnt, das auf *galloroman.* *quadrellum zurückgeht, eine Verkleinerungsbildung zu *spätlat.* quadrum „Viereck, Quadrat". Über die weiteren Zusammenhänge vgl. den Artikel *Quader.* Beachte noch das Fremdwort ↑kariert, dem ein von *lat.* quadrus „viereckig" abgeleitetes Verb *lat.* quadrare „viereckig machen" zugrunde liegt (s. auch *Quadrat* usw.).

Karosse: Die Bezeichnung für „Prunkwagen, Staatskutsche" wurde im 17. Jh. aus *frz.* carrosse entlehnt, das auf *it.* carrozza zurückgeht. Dies gehört zu *it.* carro „Wagen" (< *gall.-lat.* carrus „Wagen"; vgl. *Karre*). – Dazu stellt sich **Karosserie** „Wagenoberbau, -aufbau (von Kraftwagen)", das im 20. Jh. aus *frz.* carrosserie entlehnt wurde.

Karotte: Das Wort wurde im 16. Jh. aus älter *niederl.* karote entlehnt, das über *frz.* carotte, *lat.* carota auf *griech.* karōtón „Möhre, Karotte" zurückgeht. Dies gehört wohl zur Familie von *griech.* kárā „Kopf", das mit *dt.* ↑*Hirn* urverwandt ist.

Karpfen: Der Name des Süßwasserfisches (*mhd.* karpfe, *mitteld.* karpe, *ahd.* karpho) stammt wahrscheinlich aus einer unbekannten Sprache des Alpen- und Donaugebiets. In den Gewässern dieses Gebiets war der Karpfen, bevor er als gezüchteter Teichfisch Verbreitung fand, seit alters heimisch. Der von südgermanischen Stämmen übernommene Name drang später in die meisten europäischen Sprachen.

Karre und Karren „kleines ein- bis vierrädriges Fahrzeug (zum Schieben oder Ziehen)": Das auf das *dt.* und *niederl.* Sprachgebiet beschränkte *westgerm.* Substantiv (*mhd.* karre, *ahd.* karro, karra, *niederl.* kar) beruht auf Entlehnung aus *gall.-lat.* carrus „Art vierrädriger Wagen, Karren" (bzw. *mlat.* carra), das mit der Sippe von *lat.* currere „rennen, laufen" (vgl. *Kurs*) verwandt ist. – Abl.: **karren** „etwas mit einer Karre befördern" (um 1500). Zus.: **Schubkarren** (16. Jh.; vgl. *Schub*). – Zu *gall.-lat.* carrus als Stammwort gehören einige Fremdwörter im *dt.* Wortschatz, vgl. hierzu im einzelnen die Artikel *Karriere, Karikatur, Karosse, Karosserie* und *Charge.*

Karree ↑kariert.

Karriere „[erfolgreiche] Laufbahn": Das Fremdwort wurde im 18. Jh. aus *frz.* carrière „Rennbahn; Laufbahn" entlehnt, das – wohl durch *aprov.* carriera vermittelt – auf *spätlat.* (via) carraria zurückgeht. Stammwort ist *gall.-lat.* carrus „Wagen" (vgl. *Karre*).

Karst: Die Bezeichnung für „durch Wasser ausgelaugte, an der Oberfläche meist kahle Gebirgslandschaft aus Kalkstein" ist identisch mit dem Namen des jugoslawischen Kalkgebirges in den Dinarischen Alpen, *serbokroat.* Kras (zu *serbo-kroat.* krš „Fels"). Abl.: **verkarsten** „zu Karst werden".

Kartätsche ↑Kartusche.

Karte: Das seit dem 15. Jh. bezeugte Substantiv, das zunächst „steifes Blatt Papier" bedeutete, dann alle möglichen unbeschriebenen, beschriebenen, bedruckten, bemalten Stücke dieser Art für die verschiedensten Zwecke bezeichnete (wie Spielkarte, Landkarte, Besuchskarte usw.), ist durch Vermittlung von *frz.* carte aus *lat.* charta entlehnt, das aus *griech.* chártēs „Blatt der ägyptischen Papyrusstaude; daraus zubereitetes Papier; dünnes Blatt usw." stammt. Das Wort ist vermutlich ägyptischen Ursprungs. – Zahlreich sind die zu *lat.* charta, aus dem auch unser **Charta** „[Verfassungs]urkunde; Grundgesetz" stammt, bzw. zu *dt.* Karte gebildeten Ableitungen. Zunächst die rein deutschen Bildungen: **karten** „Karten spielen" (15./16. Jh.), auch übertragen gebraucht im Sinne von „etwas schlau einfädeln", wofür allerdings heute das Kompositum **abkarten** (18. Jh.; eigentlich „die Karten nach heimlicher Verabredung einsehen") gilt (beachte besonders die Fügung 'abgekartetes Spiel'). Aus diesem Bereich des Kartenspiels sind auch einige übertragene Redensarten zu nennen wie 'seine Karten aufdecken', 'mit verdeckten (oder offenen) Karten spielen', 'sich nicht in die Karten gucken lassen', 'alles auf eine Karte setzen'. Das Substantiv **Kartei** „Zettelkasten", nach dem Vorbild von 'Auskunftei' gebildet, erscheint im 19. Jh., zunächst als Warenzeichen. – An fremden Ableitungen sind zunächst die von *it.* carta „Papier; Karte" ausgehenden Entlehnungen ↑ Karton, kartonieren, ↑ Kartell, kartellieren, ↑ Kartusche, Kartätsche, ↑ Skat, skaten zu erwähnen. Über das *Engl.* erreichen uns ↑ Charter und chartern, für die von der Bed. „Urkunde" auszugehen ist. Von Interesse sind in diesem Zusammenhang schließlich noch einige gelehrte Zusammensetzungen, in denen 'Karte' als Bestimmungswort **(karto..., Karto...)** erscheint: **Kartothek** „Kartei, Zettelkasten" (nach dem Vorbild von 'Bibliothek' gebildet); **Kartographie** „Technik, Lehre, Geschichte der Herstellung von Landkartenbildern" (das Grundwort gehört zu *griech.* gráphein „schreiben"; vgl. *Graphik*), **Kartograph, kartographisch.**

Kartell: Das seit dem 16./17. Jh. bezeugte Fremdwort erscheint zuerst im Sinne von „schriftliche Vereinbarung der Kampfbedingungen in einem Turnier", dann im Sinne von „schriftlicher Vertrag" (insbesondere zwischen Kriegführenden). Daran an schließt sich die heute gültige Bed. „Zusammenschluß zwischen Unternehmungen (auf Grund von Vereinbarungen), die rechtlich und wirtschaftlich weitgehend selbständig bleiben". Daneben ist schon im 17. Jh. für 'Kartell' die Bed. „schriftliche Herausforderung zum Zweikampf" bezeugt, an die sich im 18. Jh. die Zusammensetzung **Kartellträger** „Überbringer einer Herausforderung zum Duell") anschließt. In allen Bedeutungen ist das Wort aus *frz.* cartel entlehnt, das selbst auf *it.* cartello (eigentlich „kleines Schreiben, Zettel") zurückgeht. Dies gehört als Verkleinerungsform zu *it.* carta (< *lat.* charta) „Papier; auf Papier Geschriebenes; Urkunde" (vgl. *Karte*). – Abl.: **kartellieren** „Unternehmungen in Kartellen zuammenfassen" (20. Jh.).

karto..., Karto... ↑ Karte.

Kartoffel: Die Heimat der zu den Nachtschattengewächsen gehörenden Kulturpflanze ist Südamerika. Von dort brachten sie die Spanier im 16. Jh. nach Europa, und zwar einmal unter dem aus der Ketschuasprache der Inkas stammenden Namen *span.* papa „Kartoffel" (diese Bezeichnung blieb auf das *Span.* beschränkt), zum anderen auch als *span.* batata, patata (das Wort entstammt der Indianersprache von Haiti und bezeichnet eigentlich die zu den Windengewächsen gehörende Süßkartoffel, deren Wurzelknollen besonders in den Tropen ein wichtiges Nahrungsmittel sind). Die letztere Bezeichnung gelangte aus Spanien auch in einige andere europäische Sprachen (beachte z. B. *it.* patata „Kartoffel", *engl.* potato „Kartoffel" und aus dem *Engl.* gleichbed. *schwed.* potatis). Andere europäische Sprachen wiederum prägten für die Kartoffel eigene Namen, die sich vorwiegend auf die knolligen Wurzeln dieser Pflanze beziehen. So gab es früher in Italien für die Kartoffel auch den Namen tartufo, tartufolo. Das Wort bezeichnet eigentlich den eßbaren Trüffelpilz (< *vlat.* *terrae tufer, italische Dialektform von *spätlat.* terrae tuber „Trüffel", eigentlich „Erdknolle"; vgl. den Artikel *Trüffel*). Zur Bezeichnung für die Kartoffel wurde es auf Grund einer Verwechslung der unterirdisch heranwachsenden knollenartigen Fruchtkörper der Trüffel mit den Wurzelknollen der Kartoffel. Während das Wort tartufolo „Kartoffel" im *It.* nun hinter patata völlig zurückgetreten ist, lebt es in unserem daraus entlehnten Wort 'Kartoffel' (18. Jh., durch Dissimilation aus älterem Tartuffel, Tartüffel entstanden) fort. – In *dt.* Mundartbereichen gelten für 'Kartoffel' zahlreiche zusammengesetzte Bezeichnungen wie 'Erdapfel', 'Erdbirne', 'Grundbirne' (daraus entstellt *rheinhess.* und *pfälz.* 'Krumbeere') usw. Ähnlich heißt die Kartoffel im *Frz.* 'pomme de terre' (eigentlich „Erdapfel").

Kartoffelpuffer ↑ Puff.

Kartoffelpüree ↑ Püree.

Kartograph, Kartographie, kartographisch ↑ Karte.

Karton „Steifpapier, Pappe; Kasten, Hülle oder Schachtel aus solchem Material": Das Substantiv wurde um 1600 aus gleichbed. *frz.* carton entlehnt, das seinerseits aus *it.* cartone übernommen ist. Dies ist eine Vergrößerungsform von *it.* carta (< *lat.* charta) „Papier" (vgl. *Karte*). – Dazu: **kartonieren** „einen Pappband herstellen; steif heften" (19. Jh., aus *frz.* cartonner); **kartoniert** „in Pappband gebunden".

Karthothek ↑ Karte.

Kartusche: Das Fremdwort wurde im 17. Jh. aus gleichbed. *frz.* cartouche entlehnt, das seinerseits aus *it.* cartuccia „Papprolle; zylindrischer Behälter (zuerst aus Pappe) zur Aufnahme einer Pulverladung" stammt. Dies ist eine Bildung zu *it.* carta (< *lat.* carta; vgl. *Karte*). Auch im Sinne von „schildartiges Ornament mit reich verziertem Rand" ist 'Kartusche' aus *frz.* cartouche entlehnt, das aber in dieser Bedeutung auf eine Nebenform *it.* cartoccio zurückgeht. – Das hierhergehörende Fremdwort **Kartätsche** „Artilleriegeschoß" (mit Bleikugeln usw. gefüllt, wie es früher üblich war), das gleichfalls im 17. Jh. erscheint, geht auf ein *it.* cartaccia „grobes Papier" zurück, scheint aber durch *engl.* Vermittlung (älter *engl.* cartage) zu uns gelangt zu sein.

Karussell: Das Wort erscheint im *Dt.* seit etwa 1700 zunächst in der Bed. „Reiterspiel mit Ringelstechen". Es wurde in diesem Sinne aus *frz.* carrousel entlehnt, das selbst aus *it.* carosello stammt. Die weitere Herkunft des Wortes ist dunkel. Vom Ende des 18. Jh.s an gewinnt das Wort allmählich seinen heute gültigen Sinn als Bezeichnung für die auf Rummelplätzen der Volksbelustigung dienenden Drehbahnen.

Diese pflegte man früher mit herabhängenden Ringen zu versehen, die in einer Art Wettspiel herauszustechen bzw. herauszugreifen waren. Daran erinnern die noch landschaftlich üblichen Bezeichnungen wie 'Ringelspiel', 'Ringelreiten', 'Ringelrennen' u. a.

Karwoche ↑ Karfreitag.

Karzer ↑ Kerker.

Karzinom ↑ Krebs.

Kaschemme „verrufene Kneipe": Das seit dem 19./20. Jh. bezeugte Wort entstammt der Gaunersprache und geht auf *zigeunerisch* katšima „Wirtshaus, Schenke" zurück.

kaschieren „(Mängel) verbergen, tarnen": Das seit dem 17. Jh. bezeugte Verb ist aus gleichbed. *frz.* cacher entlehnt. Es gilt heute auch als Fachwort des Buchwesens im Sinne von „Pappeinbände (von Büchern) mit Buntpapier oder bedrucktem Papier überkleben". – *Frz.* cacher hat sich aus *galloroman.* *coacticare „zusammendrücken" entwickelt, einem Intensivum von *lat.* coactare „mit Gewalt zwingen", das seinerseits Intensivum zu *lat.* cogere „zusammentreiben, zwingen" ist. Über das Grundwort *lat.* agere „treiben, führen usw." vgl. *agieren.*

Käse: Die Germanen kannten Käse ursprünglich wohl nur in Form von Weichkäse (Quark). Das alte *germ.* Wort hierfür ist in den *nord.* Sprachen bewahrt (beachte *schwed.* ost „Käse", urverwandt mit *lat.* ius „Brühe"). Den festen Labkäse lernten die (West)germanen von den Römern kennen. Deren Wort für den „(einzelnen) Käse", *lat.* caseus (zur Etymologie vgl. den Artikel *Quas*), lebt dementsprechend in den *westgerm.* Sprachen als Lehnwort fort (*ahd.* chāsi, kāsi, *mhd.* kæse, *niederl.* kaas, *engl.* cheese). – Abl.: **käsen** „zu Käse gerinnen (von der Milch); Käse herstellen" (17. Jh.); **käsig** „käse-, quarkartig" (17. Jh.; *ugs.* meist übertragen gebraucht mit der Bed. „von käseweißer, bleicher Gesichtsfarbe").

Kasematte: „bombensicherer Raum in Festungen; durch Panzerwände geschützter Geschützraum eines Kriegsschiffes": Das Wort wurde als Fachausdruck des Festungsbaues im 16. Jh. aus *frz.* casemate entlehnt, das seinerseits aus *it.* casamatta „Wallgewölbe" übernommen ist. Dies geht auf *mgriech.* chásma (chásmata) „Spalte, Erdschlund, Erdkluft" zurück.

Kaserne: Die seit dem Ende des 17. Jh.s gebräuchliche Bezeichnung für die zur dauernden Unterkunft der Truppen bestimmten Gebäude ist aus gleichbed. *frz.* caserne entlehnt. Das *frz.* Wort bedeutete zunächst „kleiner Raum auf Festungsanlagen für die zur Nachtwache abgestellten Soldaten", danach dann allgemeiner „kleines Quartier für Garnisonssoldaten". Quelle des Wortes ist *vlat.* *quaderna (für quaterna) „je vier, Gruppe von vier Personen", das dem *Frz.* durch *prov.* cazerna „Wachthaus für vier Soldaten" vermittelt wurde. – Stammwort ist *lat.* quattuor „vier" (vgl. den Artikel *Quader*).

Kasino „Gebäude mit Räumen für gesellige Zusammenkünfte; Speise- und Aufenthaltsraum (bes. für Offiziere); Spielbank": Das Fremdwort wurde Ende des 18. Jh.s aus *it.* casino „Gesellschaftshaus, Klubhaus" entlehnt. Dies ist eine Verkleinerungsbildung zu *it.* casa „Haus" (< *lat.* casa „Hütte").

Kaskade „in Form von Stufen künstlich angelegter Wasserfall": Das Fremdwort wurde im 17. Jh. (zusammen mit anderen Fachbezeichnungen französischer Gartenbaukunst wie ↑ Bassin, ↑ Fontäne) aus gleichbed. *frz.* cascade entlehnt, das seinerseits aus *it.* cascata „Wasserfall" übernommen ist. Das zugrundeliegende Verb *it.* cascare „fallen" geht auf *vlat.* *casicare zurück. Über die weiteren Zusammenhänge vgl. den Artikel *Chance.*

Kasko „Schiffsrumpf; Fahrzeug (im Gegensatz zur Ladung)": Das seit dem 18. Jh. bezeugte Fremdwort, das heute besonders in der Zusammensetzung **Kaskoversicherung** „Versicherung gegen Schäden an Transportmitteln" lebt, stammt aus dem Bereich des Seewesens. Es ist aus *span.* casco entlehnt, das als Ableitung von *span.* cascar „zerbrechen" eigentlich „abgebrochenes Stück, Scherbe" bedeutet. Das *span.* Wort hat dann neben verschiedenen anderen Bedeutungen wie „Schädel, Kopf; Helm" auch die Bed. „Bauch (eines Kessels); Schiffsrumpf" entwickelt. – *Span.* cascar geht auf *vlat.* *quassicare „zerbrechen" zurück, das zu *lat.* quassus „zerbrochen" und weiter zu *lat.* quatere „schütteln; erschüttern; zerschlagen" gehört. Über weitere Zusammenhänge vgl. den Artikel *diskutieren.*

Kasper „lustige Hauptfigur des Puppenspiels; alberner Mensch": Das Wort ist identisch mit dem männlichen Vornamen Kaspar, der auf Kaspar, den Namen eines der Heiligen Drei Könige, zurückgeht. Da der Kaspar in den mittelalterlichen Dreikönigsspielen als Mohr auftrat und lustige Einlagen brachte, wurde er allmählich zur lustigen Figur, beachte die Verkleinerungsform **Kasperle** und die Zusammensetzung **Kasperletheater.**

Kasse: Das seit dem 16. Jh. zuerst in der Form 'Cassa' (beachte die noch heute übliche Zusammensetzung 'Kassazahlung' „Barzahlung") bezeugte Substantiv steht in einer Reihe mit anderen Fachwörtern der Kaufmannssprache und des Geldwesens wie ↑ [2]Bank, ↑ Prokura, ↑ Konto usw., die alle *it.* Herkunft sind. Das vorausliegende *it.* cassa „Behältnis; Ort, an dem man Geld aufbewahren kann; Zahlungsraum, -schalter", das im einzelnen die Bedeutung von *dt.* Kasse bestimmte, geht wie *frz.* châsse „(Reliquien)kästchen" (↑ Chassis) auf *lat.* capsa „Behältnis, Kasten" zurück. Über die *idg.* Zusammenhänge vgl. den Artikel *heben.* – Abl.: [1]**kassieren** „Geld einnehmen (und verbuchen)" (17. Jh.), steht für älteres, heute seltenes **einkassieren,** das nach *it.* incassare (wörtlich: „in die Kasse bringen") gebildet ist (nicht verwandt ist ↑ [2]kassieren „für ungültig erklären"); **Kassierer** „Rechnungsführer, Kassenverwalter" (17. Jh.); zu '[1]kassieren' gebildet oder aus der älteren, heute noch in Süddeutschland und in Österreich bevorzugten Form **Kassier** (16. Jh.; aus *it.*

cassiere) weitergebildet. Vgl. auch den Artikel *Kassette*. – Beachte schließlich noch das auf *lat*. capsula, eine Verkleinerungsbildung zu capsa, zurückgehende ↑Kapsel.

Kasseler, auch: Kaßler „gepökeltes und geräuchertes Schweinefleisch (besonders von der Rippe)": Die Herkunft des Wortes ist – trotz aller Deutungsversuche (etwa zum Ortsnamen Kassel oder zu einem Fleischermeister namens Kassel) – dunkel.

Kasserolle „Schmortopf, -pfanne": Das seit dem 17./18. Jh. bezeugte Fremdwort stammt aus gleichbed. *frz*. casserole. Dies ist von dem in *nordfrz*. Mundarten verbreiteten Substantiv casse „Pfanne" abgeleitet. Voraus liegen: *aprov*. cassa, *vlat*. cattia „Maurerkelle; Schöpflöffel; Schmelztiegel". Die weitere Herkunft ist unsicher.

Kassette „Kästchen für Wertsachen; Schutzhülle für Bücher o. ä.; lichtdichter Behälter für Platten und Filme in Aufnahmegeräten; Magnetband in einem flachen Kunststoffgehäuse": Das Substantiv wurde im 18. Jh. aus *frz*. cassette „[Geld]kästchen" entlehnt, einer Verkleinerungsform zu *frz*. casse „Kasten". Dies geht auf *lat*. capsa „Kasten, Behältnis" (vgl. *Kasse*) zurück.

Kassiber „geheime schriftliche Mitteilung eines Häftlings an einen anderen oder an einen Außenstehenden": Das Wort der Gaunersprache, das seit dem 19. Jh. bezeugt ist, stammt aus *jidd*. kessaw (*Plural:* kessowim) „Brief; Schrift" (zu *hebr*. kĕṯavîm „Schriftstücke").

[1]kassieren ↑Kasse.

[2]kassieren „für ungültig erklären, aufheben, annullieren": Das Verb wurde in der Kanzleisprache des 16. Jh.s aus gleichbed. *spätlat*. cassare entlehnt. Dies gehört zu *lat*. cassus „leer; nichtig". – Nicht verwandt ist ↑[1]kassieren.

Kastagnette „Handklapper (aus zwei Holzplättchen)": Das Fremdwort wurde zu Beginn des 17. Jh.s aus *span*. castañeta entlehnt. Dies ist eine Verkleinerungsform von *span*. castaña „Kastanie". Die Kastagnette verdankt also wohl ihrer Ähnlichkeit mit einer Kastanie ihren Namen. – Über weitere Zusammenhänge vgl. *Kastanie*.

Kastanie: Dieses Wort ist die volkstümliche, zusammenfassende Bezeichnung für die eßbare Edelkastanie (dafür auch ↑Marone) und die artverschiedene, nicht eßbare, aber als Viehfutter verwendbare Roßkastanie (s. unter *Roß*). Der etymologisch nicht geklärte Name, *griech*. kástanon (für den Kastanienbaum), *griech*. kastáneia (für die Frucht), gelangte über *lat*. castanea „Kastanie" durch *vlat.-roman*. Vermittlung (*roman*. castinea, castenea) früh in den *germ*. Westen und lieferte *ahd*. chestin[n]a, *mhd*. kesten[e], *aengl*. ciesten-bēam. Die heute übliche, durch Luther durchgesetzte Form des Wortes beruht auf einer erneuten Entlehnung in *mhd*. Zeit, und zwar unmittelbar aus *lat*. castanea. – Siehe auch ↑*Kastagnette*.

Kaste: Das seit dem 18. Jh. bezeugte Substantiv, das als Bezeichnung für die abgeschlossenen Stände Indiens aus *frz*. caste < *port*. casta entlehnt wurde, bezeichnet oft heute allgemein jede sich streng isolierende Gesellschaftsschicht. Beachte dazu auch die Zusammensetzung **Kastengeist** „Standesdünkel" (Ende des 18. Jh.s nach *frz*. 'esprit de caste'). Das *port*. Wort casta ist eine von Indienreisenden geschaffene Neubildung zu dem Adjektiv *span*., *port*. casto „rein, keusch", das auf gleichbed. *lat*. castus zurückgeht. Dazu gehört *lat*. castigare „zurechtweisen, züchtigen", das unserem Lehnwort ↑kasteien zugrunde liegt.

kasteien „peinigen, martern", heute fast nur reflexiv gebraucht, heute meist im Sinne von „sich als religiöse Buße Schmerzen, Entbehrungen und dgl. auferlegen, strenge Selbstzucht üben": Das mit dem Vordringen des römischen Christentums aus der Kirchensprache aufgenommene Verb (*mhd*. kestigen, *ahd*. chestigōn, *mitteld*. kastīgen) geht auf *lat.-kirchenlat*. castigare „zurechtweisen, rügen, züchtigen" (eigentlich etwa „zu einer moralischen, keuschen Lebensweise anhalten") zurück. Dies gehört zu *lat*. castus „rein, keusch" (vgl. *Kaste*). Die *nhd*. Form des Wortes, die durch Luther durchgesetzt wurde, hat sich aus *mitteld*. kastīgen entwickelt.

Kastell „fester Platz, Fort, Burg, Schloß": Das im 15. Jh. aus *lat*. castellum „Kastell, Fort, Festung" (Verkleinerungsform zu *lat*. castrum „Schanzlager") entlehnte Fremdwort, das heute nur noch historische Geltung hat, trat an die Stelle des alten Lehnwortes *mhd*., *ahd*. kástel „befestigter Ort, Kastell". Das alte Wort lebt noch in zahlreichen Ortsnamen wie Mainz-Kastel, Bernkastel-Kues u. a., die alle auf ein ehemaliges, am Ort vorhandenes römisches Truppenlager hinweisen.

Kasten: Das auf das *dt*. und *niederl*. Sprachgebiet beschränkte Wort *mhd*. kaste, *ahd*. kasto, *niederl*. kast ist wahrscheinlich von dem unter ↑*Kar* behandelten *germ*. Substantiv *kasa- „Gefäß" abgeleitet. Abl.: **kästeln** „mit Kästchen versehen, karieren" (20. Jh.).

kastrieren „verschneiden, entmannen": Das Verb wurde Ende des 16. Jh.s aus gleichbed. *lat*. castrare entlehnt. – Dazu gehören **Kastrat** „Verschnittener, Entmannter; Bühnensänger mit Knabenstimme" (17. Jh.; aus *it*. castrato) und **Kastration** „Verschneidung, Entmannung" (aus *lat*. castratio).

Kasus: Der grammatische Terminus für „Beugefall (Gramm.); Fall, Vorkommnis, Vorfall" wurde im 16. Jh. aus gleichbed. *lat*. casus entlehnt. Zugrunde liegt *lat*. cadere „fallen" (vgl. hierüber *Chance*). Als grammatischer Terminus ist *lat*. casus Bedeutungslehnwort von *griech*. ptōsis „Fall, Kasus" (zu *griech*. píptein „fallen").

kata..., Kata..., (vor Vokalen und vor h:) kat..., Kat...: Die Vorsilbe mit der Bedeutung „von – herab, abwärts; gegen; über – hin; gänzlich, völlig" ist entlehnt aus gleichbedeutend *griech*. katá, das wahrscheinlich verwandt ist mit *lat*. cum „mit" (dazu das Präfix *lat*. com..., con...; vgl. *kon...*).

Katafalk „schwarz verhängtes Gerüst für den

Sarg bei Trauerfeiern": Das seit dem 18. Jh. bezeugte Fremdwort ist aus gleichbed. *frz.* catafalque entlehnt, das seinerseits aus *it.* catafalco entlehnt ist. Dies geht auf *vlat.* *catafalicum zurück. Gleicher Herkunft ist *afrz.* chafaud (= *frz.* échafaud), das unser Lehnwort ↑Schafott lieferte. In dem *vlat.* Wort haben sich wahrscheinlich zwei Wörter gekreuzt, *lat.* catasta „Schaugerüst (zur Ausstellung verkäuflicher Sklaven)" und *lat.* fala „hohes Gerüst".

Katakomben: Die Bezeichnung für die altchristlichen unterirdischen Begräbnisstätten (besonders in Rom) wurde bei uns im 18. Jh. bekannt. Die Quelle des Wortes, das uns durch *it.* catacombe vermittelt wurde, ist *spätlat.* catacumbae. Die weitere Herkunft des Wortes ist nicht sicher geklärt.

Katalog: Die Bezeichnung für „Verzeichnis (von Büchern, Bildern, Waren usw.)" wurde im 16. Jh. aus *lat.* catalogus entlehnt, das seinerseits aus *griech.* katálogos „Aufzählung, Verzeichnis" stammt. Diesem liegt das *griech.* Verb kata-légein „hersagen, aufzählen" zugrunde. Über weitere Zusammenhänge vgl. den Artikel *Lexikon.* – Abl.: **katalogisieren** „in ein Verzeichnis aufnehmen" (19. Jh.).

Katalyse „Herbeiführung, Beschleunigung oder Verlangsamung einer Stoffumsetzung". Der chemische Terminus ist eine gelehrte Entlehnung aus *griech.* katálysis „Auflösung". Dies gehört zu *griech.* kata-lýein „auflösen" (vgl. *kata..., Kata...* und *Analyse*). – Abl.: **Katalysator** „Stoff, der durch seine bloße Anwesenheit chemische Reaktionen herbeiführt oder ihren Verlauf bestimmt".

Katapult: Die Bezeichnung für „Steinschleuder; Schleuder zum Starten von Flugzeugen" ist eine Entlehnung aus *lat.* catapulta, das seinerseits aus *griech.* katapéltēs „Wurf-, Schleudermaschine" übernommen ist. Dies gehört zum Grundverb *griech.* pállein „schwingen, schleudern".

Katarakt: Die Bezeichnung für „Stromschnelle, [niedriger] Wasserfall" wurde im 16. Jh. aus *lat.* cataracta entlehnt, das seinerseits aus *griech.* kata-rrháktēs „Wassersturz, -fall" (zu *griech.* katarrháttein „herabstoßen, herabstürzen") stammt.

Katarrh „Schleimhautentzündung (mit meist reichlichen Absonderungen)": Das seit dem Beginn des 16. Jh.s bezeugte Fremdwort galt in der älteren Medizin speziell zur Bezeichnung des Schnupfens. Es ist aus *lat.* catarrhus entlehnt, das seinerseits aus *griech.* katárrhous „Schnupfen" stammt. Die wörtliche Bedeutung des *griech.* Wortes ist „Herabfluß" (zum Grundverb *griech.* rheīn „fließen"; über die weiteren Zusammenhänge vgl. den Artikel *Rhythmus*). Nach antiken Vorstellungen ist ein aus dem Gehirn herabfließender Schleim die Ursache dieser Krankheit. – Eine volkstümliche, in Leipziger Mundart erfolgte Eindeutschung des Wortes Kartarrh vermutet man in [2]**Kater** „Katzenjammer", das im 19. Jh. begegnet und durch die Studentensprache populär wurde. Allerdings ist das Wort dann zumindest volksetymologisch an ↑[1]Kater „männliche Katze" angeschlossen worden, wie überhaupt der alkoholische Rausch mit seinen Nachwirkungen gern scherzhaft mit Tiernamen bezeichnet wird (vgl. z. B. 'Affe').

Kataster „amtliches Verzeichnis der Grundstücksverhältnisse, Grundbuch", beachte die Zusammensetzung **Katasteramt:** Das schon im 17. Jh. in der *nlat.* Form 'Catastrum' bezeugte und im 18. Jh. eingedeutschte Wort stammt aus älter *it.* catastro (woraus auch entsprechend *frz.* cadastre) „Zins-, Steuerregister". Dies geht über *venezian.* catastico auf *mgriech.* katásthikon „Register, Liste", eigentlich „Reihe für Reihe" (zu *griech.* katá „von – herab" und stíchos „Reihe").

Katastrophe „entscheidende Wendung zum Schlimmen; Unheil, Verhängnis, Zusammenbruch": Das Fremdwort wurde um 1600 aus *griech.-lat.* katastrophḗ „Umkehr, Wendung (insbesondere der Handlung im Drama); Vernichtung, Verderben" entlehnt. Dies gehört zu *griech.* katastréphein „umkehren, umwenden" (vgl. *kata..., Kata...* und *Strophe*). Abl.: **katastrophal** „verhängnisvoll, entsetzlich" (20. Jh.).

Kate (*nordd.* für): „Kleinbauernhaus": Das seit dem 17. Jh. bezeugte Wort ist eine jüngere Nebenform von **Kote** *nordd.* für „Häuslerwohnung; Hütte" (*mnd.* kote, vgl. *niederl.* kot „Hütte, Schuppen", *engl.* cot „Hütte", cote „Stall, Schuppen", *schwed.* kåta „Hütte, Lappenzelt"). Dieses Substantiv bedeutete ursprünglich wahrscheinlich „Höhle, Loch, mit Flechtwerk abgedeckte Wohngrube" und gehört zu der unter ↑*Keule* dargestellten Wortgruppe. Abl.: **Kätner** „Besitzer einer Kate".

Katechismus Die Bezeichnung für „Lehrbuch (besonders der christlichen Religion) in Frage und Antwort" wurde im 16. Jh. aus *kirchenlat.* catechismus entlehnt, das seinerseits aus *griech.* katēchismós „Unterricht, Lehre" stammt. Dies gehört zu *griech.* katēcheīn „entgegentönen, umtönen, durch den Klang erfreuen", und zwar in dessen spezieller Bed. „mündlich unterrichten, belehren". Stammwort ist *griech.* ēchḗ „Schall, Ton" (vgl. *Echo*).

Kategorie: Das seit dem 18. Jh. bezeugte Substantiv war ursprünglich ein rein philosophischer Terminus und ist in dieser Verwendung etwa mit „Begriffs-, Denk-, Anschauungsform" wiederzugeben. Der allgemeine Gebrauch des Wortes im Sinne von „Klasse, Gattung" (beachte z. B. die Wendung 'Kategorie von Menschen') kam erst im 19. Jh. auf. Das Wort ist aus *lat.* categoria entlehnt, das seinerseits aus *griech.* katēgoría „Grundaussage" stammt. Das zugrundeliegende Verb *griech.* agoreúein „sagen, reden" gehört zu *griech.* agorā́ „Markt" (also eigentlich „auf dem Markte öffentlich reden"), das zur *idg.* Wortfamilie von ↑*Gremium* gehört. Eine andere zu *griech.* agoreúein gehörende Zusammensetzung erscheint in ↑Allegorie. – Abl.: **kategorisch** „einfach aussagend, behauptend (Philos.); unbedingt gültig; widerspruchslos" (17. Jh.; aus *lat.* categoricus „zur Aussage gehörend").

[1]Kater: Die Benennung des männlichen Tieres *mhd.* kater[e], *ahd.* kataro, *mnd.* kater ist von dem unter ↑*Katze* dargestellten Wanderwort abgeleitet. Ein anderes Wort ist [2]Kater „Katzenjammer“ (↑Katarrh).

[2]Kater ↑Katarrh.

Katheder „Pult, Kanzel; Lehrstuhl (eines Hochschullehrers)“: Das Fremdwort wurde im 16. Jh. aus *lat.* cathedra „Stuhl, Sessel“ entlehnt, das im *Kirchenlat.* die Bed. „Lehrstuhl, Lehramt; Bischofssitz“ entwickelte (beachte auch das abgeleitete Adjektiv *mlat.* cathedralis „zum Bischofssitz gehörend“, das die Quelle für ↑Kathedrale ist). *Lat.* cathedra geht auf *griech.* kathédra „Sitz, Sessel“ zurück. Grundwort ist *griech.* hédra „Sitz, Sessel, Wohnsitz usw.“, das zu dem mit *dt.* ↑*sitzen* urverwandten Verb *griech.* hézesthai „sitzen; sich setzen“ gehört.

Kathedrale: Das seit dem Ende des 18. Jh.s gebräuchliche Substantiv (älter ist die Zusammensetzung ‘Kathedralkirche’) ist die übliche Bezeichnung für die „bischöfliche Hauptkirche“, besonders in Spanien, Frankreich und England (in Deutschland gilt dafür ↑Dom oder auch ↑Münster). Das Wort geht auf *mlat.* ecclesia cathedralis „zum Bischofssitz gehörende Kirche“ zurück (über das Adjektiv *mlat.* cathedralis vgl. den Artikel *Katheder*).

Katheter: Der medizinische Ausdruck für „Röhrchen zum Einführen in Körperorgane“ (besonders in die Blase) ist aus gleichbed. *lat.* catheter entlehnt, das seinerseits aus *griech.* kathetḗr „Sonde“ (zu *griech.* kathiénai „hinablassen, hinabschicken“) stammt.

Kathode: Die physikalisch-fachsprachliche Bezeichnung für die negativ geladene Elektrode wurde im 19. Jh. aus gleichbed. *engl.* cathode entlehnt. Dies geht zurück auf *griech.* káth-odos „der Weg hinab; die Rückkehr“ (vgl. *kata...*, *Kata...* und *Periode*). Die Kathode ist demnach als „Austrittsstelle“ der Elektronen aus dem geschlossenen Stromkreis benannt. *Engl.* cathode wurde in Deutschland durch die Entdeckungen Faradays bekannt.

katholisch: Das Adjektiv wurde im 16. Jh. aus *kirchenlat.* catholicus entlehnt, das seinerseits aus *griech.* katholikós „das Ganze, alle betreffend; allgemein“ (zu *griech.* hólos „ganz“) stammt. Die katholische Kirche ist demnach ursprünglich die „allgemeine Kirche“ gegenüber den Sonderkirchen. – Abl.: **Katholik** „Angehöriger der römisch-katholischen Kirche“ (18. Jh.); **Katholizismus** „Geist und Lehre des katholischen Glaubens“ (17. Jh., *nlat.* Bildung).

Kattun: Die Bezeichnung für das feste Baumwollgewebe wurde im 17. Jh. aus gleichbed. *niederl.* katoen entlehnt. Dies geht auf *arab.* quṭun „Baumwolle“ zurück. Das *arab.* Wort, das vielleicht auch Ausgangspunkt für unser Wort ↑Kittel ist, kommt in fast allen europäischen Sprachen vor, weil die Araber durch ihren schon im 12. Jh. blühenden Handel den Europäern die Kenntnis von der Anpflanzung und Verarbeitung der Baumwolle überbrachten (so z. B. *it.* cotone, *frz.* coton, *engl.* cotton, *span.* [mit *arab.* Artikel] algodón „Baumwolle“; *schwed.* kattun, *russ.* kutnja „asiatischer halbseidener Stoff“ [aus *türk.* kutny „Stoffgemisch aus Seide und Baumwolle“, zu *arab.* quṭnī „baumwollen“]). – *Arab.* quṭun ist selbst Lehnwort und hängt mit *hebr.* kutonẹt „auf dem bloßen Leib getragenes Kleid“ (= *aram.* kithuna) zusammen. Es handelt sich wohl um ein altes *semit.* Handelswort, das teils durch die Phönizier, teils vielleicht auch durch die Etrusker weite Verbreitung fand, beachte z. B. die aus dem *Semit.* stammenden Lehnwörter *griech.* chitṓn „[Unter]kleid; Brustpanzer“ (↑Chitin) und *lat.* tunica „Untergewand; Haut, Hülle“ (↑tünchen).

Katze: Der Name der Katze ist ein altes Wanderwort, das seit dem ausgehenden Altertum in fast allen europäischen Sprachen erscheint, vgl. z. B. die *kelt.* Sippe von *air.* cat, *spätlat.* catta, cattus, *mgriech.* kátta und die *baltoslaw.* Sippe von *russ.* kot. Aus welcher Sprache der Katzenname stammt, ist unklar. Am ehesten handelt es sich um ein aus einem Lockruf entwickeltes *nordgerm.* Wort, das ursprünglich die Wildkatze bezeichnete. Möglich ist auch, daß der Katzenname aus einer *nordafrikan.* Sprache stammt (vgl. *nubisch* kadīs „Katze“) und durch die Kelten vermittelt wurde. – *Mhd.* katze, *ahd.* kazza, *engl.* cat, *schwed.* katt gehen auf *germ.* *kattō̄n, *kattu- „Katze“ zurück, während die Bezeichnung des männlichen Tieres (↑[1]Kater) von einer Form ohne Geminata abgeleitet ist. Zus.: **katzbalgen,** sich (↑Balg); **katzbuckeln** (↑Buckel); **Katzenauge** „Rückstrahler“ (20. Jh.); **Katzengold** „Goldglimmer“ (15. Jh.; wohl als „falsches Gold“); **Katzenjammer** (18. Jh.; aus der Studentensprache für „heulendes Elend, Unwohlsein nach dem Rausch“; anspielend auf die an Wehklagen erinnernden Laute der Katze, besonders in der Paarungszeit; **Katzenmusik** (18. Jh.; aus der Studentensprache für „mißtönende Musik“; nach den jaulenden Lauten der Katze, besonders in der Paarungszeit); **Katzensprung** „kurzer Weg“ (17. Jh.); **Katzentisch** „kleiner, etwas abseits einer Tafel stehender Tisch, an dem die Kinder sitzen“ (zunächst *ugs.* scherzhafte Bezeichnung für den Fußboden, von dem die Katzen fressen; dann Bezeichnung für einen [niedrigen] Tisch, an dem geringere Gäste sitzen); **Katzenwäsche** „kurzes, oberflächliches Sichwaschen“ (19. Jh.; die Katze säubert sich scheinbar nur durch schnelles Ablecken der Pfoten und des Fells).

Katzelmacher: Der *ugs.* abwertende Ausdruck für „Italiener“ bezeichnete ursprünglich eingewanderte italienische Handwerker, die Küchengeräte, besonders Löffel (*mdal.* Gatz[el]) herstellten und bedeutet demnach eigentlich „Löffelmacher“. *Mdal.* Gatz[el] „Löffel“ geht über *venez.* cazza „Zinnlöffel“ auf *spätlat.* cattia zurück.

kauderwelsch: Der Ausdruck für „unverständlich, verworren, radebrechend“ bezog sich ursprünglich auf die schwerverständliche Sprache der Rätoromanen aus dem Rheintal von Chur. Der Ortsname Chur lautet im *Tirolischen*

Kauer. Über 'kaurerwelsch' entwickelte sich – wohl unter dem Einfluß von *mdal.* kaudern „kollern; plappern" oder *mdal.* kaudern „hausieren" (bezogen auf das Welsch der [italienischen] Hausierer) – 'Kauderwelsch', das also eigentlich „Churromanisch" bedeutet (vgl. *welsch*). Abl.: **kauderwelschen** „kauderwelsch reden" (18. Jh.).

kauen: Das *altgerm.* Verb *mhd.* kiuwen, *ahd.* kiuwan, *niederl.* kauwen, *engl.* to chew (mit dissimiliertem Anlaut die *nord.* Sippe von *schwed.* tugga „kauen") gehört mit verwandten Wörtern in anderen *idg.* Sprachen – vgl. z. B. *pers.* ḫā'idan „kauen" und *russ.* ževat' „kauen" – zu der *idg.* Wurzel *g[i̯]eu- „kauen". – Die *nhd.* Form kauen geht auf *mitteld.* kūwen zurück, während die lautgerechte Entwicklung von *mhd.* kiuwen das heute veraltete 'keuen, käuen' ist, das in der Zusammensetzung **wiederkäuen** bewahrt ist. Dazu gebildet ist **Wiederkäuer** (19. Jh.).

kauern: Das erst seit dem 18. Jh. in *hochd.* Texten bezeugte Verb gehört mit *mnd.* kūren „lauern, spähen" und *schwed.* kura „hocken, kauern" zu der unter ↑*Keule* dargestellten *idg.* Wurzel *geu- „[sich] biegen" und bedeutete demnach ursprünglich „sich bücken, sich ducken, gekrümmt dasitzen". Vgl. z. B. aus anderen *idg.* Sprachen *lit.* gūrinti „in gekrümmter Haltung gehen" und *griech.* gȳrós „gebogen, krumm".

kaufen: Das *gemeingerm.* Zeitwort mit der ursprünglichen Bed. „Kauf- und Tauschhandel treiben" (*mhd.* koufen, *ahd.* koufōn, *got.* kaupōn, *aengl.* cēapian, *schwed.* köpa) beruht entweder auf einer frühen *germ.* Neubildung zu *lat.* caupo „Schenkwirt, Herbergswirt; Weinhändler, Gelegenheitshändler" oder aber auf Entlehnung aus dem von *lat.* caupo abgeleiteten Verb *lat.* cauponari „verschachern, verhökern". Der die römischen Legionen begleitende Schank- und Kantinenwirt (caupo) spielte im Handelsverkehr mit den Germanen eine bedeutsame Rolle. Er handelte nicht nur mit dem bei den Germanen sehr begehrten Wein, sondern er war darüber hinaus der Klein- und Gelegenheitshändler schlechthin. Um das einfache Verb gruppieren sich die Präfixbildungen 'sich bekaufen' „unüberlegt, zu teuer kaufen" und 'verkaufen' (s. u.) und mehrere zusammengesetzte Verben, z. B. 'abkaufen, ankaufen (mit Ankauf, Ankäufer), aufkaufen (mit Aufkauf, Aufkäufer), einkaufen (mit Einkauf, Einkäufer)'. – Eine alte Rückbildung aus dem *gemeingerm.* Verb ist das Substantiv **Kauf** mit einer ursprünglichen Bed. „Handel, Vertrag, Geschäft; Verkauf, Kauf" (*mhd., ahd.* kouf, *niederl.* koop, *aengl.* cēap, *schwed.* köp). – Abl. und Zus.: **Käufer** (*mhd.* koufer, köufer, *ahd.* choufari „wer kauft und verkauft; Händler, Kaufmann"); **käuflich** „durch Kauf zu erwerben" (*mhd.* kouflich, *ahd.* chouflīh „dem Handel, dem Geschäft entsprechend, im Handel getätigt"); **verkaufen** „zum Kauf geben, gegen Bezahlung abgeben" (*mhd.* verkoufen, *ahd.* firkoufen), dazu **Verkauf** (*frühnhd.*) und **Verkäufer** (*mhd.* verkoufære); **Kaufmann** (*mhd.* koufman, *ahd.* choufman), dazu als Plural **Kaufleute.** – Siehe auch den Artikel [2]*Kaper.*

Kaulbarsch: Das Bestimmungswort, das außer in 'Kaulbarsch' auch in 'Kaulkopf' „Groppe" und in 'Kaulquappe' „Froschlarve" steckt, bedeutet „Kugel; Dickkopf", vgl. *frühnhd.* und *dt. mdal.* **Kaule** „Kugel, Kugelförmiges", **kaulicht** „kugelig", **Quarkkäulchen** „Kügelchen aus Quark" und dgl. Es geht zurück auf *mhd.* kūle, das aus *mhd.* kugele (vgl. *Kugel*) zusammengezogen ist.

Kaule ↑Keule.

Kaulquappe ↑Quappe.

kaum: Das auf das *dt.* Sprachgebiet beschränkte Adverb (*mhd.* kūm[e], *ahd.* kūmo) gehört im Sinne von „mit Mühe, schwerlich" zu *ahd.* kūma „[Weh]klage", kūmīg „schwach, gebrechlich" (eigentlich „kläglich, jämmerlich"), kūmen „klagen, jammern usw. Diese Sippe stellt sich mit den unter ↑*Kauz* und ↑*Köter* behandelten Wörtern zu der *germ.* Wortgruppe von *ahd.* gi-kewen „nennen, heißen" (*germ.* *kaujan „rufen"), die lautnachahmenden Ursprungs ist. [Elementar]verwandt sind z. B. *griech.* goān „wehklagen, jammern" und *lit.* gaũsti „tönen, rauschen, summen".

kausal „ursächlich": Das seit dem 18. Jh. bezeugte Adjektiv ist entlehnt aus *lat.* causalis „zur Ursache gehörend", einer Bildung zu *lat.* causa „Grund; Ursache; Sache" (vgl. *kosen*). Abl.: **Kausalität** „Zusammenhang von Ursache und Wirkung" (18. Jh.).

Kaute ↑Keule, ↑Kittchen.

Kaution „Bürgschaft; Sicherheitsleistung in Form von Geldhinterlegung": Das seit dem 16. Jh. bezeugte Rechtswort geht auf gleichbed. *lat.* cautio zurück. Dies bedeutet eigentlich „Behutsamkeit, Vorsicht" und ist eine Bildung zu dem *lat.* Verb cavere (< *covere) „sich in acht nehmen, Vorsorge treffen; Bürgschaft leisten", das mit *dt.* ↑*hören* urverwandt ist.

Kautschuk „Milchsaft des Kautschukbaumes (Rohstoff für die Gummiherstellung)": Das seit dem Anfang des 19. Jh.s bezeugte Fremdwort steht für ältere Formen des 18. Jh.s wie Cauchu, Kautschu und Cachuchu. Es stammt letztlich aus einer Indianersprache Perus, vermittelt durch *span.* coucho, cauchu, cauchuc (heute: caucho) und *frz.* caoutchouc.

Kauz: Der nur *dt.* Vogelname (*spätmhd.* kūz[e]) gehört wahrscheinlich zu der unter ↑*kaum* dargestellten Gruppe von Lautnachahmungen. Der Kauz wäre demzufolge nach seinem Geschrei benannt. Im übertragenen Gebrauch bedeutet 'Kauz' „seltsamer Mensch", beachte die Ableitung **kauzig** „seltsam, schrullig" (19. Jh.).

Kavalier: Das seit etwa 1600 bezeugte Wort ist aus gleichbed. *frz.* cavalier entlehnt, das seinerseits aus *it.* cavaliere „Reiter, Ritter" stammt. 'Kavalier' war zunächst nur als Titel der Angehörigen eines ritterlichen Ordens gebräuchlich. Wenig später schon entwickelten sich daraus Bedeutungen wie „adliger Herr, Hofmann", die ihrerseits den heute allein üblichen Gebrauch des Wortes im Sinne von „feiner und gebildeter, (besonders Frauen gegenüber) taktvoller

Mann" vorbereiteten (beachte hierzu auch die entsprechende Geltung des Wortes ↑Dame). Im 19. Jh. gesellte sich 'Kavalier' das Fremdwort ↑Gentleman in fast synonymer Stellung zu. Auch *it.* cavaliere, *span.* caballero und *frz.* chevalier weisen die Bedeutungsentwicklung von „Reiter" über „Ritter" zu „Edelmann" auf. – *It.* cavaliere geht über *aprov.* cavalier auf *lat.* caballarius „Pferdeknecht" zurück. Dies ist eine Bildung zu dem etymologisch nicht sicher gedeuteten Substantiv *lat.* caballus „Pferd", das im *It.* als cavallo, im *Span.* als caballo und im *Frz.* als cheval erscheint. Von Interesse sind in diesem Zusammenhang noch die Fremdwörter ↑Kavallerie, Kavallerist und ↑Kavalkade, die gleichen Stammes sind.

Kavalkade: Das Fremdwort für „prachtvoller Reiteraufzug, Pferdeschau" wurde im 17. Jh. aus gleichbed. *frz.* cavalcade entlehnt, das auf *it.* cavalcata „Reitertrupp; Ritt" zurückgeht. Das zugrundeliegende Verb *it.* cavalcare „reiten" ist aus gleichbed. *spätlat.* caballicare hervorgegangen, einer Ableitung von *lat.* caballus „Pferd" (vgl. *Kavalier*).

Kavallerie „Reiterei, Reitertruppen": Das Fremdwort wurde 1600 aus *frz.* cavalerie entlehnt, das auf gleichbed. *it.* cavalleria zurückgeht. Dies ist eine Ableitung von *it.* cavaliere „Reiter" (vgl. *Kavalier*). Abl.: **Kavallerist** „Angehöriger der Kavallerie" (18. Jh.).

Kaviar: Die Bezeichnung für den Rogen des Störs wurde im 17. Jh. aus gleichbed. *türk.* havyar, eigentlich „Eiträger", entlehnt.

Kebse: Die Herkunft des heute wenig gebräuchlichen Ausdrucks für „Nebenfrau, Konkubine" ist dunkel. In den älteren Sprachzuständen entsprechen *mhd.* kebes[e], *ahd.* kebis[a], vgl. *asächs.* kevis, *aengl.* ciefes, zu denen sich *aisl.* kefsir „Sklave" stellt. Das Wort würde demnach eigentlich „Sklavin, weibliche Gefangene" (die zur Beischläferin gemacht wurde) bedeuten. Zu 'Kebse' stellen sich die gleichfalls veralteten Zusammensetzungen 'Kebsehe, Kebsfrau, Kebsweib'.

keck: *Mhd.* kec, quec „lebendig; lebhaft; frisch, munter; stark, fest; mutig", *ahd.* chec[h], quec[h] „lebendig; lebhaft", *niederl.* kwi[e]k „flink, lebhaft", *engl.* quick „schnell; munter, frisch; stark", *schwed.* kvick „schnell, flink; schlagfertig; witzig, geistreich" gehören mit dem andersgebildeten *got.* qius „lebendig" zu der vielgestaltigen *idg.* Wortgruppe der Wurzel *gu̯ei- „leben". Vgl. aus anderen *idg.* Sprachen z. B. *griech.* zē̃n „leben", zōḗ „Leben", zō̃ion „Tier" (↑zoo..., Zoo..., wie z. B. in 'Zoologie'), bíos „Leben" (↑bio..., Bio..., wie z. B. in 'Biologie, Biographie'), hygieinós eigentlich „gut lebend" (↑Hygiene), *lat.* vivere „leben" (↑vivat!), vivus „lebendig", vita „Leben", vivarium „Tiergarten" (↑Weiher) und die *baltoslaw.* Sippe von *russ.* žit' „leben", živoj „lebendig", život „Leben". – Die *nhd.* Form 'keck' mit anlautendem k- geht auf eine in *spätahd.* Zeit entwickelte *südd.* Nebenform zurück. Der reguläre Anlaut ist dagegen bewahrt in ↑erquicken und ↑verquicken sowie in dem Pflanzennamen ↑Quecke und weiterhin in der Zusammensetzung, siehe die Artikel *Quecksilber* und *quicklebendig.*

keckern: Das seit dem 19. Jh. bezeugte Verb, das hauptsächlich die [Zornes]laute von Fuchs, Marder und Iltis wiedergibt, stellt sich als eine iterative Bildung zu dem heute veralteten lautnachahmenden 'kecken', beachte die teils veralteten, teils noch *mdal.* Lautnachahmungen 'köckern, kuckern, kakeln' sowie die lautmalende Sippe von ↑gackeln.

¹Kegel: *Mhd.* kegel „Knüppel, Stock; Holzfigur im Kegelspiel; Eiszapfen", auch „uneheliches Kind" (↑²Kegel), *ahd.* chegil „Pflock, Pfahl", *mnd.* kegel „Knüppel; Holzfigur im Kegelspiel", *niederl.* kegel „Eiszapfen; Holzfigur im Kegelspiel" gehen auf *kagila- zurück, das eine Verkleinerungsbildung zu einem *germ.* Substantiv mit der Bed. „Ast, Pfahl, Stamm" ist, vgl. *dt. mdal.* Kag „Strunk", *niederl.* keg „Keil", *schwed. mdal.* kage „Baumstumpf". Damit verwandt sind die unter ↑¹*Kufe* „Laufschiene" behandelten Wörter. *Außergerm.* entspricht lediglich die *baltoslaw.* Sippe von *lit.* žãgaras „dürrer Zweig". – Zu 'Kegel' im Sinne von „Holzfigur im Kegelspiel" stellt sich die Ableitung **kegeln** „kegelschieben", *ugs.* auch für „purzeln, rollen" (*mhd.* kegelen „kegelschieben"), beachte auch **Kegler** (schon *mhd.* kegeler „Kegelschieber"), **Kegelbahn, Kegelklub** usw. An die *landsch.* Verwendung des Wortes im Sinne von „Gelenk[knochen]" schließt sich **auskegeln** *ugs.* für „ausrenken" (17. Jh.) an. Von 'Kegel' als „Holzfigur im Kegelspiel" geht die Verwendung des Wortes als Bezeichnung eines geometrischen Körpers aus, beachte die Zusammensetzung **Kegelschnitt** (17. Jh.; von Kepler geprägt für *lat.* sectio conica). Auf die Form eines Kegels beziehen sich die Zusammensetzungen 'Lichtkegel, Bergkegel' und dgl.

²Kegel: Das nur noch in der Formel 'mit Kind und Kegel' gebräuchliche Wort bedeutet eigentlich „uneheliches Kind". *Mhd.* kegel in dieser Bedeutung ist wahrscheinlich identisch mit kegel „Knüppel, Stock; Holzfigur im Kegelspiel; Eiszapfen" (vgl. ¹*Kegel*). Die Bed. „uneheliches Kind" kann sich aus „Knüppel" entwickelt haben (beachte den Artikel *Bengel*) oder aber aus „Eiszapfen", mit Bezug auf die überlieferte Vorstellung, daß einer untreuen Frau, die Schnee ißt, ein Eiszapfen wächst.

Kehle: Das auf das *Westgerm.* beschränkte Substantiv *mhd.* kel[e], *ahd.* kela, *niederl.* keel, *aengl.* ceole ist mit dem unter ↑²*Kiel* behandelten Wort verwandt. Die *germ.* Wortgruppe geht mit verwandten Wörtern auf eine Wurzel *gel- „verschlingen" zurück, vgl. z. B. *air.* gelid „verschlingt, verzehrt, frißt". Auf einer Nebenform *gu̯el- beruht z.B. *lat.* gula „Schlund; Speiseröhre" (↑Gully). Wie das zu 'schlingen' gebildete 'Schlund' (s. d.), so hat auch 'Kehle' die Bed. „Schlucht, Vertiefung" entwickelt, beachte die Orts- und Flurnamen mit 'Kehle' (z. B. 'Hundekehle, Silberkehle') und die Zusammensetzung **Kniekehle** (*mhd.* kniekel). Abl.: **kehlen** „rinnenartig aushöhlen", *mdal.* auch für „Fisch ausnehmen" (17. Jh.; heute gewöhnlich **auskeh-**

len), dazu **Kehlung** „rinnenartige Aushöhlung“ (17. Jh.). Zus.: **Kehlkopf** (18. Jh.).

Kehraus ↑ [2]kehren.

[1]**kehren** „[um]wenden“: Das auf das *dt.* und *niederl.* Sprachgebiet beschränkte Verb *mhd.* kēren, *ahd.* kēran, *asächs.* kērian, *niederl.* keren hat weder im *germ.* Sprachbereich noch in anderen *idg.* Sprachen gesicherte Verwandte. Während das einfache Verb im heutigen *Dt.* wenig gebräuchlich ist (dafür gewöhnlich 'umkehren', beachte auch 'einkehren'), spielen die präfigierten Verben ↑ bekehren und ↑ verkehren eine bedeutende Rolle. Das Substantiv **Kehre** (*mhd.* kēr[e], *ahd.* kēr[a]) ist aus dem Verb rückgebildet. Zus.: **Kehrreim** (18. Jh.; für *frz.* refrain; ↑ Reim); **Kehrseite** (18. Jh.; Lehnübersetzung von *niederl.* keerzijde; zuerst von der Rückseite der Münzen gebraucht).

[2]**kehren** „mit dem Besen reinigen“: Das vorwiegend in Süd- und Mitteldeutschland gebräuchliche Verb (*mhd.* ker[e]n, *ahd.* kerian) – in Norddeutschland gilt 'fegen' (s. d.) – geht auf *westgerm.* *karjan zurück, das mit *lit.* žeřti „scharren“ verwandt ist. Abl.: **Kehricht** „Müll, Schmutz“ (*spätmhd.* kerach, *frühnhd.* keracht, kerecht). Zus.: **Kehraus** „Schlußtanz“ (18. Jh.; der letzte Tanz, bei dem die Tänzerinnen mit ihren Kleidern gewissermaßen den Tanzboden auskehren; aus 'kehre aus' entstanden).

Kehrreim ↑ Reim.

keifen: Der Ursprung von *mhd.* kīben, *mnd.* kīven, *niederl.* kijven „scheltend zanken“ ist dunkel. Die *nord.* Sippe von *schwed.* kiva ist wahrscheinlich aus dem *Mnd.* entlehnt. Die *nhd.* Form keifen (statt lautgerechtem keiben) hat *niederd.* f, wie z. B. auch 'Hafer' und 'Hufe'.

Keil: Das auf das *dt.* Sprachgebiet beschränkte Substantiv (*mhd., ahd., mnd.* kīl) gehört wahrscheinlich im Sinne von „Gerät zum Spalten“ zu der Wortgruppe der Wurzel *ĝēi- „[sich] spalten, aufbrechen“, bes. von Pflanzen „keimen, knospen, aufblühen“, vgl. z. B. *armen.* ciuł „Halm“ und *lit.* žiedéti „blühen“. Zu dieser Wortgruppe gehört auch das mit m-Suffix gebildete ↑ Keim und wahrscheinlich auch das unter ↑ *Kien* (eigentlich „abgespaltetes Holzstück“) behandelte Wort. Mit 'Keil' verwandt ist die *nord.* Sippe von *aisl.* kīll „schmale Bucht, langer Seearm“, beachte dazu den *dt.* Ortsnamen Kiel, *niederd.* tom Kyle eigentlich „an der keilförmigen Bucht“. Abl.: **keilen** *ugs.* für „prügeln“ (*spätmhd.* kīlen „Keile eintreiben, um zu spalten oder zu befestigen“; die ursprüngliche Bedeutung ist noch bewahrt in 'fest-, einkeilen' und 'verkeilen'; die bildhafte Verwendung des Wortes im Sinne von „hauen, schlagen, prügeln“ stammt aus der Gauner- und Studentensprache), dazu **Keile** *ugs.* für „Prügel“ (18. Jh.) und **Keilerei** *ugs.* für „Schlägerei“ (19. Jh.). Siehe auch den Artikel *Keiler.*

Keiler „wilder Eber“: Das seit dem Anfang des 17. Jh.s bezeugte Wort ist eine Substantivbildung zu 'keilen' in der Bed. „hauen, schlagen“ (vgl. *Keil*). Der Keiler ist also nach seinen Hauern benannt.

Keim: Das auf das *dt.* und *niederl.* Sprachgebiet beschränkte Substantiv *mhd.* kīm[e], *ahd.* kīmo, *niederl.* kiem gehört zu der unter ↑ *Keil* dargestellten Wortgruppe. Abl.: **keimen** (*mhd.* kīmen).

kein: Das alleinstehend und attributiv gebrauchte Pronomen ist in *mhd.* Zeit durch Kürzung aus de[c]hein „irgendein“ in Mischung mit älterem ne[c]hein „kein“ entstanden, nachdem silbenanlautendes ch zu k geworden war. Die Entstehung von *ahd.* deh[h]ein „irgendein“ ist unklar. *Ahd.* nih[h]ein „kein“ ist zusammengerückt aus nih „und nicht, auch nicht“ und dem unbestimmten Pronomen ein „einer“. Zus.: **keinerlei** (aus *mhd.* keiner leie „von irgendeiner bzw. keiner Art“; s. *...lei*); **keinesfalls** (19. Jh.); **keineswegs** (16. Jh.; aus *mhd.* keins wägs).

...keit ↑ ...heit.

Keks: Das Fremdwort wurde im 20. Jh. aus dem Plural cakes von *engl.* cake „Kuchen“ entlehnt. Im Deutschen wurde es als Singular empfunden. *Engl.* cake, das aus dem *Nord.* entlehnt sein kann (beachte *schwed.* kaka „Kuchen“), steht im Ablaut zu *dt.* ↑ *Kuchen.*

Kelch: Die *westgerm.* Bezeichnung des Trinkgefäßes (*mhd.* kelch, *ahd.* kelich, *niederl.* kelk, *aengl.* celc; die *nord.* Sippe von *schwed.* kalk stammt aus dem *Aengl.*) beruht auf einer frühen Entlehnung im Bereich von Fachwörtern des Weinbaues (wie ↑ Kelter, ↑ Trichter, ↑ Most, ↑ Wein u. a.) aus *lat.* calix (calicis) „tiefe Schale, Becher, Kelch“. Das *lat.* Wort ist irgendwie verwandt mit *griech.* kýlix „Trinkschale, Becher“ einerseits und mit *griech.* kályx „Fruchtkapsel, Blumenkelch, Blütenknospe“ andererseits. Nach letzterem entwickelte 'Kelch' im 17. Jh. die übertragene Bedeutung „Blütenkelch“.

Kelle: Der Ursprung von *mhd., mnd.* kelle, *ahd.* kella „Kelle, Schöpflöffel“, *aengl.* cielle „Feuerpfanne, Lampe“ ist dunkel. – Zur genaueren Bestimmung des Gerätes dienen die Zusammensetzungen 'Maurer-, Schöpf-, Suppenkelle'.

Keller: Das *altgerm.* Substantiv (*mhd.* keller, *ahd.* kellari, *niederl.* kelder, *schwed.* källare) gehört zu einer Gruppe von *lat.* Lehnwörtern aus dem Bereich des Stein- und Hausbaues (vgl. zum Sachlichen den Artikel *Fenster*), die früh ins *Germ.* aufgenommen wurden. Quelle des Wortes ist *spätlat.* cellarium „Speisekammer, Vorratskammer“, einer Bildung zu *lat.* cella „Vorratskammer; enger Wohnraum; Zelle“ (vgl. *Zelle*). – Abl.: **Kellerei** „Gesamtheit der Kellerräume“ (16. Jh.; heute vorwiegend im speziellen Sinne von „Wein-, Sektkellerei“); **kellern** „(Vorräte) in den Keller einlegen“ (18. Jh.), dafür heute meist das zusammengesetzte Verb **einkellern.** – Siehe auch den Artikel *Kellner.*

Kellner: Das auf das *dt.* und *niederl.* Sprachgebiet beschränkte Substantiv mit der ursprünglichen Bed. „Kellermeister, Verwalter des [Wein]kellers“ (*mhd.* kelnære, *ahd.* kelnāri, *mniederl.* kelnāre; demgegenüber *niederl.* kelner aus dem *Hochd.*) beruht wohl auf Entlehnung aus *spätlat.* cellararius „Kellermeister“ (mit Dissimilation des ersten der beiden r zu n oder mit Übernahme des n aus Bildungen wie *ahd.* wīzzināri „Folterknecht“). Dies gehört zu *spätlat.* cellarium „Speisekammer, Vorratskammer“ (vgl. *Keller*). Die heute gültige Bedeutung des Wortes Kellner im Sinne von „Bediensteter in Gasthäusern, der Getränke und Speisen serviert“ entwickelte sich etwa im 18. Jh. – Abl.: **Kellnerin** (im heutigen Sinne seit dem 18./19. Jh.; zuvor schon *mhd.* kelnærinne „Hausmagd, Wirtschafterin“); **kellnerieren,** auch: **kellnern** „als Kellner[in] tätig sein“ (20. Jh.).

Kelter „Traubenpresse“: Das Substantiv (*mhd.* kelter, *ahd.* kelcterre) gehört zu einer Gruppe von *lat.* Lehnwörtern aus dem Bereich des Weinbaus (vgl. zur Kulturgeschichte den Artikel *Wein*). Es geht auf *lat.* calcatura „das Stampfen; das Keltern; die Kelter“ zurück, das zu *lat.* calcare „mit der Ferse treten; mit den Füßen stampfen“ und weiter zu *lat.* calx „Ferse; Fuß“ gehört. Die Bezeichnung der Kelter erinnert also daran, daß in der ältesten Zeit (wie noch heute zuweilen in südlichen Gegenden) der Saft aus den Weintrauben mit den Füßen herausgestampft wurde. – Abl.: **keltern** (15. Jh.).

kennen: *Mhd.* kennen „erkennen; kennen“, *ahd.* (in Zusammensetzungen) chennan, *got.* kannjan „bekanntmachen, kundtun“, *aengl.* cennan „kundtun, bestimmen, erklären“, *schwed.* känna „kundtun, unterweisen; erkennen; kennen“ gehen auf *germ.* *kannjan zurück, das eine Kausativbildung zu dem unter ↑*können* dargestellten *gemeingerm.* Präteritopräsens ist und eigentlich „wissen lassen, verstehen machen“ bedeutet. Wichtige Präfixbildungen sind ↑bekennen (dazu ‘Bekenntnis’; s. auch den Artikel *bekannt*) und ↑erkennen (dazu ‘erkenntlich, Erkenntnis; Urkunde’), beachte auch **verkennen** „nicht erkennen, falsch beurteilen“ (17. Jh.). Abl.: **Kenner** (16. Jh.; bereits im 14. Jh. *mitteld.* kenner, das aber „Erzeuger, Erkenner“ bedeutet), dazu **kennerisch** (18. Jh.) und Zusammensetzungen wie **Kennerblick, Kennermiene; kenntlich** (14. Jh.; für älteres *mhd.* ken[ne]lich „erkennbar, offenbar, bekannt“); **Kenntnis** (*mhd.* kentnisse, kantnisse „Erkenntnis; Kenntnis“; aus dem 2. Partizip gebildet); **Kennung** seemännisch für „typisches Kennzeichen von Leuchtfeuern, Kennzeichen des Schiffsstandortes“ (*mhd.* kennunge „Erkennung, Erkenntnis“). Zus.: **Kennkarte** (20. Jh.); **Kennwort** (20. Jh.); **Kennzeichen** (16. Jh.), dazu **kennzeichnen** (18. Jh.).

kentern „umkippen (von Schiffen)“: Das aus der *niederd.* Seemannssprache ins *Hochd.* gelangte Verb geht auf *niederd.* kanteren, kenteren (= *niederl.* kenteren) „auf die (andere) Seite legen, umwälzen“ zurück, das zu ↑*Kante* (*mnd.* kant[e] „Ecke“) gehört.

Keramik „[Kunst]töpferei und ihre Erzeugnisse, Töpfer-, Tonwaren“: Das Substantiv wurde im 19. Jh. aus gleichbed. *frz.* céramique entlehnt, das auf *griech.* keramikḗ (téchnē) „Töpferei“ zurückgeht. Zugrunde liegt das etymologisch nicht sicher gedeutete Substantiv *griech.* kéramos „Töpfererde; Ziegel; Tongefäß“. – Abl. **Keramiker, keramisch** (beide 19./20. Jh.).

kerben: Das *westgerm.*, ursprünglich starke Verb *mhd.* kerben, *mnd.* kerven, *niederl.* kerven, *engl.* to carve geht mit verwandten Wörtern in anderen *idg.* Sprachen – vgl. z. B. *griech.* gráphein „[ein]ritzen; schreiben“ (s. die Fremdwörtergruppe um *Graphik*) – auf eine Wurzelform *gerbh- „ritzen, kratzen“ zurück. Damit verwandt sind wahrscheinlich die unter ↑*krabbeln, kribbeln,* ↑*Krabbe* und ↑*Krebs* behandelten Wörter, die auf einer Wurzelform *grebh- beruhen. Abl.: **Kerbe** „[spitz zulaufender] Einschnitt“ (*mhd.* kerbe). Zus.: **Kerbholz** *ugs.* für „Schuldkonto“, gewöhnlich nur noch in der Wendung ‘etwas auf dem Kerbholz haben’ „etwas Unerlaubtes, Unrechtes o. ä. getan haben“, eigtl. „Schulden haben“ (15. Jh.; das Kerbholz, das bis ins 18. Jh. Verwendung fand, diente zur Aufzeichnung und Abrechnung von Warenlieferungen, Arbeitsleistungen und Schulden. In einen – zur gegenseitigen Kontrolle längsgespaltenen – Holzstab wurden die Vermerke eingekerbt); **Kerbtier** (Ende des 18. Jh.s, als Ersatzwort für ‘Insekt’).

Kerker „Verlies, Gefängnis“, *österr.* für „Zuchthaus[strafe]“: Das *altgerm.* Substantiv (*mhd.* karkære, kerker, *ahd.* karkāri, *got.* karkara, *niederl.* kerker, *aengl.* carcern), beruht auf einer frühen Entlehnung aus *lat.* carcer (carceris) „Umfriedung, Schranken; Kerker“. Aus der gleichen Quelle stammt das im 14. Jh. im Bereich der Universitäts- und Schulsprache aufgenommene Fremdwort **Karzer** „Schul-, Hochschulgefängnis; verschärfter Arrest“. – Vgl. auch den Artikel *Kanzel.*

Kerl: Das aus dem *Niederd.* stammende Wort ist erst in *nhd.* Zeit gemeinsprachlich geworden. *Mnd.* kerle „freier Mann nicht ritterlichen Standes; grobschlächtiger Mann“, dem *niederl.* kerel „Kerl“ und *engl.* churl „Kerl, Tölpel, Bauer“ entsprechen, steht im Ablaut zu *ahd.* karal, *mhd.* karl[e] „Mann; Ehemann; Geliebter“ (bewahrt im Personennamen Karl) und der *nord.* Sippe von *schwed.* karl „Mann; Kerl; Bauer“. Die *germ.* Wortgruppe, für die von der Bedeutung „alter Mann“ auszugehen ist, gehört zu der unter ↑*Kern* dargestellten *idg.* Wurzel *ĝer- „reif, alt, morsch werden“, vgl. z. B. die verwandten Wörter *griech.* gérōn „Greis“, gerousía „Rat der Ältesten, Senat“, gẽras „Alter“ (beachte dazu medizinisch fachsprachlich ‘Geriatrie’ „Altersheilkunde“).

Kern: *Mhd.* kerne, *ahd.* kerno und die *nord.* Sippe von *schwed.* kärna gehen auf *germ.* *kernan- „Kern“ zurück, das im Ablaut zu dem unter ↑*Korn* dargestellten *gemeingerm.* Substantiv steht. Beide Bildungen gehören mit verwandten Wörtern in anderen *idg.* Sprachen zu der Wurzel *ĝer- „reif, alt, morsch werden“, vgl. z. B. *lat.* granum „Korn, Kern“ (s. die umfangreiche Fremdwörtergruppe von *Granit*) und die *baltoslaw.* Sippe von *russ.* zerno „Korn“. Die Begriffsbildung geht aber wohl nicht von der Vorstellung der Reife aus, sondern von einer älteren Bedeutung der Wurzel *ĝer-, nämlich „reiben", intrans. „[auf]gerieben werden" (auch durch Alter, Krankheit). Demnach wären 'Kern, Korn' etwas als „Geriebenes, Zerbröckeltes; Reibefrucht" aufzufassen. Zu der Wurzel *ĝer- in der Bedeutungswendung „reif, alt, morsch werden" stellt sich die unter ↑*Kerl* (eigtl. „alter Mann") behandelte Wortgruppe. – Die übertragene Verwendung des Wortes im Sinne von „das Innerste, das Wesentlichste, das Beste" geht von 'Kern' in der Bed. „Fruchkörper (im Gegensatz zur Schale), Mark (von Pflanzen)" aus. Abl.: **kernen** veraltend für „aus-, entkernen" (*mhd.* kernen, kirnen, *ahd.* kirnan); **kernig** „Kerne enthaltend; kraftvoll, markig" (16. Jh.). Zus.: **Kernbeißer** „Finkenvogel" (16. Jh.); **kerngesund** „durch und durch gesund" (18. Jh.); **Kernobst** (Anfang des 18. Jh.s; im Gegensatz zum Steinobst); **Kernphysik** (20. Jh.); **Kernschuß** (18. Jh.; im Gegensatz zum Bogenschuß); **Kernseife** (19. Jh.; zunächst „beste Seife", dann „feste Seife" im Gegensatz zur Schmierseife, heute „einfache Seife" im Gegensatz zur Feinseife); **Kernwaffen** (20. Jh.). Siehe auch den Artikel *kirnen* „buttern".

kernen, Kernmilch ↑kirnen.

Kerze „Wachs-, Talgleuchte": Die Herkunft des Wortes (*mhd.* kerze, *ahd.* charza, kerza, *mnd.* kerte) ist nicht gesichert.

keß: Das in Berlin aus der Gaunersprache übernommene Wort ist erst im 20. Jh. im Sinne von „draufgängerisch; frech; flott, schick" umgangssprachlich geworden. *Gaunersprachlich* keß (19. Jh.) bedeutet „diebeserfahren, zuverlässig" und ist eigentlich der Name von *jidd.* ch. Der Anfangsbuchstabe ch (chess) steht verhüllend für *jidd.* chōchem „klug, gescheit".

Kessel: *Mhd.* keʒʒel, *ahd.* keʒʒil, *got.* (nur Genitiv Plural) katilē, *aengl.* cietel, *aisl.* ketill gehen auf *gemeingerm.* *katila- „Kessel" zurück, das in alter Zeit aus *lat.* catinus „Tiegel, Schale, Wasserbehälter an der Feuerspritze" (bzw. aus der Verkleinerungsbildung catillus) entlehnt worden ist. Mit der Sache übernahmen die Germanen von den Römern auch das Wort. – Im übertragenen Gebrauch bedeutet 'Kessel' „kesselförmige Bodenvertiefung" und „Platz, auf den das Wild von allen Seiten her zusammengetrieben wird", beachte dazu **einkesseln** (19. Jh.), **Kesseljagen** (18. Jh.), **Kesseltreiben** (19. Jh.). Im 20. Jh. auch auf die Umschließung von Heereseinheiten bezogen, beachte **Kesselschlacht.**

Ketchup: Die Bezeichnung für „pikante Würztunke" ist eine junge Entlehnung des 20. Jh.s aus *engl.* ketchup (catchup, catsup), das wohl auf *malai.* kĕchap „gewürzte Fischtunke" zurückgeht.

[1]Kette „Schar, Reihe": Das im heutigen Sprachgefühl als mit [2]Kette (s. d.) identisch empfundene Wort hat sich aus älterem Kitte, Kütte, *mhd.* kütte, *ahd.* kutti „Herde, Schar" entwickelt. Die weitere Herkunft des nur *dt.* Wortes ist dunkel.

[2]Kette „aus ineinandergreifenden Einzelgliedern gefügtes [Metall]band", vielfach übertragen gebraucht im Sinne von „zusammenhängende Folge (von Ereignissen, gedanklichen Äußerungen u. a.)": Das Substantiv (*mhd.* keten[e], *ahd.* ketīna), das nicht verwandt ist mit gleichlautend ↑[1]Kette, beruht auf Entlehnung aus gleichbed. *lat.* catena „Kette". – Abl.: **ketten** „mit einer Kette binden" (*mhd.* ketenen „an die Kette, in Ketten legen"), dazu **anketten** „an die Kette binden" (18. Jh.) und **verketten** „verknüpfen, verflechten" (15. Jh.).

Ketzer „jemand, der von der anerkannten Kirchenlehre abweicht, Irrgläubiger; einer, der sich gegen geltende Meinungen auflehnt": Das seit dem Beginn des 13. Jh.s bezeugte Wort (*mhd.* ketzer, kether) rührt von *mlat.* Cathari, *ait.* gassari, dem Namen einer neumanichäischen Sekte, her. Dieser Name bedeutet eigentlich „die Reinen" (*griech.* katharós „rein", beachte den weiblichen Vornamen Katharina, eigentlich „die Reine"; Kurz- und Koseform: Kathrin). Abl.: **Ketzerei** (*mhd.* ketzerīe, ketherīe); **ketzerisch** (15. Jh.; für *mhd.* ketzerlich).

keuchen: Das seit dem 16. Jh. bezeugte Verb ist aus der Vermischung von *mhd.* kūchen „hauchen" und *mhd.* kīchen „schwer atmen" hervorgegangen. Beide Verben sind lautnachahmender Herkunft, vgl. zum ersten z. B. *niederl.* kuchen „hüsteln", *engl.* to cough „husten", zum zweiten z. B. *schwed.* kika „schwer atmen", kikhosta „Keuchhusten". Zus.: **Keuchhusten** (19. Jh.; älter Keichhusten).

Keule: Die nur *dt.* Bezeichnung der Hieb- und Wurfwaffe (*mhd.* kiule) gehört im Sinne von „Stock mit verdicktem Ende, kugelförmiger Gegenstand" zu der vielfach weitergebildeten und erweiterten *idg.* Wurzel *gēu- „biegen, krümmen", nominal „Biegung, Rundung, Wölbung, Höhlung". Zu der weitverzweigten Wortgruppe dieser Wurzel gehören aus dem *germ.* Sprachbereich ↑kauern (eigentlich „sich bükken, gekrümmt dasitzen"), **Kaule,** *nordd.* **Ku[h]le** „Loch, Grube, Vertiefung" (*mitteld., mnd.* kūle) und **Kaute** *mdal.* für „Grube, Loch" (*mitteld., niederd.* kūte), eigentlich „Einbiegung, Höhlung", ferner ↑Kate, Kote „Hütte, Häuslerwohnung, Kleinbauernhaus" und ↑Koben „Stall, Verschlag" (eigentlich „Erdhöhle, mit Flechtwerk abgedeckte Grube"), weiterhin ↑kollern, kullern „purzeln, rollen" (eigentlich „kugeln") und ↑Kugel, sowie ↑Kogge „dickbauchiges Hanseschiff" (eigentlich „Biegung, Schwellung, Rundung"). Vgl. aus anderen *idg.* Sprachen z. B. *aind.* gōla-ḥ „Kugel" und *griech.* gȳpē „Erdhöhle", gȳrós „gebogen, krumm, rund" (↑Giro). – In Nord- und Mitteldeutschland bezeichnet 'Keule' auch den Hinterschenkel (von Schlachtvieh, Wild, Geflügel). In Süddeutschland gilt dafür 'Schlegel' (s. d.).

keusch: Das Adjektiv (*mhd.* kiusche, *ahd.* kūski) wurde im Rahmen der frühmittelalterlichen Christianisierung aus einem *got.* kirchensprachl. *kuskeis etwa „der christlichen Lehre bewußt" übernommen, das seinerseits aus *lat.* conscius „mitwissend, eingeweiht, bewußt" entlehnt ist. Aus der Bed. „der christlichen Lehre bewußt" entwickelten sich die Bed. „tugendhaft, sittsam, enthaltsam, rein". Abl.: **Keuschheit** (*mhd.* kiusch[e]heit).

Khaki „schmutzig gelbbrauner Baumwollstoff bes. für Tropen und Freizeitkleidung", häufig in Zusammensetzungen wie **Khakihose, Khakiuniform, khakifarben:** Das im *Dt.* seit dem Beginn des 20. Jh.s gebräuchliche Fremdwort stammt aus gleichbed. *engl.* khaki. Dies – ursprünglich ein Adjektiv – geht auf *pers.-hind.* khākī „staub-, erdfarben" zurück, das zu *pers.* ẖāk „Staub, Erde" gehört.

kichern: Das seit dem 16. Jh. bezeugte Verb ahmt den hellen Lachlaut nach, vgl. das ähnliche *ahd.* kichazzen und das den dunklen Lachlaut nachahmende *ahd.* kachazzen, das z. B. mit *griech.* kacházein „laut lachen" und *aind.* kákhati „lacht" elementarverwandt ist.

kicken *ugs.* für „Fußball spielen": Das Verb der Fußballsprache (zu den Entlehnungen in diesem Bereich vgl. den Artikel *foul*) wurde im 20. Jh. aus *engl.* to kick „treten, stoßen; Fußball spielen" entlehnt. Die weitere Herkunft des *engl.* Wortes ist unsicher. – Dazu gehören die Substantive **Kick** „Tritt, Stoß" und **Kicker** „Fußballspieler". Ersteres ist aus gleichbed. *engl.* kick entlehnt, letzteres ist dagegen eine deutsche Bildung zu 'kicken'. – Über die Zusammensetzung **Kickstarter** vgl. *Start.*

kidnappen „Kinder entführen, Menschen verschleppen", **Kidnapper** „Kindesentführer, Menschenräuber", **Kidnapping** „Kindesentführung, Menschenraub": Die Fremdwörter sind junge Entlehnungen des 20. Jh.s aus dem *Engl.* Zugrunde liegt das *engl.* Verb to kidnap „Kinder stehlen", dessen Grundwort etymologisch nicht sicher gedeutet ist. Das Bestimmungswort kid, das eigentlich „Zicklein, Junges" bedeutet, entspricht *nhd.* ↑*Kitz.*

[1]**Kiebitz:** Der regenpfeiferartige Watvogel ist nach seinem eigentümlichen Lock- und Warnruf benannt, der etwa mit 'kiwit', 'kibit', 'giwit' wiederzugeben ist. – Die Form 'Kiebitz' geht auf eine *ostmitteld.* Form zurück, die nach Vogelnamen mit *slaw.* Endung (s. z. B. den Artikel *Stieglitz*) umgestaltet ist. Beachte im Gegensatz dazu *mnd.* kīwit.

[2]**Kiebitz** ↑kiebitzen.

kiebitzen: Der *ugs.* Ausdruck für „beim Karten- oder Brettspiel zuschauen" stammt aus *gaunersprachlich* kiebitschen „untersuchen, durchsuchen". Dazu – unter Anlehnung an den Vogelnamen – [2]**Kiebitz** „Zuschauer beim Karten- oder Brettspiel" (20. Jh.).

[1]**Kiefer:** Der seit dem 16. Jh. bezeugte Name des Nadelholzgewächses ist wahrscheinlich eine verdunkelte Zusammensetzung, und zwar aus ↑*Kien* und ↑*Föhre,* beachte *ahd.* kienforha „Kiefer".

[2]**Kiefer:** Die *germ.* Benennungen des Gesichtsschädelknochens *mhd.* kiver, daneben kivel, *niederd.* keve, ablautend *asächs.* kaflos *Plural, aengl.* ceafl, *schwed.* käft gehören mit verwandten Wörtern in anderen *idg.* Sprachen zu einer Wurzel *ĝeph-, *ĝebh- „Kiefer; Mund", verbal „nagen, essen, fressen". *Außergerm.* vergleichen sich z. B. *awest.* zafar- „Mund, Rachen" und *air.* gop „Mund, Schnabel". Verwandt ist die Sippe von ↑Käfer (eigentlich „Nager").

kieken: Die Herkunft des vorwiegend *nordd. ugs.* Ausdrucks für „schauen" ist unklar. Vielleicht stammt *mnd.* kīken – wie z. B. auch 'kukken', 'gucken' – aus der Kindersprache oder ist lautnachahmender Herkunft, beachte das Verhältnis von *dt.* piepen „piep machen, pfeifen" zu *engl.* to peep „gucken". Dazu **Kieker** seemännisch und *ugs.* für „Fernglas" (18. Jh.), beachte die Wendung 'jemanden oder etwas auf dem Kieker haben „[mißtrauisch] beobachten", ferner **Spökenkieker** (↑Spuk) und **Kiekindiewelt** „kleines Kind, unerfahrener Mensch".

[1]**Kiel** „Schaft der Vogelfeder; Pflanzenstengel": Die Herkunft des seit *mhd.* Zeit bezeugten Wortes ist dunkel. Mit *mhd.* kil ist wohl *engl.* quill „Federkiel" verwandt.

[2]**Kiel:** Der Ausdruck für „Grundbalken der Wasserfahrzeuge" stammt aus der *niederd.* Seemannssprache. *Mnd.* kil, kel, *niederl.* kiel „Kiel" und die *nord.* Sippe von *schwed.* köl „Kiel" gehören im Sinne von „Hals, halsförmig Geschwungenes" zu der Wortgruppe von ↑*Kehle,* vgl. *aengl.* cele „Schiffsschnabel". Es handelt sich – wie z. B. auch bei 'Bug' (s. d.) und 'Hals' (↑halsen) – also um eine Übertragung einer Körperteilbezeichnung. Zus.: **kielholen** „ein Schiff zur Ausbesserung auf die Seite legen" und „einen Menschen zur Strafe unter dem Schiffskiel durch das Wasser ziehen" (*niederd.* kilhalen, 17. Jh.; wohl nach *niederl.* kielhalen, wie auch *engl.* to keelhaul, *schwed.* kölhala); **kieloben** (19. Jh.); **Kielschwein** „auf dem Hauptkiel von Schiffen liegender Verstärkungsbalken oder -träger" (18. Jh.; aus *niederd.* kilswīn, das seinerseits aus *schwed.* kölsvin entlehnt ist; das *schwed.* Wort ist umgedeutet oder dissimiliert aus älterem kölsvill „Kielschwelle, -bohle"); **Kielwasser** „Wasserspur hinter einem fahrenden Schiff" (18. Jh.).

Kieme: Das seit dem 16. Jh. bezeugte Wort für „Atmungsorgan im Wasser lebender Tiere" ist die *mitteld.-niederd.* Form von *nhd.* ↑*Kimme* und bedeutet demnach eigentlich „Einschnitt, Kerbe".

Kien: Die *westgerm.* Substantivbildung *mhd.* kien, *ahd.* chien, chēn, *mnd.* kēn, *aengl.* cēn gehört vermutlich im Sinne von „abgespaltenes Holzstück" zu der unter ↑*Keil* (eigentlich „Gerät zum Spalten") dargestellten Wortgruppe. Vgl. z. B. *aengl.* cīnan „bersten, klaffen" (eigentlich „sich spalten"), cinu „Spalt, Ritze". – Das Wort bezeichnete in alter Zeit den für die Beleuchtung unentbehrlichen Kienspan. Später ging es dann auf das harzreiche [Kiefern]holz und das daraus gewonnene Harz über. Vgl. auch den Artikel [1]*Kiefer* (eigentlich „Kienföhre"). Abl.: **kienig** „viel Harz enthaltend" (15. Jh.). Zus.: **Kienapfel** „Samenzapfen von Kiefern" (um 1500; nach dem Kiengehalt benannt); **Kienspan** (18. Jh.; verdeutlichende Zusammensetzung, da 'Kien' selbst früher „Kienspan, Kienfackel" bedeutete).

Kiepe: Der vorwiegend in Norddeutschland gebräuchliche Ausdruck für „Rückentragkorb" stammt aus dem *Niederd.,* wo sich allem Anschein nach ein heimisches Wort mit einem aus *lat.* cupa (vgl. [2]*Kufe*) entlehnten Wort vermischt hat. Beachte das Nebeneinander der Formen kipe, küpe, kupe und der Bedeutungen „Korb, Kübel, Tonne".

[1]Kies: Die Herkunft des seit *mhd.* Zeit bezeugten Wortes ist nicht sicher geklärt. Vielleicht ist *mhd.* kis „grobkörniger oder steiniger Sand" mit der *baltoslaw.* Sippe von *lit.* žiezdrà „Kies; Korn" verwandt. – Fachsprachlich bezeichnet 'Kies' ein sulfidisches oder arseniges Erzmineral, beachte z. B. die Zusammensetzungen **Kupferkies, Schwefelkies.** – Älter bezeugt als 'Kies' ist das davon abgeleitete **Kiesel** (*mhd.* kisel, *ahd.* kisil; *aengl.* ciosol). *Landsch.* bedeutet 'Kiesel' auch „Hagelkorn", beachte die Ableitung **kieseln** *landsch.* für „hageln". Über die Zusammensetzung **Kieselgur** s. den Artikel *gären*.

[2]Kies: Der ursprünglich *gaunersprachliche* Ausdruck für „[Silber]geld", der wahrscheinlich eine Umdeutung von ↑[1]*Kies* ist, wurde in der ersten Hälfte des 19. Jh.s in die Studentensprache übernommen und drang von dorther in die Umgangssprache.

Kiesel ↑[1]Kies.

kiesen (veralt. für:) „prüfen, [prüfend] wählen": Das *gemeingerm.* Verb *mhd.* kiesen, *ahd.* kiosan, *got.* kiusan, *engl.* to choose, *schwed.* tjusa (aus *aschwed.* kjusa) geht mit den Sippen von ↑Kür und ↑[2]kosten auf die *idg.* Wurzel *ĝeus- „aussuchen, prüfen, schmecken, genießen" zurück. Vgl. aus anderen *idg.* Sprachen z. B. *aind.* juṣátē „kostet; genießt; liebt" und *griech.* geúesthai „kosten; genießen". Im *Dt.* wurde das starke Verb kiesen (kor, gekoren) im 17. Jh. durch das von 'Kür' abgeleitete 'küren' zurückgedrängt. Es findet sich seitdem nur noch vereinzelt in dichterischer Sprache. Auch die Präfixbildung **erkiesen** ist heute veraltet. Allerdings ist das 2. Partizip **erkoren** gebräuchlich, beachte auch **auserkoren** „auserwählt".

Kiez: Die Herkunft des *ugs.* Ausdrucks für „Stadtteil; [abgelegener] Ort" ist nicht sicher geklärt. Vielleicht hängt er mit dem heute veralteten 'Kieze' „Tragkorb" zusammen. Auch 'Kober' „Korb" kommt als Name kleinerer Nebensiedlungen vor.

killen: Der *ugs.* Ausdruck für „kaltblütig töten" wurde im 20. Jh. aus *engl.* to kill „töten" entlehnt, dessen weitere Herkunft unsicher ist. Dazu stellt sich **Killer** „Mörder, Totschläger", das aus gleichbed. *engl.* killer übernommen ist, beachte auch die Zusammensetzung **Ladykiller** „Frauenbetörer, Verführer" (aus dem gleichbed. *engl.-amerik.* Slangwort lady-killer).

Kilogramm: Die Bezeichnung für „Gewichtseinheit von 1 000 g", dafür meist die Kurzform **Kilo,** wurde im 19. Jh. aus *frz.* kilogramme übernommen. Über dessen Grundwort vgl. den Artikel *Gramm*. Das Bestimmungswort, das auch in 'Kilometer' (↑Meter) und ↑Kilowatt erscheint, geht auf *griech.* chílioi „tausend" zurück.

Kilowatt „Maßeinheit von 1 000 Watt": Die Einheit der elektrischen Leistung wird in 'Watt' gemessen (nach dem *engl.* Ingenieur James Watt). Über das Bestimmungswort von Kilowatt vgl. den Artikel *Kilogramm*.

Kimm, älter 'Kimme': Der seemännische Ausdruck für „Horizontlinie zwischen Himmel und Meer" ist identisch mit dem unter ↑*Kimme* behandelten Wort. Die Bedeutungsentwicklung geht wohl von „äußerster Rand (der überstehenden Faßdauben)" oder von „Rundung (der Schiffswand)" aus. Neben 'Kimm[e]' ist auch die gleichbedeutende Bildung **Kimmung** gebräuchlich.

Kimme: Das seit dem 16. Jh. bezeugte Wort für „Kerbe, Einschnitt", das heute in der Bed. „Teil der Visiereinrichtung" gemeinsprachlich und in der Bed. „Gesäßspalte" umgangssprachlich ist, bezeichnete ursprünglich das überstehende Ende der Dauben vom Faßboden an. Da der überstehende scharfzackige Rand mit den Zähnen eines Kamms verglichen werden kann, steht das Wort wohl im Ablaut zu der unter ↑*Kamm* behandelten Wortgruppe, vgl. *schwed. mdal.* kim „Hahnenkamm". Dann ging das Wort auf die Kerbung der Dauben, in der der Faßboden gehalten wird, über. Im Schiffsbau bezeichnet 'Kimme' den Übergang vom flachen Schiffsboden zur senkrechten Schiffswand, beachte die Zusammensetzungen **Kimmgang, Kimmkiel.** Vgl. auch die Artikel *Kimm* und *Kieme*.

Kimono „weitärmeliger Morgenrock": Der Name des Kleidungsstücks wurde Ende des 19. Jh.s aus *jap.* kimono „Gewand" entlehnt.

Kind: *Mhd.* kint, *ahd., asächs.* kind und *niederl.* kind gehen auf das substantivierte 2. Partizip *germ.* *kénþa-, *kenđa- „gezeugt, geboren" zurück. Eng verwandt sind die *nord.* Sippe von *aisl.* kind „Geschlecht, Stamm" und *engl.* kind „Geschlecht, Gattung, Art" sowie die ablautende Bildung *aisl.* kundr „Sohn; Verwandter". Die *germ.* Wortgruppe gehört mit verwandten Bildungen in anderen *idg.* Sprachen zu der Wurzel *ĝen[ə]- „gebären, erzeugen", vgl. z. B. *aind.* jātá- „geboren", Geschlecht, Art", *lat.* natus (*alat.* gnatus) „geboren", „Sohn", „Tochter", natio „Geburt, [Er]zeugung; Geschlecht, Stamm" (↑Nation), natura „Geburt; angeborene Beschaffenheit, Wesen" (↑Natur), praegnas „schwanger, trächtig" (↑prägnant). Die Wurzel *ĝen[ə]- „gebären, erzeugen" war ursprünglich vielleicht identisch mit *ĝenu- „Knie" (vgl. *Knie*) und mit *ĝen- „erkennen, kennen" (vgl. *können*), weil es in alter Zeit üblich war, in Kniestellung zu gebären, und weil der Vater das neugeborene Kind dadurch anerkannte, daß er es auf sein Knie setzte. – Zu der *idg.* Wurzel *ĝen[ə[- „gebären, erzeugen" gehören ferner die *germ.* Wortgruppe von ↑König („Mann aus vornehmem Geschlecht") und aus anderen *idg.* Sprachen z. B. *lat.* gens „Geschlecht, Sippe" und genus „Geschlecht, Art, Gattung" (s. die weitverzweigte Fremdwörtergruppe von *Genus*). Abl.: **Kindheit** (*mhd.* kintheit, *ahd.* kindheit); **kindisch** (*mhd.* kindisch, *ahd.* kindisc „jung, kindartig, kindlich", seit *mhd.* Zeit auch abwertend „albern, einfältig"); **kindlich** (*mhd.* kintlich, *ahd.* chindlīh). Zus.: **Kindbett** „Wochenbett" (*mhd.* kintbette, *ahd.* chintpette); **Kindergarten** (19. Jh.); **Kinderhort**

(19. Jh.; vgl. *Hort*); **Kinderstube** (15. Jh.; zunächst im Sinne von „Schule", seit dem Ende des 19. Jh.s dann im Sinne von „Erziehung, Manieren"); **Kindeskind** (*mhd.* kindeskint; gebildet wie 'Helfershelfer' und 'Zinseszins').

Kinderreim ↑ Reim.

Kinematograph ↑ Kino.

Kinetik „Lehre von der Bewegung durch Kräfte" (Physik): Das Substantiv ist eine gelehrte Neubildung zu *griech.* kīnētikós „die Bewegung betreffend". Das zugrundeliegende Verb *griech.* kineīn „in Bewegung setzen, bewegen" gehört zu der unter ↑*heißen* dargestellten *idg.* Wortsippe. Zu 'Kinetik' stellt sich das Adjektiv **kinetisch** „bewegend" (beachte die Fügung 'kinetische Energie' „Bewegungsenergie"). – Ein von *griech.* kineīn abgeleitetes Substantiv *griech.* kīnēma „Bewegung" erscheint als Wortbildungselement in ↑ Kino.

Kinkerlitzchen *ugs.* für „Nichtigkeiten, Albernheiten": Die Herkunft des seit dem 18. Jh. – zunächst in der Bed. „Modeputz, Flitter, Tand" – bezeugten Wortes ist trotz aller Deutungsversuche unklar. Das Grundwort könnte eine Verkleinerungsbildung zu ↑ Litze sein.

Kinn: Das *gemeingerm.* Wort *mhd.* kinne, *ahd.* kinni, *got.* kinnus, *engl.* chin, *schwed.* kind beruht mit verwandten Wörtern in anderen *idg.* Sprachen – vgl. z. B. *griech.* génys „Kinn, Kinnbacke" und *lat.* gena „Wange" – auf *idg.* *ĝenu- „Kinn". Die Bedeutung des Wortes schwankt in den älteren Sprachzuständen zwischen „Kinn", „Unterkiefer" und „Wange", beachte die Zusammensetzungen **Kinnbacke[n]** „Wange" (↑ [1]Backe) und **Kinnlade** „Unterkiefer" (18. Jh.; ↑ Lade „Behältnis, Gestell", hier speziell im Sinne von „Behältnis der Zähne").

Kino „Lichtspiel-, Filmtheater": Das seit dem Beginn des 20. Jh.s gebräuchliche Substantiv ist eine volkstümliche Kürzung aus **Kinematograph** (ähnliche Kurzformen sind: Auto für 'Automobil' und 'Kilo' für 'Kilogramm'). Der Kinematograph – das aus *frz.* cinématographe entlehnte Wort bezeichnet eigentlich einen Apparat zur Vorführung bewegter Bilder – ist eine Erfindung der französischen Brüder Lumière. Sie benannten ihn mit einer aus *griech.* Wortelementen gebildeten Zusammensetzung (*griech.* kīnēma „Bewegung" und *griech.* gráphein „schreiben"), die also wörtlich „Bewegungsschreiber" bedeutet. – Im *Frz.* hat sich übrigens die unserem 'Kino' entsprechende Kurzform cinéma (auch: ciné) durchgesetzt, beachte auch *engl.* cinema.

Kiosk „Verkaufsbude für Zeitungen, Getränke u. a.": Das Fremdwort wurde im 18. Jh. in der Bedeutung „offener Gartenpavillon" aus *frz.* kiosque entlehnt. Dies stammt aus *türk.* köşk „Gartenpavillon", das seinerseits *pers.* Ursprungs ist (*pers.* kūšk „Pavillon; Gartenhaus"). Die moderne Bedeutung erscheint erst im 19. Jh.

Kipf: Der *südd.* Ausdruck für „länglich geformtes Brot" geht auf *mhd.* kipf[e], *ahd.* kipf[a] „Wagenrunge" zurück, das aus *lat.* cippus „Pfahl" entlehnt ist. Das Brot ist also in *mhd.* Zeit nach der Ähnlichkeit mit der Form einer Wagenrunge benannt worden. Eine Verkleinerungsbildung dazu ist **Kipfel** *österr.-schweiz.* für „Hörnchen".

kippen: Die Herkunft des Verbs, das vom *Niederd.-Mitteld.* ausgehend gemeinsprachliche Geltung erlangt hat, ist unklar. Vielleicht gehört es zu der *germ.* Wortgruppe von *aisl.* kippa „reißen, rücken" oder ist von dem Substantiv *niederd.-mitteld.* kippe (älter *nhd.* Kipf) „Spitze, Kante, Ecke" abgeleitet. Beachte dazu **[1]Kippe** *ugs.* für „Zigarettenrest" und **kippen** *mdal.* für „die Spitze abhauen". Das seit dem 18. Jh. bezeugte Substantiv **[2]Kippe** ist im Sinne von „Punkt des Schwankens oder Umstürzens" heute nur noch in der Wendung 'auf der Kippe stehen' gebräuchlich. In der Turnersprache bedeutet es „Aufschwung am Reck". An die veraltete Verwendung des Wortes im Sinne von „Goldwaage" schließt sich die Bildung **Kipper** „Münzverschlechterer" an, beachte die feste Verbindung 'Kipper und Wipper'. Das Wort 'Kipper' bezeichnete wahrscheinlich zunächst den Münzwäger, dann – unter Anlehnung an 'kippen' *mdal.* für „die Spitze abschneiden" (s. o.) – den Münzbeschneider.

Kirche: Die Benennung des Gotteshauses, die schon früh auch auf die christliche Gemeinschaft übertragen wurde, ist aus *spätgriech.* kyrikón „Gotteshaus" entlehnt. *Griech.* kyrikón ist eine Vulgärform des 4. Jh.s für älteres kyriakón eigentlich „das zum Herrn gehörige" (ergänze 'Haus'), eine Substantivierung des Adjektivs kȳriakós „zum Herrn (*griech.* kȳrios) gehörig". Das Wort wurde wahrscheinlich im Rahmen der Bautätigkeit der konstantinischen Epoche im Raum Trier entlehnt und breitete sich von dort aus: *ahd.* kiricha, chirihha, *mhd.* kirche, *asächs.* kirika, *aengl.* cirice (*engl.* church). Die *nord.* Sippe von *schwed.* kyrka stammt aus dem *Westgerm.* – Abl.: **kirchlich** (*mhd.* kirchlich, *ahd.* chirlich); **Kirchner** veraltet für „Küster" (*mhd.* kirchenǣre). Zus.: **Kirchenlicht** (16. Jh.; nach *lat.* lumen ecclesiae, zunächst „hervorragender Mann der Kirche", dann hauptsächlich im ironischen Sinne gebraucht); **Kirchenmaus** (18. Jh.; eine in einer Kirche lebende Maus, die wenig Vorräte findet); **Kirchenvater** (17. Jh.; nach *kirchenlat.* patres ecclesiae (Plural) „Väter der Kirche"); **Kirchhof** (*mhd.* kirchhof; das Wort bezeichnete zunächst den eingefriedigten Raum um eine Kirche, dann, da dieser Raum vielfach als öffentliche Begräbnisstätte diente, den Friedhof); **Kirchspiel** „ländlicher Pfarrbezirk" (*mhd.* kir[ch]spil, -spel „Pfarrbezirk; Gemeinde", eigtl. „Kirchenpredigt[bezirk]"; zum Grundwort – *mhd.* spel „Rede, Erzählung" – s. den Artikel *Beispiel*); **Kirchtag** bes. *österr.* für „Kirchweih" (*mhd.* kirchtac „Kirchweihfest; Jahrmarkt"); **Kirchweih** (*mhd.* kirchwīhe, *ahd.* chirichwīhī; das Wort bedeutete zunächst „Einweihung einer Kirche, Kirchenweihfest", dann auch „Fest zur Erinnerung an die Kircheneinweihung"; seit *mhd.* Zeit – mit Bezug auf die

Belustigungen solcher Feste – speziell „Jahrmarkt, Volksfest"; *mdal.* Formen sind z. B. 'Kirb[e], Kerb[e], Kilbe'). Siehe auch den Artikel *Kirmes.*

Kirmes: Der vorwiegend in Mitteldeutschland gebräuchliche Ausdruck für „Jahrmarkt, Volksfest" geht auf *mhd.* kirmesse zurück, das aus *kirchmesse entstanden ist. Das Wort bezeichnete zunächst die zur Einweihung einer Kirche gelesene Messe, dann das Erinnerungsfest daran und schließlich – mit Bezug auf die weltlichen Belustigungen solcher Feste – den Jahrmarkt, das Volksfest (↑Kirchweih unter *Kirche*).

kirnen, daneben auch 'kernen' und 'karnen' (*mdal.* für:) „buttern", (fachsprachlich für:) „geschmolzenes Pflanzenfett durch Zusatz von Milch butterähnlich machen" (in der Margarineherstellung): Das Verb, dem *niederl.* karnen „buttern", *engl.* to churn „buttern" und *schwed.* kärna „buttern" entsprechen, gehört wahrscheinlich zu dem unter ↑*Kern* dargestellten Substantiv, das in den älteren Sprachzuständen und *mdal.* auch „Rahm" (eigentlich „Kern der Milch" oder nach dem körnigen Aussehen) bedeutet. Beachte die Zusammensetzung **Kernmilch** *landsch.* für „Buttermilch". Eine alte Bildung ist **Kirne** *mdal.* für „Butterfaß" (vgl. *mnd.* kirne, kerne, *aengl.* ciren, *aisl.* kjarni).

kirre „zahm, zutraulich": Das heute fast nur noch in der Wendung 'kirre machen' gebräuchliche Adjektiv ist in *ostmitteld.* Lautung gemeinsprachlich geworden. *Ostmitteld.* kirre entsprechen *mhd.* kürre und *mnd.* quer[r]e sowie weiterhin *got.* qairrus „sanftmütig" und *aisl.* kvirr „ruhig, still, freundlich". Der Ursprung des *altgerm.* Adjektivs ist unklar. Abl.: **kirren** „kirre machen" (17. Jh.).

Kirsch: Die seit dem 19. Jh. bezeugte Benennung des aus Kirschen hergestellten klaren Schnapses ist aus älterem 'Kirschgeist' gekürzt. Beachte die Artikel *Kümmel* und *Korn.*

Kirsche: Als die Germanen durch die Römer veredelte Obstarten kennenlernten, übernahmen sie vielfach auch deren Benennungen (s. die Artikel *Birne, Pflaume, Pfirsich*). Der *westgerm.* Name der Kirsche *mhd.* kirse, *ahd.* chirsa, *niederl.* kers, *aengl.* cirse geht – wie auch die *roman.* Benennungen (beachte z. B. *frz.* cerise) – auf *vlat.* *cerasia, *ceresia „Kirsche" zurück. Dieses gehört zu *lat.* cerasus „Kirschbaum" (dazu cerasum „Kirsche"), das seinerseits aus *griech.* kérasos „Süßkirschbaum" (dazu kerásion „Süßkirsche") entlehnt ist. – Das *griech.* Wort ist vermutlich kleinasiatischer Herkunft. Zus.: **Kirschbaum** (*mhd.* kirsboum, *ahd.* chersebоum).

Kirste ↑Kruste.

Kismet „unabwendbares Schicksal, Los": Das Wort wurde im 19. Jh. aus gleichbed. *türk.* kismet entlehnt. Dies geht zurück auf *arab.* qisma[h] „Anteil; das dem Menschen von Allah zugeteilte Los" (zum *arab.* Verb qasama „zuteilen"), einem zentralen Begriff der islamischen Religion.

Kissen: Die erst seit dem 18./19. Jh. allgemein übliche Form des Wortes steht für älteres 'Küssen' (*mhd.* küssen, küssīn, *ahd.* kussī[n]). Das Wort beruht auf Entlehnung aus *afrz.* coissin, cussin (= *frz.* coussin) „Kissen", das seinerseits wohl ein *galloroman.* *coxinum „Hüft-, Sitzkissen" (zu *lat.* coxa „Hüfte") fortsetzt.

Kiste: Das *altgerm.* Substantiv *mhd.* kiste, *ahd.* kista, *niederl.* kist, *engl.* chest, *schwed.* kista beruht auf einer frühen Entlehnung aus *lat.* cista „Kiste, Kasten". Das *lat.* Wort selbst ist aus *griech.* kístē „Korb; Kiste" entlehnt. – Siehe auch den Artikel *Zisterne.*

Kitsch: Das erst seit der zweiten Hälfte des 19. Jh.s bezeugte *dt.* Wort für „Schund; Geschmacklosigkeit" gehört wahrscheinlich zu dem nur *mdal.* Verb **kitschen** „streichen, schmieren; zusammenscharren; entlangstreichen, rutschen, flitzen", das wohl lautnachahmender Herkunft ist. Beachte zur Begriffsbildung z. B. *schwed.* smörja „Kitsch, Schund" zu smörja „schmieren" und skräp „Kitsch, Schund" zu skrapa „scharren". Abl.: **kitschig** (20. Jh.).

Kitt: Die *westgerm.* Benennung des Klebe- und Dichtungsmittels *mhd.* küte, *ahd.* kuti, quiti, *niederl.* kit, *aengl.* cwidu, cudu geht mit verwandten Wörtern in anderen *idg.* Sprachen auf *g̯uetụ̄- „Harz" zurück, vgl. z. B. *aind.* játu- „Gummi, Lack" und *lat.* bitumen „Erdharz" (↑Beton) sowie die ablautende *nord.* Sippe von *schwed.* kåda „Baumharz". – Das Harz war für den Menschen in alter Zeit von großer Bedeutung. Es diente ihm zum Kleben und Dichten und zum Reinigen der Zähne, beachte z. B. *russ.* žvak „Lärchenharz als Zahnreinigungsmittel" (zu *russ.* žvakat' „kauen", also eigentlich „das Gekaute"). Abl.: **kitten** (17. Jh., für älteres kütten).

Kittchen: Der seit dem 19. Jh. bezeugte Ausdruck für „Gefängnis", der aus der Gaunersprache in die Umgangssprache drang, gehört zu älterem 'Kitt[e], Kütte' „Haus; Herberge; Gefängnis". Dieses Wort ist entweder mit 'Kaute' *mdal.* für „Grube, Loch" (*mitteld., niederd.* kūte, eigentlich „Einbiegung, Höhlung", vgl. *Keule*) oder mit ↑Kate, Kote „Häuslerwohnung, Hütte" näher verwandt.

Kittel: Die seit dem 12. Jh. im *dt.* Sprachgebiet bezeugte Bezeichnung für ein hemdartiges Oberbekleidungsstück (*mitteld.* kidel, *mhd.* kit[t]el, *mnd.* kedel[e]) ist dunkler Herkunft. Vielleicht handelt es sich um eine Ableitung von dem unter ↑*Kattun* behandelten *arab.* Wort quṭun „Baumwolle".

Kitz, Kitze „Junges von Reh, Gemse, Ziege": Das auf das *dt.* Sprachgebiet beschränkte Wort (*mhd.* kiz, kitze, *ahd.* chizzī[n]) geht auf eine Verkleinerungsbildung zu *germ.* *kidja- „Tierjunges" zurück, auf dem die *nord.* Sippe von *schwed.* kid „Zicklein" beruht. Aus dem *Nord.* stammt *engl.* kid „Tierjunges; Kind" (↑kidnappen). *Germ.* *kidja- „Tierjunges" hat sich wahrscheinlich aus einem Lockruf entwickelt.

kitzeln: Das *altgerm.* Verb *mhd.* kitzeln, *ahd.* kizzilōn, *niederl.* kittelen, *aengl.* citelian, *schwed.* kittla ist wahrscheinlich lautnachahmender (bzw. bewegungsnachahmender) Herkunft. Abl.: **Kitzel** „leichter Juckreiz; Verlangen“ (um 1500); **kitz[e]lig** „empfindlich gegen Kitzeln; heikel, riskant“ (um 1500); **Kitzler** „Klitoris“ (18. Jh.; eigentlich „Organ, das bei Berührung einen Sinnesreiz auslöst“).

klabastern ↑Klabautermann.

Klabautermann: Der seit der ersten Hälfte des 19. Jh.s bezeugte *niederd.* Ausdruck für einen Schiffskobold gehört wahrscheinlich zu dem Verb **kalfatern** seemännisch für „abdichten“. Nach dem Volksglauben klopft der Kobold gegen die Schiffswand, um mit seinem Klopfen zur Ausbesserung der schadhaften hölzernen Schiffswände zu mahnen oder den Untergang eines Schiffes anzukündigen. Zu der Form 'Klabautermann' – *niederd. mdal.* auch Klafatersmann – beachte z. B. das Nebeneinander von *mecklenburg.* Klafat und Kalfat „Schiffszimmermann“, Klabatershamer „Dichthammer“ und kalfatern „dichten“ (s. o.). Zum Teil kann wohl auch Einfluß des lautnachahmenden **klabastern** *mdal.* für „poltern, klappern, lärmen“ vorliegen.

klacken: Das seit dem 17. Jh. bezeugte Verb gehört zu der unter ↑*klappen* dargestellten Gruppe von Schallnachahmungen, vgl. die [elementar]verwandten *niederl.* klakken „klatschen; klecksen“, *engl.* to clack „klappern; plappern; gackern“, *schwed. mdal.* klakka „schlagen, klopfen“ und *mhd.* klac „Knall; Krach; Riß, Spalt; Klecks, Fleck“. Von dieser Schallnachahmung gehen auch die unter ↑*klekken,* ↑*Klecks* und ↑*kleckern* behandelten Wörter aus. – Im Gegensatz zu 'klacken' gibt 'klicken' einen kurzen hellen Ton wieder.

Kladde „vorläufiger Entwurf, Konzept; [Schmier]heft; Geschäftsbuch“: Das seit dem 17. Jh. bezeugte Wort, das vielleicht aus 'Kladdebuch' gekürzt ist, stammt aus dem *Niederd.* Es bedeutet eigentlich „Schmutz, Schmiererei“, vgl. *niederd.* kladde „Schmutz, Unreinlichkeit“, klad[d]eren „schmieren, beschmutzen“, *mniederl.* kladde „Schmutz, Fleck“, *schwed.* kladd „Fleck, kleiner Klumpen“. – Eine Nebenform dazu ist *niederd.* klat[te] „feuchter Klumpen“, beachte auch *niederd.* klater „Schmutz“ (*nordd. ugs.* **Klater** „Schmutz; Lumpen“), davon klat[t]erig „schmutzig, zerlumpt“ (*nordd. ugs.* **klat[e]rig** „schmutzig; elend, erbärmlich; schlimm; bedenklich“). Verwandt ist wohl auch ↑klittern. – Die Wortgruppe ist wahrscheinlich lautnachahmender Herkunft und geht von einem ähnlichen Klangeindruck wie ↑klatschen und ↑klacken (klecksen, kleckern) aus.

Kladderadatsch: Der *ugs.* Ausdruck für „Krach; Zusammenbruch; Mißerfolg“ hat sich aus der lautmalenden Interjektion **kladderadatsch!** entwickelt, die vorwiegend bei einem mit Krachen und Klirren verbundenen Fall ausgestoßen wird. Beachte dazu das ähnliche *niederd. mdal.* kladatsch! (davon 'kladatschen' „mit Geräusch fallen“) und den Artikel *klatschen.* – Das seit dem Anfang des 19. Jh.s bezeugte Wort wurde allgemein bekannt durch das 1848 gegründete gleichnamige politisch-satirische Wochenblatt.

klaffen: Das im Sinne von „gespalten sein, offenstehen“ gebräuchliche Verb ist identisch mit dem lautnachahmenden 'klaffen' veraltet für „klaff! machen, bellen“ (*mhd.* klaffen, „schallen, tönen, klappern, schwatzen“, *ahd.* klaffōn „zusammenschlagen, krachen, schallen“). Die heutige Bedeutung hat sich in *mhd.* Zeit aus „mit Krachen bersten, mit Geräusch sich öffnen“ entwickelt. Das gleiche Nebeneinander der Bedeutungen findet sich auch bei dem Substantiv **Klaff** „Krach, Schall, Gekläff“ und „Spalte, schmale Öffnung“. Über ähnliche bzw. elementarverwandte Lautnachahmungen s. unter ↑*klappen.* Beachte auch den Artikel *kläffen.*

kläffen „bellen“ (besonders von kleinen Hunden): Das seit dem 18. Jh. bezeugte Verb ist eine junge Nebenform von der unter ↑*klaffen* behandelten Lautnachahmung. Abl.: **Kläffer** „kleiner Hund“ (18. Jh.).

Klafter: Der nur *dt.* Name des alten Längen- und Raummaßes (*mhd.* klāfter, *ahd.* klāftra) gehört im Sinne von „Armspanne, Armvoll“ zu einem untergegangenen Verb mit der Bed. „[um]fassen, umarmen“, vgl. z. B. *afries.* kleppa „umarmen“. Eng verwandt ist die *baltoslaw.* Sippe von *lit.* glébti „umarmen, umfassen“, glėbȳs „ausgebreitete Arme, Armvoll“ (vgl. *Kolben*).

klagen: Das seiner Herkunft nach lautnachahmende Verb (*mhd.* klagen, *ahd.* klagōn) bedeutete zunächst „vor Trauer oder Schmerz schreien, jammern“. Der rechtliche Sinn des Wortes entwickelte sich schon früh aus dem Brauch, bei der Ertappung eines Verbrechers ein Not- und Hilfegeschrei zu erheben und den Täter vor Gericht mit Geschrei und Gejammer zu beschuldigen. So bedeutet auch das Substantiv **Klage** (*mhd.* klage, *ahd.* klaga) seit *ahd.* Zeit nicht nur „Schmerz-, Wehgeschrei, Jammer“, sondern auch „Beschuldigung, Anklage vor Gericht, Rechtssache“. Rechtliche Geltung haben auch die Ableitung **Kläger** (*mhd.* klager, *spätahd.* clagare) und die Zusammensetzungen und Präfixbildungen **anklagen** (*mhd.* an[e]klagen; dazu **Anklage, anklägerisch, Angeklagte[r]), beklagen** (*mhd.* beklagen, *ahd.* bic[h]lagōn; dazu **Beklagte[r]** und **verklagen** (*mhd.* verklagen). – Das Verb 'klagen' gehört vermutlich zu der vielfach weitergebildeten lautnachahmenden Wurzel *gal- „rufen, schreien“, vgl. z. B. *aind.* gárhati „klagt, tadelt“. Auf eine nasalierte Form dieser Wurzel geht vielleicht die *germ.* Sippe von ↑klingen zurück. – Abl.: **kläglich** (*mhd.* klagelich, *ahd.* clagalīh „klagend; beklagenswert, jämmerlich“).

Klamauk: Der *ugs.* Ausdruck für „Lärm; Ulk“, der erst im 20. Jh. von Berlin ausgehend in die Umgangssprache drang, hat sich vermutlich aus einer lautmalenden Interjektion – beachte das ähnliche 'pardauz!' – entwickelt.

klamm „knapp (an Geld); erstarrt, steif (vor Kälte); feucht (von der Wäsche)“: Das vorwiegend in Norddeutschland gebräuchliche Adjektiv (*mhd., mnd.* klam „eng; dicht zusammengepreßt; gediegen, lauter; knapp, spärlich“) gehört zu der Sippe von ↑*klemmen.*

Klamm: Der *oberd.* Ausdruck für „Felsenschlucht [mit Sturzbach]“ geht auf gleichbed. *mhd.* klam zurück, das mit *mhd.* klam „Klemme; Beklemmung; Krampf; Haft; Fessel; Klammer“ identisch ist. *Oberd.* Klamm gehört demnach im Sinne von „Klemme, Enge“ zu der Sippe von ↑*klemmen.*

Klammer: Die Bezeichnung des Geräts zum Zusammendrücken und Festklemmen gehört mit der Sippe von ↑klemmen zu der unter ↑*klimmen* dargestellten Wurzelform *glem[bh-] „zusammendrücken“. Mit 'Klammer' (*mhd.* klam[m]er) eng verwandt ist im *germ.* Sprachbereich die *nord.* Sippe von *aisl.* klombr „Klemme, Klammer“. Abl.: **klammern** (16. Jh.; auf 'Klammer' als linguistischer und mathematischer Begriff beziehen sich die Zusammensetzungen 'einklammern' und 'ausklammern'). Zus.: **Klammeraffe** (19. Jh.).

klammheimlich: Der seit dem Ende des 19. Jh.s bezeugte Ausdruck für „ganz heimlich“, der von Nordostdeutschland ausgehend *ugs.* geworden ist, enthält vermutlich als Bestimmungswort *lat.* clam „heimlich“ und wäre demnach eine tautologische Bildung.

Klamotte *ugs.* für „zerbrochener Mauer-, Ziegelstein“, dann übertragen zur Bezeichnung eines zerbrochenen, wertlosen Gegenstandes überhaupt, so besonders im Plural „alte Kleidungsstücke; Kleider“, im Singular auch „derber Schwank, niveauloses Stück“: Die Herkunft des Wortes, das aus der Gaunersprache stammt, ist unsicher.

Klampe: Der seemännische Ausdruck für „Holz- oder Metallstück zum Festhalten der Taue“ geht zurück auf [*m*]*niederd.* klampe „Klammer, Haken“, das die *niederd.* Entsprechung von *hochd.* 'Klampfe' *oberd. mdal.* für „Klammer, Haken“ ist (↑Klampfe). Das Wort gehört im Sinne von „Vorrichtung zum Zusammendrücken und Festklemmen“ zu der unter ↑*klimmen* dargestellten Wortgruppe, beachte *mhd.* klimpfen „fest zusammendrücken oder zusammenziehen“.

Klampfe: Die seit 1700 bezeugte *oberd.* Benennung der Gitarre gehört zu dem im *Nhd.* untergegangenen starken Verb *mhd.* klimpfen „fest zusammendrücken oder zusammenziehen“. Die Benennung bezieht sich wohl darauf, daß die Saiten beim Spielen des Instruments zusammengedrückt und gezupft werden. Andererseits kann die Klampfe als „Klammer (die die Saiten hält)“ benannt worden sein. Dann ist das Wort identisch mit *oberd.* Klampfe „Klammer, Haken“ (vgl. *Klampe*).

Klang: *Mhd.* klanc, Genitiv klanges, „Tönen, Klang, Geräusch“ ist eine ablautende Bildung zu dem unter ↑*klingen* behandelten Verb. Vgl. dazu die gleichbedeutende Bildung *mhd.* klanc, Genitiv klankes, *ahd.* clanch, die zu einem untergegangenen Verb klinken (↑Klinke und ↑Klinker) gehört. Abl.: **klanglich** „den Klang betreffend“ (20. Jh.).

klappen: *Nhd.* klappen stammt, falls es nicht eine unabhängige junge lautmalende Bildung ist (↑klappern), aus dem *niederd.-mitteld.* Sprachbereich und geht dann auf *mnd.* klappen „klatschen; schallen; plappern; schwatzen“ zurück. Das *mnd.* Verb gehört mit *mhd.* klapfen, *ahd.* klapfōn, *engl.* to clap „klappen, schlagen“ und *schwed.* klappa „klappen, klopfen“ zu einer umfangreichen *germ.* Gruppe von Schallnachahmungen. Vgl. die ähnliche Klangeindrücke wiedergebenden *klaffen, kläffen, klakken, kleckern, klatschen, Kladderadatsch, klippen* (unter 'klipp') und *klopfen.* – Auf der Vorstellung, daß eine Handlung oder ein Vorgang mit einem Geräusch (klapp!) abschließen, beruht die *ugs.* Verwendung des Wortes im Sinne von „zustande kommen, gelingen, passen“. Zur genaueren Bestimmung von 'klappen' dienen die Zusammensetzungen 'auf-, um-, zusammenklappen'. Abl.: **Klapp** veraltend für „Knall, Krach; Schlag“, dafür *oberd. mdal.* **Klapf** „Knall; Schlag; Ohrfeige“, beachte *oberd. mdal.* **kläpfen** „knallen, schlagen“; **Klappe** (17. Jh., *mnd.* klappe „Klapper“; eigentlich „Gegenstand, der mit einem Geräusch auf etwas auftrifft“, dann „Vorrichtung zum Verschließen, Gegenstand, der sich auf- und zuklappen läßt“, beachte die Zusammensetzungen 'Fliegenklappe, Ofenklappe, Achselklappe, Scheuklappe' usw.; *ugs.* wird das Wort im Sinne von „Maul, Mundwerk“ und „Bett“ gebraucht). Zus.: **Klapphorn** „Horn mit beweglichen Klappen zum Regulieren der Töne“ (19. Jh.; beachte 'Klapphornvers'); **Klapphut** (19. Jh.; Lehnübersetzung von *frz.* chapeau claque).

klappern: Das seit *mhd.* Zeit bezeugte Verb (*mhd.* klappern) gehört zu der unter ↑*klappen* dargestellten Gruppe von Schallnachahmungen. Abl.: **Klapper** „Gerät oder Spielzeug zum Klappern“ (15. Jh.); **klapp[e]rig** „abgenutzt, alt; hinfällig“ (16. Jh.). Zus.: **Klapperschlange** (18. Jh.; wohl Lehnübersetzung von *engl.* rattlesnake); **Klapperstorch** (18. Jh.); **Klappertopf** (19. Jh.; die volkstümliche Benennung der Pflanze bezieht sich darauf, daß die reifen Früchte im Kelch ein klapperndes Geräusch verursachen). Siehe auch den Artikel *Klepper.*

klapsen: Das seit dem 18. Jh. bezeugte Verb gehört zu der unter ↑*klappen* dargestellten Gruppe von Schallnachahmungen. Es wird heute vorwiegend im Sinne von „[leicht] schlagen, tätscheln“ gebraucht. Das Substantiv **Klaps** „[leichter] Schlag“ (18. Jh.) ist vielleicht nicht zu 'klapsen', sondern zu 'klappen' gebildet (beachte z. B. 'Knicks' zu 'knicken', 'Klops' zu 'kloppen'). Dann könnte das Verb 'klapsen' auch von 'Klaps' abgeleitet sein. *Ugs.* wird 'Klaps' auch im Sinne von „geistiges Verwirrtsein, Blödheit“ gebraucht, beachte die Wendung 'einen Klaps haben' und die Zusammensetzung **Klapsmühle** „Irrenanstalt“ (20. Jh.).

klar: Das Adjektiv (*mhd.* klār „hell, lauter, rein, glänzend, schön; deutlich“) erscheint im Deutschen zuerst im 12. Jh. am Niederrhein. Es geht auf *lat.* clarus „laut, schallend; hell, leuchtend; klar, deutlich; berühmt“ zurück, das zusammen mit den verwandten Wörtern *lat.* calare „ausrufen, zusammenrufen“ (dazu *lat.* concilium „Versammlung" mit *lat.* con-ciliare „vereinigen, verbinden; geneigt machen", s. die Fremdwörter *Konzil* und *konziliant*) und *lat.* clamare „laut rufen, schreien, ausrufen, verkünden" (dazu die Fremdwortgruppe um *Reklame, reklamieren*) zu der unter ↑*hell* dargestellten *idg.* Wortsippe gehört. – Ableitungen u. Zusammensetzungen: **Klarheit** (*mhd.* klārheit „Helligkeit, Reinheit, Glanz; Deutlichkeit"); **klären** „klar machen; bereinigen" (*mhd.* klæren „klar machen; verklären; erklären, eröffnen"), mit den Zusammensetzungen und Präfixverben: **aufklären** „klar, hell machen; verständlich machen, klarlegen, klarstellen; erforschen" (16./17. Jh.; häufig reflexiv gebraucht im Sinne von „hell werden, sich aufheitern", meist vom Wetter; dafür auch das aus der *niederd.* Seemannssprache übernommene **aufklaren** „sich aufheitern", das seemännisch auch im Sinne von „klar Schiff machen" üblich ist), dazu **Aufklärung** (im 18. Jh. als philosophischer Terminus gebildet) und **Aufklärer** „Vertreter der Aufklärung", im 20. Jh. auch militärisches Fachwort mit der Bed. „Aufklärungsflugzeug", **aufklärerisch** „aufklärend; im Sinne der Aufklärung"; **erklären** „klarmachen, erläutern; kundgeben" (*mhd.* erklæren „klar machen"), dazu **Erklärung** „Erläuterung; Äußerung, Feststellung" (15. Jh.); **verklären** „ins Überirdische erhöhen" (*mhd.* verklæren „erhellen, erleuchten, verklären"; heute ist vorwiegend das adjektivisch gebrauchte zweite Partizip **verklärt** „selig entrückt" gebräuchlich). – Vgl. noch die zu *lat.* clarus gehörenden Fremdwörter ↑deklarieren (Deklaration) und ↑Klarinette.

Klarinette: Der Name des Holzblasinstrumentes, der seit dem 18. Jh. bezeugt ist, stammt aus *it.* clarinetto. Dies ist eine Verkleinerungsbildung zu *it.* clarino, das eine hohe Solotrompete bezeichnet und wörtlich etwa „hell Tönende" bedeutet. Zugrunde liegt das auf *lat.* clarus „hell, klar" (vgl. *klar*) zurückgehende Adjektiv *it.* chiaro, älter claro, das hier im Sinne von „hell tönend" erscheint. Abl.: **Klarinettist** „Klarinettenbläser" (19. Jh.).

Klasse: Das seit dem 16. Jh. bezeugte Substantiv wurde in der allgemeinen Bed. „Abteilung (auch von Schülern)" aus gleichbed. *lat.* classis entlehnt. Die jüngeren, im 18. Jh. aufkommenden Bedeutungen „Gruppe mit besonderen Merkmalen (wie Alter, Ausbildung, sozialer Stand usw.); Einteilung (nach besonderen Kennzeichen)" stehen unter dem Einfluß von *frz.* classe, das auf *lat.* classis zurückgeht. Das Substantiv ist im 20. Jh. auch in adjektivischen Gebrauch übergegangen und wird als **klasse** „großartig, ausgezeichnet" verwendet. Abl.: **...klassig,** nur in Zusammensetzungen wie 'erst-, zweitklassig' (20. Jh.); **klassieren** „in Klassen einteilen", bergmännisch auch „Fördergut aussortieren" (20. Jh.; nach *frz.* classer), dazu als Gegenbildung **deklassieren** „jmdm. um eine Klasse überlegen sein; jmdn. herabsetzen, ausstechen" (19. Jh.; aus *frz.* déclasser); **Klassement** „Einteilung; Ordnung; Rangliste" (20. Jh.; aus *frz.* classement); **klassifizieren** „in Klassen einteilen, einordnen" (18. Jh.; eine *nlat.* Bildung, Grundwort ist *lat.* facere „machen, tun", vgl. *Fazit*), dazu **Klassifikation** „Einteilung, Sonderung in Klassen" (18. Jh.; nach *frz.* classification). Beachte ferner die auf das abgeleitete Adjektiv *lat.* classicus (> *frz.* classique) „die (ersten) Bürgerklassen betreffend" zurückgehende Wortgruppe von ↑klassisch. Zus.: **Klassenkampf** „Kampf der gegensätzlichen Klassen um die Entscheidungsgewalt in der Gesellschaft" (19. Jh.; von Karl Marx für *frz.* 'lutte des classes' geprägt).

klassisch: Zu *lat.* classis „militärisches Aufgebot; Abteilung; Klasse" (vgl. *Klasse*) stellt sich das Adjektiv classicus „die (ersten) Bürgerklassen betreffend", das dann im Sinne von „ersten Ranges, mustergültig" gebraucht wurde, so besonders in der Fügung 'scriptor classicus' „klassischer Schriftsteller (der vor allem in sprachlicher Hinsicht Vorbild ist)". Das aus dem *lat.* Adjektiv im 18. Jh. entlehnte 'klassisch' wurde in dieser Bedeutung übernommen; es bezieht sich auch heute noch hauptsächlich auf die literarischen, künstlerischen, dann auch wissenschaftlichen Leistungen des schöpferischen Menschen, sofern diese Leistungen die Merkmale einer ausgereiften Meisterschaft tragen. Unser Substantiv **Klassiker** (18. Jh.), das *lat.* scriptor classicus (= *frz.* auteur classique) fortsetzt, gilt entsprechend. Wie aber schon das Adjektiv 'klassisch' auch all das bezeichnet, was mit Griechen und Römern irgendwie im Zusammenhang steht, und in dieser Hinsicht zuweilen synonym für ↑antik gebraucht wird (beachte z. B.: Antike = klassisches Altertum), so bezeichnet das Substantiv 'Klassiker' auch die klassischen Schriftsteller der Antike. Dazu stellt sich das Substantiv **Klassik** als Bezeichnung einer Epoche kultureller Gipfelleistungen und ihrer mustergültigen Werke.

Klater, klat[e]rig ↑Kladde.

klatschen: Das seit dem 17. Jh. bezeugte Verb gehört mit gleichbed. *frühnhd.* klatzen, *niederd.* klatsen und *niederl.* kletsen zu der unter ↑*klappen* dargestellten Gruppe von Schallnachahmungen (beachte besonders die unter ↑*Kladde* behandelten Wörter). Das Verb 'klatschen' gibt hauptsächlich Klangeindrücke wieder, die beim Zusammenschlagen oder Aufprallen entstehen, und bedeutet speziell „mit den Händen klatschen, applaudieren". *Ugs.* wird 'klatschen' im Sinne von „plaudern, [aus]schwatzen" gebraucht; beachte das Substantiv **Klatsch** (18. Jh.), das nicht nur „Knall, Schall, Schlag", sondern auch „Geschwätz, übles Gerede" bedeutet. An den letzteren Sinn schließen sich z. B. an **klatschig, klatschhaft, Klatschbase, Klatschmaul, Klatschsucht** und **Kaffeeklatsch.** Die Zusammensetzung **Klatschmohn** bezieht sich auf das Geräusch, das entsteht, wenn man ein Blütenblatt dieser Pflanze gegen die Stirn drückt. Aus der Fachsprache der Drucker stammt der Ausdruck **Abklatsch** „[minderwertiger] Abdruck, Nachahmung" (19. Jh.), der ursprünglich den durch Klatschen mit der Bürste hergestellten ersten Probeabzug bezeichnete.

Abl.: **Klatsche** (17. Jh.; beachte die Zusammensetzung 'Fliegenklatsche').

klauben „mit den Fingerspitzen, Nägeln oder Zähnen an etwas herumarbeiten, von der Hülse oder Schale befreien, pflücken, lesen, [aus]sondern, mit Mühe heraussuchen": *Mhd.* klūben, *ahd.* klūbōn, *mnd.* klūven stehen im Ablaut zu dem unter ↑*klieben* behandelten Verb. Zur genaueren Bestimmung dienen die Zusammensetzungen 'auf-, aus-, herum-, zusammenklauben'. Die Bildungen **Klauber** und **Klauberei** sind heute hauptsächlich in den Zusammensetzungen **Wortklauber** (18. Jh.) und **Wortklauberei** (18. Jh.) gebräuchlich. Siehe auch den Artikel *Klüver.*

Klaue: *Mhd.* klā[we], *ahd.* klāwa, *mnd.* klā „Kralle; Pfote, Tatze; Hornteil des gespaltenen Tierfußes" stehen im Ablaut zu der *nord.* Sippe von *schwed.* klo „Klaue; Kralle; Zinke" einerseits und zu der Sippe von *aengl.* clēa „Klaue; Huf; Haken" (beachte *engl.* claw) andererseits. Die *germ.* Bildungen gehen vermutlich auf eine Wurzelform *g[e]-leu- der unter ↑*Kolben* dargestellten *idg.* Wurzel *gel- „zusammendrücken, ballen" zurück (vgl. die Artikel *Kloß, Klotz, Knäuel*). Die Klaue wäre demnach als „die Zusammendrückende, die Packende" bzw. „die Geballte" benannt worden. – *Ugs.* wird 'Klaue' im Sinne von „schlechte Handschrift" und verächtlich für „Hand" gebraucht. Gleichfalls *ugs.* ist der Gebrauch des Verbs **klauen** im Sinne von „stehlen". Die alte und eigentliche Bedeutung „mit den Klauen fassen, kratzen" ist nur *mdal.* bewahrt (vgl. *ahd.* klāwēn, *mnd.* klouwen „krallen, kratzen").

Klause „weltabgeschiedene Behausung; Klosterzelle": Das Substantiv (*mhd.* klūse, *ahd.* klūsa) beruht auf einer Entlehnung aus *mlat.* clusa „umschlossener, umhegter Raum; Klosterzelle; Einsiedelei", das zu *lat.* claudere (clausum, Nebenform: clusum) „schließen, zusperren, verschließen; abschließen usw." gehört. Das *lat.* Verb, das eigentlich „mit einem Nagel, Pflock, Haken oder Riegel verschließen" bedeutet, hängt mit *lat.* clavus „Nagel, Pflock" (s. die Fremdwörter *Clou, Enklave*) und *lat.* clavis „Schlüssel; *(mlat.:)* Taste" (in ↑Klavier, Klaviatur) zusammen. Im außeritalischen Sprachbereich ist z. B. verwandt *griech.* kleis „Querriegel, Haken; Schlüssel" und *griech.* klei- ein „(mit einem Haken, Riegel u. a.) verschließen". – Um *lat.* claudere gruppieren sich zahlreiche Ableitungen und Zusammensetzungen, von denen einige in unserem Fremd- und Lehnwortschatz eine Rolle spielen. Beachte im einzelnen: *lat.* clausula „Schluß, Ende; Schlußsatz, Schlußformel" (in ↑Klausel, verklausulieren), *spätlat.* clausura „Verschluß; Einsperrung" (in ↑Klausur), *lat.-kirchenlat.* claustrum „Verschluß; Klausur; Mönchszelle" (in ↑Kloster), *lat.* in-cludere „einschließen" (↑inklusive) und *lat.* ex-cludere „ausschließen; absondern; abhalten, abschneiden" (↑exklusiv), dazu *mlat.* exclusa „Schleuse, Wehr" (↑Schleuse). – Hierher noch das Fremdwort ↑Klosett.

Klausel „vertraglicher Vorbehalt; Sondervereinbarung": Das aus der Kanzleisprache stammende Substantiv wurde im 14. Jh. mit der Bed. „Schlußformel, Zusatzbestimmung" aus *lat.* clausula „Schluß; Schlußsatz, Schlußformel; Gesetzesformel" entlehnt. Dies gehört zu *lat.* claudere (clausum) „schließen, verschließen; abschließen" (vgl. *Klause*). – Das abgeleitete Verb **klausulieren** „mit Klauseln versehen" (17. Jh.) ist heute nur noch in der Präfixbildung **verklausulieren** (18. Jh.) gebräuchlich.

Klausur „abgeschlossenes Mönchsleben; abgesperrter Gebäudeteil eines Klosters; Prüfungsarbeit unter Aufsicht und unter Ausschluß der Öffentlichkeit": Das Fremdwort wurde im 15. Jh. aus *spätlat.* clausura „Verschluß, Einschließung" entlehnt (vgl. *Klause*).

Klavier: Das seit dem 16. Jh. bezeugte Wort bedeutete ursprünglich „Tastenreihe, Tastenbrett", in welchem Sinne es aus gleichbed. *frz.* clavier entlehnt wurde. Als 'Pars pro toto' wurde das Wort seit dem 17. Jh. zum Namen des Musikinstrumentes. (Im *Frz.* heißt das Klavier heute 'piano', gelegentlich auch noch 'clavecin' = *dt.* Clavicembalo, vgl. den Artikel *Cembalo.*) – *Frz.* clavier „Tastenbrett" beruht auf einer *nlat.* Bildung zu *lat.* clavis „Schlüssel, Riegel" (> *frz.* clef), das im *Mlat.* die übertragene Bed. „Taste" entwickelte. *Lat.* clavis gehört zum Stamm von *lat.* claudere (clausum) „schließen, verschließen" (vgl. den Artikel *Klause*). – Dazu: **Klaviatur** „Tastatur" (*nlat.* Bildung des 18. Jh.s).

Klavierpart ↑Part.

kleben: Das ursprüngliche intransive Verb, das erst in *spätmhd.* Zeit auch transitive Geltung erlangte, ist eine Durativbildung zu einem *altgerm.* starken Verb: *mhd.* klīben, *ahd.* klīban „anhaften, [an]kleben", *aengl.* clīfan „anhaften, kleben", *aisl.* klīfa „klettern". Als Kausativbildung zu diesem starken Verb gehört ↑kleiben (eigentlich „anhaften machen"). *Nhd.* kleben entsprechen in den älteren Sprachzuständen *mhd.* kleben, *ahd.* klebēn, *asächs.* klibōn, *aengl.* clifian „kleben". Abl.: **Kleber** „Klebstoff" (*mhd.* kleber „Gummi; Baumharz; Schleim"); **klebrig** (16. Jh.; abgeleitet von *mhd.* kleber „klebend, klebrig").

klecken: Das heute veraltete, aber noch *mdal.* im Sinne von „mit Geräusch fallen, klatschen, knallen; klecksen; vonstatten gehen; ausreichen" gebräuchliche Verb geht wahrscheinlich auf die unter ↑*klacken* behandelte Nachahmung knallender, platzender, klatschender Schalleindrücke zurück, vgl. *mhd.* klac „Knall; Krach; Riß, Spalte; Klecks, Fleck". *Mhd., ahd.* klecken bedeuten nicht nur „platzen, krachen, bersten, [sich] spalten; klecksen; klatschen; schallend schlagen", sondern auch „ausreichen, genügen, wirksam sein". Zum Bedeutungsübergang „ein Geräusch machen" zu „zustande bringen, gelingen, passen, ausreichen" s. den Artikel *klappen.* An den letzteren Sinn von 'klecken' schließt sich **erklecken** veraltet für „ausreichen, genügen" an, zu dem das Adjektiv **erklecklich** „genügend; beträchtlich" gebildet ist. Vgl. auch die Artikel *Klecks* und *kleckern.*

kleckern: „Kleckse, Flecken machen; in kleinen Mengen verschütten“: Das seit dem 17. Jh. bezeugte Verb, das im wesentlichen *ugs.* gebräuchlich ist, ist eine Iterativbildung zu ↑*klecken*.

Klecks: Das seit dem 18. Jh. bezeugte Substantiv ist an die Stelle von älterem ʻKleckʼ „Fleck, Klümpchen“ (16. Jh.) getreten, das aus dem Verb ↑*klecken* rückgebildet ist. Das Verb **klecksen** „Flecke machen, spritzen, beschmieren“ (18. Jh.) ist wohl von ʻKlecksʼ abgeleitet, kann aber auch Intensivbildung zu ʻkleckenʼ sein.

Klee: Die Pflanzengattung ist wahrscheinlich nach ihrem klebrigen Saft (besonders der Blüten) benannt. Der *hochd.* Pflanzenname *mhd.* klē, *ahd.* chlēo und die anders gebildeten *mnd.* klēver, *niederl.* klaver, *engl.* clover „Klee“ sind z. B. mit den unter ↑*kleben* und ↑*Kleister* behandelten Wörtern verwandt und gehören zu der Wortgruppe von ↑*Klei*.

Klei: Der im wesentlichen *nordd.* Ausdruck für „fette, zähe Tonerde, schwerer Lehmboden“ geht auf *mnd., asächs.* klei zurück, dem *engl.* clay „Ton, Lehm“ entspricht. Der Klei fand in früheren Zeiten hauptsächlich im Hausbau Verwendung, zum Bewerfen und Verschmieren der Wände, beachte das verwandte Verb ↑kleiben „Wände mit Lehm bewerfen und verschmieren, kleben“. Weiterhin verwandt sind im *germ.* Sprachbereich die unter ↑*kleben* und ↑*Kleister* sowie die unter ↑*Kleie* („klebrige Masse“) und ↑*Klee* (nach dem klebrigen Saft) behandelten Wörter. Auch der Pflanzenname ↑Klette (nach den anhaftenden Blütenköpfen) und das Verb ↑klettern (eigentlich „sich anklammern, anhaften“) sind verwandt. Diese *germ.* Wortgruppe, zu der vermutlich auch ↑Kleid und ↑klein gehören, geht auf eine Wurzelform *glei- „kleben, schmieren“ der unter ↑*Kolben* dargestellten *idg.* Wurzel *gel- „zusammendrücken, ballen“ zurück. Vgl. dazu aus anderen *idg.* Sprachen z. B. *griech.* glía „Leim, Kleister“, gloiós „klebrige Masse“ und die *slaw.* Sippe von *russ.* glej „Ton, Lehm“.

kleiben: Das nur noch *mdal.* im Sinne von „ankleben, anheften, befestigen“ gebräuchliche Verb (*mhd., ahd.* kleiben) ist eine Kausativbildung zu dem unter ↑*kleben* aufgeführten *altgerm.* starken Verb und bedeutet eigentlich „anhaften machen, kleben machen“. Es bedeutete früher speziell „Wände mit Klei bewerfen und verschmieren“ (vgl. *Klei*). Zu ʻkleibenʼ gehört der Vogelname **Kleiber** (der Vogel macht seine Bruthöhle mit Lehm enger, beachte *mhd.* kleiber „jemand, der eine Lehmwand macht, eine Wand mit Lehm verschmiert“).

Kleid: Das *westgerm.* Substantiv *mhd.* kleit, *mnd.* klēt, *niederl.* kleed, *engl.* cloth ist vermutlich eine Bildung zu der unter ↑*Klei* „fette, zähe Tonerde“ dargestellten Wurzelform *glei- „kleben, klebrig, schmierig sein“. Das Wort bedeutete früher – wie *engl.* cloth noch heute – „Tuch“, woraus sich die Bed. „Kleidungsstück; Frauengewand“ entwickelten. Da die Herstellung von Tuchen früher durch Walken unter Zusatz von fetter Tonerde vor sich ging, ist das *westgerm.* Substantiv wohl eine Partizipialbildung mit der Bed. „das mit Klei Gewalkte“. Abl.: **kleiden** (*mhd.* kleiden; beachte auch die Zusammensetzungen und Präfixbildungen ʻan-, aus-, be-, um-, verkleidenʼ), dazu **kleidsam** (19. Jh.) und **Kleidung** (*spätmhd.* kleidunge).

Kleie: Die Kleie ist, da sie die zähen, schwer vermahlbaren äußeren Kleberschichten des Getreidekorns enthält, als „klebrige Masse, Kleister“ benannt. Das nur *dt.* Wort (*mhd.* klī[w]e, *ahd.* klī[w]a, *mnd.* klīe) gehört zu der unter ↑*Klei* „fette, zähe Tonerde“ dargestellten Wortgruppe.

klein: *Mhd.* kleine „rein; fein; klug, scharfsinnig; zierlich, hübsch, nett; zart, schmächtig, hager, dünn; unansehnlich, schwach, gering“, *ahd.* kleini „glänzend, glatt; sauber; sorgfältig; zierlich; dünn, gering“, *niederl.* klein „klein, gering, wenig“, *engl.* clean „rein, sauber, blank“ sind eine *westgerm.* Adjektivbildung, und zwar wahrscheinlich zu der unter ↑*Klei* dargestellten Wurzelform *glei- „kleben, schmieren“. Das *westgerm.* Adjektiv bedeutete demnach ursprünglich „[ein]geschmiert, [mit Fett] bestrichen“ oder – vom Hausbau ausgehend – „verschmiert, verputzt, poliert“, dann „glänzend, glatt“, woraus sich die anderen Bedeutungen entwickelten. Heute ist ʻkleinʼ Gegenwort zu ʻgroßʼ. – Abl.: **Klein** (*mhd.* klein[e]; substantivierte Form des Adjektivs; heute hauptsächlich in den Zusammensetzungen ʻGänse-, Hasen-, Kohlenkleinʼ gebräuchlich); – **kleinern** älter *nhd.* „kleiner machen“, heute gebräuchlich sind die Präfixbildungen (zum Komparativ) **verkleinern** und **zerkleinern; Kleinigkeit** (*mhd.* kleinecheit „Kleines, Kleinheit“), dazu **Kleinigkeitskrämer** (18. Jh.); **kleinlich** „Kleinigkeiten übertrieben wichtig nehmend; engstirnig; nicht großzügig“ (*mhd.* kleinlich „fein; genau, scharf; zierlich, zart; mager“, *ahd.* Adverb kleinlīhho), dazu **Kleinlichkeit** „kleinliches Wesen, Verhalten“ (*mhd.* kleinlīcheit „Kleinheit, Zartheit, Dürftigkeit, Unbedeutendheit“); **Kleinod** (s. d.). Zus.: **Kleinbahn** „schmalspurige Nebenbahn“ (19. Jh.); **Kleinbürger** (18. Jh.; zunächst „Arbeiter“, dann seit dem 19. Jh. „Spießbürger“), dazu **kleinbürgerlich** (19. Jh.) und **Kleinbürgertum** (19. Jh.); **Kleingärtner** „jemand, der einen kleinen Garten hat“ (um 1800); **Kleingeld** „Geld (Münzen) zum Bezahlen kleinerer Beträge, zum Herausgeben und Wechseln“ (18. Jh.); **kleingläubig** „ängstlich-zweifelnd, ohne rechtes Vertrauen“ (16. Jh.); **kleinkariert** „mit kleinen Karos versehen“, auch „engstirnig, spießbürgerlich“ (20. Jh.; die übertragene Verwendung bezieht sich nicht auf das kleine Karomuster von Stoffen, sondern auf das kleinkarierte Rechen- und Zeichenpapier, das ganz genaues und sorgfältiges Arbeiten notwendig macht); **Kleinkredit** (s. Kredit); **Kleinkunst** (19. Jh.; zunächst „Miniatur, kleine künstlerische Arbeit“, dann im 20. Jh. „Kabarett“); **kleinlaut** (15. Jh.; ursprünglich „schwach klingend“, dann „mutlos, niedergeschlagen“); **kleinmütig** „ohne Selbstvertrauen, verzagt“ (*mhd.* kleinmuotic), dazu **Kleinmut** (16. Jh.; aus dem Adjektiv rückgebildet); **Kleinstadt** „kleinere Stadt" (19. Jh.; zu dem älter bezeugten **kleinstädtisch** – 17. Jh. – und **Kleinstädter** – 18. Jh. – gebildet); **Kleinwagen** „kleines Auto mit kleinem Hubraum" (20. Jh.).

Kleinod: Das mit demselben Suffix wie z. B. 'Einöde' und 'Heimat' gebildete Substantiv (*mhd.* kleinōt, -œte) schließt sich an ↑*klein* in dessen älterer Bedeutung „fein, zierlich" an. Es bezeichnete zunächst eine kunstvoll gearbeitete, zierliche Kleinigkeit (als Gastgeschenk oder Aufmerksamkeit überreicht), dann einen wertvollen Gegenstand, einen unersetzlichen Wert.

Kleister: Die seit dem 16. Jh. bezeugte Substantivbildung (*mnd., mitteld., mhd.* klīster) gehört im Sinne von „klebrige Masse" zu der unter ↑*Klei* dargestellten Wortgruppe. *Ugs.* wird das Wort für „zäher [Mehl]brei, schlechte Speise" gebraucht. Abl.: **kleisterig** „klebrig, schmierig" (17. Jh.); **kleistern** „kleben; basteln" (16. Jh.; *mnd.* klīsteren).

Klematis: Der Name der Kletterpflanze, die zur Gattung Waldrebe gehört, ist aus *griech.* klēmatis „biegsame Ranke" (zu *griech.* klēma „Zweig der Weinrebe, Schößling, Weinranke") entlehnt.

Klementine: Die noch sehr junge, besonders süße Mandarinenart ist nach Père Clément (= Pater Clemens), dem Mönch eines Trappistenklosters in Misserghin (Algerien) benannt, der die Klementine als erster züchtete.

klemmen: Das seit *mhd.* Zeit bezeugte Verb gehört mit den Bildungen ↑klamm „eng, knapp; erstarrt, steif; feucht", ↑Klamm „Felsschlucht" und ↑Klammer „Gerät zum Zusammendrücken und Festklemmen" zu einem untergegangenen Verb mit der Bed. „zusammendrücken", beachte z. B. *mhd.* klimmen „drücken, zwicken, kneifen; packen" (vgl. *klimmen* „klettern"). Älter und besser bezeugt als das einfache Verb 'klemmen' (*mhd.* klemmen) ist die Präfixbildung **beklemmen** (*ahd.* biklemmen; *asächs.* biklemmian; *aengl.* beclemman; s. den Artikel *beklommen*). – *Ugs.* wird 'klemmen' im Sinne von „stehlen" (eigentlich „packen") gebraucht. Abl.: **Klemme** „Gerät zum Klemmen, Spange; mißliche Lage, Schwierigkeit" (*mhd.* klemme, klemde „Klemmung, Einengung"); **Klemmer** (19. Jh.; gekürzt aus 'Nasenklemmer', Lehnübertragung von *frz.* pince-nez; vgl. *Zwicker* und *Kneifer*).

Klempner: Die seit dem 18. Jh. bezeugte, im wesentlichen *mittel-* und *nordd.* Benennung des Blechschmieds ist aus älterem 'Klemperer' umgestaltet, etwa nach dem Vorbild von 'Flaschner', 'Kellner', 'Kürschner' usw. Die ursprünglich *mitteld.* Bildung 'Klemperer' entspricht *oberd.* klampferer, älter klampfer „Blechschmied". Wie *landsch.* Spengler „Blechschmied" zu 'Spange' „Klammer" gehört, so stellen sich klemperer, klampferer zu *mhd., ahd.* klampfer „Spange", *mhd.* klampfern „fest zusammenfügen, verklammern", *niederd.* klempern „Blech hämmern" (vgl. *Klampe*). Abl.: **klempnern** „Klempner sein oder spielen" (20. Jh.). Zus.: **Klempnerladen** *ugs.* für „mit übermäßig viel Orden geschmückte Brust" (20. Jh.); **Zahnklempner** *ugs.* für „Zahnarzt" (20. Jh.).

Klepper: Der seit dem 15. Jh. bezeugte, zunächst *mitteld.* Ausdruck für „Reitpferd" gehört zu einer heute veralteten Nebenform von ↑*klappern* (beachte *mitteld.* kleppe[r]n, *mhd.* klepfern „klappern"). Die Benennung bezieht sich wohl auf das klappernde Geräusch der Hufe oder eine eigentümliche klappernde Gangart, vgl. *niederd.* klöpper „Reitpferd", das zu kloppen „klopfen" gehört (beachte auch *Buschklepper* unter 'Busch'). Heute wird 'Klepper' verächtlich für „[altes] schlechtes Pferd" gebraucht.

Kleptomanie „krankhafte Neigung zum Stehlen": Das seit dem 19. Jh. bezeugte Fachwort der Psychiatrie ist eine gelehrte Bildung zu *griech.* kléptein „stehlen" und *griech.* maníā „Raserei, Wahnsinn" (vgl. *Manie*). – Dazu stellen sich die Ableitungen **kleptomanisch** „an Kleptomanie leidend" und **Kleptomane** „jemand, der an Kleptomanie leidet".

Klerus „katholische Geistlichkeit, Priesterschaft, -stand": Das Fremdwort entstammt dem *Kirchenlatein,* wo es seit dem 3. Jh. n. Chr. als clerus bezeugt ist. Dies geht seinerseits auf *griech.* klēros „Los, durch Los zugefallener [Erb]anteil" zurück, bezeichnet also eigentlich den Stand, dem das Erbe Gottes zugefallen ist. – Dazu stellen sich die Bildungen **Kleriker** „katholischer Geistlicher" (*mhd.* cleric, klerke, aus *kirchenlat.* clericus) und **klerikal** „die katholische Geistlichkeit betreffend; [streng] kirchlich" (in neuerer Zeit eingedeutscht aus *kirchenlat.* clericalis „priesterlich"). – *Griech.* klēros gehört mit einer Grundbedeutung „Steinscherbe, Holzstückchen (als Los gebraucht)" zum *griech.* Verb kláein (klás[s]ai) „brechen, abbrechen" und damit zur *idg.* Sippe von *nhd.* ↑*Holz.*

Klette: Die Pflanze ist nach ihren anhaftenden Blütenköpfen benannt. Der *dt.* Pflanzenname (*mhd.* klette, *ahd.* cletha) ist eine Bildung zu der unter ↑*Klei* dargestellten Wurzelform *glei- „kleben". Verwandt sind die andersgebildeten *niederl.* klis „Klette" und *aengl.* cliđe „Klette", ablautend clāte, *engl.* clote „Klette".

klettern: Das erst seit dem 15. Jh. bezeugte Verb gehört im Sinne von „sich anklammern, anhaften" zu der unter ↑*Klei* dargestellten Wurzelform *glei- „kleben" (vgl. die Artikel *Klette* und *kleben*). Abl.: **Kletterer** (17. Jh.).

klicken ↑klacken.

klieben (veraltet, aber noch *mdal.* für:) „[sich] spalten": Das *altgerm.* starke Verb *mhd.* klieben, *ahd.* chliuban, *engl.* to cleave, *schwed.* klyva geht mit verwandten Wörtern in anderen *idg.* Sprachen auf eine Wurzelform *gleubh- „hauen, spalten, schneiden" zurück, vgl. z. B. *lat.* glubere „[ab]schälen" und *griech.* glýphein „ausmeißeln, einschneiden" (↑Glypte und ↑Hieroglyphe). Im Ablaut zu klieben steht ↑klauben. Alte Substantivbildungen sind ↑Kloben und ↑Kluft.

Klient „Kunde (eines Rechtsanwaltes, Steuerberaters o. ä.)“: Das seit dem 16. Jh. bezeugte Fremdwort ist aus *lat.* cliens (clientis) „der Hörige“ entlehnt. Speziell bezeichnete das *lat.* Wort den sich an einen ↑Patron schutzeshalber Anschließenden, also den Schutzbefohlenen einer Sippe. Das Verhältnis des Schutzbefohlenen zum Patron, die Schutzherrschaft wurde mit dem abgeleiteten Substantiv *lat.* clientela bezeichnet, das dann auch im Sinne von „Gesamtheit der Klienten“ verwendet wurde. Das daraus entlehnte **Klientel** erscheint bei uns im 18. Jh. Heute ist es im Sinne von „Gesamtheit der Kunden eines Rechtsanwaltes o. ä.“ gebräuchlich. – *Lat.* cliens gehört wahrscheinlich zu dem mit *dt.* ↑[1]*lehnen* urverwandten Verb *lat.* *clinare „biegen, beugen, neigen“ (s. den Artikel *deklinieren*) und bedeutet dann eigentlich etwa „jemand, der Anlehnung gefunden hat“.

Kliff: Der *nordd.* Ausdruck für „steiler Abfall einer Felsenküste, Felsen“ geht auf *mnd.* klif „schroffer Felsen“ zurück, das mit gleichbed. *engl.* cliff, *isl.* klif, *schwed.* (ablautend) klev und dem andersgebildeten ↑Klippe verwandt ist. Diese Wörter gehören wahrscheinlich im Sinne von „glatter, schlüpfriger Felsen, Rutsche“ zu der unter ↑*Klei* dargestellten Wurzelform *glei- „kleben, schmieren“.

Klima „mittlerer Zustand der Witterungserscheinungen eines Ortes oder geographischen Raumes“, auch übertragen gebraucht im Sinne von „(gute oder schlechte) Atmosphäre“: Das Substantiv wurde im 16. Jh. aus *lat.* clima entlehnt, das seinerseits aus *griech.* klíma „Neigung, Abhang; Himmelsgegend, geographische Lage, Zone“ stammt (über die etymologischen Zusammenhänge vgl. den Artikel *Klinik*). Abl.: **klimatisch** „das Klima betreffend“ (18. Jh.) und **klimatisieren** „Temperatur und Luftfeuchtigkeit in geschlossenen Räumen in ein bestimmtes Verhältnis bringen; mit einer Klimaanlage ausstatten“ (20. Jh.). Vgl. den Artikel *akklimatisieren.*

Klimakterium: Die medizinische Bezeichnung für „Wechseljahre“ ist eine gelehrte Bildung zu *lat.* climakter „kritischer Punkt im menschlichen Leben“, das aus *griech.* klīmaktḗr „Stufenleiter; kritischer Punkt im menschlichen Leben“ entlehnt ist. Dies gehört zu *griech.* klī́max „Treppe, Leiter“ (über die etymologischen Zusammenhänge vgl. den Artikel *Klinik*). Abl.: **klimakterisch** „durch die Wechseljahre bedingt“ (nach *griech.-lat.* klīmaktērikós).

Klimbim (*ugs.* für:) „unwesentliches Drum und Dran, unnützer Aufwand“: Die junge lautmalende Bildung ist seit dem Ende des 19. Jh.s von Berlin ausgehend in die Umgangssprache gedrungen.

klimmen: Das heute wenig gebräuchliche Verb geht auf *mhd.* klimmen „klettern, steigen“ zurück, das wahrscheinlich identisch ist mit *mhd.* klimmen, „drücken, kneifen, ziehen, packen“. Dieses starke Verb geht mit der unter ↑*klemmen* behandelten Wortgruppe und verwandten Wörtern in anderen *idg.* Sprachen auf eine Wurzelform *glem- „zusammendrücken“ zurück. Die Bed. „klettern“ hat sich demnach aus „sich festklammern“ entwickelt. Vgl. dazu die auf die bh-Erweiterung *glembh- zurückgehenden Formen *ahd.* klimban, *mhd.* klimben „klettern“, *engl.* to climb „klettern“, ablautend *engl.* to clamber „klettern, steigen“, *aisl.* klembra „drücken, klemmen“ (s. auch den Artikel *Klammer*). Verwandt sind ferner die unter ↑*Klampe,* ↑*Klempner* und ↑*Klumpen* behandelten Wörter, die auf einer b-Erweiterung *glemb- beruhen. Die Wurzelform *glem- gehört weiterhin zu der unter ↑*Kolben* dargestellten *idg.* Wurzel. – Zu 'klimmen' stellt sich die gleichfalls wenig gebräuchliche Präfixbildung **erklimmen.** Zus.: **Klimmzug** „turnerische Übung“ (20. Jh.). Siehe auch den Artikel *beklommen.*

klimpern: Das seit dem Ende des 17. Jh.s bezeugte Verb ist eine junge Lautnachahmung. Es bedeutet speziell „[stümperhaft] Klavier spielen“, beachte **Klimperei** (18. Jh.) und **Klimperkasten** *ugs.* für „Klavier“ (19. Jh.).

Klinge: *Mhd.* klinge „Schwertschneide, Schwert“ ist aus dem Verb *mhd.* klingen „hell tönen, erschallen“ (vgl. *klingen*) rückgebildet. Die Klinge ist also nach dem hellen Klang, den sie beim Auftreffen auf Helm oder Panzer verursacht, benannt.

klingeln: Das nur *dt.* Verb (*mhd.* klingelen, *ahd.* klingilōn) ist eine Verkleinerungsbildung zu dem unter ↑*klingen* behandelten Verb. Das Substantiv **Klingel** (17. Jh.) ist aus dem Verb rückgebildet. Zus.: **Klingelbeutel** „Beutel zum Einsammeln freiwilliger Gaben beim Gottesdienst“ (17. Jh.).

klingen: Das nur *dt.* starke Verb (*mhd., mnd.* klingen, *ahd.* klingan) ist lautmalender Herkunft und kann auf eine nasalierte Wurzelform der unter ↑*klagen* dargestellten Lautnachahmung *gal- zurückgehen. Eine Nebenform dazu ist *mitteld.* klinken „klingen“, dem gleichbed. *niederl.* klinken, *engl.* to clink, älter *schwed.* klinka entsprechen (↑Klinke und ↑Klinker). Zum starken Verb sind gebildet ↑Klinge und ↑Klang sowie ↑klingeln. Zusammensetzungen und Präfixbildungen mit 'klingen' sind **abklingen** (besonders übertragen „nachlassen“, z. B. von Schmerzen), **anklingen,** dazu **Anklang** „Ähnlichkeit, entsprechende Empfindung, Beifall“ (um 1800), **erklingen** und **verklingen.**

Klinik „Krankenhaus“: Das seit dem 19. Jh. – zuerst in der Bed. „Anstalt zum Unterricht in der Heilkunde“ – bezeugte Fremdwort geht auf *griech.* klīnikḗ téchnē „Heilkunst für bettlägerig Kranke“ zurück. Zugrunde liegt das *griech.* Substantiv klī́nē „Lager, Bett“, das von dem mit *dt.* ↑[1]*lehnen* urverwandten Verb *griech.* klī́nein „[sich] neigen, [an]lehnen; beugen“ abgeleitet ist. Andere Bildungen von *griech.* klī́nein sind z. B. *griech.* klíma „Neigung, Abhang; Himmelsgegend, geographische Lage, Zone“ (↑Klima und ↑akklimatisieren) und *griech.* klī́max „Treppe, Leiter“ (↑Klimakterium). – Zu 'Klinik' stellen sich die Bildungen **klinisch** „in der Klinik stattfindend; durch ärztliche Untersuchung festgestellt“ (Ende 18. Jh.), **Kliniker**

„an einer [Universitäts]klinik tätiger Arzt" (Ende 18. Jh.) und die Zusammensetzung ↑Poliklinik.

Klinke: Das seit dem 14. Jh. bezeugte *mhd.* (eigentlich *mitteld.*) klinke „Türriegel" ist eine Bildung zu [*ost*]*mitteld.* klinken „klingen", einer Nebenform von ↑*klingen*. Der Türriegel ist demnach nach dem Geräusch, das der Fallriegel auf dem Klinkhaken verursacht, benannt. Abl.: **klinken** „eine Klinke bedienen" (17. Jh.; beachte die Zusammensetzungen 'ein-, aus-, zuklinken').

Klinker: Die besondere Art hartgebrannter Ziegelsteine wurde früher aus den Niederlanden eingeführt. Mit der Sache wurde auch das Wort *niederl.* klinker[t] übernommen, das zunächst im *Niederd.* und dann im *Hochd.* seit dem 18. Jh. bezeugt ist. Das Wort ist eine Bildung zu *niederl.* klinken, einer Nebenform von ↑*klingen* (s. auch *Klinke*). Der Klinker ist also nach dem hellen Klang, der beim Dagegenschlagen entsteht, benannt.

klipp: Die seit dem 18. Jh. bezeugte *niederd.* Formel 'klipp und klaar' „ganz klar" wurde im 19. Jh. ins *Hochd.* übernommen. *Niederd.* klipp bedeutet eigentlich „passend" und gehört zu dem lautnachahmenden Verb 'klippen' *landsch.* für „hell tönen, ein helles Geräusch verursachen; passen", beachte auch die Interjektion klipp! Zum Bedeutungsübergang von „ein Geräusch verursachen" zu „gelingen, passen" s. den Artikel *klappen*. – Mit dem lautnachahmenden Verb klippen hängt wohl auch das herabsetzende 'Klipp-' in *nordd.* Zusammensetzungen zusammen. Der Begriff des Kleinen oder des Geringen würde dann auf der Vorstellung eines kurzen, hellen Geräusches beruhen. Beachte die Zusammensetzungen **Klippkram** „Trödel, Kleinkram" (17. Jh.), **Klippschenke** „sehr einfache Schankwirtschaft" (18. Jh.), **Klippschule** „Elementarschule, niveaulose Schule" (17. Jh.).

Klipp, Clip „Klammer, Klemme, Einhänger; Schmuckstück, das festgeklemmt wird (z. B. Ohrklipp)": Das Wort wurde im 20. Jh. aus gleichbed. *engl.* clip entlehnt, das zu *engl.* to clip „festhalten, befestigen, anklammern" gehört.

Klippe: Das im 14. Jh. aus *mniederl.* clippe „Felsen im oder am Meer, steiler Abfall einer Felsküste" entlehnte Wort gehört zu der Sippe von ↑Kliff. Zus.: **Klippfisch** „getrockneter und gesalzener Kabeljau" (18. Jh.; vermutlich so benannt, weil auf Klippen getrocknet).

Klipper, Clipper: Die Bezeichnung für ein „schnelles Segelboot" wurde im 19. Jh. aus gleichbed. *engl.* clipper entlehnt, das von *engl.* to clip „schneiden" abgeleitet ist und demnach eigentlich „schnittig gebautes Schiff" bedeutet. Damit identisch ist **Clipper** „(auf Überseestrecken eingesetztes) Langstreckenflugzeug" (20. Jh.).

Klippkram, Klippschenke, Klippschule ↑klipp.

klirren: Das seit dem 17. Jh. bezeugte, zunächst *ostmitteld.* Verb ist – wie z. B. auch 'schwirren, surren, knarren' – eine Lautnachahmung.

Klischee „Druck-, Bildstock", auch übertragen im Sinne von „Abklatsch, billige Nachahmung": Das Wort wurde als Fachausdruck der Buchdruckersprache aus *frz.* cliché „Abklatsch", dem substantivierten Part. Perf. von clicher „abklatschen", entlehnt. Das Verb selbst erscheint bei uns im 20. Jh. als **klischieren** „ein Klischee herstellen; talentlos nachahmen". *Frz.* clicher ist wohl lautmalenden Ursprungs und erinnert an *dt.* klitschen, klatschen.

Klistier: Das medizinische Fachwort für „Einlauf" wurde in *mhd.* Zeit aus gleichbed. *lat.* clysterium entlehnt, das seinerseits aus gleichbed. *griech.* klystḗrion (eigentlich etwa: „Spülung, Reinigung") stammt. Dies ist eine Bildung zu dem mit *nhd.* ↑*lauter* urverwandten Verb *griech.* klýzein „spülen, reinigen".

klitschen: Das seit dem 16. Jh. bezeugte lautnachahmende Verb, das heute nur noch *landschaftlich* gebräuchlich ist, gibt im Gegensatz zu 'klatschen' (s. d.) helle Klangeindrücke wieder. Abl.: **Klitsch** vorwiegend *mitteld.* für „heller Schall, hell klatschender Schlag; breiige, weiche Masse" (18. Jh.); **klitschig** *landsch.* für „klebrig, lehmig, feucht, weich, unausgebakken" (19. Jh.; älter bezeugt ist *niederd.* klitzig). In diesen Zusammenhang gehört wahrscheinlich auch **Klitsche** *ugs.* für „ärmlicher kleiner Betrieb, Bauernhof; Schmierentheater" (19. Jh.).

klittern „willkürlich darstellen, schnell oder unordentlich niederschreiben, zusammenstoppeln" (veraltet, aber noch *mdal.* für:) „schmieren, klecksen": Das seit dem 16. Jh. bezeugte Verb ist mit *frühnhd.* Klitter „Klecks, Fleck" wahrscheinlich lautnachahmender Herkunft und gehört zu der unter ↑*Kladde* dargestellten Gruppe von Schallnachahmungen. Der heutige Gebrauch des Verbs und des Substantivs **Klitterung** schließt sich wohl an das von Fischart geprägte **Geschichtsklitterung** an.

Klo ↑Klosett.

Kloake: Die Bezeichnung für „Abzugskanal für Abwässer; Senkgrube" wurde im 16. Jh. aus gleichbed. *lat.* cloaca (cluaca) entlehnt. Dies gehört zu *lat.* cluere „reinigen", das urverwandt ist mit *dt.* ↑*lauter*.

Kloben „Klotz, Stück Holz, Haken": Zu dem unter ↑*klieben* „[sich] spalten" dargestellten Verb gehören im Sinne von „Gespaltenes, Spalt" *mhd.* klobe „gespaltenes Holz (zum Klemmen, Festhalten, Fangen); gabel- oder hakenförmige Halte- oder Schließvorrichtung; Spalt; Bündel, Büschel", *ahd.* klobo „gespaltenes Stück Holz (besonders zum Vogelfang)", *asächs.* kloƀo „gespaltenes Stück Holz (als Fußfessel oder zum Vogelfang)", *aengl.* clofe „Schnalle", *aisl.* klofi „Spalt; Kluft; Laderaum". Abl.: **klobig** „klotzig, grob, ungeschlacht" (19. Jh.). Siehe auch den Artikel *Knoblauch*.

klönen (vorwiegend *nordd. ugs.* für:) „gemütlich plaudern, schwatzen": Das im älteren *Niederd.* in den Bedeutungen „tönen; durchdringend oder weitschweifig reden; klagen" gebräuchliche Verb ist wahrscheinlich lautnachahmender Herkunft. Verwandt sind wohl *niederl.* kleunen „klopfen, schlagen", *aengl.* clynnan „tönen; klopfen".

klopfen: Das ursprünglich lautnachahmende Verb *mhd.* klopfen, *ahd.* clophōn, *mnd.* kloppen, *niederl.* kloppen gehört zu der unter ↑*klappen* dargestellten *germ.* Gruppe von Lautnachahmungen. Statt 'klopfen' ist im *Nordd.* und *Mitteld.* besonders in der Umgangssprache **kloppen** gebräuchlich, beachte **bekloppt** „verrückt" und **Kloppe** „Prügel, Schläge" (vgl. auch die Artikel *Klöppel* und *Klops*). Abl.: **Klopfer** „Gerät oder Vorrichtung zum Klopfen" (16. Jh.).

Klöppel: Das aus dem *[Ost]mitteld.* stammende Wort für „Glockenschwengel" (veraltet auch für „Trommelstock, Paukenschläger, Knüppel") ist eine Bildung zu *mitteld.-niederd.* kloppen (vgl. *klopfen*) und bedeutet demnach eigentlich „Klopfer". Die Form mit *oberd.* Lautung 'Klöpfel' ist heute veraltet. Als im 16. Jh. im erzgebirgischen Raum die kunstvolle Fertigung von Spitzen mittels kugelig gedrechselter Holzstäbchen aufkam, nannte man diese Holzstäbchen wegen ihrer Ähnlichkeit mit einem Glockenschwengel gleichfalls 'Klöppel', beachte das davon abgeleitete Verb **klöppeln** und die Zusammensetzung **Klöppelarbeit.**

kloppen ↑klopfen.

Klops: Der seit dem 18. Jh. bezeugte, zunächst *nordostd. (ostpreuß.)* Ausdruck für „Fleischkloß" ist eine Substantivbildung zu *niederd.-mitteld.* kloppen (vgl. *klopfen*). Zur Bildungsart vgl. z. B. 'Knicks' und 'Klecks'.

Klosett „Toilettenbecken, -raum", dafür *ugs.* meist die Kurzform **Klo:** Das seit dem 19. Jh. bezeugte Substantiv ist aus älterem 'Wasserklosett' bzw. 'Watercloset' gekürzt (beachte die noch heute übliche Abkürzung WC). Dies ist aus gleichbed. *engl.* water-closet (eigentlich „abgeschlossener Ort mit Wasserspülung") entlehnt, dessen Grundwort auf ein *afrz.* closet, Verkleinerungsform von *frz.* clos „Gehege", zurückgeht (zu *lat.* claudere „[ab-, ver-]schließen" bzw. dessen substantiviertem Part. Perf. clausum „Verschluß"; vgl. den Artikel *Klause*). Die Endbetonung von 'Klosett' rührt wohl von älter *frz.* closet „kleiner abgegrenzter Platz" her.

Kloß: *Mhd., ahd.* klōz „Klumpen; Knolle; Knäuel; Kugel; Knauf; Klotz; Keil; Knebel", *mnd.* klōt „Klumpen; Kugel; Ball; Hoden", *niederl.* kloot „Kugel, Ball", *engl.* cleat „Keil; Klampe; Leiste" gehen auf *westgerm.* *klauta- „Klumpen, zusammengeballte Masse" zurück. Diese *westgerm.* Substantivbildung gehört mit den unter ↑*Klotz* und ↑*Knäuel* (*mhd.* kliuwel) behandelten Wörtern zu der Wurzelform *gleu- der unter ↑*Kolben* dargestellten Wurzel *gel- „zusammendrücken, ballen". Vgl. aus anderen *idg.* Sprachen z. B. *griech.* gloutós „Hinterbakken" und *russ.* gluda „Klumpen, Kloß".

Kloster: Das *westgerm.* Substantiv (*mhd.* klōster, *ahd.* klōstar, *niederl.* klooster) gehört zu einer Gruppe von *lat.* Lehnwörtern wie ↑Mönch, ↑Nonne, ↑Münster, die früh mit dem römischen Christentum aufgenommen wurden. Quelle des Wortes ist eine *vlat.* Nebenform clostrum von *lat.-kirchenlat.* claustrum „Verschluß; Klausur; Wohnraum und Wohngebäude für die in religiöser Abgeschiedenheit lebenden Mönche oder Nonnen". Dies gehört zu *lat.* claudere (clausum) „[ver]schließen" (vgl. den Artikel *Klause*). Abl.: **klösterlich** „zum Kloster gehörend" (*mhd.* klōsterlich).

Klotz: *Mhd.* kloz „Klumpen; Kugel; Baumstumpf, Kloben", dem *engl.* clot „Klumpen, Klunker" entspricht, steht im Ablaut zu dem unter ↑*Kloß* behandelten Wort. Das abgeleitete Verb **klotzen** ist nur sonder- und umgangssprachlich gebräuchlich, z. B. im Sinne von „[auf der Klotzmaschine] färben", „[mit schweren Kalibern] schießen", „zahlen, bezahlen" und „hart arbeiten; beeindruckend ins Werk setzen". Abl.: **klotzig** „klotzförmig, grob, plump", *ugs.* für „sehr viel" (16. Jh.).

Klub „[geschlossene] Vereinigung mit politischen, geschäftlichen, sportlichen u. a. Zielen": Das Fremdwort wurde im 18. Jh. aus gleichbed. *engl.* club (*mengl.* clubbe) entlehnt, das eigentlich (so auch noch heute) „Keule" bedeutet und seinerseits wohl auf *aisl.* klubba „Knüppel, Stock, Keule" (verwandt mit *dt.* ↑*Klumpen*) zurückgeht. Die Bedeutungsübertragung auf „Vereinigung" erklärt sich aus dem alten Brauch, Einladungen zu Zusammenkünften durch das Herumsenden eines Kerbstockes, eines Brettes oder einer Keule zu übermitteln (vgl. zum Sachlichen auch den Artikel [2]*laden*).

Klucke ↑Glucke.

[1]Kluft „[alte] Kleidung, Uniform" *(ugs.):* Das am Ende des 18. Jh.s in der Studenten- und Soldatensprache aufkommende Wort stammt aus dem *Rotwelschen* und geht wohl auf *hebr.* qĕlippā „Schale, Rinde" zurück. Beachte zur Bedeutungsgeschichte die umgangssprachlich analoge Verwendung von 'Schale' im Sinne von „Anzug, Kleidung" in den Wendungen 'sich in Schale werfen' oder '(toll) in Schale sein'.

[2]Kluft: Das heute im Sinne von „Felsspalte, Schlucht; Trennung, Abstand" gebräuchliche Wort bedeutete in den älteren *dt.* Sprachzuständen auch „Spalte, Ritze, längs gespaltenes Holzstück, Zange, Schere". *Mhd., ahd.* kluft, *mniederl.* clucht „B[ruch]stück, Teil", *engl.* cleft „Spalte, Schlucht" beruhen auf einer *westgerm.* Bildung zu dem unter ↑*klieben* „[sich] spalten" behandelten Verb. – Das von 'Kluft' abgeleitete Verb 'zerklüften' ist heute nur noch im Partizipialadjektiv **zerklüftet** bewahrt.

klug: Die *nhd.* Form geht zurück auf *mhd.* kluoc „fein, zart, zierlich; hübsch; stattlich, tapfer; weichlich, üppig; gebildet, geistig gewandt, weise", das im 12. Jh. aus dem *Niederrhein.* übernommen wurde, vgl. *mnd.* klōk „gewandt, behende; schlau" und *niederl.* kloek „tüchtig; rüstig; mutig; beherzt". Der Ursprung dieses Adjektivs ist dunkel. Das abgeleitete Verb **klügeln** „klug tun, nachsinnen, ausdenken" (16. Jh.) ist heute durch die Zusammensetzung **ausklügeln** zurückgedrängt. Zusammensetzungen mit 'klug' sind z. B. **altklug, überklug** und **klugscheißen.** Abl.: **Klugheit** (*mhd.* kluocheit „Feinheit, Zierlichkeit; höfisches Benehmen, Anstand; Weichlichkeit; Verständigkeit, Weisheit; Schlauheit, List, Kniff").

Klumpen, (*nordd.* auch) 'Klump': Das in *frühnhd.* Zeit aus dem *Niederd.* übernommene Wort (*mnd.* klumpe) gehört mit den gleichbedeutenden Entsprechungen *niederl.* klomp, *engl.* clump, *schwed.* klump zu der unter ↑*klimmen* dargestellten Wurzelform *glem- „zusammendrücken, ballen". Abl.: **klumpen** (17. Jh.); **klumpig** (17. Jh.). Zus.: **Klumpfuß** „mißgebildeter Fuß" (18. Jh.). Siehe auch den Artikel *Klub.*

Klüngel: Die *nhd.* Form geht über *spätmhd.* klüngel, klungel, *mhd.* klungelīn auf *ahd.* clungilīn zurück, das eine Verkleinerungsbildung zu *ahd.* clunga „Knäuel" ist und demnach eigentlich „kleines Knäuel" bedeutet. Der heutige übertragene Gebrauch des Wortes im Sinne von „Clique, Sippschaft, Parteiwirtschaft" breitete sich im 19. Jh. vom Raum Köln aus. – *Ahd.* clunga gehört mit der *nord.* Sippe von *schwed.* klunga „Klumpen, [Menschen]knäuel" und mit dem unter ↑*Klunker* behandelten Wort zu der *germ.* Wortgruppe von *engl.* to cling „festhalten" (vgl. *Kolben*).

Klunker: Der vorwiegend *nordd.* Ausdruck für „Klümpchen; Troddel, Quaste" ist mit der *nord.* Sippe von *schwed. mdal.* klunk „Klumpen" und weiterhin mit dem unter ↑*Klüngel* behandelten Wörtern verwandt. *Ugs.* wird 'Klunker' auch im Sinne von „[baumelndes] Schmuckstück" verwendet.

Klüver: Die seemännische Bezeichnung des Dreiecksegels am verlängerten Bugspriet wurde im 18. Jh. aus *niederl.* kluver (heute kluiver geschrieben) entlehnt. Das *niederl.* Wort gehört entweder zu *niederl.* kluif „Klaue" (so heißt auch der Leitring, an dem das Segel fährt) oder aber im Sinne von „Keil[förmiges]" (eigentlich „Spalter") zu *niederl.* kluiven „klauben" (vgl. *klieben*). Zus.: **Klüverbaum** (18. Jh.).

knabbern: Das seit dem 18. Jh. bezeugte, ursprünglich *niederd.* Verb stellt sich mit der Nebenform **knappern,** mit variierendem Vokal auch **knuppern** (18. Jh.), und dem andersgebildeten *niederd.* knabbeln zu dem heute veralteten Verb **knappen** „nagen, fressen, schnappen" (*niederd., niederl.* knappen), beachte auch die Zusammensetzung **Knappsack** veraltet für „Proviantbeutel, Reisetasche". Im *Nord.* sind z. B. verwandt *schwed.* knapra und *norw.* knupra „knabbern, nagen, fressen". Die ganze Wortgruppe ist lautnachahmender Herkunft und geht auf einen ähnlichen Klangeindruck wie 'knacken' zurück.

Knabe: *Mhd.* knabe „Junge; Jüngling; Bursche, Kerl; Junggeselle; Diener; Page; Geselle", *ahd.* knabo „kleiner Junge, Kind", daneben gleichbedeutend *mhd.* knappe, *ahd.* knappo (↑Knappe), *niederl.* knaap „Junge, Jüngling, Bursche", *engl.* knave „Bube, Schelm, Schurke" sind verwandt mit der *nord.* Sippe von *schwed. mdal.* knabb „Pflock" und mit der unter ↑*Knebel* behandelten Bildung. Die Wortgruppe beruht auf *germ.* *knab- „Stock, Knüppel, Klotz". Zum Bedeutungsübergang beachte z. B. 'Stift' im Sinne von „Halbwüchsiger, Lehrling", 'Bengel' (eigentlich „Knüppel, Stock") und 'Flegel' im Sinne von „Lümmel". – Abl.: **knabenhaft** (17. Jh.). Zus.: **Knabenkraut** (15. Jh.; die Pflanze ist nach dem hodenförmig gestalteten Wurzelknollen benannt, vgl. den Artikel *Orchidee*).

Knäckebrot: Die Bezeichnung für „Schrotbrot in Form dünner Fladen" wurde im 20. Jh. aus *schwed.* knäckebröd (eigentlich „Knackbrot") entlehnt. Das Brot ist nach dem knackenden bzw. krachenden Geräusch benannt, das beim Hineinbeißen entsteht (vgl. *knacken*).

knacken: Das Verb (*mhd.* knacken „krachen, platzen; einen Riß, einen Sprung bekommen") gehört zu einer *germ.* Gruppe von Lautnachahmungen, beachte die ähnliche Schalleindrücke wiedergebenden *mnd.* knaken „knacken, krachen", *norw.* knake „knacken, krachen", *aisl.* knoka „klopfen, schlagen" (↑Knochen), *schwed.* knäcka „krachen, [auf]brechen" (↑Knäckebrot). – In der Gaunersprache ist 'knacken' im Sinne von „verhaften" gebräuchlich, vgl. dazu **verknacken** *ugs.* für „zu einer Gefängnisstrafe verurteilen" und **Knacki** *ugs.* für „jemand, der eine Gefängnisstrafe verbüßt (hat)". – An den transitiven Gebrauch des Verbs im Sinne von „aufbrechen, öffnen" schließen sich z. B. die Zusammensetzungen **Nußknacker** und **Geldschrankknacker** an. Das Substantiv **Knack** „knackendes oder knallendes Geräusch; Riß, Sprung" (15. Jh.) ist entweder aus dem Verb rückgebildet oder eine Substantivierung der Interjektion knack! Die junge Bildung **Knacker** wird *ugs.* im Sinne von „alter Mann", „Geizhals" und auch kurz für „Knackwurst" gebraucht. Zus.: **Knackwurst** (16. Jh.; nach dem knackenden Geräusch, das beim Zerbeißen der Pelle entsteht).

Knacks „knackendes Geräusch, Riß, Sprung": Das seit dem 18. Jh. bezeugte Substantiv ist entweder zu ↑*knacken, Knack* gebildet oder aber aus dem Verb 'knacksen' rückgebildet. *Ugs.* wird 'Knacks' besonders im Sinne von „Schaden, Beeinträchtigung" und „geistiges Verwirrtsein" gebraucht, beachte dazu auch **beknackt** *ugs.* für „dumm, töricht; unerfreulich, töricht". Das Verb **knacksen** (19. Jh.) gehört, falls es nicht erst von 'Knacks' abgeleitet ist, als Intensivbildung zu ↑*knacken.* Beachte die Präfixbildung **verknacksen** *ugs.* für „verstauchen" (20. Jh.).

Knagge, auch: **Knaggen:** Das *nordd.* und fachsprachliche Wort für „Holzstütze, Leiste; Kleiderhaken[brett]; Zapfen, Pflock; Winkelstück; dickes Brotstück" geht zurück auf *mnd.* knagge „Knorren, Pflock", das mit *engl.* knag „Knorren, Ast, Pflock" und *schwed.* knagg „Knorren; kleiner Hügel; starker Mensch" verwandt ist. Die *außergerm.* Beziehungen sind dunkel.

Knall: Das seit dem 16. Jh. bezeugte Substantiv ist eine Bildung zu dem im *Nhd.* untergegangenen starken Verb *mhd.* [er-, zer]knellen „schallen, hallen, krachen", das wahrscheinlich lautnachahmender Herkunft ist. *Ugs.* wird 'Knall' auch im Sinne von „geistiges Verwirrtsein" gebraucht, beachte die Zusammensetzung **Knallkopf.** – An die Stelle des starken Verbs ist das von 'Knall' abgeleitete **knallen** (16. Jh.) getreten, beachte auch die Präfixbildung **verknallen,** sich *ugs.* für „sich verlieben" (um 1900; nach „sich verschießen, verschossen", s. d.). Abl.: **knallig** „schreiend (von Farben), grell" (19. Jh.; beachte auch 'knallrot' usw.). Zus.: **Knalleffekt** (Anfang des 19. Jh.s; ursprünglich vom Feuerwerk).

knapp: Die Herkunft des im 16. Jh. aus dem *Niederd.* übernommenen Adjektivs ist unklar. Vielleicht gehört *niederd.* knap[p] „kurz, eng, gering; hurtig; schmuck, hübsch" als aus *gehnap[p] entstanden oder als Nebenform mit Anlautsvariation zu der *germ.* Wortgruppe von *aisl.* hneppr „knapp, gering", hneppa „klemmen, zwingen". Abl.: **Knappheit** (17. Jh.; *niederd.* knapheit). Präfixbildung: **verknappen** (19. Jh.).

Knappe: Die (expressive) Nebenform des unter ↑*Knabe* behandelten Wortes war mit diesem in *ahd.* und *mhd.* Zeit im wesentlichen gleichbedeutend. Speziell bezeichnete dann *mhd.* knappe den im Dienst eines Ritters stehenden Edelknaben und den Gesellen (im Bergbau), den Bergmann, beachte dazu **Knappschaft** „Zunft der Bergleute" (16. Jh.). Zum Nebeneinander von 'Knappe' und 'Knabe' beachte z. B. das Verhältnis von 'Rappe' zu 'Rabe'.

knappe[r]n, Knappsack ↑knabbern.

knarren: Das seit dem 14. Jh., zufrühst in der *mitteld.* Form gnarren bezeugte Verb ist lautnachahmender Herkunft. Beachte die ähnliche Klangeindrücke wiedergebenden ↑knirren, knirschen und ↑knurren. Abl.: **Knarre** „Lärminstrument", soldatensprachlich „Gewehr" (18. Jh.).

Knast (*ugs.* für:) „Freiheitsstrafe; Gefängnis": Das seit dem 19. Jh. bezeugte Wort stammt aus der Gaunersprache, vgl. *jidd.* knas „Geldstrafe", kansen „[mit Geldbuße] bestrafen", *hebr.* qẹnạs „[Geld]strafe".

[1]**Knaster** *ugs.* für „übelriechender Tabak": Das seit der Zeit um 1700 bezeugte Wort, das aus 'Canastertobac, Knastertobak' gekürzt ist, bezeichnete ursprünglich einen edlen, würzigen Tabak, wie er in „Rohrkörben" gehandelt wurde. Erst die Studentensprache entwickelte den heutigen abwertenden Sinn des Wortes. 'Kanaster' geht auf das von *griech.* kánna „Rohr" (vgl. *Kanal*) abgeleitete Substantiv kánastron „aus Rohr geflochtener Korb", das über *span.* canasto und *niederl.* knaster ins *Dt.* gelangte.

[2]**Knaster** ↑knastern.

knastern: Das seit dem 16. Jh. bezeugte Verb, das heute nur noch landschaftlich gebräuchlich ist, ahmt im Gegensatz zu ↑knistern dunkle Klangeindrücke nach und wird, wie z. B. auch 'brummen, murren, knurren', im Sinne von „verdrießlich sein" gebraucht. Die Bildungen **Knasterer** (17. Jh.), [2]**Knaster** (18. Jh.) „verdrießlicher [alter] Mann" sind im *nordd.* Sprachbereich z. T. mit *niederd.* knast „Knorren; grober Kerl" verknüpft worden. Das Bestimmungswort der gleichbedeutenden Zusammensetzung **Knasterbart** (17. Jh.) wird im heutigen Sprachempfinden gewöhnlich auf ↑[1]Knaster „übelriechender Tabak" bezogen.

knattern: Das seit dem 17. Jh. bezeugte Verb ahmt im Gegensatz zu ↑knittern dunkle Klangeindrücke nach und bezieht sich heute vorwiegend auf Schuß- und Motorengeräusche. Elementarverwandt ist z. B. die *nord.* Sippe von *schwed.* knattra „knattern".

Knäuel: Zu *ahd.* kliuwa, -i, *mhd.* kliuwe „Kugel, kugelförmige Masse" gehört als Verkleinerungsbildung *mhd.* kliuwel[in], das zu kniuwel[in] dissimiliert wurde. Auf diese dissimilierte Form geht *nhd.* Knäuel zurück, beachte daneben die *mdal.* Form Knaul. – Verwandt sind im *germ.* Sprachbereich z. B. *niederl.* kluwen „Knäuel" und *engl.* clew „[Garn]knäuel" und weiterhin die unter ↑*Kloß* behandelten Wörter (vgl. auch den Artikel *Klaue*).

Knauf: Das nur *dt.* und *niederl.* Wort (*mhd.* knouf, *mnd.* knōp, *niederl.* knoop) steht im Ablaut zu der unter ↑*Knopf* dargestellten Wortgruppe. Es war früher nicht wesentlich in der Bedeutung von 'Knopf' geschieden. Heute bezeichnet es speziell eine knopf- oder kugelförmige Handhabe, das kugelförmige Ende eines Gegenstandes.

Knaus ↑Knust.

Knauser (*ugs.* für:) „Geizhals": Das seit dem 17. Jh. bezeugte Wort hat sich vom *Mitteld.* *(Schles.)* ausgehend im *dt.* Sprachgebiet ausgebreitet. Es ist vermutlich eine Bildung zu dem untergegangenen Adjektiv *frühnhd.* knaus „hochfahrend", *mhd.* knūʒ, „keck; waghalsig; hochfahrend", das im Ablaut zu der *germ.* Sippe von *aengl.* cnēatian „streiten" steht. 'Knauser' würde demnach eigentlich einen Menschen, der hochfahrend gegenüber den Armen ist, bezeichnen. Abl.: **knaus[e]rig** *ugs.* für „geizig" (18. Jh.); **knausern** *ugs.* für „geizig sein" (18. Jh.).

Knaust ↑Knust.

knautschen (*ugs.* und *landsch.* für:) „zusammendrücken, quetschen, knittern; schmatzend essen; leise weinen": Das seit dem 18. Jh. bezeugte Verb ist die verhochdeutschte Form von ↑*knutschen.* Zus.: **Knautschkommode** *ugs.* für „Ziehharmonika" (20. Jh.).

Knebel „Holz- oder Metallstab zum Spannen von Stricken, zum Absperren oder dgl.; zusammengedrehtes Tuch, das jemandem in den Mund gesteckt wird, um ihn am Schreien zu hindern": *Mhd.* knebel, *ahd.* knebil „Holzstück, Querholz (zum Fesseln oder dgl.), Pferdekummet", *niederl.* knevel „Holzstück; Knebel; Knebelbart", *aisl.* knefill „Baumast, Querstange" sind von *germ.* *knab- „Stock, Knüppel, Klotz" abgeleitet. Auf diese *germ.* Grundform geht auch die unter ↑*Knabe* (eigentlich „Stock, Knüppel") behandelte Sippe zurück. – Abl.: **knebeln** „fesseln, binden; den Mund verstopfen" (17. Jh.). Zus.: **Knebelbart** (16. Jh.; wohl deshalb so benannt, weil die beiden gedrehten Schnurrbartseiten mit Knebeln vergleichbar sind).

Knecht: *Mhd., ahd.* kneht „Knabe; Jüngling; Bursche, Kerl; Junggeselle; Diener; Knappe, Edelknabe; Krieger, Soldat; Held; Lehrling, Geselle", *niederl.* knecht „Diener; Knecht; Geselle", *aengl.* cniht „Knabe; Jüngling; Schüler; Diener; Krieger" (*engl.* knight „Ritter") gehen zurück auf *westgerm.* *knehta- „Knabe, Jüngling", das vielleicht eigentlich „Knüppel, Stock, Klotz" bedeutet und dann verwandt ist mit 'Knagge[n]' *nordd.* für „Holzstütze, Leiste; Kleiderhaken[brett]; Zapfen, Pflock" (s. d.). Zum Bedeutungsübergang beachte z. B. 'Bengel' und 'Knabe' (eigentlich „Stock, Knüppel, Klotz"). – Von den zahlreichen Zusammensetzungen, die z. T. noch die älteren Bedeutungen des Wortes widerspiegeln, beachte z. B. 'Fußknecht, Landsknecht, Bootsknecht, Brauknecht, Reitknecht'. Auch Geräte, die dem Menschen dienen, werden 'Knecht' genannt, beachte z. B. **Stiefelknecht.** Abl.: **knechten** „unterdrücken, zum Sklaven machen" (19. Jh.); **knechtisch** (um 1500); **Knechtschaft** (16. Jh.).

kneifen: Das seit dem 16. Jh. bezeugte Verb ist die verhochdeutschte Form von ↑ [1]kneipen. – Auf studentensprachlich 'kneifen' „bei der Mensur den Kopf vor dem Hieb einklemmen oder wegstecken" beruht die *ugs.* Verwendung des Verbs im Sinne von „sich vor etwas drükken, Angst haben". Beachte dazu auch **auskneifen** „sich vor etwas drücken, fliehen", das gleichfalls aus der Studentensprache in die Umgangssprache gelangte. Gebräuchlich ist auch die Präfixbildung **verkneifen** „zusammenpressen", beachte das 2. Partizip **verkniffen,** reflexiv „etwas unterlassen, sich etwas versagen". – Abl.: **Kneifer** (19. Jh.; Lehnübertragung von *frz.* pince-nez, beachte 'Klemmer' und 'Zwicker'). Zus.: **Kneifzange** (17. Jh.; ↑ Zange). S. auch den Artikel *Kniff.*

Kneipe: Das seit dem 18. Jh. – zuerst in der Zusammensetzung 'Kneipschenke' – bezeugte Wort gehörte zunächst hauptsächlich der Studentensprache an und bezeichnete eine kleine schlechte Schenke und das dort abgehaltene Trinkgelage sowie das [kleine] Zimmer eines Studenten. Im Sinne von „kleine Schankwirtschaft, billiges [Bier- oder Wein]lokal" wurde es dann gemeinsprachlich. Das Wort gehört zu ↑ [1]*kneipen* „klemmen, kneifen", entweder im Sinne von „enger, beklemmender Raum" (beachte 'Quetsche' *ugs.* für „kleiner Raum, kleine Schankwirtschaft", s. unter *quetschen*) oder im Sinne von „Gefängniszelle" (eigentlich „Klemme, Vorrichtung zum Einschließen der Gefangenen"). Abl.: **[2]kneipen** „eine Kneipe besuchen; zechen" (18. Jh.).

[1]kneipen (*mdal.* für:) „klemmen, zwicken": Das durch die verhochdeutschte Form ↑ kneifen in den Mundartenbereich zurückgedrängte Verb wurde in *frühnhd.* Zeit aus dem *Niederd.* übernommen. *Mnd.* knīpen „klemmen, zwikken" ist mit *niederl.* knijpen „kneifen" und *schwed.* knipa „klemmen, kneifen" wahrscheinlich lautnachahmenden Ursprungs, beachte das [elementar]verwandte *lit.* gnýbti „kneifen". Siehe auch den Artikel *knipsen.*

[2]kneipen ↑ Kneipe.

kneippen „eine Kur nach Kneipp machen": Das seit den zwanziger Jahren des 20. Jh.s gebräuchliche Verb ist von dem Familiennamen des Pfarrers Sebastian Kneipp (1821 bis 1897) abgeleitet.

kneten: Das *altgerm.* starke Verb *mhd.* kneten, *ahd.* knetan, *niederl.* kneden, *schwed.* (umgestaltet) knåda ist mit der *baltoslaw.* Sippe von *russ.* gnesti „drücken, pressen" verwandt. Über die weiteren *innergerm.* Zusammenhänge s. die Artikel *knutschen, knüllen, Knopf, Knust.*

knicken: Das in *frühnhd.* Zeit aus dem *Niederd.* übernommene Verb geht auf *mnd.* knikken zurück, das im Ablaut zu der *nord.* Sippe von *aisl.* kneikja „biegen, zusammendrücken" steht. Die weiteren Beziehungen dieser *germ.* Wortgruppe sind unklar. Im *Dt.* hat 'knicken' z. T. lautmalenden Charakter und ahmt im Gegensatz zu 'knacken' helle Klangeindrücke nach. Früher hatte 'knicken' auch die Bedeutungen „eine Verbeugung machen" (↑ Knicks) und „abzwacken, knausern". An den letzteren Sinn schließt sich **[1]Knicker** *ugs.* für „Geizhals" an. Davon sind abgeleitet **knick[e]rig** *ugs.* für „geizig" (18. Jh.) und **knickern** *ugs.* für „geizig sein" (18. Jh.). Die seit dem 16. Jh. bezeugte Bildung **[2]Knicker** wird im Sinne von „zusammenklappbares Messer, Jagdmesser" gebraucht. Abl.: **Knick** (17. Jh.; *mnd.* knick).

Knickerbocker „halblange weite Überfallhose": Der Name des Kleidungsstücks ist eine junge Entlehnung des 20. Jh.s aus *engl.* knickerbockers. Das *engl.* Wort ist Gattungsname nach einem von W. Irving in seinem Roman 'History of New York' erfundenen Ureinwohner D. Knickerbocker, der als typischer Vertreter der aus Holland stammenden ersten Siedler New Yorks galt (weite Kniehosen gehören zur charakteristischen Kleidung der Holländer).

Knicks: Das seit dem 17. Jh. bezeugte Wort ist eine Bildung zu ↑ *knicken* in dessen älterer Bed. „eine Verbeugung (durch Kniebeugung) machen". Beachte zur Bildung z. B. 'Klecks' und 'Klops'. Abl.: **knicksen** (18. Jh.).

Knie: Die *gemeingerm.* Körperteilbezeichnung *mhd.* knie, *ahd.* kneo, *got.* kniu, *engl.* knee, *schwed.* knä geht mit verwandten Wörtern in anderen *idg.* Sprachen auf *idg.* *ĝenu- „Knie" zurück, vgl. z. B. *aind.* jā́nu „Knie", *griech.* góny „Knie" (↑ diagonal) und *lat.* genu „Knie". Über weitere Zusammenhänge s. den Artikel *Kind.* Abl.: **knien** (*mhd.* knie[we]n, *ahd.* kniuwen), beachte die Präfixbildung **beknien** *ugs.* für „jemandem zusetzen" (20. Jh.). Zus.: **Kniefall** (18. Jh.; zu *mhd.* knievallen „auf die Knie stürzen"), dazu **kniefällig** (18. Jh.); **Kniekehle** (*mhd.* kniekel; ↑ Kehle); **Kniescheibe** (*mhd.* knieschībe).

Kniff: Das zu ↑ *kneifen* gebildete Substantiv (18. Jh.) bedeutete zunächst „Kneifen", dann „[durch Kneifen entstandene] Falte". An diesen Sinn schließt sich das abgeleitete Verb **kniffen** „in Falten legen" (19. Jh.) an. Weiterhin bezeichnete 'Kniff' speziell die betrügerische Kennzeichnung (Einkneifung) einer Spielkarte, worauf die Verwendung des Wortes im Sinne von „unerlaubter Kunstgriff, Trick, List" beruht. Abl.: **kniffig** „listig, schlau" (19. Jh.).

kniff[e]lig „verwickelt, schwierig": Das seit dem 19. Jh. bezeugte Adjektiv, das im heutigen Sprachgefühl als zu 'Kniff' gehörend empfunden wird, ist eine Bildung zu dem nur noch *mdal.* Verb 'kniffeln, knüffeln' „mühselige Arbeit verrichten".

Knilch ↑Knülch.

knipsen „ein knipsendes Geräusch verursachen, knips machen", *ugs.* für „wegschnellen, schnippen; lochen; fotografieren": Das seit dem 17. Jh. bezeugte Verb ist – wie auch das heute veraltete, aber noch *mdal.* knippen „schnellen, schnippen, abzwicken" – lautnachahmenden Ursprungs. Es hat sich in der Verwendung z. T. mit [1]kneipen (s. d.) vermischt. Abl.: **Knips** „knipsendes Geräusch" (17. Jh.).

Knirps: Das seit dem 18. Jh. – zuerst in der Form 'Knirbs' – bezeugte Wort für „kleiner Kerl, Zwerg" stammt aus *ostmitteld.* Mundarten. Die weitere Herkunft des Wortes ist unklar. Vielleicht ist es mit ↑*Knorpel* verwandt.

knirren: Das seit dem 16. Jh. bezeugte Verb gibt im Gegensatz zu ↑knarren und ↑knurren einen hellen Klangeindruck wieder. Es ist heute durch die Weiterbildung **knirschen** (16. Jh.) in den *mdal.* Bereich zurückgedrängt. Beachte den Artikel *zerknirscht.*

knistern: Das seit dem 16. Jh. bezeugte Verb ist lautmalenden Ursprungs und ahmt im Gegensatz zu ↑knastern helle Klangeindrücke nach. Daneben finden sich auch Formen mit anlautendem g-, vgl. z. B. *mitteld., mnd.* gnister[e]n.

Knittel ↑Knüttel.

Knittelvers ↑Knüttelvers.

knittern: Das im 17. Jh. aus dem *Niederd.* übernommene Verb ist – wie auch ↑knattern – lautnachahmender Herkunft. Es wird heute gewöhnlich im Sinne von „[Papier, Stoff] in unregelmäßige Falten bringen, knüllen" gebraucht, beachte die Präfixbildungen und Zusammensetzungen **verknittern, zerknittern** und **knitterfest, knitterfrei.**

knobeln „[aus]losen, würfeln": Das seit dem 19. Jh. bezeugte Verb, das zunächst in der Studentensprache gebräuchlich war, ist von dem Substantiv **Knobel** *mdal.* für „Knöchel; (aus Knöcheln geschnittener) Würfel" abgeleitet, beachte *mhd.* knübel, *spätahd.* knovel „[Finger]knöchel". Zus.: **Knobelbecher** „Würfelbecher" (19. Jh.; im 20. Jh. auch soldatensprachlich für „Schaftstiefel").

Knoblauch: Der Name des Zwiebelgewächses ist zusammengesetzt aus den unter ↑*Kloben* (eigentlich „Gespaltenes, Spalt") und ↑*Lauch* behandelten Wörtern. Das Gewächs ist nach seinem in Zehen gespaltenen Wurzelknopf als „gespaltener Lauch, Zehenlauch" benannt. Die *nhd.* Form 'Knoblauch' geht zurück auf *mhd.* knobelouh, *spätahd.* cnufloch, das aus *ahd.* chlobi-, chlofalouh dissimiliert ist (wie z. B. *mhd.* kniuwel aus kliuwel, ↑Knäuel). Die nicht dissimilierte Form (*mhd.* klobelouh, *nhd.* Kloblauch) hielt sich daneben bis ins 18. Jh.

Knöchel: Das von ↑*Knochen* abgeleitete Wort (*spätmhd.* knöchel, knochel) ist eine Verkleinerungsbildung und bedeutet demnach eigentlich „kleiner Knochen". Heute wird 'Knöchel' im Sinne von „kleiner, hervorstehender Knochen am Fußgelenk oder am Finger" gebraucht.

Knochen: Das seit dem 14. Jh. im *dt.* Sprachgebiet bezeugte Wort hat 'Bein' im Sinne von „Knochen" weitgehend zurückgedrängt (s. den Artikel *Bein*). *Mhd.* knoche, *mnd.* knoke, *niederl.* kno[o]k, *schwed. mdal.* knoka „Knochen" sind zu einem ursprünglich lautnachahmenden Verb gebildet, das zu der unter ↑*knacken* behandelten Gruppe von Schallnachahmungen gehört. Vgl. *mhd.* knochen „drücken, pressen", *aengl.* cnocian „schlagen, stoßen" (↑knockout), *aisl.* knoka „klopfen, schlagen". Der Knochen ist also benannt als das, womit man anstößt oder gegen etwas schlägt. Abl.: **Knöchel** (s. d.); **knöchern** „aus Knochen bestehend" (18. Jh.), dazu **verknöchern** (18. Jh., beachte besonders das Partizipialadjektiv **verknöchert,** das auch im Sinne von „[geistig] unbeweglich, spießig" gebraucht wird); **knochig** „mit [vielen] starken Knochen versehen, grobschlächtig" (15. Jh.). Zus.: **Knochenfraß** (um 1800; für älteres 'Beinfraß'); **Knochenhauer** *nordd.* veraltet für „Fleischer, Schlächter" (um 1500); **Knochenmann** „der Tod als Knochengerippe" (17. Jh.).

knockout „kampfunfähig" (Boxsport), dafür meist die Abk. 'k. o.' (beachte die Wendung 'jemanden k. o. schlagen'); auch substantiviert: **Knockout** (Abk. 'K. o.'): Der boxersprachliche Ausdruck, der *ugs.* auch im Sinne von „erschöpft, völlig erledigt" verwendet wird, ist eine junge Entlehnung aus dem *Engl.* Ausgangspunkt ist das *engl.* Verb to knock out „[her]ausschlagen; entscheidend besiegen", das – teilweise übersetzt – in unserem Verb **ausknocken** „durch K. o. besiegen; ausstechen, besiegen" (20. Jh.) erscheint. *Engl.* to knock „schlagen, stoßen" ist etymologisch mit *dt.* ↑*knacken* verwandt (vgl. *Knochen*).

Knödel: Der vorwiegend *süd[ost]d.* Ausdruck für „Kloß (als Speise)" geht zurück auf *spätmhd.* knödel, das eine Verkleinerungsbildung zu *mhd.* knode, knote „Knoten" (vgl. *Knoten*) ist und also eigentlich „kleiner Knoten" bedeutet. Abl. **knödeln** *ugs.* für „wie mit einem Knödel im Hals singen oder sprechen" (20. Jh.).

Knolle, Knollen: *Mhd.* knolle „Klumpen; [Erd]scholle; plumper Mensch", *niederl.* knol „Knolle; Rübe", *engl.* knoll „kleiner Hügel, Kuppe", *norw.* knoll „Knolle" gehen auf *germ.* *knuzla- oder *knuđlá- „zusammengeballte Masse, Klumpen" zurück. Über die weiteren Zusammenhänge s. die Artikel *knüllen* und *knutschen.* Abl.: **knollig** „in der Form einer Knolle, rundlich verdickt" (18. Jh.; für älteres 'knollicht'). Zus.: **Knollenblätterpilz** (20. Jh.; für älteres 'Knollenblätterschwamm'; nach der knolligen Verdickung am unteren Stielende).

Knopf: *Mhd.* knopf „Knorren; Knospe; Kugel; kugelförmiges Ende, Knauf; Knoten, Schlinge; Hügel“, *ahd.* knopf „Knoten, Knorren“, *niederl.* kno[o]p „Knopf; Knauf; Knospe“, *engl.* knop „Knospe; Knopf“, *schwed.* knopp „Knospe; Knauf“ gehen zurück auf *germ.* *knuppa- „zusammengeballte Masse, Klumpen“, das im Ablaut zu gleichbed. *knaupa- (vgl. *Knauf*) steht. Von *germ.* *knuppa- bzw. vom Stamm *knup- sind abgeleitet die unter ↑*knüpfen,* ↑*Knüppel* und ↑*Knospe* behandelten Wörter (beachte auch *knuffen*). Weiterhin verwandt sind die Sippen von ↑Knoten und ↑Knust. Es handelt sich um eine umfangreiche Gruppe *germ.* Wörter, die mit kn- anlauten und von einer Bedeutung „zusammendrücken, ballen, pressen, klemmen“ ausgehen (vgl. *knutschen, knüllen, kneten*). – Wie 'Knödel' zu 'Knoten' so stellt sich **Knöpfle** *südwestd.* für „Kloß“ zu 'Knopf', beachte *schweiz.* **Knöpfli** „Spätzle“. Abl.: **knöpfen** (15. Jh.), beachte auch **abknöpfen** *ugs.* für „ab-, fortnehmen“ und [sich jemanden] **vorknöpfen** *ugs.* für „zurechtweisen, maßregeln“, wohl eigentlich „jemanden an den Knöpfen heranziehen und vor sich hinstellen“).

knorke: Die Herkunft des *ugs.* Ausdrucks für „fabelhaft, tadellos“ ist ungeklärt. Das Wort, das von Berlin ausgehend in den zwanziger Jahren in die Umgangssprache gelangte, soll eine scherzhafte Augenblicksprägung der Kabarettistin Claire Waldoff (1884–1957) sein.

Knorpel: Das seit dem 15. Jh. – zuerst in der Zusammensetzung 'knorpelbein' – bezeugte Wort ist vermutlich mit ↑*Knirps* und ↑*Knorren* verwandt. Abl.: **verknorpeln** (19. Jh.); **knorp[e]lig** (17. Jh.).

Knorren: *Mhd.* knorre „knotenförmige Verdickung; hervorstehender Knochen; Knorpel, Auswuchs, Buckel; kurzer, dicker Mensch“ ist vermutlich mit den unter ↑*Knorpel* und ↑*Knirps* behandelten Wörtern verwandt, vgl. auch *niederl.* knor „Knoten, Knorren“ und *engl.* knar „Knorren“. Die weiteren Zusammenhänge sind unklar. Abl.: **knorrig** „krumm gewachsen und mit vielen Verdickungen; alt und zäh, wenig umgänglich“ (15. Jh.). Siehe auch den Artikel *Knorz.*

Knorz: Der *oberd. mdal.* Ausdruck für „knotenförmige Verdickung, Knorpel, Auswuchs“ geht auf gleichbed. *ahd.* chnorz zurück, das eine Weiterbildung von dem unter ↑*Knorren* behandelten Wort ist, beachte *norw.* knort „Knorren, Knoten“. Abl.: **knorzen** *oberd. mdal.* für „sich abmühen; knausern“; **Knorzer** *oberd. mdal.* für „Knirps; Knauser, Geizhals“; **knorzig** *oberd. mdal.* für „knorrig; knauserig, geizig“.

Knospe: Die *nhd.* Form geht auf *spätmhd.* knospe „Knorren“ zurück, das wahrscheinlich aus *mhd.* *knofse, *knobze umgestellt ist, wie z. B. *mhd.* wespe aus wefse, webze (↑Wespe). Das Wort beruht auf einer Weiterbildung des unter ↑*Knopf* dargestellten *germ.* Stammes. – In der heutigen Bedeutung ist 'Knospe' erst seit dem Ende des 17. Jh.s bezeugt. Abl.: **knospen** „Knospen treiben“ (18. Jh.).

Knoten: Die *nhd.* Form Knoten geht zurück auf *mhd.* knote, *ahd.* knoto „knotenförmige Verdickung, Knospe, Knorren, Knorpel“, wozu auch die Bildungen ↑Knöterich und ↑Knüttel gehören. Daneben existierte früher die gleichbedeutende Form *mhd.* knode, *ahd.* knodo, zu der sich die Bildung ↑Knödel stellt. Verwandt sind die andersgebildeten Substantive *mnd.* knutte „Knoten“, *engl.* knot „Knoten; Bündel“, *schwed.* knut „Knoten“ (↑Knute) sowie das Verb ↑knautschen, knutschen. Die ganze Sippe gehört zu einer umfangreichen Gruppe *germ.* Wörter, die mit kn- anlauten und von einer Bedeutung „zusammendrücken, ballen, pressen, klemmen“ ausgehen (vgl. *Knopf, Knust, knüllen, kneten*). Abl.: **knoten** „zu einem Knoten schlingen; mit einem Knoten verknüpfen“ (im 13. Jh. *mitteld.* in: entknoten „den Knoten lösen“); **knotig** „voller Knoten“ (15. Jh.). Zus.: **Knotenpunkt** „Ort, an dem wichtige Verkehrswege zusammentreffen“ (18. Jh.); **Knotenstock** „[Spazier]stock mit Verdickungen“ (18. Jh.). – In der seemännischen Bed. „Seestundenmeile“ ist 'Knoten' Bedeutungslehnwort aus *engl.* knot, eigentlich „Knoten“, dann speziell „Knoten in der Schnur, an der das Log befestigt ist“.

Knöterich: Der seit dem 15. Jh. bezeugte Pflanzenname ist eine Bildung zu dem unter ↑*Knoten* behandelten Wort. Die Pflanze ist nach ihren knotenförmigen Stengelgelenken benannt.

knuffen: Das im 18. Jh. aus dem *Niederd.* übernommene Verb ist entweder – wie z. B. 'puffen' (s. d.) – lautnachahmenden Ursprungs oder gehört zu der *germ.* Wortgruppe von ↑*Knopf.* Abl.: **Knuff** „[leichter] Schlag, Stoß“ (18. Jh.).

Knülch, Knilch: Die Herkunft des *ugs.* Ausdrucks für „unangenehmer Mensch“ ist nicht sicher geklärt. Vielleicht ist 'Knülch' durch Dissimilation aus *Knün[i]ch entstanden, vgl. z. B. *rhein. mdal.* knünich „Kanonikus; Frömmling; verschlossener Mensch, Starrkopf“, das auf *kirchenlat.* canonicus „Kanonikus“ zurückgeht.

knüll[e]: Der seit der ersten Hälfte des 19. Jh.s bezeugte, zunächst studentische Ausdruck für „bezecht, betrunken“ gehört vermutlich zu ↑*knüllen.*

knüllen: *Mhd.* knüllen „stoßen, [er]schlagen“, *aengl.* cnyllan „klopfen, schlagen“, *aisl.* knylla „prügeln“ gehen auf *germ.* *knuzljan „[zusammen]drücken, stoßen, schlagen“ zurück, das mit den Sippen von ↑verknusen, ↑Knust, Knaus und ↑Knolle verwandt ist. Heute ist 'knüllen' im Sinne von „knautschen, zerknittern“ gebräuchlich. Siehe auch die Artikel *knüll[e]* und *Knüller.*

Knüller: Der *ugs.* Ausdruck für „Schlager, Reißer“ ist eine junge, wahrscheinlich journalistische Prägung (vielleicht nach *engl.* striker), die sich an ↑*knüllen* in dessen *mdal.* Bed. „schlagen“ anschließt.

Knüpfel ↑Knüppel.

knüpfen: Das nur *dt.* Verb *mhd.* knüpfen, *ahd.* knupfen ist von dem unter ↑*Knopf* dargestellten Substantiv in dessen alter Bedeutung „Knoten, Schlinge“ abgeleitet und bedeutet demnach eigentlich „knoten, schlingen". Zum Vokalverhältnis o: u, ü beachte z. B. das Verhältnis von 'voll' zu 'füllen' und von 'Zorn' zu 'zürnen'.

Knüppel: Das seiner Lautgestalt nach aus dem *Niederd.-[Ost]mitteld.* stammende Wort – *oberd. mdal.* gilt **Knüpfel** (*mhd.* knüpfol) – gehört im Sinne von „Knotenstock, Knorren" zu der Wortgruppe von ↑*Knopf* (beachte das Verhältnis von 'Knüttel' zu 'Knoten'). In *nhd.* Zeit hat sich 'Knüppel' mit einem zu ↑klopfen, kloppen gebildeten 'Klüppel' (vgl. *Klöppel*) vermischt. Das abgeleitete Verb **knüppeln** „schlagen, prügeln" wird heute auch im Sinne von „gehäuft auftreten" verwendet; dazu die Zusammensetzungen **niederknüppeln** und **zusammenknüppeln.** Beachte auch die Zusammensetzungen 'Knüppeldamm, -weg, -brücke'.

knuppern ↑knabbern.

knurren: Das seit dem 16. Jh. bezeugte Verb ist – wie auch ↑knarren und ↑knirren, knirschen – lautnachahmenden Ursprungs. Es gibt hauptsächlich den Laut wieder, den ein gereizter Hund oder ein leerer Magen von sich geben. Abl.: **knurrig** „verdrießlich" (um 1800). Zus.: **Knurrhahn** (18. Jh.; der Fisch ist so benannt, weil seine Kiemendeckelknochen, sobald er an die Luft kommt, ein knurrendes Geräusch hervorbringen; übertragen auch „mürrischer Mensch").

knuspern: Das seit dem 18. Jh. bezeugte, zunächst *niederd.* Verb ist – wie z. B. auch 'knuppern, knappern' (siehe *knabbern*) – lautnachahmenden Ursprungs. Abl.: **knusp[e]rig** „hart gebacken oder gebraten; lecker" (19. Jh.; *niederd.* 18. Jh.).

Knust: Der *nordd.* Ausdruck für „Brotkanten; Brotrinde; Kruste" geht auf *mnd.* knūst „knotiger Auswuchs, Knorren" zurück, vgl. *niederl.* knoest „Knorren", *dän.* knyst „Knorpel, Schwiele". Die verhochdeutschte Form **Knaust** ist heute veraltet. Daneben existiert eine Form ohne t: *südd. mdal.* **Knaus,** beachte *schweiz.* chnūs „Knorren, Klumpen", *fläm.* knoes „Knorren, Brotkanten", *aisl.* knauss „Bergkuppe". Die ganze Sippe gehört zu einer umfangreichen Gruppe *germ.* Wörter, die mit kn- anlauten und von einer Bed. „zusammendrükken, ballen, pressen, klemmen" ausgehen (vgl. *verknusen, knüllen, Knolle, Knopf, Knoten*).

Knute „Riemenpeitsche": Das Substantiv wurde im Anfang des 17. Jh.s aus *russ.* knut entlehnt, das ursprünglich „Knotenpeitsche" bedeutete und selbst aus *aisl.* knūtr „Knoten, Knorren" (verwandt mit *dt.* ↑*Knoten*) stammt.

knutschen: Das Verb, das seit dem Anfang des 20. Jh.s *ugs.* im Sinne von „heftig liebkosen, liebend und küssend an sich drücken" gebräuchlich ist, bedeutete früher „[zusammen]drücken, pressen, quetschen", beachte z. B. *mitteld.* (13. Jh.) zuknutschen „zerdrükken", *mhd.* knutzen „drücken, quetschen", *oberd.* (um 1500) knütschen „drücken". Die alte Bedeutung bewahrt die verhochdeutschte Form ↑knautschen. Über die weiteren Zusammenhänge s. den Artikel *Knopf.*

Knüttel, Knittel: Das auf das *dt.* Sprachgebiet beschränkte Substantiv (*mhd.* knüt[t]el, *ahd.* chnutil) ist eine Bildung zu dem unter ↑*Knoten* behandelten Wort in dessen älterer Bedeutung „Knorren" (beachte das zu 'Knopf' gehörige 'Knüppel', eigentlich „Knorren, Knotenstock"). Zus.: **Knüttelvers, Knittelvers** „vierhebiger, paarweise gereimter Vers; holpriger, schlechter Vers" (16. Jh.; das Bestimmungswort bedeutet hier soviel wie „Reim", beachte z. B. *engl.* staff „Stock, Stab" und „Vers, Stanze"; 'Knüttelvers' – daneben auch 'Knüppelvers' – diente dann auch zur Wiedergabe von *griech.-lat.* versus rhopalicus „Keulenvers").

[1]ko..., Ko...: Das Präfix mit der Bedeutung „zusammen, mit" ist aus gleichbed. *engl.* co... (vgl. *kon..., Kon...*) entlehnt, beachte z. B. 'Kopilot, Koproduktion'.

[2]ko..., Ko... ↑kon..., Kon...

k. o., K. o. ↑knockout.

Koalition „Vereinigung, [Parteien-, Staaten]bündnis": Das politische Fachwort wurde im 18. Jh. aus gleichbed. *frz.* coalition entlehnt, das selbst aus dem *Engl.* übernommen ist. Gleichbed. *engl.* coalition geht auf *mlat.* coalitio „Vereinigung, Zusammenkunft" zurück. Dies gehört zu *lat.* co-alescere (coalitum) „zusammenwachsen, sich vereinigen" (zu *lat.* alere „[er]nähren, großziehen"; vgl. *Alimente*).

Kobalt: Bis zum 17. Jh., als man Kobalt zur Blaufärbung zu nutzen begann, galt das Mineral als wertlos. Da die Bergleute in früheren Zeiten die Schädigung wertvoller Erze durch nicht nutzbare Erze oder Mineralien den Berggeistern zuschrieben, nannten sie das wertlose Mineral ↑*Kobold* (vgl. die Artikel *Quarz, Nickel, Wolfram*). Der Name ist seit dem 16. Jh. bezeugt (zunächst in den Formen kobol[e]t, kobelt, latinisiert cobaltum) und drang in die meisten europäischen Sprachen.

Kobel: Der vor allem in Süddeutschland und Österreich gebräuchliche Ausdruck für „Verschlag, Stall; Nest des Eichhörnchens" (*mhd.* kobel) gehört zu der Sippe von ↑*Koben.*

Koben: *Mhd.* kobe „[Schweine]stall; Verschlag, Käfig; Höhlung", *mnd.* kove[n] „[Schweine]stall; armselige Hütte" (daher die Nebenform 'Kofen'), *engl.* cove „Verschlag, Unterschlupf", *norw.* kove „Verschlag" gehören im Sinne von „Erdhöhle, mit Flechtwerk abgedeckte Grube" zu der unter ↑*Keule* dargestellten Wortgruppe. Siehe auch den Artikel *Kobold.*

Kober: Der *landsch.* Ausdruck für „[Trag]korb besonders für Eßwaren" (*spätmhd.* kober) gehört zu der Sippe von ↑*Koben.*

Kobold: Das nur *dt.* Wort (*mhd.* kóbolt und kobólt) bezeichnete ursprünglich einen guten Hausgeist, dann allgemein einen neckischen Geist, der Gutes tun oder Schaden anrichten kann (vgl. den Artikel *Kobalt*). Es handelt sich wahrscheinlich um eine verdunkelte Zusammensetzung, deren erster Bestandteil das unter ↑*Koben* „Verschlag, Stall, Häuschen" behandelte Wort ist, während der zweite Bestandteil zu ↑*hold* (vgl. 'Unhold' und 'Frau Holle') oder zu ↑*walten* (vgl. -walt in Zusammensetzungen) gehören kann. Demnach würde 'Kobold' eigentlich „Stall-, Hausgeist" bzw. „Stall-, Hauswalter" bedeuten. Siehe auch den Artikel *Kobolz*.

Kobolz: Das heute fast nur noch in der Wendung '[einen] Kobolz schießen' „[einen] Purzelbaum schlagen" gebräuchliche Wort hat sich im *nordd.* Sprachraum aus der endbetonten Form von ↑*Kobold* entwickelt. Die Bed. „Purzelbaum" bezieht sich auf das neckische, quirlige Gebaren eines Kobolds.

Koch: Das *altgerm.* Substantiv (*mhd.* koch, *ahd.* choch, *niederl.* kok, *engl.* cook, *schwed.* kock) beruht auf einer frühen Entlehnung aus *lat.* coquus (*vlat.* cocus) „Koch" (vgl. *kochen*). – Dazu als weibliche Bildung **Köchin** (15. Jh.).

kochen: Das auf das *Westgerm.* beschränkte Verb (*mhd.* kochen, *ahd.* kochōn, *mnd., niederl.* koken; die *nord.* Sippe von entsprechend *schwed.* koka stammt aus dem *Mnd.*) beruht auf einer frühen Entlehnung aus *lat.* coquere (coctum, *vlat.* cocere) „kochen, sieden; reifen" (etymologisch verwandt z. B. mit *griech.* péssein „kochen; verdauen", pépōn „durch die Sonne gekocht, reif"). Abl.: **Kocher** „Gerät zum Kochen" (18./19. Jh.). – Um *lat.* coquere gruppieren sich die Bildungen *lat.* coquus, *vlat.* cocus „Koch" (s. das Lehnwort *Koch*), *lat.* coquinus (*vlat.* cocinus) „zum Kochen gehörig", dazu das Substantiv *spätlat.* coquina (in *vlat.* Aussprache cocina) „Küche" (s. das Lehnwort *Küche*), daneben mit unklarer lautlicher Entwicklung gleichbed. *lat.* culina „Küche" (↑kulinarisch). – Beachte noch die hierhergehörenden Fremdwörter *Aprikose* und *Biskuit*.

Köcher: Die Herkunft der *westgerm.* Bezeichnung für das längliche Behältnis zum Aufbewahren und Tragen der Pfeile (*mhd.* kocher, kochære, *ahd.* kochar, chochāri, *niederl.* koker, *aengl.* cocer) ist nicht sicher geklärt.

Köchin ↑Koch.

Kocke ↑Kogge.

kodd[e]rig: Der *nordd.* Ausdruck für „schäbig, schlecht; übel; unverschämt, frech" ist eine Ableitung von *nordd.* **Kodder** „Lumpen, [Wisch]lappen" (*niederd.* kod[d]er), das vermutlich zu der Sippe von ↑*Kotze landsch.* für „Wollzeug" gehört. In der Bed. „unverschämt, frech" stellt sich 'kodderig' wohl zu *niederd.* kod[d]er „Schleim, Rotz".

Kode: Die Bezeichnung für „System von verabredeten Zeichen; Schlüssel zur Entzifferung von Geheimnachrichten" wurde im 19. Jh. im Bereich der Fernmeldetechnik und des militärischen Nachrichtenwesens aus gleichbed. *engl.* code bzw. *frz.* code entlehnt und geht letztlich auf *lat.* codex „Schreibtafel; Buch; Verzeichnis" zurück (vgl. *Kodex*). Abl.: **kodieren** „mit Hilfe eines Kodes verschlüsseln" (20. Jh.).

Köder: Das nur *dt.* Wort für „Lockspeise" (*mhd.* kö[r]der, querder, *ahd.* querdar) gehört wahrscheinlich im Sinne von „Fraß, Speise" zu der vielgestaltigen *idg.* Wurzel *gᵘer[ə]- „fressen, verschlingen", vgl. aus anderen *idg.* Sprachen z. B. *aind.* giráti „verschlingt", *lit.* gérti „trinken" und *lat.* gurgulio „Schlund, Kehle" (↑Gurgel). Auch die unter ↑*Kragen* (ursprünglich „Schlund") behandelte Sippe gehört zu dieser Wurzel. Abl.: **ködern** „mit einem Köder fangen; verlocken" (*mhd.* kerdern, querdern).

Kodex „Handschrift; Gesetzbuch, Gesetzessammlung", auch übertragen gebraucht in der Zusammensetzung **Ehrenkodex:** Das erst im 18. Jh. allgemeiner bekanntgewordene Fremdwort wurde in der Gelehrtensprache aus gleichbed. *lat.* codex übernommen. Dies bedeutet eigentlich „abgeschlagener Baum, gespaltenes Holz" (zu *lat.* cudere „schlagen", das mit *dt.* ↑*hauen* urverwandt ist), dann übertragen „Schreibtafel (aus gespaltenem Holz); Buch; Verzeichnis usw." Auf *lat.* codex geht *frz., engl.* code (↑Kode) zurück. – Abl.: **kodifizieren** „[Rechts]normen systematisch [in einem Gesetz] erfassen", **Kodifikation** (beides junge *nlat.* Bildungen; Grundwort ist *lat.* facere „machen, tun", vgl. *Fazit*).

Kofent ↑Konvent.

Koffein: Das Substantiv ist die fachsprachliche Bezeichnung für einen besonders in der Kaffeebohne und im Teeblatt enthaltenen, synthetisch herstellbaren pflanzlichen Wirkstoff, der in der Medizin u. a. als [Kreislauf]anregungsmittel Verwendung findet. Das Wort ist eine gelehrte Bildung (19. Jh.) zu ↑*Kaffee* bzw. zu der entsprechenden *engl.* Form coffee „Kaffee". Im *Engl.* selbst gilt dafür caffeine (aus gleichbed. *frz.* caféine).

Koffer: Das Substantiv erscheint zuerst im 14. Jh. am Niederrhein als coffer, cuffer mit der Bed. „Kiste, Truhe". Im 16. Jh. gelangte es in dieser Bedeutung in die Hochsprache. Die heute gültige Bed. „Reisekoffer" setzte sich erst im 18./19. Jh. durch. – Was die Herkunft des Wortes betrifft, so wurde es durch *niederl.* Vermittlung aus *frz.* coffre „Kiste, Kasten, Truhe, Lade; Koffer" entlehnt, das seinerseits vermutlich (bei unklarem Suffix) auf *spätlat.* cophinus „Weidenkorb" beruht. Die letzte bekannte Quelle des Wortes ist dann *griech.* kóphinos „großer Weidenkorb".

Kogel ↑Kugel.

Kogge: Das hochbordige, dickbauchige Segelschiff, wie es speziell von der Hanse verwendet wurde, ist nach seiner kugelartig runden Gestalt benannt. Die *niederd.* Form 'Kogge' geht auf *mnd.* kogge zurück, das mit älter *nhd.* **Kocke** (*mhd.* kocke, *ahd.* kocho) und *engl.* cog zu der Sippe von ↑Kugel gehört (vgl. *Keule*).

[1]Kohl: Wie mehrere andere Gemüsearten (beachte z. B. die Artikel *Kürbis* und *Zwiebel*), so lernten die Germanen auch den Kohl durch die Römer kennen und übernahmen mit der Pflanze auch das Wort. *Ahd.* kōl, kōli, chōlo, *mhd.* kōl, kœl[e], *asächs.* kōli, *aengl.* cā[u]l, cāwel (*engl.* cole) sind entlehnt aus *lat.* caulis „Kohl", das eigentlich „Strunk, Stengel, Stiel" bedeutet (vgl. *hohl*). Auf *lat.* caulis beruhen z. B. auch *frz.* chou und *it.* cavolo (↑Karfiol und ↑Kohlrabi).

[2]Kohl „Unsinn, Geschwätz" *(ugs.):* Das am Ende des 18. Jh.s in der Studentensprache aufkommende Wort stammt vermutlich aus *hebr.*

qôl (> *jidd.* kol) „Gerücht", eigentlich „Stimme, Rede", hat sich aber früh an ↑[1]Kohl „Kraut" angelehnt. – Abl.: [1]**kohlen** „törichtes Zeug reden, schwindeln" (*ugs.;* 18. Jh.), dazu das Präfixverb **verkohlen** *ugs.* für „anführen" (19. Jh.).

Kohldampf „Hunger" *(ugs.),* häufig in der Wendung 'Kohldampf schieben': Das seit dem Ende des 19. Jh.s durch die Soldatensprache allgemein bekannt gewordene Wort stammt aus dem *Rotwelschen.* Grundwort ist ↑Dampf, das in der Gaunersprache für „Hunger" gebraucht wird, Bestimmungswort *rotwelsch* Kohler, Kol[l]er „Hunger" (vielleicht identisch mit ↑Koller „Wut"). Die Zusammensetzung hat jedenfalls tautologischen Charakter.

Kohle: Das *altgerm.* Wort *mhd.* kol, *ahd.* kol[o], *niederl.* kool, *engl.* coal, *schwed.* kol bezeichnete zunächst die Holzkohle und ging dann auf die Braun- und Steinkohle über. Mit *germ.* *kula[n]- „Holzkohle" ist *ir.* gūal „Kohle" verwandt. Die weiteren *idg.* Beziehungen sind unklar. – Auf den tiefschwarzen Farbton der Steinkohle beziehen sich z. B. die Zusammensetzungen **kohlschwarz, Kohlmeise** (*mhd.* kolemeise; nach dem schwarzen Kopf), **Kohlrabe** (18. Jh.), dazu **kohlrabenschwarz.** Abl.: [2]**kohlen** „schwelen; Kohlen brennen" (14. Jh.; beachte auch die Präfixbildungen **bekohlen** „mit Kohlen versorgen" und **verkohlen** „zu Kohle verbrennen"); **Köhler** (*mhd.* koler, köler „Kohlenbrenner"). Zus.: **Kohlensäure** (19. Jh.); **Kohlenstoff** (19. Jh.).

Kohlrabi: Der Anbau der Gemüseart, die bereits im Mittelalter in Mitteleuropa bekannt war, wurde in der Neuzeit von Italien ausgehend neu gefördert. In diesem Zusammenhang wurden aus *it.* hochsprachlich cavoli rape *(Plural), mdal.* cauliravi „Kohlrabi" (vgl. *Kohl* und *Rübe*) die *dt.* Formen im 17./18. Jh. entlehnt. Die heute übliche Form 'Kohlrabi' hat sich im ersten Bestandteil an das Wort '[1]Kohl' angelehnt. Die Form 'Kohlrübe', die in Teilen Deutschlands aber als Bezeichnung der Steckrübe (weiße Rübe, Wruke) dient, hat sich im zweiten Bestandteil an 'Rübe' angeschlossen.

Koitus: Der medizinisch-fachsprachliche Ausdruck für „Beischlaf" ist aus gleichbed. *lat.* coitus (eigentlich „das Zusammengehen, das Zusammenkommen") entlehnt. Über das Stammwort *lat.* ire „gehen" (coire „zusammengehen") vgl. den Artikel *Abiturient.* Abl.: **koitieren** „begatten".

Koje „Schlafstelle [auf Schiffen]", *ugs.* auch scherzhaft für „Bett": Das Wort wurde um 1600 durch *mnd.* Vermittlung aus *mniederl.* koye (= *niederl.* kooi) „Schlafstelle auf Schiffen; Verschlag; Stall" entlehnt. Dies geht auf *lat.* cavea „Käfig, Behältnis" zurück, das auch das Lehnwort ↑*Käfig* lieferte.

Kojote: Der Name des nordamerikanischen Präriewolfs wurde – wohl über *engl.* coyote – aus *span.-mexikanisch* coyote (< *aztek.* coyot) entlehnt.

Kokain: Die wissenschaftliche Bezeichnung für das aus den Blättern des Kokastrauchs gewonnene Rauschgift, das in der Medizin als Betäubungs- und Arzneimittel eine Rolle spielt, entstand im 19. Jh. Der Kokastrauch ist in Südamerika beheimatet. Sein über die Ketschua-Sprache aus der Aimara-Sprache stammender *span.* Name coca erscheint schon im 16. Jh. in *nhd.* Texten (heute besonders bekannt durch 'Coca-Cola'). Die berauschende Eigenschaft der Blätter des Kokastrauchs lernten die Europäer von den peruanischen Indianern kennen, die diese Blätter – wie die Inder den Betel – zu kauen pflegen und sich dadurch in einen euphorischen Zustand körperlicher Hochleistungsfähigkeit versetzen. – In der Gaunersprache entwickelte sich aus 'Kokain' die heute *ugs.* gebräuchliche Form [3]**Koks** (dazu die Ableitungen **koksen** „Kokain schnupfen" und **Kokser** „jemand, der kokainsüchtig ist").

Kokarde „Abzeichen (Rosette) in den Nationalfarben an Uniformmützen": Das Fremdwort wurde im 18. Jh. aus gleichbed. *frz.* cocarde entlehnt. Dies beruht auf *frz.* bonnet à la coquarde (zu *afrz.* coquart, coquard „eitel, dumm", einer Bildung zu *frz.* coq „Hahn"; vgl. den Artikel *kokett*).

kokeln ↑gaukeln.

koken, Koker, Kokerei ↑[1]Koks.

kokett „eitel, gefallsüchtig": Das Adjektiv wurde im 18. Jh. aus gleichbed. *frz.* coquet entlehnt, das als Ableitung von *frz.* coq „Hahn" eigentlich „hahnenhaft" bedeutet. Bereits im 17. Jh., früher also als das Adjektiv, wurde das substantivierte Femininum **Kokette** „gefallsüchtige Frau" aus *frz.* coquette übernommen. Zu *frz.* coquet stellen sich die Ableitungen *frz.* coqueter und coquetterie, aus denen **kokettieren** „gefallsüchtig sein; liebäugeln" und **Koketterie** „Gefallsucht" (beide im 18. Jh.) entlehnt sind. *Frz.* coq ist gleichbedeutend mit *engl.* cock (das als Bestimmungswort in den Fremdwörtern ↑Cocktail und ↑Cockpit vorliegt). Beide, *frz.* coq und *engl.* cock, sind lautnachahmenden Ursprungs und gehen auf 'coco' zurück, das den Naturlaut der Hühner wiedergibt (beachte schon *mlat.* coccus „Hahn"). Gleicher Herkunft ist das in der Kindersprache entstandene Substantiv *frz.* cocotte „Hühnchen, Henne", das im *Frz.* zur Bezeichnung für eine Halbweltdame, eine Dirne wurde und in dieser Bedeutung im 19. Jh. als **Kokotte** entlehnt wurde. Vgl. auch die Artikel *Kokarde* und *Kokon.*

Kokke ↑Kokosnuß.

Kokolores: Die Herkunft des *ugs.* Ausdrucks für „Getue; Unfug, Unsinn" ist nicht sicher geklärt. Vielleicht gehört er zu *mnd.* gokeler „Gaukler" (vgl. *Gaukler*).

Kokon: Die Bezeichnung der Hülle der Insektenpuppe wurde im 18. Jh. aus gleichbed. *frz.* cocon entlehnt, als Friedrich der Große nach französischem Vorbild in Preußen die Seidenraupenzucht einführte. Das *frz.* Wort geht auf *prov.* coucoun „Eierschale" zurück, eine Bildung zu coco „Hahn" (vgl. den Artikel *kokett*).

Kokosnuß: Das Wort ist eine verdeutlichende Zusammensetzung für älteres 'Kokos', das im 17. Jh. aus gleichbed. *span., port.* coco entlehnt wurde. Das *span., port.* Wort bedeutet eigentlich „Butzemann, Gespenst", weil die Nuß mit ihren drei Samenöffnungen einem Gesicht ähnelt oder weil man daraus Gesichter schneiden kann. Es geht zurück auf *lat.* coccus (< *griech.* kókkos) „Kern, Beere; runder Auswuchs", aus dem unser Wort **Kokke** „Kugelbakterie" stammt.

Kokotte ↑kokett.

¹Koks „(aus Stein- oder Braunkohle gewonnener) Brennstoff": Das Substantiv wurde um 1800 aus dem *Plural* cokes von gleichbed. *engl.* coke entlehnt. Das *engl.* Wort, das aus *mengl.* colk „Kern[gehäuse]" hervorgegangen ist, gehört zu der unter ↑*Kolben* dargestellten *idg.* Sippe. – Abl.: **koken** „Koks herstellen"; **Koker** „Koksarbeiter"; **Kokerei** „Betrieb zur Herstellung von Koks".

²Koks: Die um 1900 aufgekommene *ugs.* Bezeichnung für „steifer Hut" stammt vielleicht aus dem *Jidd.* (beachte *jidd.* gag „Dach").

³Koks ↑Kokain.

kol..., Kol... ↑kon..., Kon...

Kolben, (veraltet:) Kolbe: Das Wort bezeichnete in *ahd.* und *mhd.* Zeit die Keule, wie sie speziell den Hirten und umherziehenden Narren als Waffe diente. Dann ging das Wort auf keulenförmige dicke Pflanzen oder Pflanzenteile über, beachte z. B. die Zusammensetzungen 'Maiskolben, Schilfkolben'. Weiterhin wurde es auf keulenähnliche Gegenstände, Maschinenteile und Geräte übertragen, beachte z. B. die Zusammensetzungen 'Gewehrkolben, Zylinderkolben, Schiffskolben, Destillierkolben'. – *Mhd.* kolbe, *ahd.* kolbo, *mnd.* kolve und die *nord.* Sippe von *aisl.* kolfr „Bolzen, Pfeil mit stumpfem Ende" gehören im Sinne von „Stock oder Stiel mit dickem Ende, klumpenförmiger Gegenstand" zu der umfangreichen Wortgruppe der vielfach erweiterten *idg.* Wurzel *gel[ə]- „zusammendrücken, ballen; sich ballen, klumpig werden", nominal „Geballtes, Klumpen, Kugel". Eng verwandt ist z. B. *lat.* globus „Erdkugel" (↑Globus). Im *germ.* Sprachbereich sind weiterhin verwandt die Sippen von ↑Klumpen, ↑Klüngel, ↑Klunker, ↑Kloß, ↑Klotz, ↑Knäuel, ↑¹Koks sowie vermutlich die unter ↑*Kalb* (eigentlich „Schwellung, Leibesfrucht") behandelten Wörter. *Außergerm.* vergleichen sich z. B. *lat.* galla „kugelartiger Auswuchs, Gallapfel" (↑²Galle) und glomus „Kloß, Knäuel" (↑Konglomerat). – An die Bedeutungswendung „zusammendrücken, umklammern, packen" schließen sich an die Sippen von ↑klemmen, ↑klamm, ↑Klamm, ↑Klammer, ↑Klampe, Klampfe, ↑klimmen und ↑klettern (eigentlich „sich festklammern"), ↑Klette (nach den anhaftenden Blütenköpfen) sowie die Sippen von ↑Klaue (eigentlich „die Pakkende" oder „die Geballte") und ↑Klafter (eigentlich „Armvoll, so viel man mit beiden Armen umfassen kann"). – Von der Bedeutungswendung „sich ballen, klumpig oder klebrig werden, kleben, schmieren" gehen aus die Sippen von ↑Klei „fette, zähe Tonerde", ↑Kleie (eigentlich „klebrige Masse"), ↑Kleister, ↑kleiben (eigentlich „kleben machen"), ↑kleben, ↑Klee (nach dem klebrigen Saft) sowie die Sippen von ↑Kleid (eigentlich „das mit Klei Gewalkte") und ↑klein (eigentlich „mit Fett eingeschmiert" oder „verschmiert, verputzt"). Verwandt sind wahrscheinlich auch die unter ↑*kalt* behandelten Wörter, die auf eine Wurzel *gel- „abkühlen, gefrieren" (wohl eigentlich „klumpig werden, gerinnen") zurückgehen.

Kolchos, auch: **Kolchose:** Die Bezeichnung für „landwirtschaftliche Produktionsgenossenschaft (in der Sowjetunion)" wurde in der ersten Hälfte des 20. Jh.s aus *russ.* kolhoz, Kurzform von *russ.* kollektivnoe hozjajstvo „Kollektivwirtschaft", entlehnt.

Kolibri: Der Name des sehr kleinen, prächtig gefiederten exotischen Vogels wurde im 18. Jh. aus gleichbed. *frz.* colibri entlehnt. Die Franzosen lernten den Vogel wohl im Kolonialgebiet der Kleinen Antillen kennen. Aus welcher Sprache der Name stammt und was er eigentlich bedeutet, ist unklar.

Kolik „krampfartig auftretender Schmerz im Leib und seinen Organen": Das Wort wurde im 16. Jh. als medizinischer Fachausdruck aus gleichbed. *lat.* colica entlehnt, das bereits in *dt.* Texten des 14. und 15. Jh.s auftritt. Das *lat.* Wort stammt aus *griech.* kōlikḗ (nósos) „Darmleiden". Dies ist eine Bildung zu dem *griech.* Substantiv kōlon, das zunächst allgemein jedes Glied des menschlichen oder tierischen Körpers bezeichnete, auch den Darm, und das dann zur Benennung verschiedener gliedartiger Dinge wurde (beachte den Artikel *Semikolon*).

kolken ↑Kolkrabe.

Kolkrabe: Der seit dem 16. Jh. bezeugte Vogelname enthält als Bestimmungswort ein lautnachahmendes 'kolk'. Im Gegensatz zu anderen Rabenarten, die krächzen, gibt der größte Rabenvogel einen eigentümlichen, mit 'kolk' wiederzugebenden Laut von sich. Beachte auch die lautnachahmenden Verben **kolken, kolksen, kolpen** *landsch.* für „krächzen, gurgeln, rülpsen, brechen", älter *schwed.* kolka, kulka „gurgeln" usw.

kolksen ↑Kolkrabe.

kollabieren „einen plötzlichen Schwächeanfall erleiden": Das medizinische Fachwort wurde im 19. Jh. aus *lat.* col-labi „zusammensinken, zusammenbrechen" entlehnt, einer Bildung zu *lat.* labi „gleiten, schlüpfen; ausgleiten, straucheln" (vgl. hierüber *labil*). Dazu gehört das Substantiv **Kollaps** „plötzlicher Schwächeanfall", das aus *mlat.* collapsus „Zusammenbruch" übernommen ist.

Kollaborateur „jemand, der mit dem Feind, mit dem Angehörigen einer Besatzungsmacht zusammenarbeitet": Das Fremdwort wurde während des 2. Weltkrieges aus gleichbed. *frz.* collaborateur entlehnt. Dies ist eine Bildung zu *frz.* collaborer „mitarbeiten", das auf *spätlat.* collaborare zurückgeht. Über das zugrundeliegende Substantiv *lat.* labor „Mühe, Arbeit usw." vgl. den Artikel *laborieren*.

Kollege „Amts-, Berufsgenosse; Mitarbeiter": Das Substantiv wurde im 16. Jh. aus gleichbed.

lat. collega (eigtl. „Mitabgeordneter“) entlehnt, das zu *lat.* lex (legis) „Gesetz“ (vgl. *legal*) bzw. zu dem davon abgeleiteten Verb *lat.* legare „jemanden (auf Grund einer gesetzlichen Verpflichtung) zu etwas abordnen, bestimmen“ gehört. – Dazu auch das Adjektiv **kollegial** „amtsbrüderlich; einträchtig, hilfsbereit“ (17. Jh.; aus gleichbed. *lat.* collegialis), ferner das Substantiv **Kollegium** „Kollegenschaft, Amtsgenossenschaft, Amtsgemeinschaft“ (17. Jh.; aus gleichbed. *lat.* collegium). Im akademischen Bereich entwickelte *lat.* collegium die Bedeutung „gelehrte Zusammenkunft, privates Seminar; Vorlesung“ (als Ersatzwort für den älteren Fachterminus 'lectio', vgl. *Lektion*).

Kollekte „Sammlung freiwilliger Gaben (Dankopfer) bei und nach dem Gottesdienst“: Das Fremdwort wurde im 16. Jh. aus *lat.* collecta „Beisteuer, Beitrag, Geldsammlung“ entlehnt. Dies gehört zu *lat.* colligere „zusammenlesen, sammeln“ (über die etymologischen Zusammenhänge vgl. den Artikel *Legion*). – *Lat.* col-ligere ist auch Ausgangspunkt für die Fremdwörter ↑Kollektion und ↑kollektiv, Kollektiv.

Kollektion „Mustersammlung (von Waren); Auswahl“: Das Fremdwort wurde im 18. Jh. aus gleichbed. *frz.* collection entlehnt, das auf *lat.* collectio „Aufsammeln; Sammlung“ zurückgeht (vgl. den Artikel *Kollekte*).

kollektiv „gemeinschaftlich; umfassend“: Das Adjektiv ist – vielleicht unter Einfluß von gleichbed. *frz.* collectif – aus *lat.* collectivus „angesammelt“ (zu *lat.* col-ligere „sammeln“, vgl. *Kollekte*) entlehnt. Es spielt auch in der Zusammensetzung eine Rolle, beachte z. B. 'Kollektivschuld'. Das Substantiv **Kollektiv** „Arbeits-, Produktionsgemeinschaft (in der sozialistischen Wirtschaftsform)“ wurde im 20. Jh. aus gleichbed. *russ.* kollektiv (< *lat.* collectivus) übernommen.

Koller: Der *ugs.* Ausdruck für „Wutausbruch, Tobsuchtsanfall“ geht auf *mhd.* kolre, *ahd.* kolero „Wut“ zurück. Quelle des Wortes ist – wie auch für *frz.* colère „Zorn, Wut“ – *griech.-lat.* choléra „Gallenbrechdurchfall“ (vgl. *Cholera*) mit der im *Mlat.* entwickelten übertragenen Bed. „galliges Temperament, Zornesausbruch“ (↑cholerisch). – Siehe auch den Artikel *Kohldampf*.

[1]**kollern,** *landsch.* auch **kullern:** Das seit dem 17. Jh. bezeugte Verb ist wahrscheinlich lautnachahmender Herkunft und gibt hauptsächlich den Laut des Truthahns und die Balztöne einiger Vogelarten wieder.

[2]**kollern,** *landsch.* auch **kullern** „rollen, purzeln“: Das seit dem Anfang des 18. Jh.s bezeugte Verb ist von 'Koller, Kuller' *mdal.*, bes. *mitteld.* für „Kugel“ abgeleitet. Dieses Substantiv ist weitergebildet aus gleichbed. *mdal.* Kulle, das aus *mhd.* kugele „Kugel“ entstanden ist (vgl. *Kugel*). Zus.: **Kulleraugen** *ugs.* für „erstaunte, große runde Augen“ (20. Jh.).

kollidieren „zusammenstoßen; sich überschneiden, sich kreuzen“: Das Verb wurde im 17. Jh. aus *lat.* col-lidere (collisum) „zusammenstoßen, aufeinanderprallen“, einer Bildung aus *lat.* con... „zusammen“ (vgl. *kon..., Kon...*) und *lat.* laedere „verletzen, beschädigen“ (vgl. *lädieren*), entlehnt. Dazu stellt sich das Substantiv **Kollision** „Zusammenstoß; Widerstreit (von Interessen, Rechten, Pflichten usw.), Konflikt“, das im 16. Jh. aus *lat.* collisio übernommen wurde.

Kollier „Halsschmuck“: Das Fremdwort wurde zu Beginn des 19. Jh.s aus *frz.* collier „Halsring, Halsstück; Halsschmuck“ entlehnt, das auf *lat.* collare (collarium) „Halsband“ zurückgeht. Das zugrundeliegende Substantiv *lat.* collum „Hals“ ist urverwandt mit *dt.* ↑*Hals*. – Siehe auch den Artikel *dekolletiert*.

Kolonie „Ansiedlung (von Menschen außerhalb des Mutterlandes); auswärtiges Besitztum eines Staates“: Das Fremdwort wurde im 16. Jh. aus *lat.* colonia „Länderei, Vorwerk, Ansiedlung, Niederlassung, Kolonie“ entlehnt. Dies ist eine Bildung zu *lat.* colere „bebauen, [be]wohnen; pflegen, ehren“ bzw. dem davon abgeleiteten Substantiv *lat.* colonus „Bebauer, Bauer, Ansiedler“ (beachte das hieraus entlehnte *frz.* colon > *engl.* clown in ↑Clown). Zu *lat.* colere gehören auch die Substantive *lat.* cultus „Pflege; Bildung, Erziehung; Verehrung, Huldigung“ und *lat.* cultura „Pflege (des Körpers und Geistes); Landbau usw.“ (siehe hierzu die Artikel *Kult, kultivieren* und *Kultur*). *Lat.* colere gehört wahrscheinlich zu der unter ↑*Hals* dargestellten *idg.* Wurzel $*k^{u}el-$ „[sich] drehen, [sich] herumbewegen“, so daß als ursprüngliche Bedeutung für 'colere' etwa „emsig beschäftigt sein; sich gewöhnlich irgendwo aufhalten“ anzusetzen wäre. – Abl.: **kolonial** „die Kolonien betreffend, aus ihnen stammend“ (19. Jh.; aus *frz.* colonial), vorwiegend (und schon früher) in Zusammensetzungen gebraucht wie **Kolonialgebiet, Kolonialpolitik** (19. Jh.), **Kolonialwaren** (veraltete Bezeichnung für Lebens- und Genußmittel [aus Übersee], um 1800 aufgekommen), dazu **kolonialisieren** „in koloniale Abhängigkeit bringen“ (20. Jh.); **Kolonist** „[An]siedler“ (18. Jh.; aus *engl.* colonist); **kolonisieren** „Kolonien gründen und entwickeln“ (18. Jh.; nach *frz.* coloniser, *engl.* to colonize); **Kolonisation** „Gründung und Entwicklung von Kolonien; wirtschaftliche Erschließung rückständiger Gebiete des eigenen Staates“ (18./19. Jh.; nach *frz.* colonisation, *engl.* colonization).

Kolonne „Marschformation [der Truppe]; Gliederungseinheit; [Zahlen]reihe“: Das Wort wurde im 18. Jh. aus *frz.* colonne „Säule; senkrechte Reihe; Marschformation“ entlehnt, das auf *lat.* columna „Säule“ (vgl. *kulminieren*) zurückgeht. – Dazu: **Kolonnade** „Säulengang, -halle“ (18. Jh.; aus gleichbed. *frz.* colonnade).

Koloratur „Ausschmückung und Verzierung einer Melodie mit einer Reihe umspielender Töne“ (beachte auch die Zusammensetzung 'Koloratursopran'): Der musikalische Fachausdruck wurde um 1600 aus *it.* coloratura „Farbgebung; Ausmalung, Verzierung, Ausschmükkung“ entlehnt, einer Bildung zu *it.* colorare „färben; Farbe, Schwung geben; ausschmükken". Dies geht zurück auf *lat.* colorare „färben" (vgl. *kolorieren*). Zugrunde liegt das *lat.* Substantiv color „Farbe, Färbung, Tönung, Ausschmückung", das zu der unter ↑*hehlen* dargestellten *idg.* Wortsippe gehört.

kolorieren „mit Farben ausmalen, bemalen": Das Verb wurde im 16. Jh. aus *lat.* colorare „färben" entlehnt (vgl. *Koloratur).*

Kolorit „Farb[en]gebung, Farbwirkung; eigentümliche Atmosphäre": Das Fremdwort wurde im 18. Jh. aus *it.* colorito entlehnt, einer Bildung zu *it.* colorire (= colorare) „färben; Farbe, Schwung geben; ausschmücken" (vgl. *Koloratur*).

Koloß „Riesenstandbild, mächtiges Bauwerk; riesenhafte, unförmige Gestalt": Das seit dem Ende des 16. Jh.s bezeugte Substantiv ist aus gleichbed. *lat.* colossus entlehnt, das seinerseits aus *griech.* kolossós „Riesenstatue" übernommen ist. Das *griech.* Wort stammt selbst wohl aus einer *vorgriech.* Mittelmeersprache. – Dazu stellt sich das Adjektiv **kolossal** „riesenhaft, gewaltig", das im 18. Jh. aus gleichbed. *frz.* colossal entlehnt wurde, daneben auch **kolossalisch** (18. Jh.).

kolpen ↑Kolkrabe.

kolportieren „Waren (besonders Bücher, Zeitschriften) herumtragen und feilbieten, hausieren; (übertragen:) Gerüchte verbreiten": Das Verb wurde im 19. Jh. aus gleichbed. *frz.* colporter entlehnt, das – unter dem Einfluß von 'porter à col' „auf den Schultern tragen" – aus älterem comporter hervorgegangen ist. Voraus liegt *lat.* com-portare „zusammentragen" (vgl. *kon..., Kon...* und *Porto*). – Dazu die Substantive **Kolportage** „Hausierhandel (besonders mit Büchern und Zeitschriften); Verbreitung von Gerüchten; literarisch minderwertiger, auf billige Wirkung abzielender Bericht" (19. Jh.; aus *frz.* colportage) und **Kolporteur** „Hausierer (besonders mit Büchern und Zeitschriften); jemand, der kolportiert" (18. Jh.; aus *frz.* colporteur).

Kolumne „senkrechte Reihe, Spalte, [Druck]seite": Das Wort der Druckersprache wurde im 16. Jh. aus *lat.* columna „Säule" entlehnt (über die etymologischen Zusammenhänge vgl. den Artikel *kulminieren*). Abl.: **Kolumnist** „Journalist, dem eine bestimmte Spalte einer Zeitung ständig zur Verfügung steht" (20. Jh.).

kom..., Kom... ↑kon..., Kon...

kombinieren „[planmäßig] zusammenstellen; berechnen, folgern; klug und harmonisch zusammenspielen": Das seit dem 17. Jh. bezeugte Verb ist aus *lat.* combinare „vereinigen", eigentlich „je zwei zusammenbringen" (zu *lat.* bini „je zwei", *lat.* bis „zweimal"; vgl. *bi..., Bi...*), entlehnt. Dazu stellt sich das Substantiv **Kombination,** das gleichfalls im 17. Jh. aus *spätlat.* combinatio „Vereinigung" übernommen wurde. Es bezeichnet neben der zweckmäßigen Verbindung zu einer Einheit auch die gedankliche Zusammenstellung verschiedener Möglichkeiten, ihre Untersuchung und die daraus resultierende Schlußfolgerung bzw. Vermutung. Ferner gilt es in der Mode im Sinne von „Zusammenstellung modisch aufeinander abgestimmter Kleidungsstücke". In der Sportsprache wird 'Kombination' in der Bedeutung „kluges, harmonisches Zusammenspiel" verwendet. – Von Interesse ist in diesem Zusammenhang noch die Kurzform 'Kombi' in Zusammensetzungen wie **Kombiwagen, Kombischrank** und **Kombinationszange** (zur Bezeichnung mehrfacher Verwendbarkeit), aus 'Kombiwagen' verselbständigt dann auch **Kombi** (20. Jh.).

Kombüse: Der seit dem Anfang des 18. Jh.s in *hochd.* Texten bezeugte seemännische Ausdruck für „Schiffsküche" stammt aus gleichbed. *niederd.* kambüse, das eine jüngere Nebenform mit m von *mnd.* kabūse „Bretterverschlag auf dem Schiffsdeck, der zum Kochen und Schlafen dient" ist (vgl. *Kabuse*).

Komet „Schweif-, Haarstern": Das Wort (*mhd.* komēte) geht über *lat.* cometa, cometes auf *griech.* komḗtēs „Haarstern" zurück, das zu *griech.* kómē „[Haupt]haar" gebildet ist und eigentlich „haartragend, behaart" bedeutet.

Komfort „luxuriöse Ausstattung, Einrichtung; Bequemlichkeit": Das Fremdwort wurde Anfang des 19. Jh.s aus *engl.* comfort „Behaglichkeit, Bequemlichkeit", älter auch „Trost, Stärkung; Zufriedenheit", entlehnt, das auf *afrz.* (= *frz.*) confort „Trost, Stärkung" zurückgeht. Dies ist eine Bildung zu *afrz.* conforter „stärken, trösten", das auf *kirchenlat.* con-fortare zurückgeht. Zugrunde liegt das *lat.* Adjektiv fortis „stark, kräftig, fest" (vgl. *Fort*). – Dazu das Adjektiv **komfortabel** „mit allen Bequemlichkeiten ausgestattet, behaglich, wohnlich" (19. Jh.; aus gleichbed. *engl.* comfortable < *afrz.* confortable „Trost, Stärkung bringend").

komisch „possenhaft; zum Lachen reizend, belustigend; sonderbar, eigenartig": Das seit dem 15. Jh. bezeugte Adjektiv, das bis ins 17. Jh. nur im Sinne von „zur Komödie gehörend" galt und erst dann unter *frz.* Einfluß die allgemeineren Bedeutungen annahm, geht auf *lat.* comicus zurück, das aus *griech.* kōmikós „zur Komödie gehörig" entlehnt ist. Dies ist eine Bildung zu dem *griech.* Substantiv kōmos „fröhlicher Umzug, lärmende Schar, festlicher Gesang", das als Bestimmungswort in dem für das Adjektiv bedeutsamen Substantiv *griech.* kōm-ǭdía erscheint (↑Komödie). – Dazu stellen sich **Komik** „die Kunst, das Komische darzustellen; zum Lachen reizende Wirkung" (19. Jh.; aus *frz.* le comique) und **Komiker** „Darsteller komischer Rollen; Spaßvogel" (19. Jh.).

Komitee „leitender Ausschuß": Das Fremdwort wurde im 18. Jh. aus *frz.* comité entlehnt, das auf gleichbed. *engl.* committee zurückgeht. Dies gehört zu *engl.* to commit (< *frz.* commettre < *lat.* com-mittere) „anvertrauen, übertragen". Über das Grundverb *lat.* mittere „schikken; beauftragen usw." vgl. den Artikel *Mission.*

Komma „Beistrich": Der Name des Satzzeichens wurde im 17. Jh. aus *lat.* comma entlehnt, das seinerseits aus *griech.* kómma „Schlag; Abschnitt, Einschnitt" übernommen ist. Dies ist eine Bildung zu dem *griech.* Verb kóptein „stoßen, schlagen, hauen", das wohl zu der unter ↑*schaben* dargestellten *idg.* Sippe gehört.

kommandieren „befehligen, befehlen": Das Verb wurde um 1600 aus gleichbed. *frz.* commander entlehnt, das wie entsprechend *it.* comandare auf *vlat.* *com-mandare zurückgeht. Dies steht für *klass.-lat.* com-mendare „anvertrauen, übergeben; Weisung geben". Zum Grundverb *lat.* mandare „übergeben, anvertrauen; beauftragen" vgl. den Artikel *Mandat.* Dazu: **Kommando** „Befehl, Befehlswort; Befehlsgewalt; Truppenabteilung mit Sonderauftrag" (um 1600 aus *it.* comando, zu *it.* comandare „befehlen"); **Kommandant** „Befehlshaber (eines Schiffes, einer Festung, einer Stadt usw.)" neben **Kommandeur** „Befehlshaber einer Truppenabteilung", beide gleichfalls um 1600 aus dem *Frz.* entlehnt (*frz.* commandant und commandeur); **Kommandantur** „Dienstgebäude eines Kommandanten" (18./19. Jh.; *nlat.* Bildung). Hierher gehört auch das Substantiv **Kommodore** „Geschwaderführer (bei Marine und Luftwaffe); erprobter ältester Kapitän großer Schiffahrtslinien" (18./19. Jh.), das aus *engl.* commodore (älter: commandore < *frz.* commandeur) entlehnt ist.

kommen: Das *gemeingerm.* Verb *mhd.* komen, *ahd.* koman, queman, *got.* qiman, *engl.* to come, *schwed.* komma geht mit verwandten Wörtern in den meisten anderen *idg.* Sprachen auf die Wurzel *gᵘem- „gehen, kommen" zurück, vgl. z. B. *lat.* venire „kommen" (s. die unter *Advent* dargestellte Fremdwörtergruppe), *griech.* baínein „gehen" (↑Basis) und *lit.* gim̃ti „zur Welt kommen, geboren werden". – Verbaladjektiv zu 'kommen' ist ↑bequem. Das Verbalabstraktum 'Kunft' „Kommen, Ankunft", von dem ↑künftig abgeleitet ist, lebt heute nur noch in Zusammensetzungen (s. u.). Zusammensetzungen und Präfixbildungen: **abkommen** „weg-, loskommen; sich entfernen", früher speziell „von einer Verhandlung mit jemandem loskommen, zu einem Ergebnis gelangen" (*mhd.* abekomen, *ahd.* abachoman), dazu **Abkommen** „Übereinkunft, Vertrag" (17. Jh.), **abkömmlich** (19. Jh.), **Abkunft** „Abstammung, Geschlecht", früher auch „Übereinkunft" (17. Jh.); **ankommen** „erreichen, erlangen; eintreffen; abhängen, bedingt sein; überkommen, befallen; eingestellt werden, angenommen werden; Zuspruch finden, Erfolg haben" (*mhd.* anekomen, *ahd.* anaqueman), dazu **Ankömmling** (17. Jh.), **Ankunft** (16. Jh.); **aufkommen** „in die Höhe kommen, sich erheben; entstehen, sich regen; für etwas geradestehen, ersetzen; heranreichen, ebenbürtig sein; sich heranschieben, sich nähern" (*mhd.* ūfkomen, *ahd.* ūfqueman); **auskommen** „ausreichen, langen; sich vertragen", eigentlich „aus etwas herauskommen oder bis zum Ende kommen" (*mhd.* ūʒkomen, *ahd.* ūʒqueman), dazu **auskömmlich** „ausreichend, genügend" (18. Jh.), **Auskunft** „Angabe, um sich in einer Angelegenheit zurechtzufinden; Bescheid, wie es sich mit einer Sache verhält", früher „Weg oder Mittel, um aus etwas herauszukommen" (18. Jh.), dazu wiederum **Auskunftei** „Auskunftsstelle" (19. Jh.; gebildet wie 'Abtei', 'Pfarrei' usw.); **bekommen, bekömmlich** (s. d.); **einkommen** „eintreffen, hereinkommen (von Geld usw.); nachsuchen, bitten" (*mhd.* īn komen), dazu **Einkommen** „ständige Einnahme, Verdienst, Gehalt" (*mhd.* īnkomen „Eintreffen, Ankunft"), **Einkünfte** „Einnahmen, Ertrag, Verdienst" (*mhd.* īnkunft „Eintreffen, Ankunft"; die heutige Bedeutung seit dem 17. Jh.); **entkommen** „entrinnen, entwischen" (*mhd.* entkomen); **herkommen** „von etwas ausgehen oder herrühren; abstammen" (15. Jh.), dazu **Herkommen** „Abstammung; Gewohnheit, Brauch" (15. Jh.), **herkömmlich** „allgemein üblich" (18. Jh.), **Herkunft** „Abstammung, Ursprung" (17. Jh.); **nachkommen** „folgen, hinterhergehen oder -laufen; befolgen, erfüllen" (*mhd.* nāch komen); **Nachkomme** (*mhd.* nāchkome „Nachfolger"), dazu **Nachkommenschaft** (17. Jh.), **Nachkömmling** (*mhd.* nāchkomelinc „Nachfolger, Nachkömmling"); **niederkommen** „gebären" (*mhd.* nider komen „herabfallen, herunterkommen; zu Bett gehen, sich hinlegen"), dazu **Niederkunft** „Entbindung" (17. Jh.); **überkommen** „befallen, sich bemächtigen; überliefert werden" (*mhd.* über komen, *ahd.* ubarqueman); **übereinkommen** „sich einigen" (16. Jh.), dazu **Übereinkunft** „Einigung, Abmachung" (17. Jh.); **umkommen** „zugrunde gehen, verderben; sterben" (*mhd.* umbekomen); **unterkommen** „Unterkunft oder eine Anstellung finden" (*mhd.* under komen in der Bed. „dazwischentreten, verhindern"; in der heutigen Bedeutung seit dem 17. Jh.), dazu **Unterkunft** „Obdach, Bleibe" (19. Jh.); **verkommen** „in einen schlechten Zustand geraten; sittlich verwildern" (*mhd.* verkomen „vorübergehen, zu Ende gehen, vergehen usw."), dazu **Verkommenheit** „schlechter Zustand, sittliche Verwilderung" (19. Jh.); **vorkommen** „hervor-, heraustreten, in Erscheinung treten; geschehen, sich ereignen; sich finden, vorhanden sein; scheinen, dünken" (*mhd.* vor-, vürkomen, *ahd.* furiqueman), dazu **Vorkommnis** (19. Jh.); **vollkommen** (s. d.); **willkommen** (s. d.); **zukommen** „gebühren", früher „sich auf etwas zubewegen, sich nähern (*mhd.* zuokomen, *ahd.* zuoqueman), dazu **Zukunft** „kommende Zeit; Aussichten, Möglichkeiten; (Grammatik:) Futur", eigentlich „das Herannahen" (*mhd.* zuokunft, *ahd.* zuochumft), **zukünftig** (*mhd.* zuokünftic).

Komment „Brauch, Sitte, Regel (des studentischen Lebens)": Das seit dem 18. Jh. bezeugte Wort der Studentensprache ist substantiviert aus *frz.* comment? „wie?" und bedeutet also eigentlich „das Wie" (d. i. „die Art und Weise, etwas zu tun").

kommentieren „[politische, kulturelle u. a. Ereignisse] erläutern, besprechen; zu etwas Stellung nehmen; einen Text mit erläuternden und kritischen Anmerkungen versehen": Das Verb wurde im 17. Jh. aus *lat.* commentari „etwas überdenken, Betrachtungen anstellen; erläutern, auslegen" entlehnt. Dies gehört zur Wortfamilie von *lat.* mens (mentis) „Denktätigkeit, Verstand; Gedanke, Vorstellung usw." (vgl. hierüber den Artikel *Mentalität*). – Abl.: **Kommentar** „Erläuterung[sschrift], Auslegung; Bemerkung, Anmerkung" (im 18. Jh. eingedeutscht aus *lat.* commentarius [liber] „Notizbuch, Niederschrift; Kommentar"); **Kommentator** „Verfasser eines Kommentars" (aus *lat.* commentator „Erfinder; Erklärer, Ausleger").

Kommers: Das seit dem 18. Jh. bezeugte Wort der Studentensprache ist identisch mit 'Kommerz' „Handel und Verkehr" (vgl. *kommerziell*). Die Studenten griffen das Wort auf und verwandten es zunächst zur Bezeichnung jeder Art von geräuschvoller Veranstaltung, von Umzügen und dgl., dann speziell zur Bezeichnung eines festlichen Trinkabends.

kommerziell „auf Gewerbe und Handel bezüglich": Das seit dem 19. Jh. bezeugte Adjektiv ist eine Bildung mit französierender Endung zu dem Substantiv **Kommerz** „Handel und Verkehr", das in dieser Bedeutung weitgehend veraltet ist, aber noch in der Zusammensetzung **Kommerzienrat** (Titel von hervorragenden Persönlichkeiten der Wirtschaft) und in dem Studentenwort ↑Kommers fortlebt. Heute wird das Wort in der neuen Bedeutung „wirtschaftliches, nur auf Gewinn bedachtes Interesse" verwendet. 'Kommerz' (älter: Commerce) ist aus gleichbed. *frz.* commerce entlehnt, das auf *lat.* commercium „Handel, Verkehr usw." zurückgeht. Über die etymologischen Zusammenhänge vgl. den Artikel *Markt*.

Kommilitone „Mitstudent, Studiengenosse": Das Wort der Studentensprache wurde im 16. Jh. aus *lat.* com-milito „Mitsoldat, Waffenbruder" entlehnt, einer Bildung zu *lat.* miles „Soldat" (vgl. *kon..., Kon...* und *Militär*).

Kommiß „Truppe, Wehrmacht" *(ugs.):* Das seit dem 16. Jh. bezeugte Fremdwort bezeichnete zuerst die „Heeresvorräte". Es geht wohl auf *lat.* commissa zurück, den Plural von *lat.* commissum „anvertrautes Gut", das substantivierte Part. Perf. von *lat.* com-mittere „zusammenbringen; anvertrauen, anheimgeben" (über das Grundverb *lat.* mittere „schicken; beauftragen usw." vgl. den Artikel *Mission*). – Zus.: **Kommißbrot** (16. Jh.).

Kommissar „[vom Staat] Beauftragter", insbesondere als Dienstbezeichnung wie in 'Polizei-, Kriminalkommissar': Das schon im 15. Jh. in der Form commissari *(Plural)* bezeugte Fremdwort stammt wie das entsprechende *frz.* commissaire aus *mlat.* commissarius „mit der Besorgung eines Geschäftes Betrauter", das zu *lat.* com-mittere „zusammenbringen; anvertrauen, anheimgeben" gehört. Vgl. kon..., Kon... und über das Grundverb *lat.* mittere „schicken; beauftragen usw.", den Artikel *Mission*. – Abl.: **kommissarisch** „beauftragt; einstweilig, vorübergehend" (20. Jh.); **Kommissariat** „Amt[szimmer] eines Kommissars" (16. Jh.; *nlat.* Bildung).

Kommission „Ausschuß (von Beauftragten); Auftrag; Handel für fremde Rechnung": Das Fremdwort wurde im 15. Jh. aus *lat.* commissio „Vereinigung, Verbindung" entlehnt, das im *Mlat.* die Bed. „Vorladung; Auftrag" entwickelte. Der kaufmännische Gebrauch des Fremdwortes steht unter dem Einfluß von *it.* commissione. Zugrunde liegt *lat.* com-mittere „anvertrauen, übertragen", eine Bildung zu *lat.* mittere „schicken; beauftragen usw." (vgl. *kon..., Kon...* und *Mission*). – Dazu: **Kommissionär** „Geschäftsvermittler" (17. Jh.; aus gleichbed. *frz.* commissionnaire).

kommod (besonders *österr.* für:) „bequem, angenehm": Das Adjektiv wurde im 18. Jh. aus gleichbed. *frz.* commode entlehnt, das auf *lat.* commodus „angemessen; zweckmäßig, angenehm, bequem" (eigentlich „mit Maß") zurückgeht. Über die etymologischen Zusammenhänge vgl. den Artikel *Modus*. – Dazu: **inkommodieren** „belästigen, bemühen" (veraltet; im 17. Jh. aus *frz.* incommoder < *lat.* in-commodare; zu *lat.* in-commodus „unangemessen, unbequem", vgl. [2]*in..., In...*); **Kommode** „Truhe mit Schiebekästen" (18. Jh.; aus gleichbed. *frz.* commode, dem substantivierten Femininum des Adjektivs, entlehnt, eigentlich also „die Bequeme, die Zweckmäßige").

Kommodore ↑kommandieren.

Kommune „Gemeinde": Das Substantiv wurde bereits in *mhd.* Zeit aus gleichbed. *(a)frz.* commune entlehnt, das auf *vlat.* communia zurückgeht. Dies ist der substantivierte, als Femininum Singular gefaßte Neutrum Plural von *lat.* communis „mehreren oder allen gemeinsam, allgemein; gewöhnlich". – Dazu: **kommunal** „die Gemeinde betreffend, gemeindeeigen" (19. Jh.; aus gleichbed. *lat.* communalis), besonders häufig in Zusammensetzungen wie 'Kommunalpolitik, -verwaltung'. Beachte ferner die Neuschöpfungen ↑Kommunismus, Kommunist, kommunistisch. Von Interesse sind schließlich die Bildungen *lat.* communio „Gemeinschaft" (↑Kommunion) und *lat.* communicare „etwas gemeinsam machen, gemeinsam beraten, einander mitteilen" (↑kommunizieren, Kommunikation und ↑Kommuniqué). – *Lat.* com-munis (*alat.* commoinis) bedeutete ursprünglich wohl „mitverpflichtet, mitleistend" und gehört wie *lat.* im-munis „frei von Leistung" (↑immun) zu *lat.* munia (älter: moenia) „Leistungen, Pflichten" und *lat.* munus „Leistung, Amt; Abgabe; Geschenk, Liebesdienst" (zum 1. Bestandteil *lat.* con... vgl. *kon..., Kon...*). Es steht somit wie das entsprechend gebildete *dt.* Adjektiv ↑gemein im größeren Zusammenhang der unter ↑*Meineid* dargestellten Sippe der *idg.* Wurzel *mei- „wechseln, tauschen; Tauschgabe, Leistung".

Kommunikation ↑kommunizieren.

Kommunion: Die Bezeichnung des Abendmahls als „Gemeinschaftsmahl" der Gläubigen mit Christus in der katholischen Kirche wurde im 16. Jh. aus *lat.* communio „Gemeinschaft" – *kirchenlat.* „das heilige Abendmahl" – entlehnt. Dies gehört zu *lat.* communis „mehreren oder allen gemeinsam" (vgl. *Kommune*).

Kommuniqué „[regierungsamtliche] Mitteilung (über Sitzungen, Vertragsabschlüsse usw.), Denkschrift": Das Fremdwort wurde im 19. Jh.

aus *frz.* communiqué „Mitteilung" entlehnt. Dies ist das substantivierte 2. Partizip von *frz.* communiquer „etwas gemeinsam machen, gemeinsam beraten, einander mitteilen" (< *lat.* communicare; vgl. hierüber den Artikel *Kommune*).

Kommunismus: Das seit dem 19. Jh. bezeugte Wort ist – wohl über *frz.* communisme – aus *engl.* communism entlehnt. Dies ist eine Bildung zu *lat.* communis „mehreren oder allen gemeinsam, allgemein" (vgl. *Kommune*). Es bezeichnet die Weltanschauung des „Alles gehört allen gemeinsam", die (nach K. Marx) dem Sozialismus folgende Entwicklungsstufe, in der die Vergesellschaftung der Produktionsmittel und Erzeugnisse erfolgt ist. – Dazu stellen sich die Bildungen **Kommunist** „Vertreter des Kommunismus" und **kommunistisch** „den Kommunismus betreffend".

kommunizieren: Das Verb wurde bereits im 18. Jh. aus *lat.* communicare „gemeinschaftlich tun; mitteilen" (zu *lat.* communis „allen gemeinsam"; vgl. *Kommune*) entlehnt. Abgesehen von der allgemeinen Bed. „mitteilen" war es bis ins 20. Jh. vor allem in der Physik im Sinne von „in Verbindung stehen" (beachte 'kommunizierende Röhren') und in der Theologie in der Bed. „zur Kommunion gehen" gebräuchlich. In der 2. Hälfte des 20. Jh.s wurde es unter dem Einfluß von *engl.* to communicate „sich verständigen, Informationen austauschen" zu einem zentralen Wort der Nachrichtentechnik und der Geistes- und Sozialwissenschaften. Dazu stellt sich das Substantiv **Kommunikation** (18. Jh.; aus *lat.* communicatio „Mitteilung, Unterredung", im 20. Jh. unter dem Einfluß von *engl.* communication „Verständigung, Informationsaustausch").

Komödie „dramatische Ausdrucksform des Komischen; Lustspiel", auch übertragen gebraucht im Sinne von „Vortäuschung, Täuschungsmanöver": Das Substantiv wurde in *frühnhd.* Zeit aus *lat.* comoedia, das seinerseits aus *griech.* kōm-ǭdía übernommen ist, entlehnt. Das *griech.* Wort bedeutet eigentlich „das Singen eines Komos". Der Komos – *griech.* kōmos (vgl. *komisch*) –, ein festlicher Umzug bezechter Jugend, ein Festgesang und ein Festgelage zugleich, war Inbegriff ausgelassener, lärmender Fröhlichkeit. Er stand ganz im Zeichen des Fruchtbarkeits- und Weingottes Dionysos. Aus diesen frühen kultischen Zusammenhängen entwickelte sich schließlich die selbständige literarische Kunstgattung der Komödie. Der derbe ausgelassene Spaß, weit mehr noch der scharfe und gezielte Spott an den aktuellen politischen und kulturellen Zuständen wurde ihr wesentlicher Inhalt. – Über das Grundwort von *griech.* kōm-ǭdía vgl. den Artikel *Ode*. Abl.: **Komödiant** „Schauspieler, Gaukler": Das Substantiv kam um 1600 auf. Es geht von *it.* commediante aus, wurde aber wohl durch das *Engl.* ins *Deutsche* vermittelt. Es bezeichnete anfangs nicht nur den Komödienschauspieler, sondern den Berufsschauspieler allgemein. Seit dem 18. Jh. wurde das Wort wegen seines abschätzigen Nebensinns mehr und mehr durch 'Schauspieler' und 'Akteur' zurückgedrängt. Das gleiche gilt von dem abgeleiteten Adjektiv **komödiantisch** „schauspielerisch; übertrieben" (17./18. Jh.).

Kompagnon „Teilhaber, Mitinhaber (eines Handelsunternehmens), Gesellschafter": Das seit dem 16. Jh. in der Bedeutung „Geselle, Genosse", seit dem 17. Jh. als Kaufmannswort bezeugte Fremdwort ist aus *frz.* compagnon „Geselle, Genosse" entlehnt, das auf *mlat.* companionem, den Akkusativ von *mlat.* companio „Brotgenosse, Gefährte" (vgl. *Kumpan*), zurückgeht.

kompakt „fest, dicht, gedrungen": Das Adjektiv wurde im 18. Jh. aus gleichbed. *frz.* compact[e] entlehnt. Dies geht auf *lat.* compactus „untersetzt, gedrungen, dicht", das Partizipialadjektiv von *lat.* compingere „zusammenschlagen, -fügen", zurück. Das *lat.* Verb ist eine Bildung zu *lat.* pangere „befestigen, einschlagen" (vgl. *kon..., Kon...* und den Artikel *Pakt*).

Kompanie: Zu *mlat.* companio „Brotgenosse" (vgl. *Kumpan*) gehört als Kollektivbildung *mlat.* compagn[i]a „Brotgenossenschaft, Kameradschaft, Gesellschaft", das auf zwei verschiedenen Wegen in das *Deutsche* gelangte. Einmal im 14. Jh. über *it.* compagnia als Fachwort der Kaufmannssprache im Sinne von „Handelsgesellschaft" (meist in der Form 'Compagnie'), als solches heute veraltet, aber noch in den Abkürzungen 'Co.' und 'Cie.' (hinter Firmennamen) gebräuchlich. Zum anderen erreicht uns das Wort um 1600 über *frz.* compagnie „Gesellschaft" als militärisches Fachwort zur Bezeichnung der Grundgliederungseinheit.

Komparativ: Der grammatische Terminus für „Vergleichsstufe (als Steigerungsstufe des Adjektivs)" ist aus *lat.* (gradus) comparativus „zum Vergleichen geeigneter Steigerungsgrad" entlehnt. Das zugrundeliegende Verb *lat.* comparare „gleichmachen, vergleichen" gehört zu *lat.* par „gleich" (vgl. den Artikel *Paar*).

Komparse „Statist ohne Sprechrolle" (Film, Theater): Das Wort der Theatersprache wurde im 18. Jh. aus gleichbed. *it.* comparsa entlehnt, das als Ableitung von *it.* comparire „erscheinen" eigentlich „Erscheinen" bedeutet, dann übertragen den Kreis der in einem Theaterstück Mitwirkenden bezeichnet, die eben nur in „Erscheinung" treten (als stumme Nebenpersonen). *It.* comparire geht auf *lat.* com-parere „erscheinen" zurück, eine Bildung zu *lat.* parere „erscheinen, sich zeigen; Folge leisten, gehorchen" (vgl. *kon..., Kon...* und [3]*parieren*). – Abl.: **Komparserie** „Gesamtheit der Komparsen; Anordnung der Aufzüge" (aus *it.* comparseria).

Kompaß „Gerät zur Bestimmung der Himmelsrichtung mit Hilfe einer Magnetnadel": Das Fremdwort wurde im 15. Jh. aus *it.* compasso „Zirkel; Magnetnadel, Bussole" entlehnt. Dies gehört zu *it.* compassare „ringsum abschreiten, messen" (vgl. *Paß*).

Kompendium: Die Bezeichnung für „kurzgefaßtes Lehrbuch, Abriß" wurde im 16. Jh. aus *lat.* compendium „die Ersparnis, die Abkürzung" (*mlat.* = Vereinfachung; schnelle Möglichkeit) entlehnt. Dies gehört zu *lat.* com-pendere „zusammen abwiegen" (vgl. *kon...* und *Pensum*).

kompensieren „ausgleichen, aufwiegen; aufrechnen": Das Verb wurde im 16. Jh. als juristischer Terminus aus *lat.* com-pensare „(zwei oder mehr Dinge) miteinander auswiegen, abwägen" entlehnt. Dazu stellt sich das Substantiv **Kompensation** „Ausgleich[ung], Entschädigung; Aufrechnung", das im 17. Jh. aus *lat.* compensatio „Ausgleichung" übernommen wurde. Über die etymologischen Zusammenhänge vgl. den Artikel *Pensum*.

kompetent „zuständig, maßgebend, befugt": Das seit dem 18. Jh. allgemein gebräuchliche, aus der Juristensprache stammende Adjektiv geht auf gleichbed. *lat.* competens zurück, das adjektivisch gebrauchte Part. Präs. von *lat.* com-petere „zusammenlangen, -treffen; stimmen, zutreffen, entsprechen; zukommen". Über das Grundverb *lat.* petere „zu erreichen suchen, streben nach" usw. vgl. den Artikel *Appetit.* – Dazu das Substantiv **Kompetenz** „Zuständigkeit" (17. Jh.; aus *lat.* competentia „Zusammentreffen").

komplementär „ergänzend", vorwiegend in Zusammensetzungen wie 'Komplementärfarbe' „Ergänzungsfarbe" (d. h.: Farbe, die eine andere zu Weiß ergänzt): Das Adjektiv wurde im 19. Jh. aus gleichbed. *frz.* complémentaire entlehnt, das von *frz.* complément (< *lat.* complementum) „Vervollständigung[smittel], Ergänzung" abgeleitet ist. Über die etymologischen Zusammenhänge vgl. den Artikel *Plenum*.

komplett „vollständig, abgeschlossen": Das Adjektiv wurde im 17. Jh. aus gleichbed. *frz.* complet entlehnt, das auf *lat.* completus, das Partizipialadjektiv von *lat.* com-plere „vollmachen, aus-, anfüllen", zurückgeht. Über die etymologischen Zusammenhänge vgl. den Artikel *Plenum.* – Dazu stellt sich das Verb **komplettieren** „vervollständigen, ergänzen", das im 17./18. Jh. aus gleichbed. *frz.* compléter übernommen wurde.

komplex „zusammenhängend, umfassend": Das Adjektiv wurde im 19. Jh. aus gleichbed. *lat.* complexus, dem Partizipialadjektiv von *lat.* complecti „umschlingen, umfassen, zusammenfassen", entlehnt. Dies gehört zu *lat.* plectere „flechten, ineinanderfügen" (vgl. den Artikel *kompliziert*). Aus dem Substantiv *lat.* complexus „das Umfassen; die Verknüpfung" ist unser Fremdwort **Komplex** „Zusammenfassung, Verknüpfung, Gesamtheit; Gebiet, Bereich; Gruppe, [Gebäude]block" (19. Jh.) entlehnt, das auch als psychologischer Terminus zur Bezeichnung einer gefühlsgebundenen und affektbetonten Verknüpfung verschiedener in sich zusammenhängender Vorstellungs- oder Erlebnisinhalte gilt.

Komplice ↑Komplize.

Komplikation ↑kompliziert.

Kompliment „Höflichkeitsbezeigung; Hochachtung; Artigkeit, Schmeichelei": Das seit der Zeit um 1600 gebräuchliche Fremdwort ist aus gleichbed. *frz.* compliment entlehnt. Das *frz.* Wort seinerseits stammt aus älter *span.* complimiento (heute: cumplimiento), das als Ableitung von älter *span.* complir (heute: cumplir) „anfüllen, auffüllen; erfüllen" eigentlich „Anfüllung; Fülle", dann auch „Überfluß; Überschwang, Übertreibung" bedeutet. Das Wort bezeichnet demnach etwa die von der feinen Gesittung und Lebensart her gebotene Hochachtung dem anderen gegenüber, die gerade beim Temperament des Südländers zu einer überschwenglichen Geste von übertriebener Höflichkeit und Schmeichelei wird. So wird das Wort schließlich auch zur Bezeichnung einer nichtssagenden Floskel mit zuweilen sogar negativem Nebensinn. Das zeigt sich besonders in dem zusammengesetzten Verb **hinauskomplimentieren** „jemanden mit höflichen, schönen Worten und Gesten hinauswerfen" (20. Jh.). Das einfache Verb **komplimentieren** „bewillkommnen" (17. Jh.), das heute veraltet ist, stammt aus gleichbed. *frz.* complimenter. – Über die etymologischen Zusammenhänge von *span.* cumplir, das auf *lat.* com-plere „anfüllen" zurückgeht, vgl. den Artikel *Plenum*.

Komplize, auch: **Komplice:** Der abwertende Ausdruck für „Mittäter, Teilnehmer an einer Straftat" wurde um 1600 aus gleichbed. *frz.* complice entlehnt, das auf *spätlat.* complex (complicis) „mit jemandem oder etwas eng verbunden; Verbündeter, Teilnehmer" zurückgeht. Dies ist eine Bildung aus *lat.* com... „zusammen mit" (vgl. *kon..., Kon...*) und *lat.* plectere „flechten, ineinanderfügen" (vgl. den Artikel *kompliziert*).

kompliziert „verwickelt, schwierig; umständlich": Das seit dem Ende des 18. Jh.s bezeugte Adjektiv, das nach gleichbed. *frz.* compliqué oder *lat.* complicitus gebildet ist, gehört formal zu dem Verb **komplizieren** „verwickeln, erschweren". Da das Verb jedoch später als das Adjektiv 'kompliziert' belegt ist (19. Jh.), ist es wohl als Rückbildung aus dem Adjektiv anzusehen. Dazu stellt sich das Substantiv **Komplikation** „Verwicklung, Erschwerung, Verschlimmerung" (19. Jh.; aus *spätlat.* complicatio „das Zusammenwickeln, Verwickeln"). Quelle ist *lat.* complicare „zusammenfalten, verwickeln, verwirren", eine Bildung zu *lat.* plicare „falten, wickeln" (vgl. *kon..., Kon...*). *Lat.* plicare ist eine Intensivbildung zu *lat.* plectere (plexum) „flechten; ineinanderfügen" und gehört mit diesem zur *idg.* Wortfamilie von *dt.* ↑*flechten*. An verwandten Wörtern im *Lat.* sind noch zu nennen *lat.* ap-plicare „anfügen, anwenden" (↑applizieren, Applikation), *lat.* com-plecti „umschlingen, umfassen; zusammenfassen" mit *lat.* complexus „umschlingend, umfassend" (↑komplex, Komplex), ferner z. B. *lat.* per-plexus „verflochten, verschlungen, wirr durcheinander, verworren" (↑perplex) und *spätlat.* complex (complicis) „mit jmdm. oder etwas eng verbunden; Verbündeter, Teilnehmer" (↑Komplice). Über den in letzterem vorkommenden zweiten Wortbestandteil -plex vgl. den Artikel *Duplikat.* – Siehe auch den Artikel *Plissee*.

Komplott: „Verschwörung, [Mord]anschlag“: Das Fremdwort wurde um 1700 aus gleichbed. *frz.* complot entlehnt, das ursprünglich „Gedränge, Menschenmenge“ bedeutet, aber etymologisch nicht sicher gedeutet ist.

Komponente „Bestandteil eines Ganzen; Teilkraft, Seitenkraft“: Das seit dem Anfang des 20. Jh.s gebräuchliche Fremdwort ist eine Substantivierung von *lat.* componens, dem Part. Präs. von *lat.* com-ponere „zusammenstellen, zusammenfügen“ (vgl. *komponieren*).

komponieren „zusammenstellen, verfassen; aufbauen, gliedern“ (vor allem im Bereich der Musik und der bildenden Kunst): Das in allgemeiner Bedeutung schon um 1500 bezeugte Verb (die speziellen Bedeutungen entwickeln sich später) geht auf *lat.* com-ponere „zusammenstellen“ zurück, eine Bildung zu *lat.* ponere „hinsetzen, -stellen usw.“ (vgl. *kon..., Kon...* und den Artikel *Position*). Abl.: **Komponist** „Tonsetzer, -dichter“ (16. Jh.); **Komposition** „Zusammenstellung; Musikstück; Aufbau eines Kunstwerks“ (16. Jh.; aus *lat.* compositio „Zusammenstellung, -setzung“). Hierher gehören ferner die Fremdwörter ↑Kompositum, ↑Komponente, ↑Kompost und ↑Kompott.

Kompositum: Der grammatische Terminus für „zusammengesetztes Wort“ ist entlehnt aus *lat.* compositum, dem substantivierten Part. Perf. Pass. von *lat.* com-ponere „zusammensetzen, -stellen“ (vgl. *komponieren*).

Kompost „Dünger (besonders aus pflanzlichen oder tierischen Wirtschaftsabfällen)“: Das Wort wurde Anfang des 19. Jh.s aus gleichbed. *frz.* compost entlehnt, das auf *mlat.* compostum „(aus verschiedenen Abfällen gemischter) Misthaufen, Dünger“ zurückgeht. Dies gehört zu *lat.* compositum „Zusammengesetztes, Gemischtes“, dem substantivierten Neutrum des Part. Perf. von *lat.* com-ponere „zusammenstellen, -setzen“ (vgl. *komponieren*).

Kompott: Die Bezeichnung für „[mit Zucker] gekochtes Obst, das als Nachtisch serviert wird“ wurde Anfang des 18. Jh.s aus *frz.* compote „Eingemachtes“ entlehnt. Dies geht auf *vlat.* *composita „Zusammengesetztes, Gemischtes“, den als Femininum Singular aufgefaßten substantivierten Neutrum Plural des Part. Perf. von *lat.* com-ponere „zusammenstellen, -setzen“ (vgl. *komponieren*), zurück. – *Vlat.* *composita steht neben gleichbed. *lat.* compositum (beachte auch *mlat.* compostum „Misthaufen, Dünger“ in ↑Kompost), das schon *spätahd., mhd.* kumpost „Eingemachtes“ (insbesondere „eingemachtes Sauerkraut“) lieferte. Dies lebt u. a. in *nordostdt.* **Kumst** „Weißkohl, Sauerkohl“ fort.

Kompresse, Kompression, Kompressor ↑komprimieren.

komprimieren „zusammenpressen, verdichten“: Das seit dem 18. Jh. vorwiegend als physikalisch-technisches Fachwort gebräuchliche Verb wurde in allgemeiner Bedeutung schon im 16. Jh. aus *lat.* com-primere „zusammendrükken“ entlehnt, einer Bildung zu *lat.* premere „drücken, pressen usw.“ (vgl. *kon..., Kon...* und den Artikel *Presse*). – Dazu gehören aus dem Bereich der Technik die Substantive **Kompression** „Zusammenpressung, Verdichtung von Gasen, Dämpfen usw.“ (19. Jh.; aus *lat.* compressio „das Zusammendrücken“) und **Kompressor** „Verdichter“ (20. Jh.; *nlat.* Bildung). Aus dem medizinischen Bereich gehört hierher das Fremdwort **Kompresse** „feuchter Umschlag“, das im 18. Jh. aus *frz.* compresse „Bäuschchen, Umschlag“ übernommen wurde (zu *afrz.* compresser < *lat.* compressare „zusammenpressen“).

Kompromiß „Übereinkunft; Ausgleich“: Das Fremdwort wurde im 15. Jh. als Rechtsausdruck aus gleichbed. *lat.* compromissum entlehnt, dem substantivierten Neutrum des Part. Perf. von *lat.* com-promittere „sich gegenseitig versprechen (die Entscheidung eines Rechtsstreites einem selbstgewählten Schiedsrichter zu überlassen)“. *Lat.* com-promittere, eine Bildung zu *lat.* pro-mittere „[her]vorgehen lassen; in Aussicht stellen, versprechen“ (zum Grundverb *lat.* mittere „loslassen, aufgeben, werfen, schicken“ vgl. den Artikel *Mission*, zum 1. Bestandteil vgl. *kon..., Kon...*), wurde im *Frz.* zu compromettre und entwickelte dort die Bedeutung „jemanden in eine kritische Lage bringen, jemanden bloßstellen (indem man ihn dem Urteil eines Dritten aussetzt)“. Daraus wurde im 17. Jh. unser Verb **kompromittieren** „bloßstellen“ entlehnt.

Komteß, Komtesse: Die Bezeichnung für „unverheiratete Gräfin“ wurde im 18. Jh. aus gleichbed. *frz.* comtesse entlehnt. Dies ist eine weibliche Bildung zu *frz.* comte „Graf“. Voraus liegt das zum Stamm von *lat.* ire „gehen“ (vgl. *Abiturient*) gebildete Substantiv *lat.* comes (Akkusativ comitem) „Mitgeher, Begleiter“, das schon im *Spätlat.* auch Rangbezeichnung wurde, speziell für hochgestellte Personen im Gefolge des Kaisers, die dieser mit kaiserlichen Vollmachten in die Provinzen schickte. Die Merowinger übernahmen diese Bezeichnung. Unter den Karolingern wurde das Wort mit der Entwicklung des Feudalwesens zum Adelstitel.

kon..., Kon..., vor b, m und p angeglichen zu kom..., Kom..., vor l zu kol..., Kol..., vor r zu kor..., Kor..., vor Vokalen und h erscheint ko..., Ko...: Die aus dem *Lat.* stammende Vorsilbe mit der Bed. „zusammen, mit“ ist entlehnt aus *lat.* con... (ursprünglich) com..., das selbst zurückgeht auf ein *idg.* Adverb *kom „neben, bei, mit“, zu dem vielleicht auch aus dem *germ.* Bereich die *lat.* com... entsprechende *dt.* Vorsilbe ↑ge... gehört. Verwandt damit ist im *Griech.* wohl die Präposition *griech.* katá „entlang, über - hin; von - herab, abwärts; gegen“ (↑kata..., Kata...), für die eine Wurzelform *idg.* *km̥-ta anzusetzen wäre. – Aus dem *Lat.* ist in diesem Zusammenhang noch die Präposition *lat.* contra „gegenüber, gegen“ zu nennen, die von com... mit Komparativsuffix -tero weitergebildet ist: *italisch* *com-tro bezeichnet eigentlich das Beisammensein von zweien, dann das Gegenüber, Gegeneinander (s. den Artikel *kontra...*). Vgl. auch den Artikel [1]*ko..., Ko...*

kondensieren „verdichten; verflüssigen; eindicken": Das Verb ist eine gelehrte Entlehnung des 18. Jh.s aus *lat.* con-densare „verdichten", einer Bildung zum *lat.* Adjektiv densus „dicht, dichtgedrängt", das mit gleichbed. *griech.* dasýs urverwandt ist (vgl. *kon..., Kon...*). – Dazu: **Kondensmilch** „kondensierte Milch"; **Kondensation** „Verdichtung; Verflüssigung von Gasen und Dämpfen" (19. Jh.; aus *lat.* condensatio „Verdichtung") und **Kondensator,** eine junge *nlat.* Bildung mit der eigentlichen Bed. „Verdichter". In der Technik bezeichnet das Wort ein Gerät zur Aufspeicherung von Elektrizität bzw. eine Anlage zur Kondensation von Dämpfen.

Kondition: Das schon im 16. Jh., zuerst als kaufmännischer Terminus im Sinne von „Bedingung, Zahlungsbedingungen" bezeugte Wort wird heute allgemeinsprachlich zur Bezeichnung der körperlich-seelischen Verfassung eines Menschen (besonders eines Sportlers) verwendet. Es ist aus *mlat., vlat.* conditio (für *klass.-lat.* condicio) „Übereinkunft, Stellung, Beschaffenheit, Zustand, Bedingung" entlehnt. Das zugrundeliegende Verb *lat.* condicere „verabreden, übereinkommen" ist eine Bildung zu *lat.* dicere „sprechen, verkünden; festsetzen, bestimmen" (vgl. *kon..., Kon...* und den Artikel *diktieren*).

Konditor: Die Bezeichnung für „Feinbäcker" wurde im 17. Jh. aus *lat.* conditor „Hersteller würziger Speisen" entlehnt. Seit dem 18. Jh. erscheint daneben durch Anlehnung an 'kandieren' (s. unter *Kandis*) eine noch jetzt *mdal.* gebräuchliche Nebenform **Kanditor.** *Lat.* conditor ist eine Bildung zu dem *lat.* Verb condire „einmachen, einlegen, würzen". – Abl.: **Konditorei** „Feinbäckerei" (19. Jh.; früher schon zur Bezeichnung des Backraumes von Zuckerwaren).

kondolieren „sein Beileid bezeigen": Das Verb wurde im 17. Jh. aus *lat.* con-dolere „mitleiden, Mitgefühl haben" entlehnt, einer Bildung zu *lat.* dolere „Schmerz empfinden, leiden" (vgl. *kon..., Kon...*). Abl.: **Kondolenz** „Beileid[sbezeigung]" (16. Jh.).

Kondom: Der besonders fachsprachlich übliche Ausdruck für „Präservativ" ist aus gleichbed. *engl.* condom entlehnt, dessen Herkunft unklar ist.

Kondor: Der Name des südamerikanischen Geiervogels wurde aus *span.* condor entlehnt, das seinerseits aus Ketschua (*südamerik.* Indianersprache) cuntur übernommen ist.

Konfekt „Zucker-, Backwerk": Das schon im 16. Jh. in dieser Bedeutung allgemein gebräuchliche Wort stammt aus der Apothekersprache. Dort war es bereits im 15. Jh. bekannt und bezeichnete speziell alle Arten eingezuckerter oder eingekochter Früchte, wie man sie zu Heilzwecken verwendete. Es geht wie *it.* confetto (↑Konfetti) auf *mlat.* confectum „Zubereitetes" zurück, das substantivisch gebrauchte Part. Perf. von *lat.* con-ficere (confectum) „fertigmachen, zubereiten usw." (vgl. *kon..., Kon...* den Artikel *Fazit*).

Konfektion „Anfertigung (von Kleidungsstücken); Fertigkleidung": Das Fremdwort wurde im 19. Jh. aus gleichbed. *frz.* confection entlehnt, das auf *lat.* confectio „Anfertigung" zurückgeht. Über das zugrundeliegende Verb *lat.* con-ficere „fertigmachen, zustande bringen, zubereiten" vgl. *kon..., Kon...* und den Artikel *Fazit*.

konferieren „eine Konferenz abhalten; sich beratschlagen; als Conférencier sprechen, ansagen": Das Verb wurde im 16. Jh. – wohl vermittelt durch *frz.* conférer – aus *lat.* con-ferre „zusammentragen; Meinungen austauschen, sich besprechen" entlehnt (vgl. *kon..., Kon...* und den Artikel *offerieren*). – Dazu: **Konferenz** „Besprechung, Sitzung, Tagung" (16. Jh.; aus *mlat.* conferentia). Beachte auch das entsprechende *frz.* conférence in den Fremdwörtern ↑Conférence, Conférencier.

Konfession: Das Fremdwort für „Glaubensbekenntnis; [christliche] Bekenntnisgemeinschaft" wurde im 16. Jh. aus *lat.* confessio „Eingeständnis, Bekenntnis" entlehnt. Dies gehört zu *lat.* con-fiteri „eingestehen, bekennen", einer Bildung zu *lat.* fateri „bekennen" (vgl. *kon..., Kon...* und den Artikel *fatal*).

Konfetti „Papierschnitzel", *österr.* auch „Zuckergebäck": Das seit dem 18. Jh. bezeugte Fremdwort ist aus *it.* confetti entlehnt, dem *Plural* von *it.* confetto „Zurechtgemachtes, Zubereitetes, Zuckerzeug" (identisch mit *dt.* ↑*Konfekt*). Die Bed. „Papierschnitzel" geht auf einen alten karnevalistischen Volksbrauch zurück, der noch heute geübt wird. Beim Karneval nämlich pflegten die Narren Zuckerzeug unter das Volk zu werfen, das man dann auch durch entsprechend geformte Gipsklümpchen und schließlich durch „Papierschnitzel" ersetzte.

Konfirmand, Konfirmation, konfirmieren ↑firmen.

Konfiskation, konfiszieren ↑Fiskus.

Konfitüre: Die Bezeichnung für „Einfruchtmarmelade (mit ganzen Früchten)" wurde im 17. Jh. aus *frz.* confiture „Eingemachtes" entlehnt, das auf *lat.* confectura „Verfertigung, Zubereitung" zurückgeht. Über das zugrundeliegende Verb *lat.* con-ficere „fertigmachen, zubereiten" vgl. den Artikel *Konfekt*.

Konflikt „Zusammenstoß; [Wider]streit, Zwiespalt": Das Fremdwort wurde im 18. Jh. aus *lat.* conflictus „Zusammenstoß, Kampf" entlehnt. Dies gehört zu *lat.* con-fligere (conflictum) „zusammenschlagen; zusammenprallen", einer Bildung aus *lat.* con... (vgl. *kon..., Kon...*) und *lat.* fligere „schlagen".

Konföderation ↑Föderation.

konform „einig, übereinstimmend (in den Ansichten)", besonders in der Wendung 'konform gehen' „einiggehen, übereinstimmen": Das Adjektiv wurde im 16. Jh. aus *spätlat.* conformis „gleichförmig, ähnlich" entlehnt (über das Stammwort *lat.* forma „Form, Gestalt usw." vgl. den Artikel *Form*. – Dazu stellen sich die Bildungen **Konformist** „Anhänger einer stets um Anpassung bemühten Geisteshaltung" (18./19. Jh.; aus *engl.* conformists, das speziell die Anhänger der *engl.* Staatskirche bezeichnete),

Konformismus „Geisteshaltung, die stets um Anpassung (an bestehende soziale, politische, kirchliche u.a. Verhältnisse) bemüht ist" (20. Jh.; aus *engl.* conformism) und **konformistisch** „den Konformismus betreffend" (20. Jh.).

konfrontieren „gegenüberstellen": Das Verb wurde im 17. Jh. als Wort der Gerichtssprache aus *mlat.* confrontare „(einen Angeklagten oder Zeugen dem Gericht zur Vernehmung) gegenüberstellen" entlehnt. Dies bedeutet wörtlich etwa „mit der Stirn zusammen einander gegenüberstellen". Es gehört zu *lat.* frons (frontis) „Stirn; Stirnseite" (vgl. *kon..., Kon...* und den Artikel *Front*). – Dazu das Substantiv **Konfrontation** „Gegenüberstellung" (17. Jh.; aus gleichbed. *mlat.* confrontatio).

konfus „verwirrt, verworren, wirr": Das Adjektiv wurde im 16. Jh. aus gleichbed. *lat.* confusus (eigentlich „ineinandergegossen") entlehnt, dem Partizipialadjektiv von *lat.* con-fundere „zusammengießen, -schütten, vermengen; verwirren" (vgl. *kon..., Kon...* und den Artikel *Fusion*). – Dazu das Substantiv **Konfusion** „Verwirrung" (15. Jh.; aus *lat.* confusio), beachte auch die scherzhafte Zusammensetzung **Konfusionsrat** „zerstreuter Mensch, Wirrkopf" (*ugs.;* 19. Jh.).

kongenial ↑Genie.

Konglomerat „bunt Zusammengewürfeltes, Gemisch": Das Fremdwort wurde im 18./19. Jh. – zuerst als geologischer Terminus zur Bezeichnung eines Steingemenges aus Geschiebestücken (in diesem Sinne noch heute fachsprachlich gebräuchlich) – aus *frz.* conglomérat entlehnt, einer gelehrten Ableitung von *frz.* conglomérer (< *lat.* conglomerare) „zusammenrollen, zusammenhäufen". Das zugrundeliegende Substantiv *lat.* glomus „Kloß, Knäuel" gehört mit *lat.* globus „Kugel, Ball, Klumpen" (↑Globus) zu der unter ↑*Kolben* dargestelten *idg.* Wortfamilie.

Kongreß „Fachversammlung, (wissenschaftliche, politische usw.) Tagung": Das Fremdwort wurde im 17. Jh. aus *lat.* congressus „Zusammentreffen, Zusammenkunft; Gesellschaft" entlehnt. Dies gehört zu *lat.* con-gredi (congressum) „zuammentreffen, -kommen", einer Bildung zu *lat.* gradi „schreiten, gehen" (vgl. *kon..., Kon...* und den Artikel *Grad*).

kongruent „deckungsgleich (Math.); übereinstimmend": Das Adjektiv ist eine Entlehnung aus *lat.* congruens „übereinstimmend", dem Part. Präs. von con-gruere „zusammentreffen; übereinstimmen" (vgl. *kon..., Kon...*), dessen Grundwort nicht sicher gedeutet ist. – Dazu stellt sich das Substantiv **Kongruenz** „Dekkungsgleichheit (Mathematik); Übereinstimmung".

König: Das *altgerm.* Wort bedeutet eigentlich „aus vornehmem Geschlecht stammender Mann". Die Benennung bezieht sich demnach darauf, daß der König durch seine Abkunft, durch sein Geblüt ausgezeichnet ist. *Mhd.* künic, *ahd.* kuning, *niederl.* koning, *engl.* king, *schwed.* konung, kung gehen zurück auf *germ.* *kuninga-, das mit dem die Herkunft und Zugehörigkeit ausdrückenden Suffix -ing/-ung gebildet ist, und zwar zu *germ.* *kunja- „(vornehmes) Geschlecht", (vgl. z. B. *ahd.* kunni, *mhd.* künne „Geschlecht", verwandt mit *lat.* genus „Geschlecht", vgl. *Kind*). – Die Form mit ö – gegenüber *mhd.* künic – beruht auf *mitteld.* Lautung. Der Nasal ist vor g geschwunden, wie z. B. in 'Honig' und 'Pfennig'. – Abl.: **königlich** (*mhd.* küniclich, *ahd.* kuni[n]glīh); **Königtum** (Ende des 18. Jh.s; Ersatzwort für *frz.* royauté; die Bildung existierte schon früher, allerdings in der Bed. „Königreich"). Zus.: **Königskerze** (*frühmhd.* kungeskerze; die Pflanze ist entweder nach ihrer Ähnlichkeit mit einer brennenden Kerze benannt oder aber danach, daß sie früher in Pech getaucht und als Fackel verwendet wurde).

konisch ↑Konus.

konjugieren „(ein Verb) abwandeln, beugen": Der grammatische Terminus wurde im 16. Jh. aus *lat.* con-iugare „verbinden" entlehnt, das zu *lat.* iugum „Joch" gehört (vgl. *kon..., Kon...* und über weitere Zusammenhänge den Artikel *Junktim*). – Dazu das Substantiv **Konjugation** „Beugung des Verbs" (16. Jh.; aus *lat.* coniugatio „Verbindung; Beugung" in Übersetzung von *griech.* syzygíā).

Konjunktion „Bindewort": Der grammatische Terminus wurde im 17. Jh. aus *lat.* coniunctio „Bindewort" (eigentlich „Verbindung") entlehnt, das zu *lat.* con-iungere „verbinden" (vgl. *kon..., Kon...* und *Junktim*) gehört.

Konjunktiv „Möglichkeitsform": Der grammatische Terminus ist eine Entlehnung aus *lat.* (modus) coniunctivus „der (Satz)verbindung dienlicher Modus". Dies gehört zu *lat.* con-iungere „verbinden" (vgl. *Junktim*).

Konjunktur „wirtschaftliche Gesamtlage von bestimmter Entwicklungstendenz": Das seit dem 17. Jh. im allgemeinen Sinne von „Lage der Dinge" bezeugte Fremdwort, das seit dem 18. Jh. vorwiegend als kaufmännischer bzw. wirtschaftlicher Ausdruck gebräuchlich ist, stammt aus dem Bereich der Astrologie. Es ist eine Bildung zu *lat.* con-iungere „verbinden" (vgl. *Junktim*), die *lat.* coniunctio „Verbindung" entspricht. Wie dies bezeichnete das Wort in der Astrologie eine bestimmte Verbindung von Gestirnen, d. h. ihr Zusammentreffen in einem Tierkreiszeichen, ihre bestimmte Konstellation und die sich daraus ergebenden besonderen Einflüsse auf das menschliche Schicksal.

konkav „hohl, vertieft, nach innen gewölbt" (vor allem von Linsen): Das Adjektiv ist eine Entlehnung des 18. Jh.s aus *lat.* concavus „hohl, gewölbt, gekrümmt". Dies gehört zu *lat.* cavus „hohl; nach innen gewölbt" (vgl. *kon..., Kon...*).

Konkordanz „alphabetisches Verzeichnis von Wörtern und Bücherstellen zum Vergleich ihres Vorkommens und ihres jeweiligen Sinngehaltes" (insbesondere für die Bibel): Das Fremdwort wurde im 16. Jh. aus *mlat.* concordantia „Übereinstimmung; Findeverzeichnis" entlehnt, das zu *lat.* con-cordare „übereinstimmen" gehört, beachte auch das aus *mlat.* concordatum übernommene **Konkordat** „Vertrag zwischen einem Staat und dem Vatikan". Dies ist eine Ableitung von *lat.* concors „eines Herzens und eines Sinnes, einträchtig, übereinstimmend" (vgl. *kon..., Kon...* und über das Stammwort *lat.* cor [cordis] „Herz, Gemüt usw." den Artikel *Courage).*

konkret „anschaulich, greifbar, gegenständlich, wirklich" (im Gegensatz zu ↑abstrakt): Das im 18. Jh. aus der Fachsprache der Philosophie übernommene Adjektiv geht auf *lat.* concretus „zusammengewachsen; verdichtet; gegenständlich" zurück, das Part. Perf. von *lat.* con-crescere „zusammenwachsen, sich verdichten". Vgl. *kon..., Kon...* und über das Stammverb *lat.* crescere „wachsen" den Artikel *kreieren.*

Konkubine „mit einem Manne in wilder Ehe lebende Frau": Das Substantiv wurde im 16. Jh. aus *lat.* concubina „Beischläferin" entlehnt, das ursprünglich die mit einem Unverheirateten in einer Ehe minderen Rechts lebende Frau bezeichnete (z. B. eine Freigelassene), die eine gesetzmäßige Ehe mit diesem Manne nicht eingehen durfte. Die Bezeichnung dieser außerehelichen, gesetzlich erlaubten Geschlechtsverbindung, *lat.* concubinatus, erscheint bei uns im 17. Jh. als **Konkubinat** „wilde Ehe". – *Lat.* concubina (Femininum von concubinus „Beischläfer") ist eine Bildung zu *lat.* cubare „liegen, gelagert sein, mit jmdm. schlafen" (vgl. *kon..., Kon...*). Über die *idg.* Zusammenhänge von *lat.* cubare vgl. den Artikel *Haufe.*

konkurrieren „in Wettbewerb treten mit anderen, wetteifern": Das aus *lat.* con-currere „zusammenlaufen, zusammentreffen, aufeinanderstoßen" entlehnte Verb erscheint zuerst im 16. Jh. mit der allgemeinen Bed. „zusammentreffen", während die heute übliche Bedeutung erst im 18. Jh. aufkommt. *Lat.* con-currere ist eine Bildung zu *lat.* currere „laufen, rennen" (vgl. *kon..., Kon...* und über die etymologischen Zusammenhänge des Stammworts den Artikel *Kurs*). – Abl.: **Konkurrent** „Mitbewerber, Rivale" (18. Jh.; aus dem Part. Präs. *lat.* concurrens); **Konkurrenz** „[wirtschaftlicher] Wettbewerb" (18. Jh.; aus *mlat.* concurrentia).

Konkurs: Das seit dem 17. Jh. bezeugte Fremdwort ist aus *lat.* concursus [creditorum] „Zusammenlauf [der Gläubiger] (zur gerichtlichen Teilung des unzureichenden Vermögens eines Schuldners)" entlehnt. Daraus ergab sich dann, vom Schuldner her gesehen, die Bed. „Zahlungseinstellung, Bankrott". *Lat.* concursus gehört zu *lat.* con-currere „zusammenlaufen (vgl. *kon..., Kon...* und über das Stammwort den Artikel *Kurs*).

können: Das *gemeingerm.* Verb (Präteritopräsens) bedeutete im Gegensatz zu heute früher „geistig vermögen, wissen, verstehen". Diese alte Bedeutung spiegeln auch wider die Kausativbildung ↑kennen (eigentlich „wissen lassen, verstehen machen"), die Adjektivbildung ↑kühn (ursprünglich „wissend, erfahren, weise"), das Verbalabstraktum ↑Kunst (ursprünglich „Wissen, Verstehen") und die Partizipialbildung ↑kund (eigentlich „gewußt, verstanden"). *Mhd.* künnen, kunnen, *ahd.* kunnan, *got.* kunnan, *aengl.* cunnan (*engl.* can); *schwed.* kunna gehen mit verwandten Wörtern in anderen *idg.* Sprachen auf die Wurzel *ĝen[ə]- „erkennen, kennen, wissen" zurück, vgl. z. B. *lat.* [g]noscere „erkennen" (s. die Fremdwörtergruppe um *nobel*) und *griech.* gi-gnṓskein „erkennen" (s. die Fremdwörtergruppe um *Diagnose*). Über die weiteren Zusammenhänge s. den Artikel *Kind.* Abl.: **Könner** (17. Jh.).

Konnex „Zusammenhang, Verbindung; Kontakt": Das seit dem 19. Jh. gebräuchliche Fremdwort ist aus *lat.* co[n]nexus „Verknüpfung" entlehnt. Dies gehört zu co[n]-nectere „zusammenbinden, verknüpfen", einer Bildung zu nectere „binden, knüpfen" (vgl. *kon..., Kon...*). Siehe auch den Artikel *annektieren.*

Konsens „Zustimmung, Einwilligung": Das Substantiv wurde in der Kanzleisprache im 15. Jh. aus *lat.* consensus „Übereinstimmung; Zustimmung" entlehnt. Dies gehört zu *lat.* consentire „zusammenstimmen, übereinstimmen, zustimmen" (vgl. *kon..., Kon...* und über das Stammwort den Artikel *Sentenz*).

konsequent „folgerichtig; bestimmt, beharrlich, zielbewußt": Das Adjektiv wurde im 18. Jh. aus *lat.* consequens „folgerichtig" entlehnt, dem adjektivisch gebrauchten Part. Präs. von *lat.* con-sequi „mitfolgen, nachfolgen usw.". Dazu die Gegenbildung **inkonsequent** „nicht folgerichtig, unbeständig, wankelmütig" (18. Jh.; aus *lat.* in-consequens; vgl. [2]*in..., In...*), ferner das Substantivpaar **Konsequenz** „Folgerichtigkeit, Beharrlichkeit, Zielstrebigkeit" (16. Jh.; aus *lat.* consequentia) und **Inkonsequenz** „mangelnde Folgerichtigkeit, Unbeständigkeit, Widersprüchlichkeit; Wankelmütigkeit" (18. Jh.; aus *lat.* inconsequentia). – Das zugrundeliegende einfache Verb *lat.* sequi „folgen, nachfolgen" gehört u. a. zusammen mit *lat.* secundus (< *sequ̯ondos) „(der Zeit oder der Reihe nach) folgend; zweiter; begleitend, begünstigend" (s. die Fremdwortgruppe um *Sekunde*), *lat.* socius „gemeinsam; Genosse, Gefährte, Teilnehmer" (ursprünglich wohl: „mitgehend; Gefolgsmann"; s. die Fremdwortgruppe um *sozial*) und wohl auch *lat.* secta „befolgter Grundsatz, Richtlinie; Partei; philosophische Lehre; Sekte" (↑Sekte) zu der unter ↑*sehen* (eigentlich „mit den Augen verfolgen") dargestellten *idg.* Wortsippe. – Siehe auch den Artikel *Exekution.*

konservativ „erhaltend; am Alten, Hergebrachten festhaltend (besonders im staatlichen Leben)": Das Adjektiv wurde im 19. Jh. aus gleichbed. *engl.* conservative entlehnt, das auf *mlat.* conservativus „erhaltend" zurückgeht. Über das zugrundeliegende Verb *lat.* [con]servare vgl. den Artikel *konservieren.*

Konservator ↑konservieren.

Konservatorium: Der seit dem 18. Jh. bezeugte Name der hochschulartigen Ausbildungsstätte für alle Sparten des musikalischen Berufes ist aus *it.* conservatorio relatinisiert. Dies ist von *it.* conservare „bewahren, erhalten" (< *lat.* conservare; vgl. *konservieren*) abgeleitet und bedeutet demnach eigentlich etwa „Stätte zur Pflege und Wahrung (musischer Tradition)".

konservieren „erhalten; haltbar machen, einmachen": Das Verb wurde im 16. Jh. aus *lat.* con-servare „bewahren, erhalten" entlehnt, einer Bildung zu gleichbed. *lat.* servare (vgl. *kon..., Kon...*). Andere Bildungen mit *lat.* servare sind *lat.* ob-servare „achtgeben, hüten; beobachten" und *lat.* re-servare „aufsparen, aufbewahren, vorbehalten", die den Fremdwörtern ↑Observatorium und ↑reservieren (mit Reserve, Reservat, Reservist, Reservoir) zugrunde liegen. – Zu 'konservieren' gehören **Konserve** „haltbar gemachtes Nahrungs- oder Genußmittel; Dauerware" (als Apothekerwort schon im 16. Jh. aus *mlat.* conserva entlehnt), **Konservator** „für Erhaltung und Instandsetzung von Kunstdenkmälern verantwortlicher Beamter" (aus *lat.* conservator „Bewahrer, Erhalter"), ferner ↑konservativ und ↑Konservatorium.

Konsistorium „Kirchenbehörde; Kardinalsversammlung unter Vorsitz des Papstes": Das Fremdwort wurde im 16. Jh. aus *lat.* consistorium „Versammlungsort" entlehnt, einer Bildung zu *lat.* consistere „zusammentreten, sich aufhalten" (vgl. *kon..., Kon...* und über das Grundwort den Artikel *assistieren*). Zus.: **Konsistorialrat** „höherer Beamter einer evangelischen Kirchenbehörde" (*mlat.* consistorialis „zum Konsistorium gehörig").

Konsole „Kragstein; Wandgestell [für Gegenstände der Kleinkunst]": Das Fremdwort wurde im 18. Jh. aus gleichbed. *frz.* console entlehnt, eine Kurzform von *frz.* consolateur „Gesimsträger, Karyatide, Pfeilerfigur". Dies geht auf *lat.* consolator „Tröster" (zu *lat.* consolari „trösten") zurück und bedeutet also eigentlich „Tröster, Stütze".

konsolidieren „begründen, befestigen, sichern; [mehrere Staatsanleihen] zu einer Gesamtschuld vereinigen": Das Verb wurde aus gleichbed. *frz.* consolider entlehnt, das auf *lat.* con-solidare „festmachen, sichern" zurückgeht. Dies gehört zu *lat.* solidus „fest, sicher" (vgl. *kon..., Kon...* und den Artikel *solid[e]*).

Konsonant „Mitlaut": Der grammatische Terminus wurde im 15. Jh. aus gleichbed. *lat.* (littera) consonans entlehnt. Dies gehört zu *lat.* con-sonare „zusammen-, mittönen", einer Bildung zu *lat.* sonare „tönen" (vgl. *kon..., Kon...* und über das Grundwort den Artikel *sonor*).

Konsorten: Das seit dem 16. Jh. bezeugte, aus *lat.* con-sortes, dem *Plural* von *lat.* con-sors (consortis) „gleichen Loses teilhaftig; Gefährte, Mitgenosse" entlehnte Fremdwort wurde zuerst – ohne Wertung – im Sinne von „Schicksalsgenossen, Gefährten" gebraucht. Aber schon im 16. Jh. entwickelte das Wort – wohl in der Gerichtssprache – jenen verächtlichen Nebensinn, wie er heute ausschließlich in der Geltung des Wortes als Bezeichnung einer Clique von Mittätern und Mitangeklagten zum Ausdruck kommt, besonders in der Fügung '... und Konsorten' (hinter Eigennamen). Über die etymologischen Zusammenhänge vgl. den Artikel *Sorte*. – Zu *lat.* con-sors gehört die Bildung *lat.* consortium „Teilhaberschaft, Mitgenossenschaft", aus der im 17. Jh. unser Fremdwort **Konsortium** „Genossenschaft; [vorübergehende] Vereinigung von Unternehmen" entlehnt wurde.

konstant „ständig gleichbleibend": Das Adjektiv wurde im 18. Jh. aus gleichbed. *lat.* constans (-antis) entlehnt, dem in adjektivische Verwendung übergegangenen Part. Präs. von *lat.* con-stare „feststehen" (vgl. *kon..., Kon...* und *stabil*). – Abl.: **Konstante** „feststehende Größe" (Mathematik und allgemein; 19. Jh.). Siehe auch die Artikel *konstatieren*, [1]*kosten*, *Kosten* und *Kost*.

konstatieren „feststellen, bemerken": Das Verb wurde im 18. Jh. aus gleichbed. *frz.* constater entlehnt, das seinerseits auf *lat.* constat „es steht fest" beruht, der 3. Person Sing. Präs. von *lat.* constare „feststehen" (vgl. *konstant*).

Konstellation: Das seit dem 16. Jh. bezeugte Fremdwort wurde als Terminus der Astrologie aus *spätlat.* constellatio „Stellung der Gestirne" (zu *lat.* stella „Stern", urverwandt mit *dt.* ↑*Stern*) entlehnt und bezeichnete wie dies die Stellung der Gestirne zueinander und die sich daraus ergebenden Einflüsse auf das Schicksal des Menschen. Seit dem 18. Jh. wird das Wort vorwiegend im übertragenen Sinne von „Zusammentreffen von Umständen" gebraucht.

konsterniert „bestürzt, betroffen": Das Adjektiv ist das 2. Partizip zu dem heute selten gebrauchten Verb **konsternieren** „verblüffen, verwirren", das seit dem 17. Jh. bezeugt ist. Dies ist aus gleichbed. *frz.* consterner entlehnt, das auf *lat.* consternare „scheu, stutzig, bestürzt machen; verwirren" zurückgeht. Das *lat.* Verb gehört wohl als Intensivbildung zu *lat.* consternere „hin-, ausbreiten, niederstrecken" und stellt sich somit zu der unter ↑*Straße* aufgezeigten Wortfamilie. – Abl.: **Konsternation** „Bestürzung" (aus *lat.* consternatio).

Konstitution: Das Fremdwort erscheint zuerst im 16. Jh. als staatspolitischer Fachausdruck mit der Bed. „Staatsverfassung". Es ist als solcher – wie entsprechend *frz.* constitution (s. unten 'konstitutionell') – aus gleichbed. *lat.* constitutio (eigentlich „die Hinstellung, die Einrichtung usw.") entlehnt. Die heute allgemein übliche Bed. „körperliche oder seelische Verfassung", in der das Wort seit dem 17. Jh. zunächst in der Zusammensetzung 'Leibeskonstitution' verwendet wird, ist ebenfalls schon im *Lat.* vorgegeben. *Lat.* constitutio gehört zu *lat.* con-stituere „feststehen machen, aufstellen, einrichten usw.", einer Bildung zu *lat.* statuere „aufstellen" (vgl. *kon..., Kon...* und zum Stammwort den Artikel *Statut*). – Dazu stellt sich das Adjektiv **konstitutionell** „durch Staatsverfassung gebunden, eingeschränkt", das Ende des 18. Jh.s aus gleichbed. *frz.* constitutionnel übernommen wurde.

konstruieren „(die Bauart eines Gebäudes, einer Maschine usw.) entwerfen; eine Figur zeichnerisch darstellen; etwas gestalten, errichten; Wörter oder Satzglieder zusammenordnen": Das Verb wurde im 16. Jh., zuerst als grammatischer Terminus, aus *lat.* con-struere „zusammenschichten; erbauen, errichten; konstruieren", einer Bildung zu *lat.* struere „schichten; aufbauen usw.", entlehnt (vgl. *kon..., Kon...* und zum Stammwort den Artikel *Struktur*). – Dazu: **Konstruktion** „Bauart; (zeichnerische) Darstellung; Aufbau; Zusammenordnung usw." (16. Jh.; aus *lat.* constructio „Zusammenschichtung usw."); **konstruktiv** „[folgerichtig] aufbauend" (19. Jh.; *nlat.* Bildung); **Konstrukteur** „Erbauer, Gestalter, Erfinder" (20. Jh.; aus *frz.* constructeur); ferner ↑rekonstruieren; Rekonstruktion.

Konsul: Die Bezeichnung für den Vertreter eines Staates, der mit der Wahrnehmung bestimmter (besonders wirtschaftlicher) Interessen in einem anderen Staat beauftragt ist, entspricht formal dem Titel der höchsten Beamten in der altrömischen Republik, *lat.* consul. Die Bed. „Handlungsbevollmächtigter einer Nation", wie sie schon im Mittelalter vorkommt (in *dt.* Quellen seit dem 15. Jh. bezeugt), scheint im Gebiet des Mittelmeeres aufgekommen zu sein. – *Lat.* consul (ältere Form co[n]sol) gehört wohl zum Verb consulere „um Rat fragen, sich beraten; überlegen, Fürsorge treffen" und bezeichnet demnach eigentlich den Beamten, der sich (in wichtigen Angelegenheiten) mit dem Senat (bzw. mit dem Volk) berät. Beachte in diesem Zusammenhang auch die Iterativbildung zu consulere, *lat.* consultare „um Rat fragen, sich beraten; reiflich überlegen", die in ↑konsultieren, Konsultation erscheint. Abl.: **Konsulat** „Amt[sgebäude] eines Konsuls" (nach *lat.* consulatus „Konsulwürde, -amt"); **konsularisch** „den Konsul oder das Konsulat betreffend" (19./20. Jh.; nach gleichbed. *lat.* consularis).

konsultieren „[wissenschaftlichen] Rat einholen; (einen Arzt) zu Rate ziehen": Das seit dem 18. Jh. bezeugte Verb steht für älteres 'konsulieren'. Es geht auf *lat.* consultare (consulere) „um Rat fragen, sich beraten" zurück (vgl. *Konsul*). Dazu stellt sich das Substantiv **Konsultation** „Befragung (eines Arztes); Beratung (eines Patienten)", das im 16. Jh. aus *lat.* consultatio „Beratschlagung" entlehnt wurde.

konsumieren „verbrauchen, verzehren": Das Verb wurde im 17. Jh. aus *lat.* con-sumere „aufnehmen; verwenden, verbrauchen, verzehren" entlehnt, einer Bildung zu *lat.* sumere „an sich nehmen; verbrauchen" (vgl. *kon..., Kon...* und über das Stammwort den Artikel *Exempel*). – Zu 'konsumieren' stellen sich **Konsument** „Verbraucher" (17. Jh.; aus *lat.* con-sumens, dem Part. Präs. von con-sumere) und **Konsum** „Verbrauch", im 19. Jh. für älteres 'Consumo', das auf *it.* consumo „Verbrauch" zurückgeht. Heute wird 'Konsum' auch kurz für 'Konsumverein' und 'Konsumgenossenschaft' verwendet.

Kontakt „Berührung, Verbindung": Das Fremdwort wurde im 17. Jh. aus gleichbed. *lat.* contactus entlehnt. Dies gehört zu *lat.* con-tingere „berühren", einer Bildung zu gleichbed. *lat.* tangere (vgl. *kon..., Kon...* und zum Stammwort den Artikel *Tangente*).

Konterfei: Das seit dem 16. Jh. bezeugte, heute meist nur noch scherzhaft gebrauchte Wort für „Abbild, Bild, Porträt" ist aus *frz.* contrefait entlehnt. Dies bedeutet eigentlich „nachgemacht, nachgebildet" und ist das 2. Partizip von *frz.* contrefaire „nachmachen, nachbilden", das auf gleichbed. *spätlat.* contrafacere zurückgeht (vgl. *kontra...* und *Fazit*). – Abl.: **[ab]konterfeien** „abbilden, porträtieren" (16. Jh.).

konter..., Konter... ↑kontra.., Kontra...

kontern „den angreifenden Gegner durch einen Gegenschlag abfangen; zurückschlagen": Das Verb wurde im 20. Jh. – zunächst als Ausdruck des Boxsports – aus gleichbed. *engl.* to counter entlehnt und in der Lautung an *lat.* contra „gegen" (> *dt.* kontra) angeglichen. Dies ist die Quelle für das dem *engl.* Verb to counter zugrundeliegende Adverb counter „gegen, entgegen" (< *frz.* contre < *lat.* contra). – Zus.: **Konterschlag** „Gegenschlag" (20. Jh.).

Kontinent „Festland; Erdteil": Das Fremdwort wurde im 17. Jh. aus *lat.* (terra) continens „zusammenhängendes Land, Festland" entlehnt. Dies ist eigentlich das Part. Präs. von *lat.* con-tinere „zusammenhalten; zusammenhängen", einer Bildung zu *lat.* tenere „halten" (vgl. *kon..., Kon...* und zum Stammwort den Artikel [1]*Tenor*). Abl.: **kontinental** „festländisch".

Kontingent „Anteil; [Pflicht]beitrag (insbesondere an Truppen, die ein Einzelstaat innerhalb einer Verteidigungsgemeinschaft zu stellen hat); begrenzte Höchstmenge (zur Verfügung stehender Waren)": Das Fremdwort wurde im 17. Jh. aus gleichbed. *frz.* contingent entlehnt, das auf *lat.* contingens, das Part. Präs. von *lat.* con-tingere „berühren; treffen; zuteil werden, zustehen", zurückgeht. Stammverb ist *lat.* tangere „berühren" (vgl. hierüber den Artikel *Tangente*). – Abl.: **kontingentieren** „ein Kontingent festsetzen; [vorsorglich] ein-, zuteilen" (20. Jh.).

kontinuierlich „stetig, fortdauernd, unaufhörlich": Das Adjektiv ist von dem heute veralteten Verb 'kontinuieren' „fortsetzen" abgeleitet, das über *frz.* continuer auf *lat.* continuare „zusammenhängend machen, ohne Unterbrechung fortsetzen" zurückgeht. Dies gehört zu *lat.* continuus „zusammenhängend" und weiter zu *lat.* con-tinere „zusammenhalten", einer Bildung zu *lat.* tenere „halten" (vgl. *kon..., Kon...* und über das Stammwort den Artikel [1]*Tenor*).

Konto „zahlenmäßige Gegenüberstellung von Geschäftsvorgängen in der Buchführung und im Bankwesen": Das Wort ist seit dem 15. Jh. bezeugt. Seine ursprüngliche, heute veraltete Bedeutung ist „Rechnung", wie sie noch in der Fügung **a conto** „auf Rechnung von ..." und in der Zusammensetzung **Akontozahlung** „Anzahlung, Abschlagszahlung" lebt. Wie die meisten Fremd- und Lehnwörter der Kaufmannssprache und des Bankwesens (s. hierüber den Artikel [2]*Bank*) stammt auch 'Konto' aus dem *It.* Das vorausliegende *it.* conto „Rechnung" geht wie entsprechend *frz.* compte (*afrz.* conte) auf *spätlat.* computus „Berechnung" zurück. Dies gehört zu *lat.* com-putare „zusammenrechnen, berechnen" (darauf beruhen auch *frz.* compter „[be]rechnen, zahlen", beachte das davon abgeleitete Substantiv *frz.* comptoir „Zahltisch; Schreibstube", das die Quelle ist für ↑Kontor, und *engl.* to compute „[be]rechnen", zu dem computer „Rechner" [↑Computer] gebildet ist). Vgl. *kon..., Kon...* und über das Stammverb *lat.* putare „schneiden; reinigen, ordnen; berechnen; erwägen usw." den Artikel *amputieren.*

Kontor „Geschäftsraum eines Kaufmanns": Das seit dem 15. Jh. im *Niederd.*, zunächst in der Bed. „Rechen-, Zahltisch", dann auch im Sinne von „Schreibstube", bezeugte Fremdwort ist durch Vermittlung von *mniederl.* contoor und *nordfrz.* contor aus *frz.* comptoir „Zahltisch; Schreibstube" entlehnt (vgl. hierüber *Konto*). – Abl.: **Kontorist** „Angestellter der kaufmännischen Verwaltung" (17. Jh.), dazu entsprechend **Kontoristin** (19./20. Jh.).

kontra..., Kontra...: Quelle für die Vorsilbe mit der Bedeutung „gegen" (entsprechend gilt contre..., Contre... und eingedeutscht konter..., Konter... in Entlehnungen aus dem *Frz.*) ist *lat.* contra „gegen", eine Weiterbildung von *lat.* com... „mit, zusammen" (vgl. hierüber den Artikel *kon..., Kon...*). *Lat.* contra erscheint auch selbständig im *Dt.* als Adverb: **kontra** „gegen, entgegengesetzt", ferner substantiviert als **Kontra** „Gegenansage (bei Kartenspielen); energischer Widerspruch", beachte besonders die Wendung 'jemandem Kontra geben'. – Vgl. noch die ebenfalls hierher gehörenden Fremdwörter *konträr* und *kontern.*

kontrahieren „zusammenziehen" (Grammatik), früher auch im Sinne von „sich zu einem Vertrag einigen", daher studentisch für: „einen Zweikampf verabreden": Das Verb wurde im 16. Jh. aus *lat.* con-trahere „zusammenziehen; eine geschäftliche Verbindung eingehen" entlehnt, einer Bildung zu *lat.* trahere „ziehen" (vgl. *kon..., Kon...* und zum Stammwort den Artikel *trachten*). – Dazu: **Kontrahent** „Vertragschließender, Vertragspartner; Gegner (beim Zweikampf); Rivale" (16. Jh.); **Kontrahage** „Verabredung eines Zweikampfes, Forderung" (studentisch, 19. Jh.); **Kontrakt** „Vertrag, Abmachung" (in der Kanzleisprache des 15. Jh.s aus gleichbed. *lat.* contractus entlehnt).

Kontrapunkt: Das Wort bezeichnet musikalisch-fachsprachlich die Kunst des mehrstimmigen Tonsatzes. Es wurde Anfang des 16. Jh.s aus gleichbed. *mlat.* contrapunctum entlehnt, einer Bildung aus *lat.* contra „gegen" (vgl. *kontra...*) und *lat.* punctus „das Stechen, der Stich; der Punkt" (vgl. *Punkt*), das im *Mlat.* die Bed. „Note" entwickelte. *Mlat.* contrapunctum bezeichnete ursprünglich das Setzen einer Gegenstimme zur Melodie ('punctus contra punctum' „Note gegen Note"). – Siehe auch den Artikel *kunterbunt.*

konträr „entgegengesetzt, gegensätzlich": Das Adjektiv wurde im 18. Jh. aus gleichbed. *frz.* contraire entlehnt. Dies geht – wie die bis zum 18. Jh. im *Dt.* gebräuchlichen Formen 'contrar' und 'contrari' – auf *lat.* contrarius „gegenüber befindlich, entgegengesetzt, zuwiderlaufend" zurück, das von *lat.* contra „gegen" (vgl. *kontra...*) abgeleitet ist.

Kontrast „[starker] Gegensatz; auffallender Unterschied (bes. von Farben)": Das Fremdwort wurde im 18. Jh. – zunächst als Fachausdruck der Malerei – aus *it.* contrasto (daraus auch *frz.* contraste) entlehnt. Dies ist von *it.* *(vlat.)* contrastare „entgegenstehen" abgeleitet und gehört zu *lat.* contra „gegen" (vgl. *kontra...*) und *lat.* stare „stehen" (vgl. *stabil*). – Dazu stellt sich das Verb **kontrastieren** „in [starkem] Gegensatz stehen; abstechen, sich abheben, sich unterscheiden", das im 18. Jh. aus gleichbed. *frz.* contraster übernommen wurde.

Kontrolle „Aufsicht, Überwachung; Prüfung": Das Fremdwort wurde im 18. Jh. aus gleichbed. *frz.* contrôle entlehnt. Dies ist aus contre-rôle (vgl. *kontra...* und *Rolle*) zusammengezogen und bedeutet eigentlich „Gegenrolle, Gegenregister", d. h. „Zweitregister (wie man es zur Prüfung der Richtigkeit von Angaben in einem Originalregister verwendete)". – Abl.: **kontrollieren** „[nach]prüfen, überwachen; unter Kontrolle haben, beherrschen" (um 1600; aus gleichbed. *frz.* contrôler); **Kontrolleur** „Aufsichtsbeamter, Prüfer" (17. Jh.; aus *frz.* contrôleur).

Kontroverse „[wissenschaftliche Streitfrage; heftige Auseinandersetzung": Das Fremdwort ist eine gelehrte Entlehnung des 17. Jh.s aus gleichbed. *lat.* controversia (eigentlich „die entgegengesetzte Richtung"), das von *lat.* controversus „entgegengewandt; entgegenstehend" abgeleitet ist (zu *lat.* contra „gegen" [vgl. *kontra...*] und *lat.* vertere [verti, versum] „wenden, drehen" [vgl. *Vers*]).

Kontur „Umriß[linie]", meist *Plural:* Das Wort wurde im 18. Jh. als Fachausdruck der bildenden Kunst aus gleichbed. *frz.* contour entlehnt, das seinerseits aus *it.* contorno übernommen ist. Dies gehört zu *it.* contornare „umgeben, einfassen; Konturen ziehen" (aus *vlat.* *contornare). Über weitere Zusammenhänge vgl. den Artikel *Turnus.*

Konus: Die Bezeichnung für „Körper von der Form eines Kegels oder Kegelstumpfes" ist eine gelehrte Entlehnung aus *lat.* conus, das seinerseits aus *griech.* kōnos „Pinienzapfen; Kegel" übernommen ist. Weiteres ist unsicher. – Abl.: **konisch** „kegelförmig".

Konvent „[regelmäßige] Versammlung (der stimmberechtigten Mitglieder eines Klosters, der evangelischen Geistlichen eines Kirchenkreises, der Mitglieder einer Studentenverbindung); Kloster, Stift": Das Fremdwort wurde in *mhd.* Zeit (*mhd.* convent) aus *mlat.* conventus „Klostergemeinschaft" entlehnt. Dies geht auf *lat.* conventus „Zusammenkunft, Versammlung" zurück, das zu *lat.* con-venire „zusammenkommen" (vgl. *kon..., Kon...* und *Advent*) gehört. – Hierher noch das Fremdwort ↑Konvention.

Konvention: Das Fremdwort erscheint zuerst

im 17. Jh. als staatsrechtlicher Terminus im Sinne von „Abkommen, Vertrag im öffentlichen und staatlichen Interesse". Danach bezeichnet es heute speziell eine zwischenstaatliche Übereinkunft zur Wahrung bestimmter völkerrechtlicher Grundsätze. Aber auch im Privatrecht hat das Wort eine Rolle gespielt, wie noch die dazugehörige zusammengesetzte Bildung **Konventionalstrafe** „vereinbarte Geldbuße für den Fall der Nichterfüllung eines Vertrages" (18. Jh.) zeigt. Seit dem 18. Jh. wird 'Konvention' auch allgemein im Sinne von „Übereinkunft, Herkommen, Brauch" (dazu 'konventionell', s. u.) verwendet. Das Wort ist in allen seinen Bedeutungen aus *frz.* convention entlehnt, das auf *lat.* conventio „Zusammenkunft; Übereinkunft" zurückgeht. Dies gehört zu *lat.* con-venire „zusammenkommen" (vgl. *Konvent*). – Abl. **konventionell** „herkömmlich" (18. Jh.; aus gleichbed. *frz.* conventionnel).

Konversation „Unterhaltung": Das Fremdwort wurde im 16. Jh. aus *frz.* conversation „Unterhaltung; Verkehr, Umgang" entlehnt, das auf *lat.* conversatio „Umgang" zurückgeht. Dies gehört zu *lat.* con-versari „sich aufhalten, mit jemandem umgehen", einer Bildung zu *lat.* versari „sich hinwenden, befinden" (vgl. *kon..., Kon...* und zum Stammwort den Artikel *Vers*).

Konvertit „zu einer anderen Glaubensgemeinschaft Übergetretener": Das Fremdwort wurde Ende des 18. Jh.s aus gleichbed. älter *engl.* convertite entlehnt, das von *engl.* to convert „umwenden, umkehren; wechseln" abgeleitet ist. Dies geht über *afrz.* (= *frz.*) convertir auf *lat.* con-vertere „umwenden, umwandeln usw." zurück, eine Bildung zu *lat.* vertere „kehren, wenden, drehen" (vgl. *kon..., Kon...* und zum Stammwort den Artikel *Vers*). Das Verb **konvertieren** „umwandeln, umkehren; den Glauben wechseln" erscheint erst im 19. Jh.

konvex „erhaben, nach außen gewölbt (vor allem von Linsen)": Das Adjektiv ist eine Entlehnung des 17. Jh.s aus *lat.* convexus „nach oben oder unten gewölbt, gerundet, gekrümmt".

Konvikt „Wohngemeinschaft (Stift) für katholische Theologiestudenten": Das Fremdwort wurde im 18. Jh. aus *lat.* convictus „das Zusammenleben; Tisch- und Wohngemeinschaft" entlehnt. Dies gehört zu *lat.* con-vivere „zusammenleben", einer Bildung zu *lat.* vivere „leben" (vgl. *kon..., Kon...* und über das Stammwort den Artikel *Weiher*).

Konvoi „Geleitzug (insbesondere von Schiffen)": Das bereits um 1600 bezeugte, aus *frz.* convoi entlehnte Fremdwort galt lange Zeit nur im allgemeinen Sinne von „Geleit". Später geriet das Wort unter den Einfluß des ebenfalls aus dem *Frz.* stammenden *engl.* convoy und wurde speziell zur Bezeichnung für die einer Handelsflotte zum Schutz beigegebenen Kriegsschiffe. Die *engl.* Aussprache wurde im 20. Jh. allgemein üblich. Die Bedeutung wurde auf den gesamten Geleitzug (Handels- und Geleitschiffe zusammen) ausgedehnt und wird in jüngster Zeit auch auf Kolonnen von [Transport]fahrzeugen auf Landwegen übertragen. – *Frz.* convoi „Geleit" ist von convoyer „begleiten, geleiten" abgeleitet, das auf *vlat.* *conviare zurückgeht. Stammwort ist *lat.* via „Weg", das auch in ↑trivial erscheint.

konzedieren „einräumen, zugestehen": Das Verb wurde aus *lat.* con-cedere „beiseite treten; das Feld räumen; zugestehen" entlehnt (vgl. *kon..., Kon...* und zu *lat.* cedere „weichen, überlassen" den Artikel *Prozeß*). Dazu gehören auch ↑Konzession und ↑konzessiv.

konzentrieren: Das seit dem 17. Jh. bezeugte Verb ist aus *frz.* concentrer „in einem [Mittel]punkt vereinigen" entlehnt. Zuerst wurde es als Fachwort der Chemie im Sinne von „zusammendrängen, anreichern, gehaltreich machen (z. B. Flüssigkeiten)" verwendet, dann auch militärisch in der Bedeutung „militärische Kräfte an einem Ort zusammenziehen", schließlich in der allgemeinen Bedeutung „zusammendrängen, sammeln". Von besonderem Interesse ist der reflexive Gebrauch des Verbs im Sinne von „sich geistig sammeln, sich anspannen". Beachte auch das Partizipialadjektiv **konzentriert** „angereichert (Chemie); angespannt, gesammelt". *Frz.* con-centrer ist eine Bildung zu *frz.* centre „Mittelpunkt", das unserem Fremdwort ↑*Zentrum* entspricht. – Abl.: **Konzentration** „Gehalt einer Lösung an gelöstem Stoff (Chemie); Zusammenballung, Zusammendrängung (von Kräften, Menschen usw.); geistige Sammlung, gespannte Aufmerksamkeit" (17./18. Jh.; aus *frz.* concentration), beachte auch die Zusammensetzung **Konzentrationslager** (Kurzform: KZ); **Konzentrat** „ein in einer Mischung aufgespeicherter Stoff; hochprozentige Lösung" (20. Jh.; *nlat.* Bildung). – Hierher gehört auch das Adjektiv **konzentrisch** „den gleichen Mittelpunkt habend (von Kreisen); umfassend", das im 18. Jh. aus gleichbed. *mlat.* concentricus entlehnt wurde.

Konzept, Konzeption ↑konzipieren.

Konzern „wirtschaftlicher Zusammenschluß von Unternehmen, deren rechtliche Selbständigkeit erhalten bleibt": Das Fremdwort wurde im 19./20. Jh. aus *engl.*, concern „Beziehung, Geschäftsbeziehung, Unternehmung" entlehnt, das von *engl.* to concern „betreffen, sich beziehen auf, angehen" abgeleitet ist. Dies geht über *frz.* concerner auf *mlat.* concernere „beachten, berücksichtigen; betreffen, sich beziehen auf", eigentlich „Unterschiedliches zusammenmischen", zurück (zu *lat.* con... [vgl. *kon..., Kon...*] und *lat.* cernere „unterscheiden").

Konzert „öffentliche Musikaufführung; Komposition für Solo und Orchester": Das Fremdwort wurde Anfang des 17. Jh.s aus gleichbed. *it.* concerto entlehnt, das eigentlich „Übereinstimmung, Vereinigung; Übereinkommen, Abmachung, Vertrag" bedeutet und zu *it.* concertare „in Übereinstimmung bringen, abstimmen; verabreden" gehört. Dies geht auf *lat.* concertare „wetteifern" zurück (über die etymologischen Zusammenhänge vgl. den Artikel *Dezernent*). Das Verb **konzertieren** „ein Konzert geben" wurde im 17. Jh. aus gleichbed. *it.* concertare entlehnt. Es geriet dann unter den Einfluß von *frz.* (se) concerter und wurde früher auch im Sinne von „verabreden, übereinkommen" gebraucht, beachte das 2. Part. **konzertiert** „abgestimmt, verabredet" ('konzertierte Aktion' nach *engl.* concerted action oder *frz.* action concertée). Dazu das Adjektiv **konzertant** „konzertmäßig, in Konzertform".

Konzession „Zugeständnis, Erlaubnis; behördl. Genehmigung (zur Ausübung eines Gewerbes)": Das Fremdwort wurde im 16. Jh. aus *lat.* concessio „das Herantreten; das Zugeständnis" entlehnt, einer Bildung zu *lat.* concedere „beiseite treten; das Feld räumen; zugestehen usw." (vgl. den Artikel *konzedieren*). Dazu gehört auch das Adjektiv *lat.* concessivus „einräumend" (Bildung zum 2. Part. concessum), aus dem unser grammatischer Terminus **konzessiv** übernommen ist, beachte dazu die Zusammensetzung **Konzessivsatz** „Umstandssatz der Einräumung".

Konzil „Versammlung der kirchlichen Würdenträger": Das Fremdwort wurde in *mhd.* Zeit aus *lat.* concilium (< *con-caliom) „Versammlung" entlehnt, einer Bildung zu *lat.* con-calare „zusammenrufen" (vgl. *kon..., Kon...* und über weitere Zusammenhänge den Artikel *klar*). – Von Interesse ist in diesem Zusammenhang noch ein von *lat.* concilium abgeleitetes Verb, *lat.* conciliare „vereinigen, verbinden; geneigt machen, gewinnen", das Ausgangspunkt für ↑konziliant (Konzilianz) ist.

konziliant „verbindlich, umgänglich, gewinnend, versöhnlich": Das Adjektiv wurde in neuerer Zeit aus *frz.* conciliant, dem Part. Präs. von concilier „vereinigen, ausgleichen, geneigt machen, gewinnen", entlehnt, das auf gleichbed. *lat.* conciliare (vgl. *Konzil*) zurückgeht. Dazu das Substantiv **Konzilianz** „Umgänglichkeit, Verbindlichkeit, freundliches Entgegenkommen".

konzipieren „eine Grundvorstellung von etwas entwickeln; verfassen, entwerfen", (medizinisch) „schwanger werden": Das Verb wurde in *spätmhd.* Zeit aus gleichbed. *lat.* con-cipere entlehnt, einer Bildung zu *lat.* capere „nehmen, fassen; begreifen" (vgl. *kon..., Kon...* und *kapieren*). Zu *lat.* con-cipere gehören die Bildungen *lat.* conceptus „das Zusammenfassen; Gedanke, Vorsatz", aus dem unser Fremdwort **Konzept** „skizzenhafter, stichwortartiger Entwurf; Plan, Programm" entlehnt ist, und *lat.* conceptio „das Zusammenfassen; Inbegriff; Empfängnis", aus dem unser Fremdwort **Konzeption** „geistiger, künstlerischer Entwurf, Leitgedanke; Empfängnis" übernommen ist.

Koog: Die Herkunft des *niederd.* Ausdrucks für „durch Eindeichung dem Meer abgewonnenes Land" ist dunkel. Das *niederd.* Wort steckt auch im Ortsnamen Cuxhaven, der auf 'Koogshaven' zurückgeht.

koordinieren „beiordnen; in ein Gefüge einbauen; aufeinander abstimmen": Das Verb ist aus gleichbed. *mlat.* co-ordinare entlehnt (zu *lat.* con... „zusammen, mit" [vgl. *kon..., Kon...*] und *lat.* ordinare „ordnen" [vgl. *ordnen*]). Dazu gehört als mathematischer Fachterminus das Substantiv **Koordinate** „zur Angabe der Lage eines Punktes in der Ebene oder im Raum dienende Zahl".

Köper „Gewebe, bei dem die Fäden des Einschlags die Kettfäden schräg kreuzen und auf der Stoffoberfläche hervortreten": Das aus dem *Niederd.* ins *Hochd.* gelangte Wort ist aus gleichbed. *mniederl.* keper entlehnt. Dies bedeutet eigentlich „Dachsparren", das Gewebe ist also nach den diagonal verlaufenden Bindungslinien des Gewebes benannt. *Mniederl.* keper geht wohl auf ein *lat.* *capreus „Strebebalken" (zu *lat.* capra „Ziege"; vgl. *Kapriole*) zurück.

Kopf: Das Wort Kopf (*mhd., ahd.* kopf) war ursprünglich Gefäßbezeichnung für „Becher, Trinkschale". Es beruht wohl (mit entsprechend *engl.* cup „Becher, Tasse") auf einer Entlehnung aus *spätlat.-gemeinroman.* cuppa „Becher". Zur Körperteilbezeichnung wurde das Wort auf Grund einer vermittelnden, zuerst im *Mhd.* faßbaren, bildlich übertragenen Bed. „Hirnschale" (der Bedeutungsübergang erinnert an das Verhältnis von *lat.* testa „Platte, [Ton]schale" zu dem daraus hervorgegangenen *frz.* Substantiv tête „Kopf"). Im *Nhd.* hat sich 'Kopf' als Körperteilbezeichnung gegenüber dem altererbten heimischen Wort ↑Haupt durchgesetzt, das heute nur noch in gehobener Sprache und im übertragenen Sinne gebräuchlich ist. – Abl.: **köpfen** „den Kopf abhauen, enthaupten" (*spätmhd.* köpfen „schröpfen; enthaupten"). Zus.: **kopflos** „ohne Verstand, ohne Überlegung"; **kopfscheu** „ängstlich; verwirrt" (18. Jh.; ursprünglich von Pferden gesagt, die scheuen, wenn sie am Kopf gepackt werden); **Kopfzerbrechen** „angestrengtes Nachdenken" (18. Jh.).

Kopie „Abschrift, Doppel, Reproduktion eines Schriftstücks; Abzug; Doppel eines Films; genaue Nachbildung bes. eines Kunstwerks": Das seit dem 14. Jh. bezeugte, aus der Kanzleisprache stammende Fremdwort ist aus *mlat.* copia „(den Bestand an Exemplaren vermehrende) Abschrift" entlehnt. Dies geht zurück auf *lat.* copia „Fülle, Vorrat, Menge", einer Bildung aus *lat.* co[n]... „zusammen, mit" (vgl. *kon..., Kon...*) und ops, opis „Macht, Vermögen, Reichtum usw." (vgl. den Artikel *opulent*). – Abl.: **kopieren** „eine Kopie anfertigen, abschreiben, vervielfältigen; abziehen; nachbilden" (15. Jh., aus *mlat.* copiare „vervielfältigen").

[1]Koppel „Leibriemen": *Lat.* copula „Verknüpfendes, Band; Strick, Seil; Hundeleine; Zugleine" gelangte über *afrz.* co[u]ple „Band" (= *frz.* couple „Koppelriemen; zusammengekoppeltes Paar usw.") im 13. Jh. ins Deutsche (*mhd.* kuppel, koppel „Band, Verbindung; Hundekoppel; Haufe, Schar; Revier, an dem mehrere gleiches [Weide]recht haben"). Auf dem *mhd.* Wort beruhen einerseits *nhd.* [1]Koppel (das) „Leibriemen", andererseits **[2]Koppel** (die) „durch Riemen aneinandergebundene Tiere; Hundekoppel", letzteres auch mit der von Norddeutschland ausgehenden Bed. „Einfriedung eines Feldes; eingezäunte Weide". Gleichfalls auf dem *mhd.* Wort beruhen die unter ↑*kuppeln* behandelten Wörter. – Abl.: **koppeln** „verbinden" (*mhd.* kuppeln, koppeln „an die Koppel legen, binden, fesseln; [geistig] verbinden, vereinigen").

kor..., Kor... ↑kon..., Kon...

Koralle: Der Name des koloniebildenden Hohltieres warmer Meere, dessen meist rotes Kalkskelett den modischen Korallenschmuck liefert, wurde in *mhd.* Zeit aus *afrz.* coral (= *frz.* corail) entlehnt, das seinerseits auf *spätlat.* corallum (*lat.* corallium) zurückgeht. Dies stammt aus *griech.* korállion, dessen Herkunft unbekannt ist.

Korb: Die *nhd.* Form des Wortes geht über *mhd.* korp auf *ahd.* chorp zurück, das wahrscheinlich aus *lat.* corbis (Akkusativ corbem) „Korb" entlehnt ist. Das *lat.* Substantiv gehört wohl mit einer ursprünglichen Bed. „Geflochtenes" zu der unter ↑*Harfe* genannten *idg.* Wurzel. – Die Redensart 'jemandem einen Korb geben' „eine Absage erteilen, abweisen" verdankt ihre Entstehung vermutlich der Tatsache, daß in früheren Zeiten ein Liebhaber gelegentlich in einem Korb zum Fenster der Angebeteten emporgezogen wurde. War der Liebhaber ungebeten und unwillkommen, bekam er einen „Korb" mit schadhaftem Boden, durch den er auf die Erde zurückfiel.

Kord: Die Bezeichnung für „geripptes [Baum]wollgewebe" ist eine junge Entlehnung des 20. Jh.s aus *engl.* cord „Schnur, Seil; Bindfaden, Zwirn; gerippter Stoff", das auf gleichbed. *frz.* corde zurückgeht (vgl. hierüber den Artikel *Kordel*).

Korde ↑Kordel.

Kordel: Das *westmitteldt.* Wort für „gedrehte Schnur; Bindfaden" ist seit dem 15. Jh. bezeugt (als *rhein.* kordel und *mnd.* kordeel). Es beruht auf Entlehnung aus *frz.* cordelle „kurzes Seil", das als Verkleinerungsform zu *frz.* corde „Seil; Schnur" gehört. Letzteres lieferte unser nur noch fachsprachlich übliches Substantiv **Korde** „schnurartiger Besatz" (*mhd.* korde „Seil, Schnur"). – *Frz.* corde geht auf *lat.* chorda „Darm; Darmsaite" zurück, das aus dem mit *dt.* ↑*Garn* urverwandten *griech.* chordḗ „Darm; Darmsaite" entlehnt ist. – Hierher noch die Fremdwörter ↑Kord und ↑Kordon.

Kordon „Postenkette, Absperrung": Das Fremdwort wurde im 18. Jh. aus gleichbed. *frz.* cordon (eigentlich „Schnur, Seil; Reihe") entlehnt, das von *frz.* corde „Schnur, Seil" (vgl. *Kordel*) abgeleitet ist.

Korinthe: Die kleinste, kernlose Art getrockneter Weinbeeren ist nach ihrem Hauptausfuhrhafen Korinth (in Griechenland) benannt. Schon um 1500 begegnen Formen wie *kölnisch* carentken, *mniederl.* corente (heute: krent), die wie die *nhd.* Form alle von *frz.* raisin de Corinthe „Weinbeere aus Korinth" ausgehen.

Kork: Das Wort bezeichnet zunächst die Rinde der Korkeiche, die alle 9 Jahre in Platten vom Stamm geschält und für verschiedene Zwecke verwendet wird. Im speziellen Sinn meint 'Kork' den aus der Rinde der Korkeiche hergestellten Flaschenstöpsel, den Korkstopfen – dafür gewöhnlich die Bezeichnung **Korken.** Das Wort wurde im 16. Jh. im *niederd.* Sprachraum aus *niederl.* kurk „Kork" übernommen, das seinerseits aus gleichbed. *span.* corcho entlehnt ist. Dies geht auf *lat.* cortex (corticis) „Baumrinde, Borke; Kork (als Stoffbezeichnung); Korkstöpsel" zurück. – Abl. und Zus.: **korken** „mit einem Korken zupfropfen" (19. Jh.), heute meist nur in 'zukorken, verkorken, entkorken' gebräuchlich; **Korkenzieher** (19./20. Jh.).

Kormoran: Der Name des pelikanartigen Schwimmvogels wurde um 1800 aus gleichbed. *frz.* cormoran entlehnt. Dies geht auf *afrz.* cormare[n]g; corp mareng (< *spätlat.* corvus marinus) zurück und bedeutet eigentlich „Meerrabe".

[1]Korn: Das *gemeingerm.* Substantiv *mhd., ahd.* korn, *got.* kaúrn, *engl.* corn, *schwed.* korn gehört zu der unter ↑*Kern* dargestellten Wortgruppe. Das Wort bezeichnete zunächst die samenartige Frucht von Pflanzen, speziell des Getreides, dann das Getreide selbst. Landschaftlich verschieden bezeichnet 'Korn' heute speziell die Getreidesorte, aus der das landesübliche Brot gebacken wird, daher hauptsächlich den Roggen. Beachte auch, daß *schwed.* korn speziell „Gerste", *engl.-amerik.* corn speziell „Mais" bedeutet. – Dann ging das Wort auch auf kornförmige anorganische Gebilde über, beachte z. B. die Zusammensetzungen 'Hagelkorn, Sandkorn, Schrotkorn', und bezeichnete speziell die Bestandteile mineralischer Strukturen. An diese Verwendung schließt sich 'Korn' als Bezeichnung des Feingewichts einer Münze (bereits *mhd.*) und der Rasterungsart an, beachte die Zusammensetzungen 'Fein-, Grobkorn, fein-, grobkörnig'. Nach der Ähnlichkeit mit der Form eines Korns heißt auch ein Teil der Visiereinrichtung 'Korn'. Abl.: **körnen** „[Vögel oder Wild durch das Streuen von Körnern] anlocken" (*mhd.* körnen), dazu **Körnung** „Futter zur Wildfütterung, Futterplatz" (17. Jh.); **körnig** (16. Jh.). Zus.: **Kornblume** (15. Jh.; die Pflanze wächst vorwiegend in Getreidefeldern).

[2]Korn: Die seit dem 19. Jh. bezeugte Bezeichnung des aus Getreide hergestellten klaren Schnapses ist aus älterem 'Kornbranntwein' gekürzt. Beachte die Artikel *Kirsch* und *Kümmel.*

Korona: *Lat.* corona „Kranz", das aus *griech.* korṓnē „Ring" stammt, bezeichnet in übertragener Bedeutung einen Kreis von Menschen, insbesondere von Zuhörern oder Zuschauern. In diesem Sinne wurde es in die Studentensprache übernommen und drang von dort aus in die Umgangssprache zur Bezeichnung einer „[fröhlichen] Runde, Schar". In der Astronomie bezeichnet 'Korona' den Strahlenkranz der Sonne, in der Medizin ein kreisförmiges, kronenähnliches Gebilde, beachte **koronar** „zu den Herzkranzgefäßen gehörend".

Körper: Das seit dem 13. Jh. bezeugte Substantiv (*mhd.* korper, körper) ist aus *lat.* corpus, corporis „Körper, Leib; Masse; Gesamtheit,

Körperschaft" entlehnt. Das Lehnwort trat als Bezeichnung für den tierischen und menschlichen Körper an die Stelle des mit veränderter Bedeutung in ↑Leiche bewahrten einheimischen Wortes *ahd.* līh[h] „Körper, Leib usw.", *mhd.* līch. Im modernen Sprachgebrauch wird das Wort vielfach übertragen verwendet, beachte z. B.: 'Körper' als „Stoffmasse", 'Körper' als Bezeichnung für jedes Gebilde von räumlicher Ausdehnung und 'Körper' im Sinne von „Verband". Abl.: **körperlich** (Ende 16. Jh.); **Körperschaft** „mitgliedschaftlich organisierte Gemeinschaft; rechtsfähiger Verband" (Anfang 19. Jh.); **verkörpern** „Gestalt geben" (18. Jh.). – Zu *lat.* corpus als Stammwort gehören die folgenden Fremdwörter: ↑korpulent, Korpulenz, ↑Korps, Korporation, korporiert, ↑Korsett und Korselett.

Korporal: Die seit dem Beginn des 17. Jh.s bezeugte, heute veraltete Bezeichnung des Unteroffiziers ist aus gleichbed. *frz.* corporal entlehnt. Dies ist nach *frz.* corps „Körper" aus caporal umgestaltet, das aus *it.* caporale „Hauptmann, Anführer" übernommen ist. *It.* caporale ist eine Bildung zu *it.* capo „Kopf; Spitze; Oberhaupt" (< *lat.* caput „Kopf"; vgl. *Kapital*). Unmittelbar aus dem *It.* stammt die Form Kaporal, die schon im 16. Jh. belegt ist, die aber im wesentlichen auf *oberd.* Mundarten beschränkt blieb. – Sehr jung noch ist das aus *frz.* caporal im Soldatenjargon entwickelte Kurzwort **Kapo** für „Unteroffizier", das auch einen Häftling eines Straflagers bezeichnet, der ein Arbeitskommando leitet.

Korporation, korporiert ↑Korps.

Korps: Das seit dem Beginn des 17. Jh.s bezeugte Fremdwort erscheint zuerst im militärischen Bereich in der Bed. „Abteilung, Schar" (hier bezeichnet es noch heute einen größeren Truppenverband), beachte Zusammensetzungen wie **Freikorps** (18. Jh.) und **Kadettenkorps** (18. Jh.). Die heute vor allem übliche Geltung von 'Korps' im akademischen Bereich, zur Bezeichnung bestimmter studentischer Verbindungen, kommt hingegen erst im 19. Jh. auf. Entlehnt ist das Wort aus *frz.* corps „Körper; Körperschaft; Heerhaufe, Abteilung", das auf *lat.* corpus „Körper" (vgl. *Körper*) zurückgeht. – Hierher gehören aus der Studentensprache auch die Fremdwörter **Korporation** „Studentenverbindung" (daneben auch allgemein im Sinne von „Körperschaft, Innung") und **korporiert** „einer studentischen Verbindung angehörend". Ersteres erscheint im 18./19. Jh. durch Vermittlung von *engl.* corporation bzw. *frz.* corporation „Körperschaft" (< *mlat.* corporatio).

korpulent „beleibt": Das Adjektiv wurde im 17. Jh. aus *lat.* corpulentus „wohlbeleibt, dick" entlehnt, das von *lat.* corpus „Körper, Leib" abgeleitet ist (vgl. das Lehnwort *Körper*). – Dazu das Substantiv **Korpulenz** „Beleibtheit" (18. Jh.; aus *lat.* corpulentia).

korrekt „richtig, ordentlich": Das seit dem 16. Jh. bezeugte Adjektiv war ursprünglich, wie die dazugehörigen Substantive **Korrektor** „[Druck]berichtiger" (16. Jh.) und **Korrektur** „Berichtigung, Verbesserung" (16. Jh.), ein Fachwort der Druckersprache. Erst vom 18. Jh. an erlangte das Adjektiv gemeinsprachliche Geltung. Quelle für die Entlehnungen sind *lat.* correctus „zurechtgebracht, berichtigt", *lat.* corrector „Berichtiger" und *mlat.* correctura „das Amt eines Korrektors; die Berichtigung" (vgl. den Artikel *korrigieren*).

korrespondieren „im Briefverkehr stehen", gelegentlich auch noch im Sinne von „übereinstimmen" gebraucht: Das Verb wurde im 16./17. Jh. aus gleichbed. *frz.* correspondre, das auf *mlat.* cor-respondere „übereinstimmen; in [geschäftlicher] Verbindung stehen, Briefe wechseln" (< *lat.* co[n]... „zusammen, mit" [vgl. *kon..., Kon...*] und respondere „antworten; entsprechen") zurückgeht. Aus dem Part. Präs. *mlat.* correspondens stammt unser Fremdwort **Korrespondent** „Briefeschreiber; Berichterstatter; Bearbeiter des kaufmännischen Schriftwechsels" (17. Jh.); dazu auch das Substantiv **Korrespondenz** „Briefwechsel; ausgewählter und bearbeiteter Stoff für Zeitungen" (17. Jh.).

Korridor „[Wohnungs]flur, Gang; schmaler Gebietsstreifen (der durch das Hoheitsgebiet eines fremden Staates zu einer Exklave führt)": Das Fremdwort wurde im 18. Jh. als Fachwort des Bauwesens aus *it.* corridore „Läufer; Laufgang" entlehnt, das von *it.* correre (< *lat.* currere) „laufen" abgeleitet ist (vgl. den Artikel *Kurs*).

korrigieren „berichtigen, verbessern": Das seit dem 14. Jh. bezeugte Verb geht auf *lat.* corrigere (correctum) „zurechtrichten, zurechtbringen, verbessern, berichtigen" zurück, eine Bildung aus *lat.* co[n]... „zusammen, mit" und regere „geraderichten; lenken; herrschen" (vgl. *kon..., Kon...* und *regieren*). Dazu stellen sich ↑korrekt, Korrektor, Korrektur. Vgl. auch den Artikel *Eskorte*.

korrumpieren ↑korrupt.

korrupt „verderbt, verdorben; bestechlich": Das Adjektiv wurde im 15. Jh. aus gleichbed. *lat.* corruptus, dem adjektivisch gebrauchten Part. Perf. von *lat.* cor-rumpere „verderben, vernichten usw." entlehnt (vgl. *kon..., Kon...* und über das Stammwort *lat.* rumpere „brechen, zerbrechen usw." den Artikel *Rotte*). Aus *lat.* corrumpere stammt das Verb **korrumpieren** „bestechen, zu ungesetzlichen Handlungen verleiten". – Dazu das Substantiv **Korruption** „[Sitten]verfall; Bestechung, Bestechlichkeit" (17. Jh.; aus *lat.* corruptio).

Korsar ↑Husar.

Korsett „Mieder, Schnürleibchen": Das seit dem 18. Jh. bezeugte Fremdwort, das das heimische Wort ↑Mieder zurückgedrängt hat, ist aus gleichbed. *frz.* corset entlehnt. Dies ist eine Verkleinerungsbildung zu *afrz.* cors (= *frz.* corps) „Körper, Leib" (vgl. *Körper*); vgl. zur Bildung *dt.* ↑*Leibchen* und Leib. – Eine andere Verkleinerungsbildung von *afrz.* cors, *frz.* corselet „leichter Brustharnisch", erscheint in unserem Fremdwort **Korselett** „kleines, leichtes Korsett" (19. Jh.), das hier als Verkleinerungsform von 'Korsett' empfunden wird.

Korso „Schaufahrt, Umzug" (beachte besonders die Zusammensetzung 'Blumenkorso'): Das seit dem 18. Jh., zuerst in der Bed. „Straße, auf der Wettrennen und Schaufahrten stattfinden" bezeugte Fremdwort ist aus *it.* corso „[Um]lauf" entlehnt, das auf *lat.* cursus (vgl. *Kurs*) zurückgeht.

Korste ↑Kruste.

Korvette: Die Bezeichnung für „leichtes Kriegsschiff" wurde im 18. Jh. aus *frz.* corvette „Rennschiff" entlehnt, dessen Herkunft nicht sicher geklärt ist.

koscher „rein, sauber, einwandfrei; ehrlich, unverdächtig": Das seit dem 18. Jh. bezeugte Adjektiv ist *hebr.* Ursprungs (*hebr.* kaşer „recht, tauglich") und wurde durch das *Jidd.*, wo es speziell im Sinne von „nach jüdischen Speisegesetzen rein und ohne religiöse Bedenken genießbar" gilt, aber auch durch die Studentensprache allgemein bekannt.

kosen „zärtlich plaudern, zärtlich sein": *Lat.* causa „Sache; Rechtssache; Ursache" gelangte im Bereich der Rechtssprache früh ins *Dt.* als *ahd.* kōsa „Rechtssache". Davon abgeleitet ist das Verb *ahd.* kōsōn „verhandeln, erörtern, besprechen; erzählen; reden, plaudern" (beachte gleichbed. *mhd.* kōsen). Das einfache Verb kam im *Nhd.* außer Gebrauch. Es blieb jedoch lebendig in der Zusammensetzung **liebkosen** (*mhd.* liepkōsen, eigentlich „zuliebe sprechen"), aus der es im 18. Jh. zurückgewonnen wurde. Heute ist es in der Bed. „zärtlich sein, liebevoll streicheln" gebräuchlich.

kosmetisch „die Körper- und Schönheitspflege betreffend": Das Adjektiv wurde im 18. Jh. aus gleichbed. *frz.* cosmétique entlehnt, das auf *griech.* kosmētikós „zum Schmücken gehörend" zurückgeht. Über das zugrunde liegende Verb *griech.* kosmeīn „anordnen, schmücken" vgl. den Artikel *Kosmos.* – Dazu stellt sich das Substantiv **Kosmetik** „Körper-, Schönheitspflege" (19. Jh.; nach *griech.* kosmētikḗ [téchnē] „Schmück-, Verzierkunst"). Abl.: **Kosmetikerin** (20. Jh.).

Kosmonaut „[Welt]raumfahrer": Das Fremdwort wurde im 20. Jh. aus gleichbed. *russ.* kosmonavt entlehnt, einer gelehrten Bildung zu *griech.* kósmos „Weltall" (vgl. *Kosmos*) und naútēs „Seefahrer". Vgl. den Artikel *Astronaut.*

Kosmos „Weltall, Weltordnung": Das Fremdwort wurde im 18. Jh. aus *griech.* kósmos entlehnt. Dies bedeutet eigentlich „Ordnung, Anstand, Schmuck" und bezeichnete dann im *Griech.* speziell die Weltordnung, das Weltall, die gesamte Menschheit. In diesem Sinne erscheint das Wort auch als Bestimmungswort von Zusammensetzungen wie **Kosmopolit** „Weltbürger" (18. Jh.; aus gleichbed. *griech.* kosmo-polítēs; zum Grundwort vgl. *Politik*) und ↑Kosmonaut. Die eigentliche Bedeutung von *griech.* kósmos hingegen wird in ↑kosmetisch, Kosmetik faßbar, denen das abgeleitete Verb *griech.* kosmeīn „anordnen; schmücken" zugrunde liegt. Abl.: **kosmisch** „das Weltall betreffend, aus ihm stammend".

Kost: Das im heutigen Sprachgefühl als zu '[2]kosten' „schmecken; genießen" gehörig empfundene Wort geht dagegen auf *mhd.* kost[e] „Aufwand an oder für Nahrung, Speise, Futter" zurück, das mit *mhd.* kost[e] „Aufwand, Ausgaben, Wert, Preis" (vgl. *Kosten*) identisch ist. Beachte auch die Ableitungen **beköstigen** (16. Jh.) und **verköstigen** (16. Jh.) sowie die Zusammensetzungen **Kostgänger** (16. Jh.) und **Zukost** (17. Jh.).

kostbar ↑Kosten.

[1]kosten „wert sein, einen bestimmten Preis haben": Das seit dem 12./13. Jh. gebräuchliche Verb (*mhd.* kosten „aufwenden, ausgeben; zu stehen kommen, kosten") geht über gleichbed. *afrz.* coster (= *frz.* coûter) auf *vlat.* *costare zurück, das für *klass.-lat.* con-stare „feststehen; zu stehen kommen, kosten" steht (vgl. *konstant*). – Dazu gehören die Substantive ↑Kosten und ↑Kost.

[2]kosten „schmecken; genießen": Das *altgerm.* Verb *mhd.* kosten, *ahd., asächs.* kostōn, *aengl.* costian, *aisl.* kosta gehört zu der unter ↑*kiesen* „prüfen, wählen" dargestellten Wortgruppe. Eng verwandt sind z. B. *lat.* gustare „schmekken, genießen" und gustus „Geschmack, Genuß".

Kosten: Zu dem unter ↑[1]*kosten* „wert sein" genannten Verb *vlat.* *costare „zu stehen kommen, kosten" gehört als Substantivbildung *mlat.* costa „Aufwand an Geldmitteln; Wert, Preis", auf dem *mhd.* kost[e] „Wert, Preis; Geldmittel, Aufwand, Ausgaben" beruht. Dies lebt in seiner eigentlichen Bedeutung in *nhd.* Kosten „Ausgaben, Aufwand an Geldmitteln", in seiner speziellen Bed. „Aufwand für Nahrung und Speise; Lebensmittel, Futter" in *nhd.* ↑Kost „Nahrung, Speise" fort. – Ableitungen und Zusammensetzungen: **kostbar** „wertvoll" (*mhd.* kost-bære, eigtl. „hohe Kosten verursachend"); **kostspielig** „teuer" (18. Jh.; im Grundwort steckt *mhd.* spildec „verschwenderisch", das unter Anlehnung an 'spielen' umgedeutet wurde); **köstlich** „wertvoll, prächtig, äußerst fein; von großem Genuß" (*mhd.* kost[e]lich, eigentlich „Kosten machend, viel kostend"); **Unkosten** „notwendige Ausgaben" (16. Jh.; eigentlich „unangenehme, vermeidbare Kosten").

Kostüm: Am Anfang der Geschichte dieses Fremdwortes steht das *lat.* Substantiv consuetudo „Gewöhnung, Gewohnheit, Herkommen, Brauch, Sitte usw.", das zu *lat.* con-suescere „sich gewöhnen, eine Gewohnheit annehmen" (aus *lat.* co[n]... „zusammen, mit" [vgl. *kon..., Kon...*] und suescere „sich gewöhnen") gehört. Auf *lat.* consuetudo geht das *it.* Substantiv costume zurück, das in *dt.* Texten seit dem 18. Jh. in der Sprache der Kunst als Bezeichnung nationaler Eigenheiten und Zustände in den verschiedensten kulturellen Bereichen (und deren historisch getreuer Wiedergabe) erscheint. Es konnte sich auf Trachten, Möbel, Waffen, Gebäude und anderes beziehen. Am Ende des 18. Jh.s geriet das Wort unter den Einfluß des gleichfalls aus dem *It.* stammenden *frz.* Substantivs costume, das die Bedeutungsverengung unseres Fremdwortes auf den Bereich der [historischen] Kleidung maßgebend bestimmte. So wurde im 19. Jh. die Bed. „Tracht, Kleidung" allein üblich. Daraus entwickelte sich einerseits der Gebrauch im Sinne von „Verkleidung, Maskenanzug", andererseits die sehr junge Bezeichnung einer bestimmten (aus Rock und Jacke bestehenden) Damenkleidung. – Abl.: **kostümieren,** sich „ein [Masken]kostüm anlegen, sich verkleiden" (19. Jh.; aus *frz.* [se] costumer).

Kot: Das in *mitteld.* Lautgestalt gemeinsprachlich gewordene Wort bezeichnete zunächst die Ausscheidung aus dem tierischen und menschlichen Körper. Dann wurde es auch im Sinne von „Dreck, Schmutz" gebräuchlich, beachte die Zusammensetzung **Kotflügel.** *Mitteld.* kōt, *mhd.* kāt, quāt, *ahd.* quāt, *mnd.* quād stehen im Ablaut zu *aengl.* cwēad „Kot, Dreck, Schmutz" und gehen mit verwandten Wörtern in anderen *idg.* Sprachen auf die dh-Erweiterung der *idg.* Wurzel *g^{u}ēu- „Kot, Mist" zurück, vgl. z. B. *aind.* gūtha-ḥ „Kot, Exkrement".

Kotau „demütige Ehrerweisung, Verbeugung", besonders in der Wendung 'einen/seinen Kotau machen': Das um 1900 aufkommende Fremdwort entstammt dem *chin.* Hofzeremoniell der Kaiserzeit und bezeichnet die Art, wie man sich (in China) vor dem Kaiser und seinen Vertretern unterwürfig zu Boden werfen und mit der Stirn den Boden berühren mußte. *Chin.* k'o-t'ou bedeutet wörtlich „schlagen (mit dem) Kopf".

Kote ↑Kate.

Kotelett: Die Bezeichnung für „Rippenstück" wurde Anfang des 18. Jh.s aus *frz.* côtelette „Rippchen" entlehnt, einer Verkleinerungsbildung zu *frz.* côte „Rippe; Seite". Dies geht auf *afrz.* coste zurück, das in der speziellen Bed. „Abhang" die Quelle für unser Lehnwort ↑Küste ist. – Nach der Ähnlichkeit mit einem Kotelett wird seit dem 19. Jh. der männliche Backenbart **Koteletten** genannt.

Köter: Der aus dem *Niederd.* stammende verächtliche Ausdruck für „Hund" gehört wahrscheinlich im Sinne von „Kläffer, Schreier" zu der unter ↑*kaum* dargestellten Gruppe von Lautnachahmungen, beachte *mnd.* küten „schwatzen", *rhein.-fränk.* kauzen „kläffen" und den Vogelnamen Kauz (s. d.).

Kotflügel ↑Kot.

¹Kotze, Kotzen: Der Ursprung des *landsch.* Ausdrucks für „grobes Wollzeug, wollene Decke, wollener Mantel", der auf *mhd.* kotze, *ahd.* chozzo, chozza zurückgeht, ist dunkel. Aus einem der *ahd.* Form entsprechenden *afränk.* *kotta „Art Mantel aus grobem Wollstoff" ist *afrz.* cotte (= *frz.* cotte „Rock") entlehnt, aus dem wiederum *engl.* coat „Rock" stammt, s. die Artikel *Dufflecoat, Petticoat* und *Trenchcoat.* Gleichfalls *germ.* Lehnwort ist *mlat.* cotta „Mönchsgewand", das seinerseits unserem Substantiv ↑Kutte zugrunde liegt. Siehe auch den Artikel *kodd[e]rig.*

²Kotze ↑kotzen.

kotzen: Der derbe Ausdruck für „sich übergeben" ist wahrscheinlich im 15. Jh. aus 'koppezen' entstanden, das eine Intensivbildung zu *spätmhd.* koppen „speien" ist (beachte *mdal.* koppen „Luft abschlucken, rülpsen"). Aus dem Verb rückgebildet ist **²Kotze** „Erbrochenes". Neben **auskotzen, vollkotzen** und **bekotzen** ist vor allem die Zusammensetzung **ankotzen** gebräuchlich, und zwar im Sinne von „anwidern, anekeln" und „anschreien, anfahren".

Kotzen ↑¹Kotze.

Krabbe: Das im 16. Jh. aus dem *Niederd.* übernommene Wort geht auf *mnd.* krabbe „kleiner Meerkrebs" zurück, das mit *niederl.* krab, *engl.* crab und der *nord.* Sippe von *schwed.* krabba verwandt ist. Die Krabbe ist als „krabbelndes Tier" benannt (vgl. *krabbeln*).

krabbeln: Das *ugs.* Verb für „kriechen, leicht berühren, jucken" (*mnd.* krabbelen, *mhd.* krappelen) ist verwandt mit *niederl.* krabbelen, krabben „kratzen, kritzeln" und den *nord.* Sippen von *schwed.* krafsa „scharren, kratzen" und kravla „kriechen". Aus dem *Nord.* stammt *engl.* to crawl, aus dem wiederum *dt.* ↑¹kraulen entlehnt ist. – Diese *germ.* Wortgruppe gehört mit den unter ↑*Krabbe* und ↑*Krebs* behandelten Wörtern zu der unter ↑*kerben* dargestellten Wurzel *g[e]rebh- „ritzen, kratzen; kriechen, indem man sich festhakt". – Siehe auch den Artikel *kribbeln.*

krachen: Das *westgerm.* Verb *mhd.* krachen, *ahd.* krahhōn, *niederl.* kraken, *engl.* to crack ist lautnachahmender Herkunft und gehört, falls es nicht eine unabhängige Bildung ist, zu der unter ↑*krähen* dargestellten Gruppe von Schallnachahmungen. – Das Verb 'krachen' ist auch im Sinne von „bersten, brechen, stürzen" und *ugs.* „sich streiten, sich entzweien" gebräuchlich, beachte **verkrachen** „Bankrott machen" ('eine verkrachte Existenz'), *ugs. reflexiv* „sich streiten, sich entzweien", veraltet „zusammenstürzen" (17. Jh.). – Aus dem Verb rückgebildet ist **Krach** „krachendes Geräusch, Getöse; Lärm; Streit, Zank; Zusammenbruch eines Unternehmens, Bankrott" (*mhd.* krach, *ahd.* chrac). Im Sinne von „Zusammenbruch, Bankrott" ist 'Krach' vermutlich von *engl.* crash beeinflußt und erst seit dem großen Krach von Wien (1873) allgemein gebräuchlich. Abl. **Kracher** *ugs.* für „alter, schwacher Mann" (17. Jh.); **Kracherl** *oberd. mdal.* für „Brauselimonade". Zus.: **Krachmandel** *oberd.* für „Knackmandel" (18. Jh.).

krächzen: Das seit dem 15. Jh. bezeugte Verb (*spätmhd.* grachkiczen, krachitzen) ist eine Weiterbildung zu dem unter ↑*krachen* behandelten Verb, von dem es sich aber in der Bedeutung gelöst hat.

Krad ↑Kraft.

Kraft: Das *altgerm.* Wort *mhd., ahd.* kraft, *niederl.* kracht, *engl.* (mit der Bed. „Geschicklichkeit, Fertigkeit, List, Kunst, Handwerk") craft, *schwed.* kraft gehört zu der unter ↑*Kringel* dargestellten Wortgruppe der *idg.* Wurzel *ger- „drehen, winden, sich zusammenziehen, verkrampfen" (vgl. *Krapfen, Krampf*). Für den Begriff 'Kraft' war demnach die Vorstellung des Anspannens der Muskeln bestimmend. – In der Rechtssprache hat 'Kraft' die Bed. „Gültigkeit", beachte dazu 'rechtskräftig' „rechtsgültig" und die Wendungen 'außer Kraft setzen', 'in Kraft treten oder bleiben' usw. – Aus den Verbindungen 'in Kraft', 'durch Kraft', 'aus Kraft' oder dgl. entwickelte sich im 16. Jh. in der Kanzleisprache die Verwendung von **kraft** (= Dativ Singular von 'Kraft') als Präposition, beachte z. B. 'kraft meines Amtes, kraft des Gesetzes'. – Abl.: **verkraften** *ugs.* für „mit etwas fertig werden, vertragen können", veraltet für „motorisieren" (20. Jh.); **entkräften** „schwächen; ungültig machen, widerlegen" (18. Jh.; früher gewöhnlich verkräften, *mhd.* verkreften „schwächen"); **kräftig** (*mhd. kreftic, ahd.* chreftig „kraftvoll, stark; wirksam; gewaltig, groß; reichlich; gültig"), dazu **kräftigen** „stärken" (*mhd.* kreftigen, *ahd.* chreftigōn), beachte auch **bekräftigen** (16. Jh.). Zus.: **Kraftausdruck** (Anfang des 19. Jh.s); **Kraftbrühe** (um 1800); **Kraftfahrzeug** (20. Jh.; Ersatzwort für 'Automobil'); **Kraftfeld** (↑Feld); **Kraftmeier** *ugs.* für „Kraftprotz" (20. Jh.); **Kraftrad** (20. Jh.; Ersatzwort für Motorrad; in der Heeressprache zu **Krad** gekürzt, beachte die Zusammensetzungen **Kradmelder, Kradschütze**); **Kraftwagen** (20. Jh.; wie auch 'Kraftfahrzeug' Ersatzwort für 'Automobil'; heute dafür gewöhnlich nur 'Wagen'); **Kraftwerk** (20. Jh.). Auch als Grundwort steckt Kraft in zahlreichen Zusammensetzungen, beachte z. B. 'Fliehkraft, Schwerkraft, Willenskraft'.

Krage, kragen ↑Kragen.

Kragen: Das seit *frühmhd.* Zeit bezeugte Wort bezeichnete zunächst den Hals und ging dann auf das den Hals bedeckende Kleidungsstück über, (beachte zum Bedeutungsübergang z. B. 'Leibchen' und 'Mieder'). Die alte Bed. „Hals" lebt heute nur noch in bestimmten Wendungen, z. B. 'es geht um Kopf und Kragen'. – *Mhd.* krage „Hals, Kehle, Nacken; Halskragen", *niederl.* kraag „Hals; Halskragen", *engl.* craw „Kropf" gehen mit verwandten Wörtern in anderen *idg.* Sprachen – vgl. z. B. *air.* brāgae „Hals, Nacken" – auf *idg.* *g^{u}rōgh- „Schlund" zurück, das zu der unter ↑*Köder* dargestellten *idg.* Wurzel *g^{u}er- „verschlingen, fressen" gehört. – Zu der Zusammensetzung **Kragstein** „vorspringender, als Träger verwendeter Stein" (*mhd.* kragstein, eigentlich „Halsstein") stellen sich **Krage** „Konsole" und das Verb (ab-, aus-, vor-)**kragen.** Siehe auch den Artikel [2]*Krug*.

Krähe: Die Krähe ist nach ihrem heiseren Geschrei als „Krächzerin" benannt. *Mhd.* krā[e], krǣje, *ahd.* krā[wa, -ja, -ha], *niederl.* kraai, *engl.* crow und die andersgebildete Sippe von *schwed.* kråka gehören zu der unter ↑*krähen* behandelten Lautnachahmung. Zus.: **Krähenfüße** „kraklige Schrift" (16. Jh.), „Falten, besonders an den Augen" (19. Jh.).

krähen: Das *westgerm.* Verb *mhd.* krǣ[je]n, *ahd.* krāen, *niederl.* kraaien, *engl.* to crow, zu dem der Vogelname ↑Krähe gehört, ist lautnachahmender Herkunft. Es geht mit verwandten Wörtern in anderen *idg.* Sprachen auf die vielfach weitergebildete und erweiterte *idg.* Wurzel *ger- zurück, die besonders dumpfe und heisere Klangeindrücke wiedergibt. Zu dieser Wurzel gehören auch der *idg.* Vogelname ↑Kranich und wahrscheinlich die unter ↑*krachen,* ↑*krächzen* und ↑*kreischen,* ↑*kreißen* behandelten Wörter.

Krähenfüße ↑Krähe.

Krähwinkel: Der von Kotzebue in seinem Lustspiel 'Die deutschen Kleinstädter' (1803) verwendete Ortsname gilt seitdem als Inbegriff kleinstädtischer Beschränktheit. Beachte dazu **Krähwinkelei** „kleinstädtische Beschränktheit" und **Krähwinkler** „beschränkter Kleinstädter" (19. Jh.).

Krakeel (*ugs.* für:) „Lärm, lautes Schreien, um Streit anzufangen": Die Herkunft des um 1600 aufgekommenen Wortes ist nicht sicher geklärt. Vielleicht handelt es sich um ein in der Landsknechtssprache umgestaltetes älter *it.* gargagliata „Lärm von vielen Leuten" (beachte die Form der ersten Belege: Gregell, Crackel). Abl.: **krakeelen** (17. Jh.); **Krakeeler** (17. Jh.).

Kral „kreisförmig angelegtes, mit einer Hecke geschütztes Dorf (auch Viehgehege) bei afrikanischen Stämmen": Das durch F. Freiligraths Gedicht „Der Löwenritt" (1835) allgemein bekannt gewordene Wort ist aus gleichbed. *afrikaans* kraal entlehnt, das seinerseits aus *port.* curral „Pferch" stammt. Dies geht zurück auf *mlat.* currate „eingefriedigter Raum (für Wagen)" (zu *lat.* currus „Wagen"; vgl. *Kurs*).

Kralle: Das erst seit dem 16. Jh. bezeugte Wort gehört im Sinne von „die Gekrümmte" zu der unter ↑*Kringel* dargestellten *idg.* Wurzel *ger- „[sich] drehen, [sich] winden, [sich] krümmen". In den *ahd.* Glossen ist ein Maskulinum kral „Haken" bezeugt, davon abgeleitet ist das Verb *spätahd.* bichrellen, *mhd.* krellen „kratzen", an dessen Stelle die junge Ableitung **krallen** „mit den Krallen zufassen; sich mit den Fingern, Zehen festhalten", *ugs.* auch „entwenden" (17. Jh.) getreten ist.

Kram: Das auf das *dt.* und *niederl.* Sprachgebiet beschränkte Wort bezeichnete ursprünglich wahrscheinlich das gespannte (geflochtene) Schutzdach über dem Wagen oder der Bude des umherziehenden Kaufmanns. Im Rahmen der Handelsbeziehungen drang das Wort in mehrere europäische Sprachen, beachte z. B. die *nord.* Sippe von *schwed.* kram und die *slaw.* Sippe von *poln.* kram. – *Ahd., mhd.* krām „Zeltdecke; Bedachung eines Kramstandes; Krambude, Laden, Geschäft; Kaufmannsware", *mnd.* krām[e] „Zeltdecke; mit einer Zeltdecke abgedeckte Handelsbude; die in einer Krambude verkaufte Ware; Kramhandel", *niederl.* kraam „Krambude; Gardine bzw. Vorhang, wohinter die Wöchnerin liegt, Wochenbett" sind dunklen Ursprungs. – Heute wird 'Kram' vorwiegend *ugs.* im Sinne von „minderwertige Ware; Zeug; Sache, Angelegenheit" gebraucht. Abl.: **kramen** *ugs.* für „herumsuchen, planlos wühlen; sich zu schaffen machen" (*mhd.* krāmen „Kramhandel treiben"; beachte auch die Bildungen 'aus-, herum-, vorkramen'); **Krämer** veraltet, aber noch *mdal.* für „Kleinhändler" (*mhd.* krāmǣre, *ahd.* krāmari;

beachte auch die Zusammensetzung 'Kleinigkeits-, Geheimnis-, Umstandskrämer'). Siehe auch den Artikel *Krimskrams.*

Krambambuli: Der seit dem 18. Jh. bezeugte Ausdruck bezeichnete zunächst den Danziger Wacholderschnaps und wurde dann in der Studentensprache auf andere alkoholische Getränke (besonders aus Rum, Arrak und Zucker) übertragen. Es handelt sich vermutlich um eine scherzhafte lautspielerische Umgestaltung von 'Krammet' (veraltet für:) „Wacholder" (vgl. *Krammetsvogel*).

Krammetsvogel: Der *mdal.* Ausdruck für „Wacholderdrossel" hat sich aus *mhd.* kran[e]witvogel entwickelt. Das Bestimmungswort Krammet, veraltet für „Wacholder", geht zurück auf *mhd.* kranewite, *ahd.* kranawitu, das eigentlich „Kranichholz" bedeutet und eine Zusammensetzung ist aus *ahd.* krano „Kranich" (vgl. *Kranich*) und *ahd.* witu „Holz, Wald" (vgl. *Wiedehopf*). Beachte dazu älter *österr.* kranawet „Wacholder", wozu **Kranewitter** *österr.* für „Wacholderschnaps" gehört (↑Krambambuli). – Die Drosselart ist so benannt, weil sie gerne Wacholderbeeren frißt.

Krampe, Krampen: Der im 17. Jh. aus dem *Niederd.* übernommene Ausdruck für „Haken, Klammer" geht zurück auf *asächs.* krampo „Haken, Klammer", dem *ahd.* chramph adjektivisch „krumm", substantivisch „Haken" entspricht. Das Wort bedeutet demnach eigentlich „der Krumme, Gekrümmte" und ist mit den Sippen von ↑Krampf und ↑Krempe verwandt (vgl. *Kringel*). Eine Verkleinerungsbildung dazu ist [2]**Krempel** „Wollkamm; Auflockerungsmaschine" (18. Jh.; *spätmhd.* krempel „Haken, Kralle"), von dem **krempeln** „mit dem Wollkamm bearbeiten, auflockern" (15. Jh.) abgeleitet ist. Abl.: **krampen** „anklammern" (18. Jh.).

Krampf: Das *westgerm.* Substantiv *mhd.* krampf, *ahd.* kramph[o], *niederl.* kramp, *engl.* cramp gehört zu dem *germ.* Adjektiv *krampa- „krumm, gekrümmt" (vgl. z. B. *ahd.* chramph „krumm") und steht im Ablaut zu *ahd.* krimphan „krümmen", *mhd.* krimpfen „[sich] krümmen, krampfhaft zusammenziehen, *mitteld., mnd.* krimpen „zusammenziehen, einschrumpfen lassen", beachte *landsch.* **krimpen** „(angefeuchtetes) Tuch zusammenpressen". Eng verwandt sind die Sippen von ↑Krampe, ↑Krempe und ↑krumm (vgl. *Kringel*). Abl. **krampfen** „krampfartig zusammenziehen" (um 1800; dafür heute gewöhnlich 'zusammenkrampfen' und 'verkrampfen'); **krampfhaft** „wie in einem Krampf, verbissen" (18. Jh.); **krampfig** „gequält und unnatürlich (wirkend)" (15. Jh.). Zus.: **Krampfader** „krankhaft erweiterte, hervortretende Vene" (16. Jh.).

Kran: Die Hebevorrichtung ist nach ihrer Ähnlichkeit mit einem Kranichhals als „Kranich" benannt (beachte zur Übertragung von Tiernamen auf Werkzeuge und Geräte z. B. die Artikel *Ramme* und *Wolf*). *Spätmhd.* kran[e] „Kranich" und „Kran" ist die nicht weitergebildete Form von ↑Kranich. Auch *niederl.* kraan und *engl.* crane bedeuten sowohl „Kranich" als auch „Kran". – *Mdal.* wird das Wort auch im Sinne von „großer Wasserhahn, Zapfröhre" gebraucht, dazu die Verkleinerungsbildung **Kränchen** „Zapfhahn; Gezapftes", beachte z. B. 'Emser Kränchen' (Brunnenwasser).

Kranewitter ↑Krammetsvogel.

Kranich: Der *idg.* Vogelname bedeutet eigentlich „Krächzer, heiserer Rufer" und gehört zu der unter ↑*krähen* dargestellten Schallnachahmung. Die Form 'Kranich' (*mhd.* kranech, *ahd.* chranih, -uh, *mnd.* kranek; entsprechend *aengl.* cranoc) ist eine Weiterbildung zu der Form ↑Kran „Hebevorrichtung", früher „Kranich" (*mhd.* krane, *ahd.* krano, *niederl.* kraan, *engl.* crane, *schwed.* trana). Die nicht weitergebildete Form steckt auch in ↑Krammetsvogel und in **Kronsbeere** *nordd.* für „Preiselbeere" (17. Jh.; so benannt, weil sie von Kranichen gern gefressen wird). *Außergerm.* sind z. B. verwandt *griech.* géranos „Kranich; Kran" (↑Geranie) und *armen.* krunk „Kranich".

krank: *Mhd.* kranc „schwach; schmal, schlank; schlecht, gering; nichtig; leidend, nicht gesund", *mnd.* kranc „schwach; ohnmächtig; schlecht, gering", *niederl.* krank „schwach; unwohl, krank" gehören im Sinne von „krumm, gekrümmt, gebeugt" zu der unter ↑*Kringel* dargestellten Wortgruppe. – Bis ins *Spätmhd.* galt für 'krank' das alte *gemeingerm.* Adjektiv 'siech' (s. d.), das durch 'krank' in die spezielle Bed. „(durch lange Leiden) hinfällig" abgedrängt wurde. Abl.: **kränkeln** „nicht recht gesund sein" (17. Jh.; beachte dazu **angekränkelt**); **kranken** „an etwas leiden" (*mhd.* kranken „schwach, leidend werden oder sein"; beachte dazu **erkranken**); **kränken** „Kummer, Leid zufügen, beleidigen, verletzen" (*mhd.* krenken „schwächen, mindern, schädigen, zunichte machen, plagen, erniedrigen"), dazu **Kränkung** (17. Jh.); **krankhaft** „von einer Krankheit herrührend; nicht gesund; nicht normal" (17. Jh.); **Krankheit** „das Kranksein" (*mhd.* krancheit „Schwäche; Dürftigkeit, Not; Leiden"); **kränklich** „nicht richtig gesund" (*mhd.* kranc-, krenclich „schwächlich, gering, armselig, schlecht").

Krankenschwester ↑Schwester.

Krankheitsherd ↑Herd.

Kranz: Das ursprünglich nur *hochd.* Wort (*mhd., spätahd.* kranz), das dann auch ins *Niederd.* drang und von dort in die *nord.* Sprachen entlehnt wurde, hat keine *außergerm.* Entsprechungen. *Spätahd.* kranz ist daher wahrscheinlich eine Rückbildung aus dem Verb *ahd.* krenzen (*krengzen) „umwinden", das zu der Wortgruppe von ↑*Kringel* gehört. – Die bedeutende Rolle, die der Kranz im Brauchtum und im täglichen Leben spielt, spiegelt sich in zahlreichen Zusammensetzungen wider, beachte z. B. 'Myrtenkranz, Jungfernkranz, Totenkranz, Erntekranz, Richtkranz, Rosenkranz'. Das Wort wird auch auf kranzförmige Dinge übertragen, beachte z. B. 'Kranz' im Sinne von „kranzförmiges Gebäck" und die Zusammensetzung 'Strahlenkranz', und wird ferner im Sinne von „Sammlung, Vereinigung, Zusammenkunft" gebraucht, beachte z. B. die Zusammensetzung

'Liederkranz' und die Verkleinerungsbildung **Kränzchen** „regelmäßige Zusammenkunft eines geselligen Kreises", besonders 'Kaffeekränzchen'. Abl.: **kränzen** (*mhd.* krenzen „mit einem Kranz versehen"; dazu 'bekränzen' und 'umkränzen').

Krapfen: Das Gebäck ist nach seiner ursprünglichen Form als „Haken" benannt. *Nhd.* Krapfen geht zurück auf *mhd.* krāpfe „hakenförmiges Gebäck", das identisch ist mit krāpfe „Haken, Klammer" (*ahd.* krāpho „Haken, Kralle, Klaue"). Das Wort gehört mit den unter ↑*Krampe* und ↑*Krampf* behandelten nasalierten Formen zu der Wortgruppe von ↑*Kringel.* – *Mdal.* sind besonders die Verkleinerungsbildungen **Kräpfel, Kräpfchen, Kräppel, Kröppel** gebräuchlich.

Krapp ↑Kringel.

kraß „grob; auffallend, ungewöhnlich": Das Adjektiv wurde im 18. Jh. aus *lat.* crassus „dick, grob" entlehnt, das wohl mit einer ursprünglichen Bed. „zusammengeballt; verflochten" zu der unter ↑*Hürde* dargestellten *idg.* Sippe gehört.

Krater „trichterförmige Öffnung eines Vulkans; trichter- oder kesselförmige Vertiefung im Erdboden": Das Fremdwort wurde im 18. Jh. aus gleichbed. *lat.* crater entlehnt, das seinerseits aus *griech.* krātēr übernommen ist. Das *griech.* Wort bedeutet eigentlich „Mischkrug, Mischer" und ist eine Bildung zu *griech.* kerannýnai „[ver]mischen", das wohl zur *idg.* Sippe von *mhd.* ↑*rühren* gehört.

Kratz, Kratzbeere, Kratzbürste, kratzbürstig, Kratze ↑kratzen.

Krätze: Der nur *dt.* Krankheitsname (*mhd.* kretze) ist eine Bildung zu dem unter ↑*kratzen* behandelten Verb. Die Krankheit ist so benannt, weil die juckende Hautentzündung zum Kratzen reizt. Abl: **krätzig** „mit Krätze behaftet" (*spätmhd.* kretzec).

kratzen: Das *germ.* Verb *mhd.* kratzen (daneben kretzen), *ahd.* chrazzōn, *niederl.* weitergebildet krassen, *schwed.* kratta hat keine sicheren *außergerm.* Entsprechungen. Um das Verb gruppieren sich die Bildungen **Kratz** *mdal.* für „Schramme" (*mhd.* kraz), **Kratze** „Werkzeug zum Kratzen oder Scharren" (*mhd.* kratze), **Kratzer** *ugs.* für „Schramme" (20. Jh.) sowie ↑Krätze. Um 'kratzen' gruppieren sich die Präfixbildung **zerkratzen** (*mhd.* zerkratzen) und die Zusammensetzungen **abkratzen** *ugs.* auch für „sich davon machen, sterben" (19. Jh.; die Sitte des Kratzfußes [s. u.] ironisierend), **ankratzen** *ugs.* auch für „sich einschmeicheln", beachte die Wendung 'Ankratz haben' „bei Männern ankommen, begehrt sein", **aufkratzen** *ugs.* auch für „aufheitern", meist im 2. Part. **aufgekratzt** *ugs.* für „munter, vergnügt" (18. Jh.). Zus.: **Kratzbeere,** in neuerer Zeit auch **Kroatzbeere** *mdal.* für „Brombeere" (*mhd.* kratzber „Brombeere"; nach den kratzenden Stacheln des Brombeerstrauches benannt); **Kratzbürste** „widerspenstiger Mensch" (17. Jh.; das Wort bezeichnete zunächst eine grobe Bürste zum Kratzen, wie sie z. B. von Metallarbeitern verwendet wird), dazu **kratzbürstig** „widerspenstig, unfreundlich" (20. Jh.); **Kratzfuß** „eine Art Verbeugung, bei der der Fuß scharrend nach hinten gezogen wird" (18. Jh.).

krauchen: Das seit dem 16. Jh. bezeugte Verb ist eine *mdal.* Nebenform von ↑*kriechen* und beruht auf *mitteld.* krūchen.

krauen: Das auf das *dt.* und *niederl.* Sprachgebiet beschränkte Verb (*mhd.* krouwen, *ahd.* krouwōn, *mnd., niederl.* krauwen) geht mit der unter ↑*Krume* dargestellten Sippe auf eine Wurzelform *greu- „kratzen" zurück. Eine alte Substantivbildung dazu ist **Kräuel** *mdal.* für „Haken, Gerät mit hakenförmigen Zinken zum Kratzen" (*mhd.* kröuwel, *ahd.* krouwil; *niederl.* krauwel). Von 'krauen' weitergebildet ist **kraueln, [2]kraulen** „sanft kratzen, streicheln" (15. Jh.).

[1]kraulen „im Kraulstil schwimmen": Das Verb wurde im 20. Jh. aus *amerik.-engl.* to crawl „kriechen, krabbeln; kraulen" entlehnt, das auf *aisl.* krafla „kriechen, krabbeln" (verwandt mit *dt.* ↑*krabbeln*) zurückgeht.

[2]kraulen ↑krauen.

kraus: Das verhältnismäßig spät bezeugte Adjektiv (*mhd., mnd.* krūs) gehört im Sinne von „gedreht, gekrümmt" zu der Wortgruppe von ↑*Kringel.* Im Ablaut dazu steht *mnd.* krōs „Eingeweide", eigentlich „Krauses" (↑Gekröse). – Das Adjektiv kraus wird gewöhnlich im Sinne von „lockig" gebraucht, wird aber auch übertragen im Sinne von „wirr, unordentlich" verwendet. Abl.: **[1]Krause** „gefältelter Halskragen, gefältelte Manschette" (17. Jh.; im 16. Jh. dafür 'Kraus'; vielleicht erst unter Anlehnung an das Adjektiv umgestaltet aus 'Krőß' „gefältelter Halskragen", eigentlich „Gekröse", beachte *frz.* fraise „Gekröse" und – nach der Ähnlichkeit – „gefältelter Hemdkragen"); **krausen** „kraus machen, in Falten legen" (*spätmhd.* krūsen), dazu **kräuseln** „kraus, lockig machen, in Falten legen" (16. Jh.).

[2]Krause ↑Kreisel.

Kraut: Der Ursprung des nur *dt.* und *niederl.* Wortes (*mhd., ahd.* krūt, *asächs.* krūd, *niederl.* kruid) ist unklar. Das Wort bezeichnete zunächst eine [kleinere] Blattpflanze, dann auch lediglich das Blattwerk einer Pflanze, beachte z. B. die Zusammensetzungen 'Kartoffelkraut, Rübenkraut' und die Wendung 'ins Kraut schießen' „überhandnehmen". Schon früh wurde 'Kraut' speziell von Pflanzen, die für den Menschen von Nutzen sind, gebraucht, beachte dazu **Unkraut** „unbrauchbare Pflanze" (*mhd., ahd.* unkrūt). An diesen Gebrauch des Wortes schließt sich die Verwendung von 'Kraut' im Sinne von „Gemüse", besonders „Kohl" an, beachte z. B. die Bildung **Kräutler** *österr.* für „Gemüsehändler" und die Zusammensetzung **Sauerkraut** *landsch.* für „Sauerkohl". Weiterhin bezeichnet 'Kraut' – im allgemeinen im Plural 'Kräuter' – speziell die zu Heilzwecken und zum Würzen verwendete Pflanze, beachte z. B. die Zusammensetzungen 'Bohnenkraut, Kräuterkäse, Kräutertee' und die Wendung 'dagegen ist kein Kraut gewachsen'. Abl.: **krauten** *mdal.*

für „Unkraut jäten" (*mhd.* krūten); **Krauter** *ugs.* für „Sonderling" (18. Jh.).

Krawall: Der im Zusammenhang mit den Unruhen von 1830 und 1848 aufgekommene Ausdruck für „Aufruhr, Lärm" geht wahrscheinlich auf älteres volkssprachliches crawallen „Lärmen" (16. Jh.) zurück, das seinerseits aus *mlat.* charavallium „Katzenmusik, Straßenlärm" entlehnt ist.

Krawatte: Die Bezeichnung für „Halsbinde; Schlips" wurde Ende des 17. Jh.s – wie *it.* cravatta, *span.* corbata, *engl.* cravat – aus *frz.* cravate entlehnt, das seinerseits aus *dt.* Krawat, einer Mundartform von 'Kroate', stammt. Das Wort bezeichnet also ursprünglich den Angehörigen des slawischen Volksstammes der Kroaten (= *frz.* Croate) und wird dann nach der charakteristischen Halsbinde, wie sie von kroatischen Reitern getragen wurde, zum Appellativum „die Kroatische (Halsbinde)".

Kreation ↑kreieren.

Kreatur „[Lebe]wesen, Geschöpf": Das Substantiv wurde bereits in *mhd.* Zeit aus *kirchenlat.* creatura „Schöpfung; Geschöpf" (vgl. *kreieren*) entlehnt, aber erst seit dem 17. Jh. volkstümlich, und zwar als verächtliche Bezeichnung eines minderwertigen Geschöpfes, das einem Höhergestellten knechtisch ergeben ist.

Krebs: Der Krebs ist nach seiner eigentümlichen Fortbewegungsart als „krabbelndes (kriechendes) Tier" benannt. Der auf das *dt.* und *niederl.* Sprachgebiet beschränkte Name des Krustentiers (*mhd.* krebiz, *ahd.* crebiz, chrepaz[o], *mnd.* krevet, *niederl.* kreeft) gehört mit dem unter ↑*Krabbe* behandelten Wort zu der Wortgruppe von ↑*krabbeln.* Als Bezeichnung der Krankheit und als Name des Sternbilds ist 'Krebs' Bedeutungslehnwort nach *lat.* cancer (s. den Artikel *Schanker*) und *griech.* karkínos (beachte medizinisch-fachsprachlich **Karzinom** „Krebsgeschwulst"). Die bösartige Geschwulst ist wohl so benannt, weil sich beim Krebs der Brustdrüsen die Brustvenen zuweilen krebsscheren- oder krebsfußartig ausbreiten. Abl.: **krebsen** „Krebse fangen", *ugs.* (besonders in der Zusammensetzung 'herumkrebsen') für „sich mühsam bewegen, sich mit etwas abmühen; rückwärtsgehen" (*mhd.* kreb[e]zen). Zus.: **Krebsgang** „rückläufige, sich verschlechternde Entwicklung" (16. Jh.; nach der [falschen] Vorstellung, daß der Krebs sich rückwärts bewegt); **krebsrot** (19. Jh.).

Kredenz „Anrichte[tisch, -schrank]": Die Bezeichnung des Möbelstücks wurde im 15. Jh. aus gleichbed. *it.* credenza entlehnt. Dessen eigentliche Bedeutung ist gemäß seiner Herkunft aus *mlat.* credentia (zu *lat.* credere „vertrauen auf, glauben"; vgl. *Kredo*) „Glaube, Vertrauen, Glaubwürdigkeit". Die Bedeutung „Anrichtetisch" entwickelte sich aus der *it.* Wendung 'far la credenza' „die Prüfung auf Treu und Glauben vornehmen", welche die Aufgabe des Mundschenks oder Dieners an Herren- und Fürstenhöfen umschrieb, die Speisen und Getränke, ehe sie dem Herrn vorgesetzt wurden, an „Seitentischchen" vorzukosten und damit auf ihre Unschädlichkeit zu prüfen. Abl.: **kredenzen** „(feierlich) darreichen, darbringen; auftischen" (15. Jh.; zuerst in der Bed. „vorkosten").

Kredit: Das seit dem 16. Jh., zuerst in der Form Credito bezeugte Substantiv ist aus *it.* credito „Leihwürdigkeit" entlehnt. Die heutige Form setzt sich etwa um 1600 unter dem Einfluß des gleichfalls aus dem *It.* stammenden *frz.* crédit durch. Das Wort war von Anfang an, wie schon das vorausliegende *lat.* creditum „das auf Treu und Glauben Anvertraute, das Darlehen" (substantiviertes Part. Perf. von *lat.* credere „vertrauen auf, glauben"), ein Terminus des Geldwesens. So bezeichnet auch heute 'Kredit' zunächst einmal das Vertrauen in die Fähigkeit und Bereitschaft einer Person oder Unternehmung, Verbindlichkeiten ordnungs- und fristgemäß zu begleichen, zum anderen die einer Person oder einem Unternehmen kurz- oder langfristig zur Verfügung stehenden fremden Geldbeträge oder Sachgüter. Beachte auch Zusammensetzungen wie **Kreditbank** und **Kreditbrief** (17. Jh.; Übersetzung von *frz.* lettre de crédit), **kreditfähig** (18./19. Jh.), **Kleinkredit** (20. Jh.) – Im übertragenen Gebrauch wird 'Kredit' im Sinne von „Glaubwürdigkeit, Ansehen" verwendet. Als Gegenbildung zu 'Kredit' erscheint im 17. Jh. **Mißkredit** „schlechter Ruf, mangelndes Vertrauen" (früher nur kaufmännisch im Sinne von „schlechter Kredit", dafür anfangs auch die *it.* Form 'Discredito'). Andere Ableitungen sind: **kreditieren** „Kredit gewähren; borgen" (17. Jh.; nach *frz.* créditer) und **diskreditieren** „in Verruf bringen" (17. Jh.; aus *frz.* discréditer, zu *frz.* discrédit = *it.* discredito „Mißkredit"). Beachte ferner ↑akkreditieren, Akkreditiv.

Kredo „Glaubensbekenntnis": Das seit *mhd.* Zeit gebräuchliche Wort ist eine Substantivierung der 1. Pers. Sing. Präs. Akt. von *lat.* credere „vertrauen auf, glauben" in der Einleitung des Apostolischen Glaubensbekenntnisses 'Credo in unum deum...' „Ich glaube an den einen Gott...". – *Lat.* credere ist auch Ausgangspunkt für die Fremdwörter ↑Kredit, Mißkredit, kreditieren, diskreditieren, ↑akkreditieren, Akkreditiv und ↑Kredenz, kredenzen.

Kreide: Das feinkörnige Kalkgestein, das im Altertum vorwiegend als Puder (z. B. zum Reinigen weißer Wollstoffe) verwendet wurde, hieß bei den Römern creta. *Lat.* creta „Kreide" ist vermutlich als (terra) creta „gesiebte Erde" zu deuten (zu *lat.* cernere [cretum] „scheiden, sichten"). – *Nhd.* Kreide geht auf *mhd.* krīde, *spätahd.* krīda zurück, das aus *vlat. (galloroman.)* creda entlehnt ist. – Auf die früher übliche Art, Zechen oder Schulden mit Kreide auf ein schwarzes Brett zu schreiben, beziehen sich **ankreiden** „als Schuld zuweisen, zum Vorwurf machen" und Wendungen wie z. B. 'in der Kreide stehen'. Abl.: **kreidig** (17. Jh.).

kreieren: Das schon im 16. Jh. in der Bed. „wählen, erwählen" bezeugte, aus *lat.* creare „erschaffen, zeugen; ins Leben rufen; ernennen, erwählen" entlehnte Verb erscheint im

19. Jh. als Bühnenwort im Sinne von „eine neue Rolle auf der Bühne darstellen“, neu vermittelt durch *frz.* créer (un rôle). In jüngster Zeit wird 'kreieren' gleichfalls unter *frz.* Einfluß besonders im Sinne von „eine neue Mode entwerfen, schaffen“ verwendet, beachte das zu *frz.* créer gehörige Substantiv *frz.* création, aus dem unser Fremdwort **Kreation** „Modeschöpfung, Modell“ (20. Jh.) übernommen ist. – Zu *lat.* creare, das mit *lat.* crescere „wachsen, zunehmen“ verwandt ist (↑Rekrut, rekrutieren, konkret) und mit diesem zu der unter ↑*Hirse* dargestellten *idg.* Wurzel *k̂er- „wachsen; wachsen machen; nähren“ gehört, stellt sich als Ableitung *kirchenlat.* creatura „Schöpfung, Geschöpf“ (↑Kreatur).

Kreis: *Mhd., ahd.* kreiʒ „Kreislinie; Zauberkreis; abgegrenzter Kampfplatz; Gebiet, Bezirk; Umkreis“, *mnd.* kreit, krēt „Kreislinie, Umkreis; Kampfplatz“, ablautend *niederl.* krijt „Kampfplatz, Schranken“ gehören im Sinne von „eingeritzte Linie“ zu der Sippe von ↑*kritzeln.* Das Wort hatte ursprünglich offenkundig Geltung im magisch-religiösen Bereich, beachte die alte Bed. „Zauberkreis“. An 'Kreis' im Sinne von „Bezirk, Gebiet“ schließen sich Zusammensetzungen an wie 'Kreisstadt, Kreisgericht, Wahlkreis'. Auf die Verwendung des Wortes im Sinne von „Ring von Menschen, Menschengruppe“ beziehen sich z. B. die Zusammensetzungen 'Familienkreis, Freundeskreis, Leserkreis'. Von den zahlreichen anderen Zusammensetzungen mit Kreis beachte z. B. 'Gesichtskreis, Tierkreis, Umkreis, Wendekreis, Blutkreislauf'. Abl.: **kreisen** (*mhd.* kreiʒen „sich kreisförmig bewegen“; beachte dazu 'einkreisen' und 'umkreisen'). Zus.: **Kreislauf** (18. Jh.; Lehnübertragung von *lat.* circulatio als medizinischer Terminus).

kreischen: Das nur *dt.* und *niederl.* Verb (*mhd., mnd.* krīschen, *niederl.* krijsen) ist lautnachahmender Herkunft und gehört mit ↑kreißen zu der unter ↑*krähen* dargestellten Gruppe von Schallnachahmungen.

Kreisel: Die Bezeichnung des Kinderspielzeugs geht auf älteres 'Kräusel' zurück, aus dem sich durch Anlehnung an 'Kreis, kreisen' die Form Kreisel (17. Jh.) entwickelte. 'Kräusel' ist wahrscheinlich Verkleinerungsbildung zu dem nur noch *mdal.* bewahrten **Krause** „Krug, Topf“ (*mhd.* krūse) und bedeutet demnach eigentlich „kleiner Topf“. Beachte dazu die älter *oberd.* Verwendung von 'Topf' im Sinne von „Kreisel“. – In neuerer Zeit ist das Wort auch in die Sprache der Technik gedrungen, beachte z. B. die Zusammensetzungen 'Kreiselpumpe, Kreiselkompaß'. Abl.: **kreiseln** „Kreisel spielen; sich wie ein Kreisel drehen“.

kreisen, Kreislauf ↑Kreis.

kreißen: *Mhd.* krīzen „gellend schreien, kreischen, stöhnen“, *mnd.* krīten „schreien, heulen“, *niederl.* krijten „schreien“ sind lautnachahmenden Ursprungs (vgl. *kreischen*). Im 17. Jh. wurde 'kreißen' speziell auf das Schreien der gebärenden Frau bezogen und entwickelte so die Bed. „in Geburtswehen liegen“. Zus.: **Kreißsaal** „Entbindungsraum im Krankenhaus“ (20. Jh.).

Krem ↑Creme.

Krematorium: Die Bezeichnung für das Gebäude, in dem Feuerbestattungen vorgenommen werden, ist eine *nlat.* Bildung des 19. Jh.s zu *lat.* cremare „verbrennen, einäschern“. Dies stellt sich zu der unter ↑*Herd* behandelten *idg.* Wortsippe.

Krempe: Das im 17. Jh. ins *Hochd.* übernommene *niederd.* krempe „(aufgeschlagener) Hutrand“ gehört im Sinne von „die Krumme, die Gekrümmte“ zu dem unter ↑*Krampf* dargestellten Adjektiv *krampa- „krumm“ (vgl. auch *Krampe*). Abl.: **krempen** „den Rand nach oben biegen, hochschlagen“ (18. Jh.), dafür gewöhnlich die Bildung 'krempeln' (↑Krampe).

[1]Krempel: Der *ugs.* Ausdruck für „minderwertige, unbrauchbare Gegenstände, wertloses Zeug“ geht zurück auf *mhd.* grempel „Kleinhandel“, das zu *mhd.* grempe[l]n „Kleinhandel, einen Trödelladen betreiben“ gehört. Dies ist vermutlich aus älter *it.* crompare „kaufen“ (aus comprare < *lat.* comparare „beschaffen“) entlehnt.

[2]Krempel, krempeln ↑Krampe.

Kremser: Der mehrsitzige, offene Mietwagen ist nach dem Berliner Fuhrunternehmer Kremser benannt, der die ersten Wagen dieser Art 1825 in Betrieb nahm.

Kren: Der in Süddeutschland und Österreich gebräuchliche Ausdruck für „Meerrettich“ (*mhd.* krēn, chrēn) ist aus gleichbed. *tschech.* křen, älter chřěn entlehnt, vgl. *russ.* chren, *serbokroat.* hren, *poln.* chrzan. Bei dem *slaw.* Wort handelt es sich wohl um ein altes Wanderwort.

krepieren „bersten, platzen, zerspringen (von Sprenggeschossen)“, daneben in der *Ugs.* weit verbreitet im übertragenen Sinne von „verrekken, verenden“: Das Fremdwort erscheint im Deutschen zuerst während des 30jährigen Krieges im Soldatenjargon mit der übertragenen Bed. „verrecken, sterben“. Seit dem Ende des 17. Jh.s ist es auch in seiner eigentlichen Bedeutung als militärisches Fachwort bezeugt. Das Wort ist in beiden Bedeutungen aus *it.* crepare entlehnt, das seinerseits auf *lat.* crepare „knattern, krachen usw.“ (schallnachahmenden Ursprungs) beruht.

Krepp (Sammelbezeichnung für Gewebe mit krauser, angerauhter Oberfläche): Das erst im 20. Jh. durch Zusammensetzungen wie 'Kreppsohle' und 'Kreppapier' allgemein bekannt gewordene Wort ist schon im 18. Jh. in der Form 'Crep' bzw. im 16. Jh. als 'Kresp' zur Bezeichnung lockeren Seidengewebes bezeugt. Während 'Kresp' uns durch Vermittlung von *niederl.* crespe aus *afrz.* cresp[e] (= *frz.* crêpe) erreichte, schließen sich die jüngeren Formen unmittelbar an *frz.* crêpe an. Letzte Quelle des Wortes ist das *lat.* Adjektiv crispus „kraus“, das mit *nhd.* ↑*Rispe* urverwandt ist.

kreß ↑[1]Kresse.

[1]Kresse: Die Herkunft des *westgerm.* Pflanzennamens (*mhd.* kresse, *ahd.* kresso, -a, *niederl.* kers, *engl.* cress) ist unklar. Mit 'Kresse' werden heute verschiedene Arten der Kreuzblütler bezeichnet, z. T. Salatpflanzen, beachte 'Brunnenkresse', z. T. Zierpflanzen, beachte z. B. 'Kapuzinerkresse'. Auf die Farbe der Kapuzinerkresse bezieht sich das heute veraltete Farbadjektiv **kreß** „orange".

[2]Kresse: Der *landsch.* Name des Gründlings (*mhd.* kresse, *ahd.* chresso) gehört zu dem untergegangenen Verb *mhd.* kresen, *ahd.* chresan „kriechen" (vgl. *Kringel*). Der Fisch ist also als „Kriecher" benannt. Statt 'Kresse' ist auch die Bildung **Kreßling** (15. Jh.) gebräuchlich.

Krethi und Plethi: Der *ugs.* Ausdruck für „alle möglichen Leute, jedermann" stammt aus der Lutherischen Bibelübersetzung (2. Sam. 8.18 u. a.), wo er die Kreter und Philister in der Söldnertruppe des biblischen Königs David bezeichnet.

Kreuz: Das in *ahd.* Zeit im Rahmen der Missionstätigkeit aus *lat.-kirchensprachlich* crux (Akkusativ crucem) entlehnte Wort (*ahd., asächs.* krūzi, *mhd.* kriuz[e]) wurde zunächst ausschließlich im Sinne von „Kreuz Christi" gebraucht. Es drängte das heimische Wort ↑Galgen, das seit der Frühzeit der Christianisierung germanischer Stämme als Bezeichnung für das Kreuz Christi verwendet wurde, allmählich zurück. Dann wurde das entlehnte Wort auch auf die Nachbildungen des Kreuzes Christi übertragen und bezeichnete das Kreuz als christliches Symbol, beachte z. B. die Zusammensetzungen **Kreuzfahrer, Kreuzritter, Kreuzzug, Kreuzgang** und die Wendungen 'ein Kreuz schlagen' „das Kreuzeszeichen machen" und 'zu Kreuze kriechen' „nachgeben, sich unterwerfen". Die letztere Wendung bezog sich ursprünglich auf einen Teil der Karfreitagsliturgie. In den christlichen Bereich fällt auch die sich an die Bibel anschließende Verwendung des Wortes im Sinne von „Leid, Qual, Mühsal". Aus dem Gebrauch von 'Kreuz' in Flüchen, beachte z. B. **Kreuzdonnerwetter,** hat sich wahrscheinlich verstärkendes 'kreuz'- entwickelt, beachte z. B. **kreuzbrav, kreuzfidel, kreuzunglücklich.** Auf 'Kreuz' als Bezeichnung eines weltlichen Zeichens beziehen sich z. B. **[1]Kreuzer** „Geldmünze" (s. d.), 'Rotes Kreuz, Eisernes Kreuz'. Von der Form eines Kreuzes gehen z. B. **Kreuzblütler, Kreuzbein** aus, beachte auch 'Kreuz' als Notenzeichen und als Farbe im Kartenspiel sowie die Verwendung des Wortes im Sinne von „unteres Ende des Rückgrats (am Kreuzbein), Rücken", woran sich Zusammensetzungen wie **Kreuzschmerzen, kreuzlahm** anschließen. Ferner wird 'Kreuz' als Richtungsbezeichnung verwendet, und zwar von zwei sich schneidenden Richtungen, beachte z. B. **kreuzweise, Kreuzfeuer, Kreuzverhör,** die feste Verbindung 'kreuz und quer', 'in die Kreuz und Quer'. Abl.: **kreuzen** (s. d.); **kreuzigen** (*mhd.* kriuzigen, *ahd.* crūzigōn; das Verb ist dem *lat.* cruciare „ans Kreuz schlagen, martern, foltern" nachgebildet), dazu **Kreuzigung** (*mhd.* kriuzigunge, *ahd.* chrūzigunga). Zus.: **Kreuzotter** (19. Jh.; nach dem kreuzähnlichen, dunklen Gebilde auf dem Kopf der Schlange); **Kreuzschnabel** (16. Jh.; nach dem eigentümlich gekrümmten Schnabel des Vogels, daher auch Krummschnabel; nach der Legende hat der Vogel seinen gekrümmten Schnabel daher, weil er die Nägel aus dem Kreuz Christi zu ziehen versuchte, deshalb auch 'Christvogel'); **Kreuzspinne** (17. Jh.; nach dem weißlichen Kreuz auf dem Hinterleib der Spinne); **Kreuzworträtsel** (20. Jh.). Siehe auch den Artikel *Kruzifix.*

kreuzen: Das von dem unter ↑*Kreuz* behandelten Wort abgeleitete Verb (*mhd.* kriuzen, *ahd.* krūzōn) bedeutete ursprünglich „ans Kreuz schlagen, kreuzigen", in *mhd.* Zeit dann auch „ein Kreuz schlagen, sich bekreuzigen" und „mit einem Kreuz bezeichnen". In diesen Bedeutungen kam 'kreuzen' im *Nhd.* allmählich außer Gebrauch. Heute wird das Verb im Sinne von „kreuzweise übereinanderlegen" und – besonders reflexiv – „(sich) kreuzweise durchschneiden" verwendet, beachte **Kreuzung** „Schnittpunkt von Verkehrswegen oder dgl." (19. Jh.), das – im Anschluß an biologisch-fachsprachlich 'kreuzen' „erbverschiedene Paare paaren" – auch die Bed. „Paarung erbverschiedener Paare" hat. Als seemännischer Ausdruck für „im Zickzack gegen die Windrichtung ansegeln" ist 'kreuzen' Bedeutungslehnwort aus *niederl.* kruisen (17. Jh.), beachte dazu **[2]Kreuzer** „kreuzendes (d. h. zu Aufklärungszwecken hin und her fahrendes) Schiff; eine Jachtart" (17. Jh.; nach *niederl.* kruiser).

[1]Kreuzer: Der Name der ehemaligen Geldmünze geht auf *mhd.* kriuzer zurück, das von kriuz[e] „Kreuz" (vgl. *Kreuz*) abgeleitet ist. Die seit dem 13. Jh. in Meran und Verona geprägte Münze ist nach dem aufgeprägten liegenden Kreuz benannt.

[2]Kreuzer ↑kreuzen.

Kreuzgang, kreuzigen, Kreuzigung, Kreuzotter, Kreuzschnabel, Kreuzspinne ↑Kreuz.

Kreuzung ↑kreuzen.

Kreuzworträtsel ↑Kreuz.

Kribbe ↑Krippe.

kribbeln: Das im Sinne von „sich unruhig hin und her bewegen, wimmeln; kitzeln" gebräuchliche Verb (*mhd.* kribeln) ist eine Nebenform mit ausdrucksbetontem i zu ↑*krabbeln.* Abl.: **kribb[e]lig** *ugs.* für „unruhig, ungeduldig, gereizt" (16. Jh., in der Form 'kryblecht').

Kribskrabs ↑Krimskrams.

Krickente ↑Kriekente.

Kricket: Der Name des in Großbritannien und im gesamten Commonwealth beliebten Ballspiels ist eine junge Entlehnung aus gleichbed. *engl.* cricket, dessen Herkunft nicht sicher geklärt ist.

kriechen: Das starke Verb (*mhd.* kriechen, *ahd.* kriochan) gehört mit der Nebenform ↑krauchen und mit der engverwandten Sippe von ↑Krücke zu der unter ↑*Kringel* dargestellten *idg.* Wurzel *ger- „[sich] drehen, [sich] winden, [sich] biegen". Abl.: **Kriecher** „unterwürfiger Mensch, Schmeichler" (17. Jh.); **kriecherisch** „unterwürfig, schmeichlerisch" (18. Jh.).

Krieg: Der Ursprung des nur *dt.* und *niederl.*

Wortes ist trotz aller Deutungsversuche dunkel. In den älteren Sprachzuständen entsprechen *mhd.* kriec „Anstrengung, Bemühen, Streben; Streit; Wortstreit; Rechtsstreit; Wettstreit; Widerstand, Zwietracht; Kampf; bewaffnete Auseinandersetzung", *ahd.* chrēg „Hartnäckigkeit", *mniederl.* crijch „Widerstand; Zwietracht; Streit, Kampf". – Das abgeleitete Verb **kriegen** veraltet für „Krieg führen", *ugs.* für „bekommen" (*mhd.* kriegen, *mitteld., mnd.* krīgen, *niederl.* krijgen) bedeutete zunächst „sich anstrengen, sich um etwas bemühen, streben", dann auch „streiten, zanken; kämpfen, Krieg führen". Die *ugs.* Verwendung des Verbs im Sinne von „bekommen" geht aus von der Präfixbildung *mitteld.* erkrīgen (gekürzt *mitteld., mnd.* krīgen) „strebend erlangen, erringen". Abl.: **Krieger** (*mhd.* krieger „Streiter, Kämpfer"); **kriegerisch** (16. Jh.; für älteres *mhd.* kriegisch „trotzig, streitsüchtig"). Zus.: **Kriegsfuß** heute nur noch in der Wendung 'auf dem Kriegsfuß stehen' (16. Jh.; 'auf Kriegsfuß' nach *frz.* 'sur le pied de guerre'); **Kriegserklärung** (18. Jh.; Lehnübersetzung von *frz.* déclaration de guerre); **Kriegsschauplatz** (18. Jh.; Lehnübersetzung von *frz.* théâtre de la guerre).

Kriekente, Krickente: Die kleine Wildentenart ist nach dem eigentümlichen, etwa mit 'krik' oder 'krlik' wiederzugebenden Frühlingsruf des Männchens benannt (16. Jh.).

kriminell „verbrecherisch; strafbar; das Strafrecht betreffend": Das seit dem Ende des 18. Jh.s bezeugte, aus *frz.* criminel (< *lat.* criminalis) entlehnte Adjektiv steht für älteres **kriminal** ('kriminalisch'), das unmittelbar dem *Lat.* entlehnt ist, das aber heute fast nur in Zusammensetzungen wie 'Kriminalbeamte, Kriminalpolizei' und 'Kriminalfilm, Kriminalroman' (für beide die Kurzform **Krimi**) üblich ist. *Lat.* criminalis „das Verbrechen betreffend, kriminell" ist von *lat.* crimen „Beschuldigung, Anklage; Vergehen, Verbrechen, Schuld" abgeleitet, dessen weitere Herkunft umstritten ist. Abl.: **Kriminalität** „Straffälligkeit"; **Kriminalist** „Strafrechtslehrer; Beamter der Kriminalpolizei" (17./18. Jh.), dazu **kriminalistisch** „die Kriminalistik betreffend" und **Kriminalistik** „Lehre vom Verbrechen, seiner Bekämpfung, Aufklärung usw.".

krimpen ↑Krampf.

Krimskrams: Der seit dem Ende des 18. Jh.s bezeugte *ugs.* Ausdruck für „Plunder; Durcheinander; Geschwätz" ist – wie z. B. auch 'Mischmasch' und 'Wirrwarr' – eine Reduplikationsbildung mit Ablaut (vielleicht unter Anlehnung an 'krimmeln' *nordd.* für „kribbeln" und 'Kram'). 'Krimskrams' hat die ältere, seit dem 16. Jh. bezeugte Bildung **Kribskrabs** (wohl unter Anlehnung an 'kribbeln' und 'krabbeln') zurückgedrängt.

Kringel: *Mhd.* kringel „Kreis, ringförmiges Gebilde, Brezel" ist eine Verkleinerungsbildung zu *mhd.* krinc „Kreis; Ring; Bezirk", das mit der *nord.* Sippe von *aisl.* kringr „Kreis, Ring" verwandt ist. Im Ablaut dazu stehen z. B. *mhd.* kranc „Kreis, Umkreis" und das unter ↑*Kranz* behandelte Wort. Diese *germ.* Sippe geht zurück auf eine nasalierte Erweiterung der *idg.* Wurzel *ger- „drehen, biegen, krümmen; winden, flechten". Auf die zahlreichen, z. T. nasalierten Erweiterungen dieser Wurzel gehen aus dem *germ.* Sprachbereich zurück ↑krank (eigentlich „gebeugt, gekrümmt, hinfällig"), ↑Krampf (eigentlich „Krümmung, Zusammenziehung der Muskeln"), ↑Krampe „Haken, Klammer" (nach der gekrümmten Form), ↑Krempe „aufgeschlagener (eigentlich gekrümmter) Hutrand" und ↑krumm. Weiterhin verwandt sind die Gebäckbezeichnung ↑Krapfen (eigentlich „Haken", nach der krummen Form), der Pflanzenname **Krapp** („Färberröte", nach den hakenförmigen Dornen; im 16. Jh. entlehnt aus gleichbed. *mniederl.* crappe, eigentlich „Haken"), ferner ↑Kropf (eigentlich „Ausbiegung, Krümmung, Rundung"), ↑Krüppel (eigentlich „Gekrümmter"), ↑Krücke (eigentlich „Krummstab, Stock mit gekrümmtem Griff"), ↑Kralle (eigentlich „Gekrümmte") und die Sippe von ↑kraus (eigentlich „gewunden, gekrümmt"). Für die Sippe von ↑Kraft ist von der Vorstellung des Anspannens (d. h. Krümmens bzw. Zusammenziehens) der Muskeln auszugehen. Zu der Wurzel *ger- in der Bedeutungswendung „winden, flechten" gehört ferner das unter ↑*Krippe* (eigentlich „Flechtwerk") behandelte Wort. Auch die Sippe von ↑kriechen (eigentlich „sich winden, sich krümmen") ist verwandt, beachte auch den Fischnamen ↑[2]Kresse (eigentlich „Kriecher") und *niederd.* krōp „kriechendes Wesen" (s. den Artikel *Kroppzeug*). Abl.: **kringelig** *ugs.* für „geringelt, gekräuselt" (für älteres kringlicht, 17. Jh.); **kringeln** *ugs.* für „Kreise ziehen; kräuseln, ringeln".

Krippe: Die *westgerm.* Substantivbildung *mhd.* krippe, *ahd.* krippa, *niederl.* krib, *engl.* crib gehört im Sinne von „Flechtwerk, Geflochtenes" zu der unter ↑*Kringel* dargestellten *idg.* Wurzel *ger- „drehen, winden, flechten". Das Wort bezeichnete also zunächst den geflochtenen Futtertrog und ging dann auf hölzerne oder steinerne Futtertröge bzw. Futterrinnen über. Die alte Bed. „Flechtwerk" ist noch in fachsprachlicher Verwendung des Wortes bewahrt, beachte 'Krippe' als Bezeichnung eines Weidengeflechts oder Holzwerks zum Schutz von Deich- und Uferstellen, davon **krippen** „eine Deich- oder Uferstelle durch Flechtwerk schützen" (18. Jh.), beachte auch *niederd.* **Kribbe** „Buhne". – Auf die Geburt Jesu in einer Krippe beziehen sich z. B. die Zusammensetzung 'Krippenspiel' und die Verwendung von 'Krippe' im Sinne von „Kinderheimstätte" (nach entsprechend *frz.* crèche).

Krise: Das seit dem 16. Jh. bezeugte Wort ist aus *griech.* krísis „Entscheidung, entscheidende Wendung" (daraus auch *lat.* crisis) entlehnt. Es erscheint zuerst in der Form 'Crisis' (beachte die noch heute übliche Nebenform 'Krisis') als Terminus der medizinischen Fachsprache zur Bezeichnung des Höhe- und Wendepunktes einer Krankheit. Im 18. Jh. beginnt unter dem Einfluß von *frz.* crise der allgemeine Gebrauch des Wortes im Sinne von „entscheidende, schwierige Situation", und es setzt sich als Hauptform allmählich 'Krise' durch. Abl.: **kriseln** (19./20. Jh.), nur unpersönlich 'es kriselt' „eine Krise steht drohend bevor".

Kristall „fester, regelmäßig geformter, von ebenen Flächen begrenzter Körper", auch (mit neutralem Geschlecht): „geschliffenes Glas": Das Wort (*ahd.* cristalla, *mhd.* cristalle) ist aus *mlat.* crystallum (*Plural:* crystalla) entlehnt, das über *lat.* crystallus auf *griech.* krýstallos „Eis; Bergkristall" zurückgeht. Dies gehört zusammen mit *griech.* krýos „Eiskälte, Frost" zu der unter ↑*roh* dargestellten Wurzel. – Abl.: **kristallen** „aus Kristall[glas]; kristallklar" (*mhd.* kristallīn; aus *lat.* crystallinus, *griech.* krystállinos); **kristallin[isch]** „aus vielen kleinen Kristallen bestehend" (18. Jh.); **kristallisch** „kristallen" (14. Jh.); **kristallisieren** „Kristalle bilden" (18. Jh.; nach *frz.* cristalliser); **Kristallisation** „Kristallbildung" (18. Jh.; nach *frz.* cristallisation).

Kristiania: Der Querschwung (beim Schilauf) wurde im 20. Jh. nach Kristiania, dem früheren Namen der norwegischen Hauptstadt Oslo, benannt. Kristiania war das Zentrum des aufkommenden Schisports.

Kriterium „unterscheidendes Merkmal, Kennzeichen; Prüfstein": Das im 17. Jh. in der Gelehrtensprache aufkommende Fremdwort ist eine Latinisierung von gleichbed. *griech.* kritḗrion (vgl. *kritisch*).

kritisch „streng prüfend und beurteilend, anspruchsvoll; tadelnd; wissenschaftlich erläuternd; bedenklich, gefährlich": Das Adjektiv wurde im 17. Jh. unter dem Einfluß von *frz.* critique aus *lat.* criticus entlehnt, das seinerseits aus *griech.* kritikós „zur entscheidenden Beurteilung gehörig, entscheidend, kritisch" stammt. Zugrunde liegt das *griech.* Verb krínein „scheiden, trennen; entscheiden, urteilen usw.", das zu der unter ↑ [1]*scheren* dargestellten weitverzweigten Wortsippe von *idg.* *[s]ker- „schneiden" gehört. – Das gleichfalls seit dem 17. Jh. bezeugte Substantiv **Kritik** „[wissenschaftl., künstlerische] Beurteilung; kritische Besprechung; Tadel" ist aus gleichbed. *frz.* critique entlehnt, das aus *griech.* kritikḗ (téchnē) „Kunst der Beurteilung" übernommen ist. Aus *lat.* criticus „kritischer Beurteiler" (< *griech.* kritikós) stammt **Kritiker** (19. Jh.); dafür schon im 17. Jh. die Form **Kritikus,** wie sie heute zuweilen noch fachsprachlich oder auch in leicht abfälligem Sinne gebraucht wird. Neben 'Kritiker' und 'Kritikus' findet sich das seit dem 18. Jh. bezeugte, nach dem Vorbild von *lat.* philosophaster „Scheinphilosoph" gebildete **Kritikaster** „kleinlicher Kritiker, Nörgler". Das Verb **kritisieren** „beurteilen, beanstanden, bemängeln, tadeln" (17. Jh.) ist mit der Endung -isieren nach gleichbed. *frz.* critiquer entwikkelt. – Zwei von *griech.* krínein abgeleitete Substantive sind noch von Interesse, und zwar *griech.* kritḗrion „entscheidendes Kennzeichen, Merkmal" (↑ Kriterium) und *griech.* krísis „Entscheidung" (↑ Krise, Krisis).

kritteln „kleinliche Kritik üben, tadeln": Das seit dem 17. Jh. bezeugte volkstümliche Verb grittelen „mäkeln, unzufrieden sein, zanken", dessen weitere Herkunft unklar ist, geriet im 18. Jh. unter den Einfluß von 'Kritik', 'kritisch', 'kritisieren'. Gebräuchlicher als das einfache Verb sind **bekritteln** und **herumkritteln.**

kritzeln: Das seit dem 15. Jh. bezeugte Verb ist eine Verkleinerungsbildung zu *mhd.* kritzen, *ahd.* krizzōn „[ein]ritzen", womit *schwed.* kreta, *norw.* krita „schnitzen" verwandt sind. Dieses Verb, zu dem das unter ↑*Kreis* (eigentlich „eingeritzte Linie") behandelte Substantiv gehört, ist vermutlich eine Nebenform mit ausdrucksbetontem i von ↑*kratzen.*

Kroatzbeere ↑ kratzen.

Krokant: Die Bezeichnung für Zuckerwerk aus zerkleinerten Mandeln (auch Nüssen) und Karamelzucker wurde im 19. Jh. aus *frz.* croquante „Knuspergebäck" entlehnt. Dies ist substantiviertes Femininum von croquant, dem Part. Präs. von croquer „krachen, knuspern", das lautmalenden Ursprungs ist. – Zu *frz.* croquer gehört als Ableitung auch *frz.* croquette „Kartoffelkuchen, gebratenes Kartoffelklößchen", aus dem im 20. Jh. **Krokette** übernommen wurde.

Krokodil: Der Name des in zahlreichen Arten vorkommenden, wasserbewohnenden Kriechtieres wurde im 16. Jh. aus *lat.* crocodilus entlehnt, das seinerseits auf *griech.* krokódīlos zurückgeht. Das *griech.* Wort bezeichnete zunächst die Eidechse und bedeutet wohl eigentlich „Kieswurm" (dissimiliert aus krókē „Kies" und drīlos „Wurm"). Zus.: **Krokodilstränen** „falsche, heuchlerische Tränen" (nach der sagenhaften Vorstellung, daß das Krokodil, um seine Opfer anzulocken, wie ein Kind weine).

Krokus: Der seit dem 17. Jh. bezeugte Name der im Frühling blühenden Gartenpflanze ist aus *lat.* crocus entlehnt. Dies stammt aus *griech.* krókos „Safran", woraus schon *ahd.* cruogo, *aengl.* crōg, crōh, *anord.* krog – alle mit der Bedeutung „Safran" – entlehnt worden waren. Die Herkunft des *griech.* Wortes ist nicht sicher zu ermitteln.

Krone: *Lat.* corona „Kranz; Krone", das aus *griech.* korṓnē „Ring, gekrümmtes Ende des Bogens" (zu *griech.* korōnós „gekrümmt") entlehnt ist, bezeichnete speziell den aus Blumen, Zweigen und dgl. gewundenen Blütenkranz als Kopfschmuck oder als Kampf- und Siegespreis, andererseits (nach orientalischem Vorbild) den metallenen Kranz oder die goldene Krone als Symbol des Herrschers und der königlichen Würde. In diesen Bedeutungen gelangte das *lat.* Wort früh als Lehnwort in die *westgerm.* Sprachen (*ahd.* corōna, *mhd., mnd.* krōne, *aengl.* corōna; gleichbed. *engl.* crown beruht auf Neuentlehnung durch *roman.* Vermittlung. Die *nord.* Sippe von *schwed.* krona stammt aus dem *Mnd.*). Das Wort 'Krone' wird im *Dt.* auch übertragen verwendet, beachte dazu Zusammensetzungen wie **Kronleuchter** (18. Jh.), **Zahnkrone** (18. Jh.), **Baumkrone** (18. Jh.). In einigen europäischen Ländern ist 'Krone' auch

Münzname (nach dem ursprünglich auf diesen Münzen eingeprägten Bild einer Krone). Auch in der Umgangssprache spielt 'Krone' eine Rolle, und zwar als scherzhaftes Synonym für „Kopf", beachte z. B. die Wendung 'einen in der Krone haben' „betrunken sein". – An 'Krone' in dessen eigentlicher Bedeutung schließen sich an die Ableitung **krönen** „die [Königs-, Kaiser]krone aufs Haupt setzen" (*mhd.* krœnen „kränzen, bekränzen; krönen; auszeichnen"; heute häufig auch übertragen im Sinne von „glanzvoll abschließen") mit dem dazugehörigen Substantiv **Krönung** (15. Jh.) und Zusammensetzungen wie **Kronprinz** (Anfang 18. Jh.) und **Kronzeuge** (19. Jh.). Letzteres wurde zur Wiedergabe von *engl.* King's evidence geprägt, das im englischen Recht den von der Krone bzw. dem Vertreter der Krone (dem Staatsanwalt) als Hauptbelastungszeugen vorgeführten Straftäter bezeichnet, der durch die belastenden Aussagen gegenüber seinen Komplicen mit Strafmilderung oder Straffreiheit für sich selbst rechnet. Danach bedeutet Kronzeuge jetzt allgemein „Hauptbelastungszeuge". – Siehe auch den Artikel *Korona*.

Kronsbeere ↑Kranich.

Kropf: Die Bezeichnung für „krankhafte Schilddrüsenvergrößerung beim Menschen; Vormagen der Vögel" gehört wahrscheinlich im Sinne von „Krümmung, Rundung, Ausbiegung" zu der Wortgruppe von ↑*Kringel* (vgl. den Artikel *Krüppel*). Mit *mhd., ahd.* kropf sind verwandt *mnd.* krop „Beule, Auswuchs; Kropf; Vogelkopf; Rumpf, Körper", *engl.* crop „Kropf; Kopf; gestutztes Haar; Ernte" und die *nord.* Sippe von *schwed.* kropp „Rumpf, Körper". Aus dem *Afränk.* stammt *frz.* croupe „Kreuz, Hinterteil", aus dem wiederum ↑Kruppe entlehnt ist. Abl.: **kröpfen** „fressen", von Raubvögeln (*mhd.* krüpfen „den Kropf füllen"); **Kröpfer** „männliche Kropftaube" (18. Jh.).

Kröppel ↑Krapfen.

Kroppzeug (*ugs.,* vorwiegend *nordd.* für: „kleine Kinder; Gesindel, Pack; wertloses Zeug"): Das im 18. Jh. ins *Hochd.* übernommene *niederd.* krōptūg „kleine Kinder; Gesindel" enthält als Bestimmungswort *niederd. (mnd.)* krōp „[Klein]vieh". Das *niederd.* Wort gehört im Sinne von „kriechendes Wesen" zu *mnd.* krūpen „kriechen" (vgl. *Kringel*).

Kröte: Der Ursprung der nur *dt.* Bezeichnung für die Froschlurchart (*mhd.* kröte, krot[te], krete, *ahd.* krota, kreta, *mitteld.* krade, krate) ist dunkel.

Krücke: Das *altgerm.* Wort *mhd.* krücke, *ahd.* krucka, *niederl.* kruk, *engl.* crutch, *schwed.* krycka gehört im Sinne von „Krummstab, Stock mit gekrümmtem Griff" zu der Wortgruppe von ↑*Kringel.* Eng verwandt ist die Sippe von ↑kriechen (eigtl. „sich krümmen, sich winden"). Zus.: **Krückstock** (17. Jh.).

¹Krug: Der Ursprung der *westgerm.* Gefäßbezeichnung (*mhd.* kruoc, *ahd.* kruog, *aengl.* crōg) ist unklar. Da man in alter Zeit Gefäße herstellte, indem man die Tonschicht auf ein Flechtwerk auftrug, gehört das Wort vielleicht im Sinne von „Flechtwerk, Geflochtenes" zu der unter ↑*Kringel* dargestellten Wurzel *ger- „drehen, winden, flechten". Es kann sich aber auch um ein altes Wanderwort handeln, beachte z. B. *griech.* krōssós „Krug" und das unter ↑*Kruke* behandelte Wort.

²Krug: Der aus dem *Niederd.* übernommene Ausdruck für „Schenke, Wirtshaus" geht zurück auf gleichbedeutend *mnd.* krōch, krūch, das wahrscheinlich im Ablaut zu ↑*Kragen* (ursprünglich „Hals, Kehle") steht. Beachte dazu z. B. das Verhältnis von *lat.* gurges, gurgulio „Schlund, Kehle" zu gurgustium „Schenke, Kneipe". Im heutigen Sprachgefühl wird das Wort als identisch mit ↑¹Krug „Gefäß" empfunden.

Kruke: Der Ausdruck für „irdenes Gefäß, Tonflasche" wurde im 18. Jh. aus dem *Niederd.* übernommen. *Mnd.* krūke, *niederl.* kruik, *aengl.* crūce sind wahrscheinlich mit dem unter ↑¹*Krug* behandelten Wort verwandt.

Krume: *Mitteld.* krume, *mnd.* krume, krome „[innerer] weicher, lockerer Teil (besonders des Brotes); kleiner Teil, Brocken", *niederl.* kruim „Krume", *engl.* crumb „Krume, Brocken", *schwed.* inkråm „Krume; Gekröse, Eingeweide" gehören im Sinne von „Herausgekratztes" zu der unter ↑*krauen* dargestellten Wurzelform *greu- „kratzen". Vgl. aus anderen *idg.* Sprachen z. B. *lat.* grumus „Erdhaufe" (eigentlich „Zusammengekratztes"). Verkleinerungsbildung zu 'Krume' ist **Krümel** (15. Jh.), dazu **krümeln** „in Bröckchen zerteilen; sich in kleine Teilchen auflösen" (15. Jh.), beachte **verkrümeln, sich** *ugs.* für „sich [unauffällig] entfernen" (eigentlich „sich in Krümel auflösen, krümelweise verschwinden").

krumm: Das *westgerm.* Adjektiv *mhd.* krump, *ahd.* chrump, *niederl.* krom, *aengl.* crumb gehört zu der Wortgruppe von ↑*Kringel.* Es steht mit der Nebenform *ahd.* chrumph „gebogen, gekrümmt" im Ablaut zu den unter ↑*Krampf* behandelten Formen, vgl. z. B. *ahd.* chramph „krumm", *ahd.* krimphan „krümmen". – Das Adjektiv wird heute gewöhnlich im Sinne von „bogen- oder wellenförmig" gebraucht. Das aus 'krumm nehmen' zusammengewachsene **krummnehmen** bedeutet eigentlich „schief auffassen". Abl.: **Krumme** weidmännisch und *nordd.* scherzhaft für „Hase"; **krümmen** (*mhd.* krümben, *ahd.* chrumben), dazu 'Krümmung' (15. Jh.); **Krümmling** „gebogener Teil von Treppenwangen und -geländern" (15. Jh.).

Kruppe „Kreuz [des Pferdes]": Das Substantiv wurde im 19. Jh. aus *frz.* croupe „erhöhter Teil des Rückens von Tieren; Hinterteil; Kreuz" entlehnt, das seinerseits aus *afränk.* *kruppa stammt und somit zu der unter ↑*Kropf* genannten Wortfamilie gehört. – Dazu: **Kruppade** „Sprung des Pferdes in die Höhe mit eingezogenen Hinterbeinen" (eine Figur der Hohen Schule; im 19. Jh. aus gleichbed. *frz.* croupade). Beachte ferner den Artikel *Croupier*.

Krüppel: Die Bezeichnung für einen mißgebildeten oder körperbehinderten Menschen geht zurück auf *mhd.* krüp[p]el, das durch *mitteld.* Vermittlung aus dem *Mnd.* übernommen worden ist. *Mnd.* krop[p]el, kröpel, *niederl.* kreupel, *engl.* cripple gehören im Sinne von „Gekrümmter" zu der Wortgruppe von ↑*Kringel* (s. auch den Artikel *Kropf*). In Zusammensetzungen bezieht sich 'Krüppel' auch auf das zurückgebliebene Wachstum von Pflanzen, beachte z. B. 'Krüppelbirke, Krüppelholz'. Abl.: **krüpp[e]lig „mißgestaltet, verkrüppelt" (18. Jh.); verkrüppeln** (18. Jh.; Präfixbildung zum heute veralteten krüppeln, 16. Jh.).

Kruste: Das Wort (*mhd.* kruste, *ahd.* krusta) wurde in *ahd.* Zeit aus *lat.* crusta „Rinde" entlehnt, das zu der unter ↑*roh* dargestellten *idg.* Wurzel gehört. Neben 'Kruste' finden sich Formen mit r-Umstellung: 'Korste, Kurste, Kirste', die *landsch.* und *ugs.* im Sinne von „Brotrinde" gebräuchlich sind.

Kruzifix: Die Bezeichnung für die Darstellung des gekreuzigten Christus geht zurück auf *mhd.* crūzifix, das aus *mlat.* crucifixum (signum) „Bild des ans Kreuz Gehefteten" entlehnt ist (vgl. *Kreuz*).

Krypta „Gruft; unterirdischer Kirchen-, Kapellenraum": Das Fremdwort ist aus gleichbed. *lat.* crypta entlehnt, das seinerseits aus *griech.* kryptḗ „verdeckter unterirdischer Gang; Gewölbe" übernommen ist. Das *griech.* Wort ist auch die Quelle für ↑Grotte und ↑grotesk, ↑Groteske, beachte auch **Krypton** „farb- und geruchloses Edelgas, das u. a. zur Füllung von Glühlampen verwendet wird" (aus *engl.* krypton, eigentlich „Verborgenes"; so benannt von dem britischen Chemiker William Ramsay [1852–1916]) und **kryptisch** „unklar, schwer zu deuten" (aus *spätlat.* crypticus < *griech.* kryptikós „verborgen"). Zugrunde liegt das *griech.* Verb krýptein „verbergen, verstecken".

Kübel: Der Gefäßname (*mhd.* kübel, *ahd.* *kubil, entsprechend *aengl.* cyfl) beruht auf Entlehnung aus *mlat.* cupellus „kleines Trinkgefäß", einer Verkleinerungsform zu *lat.* cupa „Kufe, Tonne" (vgl. den Artikel ²*Kufe*).

Kubikmeter, Kubikwurzel, Kubikzahl, kubisch ↑Kubus.

Kubismus: Die Bezeichnung für eine Richtung der modernen Malerei, die die Naturformen als Komposition geometrischer (kubischer) Formen darstellt, ist eine junge *nlat.* Bildung nach *frz.* cubisme zu *lat.* cubus „Würfel" (vgl. *Kubus*). Dazu **kubistisch** „im Stil des Kubismus" und **Kubist** „Vertreter des Kubismus".

Kubus „Würfel; dritte Potenz": Der mathematische Terminus ist aus gleichbed. *lat.* cubus entlehnt, das seinerseits aus *griech.* kýbos stammt. Dessen Herkunft ist nicht sicher gedeutet. – Von *lat.* cubus ist das Adjektiv cubicus abgeleitet, auf das einerseits unser Adjektiv **kubisch** „würfelförmig; in der dritten Potenz befindlich" zurückgeht (beachte die Fügung 'kubische Gleichung' „Gleichung dritten Grades"), andererseits in Zusammensetzungen wie **Kubikmeter** „Raummeter", **Kubikwurzel, Kubikzahl** erscheint. Eine *nlat.* Bildung zu *lat.* cubus liegt vor in ↑Kubismus.

Küche: Das nur *westgerm.* Substantiv (*mhd.* küchen, *ahd.* chuhhina, *mnd.* koke[ne], *niederl.* keuken, *engl.* kitchen; die *nord.* Sippe von entsprechend *schwed.* kök stammt aus dem *Mnd.*) beruht auf einer frühen Entlehnung aus *spätlat.* coquina (*vlat.* cocina) „Küche". Dies gehört zu *lat.* coquere „kochen" (vgl. das Lehnwort *kochen*). Die Küche ist also als „Kochraum" benannt. Gleicher Herkunft wie das *westgerm.* Wort sind aus dem *roman.* Sprachbereich z. B. *frz.* cuisine „Küche" und gleichbed. *it.* cucina.

Küchel, kücheln ↑Kuchen.

Kuchen: Das Wort für „Feingebäck" stammt wahrscheinlich aus der Kindersprache und bedeutete ursprünglich wohl „Speise, Brei". *Mhd.* kuoche, *ahd.* kuocho, *mnd.* kōke, *niederl.* koek, ablautend *engl.* cake (↑Keks), *schwed.* kaka „Kuchen" gehen zurück auf *germ.* *kōka-, *kaka-, wahrscheinlich ein Lallwort wie z. B. auch 'Mama' und 'Papa' (beachte auch das Lallwort 'Papp' *landsch.* und *ugs.* für „Speise, Brei"). Die Verkleinerungsbildung **Küchel** bezeichnet *oberd. mdal.* speziell kleine, in Fett gebackene Kuchen, beachte das abgeleitete Verb **kücheln** *oberd. mdal.* für „Fettgebackenes bereiten".

Küchenschelle: Der Name der Anemonenart ist seit dem 16. Jh. bezeugt. Das Grundwort ist wahrscheinlich ↑*Schelle*, das sich auf die glokkenförmige, im Winde hin und her schaukelnde Blüte der Pflanze bezieht. Das Bestimmungswort läßt sich nicht sicher deuten. Da die giftige Pflanze nicht in der Küche verwendet wird, kann ihr Name nicht mit 'Küche' zusammengesetzt sein. Vielleicht handelt es sich um ein *mdal.* Gucke, Kucke „halbe Eierschale", das volksetymologisch an 'Küche', an 'Kühchen' oder an 'Kuckuck' angelehnt wurde.

Küchlein ↑Küken.

kucken ↑gucken.

Kuckuck: Der Waldvogel ist nach seinem eigentümlichen Ruf benannt. Das lautnachahmende Wort hat vom *mnd.-mitteld.* Sprachbereich ausgehend den alten, gleichfalls lautnachahmenden Namen des Vogels **Gauch** (*mhd.* gouch, *ahd.* gauh) allmählich verdrängt. Ähnliche Nachahmungen des Kuckuckrufs wie *mnd.* kukuk, *niederl.* koekoek sind z. B. *lat.* cuculus, *frz.* coucou, *engl.* cuckoo, *russ.* kukuška. Seit dem 16. Jh. wird der Vogelname als verhüllender Ausdruck für den Teufel verwendet, beachte z. B. 'zum Kuckuck' und 'hol ihn der Kukkuck'. – Ironisierend wird 'Kuckuck' als Bezeichnung für den Wappenadler gebraucht, daher *ugs.* Kuckuck „Gerichtsvollziehersiegel".

Kuddelmuddel: Der *ugs.* Ausdruck für „Durcheinander, Wirrwarr", der sich seit der zweiten Hälfte des 19. Jh.s von Berlin ausgehend ausgebreitet hat, ist eine Wortdoppelung, die von *niederd.* koddeln „nicht sauber waschen" bzw. *niederd.* modder „Schlamm, Schmutz" ausgehen kann.

¹Kufe: Die Bezeichnung für „Laufschiene [eines Schlittens]" geht auf *ahd.* *kuocha „Kufe" (nur in: slitochōho „Schlittenkufe") zurück, beachte *mnd.* kōke „Kufe". Das Wort, das eigentlich „Stange, Ast (als Laufholz)" bedeutet, steht im Ablaut zu *[m]niederd.* kāk „Schandpfahl" und gehört zu der Sippe von ↑*Kegel.* In der *nhd.* Form Kufe hat sich -f- aus -ch- nach k entwikkelt. Die alte Lautung bewahrt dagegen *schweiz.* kueche[n] „Kufe".

²Kufe „Bottich, Bütte": Der noch *mdal.* gebrauchte Gefäßname (*mhd.* kuofe, *ahd.* kuofa, *asächs.* kōpa) ist aus *mlat.* copa, einer Nebenform von *lat.* cupa „Kufe, Tonne" entlehnt. – Dazu gehört die in Südwestdeutschland übliche Berufsbezeichnung **Küfer** (*mhd.* küefer), einerseits für den ↑Böttcher (speziell für den Hersteller von Weinfässern), andererseits auch für den Kellermeister, der die Bereitung und Pflege des [Faß]weines besorgt. – *Lat.* cupa ist auch Quelle für die Lehnwörter ↑Kübel und ↑Kuppel.

Kugel: Das seit *mhd.* Zeit bezeugte Wort gehört mit dem Ostalpenwort **Kogel** „runderBerggipfel" und ↑Kogge „dickbauchiges Segelschiff" zu der Wortgruppe von ↑*Keule. Mhd.* kugel[e] „Kugel" – daneben zusammengezogen kūle (↑Kaulbarsch) und *mitteld.* kulle (↑³kollern, kullern) – ist eng verwandt mit *engl.* cudgel „Knüppel", eigentlich „Stock mit kugelförmig verdicktem Ende". – Das Wort bezeichnet heute vorwiegend eine zum Schießen oder Spielen dienende Kugel, beachte z. B. die Zusammensetzungen 'Kugelhagel, kugelfest, Kugelstoßen'. Abl.: **kugeln** „mit Kugeln spielen; wie eine Kugel rollen" (15. Jh.); **kug[e]lig** (15. Jh.; *mhd.* kugeleht „kugelförmig").

Kuh: Der *altgerm.* Tiername *mhd., ahd.* kuo, *niederl.* koe, *engl.* cow (↑Cowboy), *schwed.* ko beruht mit verwandten Wörtern in anderen *idg.* Sprachen auf *idg.* *gᵘōus „(weibliches, männliches) Rind", vgl. z. B. *aind.* gáuḥ „Rind; Kuh; Stier", *griech.* boũs „Rind; Kuh; Ochse", dazu boútȳron „Butter", eigtl. „Kuhquark" (↑Butter), *lat.* bos „Rind; Kuh; Ochse" (s. die Artikel *Beefsteak* und *Posaune*). Welche Vorstellung der *idg.* Benennung des Rindes zugrunde liegt, ist unklar. Vielleicht ist von einer Nachahmung des Brüllautes, den wir heute mit 'muh' wiedergeben, auszugehen. – Im *Germ.* dient das Wort lediglich zur Bezeichnung des weiblichen Rindes. Im *Dt.* bezeichnet 'Kuh' in Zusammensetzungen das weibliche Tier, beachte z. B. 'Elefanten-, Hirschkuh'. Abl.: **Küher** *schweiz.* für „Kuhhirt" (18. Jh.). Zus.: **Kuhfuß** „Brechstange mit klauenförmig gespaltenem Ende" (18. Jh.); **Kuhhandel** *ugs.* für „unsauberes Geschäft" (Ende des 19. Jh.s, zunächst als Hohnwort für politischen Parteischacher; auf das Feilschen und Betrügen beim Kuhhandel anspielend); **Kuhhaut** in der Wendung 'das geht auf keine Kuhhaut', die sich wohl auf die Verarbeitung von Kuhhäuten zu Pergament bezieht und eigentlich „das läßt sich schwerlich alles aufschreiben" meint.

kühl „ein wenig kalt; unfreundlich, abweisend, distanziert": Das *westgerm.* Adjektiv *mhd.* küele, *ahd.* kuoli, *niederl.* koel, *engl.* cool gehört zu der Wortgruppe von ↑*kalt.* Abl.: **Kühle** (*mhd.* küele, *ahd.* chuolī); **kühlen** (*mhd.* küelen, *ahd.* chuolen „kühl machen"), beachte dazu **abkühlen, unterkühlen, verkühlen,** sich. Um 'kühlen' gruppieren sich zahlreiche Neubildungen aus dem Bereich der Technik, beachte z. B. **Kühler** „Kühlvorrichtung des Motors", **Kühlschlange, Kühlschrank, Kühlturm.**

Kuhle ↑Keule.

kühn: Zu dem unter ↑*können* behandelten Verb gehört die Adjektivbildung *germ.* *kōnia- „jemand, der verstehen kann; erfahren, weise". Darauf gehen zurück *mhd.* küene, *ahd.* kuoni „mutig, stark", *niederl.* koen „mutig; herzhaft", *engl.* keen „scharf; heftig; eifrig, erpicht", *aisl.* kœnn „klug; tüchtig". Die späteren Bedeutungen „mutig, stark, scharf usw." entwickelten sich aus der speziellen Verwendung des Adjektivs im Sinne von „im Kampfe erfahren oder tüchtig". Die ursprüngliche Bed. „weise" liegt auch im Personennamen Konrad vor. Abl.: **erkühnen,** sich „wagen, etwas zu sagen oder zu tun" (*mhd.* erküenen „kühn machen"); **Kühnheit** (*mhd.* küenkeit, *ahd.* chuonheit).

Küken: Die aus dem *Niederd.* übernommene Bezeichnung für „junges Huhn" geht zurück auf *mnd.* kūken, das mit *niederl.* kuiken, *engl.* chick[en] und der andersgebildeten Sippe von *schwed.* kyckling „Küken" verwandt ist. Es handelt sich um Verkleinerungsbildungen zu einem den Naturlaut des Huhns nachahmenden *k[j]ūk, beachte dazu z. B. *dt.* Gockel (↑gackeln) und die *germ.* Sippe von *engl.* cock, die gleichfalls lautnachahmenden Ursprungs sind. Die *hochd.* Form **Küchlein,** die heute durch das *niederd.* Küken zurückgedrängt ist, beruht auf kuchelīn, einer Verkleinerungsbildung zu *spätmhd., mitteld.* kuchen „Küken".

kulant „gefällig, entgegenkommend, großzügig (im Geschäftsverkehr)": Das Adjektiv kam im 19. Jh. in der Kaufmannssprache auf. Es ist aus *frz.* coulant „fließend, flüssig; beweglich, gewandt, gefällig" entlehnt, dem adjektivisch gebrauchten Part. Präs. von couler „durchseihen, gleiten lassen; fließen". Dies geht auf *lat.* colare „durchseihen" – zu *lat.* colum „Seihkorb, Seihgefäß" – zurück. Abl.: **Kulanz** „Entgegenkommen, Großzügigkeit" (20. Jh.). – Zu *frz.* couler stellt sich als Ableitung das Substantiv coulisse „Rinne; Schiebefenster", aus dem unser Fremdwort ↑Kulisse stammt.

Kule ↑Keule.

Kuli „Tagelöhner", meist übertragen im Sinne von „ausgenutzter, ausgebeuteter Arbeiter": Das Substantiv wurde im 19. Jh. durch Vermittlung von *engl.* coolie aus *Hindi* kūlī entlehnt, dem Namen eines im westlichen Indien beheimateten Volksstammes, dessen Angehörige sich oft als Fremdarbeiter zu verdingen pflegten. Daher rührt – besonders auch im *Chin.* – der appellativische Gebrauch des indischen Wortes im Sinne von „Lastträger, Lohnarbeiter".

kulinarisch „auf die (feine) Küche, die Kochkunst bezüglich", besonders in der Fügung 'kulinarische Genüsse' „Tafelfreuden": Das Adjektiv wurde im 18. Jh. aus gleichbed. *lat.* culinarius entlehnt, das von *lat.* culina „Küche" abgeleitet ist. Über die etymologischen Zusammenhänge vgl. den Artikel *kochen.*

Kulisse „Dekorations-, Seiten-, Schiebewand" (Bühne), auch übertragen gebraucht im Sinne von „Hintergrund" oder auch „vorgetäuschte Wirklichkeit": Das Fremdwort kam im 18. Jh. in der Bühnensprache auf. Es ist aus *frz.* coulisse „Rinne; Schiebefenster, Schiebewand usw." entlehnt, dem substantivierten Femininum eines alten Adjektivs coulis „zum Durchseihen, Durchfließen geeignet", das zu *frz.* couler „durchseihen; fließen" gehört (vgl. *kulant*).

Kulleraugen ↑[2]kollern.

kullern ↑[1]kollern, ↑[2]kollern.

kulminieren „den Höhepunkt erreichen, gipfeln": Das Verb wurde im 18. Jh. aus gleichbed. *frz.* culminer entlehnt, das auf *lat.* culminare zurückgeht. Das *frz.* Wort galt wie das abgeleitete Substantiv culmination – daraus im 18. Jh. **Kulmination** „Höhepunkt, Gipfelpunkt" – zuerst als astronomischer Terminus in der Bedeutung „den höchsten oder tiefsten Stand in bezug auf den Beobachter erreichen (von Gestirnen)". – *Lat.* culminare ist abgeleitet von *lat.* culmen (älter: columen) „Höhepunkt, Gipfel", das mit *dt.* ↑[2]*Holm* „kleine Insel" urverwandt ist (*idg.* Wurzel *kel- „ragen"). Zur gleichen Sippe stellen sich noch *lat.* columna „Säule" als „die Ragende, sich Erhebende" (↑Kolumne, Kolumnist, ↑Kolonne, Kolonnade) – und *lat.* *-cellere „ragen", das nur in Komposita bezeugt ist, beachte z. B. *lat.* ex-cellere „heraus-, hervorragen" (↑exzellent, Exzellenz).

Kult „streng geregelter Gottesdienst; Verehrung, Hingabe": Das Fremdwort wurde im 17. Jh. aus *lat.* cultus „Pflege; Bildung; Verehrung [einer Gottheit]" entlehnt (über die etymologischen Zusammenhänge vgl. den Artikel *Kolonie*). Neben 'Kult' findet sich im *dt.* Sprachgebrauch zuweilen noch die Form mit *lat.* Endung **Kultus,** so vor allem in den Zusammensetzungen **Kultusminister, Kultusministerium.** Daß in diesem Fall das Bestimmungswort eigentlich für ↑Kultur steht, ist aus der Zeit der Bildung dieser Zusammensetzungen zu verstehen (19. Jh.). Damals waren Kult und Kultur im staatlichen Leben viel enger verknüpft als heute. – Abl.: **kultisch** (20. Jh.).

kultivieren „(Land) bearbeiten, urbar machen; (die Sitten) verfeinern; sorgsam pflegen": Das Verb wurde im 17. Jh. aus gleichbed. *frz.* cultiver entlehnt, das auf *mlat.* cultivare „[be]bauen; pflegen" zurückgeht. Zugrunde liegt *lat.* colere (colui, cultum) „[be]bauen, [be]wohnen, pflegen" (vgl. *Kolonie*) bzw. ein davon abgeleitetes Adjektiv *mlat.* *cultivus „bebaut, gepflegt". – Abl.: **kultiviert** „gesittet, hochgebildet; gepflegt".

Kultur: Das seit dem 17. Jh. bezeugte, aus *lat.* cultura „Landbau; Pflege (des Körpers und Geistes)" entlehnte Substantiv wurde von Anfang an im Sinne von „Felderbau, Bodenbewirtschaftung" einerseits (beachte z. B. die verdeutlichende Zusammensetzung 'Bodenkultur') und „Pflege der geistigen Güter" andererseits (beachte die Zusammensetzung 'Geisteskultur') verwendet. An die aus der letzteren Bedeutung erwachsene allgemeine Stellung des Begriffes Kultur als der Gesamtheit der geistigen und künstlerischen Lebensäußerungen (einer Gemeinschaft, eines Volkes) schließen sich zahlreiche Zusammensetzungen an, z. B. **Kulturgeschichte** (18. Jh.), **Kulturpolitik, Kulturfilm** (20. Jh.), ferner das Adjektiv **kulturell** „die Kultur betreffend" (20. Jh.; mit französisierender Endung gebildet). Über die etymologischen Zusammenhänge des Wortes 'Kultur' vgl. den Artikel *Kolonie.*

Kultus ↑Kult.

Kümmel: Der Name der zu den Doldenblütlern gehörenden Gewürzpflanze und ihrer als Gewürz verwendeten Früchte (*mhd.* kümel, *ahd.* kumil, kumīn, entsprechend *aengl.* cymen, *engl.* cum[m]in), beruht auf einer Entlehnung aus gleichbed. *lat.* cuminum, das seinerseits aus *griech.* kýmīnon „Kümmel" entlehnt ist. Das Wort ist letztlich wohl *semit.* Ursprungs. 'Kümmel' wird auch kurz für 'Kümmelschnaps, -branntwein' gebraucht, woran sich **kümmeln** *ugs.* für „Alkohol trinken" anschließt.

Kummer: *Mhd.* kumber „Schutt, Müll; Belastung, Mühsal; Not; Gram; Beschlagnahme, Verhaftung" ist aus *mlat.* cumbrus, combrus „Verhau, Sperre, Wehr" entlehnt, das auf *gallolat.* *comboros (eigentlich „Zusammengetragenes") zurückgeht (beachte *frz.* décombrer „vom Schutt reinigen", encombre „Hindernis; Schutt"). Die rechtliche Geltung hat 'Kummer' in *nhd.* Zeit verloren. Die alte Bed. „Schutt" hat das Wort noch im westlichen Mittel- und Norddeutschland. Die Ableitungen und Zusammensetzungen schließen sich an die Bed. „Mühsal, Beschwerlichkeit; Not, Dürftigkeit; Gram, Sorge" an: **kümmerlich** „dürftig, jämmerlich" (*mhd.* kumberlich „bedrückend; gramvoll; verhaftet"); **Kümmerling** *landsch.* für „schwächliches Wesen; schlecht gedeihende Pflanze" (19. Jh.); **kümmern** „bedrücken, Sorge machen", auch „kränkeln, schlecht gedeihen" (*mhd.* kumbern, kummern „belästigen, bedrükken, quälen; mit Arrest belegen"), dazu **bekümmern** „betrüben, Sorge bereiten" (*mhd.* bekumbern, bekümbern), beachte auch **unbekümmert** und **verkümmern** „schwächlich werden, nicht recht gedeihen, nachlassen, eingehen" (*mhd.* verkumbern, verkümbern); **Kümmernis** „Gram, Sorge" (*mhd.* kumbernisse „Bedrückung, Gram").

Kummet, Kumt: Der *landsch.* Ausdruck für „(gepolstertes) Halsjoch der Zugtiere" geht auf gleichbed. *mhd.* komat zurück, das aus *poln.* chomąto „hölzerner, gepolsterter Ring um den Hals der Zugtiere" entlehnt ist. Die weitere Herkunft der *slaw.* Sippe von *poln.* chomąto ist unklar.

Kumpan „Kamerad, Begleiter, Genosse" *(ugs.),* oft abfällig gebraucht im Sinne von „Mittäter": Das Substantiv (*mhd.* kompan, kumpan) ist aus *afrz.* compain „Genosse" entlehnt. Dies geht auf *mlat.* companio „Brotgenosse; Gefährte" zurück, einer Bildung zu *lat.* panis „Brot" (vgl. *panieren*). Auf einer volkssprachlichen Form 'kumpe' beruht das im 20. Jh. mit Verkleinerungssuffix gebildete Wort **Kumpel**

„Arbeitskamerad; Bergmann“, das zuerst im Bereich des rheinisch-westfälischen Bergbaues auftrat, später durch die Soldatensprache populär wurde. – Beachte in diesem Zusammenhang auch die Fremdwörter ↑Kompagnon und ↑Kompanie, die beide von *mlat.* companio ausgehen.

Kumst ↑Kompott.

Kumt ↑Kummet.

Kumulus „Haufenwolke“: Das Fachwort der Meteorologie ist eine junge Entlehnung aus *lat.* cumulus „Haufen“, das auch dem Fremdwort ↑Akkumulator zugrunde liegt.

kund: Zu dem unter ↑*können* behandelten Verb gehört die Partizipialbildung *gemeingerm.* *kunþa- „gewußt, bekannt“, auf die *mhd.* kunt, *ahd.* kund, *got.* kunþs, *aengl.* cūđ, *aisl.* kunnr zurückgehen. – Das Adjektiv wird heute fast ausschließlich als Verbzusatz gebraucht, beachte z. B. **kundgeben,** dazu **Kundgebung** „Bekanntmachung; Demonstration“ (19. Jh.), **kundtun, kundwerden.** Die Substantivierung [1]**Kunde** (der) (*mhd.* kunde, *ahd.* kundo) bedeutete früher „Bekannter, Einheimischer“, seit dem 16. Jh. dann speziell „der in einem Geschäft [regelmäßig] Kaufende“ (s. unten ‘Kundschaft, Kundsame’). *Ugs.* wird ‘Kunde’ auch im Sinne von „Bursche, Kerl; Schelm“ gebraucht. – Die Substantivbildung [2]**Kunde** (die) (*mhd.* kunde, *ahd.* chundī) wird heute gewöhnlich im Sinne von „Nachricht, Botschaft“ verwendet. Der seit dem 17. Jh. übliche Gebrauch des Wortes im Sinne von „wissenschaftliche Kenntnis, Lehre“ ist wahrscheinlich von *niederl.* kunde „Kenntnisse, Wissenschaft“ beeinflußt, beachte dazu die Zusammensetzungen ‘Altertumskunde, Erdkunde, Heilkunde’ usw. – Das abgeleitete Verb **künden** (*mhd.* künden, kunden, *ahd.* kundan „bekanntmachen, [an]zeigen“) war im *Nhd.* lange Zeit ungebräuchlich und wurde erst durch die neuere Dichtersprache wiederbelebt. Beachte dazu die Bildungen **ankünden** und **verkünden,** daneben auch **ankündigen** und **verkündigen.** Neben ‘künden’ existiert auch die umlautlose Form kunden *(mitteld.),* beachte **bekunden** „Zeugnis ablegen, aussagen, zum Ausdruck bringen“ (18. Jh.; aus der Rechtssprache Niedersachsens) und **erkunden** „festzustellen suchen, auskundschaften“ (*spätmhd.* erkunden, erkünden „Kunde zu erlangen suchen, auskundschaften“), dazu **Erkundung** militärisch für „Untersuchung eines Geländes oder feindlicher Stellungen“. Die jüngere Form **erkundigen** ist heute nur noch reflexiv im Sinne von „nachfragen“ gebräuchlich, dazu **Erkundigung.** – Die Adjektivbildung **kundig,** älter auch ‘kündig’ „erfahren, bewandert, gut unterrichtet, kenntnisreich“ (*mhd.* kündec, *ahd.* chundig „bekannt; klug, schlau“) spielt heute hauptsächlich in der Zusammensetzung eine Rolle, beachte z. B. ‘offenkundig, ortskundig, sachkundig’. Das davon abgeleitete Verb **kündigen** (*mhd.* kündigen) bedeutete früher „bekanntmachen, kundtun“, beachte dazu **ankündigen** und **verkündigen,** die neben ‘ankünden, verkünden’ (s. o.) gebräuchlich sind. Die um 1800 aufkommende, heute allein übliche Verwendung des Wortes im Sinne von „[auf]lösen, aufheben; verweigern; entlassen“ beruht darauf, daß das einfache Verb ‘kündigen’ für **aufkündigen** „die Auflösung eines Vertrags kundtun“ verwendet wurde. Beachte dazu **Kündigung** „[Auf]lösung, Aufhebung; Verweigerung; Entlassung“ (Anfang des 19. Jh.s; in der Bed. „Verkündigung“ seit dem 15. Jh.). Die umlautlose Nebenform ‘kundigen’ ist in ‘erkundigen’ (s. o.) bewahrt. Die Bildung **Kundschaft** (*mhd.* kuntschaft) wird heute gewöhnlich in den Bedeutungen „Erkundung, eingezogene Nachricht“ und „Gesamtheit der Käufer“ gebraucht. Die letztere Bedeutung hat sich im Anschluß an ‘Kunde’ (s. o.) aus „Bekanntschaft“ entwickelt. An die Verwendung des Wortes im Sinne von „Erkundung“ schließen sich an **[aus]kundschaften** und **Kundschafter.** Das *schweiz.* **Kundsame** „Kundschaft“ geht auf *mhd.* kuntsame „Nachricht; beeidigte Sachverständige, Schiedsrichter; Schiedsspruch“ zurück.

Kunft ↑kommen.

künftig: Das nur *dt.* Adjektiv (*mhd.* kümftic, *ahd.* kumftīg) ist von dem zu ↑*kommen* gebildeten Verbalabstraktum ‘Kunft’ veraltet für „Kommen, Ankommen“ abgeleitet und bedeutet eigentlich „im Begriff zu kommen“.

kungeln, *landsch.* auch: kunkeln: Der *ugs.* Ausdruck für „heimlich absprechen, (in betrügerischer Weise) unter sich ausmachen“ gehört wohl im Sinne von „am Spinnrocken schwatzen, heimlich bereden“ zu dem heute veralteten ‘Kunkel’ „Spinnrocken, Spindel“, das aus *vlat.* conucula „Spinnrocken“ entlehnt ist.

Kunst: Das zu dem unter ↑*können* behandelten Verb gebildete Substantiv (*mhd., ahd.* kunst) bedeutete zunächst in enger Anlehnung an das Verb „Wissen, Weisheit, Kenntnis“, auch „Wissenschaft“, beachte ‘die Sieben Freien Künste’. Dann wurde das Wort auch im Sinne von „(durch Übung erworbenes) Können, Geschicklichkeit, Fertigkeit“ verwendet, beachte z. B. die Zusammensetzungen ‘Fechtkunst, Kochkunst, Staatskunst, Verführungskünste’. Seit dem 18. Jh. bezieht sich ‘Kunst’ speziell auf die künstlerische Betätigung des Menschen und auf die Schöpfung des Menschengeistes in Malerei, Bildhauerei, Dichtung und Musik. An den Gebrauch des Wortes im Sinne von „künstlich Geschaffenes“ (Kunst im Gegensatz zu Natur) schließen sich z. B. an die Zusammensetzungen **Kunstdünger, Kunsthonig, Kunststoff.** – Zur Bildung des Verbalabstraktums ‘Kunst’ beachte z. B. das Verhältnis von ‘Gunst’ zu ‘gönnen’ und von ‘Brunst’ zu ‘brennen’. Das abgeleitete Verb **künsteln** (16. Jh.) – beachte **gekünstelt** und **erkünstelt** – wurde früher auch nicht tadelnd im Sinne „an einem Werk bessern“ gebraucht. Das dazu gebildete Substantiv **Künstler** (16. Jh.) hat sich an ‘Kunst’ angeschlossen. Von ‘Künstler’ abgeleitet ist **künstlerisch** (18. Jh.). Das Adjektiv **künstlich** (*mhd.* künstlich) bedeutete zunächst „klug, kenntnisreich; geschickt“, dann „von Menschenhand geschaffen; nicht natürlich; gewollt“. Zus. **Kunstgriff** (17. Jh.; ursprünglich wohl von einem geschickten Griff beim Ringen); **Kunstpause** (19. Jh.; zunächst „von einem Schauspieler beabsichtigte, wirkungsvolle Pause"); **Kunststück** (16. Jh.; früher auch im Sinne von „Kunstwerk" gebräuchlich).

Kunstharz ↑Harz.

kunterbunt: Das seit dem Ende des 15. Jh.s, zuerst in der Form 'contrabund' bezeugte Adjektiv ist aus dem unter ↑*Kontrapunkt* behandelten Wort hervorgegangen. Es bedeutete zunächst „vielstimmig", bezog sich also auf das Durcheinander der Stimmen bei einem kontrapunktisch angelegten Tonsatz. Aus 'contrabund' entwickelte sich unter Anlehnung an 'bunt' die Form kunterbunt mit der Bed. „verworren, durcheinander, (bunt) gemischt".

Kupfer: Der *altgerm.* Name des Metalls (*mhd.* kupfer, *ahd.* kupfar, *niederl.* koper, *engl.* copper, *schwed.* koppar) beruht auf einer frühen Entlehnung aus *spätlat.* cuprum „Kupfer", das für *lat.* 'aes cyprium' (wörtlich „Erz von der Insel Zypern") steht. Das Metall hat seinen Namen also von der östlichen Mittelmeerinsel Zypern (*griech.* Kýpros, *lat.* Cyprus), zu deren wichtigsten Bodenschätzen noch heute der Kupferkies gehört. Vgl. auch den Artikel *abkupfern.* – Über die *altgerm.* heimische Bezeichnung des Metalls vgl. den Artikel *ehern.*

kupieren „abschneiden, stutzen; (einen Krankheitsprozeß) aufhalten": Das Verb wurde im 18./19. Jh. aus *frz.* couper, *afrz.* coper „abschneiden" entlehnt, das wohl über *galloroman.* *cuppare „die Spitze abschlagen" (zu *cuppum „Kopf") zu dem unter ↑*Kuppe* genannten *lat.* cuppa gehört. Allerdings scheint das Wort schon sehr früh mit einem anderen couper „schlagen" zusammengefallen zu sein, das von coup (vgl. *Coup*) abgeleitet ist. Zu *frz.* couper stellt sich das Fremdwort ↑Coupon.

Kupon ↑Coupon.

Kuppe: Das im 18. Jh. aus der *mitteld.* Volkssprache in die Schriftsprache gelangte Substantiv bedeutet einerseits speziell „Bergspitze, Gipfel" (beachte die verdeutlichende Zusammensetzung 'Bergkuppe' und die Bergnamen 'Wasserkuppe' und 'Schneekoppe'), andererseits bedeutet es auch allgemein „äußerste Spitze", beachte die Zusammensetzung 'Fingerkuppe' und das schon im 17. Jh. bezeugte abgeleitete Verb **kuppen** „die Spitze abhauen". Das Wort geht auf *mitteld.* kuppe „Spitze, Bergspitze" zurück. Quelle des Wortes ist vermutlich *spätlat.-gemeinroman.* cuppa „Becher" (vgl. z. B. *frz.* coupe, *span.* copa „Becher, [Trink]schale"), das dann übertragen im Sinne von „schalenförmiger Gegenstand, Haube, Gipfel" verwendet wurde. Aus der gleichen Quelle (*lat.* cuppa) stammt wohl auch unser Lehnwort ↑Kopf, dessen Bedeutung sich ähnlich entwickelte.

Kuppel „halbkugelförmig gewölbtes Dach": Das Substantiv wurde im 17. Jh. aus gleichbed. *it.* cupola entlehnt, das auf *lat.* cupula „kleine Kufe, Tönnchen; Grabgewölbe" zurückgeht. Dies ist eine Verkleinerungsbildung zu *lat.* cupa „Kufe, Tonne; Grabgewölbe" (vgl. den Artikel [2]*Kufe* „Bottich").

[1]**kuppeln** „koppeln, verbinden" (Technik), daneben [2]**kuppeln** „zur Ehe oder zum Beischlaf zusammenbringen" (dafür meist das Präfixverb **verkuppeln**): Beide Wörter gehen auf *mhd.* kuppeln, koppeln „an die Koppel legen, binden, fesseln; verbinden, vereinigen" zurück und gehören somit zu *mhd.* kuppel, koppel „Band, Verbindung; Verbundenes usw." (über weitere Zusammenhänge vgl. den Artikel *Koppel*). – Zu [1]kuppeln stellt sich die Ableitung **Kupplung** „Vorrichtung zur Verbindung oder Trennung von Maschinenteilen, Wellen, Fahrzeugen usw. (bei Kraftfahrzeugen speziell zur Verbindung oder Trennung von Motor und Getriebe)". Demgegenüber gehören zu [2]kuppeln die Ableitungen **Kuppelei** „eigennützige oder gewohnheitsmäßige Begünstigung der Ausübung von Unzucht" (17. Jh.) und **Kuppler** „Heiratsvermittler; jemand, der Kuppelei betreibt" (*mhd.* kuppelære, kuppeler), davon **Kupplerin** (14. Jh.) und das Adjektiv **kupplerisch** (Anfang 17. Jh.).

kuppen ↑Kuppe.

Kur: Das seit dem 16. Jh. bezeugte Substantiv wurde aus *lat.* cura „Sorge, Fürsorge, Pflege, Aufsicht usw." in die medizinische Fachsprache übernommen. Dort gilt es seitdem im Sinne von „ärztliche Fürsorge und Betreuung" allgemein, späterhin speziell zur Bezeichnung eines Heilverfahrens bzw. einer unter ärztlicher Aufsicht durchgeführten Heilbehandlung. Zahlreiche Zusammensetzungen, in denen 'Kur' teils als Bestimmungs-, teils als Grundwort erscheint, zeigen die weite und allgemeine Verbreitung des Wortes, z. B.: **Kurort** (19. Jh.), **Kurgast** (18. Jh.), **Kurpfuscher** (18./19. Jh.; eigentlich „jemand, der ohne medizinische Vorbildung und ohne behördliche Genehmigung ärztlich tätig ist", dann allgemein im Sinne von „schlechter, unzuverlässiger Arzt"; dazu noch das Verb **kurpfuschen**); **Hungerkur** (18. Jh.), **Wunderkur** (18. Jh.), **Pferdekur** „mit drastischen, groben Mitteln arbeitende Behandlung" (17. Jh.). – Zu *lat.* cura, das etymologisch ohne sichere Anknüpfungen ist, gehören zahlreiche Ableitungen, die in unserem Wortschatz als Fremdwörter erscheinen: *lat.* curare „Sorge tragen, besorgen, pflegen" (↑kurieren), *lat.* curator „Fürsorger, Pfleger; Vorsteher, Leiter usw." (↑Kurator, Kuratorium), *mlat.* curatela „Vormundschaft" (↑Kuratel), *lat.* curiosus „voll Sorgfalt, voll Interesse, sorgsam; wißbegierig, neugierig" (↑kurios, Kuriosum, Kuriosität), ferner die Bildungen *lat.* accurare „mit Sorgfalt tun" (↑akkurat, Akkuratesse), *lat.* pro-curare „Sorge tragen, pflegen; verwalten, Geschäftsführer sein" (↑Prokura, Prokurist). Beachte schließlich noch *lat.* se-curus „sorglos, sicher", das unserem Lehnwort ↑sicher zugrunde liegt, und die Zusammensetzungen ↑Maniküre (maniküren) und ↑Pediküre (pediküren), in denen *lat.* cura (> *frz.* cure) als Grundwort steckt.

Kür: Zu dem unter ↑*kiesen* „prüfen, wählen" dargestellten *gemeingerm.* Verb gehören die Substantivbildungen *mhd.* kür[e], daneben kur[e] (s. unten 'Kur-'), *ahd.* kuri, *aengl.* cyre, *aisl.* kør. – Im Sinne von „Wahl" ist 'Kür' heute kaum noch gebräuchlich. Sportsprachlich **Kür** „wahlfreie Übung" ist erst aus 'Kürübung' gekürzt. Die Zusammensetzung ↑Willkür schließt sich an die *mhd.* Verwendung des Wortes im Sinne von „Entschluß, Beschluß" an. Die Nebenform **Kur** lebt heute nur noch in der Zusammensetzung, und zwar mit der alten Sonderbedeutung des Wortes „Recht zur Königswahl", beachte z. B. **Kurfürst** (*mhd.* kur-, kürvürste „mit dem Recht der Königswahl ausgestatteter Reichsfürst"), dazu **kurfürstlich** (*mhd.* kurvürstlich), **Kurfürstentum** (*mhd.* kurvürstentuom); **Kurpfalz, Kurwürde.** Abl.: **küren** „wählen" (17. Jh.). Siehe auch den Artikel *Walküre.*

Küraß „Brustharnisch": Das seit dem 15. Jh. bezeugte Substantiv – daneben gleichbed. küriß – ist aus *frz.* cuirasse „[Leder]panzer" entlehnt. Aus dem davon abgeleiteten Substantiv *frz.* cuirassier „mit einem Küraß ausgerüsteter Reiter, schwerer Reiter" wurde Anfang des 17. Jh.s **Kürassier** „schwerer Reiter", *ugs.* auch für „stattliche Frau" übernommen. – *Frz.* cuirasse (Stammwort ist *frz.* cuir „Leder" < gleichbed. *lat.* corium) ist wohl durch *it.* corazza vermittelt und geht auf *vlat.* *coracea zurück, das für *klass.-lat.* (vestis) coriacea „ledernes Gewand" steht. Das zugrundeliegende Substantiv *lat.* corium „dicke Haut, Fell; Leder" gehört zu der unter ↑[1]*scheren* entwickelten Wortfamilie.

Kuratel „Vormundschaft, Pflegschaft" (veraltet), *ugs.* noch in der Fügung 'unter Kuratel stehen' im Sinne von „unter strenger Aufsicht stehen" gebräuchlich: Das Fremdwort wurde im 18. Jh. aus *mlat.* curatela „Vormundschaft, Pflegschaft" entlehnt, in dem wohl *lat.* curatio „Fürsorge" (zu *lat.* cura „Sorge", vgl. *Kur*) und *lat.* tutela „Fürsorge, Obhut" zusammengefallen sind.

Kurator: Die Bezeichnung für „Verwalter [einer Stiftung]; staatlicher Beamter in der Universitätsverwaltung" wurde im 16. Jh. aus *lat.* curator „Fürsorger, Pfleger, Verwalter" entlehnt (vgl. *Kur*). Dazu das Substantiv **Kuratorium** „Aufsichtsbehörde" (aus dem Neutrum des *lat.* Adjektivs curatorius „zum Kurator gehörig" substantiviert).

Kurbel: Die seit dem 15. Jh. bezeugte Bezeichnung für einen einarmigen, gebogenen Hebel zum Drehen einer Welle ist weitergebildet aus einem älteren Substantiv Kurbe „Winde (am Ziehbrunnen); Kurbel", das auf *mhd.* kurbe, *ahd.* churba beruht. Quelle des Wortes ist ein *vlat.* *curva „Krummholz", das zu *lat.* curvus „gekrümmt; gewölbt" (vgl. *Kurve*) gehört. – Abl.: **kurbeln** „mittels einer Kurbel drehen, bewegen" (19. Jh.), dazu die Zusammensetzung **ankurbeln** im übertragenen Sinne von „in Gang setzen, in Bewegung bringen" (20. Jh.). Zus.: **Kurbelwelle** (19. Jh.).

Kürbis: Der Name der Gemüsepflanze und ihrer dickfleischigen Beerenfrucht, *mhd.* kürbiz, *ahd.* kurbiz (entsprechend *aengl.* cyrfet), beruht auf einer frühen Entlehnung aus *lat.* cucurbita „(Flaschen)kürbis" bzw. *vlat.* (ohne Verdopplung der Anlautsilbe) *curbita.

Kurfürst ↑Kür.

Kurie „Gesamtheit der päpstlichen Behörden, päpstlicher Hof": Das Fremdwort wurde im 19. Jh. aus *lat.* curia „Amtsgebäude", ursprünglich „Abteilung der Bürgerschaft, Senatsversammlung" entlehnt. *Lat.* curia geht zurück auf ein *co-viria „vereinigte Männerschaft" (zu *lat.* co[n] ... „zusammen, mit" [vgl. *kon..., Kon...*] und vir „Mann").

Kurier „Eilbote [im diplomatischen Dienst]": Das Fremdwort wurde Ende des 16. Jh.s aus gleichbed. *frz.* courrier, das seinerseits vermutlich aus *it.* corriere übernommen ist. Dies gehört zu *it.* correre „laufen, rennen, eilen" (= *frz.* courir), das auf *lat.* currere „laufen, rennen" (vgl. *Kurs*) zurückgeht.

kurieren „ärztlich behandeln, heilen": Das Verb wurde im 17. Jh. aus *lat.* curare „Sorge tragen, pflegen; ärztlich behandeln, heilen" entlehnt (vgl. *Kur*).

kurios: Das seit dem 17. Jh. bezeugte Adjektiv ist aus *lat.* curiosus „sorgfältig; interessiert, aufmerksam, wißbegierig; neugierig, vorwitzig; pedantisch" und geriet dann unter den Einfluß von *frz.* curieux, das gleichfalls auf *lat.* curiosus zurückgeht. Das Adjektiv wurde zunächst im Sinne von „wissenswert", dann im Sinne von „merkwürdig, seltsam, absonderlich, wunderlich" verwendet, beachte dazu die Substantivierung **Kuriosum** „Seltsamkeit, absonderliche Sache". Die gleiche Entwicklung zeigt **Kuriosität** „Merkwürdigkeit, Sehenswürdigkeit" (16./17. Jh.), das aus *lat.* curiositas „Wißbegierde, Neugierde" übernommen ist und dann von *frz.* curiosité beeinflußt wurde. – Über die etymologischen Zusammenhänge des Wortes vgl. den Artikel *Kur.*

Kurpfalz ↑Kür.

Kurs: Das seit dem 15. Jh. bezeugte, auf *lat.* cursus „Lauf, Gang, Fahrt, Reise; Verlauf, Fortgang; Umlauf; Richtung" zurückgehende Substantiv geriet im Laufe seiner Geschichte unter den Einfluß der entsprechenden Wörter in den Nachbarsprachen oder wurde aus diesen neu entlehnt. Ein vereinzelter früher Beleg des 15. Jh.s im Sinne von „Ladezettel" deutet zunächst unmittelbare Entlehnung in der Kaufmannssprache aus *it.* corso an. Seine Geltung als Kaufmanns- und Handelswort erlangte 'Kurs' aber erst im 17. Jh. Wiederum ist *it.* corso bzw. *frz.* cours Ausgangspunkt. Die kaufmannssprachlichen Bedeutungen „Tages-, Börsenpreis; Wertstand" (eigentlich: der veränderliche Wert des Geldes im „Umlauf") gelten noch heute, beachte z. B. Zusammensetzungen wie 'Tageskurs' und 'Kurswert'. – Gleichfalls schon im 15. Jh. finden sich unter dem Einfluß von *niederl.* koers und *frz.* cours[e] in der nautischen Terminologie die Bedeutungen „Ausfahrt zur See" und „Fahrtrichtung, Reiseroute", die heute auch in allgemeinem Sinne gelten, beachte in diesem Zusammenhang die Zusammensetzungen **Kursbuch** „Buch mit Eisenbahnfahrplänen" und **Kurswagen** „durchgehender Wagen, der mit verschiedenen Zügen läuft". – *Frz.* cours ist auch verantwortlich für die im 18. Jh. aufkommende Bedeutung „Umlauf", die 'Kurs' vor allem in den festen Wendungen 'in Kurs kommen (bringen)' und 'außer Kurs kommen' zeigt. – Für den akademischen Bereich schließlich gelten seit dem 16. Jh. für 'Kurs' die Bedeutungen „Lehrgang", „Vortragsreihe über ein Wissensgebiet"; in diesem Sinne steht für 'Kurs' auch die Vollform mit *lat.* Endung **Kursus.** Es handelt sich dabei um eine gelehrte Entlehnung unmittelbar aus *lat.(-mlat.)* cursus. – Das *lat.* Substantiv gehört zum Verb *lat.* currere (cursum) „laufen, rennen, eilen" (damit verwandt ist *gall.-lat.* carrus „vierrädriger Wagen"; über dessen Sippe vgl. den Artikel *Karre*), das auch sonst in unserem Wortschatz mit zahlreichen Ableitungen und Komposita vertreten ist. Dazu gehören im einzelnen: *lat.* cursare „umherrennen; durchlaufen" (↑kursieren), *mlat.* cursivus „laufend" (↑kursiv), *spätlat.* cursorius „zum Laufen gehörig" (↑kursorisch), *lat.* con-currere „zusammenlaufen; aufeinanderstoßen" (↑konkurrieren, Konkurrent, Konkurrenz und ↑Konkurs), *lat.* ex-currere „herauslaufen" (dazu *lat.* excursio und *lat.* excursus „Ausflug; Streifzug" in ↑Exkurs, Exkursion), *lat.* per-currere „durchlaufen" (↑Parcours). Beachte schließlich noch die von *it.* corso bzw. von *it.* correre (< *lat.* currere) ausgehenden Fremdwörter ↑Korso, ↑Kurier und ↑Korridor.

Kürschner: Die Bezeichnung des Pelzverarbeiters geht zurück auf *mhd.* kürsenære, das zu *mhd.* kürsen, *ahd.* kursin[n]a „Pelzrock" gebildet ist. Dieses Wort ist, wie z. B. auch 'Zobel' und 'Nerz', im Rahmen des Pelzhandels mit den Slawen aus dem *Slaw.* entlehnt, beachte *aruss.* kъrzьno „Pelz", *tschech.* krzno „mit Pelz verbrämter Mantel". Abl. **Kürschnerei** (17. Jh.).

kursieren „umlaufen, im Umlauf sein": Das Verb wurde im 17./18. Jh. aus *lat.* cursare „umherlaufen" (vgl. *Kurs*) entlehnt und schloß sich dann an 'Kurs' an.

kursiv „schräg" (von Schreib- und Druckschrift): Das Adjektiv ist aus **Kursive** „schräge Druckschrift" (17. Jh.) rückgebildet. Dies geht auf *mlat.* cursiva (littera) „laufende Schrift" zurück (*lat.* cursivus „laufend", vgl. *Kurs*).

kursorisch „fortlaufend, rasch durchlaufend, hintereinander": Das Adjektiv ist eine gelehrte Entlehnung des 18. Jh.s aus *spätlat.* cursorius „zum Laufen gehörig" (vgl. *Kurs*).

Kurste ↑Kruste.

Kursus, Kurswagen ↑Kurs.

Kurtisane: Die historische Bezeichnung für die vornehme, elegante Hofdame (als Geliebte an Fürstenhöfen) wurde im 16. Jh. aus gleichbed. *frz.* courtisane entlehnt. Das *frz.* Wort selbst beruht auf *it.* cortigiana „Kurtisane", das sich als weibliche Bildung zu *it.* cortigiano „Höfling" (daraus entsprechend *frz.* courtisan) stellt. Es gehört zu *it.* corte „Hof; Fürstenhof" (über weitere etymologische Zusammenhänge vgl. den Artikel *Gardine*).

Kurve „gekrümmte Linie, Bogen[linie]; Straßen-, Fahrbahnkrümmung": Das seit dem 18. Jh., zuerst als geometrischer Terminus bezeugte Wort hat sich aus *lat.* curva linea „gekrümmte Linie" verselbständigt. Das zugrundeliegende Adjektiv *lat.* curvus „gekrümmt; gewölbt", das zu der unter ↑*schräg* dargestellten *idg.* Wortsippe gehört, ist auch Ausgangspunkt für das Lehnwort ↑Kurbel. In der Umgangssprache wird der Plural 'Kurven' im Sinne von „als erotisierend empfundene weibliche Körperformen" verwendet, beachte dazu die Zusammensetzung **Kurvenstar** „weiblicher Filmstar, dessen Wirkung auf den besonders hervorgehobenen Körperformen besteht". Die *ugs.* Wendungen 'die Kurve kratzen' „sich schnell [und unbemerkt] entfernen" (eigentlich „so schnell um eine Ecke fahren, daß man das Mauerwerk streift") und 'die Kurve kriegen' „etwas [schließlich doch noch] schaffen, erreichen" rühren vom Autofahren her. – Abl.: **kurven** „in Kurven [kreuz und quer] fahren" (*ugs.*, 20. Jh.); **kurvisch** „gekrümmt, gebogen" (Mathematik, 20. Jh.).

Kurwürde ↑Kür.

kurz: Das Adjektiv (*mhd.*, *ahd.* kurz) ist in frühdeutscher Zeit vor der Lautverschiebung aus *lat.* curtus „verkürzt, gestutzt, verstümmelt" entlehnt, das im Sinne von „abgeschnitten" zu der *idg.* Wortgruppe von ↑[1]*scheren* gehört. Abl.: **Kürze** (*mhd.* kürze, *ahd.* kurzī); **kürzen** (*mhd.* kürzen, *ahd.* kurzen; beachte auch **abkürzen** und **verkürzen**), dazu **Kürzung** (*mhd.* kürzunge); **kürzlich** (*mhd.* kurzlīche, *ahd.* kurzlīhho „vor kurzem, in kurzer Zeit", Adverb zum Adjektiv (*mhd.* kurzlich, *ahd.* kurz[i]līch „kurz"). Zus.: **Kurzschluß** (Ende des 19. Jh.s; auch auf Menschen übertragen, beachte die Zusammensetzung **Kurzschlußhandlung,** 20. Jh.); **Kurzschrift** (1. Hälfte des 19. Jh.s; Lehnübersetzung von 'Stenographie'; beachte auch die Bildung **Kürzel** „Abkürzungszeichen in der Stenographie; Abkürzung", Anfang des 20. Jh.s); **kurzsichtig** (18. Jh.; wohl nach *engl.* short-sighted); **kurzum** „um es kurz zu machen" (16. Jh.; zunächst von einer schnellen Wendung); **Kurzwaren** „kleine Handelsgegenstände", speziell „Nähbedarf" (19. Jh.); **Kurzweil** „Zeitvertreib" (*mhd.* kurz[e]wīle „kurze Zeit; Zeitverkürzung, Zeitvertreib, Vergnügen"), dazu **kurzweilig** „unterhaltentlichsam" (*mhd.* kurzwīlec); **Kurzwelle** (1. Hälfte des 20. Jh.s).

kusch! „nieder!, leg dich!": Der Befehl an den abgerichteten Jagdhund wurde im 17. Jh. in der Jägersprache aus gleichbed. *frz.* couche!, dem Imperativ von *frz.* coucher „niederlegen" (*frz.* se coucher „sich niederlegen; schlafen gehen"), entlehnt. *Frz.* coucher geht zurück auf *lat.* collocare „auf-, hinstellen, hinlegen usw." (vgl. *kon...*, *Kon...* und zum Stammwort *lat.* locus „Ort, Platz, Stelle" den Artikel *lokal*). – Abl.: **kuschen** „sich lautlos niederlegen" (vom Hund), auch übertragen (*ugs.*) im Sinne von „sich ducken, sich fügen" gebraucht (18. Jh.), zu dem **kuscheln,** sich „sich [zärtlich] anschmiegen" (um 1900) gebildet ist.

küssen: Das *altgerm.* Verb *mhd.* küssen, *ahd.* kussen, *niederl.* kussen, *engl.* to kiss, *schwed.* kyssa ist lautmalenden Ursprungs. Es geht mit den [elementar] verwandten Verben *got.* kukjan „küssen" und z. B. *griech.* kyneīn „küssen", *hethit.* kuu̯aši „küßt" auf ein den Laut des Lippenkusses nachahmendes *ku- zurück. Eine alte Rückbildung aus dem Verb ist **Kuß** (*mhd., ahd.* kus, *niederl.* kus, *engl.* kiss, *schwed.* kyss). – Die Sitte des Küssens geht wahrscheinlich von der Vorstellung aus, daß bei der Berührung der Lippen oder Nasen ein Austausch der im Atem gedachten Hauchseelen stattfindet. Älter als der Lippenkuß ist allem Anschein nach der Nasen- oder Schnüffelkuß, der bei einigen Völkerschaften noch heute üblich ist. Beachte dazu z. B. *aind.* ghrā- „riechen, schnüffeln" und „küssen". – Zus.: **Kußhand** (Anfang des 18. Jh.s); **Handkuß** (17. Jh.).

Küste: Das seit dem 17. Jh. bezeugte Substantiv geht auf *afrz.* coste (= *frz.* côte) „Rippe; Seite; Abhang; Meeresstrand, Küste" zurück, das durch Vermittlung von *niederl.* kust, älter kuste (*mniederl.* cost[e]) „Küste" ins *Dt.* gelangte. Quelle des Wortes ist *lat.* costa „Rippe". Aus *afrz.* coste stammt auch *engl.* coast „Küste". Zu *frz.* côte in dessen eigentlicher Bed. „Rippe" gehört das Fremdwort ↑Kotelett.

Küster „Kirchendiener": Die *nhd.* Form des Wortes geht über *mhd.* kuster auf *ahd.* kustor zurück, das aus *mlat.* custor „Hüter (des Kirchenschatzes); Kirchenpfleger" entlehnt ist. Dies gehört zu *lat.* custos „Wächter, Aufseher, Hüter usw.".

Kutsche: Das seit dem Ende des 15. Jh.s bezeugte Wort für „Pferdedroschke" ist aus gleichbed. *ung.* kocsi (eigentlich kocsi szekér „Wagen aus dem Ort Kocs") entlehnt. – Abl.: **Kutscher** (16. Jh.); **kutschen** (16. Jh.); **kutschieren** (17. Jh.).

Kutte: Der Ausdruck für „[Mönchs]gewand" geht auf *mhd.* kutte zurück, das aus *mlat.* cotta „Mönchsgewand" entlehnt ist. Das *mlat.* Wort seinerseits stammt aus dem *Germ.* (vgl. [1]*Kotze*).

Kuttel gewöhnlich *Plural* Kutteln: Der *südd.* Ausdruck für „[eßbares] Eingeweide" geht zurück auf das seit dem 13. Jh. bezeugte *mhd.* kutel „Eingeweide von Tieren", dessen weitere Herkunft unklar ist.

Kutter: Die Bezeichnung für „einmastiges Segelfahrzeug" wurde im 18. Jh. aus gleichbed. *engl.* cutter entlehnt, das zu *engl.* to cut „schneiden" (vgl. *Cutter*) gebildet ist und eigentlich etwa „(Wogen)schneider" bedeutet.

Kuvert „Briefumschlag, -hülle": Das Fremdwort wurde 1700 aus gleichbed. *frz.* couvert (dafür jetzt *frz.* enveloppe) entlehnt. Dies gehört zu *frz.* couvrir „bedecken, einhüllen" und bedeutet eigentlich „etwas, mit dem etwas bedeckt wird". *Frz.* couvrir geht zurück auf *lat.* cooperire „von allen Seiten vollständig bedekken" (vgl. *kon..., Kon...* und zum Grundverb *lat.* operire „verschließen, bedecken" [< *op-u̯erire] den Artikel *wehren*).

Kux: Der Ausdruck für „Wertpapier über den Anteil an einer bergrechtlichen Gewerkschaft" geht zurück auf *frühnhd.* Kuckes, Kukus „128. Teil an Besitz und Gewinn einer gewerkschaftlichen Grube". Zugrunde liegt das *mlat.* cuccus (14. Jh.), das vielleicht (mit Konsonantenumstellung) aus *tschech.* kousek eigentlich „kleines Stück, Anteil" entlehnt ist.

Kwaß ↑Quas.

Kybernetik: Die Bezeichnung für „Forschungsrichtung, die Systeme verschiedenster Art auf selbsttätige Regelungs- und Steuerungsmechanismen hin untersucht" wurde in der Mitte des 20. Jh.s aus gleichbed. *engl.* cybernetics entlehnt. Dies ist eine Prägung des amerikanischen Mathematikers Norbert Wiener (1894–1964) nach *griech.* kybernētikḗ (téchnē) „Steuermannskunst" (zu *griech.* kybernḗtēs „Steuermann", einer Bildung zu *griech.* kybernān „steuern; leiten, regieren"). Abl.: **Kybernetiker** und **kybernetisch** (beide 20. Jh.).

L

Lab: Die Bezeichnung des in der Käseherstellung verwendeten Ferments (*mhd.* lap, *ahd.* lab, *mnd.* laf, *niederl.* leb) gehört im Sinne von „Gerinnmittel" zu *mhd.* liberen, *mnd.* leveren „gerinnen [machen]". Auf die Verwendung pflanzlicher oder tierischer Zusätze zum Gerinnenmachen des Kaseins der Milch beziehen sich der Pflanzenname **Labkraut** (16. Jh.) und die Benennung **Labmagen** (17. Jh.).

labb[e]rig: Der vorwiegend *nordd. ugs.* Ausdruck für „fade, gehaltlos" gehört zu *niederd.* labbern seemännisch für „schlaff werden" (von Segeln), das aus *niederl.* labberen „sich schlaff hin und her bewegen" entlehnt ist. Das *niederl.* Verb ist wohl mit 'Lappen; schlapp, schlaff' verwandt (vgl. *Schlaf*).

laben: Das *westgerm.* Verb *mhd.* laben, *ahd.* labōn, *niederl.* laven, *aengl.* lafian ist wahrscheinlich eine alte Entlehnung aus *lat.* lavare „waschen; baden; benetzen" (s. die Fremdwörter *Lavendel* und *Latrine*). Auch das *westgerm.* Verb bedeutete in den älteren Sprachzuständen „waschen, mit Wasser oder dgl. benetzen", woraus sich dann die Bed. „[durch Benetzen oder durch Tränken] erfrischen, erquicken" entwickelte. – *Lat.* lavare gehört zu der unter ↑*Lauge* dargestellten *idg.* Wortgruppe. Abl.: **Labe** (nur noch dichterisch für:) „Erquickung" (*mhd.* labe, *ahd.* laba); **Labsal** „Erquickung" (*mhd.* labesal).

labern: Der seit dem 18. Jh. bezeugte *ugs.* Ausdruck für „einfältig oder unaufhörlich reden;

schwatzen" gehört vermutlich zu *mdal.* Labbe „Lippe, Maul", das im Sinne von „Hängelippe, schlaff Herabhängendes" mit den Sippen von ↑Lappen, ↑Lippe, ↑Lefze usw. verwandt ist (vgl. *Schlaf*).

labil „schwankend, veränderlich, unsicher; unzuverlässig" (im Gegensatz zu ↑stabil): Das Adjektiv wurde um 1900 aus *spätlat.* labilis „leicht gleitend" entlehnt, einer Bildung zu *lat.* labi (labor, lapsum) „gleiten, abgleiten, straucheln usw.", das wohl mit *lat.* labare „wanken, schwanken" und *lat.* labor „Mühe, Last; Arbeit" (ursprünglich etwa: „das Wanken unter einer Last"; hierzu die Fremdwörter ↑laborieren, Laboratorium, Laborant und ↑Kollaborateur) zu der unter ↑*Schlaf* dargestellten Sippe der *idg.* Wurzel *[s]lēb-, [s]lāb- „schlaff herabhängen" gehört. – Beachte noch *lat.* col-labi „zusammensinken, -brechen" in den Fremdwörtern kollabieren und Kollaps, ferner die Substantivbildungen *lat.* lapsus „das Gleiten, das Straucheln" (↑Lapsus) und *mlat.* labina „Erd-, Schneerutsch" (↑Lawine). – Abl.: **Labilität** (20. Jh.).

Labkraut, Labmagen ↑Lab.

laborieren „sich herumplagen (insbesondere mit einem Leiden)": Das Verb wurde im 16. Jh. als medizinischer Fachausdruck aus gleichbed. *lat.* laborare entlehnt. Dies gehört zu *lat.* labor „Anstrengung, Mühe, Last; Arbeit" (über weitere Zusammenhänge vgl. den Artikel *labil*). – Aus *lat.* laborans (laborantis), dem Part. Präs. von laborare, stammt das seit dem 17. Jh. bezeugte Substantiv **Laborant** „Fachkraft in Labors und Apotheken", eigentlich „Arbeitender". Aus *mlat.* laboratorium „Arbeitsraum" wurde im 16. Jh. **Laboratorium** „Arbeits- und Forschungsstätte für biologische, chemische oder technische Versuche" entlehnt, das zunächst die Alchimistenwerkstatt bezeichnete. Statt 'Laboratorium' wird häufig die Kurzform **Labor** gebraucht. Vgl. auch den Artikel *Kollaborateur.*

Labsal ↑laben.

Labskaus: Der seit dem 19. Jh. im *Niederd.* bezeugte Name eines Seemannsgerichtes aus Fleisch, Fisch und Kartoffeln ist aus *engl.* lobscouse entlehnt. Dessen Herkunft ist dunkel.

Labyrinth: „Irrgang, -garten; Wirrsal, Durcheinander": Das Fremdwort wurde um 1500 aus gleichbed. *lat.* labyrinthus entlehnt, das seinerseits aus *griech.* labýrinthos übernommen ist. Dies ist *vorgriech.* Ursprungs. Es stammt wohl aus dem kretisch-minoischen Kulturkreis und bedeutet wahrscheinlich eigentlich „Haus der Doppelaxt" (als Königsinsignie), zu *voridg.* lábrys „Beil" (für *griech.* pélekys). So war denn auch gerade der Sagenkreis des bedeutenden kretischen Labyrinths, das Dädalus im Auftrag des Königs Minos für den sagenhaften Minotaurus erbaut haben soll, für die Verbreitung des Wortes und seines Ideenkreises in der Renaissance verantwortlich. – Abl.: **labyrinthisch** „unentwirrbar" (16. Jh.; aus *spätlat.* labyrinthicus).

[1]Lache: Die Herkunft des *westgerm.* Wortes *mhd.* lache, *ahd.* lahha, *mnd.* lake (↑Lake), *aengl.* lacu ist nicht sicher geklärt. Es kann, falls es nicht eine alte Entlehnung aus *lat.* lacus „Wasseransammlung, See" (↑Lagune) ist, im Ablaut zu der *nord.* Sippe von *aisl.* lœkr „langsam fließender Bach" stehen und zu der unter ↑*leck* dargestellten Wurzel *leg- „tröpfeln, sikkern" gehören.

[2]Lache ↑lachen.

lachen: Das *gemeingerm.* Verb *mhd.* lachen, *ahd.* [h]lahhan, -ēn, *got.* hlahjan, *engl.* to laugh, *schwed.* le ist lautnachahmenden Ursprungs. Es gehört mit der *germ.* Sippe von *aisl.* hlakka „schreien, krächzen" und mit verwandten Wörtern in anderen *idg.* Sprachen zu einer lautmalenden Wurzel *klĕg-, vgl. z. B. *lit.* klagėti „gackern". Abl.: **[2]Lache** „kurzes Lachen, Auflachen" (*mhd.* lache; das Substantiv ist aus dem Verb rückgebildet); **lächeln** (*mhd.* lecheln „ein wenig lachen, auf hinterhältige Weise freundlich tun"); **Lacher** „Lachender; kurzes Lachen" (16. Jh.); **lächerlich** „zum Lachen reizend; töricht, unsinnig; unbedeutend, gering" (*mhd.* lecherlich „lächelnd; zum Lachen reizend"); **Gelächter** (s. d.). Zus.: **Lachgas** „Stickoxydul" (früher als Narkosemittel verwendetes Gas; 19. Jh.).

Lachs: *Mhd., ahd.* lahs, *mnd.* lass, *aengl.* leax, *schwed.* lax gehen mit verwandten Wörtern in anderen *idg.* Sprachen auf *idg.* *lak̑so-s „Lachs" zurück. Vgl. z. B. *lit.* lašišà, *russ.* losos' „Lachs", *tochar.* B laks „Fisch". Welche Vorstellung der Benennung des Lachses zugrunde liegt, ist nicht sicher geklärt. Vielleicht ist der Fisch nach seiner Tüpfelung benannt (zu *lett.* làse „Tupfen, Fleck, Tropfen").

Lack: Das Substantiv wurde im 16. Jh. aus *it.* lacca entlehnt, das wie entsprechend *span.* laca und *frz.* laque aus *arab.* lakk übernommen ist. Dies geht über *pers.* lāk auf *aind.* lākṣā „Lack" zurück. – Abl.: **lacken** „mit Lack bestreichen" (17. Jh.), dafür meist **lackieren** (um 1700, aus *it.* laccare), das *ugs.* auch übertragen im Sinne von „anführen, übers Ohr hauen" gebraucht wird. Gleichfalls übertragen steht das Partizipialadjektiv **lackiert** in der Fügung 'lackierter Affe' „geschniegelter, eingebildeter Mann, Geck", dafür auch **Lackaffe.**

Lackel: Die Herkunft des *südd.* Ausdrucks für „unbeholfener oder ungeschliffener Mensch" ist unklar.

Lackmus: Der Name des blauen Farbstoffes, der in der Chemie als Indikator verwandt wird, wurde im 16. Jh. mit der Sache aus Holland aufgenommen (*niederl.* lakmoes, *mniederl.* le[e]cmoes). Die Herkunft des *niederl.* Wortes ist nicht sicher geklärt.

Lade: *Mhd., mnd.* lade „Behälter; Kasten, Truhe; Sarg", *niederl.* lade „Kasten, Behältnis" und die *nord.* Sippe von *schwed.* lada „Scheune" gehören im Sinne von „Behältnis, in das man eine Last laden kann, Abladeplatz" zu dem unter ↑[1]*laden* behandelten Verb. Das Wort spielt heute hauptsächlich in der Zusammensetzung eine Rolle, beachte z. B. **Schublade** (16. Jh.) und **Kinnlade** (s. unter 'Kinn').

Ladebaum ↑[1]laden.

[1]laden: Das *gemeingerm.* Verb *mhd.* laden, *ahd.* [h]ladan, *got.* [af]hlaþan, *engl.* to lade, *schwed.* ladda geht mit verwandten Wörtern im *Baltoslaw.* auf eine Wurzel *klā- „hinbreiten, aufschichten" zurück, vgl. z. B. *lit.* klóti „hin-, ausbreiten", *russ.* klast' „legen". Zum Verbum stellen sich die Substantivbildungen ↑Lade und ↑Last und die Verbalbildungen 'ab-, auf-, aus-, be-, ein-, ent-, über-, verladen'. Mit 'laden' „eine Last auflegen, befrachten" ist identisch 'laden' „ein Geschoß einführen, mit einer Sprengladung oder dergleichen versehen", das im heutigen Sprachgefühl als ein verschiedenes Wort empfunden wird. Die Verwendung des Verbs im letzteren Sinne geht von dem Einsatz schwerer Geschütze aus, die tatsächlich gewissermaßen mit einer Last versehen wurden. An 'laden' in diesem Sinne schließen sich an **Ladestock** (17. Jh.), **Hinterlader** (19. Jh.), **Vorderlader** (19. Jh.) und 'Ladung' (s. u.) und die Verwendung des Verbs in der Bedeutung „mit einer elektrischen Ladung versehen", beachte z. B. 'eine Batterie laden' oder 'positiv, negativ geladen sein'. Abl.: **[1]Ladung** „das Aufgeladene, Last; Füllung; Sprengmunition; Elektrizitätsmenge" (*mhd.* ladunge). Zus.: **Ladebaum** „schwenkbarer Teil der Ladevorrichtung auf Schiffen" (19. Jh.).

[2]laden „zum Kommen auffordern": Das *gemeingerm.* Verb *mhd.* laden, *ahd.* ladōn, *got.* laþōn, *aengl.* lađian, *aisl.* lađa ist wahrscheinlich von dem unter ↑*Laden* „Geschäft" behandelten Wort abgeleitet, das auf *laþan- „Brett, Bohle" zurückgeht (vgl. *Latte*). In alter Zeit war es üblich, Einladungen zu Zusammenkünften oder Aufforderungen zu Volksversammlungen oder dergleichen dadurch zu bewerkstelligen, daß man einen Boten mit einem [mit Zeichen eingekerbtem] Brett oder Stück Holz herumschickte (s. zum Sachlichen auch den Artikel *Klub*). Das Verb bedeutete demnach ursprünglich etwa „durch die Übersendung eines Brettes oder dergleichen zum Kommen auffordern". – Gebräuchlicher als das einfache Verb sind heute die Zusammensetzungen **einladen** (*mhd.* īnlāden, *ahd.* īnladōn) und **vorladen** (*mhd.* vorladen, *ahd.* furiladōn). Abl.: **[2]Ladung** „Aufforderung zum Kommen, Ein-, Vorladung" (*mhd.* ladunge, *ahd.* ladunga).

Laden: Das auf das *dt.* Sprachgebiet beschränkte Substantiv (*mhd.* laden „Brett, Bohle; Fensterladen; Kaufladen") ist mit der Sippe von ↑*Latte* verwandt. Das Wort bedeutete zunächst „Brett, Bohle" und „aus Brettern oder Bohlen Gefertigtes". Dann bezeichnete es einerseits speziell das Brett zum Schutz des Fensters (beachte die Zusammensetzung 'Fensterladen' [17. Jh.]) und andererseits das in einer Verkaufsbude herabgelassene, zur Warenauflage dienende Brett, dann auch den aus Brettern hergerichteten Verkaufsstand. Aus der Verwendung des Wortes im letzteren Sinne hat sich die heute allgemein übliche Bed. „Geschäft" entwickelt. Abl.: **Ladnerin** *südd.* und *österr.* für „Verkäuferin" (15. Jh.). Zus.: **Ladenhüter** *ugs.* für „unverkäufliche Ware" (17. Jh.; wohl Lehnübersetzung von *frz.* garde-boutique); **Ladenschwengel** *ugs.* für „Verkäufer" (18. Jh.; zunächst studentensprachlich, Nachbildung von 'Galgenschwengel', s. d.). Siehe den Artikel [2]*laden.*

lädieren „verletzen, beschädigen": Das Verb wurde im 17. Jh. aus gleichbed. *lat.* laedere entlehnt und war früher auch im Sinne von „beleidigen" gebräuchlich. Zu *lat.* laedere gehört *lat.* collidere „zusammenstoßen" (↑kollidieren, Kollision).

Ladnerin ↑Laden.

Ladung ↑[1]Laden, [2]laden.

Lady ↑Laib.

Laffe (*ugs.* für:) „Geck, eitler, alberner Mensch": Das seit dem 15. Jh. bezeugte Wort gehört entweder im Sinne von „Lecker" zu *mhd.* laffen „lecken" oder aber im Sinne von „Mensch, der mit herabhängender Lippe bzw. mit offenem Mund gafft" zu *frühnhd.* Laffe „Hängelippe, Maul". Zur ersten Deutung beachte älter *nhd.* Lecker „Laffe, Trottel". Über die weiteren Zusammenhänge vgl. den Artikel ↑*Schlaf* (beachte auch den Artikel *läppisch*).

Lage: Das nur *dt.* Wort ist eine Bildung zu dem unter ↑*liegen* behandelten Verb. In den älteren Sprachzuständen entsprechen *mhd.* lāge „lauerndes Liegen, Nachstellung; das Liegen, das Gelegensein; Zustand, Umstände; Art, Beschaffenheit; [Waren]lager", *ahd.* lāga „Hinterhalt, Nachstellung". Heute wird das Wort häufig auch im Sinne von „Schicht", „Tonhöhe" und *ugs.* im Sinne von „Runde (Bier oder dergleichen)" gebraucht. – Die Bildungen 'An-, Auf-, Aus-, Bei-, Ein-, Nieder-, Unterlage' usw. schließen sich in der Bedeutung eng an 'anlegen' usw. an, beachte auch, daß das zu 'liegen' gehörige *ahd.* lāga mit dem zu 'legen' gehörigen *ahd.* laga zusammenfiel (↑legen).

Lager: Zu dem unter ↑*liegen* behandelten Verb gehört die *gemeingerm.* Substantivbildung *mhd.* leger, *ahd.* legar, *got.* ligrs, *engl.* lair, *schwed.* läger. Die lautgerechte, auf *mhd.* leger beruhende Form 'Leger, Läger' hielt sich bis ins 17. Jh., dann wurde sie durch die seit dem 14. Jh. bezeugte Form mit *mdal.* a (unter Anlehnung an 'Lage') verdrängt. Abl.: **lagern** (für älteres legern, lägern, *mhd.* leger[e]n), dazu 'belagern' (*spätmhd.* belegern eigentlich „mit einem Heerlager umgeben") und **verlagern** (16. Jh.).

Lagune „seichter Strandsee": Das bereits im 16. Jh. bezeugte, aber erst im 18. Jh. allgemein gebräuchliche Fremdwort ist aus *it.* laguna entlehnt. Es bezeichnete zunächst die Küstenseen in der Umgebung Venedigs. Quelle des Wortes ist *lat.* lacuna „Vertiefung; Grube; Lache, Weiher", das zu *lat.* lacus „See" (> *it.* lago und *frz.* lac) gehört. Dies ist vielleicht mit unserem Substantiv ↑Lache verwandt.

lahm: Das *altgerm.* Adjektiv *mhd., ahd.* lam, *niederl.* lam, *engl.* lame, *schwed.* lam gehört im Sinne von „gliederschwach, gebrechlich" zu einer Wurzel *lem- „brechen", vgl. z. B. die verwandte *baltoslaw.* Sippe von *russ.* lomit' „brechen", lom „Bruch". Zu dieser Wurzel gehören auch die unter ↑*Lümmel* behandelten Wörter. Abl.: **lahmen** (*mhd.* lamen „lahm sein, hinken"; vgl. auch 'erlahmen'); **lähmen** (*mhd.* lemen, *ahd.* lemjan „gliederschwach machen"), dazu **Lähmung** (17. Jh.). Vgl. den Artikel *belemmert.*

Laib: Das alte *gemeingerm.* Wort *mhd.* leip, *ahd.* [h]leib, *got.* hlaifs, *aengl.* hlāf (s. u.), *aisl.* hleifr bezeichnete wahrscheinlich das ungesäuerte Brot, während das unter ↑*Brot* behandelte Wort das gesäuerte Brot der Germanen bezeichnete. *Germ.* *hlaiƀa- „[ungesäuertes] Brot", dessen weitere Herkunft dunkel ist, wurde in mehrere europäische Sprachen entlehnt, beachte z. B. die *slaw.* Sippe von *russ.* chleb „Brot". – *Aengl.* hlāf „Brot", auf dem *engl.* loaf „Laib" beruht, steckt als Bestimmungswort in *aengl.* hlǣfdīge „Herrin, Frau" (eigentlich „Brotkneterin"), das sich über *mengl.* lāvedi zu *engl.* lady „Dame" entwickelte (beachte das Fremdwort **Lady**), und in *aengl.* hlāford „Herr" (aus *hlāfward eigentlich „Brotwart, -schützer"), das sich über *mengl.* lōverd zu *engl.* lord „Herr" entwickelte (beachte das Fremdwort **Lord**). – Im *Dt.* wird 'Laib' heute nur noch im Sinne von „einzelnes, geformtes Brot, geformte Masse (aus Brotteig, aus Käse)" gebraucht. Die im 17. Jh. aufgekommene Schreibung des Wortes mit ai dient der Unterscheidung von Leib „Körper". Siehe auch den Artikel *Lebkuchen.*

Laich: Der Ausdruck für die zur Befruchtung im Wasser abgelegten Eier von Wassertieren geht zurück auf gleichbed. *spätmhd.* leich, das eigentlich „Liebesspiel" bedeutet und identisch ist mit *mhd.* leich „Tonstück, Melodie, Gesang" (ursprünglich „Spiel, Tanz", vgl. *Leich*). Beachte dazu das verwandte *schwed.* lek, das „Spiel" und „Liebesspiel" (der Tiere), Paarungsakt, Laich" bedeutet. – Die im 18. Jh. aufgekommene Schreibung mit ai dient der Unterscheidung von 'Leiche' „toter Mensch". Abl.: **laichen** „den Laich ablegen" (*spätmhd.* leichen).

Laie „Nichtfachmann": Das Substantiv (*mhd.* lei[g]e, *ahd.* leigo) bezeichnete in den ältesten Sprachzuständen den Nichtgeistlichen (im Gegensatz zum Kleriker), dann auch in freierer Übertragung (da ja im Mittelalter vorwiegend die Geistlichkeit an der Bildung teilhatte) den Nichtgelehrten, Nichtgebildeten. Daraus entwickelte sich schließlich seit dem 14. Jh. allmählich die allgemeine Bed. „Nichtfachmann". Das Wort wurde durch *roman.* Vermittlung aus *kirchenlat.* laicus „zum Volk gehörig, gemein; Nichtgeistlicher" entlehnt, das seinerseits auf gleichbed. *griech.* lāïkós beruht. Stammwort ist *griech.* lāós „Volk, Volksmenge; Kriegsvolk". Dazu gehört auch *griech.* lē̆itos „vom Volk gestaltet, öffentlich" als Bestimmungswort in *griech.* leitourgía „öffentlicher Dienst" (s. das Fremdwort *Liturgie*).

Lakai (früher für:) „herrschaftlicher Diener [in Livree]", heute noch gelegentlich im übertragenen Sinne von „Kriecher" gebraucht: Das seit dem Beginn des 16. Jh.s zuerst in der Bed. „gemeiner Fußsoldat" bezeugte Substantiv ist aus *frz.* laquais „Diener" entlehnt, das *span.* lacayo entspricht. Die weitere Herkunft des Wortes ist dunkel.

Lake „Salzlösung zum Konservieren von Fischen und Fleisch": Das seit dem 14. Jh. bezeugte *mnd.* lake „[Herings]salzbrühe", das im Rahmen des Heringshandels ins *Hochd.* übernommen wurde, ist identisch mit *mnd.* lake „stehendes Wasser" (vgl. *Lache*).

Laken: Das im 15. Jh. aus dem *Niederd.* übernommene Wort für „Bettuch" geht zurück auf *asächs.* lakan „Tuch, Decke; Vorhang; Gewand", das mit der *hochd.* Entsprechung *ahd.* lahhan, *mhd.* lachen „Tuch, Decke" auf *germ.* *lakana- „Tuch" beruht. Das Wort ist wahrscheinlich mit der *germ.* Sippe von *mnd.* lak „schlaff, lose" verwandt und gehört im Sinne von „[schlaff herabhängender] Lappen" zu der *idg.* Wurzel *[s]lē̆g- „schlaff, matt sein". Vgl. aus anderen *idg.* Sprachen z. B. *lat.* laxus „schlaff" (↑lax) und *air.* lacc „schlaff, schwach". Verwandt ist wahrscheinlich auch die Wortgruppe von ↑link.

lakonisch „kurz, einfach und ohne Erläuterungen": Das seit dem 17. Jh. bezeugte Adjektiv ist aus gleichbed. *griech.* lakōnikós entlehnt. Dies ist eine Ableitung von Lákōn, dem Stammesnamen der Lakonier bzw. Lakedämonier, bedeutet also eigentlich „zu den Lakoniern gehörend". Die Lakonier waren für die Kürze ihrer Ausdrucksweise bekannt.

Lakritz[e] „aus Süßholzsaft eingedickte, wohlschmeckende, süße schwarze Masse": Das Wort (*mhd.* lakerize, lekerize, *ahd.* lacricie) ist aus *mlat.* liquiricia, liquiritia „Süßholz" entlehnt, das aus gleichbedeutend *griech.* glykýrriza stammt. Dies bedeutet eigentlich „Süßwurzel" (zu *griech.* glykýs „süß" und rhíza „Wurzel").

lallen: Das Verb (*mhd.* lallen; entsprechend *schwed.* lalla, *dän.* lalle) beruht mit [elementar]verwandten Wörtern in anderen *idg.* Sprachen auf einem lautmalenden, kindersprachlichen *lal[l]a-, vgl. z. B. *griech.* lalein „schwatzen", *lat.* lallare „in den Schlaf singen" (↑Lamento, lamentieren), *russ.* lala „Schwätzer". Siehe auch den Artikel *lullen.*

Lama: Der seit dem Ende des 16. Jh.s bezeugte Name des südamerikanischen Schafkamels stammt aus der peruanischen Indianersprache (*Ketschua* llama) und wurde den Europäern durch *span.* llama vermittelt (beachte *it., frz.* lama, *engl.* llama).

Lamäng ↑Manier.

Lamelle „das einzelne Blatt des Fruchtkörpers unter dem Hut der Blätterpilze; dünnes Blättchen, Scheibe": Das Fremdwort wurde um 1800 aus gleichbed. *frz.* lamelle entlehnt. Dies geht zurück auf *lat.* lamella „dünne Scheibe, Blättchen", das zuvor schon einmal im *Mhd.* als lāmel „Klinge" erschienen war. *Lat.* lamella ist eine Verkleinerungsbildung zu *lat.* lamina (lamna) „dünnes Holz-, Metallstück, Platte, Blatt, Scheibe usw." (unsicherer Herkunft). – Gleichen Ursprungs ist ↑Lametta.

Lamento: Das seit dem Anfang des 18. Jh.s bezeugte Substantiv, das zuerst als musikalischer Fachausdruck zur Bezeichnung eines „schmerzgetragenen Tonstückes" erscheint, wird seit dem Ende des 18. Jh.s in der noch umgangssprachlich geläufigen Bed. „Gejammer" verwendet. Quelle des Wortes ist *it.* lamento, das auf *lat.* lamentum „Wehklage" zurückgeht. Dies gehört wohl zu einer *idg.* Schallwurzel *lā-, die redupliziert in *lat.* lallare „lalla singen; in den Schlaf wiegen" und in *dt.* ↑*lallen* vorliegt. – Dazu gehört auch das Verb **lamentieren** „laut klagen, jammern; jammernd etwas erbetteln" (16. Jh.; aus *lat.* lamentari „wehklagen, jammern").

Lametta „dünner, schmaler, glitzernder Metallstreifen (als Christbaumschmuck)", in der Umgangssprache auch scherzhaft für „Rangabzeichen, Orden": Das Fremdwort wurde im 20. Jh. aus gleichbed. *it.* lametta, einer Verkleinerungsbildung zu *it.* lama „Metallblatt; Klinge", entlehnt. Voraus liegt *lat.* lamina (lamna) „dünnes Holz-, Metallblatt usw." (vgl. *Lamelle*).

Lamm: Die Herkunft des *gemeingerm.* Wortes für „Schafjunges" (*mhd.* lamp, *ahd.* lamb, *got.* lamb, *engl.* lamb, *schwed.* lamm) ist dunkel. Im *Dt.* bezeichnet das Wort auch das Junge von Ziegen. Abl.: **lammen** „ein Lamm werfen" (17. Jh.). Zus.: **Lämmergeier** (18. Jh.); **Lämmerwolke** (um 1800).

Lampe: Die seit dem 13. Jh. gebräuchliche Bezeichnung des Beleuchtungskörpers (*mhd.* lampe) beruht wie auch entsprechend *niederl.*, *engl.* lamp auf einer Entlehnung aus *(a)frz.* lampe (= *it.* lampa), das auf *vlat.* lampada (für *klass.-lat.* lampas, lampadis) „Leuchte, Fackel; Leuchter" zurückgeht. Dies stammt aus *griech.* lampás (lampádos) „Fackel, Leuchte", das von *griech.* lámpein „leuchten" abgeleitet ist. – Dazu auch *griech.* lamptḗr „Leuchter, Fackel; Laterne" in unserem Lehnwort ↑Laterne. Vgl. noch den Artikel *Lampion*.

Lampion „Papierlaterne": Das Fremdwort wurde im 18. Jh. aus gleichbed. *frz.* lampion entlehnt, das seinerseits aus *it.* lampione übernommen ist. Dies ist eine vergrößernde Ableitung von *it.* lampa (vgl. *Lampe*).

Lamprete: Der Name des fischähnlichen Wirbeltiers (*mhd.* lamprēde, *ahd.* lamprēta) ist aus *galloroman.* lampreda „Neunauge" entlehnt, dessen Deutung unklar ist. Gebräuchlicher ist heute die Benennung 'Neunauge' (s. d.).

lancieren „in Gang bringen, in Umlauf setzen; geschickt an eine gewünschte Stelle, auf einen bestimmten Posten bringen": Das Verb wurde im 18. Jh. aus *frz.* lancer „schleudern; loslassen; in Schwung bringen" entlehnt, das auf *spätlat.* lanceare „die Lanze schwingen" zurückgeht (vgl. *Lanze*). – Siehe auch *Elan*.

Land: Das *gemeingerm.* Wort *mhd., ahd.* lant, *got.* land, *engl.* land, *schwed.* land steht im Ablaut zu der *nord.* Sippe von *schwed.* linda „Brache, Saatfeld" und vermutlich auch von *schwed.* lund „Hain, Wäldchen". Diese *germ.* Wortgruppe geht mit verwandten Wörtern im *Kelt.* und *Baltoslaw.* auf *lendh- „[freies] Land, Feld, Heide" zurück, vgl. z. B. *air.* land „freier Platz" und *russ.* ljada „Rodeland, niedriger Boden". Die zahlreichen Ableitungen und Zusammensetzungen schließen sich an die verschiedenen Verwendungsweisen von 'Land' an, und zwar im Sinne von „bebaubares Land, [Acker]boden, Feld; Erdboden, fester Grund, Festland (im Gegensatz zum Wasser, zur Luft); offenes, freies Land, dörfliche Gegend (im Gegensatz zur Stadt); geographisch oder politisch abgeschlossenes Gebiet, Staat". Abl.: **landen,** *landsch.* **länden** „ans Ufer oder auf den Erdboden kommen, anlegen, erreichen; zur Landung bringen" (*mhd.* lenden, *ahd.* lenten; die seit dem 17. Jh. bezeugte Form 'landen' aus oder nach *niederd.* landen unter Anlehnung an 'Land')', dazu **Lände** *landsch.* für „Landungsplatz" (*ahd.* lenti); **Ländereien** „Felder, zusammenhängendes Nutzland" (16. Jh.); **Ländler** „Volkstanz im langsamen Walzertakt" (Ende des 18. Jh.s; eigentlich Tanz, der im 'Landl', d. h. Oberösterreich getanzt wird); **ländlich** „dörflich, bäurisch" (*mhd.* lantlich); **Landschaft** „Gegend, natürliche Geländeeinheit, abgeschlossenes Gebiet" (*mhd.* lantschaft, *ahd.* lantscaf[t]), dazu **landschaftlich** (18. Jh.); **Landser** *ugs.* für „Soldat" (1. Hälfte des 20. Jh.s; s. u. 'Landsknecht'). Zus.: **Landenge** „schmaler Landstreifen zwischen Meeren oder Seen" (18. Jh.); **Landgraf** „gräflicher Landesherr" (*mhd.* lantgrāve „königlicher Richter und Verwalter eines Landes"); **Landjäger** *südwestd.*, besonders *schweiz.* für „Gendarm", auch Name einer Dauerwurst (19. Jh.); **Landkarte** (17. Jh.); **Landpomeranze** scherzhaft für „ländliche Schöne, Provinzlerin" (19. Jh.; wohl aus der Studentensprache); **Landratte** seemännisch scherzhaft für „am Land oder im Binnenland Lebender" (19. Jh.; Lehnübersetzung von *engl.* landrat); **Landregen** „anhaltender Regen" (15. Jh.; eigentlich „über ein ganzes Land ausgedehnter Regen"); **Landsknecht** (15. Jh.; eigentlich ein im kaiserlichen Land – im Gegensatz zum Schweizer – angeworbener Soldat, ↑Knecht; unter Anlehnung an 'Lanze' dafür früher auch 'Lanzknecht', zu dem die Kurzform 'Lanz[t]' gehört, davon 'Landser', s. o.); **Landstreicher** „Vagabund, obdachloser Bettler" (*spätmhd.* lantstrīcher); **Landsturm** „letztes Aufgebot der waffenfähigen Männer" (17. Jh.; nach dem Läuten der Sturmglocken zur Einberufung der letzten waffenfähigen Männer eines Landes); **Landtag** „Volksvertretung eines Bundeslandes" (*mhd.* lanttac „Versammlung zum Landgericht"); **Landwehr** „ältere Jahrgänge eines Heeres" (*mhd.* lantwer, *ahd.* lantweri „Befestigung, Landesverteidigung", dann „Verteidiger eines Landes"); **Landwirt** „Bauer" (18. Jh.), dazu **Landwirtschaft** (18. Jh.); **Ausland** „fremdes Land" (18. Jh.; erst nach 'Ausländer, ausländisch' gebildet, *mhd.* ūzlender „Ausländer, Fremder", ūzlendic „ausländisch, fremd"); **Inland** (17. Jh.; erst nach 'Inländer, inländisch' gebildet; *mhd.* dafür inlende „Heimat, Vaterland; Herberge"); **verlanden** „zu Land werden" (19. Jh.). Siehe auch die Artikel *elend* und *Gelände*.

Landammann ↑Amt.

Landauer: Die seit dem 18. Jh. bezeugte Bezeichnung für einen viersitzigen, mit einem Verdeck versehenen Wagen ist von dem Ortsnamen Landau (Pfalz) abgeleitet. Diese Wagenart wurde zuerst in Landau hergestellt. Beachte auch *frz.* landaulet „[Halb]landauer".

Landstrich ↑Strich.

lang: Das *gemeingerm.* Adjektiv *mhd.* lanc, *ahd.* lang, *got.* laggs, *engl.* long, *schwed.* lång geht mit verwandten Wörtern im *Lat.* und *Kelt.* auf *longho-s „lang" zurück, vgl. z. B. *lat.* longus „lang". – Die Adverbialform **lange** (*mhd.* lange, *ahd.* lango) ist heute nur noch im zeitlichen Sinne gebräuchlich. Auf dem adverbial erstarrten Genitiv Singular des Adjektivs *mhd.* langes, lenges „der Länge nach; vor langer Zeit" beruhen *nhd.* **längs** (Präposition und Adverb) und – mit sekundärem t – **längst** (Adverb) „vor langer Zeit", beachte auch **unlängst** „vor nicht langer Zeit". Abl.: **Länge** (*mhd.* lenge, *ahd.* lengī); **langen** „ausstrecken, greifen; reichen; auskommen, genügen" (*mhd.* langen, *ahd.* langēn, eigentlich „lang werden oder machen"; an die veraltete Verwendung des Verbs im Sinne von „kommen" schließt sich **anlangen** „ankommen" an; s. auch die Artikel *belangen, erlangen, verlangen*); **längen** (*mhd.* lengen, *ahd.* lengan „lang machen, in die Länge ziehen"); **länglich** (15. Jh.; für *mhd.* lengeleht); **langsam** (*mhd.* lancsam, *ahd.* langsam „lange dauernd"; das Adjektiv übernahm in *mhd.* Zeit die Bedeutung des untergegangenen Adjektivs *ahd.* langseimi, *mhd.* lancseim „zögernd, nach und nach vor sich gehend"). Zus.: **Lang[e]weile** (17. Jh., zusammengerückt aus 'lange Weile', dazu **langweilen** (18. Jh.) und **langweilig** (15. Jh.); **Langfinger** „Dieb" (17. Jh.; beachte auch die Wendung 'lange Finger machen' „stehlen"); **langmütig** (*mhd.* lancmüetec, *ahd.* langmuotig „geduldig", Lehnbildung nach *spätlat.* longanimus), dazu **Langmut** (16. Jh.; nach *lat.* longanimitas); **langwierig** „lange dauernd und daher schwierig, mühsam" (*spätmhd.* lancwiric „lange dauernd"; zum zweiten Bestandteil ↑währen). Siehe auch die Artikel *entlang* und *Lenz.*

Languste: Der Name des besonders in Mittelmeergegenden vorkommenden scherenlosen Krebses, der wegen seines schmackhaften Fleisches als Delikatesse sehr geschätzt ist, geht auf *vlat.* *lacusta zurück. Ins *Dt.* wurde er durch *aprov.* langosta und *frz.* langouste vermittelt. *Vlat.* *lacusta steht für *klass.-lat.* locusta „Heuschrecke" und „Heuschreckenkrebs, Languste".

Lanze: Der Name der Waffe (*mhd.* lanze) ist aus *afrz. (= frz.)* lance entlehnt, das seinerseits auf *lat.* lancea „Speer mit Wurfriemen, Lanze" beruht. – Dazu stellen sich die Fremdwörter ↑Lanzette, ↑lancieren und ↑Elan.

Lanzette: Die Bezeichnung für „kleines zweischneidiges Operationsmesser" wurde im 17. Jh. aus gleichbed. *frz.* lancette (eigentlich: „kleine Lanze") entlehnt, einer Verkleinerungsbildung zu *frz.* lance „Lanze" (vgl. *Lanze*).

lapidar „knapp, kurz und bündig": Das seit dem 18. Jh. – zunächst in der Form 'lapidarisch' – bezeugte Adjektiv stammt wie entsprechend *frz.* lapidaire aus *lat.* lapidarius „zu den Steinen gehörig; Stein...". Die Verwendung im Sinne von „knapp, kurz und bündig" geht vom gedrängten, knappen Stil altrömischer Steininschriften aus. – Stammwort ist *lat.* lapis „Stein; Edelstein", das auch in Lapislazuli (↑Lasur) erscheint.

Lapislazuli ↑Lasur.

Lappalie: Das seit dem 17. Jh. bezeugte Fremdwort für „Kleinigkeit, Nichtigkeit" ist eine scherzhafte studentische Bildung zu ↑*Lappen* mit *lat.* Endung nach dem Muster von Kanzleiwörtern wie 'Personalien'.

Lappen: *Mhd.* lappe, *ahd.* lappo, lappa „herabhängendes Stück Zeug, Stück Haut oder dgl." und die verwandten Substantive *niederl.* lap „Lappen, Fetzen, Lumpen", *engl.* lap „Läppchen, Zipfel", *schwed.* lapp „Lappen, Flicken, Fetzen" gehören im Sinne von „schlaff Herabhängendes" zu der unter ↑*Schlaf* dargestellten Wortgruppe. Eng verwandt sind z. B. die unter ↑*Laffe,* ↑*Lippe,* ↑*schlaff* und ↑*schlapp* behandelten Wörter, *außergerm.* vergleicht sich z. B. *griech.* lobós „Ohrläppchen". Die Wendung 'jemandem durch die Lappen gehen' „jemandem entkommen, entgehen" stammt aus der Jägersprache und bezieht sich auf die bei Treibjagden an Schnüren aufgehängten [bunten] Stoffetzen, die das Wild davon abhalten sollten zu entkommen. Siehe auch die Artikel *Lappalie* und *läppisch.*

läppern (veraltet für: „schlürfen"): Das seit dem 16. Jh. bezeugte Verb ist eine Iterativbildung zu *mnd.* lapen „lecken, schlürfen, schlappen" (vgl. *Löffel*). Gebräuchlich sind heute **zusammenläppern,** sich *ugs.* für „in kleinen Mengen allmählich zusammenkommen" und **verläppern** *ugs.* für „in kleinen Mengen allmählich verschwinden lassen".

läppisch: Das seit dem 15. Jh. bezeugte Adjektiv ist eine Ableitung von dem durch 'Laffe' (s. d.) verdrängten Substantiv Lappe, *mhd.* lappe „einfältiger Mensch". Dieses Sustantiv ist entweder identisch mit dem unter ↑*Lappen* behandelten Wort (beachte z. B. die Zusammensetzung 'Jammerlappen') oder aber eine Bildung zu dem veralteten Verb 'lappen' „schlaff herabhängen" (vgl. *Schlaf*).

Lapsus „Fehler, Schnitzer, Versehen", auch in Fügungen wie 'Lapsus linguae' „Sprechfehler": Das Substantiv ist eine gelehrte Entlehnung aus *lat.* lapsus „das Gleiten, das Fallen; der Fehltritt, das Versehen". Dies gehört zu *lat.* labi „gleiten, abgleiten, straucheln usw." (vgl. *labil*).

Lärche: Der Name des zu der Gattung der Kieferngewächse gehörigen Nadelbaums (*mhd.* larche, lerche) geht auf *ahd.* *larihha zurück, das aus *lat.* larix „Lärche" entlehnt ist. Das *lat.* Wort seinerseits stammt wahrscheinlich aus der Sprache der gallischen Alpenbewohner. – Die Schreibung mit ä dient lediglich zur Unterscheidung vom Vogelnamen 'Lerche'.

largo „sehr langsam, gedehnt"; Die Vortragsanweisung in der Musik wurde im 18. Jh. aus gleichbed. *it.* largo entlehnt, das auf *lat.* largus „reichlich" zurückgeht. Substantiviert: **Largo** „Musikstück in sehr langsamem Zeitmaß".

Larifari: Der *ugs.* Ausdruck für „Geschwätz, Unsinn" wurde Anfang des 18. Jh.s aus den italienischen Tonbezeichnungen la, re, fa, re gebildet. Beachte auch **larifari** „papperlapapp" und „oberflächlich, nachlässig".

Lärm: Das seit *frühnhd.* Zeit zuerst als lerman, larman „Lärm, Geschrei" bezeugte Substantiv ist durch Abfall des unbetonten Anlautes aus dem unter ↑*Alarm* behandelten Wort (*spätmhd.* alerm, *frühnhd.* Alarm[a], Alerman) hervorgegangen. – Abl.: **lärmen** (17. Jh.).

Larve „[Gesichts]maske" und „frühes Entwicklungsstadium bestimmter Tiere, das im Hinblick auf die Gestalt von der Form des ausgewachsenen Tieres stark abweicht": Das seit dem 14. Jh. bezeugte Substantiv (*mhd.* larve „Maske; Gespenst") ist aus *lat.* larva „böser Geist, Gespenst; Maske, Larve" entlehnt. Erst seit dem Ende des 18. Jh.s wird 'Larve' in der Zoologie als Bezeichnung für eine Jugendform mancher Insekten verwendet, in der gleichsam hinter einer Maske das wirkliche Erscheinungsbild des vollentwickelten Insekts noch verborgen ist. – Abl.: **entlarven** (eigentlich „die Maske wegnehmen", in dieser Bedeutung seit dem 17. Jh. bezeugt; die heute allein übliche übertragene Bedeutung „das wahre Wesen eines Menschen, seine geheimen Absichten usw. enthüllen, offenbaren" kam erst im 18. Jh. auf).

lasch: Das im 18. Jh. aus dem *Niederd.* übernommene Adjektiv geht zurück auf *mnd.* lasch „schlaff, schlapp", das mit *aisl.* lǫskr „träge, faul" und mit der verwandten Sippe von ↑lässig zu der Wortgruppe von ↑*lassen* gehört. – Auf das *dt.* Adjektiv hat wahrscheinlich *frz.* lâche „schlaff, feige" eingewirkt. Siehe auch den Artikel *Lasche.*

Lasche: Das vorwiegend in der Handwerkersprache gebräuchliche Wort für „angesetztes Stück Leder, Stück Stoff oder dgl." geht auf *mhd.* lasche „Lappen, Fetzen" zurück, das wahrscheinlich im Sinne von „schlaff Herabhängendes" zu der Sippe von ↑*lasch* gehört.

lasieren ↑Lasur.

laß ↑lässig, ↑letzen.

lassen: Das *gemeingerm.* starke Verb *mhd.* lāȥen, *ahd.* lāȥȥan, *got.* lētan, *engl.* to let, *schwed.* låta geht mit verwandten Wörtern in anderen *idg.* Sprachen auf die Wurzel *lē[i]-d- „matt, schlaff werden, nachlassen, lassen" zurück, vgl. z. B. *griech.* lēdeīn „träge, müde sein". – Zu dieser Wurzel gehören aus dem *germ.* Sprachbereich die Sippen von ↑lasch, ↑lässig, ↑letzt und von ↑letzen (letz, Letze, verletzen). Um das Verb gruppieren sich die Bildungen *ahd., mhd.* lāȥ „Loslassung; Unterbrechung; das Fahrenlassen", *nhd.* **-laß** (in 'Ablaß' usw., s. darüber bei den Verbalbildungen); *mhd.* lāȥe „Loslassung; Aderlaß"; *mhd.* lāȥer „Aderlasser"; ferner *mhd.* læȥlich „was gelassen, d. h. unterlassen wird; erläßlich", *nhd.* **läßlich-** „[leichter] verzeihlich" (über 'anläßlich, verläßlich' usw. s. bei den Verbalbildungen); **-lässig** „lassend" in 'fahrlässig' (s. unter 'fahren'), 'nachlässig, zuverlässig' usw. (s. u.) und ↑Gelaß. Zusammensetzungen und Präfixbildungen: **ablassen** (*mhd.* abelāȥen „sich abwenden von, nachlassen, überlassen; ablaufen lassen"); **Ablaß** (*mhd.* ab[e]lāȥ, *ahd.* ablāȥ „Erlaß der Sünden"), **unablässig** „unaufhörlich, nicht ablassend" (17. Jh.); **anlassen** (*mhd.* an[e]lāȥen, *ahd.* analāȥan „loslassen, in Bewegung setzen"), dazu **Anlasser** „Vorrichtung zum Ingangsetzen" (um 1900); **Anlaß** (*mhd.* an[e]lāȥ „Anfang, Beginnen; Startplatz; Ausgangspunkt, Beweggrund; Gelegenheit"), dazu **anläßlich** (19. Jh.) und **veranlassen** (*mhd.* veranlāȥen „[eine Streitsache auf eine Mittelsperson] übertragen", eigentlich „loslassen"; seit dem 16. Jh. gewöhnlich „anregen, anordnen, bewirken"); **auslassen** (*mhd.* ūȥlāȥen „hinauslassen; landen; schmelzen lassen"), dazu **ausgelassen** „übermütig, munter" (eigentlich 2. Partizip von 'auslassen' in der Bedeutungswendung „los-, freilassen"); **einlassen** (*mhd.* īnlāȥen, *ahd.* īnlāȥan „hineinlassen, eintreten lassen"); **Einlaß** (18. Jh.; vgl. den Artikel *Inlett);* **entlassen** (*mhd.* entlāȥen, *ahd.* intlāȥan „loslassen, lösen, fahrenlassen"), dazu **Entlassung** (18. Jh.); **erlassen** (*mhd.* erlāȥen, *ahd.* irlāȥan „loslassen, wovon freilassen"); **Erlaß** (18. Jh.); **unerläßlich** „unbedingt notwendig; unverzeihbar" (17. Jh.); **gelassen** (s. d.); **nachlassen** (*spätmhd.* nāchlāȥen „aufgeben; versäumen, nicht beachten"); **Nachlaß** „Hinterlassenschaft, Erbschaft; Preisminderung; Verzicht" (18. Jh.); **nachlässig** „unordentlich; unbeteiligt" (15. Jh.), dazu **vernachlässigen** (18. Jh.); **niederlassen** (*mhd.* niderlāȥen, *ahd.* nidarlāȥan „nach unten bewegen, herunterlassen"), dazu **Niederlassung** (17. Jh.); [1]**überlassen** *ugs.* für „übriglassen" (16. Jh.); [2]**überlassen** „abtreten; anheimstellen; gestatten" (17. Jh.); **unterlassen** (*mhd.* underlāȥen, *ahd.* unterlāȥan „wovon Abstand nehmen, nicht [mehr] tun"); **Unterlaß** nur noch in 'ohne Unterlaß' „unaufhörlich" (*mhd.* āne underlāȥ, *ahd.* āno untarlāȥ „ohne Pause"); **verlassen** (*mhd.* verlāȥen, *ahd.* farlāȥan „loslassen; fahrenlassen; entlassen; preisgeben; erlassen, verzeihen; anordnen; zulassen, gestatten; überlassen, übergeben; übriglassen, hinterlassen; unterlassen"); **Verlaß** „Vertrauen, Sicherheit, Zuverlässigkeit" (in dieser Bedeutung zunächst *niederd.,* 17. Jh.; veraltet sind die Bedeutungen „Verabredung" und „Hinterlassenschaft", *mhd.* verlāȥ „Hinterlassenschaft; Untätigkeit"), **verläßlich** „vertrauenswürdig, sicher" (19. Jh.), **zuverlässig** „vertrauenswürdig, gewissenhaft, sicher" (18. Jh.); **zulassen** (*mhd.* zuolāȥen „gestatten, erlauben"); **zulässig** (18. Jh.).

lässig: Das nur *dt.* Adjektiv (*mhd.* leȥȥic) ist eine Bildung zu dem heute veralteten **laß** „matt, müde, schlaff", *mhd., ahd.* laȥ, *got.* lats „träge, lässig", *engl.* late „spät" (eigentlich „langsam"), *schwed.* lat „träge, faul". Dieses *gemeingerm.* Adjektiv gehört zu der unter ↑*lassen* dargestellten *idg.* Wurzel, vgl. z. B. das verwandte *lat.* lassus „matt, müde". Zu diesem Adjektiv, von dem die Sippe von ↑letzen (letz, Letze, verletzen) abgeleitet ist, gehört als Superlativ ↑letzt (eigentlich „langsamst, saumseligst"). – Nicht identisch mit 'lässig' „träge, langsam, bequem" ist 'lässig' in Zusammensetzungen wie z. B. 'fahrlässig, nachlässig, zulässig' (↑lassen).

läßlich ↑lassen.

Lasso „Wurfschlinge (zum Einfangen von Tieren oder Menschen)": Das seit dem 18. Jh. bezeugte, durch Reiseschilderungen und Indianergeschichten verbreitete Wort stammt aus *span.* lazo „Schnur, Schlinge", das auf *lat.* laqueus „Strick als Schlinge", zurückgeht (vgl. das Lehnwort *Latz*).

Last: Zu dem unter ↑[1]*laden* (*ahd.* [h]ladan) behandelten Verb stellt sich die *westgerm.* Substantivbildung *hlap-sti-, -sta- „Ladung". Darauf gehen zurück *mhd.* last, *ahd.* [h]last, *niederl.* last, *engl.* last. – Im übertragenen Gebrauch bezieht sich 'Last' hauptsächlich auf das, was ein Mensch zu tragen hat (d. h. wofür er aufkommen muß) oder was einen Menschen seelisch bedrückt. Beachte z. B. die Wendungen 'einem zur Last fallen' und – ursprünglich kaufmännisch – 'einem etwas zur Last schreiben oder legen' „auf seine Rechnung setzen"; beachte ferner z. B. 'Last der Verantwortung' und den Gebrauch des Plurals 'Lasten' im Sinne von „Abgaben, Steuern". Als Maßbezeichnung ist 'Last' heute veraltet. In der Seemannssprache bezeichnet 'Last' speziell den Vorratsraum unter Deck. Abl.: **lasten** „drückend oder schwer auf etwas liegen" (18. Jh.; vorher transitiv, *mhd.* lesten „eine Last wohin legen; beladen; belästigen; beschuldigen"), beachte dazu die Präfixbildungen **belasten** und **entlasten; [1]Laster** *ugs.* für „Lastkraftwagen" (1. Hälfte des 20. Jh.s); **lästig** (s. d.). Siehe auch den Artikel *Ballast.*

[1]Laster ↑Last.

[2]Laster: *Mhd.* laster, *ahd.* lastar „Kränkung, Schmähung; Schmach, Schande; Tadel; Fehler, Makel", *niederl.* laster „Verleumdung, Lästerung" gehen auf *lahstra- „Tadel, Schmähung" zurück, das eine Bildung zu dem *altgerm.* Verb *lahan „tadeln, schmähen" ist (vgl. z. B. *ahd.* lahan „tadeln"). Anders gebildet sind *aengl.* leahtor „Tadel; Schmähung, Kränkung; Fehler; Vergehen; Sünde" (*lahtra-) und die *nord.* Sippe von *schwed.* last „Laster" (*lahstu-). – Im *Dt.* hat sich seit dem 16. Jh. die Verwendung des Wortes im Sinne von „Gewohnheitssünde, tadelnswerte, schändliche Angewohnheit" durchgesetzt. An diesen Wortgebrauch schließt sich **lasterhaft** „sittlich verdorben" (16. Jh.) an. Die alte Bedeutung von 'Laster' bewahrt dagegen **lästerlich** „schimpflich, schmählich" (*mhd.* lester-, lasterlich, *ahd.* lastarlīch), das sich an das Verb 'lästern' angelehnt hat und auch im Sinne von „lästernd" gebraucht wird. Auch das abgeleitete Verb **lästern** „[Gott] schmähen, beschimpfen; Bosheiten sagen" (*mhd.* lestern, *ahd.* lastirōn) spiegelt die alte Verwendungsweise des Substantivs wider und wird daher heute nicht mehr als zu 'Laster' gehörig empfunden. Dazu gehören z. B. **Lästerung** (*mhd.* lesterunge, *ahd.* lastrunga) und **Lästermaul** (16. Jh.).

lästig: Das seit dem 15. Jh. bezeugte Adjektiv (*spätmhd.* lestec) ist von ↑*Last* abgeleitet und bedeutet demzufolge zunächst „lastend, schwer". Seit dem 18. Jh. wird es übertragen im Sinne von „unangenehm" gebraucht, beachte dazu **belästigen** „jemandem zur Last fallen, unangenehm, lästig werden" (15. Jh.).

Lasur „durchsichtiger Farbüberzug": Das in dieser Bedeutung seit dem 18. Jh. bezeugte Substantiv geht auf *mhd.* lāsūr[e], lāzūr[e] „Blaustein; (aus dem Blaustein gewonnene) Blaufarbe" zurück, das seinerseits über *mlat.* lazur (lazur[i]um, lasur[i]um) „Blaustein; Blaufarbe" aus *arab.* lāzaward (< *pers.* lāǧward) „Lasurstein; Lasurfarbe" entlehnt ist (vgl. *Azur*). Abl.: **lasieren** „mit einer durchsichtigen Farbschicht überziehen" (18. Jh.; voraus geht *mhd.* lāsūren „mit Blaufarbe überziehen"). – Auf einer *roman.* Nebenform lazulum von *mlat.* lazur[ium] beruht der Edelsteinname **Lapislazuli** (*mlat.* lapis lazuli).

lasziv „wollüstig, geschlechtlich erregt; schlüpfrig, zweideutig": Das seit dem 17. Jh. bezeugte, aber erst im 19. Jh. allgemein gebräuchliche Adjektiv ist aus gleichbed. *lat.* lascivus entlehnt.

latent „vorhanden, aber noch nicht in Erscheinung tretend; versteckt, verborgen; ohne typische Merkmale (besonders von Krankheiten)": Das Adjektiv wurde im 18. Jh. aus gleichbed. *frz.* latent entlehnt, das auf *lat.* latens (latentis), dem Part. Präs. von *lat.* latere „verborgen, versteckt sein", zurückgeht.

Laterne „wetterfeste Lampe": Das Substantiv (*mhd.* la[n]terne) geht auf *lat.* lanterna (*vlat.* laterna) „Laterne, Lampe" zurück, das seinerseits (wohl durch *etrusk.* Vermittlung) aus *griech.* lamptḗr „Leuchter, Fackel, Laterne" entlehnt ist. Dies gehört zu *griech.* lámpein „leuchten" (vgl. das Lehnwort *Lampe*).

Latrine: Die Bezeichnung für „Abtritt; Senkgrube" wurde im 16. Jh. aus gleichbed. *lat.* latrina entlehnt. Dies ist zusammengezogen aus *lavatrina (zu *lat.* lavare „[sich] baden, waschen"; vgl. das Lehnwort *laben*) und bedeutet demnach eigentlich „Wasch-, Baderaum". Die heutige Bedeutung hat also verhüllenden Charakter, ähnlich wie bei ↑Lokus und unserem *dt.* Wort 'Örtchen'.

[1]Latsche, daneben auch Latsch und Latschen: Die Herkunft des seit dem 17. Jh. bezeugten *ugs.* Ausdrucks für „bequemer Hausschuh, abgetretener, schlechter Schuh" ist unklar. Die Formen 'Latsch' und 'Latsche' dienen auch als verächtliche Bezeichnung für einen schlürfend gehenden Menschen oder für eine schlampige Person, beachte dazu **Lulatsch** *ugs.* für „[hochaufgeschossener] unbeholfener Kerl" (19. Jh.), dessen erster Bestandteil nicht sicher deutbar ist. Gleichfalls seit dem 17. Jh. bezeugt ist das Verb **latschen** *ugs.* für „schlurfend gehen", beachte auch 'jemandem eine latschen' *ugs.* für „jemandem eine Ohrfeige geben".

[2]Latsche: Die Herkunft des seit dem Ende des 18. Jh.s bezeugten Wortes für „Krummholzkiefer, Legföhre" ist dunkel.

Latte: Zu dem unter ↑*Laden* „Geschäft" behandelten Wort, das auf eine Vorform *lapan- „Brett, Bohle" zurückgeht, stellen sich mit Gemination *mhd.* lat[t]e, *ahd.* lat[t]a, *niederl.* lat, *engl.* lath „Latte". Die *außergerm.* Beziehungen dieser Sippe sind unklar.

Lattich: Der Name der Pflanzengattung (*mhd.* lattech[e], *ahd.* lattūh) wurde in alter Zeit aus *lat.* lactuca „Lattich, Kopfsalat" entlehnt. Die *lat.* Benennung ist von *lat.* lac „Milch" abgeleitet. Die Pflanzenart ist also nach dem milchartigen Saft der grünen Pflanzenteile benannt. – Nicht identisch ist damit -lattich in 'Huflattich' (s. unter 'Huf'), das auf *griech.-lat.* lap[a]tica „eine Ampferart" zurückgeht. Im *Dt.* haben sich diese beiden Wörter vermischt.

Latz: Das Wort bezeichnet verschiedene, durch Schlingen oder Knöpfe befestigte Kleidungsteile, die durch Zusammensetzungen wie 'Brustlatz' und 'Hosenlatz' unterschieden werden. Es beruht auf *mhd.* laz „Band, Schleife, Fessel; Hosenlatz", das durch *roman.* Vermittlung (beachte z. B. *afrz.* laz „Schnürband", *it.* laccio „Schnur", ferner *span.* lazo „Schnur, Schlinge" in unserem Fremdwort ↑Lasso) aus *lat.* laqueus „Strick als Schlinge" entlehnt ist. Das *lat.* Substantiv hängt mit *lat.* lacere „verlokken" (eigtl. etwa „in einem Fallstrick fangen, bestricken") zusammen; dazu als Intensivbildung *lat.* lactare „locken, ködern" mit *lat.* delectare „ergötzen, amüsieren" (vgl. den Artikel *Dilettant*). – Zu 'Latz' gehört die Verkleinerungsbildung **Lätzchen** „(dem Kind beim Essen umgebundenes) Mundtuch" mit den *ugs.* Zusammensetzungen 'Sabberlätzchen' und 'Schlabberlätzchen'.

lau: Die Adjektivbildung *mhd.* lā, *ahd.* lāo, *niederl.* lauw „etwas warm" ist mit den andersgebildeten Adjektiven *aengl.* ge-hlēow „sonnig, warm" und *aisl.* hlǣr „mild (vom Wetter)" verwandt. Im Ablaut dazu steht das unter ↑Lee, eigentlich „geschützte, milde Seite", behandelte Wort. Diese *germ.* Wortgruppe geht zurück auf eine Erweiterung der *idg.* Wurzel *k̑el- „brennend, warm", beachte z. B. *lat.* calere „warm, heiß sein", calor „Wärme, Hitze" (s. die Fremdwortgruppe von *Kalorie*).

Laub: Das *gemeingerm.* Wort *mhd.* loup, *ahd.* loub, *got.* lauf, *engl.* leaf, *schwed.* löv geht wahrscheinlich auf eine Erweiterung der *idg.* Wurzel *leu „[ab]schneiden, [ab]schälen, [ab]reißen" zurück (vgl. ²*Lohe*). Beachte aus anderen *idg.* Sprachen z. B. die *baltoslaw.* Sippe von *russ.* lupit' „abschälen, entrinden". Demnach würde 'Laub' eigentlich etwa „Abgerissenes, Gerupftes" bedeuten. In früheren Zeiten wurde das Laub gerupft, um es in frischem oder getrocknetem Zustand zu verfüttern. – Ableitungen sind ↑Laube und das Verb *mhd.* louben „Laub bekommen; Laub suchen, abrupfen", beachte **belauben,** sich und **entlauben,** sich. Zus.: **Laubfrosch** (*mhd.* loupvrosch, *ahd.* loupfrosc; nach der laubgrünen Farbe); **Laubsäge** (Ende des 18. Jh.s; so benannt, weil diese feine Säge ursprünglich zum Aussägen von Dekorationen in Laubform diente).

Laube: Die Bezeichnung für „Gartenhäuschen" ist von dem unter ↑*Laub* behandelten Wort abgeleitet und bezog sich demnach ursprünglich auf ein aus Laub gefertigtes Schutzdach und die mit so einem Schutzdach versehene Hütte, beachte *ahd.* louba „Schutzdach, Hütte", dann auch „Halle, Vorbau", *mhd.* loube „Vorbau; Halle; Gang; Galerie; Speicher, Kornboden". Siehe auch die Artikel *Lobby* und *Loge*. Zus.: **Laubenkolonie** „Schrebergärten" (20. Jh.).

Lauch: Der *altgerm.* Pflanzenname *mhd.* louch, *ahd.* louh, *niederl.* look, *engl.* leek, *schwed.* lök gehört wahrscheinlich zu der unter ↑*Locke* dargestellten *idg.* Wurzel *leug- „biegen, winden, drehen". Der Lauch wäre demzufolge nach seinen nach unten gebogenen Blättern oder aber als „gefaltete Pflanze" benannt. Von den zahlreichen Laucharten sind allgemein bekannt **Knoblauch** (s. d.) und **Schnittlauch** (*mhd.* snitlouch, *ahd.* snitilouh; so benannt, weil die Blätter zur Verwendung in der Küche frisch geschnitten werden).

lauern: Das im *Dt.* seit dem 14. Jh. bezeugte Verb fehlt auch in den alten Zuständen der anderen *germ.* Sprachen. Seine *außergerm.* Beziehungen sind dunkel. Mit *mhd., mnd.* lūren „im Hinterhalt liegen, [hinterhältig] spähen oder beobachten" sind verwandt *niederl.* loeren „lauern", *engl.* to lower „düster oder drohend blikken" und *schwed.* lura „einnicken, dösen". Auszugehen ist von einer Bedeutung „mit halbgeschlossenen Augen blicken". – Gebräuchlich sind heute auch **auflauern** und **belauern.** Abl.: **Lauer** (*mhd.* lūre „Hinterhalt").

laufen: Der Ursprung des *gemeingerm.* starken Verbs, das ursprünglich wahrscheinlich „[im Kreise] hüpfen, tanzen" bedeutete, ist nicht sicher geklärt. *Mhd.* loufen, *ahd.* [h]louf[f]an „laufen" entsprechen *got.* (us)hlaupan „(auf)springen", *engl.* to leap „springen, hüpfen", *schwed.* löpa „laufen". Im heutigen *dt.* Sprachgebrauch ist die mit dem Verb laufen verbundene Vorstellung der Schnelligkeit vielfach verblaßt. Es wird auch im Sinne von „gehen, sich bewegen" und „in Gang sein, funktionieren" verwendet. Ferner drückt es die Entfernung und die Dauer aus. Auf Flüssigkeiten bezogen bedeutet es „fließen, rinnen, tröpfeln". Das Verbalsubstantiv **Lauf** (*mhd., ahd.* louf; entsprechend *aengl.* hleap, *aisl.* hlaup) schließt sich an die verschiedenen Bedeutungen des Verbs an. Im Sport bezeichnet es den Wettkampf der Läufer, den Laufwettbewerb, beachte z. B. die Zusammensetzungen 'Hürdenlauf, Langstreckenlauf'. Ferner bezeichnet es den umschlossenen Raum, in dem etwas läuft, beachte z. B. 'Gewehrlauf', und weidmännisch den Körperteil des Wilds, mit dem es läuft, beachte z. B. 'Vorderlauf, Hasenlauf'. Der *Plural* 'Läufe' bedeutet in der Zusammensetzung „Ereignisse, Geschehnisse", beachte z. B. 'Zeitläufe'. Veraltet ist heute die Substantivbildung **Lauft** „Lauf" (*mhd.* louft, *ahd.* hlauft), dessen *Plural* Läufte aber noch in Zusammensetzungen lebt, beachte z. B. 'Zeitläufte, Kriegsläufte'.

Die Bildung **Läufer** (*mhd.* löufer, *ahd.* loufāri) bedeutete zunächst „laufender Bote, Diener", in *mhd.* Zeit dann auch „Rennpferd, Dromedar". Heute bezeichnet 'Läufer' im Sport den an einem Laufwettbewerb Teilnehmenden und den Verbindungsspieler in Feldspielen, ferner einen länglichen Teppich, über den man laufen (gehen) kann, eine Figur im Schachspiel (im Gegensatz zum Springer) und fachsprachlich verschiedene Geräte und Maschinenteile. – Die Adjektivbildung **läufig** (*mhd.* löufec „gangbar, üblich; bewandert") bedeutet seit dem 15. Jh. speziell „brünstig", eigentlich „zum Laufen geneigt", von Tieren. Die alte Bedeutung bewahrt die verstärkende Bildung **geläufig** „üblich, bekannt, vertraut" (17. Jh.), beachte auch die Zusammensetzung 'beiläufig, landläufig, vorläufig, weitläufig'. Wichtige Präfixbildungen und Zusammensetzungen sind: **anlaufen** „sich in Lauf setzen, sich in Bewegung setzen; anstürmen, angreifen; ansteuern (einen Hafen); beginnen; beschlagen, sich verfärben; zunehmen, anwachsen" (*mhd.* aneloufen, *ahd.* anahloufan); **Anlauf** (*mhd.* anelouf, *ahd.* ana[h]lauf „Anrennen, Ansturm, Angriff"); **auflaufen** „in die Höhe steigen; auf Grund geraten, stranden" (*mhd.* ūfloufen); **Auflauf** „Zusammenlaufen erregter Menschen; im Ofen überbackene Speise" (*mhd.* ūflouf „Aufruhr"); **belaufen, sich** „einen Betrag ergeben, ausmachen", früher auch „über etwas hinlaufen" und „bespringen, begatten" (*mhd.* beloufen); **einlaufen** „[im Lauf] eindrücken oder einschlagen; schrumpfen, kleiner werden"; **Einlauf** „Eingang; Überschreiten der Ziellinie; Darmspülung" (16. Jh., in der Bed. „Eindringen, Einfall"); **überlaufen** „zum Feinde übergehen, desertieren; überfließen" (*mhd.* überloufen), dazu **Überläufer** „Deserteur" (*mhd.* überloufer); **verlaufen** „[laufend oder fließend] sich entfernen oder verschwinden; dahingehen; vor sich gehen", reflexiv „sich verirren" (*mhd.* verloufen), dazu **Verlauf** „Ablauf, Entwicklung" (15. Jh.); **zerlaufen** „auseinandergehen, zerfließen, schmelzen" (*mhd.* zerloufen, *ahd.* zahloufan). Zus.: **Laufbahn** (17. Jh., in der Bed. „Bahn zum Wettlaufen"; seit der 2. Hälfte des 18. Jh.s auch übertragen „Karriere"); **Lauffeuer** (17. Jh., in der Bed. „Feuer, das auf ausgestreutem Pulver entlangläuft, um zu zünden", dann auch „Gewehrfeuer entlang einer Schützenlinie"; heute nur noch übertragen); **Laufpaß** (↑ Paß); **Laufzettel** (17. Jh., in der Bed. „Entlassungsschein"; im 20. Jh. „Zettel, der durch eine Reihe von Stellen oder Büros läuft"). Siehe auch den Artikel *Galopp*.

Lauge: Das *altgerm.* Wort für „Wasch-, Badewasser" (*mhd.* louge, *ahd.* louga, *niederl.* loog, *engl.* lye, *aisl.* laug) gehört zu der *idg.* Wurzel *lou- „waschen, baden", vgl. z. B. *griech.* loūsthai „waschen, baden" und *lat.* lavere, lavare „waschen, baden" (s. die Fremdwörter *Lavendel* und *Latrine* sowie den Artikel *laben*). Das abgeleitete Verb **laugen** (17. Jh.) ist heute gewöhnlich nur noch in der Zusammensetzung **auslaugen** gebräuchlich.

Laune: Nach den Ansichten der mittelalterlichen Astrologie hingen die Stimmungen des Menschen in starkem Maße von dem wechselnden Mond ab. Das aus *lat.* luna „Mond" (vgl. *licht*) entlehnte *mhd.* lūne „Mond[phase, -wechsel]" wurde aus diesem Grunde zur Bezeichnung der dem Mondwechsel zugeschriebenen menschlichen Gemütszustände. – Von dem abgeleiteten Verb 'launen' „in vorübergehender Stimmung sein" (*mhd.* lūnen) ist nur noch das 2. Partizip **gelaunt** gebräuchlich. Abl.: **launenhaft** „voller Launen" (18. Jh.); **launig** „von guter Laune zeugend, witzig" (14. Jh., *mitteld.* lūnic); **launisch** „voller Launen, von wechselnden Stimmungen beherrscht" (15. Jh.).

Laus: Der *altgerm.* Insektenname *mhd., ahd.* lūs, *niederl.* luis, *engl.* louse, *schwed.* lus ist mit der *kelt.* Wortgruppe von *kymr.* llau „Läuse" verwandt. Da die weiteren Beziehungen unklar sind, läßt sich nicht ermitteln, welche Vorstellung der *germ.-kelt.* Benennung des Insekts zugrunde liegt. Abl.: **lausen** (*mhd.* lūsen „Läuse absuchen"; beachte auch die Präfixbildung **entlausen** „von Läusen befreien"); **Lauser** veraltet für „Knicker, Geizhals", *landsch.* scherzh. für „Lausbub" (16. Jh.); **lausig** *ugs.* für „schäbig, erbärmlich" (15. Jh.). Zus.: **Lausbub** (↑ Bube); **Läusekraut** (14. Jh.; so benannt, weil ein Absud dieser Pflanze früher zur Läusevertilgung verwendet wurde). Siehe auch den Artikel *Wanze*.

lauschen: Das seit *spätmhd.* Zeit bezeugte Verb lūschen „aufmerksam zuhören" gehört zu der *germ.* Sippe von *oberd., mdal.* **²losen** „[zu]hören, horchen, aufpassen" (*mhd.* losen, *ahd.* hlosēn), vgl. z. B. *dt. mdal.* laustern „lauschen, aufpassen", *engl.* to listen „zuhören", *schwed.* lystra „horchen, aufpassen". Diese *germ.* Wortgruppe geht zurück auf die s-Erweiterung der *idg.* Wurzel *k̂leu- „hören" (vgl. *laut*), vgl. z. B. die verwandte *baltoslaw.* Sippe von *russ.* slušat' „zuhören". Abl.: **Lauscher** „Horcher", weidmännisch für „Ohr des Haarwilds" (17. Jh.); **lauschig** (18. Jh., für älteres lauschicht; zunächst in der Bed. „gern horchend", dann seit dem 19. Jh. „versteckt, heimlich, traulich").

laut: Das *westgerm.* Adjektiv *mhd.* lūt, *ahd.* [h]lūt, *niederl.* luid, *engl.* loud geht zurück auf eine Partizipialbildung zu der *idg.* Verbalwurzel *k̂leu- „hören" und bedeutet demnach eigentlich „gehört". In anderen *idg.* Sprachen entsprechen z. B. *griech.* klytós „berühmt" und *lat.* in-clutus „berühmt" (eigentlich „gehört, kund, bekannt"). Zu dieser Wurzel gehört aus dem *germ.* Sprachbereich auch das unter ↑*Leumund* (eigtl. „[guter] Ruf") behandelte Wort. Auf einer s-Erweiterung beruht die Wortgruppe von ↑lauschen. – Das Substantiv **Laut** (*mhd.* lūt) bezeichnete zunächst das mit dem Gehör Wahrnehmbare, eine hörbare Äußerung, dann auch den Inhalt eines [vorgelesenen] Schriftstückes, beachte z. B. die Zusammensetzung 'Wortlaut' und die Formel *mhd.* 'nāch lūt' „nach dem Inhalt", aus der sich die Präposition **laut** „gemäß, entsprechend" entwickelt hat. In der Grammatikersprache bezeichnet 'Laut' das nicht mehr zerlegbare Element eines Wortes, beachte z. B. 'Gaumenlaut, Lippenlaut, Lautgesetz, Lautverschiebung', ferner auch 'Ablaut, Umlaut'. – Verbalableitungen vom Adjektiv sind **lauten** „klingen, sich anhören; zum Inhalt haben, besagen" (*mhd.* lūten, *ahd.* [h]lūtēn, beachte auch **verlauten**) und **läuten** „klingeln; (Glocken) ertönen lassen" (*mhd.* liuten, *ahd.* [h]lūt[t]an). – Veraltet ist heute die Bildung 'lautbar' „bekannt", von der das Verb **verlautbaren** „bekanntwerden oder -machen" (*mhd.* verlūtbæren) abgeleitet ist. – Zus.: **Lautsprecher** (1. Hälfte des 20. Jh.s; Lehnübersetzung von *engl.* loudspeaker).

Laute: Der Name des Musikinstrumentes (*spätmhd.* lūte) führt über gleichbed. *afrz.* lëut (= *frz.* luth) und *aprov.* laiut auf *arab.* (mit Artikel) al-'ūd „Laute, Zither" (eigentlich „Holz", dann „Instrument aus Holz") zurück.

lauten ↑laut.

lauter: Das *altgerm.* Adjektiv *mhd.* lūter, *ahd.* [h]lūttar, *got.* hlūtrs, *mniederl.* lūter, *aengl.* hlūtor gehört im Sinne von „gespült, gereinigt" zu der *idg.* Wurzel *k̑leu- „spülen"; vgl. z. B. aus anderen *idg.* Sprachen *griech.* klýzein „spülen, reinigen", dazu klystḗr „Reinigungsspritze" (↑Klistier), *lat.* cluere „reinigen", dazu cloaca „Abzugskanal, Jauchegrube" (↑Kloake). – Aus dem alten Gebrauch des Adjektivs im Sinne von „rein, hell, klar" entwickelte sich im *Dt.* die spezielle Verwendung im Sinne von „frei von fremdartigen Beimischungen, unverfälscht" (von Edelmetallen), übertragen „grundehrlich, anständig" (vom Charakter). Außerdem wird 'lauter' auch im Sinne von „bloß, nichts als" gebraucht. Das abgeleitete Verb **läutern** (*mhd.* liutern, *ahd.* [h]lūtaren) wird im Sinne von „reinigen, säubern; bessern" verwendet. Die Präfixbildung **erläutern** (*mhd.* erliutern) wandelte bereits in *mhd.* Zeit ihre Bedeutung von „rein, klar machen" zu „erklären, darlegen" (beachte zum Bedeutungswandel z. B. 'erklären').

lauthals ↑Hals.

Lava: Die Bezeichnung für „feurig-flüssiger vulkanischer Schmelzfluß" wurde im 18. Jh. aus *it.* lava (*neapolitan.* lave) entlehnt, dessen weitere Herkunft unklar ist.

Lavendel: Der Name der Heil- und Gewürzpflanze (*mhd.* lavendele, lavendel) stammt aus *mlat.* lavandula, älter *it.* lavendola, das von gleichbed. *it.* lavanda abgeleitet ist. Dies bedeutet eigentlich „etwas, was zum Waschen bzw. Baden dienlich ist". Es gehört zu *it.* lavare „[sich] baden, waschen" (< gleichbed. *lat.* lavare, vgl. das Lehnwort *laben*). Die Pflanze ist also nach ihrer Verwendung als duftende Badeessenz benannt.

lavieren: Das seit dem 15. Jh. zuerst in *niederd.* Texten bezeugte Verb stammt aus der Seemannssprache. Dort galt es in der heute veralteten Bedeutung „im Zickzack gegen den Wind ansegeln, kreuzen". Hiervon geht die übertragene Bedeutung „mit Geschick Schwierigkeiten überwinden, vorsichtig zu Werke gehen, sich durch Schwierigkeiten hindurchwinden" (17. Jh.) aus. Das Wort ist aus *niederl.* laveren (*mniederl.* loveren) entlehnt, das von *niederl.* loef (*mniederl.* lōf) „Luv" abgeleitet ist (vgl. *Luv*) und demnach eigentlich etwa „die Luv (d. i. Windseite) abgewinnen" bedeutet.

Lawine: Die gegen Ende des 18. Jh.s aus dem *Schweiz.* ins *Hochd.* übernommene Bezeichnung für „an Hängen niedergehende Schnee-, Eis-, Stein- oder Staubmassen" beruht auf *ladinisch* lavina „Schnee-, Eislawine", das seinerseits auf *mlat.* labina „Erdrutsch; Lawine" zurückgeht. Dies gehört zu *lat.* labi „gleiten, schlüpfen, rinnen; ausgleiten usw." (vgl. *labil*).

lax „schlaff, lässig; ungebunden, unbekümmert (besonders in sittlicher Beziehung)": Das Adjektiv wurde Ende des 18. Jh.s aus gleichbed. *lat.* laxus entlehnt, das zu der unter ↑*Laken* dargestellten Wortfamilie der *idg.* Wurzel *[s]lēg-, [s]ləg- „schlaff, matt sein" gehört.

Lazarett: Die Bezeichnung für „Militärkrankenhaus" wurde im 16. Jh. durch Vermittlung von *frz.* lazaret aus gleichbed. *it.* lazzaretto, *venez.* lazareto entlehnt. Das Wort ist, wie die im *Venez.* bezeugte Alternativform nazareto zeigt, wohl eine Ableitung vom Namen der venezianischen Kirche 'Santa Maria di Nazaret', in deren Umgebung im 15. Jh. ein Hospital für Aussätzige untergebracht war. Den Wechsel im Anlaut verdankt das Wort dem Einfluß von älter *it.* lazzaro „aussätzig; Aussätziger" (ursprünglich der biblische Name des armen, kranken Lazarus).

leben: Das *gemeingerm.* Verb *mhd.* leben, *ahd.* lebēn, *got.* liban, *engl.* to live, *schwed.* leva gehört wahrscheinlich im Sinne von „übrigbleiben" zu der unter ↑*Leim* dargestellten vielfach erweiterten *idg.* Wurzel. *[s]lei- „feucht, schleimig, klebrig sein, kleben[bleiben]". Eng verwandt ist die Wortgruppe von ↑bleiben (*germ.* Präfixbildung *bi-līban). Eine alte Substantivbildung ist das unter ↑*Leib* „Körper" (früher „Leben") behandelte Wort. An die Stelle von 'Leib' in dessen alter Bed. „Leben" trat in *ahd.* Zeit der substantivierte Infinitiv. Heute wird **Leben** als reines Substantiv empfunden. Beachte dazu z. B. die Zusammensetzung **Lebenslauf** (17. Jh.; Lehnübersetzung von *lat.* curriculum vitae) und **Lebensmittel** (17. Jh.). – Wichtige Bildungen mit 'leben' sind z. B.: **ableben** „aufhören zu leben, sterben", früher „zu Ende leben" (16. Jh.); **erleben** „mit ansehen, mitfühlen; mitmachen; Erfahrungen machen, erfahren" (*mhd.* erleben), dazu **Erlebnis** „miterlebtes Ereignis; starker Eindruck" (um 1800); **überleben** „am Leben bleiben; überdauern; veralten" (*mhd.* überleben); **verleben** „zubringen" (*mhd.* verleben, auch „ableben, verwelken"; beachte das 2. Partizip **verlebt** „verbraucht, heruntergekommen"). Abl.: **lebendig** (*mhd.* lebendec, *ahd.* lebendīg; weitergebildet aus dem 1. Part. lebend); **lebhaft** (*mhd.* lebehaft „lebend; lebendig"); **lebig** *südwestd.* für „lebend" (*mhd.* lebic; beachte 'lang-, kurzlebig'). Zus.: **Lebehoch** (um 1800; der substantivierte Ruf 'er lebe hoch!' ist Ersatzwort für 'vivat!'); **Lebemann** (Ende des 18. Jh.s; Ersatzwort für *frz.* bonvivant und viveur); **Lebewesen** (16. Jh.).

Leber: Der *altgerm.* Name der größten Drüse des menschlichen und tierischen Körpers (*mhd.*

leber[e], *ahd.* lebara, *niederl.* lever, *engl.* liver, *schwed.* lever) läßt sich nicht sicher deuten. Die *germ.* Benennung kann eine substantivierte Adjektivbildung zu der unter ↑*bleiben* (eigentlich „kleben[bleiben]") dargestellten Wurzel sein und würde dann eigentlich „die Klebrige, Schmierige, Fette" bedeuten, vgl. z. B. *griech.* liparós „fett". Andererseits kann die Leber als „Sitz des Lebens" benannt worden sein. Dann wäre das Wort eine Bildung zu dem unter ↑*leben* behandelten Verb. – Zus.: **Leberblume** (*mhd.* liberblume, 14. Jh.; nach den leberförmig gelappten Blättern benannt); **Leberfleck** (17. Jh.; Lehnübersetzung von medizinisch *nlat.* macula hepatica; nach dem Farbton benannt); **Lebertran** (19. Jh.; so benannt, weil aus der Leber verschiedener Fischarten hergestellt).

Leberegel ↑Egel.

Lebkuchen: Der *südd.* und *westd.* Ausdruck für die Honigkuchenart, die in anderen Teilen Deutschlands 'Pfefferkuchen' oder 'brauner Kuchen' heißt, geht auf *mhd.* leb[e]kuoche zurück. Die Herkunft des Bestimmungswortes ist unklar. Vielleicht handelt es sich um eine ablautende Form zu dem unter ↑*Laib* behandelten Wort, so daß Lebkuchen als „Brotkuchen" zu deuten wäre.

lechzen: Das im Sinne von „verschmachten, gierig verlangen" gebräuchliche Verb geht zurück auf *mhd.* lech[e]zen „austrocknen"; dürsten", das eine Intensivbildung zu *mhd.* lechen „austrocknen, vor Trockenheit Risse bekommen, brennenden Durst verspüren" ist (beachte dazu *niederl.* leken „tröpfeln", *aisl.* leka „Wasser durchlassen, rinnen, tröpfeln"; vgl. *leck*).

leck: Der Ausdruck für „undicht" (von Schiffen) wurde um 1600 aus der *niederd.* Seemannssprache übernommen. *Niederd.* leck entsprechen älter *hochd.* lech, *niederl.* lek, *aengl.* lec, *aisl.* lekr „undicht, rissig". Das Adjektiv gehört mit den unter ↑*lechzen* behandelten Verben und vermutlich auch mit der Sippe von ↑[1]Lache (s. auch *Lake* und *Lackmus*) zu einer Wurzel *leg- „tröpfeln, sickern". Vgl. aus anderen *idg.* Sprachen z. B. *air.* legaim „löse mich auf, zergehe, schmelze". – Dazu gehören **Leck** „Riß, der Wasser durchläßt, schadhafte Stelle am Schiffsboden" (18. Jh.) und **[1]lecken** „undicht sein, Wasser durchlassen, tröpfeln" (17. Jh.).

[1]lecken ↑leck.

[2]lecken „mit der Zunge über etwas entlangfahren": Das *westgerm.* Verb *mhd.* lecken, *ahd.* lecchōn, *niederl.* likken, *engl.* to lick geht mit verwandten Wörtern in den meisten anderen *idg.* Sprachen auf eine Wurzel *[s]leiĝh- „lecken" zurück (über die Formen mit s-Anlaut ↑schlekken). Vgl. aus anderen *idg.* Sprachen z. B. *griech.* leíchein „lecken", *lat.* (nasaliert) lingere „lecken" und *russ.* lizat' „lecken". Abl.: **lecker** (*mhd.* lecker „feinschmeckend"), dazu **Leckerbissen** (16. Jh.) und **Leckermaul** (17. Jh.); **Lecker** weidmännisch für „Zunge", veraltet für „Feinschmecker" und „Laffe, Schelm" (*mhd.* lecker, *ahd.* lecchari), dazu **leckerhaft** (15. Jh.).

[3]lecken ↑löcken.

Leder: Die *altgerm.* Bezeichnung für die haltbar gemachte tierische Haut (*mhd.* leder, *ahd.* ledar, *niederl.* le[d]er, *engl.* leather, *schwed.* läder) ist entweder aus dem *Kelt.* entlehnt oder aber mit der *kelt.* Sippe von *air.* lethar „Leder" verwandt. Die weiteren Beziehungen sind dunkel. Abl.: **Lederer** *mdal.* für „Gerber" (*mhd.* lederære, *ahd.* lederāri); **ledern** (*mhd.* liderīn, *ahd.* lidirīn; seit dem 17. Jh. auch übertragen „langweilig, uninteressant").

ledig: Das *germ.* Adjektiv (*mhd.* ledic, *niederl.* ledig, leeg, *schwed.* ledig) ist wahrscheinlich von dem unter ↑*Glied* behandelten *gemeingerm.* Substantiv *liđu- „Gelenk, Glied" abgeleitet und bedeutet demnach eigentlich „gelenkig". Aus der Bed. „gelenkig, geschmeidig", die z. B. noch im *Schwed.* bewahrt ist, enwickelten sich die Bed. „unbehindert, ungebunden, frei", im *Dt.* speziell „frei von; müßig; unverheiratet". – Das abgeleitete Verb 'ledigen' (*mhd.* ledegen „frei machen, befreien") lebt heute nur noch in **entledigen,** sich (*mhd.* entledigen „frei machen") und **erledigen** (*mhd.* erledigen „frei machen; in Freiheit setzen"), beachte dazu **erledigt** *ugs.* für „fertig, am Ende, erschöpft". Abl.: **lediglich** „nur" (*mhd.* ledeclīche „frei; völlig, gänzlich").

Lee: Der aus der *niederd.* Seemannssprache stammende Ausdruck für „die dem Wind abgewandte Seite" gehört im Sinne von „[sonnig] warme, milde Stelle, Schutz" zu der Wortgruppe von ↑*lau.* Beachte aus den älteren Sprachzuständen *mnd.* lē „Ort, wo die See nicht dem Wind ausgesetzt ist", *aengl.* hlēo[w] „Schutz, Obdach", *aisl.* hlē „Schutz, windstille Seite, Lee".

leer: Das *westgerm.* Adjektiv *mhd.* lære, *ahd., asächs.* lāri, *aengl.* [ge]lære ist eine Bildung zu dem unter ↑*lesen* „sammeln" behandelten Verb und bedeutet demnach eigentlich „was gelesen werden kann" (vom abgeernteten [Ähren]feld). Das Adjektiv hatte also ursprünglich einen ganz eng umgrenzten Anwendungsbereich. Abl.: **Leere** (16. Jh.); **leeren** „leer machen" (*mhd.* læren, *ahd.* [ir]lāren).

Lefze: Das bis zum 16. Jh. nur *oberd.* Wort für „Lippe" (*mhd.* lefs[e], *ahd.* lefs) ist heute im Sinne von „Tierlippe" gemeinsprachlich. Als sich im 16. Jh. durch Luthers Bibelübersetzung das *niederd.-mitteld.* Wort Lippe als Bezeichnung für „Menschenlippe" ausbreitete, wurde 'Lefze' in den anderen Bedeutungsbereich abgedrängt. 'Lefze' bedeutet – wie auch das verwandte ↑*Lippe* – eigentlich „schlaff Herabhängendes" (vgl. *Schlaf*).

legal „gesetzlich, gesetzmäßig": Das Adjektiv wurde im 17. Jh. aus gleichbed. *lat.* legalis entlehnt, auf das auch *frz.* loyal (↑loyal, Loyalität) zurückgeht. Die Gegenbildung **illegal** „ungesetzlich, unrechtmäßig" erscheint im 18. Jh. – *Lat.* legalis ist von *lat.* lex (legis) „Gesetz (als Satzung und Einzelbestimmung)" abgeleitet, das vermutlich mit einer Bed. „Sammlung (der Vorschriften)" zu *lat.* legere „sammeln; auslesen, auswählen; lesen" gehört (vgl. hierüber den Artikel *Legion*). Andere wichtige Ableitungen von *lat.* lex sind: *lat.* legitimus „gesetzmäßig, gesetzlich anerkannt" (↑legitim, Legitimation, legitimieren) und *lat.* legare „jemanden auf Grund eines Gesetzes oder einer vertraglichen Bindung zu etwas abordnen, bestimmen; eine gesetzliche Verfügung treffen". Letzteres ist Quelle für die Fremdwörter ↑Legat, ↑delegieren, Delegierte, Delegation und ↑Kollege, kollegial, Kollegium, Kolleg. – Vgl. auch die Artikel *Privileg* und *...lei.*

Legat „Zuwendung durch Vermächtnis": Das Fremdwort wurde im 16. Jh. als juristischer Terminus aus gleichbed. *lat.* legatum entlehnt. Dies gehört zu *lat.* legare „eine gesetzliche Verfügung treffen" (vgl. *legal*).

legen: Das *gemeingerm.* Verb *mhd.* legen, *ahd.* leg[g]an, *got.* lagjan, *engl.* to lay, *schwed.* lägga ist das Veranlassungswort zu dem unter ↑*liegen* behandelten Verb und bedeutet eigentlich „liegen machen". Zu diesem Verb ist ↑Gelage, eigentlich „Zusammengelegtes", gebildet (beachte auch den Artikel *Lage*). Abl. und Zus.: **ablegen** „fortlegen, beiseite legen; wegschaffen; ausziehen; nicht mehr benutzen; ausführen, vollziehen, leisten, erfüllen; abfahren, in See stechen" (*mhd.* ablegen), dazu **Ableger** „Sprößling, sich bewurzelnder Zweig" (18. Jh.); **anlegen** „an etwas legen oder stellen, anlehnen; anziehen, ankleiden, umlegen; richten, zielen; abzielen; entwerfen, planen; gestalten; anrichten, anstiften, bewirken; nutzbringend oder zum Kauf verwenden; landen" (*mhd.* an[e]legen, *ahd.* analeggan), beachte **Anlage** „Beigefügtes; Verwendung, Nutzung; Veranlagung, Begabung; angelegte Grünfläche, Park" (*mhd.* anlāge „Anliegen, Bitte; Hinterhalt"); **auflegen** „auf etwas legen; auferlegen, anordnen; aufbürden, zuschreiben; die Auflage eines Buches oder dgl. besorgen, herausgeben" (*mhd.* ūflegen), beachte dazu das 2. Partizip **aufgelegt** im Sinne von „gestimmt, gelaunt" und **Auflage** „Aufgelegtes, Belag, Unterlage; Steuer; Anzahl gedruckter Exemplare", veraltet für „Auferlegung, Anordnung; Aufbürdung, Beschuldigung" (*mhd.* ūflāge „Befehl, Gebot"); **auslegen** „ausgebreitet hinlegen; mit einem Belag, einer Einlage oder dgl. versehen; ausstellen, zur Schau stellen; verauslagen, vorschießen; auseinandersetzen, erklären, deuten; eine Grund- oder Ausgangsstellung einnehmen" (*mhd.* ūʒlegen), beachte **Auslage** „zur Schau gestellte Ware; verauslagtes Geld; Grund-, Ausgangsstellung" (um 1600); **beilegen** „beifügen; mitschicken; zuschreiben, beimessen; schlichten" (*mhd.* bīlegen), beachte **Beilage** „Zutat; Zukost", veraltet für „hinterlegtes Geld, Depositum" (16. Jh.); **belegen** „bedecken; mit einem Belag versehen; in Beschlag nehmen, beanspruchen, reservieren; durch schriftliche Zeugnisse beweisen; beschälen [lassen], bespringen; aufbürden, versehen, ausstatten", älter auch „eine Fabrik mit Arbeitskräften beschicken, ein Bergwerk betreiben" (*mhd.* belegen, *ahd.* bilegan), dazu **Beleg** „Beweis[urkunde]; Nachweis" (18. Jh.) und **Belegschaft** „die in einem Betrieb Beschäftigten" (1. Hälfte des 19. Jh.s, in der Bed. „Gesamtheit der Beschäftigten, die ein Bergwerk oder eine Hütte betreiben"); **einlegen** „hineintun; lagern, einkellern; haltbar machen, marinieren; hinzufügen, zugeben; mit einer Einlage versehen, verzieren; einzahlen; erwerben, verschaffen" (*mhd.* īnlegen), beachte **Einlage** „eingelegtes oder eingefügtes Stück Stoff, Holz oder dgl.; Zugabe; Zutat; eingezahltes Geld"; **erlegen** „zur Strecke bringen, töten; einzahlen" (*mhd.* erlegen, *ahd.* irleccan); **niederlegen** „absetzen, hinlegen; aufgeben", veraltet für „eine Niederlage beibringen" (*mhd.* niderlegen, *ahd.* nidarleggen), beachte **Niederlage** „verlorener [Wett]kampf, Schlappe; Lager, Aufbewahrungsort; (veraltend:) Zweigstelle" (*mhd.* niderlāge); [1]**überlegen** „über etwas legen", z. B. ein Kind übers Knie (18. Jh.); [2]**überlegen** „erwägen, bedenken, nachdenken" (*mhd.* überlegen „bedecken, belegen, überziehen; überrechnen, zusammenrechnen; die Bed. „zusammenrechnen; erwägen, bedenken" wohl aus „[immer wieder] umdrehen"), dazu **Überlegung** „Erwägung" (18. Jh.); **unterlegen** „unterschieben; als Unterlage einfügen; zuschreiben, beimessen" (*mhd.* underlegen, *ahd.* untarleggen), beachte **Unterlage** „Grundlage; Beweisstück" (*mhd.* underlāge); **verlegen** „anderswohin legen; an einen falschen Platz legen; verschieben, umlegen, ändern; versperren; installieren; herausbringen, veröffentlichen" (*mhd.* verlegen, *ahd.* ferlegen; die Bed. „Bücher herstellen und verbreiten, herausbringen" hat sich aus „Geld, Kosten vorlegen, vorstrecken, für jemanden übernehmen" entwickelt), dazu **Verleger** „Verlagsbuchhändler" (17. Jh., seit dem 15. Jh. in der Bedeutung „Unternehmer") und **Verlag** „Geschäftsunternehmen zur Herstellung und Verbreitung von Büchern; Vertrieb" (16. Jh., in der Bed. „Kosten, Geldauslagen"); **zerlegen** „in seine Teile auseinanderlegen, in Stücke schneiden" (*mhd.* ze[r]legen, *ahd.* ze[r]leg[g]en).

Legende: Das seit *mhd.* Zeit bezeugte, aus *mlat.* legenda – ursprünglich Neutrum Plural „die zu lesenden Stücke" – entlehnte Substantiv erscheint zuerst im kirchlichen Bereich in der Bed. „Lesung eines Heiligenlebens; Heiligenerzählung". Im 16. Jh. entwickelte sich daraus die Bedeutung „unbeglaubigter Bericht, unglaubwürdige Geschichte". – *Mlat.* legenda gehört zu *lat.* legere „lesen". Über weitere etymologische Zusammenhänge vgl. den Artikel *Legion.* Abl.: **legendär** „sagenhaft; unwahrscheinlich, unglaubhaft" (20. Jh.).

leger „lässig, ungezwungen; oberflächlich; bequem, leicht": Das Adjektiv wurde Ende des 18. Jh.s aus gleichbed. *frz.* léger entlehnt, das auf *vlat.* *leviarius zurückgeht. Zugrunde liegt das *lat.* Adjektiv levis „leicht; leichtfertig", das zu der unter ↑*leicht* dargestellten *idg.* Wortfamilie gehört. – Von *lat.* levis abgeleitet ist *lat.* levare „erleichtern; hochheben, erheben" (↑Levante); dazu stellen sich die Bildungen *lat.* elevare (*vlat.* *ex-levare) „herausheben" (↑Eleve) und *lat.* re-levare „aufheben, in die Höhe heben" (↑Relief).

legieren „mehrere Metalle zusammenschmelzen; Suppen und Soßen mit Ei oder Mehl binden". Das Verb wurde im 17. Jh. aus *it.* legare [„zusammen]binden; binden; verbinden, vereinigen" entlehnt, das auf gleichbed. *lat.* ligare zurückgeht. Abl.: **Legierung** „durch Zusammenschmelzung mehrerer Metalle entstandenes Mischmetall" (18. Jh.). – *Lat.* ligare ist auch Quelle für folgende Fremdwörter: ↑Liga (zu *span.* ligar), ↑liieren und Liaison (zu *frz.* lier), ↑Allianz, Alliierte (zu *lat.* alligare „anbinden; verbinden, verbindlich machen, verpflichten", *frz.* allier), ↑obligat, obligatorisch (zu *lat.* obligare „anbinden; verpflichten").

Legion: Das seit dem 16. Jh. bezeugte, aus *lat.* legio entlehnte Fremdwort galt zunächst als Bezeichnung einer altrömischen Heeresabteilung von 4200 bis 6000 Mann. Dann wurde es auch allgemein zur Bezeichnung einer freiwilligen Söldnertruppe im fremden Heeresdienst gebraucht, beachte dazu die Zusammensetzung **Fremdenlegion** und die Ableitung **Legionär** „Soldat einer Legion, besonders der Fremdenlegion" (aus *frz.* légionnaire). Schließlich wird 'Legion' – ohne Artikel und im Plural – auch im Sinne von „unbestimmte große Anzahl" verwendet. – *Lat.* legio „Legion" bedeutet ursprünglich „ausgehobene, ausgelesene Mannschaft". Es ist abgeleitet von *lat.* legere „auflesen, sammeln; auswählen; lesen", das *griech.* légein „auflesen, sammeln; reden, sprechen" entspricht (s. hierüber die unter ↑*Lexikon* behandelte Wortfamilie). Zu *lat.* legere gehören zahlreiche Bildungen, die in unserem Wortschatz als Fremdwörter erscheinen: *mlat.* legenda „Lesung eines Heiligenlebens" (↑Legende, legendär), *lat.* lectio „das [Vor]lesen", lector „[Vor]leser" und *mlat.* lectura „das Lesen" (↑Lektion, ↑Lektor und ↑Lektüre), *lat.* lex „Gesetz" (ursprünglich wohl: „Sammlung der Vorschriften") mit den unter ↑*legal* behandelten Ableitungen; ferner *lat.* e-ligere „auslesen, auswählen" (↑elegant, Elegant, Eleganz und ↑Elite), *lat.* intel-legere „mit Sinn und Verstand wahrnehmen; erkennen, verstehen, einsehen" (↑intelligent, Intelligenz und ↑Intellekt, intellektuell), *lat.* col-ligere „zusammenlesen, sammeln" (↑Kollekte, ↑Kollektion und ↑kollektiv) und *lat.* neg-legere „vernachlässigen; geringschätzen" (↑Negligé).

legislativ „gesetzgebend": Das Adjektiv wurde im 19. Jh. aus gleichbed. *frz.* législatif übernommen, beachte dazu die Subtantivierung **Legislative** „gesetzgebende Versammlung; gesetzgebende Gewalt" (nach *frz.* assemblée législative). *Frz.* législatif ist eine Bildung zu *frz.* législation „Gesetzgebung" (< *lat.* legislatio) oder *frz.* législateur „Gesetzgeber" (< *mlat.* legislator). Auszugehen ist von *lat.* legem ferre „ein Gesetz einbringen" (vgl. zu *lat.* lex „Gesetz" den Artikel *legal* und zu *lat.* ferre [2. Part. latum] „tragen, bringen" den Artikel *gebären*). Hierher gehört auch **Legislatur** „Gesetzgebung", das um 1800 aus gleichbed. *frz.* législature (< *engl.* legislature) entlehnt wurde, beachte dazu die Zusammensetzung **Legislaturperiode** „Amtsdauer einer gesetzgebenden Volksvertretung".

legitim „gesetzmäßig, rechtmäßig, gesetzlich anerkannt": Das Wort der Rechtssprache wurde im 18. Jh. aus gleichbed. *lat.* legitimus entlehnt. Dies ist eine Bildung zu *lat.* lex (legis) „Gesetz" (vgl. *legal*). – Dazu stellt sich als Gegenbildung **illegitim** „gesetzwidrig, gesetzlich nicht anerkannt" (18. Jh.; aus *lat.* il-legitimus); ferner gehören dazu **Legitimation** „Echtheitserklärung; [Rechts]ausweis; rechtliche Anerkennung" (17. Jh.; aus *frz.* légitimation, zu *frz.* légitime) und **legitimieren** „beglaubigen; für gesetzmäßig erklären; rechtlich anerkennen", auch reflexiv 'sich legitimieren' „sich ausweisen" (16. Jh.; aus *mlat.* legitimare „rechtlich anerkennen").

Lehen „zur Nutzung verliehener Besitz" (historisch): Das *altgerm.* Wort *mhd.* lēhen, *ahd.* lēhan, *niederl.* leen, *aengl.* lǣn, *schwed.* lån ist eine Bildung zu dem unter ↑*leihen* behandelten Verb. Das Wort bezeichnete in den älteren Sprachzuständen ganz allgemein etwas Geliehenes. Davon abgeleitet ist das Verb ↑²lehnen. Zus.: **Lehnsherr** (*mhd.* lēhenherre); **Lehnsmann** (*mhd.* lē[he]nman; beachte den Familiennamen Lehmann).

Lehm: Das *westgerm.* Wort *mitteld.-mnd.* lēm[e], *mhd.* leime, *ahd.* leimo, *niederl.* leem, *engl.* loam gehört zu der unter ↑*Leim* behandelten Wortgruppe. Die heutige Form 'Lehm' stammt aus dem *Mitteld.-Mnd.* und hat sich im 18. Jh. gegenüber *oberd.* Leim[en] durchgesetzt. – *Außergerm.* entspricht z. B. *lat.* limus „Bodenschlamm, Kot, Schmutz". Im *Germ.* bezog sich das Wort wahrscheinlich zunächst auf den zum Bewerfen und Verschmieren verwendeten Baustoff, dann auf die Erdart und den klebrigen Schmutz. Abl.: **lehmig** (um 1500; *ahd.* leimic).

Lehne: Das auf das *dt.* Sprachgebiet beschränkte Wort (*mhd.* lene, *ahd.* [h]lina) ist eine Bildung zu der unter ↑¹*lehnen* dargestellten *idg.* Wurzel. *Außergerm.* entspricht z. B. *griech.* klínē „Bett, Lager, Bahre".

¹lehnen „gestützt sein; an oder gegen etwas stellen": In *nhd.* lehnen sind zwei verschiedene Verben zusammengefallen, erstens *mhd.* lenen, linen, *ahd.* [h]linēn intransitiv „lehnen", zweitens *mhd.* leinen, *mitteld.* lēnen, *ahd.* [h]leinen trans. „lehnen" (vgl. *niederl.* leunen „[sich] lehnen", *engl.* to lean „[sich] lehnen"). Diese *westgerm.* Verben gehören mit verwandten Wörtern in anderen *idg.* Sprachen zu einer Wurzelform *k̂lei- „neigen, [an]lehnen, zusammenstellen" (vgl. *Halde*). Verwandt sind z. B. *griech.* klínein „neigen, anlehnen" (s. die Artikel *Klinik* und *Klima*) und *lat.* clinare „neigen, beugen" (s. die Artikel *deklinieren* und *Klient*), clemens „milde, sanft" (beachte den Personennamen Klemens). Aus dem *germ.* Sprachbereich gehören zu dieser Wurzelform die Substantivbildungen ↑Lehne, ↑Leite ↑²Leiter und ↑Lid. – Wichtige Verbalbildungen sind **ablehnen** „zurückweisen, abschlagen" (16. Jh.; eigentlich „die Stütze wegnehmen") und **auflehnen**, sich „sich aufstützen; aufbegehren, Widerstand leisten" (*mhd.* ūfleinen).

²lehnen „zu Lehen geben" (historisch), veraltet, aber noch *mdal.* für „leihen": Das Verb *mhd.* lēh[e]nen, *ahd.* lēhanōn, *engl.* to lend, *schwed.* låna ist von dem unter ↑*Lehen* behandelten Substantiv abgeleitet. Beachte dazu die Präfixbildungen **belehnen** „in ein Lehen einsetzen" (*mhd.* belēh[e]nen) und **entlehnen** „entleihen, übernehmen" (*mhd.* entlēh[e]nen, *ahd.* intlēhanōn), ferner das veraltete 'darlehnen', zu dem sich **Darlehen** (16. Jh., in der Form 'Darlehn') stellt. Zus.: **Lehnwort** „ein entlehntes fremdes Wort, das sich in Aussprache, Schreibung und Beugung der deutschen Sprache angeglichen hat" (19. Jh.).

Lehre: Das *westgerm.* Wort *mhd.* lēre, *ahd.* lēra, *niederl.* leer, *engl.* lore ist eine Bildung zu dem unter ↑*lehren* behandelten Verb. Mit 'Lehre' im Sinne von „Unterricht, Unterweisung" ist identisch 'Lehre' im Sinne von „Meßwerkzeug, Muster, Modell", beachte z. B. die Zusammensetzungen 'Lehrbogen, Schraublehre, Schublehre'. Diese spezielle Verwendungsweise entwickelte sich – ausgehend von der Bed. „Anleitung" – bereits in *mhd.* Zeit in der Handwerkersprache.

lehren: Das *altgerm.* Verb *mhd., ahd.* lēren, *got.* laisjan, *niederl.* leren, *aengl.* lǣran ist mit den unter ↑*lernen* und ↑*List* behandelten Wörtern verwandt und gehört zu der Wortgruppe von ↑*leisten.* Es ist eine Kausativbildung zu einem im *Got.* bewahrten Präteritopräsens lais „ich weiß" (eigentlich „ich habe nachgespürt") und bedeutete demnach ursprünglich „wissen machen". – Das 2. Partizip **gelehrt** (*mhd.* gelēr[e]t, *ahd.* galērit) – beachte die Substantivierung **Gelehrter** – ging schon in *ahd.* Zeit in adjektivischen Gebrauch über. Es bezog sich zunächst auf geistliche, dann auch auf die wissenschaftliche Bildung. Die Nebenform **gelahrt** (*mitteld.* gelārt) ist heute veraltet. Abl.: **Lehre** (s. d.); **Lehrer** „Lehrender; jemand, der an einer Schule unterrichtet" (*mhd.* lērǣre, *ahd.* lērāri; beachte *got.* laisareis „Lehrer"); **Lehrling** „jemand, der eine Lehre macht, Auszubildender" (14. Jh.); **gelehrig** „leicht auffassend, anstellig" (15. Jh.; verstärkende ge-Bildung zu dem ausgestorbenen Adjektiv 'lehrig'); **gelehrsam** „gelehrig" (16. Jh.), dazu **Gelehrsamkeit** (17. Jh.). Zus.: **Lehrgang** (19. Jh.; für *lat.* cursus); **Lehrgeld** (15. Jh. in der Bed. „an den Lehrherrn für die handwerkliche Ausbildung des Lehrlings zu zahlendes Geld"); **Lehrsatz** (17. Jh.).

Lehrstuhl ↑Stuhl.

...lei: Das Suffix, das bestimmte und unbestimmte Gattungszahlwörter bildet (beachte z. B. 'einerlei, mancherlei, keinerlei'), geht zurück auf *mhd.* lei[e] „Art, Weise", und zwar in genitivischen Verbindungen wie z. B. einer leie, aller leie, maneger leie. *Mhd.* lei[e] ist aus *afrz.* ley „Art" entlehnt, das auf dem Akkusativ legem von *lat.* lex „Gesetz" beruht (↑*legal*).

Leib: Das *altgerm.* Wort *mhd.* līp, *ahd.* līb, *niederl.* lijf, *engl.* life („Leben"), *schwed.* liv gehört zu dem unter ↑*leben* behandelten Verb. Die alte Bed. „Leben", die im *Engl.* und im *Nord.* bewahrt ist, hielt sich im *Dt.* bis in *mhd.* Zeit. An diese Bedeutung schließen sich einige Bildungen und Wendungen an, beachte z. B. **leibeigen** (15. Jh.; hervorgegangen aus der *mhd.* Formel 'mit dem lībe eigen' „mit dem Leben zugehörig", dazu **Leibeigener** und **Leibeigenschaft**), **Leibgedinge** (*mhd.* līpgedinge „auf Lebenszeit ausbedungenes Einkommen"), **Leibrente** (14. Jh.; eigentlich „Rente auf Lebenszeit") und 'beileibe nicht' „unter keinen Umständen" (eigentlich „bei Lebensstrafe nicht"). Auf die Verwendung des Wortes im Sinne von „Körper" beziehen sich z. B. **leibhaft, leibhaftig** „wirklich, selbst" (*mhd.* līphaft[ic] „mit Körper versehen, wohlgestaltet; persönlich", älter „lebend, lebendig", *ahd.* lībhaft „lebend"), **leiblich** „körperlich; blutsverwandt; dinglich" (*mhd.* līplich „körperlich, fleischlich, persönlich", *ahd.* līblīh „lebend, lebendig"), **Leibchen** „westenartiges Kleidungsstück" (17. Jh.; eigentlich „kleiner Körper"), **Leibesübung** „Schulung des Körpers", (16. Jh.). Vielfach wird 'Leib' speziell im Sinne von „Bauch, Unterleib" gebraucht, beachte z. B. die Zusammensetzungen 'Leibschmerzen, Leibesfrucht, hartleibig' und die Bildung **beleibt** „dick". Seit *mhd.* Zeit wird das Wort auch umschreibend für die ganze Person verwendet. Diese Verwendung spiegeln z. B. wider die Zusammensetzungen **Leibarzt** (16. Jh.; ursprünglich „Arzt eigens für die Person eines Fürsten"), **Leibgarde** (17. Jh.; ursprünglich „Garde eigens für die Person eines Fürsten oder eines Generals"), **Leibwache** (17. Jh.). – Das abgeleitete Verb **leiben** ist heute nur noch in Verbindungen wie z. B. 'wie er leibt und lebt' gebräuchlich, beachte auch **einverleiben,** sich „zu sich nehmen; in seinen Besitz bringen".

Leich: Der seit dem 19. Jh. gebräuchliche Fachausdruck für das aus ungleichen Strophen gebaute Gedicht (mit durchkomponierter Melodie) der Minnesänger wurde in wissenschaftlichen Arbeiten aus dem *Mhd.* übernommen. *Mhd.* leich „Tonstück, Gesang aus ungleichen Strophen", auch „abgelegte Eier der Wassertiere" (↑Laich), *ahd.* leih „Spiel, Melodie, Gesang", *got.* laiks „Tanz", *aengl.* lāc „Spiel, Kampf", *aisl.* leikr „Spiel" beruhen auf einer *gemeingerm.* Bildung zum starken Verb *got.* laikan „hüpfen, springen", *aengl.* lācan „springen, tanzen", *aisl.* leika „spielen, tanzen", beachte dazu das schwache Verb *mhd.* leichen „hüpfen, spielen, foppen" (s. den Artikel *Wetterleuchten*).

Leiche: *Mhd.* līch „Körper, Leib; Leibesgestalt; Aussehen, Teint; toter Körper, Toter", *ahd.* līh[h] „Körper, Leib; Fleisch, toter Körper", *got.* leik „Körper, Leib; Fleisch; toter Körper", *aengl.* līc „Körper; toter Körper", *schwed.* lik „toter Körper, Toter" gehen zurück auf *gemeingerm.* *līka- „Körper, Gestalt", dessen Ursprung dunkel ist. Bereits in den alten Sprachzuständen wurde das Wort als verhüllender Ausdruck für den toten Körper bzw. für den toten Menschen gebraucht. Die eigentliche Bed. „Körper, Gestalt" ist bewahrt in **Leichdorn** *mitteld.* für „Hühnerauge", ↑gleich (ursprünglich „denselben Körper, dieselbe Gestalt habend") und im Suffix ↑-lich (eigentlich „die Gestalt habend"; s. auch die Artikel *solch* und *welch*). Eine alte Zusammensetzung ist **Leichnam** (*mhd.* lîchname, *ahd.* lîh[i]namo, Nebenform von *mhd.* lîchame, *ahd.* lîhhamo, *niederl.* lichaam, *schwed.* lekamen). Der zweite Bestandteil ist das unter ↑*Hemd* behandelte *germ.* *hama[n]- „Hülle". Die Zusammensetzung bedeutet also eigentlich „Leibeshülle" und war ursprünglich wohl eine Art dichterischer Ausdruck. Wie das Wort 'Leiche' wandelte auch 'Leichnam' seine Bedeutung von „Körper" zu „toter Körper" (s. auch den Artikel *Fronleichnam*).

leicht: Das *gemeingerm.* Adjektiv *mhd.* lîht[e], *ahd.* lîht[i], *got.* leihts, *engl.* light, *schwed.* lätt gehört zu der unter ↑*gelingen* dargestellten *idg.* Wurzel. Vom Adjektiv abgeleitet sind die Verben **leichten,** veraltet für „leicht machen", dazu **Leichter** „kleines Wasserfahrzeug zum Entfrachten größerer Schiffe" (18. Jh.) und ↑²lichten und **leichtern,** in *niederd.* Form 'lichtern' seemännisch für „größere Schiffe entfrachten" (eigentlich „leichter machen"), beachte die Präfixbildung **erleichtern.** Abl.: **Leichtigkeit** „das Leichtsein; Mühelosigkeit" (*mhd.* lîhtecheit). Zus.: **leichtfertig** „unbedacht, vorschnell" (*mhd.* lîhtvertec „oberflächlich, fein, schwächlich"), dazu **Leichtfertigkeit** (*mhd.* lîhtvertecheit); **Leichtsinn** „Mangel an Überlegung und Vorsicht" (17. Jh.; für älteres 'Leichtsinnigkeit'), **leichtsinnig** (16. Jh.; zunächst nicht tadelnd „leichten Sinnes, froh").

leid: Das alte Adjektiv, das noch *schweiz. mdal.* im Sinne von „häßlich, ungut, unangenehm" gebräuchlich ist, wird heute nur noch prädikativ verwendet, beachte z. B. die Verbindungen 'mir ist etwas leid' und 'mir tut etwas leid'. *Mhd.* leit, *ahd.* leid „betrübend, widerwärtig, unangenehm", *niederl.* leed „unangenehm, leid", *engl.* loath „unwillig, abgeneigt", *schwed.* led „überdrüssig, unangenehm, scheußlich, böse" beruhen auf *germ.* *laiþa- „widerwärtig, unangenehm", dessen weitere Herkunft unklar ist. Das Adjektiv ist nicht mit dem Verb ↑leiden verwandt. – Alt ist die Substantivierung **Leid** (*mhd.* leit, *ahd.* leid „Bedrückung, Schmerz, Krankheit, Widerwärtigkeit", *niederl.* leed „Kummer, Schmerz", *aengl.* lāđ „Schmerz, Kummer, Plage", *schwed.* leda „Überdruß, Ekel"). Davon abgeleitet ist **leidig** „lästig, unangenehm, unerfreulich" (*mhd.* leidec, *ahd.* leideg), zu dem sich **beleidigen** „kränken, verletzen" stellt (*mhd.* beleidigen, Präfixbildung zu *mhd.* leidegen, *ahd.* leidegōn „betrüben, kränken, verletzen"). – Eine Zusammensetzung mit 'Leid' ist das seit dem 17. Jh. bezeugte **Beileid** „Mitgefühl", älter auch „Mitleid". Nicht identisch mit ↑leiden „dulden, Schmerz empfinden" ist 'leiden' in **verleiden** „die Lust an etwas nehmen" (*mhd.* verleiden, *ahd.* farleidōn), das vom Adjektiv 'leid' abgeleitet ist. – Siehe auch den Artikel *leider.*

leiden: Das im heutigen Sprachgebrauch im Sinne von „dulden, ertragen, Schmerz, Kummer empfinden" gebräuchliche Verb bedeutete früher „gehen, fahren, reisen". Im Sinne von „dulden, Schmerz empfinden" ist *ahd.* lîdan vermutlich Rückbildung aus *ahd.* irlîdan „erfahren, durchmachen" (*nhd.* **erleiden**). Auf die Bedeutungsentwicklung hat wahrscheinlich die christliche Vorstellung vom Leben des Menschen als einer Reise durch das irdische Jammertal eingewirkt. Später wurde das Verb 'leiden' im Sprachgefühl mit dem nicht verwandten Substantiv 'Leid' (s. unter 'leid') verbunden. – *Mhd.* lîden, *ahd.* lîdan, *got.* -leiþan, *aengl.* liđan, *aisl.* līđa „gehen, fahren, reisen; vergehen" gehören mit verwandten Wörtern in anderen *idg.* Sprachen zu einer Wurzel *leit[h]- „gehen, dahingehen" (vgl. z. B. *tochar.* A lit- „fortgehen"). Das Veranlassungswort zu diesem *gemeingerm.* Verb ist ↑leiten (eigentlich „gehen machen"). – Der substantivierte Infinitiv **Leiden** (*mhd.* lîden) wird heute als reines Substantiv empfunden. Dazu gebildet ist **Leidenschaft** „stark bewegter Gemütszustand, heftige Zuneigung" (17. Jh., als Ersatzwort für *frz.* passion), davon **leidenschaftlich** (18. Jh.). Siehe auch den Artikel *Mitleid.* – Das Adjektiv **leidlich** „gerade noch ausreichend" (*spätmhd.* lîdelich) ist eine Bildung zu dem Verb 'leiden' und bedeutet eigentlich „das, was zu leiden, zu ertragen ist".

leider: Das vielfach als Interjektion verwendete Adverb (*mhd.* leider, *ahd.* leidir) ist eigentlich der Komparativ von ↑*leid,* und zwar vom Adverb *mhd.* leide, *ahd.* leido. Dagegen ist 'leider' in der Verbindung 'leider Gottes' wahrscheinlich aus der Beteuerung '[beim] Leiden Gottes' entstanden.

leidlich ↑leiden.

Leier: *Griech.* lýra, der Name eines sieben- oder viersaitigen Zupfinstruments, gelangte über gleichbed. *lat.* lyra schon früh ins Deutsche: *ahd.* lîra, *mhd.* lîre (daraus die *nhd.* Form 'Leier'). Im Mittelalter bezeichnete das Wort speziell die Drehleier, die mit Hilfe einer Kurbel mechanisch betrieben wurde und die ihre Fortsetzung in dem modernen 'Leierkasten' gefunden hat (beachte auch die Zusammensetzung **Leierkastenmann**). An diesen Gebrauch schließen sich an die landschaftliche Verwendung von 'Leier' im Sinne von „Drehvorrichtung, Kurbel" und von 'Leier' im übertragenen Sinne als „ständig sich Wiederholendes, bis zum Überdruß oft Gehörtes" in der Wendung 'die alte Leier', ferner das abgeleitete Verb **leiern** „eine Kurbel drehen; etwas mechanisch und eintönig hersagen bzw. heruntersingen" (*mhd.* lîren „die Leier spielen; zögern, sich verzögern") mit **ableiern** (beachte *ugs.* **abgeleiert** „abgedroschen, wirkungslos, eindruckslos"), **ausleiern** (beachte *ugs.* **ausgeleiert** „abgebraucht"), **herleiern** und **herunterleiern** und die Bildung **Geleier** „monotoner Vortrag". – Beachte noch das von *griech.* lýra abgeleitete Adjektiv *griech.* lyrikós „zum Spiel der Leier gehörig", das die Quelle unserer Fremdwörter ↑Lyrik, lyrisch, Lyriker ist.

leihen: Das *gemeingerm.* Verb *mhd.* lîhen, *ahd.* lîhan, *got.* leiƕan, *aengl.* lîon, *aisl.* ljā gehört mit verwandten Wörtern in anderen *idg.* Sprachen zu der *idg.* Wurzel *leik[u]- „[zurück-, übrig]lassen“, vgl. z. B. *griech.* leipein „[zurück]lassen“ (↑Ellipse) und *lat.* linquere, re-linquere „[zurück]lassen“ (↑Reliquie). Eine alte Bildung zu diesem Verb ist das unter ↑*Lehen* behandelte Wort, von dem ↑²lehnen abgeleitet ist. Beachte auch die Präfixbildungen 'be-, ent-, verleihen'. Abl.: **Leihe** „Darleihen, Vermieten“, *ugs.* für „Leihhaus“ (16. Jh.; beachte dazu **Anleihe,** das im 18. Jh. an die Stelle des älteren 'Anlehen' – schon *ahd.* analehan – trat). Zus.: **Leihbibliothek** (Ende des 18. Jh.s); **Leihhaus** (17. Jh.).

Leim: Das *altgerm.* Wort *mhd., ahd.* līm, *niederl.* lijm, *engl.* lime („Kalk; Vogelleim“), *schwed.* lim („Leim; mundartlich auch: Kalk“) bezeichnete ursprünglich eine zum Verschmieren, Verkleben oder dgl. dienende klebrige Erdmasse. Im *Dt.* ging das Wort auf den aus tierischen oder pflanzlichen Bestandteilen bzw. synthetisch hergestellten Klebstoff über. Eine wichtige Rolle spielte im Mittelalter der Leim in der Vogelfängerei: Auf die mit Leim bestrichene Rute des Vogelstellers beziehen sich die Wendungen 'auf den Leim gehen' und 'auf den Leim führen' sowie die Verwendung des abgeleiteten Verbs **leimen** „[mit Leim] kleben, zusammenfügen“ (*mhd.* līmen, *ahd.* līman) im Sinne von „anführen, betrügen“. – Eng verwandt mit dem *altgerm.* Wort 'Leim', das im Ablaut zu ↑Lehm steht, ist die Sippe von ↑Schleim. Diese *germ.* Wortgruppe gehört mit verwandten Wörtern in anderen *idg.* Sprachen zu der vielfach weitergebildeten und erweiterten *idg.* Wurzel *[s]lei- „feucht, schleimig, klebrig, glitschig“, substantiviert „feuchte, klebrige Erdmasse, Schlamm, Schleim; schleimiges, klebriges Tier“, verbal „klebrig, schmierig sein, kleben [bleiben], bleiben; [be-, ver-]schmieren, streichen, verputzen, glätten; glitschig sein, rutschen, gleiten, schleifen“. Aus dem *germ.* Sprachbereich gehören ferner zu dieser Wurzel der Fischname ↑Schlei[e] (eigentlich „schleimiger, klebriger Fisch“), die Sippe von ↑schleichen (s. dort über *Schlich; schlecht; schlicht*), von ↑¹schleifen (s. dort über *Schliff; schleppen; schlüpfrig*) und von ↑Schlitten. Von der Bedeutungswendung „klebrig sein, haften, kleben[bleiben], bleiben“ gehen aus die Sippen von ↑leben (eigentlich „übrigbleiben“) und von ↑bleiben (alte Präfixbildung, eigentlich „kleben[bleiben]“). Abl.: **leimig** (*spätmhd.* līmig). Zus.: **Leimsieder** *mdal.* für „langweiliger Mensch“ (18. Jh., in der Bed. „einer, der Leim siedet“; wegen der äußerst eintönigen Tätigkeit des Leimsieders seit der 2. Hälfte des 19. Jh.s dann übertragen gebraucht).

Lein „Leinpflanze, Flachs“: Der *gemeingerm.* Pflanzenname *mhd., ahd.* līn, *got.* lein, *aengl.* līn, *schwed.* lin geht mit verwandten Wörtern in anderen *idg.* Sprachen auf *lĭ̄no- „Leinpflanze, Flachs“ zurück, vgl. z. B. *griech.* línon „Leinpflanze; Flachs; Leinen; Leine“ und *lat.* linum „Leinpflanze; Flachs; Leinen; Leine“ (↑Linoleum), davon linea „Leine, Faden, [Richt]schnur“ (↑Lineal und ↑Linie). Der Pflanzenname kann, falls es sich nicht um ein altes Wanderwort handelt, eine Bildung zu der Wurzel *[s]lī- „bläulich“ sein, beachte z. B. *lat.* livere „bläulich, bleifarben sein“ (vgl. *Schlehe*). Dann wäre der Lein nach der Farbe seiner Blüten benannt. – Im *Germ.* bezeichnet das Wort – wie z. B. auch im *Griech.* und *Lat.* (s. o.) – von alters her auch das aus Flachs Hergestellte, beachte dazu die Bildung ↑Leine und das abgeleitete Adjektiv **leinen** „aus Flachsgarn gewebt“ (*mhd., ahd.* līnīn). Die Substantivierung dieses Adjektivs ist **Leinen** „aus Flachsgarn gewebter Stoff“. Neben 'leinen', 'Leinen' sind auch die ursprünglich *niederd.* Formen **linnen, Linnen** (*mnd.* linen) gebräuchlich, die durch den norddeutschen Leinenhandel Verbreitung fanden. Die Zusammensetzung **Leinwand** beruht auf *mhd.* līnwāt „Leinengewebe“, das in *frühnhd.* Zeit nach 'Gewand' umgebildet wurde, beachte *mhd.* līngewant „Leinenzeug, Leinengewand“. Im heutigen Sprachgefühl wird der zweite Bestandteil von 'Leinwand' als identisch mit 'Wand' empfunden, zumal gespannte Leinwand als Bildwand im Kino dient, beachte dazu die Zusammensetzung **Leinwandstar** (20. Jh.).

...lein: Das ursprünglich nur *oberd.* Verkleinerungssuffix (*mhd.* -[e]līn, *ahd.* -[i]līn) ist hervorgegangen aus der Verbindung eines l-Suffixes mit dem Verkleinerungssuffix -īn, das auch in dem Suffix ↑...chen enthalten ist. Beachte dazu z. B. *ahd.* leffilīn zu leffil „Löffel“, fugilīn zu fogal „Vogel“, danach dann hūsilīn zu hūs „Haus“, fingarlīn zu fingar „Finger“ usw. – Im heutigen Sprachgebrauch überwiegen die Verkleinerungen mit '...chen'. Nach Wörtern, die auf -g oder -ch ausgehen, und gelegentlich in poetischer Sprache wird '...lein' bevorzugt, beachte z. B. 'Äuglein, Bächlein, Kindlein'. Das Suffix '...lein' erscheint *mdal.* in mehreren Spielarten, z. B. *aleman. (schweiz.)* als -[e]li, beachte z. B. Fischli, Hüs[e]li, *schwäb.* als -le, beachte z. B. Häusle, Gärtle, *bayr.-österr.* als -el, -erl, beachte z. B. Weibel, Haserl, Hunde[r]l usw.).

Leine: Das *altgerm.* Wort *mhd.* līne, *ahd.* līna, *niederl.* lijn, *engl.* line, *schwed.* lina ist eine Ableitung von dem unter ↑*Lein* behandelten Namen des Flachses und bezeichnete demnach ursprünglich einen aus Flachs hergestellten Strick.

leise: Der Ursprung des nur *dt.* Adjektivs (*mhd., mnd.* līse, *ahd.* Adverb līso „sanft, sacht, langsam, schwach hörbar“) ist nicht sicher geklärt. Heute ist 'leise' speziell Gegenwort zu 'laut'. Zus.: **Leisetreter** „ängstlicher, unterwürfiger Mensch, Schleicher“ (15. Jh.).

Leiste: Das *westgerm.* Wort für „Rand, Saum, Borte“ (*mhd.* līste, *ahd.* līsta, *niederl.* lijst, *engl.* list) hat keine sicheren *außergerm.* Entsprechungen. Es wurde schon früh ins *Nord.* entlehnt, beachte die Sippe von *schwed.* list „Leiste, Borte“, und drang auch bereits in alter Zeit ins *Roman.,* beachte z. B. *it.* lista „Leiste; [Papier]streifen, Verzeichnis“, aus dem wiederum *dt.* ↑Liste entlehnt ist. – Mit 'Leiste' „Rand, Saum, Borte“ ist identisch 'Leiste' „Übergang vom Rumpf zum Oberschenkel an der Körpervorderseite, von der Hüfte zur Scham hin verlaufende Hautfalte". In dieser Bedeutung, an die sich z. B. die Zusammensetzungen **Leistenbruch, Schamleiste** anschließen, ist das Wort seit dem 16. Jh. bezeugt.

leisten: *Mhd., ahd.* leisten „befolgen, nachkommen, erfüllen, ausführen, tun", *asächs.* lēstian „befolgen, erfüllen, tun", *got.* laistjan „folgen, nachstreben", *aengl.* lǣstan „befolgen; Gefolgschaft leisten; aushalten" (*engl.* to last „dauern, währen") beruhen auf einer Ableitung von dem unter ↑*Leisten* (*germ.* *laisti- „Fußspur") behandelten Substantiv. Das Verb, das im heutigen Sprachgebrauch auch im Sinne von „können, schaffen" verwendet wird, bedeutet demnach eigentlich „einer Spur nachgehen, nachspüren". – Diese *germ.* Sippe gehört mit verwandten Wörtern im *Lat.* und *Baltoslaw.* (s. den Artikel *Geleise*) zu einer Wurzel *leis- „Spur; Bahn; Furche". Dazu stellen sich im *germ.* Sprachbereich außer den unter ↑*Geleise* behandelten Wörtern auch die Sippen von ↑lehren (eigentlich „wissend machen"), ↑lernen (eigentlich „wissend werden") und ↑List (eigentlich „Wissen"). Die Bed. „wissen" hat sich aus „nachgespürt haben" entwickelt, beachte z. B. *got.* lais „ich weiß", eigentlich „ich habe nachgespürt" (↑lehren). – Abl.: **Leistung** (*mhd.* leistunge), dazu **leistungsfähig** (19. Jh.).

Leisten „aus Holz oder Metall nachgebildeter Fuß (für Schusterarbeit); Schuhspanner": Der Name des Schuhmachergerätes bedeutet eigentlich „Spur, Fuß[abdruck]". *Mhd., ahd.* leist „Spur, Weg; Schusterleisten", *got.* laists „Spur", *aengl.* lāst „Spur, Fußabdruck, Sohle" (*engl.* last „Leisten"), *aisl.* leistr „Fuß; Socke" (*schwed.* läst „Leisten") beruhen auf einer Bildung zu der unter ↑*leisten* dargestellten Wurzel. Eng verwandt ist das unter ↑Geleise behandelte Wort.

Leitartikel ↑leiten.

Leite *südd.* und *österr.* für: „Bergabhang": Das *germ.* Wort für „Bergabhang, Halde" *mhd.* līte, *ahd.* [h]līta, *aengl.* hlīd, *aisl.* hlīd ist eine Bildung zu der unter ↑[1]*lehnen* dargestellten *idg.* Wurzel und bedeutet demnach eigentlich „Berglehne, Neige". Vergleiche aus anderen *idg.* Sprachen z. B. *griech.* kleitȳs „Abhang, Hügel".

leiten: Das *altgerm.* Verb *mhd.* leiten, *ahd.* leit[t]an, *niederl.* leiden, *engl.* to lead (dazu älter *engl.* load „Führung, Weg", ↑Lotse), *schwed.* leda ist das Veranlassungswort zu dem unter ↑*leiden* ursprünglich „gehen, fahren" behandelten Verb. Es bedeutet demnach eigentlich „gehen oder fahren machen". Wichtige Präfixbildungen und Zusammensetzungen sind **anleiten** „mit etwas vertraut machen, beibringen, einführen" (*mhd.* an[e]leiten, *ahd.* analeitan), dazu **Anleitung** „Einführung"; **einleiten** „beginnen, vorbereiten, in Gang bringen" (*mhd.* īnleiten), dazu **Einleitung** „Beginn, Einführung, Vorwort"; **geleiten** „[schützend oder helfend] führen, begleiten" (*mhd.* geleiten, *ahd.* gileitan; s. auch den Artikel *begleiten*), dazu **Geleit** „[schützende] Begleitung" (*mhd.* geleite), beachte auch die Zusammensetzungen **Geleitzug, Geleitschutz; verleiten** „verführen" (*mhd.* verleiten, *ahd.* farleitan). Abl.: **[1]Leiter** „jemand, der etwas leitet" (*mhd.* leitære, *ahd.* leitāri „Führer"); **Leitung** „das Leiten, Führung" (16. Jh.). Zus.: **Leitartikel** „kommentierender Artikel an bevorzugter Stelle einer Zeitung zu wichtigen aktuellen Themen" (19. Jh.; Lehnübersetzung von *engl.* leading article); **Leitfaden** (18. Jh., zunächst auf den Faden der Ariadne bezogen, dann im Sinne von „wissenschaftlicher Abriß, kurzes Lehrbuch"); **Leithammel** „der die Herde führende Hammel; Anführer" (16. Jh.); **Leitmotiv** „wiederkehrende Tonfolge von bestimmter Aussage" (19. Jh.); **Leitstern** „Polarstern; richtungweisender Mensch" (*mhd.* leit[e]sterne); **Leitwerk** „Schwanzsteuer am Flugzeug" (20. Jh.).

[1]Leiter ↑leiten.

[2]Leiter: Die *westgerm.* Bezeichnung des Steigeräts (*mhd.* leiter[e], *ahd.* leitara, *niederl.* leer, *engl.* ladder) ist eine Bildung zu der unter ↑[1]*lehnen* dargestellten Wurzel. Das Wort bedeutet demnach eigentlich „die Angelehnte, die Geneigte". Es wird auch von leiterähnlichen Dingen gebraucht, beachte die Zusammensetzungen **Leiterwagen** (17. Jh.), **Tonleiter** (18. Jh.).

Leitung ↑leiten.

Lektion: Das seit dem 13. Jh. bezeugte, aus *lat.* lectio „das [Vor]lesen" entlehnte Substantiv erscheint zuerst in der Kirchensprache in der Bed. „Lesung eines Bibelabschnittes" (in diesem Sinne liegen die schon älteren Entlehnungen *got.* laíktjō, *ahd.* lecza und *mhd.* lecze voraus). Im 16. Jh. wurde das Wort in die Schulsprache übernommen und entwickelte dort die heute gültigen Bedeutungen „Behandlung eines bestimmten Abschnitts; Unterricht[sstunde]; Aufgabe" und – im übertragenen Gebrauch – „Zurechtweisung, derber Verweis", beachte die Fügung 'jemandem eine Lektion erteilen'. – *Lat.* lectio ist eine Bildung zu *lat.* legere „auflesen, sammeln; auswählen; lesen". Über weitere Zusammenhänge vgl. den Artikel *Legion.*

Lektor „Sprachlehrer für praktische Übungen an einer Hochschule; [wissenschaftlicher] Mitarbeiter eines Verlags zur Begutachtung der eingehenden Manuskripte": Das seit dem 15. Jh. bezeugte Fremdwort ist aus *lat.* lector „Leser; Vorleser" entlehnt. Dies ist eine Bildung zu *lat.* legere „auflesen, sammeln; auswählen; lesen". Über weitere Zusammenhänge vgl. den Artikel *Legion.*

Lektüre „das Lesen; der Lesestoff": Das Fremdwort wurde Anfang des 18. Jh.s aus gleichbed. *frz.* lecture entlehnt, das auf *mlat.* lectura „das Lesen" zurückgeht (daraus in der Schulsprache schon des 16. Jh.s 'Lectur'). Zugrunde liegt das *lat.* Verb legere „auflesen, sammeln; auswählen; lesen". Über weitere Zusammenhänge vgl. den Artikel *Legion.*

Lende: *Mhd.* lende „Lende", *ahd.* lentī „Niere", *Plural* „Nieren, Lende", *niederl.* lende „Lende", *aengl.* lendenu *Plural* „Nieren, Lende", *schwed.* länd „Lende" stehen im Ablaut zu der *germ.* Sippe von *ahd.* lunda „Nierenfett, Talg“ und sind verwandt mit *lat.* lumbus „Lende“ und mit der *slaw.* Sippe von *russ.* ljadveja „Lende; Schenkel“. Welche Vorstellung der Benennung des Körperteils zugrunde liegt, läßt sich nicht feststellen.

lenken: Das seit *mhd.* Zeit bezeugte Verb ist abgeleitet von dem unter ↑*Gelenk* behandelten Substantiv *mhd.* lanke, *ahd.* [h]lanca „Hüfte, Lende“ (eigentlich „Biegung“). *Mhd.* lenken, dem *aengl.* hlencan „winden, flechten“ entspricht, bedeutete zunächst „[um]biegen“, dann „eine andere Richtung geben“, woraus sich die heute üblichen Bedeutungen „eine bestimmte Richtung geben; leiten, führen“ entwickelten. Abl.: **Lenker** (17. Jh.). Zus.: **Lenkrad** (20. Jh.); **Lenkstange** (20. Jh.).

Lenz: Der heute nur noch dichterisch verwendete Name der Jahreszeit (*mhd.* lenze, *ahd.* lenzo) geht zurück auf *lengzo „Frühling“, das eine *dt.* Bildung zu dem unter ↑*lang* behandelten Adjektiv ist. Die Jahreszeit ist also nach den länger werdenden Tagen benannt. Neben dieser Bildung existiert im *Westgerm.* auch eine gleichbedeutende Zusammensetzung mit 'lang' als Bestimmungswort, vgl. *ahd.* len[gi]zin, *asächs.* lentin, *aengl.* lencten (*engl.* lent „Fasten[zeit]“). Der zweite Bestandteil dieser Zusammensetzung (*germ.* *tīna-) bedeutet „Tag“. Beachte dazu auch die alte Bezeichnung für „März“ **Lenzmonat** (*ahd.* lengizinmānōth). Abl.: **¹lenzen** dichterisch für „Frühling werden“ (*mhd.* lenzen).

¹lenzen ↑Lenz.

²lenzen: Der aus dem *Niederd.* stammende seemännische Ausdruck für „Bodenwasser aus einem Schiffskörper entfernen“ ist abgeleitet von *niederd.* lens „leer“ und bedeutet eigentlich „leer machen“. Von diesem Adjektiv – vgl. dazu *niederl.* lens „leer“, *fläm.* len[t]s „lose, schlaff“ – geht auch aus 'lenzen' seemännisch für „im Sturm mit stark gereffter oder ohne Besegelung vor dem Winde laufen“ (*mnd.* lensen, *niederl.* lenzen). Zus.: **Lenzpumpe** (19. Jh.).

Leopard: Der Name der in Afrika und Asien heimischen Großkatze ist eine gelehrte Entlehnung des 14. Jh.s aus *lat.* leopardus, das zuvor schon im *Ahd.* in volkstümlichen Formen wie lēbarto und lēbart[e] erschienen war. Das *lat.* Wort ist aus *lat.* leo „Löwe“ (vgl. *Löwe*) und *lat.* pardus (vgl. *Gepard*) zusammengesetzt.

Lepra „Aussatz“: Der Krankheitsname wurde im 18./19. Jh. aus gleichbed. *griech.-lat.* lépra entlehnt, das von *griech.* leprós „schuppig, uneben, rauh, aussätzig“ abgeleitet ist. Dies gehört zu das *griech.* Verb lépein „[ab]schälen“.

Lerche: Der *germ.* Vogelname *mhd.* lērche, *ahd.* lērahha, *niederl.* leeuwerik, *engl.* lark, *schwed.* lärka läßt sich nicht sicher deuten. Das zugrundeliegende *germ.* *laiwrikōn, das keine *außergerm.* Entsprechungen hat, enthält vielleicht als ersten Bestandteil ein lautmalendes 'lai-'.

lernen: Das *westgerm.* Verb *mhd.* lernen, *ahd.* lernēn, -ōn, *asächs.* līnōn, *engl.* to learn ist mit den unter ↑*lehren* und ↑*List* behandelten Wörtern verwandt und gehört zu der Wortgruppe von ↑*leisten* (ursprünglich „einer Spur nachgehen, nachspüren“, vgl. *got.* lais „ich weiß“, eigentlich „ich habe nachgespürt“). Beachte dazu die Präfixbildung **verlernen** „(Gelerntes) vergessen, aus der Übung kommen“ (*mhd.* verlernen). Abl.: **Lerner** „Lernender“ (20. Jh.; Lehnübersetzung von *engl.* learner).

lesbisch „homosexuell (von Frauen)“: Das seit dem 19. Jh. gebräuchliche Adjektiv ist eine Bildung zum Namen der Insel Lesbos, bedeutet also eigentlich „zur Insel Lesbos gehörend“, und nimmt darauf Bezug, daß auf dieser Insel die griechische Dichterin Sappho lebte, die in ihren Liedern junge Mädchen leidenschaftlich besang. Dazu **Lesbierin** „lesbisch veranlagte Frau“, für das *ugs.* häufig **Lesbe** gebraucht wird.

lesen: Das *gemeingerm.* Verb *mhd.* lesen, *ahd.* lesan, *got.* lisan, *aengl.* lesan, *schwed.* läsa geht mit verwandten Wörtern auf eine Wurzel *les- „verstreut Umherliegendes aufnehmen und zusammentragen, sammeln“ zurück, vgl. z. B. die *balt.* Sippe von *lit.* lèsti „picken; aussuchen, auslesen“. Die alte Bed. „[auf-, ein]sammeln, aussuchen“ hat sich im *Dt.* neben der jüngeren Bed. „Geschriebenes lesen“ bis zum heutigen Tag gehalten, beachte z. B. 'Ähren, Trauben oder dgl. lesen'. An diese Bedeutung schließen sich an das Substantiv **Lese** „das Sammeln, Ernte“ (18. Jh.), beachte dazu 'Traubenlese, Blumenlese, Spätlese' usw., ferner die Präfixbildungen und Zusammensetzungen **auslesen** „aussuchen, auswählen“ (*mhd.* ūzlesen), dazu **Auslese** „Auswahl des Besten“ (19. Jh.), **erlesen** veraltet für „aussuchen, erwählen“ (*mhd.* erlesen, *ahd.* irlesan), dazu das in adjektivischen Gebrauch übergegangene 2. Partizip **erlesen** „ganz vorzüglich“ (beachte auch **auserlesen**) und **verlesen** „Schlechtes, Unbrauchbares aussondern“ (15. Jh.). Von dieser Bedeutung geht auch die alte Adjektivbildung ↑leer, eigentlich „etwas, was gesammelt werden kann“, aus. – Die in *ahd.* Zeit beginnende Verwendung des Verbs im Sinne von „Geschriebenes lesen“ erfolgte wahrscheinlich unter dem Einfluß und nach dem Vorbild von *lat.* legere „sammeln, aussuchen; Geschriebenes lesen“. Allerdings kann das Verb 'lesen' bereits in *germ.* Zeit auf das Einsammeln und Deuten der zur Weissagung ausgestreuten Stäbchen bezogen worden sein (s. auch den Artikel *Buchstabe*). An den Wortgebrauch im Sinne von „Geschriebenes lesen“ schließen sich an die Ableitungen **lesbar** (17. Jh.), **Leser** (*mhd.* lesære), **leserlich** (17. Jh.), **Lesung** (16. Jh.) und Zusammensetzungen wie **Lesart** (18. Jh.), **Lesebuch** (18. Jh.), **Lesezeichen** (um 1800); ferner zahlreiche Präfixbildungen und Zusammensetzungen, z. B. 'ab-, durch-, vorlesen', beachte besonders **auslesen** „zu Ende lesen“ (*mhd.* ūzlesen), **belesen** veraltet für „durchlesen“, dazu das in adj. Gebrauch übergegangene 2. Partizip **belesen** „durch Lesen gebildet, kenntnisreich“ (17. Jh.); **verlesen** „falsch lesen“ und **zerlesen** „durch die Handhabung beim Lesen abnutzen oder beschädigen“. Siehe auch 'Federlesen' unter *Feder*.

Lethargie „krankheitsbedingte Schlafsucht (Medizin); Trägheit, Gleichgültigkeit, Teilnahms-, Interesselosigkeit": Das Wort wurde als Krankheitsbezeichnung im 16. Jh. aus gleichbed. *griech.-lat.* lēthargía entlehnt, wurde aber erst im 18. Jh. allgemein gebräuchlich. *Griech.* lēthargía gehört zu *griech.* lḗthargos „schlummerähnlicher Zustand", das wohl ursprünglich ein aus *griech.* lḗthē „Vergessen" und *griech.* argós (< *a-uergós) „untätig, träge" zusammengesetztes Adjektiv ist und demnach eigentlich etwa „durch Vergessen untätig oder träge" bedeutet. – Abl.: **lethargisch** „schlafsüchtig; teilnahmslos, gleichgültig".

Letter „Druckbuchstabe": Das seit dem 17. Jh. bezeugte Substantiv, das das ältere, bis dahin in der Druckersprache geltende 'Litter' (schon *mhd.*) ablöste, stammt aus *frz.* lettre, *niederl.* letter. 'Litter', wie auch *frz.* lettre, gehen auf *lat.* littera „Buchstabe; Schrift; Geschriebenes, Schriftstück usw." zurück. Das *lat.* Wort ist etymologisch nicht sicher gedeutet. Die Bedeutung „Druckbuchstabe" entwickelte sich zuerst im *Frz.* – Hierzu gehören noch die Fremdwörter ↑Literatur, literarisch, Literat und ↑Belletristik.

letzen veraltet für: „laben, erquicken": Das *gemeingerm.* Verb *mhd.* letzen, *ahd.* lezzen, *got.* latjan, *aengl.* lettan, *aisl.* letja ist von dem unter ↑*lässig* behandelten Adjektiv 'laß' „matt, müde, schlaff" abgeleitet und bedeutet demnach eigentlich „schlaff, matt machen". In den älteren Sprachzuständen ist das Verb in den Bed. „aufhalten, hemmen, [be]hindern" und „bedrücken, quälen, schädigen" bezeugt. Die letzteren Bedeutungen bewahrt die Präfixbildung **verletzen** (*mhd.* verletzen „schädigen, verwunden"), dazu **verletzlich, Verletzung.** In *mhd.* Zeit entwickelte das Verb dann die Bed. „mit etwas ein Ende machen" und im intransitiven und reflexiven Gebrauch die Bed. „scheiden, sich verabschieden, Abschied feiern, sich gütlich tun". Zu diesem Verb gehört die Substantivbildung **Letze** veraltet für „Abschiedsmahl" (*mhd.* letze „Hinderung, Hemmung; Schutzwehr, Befestigung; Ende; Abschied"), beachte *schweiz.* **Letzi** „mittelalterliche Grenzbefestigung" und 'zu guter Letzt' „zum guten Abschluß", mit sekundärem t statt älterem 'zu guter Letze'. Heute wird **Letzt** „Abschiedsmahl, Abschluß" als zum Adjektiv 'letzt' gehörig empfunden.

letzt: Das Adjektiv ist eigentlich der Superlativ zu dem heute veralteten 'laß' „matt, müde, schlaff" (vgl. *lässig*). Die *hochd.* Form des Superlativs *ahd.* lazzōst, lezzist, *mhd.* lezzist, zusammengezogen (so noch *oberd. mdal.*) lest wurde durch die im 15. Jh. vordringende *niederd.* Form (*mnd.* letst) verdrängt. Im *Engl.* entspricht last, der Superlativ von late. – Im 17. Jh. wurde, als 'letzt' nicht mehr als Superlativ empfunden wurde, der Komparativ **letztere** gebildet. Nach dem Muster von 'erstens, zweitens' usw. ist das in Aufzählungen gebräuchliche **letztens** gebildet. Abl.: **letztlich** „im Grunde, letzten Endes, schließlich" (16. Jh.).

Letzt ↑letzen.

Leu ↑Löwe.

Leuchte: Das auf das *dt.* Sprachgebiet beschränkte Substantiv (*mhd.* liuhte, *ahd.* liuhta, *mnd.* lūchte) gehört zu dem unter ↑*licht* behandelten Adjektiv. Im übertragenen Gebrauch bedeutet es „kluger Kopf, Könner".

leuchten: Das *altgerm.* Verb *mhd., ahd.* liuhten, *got.* liuhtjan, *niederl.* lichten, *engl.* to light ist von dem unter ↑*licht* behandelten Adjektiv abgeleitet. Wichtige Präfixbildungen und Zusammensetzungen mit 'leuchten' sind **beleuchten** „erhellen, mit Licht erfüllen, ins Licht setzen" (*mhd.* beliuhten, *ahd.* biliuhtan), dazu **Beleuchtung; durchleuchten** „mit Licht erfüllen; mit Röntgenstrahlen untersuchen" (*mhd.* durchliuhten), dazu **Durchleuchtung** und **durchlaucht** (s. d.); **einleuchten** „klar, deutlich werden" (*mhd.* īnliuhten eigentlich „wie Licht hell eindringen"), dazu **einleuchtend** „klar, deutlich, verständlich"; **erleuchten** „erhellen; sehend machen, eingeben" (*mhd.* erliuhten, *ahd.* irliuhtan), dazu **Erleuchtung** und **erlaucht** (s. d.). Abl.: **Leuchter** „Kerzenhalter, Beleuchtungskörper" (*mhd.* liuhtære). Zus.: **Leuchtturm** (17. Jh.).

leugnen: Das *gemeingerm.* Verb *mhd.* lougenen, *ahd.* louganen, *got.* laugnjan, *aengl.* liegnan, *aisl.* leyna ist abgeleitet von einem im *Dt.* ausgestorbenen *germ.* Substantiv *laugna- „Verborgenheit, Verheimlichung, Lüge" (beachte *ahd.* lougna „das Leugnen"). Das Substantiv gehört zu der Wortgruppe von ↑*lügen.* Beachte auch die Präfixbildung **verleugnen** „sich nicht zu jemandem, zu einer Sache bekennen" (*mhd.* verlougen[en], *ahd.* farlougnen).

Leukämie „Überproduktion an weißen Blutkörperchen (als Krankheitsbild)": Der Krankheitsname ist eine gelehrte Neubildung zu *griech.* leukós „weiß" (vgl. *leuko..., Leuko...*) und *griech.* haĩma „Blut" (vgl. *hämo..., Hämo...*).

leuko..., Leuko..., (vor Vokalen:) leuk..., Leuk...: Dem Bestimmungswort von Zusammensetzungen mit der Bed. „weiß, glänzend", wie in ↑Leukämie, liegt das *griech.* Adjektiv leukós „hell, klar, weiß, glänzend" zugrunde, das zu der unter ↑*licht* dargestellten *idg.* Wortsippe gehört. – Beachte noch die *griech.* Zusammensetzung leukó-ion „Weißveilchen" in unserem Lehnwort ↑Levkoje.

Leumund „Ruf, Renommee": Das auf das *dt.* Sprachgebiet beschränkte Wort (*mhd.* liumunt, liumde, *ahd.* [h]liumunt) ist eine alte Bildung zu der unter ↑*laut* dargestellten *idg.* Wurzel *k̂leu- „hören" und bedeutet also eigentlich „Gehörtes". Ähnlich gebildet ist *got.* hliuma „Gehör". – Von der abgeschwächten Form *mhd.* liumde gehen aus *mhd.* beliumden „einen in den Ruf von etwas bringen", beachte *nhd.* **beleumdet** (daneben auch **beleumundet**) und *mhd.* verliumden „in schlechten Ruf bringen", *nhd.* **verleumden,** dazu **Verleumder** (16. Jh.), **verleumderisch** (17. Jh.), **Verleumdung** (16. Jh.).

Leute: *Mhd.* liute, *ahd.* liuti, *asächs.* liudi, *aengl.* lēode „Leute, Menschen" gehören zu dem *gemeingerm.* Wort für „Volk": *mhd., ahd.* liut, *asächs.* liud, *aengl.* lēod, *aisl.* ljōðr. Dieses *gemeingerm.* Wort geht mit der *baltoslaw.* Sippe von *russ.* ljud „Volk" auf *leudho- „Volk" zurück (s. auch den Artikel *liberal*). Das Substantiv *leudho- ist eine Bildung zu der unter ↑*Lode* dargestellten *idg.* Wurzel *leudh- „wachsen" und bedeutet demnach eigentlich „Wuchs, Nachwuchs, Nachkommenschaft". Zus.: **leutescheu** „menschenscheu" (17. Jh.); **Leuteschinder** „jemand, der seine Untergebenen roh behandelt und ausnutzt" (16. Jh.); **leutselig** „huldvoll freundlich" (*mhd.* liutsælec „den Menschen wohlgefällig"; seit dem 16. Jh. dann in der Bed. „dem niederen Volke, den armen Leuten wohlgesonnen", daher „wohlwollend herablassend"), dazu **Leutseligkeit** (*mhd.* liutsælecheit „Wohlgefälligkeit den Menschen gegenüber").

Leutnant: Die militärische Rangbezeichnung wurde um 1500 aus *frz.* lieutenant entlehnt. Dies ist nach dem Vorbild von *mlat.* locum tenens „Statthalter, Stellvertreter" (zu *lat.* locus „Ort, Stelle" und *lat.* tenere „haben, halten") aus *frz.* lieu (< *lat.* locus) „Ort" und *frz.* tenir (< *lat.* tenere) „halten" (Part. Präs.: tenant) gebildet. – Die gleiche Bezeichnung erscheint in anderen europäischen Sprachen, beachte z. B. *engl.* lieutenant, *it.* luogotenente (Kurzform: tenente) und *span.* lugarteniente (Kurzform: teniente).

leutselig, Leutseligkeit ↑Leute.

Levante: Die in *dt.* Texten seit dem 15. Jh. bezeugte Bezeichnung der Mittelmeerländer östlich von Italien stammt aus dem Italienischen. *It.* levante, das zu *it.* levare „in die Höhe heben, erheben" (< *lat.* levare „erheben" medial: „sich erheben"; vgl. hierüber *leger*), bedeutet eigentlich „Aufgang". In übertragenem Sinne bezeichnet es dann die Länder des „Sonnenaufgangs". Die gleiche Vorstellung liegt den Benennungen ↑Orient und ↑Morgenland zugrunde. – Abl.: **Levantiner** „Morgenländer".

Levkoje: Der Name der in zahlreichen Arten auftretenden Gartenpflanze, der in dieser Form seit dem 18. Jh. bezeugt ist (davor schon im 17. Jh. 'Leucoje'), geht auf *griech.* leukó-ion (eigentlich „Weißveilchen") zurück, das in *ngriech.* Aussprache übernommen wurde. *Griech.* leukóion ist eine Bildung aus *griech.* leukós „weiß, glänzend" (vgl. *leuko..., Leuko...*) und *griech.* íon „Veilchen". Die Pflanze ist nach ihren helleuchtenden, veilchenartig duftenden Blüten benannt.

Lexikon: Das seit dem 17. Jh. bezeugte Fremdwort, das zunächst allgemein „Wörterbuch" bedeutete, gilt heute speziell zur Bezeichnung eines alphabetisch geordneten Nachschlagewerks mit sachlichen (enzyklopädischen) Informationen. Es wurde auf gelehrtem Wege aus *griech.* lexikón (biblíon) „Wörterbuch" entlehnt. Das zugrundeliegende Adjektiv *griech.* lexikós „das Wort betreffend" gehört zu *griech.* léxis „Rede, Wort" und weiter zu *griech.* légein „auflesen, sammeln; reden, sprechen". *Griech.* lexikón entspricht also in der Bildung *mlat.* dictionarium „Wörterbuch" (zu *lat.* dicere „sagen, sprechen"), das in *frz.* dictionnaire und *engl.* dictionary fortlebt. – *Griech.* légein, das verwandt ist mit *lat.* legere „auflesen, sammeln; auswählen; lesen" (s. hierüber die unter ↑*Legion* aufgezeigte Wortfamilie), ist in unserem Fremdwortschatz mit zahlreichen Ableitungen und Zusammensetzungen vertreten. Dazu gehören im einzelnen: *griech.* lógos „das Berechnen; der Grund; die Vernunft; das Sprechen; das Wort" (↑Logik, logisch), auch als Hinterglied in Suffixkomposita wie *griech.* análogos „der Vernunft gemäß; entsprechend" (↑analog, Analogie), *griech.* diálogos „Unterredung, Gespräch" (↑Dialog), *griech.* epílogos „Schluß einer Rede, Schlußwort" (↑Epilog), *griech.* katálógos „Aufzählung" (↑Katalog), *griech.* monológos „mit sich selbst redend" (↑Monolog), *griech.* prólogos „Vorwort, Vorakt (↑Prolog), ferner als Grund- oder Bestimmungswort in ↑Etymologie, Etymologe, ↑Philologe, Philologie, ↑Theologie, Theologe und ↑Logarithmus, logarithmieren. Beachte noch die *griech.* Bildung dialégesthai „sich unterreden; sprechen" in den Fremdwörtern ↑Dialekt und ↑Dialektik, dialektisch.

Liaison ↑liieren.

Liane: Der Name der Schlingpflanze wurde im 18. Jh. aus *frz.* liane entlehnt, dessen weitere Herkunft unklar ist.

Libelle: Das vom Volksmund mit zahlreichen Namen wie 'Wasserjungfer', 'Schleifer', 'Augenstecher' bedachte Raubinsekt (mit vier glashellen Flügeln) wurde von den Zoologen im 18. Jh. mit dem *lat.* Wort libella „[Wasser]waage; waagrechte Fläche" (vgl. hierüber *Lira*) benannt, in Anspielung auf seinen gleichmäßigen, ausgewogenen Flug mit waagrecht ausgespannten Flügeln. Im *Frz.* gilt gleichbed. libellule (< *nlat.* libellula).

liberal: Das aus *lat.* liberalis „die Freiheit betreffend, freiheitlich; edel, vornehm, freigebig" entlehnte Adjektiv erscheint zuerst im 16. Jh., und zwar im heute veralteten Sinne von „freigebig, hochherzig". Im 18. Jh. wurde es neu aus *frz.* libéral übernommen, und zwar mit den noch heute gültigen Bedeutungen „vorurteilslos in politischer und religiöser Beziehung; freiheitlich gesinnt". In diesem Sinne lebt das Wort aus dem Geist der Aufklärung, wie auch das Anfang des 19. Jh.s aufkommende Schlagwort **Liberalismus** zur Bezeichnung einer Grundform politischen Verhaltens, in der das Individuum mit seinem Recht auf Freiheit im Vordergrund steht. Dazu stellen sich **Liberalist** „Anhänger des Liberalismus" und **liberalistisch** „den Liberalismus betreffend". – *Lat.* liberalis ist von *lat.* liber „frei, freimütig, ungebunden" abgeleitet, das wohl wie entsprechend *griech.* eleútheros „frei, edel usw." zu der unter ↑*Leute* dargestellten *idg.* Wurzel *leudh- „wachsen", *leudhi- „Nachwuchs; Volk", davon abgeleitet *leudhero- „zum Volk gehörig; frei", gehört. – Beachte noch das von *lat.* liber abgeleitete Verb *lat.* liberare „befreien", das mit einer im *Mlat.* entwickelten Sonderbedeutung „freilassen, ausliefern" die Quelle für unser Lehnwort ↑liefern ist.

Libido ↑lieb.

Libretto: Die Bezeichnung für „Text[buch]

(von Opern, Operetten usw.)" wurde im 19. Jh. aus gleichbed. *it.* libretto (eigentlich „Büchlein") entlehnt. Dies ist eine Verkleinerungsbildung zu *it.* libro „Buch", das auf *lat.* liber „Bast (als Schreibmaterial); Buch" zurückgeht.

...lich: Das überaus produktive Suffix (*mhd.* -lich, *ahd.* -līch, *got.* -leiks, *engl.* -ly, *schwed.* -lig) war ursprünglich ein selbständiges Wort, identisch mit dem unter ↑*Leiche* behandelten *germ.* Substantiv *līka- „Körper, Gestalt". Als Grundwort in Zusammensetzungen bedeutete es „die Gestalt habend" (beachte die Artikel *gleich, solch, welch*). Als Suffix drückt es zunächst eine wesensgemäße Eigenschaft und dann Merkmale verschiedener Art aus.

licht: Das *westgerm.* Adjektiv *mhd.* lieht, *ahd.* lioht, *niederl.* licht, *engl.* light gehört mit der Sippe von ↑ [1]Lohe und mit verwandten Wörtern in anderen *idg.* Sprachen zu der *idg.* Wurzel *leuk-, leuk̑- „leuchten, strahlen, funkeln", vgl. z. B. *griech.* leukós „licht, glänzend" (↑leuko..., Leuko... ↑Leukämie, ↑Levkoje), *lat.* lux „Licht" (↑Luzifer), lucere „leuchten, glänzen" (↑Luzerne), lumen „Licht, Leuchte" (↑illuminieren), lustrare „beleuchten, erhellen" (↑illuster, illustrieren, Illustration, Illustrierte und ↑Lüster), luna „Mond" eigentlich „die Leuchtende" (↑Laune) und die *baltoslaw.* Sippe von *russ.* luč „Strahl". Eine alte *idg.* Bildung zu dieser Wurzel ist der unter ↑*Luchs* eigentlich „Funkler" behandelte Tiername. Im *germ.* Sprachbereich stellen sich zum Adjektiv 'licht' die Bildungen ↑Leuchte und ↑leuchten. Eine junge Ableitung ist das Verb **[1]lichten** „hell machen, kahl machen" (17. Jh.), dazu **Lichtung** „Waldblöße" (18. Jh.). Beachte auch **belichten** „dem Licht aussetzen" (16. Jh.; seit dem 19. Jh. fotografischer Fachausdruck für 'exponieren'), dazu **Belichtung.** Das seit dem 16. Jh. bezeugte Adverb **lichterloh** „in hellen Flammen" ist hervorgegangen aus dem adverbiellen Genitiv *frühnhd.* li[e]hter Lohe. Seit dem 18. Jh. wird 'lichterloh' auch adjektivisch verwendet. – Eine alte Substantivierung des *westgerm.* Adjektivs ist **Licht,** *Plural* -er und -e (*mhd.* lieht, *ahd.* lioht, *niederl.* licht, *engl.* light). Das Substantiv wurde zunächst im Sinne von „Leuchten, Glanz, Helle" gebraucht. Dann bezeichnete es auch die (brennende) Kerze und Lichtquellen oder Beleuchtungskörper anderer Art. Der *Plural* 'Lichter' bezeichnet weidmännisch die Augen des Haarwilds. Zus.: **Lichtbild** (18. Jh., in der Bed. „aus Lichtstrahlen gebildete Gestalt", seit der Mitte des 19. Jh.s „Fotografie"); **Lichtdruck** „Flachdruckverfahren zur Vervielfältigung von Bildern" (19. Jh.); **Lichthof** (19. Jh.); **Lichtjahr** (19. Jh.); **Lichtmeß** „Fest der Reinigung Mariä und Darstellung Christi" (*mhd.* liehtmesse; so benannt wegen der an diesem Tage stattfindenden Kerzenweihe und Lichterprozession); **lichtscheu** „das Licht scheuend; aus Angst vor Entdeckung die Öffentlichkeit scheuend" (16. Jh.); **Lichtspiel** „Film" (20. Jh.).

[1]lichten ↑licht.

[2]lichten: Der seit dem 17. Jh. bezeugte seemännische Ausdruck für „(den Anker) heben" beruht auf *niederd.* līhten, das *hochd.* leichten „leicht machen" entspricht (vgl. den Artikel *leicht*). Früher bedeutete 'lichten' auch „Schiffe entfrachten".

lichterloh ↑licht.

lichtern ↑leicht.

Lichthupe ↑Hupe.

Lid: Das *altgerm.* Wort für „Deckel, Verschluß" *mhd.* lit, *ahd.* [h]lit, *niederl.* lid, *engl.* lid, *schwed.* led ist eine Bildung zu der unter ↑ [1]*lehnen* dargestellten *idg.* Wurzel und bedeutet eigentlich „das Angelehnte, das Zusammengestellte". Eng verwandt ist die Sippe von ↑Leiter. Die alte Bed. „Deckel, Verschluß" ist im *Dt.* nur noch *mdal.* bewahrt. Heute bezeichnet das Wort – wie auch im *Niederl.* und *Engl.* – den Augendeckel, d. h. die das Auge schützende Haut, beachte die Zusammensetzung **Augenlid.**

lieb: Das *gemeingerm.* Adjektiv *mhd.* liep, *ahd.* liob, *got.* liufs, *engl.* (veraltet) lief, *schwed.* ljuv geht mit verwandten Wörtern in anderen *idg.* Sprachen auf eine Wurzel *leubh- „lieb, gern haben, begehren" zurück, vgl. z. B. die *baltoslaw.* Sippe von *russ.* ljubo „lieb, freundlich", ljubit „lieben, gern haben" und *lat.* libere „belieben, gefällig sein", libido „Begierde" (beachte den Fachausdruck **Libido** „Begierde, [Geschlechts]trieb"). Aus dem *germ.* Sprachbereich gehören zu dieser Wurzel ferner die Sippen von ↑loben und von ↑erlauben sowie ↑glauben (eigentlich „für lieb halten, gutheißen"), die im Ablaut zu dem *gemeingerm.* Adjektiv stehen. Das substantivierte Adjektiv **Lieb** (*mhd.* liep, *ahd.* liub „das Liebe, das Angenehme, Freude; Geliebte[r]") wird heute nur noch vereinzelt im Sinne von „Geliebte[r]" gebraucht, beachte 'mein Lieb'. Dazu gehört die Verkleinerungsbildung **Liebchen** (15. Jh.). Der Komparativ **lieber** (*mhd.* lieber, *ahd.* lieber, liuber) fungiert auch als Komparativ von 'gern' im Sinne von „vorzugsweise, eher". Alte Bildungen zum Adjektiv sind **Liebe** (*mhd.* liebe, *ahd.* liubī) und **lieben** (*mhd.* lieben, *ahd.* liuben, -ōn, -ēn „lieb machen, lieb werden"), beachte dazu die Präfixbildungen **verlieben,** sich und **belieben** (s. d.), ferner das weitergebildete **liebeln** „flüchtig lieben" (18. Jh.), zu dem **Liebelei** „Flirt, flüchtige Liebe" (19. Jh.) gehört. Vom Genitiv des substantivierten Infinitivs gehen aus **liebenswert** (17. Jh.) und **liebenswürdig** (18. Jh.). Abl.: **lieblich** „voller Anmut; angenehm" (*mhd.* lieplich, *ahd.* liublīh), dazu **Lieblichkeit** (16. Jh.); **Liebling** (17. Jh.); **Liebling** „jemand, der von jemandem besonders geliebt wird, besonders in jemandes Gunst steht" (17. Jh.); **Liebschaft** (*mhd.* liep-, liebeschaft „Liebe, Liebesverhältnis"). Zus.: **Liebhaber** (*mhd.* liephaber „Liebender, Freund, Anhänger", eigentlich „jemand, der etwas oder jemanden liebhat"), dazu **Liebhaberei** (18. Jh.). Beachte auch die Bildungen **liebäugeln** „sich in Gedanken mit etwas beschäftigen, etwas gerne haben wollen" (16. Jh.) und **liebkosen** (*mhd.* liepkosen, entstanden aus 'einem ze liebe kosen' „einem zuliebe sprechen", ↑kosen), dazu **Liebkosung** (15. Jh.).

Liebestrank ↑Trank.

Lied: Die Herkunft des *altgerm.* Wortes *mhd.* liet, *ahd.* liod, *aengl.* lēod, *aisl.* ljōđ ist unklar. Vielleicht ist es im Sinne von „Preislied" mit *lat.* laus (laudem) „Lob", laudare „loben" verwandt.

Liederjan, auch Liedrian: Der seit dem 19. Jh. bezeugte *ugs.* Ausdruck für „liederlicher Mensch" stammt aus den *ostmitteld.* Mundarten. Es handelt sich um eine Bildung aus dem Stamm von ↑*liederlich* und der Kurzform von 'Johann'. Vgl. zur Bildung *Dummerjan.*

liederlich: *Mhd.* liederlich „leicht, gering, leichtfertig, oberflächlich", dem *aengl.* lȳđerlīc „schlecht, gemein" entspricht, gehört im Sinne von „schlaff, schwach" zu der unter ↑*schlummern* dargestellten *idg.* Wurzel. Eng verwandt ist die Sippe von ↑lottern. Siehe auch den Artikel *Liederjan.*

liefern: Das aus der *niederd.* Kaufmannssprache ins *Hochd.* gelangte Verb geht auf *mnd. (-mniederl.)* lēveren „liefern" zurück, das seinerseits aus *frz.* livrer „mit etwas ausstatten; liefern" (s. auch das Fremdwort *Livree*) stammt. Quelle des Wortes ist das zu *lat.* liber „frei" (vgl. *liberal*) gehörende *lat.* Verb liberare „befreien", das im *Mlat.* die Sonderbedeutung „freilassen, frei machen, ausliefern" entwickelt hat. – Um 'liefern' gruppieren sich die Präfixbildungen und Zusammensetzungen **abliefern, ausliefern, beliefern,** ferner das meist in übertragener Bedeutung verwendete **überliefern** „(der Nachwelt) weitergeben, berichten" (16. Jh.), dazu **Überlieferung** „Tradition". Von 'liefern' abgeleitet sind die Substantive **Lieferung** (Anfang 16. Jh.) und **Lieferant** „jemand, der einen anderen mit Waren beliefert" (Ende 17. Jh.; mit *lat.-roman.* Endung gebildet).

liegen: Das *gemeingerm.* Verb *mhd., ahd.* ligen, *got.* ligan, *engl.* to lie, *schwed.* ligga geht mit verwandten Wörtern in anderen *idg.* Sprachen auf eine Wurzel *legh- „sich legen, liegen" zurück, vgl. z. B. *mir.* laigid „legt sich" und *russ.* ležat' „liegen". Um dieses Verb gruppieren sich die Bildungen ↑Lage, ↑Lager und das unter ↑*Gelichter* behandelte *ahd.* lehtar „Gebärmutter", dem *griech.* léktron „Lager" entspricht. Eine alte Verbalbildung ist ↑[1]löschen (eigentlich „sich legen [machen]"). Das Veranlassungswort zu liegen ist ↑legen (eigentlich „liegen machen"), zu dem ↑Gelage gebildet ist. Das 2. Partizip ↑gelegen (dazu Gelegenheit, gelegentlich) ging schon früh in adjektivischen Gebrauch über. Gleichfalls in adjektivischen Gebrauch übergegangene 2. Partizipien von Bildungen mit 'liegen' sind **entlegen** „fern", ↑überlegen „mächtiger, stärker" und ↑verlegen „verschämt, befangen". Wichtige Zusammensetzungen sind **anliegen** „angrenzen; sich (eng) anschmiegen; beigefügt sein; bevorstehen, sich ereignen", veraltet auch für „mit Bitten bedrängen" (*mhd.* aneligen, *ahd.* analigan), dazu der substantivierte Infinitiv **Anliegen** „Bitte, Wunsch", **Anlieger** „Angrenzer an Straßen oder Kanälen" und **angelegen** „wichtig" (eigtl. 2. Partizip), zu dem **Angelegenheit** (17. Jh.) gebildet ist; **obliegen** (↑[1]ob); **unterliegen** „besiegt werden; unterworfen, ausgesetzt sein" (*mhd.* underligen, *ahd.* untarligan). Abl.: **Liege** „Chaiselongue" (Mitte des 20. Jh.s); **Liegenschaft** „Grundbesitz" (19. Jh.).

Liesch „Riedgras": Die Herkunft des Pflanzennamens (*mhd.* liesche; *ahd.* lisca „Farn") ist dunkel.

Lift: Die Bezeichnung für „Aufzug, Fahrstuhl" wurde Ende des 19. Jh.s aus gleichbed. *engl.* lift entlehnt, das zu *engl.* to lift „lüften, in die Höhe heben" gehört. Dies ist aus *aisl.* lypta (zu *aisl.* lopt „Luft" übernommen (vgl. den Artikel *Luft*). – Zus.: **Liftboy.**

Liga „Bund, Bündnis" und „Spiel-, Wettkampfklasse (im Sport)", beachte Zusammensetzungen wie 'Amateurliga, Oberliga, Bundesliga': Das Substantiv wurde im 15. Jh. aus *span.* liga „Bund, Bündnis" entlehnt, das von *span.* ligar „binden, verbinden, vereinigen" abgeleitet ist. Dies geht auf *lat.* ligare „[fest]binden" zurück. Dazu gehört *spätlat.* ligatura „Band, Bündel", aus dem unser Fremdwort **Ligatur** „Buchstabenverbindung" übernommen ist (vgl. den Artikel *legieren*).

Liguster „Rainweide" (Ölbaumgewächs mit weißen Blütenrispen): Der Pflanzenname wurde in neuerer Zeit aus *lat.* ligustrum entlehnt, dessen weitere Herkunft unsicher ist.

liieren, sich „sich eng verbinden", vorwiegend gebräuchlich ist das Partizipialadjektiv **liiert** „freundschaftlich, in Liebe verbunden": Das Verb wurde Ende des 18. Jh.s aus gleichbed. *frz.* lier entlehnt, das auf *lat.* ligare „binden, festbinden" zurückgeht (vgl. *legieren*). – Dazu gehört das Substantiv **Liaison** „Verbindung; Liebesverhältnis, Liebschaft" (19. Jh.; aus gleichbed. *frz.* liaison [< *lat.* ligatio „das Binden, die Verbindung"]).

Likör „Branntwein mit Zuckerlösung und aromatischen Geschmacksträgern": Das Fremdwort wurde Anfang des 18. Jh.s aus gleichbed. *frz.* liqueur (eigentlich „Flüssigkeit") entlehnt. Dies geht auf *lat.* liquor „Flüssigkeit" zurück, das in der Form **Liquor** als Fachwort der Chemie und Pharmazie schon im 16. Jh. zur Bezeichnung „flüssiger Substanzen" eine Rolle spielt. 'Liquor' hat auch den Genuswechsel von 'Likör', das im *Frz.* weiblich ist, bestimmt. – *Lat.* liquor gehört wie *lat.* liquidus „flüssig" (↑liquidieren, Liquidation) zu *lat.* liquere „flüssig sein".

lila „fliederblau": Das seit dem 19. Jh. gebräuchliche Farbadjektiv, das aus der Zusammensetzung **lilafarb[en]** (18. Jh.) hervorgegangen ist, beruht auf dem Substantiv **Lila** (18. Jh.). Dies ist aus *frz.* lilas „Flieder; Fliederblütenfarbe" (älter: lilac) entlehnt, das seinerseits aus *arab.* līlak „Flieder" übernommen ist. Dies geht über *pers.* līlak, nīlak „Flieder" auf *aind.* nīla „Schwarz; schwärzlich; bläulich" zurück.

Lilie: Der Pflanzenname (*mhd.* lilje, *ahd.* lilia) wurde im Mittelalter aus *lat.* lilia, dem *Plural* von *lat.* lilium „Lilie", entlehnt. Der Pflanzenname stammt aus einer östlichen Mittelmeersprache.

Liliputaner: Die Bezeichnung für einen Menschen von zwergenhaftem Wuchs ist aus *engl.* lilliputian entlehnt, eigentlich „Bewohner von Lilliput“, dem Zwergenland in Jonathan Swifts Roman „Gullivers Reisen“ (1726).

Limes: Die Bezeichnung des von den Römern errichteten, vom Rhein bis zur Donau reichenden Grenzwalles, der das Römische Imperium gegen die Germanen sicherte, ist mit dem *lat.* Substantiv limes (limitis) „Grenzweg, Rain, [Acker]grenze; Grenzmark“ identisch. – Siehe auch den Artikel ↑*Limit.*

Limit „[Preis]grenze“: Das Fremdwort wurde im 20. Jh. aus gleichbed. *engl.* limit entlehnt, das über *frz.* limite auf *lat.* limes (limitis) „Grenzweg, Grenze, Grenzwall“ zurückgeht (vgl. *Limes*).

Limonade: Die seit dem 17. Jh. bezeugte Bezeichnung für ein kaltes Fruchtgetränk (unter Zusatz von Zucker, Wasser und auch Kohlensäure) – zuerst nur für „Zitronenwasser“ – stammt aus *frz.* limonade. Dies ist von *frz.* limon „dickschalige Zitrone“ abgeleitet, das wie *span.* limón und *it.* limone (beachte das daraus entlehnte, besonders in Österreich gebräuchliche **Limone**) auf *pers.-arab.* līmun „Zitrone; Zitronenbaum“ zurückgeht.

Limousine: Die Bezeichnung für einen Personenkraftwagen mit festem Verdeck (oder Schiebedach) wurde um 1900 aus gleichbed. *frz.* limousine entlehnt. Das *frz.* Wort bedeutet eigentlich „weiter, großer Schutzmantel“ (wie ihn ursprünglich besonders die Fuhrleute in der französischen Landschaft Limousin trugen). – Die Benennung bezieht sich darauf, daß der geschlossene Wagen wie der Mantel der Fuhrleute vor Wind und Nässe schützt.

lind: *Mhd.* linde, *ahd.* lindi „weich, zart, mild“, *asächs.* liđi „mild, nachgiebig“, *engl.* lithe „biegsam, geschmeidig“ beruhen mit verwandten Wörtern in anderen *idg.* Sprachen auf *idg.* *lento-s „biegsam“, vgl. z. B. *lat.* lentus „biegsam; zäh; langsam“. Verwandt sind wahrscheinlich auch der Baumname ↑Linde (nach dem biegsamen Bast) und das Bestimmungswort von ↑Lindwurm, das „Schlange, Drache“ (eigentlich „biegsam, sich windend“) bedeutet. – Neben dem einfachen 'lind', das im wesentlichen der gehobenen Sprache angehört, ist auch die verstärkte Bildung **gelind[e]** (*mhd.* gelinde) gebräuchlich. Abl.: **lindern** „mildern“ (15. Jh.), dazu **Linderung** (16. Jh.).

Linde: Der *altgerm.* Baumname *mhd.* linde, *ahd.* linta, *niederl.* linde, *engl.* linden, *schwed.* lind gehört mit verwandten Wörtern in anderen *idg.* Sprachen wahrscheinlich zu dem unter ↑*lind* behandelten *idg.* Adjektiv *lento-s „biegsam“, vgl. z. B. *russ.* lut „Lindenbast, -rinde“, *lit.* lentà „Brett, Tafel“ (ursprünglich aus Lindenholz). Die Linde wäre demzufolge nach ihrem biegsamen Bast oder nach ihrem weichen, biegsamen Holz benannt. Im Ablaut dazu steht das unter ↑*Geländer* behandelte Wort (eigentlich „Latte aus Lindenholz“).

Lindwurm „Drache“: Die Bezeichnung des Fabelwesens ist eine verdeutlichende Zusammensetzung, wie z. B. auch 'Windhund, Damhirsch, Maultier' (s. d.). Als das alte Wort für „Schlange, Drache“ *ahd.* lint (entsprechend *aisl.* linnr) unüblich und nicht mehr verstanden wurde, verdeutlichte man es mit den bekannten Wörtern 'Wurm' oder 'Drache', beachte *mhd.* lintwurm und linttrache, eigentlich „Schlangenwurm“ bzw. „Schlangendrache“ (entsprechend *aisl.* linnormr, *schwed.* lindorm). Das Bestimmungswort gehört wahrscheinlich im Sinne von „biegsames, sich windendes Tier“ zu der Wortgruppe von ↑*lind* (ursprünglich „biegsam“).

Lineal „Gerät zum Linienziehen“: Das seit dem 15. Jh. bezeugte Substantiv beruht auf einer *mlat.* Bildung zu *lat.* linea „Strich, Linie; Richtschnur“ (vgl. *Linie*) bzw. zu dem davon abgeleiteten Adjektiv *lat.* linealis „in Linien bestehend, in Linien gemacht“.

Linie „[gerader, gekrümmter] Strich; Strecke; Grenzlinie, Begrenzung; Umriß; Zeile; militärische Stellung, Front; regelmäßig befahrene, beflogene Verkehrsstrecke; Geschlechtslinie, Abstammungsreihe; Richtung, Parteilinie“: Das Substantiv (*mhd.* linie, *ahd.* linia) beruht auf Entlehnung aus *lat.* linea „Leine, Schnur, Faden; mit einer Schnur gezogene gerade Linie usw.“, das sich mit einer ursprünglichen Bed. „leinene Schnur“ als substantiviertes Adjektiv (*lat.* lineus, -ea, -eum „aus Leinen“) zu *lat.* linum „Lein, Flachs; Faden, Schnur“ stellt. Über weitere etymologische Zusammenhänge vgl. den Artikel *Lein.* – Dazu: **linear** „geradlinig, linienförmig“ (älter linearisch, aus *lat.* linearis „aus Linien bestehend“); **lini[i]eren** „mit Linien versehen, Linien ziehen“ (15. Jh.; nach *lat.* lineare „nach dem Lot einrichten“); **-linig** (18. Jh.) in Zusammensetzungen wie **geradlinig** und **krummlinig.** Siehe auch den Artikel *Lineal.*

link: Das seit *mhd.* Zeit bezeugte Adjektiv – im *Ahd.* ist nur das Substantiv lenka „linke Hand“ belegt – trat an die Stelle des *altgerm.* Wortes für „link“: *mhd.* winster, *ahd.* winistar, *aengl.* win[e]stre, *aisl.* vinstri. Dieses Wort ist heute noch im *Nord.* gebräuchlich, beachte *schwed.* vänster „link“. Im *Engl.* wurde es durch left ersetzt, das eigentlich „lahm, schwach“ bedeutet. Auch *mhd.* linc entspricht älter *schwed.* link „lahm“, beachte *schwed.* linka „hinken, humpeln“, slinka „schwanken, schlottern, hinken“ (vgl. auch zur Begriffsbildung *frz.* gauche „link“, eigentlich „schwankend“). Die *germ.* Wörter gehen wahrscheinlich auf eine nasalierte Form der unter ↑*Laken* dargestellten Wurzel *[s]lēg- „schlaff, matt sein“ zurück. – 'Link' ist nicht nur Gegenwort zu 'recht', es wird auch im Sinne von „unbeholfen, ungeschickt“ gebraucht. An diese Verwendung schließt sich die Bildung **linkisch** (15. Jh.) an. Aus der Gaunersprache stammt die Verwendung von 'link' im Sinne von „schlecht, fragwürdig, hinterhältig“, beachte z. B. 'linke Geschäfte' oder 'linker Vogel'. – Als Adverb fungiert seit dem 15. Jh. der Genitiv *Singular* **links.** Im Anschluß an *frz.* gauche bezeichnet das Substantiv **Linke** „linke Hand“, seit dem 19. Jh. auch die links vom Präsidenten sitzenden Parteien der Volksvertretung, da in der französischen Restaurationszeit die Gegner der Regierung ihre Plätze links vom Präsidenten einnahmen. Darauf beruht auch die Verwendung von 'links' im Sinne von „zur Linken, zu einer sozialistischen oder kommunistischen Gruppierung gehörend".

linnen, Linnen ↑leinen.

Linoleum: Die Bezeichnung für den Fußbodenbelag wurde im 19. Jh. aus *engl.* linoleum entlehnt, einer gelehrten Neubildung aus *lat.* linum oleum „Leinöl" (Leinöl ist wesentlicher Bestandteil dieses Stoffes.)

Linse: Der *dt.* Name der Hülsenfrucht (*mhd.* linse, *ahd.* linsi) stammt aus einer unbekannten Sprache, aus der auch *lat.* lens „Linse" und die *baltoslaw.* Sippe von *lit.* lę̃šis „Linse" entlehnt sind. – Seit dem 18. Jh. nennt man wegen der Ähnlichkeit mit der Form eines Linsensamens auch das geschliffene Glas für optische Geräte Linse. Von 'Linse' in dieser Bedeutung ist **linsen** *ugs.* für „schauen, blinzeln" abgeleitet.

Lippe: Das aus dem *Niederd.-Mitteld.* stammende Wort erlangte durch Luthers Bibelübersetzung seit dem 16. Jh. gemeinsprachliche Geltung. Das *oberd.* Wort für „Lippe" war früher ↑Lefze, das heute im Sinne von „Tierlippe" gemeinsprachlich ist. Das *westgerm.* Wort (*mitteld., mnd.* lippe, *niederl.* lip, *engl.* lip) bedeutet eigentlich „schlaff Herabhängendes" und gehört zu der unter ↑*Schlaf* behandelten Wortgruppe. Eng verwandt sind z. B. die Sippen von ↑Lappen und ↑Lefze. Vgl. aus anderen *idg.* Sprachen z. B. *lat.* labium „Lippe". – Zus.: **Lippenstift** (20. Jh.).

liquidieren „eine Forderung in Rechnung stellen; eine Gesellschaft, ein Geschäft auflösen; beseitigen, tilgen; töten, umbringen". Das Verb wurde um 1600 in der Kaufmannssprache aus *it.* liquidare „ins reine bringen, klarlegen" entlehnt. Dies gehört zu *it.* liquido „rein, klar", das auf *lat.* liquidus „flüssig" (vgl. *Likör*) zurückgeht. Die Bed. „beseitigen, aus dem Wege räumen, umbringen" ist erst im 20. Jh. unter dem Einfluß von gleichbed. *russ.* likvidirorat' aufgekommen. – Dazu stellt sich das Substantiv **Liquidation,** das im 17. Jh. aus *frz.* liquidation (bzw. *it.* liquidazione) übernommen wurde.

Liquor ↑Likör.

Lira (italienische Münzeinheit): *It.* lira, das ursprünglich den Gewichtswert von einem Pfund Kupfer bezeichnete, dann im Laufe der Zeit zur Bezeichnung von Silbermünzen sehr unterschiedlichen Wertes wurde, geht auf *lat.* libra „Waage; Gewogenes; Pfund; waagrechte Fläche" zurück. – Das *lat.* Substantiv ist wahrscheinlich ein Mittelmeerwort, das eine sichere Entsprechung nur in dem aus Sizilien stammenden *griech.* lítra „Pfund" hat (dies ist Quelle für unser Fremdwort ↑Liter). Für beide gilt als gemeinsame Grundform *liþra. – Von Interesse ist hier noch eine Verkleinerungsbildung zu *lat.* libra, *lat.* libella „kleine Waage; waagrechte Fläche", das einerseits unseren Insektennamen ↑Libelle, andererseits über *vlat.* *libellus und *afrz.* *livel > nivel, *frz.* niveau „waagrechte Fläche; Wasserwaage" unsere Fremdwörter ↑Niveau, nivellieren lieferte.

lispeln: Das seit dem 12. Jh. bezeugte Verb ist eine Weiterbildung zu dem im *Nhd.* untergegangenen Verb *mhd., ahd.* lispen „mit der Zunge anstoßen" (*mnd.* wlispen, *niederl.* lispen, *engl.* to lisp, ablautend *schwed.* läspa). Es handelt sich um eine Lautnachahmung von der Art wie *it.* bisbigliare, pispigliare „flüstern". – Vom 16. bis zum 19. Jh. wurde 'lispeln' auch im Sinne von „leise, verschämt sprechen, flüstern" gebraucht.

List: Das *gemeingerm.* Wort *mhd., ahd.* list, *got.* lists, *aengl.* list, *schwed.* list gehört zu der unter ↑*leisten* dargestellten Wortgruppe. Es bedeutete ursprünglich „Wissen" und bezog sich auf die Techniken der Jagdausübung und des Kampfes, auf magische Fähigkeiten und auf handwerkliche Kunstfertigkeiten. Allmählich entwickelte 'List' einen negativen Nebensinn und wurde im Sinne von „Trick, geschickte Täuschung, Ränke" gebräuchlich, beachte die Zusammensetzungen 'Arglist' und 'Hinterlist'. Das abgeleitete Verb **listen** (*mhd., ahd.* listen), zu dem die Bildungen 'ab-, er-, überlisten' gehören, wird heute nur noch in der Sportlersprache verwendet, beachte z. B. 'einen Ball ins Tor listen'. Abl.: **listig** „mit allen Listen vertraut, schlau" (*mhd.* listec, *ahd.* listīg).

Liste „Verzeichnis": Das seit dem Ende des 16. Jh.s bezeugte Substantiv beruht auf einer Entlehnung aus *it.* lista (= *mlat.* lista) „Leiste; [Papier]streifen, Verzeichnis", das selbst *germ.* Ursprungs ist und aus dem unter ↑*Leiste* behandelten Wort (*mhd.* līste, *ahd.* līsta „Rand, Saum, Borte; bandförmiger Streifen") stammt.

Litanei „im Wechsel gesungenes Bittgebet (bei katholischen Prozessionen)", auch übertragen gebraucht im Sinne von „eintöniges Gerede; endlose Aufzählung": Das Fremdwort wurde in *mhd.* Zeit (*mhd.* letanīe) aus *kirchenlat.* litania „Flehen, Bittgesang zu Gott" entlehnt, das auf *griech.* litaneía „Bittgebet" zurückgeht. Dies gehört zu *griech.* líssesthai „bitten, flehen".

Liter (Hohlmaß von 1 000 cm^3 Rauminhalt): Das Substantiv wurde im 19. Jh. aus gleichbed. *frz.* litre entlehnt und durch Gesetz als offizielle Maßbezeichnung eingeführt. *Frz.* litre beruht auf älterem litron (Hohlmaß von etwa 8/10 l), das seinerseits von *mlat.* litra abgeleitet ist. Voraus liegt *griech.* lítra „Pfund (als Gewicht und Münze)", ein aus Sizilien stammendes Mittelmeerwort, das mit *lat.* libra „Waage; Pfund" identisch ist (vgl. den Artikel *Lira*).

Literatur „[schöngeistiges] Schrifttum; Schriftennachweis": Das seit dem 16. Jh. bezeugte und bis ins 18. Jh. im umfassenden Sinne von „Wissenschaft, Sprachwissenschaft, Gelehrsamkeit; Gesamtheit der schriftlichen Geisteserzeugnisse" gebrauchte Fremdwort beruht auf einer gelehrten Entlehnung aus *lat.* litteratura „Buchstabenschrift; Sprachkunst". Dies ist von *lat.* littera „Buchstabe; Schrift; schriftliche Aufzeichnung, Schriftstück usw." abgeleitet (vgl. hierüber den Artikel *Letter*). – Dazu: **literarisch** „die Literatur betreffend; schriftstellerisch" (18. Jh.; aus *lat.* litterarius „die Buchstaben, die Schrift betreffend; zum Lesen und

Schreiben gehörig"); **Literat** „Schriftsteller" (16. Jh.; zunächst nur im Sinne von „Schriftkundiger; Sprachgelehrter"; substantiviert aus *lat.* litteratus „schriftkundig, gelehrt, wissenschaftlich gebildet").

Litfaßsäule: Die Anschlagsäule ist nach dem Drucker Ernst Litfaß benannt, der im Jahre 1855 (mit dem Zirkusdirektor Renz) die erste Säule dieser Art in Berlin aufstellte.

Lithographie „Technik der künstlerischen Graphik, Kunst des Steindrucks; Kunstblatt in Steindruck": Die seit dem Anfang des 19. Jh.s gebräuchliche Bezeichnung ist eine gelehrte Bildung aus *griech.* líthos „Stein" und gráphein „schreiben" (vgl. *Graphik*) und bedeutet demnach eigentlich „Steinschrift". Dazu stellen sich die Bildungen **Lithograph, lithographieren** und **lithographisch** (19. Jh.).

Liturgie: Die Bezeichnung für die offizielle Ordnung des Gottesdienstes wurde im 17./18. Jh. aus gleichbed. *kirchenlat.* liturgia entlehnt, das auf *griech.* leitourgía „öffentlicher Dienst" zurückgeht. Dies ist eine Bildung aus *griech.* lḗitos „öffentlich", das von lā̃ós „Volk" (vgl. hierüber das Lehnwort *Laie*) abgeleitet ist, und zu *griech.* érgon „Werk, Arbeit, Dienst" (vgl. *Energie*). – Abl.: **liturgisch** (18. Jh.; nach *griech.* leitourgikós > *mlat.* liturgicus).

Litze „Besatzschnur, Tresse; biegsame Leitung aus dünnen Drähten; Packschnur": Das Substantiv (*mhd.* litze „Schnur, Litze") wurde durch *roman.* Vermittlung aus *lat.* licium „umschlungener Kettfaden (Weberei); Faden, Band" übernommen.

Livree „uniformartige Dienerkleidung": Das Fremdwort wurde Anfang des 17. Jh.s aus gleichbed. *frz.* livrée entlehnt. Dies ist von *frz.* livrer „liefern" abgeleitet, aus dem unser Verb ↑*liefern* übernommen ist. Es bedeutet demnach eigentlich „Geliefertes". Gemeint sind Kleidungsstücke, die ein Herr (vor allem ein Fürst) seiner Dienerschaft insbesondere zu festlichen Anlässen „lieferte, stellte". – Abl.: **livriert** „in Livree" (20. Jh.).

Lizenz „[behördliche] Erlaubnis, Genehmigung": Das Fremdwort wurde Ende des 15. Jh.s aus *lat.* licentia „Freiheit; Erlaubnis" entlehnt. Dies gehört zu *lat.* licere „erlaubt sein, freistehen". Abl.: **lizenzieren** „Lizenz erteilen" (19./20. Jh.).

Lob ↑loben.

Lobby „Wandelhalle im [britischen, amerikanischen] Parlamentsgebäude (wo Parlamentarier und Vertreter bestimmter Interessengruppen zusammentreffen); Interessengruppe, die die Entscheidung von Parlamentariern zu beeinflussen versucht": Das Fremdwort wurde im 19. Jh. aus gleichbed. *engl.-amerik.* lobby entlehnt. Dies geht auf *mlat.* lobia „Laube; Galerie" zurück, das seinerseits *germ.* Ursprungs ist (vgl. die Artikel *Laube* und *Loge*). Dazu stellen sich die Bildungen **Lobbyismus** (aus *engl.-amerik.* lobbyism) und **Lobbyist** (aus *engl.-amerik.* lobbyist).

loben: Das *germ.* Verb *mhd.*, loben, *ahd.* lobōn, *niederl.* loven, *aengl.* lofian, *schwed.* lova gehört im Sinne von „für lieb halten, lieb nennen, gutheißen" zu der unter ↑*lieb* dargestellten Wortgruppe. Eine alte Rückbildung aus diesem Verb ist das Substantiv **Lob** (*mhd.*, *ahd.* lop, *niederl.* lof, *aengl.* lof, *schwed.* lof). Wichtige Präfixbildungen und Zusammensetzungen mit 'loben' sind **ausloben** rechtssprachlich für „öffentlich eine Belohnung aussetzen" (16. Jh., in der Bed. „versprechen, bürgen"), dazu **Auslobung; geloben** „[feierlich] versprechen" (*mhd.* geloben, *ahd.* gilobōn), dazu **Gelöbnis** (15. Jh.) und ↑Gelübde; **verloben** „[feierlich] zur Ehe versprechen", reflexiv „sich die Ehe versprechen" (*mhd.* verloben), dazu **Verlöbnis** (*mhd.* verlobnisse) und **Verlobung** (17. Jh.). Beachte auch das aus dem heute veralteten 'beloben' „lobend erwähnen, nennen" weitergebildete **belobigen** (19. Jh.). Abl.: **löblich** „lobenswert" (*mhd.* lob[e]lich, *ahd.* lob[e]līh). Zus.: **lobhudeln** (↑Hudel).

Loch: *Mhd.* loch, *ahd.* loh „Verschluß; Versteck; Höhle, Loch; Gefängnis", *got.* usluk „Öffnung", *engl.* lock „Verschluß, Schloß, Sperre", *schwed.* lock „Verschluß, Deckel" gehören zu einem im *Dt.* untergegangenen *gemeingerm.* Verb mit der Bed. „verschließen, zumachen", beachte z. B. *ahd.* lūhhan „schließen". Eng verwandt sind die unter ↑*Luke* und ↑*Lücke* behandelten Wörter. Die gesamte Wortgruppe gehört zu der unter ↑*Locke* dargestellten *idg.* Wurzel. Abl.: **lochen** „mit einem oder mit mehreren Löchern versehen" (*mhd.* lochen); **Locher** „Locheisen, Lochmaschine" (18. Jh.); **löch[e]rig** „mit Löchern versehen" (15. Jh., für älteres *mhd.* locherecht); **löchern** *ugs.* für „mit Bitten oder Forderungen bestürmen" (*mhd.* löchern „durchlöchern").

Locke: Das *altgerm.* Wort für „Haarringel, gekräuseltes Haar" (*mhd.*, *ahd.* loc, *niederl.* lok, *engl.* lock, *schwed.* lock) gehört mit verwandten Wörtern in anderen *idg.* Sprachen zu der Wurzel *leug- „biegen, winden, drehen", vgl. z. B. *lit.* lùgnas „biegsam, geschmeidig" und *lat.* luxus „verrenkt" (↑Luxus). Aus dem *germ.* Sprachbereich gehören zu dieser Wurzel ferner der Pflanzenname ↑Lauch (wegen der nach unten gebogenen Blätter) und das *gemeingerm.* Verb *lūkan „verschließen" (eigentlich „zusammenbiegen" oder „mit einem Flechtwerk versehen"). Zu diesem Verb stellen sich die unter ↑*Loch*, ↑*Luke* und ↑*Lücke* behandelten Wörter. Abl.: [1]**locken** „in Locken legen, kräuseln" (*ahd.* lochōn; dann erst seit dem 18. Jh. wieder gebräuchlich); **lockig** „voller Locken" (18. Jh., für älteres lockicht, *mhd.* lockecht).

[1]**locken** ↑Locke.

[2]**locken** „anreizen, zur Annäherung bewegen": Das *altgerm.* Verb *mhd.* locken, *ahd.* lokkōn, *niederl.* lokken, *aengl.* loccian, *schwed.* locka gehört wahrscheinlich zu der unter ↑*lügen* dargestellten Wortgruppe. – Zus.: **Lockspeise** „Köder" (17. Jh.); **Lockspitzel** (19. Jh., als Ersatz für *frz.* agent provocateur); **Lockvogel** „gefangener Vogel, der durch seinen Lockton andere Vögel anlocken soll" (16. Jh.; heute gewöhnlich übertragen im Sinne von „jemand,

der andere zu strafbaren Handlungen verlokken soll" verwendet).

löcken, älter auch: lecken „mit den Füßen ausschlagen", nur noch in der Wendung 'wider den Stachel löcken' (vom Ochsen, der gegen den Stachelstock des Viehtreibers ausschlägt): *Mhd.* lecken „mit den Füßen ausschlagen, hüpfen", das auch in ↑frohlocken „vor Freude hüpfen" steckt, ist mit der *nord.* Sippe von älter *schwed.* lacka „springen, hüpfen, laufen, rinnen" verwandt. Die weiteren Beziehungen sind unsicher.

locker: Das seit dem 15. Jh. bezeugte, zunächst nur *mitteld.* Adjektiv hängt mit *mhd.* lücke, lugge „locker" zusammen und ist wohl mit den unter ↑*Lücke* und ↑*Loch* behandelten Wörtern verwandt. Abl.: **lockern** (18. Jh.).

lockig ↑Locke.

Lockspeise, Lockspitzel, Lockvogel ↑[2]locken.

Lode „Schößling": Das aus dem *Niederd.* stammende Wort (*mnd.* lode) gehört im Sinne von „Auswuchs" zu dem *germ.* Verb *asächs.* liodan, *ahd.* liotan, *got.* liudan, *aengl.* lēodan „wachsen" (beachte dazu *ahd.* sumarlota „Sommerschößling"). Dieses *germ.* Verb gehört mit den Sippen von ↑Leute (eigentlich „Wuchs, Nachwuchs") und von ↑lodern (eigentlich „emporwachsen") zu der *idg.* Wurzel *leudh- „wachsen".

Loden „[imprägniertes] grobes Wollgewebe": Die Herkunft des *altgerm.* Wortes für „grobes Wollzeug, zottiger Mantel" (*mhd.* lode, *ahd.* lodo, *aengl.* lođa, *aisl.* lođi) ist unklar.

lodern: Das seit dem 15. Jh. bezeugte, zunächst *niederd.-mitteld.* Verb bedeutet wahrscheinlich eigentlich „emporwachsen" und gehört zu der unter ↑*Lode* „Schößling" behandelten Wortgruppe (beachte *westfäl.* lodern „üppig wachsen, wuchern"). Der Bedeutungswandel von „emporwachsen" zu „aufflammen, flakkern" wurde wohl durch die Anlehnung an 'Lohe' „flammendes Feuer" begünstigt.

Löffel: Der Löffel ist als „Gerät zum Lecken bzw. zum Schlürfen" benannt. *Mhd.* leffel, *ahd.* leffil, *mnd., niederl.* lepel „Löffel" beruhen auf einer Instrumentalbildung zu einem im *Nhd.* untergegangenen Verb *lapan „lecken, schlürfen", beachte *ahd.* laffan, *mhd.* laffen „lecken, schlürfen" (vgl. den Artikel *Laffe*), ferner die gleichbedeutenden Verben *mnd.* lapen (↑läppern), *niederl.* leppen, *engl.* to lap, *schwed.* lapa. Diese *germ.* Sippe gehört mit verwandten Wörtern in anderen *idg.* Sprachen zu der lautmalenden Wurzel *lab[h]-, *lap[h]- „schlürfend, schnalzend, schmatzend lecken", vgl. z. B. *griech.* láptein „lecken, schlürfen" und *lat.* lambere „lecken". – Bereits seit *mhd.* Zeit heißen die Ohren des Hasen wegen der löffelähnlichen Form in der Jägersprache 'Löffel' (heute auch *ugs.* für „Menschenohren"). Abl.: **löffeln** „mit dem Löffel schöpfen oder essen" (16. Jh.).

Log „Schiffsgeschwindigkeitsmesser": Der Name des seemännischen Geräts wurde Ende des 18. Jh.s aus dem *Engl.* entlehnt. *Engl.* log, das seinerseits aus *aisl.* lāg „umgefallener Baumstamm" entlehnt ist, bedeutet eigentlich „Holzklotz, unbehauenes Stück Holz". Seit dem 16. Jh. bezeichnete es speziell den an einer Knotenschnur befestigten Klotz, der zur Bestimmung der Fahrgeschwindigkeit eines Schiffes ins Wasser gelassen wird (vgl. den Artikel *Knoten*). Schließlich ging das Wort auf das Gerät selbst über. Zus.: **Logbuch** „Schiffstagebuch" (Anfang des 19. Jh.s; eigentlich „Buch, in das die Fahrgeschwindigkeit eingetragen wird").

Logarithmus (mathematische Größe): Der seit dem 17. Jh. bezeugte mathematische Fachausdruck ist eine Prägung des schottischen Mathematikers John Napier (1550–1617) aus *griech.* lógos „Wort; Rechnung; Verhältnis" und *griech.* arithmós „Zahl". – Dazu die Zusammensetzung **Logarithmentafel** (18./19. Jh.) und die Ableitung **logarithmieren** „mit Logarithmen rechnen; den Logarithmus errechnen" (20. Jh.).

Loge: Das unter ↑*Laube* behandelte *germ.* Wort (*ahd.* louba, entsprechend *afränk.* *laubja „Laubhütte; Häuschen") gelangte in die *roman.* Sprachen (*mlat.* lobia, *[a]frz.* loge) und wurde später zu verschiedenen Zeiten rückentlehnt. Als Bezeichnung eines abgeschlossenen Raumes (speziell im Theater) wurde 'Loge' im 17. Jh. aus gleichbed. *frz.* loge (vgl. *logieren, Logis*) übernommen. Die Verwendung im Sinne von „Freimaurervereinigung; [geheime] Gesellschaft", die für 'Loge' seit dem 18. Jh. bezeugt ist, geht von *engl.* lodge (< *afrz.* loge) „Häuschen; Versammlungsort der Brüder; Geheimbund" aus. Aus *it.* loggia, das seinerseits aus *frz.* loge stammt, wurde im 17. Jh. der Fachausdruck der Baukunst **Loggia** „halboffene Bogenhalle; nach einer Seite offener, überdeckter Raum des Hauses" entlehnt. Vgl. auch den Artikel *Lobby*.

...loge: Das Grundwort von zusammengesetzten männlichen Substantiven mit der Bed. „Kundiger, Forscher, Wissenschaftler", wie in ↑Philologe, ↑Zoologe, gehört zu *griech.* lógos „Rede, Wort; Vernunft; wissenschaftl. Untersuchung usw." (über die etymologischen Zusammenhänge vgl. den Artikel *Lexikon*). – Dazu auch **...logie** als Grundwort zusammengesetzter weiblicher Substantive mit der Bed. „Lehre, Kunde, Wissenschaft", wie in ↑Philologie, ↑Biologie usw.

Logger: Die seemännische Bezeichnung für „kleineres Küstensegel- oder Motorfahrzeug zum Fischfang" wurde im 19. Jh. aus dem *Niederl.* übernommen. *Niederl.* logger seinerseits ist wahrscheinlich entlehnt aus gleichbed. *engl.* lugger, das wohl zusammenhängt mit *engl.* lugsail „schiefes Rahsegel" (eigentlich „kleines Segel, das mit einem Ruck aufgezogen wird").

Loggia ↑Loge.

logieren „vorübergehend wohnen, [gegen Entgelt] übernachten", älter auch „beherbergen": Das Verb wurde um 1600 aus gleichbed. *frz.* loger, einer Ableitung von *frz.* loge „abgeschlossener Raum; Unterkunft (vgl. *Loge*), entlehnt. Eine Bildung zum *frz.* Verb loger ist *frz.* logis

„Bleibe, Unterkunft", aus dem um 1700 **Logis** „Unterkunft, Bleibe" übernommen wurde. Seit dem 19. Jh. wird 'Logis' in der Seemannssprache auch im Sinne von „Wohn- und Schlafraum der Matrosen auf einem Schiff" verwendet.

Logik „Lehre vom folgerichtigen Denken; folgerichtiges Denken": Das Fremdwort wurde im 16. Jh. aus gleichbed. *spätlat.* logica entlehnt (davor finden sich schon *mhd.* die eingedeutschten Formen lōicā, lōic, lōike „Logik; Klugheit, Schlauheit"). *Lat.* logica seinerseits stammt aus *griech.* logikḗ „Lehre vom Denken". Das zugrundeliegende *griech.* Adjektiv logikós „das Wort, die Vernunft, das Denken betreffend" ist von *griech.* lógos „das Sprechen, die Rede, das Wort; die Erzählung; das Berechnen; die Vernunft usw." abgeleitet. Über weitere etymologische Zusammenhänge vgl. den Artikel *Lexikon*. – Dazu stellen sich **logisch** „folgerichtig, denkrichtig, schlüssig", *ugs.* auch für „natürlich, klar, selbstverständlich" (um 1600; aus *lat.* logicus < *griech.* logikós; die Gegenbildung 'unlogisch' erscheint im 18. Jh.) und **Logiker** „Wissenschaftler auf dem Gebiet der Logik; Mensch mit scharfem Verstand" (17. Jh.).

Logis ↑logieren.

[1]**Lohe** „Flamme, flammendes Feuer": Das seit *mhd.* Zeit bezeugte Wort gehört zu der unter ↑*licht* dargestellten *idg.* Wurzel. *Mhd.* lohe steht im grammatischen Wechsel zu der *nord.* Sippe von *schwed.* låga „Flamme" (im Ablaut dazu *ahd.* loug, *aengl.* līeg, *aisl.* leygr „Flamme, Feuer"). Dazu stellt sich das Verb **lohen** „flammen, lodern" (*mhd.* lohen, *ahd.* lo[h]ēn).

[2]**Lohe** „zum Gerben verwendete Rinde": Das auf das *dt.* und *niederl.* Sprachgebiet beschränkte Wort (*mhd., ahd.* lō, Genitiv lōwes, *niederl.* looi) gehört im Sinne von „Abgeschältes, Losgelöstes" zu der *idg.* Wurzel *leu- „[ab]schneiden, [ab]schälen, [ab]reißen". Aus dem *germ.* Sprachbereich gehören zu dieser z. T. erweiterten Wurzel auch die Sippen von ↑los (lösen; [2]Losung; [2]löschen) und ↑verlieren (Verlies; Verlust), wahrscheinlich auch das unter ↑*Laub* (eigentlich „Abgerissenes, Abgerupftes") behandelte Wort. In anderen *idg.* Sprachen sind z. B. verwandt *griech.* lýein „lösen" (↑Analyse) und *lat.* luere „büßen, zahlen" (eigentlich „einlösen"), solvere „lösen" (s. die Fremdwörtergruppe um *absolut*). – Die zum Gerben verwendete Rinde wird von verschiedenen Baumarten, bes. von (jungen) Eichen und Fichten, gewonnen. Mit Hilfe der Lohe läßt sich tierische Haut in Leder verwandeln. Heute werden in der Lederherstellung auch mineralische und synthetische Gerbstoffe verwendet. – Zus.: **lohgar** „mit Lohe gegerbt" (um 1600); **Lohgerber** (15. Jh.); **Lohmühle** „Mühle, in der Baumrinde zerkleinert und zu Gerbstoff verarbeitet wird" (16. Jh.).

Lohn: Das *gemeingerm.* Wort *mhd., ahd.* lōn, *got.* laun, *aengl.* lēan, *schwed.* lön gehört mit verwandten Wörtern in anderen *idg.* Sprachen zu der Wurzel *lāu- „(auf der Jagd oder im Kampf) erbeuten", vgl. z. B. *russ.* lov „Jagdbeute, Fang" und *lat.* lucrum „Gewinn". Abl.: **lohnen** „vergelten, belohnen; Kosten, Mühe rechtfertigen; von Nutzen sein" (*mhd.* lōnen, *ahd.* lōnōn „Lohn geben, bezahlen, vergelten"), beachte dazu die Präfixbildungen **belohnen** „zum Dank, als Anerkennung mit etwas beschenken, auszeichnen", **entlohnen** „Lohn für Dienste geben, bezahlen" und **verlohnen,** sich „sich lohnen"; **löhnen** (*mhd.* lœnen „Lohn geben, bezahlen, vergelten", jüngere Nebenform von lōnen), dazu **Löhnung** (17. Jh.).

lokal „örtlich, örtlich beschränkt": Das Adjektiv wurde im 18. Jh. aus gleichbed. *frz.* local entlehnt, das auf *spätlat.* localis „örtlich" zurückgeht. Dies ist eine Bildung zu locus „Ort, Platz, Stelle usw." (*alat.* stlocus), das wohl zu der unter ↑*stellen* dargestellten *idg.* Wortgruppe gehört. Zu 'lokal' stellen sich **Lokal** „[Gast]wirtschaft", älter „Örtlichkeit" (18. Jh.; aus *frz.* local „Raum, der einem bestimmten Zweck dient, Örtlichkeit", dem substantivierten *frz.* Adjektiv); **Lokalität** „Örtlichkeit; Raum" (18. Jh.; aus gleichbed. *frz.* localité [< *spätlat.* localitas „Lage"]); **lokalisieren** „örtlich festlegen" (19. Jh.; aus gleichbed. *frz.* localiser). – Beachte in diesem Zusammenhang noch das von *lat.* locus abgeleitete Verb *lat.* locare „hinstellen" mit der Bildung *lat.* collocare „auf-, hinstellen, hinlegen usw.", die den Wörtern ↑kusch, kuschen, kuscheln und ↑Couch zugrunde liegt.

Lokomotive, (Kurzform:) **Lok:** Das Wort wurde im 19. Jh. aus dem *Engl.* übernommen: *engl.* locomotive (engine), das wörtlich „Maschine, die sich von der Stelle bewegt" bedeutet, ist eine Neubildung zu *lat.* locus „Ort, Stelle" und *lat.* movere „bewegen". Zus.: **Lokomotivführer** (19. Jh.).

Lokus: Die seit dem 17. Jh. bezeugte *ugs.* Bezeichnung für „Toilette, Klosett" ist eine wohl in der Schulsprache entwickelte Kürzung aus *lat.* 'locus necessitatis' „Ort der Notdurft".

Lolch: Der Name der Grasart (*mhd.* lulch, lullich, *ahd.* lolli) ist aus *lat.* lolium „Schwindelhafer, Trespe" entlehnt. Das *lat.* Wort bedeutet eigentlich „Taumel oder Schwindel erregende Pflanze", bezieht sich also auf die giftige Art.

Lombard „Kredit gegen Verpfändung beweglicher Sachen" (z. B. Wertpapiere, Waren): Das seit dem 17. Jh. bezeugte Fremdwort war zunächst im Sinne von „Leihhaus" gebräuchlich und ist in dieser Bedeutung aus *frz.* lombard entlehnt. Dies steht für älteres maison de Lombard „Leihhaus", eigentlich „Haus eines Lombarden". Die Kaufleute aus der Lombardei waren vom 13. bis zum 15. Jh. die privilegierten Geldverleiher.

Lorchel „Faltenschwamm": Der seit dem 19. Jh. bezeugte Name der Pilzart ist vermutlich nach 'Morchel' aus älterem 'Lorche' umgestaltet. 'Lorche', in *niederd.* Form Lorken (18. Jh.), ist wohl eine der Unterscheidung dienende willkürliche Bildung aus 'Morche' (s. *Morchel*). Lorcheln und Morcheln sind sehr ähnliche Pilzarten und werden häufig verwechselt.

Lord ↑Laib.

Lore: Die Bezeichnung für einen offenen, auf

Schienen laufenden [kippbaren] Wagen wurde um 1900 aus gleichbed. *engl.* lorry entlehnt, dessen Herkunft dunkel ist.

los: Das *gemeingerm.* Adjektiv *mhd., ahd.* lōs, *got.* laus, *engl.* -less, *schwed.* lös (ablautend *niederl.* lōs) gehört zu der s-Erweiterung der unter ↑[2]*Lohe* dargestellten *idg.* Wurzel *leu- „[ab]schneiden, [ab]schälen, [ab]reißen". Eng verwandt ist das unter ↑*verlieren* behandelte Verb, zu dem ↑Verlies und ↑Verlust gebildet sind. Vom Adjektiv abgeleitet sind die Verben ↑lösen und ↑[2]löschen „ausladen". – Das Adjektiv spielt – ähnlich wie 'voll' (s. d.) – seit alters eine bedeutende Rolle in der Zusammensetzung, beachte z. B. 'achtlos, arglos, ausdruckslos, bodenlos, endlos, grenzenlos, inhaltslos, machtlos, rücksichtslos', die teils vom Genitiv, teils vom Stamm des Bestimmungswortes ausgehen. Auch als Verbzusatz kommt 'los' häufig vor, beachte z. B. 'losbrechen, loseisen, losgehen, loskommen, losschlagen'. – Die Nebenform **lose** hat sich aus der Adverbialform (*mhd.* lōse) entwickelt. Sie wird im Sinne von „nicht fest, locker; unverpackt", auch im moralischen Sinne von „leichtfertig, schlecht, verdorben" gebraucht.

Los: Das *altgerm.* Wort *mhd.* lōȥ, *ahd.* hlōȥ, *got.* hlauts, *aisl.* hlautr steht im Ablaut zu den gleichbed. *niederl.* lot (↑Lotterie), *engl.* lot, *schwed.* lott und gehört mit diesen zu einem im *Nhd.* untergegangenen starken *germ.* Verb: *ahd.* hlioȥan, *mhd.* lieȥen „losen; wahrsagen; zaubern" usw. – Die Sitte des Losens entstammt dem magisch-religiösen Bereich. Das Losen diente ursprünglich der Schicksalsbefragung, besonders beim Opfer (beachte *aisl.* hlautr „Los" neben hlaut „Opferblut"). Später wurde das Losen bei den Germanen auch in der Rechtsprechung geübt. Schließlich diente es ganz allgemein dazu, eine vom Menschen unabhängige Entscheidung zu erzielen, daher auch zur Ermittlung des Gewinners in Glücksspielen. – Aus dem *Germ.* entlehnt sind *frz.* lot, *it.* lotto (↑Lotto). Abl.: [1]**losen** „durch Los ermitteln; ein Los ziehen" (*mhd.* lōȥen; beachte dazu **auslosen** und **verlosen**), dazu [1]**Losung** „Erkennungswort, Parole" (*mhd.* lōȥunge „das Loswerfen; Teilung"; in der heutigen Bedeutung seit dem 15. Jh.).

[1]**löschen** „aufhören zu brennen oder zu leuchten, ausgehen": Das nur noch vereinzelt in der Dichtung verwendete starke Verb (*mhd.* leschen, *ahd.* lescan) ist eine auf das *dt.* Sprachgebiet beschränkte Weiterbildung zu dem unter ↑*liegen* behandelten Verb und bedeutete demnach ursprünglich „sich legen". Allgemein gebräuchlich sind dagegen die stark flektierenden Präfixbildungen **erlöschen** und **verlöschen,** beachte auch **auslöschen.** Mit diesem 'löschen' zusammengefallen ist das transitive schwache Verb löschen „ausmachen, ersticken; stillen; tilgen, beseitigen" (*mhd.* leschen, *ahd.* lesken), das eigentlich das Veranlassungswort zum starken Verb ist. Fachsprachlich wird 'löschen' im Sinne von „gebrannten Kalk mit Wasser behandeln" verwendet, beachte die Zusammensetzung **Löschkalk.** – Zus.: **Löschblatt** (17. Jh.); **Löschpapier** (17. Jh.).

[2]**löschen:** Der seemännische Ausdruck für „ausladen" ist entstellt aus 'lossen', das im 18. Jh. aus dem *Niederd.* übernommen wurde. *Niederd.-niederl.* lossen „ausladen" ist von dem unter ↑*los* behandelten Adjektiv abgeleitet und bedeutet eigentlich „frei, leer machen".

loseisen ↑Eis.

[2]**losen** ↑lauschen.

lösen: Das *gemeingerm.* Verb *mhd.* lœsen, *ahd.* lōsen, *got.* lausjan, *aengl.* līesan, *schwed.* lösa ist von dem unter ↑*los* behandelten Adjektiv abgeleitet. Aus dem ursprünglichen Gebrauch des Verbs im Sinne von „losmachen, frei machen" haben sich mehrere spezielle Verwendungsweisen entwickelt, z. B. im Sinne von „aufheben, für nichtig erklären" ('eine Abmachung lösen'), „raten, herausfinden, klären" ('ein Rätsel, Problem lösen'), „kaufen" ('eine Fahr-, Eintrittskarte lösen'), „zergehen lassen, flüssig machen" ('Pulver, Salz lösen'). Auch die Präfixbildungen und Zusammensetzungen haben sich von der eigentlichen Bedeutung von 'lösen' teilweise stark entfernt, beachte **ablösen** „[vorsichtig] losmachen, entfernen; durch Zahlung tilgen; den Platz eines anderen einnehmen", **auflösen** „losmachen, öffnen; aufheben, für nichtig erklären; raten, herausfinden; zergehen lassen, flüssig machen", **auslösen** „loskaufen, eintauschen; betätigen, in Gang setzen; hervorbringen, verursachen", dazu **Auslöser** „Hebel, Knopf oder Vorrichtung, um etwas in Gang zu setzen"; **einlösen** „[durch Bezahlung] zurückerwerben; erfüllen, halten"; **erlösen** „(von Schmerzen, Not, Sünde oder dgl.) befreien" (*mhd.* erlœsen, *ahd.* irlōsan „losmachen, frei machen; befreien; erzielen, einnehmen"), dazu **Erlöser** (*mhd.* erlœsære, *ahd.* irlōsāri), **Erlösung** (*mhd.* erlœsunge, *ahd.* irlōsunga) und **Erlös** „Einnahme aus einem Verkauf; Bargewinn" (19. Jh.). Abl.: **Lösung** (*mhd.* lœsunge, *ahd.* lōsunga; als chemischer Fachausdruck im 19. Jh. aus 'Auflösung' gekürzt). – Siehe auch den Artikel [2]*Losung.*

Löß: Der seit der ersten Hälfte des 19. Jh.s bezeugte geologische Fachausdruck für die gelbliche, feinkörnige Moränen- oder Steppenstaubablagerung ist von dem Geologen v. Leonhard geprägt, und zwar wahrscheinlich aus *aleman.* lösch „locker", das wohl zu der Wortgruppe von ↑*los[e]* gehört.

[1]**Losung** ↑Los.

[2]**Losung** weidmännisch für: „Kot des Wildes und des Hundes": Der seit dem 18. Jh. bezeugte weidmännische Ausdruck gehört zu 'losen' (Nebenform von ↑lösen) weidmännisch für „den Kot auslassen" (vgl. *los*).

Lot: Das *westgerm.* Wort für „Blei[klumpen]" *mhd.* lōt, *niederl.* lood, *engl.* lead ist entweder mit *mir.* lūaide „Blei" verwandt oder aber aus diesem entlehnt. Im *Engl.* und *Niederl.* bezeichnet das Wort auch heute noch das Metall. Im *Dt.* hat sich dagegen als Metallname ↑Blei durchgesetzt, während 'Lot' das aus Blei Hergestellte bezeichnet, so das Richtblei der Bauhandwerker, das Senkblei der Schiffer, ein kleines [Münz]gewicht und eine Metallmischung zum Verbinden zweier Metallstücke. Abl.: **loten** „die senkrechte Richtung bestimmen; die Wassertiefe messen" (18. Jh.); **löten** „durch Lötmetall verbinden" (*mhd.* lœten), beachte dazu **Lötkolben** (17. Jh.). Zus.: **lotrecht** „senkrecht" (18. Jh.).

Lotse „Seemann, der die Führung von Schiffen auf schwierigem Fahrwasser, besonders in Häfen, übernimmt": Das seit dem 17. Jh. bezeugte Substantiv ist aus 'Lootsmann' gekürzt, das seinerseits durch *niederl.-niederd.* Vermittlung aus *engl.* loadsman, älter lodesman „Geleitsmann; Steuermann" entlehnt ist. Bestimmungswort ist das veraltete Substantiv *engl.* load, älter lode „Führung, Leitung; Straße, Weg", das zur *germ.* Wortfamilie von ↑*leiten* gehört. Abl.: **lotsen** „ein Schiff durch schwieriges Fahrwasser oder in den Hafen führen" (18. Jh.), in neuerer Zeit auch *ugs.* übertragen gebraucht im Sinne von „jemanden mit Überredung wohin mitnehmen, locken".

Lotterie „Los-, Glücksspiel, Verlosung": Das seit dem 16. Jh. bezeugte Substantiv stammt wie auch ↑Niete aus dem holländischen Lotteriewesen. Das vorausliegende Substantiv *niederl.* loterij gehört als Ableitung zu *niederl.* lot, das im Ablaut zu *dt.* ↑*Los* steht.

lottern *landsch.* für: „liederlich leben, schlampen": Das seit dem 16. Jh. bezeugte Verb gehört mit **lott[e]rig** *landsch.* für „liederlich, schlampig" zu dem im *Nhd.* veralteten Adjektiv lotter, *mhd.* lot[t]er, *ahd.* lotar „locker, schlaff; leer, nichtig; leichtsinnig, leichtfertig". Dieses Adjektiv ist mit dem unter ↑*liederlich* behandelten Wort eng verwandt und gehört zu der Wortgruppe von ↑*schlummern* (beachte mit anlautendem s speziell 'schlottern'). Als Bestimmungswort ist das Adjektiv bewahrt z. B. in **Lotterbett** veraltend für „weiches Bett, Liebeslager", *österr.* für „Couch" (15. Jh.) und in **Lotterbube** „Schelm; heruntergekommener Mensch, Lump" (15. Jh., für *mhd.* lot[t]er „Taugenichts, Possenreißer"). – Beachte auch die Präfixbildung **verlottern** *ugs.* für „herunterkommen" (16. Jh.).

Lotto „Zahlenlotterie": Das Fremdwort wurde Anfang des 18. Jh.s aus *it.* lotto „Losspiel, Glücksspiel" entlehnt, das seinerseits aus *frz.* lot „Los" übernommen ist und letztlich zu dem unter ↑*Los* genannten *gemeingerm.* Wort gehört.

Louis ↑Lude.

Löwe: Der Tiername (*mhd.* lewe, *ahd.* le[w]o, entspr. z. B. *niederl.* leeuw) ist eine alte Entlehnung aus *lat.* leo (leonis) „Löwe", das seinerseits aus gleichbed. *griech.* léōn (léontos) übernommen ist. Die weitere Herkunft des Wortes ist unbekannt. Eine heute nur noch dichterisch gebräuchliche Nebenform von 'Löwe' ist **Leu** (*mhd.* löuwe, leu). – Zus.: **Löwenanteil** (19. Jh.) bezeichnet nach einer alten Fabel Äsops den Großteil an einer Beute, den der Stärkere (in der Fabel der Löwe) für sich beansprucht; **Löwenmaul** (als Blumenname seit dem 16. Jh.; so benannt nach der mit einem aufgesperrten Löwenrachen verglichenen Blüte); **Löwenzahn** (als Pflanzenname seit dem 16. Jh.; der Name soll sich auf die spitzgezahnten Blätter der Wiesenpflanze beziehen). – Beachte noch die Tiernamen ↑Leopard und ↑Chamäleon, in denen das *griech.-lat.* Wort als Bestimmungs- oder Grundwort erscheint.

loyal „gesetzes-, regierungstreu; anständig": Das Adjektiv wurde im 18. Jh. aus gleichbed. *frz.* loyal entlehnt, das auf *lat.* legalis „gesetzlich" (vgl. *legal*) zurückgeht. – Abl.: **Loyalität** „loyale Gesinnung" (19. Jh.; nach *frz.* loyauté).

Luchs: Das kleine Raubtier ist nach seinen funkelnden bernsteingelben Augen von ungewöhnlicher Sehschärfe als „Funkler" benannt. Die Scharfsichtigkeit des Luchses findet auch im *Dt.* ihren sprachlichen Ausdruck, beachte z. B. die Wendung 'aufpassen wie ein Luchs', die Zusammensetzungen **Luchsauge** (16. Jh.), **luchsäugig** (19. Jh.) und das abgeleitete Verb **luchsen** „scharf aufpassen, lauern; stibitzen" (18. Jh., beachte dazu 'ab-, be-, erluchsen'). Der Tiername ist *idg.* Alters. *Mhd., ahd.* luhs, *niederl.* los, *aengl.* lox, *schwed.* (ohne weiterbildendes s) lo gehen mit verwandten Wörtern in anderen *idg.* Sprachen zurück auf *lūk̂-, *lunk̂- „Luchs", das eigentlich „Funkler" bedeutet und Wurzelnomen zu *leuk̂- „leuchten, strahlen, funkeln" ist (vgl. *licht*). Vgl. z. B. *griech.* lýgx „Luchs" (daraus entlehnt *lat.* lynx) und *lit.* lū̆šis „Luchs".

Lucht ↑Luft.

Lücke: Das Wort (*mhd.* lücke, lucke, *ahd.* luccha) ist eng verwandt mit ↑Loch und ↑Luke und gehört zu der unter ↑*Locke* behandelten Wortgruppe. Zus.: **Lückenbüßer** (↑büßen).

Lude: Der *ugs.* Ausdruck für „Zuhälter" ist aus dem Vornamen 'Ludwig' gekürzt, wobei 'Ludwig' für 'Louis' „Zuhälter" steht. 'Louis' ist die *frz.* Entsprechung von 'Ludwig'. Die Verwendung im Sinne von „Zuhälter" bezieht sich wohl auf die gleichnamigen französischen Könige im 17. und 18. Jh., die wegen ihrer zahlreichen Mätressen bekannt waren.

Luder: Die Herkunft des nur *dt.* und *niederl.* Wortes (*mhd.* luoder, *mnd.* lōder, *niederl.* loeder) ist dunkel. Es handelt sich um einen alten Jagdausdruck für die Lockspeise (besonders in der Falkenjagd). Aus „Lockspeise, Köder" entwickelten sich bereits in *mhd.* Zeit einerseits die Bed. „Aas", woran sich die Verwendung von 'Luder' als Schimpfwort anschließt, und andererseits die Bed. „Verlockungen, unsittliches Wohlleben, Schlemmerei", beachte die Zusammensetzung **Luderleben** (17. Jh.) und die Ableitung **ludern** veraltet für „ködern; Aas fressen; liederlich oder ausschweifend leben" (*mhd.* luodern), dazu die Präfixbildung **verludern.** Über 'Schindluder' s. u. *schinden.*

Luft: Die Herkunft des *gemeingerm.* Wortes *mhd., ahd.* luft, *got.* luftus, *niederl.* lucht, *aengl.* lyft, *aisl.* lopt ist nicht sicher geklärt. Mit dieser *gemeingerm.* Bezeichnung für das die Erde umgebende Gasgemisch ist vermutlich identisch das *germ.* Wort für „Boden[raum], Dachstube", vgl. *aisl.* lopt „Bodengemach", *mniederl., mnd.* lucht „Bodenraum, oberes Stockwerk", daher *nordd.* **Lucht** „Boden[raum]“ (zu *niederl.-niederd.* -cht statt *hochd.* -ft s. den Artikel *Gracht*). Abl.: **lüften** „der frischen Luft aussetzen, frische Luft zuführen; [ein wenig] in die Höhe heben“ (*mhd.* lüften „in die Höhe heben“, entsprechend *aisl.* lypta, s. den Artikel *Lift*), dazu **Lüftung; luftig** „der Luft, dem Wind ausgesetzt; hochgelegen; luftartig, locker, leicht, leichtsinnig“ (*mhd.* luftec), dazu **Luftikus** „leichtsinniger Mensch“ (19 .Jh.; aus der Studentensprache, gebildet wie z. B. ‘Pfiffikus’ zu ‘pfiffig’). Zus.: **Luftballon** (18. Jh.); **luftdicht** (19. Jh.); **Luftdruck** (19. Jh.); **Luftpumpe** (18. Jh.); **Luftröhre** (*mhd.* luftrœre); **Luftschiff** (18. Jh.); **Luftschloß** „Traumgespinst, Phantasiegebilde“ (17. Jh., nach der Redensart ‘ein schloß in den lufft bawen’, 16. Jh.); **Luftschutz** (erste Hälfte des 20. Jh.s); **Luftwaffe** (erste Hälfte des 20. Jh.s).

Lufthansa ↑Hanse.

Lug, Lüge ↑lügen.

lugen „ausschauen, spähen“: Das nur noch *landsch.* gebräuchliche Verb (*mitteld.* lūgen, *mhd.* luogen, *ahd.* luogēn) ist wahrscheinlich mit *engl.* to look „sehen, blicken“ verwandt. Die weiteren *außergerm.* Beziehungen sind unklar. Beachte dazu **Luginsland** „Wachtturm; Aussichtsberg“ (15. Jh.).

lügen: Das *gemeingerm.* Verb *mhd.* liegen, *ahd.* liogan, *got.* liugan, *engl.* to lie, *schwed.* ljuga geht mit verwandten Wörtern im *Baltoslaw.* auf eine Wurzel *leugh- „lügen“ zurück, vgl. z. B. *russ.* lgat’ „lügen“, lož’ „Lüge“. Im *germ.* Sprachbereich sind verwandt die Sippen von ↑leugnen und ↑locken. – Um das Verb gruppieren sich die Bildungen **Lug** (*mhd.* luc, *ahd.* lug; heute nur noch in der Verbindung ‘Lug und Trug’), **Lüge** (*mhd.* lüge, *ahd.* lugī), älter *nhd.* ‘Lügen’ (*mhd.* lügen[e], *ahd.* lugina), dazu **Lügner** (*mhd.* lügenære, *ahd.* luginări), davon wiederum abgeleitet **lügnerisch** (17. Jh.). Beachte auch die Präfixbildung **belügen** „durch Lügen täuschen, anschwindeln“ und **verlügen** veraltet für „durch Lügen falsch darstellen“, dazu das in adjektivische Funktion übergegangene 2. Partizip **verlogen** „lügnerisch“.

Luke „[mit einer Klappe verschließbare] Öffnung in Böden, Wänden oder Dächern“, daneben **Luk** seemännisch für „Öffnung im Deck oder in der Schiffswand“: Das um 1600 aus der *niederd.* Seemannssprache übernommene Wort geht zurück auf *mnd.* lūke (entsprechend *niederl.* luik, *dän.* luge), das zu dem unter ↑*Loch* behandelten *germ.* Verb *lūkan „verschließen“ gehört. ‘Luke’ bedeutete also wie auch ‘Loch’ ursprünglich „Verschluß“.

lukrativ „gewinnbringend, einträglich“: Das Adjektiv wurde Ende des 18. Jh.s aus gleichbed. *frz.* lucratif entlehnt, das auf *lat.* lucrativus „gewonnen, erübrigt“ (zu *lat.* lucrari „gewinnen“) zurückgeht. Dies gehört zu *lat.* lucrum „Gewinn, Vorteil“ (urverwandt mit *dt.* ↑Lohn).

lukullisch „üppig und dabei erlesen, schwelgerisch, opulent (vom Essen)“: Das seit dem Ende des 18. Jh.s bezeugte Adjektiv ist von Lucullus, dem Namen des römischen Feldherrn, abgeleitet und bedeutet demnach eigentlich „in der Art des Lucullus“. Es bezieht sich darauf, daß Lucullus nach dem 3. Krieg gegen Mithridates, in dem er große Reichtümer erwarb, in Rom ein verschwenderisches Leben führte.

Lulatsch ↑[1]Latsche.

lullen: *Frühnhd.* lullen „saugen; leise, einschläfernd singen“ und die entsprechenden gleichbedeutenden Verben *niederl.* lollen, *engl.* to lull, *schwed.* lulla sind lautnachahmenden Ursprungs und stammen wahrscheinlich wie das [elementar]verwandte ↑*lallen* aus der Kindersprache. Beachte dazu **Luller** *oberd. mdal.* für „Schnuller“.

Lümmel: Das seit dem 16. Jh. bezeugte Wort ist eine Bildung zu dem heute veralteten Adjektiv lumm „schlaff, locker“, das im Ablaut zu ↑*lahm* steht (beachte *mhd.* lüeme, *ahd.* luomi „matt, mild“). Abl.: **lümmeln** *ugs.* für „flegelhaft herumstehen, -sitzen oder -liegen, sich unanständig benehmen“ (17. Jh.).

Lump „schlechter Mensch, gemeiner Kerl, kleiner Gauner“: Das Wort ist identisch mit ↑Lumpen. Beide gehen auf *spätmhd.* lumpe „Lappen, Fetzen“ zurück. Die Form ‘Lump’ entstand durch Verkürzung und wurde im 17. Jh. im Sinne von „Mensch in zerlumpter Kleidung“ gebräuchlich. Die Form ‘Lumpen’ übernahm das n aus den obliquen Kasus in den Nominativ. – *Spätmhd.* lumpe „Lappen, Fetzen“ steht im Ablaut zu *mhd.* lampen „welk niederhängen“ und ist eng verwandt mit der Sippe von ↑Schlampe (vgl. *Schlaf*). Das Wort bedeutet also eigentlich „schlaff Herabhängendes“. – Eine scherzhafte latinisierte Bildung zu ‘Lump’ ist **Lumpazius,** auch verkürzt **Lumpazi** (19. Jh.). Das abgeleitete Verb **lumpen** bedeutet *ugs.* „unsolide leben“ und „mit viel Alkohol tüchtig feiern“. Die jüngere, heute nicht mehr verwendete Bed. „jemanden einen Lump nennen“ lebt noch weiter in der Wendung ‘sich nicht lumpen lassen’ „freigebig sein“.

Lumpen „Lappen, Fetzen, altes Kleidungsstück“: Das Wort ist identisch mit ↑*Lump* und geht wie dies auf *mhd.* lumpe „Lappen, Fetzen“ zurück. Abl.: **lumpig** „zerlumpt, armselig“ (17. Jh., für älteres ‘lumpicht’); **zerlumpt** „mit zerrissenen Kleidern, schäbig, heruntergekommen“ (16. Jh., 2. Partizip vom veralteten Verb ‘zerlumpen’ „in Fetzen reißen“).

Lunge: Die Lunge ist als „die Leichte“ benannt. Die Benennung geht demnach von der Beobachtung aus, daß das Atmungsorgan (geschlachteter Tiere) auf Wasser schwimmt, beachte dazu z. B. *engl.* lights *(Plural)* „Tierlunge“ zu light „leicht“ und *russ.* lëgkoje „Lunge“ zu lëgkij „leicht“. Die *altgerm.* Körperteilbezeichnungen *mhd.* lunge, *ahd.* lunga, lungun[na], *niederl.* long, *engl. Plural* lungs, *schwed.* lunga gehören zu der unter ↑*gelingen* dargestellten *idg.* Wurzel *le[n]gᵘh- „leicht“. – Kollektivbildung zu ‘Lunge’ ist **Gelünge** „edlere Eingeweideteile (Lunge, Herz, Leber, Milz) des Wilds“ (*spätmhd.* gelunge).

lungern (*ugs.* für:) „müßig herumstehen, sich herumtreiben“: Das seit dem Ende des 18. Jh.s schriftsprachliche Verb ist abgeleitet von dem im *Nhd.* untergegangenen Adjektiv *mhd.* lunger, *ahd.* lungar „schnell, flink" (vgl. *gelingen*). Das Verb bedeutete zunächst „auf etwas begierig sein, lauern". Gebräuchlicher als das einfache Verb ist **herumlungern.**

Lunte: Das seit dem Anfang des 16. Jh.s bezeugte Substantiv bedeutete zunächst „Lappen, Fetzen". Bereits im 16. Jh. wurde es im Sinne von „Lampendocht" und „Zündschnur" gebräuchlich. Als Bezeichnung für „Lampendocht" ist 'Lunte' heute veraltet. An den Wortgebrauch im Sinne von „Zündschnur" schließen sich an die Wendung 'Lunte riechen', die sich auf den penetranten Geruch einer glimmenden Zündschnur bezieht, und die seit dem 18. Jh. bezeugte weidmännische Verwendung des Wortes im Sinne von „Fuchsschwanz" (wegen der feuerroten Farbe). – Der Ursprung des Wortes ist nicht sicher geklärt.

Lupe „Vergrößerungsglas": Das Fremdwort wurde um 1800 aus *frz.* loupe entlehnt, dessen Herkunft umstritten ist.

lüpfen, *oberd.* **lupfen** „[ein wenig] in die Höhe heben": Der Ursprung des seit dem 13. Jh. bezeugten Verbs (*mhd.* lüpfen, lupfen) ist dunkel. Vielleicht ist es im Sinne von „in die Luft heben, lüften" mit der Sippe von ↑*Luft* verwandt.

Lupine: Der seit dem 18. Jh. bezeugte Name der Zier- und Futterpflanze ist aus gleichbed. *lat.* lupinum, lupinus „Wolfsbohne" entlehnt. Dies gehört zu *lat.* lupus „Wolf". Das Benennungsmotiv ist allerdings unklar.

Lurch, älter und noch *mitteld.* Lorch[e], *nordd.* Lork: Das im 17. Jh. aus *niederd.* lork „Kröte" übernommene Wort wird seit dem Anfang des 19. Jh.s gewöhnlich im *Plural* 'Lurche' als *dt.* Bezeichnung für 'Amphibien' (Kategorie der systematischen Zoologie) gebraucht. Die alte Bedeutung „Kröte" bewahren die Mundartformen Lorch[e] und Lork. – Der Ursprung des Wortes ist trotz aller Deutungsversuche dunkel.

Lusche: Die Herkunft des *landsch.* Ausdrucks für „Spielkarte ohne Zählwert" ist unklar.

Lust: Das *gemeingerm.* Wort *mhd., ahd.* lust, *got.* lustus, *engl.* lust, *schwed.* lust gehört wahrscheinlich im Sinne von „Neigung" zu dem *germ.* starken Verb *lūtan „sich niederbeugen, sich neigen" (beachte *aengl.* lūtan „sich neigen, niederfallen", *aisl.* lūta „sich neigen, sich niederbeugen"). *Außergerm.* ist z. B. verwandt die *baltoslaw.* Sippe von *lit.* liū̃dnas „traurig" (eigentlich „gebeugt, gedrückt"), liū̃sti „traurig sein". – Die zahlreichen Ableitungen und Zusammensetzungen gehen teils von der Verwendung des Wortes im Sinne von „Verlangen, [geschlechtliche] Begierde" aus, teils von der Verwendung im Sinne von „angenehme Empfindung, Freude, Vergnügen". Abl.: **Lustbarkeit** „Vergnügen, Tanzveranstaltung, Fest" (*mhd.* lustbæ̈recheit, zum Adjektiv lustbære „Freude, Vergnügen erregend, angenehm"); **lüsten** veraltet für „nach etwas verlangen" (*mhd.* lüsten, *ahd.* lusten), wenig gebräuchlich ist auch das gleichbedeutende **gelüsten** (*mhd.* gelüsten, *ahd.* gilusten), beachte dazu **Gelüst[e]** „Verlangen, Begierde" (*mhd.* gelüste, daneben geluste, *ahd.* gilusti); **lüstern** (s. d.); **lustig** (s. d.); **Lüstling** „geiler Mensch" (17. Jh.). Zus.: **Lustgarten** (16. Jh.); **Lustmord** (19. Jh.); **Lustseuche** (16. Jh.; in der Bed. „krankhafte Begierde"; seit dem 18. Jh. Ersatzwort für 'Syphilis'); **Lustspiel** (16. Jh., in der Bed. „Spiel zum Vergnügen"; seit dem 18. Jh. Ersatzwort für 'Komödie'); **lustwandeln** (17. Jh.; Ersatzwort für 'spazieren[gehen]', abgeleitet von dem heute veralteten 'Lustwandel'. Siehe auch den Artikel *Wollust*.

Lüster „Kronleuchter": Das Substantiv wurde im 18. Jh. aus gleichbed. *frz.* lustre (eigentlich „Glanz") entlehnt, das seinerseits aus *it.* lustro „Glanz" stammt. Dies ist eine Bildung zu *it.* lustrare „hell machen, beleuchten", das auf gleichbed. *lat.* lustrare (vgl. *licht*) zurückgeht.

lüstern „begierig, geil": Das seit dem 16. Jh. bezeugte Adjektiv ist durch Erleichterung der Drittkonsonanz -rnd aus 'lüsternd' entstanden, dem 1. Partizip des heute veralteten Verbs 'lüstern' „verlangen, begierig sein" (vgl. *Lust*). Abl.: **Lüsternheit** „Begierde, Geilheit" (17. Jh.).

Lustgarten ↑Lust.

lustig: Das seit *mhd.* Zeit bezeugte Adjektiv (*mhd.* lustec „vergnügt, munter") ist von dem unter ↑*Lust* behandelten Wort abgeleitet. Dazu stellen sich die Bildungen **Lustigkeit** (15. Jh.) und **belustigen** (16. Jh.).

Lüstling, Lustmord, Lustseuche, Lustspiel, lustwandeln ↑Lust.

lutschen: Das erst seit der zweiten Hälfte des 18. Jh.s bezeugte Verb ist eine junge Nachahmung des Sauglauts. Gleichfalls lautmalend ist das *mdal.* Verb 'nutschen' „saugen" (17. Jh.). Abl.: **Lutscher** „Schnuller".

Luv: Der im 17. Jh. aus der *niederd.* Seemannssprache übernommene Ausdruck für „die dem Wind zugewandte Seite" stammt aus dem *Niederl.* Das *niederl.* loef „Luv", das aus loefzijde „Luvseite" verkürzt ist, bedeutet eigentlich „Ruder". Die Luvseite des Schiffes ist benannt nach einem gegen den Wind ausgesetzten flachen Hilfsruder, mit dessen Hilfe in früheren Zeiten der Schiffssteven gegen den Wind gehalten wurde. *Niederl.* loef (↑lavieren), *mnd.* lōv sind verwandt mit *got.* lōfa und *aisl.* lōfi „flache Hand" und stehen im Ablaut zu *ahd.* laffa und lappo „flache Hand; Ruderblatt" (vgl. *Bärlapp*). Diese *germ.* Wortgruppe gehört mit verwandten Wörtern in anderen *idg.* Sprachen zu der Wurzel *lēp- „Fläche (der Hand), Sohle (des Fußes), Blatt (der Schulter, des Ruders oder dgl.)", vgl. z. B. *russ.* lapa „Tatze, Pfote", lopata „Schaufel", lopatina „Steuerruder". – Abl.: **luven** „an den Wind gehen".

Luxus „Verschwendung, Prunk, üppiger Aufwand": Das Fremdwort wurde im 16. Jh. aus gleichbed. *lat.* luxus entlehnt, das wohl mit einer ursprünglichen Bed. „Ausrenkung, Verbogenheit, Ausschweifung" (im Sinne von „Abweichung vom Normalen") zu *lat.* luxus „verrenkt" und damit zu der unter ↑*Locke* dargestellten Sippe der *idg.* Wurzel *leug- „biegen" gehört. – Dazu: **luxuriös** „üppig, verschwenderisch; kostbar" (17. Jh.; aus *lat.* luxuriosus „üppig, schwelgerisch", einer Ableitung von *lat.* luxuria „Üppigkeit, Schwelgerei usw.").

Luzerne: Der seit dem 18. Jh. bezeugte Name des Futterklees – dafür im Volksmund auch die Bezeichnungen 'Schneckenklee' und 'ewiger Klee' – ist aus *frz.* luzerne entlehnt. Dies stammt wahrscheinlich aus *prov.* luzerno, das zunächst „Glühwürmchen" bedeutet, dann übertragen auch „Luzerne" (wegen der hellglänzenden Samenkörner dieser Pflanze). Voraus liegen *aprov.* luzerna, *vlat.* *lucerna (= *klass.-lat.* lucerna) „Leuchte, Lampe". Stammwort ist *lat.* lucere „leuchten, glänzen" (vgl. hierüber den Artikel *illuminieren).*

Luzifer: Der Name des Morgensterns (Venus), zugleich der Beiname des Teufels, stammt aus *kirchenlat.* Lucifer. Dies bedeutet eigentlich „Lichtbringer" (zu *lat.* lux „Licht" und ferre „tragen, bringen"). Es überträgt den Mythos vom Höllensturz des Morgensterns (Jesaias 14, 12) auf den von Gott abgefallenen Engel, den Höllenfürsten.

Lymphe: Die medizinische Bezeichnung für „hellgelbe, eiweißhaltige Flüssigkeit in Gewebe und Blut" ist eine gelehrte Entlehnung des 17./18. Jh.s aus *lat.* lympha „klares Wasser; Flüssigkeit". Das *lat.* Wort, in ältester Zeit in der Form lumpa bezeugt, bedeutete ursprünglich „Wassergöttin, Quellnymphe" und erst sekundär „Wasser" selbst. Es handelt sich wahrscheinlich um eine Entlehnung aus *griech.* nýmphē „Braut, junge Frau; Nymphe, Quellnymphe" (vgl. *Nymphe*), mit Dissimilation des anlautenden Nasals gegen den Inlautnasal.

lynchen „jemanden ohne Richterspruch, ohne gesetzliche Handhabe wegen einer (als Unrecht angesehenen Tat) grausam mißhandeln oder töten": Das seit dem 19. Jh. gebräuchliche Verb ist aus gleichbed. *engl.-amerik.* to lynch entlehnt. Dies soll eine Bildung zu dem Namen eines amerikanischen Friedensrichters sein, angeblich Charles Lynch (1736–1796) aus Virginia. – Beachte dazu **Lynchjustiz** (19. Jh.).

Lyrik: Das erst seit dem Anfang des 19. Jh.s bezeugte Fremdwort ist substantiviert aus *frz.* poésie lyrique (dafür im 18. Jh. noch stets 'lyrische Poesie'). Das zugrundeliegende *frz.* Adjektiv lyrique, aus dem im 18. Jh. unser Adjektiv **lyrisch** übernommen wurde, geht zurück auf *lat.* lyricus „zum Spiel der Lyra gehörig; mit Lyrabegleitung". Dies stammt aus gleichbed. *griech.* lyrikós, einer Bildung zu *griech.* lýra (vgl. den Artikel *Leier*). Die Lyra war Symbol dichterischer Äußerung. Ihr Spiel begleitete den Vortrag gesungener Dichtung. So ist es nicht verwunderlich, daß sie gerade jener Dichtungsgattung ihren Namen gab, in der subjektives Erleben, Gefühle, Stimmungen usw. mit den Formmitteln von Reim und Rhythmus in Bilder gesetzt werden. – Abl.: **Lyriker** „lyrischer Dichter" (19. Jh.).

Lyzeum „höhere Schule für Mädchen": Die Lehrstätte des griech. Philosophen Aristoteles in Athen hieß nach einem in der Nähe gelegenen Tempel des Gottes 'Apóllōn Lýkeios' (der Beiname bedeutet etwa „Wolfstöter", zu *griech.* lýkos „Wolf") *griech.* Lýkeion. Über *lat.* Lyceum wurde das Wort von den Humanisten des 16. Jh.s entlehnt, zunächst als Ehrenname der Universitäten, seit dem 17./18. Jh. auch zur allgemeinen Bezeichnung höherer Schulen.

M

Maar: Der im wesentlichen nur noch fachsprachlich gebräuchliche Ausdruck für „[mit Wasser gefüllte] kraterförmige Vertiefung" ist entlehnt aus *vlat.* mara „stehendes Gewässer, See", das auf *lat.* mare „Meer" beruht (vgl. *Meer*).

Maat: Der seit dem Anfang des 18. Jh.s bezeugte seemännische Ausdruck für „Schiffsunteroffizier" beruht auf *mnd.* mat[e] „Kamerad, Geselle", das eigentlich „Speise-, Essensgenosse" bedeutet. Das *niederd.* Wort, dem *mhd.* ge-mazze, *ahd.* gi-mazzo „Tischgenosse" entspricht, ist eine Bildung zu dem unter ↑*Messer* behandelten Substantiv *mat[i]- „Speise" (vgl. [2]*Mast*).

machen: Das *westgerm.* Verb *mhd.* machen, *ahd.* mahhōn, *niederd., niederl.* maken, *engl.* to make geht mit verwandten Wörtern in anderen *idg.* Sprachen auf eine Wurzel *maĝ- „kneten" zurück, vgl. z. B. *griech.* mássein „kneten; streichen; pressen; abbilden", mágis „geknetete Masse, Teig, Kuchen", māza „[Gersten]teig; [Metall]klumpen" (s. den Artikel *Masse*) und die *baltoslaw.* Sippe von *russ.* mazat' „bestreichen, beschmieren", maslo „Butter, Öl". – Aus der ursprünglichen Verwendung des Verbs im Sinne von „den Lehmbrei zum Hausbau kneten, die Flechtwand mit Lehm verstreichen, formen" entwickelten sich im *germ.* Sprachbereich die Bed. „bauen, errichten; zusammenfügen, zupassen, herstellen; bewerkstelligen; handeln; tun; bewirken". Um das Verb in der Bedeutungswendung „zusammenfügen, zupassen" gruppieren sich die Bildungen ↑gemach ursprünglich „passend, geeignet, bequem" (dazu 'gemächlich' und 'allmählich') und ↑Gemach ursprünglich „Bequemlichkeit". Von *niederd., niederl.* maken in der speziellen Bed. „handeln, den Zwischenhändler machen" gehen ↑makeln und ↑mäkeln aus. Groß ist die Zahl der Zusammensetzungen mit 'machen', beachte 'an-, aus-, durch-, mit-, nach-, nieder-, vor-, zumachen'.

Wichtige Zusammensetzungen und Präfixbildungen sind **abmachen** „vereinbaren, übereinkommen; [ab]lösen, entfernen; (veraltet, noch *landsch.*:) abschließend zubereiten (von Speisen); erledigen" (15. Jh.), dazu **Abmachung** „Vereinbarung, Übereinkunft"; **aufmachen** „öffnen; hübsch zurechtmachen, herausputzen" (*mhd.* ūfmachen), dazu **Aufmachung** „Ausstattung, Verpackung, Gestaltung"; **einmachen** „haltbar machen, konservieren" (17. Jh.), dazu das substantivierte 2. Partizip **Eingemachtes** „haltbar gemachte Früchte"; **vermachen** „als Erbe überlassen, schenken" (*mhd.* vermachen), dazu **Vermächtnis** „letztwillige Verfügung; Erbe" (17. Jh.). Abl.: **Mache** „Fertigung[sprozeß], Bearbeitung; Aufmachung; Schein, Vortäuschung" (*mhd.* mache, *ahd.* mahha); **Machenschaft** „üble Handlungsweise, Intrige" (18. Jh., zunächst im Sinne von „Art, Beschaffenheit"); **Macher** veraltet für „Hersteller, Bewirker" (*mhd.* macher, *ahd.* [ga]mahhari; beachte von den zahlreichen Bildungen z. B. 'Macherlohn, Schuhmacher, Stellmacher, Geschäftemacher, Scharfmacher'), heute verwendet im Sinne von „jemand, der sich durch große Durchsetzungskraft, durch die Fähigkeit zum Handeln auszeichnet"; beachte auch Zusammensetzungen wie 'Filme-, Lieder-, Theatermacher'. Zus.: **Machwerk** „schlechte Arbeit, minderwertiges Erzeugnis" (18. Jh.).

Macho: Der *ugs.* Ausdruck für den sich betont männlich gebenden Mann kam in den 80er Jahren des 20. Jh.s zu 'Machismo' auf. Das Substantiv **Machismo** „übersteigertes Männlichkeitsgefühl (besonders in Lateinamerika)" wurde in den 70er Jahren aus gleichbed. *span.* machismo entlehnt, einer Bildung zu *span.* macho „männlich", das auf *lat.* masculus „männlich" zurückgeht (vgl. den Artikel *maskulin*). – Heute hat 'Macho' zwei Verwendungsweisen, zum einen im Sinne von „männlicher Chauvinist; Mann, der sich Frauen überlegen fühlt", zum anderen im Sinne von „harter Bursche, Kraftprotz" (im Gegensatz zum 'Softie').

Macht: Das *altgerm.* Wort *mhd., ahd.* maht, *got.* mahts, *engl.* might (anders gebildet *aisl.* māttr) ist das Verbalabstraktum zu dem unter ↑*mögen* (ursprünglich „können, vermögen") behandelten Verb. Dazu stellen sich die Bildungen **entmachten** „der Macht berauben" (20. Jh.) und *mächtig* (s. u.). Groß ist die Zahl der Zusammensetzungen mit 'Macht', beachte z. B. **Machthaber** (16. Jh.), **Machtwort** (17. Jh.) und **Heeresmacht, Ohnmacht** (s. d.), **Streitmacht, Vollmacht** (s. unter 'voll'), **Weltmacht.** Auch in der Namengebung spielt das Wort eine Rolle, beachte z. B. die weiblichen Vornamen 'Mathilde' und 'Mechthild[e]'. – *Altgerm.* ist auch das abgeleitete Adjektiv **mächtig:** *mhd.,* mehtic, *ahd.* mahtig, *got.* mahteigs, *engl.* mighty (vgl. *aisl.* māttugr). Das vom Adjektiv abgeleitete Verb 'mächtigen' ist heute nur noch in **bemächtigen,** sich und **ermächtigen** gebräuchlich. Zusammensetzungen mit 'mächtig' sind **allmächtig** (s. unter 'all'), **eigenmächtig** (16. Jh.) und **übermächtig** (*spätmhd.* übermehtic).

mächtig ↑Macht.

Machwerk ↑machen.

Macke: Der *ugs.* erst im 20. Jh. allgemein gebräuchliche Ausdruck für „Fehler, Defekt; geistiger Defekt, Tick, absonderliche Eigenart" stammt aus *jidd.* macke „Fehler, Schaden", eigtl. „Schlag" (< *hebr.* makkā̧ „Schlag; Verletzung").

Madam ↑Dame.

Mädchen: Das Wort entstand im 17. Jh. durch Konsonantenerleichterung aus 'Mägdchen' (daneben 'Mä[g]dgen'), ist also eigentlich Verkleinerungsbildung zu ↑*Magd,* das früher „unverheiratete oder noch unberührte Frau" bedeutete. Vgl. dazu *niederl.* maagdeke[n] „Mädchen" (↑Matjeshering). – Im heutigen Sprachgefühl wird 'Mädchen' nicht mehr als Verkleinerungsbildung empfunden. Siehe auch den Artikel *Mädel.*

Made: Das *germ.* Wort für „[kleiner] Wurm, fußlose Larve" *mhd.* made, *ahd.* mado, *got.* maþa, *aengl.* mađa, *aisl.* (weitergebildet) mađkr ist vielleicht mit *armen.* mat'il „Laus" verwandt. Da weitere Beziehungen nicht gesichert sind, bleibt unklar, was das Wort eigentlich bedeutet. Abl.: **madig** „voll von Maden", *ugs.* für „schlecht" in der Wendung 'jemanden oder etwas madig machen' (*mhd.* madic).

Mädel: Das Wort, das vom *Oberd.* ausgehend gemeinsprachliche Geltung erlangte und die längere Form 'Mägdlein' zurückgedrängt hat, ist – wie auch Mädchen (s. d.) – Verkleinerungsbildung zu ↑*Magd.*

Madonna: Die Bezeichnung für die Gottesmutter Maria und ihre bildliche Darstellung [mit dem Jesuskind] ist aus dem *It.* übernommen. *It.* madonna „Madonna", das wörtlich „meine Herrin" bedeutet und wie entsprechend *frz.* madame ursprünglich als Anrede an vornehme Frauen, dann auch als Bezeichnung für die Geliebte galt, beruht auf *lat.* mea domina „meine Herrin" (zu *lat.* domina „Herrin", dominus „Hausherr"; über weitere etymologische Zusammenhänge vgl. den Artikel *Dom*). Das Fremdwort erscheint im *Dt.* zuerst im 16. Jh. in der eigentlichen Bedeutung des *it.* Wortes als „Frau, Dame" (speziell zur Anrede), dann auch im abwertenden Sinne von „[schöne] Geliebte". Die heute allein übliche Verwendung des Wortes setzte sich seit dem Anfang des 18. Jh.s durch.

Mafia, (auch:) Maffia: Der in *dt.* Texten seit dem Ende des 19. Jh.s bezeugte Name der erpresserischen Geheimorganisation ist aus gleichbed. *it.* maf[f]ia, eigentlich „Überheblichkeit, Anmaßung", entlehnt. Der Ursprung des *it.* Wortes ist dunkel.

Magazin: Die Bezeichnung für „Vorrats-, Zeughaus, Lagerraum" wurde Anfang des 16. Jh.s aus gleichbed. *it.* magazzino entlehnt, das seinerseits aus *arab.* maḫāzin (*Plural* von maḫzan) „Warenlager" stammt. Das Wort wurde dann auch im Sinne von „Warenhaus, Laden" (18. Jh.; nach entsprechend *frz.* magasin) gebraucht, ferner als Bezeichnung für „Munitionskammer" (19. Jh.) und seit dem 18. Jh.

auch als Titel periodisch erscheinender bebilderter Zeitschriften (nach entsprechend *engl.* magazine), hier gleichsam im Sinne von „Sammelstelle (von Neuigkeiten usw.)".

Magd: *Mhd.* maget „Mädchen, Jungfrau; dienendes oder unfreies Mädchen, Dienerin", *ahd.* magad „Mädchen, Jungfrau", *got.* magaþs „Jungfrau", *aengl.* mæg[e]đ „Mädchen, Jungfrau" (beachte *engl.* maiden) beruhen auf einer Bildung zu dem im *Dt.* untergegangenen *gemeingerm.* Wort für „Knabe, Jüngling": *asächs.* magu „Knabe", *got.* magus „Knabe", *aengl.* mago „Knabe; Sohn; Krieger; Knecht", *aisl.* mǫgr „Knabe, Sohn". Dieses *gemeingerm.* Substantiv gehört mit verwandten Wörtern in anderen *idg.* Sprachen zu dem *idg.* Adjektiv *magho-s „jung" (beachte z. B. *awest.* majava- „unverheiratet"). – Mit 'Magd' identisch ist die durch Zusammenziehung entstandene Form ↑Maid. Verkleinerungsbildungen zu 'Magd' sind ↑Mädchen und ↑Mädel, beachte auch **Mägdlein** (*mhd.* magetlīn).

Magen: Die *altgerm.* Körperteilbezeichnung *mhd.* mage, *ahd.* mago, *niederl.* maag, *engl.* maw, *schwed.* mage ist vermutlich verwandt mit der *balt.* Sippe von *lit.* mākes „Beutel" und mit *kymr.* megin „Blasebalg". Demnach hätten die Germanen den erweiterten Teil des Verdauungskanals als „Beutel" benannt. Zus.: **Magenbitter** „Bitterlikör zur Anregung der Magensäfte" (19. Jh.).

mager: Das *altgerm.* Adjektiv *mhd.* mager, *ahd.* magar, *niederl.* mager, *aengl.* mæger, *schwed.* mager gehört mit verwandten Wörtern in anderen *idg.* Sprachen zu der Wurzel *mak- „dünn, schlank, hoch aufgeschossen", vgl. z. B. *griech.* makrós „schlank; lang; groß" (↑makro..., Makro...) und *lat.* macer „dünn, mager". Das abgeleitete Verb **magern** (*mhd.* magaren, *ahd.* magarēn) ist heute nur noch in der Zusammensetzung **abmagern** (17. Jh.) gebräuchlich. Abl.: **Magerkeit** (*spätmhd.* magerkeit). Zus.: **Magermilch** „stark entrahmte Milch" (19. Jh.).

Magier: Das Wort für „Zauberer, Zauberkünstler" wurde im 18. Jh. aus dem *Plural* magi des *lat.* Substantivs magus eingedeutscht, das selbst aus *griech.* mágos „Zauberer" entlehnt ist. Das *griech.* Wort bezeichnete zunächst das Mitglied einer medischen Priesterkaste und nahm erst dann die Bedeutungen „Traumdeuter, Zauberer; Betrüger" an. Es ist ein Lehnwort aus dem Iranischen (beachte *apers.* Magus, den Namen eines medischen Volksstammes mit priesterlichen Pflichten), dessen letzte Quelle nicht sicher zu ermitteln ist. – Dazu: **Magie** „Zauberkunst; Geheimkunst, die sich übersinnliche Kräfte dienstbar zu machen sucht" (16. Jh.; aus gleichbed. *lat.* magia, dies aus *griech.* mageía, magía „Lehre der Magier, Magie; Zauberei"); **magisch** „zauberisch, geheimnisvoll, bannend" (16. Jh.; aus gleichbed. *lat.* magicus, dies aus *griech.* magikós „zum Magier gehörend, magisch".

Magister ↑Magistrat.

Magistrat: Die Bezeichnung für „Verwaltungsbehörde, Stadtverwaltung" ist eine gelehrte Entlehnung des 15. Jh.s aus *lat.* magistratus „obrigkeitliches Amt, höherer Beamter, Behörde, Obrigkeit". Dies ist eine Bildung zu *lat.* magister „Vorsteher, Leiter; Lehrer", aus dem unser Fremdwort **Magister** und unser Lehnwort ↑Meister stammen.

Magnat „einflußreiche Persönlichkeit", insbesondere „Großgrundbesitzer, Großindustrieller": Das seit dem 17. Jh. bezeugte Fremdwort ist aus *mlat.* magnas, magnatis (daneben: magnatus) „Größe, vornehmer Herr" entlehnt, das von *lat.* magnus „groß, stark; bedeutend, mächtig usw." abgeleitet ist. – Zum Stamm von *lat.* magnus, das als Bestimmungswort in ↑Magnifizenz erscheint, stellen sich der Komparativ *lat.* maior, maius (< *mag-i̯o-s) „größer, stärker, bedeutender usw." (in den Fremdwörtern ↑Major, ↑Majorität und ↑Majestät), der Superlativ *lat.* maximus (< *mag-som-os) „größter, mächtigster, bedeutendster usw." (in den Fremdwörtern ↑Maximum, maximal und ↑Maxime), ferner das *lat.* Adverb magis „mehr, eher, vielmehr, in höherem Grade" mit dem dazugehörigen Substantiv *lat.* magister (< *mag-is-tero-s) „Vorsteher, Leiter; Lehrer" (beachte dazu die Fremdwortgruppe um *Meister*). – Im außeritalischen Sprachbereich sind u. a. *aind.* máhi „groß" und *griech.* mégas (megálē, méga) „groß" verwandt (beachte die Vorsilben Mega... und Megalo... in fachsprachlichen Fremdwörtern wie 'Megahertz' und 'Megalomanie').

Magnesia, Magnesium ↑Magnet.

Magnet „Eisen- oder Stahlstück, das die Eigenschaft besitzt, Eisen (Kobalt und Nickel) anzuziehen und an sich haften zu lassen": Das Wort wurde in *mhd.* Zeit (*mhd.* magnēt[e]) aus gleichbed. *lat.* magnes (Genitiv: magnetis) entlehnt. Dies stammt aus *griech.* mágnēs bzw. magnḗtis (líthos) „Magnetstein", eigentlich „Stein aus Magnesia", wohl nach dem Namen einer Landschaft in Thessalien oder einer Stadt in Kleinasien, die im Altertum für das natürliche Vorkommen von Magnetsteinen bekannt gewesen sein mußte. Beachte dazu auch *griech.* magnēsíē (líthos) „Magnetstein", auf das über *mlat.* magnesia unser Fremdwort **Magnesia** „beim Verbrennen von Magnesium entstehendes weißliches Pulver" zurückgeht (so benannt nach der Ähnlichkeit in Form und Farbe mit dem Magnetstein oder nach der Beobachtung, daß das Pulver genauso an den Lippen hängenbleibt wie Eisen am Magnetstein). Dazu gebildet ist der Name des chemischen Elements **Magnesium.** – Ableitungen und Zusammensetzungen: **magnetisch** (16. Jh.); **Magnetismus** „Gesamtheit der magnetischen Erscheinungen" (18. Jh.; *nlat.* Bildung); **magnetisieren** „magnetisch machen; durch magnetische Kräfte medizinisch behandeln" (17. Jh.; mit französierender Endung gebildet); **Magnetophon** Ⓦⓩ „Magnettonbandgerät" (20. Jh.; Grundwort ist *griech.* phōnḗ „Laut, Ton, Stimme").

Magnifizenz: Das seit dem 16. Jh. bezeugte Fremdwort wurde zunächst (und bis ins 18. Jh.) in der Bed. „Großartigkeit, Erhabenheit" gebraucht, in welchem Sinne es aus *lat.* magnificentia (zu *lat.* magnus „groß; erhaben", vgl. *Magnat,* und *lat.* facere „machen, tun, wirken"; vgl. *Fazit*) entlehnt ist. Im modernen Sprachgebrauch lebt das Wort als Titel und Anrede für Hochschulrektoren.

Magnolie: Die als Strauch oder Baum wachsende Zierpflanze mit großen, tulpenähnlichen Blüten ist eine *nlat.* Bildung (*nlat.* Magnolia) zum Namen des französischen Botanikers P. Magnol (1638–1715). Vorgeschlagen wurde die Benennung zu Ehren Magnols 1703 von dem französischen Botaniker Ch. Plumier.

Mahagoni: Die in *dt.* Texten seit dem 18. Jh. bezeugte Bezeichnung für das wertvolle Holz des Mahagonibaumes ist wohl ein karibisches Wort aus der Indianersprache Jamaikas. Eingeführt wurde 'Mahagoni' in die botanische Fachsprache von dem schwedischen Naturforscher Carl von Linné (1707–1778).

Mahd *landsch.* und dichterisch für „das Mähen; das Gemähte, Heu", als Neutrum *oberd., mdal.* für „[Berg]wiese": Das Wort (*mhd.* māt, *ahd.* mād), das als zweiter Bestandteil auch in ↑Grummet steckt, ist eine Bildung zu dem unter ↑*mähen* behandelten Verb. Im *Engl.* entspricht 'math' in 'aftermath' „Grummet". Abl.: **Mähder** *landsch.* für „Mäher" (*mhd.* madǣre, *ahd.* mādāri).

mähen: Das *westgerm.* Verb *mhd.* mǣjen, *ahd.* māen, *niederl.* maaien, *engl.* to mow ist wahrscheinlich verwandt mit *griech.* amáein „schneiden; mähen; ernten". Die weiteren Beziehungen sind unklar. Um das Verb gruppieren sich die Bildungen ↑Mahd „das Mähen; das Gemähte, Heu", als Neutrum „Wiese" und ↑[3]Matte „[Berg]wiese". Abl.: **Mäher** (15. Jh.; für älteres 'Mähder', ↑Mahd).

Mahl: Das der gehobenen Sprache angehörige Wort für „Essen" war ursprünglich identisch mit dem unter ↑[1]*Mal* „Zeitpunkt" behandelten *gemeingerm.* Substantiv. Auch im *Engl.* (vgl. meal) und im *Nord.* (vgl. *schwed.* mål) entwickelte sich wie im *Dt.* aus der Bed. „Zeitpunkt, festgesetzte Zeit" die Bed. „Essenszeit, Essen". Beachte auch, daß die seit dem 15. Jh. bezeugte Zusammensetzung **Mahlzeit** im Sinne von „Essen" gebraucht wird. Als Grundwort steckt 'Mahl' in mehreren Zusammensetzungen, beachte z. B. **Abendmahl** (↑Abend), **Gastmahl, Nachtmahl** *österr.* für „Abendbrot", davon **nachtmahlen** *österr.* für „zu Abend essen".

mahlen: Das *gemeingerm.* Verb *mhd.* malen, *ahd.* malan, *got.* malan, *niederl.* malen, *schwed.* mala geht mit verwandten Wörtern in den meisten anderen *idg.* Sprachen auf die Wurzel *[s]mel- „zerreiben, zermalmen, mahlen" zurück, vgl. z. B. *griech.* mýlē „Mühle", *lat.* molere „mahlen", mola „Mühlstein, Mühle", molina „[Wasser]mühle" (↑Mühle), molinarius „Müller" (↑Müller), mollis „weich, sanft, mild" (↑Moll), *russ.* molot' „mahlen", blin, *aruss.* mlinъ „Fladen, Pfannkuchen" (aus dem *Slaw.* stammt *landsch.* **Plinse, Flinse** „Pfannkuchen, Kartoffelpuffer"). Zu dieser vielfach weitergebildeten und erweiterten *idg.* Wurzel gehören aus dem *germ.* Sprachbereich die Sippen von ↑Mehl (eigentlich „Zerriebenes, Gemahlenes"), ↑Müll (eigentlich „Zerriebenes, Zerbröckeltes"), ↑malmen und von ↑schmelzen (s. d. über 'Schmalz' und 'Email[le]'), ferner im Sinne von „zerrieben, gemahlen, fein, locker, weich" die unter ↑*mollig,* ↑*mulmig* und ↑*mild* behandelten Wörter. Weiterhin gehören hierher die Maßbezeichnung ↑Malter (eigentlich „auf einmal gemahlene Menge Korn"), der Tiername ↑Milbe (eigentlich „Mehl machendes oder mahlendes Tier"), der Pflanzenname ↑Melde (nach den mehlartig bestäubten Blättern), die Körperteilbezeichnung ↑Milz (eigentlich „die Weiche" oder „die Auflösende") und das unter ↑*Malz* (eigentlich „Aufgeweichtes") behandelte Wort. Siehe auch die Artikel *Mehltau* und *Maulwurf.*

Mähne: Das *altgerm.* Wort *mhd.* man[e], *ahd.* mana, *niederl.* manen, *engl.* mane, *schwed.* man beruht mit verwandten Wörtern in anderen *idg.* Sprachen auf *idg.* *mono-s „Nacken" und *air.* muin- „Hals". Das alte Wort für „Nacken, Hals", vgl. z. B. *aind.* mányā „Nacken, Hals" ging also im *Germ.* über auf das den Nacken oder den Tierhals bedeckende lange Haar. – Die *nhd.* Form 'Mähne' – gegenüber *mhd.* man[e] – hat sich in *frühnhd.* Zeit aus dem *Plural* mene entwickelt.

mahnen: Das *westgerm.* Verb *mhd.* manen, *ahd.* manōn, *niederl.* manen, *aengl.* manian gehört mit verwandten Wörtern in anderen *idg.* Sprachen zu der Wurzel *men[ə]- „überlegen, denken, vorhaben, erregt sein, sich begeistern". Vgl. dazu z. B. *griech.* maínesthai „aufgeregt sein, rasen, toben", manía „Raserei, Wahnsinn" (↑Manie, manisch), mnāsthai „sich erinnern" (↑Amnestie, eigentlich „das Sich-nicht-Erinnern"), autó-matos „aus sich selber denkend und handelnd" (↑Automat), Méntōr (Eigenname, eigentlich „Denker", ↑Mentor), *lat.* mens „Sinn, Verstand, Denken, Gedanke" (↑Mentalität; ↑Dementi, dementieren; ↑kommentieren, Kommentar), meminisse „eingedenk sein", reminisci „sich erinnern" (↑Reminiszenz), monere „[er]mahnen" (↑monieren und die Artikel *Monument, Monstrum, Monstranz, demonstrieren* sowie das unter ↑*Muster* behandelte Lehnwort). Aus dem *germ.* Sprachbereich gehören hierher ferner die Sippen von ↑Minne (eigentlich „das Denken an etwas") und ↑munter (ursprünglich „aufgeregt, lebhaft"). Um das Verb 'mahnen' gruppieren sich die Präfixbildungen **ermahnen** und **vermahnen** sowie **Mahnung** (*mhd.* manunge „Warnung, Aufforderung; rechtliche Forderung; Geldbuße").

Mahnmal ↑[2]Mal.

Mahr: Der Ursprung der *altgerm.* Bezeichnung des bösen weiblichen Geistes, der nach dem Volksglauben das Alpdrücken verursacht, ist nicht sicher geklärt. *Mhd.* mar[e], *ahd.* mara, *niederl.* (volksetymologisch umgestaltet) in nacht-merrie, *engl.* in nightmare, *schwed.* mara sind verwandt mit der *slaw.* Sippe von *russ.* mora in kikimora „Nachtgespenst" und mit *air.* mor-[r]-īgain „Vampir, weiblicher Unhold" (eigentlich „Alpkönigin"). Das den Kelten,

Germanen und Slawen gemeinsame Wort gehört vielleicht im Sinne von „Zermalmerin" zu der unter ↑*mürbe* dargestellten Wurzel.

Mähre: Der verächtliche Ausdruck für „schlechtes Pferd" bedeutete früher „Stute". Die abwertende Bedeutung kam im 17. Jh. auf und setzte sich dann durch. *Mhd.* merhe, *ahd.* mer[i]ha „Stute", *niederl.* merrie „Stute", *engl.* mare „Stute", *schwed.* märr „Stute, Mähre" beruhen auf einer *altgerm.* Femininbildung zu einem den Germanen und Kelten gemeinsamen Wort für „Pferd", das im *Dt.* noch in ↑Marschall und ↑Marstall bewahrt ist: *mhd.* marc[h], *ahd.* marah, *aengl.* mearh, *aisl.* marr „Pferd" und die *kelt.* Sippe von *air.* marc „Pferd".

Mai: Der Monatsname (*mhd.* meie, *ahd.* meio) beruht mit *roman.* Entsprechungen wie *it.* maggio und *frz.* mai auf *lat.* (mensis) Maius „(Monat) Mai". Der Monat heißt vermutlich nach einem altitalischen Gott Maius, der als Beschützer des Wachstums verehrt wurde. Dazu stellen sich **Maie** veraltend für „Maibaum; Birkengrün" und **maien** dichterisch für „Mai werden". – Zus.: **Maiglöckchen** (18./19. Jh.; weil es im Mai blüht); **Maikäfer** (17. Jh.; weil er im Mai schwärmt).

Maid: Das heute veraltete, noch scherzhaft gebräuchliche Wort für „Mädchen" geht zurück auf *mhd.* meit, das durch Zusammenziehung aus *mhd.* maget „Mädchen, Jungfrau; Dienerin" entstanden ist (vgl. *Magd).*

Maie, maien ↑Mai.

Mais: Der in *dt.* Texten seit dem 16. Jh. bezeugte Name der besonders in wärmeren Gebieten angebauten Getreidepflanze – in Süddeutschland vom Volksmund vielfach auch 'Welschkorn', 'türkischer Weizen' u. a. genannt – stammt aus *Taino* (Indianersprache der Karibik) mays „Mais". Er wurde den europäischen Sprachen (z. B. *frz.* maïs, *engl.* maize) durch die Spanier (*span.* maíz) vermittelt.

Maisch, Maische „Gemisch aus pflanzlichen Bestandteilen, besonders bei der Bierherstellung": Das *westgerm.* Wort *mhd.* meisch, *mnd.* mēsch, *engl.* mash gehört wahrscheinlich im Sinne von „feuchte, weiche Masse, Brei" zu der Wortgruppe von ↑*Mist*. Eng verwandt ist die *slaw.* Sippe von *russ.* mezga „weiche Teile von Rüben und Kartoffeln, Mus". Abl.: **maischen** „Maische bereiten" (17. Jh.).

Majestät „erhabene Größe, Herrlichkeit, Hoheit" (fast nur als Titel und Anrede für Kaiser und Könige): Das Substantiv (*mhd.* majestāt) geht auf *lat.* maiestas (maiestatis) „Größe, Hoheit, Erhabenheit, Majestät" zurück. Dies gehört zu *lat.* maior, maius „größer, bedeutender, erhabener". Über weitere etymologische Zusammenhänge vgl. den Artikel *Magnat*. Abl.: **majestätisch** „von erhabener Größe; hoheitsvoll" (16. Jh.).

Majolika: Das seit dem 17. Jh., zuerst in der Zusammensetzung 'Majolikageschirr' bezeugte, aus *it.* maiolica entlehnte Fremdwort bezeichnet eine besondere Art feiner, farbig glasierter Tonwaren. *It.* maiolica, älter maiorica geht auf *spätlat.* Maiorica, den Namen der Insel Mallorca, zurück. Von dieser Insel soll diese (ursprünglich arabische) Tonwarentechnik nach Italien gelangt sein.

Major: Die Offiziersrangbezeichnung wurde im 16. Jh. aus *span.* mayor „größer, höher; Vorsteher, Oberster; Hauptmann" entlehnt, das seinerseits auf *lat.* maior „größer, stärker; bedeutender usw." beruht. Über weitere etymologische Zusammenhänge vgl. den Artikel *Magnat.*

Majoran: Der Name der zu den Lippenblütlern gehörenden Gewürz- und Heilpflanze (*mhd.* meigramme, maiorān, *spätahd.* maiolan) beruht wie z. B. auch entsprechend *it.* maggiorana und *frz.* marjolaine auf gleichbed. *mlat.* majorana. Dies geht – wohl unter volksetymologischer Anlehnung an *lat.* maior „größer" – auf *lat.* amaracum „Majoran" zurück, das seinerseits aus gleichbed. *griech.* amárakon (orientalisches Lehnwort) übernommen ist.

Majorität: Die Bezeichnung für „[Stimmen]mehrheit" wurde im 18. Jh. als parlamentarischer Terminus aus gleichbed. *frz.* majorité übernommen und nach dem vorausliegenden Substantiv *mlat.* maioritas relatinisiert. Dies gehört zu *lat.* maior „größer, stärker; bedeutender usw." (vgl. den Artikel *Magnat*).

makaber „düster, grauenvoll, schaurig; mit Tod und Vergänglichkeit Scherz treibend": Das Adjektiv wurde aus gleichbed. *frz.* macabre entlehnt. Dies ist eine Kürzung aus *frz.* danse macabre „(schauriger) Totentanz", hervorgegangen aus 'danse Macabré'. Die Deutung des Namens Macabré ist umstritten.

Makel „Schandfleck; Fehler": Das seit *mhd.* Zeit zunächst auch in der konkreten Bed. „Fleck" bezeugte Substantiv (*mhd.* makel) ist aus *lat.* macula „Fleck, Mal; Schandfleck" entlehnt. – Dazu: **makellos** „ohne Fehl, ohne Tadel" (18. Jh.). Vgl. auch den Artikel *Makulatur.*

makeln „vermitteln, Vermittlergeschäfte machen": Das aus dem *Niederd.-(Niederl.)* stammende Verb, das im 17. Jh. ins *Hochd.* übernommen wurde, ist eine Iterativbildung zu *niederd.(-niederl.)* maken „machen, tun, handeln", dem *hochd.* ↑*machen* entspricht. Zur kaufmännischen Geltung des Verbs vgl. die Bedeutungsgeschichte von ↑*handeln.* Dazu stellt sich das Substantiv **Makler** „Vermittler" (17. Jh.; *mnd.* makeler, mekeler, *mniederl.* makelare). Die umgelautete Form **mäkeln** (*mnd.* mekelen), die früher gleichfalls im Sinne von „den Zwischenhändler machen, vermitteln" gebräuchlich war, entwickelte in Norddeutschland seit dem 18. Jh. die Bed. „etwas auszusetzen haben, tadeln, bemängeln". Dieser Bedeutungswandel erklärt sich daraus, daß die Zwischenhändler häufig die Waren bemängelten, um den Preis zu drükken. Abl.: **mäklig** „wählerisch, herumnörgelnd".

Make-up „Verschönerung [des Gesichts] mit kosmetischen Mitteln": Das Fremdwort wurde im 20. Jh. aus gleichbed. *engl.* make-up entlehnt, das zu to make up „aufmachen, zurechtmachen" gehört und wörtlich „Aufmachung" bedeutet (zu *engl.* to make „machen" [identisch mit *dt.* ↑*machen*] und *engl.* up „auf" [identisch mit *dt.* ↑*auf*]).

Makkaroni: Die seit etwa 1800 bezeugte Bezeichnung der Röhrennudeln stammt aus dem *It.*, und zwar aus einer Mundartform maccarone (*Plural:* -oni) von *it.* maccherone (-oni) „Röhrennudel", älter auch „Kloß, Pfannkuchen". – Auf die gleiche Quelle geht mit veränderter Bedeutung unser Wort **Makrone** „Gebäck aus Mandeln, Zucker und Eiweiß" zurück, das uns im 17. Jh. durch *frz.* macaron „Makrone" vermittelt wurde.

Makrele: Der seit dem 14. Jh. bezeugte Name des Speisefischs (*mhd.* macrēl) ist aus gleichbed. *mniederl.* mak[e]reel (= *niederl.* makreel) entlehnt. Der Name erscheint auch in anderen europäischen Sprachen (beachte z. B. *frz.* maquereau, *engl.* mackerel). Die Herkunft des Fischnamens ist nicht gesichert. Vielleicht hängt er mit *mniederl.* makelare „Vermittler" (↑makeln) zusammen. Nach dem Volksglauben folgt die Makrele dem Junghering und bringt die Weibchen mit den Männchen zusammen.

makro..., Makro..., (vor Vokalen meist:) makr..., Makr...: Das Bestimmungswort von Zusammensetzungen mit der Bed. „lang; groß", wie in 'Makrokosmos', 'makroskopisch', ist entlehnt aus dem gleichbedeutenden *griech.* Adjektiv makrós, das urverwandt ist mit *lat.* macer „mager, dünn" und mit *dt.* ↑*mager*.

Makrone ↑Makkaroni.

Makulatur „beim Druck schadhaft gewordene und fehlerhafte Bogen, Fehldruck; Altpapier", beachte auch die *ugs.* Wendung 'Makulatur reden' „Unsinn, dummes Zeug reden": Das Wort der Druckersprache wurde Anfang des 16. Jh.s aus *mlat.* maculatura „beflecktes, schadhaftes Stück" entlehnt (zu *lat.* maculare „fleckig machen, besudeln"; vgl. *Makel*).

[1]Mal „Zeitpunkt": Das *gemeingerm.* Wort *mhd., ahd.* māl, *got.* mēl, älter *engl.* meal, *schwed.* mål gehört im Sinne von „Abgestecktes, Abgemessenes, Maß" zu der *idg.* Wurzel *mĕ̆[d]- „wandern, [ab]schreiten; abstecken, messen". Aus dem *germ.* Sprachbereich gehören ferner zu dieser Wurzel die Sippen von ↑messen, ↑Maß, ↑Muße und von ↑müssen (eigentlich „sich etwas zugemessen haben"). *Außergerm.* sind z. B. verwandt *griech.* métron „Maß" (↑Metrum und die Fremdwörtergruppe um *Meter*), *lat.* metiri „[ab]messen" (↑Dimension und ↑immens), mensura „Messen, Maß" (↑Mensur), meditari „[er]wägen, nachdenken" (↑meditieren), medicus „Arzt" (eigentlich „klug ermessender, weiser Ratgeber", ↑Medizin), modus „Maß, Art und Weise" (s. die umfangreiche Fremdwörtergruppe um *Modus*). Eine alte Bildung zu der Wurzel *mē̂- in der ursprünglichen Bed. „wandern, abschreiten" ist vermutlich das unter ↑*Mond* behandelte Wort, das demnach ursprünglich etwa „Wanderer (am Himmelszelt)" bedeutete. – Im heutigen Sprachgebrauch wird Mal gewöhnlich nur noch verwendet, um die Wiederholung einer gleichen Lage zu verschiedenen Zeitpunkten anzugeben und um die Multiplikation auszudrücken, beachte z. B. 'ein anderes Mal, manches Mal, mehrere Male', ferner (zusammengerückt) **einmal** (s. d.), **manchmal, niemals** usw., beachte auch **malnehmen** „multiplizieren". Mit 'Mal' „Zeitpunkt" war ursprünglich identisch das unter ↑*Mahl* „Essen" (eigentlich „Zeitpunkt, festgesetzte Zeit") behandelte Wort, das heute orthographisch unterschieden wird. Siehe auch den Artikel [2]*Mal*.

[2]Mal „durch Verfärbung, Erhöhung oder Vertiefung sich abhebende Stelle, Zeichen, Markierung": *Mhd.* mail, meil, *ahd.* meil „Fleck, Zeichen; Befleckung, Sünde, Schande", *got.* mail „Runzel", *engl.* mole „Leberfleck, Muttermal" gehören mit verwandten Wörtern in anderen *idg.* Sprachen zu der Wurzel *mei- „sudeln, beschmieren" (vgl. z. B. *griech.* miaínein „besudeln, beflecken", miásma „Befleckung"). Die *nhd.* Form 'Mal' entwickelte sich aus der Vermischung von *mhd.* mail, meil „Fleck, Zeichen; Befleckung, Sünde, Schande" mit *mhd.* māl „Zeit[punkt]; Mahlzeit" (vgl. [1]*Mal*) und *mhd.* māl „Zeichen, Fleck, Punkt, Markierung, Ziel" (vgl. *malen*). Das Wort spielt eine wichtige Rolle in der Zusammensetzung, beachte z. B. **Denkmal** (s. d.), **Mahnmal** (20. Jh.), **Merkmal** (17. Jh.), **Muttermal** (16. Jh.), **Wundmal** (16. Jh.).

malade ↑maliziös.

Malaria „Sumpffieber, Wechselfieber": Der Krankheitsname wurde im 19. Jh. aus gleichbed. *it.* malaria (< mala aria „schlechte Luft; Sumpfluft") entlehnt. Vgl. den Artikel *maliziös*.

maledeien ↑maliziös.

malen: Das auf den *germ.* Sprachbereich beschränkte Verb bedeutete ursprünglich „mit Zeichen versehen". *Mhd.* mālen, *ahd.* mālōn, -ēn „mit Zeichen versehen; markieren; verzieren, schmücken; schminken, sticken; in Farben darstellen; schreiben, verzeichnen", *got.* mēljan „schreiben", *aisl.* mæla „färben, malen" sind Ableitungen von dem *gemeingerm.* Substantiv *mēla- „Zeichen, Fleck": *mhd.* māl, *ahd.* māl[i], *got.* mēl, *aengl.* mǣl, *aisl.* māl (vgl. [2]*Mal*). Dieses Substantiv gehört mit verwandten Wörtern in anderen *idg.* Sprachen zu der Wurzel *mel- „[ver]schmieren, verputzen, tünchen, färben", vgl. z. B. *griech.* mélās „schwarz", molýnein „besudeln" und die *balt.* Sippe von *lit.* mólis „Lehm". – Abl.: **Maler** (*mhd.* mālære, *ahd.* mālari); **Malerei** (16. Jh.); **malerisch** (17. Jh.); **Gemälde** (s. d.).

Malheur „Mißgeschick, Unglück": Das Fremdwort wurde im 18. Jh. aus gleichbed. *frz.* malheur entlehnt. Grundwort ist (wie in *frz.* bonheur „Glück") *frz.* heur (*afrz.* eür) „glücklicher Zufall", das auf *vlat.* agurium (< *lat.* augurium) „Vorzeichen, Wahrzeichen" zurückgeht. Bestimmungswort ist *frz.* mal „schlecht", das auf *lat.* malus „schlecht, übel" zurückgeht (vgl. den Artikel *maliziös*).

maliziös „boshaft, hämisch": Das Adjektiv wurde Ende des 17. Jh.s aus gleichbed. *frz.* malicieux entlehnt, das auf *lat.* malitiosus „schurkig, hinterlistig" zurückgeht (zu *lat.* malitia „schlechte Beschaffenheit; Schlechtigkeit, Arglist usw."). Stammwort ist das *lat.* Adjektiv malus „schlecht; übel, böse, bösartig", das auch in den Fremdwörtern ↑Malheur, ↑malträtieren und ↑Malaria steckt, ferner in **malade** „krank, unwohl" (*mhd.* aus gleichbed. *frz.* malade, das auf *lat.* male habitus „in schlechter Verfassung" zurückgeht) und **maledeien** veraltet für „fluchen, verwünschen" (15. Jh.; aus gleichbed. *afrz.* maldire, das auf *lat.* maledicere „lästern, schmähen", eigentlich „schlecht von jemandem sprechen", zurückgeht), dazu **vermaledeien** „verfluchen, verwünschen" (*mhd.* vermal[e]dīen).

malmen: Das erst seit dem 16. Jh. bezeugte, zunächst *mitteld.* Verb gehört zu der Wortgruppe von ↑*mahlen* und ist eng verwandt mit den unter ↑*mulmig* behandelten Wörtern (vgl. *mhd.* malm „Staub", *got.* malma „Sand" usw.). Gebräuchlicher als das einfache Verb ist **zermalmen** (16. Jh.).

Maloche: Der *ugs.* Ausdruck für „[schwere] Arbeit ist aus gleichbed. *jidd.* melocho entlehnt, das auf *hebr.* mĕlạ̄kạ̄ „Arbeit" zurückgeht. Abl.: **malochen** „schwer arbeiten".

Malter: Der Name des heute nicht mehr gebräuchlichen Raum- und Massenmaßes gehört zu der unter ↑*mahlen* dargestellten Wortgruppe und bedeutete ursprünglich „auf einmal gemahlene Menge Korn". Mit *mhd.* malter, *ahd.* maltar „Getreidemaß" eng verwandt ist die *nord.* Sippe von *schwed.* mäld „Mahlgut".

malträtieren „mißhandeln, übel zurichten": Das Verb wurde Ende des 18. Jh.s aus gleichbed. *frz.* maltraiter entlehnt, einer Bildung aus *frz.* mal „schlecht, übel" (vgl. *maliziös*) und *frz.* traiter „behandeln" (vgl. *traktieren*).

Malve: Der seit dem 16. Jh. bezeugte Name der im Volksmund 'Käsekraut' und 'Käsepappel' genannten Heil- und Zierpflanze ist aus *it.* malva entlehnt, das auf *lat.* malva zurückgeht. Dies stammt mit gleichbed. *griech.* maláchē (moláchē) aus einer Mittelmeersprache. – Früher bezeugt sind entsprechend *frz.* mauve und *engl.* mallow (*aengl.* mealwe), die unmittelbar auf *lat.* malva zurückgehen.

Malz „angekeimtes Getreide": Das *altgerm.* Wort *mhd., ahd.* malz, *niederl.* mout, *engl.* malt, *schwed.* malt bedeutet eigentlich „Aufgeweichtes, weiche Masse". Es gehört mit dem im *Nhd.* untergegangenen *altgerm.* Adjektiv *mhd., ahd.* malz „hinschmelzend, weich, kraftlos" zu der Sippe von ↑*schmelzen* (vgl. z. B. *aengl.* meltan „schmelzen, auflösen, verdauen"). Über die weiteren Zusammenhänge s. den Artikel *mahlen.* Abl.: **malzen** „Malz bereiten" (*mhd.* malzen); **Mälzer** „Brauarbeiter" (*spätmhd.* melzer).

Mama: Die familiäre Bezeichnung für „Mutter" wurde im 17. Jh. aus gleichbed. *frz.* maman entlehnt. Das Wort entstammt der kindlichen Lallsprache und ist elementarverwandt z. B. mit *lat.* mamma „Mutterbrust; Amme; [Groß]mutter" und *griech.* mámma „Mutter[brust]", ferner mit *mhd.* memme, mamme „Mutterbrust; Mutter". Letzteres lebt einerseits fort in der *landsch.* Bezeichnung 'Mamme' „Mutter", andererseits in dem Schimpfwort ↑Memme. – Siehe auch den Artikel *Mutter.*

Mambo: Der Name des im 20. Jh. aufgekommenen Tanzes im $^4/_4$-Takt mit schnellen Schritten und ruckartigen Hüftbewegungen stammt aus dem *Kreol.* Haitis.

Mammon (abschätzig oder scherzhaft für:) „Reichtum, Geld": Das seit etwa 1600 in *dt.* Texten bezeugte, durch die Bibelübersetzung Luthers bekannt gewordene Wort geht über *kirchenlat.* mammona[s] und *griech.* mamōnā[s] auf *aram.* mạmônạ „Besitz, Habe" zurück.

Mammut: Der in *dt.* Texten seit dem 18. Jh. bezeugte Name des ausgestorbenen Riesenelefanten ist durch Vermittlung von *frz.* mammouth aus *russ.* mamont entlehnt. In übertragenem Sinne erscheint 'Mammut' in Zusammensetzungen wie 'Mammutunternehmen, Mammutprogramm' zur Bezeichnung einer Sache von großen, riesenhaften Ausmaßen.

Mamsell veraltend für „Fräulein; Wirtschaftsangestellte": Das Fremdwort wurde im 18. Jh. aus *frz.* mademoiselle „[mein] Fräulein" entlehnt, das auf *mlat.* mea dom[i]nicella „meine kleine Herrin" (zu *lat.* domina „Herrin", dominus „Herr", vgl. *Dom*) zurückgeht.

man: Das unbestimmte Pronomen der 3. Person (*mhd., ahd.* man) hat sich aus dem Nominativ Singular des unter ↑*Mann* behandelten Substantivs entwickelt (beachte die entsprechende Entwicklung von *frz.* on „man" – neben homme „Mann, Mensch" – aus *lat.* homo „Mann, Mensch"). Es bedeutete zunächst „irgendein Mensch", dann „jeder beliebige Mensch" und umfaßt heute singularische und pluralische Vorstellungen. – Damit nicht identisch ist 'man' *nordd. ugs.* für „nur", beachte z. B. 'laß [es] man gut sein'. Dieses 'man' geht zurück auf *mnd.* man „nur", das sich aus newan „nur, ausgenommen" entwickelt hat.

Manager: Die Bezeichnung für „Leiter [eines großen Unternehmens]; Betreuer eines Berufssportlers, Filmstars usw." wurde Ende des 19. Jh.s aus dem *Amerik.* übernommen. Das *engl.-amerik.* Substantiv manager „Geschäftsführer, Leiter, Betreuer usw." ist eine Bildung zu dem *engl.* Verb to manage „handhaben, bewerkstelligen, deichseln; leiten, führen", das auf *it.* maneggiare „handhaben, bewerkstelligen" zurückgeht (s. auch *Manege*). Stammwort ist *lat.* manus „Hand" (vgl. *manuell*) bzw. das daraus hervorgegangene *it.* mano „Hand". – Nach 'Manager' wurden aus dem *Amerik.* auch das Verb **managen** „geschickt bewerkstelligen, zustande bringen; einen Künstler, Berufssportler o. ä. betreuen" (*engl.* to manage) und das Substantiv **Management** „Leitung, Führung von Großunternehmen o. ä." (*engl.-amerik.* management) entlehnt. – Zus.: **Managerkrankheit** (20. Jh.).

manch[er]: Das alleinstehend und attributiv gebrauchte Indefinitivpronomen, das zur Angabe einer unbestimmten Anzahl aus einer größeren Menge dient, hat sich in *mhd.* Zeit aus dem Adjektiv manec (-ig) „viel" entwickelt. Die ältere Lautung – im Gegensatz zu dem im Auslaut entwickelten -ch – bewahren die Zusammensetzungen **mannigfach** und **mannigfaltig.** Die ursprüngliche Bedeutung „viel" ist in der

Bildung ↑Menge „Vielheit, Masse, Fülle" erhalten. Das *gemeingerm.* Adjektiv *mhd.* manec, *ahd.* manag, *got.* manags, *engl.* many, *schwed.* mången ist eng verwandt mit der *kelt.* Sippe von *air.* menicc „reichlich, häufig, oft" und mit der *slaw.* Sippe von *russ.* mnogo „viel".

manchmal ↑[1]Mal.

Mandarine: Der Name der apfelsinenähnlichen Zitrusfrucht wurde im 19. Jh. aus *frz.* mandarine entlehnt, das seinerseits aus *span.* (naranja) mandarina, eigentlich wohl „Mandarinenorange" (zu 'Mandarin', der europäischen Bezeichnung hoher chinesischer Staatsbeamter), stammt. Die Benennung bezieht sich wohl darauf, daß die Mandarine als eine besonders auserlesene Apfelsinenart gilt und ihre gelbe Farbe der Farbe der Staatstracht des chinesischen Mandarins gleicht.

Mandat „Auftrag, [Vertretungs]vollmacht; Amt eines [gewählten] Abgeordneten": Das Wort wurde in der Kanzleisprache des 14. Jh.s aus *lat.* mandatum „Auftrag, Weisung" entlehnt, dem substantivierten Part. Perf. von *lat.* mandare „übergeben, anvertrauen; beauftragen". Aus dessen Part. Präs., *lat.* mandans, stammt das jüngere Fremdwort **Mandant** „Auftrag-, Vollmachtgeber (besonders eines Rechtsanwaltes)". – *Lat.* mandare ist wohl eine Bildung aus *lat.* manus „Hand" (vgl. *manuell*) und *lat.* dare „geben" (vgl. *Datum*) und bedeutet dann eigentlich „in die Hand geben". Dazu gehört *lat.* com-mendare „anvertrauen, übergeben; Weisung geben", das Ausgangspunkt für die Fremdwörter ↑kommandieren, Kommandant, Kommando und Kommodore ist.

[1]Mandel: Der Name für die Früchte des zu den Rosengewächsen gehörenden Mandelbaumes (*mhd.* mandel, *ahd.* mandala) beruht auf einer Entlehnung aus *spätlat.* amandula (neben amyndala) „Mandel", einer volkstümlich umgestalteten Nebenform von *lat.* amygdala (*vlat.* auch: amiddula) „Mandel, Mandelbaum". Das *lat.* Wort seinerseits stammt aus gleichbed. *griech.* amygdálē, dessen weitere Herkunft dunkel ist. Nach der Ähnlichkeit mit der Form einer Mandel heißt auch ein im Nasen-Rachen-Raum gelegenes Organ 'Mandel', beachte die Zusammensetzungen **Rachenmandel** und **Gaumenmandel.**

[2]Mandel „Gruppe von 15 aufgestellten Getreidegarben; Anzahl von 15 oder 16 Stück": Das seit dem 15. Jh. bezeugte Wort ist entlehnt aus *mlat.* mandala „Bündel, Garbe", das wohl im Sinne von „Handvoll" zu *lat.* manus „Hand" gehört (vgl. *manuell*). Es bezeichnete zunächst eine Anzahl von (gewöhnlich 15) zusammengestellten Garben. Aus diesem Wortgebrauch entwickelte sich die Bed. „Anzahl von 15 oder 16 Stück". Heute ist 'Mandel' im wesentlichen nur noch landschaftlich als Stückmaß (für Eier) gebräuchlich.

Mandoline: Der seit dem 18. Jh. bezeugte Name des lautenähnlichen viersaitigen Zupfinstrumentes mit stark gewölbtem Schallkörper ist aus *frz.* mandoline entlehnt, das seinerseits aus gleichbed. *it.* mandolino übernommen ist. Dies ist eine Verkleinerungsbildung zu *it.* mandola (älter: mandora) „Zupfinstrument" (eine Oktave tiefer als die Mandoline), das wohl aus gleichbed. *it.* pandora umgestaltet ist. Voraus liegt wahrscheinlich *griech.-lat.* pandūra „dreisaitiges Musikinstrument".

Manege: Die Bezeichnung für die runde Fläche für Darbietungen oder Reitbahn im Zirkus wurde im 18. Jh. aus *frz.* manège „das Zureiten, die Reitschule; die Reitbahn" übernommen, aber erst im 19 Jh. eingebürgert. Das *frz.* Wort stammt selbst aus *it.* maneggio „Handhabung; Schulreiten; Reitbahn", das von *it.* maneggiare „handhaben" abgeleitet ist (vgl. *Manager*).

mang ↑mengen.

Mangan: Der seit dem 18. Jh. bezeugte Name des chemischen Elements ist gekürzt aus älterem 'Manganesium', das aus *frz.* manganèse „schwarze Magnesia" entlehnt ist. Dies stammt aus gleichbed. *it.* manganese, einer entstellten Nebenform von *it.* magnesia (< *mlat.* magnesia; vgl. *Magnet*).

[1]Mangel „Glättrolle für Wäsche", dafür *mdal.* auch noch die Form **Mange:** Das seit *mhd.* Zeit als 'mange' bezeugte Substantiv bezeichnete ursprünglich nur eine Steinschleudermaschine. Die seit dem 14. Jh. bezeugte Verwendung des Wortes für „Glättrolle" geht wohl von der Ähnlichkeit mit den Steinkästen der Steinschleudermaschine aus. *Mhd.* mangel ist aus *mlat.* manga, mangana, manganum entlehnt, das auf *griech.* mágganon „Achse im Flaschenzug; eiserner Pflock, Bolzen; Schleudermaschine" zurückgeht. Die weitere Herkunft des *griech.* Wortes ist unklar. – Abl.: **[1]mangeln** „Wäsche auf der Mangel glätten" (*mhd.* mangen, in dieser Form heute noch *mdal.* gebräuchlich).

[2]Mangel ↑[2]mangeln.

[1]mangeln ↑[1]Mangel.

[2]mangeln „fehlen; entbehren": Die Herkunft des Verbs (*mhd.* mang[e]len, *ahd.* mangolōn), das im *germ.* Sprachbereich keine Entsprechungen hat, ist unklar. Sowohl das einfache Verb als auch die Präfixbildung **ermangeln** (17. Jh.) sind heute wenig gebräuchlich. Abl.: **[2]Mangel** „Fehlen; ungenügender Vorrat; Fehler" (*mhd.* mangel), dazu **mangelhaft** (15. Jh.) und **bemängeln** (19. Jh.).

Mangold: Der seit dem 13. Jh. bezeugte Name der Nutzpflanze, aus deren Blättern und Stielen ein spinatähnliches Gemüse bereitet wird, ist dunklen Ursprungs.

Manie „Besessenheit, Leidenschaft; krankhaft übersteigerte Neigung", auch als Grundwort von Zusammensetzungen wie ↑Kleptomanie: Das Fremdwort wurde im 18. Jh. als medizinisches Fachwort aus *griech.-lat.* manía „Raserei, Wahnsinn" entlehnt, das zu *griech.* maínesthai (< *mán-i̯esthai) „rasen, toben, von Sinnen sein, verzückt sein" gehört. – *Griech.* maínesthai stellt sich schwundstufig zu der unter ↑*mahnen* dargestellten reich entwickelten Wortsippe der *idg.* Wurzel *men- „denken; geistig erregt sein". Aus dem *Griech.* gehören hierzu u. a. noch das Verb mnā̆sthai „sich erinnern" (↑Amnestie, amnestieren), ferner das Grundwort von *griech.* autómaton „aus eigenem Antrieb" (↑Automat, automatisch, automatisieren) und der *griech.* Eigenname Méntōr (eigentlich „Denker"; ↑Mentor). – Abl.: **manisch** „an Manie leidend; tobsüchtig" (20. Jh.; aus *griech.* manikós „rasend, wütend").

Manier „Art und Weise, Eigenart" (nur *Singular*), der *Plural* **Manieren** ist im Sinne von „Umgangsformen" gebräuchlich: Das Substantiv wurde in *mhd.* Zeit (*mhd.* maniere) aus *afrz.* manière „Art und Weise, Gewohnheit; Benehmen" entlehnt, das von dem *afrz.* Adjektiv manier (-ière) „zur Hand; anstellig, geschickt, gewandt; gewohnt" abgeleitet ist. Stammwort ist *lat.* manus „Hand" (vgl. *manuell*), auf das *frz.* main „Hand" zurückgeht, beachte *ugs.* 'aus der Lamäng' „unvorbereitet, mit Leichtigkeit" (< *frz.* la main, eigentlich also „aus der Hand"). – Abl.: **manierlich** „gesittet, wohlerzogen; anständig" (um 1500); **manieriert** „gekünstelt, unnatürlich" (18. Jh.; nach gleichbed. *frz.* maniéré).

Manifest „Grundsatzerklärung, Programm einer Partei, Kunstrichtung o. ä.": Das Fremdwort wurde im 17. Jh. aus gleichbed. *mlat.* manifestum, dem substantivierten Neutrum des *lat.* Adjektivs manifestus „handgreiflich; offenbar, offenkundig" entlehnt. Dessen Bestimmungswort ist *lat.* manus „Hand" (vgl. *manuell*); der zweite Wortbestandteil ist unklar. – Abl.: **manifestieren** „offenbaren; kundgeben, bekunden" (16. Jh.; aus *lat.* manifestare „handgreiflich machen, offen bekunden"); **Manifestation** „Offenlegung, Darlegung; das Offenbarwerden" (18. Jh.; aus *spätlat.* manifestatio).

Maniküre: Das Fremdwort für „Hand-, Nagelpflege" und „weibliche Person, die die Hand-, Nagelpflege ausübt" wurde im 20. Jh. aus gleichbed. *frz.* manicure, manucure entlehnt. Dies gehört zu *lat.* manus (> *frz.* main) „Hand" (vgl. *manuell*) und *lat.* cura (> *frz.* cure) „Sorge; Pflege" (vgl. *Kur*). Abl.: **maniküren** „die Hände, insbesondere die Fingernägel, durch Schönheitsmittel pflegen" (20. Jh.).

Manipulation „geschickte Handhabung, Handgriff, Kunstgriff; Machenschaft": Das Fremdwort wurde Ende des 18. Jh.s – zuerst als Bezeichnung eines Heilverfahrens – aus gleichbed. *frz.* manipulation entlehnt. Dies ist eine Bildung zu *frz.* manipule „eine Handvoll" (< *lat.* manipulus), bezeichnete also zunächst eine Handhabung oder Behandlung mit einer Handvoll Kräuter oder Substanzen. Das gleiche gilt von *frz.* manipuler „handhaben", aus dem unser Verb **manipulieren** „handhaben, geschickt zu Werke gehen; durch bewußte Beeinflussung in eine bestimmte Richtung lenken" im 18. Jh. übernommen wurde. – *Lat.* manipulus gehört als Bildung zu *lat.* manus „Hand" (vgl. *manuell*) und *lat.* plere „vollmachen, füllen" (vgl. *Plenum*).

manisch ↑Manie.

Manko „Fehlbetrag; Ausfall; Mangel": Das seit dem 19. Jh. bezeugte, aus der Kaufmannssprache stammende Substantiv, das für älteres 'Amanco' (18. Jh.) steht, geht auf *it.* manco „Mangel, Fehlbetrag" (bzw. älter *it.* 'a manco' „im Ausfall, im Defizit") zurück. Zugrunde liegt das *lat.* Adjektiv mancus „verstümmelt; unvollständig".

Mann: Das *gemeingerm.* Wort *mhd., ahd.* man, *got.* manna, *engl.* man, *schwed.* man geht mit verwandten Wörtern in anderen *idg.* Sprachen auf *manu- oder *monu- „Mensch, Mann" zurück, vgl. z. B. *aind.* mánu-ḥ „Mensch, Mann", Manuṣ „Stammvater der Menschheit". Welche Vorstellung dieser Benennung des Menschen zugrunde liegt, ist nicht sicher zu klären. Vielleicht handelt es sich bei dem Wort um eine Bildung zu der unter ↑*mahnen* dargestellten *idg.* Verbalwurzel *men[ə]- „überlegen, denken". Dann wäre der Mensch als „Denkender" benannt worden (vgl. *aind.* mánu-ḥ „denkend, klug"). – Im heutigen Sprachgebrauch wird das Wort 'Mann' in der umfassenden Bedeutung „Mensch" hauptsächlich nur noch in bestimmten Formeln verwendet, beachte z. B. 'mit Mann und Maus' und 'etwas an den Mann bringen'. Diese umfassende Bedeutung bewahrt auch das unbestimmte Pronomen ↑man (beachte auch 'jemand, niemand, jedermann'). Sonst wird 'Mann' im Sinne von „Mensch männlichen Geschlechts" (im Gegensatz zu Frau), „erwachsener Mensch männlichen Geschlechts" (im Gegensatz zu Kind, Junge) und „Ehegatte" verwendet. – Neben dem allgemein üblichen *Plural* 'Männer' ist dichterisch auch die Form **Mannen** gebräuchlich, allerdings in der speziellen Bed. „Dienstleute, Lehnsleute, Kampfgenossen". Als Koseform zu 'Mann' dient **Männe.** Eine alte Ableitung von dem *gemeingerm.* Substantiv ist das unter ↑*Mensch* behandelte Wort. Das in *mhd.* Zeit abgeleitete Verb 'mannen' „zum Mann werden, sich als Mann zeigen; sich aufraffen; heiraten; bemannen" ist heute veraltet. Gebräuchlich sind statt dessen die Präfixbildungen **bemannen** (*mhd.* bemannen „mit einer Mannschaft besetzen"), **entmannen** „zeugungsunfähig machen" (17. Jh.; schon *mhd.* entmannen „der Mannschaft berauben"), **ermannen,** sich „sich aufraffen" (*mhd.* ermannen „Mut fassen") und die Zusammensetzung **übermannen** „überwältigen" (16. Jh.). Abl.: **mannbar** „zeugungsfähig, erwachsen" (*mhd.* manbære „für einen Mann geeignet, heiratsfähig", von Mädchen); **mannhaft** (*mhd.* manhaft „mutig, tapfer"); **Mannheit** (*mhd.* manheit „Männlichkeit; Tapferkeit; Mannesalter"); **männlich** (*mhd.* manlich, *ahd.* manlīch „dem Mann angemessen; tapfer, mutig"); **Mannschaft** „Gruppe von Spielern, kleine Einheit von Soldaten, Besatzung" (*mhd.* manschaft „Lehnsleute; Dienstleute; Lehnspflicht; Lehnseid"). Zus.: **Mannsbild** emotional für „Mann" (aus *mhd.* mannes bilde „Gestalt eines Mannes", dann „Mannsperson"; ↑Bild); **mannstoll,** daneben auch **mannertoll** „nymphoman" (18. Jh.); **Mannweib** (17. Jh.; Lehnübersetzung von *griech.* andrógynos „Zwitter"; seit dem 18. Jh. in der Bed. „Frau von männlicher Art"). Als Grundwort steckt 'Mann' in zahlreichen Zusammensetzungen, beachte z. B. 'Bergmann, Biedermann, Dunkelmann, Edelmann, Kaufmann, Landsmann, Steuermann, Tormann, Zimmermann'. Siehe auch den Artikel *Mannequin*.

Mannequin: Das seit dem 18. Jh. bezeugte Fremdwort war wie *frz.* mannequin, aus dem es entlehnt ist, zunächst nur im Bereich der bildenden Künste in der Bed. „Modellpuppe, Gliederpuppe" gebräuchlich. Über „Schneiderpuppe" und „Schaufensterpuppe" entwickelte das *frz.* Wort (in der Fügung mannequin vivant „lebende Puppe") im Bereich des Schneiderhandwerks und der Haute Couture die Bed. „weibliche Person, die die neuesten Modeschöpfungen präsentiert, Vorführdame". – *Frz.* mannequin stammt aus *mniederl.* mannekijn „Männchen", einer Verkleinerungsbildung zu *mniederl.* man (= *dt.* ↑*Mann).*

mannhaft, Mannheit, männlich ↑Mann.

mannigfach, mannigfaltig ↑manch[er].

Mannsbild ↑Bild.

Mannschaft, mannstoll, Mannweib ↑Mann.

Manometer: Die Bezeichnung für den technischen Druckmesser wurde im 18. Jh. aus gleichbed. *frz.* manomètre entlehnt, einer gelehrten Bildung des Erfinders Pierre Varignon (1654–1722) aus *griech.* manós „dünn, locker, selten" und métron „Maß, Messer" (vgl. *Meter*). 'Manometer' meint also ein Gerät, mit dem man etwas messen kann, was wenig dicht, dünn ist.

Manöver: Das Fremdwort wurde im 18. Jh. als militärischer Terminus zur Bezeichnung von Bewegungen militärischer Verbände, von Truppen- und Flottenübungen aus gleichbed. *frz.* manœuvre entlehnt. In übertragenem Gebrauch wird 'Manöver' auch im Sinne von „Kunstgriff, Kniff, Scheinmaßnahme" verwendet. – *Frz.* manœuvre bedeutet wörtlich „Handarbeit; Handhabung". Es geht auf *vlat.* manuopera „Handarbeit zurück (zu *lat.* 'manu operari' „mit der Hand arbeiten"). Bestimmungswort ist *lat.* manus „Hand" (vgl. *manuell*), Grundwort *lat.* opera „Arbeit, Tätigkeit", operari „tätig werden" (vgl. *operieren*). Abl.: **manövrieren** „geschickt zu Werke gehen; geschickt an einen Ort lenken, in eine bestimmte Position bringen" (18. Jh.; aus *frz.* manœuvrer), dazu **ausmanövrieren** „durch geschickte Manöver ausstechen, überlisten".

Mansarde „Dachgeschoß; Dachzimmer": Das Fremdwort wurde im 18. Jh. aus gleichbed. *frz.* mansarde entlehnt. *Frz.* mansarde, das aus Wendungen wie 'comble à la Mansarde' „Dachstuhl à la Mansarde" hervorgegangen ist, gehört zu dem Namen des französischen Architekten Jules Hardouin-Mansart (1646–1708), der diese Dachbauweise häufig anwandte.

Mansch, manschen ↑Matsch.

Manschette „[steifer] Ärmelaufschlag, Ärmelstulpe", auch im Sinne von „Papierkrause für Blumentöpfe" und als Bezeichnung eines „Würgegriffs" beim Ringen gebraucht: Das seit dem Ende des 17. Jh.s bezeugte Fremdwort bezeichnete ursprünglich die zu jener Zeit modischen, lang überfallenden Handkrausen aus Spitzen. Daran erinnert noch die in Studentenkreisen des 18. Jh.s entwickelte Redensart 'Manschetten haben' „Angst haben", eigentlich eine spöttische Anspielung auf die Angst des vornehmen Jünglings, daß ihn die Spitzenmanschetten beim Degenfechten beeinträchtigen. – Das Wort ist aus *frz.* manchette „Handkrause" (eigentlich „Ärmelchen") entlehnt, einer Verkleinerungsbildung zu *frz.* manche „Ärmel", das auf *lat.* manica „Ärmel" zurückgeht. Stammwort ist *lat.* manus „Hand" (vgl. *manuell*).

Mantel: Die Bezeichnung des Kleidungsstükkes (*mhd.* mantel, *ahd.* mantal) ist aus *lat.* mantellum „Hülle, Decke" (bzw. gleichbed. *vlat.* *mantulum) entlehnt, dessen weitere Herkunft dunkel ist. – Im modernen Sprachgebrauch wird 'Mantel' vielfach auch übertragen gebraucht, so z. B. als „Hülle von Hohlkörpern", als „Blechmantel (bei Geschossen)", ferner in der Stereometrie zur Bezeichnung der nicht zu den Grundflächen gehörenden Oberflächenteile eines Körpers. Zu 'Mantel' stellen sich die Zusammensetzung **Deckmantel** „zur Verschleierung der Wahrheit Vorgeschobenes" (*mhd.* decke-mantel) und das seit dem 16. Jh. bezeugte Präfixverb **bemänteln** „verbergen, vertuschen, beschönigen".

manuell „mit der Hand, Hand..., handarbeitlich": Das Adjektiv wurde im 20. Jh. aus gleichbed. *frz.* manuel übernommen, das auf *lat.* manualis „zur Hand gehörig, Hand..." zurückgeht. Das Stammwort, *lat.* manus „Hand", das *außerlat.* Verwandte in den unter ↑*Vormund* genannten Wörtern (*ahd.* munt „Schutz, Schirm", *aisl.* mund „Hand") hat, ist auch sonst mit zahlreichen Ableitungen und Zusammensetzungen in unserem Wortschatz vertreten. Vgl. hierzu im einzelnen die Artikel: ↑Manufaktur, ↑Maniküre, maniküren, ↑Manuskript, ↑Manipulation, manipulieren, ↑Manöver, manövrieren, ausmanövrieren, ↑Mandat, Mandant, ↑kommandieren, Kommandant, Kommandeur, Kommodore, Kommando, ↑emanzipiert, emanzipieren, Emanzipation, ↑Manifest, manifestieren, Manifestation, ↑Manier, Manieren, manierlich, manieriert, ↑Manschette, ↑Manege und ↑Manager, managen, Management.

Manufaktur: Die seit dem 17. Jh. bezeugte Bezeichnung für in Handarbeit hergestellte gewerbliche Erzeugnisse (z. B. Web-, Strick- und Tonwaren) und den [Groß]betrieb, in dem Waren in großer Zahl produziert werden, stammt aus gleichbed. *frz.* bzw. *engl.* manufacture. Quelle ist *mlat.* manufactura „mit der Hand ausgeführte Arbeit". Dies gehört zu *lat.* manus „Hand" (vgl. *manuell*) und *lat.* factura „das Machen, die Herstellung" (*lat.* facere „machen"; vgl. *Fazit*).

Manuskript: Die Bezeichnung für „hand- oder maschinenschriftliche Ausarbeitung; Druckvorlage" wurde im 17. Jh. aus *mlat.* manuscriptum „mit der Hand Geschriebenes" entlehnt. Dies gehört zu *lat.* manus „Hand" (vgl. *manuell*) und *lat.* scribere (scripsi, scriptum) „schreiben" (vgl. das Lehnwort *schreiben*).

Mappe: Quelle des seit dem 15. Jh. bezeugten

Wortes ist *lat.* mappa „Vortuch, Serviette; Tuch", das im *Mlat.* in der Fügung 'mappa mundi' die Bed. „Weltkarte, Landkarte" (eigentlich „Tuch aus Leinwand mit einer kartographischen Darstellung der Erdteile") entwikkelte. In dieser Bedeutung wurde das Wort ins *Dt.* übernommen. Die sich daran anschließende Verwendung im Sinne von „Umschlag[stuch] für Landkarten" vermittelte die im 18. Jh. aufgekommene, heute allein gültige Bedeutung des Wortes „flache Tasche, aus zwei aufklappbaren Deckeln bestehende Hülle für Schriftstücke o. ä.".

Mär ↑Märchen.

Marabu: Der Name des tropischen Storchenvogels, in *dt.* Texten seit dem 19. Jh. bezeugt, ist aus *frz.* marabout entlehnt. Das Wort ist identisch mit *frz.* marabout „mohammedanischer Einsiedler, Asket". Die Übertragung auf den Vogelnamen spielt auf das ungewöhnlich würdevolle Wesen an, das der Marabu zur Schau trägt. – Das *frz.* Wort seinerseits stammt aus *port.* marabuto, das aus *arab.* murābiṭ „mohammedanischer Einsiedler, Asket" entlehnt ist.

Maräne ↑Plötze.

Märchen „Erzählung (ohne Bindung an historische Personen oder an bestimmte Örtlichkeiten), phantastische Dichtung; erfundene Geschichte": Das seit dem 15. Jh. bezeugte Wort ist eine Verkleinerungsbildung zu dem heute veralteten Substantiv **Mär[e]** „Nachricht, Kunde, Erzählung". Bis ins 19. Jh. war die aus dem *Mitteld.* stammende Verkleinerungsbildung, die das *oberd.* Märlein verdrängt hat, im Sinne von „Nachricht, Gerücht, kleine [unglaubhafte] Erzählung" gebräuchlich. Das Grundwort Mär[e] (*mhd.* mære, *ahd.* māri) ist eine Bildung zu dem im *Nhd.* untergegangenen *gemeingerm.* Verb *mhd.* mæren, *ahd.* māren „verkünden, rühmen usw.", das von einem alten Adjektiv für „groß, bedeutend, berühmt" abgeleitet ist. Dieses Adjektiv, das im *germ.* Sprachbereich nur noch als zweiter Bestandteil in Personennamen bewahrt ist (beachte z. B. Dietmar, Reinmar, Volkmar), ist z. B. verwandt mit *air.* mār „groß" und *griech.* -mōros „groß, bedeutend". Zugrunde liegt die *idg.* Wurzel *mē-, mō- „groß, ansehnlich", zu der auch die unter ↑*mehr* und ↑*meist* behandelten Formen gehören.

Marder: Die Herkunft des *germ.* Tiernamens (*mhd.* marder, *ahd.* mard[ar], *aengl.* mearđ, *schwed.* mård) ist unklar. Falls das kleine Raubtier nach seiner Mordlust und seinem Blutdurst benannt worden ist, könnte der Name zu der Wortgruppe von ↑*Mord* gehören. Der Tiername wird auch übertragen gebraucht, beachte z. B. die Zusammensetzungen 'Automarder' und 'Briefmarder'.

Märe ↑Märchen.

mären: Der *ugs.* Ausdruck für „herumwühlen; langsam oder umständlich sein; quatschen, faseln", der sich von Mitteldeutschland her ausgebreitet hat, geht zurück auf *mhd.* mern „Brot in Wein oder Wasser eintauchen, umrühren, mischen". Dieses Verb ist wahrscheinlich eine Ableitung von *mhd.* mer[ō]t, *ahd.* merōde „flüssige Speise aus Brot und Wein, Abendmahl", das aus dem *lat.* Klosterwort merenda „Vesperbrot" entlehnt ist. Das Substantiv ist heute noch in der Form **Märte** („Obstkaltschale; Mischmasch") in Mitteldeutschland gebräuchlich.

Margarine „der Butter ähnliches Speisefett (aus tierischen und pflanzlichen oder rein pflanzlichen Fetten)": Das Substantiv wurde im 19. Jh. aus gleichbed. *frz.* margarine entlehnt. Dies ist eine gelehrte Bildung des französischen Chemikers Eugène Chevreul (1786–1889) zu *frz.* 'acide margarique' „perlfarbene Säure", dem von *griech.* márgaron „Perle" abgeleiteten Namen einer Säure, die angeblich in der Zusammensetzung der Margarine eine Rolle spielt, und der Endung -ine aus *frz.* glycérine „Glyzerin". – Über *griech.* márgaron vgl. *Margerite.*

Margerite: Der Name der in den Mundarten mit zahlreichen Synonymen – wie 'Gänseblume' und 'Johannesblume' – bedachten volkstümlichen Wiesenblume ist aus *frz.* marguerite entlehnt. Das *frz.* Wort, das als Blumenname zunächst unser „Maßliebchen" bezeichnete, ist mit *afrz.* margarite, margerite „Perle" identisch, so daß der Benennung der Blume wohl ein Vergleich der Blütenköpfchen von Maßliebchen mit Perlen zugrunde liegt. Dem *afrz.* Wort margarite „Perle" liegen *lat.* margarita „Perle" und *griech.* margarítēs „Perle" voraus (daneben gleichbed. *griech.* márgaron, s. den Artikel *Margarine*), das seinerseits orientalisches Lehnwort ist. – Im *dt.* Sprachempfinden verbindet man den Pflanzennamen oft mit dem Mädchennamen 'Margarete', der übrigens etymologisch gleichen Ursprungs ist.

Marihuana: Der Name des Rauschgifts aus den weiblichen Blütenstauden (Blättern und Stengeln) des indischen Hanfs wurde im 20. Jh. aus *engl.-amerik.* marihuana, marijuana entlehnt. Dies ist aus *mexikan.-span.* marijuana übernommen, vermutlich einer Zusammenziehung aus den weiblichen Vornamen María und Juana.

Marinade ↑marinieren.

Marine „Seewesen; [Kriegs]flotte": Das Fremdwort wurde Ende des 17. Jh.s aus gleichbed. *frz.* marine entlehnt. Dies ist von dem Adjektiv marin „das Meer, die See betreffend" abgeleitet, das auf gleichbed. *lat.* marinus zurückgeht. Stammwort ist das mit *dt.* ↑*Meer* urverwandte Substantiv *lat.* mare „Meer; Meerwasser, Seewasser". – Vgl. den Artikel *marinieren.*

marinieren „[Fische] in Würztunke einlegen": Das Verb wurde im 17. Jh. aus gleichbed. *frz.* mariner (= *it.* marinare) entlehnt. Dies gehört als Ableitung zu *frz.* marin „das Meer, die See betreffend" (vgl. *Marine*) und bedeutet eigentlich „in Meerwasser (= Salzwasser) einlegen". Dazu: **Marinade** „Würztunke [zum Einlegen von Fischen]", um 1700 aus gleichbed. *frz.* marinade.

Marionette „(an Fäden oder Drähten aufgehängte und dadurch bewegliche) Gliederpuppe für Puppentheater", auch übertragen gebraucht im Sinne von „willenloses Geschöpf": Das Fremdwort wurde im 17. Jh. aus gleichbed. *frz.* marionnette entlehnt, das als Ableitung von dem Mädchennamen Marion, der Verkleinerungsbildung zu *frz.* Marie „Maria", eigentlich „Mariechen" bedeutet.

¹Mark: Die Bezeichnung der Münzeinheit geht zurück auf *mhd.* marc, marke „Silberbarren von bestimmtem Gewicht, halbes Pfund Silber oder Gold", das mit *mhd.* marc „Zeichen" (↑Marke und ↑merken) identisch ist. Das Wort bezeichnete demnach im Mittelalter zunächst das Zeichen der Obrigkeit auf einem Metallbarren und ging dann auf den Metallbarren selbst und das festgesetzte Gewicht über. Dann wurde es auf ein Geldstück (von bestimmtem Gewicht) übertragen, beachte dazu z. B. die *it.* Münzbezeichnung ↑Lira, eigentlich „Pfund", und die *engl.* Münzbezeichnung pound, eigentlich „Pfund". In der Neuzeit nahm das Gewicht und damit der Wert des Geldstücks ständig ab. Durch das Reichsmünzgesetz von 1873 wurde die Mark als Rechnungseinheitsmünze in Deutschland eingeführt. Beachte dazu die Zusammensetzungen **Rentenmark** (1923) und **Reichsmark** (1924) und die Bezeichnung **Deutsche Mark** (1948).

²Mark „Grenzland" (historisch): *Mhd.* marc „Grenze; Grenzland; Gau, Gebiet; Gesamteigentum einer Gemeinde an Grund und Boden", *ahd.* marcha „Grenze", *got.* marka „Grenze", *aengl.* mearc „Grenze; Gebiet, Bezirk", *schwed.* mark „Gebiet, Land, Feld" gehen mit verwandten Wörtern in anderen *idg.* Sprachen auf die Wurzel *mer[e]ĝ- „Rand, Grenze" zurück, vgl. z. B. *lat.* margo „Rand, Grenze" und *pers.* marz „Landstrich, Gebiet". Das *gemeingerm.* Wort bedeutete also zunächst „Grenze" und dann erst „an der Grenze gelegenes Land; aus einem größeren Territorium abgegrenztes Gebiet". Im alten Sinne von „Grenze" war das Wort im *Dt.* bis in den Beginn der Neuzeit gebräuchlich. Dann wurde es durch das aus dem *Slaw.* entlehnte Wort ↑Grenze verdrängt. Aus dem *Germ.* stammt *frz.* marche „Grenze, Grenzland" (↑Marquis „Markgraf"). Abl.: **Gemarkung** „abgegrenztes Gebiet, Gemeindeflur" (18. Jh.; zu dem heute veralteten gleichbedeutenden **Markung**). Zus.: **Markgraf** (*mhd.* markgrāve „königlicher Richter und Verwalter eines Grenzlandes"); **Markstein** „wichtiger Punkt" (*mhd.* marcstein „Grenzstein"). Siehe auch den Artikel *Marke.*

³Mark „Innengewebe (in Knochen und Organen), Grundgewebe (in Pflanzen)": Das *altgerm.* Wort *mhd.* marc, *ahd.* mar[a]g, *niederl.* merg, *engl.* marrow, *schwed.* märg geht mit verwandten Wörtern in anderen *idg.* Sprachen auf *mozgo- „Mark, Gehirn" zurück, vgl. z. B. *awest.* mazga- „Mark, Gehirn" und die *slaw.* Sippe von *russ.* mozg „Gehirn". Welche Vorstellung der Benennung des Innengewebes zugrunde liegt, ist unklar. – In Norddeutschland ist neben 'Mark' auch die Form **Marks** (eigentlich der erstarrte Genitiv) gebräuchlich. – Abl.: **markig** „voller Mark, kraftvoll, stark" (17. Jh.). Siehe auch den Artikel *ausmergeln.*

markant „bezeichnend; ausgeprägt, auffallend; scharf geschnitten (von Gesichtszügen)": Das Adjektiv wurde im 19. Jh. aus gleichbed. *frz.* marquant, dem adjektivisch gebrauchten Partizip Präsens von marquer (vgl. *markieren*), entlehnt.

Marke „Handels-, Waren-, Fabrikzeichen; (durch eine Marke gekennzeichnete) Sorte; Wertzeichen; Berechtigungsnachweis, Ausweis": Das seit dem Anfang des 18. Jh.s bezeugte Substantiv ist entlehnt aus *frz.* marque „auf einer Ware angebrachtes Zeichen, Kennzeichen". Das *frz.* Kaufmannswort ist eine Bildung zum Verb marquer „kennzeichnen, bezeichnen; merken" (vgl. *markieren*). Die unter 'markieren' behandelte *roman.* Sippe beruht ihrerseits auf Entlehnung aus *germ.* *marka- „Zeichen", das wahrscheinlich im Sinne von „Grenzzeichen" mit dem unter ↑²*Mark* „Grenzland" dargestellten Wort identisch ist (s. auch die Artikel *merken* und ¹*Mark*).

Marketender: Die früher übliche Bezeichnung für den die Feldtruppe begleitenden „Händler und Feldwirt", in *dt.* Texten seit dem 16. Jh. in sehr unterschiedlichen, schwankenden Lautformen bezeugt, ist eine soldatensprachliche Umformung von *it.* mercatante „Händler". Dies gehört zu *it.* mercatare „Handel treiben" und weiter zu *it.* mercato (< *lat.* mercatus) „Handel; Markt" (vgl. das Lehnwort *Markt*). Abl.: **Marketenderin** (18. Jh.).

markieren „kennzeichnen; bezeichnen", *ugs.* auch übertragen im Sinne von „vortäuschen; so tun, als ob": Das Verb wurde im 17./18. Jh. aus gleichbed. *frz.* marquer (eigentlich „mit einer Marke, einem Zeichen versehen") entlehnt. Das *frz.* Wort gehört seinerseits zu der unter ↑*Marke* genannten, ins *Roman.* entlehnten *germ.* Wortgruppe. Unmittelbar stammt es wohl aus entsprechend *it.* marcare „kennzeichnen" (zu *it.* marca < *langob.* *marka „Merkzeichen"). – Abl.: **Markierung.** Vgl. den Artikel **markant.**

markig ↑³Mark.

Markise: Die Bezeichnung für „leinenes Sonnendach, Schutzdach, Schutzvorhang" wurde im 18. Jh. aus gleichbed. *frz.* marquise entlehnt. Das *frz.* Wort ist eine weibliche Bildung zu *frz.* marquis „Markgraf" (vgl. *Marquis*) und bedeutet eigentlich „Markgräfin". Die Soldatensprache griff das Wort auf und verwendete es zur scherzhaft-ironischen Bezeichnung für ein über das Offizierszelt gespanntes besonderes Zeltdach, welches das Offizierszelt vom Zelt des gemeinen Soldaten unterschied. Daraus entwikkelte sich dann die allgemeine Bedeutung des Wortes.

Marks ↑³Mark.

Markt: Das *westgerm.* Substantiv, *mhd.* mark[e]t, *ahd.* markāt, *niederl.* markt (entsprechend *engl.* market) beruht auf einer frühen Entlehnung aus *lat.* mercatus (bzw. *vlat.* *marcatus) „Handel, Kaufhandel, Markt; Jahrmarkt, Messe", das von *lat.* mercari „Handel treiben" abgeleitet ist. Stammwort ist das etymologisch nicht sicher gedeutete Substantiv *lat.*

merx (mercis) „Ware“. – Zum gleichen Stammwort gehören auch die Fremdwörter ↑Marketender[in], ↑kommerziell, Kommerzienrat und ↑Kommers.

Marktflecken ↑Fleck.

Marktschreier, marktschreierisch ↑schreien.

Marmel ↑Marmor.

Marmelade „mit Zucker eingekochtes Fruchtmark, Fruchtmus“: Das Substantiv wurde um 1600 in der Bed. „Quittenmus“ aus *port.* marmelada „Quittenmus“ entlehnt, einer Ableitung von *port.* marmelo „Honigapfel, Quitte“. Dies geht auf gleichbed. *lat.* melimelum zurück, das seinerseits aus *griech.* melímēlon stammt (zu *griech.* méli „Honig“ [vgl. *Melisse*] und *griech.* mēlon „Apfel“ [vgl. *Melone*]).

Marmor: Die Bezeichnung des kristallinkörnigen Kalkgesteins (*mhd.* marmel, *ahd.* marmul) ist aus gleichbed. *lat.* marmor entlehnt, das seinerseits aus gleichbed. *griech.* mármaros (Nebenform: mármaron) übernommen ist. Das *griech.* Wort, das wohl zum Stamm von *griech.* maraínein „aufreiben, vernichten“, márnasthai „sich schlagen, kämpfen“ (ursprünglich vermutlich: „sich zermalmen“; vgl. *mürbe*) gehört, bedeutete zunächst „Stein, Felsblock“ (eigentlich etwa „der Gebrochene, der Brocken“) und dann erst durch Anschluß an *griech.* marmaírein „glänzen, schimmern“, marmáreos „glänzend, funkelnd“ auch „Marmor“. – Die heutige Form des Wortes 'Marmor' (gegenüber *ahd.* marmul, *mhd.* marmel) wurde im 16. Jh. auf gelehrtem Wege durch Angleichung an das *lat.* Vorbild hergestellt. Demgegenüber ist die alte Form des Wortes in den landschaftlich gebräuchlichen Bezeichnungen **Marmel** und **Murmel** für die (marmornen) Spielkugeln der Kinder bewahrt. – Abl. von 'Marmor': **marmorieren** „marmorartig bemalen, ädern“ (18. Jh.; nach *lat.* marmorare „mit Marmor überziehen“).

Marone: Das Wort für „eßbare Edelkastanie“ wurde um 1600 aus gleichbed. *frz.* marron entlehnt, das seinerseits aus *it.* marrone übernommen ist. Daraus direkt entlehnt ist die seit dem Beginn des 16. Jh.s bezeugte eingedeutschte *schweiz.* und *bayr.* Form **Marre.** – Die Herkunft des *roman.* Wortes ist dunkel.

Marotte: Der Ausdruck für „Schrulle, wunderliche Neigung“ wurde im 18. Jh. aus *frz.* marotte „Narrenkappe, Narrenzepter mit Puppenkopf; Narrheit, Marotte“ entlehnt; Das *frz.* Wort ist eine Verkleinerungsbildung zu *frz.* Marie „Maria“ und bezeichnete ursprünglich eine kleine Heiligenfigur.

Marquis „Markgraf“ (als französischer Adelstitel): *Frz.* marquis (*afrz.* marchis) – dazu als weibliche Bildung *frz.* marquise „Markgräfin“ (s. den Artikel *Markise*) ist eine Ableitung von *frz.* marche „Grenze, Grenzland“. Dies geht auf *germ.* *marka zurück, das *dt.* ↑[2]*Mark* „Grenzmark“ zugrunde liegt.

Marre ↑Marone.

[1]Marsch „das Marschieren; geschlossene Bewegung eines militärischen Verbandes“, auch Bezeichnung für ein Musikstück im Zeitmaß des Marschierens: Das seit dem 17. Jh. bezeugte Substantiv wurde im Verlauf des 30jährigen Krieges als militärisches Fachwort aus gleichbed. *frz.* marche entlehnt. Das *frz.* Wort ist eine Bildung zu *frz.* marcher „gehen, schreiten, marschieren“ (*afrz.* „mit den Füßen treten“), aus dem zu Beginn des 17. Jh.s unser Verb **marschieren** „sich in gleichmäßigem Rhythmus fortbewegen (von Gruppen, Formationen)“ übernommen wurde. – Quelle des *frz.* Verbs ist sehr wahrscheinlich *afränk.* *markōn „eine Marke, ein Zeichen setzen; eine Fußspur hinterlassen“, das zu den unter ↑*merken* genannten *germ.* Wörtern gehört.

[2]Marsch „Niederung vor Flachküsten oder an Flußläufen, angeschwemmter fruchtbarer Boden“: Das aus dem *Niederd.* stammende Wort (*mnd.* marsch, mersch, *asächs.* mersc) ist eine Bildung zu dem unter ↑*Meer* behandelten Substantiv. Im *Engl.* entspricht marsh „Sumpfland“. Siehe den Artikel *Morast.*

Marschall: Das Wort (*mhd.* marschalc, *ahd.* marahscalc) bedeutete ursprünglich „Pferdeknecht“. Es ist zusammengesetzt aus *mhd.* marc[h], *ahd.* marah „Pferd“ (vgl. *Mähre*) und aus *mhd.* schalc, *ahd.* scalc „Knecht, Diener“ (vgl. *Schalk*). Im Mittelalter hatte der Marschall zunächst die Stellung eines Stallmeisters inne. Dann avancierte er zum Aufseher über das fürstliche Gesinde am Hofe und auf Reisen und zum Anführer der waffenfähigen Mannschaft und bekleidete schließlich eines der vier Hofämter. In der Neuzeit (seit dem 16. Jh.) wurde der Marschall zum obersten Befehlshaber der Reiterei und erhielt dann einen hohen oder den höchsten militärischen Rang. – Die *nhd.* Form 'Marschall' (gegenüber *mhd.* marschalc) ist von *frz.* maréchal beeinflußt, das seinerseits schon früh aus dem *Dt.* entlehnt wurde. Aus dem *Frz.* stammt *engl.* marshal. – Zus.: **Feldmarschall** (16. Jh.; Lehnübersetzung von *frz.* maréchal de camp).

Marstall: Die heute nur noch als Bezeichnung für den Reit- und Fahrstall einer fürstlichen Hofhaltung gebräuchliche Zusammensetzung (*mhd.* mar[ch]stal, *ahd.* marstal) bedeutete früher ganz allgemein „Pferdestall“. Über das Bestimmungswort (*mhd.* marc[h], *ahd.* marah „Pferd“), das auch in ↑Marschall steckt, vgl. den Artikel *Mähre.*

Märte ↑mären.

Marter „Qual, Folter, Peinigung“: Das dem frühchristlichen Wortschatz entstammende Substantiv (*mhd.* marter[e] „Blutzeugnis, Leiden Christi; Qual, Folter“, *ahd.* martira, martara) ist aus *kirchenlat.* martyrium „Zeugnis; Blutzeugnis für die Wahrheit der christlichen Religion“ entlehnt (beachte dazu das Fremdwort **Martyrium** „Opfertod, schweres Leiden; Folterqual“), das seinerseits auf *griech.* martýrion „Zeugnis“ übernommen ist. Stammwort ist *griech.* mártys (dialektische Nebenform: mártyr) „Zeuge; Blutzeuge“ (ursprünglich wohl abstrakt: „Erinnerung; Zeugnis“), das mit *lat.* memor „eingedenk, sich erinnernd“ etymologisch verwandt ist (vgl. *memorieren*). – Dazu: **Märtyrer** „Blutzeuge (besonders des christlichen Glaubens); wegen seiner Überzeugung Verfolgter" (*mhd.* marterære, marterer, merterer, *ahd.* martirāri; die *nhd.* Form, die im 16./17. Jh. erscheint, beruht auf gelehrter Wiederangleichung an das *griech.-lat.* Vorbild); **martern** „quälen, peinigen, foltern" (*mhd.* marter[e]n „zum Märtyrer machen, ans Kreuz schlagen; peinigen, foltern", *ahd.* martirōn, martarōn).

martialisch: Der veraltende Ausdruck für „kriegerisch, grimmig" ist von dem Namen des altrömischen Kriegsgottes Mars abgeleitet (vgl. den Artikel *März*).

März: Der Name für den dritten Monat des Kalenderjahres (*mhd.* merz[e], *ahd.* marceo, merzo) ist aus gleichbed. *lat.* Martius (mensis) entlehnt. Der Monatsname ist vom Namen des altrömischen Kriegsgottes Mars, dem der März geheiligt war, abgeleitet.

Marzipan: Die seit dem 15. Jh. bezeugte Bezeichnung der aus Mandeln, Aromastoffen und Zucker hergestellten Süßware ist aus *it.* marzapane „Marzipan" entlehnt. Die weitere Herkunft des auch in anderen *roman.* Sprachen vertretenen Wortes (vgl. z. B. entsprechend *frz.* massepain und *span.* mazapán) ist nicht sicher geklärt. Vermutlich geht es auf *arab.* mauṭabān „sitzender König" zurück, dem Namen einer Münze mit dem thronenden Christus, die in der Zeit der Kreuzzüge in Umlauf war. Die Venezianer ahmten um 1200 diese Münze nach und nannten sie mat[t]apan. Mit diesem Wort wurde dann auch eine 10prozentige Abgabe und eine Schachtel oder Kiste mit einem Rauminhalt von $^1/_{10}$ Scheffel bezeichnet, und in diesen Schachteln oder Kisten kam das Marzipan von Venedig aus in den Handel. Im Deutschen wurde *it.* marzapane, weil das Marzipan aus Venedig kam, volksetymologisch als Marci panis „Markusbrot" gedeutet.

Masche „kleine Schlinge (innerhalb eines größeren Gefüges), Schleife": Das *altgerm.* Wort *mhd.* masche, *ahd.* masca, *niederl.* maas, *engl.* mesh, *schwed.* maska ist verwandt mit der *balt.* Sippe von *lit.* mègzti „knoten, knüpfen, stricken", māzgas „Knoten, Schlinge". Das *altgerm.* Wort bedeutet also eigentlich „Knüpfung, Knoten". – Im *Dt.* bezeichnete das Wort früher auch die beim Vogel- und Fischfang und auf der Jagd verwendeten Schlingen und Netze, beachte dazu die Redewendungen 'in die Maschen geraten' und 'durch die Maschen gehen'. Daran schließt sich an der übertragene Gebrauch von 'Masche' im Sinne von „Trick; schlaues Vorgehen, gerissenes Verhalten".

Maschine „Arbeitsgerät mit beweglichen Teilen; Triebwerk", auch in zahlreichen Zusammensetzungen wie 'Dampfmaschine, Schreibmaschine' und 'Maschinengewehr': Das Fremdwort wurde im 17. Jh. – zuerst als militärischer Fachausdruck im Sinne von „Kriegs-, Belagerungsmaschine" – aus gleichbed. *frz.* machine entlehnt, das auf *lat.* machina „Maschine" zurückgeht. Das *lat.* Wort stammt aus dem *Griech.*, und zwar aus einer *dorischen* Dialektform māchanā́ statt *klass.-griech.* mēchanḗ „Hilfsmittel, Werkzeug; Kriegsmaschine", das seinerseits wiederum Quelle für die Fremdwortgruppe um ↑Mechanik ist. Stammwort ist das *griech.* Substantiv mēchos „[Hilfs]mittel; Möglichkeit". – Abl.: **maschinell** „maschinenmäßig [hergestellt]" (19. Jh.; mit französierender Endung nach *frz.* machinal < *lat.* machinalis gebildet); **Maschinist** „jemand, der Maschinen fachkundig bedient; Maschinenmeister" (18. Jh.; aus *frz.* machiniste); **Maschinerie** „Gesamtheit der Maschinen in einem Betrieb; Getriebe" (18. Jh.; mit französierender Endung gebildet; *frz.* machinerie ist erst später bezeugt).

Maser: Der Ursprung des *altgerm.* Wortes für „Knorren, flammende Zeichnung des Holzes" (*mhd.* maser, *ahd.* masar, *aengl.* maser, *schwed.* masur) ist dunkel. Abl.: **masern** (*mhd.* masern, *spätahd.* masarōn „knorrige Auswüchse bilden"), dazu **Maserung** „Zeichnung des Holzes". Siehe auch den Artikel *Masern.*

Masern: Der seit dem 16. Jh. bezeugte Name des rötlichen, grobfleckigen Hautausschlags ist wahrscheinlich der *Plural* des unter ↑*Maser* „[flammende] Zeichnung des Holzes" behandelten Wortes. Der Name der Kinderkrankheit, der sich von Norddeutschland her ausgebreitet hat, kann beeinflußt sein von *niederd.* maseln „Masern" (beachte *mnd.* masel[e] „Pustel, Pikkel", *mhd.* masel, *ahd.* masala „Blutgeschwulst").

Maske „Gesichtslarve; Verkleidung; kostümierte Person": Das Wort wurde im 17. Jh. aus gleichbed. *frz.* masque entlehnt, das seinerseits wie entsprechend *span.* máscara aus *it.* maschera „Maske" stammt. Letzte Quelle des Wortes ist vermutlich *arab.* masḫaraʰ „Verspottung; Possenreißer; Possenreißerei". – Dazu: **Maskerade** „Verkleidung; Mummenschanz; Heuchelei, Vortäuschung" (um 1600 aus *span.* mascarada (= *frz.* mascarade < älter *nordit.* mascarata, *it.* mascherata); **maskieren** „eine Maske umbinden, verkleiden; verschleiern, verbergen" (um 1700 aus gleichbed. *frz.* masquer; die Gegenbildung **demaskieren** „die Maske abnehmen; entlarven" – aus gleichbed. *frz.* démasquer – erscheint etwa gleichzeitig).

Maskottchen „glückbringende Figur (als Anhänger), Talismann": Das Fremdwort wurde im 20. Jh. aus gleichbed. *frz.* mascotte entlehnt, das selbst aus *prov.* mascoto „Zauber, Zauberei" stammt. Zugrunde liegt *prov.* masco „Zauberin", das wohl ein in den langobardischen Gesetzen bezeugtes masca „Hexe" fortsetzt. Die weitere Herkunft des Wortes ist unsicher.

maskulin „männlich; männlichen Geschlechts": Das Wort ist eine gelehrte Entlehnung aus gleichbed. *lat.* masculinus. Dies ist eine Bildung zu *lat.* masulus „männlich, männlichen Geschlechts", einer Verkleinerungsbildung zu gleichbed. *lat.* mas, maris. – Dazu stellt sich **Maskulinum** „männliches Substantiv" (aus *lat.* [nomen] masculinum).

Maß: Die *nhd.* sächliche Form 'Maß' geht zurück auf *spätmhd.* māʒ, das durch Vermischung von *mhd.* māʒe „zugemessene Menge, richtige Größe, abgegrenzte Ausdehnung; Art und Weise; Angemessenes, Mäßigung“ mit *mhd.* meʒ „Meßgerät; ausgemessene Menge; Ausdehnung, Richtung, Ziel“ entstanden ist. Daneben ist im heutigen Sprachgebrauch bisweilen auch noch die weibliche Form (*mhd.* māʒe) üblich, beachte *oberd.* **Maß** „Flüssigkeitsmaß; Literkrug mit Bier“ und die Verbindungen 'in Maßen', 'mit Maßen', 'über alle Maßen' und dgl., ferner auch die aus genitivischen Fügungen erwachsenen 'dermaßen, einigermaßen, gewissermaßen' usw. – Das Wort (*mhd.* māʒe, *ahd.* māʒa) ist eng verwandt mit der Sippe von ↑messen und gehört zu der unter ↑[1]*Mal* dargestellten *idg.* Wortgruppe. Es steckt in zahlreichen Zusammensetzungen, als Grundwort z. B. in 'Ebenmaß, Mittelmaß, Übermaß', als erster Bestandteil z. B. in **Maßnahme** „Regelung, Bestimmung“ (19. Jh.), **Maßregel** „Richtlinie, Anordnung“ (18. Jh.), dazu **maßregeln** „derb zurechtweisen, bestrafen“ (19. Jh.; eigentlich „Maßregeln gegen jemanden ausüben“), **Maßstab** (15. Jh.; in der Bed. „Meßlatte“). Ableitungen sind **mäßig** (s. d.) und **anmaßen,** sich „[unberechtigt] für sich in Anspruch nehmen“ (*mhd.* anemāʒen; eigentlich „etwas für sich als angemessen ansehen“), dazu **Anmaßung** „[unberechtigter] Anspruch“ (15. Jh.).

Massage ↑[2]massieren.

Massaker: Der Ausdruck für „Gemetzel, Blutbad“ wurde im 17. Jh. aus gleichbed. *frz.* massacre entlehnt, dessen weitere Herkunft unsicher ist. – Abl.: **massakrieren** „niedermetzeln; quälen, mißhandeln“ (im Anfang des 17. Jh.s aus gleichbed. *frz.* massacrer).

Masse: Das Substantiv (*mhd.* masse, *spätahd.* massa „ungestalteter Stoff; [Metall]klumpen; Haufen“) beruht wie entsprechend *frz.* masse auf *lat.* massa „zusammengeknetete Masse, Teig, Klumpen; Haufen“, das seinerseits aus *griech.* māza „Teig aus Gerstenmehl, Fladen; [Metall]klumpen“ übernommen ist. Stammwort ist *griech.* mássein (Aorist Passiv magēnai) „kneten; pressen, drücken; streichen, wischen“, das mit *dt.* ↑*machen* urverwandt ist. – Außer in der Bed. „ungeformter breiiger Stoff“ wird 'Masse' auch im Sinne von „Haufen, große Menge“ und „großer Teil der Bevölkerung, dem das individuelle, selbständige Denken und Handeln fehlt“ verwendet. An diesen Gebrauch schließt sich die Zusammensetzung **Massenmedien** (2. Hälfte des 20. Jh.s) an. – Dazu: **massig** „schwer, gedrungen, mächtig“ (19. Jh.); [1]**massieren** „anhäufen; Truppen zusammenziehen“ (20. Jh.; nach gleichbed. *frz.* masser), nicht verwandt mit ↑[2]massieren „eine Massage machen“; **massiv** „schwer, fest, gediegen; roh, grob; massig, wuchtig“ (17. Jh.; aus gleichbed. *frz.* massif), auch substantiviert: **Massiv** „Gebirgsstock“ (so schon im *Frz.* [*frz.* massif]).

Masseur, Masseuse ↑[2]massieren.

Maßholder ↑Maßlieb[chen].

[1]**massieren** ↑Masse.

[2]**massieren** „den menschlichen Körper zur Kräftigung durch kunstgerechte Handgriffe streichen, reiben, kneten, klopfen usw.“: Das Verb wurde Ende des 18. Jh.s aus gleichbed. *frz.* masser entlehnt, das vermutlich auf *arab.* massa „berühren, betasten“ zurückgeht und nicht mit *frz.* masser „aufhäufen, verstärken“ identisch ist (↑[1]massieren unter *Masse*), wie denn auch die Praktik des Massierens aus dem Orient stammt. – Abl.: **Massage** „das Massieren“ (Anfang des 19. Jh.s aus gleichbed. *frz.* massage); **Masseur** „die Massage Ausübender“ (19. Jh.; aus gleichbed. *frz.* masseur) und entsprechend **Masseuse** (20. Jh.; aus gleichbed. *frz.* masseuse).

mäßig „Maß haltend; das richtige Maß nicht überschreitend; knapp, gering, unbefriedigend“: Das Adjektiv (*mhd.* mǣʒic, *ahd.* māʒīg) ist von dem unter ↑*Maß* behandelten Substantiv abgeleitet. Es spielt heute eine überaus große Rolle als Suffix, beachte z. B. Bildungen wie 'arbeitsmäßig, gehaltsmäßig, wohnungsmäßig'. – Vom Adjektiv abgeleitet ist das Verb **mäßigen** „dämpfen, mildern“, gewöhnlich reflexiv „sich zurückhalten, sich beherrschen“ (*mhd.* mǣʒigen), beachte auch die Präfixbildung **ermäßigen** „herabsetzen, senken“ (19. Jh.), dazu **Ermäßigung** (19. Jh.).

Massiv ↑Masse.

Maßlieb[chen]: Der seit dem 15. Jh. bezeugte Blumenname ist aus *mniederl.* matelieve entlehnt (bzw. eine Lehnübersetzung des *mniederl.* Wortes). Die Blume ist wahrscheinlich, weil sie als appetitanregend gilt, als „Eßlust“ benannt worden. Das Bestimmungswort von matelieve wäre dann *germ.* *mat[i]- „Speise, Essen“ (↑Maat, ↑Mettwurst, ↑Messer), das auch in **Maßholder** *landsch.* für „Ahorn“ steckt. Der Baumname 'Maßholder' (*mhd.* maʒʒolter, *ahd.* maʒʒaltra) bedeutet eigentlich „Eß-, Speisebaum“, weil die Blätter dieses Baumes in früheren Zeiten als Futter verwendet wurden.

Maßnahme, Maßregel, maßregeln, Maßstab ↑Maß.

[1]**Mast** „Stange, Ständer; Segelbaum“: Das *westgerm.* Wort *mhd., ahd.* mast, *niederl.* mast, *engl.* mast geht mit verwandten Wörtern in anderen *idg.* Sprachen auf *mazdo-s „Stange, Holzstamm“ zurück, vgl. z. B. *ir.* maide „Stock“. Zu der allgemeinen Bed. „Stange, Ständer“ beachte z. B. die Zusammensetzungen 'Fahnen-, Leitungs-, Zirkusmast'. Eine verdeutlichende Zusammensetzung ist **Mastbaum** (*mhd.* mastboum, *ahd.* mastpoum).

[2]**Mast** „Mästung; Futter zur Mästung“: Das *westgerm.* Substantiv *mhd., ahd.* mast, *niederl.* mast, *engl.* mast gehört mit verwandten Wörtern in anderen *idg.* Sprachen zu der Wurzel *mad- „von Feuchtigkeit oder Fett triefend, saftig, strotzend“, vgl. z. B. *aind.* mēdas- „Fett“, mēdana-m „Mästung“ und *lat.* madere „naß sein, triefen, reifen“. Aus dem *germ.* Sprachbereich gehört zu dieser Wurzel auch das Substantiv *mat[i]- „Speise, Essen“, das im *Dt.* bewahrt ist in ↑Maat (eigentlich „Speise-, Essensgenosse“), ↑Mettwurst (eigentlich „Fleischwurst“), ↑Messer (eigentlich „Speiseschwert“), ↑Mastdarm (eigentlich „Speisedarm“) und in

↑Maßliebchen (eigentlich „Eßlust"). Im Ablaut dazu steht die *germ.* Sippe von ↑Mus (aus *mādso „Brei, Speise"). Abl.: **mästen** „fett machen, reichlich füttern" (*mhd., ahd.* mesten).

Mastdarm: Der Ausdruck für den untersten, im After endenden Teil des Dickdarms *ahd., mhd.* arsdarm (eigentlich „Arschdarm") wurde im 15. Jh. durch masdarm eigentlich „Speisedarm" ersetzt. Aus *spätmhd.* masdarm, das also ein verhüllender Ausdruck ist, entwickelte sich die *nhd.* Form Mastdarm. Das Bestimmungswort ist *mhd., ahd.* maz „Speise" (vgl. [2]*Mast*).

mästen ↑[2]Mast.

masturbieren „sich selbst befriedigen, onanieren": Das seit dem 19. Jh. gebräuchliche Verb ist aus gleichbed. *lat.* masturbari entlehnt, das wohl aus manu stuprare „mit der Hand schänden" hervorgegangen ist.

Matador „Stierkämpfer, der dem Stier den Todesstoß versetzt", übertragen auch „Hauptperson, wichtigster Mann": Das seit dem 18. Jh. bezeugte Fremdwort ist aus gleichbed. *span.* matador, eigentlich „Mörder, Totschläger", entlehnt. Dies geht auf *lat.* mactator „Mörder, Schlächter" (zu *lat.* mactare „töten, schlachten") zurück.

Match „Wettkampf, Spiel, das man als Wettkampf austrägt": Der Ausdruck der Sportsprache wurde im 20. Jh. aus gleichbed. *engl.* match entlehnt. Dies geht unter Beeinflussung von *engl.* to match „es mit jemandem aufnehmen, sich mit einem Partner messen" auf *mengl.* macche, *aengl.* [ge]mæcca „Gefährte, Genosse" zurück (zu *aengl.* ge-mæc „zueinander passend"; vgl. *machen*).

Materie „Urstoff; Stoff, Inhalt; Gegenstand [einer Untersuchung]": Das Substantiv wurde in *mhd.* Zeit (*mhd.* materje) aus *lat.* materia „Bauholz, Nutzholz; Material, Stoff; Aufgabe; Anlage, Talent; Ursache" entlehnt. Dies ist wahrscheinlich eine Bildung zu *lat.* mater (vgl. *Mutter*) und bezeichnete ursprünglich die 'mater', den hervorbringenden und nährenden Teil des Baumes (im Gegensatz zur Rinde und zu den Zweigen). Um 'Materie' gruppieren sich **Material** „Rohstoff, Werkstoff; Hilfsmittel; Unterlagen, Belege", im 18. Jh. eingedeutscht aus *mlat.* materiale „das zur Materie Gehörige; der Rohstoff" (der *Plural* 'materialien' jedoch schon im 15. Jh.!). Auf das zugrundeliegende Adjektiv *lat.* materialis „zum Stoff gehörig; stofflich" geht gleichbed. *frz.* matériel zurück, aus dem im 18. Jh. unser Fremdwort **materiell** „stofflich, körperlich; sachlich" übernommen wurde. Dies wird auch übertragen im Sinne von „nur auf materiellen Gewinn eingestellt, genußsüchtig" gebraucht. Aus dem *Frz.* übernommen oder nach *frz.* Vorbild gebildet sind **Materialismus** „philosophische Lehre, die alles Seiende auf Stoffliches, auf Kräfte oder Bedingungen der Materie zurückführt; Streben nach bloßem Lebensgenuß" (18. Jh.; *frz.* matérialisme), **Materialist** „Vertreter des philosophischen Materialismus; an höheren geistigen Dingen wenig interessierter Mensch, der nur auf sein eigenes Wohlergehen, auf Besitz und Genuß bedacht ist" (18. Jh.; *frz.* matérialiste), dazu **materialistisch** „den philosophischen Materialismus betreffend; nur auf den eigenen Nutzen und Vorteil bedacht" (18. Jh.).

Mathematik: Die Bezeichnung für die Lehre von den Raum- und Zahlengrößen wurde im 15. Jh. aus gleichbed. *lat.* (ars) mathematica entlehnt, das seinerseits aus *griech.* mathēmatikḗ (téchnē) übernommen ist. Das zugrundeliegende Adjektiv *griech.* mathēmatikós „lernbegierig; wissenschaftlich; mathematisch" ist von *griech.* máthēma „das Gelernte, die Kenntnis" abgeleitet, dessen Plural speziell „[mathematische] Wissenschaften" bedeutet. Stammwort ist *griech.* manthánein (Aorist: matheīn) „[kennen]lernen, erfahren", das urverwandt ist mit *dt.* ↑*munter.* – Dazu: **Mathematiker** „Wissenschaftler auf dem Gebiet der Mathematik" (16. Jh.; zuerst in der Form 'Mathematikus'; aus gleichbed. *lat.* mathematicus); **mathematisch** „die Mathematik betreffend" (16. Jh.).

Matinee: Die Bezeichnung für „[künstlerische] Vormittagsveranstaltung" wurde im 19. Jh. aus gleichbed. *frz.* matinée entlehnt, einer Ableitung von *frz.* matin „Morgen". Das zugrundeliegende *lat.* Adjektiv matutinus „morgendlich, früh" – substantiviert: matutinum (tempus) „Frühzeit; Morgen" –, das auch Ausgangspunkt ist für unser Lehnwort ↑Mette, ist mit *lat.* maturus „reif; frühzeitig" verwandt (vgl. *Matur*).

Matjeshering „junger, mild gesalzener Hering": Das Wort wurde im 18. Jh. aus *niederl.* maatjesharing entlehnt, das umgebildet ist aus älterem 'maagdekens haering' „Mädchenhering" (d. i. junger Hering ohne Rogen oder Milch). Zu *niederl.* maagdeke[n] „Mädchen" vgl. den Artikel *Mädchen,* zu *niederl.* haring den Artikel *Hering.*

Matratze: Die in dieser Form seit dem 15. Jh. übliche Bezeichnung für „Bettpolster, federnde Bettunterlage" beruht auf einer Entlehnung aus gleichbed. älter *it.* materazzo (heute: materassa). Das *it.* Wort wie auch *afrz.* materas (> *frz.* matelas), aus dem *mhd.* mat[e]raz „mit Wolle gefülltes Ruhebett, Polsterbett" übernommen ist, stammen aus *arab.* maṭraḥ „Ort, wohin etwas geworfen oder gelegt wird; Bodenkissen".

Mätresse „Geliebte [einer hochstehenden Persönlichkeit]": Das Fremdwort wurde im 17. Jh. aus gleichbed. *frz.* maîtresse (eigentlich „Herrin, Gebieterin, Meisterin") entlehnt. Dies ist eine weibliche Bildung zu dem auf *lat.* magister „Vorsteher, Leiter; Lehrer" (vgl. *Meister*) beruhenden Substantiv *frz.* maître „Herr, Gebieter, Meister".

Matrikel „öffentliches Verzeichnis", insbesondere „Liste der an einer Hochschule Studierenden": Das seit dem 15. Jh. – zuerst in der Form 'matrikul' – bezeugte Fremdwort ist aus *lat.* matricula „Stammrolle, öffentliches Verzeichnis" entlehnt, einer Verkleinerungsbildung zu *lat.* matrix „Gebärmutter; Stammutter; Stammrolle" (vgl. *Matrize*). – Dazu: **immatrikulieren** „in die Liste der Studierenden einschreiben" (16. Jh.; aus *mlat.* immatriculare) mit dem Substantiv **Immatrikulation** (18. Jh.). Die Gegenbildungen **exmatrikulieren** „aus der Liste der Studierenden streichen" und **Exmatrikulation** erscheinen im 19. Jh.

Matrize „bei der Setzmaschine die in einem Metallkörper befindliche Hohlform zur Aufnahme des Prägestocks (der sogenannten ↑Patrize); die von einem Druckstock hergestellte [Wachs]form": Das Fachwort der Druckersprache wurde im 17. Jh. aus *frz.* matrice „Gußform, Matrize" entlehnt. Das *frz.* Wort bedeutet eigentlich „Gebärmutter", dann im übertragenen Sinne allgemein „das, worin etwas erzeugt oder hergestellt wird". Es geht auf *lat.* matrix (matricis) „Muttertier, Gebärmutter; Stammutter" zurück, eine Ableitung von *lat.* mater „Mutter" (vgl. den Artikel *Matrone*). – Beachte auch die Verkleinerungsbildung *lat.* matricula „Stammrolle, öffentliches Verzeichnis", die unserem Fremdwort ↑Matrikel zugrunde liegt.

Matrone „ehrwürdige ältere Frau", in der Umgangssprache oft mit leicht abwertendem Nebensinn gebraucht: Das seit dem 14. Jh. bezeugte Fremdwort ist aus *lat.* matrona „ehrbare, verheiratete Frau" entlehnt, das zu *lat.* mater „Mutter; Stammutter; Gattin, Weib, Ehefrau" gehört (wie das entsprechende *lat.* patronus „Schutzherr" zu *lat.* pater „Vater"; *Patron*). – Zu *lat.* mater (daraus u. a. *span., it.* madre und *frz.* mère), das urverwandt ist mit *dt.* ↑*Mutter,* stellt sich ferner das abgeleitete Substantiv *lat.* matrix „Muttertier; Gebärmutter; Stammutter" mit der Verkleinerungsbildung *lat.* matricula „Stammrolle, öffentliches Verzeichnis". Diese liegen unseren Fremdwörtern ↑Matrize und ↑Matrikel, immatrikulieren, exmatrikulieren zugrunde.

Matrose „Seemann": Das Wort wurde um 1600 wie entsprechend *schwed., dän.* matros aus *niederl.* matroos entlehnt, das aus *frz.* matelots, dem Plural von *frz.* matelot (*afrz.* matenot) „Seemann" umgebildet ist. Das *frz.* Wort selbst stammt vermutlich aus *mniederl.* mattenoot, das wohl eigentlich „Matten-, Schlafgenosse" bedeutet. Früher standen den Matrosen auf Schiffen nur je eine Matte oder Schlafstelle für zwei Mann zur Verfügung, auf der diese abwechselnd schlafen konnten.

Matsch: Der seit dem 18. Jh. bezeugte Ausdruck für „weiche, breiige Masse; nasser Straßenschmutz" gehört zu dem Verb **matschen** *ugs.* für „mischen, durcheinandermengen, herumsudeln", das lautmalenden Ursprungs ist. Neben 'matschen' findet sich auch eine gleichbedeutende nasalierte Form **manschen** (17. Jh.), wie z.B. 'panschen' neben 'patschen'; beachte auch **Mansch** *ugs.* für „Schneewasser; schlechtes Wetter; Suppe; wässeriges Essen". Abl.: **matschig** *ugs.* für „breiig; klebrig, schmutzig; überreif" (um 1800).

matt: Das seit *mhd.* Zeit bezeugte Adjektiv (*mhd.* mat) ist ursprünglich, wie auch heute noch, ein Fachausdruck des Schachspiels, der besagt, daß der (gegnerische) König geschlagen und damit die Partie entschieden ist. Das Wort stammt, wie das Schachspiel selbst und einige andere Fachausdrücke des Schachspiels (vgl. zum Sachlichen den Artikel *Schach*), aus dem Orient. Quelle ist *arab.* māta „gestorben, tot" in der Fügung 'šāh māta' „der König ist tot" (beachte dazu unser 'schachmatt', schon *mhd.* 'schāch unde mat'). Das Wort gelangte ins *Dt.* durch *roman.* Vermittlung (vgl. entsprechend *it.* 'scacco matto' neben matto, *frz.* 'échec et mat' neben mat, *span.* 'jaque y mate' neben mate). – Seit dem 13. Jh. wird das Adjektiv matt (*mhd.* mat) auch allgemein im Sinne von „entkräftet, kraftlos, schwach", dann auch in der Bedeutung „glanzlos, trübe" gebraucht. Daran schließt sich das Präfixverb **ermatten** „schlapp werden, matt und müde werden, nachlassen" (18. Jh.) an, vgl. auch den Artikel *mattieren.*

[1]Matte „Decke, Unterlage; Bodenbelag": Das Wort (*mhd.,* matte, *ahd.* matta) wurde in *ahd.* Zeit aus *lat.* matta „Decke aus Binsen- oder Strohgeflecht" entlehnt. Damit ursprünglich identisch ist **[2]Matte** *mitteld.* für „Quark, Topfen", das gewöhnlich in der Zusammensetzung 'Käsematte' gebräuchlich ist. Das Wort bezeichnete demnach zunächst die Unterlage, auf der die geronnene Milch zum Trocknen ausgebreitet wird, und wurde dann auf die geronnene Milch selbst übertragen.

[3]Matte (dichterisch für:) „[Berg]wiese": Das aus dem *Aleman.* in die allgemeine dichterische Sprache übernommene Wort gehört – wie auch die Bildung ↑Mahd „Mähen"; Gemähtes; Wiese" – zu dem unter ↑*mähen* behandelten Verb. Es bedeutet also eigentlich „Wiese, die gemäht wird" im Gegensatz zu Weide. In seinem ursprünglichen Verbreitungsgebiet spielt das Wort auch in der geographischen Namengebung eine Rolle, beachte z. B. die *schweiz.* Ortsnamen Andermatt und Zermatt. – Mit *mhd.* mat[t]e, *ahd.* matta „Wiese" sind z. B. im *germ.* Sprachbereich verwandt *niederl.* made „Wiese" und *engl.* meadow „Wiese".

mattieren „glanzlos, stumpf machen": Das seit dem 19. Jh. gebräuchliche Verb ist aus gleichbed. *frz.* mater, matir entlehnt, einer Ableitung von *frz.* mat „matt" (vgl. den Artikel *matt*).

Matur, Maturum: Die veraltende Bezeichnung für „Reifeprüfung, Abitur" – in Österreich und in der Schweiz ist auch heute **Matura** das gebräuchliche Wort für „Abitur" – ist eine gelehrte Bildung des 20. Jh.s zu *lat.* maturus „reif; frühzeitig" oder eine Kürzung aus *nlat.* examen maturum „Reifeprüfung". Im 19. Jh. galt die Bezeichnung 'Maturität' bzw. 'Maturitätsexamen' (aus *lat.* maturitas „Reife"). – Mit dem *lat.* Adjektiv verwandt ist *lat.* matutinus „morgendlich, früh" (↑Matinee und ↑Mette).

Mätzchen: Der *ugs.* Ausdruck für „Possen, Unsinn; Kunstgriff, Trick" ist eine Verkleinerungsbildung zu dem heute veralteten Substantiv 'Matz' „törichter, alberner Kerl". Dies ist eine Koseform des männlichen Vornamens Matthias (wie 'Hinz' zu 'Heinrich' und 'Kunz' zu 'Konrad'). Als zweiter Bestandteil steckt 'Matz' in den Zusammensetzungen **Hemden-**

matz, Hosenmatz und **Piepmatz.** Wohl erst aus 'Hemdenmatz' oder 'Hosenmatz' gekürzt ist **Matz** familiär für „kleines [niedliches] Kind".

Matze und **Matzen:** Die Bezeichnung für „ungesäuertes Passahbrot der Juden" wurde in *frühnhd.* Zeit über *jidd.* matzo aus *hebr.* maẕẕôṯ *(Plural)* „ungesäuerter Brotfladen" entlehnt.

mau: Der *ugs.* Ausdruck für „schwach, dürftig, flau", der seit der 2. Hälfte des 19. Jh.s bezeugt ist, hat sich von Berlin ausgebreitet. Seine Herkunft ist trotz aller Deutungsversuche unklar.

mauen, maunzen, mauzen ↑miauen.

Mauer: Das *altgerm.* Substantiv (*mhd.* mūre, *ahd.* mūra, *niederl.* muur, *aengl.* mūr, *anord.* mūrr) wurde zusammen mit anderen Wörtern des römischen Steinbaues (vgl. zum Sachlichen den Artikel *Fenster*) früh aus dem *Lat.* entlehnt. Quelle des Wortes ist *lat.* murus (*alat.* moerus, moiros) „Mauer; Wall". Das Lehnwort, das zunächst ein Maskulinum war, hat sein Geschlecht nach dem Vorbild von 'Wand' gewechselt. – Abl.: [1]**mauern** „eine Mauer bauen, als Maurer tätig sein, aufbauen" (*mhd.* mūren), dazu **untermauern** „mit Grundmauern versehen; etwas durch überzeugende Beweise erhärten, bekräftigen", **vermauern** und **zumauern** „mit einer Mauer verschließen"; **Maurer** (als Handwerkerbezeichnung; *mhd.* mūrære, *ahd.* mūrāri). Siehe auch die Zusammensetzung Freimaurer im Artikel *frei.* – In dem aus der Gaunersprache in die Umgangssprache gelangten Verb [2]**mauern** „übervorsichtig und zurückhaltend spielen, sein Blatt nicht ausreizen (bei Kartenspielen); auf Halten des Ergebnisses, übertrieben defensiv spielen (Fußball u. a.)" hat sich wohl *rotwelsch* maure (< *jidd.* mora) „Furcht, Angst" mit dem obengenannten Verb [1]mauern im übertragenen Sinne von „eine Mauer bilden, sich ängstlich verschanzen" vermischt.

Maul: Das *altgerm.* Wort *mhd.* mūl[e], *ahd.* mūl[a], *niederl.* muil, *schwed.* mule gehört mit zahlreichen [elementar]verwandten Wörtern in anderen *idg.* Sprachen zu der Lautnachahmung *mū- (für den mit gepreßten Lippen hervorgebrachten dumpfen Laut), vgl. z. B. *griech.* mýllon „Lippe", mý̄ein „sich schließen", von den Lippen (↑Mysterium) und *lat.* mugire „brüllen", muttire „halblaut reden, mucken" (↑Motto). Im *germ.* Sprachbereich beruhen auf dem lautnachahmenden *mū̆- ferner die unter ↑*muhen,* ↑*mucken, mucksen* und ↑*muffeln* behandelten Wörter, wobei zu beachten ist, daß es sich zum guten Teil um unabhängige Bildungen unterschiedlichen Alters handelt. – Im heutigen Sprachgebrauch bezeichnet 'Maul' gewöhnlich die Schnauze von Tieren, wird aber auch, wie schon in *mhd.* Zeit, als derber Ausdruck für „Mund" verwendet. Die Verkleinerungsbildung **Mäulchen** ist *landsch.* auch im Sinne von „Kuß" gebräuchlich. Abl.: **maulen** *ugs.* für „murren, mürrisch sein, schmollen" (16. Jh.). Zus.: **Maulaffe** (15. Jh., als Schimpfwort für einen dummen, albernen Gaffer; ursprünglich bezeichnete die Zusammensetzung aber wahrscheinlich die im Mittelalter üblichen tönernen Kienspanhalter in Kopfform, in deren Maul man den Kienspan steckte; heute gewöhnlich nur noch in der Wendung 'Maulaffen feilhalten' „gaffen, untätig zusehen" gebräuchlich); **Maulschelle** (↑[2]Schelle).

Maulbeere: Der Name der brombeerähnlichen Frucht des Maulbeerbaums geht zurück auf *mhd.* mūlber, das aus älterem *mūrber, *ahd.* mūr-, mōrberi „Maulbeere" entstellt ist. Das Bestimmungswort *ahd.* mūr-, mōr- ist aus *lat.* morum „Maulbeere; Brombeere" entlehnt.

Mäulchen, maulen ↑Maul.

Maulesel: Das Wort bezeichnet den durch Kreuzung von Pferdehengst und Eselstute entstandenen Bastard, der in der zoologischen Fachsprache von **Maultier,** der Bezeichnung für den Bastard aus der Kreuzung von Eselshengst und Pferdestute, unterschieden wird. Die Tierbezeichnungen sind verdeutlichende Zusammensetzungen mit *mhd., ahd.* mūl „Maultier" (= entsprechend *niederl.* muildier, -ezel, *aengl.* mūl, *schwed.* mula, mulåsna). Die *germ.* Wörter beruhen auf einer Entlehnung aus *lat.* mulus „Maultier". – Vgl. auch die Artikel *Muli* und *Mulatte.*

Maulschelle ↑[2]Schelle.

Maultier ↑Maulesel.

Maulwurf: Der Name des Tieres lautete im *Ahd.* zunächst mūwerf (-wurf). Der erste Bestandteil dieser Zusammensetzung entspricht *aengl.* mūha, mūwa, *engl.* mow „Haufe", der zweite ist eine Bildung (Nomen agentis) zu dem unter ↑*werfen* behandelten Verb. Der Tiername bedeutete also ursprünglich „Haufenwerfer". Seit *spätahd.* Zeit wurde das Bestimmungswort des Tiernamens, das als selbständiges Wort nicht mehr vorkam und daher nicht mehr verstanden wurde, volksetymologisch umgedeutet, und zwar nach *ahd.* molta, *mhd.* molt[e] „Erde, Staub" und *mitteld., mnd.* mul[le] „Erde, Staub" (vgl. *mahlen*). *Spätahd.* mul[t]wurf, *mhd.* moltwerf und ähnliche Formen bedeuten demnach eigentlich „Erd[auf]werfer". Das Bestimmungswort dieser Benennung, das gleichfalls allmählich außer Gebrauch kam, wurde dann abermals umgedeutet, und zwar nach *mhd.* mūl[e] „Maul, Mund" (vgl. *Maul*). Auf dieser Umdeutung beruht die *nhd.* Form Maulwurf (eigentlich „Tier, das die Erde mit dem Maul wirft").

maunzen ↑miauen.

Maurer ↑Mauer.

Maus: Der *altgerm.* Tiername *mhd., ahd.* mūs, *niederl.* muis, *engl.* mouse, *schwed.* mus geht mit Entsprechungen in den meisten anderen *idg.* Sprachen auf *idg.* *mūs „Maus" zurück, vgl. z. B. *aind.* mū́ṣ „Maus" (↑Moschus und ↑Muskat), *griech.* mȳs „Maus" und *lat.* mus „Maus" (↑Muskel und ↑Muschel). Welche Vorstellung der Benennung der Maus zugrunde liegt, ist nicht sicher geklärt. Vermutlich gehört *idg.* *mūs „Maus" zu der Sippe von *aind.* muṣṇāti „stiehlt, raubt" und bedeutet dann eigentlich „Diebin". Abl.: **mausen** *ugs.* für „stehlen" (*mhd.* mūsen „Mäuse fangen; schleichen; listig sein"). Siehe auch die Artikel *mausetot* und *Fledermaus.*

mausern, sich „das Federkleid wechseln (von Vögeln)", auch auf den Menschen übertragen im Sinne von „sich herausmachen; sich zum Vorteil verändern": Das in dieser Form seit dem 18. Jh. bezeugte Wort ist eine Weiterbildung zu dem im *Nhd.* untergegangenen gleichbed. Verb mausen (*mhd.* sich mūʒen, *ahd.* mūʒōn), das aus *lat.-mlat.* mutare „[ver]ändern, wechseln, [ver]tauschen; das Federkleid wechseln" (*mlat.* 'pennas mutare') entlehnt ist. Das *lat.* Wort gehört vermutlich zu der unter ↑*Meineid* dargestellten Wortsippe der *idg.* Wurzel *mei- „wechseln, tauschen". – Zum Verb 'mausern' stellt sich das Substantiv **Mauser** „Federwechsel der Vögel", das im 19. Jh. für älteres 'Mause' aufgekommen ist (*mhd.* mūʒe, aus gleichbed. *mlat.* muta). – Das gleichfalls hierhergehörende abgeleitete Adjektiv **mausig** „keck, frech" (*mhd.* mūʒic, eigentlich „die Federn wechselnd; sich neu herausputzend") lebt heute nur noch in der Wendung 'sich mausig machen' „sich keck hervortun, wichtig tun".

mausetot: Das seit dem 17. Jh. bezeugte Adjektiv ist eine volksetymologische Umdeutung („tot wie eine Maus, die nicht mehr zuckt") von *niederd.* mu[r]sdōt, morsdōt „ganz tot". Der erste Bestandteil ist *niederd.* murs, mors „gänzlich, plötzlich". – Im heutigen Sprachgefühl wird das Bestimmungswort als Verstärkung empfunden, ähnlich wie 'Mäuschen' in 'mäuschenstill'.

mausig ↑mausern.

Mausoleum: Die Bezeichnung für „monumentales Grabmal" wurde um 1600 aus gleichbed. *lat.* Mausoleum entlehnt, das seinerseits aus *griech.* Mausṓleion übernommen ist. Das *griech.* Wort bezeichnete zunächst nur das berühmte Grabmal des Königs Mausolos (*griech.* Maúsōlos) von Karien, das diesem von seiner Gemahlin in Halikarnassos errichtet wurde und das im Altertum als eines der Sieben Weltwunder galt.

mauzen ↑miauen.

Maxime „oberster Grundsatz, Leitsatz, Lebensregel": Das Fremdwort ist eine gelehrte Entlehnung – wohl unter dem Einfluß von gleichbed. *frz.* maxime – aus *mlat.* maxima (ergänze: regula oder sententia) „höchste Regel, oberster Grundsatz". Über das zugrundeliegende Adjektiv *lat.* maximus „größter, wichtigster, bedeutendster" vgl. den Artikel *Magnat.* – Auf dem substantivierten Neutrum von *lat.* maximus beruht das Fremdwort **Maximum** „Höchstwert; Höchstmaß" (Ende 18. Jh.). Zu *lat.* maximus gebildet ist das Adjektiv **maximal** „sehr groß, größt..., höchst..., höchstens" (19. Jh.).

Mayonnaise: Die Bezeichnung für eine pikante, aus Eigelb, Öl, Salz und Essig hergestellte Tunke wurde im 19. Jh. aus gleichbed. *frz.* mayonnaise, älter mahonaise entlehnt. Die weitere Herkunft des *frz.* Wortes ist unklar. Vielleicht gehört es zu *frz.* mahonais „aus Mahón" (Stadt auf der Insel Menorca).

Mäzen „Förderer, freigebiger Gönner": Das seit dem 18. Jh. bezeugte Fremdwort, das an die Stelle von 'Mecenat' (16. Jh.) trat, gehört zu *lat.* Maecenas, dem Namen eines römischen Adligen, der besonders die Dichter Horaz und Vergil großzügig förderte. – Dazu stellen sich die Bildungen **Mäzenatentum** und **mäzenatisch.**

Mazurka: Der seit dem 18. Jh. bezeugte Name des polnischen Nationaltanzes ist aus *poln.* mazurka (= Genitiv und Akkusativ; Nominativ: mazurek) entlehnt. Dies bedeutet eigentlich „masurischer Tanz" und gehört zu *poln.* mazur „Masure".

Mechanik „Lehre von der Bewegung der Körper; Getriebe, Triebwerk, Räderwerk": Das Wort wurde im 17. Jh. aus *lat.* (ars) mechanica entlehnt, das seinerseits aus *griech.* mēchanikḗ (téchnē) „die Kunst, Maschinen gemäß der Wirkung von Naturkräften zu erfinden und zusammenzubauen" übernommen ist. Das *griech.* Adjektiv mēchanikós „Maschinen betreffend; erfinderisch" (> *lat.* mechanicus) ist von *griech.* mēchanḗ „Hilfsmittel, Werkzeug; Kriegsmaschine" abgeleitet (vgl. hierüber den Artikel *Maschine*). Die Verwendung von 'Mechanik' im Sinne von „Getriebe, Räderwerk, Mechanismus" beruht auf Einfluß von *frz.* mécanique. – Dazu: **mechanisch** „den Gesetzen der Mechanik entsprechend" (16. Jh.; aus *lat.* mechanicus < *griech.* mēchanikós, s. o.), seit dem 18. Jh. auch übertragen gebraucht im Sinne von „unbewußt, unwillkürlich, gewohnheitsmäßig" (= „gleichsam wie eine Maschine ablaufend"); **Mechaniker** „Fachmann für die Reparatur von Maschinen, Apparaten und dgl.; Feinschlosser" (19. Jh.; für älteres 'Mechanikus'; aus dem substantivierten *lat.* Adjektiv mechanicus „Mechaniker"); **mechanisieren** „auf mechanischen Ablauf umstellen" (20. Jh.; nach *frz.* mécaniser; das Substantiv **Mechanisierung** aber schon im 19. Jh.); **Mechanismus** „alles maschinenmäßig Ablaufende; [selbsttätiger] Ablauf; mechanische Einrichtung, Triebwerk" (Anfang 18. Jh.; *nlat.* Bildung nach gleichbed. *frz.* mécanisme).

meckern: Das seit dem 17. Jh. bezeugte Verb gehört zu gleichbed. *frühnhd.* mecken, beachte *spätmhd.* mechzen „meckern", *mhd.* mecke „Ziegenbock". Die Sippe ist lautnachahmenden Ursprungs. Nachahmungen des Ziegenlauts sind z. B. auch die [elementar]verwandten Verben *griech.* mēkāsthai „meckern" und *mlat.* miccire „meckern". *Ugs.* wird das Verb im Sinne von „nörgeln" gebraucht, beachte dazu auch **Meckerer** „Nörgler" und **Gemecker, Gemeck[e]re** „Ziegengeschrei; Nörgelei".

Medaille „Denkmünze, Schaumünze": Das Fremdwort wurde im 16. Jh. aus gleichbed. *frz.* médaille entlehnt, das seinerseits aus *it.* medaglia übernommen ist. Voraus liegt wahrscheinlich *vlat.* *metallia (moneta) „Münze aus Metall". Über das zugrundeliegende Substantiv *lat.* metallum „Metall" vgl. den Artikel *Metall.* – Zu *it.* medaglia stellt sich das mit Vergrößerungssuffix gebildete Substantiv *it.* medaglione „große Schaumünze", aus dem *frz.* médaillon stammt. Daraus entlehnt ist das seit dem Anfang des 18. Jh.s bezeugte Fremdwort

Medaillon „große Schaumünze; Bildkapsel; Rundbild[chen]".

Medikament ↑Medizin.

meditieren „nachdenken; sinnend betrachten": Das seit dem 14. Jh. bezeugte Verb ist aus gleichbed. *lat.* meditari entlehnt, das mit einer ursprünglichen Bed. „ermessen, geistig abmessen" zu der unter ↑[1]*Mal* dargestellten Wortsippe der *idg.* Wurzel *med- „messen; ermessen" gehört. – Abl.: **Meditation** „Nachdenken; sinnende Betrachtung; religiöse Versenkung" (16. Jh.; aus *lat.* meditatio).

Medium: Das seit dem 17. Jh. bezeugte Fremdwort ist aus dem substantivierten Neutrum des *lat.* Adjektivs medius „in der Mitte befindlich, mittlerer usw." entlehnt. Es erscheint in sehr verschiedenen Verwendungsbereichen: Einmal als naturwissenschaftlicher Terminus im Sinne von „Mittel, Vermittlungsstoff" zur Bezeichnung eines Trägers physikalischer oder chemischer Vorgänge, ferner allgemein im Sinne von „Vermittlung, vermittelndes Element", schließlich im Bereich der Sprachlehre zur Bezeichnung einer medialen (am Aktiv wie am Passiv teilhabenden) Verhaltensrichtung des Verbs (wie sie z. B. für das Griechische typisch ist). Seit dem 19. Jh. spielt das Wort auch in Spiritismus und Okkultismus eine Rolle. Es gilt hier im Sinne von „vermittelnde Person im übersinnlichen Bereich", danach auch allgemein im Sinne von „geeignete Versuchsperson". – *Lat.* medius, das auch in ↑Intermezzo, ↑Meridian und ↑Milieu enthalten ist, ist mit den unter ↑*Mitte* genannten Wörtern urverwandt.

Medizin „Heilkunde; Heilmittel, Arznei": Das Wort wurde im 13. Jh. aus gleichbed. *lat.* (ars) medicina entlehnt, einer Ableitung von *lat.* medicus „Arzt". Dies gehört mit *lat.* mederi „heilen" zu der unter ↑[1]*Mal* dargestellten Wortsippe der *idg.* Wurzel *mē̆-[d]- „messen; ermessen", auch „Rat wissen" bzw. auf „klug ermessender, weiser Ratgeber; Heilkundiger" (beachte z. B. *awest.* vī-mad- „Heilkundiger, Arzt" und *griech.* Mēdos, Mḗdē, Agamḗdē „Heilgottheiten"). – Abl.: **medizinisch** „zur Heilkunde gehörend, sie betreffend" (17. Jh.); **Mediziner** „Arzt" (*mhd.* medicīnære < *mlat.* *medicinarius), seit dem 18. Jh. auch in der Bed. „Medizinstudent"; **medizinal** „zur Arznei[kunst] gehörig" (aus *lat.* medicinalis), heute nur noch in Zusammensetzungen wie 'Medizinalrat'; **Medikament** „Heilmittel, Arzenei" (Ende 15. Jh.; aus gleichbed. *lat.* medicamentum).

Medley ↑Potpourri.

Meer: Das *gemeingerm.* Wort *mhd.* mer, *ahd.* meri, *got.* mari-saiws („See", eigentlich „See-See"), *engl.* mere, *schwed.* mar- geht mit verwandten Wörtern im *Lat., Kelt.* und *Baltoslaw.* auf *westidg.* *mo̊ri „Sumpf, stehendes Gewässer, Binnensee" zurück, vgl. z. B. *lat.* mare „Meer" (↑Maar, ↑Marine und ↑marinieren) und *russ.* more „Meer". Im *germ.* Sprachbereich sind verwandt die unter ↑*Moor* und ↑*Marsch* behandelten Wörter, die die ältere Bed. „Sumpf, stehendes Gewässer" bewahren. – Zus.: **Meerbusen** (Anfang des 17. Jh.s; Lehnübertragung von *lat.* sinus maris, ↑Busen); **Meerenge** (17. Jh.); **Meerkatze** (*mhd.* mer[e]katze, *ahd.* merikazza; die aus Afrika stammende Affenart ist so benannt, weil das Tier Ähnlichkeit mit einer Katze hat und über das Meer nach Europa gebracht worden ist); **Meerschaum** „weißes, feinerdig-poröses Mineral" (Anfang des 18. Jh.s; die Zusammensetzung ist schon seit dem 15. Jh. bezeugt, allerdings im Sinne von „Koralle" als Lehnübersetzung von *lat.* spuma maris; die Bezeichnung für „Koralle" wurde vermutlich zu Beginn des 18. Jh.s auf das Mineral übertragen); **Meerschweinchen** (17. Jh.; das aus Südamerika stammende kleine Nagetier ist so benannt, weil es Laute wie ein junges Schwein von sich gibt und weil es über das Meer nach Europa gebracht worden ist).

Meerrettich: Der seit dem 10. Jh. bezeugte Pflanzenname (*ahd.* mēr[i]rātich, *mhd.* merretich) enthält als ersten Bestandteil wahrscheinlich das unter ↑*mehr* behandelte Wort und bedeutet demnach eigentlich „größerer Rettich". Später wurde der Pflanzenname umgedeutet zu „Rettich, der über das Meer zu uns gebracht worden ist" (vgl. die Zusammensetzungen 'Meerkatze' und 'Meerschweinchen').

Meeting ↑Gemahl.

Mehl: Das *altgerm.* Wort *mhd.* mel, *ahd.* melo, *niederl.* meel, *engl.* meal, *schwed.* mjöl gehört im Sinne von „gemahlene Getreidekörner, Zerriebenes" zu der Wortgruppe von ↑*mahlen* (beachte aus anderen *idg.* Sprachen z. B. die verwandten *alban.* mjel „Mehl" und *lit.* mil̃ti „Mehl"). Abl.: **mehlig** (17. Jh.; in der Form 'mehlicht'). Siehe auch den Artikel *Mehltau.*

Mehltau: Der Name der parasitischen Pilze, die bestimmte Pflanzenarten mehlartig überziehen und dadurch schädigen, lautete in den älteren Sprachzuständen *mhd.* miltou, *ahd.* militou. Der zweite Bestandteil dieser Zusammensetzung ist das unter ↑[1]*Tau* behandelte Wort, der erste Bestandteil ist wahrscheinlich gleichbedeutend mit *mhd.* mel, *ahd.* melo „Mehl" (vgl. *Mehl*) und gehört wie dies zu der Wortgruppe von ↑*mahlen.* Im 15. Jh. wurde das Bestimmungswort volksetymologisch an Mehl angeschlossen. Die nicht umgestaltete Form **Miltau** ist heute noch *mdal.* gebräuchlich. – Mit 'Mehltau' identisch ist das heute orthographisch unterschiedene **Meltau** „Honigtau, Blattlaushonig". – Auch in den anderen *germ.* Sprachen sind entsprechende Zusammensetzungen gebräuchlich, beachte *niederl.* meeldauw, *engl.* mildew, *schwed.* mjöldagg.

mehr: *Mhd.* mēr (mēre), *ahd.* mēr (mēro), *got.* mais (maizō), *engl.* more, *schwed.* mer (mera) beruhen auf einer Komparativbildung zu der unter ↑*Märchen* dargestellten *idg.* Wurzel *mē- „groß, ansehnlich". Abl.: **mehren** (*mhd.* mēren, *ahd.* mērōn „größer, mehr machen"; gebräuchlicher ist die Präfixbildung **vermehren,** dazu **Vermehrung**); **mehrfach** „mehr als einmal" (Anfang des 19. Jh.s; Lehnübertragung nach *frz.* multiple); **Mehrheit** „größerer Teil einer bestimmten Anzahl" (18. Jh.; nach *niederl.* meerderheid und *frz.* majorité).

mehrstimmig ↑Stimme.

Mehrzahl ↑Einzahl.

meiden: Das *westgerm.* Verb *mhd.* mīden, *ahd.* mīdan, *niederl.* mijden, *aengl.* mīđan gehört im Sinne von „(den Ort) wechseln, [sich] verbergen, [sich] fernhalten" zu der unter ↑*Meineid* dargestellten *idg.* Wortgruppe. Eng verwandt sind die Sippen von ↑miß... und ↑missen. – Beachte dazu die Präfixbildung **vermeiden** „umgehen, unterlassen" (*mhd.* vermīden, *ahd.* farmīdan).

Meile: Die *westgerm.* Bezeichnung des Längenmaßes, *mhd.* mīle, *ahd.* mīl[l]a, *niederl.* mijl, *engl.* mile, beruht auf einer frühen Entlehnung aus *lat.* milia „römische Meile", das für 'mille passuum', 'milia passuum' „tausend Doppelschritte" steht. – Stammwort ist das *lat.* Zahlwort mille „tausend", das auch in ↑Mille, pro mille, Milli..., ↑Million, Millionär, Milliarde, Billion usw. erscheint. Vgl. auch das folgende Lehnwort *Meiler*.

Meiler: „zum Verkohlen bestimmter Holzstoß", in neuerer Zeit auch übertragen gebraucht in der Zusammensetzung 'Atommeiler': Das seit *spätmhd.* Zeit (als mīler) bezeugte Substantiv geht vermutlich (durch *roman.* Vermittlung) auf *mlat.* miliarium „Anzahl von tausend Stück" (zu *lat.* mille „tausend", vgl. *Meile*) zurück. Die heutige Bedeutung des Wortes entwickelte sich wohl über eine Bed. „große Stückzahl (nämlich von aufgeschichtetem Holz)".

Meineid: Der *altgerm.* Ausdruck für „wissentlicher Falscheid" (*mhd.* meineit, *ahd.* meineid, *niederl.* meineed, *aengl.* mānađ, *schwed.* mened) ist zusammengesetzt aus dem unter ↑*Eid* behandelten Wort und einem im *Nhd.* untergegangenen *germ.* Adjektiv *maina- „falsch", vgl. z. B. *mhd., ahd.* mein „falsch, betrügerisch". Noch in *mhd.* Zeit war statt der Zusammensetzung meineit auch 'meiner eit' für „Falscheid" gebräuchlich. – Das Bestimmungswort *germ.* *maina- „falsch" bedeutet eigentlich „verwechselt, vertauscht" und gehört mit verwandten Wörtern in anderen *idg.* Sprachen zu der mehrfach erweiterten Wurzel *mei- „wechseln, tauschen". Aus dem *germ.* Sprachbereich gehören zu dieser Wurzel ferner die Sippen von ↑gemein (eigentlich „mehreren abwechselnd zukommend"), ↑meiden (eigentlich „den Ort wechseln, [sich] verbergen, [sich] fernhalten") und von ↑miß... (eigentlich „verwechselt, vertauscht"; s. auch den Artikel *missen*). *Außergerm.* sind z. B. verwandt *griech.* ameíbein „wechseln, tauschen", amoibḗ „Wechsel, Tausch" (↑Amöbe, nach der wechselnden Gestalt) und *lat.* migrare „wandern" (eigentlich „den Ort wechseln", ↑emigrieren), mutare „ändern, tauschen" (↑mausern, sich), munus „Leistung, Dienst, Geschenk" (eigentlich „Tausch[gabe]", ↑Kommune und ↑immun).

meinen: Das *westgerm.* Verb *mhd.* meinen, *ahd.* meinan, *niederl.* menen, *engl.* to mean ist verwandt mit *aslaw.* měniti „wähnen" und der *kelt.* Sippe von *air.* mīan „Wunsch, Verlangen". Die weiteren Beziehungen sind unklar. – Aus der Verwendung des Verbs im Sinne von „seine Gedanken auf etwas richten, im Sinn haben" entwickelte sich in *mhd.* Zeit die Bed. „zugeneigt sein, lieben", die in dichterischer Sprache bewahrt ist, beachte z. B. 'Freiheit, die ich meine'. Neben dem einfachen Verb findet sich auch eine Präfixbildung **vermeinen** „[irrtümlich] glauben" (*mhd.* vermeinen), beachte dazu **vermeintlich** (16. Jh.). Abl.: **Meinung** „Ansicht, Urteil" (*mhd.* meinunge, *ahd.* meinunga).

Meise: Der *altgerm.* Vogelname *mhd.* meise, *ahd.* meisa, *niederl.* mees, *engl.* [tit-, coal]-mouse, *schwed.* mes gehört wahrscheinlich zu einem im *Dt.* untergegangenen Adjektiv *germ.* *maisa- „klein, dünn", vgl. z. B. *norw. mdal.* meis „schwächlicher, magerer Mensch". Der Singvogel wäre demnach nach seiner kleinen, schmächtigen Gestalt benannt, beachte dazu die Redensart 'eine Meise kann der Star nicht vom Nest vertreiben' (weil sie so winzig ist). In der Umgangssprache ist 'Meise' an Stelle von 'Vogel' in der Wendung 'eine Meise haben' „nicht recht bei Verstand sein" gebräuchlich. – Bekannte Zusammensetzungen sind 'Blaumeise, Kohlmeise' (nach dem schwarzen Scheitel), 'Schwanzmeise'.

Meißel: Der *dt.* und *nord.* Werkzeugname *mhd.* meiȥel, *ahd.* meiȥil, *aisl.* meitill ist eine Instrumentalbildung zu einem im *Nhd.* untergegangenen *germ.* Verb: *mhd.* meiȥen, *ahd.* meiȥan, *got.* maitan, *aisl.* meita „[ab]schneiden, [ab]hauen". Die Bildung bedeutet demnach „Gerät zum Hauen oder Schneiden". Abl.: **meißeln** „mit dem Meißel [be]arbeiten" (*mhd.* meiȥeln). Siehe auch den Artikel *Ameise*.

meist: *Mhd., ahd.* meist, *got.* maists, *engl.* most, *schwed.* mest beruhen auf einer *gemeingerm.* Superlativbildung zu dem unter ↑*mehr* behandelten Komparativ (vgl. *Märchen*).

Meister: Das Substantiv (*mhd.* meister, *ahd.* meistar) geht wie z. B. entsprechend *it.* maestro und *frz.* maître (s. das Fremdwort *Mätresse*) auf *lat.* magister „Vorsteher, Leiter; Lehrer" zurück. Über weitere etymologische Zusammenhänge vgl. den Artikel *Magnat*. – Abl.: **meisterlich** (*mhd.* meisterlich, *ahd.* meistarlīch); **meisterhaft** (17. Jh.); **meistern** (*mhd.* meistern „lehren, erziehen; anordnen; leiten; beherrschen", *ahd.* meistarōn „vorstehen, beherrschen, anordnen"); **Meisterschaft** (*mhd.* meisterschaft „Unterricht, Zucht; höchste Gelehrsamkeit oder Kunstfertigkeit; Überlegenheit usw.", *ahd.* meistarscaft). Zus.: **Meisterstück** (16. Jh.). Vgl. auch den Artikel *Magistrat*.

Melancholie „Schwermut, Trübsinn": Das Fremdwort wurde bereits im 14. Jh. (*mhd.* melancoli[a], melancolei) aus gleichbed. *lat.* melancholia entlehnt, das seinerseits aus *griech.* melag-cholía übernommen ist. Das *griech.* Wort bedeutet wörtlich „Schwarzgalligkeit" (zu *griech.* mélās „schwarz" und cholḗ „Galle"). Nach antiken medizinischen Anschauungen galt die Schwermut als Folge einer durch den Übertritt von verbrannter schwarzer Galle in das Blut verursachten Erkrankung. – Dazu: **melancholisch** „schwermütig, trübsinnig" (14. Jh.; aus gleichbed. *lat.* melancholicus < *griech.*

melagcholikós); **Melancholiker** „schwermütiger Mensch" (19. Jh.; zuvor schon im 14. Jh. melancholicus).

Melange ↑meliert.

Melasse: Die Bezeichnung für den bei der Zuckergewinnung verbleibenden, als Futtermittel verwendeten sirupartigen Rückstand wurde im 18. Jh. aus *frz.* mélasse „Zuckersirup, Melasse" entlehnt, das seinerseits auf gleichbed. *span.* melaza zurückgeht. Dies gehört zu *lat.* mel (mellis) > *span.* miel „Honig" (vgl. *Melisse*).

Melde: Der *altgerm.* Pflanzenname *mhd.* melde, *ahd.* melda, *niederl.* melde, *aengl.* melde, *schwed. mdal.* mäll gehört zu der unter ↑*mahlen* dargestellten Wortgruppe. Die zu der Gattung der Gänsefußgewächse gehörende Pflanze ist also nach ihren weißlich (mehlartig) bestäubten Blättern benannt.

melden: Die Herkunft des *westgerm.* Verbs *mhd.* melden, *ahd.* meldōn, *niederl.* melden, *aengl.* meldian ist unklar. Das Verb hatte in den älteren Sprachzuständen die Bed. „ein Geheimnis preisgeben, verraten". In *mhd.* Zeit verblaßte die Vorstellung des Geheimen, und das Verb wurde im Sinne von „ankündigen, mitteilen, nennen" gebräuchlich. Heute wird es oft im Sinne von „pflichtgemäß mitteilen" verwendet. Um das Verb gruppieren sich die Bildungen **Melder** „Nachrichtenübermittler; Meldevorrichtung" (*mhd.* meldære, *ahd.* meldāri „Verräter") und **Meldung** „Mitteilung, Berichterstattung" (*mhd.* meldunge, *ahd.* meldunga „Verrat"), beachte auch die Bildungen und Zusammensetzungen 'ab-, an-, um-, vermelden'.

meliert „gefleckt, gesprenkelt", besonders noch in der Zusammensetzung 'graumeliert' gebräuchlich: Das seit dem 17. Jh. bezeugte Adjektiv ist eigentlich zweites Part. zu dem veralteten Verb **melieren** „mischen; sprenkeln", das aus gleichbed. *frz.* mêler (*afrz.* mesler) entlehnt ist. Das *frz.* Wort selbst geht auf *vlat.* *misculare „mischen" zurück, eine Weiterbildung von gleichbed. *lat.* miscere (vgl. den Artikel *mischen*). – Eine Bildung zu *frz.* mêler ist *frz.* mélange „Mischung", aus dem zu Beginn des 18. Jh.s unser Fremdwort **Melange** „Mischung; Gemengsel" entlehnt wurde. Dies ist seit dem 19. Jh. durch *österr.* Vermittlung auch im Sinne von „Milchkaffee" gebräuchlich.

Melisse: Der Name der nach Zitronen duftenden, besonders im Mittelmeergebiet angebauten Heil- und Gewürzpflanze, in *dt.* Texten seit dem Anfang des 16. Jh.s bezeugt, stammt aus *mlat.* melissa, einer gelehrten Ableitung von *griech.-lat.* melissó-phyllon „Bienenblatt, Bienenkraut". Das Bestimmungswort, *griech.* mélissa (*attisch* mélitta) „Biene" gehört zu *griech.* méli „Honig" (die Biene ist als „Honigtier" benannt). Damit urverwandt ist u. a. *lat.* mel (mellis) „Honig" (↑Melasse). Als Bestimmungswort erscheint *griech.* méli noch in *griech.* melímēlon „Honigapfel", das die Quelle für unser Wort ↑Marmelade ist.

melken: Das *germ.* Verb *mhd.* melken, *ahd.* melchan, *niederl.* melken, *engl.* to milk gehört mit verwandten Wörtern in anderen *idg.* Sprachen zu der Wurzel *mĕl[ə]ĝ- „melken", älter wohl „abstreifen, wischen". Im *germ.* Sprachbereich gruppieren sich um dieses Verb die Bildungen ↑Molke und ↑Milch. *Außergerm.* sind z. B. verwandt *griech.* amélgein „melken", *lat.* mulgere „melken", mulctra „Melkkübel" (↑Mulde, ↑Molle und ↑Emulsion) und *lit.* mélžti „melken". – Das transitive Verb wird gelegentlich auch intransitiv im Sinne von „Milch geben" verwendet. Abl.: **Melker** (15. Jh.).

Melodie „in sich einheitlich gestaltete Tonfolge, Singweise; Wohlklang": *Griech.* melōdía „Gesang; Singweise", das aus *griech.* mélos „Lied; Singweise" und *griech.* ōdḗ „das Singen; das Lied" (vgl. *Ode*) gebildet ist, gelangte über *spätlat.* melodia im 13. Jh. ins *Mhd.* als 'melodīe'. Daraus entwickelte sich lautgerecht die Form **Melodei** (*frühnhd.*), die auch heute noch in poetischer Sprache vorkommen kann. Die heute gültige Form 'Melodie' erscheint im 17. Jh. durch Anlehnung an *lat.* melodia bzw. an *frz.* mélodie. – Abl.: **melodisch** „wohlklingend, sangbar" (18. Jh.).

Melone: Der Name des in zahlreichen Arten angepflanzten Kürbisgewächses, in *dt.* Texten seit dem 15. Jh. bezeugt, ist aus *it.* mellone (bzw. *frz.* melon) entlehnt. Dies geht auf *lat.* melo (melonis) zurück, eine Kurzform von *lat.* melopepo „apfelförmige Melone, die erst vollreif genossen wird", das seinerseits aus gleichbed. *griech.* mēlo-pépōn (wörtliche Bed. „reifer Apfel") entlehnt ist. Dessen Bestimmungswort *griech.* mēlon „Apfel" erscheint als Grundwort in *griech.* meli-mēlon „Honigapfel, Quitte", das die Quelle ist für unser Wort ↑Marmelade.

Meltau ↑Mehltau.

Membran[e] „zarte, dünne Haut im menschlichen und tierischen Organismus; Filterhäutchen; Schwingblättchen": Das Fremdwort wurde bereits in *mhd.* Zeit (*mhd.* membrāne „Pergament") aus *lat.* membrana „Haut, Häutchen; Schreibhaut, Pergament" entlehnt. Dies ist eine Bildung zu *lat.* membrum „Körperglied; Glied".

Memme: Das seit dem 16. Jh. bezeugte Schimpfwort für einen Feigling geht zurück auf *mhd.* memme, mamme „Mutterbrust; Mutter" (beachte *landsch. ugs.* Memme „weibliche Brust"), das ein Lallwort der Kindersprache ist und elementarverwandt ist z. B. mit *lat.* mamma „Mutterbrust; Amme; [Groß]mutter" und *griech.* mámma „Mutterbrust; [Groß]mutter" (vgl. *Mama*). Das Schimpfwort richtet sich also gegen einen Menschen, der sich wie ein Muttersöhnchen oder ein altes Weib benimmt.

Memoiren „Lebenserinnerungen": Das Fremdwort wurde Anfang des 18. Jh.s als Bezeichnung einer bestimmten Literaturgattung aus gleichbed. *frz.* mémoires, dem *Plural* von *frz.* mémoire „Erinnerung; Gedächtnis", entlehnt. Dies geht zurück auf *lat.* memoria „Gedenken, Erinnerung usw.", das zu *lat.* memor „eingedenk, sich erinnernd" gehört (vgl. *memorieren*).

Memorandum „[ausführliche diplomatische]

Denkschrift": Das seit dem 18. Jh. bezeugte, zunächst in der Bed. „Erinnerungsbuch" gebräuchliche Fremdwort ist eine Entlehnung aus dem substantivierten *lat.* Adjektiv memorandus (-um) „erwähnenswert" (zu *lat.* memorare „in Erinnerung bringen"; vgl. *memorieren*).

memorieren „auswendig lernen": Das Verb wurde im 16. Jh. aus *lat.* memorare „in Erinnerung bringen" (zu *lat.* memor „eingedenk, sich erinnernd") entlehnt. *Lat.* memor ist ein altes redupliziertes Nomen *me-mor, das sich u. a. mit *aind.* smárati „erinnert sich, gedenkt", *griech.* (schwundstufig) mártys „Zeuge; Blutzeuge" (ursprünglich abstrakt: „Erinnerung; Zeugnis") – s. den Artikel *Marter* – unter einer *idg.* Wurzel *[s]mer- „gedenken, sich erinnern" vereinigen läßt. – Hierher gehören noch ↑Memorandum und ↑Memoiren.

Menage: Das seit dem 18. Jh. in der heute veralteten Bed. „Haushalt, Wirtschaft" bezeugte Fremdwort, das heute noch gelegentlich für „Gewürzständer" und in Österreich für „Truppenverpflegung" gebraucht wird, ist aus *frz.* ménage „Haushalt, Wirtschaft; Hausrat usw." (= *afrz.* maisnage, ma[s]nage) entlehnt. Dies geht auf ein von *lat.* mansio „das Bleiben; die Bleibe, die Wohnung" (> *frz.* maison) abgeleitetes *galloroman.* *mansionaticum „das zum Wohnen, zum Haushalt Gehörige" zurück. Stammwort ist das *lat.* Verb manere „bleiben, verharren", das mit *griech.* ménein „bleiben; [er]warten" urverwandt ist. Zu *lat.* manere gehören die Bildungen im-manere „bleiben, anhaften" und per-manere „fortdauern", aus deren Part. Präs. immanens und permanens unsere Fremdwörter **immanent** „innewohnend" und **permanent** „anhaltend, ständig" entlehnt sind. – Eine Kollektivableitung von *frz.* ménage erscheint in *frz.* ménagerie, das ursprünglich „Haushaltung", dann insbesondere „Verwaltung eines ländlichen Besitzes" bedeutete. In der Bed. „Haustierhaltung; Ort zur Haustierhaltung" und allgemein „Sammlung lebender Tiere" wurde das *frz.* Wort Anfang des 18. Jh.s ins *Dt.* entlehnt zu: **Menagerie** „Tierpark, Tierschau". – Vgl. auch den Artikel **Mesner.**

Menge: Das *altgerm.* Wort *mhd.* menige, *ahd.* managī, *got.* managei, *aengl.* menigu ist eine Bildung zu dem unter ↑*manch[er]* behandelten *gemeingerm.* Adjektiv für „viel, reichlich". Es ist gebildet wie z. B. 'Länge' zu 'lang' und 'Höhe' zu 'hoch'.

mengen: Das *westgerm.* Verb *mhd.* mengen, *asächs.* mengian, *niederl.* mengen, *aengl.* mengan (weitergebildet *engl.* to mingle) ist z. B. verwandt mit der *baltoslaw.* Sippe von *lit.* minkyti „kneten" und bedeutete demnach ursprünglich „kneten, durcheinanderrühren". Im heutigen Sprachgebrauch ist das Verb 'mengen', das ins *Hochd.* aus dem *Mitteld.-Niederd.* übernommen wurde, durch das Lehnwort ↑mischen zurückgedrängt. Um das Verb gruppieren sich die Bildungen **Mengsel** *landsch.* für „Gemisch" (16. Jh.) und **Gemenge** „Gemisch" (*mhd., mnd.* gemenge), beachte auch die Präfixbildung **vermengen.** Mit dem Verb verwandt ist *nordd. ugs.* **mang** „unter, zwischen", beachte z. B. 'mittenmang' (aus *asächs.* an gimang „unter, zwischen", vgl. *engl.* among aus *aengl.* on gemong „unter, zwischen"). Siehe auch den Artikel *Menkenke.*

Meniskus: Der medizinische Fachausdruck für den scheibenförmigen Zwischenknorpel im Kniegelenk ist eine gelehrte Entlehnung neuerer Zeit aus *griech.* mēnískos „Möndchen; Mondsichel", einer Verkleinerungsbildung zu *griech.* mḗnē „Mond" (urverwandt mit *dt.* ↑*Mond*).

Menkenke „Durcheinander, Umstände, Schwierigkeiten": Der seit dem 19. Jh. bezeugte *ugs.* Ausdruck, der von Mitteldeutschland und speziell von Berlin ausgehend in die Umgangssprache gelangte, ist eine sprachspielerische Bildung zum Verb ↑*mengen* und bedeutet eigentlich etwa „Mischmasch".

Mensa: Die Bezeichnung für eine restaurantähnliche Einrichtung in Hochschulen und Universitäten, wo Studierende verbilligt essen können, ist eine junge Kurzform für 'Mensa academica' „akademischer Mittagstisch". Erster Bestandteil der Fügung ist *lat.* mensa „Tisch, Tafel; das Speisen"; zum zweiten Bestandteil vgl. den Artikel *Akademie.*

Mensch: Das auf das *dt.* und *niederl.* Sprachgebiet beschränkte Wort (*mhd.* mensch[e], *ahd.* mennisco, älter mannisco, *niederl.* mens) ist eine Substantivierung des *gemeingerm.* Adjektivs *ahd.* mennisc, *got.* mannisks, *aengl.* mennisc, *aisl.* mennskr „menschlich, männlich". Dieses Adjektiv ist von dem unter ↑*Mann* behandelten Substantiv abgeleitet. – Neben dem Maskulinum ist heute auch das Neutrum 'das Mensch' gebräuchlich, und zwar verächtlich für „Weibsbild, Dirne", *mdal.* auch für „Mädchen, Geliebte, Ehefrau". Das Neutrum tritt bereits in *mhd.* Zeit auf und war zunächst gleichbedeutend mit dem Maskulinum. Es wurde dann speziell im Sinne von „Dienstbotin, Magd, Mädchen; Geliebte" verwendet und erhielt erst im 17. Jh. verächtlichen Nebensinn. – Abl.: **Menschheit** „Gesamtheit der Menschen" (*mhd.* mensch[h]eit, *ahd.* mennisgheit, zunächst in der Bed. „menschliche Natur, Wesen"); **menschlich** „zum Menschen gehörig; nach Menschenart; barmherzig, gütig, human" (*mhd.* menschlich, *ahd.* mannisclīh), dazu **Menschlichkeit** (*mhd.* menschlīcheit); **Menschentum** (17. Jh.). Beachte auch die Präfixbildung **entmenschen** „der menschlichen Würde berauben; verrohen", neben der gleichbedeutendes **entmenschlichen** steht. – Zus.: **Menschenfeind** (16. Jh.; Lehnübersetzung von *griech.-lat.* misanthropus); **Menschenfresser** (17. Jh.; Lehnübersetzung von *griech.-lat.* anthropophagus); **Menschenfreund** (17. Jh.; Lehnübersetzung von *griech.-lat.* philanthropus); **menschenmöglich** (18. Jh.; für älteres 'menschmöglich', das aus 'menschlich' und 'möglich' gekürzt ist; 16. Jh.); **Übermensch** „ein die Grenzen des menschlichen Wesens übersteigender Mensch, ungewöhnlicher, hochbegabter Mensch" (16. Jh.; zunächst in der Bed. „Mensch, der sich zu Höherem berufen fühlt";

Rückbildung zum Adjektiv 'übermenschlich'); **Unmensch** „bestialischer Mensch, Rohling" (*mhd.* unmensch; Rückbildung zum Adjektiv *mhd.* unmenschlich); **Untermensch** „verkommener Mensch, Verbrechernatur" (19. Jh.).

menstruieren „die Monatsblutung haben": Das Verb ist eine neuere Entlehnung der medizinischen Fachsprache aus gleichbed. *spätlat.* menstruare. Stammwort ist *lat.* mensis „Monat; Monatsfluß", das zu der unter ↑*Mond* dargestellten *idg.* Wortfamilie gehört. – *Lat.* mensis ist auch in ↑Semester enthalten. Abl.: **Menstruation** „Monatsblutung" (*nlat.* Bildung).

Mensur: Das aus *lat.* mensura „das Messen, das Maß" entlehnte Fremdwort, das seit dem 15. Jh. im Sinne von „Zeitmaß, Takt" (Musik) bezeugt ist, erscheint um 1600 in der Bed. „Abstand der Fechter im Zweikampf". Daran schließt sich die moderne Bed. „studentischer Zweikampf" an. – *Lat.* mensura ist von *lat.* metiri (metior, mensum) „messen, abmessen" abgeleitet, das zu der unter ↑[1]*Mal* dargestellten Wortgruppe der *idg.* Wurzel *mē̆-[d]- „abstekken, messen" gehört. – *Lat.* metiri ist auch Ausgangspunkt für die Fremdwörter ↑Dimension und ↑immens.

Mentalität „Denk-, Auffassungs-, Anschauungsweise; Sinnes-, Geistesart": Das seit dem Anfang des 20. Jh.s bezeugte Fremdwort ist eine vom *Engl.* (mentality) ausgehende Neubildung zu dem *mlat.* Adjektiv mentalis „geistig, in Gedanken, in der Vorstellung vorhanden", das seinerseits von *lat.* mens (mentis) „Sinn; Denktätigkeit, Verstand; Denkart; Gedanke, Vorstellung" abgeleitet ist. Dies gehört mit den nachstehend aufgeführten Bildungen zu der unter ↑*mahnen* dargestellten weitverzweigten Wortsippe der *idg.* Wurzel *men- „denken; geistig erregt sein". Vgl. im einzelnen: *lat.* mentiri „dichten; lügen" (↑Dementi, dementieren), *lat.* commentari „etwas überdenken, erwägen; erläutern" (↑kommentieren, Kommentar, Kommentator), ferner die verwandten Wörter *lat.* meminisse „eingedenk sein", reminisci „sich erinnern" (↑Reminiszenz), *lat.* monere „[er]mahnen" (s. die Wortgruppe um *monieren*).

Menthol ↑Minze.

Mentor „väterlicher Freund und Berater, Lehrer, Erzieher": Das in *dt.* Texten seit dem 18. Jh. bezeugte Fremdwort ist identisch mit dem Namen des aus der Odyssee bekannten altgriechischen Helden, des vertrauten Odysseusfreundes, in dessen Gestalt die Göttin Athene den Odysseussohn Telemach auf der Suche nach seinem Vater begleitete. Der Gebrauch des Eigennamens als Gattungsname geht von dem Erziehungsroman des französischen Schriftstellers Fénelon 'Les Aventures de Télémaque' (1699) aus, in welchem dem Mentor eine bedeutsame Rolle als Führer, Berater und Erzieher des Telemach zugeteilt ist. – Der *griech.* Eigenname Méntōr bedeutet eigentlich „Denker". Er stellt sich zu der unter ↑*Manie* dargestellten Wortfamilie.

Menü: Die Bezeichnung für „Speisenfolge; aus mehreren Gängen bestehende Mahlzeit" wurde im 19. Jh. aus gleichbed. *frz.* menu entlehnt. Dies ist aus dem *frz.* Adjektiv menu „klein, dünn" substantiviert und bedeutet eigentlich „Kleinigkeit; Detail", dann „detaillierte Aufzählung der einzelnen zu einem Mahl gehörenden Gerichte; Speisenfolge; Mahlzeit". *Frz.* menu geht zurück auf *lat.* minutus „vermindert; sehr klein", das Partizipialadjektiv von *lat.* minuere „verkleinern, vermindern" (vgl. *minus*). – Die Verwendung von 'Menü' in der Datenverarbeitung im Sinne von „auf dem Bildschirm angebotene Programmauswahl" wurde in der 2. Hälfte des 20. Jh.s aus gleichbed. *engl.* menu (< *frz.* menu) übernommen.

Menuett: Der in *dt.* Texten seit dem 17./18. Jh. bezeugte Name eines mäßig schnellen Tanzes im $^3/_4$-Takt ist aus dem *Frz.* entlehnt. *Frz.* menuet bedeutet wörtlich etwa „Kleinschritttanz". Es ist aus dem Adjektiv menuet „klein, winzig, zart" substantiviert, das seinerseits eine Verkleinerungsbildung zu *frz.* menu „klein, dünn" ist (s. den Artikel *Menü*).

Mergel: Die Bezeichnung für „Ton-Kalk-Gestein" (*mhd.* mergel, *spätahd.* mergil) wurde in *spätahd.* Zeit aus gleichbed. *mlat.* margila entlehnt. Das *mlat.* Wort ist eine Weiterbildung von *lat.* marga „Mergel", das seinerseits aus dem *Kelt.* stammt. Nach der Überlieferung war die Mergeldüngung bei den Kelten bereits um den Beginn der Zeitrechnung üblich. Siehe auch den Artikel *ausmergeln*.

Meridian „Längenkreis": Das seit dem Ende des 17. Jh.s belegte Fremdwort aus dem Bereich der Astronomie und Geographie, das für älteres 'Meridianzirkel' steht, bezeichnet eigentlich eine von Erdpol zu Erdpol reichende Kreislinie, die Orte der Erde miteinander verbindet, an denen die Sonne zur gleichen Zeit im „Mittag" (d. i. am höchsten) steht. Daher auch die Bezeichnung „Mittagslinie". Das Wort ist eine gelehrte Entlehnung aus *lat.* (circulus) meridianus, das wörtlich „Mittagskreis, Mittagslinie" bedeutet, aber im speziellen Sinne von „Äquator" galt. *Lat.* meridianus „mittägig" ist von *lat.* meridies „Mittag" abgeleitet, das aus einem Lokativ meridie „am Mittag" (dissimiliert aus *mediei die) zurückgebildet ist. Bestimmungswort ist somit *lat.* medius „in der Mitte befindlich, mittlerer" (vgl. *Medium*), während das Grundwort *lat.* dies „Tag" ist (vgl. *Journal*).

merken: Das *germ.* Verb *mhd.* merken, *ahd.* merchen, *niederl.* merken, *schwed.* märka ist von dem unter ↑*Marke* behandelten *germ.* Substantiv *marka- „Zeichen" abgeleitet und bedeutete demnach zunächst „mit einem Zeichen versehen, kenntlich machen", dann „das Kenntlichgemachte beachten, achtgeben". Um das Verb gruppieren sich die Ableitung **merklich** „spürbar, deutlich, beträchtlich" (*mhd.* merklich) und die Zusammensetzungen **Merkmal** „Kennzeichen" (17. Jh.) und **merkwürdig** „seltsam", älter „bemerkenswert, bedeutend" (17. Jh.). Beachte auch die Präfixbildungen und Zusammensetzungen **anmerken** „Merkmale erkennen, ansehen; kennzeichnen, anstreichen", dazu **Anmerkung** „Fußnote" (17. Jh.; Lehnbildung nach *lat.* observatio); **aufmerken** „seine Beobachtung, seinen Sinn auf etwas richten", dazu **aufmerksam** „gut aufpassend; höflich" (17. Jh.) und **Aufmerksamkeit; bemerken** „wahrnehmen; äußern, erwähnen" (*mhd.* bemerken „beobachten, prüfen", *ahd.* bimarchen „kennzeichnen"), dazu **Bemerkung** „Äußerung" (17. Jh.); **vermerken** „aufschreiben, anrechnen", dazu **Vermerk** „Notiz, Aufzeichnung" (17. Jh.).

Merkmal ↑ ²Mal.

meschugge „verrückt": Das im 19. Jh. aus der Gaunersprache in die Umgangssprache eingedrungene Adjektiv stammt aus gleichbed. *jidd.* meschuggo. Dies geht auf *hebr.* mĕšuga' zurück, das Partizip von *hebr.* šạgag „hin und her schwanken, irren".

Mesner (*landsch.* für:) „Kirchendiener, Küster": Das im heutigen Sprachgefühl auf 'Messe' bezogene Wort geht zurück auf *spätahd.* mesināri, das aus *mlat.* ma[n]sionarius „Kirchendiener" entlehnt ist. Das *mlat.* Wort bedeutet eigentlich „Haushüter" und gehört zu *lat.* mansio „Bleibe, Wohnung" (vgl. *Menage*).

¹Messe „kirchliche Feier des Kreuzopfers Christi" (in der katholischen Kirche), danach auch Bezeichnung eines geistlichen Tonwerks (für Soli, Chor und Orchester), wie es ursprünglich während des kirchlichen Hochamts aufgeführt wurde: Das aus der Kirchensprache stammende Substantiv *mhd.* misse, messe, *ahd.* missa, messa, *niederl.* mis, *engl.* mass, beruht auf einer Entlehnung aus *kirchenlat.* missa „liturgische Opferfeier, Messe". Das Wort gehört zu *lat.* mittere (missum) „gehen lassen; schikken, senden; entlassen usw." (vgl. *Mission*). Es ist jedoch unmittelbar hervorgegangen aus der *(kirchen)lat.* Formel 'ite, missa est (concio)' „geht, die (gottesdienstliche) Versammlung ist entlassen", mit der in der alten Kirche die zum Abendmahl nicht Zugelassenen nach dem Gottesdienst durch den Geistlichen weggeschickt wurden. – **²Messe:** Das unter ¹*Messe* behandelte *kirchenlat.* missa hatte neben seiner eigentlichen Bed. „liturgische Opferfeier" noch die Bed. „Heiligenfest" (weil an einem solchen Heiligenfest eine besonders feierliche Messe zelebriert wurde). Aus dem „Heiligenfest" wurde ein „kirchlicher Festtag", an dem üblicherweise ein großer Jahrmarkt abgehalten wurde. Auf Grund dieses Brauches entwickelte 'Messe' die seit dem 14. Jh. übliche Bed. „Jahrmarkt" (heute besonders „Großmarkt, internationale Großausstellung"). Vgl. dazu auch den Artikel *Kirmes*.

³Messe: Die Bezeichnung der Tischgenossenschaft von Offizieren an Bord eines Schiffes bzw. ihres gemeinsamen Speiseraumes, in *dt.* Texten seit dem 19. Jh. bezeugt, stammt aus gleichbed. *engl.* mess, das eigentlich „Gericht, Speise, Mahlzeit" bedeutet. Dies geht über *afrz.* mes (= *frz.* mets) „Gericht, Speise" auf *vlat.* missum „(aus der Küche) Geschicktes, zu Tisch Aufgetragenes" zurück (zu *lat.* mittere „schikken, senden usw."; vgl. *Mission*).

messen: Das *gemeingerm.* Verb *mhd.* męzzen, *ahd.* męzzan, *got.* mitan, *aengl.* metan, *schwed.* mäta gehört mit verwandten Wörtern in anderen *idg.* Sprachen zu der unter ↑ ¹*Mal* dargestellten *idg.* Wurzel *me-[d]- „abstecken, messen". Das Verbaladjektiv zu diesem Verb ist ↑ gemäß. Die Bildung **Messer** (*mhd.* męzzære, *ahd.* męzzari) ist heute nur noch als zweiter Bestandteil in Zusammensetzungen gebräuchlich, beachte z. B. 'Durchmesser, Windmesser'. Auch die Bildung **Metze, Metzen** „Getreidemaß" (*mhd.* metze, mezzo) ist heute veraltet. Das adjektivisch verwendete 2. Partizip **gemessen** hatte zunächst die Bed. „genau abgemessen, knapp". Seit dem 19. Jh. ist es im Sinne von „vorsichtig, zurückhaltend, würdevoll" gebräuchlich. Beachte auch die Zusammensetzung **anmessen** „Maß nehmen; nach Maß anfertigen", dazu **angemessen** „passend" (18. Jh.) und die Präfixbildung **¹vermessen** „ausmessen", reflexiv „falsch messen, sich beim Messen versehen" (*mhd.* vermęzzen, *ahd.* farmęzzan), dazu **²vermessen** „verwegen, anmaßend" (*mhd.* vermęzzan, *ahd.* farmęzzan; von der Bed. „falsch messen, das Maß seiner Kraft falsch einschätzen" ausgehend), **Vermessenheit** „Kühnheit, Überheblichkeit" (*mhd.* vermęzzenheit, *spätahd.* fermęzzenheit).

Messer: Die Bezeichnung für das zum Schneiden dienende Tischgerät und Werkzeug ist eine verdunkelte Zusammensetzung, die eigentlich „Speiseschwert" bedeutet. Die *westgerm.* Zusammensetzung *mhd.* męzzer, *ahd.* męzzira[h]s, męzzisahs, *niederl.* mes, *aengl.* meteseax enthält als ersten Bestandteil das unter ↑ ²*Mast* behandelte *germ.* Substantiv *mat[i]- „Essen, Speise". Das Grundwort ist das im *Nhd.* untergegangene *altgerm.* Substantiv *mhd., ahd.,* sahs, *aengl.* seax, *aisl.* sax „[kurzes] Schwert, Messer". Dieses bedeutet eigentlich „Gerät zum Schneiden" und ist mit *lat.* saxum „Stein, Fels" (etwa „[Ab]gesplittertes") verwandt (vgl. *Säge*). Es ist auch in dem Namen der Sachsen bewahrt.

Messias: Der Name des im Alten Testament verheißenen Heilskönigs geht auf *aram.* mešīchā, *hebr.* mạšīaḥ „der Gesalbte" (zu *hebr.* mạšạḥ „salben") zurück, das den europäischen Sprachen durch *griech.-kirchenlat.* Messías vermittelt wurde. Das *hebr.* Wort ist übrigens auch Vorbild für die *griech.* Lehnübersetzung Chrīstós „der Gesalbte" (↑ ¹Christ).

Messing „Kupfer-Zink-Legierung": Die Herkunft des Wortes (*frühmhd.* messinc), das auch in anderen *germ.* Sprachen vorhanden ist (beachte z. B. entsprechend *niederl.* messing und *schwed.* mässing), ist nicht gesichert.

Mestize: Die Bezeichnung für „Mischling zwischen Weißen und Indianern" wurde Ende des 16. Jh.s aus gleichbed. *span.* mestizo entlehnt. Dies ist das substantivierte *span.* Adjektiv mestizo „vermischt; mischblütig", das auf gleichbed. *spätlat.* mixticius zurückgeht. Stammwort ist *lat.* miscere „mischen" (vgl. den Artikel *mischen*).

Met: Der *altgerm.* Ausdruck für das aus vergorenem Honig bereitete alkoholische Getränk (*mhd.* met[e], *ahd.* metu, *niederl.* mede, *engl.* mead, *schwed.* mjöd) beruht mit Entsprechungen in den meisten anderen *idg.* Sprachen auf *idg.* *medhu- „Honig; Honigwein". Verwandt sind z. B. *aind.* mádhu- „Honig; berauschendes Getränk", *griech.* méthy „Rauschtrank, Wein" und *russ.* mëd „Honig; Met". – Der Met ist das älteste, uns bekannte alkoholische Getränk der Indogermanen. Er wurde ursprünglich wohl als Rauschtrank bei kultischen Festen getrunken. Die Bereitung ging von der Beobachtung des Gärvorgangs beim wilden Honig aus.

meta..., Meta..., (vor Vokalen und h:) met..., Met...: Die Quelle für die Vorsilbe mit den Bedeutungen „nach, hinter (örtlich); nachher, später (zeitlich); um..., ver... (im Sinne einer Umwandlung, eines Wechsels)", wie in ↑Metaphysik, ↑Methode, ist *griech.* metá, méta (Adverb und Präposition) „inmitten, zwischen; hinter; nach" (urverwandt mit *dt.* ↑*mit*).

Metall „chemischer Grundstoff, dem u. a. ein charakteristischer Glanz, gute Legierbarkeit und eine hohe Leitfähigkeit für Wärme und Elektrizität eigen sind": Das seit dem 13./14. Jh. bezeugte Substantiv (*mhd.* metalle) ist aus *lat.* metallum „Metall; Grube, Bergwerk" entlehnt, das seinerseits aus *griech.* métallon „Mine, Erzader, Grube, Schacht; Mineral, Metall" übernommen ist. Die weitere Herkunft des Wortes ist dunkel. – Abl.: **metallen** „aus Metall" (15. Jh.); **metallisch** „aus Metall; wie Metall; hart klingend" (16. Jh.; nach *lat.* metallicus). Vgl. auch den Artikel *Medaille.*

Metapher „übertragener, bildlicher Ausdruck; Bild": Das Fremdwort ist eine gelehrte Entlehnung des 17. Jh.s – zuerst in der Form 'Metaphor' – aus *griech.-lat.* metaphora „Übertragung (der Bedeutung); bildlicher Ausdruck". *Griech.* metaphorá gehört zu *griech.* meta-phérein „anderswohin tragen; übertragen" (vgl. *meta..., Meta...* und *Peripherie*). – Dazu stellt sich das Adjektiv **metaphorisch** „bildlich, übertragen" (17. Jh.; nach gleichbed. *griech.* metaphorikós).

Metaphysik „philosophische Lehre von den letzten Gründen und Zusammenhängen des Seins": Die in *dt.* Texten seit dem 14. Jh. bezeugte Bezeichnung *griech.* Ursprungs bezieht sich darauf, daß die Schriften des altgriechischen Philosophen Aristoteles über die eigentliche Philosophie in antiken Ausgaben des 1. vorchristlichen Jh.s hinter dessen Abhandlungen über die Natur angeordnet wurden. Man gab ihnen darum den nichtssagenden Titel '(tà) metá (tà) physiká' „das, was hinter der Physik steht". Sehr bald entwickelte sich aus dem „post naturalia" (so die *lat.* Übersetzung) die Vorstellung des „trans naturalia", der Begriff für die Philosophie des Übersinnlichen, Transzendenten, der als selbständiges Wort zuerst in *mlat.* metaphysica (-ae) faßbar wird. Dies ist auch die unmittelbare Quelle unseres Fremdwortes. Über das *griech.* Adjektiv physikós „zur Natur gehörig; naturwissenschaftlich" vgl. 'physisch' im Artikel *Physik.* – Abl.: **metaphysisch** „zur Metaphysik gehörend; überempirisch, jede mögliche Erfahrung überschreitend" (18. Jh.).

Meteor: Die Bezeichnung für eine Leuchterscheinung, die durch in die Erdatmosphäre eindringende feste kosmische Körper hervorgerufen wird, wurde im 17. Jh. aus *griech.* metéōron „Himmels-, Lufterscheinung" entlehnt, dem substantivierten Adjektiv *griech.* met-éōros „in die Höhe gehoben, in der Luft schwebend". – Dazu: **Meteorologie** „Wetter-, Klimakunde" (18. Jh.; aus *griech.* meteōrología „Lehre von den Erscheinungen am Himmel und in der Luft"; zum 2. Bestandteil vgl. *...loge*); **meteorologisch** „die Meteorologie betreffend" (17. Jh.; nach *griech.* meteōrologikós); **Meteorologe** „Wissenschaftler auf dem Gebiet der Wetter-, Klimakunde" (19. Jh.).

Meter: Die Bezeichnung für die Maßeinheit der Länge wurde im 19. Jh. aus *frz.* mètre entlehnt und gilt seit 1868 durch Reichsgesetz als amtliche Bezeichnung. *Frz.* mètre, das aus *griech.* métron „Maß" (vgl. *Metrum*) entlehnt ist, wurde durch einen Beschluß der französischen Nationalversammlung vom Ende des 18. Jh.s zur offiziellen Bezeichnung der Grundmaßeinheit im neu geschaffenen Maßsystem. – Auch in der Zusammensetzung spielt das Wort eine Rolle, z. B.: **Kilometer** „Maßeinheit von 1 000 m" (19. Jh.; aus *frz.* kilomètre; über das Bestimmungswort vgl. den Artikel *Kilogramm*); **Millimeter** „Maßeinheit von $^1/_{1000}$ m" (19. Jh.; aus *frz.* millimètre; über das Bestimmungswort *lat.* mille „tausend" vgl. den Artikel *Mille*); **Zentimeter** „Maßeinheit von $^1/_{100}$ m" (19. Jh.; aus *frz.* centimètre; über das Bestimmungswort *lat.* centum „hundert" vgl. *Zentner*). – Nicht zu verwechseln mit diesen Zusammensetzungen sind solche, in denen das Grundwort '...meter' im Sinne von „Meßgerät" steht, z. B. in 'Barometer' (unmittelbare Quelle ist hier *griech.* métron), oder im Sinne von „Vermesser", wie in 'Geometer' (Quelle ist hier *griech.* -métrēs „Messer, Vermesser"). Beachte auch '...metrie' „[Ver]messung", z. B. in 'Geometrie' oder 'Symmetrie' (Quelle ist hier *griech.* -metría „Messung; Maß").

Methode „Untersuchungs-, Forschungsverfahren; planmäßiges Vorgehen": Das in dieser Form seit dem 17. Jh. bezeugte Fremdwort beruht – unter Einfluß von *frz.* méthode – auf einer gelehrten Entlehnung aus *spätlat.* methodus, das seinerseits aus *griech.* méthodos „Weg oder Gang einer Untersuchung, nach festen Regeln oder Grundsätzen geordnetes Verfahren" übernommen ist. Das *griech.* Wort bedeutet wörtlich etwa „das Nachgehen; der Weg zu etwas hin". Es ist eine Bildung aus *griech.* metá „hinterher, hinternach, nach usw." und *griech.* hodós „Weg; Gang" (vgl. *Periode*). – Abl.: **methodisch** „planmäßig vorgehend, durchdacht, schrittweise" (18. Jh.; nach gleichbed. *spätlat.* methodicus < *griech.* methodikós).

Metier: Die Bezeichnung für „berufliche Tätigkeit; Beruf, Fach" wurde im 18. Jh. aus gleichbed. *frz.* métier entlehnt. Das *frz.* Wort (*afrz.* menestier, mistier, mestier) hat sich aus *lat.* ministerium „Dienst, Amt" entwickelt (vgl. *Minister*).

Metrik, metrisch ↑Metrum.

Metropole „Hauptstadt; Zentrum, Hochburg“: Das seit dem 16. Jh. in der Form 'Metropolis' bezeugte, aber erst im 19. Jh. – wohl unter dem Einfluß von *frz.* métropole – mit eingedeutschter Endung erscheinende Fremdwort ist aus gleichbed. *griech.(-lat.)* mētrópolis entlehnt. Dies bedeutet wörtlich „Mutterstadt“ und ist aus *griech.* mḗtēr „Mutter“ (urverwandt mit *dt.* ↑*Mutter*) und *griech.* pólis „Stadt; Staat“ zusammengesetzt (vgl. *Politik*).

Metrum: Die Bezeichnung für das Versmaß ist eine gelehrte Entlehnung aus gleichbed. *lat.* metrum, das seinerseits aus *griech.* métron „Maß“ stammt. Das *griech.* Wort beruht auf *méd-trom und gehört zu der unter ↑[1]*Mal* dargestellten *idg.* Wortsippe. – Zu 'Metrum' stellen sich **Metrik** „Verskunst, Verslehre“ (16. Jh. aus gleichbed. *lat.* [ars] metrica < *griech.* metrikḗ [téchnē]) und **metrisch** „die Metrik betreffend“ (16. Jh.; nach gleichbed. *lat.* metricus < *griech.* metrikós). Vgl. auch den Artikel *Meter.*

Mett ↑Mettwurst.

Mette „nächtliches Stundengebet; Frühmesse“: Das aus der Kirchensprache stammende Substantiv (*mhd.* mettīn[e], met[t]en, *spätahd.* mattīna, mettīna) geht auf *kirchenlat.* mattina zurück, das für matutina (ergänze: hora oder vigilia) „frühmorgendlicher Gottesdienst“ steht. Über das zugrundeliegende Adjektiv *lat.* matutinus (> *vlat., roman.* mattinus) „in der Frühe geschehend, morgendlich“ vgl. den Artikel *Matinee.*

Mettwurst: Die seit dem 16. Jh. bezeugte Bezeichnung für „Streichwurst aus gehacktem Schweinefleisch“ stammt aus dem *Niederd.* (beachte *mnd.* metworst). Das Bestimmungswort *niederd.* **Mett**, *mnd.* met „[gehacktes] Schweinefleisch ohne Speck“ geht zurück auf *asächs.* meti „Speise“, das mit *mhd., ahd.* maz „Speise“ und *engl.* meat „Fleisch“ auf *germ.* *mat[i]- „Essen, Speise“ beruht (vgl. [2]*Mast*).

Metze ↑messen.

metzeln: Das seit dem 15. Jh. bezeugte Verb ist aus *mlat.* macellare „schlachten“ (beachte macellarius „Schlächter, Fleischer“) entlehnt. Das *mlat.* Verb gehört zu *lat.* macellum „Markt[platz], Fleisch-, Gemüsemarkt; Fleisch“, das aus *griech.* mákellon „Gehege, Gitter; Marktplatz, Lebensmittelhalle“ entlehnt ist. Das *griech.* Wort seinerseits stammt aus *hebr.* mikēlạ' „Hürde, Umzäunung“. – Das Verb hatte im *Dt.* zunächst die Bed. „schlachten“, beachte dazu **Metzelsuppe** *südd.* für „Wurstsuppe“. Seit dem 16. Jh. wurde es im Sinne von „niedermachen“ (im Kampf) verwendet, beachte dazu **Gemetzel** „Blutbad“. Statt des einfachen Verbs wird heute gewöhnlich **niedermetzeln** gebraucht.

Metzen ↑messen.

Metzger: Der *landsch.* Ausdruck für „Fleischer“ geht auf gleichbed. *mhd.* metzjer, -ære zurück, das wahrscheinlich aus *mlat.* matiarius „Fleischer, der Würste herstellt; jemand, der mit Därmen handelt“ entlehnt ist. Das *mlat.* Wort gehört zu *lat.* matia, mattea „Darm; Wurst; eine Art Leckerbissen“, das aus *griech.* mattýē „eine Art Leckerbissen“ (eigentlich „Geknetetes“) entlehnt ist. Abl.: **Metzgerei** (17. Jh.). Zus.: **Metzgergang** „vergeblicher Gang, erfolgloses Unternehmen“ (wohl nach dem Umstand, daß die Metzger früher oft vergeblich über Land gingen, um Schlachtvieh zu kaufen).

meucheln (veraltet für:) „hinterrücks ermorden“: Das seit dem 16. Jh., zunächst in der Bed. „etwas heimlich tun; naschen“ bezeugte Verb beruht auf einer Weiterbildung zu dem im *Nhd.* untergegangenen Verb *mhd.* mūchen, *ahd.* mūhhōn „[sich] verbergen, wegelagern“. Beachte dazu **Meuchler** „hinterhältiger Mörder“ (*mhd.* miucheler, *ahd.* mūhhilāri), davon **meuchlerisch** „hinterhältig“ (16. Jh.); **meuchlings** „hinterrücks“ (*mhd.* miuchelingen) und 'Meuchel-' (*mhd.* miuchel- „heimtückisch, hinterhältig“), z. B. in **Meuchelmord** „hinterhältiger Mord“ (16. Jh.), **Meuchelmörder** „hinterhältiger Mörder“ (16. Jh.). – Diese Sippe ist mit *lat.* muger „Falschspieler beim Würfelspiel“ verwandt. Siehe auch den Artikel *mogeln.*

Meute „Koppel Jagdhunde“, auch allgemein übertragen gebraucht im Sinne von „wilde Horde, Bande“: Das Substantiv wurde im 18. Jh. mit den Praktiken der französischen Parforcejagd aus gleichbed. *frz.* meute (*afrz.* muete) entlehnt, das auf *vlat.* *movita „Bewegung“ (vgl. *mobil*) zurückgeht. Die ursprüngliche Bedeutung des *frz.* Wortes war dementsprechend „Erhebung, Aufruhr“, wie sie in dem unter ↑*meutern* genannten *frühnhd.* Verb meuten „sich empören“ erscheint, das gleichfalls auf *frz.* meute (*afrz.* muete) zurückgeht.

meutern „Aufruhr stiften, sich einem Befehl widersetzen“: Das seit dem 18./19. Jh. bezeugte Verb gehört mit **Meuterei** „Aufruhr“ (Anfang 16. Jh.) und **Meuterer** „Aufrührer“ (16. Jh.) zu *frühnhd.* meutmacher „Aufrührer“ (älter *nhd.* meuten „sich empören“). Dessen Bestimmungswort ist aus *frz.* meute (*afrz.* muete) in dessen älterer Bed. „Aufstand, Aufruhr“ (vgl. *Meute*) entlehnt. Im heutigen *Frz.* gilt dafür entsprechend émeute.

miauen: Das seit dem 17. Jh. bezeugte Verb ahmt den Katzenlaut nach. Früher bezeugt ist das gleichfalls lautnachahmende **mauen** „wie eine Katze schreien“ (*mhd.* māwen), dazu die Weiterbildung **mauzen** (17. Jh.), nasaliert **maunzen** (16. Jh.) „kläglich oder bettelnd wie eine Katze schreien“. Siehe auch den Artikel *Mieze.*

Midder ↑Garn.

Mieder: Der Name des Kleidungsstücks geht zurück auf *mhd.* müeder, älter muoder „die Brust und den Oberleib umschließendes Kleidungsstück, Leibchen“, das identisch ist mit *mhd.* muoder „Bauch; Leib[esgestalt]; Haut“, *ahd.* muodar „Bauch“ (beachte *afries.* mōther „Brustbinde der Frauen“). Das Wort bezeichnete also zunächst den Körperteil und ging dann – wie z. B. auch 'Leibchen' und 'Fäustling' – auf das den Körperteil bedeckende Kleidungsstück über. Es ist wahrscheinlich von dem unter ↑*Mutter* behandelten Substantiv abgeleitet und bedeutete demnach ursprünglich „Gebärmutter, Unterleib“ (vgl. *griech.* mētra „Gebärmutter“). Die nicht entrundete Form 'Müder' hielt sich bis ins 18. Jh.

Mief: Der seit dem Anfang des 20. Jh. bezeugte *ugs.* Ausdruck für „schlechte Luft“ gehört wohl zu ↑[1]*Muff landsch.* für „dumpfer, modriger Geruch“ (beachte **müffeln** *landsch.* für „dumpf riechen“). Zus.: **Miefquirl** *ugs.* scherzhaft für „Ventilator“ (20. Jh.).

Miene „Gesichtsausdruck“: Das seit dem 17. Jh. zunächst in der Form 'Mine' bezeugte Substantiv ist aus gleichbed. *frz.* mine entlehnt, dessen weitere Herkunft nicht gesichert ist. – Die Schreibung des Wortes mit -ie- setzte sich im 18. Jh. zur besseren Abgrenzung von dem unverwandten Substantiv ↑Mine durch.

mies „übel, schlecht; häßlich, schäbig, widerwärtig“ *(ugs.):* Das im 19. Jh. aus dem *Rotwelschen* ins Berlinische und von da in die Umgangssprache gelangte Adjektiv stammt aus *jidd.* mis „schlecht, miserabel, widerlich“. Dies geht auf *hebr.* mĕ'is „schlecht, verächtlich“ zurück. Zu 'mies' gehören die Bildungen **Miesmacher** „jemand, der etwas schlechtmacht; Schwarzseher“ und **vermiesen** „jemandem etwas verleiden, die Freude an etwas nehmen“.

Mies ↑Mieze.

Miesmuschel: Der seit dem 18. Jh. bezeugte Name der Muschelart, die sich – oft in großen Mengen – an Pfählen und Steinen festsetzt, bedeutet eigentlich „Moosmuschel“. Das Bestimmungswort (*landsch.* Mies, *mhd.* mies, *ahd.* mios „Moos“) steht im Ablaut zu ↑*Moos.*

[1]**Miete** „mit Stroh, Kraut o. ä. abgedecktes Lager von Feldfrüchten“: Das im 18. Jh. aus dem *Niederd.* ins *Hochd.* gelangte Substantiv geht auf *mnd. (= mniederl.)* mīte „aufgeschichteter Heu- oder Holzhaufen“ zurück, das aus *lat.* meta „kegelförmige Figur; kegelförmig aufgeschichteter Heuschober“ entlehnt ist.

[2]**Miete** „Geldbetrag für das Benutzungsrecht einer Wohnung oder dgl.; Vertrag über die zeitweilige Überlassung einer Sache; Anrecht“: Das *altgerm.* Wort für „Lohn, Bezahlung“ (*mhd.* miet[e], *ahd.* miata, *got.* mizdō, *engl.* meed) geht mit verwandten Wörtern in anderen *idg.* Sprachen auf *mizdhó-s „Lohn“ zurück, vgl. z. B. *griech.* misthós „Lohn, Sold, Miete“ und *russ.* mzda „Lohn, Entgelt“. Abl.: **mieten** „gegen Entgelt benutzen“ (*mhd.* mieten, *ahd.* mietan), beachte auch **vermieten** „für Entgelt benutzen lassen“ (*mhd.* vermieten, *ahd.* farmietan); **Mieter** „jemand, der gegen ein Entgelt etwas benutzt, Wohnungsinhaber“ (17. Jh.; schon *mhd.* mietære „Dienstbote, Knecht“), beachte auch **Untermieter** und **Vermieter.** Zus.: **Mietskaserne** „kasernenartiges Wohnhaus“ (19. Jh.).

Mietpartei ↑Partei.

Mieze: Das Kosewort für „Katze“ hat sich aus dem Lockruf mi[-mi-mi] entwickelt (beachte z. B. 'Putput' kindersprachlich für „Huhn“ und 'Wauwau' kindersprachlich für „Hund“. Siehe auch den Artikel *Kitz[e]*). – Daneben sind auch gebräuchlich **Miez, Mies** und die Zusammensetzung **Miezekatze, Miesekatze.**

Migräne: Der Ausdruck für „halbseitig, einseitig auftretender heftiger Kopfschmerz“ wurde um 1700 als medizinisches Fachwort aus gleichbed. *frz.* migraine entlehnt. Dies geht auf *lat.* hemicrania zurück, das aus *griech.* hēmikrānía „Kopfschmerz an einer Kopfhälfte“ stammt, einer Bildung aus *griech.* hēmi... „halb“ (vgl. *hemi..., Hemi...*) und *griech.* krānion „Schädel“ (vgl. *Karat*). Das *griech.* Wort ist in der medizinischen Fachsprache auch als **Hemikranie** „Migräne“ gebräuchlich.

[1]**Mikado:** Die seit dem 19. Jh. bezeugte frühere Bezeichnung für den japanischen Kaiser gehört zu den wenigen Wörtern, die aus dem *Jap.* entlehnt wurden, so auch ↑Bonze, ↑Jiu-Jitsu, ↑Harakiri, ↑Kimono. *Jap.* mikado bedeutet wörtlich „erhabene Pforte“. – Die Bezeichnung wurde auch zum Namen eines Geschicklichkeitsspiels mit dünnen Holzstäbchen: [2]**Mikado.**

Mikro ↑Mikrophon.

mikro..., Mikro...: Das Bestimmungswort von Zusammensetzungen mit den Bedeutungen „klein, gering, fein“, wie in ↑Mikroskop und ↑Mikrobe, stammt aus *griech.* mīkrós (smīkrós) „klein, kurz, gering usw.“.

Mikrobe: Die seit dem 19. Jh. bezeugte, aus dem *Frz.* (= *frz.* microbe) übernommene Bezeichnung für mikroskopisch kleine pflanzliche oder tierische Lebewesen (Mikroorganismen) ist eine gelehrte Neubildung des französischen Militärarztes Charles Sédillot (1804–1883) aus *griech.* mikrós „klein“ (vgl. *mikro..., Mikro...*) und *griech.* bíos „Leben“ (vgl. *bio..., Bio...*).

Mikrophon: Die Bezeichnung für das Gerät zur Umwandlung von Schallwellen in elektrische Wechselspannungen, zur Schallverstärkung wurde in der 2. Hälfte des 19. Jh.s aus gleichbed. *engl.* microphone entlehnt. Dies ist eine gelehrte Neubildung aus *griech.* mīkrós „klein, kurz, gering“ (vgl. *mikro..., Mikro...*) und *griech.* phōnḗ „Laut, Ton; Stimme“ (vgl. *Phonetik*) und bedeutet eigentlich etwa „Leisestimme“. Neben 'Mikrophon' ist auch die Kurzform **Mikro** gebräuchlich.

Mikroskop: Die Bezeichnung des optischen Vergrößerungsgerätes ist eine gelehrte Neubildung des 17. Jh.s aus *griech.* mīkrós „klein“ (vgl. *mikro..., Mikro...*) und *griech.* skopeīn „schauen“ (vgl. *Skepsis*). Das Wort bedeutet also eigentlich „Kleinschauer“. – Abl.: **mikroskopisch** „nur durch das Mikroskop erkennbar; verschwindend klein“ (18. Jh.); **mikroskopieren** „mit dem Mikroskop arbeiten, mikroskopisch untersuchen“ (20. Jh.).

Milbe: Der nur *dt.* Name des Spinnentiers (*mhd.* milwe, *ahd.* mil[i]wa) gehört zu der unter ↑*mahlen* behandelten Wortgruppe und bedeutet eigentlich „Mehl bzw. Staub machendes oder mahlendes Tier“. Eng verwandt sind damit *got.* malō „Motte“ und die *nord.* Sippe von *schwed.* mal „Motte“, *außergerm.* z. B. *russ.* mol' „Motte, Schabe“.

Milch: Das *gemeingerm.* Wort *mhd.* milch, *ahd.* miluh, *got.* miluks, *engl.* milk, *schwed.* mjölk gehört zu dem unter ↑*melken* behandelten Verb. – Im übertragenen Gebrauch bezeichnet das Wort im *Dt.* z. B. den Saft mehrerer Pflanzenarten und den Samen von Fischen (wegen der Ähnlichkeit im Aussehen), beachte dazu die Bildung **Milcher, Milchner** „männlicher Fisch in der Laichzeit" (*spätmhd.* milche[ne]r). Abl.: **milchen** „Milch geben" (17. Jh.); **milchig** „milchähnlich, trübweiß" (18. Jh.; für älteres milchicht). Zus.: **Milchglas** „Glas von milchig weißer Farbe" (19. Jh.); **Milchmädchenrechnung** „Rechnung, Erwartung, die auf Trugschlüssen aufgebaut ist"; **Milchstraße** (17. Jh.; Lehnübersetzung von *lat.* via lactea); **Milchzahn** (16. Jh.; so benannt, weil dieser Zahn dem Kind in dem Alter, in dem es gestillt wird, wächst). Beachte auch die Zusammensetzungen 'Butter-, Voll-, Magermilch'.

mild[e]: Das *gemeingerm.* Adjektiv *mhd.* milde, *ahd.* milti, *got.* mildeis, *engl.* mild, *schwed.* mild gehört im Sinne von „zerrieben, zermahlen, fein, zart" zu der unter ↑*mahlen* dargestellten Wortgruppe. *Außergerm.* sind z. B. verwandt *griech.* malthakós „weich, zart, mild" und weiterhin *lat.* mollis „weich, sanft, mild" (↑Moll) und *russ.* molodoj „zart, frisch, jung" (s. auch den Artikel *mollig*). Um das Adjektiv gruppieren sich die Bildungen **Milde** (*mhd.* milde, *ahd.* mildī) und **mildern** (15. Jh., in der Form miltern), beachte auch die Zusammensetzung **mildtätig** (17. Jh.), in der das Bestimmungswort die früher übliche Bed. „freigebig" hat.

Milieu: Der Ausdruck für „soziales Umfeld, Umwelt; Lebensumstände" wurde im 19. Jh. aus gleichbed. *frz.* milieu entlehnt. Dies ist eine Bildung aus *frz.* mi (< *lat.* medius) „mitten; mittlerer" und *frz.* lieu (< *lat.* locus) „Ort, Stelle; Lage; Umstand usw.".

[1]**Militär** (Neutrum) „der Soldatenstand, das gesamte Heerwesen; Gesamtheit der Soldaten eines Staates"; [2]**Militär** (Maskulinum) „hoher Offizier": Beide Wörter wurden Ende des 18. Jh.s aus gleichbed. *frz.* militaire entlehnt. Dies geht auf das *lat.* Adjektiv militaris „den Kriegsdienst betreffend, soldatisch" zurück, das zu *lat.* miles „Soldat; Heer" gehört. Beachte auch die *lat.* Bildung militare „Kriegsdienst leisten", aus dessen Part. Präs. militans (militantis) unser Adjektiv **militant** „kämpferisch" übernommen ist. – Abl.: **militärisch** „das Militär betreffend, soldatisch, kriegerisch" (18. Jh.; nach *frz.* militaire „soldatisch" umgestaltet aus älterem, schon im 17. Jh. geläufigem 'militarisch' < *lat.* militaris); **Militarismus** „Vorherrschen militärischer Gesinnung; starker militärischer Einfluß auf die Politik" (*nlat.* Bildung des 19. Jh.s, die von entsprechend *frz.* militarisme „Militärherrschaft" ausgeht); **Militarist** „Anhänger des Militarismus" (20. Jh.; nach *frz.* militariste); **militaristisch** (20. Jh.); **entmilitarisieren** „von Truppen und militärischen Anlagen entblößen" (20. Jh.), junge Präfixbildung nach entsprechend *frz.* démilitariser zu dem selten gebrauchten Verb **militarisieren** „militärische Anlagen errichten, das Heerwesen organisieren" (20. Jh.; aus gleichbed. *frz.* militariser). – Dazu noch ↑Miliz und ↑Kommilitone.

Miliz: Die Bezeichnung für „Bürgerwehr, Volksheer" (im Gegensatz zum stehenden Heer) wurde im 17. Jh. aus *lat.* militia „Kriegsdienst; Gesamtheit der Soldaten" entlehnt. Dies ist eine Ableitung von *lat.* miles „Soldat" (vgl. *Militär*).

Mille: Der *ugs.* Ausdruck für „tausend Mark" wurde im 19. Jh. in der Kaufmannssprache im Sinne von „das Tausend" aus dem *lat.* Zahlwort mille „1 000" (vgl. *Meile*) entlehnt, das auch in der Wendung **pro mille** „für tausend, vom Tausend" (17. Jh.) erscheint. – Gleicher Herkunft ist **Milli...** als Bestimmungswort von Zusammensetzungen mit der Bed. „ein Tausendstel", wie in **Millimeter** (vgl. *Meter*) und **Milligramm.**

Million: Zu *it.* mille „tausend", das auf das *lat.* Zahlwort mille (vgl. *Meile*) zurückgeht, stellt sich das mit Vergrößerungssuffix gebildete *it.* milione „Großtausend". In dieser Bedeutung gelangte das *it.* Wort seit dem 13. Jh. in die anderen europäischen Sprachen. In *dt.* Texten erscheint das Wort (*spätmhd.* milion) im 15. Jh., gleichfalls ohne festen Zahlenwert, im allgemeinen nur zur Bezeichnung von sehr großen Summen im Geldverkehr. Zum allgemein geläufigen Zahlwort mit dem festen Zahlenwert „1 000 000" (= 1 000 × 1 000) wurde es erst im 17. Jh. – Abl.: **Millionär** „Besitzer von Millionen[werten]; schwerreicher Mann" (18. Jh.; aus gleichbed. *frz.* millionnaire); **Milliarde** „1 000 Millionen" (18. Jh.; aus *frz.* milliard, das mit Suffixwechsel zu *frz.* million gebildet ist); **Billion** „eine Million Millionen" (18. Jh.; aus *frz.* billion in dessen früherer Bedeutung „eine Milliarde"; das Wort ist eine gelehrte Neubildung zu *frz.* million mit dem *lat.* Zahlwortpräfix bi... „zweimal, doppelt" [vgl. *bi..., Bi...*], das hier zur Bezeichnung der „zweiten" Potenz gebraucht wird; Entsprechendes gilt von 'Trillion, Quadrillion' usw.).

Miltau ↑Mehltau.

Milz: Die *altgerm.* Körperteilbezeichnung *mhd.* milze, *ahd.* milzi, *niederl.* milt, *engl.* milt, *schwed.* mjälte gehört mit dem unter ↑*Malz* behandelten Wort zu der Sippe von ↑schmelzen (vgl. *mahlen*). Die Milz ist entweder nach ihrer Konsistenz als „die Weiche" benannt oder aber als „die Auflösende", weil man in früheren Zeiten dem lymphatischen Organ die Fähigkeit des Auflösens der Speisen zuschrieb. Zus.: **Milzbrand** (Bezeichnung für eine hauptsächlich bei pflanzenfressenden Tieren auftretende Infektionskrankheit; 18. Jh.).

Mime: Der veraltende Ausdruck für „Schauspieler" wurde im 18. Jh. aus gleichbed. *lat.* mimus entlehnt, das seinerseits aus *griech.* mīmos „Gaukler, Schauspieler" übernommen ist. Die weitere Herkunft des *griech.* Wortes ist unklar. – Dazu: **mimisch** „schauspielerisch, von Gebärden und Gesten begleitet" (18. Jh.; aus *lat.* mimicus < *griech.* mīmikós); **Mimik** „Gebärden- und Mienenspiel [des Schauspielers]" (18. Jh.; aus *lat.* ars mimica); **mimen** „schauspielern, so tun, als ob" (19. Jh.); siehe ferner die Artikel *Pantomime, Mimikry* und *Mimose.*

Mimikry „Anpassung wehrloser Tiere in Körpergestalt oder Färbung an andere Tiere, um Feinde zu täuschen und sich zu schützen": Das Fremdwort wurde im 20. Jh. aus gleichbed. *engl.* mimicry (eigentlich „Nachahmung") entlehnt, einer gelehrten Bildung zu *engl.* mimic „fähig nachzuahmen; mimisch" (< *lat.* mimicus; vgl. *Mime*).

Mimose: Der in *dt.* Texten seit dem 18. Jh. bezeugte Name der hochempfindlichen Pflanze beruht auf einer gelehrten Bildung zu *lat.* mimus „Schauspieler" (vgl. *Mime*). Die Benennung spielt auf die Eigenart der Mimose an, sich bei Berührung gleichsam mimenhaft, wie ein empfindsamer Schauspieler zurückzuziehen. Daher spricht man auch bei einem empfindsamen Menschen von einem 'mimosenhaften Wesen' (19. Jh.).

minder „in geringerem Grade, nicht so sehr": *Mhd.* minner, *ahd.* minniro, *got.* minniza, *niederl.* minder, *schwed.* mindre beruhen auf einer Komparativbildung zu einem im *germ.* Sprachbereich untergegangenen *idg.* Adjektiv *minu-s „klein", vgl. z. B. *griech.* minýōros „kurzlebig", *lat.* minus „weniger" (↑minus), minister „Untergebener, Diener" (↑Minister), minimus „kleinster, geringster" (↑Minimum, minimal), minuere „verkleinern, verringern" (↑Minute, ↑minuziös, ↑Menu und ↑Menuett), *russ.* menee „weniger". – Im heutigen Sprachgebrauch wird 'minder' als Komparativ zu 'wenig' verwendet, das früher keinen Komparativ und Superlativ hatte. – Der Superlativ lautet **mindest** „geringst" (*mhd.* minnest, *ahd.* minnist, *got.* minnists, *niederl.* minst, *schwed.* minst), beachte dazu **mindestens** „wenigstens; auf keinen Fall weniger als" (18. Jh.; genitivische Umbildung aus 'zum mindesten'). Abl.: **Minderheit** „kleinerer Teil; zahlenmäßig unterlegene Gruppe" (18. Jh.; wohl Lehnübersetzung von *frz.* minorité); **mindern** „geringer werden lassen" (*mhd.* minnern, *ahd.* minnirōn; beachte auch die Präfixbildung **vermindern**). Zus.: **minderjährig** „nicht volljährig" (16. Jh.; Lehnübersetzung von *mlat.* minorennis); **Minderzahl** (19. Jh.).

minderwertig ↑wert.

Mine: Das seit etwa 1600 bezeugte Substantiv, das aus *frz.* mine (< *mlat.* mina) „Erzader; Erzgang, Erzgrube; unterirdischer Gang" (einem Wort vermutlich *kelt.* Ursprungs) entlehnt ist, erscheint bei uns zuerst als militärisches Fachwort zur Bezeichnung von Pulvergängen und Sprenggruben, wie man sie nach französischem Vorbild bei Belagerungs- und Stellungskämpfen anlegte. Daran schließt sich der junge Gebrauch des Wortes im Sinne von „Sprengkörper" an, beachte dazu Zusammensetzungen wie 'Luftmine, Minensuchboot'. Die Bed. „Erzgrube", die noch heute üblich ist, kam in der 2. Hälfte des 17. Jh.s auf, beachte dazu Zusammensetzungen wie 'Goldmine, Diamantenmine, Minenarbeiter'. Jung ist die Verwendung von 'Mine' für das dünne Graphitstäbchen im [Dreh]bleistift und für die Kugelschreibermine. Abl.: **minieren** „unterirdische Gänge, Stollen anlegen; untergraben, Sprenggruben anlegen" (17. Jh.; aus gleichbed. *frz.* miner), häufiger in der Zusammensetzung **unterminieren,** das heute vorwiegend übertragen gebraucht wird. Vgl. auch den Artikel *Mineral.*

Mineral „in der Erdkruste vorkommende, meist kristallisierte, einheitlich aufgebaute anorganische Substanz": Das Substantiv ist in *dt.* Texten seit dem 16. Jh. belegt. Es stammt wie entsprechend *frz.* minéral aus *mlat.* (aes) minerale „Grubenerz, Erzgestein", einer Ableitung von *mlat.* minera „Erzgrube; Grubenerz" (zu *mlat.* mina, vgl. *Mine*). Dazu die Adjektivableitung **mineralisch** „aus Mineralien entstanden, sie enthaltend" (16. Jh.), ferner die Bildungen **Mineralogie** „Lehre von der Zusammensetzung und dem Vorkommen der Mineralien und Gesteine" (17. Jh.), **Mineraloge** „Kenner und Forscher auf dem Gebiet der Mineralogie" (18. Jh.) und **mineralogisch** „die Mineralogie betreffend" (zum 2. Bestandteil vgl. *...loge*).

Mini... „Klein..."; in Bildungen wie 'Minibar, Minigolf, Minikleid, Minipreis': Das Bildungselement wurde im 20. Jh. aus gleichbed. *engl.-amerik.* mini... entlehnt, einer Kürzung aus *engl.* miniature (vgl. den Artikel *Miniatur*).

Miniatur „Kleinmalerei": Das Fremdwort wurde um 1600 aus *it.* miniatura „Kunst, mit Zinnoberrot zu malen; mit Zinnoberrot ausgeführte Ziermalerei; Kleinmalerei" entlehnt. Dies bezeichnete zunächst die Technik, die Initialen kostbarer Handschriften (mit Zinnoberfarbe) auszumalen. Wohl begünstigt durch den Anklang an *lat.* minor „kleiner; klein" entwikkelte das *it.* Wort die Bed. „zierliche Kleinmalerei". In diesem Sinne wurde es ins *Dt.* übernommen und wurde dann auch zur Bezeichnung geschmackvoll ausgeführter Gegenstände der Kleinkunst, insbesondere aber auch zur Bezeichnung des Zierlichen, Kleinen usw., so namentlich in Zusammensetzungen wie **Miniaturausgabe** und **Miniaturbild** (wie entsprechend *engl.* miniature, vgl. den Artikel *Mini...*). – *It.* miniatura geht auf gleichbed. *mlat.* miniatura zurück, eine Bildung zu *mlat.* miniare „mit Zinnober anstreichen; in Zinnoberfarbe malen". Dies gehört seinerseits zu *lat.* minium „Zinnoberrot".

Minimum „Mindestmaß, -wert, -preis": Das Fremdwort wurde im 18. Jh. aus *lat.* minimum „das Kleinste, Geringste, Wenigste" entlehnt, dem substantivierten Neutrum von *lat.* minimus „kleinster" (vgl. *minus*). – Dazu die *nlat.* Ableitung **minimal** „sehr klein, winzig" (19. Jh.).

Minister: Die Bezeichnung für „oberster [Verwaltungs]beamter des Staates; Mitglied der Regierung" wurde im 17. Jh. aus gleichbed. *frz.* ministre (eigentlich „Diener", dann etwa „Diener des Staates; mit einem politischen Amt Beauftragter") entlehnt. Das zugrundeliegende *lat.* Substantiv minister „Diener, Gehilfe", das in dieser Bedeutung schon im 15. Jh. in *dt.* Texten als Lehnwort erscheint, steht wohl in Zusammenhang mit der Wortgruppe um *lat.* minor „kleiner, geringer" (vgl. den Artikel *minus*). Auszugehen ist dabei von einer Vorform *minis-teros < *minus-teros „der Geringere, der

Untergebene". – Von *lat.* minister abgeleitet ist das Verb *lat.* ministrare „bedienen", aus dessen Part. Präs. ministrans (ministrantis) unser Fremdwort **Ministrant** „Junge, der dem Priester während der katholischen Meßfeier bestimmte Handreichungen macht, Meßdiener" entlehnt ist. Beachte auch *lat.* ad-ministrare „zur Hand gehen, verrichten, verwalten, leiten" mit den Bildungen administratio „Handreichung, Verwaltung, Leitung" und administrativus „zur Ausführung geeignet, praktisch", aus denen unsere Fremdwörter **administrieren** „verwalten", **Administration** „Verwaltung" und **administrativ** „zur Verwaltung gehörend, behördlich" entlehnt sind. – Abl.: **Ministerium** „höchste Verwaltungsbehörde eines Landes mit bestimmtem Aufgabenbereich" (18. Jh.; relatinisiert aus *frz.* ministère < *lat.* ministerium „Dienst, Amt"); **ministerial** „den Staatsdienst betreffend; der Staatsregierung angehörend" (18. Jh.; aus *spätlat.* ministerialis „den Dienst beim Kaiser betreffend"), heute nur noch in Zusammensetzungen gebraucht wie **Ministerialbeamte, Ministerialdirigent; ministeriell** „von einem Minister oder Ministerium ausgehend" (18. Jh.; aus *frz.* ministériel < *spätlat.* ministerialis). – Vgl. noch den Artikel *Metier.*

Ministrant ↑Minister.

Minna: Der veraltende *ugs.* Ausdruck für „Hausangestellte, Dienstmädchen" ist identisch mit dem weiblichen Vornamen Minna (Kurzform von Wilhelmine), der früher überaus häufig vorkam. Beachte auch die Wendung 'jemanden zur Minna machen' „jemanden grob anfahren, heftig zurechtweisen". Worauf sich die Benennung 'grüne Minna' „Polizeiwagen zum Gefangenentransport" bezieht, ist unklar.

Minne (altertümelnd scherzhaft für:) „Liebe": *Mhd.* minne, *ahd.* minna, *niederl.* min sind im *germ.* Sprachbereich eng verwandt mit der Sippe von *schwed.* minne „Erinnerung, Andenken, Gedächtnis" und gehören mit dieser zu der Wortgruppe von ↑*mahnen.* Aus der ursprünglichen Bed. „das Denken an etwas, [liebevolles] Gedenken" entwickelten sich schon im *Ahd.* die Bed. „Zuneigung, Gefallen, Freude, Lust, Liebe". In *mhd.* Zeit war 'minne' das übliche Wort für „Liebe". Seit dem 15. Jh. kam es allmählich außer Gebrauch. Im 18. Jh. wurde es im Rahmen der Beschäftigung mit der ritterlichen Liebeslyrik neu belebt und dann dichterisch, heute nur noch altertümelnd scherzhaft verwendet. Beachte dazu auch **minniglich** veraltet für „lieblich, wonnig" (18. Jh.; nach *mhd.* minneclich), **Minnedienst** *ugs.* scherzhaft für „Verabredung, Stelldichein" (19. Jh.), **Minnesang** (nach *mhd.* minnesanc), **Minnesänger** (nach *mhd.* minnesenger).

Minorität: Das Fremdwort für „Minderzahl, Minderheit" wurde im 18. Jh. aus gleichbed. *frz.* minorité entlehnt, das auf *mlat.* minoritas „Minderheit" zurückgeht. Dies gehört zu *lat.* minor „kleiner, geringer" (vgl. *minus*).

minus: Der Ausdruck für „weniger" (zur Bezeichnung der Subtraktion) wurde im 14. Jh. aus gleichbed. *lat.* minus übernommen, dem adverbial gebrauchten Neutrum von *lat.* minor „kleiner, geringer" (↑Minorität). Das *lat.* Wort, das die komparativische Steigerungsstufe zu einer vom gleichen Stamm nicht vorhandenen Grundstufe ist, gehört zusammen mit dem Substantiv *lat.* minister „Untergebener; Diener, Gehilfe" (↑Minister und ↑Metier), dem Superlativ *lat.* minimus „kleinster, geringster" (↑Minimum) und dem *lat.* Verb minuere „verkleinern, verringern" (↑Minute, ↑minuziös, ↑Menu und ↑Menuett) zu der unter ↑*minder* dargestellten *idg.* Wortgruppe. – Dazu die Substantivierung **Minus** „Minder-, Fehlbetrag, Verlust" (18. Jh.; Kaufmannssprache), besonders auch in Zusammensetzungen wie 'Minusgeschäft'.

Minute: Zu *lat.* minuere „verkleinern, vermindern" (vgl. *minus*) gehört das Partizipialadjektiv *lat.* minutus „vermindert; sehr klein". Aus der Fügung 'pars minuta prima', die im Sexagesimalsystem des Ptolemäus (2. Jh. n. Chr.) den ersten verminderten Teil (bei einer durch 60 teilbaren Größe) bezeichnete, entstand durch Verselbständigung gleichbed. *mlat.* minuta, das in *frühnhd.* Zeit entlehnt wurde. Vgl. zum Sachlichen den Artikel *Sekunde.*

minuziös „peinlich genau", früher auch für „kleinlich": Das Adjektiv wurde im 18. Jh. aus gleichbed. *frz.* minutieux entlehnt, einer Ableitung von *frz.* minutie „Kleinigkeit; peinliche Genauigkeit, Kleinlichkeit". Dies geht auf *lat.* minutia „Kleinheit; Kleinigkeit" zurück, das zu *lat.* minuere (minutum) „verkleinern, verringern, vermindern" gehört (vgl. *minus*).

Minze: Der *westgerm.* Name der zu den Lippenblütlern gehörenden Pflanzengattung (*mhd.* minz[e], *ahd.* minza, *mniederl.* mente, *engl.* mint) beruht auf einer Entlehnung aus *lat.* menta „Minze", das aus der gleichen (unbekannten) Quelle stammt wie *griech.* minthē „Minze". – Von den Minzen ist am bekanntesten die **Pfefferminze** (18. Jh.), die als Heil- und Gewürzpflanze verwendet wird. Beachte in diesem Zusammenhang auch das Fremdwort **Menthol** als Bezeichnung für den (zu Heilzwekken verwendeten) Hauptbestandteil des Pfefferminzöls. Das Wort ist eine gelehrte Bildung des 19. Jh.s aus *lat.* menta (Nebenform: mentha) und *lat.* oleum „Öl".

Mirabelle: Der seit dem Anfang des 19. Jh.s bezeugte Name der kleinfrüchtigen, süßen Pflaumenart ist aus *frz.* mirabelle entlehnt, dessen weitere Herkunft unklar ist.

mischen: Das *westgerm.* schwache Verb (*mhd.* mischen, *ahd.* miskan, *aengl.* miscian) ist entweder mit *lat.* miscere „mischen, vermischen" urverwandt oder, was wahrscheinlicher ist, aus diesem entlehnt. – *Lat.* miscere, mixtum (*roman.* miscere), das außeritalische Verwandte z. B. in *griech.* meignymi „ich mische, vermenge" und in *aind.* mí-mikṣ-ati „er mischt" hat, ist Stammwort verschiedener Fremdwörter im Deutschen. Siehe hierzu im einzelnen die Artikel ↑mixen, Mixer, Mixpickles, ↑Mixtur, ↑Mestize, ↑meliert und ↑Melange. – Ableitungen und Zusammensetzungen von 'mischen': **Mischung** (*mhd.* mischunge, *ahd.* miscunga);

Mischling „jemand, der von Eltern verschiedener Rassen abstammt" (17. Jh.; s. auch den Artikel *Mestize*); **Mischmasch** (*ugs.* für:) „Durcheinander, Gemengsel" (lautspielerische Reduplikationsbildung des 16./17. Jh.s); **Mischehe** „Ehe zwischen Partnern verschiedener Konfession"; **Gemisch** „Mischung" (Anfang 17. Jh.).

miserabel „schlecht, erbärmlich": Das Adjektiv wurde im 17. Jh. aus gleichbed. *frz.* misérable entlehnt. Dies geht auf *lat.* miserabilis „jämmerlich, kläglich" zurück, eine Bildung zu *lat.* miserari „beklagen, bejammern" (zu *lat.* miser, vgl. *Misere*).

Misere „traurige, unglückliche Lage, Trostlosigkeit": Das Substantiv wurde im 18. Jh. aus gleichbed. *frz.* misère entlehnt, das auf *lat.* miseria „Elend, Not, Unglück" zurückgeht. Dies ist eine Bildung zu *lat.* miser „elend, kläglich, bejammernswert". Vgl. den Artikel *miserabel.*

Mispel: Der Name des zur Familie der Rosengewächse gehörenden Holzgewächses (mit apfelartigen Früchten), *mhd.* mispel, *ahd.* mespila, ist aus *lat.* mespilum (oder einer Nebenform mespila) „Mispel" entlehnt. Das *lat.* Wort selbst ist aus gleichbed. *griech.* méspilon übernommen, dessen weitere Herkunft dunkel ist.

miß...: Das *gemeingerm.* Präfix *mhd.* mis-, misse-, *ahd.* missa-, *got.* missa-, *engl.* mis-, *schwed.* mis- hat sich aus einer alten Partizipialbildung zu der erweiterten *idg.* Wurzel *meit[h]- „wechseln, tauschen" entwickelt (vgl. *Meineid* und die eng verwandte Sippe von ↑meiden). Diese Partizipialbildung, die als selbständiges Wort im *Dt.* untergegangen ist, hatte ursprünglich die Bed. „verwechselt, vertauscht" (vgl. z. B. *got.* missō Adverb „wechselseitig" und *aind.* mitháḥ Adverb „abwechselnd"). Von dieser Bedeutung geht die Verwendung des Wortes als Präfix aus, nämlich zum Ausdruck des Verkehrten, des Verfehlten und des Verschiedenartigen (s. auch die Artikel *missen* und *mißlich*). Die vollere Form des Präfixes ist noch bewahrt in **Missetat** „schändliche Tat, Verbrechen" (*mhd.* missetāt, *ahd.* missitāt, wohl aus *got.* kirchensprachlich missadēþs „Sünde"). Von den zahlreichen Bildungen mit 'miß...' beachte z. B. **mißachten** „nicht beachten, nicht befolgen" (*mhd.* misseahten), dazu **Mißachtung** (17. Jh.); **mißbehagen** „nicht behagen" (15. Jh.; für *mhd.* missehagen), dazu **Mißbehagen** (17. Jh., substantivierter Infinitiv); **mißbilligen** „nicht billigen, tadeln" (17. Jh.; ↑billig); **Mißerfolg** „schlechter, negativer Ausgang" (19. Jh.); **Mißernte** „sehr schlechte Ernte" (19. Jh.); **Mißgeburt** „mit Mißbildungen geborenes Lebewesen" (16. Jh.); **mißglücken** „nicht glücken" (17. Jh.); **mißgönnen** „nicht gönnen" (16. Jh.); **Mißgunst** (16. Jh.), **mißgünstig** (16. Jh.); **mißhandeln, Mißhandlung** (↑handeln); **mißhellig, Mißhelligkeit** (↑einhellig); **mißliebig** „unbeliebt" (19. Jh.; gekürzt aus älterem 'mißbeliebig', 18. Jh.; Ersatzwort für 'antipathisch'); **mißlingen** „nicht gelingen" (*mhd.* misselingen; ↑gelingen); **Mißmut** „schlechte Laune, verdrießliche Stimmung" (18. Jh.; rückgebildet aus dem Adjektiv 'mißmutig'); **mißmutig** (17. Jh.; für älteres mißmütig); **mißraten** „nicht gelingen, schlecht ausfallen", älter auch „abraten" (*mhd.* misserāten „einen falschen Rat erteilen; an eine falsche Stelle geraten, fehlschlagen"); **Mißstand** „schlimmer Zustand" (16. Jh.); **Mißstimmung** „gedrückte, gereizte Stimmung" (18. Jh.); **mißtrauen** „nicht trauen" (*mhd.* missetrūwen, *ahd.* missatrūēn), dazu **Mißtrauen** (*mhd.* missetrūwen, substantivierter Infinitiv); **mißtrauisch** (17. Jh.); **Mißverhältnis** „nicht richtiges Verhältnis" (18. Jh.; wohl Lehnübersetzung von *lat.* disproportio); **Mißverständnis** (18. Jh.); **mißverstehen** (18. Jh.).

Mißbrauch, mißbrauchen, mißbräuchlich ↑brauchen.

missen „entbehren": Das *altgerm.* Verb *mhd., ahd.* missen, *niederl.* missen, *engl.* to miss, *schwed.* missa ist von der unter ↑*miß...* behandelten Partizipialbildung abgeleitet und bedeutete ursprünglich etwa „verwechseln, verfehlen". Beachte auch die verstärkende Präfixbildung **vermissen** (*mhd.* vermissen, *ahd.* farmissen).

Mißgeschick ↑Geschick.

mißhandeln, Mißhandlung ↑handeln.

mißhellig, Mißhelligkeit ↑einhellig.

Mission: Das aus *lat.* missio „das Gehenlassen; das Schicken, die Entsendung" entlehnte Substantiv erscheint in *dt.* Texten zuerst im 16. Jh. in der allgemeinen Bedeutung des *lat.* Wortes. Das *Kirchenlat.* vermittelte uns den seit dem 17. Jh. – auch in anderen Kultursprachen – allgemein üblichen Gebrauch des Wortes im Sinne von „(Ausschickung christlicher Sendboten zur) Bekehrung der Heiden". Daran schließen sich die Ableitungen **Missionar** „in der [christlichen] Mission tätiger Geistlicher oder Laie" (17. Jh.; *nlat.* Bildung) und **missionieren** „Missionstätigkeit ausüben, zum christlichen Glauben bekehren" (20. Jh.). Jünger sind die Bedeutungen „Sendung, Auftrag; innere Aufgabe, Pflicht" und „Personengruppe mit einem bestimmten Auftrag; diplomatische Vertretung", die 'Mission' am Ende des 18. Jh.s von entsprechend *frz.* mission übernimmt. – *Lat.* missio gehört als Substantivbildung zu *lat.* mittere „loslassen; werfen; schicken, senden usw.", das auch noch mit zahlreichen anderen Ableitungen und Zusammensetzungen in unserem Lehn- und Fremdwortschatz vertreten ist. Beachte im einzelnen: *kirchenlat.* missa „liturgische Opferfeier, Messe" in ↑[1]Messe, ↑[2]Messe und als Grund- oder Bestimmungswort in den Zusammensetzungen ↑Kirmes und ↑Lichtmeß (s. unter 'licht'); *vlat.* missum „aus der Küche Herausgeschicktes, zu Tisch Aufgetragenes" in ↑[3]Messe; *lat.* com-mittere „zusammenbringen; anvertrauen, anheimgeben" in ↑Kommission, Kommissionär, ↑Kommissar, kommissarisch, Kommissariat, ↑Kommiß, Kommißbrot und ↑Komitee; *lat.* pro-mittere „hervorgehen lassen, in Aussicht stellen, versprechen" bzw. *lat.* com-pro-mittere „sich gegenseitig versprechen" in ↑Kompromiß und ↑kompromittieren; *lat.* re-mittere „zurückschicken; nachlassen usw." in ↑Remittende, ↑remis.

Mißkredit ↑Kredit.

mißlich: Zu dem unter ↑*gleich* behandelten *gemeingerm.* Adjektiv *ga-līka- „dieselbe Gestalt habend" ist als Gegenwort *missalīka- „verschiedene Gestalt habend" gebildet. Darauf beruhen *mhd.* misselich, *ahd.* missalīh, *got.* missaleiks, *aengl.* mis[t]līc, *aisl.* mislīkr (vgl. *miß...* und *Leiche*). Die heutige Bed. „schlimm, unerfreulich" hat sich aus „etwas, was verschiedenartig ausgehen kann" entwickelt. Abl.: **Mißlichkeit** (17. Jh.).

mißliebig ↑miß...

mißlingen ↑gelingen.

Mißmut, mißmutig, mißraten, Mißstand, Mißstimmung, mißtrauen, Mißtrauen, mißtrauisch, Mißverhältnis, Mißverständnis, Mißverstehen ↑miß...

Mist: Die *germ.* Substantivbildung *mhd., ahd.* mist, *got.* maíhstus, *niederl.* mest gehört mit dem unter ↑*Maisch[e]* behandelten Wort zu einem im *Dt.* untergegangenen Verb *mnd.* mīgen, *aengl.* mīgan, *aisl.* mīga „harnen". Das Wort bezeichnete also zunächst Harn und Kot (speziell aus dem tierischen Körper) und ging dann auf die damit getränkte Streu über. Das *germ.* Verb ist z. B. verwandt mit *lat.* mingere „harnen" und *aind.* mēhati „harnt" und beruht auf einer *idg.* Wurzel *meiĝh- „harnen". *Ugs.* wird 'Mist' im Sinne von „Unsinn, Wertloses, Dreck" gebraucht, beachte auch abwertendes 'Mist' in Zusammensetzungen, z. B. in 'Mistblatt' und 'Mistkerl'. Abl.: **misten** „düngen; (den Stall) von Mist säubern" (*mhd.* misten, *ahd.* mistōn, beachte die Zusammensetzung **ausmisten**); **mistig** „voller Mist, dreckig, schmutzig" (18. Jh.). Zus.: **Mistfink** „schmutziger Mensch" (16. Jh.; beachte die Zusammensetzungen 'Schmier-, Schmutzfink, Dreckspatz'); **Mistkäfer** (18. Jh.). Siehe auch den Artikel *Mistel.*

Mistel: Der *altgerm.* Pflanzenname *mhd.* mistel, *ahd.* mistil, *niederl.* mistel, *engl.* mistletoe, *schwed.* mistel ist wahrscheinlich eine Bildung zu dem unter ↑*Mist* behandelten Wort. Die Benennung der auf Bäumen schmarotzenden Pflanze bezieht sich demnach darauf, daß die Samen dieser Pflanze durch den Vogelmist (besonders durch die Exkremente der Misteldrossel) auf Bäume gelangen.

mit: Das *gemeingerm.* Wort (Adverb, Präposition) *mhd.* mit[e], *ahd.* mit[i], *got.* miþ, *schwed.* med ist wahrscheinlich mit *griech.* metá „zwischen, mit, nach, hinter" (↑meta..., Meta...) verwandt. Zus.: **Mitarbeiter** (16. Jh.; in Luthers Bibelübersetzung als Lehnübersetzung von *griech.* sýnergos); **Mitesser** (17. Jh.; Lehnübersetzung von *mlat.* comedo; die Talgausscheidungen verstopfter Hautporen hielt man bis ins 18. Jh. für in die Haut gezauberte Würmer, die den Menschen, besonders den Kindern die Nahrung wegessen); **Mitgift** „Heiratsgut" (↑Gift); **Mitglied** „Angehöriger einer Gemeinschaft; jemand, der einem Verein, einer Partei o. ä. beigetreten ist" (16. Jh.), dazu **Mitgliedschaft; Mitlaut** „Konsonant" (18. Jh.; für älteres Mitlauter, das zu 'mitlautend' – Lehnübersetzung von *lat.* [littera] consonans – gebildet ist); **Mitleid** (s. d.).

Mitbringsel ↑bringen.

Mitgift ↑Gift.

Mitglied ↑Glied.

Mitleid: Das seit dem 17. Jh. bezeugte Wort setzte sich vom *Ostmitteld.* ausgehend für älteres 'Mitleiden' (*mhd.* mitelīden „Mitgefühl, Anteilnahme, Barmherzigkeit") durch. Der substantivierte Infinitiv *mhd.* mitelīden und die untergegangene Bildung *mhd.* mitelīdunge sind Lehnübersetzungen von *lat.* compassio, das seinerseits Lehnübersetzung von *griech.* sympátheia (↑Sympathie) ist. Das zugrundeliegende Verb *mhd.* mitelīden, älter *nhd.* mitleiden hatte auch die Bed. „mit einem anderen am gleichen Übel teilhaben; an öffentlichen Lasten teilhaben". An diesen Wortgebrauch schließt sich **Mitleidenschaft** (17. Jh.) an, das heute nur noch in der Wendung 'in Mitleidenschaft ziehen' verwendet wird.

Mittag: Die Bezeichnung der Tagesmitte (*mhd.* mittetac, *ahd.* mittitac) ist aus der erstarrten Verbindung *ahd.* mitti tac „mittlerer Tag" zusammengewachsen, beachte noch *mhd.* auch 'mitter tac' „Mittag" und *frühnhd.* mit innerer Flexion 'mittem tag'. Über das Adjektiv *mhd.* mitte, *ahd.* mitti s. den Artikel *Mitte.* Vgl. die anderen *germ.* Bezeichnungen *niederl.* middag, *engl.* midday, *schwed.* middag. – Das Wort 'Mittag' ist auch im Sinne von „Süden" (Lehnbedeutung nach *lat.* meridies) und im Sinne von „Mittagsmahlzeit" gebräuchlich. Das Adverb **mittags** (16. Jh.) ist der adverbiell erstarrte Genitiv Singular. – Erst in *nhd.* Zeit sind aus 'vor Mittag[e]' und 'nach Mittag[e]' die Bezeichnungen **Vormittag** und **Nachmittag** entstanden. Abl.: **mittäglich** (*mhd.* mittaglich, *ahd.* mittitagalīh).

Mitte: Das *altgerm.* Substantiv *mhd.* mitte, *ahd.* mitta, *aengl.* midde, älter *schwed.* midja ist eine Bildung zu dem als selbständigem Wort nicht mehr gebräuchlichen Adjektiv *frühnhd., mhd.* mitte, *ahd.* mitti, *got.* midjis, *aengl.* midde, *aisl.* miđr „in der Mitte befindlich, mittlerer". Dieses *gemeingerm.* Adjektiv ist im *Dt.* bewahrt in dem Adverb **mitten** „in der Mitte" (*mhd.* mitten; adverbiell erstarrter Dativ *Plural* des Adjektivs) und in den aus erstarrten Verbindungen entstandenen Zusammensetzungen ↑Mittag, ↑Mitternacht und ↑Mittwoch, s. auch die unter ↑*mittel* behandelte Ableitung. Das *gemeingerm.* Adjektiv geht mit verwandten Wörtern in anderen *idg.* Sprachen auf *idg.* *medhi̯o-s „in der Mitte befindlich, mittlerer" zurück, vgl. z. B. *griech.* mésos „mittlerer" und *lat.* medius „mittlerer" (s. die Fremdwörtergruppe um *Medium*).

mitteilen, Mitteilung ↑Teil.

mittel: Das *westgerm.* Adjektiv *mhd.* mittel, *ahd.* mittil, *niederl.* middel, *engl.* middle ist eine Weiterbildung von dem unter ↑*Mitte* behandelten *gemeingerm.* Adjektiv. Im Gegensatz zum Komparativ 'mittlere' und zum Superlativ 'mittelste' ist der Positiv 'mittel' heute nicht mehr gebräuchlich. Er ist bewahrt in **mittlerweile** (16. Jh.; aus 'mittler Weile', Dativ Singular) und als Bestimmungswort in zahlreichen Zusammensetzungen, beachte z. B. **Mittelalter** (17. Jh.;

im Sinne von „mittleres Lebensalter"; im 18. Jh. dann in der heutigen Bedeutung „Zeitraum zwischen Altertum und Neuzeit" als Lehnübersetzung von *lat.* medium aevum); **Mittelpunkt** „im Zentrum des Interesses stehende Person oder Sache" (16. Jh.; zusammengezogen aus *mhd.* 'der mittel punct'); **Mittelschule** (19. Jh.); **Mittelstand** (17. Jh.; im Sinne von „mittlerer Zustand" und „bürgerlicher Mittelstand"); **Mittelwort** (17. Jh.; Ersatzwort für 'Partizip'; so benannt, weil es zwischen Adjektiv und Verb steht). Die substantivierte Form des Adjektivs ist **Mittel** (*mhd.* mittel, *niederl.* middel, *engl.* middle). Das Substantiv hatte zunächst die Bed. „Mitte, in der Mitte befindlicher Teil". Dann wurde es im Sinne von „das zwischen zwei Dingen Befindliche" gebräuchlich. An diesen Wortgebrauch schließt sich an die Verwendung des Wortes im Sinne von „das, was zur Erreichung eines Zweckes dient" (eigentlich „das, was sich zwischen dem Handelnden und dem Zweck befindet"), beachte dazu **mittels[t]** „mit Hilfe von, durch" (17. Jh.; mit sekundärem t; Genitiv Singular von 'Mittel') und **vermittels[t]** „mit Hilfe von, durch (16. Jh.). Ferner bezeichnet das Wort, gewöhnlich im Plural, auch das, worüber man verfügt (um irgendeinen Zweck zu erreichen), beachte dazu z. B. **bemittelt** „wohlhabend" (17. Jh.), **mittellos** „arm" (19. Jh.) und die Zusammensetzungen 'Lebens-, Nahrungs-, Geldmittel' und dgl. – Das vom Substantiv abgeleitete Verb **mitteln** (*mhd.* mitteln „zu etwas verhelfen, schlichten") wird heute als einfaches Verb nicht mehr verwendet. Gebräuchlich sind dagegen die Bildungen **ermitteln** „herausfinden; feststellen", **übermitteln** „überbringen, zu jemandem gelangen lassen" und **vermitteln** „eine Einigung erzielen; zustande bringen, herbeiführen; besorgen".

Mittelfinger ↑Finger.

Mitternacht: Das seit *mhd.* Zeit bezeugte Wort ist eigentlich ein erstarrter Dativ. *Mhd.* mitternaht (Dativ Singular) ist aus Zeitbestimmungen wie z. B. 'ze mitter naht' „mitten in der Nacht" hervorgegangen. Über das Adjektiv *mhd.* mitte, *ahd.* mitti „in der Mitte befindlich" s. den Artikel *Mitte.* Abl.: **mitternächtlich** (16. Jh.).

Mittwoch: Die Bezeichnung des vierten Wochentages *mhd.* mit[te]woche, *spätahd.* mittawehha (Femininum) ist Lehnübersetzung von *kirchenlat.* media hebdomas. *Ahd.* mittawehha ist zusammengewachsen aus dem unter ↑*Mitte* behandelten Adjektiv *ahd.* mitti „in der Mitte befindlich" und dem unter ↑*Woche* behandelten Substantiv. Diese Bezeichnung wurde von der Kirche an die Stelle einer älteren Bezeichnung gesetzt, um die Erinnerung an die heidnischen Gottheiten auszulöschen. Die ältere Bezeichnung ist in den anderen *germ.* Sprachen bewahrt: *niederl.* woensdag, *engl.* Wednesday, *schwed.* onsdag, eigentlich „Wodans (Odins-)Tag", für *lat.* dies Mercurii (beachte *frz.* mercredi). Die Wochenrechnung übernahmen die Germanen von den Römern im 4. Jh. (vgl. *Dienstag*). Zus.: **Aschermittwoch** (s. d.).

mixen „mischen" (z. B. einen Cocktail): Das Verb wurde im 20. Jh. aus gleichbed. *engl.* to mix entlehnt. Das *engl.* Verb ist aus *engl.* mixed (älter: mixt) „gemischt" rückgebildet, das über *afrz.* mixte auf *lat.* mixtus, das Part. Perf. von *lat.* miscere „mischen", zurückgeht (vgl. den Artikel *mischen*). – Dazu: **Mixer** „jemand, der alkoholische Getränke mischt", besonders in der Zusammensetzung **Barmixer** (im 20. Jh. aus gleichbed. *engl.* mixer übernommen), heute auch als Bezeichnung für ein elektrisches Gerät zum Zerkleinern und Mischen gebräuchlich; **Mixed Pickles, Mixpickles** „in Essig eingelegtes Mischgemüse" (im 18. Jh. aus gleichbed. *engl.* 'mixed pickles' entlehnt; *engl.* pickle bedeutet eigentlich „Pökel", dann „Eingemachtes").

Mixtur „Mischung; Arznei aus mehreren durcheinandergemischten flüssigen Bestandteilen": Das Fremdwort wurde bereits in *mhd.* Zeit (*mhd.* mixture) aus *lat.* mixtura „Mischung" entlehnt. Dies gehört zu *lat.* miscere (mixtum) „mischen" (vgl. den Artikel *mischen*).

Mob: Der Ausdruck für „Pöbel" wurde im 18. Jh. aus dem *Engl.* entlehnt. *Engl.* mob bezeichnet eigentlich „die aufgebrachte, aufgewiegelte Volksmenge". Es ist aus gleichbed. *lat.* 'mobile vulgus' verselbständigt. – Über das *lat.* Adjektiv mobilis „beweglich" vgl. den Artikel *mobil.*

Möbel „Einrichtungsgegenstand für Wohn- und Arbeitsräume": Das Substantiv wurde im 17. Jh. aus *frz.* meuble „bewegliches Gut; Hausgerät; Einrichtungsgegenstand" entlehnt, das auf *mlat.* mobile „bewegliches Hab und Gut" (vgl. *mobil*) zurückgeht. – Abl.: **möblieren** „einen Raum mit Möbeln ausstatten" (Ende 17. Jh.; aus *frz.* meubler); **aufmöbeln** (um 1900) bedeutete ursprünglich wohl „alte Möbelstücke aufarbeiten" und wurde dann in der Umgangssprache in der übertragenen Bed. „aufmuntern" gebräuchlich; **vermöbeln** (18. Jh.; zuerst in der auch heute zuweilen noch gebräuchlichen Bed. „vergeuden, verschleudern" [wohl ursprünglich von Möbelauktionen, bei denen Möbel für billiges Geld losgeschlagen werden]; in der Umgangssprache wird das Wort heute – mit unklarer Bedeutungsentwicklung – hingegen im Sinne von „durchprügeln" gebraucht).

mobil „beweglich", *ugs.* auch im Sinne von „wohlauf, munter" und militärisch für „marsch-, kampf-, einsatzbereit", so besonders in der Zusammensetzung **Mobilmachung:** Das Adjektiv wurde im 18. Jh. – zuerst in der Militärsprache – aus *frz.* mobile „beweglich; marschbereit" entlehnt. Dies geht auf *lat.* mobilis „beweglich" (< *movibilis) zurück, eine Bildung zum *lat.* Verb movere (movi, motum) „in Bewegung setzen; antreiben; verursachen". – Dazu: **mobilisieren** „mobil machen; Geld flüssigmachen; jemanden dazu bringen, aktiv zu werden, sich einzusetzen; verfügbar machen" (Anfang 19. Jh.; aus *frz.* mobiliser). Zahlreich sind die zu *lat.* mobilis bzw. zum Verb *lat.* movere gehörenden Ableitungen und Zusammensetzungen, die in unserem Fremdwortschatz eine Rolle spielen. Im einzelnen sind zu nennen: *mlat.* mobile „bewegliches Hab und Gut" (↑Möbel, möblieren, aufmöbeln, vermöbeln), *mlat.* mobilia (↑Mobilien, Immobilien, ↑Mobiliar); *vlat.* *movitare „bewegen" mit dem postverbalen Substantiv *vlat.* *movita „Bewegung" in *frz.* meute „Erhebung; Jagdzug" (↑Meute, ↑meutern, Meuterer, Meuterei); *lat.* motor „Beweger" (↑Motor, motorisieren, ...motorig); *spätlat.-mlat.* motivus „bewegend; antreibend, anreizend" (↑Motiv, motivieren); *lat.* pro-movere „vorwärtsbewegen; befördern" (↑promovieren, Promotion); *lat.* momentum (< *movimentum) „Bewegungskraft, Antrieb; Übergewicht, das bei gleichschwebendem Waagebalken den Ausschlag gibt; kritischer Augenblick; Augenblick" (↑Moment, momentan). Beachte schließlich noch das aus dem *Engl.* stammende hierhergehörende Fremdwort ↑Mob.

Mobilien „bewegliches Vermögen": Das Fremdwort wurde im 17. Jh. aus gleichbed. *mlat.* mobilia (vgl. *mobil*) eingedeutscht, einem juristischen Terminus, der für *klass.-lat.* res mobiles steht. Im Gegensatz dazu heißt das „unbewegliche Vermögen", also die Liegenschaften und Grundstücke, *lat.* res immobiles oder *lat.* im-mobilia (bona), aus dem im 17./18. Jh. unser **Immobilien** übernommen wurde. Eine junge Bildung zu *mlat.* mobilia – der Singular mobile liegt *frz.* meuble (↑Möbel) zugrunde – ist unser Fremdwort **Mobiliar** „bewegliche Habe; Hausrat, Möbelstücke" (Ende 18. Jh.).

Modder ↑Moder.

Mode „Brauch, Sitte; Tages-, Zeitgeschmack; das Neueste, Zeitgemäße (in Kleidung, Haartracht usw.)": Das Substantiv wurde im 17. Jh. aus *frz.* mode „Art und Weise; Brauch, Sitte; gerade herrschende Richtung in der Kleidung" entlehnt. Die neben 'Mode' anfangs häufiger gebrauchte Form 'Alamode' stammt aus *frz.* à la mode „nach der Mode". – *Frz.* mode geht auf *lat.* modus „Maß; Maß und Ziel; Regel; Art und Weise" zurück (vgl. *Modus*). Abl.: **modisch** „nach der Mode" (17. Jh., davor schon 'alamodisch'), beachte auch die Zusammensetzungen **neumodisch** (18. Jh.) und **altmodisch** (18. Jh.); **Modistin** „Putzmacherin, Angestellte eines Hutgeschäftes" (19. Jh.; nach *frz.* modiste).

Modell „Muster, Form; Vorbild; Entwurf; Person, die sich als Gegenstand bildnerischer oder fotografischer Darstellung zur Verfügung stellt; Mannequin": Das Substantiv wurde um 1600 als Fachausdruck der bildenden Kunst aus gleichbed. *it.* modello entlehnt, das auf *vlat.* *modellus zurückgeht. Dies steht für *klass.-lat.* modulus „Maß; Maßstab", eine Verkleinerungsbildung zu *lat.* modus „Maß" (vgl. *Modus*). Unmittelbar aus *lat.* modulus stammt **Model** „Maß, Form, Muster" (schon *ahd.* modul, *mhd.* model), das durch 'Modell' zurückgedrängt wurde und heute nur noch in der Handwerkerfachsprache, in *südd.* Mundarten und in Österreich (hier speziell im Sinne von „Kuchenform") lebendig ist, ferner in dem abgeleiteten Zeitwort **modeln** „gestalten, in eine Form bringen" (*mhd.* modelen), beachte dazu **ummodeln** *ugs.* für „verändern". Gleichfalls aus *lat.* modulus stammt *engl.* module, aus dem in der 2. Hälfte des 20. Jh.s unser **Modul** „Bau- oder Schaltungseinheit" übernommen wurde. – Ableitungen von 'Modell': **modellieren** „[eine Plastik] formen; ein Modell herstellen" (18. Jh.; nach gleichbed. *it.* modellare); **Modelleur** „Former, Musterformer" (19. Jh.; nach *frz.* modeleur).

Moder „in Verwesung übergegangener Körper, Fäulnisstoffe, Schlamm[erde]": Das seit dem 14. Jh. bezeugte Wort (*mitteld., spätmhd.* moder) gehört mit verwandten Wörtern in anderen *idg.* Sprachen zu der vielfach weitergebildeten und erweiterten *idg.* Wurzel *[s]meu- „feucht, schimmelig, schmierig, schmutzig", nominal „Feuchtigkeit, Schimmel, Schlamm, Schmutz", verbal „feucht sein, schmieren, rutschen, gleiten". Aus dem *germ.* Sprachbereich gehören zu dieser Wurzel ferner die Sippe von ↑Moos und mit anlautendem s- die Sippe von ↑Schmutz und das unter ↑*schmausen* (eigentlich „unreinlich essen und trinken, sudeln") behandelte Verb, vermutlich auch die Wortgruppe von ↑schmiegen (eigentlich „rutschen, kriechen, sich ducken"). *Außergerm.* sind z. B. verwandt *aind.* mū́-tra-m „Harn", *griech.* mýdos „Nässe, Fäulnis" und *russ.* muslit' „sabbern, geifern, lutschen". – Die *landsch.* Nebenform **Modder** „Schlamm, Schmutz" geht auf gleichbed. *mnd.* modder zurück. Abl. **mod[e]rig** „faulig, dumpf" (18. Jh.; für älteres 'moderícht'); **modern** „faulen, verwesen" (17. Jh.), beachte die Präfixbildung **vermodern.**

moderato: Der Ausdruck für „gemäßigt, mäßig schnell" wurde als musikalische Tempobezeichnung aus gleichbed. *it.* moderato entlehnt, das auf gleichbed. *lat.* moderatus, Partizipialadjektiv von *lat.* moderare „ein Maß setzen; mäßigen" (zu *lat.* modus „Maß"; vgl. *Modus*) zurückgeht. Aus *lat.* moderare „mäßigen" wurde bereits im 16. Jh. **moderieren** entlehnt, das in der Bed. „mäßigen, mildern" weitgehend veraltet und nur noch *landsch.* gebräuchlich ist, das aber in der 2. Hälfte des 20. Jh.s unter dem Einfluß von *engl.* to moderate „eine Versammlung, ein Gespräch leiten" in Rundfunk und Fernsehen im Sinne von „eine Sendung mit einleitenden und verbindenden Worten versehen, durch eine Sendung führen" verwendet wird, beachte dazu **Moderator** „jemand, der eine Sendung moderiert" und **Moderation** „Tätigkeit des Moderators".

modern: Das seit dem Anfang des 18. Jh.s bezeugte Adjektiv ist aus *frz.* moderne „neu; modern" entlehnt, das auf *lat.* modernus „neu, neuzeitlich" zurückgeht. Es trat zunächst in der Bed. „neu; neuzeitlich" auf. In diesem Sinne steht 'modern' gleichsam im Gegensatz zu ↑antik, wie auch das Substantiv **Moderne** „neue, neueste Zeit; moderner Zeitgeist; moderne Kunstrichtung" (19. Jh.) zeigt. Die heute vor allem gültigen Bedeutungen von 'modern' „neuartig", „auf der Höhe der Zeit", „modisch, dem Zeitgeschmack entsprechend" zeigen deutlichen Einfluß des Wortes ↑Mode (Entsprechendes gilt für *frz.* moderne). – *Lat.* modernus ist abgeleitet von dem Adverb *lat.* modo „eben, eben erst" (eigentlich „mit Maß, auf ein Maß beschränkt", dann auch „nur, bloß") nach dem Vorbild von *lat.* hodiernus „heutig" (zu *lat.* hodie „heute"). Das Adverb modo ist eigentlich ein erstarrter Ablativ von *lat.* modus „Maß" (vgl. *Modus*). Abl.: **modernisieren** „erneuern; modisch zurechtmachen, neuzeitlich herrichten" (18. Jh.; aus *frz.* moderniser).

modisch, Modistin ↑Mode.

Modul ↑Modell.

Modus „Art und Weise [des Geschehens oder Seins]; Vorgehen, Verfahrensweise; Aussageweise des Verbs" (z. B. Indikativ, Konjunktiv): Das Fremdwort wurde schon früh aus gleichbed. *lat.* modus entlehnt, das sich mit seiner eigentlichen Bed. „Maß" zu der unter ↑[1]*Mal* dargestellten Wortsippe der *idg.* Wurzel *mĕ̄-[d]- „messen; ermessen" stellt. – *Lat.* modus ist Stammwort von zahlreichen Bildungen, die in unserem Wortschatz eine Rolle spielen. Vgl. im einzelnen die Artikel: ↑Mode, modisch, Modistin, ↑modern, Moderne, modernisieren, ↑Modell, modellieren, Modelleur, Model, modeln, ummodeln, Modul, ↑moderato, moderieren, Moderation, Moderator, ↑kommod, Kommode, inkommodieren.

mogeln (*ugs.* für:) „dem Glück ein bißchen nachhelfen; kleine betrügerische Kniffe anwenden": Die Herkunft des erst seit dem 18. Jh. bezeugten Verbs ist nicht sicher geklärt. Vielleicht handelt es sich um eine Nebenform von *mdal.* maucheln „heimlich oder hinterlistig handeln, betrügen" (vgl. *meucheln*).

mögen: Das *gemeingerm.* Verb (Präteritopräsens) *mhd.* mügen, *ahd.* mugan, *got.* magan, *engl.* may, *schwed.* må geht mit verwandten Wörtern in anderen *idg.* Sprachen auf die Wurzel *magh- „können, vermögen" zurück, vgl. z. B. die *slaw.* Sippe von *russ.* mogu „ich kann". Die heute übliche Bed. „gern wollen, gern haben" entwickelte sich in *mhd.* Zeit, und zwar in negativen Sätzen („nicht können, nicht imstande sein", daher „abgeneigt sein, nicht wollen"). Von der alten Bedeutung gehen aus die Bildungen ↑Macht und **möglich** „ausführbar, erreichbar; in Frage kommend, denkbar" (*mhd.* müg[e]lich), dazu **Möglichkeit** (*mhd.* müg[e]lichkeit), beachte auch die Präfixbildung **vermögen** „imstande sein, können" (*mhd.* vermügen), dazu **Vermögen** „Fähigkeit, Kraft; Zeugungskraft; Mittel, Geld und Gut" (*spätmhd.* vermügen; substantivierter Infinitiv), **vermögend** „wohlhabend, reich" (18. Jh.).

Mohn: Der Name der alten Kulturpflanze (*mhd.* mān, māhen, *ahd.* māho, mago) hängt zusammen mit *griech.* mḗkōn „Mohn" und mit der *slaw.* Sippe von *russ.* mak „Mohn". Der den Germanen, Slawen und Griechen gemeinsame Pflanzenname ist wahrscheinlich in sehr alter Zeit aus einer Mittelmeersprache entlehnt worden. Die Mohnpflanze stammt aus dem Mittelmeergebiet. – Im *germ.* Sprachbereich ist der Name außer im *Dt.* auch bewahrt in *niederl.* maankop „Mohnkopf" und in *schwed.* vallmo „Mohn" (eigentlich „Rauschmohn").

Mohr: Die heute veraltende Bezeichnung für „dunkelhäutiger Mensch, Neger" geht zurück auf *mhd.-ahd.* mōr, das aus *lat.* Maurus „Bewohner Mauritaniens, dunkelhäutiger Nordafrikaner" entlehnt ist. Zus.: **Mohrenkopf** „runde Gebäckart mit Schokoladenüberzug" (19. Jh.).

Möhre: Der *westgerm.* Name der Nutzpflanze *mhd.* morhe, *ahd.* mor[a]ha, *mniederl.* more, *aengl.* more ist verwandt mit der *slaw.* Sippe von *russ.* morkov' „Möhre" und mit *griech.* brákana *Plural* „wildes Gemüse". Welche Vorstellung dieser den Germanen, Slawen und Griechen gemeinsamen Pflanzenbezeichnung zugrunde liegt, ist dunkel. Neben der umgelauteten Form 'Möhre' ist auch die umlautlose Form in der Zus. **Mohrrübe** (17. Jh.) bewahrt. Siehe auch den Artikel *Morchel.*

mokieren, sich: Der veraltende Ausdruck für „sich lustig machen über jemanden, sich abfällig oder spöttisch über jemanden äußern" wurde im 17. Jh. aus gleichbed. *frz.* se moquer entlehnt, dessen Herkunft dunkel ist. – Abl.: **mokant** „spöttisch" (18. Jh.; aus gleichbed. *frz.* moquant, dem Part. Präs. von (se) moquer).

Mokka: Die Bezeichnung für „Kaffee einer besonders aromatischen Sorte mit kleinen halbkugelförmigen Bohnen; sehr starker [aus Mokkabohnen zubereiteter] Kaffee" wurde im 19. Jh. aus *frz.* moka übernommen. Dies geht auf Mokka (*arab.* Al-Muẖā), den Namen einer jemenitischen Hafenstadt, zurück. Diese Stadt war früher der Hauptausfuhrhafen für Mokkabohnen.

Molch „Schwanzlurch": Der seit dem 15. Jh. bezeugte Tiername ist eine Weiterbildung von *mhd.* mol[le], *ahd.* mol (molm, molt) „Salamander, Eidechse", dessen weitere Herkunft unklar ist. *Ugs.* gebräuchlich sind die Zusammensetzungen 'Dreckmolch' und 'Lustmolch'. Siehe auch den Artikel *Olm.*

Mole: Die Bezeichnung für „Hafendamm" wurde im 16. Jh. aus gleichbed. *it.* molo entlehnt, das auf *lat.* moles „wuchtige Masse, Damm" zurückgeht. Das *lat.* Substantiv stellt sich zusammen mit *lat.* moliri „mit Anstrengung in Bewegung setzen; unternehmen, sich abmühen" (↑demolieren) und *lat.* molestus „beschwerlich" zu der unter ↑*mühen* dargestellten *idg.* Wortgruppe. – Vgl. auch den Artikel *Molekül.*

Molekül: Der chemisch fachsprachliche Ausdruck für „kleinste, aus verschiedenen Atomen bestehende Einheit einer chemischen Verbindung" wurde im 18./19. Jh. aus gleichbed. *frz.* molécule entlehnt, einer gelehrten Bildung zu *lat.* moles „[wuchtige] Masse; Damm; Klumpen usw." (vgl. *Mole*). 'Molekül' bedeutet also eigentlich „kleine Masse". Dazu das Adjektiv **molekular** „die Moleküle betreffend" (19. Jh.; nach *frz.* moléculaire).

Molke, *landsch.* auch: Molken „Käsewasser": Das *westgerm.* Wort *mhd.* molken, *asächs.*, *afries.* molken, *aengl.* molcen ist eine Bildung zu dem unter ↑*melken* behandeltem Verb und bedeutet demnach eigentlich „Gemolkenes".

Noch in *mhd.* Zeit wurde das Wort im alten Sinne von „Milch, aus Milch Bereitetes (Butter, Käse)" verwendet. An diese Bedeutung schließt sich die seit dem 19. Jh. bezeugte Bildung **Molkerei** „Milchwirtschaft, Meierei" an.

Moll: Die seit dem 16. Jh. bezeugte Bezeichnung der sogenannten „weichen Tonart" (nach dem als „weich" empfundenen Dreiklang mit kleiner Terz, im Gegensatz zum Dreiklang mit großer Terz in ↑Dur) ist aus *mlat.* B molle (für den Ton b) verselbständigt, das schon einmal im *Mhd.* als bēmolle erscheint. Zugrunde liegt das *lat.* Adjektiv mollis „weich", das zu der unter ↑*mahlen* dargestellten *idg.* Wortsippe gehört.

Molle ↑Mulde.

mollig (*ugs.* für:) „angenehm, behaglich; warm; rundlich": Das seit dem 19. Jh., zunächst studentensprachlich bezeugte Adjektiv beruht vermutlich auf *frühnhd.* mollicht „weich, lokker", das in Studentenkreisen wahrscheinlich an *lat.* mollis „weich" angelehnt wurde. Das Wort kann – wie auch das *landsch.* Adjektiv **molsch, mulsch** „weich, mürbe, faulig" – mit *lat.* mollis (vgl. *Moll*) urverwandt sein und im Sinne von „zerrieben, fein, zart, weich" zu der Wortgruppe von ↑*mahlen* gehören.

Moloch: Der seit dem 17. Jh. gebräuchliche Ausdruck für eine alles verschlingende, grausame Macht geht zurück auf *griech.* molóch, *hebr.* molęk̲, die Bezeichnung eines [Kinder]opfers bei den Puniern und im Alten Testament, die als Name eines Gottes mißdeutet wurde.

molsch ↑mollig.

[1]Moment (Neutrum) „ausschlaggebender Umstand; Merkmal; Gesichtspunkt": Das Substantiv wurde im 17. Jh. aus *lat.* momentum in dessen Bed. „bewegende Kraft, Ausschlag" entlehnt. *Lat.* momentum (< *movimentum) gehört zu dem *lat.* Verb movere „bewegen" (vgl. *mobil*) und bedeutet also eigentlich „Bewegung". Es wurde dann speziell im Sinne von „Übergewicht, das bei gleichschwebendem Waagebalken den Ausschlag in der Bewegung gibt" und „ausschlaggebender Augenblick" verwendet. In der Bed. „Augenblick, kurze Zeitspanne" lieferte das *lat.* Wort bereits *mhd.* mōmente „Augenblick", das dem Substantiv **[2]Moment** (Maskulinum) „Augenblick" zugrunde liegt. Den Genuswechsel von [2]Moment bestimmte das entsprechende *frz.* Substantiv (le) moment, von dem auch die Verwendung im Sinne von „Zeitpunkt" ausgeht. Abl.: **momentan** „augenblicklich, vorübergehend" (18. Jh.; aus gleichbed. *lat.* momentaneus).

mon..., Mon... ↑mono..., Mono...

Monarch: Die Bezeichnung für „gekrönter [Allein]herrscher" (z. B. König oder Kaiser) wurde im 16. Jh. aus *mlat.* monarcha entlehnt, das aus *griech.* mónarchos „Alleinherrscher" stammt. Dies ist eine Bildung aus *griech.* mónos „allein, einzig" (vgl. *mono..., Mono...*) und *griech.* árchein „der erste sein, herrschen" (vgl. *Archiv*). – Dazu: **Monarchie** „legitime Alleinherrschaft" (*mhd.* monarchie; aus *griech.-lat.* monarchía); **Monarchist** „Anhänger der Monarchie" (17. Jh.; aus *frz.* monarchiste).

Monat: Das *gemeingerm.* Wort *mhd.* mānōt, mānōt, *ahd.* mānōd, *got.* mēnōþs, *engl.* month, *schwed.* månad beruht mit den unter ↑*Mond* behandelten Wörtern auf *idg.* *mēnōt- „Mond; Mondwechsel, Monat". Das Wort hatte in den älteren Sprachzuständen auch die Bed. „Mond", beachte z. B. *ahd.* mānōdsioh „mondsüchtig". – In *germ.* Zeit war der Monat ein durch den Gestaltwandel des Mondes bestimmter Zeitraum, d. h. die Zeitspanne zwischen Vollmond und Vollmond. Der Monat diente zur zeitlichen Orientierung, aber nicht zur Jahrteilung. Die Gliederung des Jahres in Monate und die Rechnung nach Monaten übernahmen die Germanen von den Römern (vgl. die einzelnen Monatsnamen). Abl.: **monatlich** (*mhd.* mānetlich, *ahd.* mānōdlīh).

Mönch: Die *westgerm.* Bezeichnung für den Angehörigen eines geistlichen Ordens mit Klosterleben, *mhd.* mün[e]ch (beachte dazu den Namen der Stadt 'München', eigentlich „bei den Mönchen"), *mitteld.* mön[ni]ch, *ahd.* munih, *niederl.* monnik, *engl.* monk, beruht auf einer Entlehnung aus *vlat.* *monicus, einer Nebenform von *kirchenlat.* monachus „Mönch". Dies stammt aus *griech.* monachós „einzeln, allein lebend; Einsiedler, Mönch", das von *griech.* mónos „allein, vereinzelt" abgeleitet ist (vgl. *mono..., Mono...*).

Mond: Die *gemeingerm.* Bezeichnung des Himmelskörpers *mhd.* mān[e], *ahd.* māno, *got.* mēna, *engl.* moon, *schwed.* måne geht mit Entsprechungen in anderen *idg.* Sprachen auf *idg.* *mēnōt- „Mond; Mondwechsel, Monat" zurück. Vgl. z. B. *griech.* mēn „Monat; Mondsichel", mēnē „Mond", mēnískos „Möndchen" (↑Meniskus) und *lat.* mensis „Monat; Monatsfluß", menstruus „monatlich" (↑menstruieren), seme[n]stris „sechsmonatlich" (↑Semester). Das *idg.* Wort für „Mond" gehört wahrscheinlich zu der unter ↑[1]*Mal* dargestellten *idg.* Verbalwurzel *mē̆[d]- „wandern, abschreiten, abstecken, messen". Es bedeutet aber kaum, wie vielfach angenommen, eigentlich „Messender, Zeitmesser", sondern „Wanderer" (am Himmelszelt). – Auf *idg.* *mēnōt- „Mond; Mondwechsel, Monat" beruht auch das unter ↑*Monat* behandelte Wort. Die *nhd.* Form 'Mond' beruht auf *mhd.* mōnt, mānde, einer Vermischung von *mhd.* mōn[e], mān[e] „Mond" und *mhd.* mānōt, mōnōt „Monat". Die Form mān[e], mōn[e] ist bewahrt in der Zusammensetzung ↑Montag. – Das Wort 'Mond' wurde früher, gewöhnlich in dichterischer Sprache, auch im Sinne von „Monat" verwendet. Zus.: **Mondfinsternis** (16. Jh.); **Mondkalb** „mißgestaltetes Wesen, Mißgeburt", als Schimpfwort (16. Jh.; zunächst von der Mißgeburt einer Kuh; so benannt, weil man Mißgeburten dem schädlichen Einfluß des Mondes zuschrieb); **mondsüchtig** „an Schlafwandeln leidend" (15. Jh.; Lehnübertragung von *lat.* lunaticus).

mondän „nach Art der großen Welt; betont modern, von auffälliger Eleganz": Das erst seit dem Beginn des 20. Jh.s gebräuchliche Adjektiv ist aus gleichbed. *frz.* mondain (eigentlich

„weltlich" bezogen auf das Leben in den großen Salons) entlehnt. Dies geht auf *lat.* mundanus „zur Welt gehörig, weltlich" zurück, eine Bildung zu *lat.* mundus „Welt; Weltall".

Moneten: Die aus der Studentensprache in die Umgangssprache übergegangene Bezeichnung für „Geld", in *dt.* Texten seit dem 18. Jh. bezeugt, geht auf *lat.* moneta (*Plural* monetae) „Münze[n]" zurück (vgl. den Artikel *Münze*).

monieren „mahnen; bemängeln, rügen": Das seit dem 17. Jh. besonders in der Kaufmannssprache gebräuchliche Verb ist aus *lat.* monere „[er]mahnen" entlehnt. Dies ist u. a. verwandt mit *lat.* meminisse „sich erinnern, eingedenk sein" und *lat.* mens „Sinn; Verstand; Gesinnung usw." (↑Mentalität), außerdem urverwandt mit *dt.* ↑*mahnen.* – Eine Bildung zu *lat.* monere ist *lat.* monumentum „Mahnmal", aus dem unser Fremdwort ↑Monument übernommen ist. Gleichfalls zu *lat.* monere gehört das *lat.* Substantiv monstrum (< *monestrom) „Mahnzeichen; widernatürliche Erscheinung als Wahrzeichen der Götter; Ungeheuer" mit seinen Ableitungen (vgl. hierüber den Artikel *Monstrum*).

mono..., Mono..., (vor Vokalen:) mon..., Mon...: Das Bestimmungswort von Zusammensetzungen mit der Bed. „allein, einzeln, einmalig", wie in ↑monoton, ↑Monolog, ↑Monarch, ist aus dem *griech.* Adjektiv mónos „allein, einzeln, einzig" entlehnt, das auch Ausgangspunkt für die Lehnwörter ↑Mönch und ↑Münster ist.

Monogramm „künstlerisch ausgeführtes Namenszeichen, Verschlingung der Anfangsbuchstaben eines Namens": Das Fremdwort wurde im 17. Jh. aus *spätlat.* monogramma „ein Buchstabe, der mehrere in sich faßt; Monogramm" entlehnt, einer gelehrten Bildung zu *griech.* mónos „allein, einzig" (vgl. *mono..., Mono...*) und *griech.* grámma „Schriftzeichen, Buchstabe" (vgl. *Graphik*).

Monokel: Die Bezeichnung für „Einglas" wurde im 19. Jh. aus gleichbed. *frz.* monocle entlehnt, das auf *spätlat.* mon-oculus „einäugig" zurückgeht. Dies ist eine hybride Neubildung aus *griech.* mónos „allein, einzig" (vgl. *mono..., Mono...*) und *lat.* oculus „Auge" (vgl. *okulieren*).

Monolog: Das Fremdwort für „Selbstgespräch" wurde im 18. Jh. aus gleichbed. *frz.* monologue entlehnt, das nach dem Vorbild von 'dialogue' „Dialog" zu *griech.* mono-lógos „allein redend, mit sich selbst redend" gebildet ist (vgl. *mono..., Mono...* und den Artikel *Lexikon*).

Monopol: Der Ausdruck für „Vorrecht, alleiniger Anspruch; Recht auf Alleinhandel und Alleinverkauf" wurde Anfang des 16. Jh.s aus *lat.* monopolium entlehnt, das seinerseits aus *griech.* mono-pṓlion „Recht des Alleinhandels; Alleinverkauf" übernommen ist. Dies ist eine Bildung zu *griech.* mónos „allein, einzig" (vgl. *mono..., Mono...*) und *griech.* pōleīn „verkehren, Handel treiben; verkaufen". – Abl.: **monopolisieren** „ein Monopol aufbauen" (18. Jh.; nach *frz.* monopoliser).

monoton „eintönig; gleichförmig": Das Adjektiv wurde im 18. Jh. aus gleichbed. *frz.* monotone entlehnt, das über *spätlat.* monotonus auf *griech.* monotónos „eintönig" zurückgeht. Dies ist eine Bildung zu *griech.* mónos „allein, einzeln" (vgl. *mono..., Mono...*) und *griech.* teínein „spannen" (vgl. [2]*Ton*). – Dazu das Substantiv **Monotonie** „Eintönigkeit, Gleichförmigkeit" (18. Jh.; aus *frz.* monotonie).

Monster, Monster..., Monsterfilm ↑Monstrum.

Monstranz: Die Bezeichnung für das Gefäß zum Tragen und Zeigen der geweihten Hostie wurde im 14. Jh. als Wort der Kirchensprache aus gleichbed. *mlat.* monstrantia entlehnt. Dies gehört im Sinne von „die zeigenden [Gefäße]" zu *lat.* monstrare „zeigen" (vgl. *Monstrum*).

monströs ↑Monstrum.

Monstrum „Ungeheuer; großer, unförmiger Gegenstand; Ungeheuerliches, Riesiges; Mißbildung, Mißgeburt (Med.)": Das Fremdwort wurde im 16. Jh. aus gleichbed. *lat.* monstrum entlehnt, das mit einer Grundbedeutung „Mahnzeichen" zu *lat.* monere „mahnen" (vgl. *monieren*) gehört. – Ebenfalls auf *lat.* monstrum (über *afrz.* monstre) geht *engl.* monster zurück, aus dem unser Fremdwort **Monster** „Ungeheuer, furchterregendes Fabelwesen" entlehnt ist. Dazu: **Monster...** als Bestimmungswort von Zusammensetzungen mit der Bed. „Riesen..., riesig", wie in 'Monsterfilm' „Film, der mit einem Riesenaufwand an Menschen und Material hergestellt wurde"; **monströs** „ungeheuerlich; mißgestaltet" (17. Jh., älter: 'monstros'; aus *lat.* monstr[u]osus „ungeheuerlich; widernatürlich, scheußlich" bzw. *frz.* monstrueux). – Beachte noch das von *lat.* monstrum abgeleitete Verb *lat.* monstrare „zeigen, weisen, hinweisen, bezeichnen" in den Fremdwörtern ↑Monstranz, ↑demonstrieren, Demonstration, demonstrativ, ferner in unserem Lehnwort ↑Muster und dessen Ableitungen.

Monsun: Der Name des besonders im Bereich des Indischen Ozeans wehenden, jahreszeitlich wechselnden Windes wurde Anfang des 17. Jh.s aus gleichbed. *engl.* monsoon entlehnt. Dies geht über *mniederl.* monssoen auf *port.* monção (älter: moução) zurück. Das *port.* Wort stammt aus *arab.* mawsim „(für die Seefahrt geeignete) Jahreszeit".

Montag: Die *germ.* Bezeichnungen des zweiten Wochentages *mhd.* mōn-, māntac, *ahd.* mānetac, *niederl.* maandag, *engl.* Monday, *schwed.* måndag beruhen auf einer ins 4. Jh. zu datierenden Lehnübersetzung von *lat.* dies Lunae, das seinerseits Lehnübersetzung von *griech.* hēméra Selḗnēs ist. Die Wochenrechnung übernahmen die Germanen von den Römern im 4. Jh. (s. den Artikel *Dienstag*). – Der 'blaue Montag' „arbeitsfreier Montag" war ursprünglich wohl der Montag vor der vorösterlichen Fastenzeit und ist dann nach der an diesem Tage vorgeschriebenen liturgischen Farbe benannt. Später ging diese Bezeichnung auf den Montag über, an dem die Gesellen nach altem Handwerksbrauch freihatten. Da sich die Handwerksburschen an dem freien Montag zu bezechen pflegten, wurde 'blau' später im Sinne von „betrunken" aufgefaßt. Beachte dazu auch *ugs.* **blaumachen** „feiern, nicht arbeiten". Siehe auch den Artikel *Rosenmontag.*

Montage ↑montieren.

montan „Bergbau und Hüttenwesen betreffend", besonders in Zusammensetzungen wie **Montanindustrie** und **Montanunion:** Das Adjektiv ist eine junge gelehrte Entlehnung aus *lat.* montanus „Berge und Gebirge betreffend; bergisch", das von *lat.* mons (montis) „Berg; Gebirge" abgeleitet ist. – Eine andere wichtige Ableitung von *lat.* mons, das mit *lat.* minae „hochragende Mauerzinnen; (übertragen:) Drohungen" und *minere „ragen" verwandt ist (vgl. *eminent*), liegt in *vlat.* *montare „den Berg besteigen, aufwärts steigen" vor. Auf dies geht die Fremdwortgruppe um *montieren* zurück.

Monteur ↑montieren.

montieren „(eine Maschine, ein Gerüst u. a.) aufbauen, aufstellen, zusammenbauen usw.": Das schon in *mhd.* Zeit als 'muntieren' „einrichten, ausrüsten" bezeugte, im technischen Sinne aber erst in neuerer Zeit allgemein übliche Verb ist aus *frz.* monter „aufwärts steigen; hinaufbringen; anbringen, ausstatten, ausrüsten, aufstellen usw." entlehnt. Voraus liegt ein *vlat.* Verb *montare „den Berg besteigen, aufwärts steigen" (vgl. *montan*). – Abl.: **Montage** „Aufstellung, Aufbau, Zusammenbau von Maschinen u. a." (19. Jh.; aus gleichbed. *frz.* montage); **Monteur** „Montagefacharbeiter" (19. Jh.; aus gleichbed. *frz.* monteur); ferner die Gegenbildungen **demontieren** „abbauen, abbrechen" (18./19. Jh.) und **Demontage** „Abbau, Abbruch (insbesondere von Industrieanlagen)", 20. Jh. – Das gleichfalls hierhergehörende Substantiv **Montur,** das im 17. Jh. aus *frz.* monture „Ausrüstung" entlehnt wurde, galt zuerst zur Bezeichnung der Dienstkleidung und Dienstausrüstung des Soldaten. Heute ist es vor allem *ugs.* scherzhaft im Sinne von „[Arbeits]kleidung" gebräuchlich.

Monument: Die Bezeichnung für „großes Denkmal, Ehrenmal" wurde im 16. Jh. aus *lat.* monumentum „Erinnerungszeichen, Mahnmal, Denkmal" entlehnt, das zu *lat.* monere „mahnen, ermahnen" (vgl. *monieren*) gehört. – Abl.: **monumental** „denkmalartig; gewaltig, großartig" (19. Jh.).

Moor: Das im 17. Jh. aus dem *Niederd.* ins *Hochd.* übernommene Wort geht zurück auf *mnd., asächs.* mōr „Sumpf[land]", vgl. *ahd.* muor „Moor", *niederl.* moer „Moor", *engl.* moor „Moor, Heideland". Dieses *westgerm.* Substantiv gehört zu der Wortgruppe von ↑*Meer.* Abl.: **moorig** (18. Jh.).

Moos: *Mhd., ahd.* mos „Moos; Sumpf; Moor", *niederl.* mos „Moos", älter auch „Sumpf, Morast", *engl.* moss „Moos; Torfmoor; Morast", *schwed.* mossa „Moos", mosse „Moor" gehören mit verwandten Wörtern in anderen *idg.* Sprachen – vgl. z. B. *lat.* muscus „Moos" – zu der Wortgruppe von ↑*Moder.* Im Ablaut zu 'Moos' steht das Bestimmungswort von ↑Miesmuschel. – Das Nebeneinander der Bedeutungen des *altgerm.* Wortes erklärt sich daraus, daß feuchte Waldstellen und Sumpfböden häufig mit Moospflanzen bewachsen sind. Abl.: **moosig** (*mhd.* mosec „mit Moos bewachsen; sumpfig, morastig"); **bemoost** „mit Moos bewachsen; alt, ergraut" (18. Jh.).

Mop: Die Bezeichnung für „Staubbesen mit ölgetränkten Fransen" wurde im 20. Jh. aus gleichbed. *engl.* mop entlehnt. Dies geht wohl über *afrz.* mappe auf *lat.* mappa „Tuch" (vgl. *Mappe*) zurück. – Abl.: **moppen** „mit dem Mop reinigen" (aus *engl.* to mop).

Moped: Die Bezeichnung für „motorisiertes Fahrrad; Kleinkraftrad" ist ein aus *Mo*tor und *Ped*al gebildetes Kunstwort des 20. Jh.s.

Mops: Der seit dem Anfang des 18. Jh.s bezeugte Name der Hunderasse stammt aus *niederd.-niederl.* mops, das zu *niederd.* mopen „den Mund aufsperren oder verziehen", älter *niederl.* moppen „murren, mürrisch sein" gehört (vgl. *muffeln*). Die aus den Niederlanden stammende Hunderasse ist demnach nach ihrem mürrisch-verdrießlichen Gesichtsausdruck benannt. – Das Wort wurde dann auch auf Menschen mit einem verdrießlichen oder mit einem langweilig-dümmlichen Gesichtsausdruck übertragen. Abl.: **mopsen** *ugs.* für „stehlen", reflexiv „sich langweilen; sich ärgern" (19. Jh.); **mopsig** *ugs.* für „langweilig; dick" (19. Jh.).

Moral: Das seit dem 16. Jh., zuerst in der Bed. „sittliche Nutzanwendung; Sittlichkeit" bezeugte Substantiv geht auf *lat.* moralis (-ale) „die Sitten betreffend, sittlich" zurück. Die jüngere Bed. „Sittenlehre", die für 'Moral' seit dem 17. Jh. belegt ist, stammt von *frz.* morale. Diesem liegt der *lat.* Ausdruck 'philosophia moralis' zugrunde. – Stammwort ist *lat.* mos (moris) „Sitte, Brauch; Gewohnheit; Charakter", das wohl mit einer Grundbedeutung „Wille" (danach: „der zur Regel gewordene Wille") zu den unter ↑*Mut* entwickelten Wörtern der *idg.* Wurzel *mē-, mō-, mə- „heftigen, starken Willens sein; heftig begehren" gehört. – Dazu: **moralisch** „der Moral gemäß, sittlich" (16. Jh.); **Moralist** „Moralphilosoph, Sittenlehrer", auch abschätzig für: „moralisierender Mensch, Sittenrichter" (17. Jh.); **moralisieren** „sittliche Betrachtungen anstellen; den Sittenprediger spielen" (16. Jh.; aus gleichbed. *frz.* moraliser); **demoralisieren** „sittlich verderben; entmutigen, zersetzen" (19. Jh.; aus gleichbed. *frz.* démoraliser). – Aus dem *Plural* mores „Denkart, Charakter" von *lat.* mos stammt das in der Schulsprache des 15./16. Jh.s aufgekommene **Mores** „Sitte und Anstand", das besonders in umgangssprachlichen Wendungen wie 'jemanden Mores lehren' lebendig ist.

Moräne: Der seit dem Anfang des 19. Jh.s vorkommende Ausdruck für „Gletschergeröll, Gletscherschutt" ist aus gleichbed. *frz.* moraine entlehnt. Der Ursprung des französischen Wortes ist unklar.

Morast „sumpfige schwarze Erde, Sumpfland; Schlamm", zuweilen auch übertragen gebraucht im Sinne von „Sumpf, Schmutz (in sittlicher Hinsicht)": Das seit etwa 1600 – mit anorganischem t der Endung – bezeugte Wort, das vom *niederd.* Sprachraum ins *Hochdeutsche* gelangte (*mnd.* maras, moras, *mniederl.* marasch = *niederl.* moeras), ist aus *afrz.* maresc (= *frz.* marais) „Sumpf, Morast" entlehnt. Der Wechsel des Vokals in der Stammsilbe von ‘a’ zu ‘o’ zeigt dabei Einfluß des sinnverwandten *dt.* Wortes ‘Moor’. *Frz.* marais selbst ist *germ.* Ursprungs. Es geht auf ein *afränk.* *marisk zurück, das mit dem *dt.* Wort ↑*Marsch* „fruchtbare Küstenniederung" identisch ist. Abl.: **morastig** „sumpfig; schlammig" (*mnd.* morastich).

morbid „kränklich; angekränkelt, brüchig, morsch": Das Adjektiv wurde im 19. Jh. aus gleichbed. *frz.* morbide entlehnt, das auf *lat.* morbidus „krank, siech" zurückgeht. Stammwort ist *lat.* morbus „Krankheit", das zu der unter ↑*mürbe* dargestellten *idg.* Wortgruppe gehört.

Morchel: Der Name des zu der Gattung der Schlauchpilze gehörigen Speisepilzes geht zurück auf *mhd.* morchel, das identisch ist mit *mhd.* morchel, *spätahd.* morhala, -ila „Möhre, Waldrübe", einer Weiterbildung zu dem unter ↑*Möhre* behandelten Wort. Siehe auch den Artikel *Lorchel.*

Mord: Das *altgerm.* Wort für „absichtliche, heimliche Tötung" *mhd.* mort, *ahd.* mord, *niederl.* moord, *aengl.* morđ, *schwed.* mord ist eine alte Bildung zu der *idg.* Verbalwurzel *mer[ə]- „sterben" (eigentlich „aufgerieben werden", vgl. *mürbe*). Es bedeutete ursprünglich und gelegentlich noch in den alten *germ.* Sprachzuständen „Tod". – *Außergerm.* sind z. B. verwandt *aind.* mr̥tá-m „Tod" und *lat.* mori „sterben", mors, -tis „Tod", mortuus „tot". – In Zusammensetzungen wird ‘Mord’ häufig verstärkend verwendet, beachte z. B. ‘Mordshunger, Mordskrach, Mordsspaß, mordsmäßig’. Abl.: **morden** (*mhd.* morden, *ahd.* murdan „absichtlich töten"), beachte die Präfixbildung **ermorden; Mörder** (*mhd.* mordære „wer einen Mord begeht; Verbrecher, Missetäter"), dazu **mörderisch** „grausam, fürchterlich" (15. Jh., für *mhd.* mordisch) und **Mördergrube** (↑Grube); **mordio!** veraltet für „Mord!, zu Hilfe!", nur noch in der Verbindung ‘Zeter und Mordio schreien’ „laut schreien" (15. Jh., neben mordigō, *mhd.* mordajō; Notruf, wie z. B. auch ↑feurio! (s. unter ‘Feuer’) entstanden durch Anhängung einer Interjektion an das Substantiv). Siehe auch den Artikel *Moritat.*

Mores ↑Moral.

[1]**Morgen:** Das *gemeingerm.* Wort *mhd.* morgen, *ahd.* morgan, *got.* maúrgins, *engl.* morning, *schwed.* morgon gehört wahrscheinlich zu der *idg.* Verbalwurzel *mer- „flimmern, schimmern, dämmern" und bedeutet demnach eigentlich „Schimmer, Dämmerung". Verwandt sind in anderen *idg.* Sprachen z. B. *aind.* márīci-ḥ „Lichtstrahl; Luftspiegelung" und *russ.* morok „Finsternis; Nebel". – Seit dem 15. Jh. wird das Wort auch im Sinne von „Osten" verwendet, beachte dazu **Morgenland** „Land im Osten, Orient" (16. Jh., zuerst in Luthers Bibelübersetzung für *griech.* anatolḗ). Das Adverb **morgen** (*mhd.* morgene, *ahd.* morgane) ist der adverbiell erstarrte Dativ Singular und bedeutete zunächst „am Morgen", dann „am Morgen des folgenden Tages, am folgenden Tage". Davon abgeleitet ist das Adjektiv **morgig** (15. Jh., aus *mhd.* morgenic gekürzt). Das Adverb **morgens** (*mhd.* morgen[e]s) ist der adverbiell erstarrte Genitiv Singular. – Abl.: **morgendlich** (*mhd.* morgenlich, *ahd.* morganlīh; mit sekundärem d wie z. B. in ‘irgend’). Zus.: **Morgenrot** (*mhd.* morgenrōt, *spätahd.* morganrōt, nach *ahd.* tagarōt „Tagesanbruch"), daneben **Morgenröte** (*mhd.* morgenrœte); **Morgenstern** (*mhd.* morgenstern[e]; seit dem 16. Jh. auch als Bezeichnung für eine keulenartige, strahlenförmig mit Nägeln besetzte Schlagwaffe bezeugt).

[2]**Morgen:** Die seit *ahd.* Zeit bezeugte Bezeichnung des Ackermaßes (*mhd.* morgen, *ahd.* morgan) ist identisch mit dem unter ↑[1]*Morgen* behandelten Wort und bedeutete ursprünglich „so viel Land, wie ein Mann mit einem Gespann an einem Morgen pflügen kann".

Moritat: Die seit dem 19. Jh. übliche Bezeichnung für die vom ↑Bänkelsänger zur Drehorgelmusik vorgetragenen und durch Bilder illustrierten Schauergeschichten mit moralisierendem Schluß ist wohl durch zerdehnendes Singen des Wortes ‘Mordtat’ (etwa: Mo-red-tat) entstanden.

Morpheus: Der Name des altgriechischen Gottes der Träume (*griech.* Morpheús > *lat.* Morpheus) erscheint in *dt.* Texten seit dem 17. Jh. Besonders bekannt ist die Wendung ‘in Morpheus’ Armen’ „im Land seliger Träume, im süßen Schlaf". Eine *nlat.* Bildung zu *griech.* Morpheús liegt vor in **Morphium** (19. Jh.), der allgemeinsprachlichen Bezeichnung des ‘Morphins’ (Hauptalkaloid des Opiums), das nach seiner einschläfernden und schmerzstillenden Wirkung benannt ist. – Dazu: **Morphinismus** „Morphiumsucht" und **Morphinist** „Morphiumsüchtiger" (beide 19. Jh.).

Morphologie „Wissenschaft, Lehre von den Gestalten, von den Formen", dann auch „Lehre von der formalen Veränderung der Wörter, Formenlehre (in der Grammatik)": Der Terminus wurde 1822 von Goethe zu *griech.* morphḗ „Gestalt, Form" geprägt. Zum 2. Bestandteil vgl. den Artikel *...loge.*

morsch „brüchig, zerfallend, faulig": Das seit dem 16. Jh. in *ostmitteld.* Lautung bezeugte Adjektiv gehört mit dem älteren ‘mursch’ (15. Jh.) und mit *niederd.* murs zu der Wortgruppe von ↑*mürbe* (beachte das Verb *mhd.* zer-mürsen „zermalmen, zerquetschen").

morsen „mit dem Morseapparat Zeichen geben, eine Nachricht übermitteln": Das Verb ist von dem Namen des amerikanischen Erfinders Samuel Morse (1791–1872) abgeleitet. Beachte auch die Zusammensetzungen **Morsealphabet** und **Morseapparat.**

Mörser „schalenförmiges Gefäß zum Zerkleinern und Zerstoßen harter Stoffe", auch (wohl von der Form her übertragen) gebraucht zur Bezeichnung eines großkalibrigen Geschützes: Die *nhd.* Form des Substantivs geht über *mhd.*

morsære, mörser auf *ahd.* morsāri, (älter:) mortāri zurück. Dies ist aus *lat.* mortarium „Mörser (als Gefäß)" entlehnt, das auch die Quelle unseres Lehnwortes ↑Mörtel ist. – *Lat.* mortarium gehört vermutlich zu der unter ↑*mürbe* dargestellten Wortsippe der *idg.* Wurzel *[s]mer[ə]- „[zer]malmen, [zer]reiben".

Mörtel: Die Bezeichnung des aus Sand, Wasser und Kalk oder Zement hergestellten Bindemittels für Bausteine (*mhd.* morter, mortel) ist aus *lat.* mortarium „Mörtelpfanne; Mörtel" entlehnt, das mit seiner eigentlichen Bed. „Mörser (als Gefäß)" unserem Lehnwort ↑*Mörser* zugrunde liegt.

Mosaik „Einlegearbeit aus verschiedenfarbigen Steinchen oder Glassplittern", auch übertragen gebraucht im Sinne von „bunte Vielfalt": Das Fremdwort wurde im 18. Jh. aus gleichbed. *frz.* mosaïque entlehnt, das seinerseits aus *it.* mosaico stammt. Dies geht auf *mlat.* musaicum zurück, das mit Suffixwechsel aus *lat.* musivum (opus) „Einlegearbeit in Mosaik" umgestaltet ist. Letzte Quelle des Wortes ist *griech.* moũsa „Muse; Kunst, künstlerische Beschäftigung" (vgl. *Muse*) bzw. das davon abgeleitete Adjektiv *griech.* moũseios „den Musen geweiht; künstlerisch".

Moschee: Die Bezeichnung für das islamische Gotteshaus wurde im 16. Jh. aus *frz.* mosquée entlehnt, das seinerseits aus *it.* moschea (moscheta) übernommen ist. Dies geht über *span.* mezquita auf *arab.* masğid „Haus, wo man sich (zum Gebet) niederwirft; Gebetshaus" zurück.

Moschus: Die in *dt.* Texten seit dem 17. Jh. bezeugte Bezeichnung für das als Parfümduftstoff verwendete Drüsensekret aus dem Beutel einiger männlicher Säugetiere (insbesondere des Moschustieres und der Bisamratte) ist aus gleichbed. *spätlat.* muscus entlehnt, das seinerseits aus *griech.* móschos übernommen ist. Neben 'Moschus', das in der Lautung an das *griech.* Vorbild wieder angeglichen ist, findet sich anfangs auch die eingedeutschte Form 'Musch'. Letzte Quelle des Wortes ist *aind.* muṣká-ḥ „Hode[nsack]" (eine Bildung zu *aind.* mū̃ṣ „Maus"; vgl. das urverwandte *Maus*), das dem *Griech.* durch *pers.* mušk „Bibergeil, Moschus" vermittelt wurde. – Eine Ableitung von *spätlat.* muscus, nämlich *mlat.* muscatus „nach Moschus duftend", erscheint in ↑Muskat und Muskateller.

Möse: Die Herkunft des gossensprachlichen Ausdrucks für das weibliche Geschlechtsteil ist unklar.

mosern: Die Herkunft des *ugs.* Ausdrucks für „ständig etwas zu beanstanden haben, nörgeln" ist unklar.

Moskito: Die Bezeichnung für „Stechmücke" wurde im 16. Jh. aus gleichbed. *span.* mosquito entlehnt, einer Ableitung von *span.* mosca „Fliege". Dies geht wie entsprechend *it.* mosca (↑Muskete) und *frz.* mouche auf *lat.* musca „Fliege" zurück, das mit *dt.* > *Mücke* verwandt ist.

Most „unvergorener Frucht-, besonders Traubensaft", daneben in Süddeutschland und in der Schweiz auch für „Obstwein": Das *westgerm.* Substantiv (*mhd., ahd.* most „frisch gekelterter Traubensaft; Obstwein", *niederl.* most, *engl.* must) gehört zu einer Reihe von *lat.-roman.* Lehnwörtern auf dem Gebiet des Weinbaues (vgl. zum Kulturgeschichtlichen den Artikel *Wein*), die früh ins *Germ.* gelangten. Quelle des Wortes ist *lat.* (vinum) mustum „junger Wein; Most" (zu *lat.* mustus „jung, frisch, neu"). Gleicher Herkunft sind z. B. auch entsprechend *it.* mosto und *frz.* moût „Most". – Eine *roman.* Ableitung von *lat.* mustum „Most" begegnet uns in den *roman.* Wörtern für den aus zerriebenen Senfkörnern und prickelndem Most (später Weinessig) hergestellten „Senf", *it.* mostarda, *span.* mostaza und *frz.* moutarde (*afrz.* mostarde). Letzteres (*afrz.* mostarde) lieferte die im Deutschen *landsch.* gebräuchlichen Bezeichnungen für „Senf", *nordwestd.* **Mostert** und *nordostd.* **Mostrich** (schon *mhd.* mostert, musthart).

Motette: Die Bezeichnung für „mehrstimmiger, auf einem Bibelspruch aufbauender Kirchengesang (ohne Instrumentalbegleitung)" wurde im 16. Jh. aus gleichbed. *it.* mot[t]etto entlehnt, das wie entsprechend *frz.* motet auf *mlat.* motetum „Kirchengesang" zurückgeht (zu *vlat.* muttum; vgl. *Motto*).

Motiv: „Beweggrund, Antrieb; Leitgedanke; Gegenstand einer künstlerischen Darstellung; Thema, Bild als Bestandteil eines künstlerischen, literarischen Werkes; kleinste Einheit eines musikalischen Themas": Das seit dem 16. Jh. bezeugte Substantiv ist aus *mlat.* motivum „Beweggrund, Antrieb", dem substantivierten Neutrum des *spätlat.-mlat.* Adjektivs motivus „bewegend, antreibend, anreizend" entlehnt (vgl. hierüber *mobil*). Die im 18. Jh. aufkommende Verwendung von 'Motiv' in der Kunst im Sinne „Gegenstand einer künstlerischen Darstellung usw." erfolgte unter dem Einfluß von entsprechend *frz.* motif. – Abl.: **motivieren** „begründen; zu etwas bewegen, anregen, Antrieb geben" (18. Jh.; aus *frz.* motiver; die in der 2. Hälfte des 20. Jh.s aufkommende Verwendung im Sinne von „zu etwas bewegen, anregen" erfolgte unter dem Einfluß von *engl.* to motivate), beachte dazu **Motivation** (20. Jh.).

Motor: Die Bezeichnung für „Kraftmaschine" ist eine gelehrte Entlehnung des 19. Jh.s aus *lat.* motor „Beweger". Dies gehört zu *lat.* movere (motum) „bewegen; antreiben" (vgl. *mobil*). – Abl.: **...motorig** (20. Jh.), als Grundwort von Zusammensetzungen wie 'ein-, zweimotorig'; **motorisieren** „mit einem Kraftfahrzeug ausstatten" (20. Jh.).

Motte: Der seit dem 15. Jh. bezeugte Insektenname stammt aus *mnd.* motte, mutte, das mit *niederl.* mot, *engl.* moth, *schwed.* mott verwandt ist. Die Herkunft dieses *altgerm.* Insektennamens ist dunkel. Abl.: **einmotten** „mit einem Mottengift versehen; für eine längere Zeit verwahren" (20. Jh.), **entmotten** „von Mottenvertilgungsmitteln befreien; nach einer längeren Zeit wieder hervorholen" (20. Jh.).

Motto: Das Fremdwort für „Wahl-, Leitspruch" wurde im 18. Jh. aus *it.* motto „Witzwort; Wahlspruch" entlehnt, das wie entsprechend *frz.* mot „Wort" (↑Bonmot) auf *vlat.* muttum „Muckser; Wort" zurückgeht. Dies gehört zu einer Reihe von schallnachahmenden Wörtern wie *lat.* muttire „mucken, mucksen, halblaut oder kleinlaut reden", *lat.* mutus „stumm", die elementarverwandt sind mit der unter ↑*Maul* dargestellten Wortgruppe. Vgl. auch den Artikel *Motette.*

motzen: Der im 20. Jh. aus den Mundarten in die Umgangssprache übernommene Ausdruck für „unzufrieden und mißgelaunt sein, nörgeln" ist eine Nebenform von 'mucksen' (vgl. *Mucker*). Um 'motzen' gruppieren sich **anmotzen** „jemanden motzend ansprechen", **aufmotzen** „motzend aufbegehren" und **herummotzen,** ferner **motzig** und **Motz[er].** – Nicht verwandt ist *ugs.* **aufmotzen** „effektvoller gestalten, augenfällig gestalten" (*spätmhd.* ūfmutzen „herausputzen", zu: mutzen „schmücken").

Möwe: Die Herkunft des *germ.* Vogelnamens (*mnd.* mēwe, *niederl.* meeuw, *aengl.* mǣw, *aisl.* mār) ist nicht sicher geklärt. Vermutlich handelt es sich um eine den eigentümlichen Schrei dieses Vogels nachahmende Bildung (beachte besonders *fries.* meau, mieu). Der aus dem *Niederd.* übernommene Vogelname wurde bis ins 18. Jh. hinein 'Mewe' geschrieben.

Mücke: Die *germ.* Bezeichnungen *mhd.* mücke, *ahd.* mucka, *niederl.* mug, *engl.* midge, *schwed.* mygg beruhen mit verwandten Bildungen in anderen *idg.* Sprachen auf einem den leisen Summton der Mücken und Fliegen nachahmenden *mu- (vgl. z. B. *griech.* myĩa „Fliege", *lat.* musca „Fliege" und *russ.* mucha „Fliege, moška „kleine Fliege, Mücke"). Die umlautlose Form 'Mucke' (*mhd.* mucke) ist heute noch im *Oberd.* gebräuchlich. *Ugs.* wird diese Form – im allgemeinen im Plural 'Mucken' – im Sinne von „Laune" verwendet (zuerst im 16. Jh.; vgl. den Artikel *Grille*).

Muckefuck: Der seit dem Ende des 19. Jh.s, zuerst im *rhein.-westfäl.* Raum bezeugte *ugs.* Ausdruck für „dünner Kaffee" ist kaum, wie früher angenommen, aus *frz.* mocca faux „falscher Mokka" eingedeutscht, sondern aus *rhein.* Mucken „braune Stauberde, verwestes Holz" und *rhein.* fuck „faul" gebildet.

mucken: Der *ugs.* Ausdruck für „einen dumpfen Laut von sich geben, leise murren, aufbegehren" ist lautnachahmenden Ursprungs und ist [elementar]verwandt mit den unter ↑*muhen* und ↑*muffeln* behandelten Wörtern (vgl. *Maul*). Dazu gehört **Mucker** „heuchlerischer Frömmler, Duckmäuser", das seit dem Anfang des 18. Jh.s bezeugt ist, und zwar zunächst als Spitzname der Pietisten. – Älter bezeugt als 'mukken' (*frühnhd., mnd.* mucken, *niederl.* mokken) ist die Weiterbildung **mucksen** *ugs.* für „einen Laut von sich geben, leise murren, aufbegehren, sich rühren" (*mhd.* muchzen, *ahd.* [ir]muccazzan). Beachte auch **muckisch** *landsch.* für „verdrießlich", **muckschen** *landsch.* für „verärgert, mürrisch sein". Abl.: **Mucks,** daneben auch **Muckser** *ugs.* für „leiser, halb unterdrückter Laut" (17. Jh.).

müde: Das *altgerm.* Adjektiv *mhd.* müede, *ahd.* muodi, *niederl.* moede, *aengl.* mēđe, *aisl.* mōđr ist eine Bildung zu dem unter ↑*mühen* behandelten Verb und bedeutet eigentlich „sich gemüht habend". Abl.: **ermüden** (*mhd.* ermüeden, Präfixbildung zu müden, *ahd.* muoden „müde machen; müde werden"); **Müdigkeit** (*mhd.* müdecheit).

[1]Muff (*landsch.* für:) „dumpfer, modriger Geruch, Kellerfeuchtigkeit": Die Herkunft des erst seit dem 17. Jh. bezeugten Wortes ist unklar. Beachte dazu **[1]muffen** *landsch.* für „dumpf riechen" (17. Jh.), **müffeln** *landschaftl.* für „dumpf riechen" (*spätmhd.* müffeln), **[1]muffig, müffig** *landsch.* für „dumpf, modrig, faul" (17. Jh.). Siehe auch den Artikel *Mief.*

[2]Muff: Die Bezeichnung für „Handwärmer aus Pelz" wurde im 16. Jh. durch *niederl.-niederd.* Vermittlung aus *frz.* moufle „Pelzhandschuh" entlehnt, das aus gleichbed. *mlat.* muffula stammt. Die weitere Herkunft des Wortes ist unsicher. – Nach der äußeren Ähnlichkeit mit einem 'Muff' nennt man heute in der Fachsprache der Technik ein „Röhrenverbindungs- oder Ansatzstück" **Muffe** (Ende 18. Jh.).

muffeln: Der *ugs.* Ausdruck für „murren, mürrisch, verdrießlich sein" ist lautnachahmenden Ursprungs und ist [elementar]verwandt mit den unter ↑*muhen* und ↑*mucken* behandelten Wörtern (vgl. *Maul*). Neben dem weitergebildeten 'muffeln' findet sich *landsch.* auch noch **[2]muffen** „murren, verdrießlich sein" (*mhd.* muffen, mupfen „den Mund verziehen", muff, mupf „Verziehen des Mundes, Hängemaul"; s. den Artikel *Mops*). Beachte dazu die Bildungen **muff[e]lig** und **[2]muffig** *ugs.* für „mürrisch, verdrießlich" sowie **Muffel** *ugs.* für „verdrießlicher Mensch", beachte dazu Bildungen wie 'Morgen-, Krawatten-, Sexmuffel'. Neben 'muffig' ist *landsch.* auch die Form 'müpfig' gebräuchlich, zu der **aufmüpfig** „aufsässig, widersetzlich" gehört.

muhen „muh machen, wie eine Kuh brüllen": Das seit dem 15. Jh. bezeugte Verb ist lautnachahmenden Ursprungs und ist elementarverwandt z. B. mit *griech.* mȳkáomai „ich brülle" und *russ.* myčat' „brüllen".

mühen: Das *altgerm.* Verb *mhd.* müe[je]n, *ahd.* muoen, *got.* *mōjan (in afmauiþs „ermüdet"), *niederl.* moeien geht mit verwandten Wörtern in anderen *idg.* Sprachen auf die Wurzel *mō- „sich anstrengen, sich mühen" zurück, vgl. z. B. *russ.* majat' „ermüden, plagen" und *lat.* moliri „sich abmühen, mit Anstrengung wegschaffen" (↑demolieren), moles „Anstrengung, Mühe; Wucht; Masse" (↑Mole und ↑Molekül). – Um das Verb gruppieren sich die Bildungen ↑müde und **Mühe** (*mhd.* müe[je], *ahd.* muohī), **Mühsal** „Anstrengung, Plage" (*mhd.* müesal, wohl erst aus dem Adjektiv müesalic „mühselig" rückgebildet), **mühsam** „anstrengend; beschwerlich, schwierig" (16. Jh.), **mühselig** „anstrengend, beschwerlich" (*mhd.* müesalic, *spätahd.* muosalig), dazu **Mühseligkeit** (16. Jh.); beachte auch die Präfixbildung **bemühen** [sich] „in Anspruch nehmen; sich Mühe geben, sich anstrengen" (*mhd.* bemüejen). Siehe auch den Artikel *Mut.*

Mühle: Das in alter Zeit aus *spätlat.* molina entlehnte Wort (*mhd.* mül[e], *ahd.* mulin, mulī, *niederl.* molen, *engl.* mill, *dän.* mølle) bezeichnete zunächst die durch Wasserkraft betriebene Mühle, die die Germanen durch die Römer kennenlernten. Das entlehnte Wort verdrängte im *Dt.* die alte *gemeingerm.* Bezeichnung für die mit der Hand betriebene Mühle (*mhd.* kürn, *ahd.* quirn[a] „Mühlstein, Mühle"). Als Grund- und Bestimmungswort steckt 'Mühle' in zahlreichen Zusammensetzungen, beachte z. B. 'Mühlrad, Mühlstein, Dampfmühle, Sägemühle, Windmühle, Tretmühle' und 'Zwickmühle' (s. d.). Seit dem 17. Jh. ist 'Mühle' auch als Name eines Brettspiels gebräuchlich. – *Spätlat.* molina „[Wasser]mühle" gehört zu der unter ↑*mahlen* behandelten Wortgruppe.

Muhme: Das heute veraltete, bisweilen noch scherzhaft als vertrauliche Anrede gebräuchliche Wort (*mhd.* muome, *ahd.* muoma) bedeutete zunächst „Schwester der Mutter", dann „Tante" und bereits in *mhd.* Zeit ganz allgemein „weibliche Verwandte" (Cousine, Nichte). Es beruht auf einem Lallwort der Kindersprache (s. auch die Artikel *Mama, Memme* und *Mutter*).

Mühsal, mühsam, mühselig, Mühseligkeit ↑mühen.

Mulatte: Die Bezeichnung für „Mischling zwischen Schwarzen und Weißen" wurde im 16./17. Jh. aus *span.* mulato entlehnt, das von *span.* mulo (< *lat.* mulus) „Maultier" abgeleitet ist (vgl. *Maulesel*). Die Benennung ist also ursprünglich ein (abwertender) Vergleich des Mulatten mit dem „Bastard" Maulesel.

Mulde: *Mhd.* mulde „längliches, halbrundes Gefäß, Mehl-, Backtrog" ist wahrscheinlich umgebildet aus gleichbed. *mhd.* mu[o]lter, das auf *ahd.* muolt[e]ra, mulhtra beruht. Das *ahd.* Wort ist entlehnt aus *lat.* mulctra „Melkkübel", einer Bildung zum Verb mulgere „melken" (vgl. *melken*). Die Verwendung des *ahd.* Wortes im Sinne von „Mulde, Trog" erklärt sich daraus, daß die früher üblichen Melkgefäße eine längliche, muldenähnliche Gestalt hatten. Im *Nhd.* wird 'Mulde' auch übertragen im Sinne von „muldenförmige Vertiefung (im Erdreich, Stein, Flöz), Talsenkung" gebraucht. – Der *mhd.* Form mulde entspricht *mnd.* molde, molle, worauf *berlin.* **Molle** „Bierglas, Glas Bier" beruht.

Muli: Die besonders in Österreich und in der Schweiz gebräuchliche Bezeichnung für „Maulesel" gehört zu dem unter ↑*Maulesel* behandelten *lat.* mulus „Maultier".

¹Mull: Die Bezeichnung für „feinfädiges, weitmaschiges Baumwollgewebe" wurde im 18. Jh. aus dem *Engl.* übernommen. *Engl.* mull ist aus mulmull gekürzt, das seinerseits aus *Hindi* malmal „feiner Musselin" (< gleichbed. *pers.* malmal, eigentlich wohl „sehr weich") entlehnt ist.

Müll: Das heute gemeinsprachliche Wort für „Abfall, Kehricht", das früher nur in Nord- und Mitteldeutschland Geltung hatte, gehört im Sinne von „Zerriebenes, Zerbröckeltes" zu der Wortgruppe von ↑*mahlen. Mnd.* mül „lokkere Erde; Staub; Schutt; Kehricht", daneben die Kollektivbildung gemül, *mhd.* gemülle, *ahd.* gimulli „Staub; Schutt; Kehricht", *niederl.* mul „feine Erde", *aengl.* myll „Staub" stellen sich zu dem im Ablaut zu 'mahlen' stehenden Verb *mhd.* müllen, *ahd.* mullen „zerreiben, zermalmen" usw. – Die umlautlose Nebenform **²Mull** ist in der Zusammensetzung **Torfmull** „Streutorf", eigentlich „Torferde" (19. Jh.) bewahrt. – Junge Zusammensetzungen (20. Jh.) mit 'Müll' sind 'Müllabfuhr, Mülldeponie, Mülleimer, Müllschlucker'. Beachte auch Zusammensetzungen wie 'Sonder-, Sperrmüll'.

Müller: Das Wort geht zurück auf *mhd.* müller, das sich aus älterem mülner, mülnære, *ahd.* mulināri entwickelt hat. *Ahd.* mulināri ist entlehnt aus *spätlat.* molinarius „Müller", das zu der Wortgruppe von ↑*mahlen* gehört (s. den Artikel *Mühle*).

mulmig: Der *ugs.* Ausdruck für „bedenklich, gefährlich; unwohl, übel", der sich von Berlin ausgehend seit dem Anfang des 20. Jh.s ausgebreitet hat, bedeutet eigentlich – wie die ältere Adjektivbildung 'mulmicht' (19. Jh.) – „faul, verwittert". Das Adjektiv ist abgeleitet von **Mulm** „verfaulendes Holz, zerfallende Erde" (17. Jh.; gleichbed. *niederd.* molm), das im Ablaut zu *mhd., ahd.* melm und *mhd.* malm „Staub, Sand" (vgl. *malmen*) steht und zu der Wortgruppe von ↑*mahlen* gehört.

mulsch ↑mollig.

multi..., Multi...: Das Bestimmungswort von Zusammensetzungen mit der Bed. „viel", wie in 'Multimillionär', ist entlehnt aus dem *lat.* Adjektiv multus (-a, -um) „viel; groß, stark".

multiplizieren „vervielfachen, malnehmen": Das seit dem 15. Jh. bezeugte Fremdwort ist aus gleichbed. *lat.* multiplicare entlehnt, das von *lat.* multiplex „vielfältig, vielfach" abgeleitet ist. Dessen Bestimmungswort ist *lat.* multus (-a, -um) „viel, groß, stark" (vgl. *multi..., Multi...*). Über den zweiten Wortbestandteil vgl. den Artikel *Duplikat.* – Abl.: **Multiplikation** „Vervielfachung, Malnehmen" (15. Jh.; aus *lat.* multiplicatio).

Mumie: Die Bezeichnung für „einbalsamierter Leichnam" wurde im 16. Jh. durch Vermittlung von *it.* mummia aus gleichbed. *arab.* mūmiyaʰ entlehnt. Dies gehört zu *pers.* mūm „Wachs" (die Perser und Babylonier pflegten ihre Toten mit Wachs zu überziehen). – Dazu stellt sich **mumifizieren** „zur Mumie machen, einbalsamieren" (19. Jh.; Grundwort ist *lat.* facere „machen", vgl. *Fazit*).

Mumm: Der seit dem Ende des 19. Jh.s bezeugte *ugs.* Ausdruck für „Mut, Tatkraft, Entschlossenheit" ist wahrscheinlich eine studentensprachliche Kürzung aus *lat.* animum in der Wendung 'keinen animum haben'. Über *lat.* animus „Seele; Geist; Sinn, Verlangen; Mut" vgl. *animieren.*

mümmeln „mit kleinen, schnellen Bewegungen Nahrung zerkleinern, fressen (vom Hasen);

[mit schnellen Bewegungen] kauen, essen": Das Verb, das durch die Hasengeschichte „Mümmelmann" von Hermann Löns verbreitet wurde, ist wie die mundartliche Nebenform 'mummeln' lautnachahmenden Ursprungs.

mummen veraltet für: „einhüllen (in eine Maske)": Das seit dem 16. Jahrhundert bezeugte Verb, an dessen Stelle heute die Bildungen **einmummen** und **vermummen** gebräuchlich sind, ist von dem heute veralteten Substantiv 'Mumme' „Maske, verkleidete Gestalt" abgeleitet. Dieses Substantiv ist wohl ein Lallwort der Kindersprache, wie z. B. auch im *roman.* Sprachbereich *span., port.* momo „Fratze, Maske", beachte auch *afrz.* momer „sich vermummen", momon „Vermummung". Das Substantiv steckt auch als Bestimmungswort in 'Mummenschanz' und in 'Mumpitz'. – Die seit dem 16. Jh. bezeugte Zusammensetzung **Mummenschanz** „Lustbarkeit vermummter Gestalten, Maskenfest" bezeichnete zunächst ein Glücksspiel mit Würfeln, das vorwiegend von vermummten Personen zur Fastnachtszeit gespielt wurde, und ging dann erst auf das närrische Treiben vermummter Personen über. (Zum Grundwort s. den Artikel [2]*Schanze.*) – Der seit der zweiten Hälfte des 19. Jh.s gebräuchliche Ausdruck **Mumpitz** *ugs.* für „Unsinn, Schwindel" stammt aus dem Berliner Börsenjargon. Wie älteres 'Mummelputz' „Vogelscheuche" (17. Jh.) und *hess.* Mombotz „Schreckgestalt" bedeutet auch das Wort 'Mumpitz' eigentlich „[vermummte] Schreckgestalt, Schreckgespenst" (vgl. *putzig*). Im Börsenjargon bezeichnete es zunächst ein erschreckendes oder schwindelhaftes Gerede.

Mumps: Der seit dem Anfang des 19. Jh.s bezeugte Name für die meist harmlos verlaufende ansteckende Entzündung der Ohrspeicheldrüse – dafür im Volksmund Bezeichnungen wie 'Bauernwetzel' und ↑Ziegenpeter (s. unter *Ziege*) – ist aus dem *Engl.* entlehnt. Das *engl.* Substantiv mumps ist wohl verwandt mit dem ursprünglich lautmalenden Verb to mump „stumm und verdrießlich sein, einen niedergeschlagenen Eindruck machen" (älter: „brummeln") und bezeichnet dann eigentlich die mit dieser Krankheit verbundene verdrießliche Stimmung.

Mund: Das *gemeingerm.* Wort *mhd.* munt, *ahd.* mund, *got.* munþs, *engl.* mouth, *schwed.* mun ist doppeldeutig. Es kann einerseits mit *lat.* mentum „Kinn" und *kymr.* mant „Kinnlade, Mund" verwandt sein und würde dann ursprünglich „Kinn[lade]" bedeutet haben, andererseits kann es im Sinne von „Kauer" zu der *idg.* Wurzel *menth- „kauen" gehören (vgl. z. B. *lat.* mandere „kauen"). – Das Wort wurde früher auch übertragen im Sinne von „Mündung, Öffnung, Loch" gebraucht. Abl.: **munden** „gut schmecken" (16. Jh.); **münden** „sich ergießen, hineinfließen; hinführen, enden" (Anfang des 19. Jh.s, später bezeugt als das Substantiv 'Mündung'), **mündlich** „gesprächsweise, nicht schriftlich" (16. Jh.); **Mündung** „Stelle, an der etwas (ein Fluß, eine Straße) mündet; vorderes Ende des Laufs oder Rohrs einer Feuerwaffe" (18. Jh.), beachte dazu Zusammensetzungen wie 'Mündungsgebiet, Mündungsschoner, Mündungsfeuer'. Zus.: **Mundart** „regional gebundene ursprüngliche Sprachform innerhalb einer Sprachgemeinschaft" (17. Jh., als Ersatzwort für 'Dialekt'), dazu **mundartlich** (19. Jh.); **mundfaul** „nicht bereit, zu bequem zu reden" (Anfang des 19. Jh.s); **Mundharmonika** (1. Hälfte des 19. Jh.s); **Mundraub** (18. Jh.); **Mundschenk** historische Bezeichnung für den „Hofbeamten, der für die Getränke verantwortlich war" (17. Jh.; vgl. *schenken*); **Mundwerk** „Redefreudigkeit" (16. Jh., in der Bed. „Rede[gabe]").

Mündel „minderjährige oder entmündigte volljährige Person, die unter Vormundschaft steht": Das seit dem 16. Jh. bezeugte Rechtswort ist von dem unter ↑*Vormund* behandelten Substantiv älter *nhd.* Mund „Schutz, Vormundschaft" abgeleitet. Älter bezeugt sind die heute nicht mehr gebräuchlichen Bildungen 'Mündling' (*mhd.* mundelinc, *ahd.* mundiling) und 'Mündlein' (*mitteld.* mundelin *Plural*). Zus.: **mündelsicher** „gesetzlich zugelassen für die Anlage von Mündelgeldern" (um 1900).

münden, mundfaul, Mundharmonika ↑Mund.

mündig „volljährig, geschäftsfähig": Das Adjektiv (*mhd.* mündec) ist von dem unter ↑*Vormund* behandelten Substantiv älter *nhd.* Mund „Schutz, Vormundschaft" abgeleitet. Abl.: **entmündigen** (Anfang des 19. Jh.s).

mündlich, Mundraub, Mundschenk ↑Mund.

mundtot: Das seit dem 17. Jh. bezeugte Adjektiv enthält als Bestimmungswort das unter ↑*Vormund* behandelte Substantiv älter *nhd.* Mund „Schutz, Vormundschaft". Es war zunächst ein Rechtsausdruck und bedeutete „unfähig, Rechtshandlungen vorzunehmen", dann wurde es volksetymologisch nach der Körperteilbezeichnung 'Mund' umgedeutet und im Sinne von „zum Schweigen gebracht" verwendet.

Mündung, Mundwerk ↑Mund.

Mungo: Der seit dem 19. Jh. bezeugte Name der in Asien und Afrika vorkommenden, als Schlangentöterin bekannten Schleichkatze stammt aus *ind.* mangūs, einem Wort der Marathi-Sprache im westlichen Indien, das uns durch *engl.* mongoose (mungoose, mungo) vermittelt wurde.

Munition „Schießmaterial für Feuerwaffen": Das seit dem 16. Jh. bezeugte Fremdwort, das zuerst auch allgemein „Kriegsmaterial, Kriegsbedarf" bedeutete (gemäß der eigentlichen Bedeutung des Wortes), ist aus gleichbed. *frz.* munition (de guerre) entlehnt. Voraus liegt *lat.* munitio „Befestigung, Verschanzung; Schanzwerk", das von *lat.* munire (*alat.* moenire) „aufmauern, aufdämmen; befestigen, verschanzen" abgeleitet ist, einer Bildung zu *lat.* moene (*Plural:* moenia) „Ringmauer der Stadt (als Schutzwehr)".

munkeln „im geheimen reden, gerüchteweise von etwas sprechen": Das Verb, das vom *Nie-*

derd. (*mniederd.* munkelen) in die Umgangssprache gelangt ist, ist lautnachahmenden Ursprungs.

Münster: Das bei uns vorwiegend in Süddeutschland gebräuchliche *westgerm.* Wort für „Stiftskirche; Hauptkirche, Dom" (*mhd.* munster, münster „Klosterkirche; Münster", *ahd.* munist[i]ri „Kloster", *engl.* minster „Stiftskirche; Kathedrale") beruht auf einer frühen Entlehnung aus einer *vlat.* Nebenform *monisterium von *kirchenlat.* monasterium „Kloster". Letzte Quelle des Wortes ist *griech.* monastḗrion „Einsiedelei; Kloster", das zu *griech.* monázein „allein leben, sich absondern" und weiter zu *griech.* mónos „allein, vereinzelt" (vgl. *mono..., Mono...*) gehört.

munter: Das nur *dt.* Adjektiv (*mhd.* munter, *ahd.* muntar) beruht mit der *baltoslaw.* Sippe von *lit.* mañdras „munter, lebhaft; aufgeweckt, klug" und *russ.* mudryj „klug, weise" auf einer Bildung zu der *idg.* Wurzel *mendh- „aufpassen, aufgeregt, lebhaft sein" (Zusammenrückung von *men- und *dhē- eigentlich „seinen Sinn auf etwas setzen", vgl. *mahnen*). Zu dieser Wurzel gehört z. B. auch *griech.* manthánein „lernen" (↑ Mathematik). – Das abgeleitete Verb **muntern** „munter machen" wurde im älteren *Nhd.* durch **aufmuntern** und **ermuntern** ersetzt. Abl.: **Munterkeit** (17. Jh.).

Münze: Die *westgerm.* Bezeichnung für „geprägtes Metallstück, Geldstück" (*mhd.* münze, *ahd.* munizẓa, *niederl.* munt, *engl.* mint; die *nord.* Sippe von entsprechend *schwed.* mynt stammt wohl unmittelbar aus dem *Aengl.*) beruht auf einer frühen Entlehnung aus *lat.* moneta „Münzstätte; Münze". Das *lat.* Wort ist der zur Gattungsbezeichnung gewordene Beiname der altrömischen Göttin 'Juno Moneta', in deren Tempel sich die römische Münzstätte befand. Abl.: **münzen** „Münzen, Geld prägen" (*mhd.* münzen, *ahd.* munizẓōn). Der in der Umgangssprache weitverbreitete übertragene Gebrauch des Verbs (nur unpersönlich) im Sinne von „auf jemanden zielen oder anspielen" (so seit dem 17. Jh.) geht wohl von den früher zuweilen hergestellten Gedenkmünzen mit eingeprägten, versteckten satirischen Anspielungen aus. – *Lat.* moneta ist auch die Quelle für *frz.* monnaie „Münze, Geld" (s. das Fremdwort *Portemonnaie*), für *engl.* money „Geld" (unmittelbar aus dem *Afrz.*) und für unser Fremdwort ↑ Moneten.

mürbe: Das *dt.* und *niederl.* Adjektiv (*mhd.* mür[w]e, *ahd.* mur[u]wi, *niederl.* murw) gehört im Sinne von „zermalmt, zerrieben, weich" zu der vielfach erweiterten *idg.* Wurzel *[s]mer[ə]- „[zer]malmen, [zer]quetschen, [zer]reiben". Aus dem *germ.* Sprachbereich gehören ferner zu dieser Wurzel die unter ↑*morsch*, ↑*murksen* und ↑*Mahr* (eigentlich „Zermalmerin") behandelten Wörter und mit anlautendem s- die Sippe von ↑ Schmerz. In anderen *idg.* Sprachen sind z. B. verwandt *griech.* maraínein „aufreiben, vernichten", mármaros „Stein, Felsblock" (↑ Marmor), *lat.* mortarium „Mörser; Mörtelpfanne, Mörtel" (↑ Mörser und ↑ Mörtel). Verwandt sind auch die unter ↑*Mord* dargestellte *idg.* Wortgruppe, die auf einem alten Bedeutungswandel von „aufgerieben werden" zu „sterben" beruht, und *lat.* morbus „Krankheit" (vgl. *morbid*). – Abl.: **zermürben** „mürbe machen; jemandes körperliche und seelische Kräfte brechen" (*spätmhd.* zermürfen).

Murkel ↑ murksen.

murksen (*ugs.* für:) „ungeschickt oder unordentlich arbeiten": Das seit dem 19. Jh. bezeugte Verb, aus dem das Substantiv **Murks** *ugs.* für „schlechte Arbeit" rückgebildet ist, gehört zu älter *nhd.* Murk „Brocken; Krümel; Knirps" (beachte die Verkleinerungsbildung **Murkel** *landsch.* für „Knirps, Wickelkind"), murken „zerdrücken, zerknittern, zerbrechen, zerschneiden" (beachte gleichbed. *landsch.* 'murkeln'), *mnd.* morken „zerdrücken", *niederd.* murk[s]en „töten" (↑ abmurksen). Diese Sippe gehört zu der Wortgruppe von ↑*mürbe*.

Murmel ↑ Marmor.

murmeln: Das seit *ahd.* Zeit bezeugte Verb (*mhd.* murmeln, *ahd.* murmulōn, -rōn) ist lautnachahmenden Ursprungs und ist [elementar]verwandt z. B. mit *lat.* murmurare „murmeln; murren; rauschen", murmur „Murmeln, Brausen, Getöse" und *griech.* mormýrein „murmeln, rauschen". Siehe auch den Artikel *murren*.

Murmeltier: Der Name des vorwiegend die Alpen bewohnenden Nagetieres ist eine verdeutlichende Zusammensetzung. Das Bestimmungswort geht auf *ahd.* murmunto, murmuntīn zurück, das durch *roman.* Vermittlung aus *lat.* mus (Akkusativ: murem) montis „Bergmaus" entlehnt ist. Das nicht verstandene Wort wurde volksetymologisch nach dem Zeitwort 'murmeln' umgestaltet.

murren „unwillig sein, sich auflehnen": Das *germ.* Verb *mhd.* murren, *niederl.* morren, *schwed.* morra ist lautnachahmenden Ursprungs und ist mit den unter ↑*murmeln* behandelten Wörtern [elementar]verwandt. Die Bed. „unwillig sein" entwickelte sich aus „murmeln, brummen, knurren". Abl.: **mürrisch** „unwillig, verdrießlich" (16. Jh.).

Mus „breiartige Speise": Das *westgerm.* Substantiv *mhd., ahd.* muos, *niederl.* moes, *aengl.* mōs bedeutete früher allgemein „Speise, Essen, Nahrung" und gehört zu der Wortgruppe von ↑²*Mast*. Kollektivbildung dazu ist ↑ Gemüse.

Muschel: Der Name des Schalentieres *mhd.* muschel, *ahd.* muscula (beachte entsprechend *engl.* mussel „Muschel") beruht auf einer Entlehnung aus *vlat.-roman.* *muscula, das für *lat.* musculus „Miesmuschel" steht. Das *lat.* Wort ist letztlich identisch mit *lat.* musculus „Mäuschen; Muskel" (vgl. den Artikel *Muskel*). Die Bedeutungsübertragung von „Mäuschen" auf „Miesmuschel" resultiert wohl aus einem Vergleich der Muschel mit Form und Farbe einer Maus.

Muschkote ↑ Muskete.

Muse: Das seit dem 17. Jh. in *dt.* Texten begegnende Fremdwort, das zunächst wie das zugrundeliegende *lat.* musa (< *griech.* moũsa) eine der neun altgriechischen Schutzgöttinnen der Künste bezeichnet, wird übertragen auch im Sinne von „(den Dichter beflügelnde) Inspiration; künstlerische Begeisterung" verwendet. – Dazu: **musisch** „die schönen Künste betreffend; künstlerisch [gebildet, begabt], kunstempfänglich" (19. Jh.; nach gleichbed. *griech.* moūsikós); ferner ↑Musik, ↑Museum und ↑Mosaik.

Museum: Das seit dem 16. Jh. bezeugte Fremdwort, das zuerst nur „Studierzimmer" bedeutete und erst im 17. Jh. in den Bedeutungen „Kunstsammlung; Altertumssammlung" erscheint – danach heute auch „Ausstellungsgebäude für Kunstgegenstände und wissenschaftliche Sammlungen" –, ist aus *lat.* museum „Ort für gelehrte Beschäftigung; Bibliothek; Akademie" entlehnt. Dies stammt aus *griech.* mouseīon „Musensitz, Musentempel", einer Bildung zu *griech.* moūsa „Muse; Kunst; Wissenschaft, feine Bildung" (vgl. *Muse*).

Musik: Das Wort für „Tonkunst" (*mhd.* music, *ahd.* musica) ist aus gleichbed. *lat.* (ars) musica entlehnt, das seinerseits aus *griech.* mousikḗ (téchnē), eigentlich „Musenkunst", übernommen ist. Dies gehört zu *griech.* moūsa „Muse; Kunst; Wissenschaft, feine Bildung" (vgl. *Muse*). Bis ins 16./17. Jh. trug das Fremdwort den Ton noch ausschließlich auf der Stammsilbe. Die dann aufkommende Endbetonung steht unter dem Einfluß von entsprechend *frz.* musique, von dem auch die Bedeutungen „Tonstück; musikalische Aufführung, Vortrag" herrühren. – Abl.: **musikalisch** „die Musik betreffend; musikbegabt; musikliebend" (16. Jh.; aus *mlat.* musicalis); **Musiker** „jemand, der [fachlich geschult] beruflich Musik ausübt; Tonkünstler" (um 1800); **Musikant** „jemand, der zu bestimmten Gelegenheiten, besonders zum Tanz und zu Umzügen, aufspielt" (um 1600; mit latinisierender Endung gebildet); **Musikus** meist scherzhaft für „Musiker" (um 1500; aus *lat.* musicus „Tonsetzer, Tonkünstler"); **musizieren** „Musik machen, Musikstücke spielen" (16. Jh.); **Musical** „Gattung des Musiktheaters mit Elementen aus Schauspiel, Operette und Revue" (20. Jh.; aus gleichbed. *engl.-amerik.* musical [comedy oder play], eigentlich „musikalische Komödie" oder „musikalisches Stück").

musisch ↑Muse.

Muskat: Die Bezeichnung für die als Gewürz verwendeten Samenkerne des auf den Molukken beheimateten, jetzt in den Tropen weitverbreiteten Muskatnußbaumes (*mhd.* muscāt „Muskatnuß") ist aus *afrz.* muscate, das auf *mlat.* (nux) muscata „Muskatnuß" zurückgeht, entlehnt. Dies gehört zu *mlat.* muscatus „nach Moschus duftend" (vgl. den Artikel *Moschus*). – Dazu: **Muskateller** als Bezeichnung für eine Traubensorte mit würzigem (Muskat)geschmack und einem daraus hergestellten Südwein (*mhd.* muscātel; aus *mlat.* muscatellum, *it.* moscatello).

Muskel: Die im *Dt.* seit dem Anfang des 18. Jh.s bezeugte Bezeichnung der fleischigen Teile des tierischen oder menschlichen Körpers, die durch Zusammenziehung und Erschlaffung Bewegung vermitteln, ist aus *lat.* musculus „Muskel" entlehnt. Dies ist eine Verkleinerungsbildung zu *lat.* mus „Maus" (urverwandt mit *dt.* ↑*Maus*) und bedeutet demnach eigentlich „Mäuschen". Die Bedeutungsübertragung des Wortes, die vielleicht auf einem Vergleich der unter der Haut zuckenden Muskeln mit einer laufenden Maus beruht, findet sich entsprechend auch in anderen Sprachen. Vgl. z. B. *griech.* mȳs „Maus; Muskel" und *dt.* Maus im Sinne von „Muskel an Arm und Fuß" (schon *ahd.*), insbesondere „Muskelballen des Daumens". – *Lat.* musculus wurde auch in der Bed. „Miesmuschel" gebraucht; in diesem Sinne ist es die Quelle für unser Lehnwort ↑Muschel. – Abl.: **muskulös** „mit starken Muskeln versehen; äußerst kräftig" (18. Jh.; aus gleichbed. *frz.* musculeux < *lat.* musculosus); **Muskulatur** „Gesamtheit der Muskeln eines Körpers oder Organs, Muskelgefüge" (19. Jh.; *nlat.* Bildung wohl nach gleichbed. *frz.* musculature).

Muskete: Der in *dt.* Texten seit dem 16. Jh. bezeugte Name der früher üblichen schweren Luntenflinte stammt aus dem *Roman.* Letzte Quelle des Wortes ist *lat.* musca „Fliege" (vgl. den Artikel *Moskito*). Zu dem daraus hervorgegangenen gleichbed. *it.* mosca stellt sich die Ableitung *it.* moschetto, das zunächst einen gleichsam wie mit „Fliegen" gesprenkelten Sperber bezeichnete, dann in weiterer übertragener Bedeutung eine Art Wurfgeschoß und schließlich ein Luntenschloßgewehr. Der übertragene Gebrauch von Tiernamen zur Bezeichnung verschiedener Kriegsgeräte, insbesondere auch von Raubvogelnamen zur Bezeichnung von Schießgeräten, war zu allen Zeiten recht beliebt. Beachte z. B. die Bezeichnung 'Falkonett' „leichtes Geschütz" (zum Namen des 'Falken'). *It.* moschetto gelangte als Lehnwort teils unmittelbar ins *Dt.*, teils auch, wie die frühsten Belege zeigen, durch Vermittlung von *span.* mosquete und *frz.* mousquet. Die *frz.* Form hat sich bei uns schließlich durchgesetzt. – Abl.: **Musketier** früher für „Musketenschütze; Fußsoldat" (im 18. Jh. für älteres, schon um 1600 übliches 'Musketierer'; nach *frz.* mousquetaire). Daraus entstellt **Muschkote** als soldatensprachliche und *ugs.* abschätzige Bezeichnung des einfachen Fußsoldaten.

Muskulatur, muskulös ↑Muskel.

Muße „Untätigkeit, freie Zeit, Ruhe": Die nur *dt.* Substantivbildung (*mhd.* muoȥe, *ahd.* muoȥa) ist eng verwandt mit dem unter ↑*müssen* behandelten Verb und gehört mit der Sippe von ↑messen zu der umfangreichen Wortgruppe von ↑[1]*Mal* „Zeitpunkt". Das Wort bedeutete ursprünglich etwa „Gelegenheit oder Möglichkeit, etwas tun zu können". Abl.: **müßig** „unbeschäftigt, untätig; unnütz, überflüssig" (*mhd.* müeȥec, *ahd.* muoȥīg), beachte **müßiggehen** (*mhd.* müeȥec gān), dazu **Müßiggang** (*mhd.* müeȥecganc), **Müßiggänger** (*mhd.* müeȥecgenger).

Musselin: Die Bezeichnung für „feines, lokker gewebtes Baumwollgewebe" wurde Anfang des 18. Jh.s aus *frz.* mousseline entlehnt, das seinerseits aus *it.* mussolina übernommen ist, einer Ableitung von gleichbed. *it.* mussolo. Dies ist eigentlich der *it.* Name der Stadt Mossul am Tigris, in der dieses Gewebe zuerst hergestellt wurde.

müssen: Das *altgerm.* Verb (Präteritopräsens) *mhd.* müezen, *ahd.* muozan, *got.* in ga-mōtan, *niederl.* moeten, *engl.* must steht im Ablaut zu der Sippe von ↑messen und gehört im Sinne von „sich etwas zugemessen haben, Zeit, Raum, Gelegenheit haben, um etwas tun zu können" zu der Wortgruppe von ↑[1]*Mal* „Zeitpunkt". Eng verwandt ist die unter ↑*Muße* behandelte Substantivbildung. Dazu: **Muß** „unumgängliche Notwendigkeit" (16. Jh.; substantivierte 3. Person Singular Präs.).

Mustang: Die Bezeichnung für „amerikanisches Steppenpferd" wurde im 19. Jh. aus gleichbed. *engl.* mustang entlehnt, das selbst aus *span. (mexikanisch)* mesteño, mestengo, eigentlich „herrenloses, wildes Tier" (heute: mostrenco), stammt.

Muster „Vorlage, Modell; Vorbild; Probestück; Zeichnung, Figur": Das seit etwa 1400 bezeugte Substantiv ist aus *it.* mostra (= *afrz.* monstre) „das Zeigen, die Darstellung; die Ausstellung; das Ausstellungsstück, das Muster" entlehnt, das zu *it.* mostrare (< *lat.* monstrare) „zeigen, weisen, hinweisen, bezeichnen" gehört. Über weitere etymologische Zusammenhänge vgl. den Artikel *Monstrum.* – Ableitungen und Zusammensetzungen: **musterhaft** „vorbildlich" (Ende 18. Jh.); **mustergültig** „vorbildlich, nachahmenswert; einwandfrei" (19./20. Jh.); **mustern** „prüfend betrachten; Rekruten auf ihre militärische Tauglichkeit untersuchen" (15. Jh.), dazu das Substantiv **Musterung** „kritische Besichtigung und Prüfung (insbesondere der Rekruten auf ihre militärische Tauglichkeit); Gewebszeichnung, Gewebsmuster" (Ende 15. Jh.).

Mut: Das *gemeingerm.* Wort *mhd., ahd.* muot, *got.* mōþs, *engl.* mood, *schwed.* mod gehört mit verwandten Wörtern in anderen *idg.* Sprachen zu der Verbalwurzel *mē-, mō- „nach etwas trachten, heftig verlangen, erregt sein", vgl. z. B. *griech.* mōsthai „streben, trachten, begehren" und *lat.* mos „Sitte; Brauch; Gewohnheit", ursprünglich „Wille" (↑Moral). Verwandt ist wahrscheinlich auch die unter ↑*mühen* behandelte Wortgruppe. Das *gemeingerm.* Wort bezeichnete ursprünglich die triebhaften Gemütsäußerungen und seelischen Erregungszustände und wurde in den alten Sprachzuständen häufig im Sinne von „Zorn" verwendet. Dann bezeichnete es den Sinn und die wechselnden Gemütszustände des Menschen. Die heute vorherrschende Bed. „Tapferkeit, Kühnheit" setzte sich erst seit dem 16. Jh. stärker durch. – Kollektivbildung zu 'Mut' ist das unter ↑*Gemüt* behandelte Wort (s. auch den Artikel *gemütlich*). Das abgeleitete Verb **muten** „seinen Sinn worauf richten, begehren", bergmännisch für „Erlaubnis auf Ausbeutung erbitten" (*mhd.* muoten, *ahd.* muotōn) ist heute veraltet. Gebräuchlich sind dagegen die Bildungen **anmuten** „den Eindruck erwecken, in bestimmter Weise berühren" (in der heutigen Bedeutung seit etwa 1800, wohl unter Einfluß von 'anmutig, Anmut'; *mhd.* anemuoten „ein Verlangen an jemanden richten, zumuten"); **vermuten** „für wahrscheinlich halten, annehmen" (15. Jh., zunächst unpersönlich; aus dem *Niederd.* ins *Hochd.* gedrungen), dazu **vermutlich** (16. Jh.) und **Vermutung** (16. Jh.); **zumuten** „ein Ansinnen an jemanden richten, Ungebührliches verlangen" (*spätmhd.* zuomuoten), dazu **Zumutung** (15. Jh.). – Adjektivbildungen sind **gemut** (*mhd.* gemuot „den Sinn habend, gestimmt"), das heute nur noch in **frohgemut** „fröhlich, zuversichtlich" (*mhd.* vrōgemuot), **wohlgemut** „frohgestimmt, unbekümmert" (*mhd.* wolgemuot) gebräuchlich ist, und **mutig** „tapfer, kühn" (*mhd.* muotec), dazu **entmutigen** und **ermutigen.** – Das Wort 'Mut' steckt in zahlreichen Zusammensetzungen, beachte z. B. **mutmaßen** „für wahrscheinlich halten, annehmen" (14. Jh., abgeleitet von einer untergegangenen Zusammensetzung 'Mutmaße', *mhd.* muotmāze „Abschätzung"), dazu **mutmaßlich** (18. Jh.); **Mutwille** „Übermut" (*mhd.* muotwille, *ahd.* muotwillo „eigener, freier Entschluß"), dazu **mutwillig** (*mhd.* muotwillec), **Übermut** „ausgelassene Stimmung, Mutwille, Anmaßung" (*mhd.* übermuot, *ahd.* ubermuot), dazu **übermütig** (*mhd.* übermüetec, *ahd.* ubarmuotīg). Siehe auch die Artikel *Anmut* und *Demut.*

Mutter: Die *altgerm.* Verwandtschaftsbezeichnung *mhd., ahd.* muoter, *niederl.* moeder, *engl.* mother, *schwed.* moder beruht mit Entsprechungen in den meisten anderen *idg.* Sprachen auf *idg.* *mātér- „Mutter", vgl. z. B. *aind.* mātár- „Mutter", *griech.* mḗtēr „Mutter" (↑Metropole), *lat.* mater „Mutter" (↑Matrone), matrix „Muttertier, Gebärmutter" (↑Matrize, ↑Matrikel, im-, exmatrikulieren). Der alte *idg.* Verwandtschaftsname, der mit demselben Suffix gebildet ist wie die Verwandtschaftsbezeichnungen 'Vater', 'Bruder', 'Tochter' (s. d.), ist eine Bildung zu dem Lallwort der Kindersprache *mă̄[ma]- (↑Mama, ↑Memme und ↑Muhme). – Im übertragenen Gebrauch bezeichnete 'Mutter' Dinge, die etwas wie ein Mutterschoß oder wie eine Gebärmutter aufnehmen oder umschließen, daher bergmännisch für „Gesteinshülle", technisch für „Hohlschraube mit Innengewinde, die den Schraubenbolzen aufnimmt" usw. (s. auch *Perlmutter*). Eine Ableitung von 'Mutter' ist wahrscheinlich das unter ↑*Mieder* behandelte Substantiv. – Abl.: **bemuttern** „umsorgen" (19. Jh.); **mütterlich** (*mhd.* müeterlich, *ahd.* muoterlīh). Zus.: **Mutterkorn** „giftiger Schmarotzerpilz in Kornähren" (18. Jh.; das Myzel des Pilzes wurde früher als Heilmittel bei Schmerzen in der Gebärmutter verwendet; die Alkaloide des Mutterkorns werden heute noch u. a. als Wehenmittel verwendet); **Muttermal** „angeborenes Mal" (16. Jh.; ↑[2]Mal); **Mutterschwein** „Sau" (*mhd.* muoterswīn); **muttersee-**

lenallein „ganz allein" (18. Jh.; ausgehend von älter *nhd.* 'Mutterseele' „Mensch", eigentlich „menschenallein, von allen Menschen verlassen"); **Muttersöhnchen** „verwöhnter Junge oder junger Mann" (18. Jh.); **Muttersprache** „Sprache, die ein Mensch als Kind lernt und die er primär gebraucht" (16. Jh.; *niederd.* mōdersprāke, 15. Jh.; wohl nach *lat.* lingua materna); **Mutterwitz** „angeborener Witz" (17. Jh.).

Mutwille ↑Mut.

Mütze: Die Bezeichnung der Kopfbedeckung, *spätmhd.* mutze, mütze (aus *mhd.* almuz̧, armuz̧ „Chorkappe der Geistlichen; Kopfbedeckung") beruht wie z. B. auch entsprechend *frz.* aumusse „Pelzmantel der Geistlichen; Chorkappe" auf *mlat.* almutium, almutia „Umhang um Schultern und Kopf der Geistlichen". Die weitere Herkunft des Wortes ist unklar.

Myriade: Das Fremdwort für „sehr große Anzahl, unzählig große Menge" wurde im 18. Jh. von Bodmer bei der Übersetzung von Miltons „Verlorenem Paradies" aus gleichbed. *engl.* myriad übernommen. Das *engl.* Wort stammt aus *griech.* mȳriás (Genitiv: mȳriádos) „Anzahl von 10 000" (zu *griech.* mȳríos „zahllos").

Myrrhe: Die Bezeichnung des bitteraromatischen Gummiharzes (*mhd.* mirre, *ahd.* myrra, mirra), das als Räuchermittel und für Arzneien verwendet wird, ist aus *griech.-lat.* mýrrha „Myrrhenbaum; Myrrhe" entlehnt, das selbst *semit.* Ursprungs ist (*aram.* mūrā, *hebr.* mor, *arab.* murr „Myrrhe").

Myrte: Der Name des immergrünen Gewächses (schon *mhd.* mirtelboum, *ahd.* mirtilboum), dessen weißblühende Zweige als Brautschmuck verwendet werden, ist aus *griech.-lat.* mýrtos „Myrte" entlehnt, das wohl *semit.* Ursprungs ist.

Mysterium „Geheimlehre, Geheimkult; [religiöses] Geheimnis": Das in *dt.* Texten seit dem 16. Jh. bezeugte Fremdwort geht – wie auch *frz.* mystère und *engl.* mystery – auf *lat.* mysterium zurück, das seinerseits aus *griech.* mystḗrion „kultische Weihe, Geheimkult" übernommen ist. Dies ist eine Bildung zu *griech.* mýstēs „der (speziell in die Eleusinischen Geheimlehren) Eingeweihte", das selbst von einem nicht bezeugten Adjektiv *griech.* *mystós „verschwiegen" abgeleitet ist. Stammwort ist das *griech.* Verb mȳein „sich schließen (von Lippen und Augen)", das elementarverwandt ist mit den unter ↑*Maul* dargestellten Wörtern schallnachahmenden Ursprungs. Dazu: **mysteriös** „geheimnisvoll, rätselhaft, dunkel" (18. Jh.; aus gleichbed. *frz.* mystérieux; zu *frz.* mystère); **Mystik** „religiöse Bewegung (des Mittelalters), die den Menschen durch innere Versenkung und Hingabe zu persönlicher Vereinigung mit Gott bringen will", ein bis in die Spätantike zurückreichendes Wort (beachte *mlat.* 'theologia mystica' und 'unio mystica'), das sich aus dem Adjektiv *lat.* mysticus (< *griech.* mystikós „zu den Mysterien gehörend; geheim, geheimnisvoll") entwickelte. Danach das Adjektiv **mystisch** „die Mystik betreffend; geheimnisvoll" (um 1700).

Mythos „Sage und Dichtung (von Göttern, Dämonen und Helden) aus der Vorzeit eines Volkes", daneben mit latinisierter Endung **Mythus** und eingedeutscht **Mythe:** Das Fremdwort ist eine Entlehnung aus *griech.(-lat.)* mȳthos „Wort, Rede; Erzählung, Fabel, Sage". – Dazu das Adjektiv **mythisch** „die Mythen betreffend, sagenhaft" (aus *griech.* mȳthikós, *lat.* mythicus) und die Zusammensetzung **Mythologie** „Gesamtheit der überlieferten Mythen; Mythenforschung" (aus *griech.* mȳthología).

N

Nabe: Die *altgerm.* Bezeichnung für „Mittelteil des Rades, durch das die Achse geht" (*mhd.* nabe, *ahd.* naba, *niederl.* naaf, *engl.* nave, *schwed.* nav) beruht mit dem unter ↑*Nabel* behandelten Wort auf *idg.* *[e]nebh- „Nabel; Nabe". In anderen *idg.* Sprachen sind z. B. verwandt *aind.* nā́bhi-ḥ „Nabel; Nabe", *pers.* nāf „Nabel" und *apreuß.* nabis „Nabel; Nabe". – Das *idg.* Wort bezeichnete ursprünglich die rundliche Vertiefung in der Mitte des Bauches und wurde, als die Indogermanen den Wagenbau kennenlernten, auf das Mittelteil des Rades übertragen (vgl. die Artikel *Achse* und *Achsel*).

Nabel: Das *altgerm.* Wort *mhd.* nabel, *ahd.* nabalo, *niederl.* navel, *engl.* navel, *schwed.* navle beruht mit verwandten Wörtern in anderen *idg.* Sprachen auf der unter ↑*Nabe* behandelten *idg.* Bezeichnung für die rundliche Vertiefung in der Mitte des Bauches. Zus.: **Nabelschnur** (18. Jh.).

nach: Das als Adverb und Präposition verwendete Wort (*mhd.* nāch, *ahd.* nāh; *mnd.* nā) gehört zu dem unter ↑*nah[e]* behandelten Adjektiv. Es bedeutete zunächst „nahe bei, in die Nähe von", dann „auf etwas hin" und schließlich „hinter etwas her; zufolge, gemäß".

nachahmen „nachmachen, imitieren; nacheifern": Das seit dem 16. Jh. bezeugte Verb gehört zu *mhd.* āmen „[aus]messen", das von *mhd.* āme „Flüssigkeitsmaß" abgeleitet ist. Die Präfixbildung bedeutete demnach ursprünglich „nachmessen, nachmessend einrichten oder gestalten". – Das *mhd.* Substantiv āme, ōme (daher *nhd.* [2]**Ohm,** Bezeichnung für ein nicht mehr gebräuchliches Flüssigkeitsmaß) ist entlehnt aus *mlat.* ama „Weinmaß", das auf *griech.-lat.* ama „Wassereimer" beruht.

Nachbar: Das *westgerm.* Wort *mhd.* nāchgebūr[e], *ahd.* nāhgibūr[o], *niederl.* nabuur, *engl.*

neighbour ist zusammengesetzt aus den unter ↑*nah[e]* und ↑³*Bauer* behandelten Wörtern und bedeutet eigentlich „nahebei Wohnender".

nachdenken, nachdenklich ↑denken.

Nachen *landsch.* und dichterisch für „Boot, Kahn": Das *altgerm.* Wort *mhd.* nache, *ahd.* nahho, *niederl.* aak, *aengl.* naca, *aisl.* nǫkvi ist vielleicht mit *aind.* nága-ḥ „Baum" verwandt und bedeutete dann ursprünglich „[ausgehöhlter] Baum; Einbaum".

Nachfahr ↑fahren.

nachgeben ↑geben.

Nachgeburt ↑Geburt.

nachgerade „allmählich, endlich": Das Adverb wurde im 17. Jh. aus dem *Niederd.* ins *Hochd.* übernommen. *Mnd.* nāgerade, älter nārāde „allmählich" enthält als zweiten Bestandteil wahrscheinlich *mnd.* rāt „Reihe" und bedeutet demnach eigentlich „nach der Reihe".

nachgiebig ↑geben.

nachhaltig „lange nachwirkend, stark": Das seit dem Ende des 18. Jh.s bezeugte Adjektiv ist eine Ableitung von dem heute veralteten Substantiv 'Nachhalt' „etwas, das man für Notzeiten zurückbehält, Rückhalt", das zu dem gleichfalls veralteten 'nachhalten' „andauern, wirken" (vgl. *nach* und *halten*) gehört.

Nachhut ↑²Hut.

Nachkomme, nachkommen, Nachkommenschaft, Nachkömmling ↑kommen.

Nachlaß, nachlassen, nachlässig ↑lassen.

Nachmittag ↑Mittag.

Nachricht: Das seit dem 17. Jh. gebräuchliche Wort trat an die Stelle von älter *nhd.* Nachrichtung (vgl. *nach* und *richten*) und bedeutete wie dies zunächst „das, wonach man sich zu richten hat, Anweisung". Dann wurde es im Sinne von „Mitteilung (die Anweisungen enthält), Botschaft, Neuigkeit" gebräuchlich. Abl.: **benachrichtigen** „in Kenntnis setzen, informieren" (19. Jh.).

Nachruf „Würdigung für einen kürzlich Verstorbenen": Das Wort wurde im 17. Jh. als Ersatzwort für 'Echo' geschaffen, setzte sich aber in der Bed. „Nach-, Widerhall" nicht durch. Es wurde dann im Sinne von „Abschiedsworte für einen Scheidenden", seit dem 19. Jh. speziell im Sinne von „Abschiedsworte für einen Verstorbenen" gebräuchlich.

nachschaffen ↑schaffen.

Nachschub ↑Schub.

nachsehen ↑sehen.

nachsetzen ↑setzen.

Nachsicht ↑sehen.

nachstellen ↑stellen.

Nächstenliebe ↑nah[e].

Nacht: Das *gemeingerm.* Wort *mhd., ahd.* naht, *got.* nahts, *engl.* night, *schwed.* natt beruht mit verwandten Wörtern in den meisten anderen *idg.* Sprachen auf *idg.* *nokᵘ̯[t]- „Nacht", vgl. z. B. *aind.* nák „Nacht", *lat.* nox, Genitiv noctis „Nacht", nocturnus „nächtlich" (↑nüchtern) und *russ.* noč' „Nacht". – In alter Zeit bezeichnete das Wort nicht nur den Zeitraum zwischen Sonnenuntergang und Sonnenaufgang, sondern auch den Zeitraum zwischen Sonnenuntergang und Sonnenuntergang, also den Gesamttag (von 24 Stunden). Der Gesamttag begann dementsprechend mit dem Sonnenuntergang, daher bedeutete das Wort 'Nacht' früher auch „Vorabend" (vgl. die Artikel *Fastnacht* und *Weihnacht*). Man rechnete – so auch noch in *germ.* Zeit – nach Nächten statt nach Tagen, was sprachlich noch in *engl.* fortnight „vierzehn Tage" zum Ausdruck kommt. – Das Adverb **nachts** (*mhd., ahd.* nahtes) ist Analogiebildung zu 'tags', dem adverbiell erstarrten Genitiv Singular von 'Tag' (s. d.). Abl.: **nachten** dichterisch für „Nacht werden; dunkel werden" (*mhd.* nahten, *ahd.* nahtēn); **übernachten** „über Nacht bleiben" (17. Jh.); **umnachten** dichterisch für „mit Nacht oder mit Dunkelheit umgeben; geistig verwirren" (18. Jh.); **nächtigen** „über Nacht bleiben", *österr.* für „übernachten" (19. Jh.); **nächtlich** (*ahd.* nahtlīh). Zus.: **Nachtschatten** (*mhd.* nahtschate, *ahd.* nahtscato; die Pflanze ist wohl nach ihren dunkelblauen Blüten oder nach ihren schwarzen Beeren so benannt). Siehe auch den Artikel *Nachtigall*.

Nachteil, nachteilig ↑Teil.

Nachtigall: Der *westgerm.* Vogelname *mhd.* nahtegal, *ahd.* nahtgala, *niederl.* nachtegaal, *engl.* nightingale bedeutet eigentlich „Nachtsängerin". Das Grundwort (*westgerm.* *galōn „Sängerin") ist eine Bildung zu dem untergegangenen Verb *ahd.* galan „singen", das zu der Wortgruppe von ↑*gellen* gehört.

Nachtmahl, nachtmahlen ↑Mahl.

nachwachsen, Nachwuchs ↑²wachsen.

nachziehen, Nachzügler ↑ziehen.

Nacken: Die *dt.* und *nord.* Bezeichnung für „hinterer, äußerer Teil des Halses" (*mhd.* nac[ke], *ahd.* [h]nach; *schwed.* nacke) steht im Ablaut zu gleichbed. *mhd.* nec[ke] (s. die Kollektivbildung *Genick*), *niederl.* nek, *engl.* neck. Mit dieser *germ.* Wortgruppe sind vermutlich verwandt *tochar.* A kñuk „Genick" und *air.* cnocc „Buckel, Hügel". Abl.: **hartnäckig** „eigensinnig an etwas festhaltend; beharrlich" (15. Jh.). Zus.: **Nackenschlag** „Schicksalsschlag, Demütigung" (18. Jh.).

nackt: Das *gemeingerm.* Adjektiv *mhd.* nacket, *ahd.* nachot, *got.* naqaþs, *engl.* naked, *aisl.* nǫkkvidr beruht mit verwandten Wörtern in anderen *idg.* Sprachen auf *idg.* *nogᵘ̯- „nackt", vgl. z. B. *aind.* nagná-ḥ „nackt", *griech.* gymnós (aus nymnós) „nackt" (↑Gymnastik, ↑Gymnasium) und *lat.* nudus „nackt" (↑Nudismus). Die starken Abweichungen der einzelnen Formen erklären sich zum Teil daraus, daß das *idg.* Adjektiv schon früh tabuistisch entstellt worden ist. – Eine Form mit sekundärem n ist *nhd.* **nakkend** (*mhd.* nakent). Die Weiterbildungen **nakkig** und **nackicht** sind seit dem 17./18. Jh. gebräuchlich. Jung ist die vom *Nordd.* ausgegangene Bildung **Nackedei** scherzhaft für „nacktes Kind", auch „nackte Person".

Nadel: Das *gemeingerm.* Substantiv *mhd.* nādel[e], *ahd.* nād[a]la, *got.* nēþla, *engl.* needle, *schwed.* nål ist eine Instrumentalbildung zu dem unter ↑*nähen* behandelten Verb und bedeutete demnach urspr. „Gerät zum Nähen".

Nagel: Das *altgerm.* Wort *mhd.* nagel, *ahd.* nagal, *niederl.* nagel, *engl.* nail, *schwed.* nagel gehört mit verwandten Wörtern in anderen *idg.* Sprachen zu *idg.* *[o]nogh- „Nagel an Fingern und Zehen, Kralle, Klaue", vgl. z. B. *griech.* ónyx „Nagel, Kralle" (↑Onyx), *lat.* unguis „Nagel" und *russ.* noga „Fuß, Bein" (ursprünglich „Klaue"), nogot' „Nagel". Die Bed. „spitzer Holz- oder Eisenstift" ist also sekundär und hat sich erst in *germ.* Zeit aus „Finger-, Zehennagel, Kralle" entwickelt. – Eine Verkleinerungsbildung zu 'Nagel' ist der unter ↑*Nelke* behandelte Blumenname. Abl.: **nageln** „mit einem Nagel, mit Nägeln befestigen; Nägel einschlagen" (*mhd.* nagelen, *ahd.* nagalen). Zus.: **nagelneu** (*spätmhd.* nagelniuwe, 15. Jh.; ursprünglich von neu genagelten Gegenständen), dazu verstärkend **funkelnagelneu** (18. Jh.); **Nagelprobe** „Prüfstein für etwas" (um 1600; nach der alten Trinksitte, das geleerte Trinkgefäß zum Beweis dafür, daß es vollständig ausgetrunken ist, über dem Daumennagel umzustülpen).

nagen: Das *altgerm.* Verb *mhd.* nagen, *ahd.* [g]nagan, *engl.* to gnaw, *schwed.* gnaga gehört mit verwandten Wörtern in anderen *idg.* Sprachen zu der vielfach erweiterten Wurzel *gh[e]nə- „nagen, beißen, kratzen" (vgl. z. B. *awest.* aiwi-γnixta „angenagt, angefressen"). Zu dieser Wurzel gehören im Sinne von „nagendes, beißendes Insekt" aus dem *germ.* Sprachbereich auch *nordd.* **Gnitte, Gnitze** „kleine Mücke" (*mnd.* gnitte) und *hochd. mdal.* **Gnatz** „[kleine] Mücke" (*niederd.* gnatte, *engl.* gnat). – Intensivbildung zu 'nagen' ist ↑necken. Abl.: **Nager** „Säugetier mit Nagezähnen" (17. Jh.). Zus.: **Nagetier** (18. Jh.).

nah[e]: Die Herkunft des *gemeingerm.* Wortes (Adjektiv und Adverb) *mhd.* nāch, *ahd.* nāh, *got.* nēh[a], *aengl.* nēah, *aisl.* na- ist unklar. Um 'nah[e]' gruppieren sich die Bildungen **Nähe** „das Nahesein; geringe Entfernung" (*mhd.* næhe, *ahd.* nāhī), **nahen** „sich nähern" (*mhd.* nāhen, vgl. *got.* nēhjan, *aengl.* nēgan, *schwed.* nå) und **nähern,** sich „herankommen, auf jemanden zukommen" (*mhd.* næhern), beachte auch den substantivierten Superlativ **Nächster** „Mitmensch", dazu **Nächstenliebe** (18. Jh.). Erst in *nhd.* Zeit sind durch Zusammenziehung entstanden **beinah[e]** „fast" und **nahezu** „fast". Siehe auch den Artikel *nach.*

nähen: Das nur *dt.* und *niederl.* Verb (*mhd.* næjen, *ahd.* nājen, *niederl.* naaien) gehört mit verwandten Wörtern in anderen *idg.* Sprachen zu der vielfach weitergebildeten und erweiterten *idg.* Wurzel *[s]nē- „Fäden zusammendrehen, knüpfen, weben, spinnen". Eng verwandt mit diesem Verb, zu dem die Substantivbildungen ↑Naht und ↑Nadel gehören, sind z. B. *griech.* néein „spinnen", nēma „Gespinst, Faden" und *lat.* nere „spinnen", nemen „Gespinst, Gewebe". Zu den verschiedenen Erweiterungen dieser Wurzel gehören aus dem *germ.* Sprachbereich ↑nesteln „knüpfen, schnüren" ↑Netz (eigentlich „Geknüpftes) und ↑Nessel (als „Gespinstpflanze"), ferner mit anlautendem s- die Sippen von ↑Schnur und von ↑schleunig (eigentlich „[sich] schnell drehend"). Zus.: **Nähmaschine** (19. Jh.; Lehnübersetzung von *engl.* sewing-machine).

nähern, sich ↑nah[e].

nähren: Das *altgerm.* Verb *mhd.* ner[e]n, *ahd.* nerian, *got.* nasjan, *aengl.* nerian ist das Veranlassungswort zu dem unter ↑*genesen* behandelten Verb und bedeutete demnach ursprünglich „davonkommen machen, retten, am Leben erhalten". Eng verwandt damit ist das im *Nhd.* untergegangene Substantiv *ahd.* nara, *mhd.* nar „Heil; Rettung; Nahrung; Unterhalt", von dem **nahrhaft** (17. Jh.) und **Nahrung** (*mhd.* narunge) abgeleitet sind. Zus.: **Nährboden** (19. Jh.); **Nährwert** (19. Jh.). – Beachte auch die Präfixbildung **ernähren** (*mhd.* erner[e]n, *ahd.* irnerian), dazu **Ernährer** (19. Jh.) und **Ernährung** (19. Jh.).

Naht: Das auf das *dt.* und *niederl.* Sprachgebiet beschränkte Wort (*mhd., ahd.* nāt, *niederl.* naad) ist eine Bildung zu dem unter *nähen* behandelten Verb.

naiv „natürlich, unbefangen; kindlich; treuherzig, arglos; einfältig": Das Adjektiv wurde Anfang des 18. Jh.s aus gleichbed. *frz.* naïf entlehnt, das auf *lat.* nativus „durch Geburt entstanden; angeboren, natürlich" zurückgeht. Dies gehört zu *lat.* nasci (natum) „geboren werden, entstehen". Über weitere etymologische Zusammenhänge vgl. den Artikel *Nation.* – Abl.: **Naivität** „Natürlichkeit, Unbefangenheit; Kindlichkeit; Einfalt" (18. Jh.; aus *frz.* naïveté); **Naivling** „gutgläubiger, einfältiger Mensch" (20. Jh.).

Name: Das *gemeingerm.* Wort *mhd.* name, *ahd.* namo, *got.* namō, *engl.* name, *schwed.* namn beruht mit verwandten Wörtern in anderen *idg.* Sprachen auf *idg.* *[e]nōmn̥- „Name", vgl. z. B. *lat.* nomen „Name, Benennung, Wort" (s. die Fremdwortgruppe um *Nomen*) und *griech.* ónoma, Dialektform ónyma „Name, Benennung, Wort" (s. die Fremdwortgruppe um *anonym*). – Eine alte Ableitung von dem *gemeingerm.* Substantiv ist das unter ↑*nennen* behandelte Verb. Abl.: **namentlich** „ausdrücklich (mit Namen genannt); vornehmlich, besonders" (mit sekundärem t aus *mhd.* name[n]lich, wie z. B. 'eigentlich' aus 'eigenlich'); **namhaft** „mit Namen bekannt, berühmt, bedeutend" (*mhd.* namehaft, *ahd.* namohaft); **nämlich** „genauer gesagt" (*mhd.* nemelīche „um es ausdrücklich zu nennen; vorzugsweise; fürwahr; auf gleiche Weise", Adverb zu *mhd.* namelich, *ahd.* namolīh „mit Namen genannt, ausdrücklich", beachte **der nämliche** „derselbe", *mhd.* der nemelīche, eigentlich „der eben mit Namen Genannte"); **namsen** *landsch.* für „mit einem Namen belegen" (16. Jh.; *ugs.* gewöhnlich **benamsen**). Zus.: **Namenstag** „Tag des Namenspatrons" (17. Jh.); **Namensvetter** „jemand, der den gleichen Namen trägt" (18. Jh.).

Napf: Die Herkunft der *altgerm.* Gefäßbezeichnung (*mhd.* napf, *ahd.* [h]napf, *niederl.* nap, *aengl.* hnæpp, *schwed.* napp) ist dunkel. Zus.: **Napfkuchen** „in einer Napfform gebackener Kuchen" (18. Jh.).

Narbe: Das seit dem 12. Jh. bezeugte Wort

(*frühmhd.* narwa, *mhd.* narwe; *mnd.* nar[w]e) ist die substantivierte weibliche Form des im *Dt.* untergegangenen *westgerm.* Adjektivs *narwa- „eng", vgl. *asächs.* naro, *niederl.* naar, *engl.* narrow „eng" (s. den Artikel *Nehrung*). Das Wort bedeutet also eigentlich „Enge" und bezeichnete demnach ursprünglich die Verengung der Wundränder. Im übertragenen Gebrauch bezeichnet 'Narbe' die Unebenheiten auf der Haarseite des gegerbten Fells und die mit Wurzelfasern durchsetzte Oberfläche des Erdbodens, beachte die Zusammensetzung **Grasnarbe.** Abl.: **vernarben** „abheilen" (19. Jh.); **narbig** „mit Narben bedeckt" (18. Jh., für älteres 'narbicht').

Narkose „durch ein Mittel bewirkter schlafähnlicher Zustand, in dem die Schmerzempfindung ausgeschaltet ist": Das seit dem 19. Jh. bezeugte Fremdwort, das zuvor schon in der Form 'Narcosis' (Anfang 18. Jh.) erscheint, beruht auf einer gelehrten Entlehnung aus *griech.* nárkōsis „Erstarrung". Dies gehört zu *griech.* nárkē „Krampf, Lähmung, Erstarrung" bzw. zu dem davon abgeleiteten Verb *griech.* narkān „erstarren". – Dazu: **narkotisch** „betäubend, berauschend" (bereits im 16. Jh.; aus *griech.* narkōtikós „erstarren machend"), ferner die Neubildungen **narkotisieren** „betäuben" (19. Jh.) und **Narkotiseur** „Narkosearzt" (20. Jh., mit französierender Endung).

Narr: Die Herkunft des nur *dt.* Wortes (*mhd.* narre, *ahd.* narro) ist nicht sicher geklärt. Vielleicht ist *ahd.* narro aus *spätlat.* nario „Nasenrümpfer, Spötter" entlehnt. Abl.: **narren** „zum Narren haben" (16. Jh.; *mhd.* [er]narren, *ahd.* irnarrēn „zum Narren werden, sich wie ein Narr benehmen", beachte auch *mhd.* vernarren „ganz zum Narren werden", *nhd.* **vernarren,** sich „sich verlieben"); **Narretei** „Streich, Albernheit" (Anfang des 17. Jh.s, aus älterem 'Narrenteiding' „Narrenstreich" gekürzt, dessen zweiter Bestandteil *mhd.* teidinc, älter tagedinc „Verhandlung, Zusammenkunft" ist, vgl. *verteidigen*); **närrisch** „albern, komisch" (*mhd.* nerrisch). Zus.: **Narrenhaus** *ugs.* für „Irrenanstalt" (16. Jh.).

Narzisse: Der seit dem 16. Jh. belegte Name der als Gartenblume beliebten, stark duftenden Zwiebelpflanze ist aus *lat.* narcissus entlehnt, das seinerseits aus *griech.* nárkissos übernommen ist. Es handelt sich dabei wohl um ein Wanderwort *ägäischen* Ursprungs, das dann im *Griech.* volksetymologisch an *griech.* nárkē „Krampf; Lähmung, Erstarrung" angeschlossen wurde (wegen des intensiven, betäubenden Duftes der Pflanze; vgl. *Narkose*).

naschen „Süßigkeiten genießerisch verzehren": Das *dt.* und *nord.* Verb (*mhd.* naschen, *ahd.* naskōn, *dän.* naske, *schwed. mdal.* naska) ist lautnachahmenden Ursprungs und bedeutete ursprünglich etwa „knabbern, schmatzen". Gleichfalls lautnachahmend sind die gleichbed. Verben *niederd.* gnaschen, *dän.* gnaske, *schwed.* snaska. Abl.: **naschhaft** „gern naschend" (17. Jh.). Zus.: **Naschwerk** „Leckereien, Süßigkeiten" (17. Jh.).

Nase: Die *germ.* Bezeichnungen des Geruchsorgans *mhd.* nase, *ahd.* nasa, *niederl.* neus, *engl.* nose, *schwed.* näsa beruhen mit der unter ↑*Nüster* behandelten Bildung auf *idg.* *nas- „Nase", ursprünglich wahrscheinlich „Nasenloch" (beachte z. B. *aind.* nā́sa Nom. Dualis „Nase", eigentlich „die beiden Nasenlöcher"). In anderen *idg.* Sprachen sind z. B. verwandt *lat.* nasus „Nase" und *russ.* nos „Nase". – Abl.: **näseln** „durch die Nase sprechen" (15. Jh.). Zus.: **Nasenquetscher** ↑quetschen. **Nasenstüber** „leichter Puff gegen die Nase, Rüffel" (17. Jh., in der Form 'Nasenstieber'; der zweite Bestandteil gehört zu ↑*stieben*); **naseweis** „vorlaut" (*mhd.* nasewīse „scharf witternd, spürnasig", vom Jagdhund); **Nashorn** (Anfang des 16. Jh.s; Lehnübersetzung von *griech.-lat.* rhīnocerōs, s. den Artikel *Rhinozeros*). S. auch den Artikel *nuscheln*.

naß: Die Herkunft des Adjektivs (*mhd., ahd.* naʒ; *niederl.* nat) ist dunkel. Eine alte Ableitung von diesem Adjektiv ist das unter ↑*netzen* behandelte Verb. Abl.: **Naß** (*mhd.* naʒ; Substantivierung des Adjektivs); **Nässe** (*mhd.* neʒʒe, *ahd.* naʒʒi); **nässen** „naß machen; Feuchtigkeit absondern" (17. Jh.), beachte dazu auch die Bildung **Bettnässer**; Zus.: **naßforsch** „übertrieben forsch" (20. Jh.); **naßkalt** „regnerisch und kalt" (18. Jh.).

nassauern: Der *ugs.* Ausdruck für „auf Kosten anderer leben, schmarotzen" gehört wahrscheinlich zu 'naß' in dessen früher üblicher Verwendungsweise im Sinne von „arm, ohne Geld; umsonst" und ist eine Scherzbildung zum Ortsnamen Nassau. Abl.: **Nassauer** „jemand, der auf Kosten anderer lebt, sich von anderen freihalten läßt".

Nation: Das seit dem Ende des 14. Jh.s bezeugte Fremdwort geht auf *lat.* natio (nationis) „das Geborenwerden; das Geschlecht; der [Volks]stamm, das Volk" zurück, das zu *lat.* nasci (< *gnasci) „geboren werden, entstehen" bzw. zu dem Partizipialadjektiv natus (< gnatus) „geboren" gehört (über weitere etymologische Zusammenhänge vgl. den Artikel *Kind*). So bezeichnet 'Nation' also eigentlich den natürlichen Verband der durch „Geburt" im gleichen Lebensraum zusammengewachsenen und zusammengehörenden Menschen, ein Volk in seiner Gesamtheit und geschichtlichen Eigentümlichkeit. In diesem Sinne galt 'Nation' bis ins 18. Jh. Seitdem ist der Begriff vielfach umstritten, wird aber im wesentlichen nach französischem Vorbild durch politische Merkmale enger definiert, etwa als „Lebensgemeinschaft von Menschen mit dem Bewußtsein gleicher politisch-kultureller Vergangenheit und dem Willen zum Staat". – Von besonderem Interesse ist in diesem Zusammenhang das zu 'Nation' gebildete Adjektiv **national** „die Nation betreffend; einem Volke eigentümlich; vaterländisch", das in der Zusammensetzung **Nationalversammlung** bereits im 16. Jh. bezeugt ist, aber erst im 18. Jh. unter *frz.* Einfluß als staatspolitisches Wort allgemeine Verbreitung findet. Es lebt darüber hinaus nicht nur in einer Fülle von Zusammensetzungen wie **international** „zwischenstaatlich; nicht national beschränkt, allgemein" (19. Jh.), **Nationalhymne** (19. Jh.; nach *frz.* hymne national) und **Nationalsozialismus** (20. Jh.), **Nationalsozialist** (abwertende Kurzform **Nazi**), sondern auch in den folgenden Bildungen: **Nationalität** „Volkstum; Staatsangehörigkeit" (Ende 18. Jh.; nach entsprechend *frz.* nationalité); **Nationalismus** „übersteigertes Nationalbewußtsein" (zuerst 1740, aber noch allgemein im Sinne von „nationales Denken"; als politisches Schlagwort seit dem 19. Jh. nach *frz.* nationalisme), **Nationalist** „Verfechter des Nationalismus" (19. Jh.), **nationalistisch** (19./20. Jh.). Vgl. ferner die Artikel *naiv, Natur* und *Renaissance.*

Natrium: Der Name des chemischen Grundstoffs ist eine gelehrte Bildung mit latinisierender Endung (auf Vorschlag des schwedischen Chemikers J. Berzelius [1779–1848]) zu 'Natron'. Die Benennung bezieht sich darauf, daß das Natrium aus Ätznatron gewonnen wurde.

Natron: Das natürlich vorkommende Laugensalz wurde von den alten Ägyptern ntr[j] genannt. Diese Bezeichnung gelangte in die europäischen Sprachen, und zwar einerseits über *arab.* naṭrūn, auf das *frz., engl.* natron, *span.* natrón und *dt.* Natron (16. Jh.; für älteres 'Natrum' unter dem Einfluß von *frz., engl.* natron) zurückgehen. Andererseits wurde uns das ägyptische Wort durch *griech.* nítron „basisches Salz, Soda, Natron" und gleichbed. *lat.* nitrum vermittelt. Letzteres erscheint zuerst in *frühnhd.* 'Sal[n]iter' „Salpeter" (= *lat.* sal nitrum) und später als **Nitrum** „Salpeter". Dies spielt eine Rolle in zahlreichen gelehrten Bildungen wie **Nitrogenium** „Stickstoff" (so benannt, weil der Stickstoff ein „Salpeterbildner" ist) und **Nitroglyzerin** (hochexplosiver Sprengstoff), ferner in den abgeleiteten Bezeichnungen **Nitrat** „Salz der Salpetersäure" und **Nitrit** „Salz der salpetrigen Säure".

Natter: Das *westgerm.* Wort *mhd.* nāter, *ahd.* nāt[a]ra, *asächs.* nādra, *aengl.* nǣdre steht im Ablaut zu gleichbedeutend *got.* nadrs und *aisl.* naðr und ist mit *lat.* natrix „Wasserschlange" und *air.* nathir „Schlange" verwandt. Das den Germanen, Kelten und Italikern gemeinsame Wort gehört vielleicht im Sinne von „die Sichwindende" zu der unter ↑*nähen* behandelten *idg.* Wurzel. – Siehe auch den Artikel [2]*Otter.*

Natur „das ohne fremdes Zutun Gewordene, Gewachsene; die Schöpfung, die Welt", häufig übertragen gebraucht im Sinne von „Wesen, Art; Anlage, Charakter": Das Substantiv (*mhd.* natūre, *ahd.* natūra) ist aus *lat.* natura „das Hervorbringen; die Geburt; natürliche Beschaffenheit, Wesen; Natur, Schöpfung usw." entlehnt, das wie *lat.* natio „das Geborenwerden; das Geschlecht; der [Volks]stamm usw." (vgl. *Nation*) zum Partizipialstamm natus „geboren" von *lat.* nasci „geboren werden, entstehen" gehört. Über weitere etymologische Zusammenhänge vgl. den Artikel *Kind.* – Ableitungen und Zusammensetzungen: **natürlich** „von Natur aus (oft im Gegensatz zu 'künstlich'); gewiß, selbstverständlich; ungezwungen" (*mhd.* natiurlich, *ahd.* natūrlīh); **Naturforscher** (17. Jh.); **Naturkunde** (17. Jh.); **Naturwissenschaft** (18. Jh.; als Sammelbezeichnung für die Wissenschaft von den Vorgängen und Gegebenheiten in der Natur, z. B. Physik, Chemie, Biologie usw.) und zahlreiche andere Zusammensetzungen. – Zu *lat.* natura bzw. dem darauf beruhenden gleichbedeutenden *frz.* nature gehören noch die folgenden Fremdwörter: **Natural...** „die Natur bzw. die Naturerzeugnisse betreffend; Sach..." (aus *lat.* naturalis „zur Natur gehörig, natürlich"), nur gebräuchlich in Zusammensetzungen wie 'Naturallohn' „Entlohnung in Form von Sachwerten oder Lebensmitteln"; dazu das Substantiv **Naturalien** „Naturerzeugnisse; Lebensmittel, Waren; Dienstleistungen" (17. Jh.; aus dem Neutrum Plural naturalia von *lat.* naturalis). – **naturalisieren** „(einen Ausländer) in den eigenen Staatsverband rechtlich aufnehmen, einbürgern" (17. Jh.; aus gleichbed. *frz.* naturaliser). – **Naturalismus** „Weltanschauung, die alles Seiende aus der Natur und diese allein aus sich selbst zu erklären versucht; Wirklichkeitstreue", ferner Bezeichnung für eine gesamteuropäische Richtung des ausgehenden 19. Jh.s, die eine möglichst getreue Wiedergabe der Wirklichkeit in der Kunst anstrebte. Das Wort ist eine *nlat.* Bildung des 18. Jh.s nach entsprechend *frz.* naturalisme; dazu das Substantiv **Naturalist** „Vertreter des Naturalismus" (18. Jh.; nach gleichbed. *frz.* naturaliste).

Naturell „natürliche Veranlagung, natürliche Wesensart, Gemütsart, Temperament": Das Fremdwort wurde im 17. Jh. aus gleichbed. *frz.* naturel entlehnt, dem substantivierten Adjektiv *frz.* naturel (< *lat.* naturalis) „natürlich, naturgemäß, von Natur aus vorhanden".

Nautik: Die seit dem Ende des 18. Jh.s bezeugte Bezeichnung für „Seewesen; Schiffahrtskunde" geht auf *griech.* nautikḗ (téchnē) „Schiffahrtskunde" zurück, wurde aber wohl von *engl.* nautics, *frz.* (art, science) nautique (< *lat.* nauticus) beeinflußt oder daraus übernommen. Das zugrundeliegende Adjektiv *griech.* nautikós „Schiff oder Seefahrt betreffend", nach dem unser Adjektiv **nautisch** „die Nautik betreffend" (18./19. Jh.) gebildet wurde, ist von *griech.* naũs „Schiff" abgeleitet. Damit urverwandt ist *lat.* navis „Schiff" (↑ Navigation).

Navigation „Kurs- und Standortbestimmung in der See-, Luft- und Raumfahrt": Das seit dem 16. Jh. bezeugte Fremdwort, dessen Bedeutung bis in die neueste Zeit viel allgemeiner war, etwa „Schiffahrt, Kunst der Schiffsführung", ist aus *lat.* navigatio „Schiffahrt" entlehnt. Zugrunde liegt das von *lat.* navis „Schiff" (urverwandt mit gleichbed. *griech.* naũs; ↑ Nautik) abgeleitete Verb *lat.* navigare „zur See fahren", aus dem unser Verb **navigieren** „Kurs- und Standortbestimmung eines Schiffes, Flugzeuges vornehmen" übernommen ist (20. Jh.). Der für die Navigation zuständige Spezialist an Bord eines Schiffes oder Flugzeuges heißt entsprechend **Navigator** (20. Jh.; nach *lat.* navigator „Schiffer, Seemann").

Nebel: Das *dt.* und *niederl.* Wort (*mhd.* nebel, *ahd.* nebul, *niederl.* nevel) gehört mit verwandten Wörtern in anderen *idg.* Sprachen zu der vielgestaltigen *idg.* Wurzel *[e]nebh- „Feuchtigkeit, Dunst, Dampf, Nebel, Wolke", vgl. z. B. *griech.* néphos „Nebel, Wolke", nephélē „Nebel, Wolke", *lat.* nebula „Dunst, Nebel, Wolke", nimbus „Sturm-, Regenwolke; Platzregen" (↑Nimbus). Von *lat.* nebula ist nebulosus „neblig" abgeleitet, auf das *frz.* nébuleux „neblig, dunstig, verschwommen, unklar" zurückgeht. Daraus entlehnt ist unser **nebulös,** auch: **nebulos.** Abl.: **nebeln,** *südd.* **nibeln** (*mhd.* nebelen, nibelen, *ahd.* nibulen), beachte dazu die Bildungen **benebeln, umnebeln, vernebeln; nebelhaft** „neblig; undeutlich, verschwommen" (17. Jh.); **neb[e]lig** „voller Nebel" (15. Jh.). Siehe auch den Artikel *Imme.*

neben: Die Präposition *mhd., ahd.* neben ist gekürzt aus *mhd.* eneben, *ahd.* ineben, das sich aus der adverbiell gebrauchten Fügung *in ebanī, *an ebanī „auf gleiche Weise; zusammen, nebeneinander" entwickelt hat (zum Substantiv ebanī vgl. *eben*). In Zusammensetzungen drückt 'neben' gewöhnlich die Unterordnung, seltener die Gleichstellung aus, beachte z. B. einerseits **Nebenbahn, Nebenfrau, Nebensache** (17. Jh.), dazu **nebensächlich** (17. Jh.), andererseits z. B. **Nebenbuhler** (↑Buhle). Abl.: **nebst** „zugleich mit" (17. Jh., entstanden aus 'nebenst', einer Weiterbildung der Präposition mit adverbiellem Genitiv-s, *frühnhd.* nebens).

Necessaire „Behältnis für Reiseutensilien (Toilettenartikel, Nähzeug u. ä.)": Das Fremdwort wurde im 18. Jh. aus *frz.* nécessaire „Reisebesteck, Handarbeitskästchen" (eigentlich „Notwendiges, Erforderliches") entlehnt, das auf *lat.* necessarius „notwendig, erforderlich" zurückgeht. Dies gehört zu *lat.* necesse „unausweichlich" (aus *lat.* ne „nicht" und cedere [cessum] „weichen").

necken: Das seit dem 14. Jh., zunächst *ostmitteld.* bezeugte Verb ist eine Intensivbildung zu dem unter ↑*nagen* behandelten Verb und bedeutet demnach eigentlich „kräftig nagen oder beißen". Früher wurde 'necken' im Sinne von „boshaft reizen, plagen" verwendet, heute ist es im Sinne von „ein übermütiges Spiel oder harmlose Scherze mit jemandem treiben" gebräuchlich. Abl.: **neckisch** „lustig, schelmisch, verschmitzt" (*mhd., mitteld.* neckisch „boshaft, tückisch").

Neffe „Bruder-, Schwestersohn": Die *altgerm.* Verwandtschaftsbezeichnung *mhd.* neve, *ahd.* nevo, *niederl.* neef, *aengl.* nefa, *aisl.* nefi beruht mit verwandten Wörtern in anderen *idg.* Sprachen auf *idg.* *nepōt- „Enkel, Neffe", vgl. z. B. *aind.* nápāt „Enkel, Nachkomme" und *lat.* nepos „Enkel[kind]; Neffe". Das *idg.* Wort ist vermutlich zusammengesetzt aus der Verneinungspartikel *ne- (vgl. *nicht*) und aus *poti-s „Herr, Gebieter" (vgl. *potent*) und bedeutet demnach eigentlich etwa „Unmündiger". Siehe auch den Artikel *Nichte.*

Negation, negativ ↑negieren.

Neger: Die in *dt.* Texten seit dem 17. Jh. bezeugte Bezeichnung für die Angehörigen der auf dem afrikanischen Kontinent beheimateten Menschenrasse, deren hauptsächliches Kennzeichen eine dunkelbraune bis schwarze Hautfarbe ist, ist aus gleichbed. *frz.* nègre entlehnt, das seinerseits auf *lat.* niger „schwarz" zurückgeht, vermittelt durch *span., port.* negro (unmittelbar aus *lat.* niger stammt hingegen *frz.* noir „schwarz"). – Seit dem 19. Jh. findet sich bei uns gelegentlich auch die stets verächtlich gemeinte Bezeichnung **Nigger,** die aus dem *Amerik.* übernommen ist (*amerik.* nigger, das dem familiären und umgangssprachlichen Bereich entstammt, steht für normalsprachliches *engl.,* negro [*span., port.* negro]).

negieren „verneinen, bestreiten": Das Verb wurde im 16. Jh. aus *lat.* negare „nein sagen, verneinen, bestreiten usw." entlehnt. – Zu *lat.* negare stellen sich die Bildungen *lat.* negatio „Verneinung, Verleugnung", aus dem im 16. Jh. **Negation** „Verneinung; Verneinungswort" entlehnt wurde, und *lat.* negativus „verneinend", aus dem im 18. Jh. **negativ** „verneinend, ablehnend; ergebnislos; ungünstig, schlecht" übernommen wurde. Fachsprachlich wird 'negativ' als Gegenwort zu 'positiv' verwendet, einerseits in der Physik von elektrischen Ladungen, andererseits in der Photographie im Sinne von „in den Originalfarben verkehrt, vertauscht". Beachte dazu auch die Substantivierung **Negativ** „Gegenbild, Kehrbild" (Ende 19. Jh.; unter dem Einfluß von oder entlehnt aus gleichbed. *frz.* négatif, *engl.* negative). Vgl. auch den Artikel *Renegat.*

Negligé: Die Bezeichnung für „Hauskleid, Morgenrock" wurde im 18. Jh. aus *frz.* (habillement) négligé entlehnt, das wörtlich etwa „vernachlässigte, lässig-intime Kleidung" bedeutet. Das zugrundeliegende *frz.* Verb négliger „außer acht lassen, vernachlässigen" geht zurück auf gleichbed. *lat.* neg-legere (eigentlich etwa „nicht auswählen"), eine verneinende Bildung zu *lat.* legere „[auf]lesen, sammeln; auswählen" (vgl. *Legion*).

nehmen: Das *gemeingerm.* Verb *mhd.* nemen, *ahd.* neman, *got.* niman, *aengl.* niman, *aisl.* nema geht mit verwandten Wörtern in anderen *idg.* Sprachen zurück auf die *idg.* Wurzel *nem- „zuteilen", medial „sich selbst zuteilen, nehmen", vgl. z. B. *griech.* némein „[zu]teilen; Weideland zuteilen; weiden" (↑Nomade und ↑...nom). Das Verbaladjektiv zu 'nehmen' ist ↑genehm. Die beiden Substantivbildungen *mhd.* nāme, *ahd.* nāma „das [gewaltsame] Nehmen, Raub" und *mhd.* nunft, *ahd.* numft „das Nehmen, das Ergreifen" sind heute nur noch in Zusammensetzungen bewahrt, beachte die zu den entsprechenden Präfixbildungen und Zusammensetzungen gehörigen 'Ab-, Auf-, Aus-, Ein-, Ent-, Nach-, Über-, Zunahme' und das zu 'vernehmen' gebildete ↑Vernunft. Wichtige Präfixbildungen und Zusammensetzungen sind **annehmen** „in Empfang nehmen, entgegennehmen; akzeptieren, billigen; sich zu eigen machen; vermuten, glauben, meinen" (*mhd.* anenemen, *ahd.* ananeman; die Bed. „vermuten" hat sich aus „die Ansicht eines anderen als wahr akzeptieren, etwas als wahr, wahrscheinlich ansehen" entwickelt), dazu **Annahme** „das Annehmen; Vermutung, Ahnung"; **benehmen** „wegnehmen, entziehen", reflexiv (seit dem 18. Jh.) „sich betragen, sich aufführen" (*mhd.* benemen, *ahd.* biniman), dazu das adjektivisch verwendete 2. Partizip **benommen** „schwindlig, betäubt" (eigentlich „dem Bewußtsein entzogen"), der substantivierte Infinitiv **Benehmen** „Betragen" und **Benimm** *ugs.* für „Betragen, Verhalten" (substantivierter Imperativ 'benimm [dich]!'), beachte auch **unbenommen** in der Verbindung 'jemandem unbenommen sein' „jemandem freigestellt, überlassen sein" (*mhd.* unbenommen „nicht versagt; zugestanden"); **unternehmen** „beginnen, betreiben, machen" (*mhd.* undernemen), dazu der substantivierte Infinitiv **Unternehmen** „Vorhaben; Geschäft, Betrieb" und **Unternehmer** „Geschäftsmann, Fabrikant" (nach *frz.* entrepreneur, *engl.* undertaker); **vernehmen** „gewahr werden, wahrnehmen, hören; verhören, gerichtlich befragen" (*mhd.* vernemen, *ahd.* firneman), dazu **vernehmlich** „laut, deutlich" (eigentlich „hörbar") und **Vernehmung** „Verhör, gerichtliche Befragung". – Siehe auch den Artikel *vornehm.*

Nehrung: Die Bezeichnung für „schmaler, langgestreckter Landstreifen, der Strandseen vom Meer trennt" gehört zu dem unter ↑*Narbe* behandelten Adjektiv *narwa „eng" und bedeutet demnach eigentlich „die Enge". Die seit dem 16. Jh. bezeugte Form 'Nehrung' ist aus 'nerge' entstanden, beachte 'kūrische Nerge' „Kurische Nehrung" (14. Jh.).

Neid: Die Herkunft des *gemeingerm.* Wortes für „Haß, Groll, feindselige Gesinnung" (*mhd.* nīt, *ahd.* nīd, *got.* neiþ, *aengl.* nīđ, *aisl.* nīđ) ist unklar. Die heute allein übliche Bed. „Mißgunst" entwickelte sich schon früh aus der Bed. „Haß". Abl.: **neiden** „mißgönnen" (*mhd.* nīden, *ahd.* nīdōn, -en; das einfache Verb wird heute nur noch in gehobener Sprache verwendet; allgemein gebräuchlich ist die Präfixbildung **beneiden**); **neidisch** „abgünstig" (*mitteld.* nīdisch, 13. Jh.). Zus.: **Neidhammel** „neidischer Mensch" (16. Jh.; beachte die Zusammensetzung 'Streithammel'); **Neidnagel** (↑ Niednagel).

neigen: Das *altgerm.* Verb *mhd.* neigen, *ahd.* hneigan, *niederl.* neigen, *aengl.* hnǣgan, *aisl.* hneigja ist das Veranlassungswort zu dem im *Nhd.* untergegangenen starken Verb *mhd.* nīgen, *ahd.* hnīgan „sich neigen, sich beugen, sinken" usw. Eine Intensiv-Iterativ-Bildung zu diesem starken Verb ist ↑nicken. Mit dieser *germ.* Wortgruppe ist z. B. verwandt *lat.* niti „sich stemmen, sich stützen", eigentlich „sich auflehnen" (↑ renitent), nictare „nicken, zublinzeln, zwinkern". Das adjektivisch verwendete 2. Partizip **geneigt** wird gewöhnlich im Sinne von „wohlgesinnt, gnädig; gewillt" gebraucht, beachte auch **abgeneigt** „nicht gewillt, abhold" (17. Jh.). Präfixbildung und Zusammensetzung mit 'neigen' sind **verneigen,** sich „sich verbeugen" (*mhd.* verneigen), dazu **Verneigung** „Verbeugung", und **zuneigen** „einen Hang zu etwas haben, wohlgesinnt sein" (*mhd.* zuoneigen), dazu **Zuneigung** „Gewogenheit, Liebe". Abl.: **Neige** (*mhd.* neige „Neigung, Senkung; Tiefe", seit dem 15. Jh. auch „letzter Inhalt eines Gefäßes, Rest"); **Neigung** (*mhd.* neigunge „Gewogenheit, Liebe; Lust; Zustimmung").

nein: Das verneinende Antwortadverb *mhd., ahd.* nein (entsprechend *niederl.* neen) ist aus der Negationspartikel *ahd.* ni und dem Neutrum des unbestimmten Artikels *ahd.* ein (vgl. [1]*ein*) entstanden und bedeutet demnach eigentlich „nicht eins". Die Negationspartikel *ahd.* ni steckt z. B. auch in ↑nicht und ↑nie (vgl. *un...*). Heute wird 'nein' auch als Ausruf des Erstaunens verwendet. Abl.: **verneinen** „nein sagen, abschlagen" (*mhd.* verneinen).

nekro..., Nekro...: Dem Bestimmungswort von Zusammensetzungen mit der Bed. „Toter, Leiche", wie z. B. in 'Nekrolog', liegt *griech.* nekrós „tot, gestorben; Toter, Verstorbener, Leichnam" zugrunde.

Nektar: Der Name des den Göttern (der griechischen Sage) ewige Jugend, Unsterblichkeit spendenden Trankes wurde im 16. Jh. aus *lat.* nectar entlehnt, das seinerseits aus gleichbed. *griech.* néktar übernommen ist. Das *griech.* Wort ist ohne sichere Deutung. – In neuerer Zeit wird 'Nektar' in der biologischen Fachsprache als Bezeichnung der von der Honigdrüse im Bereich einer Blüte (oder eines Blattes) zur Anlockung der Insekten ausgeschiedenen Zuckerlösung verwendet.

Nelke: Die *nhd.* Form 'Nelke' hat sich über 'neilke' aus *mnd.* negelke entwickelt. Das *mnd.* Wort ist wie auch *mhd.* negellīn eine Verkleinerungsbildung zu dem unter ↑*Nagel* behandelten Substantiv und bedeutet also eigentlich „Nägelchen, Näg[e]lein". Sowohl *mnd.* negelken als auch *mhd.* negellīn bezeichneten zunächst die Gewürznelke, d. h. die aus Übersee stammenden getrockneten Blütenknospen des Gewürznelkenbaums, die in ihrer Form Ähnlichkeit mit einem kleinen Nagel haben. Im 16. Jh. wurde das Wort dann auf die Gartennelke übertragen, weil die Blume einen gewürznelkenartigen Duft hat.

nennen: Das *gemeingerm.* Verb *mhd.* nennen, *ahd.* nemnen, *got.* namnjan, *aengl.* nemnan, *schwed.* nämna ist von dem unter ↑*Name* behandelten Substantiv abgeleitet und bedeutet eigentlich „mit einem Namen belegen". Vgl. dazu z. B. das von *lat.* nomen „Name" abgeleitete Verb nominare „nennen" (↑ nominieren). – Präfixbildungen mit 'nennen' sind **benennen** (*mhd.* benennen), dazu **Benennung,** und **ernennen** (*mhd.* ernemmen), dazu **Ernennung.** Abl.: **Nenner** „Zahl unter dem Bruchstrich" (Ende des 15. Jh.s, für *mlat.* denominator; so benannt, weil die Zahl unter dem Bruchstrich den Bruch nennt).

neo..., Neo...: Das Bestimmungswort von Zusammensetzungen mit der Bed. „neu, erneuert, jung", wie z. B. in 'Neokolonialismus, Neofaschismus', ist entlehnt aus dem *griech.* Adjektiv néos (< *néu̯-os) „neu, frisch, jung", das mit *dt.* ↑*neu* urverwandt ist.

neppen „[durch ungerechtfertigt hohen Preis] übervorteilen, begaunern": Die Herkunft des aus der Gaunersprache in die Umgangssprache gelangten Verbs ist nicht gesichert. – Abl.: **Nepp** „das Neppen, Übervorteilung".

Nerv „Strang, der der Reizleitung zwischen Gehirn, Rückenmark und Körperorgan dient": Das in *dt.* Texten seit dem 16. Jh. bezeugte Substantiv ist aus *lat.* nervus „Sehne, Flechse; Band; Muskelband" (urverwandt mit gleichbed. *griech.* neũron; vgl. *neuro..., Neuro...*) entlehnt. Es trat zuerst in der allgemeinen Bed. „Sehne, Flechse" auf, wie sie noch in dem abgeleiteten Adjektiv **nervig** „sehnig, voll angespannter Kraft, kraftvoll" (18. Jh.) anklingt. Der medizinische Gebrauch des Wortes zur Bezeichnung der aus Ganglienzellen bestehenden Körperfasern, die die Reizleitung zwischen Gehirn, Rückenmark und Körperorganen besorgen, entwickelte sich im 18. Jh., zuerst wohl im *Engl.* Seit dem 17. Jh. gilt 'Nerv' auch im übertragenen Sinne von „innere Kraft, Gehalt, Wesen; kritische Stelle", beachte besonders die heute vorwiegend scherzhaft verwendete Fügung 'Nervus rerum' „Hauptsache; Geld als wichtigste Lebensgrundlage" (wörtlich „Nerv der Dinge"). – Abl.: **nervlich** „die Nerven, das Nervensystem betreffend"; **nervös** „nervenschwach; reizbar, fahrig, aufgeregt" (19. Jh.; nach *frz.* nerveux, *engl.* nervous; aber schon im 17. Jh. 'nervos' „nervig"; Quelle ist *lat.* nervosus „sehnig, nervig"); **Nervosität** „Nervenschwäche; Reizbarkeit, Erregtheit, Unrast" (19. Jh., nach *frz.* nervosité; Quelle ist *lat.* nervositas „Stärke einer Faser, Kraft"); **enervieren** „entnerven" (17. Jh.; nach *frz.* énerver aus *lat.* e-nervare „der Nerven entledigen, entkräften"), dafür heute meist **entnerven** (Ende 17. Jh.; Gegenbildung zu einem früheren Zeitwort 'nerven' „mit Nerven versehen, kräftigen"). Eine junge Bildung des 20. Jh.s ist *ugs.* **nerven** „jemandem auf die Nerven gehen; nervlich strapazieren; hartnäckig bedrängen".

Nerz, älter Nörz: Die seit dem 15. Jh. bezeugte Bezeichnung für das Wasserwiesel und dessen Fell wurde im Rahmen des Fellhandels mit den Slawen aus *ukrain.* noryća „Nerz, Nerzfell" entlehnt (vgl. *russ.* norka, *sorb.* nórc „Nerz"). Das *slaw.* Wort bedeutet eigentlich „Taucher", beachte *slowak.* norit' „untertauchen". Im heutigen Sprachgebrauch wird 'Nerz' gewöhnlich im Sinne von „Pelz aus Nerzfellen" verwendet.

Nessel: Der *altgerm.* Pflanzenname *mhd.* neʒʒel, *ahd.* neʒʒila, *niederl.* netel, *engl.* nettle, *schwed.* nässla ist abgeleitet von einem im *Dt.* untergegangenen Wort für „Nessel": *ahd.* naʒʒa „Nessel" usw. Dieses Wort ist mit den Sippen von ↑Netz und ↑nesteln verwandt und gehört zu der *idg.* Wortgruppe von ↑nähen. Die Nessel, aus deren Fasern in früheren Zeiten Gewebe bereitet wurden, ist also als „Gespinstpflanze" benannt. Zus.: **Nesselsucht** (Anfang des 18. Jh.s; so benannt, weil sich bei dieser Krankheit Hautschwellungen wie nach der Berührung mit Brennesseln bilden); **Nesseltuch** „leinwandbindiges Gewebe aus einfachen Baumwollgarnen" (17. Jh.; früher „aus Nesselgarn bereitetes Gewebe").

Nest: Das *westgerm.* Wort *mhd., ahd.* nest, *niederl.* nest, *engl.* nest beruht mit verwandten Wörtern in anderen *idg.* Sprachen auf *idg.* *nizdo-s „Nest", vgl. z. B. *lat.* nidus „Nest" und *mir.* net „Nest". Das *idg.* Wort ist eine alte Zusammensetzung und bedeutet eigentlich „Stelle zum Nieder- oder Einsitzen". Der erste Bestandteil ist *idg.* *ni- „nieder" (vgl. *nieder*), der zweite Bestandteil gehört zu der *idg.* Wurzel *sed- „sitzen" (vgl. *sitzen;* s. auch den Artikel *Ast*). Abl.: **nisten** (s. d.). Zus.: **Nesthäkchen** (18. Jh., für älteres 'Nesthöckelchen, Nesthecklein', vgl. *hocken*).

nesteln „knüpfen, schnüren; herumfingern": Das nur *dt.* und *niederl.* Verb (*mhd.* nesteln, *ahd.* nestilen, *niederl.* nestelen) ist eine Ableitung von einem im *Dt.* nur noch *landsch.* gebräuchlichen Wort für „Schnur, Binde, Bandschleife": *landsch.* **Nestel,** *mhd.* nestel, *ahd.* nestila, *niederl.* nestel. Eng verwandt sind die Sippen von ↑Nessel und ↑Netz (vgl. *nähen*).

nett „schmuck; zierlich, niedlich; freundlich": Das seit etwa 1500 bezeugte, vom Niederrhein her gemeinsprachlich gewordene Adjektiv ist durch Vermittlung von *mniederl.* net aus *frz.* net „sauber, rein, klar; unvermischt" entlehnt. Dies ist identisch mit *it.* netto „rein, glatt; unvermischt" (↑netto) und geht wie dies auf *lat.* nitidus „glänzend, schmuck" zurück. Stammwort ist *lat.* nitere „glänzen, blinken".

netto: Der Ausdruck für „rein, ohne Abzug, ohne Verpackung" (im Gegensatz zu ↑brutto) wurde als Wort der Kaufmannssprache im 15. Jh. aus *it.* (peso) netto „rein, unvermischt" (vgl. *nett*) entlehnt. – Das Wort erscheint auch in Zus. wie 'Nettogewicht, Nettopreis'.

Netz: Das *gemeingerm.* Wort *mhd.* netze, *ahd.* nezzi, *got.* nati, *engl.* net, *schwed.* nät gehört im Sinne von „Geknüpftes" zu der unter ↑*nähen* dargestellten *idg.* Wortgruppe. Eng verwandt sind im *germ.* Sprachbereich die unter ↑*nesteln* und ↑*Nessel* behandelten Wörter und *außergerm.* z. B. *lat.* nodus „Knoten", nassa „Fischreuse". – Auf die Verwendung des Netzes zum Fisch- und Vogelfang beziehen sich Wendungen wie z. B. 'ins Netz gehen', 'ein Netz stellen'. Zus.: **Netzhaut** „innerste, lichtempfindliche Haut des Augapfels" (18. Jh.).

netzen: Das *germ.* Verb *mhd.* netzen, *ahd.* nezzen, *mnd.* netten, *got.* natjan ist von dem unter ↑*naß* behandelten Adjektiv abgeleitet und bedeutet eigentlich „naß machen". Sowohl das einfache Verb als auch die Präfixbildung **benetzen** gehören im Sinne von „an-, befeuchten" der gehobenen Sprache an, beide Verben werden aber in technischer und physikalischer Fachsprache in der Bedeutung „mit Flüssigkeiten, die schon in geringer Konzentration die Oberflächenspannung vermindern, an-, befeuchten" verwendet.

neu: Das *gemeingerm.* Adjektiv *mhd.* niuwe, *ahd.* niuwi, *got.* niujis, *engl.* new, *schwed.* ny beruht mit verwandten Wörtern in den meisten anderen *idg.* Sprachen auf *idg.* *neu̯[i̯]o-s

„neu“, vgl. z. B. *griech.* néos „neu“ (↑neo..., Neo...) *lat.* novus „neu“ (↑Novum, ↑Novelle und ↑Novize), novare „erneuern“ (↑renovieren) und *russ.* novyj „neu“. Verwandt sind wahrscheinlich auch die unter ↑*nun* und ↑*neun* behandelten Wörter. Abl.: **neuen** veraltet für „neu machen“ (*mhd.* niuwen, *ahd.* niuwōn), dazu **erneuen** „neu machen“ (in gehobener Sprache); **neuern** „neu einzuführen trachten“ (*mhd.* niuwern „neu machen“), dazu **Neuerer** „einer, der neue Ideen oder Methoden einzuführen sucht“ (18. Jh.) und die Präfixbildung **erneuern** „neu machen, renovieren; wiederholen; auswechseln“ (*mhd.* erniuwern); **Neuheit** „das Neusein; Neuartiges“ (*spätmhd., mitteld.* nūweheit, 14. Jh.); **Neuigkeit** „Neuheit; neue Nachricht“ (*mhd.* niuwecheit, niuwekeit); **neulich** „kürzlich“ (*mhd.* niuwelīche, Adverb „vor kurzem, jüngst, eben, erst“; seit dem 16. Jh. ist 'neulich' auch als Adjektiv gebräuchlich); **Neuling** „in einem Kreis unbekannter, auf einem Gebiet unerfahrener Mensch“ (15. Jh.). Zus.: **Neubau** „noch im Bau befindliches oder eben fertiggestelltes Gebäude“ (18. Jh.); **neuerdings,** Adverb „in letzter Zeit, erst vor kurzem“ (18. Jh., aus älterem 'neuer Dinge', vgl. zur Bildung z. B. 'allerdings' unter *all*); **Neugier** (um 1700; in der Bed. „Verlangen, etwas Neues zu machen oder kennenzulernen“), **Neugierde** (17. Jh.), **neugierig** (16. Jh.); **Neujahr** (16. Jh.); **Neuzeit** (19. Jh., zusammengerückt aus 'neue Zeit'), dazu **neuzeitlich** (19. Jh.).

neumodisch ↑Mode.

neun: Das *gemeingerm.* Zahlwort *mhd., ahd.* niun, *got.* niun, *engl.* nine, *schwed.* nio beruht mit Entsprechungen in den meisten anderen *idg.* Sprachen auf *idg.* *[e]neu̯en- „neun“, vgl. z. B. *aind.* náva „neun“, *lat.* novem „neun“ und *griech.* ennéa „neun“. Das *idg.* Zahlwort gehört vielleicht zu dem unter ↑*neu* behandelten *idg.* Adjektiv. Die Neun wäre dann als „neue Zahl“ (in der dritten Viererreihe) benannt worden, vgl. den Artikel acht. Abl.: **neunte** Ordnungszahl (*mhd.* niunte, *ahd.* niunto; entsprechend *got.* niunda, *engl.* ninth, *schwed.* nionde). Zus.: **neunzehn** (*mhd.* niunzehen, *ahd.* niunzehan); **neunzig** (*mhd.* niunzec, *ahd.* niunzug; vgl. *...zig*); **Neunauge** Fischname (*mhd.* niunouge, *ahd.* niunouga; so benannt, weil man fälschlicherweise die sieben Kiemenlöcher des Fisches auch für Augen hielt); **Neuntöter** Vogelname (16. Jh.; so benannt, weil der Vogel nach dem Volksglauben neun Tiere tötet, bevor er eins verzehrt, oder weil er jeden Tag neun andere Vögel tötet).

Neuralgie: Die medizinische Bezeichnung für „(anfallsweise auftretender) Nervenschmerz“ ist eine gelehrte Neubildung des 19. Jh.s aus *griech.* neũron „Sehne; Nerv“ (vgl. *neuro..., Neuro...*) und *griech.* álgos „Schmerz“. Davon abgeleitet ist das Adjektiv **neuralgisch** „auf Neuralgie beruhend“ (20. Jh.), das oft übertragen im Sinne von „Spannungen verursachend, kritisch“ gebraucht wird, so besonders in der Fügung 'neuralgischer Punkt'.

neuro..., Neuro..., (vor Vokalen:) neur..., Neur...: Quelle für das Bestimmungswort gelehrter Zusammensetzungen aus dem Bereich der Naturwissenschaften und der Medizin mit der Bed. „Nerv; Nervengewebe, -system“, wie z. B. in ↑Neuralgie, ist das *griech.* Substantiv neũron „Sehne, Flechse, Band; Nerv“, das urverwandt ist mit entsprechend *lat.* nervus (vgl. *Nerv*). – Beachte noch den Artikel *Neurose.*

Neurose: Die Bezeichnung für eine psychische Störung ist eine gelehrte Neubildung des 19. Jh.s zu *griech.* neũron „Sehne; Nerv“ (vgl. *neuro..., Neuro...*). – Dazu stellen sich das Adjektiv **neurotisch** „im Zusammenhang mit einer Neurose stehend, durch diese bedingt“ (20. Jh.) und das Substantiv **Neurotiker** „an einer Neurose Leidender“ (20. Jh.).

neutral: Quelle dieses Fremdwortes ist das *lat.* Adjektiv neutralis, das von *lat.* neuter „keiner von beiden“ (vgl. *Neutrum*) abgeleitet ist. Es wurde als grammatischer Terminus mit der Bed. „sächlich“ (= „weder männlichen noch weiblichen Geschlechts“) verwendet und in diesem Sinne von den deutschen Grammatikern übernommen. Im *Mlat.* entwickelte *lat.* neutralis die Bed. „keiner Partei angehörend“, und daraus wurde im 16. Jh. – wohl unter dem Einfluß von *frz.* neutre – unser Adjektiv 'neutral' „keiner [kriegführenden] Partei angehörend“ übernommen, das dann auch allgemeinsprachlich im Sinne von „nichts Besonderes aufweisend, zu allem passend“, fachsprachlich im Sinne von „weder basisch noch sauer“ (Chemie) und „weder positiv noch negativ, nicht elektrisch geladen“ (Physik) verwendet wurde. Beachte dazu **Neutron** „Elementarteilchen ohne elektrische Ladung als Baustein des Atomkerns“, das aus gleichbed. *engl.* neutron entlehnt ist, einer Bildung des britischen Physikers E. Rutherford (1871–1937) in Analogie zu *engl.* electron (vgl. *Elektron*). Abl.: **Neutralität** „neutrales Verhalten; Nichtbeteiligung; Parteilosigkeit“ (15. Jh.; wohl unter Einfluß von *frz.* neutralité aus *mlat.* neutralitas); **neutralisieren** „ausgleichen, aufheben; außer Wirkung setzen“ (18. Jh.; aus gleichbed. *frz.* neutraliser).

Neutrum „sächliches Geschlecht; sächliches Substantiv“: Der grammatische Ausdruck wurde im 18. Jh. aus gleichbed. *lat.* neutrum (genus) entlehnt. Dies ist die substantivierte sächliche Form von *lat.* neuter (< ne-uter) „nicht einer von beiden, keiner von beiden“ und bedeutet demnach eigentlich „keines von beiden Geschlechtern (weder das männliche noch das weibliche)“. – Siehe auch den Artikel *neutral.*

Neuzeit, neuzeitlich ↑neu.

nicht: Das heute als Adverb verwendete Wort (*mhd.* niht, *ahd.* niwiht) ist aus *ahd.* 'ni [eo] wiht' „nicht [irgend] etwas“ entstanden. Die Negativpartikel *ahd.* ni steckt z. B. auch in ↑nein und ↑nie (vgl. *un...*); über *ahd.* eo, io „immer, irgend[einmal]“ s. den Artikel *je;* über *ahd.* wiht „etwas“ s. den Artikel *Wicht.* – In *ahd.* und auch in *mhd.* Zeit wurde 'nicht' als Indefinitpronomen und als Substantiv verwendet. Dieser Wortgebrauch war noch bis ins 16. Jh. hinein üblich, beachte dazu die bewahrten Kasusformen in 'mitnichten', 'zunichte machen' usw. Seit dem 14. Jh. setzte sich als Substantivpronomen für *mhd.* niht allmählich *mhd.* niht[e]s durch (↑nichts). Abl.: **nichtig** „unbedeutend, wertlos" (16. Jh.), dazu **Nichtigkeit** (15. Jh.).

Nichte „Bruder-, Schwestertochter": Das seit dem 17. Jh. gebräuchliche Wort stammt aus dem *Niederd. Mnd.* nichte (mit *niederd.-niederl.* -cht für *hochd.* -ft, vgl. *Gracht*) ist verwandt mit gleichbed. *ahd.* nift, *niederl.* nicht, *aengl.* nift, *aisl.* nipt. Diese *altgerm.* Verwandtschaftsbezeichnung beruht mit verwandten Wörtern in anderen *idg.* Sprachen auf *idg.* *neptī- „Enkelin, Nichte", vgl. z. B. *lat.* neptis „Enkelin, Nichte" und *air.* necht „Nichte". Das *idg.* Wort ist die weibliche Form zu *idg.* *nepōt- „Enkel, Neffe" (vgl. *Neffe*).

nichts: Das Indefinitpronomen (*mhd.* niht[e]s) ist eigentlich der Genitiv Singular von dem unter ↑*nicht* behandelten Wort. Es entstand aus der im *Mhd.* üblichen Verstärkung 'nihtes niht' „nichts von nichts" unter Weglassung des zweiten 'niht'. – Die Substantivierung das **Nichts** ist seit dem 16. Jh. bezeugt. Eine *ugs.* scherzhafte Mischbildung ist **nichtsdestotrotz,** und zwar aus 'nichtsdestoweniger' (zusammengezogen aus 'nichts desto weniger') und 'trotzdem'. Zus.: **Nichtsnutz** „Taugenichts" (15. Jh.; vgl. *nützen*); **nichtswürdig** „gemein, niederträchtig, ehrlos" (17. Jh.).

Nickel: Der seit der zweiten Hälfte des 18. Jh.s bezeugte Metallname ist entlehnt aus *schwed.* nickel, einer Kürzung aus *schwed.* kopparnickel „Rotnickelkies" (nach *dt.* Kupfernickel). Das Metall wurde 1751 von dem *schwed.* Mineralogen v. Cronstedt entdeckt und so benannt, weil die Erzart Kupfernickel – *schwed.* kopparnickel – den höchsten Gehalt des neuen Metalls aufwies. – Die seit der 1. Hälfte des 18. Jh.s bezeugte *dt.* Bezeichnung 'Kupfernickel' bedeutet eigentlich „Kupferkobold". Da die Bergleute aus der kupferfarbenen Erzart vergeblich Kupfer zu gewinnen suchten, schrieben sie die Schuld einem Kobold zu (vgl. die Artikel *Kobalt* und *Quarz*). Das Grundwort ist das heute nicht mehr gebräuchliche 'Nickel' „Kobold, eigensinniger, kleiner Mensch", das eine Kurz- oder Koseform des Männernamens Nikolaus ist.

nicken: Das Verb *mhd.* nicken, *ahd.* nicchen ist eine Intensiv-Iterativbildung zu dem unter ↑*neigen* behandelten Verb und bedeutet demnach eigentlich „heftig oder wiederholt neigen". Das *ugs.* nicken „ein Schläfchen machen" – dazu **Nicker[chen]** *ugs.* für „Schläfchen" – geht zurück auf *mhd.* nücken „nicken; stutzen; leicht schlummern".

Nickfänger ↑Genick.

nie: Das Adverb *mhd.* nie, *ahd.* nio ist zusammengesetzt aus der Negationspartikel *ahd.* ni (vgl. *un...*) und *ahd.* io, eo „immer, irgendeinmal" (vgl. *je*). Zus.: **niemals** (16. Jh.; mit pleonastischem '...mals' wie auch 'jemals', vgl. [1]*Mal*); **niemand** (*mhd.* nieman, *ahd.* nioman, vgl. den Artikel *jemand*); **nimmer** (*mhd.* nimmer, älter niemēr, *ahd.* niomēr „nie mehr, nie fortan", vgl. *mehr*), beachte dazu die Zusammenrückung **Nimmersatt** (17. Jh.).

nieder: Das *altgerm.* Wort (Präposition und Adverb) *mhd.* nider, *ahd.* nidar, *niederl.* neder, *aengl.* niđer, *schwed.* neder beruht mit *aind.* nitarām „niederwärts, nach unten" auf einer alten Komparativbildung zu *idg.* *ni- „nieder", vgl. z. B. *aind.* ní „hinab, nieder" und *russ.* niz- „herab-" (s. auch den Artikel *Nest*). – Abl.: **Niederung** „tiefgelegenes Land, Ebene" (in der heute üblichen Bedeutung 18. Jh.; *mhd.* niderunge, *ahd.* nidarunga „Erniedrigung", zu dem heute veralteten Verb niedern, *mhd.* nider[e]n, *ahd.* nidarren „niedrig machen"); **niedrig** (16. Jh.), dazu **erniedrigen** „herabsetzen, demütigen". Zus.: **Niedertracht** „schäbige Gesinnung, Gemeinheit" (Anfang des 19. Jh.s; Rückbildung aus dem Adjektiv 'niederträchtig'); **niederträchtig** „gemein, schäbig" (*mhd.* nidertrehtic „geringgeschätzt, verächtlich"; zum zweiten Bestandteil vgl. *tragen*).

niederkommen, Niederkunft ↑kommen.

Niederlage ↑legen.

niederlassen, Niederlassung ↑lassen.

niederlegen ↑legen.

niedermetzeln ↑metzeln.

niederringen ↑ringen.

niederstrecken ↑strecken.

niedlich: Das seit dem 16. Jh. gebräuchliche Adjektiv stammt aus dem *Niederd.* In den älteren Sprachzuständen ist nur das Adverb bezeugt, vgl. *asächs.* niudlīko „mit Verlangen, eifrig" (entsprechend *mhd.* nietlīche „mit Verlangen, eifrig, fleißig"), das zu einem im *Dt.* untergegangenen Substantiv mit der Bed. „Verlangen, Begierde, Eifer" gehört: *asächs.* niud, *ahd.* niot, *mhd.* niet, *aengl.* nēod „Verlangen, Begierde, Eifer". – Das Adjektiv, das demnach eigentlich „Verlangen, Eifer erweckend" bedeutet, wurde zunächst im Sinne von „appetitlich, lecker", seit dem 18. Jh. dann im Sinne von „zierlich, klein" verwendet. Abl.: **verniedlichen** „verharmlosen" (19. Jh.); **Niedlichkeit** (17. Jh.; in der Bed. „Leckerbissen").

Niednagel „im Nagelfleisch haftender Nagelsplitter; am Nagel losgelöstes Hautstückchen": Das seit dem 17. Jh. in der *niederd.* Form 'Niednagel' und in der *hochd.* Form 'Neidnagel' bezeugte Wort ist Lehnübersetzung von *niederl.* nijdnagel oder aus diesem entlehnt. Die *niederl.* Bezeichnung beruht auf dem Volksglauben, daß sich ein Nagelsplitter im Fleisch festsetzt oder ein Hautstückchen am Nagel sich löst, wenn man von einem neidischen Blick getroffen ist, vgl. dazu *frz.* envie „Neid, Mißgunst" und „Niednagel".

niedrig ↑nieder.

niemals ↑[1]Mal, ↑nie.

niemand ↑nie.

Niere: Die *altgerm.* Benennung des Ausscheidungsorgans *mhd.* nier[e], *ahd.* nioro, *niederl.* nier, *mengl.* nēre, *schwed.* njure beruht mit verwandten Wörtern in anderen *idg.* Sprachen auf *idg.* *neg[u]hró-s „Niere, Hode", vgl. z. B. *griech.* nephrós „Niere" (beachte dazu medizinisch fachsprachlich Nephritis „Nierenentzündung", Nephrose „Nierenerkrankung"). Welche Vorstellung der Benennung der Niere zugrunde liegt, ist unklar. Auch in *ahd.* Zeit wurde das Wort noch in den beiden Bedeutungen „Niere" und „Hode" verwendet.

niesen: Das *altgerm.* Verb *mhd.* niesen, *ahd.* niosan, *niederl.* niezen, *aisl.* hnjōsa, *schwed.* nysa ist lautnachahmenden Ursprungs. Auf ähnlichen Nachahmungen des Nieslautes und Schnaubgeräusches beruhen die unter ↑*schnauben* behandelten Wörter und die *germ.* Sippe von *mhd.* phnūsen „niesen, schnauben", zu dem *oberd. mdal.* **Pfnüsel** „Schnupfen" gehört. Zus.: **Nieswurz** (*mhd.* nies[e]wurz, *ahd.* hniesuurtz: so benannt wegen der zum Niesen reizenden Wirkung des gepulverten Wurzelstocks).

Nießbrauch, Nießnutz ↑genießen.

Nieswurz ↑niesen.

[1]Niete, fachsprachlich **Niet:** Der technische Ausdruck für „Metallbolzen zum Verbinden von metallenen Werkstücken" geht zurück auf *mhd.* niet[e] „breit geschlagener Nagel, Nietnagel", das zu dem starken Verb *ahd.* pi-hniutan „befestigen" (entsprechend *aisl.* hnjōđa „schlagen, klopfen") gehört. *Mhd.* niet[e] entsprechen *mnd.* nēt und älter *niederl.* neet. – Abl.: **nieten** „metallene Werkstücke durch Metallbolzen verbinden" (*mhd.* nieten „den Nagel umschlagen oder breit schlagen, mit Nietnägeln befestigen").

[2]Niete „Los, das nicht gewonnen hat": Das seit dem 18. Jh. bezeugte Wort wurde mit der Übernahme des holländischen Lotteriewesens aus *niederl.* niet „Niete" entlehnt (vgl. den Artikel *Lotterie*). Das *niederl.* Wort bedeutet eigentlich „Nichts" und ist substantiviertes niet „nicht", das die *niederl.* Entsprechung von *hochd.* ↑*nicht* ist. Übertragen wird 'Niete' im Sinne von „Reinfall; Versager" verwendet.

Nigger ↑Neger.

Nihilismus: Die seit 1799 bezeugte Bezeichnung für die geistige Grundhaltung einer bedingungslosen Verneinung bestehender Lehr- und Glaubenssätze, allgemeingültiger Werte und Anschauungen ist eine *nlat.* Bildung zu *lat.* nihil „nichts". – Dazu auch: **Nihilist** „Vertreter des Nihilismus" (18./19. Jh.) und **nihilistisch** „im Sinne des Nihilismus, verneinend, zerstörerisch".

Nikotin: Die Bezeichnung für den in der Tabakpflanze enthaltenen giftigen Wirkstoff wurde im 19. Jh. aus *frz.* nicotine entlehnt. Dies ist eine Bildung zu älter *frz.* nicotiane „Tabakpflanze" (*nlat.* 'herba Nicotiana'), benannt zu Ehren des französischen Diplomaten Jean Nicot (1530–1600), der im 16. Jh. als französischer Gesandter in Lissabon Tabaksamen an Katharina von Medici sandte und als erster Tabakpflanzen nach Frankreich brachte.

Nimbus: Der seit dem 18. Jh. gebräuchliche Ausdruck für „Heiligenschein, Strahlenglanz, Ansehen, Geltung" ist aus *mlat.* nimbus „Heiligenschein, Strahlenglanz" entlehnt, das *lat.* nimbus „Sturzregen; Regenwolke; Nebelhülle, die die Götter umgibt" fortsetzt. Das Wort ist u. a. verwandt mit *lat.* nebula „Dunst, Nebel; Dampf; Wolke" und im außeritalischen Sprachbereich mit *dt.* ↑*Nebel.*

nimmer, Nimmersatt ↑nie.

Nippel „kurzes Rohrstück mit Gewinde", *ugs.* auch „kurzes ab- oder vorstehendes [Anschluß]stück": Das erst seit dem Anfang des 20. Jh.s gebräuchliche Substantiv ist wahrscheinlich aus *engl.* nipple „Schmiernippel; Brustwarze" entlehnt. Dies geht auf älter *engl.* neble zurück, eine Bildung zu neb, nib „Schnabel".

nippen „mit ganz kurzer Öffnung der Lippen trinken, kosten": Das seit dem 17. Jh. gebräuchliche Verb stammt aus dem *Mitteld.-Niederd.* In *oberd.* Mundarten entspricht gleichbed. 'nipfen'. *Niederd.-niederl.* nippen ist wahrscheinlich eine Intensivbildung zu *mnd.* nipen „kneifen", *niederl.* nijpen „kneifen, klemmen, drücken" und bezieht sich demnach auf das Zusammenpressen der Lippen am Gefäßrand.

Nippes: Der Ausdruck für „kleine Zierfiguren und dgl. [aus Porzellan]" wurde im 18. Jh. aus *frz.* nippes „modisches Zubehör; elegante Damenwäsche" entlehnt. Die weitere Herkunft des Wortes ist nicht gesichert.

nirgend ↑irgend.

Nische „Mauervertiefung": Das seit dem Ende des 17. Jh.s belegte Substantiv ist aus gleichbed. *frz.* niche entlehnt. Dies ist postverbales Substantiv von *afrz.* nichier (= *frz.* nicher) „ein Nest bauen; hausen", dem ein gleichbed. *vlat.* *nidicare voraus liegt. Stammwort ist *lat.* nidus „Nest" (< *nizdos), das in der Bildung dem urverwandten *dt.* ↑*Nest* entspricht.

Niß, Nisse „Lausei": Das *westgerm.* Wort *mhd.* niz[ẓe], *ahd.* [h]niẓ, *niederl.* neet, *engl.* nit ist z. B. verwandt mit *griech.* konís „Ei von Läusen, Flöhen und Wanzen" und weiterhin mit einer Reihe anders lautender Wörter, vgl. z. B. die *nord.* Sippe von *schwed.* gnet „Lausei", *russ.* gnida „Lausei" und *mir.* sned „Lausei". Alle diese Formen beruhen wahrscheinlich auf einem alten *idg.* Wort für „Lausei", das schon früh tabuistisch und euphemistisch entstellt wurde oder aber einzelsprachlich an Verben mit der Bed. „kratzen, nagen, beißen" volksetymologisch angeschlossen wurde.

nisten „ein Nest bauen, ein Nest bewohnen": Das *westgerm.* Verb *mhd., ahd.* nisten, *aengl.* nistan ist von dem unter ↑*Nest* behandelten Substantiv abgeleitet.

Nitrat, Nitrit, Nitrogenium, Nitroglyzerin ↑Natron.

Niveau „waagrechte Fläche, Höhenlage", vor allem auch übertragen gebraucht im Sinne von „[Bildungs]stufe, Rang": Das aus *frz.* niveau „Grundwaage, Wasserwaage; waagrechte Fläche; [Bildungs]stufe" entlehnte Fremdwort erscheint zuerst im 17. Jh. als bautechnischer Terminus mit der Bed. „Wasserwaage". Die Verwendung in übertragener Bedeutung ist seit dem 18. Jh. bezeugt. – *Frz.* niveau (*afrz.* nivel < livel) geht auf *vlat.* *libellus zurück, das für *klass.-lat.* libella „kleine Waage, Wasserwaage; waagrechte Fläche" steht. Über weitere Zusammenhänge vgl. den Artikel *Lira.* – Dazu: **nivellieren** „gleichmachen, einebnen; Unterschiede ausgleichen" (18. Jh.; aus *frz.* niveler).

Nix „Wassergeist": Das *altgerm.* Wort *mhd.* nickes, *ahd.* nicchus, *niederl.* nikker, *aengl.* nicor, *schwed.* näck beruht auf einer Partizipialbildung zu der *idg.* Verbalwurzel *neigu̯ „waschen, baden", vgl. z. B. *griech.* nízein „waschen" und *air.* nigrid „wäscht". Das Wort, das in den älteren *germ.* Sprachzuständen auch im Sinne von „Wasserungeheuer, Flußpferd, Krokodil" verwendet wurde, bezeichnete demnach ursprünglich ein badendes oder im Wasser plätscherndes Wesen. – Statt 'Nix' ist heute im allgemeinen die Femininbildung **Nixe** „Wasserelfe, Seejungfrau" (*mhd.* nickese, *ahd.* nicchessa) gebräuchlich. – Die seit dem 19. Jh. bisweilen verwendeten Formen **Neck, Nöck** sind aus *schwed.* näck (s. o.) bzw. *dän.* nøk entlehnt.

nobel „edel, vornehm", daneben *ugs.* im Sinne von „freigebig, großzügig": Das Adjektiv wurde im 17. Jh. aus gleichbed. *frz.* noble entlehnt, das auf *lat.* nobilis „kenntlich, bekannt; vornehm, edel; adlig" zurückgeht. Stammwort ist das *lat.* Verb noscere (< gnoscere) „erkennen, anerkennen", das zu der unter ↑*können* dargestellten *idg.* Wortsippe gehört. – Ableitungen oder Komposita von *lat.* noscere erscheinen in den Fremdwörtern ↑ignorieren, Ignorant, Ignoranz, ↑inkognito, ↑Notiz und ↑notorisch. Zu *lat.* noscere gehört wohl auch *lat.* nota „Kennzeichen, Merkzeichen" mit den Ableitungen *lat.* notare „kennzeichnen; anmerken" und *lat.* notarius „[Schnell]schreiber; Sekretär" (vgl. die Artikel *Note, notieren* und *Notar*). Allerdings sind die Beziehungen wegen der verschiedenen Quantität des Stammvokals -ŏ̄- in noscere und nōta nicht gesichert.

noch ↑nun.

Nocken „verschiedengestaltiger Vorsprung an einer Welle oder Scheibe": Die Herkunft des seit der ersten Hälfte des 20. Jh.s bezeugten technischen Ausdrucks ist nicht sicher geklärt. Vielleicht gehört 'Nocken' zu der *germ.* Wortgruppe des aus dem *Niederd.* übernommenen Seemannsausdrucks **Nock** „Ende einer Rahe, Spitze eines Rundholzes" (vgl. *niederl.* nok „Nock; Spitze; Gipfel; First", *schwed.* nock[e] „Nock; Halm; First", nocka „Zapfen, Holznagel; Steven"). Zu dieser Wortgruppe gehört wohl auch *oberd. mdal.* [2]**Nock** „Felskopf; Hügel" und **Nocke[n]** „Kloß, Knödel", beachte dazu die Verkleinerungsbildung **Nockerl** *österr.* für „[Suppen]einlage, Klößchen".

...nom: Zu dem Grundwort von Zusammensetzungen mit der Bed. „Sachkundiger; Walter, Verwalter", wie z. B. in ↑Astronom, stellt sich auch **...nomie** als Grundwort zusammengesetzter weiblicher Substantive mit der Bed. „Sachkunde; Verwaltung" wie in 'Astronomie' und 'Ökonomie'. Quelle ist *griech.* -nómos „verwaltend; Verwalter" bzw. das hinzugebildete *griech.* -nomía „Sachkunde; Verwaltung". Beide treten nur als Hinterglieder in Zusammensetzungen auf und gehören zum *griech.* Verb némein „teilen, zuteilen; Weideland zuweisen, weiden; bebauen; verwalten" (vgl. *Nomade*).

Nomade „Angehöriger eines Hirten-, Wandervolks", auch scherzhaft übertragen gebraucht für „wenig seßhafter, ruheloser Mensch": Das Substantiv wurde im 16. Jh. aus *griech.(-lat.)* nomás (nomádos) entlehnt, das eigentlich ein Adjektiv ist und „Viehherden weidend und mit ihnen umherziehend" bedeutet. Es ist eine Bildung zu *griech.* nomé bzw. nomós „Weideland". Stammwort ist *griech.* némein „teilen, zuteilen; Weideland zuweisen; weiden, weiden lassen; bebauen; verwalten", das sich zu der unter ↑*nehmen* dargestellten *idg.* Wortsippe stellt. – Beachte auch den Artikel *...nom.*

Nomen „Substantiv; deklinierbares Wort, das weder Pronomen noch Artikel ist (Substantiv und Adjektiv)": Der grammatische Terminus ist aus *lat.* nomen „Name, Benennung; Nomen", das urverwandt mit *dt.* ↑*Name* ist, entlehnt. – Zu *lat.* nomen als Stammwort gehören ↑Nominativ, ↑nominell (nominal) und ↑nominieren, ferner ↑Pronomen und ↑Renommee.

Nominativ: Der grammatische Terminus für „1. Fall, Werfall" (Grammatik) ist eine gelehrte Entlehnung des 16. Jh.s aus *lat.* (casus) nominativus „Nennfall, Nominativ". Dies gehört zu *lat.* nominare „[be]nennen"; vgl. *nominieren.*

nominell „den Nennwert betreffend; [nur] dem Namen nach [vorhanden], vorgeblich": Das Adjektiv wurde – in der Form 'nominal' – im 18. Jh. aus *frz.* nominal (< *lat.* nominalis) „zum Namen gehörig, namentlich" entlehnt. Im 19. Jh. wurde es in der Endung nach dem Vorbild von Adjektiven wie 'reell' und 'speziell' umgebildet. Die Form 'nominal' ist heute in grammatischer und wirtschaftlicher Fachsprache gebräuchlich, beachte auch Zusammensetzungen wie 'Nominalsatz, Nominalstil' und 'Nominalwert'. – Über das Stammwort *lat.* nomen „Name; Benennung" vgl. den Artikel *Nomen.*

nominieren „benennen; ernennen, namentlich vorschlagen": Das Verb wurde im 18./19. Jh. aus gleichbed. *lat.* nominare entlehnt. Dies ist eine Ableitung von *lat.* nomen „Name; Benennung" (vgl. den Artikel *Nomen*).

nonchalant „lässig, unbekümmert, formlos, ungezwungen": Das Adjektiv wurde im 17. Jh. aus gleichbed. *frz.* nonchalant entlehnt. Dies ist mit verneinender Vorsilbe zu dem Part. Präs. von *afrz. (= frz.)* chaloir „sich erwärmen für etwas; angelegen sein" gebildet, das auf *lat.* calere „warm sein; sich erwärmen für" (vgl. hierüber *Kalorie*) zurückgeht. *Frz.* nonchalant bedeutet also eigentlich „sich nicht für etwas erwärmend". – Dazu das Substantiv **Nonchalance** „Lässigkeit, Unbekümmertheit" (17. Jh.; aus gleichbed. *frz.* nonchalance).

Nonne: Die Bezeichnung für die Angehörige eines weiblichen Klosterordens, *mhd.* nunne, nonne, *ahd.* nunna (vgl. z. B. entsprechend gleichbed. *engl.* nun und *schwed.* nunna), ist aus gleichbed. *kirchenlat.* nonna „Nonne" entlehnt.

Das Wort ist bereits in *spätlat.* Inschriften mit der Bed. „Amme, Kinderwärterin" bezeugt. Es entstammt der kindlichen Lallsprache. Der Bedeutungsübergang des Wortes von „Amme" zu „Nonne" in der Kirchensprache führt wohl über eine vermittelnde Bedeutung wie etwa „Mütterchen, ehrwürdige Mutter".

Nonsens „Unsinn, törichtes Gerede": Das Fremdwort wurde bereits im 18. Jh. in literarischer Sprache aus gleichbed. *engl.* nonsense (aus *engl.* non- „nicht-" und sense „Sinn, Verstand") entlehnt.

Noppe: Das *altgerm.* Wort für „Knötchen im Gewebe, Wollflocke" (*spätmhd.-mnd.* noppe, *niederl.* nop, *aengl.* [wull]hnoppa, *schwed.* noppa) gehört wahrscheinlich zu der *germ.* Wortgruppe von *got.* dis-hniupan „zerreißen", vgl. *mhd.* noppen „stoßen", *aengl.* hnoppian „reißen, pflücken", *schwed.* nypa „kneifen, zwicken". Das abgeleitete Verb **noppen** (*spätmhd.* noppen), das früher „ein Gewebe von Noppen reinigen" bedeutete, wird heute gewöhnlich im Sinne von „ein Gewebe mit Noppen versehen" verwendet.

Nord: Der *altgerm.* Name der Himmelsrichtung *mhd.* nort, *ahd.* nord, *engl.* north, *schwed.* norr ist mit *griech.* nérteros „unterer; tieferer" und *umbr.* nertru „links" verwandt und beruht mit diesen auf einer Komparativbildung zu der *idg.* Wurzel *ner- „unten". Das *altgerm.* Wort, das ein substantivisch gebrauchtes Richtungsadverb ist, bedeutete demnach eigentlich „hinunter, weiter nach unten" und bezeichnete die untere Krümmung der scheinbaren Sonnenbahn, beachte die Wendungen 'die Sonne geht unter', 'die Sonne sinkt tiefer' (vgl. den Artikel *Süden*). Statt 'Nord', das nur noch vereinzelt und dann gewöhnlich im Sinne von „Nordwind" verwendet wird, ist heute **Norden** (*mhd.* norden, *ahd.* nordan) gebräuchlich. Auch 'Norden' ist ein substantiviertes Richtungsadverb, vgl. *mhd.* norden, *ahd.* nordana, *aengl.* nordan, *schwed.* nordan „von, im Norden". Abl.: **nordisch** „den Norden betreffend" (16. Jh., in der Bed. „nördlich"); **nördlich** (18. Jh., für älteres 'nord[en]lich'). Zus.: **Nordlicht** „Polarlicht" (18. Jh.; Lehnübersetzung von *dän.-norw.* nordlys); *ugs.* scherzhaft auch „aus Norddeutschland stammende Persönlichkeit" (aus süddeutscher, besonders bayrischer Sicht). **Nordpol** (17. Jh.); **Nordsee** (17. Jh., für älteres 'Nordersee', *mhd.* nordermer; benannt aus niederländischer Sicht als Gegensatz zur Zuiderzee „Südsee").

nörgeln „etwas auszusetzen haben, mäkeln": Das seit dem 17. Jh. bezeugte Verb ist lautmalenden Ursprungs und ist mit der unter ↑*schnarren* dargestellten Gruppe von Lautnachahmungen [elementar]verwandt. Die heute übliche Bedeutung hat sich aus „murren, brummen" entwickelt. Abl.: **Nörgler** (18. Jh.).

Norm „Richtschnur, Regel, Maßstab; [Leistungs]soll; sittliches Gebot oder Verbot als Grundlage der Rechtsordnung; Größenanweisung (für die Technik)": Das Substantiv wurde in *mhd.* Zeit (*mhd.* norme) aus *lat.* norma „Winkelmaß; Richtschnur, Regel, Vorschrift" entlehnt, das seinerseits, wahrscheinlich durch *etrusk.* Vermittlung, aus *griech.* gnṓmona, dem Akkusativ von *griech.* gnṓmōn „Kenner, Beurteiler; Maßstab, Richtschnur", hervorgegangen ist. Dies gehört zu *griech.* gi-gnṓ-skein „erkennen, kennenlernen, urteilen" (vgl. *Diagnose*). – Abl.: **normen** „einheitlich festsetzen, gestalten, [Größen] regeln" (20. Jh.), dafür schon im 19. Jh. **normieren** (aus *frz.* normer < *lat.* normare „nach dem Winkelmaß abmessen; so, wie es angenehm ist, einrichten"); **Normung** „einheitliche Gestaltung, [Größen]regelung" (20. Jh.); **normal** „der Norm entsprechend, regelrecht; üblich, gewöhnlich; geistig gesund" (18. Jh.; aus *lat.* normalis „nach dem Winkelmaß gerecht; der Norm entsprechend"); **normalisieren** „normal gestalten, auf ein normales Maß zurückführen" (20. Jh.; aus *frz.* normaliser); ferner ↑abnorm (abnormal, Abnormität) und ↑enorm.

Norne „Schicksalsgöttin": Das seit dem 18. Jh. bezeugte Wort ist eine gelehrte Entlehnung aus *anord.* norn „Schicksalsgöttin", dessen Deutung unklar ist. Vielleicht gehört die *anord.* Bezeichnung der Schicksalsgöttin im Sinne von „Spinnerin (des Schicksalsfadens)" zu der Sippe von ↑Schnur (vgl. *nähen*) oder im Sinne von „Raunende" zu der unter ↑*schnarren* behandelten Gruppe von Lautnachahmungen, vgl. *schwed. mdal.* norna, nyrna „heimlich warnen, leise mitteilen".

Nostalgie „Sehnsucht nach Vergangenem, schwärmerische Rückwendung zu einer früheren, in der Vorstellung verklärten Zeit; [krankmachendes] Heimweh": Die Form 'Nostalgie' geht zurück auf 'Nostalgia', eine gelehrte Bildung des Schweizer Mediziners Johannes Hofer (17. Jh.) aus *griech.* nóstos „Rückkehr (in die Heimat)" und álgos „Schmerz" nach dem Muster medizinisch-fachsprachlicher Bildungen auf '...algie' wie 'Neuralgie'. Mit 'Nostalgia' wollte Hofer einen medizinischen Fachausdruck für „Heimweh" einführen. – Bis in die zweite Hälfte des 20. Jh.s wurde 'Nostalgie' nur im Sinne von „Heimweh" – vor allem im medizinischen Schrifttum – gebraucht. Dann wurde es unter dem Einfluß von gleichbed. *engl.-amerik.* nostalgia im Sinne von „Sehnsucht nach Vergangenem, schwärmerische Rückwendung zu einer früheren Zeit" allgemein üblich. – Dazu stellen sich die Bildungen **nostalgisch** „die Nostalgie betreffend; verklärend vergangenheitsbezogen" und **Nostalgiker** „jemand, der sich der Nostalgie überläßt, Sehnsucht nach Vergangenem hat".

Not: Das *gemeingerm.* Wort für „Zwang, Bedrängnis" (*mhd., ahd.* nōt, *got.* nauþs, *engl.* need, *schwed.* nöd) ist mit der *baltoslaw.* Sippe von *russ.* nuda „Zwang, Nötigung", nudit' „zwingen, nötigen" verwandt. Alle weiteren Anknüpfungen sind unsicher. Abl.: **nötig** „[dringend] erforderlich, benötigt, unentbehrlich" (*mhd.* nœtic, daneben nōtec, *ahd.* nōtag), dazu **nötigen** „jemanden gegen seinen Willen zu etwas veranlassen, zu etwas zwingen" (*mhd.* nōtigen, *ahd.* nōtigōn). Zus.: **Notbehelf** „Hilfe in einer Zwangslage, ungenügender Ersatz" (18. Jh.); **Notdurft** „notwendiger Bedarf; natürliches Bedürfnis" (*mhd.* nōtdurft, *ahd.* notduruft, entsprechend *got.* naudiÞaúrfts; zum 2. Bestandteil vgl. *dürftig;* der verhüllende Gebrauch des Wortes findet sich schon in *mhd.* Zeit, beachte *mhd.* 'sīne nōtdurft tuon' „sein natürliches Bedürfnis verrichten"), dazu **notdürftig** „eben hinreichend, behelfsmäßig" (*mhd.* nōtdürfic „notwendig; bedürftig"); **Notlüge** „Unwahrheit, um sich aus einer Zwangslage zu befreien" (16. Jh.); **Notnagel** „Nagel, den man in einer Zwangslage einschlägt; Helfer in einer Zwangslage" (18. Jh.); **Notpfennig** „Ersparnis für Zeiten des Mangels" (17. Jh.); **Notstand** „durch unvorhergesehene Umstände bedingte Zwangslage" (17. Jh.); **Notwehr** „Abwendung eines rechtswidrigen Angriffes" (*mhd.* nōtwer); **notwendig** „unbedingt erforderlich, unerläßlich" (Anfang des 16. Jh.s, eigentlich „die Not wendend", vgl. *wenden*), dazu **Notwendigkeit** (16. Jh.); **Notzucht** „durch Anwendung von Gewalt oder durch Drohung erzwungener Geschlechtsverkehr" (16. Jh.), Rückbildung aus *spätmhd.* nōtzücht[i]gen „schänden, vergewaltigen", *nhd.* **notzüchtigen.**

Notar: Zu *lat.* nota „Kennzeichen, Merkzeichen; schriftliche Anmerkung; Schriftstück" (vgl. *Note*) gehört das abgeleitete Adjektiv *lat.* notarius „zum [Schnell]schreiben gehörig", das substantiviert „Schnellschreiber; Schreiber; Sekretär" bedeutet. Über *mlat.* notarius „durch kaiserliche Gewalt bestellter öffentlicher Schreiber" gelangte das Wort in *ahd.* Zeit in die *dt.* Kanzleisprache (*ahd.* notāri, *mhd.* noder, notari[e]). Im juristischen Sprachgebrauch wurde es dann zur Bezeichnung eines staatlich vereidigten Volljuristen, der die Beglaubigung und Beurkundung von Rechtsgeschäften besorgt. – Abl.: **notarisch** „von einem Notar ausgefertigt und beglaubigt" (16. Jh.), dafür auch **notariell** (20. Jh.; mit französierender Endung gebildet); **Notariat** „Amt eines Notars" (16. Jh.; aus *mlat.* notariatus).

Note: *Lat.* nota „Kennzeichen, Merkzeichen; Buchstabenzeichen; Schriftstück; erklärende Anmerkung usw.", dessen etymologische Zugehörigkeit nicht eindeutig gesichert ist (vgl. hierüber den Artikel *nobel*), ist in *dt.* Texten seit *mhd.* Zeit (*mhd.* nōte) mit einer im *Mlat.* entwikkelten Sonderbedeutung „musikalisches Tonzeichen" gebräuchlich. Die zahlreichen anderen Bedeutungen von 'Note', die fast alle schon im *Lat.* vorgebildet sind, stellen sich erst später (in der Zeit vom 16. bis 18. Jh.) ein: „Kennzeichen, Merkmal" (16. Jh.), „schriftliche Bemerkung, erklärende Anmerkung" (18. Jh.; beachte die Zusammensetzung 'Fußnote'), „Zensururteil" (18. Jh.), „diplomatisches Schriftstück im zwischenstaatlichen Verkehr" (Ende 18. Jh.; nach entsprechend *frz.* note; beachte die Zusammensetzung 'Notenwechsel'), „Banknote" (Ende 18. Jh. in der Kaufmannssprache; nach entsprechend *engl.* [bank]note), „Art, persönliche Eigenart" (Ende 19. Jh.). – Ableitungen von *lat.* nota erscheinen in den Fremdwörtern ↑notieren und ↑Notar.

notieren „aufzeichnen, vormerken", im Handelswesen speziell im Sinne von „den Kurs eines Wertpapiers bzw. den Preis einer Ware festsetzen": Das seit dem 16. Jh. gebräuchliche Verb, das jedoch schon *mhd.* mit der Sonderbedeutung „in musikalischen Noten aufschreiben" bezeugt ist, geht auf *lat.* notare „kennzeichnen, bezeichnen; anmerken" (bzw. *mlat.* notare „in Notenschrift aufzeichnen") zurück. Dies ist von *lat.* nota „Kennzeichen, Merkzeichen usw." (vgl. *Note*) abgeleitet.

nötig ↑Not.

Notiz „Aufzeichnung, Vermerk; Nachricht, Meldung, Anzeige", auch im Sinne von „Kenntnis, Beachtung" in der Wendung '[keine] Notiz von jemandem (bzw. etwas) nehmen': Das Fremdwort wurde Ende des 17. Jh.s aus *lat.* notitia „Kenntnis (die man einem anderen übermittelt); Nachricht, Aufzeichnung" entlehnt, das von *lat.* notus „bekannt; kennend", dem Partizipialadjektiv zu *lat.* noscere „kennenlernen, erkennen", abgeleitet ist. Über weitere Zusammenhänge vgl. den Artikel *nobel.* – Zus.: **Notizbuch** „Merkbuch" (19. Jh.).

Notlüge, Notnagel ↑Not.

notorisch „offenkundig, allbekannt; berüchtigt": Das seit dem 17. Jh. bezeugte Adjektiv ist aus *spätlat.* notorius „anzeigend, kundtuend" entlehnt, das zu *lat.* noscere „kennenlernen, erkennen" (vgl. *nobel*) gehört.

Notpfennig, Notstand, Notwehr, notwendig, Notwendigkeit, Notzucht, notzüchtigen ↑Not.

Nougat, Nugat: Die im *Dt.* seit dem 19. Jh. gebräuchliche Bezeichnung der aus Zucker und Nüssen oder Mandeln (zuweilen auch Kakao und Honig) hergestellten Süßware ist aus *frz.* nougat entlehnt. Dies geht über *prov.* nougat < *aprov.* nogat „Nußkuchen" auf *vlat.* *nucatum „aus Nüssen Bereitetes" zurück. Stammwort ist *lat.* nux „Nuß" (vgl. den Artikel *nuklear*).

Novelle: Ausgangspunkt für dieses Fremdwort ist das *lat.* Adjektiv novellus „neu; jung", eine Verkleinerungsbildung zu *lat.* novus „neu" (vgl. *Novum*). Schon in der antiken Rechtssprache war *lat.* novella (lex, constitutio) Fachwort und bezeichnete ein neues, gerade herausgegebenes Gesetz. Daran schließt sich der seit dem 18. Jh. bezeugte juristische Gebrauch von 'Novelle' im Sinne von „(abänderndes oder ergänzendes) Nachtragsgesetz" an. – Unabhängig davon entwickelte sich im *It.* über „kleine Neuigkeit" die Bedeutung „Erzählung einer neuen Begebenheit, kurze poetische Erzählung". Aus *it.* novella „kurze poetische Erzählung" wurde im 16./17. Jh. 'Novelle' übernommen und im 18. Jh. als literarischer Gattungsbegriff für die kurze [pointierte] Prosaerzählung einer besonderen Begebenheit durchgesetzt. – Früher wurde 'Novelle' auch allgemein im Sinne von „Neuigkeit, neue Begebenheit" gebraucht.

November: Der schon *mhd.* bezeugte Name für den 11. Monat des Jahres, der im *Ahd.* noch herbistmānōth „Herbstmonat" genannt wurde, ist aus *lat.* (mensis) November entlehnt. Dies ist eine Ableitung von *lat.* novem „neun" (urverwandt mit *dt.* ↑*neun*) und bezeichnete ursprünglich den 9. Monat des ältesten, mit dem Monat März beginnenden altrömischen Kalenderjahres (vgl. zum Sachlichen auch den Artikel *Januar*).

Novize: Das seit *mhd.* Zeit (*mhd.* novize) bezeugte Substantiv bezeichnet den „Neuling" im klösterlichen Leben während seiner Probezeit. Es geht auf *lat.* novicius „neu, jung; Neuling" (bzw. *klosterlat.* novicia „Neulingin") zurück, das von *lat.* novus „neu" (vgl. *Novum*) abgeleitet ist. Seit dem Anfang des 17. Jh.s wird 'Novize' auch allgemein im Sinne von „Neuling" gebraucht.

Novum „Neuheit; neuer Gesichtspunkt": Das Fremdwort wurde im 18. Jh. aus *lat.* novum „Neues" entlehnt, dem substantivierten Neutrum des Adjektivs novus „neu" (urverwandt mit *dt.* ↑*neu*). Dazu stellen sich die Bildungen *lat.* novellus „neu; jung" (↑Novelle), *lat.* novicius „neu, unerfahren; Neuling" (↑Novize) und *lat.* re-novare „erneuern" (↑renovieren).

Nu ↑nun.

Nuance „Abstufung, feiner Übergang; [Ab]tönung, Ton; Schimmer, Spur, Kleinigkeit": Das Fremdwort wurde im 18. Jh. aus gleichbed. *frz.* nuance entlehnt. Dies gehört vermutlich zu *frz.* nue (< *vlat.* *nuba = *klass.-lat.* nubes) „Wolke" oder zu dem davon abgeleiteten Verb *frz.* nuer „bewölken; abstufen, abschattieren". *Frz.* nuance bezeichnete dann ursprünglich etwa die vielfarbigen Lichtreflexe an den von der Sonne angestrahlten Wolken. – Dazu das Verb **nuancieren** „abstufen; ein wenig verändern" (18. Jh.; aus gleichbed. *frz.* nuancer).

nüchtern: Das Adjektiv *mhd.* nüchtern, *ahd.* nuohturn, nuohtarnīn war ursprünglich ein Klosterwort und bedeutete „noch nichts gegessen oder getrunken habend". Der erste Gottesdienst in den Klöstern wurde in der Frühe vor der Einnahme der Morgenmahlzeit abgehalten. *Ahd.* nuohturn ist aus *lat.* nocturnus „nächtlich" (vgl. *Nacht*) entlehnt und nach *ahd.* uohta „Morgendämmerung" umgestaltet. Bereits seit *mhd.* Zeit ist das Adjektiv auch Gegenwort zu 'betrunken'. Heute wird es auch im Sinne von „schwunglos, langweilig" und im Sinne von „besonnen" verwendet. Abl.: **Nüchternheit** (15. Jh.). Beachte auch die Verben **ausnüchtern** und **ernüchtern.**

Nudel „Eierteigware; Teigröllchen zum Mästen der Gänse": Die Herkunft des erst seit dem 16. Jh. bezeugten Wortes ist dunkel. Das *dt.* Wort wurde in zahlreiche europäische Sprachen entlehnt, vgl. z. B. *engl.* noodle, *schwed.* nudel, *frz.* nouille. Abl.: **nudeln** „[Gänse] mästen" (18. Jh.).

Nudismus: Der Ausdruck für „Freikörperkultur" ist eine *nlat.* Bildung des 20. Jh.s zu *lat.* nudus „nackt", das urverwandt ist mit *dt.* ↑*nackt.* – Dazu: **Nudist** „Anhänger des Nudismus" und **nudistisch** „im Sinne des Nudismus".

Nugat ↑Nougat.

nuklear „den Atomkern betreffend; auf Kernenergie beruhend; die Kernwaffen betreffend": Das Adjektiv wurde im 20. Jh. aus gleichbed. *engl.* nuclear entlehnt. Dies gehört zu *lat.* nucleus „Fruchtkern; Kern" und war früher vor allem in der Fachsprache der Biologie und Astronomie gebräuchlich. – *Lat.* nucleus ist eine Bildung zu dem auch dem Fremdwort ↑Nougat zugrundeliegenden Substantiv *lat.* nux (nucis) „Nuß" (verwandt mit *dt.* ↑*Nuß*).

null „nichtig": Das seit dem 16. Jh. bezeugte, aus der Rechtssprache stammende Adjektiv, das heute vorwiegend noch in der Wendung 'null und nichtig' gebraucht wird, ist aus *lat.* nullus „keiner" entlehnt (wohl < *n(e) oin(o)los „nicht ein einziger"). Das Substantiv **Null** „Zahlzeichen für den Begriff des Nichts" hingegen wurde im 15. Jh. aus *it.* nulla (eigentlich „Nichts", dann „Zahlzeichen für den Begriff des Nichts" nach *arab.* ṣifr, ↑Ziffer) entlehnt. Es wird seit dem 18. Jh. auch übertragen im Sinne von „wertlose Sache, unbedeutende Person" verwendet. – Zus.: **Nullpunkt** „Gefrierpunkt beim Thermometer" (19. Jh.), auch übertragen im Sinne von „seelischer Tiefpunkt". – Beachte in diesem Zusammenhang noch das abgeleitete Verb *spätlat.* annullare „zunichte machen" in ↑annullieren.

Nummer „Zahl, die etwas kennzeichnet, eine Reihenfolge angibt", auch vielfach übertragen gebraucht, z. B. im Sinne von „[Schuh]größe" „Ausgabe einer fortlaufend erscheinenden Zeitung oder Zeitschrift", „einzelne Darbietung" (Zirkus, Varieté) und *ugs.* „auf bestimmte Weise besonderer Mensch; Type": Das Substantiv wurde im 16. Jh. in der Kaufmannssprache aus *it.* numero „Zahl[enzeichen]" entlehnt. Die nicht eingedeutschte Form 'Numero' ist heute veraltet, hat sich aber in der Abkürzung 'No.' halten können. Quelle des Wortes ist das *lat.* Substantiv numerus „Zahl; Anzahl, Menge; Verzeichnis usw.", das als grammatischer Terminus unmittelbar übernommen wurde: **Numerus** „Zahlform des Nomens". – Abl.: **numerisch** „zahlenmäßig, der Zahl nach" (18. Jh. aus gleichbed. *nlat.* numericus), dafür gelegentlich auch **nummerisch** (20. Jh.; unmittelbar zu 'Nummer'); **numerieren** „beziffern, zählen" (16. Jh.; aus gleichbed. *lat.* numerare), dafür auch zuweilen **nummern** (20. Jh.).

nun: Das *gemeingerm.* Adverb *mhd.* nū̆[n], *ahd.* nū̆, *got.* nū̆, *engl.* now, *schwed.* nu beruht mit verwandten Wörtern in anderen *idg.* Sprachen auf *idg.* *nū̆ „nun", das wahrscheinlich im Ablaut zu dem unter ↑*neu* behandelten *idg.* Adjektiv steht. *Außergerm.* sind z. B. verwandt *aind.* nū̆ „nun" und *griech.* ný, nŷn „jetzt". – Die Form mit auslautendem -n kam im 13. Jh. auf und erlangte im 17. Jh. schriftsprachliche Geltung. Die n-lose Form ist bewahrt in der Substantivierung **Nu** (*mhd.* nū), die heute gewöhnlich nur noch in der Verbindung 'im Nu' gebräuchlich ist. – Das Adverb **noch** (*mhd.* noch, *ahd.* noh, *got.* naúh) beruht auf der Zusammensetzung von *germ.* *nū̆ mit der Verbindungspartikel *germ.* -h (verwandt mit *lat.* -que „und“) und bedeutet eigentlich „auch jetzt“.

Nuntius „ständiger diplomatischer Vertreter des Papstes bei einer Staatsregierung“: Das seit dem Beginn des 18. Jh.s bezeugte Fremdwort geht auf *lat.* nuntius „Bote; Verkünder“ (bzw. *mlat.* 'Nuntius curiae', 'Nuntius apostolicus') zurück. – *Lat.* nuntius (ursprünglich Adjektiv mit der Bed. „verkündend“) ist auch Stammwort der Fremdwörter ↑denunzieren, Denunziant, ↑annoncieren, Annonce.

nur: Das Adverb ist entstanden aus *mhd.* newǣre, *ahd.* niwāri und bedeutet eigentlich „nicht wäre, es wäre denn“. Der erste Bestandteil ist die Negationspartikel *ahd.* ni (vgl. *un...*), der zweite Bestandteil ist der Konjunktiv Präteritum von *ahd.* sīn „sein“ (vgl. *sein*).

nuscheln (*ugs.* für:) „undeutlich reden“: Das seit dem 16. Jh. bezeugte Verb gehört wie die gleichbedeutenden Mundartformen 'nus[s]eln' und 'nüs[s]eln' mit gefühlsbetonter Vokalvariation zu dem unter ↑*Nase* behandelten Wort und bedeutet demnach eigentlich „durch die Nase sprechen“.

Nuß: Das *altgerm.* Wort *mhd.* nuʒ, *ahd.* [h]nuʒ, *niederl.* noot, *engl.* nut, *schwed.* nöt ist verwandt mit *lat.* nux „Nuß“ (↑nuklear und ↑Nougat) und mit der *kelt.* Sippe von *ir.* cnū „Nuß“. Das Wort bezeichnete ursprünglich die Haselnuß (vgl. den Artikel *Hasel*), dann auch die Walnuß und die hartschaligen Früchte anderer Gewächse, beachte die Zusammensetzungen 'Erd-, Kokos-, Muskat-, Paranuß'. Wegen der Ähnlichkeit mit der Form eines Nußkerns bezeichnet 'Nuß' auch einen bestimmten Teil der Keule von Schlachttieren, beachte die Zusammensetzungen 'Nußschinken' und 'Kalbsnuß'. Im übertragenen Gebrauch wird das Wort im Sinne von „schwierige Aufgabe, Problem“ verwendet. Zus.: **Nußknacker** (18. Jh., für älteres 'Nußbrecher', *mhd.* nuʒbreche, *ahd.* nuʒbrecha).

Nüster, meist im Plural 'Nüstern' „Nasenloch“ (besonders beim Pferd): Das im 18. Jh. aus dem *Niederd.* ins *Hochd.* übernommene Wort geht zurück auf gleichbed. *mnd.* nuster, nöster, das eine Bildung zu dem unter ↑*Nase* behandelten Substantiv ist.

Nut, nicht fachsprachlich auch **Nute** „Fuge, Rille“: Das im *germ.* Sprachbereich nur im *Dt.* gebräuchliche Wort (*mhd., ahd.* nuot) ist eine Bildung zu dem im *Nhd.* untergegangenen Verb *mhd.* nüejen, *ahd.* nuoen „glätten, genau zusammenfügen“, das *außergerm.* z. B. verwandt ist mit *griech.* knēn „schaben, kratzen“. – Mit 'Nute' identisch ist das mit Doppel-t geschriebene **Nutte** vulgär für „Hure, Straßenmädchen“ (eigentlich „Ritze, Spalt [der weiblichen Scham]“). Der vulgäre Ausdruck hat sich von Berlin ausgehend seit dem Anfang des 20. Jh.s ausgebreitet.

Nutz ↑Nutzen.

nütze: Das *altgerm.* Adjektiv *mhd.* nütze, *ahd.* nuzzi, *got.* [un]nuts, *aengl.* nytt ist eine Bildung zu dem unter ↑*genießen* behandelten *gemeingerm.* Verb und bedeutet eigentlich „etwas, was gebraucht werden kann“. Heute wird das Adjektiv nur noch prädikativ verwendet.

Nutzen: Die seit dem 17. Jh. gebräuchliche Form 'Nutzen' hat sich aus der älteren stark flektierenden Form 'Nutz' (*mhd., ahd.* nuz) unter Einwirkung des schwach flektierenden *frühnhd.* Nutze (*mhd.* nutze) entwickelt. Das Substantiv 'Nutz' ist heute nur noch in bestimmten Wendungen bewahrt, beachte z. B. 'zu Nutz und Frommen', und steckt in zahlreichen Zusammensetzungen, beachte z. B. 'Eigennutz, Nutznießung, nutzbringend'. Von 'Nutz' abgeleitet sind **nutzbar** „sich nutzen lassend“ (*mhd.* nutzebǣre) und **nützlich** „Nutzen bringend, brauchbar“ (*mhd.* nützelich). Neben *ahd.* nuz findet sich auch gleichbed. *ahd.* nuzza, von dem das Verb *ahd.* nuzzōn, *mhd.* nutzen, *nhd.* **nutzen** abgeleitet ist, beachte dazu die Bildungen 'abnutzen, ausnutzen, benutzen'. Daneben ist *ahd.* nuzzen, *mhd.* nützen, *nhd.* **nützen** gebräuchlich. – Diese Wortgruppe gehört mit der alten Adjektivbildung ↑nütze zu dem unter ↑*genießen* behandelten *gemeingerm.* Verb.

Nylon: Der Name der Chemiefaser wurde im 20. Jh. aus gleichbed. *engl.-amerik.* nylon, einem Kunstwort ohne sichere Deutung, entlehnt.

Nymphe „weibliche Naturgottheit der griechischen Sage“: Das Wort wurde im 17. Jh. aus *griech.(-lat.)* nýmphē „Braut, junge Frau; Nymphe, Quellnymphe“ entlehnt, das wahrscheinlich auch die Quelle unseres Fremdwortes ↑Lymphe ist. Die Herkunft des *griech.* Wortes ist unklar.

O

Oase: Das Fremdwort für „fruchtbare Wasserstelle in der Wüste“ wurde im 19. Jh. eingedeutscht aus gleichbed. *griech.-spätlat.* Óasis, das selbst *ägypt.* Ursprungs ist.

[1]ob „über; oben“: Das *gemeingerm.* Wort (Präposition und Adverb) *mhd.* ob[e], *ahd.* oba, *got.* uf, *aengl.* ufe-, *aisl.* of ist eng verwandt mit den unter ↑*obere,* ↑*offen* und ↑*über* behandelten Wörtern (vgl. *auf*). Im heutigen Sprachgebrauch wird 'ob' als selbständiges Wort nicht mehr verwendet. Es ist bewahrt in Ortsnamen, wie z. B. 'Rothenburg ob der Tauber', und steckt in einer Reihe von Zusammensetzungen: **Obacht** „Aufmerksamkeit“ (17. Jh.; heute gewöhnlich nur noch in der *landsch.* Wendung 'Obacht geben'; vgl. [2]*Acht*), dazu **beobachten** „aufmerksam und lange betrachten; feststellen; einhalten, wahren" (17. Jh., wohl nach *lat.* observare, *frz.* observer); **Obdach** „Unterkunft, Zuflucht" (*mhd., ahd.* ob[e]dach „Überdach; Vorhalle; Schutz, Unterkunft"), dazu **obdachlos** „ohne Unterkunft" (19. Jh.; beachte dazu **Obdachlosenasyl,** 19. Jh.); **Obhut** „Schutz, Fürsorge" (17. Jh.; vgl. [2]*Hut*); **Obmann** „Vorsteher, Vertrauensmann" (*mhd.* obeman); **obliegen** „auferlegt sein", veralt. für „[be]siegen") *mhd.* obe ligen, *ahd.* oba ligan „oben liegen, überwinden"; in der heute üblichen Bedeutung seit dem 16. Jh. nach *lat.* incumbere); **obwalten** „vorhanden, wirksam sein, herrschen" (18. Jh.). – Mit dem Adverb [1]ob nicht identisch ist die Konjunktion **[2]ob** (*mhd.* ob[e], *ahd.* obe, ibu, *got.* ibai, *engl.* if, *schwed.* om), deren Ursprung nicht sicher geklärt ist. Beachte dazu die zusammengesetzten Konjunktionen 'obgleich, obschon, obwohl, obzwar'.

ob..., Ob..., vor folgenden Konsonanten meist angeglichen zu: oc..., Oc... (vor *lat.* c) oder eingedeutscht ok..., Ok..., ferner zu of..., Of... (vor f), zu op..., Op... (vor p): Der 1. Bestandteil von Fremdwörtern mit der Bed. „[ent]gegen", wie z. B. in ↑Objekt, stammt aus *lat.* ob „auf – hin, gegen – hin, entgegen usw.", das mit dem unter ↑*After* genannten *ahd.* aftar „hinten; später; nach" verwandt ist.

Obacht, Obdach, obdachlos, Obdachlosenasyl ↑[1]ob.

Obduktion „Leichenöffnung": Das seit dem 18. Jh. bezeugte Fremdwort geht auf *lat.* obductio „das Verhüllen, das Bedecken" zurück. Die merkwürdige Bedeutungsumkehrung ist vermutlich vom Abschluß der Obduktion her zu verstehen, wo die geöffnete Leiche mit Tüchern wieder abgedeckt und verhüllt wird. – Das dem *lat.* obductio zugrundeliegende Verb ob-ducere „überziehen, bedecken", aus dem später **obduzieren** „eine Obduktion vornehmen" (19. Jh.) übernommen wurde, ist eine Bildung zu *lat.* ducere „führen; ziehen" (vgl. hierüber den Artikel *Dusche*).

Obelisk „freistehende Spitzsäule": Das in dieser Form seit dem 18. Jh. übliche Fremdwort geht auf gleichbed. *griech.* obelískos zurück (> *lat.* obeliscus), eine – zunächst wahrscheinlich ironisierende – Verkleinerungsbildung zu *griech.* obelós „Spieß, Bratspieß; Spitzsäule". – Siehe auch den Artikel *Obolus.*

obere: Das Adjektiv *mhd.,* obere, *ahd.* obaro beruht auf einer Komparativbildung zu dem unter ↑[1]*ob* behandelten Wort. Die Substantivierung **Oberer** (16. Jh.) wird im Sinne von „Vorgesetzter" verwendet. Dazu gebildet ist die weibliche Form **Oberin** „Vorsteherin im Kloster; Leiterin einer Schwesternschaft" (18. Jh.). Neben 'Oberer' findet sich auch die Form **[1]Ober** „Bube (im Kartenspiel)". Dagegen ist **[2]Ober** „Kellner" erst aus 'Oberkellner' gekürzt. Der Superlativ zu 'ober' lautet **oberst** (*mhd.* oberst, *ahd.* obarōst), substantiviert **Oberster** „höchster Vorgesetzter, Leiter", daraus verkürzt die militärische Rangbezeichnung **Oberst** (16. Jh.), gelegentlich noch in der altertümlichen Form **Obrist.** Abl.: **Obrigkeit** „die öffentliche Gewalt innehabende Regierung oder Behörde" (*spätmhd.* oberecheit, für älteres oberkeit). Zus.: **Oberfläche** (17. Jh.; Lehnübersetzung von *lat.* superficies), dazu **oberflächlich** „nicht gründlich, flüchtig" (Ende des 18. Jh.s; ↑flach); **Oberhand** „Vorrang, Vorherrschaft" (*mhd.* oberhant, aus 'diu obere hant' „Hand, die den Sieg davonträgt"; heute gewöhnlich nur noch in 'die Oberhand gewinnen oder behalten'); **Oberwasser** in den Wendungen 'Oberwasser bekommen oder haben' „Vorteile erlangen, im Vorteil sein" (15. Jh., in der Bed. „das durch das Wehr gestaute Wasser, das über das oberschlächtige Rad der Mühle läuft"; der übertragene Gebrauch des Ausdrucks des Mühlwesens findet sich seit dem 19. Jh.).

Obhut ↑[1]ob, ↑[2]Hut.

Objekt: Das seit dem 14. Jh. bezeugte Fremdwort geht zurück auf *lat.* obiectum, das substantivierte Neutrum des Part. Perf. von *lat.* obicere „entgegenwerfen, entgegenstellen; vorsetzen, vorwerfen" (über das Stammwort vgl. den Artikel *Jeton*). Es bedeutet demnach eigentlich „das Entgegengeworfene, der Gegenwurf, der Vorwurf". Im Gegensatz zu ↑Subjekt bezeichnet es sodann den Gegenstand oder Inhalt der Vorstellung, aber auch das Ziel, auf das sich eine Tätigkeit, ein Handeln erstreckt. Letzteres gilt speziell auch für den seit dem 17. Jh. üblichen grammatischen Gebrauch des Wortes im Sinne von „[Sinn-, Fall]ergänzung eines Verbs" (beachte z. B. die Zusammensetzungen 'Akkusativ-, Dativobjekt'). In wirtschaftlicher Hinsicht schließlich bezeichnet 'Objekt' jede Sache, die Gegenstand eines Vertrages, eines Geschäftes sein kann (beachte Zusammensetzungen wie 'Wert-, Tauschobjekt'). Abl.: **objektiv** „auf ein Objekt bezüglich, gegenständlich, tatsächlich; sachlich; unvoreingenommen" (18. Jh.; aus *nlat.* obiectivus); **Objektiv** „die dem zu betrachtenden Gegenstand zugewandte Linse oder Linsenkombination eines optischen Gerätes" (im Anfang des 18. Jh.s gekürzt aus 'Objektivglas'; das Wort ist eine Parallelbildung zu ↑Okular).

Oblate: Das aus der Kirchensprache stammende Substantiv (*mhd., ahd.* oblāte) bezeichnete ursprünglich das als Hostie gereichte Abendmahlsbrot (daher noch heute im kirchlichen Bereich die spezielle Bed. „noch nicht geweihte Hostie"). Seit dem 13. Jh. spielt das Wort auch im weltlichen Bereich eine Rolle mit der Bed. „feines Backwerk". Daher versteht man unter 'Oblate' im heutigen Sprachgebrauch vorwiegend eine Art dünner Waffel, insbesondere eine sehr dünne Weizenmehlscheibe als Gebäckunterlage. Quelle des Wortes ist *mlat.* oblata (hostia) „als Opfer dargebrachtes Abendmahlsbrot". Dies geht seinerseits zurück auf *lat.* oblatus „entgegen-, dargebracht", das als Part. Perf. von *lat.* of-ferre „entgegenbringen, darreichen; anbieten usw." fungiert (vgl. *offerieren*).

obliegen ↑ [1]ob.

obligat „unerläßlich, unentbehrlich, erforderlich“: Das Adjektiv wurde im 16. Jh. aus *lat.* obligatus „verbunden, verpflichtet“ entlehnt, dem Partizipialadjektiv von *lat.* ob-ligare „anbinden; verbindlich machen, verpflichten“. Dies ist eine Bildung zu *lat.* ligare „binden; verbinden, vereinigen“ (vgl. *legieren*). – Dazu: **Obligation** „persönliche Haftung für eine Verbindlichkeit; Schuldverschreibung“ (16. Jh.; aus *lat.* obligatio „das Binden; die Verbindlichkeit, die Verpflichtung“); **obligatorisch** „verpflichtend, bindend, verbindlich, zwingend“ (18. Jh.; aus *lat.* obligatorius „verbindend, verbindlich“).

Obmann ↑ [1]ob.

Oboe: Der seit dem 17./18. Jh. (zuerst als 'Hautbois' und 'Hoboe') bezeugte Name des Holzblasinstrumentes ist aus gleichbed. *frz.* hautbois entlehnt. Das *frz.* Wort ist aus haut „hoch“ und bois „Holz“ (vgl. *Busch*) zusammengesetzt. Es bedeutet demnach wörtlich „hohes (nämlich: hoch klingendes) Holz“. Die heute im *Deutschen* allein gültige Form 'Oboe' ist von *it.* oboe „Oboe“ beeinflußt, das selbst aus dem *Frz.* stammt.

Obolus „Scherflein, kleiner Beitrag“, häufig in der Wendung 'seinen Obolus entrichten': Das seit dem 18./19. Jh. gebräuchliche Fremdwort geht zurück auf den *griech.* Münznamen obolós (der 6. Teil der alten Drachme), der über gleichbed. *lat.* obolus ins *Deutsche* gelangte. Das *griech.* Wort ist eine Dialektform von *griech.* obelós „[Brat]spieß“ (vgl. *Obelisk;* wahrscheinlich waren die ersten „Münzen“ dieser Art kleine, spitze Metallstücke).

Obrigkeit ↑ obere.

Observatorium „astronomische, meteorologische, geophysikalische Beobachtungsstation“: Das seit dem Ende des 17. Jh.s bezeugte Fremdwort ist eine gelehrte Bildung zu *lat.* observare „beobachten“ bzw. zu dem davon abgeleiteten Substantiv *lat.* observator „Beobachter“. Stammwort ist *lat.* servare „bewahren, erhalten; behüten, beobachten“ (vgl. *konservieren*).

obskur „dunkel, unbekannt; verdächtig, zweifelhafter Herkunft“: Das seit dem 17. Jh. bezeugte Adjektiv ist aus gleichbed. *lat.* ob-scurus entlehnt, das mit einer ursprünglichen Bed. „bedeckt“ zu der unter ↑*Scheune* dargestellten Wortsippe der *idg.* Wurzel *[s]keu- „bedecken“ gehört.

Obst: Das *westgerm.* Wort ist eine verdunkelte Zusammensetzung und bedeutet eigentlich „Zukost“. *Mhd.* obez, *ahd.* obaz, *niederl.* ooft, *aengl.* ofet[t] sind zusammengesetzt aus der unter ↑ [1]*ob* behandelten Präposition und einer Bildung zu dem unter ↑*essen* behandelten Verb mit der Bed. „Essen, Speise“ (vgl. den Artikel *Aas*). Das Wort bezeichnete in alter Zeit alles das, was außer den Hauptnahrungsmitteln Brot und Fleisch während einer Mahlzeit gegessen wurde, also auch Hülsenfrüchte, Gemüse oder dgl.

obszön „unanständig, schlüpfrig, schamlos“: Das Adjektiv wurde um 1700 aus *lat.* obscoenus (richtiger: obscaenus, obscenus) „anstößig, unzüchtig“ entlehnt, dessen etymologische Zugehörigkeit nicht eindeutig geklärt ist. Dazu stellt sich das Substantiv **Obszönität** (18. Jh.; aus *lat.* obscoenitas).

Obus ↑ Omnibus.

obwalten ↑ [1]ob.

oc..., Oc... ↑ ob..., Ob...

Ochse, *österr.* und *ugs.* auch: Ochs „verschnittenes männliches Rind“: Das *gemeingerm.* Wort *mhd.* ohse, *ahd.* ohso, *got.* aúhsa, *engl.* ox, *schwed.* ox beruht mit verwandten Wörtern in anderen *idg.* Sprachen – vgl. z. B. *aind.* ukṣā́ „Stier“ – auf einer Bildung zu der *idg.* Wurzel *ŭ̯gh- „feucht; feuchten, [be]spritzen“. Diese Bildung bedeutet demnach eigentlich „Befeuchter, [Samen]spritzer“ und bezeichnete also den [Zucht]stier. Zu der zugrundeliegenden Wurzel gehören z. B. *aind.* ukṣáti „befeuchtet, bespritzt“ und *lat.* uvidus „feucht, naß“, umere „feucht sein“, umor „Feuchtigkeit“ (vgl. *Humor*). – Abl.: **ochsen** *ugs.* für „eifrig lernen“ (19. Jh., aus der Studentensprache; eigentlich „schwer arbeiten wie ein als Zugtier verwendeter Ochse“; vgl. den Artikel *büffeln*). Zus.: **Ochsenziemer** „schwere Peitsche, Züchtigungswerkzeug“ (18. Jh.; der zweite Bestandteil ist entweder aus 'Sehnader' „Glied [des Ochsen]“ umgebildet oder ist identisch mit 'Ziemer' „Rückenbraten [von Wild]; Glied [von Ochsen u. a.]“, *mhd.* zim[b]ere; diese Peitsche wurde früher aus dem getrockneten Zeugungsglied eines Stiers hergestellt).

Ocker: Die Bezeichnung der gelbbraunen Farberde (*mhd.* ogger, ocker, *ahd.* ogar) ist aus *spätlat.* ochra entlehnt, das seinerseits aus *griech.* ṓchra übernommen ist. Dies ist eine Bildung zu *griech.* ōchrós „blaß, blaßgelb“.

Ode „erhabenes, feierliches Gedicht“: Das Fremdwort wurde Anfang des 17. Jh.s – wohl unter Einfluß von *frz.* ode – aus *lat.* ode entlehnt, das seinerseits aus *griech.* ǭdḗ (< aoidḗ) „Gesang, Gedicht, Lied“ übernommen ist. Dies gehört zu *griech.* aeidein „singen“. – *Griech.* ǭdḗ steckt auch in einigen Zusammensetzungen, so in den Fremdwörtern ↑ Komödie, ↑ Tragödie, ↑ Melodie und ↑ Parodie.

öd[e] „leer, verlassen, einsam; langweilig, fade“: Das *gemeingerm.* Adjektiv *mhd.* œde, *ahd.* ōdi, *got.* (Akkusativ Singular) auþjana, *aengl.* īeđe, *schwed.* öde beruht mit verwandten Wörtern in anderen *idg.* Sprachen – vgl. z. B. *griech.* aútōs „vergeblich, nichtig“ – auf einer Bildung zu der *idg.* Wurzel *au-, *au̯e- „von etwas weg, fort“. Zu der zugrundeliegenden Wurzel gehören z. B. *aind.* áva „von etwas herab“ und *lat.* au- „fort-, weg-“, vgl. z. B. auferre „forttragen“. Abl.: **Öde** „unbebauter Grund, verlassene Gegend“ (*mhd.* œde, *ahd.* ōdī). Beachte auch die Verbalbildungen **anöden** *ugs.* für „auf die Nerven gehen, langweilen“ und **veröden** „öde werden; stillegen“. Siehe auch den Artikel *Westen.*

Odem ↑ Atem.

oder: Die *nhd.* Form der ausschließenden Konjunktion geht zurück auf *mhd.* oder, *ahd.*

odar. Diese Form hat sich – wahrscheinlich unter dem Einfluß der unter ↑*aber* und ↑*weder* behandelten Wörter – aus *mhd.* od[e], *ahd.* odo, älter eddo entwickelt. *Ahd.* eddo entsprechen *got.* aiþþau „oder" und *aengl.* eđđa, ođđe „oder" (daraus *engl.* or).

Odyssee „abenteuerliche Irrfahrt": Die Anfang des 19. Jh.s in Frankreich aufgekommene und von dort (*frz.* odyssée) später übernommene Bezeichnung geht auf den Namen des berühmten Homerischen Epos (*griech.* Odýsseia > *lat.* Odyssea) zurück, in dem die abenteuerliche, mit mancherlei Irrfahrten verbundene Heimkehr des altgriechischen Helden Odysseus aus dem Trojanischen Krieg geschildert wird.

of..., Of... ↑ob..., Ob...

Ofen: Das *gemeingerm.* Wort *mhd.* oven, *ahd.* ovan, *got.* aúhns, *engl.* oven, *schwed.* ugn beruht mit verwandten Wörtern in anderen *idg.* Sprachen auf *idg.* *auk^{u}[h]- „Kochtopf; Glutpfanne", vgl. z. B. *aind.* ukhá-ḥ „Topf; Kochtopf; Feuerschüssel" und *griech.* ipnós „Ofen; Küche; Laterne". Das Wort bezeichnete also ursprünglich nicht eine Vorrichtung zum Heizen, sondern ein Gefäß zum Kochen oder zum Bewahren der Glut. Auch in *germ.* Zeit muß das Wort zunächst noch ein zum Kochen dienendes Gefäß bezeichnet haben, beachte die Bildung *aengl.* ofnet „Gefäß" (zu *aengl.* ofen „Ofen").

offen: Das *altgerm.* Adjektiv *mhd.* offen, *ahd.* offan, *niederl.* open, *engl.* open, *schwed.* öppen ist eng verwandt mit den unter ↑[1]*ob* und ↑*obere* behandelten Wörtern und gehört zu der Wortgruppe von ↑*auf.* Abl.: **offenbar** „deutlich, klar ersichtlich, eindeutig" (*mhd.* offenbar, -bære, *ahd.* offanbār), dazu **offenbaren** „offen zeigen, enthüllen, kundtun" (*mhd.* offenbæren), **Offenbarung** „Kundgabe, Bekenntnis" (*mhd.* offenbārunge); **Offenheit** „Aufrichtigkeit, Freimut" (18. Jh.); **öffentlich** „allgemein, allen zugänglich, für alle bestimmt" (*mhd.* offenlich, *ahd.* offanlīh), dazu **Öffentlichkeit** „Allgemeinheit" (18. Jh.) und **veröffentlichen** „öffentlich bekanntgeben; publizieren" (19. Jh.); **öffnen** „aufmachen" (*mhd.* offenen, *ahd.* offinōn), dazu **Öffnung** „offene Stelle, Loch, Lücke, Mündung" (*mhd.* offenunge, *ahd.* offanunga).

offensiv „angreifend; angriffsfreudig": Das seit dem 16. Jh. bezeugte Adjektiv ist eine Bildung zu *lat.* of-fendere (offensum) „anstoßen, verletzen, beschädigen" (vgl. *defensiv*). Das Substantiv **Offensive** „planmäßig vorbereiteter Großangriff (eines Heeres); Angriff" wurde im 18. Jh. aus gleichbed. *frz.* offensive übernommen.

offerieren „anbieten; überreichen": Das bereits im 16. Jh. belegte, aber erst seit dem 19. Jh. in der kaufmännischen Bedeutung „(Waren) zum Kauf anbieten" bezeugte Fremdwort ist aus *lat.* offerre (< ob-ferre) „entgegentragen; anbieten, antragen usw." entlehnt. – Dazu gehört das Substantiv **Offerte** „[Waren]angebot; Anerbieten" (17. Jh.; entlehnt aus *frz.* offerte, dem substantivierten Femininum des Part. Perf. von *frz.* offrir „anbieten" < *lat.* offerre). – Stammwort von *lat.* of-ferre ist das *lat.* Verb ferre „tragen, bringen" (verwandt mit *dt.* ↑*gebären*), das auch mit zahlreichen anderen Bildungen in unserem Fremdwortschatz vertreten ist. Im einzelnen sind zu nennen: *lat.* con-ferre „zusammentragen; Meinungen austauschen" (↑konferieren, Konferenz; Conférence, Conférencier), *lat.* dif-ferre „auseinandertragen; sich unterscheiden usw." (↑differieren, Differenz, differenzieren, indifferent), *lat.* referre „zurücktragen; überbringen; berichten, mitteilen" (↑referieren, Referat, Referent, Referenz, Referendar) und *kirchenlat.* Lucifer „Lichtbringer" (↑Luzifer).

offiziell „amtlich, öffentlich; förmlich": Das Adjektiv wurde im 18. Jh. aus gleichbed. *frz.* officiel entlehnt, das auf *lat.* officialis „zur Pflicht, zum Amt gehörend" zurückgeht. Das *lat.* Adjektiv erscheint daneben auch unmittelbar im *Dt.*, aber nur in Zusammensetzungen wie 'Offizialverteidiger'. Das Adjektiv **offiziös** „halbamtlich, nicht verbürgt" wurde im 19. Jh. aus *frz.* officieux „diensteifrig; gleichsam amtlich" übernommen, das auf *lat.* officiosus „diensteifrig, beflissen" zurückgeht. *Lat.* officialis und officiosus sind Bildungen zu *lat.* officium „Pflicht, Amt" (vgl. den Artikel *Offizier*).

Offizier „militärische Rangstufe (vom Leutnant aufwärts)": Die seit dem 16./17. Jh. bezeugte militärische Rangbezeichnung ist aus gleichbed. *frz.* officier entlehnt, das auf *mlat.* officiarius „Beamteter, Bediensteter" zurückgeht. Zugrunde liegt *lat.* officium (< *opifaciom) „Dienstleistung; Obliegenheit, Pflicht; Dienst, Amt", dessen Grundwort zu *lat.* facere „machen, tun" gehört (vgl. *Fazit*). Über das Bestimmungswort vgl. den Artikel *operieren.* – Von *lat.* officium abgeleitet sind die Adjektive *lat.* officialis „zur Pflicht, zum Amt gehörig" und officiosus „diensteifrig" (vgl. *offiziell* und *offiziös*).

öffnen, Öffnung ↑offen.

oft: *Mhd.* oft[e], *ahd.* ofto, *got.* ufta, *engl.* often, *schwed.* ofta gehören wahrscheinlich im Sinne von „übermäßig" zu dem unter ↑[1]*ob* „über; oben" behandelten Wort.

Oheim, zusammengezogen: [1]**Ohm** „Mutter-, Vaterbruder, Onkel": Das *westgerm.* Wort *mhd., ahd.* ōheim, *niederl.* oom, *aengl.* ēam bezeichnete ursprünglich den Bruder der Mutter, während das unter ↑*Vetter* behandelte Wort ursprünglich den Bruder des Vaters bezeichnete. Die *westgerm.* Verwandtschaftsbezeichnung geht zurück auf *awa-haima-. Das Bestimmungswort dieser Zusammensetzung gehört zu *idg.* *au̯o-s „Großvater" (mütterlicherseits), vgl. z. B. *lat.* avus „Großvater, Ahn" und aus dem *germ.* Sprachbereich *aisl.* afi „Großvater" und *got.* awō „Großmutter". Das Grundwort ist wahrscheinlich das *germ.* Adjektiv *haimaz „vertraut, lieb", das zu der Wortgruppe von ↑*Heim* gehört. Der Mutterbruder ist demnach von den Germanen als „lieber Großvater" oder „der dem Großvater Vertraute" benannt worden, vgl. das von *lat.* avus „Großvater" abgeleitete avunculus „Mutterbruder", das eigentlich „Großväterchen" bedeutet (↑Onkel).

[1]Ohm ↑Oheim.

[2]Ohm ↑nachahmen.

ohne: Die *altgerm.* Präposition *mitteld.* ōne, *mhd.* ān[e], *ahd.* āno, *mniederl.* aen, *aisl.* ān steht im Ablaut zu *got.* inu „ohne" und ist z. B. mit *griech.* áneu „ohne" verwandt. Vgl. den Artikel *ungefähr.*

Ohnmacht „Schwächeanfall mit Bewußtlosigkeit": Die *nhd.* Form 'Ohnmacht' (*frühnd.* onmacht) hat sich durch Anlehnung an das unter ↑*ohne* behandelte Wort aus *mhd.* āmaht entwickelt. Das Nominalpräfix *ahd., mhd.* ā- „fort, weg, fehlend, verkehrt", mit dem z. B. auch der Tiername Ameise (s. d.) gebildet ist, ist seit *ahd.* Zeit nicht mehr produktiv. Zum zweiten Bestandteil vgl. *Macht.* Abl.: **ohnmächtig** „bewußtlos" (*mhd.* āmehtec, *ahd.* āmahtīg).

Ohr: Das *gemeingerm.* Wort *mhd.* ōre, *ahd.* ōra, *got.* ausō, *engl.* ear, *schwed.* öra beruht mit verwandten Wörtern in den meisten anderen *idg.* Sprachen auf *idg.* *ōus- „Ohr", vgl. z. B. *griech.* oũs „Ohr" und *lat.* auris „Ohr". Welche Vorstellung der *idg.* Benennung des Gehörorgans zugrunde liegt, ist unklar. Zu 'Ohr' gebildet ist ↑Öhr. – Das Ohr spielt in zahlreichen Redewendungen eine Rolle, beachte z. B. 'jemandem einen Floh ins Ohr setzen' „argwöhnisch machen", 'jemanden übers Ohr hauen' „betrügen", 'die Ohren hängen lassen' „niedergeschlagen sein". Zus.: **Ohrfeige** „Schlag auf die Backe, Backpfeife" (15. Jh.; der zweite Bestandteil ist der unter ↑*Feige* behandelte Name der Frucht des Feigenbaums; beachte dazu *niederl.* muilpeer „Ohrfeige", eigentlich „Maulbirne"), dazu **ohrfeigen** (Anfang des 19. Jh.s); **Ohrwurm** (14. Jh.; so benannt, weil das Insekt nach dem Volksglauben gern in Ohren kriecht; im 20. Jh. *ugs.* scherzhaft auch für „leicht eingängige Melodie").

Öhr: Das auf das *dt.* Sprachgebiet beschränkte Substantiv (*mhd.* œr[e], *ahd.* ōri) ist von dem unter ↑*Ohr* behandelten Wort abgeleitet und bedeutet eigentlich „ohrartige Öffnung". Heute bezeichnet 'Öhr' gewöhnlich nur noch das Loch in der Nadel, durch das der Faden gezogen wird.

Ohrenschmalz ↑Schmalz.

oje!, ojemine! ↑herrje!.

o.k., O.K. ↑okay.

ok..., Ok... ↑ob..., Ob...

Okapi: Der Name dieser am Anfang des 20. Jh.s entdeckten kurzhalsigen Giraffenart des Kongogebietes ist *afrik.* Ursprungs.

Okarina: Der Name dieser im 19. Jh. in Italien erfundenen kurzen Ton- oder Porzellanflöte erscheint bei uns im 20. Jh. Das vorausliegende *it.* ocarina ist vermutlich eine Neubildung zu *it.* oca „Gans" (< *vlat.* *avica = *lat.* auca „Vogel; Gans"; zu *lat.* avis „Vogel") und bedeutet demnach eigentlich etwa „Gänseflöte". Der Name bezieht sich dann wohl auf die Gänseschnabelform dieses Instrumentes.

okay, auch **o.k., O.K.:** Der *ugs.* Ausdruck für „abgemacht, einverstanden; in Ordnung" wurde im 20. Jh. aus gleichbed. *engl.-amerik.* OK (okay) übernommen. Trotz zahlreicher Deutungsversuche (z. B. für 'all correct') ist die Herkunft von *engl.-amerik.* OK dunkel.

okkult „verborgen, heimlich; geheim (von übersinnlichen Dingen)": Das Adjektiv wurde im 18./19. Jh. aus *lat.* occultus „verborgen, versteckt, heimlich", dem Partizipialadjektiv von *lat.* oc-culere (< *ob-celere) „verdecken, verbergen", entlehnt. Dessen Grundwort gehört zu der auch in *lat.* celare „verbergen, verhehlen" und in *lat.* cella „Vorratskammer; enger Wohnraum; Zelle" (s. den Artikel *Zelle*) vorliegenden *idg.* Verbalwurzel *k̑el- „bergen, verhüllen" (vgl. *hehlen*). – Dazu stellt sich seit dem Ende des 19. Jh.s als gelehrte Bildung das Substantiv **Okkultismus** „die Geheimwissenschaft von den übersinnlichen Kräften und Dingen". Die Anhänger dieser Geheimlehre heißen **Okkultisten.**

okkupieren „in Besitz nehmen; fremdes Gebiet militärisch besetzen": Das Verb wurde im 16. Jh. aus *lat.* oc-cupare „einnehmen, besetzen" entlehnt, einer Bildung zu *lat.* capere „nehmen, fassen, ergreifen" (vgl. *ob..., Ob...* und *kapieren*). Dazu das Substantiv **Okkupation** „[militärische] Besetzung fremden Gebietes" (17. Jh.; aus *lat.* occupatio „Einnahme, Besetzung").

Ökonom: Die heute nur noch selten gebrauchte Bezeichnung für „Landwirt, Verwalter [landwirtschaftlicher Güter]", die in der DDR aber in der Bedeutung „Wirtschaftswissenschaftler; Fachmann auf dem Gebiet der Ökonomie" verwendet wird und in *dt.* Texten seit dem Beginn des 17. Jh.s bezeugt ist, wurde aus *lat.* oeconomus entlehnt, das seinerseits aus *griech.* oiko-nómos „Haushalter, Verwalter, Wirtschafter" übernommen ist. Dies ist eine Bildung aus *griech.* oĩkos „Haus; Haushaltung" (vgl. *Ökumene*) und *griech.* -nómos „verwaltend; Verwalter (in Zusammensetzungen)" (vgl. *...nom, ...nomie*). Sehr gebräuchlich hingegen sind heute die dazugehörigen Wörter **Ökonomie** „Wirtschaft; Wirtschaftlichkeit; sparsame Lebensführung" (16. Jh., zunächst im Sinne von „Haushaltsführung"; aus *lat.* oeconomia „gehörige Einteilung" < *griech.* oikonomía „Haushaltung, Verwaltung") und **ökonomisch** „haushälterisch, wirtschaftlich, sparsam" (17. Jh.; nach *lat.* oeconomicus < *griech.* oikonomikós „die Hauswirtschaft betreffend; geschickt in der Haushaltsführung, wirtschaftlich").

Oktave: Die musikalisch-fachsprachliche Bezeichnung für den achten Ton der diatonischen Tonleiter vom Grundton an (*mhd.* octāv) und danach auch für ein Intervall im Abstand von acht Tönen beruht auf *mlat.* octava (vox). Das zugrundeliegende Adjektiv *lat.* octavus „der achte" gehört als Ordinalzahl zu dem mit *dt.* ↑*acht* urverwandten Zahlwort *lat.* octo „acht". Auf dem gleichen Ordnungszahlwort (*lat.* octavus) beruht auch das im 18. Jh. aufgekommene Fachwort des Buchgewerbes **Oktav** als Bezeichnung der Achtelbogengröße im Buchformat. – Siehe auch den Monatsnamen *Oktober.*

Oktober: Der schon *mhd.* bezeugte Name für den 10. Monat des Jahres, der im *Ahd.* 'windumemānōth' „Weinlesemonat" (aus *lat.* vindemia „Weinlese") genannt wurde, ist aus *lat.* (mensis) October entlehnt. Dies ist eine Ableitung von *lat.* octo „acht" (vgl. *Oktave*) und bezeichnete ursprünglich den 8. Monat des ältesten, mit dem Monat März beginnenden altrömischen Kalenderjahres (vgl. zum Sachlichen den Artikel *Januar*).

oktroyieren „aufdrängen, aufzwingen", dafür häufiger die Verdeutlichung **aufoktroyieren:** Das Verb wurde im 17. Jh. in der Bed. „[landesherrlich] bewilligen, bevorrechten" aus gleichbed. *frz.* octroyer entlehnt. Die bei uns heute übliche Bedeutung des Verbs (seit dem 19. Jh.) beruht auf einer Sonderentwicklung im Deutschen. *Frz.* octroyer (*afrz.* otroier) geht auf *mlat.* auctorizare „sich verbürgen; bestätigen, bewilligen" zurück, das auf *spätlat.* auctorare „sich verbürgen; bekräftigen, bestätigen" zurückgeht. Dies ist eine Bildung zu *lat.* auctor „Förderer; Schöpfer, Urheber, Verfasser; Gewährsmann" (vgl. *Autor*).

Okular: Die Bezeichnung für „die dem Auge zugewandte Linse oder Linsenkombination eines optischen Gerätes" ist ein junges physikalisch-technisches Fachwort, das aus der älteren Zusammensetzung 'Ocularglas' gekürzt ist (18./19. Jh.). Zugrunde liegt das von *lat.* oculus „Auge" (vgl. *okulieren*) abgeleitete *spätlat.* Adjektiv ocularis „zu den Augen gehörig".

okulieren: Das seit dem 17. Jh. bezeugte Verb gehört der Gärtnersprache an und wird im Sinne von „die geschlossene Knospe (= Auge) eines edlen Gewächses in die gespaltene Rinde eines artverwandten, unedlen Gewächses einsetzen; durch Äugeln veredeln" verwendet. Es geht auf gleichbed. *lat.* in-oculare zurück. Stammwort ist das mit *dt.* ↑Auge urverwandte *lat.* Substantiv oculus „Auge; Pflanzenauge, Knospe", das auch ↑Okular und ↑Monokel zugrunde liegt.

Ökumene: Die Bezeichnung für „die bewohnte Erde als ständiger menschlicher Lebens- und Siedlungsraum; die Gesamtheit der Christen und christlichen Kirchen" ist aus *lat.* oecumene entlehnt, das seinerseits aus *griech.* oikouménē (gḗ) „die bewohnte Erde" stammt. Das zugrundeliegende Verb *griech.* oikeīn „bewohnen" ist von *griech.* oīkos (< *u̯oīkos) „Haus, Wohnung; Hausstand, Hauswesen; Haushaltung, Wirtschaft usw." abgeleitet, das mit *lat.* vicus „Häusergruppe; Dorf" urverwandt ist (s. den Artikel *Weichbild*). Abl.: **ökumenisch** „die ganze Erde betreffend, allgemein, Welt...; die katholischen Christen auf der ganzen Welt betreffend; die christlichen Konfessionen und Kirchen betreffend" (16. Jh.). – Neben *griech.* oikeīn spielt auch das Stammwort *griech.* oīkos selbst eine unmittelbare Rolle als Bestimmungswort in Zusammensetzungen wie ↑Ökonom, Ökonomie, ökonomisch.

Okzident: Das seit *mhd.* Zeit belegte Fremdwort (*mhd.* occident[e]) bezeichnet im Gegensatz zu ↑Orient den Teil der bewohnten Erde, der in Richtung der „untergehenden Sonne" liegt, also den Westen, das Abendland (s. unter *Abend*). Es geht auf *lat.* occidens (sol) „untergehende Sonne; Westen, Abendland" zurück. Das zugrundeliegende Verb *lat.* oc-cidere „niederfallen; untergehen" ist eine Bildung zu *lat.* cadere „fallen" (vgl. *ob..., Ob...* und *Chance*). Abl.: **okzidentalisch** „westlich; abendländisch" (Anfang 18. Jh.; aus *lat.* occidentalis).

...ol ↑Alkohol.

Öl: Das *westgerm.* Substantiv *mhd.* öl[e], *ahd.* oli, *niederl.* olie, *aengl.* œle (gegenüber *engl.* oil, das aus dem *Afrz.* stammt) bezeichnete ursprünglich primär das Olivenöl und erst sekundär die verschiedensten flüssigen Fette, die je nach Verwendung von Zusammensetzungen wie 'Speise-, Salb-, Haut-, Maschinen-, Motoröl' usw. unterschieden werden. Die gemeinsame Quelle des *westgerm.* Wortes ist *lat.* oleum (bzw. *vlat.* *olium) „Olivenöl; Öl", das seinerseits aus gleichbed. *griech.* élaion entlehnt ist. Über weitere Zusammenhänge vgl. den Artikel *Olive.* Das *griech.-lat.* Wort lebt auch in fast allen anderen europäischen Sprachen fort. Vgl. z. B. aus den *roman.* Sprachen gleichbed. *it.* olio, *span.* óleo und *frz.* huile (*afrz.* olie, oile; aus dem *Afrz.* stammt *engl.* oil), aus den *nordgerm.* Sprachen z. B. *schwed.* olja und älter *dän.* olje, heute: olie (die unmittelbar wohl aus dem *Mnd.* oder *Afries.* stammen), ferner aus den *slaw.* Sprachen z. B. *poln.* olej. – Ableitungen und Zusammensetzungen: **ölen** „mit Maschinenöl abschmieren; salben" (*mhd.* ölen), dazu das Substantiv **Ölung** „Salbung mit Öl; Ölzufuhr" (*mhd.* ölunge); **ölig** „fettflüssig wie Öl" (16. Jh.); **Ölbaum** *mhd.* ölboum, *ahd.* oliboum); **Ölgötze** „unbewegt und teilnahmslos dastehender Mensch" (zuerst Anfang des 16. Jh.s bei Luther bezeugt; vielleicht gekürzt aus 'Ölberggötze' als Bezeichnung für die stumm zurückweichenden Söldner der Kohorte auf dem Ölberg).

Oleander: Der Name des als Topfpflanze beliebten immergrünen Strauches (oder Baumes) des Mittelmeergebietes ist in *dt.* Texten seit dem 16. Jh. belegt. Er ist aus *it.* oleandro entlehnt, das unter Anlehnung an *lat.* olea „Olivenbaum" aus *mlat.* lorandum „Oleander" entstellt ist. Dies ist seinerseits nach *lat.* laurus „Lorbeerbaum" aus *griech.-lat.* rhododéndron (daraus unser Pflanzenname 'Rhododendron') umgestaltet, wohl wegen der lorbeerähnlichen Blätter des Oleanders.

Ölgötze ↑Öl.

Olive: Der seit dem Anfang des 16. Jh.s bezeugte Name für die Früchte des Ölbaumes (beachte schon *mhd.* olīve „Ölbaum"), aus denen das Olivenöl gewonnen wird, ist aus *lat.* oliva „Ölbaum; Olive" entlehnt, das seinerseits aus gleichbed. *griech.* elaíā bzw. einer Dialektform *elaíu̯ā übernommen ist. Das Wort stammt letztlich wohl aus einer unbekannten Mittelmeersprache. – Der Ölbaum ist von alters her eine der wichtigsten Kulturpflanzen des Mittelmeergebietes. Das aus den Oliven hergestellte Olivenöl gehörte im Altertum (wie auch heute gerade in den südlichen Ländern) als Speiseöl, Salböl usw. zum täglichen Lebensbedarf. So ist es nicht verwunderlich, daß die *griech.* Bezeichnung für das Olivenöl (*griech.* élaion < *élaiu̯on) über das *Lat.* in fast alle europäischen Kultursprachen gelangte (vgl. hierzu den Artikel *Öl*).

Olm: Der Ursprung der Benennung des langgestreckten Schwanzlurches (*mhd., ahd.* olm) ist unklar. Vielleicht handelt es sich bei *ahd.* olm um eine Entstellung aus *ahd.* molm (↑Molch).

Ölung ↑Öl.

Oma, auch: Omama (*ugs.* für:) „Großmutter": Das seit dem 19. Jh. bezeugte Wort ist eine kindersprachliche Umbildung von 'Großmama'.

Omelett, Omelette: Die Bezeichnung für „Eierkuchen" wurde Anfang des 18. Jh.s aus gleichbed. *frz.* omelette entlehnt. Die weitere Herkunft des *frz.* Wortes ist unsicher.

Omen „(gutes oder schlechtes) Vorzeichen; Vorbedeutung": Das Fremdwort wurde im 16. Jh. aus gleichbed. *lat.* omen (ominis) übernommen, dessen weitere Zugehörigkeit unsicher ist. – Abl.: **ominös** „von schlimmer Vorbedeutung, unheilvoll; bedenklich; verdächtig, anrüchig" (17. Jh.; aus gleichbed. *frz.* omineux, das auf *lat.* ominosus „voll von Vorbedeutungen" zurückgeht).

Omnibus: Das Substantiv wurde im 19. Jh. aus gleichbed. *frz.* omnibus (eigentlich wohl 'voiture omnibus' „Wagen für alle") entlehnt (*lat.* omnibus „für alle" ist der Dativ von *lat.* omnes „alle"). Häufiger als die Vollform 'Omnibus' ist die wohl im *Engl.* aufgekommene Kurzform **Bus** (20. Jh.). Beachte auch **Autobus** (20. Jh.; zusammengezogen aus 'Auto' und 'Omnibus') und **Obus** (20. Jh.; zusammengezogen aus '*O*berleitungsomni*bus*').

Onanie: Die in der medizinischen Fachsprache des 18. Jh.s aus dem *Engl.* übernommene Bezeichnung für die geschlechtliche Selbstbefriedigung (älter *engl.* onania, dafür heute *engl.* onanism) ist eine gelehrte Bildung zum Namen der biblischen Gestalt 'Onan' (1. Mos. 38; der dort beschriebene Vorfall, daß Onan sich geweigert habe, seinem verstorbenen Bruder Kinder zu zeugen und deshalb seinen Samen auf die Erde verspritzt habe, wurde dabei fälschlich als Selbstbefriedigung angesehen). Abl.: **onanieren** „sich geschlechtlich selbst befriedigen" (19. Jh.).

ondulieren „Haare (mit der Brennschere) wellen": Das erst im 20. Jh. aufgekommene, heute bereits veraltende Verb ist aus gleichbed. *frz.* onduler entlehnt, das von *frz.* ondulation „das Wallen, das Wogen" abgeleitet ist. Dies ist eine *frz.* Neubildung zu *spätlat.* undula „kleine Welle". Das Stammwort *lat.* unda „Wasser, Welle, Woge" gehört zu der unter ↑*Wasser* dargestellten *idg.* Wortsippe.

Onkel: Die seit dem Anfang des 18. Jh.s bezeugte Verwandtschaftsbezeichnung ist aus gleichbed. *frz.* oncle entlehnt, das auf *lat.* avunculus „Mutterbruder" (vgl. *Oheim*) zurückgeht.

Onyx: Der Name des zumeist schwarz-weiß gebänderten Halbedelsteines geht auf gleichbed. *griech.-lat.* ónyx zurück. Die eigentliche Bedeutung des *griech.* Substantivs, das mit *dt.* ↑*Nagel* verwandt ist, ist „Kralle, Klaue; [Finger]nagel". Der Onyx ist also vermutlich nach seiner weißlichen Färbung benannt, welche der des menschlichen Fingernagels ähnlich ist.

op..., Op... ↑ob..., Ob...

Opa, auch: Opapa (*ugs.* für:) „Großvater": Das seit dem 19. Jh. bezeugte Wort ist eine kindersprachliche Umbildung von 'Großpapa'.

Opal: Der seit dem 17. Jh. belegte Name des in einigen farbenprächtigen Spielarten (milchigweiß bis hyazinthrot) vorkommenden Halbedelsteins ist aus *lat.* opalus entlehnt, das seinerseits aus *griech.* oállios stammt. Dies ist aus *aind.* úpala-ḥ „Stein" übernommen.

Oper „musikalisches Bühnenwerk; Opernhaus": Das seit dem 17. Jh. zuerst als 'Opera' bezeugte Substantiv stammt wie die meisten musikalischen Bezeichnungen aus dem *It.* Das *it.* Wort opera (in musica) bedeutet eigentlich „(Musik)werk". Es ist ein Kunstwort, das auf *lat.* opera „Mühe, Arbeit; erarbeitetes Werk" (vgl. *operieren*) basiert. – Zu *it.* opera stellt sich als Verkleinerungsbildung operetta (eigentlich „Werkchen"). Daraus wurde im 18. Jh. – zunächst in der Form 'Operetta' – unser **Operette** als Bezeichnung eines musikalischen Bühnenstücks mit heiter-beschwingten, tänzerischen und komischen Szenen, das vorwiegend der leichten Unterhaltung dient, entlehnt.

operieren: Das seit dem 16. Jh. bezeugte Verb erscheint zuerst mit der allgemeinen Bed. „verfahren, handeln; wirken (besonders von Arzneien)", die auch im modernen Sprachgebrauch noch lebendig ist. Schon früh gelangte das Wort auch in die medizinische Fachsprache, wo es in der speziellen Bedeutung „einen chirurgischen Eingriff vornehmen" gebraucht wird. Quelle des Wortes ist *lat.* operari „werktätig sein, arbeiten, beschäftigt sein, sich abmühen" (daneben im sakralen Bereich „der Gottheit durch Opfer dienen"; s. dazu den Artikel *opfern*), das als Ableitung zu *lat.* opera „Mühe, Arbeit; erarbeitetes Werk" (s. dazu den Artikel *Oper*) oder zu dem stammverwandten Substantiv *lat.* opus (operis) „Arbeit, Beschäftigung; erarbeitetes Werk" (s. den Artikel *Opus*) gehört. Die *lat.* Wörter opus und opera gehören letztlich zu der unter ↑*üben* dargestellten Wortsippe der *idg.* Wurzel *op- „arbeiten, verrichten; zustande bringen; erwerben". Von verwandten Wörtern im italischen Sprachraum sind noch zu nennen: *lat.* ops (opis) „Reichtum, Vermögen; Macht; Hilfsmittel; Beistand", dazu *lat.* opulentus „reich an Vermögen; reichlich, reichhaltig" (↑opulent), *lat.* copis, cops „reichlich ausgestattet", copia „Fülle, Reichtum" (in den Fremdwörtern ↑Kopie, kopieren) und *lat.* optimus „bester, hervorragendster" (in den Fremdwörtern ↑Optimum, ↑Optimismus, Optimist), ferner das Bestimmungswort in *lat.* officium (< *opi-faciom) „Dienstleistung; Obliegenheit, Pflicht; Amt" (s. dazu die Artikel *Offizier* und *offiziell, offiziös*). Vgl. auch den Artikel *Manö-*

ver, manövrieren. – Unmittelbar zu *lat.* operari bzw. zu dem darauf beruhenden *frz.* Verb opérer stellen sich noch die folgenden Wörter: **Operation** „Verrichtung, Arbeitsvorgang; chirurgischer Eingriff; zielgerichtete Bewegung eines Heeresverbandes" (16. Jh.; aus *lat.* operatio „das Arbeiten, die Verrichtung usw."); **operativ** „die chirurgische Operation betreffend; strategisch" (*nlat.* Bildung jüngster Zeit); **Operateur** „operierender Arzt; Kameramann" (als medizinischer Terminus im 18. Jh. aus gleichbed. *frz.* opérateur übernommen); **operabel** „operierbar" (20. Jh.; aus gleichbed. *frz.* opérable).

opfern: Das aus der Kirchensprache stammende Verb *mhd.* opfern, *ahd.* opfarōn (ursprünglich „etwas Gott als Opfergabe darbringen") ist entlehnt aus *lat.-kirchenlat.* operari „werktätig sein, arbeiten; einer religiösen Handlung obliegen, der Gottheit durch Opfer dienen; Almosen geben". Über weitere etymologische Zusammenhänge vgl. den Artikel *operieren.* – Eine alte Rückbildung aus dem Verb 'opfern' ist das Substantiv **Opfer** (*mhd.* opfer, *ahd.* opfar).

Opium: Die Bezeichnung für das aus dem Milchsaft des Schlafmohns gewonnene Rauschgift und Betäubungsmittel wurde im 15. Jh. aus *lat.* opium „Mohnsaft, Opium" entlehnt, das aus gleichbed. *griech.* ópion übernommen ist. Dies ist eine Verkleinerungsbildung zu *griech.* opós „Pflanzenmilch".

opponieren „sich widersetzen; widersprechen": Das seit dem 15. Jh. belegte Verb ist aus *lat.* op-ponere „entgegensetzen; einwenden" entlehnt (vgl. *ob..., Ob...* und *Position*), aus dessen Part. Präs. opponens im 17. Jh. das Fremdwort **Opponent** „Gegner [im Redestreit]" übernommen wurde. Aus der *spätlat.* Bildung oppositio „das Entgegensetzen" wurde im 16. Jh. **Opposition** „Gegenüberstellung; Gegensatz; Widerstand; Widerspruch" (16. Jh.) entlehnt, das seit dem Ende des 18. Jh.s unter dem Einfluß von *engl.* (und *frz.*) opposition auch in politischem Sinne zur Bezeichnung der Gesamtheit aller von der jeweiligen Regierung ausgeschlossenen und mit deren Politik nicht einverstandenen Parteien und Gruppen gilt.

opportun „passend, nützlich, angebracht, günstig; zweckmäßig": Das Adjektiv wurde im 17./18. Jh. aus gleichbed. *lat.* opportunus entlehnt. Dies ist eine Bildung aus *lat.* ob „auf – hin" (vgl. *ob..., Ob...*) und *lat.* portus „Hafen" und bedeutete demnach ursprünglich „auf den Hafen zu (wehend und daher günstig, vom Wind)". – Dazu stellen sich die aus dem *Frz.* übernommenen Bildungen **Opportunist** „jemand, der sich aus Nützlichkeitserwägungen schnell und bedenkenlos der jeweils gegebenen Lage anpaßt", zunächst speziell politisches Schlagwort zur Kennzeichnung des Gelegenheitspolitikers ohne feste Grundsätze (19. Jh., aus gleichbed. *frz.* opportuniste, Bildung zu *frz.* opportun), und **Opportunismus** „schnelle und bedenkenlose Anpassung an die jeweilige Lage aus Nützlichkeitserwägungen" (20. Jh., aus gleichbed. *frz.* opportunisme, Bildung zu *frz.* opportun), beachte auch **opportunistisch** „den Opportunismus betreffend, wie ein Opportunist handelnd" (20. Jh.).

Opposition ↑ opponieren.

Optik „Lehre vom Licht; der die Linsen enthaltende Teil eines optischen Gerätes; optischer Eindruck, optische Wirkung": Das seit dem 16. Jh. zuerst als 'Optica' bezeugte Fremdwort ist aus *lat.* optica (ars) entlehnt, das seinerseits aus *griech.* optikḗ (téchnē) „die das Sehen betreffende Lehre" stammt. Das zugrundeliegende Adjektiv *griech.* optikós „zum Sehen gehörig, das Sehen betreffend", dem im 16. Jh. unser Adjektiv **optisch** nachgebildet wurde, gehört zu dem u. a. in *griech.* ósse „die beiden Augen", *griech.* ópsesthai „sehen werden" und *griech.* ómma (< *op-mn̥) „Auge" vertretenen Stamm op- (< *okᵘ̯-) „sehen; Auge". Über die *idg.* Zusammenhänge vgl. den Artikel *Auge.* – Abl.: **Optiker** „Fachmann für die Herstellung, die Wartung und den Verkauf von optischen Geräten" (im 17. Jh. zuerst in der *nlat.* Form 'Opticus' bezeugt).

optimal ↑ Optimum.

Optimismus: Das Wort wurde im 18. Jh. aus gleichbed. *frz.* optimisme entlehnt, einer Bildung zu *lat.* optimus „bester, hervorragendster" (vgl. *Optimum*). Es galt zunächst als philosophisches Schlagwort für Leibniz' Theodizee, die Lehre, daß diese Welt die beste von allen möglichen sei und daß das geschichtliche Geschehen ein Fortschritt zum Guten und Vernünftigen sei. Aber auch schon im 18. Jh. erscheint das Wort mit seiner heute üblichen Bedeutung „heitere, zuversichtliche Lebensauffassung". Es steht hier im Gegensatz zu dem später geprägten ↑ Pessimismus. – Dazu **Optimist** „lebensbejahender, zuversichtlicher Mensch" (19. Jh.) und **optimistisch** „lebensbejahend, zuversichtlich" (20. Jh.).

Optimum: Das Fremdwort für „das Wirksamste; der Bestwert; das Höchstmaß" ist eine Entlehnung des 20. Jh.s aus *lat.* optimum, dem Neutrum von optimus „bester, hervorragendster" (über etymologische Zusammenhänge vgl. den Artikel *opulent*). – Dazu gebildet ist das Adjektiv **optimal** „sehr gut, bestmöglich".

optisch ↑ Optik.

opulent „üppig, reichlich": Das seit dem Anfang des 18. Jh.s bezeugte Adjektiv ist aus *lat.* opulentus „reich an Vermögen; reichlich, reichhaltig" entlehnt. Stammwort ist *lat.* ops (Genitiv: opis) „Reichtum, Vermögen; Macht; Hilfsmittel; Hilfe, Beistand", das auch den *lat.* Wörtern copis, cops „reichlich versehen mit" (< *co-op-is) – dazu *lat.* copia „Fülle, Reichtum" (↑ Kopie usw.) – und optimus „bester, hervorragendster" (s. die Artikel *Optimum* und *Optimismus*) zugrunde liegt. Üblicherweise verbindet man *lat.* ops mit den unter ↑ *operieren* genannten Wörtern, *lat.* opus „Arbeit, Beschäftigung; erarbeitetes Werk" und opera „Mühe, Arbeit", wobei dann die Bed. „Reichtum (wohl urspr. an Feldfrüchten), Fülle" als resultativ anzusehen wäre: der Reichtum als Ergebnis und Lohn mühsamer (landwirtschaftlicher) Arbeit.

Opus: Das seit dem 16. Jh. bezeugte Fremdwort ist identisch mit *lat.* opus „Arbeit, Beschäftigung; erarbeitetes Werk" (vgl. *operieren*). Es galt zunächst allgemein im Sinne von „Werk" zur Bezeichnung wissenschaftlicher, literarischer und künstlerischer Arbeiten. Seit dem 19. Jh. ist es dann auch ein spezieller Terminus in der Musik, der die chronologisch geordneten einzelnen Schöpfungen eines Komponisten numerisch benennt (Abk.: op.).

Orakel: Das seit dem 16. Jh. bezeugte Fremdwort ist aus *lat.* oraculum entlehnt. Wie dies bezeichnete es zunächst einen Ort, an dem die Götter geheimnisvolle Weissagungen erteilen, dann die dunkle Weissagung selbst, den Götterspruch. Schließlich wurde es auch allgemeiner im Sinne von „geheimnisvoller Ausspruch, rätselhafte Andeutung" verwendet, beachte dazu die jungen Ableitungen **orakelhaft** „dunkel, undurchschaubar, rätselhaft" und **orakeln** „in dunklen Andeutungen sprechen" zum Ausdruck kommt. – *Lat.* oraculum bedeutet wörtlich etwa „Sprechstätte". Es ist abgeleitet von dem aus dem Bereich der Sakral- und Rechtssprache stammenden Verb *lat.* orare „eine Ritualformel wirksam hersagen; vor Gericht verhandeln; reden, sprechen; bitten, beten". Siehe auch den Artikel *Oratorium.*

Orange: Der Name der Südfrucht wurde im 17./18. Jh. aus gleichbed. *frz.* orange (älter auch: 'pomme d'orange') entlehnt. Die frühesten Belege im Deutschen stammen aus Norddeutschland, wo durch Vermittlung von *niederl.* oranjeappel im 17. Jh. 'Oranienapfel' erscheint. Im Süden begegnet dafür etwas später die Zusammensetzung 'Orangenapfel' (nach *frz.* pomme d'orange). – Quelle des *frz.* Wortes, wie z. B. auch für entsprechend *it.* arancia (↑Pomeranze), ist *arab.* nāranǧ (< *pers.* nāringʻ) „bittere Orange", das den europäischen Sprachen durch gleichbed. *span.* naranja vermittelt wurde. Das anlautende o- von *frz.* orange (gegenüber dem in den anderen Sprachen bewahrten ursprünglichen -a-) beruht auf einer volksetymologischen Umdeutung des Wortes (vielleicht nach *frz.* or „Gold" wegen des goldgelben Aussehens der Früchte oder nach der südfranzösischen Stadt Orange, über die die Frucht importiert wurde). Andere Bezeichnungen der Südfrucht s. unter *Apfelsine* und *Pomeranze.* – Abl.: **Orangeade** „Orangenlimonade" (18. Jh.; aus gleichbed. *frz.* orangeade); **Orangeat** „kandierte Orangenschale" (18. Jh.; aus gleichbed. *frz.* orangeat).

Orang-Utan: Der in *dt.* Texten seit dem 17. Jh. bezeugte Name des auf Borneo und Sumatra beheimateten Menschenaffen entstammt dem *Malaiischen.* Es handelt sich dabei um eine von Europäern vorgenommene irrtümliche oder scherzhafte Übertragung von *malai.* orang [h]utan „Waldmensch", womit die Malaien der Großen Sundainseln die in wilden Stämmen lebenden Ureinwohner benannten.

Oratorium: Das seit dem 17. Jh. bezeugte Fremdwort bezeichnet ein opernartiges geistliches Musikwerk, das zur Aufführung in der Kirche (= „Bethaus") bestimmt ist. Es geht auf *kirchenlat.* oratorium „Bethaus" zurück. Stammwort ist *lat.* orare „bitten, beten" (vgl. hierzu den Artikel *Orakel*).

Orchester: Zu *griech.* orcheīsthai „tanzen, hüpfen, springen" (über die *idg.* Zusammenhänge vgl. *rinnen*) gehört die Substantivbildung *griech.* orchēstrā „Teil des Theaters, wo der Chor sich bewegt; Tanzplatz". Über *lat.* orchestra, das zunächst den für die Senatoren bestimmten Ehrenplatz vorn im Theater bezeichnete, später dann auch jenen Teil der vorderen Bühne, auf der die Musiker und Tänzer auftraten, gelangte das Wort in die *roman.* Sprachen (*it.* orchestra, *frz.* orchestre) und von da Anfang des 18. Jh.s ins *Deutsche* mit der Bed. „Raum für die Musiker vor der Bühne". Seit der Mitte des 18. Jh.s wird 'Orchester' dann vor allem im Sinne von „größeres Ensemble von Instrumentalisten unter der Leitung eines Dirigenten" verwendet.

Orchidee: Der Name der zu den Knabenkrautgewächsen gehörenden Zierpflanze wurde im 18./19. Jh. aus *frz.* orchidée übernommen. Dies ist eine gelehrte Neubildung zu *griech.* órchis „Hoden", das im übertragenen Gebrauch eine Pflanze mit hodenförmigen Wurzelknollen bezeichnet, wie sie für die Orchideen charakteristisch sind. – Beachte auch die ähnliche Benennung 'Knabenkraut' im Artikel *Knabe.*

Orden: Das Substantiv *mhd.* orden „Regel, Ordnung; Reihe[nfolge]; Verordnung, Gesetz; Rang, Stand; christlicher Orden" (gegenüber *ahd.* ordena „Reihe, Reihenfolge") ist aus *lat.* ordo (ordinis) „Reihe; Ordnung; Rang, Stand" entlehnt (vgl. dazu das Lehnwort *ordnen*). Aus einem ursprünglich freieren Gebrauch hat das Wort im Laufe der Zeit spezielle Anwendungsbereiche erlangt. Insbesondere wurde es früh zur Bezeichnung der für bestimmte christliche (insbesondere klösterliche), später auch weltliche Gemeinschaften und Brüderschaften verbindlichen [Ordens]regeln und danach auch zur Bezeichnung solcher Gemeinschaften selbst. Nach den Ordensabzeichen, die die Mitglieder dieser Gemeinschaften zur Ehre des Ordens und zum Zeichen ihrer Zugehörigkeit zur Ordensgemeinschaft trugen, bedeutet 'Orden' heute auch „Ehrenzeichen, Auszeichnung". – An die ursprüngliche Bedeutung von 'Orden' „Reihenfolge, Ordnung" schließt sich das abgeleitete Adjektiv **ordentlich** „der Ordnung, der Vorschrift gemäß; ordnungsliebend, sauber, anständig; tüchtig; wohlgeordnet; regelrecht, planmäßig" an (*mhd.* ordenlich, *ahd.* [Adverb] ordenlīcho; das jüngere -t- im Auslaut der Stammsilbe ist ein unorganischer Gleitlaut, ähnlich wie in ↑eigentlich).

Ordensstern ↑Stern.

Order „Befehl, Anweisung; Bestellung, Auftrag". Das Fremdwort wurde im 17. Jh. aus gleichbed. *frz.* ordre (*afrz.* ordene) entlehnt, das auf *lat.* ordo (ordinis) „Ordnung; Rang; Verordnung" (vgl. *Orden*) zurückgeht. Die Verwendung im kaufmännischen Bereich steht wohl unter dem Einfluß von *engl.* order „Bestellung,

Auftrag". – Abl.: **ordern** „eine Bestellung abgeben, einen Auftrag erteilen" (20. Jh., wohl unter dem Einfluß von gleichbed. *engl.* to order); **beordern** „jemanden wohin bestellen; beauftragen" (Ende 17. Jh.).

ordinär: Das seit dem 17. Jh. bezeugte Adjektiv wurde bis ins 18. Jh. im Sinne von „ordentlich; allgemein üblich, gewöhnlich" verwendet, dann entwickelte es – als Gegensatz zum 'Außerordentlichen, Feinen und Vornehmen' die heute übliche Bedeutung „gewöhnlich, niedrig, gemein, vulgär". Es ist aus *frz.* ordinaire entlehnt, das auf *lat.* ordinarius „in der Ordnung, ordentlich" zurückgeht. Dies gehört zu *lat.* ordo (ordinis) „Reihe; Ordnung; Rang" (vgl. *Orden*).

Ordinarius: Die Bezeichnung für „ordentlicher Professor an einer Hochschule" ist aus 'Professor ordinarius' gekürzt. Das *lat.* Adjektiv ordinarius „ordentlich" gehört zu *lat.* ordo „Reihe, Ordnung" (vgl. *Orden*).

ordinieren: Das seit *mhd.* Zeit bezeugte Verb, das auf *lat.* ordinare „ordnen, einrichten; anordnen; in ein Amt einweisen usw." zurückgeht (vgl. *ordnen*), wurde zunächst in der allgemeinen, heute nicht mehr üblichen Bed. „ordnen, einrichten" verwendet. Im kirchlichen Bereich gilt es daneben bis heute im Sinne von „in ein geistliches Amt einweisen; zum Priester weihen". In der medizinischen Fachsprache schließlich wird es noch selten für „[eine Arznei] verordnen; Sprechstunde abhalten" gebraucht.

ordnen: Das Verb (*mhd.* ordenen, *ahd.* ordinōn „in Ordnung bringen, gehörig einrichten; anordnen usw.") ist aus *lat.* ordinare „in Reihen zusammenstellen, ordnen; anordnen" entlehnt. Dies ist von *lat.* ordo (ordinis) „Reihe; Ordnung; Rang, Stand" abgeleitet (vgl. den Artikel *Orden*). Abl.: **Ordner** „jemand, der für Ordnung sorgt; Vorrichtung zum Einordnen von Schriftstücken" (*mhd.* ordenǣre); **Ordnung** „Tätigkeit des Ordnens; Geregeltheit; Aufgeräumtheit, Sauberkeit; systematische Zusammenfassung; Reihe, Grad; Regel, Vorschrift" (*mhd.* ordenunge, *ahd.* ordinunga). Um 'ordnen' gruppieren sich die Bildungen **abordnen** (dazu: **Abgeordneter** und **Abordnung**), **anordnen** (dazu: **Anordnung**) und **verordnen** (dazu: **Verordnung**). – Zu *lat.* ordo als Stammwort bzw. zu dessen Ableitungen und *roman.* Abkömmlingen gehören: koordinieren, Koordinaten, ordinär, Ordinarius, Ordonnanz, Order (beordern), ordinieren und Ornat.

Ordonnanz: Das seit dem 16. Jh. bezeugte Fremdwort war zunächst in der heute veralteten Bed. „Befehl, Anordnung" gebräuchlich. Seit dem 17. Jh. bezeichnet es in der militärischen Fachsprache einen Soldaten, der einem Offizier zur Befehlsübermittlung zugeteilt ist. Entlehnt ist es aus *frz.* ordonnance „Befehl, Anordnung; Ordonnanz", das von *frz.* ordonner (*afrz.* ordener) „anordnen, vorschreiben" abgeleitet ist. Dies geht auf *lat.* ordinare „ordnen; verordnen" zurück (vgl. den Artikel *ordnen*).

Organ: Das seit dem 18. Jh. belegte Fremdwort, das jedoch schon im 16.–18. Jh. in den nicht eingedeutschten Formen 'Organum', 'Organon' (*Plural* 'Organa') auftritt, ist aus *lat.* organum „Werkzeug; Musikinstrument, Orgel" entlehnt, das seinerseits aus *griech.* órganon „Werkzeug, Instrument, Körperteil" stammt. – Zunächst wurde 'Organ' allgemein im Sinne von „Werkzeug, Hilfsmittel" gebraucht. Dann bezeichnete es (wie schon *griech.* órganon) in der Medizin jeden Körperteil mit einer einheitlichen Funktion, wie einerseits die inneren Organe (Herz, Leber usw.), wie andererseits aber auch die Sinnesorgane und die Sprechwerkzeuge. Daher bedeutet 'Organ' übertragen auch „Sinn, Empfindung, Empfänglichkeit", was besonders in der Wendung '[k]ein Organ für etwas haben' zum Ausdruck kommt, und „menschliche Stimme" (beachte dazu die Wendung 'ein lautes Organ haben'). Im öffentlichen Leben schließlich bezeichnet 'Organ' (wohl nach entsprechend *frz.* organe) einmal eine Person oder [Zeit]schrift, durch die sich eine Gruppe oder Gemeinschaft äußert (beachte z. B. die Zusammensetzung 'Parteiorgan'), zum andern im speziell juristischen Sinne den durch Satzung oder Gesetz bestimmten Vertreter einer juristischen Person (beachte die Fügung 'ein ausführendes Organ'). *Griech.* órganon „Werkzeug, Gerät, Instrument" (das auch die Quelle für unser Lehnwort ↑Orgel ist), ist eine ablautende Bildung zum Stamm von *griech.* érgon „Werk; Dienst" (vgl. den Artikel *Energie*). – Um 'Organ' gruppieren sich die Bildungen: 1. **organisch** „ein Organ oder den Organismus betreffend; geordnet, ineinandergreifend; zum belebten Teil der Natur gehörend; die Verbindungen des Kohlenstoffs (in tierischen und pflanzlichen Organismen) betreffend" (18. Jh.; Neubildung nach *lat.* organicus < *griech.* organikós „als Werkzeug dienend; wirksam". Die Nichtkohlenstoffverbindungen, wie sie vor allem in der unbelebten Natur vorkommen, heißen entsprechend **anorganisch** (19. Jh.; vgl. das verneinende Präfix 'an-' (↑²a..., A...). 2. **Organismus** „Gefüge; einheitliches, gegliedertes [lebendiges] Ganzes; Lebewesen" (18. Jh.; aus gleichbed. *frz.* organisme). Vgl. den Artikel *organisieren*.

organisieren: Das seit dem 18. Jh. bezeugte Verb wurde zunächst allgemein im Sinne von „planmäßig ordnen, gestalten, einrichten, aufbauen" gebraucht, dann auch – vor allem reflexiv – im Sinne von „[sich] zu wirtschaftlichen, politischen u. a. Zweckverbänden zusammenschließen". In der Umgangssprache schließlich ist 'organisieren' als verhüllender Ausdruck für „sich etwas [auf nicht ganz rechtmäßige Weise] beschaffen" gebräuchlich. Es ist aus *frz.* organiser „einrichten, anordnen, gestalten, organisieren" entlehnt, das als Ableitung von *frz.* organe „Organ; Werkzeug" (= *dt.* ↑*Organ*) eigentlich „mit Organen versehen" bedeutet, dann etwa auch „zu einem lebensfähigen Ganzen zusammenfügen". – Dazu: **Organisation** „Aufbau, Einrichtung, Gliederung, planmäßige Gestaltung; Gruppe, Verband (mit [sozial]politischen Zielen)" (17./18. Jh.; aus gleichbed. *frz.* organisation), **Organisator** „Gestalter, Planer; Anstifter“ (20. Jh.; *nlat.* Bildung).

Orgasmus: Die seit dem 19. Jh. bezeugte Bezeichnung für den Höhepunkt der geschlechtlichen Erregung ist eine gelehrte Bildung zu *griech.* orgān „strotzen, schwellen; vor Liebesverlangen glühen“.

Orgel: Der Name des Musikinstruments, *mhd.* orgel (neben organa, orgene), *ahd.* orgela (neben organa), geht zurück auf *lat.-kirchenlat.* organa, die als Feminimum Singular aufgefaßte Pluralform von *lat.-kirchenlat.* organum „Werkzeug, Instrument; Musikinstrument; Orgelwerk; Orgel“. Letzte Quelle des Wortes ist *griech.* órganon „Werkzeug, Instrument“ (vgl. den Artikel *Organ*). – Dazu stellt sich die Bildung **Organist** „Orgelspieler“ (*mhd.* organist[e], aus gleichbed. *mlat.* organista). Abl.: **orgeln** „Drehorgel spielen; tief und brausend tönen“, *ugs.* auch: „koitieren“ (*mhd.* orgel[e]n, die Orgel spielen“).

Orgie „ausschweifendes Gelage; Ausschweifung“: Das in dieser Bedeutung seit dem 18. Jh. gebräuchliche Fremdwort ist *griech.* Ursprungs. Es stammt aus dem zum Stamm von *griech.* érgon „Werk; Dienst“ (vgl. *Energie*) gehörenden *griech.* Substantiv órgia (Neutr. Plur.) „heilige Handlung, geheimer Gottesdienst“, das speziell die Geheimfeiern des Bacchusdienstes und die damit verbundenen wilden und ausgelassenen nächtlichen Schwärmereien bezeichnete. Über *lat.* orgia (Neutr. Plur.) „nächtliche Bacchusfeier“ gelangte das Wort im 17. Jh. – zunächst als Plural 'Orgien' – ins *Dt.*

Orient: Das seit *mhd.* Zeit bezeugte Fremdwort (*mhd.* orient) bzeichnet im Gegensatz zu ↑Okzident die vorder- und mittelasiatischen Länder, aber auch die östliche Welt und deren Kulturen. Entlehnt ist das Wort aus *lat.* oriens (sol), das wörtlich „aufgehende Sonne“ bedeutet, dann übertragen „Land, das in Richtung der aufgehenden Sonne liegt; Osten, Morgenland“. Das zugrundeliegende Verb *lat.* oriri „aufstehen, sich erheben; entstehen, entspringen“, das auch Stammwort für *lat.* origo (originis) „Ursprung, Quelle, Stamm“ ist (↑original), gehört zu der unter ↑*rinnen* dargestellten *idg.* Wortfamilie. – Abl.: **orientalisch;** „den Orient betreffend, östlich, morgenländisch“ (16. Jh.; für *mhd.* orientisch; aus gleichbed. *lat.* orientalis); **Orientale** „Bewohner der Länder des Orients, Morgenländer“ (18. Jh.). Vgl. auch den Artikel *orientieren.*

orientieren „jemanden von etwas unterrichten“, meist reflexiv im Sinne von „sich zurechtfinden; sich umsehen, sich erkundigen, sich unterrichten; sich nach jemandem, nach etwas ausrichten, sich auf jemanden, auf etwas einstellen“: Das Verb wurde im 18. Jh. aus gleichbed. *frz.* [s']orienter, einer Bildung zu *frz.* orient „Sonnenaufgang, Osten; Orient“ (< *lat.* oriens, ↑Orient), entlehnt. Auszugehen ist dabei von einer ursprünglich geographischen Bed. „die Himmelsrichtung nach dem Aufgang der Sonne bestimmen“. – Das vom Verb abgeleitete Substantiv **Orientierung** „Kenntnis von Weg und Gelände; geistige Einstellung, Ausrichtung“ ist seit dem 19. Jh. belegt.

original „ursprünglich, echt; urschriftlich“, auch in Zusammensetzungen wie 'Originalausgabe, Originaltext': Das seit dem 18. Jh. bezeugte Adjektiv ist aus *lat.* originalis „ursprünglich“ entlehnt, das von *lat.* origo (originis) „Ursprung, Quelle, Stamm“ abgeleitet ist. Über weitere Zusammenhänge vgl. den Artikel *Orient.* – Dazu **Original** „Urschrift, Urfassung; Urtext; Urbild, Vorlage“ (14. Jh.; aus *mlat.* originale [exemplar] „ursprüngliches Exemplar“), auch übertragen gebraucht für einen eigentümlichen Menschen, der sich durch ausgeprägte Eigenart, durch Besonderheiten in liebenswerter Weise von anderen abhebt (so seit dem 18. Jh. belegt); **Originalität** „Ursprünglichkeit, Echtheit, Selbständigkeit; Besonderheit, wesenhafte Eigentümlichkeit“ (18. Jh.; aus gleichbed. *frz.* originalité); **originell** „eigenartig, einzigartig; urwüchsig, komisch“ (18. Jh.; aus gleichbed. *frz.* originel).

Orkan: Die Bezeichnung für „äußerst starker Sturm“ wurde im 16./17. Jh. aus gleichbed. *niederl.* orkaan entlehnt, das wie *frz.* ouragan, *it.* uragano, *engl.* hurricane (s. den Artikel *Hurrikan*) auf *span.* huracán „Wirbelsturm“ zurückgeht. Das Wort stammt letztlich aus dem Taino, einer westindischen Indianersprache.

Ornament: Das seit dem 14. Jh. bezeugte Substantiv für „Verzierung“ ist aus *lat.* ornamentum „Ausrüstung; Schmuck, Zierde; Ausschmückung“ entlehnt. Dies ist eine Bildung zu *lat.* ornare „ordnen, ausrüsten; schmücken“ (vgl. *Ornat*).

Ornat: Die Bezeichnung für „feierliche [kirchliche] Amtstracht“ (*mhd.* ornat) wurde im 14. Jh. aus *lat.* ornatus „Ausrüstung, Ausstattung; Schmuck; schmuckvolle Kleidung“ entlehnt. Stammwort ist *lat.* ornare (< *ord[i]nare) „ordnen, ausrüsten, ausstatten; schmücken“ (zu *lat.* ordo „Reihe, Ordnung“; vgl. *Orden*), das auch dem Fremdwort ↑Ornament zugrunde liegt.

Ort: *Mhd., ahd.* ort „Spitze (bes. einer Waffe oder eines Werkzeugs); äußerstes Ende, Punkt; Ecke, Rand; Stück; Gegend, Stelle, Platz“, *niederl.* oord „Gegend, Landstück; Stelle, Platz“, *aengl.* ord „Spitze; Speer; äußerstes Ende“, *schwed.* udd „Spitze, Stachel“ beruhen auf *germ.* *uzđa- „Spitze“, das wahrscheinlich mit *alban.* usht „Ähre“ und *lit.* usmìs „Distel“ verwandt ist. – Die ursprüngliche Bed. „Spitze“ spiegelt im heutigen Sprachgebrauch noch die Verwendung von 'Ort' im Sinne von „Ahle, Pfriem“ wider. Die Bedeutungen „Spitze, äußerstes Ende, Ecke“ sind bewahrt in geographischen Namen, beachte z. B. 'Darßer Ort, Ruhrort', und in der Bergmannssprache, in der 'Ort' im Sinne von „Ende einer Strecke, Abbaustelle“ verwendet wird, vgl. die Fügung 'vor Ort', die heute auch übertragen im Sinne von „unmittelbar am Ort des Geschehens“ gebräuchlich ist, und **örtern** bergmännisch für „an der Schichtstrecke Örter anschlagen“ (s. auch den Artikel *erörtern*). Gewöhnlich wird 'Ort' heute in den Bedeutungen „Stand[punkt], Platz, Stelle" und „Siedlung, Dorf, Stadt" verwendet. An diesen Wortgebrauch schließen sich an die Bildungen **orten** „die augenblickliche Position bestimmen" (20. Jh.), dazu **Ortung; örtlich** „eine bestimmte Stelle oder Ortschaft betreffend" (18. Jh.), dazu **Örtlichkeit; Ortschaft** „Flecken, Dorf, kleine Stadt" (18. Jh.). Die Verkleinerungsbildung **Örtchen** wird als verhüllender Ausdruck für „Abtritt" gebraucht, vgl. den Artikel *Abort*.

ortho..., Ortho..., (vor Vokalen gelegentlich:) orth..., Orth...: Dem Bestimmungswort von Zusammensetzungen mit der Bed. „gerade, aufrecht; richtig, recht", wie in ↑orthodox, ↑Orthographie, orthographisch u. a., liegt das *griech.* Adjektiv orthós „gerade, aufrecht; richtig, wahr" zugrunde.

orthodox „rechtgläubig, strenggläubig; der strengen Lehrmeinung gemäß; der herkömmlichen Anschauung entsprechend", auch übertragen gebraucht im Sinne von „starr, unnachgiebig": Das Adjektiv wurde im 16. Jh. aus *spätlat.* orthodoxus entlehnt, das seinerseits aus *griech.* orthódoxos „recht meinend, die richtige Anschauung habend; rechtgläubig" übernommen ist. Dies ist eine Bildung aus *griech.* orthós „aufrecht; recht" (vgl. *ortho..., Ortho...*) und *griech.* dóxa „Meinung, Anschauung; Lehre; Glaube" (vgl. *dezent*).

Orthographie: Das Fremdwort für „Rechtschreibung" wurde in der Schul- und Kanzleisprache des 15. Jh.s aus gleichbed. *griech.(-lat.)* ortho-graphía entlehnt. Dies ist eine Bildung aus *griech.* orthós „aufrecht; recht, richtig" (vgl. *ortho..., Ortho...*) und *griech.* -graphia (zu gráphein „schreiben"; vgl. *Graphik*). Abl.: **orthographisch** „rechtschreiblich" (16. Jh.).

Orthopädie „Teil der Medizin, der sich mit der Behandlung angeborener und erworbener Fehler des menschlichen Bewegungsapparats befaßt": Die Bezeichnung wurde im 18. Jh. aus gleichbed. *frz.* orthopédie übernommen, einer gelehrten Bildung des französischen Arztes Nicolas Andry (1658–1752) aus *griech.* orthós „aufrecht, gerade; richtig" (vgl. *ortho..., Ortho...*) und *griech.* paideía „Übung, Erziehung" (zu *griech.* país „Kind, Knabe", vgl. *Pädagoge*). Dazu stellen sich die Bildungen **Orthopäde** „Facharzt für Orthopädie" und **orthopädisch** „die Orthopädie betreffend".

Öse: Das seit dem 15. Jh., zuerst in der *mitteld.* Form ōse bezeugte Wort beruht wahrscheinlich auf einer Form, die im grammatischen Wechsel zu dem unter ↑*Ohr* behandelten Wort steht (vgl. *got.* ausō „Ohr"). Es bedeutet demnach eigentlich – wie auch die Bildung ↑Öhr – „ohrartige Öffnung".

Osten: Der Name der Himmelsrichtung *mhd.* ōsten, *ahd.* ōstan ist das substantivisch gebrauchte *altgerm.* Richtungsadverb *mhd.* ōsten[e] „nach, im Osten", *ahd.* ōstana, *aengl.* ēastan[e], *aisl.* austan, „von Osten". Die kürzere Form **Ost** – in Analogie zu 'Nord' und 'Süd' – ist erst seit dem 15. Jh. gebräuchlich. Daneben war früher auch das Richtungsadverb und Adjektiv *mhd.* ōster, *ahd.* ōstar „nach, im Osten" und „östlich" gebräuchlich, das z. B. im Ländernamen 'Österreich' bewahrt ist. – In den anderen *germ.* Sprachen sind als Bezeichnung der Himmelsrichtung gebräuchlich *niederl.* oosten, *engl.* east, *schwed.* öster „Osten". Die *germ.* Wortgruppe gehört mit verwandten Wörtern in anderen *idg.* Sprachen zu der *idg.* Wurzel *au̯es-, *aus- „leuchten (vom Tagesanbruch), hell werden", vgl. z. B. *griech.* ēṓs „Morgenröte" und *lat.* aurora „Morgenröte". Zu dieser Wurzel gehört wohl auch das unter ↑*Ostern* behandelte Wort. – Osten ist demnach also die Himmelsgegend der Morgenröte. Abl.: **östlich** (16. Jh.).

ostentativ „zur Schau gestellt, betont, herausfordernd": Das seit etwa 1900 bezeugte Adjektiv ist eine *nlat.* Bildung zu dem schon im 16. Jh. gebuchten, heute veralteten Substantiv 'Ostentation' „Schaustellung, Prahlerei", das aus gleichbed. *lat.* ostentatio entlehnt ist. Dies ist eine Bildung zu *lat.* ostentare „entgegenhalten, darbieten; prahlend zeigen", dem Intensivum zu *lat.* ostendere „entgegenstrecken, zeigen". Über weitere Zusammenhänge vgl. den Artikel *tendieren*.

Osterhase ↑Hase.

Ostern: Der Name des Festes der Auferstehung Christi (*mhd.* ōsteren, *ahd.* ōstarun *Plural*) war vor der Christianisierung des Germanentums der Name eines heidnischen Frühlingsfestes, wohl benannt nach einer heidnischen Frühlingsgöttin. Der Name der *germ.* Frühlingsgöttin ist in *aengl.* Texten als Eostrae überliefert und ist z. B. verwandt mit *aind.* uṣrā́, *griech.* ēṓs und *lat.* aurora „Morgenröte" (vgl. *Osten*). Die *germ.* Göttin war demnach eine Lichtgöttin, zunächst des Tageslichts, dann des Lichts überhaupt, und das ihr geweihte Fest war ein Fest des zunehmenden Lichts im Frühling. – Außer im *Dt.* ist der Name des Festes im *germ.* Sprachbereich nur noch im *Engl.* gebräuchlich, vgl. *engl.* Easter, während die anderen *germ.* Sprachen *kirchenlat.* pascha entlehnt haben: *niederl.* Pasen, *schwed.* påsk, beachte *got.* pāska. Abl.: **österlich** (*mhd.* ōsterlich, *ahd.* ōstarlīh). Zus.: **Osterei** (15. Jh., im Sinne von „zu Ostern abzulieferndes Zinsei", seit dem 16. Jh. im heutigen Sinne); **Osterhase** (17. Jh.).

[1]Otter: Der *altgerm.* Name der im Wasser lebenden Marderart *mhd.* ot[t]er, *ahd.* ottar, *niederl.* otter, *engl.* otter, *schwed.* utter beruht mit verwandten Wörtern in anderen *idg.* Sprachen auf *idg.* *udro-s „Wassertier, Otter", vgl. z. B. *aind.* udrá-ḥ „Wassertier", *griech.* hýdros, -ā „Wasserschlange" (beachte die aus der *griech.* Mythologie bekannte Hydra [von Lerna]), *russ.* vydra „Otter". – Das *idg.* Wort ist eine Bildung zu der unter ↑*Wasser* dargestellten *idg.* Wurzel und bedeutet eigentlich „der zum Wasser Gehörige". Zur Unterscheidung von '[2]Otter' „Schlange" wird statt des einfachen Wortes oft die Zusammensetzung 'Fischotter' verwendet.

[2]Otter „Schlange": Das seit dem 16. Jh. bezeugte Wort ist entstanden aus älterem nōter (15. Jh.), der *ostmitteld.* Entsprechung von *mhd.*

näter „Schlange" (vgl. *Natter*). Der Verlust des anlautenden n- erklärt sich daraus, daß man es fälschlicherweise für das -n des vorausgehenden unbestimmten Artikels hielt (ostmitteld. 'ein nōter'). Auf diese Weise entstanden z. B. auch *niederl.* adder „Natter, Schlange" aus *mniederl.* nadre, *engl.* adder „Schlange" aus *aengl.* nǣdre. – In der zoologischen Fachsprache bezeichnet man mit 'Ottern' eine Familie kleinerer Giftschlagen.

Ouvertüre: Das seit dem Ende des 17. Jh.s bezeugte Fremdwort bezeichnet ein eröffnendes, einleitendes Instrumentalstück zu einer Oper, einem Oratorium u. a. Es ist aus gleichbed. *frz.* ouverture entlehnt, das eigentlich allgemein „Öffnung, Eröffnung" bedeutet. Dies geht auf ein *vlat.* *opertura zurück, das für *klass.-lat.* apertura „[Er]öffnung" steht. Über das Stammwort *lat.* aperire „öffnen" vgl. den Artikel *Aperitif.*

oval „eirund, länglichrund": Das Adjektiv wurde Anfang des 17. Jh.s aus *spätlat.* ovalis „eiförmig" entlehnt. Dies ist eine Bildung zu *lat.* ovum „Ei" (verwandt mit *dt.* ↑*Ei*). – Abl.: **Oval** „ovale Fläche oder Anlage" (17. Jh.).

Ovation „Huldigung, Beifall": Das Fremdwort wurde im 16. Jh. aus *lat.* ovatio „kleiner Triumph" (wenn der Feldherr nach dem Sieg nicht auf einem Wagen, wie beim üblichen Triumph, sondern nur zu Pferd oder zu Fuß mit einem Myrtenkranz auf dem Kopf Einzug hielt) entlehnt. Dies ist eine Bildung zu *lat.* ovare „triumphieren; siegreich Einzug halten".

Overall „einteiliger Schutzanzug" (für Mechaniker, Sportler u. a.): Der Name des Kleidungsstücks wurde im 20. Jh. aus gleichbed. *engl.* overall entlehnt, einer Bildung aus *engl.* over „über" und all „alles", eigentlich also „(das, was) über alles (angezogen wird)".

Oxyd, (fachsprachlich:) Oxid: Die seit dem ausgehenden 18. Jh. bezeugte Bezeichnung der Sauerstoffverbindung eines chemischen Grundstoffs ist aus *frz.* oxyde entlehnt. Dies ist eine gelehrte Neubildung zu dem *griech.* Adjektiv oxýs „scharf, spitz; sauer" (verwandt mit *dt.* ↑*Ecke*). – Abl.: **oxydieren** „sich mit Sauerstoff verbinden, verbrennen" (aus entspr. *frz.* oxyder); dazu das Substantiv **Oxydation** „Verbindung eines chem. Stoffes mit Sauerstoff" (aus entsprechend *frz.* oxydation).

Ozean: *Griech.* ōkeanós, das in vorklassischer Zeit den sagenhaften, die Erde umfließenden Weltstrom bezeichnete, gelangte in seiner späteren Bed. „Weltmeer" über *lat.* oceanus und *mlat.* occeanus ins *Mhd.* (*mhd.* occene). Die heute übliche, seit dem 17. Jh. bezeugte Lautform entspricht dem von Humanisten des 16. Jh.s eingeführten *lat.* oceanus. – Abl.: **ozeanisch** „den Ozean betreffend, vom Ozean kommend, Meeres..." (19. Jh.; nach gleichbed. *lat.* oceanicus).

Ozelot: Der Name des in Mittel- und Südamerika heimischen, kleinen katzenartigen Raubtiers wurde im 19. Jh. aus *frz.* ocelot übernommen. Dies stammt aus Nahuatl (mittelamerikanische Indianersprache) ocelotl.

Ozon: Das seit dem 19. Jh. bezeugte Fremdwort bezeichnet eine besondere Form des Sauerstoffs. Dieser Stoff wurde wegen seines äußerst starken Geruchs von dem Schweizer Chemiker Chr. Friedrich Schönbein (1799–1868) mit dem Part. Präs. Neutrum von *griech.* ózein „riechen, duften", *griech.* (tò) ózon „das Duftende", benannt.

P

Paar: Die Bezeichnung für zwei zusammengehörende oder als zusammengehörig empfundene Dinge von gleicher oder ähnlicher Beschaffenheit, insbesondere für zwei in einer Lebensgemeinschaft verbundene, einander ergänzende Lebewesen verschiedenen Geschlechts, *mhd., ahd.* par „zwei Dinge von gleicher Beschaffenheit" (adjektivisch: „einem anderen gleich"), geht zurück auf *lat.* par (paris) „gleichkommend, gleich", (substantiviert:) „jemand, der sich einem anderen von gleicher Beschaffenheit zugesellt, Genosse; Gatte, Gattin; das Paar". Nicht identisch damit ist 'Paar' in der heute veraltenden Wendung 'zu Paaren treiben' „in die Enge treiben; niederschlagen, zwingen", das aus älter 'zum baren bringen' umgestaltet ist und wohl eigentlich „ins Netz bringen" bedeutet (*mhd.* ber[e] „sackförmiges Fischnetz", aus *lat.* pera „Beutel"). – Abl.: **paaren** „zu Paaren zusammenfügen; Tiere zur Fortpflanzung zusammenbringen" (16. Jh.; zuvor schon *spätmhd.* paren „gesellen"), heute vorwiegend reflexiv gebraucht im Sinne von „sich begatten" (meist von Tieren). – Vgl. auch die auf Bildungen zu *lat.* par beruhenden Fremdwörter ↑Parität, paritätisch, ↑Komparativ und ↑Paroli.

Pacht „vertraglich vereinbartes Recht zur Nutzung einer Sache gegen Entgelt": Die *nhd.* Form des Wortes beruht auf der schriftsprachlich gewordenen *westmitteld.* Entsprechung von *mhd.* pfaht[e] „Recht, Gesetz; Abgabe von einem Zinsgut, Pacht". Das Wort wurde vor der *hochd.* Lautverschiebung aus *vlat.* pacta entlehnt, dem als Femininum Singular gefaßten Neutrum Plural von *lat.* pactum „Vertrag, Vergleich, Vereinbarung" (vgl. den Artikel *Pakt*). Abl.: **pachten** „in Pacht nehmen" (*westmitteld.* pachten = *mhd.* pfahten „gesetzlich oder vertraglich bestimmen"), dazu das Substantiv

Pächter „jemand, der etwas in Pacht hat" (Ende 18. Jh.; für älteres 'Pachter', 17. Jh.).

[1]**Pack** „Bündel": Das im 16. Jh. aus dem *Niederd.* ins *Hochd.* übernommene Wort stammt aus *mniederl.* pac „Bündel, Ballen" (12. Jh.), das im Rahmen des flandrischen Wollhandels auch in andere Sprachen übernommen wurde, beachte z. B. *engl.* pack und älter *frz.* pacque († Paket). Die Nebenform **Packen** entstand im 16. Jh. aus einem schwach flektierenden, heute veralteten 'Packe' (*mnd.* packe). Um '[1]Pack' gruppieren sich die Bildungen † Gepäck und † packen und die Verkleinerungsbildung **Päckchen**, beachte auch die Zusammensetzung **Packeis** „zusammen-, übereinandergeschobene Eisschollen" (18. Jh.). Mit '[1]Pack' identisch ist [2]**Pack** „Gesindel, Pöbel". Die heute übliche Bedeutung entwickelte sich aus der Verwendung des Wortes im Sinne von „Gepäck, das im Troß mitgeführt wird; Troß" (vgl. die Bedeutungsgeschichte von 'Bagage'). Der Bedeutungswandel von „Gepäck, Troß" zu „Gesindel" erklärt sich daraus, daß die Troßmannschaft im Verhältnis zur kämpfenden Mannschaft als minderwertig galt.

packen: Das seit dem 16. Jh. bezeugte Verb ist von dem unter † [1]*Pack* behandelten Substantiv abgeleitet und ist wie dieses aus dem *Niederd.* übernommen (beachte *mnd.* paken). Es bedeutete zunächst „bündeln, einen Packen machen", daher dann „zum Versand, zur Beförderung fertigmachen; in ein Gepäckstück hineintun", beachte dazu 'aus-, be-, ein-, verpacken'. Bereits seit dem 16. Jh. wird das Verb auch reflexiv verwendet, und zwar im Sinne von „sich davonmachen, eilig verschwinden" (eigentlich „sich bepacken, um fortzugehen"). Im Sinne von „fassen, ergreifen; überwältigen" ist 'packen' aus **anpacken** gekürzt, beachte dazu das adjektivisch verwendete 1. Partizip **packend** „spannend". Abl.: **Packung** (17. Jh.).

Päd...: Dem aus dem *Griech.* stammenden Bestimmungswort von Zusammensetzungen mit der Bed. „Kind", wie in † Pädagoge und Pädiatrie „Kinderheilkunde" liegt das Substantiv *griech.* paĩs (paidós) „Kind, Knabe" zugrunde, das mit *dt.* †*Fohlen* verwandt ist; dazu gehört *griech.* paideía „Übung, Erziehung" (vgl. den Artikel *Orthopädie*). – Von Interesse ist in diesem Zusammenhang noch die zu *griech.* paĩs gehörende Verbalableitung *griech.* paideúein „ein Kind erziehen; erziehen; bilden, unterrichten", die Ausgangspunkt für die Fremdwörter † Pedant, pedantisch, Pedanterie ist.

Pädagoge „Lehrer, Erzieher; Erziehungswissenschaftler": Das Fremdwort wurde im 15. Jh. aus *lat.* paedagogus entlehnt, das seinerseits aus *griech.* paid-agōgós übernommen ist. Dies bedeutet wörtlich „Kinder-, Knabenführer" (ursprünglich Adjektiv; zu *griech.* paĩs, paidós „Kind, Knabe" [† Päd...] und *griech.* ágein „führen" bzw. *griech.* agōgós „führend; Leiter, Führer"; vgl. *Achse*) und bezeichnete ursprünglich einen Sklaven, der die Kinder aus dem Hause der Eltern in die Schule oder in das Gymnasium und von dort wieder nach Hause zurück geleitete. Dann wurde das *griech.* Wort im Sinne von „Aufseher, Betreuer der Knaben" und schließlich im Sinne von „Erzieher, Lehrer" verwendet. Im *Dt.* war 'Pädagoge' zunächst im Sinne von „Privat-, Hauslehrer" gebräuchlich. – Dazu: **Pädagogik** „Erziehungswissenschaft" (18. Jh.; aus *griech.* paidagōgikḗ [téchnē] „Erziehungskunst"); **pädagogisch** „die Pädagogik betreffend; erzieherisch" (18. Jh.).

Paddel: Die Bezeichnung für die Stange mit einem Blatt an einem oder an jedem Ende zur Fortbewegung eines Bootes wurde im 19. Jh. aus gleichbed. *engl.* paddle entlehnt, dessen weitere Herkunft dunkel ist. – Abl.: **paddeln** „ein Boot mit Hilfe des Paddels fortbewegen" (19. Jh.; aus gleichbed. *engl.* to paddle); **Paddler** (20. Jh.). Zus.: **Paddelboot** (19./20. Jh.).

paffen „stark rauchen": Das seit dem 17. Jh. bezeugte Verb, das zunächst im Sinne von „paff machen, knallen, schießen" verwendet wurde, ist lautnachahmenden Ursprungs. Im Sinne von „stark rauchen" bezieht sich 'paffen' auf das Geräusch, das die Lippen beim heftigen Rauchen der Tabakspfeife verursachen.

Page (früher Bezeichnung für:) „Edelknabe", (heute für:) „uniformierter [Hotel]diener, Laufbursche": Das Fremdwort wurde Anfang des 17. Jh. aus *frz.* page „Edelknabe" entlehnt, dessen weitere Herkunft unklar ist.

Pagode: Die Bezeichnung für den ostasiatischen Tempel mit mehreren Stockwerken, von denen jedes ein ausladendes Dach hat, wurde im 16. Jh. aus gleichbed. *frz.* pagode entlehnt, das seinerseits aus *port.* pagode übernommen ist. Dies stammt aus einer *drawidischen* Sprache und bezeichnete ursprünglich das Götter- oder Götzenbild. Quelle ist *aind.* bhaggarat „heilig".

Paillette: Die meist im Plural gebrauchte Bezeichnung für ein glänzendes Metallblättchen als Applikation für [elegante] Kleidung wurde im 18. Jh. aus gleichbed. *frz.* paillette entlehnt. Dies ist eine Verkleinerungsbildung zu *frz.* paille „Stroh", das auf *lat.* palea „Stroh, Spreu" zurückgeht.

Paket „größeres Päckchen, [zum Versand, zur Beförderung] Verpacktes": Das seit dem 16. Jh. bezeugte Substantiv ist aus gleichbed. *frz.* paquet entlehnt, das zu älter *frz.* pacque „Bündel, Ballen, Packen" gebildet ist (vgl. [1]*Pack*).

Pakt „Vertrag, Übereinkommen; politisches oder militärisches Bündnis": Das Substantiv wurde im 15. Jh. aus *lat.* pactum „Vertrag, Vergleich, Vereinbarung" entlehnt, das auch die Quelle für unser Lehnwort † Pacht ist. *Lat.* pactum ist das substantivierte Neutrum des Part. Perf. von *lat.* pacisci „einen Vertrag festmachen, ein Übereinkommen treffen". Dies gehört zusammen mit *lat.* pax „Friedensvertrag, Frieden" (dazu *lat.* pacificus „Frieden stiftend, schließend; friedlich"; † Pazifik, pazifisch, † Pazifismus, Pazifist), *lat.* pangere (pactum) „festmachen, einschlagen" († kompakt), *lat.* palus (< *pak-slo-s) „Pfahl" (s. das Lehnwort *Pfahl* und das Fremdwort *Palisade*), *lat.* propago „(in die Erde gesteckter) Setzling, Ableger" († [1]pfropfen und † Propaganda, propagieren) und mit *lat.* pagus „Landgemeindeverband, Dorf, Gau" (eigentlich etwa „Zusammenfügung" zu der unter ↑*Fach* dargestellten *idg.* Wortsippe. – Abl.: **paktieren** „einen Vertrag, ein Bündnis schließen; ein Abkommen treffen, gemeinsame Sache machen" (16. Jh.).

Paladin: Der Ausdruck war zunächst die historische Bezeichnung der zum Heldenkreis am Hofe Karls des Großen gehörenden Ritter, der dann auch allgemein im Sinne von „Hofritter, Berater eines Fürsten" verwendet wurde; heute wird das Wort im übertragenen Sinne von „treuer Gefolgsmann" gebraucht. 'Paladin' wurde im 17. Jh. aus *frz.* paladin entlehnt, das über entsprechend *it.* paladino auf *lat.* palatinus „kaiserlich; Palastdiener" (vgl. *Palast*) zurückgeht (unmittelbar aus *lat.* palatinus stammt *spätmhd.* palatīn, paletīn „Held").

Palais ↑Palast.

Palast „schloßartiges Gebäude": Das seit dem ausgehenden 12. Jh. bezeugte Substantiv (*mhd.* palas „Hauptgebäude (einer Burg) mit Fest- und Speisesaal; königliches oder fürstliches Schloß", später mit unorganischem -t die Form 'palast') ist aus gleichbed. *(a)frz.* palais (*afrz.* auch pales) entlehnt, das seinerseits auf *lat.* palatium „Palast, kaiserlicher Hof" beruht. Dies war ursprünglich der Name eines der sieben Hügel Roms, auf dem Kaiser Augustus und seine Nachfolger ihre Wohnung hatten. – Das *frz.* Wort wurde im 17. Jh. zum zweiten Mal als **Palais** „Palast, Schloß" entlehnt. Vgl. auch die Artikel *Paladin* und *Pfalz*.

Palatschinke: Der *österr.* Ausdruck für „dünner, zusammengerollter und mit Marmelade o. ä. gefüllter Eierkuchen" ist aus gleichbed. *ung.* palacsinta entlehnt, das wohl über *rumän.* plăcintă auf *lat.* placenta „flacher Kuchen" – beachte medizinisch-fachsprachlich **Plazenta** „Mutterkuchen" (s. d.) – zurückgeht. – *Lat.* placenta „flacher Kuchen" wurde von römischen Soldaten im Donauraum eingeführt.

Palaver: *Lat.* parabola „Gleichnisrede; Erzählung, Bericht" (vgl. *Parabel*) gelangte ins *Port.* als palavra „Unterredung, Erzählung" (heute: „Wort"). Portugiesische Händler brachten das Wort an die afrikanische Küste und verwendeten es speziell zur Bezeichnung der meist langwierigen Verhandlungen zwischen Weißen und Eingeborenen. Auch die Eingeborenen selbst übernahmen das fremde Wort und nannten ihre religiösen und gerichtlichen Versammlungen Palaver. Mit diesen Bedeutungen kehrte das Wort nach Europa zurück. In *dt.* Texten erscheint es im 19. Jh. durch Vermittlung von gleichbed. *engl.* palaver. Heute lebt das Wort nur noch in der Umgangssprache in der übertragenen Bed. „endlos langes, sinnloses Gerede". – Abl.: **palavern** „lange und nutzlos über Nichtigkeiten schwätzen" (*ugs.;* 20. Jh.).

Paletot „dreiviertellanger Mantel": Der Name des Kleidungsstücks wurde im 19. Jh. aus *frz.* paletot „weiter Überrock", Überzieher" entlehnt, das seinerseits aus *mengl.* paltok „Überrock" stammt. Die weitere Herkunft des Wortes ist dunkel.

Palette: Die Bezeichnung für das Farbenmischbrett des Malers wurde im 18. Jh. aus gleichbed. *frz.* palette entlehnt, nachdem zuvor schon Anfang des 17. Jh.s entsprechendes *it.* paletta eingedrungen war und als 'Polite' im *bayr.-österr.* Sprachraum eine Rolle gespielt hatte. *Frz.* palette und *it.* paletta beruhen auf einer *roman.* Verkleinerungsbildung zu *lat.* pala „Spaten, Wurfschaufel; schaufelähnlicher Gegenstand" und bedeuten eigentlich „kleine Schaufel".

paletti: Die Herkunft des Wortes, das in der 2. Hälfte des 20. Jh.s in der Fügung ‚alles paletti' „alles in Ordnung" aufkam, ist trotz verschiedener Deutungsversuche unklar.

Palisade „Schanzpfahl; Pfahlzaun": Das Fremdwort wurde Ende des 16. Jh.s aus gleichbed. *frz.* palissade entlehnt. Dies ist – wie entsprechend *span.* palizada und *it.* palizzata – eine zu *lat.* palus „Pfahl" (vgl. das Lehnwort *Pfahl*) gehörende Kollektivbildung, die wohl durch das *Aprov.* vermittelt wurde (beachte *aprov.* palissa „Pfahlzaun" und gleichbed. *aprov.* palissada).

Palme: Der Name des in zahlreichen Arten vorkommenden tropischen und subtropischen Baumes (*mhd.* palm[e], *ahd.* palma) beruht auf *lat.* palma „Palme", das durch die Bibel in die europäischen Sprachen gelangte (vgl. z. B. entsprechende *niederl.* palm, *engl.* palm). *Lat.* palma, das zu der weitverzweigten, unter ↑*Feld* entwickelten *idg.* Wortsippe gehört, bedeutet primär „flache Hand". Die sekundäre Bed. „Palme" bezieht sich auf das fächerförmig angeordnete Blatt der Palmen, das einer Hand mit ausgestreckten Fingern vergleichbar ist.

Pampe ↑pampig.

Pampelmuse: Der Name der Zitrusfrucht wurde im 18. Jh. – unter Einfluß von *frz.* pamplemousse – aus *niederl.* pompelmoes entlehnt. Dies geht auf Tamil (Sprache in Vorderindien) bambolmas zurück.

Pamphlet „[politische] Streit-, Schmähschrift": Das Fremdwort wurde im 18. Jh. aus gleichbed. *frz.* pamphlet übernommen, das auf *engl.* pamphlet „Broschüre, kleine Abhandlung" zurückgeht. Die weitere Herkunft des Wortes ist unsicher.

pampig: Der seit der ersten Hälfte des 20. Jh.s gebräuchliche *ugs.* Ausdruck für „frech, unverschämt" geht zurück auf *niederd.* pampig „breiig, klebrig, moddrig", das zu *nordd.* **Pampe,** *niederd.* pamp[e] „Brei, Modder" gehört (beachte dazu *nordd., ostd.* **Pamps,** *südd.* **Pampf** „dicker Brei" und *nordd., ostd.* **pamp[s]en,** *südd.* **pampfen** „sich vollstopfen, viel essen").

pan..., Pan...: Quelle für das Bestimmungswort von Zusammensetzungen mit der Bed. „all, ganz, gesamt, völlig", wie in ↑Panoptikum und ↑Panorama, ist das Neutrum des *griech.* Adjektivs pās, pāsa, pān „ganz, all, jeder".

Panier ↑Banner.

panieren „in geschlagenes Eigelb oder Milch tauchen und mit Semmelbröseln bestreuen oder in Mehl wälzen": Das Verb wurde im 18. Jh. aus *frz.* paner „mit geriebenem Brot bestreuen" entlehnt, einer Ableitung von *frz.* pain „Brot". Dies geht zurück auf *lat.* panis „Brot" (wohl als *pa-st-nis „Nahrung" zu *lat.* pascere „weiden lassen; füttern"; vgl. *Pastor*), das auch ↑Kumpan, Kumpel, ↑Kompanie, ↑Kompagnon und ↑Pastille zugrunde liegt. – Dazu die Zusammensetzung **Paniermehl** (20. Jh.).

panisch: Im altgriechischen Volksglauben lebte die Vorstellung vom bocksgestaltigen, in der Landschaft Arkadien heimischen Wald- und Hirtengott Pan (*griech.* Pān), dessen plötzliche und unsichtbare Nähe als Ursache für jenen undeutbaren Schrecken angesehen wurde, der Menschen in freier Natur oft unvermittelt befällt und sie wie aufgescheuchte Tiere flüchten läßt. Die Griechen nannten solche grundlose Furcht 'pānikós' „vom Pan herrührend". Darauf geht *frz.* panique zurück, das im 16. Jh. ins *Dt.* übernommen wurde. Es findet sich zuerst in auch heute noch üblichen Fügungen wie 'panische Angst', 'panisches Entsetzen', also im Sinne von „wild; lähmend". – Das Substantiv **Panik** „plötzliches Erschrecken; Massenangst" wurde im 19. Jh. aus dem substantivierten *frz.* panique entlehnt.

Panne „Störung, Schaden (besonders bei Kraftfahrzeugen)", *ugs.* auch für „Mißgeschick": Das Substantiv wurde Anfang des 20. Jh.s aus gleichbed. *frz.* panne entlehnt. Dies stammt aus der Seemannssprache, wo es zunächst im Sinne von „Segelwerk; Aufbrassen der Segel" galt. Aus Wendungen wie 'mettre (les voiles) en panne' „die Segel so stellen, daß sie keinen Fahrtwind bekommen" und (danach) 'rester en panne' „in der Flaute bleiben, liegenbleiben" entwickelte sich die übertragene Bed. „in der Patsche sitzen" (être en panne). *Frz.* panne wurde dann speziell in der Bühnensprache im Sinne von „Steckenbleiben" gebräuchlich und drang von da im Sinne von „Mißgeschick" in die Umgangssprache. – *Frz.* panne ist eine Nebenform von *frz.* penne „äußerstes Ende der Segelstange", eigentlich „Feder" (aus *lat.* penna „Feder", nach der Ähnlichkeit des Endes der Segelstange mit einer Feder).

Panoptikum „Sammlung von Sehenswürdigkeiten; Wachsfigurenschau": Das seit dem 19. Jh. gebräuchliche Fremdwort bedeutet eigentlich etwa „Gesamtschau". Es ist eine gelehrte Neuschöpfung aus *griech.* pān „alles" (Neutrum von pās „ganz, all, jeder", vgl. *pan..., Pan...*) und *griech.* optikós „zum Sehen gehörig" (vgl. *Optik*).

Panorama „Rundblick, Ausblick; Rundgemälde": Das seit etwa 1800 gebräuchliche Fremdwort ist aus gleichbed. *engl.* panorama entlehnt. Dies ist eine gelehrte Neuschöpfung aus *griech.* pān „alles" (Neutrum von pās „all, jeder, ganz", vgl. *pan..., Pan...*) und *griech.* hórāma „das Sehen; das Geschaute, die Erscheinung" (zu *griech.* horān „sehen"). Es bedeutet demnach eigentlich „Allschau".

panschen, pantschen (*ugs.* für:) „mischend, verfälschen (z. B. Wein); mit den Füßen im Wasser herumstrampeln, planschen": Das seit dem 18. Jh. bezeugte Verb ist lautmalenden Ursprungs und kann eine nasalierte Nebenform von 'patschen' sein oder auf Kreuzung von 'patschen' mit 'manschen' beruhen. Älter bezeugt sind 'Panschenwein' (15. Jh.) und 'Bierpantscher' (17. Jh.).

Pansen: Die Bezeichnung für den ersten großen Abschnitt des Magens bei Wiederkäuern wurde in *mhd.* Zeit (*mhd.* panze) aus *afrz.* pance „Magen, Wanst" entlehnt, das zu *lat.* pantex „Wanst" (vgl. *Panzer*) gehört.

Panther „Leopard": Der Tiername (*mhd.* pantēr, pantier) ist aus *lat.* panther entlehnt, das seinerseits aus *griech.* pánthēr übernommen ist. Die weitere Herkunft von *griech.* pánthēr ist unklar.

Pantine „Holzschuh, Holzpantoffel": Zu *frz.* patte „Pfote", das etymologisch nicht sicher gedeutet ist, stellt sich als Ableitung *frz.* patin „Schuh mit Holzsohle; Stelzschuh". Dies gelangt um 1400 durch Vermittlung von *mniederl.* patijn als 'patīne' in die nord- und nordostdeutsche Umgangssprache. Die seit dem 19. Jh. durchdringende Form 'Pantine' steht wohl unter dem Einfluß des anklingenden und in der Bedeutung nahestehenden Wortes ↑Pantoffel.

Pantoffel: Die Bezeichnung für den leichten Hausschuh wurde Ende des 15. Jh.s aus gleichbed. *frz.* pantoufle entlehnt. Das *frz.* Wort, das auch in andere europäische Sprachen gelangte (beachte z. B. *it.* pantofola, *span.* pantuflo), ist etymologisch nicht sicher gedeutet. – Aus alten deutschen Rechtsbräuchen, in denen der Schuh, wie überhaupt der Fuß, als Symbol der Macht und der Herrschaft galten, erklärt sich die Redensart 'unter dem Pantoffel stehen' im Sinne von „dem Willen seiner Frau unterworfen sein". Der solchermaßen von seiner Frau regierte Ehemann wird scherzhaft-ironisch **Pantoffelheld** (19. Jh.) genannt.

Pantomime „Darstellung einer Szene nur mit Gebärden, Mienenspiel und tänzerischen Bewegungen", als Maskulinum „Darsteller einer Pantomime": Das Wort wurde im 17. Jh. aus gleichbed. *lat.* pantomimus entlehnt, das seinerseits aus *griech.* pantómīmos (ursprünglich Adjektiv mit der Bedeutung „alles nachahmend") übernommen ist. Dies ist eine Bildung zu *griech.* pās (pantós) „alles, ganz" (vgl. *pan..., Pan...*) und *griech.* mīmeĩsthai „nachahmen" (vgl. *Mime*). – Abl.: **pantomimisch** „die Pantomime betreffend; durch Gebärdenspiel dargestellt" (18. Jh.).

pantschen ↑panschen.

Panzer „metallener Rumpfschutz; feste Schutzhülle; Stahlmantel (z. B. um Panzerschränke); gepanzertes Kriegsfahrzeug, Panzerwagen": Das seit dem Ende des 12. Jh.s bezeugte Substantiv (*mhd.* panzier „Brustpanzer") ist aus *afrz.* pancier[e] „Leibrüstung, Brustpanzer" entlehnt. Dies ist eine Bildung zu *afrz.* pance „Magen, Wanst" (vgl. *Pansen*), das auf einem *vlat.* *pantica zu *lat.* pantex (panticis) „Wanst" beruht. – Abl.: **panzern** „mit Panzerplatten oder mit einer starken Schutzhülle versehen" (18. Jh.).

Papa: Das dem *Frz.* entlehnte, in der Kinder- und Umgangssprache weitverbreitete Kosewort für „Vater" ist in *dt.* Texten seit dem 17. Jh. bezeugt. *Frz.* papa entstammt der kindlichen Lallsprache.

Papagei: Der in dieser Form seit dem 15. Jh. bezeugte Vogelname (zuvor schon *mhd.* papegān) ist entlehnt aus älter *frz.* papegai, für das heute im *Frz.* die Bezeichnung perroquet gebräuchlich ist. Die weitere Herkunft des Wortes, das in ähnlicher Form auch in anderen *roman.* Sprachen begegnet (vgl. z. B. entsprechend *span.* papagayo und *it.* pappagallo) ist nicht gesichert. Vielleicht ist es aus *arab.* babbaǧā' „Papagei" übernommen, das aus einer *afrik.* Sprache stammt.

Papier: Die seit dem 14. Jh. (*mhd.* papier) bezeugte Bezeichnung für den vorwiegend aus Pflanzenfasern hergestellten blattförmigen Werkstoff (zum Beschreiben, Bedrucken und für Verpackungszwecke) ist aus *lat.* papyrum entlehnt, einer Nebenform von *lat.* papyrus „Papyrusstaude; (aus dem Bast der Papyrusstaude hergestelltes) Papier". Das *lat.* Wort stammt aus gleichbed. *griech.* pápȳros, das selbst Lehnwort unbekannten Ursprungs ist. – Das *griech.-lat.* Wort gelangte auch in andere europäische Sprachen, vgl. z. B. entsprechend *frz.* papier und (unmittelbar aus dem *Afrz.*) *engl.* paper.

Papierdrachen ↑Drache.

papp ↑papperlapapp!

Papp, Pappe (familiär und *ugs.* für:) „Brei als Kinderspeise; breiartige Masse, Kleister": Das seit dem 15. Jh. bezeugte Wort ist ein Lallwort der Kindersprache und ist z. B. [elementar]verwandt mit *niederl.* pap „Brei", *engl.* pap „Brei" und *lat.* pap[p]a „Brei, Speise". An 'Papp[e]' mit der Bed. „Brei, Kleister" schließen sich an die Bildungen **pappen** familiär und *ugs.* für „mit Brei füttern; kleistern, kleben" (15. Jh.), dazu **päppeln** familiär und *ugs.* für „mit Brei füttern; hätscheln" (*mhd.* pepelen; beachte dazu 'auf-, groß-, verpäppeln'), und **pappig** *ugs.* für „breiartig, klebrig" (Anfang des 19. Jh.s). Auf der Verwendung des Wortes im Sinne von „breiartige Masse, aus der Papier hergestellt wird, Kleister zum Buchbinden" beruht die heute gemeinsprachliche Verwendung der weiblichen Form **Pappe** im Sinne von „aus grobem Papierbrei hergestellter Werkstoff". Der Werkstoff wurde früher im Handbetrieb hergestellt, indem die einzelnen Papierlagen mit dicken Kleisterschichten vom Buchbinder verbunden wurden.

Pappel: Der Name des Laubbaumes *mhd.* pappel[e], *ahd.* (verdeutlichend) popelboum, papilboum geht auf *lat.* populus (*mlat.* auch papulus) „Pappel" zurück. Welche Vorstellung der Benennung des Baumes zugrunde liegt, ist unklar.

pappeln ↑papperlapapp!

päppeln ↑Papp.

Pappenstiel (*ugs.* für:) „Wertloses, Kleinigkeit", nur noch in bestimmten Wendungen, wie z. B. 'für einen Pappenstiel bekommen', 'das ist kein Pappenstiel': Die seit dem 17. Jh. bezeugte Zusammensetzung ist wahrscheinlich verkürzt aus *'Pappenblumenstiel' und bezeichnet also eigentlich den Stengel der Pappenblume. Der Name 'Pappenblume' stammt aus *niederd.* pāpenblōme „Löwenzahn", eigentlich „Pfaffenblume". Die Verwendung von 'Pappenstiel' im Sinne von „Wertloses" geht wahrscheinlich von dem Bild der vom Wind verwehten Federkronen des Löwenzahnstiels aus.

papperlapapp!: Die seit dem 18. Jh. bezeugte Interjektion, die zum Ausdruck der Abweisung eines leeren Geredes dient, ist eine lautspielerische Bildung und gehört zu der lautnachahmenden Wortgruppe von **papp,** in der Wendung 'nicht mehr papp sagen können' „sehr satt sein", **pappeln** und **babbeln** (s. d.) *landsch.* für „schwatzen".

pappig ↑Papp.

Paprika: Der Name des scharfen Gewürzes wurde im 19. Jh. durch *ung.* Vermittlung aus *serb.* pàprika entlehnt. Dies gehört zu *serb.* pàpar „Pfeffer", das wie *dt.* ↑*Pfeffer* aus gleichbed. *lat.* piper stammt.

Papst: Die Bezeichnung für das Oberhaupt der römisch-katholischen Kirche, *mhd., ahd.* bābes (seit dem 13. Jh. mit unorganischem -t die Form bābest), geht auf *kirchenlat.* pap[p]as, eine Nebenform von papa „Vater; Bischof" zurück. Die *nhd.* Form des Wortes mit anlautendem p- beruht auf gelehrter Wiederangleichung an das *lat.* Vorbild. – Quelle von *lat.-kirchenlat.* papa ist das der kindlichen Lallsprache entstammende *griech.* Wort páppa (eigentlich Vokativ von páppas) „Papa". Abl.: **päpstlich** (*mhd.* bæbestlich).

para..., Para..., (vor Vokalen:) par..., Par...: Die Vorsilbe mit der Bed. „bei, entlang; über – hinaus; gegen, abweichend", wie in ↑parallel und ↑paradox, ist entlehnt aus *griech.* pará, pára (Präposition und Vorsilbe) „entlang, neben, bei; über – hinaus; gegen". Dies ist mit *dt.* ↑*vor* urverwandt.

Parabel „Gleichnis; lehrhafte Erzählung, Lehrstück", daneben als mathematischer Terminus Benennung eines Kegelschnittes: Das bereits seit *ahd.* Zeit in der Bed. „Beispiel; Gleichnis" bezeugte Wort ist aus *lat.-kirchenlat.* parabola „Gleichnisrede, Gleichnis; Erzählung, Spruch" entlehnt, das seinerseits aus *griech.* parabolḗ „das Nebeneinanderwerfen, die Vergleichung; das Gleichnis" übernommen ist (zu *griech.* para-bállein „danebenwerfen; vergleichen"; vgl. *ballistisch* und zum 1. Bestandteil *para..., Para...*). Die mathematische Bedeutung des Wortes – im *Dt.* seit dem 16. Jh. nachweisbar – ist bereits für das *Griech.* bezeugt, eigentlich „das Nebeneinandersetzen einer gegebenen Fläche zu einer gegebenen Geraden" (und die daraus entstehende Kurve). – Neben *kirchenlat.* parabola muß ein in der Volkssprache daraus entstelltes gleichbed. *vlat.* *paraula bestanden haben, das vorausgesetzt wird von *port.* palavra „Unterredung, Erzählung" (↑Palaver, palavern), von *frz.* parole „Wort, Rede, Spruch" (↑Parole) und von *frz.*

parler „sprechen, reden" (s. hierzu den Artikel *parlieren*).

Parade ↑ parieren.

Paradies: Der biblische Name für den Garten Eden, *mhd.* paradīs[e], *ahd.* paradīs (vgl. aus anderen europ. Sprachen z. B. *it.* paradiso, *span.* paraíso, *frz.* paradis), geht über *kirchenlat.* paradisus auf *griech.* parádeisos „Paradies", eigentlich „Tiergarten, Park" zurück, das aus *mpers.* *pardēz (= *awest.* pairi-daēza) „Einzäunung" stammt. Abl.: **paradiesisch** „das Paradies betreffend" (18. Jh.).

paradox „der allgemein üblichen Meinung entgegenstehend; widersinnig": Das Adjektiv wurde im 17. Jh. aus *spätlat.* paradoxus entlehnt, das seinerseits aus *griech.* pará-doxos „unerwartet, sonderbar" übernommen ist. Dies ist eine Bildung zu *griech.* pará im Sinne von „gegen, entgegen" (vgl. *para..., Para...*) und *griech.* dóxa „Meinung" (vgl. hierüber den Artikel *dezent*).

Paragraph „(in Gesetzbüchern, wissenschaftlichen Werken u. a.) ein fortlaufend numerierter kleiner Abschnitt und das Zeichen (§) dafür": Das Wort wurde in *mhd.* Zeit (*mhd.* paragraf „Buchstabe, Zeichen") aus *spätlat.* paragraphus „grammatisches Zeichen in Gestalt eines S, das die Trennung des Stoffes anzeigen soll" entlehnt. Dies stammt aus *griech.* parágraphos (grammḗ) „nebengeschriebene Linie, Strich mit einem Punkt darüber am Rande der antiken Buchrolle zur Kennzeichnung der Vortragsteile für den Chor im Drama" (zu *griech.* paragráphein „danebenschreiben", vgl. *para..., Para...* und *Graphik*).

parallel „in gleichem Abstand nebeneinander verlaufend, gleichlaufend": Das Adjektiv wurde im 16. Jh. als mathematischer Terminus aus gleichbed. *lat.* parallelus entlehnt, das seinerseits aus *griech.* par-állēlos übernommen ist. Dies ist eine Bildung aus *griech.* pará „neben, neben - hin, entlang" (vgl. *para..., Para...*) und *griech.* állos (állo) „ein anderer", allēlōn „einander" (vgl. *allo..., Allo...*). – Abl.: **Parallele** „gleichlaufende Linie; Vergleich, vergleichbarer Fall" (zuerst im 16. Jh. in der Form 'parallel'; die heutige Form seit dem Anfang des 18. Jh.s wohl nach entsprechend *frz.* parallèle).

Paralyse: Der medizinische Ausdruck für die vollständige Bewegungslähmung wurde in *mhd.* Zeit (*mhd.* paralis, parlys) aus *griech.-lat.* parálysis „Lähmung" entlehnt. *Griech.* parálysis gehört zu *griech.* para-lýein „[auf]lösen; lähmen" (vgl. *para..., Para...* und *los*). – Dazu: **paralytisch** „gelähmt" (16. Jh.; aus *lat.* paralyticus < *griech.* paralytikós) und **paralysieren** „lähmen; kraftlos, wirkungslos machen" (18. Jh.; wohl aus gleichbed. *frz.* paralyser).

paraphieren „mit der Paraphe, dem Namenszug versehen; einen Vertrag o. ä. abzeichnen, unterzeichnen": Das Verb wurde im 19. Jh. aus gleichbed. *frz.* parapher entlehnt, einer Ableitung von *frz.* paraphe „Namenszug, Namenswurzel". Dies ist eine Nebenform von *frz.* paragraphe, das auf *spätlat.* paragraphus (vgl. den Artikel *Paragraph*) zurückgeht.

Paraphrase, paraphrasieren ↑ Phrase.

Parasit „[tierischer oder pflanzlicher] Schmarotzer": Das seit dem 15. Jh. bezeugte Fremdwort ist aus *lat.* parasitus „Tischgenosse; Schmarotzer" (insbesondere als ausgeprägter Komödientyp) entlehnt, das seinerseits aus gleichbed. *griech.* pará-sītos stammt. Dies ist eigentlich ein Adjektiv und bedeutet wörtlich „neben oder mit einem anderen essend" (vgl. *para..., Para...;* Grundwort ist *griech.* sītos „Speise"). – Abl.: **parasitisch** „schmarotzerartig" (18. Jh.), **parasitär** „schmarotzerhaft" (vornehmlich fachsprachlich; Neubildung nach entsprechend *frz.* parasitaire).

parat „[gebrauchs]fertig; bereit": Das Adjektiv wurde im ausgehenden 16. Jh. aus *lat.* paratus „bereit[stehend], gerüstet, ausgerüstet usw." entlehnt, dem in adjektivische Funktion übergegangenen Part. Perf. von *lat.* parare „[zu]bereiten, rüsten; verschaffen usw." – Auf Bildungen zu *lat.* parare, das auch Ausgangspunkt für ↑ ¹parieren „einen Angriff abwehren" und ↑ ²parieren „ein Pferd zum Stehen bringen" ist, beruhen die Fremdwörter ↑ Apparat, Apparatur, ↑ reparieren, Reparatur, Reparation[en], ↑ separat, Séparée, ↑ präparieren, Präparat und ↑ Imperativ, Imperialismus.

Parcours: Die Bezeichnung für „abgesteckte Hindernisbahn im Springreiten" wurde im 20. Jh. aus *frz.* parcours „durchlaufene Strecke; Umlaufbahn" entlehnt. Dies geht auf *spätlat.* percursus „das Durchlaufen" (zu *lat.* per-currere „durchlaufen"; vgl. *Kurs*) zurück.

Pard, Pardel, Parder ↑ Gepard.

Pardon: Der veraltende Ausdruck für „Verzeihung, Gnade, Nachsicht", der heute noch in der Wendung '[kein(en)] Pardon geben' allgemein üblich ist, wurde im 16. Jh. aus gleichbed. *frz.* pardon entlehnt, das zu *frz.* pardonner „Gnade schenken; verzeihen" gehört. Dies geht auf *spätlat.* per-donare „vergeben" (eigentlich „völlig schenken") zurück, eine Bildung zu *lat.* donare „geben, schenken" (zu *lat.* donum „Gabe, Geschenk"). Über weitere etymologische Zusammenhänge vgl. den Artikel *Datum*.

Parfüm, Parfum: Die Bezeichnung für eine wohlriechende Flüssigkeit, in der Duftstoffe gelöst sind, wurde Anfang des 18. Jh.s aus gleichbed. *frz.* parfum (eigentlich „Wohlgeruch") entlehnt. Dies ist eine Bildung zu *frz.* parfumer „durchduften", aus dem mit seiner von parfum abhängigen Bed. „Parfüm anlegen; wohlriechend machen" um 1600 unser Verb **parfümieren** übernommen wurde. Das dazugehörige Substantiv **Parfümerie** „Betrieb zur Herstellung oder zum Verkauf von Parfümen" (Ende 18. Jh.) ist mit französierender Endung gebildet (das entsprechende *frz.* parfumerie erscheint erst im Anfang des 19. Jh.s). – *Frz.* parfumer stammt aus älter *it.* perfumare „heftig dampfen; durchduften" (zu *lat.* fumare „rauchen, dampfen", fumus „Rauch, Dampf"; vgl. den Artikel *Thymian*).

Paria: Das seit dem ausgehenden 18. Jh. bei uns bekannte Fremdwort bezeichnet den der niedrigsten Kaste angehörenden Inder innerhalb der Hierarchie der Hindus. Übertragen ist es auch im Sinne von „aus der menschlichen Gesellschaft Ausgestoßener, Entrechteter, Verachteter" gebräuchlich. Quelle des Wortes ist *tamilisch* paṛaiyar *(Plural)* „Trommelschläger" (zu *tamilisch* paṛai „Trommel"), das uns durch *angloind.-engl.* parriar, pariah „Paria" vermittelt wurde. Das *tamilische* Wort wurde zum Appellativ, weil die erblichen Trommelschläger bei gewissen Hindufesten einer niederen Kaste angehören.

[1]**parieren** „einen Angriff abwehren": Das seit dem 15. Jh. bezeugte, aus der Fachsprache der Fechtkunst in die Gemeinsprache gelangte Verb (ursprünglich „einem Hieb oder Stich geschickt ausweichen, ihn vereiteln") ist wie entsprechend *frz.* parer aus *it.* parare „vorbereiten; Vorkehrungen treffen; sich verteidigen, einen Angriff parieren" entlehnt. Dies geht auf *lat.* parare „bereiten, rüsten, sich rüsten; verschaffen usw." (vgl. *parat*) zurück. Dazu: [1]**Parade** „Abwehr eines Angriffs" (15. Jh., aus gleichbed. *it.* parata; später hat gleichbed. *frz.* parade, das in diesem Sinne selbst aus dem *It.* stammt, eingewirkt). – Gleichen Ursprungs wie '[1]parieren' (*lat.* parare) ist das seit dem 16. Jh. als reiterliches Fachwort bezeugte Verb [2]**parieren** „ein Pferd (durch reiterliche Hilfen) in eine mäßigere Gangart oder zum Stehen bringen", das jedoch in dieser Bedeutung über gleichbed. *frz.* parer aus *span.* parar „anhalten, aufhalten, zum Stehen bringen" (eigentlich „herrichten, zurichten; Vorkehrungen treffen, abwehren") übernommen worden ist. Dazu das Substantiv [2]**Parade** „Anhalten, Zügeln eines Pferdes" (17. Jh.; aus gleichbed. *frz.* parade < *span.* parada), das etwa gleichzeitig auch in der heute allgemein üblichen Bed. „Truppenschau, Vorbeimarsch, prunkvoller Aufmarsch" aufkommt. Diese letzteren Bedeutungen entwickelte das Wort im *Frz.* in Anlehnung an *frz.* parer (< *lat.* parare) „herrichten, ausschmücken, elegant aufmachen, arrangieren". Beachte dazu Zusammensetzungen wie 'Truppenparade, Parademarsch, Paradepferd' u. a.

[3]**parieren** „(unbedingt) gehorchen": Das Verb wurde im 16. Jh. aus *lat.* parere „sich einstellen; Folge leisten, gehorchen" entlehnt. Die eigentliche Bedeutung des *lat.* Wortes ist „erscheinen, sichtbar sein". Sie lebt noch fort in den von *lat.* com-parere „erscheinen" und *mlat.* trans-parere „durchscheinen" ausgehenden Fremdwörtern ↑Komparse, Komparserie und ↑transparent, Transparent. – Nicht verwandt sind ↑[1]parieren „abwehren" und ↑[2]parieren „ein Pferd parieren".

Parität „Gleichstellung, Gleichberechtigung", auch als Fachterminus der Wirtschaft gebraucht zur Bezeichnung des im Wechselkurs zum Ausdruck kommenden Tauschverhältnisses zwischen verschiedenen Währungen: Das Fremdwort wurde im 17. Jh. aus *lat.* paritas „Gleichheit" entlehnt. Dies ist eine Bildung zum *lat.* Adjektiv par (paris) „gleich" (vgl. den Artikel *Paar*). – Abl.: **paritätisch** „gleichgestellt, gleichberechtigt" (18. Jh.).

Park: *Mlat.* parricus „eingeschlossener Raum, Gehege", das früh ins *Westgerm.* entlehnt wurde (vgl. das Lehnwort *Pferch*), erscheint im *Frz.* als parc „eingeschlossener Raum; Tiergehege". Aus *frz.* parc stammen sowohl gleichbed. *it.* parco, *span.* parque und *engl.* park als auch unser für den niederrheinischen Sprachraum des 15. Jh.s bezeugtes parc „Einzäunung; Zwinger", das jedoch keine nennenswerte Weiterentwicklung erlebte. Das *frz.* Wort dagegen entwickelte im Laufe der Zeit verschiedene neue Bedeutungen wie „großflächig angelegte, umschlossene Grünanlage", „militärisches Depot für Waffen, Geschütze u. a." und (in Analogie dazu) „reservierter städtischer Abstellplatz für Fahrzeuge", die gleichfalls an die Nachbarsprachen weitergegeben wurden. Danach erscheint Anfang des 18. Jh.s in einer neuen Entlehnung unser Wort 'Park' im Sinne von „großflächige, waldartige, umschlossene Grünanlage", das in dieser Bedeutung allerdings – mehr noch als von *frz.* parc von gleichbed. *engl.* park abhängig ist. – 'Park' im Sinne von „Sammelplatz, Depot" erscheint bei uns gleichfalls Anfang des 18. Jh.s (zuerst militärisch). Es lebt allerdings nur noch in Zusammensetzungen wie 'Fuhrpark, Wagenpark'. – Abl.: **parken** „ein Kraftfahrzeug vorübergehend (auf der Straße, auf einem Platz) abstellen" (20. Jh.; nach gleichbed. *engl.-amerik.* to park). Dazu stellen sich die Zusammensetzungen **Parkplatz** und die hybride Neubildung **Parkometer** „Parkuhr" (über das Grundwort '...meter' „Meßgerät" vgl. den Artikel *Meter*). – Vgl. noch das hierhergehörende Fremdwort *Parkett*.

Parkett „getäfelter Fußboden; zu ebener Erde liegender [vorderer] Teil eines Zuschauerraums": Das Fremdwort wurde im 18. Jh. aus *frz.* parquet „kleiner, abgegrenzter Raum; hölzerne Einfassung" entlehnt, einer Verkleinerungsbildung zu *frz.* parc in dessen ursprünglicher Bed. „eingehegter Raum" (vgl. *Park*).

Parkometer, Parkplatz ↑Park.

Parlament „Volksvertretung (mit beratender oder gesetzgebender Funktion)": Zu *afrz.* (= *frz.*) parler „sprechen, reden" (vgl. *parlieren*) gehört die Bildung *afrz.* parlement „Gespräch, Unterhaltung; Erörterung", die mit dieser Bedeutung ins *Mhd.* als parlament, parlemunt gelangte. Die jüngere politische Bedeutung „Volksvertretung" übernahm das Wort gegen Ende des 17. Jh.s von entsprechend *engl.* parliament (< *afrz.* parlement), das in dieser Bedeutung auch auf *frz.* parlement „Volksvertretung" zurückgewirkt hat. Die Geschichte des Wortes spiegelt also die Entwicklung des von England ausgehenden demokratischen Parlamentarismus wider. – Dazu: **Parlamentarier** „Abgeordneter, Mitglied des Parlamentes" (18. Jh.; nach *engl.* parliamentarian); **parlamentarisch** „das Parlament betreffend, vom Parlament ausgehend" (Ende 18. Jh., nach *engl.* parliamentary); **Parlamentarismus** „Regierungsform, in der die Regierung dem Parlament verantwortlich ist" (19. Jh.; *nlat.* Bildung). – Vgl. auch den Artikel *Parlamentär*.

Parlamentär: Die Bezeichnung für „Unterhändler (zwischen feindlichen Heeren)" wurde um 1800 als militärisches Fachwort aus gleichbed. *frz.* parlementaire entlehnt. Dies ist eine Bildung zu *frz.* parlementer „in Unterhandlungen treten", einer Ableitung von *frz.* parlement „Gespräch" in der speziellen Bed. „Verhandlung, Unterhandlung zwischen feindlichen Heeren" (vgl. *Parlament*).

parlieren „plaudern; leichte Konversation machen": Das Verb wurde in *mhd.* Zeit (*mhd.* parlieren „sprechen, reden") aus gleichbed. *(a)frz.* parler entlehnt, das auf *vlat.* *paraulare „sprechen" zurückgeht (zu *vlat.* *paraula < *kirchenlat.* parabola „Gleichnisrede; Rede, Erzählung"; vgl. den Artikel *Parabel*). Gegen Ende des 16. Jh.s wurde 'parlieren' in erneuter Übernahme oder unter dem Einfluß von *frz.* parler im Sinne von „französisch, vornehm, gewählt sprechen" gebräuchlich, danach im Sinne von „plaudern, Konversation machen". – Beachte noch die zu *frz.* parler gehörenden Fremdwörter ↑*Parlament*, ↑*Parlamentär* und ↑*Polier*.

Parodie „komisch-satirische Nachahmung eines meist künstlerischen, oft literarischen Werkes oder des Stils eines Künstlers", in der Musik „Verwendung von Teilen einer eigenen oder fremden Komposition für eine andere Komposition; Vertauschung von geistlichen und weltlichen Texten und Kompositionen": Das Fremdwort wurde im 17. Jh. aus gleichbed. *frz.* parodie entlehnt, das auf *griech.* par-ǭdía zurückgeht. Dies ist eine Bildung aus *griech.* pará „entlang, neben" (vgl. *para..., Para...*) und *griech.* ǭdḗ „Gesang, Gedicht, Lied" (vgl. *Ode*) und bedeutet demnach eigentlich etwa „Nebengesang, Beilied", dann „nachahmendes, verzerrendes Lied; Parodie". – Abl.: **parodieren** „scherzhaft umdichten; in einer Parodie nachahmen" (17. Jh.; aus gleichbed. *frz.* parodier); **Parodist** „jemand, der Parodien verfaßt oder vorträgt" (19. Jh.; aus gleichbed. *frz.* parodiste); **parodistisch** „in Form einer Parodie" (19. Jh.).

Parole „Kennwort; Losung, Leitspruch": Das Wort wurde im 17. Jh. in der Militärsprache aus gleichbed. *frz.* parole entlehnt. Das *frz.* Wort bedeutet eigentlich „Wort; Spruch" und war bereits in *mhd.* Zeit (*mhd.* parol[l]e „Wort, Rede") einmal entlehnt worden. Quelle von *frz.* parole ist *vlat.* *paraula (< *kirchenlat.* parabola) „Gleichnisrede; Spruch" (vgl. hierüber *Parabel*).

Paroli „Widerstand", nur in der Wendung 'Paroli bieten' gebräuchlich: Das seit dem 18. Jh. bezeugte Fremdwort war ursprünglich ein Wort des Kartenspiels. Es bezeichnete dabei das Mit- bzw. Gegenhalten im Spiel und die damit verbundene Dopplung des Einsatzes. Von daher wurde es dann übertragen gebraucht. Es ist entlehnt aus *frz.* paroli, das seinerseits aus älter *it.* paroli (*Plural* von gleichbed. parolo) „Verdopplung des Spielstocks" (wörtlich „das Gleiche" wie im ersten Einsatz; zu *it.* pari < *lat.* par „gleich") übernommen ist.

Part „Anteil": Das seit *mhd.* Zeit gebräuchliche Wort (*mhd.* part[e] „Teil, Anteil, Zugeteiltes") ist aus *(a)frz.* part „[An]teil" entlehnt. Dies geht auf gleichbed. *lat.* pars (partis) zurück (vgl. den Artikel *Partei*). – 'Part' wird heute nur noch selten gebraucht. Es erscheint noch als Bezeichnung für die Stimme eines Instrumental- oder Gesangsstückes (besonders in Zusammensetzungen wie 'Klavierpart'). Außerdem lebt es noch in den Zusammensetzungen **halbpart** „zu gleichen Teilen, fifty-fifty" (17. Jh.; wohl in Gauner- und Spielerkreisen aufgekommen) und **Widerpart** „Gegner[schaft], Gegenspieler" (*mhd.* widerpart[e]).

Partei: Das seit *mhd.* Zeit als partīe „Abteilung; Personenverband" bezeugte Wort bezeichnet zunächst allgemein eine Gruppe von Personen, die sich zusammenschließen, um gemeinsame Interessen und Zwecke zu verfolgen. Insbesondere gilt es dann im Sinne von „politische Organisation". Ferner bezeichnet man mit 'Partei' die Gegner im Zivilprozeß (beachte die Zusammensetzung 'Prozeßpartei') und die innerhalb einer größeren Wohngemeinschaft lebenden Mitmieter (beachte die Zusammensetzung 'Mietpartei'), auch dann, wenn diese Parteien jeweils nur aus Einzelpersonen bestehen. Beachte dazu auch Wendungen wie 'Partei ergreifen' „sich auf jemandes Seite stellen". – 'Partei' ist identisch mit dem später entlehnten ↑Partie. Beide stammen aus *frz.* partie „Teil; Anteil; Abteilung; Gruppe; Beteiligung usw.", das von *frz.* partir (< *vlat.* *partire = *klass.-lat.* partiri) „teilen, trennen usw." abgeleitet ist. – Das zugrundeliegende *lat.* Stammwort pars (partis) „Teil, Anteil; Abteilung; Partei usw." ist auch sonst mit zahlreichen Ableitungen und Weiterbildungen in unserem Wortschatz vertreten. Vgl. hierzu im einzelnen die Fremdwörter ↑Part, ↑partial, partiell, ↑Partikel, ↑Parzelle, ↑Partitur, ↑Partizip, ↑Partisan, ↑Partner, ↑Party, ↑apart, ↑Apartheid, ↑Appartement, Apartment, ↑Portion, ↑Proportion. – Ableitungen und Zusammensetzungen: **parteiisch** „voreingenommen, befangen, nicht objektiv" (15. Jh.), **unparteiisch** „neutral, objektiv" (15. Jh.); **parteilich** „eine Partei betreffend" (16. Jh.); **Parteibuch** (20. Jh.), **Parteigenosse** (19. Jh.), **Parteitag** (20. Jh.).

Parteiorgan ↑Organ.

Parterre „Erdgeschoß": Das aus dem *Frz.* entlehnte Fremdwort erscheint bei uns zuerst im 17. Jh. als Terminus der Gartenbaukunst im Sinne von „ebene Gartenbeet", seit dem 18. Jh. auch als Bezeichnung des zur ebenen Erde liegenden Zuschauerraumes im Theater. Für beide, heute nicht mehr üblichen Verwendungsweisen ist das vorausliegende Substantiv *frz.* parterre Vorbild, das aus der adverbialen Fügung *frz.* 'par terre' „zu ebener Erde" (daraus gleichbed. *dt.* **parterre**) hervorgegangen ist. Die heute übliche Verwendungsweise im Sinne von „Erdgeschoß" ist eine rein deutsche Entwicklung, ohne Vorbild im *Frz.*

partial „teilweise [vorhanden]; anteilig; einseitig": Das schon im 15. Jh. bezeugte Adjektiv, das auf *spätlat.* partialis „[an]teilig" zurückgeht (zu *lat.* pars, partis „Teil"; vgl. *Partei*), ist heute veraltet, erscheint aber gelegentlich noch in fachsprachlichen Zuammensetzungen wie 'Partialbruch' (Mathematik). Heute gilt vielmehr das gleichbedeutende Adjektiv **partiell,** das im 18. Jh. aus entsprechend *frz.* partiel entlehnt wurde.

Partie: Das seit dem 17. Jh. bezeugte Fremdwort ist im Grunde identisch mit dem schon älteren Lehnwort ↑*Partei.* Beide sind – zu verschiedenen Zeiten und mit verschiedenen Bedeutungen – aus *frz.* partie „Teil; Anteil; Abteilung; Gruppe; Beteiligung usw." entlehnt. 'Partie' ist allgemein im Sinne von „Teil, Abschnitt, Ausschnitt" (beachte Zusammensetzungen wie 'Gesichtspartie') gebräuchlich, daneben wird es speziell in den Mundarten in der Bed. „[gemeinsamer] Ausflug" (beachte die Zusammensetzung 'Landpartie') verwendet. In der Kaufmannssprache findet sich das Wort im Sinne von „Warenposten". Als musikalisches Fachwort bezeichnet es die einzelne ausgeschriebene Stimme in Oper, Operette usw. (beachte die Zusammensetzung 'Gesangspartie'). In Spiel und Sport bezeichnet 'Partie' einen Durchgang, eine Runde in einem Wettkampf (beachte die Zusammensetzung 'Schachpartie'). Schließlich wird das Wort auch übertragen gebraucht für „Heiratsmöglichkeit, Heirat" (beachte dazu die Wendung 'eine gute Partie machen').

partiell ↑partial.

Partikel: Das seit dem 15. Jh. belegte Fremdwort erscheint zuerst in der auch heute noch gültigen allgemeinen Bed. „Teilchen". Es ist aus gleichbed. *lat.* particula entlehnt, einer Verkleinerungsbildung zu *lat.* pars (partis) „Teil" (vgl. *Partei*), das mit einer *vlat.* Form *particella auch Ausgangspunkt für ↑Parzelle ist. Seit dem 17. Jh. gilt 'Partikel' nach *lat.* Vorbild auch speziell als Terminus der Grammatik zur zusammenfassenden Bezeichnung all jener unveränderlichen Wörter (Umstands-, Verhältnis- und Bindewörter), die nicht einer der Hauptwortarten zuzuordnen sind.

Partisan: Die Bezeichnung für „bewaffneter, aus dem Hinterhalt operierender Widerstandskämpfer" wurde im 17. Jh. aus gleichbed. *frz.* partisan entlehnt, das wörtlich etwa „Parteigänger, Anhänger" bedeutet und seinerseits aus *it.* partigiano übernommen ist. Dies ist eine Ableitung von *it.* parte (< *lat.* pars, partis) „Teil, Anteil" (vgl. *Partei*).

Partitur „Aufzeichnung sämtlicher Stimmen eines Tonstückes taktweise untereinander": Der musikalische Fachausdruck wurde Anfang des 17. Jh.s aus gleichbed. *it.* partitura entlehnt, das seinerseits auf *mlat.* partitura „Teilung; Einteilung" beruht. Über das zugrundeliegende Verb *lat.* partiri „[ein]teilen" vgl. den Artikel *Partei.*

Partizip, Partizipium „Mittelwort": Der seit dem 15. Jh. in der Form 'participium', seit dem 18. Jh. in der eingedeutschten Form gebräuchliche grammatischer Ausdruck ist aus gleichbed. *lat.* participium entlehnt, einer Ableitung von *lat.* particeps „teilhabend" (zu *lat.* pars, partis „Teil" [↑Partei] und *lat.* capere „nehmen, fassen"). Die Benennung bezieht sich also auf die Mittelstellung des Partizips zwischen Verb und Adjektiv. Es nimmt an beiden Wortarten teil.

Partner „Teilhaber, Teilnehmer, Kompagnon; Mitspieler, Gegenspieler; Genosse, Gefährte": Das Wort wurde Anfang des 19. Jh.s aus gleichbed. *engl.* partner entlehnt. Das *engl.* Wort ist unter dem Einfluß von *engl.* part „Teil" umgestaltet aus *mengl.* parcener „Teilhaber", das seinerseits aus *afrz.* parçonier „Teilhaber" stammt. Dies ist eine Ableitung von *afrz.* parçon (< *lat.* partitio, partitionis) „Teilung". Über weitere etymologische Zusammenhänge vgl. den Artikel *Partei.* – Abl.: **Partnerin** (19. Jh.); **Partnerschaft** (19. Jh.).

partout: Der veraltende Ausdruck für „durchaus, unbedingt, um jeden Preis" wurde im 18. Jh. aus *frz.* partout „überall, allenthalben" übernommen. – Das Wort erscheint auch in der Zusammensetzung **Passepartout** „Hauptschlüssel (veraltet); Papprahmen zum Schutz von Bildern" (17. Jh.; aus *frz.* passe-partout, das wörtlich etwa „passe überall!" bedeutet und danach zur Bezeichnung der verschiedensten, vielzwekkig brauchbaren Gegenstände wurde. Bestimmungswort ist *frz.* passer „gehen; passen usw.").

Party „zwangloses, privates Fest": Das Fremdwort wurde im 20. Jh. aus *engl.-amerik.* party „Partei; Gesellschaft; Fest" entlehnt, das seinerseits aus *frz.* partie „Teil; Beteiligung; Abteilung usw." (vgl. *Partie*) stammt.

Parzelle: Die Bezeichnung für „vermessenes, kleines Grundstück" wurde im 18./19. Jh. aus *frz.* parcelle „Teilchen, Stückchen; Grundstück" entlehnt, das auf *vlat.* *particella „Teilchen" zurückgeht. Dies steht für *klass.-lat.* particula „Teilchen" (vgl. *Partikel*). – Abl.: **parzellieren** „[Großflächen] in Parzellen aufteilen" (18./19. Jh.; aus *frz.* parceller „in kleine Stücke teilen").

Pascha *m: Türk.* paşa „Exzellenz", der höchste zivile und militärische Titel in der alten Türkei, gelangte Anfang des 16. Jh.s ins *Dt.,* zuerst als 'Wascha', 'Bassa' und 'Bascha'. In unserer Umgangssprache wird das Wort seit dem 18. Jh. als Bezeichnung eines herrischen, rücksichtslosen Menschen oder auch eines Menschen, der sich gern bedienen und verwöhnen läßt, verwendet.

Paso doble: Der Name des aus Spanien stammenden Gesellschaftstanzes in schnellem $^2/_4$-Takt wurde im 20. Jh. aus *span.* paso doble (wörtlich „Doppelschritt") entlehnt.

Paspel „schmaler Nahtbesatz bei Kleidungsstücken; Litze, Vorstoß, Biese": Das Fremdwort wurde im 18. Jh. aus gleichbed. *frz.* passepoil entlehnt, einer Bildung zu *frz.* passer „überschreiten, darüber hinausgehen" und *frz.* poil „Haar; Tuch-, Gewebehaar". – Dazu das Verb **paspelieren** „mit Paspeln versehen" (19. Jh.; aus gleichbed. *frz.* passepoiler).

Paß „amtliches Dokument, das der Legitimation (im Ausland) dient; Übergang über einen Gebirgskamm, enger Durchgang; Zuspiel, Vorlage (im Ballspiel); Paßgang, Gangart von Vierbeinern"; Quelle dieses Wortes ist letztlich *lat.* passus „Schritt" (eigentlich das „Ausspreizen" der Füße beim Gehen), das verwandt ist mit *lat.* patere „sich erstrecken; offenstehen" (vgl. den Artikel **Patent**). Vermittelt wurde das Wort jedoch vor allem durch entsprechend *frz.* pas, daneben auch *engl.* pass. Es erscheint zuerst Anfang des 15. Jh.s in der Bed. „Gebirgsübergang, Durchgang", beachte dazu Zusammensetzungen wie 'Bergpaß' und 'Engpaß'. Um 1500 setzt dann die Verwendung im Sinne von „Ausweis, amtliches Dokument" ein. Hier allerdings gehen die zusammengesetzten Bildungen 'paßbrif' und 'paßport' (aus *frz.* passeport „Geleitbrief, Passierschein"; zu *frz.* passer überschreiten und *frz.* port „Hafen", eigentlich „Durchgang, Durchlaß") voraus. Beachte auch die jüngeren Zusammensetzungen **Reisepaß** (17. Jh.) und **Laufpaß** (um 1800). Letzteres bezeichnete ursprünglich den Paß, der einem Soldaten bei der Entlassung aus dem Militärdienst mitgegeben wurde. Heute wird es nur noch in der Wendung 'einem den Laufpaß geben' (= „entlassen; fortjagen") gebraucht. – Auch die Verwendung von 'Paß' zur Bezeichnung einer bestimmten Gangart von Vierbeinern ist aus dem Französischen übernommen, während der Gebrauch in der Sportsprache im Sinne von „Zuspielen, Vorlage" von *engl.* pass ausgeht. – Zu *lat.* passus gehört das abgeleitete Verb *vlat.* *passare „Schritte machen; durchschreiten, durchgehen", auf dem *frz.* passer „überschreiten; vorübergehen usw." (↑passieren und ↑passen), *it.* passare (↑Passagier) und *span.* pasar (↑Passat) beruhen. Beachte ferner die Bildungen *vlat.* *compassare „ringsherum abschreiten" (in ↑Kompaß) und *vlat.* *expassare „sich ausbreiten" (im Lehnwort ↑Spaß). Vgl. auch den Artikel *Passus.*

passabel ↑passen.

Passage, Passagier, Passant ↑passieren.

Passat „gleichmäßig wehender tropischer Ostwind (zwischen den Wendekreisen und der äquatorialen Tiefdruckrinne)", oft in der verdeutlichenden Zusammensetzung 'Passatwind': Das Wort ist zuerst im 17. Jh. als seemannssprachlicher Ausdruck für den *niederd.* Sprachraum bezeugt. Es ist aus *niederl.* passaat[wind] entlehnt, dessen Herkunft nicht sicher geklärt ist. Vielleicht stammt es aus 'passade wind' „Wind, der für die Überfahrt (zur See) günstig ist" (< gleichbed. *span.* *viento de pasada; zu *span.* pasar „vorbeigehen; überfahren usw.", das unserem ↑*passieren* entspricht).

passé ↑passieren.

passen: *Frz.* passer „gehen, vorübergehen usw.", das auch die Quelle für unser Fremdwort ↑passieren ist, erscheint bei uns durch *niederl.* Vermittlung bereits im 13. Jh. am Niederrhein, und zwar entlehnt zu [ge]passen „zum Ziel kommen, erreichen". Davon und z. T. von *(m)niederl.* passen geht die *nhd.* Bedeutungsentfaltung des Verbs aus, die drei Hauptanwendungsbereiche kennt: 1. „angemessen sein, gelegen kommen; angenehm, willkommen sein", dann auch „gut sitzen, genau entsprechen, gut anstehen, mit etwas harmonieren"; dazu die Adjektivbildung **unpäßlich** „nicht recht gestimmt; leicht krank; unwohl" (17. Jh.), das Adjektiv **passabel** „annehmbar; leidlich" (im 17. Jh. aus *frz.* passable übernommen, zunächst in dessen eigentlicher Bed. „gangbar, überschreitbar"), ferner die Verbbildungen **anpassen** „auf etwas abstimmen; angleichen" (18. Jh.; häufig reflexiv gebraucht im Sinne von „sich einordnen, sich einfügen"; entsprechend *niederl.* aanpassen) und [1]**verpassen** *ugs.* für „jemandem etwas anmessen; gegen seinen Willen geben, verabreichen" (20. Jh.). – 2. „mit wachen Sinnen Vorübergehendes verfolgen; aufmerksam auf etwas harren, warten", heute nur noch erhalten in **aufpassen** „aufmerksam sein, achtgeben; beaufsichtigen" (18. Jh.; dazu das Substantiv **Aufpasser**) und in [2]**verpassen** „(harrend) etwas versäumen, verfehlen" (17. Jh.). – 3. „ein Spiel vorübergehen lassen, darauf verzichten, das Spiel zu machen", im 17. Jh. zunächst in der Sprache der Kartenspieler, danach dann auch allgemein „nicht mithalten, verzichten". – Im Sinne von „(den Ball) zuspielen, eine Vorlage geben" ist 'passen' Bedeutungslehnwort nach *engl.* to pass (vgl. die entsprechende Bedeutung von 'Paß').

Passepartout ↑partout.

passieren: Das Verb ist – wie auch ↑passen – aus *frz.* passer entlehnt, und zwar in den folgenden Bedeutungen: 1. „vorübergehen, vorüberfahren, vorüberziehen; durchreisen, durchqueren" (16. Jh.); 2. „geschehen, sich ereignen; zustoßen" (17. Jh., nach entsprechend *frz.* se passer); 3. „durchlaufen lassen, durchseihen" (20. Jh.), besonders häufig in der verdeutlichenden Zusammensetzung **durchpassieren.** An den Gebrauch des Wortes in der ersten ursprünglichen Bedeutung, wie sie der Herkunft von *frz.* passer aus *vlat.* *passare „Schritte machen; durchschreiten, durchgehen" (zu *lat.* passus „Schritt"; vgl. *Paß*) entspricht, schließen sich folgende Bildungen an: **Passant** „Fußgänger, Vorübergehender" (Anfang des 18. Jh.s; aus *frz.* passant, dem substantivierten Part. Präs. von passer), **Passage** „Durchfahrt, Durchgang; Überfahrt; [Flug-, Schiffs]reise; Lauf, Gang (in einem Musikstück)" (schon *mhd.* passāsche „Weg, Furt", im frühen 16. Jh. erneut entlehnt aus *frz.* passage), **Passagier** „Schiffsreisender, Fahrgast, Fluggast" (im 16. Jh. zunächst entlehnt aus älter *it.* passeggiere „Reisender", das zu *it.* passare „reisen", der Entsprechung von *frz.* passer, gehört; seit dem Ende des 16. Jh.s dann dem entsprechenden *frz.* passager angeglichen), das der Umgangssprache angehörende **passé** „vorübergegangen (in zeitlicher Hinsicht), vorbei, vergangen, abgetan" (es entspricht dem Part. Perf. von *frz.* passer) und die Wendung ↑en passant.

Passion: Das seit *mhd.* Zeit bezeugte Substantiv (*mhd., mnd.* passie, später *mhd.* passiōn) erscheint zuerst mit der auch heute noch üblichen Bed. „Leiden[sgeschichte] Christi". Dazu stellen sich Zusammensetzungen wie 'Passionszeit' und 'Passionssonntag'. Quelle des Wortes ist *spätlat.* passio (Akkusativ: passionem) „Leiden, Erdulden; Krankheit" (bzw. *kirchenlat.* passio „Leiden Christi"). Im 17. Jh. übernahm 'Passion' dann von entsprechend *frz.* passion die Bed. „Leidenschaft, leidenschaftliche Hingabe; Vorliebe, Liebhaberei", wie sie auch in dem Partizipialadjektiv **passioniert** „einer Sache leidenschaftlich zugetan; begeistert" (17. Jh.; zu dem veralteten Verb **passionieren** „sich begeistern"; nach *frz.* passionner bzw. passionné) fortlebt. – *Spätlat.* passio ist eine Bildung zu *lat.* pati (passum) „[er]dulden, erleiden" (verwandt mit *dt.* ↑*Feind*), das auch den Fremdwörtern ↑passiv, Passiv, Passiva, Passivität, ↑Patient und ↑Patience zugrunde liegt.

passiv „duldend, sich zurückhaltend; untätig, teilnahmslos" (im Gegensatz zu ↑aktiv): Das Adjektiv wurde im 18. Jh. – wahrscheinlich unter dem Einfluß von gleichbed. *frz.* passif – aus *lat.* passivus „duldend; empfindsam" entlehnt. Über das Stammwort *lat.* pati (patior, passum) „[er]dulden, leiden usw." vgl. den Artikel *Passion.* – Früher als das Adjektiv ist im *Dt.* das Substantiv **Passiv** „Leideform des Verbs" bezeugt (zuerst und bis in das ausgehende 18. Jh. in der Form 'Passivum'). Es wurde als grammatischer Fachausdruck aus gleichbed. *lat.* passivum (ergänze: genus verbi) übernommen. – Auf dem substantivierten Neutrum Plural von *lat.* passivus beruht **Passiva** „Schulden, Verbindlichkeiten", ein Fachausdruck der Kaufmannssprache, der im frühen 18. Jh. zusammen mit dem Gegenwort ↑Aktiva aufkam. Das Substantiv **Passivität** „passives Verhalten, Untätigkeit, Teilnahmslosigkeit" wurde im 18. Jh. aus gleichbed. *frz.* passivité übernommen.

Passus „Abschnitt, Textstelle": Das seit dem 16. Jh. bezeugte Fremdwort wurde in der Kanzleisprache aus gleichbed. *mlat.* passus übernommen, das auf *lat.* passus „Schritt" (vgl. *Paß*) zurückgeht.

Paste „streichbare Masse; Teigmasse (als Grundlage für Arzneien und kosmetische Mittel)": Das Substantiv wurde im 15. Jh. (*spätmhd.* pasten) aus *mlat.* pasta „Teig" entlehnt und geriet dann unter den Einfluß von gleichbed. *it.* pasta. Es geht zurück auf *griech.* pástē „Mehlteig, Brei", das zu *griech.* pássein „streuen, besprengen" gehört und demnach eigentlich „Gestreutes" bedeutet. – Dazu stellen sich die Fremdwörter ↑Pastell und ↑Pastete.

Pastell: Die Technik, Bilder mit Pastellfarben, d. h. mit trockenen (aus einer Mischung von Gips, Kreide und Ton, Farbstoffen und einem Bindemittel hergestellten) Farben, zu malen, ist eine italienische Erfindung des 15./16. Jh.s, die in der Folge allerdings erst durch französische und niederländische Maler feiner ausgebildet wurde. So stammt denn auch die Bezeichnung für das mit dem Farbstift in trockenen Pastellfarben gemalte Bild aus dem *Italienischen.* Ausgangspunkt ist *it.* pasta „Teig, Brei" (vgl. *Paste*) in der speziellen Bedeutung „Brei, in dem die Farben für die Pastellstifte gemischt werden". Die dazu gebildete Verkleinerungsform *it.* pastello „geformter Farbteig; Farbstift" gelangte Anfang des 18. Jh.s ins *Dt.,* teils unmittelbar, teils durch Vermittlung von entsprechend *frz.* pastel, und zwar zuerst in der Bed. „Malerstift".

Pastete „Fleisch-, Fisch- oder Gemüsespeise in [Blätter]teighülle": Das seit dem 14. Jh. bezeugte Substantiv (*mhd.* pasteden) stammt wahrscheinlich aus gleichbed. *mniederl.* paste[i]de, das seinerseits auf *afrz.* pastee „Teig, Brei" (< *mlat.* pasta; vgl. *Paste*) zurückgeht.

Pastille: Die Bezeichnung für ein Kügelchen oder Plätzchen zum Lutschen wurde im 18. Jh. aus *lat.* pastillus „Kügelchen aus Mehlteig; Pille" entlehnt, das eine Verkleinerungsbildung zu *lat.* panis „Brot" (wohl < *pa-stnis) ist.

Pastor: Die Bezeichnung für „Pfarrer, Seelsorger" (*mhd.* pastor) ist aus *mlat.* pastor „Seelenhirt" entlehnt, das auf *lat.* pastor „Hirt" zurückgeht (nach dem biblischen Bild von Christus als dem guten Hirten). *Lat.* pastor ist eine Bildung zu *lat.* pascere (pastum) „fressen lassen, weiden lassen, füttern" (pasci „fressen, weiden"), das – wohl zusammen mit *lat.* panis „Brot als Nahrung" (vgl. die Wortgruppe um ↑*panieren*) – zu der unter ↑[1]*Futter* dargestellten *idg.* Wortfamilie gehört.

Pate: Die Bezeichnung des christlichen Taufzeugen, der im christlichen Sinne mitverantwortlich ist für die Erziehung und das Wohlergehen seines Patenkindes (*mhd.* pade, *mnd.* pade), ist entlehnt aus *mlat.* 'pater spiritualis' „geistlicher Vater, Taufzeuge" (zu *lat.* pater „Vater" vgl. den Artikel *Pater*). – Dazu: **Patin** (17. Jh.) und **Patenschaft** (16. Jh.; heute auch im weltlichen Bereich gebräuchlich).

Patent: Das seit dem 16. Jh. gebräuchliche Wort ist aus der Fügung *mlat.* (littera) patens „landesherrlicher offener Brief" hervorgegangen. Es gilt seitdem einerseits im Sinne von „Offizierspatent" (die vom Landesherrn ausgesprochene und in einem offenen Brief beurkundete Ernennung zum Offizier), andererseits bezeichnet es das amtlich verliehene Recht zur alleinigen Benutzung und gewerblichen Verwertung einer Erfindung (ursprünglich die in einem offen vorzuzeigenden amtlichen Brief bestätigte Anerkennung der Qualität einer Ware). Daß man sich bei einer solchen, durch ein Patent geschützten Ware auch allgemein eine Qualitätsware vorstellte, zeigt das Adjektiv **patent** „geschickt, praktisch, tüchtig; sehr brauchbar, großartig" (*ugs.* und *mdal.;* um 1800), das sich wohl aus Zusammensetzungen wie 'Patentwaren, Patentknopf' herausgelöst hat. – Das von 'Patent' abgeleitete Verb **patentieren** „Patentschutz erteilen" erscheint gegen Ende des 18. Jh.s. – *Lat.* patens „offen, offenstehend" ist das Part. Präs. von *lat.* patere „sich erstrecken, offenstehen", das mit den verwandten Wörtern *lat.* pandere (passum) „ausbreiten" und passus „Schritt" (vgl. *Expander, Expansion* und die unter ↑*Paß* behandelten Wörter) zur *idg.* Wortfamilie von *dt.* ↑Faden gehört.

Pater „katholischer Ordensgeistlicher": Das Substantiv wurde in der Kirchensprache aus *lat.* pater „Vater" (urverwandt mit *dt.* ↑*Vater*) bzw. *mlat.* pater monasterii „Klostervater; Abt;

Ordensgeistlicher“ übernommen. – *Lat.* pater, das als *mlat.* pater spiritualis „geistlicher Vater“ unserem Lehnwort ↑Pate zugrunde liegt, ist ferner Ausgangspunkt für die Fremdwörter ↑Patrize, ↑Patrizier, ↑Patron und ↑Patrone. Im *It.* wurde *lat.* pater zu padre, im *Frz.* zu père.

[1]Paternoster: Die seit *mhd.* Zeit gebräuchliche Bezeichnung für das Vaterunser (*mhd.* paternoster „Vaterunser; Gebetsschnur mit aufgereihten Kügelchen“) stammt aus *lat.* pater noster „unser Vater“, den Anfangsworten des *lat.* Vaterunsergebets (nach Matth. 6,9). **[2]Paternoster:** Die Bezeichnung für einen Aufzug mit mehreren vorne offenen Kabinen, die ständig in der gleichen Richtung umlaufen, ist aus älterem 'Paternosterwerk' (18. Jh.) gekürzt. Dies war – besonders im Bergbau – die Benennung eines [Hebe]werks mit Tragkörben o. ä. an einer endlosen Kette (nach einem Vergleich mit den auf der Paternoster-Gebetsschnur aufgereihten Kügelchen).

pathetisch ↑Pathos.

Pathologie: Der seit dem 16. Jh. bezeugte Fachausdruck bezeichnet den Teil der Medizin, der sich mit den Krankheiten, ihrer Entstehung und den durch sie hervorgerufenen organisch-anatomischen Veränderungen beschäftigt. Er ist aus *mlat.* pathologia entlehnt, einer gelehrten Neubildung zu *griech.* páthos „Leid, Leiden, Schmerz; Krankheit usw.“ (vgl. *Pathos*) und *griech.* lógos „Wort, Rede; Kunde; Lehre usw.“ (vgl. *Logik*). – Dazu: **Pathologe** „Wissenschaftler auf dem Gebiet der Pathologie“ (19. Jh.); **pathologisch** „krankhaft“ (18. Jh.).

Pathos: Das Fremdwort für „Leidenschaft, feierliche Ergriffenheit; übertriebene Gefühlsäußerung“ wurde Ende des 17. Jh.s aus *griech.* páthos „Leid, Leiden, Schmerz; Unglück; Leidenschaft“ entlehnt, einer Bildung zu *griech.* páschein „erfahren, erdulden, leiden“. – Dazu: **pathetisch** „ausdrucksvoll, gefühlvoll, feierlich“ (17. Jh.; aus gleichbed. *lat.* patheticus < *griech.* pathētikós „leidend; gefühlvoll, leidenschaftlich“), heute meist abschätzig gebraucht im Sinne von „salbungsvoll“. Beachte ferner die zu *griech.* páthos gehörenden Fremdwörter ↑Pathologie, ↑Pathologe, pathologisch, ↑Apathie, apathisch, ↑Antipathie, ↑Sympathie, sympathisch und ↑Homöopathie, homöopathisch, Homöopath.

Patience: Der Name des Kartenspiels wurde Ende des 18. Jh.s aus dem *Frz.* übernommen. *Frz.* patience bedeutet wörtlich „Geduld“, weil dieses Spiel sehr viel Geduld verlangt. Es geht auf gleichbed. *lat.* patientia zurück (vgl. *Passion*).

Patient: Die Bezeichnung für einen Kranken in ärztlicher Behandlung wurde im 16. Jh. substantiviert aus *lat.* patiens (patientis) „[er]duldend, leidend“, dem adjektivisch gebrauchten Part. Präs. von *lat.* pati „[er]dulden, leiden usw.“ (vgl. hierüber den Artikel *Passion*).

Patin ↑Pate.

Patina: Die Bezeichnung für „grünliche Schutzschicht auf Kupfer oder Kupferlegierungen; Edelrost“ wurde im 18. Jh. aus gleichbed. *it.* patina (ursprünglich „Firnis, Glanzmittel für Felle“) übernommen, dessen weitere Herkunft unklar ist.

Patriarch: Der Amts- und Ehrentitel einiger höchster kirchlicher Würdenträger wurde in *mhd.* Zeit (*mhd.* patriarche, patriare) aus gleichbed. *kirchenlat.* patriarcha entlehnt, das seinerseits aus *griech.* patriárchēs „Stammvater, Sippenoberhaupt“ übernommen ist. Dies ist eine Bildung zu *griech.* patḗr „Vater“ (vgl. *Vater*) und *griech.* árchein „an der Spitze stehen, herrschen“ (vgl. *Archiv*). Abl.: **patriarchalisch** „den Patriarchen betreffend; das Patriarchat betreffend; in der Art eines Patriarchen, [autoritär] bestimmend“ (18. Jh.; nach *spätlat.* patriarchalis).

Patriot: Die Bezeichnung für einen vaterländisch gesinnten Menschen wurde im 16. Jh. – wohl unter dem Einfluß von *frz.* patriote „Landsmann; Vaterlandsfreund“ – aus *spätlat.* patriota „Landsmann“ entlehnt. Dies stammt aus *griech.* patriṓtēs „Landsmann; Mitbürger“, einer Bildung zu *griech.* patriá „väterliche Abstammung, Geschlecht, Familie (zu *griech.* patḗr „Vater“, urverwandt mit *dt.* ↑*Vater*). – Dazu: **patriotisch** „vaterländisch, vaterlandsliebend“ (17. Jh.; nach gleichbed. *frz.* patriotique < *spätlat.* patrioticus < *griech.* patriōtikós „zum Patrioten gehörig“); **Patriotismus** „Vaterlandsliebe, vaterländische Gesinnung“ (18. Jh.; aus gleichbed. *frz.* patriotisme).

Patrize „Stempel, Prägestock“: Das Fachwort der Buchdruckersprache wurde im 18. Jh. zu *lat.* pater „Vater“ (vgl. *Pater*) neu gebildet, in Analogie zu dem Gegenwort ↑*Matrize*.

Patrizier: *Lat.* patricius, das eine Ableitung von *lat.* pater „Vater“ (vgl. *Pater*) bzw. von dessen *Plural* patres „Väter; Vorfahren; Stadtväter, Senatoren“ gehört, bezeichnete im alten Rom die Nachkommen der römischen Sippenhäupter, den Geburtsadel. Im Mittelalter wurde das Wort als Ehrenname für die begüterten und ratsfähigen Stadtadelsgeschlechter übernommen, vor allem in den freien deutschen Reichsstädten. Danach nennt man auch heute noch alte, einflußreiche Bürgerfamilien Patrizier.

Patron: Das Fremdwort wurde in *mhd.* Zeit (*mhd.* patron[e]) aus *lat.* patronus „Schutzherr, Schirmherr, rechtlicher Vertreter (insbesondere der schutzbefohlenen Freigelassenen und Klienten)“ entlehnt, einer Bildung zu *lat.* pater „Vater, Hausherr“ (vgl. *Pater*). Im geistlichen Bereich wird 'Patron' zum einen im Sinne von „Schutzheiliger einer Kirche oder einer Berufs- oder Standesgruppe“ verwendet (beachte die Zusammensetzung 'Schutzpatron'), zum anderen bezeichnet es den „Kirchenpatron“, der das Vorschlags- oder Ernennungsrecht für die Besetzung von Pfarrstellen hat. Im weltlichen Bereich ist es in der Bed. „Schutzherr, Schirmherr, Gönner“ gebräuchlich, daneben auch im Sinne von „Schiffsherr, Schiffseigner; Handelsherr“ (beachte die Zusammensetzung 'Schiffspatron'). In der Umgangssprache schließlich wurde das Wort zu einer verächtlichen Bezeichnung für „übler Genosse, Kerl; Schuft“.

Patrone „Geschoß und Treibladung (bei Handfeuerwaffen)", daneben von der Form her übertragen „Behälter für Kleinbildfilme": Das seit dem 16. Jh. bezeugte Fremdwort tritt zuerst mit der Bed. „Musterform, Modellform" auf, seit dem Ende des 16. Jh.s dann auch in der Bedeutung „Musterform (Papierhülle) für Pulverladungen". Das Wort ist aus *frz.* patron „Musterform" (eigentlich etwa „Vaterform") entlehnt, das über *mlat.* patronus „Musterform" auf *lat.* patronus „(väterlicher) Schutzherr, Schirmherr" (vgl. *Patron*) zurückgeht. Die Bedeutungsübertragung geht von der Vorstellung aus, daß der Familienvater Vorbild und Musterbild für Gestalt und Charakter des Sohnes ist.

Patrouille: Der militärische Fachausdruck für „Spähtrupp, Streife" wurde um 1600 aus gleichbed. *frz.* patrouille entlehnt, das von *frz.* patrouiller (ältere Nebenform von patouiller) „im Kot herumstampfen, herumpatschen; auf Patrouille gehen" abgeleitet ist. Dies gehört zu *frz.* patte „Pfote". – Dazu das Verb **patrouillieren** „auf Patrouille gehen; [als Posten] auf und ab gehen" (17. Jh.; aus gleichbed. *frz.* patrouiller).

patschen: Das seit dem 15. Jh. bezeugte Verb ist lautmalenden Ursprungs und bedeutet eigentlich „patsch machen". Es ahmt Geräusche nach, die durch einen leichten Schlag, durch Hineintreten in Matsch, durch Spritzen oder dgl. entstehen, vgl. die Interjektion 'patsch!' (17. Jh.). Dazu stellen sich **Patsch** *ugs.* für „klatschender Schlag; Ohrfeige; Straßenschmutz" (16. Jh.) und die Nebenform **Patsche** *ugs.* für „klatschender Schlag; flacher Gegenstand zum Schlagen; Hand; Straßenschmutz, Schneematsch" (16. Jh.), beachte dazu die Wendung 'in der Patsche sitzen, stecken' „in Schwierigkeiten, in Verlegenheit sein" (eigentlich „in Straßenschmutz treten, fallen oder darin steckenbleiben") und die Zusammensetzungen **Patschhand** und **patschnaß** (nochmals verstärkt **pitschepatschenaß**).

patt: Der seit dem 19. Jh. bezeugte Ausdruck für bestimmte Stellungen im Schachspiel, die zur Folge haben, daß eine Partei (bei nicht angegriffenem König) zugunfähig wird, ist aus gleichbed. *frz.* pat entlehnt, dessen Herkunft unklar ist. Dazu das Substantiv **Patt,** das auch übertragen im Sinne von „Situation, in der niemand einen Vorteil erringen, den anderen nicht besiegen kann" verwendet wird.

patzen (*ugs.* für:) „kleinere Fehler machen, schlecht arbeiten", *österr.* auch für „klecksen": Das seit dem 19. Jh. gebräuchliche Verb gehört wahrscheinlich zu dem *mdal.* Substantiv 'Patzen' „Klecks, Schmutzfleck" und bedeutet demnach eigentlich „klecksen, sudeln". Neben dem einfachen Verb ist auch die Präfixbildung **verpatzen** *ugs.* für „verderben" gebräuchlich. Abl.: **Patzer** *ugs.* für „[leichter] Fehler, Versehen; Mensch, der fehlerhaft oder schlecht arbeitet oder spielt" (19. Jh.).

patzig (*ugs.* für:) „unverschämt; barsch, schroff": Die *nhd.* Form 'patzig' hat sich aus *frühnhd.* batzig „aufgeblasen, frech" (16. Jh.) entwickelt, das von dem unter ↑*Batzen* behandelten Substantiv abgeleitet ist und eigentlich „klumpig, feist, dick" bedeutet.

Pauke: Die Herkunft des seit *mhd.* Zeit bezeugten Namens des Musikinstrumentes (*mhd.* pūke) ist dunkel. Vielleicht gehört er zu der unter ↑*pochen* dargestellten Gruppe von Schallnachahmungen. Aus dem *Dt.* entlehnt sind *niederl.* pauk und *schwed.* puka. – Das abgeleitete Verb **pauken** „die Pauke schlagen" (*mhd.* pūken) findet sich seit dem 17. Jh. auch in der Bed. „schlagen". Von dieser Bedeutung geht der studentensprachliche Gebrauch von 'pauken' im Sinne von „eine Mensur schlagen, fechten" aus, beachte dazu **Paukant** studentensprachlich für „Mensurfechter" und **Paukboden** studentensprachlich für „Fechtboden; Fechtstunde". Studentensprachlich ist auch die Verwendung des Verbs im Sinne von „eine Rede halten". Daran schließt sich 'Pauke' im Sinne von „Rede" an, beachte die Zusammensetzung **Standpauke** „Strafpredigt" (s. unter *Stand*). – Von der Bed. „schlagen" geht auch die seit dem 18. – Jh. bezeugte Verwendung von 'pauken' im Sinne von „unterrichten" aus, beachte dazu **Pauker** *ugs.* für „Lehrer" (19. Jh.; aus 'Arschpauker' gekürzt, eigentlich „jemand, der beim Unterrichten den Arsch der Schüler versohlt", vgl. die Bildung 'Steißtrommler'). *Ugs.* wird 'pauken' heute besonders im Sinne von „eifrig lernen, büffeln" gebraucht.

Pausback (*landsch.* für:) „Mensch mit runden Wangen": Die Zusammensetzung ist seit dem 16. Jh. bezeugt, und zwar in *westmitteld.* Lautung (gegenüber älter *oberd.* pfausback). Das Bestimmungswort gehört zu dem untergegangenen Verb *frühnhd.* pausen, pfausen, *spätmhd.* pfūsen „pustend oder schnaubend atmen, keuchen, aufblähen". Dieses Verb ist lautnachahmenden Ursprungs und ist [elementar]verwandt mit den unter ↑*pusten* und ↑*böse* behandelten Wörtern (vgl. *Beule*). – Gleichfalls seit dem 16. Jh. gebräuchlich ist **Pausbacken** „runde Wangen". Abl.: **pausbackig** „rundwangig" (18. Jh.).

Pauschale „Gesamtabfindung, Gesamtbetrag": Das seit dem 19. Jh. gebräuchliche Kaufmannswort stammt aus der *österr.* Amtssprache und ist eine latinisierende Bildung zu dem heute kaum noch gebräuchlichen Substantiv **Pausch[e]** „Wulst (am Sattel)", einer Nebenform von ↑*Bausch* „Wulst". Dazu stellt sich **pauschal** „alles zusammen, im ganzen; ohne näher zu differenzieren".

[1]**Pause** „Unterbrechung [einer Tätigkeit]; Aufenthalt; kurze Zeit der Rast und Erholung": Das seit dem 13. Jh. bezeugte Substantiv (*mhd.* pūse) beruht auf einer durch das *Roman.* vermittelten Entlehnung (vgl. z. B. *it.* posa und *afrz.* pose „Ruhe") aus *lat.* pausa „das Innehalten, die Pause". Dies stammt zusammen mit dem erst *spätlat.* bezeugten (aber vielleicht schon lange vorher in der gesprochenen Volkssprache vorhanden gewesenen) Verb pausare „innehalten, ausruhen" wahrscheinlich aus

griech. paúein (Aorist: paũsai) „aufhören machen; aufhören, ablassen", (das *griech.* Substantiv paũsis „das Aufhörenmachen" kommt u. a. wegen seiner späten Bezeugung als unmittelbare Quelle für *lat.* pausa nicht in Frage). – Abl.: **pausieren** „eine Tätigkeit für kurze Zeit unterbrechen, ausruhen, ausspannen" (16. Jh.; nach *spätlat.* pausare). – Vgl. auch den Artikel *Pose.*

[2]Pause ↑pausen.

pausen „durchzeichnen", dafür meist die Zusammensetzung **durchpausen:** Das seit dem 18. Jh. bezeugte Verb, das zuerst als 'bausen' erscheint, ist vermutlich – umgestaltet nach *frz.* ébaucher „entwerfen" – aus *frz.* poncer „mit Bimsstein abreiben; durchpausen" entlehnt. Dies gehört zu *frz.* ponce „Bimsstein" (< gleichbed. *vlat.* *pomex, Akkusativ *pomicem = *klass.-lat.* pumex; vgl. das Lehnwort *Bimsstein*). Dazu stellen sich das Substantiv **[2]Pause** „Durchzeichnung" (18. Jh.; zuerst 'Bause') und die Zusammensetzung **Pauspapier** (20. Jh.).

pausieren ↑[1]Pause.

Pavian: Der Name des in Afrika heimischen Affen erscheint in *dt.* Texten seit dem 15. Jh., zunächst als bavian. Er ist aus *niederl.* baviaan entlehnt, das über *mniederl.* baubijn auf *(a)frz.* babouin zurückgeht. Dies gehört wohl zu der Wortgruppe von *frz.* babine „Lefze, Lippe". Der Name würde sich dann auf die vorspringende Schnauze des Tiers beziehen.

Pavillon: Quelle dieses Fremdwortes ist *lat.* papilio „Schmetterling", das schon im *Spätlat.* auch übertragen „Zelt" bedeutete, wohl auf Grund eines Vergleiches des aufgespannten Zeltes mit den Flügeln eines Schmetterlings. Zum ersten Mal erscheint das *lat.* Wort im *Mhd.* als pavelun[e], pavilun[e] „Zelt" in der Sprache des höfischen Epos, vermittelt durch entsprechend *afrz.* pavillon. Mit dem Untergang der höfischen Kultur verschwand das Wort. Um 1600 wurde es erneut aus *frz.* pavillon entlehnt, zuerst im Sinne von „Kriegs-, Schutzzelt". Seit dem 18. Jh. ist es im Sinne von „Festzelt; kleines Gartenhaus, Gartenlaube; meist halboffener Rundbau in Parks o. ä." gebräuchlich.

Pazifik: Dem im 19. Jh. aus dem *Engl.* übernommenen Namen des 'Stillen Ozeans', *engl.* Pacific (Ocean), liegt das *lat.* Adjektiv pacificus „Frieden schließend; friedlich" zugrunde (zu *lat.* pax „Friede" [vgl. *Pakt*] und *lat.* facere „machen" [vgl. *Fazit*]). Der Name spielt auf die ohne Sturm und Unwetter verlaufenen Ozeanüberquerungen des Seefahrers Magellan an. – Dazu: **pazifisch** „den Raum, den Küstentyp oder die Inseln des Großen Ozeans betreffend" (19. Jh.).

Pazifismus: Die um 1900 aufkommende Bezeichnung für jene Anschauung, die (aus ethischen oder religiösen Gründen) den Krieg in jeder Form ablehnt und sich für die friedliche Verständigung zwischen den Völkern um jeden Preis einsetzt, ist aus gleichbed. *frz.* pacifisme entlehnt. Dies ist eine Bildung zu *frz.* pacifique „friedlich, friedliebend", das zu *frz.* pacifier „Frieden bringen" gehört. Das *frz.* Verb geht auf *lat.* pacificare (zu *lat.* pax, pacis „Friedensvertrag; Friede" [vgl. den Artikel *Pakt*] und *lat.* facere „machen" [vgl. den Artikel *Fazit*]) zurück. – Die Anhänger des Pazifismus heißen **Pazifisten** (um 1900, aus gleichbed. *frz.* pacifiste), beachte auch die Adjektivbildung **pazifistisch** „den Pazifismus betreffend, dem Pazifismus anhängend" (um 1900).

Pech: Die Bezeichnung für den dunkelfarbigen, zähklebrigen, teerartigen Rückstand bei der Destillation organischer Stoffgemenge (*mhd.* bech, pech, *ahd.* beh, peh) ist aus *lat.* pix (picis) „Pech, Teer" (urverwandt u. a. mit gleichbed. *griech.* píssa < *pík-i̯a) entlehnt. – Seit dem 18. Jh. wird 'Pech' auch im Sinne von „Unglück, Mißgeschick" gebraucht, beachte dazu die Wendung 'Pech haben' und die Zusammensetzung **Pechvogel** „Unglücksrabe, vom Unglück verfolgter Mensch". Diese Verwendung entwickelte sich zuerst in der Studentensprache. Sie geht wohl einerseits von der schon im *Ahd.* bezeugten symbolischen Verwendung des Wortes 'Pech' für „Höllenfeuer, Hölle" aus, andererseits mag die Vorstellung von der klebrigen und besudelnden Eigenschaft des Teerpechs eingewirkt haben. Vgl. auch den Artikel *erpicht.*

Pedal „Tretvorrichtung": Das seit dem 16. Jh. – zuerst in der Bedeutung „Orgel-, Klavierpedal" – bezeugte Fremdwort geht auf *nlat.* pedale zurück, das substantivierte Neutrum von *lat.* pedalis „zum Fuß gehörig". Dies ist eine Bildung zu *lat.* pes, pedis „Fuß" (urverwandt mit *dt.* ↑*Fuß*), das auch Ausgangspunkt für die Fremdwörter ↑Pionier, ↑expedieren, Expedient, Expedition, ↑Spedition, Spediteur und ↑Depesche ist. Als Bestimmungswort erscheint *lat.* pes in ↑Pediküre, pediküren. Siehe auch den Artikel *Moped.*

Pedant „Kleinigkeits-, Umstandskrämer, Haarspalter": Das Fremdwort wurde um 1600 aus *frz.* pédant „Schulmeister; engstirniger Kleinigkeitskrämer" entlehnt, das seinerseits aus gleichbed. *it.* pedante stammt. *It.* pedante gehört wohl zu *griech.* paideúein „erziehen, unterrichten" (vgl. *Päd...*). – Abl.: **pedantisch** „übergenau, kleinlich, engstirnig, engherzig" (17. Jh.; nach gleichbed. *frz.* pédantesque < *it.* pedantesco); **Pedanterie** „übertriebene Genauigkeit, kleinliche Gesinnung" (17. Jh.; aus gleichbed. *frz.* pédanterie < *it.* pedanteria).

Pedell: Die heute veraltende Bezeichnung für „Hausmeister einer Schule oder Hochschule" wurde im 14. Jh. aus *mlat.* pedellus, bedellus „[Gerichts]bote, Diener" entlehnt, das seinerseits aus *ahd.* bitil, -al „Freier; Diener, Bote" entlehnt ist. Das *ahd.* Substantiv ist eine Bildung zu dem unter ↑*bitten* behandelten Verb und bedeutet demnach eigentlich „Bittender".

Pediküre „Fußpflegerin; Fußpflege": Das Fremdwort wurde im 20. Jh. aus gleichbed. *frz.* pédicure entlehnt, einer gelehrten Bildung zu *lat.* pes, pedis (< *frz.* pied) „Fuß" (vgl. *Pedal*) und *lat.* cura (< *frz.* cure) „Sorge, Pflege" (vgl. *Kur*). – Abl.: **pediküren** „Fußpflege treiben" (20. Jh.).

Pegel: Der im 18. Jh. aus dem *Niederd.* ins *Hochd.* übernommene Ausdruck für „Wasserstandsmesser" geht zurück auf *mnd.* pegel „Merkzeichen an Gefäßen, Eichstrich; Maß zum Bestimmen des Wasserstandes", dessen weitere Herkunft unklar ist. Von 'Pegel' abgeleitet sind die unter ↑*peilen* und ↑*picheln* behandelten Verben.

peilen „die Wassertiefe, Himmelsrichtung oder dgl. bestimmen; visieren": Das aus der *niederd.* Seemannssprache ins *Hochd.* übernommene Verb geht zurück auf *mnd.* pegelen „die Wassertiefe messen, eine Flüssigkeitsmenge bestimmen", das von *mnd.* pegel „Wasserstandsmesser; Merkzeichen an [Trink]gefäßen" abgeleitet ist (vgl. *Pegel*).

Pein: Das Wort (*mhd.* pīne „Strafe, Leibesstrafe; Qual, Not, Mühe; eifrige Bemühung", *ahd.* pīna) ist aus *mlat.* pena „[Höllen]strafe" entlehnt, das auf *lat.* poena „Bußgeld, Sühnegeld; Buße, Strafe; Kummer, Qual, Pein" beruht (daraus auch *frz.* peine „Strafe; Schmerz, Kummer; Mühe, Schwierigkeit", s. dazu den Artikel *penibel*). Das *lat.* Wort seinerseits ist aus *griech.* poinḗ (oder *dorisch* poinā́) „Zahlung, Buße, Sühne; Strafe, Rache" übernommen. – Abl.: **peinigen** „Schmerzen zufügen, quälen; martern" (*mhd.* pīnegen „strafen; quälen; martern"; für gleichbed. *mhd.* pīnen < *ahd.* pīnōn), dazu die Substantive **Peiniger** „Quälgeist, Folterer" (*spätmhd.* pīneger) und **Peinigung** „Mißhandlung, Folterung" (*spätmhd.* pīnegunge, für *mhd.* pīnegunge); **peinlich** „unangenehm, beschämend; pedantisch genau, sorgfältig" (*mhd.* pīnlich „strafwürdig; quälend, schmerzlich; grausam, folternd"; beachte dazu das auf einer rheinischen Nebenform beruhende **pingelig** *ugs.* für „übertrieben gewissenhaft, pedantisch genau"). – Auf einer späteren Entlehnung aus *lat.-mlat.* poena beruht *mhd.* pēne „Strafe" (s. den Artikel *verpönt*).

Peitsche: Das Wort geht zurück auf *ostmitteld.* pītsche, pīcze, das im 14. Jh. aus dem *Westslaw.* entlehnt wurde, vgl. *poln.* bicz, *obersorb.* bič, *tschech.* bič „Peitsche". Die *westslaw.* Wörter beruhen auf einer Bildung zu einem *slaw.* Verb mit der Bed. „schlagen", vgl. *russ.* bit' „schlagen", das zu der *idg.* Wortgruppe von ↑*Beil* gehört. – Vor der Entlehnung wurde das unter ↑*Geißel* behandelte Wort im Sinne von „Peitsche" verwendet. Abl.: **peitschen** (16. Jh.).

pekuniär „geldlich": Das Adjektiv wurde im 18. Jh. aus gleichbed. *frz.* pécuniaire entlehnt, das auf *lat.* pecuniarius „zum Geld gehörig" zurückgeht. Das zugrundeliegende Substantiv *lat.* pecunia „Geld" stellt sich mit einer ursprünglichen Bed. „Vermögen an Vieh" zu *lat.* pecu(s) „Vieh" (urverwandt mit *dt.* ↑*Vieh*).

Pelikan: Der Name des tropischen und subtropischen Schwimmvogels (*mhd.* pel[l]ikān) ist aus gleichbed. *kirchenlat.* pelicanus entlehnt, das seinerseits aus gleichbed. *griech.* pelekán übernommen ist. Dies ist eine Bildung zu *griech.* pélekys „Beil", der Vogel ist also nach der beilähnlichen Form seines Schnabels benannt.

Pelle: Das vorwiegend in Norddeutschland, aber auch sonst in der Umgangssprache weitverbreitete Wort für „dünne Haut, Wursthaut, Schale" geht auf *mnd.* (= *mniederl.*) pelle „Schale" zurück. Quelle des Wortes ist das mit *dt.* ↑*Fell* urverwandte Substantiv *lat.* pellis „Fell, Pelz, Haut". – Dazu stellen sich das abgeleitete Verb **pellen** „schälen" (18. Jh.) und die Zusammensetzung **Pellkartoffel** „mit der Schale gekochte Kartoffel". – Auf einer *mlat.* Ableitung von *lat.* pellis beruht das Lehnwort ↑Pelz.

Pelz „weich behaarte Tierhaut; zum Kleidungsstück verarbeitetes Tierfell", in der Umgangssprache gelegentlich auch auf die „menschliche Haut" übertragen (beachte dazu Redensarten wie 'jemandem auf den Pelz rükken'): Das Substantiv *mhd.* belliʒ, belleʒ, belz, *ahd.* pelliʒ, belliʒ ist aus *mlat.* pellicia (ergänze etwa: vestis) „Fellkleidungsstück, Pelz" entlehnt. Das zugrundeliegende Adjektiv *mlat.* pellicius „aus Fellen gemacht" ist eine Ableitung von *lat.* pellis „Fell, Pelz, Haut" (vgl. *Pelle*).

Pendant: Das Fremdwort für „Gegen-, Seitenstück; Ergänzung" wurde im 18. Jh. aus gleichbed. *frz.* pendant entlehnt. Dies ist das substantivierte Part. Präs. zu *frz.* pendre (< *lat.* pendere) „hängen" (vgl. *Pendel*) und bedeutet demnach eigentlich „das Hängende". Die Bedeutungsübertragung geht wohl von dem Bild des Gegengewichtes einer Waage aus, das einem anderen Gewicht die Balance hält.

Pendel: Die Bezeichnung für „um eine Achse oder einen Punkt frei schwingender Körper" wurde im 18. Jh. aus *mlat.* pendulum „Schwinggewicht" entlehnt, dem substantivierten Neutrum von *lat.* pendulus „[herab]hängend; schwebend". Zugrunde liegt das *lat.* Verb pendere „hängen, schweben", das mit *lat.* pendere „aufhängen; wägen" (vgl. die Fremdwortgruppe um *Pensum*) verwandt ist. – Abl.: **pendeln** „schwingen" (20. Jh.), auch übertragen gebraucht im Sinne von „sich ständig zwischen zwei Orten hin- und herbewegen", beachte dazu die Zusammensetzung **Pendelverkehr.**

penetrant „durchdringend; aufdringlich": Das Adjektiv wurde im 17. Jh. aus gleichbed. *frz.* pénétrant entlehnt, dem Part. Präs. von pénétrer „durchdringen". Dies geht auf *lat.* penetrare „eindringen, durchdringen" zurück.

penibel „kleinlich bedacht; sorgfältig, genau; empfindlich": Das seit dem Anfang des 18. Jh.s – zunächst mit der eigentlichen Bed. „mühsam, beschwerlich" – bezeugte Adjektiv ist aus *frz.* pénible „mühsam, beschwerlich; schmerzlich" entlehnt. Dies gehört als Ableitung zu *frz.* peine „Strafe; Schmerz; Mühe, Schwierigkeit", das auf *lat.* poena „Sühne, Strafe; Schmerz" zurückgeht (vgl. den Artikel *Pein*).

Penicillin ↑Penizillin.

Penis ↑Pinsel.

Penizillin, Penicillin: Der Name des Antibiotikums ist aus gleichbed. *engl.* penicillin entlehnt. Der englische Bakteriologe Sir A. Fleming entdeckte 1928 einen zunächst für die Vernichtung von Bakterienkulturen geeigneten Wirkstoff, der aus verschiedenen Schimmelpilzarten gewonnen wurde. Eine besondere Rolle spielte dabei der sogenannte „Pinselschimmel", nach dessen wissenschaftlichem Namen 'Penicillium notatum' (zu *lat.* penicillum „Pinsel") dieser Wirkstoff benannt wurde.

Pennal: Zu *lat.* penna „Feder" (verwandt mit *dt.* ↑*Feder*) gehört die Bildung *mlat.* pennale „Federbüchse", die in dieser Bedeutung Ende des 15. Jh.s ins *Dt.* übernommen wurde. Das Wort drang später (17. Jh.) als spöttische Bezeichnung für den „angehenden Studenten (der immer seine Federbüchse mit sich trägt)" in die Studentensprache und von dort im 19. Jh. in die Schülersprache, wo es seitdem als Bezeichnung für „[höhere] Schule" gebräuchlich ist. Weitaus häufiger als 'Pennal' wird jedoch heute **¹Penne** „[höhere] Schule" (20. Jh.) gebraucht, das von dem aus der Gaunersprache stammenden ↑²Penne „Herberge, Schlafstelle" beeinflußt ist. – Eine andere Ableitung von 'Pennal' ist **Pennäler** „Schüler einer [höheren] Lehranstalt" (um 1900 in der Schülersprache aufgekommen).

¹Penne ↑Pennal.

²Penne: Die aus der Gaunersprache stammende Bezeichnung für „einfaches Nachtquartier, Schlafstelle, Herberge" erscheint zuerst im 17. Jh. als 'Bonne', dann im 18. Jh. als 'Benne'. Die Herkunft des Wortes ist nicht gesichert. Vielleicht ist es aus *zigeunersprachlich* štilepen „Gefängnis" übernommen, beachte *rotw.* 'stille Penne' „Gefängnis". Davon abgeleitet ist vermutlich das Verb **pennen** „schlafen". Dazu: **Pennbruder** „Landstreicher" (20. Jh.) und **Penner** *ugs.* für „Land-, Stadtstreicher; verkommenes Subjekt" (20. Jh.).

Pension: Das seit dem 15. Jh. bezeugte Fremdwort ist aus *frz.* pension „Gehalt; Ruhegehalt" entlehnt, das auf *lat.* pensio (Akkusativ: pensionem) „das Abwägen; das Zuwägen; die [Aus]zahlung" zurückgeht (vgl. *Pensum*). Es erscheint zuerst in den Bedeutungen „jährliche Bezüge, Gehalt, Besoldung; Ehrensold", danach im Sinne von „Ruhegehalt, Altersunterstützung; Witwengeld" (18. Jh.). Die um 1700 dazukommende Bed. „Kostgeld", insbesondere „Zahlungen für die Unterbringung und Verpflegung in einem Heim, einer Erziehungs- oder Bildungsanstalt", ist dafür verantwortlich, daß man derartige Heime und Bildungsanstalten schließlich auch selbst als Pension bezeichnete (18. Jh.). Daran schließt sich im 19. Jh. die Verwendung des Wortes im Sinne von „Fremden-, Familien-, Erholungsheim" an. – Abl.: **Pensionär** „Ruhegehaltsempfänger" (in diesem Sinne seit dem Anfang des 19. Jh.s, aber zuvor schon mit der Bed. „Kostgänger; Zögling" belegt; aus gleichbed. *frz.* pensionnaire); **pensionieren** „in den Ruhestand versetzen" (16. Jh.; zuerst im Sinne von „mit einem Ehrensold ausstatten"; aus gleichbed. *frz.* pensionner; die moderne Bedeutung des Wortes erscheint erst im 18. Jh.); **Pensionat** „Erziehungs- und Bildungsinstitut, in dem die Zöglinge auch untergebracht und verpflegt werden" (19. Jh.; aus gleichbed. *frz.* pensionnat).

Pensum: Das Fremdwort für „zugeteilte Aufgabe, Arbeit; Abschnitt, Lehrstoff" wurde im 17. Jh. aus *lat.* pensum „zugewiesene Tagesarbeit; Aufgabe" übernommen. Ursprünglich bezeichnete das *lat.* Wort die einer Spinnerin als Tagesarbeit „zugewogene" Wollmenge. Es ist das substantivierte Partizipialadjektiv von *lat.* pendere (pensum) „zum Wiegen an die Waage hängen; wägen; abwägen, erwägen, beurteilen; Metall (zur Bezahlung) zuwiegen, [be]zahlen", das mit *lat.* pendere „hängen, schweben" (vgl. *Pendel*) verwandt ist. – Von Interesse sind in diesem Zusammenhang einige zu *lat.* pendere (bzw. zum Partizip Perf. pensum) gehörende Bildungen, die in unserem Fremd- und Lehnwortschatz eine Rolle spielen. Beachte im einzelnen: *lat.* pensio „das Abwägen; das Zuwägen; die [Aus]zahlung" (in ↑Pension, Pensionär, pensionieren, Pensionat), *lat.* com-pensare „(zwei oder mehr Dinge) miteinander auswiegen, abwägen" (in ↑kompensieren, Kompensation), *lat.* ex-pendere „abwägen; auszahlen; Geld ausgeben, aufwenden" (in ↑spenden, Spende, spendieren, ↑Spind, ↑Speise, speisen, ↑Spesen), *lat.* sus-pendere „aufhängen; in der Schwebe lassen; aufheben, beseitigen" (in ↑suspendieren), *lat.* ...pendium „das Wägen" in Bildungen wie *lat.* compendium „das Zusammenwägen; die Ersparnis; die Abkürzung" (↑Kompendium) und *lat.* stipendium „das Geldzuwägen; Soldatenlöhnung, Sold; Unterstützung" (↑Stipendium). Beachte schließlich auch das hierhergehörende Substantiv *lat.* pondus „Gewicht", das unserem Lehnwort ↑Pfund zugrunde liegt und im Fremdwort ↑Imponderabilien steckt.

per..., Per...: Die Vorsilbe mit der Bed. „[hin]durch; durch und durch, völlig", wie in ↑Perspektive, ↑perfekt, ↑pervers u. a., ist entlehnt aus *lat.* per (Präposition und Vorsilbe) „[hin]durch; über – hin; während; durch und durch", das in der Kaufmannssprache auch als selbständiges Wort gebraucht wird, und urverwandt mit *dt.* ↑*ver...* ist.

perfekt „vollendet, vollkommen; abgemacht": Das Adjektiv wurde im 16. Jh. aus *lat.* perfectus „vollendet, vollkommen" entlehnt, dem Partizipialadjektiv von *lat.* perficere „fertigmachen, zustande bringen" (aus *lat.* per [vgl. *per..., Per...*] und *lat.* facere „machen" [vgl. *Fazit*]). – Dazu gehören als grammatische Termini: **Perfekt** „Verbform in der zweiten Vergangenheit, vollendeten Gegenwart" (17. Jh.; aus gleichbed. *lat.* perfectum [ergänze: tempus]); **Imperfekt** „Verbform in der ersten (unvollendeten) Vergangenheit" (Bildung zu *lat.* im-perfectus „unvollendet", für *klass.-lat.* 'tempus minus quam perfectum'); **Plusquamperfekt** „Verbform in der Vorvergangenheit" (17. Jh.; aus gleichbed. *lat.* 'tempus plus quam perfectum'). – Ferner gehört hierher **Perfektion** „höchste Vollendung, vollkommene Meisterschaft" (16. Jh.; aus gleichbed. *frz.* perfection < *lat.* perfectio) mit den Bildungen **Perfektionismus** „übertriebenes

Streben nach Vollkommenheit" (19./20. Jh.), **Perfektionist** „jemand, der übertrieben nach Vollkommenheit strebt" (20. Jh.) und **perfektionistisch** „bis in alle Einzelheiten vollständig, vollkommen" (20. Jh.).

perfid[e] „niederträchtig, hinterhältig, gemein": Das Adjektiv wurde im 18. Jh. aus gleichbed. *frz.* perfide entlehnt, das auf *lat.* perfidus „wortbrüchig, treulos" zurückgeht. Dies ist eine Bildung aus *lat.* per „durch" (vgl. *per..., Per...*) und *lat.* fides „Treue" (vgl. *fidel*) und bedeutet demnach eigentlich „über die Treue hinaus, jenseits der Treue": Das Substantiv **Perfidie** „niederträchtige Handlung, gemeines Tun" wurde im 19. Jh. aus gleichbed. *frz.* perfidie (< *lat.* perfidia „Wortbrüchigkeit, Treulosigkeit") übernommen.

perforieren „gleichmäßig mit kleinen Löchern versehen, durchlöchern; durchbrechen": Das Verb ist aus *lat.* per-forare „durchlöchern, durchbohren" entlehnt, einer Bildung aus *lat.* per „durch" (vgl. *per..., Per...*) und *lat.* forare „bohren" (vgl. *bohren*). Abl.: **Perforation** (aus *lat.* perforatio „Durchbohrung").

Pergament „Schreibmaterial aus geglätteter und enthaarter Tierhaut", auch Bezeichnung für alte Handschriften auf solchem Material: Das Wort wurde in *mhd.* Zeit aus gleichbed. *mlat.* pergamen[t]um entlehnt. Dies steht für *lat.* (charta) Pergamena, das bereits gleichbed. *ahd.* pergamin geliefert hatte. Die Bezeichnung ist vom Namen der antiken kleinasiatischen Stadt Pergamon abgeleitet, weil die Verarbeitung von Tierhäuten zu Schreibmaterial dort erfunden worden sein soll.

Pergola: Die Bezeichnung für einen berankten Laubengang wurde Anfang des 17. Jh.s aus gleichbed. *it.* pergola entlehnt, das auf *lat.* pergula „Vor-, Anbau" zurückgeht.

peri..., Peri...: Die Vorsilbe mit der Bed. „um – herum, umher; über – hinaus usw.", wie in ↑Peripherie, ↑Periode u. a., ist entlehnt aus *griech.* perí, péri (Präposition und Vorsilbe) „um – herum, ringsum, über, über – hinaus usw.", das urverwandt mit der *dt.* Vorsilbe ↑*ver...* ist.

Periode „Kreislauf; [Zeit]abschnitt; regelmäßig Wiederkehrendes; Monatsblutung": Das seit dem 16. Jh. zuerst als grammatischer Terminus mit der Bed. „(mehrfach zusammengesetzter, kunstvoll gebauter) Gliedersatz" bezeugte Fremdwort ist eine gelehrte Entlehnung aus *(m)lat.* periodus, das aus *griech.* peri-odos „Umgang, Umlauf, Kreislauf; abgerundeter Redesatz" stammt. Dies ist eine Bildung aus *griech.* peri „um – herum" (vgl. *peri..., Peri...*) und *griech.* hodós „Weg, Gang; Mittel und Weg". Das *griech.* Substantiv stellt sich ablautend zu einer *idg.* Wurzel *sed- „gehen" (vgl. aus anderen *idg.* Sprachen z. B. *russ.* chod „Gang, Verlauf"), die letztlich identisch ist mit der unter ↑*sitzen* entwickelten *idg.* Wurzel *sed- „sich setzen; sitzen". Der Bedeutungsübergang von *sed „sich setzen" zu *sed- „gehen" vollzog sich grundsprachlich wohl ursprünglich in Präfixverben mit der Bedeutung „sich absetzen" (vgl. z. B. *awest.* apa-had- „sich wegsetzen, wegrücken"). Abl.: **periodisch** „regelmäßig wiederkehrend bzw. auftretend; zeitweilig" (18. Jh.; nach gleichbed. *[m]lat.* periodicus, *griech.* peri-odikós). – Zu *griech.* hodós gehören noch einige andere Bildungen, die in unserem Fremdwortschatz eine Rolle spielen. Vgl. hierzu im einzelnen die Artikel *Anode, Episode, Kathode, Methode.*

Peripherie „Umfangslinie (bes. des Kreises); Randgebiet; Stadtrand": Das Wort wurde im 17. Jh. als mathematischer Terminus aus gleichbed. *lat.* peripheria entlehnt, das seinerseits aus *griech.* periphéreia „das Herumtragen; der Umlauf, die Peripherie" stammt. Das zugrundeliegende Verb *griech.* periphérein „herumtragen" ist eine Bildung zu *griech.* phérein „tragen, bringen" (urverwandt mit *dt.* ↑*gebären*; zum 1. Bestandteil vgl. *peri..., Peri...*). – Griech. phérein steckt auch in ↑Metapher, ↑Phosphor, ↑Ampel, ↑Ampulle und ↑Eimer.

Perle: Die Bezeichnung für die aus der Schalensubstanz der Perlmuscheln und anderer Weichtiere gebildeten harten, glänzenden Kügelchen (*mhd.* berle, perle, *ahd.* per[a]lla) ist aus dem *Roman.* entlehnt. Das Wort beruht wie z. B. entsprechend *frz.* perle und *it., span.* perla vermutlich auf *vlat.-roman.* *per[n]ula, einer Verkleinerungsbildung zu *lat.* perna „Hinterkeule von Tieren", das daneben im übertragenen Sinne eine Meermuschel bezeichnete (wohl von der Muschelform, die mit einer Hinterkeule verglichen werden kann). – Dazu gehört die Zusammensetzung **Perlmutter,** gekürzt auch **Perlmutt.** Diese Zusammensetzung (*spätmhd.* perlīnmuoter) bezeichnete als Lehnübersetzung von *mlat.* mater perlarum ursprünglich die Perlmuschel, die gleichsam wie eine Mutter die Perle hervorbringt. Es ging dann als Bezeichnung auf die stark irisierende Innenschicht der Weichtierschalen (besonders von Muscheln) über, die aus dem gleichen Stoff besteht wie die Perle selbst und aus der die verschiedensten Gebrauchs- und Schmuckgegenstände gefertigt werden.

permanent ↑Menage.

Perpendikel „Uhrpendel": Das Fremdwort, das zuerst im 16. Jh. mit der heute nicht mehr üblichen Bed. „Richtblei, Senkblei" erscheint, ist aus *lat.* perpendiculum „Richtblei, Senkblei" (zu *lat.* per-pendere „genau abwägen"; vgl. *Pendel*) entlehnt. Die Bedeutung „Uhrpendel" ist eine Sonderentwicklung des 17./18. Jh.s.

perplex „verwirrt, verblüfft, bestürzt" *(ugs.):* Das Adjektiv wurde Anfang des 17. Jh.s (vielleicht durch Vermittlung von entsprechend *frz.* perplexe) aus *lat.* perplexus „verflochten, verschlungen; verworren" entlehnt. Dies ist Partizipialadjektiv von *lat.* *per-plectere „umflechten, verwickeln" (vgl. *per..., Per...* und zum zweiten Bestandteil den Artikel *kompliziert*).

persiflieren „(auf geistreiche Art) verspotten": Das Verb wurde im 18. Jh. aus gleichbed. *frz.* persifler entlehnt, einer latinisierenden Bildung zu *frz.* siffler „[aus]pfeifen" (< *vlat.* sifilare „pfeifen"). – Dazu **Persiflage** „feiner, geistreicher Spott" (18. Jh.; aus gleichbed. *frz.* persiflage).

Person: Das seit dem 13. Jh. bezeugte Wort (*mhd.* persōn[e]) ist entlehnt aus *lat.* persona „Maske des Schauspielers; Rolle, die durch diese Maske dargestellt wird; Charakterrolle; Charakter; Mensch, Person", das selbst wohl aus dem *Etrusk.* stammt (vgl. *etrusk.* phersu „Maske"). 'Person' bezeichnet zunächst den Menschen als Individuum, den Menschen in seiner besonderen Eigenart, nach dem Vorbild von *frz.* personne – meist abschätzig – speziell auch eine Frau; ferner wird es im Sinne von „Figur, Gestalt in einer Dichtung o. ä." verwendet und gibt als grammatischer Fachausdruck den Träger der Handlung eines Verbs an. Abl.: **persönlich** „die Person betreffend; in eigener Person" auch „einem Menschen zu nahe tretend, beleidigend" (*mhd.* persōnlich), dazu **Persönlichkeit** „in sich gefestigter Mensch; bedeutende Person des öffentlichen Lebens" (15. Jh.). – Vgl. auch die auf *lat.* persona beruhenden Fremdwörter ↑Personal, ↑Personalien, ↑personifizieren.

Personal: Das zu *lat.* persona „Maske; Schauspieler, Mensch" (vgl. *Person*) gehörende Adjektiv *spätlat.* personalis „persönlich", das als solches bei uns in Zusammensetzungen wie 'Personalpronomen' „persönliches Fürwort" lebt, entwickelte im *Mlat.* die Bedeutung „dienerhaft" (nach entsprechend *mlat.* persona „Diener"). Aus dem substantivierten Neutrum Singular *mlat.* personale stammt unser Fremdwort 'Personal', das noch um 1800 in der Form 'Personale' gebräuchlich war. Es bezeichnet heute einerseits die Gesamtheit der Dienerschaft, der Hausangestellten (beachte die Zusammensetzung 'Hauspersonal'), andererseits gilt es insbesondere im Sinne von „Belegschaft, Angestelltenschaft". – Aus dem Neutrum Plural *spätlat.* personalia „persönliche Dinge, Lebensumstände einer Person" wurde im 17. Jh. in der Rechtssprache **Personalien** „Angaben zur Person, wie Name, Lebensdaten usw." entlehnt.

personifizieren „(Götter, leblose Dinge oder Begriffe) vermenschlichen": Das Verb ist eine Bildung des 18. Jh.s (nach entsprechend *frz.* personnifier) aus *lat.* persona „Maske; Schauspieler; Mensch" (vgl. *Person*) und *lat.* facere „machen" (vgl. *Fazit*). – Abl.: **Personifikation** „Vermenschlichung" (18. Jh.; nach gleichbed. *frz.* personnification).

persönlich, Persönlichkeit ↑Person.

Perspektive „Ausblick; Zukunftsaussicht; Blickwinkel; dem Augenschein entsprechende ebene Darstellung räumlicher Verhältnisse und Gegenstände": Das Fremdwort wurde im 16. Jh. aus *mlat.* perspectiva (ars), eigentlich „durchblickende Kunst" entlehnt. Das zugrundeliegende Adjektiv *spätlat.* perspectivus „durchblickend" gehört zu *lat.* per-spicere „mit dem Blick durchdringen, deutlich sehen, wahrnehmen" (vgl. *per...*, *Per...* und den Artikel *Spiegel*).

Perücke: Die Bezeichnung für „unechtes Haar (als Ersatz für fehlendes Kopfhaar, zur Kostümierung o. ä.)" wurde im 17. Jh. aus gleichbed. *frz.* perruque entlehnt, das ursprünglich nur „Haarschopf" bedeutete. Das etymologisch nicht sicher gedeutete Wort ist auch in anderen *roman.* Sprachen vertreten, beachte z. B. entsprechend *it.* parrucca (daraus gleichfalls im 17. Jh. *dt.* Parucke, eine Form, die sich jedoch nicht durchgesetzt hat).

pervers „verkehrt, [geschlechtlich] entartet, verderbt; widernatürlich": Das Adjektiv wurde im 16. Jh. – vielleicht durch Vermittlung von entsprechend *frz.* pervers – aus *lat.* perversus „verdreht, verkehrt; schlecht" entlehnt. Zugrunde liegt *lat.* per-vertere „umkehren, umstürzen; verderben", eine Bildung zu *lat.* vertere „kehren, wenden, drehen" (vgl. *per...*, *Per...* und den Artikel *Vers*). – Dazu: **Perversität** „perverses Verhalten, widernatürliche Triebrichtung, krankhafte Abweichung vom Normalen" (18./19. Jh.; aus *lat.* perversitas „Verkehrtheit"), in der Bedeutung identisch mit **Perversion** (19. Jh.; aus *spätlat.* perversio „Verdrehung"). Das Verb **pervertieren**, das schon im 16. Jh. in der Bed. „umkehren, zerrütten" bezeugt ist, setzt in diesem Sinne formal *lat.* per-vertere fort. Mit der heute gültigen Bed. „vom Normalen abweichen, [geschlechtlich] entarten", die erst im 20. Jh. aufkommt, ist es jedoch unmittelbar von dem Adjektiv 'pervers' abhängig.

Perzent ↑Prozent.

Pessimismus: Die seit dem 18. Jh. bezeugte Bezeichnung für eine negative Grundhaltung gegenüber den Erwartungen des Lebens ist eine *nlat.* Bildung zu *lat.* pessimus „der schlechteste, sehr schlecht", und zwar als Gegenbildung zu ↑Optimismus. – Dazu stellen sich die Bildungen **Pessimist** „von Pessimismus erfüllter Mensch, Schwarzseher, Schwarzmaler" (19. Jh.); **pessimistisch** „von Pessimismus erfüllt, schwarzseherisch; gedrückt" (19. Jh.).

Pest: Der Name der meist tödlich verlaufenden Krankheit wurde im 16. Jh. aus *lat.* pestis „Seuche; Unglück, Untergang" entlehnt, dessen weitere Herkunft unklar ist. – Dazu: **Pestilenz** „Pest, schwere Seuche" (Anfang des 14. Jh.s aus gleichbed. *lat.* pestilentia); **verpesten** „verstänkern, verunreinigen, verseuchen" (18. Jh.).

Petersilie: Der Name des zu den Doldengewächsen gehörenden Küchenkrautes (*mhd.* pētersil[je], *ahd.* petersilie, petrasile; vgl. aus anderen *germ.* Sprachen z. B. *niederl.* peterselie, pieterselie und *schwed.* persilja) ist aus gleichbed. *mlat.* petrosilium entlehnt, das für *lat.* petroselinum steht. Dies stammt aus *griech.* petrosélīnon „Felsen-, Steineppich". Dessen Bestimmungswort ist *griech.* pétros „Stein, Fels", das Grundwort ist das unserem Lehnwort ↑*Sellerie* zugrundeliegende Substantiv *griech.* sélīnon „Eppich".

Petroleum: Das seit dem Anfang des 15. Jh.s bezeugte Fremdwort bezeichnet ein in der Verbrauchswirtschaft zu verschiedenen Zwecken (u. a. als Heizöl und Leuchtöl) verwendetes Destillationsprodukt des Erdöls. Es handelt sich um eine aus dem *Mlat.* übernommene hybride Neubildung (*mlat.* petroleum) zu *griech.* pétros „Stein, Felsen" und *lat.* oleum „Öl" (vgl. den Artikel *Öl*). Wörtlich bedeutet das Wort demnach eigentlich „Steinöl".

Petschaft „Handstempel zum Siegeln, Siegel": Das Wort wurde im 14. Jh. (*mhd.* petschat) in der Kanzleisprache aus gleichbed. *tschech.* pečeť entlehnt und in volksetymologischer Anlehnung an unsere Wortbildungssilbe '-schaft' umgestaltet.

Petticoat: Die Bezeichnung für den versteiften, weiten, in der Taille ansetzenden Unterrock wurde in der 2. Hälfte des 20. Jh.s aus dem *Engl.* übernommen. *Engl.* petticoat steht für älteres 'petty coat' und bedeutet demnach wörtlich „kleiner Rock". Bestimmungswort ist *engl.* petty (< *frz.* petit) „klein, gering". Über das Grundwort vgl. [1]*Kotze*.

petzen (schülersprachlich und familiär für:) „angeben, verraten": Das seit dem 18. Jh. bezeugte Verb, das zunächst in der Studentensprache der Hallenser Universität gebräuchlich war, stammt vermutlich aus dem *Rotwelschen* und hängt mit *hebr.* pāẓah „den Mund auftun" zusammen. – Dazu stellen sich die Bildungen **Petze** „Angeber[in], Verräter[in]" und die Präfixbildungen **verpetzen** „verraten".

Pfad „schmaler Fußweg": Die Herkunft des *westgerm.* Wortes (*mhd.* pfat, *ahd.* pfad, *niederl.* pad, *engl.* path) ist dunkel. Zus.: **Pfadfinder** „Angehöriger eines internationalen Jugendbundes" (19. Jh.; Lehnübersetzung von *engl.* pathfinder).

Pfaffe: Das Wort (*mhd.* pfaffe, *ahd.* pfaffo „Geistlicher, Priester") wurde schon früh – vor der hochdeutschen Lautverschiebung – aus der *griech.* Kirchensprache entlehnt, und zwar aus *spätgriech.* papās „(niedriger) Geistlicher", aus dem auch **Pope** „niederer Geistlicher der russisch-orthodoxen Kirche" (< *russ.* pop) stammt. Es bezeichnete zunächst wertfrei den Weltgeistlichen (clericus minor); der abschätzige Gebrauch kam erst nach der Reformation auf.

Pfahl: Das *altgerm.* Substantiv (*mhd.* pfāl, *ahd.* pfāl, *niederl.* paal, *engl.* pole, *schwed.* påle) beruht – zusammen mit anderen Fachwörtern des römischen Bauwesens (vgl. hierzu den Artikel *Fenster*) – auf einer frühen Entlehnung aus *lat.* palus „Pfahl". Das *lat.* Wort gehört wohl im Sinne von „Werkzeug zum Befestigen" (palus < *păk-slo-s) zum Stamm von *lat.* pangere (pactum) „befestigen, einschlagen" (vgl. hierzu den Artikel *Pakt*). – Auf einer *roman.* Bildung zu *lat.* palus „Pfahl" beruht unser Fremdwort ↑Palisade.

Pfalz: Die historische Bezeichnung für die wechselnde Residenz deutscher Kaiser und Könige im Mittelalter (*mhd.* pfalz[e], *ahd.* pfalanza, falinza) ist aus *vlat.* palantia „fürstliche Wohnung, Hof, Palast" entlehnt, einer Nebenform von *spätlat.* palatia. Dies ist der Plural von *lat.* palatium und bezeichnete demnach ursprünglich die alle Bauten umfassende Anlage des 'palatium' (vgl. *Palast*). Das Wort bezeichnete dann das Wohn- und Amtsgebäude des Kaisers oder Königs, in dem als Vertreter des Kaisers bzw. Königs ein Pfalzgraf seinen Sitz haben konnte, und ging dann auf das Land über, das dem Pfalzgrafen zum Lehen gegeben worden war (daher „Rheinpfalz, Oberpfalz, Kurpfalz").

Pfand: Die Herkunft des nur *dt.* und *niederl.* Wortes (*mhd., ahd.* pfant, *mnd.* pant, *niederl.* pand) ist unklar. Die *nord.* Sippe von *schwed.* pant „Pfand" stammt aus dem *Mnd.* – Vielleicht ist 'Pfand' aus einem *mlat.* *pantum entlehnt, das auf *lat.* *panctum, einer Nebenform von *lat.* pactum „Übereinkommen, Vertrag, Abmachung" (↑Pakt), beruhen könnte, vgl. das zugrundeliegende Verb *lat.* pangere „befestigen; festsetzen; verfassen". – Von 'Pfand', das die zur Sicherung einer Verpflichtung gegebene Sache bezeichnet, ist das Verb **pfänden** (*mhd.* pfenden, *ahd.* nur im 2. Partizip gifantōt) abgeleitet, beachte die Präfixbildung **verpfänden** „zum Pfand geben" (*mhd.* verpfenden). Die Zusammensetzung **Unterpfand** (*mhd.* underpfant) war ursprünglich ein Rechtsausdruck und bezeichnete das Pfand, das der Pfandempfänger dem Verpfändenden beläßt. Heute wird 'Unterpfand' nur noch in gehobener Sprache im Sinne von „Beweis, Zeichen dafür, daß etwas anderes besteht, Gültigkeit hat" verwendet.

Pfanne: Das *altgerm.* Wort *mhd.* pfanne, *ahd.* phanna, *niederl.* pan, *engl.* pan, *schwed.* panna ist eine frühe Entlehnung aus *vlat.* panna, das auf *lat.* patina „Schüssel, Pfanne" beruht. Das *lat.* Wort seinerseits ist aus *griech.* patánē „Schüssel" (vgl. *Faden*) entlehnt. – Im übertragenen Gebrauch bezeichnet 'Pfanne' im *Dt.* die Vertiefung am Gewehr für das Pulver, die Gelenkkapsel und *landsch.* den Dachziegel. – Zus.: **Pfannkuchen** „Eierkuchen, Omelett; in Fett gebackener [gefüllter] Kuchenteig" (*mhd.* pfankuoche, *ahd.* pfankuocho).

Pfarre: Die Herkunft der nur deutschen Bezeichnung für den Bezirk eines (katholischen oder evangelischen) Geistlichen und für dessen Seelsorgeramt (*mhd.* pfarre, *ahd.* pfarra) ist nicht gesichert. Das Wort hängt vielleicht mit dem unter ↑*Pferch* behandelten *mlat.* Wort für „eingehegter Platz" zusammen, etwa im Sinne von „eingehegter Platz, in dem der Geistliche die ihm anvertrauten Menschen wie Schafe hütet". – Abl.: **Pfarrer** „Geistlicher, Seelsorger" (*mhd.* pfarrǣre, *ahd.* pfarrāri); **Pfarrei** „unterste kirchliche Behörde mit einem Pfarrer an der Spitze" (17. Jh.).

Pfau: Der *westgerm.* Name des in Indien beheimateten Vogels, *mhd.* pfā[we], *ahd.* pfāwo, *niederl.* pauw, älter *engl.* pea (daneben *aisl.* pāi, das wohl unmittelbar aus dem *Aengl.* stammt) beruht auf einer Entlehnung aus gleichbed. *lat.* pavo. Die letzte, vermutlich orientalische Quelle des Wortes, aus der wahrscheinlich auch *griech.* taṓs „Pfau" stammt, ist nicht bekannt.

pfauchen ↑fauchen.

Pfeffer: Der *westgerm.* Name des in Ostasien beheimateten Gewürzstrauches, dessen Früchte halbreif den schwarzen Pfeffer und reif den weißen Pfeffer liefern (*mhd.* pfeffer, *ahd.* pfeffar, *niederl.* peper, *engl.* pepper), beruht auf einer frühen Entlehnung aus gleichbed. *lat.* piper, das seinerseits aus gleichbed. *griech.* péperi entlehnt ist. Dies stammt letztlich aus *aind.* pippalī „Beere; Pfefferkorn", das durch *pers.* Vermittlung zu den Griechen gelangte. – Ableitungen und Zusammensetzungen: **pfeffern** „mit Pfeffer würzen" (*mhd.* pfeffern, *spätahd.* pfefferōn), in der Umgangssprache auch übertragen gebräuchlich (beachte Fügungen wie 'gepfefferter Witz'), ferner im Sinne von „mit Wucht irgendwohin werfen, schießen, schleudern" (wohl zu 'Pfeffer' in dessen gelegentlicher übertragener Verwendung im Sinne von „Schießpulver, Gewehrladung"); **Pfefferminze** (s. unter *Minze*); **Pfefferkuchen** „stark gewürzter Honigkuchen" (15. Jh.); **Pfeffersack** „Großkaufmann, [reicher] Geschäftsmann" (16. Jh., eigentlich „Sack mit Pfefferkörnern", dann spöttisch für den Kaufmann, der damit handelt [und durch den Pfefferhandel reich geworden ist]). – Vgl. auch die Artikel *Pfifferling* und *Paprika*.

Pfeife: Die *germ.* Bezeichnungen des Blasinstruments (*mhd.* pfīfe, *ahd.* pfīfa, *niederl.* pijp, *engl.* pipe, *schwed.* pipa) beruhen auf einer frühen Entlehnung aus *vlat.* *pipa „Rohrpfeife, Schalmei, Röhre", das zu *lat.* pipare „piepen" gehört (vgl. *pfeifen*). Im übertragenen Gebrauch bezeichnet 'Pfeife' im *Nhd.* Dinge, die einen pfeifenden Ton hervorbringen oder Ähnlichkeit mit der Form des Blasinstruments haben, so z. B. das Gerät zum Tabakrauchen (seit dem 17. Jh.), das Blasrohr der Glasbläser, die Dampfpfeife an Lokomotiven oder dergleichen. In der Umgangssprache wird 'Pfeife' auch im Sinne von „ängstlicher Mensch, Versager" verwendet, ausgehend wohl davon, daß die Pfeife als minderwertiges Blasinstrument galt, oder von 'alte Pfeife' „nicht mehr richtig ziehende Tabakspfeife". – Im *Engl.* schließt sich an 'pipe' in der Bedeutung „Rohr, Röhre" die Zusammensetzung 'pipeline' „Rohrleitung für Erdöl" an, aus dem im 20. Jh. **Pipeline** entlehnt wurde. – Siehe auch den Artikel *Pipette*.

pfeifen: Das *westgerm.* Verb *mhd.* pfīfen, *mnd.* pīpen (s. u.), *niederl.* pijpen, *engl.* to pipe ist aus *lat.* pipare „piepen" entlehnt (vgl. den Artikel *Pfeife*). Das *lat.* Verb ist – wie z. B. auch *griech.* pip[p]ízein „piepen" – lautmalenden Ursprungs und ahmt besonders den Laut junger Vögel nach. *Mnd.* pīpen (vgl. *niederl.* piepen, *engl.* to peep) braucht nicht aus *lat.* pipare entlehnt zu sein, sondern kann damit auch elementarverwandt sein, beachte das seit dem 17. Jh. bezeugte 'piep!', das den Laut von Mäusen und Vögeln nachahmt (vgl. den Artikel *piepen*). – Das zusammengesetzte Verb **anpfeifen,** das neben der Verwendung im Sinne von „(ein Spiel) durch einen Pfiff beginnen lassen" in der Umgangssprache auch in der Bed. „derb zurechtweisen" gebräuchlich ist, bedeutete zunächst „jemandem durch Pfeifen seine Mißachtung ausdrücken" (so bei Luther), beachte dazu das Substantiv **Anpfiff.** – Das Präfixverb **verpfeifen** „verraten" (19. Jh.) stellt sich zu *gaunersprachl.* pfeifen mit der Bed. „ein Geständnis ablegen, aussagen, eingestehen". Vgl. auch den Artikel *Pfiff*.

Pfeil „Bogengeschoß", auch übertragen gebraucht im Sinne von „Richtungsanzeiger in Pfeilform": Das *westgerm.* Substantiv (*mhd.*, *ahd.* pfīl, *niederl.* pijl, *engl.* pile „Pfahl; [älter] Lanze; Grashalm") beruht auf einer frühen Entlehnung aus *lat.* pilum „Wurfspieß (der römischen Fußsoldaten)".

Pfeiler: Die *nhd.* Form des Wortes geht über *mhd.* pfīlære auf *ahd.* pfīlāri zurück. Das Wort gehört zu einer Reihe von Fachwörtern des römischen Steinbaues, die als Lehnwörter ins *Germ.* gelangten (vgl. zum Sachlichen den Artikel *Fenster*). Quelle des Lehnwortes (wie z. B. auch für entsprechend *niederl.* pijler) ist *mlat.* pilarium, pilarius „Pfeiler, Stütze, Säule", eine Weiterbildung von *lat.* pila „Pfeiler".

Pfennig: Die Herkunft der *westgerm.* Münzbezeichnung (*mhd.* pfenni[n]c, *ahd.* pfenning, pfenting, *niederl.* penning, *engl.* penny) ist nicht sicher geklärt. Der Name der Münze kann auf einer Bildung zu *lat.* pannus „Stück Tuch" beruhen, weil in der Frühzeit Tuche als Tausch- und Zahlungsmittel verwendet wurden. – Die Münze, die im frühen Mittelalter in Europa in Umlauf kam, war zunächst eine Silbermünze (von wechselndem Wert). Im 15. Jh. wurde der Pfennig in Deutschland Scheidemünze, und seit dem 18. Jh. wird er in Kupfer geprägt. – Zus.: **Pfennigfuchser** „Geizhalz" (18. Jh.; zum zweiten Bestandteil vgl. *fuchsen*).

Pferch: Das *westgerm.* Substantiv *mhd.* pferrich „Einfriedung", *ahd.* pferrih, *mnd.* perk, park, *mniederl.* per[ri]c, älter *engl.* parrock beruht auf einer frühen Entlehnung aus *mlat.* parricus „eingeschlossener Raum, Gehege", das seinerseits wohl mit der iberischen Sippe von *span.* parra „Weinlaube" zusammenhängt. – Abl.: **pferchen** „in einen Pferch sperren; (übertragen:) auf engstem Raum zusammenzwängen" (16. Jh.), dafür heute gewöhnlich **einpferchen** und **zusammenpferchen.** – Vgl. auch den Artikel *Park*.

Pferd: Der Name des Reit- und Zugtieres führt über verschiedene Zwischenformen (*mhd.* pfert, pfärt, pfärit, pfärvrit, *ahd.* pfärfrit, pfarifrit) auf *mlat.* para-veredus „Kurierpferd (auf Nebenlinien)" zurück, eine Bildung mit dem *griech.* Präfix para „neben, bei, neben – hin" (↑ para..., Para...) zu *spätlat.* veredus „Postpferd" (*gall.* Ursprungs). Das fremde Wort hat sich gegenüber den einheimischen Bezeichnungen des Tieres (↑ Roß und ↑ Gaul) in der Schriftsprache weitgehend durchgesetzt. 'Roß' gilt vorwiegend in gehobener dichterischer Sprache sowie – mit dem *Plural* Rösser – im *Südd.*, *Österr.* und *Schweiz.*, während 'Gaul' noch landschaftlich und sonst meist im abwertenden Sinne gebräuchlich ist.

Pferdekur ↑ Kur.

Pfiff „kurzer Pfeifton", *ugs.* für „Kunstgriff, List": Das seit dem 18. Jh. bezeugte Substantiv ist eine Rückbildung aus dem Verb ↑ pfeifen.

Die Verwendung des Wortes im Sinne von „Kunstgriff, List", an den sich die Adjektivbildung 'pfiffig' (s. u.) anschließt, stammt aus der Sprache der Vogelsteller oder aber aus der Gaunersprache und bezieht sich entweder auf den Lockpfiff der Vogelsteller oder aber auf den zur Ablenkung ausgestoßenen Pfiff der Taschenspieler. Abl.: **pfiffig** „listig, schlau" (18. Jh.), dazu **Pfiffikus** *ugs.* für „Schlaukopf" (18. Jh., studentensprachliche Bildung mit *lat.* Endung, wie z. B. auch 'Luftikus').

Pfifferling: Der Name des Speisepilzes, *mhd.* pfefferlinc, pfifferling (zuvor schon *ahd.* phifera), ist eine Bildung zu dem unter ↑*Pfeffer* behandelten Wort. Der Pfifferling ist also nach seinem pfefferähnlichen Geschmack benannt.

pfiffig, Pfiffikus ↑Pfiff.

Pfingsten: Das christliche Fest der Ausgießung des Heiligen Geistes ist danach benannt, daß es am 50. Tag nach Ostern gefeiert wird. Das Wort ist zwar erst seit *mhd.* Zeit bezeugt (*mhd.* pfingesten, eigentlich Dativ Plural), es beruht aber auf einer alten Entlehnung aus *griech.* pentēkostḗ (hēméra) „der 50. Tag (nach Ostern); Pfingsten" (zu *griech.* pentḗkonta „fünfzig" und weiter zu dem mit *dt.* ↑*fünf* urverwandten *griech.* Zahlwort pénte „fünf"), das durch Vermittlung von gleichbed. *got.* paintēkustē im Rahmen der arianischen Mission zu den Germanen gelangte (vgl. z. B. entsprechend *niederl.* Pinkster[en]). – Aus dem *griech.* Wort stammt auch *frz.* Pentecôte, das durch gleichbed. *kirchenlat.* pentecoste vermittelt wurde.

Pfirsich: Die Heimat des Pfirsichbaumes ist Ostasien (vermutlich China). Von dort gelangte er in den Vorderen Orient und weiter nach Europa. Die alten Römer lernten den Baum von den Persern kennen und nannten ihn deshalb 'persica arbor' „persischer Baum" oder einfach 'persicus'. Entsprechend nannten sie seine Frucht 'persicum (malum)' „persischer (Apfel)". Diese Bezeichnung und das dafür in der Volkssprache eingetretene *vlat.* persica wurde allgemein üblich; sie lebt nicht nur in den *roman.* Sprachen fort (vgl. z. B. entsprechend *it.* pesca und *frz.* pêche), sondern wurde auch früh in die *germ.* Sprachen entlehnt (vgl. z. B. entsprechend *niederl.* perzik, *aengl.* persic, persoc und *schwed.* persika). Im *Ahd.* ist das Lehnwort zufällig nicht bezeugt. Es wird aber durch die Lautverschiebung des Anlauts in *mhd.* pfersich (> *nhd.* Pfirsich) als alt erwiesen.

Pflanze: Das Wort (*mhd.* pflanze, *ahd.* pflanza) – vgl. *frz.* plante, *engl.* plant – ist aus *lat.* planta „Setzling" entlehnt. Dies gehört wohl zu einem *lat.* Verb *plantare „feststampfen", einer Ableitung von *lat.* planta „Fußsohle" (zu *idg.* *plat-; vgl. *Fladen*). Das Festtreten der Erde um den Setzling gibt diesem den Namen. Später wurde der Begriff auf alle Gewächse ausgedehnt, ohne daß die ursprüngliche Bed. „Kulturpflanze" ganz verlorenging. Abl.: **pflanzen** „zum Anwachsen mit den Wurzeln in die Erde stecken" (*mhd.* pflanzen, *ahd.* pflanzōn), dazu **Pflanzer** „jemand, der etwas pflanzt; Besitzer einer Pflanzung in Übersee" (*mhd.* pflanzære) und **Pflanzung** „das Pflanzen; Farm, Plantage in Übersee" (*mhd.* pflanzunge, *ahd.* pflanzunga); **pflanzlich** (19. Jh.). Näher verwandt sind ↑[2]Plan und ↑Plantage.

Pflaster: Das Wort (*mhd.* pflaster, *ahd.* pflastar „Wundpflaster; Zement, Mörtel, zementierter Fußboden; Straßenpflaster"; entsprechend *mniederl.* pla[e]ster, *engl.* plaster) ist aus *mlat.* (em)plastrum „Wundpflaster; aufgetragener Fußboden- oder Straßenbelag" entlehnt, das auf *lat.* emplastrum „Wundpflaster" zurückgeht. Dies ist aus *griech.* émplast[r]on (ergänze: phármakon) „das Aufgeschmierte, die zu Heilzwecken aufgetragene Salbe, der Salbenverband" übernommen. Das *griech.* Wort gehört zum Verb em-plássein „aufschmieren, bestreichen", einer Bildung zu *griech.* plássein „aus weicher Masse formen, bilden, gestalten" (vgl. den Artikel *Plastik*). – Abl.: **pflastern** (*mhd.* pflastern „ein Wundpflaster auflegen; den Fußboden oder die Straße pflastern").

Pflaume: Der Name der Steinfrucht (*mhd.* pflūme, pfrūme, *ahd.* pfrūma; entsprechend z. B. *niederl.* pruim und *engl.* plum) ist aus gleichbed. *lat.* prunum (bzw. *vlat.* *pruna) entlehnt, das seinerseits aus gleichbed. *griech.* pro-ūmnon übernommen ist. Das Wort ist letztlich wohl kleinasiatischen Ursprungs. Der *ugs.* Gebrauch von 'Pflaume' im Sinne von „untauglicher, schwächlicher Mensch" geht wohl vom Bild der überreifen, weichen und schmierigen Frucht aus. – Vgl. auch die Artikel *anpflaumen* und *Priem.*

pflaum[en]weich ↑Flaum.

pflegen: Das *westgerm.* Verb *mhd.* pflegen, *ahd.* pflegan, *niederl.* plegen, *aengl.* (mit grammatischem Wechsel) plēon ist dunklen Ursprungs. Es bedeutete zunächst „für etwas einstehen, sich für etwas einsetzen". Daraus entwickelten sich bereits in den alten Sprachzuständen einerseits die Bed. „sorgen für, betreuen, hegen" und andererseits die Bed. „sich mit etwas abgeben, betreiben, gewohnt sein". Das Verb wurde früher, heute nur noch in altertümelnder und poetischer Sprache stark gebeugt (pflog, gepflogen), beachte dazu die Substantivbildung **Gepflogenheit** „Gewohnheit" (19. Jh., aus der *österr.* Kanzleisprache). Um das Verb gruppieren sich im *Dt.* die Bildungen **Pflege** „Sorge, Obhut, Betreuung" (*mhd.* pflege, *spätahd.* pflega), **Pfleger** „Fürsorger, Betreuer, Krankenwärter" (*mhd.* pflegære, *spätahd.* flegare) und **pfleglich** „fürsorglich, sorgsam" (*mhd.* pflegelich), beachte auch die Präfixbildung **verpflegen** „mit Nahrung versehen, beköstigen" (*mhd.* verpflegen), dazu **Verpflegung.** Eine alte Bildung zu 'pflegen' ist das unter ↑*Pflicht* behandelte Substantiv.

Pflicht: Das *westgerm.* Substantiv *mhd., ahd.* pflicht, *niederl.* plicht, *engl.* plight ist eine Bildung zu dem unter ↑*pflegen* (ursprünglich „für etwas einstehen") behandelten Verb. Das von 'Pflicht' abgeleitete Verb älter *nhd.* 'pflichten' „in einem Dienstverhältnis stehen, in ein Dienstverhältnis nehmen" (*mhd.* pflichten) ist bewahrt in **beipflichten** „zustimmen, recht geben" und **verpflichten** „in Dienst nehmen, durch ein Versprechen binden", dazu **Verpflichtung.** Die Adjektivbildung 'pflichtig' „verpflichtet, abhängig" (*mhd.* pflichtic) ist heute nur noch in Zusammensetzungen gebräuchlich, beachte z. B. 'dienstpflichtig'.

Pflock: Das seit dem 14. Jh. bezeugte Wort (*mhd.* pfloc), dem gleichbedeutend *mnd.* plock, pluck entspricht, ist verwandt mit *niederl.* plug „Zapfen, Spund, Dübel", *engl.* plug „Pflock, Stöpsel" und *schwed.* plugg „Pflock, Zapfen". Die weitere Herkunft des Wortes, das sowohl im *Westgerm.* als auch im *Nord.* in den alten Sprachzuständen fehlt, ist dunkel. Abl.: **pflökken** „mit einem Pflock befestigen" (17. Jh.).

pflücken: Das *westgerm.* Verb *mhd.* pflücken, *mnd.* plücken, *niederl.* plukken, *engl.* to pluck beruht auf einer frühen Entlehnung aus *vlat.* *piluccare „auszupfen, enthaaren, rupfen, abbeeren", auf das auch *it.* piluccare „zupfen, rupfen, pflücken" und *frz.* éplucher „zupfen, rupfen" (*afrz.* pelucher, vgl. *Plüsch*) zurückgehen. Das Verb 'pflücken' wurde wie zahlreiche andere Ausdrücke des Obst- und Weinbaus von den Römern am Mittelrhein übernommen und breitete sich von dort aus (beachte die *nord.* Sippe von *schwed.* plocka „pflücken").

Pflug: Die Herkunft des *altgerm.* Wortes *mhd.* pfluoc, *ahd.* pfluoh, *niederl.* ploeg, *engl.* plough, *schwed.* plog ist – trotz zahlreicher Deutungsversuche – unklar. Mit diesem Wort bezeichneten die Germanen wahrscheinlich eine weniger primitive Form des Hakenpflugs, der ursprünglich aus einem starken gekrümmten Ast bestand, oder aber den neuen Räderpflug. Andere Wörter für „Pflug" im *germ.* Sprachbereich, die durch die neue Bezeichnung z. T. verdrängt wurden, sind *got.* hōha „Pflug" (eigentlich „Ast"), *aengl.* sulh „Pflug" (z. B. verwandt mit *lat.* sulcus „Furche"), *aisl.* arđr „Pflug" (z. B. verwandt mit *lat.* arare „pflügen"). – Abl.: **pflügen** (*mhd.* pfluegen); **Pflüger** (17. Jh.). Zus.: **Pflugschar** (↑ [2]Schar); **Pflugsterz** (↑ Sterz).

Pfnüsel ↑ niesen.

Pforte: Das vor allem in gehobener Sprache gebräuchliche Wort für „Tür, kleines Tor; Eingang, Durchgang; Gebirgsdurchgang" (*mhd.* pforte, *ahd.* pforta) ist aus *lat.* porta „Tür, Tor; Zugang" entlehnt (urverwandt mit *dt.* ↑ *Furt*). Abl.: **Pförtner** „Türhüter, Hausmeister; Magenausgang" (*mhd.* p[f]ortenære). – Vgl. noch die zu *lat.* porta gehörenden Fremdwörter ↑ *Portal*, ↑ *Portier* und ↑ *Portiere*.

Pfosten „Stützpfeiler (meist aus Holz)": Das *westgerm.* Substantiv (*mhd.* pfost[e], *ahd.* pfosto, *niederl.* post, *engl.* post) beruht auf einer frühen Entlehnung aus *lat.* postis „[Tür]pfosten". Vgl. den Artikel *Poster*.

Pfote „in Zehen gespaltener Tierfuß": Das seit dem 16. Jh. im *Hochd.* gebräuchliche Wort ist eine verhochdeutschte Form von gleichbed. *niederrhein.* pōte (14. Jh.), das mit *afrz.* poue, *prov.* pauta, *katalan.* pota „Pfote" aus einer *voridg.* Sprache stammt. Das Wort ist also vom Nordwesten des *dt.* Sprachgebiets ausgehend gemeinsprachlich geworden. *Ugs.* wird 'Pfote' auch für „menschliche Hand; Handschrift" verwendet.

Pfriem „Ahle, Vorstecher": Das auf das *dt.* und *niederl.* Sprachgebiet beschränkte Wort (*mhd.* pfriem[e], *mnd.* prēme, *niederl.* priem) ist verwandt mit den andersgebildeten Wörtern *aengl.* prēon „Pfriem, Nadel, Spange" und *schwed.* pryl „Pfriem". Die weitere Herkunft dieser *germ.* Wortgruppe ist dunkel. – Eine alte Bezeichnung für das Gerät zum Vorstechen ist das unter ↑ *Ahle* behandelte Wort. *Landsch.* wird auch 'Ort' im Sinne von „Vorstecher" verwendet (vgl. *Ort*).

Pfropf ↑ Pfropfen.

[1]pfropfen „Pflanzen durch ein Setzreis veredeln": Das Verb (*mhd.* pfropfen) ist von dem im *Mhd.* untergegangenen Substantiv *ahd.* pfropfo „Setzreis, Setzling" abgeleitet, das aus *lat.* propago „der weitergepflanzte, gesetzte Zweig, Setzling, Ableger" entlehnt ist. Dies gehört (mit *lat.* propagare „weiter ausbreiten, ausdehnen; fortpflanzen", s. den Artikel *Propaganda*) zum Stamm von *lat.* pangere (pactum) „befestigen, einschlagen" (vgl. *Pakt*), wohl im Sinne von „das Feststecken (des Setzlings in die Erde)".

[2]pfropfen ↑ Pfropfen.

Pfropfen, daneben auch **Pfropf:** Das seit dem Anfang des 18. Jh.s gebräuchliche Wort ist eine verhochdeutschte Form von *niederd.* propp[en], *mnd.* prop[pe] „Stöpsel, Kork" (vgl. *niederl.* prop „Pfropfen"). Das Wort geht wahrscheinlich von einer Lautnachahmung aus oder gehört zu einer Mischform aus *niederd.* prampen, prumpsen „drücken, pressen" und *niederd.* stoppen „verschließen, füllen" (vgl. *stopfen*). In der Umgangssprache wird häufig die nicht verhochdeutschte Form **Proppen** verwendet, beachte die Zusammensetzungen **proppenvoll** und **Wonneproppen.** Abl.: **[2]pfropfen** „mit einem Korken oder Stöpsel verschließen, vollmachen" (*mnd.* proppen).

Pfründe: Die Bezeichnung für ein mit Einkünften verbundenes Kirchenamt (*mhd.* pfrüende, pfruonde „Kirchenamt mit Einkünften; Unterhalt; Nahrung, Lebensmittel" *ahd.* pfruonta, pfrovinta „Unterhalt; Nahrung, Lebensmittel; Aufwand") ist – unter dem Einfluß von *lat.* providere „versorgen" – aus *mlat.* provenda „Reichtum" entlehnt. Dies geht auf *lat.* praebenda „das Darzureichende" (zu *lat.* prae-bere „darreichen, gewähren") zurück. – Im übertragenen Gebrauch wird 'Pfründe' heute im Sinne von „gute Einnahmequelle" verwendet.

Pfuhl „große Pfütze, Sumpf, Morast": Die Herkunft des *westgerm.* Wortes *mhd., ahd.* pfuol, *niederl.* poel, *engl.* pool (daraus 'Pool' „Gewinnverteilungskartell", beachte auch 'Swimmingpool') ist unklar. Es kann, falls es aus dem *Illyr.* stammt, mit der *baltoslaw.* Sippe von *lit.* balà „Sumpf, Morast" verwandt sein. – *Landsch.* wird 'Pfuhl' im Sinne von „Jauche" gebraucht, beachte dazu **pfuhlen** *landsch.* für „mit Jauche düngen".

pfui!: Die Interjektion (*mhd.* pfui, pfiu), mit dem man Mißfallen, Abscheu, Ekel o. ä. ausdrückt, ist lautmalenden Ursprungs und ahmt wohl das Geräusch des Ausspuckens (als Zeichen der Verachtung) nach.

Pfund: Die *gemeingerm.* Gewichtsbezeichnung (*mhd.* pfunt, *ahd.* pfunt, *got.* pund, *niederl.* pond, *engl.* pound, *schwed.* pund) beruht auf einer sehr frühen Entlehnung aus dem indeklinablen Substantiv *lat.* pondo „ein Pfund an Gewicht" (ursprünglich Ablativ von einem nicht bezeugten Substantiv *pondus, pondi „Gewicht"), das mit *lat.* pondus (ponderis) „Gewicht" (dazu das Fremdwort ↑Imponderabilien) im Ablaut steht zu *lat.* pendere (pensum) „zum Wiegen an die Waage hängen; wägen; erwägen; zuwiegen usw." (vgl. hierüber den Artikel *Pensum*). – Dazu das von 'Pfund' abgeleitete, in der Umgangssprache weit verbreitete Adjektiv **pfundig** „großartig, außerordentlich, beachtlich, ansehnlich" (20. Jh.), beachte dazu verstärkendes 'Pfund' in Zusammensetzungen wie 'Pfundskerl, Pfundssache'.

pfuschen „schlecht, oberflächlich, unfachmännisch arbeiten": Das seit dem 16. Jh. gebräuchliche Verb gehört wahrscheinlich zu der Interjektion ↑*futsch!* (*landsch.* auch pfu[t]sch!), die Geräusche nachahmt, die beim Abbrennen von Pulver, beim Reißen von schlechtem Stoff oder dgl. entstehen. Der Wortgebrauch geht also von der Anschauung des schnell abbrennenden Pulvers aus. Um 'pfuschen' gruppieren sich die Bildungen **Pfuscher** (16. Jh.), **Pfuscherei** (17. Jh.), **Pfusch** (20. Jh.) und **verpfuschen** „verderben" (18. Jh.).

Pfütze: Die Herkunft des in allen *germ.* Sprachen (mit Ausnahme des *Got.*) vorhandenen Substantivs, *mhd.* pfütze „Brunnen; Wasserlache", *ahd.* p[f]uzza „Brunnen, Wasserloch", *niederl.* put „Brunnen, Grube", *engl.* pit „Grube" (s. auch das Fremdwort *Cockpit*), *dän.* pyt „Pfütze, Lache", ist nicht sicher geklärt. Vielleicht handelt es sich um eine sehr alte Entlehnung aus *lat.* puteus „Brunnen, Grube".

Phalanx „Schlachtreihe; geschlossene Front": Das Fremdwort wurde im 18. Jh. aus gleichbed. *lat.* phalanx entlehnt, das seinerseits aus *griech.* phálagx „Schlachtreihe" stammt. Das *griech.* Wort ist mit seiner eigentlichen Bed. „Walze; Balken, Baumstamm" auch Ausgangspunkt für unser Lehnwort ↑*Planke*.

Phallus ↑ [1]Ball.

Phänomen „[Natur]erscheinung; Vorhandensein; seltenes Ereignis, Wunder[ding]; außerordentlich begabter und gescheiter Kopf, ungewöhnlicher Mensch": Das Fremdwort wurde im 17. Jh. aus *lat.* phaenomenon „[Luft]erscheinung" entlehnt, das seinerseits aus *griech.* phainómenon „das Erscheinende; das Einleuchtende; die Himmelserscheinung" übernommen ist. Das zugrundeliegende Verb *griech.* phaínein (< *phán-i̯ein) „sichtbar machen", phaínesthai „sichtbar werden, erscheinen" stellt sich zu der unter ↑*bohnern* dargestellten Wortfamilie der *idg.* Wurzel *bhā-, bhō-, bhə- „glänzen, leuchten, scheinen". – Zu *griech.* phaínein gehören einige Bildungen oder stammverwandte *griech.* Wörter, die in unserem Fremdwortschatz eine Rolle spielen: *griech.* phantázesthai „erscheinen, sichtbar werden", dazu *griech.* phántasma „Erscheinung; Traumbild, Trugbild" (↑Phantom) und *griech.* phantasía „Erscheinung; geistiges Bild, Vorstellung" (↑Phantasie, Fantasie, phantasieren, Phantast, phantastisch), *griech.* phásis „Erscheinung, Aufgang eines Gestirns" (↑Phase), *griech.* émphasis „Abbild; Verdeutlichung, Nachdruck" (↑Emphase, emphatisch), *griech.* phānós „Leuchte, Fackel" (↑Fanal) und schließlich noch *griech.* pháos, phōs „Licht, Helle" (s. die unter *photo..., Photo...* genannten Fremdwörter). – Beachte noch das zu 'Phänomen' gehörende Adjektiv **phänomenal** „außerordentlich, auffallend, erstaunlich, unglaublich, einzigartig", das im 19. Jh. aus gleichbed. *frz.* phénoménal (Ableitung von *frz.* phénomène) entlehnt wurde.

Phantasie „Vorstellung[svermögen], Einbildung[skraft]; Erfindungsgabe, Einfallsreichtum; Trugbild": Das Fremdwort wurde in *mhd.* Zeit als fantasīe aus *griech.-lat.* phantasía „Erscheinung; geistiges Bild, Vorstellung, Einbildung" entlehnt und später im Schriftbild an das klassische Vorbild angeglichen. Dem *griech.* Substantiv liegt das Verb *griech.* phantázesthai „sichtbar werden, erscheinen" zugrunde, das seinerseits zu *griech.* phaínein „sichtbar machen; (medial:) sichtbar werden, erscheinen" gehört (vgl. hierüber den Artikel *Phänomen*). – **Fantasia** „instrumentales Musikstück, mit freier, improvisationsähnlicher Gestaltung", für das auch **Fantasie** gebräuchlich ist, stammt aus gleichbed. *it.* fantasia (< *lat.* phantasia). – Dazu: **phantasieren** „sich dem Spiel der Einbildungskraft hingeben, frei erfinden, erdichten; in Fieberträumen wirr reden; ohne Noten spielen, improvisieren" (im 15. Jh. 'fantasieren', nach *mlat.* phantasiari „sich vorstellen, sich einbilden"); **Phantast** „Träumer, Schwärmer" (15. Jh. 'fantast'; aus *mlat.* phantasta < *griech.* phantastḗs „Prahler"); **phantastisch** „schwärmerisch, unwirklich, verstiegen, überspannt (16. Jh.), *ugs.* auch im Sinne von „das Vorstellungsvermögen übersteigend, unglaublich; großartig, wunderbar".

Phantom „Trugbild; Nachbildung (Modell) von Körperteilen für Unterrichtszwecke (Med.)": Das Fremdwort wurde im 18. Jh. aus *frz.* fantôme „Trugbild; Sinnestäuschung" entlehnt, das über *vlat.* *fantauma auf *griech.* phántasma „Erscheinung, Traumbild" zurückgeht. Dies ist eine Bildung zu *griech.* phantázesthai „erscheinen" und weiter zu *griech.* phaínein „sichtbar machen; (medial:) erscheinen" (vgl. *Phänomen*).

Pharisäer: Das aus dem *Aram.* stammende Fremdwort bezeichnet eigentlich den Angehörigen einer altjüdischen, orthodoxen religiöspolitischen Partei. Der in *nhd.* Zeit aufgekommene appellativische Gebrauch im Sinne von „selbstgerechter Mensch; Heuchler" entwikkelte sich im Anschluß an Bibelstellen, so besonders an Luk. 18, 10ff., wo der Pharisäer betet: 'Ich danke dir, Gott, daß ich nicht bin wie die anderen Leute, Räuber, Ungerechte, Ehebrecher oder auch wie dieser Zöllner'. – 'Pharisäer' ist auch der Name eines Getränks aus heißem Kaffee, Rum und Schlagsahne. Die Benennung bezieht sich darauf, daß das Getränk den Anschein erwecken soll, man trinke keinen Alkohol, sondern nur Kaffee. – Abl.: **pharisäisch** „selbstgerecht; heuchlerisch".

Pharmazie „die Wissenschaft von den Arzneimitteln, ihrer Zusammensetzung, Herstellung, Verwendung usw.": Das seit dem 15. Jh. gebuchte, aber erst seit dem Anfang des 18. Jh.s in fachwissenschaftlichen Texten gebräuchliche Fremdwort ist aus *spätlat.* pharmacia entlehnt, das seinerseits aus *griech.* pharmakeía „Gebrauch von Heilmitteln, Giften bzw. Zaubermitteln; Arznei" übernommen ist. Dies ist eine Bildung zu *griech.* phármakon „Heilmittel; Gift; Zaubermittel". – Dazu: **Pharmazeut** „in der Pharmazie ausgebildeter Wissenschaftler; Apotheker" (18./19. Jh.; aus *griech.* pharmakeutḗs „Hersteller von Arzneimitteln; Giftmischer"); **pharmazeutisch** „zur Pharmazie gehörig" (18./19. Jh.; nach *griech.* pharmakeutikós „die Kenntnis und Herstellung von Arzneimitteln und Giften betreffend").

Phase „Abschnitt einer [stetigen] Entwicklung, Stufe; Zustand; Schwingungszustand einer Welle (Physik); eine der drei Leitungen des Drehstromnetzes (Elektrotechnik); veränderlicher Zustand, wechselnde Lichtgestalt von nicht selbstleuchtenden Himmelskörpern (Astronomie)": Das zuerst bei Luther im Sinne von „Lichterscheinung, Wolkensäule" bezeugte Fremdwort, das sich jedoch erst im 18. Jh. – zunächst als astronomischer Terminus – einbürgerte, ist aus gleichbed. *frz.* phase entlehnt, das aus *griech.* phásis „Erscheinung; Aufgang eines Gestirns" stammt. Über weitere Zusammenhänge vgl. den Artikel *Phänomen*.

Philatelie: Die Bezeichnung für „Briefmarkenkunde" wurde im 19. Jh. aus gleichbed. *frz.* philatélie entlehnt. Dies ist eine gelehrte Neubildung des französischen Briefmarkensammlers M. Herpin aus *griech.* phílos „liebend; Freund, Liebhaber" (vgl. *Philo...*) und *griech.* atéleia „Steuer-, Abgabenfreiheit" und bedeutet demnach eigentlich etwa „Liebe zur (Marke der) Gebührenfreiheit". Dazu stellt sich **Philatelist** „Briefmarkensammler; jemand, der sich mit Briefmarkenkunde beschäftigt" (19. Jh.; aus gleichbed. *frz.* philatéliste).

Philharmonie: Das aus *griech.* Wortelementen gebildete Fremdwort (*griech.* phílos „liebend, Freund" und *griech.* harmonía „Fügung; Einklang, Wohlklang; Musik"; vgl. die Artikel *Philo...* und *Harmonie*) bedeutet wörtlich etwa „Liebe zur Musik". Es erscheint bei uns seit dem 19. Jh. als Name für musikalische Gesellschaften, Konzertsäle und Spitzenorchester. Die einer Philharmonie angehörenden Künstler heißen **Philharmoniker.** Beide Fremdwörter 'Philharmonie' und 'Philharmoniker' gehen von dem Adjektiv **philharmonisch** (in der Fügung 'philharmonisches Orchester') aus, das auf entsprechend *frz.* philharmonique und *it.* filarmonico beruht.

Philister „kleinbürgerlicher, geistig beschränkter Mensch; Spießbürger": Die Philister sind in der Bibel die schlimmsten Feinde des auserwählten Volkes Gottes, der Israeliten. In einer Anspielung auf diesen Gegensatz übertrugen Studenten des 17. Jh.s den Stammesnamen auf ihre geschworenen Feinde, die Stadtsoldaten und Polizisten, indem sie sich selbst mit den (geistig) Auserwählten verglichen. Danach wurde in der Folge 'Philister' zunächst zur Bezeichnung des Nichtstudenten überhaupt, dann auch des ungeistigen Bürgers von ängstlicher, beschränkter Lebensauffassung. – Abl.: **philiströs** „spießbürgerlich, beschränkt, mukkerhaft" (19. Jh.; französierende Bildung).

Philo..., (vor Vokalen und h:) Phil...: Quelle für das Bestimmungswort von Zusammensetzungen mit der Bed. „Freund, Verehrer (von etwas), Liebhaber, Anhänger, Wissenschaftler" (wie in ↑Philosoph, ↑Philologe) oder mit der Bed. „Liebe, Verehrung; wissenschaftliche Beschäftigung" (wie in den entsprechenden Abstrakta ↑Philosophie, ↑Philologie) ist *griech.* phílos (Adjektiv und Substantiv) „liebend; Freund".

Philologe: Die Bezeichnung für einen Wissenschaftler, der sich mit Texten in einer bestimmten Sprache, mit der Literatur und Sprache eines Volkes beschäftigt, wurde im 16. Jh. aus gleichbed. *lat.* philologus entlehnt, das seinerseits aus *griech.* philó-logos „Freund der Wissenschaften; Sprach-, Geschichtsforscher" übernommen ist. Dies ist ursprünglich ein Adjektiv mit der Grundbedeutung „das Wort, die Sprache liebend" und ist gebildet aus *griech.* phílos „liebend; Freund" (vgl. *Philo...*) und *griech.* lógos „Rede, Wort; wissenschaftliche Forschung" (vgl. *Logik*). – Dazu: **Philologie** „Wissenschaft, die sich mit der Erforschung von Texten in einer bestimmten Sprache beschäftigt; Sprach- und Literaturwissenschaft" (16. Jh.; aus *griech.-lat.* philologia „gelehrte Beschäftigung mit Sprache und Geschichte"); **philologisch** „die Philologie betreffend" (17. Jh.).

Philosoph: Das seit dem Ende des 15. Jh.s bezeugte Fremdwort ist aus *lat.* philosophus entlehnt, das seinerseits aus *griech.* philó-sophos, eigentlich etwa „Freund der Weisheit" (aus *griech.* phílos „liebend; Freund" und *griech.* sophía „Weisheit", vgl. *Philo...* und *Sophist*) übernommen ist. Während das *griech.* Wort ursprünglich ganz allgemein denjenigen benannte, der sich um Erkenntnisse in irgendeinem beliebigen Wissensgebiet (insbesondere auch in der Rhetorik und Dialektik) bemüht, wurde es seit Sokrates und Plato zur speziellen Bezeichnung des Denkers schlechthin, der nach allgemeinen, jenseits der in den Einzelwissenschaften gültigen Wahrheiten sucht, und dessen Fragen und Forschen auf den Sinn des Lebens, das Wesen der Welt und die Stellung des Menschen in der Welt, auf die letzten Gründe des Seins gerichtet ist. Dazu: **Philosophie** (in *mhd.* Zeit aus *griech.-lat.* philosophía „Liebe zur Gelehrsamkeit, zu den Wissenschaften usw."); **philosophisch** „die Philosophie betreffend;

durchdenkend; weise" (16. Jh.; nach *spätlat.* philosophicus); **philosophieren** „tiefgründig über etwas nachdenken, grübeln; sich philosophisch über einen Gegenstand verbreiten" (16. Jh.; nach *frz.* philosopher und *lat.* philosophari „Philosophie betreiben").

Phiole: Die Bezeichnung für „kugelförmige Glasflasche mit langem Hals" (*ahd.* fiala, *mhd.* viole) ist aus gleichbed. *mlat.* fiola (< *lat.* phiala) entlehnt, das aus *griech.* phiálē „Schale, Trinkschale" stammt.

Phlegma „[Geistes]trägheit, Schwerfälligkeit; Gleichgültigkeit; Dickfelligkeit": Das seit dem 13. Jh. belegte Substantiv ist ein Fachausdruck der antiken Temperamentenlehre (vgl. zum Sachlichen die Artikel *cholerisch, Melancholie* und *sanguinisch*). Es geht auf *griech.-lat.* phlégma „Brand, Flamme, Hitze" zurück, das seit Hippokrates zur Bezeichnung eines „kalten und zähflüssigen Körperschleimes" wurde (nach antiken Vorstellungen die Ursache vieler Erkrankungen). Das zugrundeliegende *griech.* Verb phlégein „entzünden; verbrennen" ist mit *dt.* ↑*blecken* verwandt. – Abl.: **phlegmatisch** „träg, schwerfällig; gleichgültig" (16. Jh.; aus *lat.* phlegmaticus, *griech.* phlegmatikós „schleimig, am zähflüssigen Schleim leidend"); **Phlegmatiker** „körperlich träger, geistig wenig regsamer Mensch" (18. Jh.).

Phlox: Der Name der beliebten Zier- und Gartenpflanze ist aus *griech.* phlóx „Flamme" (zu *griech.* phlégein „brennen", urverwandt mit *dt.* ↑*blecken*) entlehnt. Der Name bezieht sich auf den farbenprächtigen Blütenstand, der bei einigen Arten von intensivem flammendem Rot ist. Man nennt diese Pflanze deshalb auch 'Flammenblume'.

Phonetik: Die Bezeichnung für „Lautlehre; Stimmbildungslehre" ist eine gelehrte Bildung des 19. Jh.s zu *griech.* phōnḗ „Laut, Ton; Stimme" (phōnētikós „zum Tönen, Sprechen gehörig"), das ablautend zu dem mit *dt.* ↑*Bann* verwandten *griech.* Verb phánai „sagen, sprechen usw." gehört. – Dazu das Adjektiv **phonetisch** „die Phonetik betreffend, lautlich" (19. Jh.). Als Grundwort erscheint *griech.* phōnḗ in zahlreichen Fremdwörtern wie ↑Grammophon, ↑Telephon und ↑Sinfonie. Beachte ferner den Artikel *Blasphemie*.

Phosphor: Der im 17. Jh. entstandene Name des nichtmetallischen chemischen Grundstoffs beruht auf einer gelehrten Bildung aus dem *griech.* Adjektiv phōs-phóros „lichttragend" (zu *griech.* phōs „Licht" und *griech.* phérein „tragen"; vgl. die Artikel *photo..., Photo...* und *Peripherie*). Der Phosphor ist demnach nach seiner Leuchteigenschaft benannt. – Das Verb **phosphoreszieren** (18./19. Jh.) bezieht sich auf die Eigenschaft mancher Stoffe, nach vorausgegangener Bestrahlung wie Phosphor im Dunkeln nachzuleuchten. Diese Eigenschaft selbst heißt **Phosphoreszenz** (19. Jh.). Beide Wörter sind latinisierende Neubildungen.

photo..., Photo...: Dem Bestimmungswort von Zusammensetzungen mit der Bed. „Licht; Lichtbild", wie in ↑Photographie, ↑photogen, ↑Photokopie, liegt das Substantiv *griech.* phōs, phōtós (< *pháu̯os) „Licht" zugrunde, das auch in unserem Fremdwort ↑Phosphor erscheint. Es ist mit *griech.* phaínein „sichtbar machen, zeigen" verwandt (vgl. den Artikel *Phänomen*).

photogen, eingedeutscht fotogen: „zum Photographieren geeignet, bildwirksam": Das Adjektiv wurde im 20. Jh. aus gleichbed. *engl.* photogenic entlehnt. Dessen Bestimmungswort ist *griech.* phōs, phōtós „Licht" (vgl. *photo..., Photo...*), hier im Sinne von „Lichtbild" (↑Photographie). Das Grundwort gehört zum Stamm gen- „werden, entstehen; (aktiv:) hervorbringen, verursachen" in *griech.* gígnesthai „werden, entstehen". Das Adjektiv bedeutet also wörtlich etwa „ein (wirksames) Lichtbild hervorbringend, entstehen lassend".

Photographie, eingedeutscht: Fotografie: Die Bezeichnung für das „Verfahren zur Herstellung dauerhafter, durch elektromagnetische Strahlen oder Licht erzeugter Bilder; Lichtbild" wurde im 19. Jh. aus gleichbed. *engl.* photography entlehnt. Dies ist eine gelehrte Neubildung des englischen Astronomen und Chemikers J. F. W. Herschel (1792–1871) aus *griech.* phōs (phōtós) „Licht" (vgl. *photo..., Photo...*) und *griech.* gráphein „schreiben, aufzeichnen" (vgl. *Graphik*). Das Wort bedeutet demnach wörtlich etwa „Lichtschreibkunst". – Dazu das Kurzwort **Photo,** eingedeutscht: Foto „Lichtbild" (19. Jh.) und die Ableitungen **Photograph,** eingedeutscht: Fotograf „berufsmäßiger Hersteller von Lichtbildern" (19. Jh.), **photographisch,** eingedeutscht: fotografisch „die Photographie betreffend" (19. Jh.) und **photographieren,** eingedeutscht: fotografieren „Lichtbilder herstellen" (19. Jh.).

Photokopie, eingedeutscht: Fotokopie: Die Bezeichnung für „lichtbildliche Wiedergabe von Schriftstücken, Bildern oder Druckseiten" ist eine Neuschöpfung des 20. Jh.s, zusammengezogen aus ↑Photographie und ↑Kopie. – Dazu das Verb **photokopieren,** eingedeutscht: fotokopieren „eine Photokopie herstellen".

Phrase: Zu *griech.* phrázein „anzeigen; sagen, aussprechen usw." gehört die Bildung *griech.* phrásis „das Sprechen; Ausdruck; Ausdrucksweise". Diese gelangte im 16. Jh. über *spätlat.* phrasis ins *Dt.* in der neutralen Bedeutung „Redewendung, Redeweise", die allerdings heute nicht mehr lebendig ist. Im 18. Jh. geriet das Wort unter den Einfluß von entsprechend *frz.* phrase (bzw. wurde daraus neu entlehnt) und gilt seitdem mit dem im *Frz.* entwickelten abwertenden Sinn von „abgegriffene, leere Redensart; Geschwätz". Beachte dazu die Wendung 'Phrasen dreschen' und die Bildung **Phrasendrescher.** – An den neutralen Sinn von 'Phrase' schließt sich die Bildung **Phraseologie** „Gesamtheit typischer Wortverbindungen, Wendungen und Redensarten und deren Darstellung" an (aus 'phraseologia', gebildet von Michael Neander [1525–1595], vgl. *...loge*). – Zu *griech.* phrázein gehört *griech.* paraphrázein „etwas erklärend hinzufügen; umschreiben" mit dem Substantiv *griech.* paráphrasis „erklärende Umschreibung". Daraus entlehnt ist unser Fremdwort **Paraphrase** „verdeutlichende Umschreibung eines Textes mit anderen Wörtern; freie Übertragung; freie Umspielung oder Ausschmückung einer Melodie" (16. Jh.); davon abgeleitet ist das Verb **paraphrasieren** „umschreiben" (17. Jh.).

Physik: Die Bezeichnung für diejenige Naturwissenschaft, die die Grundgesetze der Natur, die Strukturen, Eigenschaften und Bewegungen, die Erscheinungs- und Zustandsformen der unbelebten Materie untersucht, wurde in *mhd.* Zeit (als fisike „Naturkunde") aus *lat.* physica „Naturlehre" entlehnt, das seinerseits aus *griech.* physikḗ (theōría) „Naturforschung, -untersuchung" übernommen ist. Das zugrundeliegende Adjektiv *griech.* physikós „von der Natur geschaffen, natürlich; naturgemäß", das über gleichbed. *lat.* physicus in unserem Adjektiv **physisch** „in der Natur begründet, natürlich; körperlich" (16. Jh.) fortlebt, ist eine Ableitung von *griech.* phýsis „Natur; natürliche Beschaffenheit". Dies gehört zu *griech.* phýein „hervorbringen; entstehen", phýesthai „werden, entstehen, wachsen" (urverwandt mit *dt.* ↑*bauen*). Vgl. auch die Artikel *Physiognomie* und *Physiologie*. – Abl.: **Physiker** „Wissenschaftler auf dem Gebiet der Physik" (Ende 18. Jh.); **physikalisch** „auf die Physik bezogen" (16. Jh.; *nlat.* Bildung).

Physiognomie „Erscheinungsbild, Ausdruck eines Gesichts; in bestimmter Weise geprägtes Gesicht": Das Fremdwort wurde bereits in *mhd.* Zeit als phisonomy, phisionomia aus *mlat.* phiso(no)mia, phisionomia entlehnt und im 16. Jh. im Schriftbild an das zugrundeliegende *griech.* physiognōmía angeglichen bzw. daraus neu entlehnt. *Griech.* physiognōmía steht für physiognōmonía und bedeutet „Lehre vom Urteilen nach der Erscheinung der Natur, des Körperbaus, der Gesichtszüge" (zu *griech.* phýsis „Natur" [vgl. *Physik*] und -gnomia, -gnomonia zu gnṓmē „Erkenntnis").

Physiologie: Die Bezeichnung für die Wissenschaft von den Lebensvorgängen wurde im 16. Jh. aus *lat.* physiologia „Naturkunde" entlehnt, das seinerseits aus *griech.* physiología „Naturkunde, Lehre von der Beschaffenheit der natürlichen Körper" übernommen ist. Dies ist eine Bildung aus *griech.* phýsis „Natur" (vgl. *Physik*) und *griech.* lógos „Wort, Kunde, Wissenschaft" (vgl. *...loge*). Dazu stellen sich die Bildungen **Physiologe** und **physiologisch.**

physisch ↑Physik.

piano „leise, schwach": Das musikalische Fachwort wurde im 17. Jh. aus gleichbed. *it.* piano entlehnt, das auf *lat.* planus „flach, eben" (vgl. *plan*) zurückgeht. Dazu gehört die Steigerungsform **pianissimo** „sehr leise" (17. Jh.). – Mit dem Adjektiv formal identisch ist das Substantiv **Piano** „Klavier", das als Bezeichnung für das „Hammerklavier" aus dem älteren **Pianoforte** (18. Jh.) gekürzt ist. Dies ist aus gleichbed. *frz.* piano-forte entlehnt, das seinerseits aus *it.* pianoforte übernommen ist. Das 'Pianoforte' – dafür auch mit Umstellung der Wörter 'Fortepiano' – wurde nach seiner charakteristischen Eigenart benannt, daß man seine Tasten im Gegensatz zu Spinett und Klavichord sowohl „leise" (= piano) als auch „stark und laut" (= ↑forte) anschlagen kann. – Zu 'Piano' gehört die Bildung **Pianist** (19. Jh.; aus gleichbed. *frz.* pianiste) zur Bezeichnung des künstlerisch ausgebildeten und in der Öffentlichkeit auftretenden Klavierinterpreten (im Gegensatz zum bloßen Klavierspieler).

picheln: Der seit dem 18. Jh. gebräuchliche *ugs.* Ausdruck für „trinken, zechen", hat sich aus einem von ↑*Pegel* abgeleiteten Verb entwikkelt, vgl. *niederd. mdal.* pegeln „saufen, zechen". Das Verb schließt sich an 'Pegel' in dessen früher auch üblicher Verwendung im Sinne von „Merkzeichen an [Trink]gefäßen" an und bezieht sich darauf, daß man bei Gelagen nach Pegeln (d. h. nach diesen Eichzeichen) zu trinken pflegte.

Pick ↑²Pik.

Picke „Spitzhacke": Die heute übliche Form ist durch Anlehnung an das Verb 'picken' aus älter *nhd.* Bicke (*mhd.* bicke) entstanden (vgl. *picken*). Gebräuchlich ist auch die Bildung **¹Pikkel** „Spitzhacke", älter Bickel (*mhd.* bickel), beachte die Zusammensetzung 'Eispickel'.

¹Pickel ↑Picke.

²Pickel „Hautunreinigkeit, Pustel": Das erst in neuerer Zeit gemeinsprachlich gewordene Wort ist eine Verkleinerungsbildung in *mdal.* Lautung zu dem unter ↑*Pocke* behandelten Substantiv (vgl. *niederl.* pukkel „Pickel" zu *niederl.* pok „Pocke").

Pickelhaube: Die volkstümliche Bezeichnung für den 1842 eingeführten preußischen Infanteriehelm mit Spitze ist durch Anlehnung an das Wort ¹Pickel „Spitzhacke" aus *frühnhd.* bikkel-, beckelhaube, *mhd.* beckenhūbe entstanden. Diese Zusammensetzung (vgl. *Becken* und *Haube*) bezeichnete eine beckenförmige Blechhaube, wie sie seit dem Mittelalter von Kriegsknechten als Kopfschutz getragen wurde.

picken: In der *nhd.* Form 'picken' sind wahrscheinlich zwei oder sogar drei ursprünglich verschiedene Verben zusammengefallen. Einerseits ein lautnachahmendes 'picken', das also eigentlich „pick machen" bedeutet und speziell das Geräusch nachahmt, das entsteht, wenn ein Vogel mit schnellen Schnabelhieben Futter aufnimmt (beachte die ähnlichen Lautnachahmungen 'ticken' und 'klicken'). Andererseits ein älter *nhd.* Verb bicken „stechen, hauen" (*mhd.* bicken, *ahd.* in ana-bicken), das vermutlich mit *gallolat.* beccus „Schnabel" zusammenhängt, beachte z. B. *frz.* bec, *it.* becco „Schnabel", *it.* beccare „hacken". Zu diesem Verb gehört das Substantiv ↑Picke (älter 'Bicke') „Spitzhacke". Ferner kann Vermischung eingetreten sein mit einem *niederd.* Verb, das entweder aus *frz.* piquer „stechen" (vgl. *pikiert*) stammt oder zu einem *germ.* Substantiv mit der Bed. „Spitze" gehört (vgl. *mnd.* peik „Spitze, Stachel"). Beachte dazu **piken,** weitergebildet **piksen** *ugs.* für „stechen; weh tun, schmerzen". – Zum Teil auf

Vermischung beruhen auch die verwandten Verben *niederl.* pikken „picken", *engl.* to pick „picken; hacken, aufhauen; pflücken, [aus]lesen", *schwed.* picka „picken".

Picknick: Der Ausdruck für „gemeinsame Mahlzeit im Grünen, Verzehr mitgebrachter Speisen im Freien bei einem Ausflug" wurde in der ersten Hälfte des 20. Jh.s aus gleichbed. *engl.* picnic entlehnt, das seinerseits aus *frz.* pique-nique „gesellschaftliches Mahl in einem Wirtshaus; Feier, zu der jeder Speisen o. ä. mitbringt" stammt. Das *frz.* Wort war schon im 18. Jh. ins *Dt.* übernommen worden und bis ins 19. Jh. in seiner ursprünglichen Bedeutung gebräuchlich. *Frz.* pique-nique ist vermutlich – wie z. B. auch *dt.* 'Mischmasch' oder 'Wirrwarr' – eine Reduplikationsbildung zu *frz.* piquer „picken; stechen" oder eine Bildung aus *frz.* piquer „picken; stechen" und *frz.* nique „Nichtigkeit, Spötterei". – Abl.: **picknicken** „ein Picknick veranstalten" (20. Jh.).

picobello: Der seit dem Anfang des 20. Jh.s gebräuchliche *ugs.* Ausdruck für „tadellos, sehr schön, hervorragend (gemacht)" ist wahrscheinlich eine scherzhafte italienisierende Bildung aus *niederd.* pük „erlesen, ausgezeichnet" (vgl. *piekfein*) und *it.* bello „schön".

Piefke: Die Herkunft des *ugs.* Ausdrucks für „eingebildeter Angeber, dümmlicher Wichtigtuer" – in Österreich als abwertende Bezeichnung für „Preuße, [Nord]deutscher" gebräuchlich – ist trotz aller Deutungsversuche nicht gesichert. Vielleicht ist er mit dem besonders in Berlin häufigen Familiennamen Piefke identisch, der auch in der Literatur, besonders in Volksstücken des 19. und 20. Jh.s eine Rolle spielt und dadurch allgemein bekannt wurde.

piekfein: Der *ugs.* Ausdruck für „ganz besonders fein" ist seit der zweiten Hälfte des 19. Jh.s gebräuchlich. Das Bestimmungswort dieser verstärkenden Zusammensetzung ist entstanden aus *niederd.* pük „erlesen, ausgesucht" (entsprechend *niederl.* puik), einer im Hansehandel verwendeten Gütebezeichnung.

piepen: Das seit dem 16. Jh. im *Hochd.* gebräuchliche Verb ist wahrscheinlich aus dem *Niederd.* übernommen und geht zurück auf *mnd.* pīpen „piep machen, einen leisen Pfeifton hören lassen, pfeifen" (vgl. *pfeifen*). Das Verb wird in der Umgangssprache häufig übertragen verwendet, beachte z. B. 'das ist zum Piepen' „das ist zum Lachen" und 'bei ihm piept es' „er ist verrückt", beachte auch **Piep** *ugs.* für „geistiger Defekt" und **Piepmatz** *ugs.* für „Vogel" (zum 2. Bestandteil vgl. *Mätzchen*). Neben 'piepen' ist seit dem 17. Jh. auch **piepsen** gebräuchlich, das besonders den Laut [junger] Vögel und Mäuse wiedergibt und *ugs.* im Sinne von „mit schwacher Stimme reden" verwendet wird, beachte **piepsig** *ugs.* für „leise, schwächlich, kränklich".

Pier: Der seemännische Ausdruck für „Hafendamm; Landungsbrücke" wurde im 19. Jh. aus gleichbed. *engl.* pier entlehnt, das zu *mlat.* pera „Uferbefestigung, Hafendamm" stimmt. Die weitere Herkunft des Wortes ist unsicher.

piesacken: Der seit dem 18. Jh. bezeugte *ugs.* Ausdruck für „quälen", der sich von Norddeutschland her ausgebreitet hat, gehört wahrscheinlich zu *niederd.* [ossen]pesek „[Ochsen]ziemer" und bedeutet demnach eigentlich „mit dem Ochsenziemer bearbeiten". Das Grundwort *niederd.* pesek beruht auf *mnd.* pese „Sehne".

Pietät „Frömmigkeit; Ehrfurcht; Rücksichtnahme": Das seit dem 16. Jh. bezeugte Fremdwort ist aus *lat.* pietas (pietatis) „Pflichtgefühl; Frömmigkeit, Gottesfurcht" entlehnt. Dies ist eine Bildung zu dem *lat.* Adjektiv pius „pflichtgemäß handelnd; fromm, rechtschaffen", das auch den Vornamen 'Pius' und 'Pia' zugrunde liegt. Heute wird 'Pietät' gelegentlich auch im Sinne von „Bestattungsinstitut" verwendet. – Dazu stellt sich als *nlat.* Bildung **Pietismus** (17. Jh.) zur Bezeichnung einer religiösen Erweckungsbewegung des 17. und 18. Jh.s innerhalb des Protestantismus, die den lebendigen Glauben und die „Frömmigkeit" des einzelnen Christen in den Mittelpunkt stellte. Die Anhänger des Pietismus heißen **Pietisten.**

Pigment: Die Bezeichnung für „Körperfarbstoff" ist eine gelehrte Entlehnung des 18. Jh.s aus *lat.* pigmentum „Färbestoff, Farbe; Gewürz; Kräutersaft" (vgl. den Artikel *Piment*). Dies ist wie *lat.* pictor „Maler" (vgl. den Artikel *pittoresk*) eine Bildung zu *lat.* pingere (pictum) „mit der Nadel sticken; malen". – Abl.: **pigmentieren** „Farbstoffe in kleinste Teilchen (Pigmentkörnchen) zerteilen" (19. Jh.).

[1]Pik „Spielkartenfarbe": Die seit dem 18. Jh. bezeugte Bezeichnung – dafür im deutschen Kartenblatt 'Schippen' (unter *Schippe*) – ist aus gleichbed. *frz.* pique entlehnt, das eigentlich „Spieß, Lanze" bedeutet (vgl. *Pike*). Die Bedeutungsübertragung bezieht sich auf den stilisierten Spieß mit schwarzem Blatt auf den Spielkarten der Pikfarbe.

[2]Pik: Der *ugs.* Ausdruck für „heimlicher Groll", besonders in der Wendung 'einen Pik auf jemanden haben' gebräuchlich – ist mit der Nebenform **Pick** seit dem 17. Jh. bezeugt. Er ist – teilweise durch *niederl.-niederd.* Vermittlung – aus gleichbed. *frz.* pique entlehnt, das in dieser Bedeutung eine Übertragung von *frz.* pique „Lanze, Spieß" (vgl. *Pike*) ist.

pikant „scharf [gewürzt]; prickelnd, reizvoll; anzüglich, schlüpfrig": Das Adjektiv wurde Ende des 17. Jh.s aus gleichbed. *frz.* piquant entlehnt, dem adjektivisch gebrauchten Part. Präs. von *frz.* piquer „stechen; anstacheln, reizen, aufreizen usw." (vgl. *pikiert*). – Dazu stellt sich das Substantiv **Pikanterie** „reizvolle Note, Würze; Prickelndes, Sinnenreiz; Anzüglichkeit", eine französierende Bildung des ausgehenden 17. Jh.s

Pike „[Landsknechts]spieß, Lanze", heute nur noch in der Wendung 'von der Pike auf dienen' gebräuchlich, was ursprünglich soviel bedeutete wie „als gemeiner Soldat den Kriegsdienst beginnen und sich allmählich hocharbeiten", danach allgemein „sich in seinem Beruf von der untersten Stufe emporarbeiten": Das Wort wurde um 1500 aus gleichbed. *frz.* pique entlehnt, das wohl zu *frz.* piquer „stechen usw." (vgl. *pikiert*) gehört. – Gleichen Ursprungs sind ↑[1]Pik „Spielkartenfarbe" und ↑[2]Pik „heimlicher Groll".

piken ↑picken.

pikiert „gereizt, verletzt, [leicht] beleidigt, verstimmt": Das in diesen Bedeutungen seit dem 17. Jh. bezeugte Wort ist Partizipialadjektiv zu dem vom 16. bis zum 19. Jh. häufig vorkommenden Verb **pikieren** „stechen; (übertragen): anstacheln, reizen; verstimmen", das heute aus dem allgemeinen Sprachgebrauch verschwunden ist, aber noch fachsprachlich verwendet wird (so z. B. in der Gärtnersprache im Sinne von „[junge Pflanzen] auspflanzen, vertopfen"). Das Verb ist aus *frz.* piquer „stechen; anstacheln; reizen, verstimmen" entlehnt, das auf ein auch in anderen *roman.* Sprachen vertretenes, aber etymologisch nicht sicher gedeutetes *vlat.* *piccare zurückgeht (beachte *it.* piccare, *span.* picar „stechen"). – Zu *frz.* piquer gehören auch die unter ↑*pikant*, ↑[1]*Pik*, ↑[2]*Pik* und ↑*Pike* behandelten Wörter.

[1]Pikkolo: Die im 19. Jh. aufkommende Bezeichnung für den „Kellnerlehrling" geht auf *it.* piccolo „klein" zurück. Der Pikkolo ist also eigentlich „der Kleine". – Gleichen Ausgangspunkt haben **[2]Pikkolo,** das als Kurzform für 'Pikkoloflöte' „kleine Querflöte in C oder Des" (19. Jh.; nach *it.* flauto piccolo) steht, und **[3]Pikkolo,** das *ugs.* kurz für 'Pikkoloflasche' „kleine Sektflasche' verwendet wird.

piksen ↑picken.

Pilger „Wallfahrer; Wanderer": Die *nhd.* Form des Wortes führt über *mhd.* pilgerīn, pilgerīm auf *ahd.* piligrīm zurück. Das aus der Kirchensprache stammende Wort ist entlehnt aus *vlat.-kirchenlat.* pelegrinus „Fremder; Wanderer; Pilger" (im kirchlichen Sinne wohl ursprünglich „der nach Rom wallfahrende Fremde"), das für *klass.-lat.* peregrinus „fremd, ausländisch; der Fremde, Fremdling" steht. Gleicher Herkunft sind z. B. entsprechend *it.* pellegrino und *frz.* pèlerin „Pilger". – Abl.: **pilgern** „wallfahren; wandern" (18. Jh.).

Pille „Arzneimittel in Kügelchenform": Das seit dem 16. Jh. bezeugte Substantiv steht für älteres *spätmhd.* pillule, *frühnhd.* pillel[e], aus dem es – wohl durch Silbenvereinfachung – hervorgegangen ist. Quelle des Wortes ist *lat.* pilula „kleiner Ball; Kügelchen; Pille", das als Verkleinerungsbildung zu *lat.* pila „Ball" gehört. – Dazu die Zusammensetzung **Pillendreher** (18./19. Jh.), einerseits als scherzhafte Bezeichnung des Apothekers, andererseits als Name eines Käfers.

Pilot „Flugzeugführer": Das seit dem Anfang des 16. Jh.s (zuerst als 'Piloto') bezeugte Fremdwort wurde zunächst im Sinne von „Steuermann, Lotse" verwendet, seit dem Beginn des 18. Jh.s – unter dem Einfluß von *frz.* pilote – dann auch im Sinne von „Luftschiffer" und mit der Entwicklung des Flugzeugs schließlich speziell im Sinne von „Flugzeugführer". Die moderne Bedeutung kommt erst im 20. Jh. mit der Entwicklung des Flugwesens auf. Quelle des Wortes ist ein zu *griech.* pēdón „Ruderblatt; Steuerruder" gehörendes *mgriech.* *pēdṓtēs „Steuermann", das über Sizilien ins *It.* und in die anderen *roman.* Sprachen gelangte (beachte *it.* pilota, piloto „Steuermann", älter pedoto, pedotta; *frz.* pilote). Ins *Dt.* gelangte das Wort aus dem *It.*, später geriet es dann unter *frz.* Einfluß oder wurde aus *frz.* pilote neu entlehnt.

Pilz: Der Name der Sporenpflanze (*mhd.* bülez, bülz, *ahd.* buliz) ist aus *lat.* boletus „Pilz" (speziell: „Champignon") entlehnt. Die weitere Herkunft des *lat.* Wortes ist unklar. – Zus.: **Glückspilz** (↑unter *Glück*).

Piment: Der Name des Gewürzes (*mhd.* piment[e]) ist aus gleichbed. *(m)frz.* piment entlehnt, das auf *lat.* pigmentum „Färbestoff, Farbe; Gewürz, Spezerei; Kräutersaft" zurückgeht (vgl. den Artikel *Pigment*).

Pimmel: Der seit dem ausgehenden 19. Jh. gebräuchliche *ugs.* Ausdruck für „Penis" geht wahrscheinlich auf *niederd.* pümpel „Stößel (im Mörser)" zurück. Beachte dazu auch *niederd.* pümpern „mit dem Stößel im Mörser zerstoßen", auf dem *ugs.* **[2]pimpern** „koitieren" beruht.

Pimperling: Der seit dem 18. Jh. bezeugte *ugs.* Ausdruck für „Geldstück, Münze" – meist im Plural im Sinne von „Geld" gebraucht – gehört zu einem nur noch *landsch.* gebräuchlichen Verb **[1]pimpern** „hell klingen, klimpern", das lautmalenden Ursprungs ist. Benennungsmotiv wäre demnach das Klimpern der Münzen.

Pimpf ↑Pumpernickel.

[1]pimpern ↑Pimperling.

[2]pimpern ↑Pimmel.

Pincenez ↑Pinzette.

pingelig ↑Pein.

Pingpong: Die heute veraltete Bezeichnung für „Tischtennis", die noch gelegentlich scherzhaft-abwertend im Sinne von „nicht turniermäßig betriebenes Tischtennis" verwendet wird, wurde um die Jahrhundertwende aus dem *Engl.* übernommen. *Engl.* ping-pong selbst ist lautmalenden Ursprungs.

Pinguin: Der seit der Zeit um 1600 in Reisebeschreibungen bezeugte Name des in der Antarktis beheimateten flugunfähigen Meeresvogels (mit flossenähnlichen Flügeln) ist etymologisch dunkel. Ganz fraglich ist die Herleitung aus dem *Kelt.* als „Weißkopf" (*walisisch* pen „Kopf" und gwyn „weiß"). Danach müßte 'Pinguin' zunächst den Alk bezeichnet haben, der weiße Flecken um die Augen hat.

Pinie „zur Familie der Kieferngewächse gehörender Nadelbaum": Der seit dem 18. Jh. belegte Baumname ist aus *lat.* pinea „Fichtenkern; Fichte" entlehnt, einer Substantivierung von *lat.* pineus „fichten". Dies ist von *lat.* pinus „Fichte; Föhre, Kiefer; Pinie" abgeleitet.

Pinke ↑Pinkepinke.

Pinkel: Die Herkunft des *ugs.* Ausdrucks für „Mann" – vor allem in der Verbindung 'feiner Pinkel' „jemand, der sich als vornehmer Herr ausgibt" gebräuchlich – ist trotz aller Deutungsversuche nicht gesichert.

pinkeln (*ugs.* für:) „Harn lassen, urinieren":

Das seit dem 16. Jh. bezeugte Verb geht wahrscheinlich von einem kindersprachlichen 'pi' aus, beachte kindersprachlich **Pipi** „Urin" in der Verbindung 'Pipi machen' „urinieren". Vgl. dazu gleichbed. *dän.* pinke und *schwed.* pinka.

pinken ↑ Pinkepinke.

Pinkepinke, auch: **Pinke:** Der aus der Gaunersprache stammende *ugs.* Ausdruck für „Geld" gehört zu einem nur noch *landsch.* gebräuchlichen Verb **pinken** „hämmern, hart auf etwas schlagen, so daß ein heller, metallischer Klang entsteht", das lautmalenden Ursprungs ist. Benennungsmotiv wäre demnach – wie bei ↑ Pimperling – das Klimpern der Münzen.

Pinscher: Die Herkunft des seit dem Anfang des 19. Jh.s bezeugten Namens der Hunderasse ist unklar. Möglicherweise ist 'Pinscher' aus 'Pinzgauer' entstanden und bezeichnete dann ursprünglich eine Hundeart, die aus dem Pinzgau (Salzachtal, Österreich) stammt.

Pinsel: Die Bezeichnung des aus einem meist längerem [Holz]stiel mit eingesetztem Haar- oder Borstenbüschel bestehenden Gerätes (*mhd.* bensel, pinsel), ist durch Vermittlung von gleichbed. *afrz.* pincel (= *frz.* pinceau) aus *vlat.* *penicellus (für *lat.* penicillus) „Pinsel" entlehnt. Dies ist eine Bildung zu *lat.* peniculus „Schwänzchen; Bürste; Schwamm; Pinsel", einer Verkleinerungsbildung zu *lat.* penis „Schwanz; männliches Glied", aus dem **Penis** „männliches Glied" stammt. – Abl.: **pinseln** „malen, streichen" (*mhd.* pinseln).

Pin-up-Girl: Das im 20. Jh. aus dem *engl.-amerik.* pin-upgirl übernommene Wort bezeichnet ein erotisch anziehendes, meist leichtbekleidetes Mädchen, wie es häufig in Magazinen und in Illustrierten abgebildet ist und dessen Fotos ausgeschnitten und an die Wand geheftet werden können. So bedeutet denn auch *engl.* 'pin-up girl' wörtlich „Anheftmädchen". Es ist eine Bildung mit dem *engl.* Verb to pin up „anheften".

Pinzette: Die Bezeichnung für das zangenähnliche Gerät mit federnden Schenkeln zum Fassen winziger Dinge wurde Anfang des 18. Jh.s aus gleichbed. *frz.* pincette (eigentlich „kleine Zange") entlehnt, einer Verkleinerungsbildung zu *frz.* pince „Zange". Zugrunde liegt das etymologisch nicht sicher gedeutete Verb *frz.* pincer „kneifen, zwicken", beachte dazu auch *frz.* pince-nez, eigentlich „Nasenkneifer", aus dem das heute veraltende **Pincenez** „Kneifer, Zwicker" entlehnt ist.

Pionier „Soldat der technischen Truppe", auch übertragen gebraucht im Sinne von „Wegbereiter, Vorkämpfer, Bahnbrecher": Das Substantiv wurde Anfang des 17. Jh.s als militärischer Fachausdruck aus gleichbed. *frz.* pionnier entlehnt. Das *frz.* Wort (*afrz.* peonier) bedeutet eigentlich „Fußsoldat, Infanterist". Es ist eine Bildung zu *frz.* pion (*afrz.* peon) „Fußgeher, Fußsoldat", das auf *vlat.* pedo (Akkusativ pedonem) „Fußgeher, Fußsoldat" zurückgeht. Über das Stammwort *lat.* pes (pedis) „Fuß" vgl. den Artikel *Pedal.*

Pipeline ↑ Pfeife.

Pipette: Die Bezeichnung für „Saugröhrchen; Stechheber" wurde im 19. Jh. aus *frz.* pipette „Pfeifchen, Röhrchen; Pipette" entlehnt, das als Verkleinerungsbildung zu *frz.* pipe (< *vlat.* *pipa) „Rohrpfeife; Röhre" gehört (vgl. den Artikel *Pfeife*).

Pipi ↑ pinkeln.

Pirat „Seeräuber": Das Fremdwort wurde im 15. Jh. aus gleichbed. *it.* pirata entlehnt, das über *lat.* pirata auf *griech.* peirā́tēs „Seeräuber" zurückgeht. Dies ist eine Bildung zu *griech.* peirān „versuchen; wagen, unternehmen". Stammwort ist *griech.* peĩra „Erfahrung; Versuch, Wagnis", das mit *lat.* periculum „Gefahr" und mit *ahd.* fāra „Nachstellung, Gefährdung" (↑ *Gefahr*) verwandt ist. – Abl.: **Piraterie** „Seeräuberei" (19. Jh.; aus gleichbed. *frz.* piraterie).

Pirol: Der Singvogel ist nach seinem eigentümlichen, etwa mit 'piro' wiederzugebenden Paarungsruf benannt, vgl. *mhd.* (bruoder) piro „(Bruder) Pirol".

Pirouette „Standwirbel um die Körperachse" (als Figur im Eiskunstlauf, Rollschuhlauf, beim Tanz u. a.); „ganze Drehung auf der Hinterhand" (Figur der Hohen Schule): Das Fremdwort wurde im 19. Jh. aus *frz.* pirouette „Drehrädchen; Drehschwung; Standwirbel" entlehnt, dessen weitere Herkunft unsicher ist.

pirschen „auf die Schleichjagd gehen, beschleichen": Die *nhd.* Form geht über älter *nhd.* birschen auf *mhd.* birsen „jagen" zurück, das aus *afrz.* berser „[mit dem Pfeil] jagen" entlehnt ist. – Aus dem Verb rückgebildet ist **Pirsch** (16. Jh.). Siehe auch den Artikel *preschen.*

pissen: Das seit dem 14./15. Jh. bezeugte Verb, das vom *Niederd.* aus gemeinsprachlich wurde und heute in der Umgangssprache allgemein üblich ist, beruht wie entsprechend *engl.* to piss auf *frz.* pisser „urinieren", das mit gleichbed. *it.* pisciare lautmalenden Ursprungs ist. Vgl. den Artikel *pinkeln.* – Dazu: **Pisse** „Urin" (aus dem *Niederd.*, 15. Jh.); **Pissoir** „öffentliche Bedürfnisanstalt für Männer" (19. Jh.; aus gleichbed. *frz.* pissoir).

Pistazie: Der seit dem 16. Jh. bezeugte Name des vorwiegend in Ostasien und im Mittelmeergebiet wachsenden Balsam- oder Terebinthenbaumes und seines wohlschmeckenden Samenkerns (Pistazienmandel, -nuß) ist aus *lat.* pistacia „Pistazienbaum" entlehnt. Dies ist aus gleichbed. *griech.* pistákē übernommen, das seinerseits aus *pers.* pista[h] „Pistazienbaum; Pistazienfrucht" stammt.

Piste „abgesteckte Schi- oder Radrennstrecke; Rollbahn auf Flugplätzen; Einfassung der Manege im Zirkus": Das Wort wurde im 19. Jh. (zunächst im Sinne von „Spur, Fährte") aus gleichbed. *frz.* piste entlehnt, das seinerseits aus *it.* pista, einer Nebenform von *it.* pesta „gestampfter Weg; Fährte, Spur", stammt. Das zugrundeliegende Verb, *it.* pestare (älter pistare) „stampfen", geht auf gleichbed. *spätlat.* pistare zurück (zu *lat.* pinsere [pistum] „zerstoßen, zerstampfen").

Pistole: Die Bezeichnung der kurzen Handfeuerwaffe wurde Anfang des 15. Jh.s während der Hussitenkriege aus *tschech.* píšťala „Pistole“, eigentlich „Pfeife; Rohr“ entlehnt. Das *tschech.* Wort gehört zu der *slaw.* Wortgruppe von *tschech.* piskat „pfeifen“, die lautmalenden Ursprungs ist. – Die Pistole ist also als „Rohr“ oder als „Pfeife“ benannt worden, wobei die Vorstellung der pfeifenden Kugeln mitgewirkt haben kann.

pittoresk „malerisch, von eigenartigem Reiz“: Das Adjektiv wurde im 18. Jh. aus gleichbed. *frz.* pittoresque entlehnt, das seinerseits aus *it.* pittoresco „malerisch [schön]“ übernommen ist. Dies ist eine Bildung zu *it.* pittore (< *lat.* pictor) „Maler“. Über dessen Stammwort *lat.* pingere „sticken; malen“ vgl. den Artikel *Pigment.*

placieren ↑ plazieren.

placken, Plackerei ↑ plagen.

pladdern ↑ plätschern.

plädieren „vor Gericht die Interessen der Anklage (als Staatsanwalt) oder des Angeklagten (als Verteidiger) in den Schlußvorträgen der Hauptverhandlung vertreten“: Das Verb wurde im 18. Jh. in der Rechtssprache aus *frz.* plaider „vor Gericht verhandeln“ entlehnt. Es drang dann auch in die Gemeinsprache und wird dort im Sinne von „sich für etwas aussprechen, etwas befürworten“ verwendet. *Frz.* plaider ist eine Ableitung von *frz.* plaid (*afrz.* plait) „Rechtsversammlung; Klage; Prozeß“, das auf *lat.* placitum „Überzeugung, geäußerte Willensmeinung“ zurückgeht. Stammwort ist *lat.* placere „gefallen; für gut befinden, für etwas stimmen“ (vgl. *Plazet*). – Dazu: **Plädoyer** „Schlußvortrag des Staatsanwaltes oder Verteidigers vor Gericht“ (18. Jh.; aus gleichbed. *frz.* plaidoyer).

Plage „quälendes Übel, Mühsal; Belästigung; anstrengende Arbeit; Unheil, Mißgeschick“: Das Substantiv *mhd.* plāge, *spätahd.* plāga „Strafe des Himmels, göttliche Heimsuchung; Mißgeschick; Qual, Not“ ist aus *lat.-kirchenlat.* plaga „Schlag, Streich; Wunde; Strafe des Himmels“ entlehnt, das seinerseits wohl auf *griech.* plēgḗ (oder *dorisch* plāgā́) „Schlag, Hieb; Wunde“ beruht. Das *griech.* Substantiv stellt sich mit dem Stammverb *griech.* plḗssein (< *plā̆k-i̯-ein) „schlagen, verwunden“ zu der *idg.* Wortfamilie um *dt.* ↑*fluchen.* – Abl.: **plagen** „quälen, belästigen; schinden“ (*mhd.* plāgen „mit göttlichen Plagen heimsuchen; strafen, züchtigen“; aus *kirchenlat.* plagare „peinigen, quälen“), seit dem 15. Jh. auch reflexiv gebraucht im Sinne von „sich abmühen, sich herumquälen“. Dazu gehört als Intensivbildung das *ugs.* Verb **placken** „lästig quälen“ (15. Jh.; heute fast nur reflexiv gebräuchlich im Sinne von „sich abquälen, sich abmühen“) mit dem dazu gebildeten Substantiv **Plackerei** „Schinderei; schwere, anstrengende Arbeit“ (16. Jh.).

Plagiat: Der Ausdruck für „Diebstahl geistigen Eigentums“ wurde im 18. Jh. aus gleichbed. *frz.* plagiat entlehnt, das zu *frz.* plagiaire „jemand, der geistiges Eigentum stiehlt“ gebildet ist. Dieses geht auf *lat.* plagiarius „Seelenverkäufer, Menschenräuber“ zurück, einer Bildung zu *lat.* plagium „Menschenraub, Seelenverkauf“. – Dazu: **Plagiator** „jemand, der ein Plagiat begeht; Abschreiber“ (19. Jh.; nach *lat.* plagiator „Menschenräuber“); **plagiieren** „ein Plagiat begehen“ (Ende 19. Jh.; nach *spätlat.* plagiare „Menschenraub begehen“).

Plaid: Die Bezeichnung für „[karierte] Reisedecke; großes wollenes Umhangtuch“ wurde im 18. Jh. aus gleichbed. *engl.* plaid entlehnt, einem aus dem *Schott.* stammenden Wort unklarer Herkunft.

Plakat „öffentlicher Aushang; [Werbe]anschlag“: Das Fremdwort wurde im 16. Jh. aus gleichbed. *niederl.* plakkaat (*mniederl.* plakkae[r]t) übernommen, das seinerseits aus *frz.* placard [„Tür-, Wand]verkleidung; Anschlagzettel, Aushang“ entlehnt ist. Dies gehört zu *frz.* plaquer „belegen, bekleiden, überziehen“, das aus dem *Germ.,* und zwar aus den mit *dt.* Placken „Flicklappen“ verwandten Wörtern *mniederl., niederd.* placken „einen Flicken auflegen, ankleben; flicken“ hervorging. – Das Fremdwort **Plakette** „kleine, eckige [meist geprägte] Platte mit einer Reliefdarstellung (als Gedenkmünze, Anstecknadel u. a.)“ wurde Anfang des 20. Jh.s aus *frz.* plaquette „kleine Platte, Gedenktäfelchen“ entlehnt, das als Verkleinerungsbildung zu dem von *frz.* plaquer (s. o.) abgeleiteten Substantiv *frz.* plaque „Platte, Täfelchen“ gehört.

plan „flach, eben“: Das Adjektiv wurde im 16. Jh. aus gleichbed. *lat.* planus entlehnt, das mit *dt.* ↑*Feld* verwandt ist. – Dazu gehören: [1]**Plan** „Ebene, ebener Platz; Kampfplatz“ (in *mhd.* Zeit aus *mlat.* planum „ebene Fläche“ entlehnt), heute veraltet und fast nur noch in Wendungen wie ‘auf den Plan treten’ „in Erscheinung treten“ gebräuchlich; **planieren** „[ein]ebnen“ (16. Jh.; wohl über *niederl.* planeren aus gleichbed. *frz.* planer < *spätlat.* planare; ‘planieren’ trat an die Stelle des *mhd.* plānen „[ein]ebnen“). Im *It.* wurde *lat.* planus zu piano (vgl. den Artikel *piano*).

[1]**Plan** ↑ plan.

[2]**Plan** „Grundriß, Entwurf; Vorhaben“: Das Substantiv wurde im 18. Jh. aus gleichbed. *frz.* plan (älter: plant) entlehnt. Das *frz.* Wort, das erst sekundär mit *frz.* plan „Oberfläche“ zusammengefallen ist, geht vermutlich auf *lat.* planta „Fußsohle“ (vgl. *Pflanze*) zurück und hat sich nach dem Vorbild von entsprechend *it.* pianta (< *lat.* planta) „Fußsohle; Grundriß eines Gebäudes“ (vermittelnde Bedeutung etwa „Grundfläche“) entwickelt. – Abl.: **planen** „entwerfen, vorhaben“ (19. Jh.), dazu **Planung** „das Planen“ (20. Jh.) und **Planer** „jemand, der etwas plant“ (20. Jh.); **planlos** „ohne Plan“ (18. Jh.); **planvoll** „auf einem Plan beruhend, sinnvoll gestaltet“ (18. Jh.).

Plane: Die Bezeichnung für „grobe Leinwand, [Wagen]decke“ hat sich aus einer *ostmitteld.* Nebenform von dem heute nur noch *landsch.* gebräuchlichen **Blahe** „grobe Leinwand, [Wagen]decke“ (*mhd.* blahe, *ahd.* blaha) entwickelt. Damit sind verwandt im *germ.* Sprachbereich *dän.* blaar und *schwed.* blånor „Abfall von Hanf oder Flachs; Werg" und weiterhin *lat.* floccus „Wollflocke". Die Form 'Plane' hat sich erst im 19. Jh. in der Schriftsprache durchgesetzt.

Planet: Die Bezeichnung für den Wandelstern (im Gegensatz zum Fixstern) wurde in *mhd.* Zeit als plānēte aus gleichbed. *spätlat.* planeta entlehnt, das aus *griech.* planḗtēs „Wandelstern" (eigentlich „Umherschweifender, Wanderer") übernommen ist. Das *griech.* Wort ist eine Bildung zu *griech.* plánēs „Umherschweifender, Wanderer", das zu *griech.* planān „umherschweifen, irregehen" gehört. – Abl.: **planetarisch** „die Planeten betreffend" (Anfang des 19. Jh.s, *nlat.* Bildung); **Planetarium** „Gebäude mit einer Kuppel, in dem mit Hilfe eines Gerätes die Bewegung von Sonne, Mond und Planeten o. ä. dargestellt wird" (19. Jh.; *nlat.* Bildung).

planieren ↑ plan.

Planke „starkes Brett, Bohle": Das Substantiv (*mhd.* planke) beruht wie z. B. entsprechend *niederl.* plank und *frz.* planche auf *spätlat.-roman.* planca „Planke, Bohle" einer volkstümlichen Umbildung von *lat.* p[h]alanga (*vlat.* *palanca) „Stange, Tragebaum; Rolle, Walze". – Quelle des Wortes ist das auch unserem Fremdwort ↑ Phalanx zugrundeliegende *griech.* Substantiv phálagx (Akkusativ: phálagga) „Walze; Stamm, Balken; Schlachtreihe", das urverwandt ist u. a. mit *dt.* ↑ *Balken*.

plänkeln „sich Vorpostengefechte liefern, den Kampf eröffnen", *mdal.* auch „schwingen, pendeln" und „mit dem Flegel dreschen": Die *nhd.* Form geht über älter *nhd.* blenkeln auf *mhd.* blenkeln „hin und her bewegen" zurück. Das *mhd.* Verb ist wohl eine Iterativbildung zu *mhd.* blenken „[sich] hin und her bewegen, unstet umherfahren" (eigentlich „blinkend, blank machen", vgl. *blank*). Um 'plänkeln' gruppieren sich die Bildungen **Plänkelei, Geplänkel** und **Plänkler** (19. Jh., für *frz.* tirailleur).

Plankton: Die seit dem Ende des 19. Jh.s belegte naturwissenschaftliche Bezeichnung für die Gesamtheit der im Wasser schwebenden niederen Organismen (ohne große Eigenbewegung) ist eine gelehrte Neubildung zu *griech.* plázein „umherirren machen; (passivisch) umherschweifen" oder zu dessen Verbaladjektiv *griech.* plagktós „umherirrend; umhergetrieben".

planlos ↑ [2]Plan.

planschen ↑ plätschern.

Plantage: Die Bezeichnung für einen landwirtschaftlichen Großbetrieb in tropischen Gegenden wurde im 17. Jh. aus gleichbed. *frz.* plantage entlehnt, das im Sinne von „Pflanzung" zu *frz.* planter (< *lat.* plantare) „pflanzen" gehört (vgl. das Lehnwort *Pflanze*).

plantschen ↑ plätschern.

Planung, planvoll ↑[2]Plan.

plappern: Das erst seit dem 16. Jh. bezeugte Verb ist, wie z. B. auch ↑ klappern und ↑ schnattern, lautnachahmenden Ursprungs.

plärren (*ugs.* für:) „laut und anhaltend weinen, unangenehm schrill schreien": Das Verb (*mhd.* blerren, blēren) ist lautnachahmenden Ursprungs und ist [elementar]verwandt mit *niederl.* blèren „plärren" und *engl.* to blare „schmettern", beachte auch *nordd.* blar[r]en „weinen" (*mnd.* blarren), dazu **Blarre** *nordd. ugs.* für „weinerliches Kind". – Das Verb wurde früher auch auf tierische Laute bezogen und speziell im Sinne von „blöken" gebraucht.

Pläsier: Der veraltende, aber noch scherzhaft gebrauchte Ausdruck für „Vergnügen, Spaß; Unterhaltung" wurde Ende des 16. Jh.s aus gleichbed. *frz.* plaisir entlehnt. Das *frz.* Wort setzt ein substantiviertes *afrz.* Verb plaisir „gefallen" fort – dafür heute *frz.* plaire –, das auf *lat.* placere „gefallen" (vgl. *Plazet*) zurückgeht. – Abl.: **pläsierlich** „vergnüglich, heiter, angenehm, freundlich" (Ende 17. Jh.; heute veraltet, aber noch *mdal.* gebraucht).

Plasma „Lebenssubstanz aller pflanzlichen, tierischen und menschlichen Zellen, Protoplasma; „flüssiger Teil des Blutes, Blutplasma": Das Fremdwort ist eine gelehrte Entlehnung des 19. Jh.s aus *griech.* plásma „Gebildetes, Geformtes, Gebilde" (zu *griech.* plássein „formen, bilden"; vgl. *Plastik*). **Protoplasma** – ebenfalls im 19. Jh. gebildet –, dessen Bestimmungswort *griech.* prōtos „erster, frühester; am Anfang stehend" ist, bedeutet also eigentlich etwa „Urstoff, Ursubstanz (nämlich des Lebens)".

[1]Plastik „Bildhauerkunst; von einem Bildhauer geschaffenes Kunstwerk; körperhafte Anschaulichkeit, Ausdruckskraft", in der Medizin auch „operativer Ersatz von Gewebs- und Organteilen": Das Substantiv wurde im 18. Jh. aus *frz.* plastique „Bildhauerkunst" entlehnt, das auf gleichbed. *griech.(-lat.)* plastikḗ (téchnē) zurückgeht (zu *griech.* plastikós „zum Bilden, Formen, Gestalten gehörig", vgl. den Artikel *plastisch*).

[2]Plastik ↑ plastisch.

plastisch „modellierfähig, formbar; anschaulich, deutlich hervortretend, bildhaft, einprägsam; die Plastik betreffend": Das Adjektiv wurde im 18. Jh. aus *frz.* plastique „formbar; anschaulich" entlehnt, das auf *lat.* plasticus „formbar" zurückgeht. Dies ist aus *griech.* plastikós „zum Bilden, Formen, Gestalten gehörig" übernommen, einer Ableitung von *griech.* plástēs „Bildner; bildender Künstler, Bildhauer", das zu *griech.* plássein (< *pláth-i̯ein) „aus weicher Masse bilden, formen, gestalten" gehört. Dies stellt sich – mit den Bildungen *griech.* plásma „Geformtes, Gebilde" (↑ Plasma, Protoplasma) und *griech.* émplastron „das Aufgeschmierte" (↑ Pflaster) – zu der unter ↑ *Feld* behandelten *idg.* Wortfamilie. – Gleichen Ursprungs wie 'plastisch' ist *engl.* plastic „formbar, knetbar, weich", aus dessen Substantivierung plastic[s] „Kunststoff" im 20. Jh. unser **[2]Plastik** „Kunststoff" übernommen wurde.

Platane (Laubbaum mit ahornähnlichen Blättern): Der Baumname wurde im 18. Jh. aus *lat.* platanus entlehnt, das seinerseits aus gleichbed. *griech.* plátanos übernommen ist. *Griech.* plátanos „Planane" ist vermutlich selbst Lehnwort aus einer fremden (asiatischen) Sprache und erst nachträglich an das Adjektiv *griech.* platýs „platt, breit, flach" (vgl. *platt*) als „breitwüchsig, breitästig, breitblättrig" oder „glattrindig" angeschlossen worden.

Plateau „Hochebene, Hochfläche": Das Fremdwort wurde im 19. Jh. aus *frz.* plateau „flaches Stück, flacher Gegenstand; Hochebene" entlehnt, das zu *frz.* plat „flach" gehört (vgl. *platt*).

Platin: Das im 18. Jh. in Südamerika entdeckte Edelmetall wurde nach seinem silbrigglänzenden Aussehen mit dem *span.* Wort platina „kleines Silberkörnchen" (heute dafür *span.* platino) benannt. In *dt.* Texten erscheint das Wort bereits im 18. Jh., und zwar zuerst als 'Platine'. – *Span.* platina ist Verkleinerungsbildung zu *span.* plata (de argento) „Silberplatte; Silber", das auf *vlat.* *platta „Metallplatte" zurückgeht. Über das zugrundeliegende Adjektiv *vlat.* *plattus „flach, platt" vgl. den Artikel *platt.* – Unmittelbar aus dem *Frz.* entlehnt ist das Fachwort der Feinmechanik und Elektronik **Platine** „kleine Montageplatte zur Halterung der Anschlüsse einzelner elektronischer Bauelemente" (*frz.* platine, 20. Jh.).

Platitüde „Plattheit, abgedroschene Redewendung, Gemeinplatz": Das Fremdwort wurde im 18. Jh. aus gleichbed. *frz.* platitude entlehnt, das von *frz.* plat „flach, platt; banal" (vgl. *platt*) abgeleitet ist.

platonisch „nicht sinnlich, rein seelisch-geistig": Das seit dem 18. Jh. gebräuchliche Adjektiv ist eine Bildung (nach *griech.* Platōnikós) zu Platon, dem Namen des griechischen Philosophen, und bedeutet eigentlich „Platon, die Philosophie Platons betreffend". Die Verwendung im Sinne von „nicht sinnlich, rein seelisch-geistig" geht von Platons „Symposion" aus, wo er von der rein geistigen Liebe spricht.

platschen ↑plätschern.

plätschern: Das seit dem 16. Jh. bezeugte Verb ist eine Intensivbildung zu dem lautnachahmenden **platschen** (15. Jh.), das also eigentlich „platsch machen" bedeutet und Geräusche nachahmt, die beim Aufprall schwererer [weicher] Körper, beim Schlagen ins Wasser oder dgl. entstehen. – Eine Nebenform mit gefühlsbetonter Nasalierung ist **planschen,** älter auch **plantschen** (18. Jh.). – Eine ähnliche Schallnachahmung ist *nordd.* **pladdern** „planschen; Wasser verschütten; mit großen Tropfen regnen" (16. Jh.); s. auch den Artikel *platzen.*

platt „flach": Das Anfang des 17. Jh.s aus dem *Niederd.* ins *Hochd.* übernommene Adjektiv geht zurück auf gleichbed. *mnd. (= mniederl.)* plat[t], das aus *(a)frz.* plat „flach" entlehnt ist. Quelle des *frz.* Wortes ist das *griech.* Adjektiv platýs „eben, platt, breit" (etymologisch verwandt mit den unter ↑*Fladen* genannten Wörtern), das über gleichbed. *vlat.* *plattus in die *roman.* Sprachen gelangte (vgl. z. B. entsprechend *it.* piatto „platt, flach"). – Abl.: **plätten** „bügeln" (aus *mnd.* pletten, eigentlich „platt, glatt machen"), dazu die Berufsbezeichnung **Plätterin.** Zus.: **plattdeutsch** „niederdeutsch" (17. Jh., aus *niederd.* [< *niederl.*] plat „flach" im übertragenen Sinne von „gemeinverständlich, vertraut"), dazu das Substantiv **Platt** „Niederdeutsch", auch allgemein „Dialekt, Mundart". – Vgl. noch die zum gleichen Stammwort (*griech.* platýs > *vlat.* *plattus) gehörenden Fremd- und Lehnwörter ↑plazieren, ↑Platane, ↑Plateau, ↑Platin, ↑Platte, ↑Plattform und ↑Platz.

Platte: Das aus *mlat.* platta „Metallplatte; Tonsur" (zu *vlat.* *plattus „flach", vgl. *platt*) entlehnte Substantiv bezeichnete in den ältesten Sprachzuständen (*ahd.* platta, blatta) nur die Tonsur des Geistlichen (danach bedeutet 'Platte' seit dem 17. Jh. auch allgemein „Glatze"). Im heutigen Sprachgebrauch bezeichnet 'Platte' die verschiedensten flächig gearbeiteten Gegenstände (z. B. Metallplatten, Steinplatten, flache Schüsseln u. a.). Es setzt in dieser Verwendung teilweise *mhd.* blate, plate „metallener Brustpanzer, Plattenpanzer; Felsplatte; flache Schüssel usw." fort, das sekundär von *mlat.* plata (= platta) „Metallplatte" und dem darauf beruhenden *afrz.* plate beeinflußt wurde.

Plattform „an einem erhöhten Ort geschaffene ebene Fläche": Das Wort wurde im 16. Jh. als Fachausdruck des Bauwesens aus *frz.* plateforme „Flachdach; Söller; erhöhter, rings eingeschlossener Platz" entlehnt, das wohl Lehnübersetzung von *it.* piattaforma ist. – Das *frz.* Wort ist gebildet aus *frz.* plat „flach" (vgl. *platt*) und *frz.* forme „Form" (< *lat.* forma, vgl. *Form*). Seit dem 19. Jh. bezeichnet 'Plattform' auch die Fläche am vorderen oder hinteren Ende von Straßen- oder Eisenbahnwagen. Die gleichfalls seit dem 19. Jh. bezeugte Verwendung im Sinne von „Basis, Grundlage, Parteiprogramm" kam unter dem Einfluß von gleichbed. *engl.* platform auf.

[1]Platz „freie, umbaute [Straßen]fläche; Ort, Stelle; Stellung, Position; verfügbarer Raum", auch kurz für „Sitzplatz" und „Sportplatz": Das seit dem Ende des 13. Jh.s bezeugte Substantiv (*mhd.* plaz, platz) ist aus gleichbed. *(a)frz.* place entlehnt, das seinerseits wie entsprechend *it.* piazza „Platz" auf *lat.-vlat.* platea „breite, öffentliche Straße; Platz" beruht. Dies ist aus *griech.* plateĩa (ergänze: hodós) „die breite (Straße)" entlehnt. Über das zugrundeliegende Adjektiv *griech.* platýs „eben, platt, breit usw." vgl. den Artikel *platt.* Vgl. auch das zu *frz.* place gehörende Fremdwort *plazieren.* – Ursprünglich identisch mit '[1]Platz' ist vermutlich der seit dem 15. Jh. landschaftlich gebräuchliche Gebäckname **[2]Platz** (eigentlich „flach geformter Kuchen"). Dessen Verkleinerungsform **Plätzchen** hat als Bezeichnung für Kleingebäck eine selbständige gemeinsprachliche Geltung erlangt.

platzen: Das seit *mhd.* Zeit bezeugte Verb (*mhd.* platzen, blatzen) ist lautmalenden Ursprungs. Es ahmte früher vor allem Geräusche nach, die bei einem Aufprall, beim Abfeuern eines Schusses und beim Bersten eines Gegenstandes entstehen, beachte die Zusammensetzungen **Platzpatrone** „nur knallende, nicht scharfe Patrone" (19. Jh.) und **Platzregen** „niederprasselnder starker Regen" (15. Jh.). Heute wird 'platzen' gewöhnlich im Sinne von „bersten, reißen, auseinandergehen" verwendet.

plaudern: Die *nhd.* Form geht auf gleichbed. *spätmhd.* plūdern zurück, das mit *mhd.* plōdern und blōdern „rauschen; schwatzen" lautnachahmenden Ursprungs ist. Eine ähnliche Schallnachahmung ist z. B. *lat.* blaterare „schwatzen, dummes Zeug reden". Neben 'plaudern' ist (besonders *südostd.)* auch **plauschen** „sich gemütlich unterhalten" gebräuchlich, beachte dazu die Bildung **Plausch** „gemütliche Unterhaltung". Abl.: **Plauderei** (17. Jh.).

plausibel „einleuchtend, verständlich, überzeugend, triftig": Das Adjektiv wurde im 17. Jh. aus gleichbed. *frz.* plausible entlehnt, das auf *lat.* plausibilis „Beifall verdienend; einleuchtend" zurückgeht. Dies gehört zu *lat.* plaudere „klatschen, schlagen; Beifall klatschen", das auch mit zwei Bildungen, *lat.* ap-plaudere „Beifall klatschen" (↑applaudieren, Applaus) und *lat.* ex-plodere „klatschend heraustreiben, ausklatschen" (↑explodieren, Explosion, explosibel, explosiv), in unserem Fremdwortschatz vertreten ist.

plaustern ↑plustern.

Playboy: Die Bezeichnung für einen [wirtschaftlich unabhängigen] Mann, der seinem Vergnügen (vor allem erotischen Abenteuern) lebt, wurde im 20. Jh. aus gleichbed. *engl.-amerik.* playboy entlehnt. Das *engl.-amerik.* Wort bedeutet eigentlich etwa „Spieljunge"; es gehört zu *engl.* to play „spielen, sich amüsieren" und *engl.* boy „Junge".

Plazenta: Der seit etwa 1700 gebräuchliche medizinische Fachausdruck für „Mutterkuchen, Nachgeburt" ist eine gelehrte Entlehnung aus *lat.* placenta „Kuchen", das seinerseits aus *griech.* plakoũs „flacher, breiter Kuchen" bzw. dessen Akkusativ plakoũnta übernommen ist. Stammwort ist *griech.* pláx „[Meeres]fläche, Platte" (verwandt mit *dt.* ↑*flach).* Vgl. auch den Artikel *Palatschinke.*

Plazet: Der im 16. Jh. aufgekommene Ausdruck für „Genehmigung, Bestätigung" war ursprünglich ein Wort der Kanzleisprache. Es ist auf ähnliche Weise entstanden wie z. B. ↑Dezernat, nämlich aus einer verbalen Formel in der 3. Person Singular Präsens, nämlich *lat.* placet „es gefällt, es entspricht meiner Vorstellung; ich stimme zu, ich genehmige" (als Aktenvermerk und dergleichen). – Das zugrundeliegende Verb *lat.* placere „gefallen, gut scheinen" (eigentlich etwa „eben sein"), das verwandt ist mit *dt.* ↑*flach,* ist auch Ausgangspunkt für die Fremdwörter ↑Pläsier, pläsierlich und ↑plädieren, Plädoyer.

plazieren, auch: placieren „an eine bestimmte Stelle bringen, einen Platz zuweisen; Kapitalien anlegen oder unterbringen; einen gezielten Schuß, Hieb oder Schlag abgeben", reflexiv auch: „einen der vorderen Plätze erringen (bei Sportwettkämpfen)": Das Verb wurde im frühen 18. Jh. aus *frz.* placer „auf einen Platz stellen usw." entlehnt. Dies ist eine Ableitung von *frz.* place „Platz" (vgl. [1]*Platz*). – Abl.: **deplaciert** „fehl am Platz, unangebracht" (18. Jh.; aus gleichbed. *frz.* déplacé).

Plebs: Die im 19. Jh. aufkommende abfällige Bezeichnung für das niedere, ungebildete Volk geht auf das *lat.* Substantiv plebs (plebis) „Volksmenge, Volk" zurück. Die pejorative Bedeutungsentwicklung ist die gleiche wie in ↑Pöbel. *Lat.* plebs gehört vermutlich mit einer Grundbedeutung „Menge, Haufen" zu der unter ↑*viel* behandelten *idg.* Wortgruppe. – Dazu stellt sich das zusammengesetzte Fremdwort **Plebiszit** „Volksentscheid; Volksbefragung" (15. Jh.; aus gleichbed. *lat.* plebiscitum; dessen Grundwort ist *lat.* scitum „Verordnung, Beschluß"; in neuerer Zeit wirkte auch entsprechend *frz.* plébiscite auf Bedeutung und Gebrauch ein).

Pleite „Zahlungsunfähigkeit, Bankrott; Reinfall *(ugs.)*": Das aus der Gaunersprache stammende, im 19. Jh. in die Umgangssprache gelangte Wort geht auf *hebr.* pĕleṭạ̄ „Flucht, Rettung" zurück (*jidd.* pleto „Flucht, Entrinnen; Bankrott"). Die Bedeutungsentwicklung zu „Bankrott" geht wohl davon aus, daß sich der zahlungsunfähige Schuldner vor seinen Gläubigern nur durch „Flucht" retten konnte. Dazu stellen sich das Adjektiv **pleite** „zahlungsunfähig, bankrott" (19. Jh.) und die Zusammensetzung **Pleitegeier** als scherzhafte Bezeichnung für den „Kuckuck" des Gerichtsvollziehers. Letzteres ist wahrscheinlich umgedeutet aus 'Pleitegeher' „betrügerischer Bankrotteur" ('-geier' ist die *jidd.* Aussprache für '-geher').

plempern: Der *ugs.* Ausdruck für „gießen, schütten, spritzen" ist wohl – wie *ostfries.* plempen „ein Geräusch im Wasser machen" – lautmalenden Ursprungs. Gebräuchlicher ist die Präfixbildung **verplempern** „vergießen, verschütten", die übertragen im Sinne von „vergeuden, vertun" gebräuchlich ist.

plemplem: Die Herkunft des *ugs.* Ausdrucks für „nicht recht bei Verstand" ist dunkel.

Plenum: Die Bezeichnung für „Vollversammlung einer politischen Körperschaft (insbesondere des Parlaments)" wurde im 19. Jh. aus gleichbed. *engl.* plenum entlehnt, das aus *lat.* plenum consilium „vollzählige Versammlung" gekürzt ist. Dazu stellt sich **Plenar...** „vollständig, vollzählig, gesamt" als Bestimmungswort von Zusammensetzungen wie **Plenarsitzung** (19. Jh.) oder **Plenarsaal** (20. Jh.). Auch hier ist das entsprechende *engl.* Adjektiv plenary (< *spätlat.* plenarius „vollständig") Vorbild. – *Lat.* plenus (daraus auch *it.* pieno und *frz.* plein) gehört mit *lat.* plere „vollmachen", com-plere „vervollständigen, anfüllen" und den Bildungen *lat.* completus „vollständig" und *lat.* complementum „Vervollständigung" (s. hierzu die Fremdwörter *komplett, komplementär* und *Kompliment*) zu der unter ↑*viel* dargestellten *idg.* Wortgruppe.

Pleuel[stange] ↑bleuen.

plinkern „durch rasche Bewegungen der Lider immer wieder für einen kurzen Augenblick [unwillkürlich] die Augen schließen": Das erst im 20. Jh. gemeinsprachlich gewordene Verb ist eine Iterativbildung zu *niederd.* plinken, einer Nebenform von ↑blinken.

Plinse ↑mahlen.

Plissee: Die Bezeichnung für ein mit [dauerhaften] Falten versehenes Gewebe wurde im 19. Jh. aus gleichbed. *frz.* plissé entlehnt, das zu *frz.* plisser „falten, fälteln" gehört. Das *frz.* Verb, aus dem unser **plissieren** „fälteln" übernommen ist, ist von *frz.* pli „Falte" abgeleitet, das zu *frz.* plier „in Falten legen, [zusammen]falten" (aus gleichbed. *afrz.* ploier > *frz.* ployer umgestaltet) gehört. Dies geht auf *lat.* plicare „[zusammen]falten" (vgl. *kompliziert*) zurück.

Plombe: Das seit dem 18. Jh. bezeugte Fremdwort bezeichnete zunächst ein Metallsiegel (ursprünglich aus Blei) zum Verschluß von Behältern und Räumen. In diesem Sinne ist es unmittelbar aus *frz.* plomb „Blei; Blei-, Metallverschluß" entlehnt, das auf *lat.* plumbum „Blei" zurückgeht. Hingegen ist 'Plombe' als zahnmedizinischer Terminus im Sinne von „Zahnfüllung" (zuerst 1801 gebucht) eine Rückbildung aus dem gleichfalls aus dem *Frz.* entlehnten Verb **plombieren** „einen Zahn mit einer Füllung versehen" (18. Jh.; aus *frz.* plomber), das wie das *frz.* Verb auch „mit einer Plombe versiegeln" bedeutet. Die Bed. „Zahnfüllung" wird im *Frz.* nicht mit plomb, sondern mit dem von plomber abgeleiteten Substantiv plombage bezeichnet.

Plötze: Der seit dem 15. Jh. bezeugte Name des Rotkarpfens ist aus dem *Westslaw.* entlehnt, vgl. *kaschub.* plocica, *poln.* płocica „Plötze" (Verkleinerungsbildung zu *kaschub.* ploć, *poln.* płoć „Plötze", eigentlich wohl „Plattfisch"). Da der Fischfang an der Ostgrenze des *dt.* Sprachgebiets in früherer Zeit hauptsächlich in den Händen der Slawen lag, drangen einige *slaw.* Fischnamen in den *dt.* Wortschatz, so z. B. auch **Maräne** „Felchen" (16. Jh.; *kaschub.* moranka). Vgl. auch den Artikel *Karausche.*

plötzlich: Das seit *spätmhd.* Zeit gebräuchliche Wort ist eine Bildung zu dem heute veralteten lautnachahmenden Substantiv 'Plotz' „klatschender Schlag, schneller Fall, Knall", beachte die älter *nhd.* Wendung 'auf den Plotz' „Knall und Fall". Es bedeutet demnach eigentlich etwa „auf einen Schlag, im Augenblick eines Knalls". – Auf einer ähnlichen Schallnachahmung beruht das unter ↑*platzen* behandelte Verb.

Plumeau: Die Bezeichnung für „Federdeckbett" wurde im 19. Jh. aus gleichbed. *frz.* plumeau entlehnt, das allerdings vorwiegend „Federbesen" bedeutet und nur selten im Sinne von „Federdeckbett" gebraucht wird (dafür *frz.* édredon). Das Wort ist von *frz.* plume „Feder" abgeleitet, das auf *lat.* pluma „Feder" (vgl. *Flaus*) zurückgeht.

plump „grob, derb, unförmig, unbeholfen": Das im 16. Jh. aus dem *Niederd.* ins *Hochd.* übernommene Adjektiv (*mnd.* plump, plomp) gehört zu der Interjektion *[m]niederd.* plump! Diese Interjektion gibt vorwiegend das Geräusch an, das beim Fallen und Aufprallen eines schweren Körpers entsteht. Das Adjektiv bedeutet demnach eigentlich etwa „plumpsend, mit dumpfem Geräusch auftretend oder fallend". – Statt 'plump' wird heute die Interjektion **plumps** verwendet, wie auch **plumpsen** „mit einem dumpfen klatschenden Geräusch fallen, auftreffen" (18. Jh.) das ältere Verb 'plumpen' (*mnd.* plumpen) verdrängt hat.

Plunder: Die Herkunft des Wortes (*mhd.* blunder, *mnd.* plunder; entsprechend *mniederl.* plunder) ist unklar. Das heute im verächtlichen Sinne von „alter Kram, wertloses Zeug" verwendete Wort bedeutete früher „Hausgerät; Kleider; Wäsche, Bettzeug". Die Bed. „Wäsche, Bettzeug" ist noch *mdal.* bewahrt. An diesen Wortgebrauch ohne herabsetzenden Nebensinn schließt sich das abgeleitete Verb **plündern** (*mhd.* plundern, *mnd.* plunderen; entsprechend *niederl.* plunderen) an. Das Verb bedeutet demnach eigentlich „Hausgerät, Kleider, Wäsche wegnehmen". Abl.: **Plünderer** (17. Jh.); **Plünderung** (17. Jh.).

Plural „Mehrzahl": Der grammatische Terminus (im Gegensatz zu ↑Singular) wurde Anfang des 17. Jh.s aus gleichbed. *lat.* pluralis (numerus) entlehnt. Zugrunde liegt *lat.* plus „mehr" bzw. dessen Pluralform plures „mehrere" (vgl. den Artikel *plus*).

plus „zuzüglich, und, vermehrt um" (zur Bezeichnung der Addition, im Gegensatz zu ↑minus; Zeichen: +): Das Wort wurde im 15. Jh. als mathematischer Terminus aus gleichbed. *lat.* plus übernommen, dem Adverb zu *lat.* plus, pluris „mehr, größer, zahlreicher". – Dazu die Substantivierung **Plus** „das Mehr, der Mehrbetrag; Gewinn, Überschuß; Vorteil" (16. Jh.). Beachte ferner das abgeleitete Adjektiv *lat.* pluralis „aus mehreren bestehend" in ↑Plural.

Plüsch: Der seit dem 17. Jh. bezeugte Name des samtigen Florgewebes mit senkrecht stehenden Fasern ist aus gleichbed. *frz.* peluche (Nebenform: pluche) entlehnt. Dies ist eine alte Ableitung von dem *afrz.* Verb pelucher „auszupfen", das über ein *galloroman.* *piluccare auf *lat.* pilare „enthaaren" zurückgeht. Dies ist von *lat.* pilus „Haar" abgeleitet. – Vgl. auch den Artikel *pflücken.*

Plusquamperfekt ↑perfekt.

plustern, sich „die Federn sträuben, sich aufblasen": Das zu Beginn des 17. Jh.s aus dem *Niederd.* ins *Hochd.* übernommene Verb geht zurück auf *mnd.* plūsteren „[zer]zausen, herumstöbern". Das *mnd.* Wort gehört zu *niederd.* plūsen „zupfen", *niederl.* pluizen „[aus]fasern, zausen, stöbern", *dän.* pluske „[zer]zausen", deren weitere Herkunft unklar ist. Statt 'plustern' wird heute – vor allem in der Umgangssprache reflexiv im Sinne von „sich wichtig tun" – **aufplustern** verwendet. – *Mdal.* ist auch die Form **plaustern** gebräuchlich.

Plutonium: Der Name des radioaktiven chemischen Elements wurde im 20. Jh. aus gleichbed. *engl.* plutonium übernommen, einer gelehrte Bildung des amerikanischen Chemikers G. Th. Seaborg und seiner Mitarbeiter zum Planetennamen Pluto. Der Name bezieht sich darauf, daß im Planetensystem Pluto auf Neptun folgt (dementsprechend das Plutonium mit der Ordnungszahl 94 auf das Neptunium mit der Ordnungszahl 93 im Periodensystem der chemischen Elemente).

Pöbel „Gesindel, Pack“: *Lat.* populus „Volk; Volksmenge, Leute“, das auch Ausgangspunkt für die Fremdwörter ↑populär, Popularität ist, lebt u. a. in *span.* pueblo „Dorf“ und in *frz.* peuple (*afrz.* poblo, pueble) „Volk“ fort. Aus dem *Frz.* (*afrz.* poblo, pueble) stammt einerseits *engl.* people „Volk“, andererseits *mhd.* bovel, povel „Volk, Leute“. Dies wurde später an *frz.* peuple angeglichen. Die Form ‘Pöbel’ findet sich zuerst bei Luther (neben Vorformen wie ‘Pübel’, ‘Pubel’ und ‘Pobel’), verdeutscht etwa mit „gemeines Volk“, zunächst noch ohne verächtlichen Nebensinn. – Dazu stellen sich die Bildungen **pöbelhaft** „in der Art des Pöbels, gemein“ (18. Jh.) und **pöbeln** „sich pöbelhaft benehmen“, heute: „jemanden mit beleidigenden Äußerungen provozieren“ (19. Jh.), beachte dazu **anpöbeln** „in gemeiner Weise belästigen“ (20. Jh.).

pochen: Die *germ.* Verben *mhd.* bochen, puchen, *mnd.* boken, *niederl.* beuken, *schwed. mdal.* boka sind lautmalenden Ursprungs und gehen von einer Nachahmung dunkler Schalleindrücke aus, wie sie z.B. durch Klopfen und Schlagen hervorgerufen werden. Gleichfalls lautnachahmenden Ursprungs sind *mnd.* poken „stoßen, stechen, stochern“, *niederl.* poken „schüren“, *engl.* to poke „stoßen; puffen; stochern, schüren“.

Pocke „Pustel, Blatter“: Das im 16. Jh. aus dem *Niederd.* ins *Hochd.* übernommene Wort geht auf gleichbed. *mnd.* pocke zurück, das mit *niederl.* pok „Pustel, Blatter“ und *engl.* pock „Pustel, Blatter“ verwandt ist. Es gehört wahrscheinlich im Sinne von „Schwellung, Blase“ zu der unter ↑*Beule* dargestellten *idg.* Wortgruppe, vgl. z. B. aus anderen *idg.* Sprachen *lat.* bucca „aufgeblasene Backe“. – Im heutigen Sprachgebrauch wird das Wort gewöhnlich im Plural **Pocken** als Krankheitsname verwendet. – Vgl. den Artikel *Pickel.*

Podest „[Treppen]absatz, Stufe; Podium“: Die Herkunft des seit dem 19. Jh. gebräuchlichen Fremdworts ist unklar. Vielleicht geht es auf eine Kreuzung von *lat.* podium „Erhöhung“ (vgl. *Podium*) und *lat.* suggestum „Erhöhung, Tribüne“ zurück.

Podex: Die seit dem 17. Jh. bezeugte scherzhafte Bezeichnung für „Gesäß“ ist aus *lat.* podex „Hintere, Gesäß“ entlehnt, das im Ablaut zu *lat.* pedere „furzen“ steht und demnach eigentlich „Furzer“ bedeutet. – Vgl. auch den Artikel *Popo.*

Podium: Die Bezeichnung für „trittartige Erhöhung (für Schauspieler, Musiker u. a.); Rednerpult“ wurde im 19. Jh. aus *lat.* podium „Tritt, trittartige Erhöhung; Fußgestell“ entlehnt, das seinerseits aus *griech.* pódion (eigentlich „Füßchen“) übernommen ist. Dies ist eine Bildung zu *griech.* poús (podós) „Fuß“ (urverwandt mit dt. ↑*Fuß*), das auch in dem Fremdwort ↑Antipode erscheint.

Poesie „Dichtung, Dichtkunst (insbesondere die Versdichtung im Gegensatz zur ↑Prosa)“; auch übertragen gebraucht im Sinne von „dichterischer Stimmungsgehalt, Zauber“: Das Substantiv wurde Ende des 16. Jh.s aus gleichbed. *frz.* poésie entlehnt, das auf *lat.* poesis „Dichtkunst“ zurückgeht. Dies ist aus *griech.* poíēsis „das Machen, das Verfertigen; das Dichten, die Dichtkunst“ übernommen, einer Bildung zum *griech.* Verb poieîn „machen, verfertigen; schöpferisch tätig sein; dichten“. – Dazu stellen sich: **Poet** „Dichter“ (*mhd.* pōēte; aus *lat.* poeta („Dichter“, das aus *griech.* poiētḗs „schöpferischer Mensch; Dichter“ stammt) und **poetisch** „die Poesie betreffend, dichterisch; bilderreich, ausdrucksvoll“ (Ende 16. Jh.; unter Einfluß von *frz.* poétique aus *lat.* poeticus „dichterisch“, das aus *griech.* poiētikós „das Machen, Verfertigen, Dichten betreffend; dichterisch“ übernommen ist).

Pogrom ↑grimm.

Pointe: Der Ausdruck für „überraschender [geistreicher] Schlußeffekt (z. B. eines Witzes)“ wurde im 18. Jh. aus gleichbed. *frz.* pointe entlehnt, das wörtlich „Spitze, Schärfe“ bedeutet und auf *vlat.* puncta „Stich“ zurückgeht. Dies ist das substantivierte Femininum des Part. Perf. von *lat.* pungere „stechen“ (vgl. *Punkt*). – Dazu: **pointiert** „gezielt, scharf, zugespitzt“ (20. Jh.), adjektivisch gebrauchtes zweites Partizip von **pointieren** „betonen, unterstreichen, hervorheben“ (19./20. Jh.; aus *frz.* pointer „zuspitzen“).

Pokal: Die Bezeichnung für „[kostbares] Trinkgefäß mit Fuß und Deckel“ wurde im 16. Jh. aus *it.* boccale „Krug, Becher“ entlehnt, das über *spätlat.* baucalis „tönernes Kühlgefäß“ auf *griech.* baúkalis „enghalsiges Gefäß“ (wohl *ägypt.* Ursprungs) zurückgeht. Der Anlautwechsel von b- zu p- ist wohl von dem zwar in der Bedeutung nahestehenden, etymologisch aber unverwandten Substantiv *lat.* poculum „Trinkgeschirr, Becher“ beeinflußt, zu dem das heute veraltete Verb **pokulieren** „zechen“ gehört.

Pökel „Salzlake“: Das im 17. Jh. aus dem *Niederd.* ins *Hochd.* übernommene Wort geht auf gleichbed. *mnd.* pekel zurück, das mit *niederl.* pekel „Salzlake“ und *engl.* pickle „Salzlake“ verwandt ist. Die weiteren Beziehungen sind dunkel. Im heutigen Sprachgebrauch ist ‘Pökel’ gewöhnlich nur noch als Bestimmungswort in Zusammensetzungen üblich, beachte z. B. ‘Pökelfleisch’ und ‘Pökelhering’. Auch das Verb **pökeln** „in Salzlake einlegen“, das namentlich in der Zusammensetzung **einpökeln** gebräuchlich ist, stammt aus dem *Niederd.* (*niederd.* pekeln).

Poker: Der Name des Kartenglücksspiels wurde Anfang des 20. Jh.s aus gleichbed. *engl.-amerik.* poker entlehnt, dessen weitere Herkunft unklar ist. – Abl.: **pokern** „Poker spielen“ (Anfang 20. Jh.).

pokulieren ↑Pokal.

Pol „Endpunkt der Erdachse“: Das Substantiv wurde im frühen 18. Jh. aus gleichbed. *lat.* polus entlehnt, das seinerseits aus *griech.* pólos „Drehpunkt, Achse; Erdpol“ übernommen ist. Stammwort ist *griech.* pélein „in Bewegung sein“, das zu der unter ↑*Hals* dargestellten Wortsippe der *idg.* Wurzel kᵘel- „[sich] drehen“ gehört. – In der Physik bezeichnet ʻPolʼ den Aus- oder Eintrittspunkt magnetischer Kraftlinien, in der Elektrotechnik den Aus- oder Eintrittspunkt des Stromes bei einer elektrischen Stromquelle, beachte dazu das abgeleitete Verb **polen** „an einen elektrischen Pol anschließen“. – Abl.: **polar** „am Pol befindlich, die Pole betreffend“ (18. Jh.; *nlat.* Bildung), auch übertragen gebraucht im Sinne von „entgegengesetzt wirkend, gegensätzlich“, dazu das Substantiv **Polarität** „Vorhandensein zweier Pole; Gegensätzlichkeit“ (18./19. Jh.); beachte auch Bildungen wie ʻPolarkreis, Polarnacht, Polarwindʼ.

Polemik: Die Bezeichnung für „intellektuelle Auseinandersetzung um literarische, wissenschaftliche u. a. Fragen; scharfer Angriff ohne sachliche Argumente“ wurde Anfang des 18. Jh.s aus gleichbed. *frz.* polémique entlehnt. Dies ist die Substantivierung des *frz.* Adjektivs polémique (s. unten ʻpolemischʼ), das ursprünglich „kriegerisch, streitbar“ bedeutete. Es geht auf *griech.* polemikós „den Krieg betreffend; kriegerisch“ (Ableitung von *griech.* pólemos „Krieg“) zurück. – Dazu: **polemisch** „in der Art einer Polemik“ (Anfang 18. Jh.; aus gleichbed. *frz.* polémique); **polemisieren** „eine Polemik ausfechten; gegen jemanden polemisch losziehen“ (um 1800 mit französierender Endung gebildet).

polen ↑Pol.

Polenta ↑Pollen.

Police: Die Bezeichnung für „Versicherungsschein, -urkunde“ wurde um 1600 in der Kaufmannssprache aus gleichbed. *frz.* police entlehnt, das seinerseits aus *it.* polizza „Urkunde, Vertrag“ übernommen ist. *It.* polizza wurde auch unmittelbar ins *Dt.* entlehnt und lebt in der noch heute in Österreich gebräuchlichen Form **Polizze** fort. – *It.* polizza geht über *mlat.* apodixa „Nachweis; Quittung“ auf *griech.* apódeixis „Darlegung; Nachweis“ zurück.

Polier „Vorarbeiter der Maurer und Zimmerleute; Bauführer“: Das Substantiv erscheint in diesem Sinne bereits in *spätmhd.* Zeit als parlier, parlierer, das als Ableitung von *mhd.* parlieren „sprechen“ (vgl. *parlieren*) eigentlich „Sprecher“, dann etwa „Wortführer“ bedeutet. Die seit dem 19. Jh. gebräuchliche Form ʻPolierʼ beruht auf volksetymolgischer Angleichung an das unverwandte Verb ↑polieren.

polieren „glätten, schleifen; glänzend machen, blank reiben, putzen“: Das Verb wurde in *mhd.* Zeit – wohl durch Vermittlung von gleichbed. *afrz.* (= *frz.*) polir – aus *lat.* polire „abputzen, glätten; polieren“ entlehnt. – Dazu stellt sich **Politur** „glatte, glänzende Schicht; Poliermittel“ (18. Jh.; aus *lat.* politura „das Glätten“).

Poliklinik: Die Bezeichnung für die einer Klinik angegliederte Abteilung für ambulante Krankenbehandlung ist eine gelehrte Bildung des 19. Jh.s aus *griech.* pólis „Stadt“ (vgl. *Politik*) und klīnikḗ téchnē „Heilkunst für bettlägerige Kranke“ (vgl. *Klinik*). Das Wort bedeutet also eigentlich „Stadtkrankenhaus“.

Politik „auf die Durchsetzung bestimmter Ziele (besonders eines Staates) und die Gestaltung des öffentlichen Lebens gerichtetes Handeln von Regierungen, Parteien, Gruppierungen“, auch übertragen gebraucht im Sinne von „berechnendes, zielgerichtetes Vorgehen“: Das Fremdwort wurde im 17. Jh. aus gleichbed. *frz.* politique entlehnt, das auf *spätlat.* politice „Staatskunst, Politik“ zurückgeht. Dies ist aus *griech.* polītikḗ (téchnē) „Kunst der Staatsverwaltung“ übernommen. Das zugrundeliegende Adjektiv *griech.* polītikós „den Bürger, die Bürgerschaft betreffend; zur Staatsverwaltung gehörig“ (s. unten ʻpolitischʼ) ist von *griech.* polítēs „Stadtbürger, Staatsbürger“ abgeleitet (dazu auch *griech.* polīteía „Bürgerrecht; Staatsverwaltung“ in unserem Fremdwort ↑Polizei). Stammwort ist *griech.* pólis „Stadt, Stadtburg; Bürgerschaft; Staat“, das auch in Fremdwörtern wie ↑Metropole und ↑Poliklinik steckt. – Abl.: **Politiker** „jemand, der Politik treibt, ein politisches Amt hat; Staatsmann“ (18. Jh.; nach *mlat.* politicus, *griech.* polītikós „Staatsmann“); **Politikum** „Tatsache, Vorgang von politischer Bedeutung“ (20. Jh.; *nlat.* Bildung); **politisch** „die Politik betreffend, staatsmännisch“ (16. Jh.; aus gleichbed. *frz.* politique, das auf *lat.* politicus [< *griech.* polītikós „den Bürger, die Bürgerschaft betreffend; zur Staatsverwaltung gehörig“] zurückgeht).

Politur ↑polieren.

Polizei „Sicherheitsbehörde, die über die Wahrung der öffentlichen Ordnung zu wachen hat“: Das seit dem 15. Jh. bezeugte Substantiv, das bis ins 18. Jh. noch ganz allgemein im Sinne von „Regierung, Staatsverwaltung, Politik usw.“ gebraucht wurde, ist aus *mlat.* policia, *spätlat.* politia „Staatsverwaltung; Staatsverfassung“ entlehnt, das seinerseits aus *griech.* polīteía „Bürgerrecht; Staatsverwaltung; Staatsverfassung“ übernommen ist. Über das zugrundeliegende Substantiv *griech.* polítēs „Stadtbürger, Staatsbürger“ vgl. den Artikel *Politik.* – Abl.: **polizeilich** „zur Polizei gehörend“ (20. Jh.); **Polizist** „Angehöriger der Polizei; Schutzmann“ (19. Jh.).

Polizze ↑Police.

Polka: Der im Jahre 1831 in Prag aufgekommene und von dort übernommene Rundtanz im ²/₄-Takt trägt seinen Namen zu Ehren der damals unterdrückten Polen: *tschech.* polka „polnischer Tanz“ (*poln.* Polka „Polin“, polka „Polka“). – Siehe auch den Arikel *Polonäse.*

polken ↑pulen.

Pollen: Der botanische Fachausdruck für „Blütenstaub“ wurde im 14./15. Jh. aus *lat.* pollen „sehr feines Mehl, Mehlstaub; Staub“ übernommen. Dies ist verwandt mit *lat.* polenta „Gerstengraupen“ (daher durch *it.* Vermittlung unser Fremdwort **Polenta** als Bezeichnung für ein italienisches Maisgericht mit Käse) und *lat.* pulvis „Staub" (↑Pulver), ferner im *außeritalischen* Sprachbereich u. a. mit *griech.* pálē „feines Mehl; Staub" und vielleicht auch mit *aind.* pálala-m „zerriebene Sesamkörner; Brei; Schmutz".

Polonäse: Der seit dem 18. Jh. bezeugte Name eines Tanzes in mäßig bewegtem, feierlichem 3/4-Takt ist aus *frz.* polonaise (ergänze: danse) entlehnt und bedeutet „polnischer (Tanz)". Der Tanz wurde zu Ehren der damals unterdrückten Polen benannt und als Eröffnungstanz eingeführt. Siehe auch den Artikel *Polka.*

Polster: Das *altgerm.* Wort *mhd.* polster, bolster, *ahd.* polstar, bolstar, *niederl.* bolster, *engl.* bolster, *schwed.* bolster ist eng verwandt mit der Sippe von ↑Balg und gehört zu der unter ↑[1]*Ball* dargestellten *idg.* Wortgruppe. Es bedeutet demnach eigentlich „Aufgeschwollenes". Abl.: **polstern** „mit einem Polster versehen; ausstopfen" (18. Jh.), dazu **Polsterer** „Handwerker, der Möbel polstert" (19. Jh.).

poltern: Das seit dem 15. Jh., zuerst in der Form 'boldern' bezeugte Verb ist lautnachahmenden Ursprungs, vgl. *mnd.* bolderen, bulderen „poltern, lärmen", *niederl.* bulderen „poltern, toben, tosen", *schwed.* bullra „poltern, lärmen, rumoren". Ähnliche Lautnachahmungen sind **ballern** *nordd.* für „knallen, lärmen, schießen, schlagen" (*mnd.* balderen, entsprechend *schwed. mdal.* ballra „lärmen") und **bullern** *ugs.* für „poltern, lärmen, rumoren, aufwallen" (18. Jh., für älteres bollern, *mhd.* bollern „lärmen, poltern"). Zus.: **Polterabend** „Abend vor der Hochzeit" (16. Jh.; so benannt, weil an diesem Abend durch Lärmen und durch Zertrümmern von Geschirr Unheil und böse Geister von der Ehe ferngehalten werden sollten); **Poltergeist** „polternder Kobold, Klopfgeist" (16. Jh.).

Polyp: Die heute fachsprachlich veraltete, aber noch volkstümliche Bezeichnung des Tintenfisches erscheint in *dt.* Texten seit dem 16. Jh. Sie ist aus gleichbed. *lat.* polypus entlehnt, das seinerseits aus *griech.* polýpous (eigentlich „Vielfuß"; zu *griech.* polýs „viel" und *griech.* poús „Fuß") übernommen ist. Die seit dem 16. Jh. übliche medizinisch-fachsprachliche Verwendung des Wortes zur Bezeichnung einer gestielten Geschwulst, insbesondere auch von Wucherungen im Nasenrachenraum (meist im Plural **Polypen**), ist gleichfalls schon für das *griech.* und das *lat.* Wort bezeugt. Die *ugs.* Verwendung von 'Polyp' im Sinne von 'Polizist' stammt aus der Studentensprache des 19. Jh.s und geht wohl von der Vorstellung der „Fangarme" aus. Ob dabei 'Polizist' oder ein anderes *(jidd.)* Wort nach 'Polyp' umgestaltet worden ist, ist fraglich.

Pomade „wohlriechendes Haarfett": Das seit dem Anfang des 17. Jh.s bezeugte Fremdwort ist aus gleichbed. *frz.* pommade entlehnt, das seinerseits aus *it.* pomata „wohlriechende Salbe" übernommen ist. Das *it.* Wort ist eine Ableitung von *it.* pomo „Apfel" (< *lat.* pomum „Baumfrucht"). Anscheinend wurde einer der Hauptbestandteile dieses Schönheitsmittels ursprünglich aus dem Fruchtfleisch des Apisapfels genommen.

Pomeranze: Der seit dem 15. Jh. bezeugte Name einer bitteren Apfelsinenart ist aus gleichbed. *mlat. (= ait.)* pomarancia entlehnt. Dies ist eine verdeutlichende Zusammensetzung aus *it.* pomo (< *lat.* pomum) „Apfel" und *it.* arancia (< *pers.* nāriṅǧ) „Apfelsine". Vgl. zum Grundwort den Artikel *Orange.*

Pommes frites ↑fritieren.

Pomp „[übertriebener] Prunk, glanzvoller Aufzug": Das schon *mhd.* bezeugte Substantiv (*mhd.* pomp[e]) wurde im 17. Jh. unter dem Einfluß von entsprechend *frz.* pompe neu belebt. Es ist aus gleichbed. *lat.* pompa entlehnt, das aus *griech.* pompḗ „Geleit; festlicher Aufzug" übernommen ist. Stammwort ist *griech.* pémpein „schicken; geleiten". – Abl.: **pompös** „[übertrieben] prunkhaft, glanzvoll" (18. Jh.; aus *frz.* pompeux < *spätlat.* pomposus).

Pontifikat: Die Bezeichnung für „Amtsdauer und Würde des Papstes oder eines Bischofs" wurde im 15. Jh. aus *lat.* pontificatus „Amt und Würde eines Oberpriesters" entlehnt. Zugrunde liegt *lat.* pontifex „Oberpriester" (nach antiker Anschauung gedeutet als „Brückenmacher" zu *lat.* pons „Brücke" [vgl. *Ponton*] und *lat.* facere „machen" [vgl. *Fazit*], bei unklarer sakraler Bedeutungsentwicklung), das in der Fügung 'pontifex maximus' „oberster Priester" seit dem 5. Jh. Titel des Papstes ist. – Dazu das Adjektiv **pontifikal** „bischöflich" (15. Jh.; aus *lat.* pontificalis „oberpriesterlich; bischöflich"), das heute vor allem in Zusammensetzungen wie **Pontifikalamt** „von einem Bischof, Abt oder Prälaten gehaltenes Hochamt" vorkommt.

Ponton: Das seit dem 16. Jh. bezeugte, aus der militärischen Fachsprache stammende Fremdwort bezeichnet ein flaches [hochbordiges] Wasserfahrzeug bzw. einen kahnähnlichen Schwimmkörper, der im Pionierbrückenbau und zum Übersetzen von Truppen verwendet wird. Es ist aus *frz.* ponton entlehnt, das auf *lat.* ponto (pontonis) „Brückenschiff, flaches Fährboot" zurückgeht. Dies ist eine Bildung zu *lat.* pons (pontis) „Brücke", das zu der unter ↑*finden* dargestellten Wortgruppe der *idg.* Wurzel *pent- „treten, gehen; (nominal:) Pfad, Furt; Brücke" gehört. Als Bestimmungswort erscheint *lat.* pons in ↑Pontifikat, pontifikal.

[1]Pony: Die Bezeichnung für „Zwergpferd" wurde im 19. Jh. aus gleichbed. *engl.* pony (älter powny) entlehnt, dessen weitere Herkunft dunkel ist. – Nach der Mähne eines Ponys nennt man seit dem Ende des 19. Jh.s eine [weibliche] Frisur, bei der die Haare fransenartig in die Stirn hängen 'Ponyfrisur'. Dafür ist die Kurzform **[2]Pony** gebräuchlich.

Pop: Die Sammelbezeichnung für Popmusik, Popkunst, Popliteratur u. ä. wurde in der 2. Hälfte des 20. Jh.s aus gleichbed. *engl.* pop entlehnt, einer Kürzung aus *engl.* pop art (pop music u. ä.), eigentlich popular art „volkstümliche Kunst". *Engl.* popular „volkstümlich" geht über *afrz.* populeir auf *lat.* popularis „volkstümlich" zurück (vgl. *populär*).

Popanz „Schreckgestalt; willenloses Geschöpf": Das seit dem 16. Jh. im *ostmitteld.* Sprachraum bezeugte und von dort verbreitete Substantiv ist wahrscheinlich aus dem *Slaw.* entlehnt (vgl. *tschech.* bubák „Schreckgestalt").

Pope ↑Pfaffe.

Popel: Der seit dem 19. Jh. gebräuchliche *ugs.* Ausdruck für „verhärteter Nasenschleim" ist dunklen Ursprungs. Abl.: **popeln** *ugs.* für „in der Nase bohren, Popel mit dem Finger entfernen"; **pop[e]lig** *ugs.* für „armselig, schäbig; ganz gewöhnlich".

Popelin, auch **Popeline:** Die seit dem 18. Jh. bezeugte Bezeichnung für feinere ripsartige Stoffe in Leinenbindung ist aus gleichbed. *frz.* popeline entlehnt. Die Herkunft des *frz.* Wortes ist nicht sicher geklärt. Vielleicht geht es auf Poperinghe, den Namen einer Stadt in Flandern, zurück. Diese Stadt war im Mittelalter ein bedeutendes Zentrum der Tuchherstellung.

Popo: Der seit dem 18. Jh. bezeugte familiäre Ausdruck für „Gesäß" stammt wahrscheinlich aus der Ammensprache und ist zu dem im 17. Jh. entlehnten ↑*Podex* (durch Kürzung und anschließende Doppelung) gebildet.

populär „volkstümlich, beliebt, allbekannt; gemeinverständlich": Das Adjektiv wurde im 18. Jh. aus gleichbed. *frz.* populaire entlehnt, das auf *lat.* popularis „zum Volk gehörig; volkstümlich" zurückgeht. Dies ist eine Bildung zu *lat.* populus „Volk" (vgl. *Pöbel*). – Abl.: **popularisieren** „populär machen" (18. Jh.; aus gleichbed. *frz.* populariser); **Popularität** „Volkstümlichkeit, Beliebtheit" (18. Jh.; aus gleichbed. *frz.* popularité [< *lat.* popularitas]).

Pore „feine [Haut]öffnung": Das Substantiv wurde im 15. Jh. aus gleichbed. *spätlat.* porus entlehnt, das seinerseits aus *griech.* póros „Durchgang; Öffnung; Pore" übernommen ist. Dies ist eine Bildung zum Stamm der mit *dt.* ↑*fahren* urverwandten Verben *griech.* perā̃n „durchdringen; hinüberbringen", peírein (< *pér-i̯-ein) „durchdringen, durchbohren; durchfahren". – Abl.: **...porig** „mit Poren versehen", so besonders in 'großporig'; **porös** „durchlässig; löchrig" (18. Jh.; aus gleichbed. *frz.* poreux, abgeleitet von *frz.* pore „Pore").

Pornographie: Die Bezeichnung für die obszöne sprachliche und/oder bildliche Darstellung sexueller Akte wurde im 19. Jh. aus gleichbed. *frz.* pornographie entlehnt. Dies ist eine Bildung zu *frz.* pornographe „Verfasser unzüchtiger Schriften", das aus *griech.* pornográphos „jemand, der über Huren schreibt" entlehnt ist. Das *griech.* Wort enthält als ersten Bestandteil *griech.* pórnē „Hure"; zum zweiten Bestandteil *griech.* gráphein „schreiben" vgl. den Artikel *Graphik.* Abl.: **pornographisch** „die Pornographie betreffend, zu ihr gehörend; obszön" (19. Jh.).

Porree: Der Name des als Gemüse angebauten Lauchs ist aus *frz. landsch.* porrée „Lauch" (einer Nebenform von *frz.* poireau „Lauch") entlehnt. Dies geht auf eine Bildung zu *lat.* porrum „Lauch" zurück. Das *lat.* Wort, das mit gleichbed. *griech.* práson verwandt ist, gelangte früh in den *westgerm.* Sprachbereich: *ahd.* forro, phorro, *asächs.* porro, *aengl.* porr; daneben verdeutlichende Zusammensetzungen wie *mnd.* porlōk, *aengl.* porlēac.

Portal „prunkvolles Tor, architektonisch besonders gestalteter Haupteingang": Das seit dem 15. Jh. zuerst in der Bedeutung „Vorhalle; Eingangstür" bezeugte Fremdwort, das seine heutige Bedeutung erst im 16./17. Jh. unter dem Einfluß italienischer und französischer Baukunst erlangte, geht auf *mlat.* portale „Vorhalle" zurück. Zugrunde liegt das von *lat.* porta „[Stadt]tor; Eingang" (vgl. *Pforte*) abgeleitete *mlat.* Adjektiv portalis „zum Tor gehörig".

Portemonnaie: Die Bezeichnung für „Geldbörse" wurde im 19. Jh. aus gleichbed. *frz.* porte-monnaie übernommen, einer jungen Bildung aus dem Imperativ 'porte!' „trage!" von *frz.* porter „tragen" (vgl. *Porto*) und aus *frz.* monnaie „Münze, Geld" (vgl. *Münze*). Statt 'Portemonnaie' ist *ugs.* auch die scherzhafte Entstellung **Portjuchhe** gebräuchlich.

Portier „Pförtner; Hauswart": Das Fremdwort wurde im 18. Jh. aus gleichbed. *frz.* portier übernommen, das auf *spätlat.* portarius „Türhüter" zurückgeht. Dies ist eine Bildung zu *lat.* porta „[Stadt]tor; Eingang" (vgl. *Pforte*).

Portiere „Türvorhang": Das Fremdwort wurde im 19. Jh. aus gleichbed. *frz.* portière entlehnt, einer Ableitung von *frz.* porte (< *lat.* porta) „Tür" (vgl. *Pforte*).

Portion: Die Bezeichnung für „[An]teil; abgemessene Menge" wurde im 16. Jh. aus *lat.* portio „zugemessener Teil, Anteil" entlehnt. Das *lat.* Wort, das zuerst in der Fügung pro portione „entsprechend dem Verhältnis der Teile zueinander" bezeugt ist (daraus *lat.* proportio „entsprechendes Verhältnis; Ebenmaß"; vgl. *Proportion*), gehört wahrscheinlich zu *lat.* pars (partis) „Teil" (vgl. *Partei*). Der Vokalismus ist jedoch nicht sicher erklärt.

Portjuchhe ↑Portemonnaie.

Porto: Die Bezeichnung für „Beförderungsgebühr für Postsendungen" wurde im 17. Jh. aus *it.* porto „das Tragen; der Transport; die Transportkosten" für den Bereich des Postwesens entlehnt. *It.* porto ist postverbales Substantiv zu älter *it.* portare „tragen, bringen usw." (< *lat.* portare „tragen"), das mit *dt.* ↑*fahren* verwandt ist. – Zahlreiche Bildungen zu *lat.* portare spielen in unserem Fremdwortschatz eine Rolle. Vgl. hierzu im einzelnen die Artikel ↑apportieren, ↑Deportation, deportieren, ↑Export, exportieren, ↑Import, importieren, ↑kolportieren, Kolportage, Kolporteur, ↑Reporter, Reportage, ↑Sport, ↑transportieren, Transport, Transporter. Siehe auch den Artikel *Portemonnaie.*

Porträt „Darstellung, Bildnis eines Menschen" (in der Malerei, Plastik und Photographie): Das Fremdwort wurde im 17. Jh. aus gleichbed. *frz.* portrait entlehnt, dem substantivierten Part. Perf. des *afrz.* Verbs po[u]rtraire „entwerfen; darstellen". Dies geht auf *lat.* protrahere „hervorziehen; ans Licht bringen" zurück (vgl. *pro...*, *Pro...* und *trachten*). – Abl.: **porträtieren** „ein Porträt anfertigen" (18. Jh.).

Porzellan: Die seit dem ausgehenden 15. Jh. bezeugte Bezeichnung für das ursprünglich aus China und Japan über Italien importierte keramische Erzeugnis (aus Kaolin, Quarz und Feldspat) ist aus dem *It.* entlehnt. *It.* porcellana bezeichnet eigentlich eine Art weißer Meeresschnecke. Erst sekundär wurde das Wort auf das feine asiatische Porzellan übertragen, weil man glaubte, daß dieses Erzeugnis aus der pulverisierten Substanz der weißglänzenden Schale solcher Schnecken hergestellt werde. – Das *it.* Wort porcellana ist von *it.* porcella „kleines weibliches Schwein" abgeleitet, das auch selbst *landsch.* in der Bedeutung „Meeresschnecke" begegnet (vgl. in dieser Bedeutung *venez.* porzela, porzeleta). Das *it.* Wort geht auf *lat.* porcella „kleines weibliches Schwein" zurück, eine Bildung zu dem mit *dt.* ↑ Ferkel urverwandten *lat.* porcus „Schwein, Sau", auch „weibliche Scham, Vagina". Die Bedeutungsgeschichte ist nicht sicher geklärt. Vielleicht erfolgte die Benennung der Schnecke nach der Ähnlichkeit mit dem Geschlechtsteil eines weiblichen Schweins.

Posaune: Der Name des Blasinstruments (*mhd.* busūne, busīne) ist – wie entsprechend *niederl.* bazuin – aus *afrz.* buisine (boisine) entlehnt, das auf *lat.* bucina (bzw. *vlat.* *bucina) „Jagdhorn, Signalhorn" zurückgeht. Das *lat.* Wort ist vermutlich eine Bildung (*boucana) aus *lat.* bos, bovis „Rind" und *lat.* canere „singen, tönen, klingen, spielen usw." und bezeichnete dann ursprünglich ein aus einem Rinderhorn hergestelltes Blasinstrument. – Abl.: **posaunen** „Posaune blasen" (*mhd.* busūnen, busīnen), auch übertragen gebraucht im Sinne von „einen dröhnenden Laut von sich geben, laut sprechen", dazu **ausposaunen** „eine diskrete Angelegenheit allgemein bekanntmachen"; **Posaunist** „Posaunenspieler" (20. Jh.).

Pose „gekünstelte, gezierte Stellung; unnatürliche, affektierte Haltung": Das Fremdwort wurde im 19. Jh. aus gleichbed. *frz.* pose entlehnt, das eine Bildung zu *frz.* poser „auf einen Platz stellen, hinstellen" ist. In älteren Sprachzuständen bedeutete das *frz.* Verb noch „innehalten, ausruhen". Dies ist auch die ursprüngliche Bedeutung des Wortes, das auf *spätlat.* pausare „innehalten, ausruhen" (vgl. [1]*Pause*) zurückgeht. Der Wechsel im Vokalismus und in der Bedeutung vollzog sich im *Roman.* unter dem Einfluß des anklingenden, aber unverwandten *lat.* Verbs ponere (positum) „setzen, stellen, legen". – Abl.: **posieren** „eine Pose annehmen, schauspielern" (19. Jh.; aus gleichbed. *frz.* poser).

Position „[An]stellung, Posten; Stelle, Lage; Standort (eines Schiffes oder Flugzeuges)": Das Fremdwort wurde im 16. Jh. – wohl unter Einfluß von *frz.* position – aus *lat.* positio „Stellung, Lage" entlehnt. Dies gehört zu *lat.* ponere (positum) „setzen, stellen, legen", das auch sonst mit zahlreichen Bildungen in unserem Fremdwortschatz vertreten ist. Vgl. hierzu im einzelnen die Artikel ↑ Posten, ↑ Post, ↑ positiv, ↑ Positur, ↑ Apposition, ↑ apropos, ↑ deponieren, ↑ Depot, ↑ disponieren, ↑ exponieren, ↑ imponieren, ↑ imposant, ↑ komponieren, ↑ Komponente, ↑ Kompositum, ↑ Kompost, ↑ Kompott, ↑ opponieren, ↑ Präposition und ↑ Propst.

positiv: Das sowohl allgemeinsprachlich als auch fachsprachlich vielfach verwendete Adjektiv, das in den meisten Fällen den Gegensatz von ↑ negativ wiedergibt, wurde im 18. Jh. – wohl unter dem Einfluß von *frz.* positif – aus *spätlat.* positivus „gesetzt, gegeben" (vgl. *Position*) entlehnt. Allgemein bedeutet 'positiv' „bejahend; zutreffend", dann auch „wirklich gegeben, konkret", „bestimmt, sicher, gewiß" und „günstig; vorteilhaft, gut". In der Mathematik gilt es im Sinne von „größer als Null" (Zeichen: +), in der Physik gibt es eine der beiden Formen elektrischer Ladung an. In der Photographie bezeichnet 'positiv' die der Natur entsprechende Licht- und Schattenverteilung eines Bildes. Dazu das Substantiv [1]**Positiv** „über das ↑ Negativ gewonnenes, seitenrichtiges, der Natur entsprechendes Bild" (s. auch *Diapositiv*). – Ein Fachwort der Grammatik schließlich ist das substantivierte [2]**Positiv**, das die Grundstufe des Adjektivs bezeichnet (gegenüber dem Komparativ und Superlativ). Es setzt gleichbed. *spätlat.* 'gradus positivus' fort.

Positur „Stellung, [herausfordernde] Haltung", vor allem in der Redensart 'sich in Positur setzen' gebräuchlich. In den Mundarten wird 'Positur' gelegentlich als Synonym für „Gestalt, Statur" gebraucht. Das seit dem 17. Jh. bezeugte Fremdwort ist aus *lat.* positura „Stellung, Lage" entlehnt, das zu *lat.* ponere „setzen, stellen, legen" gehört (vgl. *Position*).

Possen „derber Streich, Unfug": Das Wort ist seit dem 15. Jh. (*spätmhd.* possen) bezeugt, zuerst als Bezeichnung für verschiedene reliefartige und figürliche Bildwerke an Bauwerken (wie Brunnen und dgl.), dann insbesondere für das verschnörkelte, oft komische und groteske bildnerische Beiwerk an derartigen Bauten. Daran schließt sich der seit dem 16. Jh. bezeugte übertragene Gebrauch des Wortes im Sinne von „Unfug, närrisches Zeug usw." (neben dem Maskulinum 'Possen' wurde in diesem Sinne auch ein Femininum 'Posse' gebraucht; heute wird das Substantiv meist nur in der Verbindung 'jemandem einen Possen spielen' im Singular verwendet, sonst ist der *Plural* 'Possen' üblich). *Spätmhd.* possen ist aus *frz.* bosse „Beule, Höcker; Erhöhung; erhabene Bildhauerarbeit", dessen weitere Herkunft nicht gesichert ist. – Abl. und Zus.: **Possenreißer** „Witzbold" (16. Jh.; eigentlich „jemand, der komisches oder groteskes bildnerisches Beiwerk auf dem Reißbrett entwirft"); **Possenspiel** „derbkomisches Bühnenspiel, Schwank" (18. Jh.), daraus verkürzt oder identisch mit dem Femininum 'Posse' (s. o.) gleichbed. **Posse** (18. Jh.); **possierlich** „spaßig, drollig" (16. Jh.; gebildet zu dem heute veralteten Verb 'possieren' „Spaß treiben, sich lustig machen").

possessiv „besitzanzeigend", besonders in der Zusammensetzung **Possessivpronomen:** Das Adjektiv wurde im 16. Jh. als grammatischer

Fachausdruck aus gleichbed. *lat.* possessivus (bzw. pronomen possessivum) entlehnt. Dies ist eine Bildung zu *lat.* possidere „besitzen".

possierlich ↑Possen.

Post: Name und Sache stammen aus dem *It.*, das uns – zum Teil durch *frz.* Vermittlung – auch andere Bezeichnungen aus dem Bereich des Post- und Verkehrswesen lieferte wie ↑Porto, ↑franko, frankieren und ↑Kurier. Die ersten postähnlichen Einrichtungen wurden im 14./15. Jh. in Italien vom Papst und auch von kleineren weltlichen Fürsten zur raschen Beförderung von Nachrichten und Briefen geschaffen. Beförderungsmittel war der reitende Bote. Die Beförderungsroute war in zahlreiche, von einem Postmeister verwaltete Stationen eingeteilt, an denen die Pferde und auch der Bote gewechselt wurden. Eine derartige Wechselstation wurde im *It.* posta genannt (eigentlich „festgesetzter Aufenthaltsort", aus *lat.* posita statio oder mansio; vgl. *Posten*). Auf die gesamte Beförderungseinrichtung übertragen, gelangte das Wort am Ende des 15. Jh.s ins *Frz.* (als poste) und ins *Dt.* und bezeichnete dann auch das Postamt und die durch die Post beförderten Briefe. – Ableitungen und Zusammensetzungen: **Postamt** (17. Jh.); **Postanweisung** (19. Jh.); **Postbote** (16. Jh.); **Postkarte** (19. Jh.); **postlagernd** (eine Lehnübertragung des 19. Jh.s von *frz.* poste restante); **postwendend** „umgehend" (20. Jh.; eigentlich „mit der nächsten Post Rückantwort gebend"); **postalisch** „die Post betreffend, Post..." (19. Jh.; *nlat.* Bildung nach entsprechend *frz.* postal); **Postillion** „Postkutscher" (16. Jh.; aus gleichbed. *frz.* postillon bzw. *it.* postiglione), beachte dazu die zwar mit *frz.* Wörtern gebildete, aber im *Dt.* entstandene scherzhafte Fügung **Postillon d'amour** „Liebesbote, Überbringer eines Liebesbriefs" (18. Jh.).

post..., Post...: Quelle für die Vorsilbe mit der Bedeutung „nach, hinter" (räumlich und zeitlich) ist gleichbed. *lat.* post (Adverb und Präposition). – Vgl. auch den Artikel *postum.*

postalisch, Postamt, Postanweisung, Postbote ↑Post.

¹Posten „Rechnungsbetrag, Warenmenge": Das Substantiv wurde im 15. Jh. in der Kaufmannssprache aus gleichbed. *it.* posta entlehnt, das auf *lat.* posita summa „aufgestellte, festgesetzte Summe" zurückgeht. Über das zugrundeliegende Adjektiv *lat.* positus „[fest]gesetzt, hingestellt" vgl. den Artikel *Position.* – Neben *it.* posta „Rechnungsbetrag" findet sich *it.* posta „Standort" (< *lat.* posita statio oder mansio „festgesetzter Stand-, Aufenthaltsort"). Dies lieferte einerseits unser Lehnwort ↑Post, andererseits das Lehnwort **²Posten** „Standort für eine militärische Wache; auf Wache stehender [Soldat]", das in dieser Form Anfang des 18. Jh.s erscheint, aber bereits vorher als 'Post[e]' (Maskulinum), 'Post' (Femininum) und auch als 'Posto' (Maskulinum) bezeugt ist. Das männliche Geschlecht einiger Formen, insbesondere aber die Form 'Posto', weisen darauf hin, daß neben *it.* posta auch *it.* posto „Standort" (< *lat.* positus locus) bei der Entlehnung des Wortes eine Rolle gespielt hat. – Neben der militärischen Verwendung findet sich '²Posten' auch in uneigentlicher Verwendung im Sinne von „Stelle, Anstellung, Amt" (so auch schon *it.* posto). – Abl.: **postieren** „aufstellen, hinstellen, einen Platz zuweisen" (17. Jh.; als militärischer Fachausdruck aus *frz.* poster „Soldaten an einem festgesetzten Ort aufstellen").

Poster: Die Bezeichnung für ein künstlerisches, dekoratives [Werbe]plakat wurde in der 2. Hälfte des 20. Jh.s aus gleichbed. *engl.-amerik.* poster entlehnt. Dies ist eine Bildung zu *engl.* to post „[Plakate] anschlagen", einer Bildung zu *engl.* post „Pfosten", das auf *lat.* postis „Pfosten" zurückgeht (vgl. den Artikel *Pfosten*).

posthum ↑postum.

Postillion, Postillon d'amour, Postkarte, postlagernd ↑Post.

postulieren „fordern": Das seit dem Anfang des 15. Jh.s bezeugte Verb ist aus *lat.* postulare „fordern, verlangen" entlehnt. Dessen Part. Perf. liegt substantiviert unserem Fremdwort **Postulat** „Forderung; als logisch und sachlich notwendig geforderte Annahme" zugrunde, das gleichfalls im 15. Jh. erscheint (*lat.* postulatum „Forderung"). Das Stammwort *lat.* posco (< *pr̥[k̂]-sko) „ich fordere, verlange" hat eine *idg.* Entsprechung in *dt.* ↑*forschen.*

postum: Der Ausdruck für „nachgelassen (von Werken, die erst nach dem Tode des Verfassers erscheinen)" wurde im 18. Jh. aus *lat.* postumus „letzter; nachgeboren; nach dem Tode eintretend" entlehnt, das als superlativische Bildung zu *lat.* post „hinter, nach" (vgl. *post..., Post...*) gehört. Die *lat.* Nebenform posthumus (daraus entsprechend *dt.* **posthum**) ist volksetymologisch an *lat.* humus „Erde" bzw. an das davon abgeleitete Verb *lat.* humare „beerdigen" angeschlossen.

postwendend ↑Post.

potent „beischlafs-, zeugungsfähig; zahlungskräftig, finanzstark; stark, mächtig, einflußreich": Das der medizinischen Fachsprache entstammende Adjektiv ist in dieser Bedeutung eine junge Rückbildung des 20. Jh.s aus **impotent** „zeugungsunfähig", das bereits für das 18. Jh. belegt ist (dazu das Substantiv **Impotenz** „Zeugungsschwäche, -unfähigkeit"; gleichfalls im 18. Jh.). In der Bedeutung „mächtig" ist 'potent' vereinzelt seit 1800 bezeugt. Zugrunde liegt das *lat.* Adjektiv potens „mächtig" (bzw. *lat.* im-potens „nicht mächtig, schwach", *lat.* impotentia „Unvermögen"), das eigentlich das Part. Präs. zu einem verlorengegangenen Verb *potere „mächtig sein" ist. Das Stammwort *lat.* potis „vermögend, mächtig" hat *idg.* Entsprechungen z. B. in *aind.* páti-ḥ „Herr, Besitzer; Gemahl" und im Grundwort von *griech.* despótēs „Gewaltherrscher" (↑Despot). – Dazu: **Potenz** „Fähigkeit zum Geschlechtsverkehr, Zeugungskraft" (19. Jh.; rückgebildet aus 'Impotenz'), zuvor schon im 17. Jh. in der Bed. „Kraft, Macht", seit dem Anfang des 18. Jh.s auch als mathematischer Terminus im Sinne von „Produkt gleicher Faktoren" gebräuchlich (aus *lat.* potentia „Vermögen, Kraft, Macht"); **potenzieren** „erhöhen, steigern; (math.:) zur Potenz erheben" (19. Jh.); **Potential** „vorhandene Leistungskapazität; Stärke eines Kraftfeldes" (19. Jh.; eine Bildung zu dem *spätlat.* Adjektiv potentialis „nach Vermögen; tätig wirkend"); **potentiell** „möglich, denkbar; der Anlage oder der Kraft nach vorhanden" (19. Jh.; aus gleichbed. *frz.* potentiel < *spätlat.* potentialis „nach Vermögen"); **Potentat** „Machthaber, regierender Fürst" (16. Jh.; aus *lat.* potentatus „Macht; Oberherrschaft"). – Beachte ferner den Artikel *Hospital.*

Potpourri: Die Bezeichnung für „aus verschiedenen Melodien zusammengestelltes Musikstück, Melodienstrauß" wurde im 18. Jh. aus gleichbed. *frz.* pot-pourri entlehnt, das eigentlich ein aus verschiedenen Gemüsen und Fleisch zusammengekochtes Eintopfgericht bezeichnet. Die wörtliche Bedeutung des *frz.* Wortes ist etwa „verfaulter Topf" (zu *frz.* pot „Topf" und *frz.* pourrir < *vlat.* *putrire „faulen, verwesen"). Es handelt sich dabei um eine Lehnübersetzung von *span.* olla podrida „Eintopfgericht; buntes Allerlei" (wörtlich ebenfalls „verfaulter Topf", mit unklarer Bedeutungsentwicklung). Im heutigen Sprachgebrauch ist 'Potpourri' stark durch das aus dem *Engl.* übernommene **Medley** (*engl.* medley eigentlich „Gemisch") zurückgedrängt worden.

Pott (besonders *westmitteld., nordd.* für:) „Topf": *Mnd.* pot erscheint im 12. Jh. am Niederrhein und entspricht *niederl.* pot, *frz.* pot (vgl. den Artikel *Potpourri*). Um 600 ist *spätlat.* potus „Trinkgefäß" (an *lat.* potus „Trank" angelehnt) am merowingischen Königshof bezeugt. Seine richtige Form *pottus kommt schon früher in den Inschriften von Trierer Töpferwaren der Römerzeit vor, wo der Personenname Pottus Spitzname von Fabrikanten ist. Möglicherweise ist ein vorkeltisches Handwerkerwort von den Franken in Trier übernommen worden und hat sich später im europäischen Nordwesten ausgebreitet (z. B. auch *engl.* pot, *dän.* potte, *schwed.* potta). – Zus.: **Pottasche** (18. Jh.; aus *niederl.* potas, *engl.* potash. Zur Gewinnung wurde Pflanzenasche in Töpfen gekocht); **Pottwal** (18. Jh.; älter ist *niederl.* potvis. Der riesige Kopf des Tieres wurde mit einem Pott verglichen).

poussieren „flirten, eine Liebelei haben, schmeicheln": Das seit dem 17. Jh. bezeugte Verb ist aus *frz.* pousser „stoßen; drücken" (< *lat.* pulsare; vgl. *Puls*) entlehnt und wurde wie dies zunächst in der Bed. „stoßen, antreiben; drücken" gebraucht. In der Studentensprache entwickelte sich dann die seit dem 19. Jh. belegte Bed. „den Hof machen, flirten; eine Liebschaft haben", die in die Umgangssprache und in die Mundarten übernommen wurde. Für den Bedeutungswandel ist wohl von „an sich drükken, knutschen" auszugehen. – Dazu das mit französierender Endung gebildete Substantiv **Poussage** „Verhältnis, Liebschaft; Geliebte" (*ugs.;* 19. Jh. für älteres gleichbedeutendes 'Poussade').

prä..., Prä...: Die aus dem *Lat.* stammende Vorsilbe mit der Bed. „vor, voran, voraus" (räumlich, zeitlich und übertragen), z. B. in Fremdwörtern wie ↑Präposition, ↑Präfix, ↑Prädikat, stammt aus *lat.* prae (Präposition und Präverb), das aus *alat.* prai hervorgegangen ist und das sich zu dem unter ↑*ver...* dargestellten, vielfach erweiterten und weitergebildeten *idg.* *per „vorwärts, über – hinaus" stellt.

Präambel: Die Bezeichnung für „feierliche Vorrede, Einleitung (bei Urkunden, Verträgen o. ä.)" wurde im 15. Jh. aus *mlat.* praeambulum „Einleitung" entlehnt. *Spätlat.* praeambulus „vorangehend" gehört zu *lat.* prae-ambulare „vorangehen" (vgl. *prä..., Prä...* und *ambulant*).

Pracht „Aufwand, strahlender Glanz, Prunk": Die auf das *dt.* Sprachgebiet beschränkte Substantivbildung (*mhd.* braht „Lärm, Geschrei, Prahlerei", *ahd.* praht „Lärm") gehört zu der unter ↑*brechen* dargestellten Wortgruppe und ist eng verwandt mit *mhd.* brach „Lärm", *asächs.* brakōn „krachen", brahtum „Lärm, Menge", *aengl.* breahtm „Geschrei, Lärm", *schwed.* braka „krachen, platzen", brak „Krach, Lärm". *Außergerm.* ist z. B. *lat.* fragor „Krach, Getöse" verwandt. Die heute übliche Bedeutung von 'Pracht' hat sich erst in *nhd.* Zeit aus „Lärm, Krach" entwickelt. In Zusammensetzungen wird 'Pracht' verstärkend (anerkennend) gebraucht, beachte z. B. 'Prachtkerl' und 'Prachtexemplar'. Abl.: **prächtig** (16. Jh., in der Bed. „stolz, hochmütig", dann „stattlich, herrlich, schön").

prädestinieren „vorherbestimmen", fast nur noch in dem in adjektivische Funktion übergegangenen zweiten Partizip **prädestiniert** „vorherbestimmt, von Anfang an ausersehen (insbesondere zur ewigen Seligkeit oder zur ewigen Verdammnis)" gebräuchlich: Das seit dem 15./16. Jh. bezeugte, der theologischen Fachsprache entnommene Fremdwort ist aus *kirchenlat.* prae-destinare „im voraus bestimmen" entlehnt, einer Bildung aus *lat.* prae „vor" (vgl. *prä..., Prä...*) und *lat.* destinare „festmachen, befestigen; beschließen, bestimmen". – Dazu stellt sich das rein theologische Fachwort **Prädestination** „Vorherbestimmung des Menschen im Willen Gottes" (15./16. Jh.; aus gleichbed. *kirchenlat.* prae-destinatio).

Prädikat „Satzaussage (Grammatik); Rangbezeichnung; Bewertung[snote]; Zensur": Das Fremdwort wurde im 17. Jh. (zuerst in der Bed. „Rangbezeichnung") aus *lat.* praedicatum entlehnt, dem substantivierten Neutrum des Part. Perf. von prae-dicare „öffentlich ausrufen; laut sagen, aussagen; rühmen", das auch die Quelle für unser Lehnwort ↑*predigen* ist (zum 1. Bestandteil vgl. *prä..., Prä...*).

Präfix „Vorsilbe": Der grammatische Terminus ist eine gelehrte Entlehnung des 17. Jh.s aus *lat.* praefixum, dem Neutrum des Part. Perf. von *lat.* prae-figere „vorn anheften, vorstekken". Grundverb ist *lat.* figere „anheften" (vgl. [1]*fix*).

prägen „Münzen schlagen; einpressen; formen, bilden": *Mhd.* præchen, bræchen „einpressen, abbilden", *ahd.* brāhhan „mit dem Grabstichel arbeiten, gravieren, einpressen", *aengl.* ābrācian „einritzen, gravieren" gehören vermutlich im Sinne von „aufbrechen, aufreißen" zu der Wortgruppe von ↑*brechen.* An den übertragenen Gebrauch von 'prägen' schließen sich die Bildungen **ausprägen** „deutlich gestalten" und **einprägen** „fest ins Gedächtnis bringen" an. Abl.: **Gepräge** „Münzbild; Eigenart, Kennzeichen" (*mhd.* gebræche, -præche; *ahd.* gabrācha „erhabenes Bildwerk"); **Präge** „Münzstätte" (19. Jh., aus 'Prägeanstalt' gekürzt). Zus.: **Prägestock** (18. Jh., vgl. *Stock*).

pragmatisch: Das Adjektiv wurde im 17. Jh. aus *lat.* pragmaticus „geschäftskundig" entlehnt, das seinerseits aus *griech.* prāgmatikós „geschäftig; geschäftskundig" übernommen ist. Dies ist von *griech.* prâgma „Handeln, Handlungsweise; Tatsache; Wirklichkeit" abgeleitet, eine Bildung zu *griech.* prâssein „tun, verrichten" (vgl. *Praxis*). – 'Pragmatisch' wurde zunächst im Sinne von „geschäftskundig, sachkundig [und tüchtig]", dann auch im Sinne von „nützlich, der Allgemeinheit dienend" gebraucht. Ein 'pragmatischer Beamter' war früher ein [in alle Amtsgeschäfte eingeweihter und daher] festangestellter Beamter, unter 'pragmatischer Geschichtsschreibung' verstand man die Geschichtsschreibung, die aus der Untersuchung von Ursache und Wirkung historischer Ereignisse Erkenntnisse für künftige Entwicklungen zu gewinnen sucht. In der 2. Hälfte des 20. Jh.s wird 'pragmatisch' – wohl unter *engl.* Einfluß – im Sinne von „auf die anstehende Sache und ihre Umsetzung, auf die Anwendung bezogen" verwendet und vielfach mit 'praktisch' gleichbedeutend verwendet. – Dazu stellen sich die Bildungen **Pragmatik** „Orientierung auf das Nützliche, Sachbezogenheit, Sinn für Tatsachen und Anwendungsbezogenheit; Lehre vom sprachlichen Handeln" (19. Jh.).; **Pragmatiker** „jemand, der pragmatisch vorgeht" (20. Jh.) und **Pragmatismus** „pragmatische Einstellung, Handlungsweise; philosophische Lehre, die das Handeln über die Vernunft stellt und die Wahrheit und Gültigkeit von Ideen und Theorien nur nach ihrem Erfolg bemißt" (19. Jh.).

prägnant „gehaltvoll, eindrucksvoll; gedrängt [im Ausdruck]; knapp, aber bedeutsam": Das Adjektiv wurde im ausgehenden 17. Jh. aus gleichbed. *frz.* prégnant entlehnt, das auf *lat.* praegnans, -antis „schwanger, trächtig; voll, strotzend" zurückgeht. Dies steht für gleichbed. *lat.* praegnas, das vermutlich aus einer Fügung *prai gnatid „vor der Geburt" entstanden ist, so daß es in den etymologischen Zusammenhang der unter ↑*Kind* entwickelten Wörter der *idg.* Wurzel *ĝen[ə]- „gebären; erzeugen" gehört (beachte im *Lat.* [g]nasci „geboren werden", [g]natus „geboren"). – Dazu: **Prägnanz** „Bedeutungsgehalt, Bedeutsamkeit; Gedrängtheit, inhaltsschwere Knappheit; Schärfe, Genauigkeit" (19. Jh.). Vgl. auch den Artikel *imprägnieren.*

prahlen „großtun, sich rühmen": Das seit dem Beginn des 16. Jh.s bezeugte Verb, das durch Luthers Bibelübersetzung gemeinsprachliche Geltung erlangte, ist lautnachahmenden Ursprungs und bedeutete ursprünglich wahrscheinlich „brüllen, schreien, lärmen", beachte *schweiz.-schwäb.* brallen „lärmen, schreien" (s. den Artikel *brüllen*). Abl.: **Prahler** (17. Jh.), dazu **prahlerisch** (17. Jh.); **Prahlerei** (17. Jh.). Zus.: **Prahlhans** „Großtuer, Angeber" (17. Jh.).

Prahm: Die Bezeichnung für einen kastenförmigen großen Lastkahn (*mniederd., mhd.* prām) ist aus dem *Slaw.* entlehnt, vgl. z. B. *tschech.* prám „Fähre".

Praktik „Ausübung; Verfahrensart, Handhabung": Das Fremdwort wurde Ende des 15. Jh.s aus *mlat.* practica < *spätlat.* practice „Ausübung; Vollendung" entlehnt, das auf *griech.* prāktikḗ (téchnē) „Lehre vom aktiven Tun und Handeln" zurückgeht. Unter dem Einfluß von entsprechend *frz.* pratiques entwickelte 'Praktik' speziell im Plural 'Praktiken' die Sonderbedeutung „(unsaubere) Kunstgriffe, Kniffe". – Das dem *griech.* prāktikḗ zugrundeliegende Adjektiv prāktikós „tätig, auf das Handeln gerichtet; tunlich, tauglich" (vgl. *Praxis*) lebt in unserem Adjektiv **praktisch** „die Praxis betreffend; ausübend; gut zu handhaben, zweckmäßig; durch tätige Übung erfahren, geschickt; pfiffig" fort, das im 18. Jh. aus *spätlat.* practicus übernommen wurde. Es steht meist im Gegensatz zu ↑theoretisch. – Dazu: **Praktiker** „Mann mit praktischer Erfahrung" (18. Jh.); **Praktikum** „praktische Übung in der [akademischen] Ausbildung zur Anwendung theoretischer Kenntnisse" (20. Jh.; *nlat.* Bildung); **praktizieren** „seinen Beruf ausüben (insbesondere vom Arzt); eine Sache betreiben; ins Werk setzen; [Methoden] anwenden" (im 15. Jh. „ausüben"; unter Einfluß von *frz.* pratiquer aus *mlat.* practicare „eine Tätigkeit ausüben"); **Praktikant** „jemand, der ein Praktikum absolviert" (17. Jh.; zuvor schon im 16. Jh. im Sinne von „jemand, der unsaubere Praktiken betreibt"); **praktikabel** „brauchbar, benutzbar, zweckmäßig" (18. Jh.; unter Einfluß von *frz.* praticable aus *mlat.* practicabilis „tunlich, ausführbar").

Prälat: Die Bezeichnung für einen [katholischen] geistlichen Würdenträger wurde in *mhd.* Zeit als prēlāt[e] aus gleichbed. *mlat.* praelatus entlehnt. Dies ist das substantivierte Part. Perf. *lat.* praelatus von *lat.* prae-ferre „vorantragen; den Vorzug geben" und bedeutet demnach eigentlich „der Vorgezogene" (vgl. *prä..., Prä...* und *offerieren*).

Praline: Die seit dem 19. Jh. gebräuchliche Bezeichnung für die mit verschiedenen Füllungen hergestellte Süßigkeit ist aus *frz.* praline „gebrannte Mandel (in Schokolade)" entlehnt. Das Wort ist angeblich vom Namen des französischen Marschalls Plessis-Praslin abgeleitet, dessen Küchenmeister diese Süßigkeit erfunden haben soll. – Die etwas später aufgekommene, heute eigentlich vor allem in Österreich gebräuchliche Form **Praliné** (auch: **Pralinee**) ist eine deutsche Bildung zu dem abgeleiteten *frz.* Verb praliner „in Zucker bräunen [lassen]".

prall „straff, stramm; kräftig, stark; voll": Das im 18. Jh. aus dem *Niederd.* ins *Hochd.* übernommene Adjektiv gehört im Sinne von „zurückfedernd, fest gestopft" zu dem unter ↑*prallen* behandelten Verb.

prallen: Das auf das *dt.* Sprachgebiet beschränkte Verb *mhd.* prellen (Präteritum pralte) „aufschlagen, zurückfahren, sich schnell fortbewegen; fortstoßen, werfen" (vgl. *prellen*) ist dunklen Ursprungs. Zu diesem Verb gehören 'ab-, an-, auf-, zusammenprallen' und die unter ↑*prall* behandelte Adjektivbildung. Das Substantiv **Prall** „heftiger Stoß, Schlag" ist seit dem 17. Jh. bezeugt.

Präludium: Das seit dem 15./16. Jh. bezeugte Fremdwort bezeichnet ein musikalisches Vorspiel ohne festen Eigencharakter. Demgegenüber bezeichnet das entsprechende, aus dem *Frz.* übernommene **Prélude** (*frz.* prélude) ein selbständiges musikalisches Phantasiestück. Beide Wörter sind gelehrte Neubildungen zu *lat.* prae-ludere „vorspielen, ein Vorspiel machen". Grundverb ist *lat.* ludere „spielen" (vgl. *Illusion*).

Prämie „Belohnung, Preis; Zusatzleistung; Vergütung": Das Fremdwort wurde im 16. Jh. aus *lat.* praemia, dem als Femininum Singular angesehenen Neutrum Plural von *lat.* praemium „Belohnung, Preis; Vorteil, Gewinn", entlehnt. Über die weiteren etymologischen und bedeutungsgeschichtlichen Zusammenhänge des *lat.* Wortes vgl. den Artikel *Exempel.* – Abl.: **prämiieren,** auch: **prämieren** „auszeichnen; belohnen" (19. Jh.; nach *spätlat.* praemiare „belohnen").

prangen: Das seit *mhd.* Zeit bezeugte Verb (*mhd.* prangen, brangen) gehört zu der Sippe von ↑*Prunk.* Es wurde zunächst im Sinne von „prahlen, großtun" und „sich zieren" verwendet. Aus dem ersteren Wortgebrauch entwickelten sich im *Nhd.* die Bedeutung „mit Prunk auftreten, sich durch Schönheit oder Glanz auszeichnen, hervorleuchten". Abl.: **Gepränge** „Pracht, Prunk" (15. Jh.).

Pranger: Die *nhd.* Form geht auf *mhd.* pranger zurück, das im 14. Jh. aus dem *Mnd.* übernommen wurde. *Mnd.* prenger „Schandpfahl" gehört zu *mnd.* prangen „drücken, pressen, klemmen", prange „Schranke; Klemme; Maulkorb", prank „Druck", vgl. die verwandten *mhd.* pfrengen „pressen, drücken, drängen", *got.* ana-praggan „bedrängen", *mengl.* prengen „pressen". Der Pranger ist demnach nach dem drückenden Halseisen benannt, mit dem die Verbrecher an den Schandpfahl angekettet wurden. – Die Strafe, einen Verbrecher an einem Schandpfahl öffentlich zur Schau zu stellen, kam im 19. Jh. außer Gebrauch. Das Wort wird heute hauptsächlich in der Wendung 'an den Pranger stellen' „der öffentlichen Verachtung aussetzen" verwendet, vgl. auch **anprangern** „öffentlich anklagen, bloßstellen".

Pranke „Raubtiertatze": Das seit etwa 1300 bezeugte Substantiv (*mhd.* pranke) ist durch *roman.* Vermittlung aus gleichbed. *spätlat.* branca entlehnt, das vermutlich *gall.* Ursprungs ist.

präparieren: Das seit dem 16. Jh. bezeugte Verb ist aus *lat.* prae-parare „vorbereiten, aufbereiten" entlehnt und wurde zunächst wie dies im Sinne von „vorbereiten" verwendet. In der Schulsprache steht es heute veraltend für „ein Kapitel, einen Lehrstoff vorbereiten", daneben reflexiv „sich auf einen Lehrstoff vorbereiten". Im naturwissenschaftlich-medizinischen Bereich ist es im Sinne von „menschliche, tierische oder pflanzliche Körper (zu Lehrzwecken) zerlegen bzw. [die zerlegten Teile] haltbar machen" gebräuchlich. Daran schließt sich das Substantiv **Präparat** „konservierter pflanzlicher, tierischer oder menschlicher Körper[teil]" an, das außerdem auch im Sinne von „(kunstgerecht zubereitetes) Arzneimittel" gilt. Es wurde im 18. Jh. aus *lat.* praeparatum „das Zubereitete", dem substantivierten Part. Perf. von *lat.* praeparare entlehnt. – Über etymologische Zusammenhänge vgl. *prä..., Prä...* und den Artikel *parat.*

Präposition „Verhältniswort": Der grammatische Terminus wurde im 14./15. Jh. aus gleichbed. *lat.* praepositio (wörtlich „das Voransetzen") entlehnt, das entsprechend *griech.* próthesis übersetzt. Über das zugrundeliegende Verb *lat.* prae-ponere „voranstellen, -setzen" vgl. den Artikel *Position.*

Prärie: Die in *dt.* Texten seit dem 19. Jh. bezeugte Bezeichnung für die Grassteppen im mittleren Westen Nodamerikas ist aus *frz.* prairie „Wiese, Wiesenlandschaft; Prärie" entlehnt. Dies ist eine kollektivische Ableitung von *frz.* pré (< *lat.* pratum) „Wiese".

Präsens „Zeitform der Gegenwart": Der grammatische Terminus ist aus *lat.* (tempus) praesens „gegenwärtige Zeit" entlehnt. *Lat.* praesens „gegenwärtig, anwesend; jetzig, sofortig; dringend", das auch Ausgangspunkt für die Fremdwörter ↑präsent, Präsenz, präsentieren, Präsent und für ↑repräsentieren, Repräsentation, Repräsentant ist, ist das Partizipialadjektiv zu *lat.* prae-esse „vorn sein, zur Hand sein" (vgl. *prä..., Prä...* und den Artikel *Essenz*). – Abl.: **präsentisch** „das Präsens betreffend, im Präsens stehend".

präsent „gegenwärtig, anwesend; zur Hand": Das Adjektiv wurde im 19. Jh. aus *lat.* praesens, -entis „gegenwärtig, anwesend" entlehnt (vgl. *Präsens*).

Präsent „Geschenk, kleine Aufmerksamkeit": Das Fremdwort wurde bereits in *mhd.* Zeit (*mhd.* prēsent, prēsant, prīsant „Geschenk") aus *frz.* présent „Geschenk" entlehnt. Dies ist eine (postverbale) Bildung zu frz. présenter „darbieten, vorstellen usw." (< *spätlat.* praesentare „gegenwärtig machen, zeigen", vgl. *präsentieren*).

präsentieren „überreichen, darbieten; vorlegen, vorzeigen; (reflexiv:) sich zeigen, sich aufführen": Das Verb wurde bereits in *mhd.* Zeit (*mhd.* prēsentieren) aus *spätlat.* praesentare „gegenwärtig machen, zeigen, darbieten" entlehnt, einer Ableitung von *lat.* praesens, -entis „gegenwärtig, anwesend" (vgl. *Präsens*). Dazu gehört die Zusammensetzung **Präsentierteller**

(18. Jh.), die ursprünglich einen großen Teller zum Anbieten von Speisen und Getränken bezeichnete, die aber heute nur noch übertragen gebraucht wird, und zwar im Sinne von „nach allen Seiten hin offener Platz, wo man den Blikken der Öffentlichkeit preisgegeben ist". Beachte besonders die Redensart 'auf dem Präsentierteller sitzen'. Vgl. den Artikel *repräsentieren*. – **Präsenz:** Das Fremdwort für „Gegenwart, Anwesenheit" wurde im 17. Jh. aus gleichbed. *frz.* présence entlehnt, das auf *lat.* praesentia „Gegenwart" zurückgeht. Dies ist eine Bildung zu *lat.* praesens „gegenwärtig" (vgl. *Präsens*). Beachte dazu die Zusammensetzungen **Präsenzbibliothek** „Bibliothek, deren Bücher nicht ausgeliehen werden, sondern nur an Ort und Stelle eingesehen werden können".

Präservativ: Die Bezeichnung für die Hülle aus feinem Gummi für den Penis als Mittel zur Empfängnisverhütung oder zum Schutz gegen Geschlechtskrankheiten ist aus gleichbed. *frz.* préservatif entlehnt, das auf *mlat.* praeservativus „vorbeugend, bewahrend" (zu *spätlat.* praeservare „vorher beobachten") zurückgeht. Das *mlat.* Wort war schon vorher direkt ins *Dt.* übernommen worden und im Sinne von „vorbeugendes Medikament, Bewahrmittel" gebräuchlich. – Statt 'Präservativ' wird in der Umgangssprache die Kurzform **Präser** gebraucht.

Präses ↑präsidieren.

präsidieren „den Vorsitz führen (in einem Gremium, einer Versammlung u. a.)": Das Verb wurde im 16. Jh. aus gleichbed. *frz.* présider entlehnt, das auf *lat.* prae-sidere „voransitzen; vorsitzen, leiten" zurückgeht. Dies ist eine Bildung zu *lat.* sedere „sitzen" (vgl. *prä..., Prä...* und den Artikel *Assessor*). – Dazu stellen sich: **Präsident** „Vorsitzender, Leiter; Staatsoberhaupt" (16. Jh.; aus gleichbed. *frz.* président, das auf *lat.* praesidens, dem Part. Präs. von prae-sidere, beruht); **Präsidium** „Vorsitz, Leitung; Amtsgebäude eines [Polizei]präsidenten" (19. Jh.; aus *lat.* praesidium „Vorsitz"); **Präses** „Vorsitzender einer evangelischen Synode; Kirchenpräsident und Vorsitzender der Kirchenleitung in einigen Landeskirchen" (schon im 14. Jh. als „Vorsitzer; Beschützer; Statthalter usw." bezeugt; entlehnt aus *lat.* prae-ses, praesidis „vor etwas sitzend; leitend; Vorsteher, Vorgesetzter").

prasseln: Die *nhd.* Form hat sich aus gleichbed. *mhd.* brasteln entwickelt, das eine Iterativ-Intensiv-Bildung zu *mhd.* brasten, *ahd.* braston „krachen, dröhnen" ist, vgl. *aengl.* brastlian „brüllen, krachen, prasseln" und *aisl.* brasta „sich laut brüsten, prahlen". Über die weiteren Zusammenhänge s. den Artikel *bersten*.

prassen „schlemmen, schwelgen": Das aus dem *Niederd.* stammende Verb (*mnd.* brassen), das um 1500 ins *Hochd.* drang, ist wahrscheinlich lautnachahmenden Ursprungs und [elementar]verwandt mit der *nord.* Sippe von *norw.* brase „brutzeln, braten; prasseln; knistern". Im *Niederl.* entspricht brassen „prassen". Die Bed. „schlemmen, schwelgen" entwickelte sich demnach aus „lärmen, Krach machen", beachte die Bedeutungsentwicklung von 'Saus' (in der Wendung 'in Saus und Braus leben'). Die Präfixbildung **verprassen** „vergeuden, durchbringen" ist seit dem 16. Jh. gebräuchlich. Abl.: **Prasser** „Schlemmer" (*mnd.* brasser).

Präteritum „Zeitform der Vergangenheit": Der grammatische Terminus ist aus *lat.* (tempus) praeteritum „vergangene Zeit" entlehnt. *Lat.* praeteritus „vergangen" ist das Part. Perf. von *lat.* praeter-ire „vorübergehen, vergehen" (zum Grundwort *lat.* ire „gehen" vgl. den Artikel *Abiturient*).

Praxis: Das seit dem Anfang des 17. Jh.s bezeugte Fremdwort tritt zuerst in der Bedeutung „[Berufs]ausübung, Tätigkeit; Verfahrensart" auf. Im 18. Jh. findet es sich dann als Gegensatz zu ↑Theorie als Bezeichnung für die tätige Auseinandersetzung mit der Wirklichkeit und die daraus gewonnene [Lebens]erfahrung. Gleichfalls seit dem (frühen) 18. Jh. ist die Verwendung im Sinne von „Tätigkeitsbereich, insbesondere eines Arztes oder Anwaltes" bezeugt. Daran anschließend bezeichnet man mit 'Praxis' auch die „Arbeitsräume" dieser Personen. – Das Wort ist aus gleichbed. *lat.* praxis entlehnt, das seinerseits aus *griech.* prãxis „das Tun, die Tätigkeit; Handlungsweise; Geschäft, Unternehmen; Wirklichkeit, Tatsächlichkeit" übernommen ist. Dies ist eine Bildung zu *griech.* prássein, prắttein (< *prắk-i̯ein) „tun, verrichten, ausführen, vollbringen usw." – Beachte noch das von *griech.* prắttein abgeleitete Adjektiv *griech.* prãktikós „tätig; tunlich, tauglich usw.", das Ausgangspunkt ist für die Fremdwörter ↑Praktik, praktisch, Praktiker, Praktikum, praktizieren, Praktikant, praktikabel.

Präzedenzfall „(vorangegangener) Musterfall": Das Bestimmungswort dieser seit dem 19. Jh. gebräuchlichen Zusammensetzung geht auf *lat.* praecedens, das Part. Präs. von *lat.* prae-cedere „vorangehen, vorausgehen" bzw. auf das dazu gebildete praecedentia „das Vorangehen" zurück (vgl. *prä..., Prä...* und den Artikel *Prozeß*).

präzis[e] „genau, bestimmt; unzweideutig, klar": Das Adjektiv wurde im 17. Jh. aus gleichbed. *frz.* précis entlehnt, das auf *lat.* praecisus „vorn abgeschnitten, abgekürzt; zusammengefaßt" zurückgeht. Das zugrundeliegende Verb, *lat.* prae-cidere, „vorn abschneiden" (praecisum) ist eine Bildung zu *lat.* caedere „schlagen, hauen" (vgl. *prä..., Prä...* und den Artikel *Zäsur*). – Dazu stellen sich: **Präzision** „Genauigkeit; Feinheit" (18. Jh.; aus gleichbed. *frz.* précision < *lat.* praecisio „das Abschneiden"); **präzisieren** „genauer bestimmen; knapp zusammenfassen" (19. Jh.; aus gleichbed. *frz.* préciser, einer Ableitung von *frz.* précis „genau").

predigen „das Wort Gottes [in der Kirche] verkünden": Das aus der Kirchensprache stammende Verb, *mhd.* bredigen, predigen, *ahd.* bredigōn, predigōn, ist aus gleichbed. *kirchenlat.* praedicare (predicare) entlehnt, das *lat.* praedicare „öffentlich ausrufen, verkünden; aussagen" (vgl. *Prädikat*) fortsetzt. Aus der gleichen

Quelle stammen z. B. auch entsprechend *niederl.* prediken (preken) und *frz.* prêcher (aus dem *Afrz.* entsprechend *engl.* to preach „predigen“). – *Lat.* prae-dicare ist eine Bildung zu *lat.* dicare „feierlich sagen, verkünden; weihen, widmen“, das als Intensivbildung zu *lat.* dicere (dictum) „sagen, sprechen“ (vgl. *diktieren* und zum 1. Bestandteil *prä..., Prä...*) gehört. – Dazu: **Prediger** „jemand, der das Wort Gottes verkündet“ (*mhd.* bredigære, *ahd.* bredigāri); **Predigt** „Verkündigung des Wortes Gottes“ (mit unorganischem -t für *mhd.* bredige, *ahd.* brediga).

Preis: Das seit dem Ende des 12. Jh.s bezeugte Wort (*mhd.* prīs „Ruhm, Herrlichkeit; Lob, Anerkennung, Belohnung, Kampfpreis; Wert“), das seit dem 16. Jh. – wohl unter *niederl.* Einfluß – auch im Sinne von „Geldwert, Kaufwert“ verwendet wird, ist entlehnt aus *afrz.* pris (= *frz.* prix) „Preis, Wert; Ruhm, Herrlichkeit; Verdienst; Lob, Belohnung“. Dies geht auf *lat.* pretium „Wert, Preis; Kaufpreis; Lohn, Belohnung usw.“ zurück. – Das ursprünglich schwache, heute starke Verb **preisen** „rühmen, verherrlichen, hochschätzen, [Gott] loben“ (*mhd.* prīsen) ist aus *afrz.* preisier (= *frz.* priser) „im Wert abschätzen; wertschätzen“ entlehnt und in der Bedeutung an *mhd.* prīs angelehnt. Das *frz.* Verb geht auf *spätlat.* pretiare „im Wert abschätzen; hochschätzen“ zurück. – Nicht verwandt ist das Bestimmungswort von ↑preisgeben.

Preiselbeere: Das Bestimmungswort dieser Zusammensetzung ist aus *alttschechisch* bruslina „Preiselbeere“ entlehnt, vgl. *tschech.* brusinka, *poln.* brusznica, *russ.* brusnika „Preiselbeere“. Die *slaw.* Benennungen der Frucht des Heidekrautgewächses gehören zu der *slaw.* Sippe von *russ.-kirchenslaw.* [o]brusiti „streifen, streichen, wetzen“. Die Beere ist demnach so benannt, weil sie sich leicht abstreifen läßt.

preisgeben „ausliefern, aufgeben, im Stich lassen; verraten“: Das seit dem 16. Jh. bezeugte (lange Zeit getrennt geschriebene) zusammengesetzte Verb enthält als Vorderglied das unter ↑*Prise* behandelte, aus dem *Frz.* entlehnte und eingedeutschte Substantiv (*frz.* prise „Weggenommenes; das Nehmen, Ergreifen; die Beute“). Es übersetzt *frz.* 'donner [en] prise' und bedeutet demnach eigentlich etwa „zum Nehmen, zur Beute hingeben“. – Abl.: **Preisgabe** „Auslieferung; Verzicht; Verrat“ (20. Jh.).

prekär „mißlich, schwierig, heikel“: Das Adjektiv wurde im 18. Jh. aus *frz.* précaire „durch Bitten erlangt; widerruflich; unsicher, heikel“ entlehnt, das seinerseits auf gleichbed. *lat.* precarius zurückgeht. Dies ist eine Bildung zu *lat.* preces (Plural) „Bitten“ bzw. zu dem davon abgeleiteten Verb *lat.* precari „bitten; betteln“ (urverwandt mit *dt.* ↑*fragen*).

prellen „mit Wucht stoßen; mit einem straff gespannten Tuch hochschleudern; betrügen, übervorteilen“: Das Verb gehört zu dem unter ↑*prallen* behandelten *mhd.* prellen „aufschlagen; zurückfahren; sich schnell fortbewegen; fortstoßen, werfen“. Die Bedeutungsentwicklung zu „betrügen, übervorteilen“ erklärt sich aus dem früher üblichen Brauch, Menschen zur Strafe oder zum Scherz auf einem straff gespannten Tuch in die Höhe zu schleudern. An diesen Brauch schloß sich das besonders im 17. und 18. Jh. übliche Prellen von Füchsen an, das der Belustigung von Jagdgesellschaften diente. Der gefangene Fuchs, der die Freiheit zu erlangen suchte, wurde auf einem Prellnetz längere Zeit wieder und wieder in die Höhe geschleudert. Man prellte (d. h. „betrog“) also das gefangene Tier um die Freiheit. In der Studentensprache, in der 'Fuchs' seit alters im Sinne von „junger Student (im ersten Studienjahr)“ verwendet wird, bildete sich dann der Wortgebrauch von 'prellen' im Sinne von „betrügen, eine Rechnung nicht begleichen“ heraus. Die älteren Semester ließen sich von den Fuchsstudenten bewirten, ohne die Rechnung zu bezahlen. An diesen Wortgebrauch schließen sich die Bildungen **Preller** und **Prellerei** an, die heute gewöhnlich nur noch in den Zusammensetzungen **Zechpreller** und **Zechprellerei** (19. Jh.) verwendet werden.

Prélude ↑Präludium.

Premiere „Erst-, Uraufführung“: Das Fremdwort wurde im 19. Jh. aus *frz.* première (représentation) „erste Aufführung“ entlehnt. *Frz.* premier, ...ière „erster, erste“ geht auf *lat.* primarius „einer der ersten; ansehnlich“ zurück, das im *Galloroman.* die Bed. „erster“ entwikkelte. Über das Stammwort *lat.* primus „vorderster, erster“ vgl. den Artikel *Primus.*

Presbyter ↑Priester.

preschen „eilen, rennen“: Das ursprünglich *nordd. mdal.* gebräuchliche Verb hat sich durch Umstellung aus dem unter ↑*pirschen* behandelten Verb entwickelt und bedeutet demnach eigentlich „jagen“.

pressant ↑pressieren.

Presse: Das aus *mlat.* pressa „Druck, Zwang“ (zu *lat.* premere, pressum „drücken, pressen; [be]drängen“) entlehnte Substantiv erscheint im *Ahd.* als pressa, fressa mit der Bed. „Obstpresse, Kelter“ (vgl. *mhd.* [wīn]presse „Kelter“). Diese Bedeutung ist von *lat.* pressura „das Drücken, der Druck; das Keltern des Weins“ beeinflußt. Seit dem Anfang des 13. Jh.s ist *mhd.* presse „Gedränge; Haufe, Schar“ bezeugt, das aus gleichbed. *afrz.* presse (zu *afrz.* = *frz.* presser < *lat.* pressare „drücken, pressen; bedrängen“) entlehnt ist. Spätere Neuentlehnungen aus *frz.* presse bringen dem Wort 'Presse' die auf französischem Boden entwickelten Sonderbedeutungen „Buchdruckerpresse“ (um 1500) und „Gesamtheit der Druckerzeugnisse“ (Ende 18. Jh.). An die letztere Bedeutung schließt sich die seit der Mitte des 19. Jh.s gebräuchliche, heute allgemein übliche Verwendung des Wortes im Sinne von „Gesamtheit der Zeitungen und Zeitschriften; Zeitungswesen“ an; beachte dazu die Zusammensetzung **Pressefreiheit** (19. Jh.). In der Umgangssprache wird 'Presse' im Sinne von „Privatschule, die [schwache] Schüler intensiv auf eine Prüfung vorbereitet“ verwendet. – Zu *lat.* premere (pressum) „drükken, pressen; [be]drängen“ (s. o.), das den hier behandelten Wörtern zugrunde liegt, gehört eine Reihe von Bildungen, die in unserem Wortschatz eine Rolle spielen. Vgl. hierzu im einzelnen die Artikel pressen, pressieren (pressant), deprimieren (deprimiert, Depression, depressiv), Expreß, Expressionismus, Espresso, Imprimatur, Impressum, Impressionismus, komprimieren (Kompression, Kompressor, Kompresse).

pressen „[zusammen]drücken, zusammendrängen; durch Druck bearbeiten": Das Verb *mhd.* pressen, *ahd.* pressōn, das im Sprachgefühl als unmittelbar zu dem Substantiv ↑Presse gehörig empfunden wird, ist aus *lat.* pressare „drücken, pressen" entlehnt, einer Intensivbildung zu *lat.* premere (pressum) „drücken, pressen; [be]drängen" (vgl. den Artikel *Presse*). – Dazu stellt sich das Präfixverb **erpressen** „jemanden durch Gewalt oder Drohung zu etwas zwingen, jemandem etwas abnötigen" (Ende 16. Jh.) mit den Bildungen **erpreßbar, Erpresser** und **Erpressung.**

pressieren „drängen, treiben; in Eile sein" (nur unpersönlich gebraucht): Das vorwiegend im *Südd., Österr., Schweiz.* und in der Umgangssprache gebräuchliche Verb wurde Anfang des 17. Jh.s aus *frz.* presser „pressen; bedrängen, drängen; eilig sein" entlehnt. Dies geht auf *lat.* pressare „drücken, pressen" zurück (vgl. *Presse*). – Dazu gehört das gleichfalls *mdal.* **pressant** „eilig, dringlich" (17. Jh.; aus gleichbed. *frz.* pressant, dem adjektivisch gebrauchten Part. Präs. von presser).

Prestige „Ansehen, Geltung": Das Fremdwort wurde im 19. Jh. aus gleichbed. *frz.* prestige entlehnt, das zunächst „Blendwerk, Zauber" bedeutete und auf *spätlat.* praestigium (= *klass.-lat.* praestigiae) „Blendwerk, Gaukelei" zurückgeht. Dies gehört zu *lat.* prae-stringere „blenden" (eigentlich „vorn zubinden"), dessen Stammverb Quelle für unser Fremdwort **stringent** „zwingend" (18. Jh.) ist.

prickeln: Das im 18. Jh. aus dem *Niederd.* in die *hochd.* Schriftsprache übernommene Verb geht auf *mnd.* prickeln zurück, das zu *mnd.* prikken „stechen", prick „Spitze; Stachel" gehört. Damit verwandt sind im *germ.* Sprachbereich *niederl.* prik „Spitze; Stachel; Stich", prikken „stechen", prikkelen „prickeln, reizen, anregen", *engl.* prick „Spitze; Stachel, Dorn; Ahle; Penis", to prick „stechen, prickeln, anregen", *norw. mdal.* prika „stochern". Die weiteren *außergerm.* Beziehungen sind dunkel.

Priel: Der seit dem 18. Jh. bezeugte *niederd.* Ausdruck für „schmaler Wasserlauf im Wattenmeer" ist dunklen Ursprungs.

Priem: Der Ausdruck für „Stück Kautabak" wurde um 1800 aus gleichbed. *niederl.* pruim entlehnt, das identisch ist mit *niederl.* pruim „Pflaume" (vgl. *Pflaume*). Der Priem ist so benannt, weil er in Form und Farbe einer Backpflaume gleicht. Abl.: **priemen** „Tabak kauen" (nach *niederl.* pruimen).

Priester: Die aus der Kirchensprache aufgenommene Bezeichnung für den ordinierten katholischen Geistlichen, *mhd.* priester, *ahd.* prēstar, ist durch *roman.* Vermittlung (vgl. entsprechend *afrz.* prestre > *frz.* prêtre) aus *kirchenlat.* presbyter „Gemeindeältester; Priester" entlehnt. Das *kirchenlat.* Wort seinerseits ist aus *griech.* presbýteros „älter; ehrwürdig; der Ältere, der verehrte Senior einer Gemeinde, der Gemeindeobere" (Komparativ von *griech.* présbys „alt; ehrwürdig") übernommen. – Beachte auch das aus der gleichen Quelle stammende **Presbyter** „Mitglied eines evangelischen Kirchenvorstandes".

prima: Das Wort stammt aus der Kaufmannssprache und war zunächst Bezeichnung der Qualität einer Ware („vom Besten, erstklassig"). Es erscheint erst im 19. Jh., herausgelöst aus *it.* Fügungen wie 'prima sorte' „die erste, feinste Warensorte". Das zugrundeliegende *it.* Adjektiv primo, prima „erster, erste" geht auf gleichbed. *lat.* primus zurück (vgl. *Primus*). Heute ist 'prima' vorwiegend in der Umgangssprache mit der Bed. „vorzüglich, prächtig, wunderbar" gebräuchlich. – Zum gleichen Grundwort (*lat.* primus) gehört das Substantiv **Prima** als Name der beiden letzten Klassen (Unter- und Oberprima) einer höheren Schule. Die Bezeichnung wurde im 16. Jh. aus *spätlat.* prima classis „erste Abteilung" entlehnt. Vgl. zum Sachlichen den Artikel *Sexta.* Abl.: **Primaner** „Schüler einer Prima".

Primadonna: Die Bezeichnung für „Darstellerin der weiblichen Hauptrolle in der Oper, erste Sängerin", auch übertragen gebraucht für einen durch Beifall verwöhnten und darum eitlen und empfindlichen Menschen, wurde im 18. Jh. aus *it.* prima donna entlehnt, das wörtlich „erste Dame" bedeutet (< *lat.* prima domina; vgl. *prima* und den Artikel *Dom*).

primär „zuerst vorhanden; ursprünglich; vordringlich; wesentlich, grundlegend": Das Adjektiv wurde im 19. Jh. aus gleichbed. *frz.* primaire entlehnt, das wie entsprechend *frz.* premier „erster" (↑Premiere) auf *lat.* primarius „zu den ersten gehörig" zurückgeht. Stammwort ist *lat.* primus „erster" (vgl. *Primus*).

[1]Primas: Das seit dem 15. Jh. bezeugte Fremdwort, das aus *spätlat., kirchenlat.* primas, primatis „der dem Range nach Erste, der Vornehmste" entlehnt ist (zu *lat.* primus „erster"; vgl. *Primus*), ist [Ehren]titel für den ranghöchsten Erzbischof eines Landes. Gleichen Ausgangspunkt (*lat.* primus „erster") hat das Fremdwort **Primat** „bevorzugte Stellung, Vorrang; Vorherrschaft, Stellung des Papstes als Inhaber der obersten Kirchengewalt" (15./16. Jh.), das auf *lat.* primatus „die erste Stelle, der erste Rang, der Vorrang" zurückgeht. – Dagegen ist **[2]Primas** „Geigensolist in einer Zigeunerkapelle" aus gleichbed. *ung.* primás entlehnt.

Primel: Der Name der zu den Schlüsselblumengewächsen gehörenden Zierpflanze erscheint im 18. Jh. als eingedeutschte Kurzform der botanischen Bezeichnung *nlat.* primula veris „Erste (Blume) des Frühlings". Das zugrundeliegende Adjektiv *lat.* primulus „erster" gehört als Verkleinerungsbildung zu gleichbed. *lat.* primus (vgl. *Primus*).

primitiv „urzuständlich, urtümlich; [geistig] unterentwickelt, einfach; dürftig, behelfsmäßig“: Das Adjektiv wurde im 18. Jh. aus gleichbed. *frz.* primitif entlehnt, das auf *lat.* primitivus „der erste in seiner Art“ zurückgeht, Stammwort ist *lat.* primus „der erste“ (vgl. *Primus*).

Primus: Der Ausdruck für „der beste Schüler einer Klasse“ wurde im 16. Jh. aus *lat.* primus „vorderster, erster“ entlehnt, dem Superlativ zu dem stammverwandten Komparativ *lat.* prior „ersterer; eher, früher; vorzüglicher“ (↑Prior und Priorität). – *Lat.* primus ist darüber hinaus Ausgangspunkt für zahlreiche andere Fremdwörter in unserem Wortschatz wie ↑prima, Prima, Primaner, ↑primär, ↑Premiere, ↑[1]Primas, Primat, ↑Primel, ↑primitiv. Als Bestimmungswort schließlich erscheint es in den Fremd- und Lehnwörtern ↑Primadonna, ↑Prinz, Prinzessin, ↑Prinzip, Prinzipienreiter, prinzipiell, ↑Prinzipal, Prinzipat.

Primzahl: Die mathematische Bezeichnung für eine Zahl größer als 1, die nur durch 1 und sich selbst teilbar ist, wurde im 16. Jh. nach *lat.* numerus primus (zu *lat.* primus „erster“; vgl. *Primus*) gebildet. Die wörtliche Bedeutung ist also etwa „erste Zahl, Ausgangszahl, Elementarzahl“.

Printe: Der seit dem 19. Jh. bezeugte Name des pfefferkuchenartigen Gebäcks ist aus dem *Niederl.* entlehnt. *Niederl.* prent bedeutet eigentlich „Abdruck, Aufdruck“ (zu *afrz.* preindre < *lat.* premere „[ab-, auf]drücken“; vgl. *Presse;* vgl. auch *engl.* to print „drucken“) und erst sekundär „Pfefferkuchen“. Der Name bezieht sich vermutlich darauf, daß diesem Gebäck vielfach [Heiligen]figuren aufgedrückt sind.

Prinz „nicht regierender Verwandter eines regierenden Fürsten“: Das seit dem Anfang des 13. Jh.s bezeugte Substantiv (*mhd.* prinze „Fürst, Statthalter“) ist aus *afrz. (= frz.)* prince „Prinz, Fürst“ entlehnt, das auf *lat.* princeps (principis) „im Rang der Erste, der Angesehenste, Gebieter, Fürst“ zurückgeht. Das *lat.* Wort beruht auf einer Zusammensetzung *primocaps „die erste Stelle einnehmend“ zu *lat.* primus „erster“ (vgl. *Primus*) und *lat.* capere „fassen, [er]greifen, nehmen“ (vgl. *kapieren*). – Abl.: **Prinzessin** „Fürstentochter“ (Anfang 17. Jh.; für älteres 'princess[e]', das im 15. Jh. am Niederrhein aus *frz.* princesse „Fürstin“ aufgenommen wurde). – Beachte noch die auf Ableitungen von *lat.* princeps beruhenden Fremdwörter ↑Prinzip, prinzipiell ↑Prinzipal, Prinzipat.

Prinzip „Anfang, Ursprung, Grundlage; Grundsatz“: Das Fremdwort wurde im 18. Jh. aus *lat.* principium „Anfang, Ursprung; Grundlage; erste Stelle, Vorrang“ entlehnt, das eine Bildung zu *lat.* princeps, -ipis „die erste Stelle einnehmend; Erster, Vornehmster, Fürst“ ist (vgl. den Artikel *Prinz*). – Dazu stellen sich die Zusammensetzung **Prinzipienreiter** (19. Jh.) als abschätzige Bezeichnung für einen Menschen, der Grundsätze zu Tode hetzt, und das Adjektiv **prinzipiell** „grundsätzlich“ (19. Jh.; französierende Bildung nach *lat.* principialis „anfänglich, ursprünglich“).

Prinzipal: Die veraltete Bezeichnung für „Lehrherr; Geschäftsinhaber; Theaterleiter“ wurde im 16. Jh. aus *lat.* principalis „erster, vornehmster; Vorsteher“ entlehnt, das zu *lat.* princeps „die erste Stelle einnehmend; Erster, Vornehmster, Fürst“ (vgl. den Artikel *Prinz*) gehört. – Dazu gehört auch das gleichfalls veraltete **Prinzipat** „Vorrang“, das in der Geschichtswissenschaft das ältere, von Augustus geschaffene römische Kaisertum bezeichnet (schon *mhd.* principāt „Herrschaft“; aus *lat.* principatus „die erste Stelle; Vorzug, Vorrang; Obergewalt“).

Prior: Die Bezeichnung für „Klosteroberer; Klostervorsteher“ wurde in *mhd.* Zeit (*mhd.* prior) aus gleichbed. *mlat.* prior (eigentlich „der Vordere; der dem Rang nach höhere Stehende“) entlehnt, dem substantivierten *lat.* prior „ersterer; eher, früher; vorzüglicher“ (vgl. *Primus*). – Zum gleichen Grundwort (*lat.* prior) stellt sich das Fremdwort **Priorität** „zeitliches Vorhergehen; Vorrecht, Vorrang; Erstrecht“ (17. Jh.; wohl unter Einfluß von entsprechend *frz.* priorité aus *mlat.* prioritas).

Prise: Das Fremdwort ist seit dem 16. Jh. bezeugt, zuerst in der allgemeinen Bedeutung von „Weggenommenes, Beute“, dann in der speziellen Bedeutung „Kriegsbeute; aufgebrachtes feindliches Schiff“. Seit dem 18. Jh. wird das Wort auch als Bezeichnung für eine besonders kleine Menge pulveriger oder feinkörniger Substanz (z. B. Schnupftabak, Salz, Pfeffer usw.) verwendet. Es meint dabei eigentlich das, was mit zwei Fingerspitzen „gegriffen“ werden kann. Quelle des Wortes ist in allen Bedeutungen *frz.* prise (eigentlich „das Genommene; das Nehmen, Ergreifen“), das substantivierte Part. Perf. von *frz.* prendre „nehmen, ergreifen“. Dies geht auf *lat.* prehendere (< *prai-hendere) „fassen, ergreifen“ zurück. Das nicht bezeugte einfache Verb *lat.* *hendere ist verwandt mit *dt.* ↑*vergessen*. – Vgl. auch den Artikel *preisgeben*.

Prisma: Die seit dem 16. Jh. bezeugte Bezeichnung eines für die Lichtbrechung geeigneten, von ebenen Flächen begrenzten [Glas-, Kristall]körpers ist aus gleichbed. *lat.* prisma entlehnt, das seinerseits aus *griech.* prĩsma „dreiseitige Säule, Prisma“ (wörtlich: „das Zersägte, das Zerschnittene“) übernommen ist. Dies ist eine Bildung zu *griech.* priein „sägen, zerschneiden“.

Pritsche: Die *nhd.* Form geht zurück auf *ahd.* britissa „Bretterverschlag“, das von *ahd.* bret, *Plural* britir „Brett“ abgeleitet ist (vgl. *Brett*). Gemeinsprachlich ist 'Pritsche' heute nur in den Bedeutungen „harte, einfache, meist aus einem Holzgestell bestehende Liegestatt“ und „Ladefläche eines Lastkraftwagens mit herunterklappbaren Seitenwänden“. *Landsch.* wird es auch im Sinne von „Sitzbrett (am Schlitten)“, „Schlegel, Schlagholz“, „Wehr“ und früher von „Boden, Speicher“ verwendet. 'Pritsche' bezeichnet aber auch einen in dünne Brettchen geschlitzten Schlagstock, wie er früher speziell von Ordnern auf Schützen- und Volksfesten, dann auch von Narren als Zeichen ihrer Narrenwürde getragen wurde. Daher ist 'Pritsche' auch heute noch in Karnevalsgegenden der Name für ein Gerät, mit dem man Schläge austeilt oder ein klapperndes Geräusch erzeugt, beachte **pritschen** *mdal.* für „mit der Pritsche schlagen" (16. Jh.). Die *ugs.* Verwendung von 'Pritsche' im Sinne von „Prostituierte" geht von der Bedeutung „Liegestatt" aus.

privat „persönlich; vertraulich, familiär; nicht öffentlich, außeramtlich": Das Adjektiv wurde im 16. Jh. aus *lat.* privatus „(der Herrschaft) beraubt; gesondert, für sich stehend; nicht öffentlich" entlehnt, dem Partizipialadjektiv von *lat.* privare „berauben; befreien; sondern". Dies gehört zu *lat.* privus „für sich stehend, einzeln", das als Bestimmungswort in ↑Privileg erscheint. – Ableitungen und Zusammensetzungen: **Privatmann** (18. Jh.); **Privatdozent** „Hochschullehrer ohne Amtscharakter" (18. Jh.); **Privatier** „Privatmann" (19. Jh.; veraltend, gebildet mit französierender Endung); **privatisieren** „als Privatmann, als Rentner leben; in Privatvermögen umwandeln" (17. Jh.; französierende Bildung).

Privileg „Vorrecht, Sonderrecht": Das Fremdwort wurde im 13. Jh. (*mhd.* privilēgje) aus *lat.* privilegium „besondere Verordnung, Ausnahmegesetz; Vorrecht" entlehnt. Dies ist eine Bildung zu *lat.* privus „für sich stehend, einzeln; eigentümlich" (vgl. *privat*) und *lat.* lex, legis „Gesetz, Verordnung usw." (vgl. *legal*). – Dazu: **privilegieren** „eine Sonderstellung, ein Vorrecht einräumen" (14. Jh.; aus gleichbed. *mlat.* privilegiare).

[1]pro..., Pro...: Die Vorsilbe mit den Bedeutungen „vor; vorwärts; hervor" (wie in ↑progressiv, ↑produzieren und ↑prominent), „für, zu jemandes Gunsten, zum Schutze von jemandem" (wie in ↑protegieren u. a., ferner in Bildungen wie 'prodeutsch'), „an Stelle von" (wie in ↑Pronomen) und „im Verhältnis zu" (wie in ↑Proportion) ist aus dem *Lat.* entlehnt. *Lat.* pro (Präfix und Präposition), das in allen Bedeutungen Vorbild ist, erscheint im *Dt.* auch selbständig als Präposition und Adverb **pro** z. B. in Fügungen wie 'pro Kopf' und 'pro Nase' 'pro eingestellt sein'. Es ist verwandt mit der *dt.* Vorsilbe ↑*ver...* und mit dem genau entsprechenden *griech.* pró (Präposition und Präfix) „vor; vorher, im voraus, zuvor". Letzteres lieferte unsere gleichbedeutende Vorsilbe **[2]pro..., Pro...** in Fremdwörtern und Lehnwörtern wie ↑Prolog, ↑Programm, ↑Prognose, ↑prophezeien.

probat „erprobt, bewährt, wirksam": Das Adjektiv wurde im 16. Jh. aus gleichbed. *lat.* probatus entlehnt, dem Partizipialadjektiv von *lat.* probare „erproben, untersuchen" (vgl. den Artikel *prüfen*).

Probe „Prüfung, Untersuchung; Beweisverfahren; Bewährung[sversuch]; Muster, Teststück; (die einer künstlerischen Darbietung vorausgehende) Probeaufführung": Das seit dem 15. Jh. bezeugte Substantiv ist aus *mlat.* proba „Prüfung, Untersuchung; Bewährungsversuch, Erfahrungsversuch" entlehnt, das zu *lat.* probare „billigen; prüfen usw." (vgl. den Artikel *prüfen*) gehört. – Dazu stellt sich das Verb **proben** „ausprobieren; eine Probeaufführung machen; etwas einstudieren; testen" (*mitteld.* prōben, prūben) mit der Präfixbildung **erproben** „auf die Probe stellen, testen" (beachte das in adjektivische Funktion übergegangene zweite Partizip **erprobt** „bewährt"). Daneben findet sich seit *mhd.* Zeit das nach dem Vorbild von *lat.* probare mit *roman.* Endung gebildete Verb **probieren** „prüfen; kosten, den Geschmack von etwas feststellen; versuchen, zu unternehmen trachten" (*mhd.* probieren „dartun, beweisen; prüfen"), beachte dazu 'an-, auf-, ausprobieren'.

Problem „schwierig zu lösende Aufgabe; komplizierte Fragestellung; Schwierigkeit": Das Fremdwort wurde im 16. Jh. aus gleichbed. *lat.* problema entlehnt, das seinerseits aus *griech.* próblēma „das Vorgelegte; gestellte (wissenschaftliche) Aufgabe, die Streitfrage usw." übernommen ist. Dies gehört zu dem *griech.* Verb pro-bállein „vorwerfen, hinwerfen; aufwerfen" (vgl. *[2]pro..., Pro...* und den Artikel *ballistisch*). Abl.: **problematisch** „schwierig; ungewiß, zweifelhaft, fragwürdig" (Ende des 17. Jh.s; aus *lat.* problematicus < *griech.* problēmatikós).

produzieren „[Güter] hervorbringen, erzeugen, schaffen", daneben reflexiv gebraucht im Sinne von „sich darstellerisch vorführen, sich auffällig benehmen": Das Verb wurde im 17. Jh. aus *lat.* pro-ducere „vorwärtsführen, hervorbringen; vorführen" entlehnt, einer Bildung zu *lat.* ducere „ziehen, führen usw." (vgl. *[1]pro..., Pro...* und den Artikel *Dusche*). – Dazu: **Produzent** „Hersteller; Erzeuger" (16. Jh.; aus *lat.* producens, dem Part. Präs. von *lat.* producere); **Produkt** „Erzeugnis; Ertrag; Ergebnis (auch im mathematischen Sinne)" (16. Jh.; aus *lat.* productum, dem substantivierten Neutrum des Part. Perf. von *lat.* producere); ferner die aus dem *Frz.* übernommenen Fremdwörter **Produktion** „Herstellung, Erzeugung" (18. Jh.; aus gleichbed. *frz.* production [< *lat.* productio „das Hervorführen"] in der Bedeutung an *frz.* produire „erzeugen" angeschlossen) und **produktiv** „viel hervorbringend, ergiebig, fruchtbar; schöpferisch" (Ende 18. Jh.; aus gleichbed. *frz.* productif [< *spätlat.* productivus „zur Verlängerung geeignet"], in der Bedeutung an *frz.* produire „erzeugen" angeschlossen) und die mit dem Präfix ↑*re..., Re...* gebildeten **reproduzieren** „nachbilden; vervielfältigen" und **Reproduktion** „Nachbildung; Wiedergabe [durch Druck]; Vervielfältigung" (beide 19. Jh.).

profan „unheilig, weltlich; alltäglich": Das Adjektiv wurde im 17. Jh. aus *lat.* profanus „ungeheiligt; gemein, ruchlos", eigentlich „vor dem heiligen Bezirk liegend" entlehnt (vgl. *[1]pro..., Pro...* und den Artikel *fanatisch*. – Abl.: **profanieren** „entweihen, entwürdigen" (16. Jh.; aus gleichbed. *lat.* pro-fanare).

Profession „Beruf, Gewerbe": Das Fremdwort wurde im 16. Jh. aus gleichbed. *frz.* profession entlehnt, das auf *lat.* professio „öffentliches Bekenntnis (z. B. zu einem Gewerbe); Gewerbe, Geschäft" zurückgeht. Dies ist eine Bildung zu *lat.* profiteri (professum) „öffentlich bekennen, erklären" (vgl. [1]*pro..., Pro...* und den Artikel *fatal*). – Dazu stellt sich **professionell** „berufsmäßig", das im 19. Jh. aus gleichbed. *frz.* professionnel entlehnt wurde. Das *frz.* Adjektiv entspricht *engl.* professional „berufsmäßig", aus dessen Substantivierung im 20. Jh. **Professional** „Berufssportler" übernommen wurde. Dafür ist auch die Kurzform **Profi** gebräuchlich.

Professor: Das seit dem 16. Jh. bezeugte Fremdwort ist akademischer Titel, insbesondere für Hochschullehrer, aber auch gelegentlich für bedeutende Forscher und Künstler, deren Leistung vom Staat u. a. auf diese Weise geehrt wird. Es ist aus *lat.* professor „öffentlicher Lehrer", eigentlich „jemand, der sich (berufsmäßig und öffentlich zu einer wissenschaftlichen Tätigkeit) bekennt", entlehnt. Dies gehört zu *lat.* pro-fiteri (professum) „öffentlich bekennen, erklären" (vgl. [1]*pro..., Pro...* und den Artikel *fatal*). – Abl.: **Professur** „Lehrstuhl, Lehramt" (17. Jh.; *nlat.* Neubildung).

Profil „Seitenansicht; Umriß", speziell auch (in der technischen Fachsprache) „Walzprofil (= Längsschnitt) bei der Stahlerzeugung; vorspringendes Einzelglied eines Baukörpers; Riffelung (z. B. bei Gummireifen und Gummisohlen)": Das Fremdwort wurde im 17. Jh. aus *frz.* profil „Seitenansicht; Umriß" entlehnt, das seinerseits aus gleichbed. *it.* profilo übernommen ist. Die frühsten Zeugnisse im *Dt.* weisen daneben auch auf eine unmittelbare Übernahme aus dem *It.* hin. *It.* profilo ist von *it.* profilare abgeleitet, das eigentlich etwa „mit einem Strich, einer Linie im Umriß zeichnen" bedeutet, dann „umreißen, im Profil zeichnen usw.". Es handelt sich bei diesem Verb um eine Bildung zu *it.* filo (< *lat.* filum) „Faden; Strich, Linie" (vgl. *Filet*). – Abl.: **profilieren** „im Umriß, Querschnitt zeichnen; riffeln" (17. Jh.; aus gleichbed. *frz.* profiler); dazu das Partizipialadjektiv **profiliert,** das heute meist übertragen gebraucht wird im Sinne von „markant, von ausgeprägter persönlicher Eigenart".

Profit „Nutzen, Gewinn": Das aus dem *niederd.* Sprachraum stammende Substantiv wurde um etwa 1400 als Handelswort aus gleichbed. *mniederl.* profijt entlehnt, das seinerseits aus *frz.* profit „Gewinn" übernommen ist. Dies geht auf *lat.* profectus „Fortgang, Zunahme; Vorteil" zurück, eine Bildung zu *lat.* proficere (profectum) „weiterkommen, fortkommen; gewinnen", eigentlich etwa „voranmachen" (vgl. [1]*pro..., Pro...* und den Artikel *Fazit*). – Abl.: **profitieren** „Nutzen ziehen" (17. Jh.; aus gleichbed. *frz.* profiter).

pro forma „nur der Form wegen, zum Schein": Die *lat.* Wendung wurde im 16. Jh. in der Kanzleisprache übernommen und drang von dort in die Allgemeinsprache (vgl. [1]*pro..., Pro...* und zu *lat.* forma den Artikel *Form*).

profund „tief, tiefgründig, gründlich": Das Adjektiv wurde im 18. Jh. aus gleichbed. *frz.* profond entlehnt und dann an das zugrundeliegende *lat.* pro-fundus „bodenlos; unergründlich tief" angeglichen. Dies ist eine Bildung zu *lat.* pro (vgl. [1]*pro..., Pro...*) und *lat.* fundus „Boden, Grund; Grundlage, Grundstock" (vgl. den Artikel *Fundus*) und ist wohl als „wo einem der Boden unter den Füßen fehlt" zu verstehen.

Prognose „Vorhersage einer zukünftigen Entwicklung auf Grund kritischer Beurteilung des Gegenwärtigen": Das Fremdwort wurde im 18./19. Jh. aus *griech.* prógnōsis „das Vorherwissen" entlehnt, einer Bildung zu *griech.* progignṓskein „im voraus erkennen" (vgl. [2]*pro..., Pro...* und den Artikel *Diagnose*).

Programm „[schriftliche] Darlegung von Grundsätzen (die zur Verwirklichung eines gesteckten Zieles angewendet werden sollen); festgelegte Folge, vorgesehener Ablauf (z. B. einer Sendung, einer Aufführung, Veranstaltung usw.); Tagesordnung; Programmzettel, -heft": Das Fremdwort wurde Anfang des 18. Jh.s aus *griech.(-lat.)* prógramma „schriftliche Bekanntmachung, Aufruf; Tagesordnung" entlehnt. Dies gehört zu *griech.* pro-gráphein „voranschreiben; öffentlich hinschreiben" (vgl. [2]*pro..., Pro...* und zu *griech.* gráphein „schreiben" den Artikel *Graphik*). Um 'Programm' gruppieren sich die Ableitungen **Programmatik** „Zielsetzung", **programmatisch** „einem Programm entsprechend; richtungsweisend" und **programmieren** „nach einem Programm ansetzen, gestalten", auch – unter Einfluß von *engl.* to programme – „ein Programm in der Datenverarbeitung aufstellen", dazu **Programmierer.**

progressiv „stufenweise fortschreitend, sich entwickelnd; fortschrittlich": Das Adjektiv wurde im ausgehenden 18. Jh. aus gleichbed. *frz.* progressif entlehnt. Dies ist eine Bildung zu *frz.* progrès „das Fortschreiten", das auf *lat.* pro-gressus „das Fortschreiten" zurückgeht. Daraus wurde bereits im 16. Jh. **Progreß** „Fortgang" übernommen. Aus *lat.* progressio „das Fortschreiten; Zunahme, Wachstum" wurde im 15. Jh. – zunächst als mathematischer und philosophischer Terminus – **Progression** „Reihe, Folge; Weiterentwicklung, stufenweise Steigerung; Zunahme des Steuersatzes" entlehnt. – Die *lat.* Wörter gehören zu *lat.* pro-gredi (progressum) „fortschreiten" (vgl. [1]*pro..., Pro...* und den Artikel *Grad*).

projizieren „entwerfen; geometrische Gebilde auf einer Ebene darstellen; Bilder auf einen Bildschirm übertragen (mit Hilfe eines Bildwerfers)": Das Verb wurde im 17. Jh. aus *lat.* pro-icere (proiectum) „vorwärtswerfen; (räumlich) hervortreten lassen, hinwerfen" (vgl. [1]*pro..., Pro...* und den Artikel *Jeton*) entlehnt. Dazu stellen sich: **Projektion** „Abbildung geometrischer Figuren auf einer Ebene; Übertragung eines Bildes auf einen Bildschirm" (17. Jh.; aus *lat.* proiectio „das Hervorwerfen"), beachte auch die Zusammensetzung **Projektionsapparat** „Bildwerfer"; **Projektor** „Bildwerfer" (19. Jh.; *nlat.* Bildung); **Projekt** „Entwurf,

Plan, Vorhaben“ (17. Jh.; aus *lat.* proiectum „das nach vorn Geworfene“).

Proklamation „amtliche Verkündigung, Bekanntmachung; Aufruf (an die Bevölkerung); gemeinsame öffentliche Erklärung mehrerer Staaten“: Das Substantiv wurde im 16. Jh. aus gleichbed. *frz.* proclamation entlehnt, das auf *spätlat.* proclamatio „das Ausrufen“ zurückgeht. Dies gehört zu *lat.* pro-clamare „laut ausrufen, schreien“ (vgl. [1]*pro..., Pro...* und zu *lat.* clamare den Artikel *Reklame*). Auf *lat.* proclamare beruht *frz.* proclamer, aus dem im 16. Jh. das Verb **proklamieren** „[durch eine Proklamation] feierlich verkünden; aufrufen; kundgeben“ übernommen wurde.

Prokura: Der Ausdruck für „Handlungsvollmacht“ wurde um 1600 aus der *it.* Kaufmannssprache ins *Dt.* übernommen (vgl. zu anderen Entlehnungen in diesem Bereich den Artikel [2]*Bank*). *It.* procura, das auch in der formelhaften Wendung 'per procura' „in Vollmacht“ (bei Unterschriften) – meist abgekürzt zu pp. oder ppa. – bei uns erscheint, gehört zu *it.* procurare (< *lat.* pro-curare) „Sorge tragen, pflegen; verwalten, Geschäftsführer sein“ (vgl. [1]*pro..., Pro...* und *Kur*). – Dazu: **Prokurist** „Handlungsbevollmächtigter“ (Neubildung des 18. Jh.s).

Proletarier: Das seit dem 18. Jh. bezeugte Wort für „wirtschaftlich abhängiger, besitzloser Lohnarbeiter“ geht auf *lat.* proletarius zurück, das den Angehörigen der untersten Bürgerklasse bezeichnet, der dem Staat nur mit Nachkommen dient. Das *lat.* Wort ist eine Bildung zu dem zum Stamm von *lat.* alere „[er]nähren, aufziehen“ (vgl. *Alimente*) gehörenden Substantiv *lat.* proles (< *pro-oles) „Sprößling, Nachkomme“ (vgl. [1]*pro..., Pro...*). – Dazu stellen sich **Proletariat** „wirtschaftlich abhängige, besitzlose Arbeiterklasse“ (19. Jh.; aus gleichbed. *frz.* prolétariat), **proletarisch** „das Proletariat betreffend; in der Art eines Proletariers“ (19. Jh.) und die Rückbildung **Prolet** (19./20. Jh.), zunächst als abschätzige Bezeichnung für den Proletarier, dann in der Umgangssprache allgemein im Sinne von „ungehobelter, ungebildeter Mensch“ gebraucht.

Prolog: Die Bezeichnung für „Vorrede, Vorspruch, Vorspiel; einleitender Teil des Dramas“ wurde im 13. Jh. (*mhd.* prologe) aus gleichbed. *lat.* prologus entlehnt, das seinerseits aus *griech.* pró-logos „Vorrede“ übernommen ist (vgl. [2]*pro..., Pro...* und zum Grundwort den Artikel *Lexikon*).

Promenade „Spazierweg“, früher auch in der eigentlichen Bed. „Spaziergang“ gebraucht: Das Fremdwort wurde Anfang des 17. Jh.s aus *frz.* promenade „Spaziergang; Spazierweg“ entlehnt. Dies ist eine Bildung zu *frz.* promener „spazierenführen“, se promener „spazierengehen“, aus dem im 18. Jh. unser **promenieren** „spazierengehen, sich ergehen“ übernommen wurde. Es enthält als Stammverb *frz.* mener „führen“; dessen Quelle ist *vlat.* minare „treiben, führen“ (vgl. [1]*pro..., Pro...* und den Artikel *eminent*).

pro mille ↑ Mille.

prominent „hervorragend, bedeutend, maßgebend, weithin bekannt“: Das Adjektiv wurde im 19. Jh. aus *lat.* prominens „vorspringend, hervorragend“ entlehnt, dem adjektivisch verwendeten Part. Präs. von *lat.* pro-minere „vorspringen, hervorragen“ (vgl. [1]*pro..., Pro...* und den Artikel *eminent*). Im 20. Jh. geriet 'prominent' unter Einfluß von *engl.* prominent „bedeutend, weithin bekannt“ oder wurde daraus neu entlehnt. Beachte auch die Substantivierung der/die **Prominente.** – Dazu: **Prominenz** „Gesamtheit der prominenten Persönlichkeiten“ (20. Jh.; zunächst im Sinne von „hervorragende Bedeutung; Größe“; aus gleichbed. *engl.* prominence < *spätlat.* prominentia „das Hervorragen“).

Promotion: Die Bezeichnung für „Verleihung, Erlangung der Doktorwürde“ ist eine gelehrte Entlehnung des 17. Jh.s aus *spätlat.* promotio „Beförderung (zu Ehrenstellen)“. Dies gehört zu *lat.* pro-movere „vorwärts bewegen; befördern; (reflexiv:) vorrücken“, aus dem bereits im 16. Jh. unser Verb **promovieren** „die Doktorwürde erlangen bzw. verleihen“ übernommen wurde (vgl. [1]*pro..., Pro...* und zu *lat.* movere „in Bewegung setzen“ den Artikel *mobil*).

prompt „sofort, unverzüglich; schlagfertig“: Das Adjektiv wurde Anfang des 17. Jh.s aus *frz.* prompt „bereit; geschwind“ entlehnt, das auf *lat.* promptus „gleich zur Hand, bereit“ zurückgeht. Dies ist Partizipialadjektiv von *lat.* proemere „hervornehmen, hervorholen“ und bedeutet demnach wörtlich „hervorgeholt“, dann „zur Stelle usw.“ (vgl. [1]*pro..., Pro...* und zu *lat.* emere den Artikel *Exempel*).

Pronomen „Wort, das anstelle eines Nomens steht, Fürwort“: Der grammatische Fachausdruck wurde im 14./15. Jh. aus gleichbed. *lat.* pro-nomen entlehnt (vgl. [1]*pro..., Pro...* und *Nomen*).

Propaganda „[politische] Werbetätigkeit; Versuch der Massenbeeinflussung“: Das seit dem 19. Jh. gebräuchliche Fremdwort entstammt dem kirchlichen Bereich. Es hat sich aus *nlat.* 'Congregatio de propaganda fide', dem Namen einer 1622 in Rom gegründeten „päpstlichen Gesellschaft zur Verbreitung des Glaubens“, herausgelöst. Das dem Wort zugrundeliegende *lat.* Verb propagare „weiter ausbreiten, ausdehnen; durch Senkreis fortpflanzen“ (vgl. hierüber den Artikel [1]*pfropfen*) setzt sich formal in unserem Verb **propagieren** „Propaganda machen, für etwas werben, etwas verbreiten“ (19. Jh.) fort. In der Bedeutung hat sich 'propagieren', an dessen Stelle auch die Ableitung **propagandieren** gebräuchlich ist, an 'Propaganda' angeschlossen.

Propeller: Die Bezeichnung für „Triebschraube (insbesondere bei Flugzeugen)“ wurde im 19. Jh. – zunächst im Sinne von „Schiffsschraube“ – aus gleichbed. *engl.* propeller übernommen. Dies ist eine Bildung zu *engl.* to propel „vorwärts treiben, antreiben“, das auf gleichbed. *lat.* pro-pellere zurückgeht (vgl. [1]*pro..., Pro...* und zu *lat.* pellere „stoßen, schlagen; in Bewegung setzen" den Artikel *Puls*).

proper „eigen; sauber, ordentlich (besonders von der Kleidung); nett": Das Adjektiv wurde Anfang des 17. Jh.s aus gleichbed. *frz.* propre entlehnt, das auf *lat.* proprius „eigen, eigentümlich, wesentlich" zurückgeht.

Prophet: Das seit *mhd.* Zeit (*mhd.* prophēte) bezeugte Fremdwort bezeichnete zunächst den von Gott berufenen und begeisterten Mahner und Weissager des Alten Testaments. Aus den rein biblischen Zusammenhängen herausgelöst, gilt es dann auch allgemein im Sinne von „Seher, Zukunftsdeuter". Entlehnt ist das Wort aus *lat.* propheta, das seinerseits aus *griech.* prophḗtēs „Verkünder und Deuter der Orakelsprüche; Wahrsager, Seher, Prophet" übernommen ist. Dies gehört zu *griech.* pro-phánai „vorhersagen, verkünden", einer Bildung zu *griech.* phánai „[feierlich] sagen, sprechen; verkünden" (vgl. [2]*pro..., Pro...* und die unter ↑*Bann* dargestellte *idg.* Wortsippe). – Dazu: **prophetisch** „weissagend; vorausschauend" (14. Jh.; nach *lat.* propheticus < *griech.* prophētikós); **Prophetie** „Weissagung" (13. Jh.; *mhd.* prophētīe, prophēzīe, aus gleichbed. *lat.* prophetia < *griech.* prophēteía); **prophezeien** „weissagen; voraussagen" (Ende 13. Jh.; *mhd.* prophētīen, prophēzīen; von *mhd.* prophētīe „Weissagung" abgeleitet).

prophylaktisch „vorbeugend, verhütend" (medizinisch und allgemein): Das seit dem Beginn des 18. Jh.s bezeugte Fremdwort ist aus *griech.* pro-phylaktikós „verwahrend, schützend" entlehnt. Daneben steht das Substantiv *griech.* pro-phýlaxis „Vorsicht", aus dem (etwa gleichzeitig mit dem Adjektiv) **Prophylaxe** „vorbeugende Maßnahme; Krankheitsverhütung (Medizin)" übernommen ist. Beide gehören zu *griech.* pro-phylássein „vor etwas Wache halten" (medial: „sich hüten, sich vorsehen"), einer Bildung zu *griech.* phylássein „wachen, behüten" (zum ersten Bestandteil vgl. [2]*pro..., Pro...*).

Proportion „Größenverhältnis; rechtes Maß; Verhältnisgleichung": Das seit dem Ende des 15. Jh.s bezeugte Substantiv erscheint zuerst als mathematischer Fachausdruck (im Sinne von „Verhältnisgleichung"). Es ist aus *lat.* proportio „das entsprechende Verhältnis; das Ebenmaß" entlehnt, das eine Übersetzung von *griech.* analogía (↑Analogie) darstellt. Bildungsbestandteile des *lat.* Wortes sind *lat.* pro „im Verhältnis zu, entsprechend, gemäß" (vgl. [1]*pro..., Pro...*) und *lat.* portio „Anteil; Verhältnis" (vgl. *Portion*). – Abl.: **proportional** „verhältnismäßig, verhältnisgleich; angemessen" (16. Jh.; aus *spätlat.* proportionalis).

Propst: Die Bezeichnung für „Kloster-, Stiftsvorsteher; Superintendent" (*mhd.* brobest, *ahd.* prōbōst) ist aus gleichbed. *spätlat.* propos[i]tus entlehnt, das für *lat.* praepositus „Vorgesetzter" steht. Dies ist eigentlich das substantivierte Part. Perf. von *lat.* prae-ponere „vorsetzen, voranstellen" (vgl. [1]*pro..., Pro...* und zu *lat.* ponere „setzen, stellen, legen" den Artikel *Position*).

Prosa „Rede bzw. Schrift in ungebundener Form" (im Gegensatz zur ↑Poesie), auch übertragen gebraucht für „nüchterne Sachlichkeit": Das Fremdwort (*mhd.* prōse, *ahd.* prōsa) ist aus gleichbed. *lat.* prosa (oratio) entlehnt, das eigentlich „geradeaus gerichtete (= schlichte) Rede" bedeutet. Es gehört zu *lat.* prorsus (< pro-vorsus) „nach vorwärts gewendet" (vgl. [1]*pro..., Pro...* und den Artikel *Vers*). – Abl.: **prosaisch** „in Prosa abgefaßt; nüchtern, trocken; hausbacken" (Ende 17. Jh.; aus *spätlat.* prosaicus).

prosit! „wohl bekomm's!": Die seit dem 16. Jh. bezeugte *lat.* Wunschformel ist bei sehr verschiedenen Anlässen üblich, etwa beim Zutrunk sowie zur Einleitung eines neuen Jahres ('prosit Neujahr!'). In die Allgemeinsprache gelangte die Wunschformel wohl über die Studentensprache zu Beginn des 18. Jh.s. Neben der vollen *lat.* Form (*lat.* prosit ist 3. Person Singular Konjunktiv Präsens von *lat.* prodesse „nützen, zuträglich sein" und bedeutet demnach „es möge nützen, zuträglich sein") begegnet seitdem auch die heute geläufigere eingedeutschte Kurzform **prost!** Davon abgeleitet ist das Verb **prosten** „prost sagen, zutrinken" (18. Jh.), beachte auch **zuprosten**.

Prospekt „(wirklichkeitsgetreue) Ansicht einer Stadt, Landschaft u. a. in Form einer Zeichnung, Photographie usw.; Werbeschrift": Das Fremdwort wurde im 17. Jh. aus *lat.* prospectus „Hinblick; Aussicht; Anblick von fern" entlehnt. Dies gehört zu *lat.* pro-spicere „hinsehen, hinschauen", einer Bildung zu *lat.* specere „schauen" (vgl. [1]*pro..., Pro...* und den Artikel *Spiegel*).

prost, prosten ↑prosit!

prostituieren (veraltend für:) „bloßstellen, entehren", heute meist reflexiv gebraucht im Sinne von „sich gewerbsmäßig zur Unzucht anbieten": Das seit dem 15./16. Jh. bezeugte Verb, das im reflexiven Sinne jedoch erst seit dem Anfang des 18. Jh.s nach gleichbed. *frz.* se prostituer allgemein üblich wurde, geht zurück auf *lat.* pro-stituere „vorn (d. h. vor aller Augen, öffentlich) hinstellen; seinen Körper öffentlich zur Unzucht anbieten". Dies ist eine Bildung zu *lat.* statuere „aufstellen" (vgl. [1]*pro..., Pro...* und den Artikel *Statut*). – Dazu: **Prostituierte** „Dirne" (19. Jh.); **Prostitution** „gewerbsmäßige Unzucht" (18. Jh.; aus gleichbed. *frz.* prostitution < *spätlat.* prostitutio „Preisgebung zur Unzucht").

prot..., Prot... ↑proto..., Proto...

protegieren „begünstigen, fördern, unterstützen": Das Verb wurde im 16. Jh. aus gleichbed. *frz.* protéger entlehnt, das auf *lat.* pro-tegere „bedecken, beschützen" zurückgeht. Dies ist eine Bildung zu *lat.* tegere „decken; verbergen; schützen", das mit *dt.* ↑*decken* urverwandt ist (vgl. [1]*pro..., Pro...*). – Dazu: **Protegé** „Schützling, Günstling" (18. Jh.; aus gleichbed. *frz.* protégé, dem substantivierten Part. Perf. von protéger, s. o.); **Protektion** „Gönnerschaft, Förderung; Schutz" (16. Jh.; aus gleichbed. *frz.* protection < *spätlat.* protectio „Bedeckung,

Beschützung"); **Protektorat** „Schirmherrschaft; Schutzherrschaft eines Staates über ein fremdes Gebiet; das unter Schutzherrschaft stehende Gebiet selbst" (19. Jh.; gelehrte *nlat.* Bildung).

Protest ↑protestieren.

Protestant „Angehöriger der lutherischen bzw. der reformierten Kirche": Das seit dem 16. Jh. gebräuchliche Wort ist aus *lat.* protestans (protestantis), dem Part. Präs. von *lat.* protestari „öffentlich bezeugen, eine Gegenerklärung abgeben" (vgl. *protestieren*), entlehnt. Die Bezeichnung geht von der feierlichen Verwahrung der evangelischen Reichsstände auf dem Reichstag zu Speyer 1529 gegen den Beschluß, am Wormser Edikt festzuhalten, aus. Abl.: **protestantisch** „der lutherischen bzw. der reformierten Kirche angehörend, evangelisch" (18. Jh.); **Protestantismus** (18. Jh.; *nlat.* Bildung), Sammelbezeichnung für alle auf die kirchliche Reformation des 16. Jh.s zurückgehenden Kirchengemeinschaften. Vgl. zum Sachlichen die Artikel *evangelisch* und *katholisch.*

protestieren „Einspruch erheben, Verwahrung einlegen": Das Verb wurde im 15. Jh. aus gleichbed. *frz.* protester entlehnt, das auf *lat.* protestari „öffentlich als Zeuge auftreten, beweisen, dartun; öffentlich aussagen, laut verkünden" zurückgeht. Dies ist eine Bildung zu *lat.* testari „als Zeuge auftreten, bezeugen, beweisen" (vgl. [1]*pro..., Pro...* und den Artikel *Testament*). – Dazu stellt sich: **Protest** „Einspruch, Verwahrung; Widerspruch", das im 16. Jh. als Kaufmannswort im Sinne von „Beurkundung über Annahme- oder Zahlungsverweigerung bei Wechseln oder Schecks" aus gleichbed. *it.* protesto entlehnt wurde; dies ist eine Bildung zu *it.* protestare (< *lat.* protestari s. o. 'protestieren').

Prothese: Die Bezeichnung für „künstlicher Ersatz eines verlorengegangenen Körperteils" wurde im 19. Jh. aus 'Prothesis' bzw. 'Prosthesis' eingedeutscht. Es handelt sich bei diesen Wörtern um eine gelehrte Entlehnung aus dem *Griech.,* wobei das eigentlich zugrundeliegende *griech.* Substantiv prósthesis „das Hinzufügen, das Ansetzen" mit *griech.* pró-thesis „das Voransetzen; der Vorsatz" verwechselt wurde. – Vgl. [2]*pro..., Pro...* und zum zweiten Wortbestandteil *griech.* ...thesis den Artikel *These.*

proto..., Proto..., (vor Vokalen meist:) prot..., Prot...: Quelle für das Bestimmungswort von Zusammensetzungen mit der Bed. „erster, vorderster, wichtigster; Ur...", wie in 'Protoplasma, Prototyp' und 'Protokoll', ist gleichbed. *griech.* prōtos.

Protokoll „förmliche Niederschrift, Tagungs-, Sitzungs-, Verhandlungsbericht; Gesamtheit der im diplomatischen Verkehr geübten Formen": Das seit dem 16. Jh. bezeugte Fremdwort stammt aus der Rechts- und Kanzleisprache. Es ist aus gleichbed. *mlat.* protocollum entlehnt, das auf *mgriech.* prōtó-kollon zurückgeht. Dies ist eine Bildung zu *griech.* prōtos „der erste" und *griech.* kólla „Leim" und bezeichnete ursprünglich ein den amtlichen Papyrusrollen „vorgeleimtes" Blatt mit chronologischen Angaben über Entstehung und Verfasser des Papyrus. Danach wurde es zur Bezeichnung für die chronologische Angaben enthaltenden Titelblätter von Notariats- oder Gerichtsurkunden. – Abl.: **protokollieren** „ein Protokoll aufnehmen; einen Sitzungsbericht anfertigen; beurkunden" (16. Jh.; aus *mlat.* protocollare), dazu das Substantiv **Protokollant** „Protokollführer" (19. Jh.); **protokollarisch** „durch Protokoll festgestellt, festgelegt" (19. Jh.).

Protoplasma ↑Plasma.

Protz: Der seit dem 19. Jh. gebräuchliche Ausdruck für „Angeber, Wichtigtuer" ist identisch mit dem noch *mdal.* gebräuchlichen 'Protz' „Kröte" (16. Jh.). Der übertragene Wortgebrauch geht von der Anschauung der sich dick machenden oder der den Kehlsack aufblasenden Kröte aus. Abl.: **protzen** „angeben, sich wie ein Protz benehmen" (17. Jh.); **protzig** „angeberisch, großtuerisch" (17. Jh., für älteres 'protz').

Protze: Die in dieser Form seit dem 19. Jh. gebräuchliche militärisch-fachsprachliche Bezeichnung für den zweirädrigen Vorderwagen zweiteiliger militärischer Fahrzeuge (z. B. von Geschützen oder Minenwerfern) hat sich aus älteren Zusammensetzungen wie 'Protzwagen' u. a. (16. Jh.) herausgelöst. Quelle des Wortes ist *it.* biroccio „Zweiradkarren" (bzw. eine *nordit.* Dialektform birozzo), das seinerseits auf gleichbed. *spätlat.* birotium (für 'birotum vehiculum') beruht. Das zugrundeliegende Adjektiv *spätlat.* bi-rotus „zweirädrig" ist eine Bildung mit der Vorsilbe ↑*bi..., Bi...* zu *lat.* rota „Rad" (vgl. hierzu den Artikel *Rolle*). – Dazu das zusammengesetzte Verb **abprotzen** „das Geschütz von der Protze lösen und in Feuerstellung bringen", in der Umgangssprache häufig übertragen gebraucht im Sinne von „seine Notdurft verrichten" (eigentlich etwa „den Hintern in Feuerstellung bringen").

Proviant „Mundvorrat, Wegzehrung; Verpflegung, Ration": Quelle dieses Fremdwortes ist *kirchenlat.* praebenda „das von Staats wegen zu Gewährende; Zehrgeld" (zu *lat.* praebere „darreichen, gewähren, überlassen") bzw. ein mit Präfixwechsel daraus umgestaltetes *vlat.* *probenda. Dies gelangte ins *Dt.* zum einen im 14./15. Jh. am Niederrhein etwa als 'profand' durch Vermittlung von *afrz. (= frz.)* provende „Mundvorrat" und *mniederl.* provande, zum anderen im 15./16. Jh. in Österreich und im *oberd.* Sprachraum durch Vermittlung von entsprechend *it.* provianda etwa als 'profiant'. Im *Hochd.* sind beide Wörter zusammengefallen. Als Endstufe ergab sich die heute gültige Form 'Proviant', die sich jedoch erst im 18. Jh. durchsetzen konnte. – Abl.: **proviantieren** „mit Proviant ausstatten" (16. Jh.), dafür seit dem frühen 18. Jh. die Bildung **verproviantieren.**

Provinz: Das seit dem 14. Jh. bezeugte Fremdwort, das aus *lat.* provincia „Geschäfts-, Herrschaftsbereich; unter römischer Oberherrschaft und Verwaltung stehendes, erobertes Gebiet außerhalb Italiens" (*spätlat.* auch allgemein

„Gegend, Bereich") entlehnt ist, erscheint zuerst am Niederrhein als 'provincie' mit der Bedeutung „Bezirk eines Erzbistums". Später bezeichnet das Wort dann allgemein ein größeres (staatliches oder auch kirchliches) Verwaltungsgebiet oder einen Landesteil. Im übertragenen Gebrauch wird 'Provinz' zur Bezeichnung des Landgebietes (des Hinterlandes) im Gegensatz zur [Haupt]stadt, meist mit dem ironischen Nebensinn von „[kulturell] rückständige Gegend" gebraucht. Dementsprechend nennt der Großstädter den [rückständigen] Provinzbewohner abfällig **Provinzler** (Anfang 19. Jh.), in Berlin auch **Provinzonkel** (20. Jh.). – Abl.: **provinziell** „die Provinz betreffend; landschaftlich, mundartlich; hinterwäldlerisch" (französierende Neubildung des 19. Jh.s zu älterem 'provinzial'; Quelle ist *lat.* provincialis „die Provinz betreffend").

Provision „Vermittlungsgebühr; Vergütung in Form einer prozentualen Gewinnbeteiligung am Umsatz": Das Wort der Kaufmannssprache wurde im 16. Jh. aus gleichbed. *it.* provvisione (eigentlich „Vorsorge", dann „Vorrat; Erwerb; Vergütung") entlehnt, das auf *lat.* provisio, -ionis „Vorausschau; Vorsorge" zurückgeht. Dies gehört zu *lat.* pro-videre (provisum) „vorhersehen; Vorsorge treffen", eine Bildung zu *lat.* videre „sehen" (vgl. [1]*pro..., Pro...* und den Artikel *Vision*). – Ebenfalls zu *lat.* pro-videre gehören **Provisor** „Verwalter einer Apotheke; (früher:) erster Gehilfe des Apothekers" (16. Jh.), seit dem 14. Jh. bezeugt in der allgemeinen Bedeutung „Verwalter, Vertreter" (aus *lat.* provisor „Vorausseher; Vorsorger; Verwalter") und **provisorisch** „vorläufig; behelfsmäßig; probeweise" (gelehrte Neubildung des 18. Jh.s zu *lat.* provisum, dem Part. Perf. von pro-videre, nach entsprechend *frz.* provisoire oder *engl.* provisory).

provozieren „herausfordern, aufreizen; aus der Reserve locken; (Krankheiten) künstlich hervorrufen": Das Verb wurde im 16. Jh. aus *lat.* pro-vocare „heraus-, hervorrufen; (zum Wettkampf) auffordern; herausfordern, reizen" entlehnt, einer Bildung zu *lat.* vocare „rufen" (vgl. [1]*pro..., Pro...* und den Artikel *Vokal*). – Dazu stellen sich **Provokation** „Herausforderung, Aufreizung usw." (16. Jh.; aus gleichbed. *lat.* provocatio), **provokant** „aufreizend, herausfordernd" (17. Jh.; aus gleichbed. *frz.* provocant) und **Provokateur** „jemand, der andere aufwiegelt" (20. Jh.; aus gleichbed. *frz.* provocateur < *lat.* provocator „Herausforderer").

Prozedur „Verfahren, Vorgang, Behandlungsweise": Das aus der Kanzlei- und Verwaltungssprache stammende, seit dem 17. Jh. bezeugte Fremdwort ist eine *nlat.* Bildung – wohl unter dem Einfluß von *frz.* procédure – zu *lat.* procedere „vorrücken, fortschreiten; vor sich gehen usw." (vgl. den Artikel *Prozeß*).

Prozent „Anteil vom vollen Hundert, Hundertstel": Der Fachausdruck der Kaufmannssprache, der zuerst in süddeutschen Quellen des 15. Jh.s als 'per cento' erscheint, ist aus gleichbed. *it.* per cento (zu *it.* cento < *lat.* centum „hundert"; vgl. *Zentner*) übernommen. Darauf geht die Form 'Perzent' zurück, die heute noch in Österreich vorkommt. Demgegenüber hat sich im hochdeutschen Sprachraum die Anfang des 16. Jh.s aufkommende Umstellung 'pro cento' durchgesetzt, auf der die Form 'Prozent' beruht. Abl.: **prozentig** „nach Prozenten bestimmt" (19. Jh.), nur in Zusammensetzungen wie 'hochprozentig, fünfprozentig' u. a. gebraucht; **prozentual** „im Verhältnis zum Hundert, in Prozenten ausgedrückt; anteilmäßig" (19. Jh.; *nlat.* Bildung).

Prozeß „Fortgang, Verlauf, Ablauf, Hergang, Entwicklung; gerichtliche Durchführung von Rechtsstreitigkeiten": Das Wort wurde bereits in *mhd.* Zeit (*mhd.* process „Erlaß, gerichtliche Entscheidung") aus *mlat.* processus „Rechtsstreit; Handlungsweise" entlehnt, das auf *lat.* processus „Fortschreiten; Fortgang, Verlauf" zurückgeht. Dies ist eine Bildung zu *lat.* procedere „vorwärtsschreiten, fortschreiten; verlaufen; sich entwickeln", das auch Ausgangspunkt ist für die Fremdwörter ↑Prozedur und ↑Prozession. Stammverb ist *lat.* cedere (cessum) „einhergehen, vonstatten gehen; weichen, nachgeben; einräumen, zugestehen". Andere Bildungen dazu erscheinen in den Fremdwörtern ↑Abszeß, ↑Exzeß, ↑Konzession, konzessiv, ↑Präzedenzfall, ↑Rezession. – Abl.: **prozessieren** „einen Gerichtsprozeß führen" (17./18. Jh.).

Prozession „feierlicher [kirchlicher] Umzug; Umgang; Bitt- oder Dankgesang": Das seit dem 15. Jh., zuerst im *Mitteld.* bezeugte Fremdwort geht auf *lat.* processio „das Vorrücken; feierlicher Aufzug" (*kirchenlat.* „religiöse Prozession") zurück. Dies gehört zu *lat.* pro-cedere „vorrücken, fortschreiten usw." (vgl. *Prozeß*).

Prozeßpartei ↑Partei.

prüde „sehr empfindlich und engherzig hinsichtlich Sitte und Moral; zimperlich; spröde": Das Adjektiv wurde im 18. Jh. aus gleichbed. *frz.* prude entlehnt, das seinerseits zu *frz.* preux (*afrz.* prod) „tüchtig, tapfer" gehört und sich vermutlich aus einer Fügung *prudefemme (*afrz.* prode femme) „ehrbare Frau" herausgelöst hat (beachte entsprechend *frz.* prud'homme „Ehrenmann"). – Dazu: **Prüderie** „Zimperlichkeit; Geziertheit" (18. Jh.; aus gleichbed. *frz.* pruderie).

prüfen: Das Verb ist zwar erst seit *mhd.* Zeit belegt (*mhd.* brüeven, prüeven „erwägen; erkennen; beweisen, dartun; bemerken; schätzen, berechnen; erproben usw."), wird aber durch den Diphthong (vgl. die Präteritumsform *mhd.* pruofte) als älter erwiesen. Quelle des Wortes ist *lat.* probare „als gut erkennen, billigen; auf Echtheit und Gütequalität untersuchen, prüfen, erproben usw." in seiner *vlat.-roman.* Form *provare (vgl. z. B. *it.* provare und *afrz.* prover > *frz.* prouver „beweisen, erweisen, dartun"). Stammwort ist das *lat.* Adjektiv probus „gut, rechtschaffen, tüchtig usw.". Abl.: **Prüfung** „Untersuchung, Bewährung, Erprobung; Examen" (*mhd.* prüevunge); **Prüfer** „Prüfender, jemand, der ein Examen leitet" (*mhd.* prüever „Untersucher, Merker, Prüfer");

Prüfling „jemand, der in einer Prüfung steht" (19./20. Jh.). Zus.: **Prüfstein** „Maßstab, Kriterium" (16. Jh.; ursprünglich im konkreten Sinne als Bezeichnung für einen Probierstein zur Ermittlung des Feingehaltes von Gold- und Silberlegierungen). – Vgl. auch die auf *lat.* probare oder auf Ableitungen davon beruhenden Fremd- und Lehnwörter ↑approbiert, ↑probat, ↑Probe, proben und probieren.

Prügel: Das auf das *dt.* Sprachgebiet beschränkte Wort (*mhd.* brügel „Knüppel, Knüttel") gehört zu der unter ↑*Brücke*, ursprünglich „Knüppelweg, -damm", behandelten Wortgruppe. Der Gebrauch des Plurals im Sinne von „Schläge" hat sich in Wendungen wie 'jemandem Prügel geben' und 'eine Tracht Prügel' entwickelt. Abl.: **prügeln** „schlagen" (16. Jh., in der Bed. „[Brücken] mit Holzscheiten versehen", „Hunden einen Prügel vor die Beine hängen"). Zus.: **Prügelknabe** „jemand, der an Stelle des Schuldigen bestraft wird, Sündenbock" (19. Jh.; angeblich früher ein Knabe einfachen Standes, der mit einem Fürstensohn zusammen erzogen wurde und der die dem Fürstensohn zukommende Züchtigung erhielt).

Prunk: Das im 17. Jh. aus dem *Niederd.* ins *Hochd.* übernommene Wort geht zurück auf *mnd.* prunk „Aufwand, Putz, Zierde", dem *niederl.* pronk „Schmuck, Zierde, Pracht, Aufwand" entspricht. Auch das Verb **prunken** wurde im 17. Jh. aus dem *Niederd.* übernommen und beruht auf *mnd.* prunken „Aufwand treiben, großtun", dem *niederl.* pronken „zur Schau stellen, Pracht entfalten" entspricht, beachte auch *mhd. (mitteld.)* brunken „zur Schau stellen, zeigen", dazu *spätmhd.* brunke „Pracht, Gepränge". Damit verwandt sind das unter ↑*prangen* behandelte Verb und *engl.* to prink „zur Schau stellen, prunken". Die ganze Sippe ist wahrscheinlich lautnachahmenden Ursprungs und entspricht in der Bedeutungsentwicklung z. B. den unter 'Pracht' (s. d.) und 'prahlen' (s. d.) behandelten Wörtern.

prusten: Das aus dem *Niederd.* stammende Verb (*mnd.* prūsten), das erst im 19. Jh. gemeinsprachliche Geltung erlangte, ist lautnachahmenden Ursprungs.

Psalm: Die Bezeichnung für die im Alten Testament gesammelten 150 religiösen Lieder des jüdischen Volkes (*mhd.* psalm[e], *ahd.* psalm[o]) ist aus gleichbed. *kirchenlat.* psalmus entlehnt, das seinerseits aus *griech.* psalmós „das Zupfen der Saiten eines Musikinstrumentes, das Saitenspiel; das zum Saitenspiel vorgetragene Lied; der Psalm" übernommen ist. Dies ist eine Bildung zu *griech.* psállein „berühren, betasten; die Saite zupfen, Zither spielen". Auf eine Nebenform mit Erleichterung des Anlauts (*mhd.* salm[e], *ahd.* salm[o]) geht der *ugs.* Ausdruck [2]**Salm** „Gerede, Geschwätz" zurück. – Zu *griech.* psállein „die Saite zupfen" gehört auch als Name eines Saiteninstrumentes und als Bezeichnung für das Buch der Psalmen im Alten Testament die Bildung *griech.* psaltḗrion, die über *(kirchen)lat.* psalterium ins *Dt.* gelangte: **Psalter** (*mhd.* psalter, *ahd.* psalteri).

pseudo..., Pseudo..., (vor Vokalen meist:) pseud..., Pseud...: Stammwort für das aus dem *Griech.* übernommenes Bestimmungswort von Zusammensetzungen mit der Bedeutung „falsch, unecht, vorgetäuscht", wie in 'pseudowissenschaftlich' oder ↑Pseudonym, ist *griech.* pseúdein „belügen, täuschen".

Pseudonym: Der seit dem 18. Jh. bezeugte Ausdruck für „erfundener [Künstler- oder Schriftsteller]name" ist aus dem älteren Adjektiv **pseudonym** „unter einem Decknamen verfaßt (bzw. auftretend)" substantiviert. Dies ist aus *griech.* pseudṓnymos „mit falschem Namen (auftretend)" (vgl. *pseudo..., Pseudo...* und zum zweiten Bestandteil *griech.* ónyma „Name" den Artikel *anonym*).

Psyche „Seele; Seelenleben; Wesen, Eigenart": Das seit dem 17. Jh. – zunächst als Name eines schönen jungen Mädchens der griechischen Mythologie – bezeugte, seit dem Anfang des 19. Jh.s dann fachsprachlich und gemeinsprachlich gebräuchliche Wort ist aus *griech.* psȳchḗ „Hauch, Atem; Seele (als Träger bewußter Erlebnisse)" entlehnt. Dazu: **psychisch** „seelisch" (18. Jh.; nach *griech.* psȳchikós „zur Seele gehörig"); **Psychose** „seelische Störung; Geistes- oder Nervenkrankheit" (19. Jh.; gelehrte Neubildung); **psychotisch** „seelisch gestört; geisteskrank" (20. Jh.). Hierher gehören ferner zahlreiche Zusammensetzungen, in denen *griech.* psȳchḗ als Bestimmungswort steht: **Psychiater** „Facharzt für seelische Störungen und für Geisteskrankheiten" (19. Jh.; gelehrte Neubildung; über das Grundwort *griech.* iatrós „Arzt" vgl. *...iater*); **Psychiatrie** „Lehre von den Geisteskrankheiten und ihrer Behandlung" (19. Jh.); **psychiatrisch** „die Psychiatrie betreffend" (19. Jh.); **Psychologe** „Seelenkundiger; Forscher auf dem Gebiet der Seelenlehre" (18. Jh.; gelehrte Neubildung; über das Grundwort *griech.* lógos „Rede, Wort; Untersuchung usw." vgl. *...loge, ...logie*); **Psychologie** „Lehre von den Erscheinungen und Zuständen des bewußten und unbewußten Seelenlebens" (18. Jh.); **psychologisch** „die Psychologie betreffend" (18. Jh.); **Psychopathie** „anlagemäßig bedingtes Abweichen des geistig-seelischen Verhaltens von der Norm" (Ende 19. Jh.; gelehrte Neubildung; zum Grundwort *griech.* páthos „Leiden, Leid" vgl. den Artikel *Pathos*); **Psychopath** „seelisch-geistig abartiger Mensch" (20. Jh.); **psychopathisch** „seelisch-geistig abartig" (19./20. Jh.); **Psychotherapie** „Suggestivbehandlung, Behandlung seelischer oder körperlicher Störungen durch geistig-seelische Beeinflussung" (Ende 19. Jh.; gelehrte Neubildung; über das Grundwort vgl. den Artikel *Therapie*); **Psychotherapeut** „Fachmann auf dem Gebiet der Psychotherapie" (20. Jh.).

Pubertät: Die Bezeichnung für die Zeit der [einsetzenden] Geschlechtsreife wurde im ausgehenden 16. Jh. aus *lat.* pubertas „Geschlechtsreife, Mannbarkeit" entlehnt. Dies ist eine Bildung zu *lat.* pubes, -eris „mannbar, männlich, erwachsen".

Publicity ↑publik.

publik „öffentlich; offenkundig, allgemein bekannt“: Das Adjektiv wurde im 17. Jh. aus gleichbed. *frz.* public entlehnt, das auf *lat.* publicus „öffentlich; staatlich; allgemein“ zurückgeht. – Das Substantiv **Publikation** „Veröffentlichung; im Druck erschienenes Schriftwerk“ wurde im 16. Jh. (zunächst im Sinne von „öffentliche Bekanntmachung“) aus gleichbed. *frz.* publication entlehnt, das auf *spätlat.* publicatio „Veröffentlichung“ (*klass.-lat.* „Einziehung in die Staatskasse“) zurückgeht. Dies ist eine Bildung zu *lat.* publicare „zum Staatseigentum machen; veröffentlichen“, aus dem im 15. Jh. unser Verb **publizieren** „(ein Schriftwerk) veröffentlichen“ übernommen wurde. Das Substantiv **Publizist** „Schriftsteller; Journalist, speziell im Bereich aktuellen [politischen] Geschehens“ ist eine *nlat.* Bildung des 17. Jh.s zu *lat.* publicus, beachte dazu die Bildungen **Publizistik** „Bereich der Beschäftigung mit allen die Öffentlichkeit interessierenden Angelegenheiten in den Massenmedien; Wissenschaft von den Massenmedien und ihrer Wirkung auf die Öffentlichkeit“ und **publizistisch.** Das seit dem 18. Jh. gebräuchliche **Publizität** „allgemeines Bekanntsein, Öffentlichkeit“ ist nach gleichbed. *frz.* publicité (zu *frz.* public) gebildet. Daraus entlehnt ist *engl.* publicity „Bekanntsein in der Öffentlichkeit; Öffentlichkeitsarbeit“, aus dem im 20. Jh. **Publicity** ins *Dt.* übernommen wurde. Vgl. auch die Artikel *Publikum* und *Republik*.

Publikum „die Öffentlichkeit; die Zuschauer“, insbesondere „Zuhörer-, Leser-, Besucherschaft“; allgemein „die Umstehenden“: Das seit dem 18. Jh. gebräuchliche Fremdwort ist aus *mlat.* publicum (vulgus) „das gemeine Volk; die Öffentlichkeit“ entlehnt (vgl. *publik*). Für die Bedeutungsdifferenzierung des Wortes liegt allerdings wohl Einfluß von entsprechend *frz.* public „Öffentlichkeit; Publikum“ und dem daraus entlehnten *engl.* public „Öffentlichkeit; Publikum“ vor.

Puck: Die Bezeichnung für die Scheibe aus Hartgummi im Eishockey wurde im 20. Jh. aus gleichbed. *engl.* puck entlehnt, dessen Herkunft unklar ist.

Pudding „Süßspeise“: Das Wort wurde Ende des 17. Jh.s aus *engl.* pudding entlehnt, und zwar zuerst – dem Gebrauch des *engl.* Wortes entsprechend – als Bezeichnung für eine im Wasserbad gekochte Mehlspeise (oft mit Fleisch- oder Gemüseeinlagen). Das *engl.* Wort geht vermutlich auf *(a)frz.* boudin „Wurst“ zurück. Weitere Zusammenhänge sind nicht gesichert.

Pudel: Der seit dem 18. Jh. bezeugte Name der Hunderasse ist aus 'Pudelhund' (17. Jh.) gekürzt. Das Bestimmungswort dieser Zusammensetzung gehört zu dem nur noch *landsch.* gebräuchlichen Verb [1]**pudeln** „im Wasser plätschern“, das wohl lautnachahmender Herkunft ist (vgl. den Artikel *buddeln*). Der Hund ist so benannt, weil er gerne im Wasser planscht, beachte dazu **pudelnaß** „völlig naß“ (wie ein aus dem Wasser kommender Pudel). – In der Sprache der Kegler wird 'Pudel' im Sinne von „Fehlwurf“ verwendet, beachte dazu [2]**pudeln** „vorbeiwerfen, einen Fehler machen“ (18. Jh.). Zus.: **Pudelmütze** „zottige Pelzmütze, gestrickte Wollmütze“ (18. Jh.; so benannt wegen der Ähnlichkeit mit dem krausen Haar des Pudels).

Puder „feines Pulver (vor allem für Heil- und kosmetische Zwecke)“: Das Substantiv wurde im 17. Jh. aus *frz.* poudre „Staub; Pulver; Puder“ entlehnt, das auf *lat.* pulvis (pulverem) „Staub“ (vgl. den Artikel *Pulver*) zurückgeht. Die ursprüngliche Bedeutung des Wortes ist noch in der Zusammensetzung **Puderzucker** „Staubzucker“ bewahrt (Ende 17. Jh.). – Abl.: **pudern** „mit Puder bestäuben“ (17. Jh.).

Puff (*ugs.* für:) „Stoß, dumpfes Geräusch“: Das seit *mhd.* Zeit bezeugte Wort (*mhd.* buf) ist – wie auch *niederl.* bof, pof „Stoß, Puff“ und *engl.* puff „Stoß, Puff, Windhauch“ – lautnachahmenden Ursprungs, vgl. die Interjektion puff!, älter *nhd.* auch buff!, die dumpfe Schalleindrücke wiedergibt, wie sie besonders beim plötzlichen Entweichen von Luft und beim Zusammenprall entstehen. Beachte dazu auch 'piff, paff, puff!' (Nachahmung des Gewehrfeuers) und 'Puffpuff' kindersprachlich für „Eisenbahn“. – Bereits seit dem 13. Jh. findet sich 'Puff' auch als Bezeichnung einiger Spiele, speziell eines Brettspiels mit Würfeln, das heute auch 'Tricktrack' genannt wird. Dieser Wortgebrauch bezieht sich auf das dumpfe Geräusch, das beim Aufschlagen der Würfel entsteht. An ihn schließt sich die seit dem Ende des 18. Jh.s bezeugte *ugs.* Verwendung von 'Puff' im Sinne von „Bordell“ an. Dieser Wortgebrauch entwickelte sich wohl in Wendungen wie z. B. 'mit einer Dame Puff spielen' oder 'zum Puff gehen', in denen 'Puff' „Brettspiel“ verhüllend gebraucht ist. Eingewirkt hat dabei wahrscheinlich 'puffen' im vulgären Sinne von „koitieren“. – Mit 'Puff' in diesen verschiedenen Verwendungsweisen identisch ist auch 'Puff' im Sinne von „Bausch; Wäschebehälter mit Polstersitz“ (eigentlich etwa „Aufgeblasenes“), beachte dazu 'Puffe' „Bausch“ (*spätmhd.* buffe), 'Puffärmel' „bauschiger Ärmel“ (19. Jh.) und 'puffen' im Sinne von „aufbauschen“. – Zum Substantiv stellt sich das Verb **puffen** „stoßen, schlagen, ein dumpfes Geräusch verursachen“ (*mhd.* buffen). Dazu gebildet ist **Puffer** „Stoßdämpfer an Eisenbahnwagen“ (19. Jh.; im 17. Jh. in der Bed. „Knallbüchse, Terzerol“), beachte die Zusammensetzungen **Pufferstaat** „kleiner Staat zwischen Großmächten“ (2. Hälfte des 19. Jh.s) und **Kartoffelpuffer** „aus geriebenen rohen Kartoffeln in der Pfanne gebackener Kuchen“ (so benannt wegen des „puffenden“ Geräusches der Kartoffelmasse beim Backen).

pulen: Das aus dem *Niederd.* in die Umgangssprache gedrungene Verb geht zurück auf *mnd.* pūlen „herausklauben, bohren, wühlen“, das mit *niederd.* palen „enthülsen, herausklauben“, pale „Schote“ zusammenhängt. Damit verwandt ist wohl auch **polken** *landsch.* für „herausklauben, wühlen, bohren“.

Pulk „loser Verband (von Kampfflugzeugen oder militärischen Fahrzeugen); Haufen, Schar": Das in *dt.* Texten zuerst im 18. Jh. in der Bed. „Soldatentrupp" bezeugte Substantiv, das allerdings erst im 20. Jh. in den heute üblichen Bedeutungen allgemeiner bekannt wurde, ist aus dem *Slaw.* entlehnt. Das zugrundeliegende *slaw.* Wort, *russ.* polk, *poln.* pułk „Regiment, Schar (Soldaten)", ist seinerseits *germ.* Ursprungs. Es ist aus dem unter ↑*Volk* genannten *germ.* *fulka „Kriegerschar, Heerhaufe" entlehnt.

Pulle: Das im Anfang des 18. Jh.s aus dem *Niederd.* in die allgemeine Umgangssprache gelangte Wort für „Flasche" ist – wie ↑Ampulle – aus *lat.* ampulla „kleine Flasche; Ölgefäß" entlehnt. Die unbetonte Anfangssilbe des *lat.* Wortes fiel dabei einer legeren Aussprache zum Opfer.

Pullover: Die Bezeichnung des gestrickten oder gewirkten Kleidungsstücks, das über den Kopf angezogen wird, wurde in der ersten Hälfte des 20. Jh.s aus gleichbed. *engl.* pullover (wörtlich „zieh über") entlehnt. Zugrunde liegt das *engl.* Verb to pull [over] „[über]ziehen, zerren". – Seit etwa 1950 erscheint in der *dt.* Umgangssprache für 'Pullover' auch die Kurzform **Pulli.**

Puls „Anstoß der durch den Herzschlag fortgeleiteten Blutwelle an den Gefäßwänden": Das Substantiv wurde in *mhd.* Zeit (*mhd.* puls) als Fachausdruck mittelalterlicher Heilkunst aus gleichbed. *mlat.* pulsus (venarum) entlehnt, das auf *lat.* pulsus „das Stoßen, das Stampfen, der Schlag" beruht. Dies ist eine Bildung zu *lat.* pellere (pulsum) „schlagen, stoßen; in Bewegung setzen, antreiben usw.", das zu der unter ↑*Filz* entwickelten Wortfamilie der *idg.* Wurzel *pel- „stoßend oder schlagend in Bewegung setzen" gehört. Das *lat.* Verb ist ferner Ausgangspunkt für die Fremdwörter ↑poussieren, Poussage, ↑bugsieren, ↑Appell, appellieren, ↑Impuls, impulsiv und ↑Propeller. – Abl.: **pulsieren** „schlagen, klopfen; sich lebhaft regen, in geschäftiger Bewegung sein" (17. Jh.; in übertragenem Sinne seit dem 19. Jh. bezeugt; aus *lat.* pulsare „schlagen, stoßen usw."); dafür seit dem Ende des 18. Jh.s, häufiger seit der zweiten Hälfte des 19. Jh.s das Verb **pulsen.**

Pult „[Tisch]aufsatz oder Gestell mit schräger Fläche zum Schreiben, zum Auflegen von Noten oder dgl.": Die *nhd.* Form geht zurück auf gleichbed. *mhd.* pulpit (14. Jh.), das aus *lat.* pulpitum „Brettergerüst (als Redner-, Schauspiel- oder Zuschauertribüne)" entlehnt ist.

Pulver „fester Stoff in sehr feiner Zerteilung; Schießpulver", in der Umgangssprache scherzhafte Bezeichnung für „Geld": Das seit *mhd.* Zeit in den Bedeutungen „Pulver, Staub; Asche; Sand" (seit dem 14. Jh. auch in der Bedeutung „Schießpulver") bezeugte Substantiv ist aus gleichbed. *mlat.* pulver entlehnt, das auf *lat.* pulvis, pulveris „Staub" zurückgeht. Dies ist mit *lat.* pollen „sehr feines Mehl, Mehlstaub; Staub" verwandt (vgl. *Pollen*). Den gleichen Ausgangspunkt hat das Lehnwort ↑Puder, das uns durchs *Frz.* vermittelt wurde. – Abl.: **pulv[e]rig** „in Pulverform" (17. Jh.); **pulverisieren** „feste Stoffe zu Pulver zerreiben, zerstäuben, zerstampfen" (16. Jh.; aus gleichbed. *frz.* pulvériser < *spätlat.* pulverizare); **pulvern** „zu Pulver machen, zerstoßen; mit Pulver bestreuen" *(mhd.),* heute nur noch übertragen gebraucht im Sinne von „(mit Schießpulver) schießen, drauflosschießen". Das der Umgangssprache angehörende Präfixverb **verpulvern** „unnütz vergeuden" (19. Jh.) bedeutet eigentlich etwa „wie Schießpulver zerknallen, verpuffen lassen".

Puma: Der in *dt.* Texten seit dem 18. Jh. bezeugte Name des amerikanischen katzenartigen Raubtieres stammt aus dem *Ketschua,* einer Indianersprache in Peru.

Pumpe: Die im 16. Jh. aus dem *Niederd.* ins *Hochd.* gelangte Bezeichnung für das Gerät zum Heben und Fördern von Flüssigkeiten ist aus gleichbed. *mniederl.* pompe entlehnt, das selbst wohl schallnachahmenden Ursprungs ist (vgl. z. B. das ähnlich gebildete gleichbed. *span.* Wort bomba). Unmittelbar aus dem *Mniederl.* stammen auch *frz.* pompe und *engl.* pump „Pumpe". – Abl.: **pumpen** „Flüssigkeiten mittels einer Pumpe heben, fördern" (16. Jh.). In der Gaunersprache (*rotw.* pumpen, pompen, 17. Jh.) entwickelte 'pumpen' die Bedeutung „borgen" (wie man mit der Pumpe Wasser herausholt, so 'pumpt' man aus jemandem Geld). In dieser Verwendung gelangte 'pumpen' über die Studentensprache in die allgemeine Umgangssprache.

Pumpernickel: Der seit dem 17. Jh. bezeugte Ausdruck für „Schwarzbrot" war ursprünglich ein Schimpfwort für einen bäurischen, ungehobelten Menschen, das etwa mit „Furzheini" wiederzugeben ist. Das Schwarzbrot wurde wegen seiner blähenden Wirkung so benannt. Das Bestimmungswort von 'Pumpernickel' gehört zu älter *nhd.* pumpern „furzen", Pumper „Furz", das Grundwort ist Kurz- oder Koseform des Personennamens Nikolaus. – Neben älter *nhd.* Pumper wurden für die laute Blähung früher auch 'Pumps' und 'Pumpf' verwendet. Aus der letzteren Form hat sich **Pimpf** entwikkelt, das eigentlich also „[kleiner] Furz" bedeutet, zunächst Schimpfwort war und um 1920 zur Bezeichnung der jüngsten Angehörigen in der Jugendbewegung wurde.

Pumps: Die Bezeichnung für den leichten, ausgeschnittenen Damenschuh (ohne Schnürung oder Riemen) mit höherem Absatz wurde Anfang des 20. Jh.s aus gleichbed. *engl.* pumps (Plural) entlehnt, dessen weitere Herkunft dunkel ist.

Punkt: Das Wort (*mhd.* pun[c]t „Punkt; Mittelpunkt; Zeitpunkt, Augenblick; Ortspunkt; Umstand; Artikel; Abmachung") ist aus gleichbed. *spätlat.* punctus entlehnt, das für *klass.-lat.* punctum steht. Das *lat.* Wort bedeutet eigentlich „das Gestochene, der Einstich; eingestochenes [Satz]zeichen usw." (davon dann die übertragenen Bedeutungen). Es gehört zu *lat.* pungere (punctum) „stechen". Abl.: **pünktlich**

„(auf den verabredeten Zeitpunkt) genau" (15. Jh.). – Vgl. auch die auf Bildungen zu *lat.* pungere beruhenden, teilweise durch die *roman.* Sprachen vermittelten Fremd- und Lehnwörter ↑punktieren, Punktion, ↑Interpunktion, ↑Kontrapunkt, ↑kunterbunt, ↑bunt, ↑Pointe und pointiert.

punktieren „mit Punkten versehen, tüpfeln, stricheln": Das Verb wurde im 15. Jh. aus *mlat.* punctare „Einstiche machen, Punkte machen" entlehnt, das von *lat.* pungere (punctum) „stechen" (vgl. *Punkt*) abgeleitet ist. In der medizinischen Fachsprache wird 'punktieren' im Sinne von „Körperflüssigkeiten durch Einstiche mit Hohlnadeln entnehmen" gebraucht. Daran schließt sich mit entsprechender Bedeutung das Substantiv 'Punktion' an (nach *lat.* punctio „das Stechen"). Vgl. auch den Artikel *Akupunktur.*

pünktlich ↑Punkt.

Punsch: Der seit dem 17./18. Jh. belegte Name des alkoholischen Heißgetränkes, das wir mit den anderen Europäern von den Engländern kennenlernten (*engl.* punch), ist vermutlich eine *angloind.* Phantasiebezeichnung mit *Hindi* pāñč „fünf", nach den für einen echten Punsch notwendigen „fünf" Grundbestandteilen: Arrak, Zucker, Zitronensaft, Wasser (oder Tee) und Gewürz.

Pup, auch: **Pups:** Der familiäre Ausdruck für die (leise abgehende) Blähung ist lautmalenden Ursprungs. Davon abgeleitet ist das Verb **pupen,** auch: **pupsen** „eine Blähung abgehen lassen". An den *ugs.* Gebrauch von 'Pup[s]' im Sinne von „Kleinigkeit, Bedeutungsloses, Minderwertiges" schließt sich wohl **Pupe** als *ugs.* abwertende Bezeichnung für „Strichjunge, Homosexueller" an.

Pupille: Die Bezeichnung für das Sehloch in der Regenbogenhaut des Auges wurde im 18. Jh. aus gleichbed. *lat.* pupilla entlehnt, das als Verkleinerungsbildung zu *lat.* pupa „Mädchen" (vgl. *Puppe*) eigentlich „kleines Mädchen, Püppchen" bedeutet. Die Bedeutungsübertragung – nach dem Vorbild von *griech.* kórē „Mädchen; Pupille" – geht davon aus, daß sich der Betrachter in den Augen seines Gegenübers als Püppchen spiegelt.

Puppe: Das seit dem 15. Jh. bezeugte Wort (*spätmhd.* puppe „Puppe als Kinderspielzeug") ist aus *lat.* pupa (puppa) „Puppe; kleines Mädchen" entlehnt. In der Umgangssprache wird 'Puppe' auch als Kosewort für junge Frauen gebraucht, beachte dazu mit abwertendem Sinn die Verkleinerungsbildung **Püppchen** „auf Äußerlichkeiten Wert legendes hübsche junge Frau". In der zoologischen Fachsprache bezeichnet 'Puppe' die von der ↑Larve zum vollausgebildeten Insekt überleitende Entwicklungsstufe. Daran schließen sich die Präfixverben **verpuppen,** sich „aus einer Larve zur Insektenpuppe werden" und **entpuppen,** sich „aus einer Insektenpuppe zum Insekt werden" an. Letzteres wird daneben häufig übertragen gebraucht im Sinne von „sein wahres Gesicht zeigen; sich als der herausstellen, der man in Wirklichkeit ist; in seinem Charakter erkannt werden". – Siehe auch den Artikel *Pupille.*

Pups, pupsen ↑Pup.

pur „rein, unverfälscht, lauter; unvermischt", auch adverbial gebraucht im Sinne von „nur, bloß, nichts als ...": Das Adjektiv (*mhd.* pur) wurde im 14. Jh. aus gleichbed. *lat.* purus entlehnt. – Vgl. die Artikel *Püree* und *Puritaner.*

Püree „Brei, breiförmige Speise", besonders häufig in der Zusammensetzung 'Kartoffelpüree': Das Fremdwort wurde im frühen 18. Jh. als Terminus der feinen französischen Kochkunst aus *frz.* purée „Brei aus Hülsenfrüchten; breiförmige Speise" entlehnt. Das *frz.* Wort gehört zu *afrz.* purer „reinigen; sieben; durchpassieren", das auf *spätlat.* purare „reinigen" zurückgeht (vgl. *pur*).

Puritaner: Das aus dem *Engl.* stammende, in *dt.* Texten seit dem Ausgang des 18. Jh.s bezeugte Fremdwort bezeichnet den Anhänger einer im 16. Jh. von England ausgehenden kirchlich-reformatorischen Bewegung, deren Grundforderung nach sittenstrenger Reinheit der persönlichen Lebensführung die Voraussetzungen für eine neue religiöse Gesinnung schaffen will. So wird der Puritaner zum Inbegriff des strengen, harten, geradlinig und einfach lebenden Menschen. *Engl.* puritan bedeutet wörtlich etwa „Reiniger; auf Reinheit Bedachter". Es ist eine Neubildung zu *engl.* purity (< *afrz.* purté < *spätlat.* puritas, zu *lat.* purus, ↑pur). – Abl.: **puritanisch** „sittenstreng, geradlinig, einfach, hart" (19. Jh.).

Purpur „hochroter Farbstoff; purpurfarbenes, prächtiges Gewand": Das Substantiv (*mhd.* purpur, *ahd.* purpura) ist aus gleichbed. *lat.* purpura entlehnt, das seinerseits aus *griech.* porphýrā „Purpurschnecke; aus dem Saft der Purpurschnecke gewonnener hochroter Farbstoff; purpurfarbener Stoff" übernommen ist. Das Wort ist *vorgriech.* (vermutlich *kleinasiat.*) Ursprungs. – Davon abgeleitet ist das Adjektiv **purpurn** „purpurfarben" (*mhd.* purperīn, *ahd.* purpurīn).

Purzelbaum ↑purzeln.

purzeln: Die *nhd.* Form hat sich aus *spätmhd.* burzeln „hinfallen, niederstürzen" entwickelt, das mit dem gleichbed. *spätmhd.* bürzen zu dem unter ↑*Bürzel* „Steiß" behandelten Wort gehört. Zus.: **Purzelbaum** „Überschlag auf dem Boden" (16. Jh., eigentlich „Sturz und Aufbäumen"; zum zweiten Bestandteil vgl. *bäumen*).

Puste ↑pusten.

Pustel: Die Bezeichnung für „Hitze-, Eiterbläschen, Pickel" wurde im 19. Jh. aus *lat.* pustula „[Haut]bläschen" entlehnt.

pusten (*ugs.* für:) „blasen": Das im 18. Jh. aus dem *Niederd.* ins *Hochd.* übernommene Verb geht zurück auf *mnd.* pūsten „blasen, hauchen", dem älter *nhd.* pfausten „blasen", *niederl.* poesten „blasen" und *schwed.* pusta „keuchen, blasen" entsprechen. Eng verwandt ist *mhd.* pfūsen „blasen, keuchen, schnaufen" (s. den Artikel *Pausback*). Abl.: **Puste** *ugs.* für „Atem" (*mnd.* pūst „Atem").

Pute: Die aus dem *Niederd.* stammende Bezeichnung für „Truthenne" ist eine Bildung zu dem Ruf 'put [, put]!', mit dem man den Vogel anlockt, vgl. den Lockruf 'trut!', der als erster Bestandteil in ↑Truthahn steckt. Dazu: **Puter** „Truthahn" (16. Jh.).

Putsch: Der Ausdruck für „politischer Handstreich" stammt aus der Schweiz, und zwar wurde er nach den Schweizer Volksaufständen der 1830er Jahre in die Allgemeinsprache aufgenommen. Das Wort ist identisch mit dem seit dem 15. Jh. bezeugten *schweiz.* Putsch „heftiger Stoß, Zusammenprall, Knall", das wahrscheinlich lautnachahmenden Ursprungs ist. – Abl.: **putschen** „eine Revolte machen" (19. Jh., *schweiz.* im 16. Jh. im Sinne von „knallen"), dazu **aufputschen** „aufhetzen", *ugs.* für „durch Medikamente o. ä. aufmuntern oder erregen"; **Putschist** „Aufständischer" (20. Jh.).

Putte: Die seit dem ausgehenden 17. Jh. bezeugte Bezeichnung für die (besonders im Barock beliebten) Knaben- und Engelgestalten der Malerei und Plastik ist aus gleichbed. *it.* putto, eigentlich „Knäblein", entlehnt. Es geht auf *lat.* putus „Knabe" zurück, das mit *dt.* ↑*Fohlen* verwandt ist.

putzen: Das seit dem 15. Jh. bezeugte Verb, das früher auch 'butzen' geschrieben wurde, ist von dem unter ↑*Butzen* „Unreinigkeit, Schmutzklümpchen, Klumpen" behandelten Wort abgeleitet. Es bedeutete demnach ursprünglich „den Butzen (am Kerzendocht, in der Nase) entfernen". Aus diesem Wortgebrauch entwickelten sich die Bedeutungen „reinigen, säubern, schmücken" und „Wände mit Mörtel bewerfen". An die letztere Bedeutung schließen sich an **Putz** „Mörtelverkleidung, Mauerbewurf" (18. Jh.) und **verputzen** „Wände mit Mörtel verkleiden", dazu **Verputz** „Mauerbewurf". Von der Bedeutung „reinigen, saubermachen" gehen aus **verputzen** *ugs.* für „aufessen, völlig verzehren", **herunterputzen** *ugs.* für „derb zurechtweisen, ausschimpfen" (beachte auch 'abputzen' und 'ausputzen') und **Putz** „das Säubern, Schmuck, Zierat" (17. Jh.), beachte z. B. die Zusammensetzungen 'Hausputz' und 'Putzmacherin'.

putzig „seltsam, drollig, spaßig": Das seit dem 18. Jh., zunächst *nordd.* bezeugte Adjektiv ist eine Ableitung von dem nur noch *landsch.* gebräuchlichen **Butz[e]** „Kobold, Knirps" (*mhd.* butze „Poltergeist, Schreckgestalt"), beachte dazu **Butzemann** *landsch.* für „Kobold" und ↑Mumpitz (eigentlich „vermummte Schreckgestalt"). Das Adjektiv bedeutet demnach eigentlich „koboldhaft, knirpsig".

Puzzle: Die Bezeichnung für das Geduldsspiel, bei dem aus vielen Einzelteilen ein Bild zusammenzusetzen ist, wurde im 20. Jh. aus *engl.* puzzle „Verwirrung; Rätsel, Geduldsspiel" entlehnt, dessen weitere Herkunft dunkel ist.

Pyjama: Die Bezeichnung für „zweiteiliger Schlafanzug" wurde Anfang des 20. Jh.s aus *engl.* pyjamas übernommen, das seinerseits aus *Urdu* pājāmā „lose um die Hüfte geknüpfte Hose", eigentlich „Beinkleid", stammt.

Pyramide: Das Wort ist *ägypt.* Ursprungs. Es wurde den europäischen Sprachen durch *griech.-lat.* pȳramís vermittelt. In *dt.* Texten erscheint 'Pyramide' seit dem Ausgang des 15. Jh.s, zuerst nur als Bezeichnung der monumentalen Grabbauten altägyptischer Könige. Seit dem 16. Jh. bezeichnet das Wort auch eine geometrische Figur (so auch schon im *Lat.*).

Q

quabbeln, auch: quappeln (*landsch.* für:) „sich hin und her bewegen, wackeln (von weichen oder fetten Körpern)": Das vorwiegend in Norddeutschland gebräuchliche Verb ist – wie auch ↑wabbeln und ↑schwabbeln – lautnachahmender Herkunft. Dazu stellen sich die Adjektivbildungen **quabb[e]lig** „in gallertartiger Weise weich, schwabbelig, quallig" (17. Jh.) und **quabbig, quappig** „quabb[e]lig" (18. Jh.) sowie die Substantive **Quabbe** „Fettwulst" (19. Jh.; *mnd.* quabbe bedeutet dagegen „schwankender Moorboden"), **Quebbe** „schwankender Moorboden" (18. Jh.) und wahrscheinlich auch ↑Quappe „Aalraupe; Froschlarve". – Mit dieser hauptsächlich *niederd.* Sippe vergleichen sich im *germ.* Sprachbereich z. B. *niederl.* kwab „Fettklumpen, Wulst, Wamme, Lappen", älter *engl.* quab „schwankender Moorboden, Morast", *norw.* kvabb „Schlamm, Schlick", krabset, kvapset[e] „quabb[e]lig".

Quackelei, quackeln ↑quaken.

Quacksalber: Der verächtliche Ausdruck für „schlechter Arzt; Person, die stümperhaft eine ärztliche Tätigkeit ausübt" wurde im 16. Jh. aus *niederl.* kwakzalver entlehnt, das eigentlich etwa „prahlerischer Salbenverkäufer" bedeutet. Der erste Bestandteil des *niederl.* Wortes gehört zu *niederl.* kwakken „schwatzen, prahlen" (vgl. *quaken*), der zweite zu zalven „salben" (vgl. *Salbe*). Abl.: **Quacksalberei** (17. Jh.); **quacksalbern** (18. Jh.).

Quaddel: Der Ausdruck für „juckende Anschwellung, Bläschen" ist aus dem *Niederd.* ins *Hochd.* gelangt. *Niederd.* quad[d]el gehört mit *ahd.* quedilla „Pustel, Bläschen" und *aengl.* cwidele „Pustel, Bläschen" zu der *germ.* Wortgruppe von *got.* qiÞus „Bauch, Mutterleib", die mit verwandten Wörtern in anderen *idg.* Sprachen auf eine Wurzel *g^{u}et- „Anschwellung, Rundung, Wulst" zurückgeht.

Quader „rechteckiger Körper (Mathematik); [behauener] massiver rechteckiger Steinblock“: *Mhd.* quāder (daneben die verdeutlichende Zusammensetzung *mhd.* quāderstein) ist aus *mlat.* quadrus (lapis) „viereckiger Stein“ entlehnt. – Das zugrundeliegende Adjektiv *lat.* quadrus „viereckig“, das auch Ausgangspunkt für die Fremdwörter ↑Quadrat, ↑Quadrant, ↑Quadrille, ↑Karo, ↑kariert, Karree und für die Lehnwörter ↑Geschwader und ↑Schwadron ist, gehört zu der mit *dt.* ↑*vier* verwandten Kardinalzahl *lat.* quattuor „vier“. Die entsprechende Ordinalzahl *lat.* quartus „der vierte“ liegt den Fremdwörtern ↑Quarta, Quartaner, ↑Quartal, ↑Quartett und ↑Quartier zugrunde. – Beachte auch die Artikel *Kaserne* und *Quarantäne.*

Quadrant: Die Bezeichnung für „Viertelkreis; Viertelebene“ wurde im 16. Jh. aus *lat.* quadrans (quadrantis) „der vierte Teil“ entlehnt, dem substantivierten Part. Präs. von *lat.* quadrare „viereckig machen“. Dies ist von *lat.* quadrus „viereckig“ (vgl. *Quader*) abgeleitet. – Aus dem substantivierten Neutrum des Part. Perf. von *lat.* quadrare, *lat.* quadratum „Viereck“, stammt unser Fremdwort **Quadrat.** Es erscheint bei uns im 15. Jh. als mathematischer Fachausdruck. Davon abgeleitet ist das Adjektiv **quadratisch** „von der Form eines Quadrates“ (16. Jh.).

Quadrille: Der Name des seit dem Anfang des 18. Jh.s in Deutschland bekannten Kontertanzes im $^2/_4$- oder $^3/_8$-Takt, der von je vier Personen im Karree getanzt wird, ist aus gleichbed. *frz.* quadrille entlehnt. Dies stammt aus *span.* cuadrilla „Gruppe von vier Reitern; Quadrille“. Das *span.* Wort ist von *span.* cuadro „Viereck, Karree“ abgeleitet, das auf *lat.* quadrus „viereckig“ (vgl. *Quader*) zurückgeht.

Quadrillion ↑Million.

quaken: Das seit dem 15. Jh. bezeugte Verb ahmt den Laut der Frösche und Enten nach. Elementarverwandt sind im *germ.* Sprachbereich z. B. *niederl.* kwaken, *engl.* to quack, *schwed.* kväka und *außergerm.* z. B. *lat.* coaxare „quaken“ und die *baltoslaw.* Sippe von *russ.* kvakat' „quaken“. Zu 'quaken' stellt sich **quakeln, quackeln** *landsch.*, bes. *nordd.* für „plappern, faseln; Dummheiten anstellen“ (s. auch den Artikel *Quacksalber*). Eine ähnliche Lautnachahmung ist das seit dem 16. Jh. bezeugte **quäken** „mit heller Stimme eintönig weinerlich schreien“, beachte dazu **Quäke** „Instrument zum Nachahmen des Angstschreis der Hasen“ und **Quäker** *mdal.* für „Bergfink“ und „Rabe“.

Qual: Die Substantivbildungen *mhd.* quāl[e], *ahd.* quāla, *niederl.* kwaal, ablautend *schwed.* kval gehören zu einem in den älteren Sprachzuständen erhaltenen starken Verb *ahd.* quelan „Schmerz empfinden, leiden“, *aengl.* cwelan „sterben“. Zu diesem starken Verb ist auch das Veranlassungsverb (kausativ) **quälen** (*mhd.* queln, *ahd.* quellan, *engl.* to quell, *schwed.* kvälja) gebildet, das in *nhd.* Zeit als Ableitung von 'Qual' empfunden wurde und daher mit ä geschrieben wird. Die *germ.* Wortgruppe geht mit verwandten Wörtern in anderen *idg.* Sprachen, vgl. z. B. *lit.* gélti „stechen; [stechend] schmerzen“, auf eine Wurzel *g^{u}el- „stechen“ zurück. – Die Zusammensetzung **Quälgeist** „lästiger Mensch“ ist seit dem Anfang des 18. Jh.s bezeugt.

qualifizieren „[wertend] einordnen, als etwas Bestimmtes bezeichnen; als geeignet, fähig erweisen, zu etwas befähigen“, reflexiv „den Befähigungs-, Eignungsnachweis für etwas erbringen; auf Grund bestimmter Leistungen die Wettkampfberechtigung erlangen“: Das seit dem 16. Jh. bezeugte Verb ist aus *mlat.* qualificare „näher bestimmen, mit einer bestimmten Eigenschaft versehen“ entlehnt. Dies ist eine Bildung zu *lat.* qualis „wie beschaffen“ (vgl. *Qualität*) und *lat.* facere „machen, tun“ (vgl. *Fazit*). Die Verwendung von 'qualifizieren' in der Sprache des Sports im Sinne von „auf Grund bestimmter Leistungen die Wettkampfberechtigung erlangen“ erfolgte unter dem Einfluß von entsprechend *engl.* to qualify. – Das in adjektivischen Gebrauch übergegangene 2. Partizip **qualifiziert** wird im Sinne von „tauglich, besonders geeignet“ verwendet. – Das Substantiv **Qualifikation** „das [Sich]qualifizieren; Befähigung, Eignung; Teilnahmeberechtigung“ wurde im 16. Jh. – wohl unter dem Einfluß von gleichbed. *frz.* qualification (wenn nicht unmittelbar aus diesem) – aus *mlat.* qualificatio „Verfahrensweise, Art“ entlehnt. Die Verwendung von 'Qualifikation' in der Sprache des Sports im Sinne von „Berechtigung, auf Grund bestimmter Leistungen an einem Wettkampf teilzunehmen“ kam im 20. Jh. unter dem Einfluß von entsprechend *engl.* qualification auf. – Gegenbildungen: **disqualifizieren** „für untauglich erklären; [wegen Regelverstoßes] von einem sportlichen Wettbewerb ausschließen“ (19. und 20. Jh.) und **Disqualifikation** „Untauglichkeitserklärung; Ausschluß von einem sportlichen Wettbewerb“ (19. und 20. Jh.).

Qualität „Beschaffenheit; Güte; Wert; Klangfarbe (eines Vokals)“: Das Fremdwort wurde im 16. Jh. aus *lat.* qualitas „Beschaffenheit, Verhältnis, Eigenschaft“ entlehnt, das von *lat.* qualis „wie beschaffen“ abgeleitet ist. Der Gebrauch von 'Qualität' ist z. T. von entsprechend *frz.* qualité beeinflußt worden. – Dazu das Adjektiv **qualitativ** „der Beschaffenheit, dem Wert nach“ (19. Jh.; aus gleichbed. *mlat.* qualitativus).

Qualle: Der aus dem *Niederd.* stammende Name des gallertartigen Nesseltiers ist erst seit dem 16. Jh. bezeugt. *Niederd.* qualle (entsprechend *niederl.* kwal) gehört wahrscheinlich im Sinne von „aufgequollenes, schleimiges Tier“ zu der Wortgruppe von ↑*quellen.* Abl.: **quallig** „gallertartig“ (20. Jh.).

Qualm: Der in *hochd.* Texten seit dem 16. Jh. bezeugte Ausdruck für „[dicker] Rauch“ stammt aus dem *Niederd. Mnd.* qual[le]m „Dunst, Dampf, Rauch“ gehört wahrscheinlich im Sinne von „Hervorquellendes“ zu der Wortgruppe von ↑*quellen.* Abl.: **qualmen** „[stark] rauchen“ (17. Jh.); **qualmig** „rauchig“ (17. Jh.).

Qualster: Der vorwiegend in Norddeutschland gebräuchliche *ugs.* Ausdruck für „zäher Schleim, Auswurf" geht auf *mnd.* qualster zurück, das wahrscheinlich im Sinne von „aufgequollene, schleimige Masse" zu der Wortgruppe von ↑*quellen* gehört. Abl.: **qualstern** *ugs.* für „zähen Schleim auswerfen".

Quantum: Der Ausdruck für „Menge, Anzahl; Anteil; [bestimmtes] Maß" wurde im 17. Jh. in der Kaufmannssprache aus *lat.* quantum, dem Neutrum von *lat.* quantus „wie groß, wie viel; so groß wie" übernommen. – Dazu: **Quantität** „Menge, Masse, Anzahl; (in der Metrik:) Maß einer Silbe nach Länge oder Kürze" (im 16. Jh. aus *lat.* quantitas „Größe, Menge"); **quantitativ** „der Quantität nach, mengenmäßig" (19. Jh.; *nlat.* Bildung).

Quappe (*landsch.* für:) „Froschlarve; Aalraupe; Döbel": Das aus dem *Niederd.* stammende Wort (*mnd.* quappe, quabbe, *asächs.* quappa; entsprechend *niederl.* kwab, *schwed.* kvabba) gehört wahrscheinlich im Sinne von „schleimiger Klumpen, wabbliges Tier" zu der Sippe von ↑*quabbeln.* – Allerdings besteht auch die Möglichkeit, daß ein mit der *baltoslaw.* Wortgruppe von *russ.* žaba „Kröte" verwandtes Wort im *germ.* Sprachbereich nachträglich an die Sippe von 'quabbeln' angeschlossen worden ist. Gebräuchlicher als 'Quappe' ist die Zusammensetzung **Kaulquappe** (↑Kaulbarsch).

quappeln, quappig ↑quabbeln.

Quarantäne: Der Ausdruck für „räumliche Absonderung (Ansteckungsverdächtiger); Absperrung eines Infektionsgebietes (als Schutzmaßnahme); Sperrmaßnahme (insbesondere gegenüber Schiffen)" wurde im 17. Jh. aus gleichbed. *frz.* quarantaine entlehnt. Das *frz.* Wort, das von *frz.* quarante „vierzig" (< *vlat.* quarranta = *klass.-lat.* quadraginta „vierzig") abgeleitet ist, bedeutet eigentlich „Anzahl von vierzig [Tagen]". Die Bedeutung „Isolierung, Absperrung" bezieht sich auf die Tatsache, daß man früher Schiffe, die pest- oder seuchenverdächtige Personen an Bord hatten, mit einer vierzigtägigen Hafensperre belegte.

Quark: Der Ausdruck für den beim Gerinnen der Milch sich ausscheidenden Käsestoff und den daraus hergestellten Weißkäse wurde im ausgehenden Mittelalter in Ostmitteldeutschland von den Slawen übernommen. *Spätmhd.* twarc, dann quarc (mit *mitteld.* Wandel von tw zu qu, wie z. B. in ↑Quirl, ↑quer) ist aus einer *westslaw.* Sprache entlehnt, vgl. z. B. *poln.* twaróg, *obersorb.* twaroh, *tschech.* tvaroh „Quark". Die weitere Herkunft der *slaw.* Wortgruppe ist nicht sicher geklärt. – *Landsch.* Ausdrücke für „Käsestoff, Weißkäse" sind z. B. 'Hotte, Matte, Topfen, Zieger'. *Ugs.* wird das Wort 'Quark' im Sinne von „Unsinn, Quatsch; etwas, was sich nicht lohnt" gebraucht.

quarren (*landsch.* für:) „anhaltend weinerlich schreien": Das aus dem *Niederd.* stammende Verb (*mnd.* quarren) ist lautnachahmender Herkunft. Aus dem Verb rückgebildet ist **Quarre** (*landsch.* für:) „weinerliches Kind; keifende Frau".

Quarta: Die Bezeichnung für die dritte Klasse der Unterstufe einer höheren Schule stammt aus der Reformationszeit. Quelle des Wortes ist *lat.* quarta classis „vierte Abteilung" (zu *lat.* quartus „der vierte"; vgl. den Artikel *Quader*). Über die Bedeutungsentwicklung vgl. den Artikel *Sexta.* – Abl.: **Quartaner** „Schüler einer Quarta" (19. Jh.).

Quartal: Die Bezeichnung für „Vierteljahr" wurde im 16. Jh. aus *mlat.* quartale (anni) „Viertel eines Jahres" entlehnt. Dies ist eine Bildung zu *lat.* quartus „der vierte" (vgl. *Quarta*).

Quartett „Tonstück für vier Singstimmen oder vier Instrumente; die Gruppe der vier ausführenden Künstler"; dann auch Name von Kartenspielen, bei denen je vier Karten eine Spieleinheit bilden: Das Fremdwort wurde im 18. Jh. als musikalischer Terminus aus gleichbed. *it.* quartetto entlehnt. Dies ist eine Ableitung von *it.* quarto „der vierte" (< *lat.* quartus „der vierte"; vgl. *Quarta*).

Quartier „Unterkunft (besonders von Truppen)": Das seit *mhd.* Zeit (*mhd.* quartier „Viertel") bezeugte Wort ist aus *afrz.* quartier, das auf *lat.* quartarius „Viertel" zurückgeht (zu *lat.* quartus „der vierte"; vgl. *Quader*). Die Bedeutungsentwicklung vollzog sich im *Frz.*, wobei die allgemeine Bedeutung „das Viertel" (im Sinne von „vierter Teil") auf verschiedene Bereiche übertragen wurde, u. a auf das Stadtgebiet („Stadtviertel, Stadtteil") und speziell auf den „Teil eines Heerlagers, der mehreren Soldaten zur gemeinsamen Unterkunft dient". Im Sinne von „Truppenunterkunft" ist 'Quartier' im *Dt.* seit dem 16. Jh. gebräuchlich. – Zu dem heute nicht mehr gebräuchlichen Verb **quartieren** „[Soldaten] in Privatunterkünften unterbringen" (16. Jh.) stellen sich die Bildungen **einquartieren, ausquartieren** und **umquartieren.**

Quarz: Die Herkunft der Benennung des gesteinsbildenden Minerals ist nicht sicher geklärt. Das seit dem 14. Jh. bezeugte Wort hat sich vom böhmischen Bergbau ausgehend im *dt.* Sprachgebiet durchgesetzt und ist auch in zahlreiche europäische Nachbarsprachen gedrungen. Am ehesten handelt es sich bei 'Quarz' um eine – wie 'Heinz' zu 'Heinrich' und 'Kunz' zu 'Konrad' gebildete – Koseform zu *mitteld.* querch „Zwerg" (vgl. *Zwerg*). In früheren Zeiten schrieben die Bergleute die Schädigung der Erze durch wertlose Erze oder Mineralien Berggeistern zu, beachte den Erznamen 'Kobalt', der eigentlich „Kobold" bedeutet. Abl.: **quarzig** (18. Jh.).

Quas: Der in Mittel- und Norddeutschland gebräuchliche Ausdruck für „Gelage, Schmaus; Pfingstbier mit festlichem Tanz" (*mitteld.* quāȥ, *mnd.* quās) wurde im ausgehenden Mittelalter aus einer *westslaw.* Sprache entlehnt, beachte z. B. *sorb.* kwas „Sauerteig; Schmaus; Hochzeit". Die *slaw.* Wortgruppe von *russ.* kvas „säuerliches Getränk" – vgl. **Kwaß** „gegorenes Getränk" – gehört zu der *idg.* Wurzel *k^{u}at[h]- „gären, sauer werden" (vgl. *Käse*). Abl.: **quasen** *mdal.* für „schmausen; prassen; vergeuden" (*mitteld.* quāȥen, *mnd.* quāsen).

quasi: Der Ausdruck für „gewissermaßen,

gleichsam, sozusagen" wurde im 17. Jh. aus dem *lat.* Adverb quasi „wie wenn, gerade als ob; gleichsam" übernommen (aus *lat.* qua „wie" und si „wenn").

quasseln (*ugs.* für:) „törichtes Zeug reden, plappern, schwatzen": Das seit dem 19. Jh. bezeugte, ursprünglich *niederd.* Verb, das von Berlin ausgehend in die Umgangssprache gedrungen ist, ist eine Iterativ-Intensiv-Bildung zu *niederd.* quasen „plappern, schwatzen". Dieses Verb ist von dem *niederd.* Adjektiv dwas „töricht" (*mnd.* dwās) abgeleitet, das mit 'dösen' (s.d.) und 'Dusel' (s.d.) verwandt ist und zu der Wortgruppe von ↑*Dunst* gehört. Zum Anlautswechsel dw-, tw- zu qu- siehe den Artikel *quer.* Abl.: **Quasselei** *ugs.* für „törichtes Gerede" (19. Jh.). Zus.: **Quasselstrippe** *ugs.* scherzh. *(berlin.)* für „Telefon; Schwätzer" (20. Jh.; zum zweiten Bestandteil ↑Strippe).

Quaste, *landsch.* Quast: *Mhd.* quast[e] „Büschel, Wedel; Laubbüschel des Baders, Badewedel; Federbüschel als Helmschmuck" (daneben queste, *ahd.* questa), *niederl.* kwast „Wedel, Büschel; Pinsel" und die *nord.* Sippe von *schwed.* kvast „Besen; Doldentraube" gehen zurück auf *germ.* *kwastu-, *kwasta- „Laubbüschel, Reisigwedel". Das Wort scheint bereits in *germ.* Zeit speziell den Laub- bzw. Reisigwedel, mit dem die Badenden gepeitscht wurden, bezeichnet zu haben, beachte das aus dem *Germ.* entlehnte *finn.* vasta „Badewedel; Besenreis". Die *germ.* Wortgruppe geht mit verwandten Wörtern in anderen *idg.* Sprachen auf eine mehrfach erweiterte Wurzel *g^{u}es- „Laubwerk, Gezweig" zurück, vgl. z. B. *lat.* vespices *Plural* „dichtes Gesträuch".

¹quatschen (*ugs.* für:) „dummes Zeug reden, schwatzen": Das seit dem 16. Jh. bezeugte Verb – daraus rückgebildet das Substantiv **¹Quatsch** *ugs.* für „dummes Gerede, Unsinn" (19. Jh.) – ist wahrscheinlich, wie z. B. auch 'klatschen' (s. d.) und 'patschen' (s. d.), lautnachahmender Herkunft und gehört dann zu der Sippe von ↑²*quatschen.* Denkbar wäre auch, daß das Verb von *niederd.* quat „schlecht, schlimm, böse" (vgl. *Kot*) abgeleitet ist, beachte *niederd.* quatsken „wertloses Zeug reden". Zus.: **Quatschkopf** *ugs.* für „Schwätzer" (20. Jh.).

²quatschen (*landsch.,* besonders *nordd.* für:) „das Geräusch 'quatsch' hervorbringen; durch Wasser oder Schlamm waten, in eine breiartige Masse treten oder fassen; feucht oder morastig sein": Das seit dem 16. Jh. bezeugte Verb ist lautnachahmender Herkunft, beachte die Interjektion quatsch! Dazu stellt sich das Substantiv **²Quatsch** *landsch.,* besonders *nordd.* für: „breiartige Masse, Morast, Straßenkot". Allgemein gebräuchlich ist die Zusammensetzung **quatschnaß** *ugs.* für „sehr naß" (19. Jh.). Beachte den Artikel ¹*quatschen.*

Quebbe ↑quabbeln.

Quecke: Das Ackerunkraut ist nach seiner ungewöhnlichen Keimkraft und der Zähleibigkeit seiner Wurzelstöcke benannt. Der *germ.* Name der Pflanze *mnd.* kweken, *niederl.* kweek, *engl.* quick-, quitch-grass, *norw. mdal.* kvika ist zu dem unter ↑*keck* dargestellten *germ.* Adjektiv *quiqua- „lebendig, lebhaft" gebildet.

Quecksilber: Das Metall, das bei normaler Temperatur flüssig ist und silbrig glänzt, ist als „lebendiges Silber" benannt. *Ahd.* quecsilbar ist – wie auch *aengl.* cwicseolfor (*engl.* quicksilver) – Lehnübersetzung von *mlat.* argentum vivum, beachte *frz.* vif-argent. – Das Bestimmungswort ist das unter ↑*keck* behandelte Adjektiv, das früher „lebendig, lebhaft" bedeutete; s. auch den Artikel *verquicken.* Abl.: **quecksil[e]brig** „unruhig" (20. Jh.).

Quehle ↑Zwehle.

¹quellen: Das starke Verb *mhd.* quellen, *ahd.* quellan, das im *germ.* Sprachbereich außer im *Dt.* nur noch im *aengl.* 2. Partizip [ge]collen- „aufgeschwollen" nachweisbar ist, geht mit verwandten Wörtern in anderen *idg.* Sprachen auf eine Wurzel *g^{u}el- „quellen, [über]fließen, herabträufeln" zurück, vgl. z. B. *aind.* gálati „träufelt, fällt herab". Das schwache Verb **²quellen** „im Wasser weichen lassen" ist das zu '¹quellen' gebildete Veranlassungsverb und bedeutet eigentlich „quellen machen". Um das starke Verb gruppieren sich die Substantivbildungen ↑Qualle, ↑Qualm und **Quelle,** daneben dichterisch auch: **Quell.** Das Substantiv 'Quell[e]' ist wahrscheinlich eine junge Rückbildung aus '¹quellen', die vom *Ostmitteld.* ausgehend gemeinsprachlich geworden ist. Da das Wort in *mhd.* Zeit fehlt, setzt es schwerlich *ahd.* quella „Quelle" fort.

quengeln (*ugs.* für:) „lästig fallen (besonders von Kindern)": Das seit dem 18. Jh. bezeugte Verb stellt sich wahrscheinlich als Iterativ-Intensiv-Bildung zu *mhd.* twengen, *mnd.* dwengen „zwängen, drücken, bedrängen, nötigen" (vgl. *zwängen*). Zum Anlautswechsel tw- bzw. dw- zu qu- s. den Artikel *quer.* Abl.: **Quengelei** „das Quengeln" (19. Jh.); **queng[e]lig** „unzufrieden-weinerlich" (19. Jh.).

Quentchen „kleine Menge, ein bißchen": Die Form 'Quentchen' steht für älteres 'Quentlein'. Dies ist eine Verkleinerungsbildung zu 'Quent', dem Namen eines früheren deutschen Handelsgewichts. 'Quent' geht zurück auf *mhd.* quintīn, „der vierte (ursprünglich: fünfte) Teil eines Lots", das aus *mlat.* *quintinus, *quentinus „Fünftel" entlehnt ist (zu *lat.* quintus „fünfter", vgl. *Quinta*).

quer: Das heute nur noch als Adverb gebräuchliche Wort ist in *mitteld.* Form hochsprachlich geworden. Im 14. Jh. wandelte sich im *mitteld.* Sprachraum der Anlaut tw- (*niederd.* dw-) zu qu-, so daß aus *mhd.* twerch Adjektiv und Adverb „schräg; verkehrt; quer" *mitteld.* querch entstand, woraus sich durch Auslautsvereinfachung 'quer' entwickelte. Die lautgerechte Entwicklung von *mhd.* twerch führte dagegen zu ↑*zwerch,* das in *oberd.* Mundarten und in der Zusammensetzung 'Zwerchfell' bewahrt ist. Den *mitteld.* Anlautswechsel zeigen außer 'quer' auch 'Quark, Quirl, Quehle' (↑Zwehle), '²Quetsche' (↑Zwetsche) und vielleicht 'Quarz' und 'quengeln'. Abl.: **Quere** (*mhd.* twer[e], *ahd.*

twer[h]ī; heute fast nur noch in der *ugs.* Wendung 'in die Quere kommen' gebräuchlich); **queren** veraltend für „überschreiten; überschneiden" (17. Jh.; dafür heute gewöhnlich 'durch-, überqueren'). Zus.: **querfeldein** (18. Jh.; zusammengewachsen aus 'quer Feld ein', das sich aus Fügungen wie z. B. 'querfeld hinein' entwickelt hat, in denen 'Feld' Akkusativ der Richtung ist); **Querflöte** (16. Jh.); **Querkopf** „eigensinniger Mensch, der nicht so will wie die anderen" (18. Jh.), davon **querköpfig** „wie ein Querkopf"; **Querschläger** „Geschoß, das mit seiner Längsachse quer zur Flugrichtung auftrifft" (20. Jh.); **Querschnitt** „Schnitt in der Querrichtung eines Körpers; Auswahl, Zusammenstellung" (18. Jh.); **Quertreiber** „eigensinniger Mensch, der nicht so will wie die anderen" (Verhochdeutschung von *niederd.* dwarsdrīver, das eigentlich ein Seemannswort ist und einen Schiffer bezeichnet, der schlecht steuernd querab treibt oder anderen in die Quere kommt, 18. Jh.; beachte das seit dem 17. Jh. bezeugte *niederl.* dwarsdrijver), dazu **Quertreiberei.**

Querele: Der Ausdruck für „auf gegensätzlichen Interessen beruhende Streiterei" wurde im 17. Jh. aus *frz.* querelle „Klage; Beschwerde; Streit[erei]" entlehnt. Dies geht auf *lat.* querel[l]a „Klage, Beschwerde" (zu *lat.* queri „[be]klagen", vgl. *Querulant*) zurück, das schon vorher unmittelbar ins *Dt.* übernommen worden war. – 'Querele', das gewöhnlich im Plural vorkommt, wurde bis ins 20. Jh. hinein im wesentlichen auf den privaten Bereich, dann erst auf den [partei]politischen Bereich bezogen.

Querulant: Der seit dem 18. Jh. bezeugte Ausdruck für „Nörgler, Besserwisser" ist eigentlich eine *nlat.* Substantivierung des Part. Präs. von *lat.* querelari „klagen" und bedeutet demnach „Klagender". Aus *lat.* querelari, das mit *lat.* querulus „klagend" und *lat.* querel[l]a „Klage" (vgl. *Querele*) zu *lat.* queri „[be]klagen" gehört, ist unser Verb **querulieren** „nörgeln, klagen, sich beschweren" (um 1600) entlehnt.

Quetsche ↑quetschen, ↑Zwetsche.

quetschen: Die Herkunft des nur im *Dt.* und *Niederl.* nachweisbaren Verbs ist dunkel. Da sichere *außergerm.* Entsprechungen fehlen, liegt für *mhd.* quetschen, quetzen, *mnd.* quetten, quetsen, *niederl.* kwetsen Entlehnung aus dem *Roman.* nahe, und zwar aus der Sippe von *lat.* quatere, quassare „schütteln, schlagen usw.", beachte *afrz.* quasser „zerdrücken, zerbrechen, verletzen". Abl.: **Quetsche** *landsch.* und *ugs.* für „Presse; Beengung; kleiner Raum, besonders kleines Geschäft, kleine Schankwirtschaft, kleiner Betrieb oder Bauernhof" (*mitteld.* quetcze „Presse, Kelter"), beachte auch **Nasenquetsche[r]** *ugs.* scherzh. für „enger Sarg"; **Quetschung** (*mhd.* quetzunge „Quetschung, Wunde"). Zus.: **Quetschkommode** *ugs.* scherzh. für „Ziehharmonika" (20. Jh.).

quicklebendig: Die junge Zusammensetzung enthält als Bestimmungswort die *landsch. (niederd.)* Form von *nhd.* ↑*keck,* beachte 'erquicken' und 'verquicken' sowie die Nebenform 'queck' in 'Quecksilber' (s. diese Artikel). In 'quicklebendig' ist 'quick' „lebhaft, munter, frisch" lediglich verstärkend, während in den veralteten Zusammensetzungen **Quickborn** „Jungbrunnen" und **Quicksand** „Triebsand, Flugsand" die eigentliche Bedeutung bewahrt ist.

quieken: Das seit dem 16. Jh. bezeugte Verb, das sich vom *niederd.* Sprachraum ausgebreitet hat, ist lautnachahmenden Ursprungs und gibt hauptsächlich den Laut der Ferkel und schrille Töne wieder. Verstärkende Weiterbildungen von 'quieken' sind **quieksen** (17. Jh.) und **quietschen** (17. Jh.), beachte die Zusammensetzung **quietschvergnügt** *ugs.* für „sehr vergnügt" (20. Jh.).

Quinta: Die Bezeichnung für die zweite Klasse einer höheren Schule geht zurück auf *lat.* quinta classis „fünfte Abteilung" (vgl. über die Bedeutungsentwicklung den Artikel *Sexta*). Die zugrundeliegende *lat.* Ordinalzahl quintus „fünfter", die auch in den Fremdwörtern ↑Quintett und ↑Quintessenz erscheint, gehört zu der mit *dt.* ↑*fünf* urverwandten Kardinalzahl *lat.* quinque „fünf". – Abl.: **Quintaner** „Schüler einer Quinta".

Quintessenz „Wesen einer Sache, Hauptgedanke; Endergebnis": *Mlat.* quinta essentia (eigentlich „das fünfte Seiende"), aus dem im 16. Jh. 'Quintessenz' entlehnt wurde, bezeichnete als Übersetzung von *griech.* pemptē ousíā das zu den vier sichtbaren natürlichen Elementen (nach der Lehre der Pythagoreer und Aristoteles') hinzukommende fünfte Element, einen feinsten unsichtbaren Luft- oder Ätherstoff. Die Alchimisten übernahmen das Wort in ihre Fachsprache zur Bezeichnung feinster Stoffauszüge. Danach entwickelte sich die übertragene Verwendung des Wortes im Sinne von „das Beste; das Eigentliche und Wesenhafte; wichtigster Inhalt, Ergebnis".

Quintett „Tonstück für fünf Singstimmen oder fünf Instrumente; die Gruppe der fünf ausführenden Künstler": Das Fremdwort wurde im 18. Jh. aus gleichbed. *it.* quintetto entlehnt. Dies ist eine Ableitung von *it.* quinto „der fünfte" (< *lat.* quintus „der fünfte"; vgl. *Quinta*).

Quirl: Der *germ.* Gerätename (*mhd.* twir[e]l, *ahd.* dwiril, *aengl.* đwirel, *isl.* þyrill) geht auf *germ.* *þwerila- „Rührstock" zurück, das – wie z. B. auch 'Meißel' und 'Schlegel' – mit dem Instrumentalsuffix -ila gebildet ist, und zwar zu dem im *Nhd.* untergegangenen starken Verb *þweran „drehen, rühren", vgl. z. B. *ahd.* dweran, *mhd.* twern „drehen; bohren; rühren; mengen". Dieses starke *germ.* Verb gehört zu der *idg.* Wortgruppe der Wurzel *tu̯er- „drehen, wirbeln", vgl. z. B. *lat.* trua „Rühr-, Schöpfkelle", erweitert turba „Verwirrung, Lärm, Gedränge", turbare „verwirren" (↑turbulent, Trubel), turbo „Wirbel, Sturm, Kreisel" (↑Turbine). – Die *nhd.* Form 'Quirl' stammt aus dem *Mitteld.*, beachte zum *mitteld.* Anlautswechsel tw- zu qu- den Artikel *quer.* Abl.: **quirlen** „mit dem Quirl verrühren" (18. Jh.); **quirlig** „unruhig, lebhaft" (20. Jh.).

quitt „ausgeglichen, wett; bezahlt, erledigt,

fertig; los und ledig": Das seit etwa 1200 bezeugte Adjektiv (*mhd.* quît) ist aus *afrz.* quite (= *frz.* quitte) „frei, ledig" entlehnt, das seinerseits auf *lat.-mlat.* quietus (gesprochen: quietus) „ruhig; untätig; frei von Störungen; frei von Verpflichtungen; frei, losgelöst" beruht. Das zugrundeliegende Verb *lat.* quiescere (quietum) „ruhen; ungestört sein" gehört zu dem mit *dt.* ↑*Weile* verwandten Substantiv *lat.* quies „Ruhe; Friede". – Vgl. den Artikel *quittieren.*

Quitte: Der Name des zu den Rosengewächsen gehörenden, in Transkaukasien beheimateten Baumes und seiner apfel- oder birnenförmigen Frucht (*mhd.* quiten, *ahd.* qitina) geht auf *vlat.* quidonea zurück, das für *lat.* cydonea (mala) „Quittenäpfel" (= *lat.* cotonea [mala]) steht. Die *lat.* Wörter selbst beruhen auf gleichbed. *griech.* kydṓnia (mē̆la). Das Wort ist wohl kleinasiatischen Ursprungs und wurde im *Griech.* volksetymologisch auf den Namen der antiken Stadt Kydōnía (auf Kreta) bezogen.

quittieren: Das Verb erscheint im *Dt.* zuerst im 14. Jh. mit der Bed. „von einer Verbindlichkeit befreien". Es ist in diesem Sinne von dem unter ↑*quitt* behandelten Adjektiv abgeleitet nach dem Vorbild von *frz.* quitter „freimachen" und dem diesem zugrundeliegenden Verb *mlat.* quietare, quit[t]are „befreien, entlassen; aus einer Verbindlichkeit entlassen". Seit dem 15. Jh. begegnet das Wort in der Kaufmannssprache, wo es heute allgemein üblich ist, im Sinne von „die Befreiung von einer Verbindlichkeit durch erfolgte Leistung schriftlich bestätigen, den Empfang einer Zahlung bescheinigen"; beachte das dazugehörige Substantiv **Quittung** „Empfangsbescheinigung, -bestätigung [über eine Zahlung]" (15. Jh.), das gelegentlich auch im übertragenen Sinne von „unangenehme Folgen als Bestätigung eines Verhaltens, Denkzettel" gebraucht wird. Seit dem 17. Jh. schließlich steht das Verb 'quittieren' auch für „ein Amt niederlegen, eine Tätigkeit aufgeben". Es ist in dieser Bedeutung unmittelbar von *frz.* quitter „frei machen; verlassen, aufgeben, sich trennen von, sich zurückziehen (von einer Tätigkeit)" abhängig.

Quiz: Die Bezeichnung für „Frage-und-Antwort-Spiel" wurde im 20. Jh. aus gleichbed. *engl.-amerik.* quiz entlehnt. Die weitere Herkunft des *engl.-amerik.* Wortes, das eigentlich „schrulliger Kauz; Neckerei, Ulk" bedeutet, ist dunkel.

Quote „Anteil": Das Fremdwort wurde um 1600 aus gleichbed. *mlat.* quota (pars) entlehnt. Zugrunde liegt *lat.* quotus „der wievielte?", das zu *lat.* quot „wie viele?" gehört. – Gleichen Ausgangspunkt (*lat.* quot) hat **Quotient** „Ergebnis einer Division" (15. Jh.), das aus *lat.* quotiens „wie oft?, wievielmal?" substantiviert ist (gemeint ist hiermit „wievielmal" eine Zahl durch eine andere teilbar ist).

R

Rabatt: Der Ausdruck für „Preisnachlaß" wurde im 17. Jh. in der Kaufmannssprache aus gleichbed. älter *it.* rabatto (= *frz.* rabat) entlehnt. Dies gehört zu älter *it.* rabattere (= *frz.* rabattre) „niederschlagen, abschlagen; einen Preisnachlaß gewähren", das die Grundbedeutung des vorausliegenden *vlat.* Verbs *re-abbatt[u]ere „wieder abschlagen, niederschlagen" ins Kaufmännische übertragen hat. Stammverb ist *lat.* battuere (*vlat.* battere) „schlagen" (vgl. das Fremdwort *Bataillon*). – Damit verwandt ist unser Fremdwort **Rabatte** „Randbeet", das als Fachausdruck niederländischer Gartenbaukunst im 18. Jh. aus gleichbed. *niederl.* rabat entlehnt wurde. Das *niederl.* Wort seinerseits ist aus *frz.* rabat übernommen und bedeutete wie dies zunächst „Aufschlag am Halskragen", sekundär dann in bildlicher Übertragung „schmales Beet entlang einer Erdaufschüttung". Über das dem Wort zugrundeliegende *frz.* Verb rabattre s. oben unter 'Rabatt'.

Rabatz: Der seit dem Ende des 19. Jh.s bezeugte *ugs.* Ausdruck für „Krach, Krawall", der sich von Berlin ausgehend ausgebreitet hat, gehört wohl zu *poln.* rąbać „schlagen, hauen".

Rabauke: Der seit etwa 1900 gebräuchliche *ugs.* Ausdruck für „Jugendlicher, der sich rüpelhaft und gewalttätig benimmt", ist aus *niederl.* rabauw, rabaut „Schurke, Strolch" entlehnt, das seinerseits aus *afrz.* ribaud „Schurke, Strolch" übernommen ist. Dies ist eine Bildung zu *afrz.* riber „sich wüst aufführen" (< *mhd.* rīben „brünstig sein, sich begatten", eigentlich „reiben").

Rabbiner: Die Bezeichnung für „jüdischer Schriftgelehrter; Vorsteher einer jüdischen Gemeinde" ist aus gleichbed. *mlat.* rabinus entlehnt. Dies gehört zu *kirchenlat.* rabbi, das aus *griech.* rabbí übernommen ist. Das *griech.* Wort stammt aus *hebr.* ravvî, einem jüdischen Ehrentitel, der eigentlich „mein Lehrer" bedeutet (*hebr.* ravv „Lehrer" und *hebr.* -i „mein"). Neben 'Rabbiner' ist auch die Form 'Rabbi' gebräuchlich.

Rabe: Der *altgerm.* Vogelname *mhd.* rabe, raben, *ahd.* hraban, *niederl.* raaf, *engl.* raven, *aisl.* hrafn gehört zu der unter ↑*Harke* dargestellten lautnachahmenden Wurzel. Der Rabe ist also nach seinem heiseren Geschrei (als „Krächzer") benannt. Zu dieser lautnachahmenden Wurzel gehören z. B. aus anderen *idg.* Sprachen *griech.* krázein „krächzen, schreien", kórax

„Rabe", *lat.* crocire „krächzen", corvus „Rabe" und *russ.* krakat' „krächzen". Siehe auch den Artikel *Rachen.* – Eine Bildung zu 'Rabe' ist das unter ↑*Rappe* behandelte Wort. Auf die früher verbreitete Ansicht, daß der Rabe sich wenig um seine Jungen kümmert und sie, wenn er sie nicht mehr füttern will, aus dem Nest stößt, beziehen sich die Zusammensetzungen wie **Rabenmutter** (17. Jh.) und **Rabenvater** (16. Jh.). – Zus.: **Rabenaas** „hinterhältiger, gemeiner Mensch" (17. Jh.); **rabenschwarz** „tiefschwarz" (*mhd.* rabenswarz).

rabiat „wütend; grob, roh": Das Adjektiv wurde Ende des 17. Jh.s aus *mlat.* rabiatus „wütend", dem Part. Perf. von *mlat.* rabiare „wüten" (= *klass.-lat.* rabere) entlehnt. Stammwort ist *lat.* rabies „Wut, Tollheit, Raserei", das mit einer *vlat.* Nebenform *rabia in *frz.* rage „Wut" fortlebt. Daraus stammt unser Fremdwort **Rage** „Wut, Zorn" (17. Jh.) in Fügungen wie 'in Rage geraten' und 'jemanden in Rage bringen'.

Rabitzwand: Die Leichtbauwand ist nach ihrem Erfinder Karl Rabitz benannt. Der Berliner Maurer erfand diese Wand 1878.

Rache ↑rächen.

Rachen: Die *westgerm.* Benennung des Schlundes *mhd.* rache, *ahd.* rahho, *mnd.* rake, *aengl.* hrace, -u stellt sich zu *ahd.* rachisōn „sich räuspern", *aengl.* hrāca „Räusperung; Speichel, Schleim", *aisl.* hrāki „Speichel" und ist weiterhin verwandt z. B. mit *griech.* krázein „krächzen, schreien" und *russ.* krakat' „krächzen". Diese Wörter gehören zu der unter ↑*Harke* dargestellten lautnachahmenden Wurzel. Zus.: **Rachenputzer** *ugs.* für „schlechtes oder starkes, in der Kehle brennendes alkoholisches Getränk" (19. Jh.).

rächen: *Mhd.* rechen, *ahd.* rehhan „vergelten, rächen, strafen", *got.* wrikan „verfolgen", *aengl.* wrecan „treiben, stoßen; vertreiben; rächen, strafen; hervorstoßen, äußern", *aisl.* reka „treiben, jagen; verfolgen; werfen" gehören vermutlich zu einer *idg.* Wurzelform *u̯[e]reg- „stoßen, drängen, [ver]treiben", vgl. z. B. *lat.* urgere „[be]drängen, pressen". – Um das *gemeingerm.* Verb gruppieren sich die Bildungen ↑Recke (eigentlich „Vertriebener") und ↑Wrack (eigentlich „herumtreibender Gegenstand") sowie **Rache** (*mhd.* rāche, *ahd.* rāhha „Rache, Strafe", vgl. *got.* wrēkei „Verfolgung"). – Das Verb 'rächen' flektierte früher stark, beachte das heute veraltete, aber noch scherzhaft verwendete 2. Partizip 'gerochen'. Abl.: **Rächer** „jemand, der Rache übt" (*mhd.* rechære, *ahd.* rehhāri).

Rachitis: Der Name der durch Mangel an Vitamin D hervorgerufenen Krankheit ist aus gleichbed. *engl.* rachitis entlehnt. Dies ist eine von dem englischen Anatomen F. Glisson (1597 bis 1677) eingeführte wissenschaftliche Bezeichnung nach *griech.* rhachītis (nósos) „das Rückgrat betreffend(e Krankheit)", zu *griech.* rháchis „Rückgrat".

Rad: Das auf das *dt.* und *niederl.* Sprachgebiet beschränkte Wort (*mhd.* rat, *ahd.* rad, *niederl.* rad) beruht mit Entsprechungen in anderen *idg.* Sprachen auf *idg.* *roto- „Rad", vgl. z. B. *lit.* rãtas „Rad", *ir.* roth „Rad", und *lat.* rota „Rad", beachte dazu *lat.* rotula „Rädchen" (↑*Rolle*), *lat.* rotare „sich kreisförmig herumdrehen" (↑rotieren), *lat.* rotundus „scheibenförmig" (↑rund). *Idg.* *roto- „Rad" ist eine Bildung zu der *idg.* Verbalwurzel *ret[h]- „rollen, kullern, laufen", vgl. z. B. *air.* rethim „laufe" und *lit.* risti „rollen". Aus dem *germ.* Sprachbereich gehören zu dieser Wurzel die unter ↑[2]*gerade* (ursprünglich „schnell, behend") und wohl auch unter ↑*rasch* behandelten Wörter. – Im übertragenen Gebrauch bezeichnet 'Rad' im *Dt.* Dinge, die mit der Form eines Rades Ähnlichkeit haben, so z. B. das Hinrichtungsrad, beachte dazu 'rädern', 'radebrechen' und die Wendung 'aufs Rad flechten', ferner den gespreizten Schwanz eines Pfaus und dgl. Weiterhin wird 'Rad' kurz für „Mühlrad" und speziell für „Fahrrad" gebraucht, beachte dazu 'radeln' und 'Radfahrer'. – Abl.: **radeln** „radfahren" (2. Hälfte des 19. Jh.s, für 'velozipedieren'), dazu **Radler** (um 1900, zunächst ironisch für 'Velozipedist'); **rädern** „auf dem Rad hinrichten" (*mhd.* rederen; beachte dazu das 2. Partizip **gerädert** „völlig zerschlagen, todmüde"). Zus.: **radebrechen** (s. d.); **Radfahrer** und **radfahren** (2. Hälfte des 19. Jh.s). Siehe auch den Artikel *Rädelsführer.*

Radar: Das Wort wurde im 20. Jh. aus gleichbed. *engl.-amerik.* radar entlehnt. Dies ist ein Kurzwort für '*ra*dio *d*etecting *a*nd *r*anging' und ist die Sammelbezeichnung für Geräte und Verfahren zur Ortung (detecting) und Messung (ranging) der Entfernung von Objekten im Raum mit Hilfe gebündelter Funkstrahlen (radio).

Radau (*ugs.* für:) „Lärm, Krach": Das seit dem 19. Jh. bezeugte Wort, das von Berlin ausgehend in die Umgangssprache drang, ist wahrscheinlich lautnachahmenden Ursprungs (vgl. den Artikel *Klamauk*).

radebrechen „eine Fremdsprache nur mühsam und unvollkommen sprechen": Das seit *mhd.* Zeit bezeugte Verb (*mhd.* radebrechen) enthält als Bestimmungswort das unter ↑*Rad* behandelte Substantiv und als Grundwort das im *Mhd.* untergegangene schwache Verb *ahd.* brehhōn „niederschlagen" (vgl. *brechen*). Es bedeutete in *mhd.* Zeit „auf dem Hinrichtungsrad die Glieder brechen". Im *Nhd.* wurde es dann übertragen im Sinne von „quälen" und seit dem 17. Jh. im Sinne von „eine Sprache grausam zurichten" verwendet.

Rädelsführer, früher auch: Rädlein[s]führer: Das seit dem 16. Jh. bezeugte Wort bezeichnete ursprünglich den Anführer einer Abteilung von Landsknechten, dann den Anführer einer herrenlosen Schar und schließlich den Anführer einer Verschwörung, eines Aufruhrs oder dgl. Das Bestimmungswort 'Rädlein' (*mhd.* redelīn „Rädchen") ist eine Verkleinerungsbildung zu ↑*Rad* und bezeichnete im 16. Jh. die kreisförmige Formation einer Schar von Landsknechten.

rädern ↑Rad.

radieren: Das seit dem 15. Jh. bezeugte Verb, das in den kulturgeschichtlichen Zusammenhang der unter ↑*schreiben* genannten Fremd- und Lehnwörter des Schriftwesens im engeren Sinne gehört, ist aus *lat.* radere (rasum) „kratzen, schaben, auskratzen; reinigen" entlehnt. Dies ist wurzelverwandt mit *dt.* ↑*Ratte*. Beachte auch die Zusammensetzungen **Radiermesser** (15. Jh.) und **Radiergummi** (Ende 19. Jh.). Als Fachwort der Kupferstecher erscheint 'radieren' Anfang des 18. Jh.s in der Bedeutung „eine Zeichnung auf eine Kupferplatte einritzen". Dazu stellt sich die Substantivbildung **Radierung** „Bildabzug von einer auf eine Kupferplatte eingeritzten und geätzten Zeichnung" (Anfang des 20. Jh.s). – Zu *lat.* radere gehören die Intensivbildung *vlat.* *rasare „abschaben, abscheren" und die Substantivbildung *lat.* raster (daneben rastrum) „Hacke", die ↑rasieren und ↑Raster zugrunde liegen.

Radieschen: Der Name der dem Rettich verwandten Pflanze ist Verkleinerungsbildung zu dem früher üblichen Maskulinum **Radies,** das im ausgehenden 17. Jh. aus *niederl.* radijs entlehnt wurde. Dies ist aus *frz.* radis übernommen, das seinerseits aus *it.* radice „Radieschen" stammt. Das *it.* Wort bedeutet eigentlich „Wurzel" und geht auf *lat.* radix (radicis) „Wurzel" zurück. – Gleichen Ursprungs (*lat.* radix) ist auch unser Lehnwort ↑*Rettich*.

radikal „von Grund auf, gründlich; bis zum Äußersten gehend, hart und rücksichtslos": Das Adjektiv wurde im 18. Jh. aus *frz.* radical „grundlegend, gründlich" entlehnt. Dies geht auf *spätlat.* radicalis „eingewurzelt" zurück, das zuvor schon unmittelbar ins *Dt.* übernommen worden war und im Sinne von „angeboren, angestammt, natürlich" verwendet wurde. – Die Verwendung von 'radikal' im Sinne von „(politisch, ideologisch) extrem" erfolgte im 19. Jh. unter dem Einfluß von gleichbed. *engl.* radical. An diesen Gebrauch schließen sich die Substantivierung **Radikaler** und die Bildungen **radikalisieren** (20. Jh.) **Radikalinski** (20. Jh.; gebildet mit der Endung -inski in *slaw.* Familiennamen), **Radikalist** (20. Jh.) und z. T. **Radikalismus** (19. Jh.) an, das auch im Sinne von „rücksichtsloses Vorgehen, unnachgiebiges Verfolgen von Zielen" gebräuchlich ist. – *Spätlat.* radicalis ist eine Bildung zu *lat.* radix (radicis) „Wurzel" (vgl. den Artikel *Rettich*).

Radio „Rundfunk[gerät]": Das Fremdwort wurde in der ersten Hälfte des 20. Jh.s aus gleichbed. *engl.* radio, einer Kurzform von *engl.* radiotelegraphy „Übermittlung von Nachrichten durch Ausstrahlung elektromagnetischer Wellen", entlehnt. Zum Bestimmungswort vgl. den Artikel *Radius*. – Obwohl in den 20er Jahren von der Post als amtliche Bezeichnung „Rundfunk" eingeführt wurde, hat sich 'Radio' im Sprachgebrauch gehalten.

radioaktiv „ohne äußeren Einfluß ständig Energie in Form von Strahlen abgebend": Das Adjektiv ist wohl erst aus dem Substantiv **Radioaktivität** rückgebildet. Dieses wurde im 20. Jh. aus gleichbed. *frz.* radioactivité übernommen, einer Bildung der französischen Physikerin Marie Curie (1867–1934). Vgl. zum Bestimmungswort den Artikel *Radius* und zum Grundwort den Artikel *aktiv*.

Radium: Das zu den Schwermetallen zählende weißglänzende chemische Element wurde von dem französischen Physikerehepaar Curie 1898 entdeckt. Sein *nlat.* Name, der von *lat.* radius „Strahl" (vgl. *Radius*) abgeleitet ist, bezieht sich auf die hervorstechendste Eigenschaft dieses Metalls, unter Aussendung von „Strahlen" in radioaktive Bruchstücke zu zerfallen.

Radius: Der mathematische Fachausdruck für „Halbmesser" wurde um 1700 aus gleichbed. *lat.* radius, eigentlich „Stab; Speiche; Strahl", entlehnt. Das *lat.* Wort, dessen etymologische Zugehörigkeit dunkel ist, spielt eine Rolle in zahlreichen gelehrten Neubildungen, u. a. in ↑Radio, ↑Radar, ↑Radium und ↑radioaktiv. Im übertragenen Gebrauch wird 'Radius' seit dem 18. Jh. im Sinne von „Wirkungskreis, Reichweite, Umkreis" verwendet.

Rädlein[s]führer ↑Rädelsführer.

raffen: *Mhd.* raffen „zupfen, rupfen, raufen; an sich reißen", *niederl.* rapen „an sich reißen, einsammeln", älter *engl.* to rap „fassen, pakken", *norw.* rappa „stibitzen, stehlen" sind eng verwandt mit den unter ↑*raspeln* behandelten Wörtern und gehören wahrscheinlich zu der unter ↑*¹scheren* dargestellten *idg.* Wortgruppe. Abl.: **Raffke** *ugs.* abschätzig für „jemand, der habgierig, raffgierig ist", ursprünglich „ungebildeter Neureicher" (1. Hälfte des 20. Jh.s). Siehe auch den Artikel *frappieren*.

raffiniert „durchtrieben, schlau": Das in diesem Sinne seit dem Anfang des 18. Jh.s bezeugte Wort ist das in adjektivische Funktion übergegangene zweite Partizip des schon im 16. Jh. aus dem *Frz.* entlehnten Verbs **raffinieren** in dessen älterer und eigentlicher Bedeutung „verfeinern, läutern" (aus gleichbed. *frz.* raffiner, einer Präfixbildung zu *frz.* fin „fein"; vgl. hierüber den Artikel *fein*). Die Bedeutungsentwicklung von 'raffiniert', die dem Vorbild von *frz.* raffiné „durchtrieben" folgt, entspricht der von ↑abgefeimt. Zu 'raffiniert' bzw. *frz.* raffiné stellen sich **Raffinesse** „Überfeinerung; Durchtriebenheit, Schlauheit" (französierende Neubildung des 19. Jh.s nach ↑Finesse) und **Raffinement** „übertriebene Verfeinerung, luxuriöser Geschmack; ausgeklügelte Vorgehensweise, Durchtriebenheit" (18. Jh.; aus gleichbed. *frz.* raffinement). – An die Verwendung von 'raffinieren' im Sinne von „verfeinern, von Beistoffen reinigen" (nach *frz.* raffiner) schließen sich an **Raffinade** „feingemahlener, gereinigter Zukker" (18. Jh.; aus gleichbed. *frz.* raffinade) und **Raffinerie** „Anlage zur Reinigung von Zucker, Öl u. a." (18. Jh.; aus gleichbed. *frz.* raffinerie).

Raffke ↑raffen.

Rage ↑rabiat.

ragen: Die Herkunft des Verbs (*mhd.* ragen; vgl. *aengl.* ofer-hrǣgan „überragen") ist nicht sicher geklärt. Vielleicht ist es verwandt mit der *baltoslaw.* Sippe von *russ.* krokva „Stange, Dachsparren" und mit *griech.* krṓssai „Zinnen". – Zusammensetzungen mit 'ragen' sind 'auf-, empor-, heraus-, hervor- (beachte 'hervorragend'), überragen'.

Raglan „Mantel, dessen Ärmel- und Schulterteil aus einem Stück geschnitten ist": Die Bezeichnung des Kleidungsstücks wurde in der 2. Hälfte des 19. Jh.s aus gleichbed. *engl.* raglan entlehnt. Der Mantel ist nach dem englischen General Raglan (1788–1855) benannt, der einen Mantel dieses Schnitts im Krimkrieg trug.

Ragout: Die Bezeichnung für ein Gericht aus Fleisch-, Fisch- oder Geflügelstückchen in würziger Soße wurde im 17. Jh. aus gleichbed. *frz.* ragoût entlehnt, einer Rückbildung aus *frz.* ragoûter „den Gaumen reizen, Appetit machen", das seinerseits von *frz.* goût (< *lat.* gustus) „Geschmack, Geschmackssinn" abgeleitet ist.

Rah[e] „waagerechte, am Schiffsmast befestigte Stange": Das Wort, das heute nur noch als seemännischer Ausdruck verwendet wird, bedeutete früher ganz allgemein „Stange". *Mhd.* rahe, *mnd.* rā, *niederl.* ra, *schwed.* rå hängen mit den unter ↑*regen* behandelten Wörtern zusammen und sind weiterhin verwandt mit *lit.* rėklės „Stangengerüst zum Trocknen". – Das Wort wurde früher unter *niederl.* Einfluß auch 'Raa' geschrieben. – Siehe auch *Reck.*

Rahm (*landsch.* für:) „Sahne": Das *westgerm.* Wort *mhd.* roum, *mnd.* rōm[e], *niederl.* room, *aengl.* rēam steht im Ablaut zu der *nord.* Sippe von *aisl.* rjōmi „Sahne". Welche Vorstellung diesen *germ.* Benennungen der Sahne zugrunde liegt, läßt sich nicht mit Sicherheit klären. Sie können im Sinne von „das, was oben schwimmt" zu der unter ↑*Strom* dargestellten Wortgruppe gehören oder aber mit *awest.* raoγna „Butter", *pers.* raugan „[ausgelassene] Butter" verwandt sein. – Die heute übliche Form 'Rahm' mit *mdal.* a hat sich gegenüber älter *nhd.* Raum (*mhd.* roum) und 'Rom' (*mnd.* rōm[e]) durchgesetzt. – Um 'Rahm' gruppieren sich die Verben **abrahmen** und **entrahmen** und das Adjektiv **rahmig** „sahnig" (19. Jh.).

Rahmen: *Mhd.* rame „Stütze, Gestell; [Web-, Strick]rahmen", *ahd.* rama „Stütze, Säule", *mnd.* rame „Gestell, Einfassung", *niederl.* raam „Einfassung, Gestell; Fenster" sind im *germ.* Sprachbereich eng verwandt mit *ahd.* ramft, *mhd.* ranft „Einfassung, Rand", *nhd. mdal.* 'Ranft' „Brotkanten; Rand" und mit der unter ↑*Rand* behandelten Wortgruppe. *Außergerm.* sind z. B. verwandt *lit.* ramtis, ramstis „Stütze, Pfeiler, Balken" und *aind.* rambhá-ḥ „Stütze, Stab". Diese Wörter gehören zu der *idg.* Verbalwurzel *rem[ə]- „stützen; sich aufstützen, ruhen", vgl. z. B. *got.* rimis „Ruhe", *lit.* remti „stützen" und *aind.* rámatē „ruht, steht still". – Im heutigen Sprachgebrauch wird 'Rahmen' auch übertragen im Sinne von „Umgrenzung; etwas, was einer Sache ein bestimmtes Gepräge gibt" verwendet, beachte z. B. die Wendungen 'aus dem Rahmen fallen', 'nicht in einen Rahmen passen'. Abl.: **rahmen** „mit einem Rahmen versehen" (um 1800; beachte 'ein-, umrahmen').

Rain „Ackergrenze": Das *altgerm.* Wort *mhd.* rein, *ahd.* (nur in Zusammensetzungen) rein, *mniederl.* rein, reen, *schwed.* ren ist mit *mir.* rōen „Bergkette", *bret.* rūn „Erhöhung, Hügel" verwandt. Die weiteren Beziehungen dieser Wortgruppe sind unklar. – Zu 'Rain' stellt sich das Verb **anrainen** „angrenzen" (18. Jh.), dazu gebildet **Anrainer** „Grundstücksnachbar; Anlieger".

Rakete „fliegender Feuerwerkskörper; mit Treibstoff gefüllter zylindrischer Flugkörper, der sich nach Zündung der Treibladung durch den Rückstoß fortbewegt": Das seit dem 16. Jh. bezeugte Wort ist aus *it.* rocchetta (rocchetto) „Feuerwerkskörper" entlehnt. Dies ist eine Verkleinerungsbildung zu *it.* rocca „Spinnrocken" (Lehnwort aus dem *Germ.;* vgl. *Rocken*) und bedeutet eigentlich „kleiner Spinnrocken". Der Feuerwerkskörper ist also nach seiner spinnrockenähnlichen, zylindrischen Form benannt (vgl. zur Begriffsbildung *frz.* fusée „Rakete" zu fuseau „Spindel"). Im Deutschen erscheint das Wort im 16. Jh. zuerst als 'rogettlzeug' und 'Rogeten', dann mit Vokalwechsel als 'Racketlein' (Ende 16. Jh.).

Rallye: Die Bezeichnung für den motorsportlichen Wettbewerb (Zielfahrt in mehreren Etappen mit Sonderprüfungen) wurde im 20. Jh. aus gleichbed. *engl.-frz.* rallye entlehnt. Dies gehört zu *frz.* rallier „wieder zusammenkommen, sich wieder vereinigen" (aus *frz.* re- „zurück, wieder" und *frz.* allier „vereinigen") und bedeutet demnach eigentlich „das Wiederzusammenkommen", nämlich der Fahrer am Ziel der Fahrt.

Ramme: Der Ausdruck für „Fallhammer" (*mhd.* ramme) gehört zu einem im *Nhd.* untergegangenen *westgerm.* Wort für „Widder, Schafbock": *frühnhd.* Ramm, *mhd.* ram, *ahd.* ram[mo] „Widder", *niederl.* ram „Widder" und „Rammbug (eines Schiffes); Fallhammer", *engl.* ram „Widder" und „Rammbug (eines Schiffes); Fallhammer". Der übertragene Wortgebrauch im Sinne von „Fallhammer; Rammbug" geht demnach von der Beobachtung des mit gesenktem Kopf gegen etwas anrennenden Schafbocks aus. Von 'Ramme' abgeleitet ist das Verb **rammen** „mit der Ramme eintreiben; auffahren, durch Zusammenstoß beschädigen oder versenken" (*spätmhd.* rammen).

rammeln „belegen, decken; sich begatten" (besonders von Hasen und Kaninchen): Das Verb *mhd.* rammeln, *ahd.* rammalōn gehört zu dem im *Nhd.* untergegangenen *westgerm.* Wort *mhd.* ram, *ahd.* ram[mo], *niederl.* ram, *engl.* ram „Widder, Schafbock" (vgl. *Ramme*). Es bedeutet demnach eigentlich „(vom Schaf) brünstig sein, bocken". – Das Wort für „Widder, Schafbock" gehört wahrscheinlich zu der *germ.* Wortgruppe von *aisl.* ram[m]r „stark, heftig, scharf". Der Schafbock wäre demzufolge nach seinem starken oder strengen Geruch benannt. Abl.: **Rammler** „Schafbock; Männchen", besonders von Hasen und Kaninchen (*spätmhd.* rammeler).

Rampe „schiefe Ebene zur Überbrückung von Höhenunterschieden (bei Brücken, Tunneln usw.); Auffahrt, Verladebühne", daneben in der Bühnensprache mit der speziellen Bed. „Vorbühne“ (beachte dazu die Zusammensetzungen 'Rampenlicht'): Das Substantiv wurde im 18. Jh. aus *frz.* rampe „geneigte Fläche, schiefe Ebene, Abhang; Verladerampe“ entlehnt. Als Bühnenwort erscheint es seit dem 19. Jh. *Frz.* rampe ist abgeleitet von *frz.* ramper „klettern; kriechen“, das seinerseits *germ.* Ursprungs ist und wohl auf *afränk.* *rampōn „sich zusammenkrampfen“ (zu *afränk.* *rampa „Haken, Kralle“) beruht; letzteres steht im Ablaut zu dem unter ↑*rümpfen* behandelten Wort. Vgl. den Artikel *ramponieren*.

ramponieren (*ugs.* für:) „stark beschädigen [und dadurch im Aussehen beeinträchtigen]“: Das seit dem 18. Jh. bezeugte Verb, das aus der *nordd.* Seemannssprache in die Allgemeinsprache gelangte, ist aus gleichbed. *mniederl.* ramponeren entlehnt. Dies ist aus *afrz.* rampo[s]ner „zerren; beschädigen“ übernommen, das wohl mit *it.* rampone „großer Haken“; rampognare „beschimpfen, verhöhnen; Vorwürfe machen“ *germ.* Ursprungs ist (*afränk.* *rampōn „sich zusammenkrampfen“, vgl. *Rampe*).

[1]**Ramsch:** Die Herkunft des seit dem 18. Jh. bezeugten *ugs.* Ausdrucks für „bunt zusammengewürfelte Ausschußware, Schleuderware, wertloses Zeug“ ist nicht gesichert. Abl.: [1]**ramschen** „Ramschware billig aufkaufen“ *(ugs.)*, dazu die *ugs.* Präfixbildung **verramschen** „zu einem Schleuderpreis verkaufen, verhökern“. Zus.: **Ramschladen** „Geschäft, in dem minderwertige Ware verkauft wird“.

[2]**Ramsch:** Der Name eines Spiels beim Skat, bei dem alle passen, wurde im ausgehenden 19. Jh. aus *frz.* rams entlehnt. Das *frz.* Wort, das wohl im Jargon der Spieler entstanden ist aus *frz.* ramas „das Auflesen, das Sammeln“ (zu *frz.* ramasser „sammeln“), bezeichnet ebenfalls, ähnlich unserem 'Ramsch', ein eingeschobenes Kartenspiel, bei dem der Verlierer Spielmarken „sammeln“ muß (wer als erster seine Spielmarken los ist, ist der Gewinner). – Abl.: [2]**ramschen** „einen Ramsch spielen“.

Ranch: Die Bezeichnung für „nordamerikanische Farm [mit Viehzucht]“ wurde im 20. Jh. aus gleichbed. *amerik.* ranch entlehnt, das seinerseits aus *südamerikanisch-span.* rancho „Ansiedlung; Ranch“, *span.* rancho „gemeinschaftliche Mahlzeit, Kasernentisch; [Feld]lager; Hütte“ stammt. Zugrunde liegt das *span.* Verb rancharse „Unterkunft beziehen; biwakieren“, das selbst wiederum aus *frz.* se ranger „sich aufstellen; sich häuslich einrichten“ entlehnt ist. Über weitere etymologische Zusammenhänge vgl. den Artikel *Rang*. – Abl.: **Rancher** „nordamerikanischer Farmer“ (20. Jh., aus gleichbed. *amerik.* rancher).

Rand: Das *altgerm.* Wort *mhd., ahd.* rant, *niederl.* rand, *aengl.* rand, *schwed.* rand gehört (mit n aus m vor Dental) zu der unter ↑*Rahmen* dargestellten *idg.* Wurzel. Das Wort bedeutete demnach ursprünglich etwa „[schützendes] Gestell, Einfassung“. – In der Umgangssprache wird 'Rand' im Sinne von „Mund“ verwendet (19. Jh., zunächst studentisch), beachte die Wendungen 'den Rand halten' und 'einen großen Rand riskieren'. Die Wendung 'außer Rand und Band' stammt aus der Böttchersprache, in der 'Rand' den Bodenreifen des Fasses bezeichnet (vgl. den Artikel [1]*Band*). Abl.: **rändern** „mit einem Rand versehen“ (18. Jh.).

randalieren „lärmen, Krach machen“: Das seit der ersten Hälfte des 19. Jh.s bezeugte Verb stammt aus der Studentensprache und ist von dem Substantiv **Randal** „Lärm, Krach, Gejohle“ (1. Hälfte des 19. Jh.s) abgeleitet. Das gleichfalls ursprünglich studentensprachliche Substantiv ist wahrscheinlich eine Zusammenziehung (Kontamination) von *mdal.* Rand „Possen“ (das zu der Wortgruppe von ↑*rinnen* gehört) und dem unter ↑*Skandal* behandelten Wort. Beachte auch die Fügung 'Randale machen' „randalieren“.

rändern ↑Rand.

Ranft ↑Rahmen.

Rang „berufliche oder gesellschaftliche Stellung; Reihenfolge, Stufe; Stockwerk im Zuschauerraum eines Theaters; Gewinnklasse (Toto, Lotto)“: Das Substantiv wurde im Verlauf des Dreißigjährigen Krieges aus *frz.* rang „Reihe, Ordnung“ (< *afrz.* renc „Kreis der zu Gerichtssitzungen Geladenen; Zuschauerreihe bei Kampfspielen“) entlehnt. Das *frz.* Wort selbst ist *germ.* Ursprungs (vgl. den Artikel *Ring*). Das Verb **rangieren** „einen bestimmten Rang innehaben; Eisenbahnwagen verschieben“ wurde im 17. Jh. aus *frz.* ranger „ordnungsgemäß aufstellen, ordnen“, einer Ableitung von *frz.* rang „Reihe, Ordnung“, entlehnt. Vgl. auch den Artikel *arrangieren, Arrangement, Arrangeur* und zu der Wendung 'jemandem den Rang ablaufen' den Artikel *Ränke*.

Range: Der Ausdruck für „Kind, das gerne etwas anstellt“ (*mhd.* range „böser Bube, Schlingel“) war ursprünglich ein derbes Schimpfwort und bedeutet eigentlich „läufige Sau“. Es gehört zu dem untergegangenen Verb *mhd.* rangen „sich hin und her bewegen; auf etwas begierig sein“, das mit ↑ringen verwandt ist. Eine Kreativbildung zu diesem Verb ist **rangeln** „sich mit jemandem balgen“.

rank „schlank“: Das im 17. Jh. aus dem *Niederd.* ins *Hochd.* übernommene Adjektiv geht auf *mnd.* ranc „schlank, dünn, schwach“ zurück, dem im *germ.* Sprachbereich *niederl.* rank „dünn, schlank“, *aengl.* ranc „gerade; stolz; kühn, tapfer“ und *schwed.* rank „schlank, geschmeidig“ entsprechen. Das *altgerm.* Adjektiv beruht auf einer nasalierten Nebenform der unter ↑*recht* dargestellten *idg.* Wurzel und bedeutete ursprünglich etwa „aufgerichtet, gereckt“. – Im heutigen Sprachgebrauch wird 'rank' gewöhnlich nur noch in der Verbindung 'rank und schlank' verwendet.

Ranke: Der Ursprung des Wortes *mhd.* ranke, *ahd.* (in *mlat.* Glossaren) hranca ist dunkel. Unklar ist auch, in welchem Sinne das Wort verwendet wurde, bevor die Germanen von den Römern den Weinbau kennenlernten. Abl.: **ranken,** [sich] „Ranken treiben; mittels Ranken emporklettern“ (18. Jh.).

Ränke „Listen, Intrigen“: Das heute nur noch *mdal.* gebräuchliche 'Rank' „List“, älter auch „Wegkrümmung“ (*mhd.* ranc „schnelle drehende Bewegung“) gehört zu der Sippe von ↑*renken.* Das Wort ist auch noch in der Wendung 'jemandem den Rang ablaufen' „jemanden überflügeln, übertreffen“ bewahrt, in der 'Rank' aber vom Sprachgefühl an das aus dem *Frz.* entlehnte ↑Rang angeschlossen ist. Eigentlich bedeutet diese Wendung „jemandem die Wegkrümmung abschneiden, um ihm zuvorzukommen“. Beachte dazu auch *schweiz.* 'den Rank finden' eigentlich „den Dreh finden“. Zus.: **Ränkeschmied** „Intrigant“ (18. Jh.).

Ranken ↑Runkelrübe.

Ränzel „Schultertasche“: Das im 16. Jh. aus dem *Niederd.* ins *Hochd.* übernommene Wort geht zurück auf gleichbed. *mnd.* rentsel, dessen weitere Herkunft dunkel ist. Neben 'Ränzel' ist seit dem 16. Jh. im *Hochd.* auch **Ranzen** „Schultertasche“, *ugs.* auch für „Buckel; Bauch“ gebräuchlich. 'Ränzel' war ursprünglich ein Maskulinum, wurde dann aber als Verkleinerungsbildung zu 'Ranzen' aufgefaßt und als Neutrum gebraucht.

ranzen ↑anranzen.

ranzig „durch Zersetzung verdorben, stinkend (von Fetten und Ölen)“: Das Adjektiv wurde im 18. Jh. aus gleichbed. *niederl.* ransig (älter ranstig) entlehnt. Dies ist seinerseits aus *frz.* rance übernommen, das auf *lat.* rancidus „stinkend, ranzig“ (zu *lat.* rancere „stinken, ranzig sein“) zurückgeht.

rapid[e] „reißend, blitzschnell, stürmisch“: Das Adjektiv wurde Anfang des 19. Jh.s aus gleichbed. *frz.* rapide entlehnt, das auf *lat.* rapidus „raffend, reißend; schnell, ungestüm“ (zu *lat.* rapere „fortreißen“) zurückgeht.

Rappe: Der seit dem 16. Jh. bezeugte Ausdruck für „schwarzes Pferd“ geht auf *mhd.* rappe „Rabe“ zurück, eine (expressive) Nebenform von *mhd.* rabe (vgl. *Rabe*). Ähnlich wird 'Fuchs' als Bezeichnung für ein rotbraunes Pferd gebraucht. Zur Bildung beachte z. B. das Verhältnis von 'Knappe' zu 'Knabe'. – Siehe auch den Artikel *Rappen.*

Rappen: Der Name der seit dem 14. Jh. im Oberrheingebiet geschlagenen Münze beruht auf einer (expressiven) Nebenform von dem unter ↑*Rabe* behandelten Wort (s. auch den Artikel *Rappe*). *Mhd.* rappe „Rabe“ bezeichnete zunächst spöttisch den auf die Münze geprägten Vogelkopf und wurde dann zur offiziellen Münzbezeichnung. Seit der Mitte des 19. Jh.s ist 'Rappen' deutschsprachige Bezeichnung für den schweizerischen Centime.

Rapport „Bericht[erstattung], dienstliche Meldung“: Das Fremdwort wurde Anfang des 17. Jh.s aus gleichbed. *frz.* rapport entlehnt. Das zugrundeliegende Verb *frz.* rapporter „zurückbringen; erzählen, berichten“ ist eine Bildung mit dem Präfix *frz.* re- „zurück, wieder“ zu *frz.* apporter (< *lat.* apportare) „herbeibringen; zuführen, zubringen“ (vgl. *Porto*).

Raps: Der seit dem 18. Jh. bezeugte Name der Nutzpflanze ist gekürzt aus *nordd.* Rapsaat (*niederd.* rapsād, vgl. *niederl.* raapzaad „Raps“ und *engl.* rape-seed „Raps[samen]“) nach *lat.* semen rapicium (*lat.* rapicium „von Rüben, Rüben-“, zu *lat.* rapa „Rübe“, vgl. *Rübe*). Beachte dazu den Pflanzennamen 'Rübsen', der aus 'Rübsamen' gekürzt ist. – Die Kohlpflanze ist so benannt, weil sie hauptsächlich wegen der ölhaltigen Samen angebaut wird. – Im *Südd.* ist statt 'Raps' die Form **Reps** gebräuchlich.

Rapunzel: Der seit dem Anfang des 16. Jh.s bezeugte Name der zu den Baldriangewächsen gehörigen Pflanze ist entlehnt aus gleichbed. *mlat.* rapuncium (aus *radice puntium, zu *lat.* radix „Wurzel“ und *lat.* phu, Akkusativ phun, „Baldrianart“). Neben 'Rapunzel' sind als Bezeichnung der beliebten Salatpflanze auch 'Rapunze' und 'Rapünzchen, Rapünzlein' gebräuchlich.

rar „selten“: Das im *Hochd.* seit dem 17. Jh. gebräuchliche, im *Niederd.* bereits im 16. Jh. (*mnd.* rār „selten; kostbar“) bezeugte Adjektiv ist aus gleichbed. *frz.* rare entlehnt, das auf *lat.* rarus „locker, dünn; vereinzelt, selten“ zurückgeht. – Dazu: **Rarität** „Seltenheit; seltenes und darum kostbares Stück“ (17. Jh.; unter Einfluß von gleichbed. *frz.* rareté aus *lat.* raritas „Lockerheit; Seltenheit“).

Raritätenkabinett ↑Kabinett.

rasant: Das seit dem 18. Jh. bezeugte Adjektiv bedeutete zunächst „sehr flach, gestreckt (insbesondere von der Flugbahn eines Geschosses)“. Es ist entlehnt aus *frz.* rasant „bestreichend, den Erdboden streifend“, dem adjektivisch gebrauchten Part. Präs. von *frz.* raser „scheren, rasieren“ (vgl. *rasieren*) in dessen Bedeutung „darüber hinstreichen, streifen; schleifen“. In der *dt.* Umgangssprache entwickelte 'rasant' durch volksetymologische Anlehnung an das Verb ↑rasen die neue Bedeutung „sehr schnell, rasend; schnittig; rassig, attraktiv; fabelhaft, großartig“. Abl.: **Rasanz** „rasante Flugbahn eines Geschosses; Schnelligkeit, rasende Geschwindigkeit“ (20. Jh.).

rasch: Das *westgerm.* Adjektiv *mhd.* rasch, *ahd.* rasc, *niederl.* ras, *engl.* (eventuell *mniederl.* Lehnwort) rash hat sich wahrscheinlich aus einer Vorform *rapsk(w)a- entwickelt und stellt sich dann zu dem unter ↑[2]*gerade* ursprünglich „schnell, behende“ behandelten Adjektiv (vgl. *Rad*). – Von 'rasch' abgeleitet ist ↑überraschen.

rascheln: Das erst seit dem 17. Jh. bezeugte Verb ist eine Iterativbildung zu dem *mdal.* *(schles.)* bewahrten 'raschen' „ein raschelndes Geräusch verursachen“, das – wie auch *mdal.* **rischeln** und *mdal.* **ruscheln** – lautnachahmenden Ursprungs ist.

rasen „ungestüm laufen, stürzen; toben, wüten, heftig erregt sein“: Die *germ.* Verben *mhd.*, *mnd.* rāsen, *niederl.* razen, *aengl.* rǣsan, *aisl.* rāsa gehören mit verwandten Wörtern in anderen *idg.* Sprachen zu der Wurzelform *[e]res- „sich heftig bewegen, laufen“, vgl. z. B. *aind.* árṣati „läuft, fließt“, rása-ḥ „Flüssigkeit, Saft“, irasyáti „zürnt, ist neidisch“. Zu dieser Wurzelform (vgl. *rinnen*) gehört auch die Wortgruppe von ↑irre (eigentlich „[planlos] umherlaufend“

oder „rasend, erregt"). Abl.: **Raserei** (*mitteld.* rāserīe). Siehe auch den Artikel *Rosenmontag.*

Rasen: Das auf das *dt.* Sprachgebiet beschränkte Wort (*mhd., mitteld.* rase, *mnd.* wrase) ist dunklen Ursprungs.

rasieren „den Bart wegnehmen": Das Verb wurde im 17. Jh. durch Vermittlung von *niederl.* raseren aus *frz.* raser „kahlscheren, rasieren" entlehnt. Der französische Einfluß in der Körperpflege im allgemeinen und in der Haar- und Bartpflege im besonderen zeigt sich auch in zahlreichen anderen Fremd- und Lehnwörtern, die etwa im gleichen Zeitraum ins *Dt.* übernommen wurden (beachte z. B. ↑frisieren, ↑Perücke, ↑Pomade, ↑Puder, ↑Parfüm, ↑Maniküre, ↑Pediküre u. a.). *Frz.* raser beruht auf *vlat.* *rasare, einer Intensivbildung zu *lat.* radere (rasum) „kratzen, schaben; abscheren; darüber hinstreichen" (vgl. *radieren*). – Das Substantiv **Rasur** „Rasieren, Entfernung des Bartes" wurde im 15. Jh. aus *lat.* rasura „Schaben, Kratzen; Abscheren, Abrasieren" übernommen. Siehe auch den Artikel *rasant.*

Räson: Das seit dem 17. Jh. bezeugte Fremdwort ist aus *frz.* raison „Vernunft, Verstand; Grund, Rechtfertigung; Recht; Grundsatz", das auf *lat.* ratio (Akkusativ: rationem) „Berechnung; Erwägung; Denken, Vernunft usw." zurückgeht (vgl. den Artikel *Rate*) entlehnt. In der Bedeutung „Vernunft, Einsicht" lebt 'Räson' nur noch in Wendungen wie 'jemanden zur Räson bringen' oder 'Räson annehmen' fort. An die Bedeutung „Grundsatz; berechtigter Anspruch" schließt sich die Zusammensetzung **Staatsräson** zur Bezeichnung des nationalstaatlichen Rechtsgrundsatzes, daß private Interessen den staatlichen Interessen unterzuordnen sind, an. – Dazu: **räsonieren** „viel und laut reden; seiner Unzufriedenheit Luft machen, schimpfen" (17. Jh.; zunächst in der Bedeutung „verständig worüber reden, nach Vernunftgründen untersuchen"; aus *frz.* raisonner „überlegen, vernunftgemäß handeln und reden usw.", einer Ableitung von *frz.* raison).

raspeln: Das seit dem 16. Jh. bezeugte Verb ist eine Iterativbildung zu dem heute veralteten raspen „scharren, kratzen", *mhd.* raspen, *ahd.* raspōn „an sich reißen, raffen", das zu dem untergegangenen starken Verb *ahd.* hrespan „zupfen, rupfen" gehört, vgl. *aengl.* ge-hrespan „reißen". Diese Sippe, in der -sp- aus -ps- entstanden ist, gehört mit den unter ↑*raffen* behandelten Wörtern wahrscheinlich zu der umfangreichen *idg.* Wortgruppe von ↑[1]*scheren.* – Im heutigen Sprachgebrauch wird 'raspeln' – durch Anlehnung an 'Raspel' – gewöhnlich im Sinne von „mit der Raspel arbeiten; zerkleinern" verwendet. Das Substantiv **Raspel** „grobe Feile; Küchengerät zum Zerkleinern besonders von Gemüse" (16. Jh.) ist aus dem Verb 'raspeln' rückgebildet.

Rasse: Das Wort ist ein naturwissenschaftlicher Ordnungsbegriff zur Bezeichnung einer Gruppe von Individuen innerhalb einer Art, die in typischen Merkmalen übereinstimmen. In übertragenem Gebrauch – in Fügungen wie 'Rasse haben' oder 'Rasse sein' – bedeutet es auch „edle, ausgeprägte Eigenart". 'Rasse' wurde im 17. Jh. aus *frz.* race „Geschlecht, Stamm; Rasse" entlehnt. Dies ist seinerseits aus gleichbed. *it.* razza übernommen, dessen weitere Herkunft unklar ist. – Abl.: **rassisch** „die Rasse betreffend" (20. Jh.); **rassig** „von edler, ausgeprägter Eigenart" (20. Jh.). – An den ideologischen Gebrauch von 'Rasse' (Überbewertung einer bestimmten, etwa der weißen oder [im nationalsozialistischen Sprachgebrauch] der sog. nordischen [„arischen"] Menschengruppe) schließen sich im 20. Jh. an: **Rassismus** "Lehre, nach der bestimmte Rassen oder Völker anderen überlegen sind; Gesamtheit rassenideologischer Denk- und Handlungsweisen", **Rassist** „Vertreter des Rassismus" und **rassistisch** „den Rassismus betreffend".

rasseln: Die *nhd.* Form geht zurück auf *mhd.* raʒʒeln „toben, lärmen", das eine Weiterbildung zu gleichbed. *mhd.* raʒʒen ist. Diesem Verb entsprechen im *germ.* Sprachbereich *aengl.* hratian „stürzen, sich beeilen" und *aisl.* hrata „stürzen, sich beeilen; taumeln, schwanken; fallen". – Das weitergebildete 'rasseln' wurde in *frühnhd.* Zeit in der Bedeutung von *niederd.* ratelen „klappern, rattern" beeinflußt, vgl. *niederl.* ratelen „rasseln, klappern, rattern; schwatzen" und *engl.* to rattle „rasseln, klappern; röcheln". Diese Verben sind – wie auch **ratschen, rätschen** und ↑rattern – lautnachahmenden Ursprungs. – Abl.: **Rassel** „Lärminstrument" (16. Jh.). Zus.: **Rasselbande** *ugs.* für „Kinderschar", eigentlich „lärmende Horde" (19. Jh.).

Rast: *Mhd.* rast[e], *ahd.* rasta „Ruhe, Ausruhen; Wegstrecke, Meile; Weile, Zeitraum", *got.* rasta „Meile", *engl.* rest „Ruhe; Erholung; Unterkunft", *aisl.* rost „Wegstrecke, Meile" gehören zu der unter ↑*Ruhe* dargestellten *idg.* Wurzel. Die Verwendung des *gemeingerm.* Wortes im Sinne von „Wegstrecke, Meile" geht von „Ruhe, Pause (während einer Wanderung, eines Marsches)" aus und meint eigentlich die Entfernung, die man ohne eine Rast gehen kann, die Wegstrecke zwischen zwei Rasten. Abl.: **rasten** „ausruhen" (*mhd.* rasten, *ahd.* rastōn).

Raster „in ein Liniennetz oder Punktsystem aufgelöste Bildfläche (zur Zerlegung eines Bildes in kleinste Punkte)": Das seit dem 19. Jh. gebräuchliche Wort ist aus *lat.* raster (daneben rastrum) „Hacke" (*mlat.* = „Harke"), das hier in übertragener Verwendung erscheint, entlehnt. Über etymologische Zusammenhänge vgl. den Artikel *radieren.* – Abl.: **rastern** „ein Bild durch Raster in Rasterpunkte zerlegen" (20. Jh.).

Rasur ↑rasieren.

Rat: Das *altgerm.* Wort *mhd., ahd.* rāt, *niederl.* raad, *aengl.* rǣd, *schwed.* råd gehört zu dem unter ↑*raten* behandelten Verb. Es wurde ursprünglich im Sinne von „Mittel, die zum Lebensunterhalt notwendig sind" verwendet. In dieser Bedeutung steckt 'Rat' in ↑Vorrat und ↑Unrat sowie in der Kollektivbildung ↑Gerät (s.

auch 'Hausrat' unter *Haus*). Daraus entwickelte sich der Wortgebrauch im Sinne von „Besorgung der notwendigen Mittel" und weiterhin im Sinne von „Beschaffung, Abhilfe, Fürsorge", beachte dazu ↑Heirat (eigentlich „Hausbesorgung"). Daran schließt sich die Verwendung von 'Rat' im Sinne von „gutgemeinter Vorschlag, Unterweisung, Empfehlung" an, beachte dazu **ratsam** „empfehlenswert" (16. Jh., früher auch „Rat erteilend") und **Ratschlag** (s. u.). Bereits seit *ahd.* Zeit wird 'Rat' auch im Sinne von „Beratung, beratende Versammlung" gebraucht, beachte dazu z. B. die Zusammensetzungen 'Familienrat, Stadtrat, Rathaus'. Von diesem Wortgebrauch geht die Verwendung von 'Rat' im Sinne von „Angehöriger einer Ratsversammlung, Ratgeber" und dann als Titel aus, beachte z. B. 'Geheimrat, Regierungsrat, Studienrat' und 'Rätestaat'. Zus.: **Ratschlag** „gutgemeinter Vorschlag" (15. Jh., früher auch „Beratung, Beschluß"); **ratschlagen** „beraten" (*mhd.* rātslagen, *adh.* rātslagōn, eigentlich „den Beratungskreis schlagen, den Kreis für die Beratung abgrenzen"), dazu **beratschlagen** (16. Jh.).

Rate „Anteil; Teilbetrag": Der seit dem 16. Jh. bezeugte kaufmännische Ausdruck erscheint zuerst als 'Rata' mit der Bedeutung „berechneter Anteil". Daran schließt sich seit dem Anfang des 19. Jh.s die spezielle Verwendung des Wortes im Sinne von „Teilbetrag (einer Zahlung)" an. 'Rate' ist aus gleichbed. *it.* rata entlehnt, das auf *mlat.* rata (pars) „berechneter Anteil" zurückgeht. Dies gehört zu *lat.* reri (ratum) „(im Geiste) ordnen; schätzen, meinen", ratus „berechnet, ausgerechnet; bestimmt" (s. auch den Artikel *ratifizieren*). Die *lat.* Wörter stellen sich zusammen mit *lat.* ratio „Rechnung, Berechnung; Rechenschaft; Geschäftssache; Gebiet; Gattung; Berücksichtigung, Vorteil; Überlegung, Erwägung; Vernunft, Denkvermögen usw." (vgl. dazu die Artikel *Ratio, Ration* und *Räson;* s. auch den Artikel *Rede*) in den weiteren Zusammenhang der unter ↑*Arm* dargestellten *idg.* Wortsippe. – Zus.: **Ratenzahlung** „Teilzahlung" (19. Jh.).

raten: Das *gemeingerm.* Verb *mhd.* rāten, *ahd.* rātan, *got.* [ga]rēdan, *engl.* to read, *schwed.* råda gehört mit der Substantivbildung ↑Rat zu der unter ↑*Rede* dargestellten Wortgruppe (vgl. *Arm*). Eng verwandt mit 'raten' sind *außergerm.* z. B. *aind.* rā́dhyati „macht zurecht, bringt zustande" und die *slaw.* Sippe von *russ.* radet' „für jemanden sorgen". – Das *gemeingerm.* Verb bedeutete ursprünglich etwa „[sich etwas geistig] zurechtlegen, überlegen, [aus]sinnen", auch „Vorsorge treffen" und weiterhin „vorschlagen, empfehlen" und „erraten, deuten". Zum Wortgebrauch im letzteren Sinne, an den sich die Bildung ↑Rätsel anschließt, beachte *engl.* to read (*aengl.* rǣdan) in der Bedeutung „lesen", eigentlich „[Runen] deuten". – Eng an die Bedeutungen des einfachen Verbs schließen sich an 'ab-, an-, be-, er-, zuraten'. In der Bedeutung gelöst haben sich dagegen ↑verraten und ↑mißraten (s. unter *miß...*) sowie **geraten** „gelingen; gelangen, kommen; zu etwas werden" (*mhd.* gerāten, *ahd.* girātan, ursprünglich „anraten, Rat erteilen"), beachte dazu **Geratewohl** in der Fügung 'aufs Geratewohl' „auf gut Glück", das ein substantivierter Imperativ ist (gerate wohl! „gelinge gut!").

ratifizieren „einen [völkerrechtlichen] Vertrag bestätigen, genehmigen und damit in Kraft setzen": Das seit dem 15. Jh. bezeugte Fachwort der Politik und Diplomatie ist aus *mlat.* ratificare „bestätigen, genehmigen" entlehnt, einer Bildung zu *lat.* ratus „berechnet; bestimmt, gültig" (vgl. *Rate*) und *lat.* facere „machen, tun" (vgl. *Fazit*). Dazu stellt sich mit der dem Verb entsprechenden Bedeutung das Substantiv **Ratifikation** (16. Jh.; aus *mlat.* ratificatio „Bestätigung, Genehmigung").

Ratio: Der bildungssprachliche Ausdruck für „Vernunft, Einsicht, Denk-, Urteilsvermögen" wurde im 16. Jh. aus *lat.* ratio „Rechnung, Berechnung; Erwägung, Überlegung; Vernunft, Denkvermögen" (vgl. *Rate*) übernommen. Von *lat.* ratio abgeleitet ist das Adjektiv *lat.* rationalis „berechenbar; vernünftig; vernunftgemäß", aus dem im 16. Jh. **rational** „vernunftgemäß, vom Verstand herrührend" entlehnt wurde. Dazu stellen sich die Bildungen **rationalisieren** „vernünftig, zweckmäßig gestalten; wirtschaftlich effizienter machen" (Anfang des 19. Jh.s, zunächst in der Bedeutung „rational, dem Rationalismus gemäß denken und handeln", dann – unter Einfluß von entsprechend *frz.* rationaliser – „vernünftig gestalten"), **Rationalismus** „auf Vernunft gegründete Denkweise, Geisteshaltung" (18. Jh.), dazu **Rationalist** „Vertreter des Rationalismus" (18. Jh.) und **rationalistisch** „den Rationalismus betreffend" (20. Jh.), **Rationalität** „Vernunftgemäßheit; Zweckmäßigkeit" (19. Jh., nach *mlat.* rationalitas „Vernunft, Denkvermögen"), beachte auch die Gegenbildungen **irrational** „mit dem Verstand nicht faßbar; vernunftwidrig" (aus *lat.* irrationalis) und **Irrationalität** „irrationale Art; Vernunftwidrigkeit". – Das Adjektiv **rationell** „zweckmäßig, auf Wirtschaftlichkeit bedacht", wurde im 18. Jh. aus *frz.* rationnel „vernünftig" entlehnt und wie dieses zunächst im Sinne von „vernünftig, vernunftgemäß" verwendet. Das *frz.* Wort geht wie 'rational' auf *lat.* rationalis (s. o.) zurück.

Ration „zugewiesener Anteil, Menge; täglicher Verpflegungssatz (besonders der Soldaten)": Das seit dem Ende des 17. Jh.s bezeugte, zunächst nur der Heeressprache angehörende Fremdwort ist aus gleichbed. *frz.* ration entlehnt, das auf *mlat.* ratio „berechneter Anteil [an Mundvorrat]" (< *lat.* ratio „Rechnung; Rechenschaft usw.", vgl. den Artikel *Rate*) zurückgeht. – Dazu gehört das Verb **rationieren** „auf bestimmte Rationen setzen, sparsam zumessen, haushälterisch einteilen" (20. Jh.; aus gleichbed. *frz.* rationner, einer Ableitung von *frz.* ration).

rational, rationalisieren, Rationalismus, Rationalist, rationalistisch, Rationalität, rationell ↑Ratio.

ratsam ↑Rat.

ratschen, rätschen ↑rasseln.

Ratschlag, ratschlagen ↑Rat.

Rätsel: Das seit dem 15. Jh. bezeugte Wort (*spätmhd.* rǣtsel, rātsel), das durch Luthers Bibelübersetzung gemeinsprachliche Geltung erlangte, ist eine Bildung zu dem unter ↑*raten* behandelten Verb, vgl. gleichbed. *asächs.* rādisli, *niederl.* raadsel, *engl.* riddle. Abl.: **rätseln** „sich den Kopf zerbrechen" (19. Jh.); **rätselhaft** „dunkel, unverständlich, unerklärlich" (17. Jh.).

Ratte: Die Herkunft der *germ.* Bezeichnungen des Nagetiers *mhd.* ratte, rat, *ahd.* ratta, rato, *niederl.* rat, *engl.* rat ist dunkel. Die *nord.* Sippe von *schwed.* råtta stammt aus dem *Mnd.* – Vielleicht handelt es sich um ein altes Wanderwort, das auch in den *roman.* Sprachen gebräuchlich ist, vgl. *frz.* rat „Ratte", *it.* ratto „Ratte" und *span.* rata „Ratte". – Neben 'Ratte' sind im *Dt.* auch gebräuchlich **Ratz** *landsch.* für „Ratte; Hamster", weidmännisch für „Iltis" und **Ratze** *ugs.* für „Ratte" (*mhd.* ratz[e], *ahd.* ratza). – Der *ugs.* Ausdruck **ratzekahl** „ganz kahl, völlig leer" ist dagegen eine volksetymologische Umbildung von ↑radikal nach 'Ratz[e]'.

rattern: Das seit dem 17. Jh. bezeugte Verb ist – wie z. B. auch 'knattern' (s. d.) – lautnachahmenden Ursprungs. Beachte die unter ↑*rasseln* behandelten ähnlichen Lautnachahmungen.

Raub: *Mhd.* roup „[Kriegs]beute; Räuberei, Plünderung; Ernte", *ahd.* roub „Beute, Raub", *niederl.* roof „Raub, Beute", *aengl.* rēaf „Raub, Beute; Kleidung, Rüstung" gehören zu einem im *Dt.* untergegangenen starken Verb mit der Bed. „brechen, [ab-, ent]reißen", vgl. *aengl.* rēofan „brechen, zerreißen", *aisl.* rjūfa „zerreißen; brechen, verletzen" (vgl. *raufen*). Das *westgerm.* Wort bedeutet demnach eigentlich „Ab-, Entreißen; Entrissenes" und bezeichnete ursprünglich das, was dem (getöteten) Feinde abgerissen oder entrissen wird, die Kriegsbeute, speziell die dem Feinde abgenommene Rüstung und Kleidung, beachte das aus dem *Afränk.* stammende *frz.* robe „Gewand, Kleidung" (s. den Artikel *Robe*). Zu dem oben genannten starken Verb stellt sich das *gemeingerm.* Verb **rauben** „gewaltsam wegnehmen, entreißen": *mhd.* rouben, *ahd.* roubōn „entreißen; verheeren", *got.* bi-raubōn „berauben", *aengl.* rēafian „rauben, plündern; entreißen; verwüsten; fortnehmen, ausziehen", *aisl.* raufa „zerbrechen, zerreißen, zerfleischen". – Abl.: **Räuber** (*mhd.* roubǣre, *ahd.* roubare); **räuberisch** (17. Jh., für älteres reubisch, *mhd.* röubisch, roubisch). Zus.: **Raubbau** „rücksichtslose Ausnützung" (18. Jh., zunächst bergmännische Bezeichnung für den schnellen Abbau des Erzes ohne Sicherung zukünftigen Ertrages); **Raubritter** „Ritter, der Raubzüge unternimmt" (19. Jh.); **Raubtier** (18. Jh.); **Raubvogel** (16. Jh.).

rauch ↑rauh.

Rauch: Das *altgerm.* Wort *mhd.* rouch, *ahd.* rouh, *niederl.* rook, *engl.* reek, *schwed.* rök gehört zu dem unter ↑*riechen* behandelten Verb in dessen älterer Bed. „dampfen, rauchen". Abl.: **rauchig** (*mhd.* rouchic „voller Rauch; dunstig; [übel]riechend"). Zus.: **Rauchfang** „Schornstein" (16. Jh.). Das *altgerm.* Verb **rauchen** (*mhd.* rouchen, *ahd.* rouhhen, *niederl.* roken, *engl.* to reek, *schwed.* röka) ist entweder von 'Rauch' abgeleitet oder ist das Veranlassungswort zu 'riechen'. Im *Dt.* wird das Verb seit dem 17. Jh. auch transitiv im Sinne von „Tabak, Pfeife usw. rauchen" verwendet, beachte dazu die Bildungen **Raucher** und **Nichtraucher.** Das seit dem 15. Jh. bezeugte Verb **räuchern** „mit Rauch erfüllen, rauchig machen; durch Rauch haltbar machen" ist eine Weiterbildung von *mhd.* röuchen „rauchen, rauchig machen", beachte dazu die Präfixbildungen **beräuchern** und **verräuchern.**

Rauchware, Rauchwerk ↑rauh.

Räude: Die *germ.* Bezeichnungen für „Schorf, Räude, Krätze" *mhd.* riude, rūde, *ahd.* riudī, rūda, *niederl.* ruit, *aengl.* hrūde, *aisl.* hrūðr sind dunklen Ursprungs. Abl.: **räudig** (*mhd.* riudec, rūdec, *ahd.* rūdig).

raufen: Das *altgerm.* Verb *mhd.* roufen, *ahd.* rouf[f]en, *got.* raupjan, *mniederl.* roopen, *aengl.* rīepan gehört mit verwandten Wörtern in anderen *idg.* Sprachen zu der vielfach erweiterten *idg.* Wurzel *reu- „reißen, brechen; [auf]wühlen, kratzen, scharren; ausreißen, rupfen", vgl. z. B. *lat.* ruere „wühlen, scharren", rudus „zerbröckeltes Gestein, Geröll, Schutt", rumpere „brechen" (↑Rotte), *lit.* ráuti „raufen, rupfen, ausreißen, jäten", raũsti „scharren, wühlen", *russ.* ryt' „wühlen, graben". Aus dem *germ.* Sprachbereich gehören zu dieser Wurzel auch die Sippen von ↑rupfen, ↑Raub (eigentlich „das Ab-, Entreißen; Abgerissenes, Entrissenes"), ↑roden (eigentlich „aufreißen, ausreißen, wühlen") und ↑räuspern (eigentlich „im Halse kratzen"), ferner wahrscheinlich auch das unter ↑¹*Riemen* (eigentlich wohl „abgerissener Hautstreifen") behandelte Substantiv und die Wortgruppe von ↑rauh (eigentlich wohl „ausgerupft", vom Schaffell oder dgl.). – Im *Dt.* wird 'raufen' seit *mhd.* Zeit auch im Sinne von „sich balgen, handgemein werden" (ursprünglich „[sich] an den Haaren reißen") gebraucht, beachte dazu **Rauferei** „Schlägerei, Handgemenge" (Anfang des 19. Jh.s) und **Raufbold** „Schläger, Streitlustiger" (18. Jh.; zum 2. Bestandteil '-bold' vgl. den Artikel *bald*). Abl.: **Raufe** „Futtergestell, aus dem das Vieh das Futter rupft" (*spätmhd.* roufe).

rauh: Das *westgerm.* Adjektiv *mhd.* rūch, *ahd.* rūh, *niederl.* ruig, *engl.* rough ist verwandt mit *aind.* rūkṣá-ḥ „rauh" und gehört wahrscheinlich im Sinne von „ausgerupft" zu der unter ↑*raufen* dargestellten *idg.* Wurzel, zu der z. B. auch *aisl.* rȳja „den Schafen die Wolle ausreißen" gehört. Das Adjektiv bezog sich demnach ursprünglich auf die durch das Ausreißen von Wollzotten entstandene Rauheit. – Im *Dt.* wird 'rauh' als Gegenwort zu 'glatt' verwendet und ferner in den Bedeutungen „streng, hart, unfreundlich; grob, ungeschliffen" und im Sinne von „heiser" gebraucht. Neben der Form 'rauh' war bis ins 19. Jh. hinein auch die Form **rauch** mit der speziellen Bedeutung „haarig, behaart" gebräuchlich, die heute noch in den Zusammensetzungen **Rauchware** „Pelzware" (17. Jh.) und **Rauchwerk** „Pelzwerk" (16. Jh.) bewahrt ist. Zum Nebeneinander von 'rauch' und 'rauh' beachte z. B. das Verhältnis von 'hoch' und 'hohe'. Abl.: **rauhen** „rauh machen" (*mhd.* riuhen). Zus.: **Rauhbein** „nach außen grober, aber im Herzen guter Mensch" (2. Hälfte des 19. Jh.s, rückgebildet aus dem Adjektiv 'rauhbeinig'); **Rauhreif** „Reif, dessen Kristalle gut erkennbar sind" (um 1800). Siehe auch den Artikel *Rochen*.

Raum: Das *gemeingerm.* Wort *mhd., ahd.* rūm, *got.* rūm, *engl.* room, *schwed.* rum ist eine Substantivierung des im *Nhd.* veralteten *gemeingerm.* Adjektivs 'raum': *mhd.* rūm[e], *ahd.* rūmi „weit, geräumig", *got.* rūms „geräumig", *aengl.* rūm „geräumig, weit; reichlich; freigebig", *aisl.* rūmr „geräumig, weit". Zu diesem Adjektiv gehört die Bildung **geraum** (*mhd.* gerūm[e], *ahd.* Adverb girūmo), von dem wiederum **geräumig** (17. Jh.) abgeleitet ist. Im heutigen Sprachgebrauch bezieht sich 'geraum' nur noch auf zeitliche Bestimmungen, während 'geräumig' örtliche Geltung hat. – Das *gemeingerm.* Adjektiv *rūma- „weit, geräumig" ist z. B. verwandt mit *awest.* ravah- „Weite, Raum" und *lat.* rus (Genitiv ruris) „Land, Feld; Landgut". Abl.: **räumen** „Platz schaffen, leer machen, frei machen; verlassen; fortschaffen" (*mhd.* rūmen, *ahd.* rūm[m]an; beachte weiter 'ab-, ein-, aufräumen', dazu **aufgeräumt** „heiter, froh gestimmt"); **räumlich** „im Raum befindlich, zum Raum gehörig" (17. Jh.), dazu **Räumlichkeit** (17. Jh.). Zus.: **Raumpflegerin** „Putzfrau" (Mitte des 20. Jh.s); **Raumsonde** (↑ Sonde).

raunen: *Mhd.* rūnen, *ahd.* rūnēn „heimlich und leise reden, flüstern", *mniederl.* rūnen „flüstern", *aengl.* rūnian „flüstern; sich verschwören", *aisl.* rȳna „sich vertraulich unterhalten; Runenzauber ausüben" sind von dem unter ↑ *Rune* behandelten Substantiv abgeleitet.

Raupe: Die auf das *dt.* und *niederl.* Sprachgebiet beschränkte Bezeichnung für die Larve der Schmetterlinge (*spätmhd., mnd.* rūpe, *mniederl.* rūpe, weitergebildet *niederl.* rups) ist dunklen Ursprungs. – Im übertragenen Gebrauch wird 'Raupe' – wie z. B. auch 'Grille' (s. d.) – im Sinne von „komischer Einfall" verwendet. Zus.: **Raupenschlepper** „Fahrzeug, das sich auf Gliederketten fortbewegt" (1. Hälfte des 19. Jh.s; Lehnübersetzung von *engl.* Caterpillar tractor).

rauschen: Das *westgerm.* Verb *mhd.* rūschen, riuschen, *mnd.* rūschen, *niederl.* ruisen, *engl.* to rush („eilen, stürmen, rasen") ist wahrscheinlich lautnachahmenden Ursprungs. Wie andere lautnachahmende Verben – beachte z. B. 'sausen' – wird auch 'rauschen' im Sinne von „sich schnell bewegen, stürmen, rasen" verwendet. Aus dem Verb rückgebildet ist das Substantiv **Rausch** (*mhd.* rūsch „Rauschen, rauschende Bewegung, Ansturm"), das seit dem 16. Jh. im Sinne von „Umnebelung der Sinne, Trunkenheit; Erregungszustand" gebraucht wird, beachte dazu die Bildungen **berauschen** „in einen Rauschzustand versetzen" (17. Jh.) und **Rauschgift** (1. Hälfte des 20. Jh.s). Zu 'rauschen' ist auch das Substantiv ↑ Geräusch gebildet.

räuspern: Das im *germ.* Sprachbereich nur im *Dt.* gebräuchliche Verb (*mhd.* riuspern) bedeutet eigentlich „[im Halse] kratzen" und ist näher verwandt mit *lat.* ruspari „durchforschen, untersuchen", eigentlich „kratzen, aufwühlen" (vgl. *raufen*). Zur Bedeutungsentwicklung beachte z. B. *niederl.* de keel schrapen „räuspern", eigentlich „die Kehle kratzen" und *schwed.* harkla „räuspern", eigentlich „kratzen, scharren".

¹Raute: Die *nhd.* Form geht zurück auf *mhd.* rūte „gleichseitiges, schiefwinkliges Viereck", dessen weitere Herkunft dunkel ist. Dieses Wort ist nicht identisch mit dem Pflanzennamen **²Raute** (*mhd.* rūte, *ahd.* rūta), der aus *lat.* ruta „Raute" entlehnt ist.

Ravioli (Plural) „gefüllte Nudeltaschen": Der Name des italienischen Gerichts, das bei uns im 20. Jh. bekannt wurde, ist aus gleichbed. *it.* ravioli entlehnt. Dies ist eine Bildung zu *vlat.-it.* rapa „Rübe" bzw. zu entsprechend *lombard.* rava. Der Name bezieht sich darauf, daß man für die Füllung solcher Nudeltaschen ursprünglich vorwiegend Rüben verwendete.

Razzia: Der Ausdruck für „[polizeiliche] Fahndungsstreife" wurde im 19. Jh. aus gleichbed. *frz.* razzia übernommen, das seinerseits aus *algerisch-arabisch* ḡāziya^h (zu *arab.* ḡazwa^h) „Kriegszug; militärische Expedition" stammt.

re..., Re...: Die Vorsilbe mit der Bedeutung „zurück; wieder", wie z. B. in ↑ reagieren, ↑ Regreß, stammt aus gleichbed. *lat.* re-. – Das substantivierte **Re,** ein Kartenspielerausdruck zur Bezeichnung der Gegenansage auf ein ↑ Kontra, hat sich wohl aus der Verbindung 'Rekontra' herausgelöst.

reagieren „[Gegen]wirkung zeigen; auf etwas ansprechen, eingehen; eine chemische Wechselwirkung zeigen, eine chemische Veränderung, Umwandlung eingehen": Das in der chemischen Fachsprache des 18. Jh.s aufgekommene Verb ist eine Präfixneubildung zu *lat.* agere „treiben, tun, handeln usw." (vgl. *re..., Re...* und den Artikel *agieren*). Während 'reagieren' heute vorwiegend gemeinsprachliche Geltung hat, bleiben einige Ableitungen ganz oder stark der Fachsprache verhaftet: **Reagenz,** auch: **Reagens** „chemische Reaktionen auslösender Stoff" (19. Jh.), dazu **Reagenzglas; Reaktor** „Anlage zur technischen Durchführung chemischer oder physikalischer [Ketten]reaktionen" (20. Jh.; aus gleichbed. *engl.-amerik.* reactor); **Reaktion** „chemischer Vorgang, der unter stofflichen Veränderungen abläuft", auch: „das Reagieren, Antwort[handlung], Verhalten auf einen Reiz, einen Umweltvorgang o. ä., Gegenwirkung, Rückwirkung" (*nlat.* Bildung des 18. Jh.s in Analogie zu 'Aktion'). Nach dem Vorbild von *frz.* réaction wird 'Reaktion' seit dem Beginn des 19. Jh.s häufig als politisches Schlagwort zur Bezeichnung für die Gesamtheit aller nicht fortschrittlichen politischen Kräfte gebraucht, beachte dazu **reaktionär** „fortschrittsfeindlich" (19. Jh.; aus gleichbed. *frz.* réactionnaire) und **Reaktionär** „jemand, der sich einer fortschrittlichen Entwicklung entgegenstellt" (19. Jh.).

real „dinglich, sachlich; wirklich, tatsächlich": Das Adjektiv wurde im 17. Jh. aus *spätlat.* realis „sachlich, wesentlich" entlehnt. Dies ist von *lat.* res „Sache, Ding" abgeleitet. – Dazu: **irreal** „unwirklich" (junge Gegenbildung des 20. Jh.s mit dem verneinenden Präfix ↑[2]*in..., In...*); **Realität** „Wirklichkeit, tatsächliche Lage, Gegebenheit" (17. Jh.; nach gleichbed. *frz.* réalité); **realisieren** „verwirklichen" (18. Jh.; nach gleichbed. *frz.* réaliser; die Verwendung von 'realisieren' im 20. Jh. im Sinne von „verstehen, erkennen, sich bewußt machen" erfolgte unter dem Einfluß von gleichbed. *engl.* to realize); **Realismus** „Wirklichkeitssinn; wirklichkeitsnahe Darstellung vor allem in der bildenden Kunst" (*nlat.* Bildung des 18. Jh.s); **Realist** „nüchterner und sachlicher Mensch, der sein Handeln an der gegebenen Wirklichkeit orientiert" (18. Jh.); **realistisch** „sachlich, nüchtern; wirklichkeitsgetreu, lebensecht" (18. Jh.). Gleichen Ursprungs wie 'real' ist das Adjektiv **reell** „den Erwartungen entsprechend; wirklich vorhanden; zuverlässig, ehrlich, redlich", das um 1700 aus *frz.* réel „tatsächlich, wirklich; zuverlässig" übernommen wurde.

Rebbach, Reibach „Gewinn, Profit": Das aus der Gaunersprache stammende Wort, das seit dem Anfang des 19. Jh.s in verschiedenen Formen wie 'Reibach', 'Reiwach' u. a. bezeugt ist, geht auf *jidd.* rewach „Zins" zurück (< hebr. rewaḥ).

Rebe: Die Herkunft von *mhd.* rebe, *ahd.* reba (daneben rebo), *schwed.* reva ist nicht sicher geklärt. Vielleicht ist das Wort verwandt mit *lat.* repere „kriechen, schleichen" (↑Reptil) und mit der *balt.* Sippe von *lit.* rėplióti „kriechen". – Ursprünglich bezeichnete 'Rebe' die Ranke oder den Wurzelausläufer einer Pflanze, dann auch das rankende Gewächs selbst. Im *Dt.* wird in den Weinanbaugebieten der Singular Rebe gewöhnlich im Sinne von „Weinstock" und der *Plural* Reben im Sinne von „Weingarten, Weinberg" verwendet. Zus.: **Rebensaft,** dichterisch für „Wein" (15. Jh.); **Reblaus** (19. Jh.; so benannt, weil das zu den Pflanzenläusen gehörige Insekt die Reben schädigt).

Rebell „Aufrührer, Aufständischer": Das Fremdwort wurde im 16. Jh. aus *frz.* rebelle „aufrührerisch; Rebell" entlehnt, das auf gleichbed. *lat.* rebellis (eigentlich „den Krieg erneuernd") zurückgeht. Das Grundwort gehört zu *lat.* bellum „Krieg", dessen *alat.* Vorform duellum Ausgangspunkt für unser ↑*Duell* ist. – Dazu: **rebellisch** „aufrührerisch; aufsässig, widersetzlich" (16. Jh.); **rebellieren** „sich auflehnen, sich widersetzen, sich empören" (16. Jh.; wohl unter dem Einfluß von *frz.* rebeller aus gleichbed. *lat.* re-bellare); **Rebellion** „Aufruhr, Aufstand; Widerstand, Empörung" (16. Jh.; wohl unter dem Einfluß von *frz.* rébellion aus gleichbed. *lat.* rebellio).

Rebhuhn: Der Name des Feldhuhns (*mhd.* rephuon, *ahd.* rep[a]-, rebhuon, *mnd.* raphōn) enthält als ersten Bestandteil ein als selbständiges Wort im *germ.* Sprachbereich untergegangenes Farbadjektiv, das mit der *slaw.* Sippe von *russ.* rjaboj „bunt, scheckig, gesprenkelt" verwandt ist, beachte dazu die Bildung *russ.* rjabka „Rebhuhn". Das Feldhuhn ist also nach der Farbe seines Gefieders als „rotbraunes oder scheckiges Huhn" benannt. Im *Oberd.* wurde das nicht mehr verstandene Bestimmungswort 'Reb-' schon früh volksetymologisch an 'Rebe' angelehnt, im *Niederd.* dagegen an *mnd.* rap „schnell". Das Bestimmungswort ist weiterhin verwandt mit den unter ↑*Erpel* behandelten Wörtern.

Rebus: Der Ausdruck für „Bilderrätsel" wurde Anfang des 18. Jh.s aus gleichbed. *frz.* rébus entlehnt, das aus dem Ablativ von *lat.* res „Sache, Ding" (*lat.* rebus „durch Sachen") hervorgegangen ist. Gemeint ist also ein Rätsel, das nicht wie üblich durch Buchstaben, sondern „durch Sachen, Bilder" dargestellt ist.

Rechen „Harke": Die vorwiegend *südd.* und *mitteld.* Bezeichnung des Feld- und Gartengeräts (*mhd.* reche, *ahd.* rehho) gehört zu dem heute veralteten starken Verb *frühnhd.* rechen, *mhd.* rechen, *ahd.* [be]rehhan „zusammenscharren, kratzen, raffen", entsprechend *got.* rikan „anhäufen". Im Ablaut zu diesem starken Verb stehen *mnd.* raken „umwühlen, scharren, graben", *schwed.* raka „scharren, kratzen, stochern", beachte dazu die Substantivbildungen *mnd.* rake „Harke", *engl.* rake „Harke, Kratze, Schüreisen", *schwed.* raka „Kratze, Schaber, Harke". – *Mhd.* reche, *ahd.* rehho entsprechen im *germ.* Sprachbereich *mniederl.* reke „Harke" und *aisl.* reka „Harke". Abl.: **rechen** „harken" (*mhd.* rechen „harken").

recherchieren „untersuchen, nachforschen, erkunden, ermitteln": Das Verb wurde im 18. Jh. aus gleichbed. *frz.* rechercher entlehnt, einer Bildung aus dem Präfix *frz.* re- „zurück, wieder" (< *lat.* re-, ↑re..., Re...) und *frz.* chercher (*afrz.* cercher) „suchen, forschen". Dies geht zurück auf *spätlat.* circare „umkreisen, durchwandern, durchstreifen", das von *lat.* circus „Kreis; Kreisbahn" (vgl. *Zirkus*) bzw. von dem adverbiellen Akkusativ *lat.* circum „ringsumher, ringsum" abgeleitet ist. – Dazu: **Recherche** „Nachforschung, Ermittlung" (18. Jh.; aus gleichbed. *frz.* recherche).

rechnen: Das *westgerm.* Verb *mhd.* rechenen, rechen, *ahd.* rehhanōn, *niederl.* rekenen, *engl.* to reckon ist eine Ableitung von einem im *Hochd.* untergegangenen Adjektiv mit der Bedeutung „ordentlich", vgl. *mnd.* reken „ordentlich; genau; unbehindert", *aengl.* recen „bereit, schnell". Dieses Adjektiv ist eine alte Partizipialbildung zu der unter ↑*recht* dargestellten *idg.* Wurzel. – Das abgeleitete Verb bedeutete demnach ursprünglich „in Ordnung bringen, ordnen". Abl.: **Rechenschaft** (14. Jh.; *mitteld.* rechinschaft „[Geld]berechnung, Rechnungsablegung", heute „Auskunft, die man über etwas gibt, wofür man verantwortlich ist"); **Rechnung**

(*mhd.* rech[e]nunge „das Rechnen, Be-, Abrechnung; Rechenschaft“, heute auch „Kostenforderung“). Zusammensetzungen und Präfixbildungen: **abrechnen** „Rechnung ablegen; vergelten, Rache üben“ (*mhd.* abrechen), dazu **Abrechnung; berechnen** „kalkulieren, ausrechnen; etwas in bestimmter Absicht tun“ (*mhd.* berechenen, *ahd.* birehhanōn), dazu **Berechnung; verrechnen** „Rechnung ablegen, ausgleichen“, reflexiv „falsch rechnen, sich irren“ (*mhd.* verrechenen, -rechen).

recht: Das *gemeingerm.* Adjektiv *mhd., ahd.* reht, *got.* raíhts, *engl.* right, *schwed.* rätt beruht auf einer alten Partizipialbildung zu der *idg.* Wurzel *reĝ-, „aufrichten, recken, geraderichten“, dann auch „richten, lenken, führen, herrschen“, vgl. z. B. *lat.* rectus „gerade, geradlinig; richtig, recht; sittlich gut“. Zu dieser Wurzel gehören aus anderen *idg.* Sprachen z. B. *aind.* raji-ḥ „sich aufrichtend, gerade“, *griech.* orégein „recken, ausstrecken“, *lat.* regere „geraderichten; lenken, leiten; herrschen“ (s. die umfangreiche Fremdwortgruppe um *regieren,* zu der u. a. *Regent, Regie, Rektor, direkt, korrekt* gehören), regula „gerades Stück Holz, Latte; Richtschnur“ (↑Regel), regio „Richtung; Gegend“ (↑Region), regimen „Lenkung, Leitung“ (↑Regime und ↑Regiment), rex, Genitiv regis „Lenker, Herrscher, König“, rogare „fragen, ersuchen“, eigentlich „[bittend die Hand] ausstrecken“ (↑arrogant), *air.* reg-, rig- „ausstrecken“, rī, Genitiv rīg „König“, *mir.* rīge „Königreich“ (vgl. den Artikel *Reich*). Aus dem *germ.* Sprachbereich gehören ferner zu dieser Wurzel die Sippen von ↑recken und ↑rechnen (eigentlich „ordentlich machen“), vermutlich auch die Sippe von ↑geruhen (mit ↑ruchlos und ↑verrucht), die auf einer Bedeutungsentwicklung von „aufrichten, stützen“ zu „helfen, für etwas Sorge tragen“ beruht. Weiterhin gehört hierher das unter ↑*rank* behandelte Adjektiv, das auf einer nasalierten Nebenform beruht und eigentlich „aufgerichtet, aufgereckt“ bedeutet. – Um das Adjektiv ‘recht’ gruppieren sich die Bildungen ↑gerecht, ↑richten, ↑richtig und ↑²Gericht. Das *gemeingerm.* Adjektiv hatte ursprünglich die Bedeutung „gerade“. Diese Bedeutung hat ‘recht’ im heutigen *dt.* Sprachgebrauch noch in den mathematischen Ausdrükken ‘rechter Winkel’ und ‘Rechteck’ und in Zusammensetzungen wie ‘senkrecht, waagerecht, aufrecht’. Aus diesem Wortgebrauch entwikkelte sich die Verwendung von ‘recht’ im Sinne von „richtig“ und weiterhin im Sinne von „den Gesetzen und Geboten entsprechend, sittlich gut“, beachte das Substantiv Recht (s. u.). Von der Bedeutung „richtig“ geht auch die Verwendung von ‘recht’ als Gegenwort zu ‘link’ aus, und zwar bezeichnete ‘recht’ zunächst die rechte Hand, deren Gebrauch allgemein als richtig empfunden wird, während der Gebrauch der linken Hand als ungewöhnlich und nicht richtig angesehen wird, beachte dazu die Substantivierung **Rechte** „rechte Hand“ und ‘rechter Hand’ „auf der rechten Seite“. Das Adverb **rechts** ist der erstarrte Genitiv Singular des Adjektivs. Zusammensetzungen mit ‘recht’ sind **rechtfertigen,** [sich] „[sich] vom Verdacht befreien, [sich] verantworten“ (*mhd.* rehtvertigen, „ausfertigen; von Schuld befreien, vor Gericht verteidigen; gerichtlich behandeln; bestrafen, hinrichten“ abgeleitet von *mhd.* rehtvertic, älter *nhd.* rechtfertig „gerecht, gut, ordentlich“, also eigentlich „gerecht, gut machen“; zum zweiten Bestandteil ↑*fertig*); **rechtgläubig** (15. Jh.; Lehnübersetzung von *griech.-lat.* orthodoxus, ↑orthodox), **rechtschaffen** „tüchtig, ehrlich, ordentlich“ (16. Jh., eigentlich „recht beschaffen“, vgl. *schaffen*), **Rechtschreibung** (16. Jh.; Lehnübersetzung von *griech.-lat.* orthographia, ↑Orthographie). Eine *westgerm.* Substantivierung des *gemeingerm.* Adjektivs ist **Recht** „das Richtige, Billigkeit; Anspruch, Befugnis; die Gesetze“: *mhd., ahd.* reht, *niederl.* recht, *engl.* right. Im *Nord.* ist dagegen eine alte Bildung (tu-Stamm) gebräuchlich, beachte z. B. *schwed.* rätt „Recht, Gesetz“, die *air.* recht „Gesetz“ entspricht. Abl.: **rechten** „streiten, sein Recht verlangen“ (*mhd.* rehten, *ahd.* rehtōn); **rechtlich** „dem Recht entsprechend, gesetzlich; ordentlich, redlich“ (*mhd.* rehtlich, ahd. rehtlīh). Zus.: **Rechtsanwalt** (Anfang des 19. Jh.s, für älteres ‘Advokat’, s. d.; ↑Anwalt); **Rechtswissenschaft** (18. Jh., für älteres ‘Rechtsgelehrsamkeit’).

rechts ↑recht.

Rechtsbeistand ↑stehen.

rechtskräftig ↑Kraft.

Reck: Die Bezeichnung des Turngerätes wurde zu Beginn des 19. Jh.s von F. L. Jahn in die Turnersprache eingeführt, und zwar aus dem *Niederd.*, wo [*m*]*niederd.* reck[e] eine Querstange zum Aufhängen der Wäsche, zum Aufsitzen der Hühner oder dgl. bezeichnet. Das Wort steht im Ablaut zu *niederd.* rack „Gestell, Regal“ und ist mit der Sippe von ↑Rahe „waagerechte, am Schiffsmast befestigte Stange“ verwandt.

Recke „Krieger, Held“: *Mhd.* recke, „Verfolgter, Verbannter; Abenteurer; Kämpe, Held“, *ahd.* reckeo „Flüchtling, Verbannter; Krieger“, *asächs.* wrekkio „Fremdling“, *aengl.* wrecca „Flüchtling, Verbannter; Abenteurer“ (*engl.* wretch „elender Mensch, Schurke“) gehören im Sinne von „Vertriebener“ zu dem unter ↑*rächen* behandelten Verb in dessen alter Bedeutung „vertreiben, verfolgen“. – Im *Nhd.* wurde ‘Recke’ erst im 18. Jh. im Rahmen der Beschäftigung mit der *mhd.* Dichtung neu belebt und wird heute als altertümliche Bezeichnung verwendet.

recken: Das *gemeingerm.* Verb *mhd.* recken, *ahd.* recchen, *got.* [uf]rakjan, *aengl.* reccan, *schwed.* räcka gehört zu der unter ↑*recht* dargestellten *idg.* Wurzel *reĝ- „aufrichten, recken, geraderichten“. Siehe auch den Artikel *verrecken.*

Redakteur, Redaktion ↑redigieren.

Rede: *Mhd.* rede, *ahd.* red[i]a, radia „Rechenschaft; Vernunft, Verstand; Rede und Antwort, Gespräch, Erzählung; Sprache“, *asächs.* ređia „Rechenschaft“, *got.* raþjō „Zahl; [Ab]rechnung; Rechenschaft“ gehören zu der Wurzelform *rē- der unter ↑*Arm* dargestellten *idg.* Wurzel *ar[ə]- „fügen, [an-, ein]passen". Eng verwandt sind im *germ.* Sprachbereich die Sippe von ↑raten (ursprünglich „[sich] etwas geistig zurechtlegen, überlegen, aussinnen"), die Adjektivbildung ↑[1]gerade (ursprünglich „gleichzählend") und der zweite Bestandteil von dem unter ↑hundert behandelten Zahlwort. *Außergerm.* entspricht 'Rede' genau *lat.* ratio „Berechnung; Rechenschaft; Zahl; Erwägung; Denken, Vernunft", aus dem 'Rede' auch entlehnt sein könnte. – Abl.: **reden** (*mhd.* reden, *ahd.* red[i]ōn, daneben redinōn; beachte dazu 'ab-, an-, aus-, be-, ein-, zureden', auch 'verabreden'), dazu **Redensart** (Anfang des 17. Jh.s; Lehnübersetzung von *frz.* façon de parler), **Redner** (*mhd.* redenære, *ahd.* redināri), dazu wiederum **rednerisch** (17. Jh.); **redlich** (s. d.); **beredt** „redegewandt, mundfertig" (*mhd.* beredet); das Adjektiv könnte auch das 2. Partizip des Präfixverbs **bereden** (*mhd.* bereden) sein, zu dem sich **beredsam** stellt, beachte dazu **Beredsamkeit** (um 1600). Zusammensetzung: **redselig** „geschwätzig" (15. Jh.).

redigieren „ein Manuskript überarbeiten und druckfertig machen": Das seit dem Anfang des 19. Jh.s bezeugte Fremdwort gehört zu einer Reihe von Fachwörtern der Publizistik und des Zeitungswesens (wie ↑annoncieren, ↑Feuilleton, ↑Journalist usw.), die aus dem *Frz.* übernommen worden sind. Das zugrundeliegende *frz.* Verb rédiger bedeutet eigentlich „zurückführen", dann speziell etwa „einen Manuskripttext auf eine druckfertige Form zurückführen, einen Text in Ordnung bringen". Es geht zurück auf *lat.* red-igere „zurücktreiben, zurückführen; in Ordnung bringen", eine Bildung aus *lat.* re- „zurück, wieder" und *lat.* agere „treiben, führen, handeln usw." (vgl. *re..., Re...* und den Artikel *agieren*); *lat.* redigere war im 16. Jh. schon unmittelbar ins *Dt.* entlehnt worden und im Sinne von „zusammenbringen, ordnen" gebräuchlich. – Gleichfalls aus dem *Frz.* stammen **Redakteur** „jemand, der Beiträge für die Veröffentlichung (in Zeitungen, Zeitschriften, Sachbüchern u. a.) bearbeitet und redigiert; Schriftleiter" (18. Jh.; aus gleichbed. *frz.* rédacteur) und **Redaktion** „Tätigkeit des Redakteurs; Gesamtheit der Redakteure und deren Arbeitsräume, Schriftleitung" (19. Jh.; aus gleichbed. *frz.* rédaction). Für beide Bildungen ist von *lat.* redactus, dem Part. Perf. von redigere, auszugehen.

redlich: Das auf das *dt.* Sprachgebiet beschränkte Adjektiv (*mhd.* redelich, *ahd.* redilīh) ist eine Bildung zu dem unter ↑*Rede* behandelten Substantiv, an das es sich in den älteren Sprachzuständen in der Bedeutung eng anschloß. Ursprünglich wurde 'redlich' im Sinne von „so, wie man darüber Rechenschaft ablegen kann" verwendet, heute ist es im Sinne von „ehrlich, anständig" gebräuchlich. Abl.: **Redlichkeit** (*mhd.* redlīcheit).

redselig ↑Rede.

reduzieren „zurückführen; herabsetzen, einschränken, verkleinern, mindern": Das Verb wurde im 16. Jh. aus *lat.* re-ducere „[auf das richtige Maß] zurückführen" entlehnt, einer Bildung aus *lat.* re- „zurück, wieder" und *lat.* ducere „ziehen; führen" (vgl. *re..., Re...* und den Artikel *Dusche*). Dazu stellt sich das Substantiv **Reduktion**, das im 16. Jh. aus *lat.* reductio „Zurückführung" (zu *lat.* reductus, dem Part. Perf. von reducere) übernommen wurde.

Reede „Ankerplatz vor dem Hafen": Das im 17. Jh. aus dem *Niederd.* in die Schriftsprache übernommene Wort geht zurück auf *mnd.* rēde, reide „Ankerplatz", vgl. gleichbed. *niederl.* ree, älter reede und *schwed.* redd. Die Herkunft der Bezeichnung des Ankerplatzes vor dem Hafen ist unklar. Einerseits kann 'Reede' im Sinne von „Platz, an dem die Schiffe [aus]gerüstet werden" zu der Sippe von *mnd.* [ge]rēde „bereit, fertig", rēden „bereit-, fertigmachen, rüsten" gehören (vgl. *bereit*). Andererseits kann 'Reede' im Sinne von „Platz, an dem die Schiffe vor dem Hafen auf den Wellen reiten" zu dem unter ↑*reiten* behandelten Verb gehören. – Beachte dazu die Bildungen **Reeder** „Schiffseigner" (16. Jh.; *mnd.* rēder) und **Reederei** „Schiffahrtsunternehmen" (18. Jh.).

reell ↑real.

Reep, Reeper, Reeperbahn ↑[1]Reif.

Reet, Reetdach ↑Ried.

referieren „Bericht erstatten, vortragen": Das aus der Kanzleisprache stammende Verb wurde im 16. Jh. – wahrscheinlich über gleichbed. *frz.* référer – aus *lat.* re-ferre „zurücktragen; überbringen; mitteilen, berichten" entlehnt. Dies ist eine Bildung aus *lat.* re- „zurück, wieder" und *lat.* ferre „tragen, bringen" (vgl. *re..., Re...* und den Artikel *offerieren*). – Aus der Kanzleisprache stammen auch **Referat** „Bericht; Vortrag" (19. Jh.), entstanden aus *lat.* referat „er möge berichten". Bei formelhaften Wendungen wie dieser hier handelt es sich ursprünglich um Aktenvermerke, die verselbständigt und substantiviert wurden; **Referent** „jemand, der etwas vorträgt, ein Referat hält; Gutachter; Sachbearbeiter, Leiter eines Sachbereichs in der Verwaltung" (18. Jh.; aus *lat.* referens, dem Part. Präs. von referre; zunächst in der allgemeinen Bedeutung „Berichterstatter"); **Referendar** „Anwärter auf die höhere Beamtenlaufbahn nach der ersten Staatsprüfung" (15. Jh.; zunächst in der Bedeutung „jemand, der [aus den Akten] Bericht erstattet"; aus gleichbed. *mlat.* referendarius; dies gehört zu *lat.* referendum „das zu Berichtende", aus dem im 17. Jh. **Referendum** „Vorzutragendes", dann „Volksentscheid über eine Frage" übernommen wurde); **Referenz** „Empfehlung; Beziehung" (19. Jh.; zunächst in der Kaufmannssprache „Person, Firma, die Auskunft über die Vertrauenswürdigkeit eines Geschäftspartners erteilt", dann „Person, auf die man sich zu seiner Empfehlung beruft; Beziehung"; aus gleichbed. *frz.* référence [zu se référer] oder *engl.* reference [zu to refer]).

reffen (seemännisch für:) „eine Segelfläche verkleinern": Das zu Beginn des 18. Jh.s in die *hochd.* Schriftsprache übernommene *niederd.* reffen ist eine Ableitung von dem Seemannsausdruck **Reff** *niederd.* ref[f], riff „Vorrichtung zum Verkürzen eines Segels". Das *niederd.* Substantiv stammt – wie auch *niederl.* reef „Reff" (daraus gleichbed. *engl.* reef) – vermutlich aus dem *Nord.*, vgl. *aisl.* rif „Reff", das vielleicht zu der *germ.* Wortgruppe von *aisl.* rīfa „[zer]reißen" gehört (vgl. *reiben*).

reflektieren „zurückstrahlen, spiegeln; nachdenken, grübeln, erwägen; etwas in Betracht ziehen, erstreben, im Auge haben": Das Verb wurde im 17. Jh. aus *lat.* re-flectere (reflexum) „zurückbiegen, zurückwenden" (bzw. *lat.* 'animum reflectere' „seine Gedanken auf etwas hinwenden") entlehnt. Dies ist eine Bildung aus *lat.* re- „zurück, wieder" und *lat.* flectere „biegen, beugen" (vgl. *re..., Re...* und den Artikel *flektieren*). – Dazu stellt sich **Reflektor** „Vorrichtung zum Reflektieren von Lichtstrahlen" (19. Jh.; gelehrte *nlat.* Bildung nach entsprechend *frz.* réflecteur). Zum Perfektstamm (reflexum) von *lat.* reflectere gehören die folgenden Bildungen: **Reflex** „Widerschein, Rückstrahlung; unwillkürliches Ansprechen auf einen Reiz", das im 18. Jh. aus gleichbed. *frz.* réflexe (< *lat.* reflexus „das Zurückbeugen") übernommen wurde. Das Substantiv **Reflexion** „Rückstrahlung (von Licht, Schall, Wärme u. a.); Vertiefung in einen Gedankengang, Überlegung, Betrachtung" wurde im 16. Jh. aus gleichbed. *frz.* réflexion (< *lat.* reflexio „Zurückbeugung") entlehnt. Das Adjektiv **reflexiv** „rückbezüglich" (Sprachwissenschaft), älter „auf sich selbst zurückwirkend" ist eine gelehrte *nlat.* Bildung des 19. Jh.s.

reformieren „verbessern, [geistig, sittlich] erneuern; neugestalten": Das Verb wurde im 15. Jh. wie entsprechend *frz.* réformer aus *lat.* re-formare „umgestalten, umbilden, neugestalten" entlehnt. Dies ist eine Bildung aus *lat.* re- „zurück, wieder" und *lat.* formare „ordnen, einrichten, gestalten" (vgl. *re..., Re...* und den Artikel *Form*). Dazu stellen sich **Reform** „Umgestaltung, Neuordnung; Verbesserung des Bestehenden" (18. Jh.; aus gleichbed. *frz.* réforme); **Reformer** „Erneuerer, Verbesserer" (19. Jh.; aus gleichbed. *engl.* reformer entlehnt, einer Bildung zu *engl.* to reform „erneuern, verbessern" [< *lat.* reformare]); **Reformation** „verbessernde Umgestaltung; sittliche, religiöse Erneuerung", insbesondere Bezeichnung für die von Luther ausgelöste christliche Glaubensbewegung des 16. Jh.s, die zur Bildung der evangelischen Kirchen führte (*spätmhd.* reformacion; aus *lat.* reformatio „Umgestaltung; Erneuerung" entlehnt); **Reformator** „[sittlicher, kirchlicher] Erneuerer" (speziell als Bezeichnung für die geistigen Väter der Reformation wie Luther, Zwingli, Calvin u. a.), im 16. Jh. aus *lat.* reformator „Umgestalter, Verbesserer, Erneuerer" entlehnt; **Reformismus** „Reformbewegung" (20. Jh.; im kommunistischen abwertenden Sprachgebrauch beeinflußt von *russ.* reformizm).

Refrain: Der Ausdruck für „Kehrreim" wurde im 18. Jh. aus gleichbed. *frz.* refrain entlehnt. Die eigentliche Bedeutung des *frz.* Wortes ist „Rückprall (der Wogen von den Klippen)". Es ist abgeleitet von *afrz.* refraindre „[zurück]brechen; wiederholt unterbrechen; modulieren", das ein *vlat.* Verb *re-frangere (= *klass.-lat.* refringere) „auf-, zurückbrechen; brechend zurückwerfen" fortsetzt (vgl. *re..., Re...* und den Artikel *Fragment*).

Regal Gestell mit mehreren Fächern für Bücher, Waren u. a.": Die Herkunft des seit dem 18. Jh. bezeugten Wortes ist nicht sicher geklärt. Vielleicht ist es über *niederd.* rijol „Rinne, Furche" aus *frz.* rigole „Rinne, Furche" (< *mlat.* rigulus, zu *mlat.* riga „Graben, Reihe") entlehnt.

Regatta: Das Wort für „Bootswettkampf" wurde im 18. Jh. aus dem *Venez.* übernommen, wo es zuerst nur von Wettfahrten der Gondeln in Venedig galt. Die weitere Herkunft von *venez.* regata ist ungewiß.

rege „lebhaft, betriebsam, geschäftig": Das seit dem 16. Jh. bezeugte Adjektiv ist eine Bildung aus dem unter ↑ *regen* behandelten Verb.

Regel: „Richtschnur, Richtlinie, Norm, Vorschrift": Das Substantiv *mhd.* regel[e], *ahd.* regula wurde zunächst in der Bedeutung „Ordensregel" als Klosterwort aus gleichbed. *mlat.* regula übernommen. Dies geht auf *lat.* regula „Richtholz; Richtschnur, Maßstab, Regel" (zu *lat.* regere „geraderichten; lenken; herrschen", vgl. *regieren*) zurück. Die Bedeutungen des *lat.* Wortes wurden im Laufe der Zeit von 'Regel' mit übernommen. Unmittelbar zu 'Regel' gehören die Ableitungen und Zusammensetzungen **regeln** „in Ordnung bringen; durch Verordnungen Richtlinien geben" (16. Jh.) – dazu die Substantivbildungen **Reg[e]lung** und **Regler** „Vorrichtung zur Regelung technischer Vorgänge" –, **regelmäßig** „der Regel gemäß; in bestimmten Zeitabständen wiederkehrend" (17. Jh.) und **regelrecht** „der Regel, der Vorschrift entsprechend" (Anfang 18. Jh.). Weiterhin gehören hierher **regulär** „der Regel gemäß; vorschriftsmäßig; üblich, gewöhnlich" (*mhd.* regular; aus *spätlat.* regularis „einer Richtschnur gemäß; regelmäßig", einer Ableitung von *lat.* regula; seit dem 17. Jh. unter *frz.* Einfluß). **Regularität** „Gesetzmäßigkeit, Regelmäßigkeit" (17. Jh.; aus gleichbed. *frz.* régularité) und **regulieren** „regeln, in Ordnung bringen; für den gleichmäßigen Ablauf einer Sache (insbesondere auch einer Maschine, einer Uhr u. a.) sorgen" (*mhd.* regulieren; aus *spätlat.* regulare „regeln, einrichten", einer Ableitung von *lat.* regula).

regen: Das schwache Verb *mhd.* regen „aufrichten, in Bewegung setzen; bewegen; erregen, erwecken; anrühren" ist das Veranlassungswort zu dem im *Nhd.* untergegangenen starken Verb *mhd.* regen „emporragen, sich erheben; steif gestreckt sein, starren". Dieses Verb, das gleichfalls auf das *dt.* Sprachgebiet beschränkt ist, hängt mit den unter ↑*Rahe* behandelten Wörtern zusammen. – Abl.: **rege** (s. d.); **regsam** „rege, rührig" (18. Jh.); **Regung** „Bewegung, Gemütsbewegung" (17. Jh.). Beachte auch die zusammengesetzten Verben **anregen,** dazu **Anregung** und die Gegenbildung (sich) **abregen,**

und **aufregen,** dazu **Aufregung,** und die Präfixbildung **erregen** (16. Jh.), dazu **Erregung.**

Regen: Das *gemeingerm.* Wort *mhd.* regen, *ahd.* regan, *got.* rign, *engl.* rain, *schwed.* regn ist dunklen Ursprungs. Abl.: **regnen** „als Regen zur Erde fallen" (*mhd.* reg[en]en, *ahd.* reganōn, vgl. *got.* rignjan, *engl.* to rain, *schwed.* regna), dazu **regnerisch** „reich an Regen" (17. Jh., für älteres regnicht, regnig, *mhd.* regenic). Zus.: **Regenbogen** (*mhd.* regenboge, *ahd.* reginbogo; vgl. *niederl.* regenboog, *engl.* rainbow, *schwed.* regnbåge), dazu **Regenbogenpresse** (nach der bunten Aufmachung dieser Blätter, besonders den mehrfarbigen Kopfleisten); **Regenpfeifer** (18. Jh.; der Vogel ist so benannt, weil er durch besonders lautes Pfeifen Regen ankündigen soll); **Regenschirm** (Anfang des 18. Jh.s; Lehnübertragung von *frz.* parapluie); **Regenwurm** (*mhd.* regenwurm, *ahd.* reganwurm; so benannt, weil der Wurm nach einem Regenfall das Erdreich verläßt und in größerer Zahl auf dem Erdboden zu finden ist).

regenerieren „erneuern, auffrischen; wiederherstellen": Das Verb wurde im 16. Jh. aus *lat.* re-generare „von neuem hervorbringen" entlehnt, eine Bildung aus *lat.* re- „zurück, wieder" und *lat.* generare, [er]zeugen" (vgl. *re..., Re...* und den Artikel *Generation*). Dazu stellen sich **Regenerierung** (16. Jh.) und **Regeneration** (18. Jh.; aus *lat.* regeneratio „Wiedererzeugung").

Regenpfeifer, Regenschirm ↑ Regen.

Regent „[fürstliches] Staatsoberhaupt; verfassungsmäßiger Vertreter eines Monarchen": Das Fremdwort wurde im 15. Jh. aus *spätlat.* regens (regentis) „Herrscher, Fürst", dem substantivierten Part. Präs. von *lat.* regere „geraderichten, lenken; herrschen", entlehnt (vgl. *regieren*). Abl.: **Regentschaft** „Herrschaft eines Regenten" (18. Jh.).

Regenwurm ↑ Regen.

Regie: Der Ausdruck für „Verwaltung; [Spiel]leitung (z. B. bei Theater, Film usw.)" wurde im 18. Jh. aus *frz.* régie „verantwortliche Leitung; Verwaltung" entlehnt. Dies ist eigentlich das substantivierte weibliche Part. Perf. von *frz.* régir „leiten, lenken, verwalten", das auf *lat.* regere „geraderichten, lenken; herrschen" (vgl. *regieren*) zurückgeht. Das Fremdwort **Regisseur** „Spielleiter" wurde im 18. Jh. aus *frz.* régisseur „Verwalter; Spielleiter" übernommen, das eine Bildung zu *frz.* régir „leiten, lenken, verwalten" ist.

regieren „lenken, herrschen": Das Verb wurde in *mhd.* Zeit wohl unter dem Einfluß von *afrz.* reger aus *lat.* regere „geraderichten; lenken, herrschen" entlehnt. Dazu gebildet ist das Substantiv **Regierung** „das Regieren; die regierenden Personen, oberstes Staatsorgan" (*spätmhd.* regerunge). – *Lat.* regere, das zur *idg.* Sippe von ↑ *recht* gehört, ist die Quelle für eine Fülle von Fremdwörtern im *dt.* Wortschatz. So stehen neben dem unmittelbar aus dem Part. Präs. von regere hervorgegangenen ↑ Regent die Substantive ↑ Regie und Regisseur, die zum entsprechenden *frz.* Verb régir gehören. Zahlreiche Fremdwörter gehen auf *lat.* regere in Bildungen wie di-rigere (↑ dirigieren, Dirigent) und cor-rigere (↑ korrigieren) zurück oder auf das Part. Perf. [-]rectus „aus-, aufgerichtet, gerade" (↑ Rektor; ↑ direkt, ↑ Direktor, Direktrice, ↑ Direktion, ↑ Direktive, ↑ indirekt; ↑ korrekt, inkorrekt, Korrektor, Korrektur; ↑ Eskorte, eskortieren; ↑ adrett, ↑ Adresse, adressieren, Adressat; ↑ Dreß; ↑ dressieren, Dresseur, Dressur). Außerdem sind es mehrere Nominalbildungen im *Lat.* zum Stamm von regere, die ins *Dt.* übernommen worden sind: *lat.* regula „Richtschnur" (↑ Regel, regeln, regulieren, regulär, Regularität); regio „Richtung, Gegend" (↑ Region, regional); regimen, regimentum „Leitung" (↑ Regime, Regiment); beachte auch rex „Lenker, König" (*frz.* roi) und regina „Königin" (*frz.* reine) im Mädchennamen Regine. – Mit einer etwaigen Grundbedeutung „sich an jemanden richten" gehört auch *lat.* rogare „fragen; ersuchen, bitten; verlangen" ablautend zu regere. Vgl. auch den Artikel *arrogant, Arroganz.*

Regime: Die meist abwertend gebrauchte Bezeichnung für „(von einer bestimmten Ideologie geprägten) Regierung[sform], Herrschaft" wurde Ende des 18. Jh.s aus gleichbed. *frz.* régime entlehnt, das auf *lat.* regimen „Lenkung, Leitung; Regierung" zurückgeht. Dies gehört zu *lat.* regere „geraderichten, lenken; herrschen" (vgl. *regieren*).

Regiment: Das seit dem 15. Jh. zuerst in der auch heute noch gültigen Bed. „Leitung, Herrschaft" bezeugte Fremdwort ist aus *spätlat.* regimentum „Leitung, Oberbefehl" entlehnt, das zu *lat.* regere „geraderichten, lenken; herrschen" (vgl. *regieren*) gehört. Im 16. Jh. wurde das Wort – wohl unter dem Einfluß von *frz.* régiment – auch zur Bezeichnung einer Truppeneinheit, die unter dem Befehl eines Obersten steht.

Region: Das Fremdwort für „Gegend, Bereich" wurde im 15. Jh. aus *lat.* regio „Richtung, Gegend; Bereich, Gebiet" entlehnt, das zu *lat.* regere „geraderichten, lenken; herrschen" (vgl. *regieren*) gehört. – Abl.: **regional** „gebietlich, gebietsweise; auf einen bestimmten Bereich beschränkt" (19. Jh.; aus oder nach *spätlat.* regionalis „zu einer Landschaft gehörig"), dazu die junge Zusammensetzung **Regionalprogramm** „Rundfunk- oder Fernsehprogramm aus einem Landesstudio".

Regisseur ↑ Regie.

Register „[alphabetisches Inhalts]verzeichnis, Sach-, Wortweiser; Liste": Das Fremdwort wurde im 14. Jh. aus *mlat.* registrum „Verzeichnis" entlehnt, das aus gleichbed. *spätlat.* regesta entstellt ist. Letzteres ist das substantivierte Part. Perf. (Plural Neutrum) von *lat.* re-gerere „zurückbringen; eintragen, einschreiben", einer Bildung aus *lat.* re- „zurück, wieder" und *lat.* gerere (gestum) „tragen; ausführen usw." (vgl. *re..., Re...* und den Artikel *Geste*). – Abl.: **registrieren** „in ein Register eintragen, einordnen; selbsttätig aufzeichnen; (übertragen:) bewußt wahrnehmen, ins Bewußtsein aufnehmen“ (15. Jh.; aus *mlat.* registrare); **Registratur** „Aufbewahrungsstelle für Karteien, Akten usw.“ (16. Jh.; *nlat.* Bildung).

Reglement: Der Ausdruck für „[Dienst]vorschrift; Geschäftsordnung“ wurde im 17. Jh. aus *frz.* règlement „Regelung; Bestimmung, Verordnung; Geschäftsordnung“ entlehnt. Dies ist eine Bildung zu *frz.* régler „regeln; bestimmen, verordnen“ (< *spätlat.* regulare „regeln, einrichten“, vgl. *Regel*). Abl.: **reglementieren** „nach strengen Vorschriften regeln“ (19. Jh.; wohl aus gleichbed. *frz.* réglementer).

regnen, regnerisch ↑ Regen.

Regreß „Rückgriff[sanspruch] auf einen Zweit- oder Hauptschuldner“: Das Fremdwort wurde im 16. Jh. aus *lat.* regressus „Rückkehr; Rückhalt, Zuflucht; Ersatzanspruch“ entlehnt. Es wurde zunächst im Sinne von „Recht, auf etwas zurückzugreifen, etwas wieder an sich zu nehmen“ verwendet, seit dem 18. Jh. dann im heutigen Sinne. – *Lat.* regressus gehört zu *lat.* re-gredi „zurückgehen, zurückkommen; auf jemanden zurückkommen, Ersatzansprüche stellen“, einer Bildung aus *lat.* re- „zurück, wieder“ und *lat.* gradi „schreiten, gehen“ (vgl. *re..., Re...* und den Artikel *Grad*).

regsam ↑ regen.

regulär, Regularität, regulieren ↑ Regel.

Regung ↑ regen.

Reh: Der *altgerm.* Tiername *mhd.* rē[ch], *ahd.* rēh[o], *niederl.* ree, *engl.* roe, *schwed.* rå ist z. B. verwandt mit *air.* rīabach „gesprenkelt“ und der *baltoslaw.* Sippe von *lit.* ráibas, ráinas, ráimas „scheckig, graubunt, braungelb gesprenkelt“. Das Reh ist also nach der Farbe seines Felles benannt, das im Sommer rotgelb und im Winter gelblichgrau ist. Siehe auch den Artikel *Ricke*.

rehabilitieren „in den früheren Stand, in die früheren [Ehren]rechte wiedereinsetzen; rechtfertigen; durch bestimmte Maßnahmen in den Beruf und die Gesellschaft [wieder] eingliedern“: Das Verb wurde im 16. Jh. – wohl unter dem Einfluß von *frz.* réhabiliter – aus *mlat.* rehabilitare „in den früheren Stand wiedereinsetzen“ entlehnt (vgl. *re..., Re...* und den Artikel *habilitieren*). Dazu stellt sich das Substantiv **Rehabilitation** (18. Jh.; wohl unter dem Einfluß von *frz.* réhabilitation aus *mlat.* rehabilitatio „Wiedereinsetzung in den früheren Stand“).

Reibach ↑ Rebbach.

reiben: Das starke Verb *mhd.* rīben, *ahd.* rīban kann ursprünglich anlautendes w- gehabt haben und im Sinne von „drehend zerkleinern“ zu der unter ↑ *Wurm* dargestellten vielfach weitergebildeten und erweiterten *idg.* Wurzel *u̯er- „drehen, winden“ gehören, vgl. *mnd.* wrīven „reiben“, *niederd.* und *nordd. ugs.* wribbeln „[sich] drehen, sich hin und her bewegen“. Andererseits kann 'reiben' *aisl.* rīfa „[zer]reißen“ entsprechen und zu der unter ↑ *Reihe* behandelten Wortgruppe gehören. – Abl.: **Reibe** „[Küchen]gerät zum Reiben“ (18. Jh.; älter ist die Zusammensetzung **Reibeisen,** *mhd.* rībīsen); **Reiberei** "Streitigkeit“ (19. Jh., im Anschluß an 'sich an jemandem reiben' „Streit suchen“). Zusammensetzungen und Präfixbildungen: **abreiben** „frottieren; abstreifen, abwischen; entfernen“, *ugs.* auch für „prügeln“ (*mhd.* abrīben), beachte dazu **Abreibung** *ugs.* für „Prügel“; **aufreiben** „aufscheuern, wund machen; schwächen, zermürben, vernichten“ (16. Jh.); **zerreiben** „zerkleinern, pulverisieren“ (*mhd.* zerrīben). Siehe auch den Artikel *gerieben*.

reich: Die *germ.* Adjektivbildungen *mhd.* rīch[e], *ahd.* rīhhi, *got.* reiks, *engl.* rich, *schwed.* rik gehören zu einem *germ.* Substantiv mit der Bed. „Herrscher, Fürst, König“, das in *got.* reiks „Herrscher, Oberhaupt“ bewahrt ist. Dieses Substantiv ist wahrscheinlich aus dem *Kelt.* entlehnt, vgl. *air.* rī (Genitiv rīg) „König“, das *lat.* rex „Lenker, Herrscher, König“ entspricht (vgl. *recht*). – Die Bedeutung „begütert, vermögend, wohlhabend“ hat sich demnach aus „fürstlich, königlich, von vornehmer Abstammung, mächtig“ entwickelt. Im *Dt.* spielt 'reich' eine bedeutende Rolle in der Wortbildung, beachte z. B. 'geistreich, hilfreich, segensreich, trostreich'. An den Komparativ 'reicher' schließen sich an **anreichern** „gehaltvoller machen“ (19. Jh.) und **bereichern** „zukommen lassen, reicher machen“ (um 1600). Abl.: **reichlich** „ergiebig, in Fülle vorhanden; etwas viel“ (*mhd.* rīchelich, *ahd.* rīchlīh; im heutigen Sprachgefühl wird 'reichlich' bisweilen auf das Verb 'reichen' bezogen); **Reichtum** (*mhd.* rīchtuom, *ahd.* rīhtuom, vgl. *aengl.* rīcedōm, *aisl.* rīkdōmr). Zus.: **reichhaltig** „ergiebig“ (Anfang des 18. Jh.s, in der Form 'reichhalt' bereits im 17. Jh.; das Wort stammt aus der Bergmannssprache und bezog sich ursprünglich auf den Gehalt von Gruben und Erzen; es ist wahrscheinlich aus 'reichhaltig' gekürzt). Siehe auch den Artikel *Reich*.

Reich: Das *gemeingerm.* Substantiv *mhd.* rīch[e], *ahd.* rīhhi, *got.* reiki, *aengl.* rīce (*engl.* noch in bishopric „Bistum“), *schwed.* rike stammt wahrscheinlich direkt aus dem *Kelt.*, vgl. *mir.* rīge „Königreich“ (↑ *recht*). Es kann aber auch von dem unter ↑*reich* genannten *germ.* Substantiv (*kelt.* Lehnwort) mit der Bed. „Herrscher, Fürst, König“ abgeleitet sein. – Es wurde zunächst im Sinne von „einem Herrscher untertäniges Gebiet, Herrschaftsbereich“ und auch im Sinne von „Herrschaft, Macht“ gebraucht. Schon früh wurde 'Reich' dann auch rein räumlich im Sinne von „Bereich, Gebiet, Gegend“ verwendet. Im *Dt.* bezeichnete das Wort dann auch speziell das Deutsche Reich sowie die Stände des Reiches, beachte die Zusammensetzung **Reichstag** (15. Jh., eigentlich „Ständetag“). Das Wort steckt auch in zahlreichen anderen Zusammensetzungen, beachte z. B. 'Reichskanzler' (17. Jh., Klammerform für 'Reichserzkanzler'), 'Reichsmark, Reichswehr, Pflanzen-, Tier-, Totenreich'.

reichen: Das *westgerm.* Verb *mhd.* reichen, *ahd.* reichen, -on, *niederl.* reiken, *engl.* to reach ist verwandt mit der *balt.* Sippe von *lit.* réižti „recken, straffen, stolzieren“ und mit der *kelt.* Sippe von *air.* riag „Tortur“, eigentlich „Strekken (der Glieder)“. Es bedeutete zunächst „sich erstrecken“, dann auch „hinlangen, auskommen; genügen" und im transitiven Gebrauch „strecken, hinhalten, darbringen, geben". Um 'reichen' gruppieren sich **Bereich** „Gebiet, Ressort" (Ende des 18. Jh.s; in der rechtssprachlichen Bedeutung „Abgabe" bereits im 16. Jh.; das Substantiv ist eine Bildung zu dem heute veralteten 'bereichen' „sich erstrecken, erreichen") und die Präfixbildungen **erreichen** „gelangen, erlangen (*mhd.* erreichen) und **gereichen** „zu etwas hinführen; dienen" (*mhd.* gereichen), beachte auch die Zusammensetzungen **ausreichen** und **einreichen.**

Reichsmark ↑[1]Mark.

reif: Das *westgerm.* Adjektiv *mhd.* rīfe, *ahd.* rīfi, *niederl.* rijp, *engl.* ripe gehört zu einem *germ.* Verb mit der Bed. „abpflücken, ernten", das in *aengl.* rīpan „ernten" bewahrt ist (vgl. *Reihe*). Das Adjektiv bedeutet demnach eigentlich „etwas, was abgepflückt, geerntet werden kann". Es wird auch übertragen im Sinne von „erwachsen, gehörig ausgebildet; ausgewogen" verwendet. Abl.: **Reife** „das Reifsein" (16. Jh., statt *mhd.* rīfecheit; aber schon *ahd.* rīfī); [1]**reifen** „reif werden" (*mhd.* rīfen, *ahd.* rīfen, -ēn, *vgl. niederl.* rijpen, *engl.* to ripen); **reiflich** „eingehend, genau" (Anfang des 16. Jh.s).

[1]**Reif** „Ring" (besonders als Schmuckstück und als Spielzeug): *Mhd.* reif „Seil, Strick; Streifen, Band, Fessel; Ring; Faßband; Kreis", *ahd.* reif „Seil, Strick", *got.* (skauda)raip „Lederriemen", *engl.* rope „Seil, Tau, Strang", *schwed.* rep „Seil, Strick, Strang" gehören wahrscheinlich im Sinne von „abgerissener Streifen" zu der unter ↑*Reihe* dargestellten *idg.* Wurzel *rei- „ritzen, reißen, schneiden". Die Bed. „Ring" hat sich aus „kreisförmiges Band" entwickelt. – Dem *hochd.* 'Reif' entspricht *niederd.* **Reep** „Seil, Tau" (*mnd.* rēp, vgl. *niederl.* reep „Streifen; Tau"; s. auch 'Fallreep' unter *fallen*); dazu **Reeper** „Seiler" (*mnd.* rēper), beachte **Reeperbahn** „Drehbahn des Seilers" (Name einer Straße in Hamburg). – Die Nebenform **Reifen** (18. Jh.) hat sich aus den schwach gebeugten Formen von 'Reif' entwickelt, von dem es sich heute in der Bedeutung differenziert hat. Und zwar wird 'Reifen' heute gewöhnlich in den Bedeutungen „größerer Ring (als Spielzeug)" und „Faßband" verwendet, hauptsächlich aber als Bezeichnung für den aus Schlauch und Mantel bestehenden Teil des Rades, beachte dazu **bereifen** „mit [Gummi]reifen versehen" (20. Jh.), dazu **Bereifung.** Zus.: **Reifrock** „ein durch ein Reifengestell gesteifter Frauenrock" (18. Jh.). Siehe auch den Artikel *Stegreif.*

[2]**Reif** „kristalline, zarte Eisablagerung": Das auf das *dt.* und *niederl.* Sprachgebiet beschränkte Wort (*mhd.* rīfe, *ahd.* [h]rīfo, *niederl.* rijp) ist im *germ.* Sprachbereich verwandt mit *mhd.* rīm „Reif", *niederl.* rijm „Reif", *engl.* rime „Reif" und *schwed.* rim[frost] „Reif". Diese Wörter für „Reif" gehören wahrscheinlich im Sinne von „etwas, was man abstreifen kann" zu der Wurzel *krei- „[ab]streifen, berühren", vgl. z. B. *ahd.* hrīnan „berühren, streifen" und weiterhin *lett.* krìet „die Sahne von der Milch abschöpfen", krèims „Sahne" (eigentlich „etwas, was man abstreifen kann"). Abl.: [2]**reifen** „Rauhreif ansetzen" (*spätmhd.* rīfen).

Reife, [1]**reifen** ↑reif.

[2]**reifen** ↑[2]Reif.

Reifen ↑[1]Reif.

reiflich ↑reif.

Reigen: Die Bezeichnung für den ursprünglich höfischen Rundtanz (*mhd.* rei[g]e, *frühnhd.* und bis ins 18. Jh. 'Reihen') ist aus *afrz.* raie „Tanz" entlehnt, dessen weitere Herkunft nicht gesichert ist. Heute versteht man unter Reigen insbesondere auch einen bei Turnfesten und dgl. aufgeführten rhythmischen Reihentanz.

Reihe: *Mhd.* rīhe „Reihe, Linie; schmaler Gang; Abzugsgraben; Rinne, Rille"; dem *niederl.* rij „Reihe, Linie; [Meß]latte" entspricht, steht im grammatischen Wechsel zu *mhd.* rige „Reihe, Linie; Wassergraben", *ahd.* riga „Linie" (vgl. *Riege*). Diese Wörter stellen sich zu einem starken Verb *mhd.* rīhen, *ahd.* rīhan „auf einen Faden ziehen; durchbohrend stechen, spießen" (s. unten 'reihen'), das zu der vielfach weitergebildeten und erweiterten *idg.* Wurzel *rei- „ritzen, reißen, schneiden" gehört. Aus dem *germ.* Sprachbereich gehören ferner zu dieser Wurzel die Sippe von ↑reif (eigentlich „etwas, was abgepflückt werden kann") und vermutlich auch das unter ↑[1]*Reif* (ursprünglich „abgerissener Streifen") behandelte Wort. Siehe auch den Artikel *reiben.* In anderen *idg.* Sprachen sind z. B. verwandt *aind.* rikháti „ritzt", rēkhā́ „Riß, Strich, Linie", *griech.* ereíkein „zerreißen, zerbrechen" und *lat.* rima „Ritze". – Das Verb **reihen,** das im *Nhd.* schwach gebeugt wird und als Ableitung von 'Reihe' empfunden wird, setzt z. T. das alte starke Verb *mhd.* rīhen, *ahd.* rīhan „auf einen Faden ziehen, reihenweise anheften" fort. Zus.: **Reihenfolge** (Anfang des 19. Jh.s).

Reihen ↑Rist.

Reiher: Die *germ.* Bezeichnungen des Vogels *mhd.* reiger (daneben heiger), *ahd.* reigaro (daneben heigaro), *niederl.* reiger, *aengl.* hrāgra, *schwed.* häger beruhen auf *germ.* *hraiɀran-, das zu der unter ↑ *Harke* dargestellten lautnachahmenden *idg.* Wurzel gehört und eigentlich etwa „Krächzer, [heiserer] Schreier" bedeutet. Die starken Abweichungen der *germ.* Formen sind durch Dissimilation entstanden. – Näher verwandt mit dem *germ.* Vogelnamen sind z. B. *kymr.* cryg „heiser", cregyr „Reiher" und die *baltoslaw.* Sippe von *russ.* krik „Schrei, Geschrei" (s. auch den Artikel *schreien*). – Von 'Reiher' abgeleitet ist **reihern** *ugs.* für „[er]brechen, sich übergeben; (landsch.:) Durchfall haben" (bezieht sich darauf, daß der Reiher dünnflüssigen Kot ausscheidet).

Reim „gleichklingender Ausgang zweier Verse in einer oder mehreren Silben": Die *nhd.* Form geht zurück auf *mhd.* rīm „Reim; Verszeile; Verspaar", das im 12. Jh. aus dem *Afrz.* entlehnt wurde. Das *afrz.* rime „Reim" seinerseits stammt aus dem *Germ.*, und zwar aus einer *afränk.* Entsprechung von *ahd.* rīm „Reihe, Reihenfolge; Zahl", *aengl.* rīm „Zahl; Zählung; Rechnung", *aisl.* rīm „[Be]rechnung; Kalender". Dieses *germ.* Substantiv gehört zu der unter ↑*Arm* dargestellten *idg.* Wurzel und ist näher verwandt mit *air.* rīm „Zahl" und *griech.* arithmós „Zählung, [An]zahl". – Die bis ins 17. Jh. reichende Verwendung von 'Reim' im Sinne von „Verszeile, Vers[paar]" spiegelt sich heute noch in Zusammensetzungen wie **Kehrreim** und **Kinderreim** wider. Abl.: **reimen** (*mhd.* rīmen „in Verse bringen, reimen").

rein: Das *altgerm.* Adjektiv *mhd.* reine, *ahd.* [h]reini, *got.* hrains, *schwed.* ren beruht auf einer alten Partizipialbildung zu der Wurzelform *[s]krĕi- „scheiden, sichten, sieben" der unter ↑[1]*scheren* dargestellten *idg.* Wurzel *[s]ker- „schneiden, scheiden". Das Adjektiv bedeutete demnach ursprünglich etwa „gesiebt" und ist z. B. eng verwandt mit *lat.* cribrum „Sieb, Durchschlag" und *air.* criathar „Sieb", beachte auch das verwandte **Reiter** *landsch.* für „[Getreide]sieb" (*mhd.* rīter, *ahd.* rītra). Im heutigen Sprachgebrauch wird 'rein' gewöhnlich im Sinne von „nicht befleckt, nicht schmutzig, sauber" und im Sinne von „ungemischt, unverfälscht" verwendet. Abl.: **Reinheit** „das Reinsein" (17. Jh.); **reinigen** „Schmutz, Flecken o. ä. von etwas entfernen, säubern" (*mhd.* reinegen, abgeleitet von dem im *Nhd.* untergegangenen Adjektiv *mhd.* reinic „rein"), dazu **Reinigung** (*mhd.* reinigunge), **bereinigen** „in Ordnung bringen, klären" (19. Jh.) und **verunreinigen** „beschmutzen, beflecken" (*mhd.* verunreinigen); **reinlich** „sauber; die Sauberkeit liebend" (*mhd.* reinlich), dazu **Reinlichkeit** (16. Jh.).

Reineclaude ↑Reneklode.

[1]**Reis** „junger Trieb, Schößling, [dünner] Zweig": Das *altgerm.* Wort *mhd.* rīs, *ahd.* [h]rīs, *niederl.* rijs, *aengl.* hrīs, *schwed.* ris hängt wahrscheinlich zusammen mit *asächs.* hrissian „zittern, beben", *got.* af-, ushrisjan „ab-, ausschütteln", *aengl.* hrissan „schütteln, bewegen; beben". Das Substantiv bedeutet demnach eigentlich etwa „etwas, was sich zitternd bewegt". Verwandt sind die unter ↑*Rispe* behandelten Wörter und weiterhin z. B. *lat.* crinis (aus *crisnis) „Haar, Kopfhaar", crista „Helmbusch; Kamm am Kopf der Tiere" und *apreuß.* craysi „Halm". – Von 'Reis' abgeleitet ist ↑Reisig.

[2]**Reis:** Der Name der alten, in den asiatischen Ländern wichtigsten Kulturpflanze wurde in *mhd.* Zeit (*mhd.* rīs) aus gleichbed. *mlat.* risus (risum) entlehnt. Dies geht auf *lat.* oryza (oriza) zurück, das aus *griech.* óryza „Reis" übernommen ist. Das Wort stammt letztlich wohl aus einer südasiatischen Sprache und wurde den Griechen über Indien und Persien vermittelt (vgl. gleichbed. *aind.* vrīhi-h und *afghan.* vrižē).

Reise: *Mhd.* reise „Aufbruch; Unternehmen, Zug, Fahrt; Heerfahrt", *ahd.* reisa „Zug, Fahrt", *mnd.* reise, rese „Aufbruch; Zug, Fahrt, Kriegszug" (daraus die *nord.* Sippe von *schwed.* resa „Reise, Fahrt"), *niederl.* reis „Reise" gehören zu dem im *Nhd.* untergegangenen *gemeingerm.* starken Verb *mhd.* rīsen, *ahd.* rīsan „sich von unten nach oben bewegen, sich erheben, steigen; sich von oben nach unten bewegen, fallen", *got.* ur-reisan „aufstehen, sich erheben". *engl.* to rise „aufstehen, sich erheben, steigen", *aisl.* rīsa „sich erheben, entstehen". Zu diesem Verb stellt sich im *Dt.* ↑rieseln. Die *germ.* Wortgruppe ist eng verwandt mit der *baltoslaw.* Sippe von *russ.* ristat' „schnell laufen, rennen" und weiterhin z. B. mit *aind.* riṇā́ti „läßt laufen; läßt fließen; läßt entrinnen", rīti-ḥ „Lauf; Strom; Lauf der Dinge, Art und Weise" und *lat.* rivus „Bach" (↑Rivale, eigentlich „Bachnachbar"). Alle diese Wörter gehören zu der unter ↑*rinnen* dargestellten *idg.* Wurzel (vgl. auch den Artikel *Rille*). – Abl.: **reisen** „eine Reise machen" (*mhd.* reisen, *ahd.* reisōn); **reisig** veraltet für „gewappnet; beritten" (*mhd.* reisic „auf der Reise befindlich; zur Heerfahrt dienend; gerüstet; beritten", beachte dazu die Substantivierung **Reisige** historisch für „berittener Söldner").

Reisepaß ↑Paß.

Reisig „Bündel von trockenen Reisern; Gebüsch": Das auf das *dt.* Sprachgebiet beschränkte Substantiv (*mhd.* rīsech, rīsach) ist eine Bildung zu dem unter ↑[1]*Reis* behandelten Wort.

reißen: *Mhd.* rīzen „[zer]reißen; einritzen; schreiben; zeichnen", *ahd.* rīzan „reißen; schreiben" und *aisl.* rīta „ritzen; schreiben" hatten ursprünglich wahrscheinlich anlautendes w- und entsprechen dann *mnd.* wrīten „reißen; schreiben; zeichnen", *aengl.* wrītan „einritzen; schreiben; zeichnen" (*engl.* to write „schreiben"). Um 'reißen' gruppieren sich die Substantivbildung ↑Riß, die Intensivbildung ↑ritzen und das Veranlassungswort ↑reizen (eigentlich „einritzen machen"). Diese *germ.* Wortgruppe gehört mit verwandten Wörtern in anderen *idg.* Sprachen zu der vielfach weitergebildeten und erweiterten *idg.* Wurzel *u̯er- „aufreißen, ritzen", vgl. z. B. *griech.* rhī́nē „Feile, Raspel". – Das Verb 'reißen' bedeutete ursprünglich „einen Einschnitt machen, ritzen". Dann wurde es speziell im Sinne von „[Runen]zeichen einritzen" gebraucht. Aus diesem Wortgebrauch entwickelten sich die Bedeutungen „schreiben; zeichnen; entwerfen", beachte *engl.* to write „schreiben" und *schwed.* rita „zeichnen". An 'reißen' im Sinne von „zeichnen, entwerfen" schließen sich im *Dt.* z. B. an **Reißbrett** „Zeichenbrett" (17. Jh.) und **Reißzeug** „Gerät zum Umrißzeichnen" (17. Jh), beachte auch die Bedeutungsverhältnisse der unten behandelten Präfixbildungen und Zusammensetzungen und des Substantivs 'Riß'. Auch die Wendung 'Possen reißen' „derbe Späße machen" (danach dann auch 'Witze reißen') bedeutete ursprünglich wahrscheinlich „Possen zeichnen" (↑Possen). Im heutigen Sprachgebrauch wird 'reißen' gewöhnlich in den Bedeutungen „gewaltsam trennen; gewaltsam entfernen, fortnehmen" (transitiv) und „auseinandergehen, sich lösen, entzweigehen" (intransitiv) gebraucht. Ferner wird es im Sinne von „gewaltsam oder heftig ziehen, zerren" und im Sinne von „[sich] gewaltsam oder heftig bewegen" verwendet, vgl. dazu die verschiedenen Anwendungsbereiche des Partizipialadjektivs

reißend (z. B. von Tieren, von der Strömung). Beachte dazu die Präfixbildungen und zusammengesetzten Verben **abreißen** „niederreißen, abbrechen; entfernen; sich lösen, abfallen", früher auch „ein Bild im Umriß entwerfen" (*mhd.* aberīzen), dazu **Abriß** „Umrißzeichnung; Hauptzüge, kurzgefaßte Darstellung" (16. Jh.); **anreißen** *ugs.* für „anbrechen, etwas wovon nehmen" und für „anlocken", dazu **Anreißer** *ugs.* für „Anpreiser, Ausrufer"; **aufreißen** „aufbrechen, [heftig oder gewaltsam] öffnen; einen Riß bekommen", technisch für „zeichnen, entwerfen" (*mhd.* ūfrīzen), dazu **Aufriß** „nicht perspektivische Vertikalzeichnung"; **ausreißen** „gewaltsam entfernen; sich lösen; einen Riß oder ein Loch bekommen; [ent]fliehen" (*mhd.* ūzrīzen), beachte dazu die Wendung 'Reißaus nehmen' „fliehen" (16. Jh.; aus dem Imperativ reiß aus!); **einreißen** „niederreißen, abbrechen, zerstören; einen Riß bekommen; Brauch, Unsitte werden" (*mhd.* īnrīzen); **hinreißen** „fortreißen; zu etwas bringen, zu etwas verführen; entzücken" (*mhd.* hinrīzen; beachte besonders das in adjektivischen Gebrauch übergegangene erste Partizip **hinreißend** „entzückend"); **verreißen** *ugs.* für „abfällig kritisieren, heruntermachen", früher „in Stücke reißen, vernichten" (*mhd.* verrīzen); **zerreißen** „gewaltsam trennen, in Stücke reißen, zerfetzen, vernichten; auseinandergehen, sich lösen, in Stücke gehen" (*mhd.* zerrīzen; beachte das zweite Partizip zerrissen im übertragenen Sinne von „unglücklich, mit sich selbst zerfallen", dazu **Zerrissenheit**). – Der substantivierte Infinitiv **Reißen** wird vielfach im Sinne von „Gliederschmerzen" gebraucht. Die Bildung **Reißer** („jemand, der reißt; Gerät zum Reißen oder Ritzen") wurde schon in der zweiten Hälfte des 19. Jh.s bühnensprachlich im Sinne von „wirkungsvolles Stück" verwendet. Siehe auch den Artikel *gerissen*.

Reißschiene ↑ Schiene.

reiten: Das *altgerm.* Verb *mhd.* rīten, *ahd.* rītan, *niederl.* rijden, *engl.* to ride, *schwed.* rida beruht mit verwandten Wörtern in anderen *idg.* Sprachen auf der Wurzelform *reidh- „in Bewegung sein, reisen, fahren", vgl. z. B. *mir.* rīad[a]im „fahre", *ir.* rīad „Fahren; Reiten", *gall.* rēda „vierrädriger Reisewagen". Weiterhin gehören diese Wörter wahrscheinlich zu der unter ↑*rinnen* dargestellten *idg.* Wortgruppe. – Um 'reiten' gruppieren sich die unter ↑*Ritt*, ↑*Ritter* und ↑*bereit* (eigentlich „reisefertig, fahrbereit") behandelten Wörter. Siehe auch den Artikel *Reede*. Abl.: **Reiter** „jemand, der reitet" (*mhd.* rīter, *spätahd.* rītāre), dazu **Reiterei** „das Reiten; Kavallerie" (um 1500). Beachte auch **beritten** „zu Pferde", das eigentlich das zweite Partizip von dem heute nur noch in der Bed. „zureiten" gebrauchten Präfixverb **bereiten** ist (*mhd.* berīten „[auf dem Pferd] reiten, reitend angreifen").

Reiter (Sieb) ↑ rein.

reizen: *Mhd.* reizen (reizen), *ahd.* reizzen (reizen) „antreiben, anstacheln; locken, verlokken; erwecken, anregen; erregen, ärgern" und die *nord.* Sippe von *schwed.* reta „locken; anregen; necken; ärgern" beruhen auf einer Kausativbildung zu dem unter ↑ *reißen* behandelten Verb. Das Veranlassungswort 'reizen' bedeutete demnach ursprünglich „einritzen machen" (beachte z. B. das Verhältnis von 'beißen' zu 'beizen'). Zu dem Verb ist im *Dt.* das Substantiv **Reiz** „Einwirkung auf den Organismus; verlokkende Wirkung, Zauber" (18. Jh.) gebildet. Das in adjektivischen Gebrauch übergegangene erste Partizip **reizend** „verführerisch, anmutig, lieblich" ist seit dem 17. Jh. gebräuchlich. Abl.: **reizbar** „leicht erregbar, jähzornig" (18. Jh.), dazu **Reizbarkeit** (18. Jh.).

Reizker: Der seit dem Anfang des 16. Jh.s (zuerst in der Pluralform 'reisken') bezeugte Name des eßbaren Blätterpilzes ist aus dem *Slaw.* entlehnt, wahrscheinlich aus *sorb.* ryzyk, das wörtlich „der Rötliche" bedeutet. Es gehört zur *slaw.* Sippe von *russ. landsch.* rudyj „fuchsrot" (urverwandt mit *dt.* ↑ *rot*). Der Pilz ist nach seinem orangeroten Hut oder Saft benannt.

rekapitulieren „wiederholen, zusammenfassen": Das Fremdwort wurde im 16. Jh. aus *lat.* re-capitulare „etwas in den Hauptpunkten zusammenfassen, wiederholen" entlehnt, einer Lehnübersetzung von *griech.* anakephalaioūn (aus *lat.* re- „zurück, wieder" und *lat.* capitulum „Hauptabschnitt; Hauptpunkt", vgl. *re..., Re...* und den Artikel *Kapitel*).

rekeln, sich: Der *ugs.* Ausdruck für „sich strecken, sich nachlässig benehmen" gehört zu dem seit dem 17. Jh. bezeugten *niederd.* Substantiv **Rekel** „hoch aufgeschossener, schlaksiger junger Mann, Flegel", das auf *mnd.* rekel „Bauernhund, Dorfköter" zurückgeht. Damit verwandt sind *aengl.* ræcc „Hühnerhund" und *aisl.* rakki „Hund".

Reklame: Das seit dem 19. Jh. bezeugte Fremdwort erscheint zuerst mit der Bedeutung „bezahlte Buchbesprechung", danach dann als kaufmännischer Terminus mit der heute gültigen Bedeutung „Anpreisung [von Waren]; [Kunden]werbung; Werbemittel". Das Wort ist in beiden Bedeutungen aus *frz.* réclame entlehnt, das im Sinne von „das Zurückrufen, das Ins-Gedächtnis-Rufen" als postverbale Bildung zu *afrz.* re-clamer „zurückrufen" (↑ reklamieren) gehört. *Frz.* réclame stammt aus der Druckersprache und bezeichnete dort den am Ende einer Buchseite als Gedächtnisstütze stehenden Hinweis auf das erste Wort der folgenden Seite.

reklamieren „Einspruch erheben, Beschwerde führen, daß etwas nicht so ist, wie man es erwarten darf; [zurück]fordern": Das seit dem 17. Jh. bezeugte, aus der Rechtssprache stammende Verb ist wie gleichbed. *frz.* réclamer aus *lat.* re-clamare „dagegenschreien, laut nein rufen, widersprechen, Einwendungen machen" entlehnt. Dies ist eine Bildung aus *lat.* re- „zurück, wieder" (↑ re..., Re...) und *lat.* clamare „laut rufen, schreien usw." (verwandt mit *lat.* clarus „laut, schallend; hell, klar", vgl. den Artikel *klar*). Abl.: **Reklamation** „Beanstandung, Beschwerde" (18. Jh.; aus *lat.* reclamatio „das Gegengeschrei, das Neinrufen"). – Vgl. noch die auf anderen Bildungen mit *lat.* clamare beruhenden Fremdwörter ↑deklamieren und ↑Proklamation, proklamieren.

rekonstruieren "[den ursprünglichen Zustand] wiederherstellen, nachbilden; den Ablauf eines früheren Geschehens in den Einzelheiten nachvollziehen, wiedergeben": Das seit dem 19. Jh. gebräuchliche Verb ist eine Präfixbildung zu ↑ *konstruieren*, wahrscheinlich nach entsprechend *frz.* reconstruire „wiederaufbauen". Dazu: **Rekonstruktion** (19. Jh.; wahrscheinlich nach *frz.* reconstruction).

Rekonvaleszent: Die seit dem 17. Jh bezeugte Bezeichnung für „Genesender" ist eine Bildung zu *spätlat.* reconvalescens, dem Part. Präs. von *spätlat.* reconvalescere „wiedererstarken". Dies ist eine Bildung aus *lat.* re- „zurück, wieder" (vgl. *re..., Re...*) und *lat.* valescere „erstarken" (zu *lat.* valere „stark sein", vgl. den Artikel *Valuta*). In der medizinischen Fachsprache sind auch **Rekonvaleszenz** „Genesung" (17. Jh.) und **rekonvaleszieren** „genesen, sich erholen" (18. Jh.) gebräuchlich.

Rekord: Der Ausdruck für „[sportliche] Höchstleistung" wurde Ende des 19. Jh.s aus dem *Engl.* entlehnt. *Engl.* record, das von to record „schriftlich aufzeichnen, beurkunden" abgeleitet ist, bedeutet zunächst allgemein „Aufzeichnung, Beurkundung, Urkunde". In der Sprache des Sports bezeichnete es sodann die urkundliche Bestätigung einer sportlichen Leistung (besonders von Trabrennpferden), woraus sich schließlich die spezielle Bedeutung „sportliche Höchstleistung" entwickelte. – *Engl.* to record geht über *afrz.* recorder „ins Gedächtnis bringen, erinnern" auf gleichbed. *vlat.* recordare zurück, das auf *klass.-lat.* re-cordari „sich vergegenwärtigen; sich erinnern" beruht. Stammwort ist *lat.* cor (cordis) „Herz; Gemüt; Geist, Verstand; Gedächtnis usw.", das verwandt ist mit *dt.* ↑ *Herz;* zum Präfix vgl. *re..., Re...* – Abl.: **Rekordler** „jemand, der einen Rekord erzielt hat" (20. Jh.).

Rekrut „neu eingezogener Soldat": Das Fremdwort wurde Anfang des 17. Jh.s aus älter *frz.* recreute (= *frz.* recrue) „Nachwuchs [an Soldaten]; Rekrut" entlehnt. Dies ist das substantivierte Part. Perf. von *frz.* recroître „nachwachsen", einer Bildung zu *frz.* croître „wachsen", das auf *lat.* crescere „wachsen" (vgl. *kreieren*) zurückgeht. – Abl.: **rekrutieren** „Rekruten ausheben, mustern", reflexiv „sich zusammensetzen, sich aus etwas bilden" (17. Jh.; vgl. gleichbed. *frz.* recruter).

Rektor „Leiter einer [Hoch]schule": Das Fremdwort wurde Ende des 14. Jh.s aus *mlat.* rector „Vorsteher" entlehnt und bezeichnete in der Schulsprache den meist geistlichen Vorsteher einer Lateinschule. *Mlat.* rector geht auf *lat.* rector „Lenker, Leiter, Herrscher" zurück, das zu *lat.* regere (rectum) „geraderichten, lenken; herrschen" (vgl. *regieren*) gehört. – Abl.: **Rektorat** „Amtsraum oder Amt eines Rektors" (16. Jh.; aus *mlat.* rectoratus).

Relais: Das seit dem Ende des 17. Jh.s bezeugte Fremdwort war früher ein Ausdruck des Post- und Verkehrswesens und bezeichnete eine Station, an der die Postpferde ausgewechselt wurden (bedeutete also etwa „Umspannort"). Seit dem frühen 20. Jh. wird es im Bereich der Elektrotechnik in der übertragenen Bed. „Schalteinrichtung" verwendet. Es ist entlehnt aus gleichbed. *frz.* relais (*afrz.* relai), das von *afrz.* relaier „zurücklassen" (= *frz.* relayer „einen frischen Vorspann nehmen") abgeleitet ist.

Relation ↑relativ.

relativ „bezüglich; verhältnismäßig, vergleichsweise, bedingt; je nach dem Standpunkt verschieden": Das Adjektiv wurde im 18. Jh. aus gleichbed. *frz.* relatif entlehnt, das auf *spätlat.* relativus „sich beziehend, bezüglich" zurückgeht. Dies gehört zu *lat.* relatus, dem Part. Perf. von *lat.* re-ferre „zurücktragen; vortragen, berichten; auf etwas beziehen" (vgl. *referieren*). In der Grammatik kommt 'relativ' als Bestimmungswort grammatischer Termini vor, beachte z. B. 'Relativpronomen' und 'Relativsatz'. – Das hierhergehörende Substantiv **Relation** (um 1300) erscheint in *dt.* Texten zunächst in der Bedeutung des vorausliegenden *lat.* Wortes relatio „Bericht, Berichterstattung". Erst seit dem 16. Jh. wird es in der heute gültigen Bedeutung „Beziehung, Verhältnis" verwendet.

relevant „bedeutsam, [ge]wichtig": Das seit dem 17. Jh. bezeugte Adjektiv ist wohl aus der *mlat.* Fügung relevantes articuli „berechtigte, beweiskräftige Argumente (im Rechtsstreit)" entlehnt. *Lat.* relevans ist das Part. Präs. von *lat.* re-levare „in die Höhe heben, aufheben" (vgl. *Relief*); die Bedeutungsentwicklung von „in die Höhe hebend" zu „beweiskräftig" geht vom Bild der Waagschalen aus. Das Adjektiv wurde zunächst in der Bedeutung „schlüssig, richtig", dann im Sinne von „bedeutungsvoll, wesentlich, [ge]wichtig" verwendet und wurde in der 2. Hälfte des 20. Jh.s unter Einfluß von entsprechend *engl.* relevant zum Modewort. Dazu stellt sich das Substantiv **Relevanz** „Bedeutsamkeit, [Ge]wichtigkeit" (19. Jh.; im 20. Jh. unter Einfluß von *engl.* relevance).

Relief „plastisches Bildwerk auf einer Fläche", daneben auch im Sinne von „Geländeoberfläche oder deren plastische Nachbildung" gebraucht: Das Fremdwort wurde am Anfang des 18. Jh.s aus gleichbed. *frz.* relief entlehnt, das von *frz.* relever (< *lat.* re-levare) „in die Höhe heben, aufheben" abgeleitet ist und eigentlich „das Hervorheben" bedeutet.

Religion „gläubig anerkennende Verehrung von etwas Heiligem; bestimmter, durch Lehre und Satzungen festgelegter Glaube und sein Bekenntnis": Das Fremdwort wurde im 16. Jh. aus *lat.* religio „religiöse Scheu, Gottesfurcht" entlehnt, dessen Herkunft trotz aller Deutungsversuche unklar ist. In der christlichen Theologie wird 'Religion' häufig als „[Zurück]bindung (an Gott)" aufgefaßt (zu *lat.* re-ligare „zurückbinden"). – Dazu stellen sich das Adjektiv **religiös** „gottesfürchtig, fromm" (aus *lat.* religiosus; seit dem *Mhd.* zunächst in der Form 'religios'; die heutige Form seit dem 18. Jh. unter Einfluß von entsprechend *frz.* religieux) und das Substantiv **Religiosität** „Gottesfurcht,

Frömmigkeit“ (17. Jh.; aus gleichbed. *spätlat.* religiositas, wohl unter Einfluß von entsprechend *frz.* religiosité).

Relikt „Überbleibsel, Rest[bestand]“: Das seit dem 19. Jh. bezeugte Fremdwort ist eine gelehrte Entlehnung aus *lat.* relictus, dem Part. Perf. von *lat.* re-linquere „zurücklassen“ (vgl. *Reliquie*).

Reling: Der Ausdruck für „Schiffsgeländer“ wurde im 18. Jh. (zuerst in der Form ‘Regeling’) aus dem *Niederd.* ins *Hochd.* übernommen. *Niederd.* regeling ist abgeleitet von *mnd.* regel „Riegel, Querholz“ (vgl. *Riegel*).

Reliquie „körperlicher Überrest eines Heiligen, seiner Kleider; Gebrauchsgegenstände usw. als Gegenstand religiöser Verehrung“: Das Fremdwort wurde bereits in *mhd.* Zeit aus gleichbed. *kirchenlat.* reliquiae (sanctorum) „Überreste, Gebeine (der Heiligen)“ entlehnt, das auf *klass.-lat.* reliquiae „Zurückgelassenes, Überrest“ zurückgeht. Das zugrundeliegende *lat.* Adjektiv reliquus „zurückgelassen, übrig“ gehört zu *lat.* re-linquere „zurücklassen, übriglassen; verlassen“. Dies ist eine Bildung aus *lat.* re- „zurück, wieder“ (vgl. *re..., Re...*) und *lat.* linquere „lassen, zurücklassen; überlassen“ (verwandt mit *dt.* ↑ *leihen*). – Eine andere Bildung, nämlich *lat.* de-linquere „ermangeln, fehlen“, liegt den Fremdwörtern ↑ Delikt, Delinquent zugrunde.

Reminiszenz „Erinnerung; Anklang“: Das Fremdwort wurde im 18. Jh. – wohl unter Einfluß von entsprechend *frz.* réminiscence – aus *spätlat.* reminiscentia „Rückerinnerung“ entlehnt. Dies gehört zu *lat.* reminisci „zurückdenken, sich erinnern“ (verwandt mit *lat.* mens „Sinn; Verstand; Gedanke“; vgl. *Mentalität*).

remis: Der Ausdruck für „unentschieden (insbesondere vom Ausgang einer Schachpartie bzw. auch von Sportwettkämpfen)“ wurde im 19. Jh. aus gleichbed. *frz.* remis entlehnt, das eigentlich etwa „zurückgestellt (als ob nicht stattgefunden)“ bedeutet. Es handelt sich dabei um das Part. Perf. von *frz.* remettre „zurückführen; zurückstellen“ (eigentlich „wieder hinstellen“, zu *frz.* mettre „setzen, stellen, legen“), das in diesem speziellen Sinne *lat.* re-mittere „zurückschicken; nachlassen“ fortsetzt (vgl. *re..., Re...* und den Artikel *Mission*).

Remittende: Die in der Fachsprache des Buchwesens gebräuchliche Bezeichnung für ein beschädigtes oder unverkäufliches Exemplar, das vom Buchhändler an den Verlag zurückgeschickt wird, erscheint im 19. Jh. zuerst im Plural ‘Remittenden’ oder ‘Remittenda’ und geht zurück auf *lat.* remittenda (Neutrum Plural) „das Zurückzuschickende“ (zu *lat.* re-mittere „zurückschicken“, vgl. *re..., Re...* und den Artikel *Mission*).

Remmidemmi: Die Herkunft des *ugs.* Ausdrucks für „lautes Treiben, Trubel, Krach“ ist dunkel.

Remoulade, verdeutlichend ‘Remouladensoße’: Der Name einer Art Kräutermayonnaise wurde im 19. Jh. aus gleichbed. *frz.* rémoulade entlehnt, dessen weitere Herkunft nicht gesichert ist. Vielleicht handelt es sich um eine Bildung zu *frz. mdal.* rémola, ramolas „Rübenrettich“ (< *lat.* armoracia „Meerrettich“).

rempeln „(mit Ellbogen oder Schulter) wegstoßen; unfair behindern“: Das seit der ersten Hälfte des 19. Jh.s bezeugte Verb, das zuerst in der Studentensprache der Universität Leipzig auftritt, stammt aus dem *Obersächs.* und gehört zu *obersächs.* Rämpel „Baumstamm, Klotz“, auch Scheltwort für „Flegel, ungehobelter Mensch“. – Dazu stellen sich die Bildungen **Rempelei** und **Rempler,** beachte auch **anrempeln** „zur Seite stoßen, anpöbeln“.

Ren: Der seit dem 16. Jh. bezeugte Name der subarktischen Hirschgattung ist aus dem *Nord.* entlehnt, vgl. *isl.* hreinn, *norw.* rein, *schwed.* ren „Rentier“. Das *nord.* Wort bedeutet eigentlich „gehörntes oder geweihtragendes Tier“ und ist näher verwandt mit dem unter ↑ *Rind* behandelten Wort und *außergerm.* z. B. mit *griech.* kriós „Widder“. Über die weiteren Zusammenhänge vgl. *Hirn.* – Statt ‘Ren’ wird heute gewöhnlich die verdeutlichende Zusammensetzung **Rentier** (durch volksetymologische Verknüpfung mit ‘rennen’ vielfach fälschlich ‘Renntier’ geschrieben) gebraucht. Verdeutlichende Zusammensetzungen sind z. B. auch ‘Murmeltier, Maultier, Elentier’.

Renaissance: Die Bezeichnung für die kulturelle Bewegung in Europa im Übergang vom Mittelalter zur Neuzeit, die durch eine Rückbesinnung auf Werte und Formen der griechisch-römischen Antike gekennzeichnet ist, wurde im 19. Jh. aus gleichbed. *frz.* renaissance entlehnt. Dies ist eine Bildung zu *frz.* renaître „wiedergeboren werden; wiederaufleben“ und bedeutet eigentlich „Wiedergeburt“. Das zugrundeliegende einfache Verb *frz.* naître „geboren werden“ geht auf gleichbed. *vlat.* *nascere zurück, das für *klass.-lat.* nasci steht (vgl. *Nation*). – Allgemeiner wird ‘Renaissance’ auch im Sinne von „Erneuerung; erneutes Aufleben, neue Blüte“ verwendet.

Rendezvous „Stelldichein, Verabredung“: Das Fremdwort wurde im 17. Jh. aus *frz.* rendez-vous „Versammlung der Soldaten im Kriege; Versammlung, Treffen von Personen; Verabredung“ entlehnt. *Frz.* rendez-vous ist substantiviert aus der 2. Person Plural Imperativ von se rendre „sich wohin begeben“.

Rendite: Die Bezeichnung für „jährlicher Ertrag einer Kapitalanlage“ wurde in der ersten Hälfte des 20. Jh.s aus *it.* rendita „Ertrag, Einkommen“ entlehnt. Dies ist das substantivierte Part. Perf. von *it.* rendere „zurückerstatten, bezahlen“, das über *mlat.-roman.* rendere auf *lat.* reddere „zurückgeben, erstatten“ (vgl. *Rente*) zurückgeht.

Renegat „[Glaubens]abtrünniger“: Das Fremdwort wurde im 16. Jh. aus *frz.* renégat „jemand, der seinem Glauben abschwört“ entlehnt. Dies geht auf *mlat.* renegatus „Treubrüchiger“ zurück (zu *mlat.* re-negare „verleugnen“, vgl. *re..., Re...* und den Artikel *negieren*).

Reneklode, Reineclaude: Die Bezeichnung der Pflaumensorte, aus gleichbed. *frz.* reineclaude entlehnt, ist zu Ehren der Gemahlin des französischen Königs Franz I. gebildet (reineclaude bedeutet also eigentlich „Königin Claude").

Renette: Der seit dem 18. Jh. bezeugte Name für eine bestimmte saftige, süße Apfelsorte ist aus gleichbed. *frz.* reinette entlehnt. Die Herkunft des *frz.* Wortes ist nicht gesichert; es kann zu *frz.* reine „Königin" gehören (die Renette gleichsam als „Königin" unter den Äpfeln).

renitent „widerspenstig, widersetzlich": Das Adjektiv wurde im 18. Jh. aus gleichbed. *frz.* rénitent entlehnt. Dies geht zurück auf *lat.* renitens, das Part. Präs. von re-niti „sich entgegenstemmen, sich widersetzen". Das zugrundeliegende einfache Verb *lat.* niti „sich stemmen, sich stützen" ist verwandt mit *dt.* ↑*neigen.*

Renke, auch: **Renken:** Der vor allem im Alpenraum gebräuchliche Fischname ist aus *mhd.* rīnanke „Rheinanke" zusammengezogen. Der Fisch wurde wohl zuerst im Rhein gefangen; entsprechend gibt es Ill-, Inn- und Isaranken. Die Herkunft des Grundwortes 'Anke' ist unklar.

renken (veraltet für:) „drehend hin und her bewegen": Das Verb *mhd., ahd.* renken hatte ursprünglich wahrscheinlich anlautendes w- und entspricht dann im *germ.* Sprachbereich *engl.* to wrench „mit Gewalt ziehen oder reißen; entwinden; verrenken, verstauchen; verzerren, verdrehen". Näher verwandt ist die *germ.* Sippe von ↑wringen „nasse Wäsche auswinden" (vgl. *Wurm*). – Zu 'renken' gehört das unter ↑*Ränke* behandelte Substantiv. Das einfache Verb ist heute veraltet. Gebräuchlich sind dagegen **ausrenken** „auskugeln", **einrenken** „(einen Knochen) wieder in die Gelenkpfanne bringen; in Ordnung bringen, wiedergutmachen" und die Präfixbildung **verrenken** „auskugeln, verdrehen, verstauchen" (*mhd.* verrenken).

rennen: Das *gemeingerm.* Verb *mhd., ahd.* rennen, *got.* (ur)rannjan, *niederl.* rennen, *aengl.* (mit r-Umstellung) ærnan, *schwed.* ränna ist das Veranlassungswort zu dem unter ↑ *rinnen* behandelten Verb und bedeutet eigentlich „laufen machen". Es wurde zunächst im Sinne von „in Bewegung setzen, antreiben, jagen, hetzen" verwendet. Im *Dt.* bildete sich dann in *mhd.* Zeit der intransitive Gebrauch im Sinne von „laufen" heraus. – Beachte dazu die Präfixbildungen **berennen** „unaufhörlich angreifen, bestürmen" (*mhd.* berennen „begießen; laufen lassen, tummeln; angreifen, bestürmen") und **verrennen,** sich „sich in etwas verbohren" (*mhd.* verrennen „übergießen, bestreichen; antreiben, hetzen", reflexiv „zu weit rennen, sich verirren") sowie die Zusammensetzung **Rennsteig,** auch **Rennstieg** (ursprünglich wahrscheinlich – wie auch *ahd.* renniweg – Bezeichnung für einen schmalen Geh- und Reitweg; heute nur noch als Name des Kammweges auf der Höhe des Thüringer Waldes und des Frankenwaldes gebräuchlich).

Renommee „[guter] Ruf, Leumund, Ansehen": Das Fremdwort wurde im 17. Jh. aus gleichbed. *frz.* renommée entlehnt, dem substantivierten weiblichen Part. Perf. von *frz.* renommer „wieder ernennen oder erwählen; immer wieder nennen, loben, rühmen". Aus dem *frz.* Verb, das eine Präfixbildung zu *frz.* nommer (< *lat.* nominare) „[be]nennen, ernennen usw." ist (vgl. das Fremdwort *Nomen*), ist unser Verb **renommieren** „prahlen, angeben, großtun" (17. Jh.; eigentlich etwa „mit seinem Ruf und Ansehen hausieren gehen") übernommen; durchaus positiven Sinn hat das in adjektivische Funktion übergegangene zweite Partizip **renommiert** „namhaft, berühmt".

renovieren „erneuern, wiederherstellen, instand setzen": Das Verb wurde im 16. Jh. aus gleichbed. *lat.* re-novare entlehnt (vgl. *re..., Re...* und den Artikel *Novum*).

rentabel ↑ Rente.

Rente „regelmäßiges Einkommen aus angelegtem Kapital; Altersruhegeld": Das seit etwa 1200 bezeugte Substantiv (*mhd.* rente „Einkünfte, Ertrag; Vorteil, Gewinn usw.") ist aus *(a)frz.* rente „Einkommen, Ertrag; Gewinn" entlehnt, das wie entsprechend *it.* rendita „Einkommen; Rente" (vgl. *Rendite*) auf einer *roman.* Bildung zu *mlat.-roman.* *rendere „zurückgeben; ergeben" beruht. Letzteres steht für *klass.-lat.* red-dere „zurückgeben; ergeben; abgeben; erstatten", eine Bildung aus *lat.* re- „zurück, wieder" und *lat.* dare „geben" (vgl. *re..., Re...* und den Artikel *Datum*). – Abl.: **Rentner** „jemand, der Rente bezieht" (15. Jh.); **rentieren** „Zins oder Gewinn bringen; einträglich sein" (15. Jh.; mit *roman.* Endung für *mhd.* renten „Gewinn bringen"), häufig reflexiv gebraucht im Sinne von „sich lohnen"; dazu das mit französierender Endung gebildete Adjektiv **rentabel** „zinsbringend, ertragreich, lohnend" (19. Jh.), beachte auch **Rentabilität** „Einträglichkeit, Wirtschaftlichkeit" (19. Jh.).

Rentenmark ↑ [1]Mark.

Rentier ↑ Ren.

Reorganisation, reorganisieren ↑ organisieren.

reparieren „wieder in Ordnung bringen, wiederherstellen; ausbessern": Das Verb wurde im 16. Jh. aus gleichbed. *lat.* re-parare entlehnt, einer Bildung aus lat. re- „zurück, wieder" und *lat.* parare „[zu]bereiten, ausrüsten" (vgl. *re..., Re...* und den Artikel *parat*). – Dazu stellen sich: **Reparatur** „Wiederherstellung; Ausbesserung, Instandsetzung" (18. Jh.; aus *mlat.* reparatura „Wiederherstellung"); **Reparation** „Wiederherstellung" (16. Jh.; aus gleichbed. *lat.* reparatio). Der Plural **Reparationen** ist seit dem Ende des Ersten Weltkriegs unter dem Einfluß von entsprechend *frz.* réparations im Sinne von „Kriegsentschädigungen, Wiedergutmachungsleistungen" gebräuchlich.

Repertoire „Vorrat einstudierter [Theater]stücke, Musiktitel, Darbietungen; Spielplan": Das Fremdwort wurde im 19. Jh. aus gleichbed. *frz.* répertoire übernommen, das auf *spätlat.* repertorium „Verzeichnis" zurückgeht. Dies gehört zu *lat.* reperire „wiederfinden, vorfinden" und bedeutet demnach eigentlich „Stelle, wo man etwas wiederfindet".

repetieren „wiederholen": Das Verb wurde um 1500 aus gleichbed. *lat.* re-petere (eigentlich „wieder auf etwas losgehen; von neuem verlangen") entlehnt, einer Bildung aus *lat.* re- „zurück, wieder" und *lat.* petere „zu erreichen suchen, streben, verlangen" (vgl. *re..., Re...* und den Artikel *Appetit*). – Dazu stellen sich die Bildungen **Repetition** (16. Jh.; aus *lat.* repetitio „Wiederholung") und **Repetitor** „jemand, der Studierende durch Wiederholung des Lehrstoffes auf das Examen vorbereitet" (18. Jh.; aus *lat.* repetitor „Wiederholer"), beachte auch die Zusammensetzung **Repetiergewehr** „Mehrladegewehr mit Patronenmagazin" (20. Jh.).

Reporter „Berichterstatter (für Zeitung, Rundfunk, Fernsehen); jemand, der Reportagen macht": Das Fremdwort wurde im 19. Jh. aus gleichbed. *engl.* reporter entlehnt, einer Bildung zu *engl.* to report „berichten". Dies ist aus *(a)frz.* reporter übernommen, das auf *lat.* reportare „zurücktragen; überbringen" zurückgeht (vgl. *re..., Re...* und den Artikel *Porto*). Beachte auch **Report** „Bericht", das im 19. Jh. aus gleichbed. *engl.* report (< *afrz.* report) übernommen wurde. – Das dazugehörige Fremdwort **Reportage** „Berichterstattung; lebensnaher (Zeitungs-, Rundfunk-, Fernseh)bericht über aktuelles Geschehen" wurde Anfang des 20. Jh.s aus gleichbed. *frz.* reportage entlehnt, das seinerseits von dem aus dem *Engl.* rückentlehnten Substantiv *frz.* reporter „Reporter" abgeleitet ist.

repräsentieren „vertreten; etwas darstellen; standesgemäß auftreten": Das Verb wurde im 16. Jh. – wohl durch Vermittlung von gleichbed. *frz.* représenter – aus *lat.* re-praesentare „vergegenwärtigen, vorführen; darstellen usw." (vgl. *re..., Re...*) entlehnt. Das einfache, erst im *Spätlat.* bezeugte Verb praesentare „gegenwärtig machen, zeigen" erscheint in ↑*präsentieren.* Dazu stellen sich: **Repräsentant** „offizieller Vertreter (z. B. eines Volkes, einer Firma); Abgeordneter" (18. Jh.; aus gleichbed. *frz.* représentant, dem substantivierten Part. Präs. von *frz.* représenter); **Repräsentation** „das Repräsentieren; der Stellung, dem Stand gemäßes Auftreten in der Öffentlichkeit [und der damit verbundene Aufwand]" (18. Jh.; wohl durch Vermittlung von entsprechend *frz.* représentation aus *lat.* repraesentatio „Darstellung, Abbildung"); **repräsentativ** „stellvertretend; ehrenvoll, würdig" (18. Jh.; aus gleichbed. *frz.* représentatif).

Repressalie „Druckmittel; Vergeltungsmaßnahme": Das Fremdwort wurde Anfang des 16. Jh.s (wie entsprechend *frz.* représaille, das heute nur noch im *Plural* gebraucht wird) aus *mlat.* repre[n]salia (repraessalae) „gewaltsame Zurücknahme dessen, was einem widerrechtlich genommen wurde" entlehnt und danach in der Stammsilbe an '[er]pressen' angelehnt. *Mlat.* repre[n]salia gehört zu *lat.* re-pre[he]ndere (re-pre[he]nsum) „ergreifen, fassen; zurücknehmen" (vgl. *re..., Re...* und den Artikel *Prise*).

Reproduktion, reproduzieren ↑produzieren.

Reprise „Wiederaufnahme, Wiederholung (eines Theaterstücks, eines Films o. ä.)": Das Fremdwort wurde im 17. Jh. aus gleichbed. *frz.* reprise entlehnt, dem substantivierten Part. Perf. von *frz.* reprendre „wiederaufnehmen". Dies geht auf *lat.* re-prehendere „ergreifen, fassen; zurücknehmen" zurück (vgl. *re..., Re...* und den Artikel *Prise*).

Reps ↑Raps.

Reptil „Kriechtier": Das Fremdwort wurde im 19. Jh. – wohl unter dem Einfluß von entsprechend *frz.* reptile – aus gleichbed. *kirchenlat.* reptile entlehnt, dem substantivierten Neutrum des *lat.* Adjektivs reptilis „kriechend". Dies gehört zu *lat.* repere „kriechen, schleichen".

Republik: Die Bezeichnung für eine freiheitlich-rechliche Staatsform, bei der die Regierenden für eine bestimmte Zeit vom Volk oder von Repräsentanten des Volkes gewählt werden, wurde im 17. Jh. aus gleichbed. *frz.* république entlehnt. Dies geht auf *lat.* res publica „Gemeinwesen, Staatswesen, Staat, Staatsverwaltung, Staatsgewalt" (eigentlich „öffentliche Sache") zurück, das bereits im 16. Jh. unmittelbar ins *Dt.* (in der Form 'Republi[c]k') übernommen worden war. Über das zugrundeliegende Adjektiv *lat.* publicus „öffentlich" vgl. den Artikel *publik.* – Abl.: **Republikaner** „Anhänger der republikanischen Staatsform" (18. Jh.; aus gleichbed. *frz.* républicain), im speziellen Sinne Bezeichnung für die Mitglieder der Republikanischen Partei in den USA (nach entsprechend *amerik.* Republican).

Requiem: Die seit dem 15. Jh. bezeugte Bezeichnung der katholischen Toten- oder Seelenmesse geht auf das Eingangsgebet 'Requiem aeternam dona eis, Domine' „Herr, gib ihnen die ewige Ruhe" zurück. Zugrunde liegt *lat.* requies „Ruhe, Rast; Todesruhe".

requirieren „herbeischaffen; [für militärische Zwecke] beschlagnahmen; [um Rechtshilfe] ersuchen": Das Verb wurde im 15. Jh. aus *lat.* requirere (requisitum) "aufsuchen; [nach]forschen; verlangen" entlehnt, einer Bildung aus *lat.* re- „zurück, wieder" und *lat.* quaerere „[auf]suchen; erstreben; verlangen" (vgl. *re..., Re...* und den Artikel *Akquisiteur;* s. auch den Artikel *exquisit*). – Aus *lat.* requisita „das Erforderliche, Nötige", dem substantivierten Neutrum Plural des Part. Perf. von *lat.* requirere, wurde im 16. Jh. **Requisit** „für etwas benötigter Gegenstand, Zubehör[teil]" übernommen, das seit dem 19. Jh. – meist im Plural – im Sinne von „Zubehör für eine Theateraufführung oder Filmszene, Ausstattungsgegenstände" verwendet wird.

Reseda: Die Gartenpflanze hat einen *lat.* Namen, der in *dt.* Texten seit dem 18. Jh. begegnet. *Lat.* reseda soll sich nach antiken Zeugnissen aus einer magischen Zauberformel 'Reseda, morbos reseda!' „Heile, heile die Krankheiten!" entwickelt haben. Im Altertum wurden dieser Pflanze nämlich magische Heilkräfte zugeschrieben (speziell bei Geschwulsten und Entzündungen). Es scheint sich bei dieser Verbindung des Wortes mit *lat.* resedare „heilen" allerdings um Volksetymologie zu handeln.

reservieren „aufbewahren, zurückhalten; vorbehalten; [einen Platz] freihalten, vorbelegen": Das Verb wurde im 16. Jh. aus gleichbed. *frz.* réserver entlehnt, das auf *lat.* re-servare „aufsparen, aufbewahren; vorbehalten" zurückgeht. Dies ist eine Bildung aus *lat.* re- „zurück, wieder" und *lat.* servare „bewahren, erhalten" (vgl. *re..., Re...* und den Artikel *konservieren*). Das Partizipialadjektiv **reserviert** (19. Jh.) gilt auch in der speziellen Bed. „zurückhaltend, zugeknöpft, abweisend". – Dazu stellen sich: **Reserve** „Vorrat, Rücklage; Ersatz[mannschaft, -truppe]" (17. Jh.; aus gleichbed. *frz.* réserve), auch als militärische Bezeichnung für die Gesamtheit der ausgebildeten, aber nicht aktiv dienenden Soldaten. Dazu die Neubildung **Reservist** „(ausgedienter) Soldat der Reserve" (19. Jh.) und Zusammensetzungen wie 'Reserveoffizier'. – **Reservat** „Vorbehalt; Sonderrecht" (16. Jh.; aus *lat.* reservatum, dem substantivierten Neutrum des Part. Perf. von reservare; seit dem Anfang des 20. Jh.s ist 'Reservat' auch im Sinne von „fest umgrenztes Gebiet, das den Ureinwohnern (besonders in Nordamerika, Afrika, Australien) nach der Vertreibung aus ihrem Land zugewiesen wurde" gebräuchlich); **Reservoir** „Vorratsbehälter, Wasserspeicher, Sammelbecken; Reservebestand" (18. Jh.; aus gleichbed. *frz.* réservoir).

residieren „(von regierenden Fürsten, hohen geistlichen Würdenträgern o. ä.) seinen Wohn- und Amtssitz irgendwo haben": Das Verb wurde im 15. Jh. aus *lat.* re-sidere „sich niederlassen, sich aufhalten" entlehnt, einer Bildung aus *lat.* re- „zurück; wieder" (vgl. *re..., Re...*) und *lat.* sedere „sitzen" (vgl. den Artikel *sitzen*). Dazu stellt sich das Substantiv **Residenz** „Wohn- und Amtssitz eines regierenden Fürsten, hohen geistlichen Würdenträgers o. ä.", das im 16. Jh. aus *mlat.* residentia „Wohnsitz" übernommen wurde und im 16. und 17. Jh. unter den Einfluß von entsprechend *frz.* résidence geriet.

resignieren „entsagen, verzichten; sich widerspruchslos fügen, sich in eine Lage schikken": Das Verb wurde im 14. Jh. aus *lat.* re-signare „entsiegeln; ungültig machen; verzichten" entlehnt, einer Bildung aus *lat.* re- „zurück; entgegen; wieder" und *lat.* signare „mit einem Zeichen versehen; [be]siegeln" (vgl. *re..., Re...* und den Artikel *Signum*). Dazu stellt sich das Substantiv **Resignation** „Verzicht, Entsagung; Schicksalsergebenheit" (15. Jh.; aus *mlat.* resignatio).

resolut „entschlossen, beherzt; durchgreifend, zupackend, tatkräftig": Das Adjektiv wurde im 17. Jh. aus gleichbed. *frz.* résolu entlehnt, aber in der Form nach dem zugrundeliegenden *lat.* resolutus „ausgelassen, zügellos" relatinisiert. Dies ist das Part. Perf. von *lat.* re-solvere „wieder auflösen, losbinden, befreien", einer Bildung aus *lat.* re- „zurück; wieder" (vgl. *re..., Re...*) und *lat.* solvere (solutus) „lösen; befreien" (vgl. den Artikel *absolut*). – Den gleichen Ausgangspunkt (*lat.* resolvere) hat das Substantiv **Resolution** „Beschluß, Entschließung", das im 16. Jh. aus gleichbed. *frz.* résolution entlehnt wurde. Dies setzt zwar formal *lat.* resolutio „Auflösung" fort, schließt sich aber – wie résolu – in der Bedeutung an das Verb *frz.* résoudre „entscheiden, beschließen" (< *lat.* resolvere, s. o.) an.

Resonanz „Widerhall; Mitschwingen, Mittönen", beachte besonders die Zusammensetzung 'Resonanzboden': Das Fremdwort wurde im 15. Jh. aus *spätlat.* resonantia „Widerschall, Widerhall" entlehnt. Dies gehört zu *lat.* re-sonare „wieder ertönen; widerhallen", einer Bildung aus *lat.* re- „zurück; wieder" (vgl. *re..., Re...*) und *lat.* sonare „tönen, hallen" (vgl. den Artikel *sonor*). – Der übertragene Gebrauch von 'Resonanz' im Sinne von „Anklang, Verständnis, Wirkung" erfolgte im 17. Jh. unter Einwirkung von entsprechend *frz.* résonance.

resorbieren: ↑absorbieren.

Respekt „Ehrerbietung, Achtung; Ehrfurcht, Scheu": Das Substantiv wurde im 16. Jh. aus gleichbed. *frz.* respect entlehnt, das auf *lat.* respectus „das Zurückblicken, das Sichumsehen; die Rücksicht" zurückgeht. Das zugrundeliegende Verb *lat.* re-spicere „zurückschauen; Rücksicht nehmen" ist eine Bildung aus *lat.* re- „zurück, wieder" (vgl. *re..., Re...*) und *lat.* specere „schauen" (vgl. den Artikel *Spiegel*). – Dazu stellt sich das Verb **respektieren** „achten; anerkennen", das im 16. Jh. aus gleichbed. *frz.* respecter übernommen wurde.

Ressentiment: Das Fremdwort für „gefühlsmäßige Abneigung, unbegründeter Haß; Groll" wurde im 17. Jh. aus *frz.* ressentiment „heimlicher Groll" entlehnt, das von *frz.* ressentir „empfinden, nachfühlen" abgeleitet ist. Dies ist eine Bildung aus *frz.* re- „zurück; wieder" (< *lat.* re, ↑re..., Re...) und *frz.* sentir „fühlen, empfinden" (< *lat.* sentire, vgl. den Artikel *Sentenz*).

Ressort Die Bezeichnung für „Geschäfts-, Amtsbereich; Arbeits-, Aufgabengebiet" wurde im 16. Jh. aus gleichbed. *frz.* ressort entlehnt, das zu *frz.* ressortir „hervorgehen; zugehören" gehört. Zugrunde liegt das etymologisch umstrittene Verb *frz.* sortir „[her]ausgehen".

Rest „Rückstand, Überbleibsel": Das Substantiv wurde um 1400 als kaufmännischer Terminus zur Bezeichnung für den bei einer Abrechnung übrigbleibenden Geldbetrag aus gleichbed. *it.* resto entlehnt, das von *it.* restare „übrigbleiben" abgeleitet ist. Dies geht auf *lat.* re-stare „zurückstehen; übrigbleiben" zurück, eine Bildung aus *lat.* re- „zurück; wieder" (vgl. *re..., Re...*) und *lat.* stare „stehen" (vgl. den Artikel *stabil*).

restaurieren „wiederherstellen, ausbessern; eine frühere gesellschaftliche oder politische Ordnung wiederherstellen", früher auch reflexiv gebraucht im Sinne von „sich erholen, sich erfrischen": Das Verb wurde Anfang des 16. Jh.s wie entsprechend *frz.* restaurer aus *lat.* restaurare „wiederherstellen" entlehnt. – Um 'restaurieren' gruppieren sich **Restauration** „Wiederherstellung, Ausbesserung (eines schadhaften Kunstwerkes); Wiederherstellung früherer gesellschaftlicher oder politischer Verhältnisse", *landsch.* auch „Gaststättenbetrieb, Restaurant" (16. Jh.; aus *spätlat.* restauratio „Wiederherstellung; Erneuerung") und **Restaurator** Berufsbezeichnung für einen Fachmann, der beschädigte Kunstwerke ausbessert und wiederherstellt (18. Jh.; aus *spätlat.* restaurator „Wiederhersteller; Erneuerer"). Das Substantiv **Restaurant** „Gaststätte" wurde im 19. Jh. aus gleichbed. *frz.* restaurant übernommen. Das *frz.* Wort, das substantiviert ist aus dem Part. Präs. von *frz.* restaurer „wiederherstellen; stärken" bezeichnete ursprünglich eine Stärkung, einen nahrhaften Schnellimbiß, insbesondere eine Art Kraftbrühe. Erst sekundär wurde es zur Bezeichnung von Gaststätten, in denen solche Kraftbrühen gereicht wurden.

Resultat „Ergebnis": Das Fremdwort wurde im 17. Jh. aus gleichbed. *frz.* résultat entlehnt, das auf *mlat.* resultatum „Folgerung, Schluß; Folge; Ergebnis" zurückgeht. Dies ist das substantivierte Neutrum des Part. Perf. von *mlat.* resultare „entspringen; entstehen" (= *klass.-lat.* re-sultare „zurückspringen, -prallen; widerhallen", gebildet aus *lat.* re- „zurück; wieder" [vgl. *re..., Re...*] und *lat.* saltare „tanzen, springen" [vgl. den Artikel *Salto*]). Auf *lat.* resultare beruht *frz.* résulter, aus dem im 17. Jh. unser Verb **resultieren** „sich herleiten; sich (als Resultat) ergeben" übernommen wurde.

resümieren „zusammenfassen": Das Verb wurde im 18./19. Jh. aus gleichbed. *frz.* résumer entlehnt, das auf *lat.* re-sumere „wieder [vor]nehmen; wiederholen" zurückgeht. Dies ist eine Bildung aus *lat.* re- „zurück; wieder" (vgl. *re..., Re...*) und *lat.* sumere „[an sich] nehmen" (vermutlich entstanden aus *subs-emere; zu *lat.* emere „nehmen", vgl. hierüber den Artikel *Exempel*). – Abl.: **Resümee** „Zusammenfassung" (18. Jh.; aus gleichbed. *frz.* résumé).

Retorte: Die Bezeichnung für „gläsernes Destillationsgefäß, Kolbenflasche" wurde im 16. Jh. aus *mlat.* retorta „die Zurückgedrehte"entlehnt, dem substantivierten Part. Perf. von *lat.* re-torquere „rückwärte drehen; verdrehen" (vgl. *re..., Re...* und den Artikel *Tortur*). Das Gefäß ist also nach seinem gedrehten, krummen Flaschenhals benannt.

retour „zurück": Das seit dem 17./18. Jh. bezeugte Adverb hat sich aus Zusammensetzungen wie 'Retourbillett, Retourkutsche' u. a. verselbständigt. Zugrunde liegt *frz.* retour „Rückkehr", das von *frz.* retourner „zurückkehren" abgeleitet ist (vgl. *Tour*).

retten: Die Herkunft des *westgerm.* Verbs *mhd.* retten, *ahd.* [h]retten, *niederl.* redden, *aengl.* hreddan ist unklar. Vielleicht ist es mit *aind.* śrathnā̂ti „wird locker, ist lose", śrathā̂yati „befreit" verwandt und bedeutete dann ursprünglich „entreißen, lösen, befreien". Abl.: **Retter** (*mhd.* rettǣre); **Rettung** (*mhd.* rettunge; beachte von den zahlreichen Zusammensetzungen z. B. 'Rettungsboot, -anker, -dienst, -wagen').

Rettich: Die zu den Kreuzblütlern gehörende Gemüsepflanze ist nach ihrer (scharf schmeckenden) eßbaren Wurzelknolle benannt. *Mhd.* retich, rǣtich, *ahd.* rātīh, entsprechend *mniederl.* radic und *aengl.* rǣdic gehen auf *lat.* radix (radicis) „Wurzel" zurück (etymologisch verwandt mit *dt.* ↑*Wurz*), das auch die Quelle für unser Lehnwort ↑Radieschen ist. – Beachte auch das auf einer Ableitung von *lat.* radix beruhende Fremdwort ↑radikal. Vgl. ferner den Artikel *Meerrettich*.

Retusche, retuschieren ↑Tusche.

Reue: Das *westgerm.* Substantiv *mhd.* riuwe, *ahd.* [h]riuwa, *niederl.* rouw, *aengl.* hrēow, das mit der *nord.* Sippe von *aisl.* hryggr „traurig, betrübt" verwandt ist, bedeutete ursprünglich „seelischer Schmerz, Kummer", dann speziell „Schmerz über etwas, das man getan hat oder unterlassen hat". Im *Niederl.* wird rouw noch heute im Sinne von „Trauer" verwendet. Neben dem Substantiv steht ein starkes Verb *mhd.* riuwen, *ahd.* [h]riuwan „bekümmern, verdrießen, reuen", *niederl.* rouwen „trauern", *aengl.* hrēowan „betrüben, bekümmern" (*engl.* to rue „bereuen, beklagen"). *Nhd.* **reuen** „Reue empfinden, tief bedauern" – beachte auch die Präfixbildungen **bereuen** und **gereuen** – geht dagegen auf das schwache Verb *mhd.* riuwen, *ahd.* [h]riuwōn zurück. – Die weitere Herkunft dieser *germ.* Wortgruppe ist unklar. Abl.: **reuig** „voller Reue, zerknirscht" (*mhd.* riuwec, *ahd.* [h]riuwig). Zus.: **Reukauf** „Abstandssumme; verfehltes Unternehmen" (*mhd.* riuwekouf); **reumütig** „Reue empfindend" (17. Jh.).

Reuse: Die *germ.* Bezeichnungen des Fischfanggerätes *mhd.* riuse, *ahd.* riusa, rūs[s]a, *mnd.* rūse, *schwed.* ryssja gehören im Sinne von „aus Rohr Geflochtenes" zu dem unter ↑*Rohr* (*germ.* *rauza-) behandelten Wort. Vor der Verwendung von Reusen aus Garngeflechten (über Spreizringen) wurden korbartige Behältnisse aus Rohr- oder Binsengeflecht als Reusen gebraucht.

reuten ↑roden.

Revanche „Vergeltung; Rache", in der Sprache des Sports auch speziell im Sinne von „Rückkampf, Rückspiel" gebraucht: Das Fremdwort wurde im 17. Jh. aus gleichbed. *frz.* revanche entlehnt. Dies ist eine Bildung zu *frz.* revancher „rächen" (se revancher „sich rächen; vergelten"), aus dem im 17. Jh. unser Verb **revanchieren,** sich „sich rächen, Vergeltung üben; sich erkenntlich zeigen" übernommen wurde. *Frz.* revancher ist eine Bildung aus *frz.* re- „zurück; wieder" (< *lat.* re, vgl. *re..., Re...*) und *frz.* venger „rächen, ahnden", das auf *lat.* vindicare „gerichtlich in Anspruch nehmen; strafen; rächen" zurückgeht. – Zu 'Revanche' stellen sich **Revanchismus** „Politik, die auf die Rückgewinnung in einem Krieg verlorener Gebiete mit militärischen Mitteln ausgerichtet ist" und **Revanchist** „Vertreter des Revanchismus", die im 20. Jh. aus gleichbed. *russ.* revanšizm bzw. revanšist übernommen wurden.

Reverenz „Ehrerbietung; Verbeugung": Das Fremdwort wurde im 15. Jh. aus *lat.* reverentia „Scheu; Ehrfurcht" entlehnt, das zu *lat.* re-vereri „sich fürchten, sich scheuen; scheu verehren" gehört. Dies ist eine Bildung aus *lat.* re- „zurück; wieder" (vgl. *re..., Re...*) und *lat.* vereri „ängstlich beobachten, sich scheuen, sich fürchten", das mit *dt.* ↑*wahren* urverwandt ist.

[1]**Revers** „Umschlag oder Aufschlag an Kleidungsstücken": Das in dieser Bedeutung seit dem 19. Jh. gebräuchliche Fremdwort ist aus gleichbed. *frz.* revers entlehnt, das bereits im 17. Jh. in der Bed. „Kehr-, Rückseite (einer Münze, Medaille)" übernommen worden war. Das *frz.* Wort geht auf *lat.* reversus „umgekehrt" zurück, das Part. Perf von *lat.* re-vertere „umkehren, umwenden" (vgl. *re..., Re...* und den Artikel *Vers*). Aus *mlat.* reversum „Antwort" wurde bereits im 15. Jh. unser [2]**Revers** „Verpflichtungsschein; schriftliche Erklärung" entlehnt.

revidieren „durchsehen, prüfen; korrigieren; formal abändern": Das Verb wurde im 16. Jh. aus *lat.* re-videre (revisum) „wieder hinsehen" entlehnt, einer Bildung aus *lat.* re- „zurück; wieder" (vgl. *re..., Re...*) und *lat.* videre (visum) „sehen" (vgl. den Artikel *Vision*). – Dazu: **Revision** „Überprüfung; Änderung (einer Ansicht)", als juristischer Terminus Bezeichnung für die als Rechtsmittel zulässige Überprüfung eines Urteils vor der zuständigen höchstrichterlichen Instanz (16. Jh.; aus *mlat.* revisio „prüfende Wiederdurchsicht"): **Revisor** „[Wirtschafts]prüfer" (18. Jh.; *nlat.* Bildung).

Revier: Das Substantiv wurde um 1200 in der Bed. „Ufergegend entlang eines Wasserlaufs" am Niederrhein über *mniederl.* riviere aus *(a)frz.* rivière „Ufergegend; Fluß" entlehnt. Dies geht auf *vlat.* riparia „das am Ufer Befindliche" zurück, eine Bildung zu *lat.* ripa „Ufer eines Gewässers" (vgl. den Artikel *arrivieren*). Aus der ursprünglichen Bedeutung entwickelte 'Revier' im Laufe der Zeit die allgemeine Bed. „Gegend, Gebiet, Bezirk; Tätigkeitsbreich". Daran schließt sich die Verwendung des Wortes für „kleinere Polizeidienststelle; Krankenstube; begrenzter Jagdbezirk; Abbaugebiet im Bergbau" an.

Revolte: Das Fremdwort für „Aufruhr, bewaffneter Aufstand (einer kleineren Gruppe)" wurde im 17. Jh. aus gleichbed. *frz.* révolte entlehnt, das von *frz.* révolter „zurückwälzen, umwälzen; aufwiegeln, empören" abgeleitet ist. Daraus wurde im 17. Jh. unser Verb **revoltieren** „an einer Revolte teilnehmen; sich empören" übernommen. – *Frz.* révolter geht über *it.* rivoltare „umdrehen, umwenden; empören" auf *vlat.* *re-volvitare zurück, eine Intensivbildung zu *lat.* re-volvere „zurückrollen; zurückdrehen" (vgl. *re..., Re...* und den Artikel *Volumen*). – Zum gleichen *lat.* Verb (re-volvere) gehört das Fremdwort **Revolution** „gewaltsamer Umsturz der bestehenden politischen oder sozialen Ordnung; umstürzende Neuerung". Es wurde im 15. Jh. als Fachwort der Astronomie zur Bezeichnung der Umdrehung der Himmelskörper aus *spätlat.* revolutio „das Zurückwälzen; die Umdrehung" entlehnt, wurde dann auch allgemein im Sinne von „Veränderung, plötzlicher Wandel, Neuerung" gebräuchlich. Die heute vorherrschende Verwendung des Wortes im Sinne von „gewaltsamer Umsturz" kam im 18. Jh. unter dem Einfluß von entsprechend *frz.* révolution auf. – Abl.: **Revolutionär** „jemand, der eine Revolution vorbereitet oder sich an ihr beteiligt, Umstürzler; jemand, der sich gegen das Überkommene auflehnt" (Ende 18. Jh.; aus gleichbed. *frz.* révolutionnaire); **revolutionär** „auf eine Revolution abzielend; eine Umwälzung, Neuerung darstellend" (Ende 18. Jh.; aus gleichbed. *frz.* révolutionnaire); **revolutionieren** „umstürzen, umwälzen; durch bahnbrechende neue Erkenntnisse völlig andere Bedingungen und Voraussetzungen schaffen" (Ende 18. Jh.; aus gleichbed. *frz.* révolutionner); **Revoluzzer** „jemand, der sich als Revolutionär gebärdet" (19. Jh.; aus gleichbed. *it.* rivoluzionario zu *it.* rivoluzione „Revolution").

Revolver: Der Name der kurzen Handfeuerwaffe wurde im 19. Jh. aus *engl.-amerik.* revolver entlehnt. Dies ist eine Bildung zu dem *engl.* Verb to revolve „sich drehen" (< *lat.* re-volvere „zurückrollen; zurückdrehen, -wälzen"; vgl. *re..., Re...* und den Artikel *Volumen*). Der Revolver ist also nach seiner sich drehenden Trommel benannt.

Revue: Das Fremdwort wurde im 17. Jh. in der Bed. „Heerschau, Truppenmusterung, Parade" aus gleichbed. *frz.* revue (eigentlich „das noch einmal Angesehene") entlehnt. Es wurde dann im allgemeinen Sinne von „Schau, Vorführung, Darbietung, Überblick" gebräuchlich. Unter dem Einfluß von entsprechend *engl.* review kam im 18. Jh. die Verwendung im Sinne von „Rundschau; periodisch erscheinende illustrierte Zeitschrift" auf. Seit dem 19. Jh. wird 'Revue' nach dem Vorbild von *frz.* revue als Bezeichnung für eine (komische oder satirische) Darbietung auf der Bühne, für ein musikalisches Ausstattungsstück verwendet. – Das *frz.* Wort ist das substantivierte weibliche Part. Perf. von *frz.* revoir „wiedersehen" (< *lat.* revidere „wieder hinsehen", vgl. den Artikel *revidieren*).

rezensieren „(Bücher, Zeitschriften) kritisch besprechen, begutachten": Das Verb wurde im 17. Jh. aus *lat.* re-censere „sorgfältig prüfen, durchgehen; kritisch besprechen" entlehnt, einer Bildung aus *lat.* re- „zurück; wieder" (vgl. *re..., Re...*) und *lat.* censere „begutachten, einschätzen" (vgl. den Artikel *zensieren*). – Dazu **Rezension** „kritische [Buch]besprechung; berichtigende Durchsicht eines alten, oft mehrfach überlieferten Textes" (17. Jh.; aus *lat.* recensio „Musterung"); **Rezensent** „Verfasser einer Rezension" (18. Jh.; aus *lat.* recensens, dem Part. Präs. von recensere).

Rezept: Schriftliche Anweisungen an den Apotheker über Zusammenstellung und Verabreichung von Arzneimitteln pflegte der Arzt früher mit der Einleitungsformel 'recipe' „nimm" zu versehen. Das ist die zweite Person Singular Imperativ von *lat.* recipere „[zurück-, auf]nehmen" (vgl. *rezipieren*). Zur Bestätigung, daß die Anweisung ausgeführt sei, vermerkte der Apotheker seinerseits 'receptum' „genommen, verwendet". Daraus entwickelte sich bereits im 14. Jh. das Substantiv 'Rezept' im Sinne von „Arzneiverordnung". Das Fremdwort wurde rasch volkstümlich, seit dem 16. Jh. auch übertragen im Sinne von „Lösung, Heilmittel" (beachte Zusammensetzungen wie 'Erfolgsrezept' oder 'Patentrezept') verwendet. Seit dem 18. Jh. ist 'Rezept' auch in der Bed. „Back-, Kochanweisung" gebräuchlich.

Rezeption ↑ rezipieren.

Rezession: Die Bezeichnung für eine rückläufige wirtschaftliche Entwicklung, die Abschwächung der Konjunktur wurde in der 2. Hälfte des 20. Jh.s aus gleichbed. *engl.-amerik.* recession entlehnt, das auf *lat.* recessio „das Zurückweichen" zurückgeht. Dies gehört zu *lat.* recedere „zurückweichen", einer Bildung aus *lat.* re- „zurück; wieder" (vgl. *re..., Re...*) und *lat.* cedere „weichen" (vgl. den Artikel *Prozeß*).

rezipieren „an-, aufnehmen; erfassen": Das Verb wurde im 16. Jh. aus *lat.* re-cipere „zurück-, aufnehmen" entlehnt, einer Bildung aus *lat.* re- „zurück; wieder" (vgl. *re..., Re...*) und *lat.* capere „nehmen, fassen, ergreifen" (vgl. *kapieren*). Dazu stellt sich **Rezeption,** das im 16. Jh. aus *lat.* receptio „Aufnahme" übernommen wurde. Es wurde zunächst im Sinne von „Aufnahme (von Personen), Empfang, Beherbergung" gebraucht, dann auch im Sinne von „Auf-, Übernahme (von Kultur-, Gedankengut)" und „Textverständnis". Wohl nach dem Vorbild von entsprechend *frz.* réception wird es im 20. Jh. auch in der Bed. von „Empfangsbüro, Empfangshalle" verwendet.

reziprok „wechselseitig, aufeinander bezüglich; umgekehrt": Das Adjektiv wurde im 16. Jh. – wohl über entsprechend *frz.* réciproque – aus *lat.* reciprocus „auf demselben Weg zurückkehrend; wechselseitig" entlehnt.

rezitieren „(künstlerisch) vortragen": Das Verb wurde im 16. Jh. aus *lat.* re-citare „laut vortragen, hersagen, vorlesen" entlehnt, einer Bildung aus *lat.* re- „zurück; wieder" (vgl. *re..., Re...*) und *lat.* citare „auf-, anrufen, hören lassen" (vgl. den Artikel *zitieren*). – Dazu: **Rezitation** (16. Jh.; aus *lat.* recitatio „das Vorlesen, Vortrag"); **Rezitativ** „dramatischer Sprechgesang" (Anfang 18. Jh.; aus gleichbed. *it.* recitativo).

Rhabarber: Der Name der zu den Knöterichgewächsen gehörenden, in Asien beheimateten Nutz- und Zierpflanze wurde im 16. Jh. aus gleichbed. *it.* rabarbaro (daneben: reubarbaro) entlehnt. Das *it.* Wort hat *roman.* Entsprechungen in *frz.* rhubarbe und in *span.* ruibarbo. Deren gemeinsame Quelle ist *mlat.* rheu barbarum (rha barbarum), das eigentlich „fremdländische Wurzel" bedeutet (zu *spätlat.* r[h]eum „Wurzel" [< *griech.* rhā̄, rhē̄on] und *griech.-lat.* barbarus „fremdländisch").

Rhapsode: Die Bezeichnung für den fahrenden Sänger im alten Griechenland wurde im 16. Jh. aus *griech.* rhapsō̜dós „Sänger (besonders der homerischen Epen)" entlehnt. Dies ist eine Bildung aus *griech.* rháptein „zusammennähen, zusammenfügen" und *griech.* ō̜dḗ „Gesang, Lied" (vgl. den Artikel *Ode*) und bedeutet eigentlich „Zusammenfüger von [Vers]gesängen". Dazu stellt sich **Rhapsodie,** das im 16. Jh. aus *lat.* rhapsodia (< *griech.* rhapsō̜día) übernommen wurde. Es bezeichnete zunächst das von einem Rhapsoden vorgetragene Gedicht, seit dem Anfang des 20. Jh.s auch ein improvisierend phantastisches, oft balladenhaft erzählendes Tonstück.

Rhetorik „Redekunst": Das Fremdwort wurde bereits im 13. Jh. (*mhd.* rhetorick) aus gleichbed. *lat.* rhetorica (ars) entlehnt. Dies stammt seinerseits aus *griech.* rhē̄torikḗ (téchnē̄). *Griech.* rhē̄torikós „rednerisch, beredt" ist von *griech.* rhḗtōr „Redner" (< u̯rḗtōr) abgeleitet. Dies ist eine Bildung zu griech. eírein (< *u̯éri̯ein) „sagen, sprechen", das mit dem *dt.* Substantiv ↑ *Wort* verwandt ist. Das Adjektiv **rhetorisch** „die Redekunst betreffend; rednerisch wirksam" wurde im 16. Jh. aus gleichbed. *lat.* rhetoricus übernommen, das seinerseits aus *griech.* rhē̄torikós (s. o.) stammt. Es wird übertragen auch im Sinne von „phrasenhaft, schönrednerisch" gebraucht.

Rheumatismus „schmerzhafte Erkrankung der Gelenke, Muskeln, Nerven, Sehnen": Die Krankheitsbezeichnung ist aus gleichbed. *lat.* rheumatismus entlehnt, das seinerseits aus *griech.* rheumatismós übernommen ist. Dies ist eine Bildung zu *griech.* rheũma „Fluß, Strömung", auch: „Rheumatismus". Es gehört zu *griech.* rheĩn „fließen, strömen" (vgl. *Rhythmus*) und bedeutet eigentlich „das Fließen". Zum Krankheitsnamen wurde es, weil nach antiken medizinischen Vorstellungen der Rheumatismus von im Körper „herumfließenden" Krankheitsstoffen verursacht wird. – Neben 'Rheumatismus' ist auch die Kurzform **Rheuma** gebräuchlich. Abl.: **rheumatisch** „durch Rheumatismus bedingt, ihn betreffend" (18. Jh.; aus gleichbed. *lat.* rheumaticus < *griech.* rheumatikós).

Rhinozerus „Nashorn": Der Tiername wurde bereits im Mittelalter (*mhd.* rinōceros aus gleichbed. *lat.* rhinoceros entlehnt, das seinerseits aus *griech.* rhīnókerōs stammt. Dies ist eine Bildung aus *griech.* rhís (rhīnós) „Nase" und *griech.* kéras „Horn".

Rhombus: Die Bezeichnung für ein Parallelogramm mit gleichen Seiten (Raute) ist aus gleichbed. *lat.* rhombus entlehnt, das seinerseits aus *griech.* rhómbos „Kreisel; Doppelkegel; verschobenes Quadrat" übernommen ist. Dies gehört zu *griech.* rhémbesthai „sich im Kreise drehen".

Rhythmus „Gleichmaß, gleichmäßig gegliederte Bewegung; periodischer Wechsel (natürlicher Vorgänge); regelmäßiger formbildender Wechsel von betontem und unbetontem Takt in der Musik": Das Fremdwort wurde im 18. Jh. aus gleichbed. *lat.* rhythmus entlehnt, das seinerseits aus *griech.* rhythmós „geregelte Bewegung, Zeitmaß; Gleichmaß" übernommen ist. Das *griech.* Substantiv, das eigentlich „das Fließen" bedeutet und dessen übertragene Bedeutungen sich wohl aus dem Bild von dem stetigen und gleichförmigen Auf und Ab der Meereswellen entwickelt haben, ist eine Nominalbildung zum Stamm von *griech.* rheīn (< *sréu̯ein) „fließen, strömen" (über die *idg.* Zusammenhänge vgl. den Artikel *Strom*). Dazu gehören auch die unter ↑*Rheumatismus* (*griech.* rheūma „das Fließen; das Gliederreißen") und ↑*Katarrh* behandelten Wörter. – Um 'Rhythmus' gruppieren sich die Bildungen **rhythmisch** „den Rhythmus betreffend; gleichmäßig, taktmäßig" (18. Jh.; nach entsprechend *spätlat.* rhythmicus < *griech.* rhythmikós), **Rhythmik** „Lehre vom Rhythmus; Rhythmus" (18. Jh.) und **rhythmisieren** „rhythmisch gestalten" (19. Jh.).

Ribisel: Der in Österreich gebräuchliche Ausdruck für „Johannisbeere" stammt aus dem *Italienischen.* Er gehört zu gleichbed. *it.* ribes, das auf *mlat.* ribes „Johannisbeere" zurückgeht. Dies ist aus *arab.* rībās, dem Namen einer Rhabarberart, entlehnt.

richten: Das *gemeingerm.* Verb *mhd., ahd.* rihten, *got.* ga-raíhtjan, *aengl.* rihtian, *schwed.* rätta ist eine Ableitung von dem unter ↑*recht* behandelten Adjektiv, an dessen verschiedene Bedeutungen es sich anschließt. So bedeutet 'richten' zunächst „gerademachen" und „in eine gerade oder senkrechte Richtung, Lage oder Stellung bringen", beachte dazu z. B. **Richtschnur** (15. Jh., seit dem 16. Jh. auch übertragen im Sinne von „Grundsatz" gebraucht), **Richtscheit** (↑Scheit) und **aufrichten** und **errichten.** An diesen Wortgebrauch schließt sich einerseits die Verwendung von 'richten' im allgemeinen Sinne von „in eine bestimmte Richtung oder Lage bringen, mit etwas abstimmen, auf etwas hinlenken" an, beachte dazu **Richtung** (um 1800), und andererseits die fachsprachliche Verwendung von 'richten' im Sinne von „die Dachbalken setzen, ein Haus mit einem Dachstuhl versehen", beachte dazu z. B. die Zusammensetzungen **Richtfest** und **Richtkranz.** Ferner wird 'richten' im Sinne von „recht oder richtig machen, in Ordnung bringen, [zu]bereiten, bewerkstelligen" gebraucht, beachte dazu z. B. **abrichten** „ein Tier zu bestimmten Leistungen oder Fertigkeiten bringen; dressieren", **anrichten** „zum Verzehr bereitstellen" (auch: „etwas Schlimmes anstellen, Negatives verursachen"), dazu **Anrichte** „Tisch zum Anrichten oder Bereithalten der Speisen; Kredenz" (*mhd.* anrihte), **einrichten** „mit Möbeln, Geräten versehen; ausstatten, gestalten; schaffen; ermöglichen", reflexiv „sich anpassen, auskommen", dazu **Einrichtung** „Mobiliar, Ausstattung; Anlage; Institution", **entrichten** „bezahlen" **verrichten** „erledigen, ausführen" **vorrichten** „in einen bestimmten Zustand bringen, vorbereiten", dazu **Vorrichtung** „[als Hilfsmittel] Hergestelltes, Gerät, Apparat" **zurichten** „aufbereiten, zurechtmachen; verletzen, stark beschädigen", auch **unterrichten** „Kenntnisse vermitteln, lehren; in Kenntnis setzen, benachrichtigen", dazu **Unterricht** „regelmäßige Unterweisung". Siehe auch die Artikel [1]*Gericht* und *berichten.* Weiterhin wird 'richten' im Sinne von „Recht sprechen, urteilen; verurteilen", prägnant „zum Tode verurteilen, das Todesurteil vollstrecken" gebraucht, beachte dazu z. B. **hinrichten, Richtstätte, Richtbeil** und die Bildung **Richter** „jemand, der die Rechtsprechung ausübt" (*mhd.* rihter, rihtære, *ahd.* rihtāri), dazu **richterlich** „den Richter betreffend, zum Richteramt gehörend" (16. Jh.).

richtig: Das auf das *dt.* Sprachgebiet beschränkte Wort (*mhd.* rihtec, *ahd.* rihtīg) ist von dem unter ↑*recht* behandelten Adjektiv abgeleitet. Im heutigen Sprachgebrauch wird 'richtig' gewöhnlich als Gegenwort zu 'falsch' verwendet. Abl.: **berichtigen** „korrigieren, verbessern" (18. Jh.); **Richtigkeit** „das Richtigsein" (15. Jh., in der Form richticheit). Zus.: **aufrichtig** „ehrlich, anständig" (*mhd.* ūfrihtic „gerade aufwärts gerichtet, aufrecht; ehrlich, unverfälscht").

Richtscheit ↑Scheit.

Ricke „weibliches Reh": Das erst seit dem 18. Jh. bezeugte Wort ist wahrscheinlich eine junge Analogiebildung nach 'Zicke' „weibliche Ziege" und 'Sicke' weidmännisch für „Vogelweibchen".

riechen: Das *altgerm.* starke Verb *mhd.* riechen, *ahd.* riohhan, *niederl.* rieken, *aengl.* rēocan, *schwed.* ryka hat keine *außergerm.* Entsprechungen. Es bedeutet zunächst (so noch heute im *Nord.*) „rauchen, dampfen, stieben, dunsten", dann auch „ausdünsten, einen Geruch absondern, riechen". Im *Dt.* wird 'riechen' seit *mhd.* Zeit auch im Sinne von „einen Geruch wahrnehmen, wittern" verwendet. Um 'riechen' gruppieren sich die Bildungen ↑Rauch, rauchen und ↑Geruch. Abl.: **Riecher** *ugs.* für „Geruchssinn, Nase" (19. Jh.). Zus.: **Riechkolben** *ugs.* für „Nase" (19. Jh.).

Ried „Schilf, Röhricht": Das *westgerm.* Wort *mhd.* riet, *ahd.* [h]riot, *mniederl.* rēt, *niederl.* riet, *engl.* reed ist wahrscheinlich verwandt mit dem Bestimmungwort von *aengl.* hrēademus „Fledermaus" und weiterhin mit der Sippe von *lit.* krutė́ti „sich bewegen, sich rühren". Es bedeutet demnach eigentlich „Sichschüttelndes, Schwankendes". Allgemein bekannt ist heute neben der *hochd.* Form 'Ried' auch die *niederd.* Form **Reet,** beachte die Zusammensetzung **Reetdach.**

Riege: Der seit dem Anfang des 19. Jh.s gebräuchliche Ausdruck für „Turnerabteilung" wurde von F. L. Jahn in die Turnersprache eingeführt. Das dem *Niederd.* entnommene Wort (*mnd.* rīge) bedeutet eigentlich „Reihe" und entspricht *mhd.* rige „Reihe, Linie; Wassergraben", *ahd.* riga "Linie" (vgl. *Reihe*).

Riegel: Das auf das *dt.* Sprachgebiet beschränkte Wort *mhd.* rigel, *adh.* rigil, *mnd.* regel (↑Reling) bedeutete ursprünglich ganz allgemein „Stange, Querholz", dann speziell „Querholz oder Bolzen zum Verschließen". Es hängt im *germ.* Sprachbereich vermutlich mit *norw. mdal.* rjå „Stange zum Trocknen des Getreides" und *schwed. mdal.* ri „Pfahl, Stange" zusammen. Abl. **riegeln** (*mhd.* rigelen „den Riegel vorschieben, verschließen"; statt des einfachen

Verbs werden heute gewöhnlich 'ab-, zu-, verriegeln' gebraucht).

[1]**Riemen** „Lederstreifen, Gurt; Gürtel": Das *westgerm.* Wort *mhd.* rieme, *ahd.* riomo, *niederl.* riem, *aengl.* rēoma gehört wahrscheinlich im Sinne von „abgerissener Hautstreifen" zu der unter ↑*raufen* dargestellten *idg.* Wurzel *reu- „reißen, ausreißen, rupfen" (vgl. zur Bedeutung den Artikel [1]*Reif*).

[2]**Riemen** „Ruder": Das auf das *dt.* und *niederl.* Sprachgebiet beschränkte Wort (*mhd.* rieme, *ahd.* riemo, *nierderl.* riem) beruht auf einer frühen Entlehnung aus *lat.* remus „Ruder", und zwar wurde das Wort – wie z. B. auch 'Anker' (s. d.) – von den Römern am Niederrhein übernommen. Im heutigen Sprachgebrauch bezeichnet 'Riemen' gewöhnlich ein längeres Ruder und wird hauptsächlich in der Seemannssprache verwendet. Allgemein bekannt ist die Wendung 'sich in die Riemen legen'. – Über den weiteren Zusammenhang von *lat.* remus vgl. den Artikel *rudern.*

Riese: Die Herkunft der *germ.* Bezeichnungen für das mythische Wesen und für die übergroße Märchengestalt ist unklar. Die *germ.* Formen *mhd.* rise, *ahd.* riso, *niederl.* reus, *schwed.* rese hatten ursprünglich wohl anlautendes w-, vgl. *asächs.* wrisilīk „riesenhaft", und könnten dann z. B. mit *griech.* rhíon „Bergspitze, Vorgebirge" verwandt sein. Da in der germanischen Mythologie die Riesen häufig als auf Bergen sitzend dargestellt werden, ließe sich 'Riese' etwa als „auf Bergen hausendes Wesen" deuten. – Im heutigen Sprachgebrauch wird 'Riese' auch im Sinne von „hünenhafter Mensch" und verstärkend in Zusammensetzungen verwendet, beachte z. B. 'Riesenhunger' und 'Riesenspaß'. Abl.: **riesenhaft** (17. Jh.); **riesig** „ungewöhnlich groß, gewaltig; großartig, hervorragend; sehr" (Anfang des 19. Jh.s, für älteres 'riesicht'). Zus.: **Riesenschlange** (Ende des 18. Jh.s).

rieseln: *Mhd.* riselen „tröpfeln, sacht regnen" gehört zu dem im *Nhd.* untergegangenen starken Verb *mhd.* rīsen, *ahd.* rīsan „sich von unten nach oben oder von oben nach unten bewegen, steigen, fallen" (vgl. *Reise*). Zus.: **Rieselfeld** „zur Düngung mit Abwässern berieseltes Feld" (2. Hälfte des 19. Jh.s).

Riesling: Der seit dem Ende des 15. Jh.s bezeugte Name der Rebensorte ist dunklen Ursprungs.

Riff „langgestreckte Sandbank; Klippenreihe": Das im 17. Jh. aus dem *Niederd.* ins *Hochd.* übernommene Wort geht zurück auf gleichbed. *mnd.* ref, rif, das wohl – wie auch *niederl.* rif „Riff" und *engl.* reef „Riff" – aus dem *Nord.* stammt, vgl. *aisl.* rif „Riff" (*norw., schwed., dän.* rev). Das *aisl.* Wort ist identisch mit *aisl.* rif „Rippe" (vgl. den Artikel *Rippe*). Die langgestreckte Aufragung des Meeresgrundes ist also nach ihrer Ähnlichkeit mit einer Rippe benannt.

rigoros „streng, hart, unerbittlich": Das Adjektiv wurde um 1600 – wohl unter dem Einfluß von entsprechend *frz.* rigoureux – aus *mlat.* rigorosus „streng, hart" entlehnt. Dies ist von *lat.* rigor „Steifheit; Härte, Unbeugsamkeit" abgeleitet, das zu *lat.* rigere „starr sein, steif sein (z. B. vor Kälte)" gehört.

Rille: Das im 18. Jh. in die *hochd.* Schriftsprache übernommene *niederd.* rille „Rinne, Furche, Flußbett" (entsprechend *niederl.* ril „Furche") beruht auf einer Verkleinerungsbildung zu dem *westgerm.* Substantiv *mnd.* rīde „Bach, Wasserlauf", *asächs.* rīth „Bach" (in Ortsnamen), *aengl.* rīd „Bach, Fluß". Es bedeutet also eigentlich „kleiner Bach". Über die weiteren Zusammenhänge vgl. den Artikel *rinnen.*

Rind: Das *westgerm.* Wort *mhd.* rint, *ahd.* [h]rind, *mniederl.* rint (ablautend *niederl.* rund „Rind"), *aengl.* hrīđ[er] gehört im Sinne von „Horntier" zu der unter ↑*Hirn* dargestellten *idg.* Wurzel *k̑er[ə]- „Horn, Geweih; Kopf, Oberstes", vgl. die unter ↑*Hirsch* und ↑*Ren* behandelten Wörter, die eigentlich „gehörntes oder geweihtragendes Tier" bedeuten. Abl.: **rindern** „brünstig sein", von der Kuh (18. Jh.). Zus.: **Rindvieh** „Gesamtheit von Rindern", auch Schimpfwort für einen dummen Menschen (15. Jh.).

Rinde: Das *westgerm.* Wort *mhd.* rinde, rinte, *ahd.* rinda, rinta, *mnd.* rinde, *engl.* rind ist verwandt mit *engl.* to rend „[zer-, los]reißen" und weiter mit *aind.* rándhra-m „Öffnung, Spalt, Höhle" (eigentlich „Riß"). Es bedeutet demnach eigentlich „Abgerissenes, Zerrissenes".

Ring: Das *altgerm.* Substantiv *mhd.* rinc, *ahd.* [h]ring, *niederl.* ring, *engl.* ring, *schwed.* ring und das unter ↑*ringen* behandelte Verb stehen wahrscheinlich im Ablaut zu dem unter ↑*Runge* (ursprünglich wohl „Rundstab") behandelten Wort. *Außergerm.* ist z. B. die *slaw.* Sippe von *russ.* krug „Kreis, runde Scheibe" eng verwandt (über die weiteren Zusammenhänge vgl. den Artikel *schräg*). Das *altgerm.* Wort bezeichnete zunächst den Kreis und weiterhin kreisförmige Gegenstände verschiedener Art, speziell den aus Metall gefertigten Ring. Ferner bezeichnete es früher auch die kreisförmig versammelte Menschenmenge, die ringförmige [Gerichts]versammlung, beachte das aus einer *altfränk.* Entsprechung von *ahd.* [h]ring entlehnte *frz.* rang „Reihe, Folge", ursprünglich „[ringförmige] Versammlung" (s. die Wortgruppe um *Rang*). – Das seit dem 16. Jh. gebräuchliche Adverb **rings** „im Kreise, rundherum" hat sekundäres s nach den aus dem Genitiv Singular entstandenen Adverbien wie z. B. 'flugs' (↑Flug). Das Verb **umringen** „umstellen, von allen Seiten umgeben" (*mhd.* umberingen, *ahd.* umbi[h]ringen) ist eine Ableitung von der im *Nhd.* untergegangenen Zusammensetzung *mhd.* umberinc, *ahd.* umbi[h]ring „Umkreis". – Eine Verkleinerungsbildung zu 'Ring' ist **Ringel** „kreisförmig Gewundenes", früher auch: „Ringelblume" (*mhd.* ringel[e], *ahd.* ringila), von dem **ringeln** „kreisförmig winden, zu kleinen Ringen drehen", reflexiv „sich winden" (*mhd.* ringelen) abgeleitet ist. Beachte dazu die Zusammensetzung **Ringelnatter** (Ende des 18. Jh.s; so benannt, weil sie sich zusammenringelt, oder aber nach den Ringeln auf der Haut).

Ringelpiez: Der *ugs.* Ausdruck für „fröhliches, geselliges Beisammensein mit Tanz", der sich von Berlin aus ausgebreitet hat, bedeutet wohl eigentlich „Tanz und Gesang". Der erste Bestandteil ist das unter ↑*ringen* behandelte 'Ringel' (im Sinne von „Rundtanz, Reihen"), der zweite Bestandteil gehört wohl zu der *slaw.* Wortgruppe von *poln.* pić „singen".

ringen: Das starke Verb *mhd.* ringen, *ahd.* [h]ringan „sich im Kreise oder hin und her bewegen; sich anstrengen, sich abmühen; kämpfen" gehört zu der unter ↑*Ring* behandelten Wortgruppe. Es hat sich z.T. mit dem unter ↑*wringen* behandelten Verb vermischt. Eine Präfixbildung mit 'ringen' ist **erringen** „erkämpfen, gewinnen, erlangen" (*mhd.* erringen, *ahd.* arringan), dazu **Errungenschaft** (16. Jh.; Lehnübersetzung von *mlat.* acquaestus), beachte auch die Zusammensetzung **abringen** und **niederringen.** Abl.: **Ringer** „Ringkämpfer" (*mhd.* ringer, *ahd.* ringāri). Zus.: **Ringkampf** (19. Jh.).

Ringfinger ↑Finger.

rings ↑Ring.

rinnen: Das *gemeingerm.* Verb *mhd.* rinnen, *ahd.* rinnan, *got.* rinnan, *aengl.* rinnan (*engl.* to run), *schwed.* rinna gehört mit verwandten Wörtern in anderen *idg.* Sprachen zu der vielfach weitergebildeten und erweiterten *idg.* Wurzel *er[ə]- (*rei-, *reu-) „[sich] in Bewegung setzen, [sich] bewegen, erregt sein", vgl. z.B. *aind.* ṛṇóti, ṛṇvati „erhebt sich, bewegt sich", ṛti-ḥ „Angriff, Streit", árṇa-ḥ „wogend, wallend", *lat.* oriri „sich erheben; entstehen; geboren werden" (↑Orient), origo „Abstammung, Ursprung" (↑original), ruere „rennen, eilen, stürzen" und *russ.* ronit' „fallen lassen". Zu dieser Wurzel gehören auch die unter ↑*Ernst* und ↑*irr* behandelten Wörter, ferner die Sippen von ↑rasen und ↑Reise (dazu reisen, rieseln, Rille) sowie wahrscheinlich auch die Wortgruppe von ↑reiten. Siehe auch den Artikel *gar.* – Um 'rinnen' gruppieren sich im *germ.* Sprachbereich mehrere Substantivbildungen, vgl. z.B. *ahd.* runs „Lauf des Wassers, Fluß", runst „das Rinnen, Fließen" (↑blutrünstig). Das Veranlassungswort zu dem *gemeingerm.* Verb ist ↑rennen (eigentlich „laufen machen"). Präfixbildungen mit 'rinnen' sind z.B. ↑entrinnen und ↑gerinnen. Abl. **Rinne** (*mhd.* rinne, *ahd.* rinna „Wasserlauf; Wasserleitung, Rinne, Röhre, Traufe", vgl. *got.* rinnō „Gießbach"), dazu **Rinnstein** „Gosse" (16. Jh.); **Rinnsal** „kleiner Wasserlauf" (15. Jh.). Siehe auch den Artikel *randalieren.*

Rippe: Die *altgerm.* Körperteilbezeichnung *mhd.* rippe, *ahd.* rippa, *niederl.* rib[be], *engl.* rib, *schwed.* rev (↑Riff) ist eng verwandt mit der *slaw.* Sippe von *russ.* rebro „Rippe" und gehört zu der *idg.* Verbalwurzel *rebh- „bedecken, überdachen", vgl. z.B. *griech.* eréphein überdecken, überdachen", órophos „Bedeckung, Dach" und aus dem *germ.* Sprachbereich *ahd.* hirni-reba „Schädel" (eigentlich „Hirnbedekkung"). Die Rippen sind demnach als Bedekkung oder Dach der Brusthöhle benannt worden. Eine Kollektivbildung zu 'Rippe' ist das seit dem 17. Jh. bezeugte **Gerippe** „Knochengerüst des Körpers" (eigentlich „Gesamtheit der Rippen"). Zus.: **Rippe[n]speer** (*mnd.* ribbesper, 15. Jh.; die Zusammensetzung, deren zweiter Bestandteil das unter ↑*Speer* behandelte Wort ist, bezeichnete zunächst den Spieß, auf den das Schweinerippenstück gesteckt wird, dann das Fleisch selbst).

Rips: Die Bezeichnung für „geripptes Gewebe" wurde im 19. Jh. aus gleichbed. *engl.* ribs entlehnt. Dies ist der Plural von *engl.* rib „Rippe; rippenartiger Gewebestreifen" (verwandt mit *dt.* ↑*Rippe*).

rischeln ↑rascheln.

Risiko „Wagnis, Gefahr": Das Fremdwort wurde im 16. Jh. als kaufmännischer Terminus aus gleichbed. *it.* risico, risco (heute 'rischio') entlehnt, dessen weitere Herkunft unsicher ist. Aus dem *It.* stammt auch entsprechend *frz.* risque „Gefahr, Wagnis". Davon abgeleitet ist das Verb *frz.* risquer „in Gefahr bringen, aufs Spiel setzen, wagen", aus dem im 17. Jh. **riskieren** übernommen wurde. Aus *frz.* risquant, dem 1. Partizip von *frz.* risquer, wurde Anfang des 19. Jh.s **riskant** „gefährlich, gewagt" entlehnt.

Rispe „[büschelartiger] Blütenstand": Das auf das *dt.* Sprachgebiet beschränkte Wort (*mhd.* rispe „Gebüsch, Gesträuch", beachte *ahd.* hrispahi „Gesträuch") gehört zu der unter ↑[1]*Reis* dargestellten Wortgruppe. Vgl. das eng verwandte *lat.* crispus „kraus" (↑Krepp).

Riß: Das *gemeingerm.* Substantiv *mhd.* riʒ „Riß", *ahd.* riʒ „Furche; Strich; Buchstabe", *got.* writs „Strich", *aengl.* writ „Buchstabe; Schrift, Urkunde" (*engl.* writ), *aisl.* rit „Schrift, Schreiben" ist eine Bildung zu dem unter ↑*reißen* behandelten Verb. Im älteren *Nhd.* wurde 'Riß' auch im Sinne von „Zeichnung" verwendet, beachte z.B. die Zusammensetzungen 'Grundriß' und 'Schattenriß' und die Bedeutungsverhältnisse des Verbs 'reißen'. Abl.: **rissig** „voller Risse" (17. Jh.).

Rist „Hand-, Fußgelenk; Hand-, Fußrücken; Halsgelenk an der Schulter des Pferdes": Das *altgerm.* Wort *mhd.* rist, *mnd.* wrist, *engl.* wrist, *schwed.* vrist gehört im Sinne von „Dreher, Drehpunkt" (der Hand, des Fußes) zu der *germ.* Wortgruppe von *aengl.* wrīgian „sich drehen; sich winden; sich mühen, streben", vgl. auch *niederd.* wricken, daneben **wriggen, wriggeln** „ein Boot durch schraubenartige Bewegung des Ruders am Heck vorwärts bewegen", *niederl.* wrikken „rütteln", *engl.* to wriggle „[sich] winden, krümmen, ringeln" *schwed.* vricka „hin- und herbewegen; verrenken, verstauchen". Dazu gehört auch das nur noch *landsch.* gebräuchliche **Reihen** „Fußrücken" (*mhd.* rīhe „Fußgelenk, Fußrücken", *ahd.* rīho „Kniekehle, Wade", vgl. *niederl.* wreef „Spann, Rist"). *Außergerm.* sind z.B. verwandt *lit.* riešа[s] „Rist" und weiterhin *griech.* rhoikós und rhiknós „gekrümmt, gebogen" (vgl. den Artikel *Wurm*).

Ritt: Das seit dem 15. Jh. (zuerst in der Form 'rytte') bezeugte Wort ist eine Bildung zu dem unter ↑*reiten* behandelten Verb. Es hatte früher auch die Bed. „Reiterschar", woran sich die Zusammensetzung **Rittmeister** (15. Jh. in der Form 'Retmeister' „Hauptmann einer Reiterabteilung") anschließt. Abl. **rittlings** „in der Haltung eines Reiters sitzend" (17. Jh.).

Ritter: *Mhd.* ritter wurde im 12. Jh., als das flandrische Rittertum hohes Ansehen genoß, aus dem *Mniederl.* übernommen oder *mniederl.* riddere „Ritter" nachgebildet. Das *mniederl.* Wort, das zu dem unter ↑*reiten* behandelten Verb gehört, ist seinerseits Lehnübertragung von *afrz.* chevalier „Ritter". – Im Gegensatz zu *mhd.* rīter, rītære „Kämpfer zu Pferd; Reiter[smann]" (vgl. *reiten*) wurde *mhd.* ritter zur Standesbezeichnung. Abl. **ritterlich** (*mhd.* ritterlich „einem Ritter geziemend; stattlich, herrlich"); **Rittertum** (Anfang des 19. Jh.s). Zus.: **Rittergut** (16. Jh.; ursprünglich „Landgut, dessen Besitzer dem Lehensherrn Kriegsdienst zu Pferde leisten mußte"); **Ritterschlag** (*mhd.* ritterslac „Schlag mit dem flachen Schwert, durch den der Knappe in den Ritterstand erhoben wurde"); **Rittersporn** (14. Jh.; so benannt, weil die Blüte der Pflanze einem Sporn gleicht).

rittlings ↑Ritt.

Ritus „feierlicher religiöser Brauch; Zeremoniell": Das Fremdwort wurde im 17. Jh. aus gleichbed. *lat.* ritus entlehnt, das mit *dt.* ↑*Reim* verwandt ist. Zu 'Ritus' stellen sich: **rituell** „zum Ritus gehörig, nach dem Ritus vollzogen" (19. Jh.; aus gleichbed. *frz.* rituel, das auf *lat.* ritualis zurückgeht); **Ritual** „rituelle Ordnung" (18. Jh.; aus *lat.* rituale, dem substantivierten Neutrum von *lat.* ritualis „den Ritus betreffend"). Davon abgeleitet ist **ritualisieren** „zum Ritual werden lassen" (20. Jh.).

ritzen: Das Verb *mhd.* ritzen, *ahd.* rizzen (daneben rizzōn) ist eine Intensivbildung zu dem unter ↑*reißen* behandelten Verb. Aus dem Verb rückgebildet ist das maskuline Substantiv **Ritz** „Spalt, Schlitz, Riß" (*mhd.* riz), neben dem das gleichbedeutenden Femininum **Ritze** (15. Jh.) gebräuchlich ist.

Rivale „Nebenbuhler, Konkurrent; Gegenspieler": Das Fremdwort wurde im 16. Jh. aus gleichbed. *frz.* rival entlehnt, das auf *lat.* rivalis zurückgeht. Das *lat.* Wort, das von *lat.* rivus „Wasserrinne, Bach" (verwandt mit *dt.* ↑*rinnen*) abgeleitet ist, erscheint zunächst als Adjektiv mit der Bed. „zum Bach, zum Kanal gehörig". Substantiviert bezeichnet es den an der Nutzung eines Wasserlaufs Mitberechtigten, den „Bachnachbarn". Daraus entwickelte sich dann die Bed. „Nebenbuhler". – Abl.: **Rivalität** „Nebenbuhlerschaft; Konkurrenz, Wettstreit" (18. Jh.; aus gleichbed. *frz.* rivalité, das auf *lat.* rivalitas zurückgeht); **rivalisieren** „wetteifern" (18. Jh.; aus gleichbed. *frz.* rivaliser).

Rizinus: Der Name der Zier- und Heilpflanze, aus deren fettreichen Samen das als Abführmittel bekannte **Rizinusöl** gewonnen wird, ist aus dem *lat.* Baum- und Strauchnamen ricinus entlehnt. Dies ist wahrscheinlich identisch mit *lat.* ricinus „Zecke, Holzbock", da die Rizinussamen Ähnlichkeit mit Zecken haben.

Roastbeef ↑[1]Rost.

Robbe: Die Bezeichnung des Seesäugetiers wurde zu Beginn des 17. Jh.s aus dem *Niederd.* ins *Hochd.* übernommen. Die Herkunft von *niederd.* rubbe, *fries.* robbe, *niederl.* rob ist dunkel. Abl.: **robben** „robbenartig kriechen" (20. Jh.).

Robe „festliches Frauenoberkleid; Amtstracht (von Geistlichen, Juristen und anderen Amtspersonen)": Das Fremdwort wurde im 16. Jh. aus gleichbed. *frz.* robe übernommen. Die ursprüngliche Bed. des *frz.* Wortes ist „Beute; erbeutete Kleidung". Es stammt aus *afränk.* *rauba „Beute", dem *ahd.* rouba „Beute" entspricht (vgl. *Raub*). – Siehe auch den Artikel *Garderobe*.

Roboter: Das Wort geht auf *spätmhd.* robāter, robatter „Fronarbeiter" zurück, eine Bildung zu *spätmhd.* robāt[e] „Frondienst, Fronarbeit". Dies ist aus *tschech.* robota „Fronarbeit; Zwangsdienst; Knechtschaft" entlehnt (vgl. über die etymologischen Zusammenhänge den Artikel *Arbeit*). 'Roboter' wurde dann auch allgemein im Sinne von „schwer arbeitender Mensch; Arbeitstier" gebräuchlich, beachte das Verb **roboten** „schwer arbeiten, schuften" (*mhd.* robāten „Frondienst leisten"). In der ersten Hälfte des 20. Jh.s kam dann die Verwendung von 'Roboter' im Sinne von „Maschinenmensch" auf, und zwar unter dem Einfluß von gleichbed. *engl.-amerik.* robot aus *tschech.* robot (oder auch als Neubildung dazu), nach der amerikanischen Fassung „Rossum's Universal Robots" (1920) des sozialutopischen Dramas des Tschechen K. Čapek (1890–1938).

robust „stämmig, vierschrötig, stark, widerstandsfähig, unempfindlich, derb": Das Adjektiv wurde im 18. Jh. – wohl unter dem Einfluß von entsprechend *frz.* robuste – aus gleichbed. *lat.* robustus entlehnt. Dies bedeutet eigentlich „aus Hartholz, aus Eichenholz, eichen" und ist von *lat.* robur (*alat.* robus) „Kernholz; Kernholzbaum, Eiche" abgeleitet. *Lat.* robur gehört vermutlich im Sinne von „dunkelfarbiges, rotes Kernholz" zur *idg.* Sippe der unter ↑*rot* genannten Wörter.

röcheln „rasselnd atmen": *Mhd.* rücheln, rüheln „wiehern; brüllen; rasselnd atmen" ist eine Iterativbildung zu dem im *Nhd.* untergegangenen Verb *mhd.* rohen, *ahd.* rohōn (daneben 'ruhen') „brüllen; grunzen", das lautnachahmenden Ursprungs ist, vgl. die *baltoslaw.* Sippe von *russ.* rykat' „brüllen; grunzen". Beachte auch die unter ↑*röhren*, ↑*Rune* und ↑*raunen* behandelten Lautnachahmungen. – Im *Niederl.* entspricht rochelen „röcheln".

Rochen: Der aus dem *Niederd.* ins *Hochd.* übernommene Name des Raubfisches geht zurück auf *mnd.* roche, ruche, vgl. *niederl.* rog „Rochen" und *aengl.* reohhe „Rochen". Aus dem *Mnd.* stammt die *nord.* Sippe von *schwed.* rocka „Rochen". Der Fischname gehört wohl zu dem unter ↑*rauh* behandelten Adjektiv und bedeutet eigentlich „der Rauhe". Der Rochen hat statt der Schuppen Zähnchen von dornenartiger Gestalt.

[1]Rock: Der *westgerm.* Name des Kleidungsstücks *mhd.* roc, *ahd.* roc[h], *niederl.* rok, *aengl.*

rocc ist verwandt mit der *kelt.* Sippe von *air.* rucht „Untergewand". 'Rock' bedeutete ursprünglich wohl „Gespinst" und ist vielleicht mit dem unter ↑*Rocken* „Spinnstab" behandelten Wort verwandt. – Die *nord.* Sippe von *schwed.* rock „Rock, Kittel, Mantel" stammt aus dem *Westgerm.*

²Rock, Rock and Roll ↑rücken.

Rocken „Spinnstab": Die Herkunft des *altgerm.* Wortes *mhd.* rocke, *ahd.* rocko, *niederl.* rokken, *schwed.* rock ist unklar. Vielleicht hängt es mit den unter ↑*Rock* behandelten Wörtern zusammen. Siehe auch den Artikel *Rakete.*

Rock 'n' Roll ↑rücken.

rodeln „mit dem Schlitten fahren": Das seit der ersten Hälfte des 19. Jh.s bezeugte Verb, das von Bayern ausgehend gemeinsprachliche Geltung erlangte, ist unbekannter Herkunft. Beachte dazu **Rodel** *bayr.* für „Schlitten" (1. Hälfte des 19. Jh.s).

roden „abholzen und Wurzelstöcke entfernen, urbar machen": Das aus dem *Niederd.* stammende Verb (*mnd.* roden) steht im Ablaut zu gleichbed. *südd., österr.* und *schweiz.* **reuten** (*mhd., ahd.* riuten), vgl. dazu *mhd.* rieten „ausrotten, vernichten", roten „roden" (↑ausrotten), *ahd.* rūtōn „ausrotten, verwüsten", rod „Neuland", *niederl.* rooien „roden", *schwed.* rö[d]ja „roden". Siehe auch die Artikel *zerrütten* und *rütteln.* Diese *germ.* Wortgruppe gehört zu der unter ↑*raufen* dargestellten *idg.* Wurzel.

Rogen: Das *altgerm.* Wort für „Fischeier" *mhd.* roge[n], *ahd.* rogo, rogan, *mniederl.* roge, roch, *engl.* (vielleicht *nord.* Lehnwort) roe, *aisl.* hrogn (*schwed.* rom) ist wahrscheinlich verwandt mit der *baltoslaw.* Sippe von *russ.* krjak „Froschlaich". Die weiteren Beziehungen sind unklar.

Roggen: Die *germ.* Bezeichnungen der seit der Bronzezeit in Mitteleuropa angebauten Getreideart (*mhd.* rocke, *ahd.* rocko, *niederl.* rogge, *engl.* rye, *schwed.* råg) sind verwandt mit der *balt.* Sippe von *lit.* rugỹs „Roggenkorn-, -halm" und mit der *slaw.* Sippe von *russ.* rož' „Roggen". Welche Vorstellung diesen Benennungen der Getreideart zugrunde liegt, ist dunkel. – Bis ins 18. Jh. wurde das Wort mit -ck- geschrieben. Dann setzte sich zur Unterscheidung von 'Rokken' „Spinnstab" die Schreibung mit -gg- durch.

roh „nicht gekocht, ungebraten; nicht bearbeitet, unfertig; primitiv; gefühllos, grausam". Das *altgerm.* Adjektiv *mhd.* rō, *ahd.* rō, rāwer, *niederl.* rauw, *engl.* raw, *schwed.* rå gehört mit verwandten Wörtern in anderen *idg.* Sprachen zu der *idg.* Wurzel *kreu-, *kreu̯ə- „gerinnen" (vom Blut), vgl. z. B. *aind.* krūrá-ḥ „blutig; grausam", *lat.* cruor „rohes, dickes Blut", crudus „roh; rauh; hart" und die *baltoslaw.* Sippe von *russ.* krov' „Blut". Das *altgerm.* Wort bedeutete demnach ursprünglich „blutig". – Zu dieser mit s erweiterten *idg.* Wurzel in der Bedeutungswendung „gerinnen, erstarren" gehören z. B. *griech.* krýos „Eis, Frost", krýstallos „Eis" (↑Kristall), *lat.* crusta „Rinde, Kruste, Schorf" (↑Kruste) und aus dem *germ.* Sprachbereich z. B. *ahd.* [h]roso „Eis, Kruste". Abl.: **Roheit** „gefühlslose, grausame Art" (15. Jh.); **Rohling** „grausamer, niederträchtiger Mensch" (15. Jh.); **verrohen** „gefühllos, grausam werden" (Ende des 19. Jh.s). Zus.: **Rohstoff** (19. Jh.).

Rohr: *Mhd., ahd.* rōr, *niederl.* roer, *schwed.* rör stehen im grammatischen Wechsel zu *got.* raus „Rohr". Die Herkunft dieser *germ.* Sippe, zu der auch das unter ↑*Reuse* (eigentlich „Rohr-, Binsengeflecht") behandelte Wort gehört, ist unklar. Vielleicht besteht Verwandtschaft mit der Wortgruppe von *schwed.* rusa „sich heftig bewegen, stürmen, preschen", so daß das Rohr als „Sichschüttelndes, (im Winde) Schwankendes" benannt worden wäre (beachte den Artikel *Ried*). Ursprünglich bezeichnete 'Rohr' die hohlschäftige Pflanze, das Schilfrohr, dann wurde das Wort auch im kollektiven Sinne von „Schilf" gebräuchlich. Ferner bezeichnet es das aus hohlschäftigen Pflanzen Hergestellte (beachte z. B. die Zusammensetzungen 'Rohrstock' und 'Rohrstuhl') und weiterhin rohrförmige Hohlkörper (beachte z. B. die Zusammensetzungen 'Fern-, Hör-, Kanonenrohr, Rohrpost'). Abl.: **Röhre** (s. d.); **Röhricht** (*mhd.* rœrach, rōrach, *ahd.* rōrahi „Schilf[dickicht]"; die heute übliche Form mit auslautendem -t findet sich seit dem 15. Jh.). Zus.: **Rohrdommel** (*mhd.* rōrtumel, -trumel, *ahd.* rōredumbil; der zweite Bestandteil des Namens des Reihervogels ist lautmalenden Ursprungs und ahmt den eigentümlichen Paarungsruf des Vogels nach; der erste Bestandteil bezieht sich auf den Nistplatz des Vogels im Schilf, wie z. B. auch das Bestimmungswort der Vogelnamen **Rohrsänger** und **Rohrspatz,** beachte zum letzteren die seit dem 18. Jh. gebräuchliche Redewendung 'wie ein Rohrspatz schimpfen').

Röhre: Das auf das *dt.* Sprachgebiet beschränkte Substantiv (*mhd.* rœre, *ahd.* rōr[r]a) ist eine Ableitung von dem unter ↑*Rohr* behandelten Wort, mit dem es ursprünglich gleichbedeutend war. Im heutigen Sprachgebrauch bezeichnet 'Röhre' gewöhnlich einen länglichen zylindrischen Körper, wobei sich der Anwendungsbereich von 'Röhre' mit demjenigen von 'Rohr' überschneidet. Zum Teil bezeichnet das Wort auch Dinge, die heute nicht mehr rohrförmig hohl sind, beachte z. B. die Zusammensetzungen 'Bratröhre' und 'Radio-, Fernsehröhre'.

röhren „brüllen" (vom Hirsch): Das *westgerm.* Verb *mhd.* rēren, *ahd.* rērēn „brüllen, blöken", *mnd.* rāren „brüllen", *engl.* to roar „brüllen, schreien, tosen, dröhnen" ist lautnachahmenden Ursprungs, vgl. die elementarverwandten Verben *aind.* rā̊yati „bellt" und *russ.* rajat' „lärmen, schallen". Beachte auch die unter ↑*röcheln,* ↑*Rune* und ↑*raunen* behandelten Lautnachahmungen.

rojen ↑Ruder.

Rokoko: Die Bezeichnung für jene charakteristische Stilphase der europäischen [Bau]kunst des 18. Jh.s, die die Zeit des ↑Barock ablöste, stammt aus dem *Frz.,* wie denn auch die Grundlagen dieses Kunststils selbst in Frankreich zu suchen sind. *Frz.* rococo (Adjektiv und Substantiv) ist eine in der familiären Sprache der Pariser Ateliers aufgekommene Ableitung von *frz.* rocaille „Geröll; aufgehäufte Steine; Grotten-, Muschelwerk usw." (zu *frz.* roc „Felsen"). Das Wort spielt also auf die großzügige dekorative Verwendung von allerlei Grotten-, Muschel- und Steinwerk in der Bauweise dieser Zeit an.

Rolle: Das seit dem 14. Jh. bezeugte Wort (*mhd.* rolle, rulle) bedeutete zunächst speziell „kleines Rad, kleine Scheibe oder Walze", dann allgemeiner „rollenförmiger Gegenstand". Daran schließen sich die im Laufe der Zeit entwickelten übertragenen Verwendungsweisen des Wortes an. Aus der Kanzleisprache stammt die spezielle Verwendung des Wortes für „zusammengerolltes Schriftstück, Schriftrolle; Urkunde (in gerollter Form)". In der Bühnensprache versteht man unter 'Rolle' den einem Schauspieler zugewiesenen Darstellungspart (nach dem ursprünglich auf handlichen Schriftrollen für die Proben eines Stückes aufgezeichneten Text). Von daher bedeutet dann 'Rolle' auch allgemein „persönliches Auftreten und Wirken; Leistung des einzelnen in einem größeren Rahmen" (beachte dazu die Wendung 'eine Rolle spielen'). – 'Rolle' ist aus *afrz.* ro[l]le (= *frz.* rôle) „Rolle; Liste; Register" entlehnt, das auf *(spät)lat.* rotulus (bzw. *lat.* rotula) „Rädchen; Rolle, Walze" zurückgeht. Dies ist eine Verkleinerungsbildung zu *lat.* rota „Rad; Scheibe" (urverwandt mit *dt.* ↑*Rad*). – Das Verb **rollen** (*mhd.* rollen), das vom Sprachgefühl unmittelbar mit 'Rolle' verbunden wird, ist jedoch unabhängig von diesem aus *afrz.* rol[l]er (= *frz.* rouler) „rollen" entlehnt, das auf einem von *(spät)lat.* rotulus abgeleiteten Verb *rotulare „ein Rädchen, eine Scheibe rollen" beruht. Zu 'rollen' stellen sich die folgenden Ableitungen und Zusammensetzungen: **Roller** als Name eines Kinderspielgerätes; ferner als Fahrzeugbezeichnung (beachte die Zusammensetzung **Motorroller**); **Rollmops** „gerollter marinierter Hering" (19. Jh.); **Rollstuhl, Rolladen** u. a., ferner auch ↑Geröll. – Vgl. noch die Artikel *Roulade, Rouleau, Roulett[e], Kontrolle (kontrollieren, Kontrolleur).*

Rollo ↑Rouleau.

Roman: Das Fremdwort wurde im 17. Jh. aus gleichbed. *frz.* roman (*afrz.* romanz, romant) entlehnt. Das *frz.* Wort, das ein *vlat.* Adverb *romanice „auf romanische Art; in romanischer Sprache" fortsetzt, bezeichnete ursprünglich eine in lateinisch-romanischer Volkssprache (im Gegensatz zur Gelehrtensprache des klassischen Lateins) verfaßte oder aus dieser übersetzte Erzählung. Seit dem 14./15. Jh. bezeichnete es speziell die abenteuerlichen Ritterdichtungen des Mittelalters, seit dem 17./18. Jh. dann die literarische Gattung erzählerischer Prosa, die das Schicksal eines einzelnen oder einer Gruppe schildert. – Dazu stellen sich **Romancier** „Romanschriftsteller" (18. Jh.; aus gleichbed. *frz.* romancier) und die unter ↑*romantisch* (Romantik, Romantiker) und ↑*Romanze* behandelten Wörter.

romanisch: Das seit dem 17. Jh. gebräuchliche Adjektiv geht auf *lat.* Romanus „römisch, zu Rom gehörig" zurück. Es wurde dann speziell im Sinne von „sich aus römischer Kultur und Sprache herleitend" gebraucht, seit dem 19. Jh. auch im Sinne von „die Baukunst der Romantik betreffend". Dazu gebildet ist **Romanik** (20. Jh.) als Bezeichnung für den Baustil von ca. 1000 bis 1250, der vor allem durch Rundbogen, Kreuzgewölbe und flächenhafte Fresken gekennzeichnet ist.

romantisch: Das Adjektiv wurde im 17. Jh. aus *frz.* romantique entlehnt, einer Ableitung von *frz.* roman (*afrz.* romanz, romant; vgl. *Roman*). Wie dies bedeutete es zunächst „dem Geist der mittelalterlichen Ritterdichtung gemäß; romanhaft". Erst im 18. Jh. entwickelten sich im *Frz.* wie im *Dt.* unter dem Einfluß des entsprechenden *engl.* Adjektivs romantic, das selbst aus dem *Frz.* stammt, die Bedeutungen „poetisch, phantastisch, wunderbar, abenteuerlich", „gefühlsbetont, schwärmerisch" und „stimmungsvoll, malerisch; geheimnisvoll, düster". Seit dem 19. Jh. wird 'romantisch' auch im Sinne von „die Romantik betreffend, von ihr geprägt" gebraucht. Dazu gebildet ist **Romantik** (18. Jh.), das zunächst im Sinne von „das Romantische, Phantastische als Eigenart des Romans" gebräuchlich war, dann zum Kunst- und Epochenbegriff (im Gegensatz zur Aufklärung und Klassik) wurde. Seit der Mitte des 19. Jh.s wird 'Romantik' auch übertragen im Sinne von „romantische Wesensart, Verträumtheit; Abenteuerlichkeit" verwendet. Davon abgeleitet ist **Romantiker** (19. Jh.), das zunächst den Verfasser oder die Person eines Romans bezeichnete, dann den Dichter der Romantik und schließlich auch einen gefühlsbetonten, schwärmerischen Menschen.

Romanze: Das Substantiv gelangte mit der spanischen Romanze, einer unserer ↑Ballade vergleichbaren Kunstgattung episch-lyrischen Charakters, im 18. Jh. durch *frz.* Vermittlung (*frz.* romance) ins Deutsche. Heute wird das Wort fast ausschließlich als Bezeichnung für ein „schwärmerisches, sentimentales Musikstück" und im Sinne von „romantische Liebesepisode" gebraucht. – *Span.* romance stammt aus *aprov.* romans, das *afrz.* romanz in ↑*Roman* entspricht.

Römer „bauchiges, kelchförmiges Weinglas": Das seit dem 16. Jh. – zuerst in Köln – bezeugte Wort (älter: 'rœmsche g[e]las') bedeutet eigentlich „Römer". Die Bezeichnung bezog sich also ursprünglich nicht auf die Form des Glases, sondern auf die Art des Glases, das Nuppenglas, das man „römisches Glas" nannte.

Rommé: Der Name des Kartenspiels wurde im 20. Jh. aus *engl.* rummy entlehnt und französisiert. Herkunft und eigentliche Bedeutung des *engl.* Wortes sind dunkel.

Röntgenstrahlen: Die elektromagnetischen Strahlen sind nach dem Physiker W. C. Röntgen (1845–1923) benannt, der diese Strahlen entdeckte und 1896 zuerst demonstrierte. Röntgen selbst nannte sie X-Strahlen (= unbekannte Strahlen). Die Bezeichnung 'Röntgenstrahlen' wurde 1896 von dem Schweizer Anatomen A. v. Kölliker eingeführt. Beachte dazu das Verb **röntgen** „mit Röntgenstrahlen durchleuchten, eine Röntgenaufnahme machen".

rosa „blaßrot, rosenfarbig": Das im 18. Jh. aufgekommene Farbadjektiv ist aus dem Blumennamen *lat.* rosa hervorgegangen (vgl. *Rose*). Der gleiche Farbton wurde vorher durch Bezeichnungen wie *mhd.* rōsenvarwec, *nhd.* rosenfarbig beschrieben. – Das Bedürfnis nach einer Nuancierung des rosa Farbtons führte im 20. Jh. zu der Übernahme von **rosé** „zartrosa; rosig" (aus *frz.* rosé, das von *frz.* rose „Rose; rosa" abgeleitet ist).

Rose: Der Blumenname *mhd.* rōse, *ahd.* rōsa (entsprechend z. B. *niederl.* roos, *aengl.* rōse, *schwed.* ros) ist aus *lat.* rosa „Edelrose" entlehnt. Das *lat.* Wort hängt mit gleichbed. *griech.* rhódon (< *u̯rhódon) zusammen und stammt mit diesem (oder durch das *griech.* Wort vermittelt) aus einer kleinasiatischen Quelle (vgl. z. B. *armen.* vard „Rose" und *pers.* gul < *apers.* *varda- „Rose"). – Abl.: **rosig** „rosenrot", auch übertragen „erfreulich, schön, gut" (älter: 'rosicht'; *mhd.* rōsic). Zus.: **Rosenkranz** als Bezeichnung für die Gebetsschnur der Katholiken (13. Jh.; Übersetzung von gleichbed. *mlat.* rosarium, das ursprünglich eine Rosengirlande bezeichnete, mit der man das Bildnis der Jungfrau Maria bekränzte); **Rosenkohl** (Anfang 19. Jh.; so benannt nach den als Gemüse verwendeten rosenförmigen Blattachselknospen). – Vgl. auch die Artikel *rosa* und *Rosette*.

Rosenmontag: Die Bezeichnung für den Montag vor Fastnachtsdienstag hat sich aus *niederrhein.* rasen[d]montag (beachte *köln.* rose „toben, tollen, ausgelassen sein") entwickelt und bedeutet demnach also eigentlich „rasender (wilder, toller) Montag". Außerhalb des Rheinlandes wird das Bestimmungswort von 'Rosenmontag' gewöhnlich als Plural des Blumennamens 'Rose' aufgefaßt.

Rosette „Ornamentmotiv in Form einer stilisierten Rose", auch als Bezeichnung für einen bestimmten Edelsteinschliff und eine rosenförmige Bandschleife gebraucht: Das Fremdwort wurde im 18. Jh. aus gleichbed. *frz.* rosette (eigentlich „Röschen") entlehnt, das eine Verkleinerungsbildung zu *frz.* rose (< *lat.* rosa) „Rose" ist (vgl. den Artikel *Rose*).

Rosine: Der Name für die kleinen getrockneten Weinbeeren (andere Bezeichnungen siehe unter 'Korinthe' und 'Sultanine'), der von Norddeutschland aus gemeinsprachlich wurde (*mnd.* rosīn[e], *mhd.* rosīn), ist aus einer Mundartform von *(a)frz.* raisin „Weintraube" ('raisin sec' „Rosine") entlehnt. Dies geht auf *lat.* racemus (bzw. *vlat.* *racimus) „Kamm der Traube; Weinbeere" zurück.

Rosmarin: Der immergrüne Strauch des Mittelmeergebietes trägt einen *lat.* Namen, der in *dt.* Texten seit dem 15. Jh. erscheint: *Lat.* ros marinus „Rosmarin" bedeutet eigentlich „Meertau" (zu *lat.* marinus „das Meer, die See" betreffend vgl. den Artikel *Marine*).

Roß: Die Herkunft des *altgerm.* Wortes *mhd.* ros, *ahd.* [h]ros, *niederl.* ros, *engl.* horse, *aisl.* hross ist trotz aller Deutungsversuche unklar. Vielleicht gehört es im Sinne von „Renner" zu der *idg.* Wortgruppe von *lat.* currere „laufen" (vgl. *Kurs*) oder ist ein altes Wanderwort asiatischen Ursprungs. – Eine *oberd.* Verkleinerungsbildung zu 'Roß' ist **Rössel** „Pferdchen". An die Verwendung von 'Rössel' als Bezeichnung des Springers im Schachspiel schließt sich die Zusammensetzung **Rösselsprung** (19. Jh.) an. Dieses Wort bezeichnete ursprünglich den Zug des Springers auf dem Schachbrett, dann eine Rätselart, die nach dem Prinzip des Springerzuges zu lösen ist. Zus.: **Roßkastanie** (16. Jh.; das Bestimmungswort des Baumnamens bezieht sich wohl darauf, daß die Samen der Roßkastanie als Heilmittel für kranke Pferde verwendet wurden).

Roßtäuscher ↑täuschen.

¹Rost „Gitter (unter oder über dem Feuer); Grundbau (aus Pfählen und Balken)": Das auf das *dt.* und *niederl.* Sprachgebiet beschränkte Wort *mhd., ahd.* rōst „Rost; Scheiterhaufen; Feuersbrunst, Glut", *mniederl.* roost „Rost; Ofenfeuer; Braten" ist unbekannter Herkunft. Die *nord.* Sippe von *schwed.* rost „Rost" stammt aus dem *Mnd.* – Vom Substantiv abgeleitet ist das Verb **rösten** (*mhd.* rœsten, *ahd.* rōsten „auf den Rost legen, braten, rösten", vgl. *niederl.* roosten „rösten"). Aus einer *afränk.* Entsprechung von *ahd.* rōsten stammt *afrz.* rostir, *frz.* rôtir „braten, rösten", dazu *frz.* rôtisserie „Fleischbraterei; [Grill]restaurant", beachte das Fremdwort **Rotisserie.** Aus dem *Afrz.* wiederum stammt *engl.* to roast „braten, rösten", dazu roast beef „Rinderbraten", beachte das Fremdwort **Roastbeef** „Rostbraten, Rinderbraten auf englische Art" (zum zweiten Bestandteil s. den Artikel *Beefsteak*).

²Rost: Das *altgerm.* Wort *mhd., ahd.* rost, *niederl.* roest, *engl.* rust, *schwed.* rost gehört zu der unter ↑*rot* dargestellten *idg.* Wurzel. Die Zersetzungsschicht auf Eisen ist also nach ihrer rötlichen Farbe benannt. Vgl. aus anderen *idg.* Sprachen z. B. *lett.* rûsa „Rost" und *lit.* rūdìs „Rost", rūsti „rosten; verderben". Abl.: **rosten** „sich mit Rost überziehen" (*mhd.* rosten, *ahd.* rostēn, vgl. *niederl.* roesten, *schwed.* rosta), dazu die Präfixbildung **verrosten** (*mhd.* verrosten); **rostig** „mit Rost überzogen" (*mhd.* rostec, *ahd.* rostag). Siehe auch den Artikel *Walroß*.

rot: Das *gemeingerm.* Farbadjektiv *mhd., ahd.* rōt, *got.* rauþs, *engl.* red, *schwed.* röd gehört mit verwandten Wörtern in den meisten anderen *idg.* Sprachen zu der *idg.* Wurzel *reudh- „rot", vgl. z. B. *aind.* rudhirá-ḥ „rot; blutig", *griech.* erythrós „rot", éreuthos „Röte", *lat.* rubeus „rot" (↑Rubin), ruber „rot", rubrica „rote Farbe, rote Erde" (↑Rubrik), *alat.* robus „Kernholz" (nach der dunklen rötlichen Farbe; s. den Artikel *robust*) und *russ. landsch.* rudyj „fuchsrot" (↑Reizker). Zu dieser Wurzel gehört auch das unter ↑²*Rost* „Zersetzungsschicht auf Eisen" behandelte Wort. Abl.: **Röte** „das Rotsein, rote Färbung" (*mhd.* rœte, *ahd.* rōti; beachte

z. B. die Zusammensetzungen 'Morgen-, Schamröte'); **Rötel** „roter Mineralfarbstoff" (*mhd.* rœtel, gekürzt aus *mhd.* rœtelstein, *ahd.* rōtilstein; beachte die Zusammensetzungen. 'Rötelstift, -zeichnung'); **Röteln** (16. Jh.; der Name der Kinderkrankheit bezieht sich auf den rötlichen, masernähnlichen Ausschlag); **röten** „rot machen; rot werden" (*mhd.* rœten, *ahd.* rōten; damit zusammengefallen ist intransitives *mhd.* rōten, *ahd.* rōtēn), dazu die Präfixbildung **erröten** „rot werden" (*mhd.* errōten, *ahd.* irrōtēn); **rötlich** „ins Rötliche gehend" (*frühnhd.* für *mhd.* rœteleht). Zus.: **Rotauge** (*spätmhd.* rōtauge, *ahd.* rōtouga; die Weißfischart ist nach dem roten Ring um die Augen benannt); **Rothaut** scherzhaft für „Indianer" (1. Hälfte des 19. Jh.s; Lehnübersetzung von *engl.* redskin); **Rotkehlchen** (16. Jh., zunächst *ostmitteld.;* der Singvogel ist nach seiner rostroten Kehle benannt, vgl. dazu z. B. *frz.* rouge-gorge und *engl.* redbreast); **Rotlauf** (15. Jh. in der Form 'roit lauff' als Bezeichnung für die Krankheit Rose; der zweite Bestandteil ist vielleicht volksetymologisch nach 'Lauf' aus *mhd., ahd.* louft „Hülse, Schale" umgebildet); **Rotwild** (*mhd.* rōtwilt). Siehe auch den Artikel *Rüde.*

rotieren „sich drehen, umlaufen": Das Verb wurde um 1800 aus *lat.* rotare „[sich] kreisförmig herumdrehen" entlehnt. Dies ist abgeleitet von *lat.* rota „Rad, Scheibe; Kreis", das verwandt ist mit *dt.* ↑*Rad.* Dazu: **Rotation** „Umdrehung, Umlauf" (17. Jh.; aus *spätlat.* rotatio „kreisförmige Drehung"); **Rotor** „sich drehender Teil einer elektrischen Maschine" (20. Jh.; aus gleichbed. *engl.* rotor, Kurzform für 'rotator'). – Von *lat.* rota ist das Adjektiv *lat.* rotundus „rund, abgerundet" abgeleitet, das dem Lehnwort ↑rund zugrunde liegt.

Rotte: Das seit dem Anfang des 13. Jh.s bezeugte Wort für „Abteilung, Schar; wilder Haufen, zusammengewürfelte Horde" (*mhd.* rot[t]e) ist aus gleichbed. *afrz.* rote entlehnt, das auf *mlat.* rupta, rut[t]a „Abteilung; [Räuber]schar" zurückgeht. Dies gehört im Sinne von „abgesprengte, zersprengte Schar" zu *lat.* rumpere (ruptum) „[zer]brechen, zerreißen, zersprengen; beschädigen, verderben usw." (über weitere etymologische Zusammenhänge vgl. den Artikel *raufen*). Abl.: **rotten** „eine Rotte bilden" (*mitteld.* roten „sammeln, scharen"; heute veraltet), dazu die Zusammensetzung **zusammenrotten,** sich „sich [in unguter Absicht] zusammenscharen" (17. Jh.). Nicht verwandt ist 'ausrotten' „völlig vernichten" (s. d.). – Auf Bildungen zu *lat.* rumpere beruhen die Fremdwörter ↑Route, ↑Routine, Routinier, routiniert, ↑abrupt, ↑korrupt, Korruption, korrumpieren, ferner auch ↑Bankrott, bankrott, Bankrotteur.

Rotwelsch ↑Welsch.

Rotz: *Mhd.* ro[t]z, *ahd.* [h]roz, „[Nasen]schleim", *aengl.* hrot „Schleim; Schaum" gehören zu *ahd.* [h]rūzan „schnarchen, knurren", *aengl.* hrūtan „rauschen, lärmen, schnarchen", *schwed.* ryta „brüllen", die lautnachahmenden Ursprungs sind. – Im heutigen Sprachgebrauch wird 'Rotz' als Bezeichnung für eine ansteckende Tierkrankheit und als derber Ausdruck für „Nasenschleim" verwendet, beachte zum letzten Wortgebrauch z. B. **Rotzfahne** *ugs.* für „Taschentuch", **Rotzkolben** *ugs.* für „Nase", **Rotzbengel** *ugs.* für „[unverschämter] Halbwüchsiger", **rotznäsig** *ugs.* für „frech, unverschämt". Abl.: **rotzen** *ugs.* für „eine laufende Nase haben; Nasenschleim ausschneuzen, Schleim oder Speichel auswerfen" (16. Jh.), beachte dazu **anrotzen** *ugs.* für „anherrschen".

Roulade: Die Bezeichnung für „gefüllte Fleischrolle" wurde im 18./19. Jh. aus gleichbed. *frz.* roulade entlehnt. Dies ist eine Bildung zu *frz.* rouler „rollen" (vgl. den Artikel *rollen*).

Rouleau „aufrollbarer Vorhang": Das Fremdwort wurde im 18. Jh. aus *frz.* rouleau „Rolle" entlehnt und wie dies zunächst im Sinne von „Rolle" gebraucht. Dann erst bildete sich im *Dt.* die spezielle Bed. „Rollvorhang" heraus. Das *frz.* Wort ist eine Bildung zu *frz.* rôle „Rolle" (vgl. *Rolle*). – Neben 'Rouleau' findet sich auch die eingedeutschte Form **Rollo.**

Roulett[e]: Das bei uns seit dem 19. Jh. bekannte, aus Frankreich übernommene Glücksspiel ist nach dem sich drehenden Glücksrad, auf dem durch eine rollende Kugel die Gewinne ausgespielt werden, benannt. *Frz.* roulette „Rollrädchen; Roulett[e]" ist eine Verkleinerungsbildung zu *afrz.* roele (= *frz.* rouelle) „Rädchen", das auf *spätlat.* rotella „Rädchen" zurückgeht (zu *lat.* rota „Rad", vgl. *Rolle*).

Route „Reiseweg; Weg[strecke]; Marschrichtung": Das Fremdwort wurde im 17. Jh. aus gleichbed. *frz.* route übernommen, das auf *vlat.* (via) rupta „gebrochener (= gebahnter) Weg" zurückgeht. Über das zugrundeliegende *lat.* Verb rumpere (ruptum) „[zer]brechen" vgl. den Artikel *Rotte.* – Dazu: **Routine** „[handwerksmäßige] Gewandtheit, Fertigkeit, Übung, Erfahrenheit" (18. Jh.; aus gleichbed. *frz.* routine, das als Ableitung von *frz.* route eigentlich etwa „Wegerfahrung" bedeutet); **Routinier** „erfahrener Praktiker, alter Fuchs" (19. Jh.; aus gleichbed. *frz.* routinier); **routiniert** „durch Übung erfahren, gewandt, geschickt" (18. Jh.; nach gleichbed. *frz.* routiné).

Rowdy: Der Ausdruck für „Raufbold, Rohling" wurde im 19. Jh. aus gleichbed. *engl.-amerik.* rowdy entlehnt, dessen weitere Herkunft zweifelhaft ist. Dazu stellen sich die Bildungen **Rowdytum** (19. Jh.) und **rowdyhaft** (20. Jh.).

rubbeln ↑rupfen.

Rübe: Die *germ.* Namen der Pflanze *mhd.* rüebe, *ahd.* ruoba (daneben *mhd.* rābe, *ahd.* rāba), *mniederl.* roeve, *schwed.* rova sind verwandt mit *griech.* rháp[h]ys „Rübe", *lat.* rapa, rapum „Rübe" (↑Raps und Kohlrabi) und mit der *baltoslaw.* Sippe von *russ.* repa „Rübe". Wahrscheinlich handelt es sich um ein altes Wanderwort.

Rubin: Der Name des rotfarbenen Edelsteins (*mhd.* rubīn) ist aus gleichbed. *mlat.* rubinus (= *afrz.* rubin, *it.* rubino) entlehnt, einer Bildung zu *lat.* rubeus „rot" (etymologisch verwandt mit *dt.* ↑ *rot*). Der Edelstein ist also nach seiner charakteristischen Färbung benannt.

Rubrik: Das seit *mhd.* Zeit bezeugte Fremdwort (*spätmhd.* rubrik[e]) bedeutete ursprünglich „roter Schreibstoff" und bezeichnete danach die in Rot gehaltenen Überschriften, die in mittelalterlichen Handschriften und Frühdrucken die einzelnen Abschnitte trennten. Von daher entwickelte das Wort seine heute gültige Bed. „Abschnitt, Fach; Spalte". Quelle des Wortes ist *lat.-spätlat.* rubrica (ergänze: terra) „rote Erde, roter Farbstoff; roter Schreibstoff; mit roter Farbe geschriebener Titel eines Gesetzes", das zu dem mit *dt.* ↑*rot* urverwandten Farbadjektiv *lat.* ruber „rot" gehört.

ruchbar „[durch umlaufendes Gerücht] bekannt": Die heute übliche Form hat sich aus *frühnhd.* ruchtbar entwickelt, das im 16. Jh. aus dem *Niederd.* in die *hochd.* Schriftsprache übernommen wurde. *Niederd.* ruchtbar gehört – wie auch 'anrüchig', 'berüchtigt' und 'Gerücht' (s. d.) – zu *mnd.* ruchte „Ruf, Leumund" (vgl. den Artikel *anrüchig*).

ruchlos: Das seit dem 16. Jh. im Sinne von „gottlos, frevelhaft, gemein, niederträchtig" verwendete Adjektiv bedeutete früher „unbekümmert, sorglos". Die heute übliche Bedeutung entwickelte sich aus „unbekümmert gegenüber dem, was geheiligt ist". *Mhd.* ruochelōs, „sorglos, unbekümmert" (entsprechend *mnd.* rōkelōs „sorglos, unbesonnen", *engl.* reckless „sorglos, unbekümmert") gehört zu *mhd.* ruoch[e] „Acht, Bedacht, Sorge, Sorgfalt" (vgl. *geruhen;* s. auch den Artikel *verrucht*).

Ruck: Das *altgerm.* Substantiv *mhd.* ruc, *ahd.* rucch, *niederl.* ruk, *schwed.* ryck gehört zu dem unter ↑*rücken* behandelten Verb.

rück..., Rück... ↑Rücken.

rücken: Das *altgerm.* Verb *mhd.* rücken, *ahd.* rucchen, *niederl.* rukken, *schwed.* rycka ist unbekannter Herkunft. Mit diesem Verb (Intensivum) hängen im *germ.* Sprachbereich zusammen die *nord.* Sippe von *schwed. mdal.* rucka „wiegen, schaukeln, schwanken" und *engl.* to rock „schaukeln, wackeln", beachte den Namen des Tanzes **Rock and Roll, Rock 'n' Roll** (2. Bestandteil zu *engl.* to roll „drehen, herumwirbeln") und die Zusammensetzung **Rockmusik,** dafür auch kurz: **²Rock.** – Zusammensetzungen und Präfixbildungen mit 'rücken' sind z. B. 'ab-, an-, aus-, ein-, vorrücken, verrücken' (↑verrückt) und ↑berücken.

Rücken: Die *altgerm.* Körperteilbezeichnung *mhd.* rück[e], ruck[e], *ahd.* rucki, [h]rukki, *niederl.* rug, *aengl.* hrycg (*engl.* ridge „[Berg]rücken, Grat"), *schwed.* rygg gehört im Sinne von „Krümmung" zu der unter ↑*schräg* dargestellten *idg.* Wortgruppe. Näher verwandt sind z. B. *lit.* kriáuklas „Rippe; Gerippe", *lett.* kruknêt „gekrümmt sitzen, kauern" und *aind.* krúñcati „krümmt sich". – Wie in den älteren Sprachzuständen wird 'Rücken' auch heute mehrfach übertragen gebraucht, beachte z. B. die Zusammensetzungen 'Berg-, Buch-, Handrücken'. – Aus der Verbindung *ahd., mhd.* ze rucke „nach dem Rücken, auf den Rücken, im Rücken" hat sich das Adverb **zurück** „rückwärts; [nach] hinten, hinter; wieder her" entwickelt (bereits im *Mhd.* gelegentlich zusammengeschrieben zerucke und mit der Bed. „rückwärts"; vgl. *niederl.* terug „zurück"). In der Zusammensetzung ist – außer bei Verben und Verbalsubstantiven (beachte z. B. 'zurückführen, Zurückführung, zurücklassen, Zurücklassung') – statt 'zurück' gewöhnlich die verkürzte Form 'rück..., Rück...' gebräuchlich, so z. B. in **Rückfall** „das Zurückfallen; erneutes Auftreten einer scheinbar überwundenen Krankheit; erneutes Begehen einer Straftat" (17. Jh.; Lehnübersetzung von *frz.* récidive), dazu **rückfällig** (17. Jh.; Lehnübersetzung von *lat.* recidivus); **Rückgang** „das Zurückgehen, Abnahme" (17. Jh.), dazu **rückgängig** (17. Jh.); **Rückhalt** „fester Halt, Hilfe, Unterstützung", älter auch „Vorbehalt" (16. Jh.), dazu **rückhaltslos** „ohne jeden Vorbehalt"; **Rücksicht** „Schonung, Nachsicht, aufmerksames Verhalten", im Plural auch „Gründe, Überlegungen", ursprünglich „Rückblick, Betrachtung, Hinsicht" (18. Jh.; Lehnübersetzung von *lat.* respectus), dazu **rücksichtslos, rücksichtsvoll** und **berücksichtigen** „in Betracht ziehen, einbeziehen"; **Rückstand** „Rest; noch zu begleichender Rechnungsbetrag; Abstand" (17. Jh.; für 'Restant' „noch ausstehende Forderung"), dazu **rückständig** „rückschrittlich; unterentwikkelt" (17. Jh.). – Abl.: **rücklings** „nach hinten gewandt; mit dem Rücken nach vorn" (*mhd.* rückelinges, -lingen, *ahd.* ruchilingun; beachte zur Bildung z. B. 'blindlings' und 'meuchlings'). Zus.: **Rückgrat** „Wirbelsäule" (15. Jh., vgl. *Grat*); **Rucksack** (16. Jh., *schweiz.* ruggsack; die Bezeichnung, die erst in der 2. Hälfte des 19. Jh.s von den Alpenländern ausgehend gemeinsprachliche Geltung erlangte, enthält als Bestimmungswort die umlautlose *oberd.* Form, s. o. *mhd.* rucke). Von den Zusammensetzungen, die statt 'Rück...' als Bestimmungswort 'Rücken...' haben, beachte z. B. 'Rückenmark, Rückenschwimmen, Rückenlehne'.

Rückschritt ↑Schritt.

Rückspiegel ↑Spiegel.

rüde „roh, rücksichts- und gefühlslos, grob": Das Adjektiv wurde im 17. Jh. aus gleichbed. *frz.* rude entlehnt, das auf *lat.* rudis „roh, ungebildet, ungesittet" zurückgeht.

Rüde „männlicher Hund; Hetzhund": Die Herkunft von *mhd.* rü[e]de, *ahd.* rudio, *niederl.* reu, *aengl.* (andersgebildet) ryđđa ist unklar. Vielleicht gehören die *westgerm.* Wörter zu der Wortgruppe von ↑*rot* und bezeichneten ursprünglich einen Hund von rötlichbrauner Farbe. – In den älteren Sprachzuständen bezeichnete 'Rüde' einen großen Hund (speziell zum Hetzen und Hüten). Die Verwendung des Wortes im Sinne von „männlicher Hund" stammt aus der *nhd.* Jägersprache.

Rudel: Der erst seit dem 17. Jh. bezeugte weidmännische Ausdruck für „Vereinigung einer größeren Anzahl von Hirschen, Gemsen, Wildschweinen oder Wölfen" ist dunklen Ursprungs. Im heutigen Sprachgebrauch wird 'Rudel' auch übertragen gebraucht, beachte z. B. 'im Rudel laufen', 'in Rudeln auftreten' und 'ein Rudel Schulkinder'.

Ruder: Das *westgerm.* Substantiv *mhd.* ruoder, ahd. ruodar, *niederl.* roer („Steuerruder"), *engl.* rudder („Steuerseitenruder") gehört zu einem im *Nhd.* untergegangenen Verb mit der Bed. „rudern": *mhd.* rüejen, *mnd.* rōjen (beachte seemännisch **rojen**), *niederl.* roeien, *engl.* to row, *schwed.* ro. Das *westgerm.* Wort, das eine Instrumentalbildung ist, bedeutet demnach „Gerät, mit dem man rudert". Da man früher das Ruder auch zum Steuern des Schiffes verwandte, bedeutete das Wort – wie auch im *Niederl.* und *Engl.* – „Steuer", beachte dazu die Zusammensetzungen 'Seiten-, Höhenruder, Rudergänger, Steuerruder'. – Die *germ.* Wortgruppe gehört mit verwandten Wörtern in anderen *idg.* Sprachen zu der *idg.* Wurzel *er[ə]-, *rē- „rudern", vgl. z. B. *griech.* erétēs „Ruder", eréssein „rudern", *lat.* remus „Ruder" (↑[2]Riemen) und *lit.* ìrti „rudern". Abl.: **rudern** „mit Hilfe von Rudern fortbewegen" (*mhd.* ruodern, *ahd.* [ga]ruoderōn), dazu **Ruderer** „jemand, der rudert" (*mhd.* ruoderǣre).

rufen: Das *gemeingerm.* Verb *mhd.* ruofen, *ahd.* [h]ruofan, *got.* (schwach) hrōpjan, *aengl.* hrōpan, *schwed.* ropa ist wahrscheinlich lautnachahmenden Ursprungs und ist dann elementarverwandt z. B. mit *aind.* carkarti „erwähnt, rühmend" und *griech.* karkaírō „erdröhne". Zu diesem Verb stellt sich das *gemeingerm.* Substantiv **Ruf:** *mhd.* ruof, *ahd.* [h]ruof, *got.* hrōps, *aengl.* hrōp, *schwed.* rop. Eine andere Substantivbildung ist *mhd.* ruoft, *ahd.* [h]ruoft „Ruf, Geschrei; Leumund", *mnd.* ruchte „Ruf, Leumund" (s. die Artikel *anrüchig, berüchtigt, Gerücht, ruchbar*). Mit diesen Wörtern ist im *germ.* Sprachbereich auch die Sippe von ↑Ruhm (ursprünglich „Geschrei") verwandt. Präfixbildungen mit 'rufen' sind ↑berufen und **verrufen** veraltet für „in schlechten Ruf bringen; öffentlich ausrufen" (*mhd.* verruofen „rufen"; beachte das zweite Partizip **verrufen** „übelbeleumdet"), dazu **Verruf** „schlechter Ruf, Mißachtung". Beachte auch die Zusammensetzungen 'ab-, an-, auf-, aus-, zurufen'. Zus.: **Rufname** „Vorname einer Person, mit der sie angeredet (= gerufen) wird (im Unterschied zu anderen Vornamen)" (19. Jh.).

Rüffel (*ugs.* für:) „Verweis": Das erst seit dem 19. Jh. bezeugte Wort ist eine Rückbildung aus dem Verb **rüffeln** „grob zurechtweisen" (18. Jh.). Dieses Verb hängt wohl im Sinne von „glätten, zurechtstutzen" mit der Sippe von *niederd. mdal.* Ruffel „Rauhhobel" zusammen.

Rugby: Das im 20. Jh. aus England übernommene Ballspiel (*engl.* 'Rugby football', Rugby) wurde mit dem Namen der mittelenglischen Kleinstadt Rugby benannt, an deren Lateinschule es zuerst gespielt wurde.

Rüge: *Mhd.* rüege, ruoge „gerichtliche Anklage, Anzeige; gerichtliche Strafe; Tadel; Gerichtsbarkeit", *mnd.* wrōge „Anklage; Tadel", *got.* wrōhs „Anklage, Klage", *aisl.* rōg „Zank, Streit; Verleumdung" haben keine sicheren *außergerm.* Beziehungen. Während 'Rüge' im heutigen Sprachgebrauch nur noch im Sinne von „Tadel" verwendet wird, war es früher ein wichtiges Rechtswort und bezeichnete die Anzeige eines Vergehens vor Gericht, dann auch die Bestrafung des Vergehens sowie die Gerichtsbarkeit. – Zum Substantiv stellt sich das Verb **rügen:** *mhd.* rüegen, ruogen, *ahd.* ruogen „anklagen, beschuldigen; tadeln; gerichtlich anzeigen; mitteilen, melden", *got.* wrōhjan „anklagen, beschuldigen", *aengl.* wrǣgan „anklagen, rügen", *schwed.* röja „verraten".

Ruhe: Das *altgerm.* Substantiv *mhd.* ruo[we], *ahd.* ruowa (daneben ablautend rāwa), *mniederl.* roe, *aengl.* rōw, *schwed.* ro beruht mit verwandten Wörtern in anderen *idg.* Sprachen auf der *idg.* Wurzel *er[ə]-, *rē- „ruhen", vgl. z. B. *griech.* erōḗ „Nachlassen, Ruhe". Zu dieser Wurzel gehört aus dem *germ.* Sprachbereich auch die Wortgruppe von ↑Rast. Abl.: **ruhen** „der Ruhe pflegen, sich durch Nichtstun erholen; schlafen; nicht in Tätigkeit, Betrieb sein" (*mhd.* ruo[we]n, *ahd.* ruowēn, -ōn); **ruhig** „sich nicht bewegend; ohne Lärm, leise; ohne Spannungen, Aufregungen, Zwischenfälle; ohne Hast, gemächlich; von innerer Ruhe zeugend, gelassen" (*mhd.* ruowec), dazu **beruhigen** (16. Jh.); **[ge]ruhsam** (15. Jh.). Beachte auch **Unruhe** „Bewegung; Ruhelosigkeit, Beunruhigung; Aufruhr" (*mhd.* unruowe; seit dem 18. Jh. auch als Bezeichnung für den Regler der Uhr, dafür heute die Form **Unruh**).

Ruhm: Das im heutigen Sprachgebrauch im positiven Sinne von „hohes Ansehen" verwendete Wort bedeutete ursprünglich „Geschrei (mit dem sich jemand brüstet), Prahlerei; Lobpreisung". Das auf das *dt.* und *niederl.* Sprachgebiet beschränkte Wort (*mhd.* ruom, *ahd.* [h]ruom, *niederl.* roem; vgl. *aengl.* hrǣmig „sich rühmend") gehört zu der unter ↑*rufen* dargestellten Wortgruppe. Andersgebildet sind *got.* hrōþeigs „ruhmreich", *aengl.* hrōđor „Freude", *aisl.* hrōđr „Ruhm, Lob", beachte *ahd.* [h]ruod- „Ruhm", das in Personennamen wie z. B. 'Rudolf' bewahrt ist. – Abl.: **rühmen** „den Ruhm verkünden, preisen" (*mhd.* rüemen, ruomen, *ahd.* [h]ruomen, entsprechend *niederl.* roemen), beachte die Präfixbildung *frühnhd.* berühmen, *mhd.* berüemen, *ahd.* biruomen „sich rühmen, prahlen", von der heute noch das zweite Partizip **berühmt** gebräuchlich ist, dazu **Berühmtheit; rühmlich** „lobenswert" (*mhd.* rüem[e]lich „ruhmvoll; prahlerisch"). Zus.: **ruhmredig** (17. Jh.; umgebildet durch Anlehnung an 'Rede, reden' aus *frühnhd.* rumretig, das aus *mhd.* *ruomreitec „sich Ruhm bereitend" entstanden ist, vgl. *bereit*).

Ruhr: Das auf das *dt.* und *niederl.* Sprachgebiet beschränkte Substantiv (*mhd.* ruor[e], *ahd.* [h]ruora, *niederl.* roer) ist eine Bildung zu dem unter ↑*rühren* behandelten Verb und bedeutete in den älteren Sprachzuständen zunächst „[heftige] Bewegung; Unruhe". Diese Bedeutung bewahrt noch die Zusammensetzung ↑Aufruhr, beachte auch den Flußnamen 'Ruhr'. In *mhd.* Zeit bezeichnete 'Ruhr' dann auch speziell die heftige Bewegung im Unterleib. Heute ist das Wort – wie auch im *Niederl.* – nur noch als Krankheitsname gebräuchlich.

rühren: Das *altgerm.* Verb *mhd.* rüeren, ruoren, *ahd.* [h]ruoren, *niederl.* roeren, *aengl.* hrœran, *schwed.* röra gehört mit verwandten Wörtern in anderen *idg.* Sprachen zu der *idg.* Wurzel *k̑er[ə]- „mischen, mengen, rühren", vgl. z. B. *aind.* śrāyati „kocht; brät", srīṇāti „mischt; kocht; brät" und *griech.* kerannýnai „vermischen", krāsis „Mischung", krātēr „Mischkrug" (↑ Krater). Um das *altgerm.* Verb gruppieren sich die Substantivbildung ↑ Ruhr und das im *Dt.* untergegangene Adjektiv *asächs.* hrōr „rührig", *aengl.* hrōr „rührig, tätig; stark; tapfer". – In den alten Sprachzuständen wurde 'rühren' vorwiegend im allgemeinen Sinne von „in Bewegung setzen, bewegen" gebraucht. Aus der Bed. „in Bewegung setzen, den Anstoß geben" entwickelte sich im *Dt.* bereits in *ahd.* Zeit die Bed. „anstoßen, anfassen, betasten", beachte dazu **anrühren** und **berühren.** Ferner wird 'rühren' im Sinne von „in innere Bewegung, in Erregung versetzen" gebraucht, beachte dazu die adjektivisch verwendeten Partizipien **rührend** „zu Herzen gehend" und **gerührt** „innerlich bewegt, voller Mitgefühl" sowie die Substantivbildung **Rührung** „innere Bewegtheit" (*mhd.* rüerunge), ferner **rührselig** „übertrieben gefühlvoll, sich allzuleicht rühren lassend" (19. Jh.). An die Verwendung von 'rühren' im Sinne von „durch drehende Bewegung vermengen, quirlen" schließen sich die Zusammensetzungen 'auf-, ein-, umrühren' und die Präfixbildung 'verrühren' an, beachte auch die Zusammensetzung **Rührei** „Speise aus zerquirlten Eiern" (18. Jh., zunächst *niederd.*). Abl.: **rührig** „emsig, geschäftig" (15. Jh.).

Ruin „Zusammenbruch, Zerrüttung, Untergang": Das seit dem 17. Jh. bezeugte 'Ruin' ist identisch mit dem seit dem 16. Jh. bezeugten **Ruine** „zerfallenes Bauwerk, Trümmer", übertragen auch „Wrack, hinfälliger Mensch". Beide sind aus gleichbed. *frz.* ruine entlehnt, das auf *lat.* ruina „Einsturz, Zusammenbruch; Ruine" (zu *lat.* ruere „stürzen, eilen; niederreißen") zurückgeht. Ersteres übernimmt dabei die eigentliche, einen Vorgang bezeichnende Bedeutung des *lat.* Wortes, während letzteres dessen resultative Bedeutung fortsetzt. Im *Dt.* wurden die beiden Fremdwörter zur besseren Unterscheidung in der Schreibung und im Genus getrennt. – Abl.: **ruinieren** „zerstören, zugrunde richten" (16. Jh., aus gleichbed. *frz.* ruiner, das auf *mlat.* ruinare zurückgeht).

rülpsen: Der seit dem 17. Jh. bezeugte Ausdruck für „kräftig aufstoßen" ist – wie z. B. auch 'glucksen' und 'plumpsen' – lautnachahmenden Ursprungs. Dazu gehören **Rülps** „lautes Aufstoßen" (17. Jh.; auch als Schimpfwort verwendet, beachte schon *mhd.* rülz „bäurischer Kerl, Flegel") und **Rülpser** „lautes Aufstoßen" (19. Jh.).

Rum „Edelbranntwein aus Rohrzuckermelasse oder Zuckerrohrsaft": Der Name des alkoholischen Getränks wurde Anfang des 18. Jh.s aus gleichbed. *engl.* rum entlehnt, das gekürzt ist aus älterem rumbullion. Die weitere Herkunft des Wortes ist dunkel.

Rumba: Der Name des Tanzes wurde um 1930 aus *kubanisch-span.* rumba „Rumba", eigentlich „herausfordernder Tanz", entlehnt, das zu *span.* rumbo gehört. *Span.* rumbo bedeutete ursprünglich wahrscheinlich u. a. „Zauberspiel mit den Händen", dann auch „Pracht, Prunk; Herausforderung; lärmendes Vergnügen". Das *span.* Wort geht vielleicht auf *lat.* rhombus „[Zauber]kreisel, Rhombus" (vgl. den Artikel *Rhombus*) zurück.

Rummel: Der *ugs.* Ausdruck für „Lärm, Betrieb; Durcheinander; Jahrmarkt" gehört zu dem heute nur noch *landsch.* gebräuchlichen Verb **rummeln** „dumpf schallen, poltern" (*mhd.* rummeln „lärmen, poltern", vgl. *niederl.* rommelen „poltern, rollen, knurren", *engl.* to rumble „poltern, dröhnen, rasseln", *norw.* rumle „poltern, rasseln"). Dieses Verb ist mit der Nebenform ↑ rumpeln lautnachahmenden Ursprungs.

rumoren „lärmen, poltern; rumpeln; [im Magen] kollern": Das seit dem 15. Jh. bezeugte Verb ist von dem heute veralteten Substantiv **Rumor** „Lärm, Unruhe" (*spätmhd.* rumor) abgeleitet. Dies ist aus *lat.* rumor „dumpfes Geräusch; Gerücht" (im *Mlat.* „Lärm, Tumult") entlehnt (vgl. den Artikel *Rune*).

rumpeln: Das seit *mhd.* Zeit gebräuchliche Verb (*mhd.* rumpeln „poltern, rasseln, lärmen") gehört zu den unter ↑*Rummel* behandelten Lautnachahmungen. Um 'rumpeln' gruppieren sich die Zusammensetzung ↑ überrumpeln (eigentlich „mit Getöse überfallen") und die Substantivbildung ↑ Gerümpel (eigentlich „rumpelnd wackelnder oder zusammenbrechender Hausrat"), beachte auch die Zusammensetzungen **Rumpelkammer** und **Rumpelkasten** sowie den Namen der Märchengestalt **Rumpelstilzchen** (etwa „rumpelnder Kobold, Poltergeist"; der zweite Bestandteil ist eine Verkleinerungsbildung zu dem heute veralteten **Stülz** „Hinkender", vgl. *elsäss.* Stilzer „Hinkender").

Rumpf: Die auf das *dt.* und *niederl.* Sprachgebiet beschränkte Bezeichnung für den Körper ohne Kopf und Glieder (*mhd.* rumpf, *mitteld.*, *mnd.* rump, *niederl.* romp) ist im *germ.* Sprachbereich verwandt mit der *nord.* Sippe von *schwed.* rumpa „Steiß, Schwanz; Hinterteil, Hintern" (aus dem *Nord.* stammt *engl.* rump „Steiß; Hinterteil; Rücken", s. den Artikel *Rumpsteak*). Die *außergerm.* Beziehungen sind unklar. Vielleicht bedeutete 'Rumpf' ursprünglich „[Baum]stamm, Klotz", vgl. *norw.* rump „Steiß, Hinterteil", *mdal.* „Felsbrocken" und *norw. mdal.* ramp „alter morscher Baumstamm".

rümpfen: *Mhd.* rümpfen „kraus, runzlig machen, in Falten legen" steht im Ablaut zu dem im *Nhd.* untergegangenen starken Verb *mhd.* rimpfen, *ahd.* [h]rimpfan „zusammenziehen, krümmen, falten, runzeln", vgl. dazu im *germ.* Sprachbereich *mniederl.* rimpen „runzeln", *niederl.* rimpel „Runzel", rimpelen „runzeln", *aengl.* hrimpan „runzeln", ferner *mhd.* ramph[e] „Krampf". *Außergerm.* eng verwandt ist die Sippe von *griech.* krámbos „eingeschrumpft, dürr, trocken". All diese Wörter gehören mit dem unter ↑*schrumpfen* behandelten Verb zu der Wortgruppe von ↑*Harfe*.

Rumpsteak: Die Bezeichnung für „(kurz gebratene) Scheibe aus dem Rückenstück eines Rindes" wurde im 19. Jh. aus gleichbed. *engl.* rump steak entlehnt. Dessen Bestimmungswort *engl.* rump „Hinterteil, Kreuz; Lende", das aus dem *Nord.* stammt, ist verwandt mit *dt.* ↑*Rumpf*. Über das Grundwort vgl. den Artikel *Steak*.

rund: Das seit *mhd.* Zeit bezeugte Adjektiv (*mhd.* runt) stammt wie entsprechend *niederl.* rond und *engl.* round aus gleichbed. *afrz.* ront, rond (= *frz.* rond). Dies geht auf *lat.* rotundus „rund, abgerundet" zurück, eine Bildung zu *lat.* rota „Rad; Scheibe" (urverwandt mit *dt.* ↑*Rad*). – Ableitungen und Zusammensetzungen: **Rund** „Rundung, Umkreis; Umgebung" (im 17. Jh. aus dem substantivierten Adjektiv *frz.* rond „das Runde; Kreis; Ring"); **Runde** „Kreis; Umkreis; Umgang, Durchgang, Wettkampfabschnitt" (15. Jh., aus gleichbed. *frz.* ronde; zunächst in der Bed. „[Um]kreis"), seit dem Beginn des 17. Jh.s auch in der militärischen Bed. „Wachrunde, Rundgang zur Überprüfung der Wachen und Posten"; **runden** „rund machen; etwas vervollständigen, abschließen, vollenden" (15./16. Jh.; auch reflexiv gebraucht im Sinne von „rund werden; Gestalt annehmen"), dazu verschiedene Zusammensetzungen wie 'abrunden, aufrunden' und **überrunden** „um eine Runde schneller sein"; **rundlich** „annähernd rund; ein wenig dick" (15. Jh.); **Rundung** „rundliche Biegung, Wölbung" (15. Jh.); **Rundfunk** „Übertragung drahtloser Sendungen" (20. Jh.; von dem Funktechniker H. Bredow [1879–1959] als „Funk, der in die Runde ausgestrahlt wird" 1923 geprägt, seit 1924 amtliche Bezeichnung für 'Radio').

Rune: *Mhd.* rūne, *ahd.* rūna "Geheimnis; geheime Beratung; Geflüster", *got.* rūna „Geheimnis; [geheimer] Ratschluß", *aengl.* rūn „Geheimnis; Beratung; Runenzeichen", *aisl.* rūn „Geheimnis; Zauberzeichen; Runenzeichen" beruhen auf *germ.* *rūnō- „Geheimnis", das wahrscheinlich im Sinne von „[heimliches] Flüstern, Tuscheln, Murmeln" zu einer Gruppe von Lautnachahmungen gehört, vgl. z. B. *mhd.* rienen „jammern, klagen", *aengl.* rēonian „heimlich flüstern, sich verschwören; murren, klagen", *norw. mdal.* rjona „schwatzen" und *außergerm.* z. B. *lat.* rumor „Geräusch; Gerücht" (↑rumoren). Von dem *gemeingerm.* Substantiv, dem *air.* rūn „Geheimnis" entspricht, ist das unter ↑*raunen* behandelte Verb abgeleitet (s. auch den Artikel *Alraun[e]*). Im Gegensatz zu 'raunen', das im *Dt.* ständig in Gebrauch blieb (daher diphthongiert), kam das Substantiv in *mhd.* Zeit außer Gebrauch. Erst im 17. Jh. wurde im Rahmen der wissenschaftlichen Beschäftigung mit dem germanischen Altertum 'Rune' als Bezeichnung für das germanische Schriftzeichen neu belebt.

Runge „Halte-, Stützstrebe, Stange" (am Wagen): Das *altgerm.* Substantiv *mhd., mnd.* runge „Stange, Stemmleiste am Wagen", *got.* hrugga „Stab", *niederl.* rong „Sprosse der Leiter am Wagen", *engl.* rung „Leitersprosse" gehört im Sinne von „Rundholz, -stab" zu der unter ↑*Ring* behandelten Wortgruppe.

Runkelrübe: Das Bestimmungswort des seit dem 18. Jh. bezeugten Pflanzennamens gehört wahrscheinlich zu **Runke[n], Runks** *landsch.* für „großes Stück (Brot), Knust". Die Benennung bezieht sich demnach auf die große, derbe Wurzel der Futterpflanze. Neben 'Runke[n]' steht **Ranken** *landsch.* für „großes Stück" (Brot, Fleisch). Die Form 'Runks' ist seit dem 16. Jh. auch als Schimpfwort für einen ungeschliffenen Menschen gebräuchlich. Davon abgeleitet ist das Verb **runksen** *ugs.* für „sich wie ein Flegel benehmen, rücksichtslos [Fußball] spielen" (20. Jh.).

Runse ↑blutrünstig.

Runzel: *Mhd.* runzel, *ahd.* runzula ist eine Verkleinerungsbildung zu dem im *Nhd.* untergegangenen gleichbed. Substantiv *mhd.* runze, *ahd.* runza, das zu dem gleichfalls untergegangenen Substantiv *mhd.* runke „Runzel" gehört. Damit verwandt sind im *germ.* Sprachbereich *schwed.* rynka „Runzel, Falte", *norw.* rynke „Runzel, Falte", *aisl.* hrukka „Runzel", hrøkkva „sich krümmen; zurückweichen", ferner mit anlautendem s- *schwed.* skrynka „runzeln", älter *schwed.* skrynka „Runzel", *engl.* to shrink „schrumpfen, sich zurückziehen", *mniederl.* schrinken „sich zurückziehen". Diese Wortgruppe gehört wohl zu der unter ↑*schräg* dargestellten *idg.* Wurzel. – Abl.: **runz[e]lig** (für älteres 'runzlicht', *mhd.* runzeleht, *ahd.* runziloht); **runzeln** „in Falten zusammenziehen" (*mhd.* runzeln).

Rüpel: Die seit dem 16. Jh. gebräuchliche Bezeichnung für einen flegelhaften Menschen ist eigentlich die als Gattungsname verwendete Kurz- oder Koseform des männlichen Personennamens Ruprecht. Ähnlich wurde früher 'Nickel', die Kurz- oder Koseform von 'Nikolaus', als Gattungsname gebraucht (s. den Artikel *Pumpernickel*); beachte auch die Verwendung von 'Heini' für „dummer Mensch; Versager" im heutigen Sprachgebrauch.

rupfen: *Mhd.* rupfen, ropfen, *ahd.* ropfōn „ausreißen, zupfen, zausen, pflücken" (daneben gleichbed. *mhd.* rüpfen), *mnd.* roppen, *niederd.* ruppen „ausreißen, zupfen" (dazu das aus dem *Niederd.* stammende Adjektiv **ruppig** ursprünglich „gerupft", dann „zerlumpt, arm" und „flegelhaft, grob, ausfallend"), *aisl.* ruppa „rauben, plündern" gehören zu der unter ↑*raufen* behandelten Wortgruppe. Eng verwandt sind im *germ.* Sprachbereich *niederd.* rubben „reiben, kratzen, raufen, zerren" (beachte dazu *ugs.* **rubbeln** „reiben, scheuern") und die *nord.* Sippe von *norw.* rubba „scheuern, ebnen; Fische schuppen".

Rüsche: Die Bezeichnung für den aus gefälteltem Stoff oder geraffter Spitze bestehenden Besatz an Kleidern oder Wäsche wurde im 19. Jh. aus gleichbed. *frz.* ruche (eigentlich „Bienenkorb", nach der Form des Besatzes) entlehnt. Dies geht auf *gall.* rūsca „Rinde" zurück (Bienenkörbe wurden ursprünglich aus Rinde gefertigt).

ruscheln ↑rascheln.

Ruß: Das auf das *dt.* und *niederl.* Sprachgebiet beschränkte Wort (*mhd., ahd.* ruoȥ, *mnd.* rōt, *niederl.* roet) ist unbekannter Herkunft. Abl.: **rußen** (*mhd.* [ge-, über]-ruoȥen); **rußig** (*mhd.* ruoȥec, ahd. ruoȥag).

Rüssel: Die auf das *dt.* Sprachgebiet beschränkte Substantivbildung (*mhd.* rüeȥel) gehört zu dem *altgerm.* Verb *ahd.* ruoȥȥen „wühlen", *niederl.* wroeten „wühlen", *engl.* to root „aufwühlen", *schwed.* rota „wühlen". Das Wort bedeutet demnach eigentlich „Wühler". Zur Bildung beachte z. B. 'Flügel' und 'Wirbel'. – Anders gebildet sind *niederd.* wrōte „Rüssel" und *aengl.* wrōt „Rüssel, Schnauze". *Außergerm.* ist z. B. verwandt *lat.* rodere „nagen, verzehren", rostrum „Schnauze, Schnabel".

rüsten: Das *westgerm.* Verb *mhd.* rüsten, rusten, *ahd.* [h]rusten, *niederl.* rusten, *aengl.* hrystan gehört zu dem im *Mhd.* untergegangenen Substantiv *ahd.* hrust „Rüstung", *aengl.* hryst, hyrst „Ausrüstung; Waffen; Schmuck". Dieses Substantiv ist im *germ.* Sprachbereich wahrscheinlich verwandt mit *aengl.* hrēodan „schmücken", (earm)hrēad „(Arm)schmuck", *aisl.* hrjōđa „schmücken". Die weiteren *außergerm.* Beziehungen sind unklar. – Das *westgerm.* Verb bedeutete ursprünglich „herrichten, ausstatten, schmücken", dann ganz allgemein „bereit-, zurechtmachen, vorbereiten". In *mhd.* Zeit wurde das Verb dann auch im Sinne von „sich vorbereiten, Anstalten treffen" (speziell zu einer Reise oder zum Kampf) gebräuchlich. Auch im heutigen Sprachgebrauch wird 'rüsten' häufig speziell auf die Vorbereitungen zum Kriege bezogen, beachte dazu die Bedeutungsverhältnisse von 'Rüstung' (s. u.) und **abrüsten** „eine Rüstung rückgängig machen" (19. Jh., für *frz.* désarmer; im Sinne von „ein Gerüst abbrechen" bereits 18. Jh.) und **aufrüsten** „die Rüstung verstärken" (1. Hälfte des 20. Jh.s, für *frz.* réarmer). Fachsprachlich wird 'rüsten' im Sinne von „ein Gerüst bauen" verwendet. – Abl.: **rüstig** „[noch] kraftvoll, regsam" (*mhd.* rüstec „gerüstet, bereit", *ahd.* hrustīg „geschmückt"; die heute übliche Bedeutung entwickelte sich in *frühnhd.* Zeit aus „bereit [zum Kampf oder Krieg], tatkräftig"); **Rüstung** „Vorbereitung; Kriegsvorbereitung; mittelalterliches Kampfgewand, Trägergerüst" (16. Jh.; zuvor schon *ahd.* rustunga „Werkzeug"); **Gerüst** (s. d.). Zus.: **Rüstzeug** „Werkzeug" (16. Jh.). Beachte auch die Präfixbildung **entrüsten** „in Unwillen versetzen", gewöhnlich reflexiv „unwillig werden, aufgebracht sein" (*mhd.* entrüsten „die Rüstung abnehmen, entwaffnen; aus der Fassung bringen, in Zorn versetzen"), dazu **Entrüstung** „das Entrüstetsein, Empörung" (18. Jh.).

Rüster: Der auf das *dt.* Sprachgebiet beschränkte Baumname ist, wie z. B. auch 'Flieder', 'Holunder' und 'Wacholder', mit dem *germ.* Baumnamensuffix -đr[a]- (vgl. den Artikel *Teer*) gebildet. Der erste Wortteil (*mhd.* rust „Ulme") ist unbekannter Herkunft.

rüstig, Rüstung, Rüstzeug ↑rüsten.

rustikal „ländlich-schlicht, bäuerlich": Das seit dem 18. Jh. gebräuchliche Adjektiv ist aus gleichbed. *mlat.* rusticalis entlehnt. Dies gehört zu *lat.* rusticus „ländlich, zum Lande gehörig", einer Bildung zu *lat.* rus „Land".

Rute: *Mhd.* ruote „Gerte; Zucht-, Zauber-, Wünschelrute; Stab; Stange; Meßstange; Ruder[stange]", *ahd.* ruota „Gerte; Stange; Meßstange", *niederl.* roe[de] „Gerte, Rute; Stange", *engl.* rood „Rute", *aisl.* rođa „Rute, Stange, Kreuz" sind vermutlich verwandt mit der *slaw.* Wortgruppe von *russ.* ratovišče „Lanzenschaft". Die weiteren Beziehungen sind dunkel. – Heute bezeichnet 'Rute' häufig speziell das Züchtigungswerkzeug, weidmännisch den Schwanz des Haarraubwildes und den Penis des Schalenwildes. Als Maßbezeichnung ist 'Rute' veraltet. Siehe auch die Artikel *Spießrute* und *Wünschelrute*.

rutschen: Das seit dem 15. Jh. bezeugte Verb ist – wie z. B. auch 'flutschen' *ugs.* für „schnell vonstatten gehen" – wahrscheinlich lautnachahmenden Ursprungs. Dazu stellen sich die vorwiegend in der Umgangssprache gebräuchlichen Bildungen **Rutsch** „Gleiten; Sturz; kleine Reise" (beachte dazu die Zusammensetzung 'Erdrutsch' und die Wunschformel 'guten Rutsch!'), **Rutsche** „Gleitbahn; schräge Fläche, Abhang", **rutschig** „glatt, schlüpfrig".

Rutte ↑Aal.

rütteln: *Mhd.* rütteln, rütelen „schütteln, hin und her bewegen, in Erschütterung versetzen" ist eine Iterativ-Intensiv-Bildung zu gleichbed. *mhd.* rütten, das im *Nhd.* in der Präfixbildung ↑*zerrütten* bewahrt ist.

S

Saal: *Mhd., ahd.* sal „Halle, Saal; Wohnung, Gebäude; Tempel, Kirche", *niederl.* zaal „Saal", *aengl.* sæl, sele „Zimmer, Wohnung; Halle, Saal; Gebäude; Palast", *aisl.* salr „Gebäude; Saal" (*schwed.* sal „Saal; Speisezimmer") gehen zurück auf *germ.* *salaz, -iz (*sali-), das das aus einem Raum bestehende Haus der Germanen bezeichnete. Dazu stellen sich im *germ.* Sprachbereich z. B. die Bildungen *got.* saljan „Herberge finden, bleiben", saliþwōs *Plural* „Herberge; Speiseraum", *ahd.* selida, *mhd.* selde „Wohnung, Haus, Unterkunft". Eine nur *dt.* Bildung ist das unter ↑*Geselle* (eigentlich „der mit jemandem denselben Wohnraum teilt") behandelte Wort. Die *germ.* Bezeichnung des Einraumhauses drang auch in die *roman.* Sprachen, vgl. *frz.* salle „Saal; Zimmer", *it.* sala „Saal", salone „großer Saal" (↑Salon). – *Außergerm.* verwandt ist die *baltoslaw.* Sippe von *russ.* selo „Acker; Dorf". Die *germ.* und *baltoslaw.* Wörter bezeichneten ursprünglich den eingehegten, durch Flechtwerk oder Zäune geschützten Wohn- und Siedlungsraum. Zus.: **Saaltochter** *schweiz.* für „Kellnerin" (eigentlich „Speisesaalmädchen", vgl. *Tochter*).

Saat: *Mhd., ahd.* sāt, *got.* -sēþs (in mannasēþs „Menschensaat, Menschheit"), *schwed.* säd und die anders gebildeten *niederl.* zaad, *engl.* seed gehören zu der unter ↑*säen* dargestellten *idg.* Wurzel, vgl. z. B. aus anderen *idg.* Sprachen *lat.* satus „gesät", satio und satus „das Säen; Saat". Ursprünglich bezeichnete 'Saat' die Handlung des Säens, dann das Ausgesäte und schließlich das, was aus dem Gesäten hervorsprießt.

Sabbat ↑Samstag.

sabbern (*ugs.* für:) „Speichel ausfließen lassen, geifern": Das aus dem *Niederd.-Ostmitteld.* stammende Verb (vgl. *mnd.* sabben „speicheln, geifern, beim Essen sudeln") gehört wahrscheinlich zu der unter ↑*Saft* behandelten Wortgruppe. Zum Verb stellt sich das vorwiegend *nordd.* und *mitteld. ugs.* gebräuchliche Substantiv **Sabber** „ausfließender Speichel". Neben 'sabbern' ist auch **sabbeln** *ugs.* für „geifern; beim Essen sudeln; schwatzen" gebräuchlich, beachte dazu **Sabbel** *nordd., mitteld.* für „Speichel". Damit verwandt sind im *germ.* Sprachbereich *niederl.* sabbelen (*mdal.* auch: sabberen) „geifern, beim Essen sudeln", *norw.* sabbe „sudeln; langsam und schleppend gehen", *schwed. mdal.* sabba „schlabbern, sudeln; trödeln".

Säbel: Der seit dem 15. Jh. bezeugte Name der einschneidigen Hiebwaffe ist – wahrscheinlich über gleichbed. *poln.* szabla – aus *ung.* szablya „Säbel" entlehnt. Dieses Wort gehört zu *ung.* szabni „schneiden" und bedeutet demnach eigentlich „Schneide".

sabotieren „planmäßig zerstören, beeinträchtigen (insbesondere militärische und wirtschaftliche Einrichtungen); hintertreiben, vereiteln": Das Verb wurde im 20. Jh. aus gleichbed. *frz.* saboter entlehnt, das als Ableitung von *frz.* sabot „Holzschuh; Hemmschuh" eigentlich „mit den Holzschuhen treten" bedeutet. Der moderne Gebrauch des Wortes ergibt sich als Erweiterung der übertragenen Bed. „trampeln, ohne Sorgfalt arbeiten, flickschustern". – Dazu stellen sich: **Sabotage** „planmäßige Zerstörung, vorsätzliche Beeinträchtigung" (20. Jh.; aus gleichbed. *frz.* sabotage) und **Saboteur** „jemand, der Sabotage treibt" (20. Jh.; aus gleichbed. *frz.* saboteur).

Saccharin, Sacharin: Das Fremdwort für „Süßstoff" ist eine gelehrte Bildung des 19. Jh.s zu *lat.* saccharum „Zucker". Dies stammt aus *griech.* sákcharon „Zuckersaft", das gleichen Ursprungs ist wie unser Lehnwort ↑Zucker.

Sache: Das im heutigen Sprachgebrauch gewöhnlich im allgemeinen Sinne von „Ding, Gegenstand, Angelegenheit" verwendete Wort stammt aus der *germ.* Rechtssprache und bezeichnete ursprünglich die Rechtssache, den Rechtsstreit vor Gericht. Zur Bedeutungsentwicklung von „Rechtssache, Prozeß" zu „Sache, Angelegenheit" vgl. z. B. *frz.* chose „Sache, Angelegenheit", dem *lat.* causa „Rechtssache, Rechtsstreit" zugrunde liegt (beachte auch die Bedeutungsgeschichte von 'Ding', das ursprünglich „Gericht" bedeutete). – *Mhd.* sache, *ahd.* sahha „Rechtssache, Rechtsstreit; Angelegenheit, Ding; Ursache, Grund", *niederl.* zaak „Sache, Angelegenheit, Geschäft", *aengl.* sacu „Rechtsstreit, Prozeß; Fehde", *schwed.* sak „Rechtssache; Sache, Angelegenheit, Ding" gehören zu dem im *Mhd.* untergegangenen starken Verb *ahd.* sahhan „prozessieren; streiten; schelten" (s. den Artikel *Widersacher*), *got.* sakan „streiten; schelten", *aengl.* sacan „anklagen; streiten, prozessieren; tadeln". Dieses Verb steht im Ablaut zu dem unter ↑*suchen* behandelten Verb und bedeutete ursprünglich „eine Spur verfolgen, (einen Täter) suchen". – Die alte rechtliche Geltung von 'Sache' ist heute noch deutlich erkennbar in der Zusammensetzung **Sachwalter** „[Rechts]anwalt, Verteidiger" (*mhd.* sachwalter), beachte auch die Formel 'in Sachen' (X gegen Y). Verblaßt ist dagegen der rechtliche Sinn in Wendungen wie 'gemeinsame Sache machen' und in Zusammensetzungen wie 'Hauptsache' (vgl. *Haupt*) und 'Ursache' (s. d.). Abl.: **sachlich** „die Sache betreffend, zur Sache gehörig; unvoreingenommen" (1. Hälfte des 19. Jh.s), dazu **Sachlichkeit** und **versachlichen; sächlich** „mit neutralem Geschlecht" (18. Jh. in der Bed. „die Sache betreffend" und als grammatischer Terminus; in der ersten Bedeutung durch 'sachlich' [s. o.] verdrängt). – Groß ist die Zahl der Zusammensetzungen mit 'Sache' als Bestimmungs- oder als Grundwort, beachte z. B. 'sachgemäß, sachdienlich, Sachlage, Sachverhalt, Sachverständiger' und 'Ansichtssache, Dienstsache, Nebensache'.

sacht „behutsam; leise; gemächlich, langsam": Das aus dem *Niederd.* stammende Adjektiv (*mnd.[-mniederl.]* sachte), das sich vom Niederrheingebiet ausgehend seit dem 16. Jh. allmählich auch im *Mitteld.* und *Oberd.* durchgesetzt hat, ist die Entsprechung von *hochd.* ↑*sanft.* Zu *niederd.-niederl.* -cht- statt *hochdt.* -ft- vgl. den Artikel *Gracht.*

Sack: Das *altgerm.* Substantiv *mhd., ahd.* sac, *got.* sakkus („Trauer-, Bußgewand aus grobem Stoff"), *niederl.* zak, *aengl.* sacc > *engl.* sack (daneben *aengl.* sæcc, das die *nord.* Sippe von entsprechend *schwed.* säck lieferte) beruht auf einer sehr frühen Entlehnung im Rahmen des römisch-germanischen Kaufhandels aus *lat.* saccus „Sack". Das *lat.* Wort ist Lehnwort aus *griech.* sákkos „grober Stoff aus Ziegenhaar; (aus solchem Material hergestellter) Sack; grober Mantel; Trauer-, Büßerkleid". Das Wort ist *semit.* Ursprungs (vgl. *hebr.* śaq „Stoff aus

Haar; Sack"). – Ableitungen und Zusammensetzungen: [1]**sacken** (*landsch.* für:) „in einen Sack füllen, verpacken" (15. Jh.; nicht zu verwechseln mit dem unverwandten Zeitwort [2]sakken „sich senken, absinken"; ↑versacken), dafür meist das zusammengesetzte Verb **einsakken; Sacktuch** „Sackleinwand" (*mhd.* sactuoch, seit dem 18./19. Jh. auch für „Taschentuch, Schnupftuch", vorwiegend *südd. ugs.* gebräuchlich); **Sackgasse** „Straße, die nur einen Ausgang hat" (Anfang 18. Jh.; für älteres 'Sack', das schon im 17. Jh. im gleichen Sinne galt). Siehe auch die Artikel *Säckel* und *Sakko.*

Säckel: Der besonders *südd.* und *österr.* Ausdruck für „Portemonnaie, Geldbeutel" ist keine Verkleinerungsbildung zu *dt.* ↑*Sack,* sondern direkt entlehnt aus *lat.* saccellus, das wie *lat.* sacculus eine Verkleinerung zu saccus „Sack" (s. d.) ist. Das Wort wird heute besonders in Zusammensetzungen wie 'Staats-, Stadtsäckel' scherzhaft zur Bezeichnung des Fiskus bzw. der Finanzverwaltung einer Kommune gebraucht.

Sackpfeife ↑dudeln.

Sadismus „Lust am Quälen, an Grausamkeiten (und die anormale Veranlagung, dabei zu sexueller Erregung zu gelangen)": Das Fremdwort wurde Ende des 19. Jh.s von A. Krafft-Ebing aus gleichbedeutend *frz.* sadisme in die Fachsprache der Psychologie und Psychiatrie entlehnt. Es ist gebildet zum Namen des französischen Schriftstellers A. F. Marquis de Sade (1740–1814), der in seinen Romanen und Erzählungen Sexualität in gewalttätig-grausamer Form darstellte. Seit dem Beginn des 20. Jh.s wird das Wort dann auch allgemein im Sinne von „Freude am Quälen; Grausamkeit" verwendet. – Abl.: **Sadist** „jemand, der Freude daran hat, andere zu quälen (und dabei sexuelle Erregung empfindet)" (Ende des 19. Jh.s); **sadistisch** „den Sadismus betreffend; Lust bei Quälereien empfindend; grausam" (20. Jh.).

säen: Das *gemeingerm.* Verb *mhd.* sǣ[je]n, *ahd.* sāen, *got.* saian, *engl.* to sow, *schwed.* så gehört mit den unter ↑*Saat* und ↑*Same* behandelten Wörtern zu der *idg.* Wurzel *sē[i]- in der Bedeutungswendung „säen", vgl. z. B. aus anderen *idg.* Sprachen *lat.* serere (sevi, satum) „säen", satio „das [Aus]säen, Saat" (↑Saison), semen „Samen" (↑Seminar) und die *baltoslaw.* Sippe von *russ.* sejat' „säen". Diese *idg.* Wurzel bedeutete ursprünglich etwa „schleudern, werfen, [aus]streuen, fallen lassen", vgl. dazu z. B. *aind.* sā̆yaka-ḥ, -m „Wurfgeschoß, Pfeil", prá-siti-ḥ „das Dahinschießen, Ansturm; Schuß, Wurf; Geschoß". Die Bed. „säen" hat sich demnach aus „(Korn, Samen) werfen, ausstreuen" entwickelt. Auf einem Bedeutungsübergang von „werfen, fallen lassen" zu „loslassen, nachlassen, ermatten, säumen" beruhen die unter ↑*seit* (eigentlich „später") und ↑*Seite* (eigentlich „schlaff Herabhängendes, Flanke") behandelten Wörter; vgl. zu dieser Bedeutungswendung z. B. noch *got.* sainjan „säumen, zögern", *aisl.* seim „langsam, spät", *mhd.* seine „langsam, träge" und *lat.* sinere „lassen", serus „spät". – Zus.: **Sämann** (15. Jh.).

Safari: Die Bezeichnung für „kleinere [Jagd]expedition" wurde in der 1. Hälfte des 20. Jh.s aus *Suaheli* safari „Reise" entlehnt. Dies geht auf *arab.* safer „Reise" zurück. Heute wird 'Safari' auch im Sinne von „Gesellschaftsreise (in afrikanische Großwildgebiete)" verwendet, beachte die Zus. 'Fotosafari'.

Safe „Geldschrank; Bank-, Schließfach": Das Fremdwort wurde im ausgehenden 19. Jh. aus gleichbed. *engl.* safe entlehnt. Dies ist substantiviert aus dem *engl.* Adjektiv safe „unversehrt; sicher", bedeutet also eigentlich „der Sichere". Das *engl.* Adjektiv ist aus *afrz.* (= *frz.*) sauf übernommen, das auf *lat.* salvus „gesund, heil" (vgl. den Artikel *Salve*) beruht.

Saffian: Die Bezeichnung für „feines Ziegenleder" wurde im 17. Jh. über gleichbedeutend *russ.* saf'jan aus *türk.* sahtiyan entlehnt, das seinerseits aus *pers.* saḫtiyān „Saffian" stammt.

Saft: Das *westgerm.* Wort *mhd.* saf[t], *ahd.* saf, *niederl.* sap, *engl.* sap ist im *germ.* Sprachbereich verwandt mit der *nord.* Sippe von *aisl.* safi „in Bäumen aufsteigender Saft", vgl. auch die unter ↑*sabbern* behandelten Wörter. *Außergerm.* ist z. B. *lat.* sapa „Most" verwandt. – Die Form mit sekundärem t (*mhd.* saft) ist seit dem 14. Jh. bezeugt. Abl.: **saftig** „voller Saft; *(ugs.:)* derb, unanständig" (*mhd.* saffec); **saften** „Saft herstellen" (*mhd.* saffen „Saft gewinnen; saftig sein"), beachte dazu **entsaften** „den Saft entziehen" (dazu **Entsafter**) und **versaften** „zu Saft verarbeiten".

Sage: Das *westgerm.* Substantiv *mhd.* sage, *ahd.* saga, *niederl.* (*hochd.* beeinflußt) sage, *aengl.* sagu (*engl.* saw „Redensart, Spruch") ist eine Bildung zu dem unter ↑*sagen* behandelten Verb und bedeutet eigentlich „Gesagtes". Es wurde in den älteren Sprachzuständen im Sinne von „Rede, Bericht, Erzählung, Gerücht" gebraucht, vgl. das anders gebildete *aisl.* saga „Erzählung, Bericht" (beachte dazu **Saga** als fachsprachliche Bezeichnung für die altisländische oder altnorwegische Prosaerzählung). – Die heute übliche Verwendung von 'Sage' als Bezeichnung für eine Prosaerzählung über Begebenheiten, die geschichtlich nicht beglaubigt sind, setzte sich im 18. Jh. durch.

Säge: Die *nhd.* Form geht über *mhd.* sege auf *ahd.* sega zurück, das im Ablaut zu dem gleichbedeutenden *altgerm.* Substantiv *mhd.* sage, *ahd.* saga, *niederl.* zaag, *engl.* saw, *schwed.* såg steht. Diese Wörter gehören im Sinne von „Werkzeug zum Schneiden" zu der *idg.* Wurzel *sĕk- „schneiden", vgl. z. B. die *baltoslaw.* Sippe von *russ.* seč' „schneiden" und *lat.* secare „schneiden" (s. die Fremdwortgruppe um *sezieren,* zu der ↑Segment, ↑Sektor, ↑Insekt gehören), secula „kleine Sichel" (↑Sichel), signum „Zeichen, Kennzeichen", eigentlich „Einschnitt, Eingekerbtes" (s. die umfangreiche Fremdwortgruppe um *Signum,* zu der z. B. 'signieren, resignieren, Signal, Siegel' und 'segnen' gehören). Aus dem *germ.* Sprachbereich stellen sich zu dieser Wurzel auch die unter ↑*Sense* (*ahd.* segensa) und ↑*Segel* (eigentlich wohl „abgeschnittenes Stück Tuch") behandelten Wörter, ferner als „Gerät zum Schneiden" der zweite Bestandteil der unter ↑*Messer* behandelten alten Zusammensetzung (*ahd.* mezzisahs). Hierher gehört auch der aus dem *Niederd.* übernommene Pflanzenname **Segge** (vgl. gleichbed. *niederl.* zegge, *engl.* sedge). Das Riedgras ist nach seinen schneidenden Blatträndern benannt. Abl.: **sägen** (*mhd.* segen, *ahd.* segōn, daneben *mhd.* sagen, *ahd.* sagōn). Zus.: **Sägefisch** (17. Jh.); **Sägemehl** (um 1500); **Sägemühle** (*mhd.* segemül).

sagen: Das *altgerm.* Verb *mhd.* sagen, *ahd.* sagēn (Neubildung), *niederl.* zeggen, *engl.* to say, *schwed.* säga ist z. B. verwandt mit *lat.* in-seque „sag an!, erzähle!" und mit der *baltoslaw.* Sippe von *lit.* sakýti „sagen, erzählen". Diese Wörter gehören im Sinne von „sehen lassen, zeigen" oder „bemerken" zu der unter ↑*sehen* dargestellten *idg.* Wortgruppe. – Um 'sagen' gruppieren sich die Bildungen ↑Sage und **unsagbar** „unaussprechlich, unvorstellbar groß" (*mhd.* unsagebære) und **unsäglich** „unvorstellbar groß" (*mhd.* unsegelich, -sagelich; wie auch 'unsagbar' eigentlich „was sich nicht sagen läßt"). Wichtige Präfixbildungen und Zusammensetzungen mit 'sagen' sind **absagen** „abbestellen, rückgängig machen; sich lossagen, entsagen" (*mhd.* ab[e]sagen „zurückweisen; Fehde ankündigen; verkünden"), dazu **Absage** (*mhd.* abesage „Aufkündigung der Freundschaft; Fehdebrief", *ahd.* abesaga „Verneinung"); **ansagen** „ankündigen, mitteilen" (*mhd.* an[e]sagen, *ahd.* anasagēn „eingestehen; zusagen, versprechen; anklagen"), dazu **Ansage** und **Ansager; aussagen** „[vor Gericht] bekunden, mitteilen" (*mhd.* ūzsagen „aussprechen; aufsagen"), dazu **Aussage; besagen** „ausdrücken, meinen" (*mhd.* besagen „sagen; aussagen, bezeugen; anklagen"; *ahd.* bisagēn „zusprechen"); **entsagen** „verzichten" (*mhd.* entsagen, *ahd.* intsagēn „aufkündigen; Fehde ankündigen (nur *mhd.*); entschuldigen, verteidigen; absprechen, entziehen; leugnen"), dazu **Entsagung,** beachte auch die Bildung **entsagungsvoll; untersagen** „verbieten" (*mhd.* undersagen, *ahd.* untarsagēn „gesprächsweise mitteilen", dann auch „verbieten", nach *lat.* interdicere); **versagen** „abschlagen, verweigern; nicht funktionieren" (*mhd.* versagen, *ahd.* farsagēn), dazu **Versager** „jemand, der das Erwartete nicht leisten kann; Fehler, Ausfall"; **zusagen** „zustimmen; versprechen; gefallen" (*mhd.* zuosagen), dazu **Zusage.**

Sago „gekörntes Stärkemehl aus Palmenmark": Das Fremdwort wurde im 18. Jh. durch Vermittlung von entsprechend *engl., niederl.* sago aus *indones.* (veraltet) sago (heute: sagu) „mehlartiges Pflanzenmark der Sagopalme" entlehnt.

Sahne: Das seit dem 15. Jh., zunächst *mitteld.* und *niederd.* bezeugte Wort stammt vermutlich aus dem *Niederl.* (vgl. *mniederl.* sāne, *südniederl.* zaan), und zwar wurde es wahrscheinlich im 12. Jh. von den niederländischen Siedlern in der Mark Brandenburg übernommen. Die weitere Herkunft des Wortes ist dunkel. Abl.: **sahnig** (19. Jh.). Zus.: **Schlagsahne** (19. Jh.).

[1,2]**Saint** ↑Sankt.

Saison „Hauptbetriebs-, Hauptgeschäfts-, Hauptreisezeit": Das Fremdwort wurde im 17. Jh. aus entsprechend *frz.* saison entlehnt, das zunächst allgemein „Jahreszeit" bedeutet, dann im engeren Sinne „günstige, für bestimmte Geschäfte usw. geeignete Jahreszeit". Das *frz.* Wort geht wohl zurück auf *lat.* satio (Akkusativ: sationem) „Aussaat" (zu *lat.* serere, satum „säen, pflanzen", verwandt mit *dt.* ↑*säen*), das im *Vlat.* die Bed. „Zeit der Aussaat" angenommen haben muß. Eine Bildung zu 'Saison' ist das Adjektiv **saisonal** „die Saison betreffend" (Mitte des 20. Jh.s), das wohl beeinflußt ist von gleichbed. *engl.* seasonal (von *engl.* season „Saison" < *afrz.* seison = *frz.* saison).

Saite: *Mhd.* seite, *ahd.* seita, daneben seito „Strick; Schlinge, Fallstrick; Fessel; Darmsaite", *aengl.* sāda „Strick; Halfter; Saite", *aisl.* seiðr „Band, Gürtel" gehören mit den unter ↑*Seil* und ↑*Sehne* behandelten Wörtern zu der *idg.* Wurzel *sēi- „binden", vgl. z. B. *aind.* syáti, sināti „bindet", sḗtu-ḥ „Band, Fessel", *lit.* siẽtas „Strick", saĩtas „Strick, Leine, Kette, Band", *russ.* set' „Netz". – Heute bezeichnet 'Saite' nur noch den aus Därmen, Metall oder Kunststoff hergestellten dünnen, elastischen Tonerzeuger. Die seit dem 17. Jh. übliche Schreibung mit -ai- dient zur Unterscheidung von 'Seite'. Abl.: **besaiten** „mit Saiten bespannen" (18. Jh.; beachte besonders das auch übertragen verwendete 2. Partizip **besaitet**).

Sakko: Die Bezeichnung für „Jackett" ist eine italienisierende Bildung des ausgehenden 19. Jh.s zu ↑*Sack*. Schon vorher nannte man einen modischen, nicht auf Taille gearbeiteten, sondern gleichsam sackförmig geschnittenen Männerrock 'Sack' nach dem Vorbild von gleichbed. *engl.* sack.

sakral „heilig; den Gottesdienst betreffend, kultisch": Das Adjektiv ist eine Neubildung des 19. Jh.s zu *lat.* sacer „heilig" (vgl. *Sakrament*).

Sakrament „göttliche Gnade vermittelnde kirchliche Handlung (und das entsprechende Gnadenmittel)": Das aus der Kirchensprache stammende Fremdwort (*mhd.* sagkermente, sacrament), das verschiedene in der christlichen Kirche geübte heilige Handlungen (wie Taufe, Abendmahl, Firmung, Krankensalbung u. a.) bezeichnet, ist aus *kirchenlat.* sacramentum „religiöses Geheimnis, Mysterium" entlehnt, das *lat.* sacramentum „Weihe, Verpflichtung [zum Kriegsdienst]; Treueid" in den religiösen Bereich überträgt. Zugrunde liegt das *lat.* Verb sacrare „(einer Gottheit) weihen, widmen; heilig machen". Dessen Stammwort ist *lat.* sacer „heilig, geweiht", das wohl verwandt ist mit *lat.* sancire „heiligen; unverbrüchlich und unverletzlich machen; bekräftigen, besiegeln usw.", sanctus „heilig; unverletzlich" (s. die Fremdwörter Sanktion, sanktionieren und Sankt). Die außeritalischen Beziehungen der Wortgruppe sind nicht gesichert. – Aus 'Sakrament' ist (aus religiöser Scheu) das vor allem in Süddeutschland gebräuchliche **sakra!** „verdammt!" gekürzt. – Vgl. noch die auf Bildungen zu *lat.* sacer beruhenden Fremdwörter *sakral* und *Sakristei*.

Sakristei: Die seit dem 13. Jh. bezeugte Bezeichnung des für den Aufenthalt des Geistlichen und für die Aufbewahrung der gottesdienstlichen Geräte bestimmten Nebenraumes der Kirche (*mhd.* sacristīe) ist aus gleichbed. *mlat.* sacristia entlehnt, einer Bildung zu *lat.* sacer „heilig, geweiht" (vgl. *Sakrament*).

...sal: Das heute nicht mehr produktive Ableitungssuffix ist nicht – wie z. B. ↑...heit – aus einem ursprünglich selbständigen Substantiv hervorgegangen, sondern tritt schon in den frühesten Sprachzuständen als Wortbildungsmittel auf. Mit *idg.* *-slo- sind so im *Baltischen* z. B. gebildet *apreuß.* kersle „Axt" und *lit.* kerslas „Messerchen zum Öffnen der Vene beim Aderlaß", im *Slaw.* z. B. *abulg.* veslo „Ruder" und *russ.* čereslo „Pflugmesser". Im *Germ.* tritt das Suffix z. B. in *anord.* smyrsl „Salbe" und in *got.* hunsl „Opfer" auf. Es wurde dann im *Ahd.* weiterentwickelt zu -(i)sal, vgl. *ahd.* truobisal „Trübsal". Mit '...sal' wurden hauptsächlich Ableitungen von Verben gebildet wie etwa 'Labsal, Rinnsal, Schicksal'. Ableitungen von Substantiven sind z. B. 'Drangsal, Mühsal', eine adjektivische Ableitung ist 'Trübsal'. – Im *Mhd.* hat sich unbetontes '-sal' zu '-sel' abgeschwächt (*ahd.* wehsal > *mhd.* wehsel „Wechsel"), das unserem Ableitungssuffix **...sel** zugrunde liegt. Mit '...sel' werden nur Ableitungen von Verben gebildet (vgl. etwa 'Anhängsel, Einsprengsel, Füllsel, Überbleibsel'). Die zahlreichen Bildungen mit **...selig** sind zumeist Ableitungen von Substantiven auf '...sal' nachgebildet: 'Mühsal – mühselig', danach z. B. 'feind-, red-, rührselig'. Sie werden heute aber vom Sprachgefühl her zum Adjektiv ↑selig gestellt.

Salamander: Der Name des zur Familie der Schwanzlurche gehörenden Tieres (*mhd.* salamander) führt über *lat.* salamandra auf gleichbed. *griech.* salamándrā zurück, dessen Herkunft unsicher ist.

Salami: Die Bezeichnung für eine luftgetrocknete, kräftig gewürzte Dauerwurst wurde im 19. Jh. aus *it.* salame „Salzfleisch; Schlackwurst" entlehnt, das auf einer Bildung zu *lat.* sal (> *it.* sale) „Salz" (vgl. *Saline*) beruht.

Salat: Das seit *spätmhd.* Zeit bezeugte Substantiv ist aus einer älteren Mundartform salata von *it.* insalata „eingesalzene, gewürzte Speise; Salat" entlehnt, einer Bildung zu *it.* insalare „einsalzen". Das zugrundeliegende einfache Verb *it.* salare (= *frz.* saler, *span.* salar) „salzen" beruht auf *vlat.* *salare „salzen, in Salz einlegen", das für gleichbed. *lat.* sal[l]ire, sallere steht. Über das Stammwort *lat.* sal "Salz" vgl. den Artikel *Saline*. – Gleicher Herkunft (aus dem *It.*) wie unser *dt.* Wort Salat sind auch gleichbed. *frz.* salade und *span.* ensalada.

Salbader „langweiliger [frömmelnder] Schwätzer": Das seit dem 17. Jh. zuerst in der Bed. „seichtes Geschwätz" bezeugte Wort ist unbekannter Herkunft. Abl.: **salbadern** „salbungsvoll-frömmelnd langatmig reden" (um 1800).

Salbe: Das *westgerm.* Wort *mhd.* salbe, *ahd.* salba, *niederl.* zalf, *engl.* salve ist z. B. verwandt mit *tochar. B* ṣalype „Fett, Öl", *aind.* sarpí-ḥ „ausgelassene Butter, Schmalz" und *griech.* élpos „Öl, Fett, Talg". – Vom Substantiv abgeleitet ist das *gemeingerm.* Verb **salben** (*mhd.* salben, *ahd.* salbōn, *got.* salbōn, *niederl.* zalven [↑Quacksalber], *engl.* to salve, *schwed.* salva). Zu 'salben' gebildet ist **Salbung** (*mhd.* salbunge), dazu **salbungsvoll** „übertrieben weihevoll (und frömmelnd)" (18. Jh.).

Saldo „Ausgleich (Unterschiedsbetrag) zwischen den beiden Seiten eines Kontos": Der Ausdruck der Kaufmannssprache wurde Anfang des 17. Jh.s aus entsprechend *it.* saldo entlehnt, das postverbal zu *it.* saldare „festmachen; (ein Konto) ausgleichen" gehört. Das Wort 'Saldo' bezeichnet demnach den „festen Bestandteil", der bei einer Kontoführung verbleibt. – *It.* saldare, das im 16. Jh. unser Verb **saldieren** „(ein Konto, eine Rechnung) durch Saldo ausgleichen" lieferte, ist seinerseits abgeleitet von *it.* saldo „fest". Diesem voraus liegt ein *vlat.* Adjektiv *saldus, das für *klass.-lat.* solidus „fest" (vgl. *solid[e]*) steht.

Saline „Anlage zur Gewinnung von Kochsalz; Gradierwerk": Das seit dem 18. Jh. bezeugte Fremdwort geht auf *lat.* salinae „Salzwerk, Salzgrube" zurück. Das zugrundeliegende Adjektiv *lat.* salinus „zum Salz gehörig" ist von *lat.* sal (salis) „Salz" abgeleitet (urverwandt mit *dt.* ↑*Salz*). – Andere zu *lat.* sal oder zu dessen *roman.* Abkömmlingen gehörende Ableitungen und Weiterbildungen erscheinen in den Fremdwörtern ↑Salami, ↑Salat, ↑Soße. Beachte auch die Fremdwörter ↑Salmiak und ↑Salpeter, in denen *lat.* sal erster Bestandteil ist.

Salizin: Die wissenschaftliche Bezeichnung für einen besonders in der Rinde einiger Weidenarten vorkommenden Bitterstoff, der in der Medizin als Fiebermittel verwendet wird, ist eine *nlat.* Ableitung von *lat.* salix (salicis) „Weide" (verwandt mit *dt.* ↑*Salweide*). – Von 'Salizin' ist **Salizylsäure** (Name einer antibakteriellen, fäulnishemmenden kristallinen Substanz) abgeleitet, die 1838 zum ersten Mal aus Salizin gewonnen wurde.

[1]Salm: Die vorwiegend in den Rheingebieten gebräuchliche Bezeichnung für „Lachs" (*mhd.* salme, *ahd.* salmo) ist aus *lat.* salmo „Lachs" entlehnt, das auch *frz.* saumon „Lachs" zugrunde liegt.

[2]Salm ↑Psalm.

Salmiak „Ammoniumchlorid": Das zuerst im 14./15. Jh. als salarmaniak, salmiak belegte Substantiv ist verkürzt aus *mlat.* sal armoniacum, *klass.-lat.* sal armeniacum, das als eine Lehnübersetzung aus dem *Arab.* eigentlich „armenisches Salz" (nach dem Herkunftsland) bedeutet und früh mit *lat.* sal Ammoniacum verwechselt wurde, das chemisch verschieden ist (vgl. *Ammoniak*).

Salon „großes Gesellschafts- und Empfangszimmer", in neuester Zeit auch übertragen als Bezeichnung für einen großzügig und elegant ausgestatteten Geschäftsraum (beachte Zusammensetzungen wie 'Friseursalon'): Das Wort wurde im 17. Jh. über gleichbed. *frz.* salon aus *it.* salone „großer Saal, Festsaal" entlehnt, einer Vergrößerungsbildung zu *it.* sala (= *frz.* salle) „Saal" (vgl. *Saal*).

salopp „betont ungezwungen, lässig; nachlässig (bes. in der Kleidung)": Das Adjektiv wurde im 18. Jh. aus gleichbed. *frz.* salope entlehnt, dessen etymologische Zugehörigkeit nicht gesichert ist.

Salpeter: Das Substantiv *mhd.* salpeter stammt vielleicht von *lat.* sal petrae „Salpeter", eigentlich „Salz des Steins", das wohl so genannt wurde, weil Salpeter sich am Gestein in Höhlen bildet. Andererseits kann *mhd.* salpeter aus *mhd.* salniter „Salpeter" entstanden sein, das von *lat.* sal nitrum „Salpeter", eigentlich „Natronsalz", stammt. *Lat.* nitrum „Natron" ist aus gleichbed. *griech.* nítron entlehnt, das wie das *hebr.* nẹṯẹr „Natron" auf *ägypt.* nṯr(j) „Natron" zurückgeht.

Salto: Der Ausdruck für „Luftrolle, freier Überschlag" wurde im 19. Jh. aus *it.* salto „Sprung, Kopfsprung" entlehnt, das auf *lat.* saltus „das Springen, der Sprung" zurückgeht. Stammwort ist *lat.* salire „springen, hüpfen", das mit gleichbed. *griech.* hállesthai verwandt ist (↑Halma). – Zu *lat.* salire stellt sich das Intensiv *lat.* saltare „springen; tanzen", dessen Kompositum *lat.* re-sultare „zurückprallen, -springen" in unseren Fremdwörtern ↑Resultat, resultieren erscheint. – Dazu das schon in der 2. Hälfte des 18. Jh.s übernommene **Salto mortale** „lebensgefährlicher artistischer Kunstsprung" (aus gleichbed. *it.* salto mortale, wörtlich „Todessprung". Dem Adjektiv liegt *lat.* mortalis „sterblich; tödlich" zugrunde).

Salve: Das seit dem 16. Jh. bezeugte Fremdwort galt zuerst im Sinne von „Salutschießen (als Ehrengruß)". Diese Bedeutung wurde später im militärischen Bereich verallgemeinert. So versteht man heute unter 'Salve' ganz allgemein „das gleichzeitige Feuern mehrerer Geschütze oder Gewehre". 'Salve' ist aus gleichbed. *frz.* salve entlehnt, das auf der *lat.* Grußformel salve! „heil dir!, sei gegrüßt!" (eigentlich 2. Person Singular Imperativ von *lat.* salvere „gesund sein, sich wohl befinden") beruht. Das zugrundeliegende Stammwort *lat.* salvus „heil, gesund", das auch Ausgangspunkt für das Fremdwort ↑Safe ist, ist u. a. verwandt mit *lat.* solidus „fest, gediegen, ganz" (s. die Fremdwortgruppe um *solid[e]*), ferner im *außeritalischen* Sprachbereich z. B. mit *griech.* hólos „ganz, vollständig, unversehrt" (↑holo..., Holo ...).

Salweide: Der seit *ahd.* Zeit bezeugte Name der Weidenart (*mhd.* salewīde, *ahd.* salewīda) ist eine verdeutlichende Zusammensetzung, deren Bestimmungswort *mhd.* salhe, *ahd.* sal[a]ha „[Sal]weide" ist. Damit verwandt sind im *germ.* Sprachbereich *engl.* sallow „Salweide", *schwed.* sälg „[Sal]weide" und außerhalb des *germ.* Sprachbereichs *lat.* salix, Genitiv salicis, „Weide" (↑Salizin) und *mir.* sail „Weide". Diese Wörter gehören zu dem unter ↑*Salz* behandelten *idg.* Adjektiv *sal- „schmutziggrau". Die Weidenart ist also nach ihren filziggrauen Blättern benannt.

Salz: Das *gemeingerm.* Wort *mhd.*, *ahd.* salz, *got.* salt, *engl.* salt, *schwed.* salt, das im Ablaut zu dem unter ↑*Sülze* (ursprünglich „Salzbrühe") behandelten Substantiv steht, beruht mit verwandten Wörtern in den meisten anderen *idg.* Sprachen auf *idg.* *sal- „Salz". Vgl. z. B. *griech.* hals „Salz" (beachte das Fremdwort **Halogen** „salzbildender chemischer Grundstoff", dazu **Halogenlampe** „sehr helle Glühlampe mit einer Füllung aus Edelgas und einer geringen Beimischung von Halogen", **Halogenscheinwerfer** „Scheinwerfer mit Halogenlampen"), *lat.* sal „Salz" (↑Saline, Salpeter, Salmiak, Salami, Salat, Soße) und die *baltoslaw.* Sippe von *russ.* sol' „Salz" (↑Sole „salzhaltiges Quellwasser, Salzlösung"). *Idg.* *sal- „Salz" ist eigentlich ein substantiviertes Adjektiv mit der Bed. „schmutziggrau", vgl. z. B. *ahd.* salo „trübe, schmutziggrau", *aengl.* salu „dunkel, schwärzlich", *aisl.* sǫlr „schmutzig; bleich" und *russ.* solovyj „gelblichgrau". Das Salz, das in alter Zeit ungereinigt in den Handel kam, ist also als das „Schmutziggraue" benannt. – Zu 'Salz' stellt sich das Verb **salzen** (*mhd.* salzen, *ahd.* salzan, vgl. *got.* saltan, *engl.* to salt, *schwed.* salta), beachte dazu **versalzen** „zu stark salzen", *ugs.* auch für „verderben, vereiteln". Das Wort 'Salz' spielte früher auch eine bedeutende Rolle in der Namengebung, beachte z. B. den Flußnamen Salzach und die Ortsnamen Salzburg, Salzwedel, Salzgitter, beachte auch den Ortsnamen Selters (früher Salt[a]rissa), daher, nach dem Herkunftsort benannt, **Selterswasser,** gekürzt **Selters** (heute auch für Wasser, dem Mineralstoffe und Kohlensäure zugesetzt worden sind). Abl.: **salzig** (15. Jh.).

...sam ↑sammeln.

Sämann ↑säen.

Samba: Der in Europa nach dem 2. Weltkrieg bekannt gewordene beschwingt-spritzige Gesellschaftstanz im $^2/_4$-Takt ist aus einem Volkstanz der brasilianischen Schwarzen entstanden. Sein Name ist aus *port. (brasilianisch)* samba entlehnt, das seinerseits aus einer *afrik.* Sprache stammt.

Same, Samen: Das im *germ.* Sprachbereich nur im *Dt.* gebräuchliche Wort (*mhd.* sāme, *ahd.* sāmo) gehört zu der unter ↑*säen* dargestellten *idg.* Wurzel. *Außergerm.* eng verwandt sind z. B. *lat.* semen „Same" (↑Seminar) und die *baltoslaw.* Sippe von *russ.* semja „Same". Abl.: **Sämerei** „Saatgut; Samenhandlung" (18. Jh.).

sämig „dickflüssig-glatt" (von Suppen, Soßen u. dgl.): Das heute allgemein gebräuchliche Adjektiv beruht auf *mdal.* Nebenformen (z. B. *niederd.* sēmig) des Adjektivs **seimig** „dickflüssig" (18. Jh.), das zu **Seim** „dicke Flüssigkeit, Wabenhonig" gehört (*mhd.* [honec]seim, *ahd.* [honang]seim, entsprechend *mnd.* sēm, *niederl.* zeem, *aisl.* seimr „Honigwabe"). Das *altgerm.* Substantiv wird im *Nhd.* fast nur noch bildlich gebraucht: 'süß wie Honigseim'.

Sämischleder: Die Bezeichnung für ein sehr weiches, mit Öl oder Tran gegerbtes Leder tritt zum ersten Mal im 15. Jh. auf (*spätmhd.* semisch leder). Über *mnd.* semis[ch] leder fand das Wort im Ostseeraum weitere Verbreitung (vgl. *dän.* semslæder, *schwed.* sämskskinn). Die Herkunft des 1. Bestandteils ist nicht sicher geklärt. Am ehesten ist eine Entlehnung aus *frz.* chamoix „Gemse; weiches Gemsenleder" (< *spätlat.* camox) zu vermuten.

sammeln: Die *nhd.* Form geht zurück auf *mhd.* samelen, das durch Dissimilation aus älterem samenen entstanden ist (vgl. die entsprechende Entwicklung von *niederl.* zamelen aus *mniederl.* samenen). *Mhd.* samenen, *ahd.* samanōn „zusammenbringen, versammeln, vereinigen" (vgl. den Artikel *gesamt*), *mniederl.* samenen „zusammenbringen", *aengl.* samnian „versammeln; vereinigen, verbinden", *aisl.* samna „sammeln" gehören zu dem im *Nhd.* noch in ↑zusammen bewahrten *gemeingerm.* Adverb: *mhd.* samen, *ahd.* saman „bei-, zusammen", *got.* samana „zusammen, zugleich", *aengl.* (æt-, tō)samne „zusammen", *schwed.* samman „bei-, zusammen". Dieses Adverb stellt sich zu *ahd.* samo (Pronomen) „derselbe", sama (Adverb) „ebenso", *got.* sama (Pronomen) „derselbe", *aengl.* same (Adverb) „ebenso, ähnlich", *schwed.* samma (Pronomen) „derselbe", beachte dazu das *gemeingerm.* Suffix *nhd.* **...sam** (*mhd., ahd.* -sam, *got.* -sams, *engl.* -some, *schwed.* -sam). Dieses Suffix war ursprünglich ein selbständiges Wort mit der Bed. „mit etwas übereinstimmend, von gleicher Beschaffenheit", das in *aisl.* samr (Adjektiv) „zusammenhängend, unverändert; passend, geneigt; gleich, derselbe" vorliegt. Hierher gehören ferner die unter ↑*samt* und ↑*sanft* behandelten Wörter. Die umfangreiche *germ.* Wortgruppe beruht auf *idg.* *sem- „eins" und „in eins zusammen, einheitlich, samt", vgl. das adverbial erstarrte *germ.* *sin „immerwährend, heftig, stark" (eigentlich „in einem"), das als erster Bestandteil in ↑Sintflut steckt. In anderen *idg.* Sprachen sind z. B. verwandt *lat.* semper „in einem fort, immer", simplex „einfach" (↑simpel), similis „ähnlich" (eigentlich „von ein und derselben Art"), *griech.* homós „gemeinsam, ähnlich, gleich" (↑homo..., Homo...), háma „zusammen, zugleich", *russ.* sam „selbst" (↑Samowar), *aind.* samá-ḥ „gleich, eben, derselbe", samanā „zusammen". – Abl.: **Sammlung** (*mhd.* sam[e]nunge, *ahd.* samanunga „das Zusammenbringen, Vereinigung, Versammlung"). Zus.: **Sammelsurium** (s. d.).

Sammelsurium: Der seit dem 17. Jh. bezeugte *ugs.* Ausdruck für „Mischmasch, Durcheinander" ist eine scherzhafte Bildung mit *lat.* Endung zu *niederd.* sammelsūr „saures Gericht aus gesammelten Speiseresten". Der zweite Bestandteil des *niederd.* Wortes ist das substantivierte Adjektiv *niederd.* sūr „sauer" (vgl. *sauer*) und bedeutet also eigentlich „das Saure", beachte dazu *niederd.* swartsūr „Schwarzsauer" (Gänseklein in Essig und Blut).

Samowar: Die Bezeichnung für einen Kessel, in dem Wasser für die Teezubereitung erhitzt und gespeichert wird, ist aus gleichbed. *russ.* samovar entlehnt. Dies ist eine Bildung aus *russ.* sam „selbst" (vgl. *sammeln*) und *russ.* varit' „kochen" (vgl. *warm*) und bedeutet demnach eigentlich „Selbstkocher".

Samstag: Die vorwiegend in Süddeutschland und im rheinischen Sprachgebiet übliche Bezeichnung des letzten Wochentages (in Nord- und Mitteldeutschland dafür meist ↑Sonnabend), *mhd.* sam[e]ztac, *ahd.* sambaztac, enthält als ersten Bestandteil ein im Rahmen der arianischen Mission im Südosten aufgenommenes Lehnwort, das auf *vulgärgriech.* *sámbaton (für *griech.* sábbaton) beruht. Das *griech.* Wort ist entlehnt aus *hebr.* šabbat̲, mit dem der **Sabbat,** der von Freitagabend bis Samstagabend dauernde, nach jüdischem Glauben geheiligte wöchentliche Ruhetag bezeichnet wird.

samt „zusammen": Das *altgerm.* Adverb *mhd.* samt, same[n]t, *ahd.* samet, *got.* samaþ, *aengl.* samod gehört zu der unter ↑*sammeln* behandelten Wortgruppe. Als Adverb ist 'samt' heute nur noch in **allesamt** und in der Verbindung 'samt und sonders' bewahrt. Sonst wird es als Präposition mit dem Dativ verwendet. Als Bestimmungswort tritt es in der Zusammensetzung **Samtgemeinde** auf, der Bezeichnung für einen Gemeindeverband in Niedersachsen. Abl.: **sämtlich** (*mhd.* samentlich).

Samt: Der Stoffname (*mhd.* samīt) stammt aus *afrz., aprov.* samit, das über *mlat.* samitum (alle gleichbedeutend) auf *griech.* hexámitos „sechsfädig" zurückgeht, eine Zusammensetzung aus *griech.* héx „sechs" und *griech.* mítos „Faden, Schlinge, Litze". Das Wort bezeichnete ursprünglich ein sechsfädiges [Seiden]gewebe. – Abl.: **samten** (*mhd.* samātīn).

San ↑Sankt.

Sanatorium: Das Fremdwort für „Heilstätte, Genesungsheim" ist eine *nlat.* Bildung des 19. Jh. zu *lat.* sanare „gesund machen, heilen" (vgl. *sanieren*).

Sand: Das *altgerm.* Wort *mhd., ahd.* sant, *niederl.* zand, *engl.* sand, *schwed.* sand ist verwandt mit *griech.* ámathos „Sand". Die weiteren Beziehungen sind unklar. Abl.: **sandig** (*mhd.* sandic). Zus.: **Sandbank** (17. Jh.).

Sandale „leichter sommerlicher Riemenschuh": Das Wort erscheint bei uns zuerst im 15. Jh. in der Pluralform sandaly (die heutige Singularform kommt erst gegen Ende des 18. Jh.s auf). Es geht über entsprechend *lat.* sandalium auf gleichbed. *griech.* sandálion zurück, das selbst (vermutlich *iran.*) Lehnwort ist. – Dazu: **Sandalette** „sandalenartiger Sommerschuh" (französierende Ableitung des 20. Jh.s.).

Sandwich: Die im 19. Jh. aus gleichbed. *engl.* sandwich entlehnte Bezeichnung für eine mit Butter bestrichene, mit kaltem Fleisch, Käse, Salat o. ä. belegte (Weiß)brotscheibe oder Brötchenhälfte geht zurück auf J. Montague, den 4. Earl of Sandwich (1718–1792), dessen Spielleidenschaft so weit ging, daß er sich am Spieltisch reichhaltig belegte Weißbrotschnitten servieren ließ, damit er das Spiel nicht zur Einnahme zeitraubender normaler Mahlzeiten unterbrechen mußte.

sanft: *mhd.* senfte, *ahd.* semfti (Adverb *mhd.* sanfte, *ahd.* samfto), *mnd.* sachte (↑sacht), *niederl.* zacht, *aengl.* sœfte (Adverb sōfte, *engl.* soft) stellen sich im *germ.* Sprachbereich zu *got.* samjan „zu gefallen suchen", *aisl.* sama „passen, sich schicken", *schwed.* sämjas „sich vertragen, einig sein" usw. Diese Wörter gehören zu der unter ↑*sammeln* behandelten Wortgruppe. Für 'sanft' ist demnach also von der Vorstellung des friedlichen Zusammenseins oder guten Zusammenpassens auszugehen. – Zum -f- des *westgerm.* Adjektivs vgl. z. B. das Verhältnis von 'Zunft' zu 'ziemen' und von 'Vernunft' zu 'vernehmen'. Die *nhd.* Form sanft setzt die Form des Adverbs *mhd.* sanfte, *ahd.* sanfto fort (entsprechend *engl.* soft, s. o.). Abl.: **Sänfte** (s. d.); **Sanftheit** (18. Jh., für älteres Sänftigkeit, *mhd.* senftecheit, das von *mhd.* senftec „sanft; zart; leicht; weich; angenehm" abgeleitet ist; von diesem Adjektiv ist auch das heute veraltete Verb sänftigen [*mhd.* senftigen] abgeleitet, zu dem das Präfixverb **besänftigen** gehört).

Sänfte: Die seit dem 16. Jh. gebräuchliche Bezeichnung für „Tragsessel" ist identisch mit dem heute veralteten 'Sänfte' „Sanftheit, Bequemlichkeit" (*mhd.* senfte, *ahd.* samftī, semftī „Ruhe, Gemächlichkeit, Annehmlichkeit"). Dieses Substantiv ist eine Bildung zu dem unter ↑*sanft* behandelten Adjektiv. Zum Wortgebrauch im konkreten Sinne vgl. z. B. die Verwendung von 'Weiche' im Sinne von „Flanke".

Sang: Das *gemeingerm.* Wort *mhd.* sanc, *ahd.* sang, *got.* saggws, *engl.* song, *schwed.* sång ist eine Bildung zu dem unter ↑*singen* behandelten Verb. Zu 'Sang' stellen sich die Bildungen ↑Gesang und **Sänger** (*mhd.* senger, *ahd.* sangari).

sanguinisch „leichtblütig, von lebhaft-heiterem Temperament": Das seit dem Anfang des 16. Jh.s bezeugte Adjektiv, das auf *lat.* sanguineus „aus Blut bestehend; blutvoll" (zu *lat.* sanguis „Blut") zurückgeht, bezeichnet die Äußerung eines der vier Grundtemperamente (s. zum Sachlichen die Artikel *cholerisch, Melancholie* und *Phlegma*). – Der Träger des sanguinischen Temperaments heißt entsprechend **Sanguiniker** (19. Jh.).

sanieren „gesund machen; desinfizieren; wirtschaftlich wieder leistungsfähig machen; zeitgemäße Lebens- und Wohnverhältnisse schaffen", auch reflexiv gebraucht im Sinne von „wirtschaftlich gesunden": Das Verb wurde im 19. Jh. aus *lat.* sanare „gesund machen, heilen" entlehnt. Dies gehört zu *lat.* sanus „gesund, heil". Die seit dem 19. Jh. bezeugte Ableitung **Sanierung** „das Wiederherstellen der Gesundheit, Heilung; wirtschaftliche Gesundung" wird heute besonders im kommunalen Bauwesen im Sinne von „Umgestaltung durch Renovierung oder Abriß und Neuaufbau" gebraucht, beachte dazu Zusammensetzungen wie 'Sanierungsgebiet, -maßnahme, -programm' und 'Altstadt-, Dorf-, Stadtteilsanierung'. – Die rein medizinische Grundbedeutung des *lat.* Wortes kommt noch in den folgenden zu *lat.* sanare gehörenden abgeleiteten Fremdwörtern zum Ausdruck: **sanitär** „gesundheitlich; das Gesundheitswesen betreffend" (20. Jh.; aus entsprechend *frz.* sanitaire, einer gelehrten Bildung zu *lat.* sanitas „Gesundheit"), dazu die Fügung 'sanitäre Anlagen' „öffentliche Bedürfnisanstalt", in der 'sanitär' früher verhüllenden Charakter hatte und die heute allgemein „Dusch-, Waschräume, Toiletten" bedeutet; **Sanität,** veraltet für „Gesundheit" (aus gleichbed. *lat.* sanitas), aber noch lebendig in Zusammensetzungen wie 'Sanitätswesen', 'Sanitätsauto' „Krankenwagen", 'Sanitätsoffizier' usw. und in dem abgeleiteten Substantiv **Sanitäter** „jemand, der in Erster Hilfe, als Krankenpfleger ausgebildet ist" (19. Jh.). Siehe auch den Artikel *Sanatorium.*

Sankt „heilig": Das aus *lat.* sanctus „geheiligt, heilig; ehrwürdig" (vgl. *Sanktion*) entlehnte Adjektiv erscheint nur in Heiligennamen und in auf solche zurückgehenden Ortsnamen (beachte z. B. Sankt Peter, Sankt Gallen). Abk.: St. – Gleicher Herkunft sind die folgenden, aus anderen europäischen Sprachen übernommenen Entsprechungen: [1]**Saint** *[ßāng]* (wie im Namen des französischen Seebades Saint-Tropez) und in der weiblichen Form **Sainte** [ßāngt] (wie im Ortsnamen Sainte-Marie-aux-Mines) im *Frz.*; [2]**Saint** *[ßᵉnt]* im *Engl.* und *Amerik.* (aus dem *Frz.* entlehnt), wie im Namen der Stadt Saint Louis (in den USA); **Sint** im *Niederl.* (aus dem *Frz.* entlehnt), wie in Sint Niklaas (Stadt in Ostflandern); **San** im *It.* und *Span.* (gekürzt aus *it., span.* santo „heilig"; beachte z. B. den *it.* Namen San Giuseppe und den Namen der *span.* Stadt San Sebastián sowie die Vollform **Santo** im Namen der Antillenstadt Santo Domingo), dazu die weibliche Entsprechung **Santa** im *It.* und *Span.* (beachte z. B. den *span.* Ortsnamen Santa Cruz de Tenerife); **São** im *Port.*, wie im Namen der brasilianischen Stadt São Paulo (weibliche Form **Santa,** z. B. im Namen der Azoreninsel Santa María).

Sanktion „Bestätigung, Billigung; Erteilung der Gesetzeskraft" sowie (meist Plural) „Sicherungen, Sicherungsbedingungen; Zwangsmaßnahmen": Das Fremdwort wurde zu Anfang des 18. Jh.s über entsprechend *frz.* sanction aus *lat.* sanctio (Genitiv ...ionis) „Heiligung, Billigung; geschärfte Verordnung, Strafgesetz; Vorbehalt, Vertragsklausel" entlehnt, das zu *lat.* sancire (sanctum) „heiligen; als heilig und unverbrüchlich festsetzen; durch Gesetz besiegeln, genehmigen" (verwandt mit *lat.* sacer „heilig", vgl. *Sakrament*) gehört. Beachte auch das Partizipialadjektiv *lat.* sanctus „geheiligt, unantastbar; ehrwürdig" im Fremdwort ↑Sankt. – Abl.: **sanktionieren** „bestätigen, gutheißen; Gesetzeskraft erteilen" (Ende 18. Jh.; aus gleichbed. *frz.* sanctionner).

Santa, Santo ↑Sankt.

São ↑Sankt.

Saphir: Der Name des blauen, farblosen oder gelben Edelsteins (*mhd.* saphīr[e]) ist aus gleichbed. *spätlat.* sapphirus entlehnt, das über *lat.* sappirus auf *griech.* sáppheiros zurückgeht. Das Wort ist wahrscheinlich *semit.* Ursprungs (vgl. *hebr.* sappîr „Saphir").

Sardine: Der seit dem Ende des 15. Jh.s bezeugte Name des 12 bis 25 cm langen Heringsfisches (*spätmhd.* sardien, *frühnhd.* Sardinlin) ist aus *spätlat.-it.* sardina entlehnt (zu *lat.* sarda „Hering; Sardelle"). Die weitere Herkunft des Wortes ist zweifelhaft. Die herkömmliche Verknüpfung mit dem Namen der Insel Sardinien (als „sardischer Fisch") ist ganz hypothetisch. – Dazu gehört auch der Name des kleineren, bis zu 15 cm langen Heringsfisches: **Sardelle,** der im 16. Jh. aus *it.* sardella „kleine Sardine" übernommen wurde.

Sarg: Das aus der Kirchensprache aufgenommene Wort für „kastenförmiges, längliches Behältnis mit Deckel, in das ein Toter gelegt wird" *mhd.* sarc, sarch „Sarg; Schrein; Behälter", *ahd.* sarc, saruh (entsprechend *niederl. mdal.* zerk) ist aus einer nicht bezeugten *vlat.* Kurzform von *spätlat.-kirchenlat.* sarcophagus „Sarg" entlehnt (die volle Form ist in unserem Fremdwort **Sarkophag** „Steinsarg, Prunksarg" bewahrt). Das *lat.* Wort, das selbst Lehnwort ist aus gleichbed. *griech.* sarko-phágos, ist wie das *griech.* Wort zunächst ein Adjektiv mit der Bedeutung „fleischfressend" (zu *griech.* sárx, sarkós „Fleisch" und *griech.* phageīn „essen, fressen"). Substantiviert (*griech.* sarkophágos líthos) wurde das Wort zur Bezeichnung eines besonders bei Assos (in Troas, Kleinasien) gebrochenen und für die Herstellung von Behältnissen, in denen Leichen bestattet wurden, verwendeten Kalksteins, der die Eigenschaft hatte, das Fleisch eines Leichnams innerhalb kurzer Zeit zu zerstören und in Asche zu verwandeln. Von daher nahm das Wort dann die Bedeutung „Sarg" an.

Sarkasmus „beißender Spott": Das Fremdwort wurde zu Anfang des 18. Jh.s aus gleichbed. *griech.*(*-lat.*) sarkasmós entlehnt, das von *griech.* sarkázein „zerfleischen; (übertragen:) Hohn sprechen" abgeleitet ist. Zugrunde liegt *griech.* sárx (sarkós) „Fleisch" (vgl. *Sarg*). – Dazu das Adjektiv **sarkastisch** „spöttisch, höhnisch" (18. Jh.; aus gleichbed. *griech.* sarkastikós).

Sarkophag ↑Sarg.

Satan: Der Name des Höllenfürsten (auch übertragen gebraucht für „teuflischer Mensch") *mhd.* satanās, satān, *ahd,* satanās führt über *kirchenlat.* satan, satanas und *griech.* satanās auf *hebr.* śāṭān „Widersacher, Feind; böser Engel" zurück (zu *hebr.* śāṭan „nachstellen, verfolgen"). – Abl.: **satanisch** „teuflisch" (16. Jh.).

Satellit „Himmelskörper, der einen Planeten umkreist; künstlicher Mond, Raumsonde; (kurz für:) Satellitenstaat": Das seit dem 18. Jh. als astronomischer Terminus vorkommende Fremdwort geht auf *lat.* satelles (satellitis) „Leibwächter, Trabant; (Plural:) Gefolge" zurück. – In neuester Zeit (20. Jh.) entstanden wichtige Zusammensetzungen wie **Satellitenstaat** als abschätzige Bezeichnung für einen Staat, der [außen]politisch nicht souverän, sondern von den Weisungen eines anderen Staates abhängig ist (dafür auch kurz 'Satellit'), **Fernsehsatellit** „der Übertragung von Fernsehbildern dienender Satellit", **Nachrichtensatellit** „der Nachrichtenübermittlung dienender Satellit", **Wettersatellit** „der Wetterbeobachtung und -erforschung dienender Satellit".

Satin: *Mhd.* satin „Seidengewebe" ist entlehnt aus gleichbed. *afrz.* satin, das wohl durch *span.* Vermittlung (*span.* aceituní) aus *arab.* (aṭlas) zaytūnī „Seide aus Zaytūn" stammt. Dies ist eigentlich der *arab.* Name der chinesischen Hafenstadt Tseutung (heute Quanzhou), wo der Stoff hergestellt und exportiert wurde. Das *frz.* Wort satin ist wohl in der Form beeinflußt von *it., mlat.* seta (vgl. *Seide*).

Satire: Die Bezeichnung für eine literarische Gattung kritischen Charakters, die die Schwächen einer entarteten [Um]welt mit den Stilmitteln der Ironie verspottet und geißelt, wurde im 16. Jh. aus *lat.* satira entlehnt. Die moderne Satire ist hervorgegangen aus den satirischen Spottgedichten römischer Dichter wie Juvenal, Persius und Horaz. *Lat.* satira ist ursprünglich identisch mit dem etymologisch nicht sicher gedeuteten *lat.* Substantiv satura „gemischte Fruchtschüssel (als alljährliche Opfergabe an die Götter)". Denn die ursprünglich römischen Satiren eines Ennius, Lucilius, Varro und Horaz waren einer solchen „Fruchtschüssel" vergleichbar. Sie zeichneten in einer bunten Mischung der betrachteten Gegenstände Lebensbilder, in denen die menschlichen Unzulänglichkeiten dem verständnisvollen Schmunzeln des Lesers preisgegeben wurden, in denen zugleich aber auch mit sittlichem Ernst Kritik an den verwerflichen Auswüchsen menschlicher Gesinnung geübt wurde. – Abl.: **satirisch** „die Satire betreffend; spöttisch-tadelnd" (16. Jh.; nach entsprechend *lat.* satiricus); **Satiriker** „Verfasser von Satiren" (18. Jh.).

Satisfaktion „Genugtuung (besonders durch Ehrenerklärung od. Zweikampf)": Das in der juristischen Fachsprache des 16. Jh.s. meist im Sinne von „Schadenersatz, Abfindung" gebrauchte Fremdwort ist aus *lat.* satis-factio entlehnt (vgl. *saturieren* und *Fazit*).

satt: Das *gemeingerm.* Adjektiv *mhd., ahd.* sat, *got.* saþs, *aengl.* sæd (*engl.* sad „beschwert, betrübt, traurig"), *aisl.* saðr geht zurück auf eine Partizipalbildung zu der *idg.* Verbalwurzel *sā-, *sə- „sättigen" und bedeutet demnach eigentlich „gesättigt". In anderen *idg.* Sprachen sind z. B. verwandt *aind.* a-si-n-vá-ḥ „unersättlich", *griech.* á-atos (aus *n̥-sə-tos) „unersättlich", *lat.* satur „satt" (↑saturieren), *lat.* satis „genug, hinreichend" und *lit.* sotùs „satt, reichlich, nahrhaft". Aus dem *germ.* Sprachbereich gehören zu dieser Wurzel z. B. noch *got.* ga-sōþjan „[er]sättigen", *afries.* sēde „Sättigung" und *aengl.* sœ̄dan „sättigen". – Abl.: **Sattheit** (*mhd.* sat[e]heit); **sättigen** „satt machen" (*mhd.* set[t]igen, für älteres *mhd.* set[t]en), dazu **Sättigung** (*spätmhd.* setigunge); **sattsam** (16. Jh.; zuerst im Sinne von „gut ernährt; üppig, stolz, übermütig", im 17. Jh. „etwas, was satt macht, was ausreicht", dann nur noch übertragen „hinlänglich, genügend").

Satte: Die seit dem 18. Jh. bezeugte besonders *nord[ost]d.* übliche Bezeichnung für eine größere, flache Schüssel, in der man Milch zum Sauerwerden stehenläßt, ist wohl gebildet zu *niederd.* setten „(sich) setzen" und bedeutet dann eigentlich „Gefäß, in dem sich die Milch setzt".

Sattel: Die Herkunft der *altgerm.* Bezeichnung für den Ledersitz zum Reiten (*mhd.* satel, *ahd.* satal, *niederl.* zadel, *engl.* saddle, *schwed.* sadel) ist nicht sicher geklärt. Einerseits kann sie ein heimisches *germ.* Wort mit der ursprünglichen Bed. „Sitz[gelegenheit]" sein, andererseits kann sie – da die Germanen der Römerzeit keinen Sattel kannten – aus einer *ostidg.* Sprache entlehnt sein (vgl. die *slaw.* Sippe von *russ.* sedlo „Sattel"). In beiden Fällen liegt die *idg.* Wurzel *sed- „sich setzen, sitzen" zugrunde (vgl. *sitzen*). – Abl.: **satteln** „den Sattel auflegen" (*mhd.* satel[e]n, *ahd.* satalōn), dazu die Substantive **Sattler** (*mhd.* sateler, *ahd.* satilari, ursprünglich ein Handwerker, der besonders Sättel und anderes Reitzeug herstellte) und **Sattlerei** „Sattlerhandwerk; Sattlerwerkstatt" (19. Jh.) sowie die Zusammensetzungen **absatteln** „den Sattel vom Pferd nehmen" (*spätmhd.* abesatelen) und **umsatteln** (16. Jh., meist in übertragener Bedeutung „sein Studium oder seinen Beruf wechseln"). Zus.: **sattelfest** „fest im Sattel" (18. Jh., eigentlich und bildlich).

Sattelschlepper ↑schleppen.

sättigen, Sättigung, sattsam ↑satt.

saturieren „zufriedenstellen, [Ansprüche] befriedigen": Das Verb wurde im 18. Jh. aus gleichbed. *lat.* saturare entlehnt, einer Ableitung von *lat.* satur „satt". Stammwort ist das *lat.* Adverb satis (sat) „genug, hinreichend", das mit *dt.* ↑*satt* urverwandt ist. Dazu das adjektivisch gebrauchte 2. Partizip **saturiert** „zufriedengestellt, satt und bequem; keine geistigen Ansprüche mehr habend".

Satz: Das nur *dt.* Substantiv *mhd.* saz, satz ist eine Bildung zu dem unter ↑*setzen* behandelten Verb. Die Fülle der Einzelbedeutungen des Wortes läßt sich in den meisten Fällen auf die zwei Grundbedeutungen „Tätigkeit des Setzens" und „das Gesetzte" zurückführen. Von den *mhd.* Bedeutungen „Ort, wo etwas hingesetzt ist; Lage, Stellung; Pfand, Spieleinsatz; das Festgesetzte, Bestimmung, Verordnung, Gesetz, Vertrag; der in Worten zusammengefaßte Ausspruch; Vorsatz, Entschluß; Sprung" haben nur wenige im *Nhd.* weitergewirkt. Die heutige grammatische Hauptbedeutung „Sinneinheit mit Subjekt und Prädikat" ist seit dem 16. Jh. bezeugt (wohl in Weiterführung der *mhd.* Bed. „Anordnung der Worte, in Worten zusammengefaßter Ausspruch"; vgl. 'seine Worte setzen' „sich ausdrücken"; dieser Bedeutung schließt sich *nhd.* die von „Lehrsatz" an). Auch die Bed. „Sprung, großer [eiliger] Schritt" ist schon in *mhd.* Zeit vorhanden. Erst *nhd.* jedoch sind „das Setzen eines Manuskripts in Lettern und das durch diese Tätigkeit Geschaffene" und „Teil eines Musikstückes", ebenso „Gruppe zusammengehöriger Gegenstände" und „Bodensatz". Ebenfalls zu 'setzen' gebildet ist **Satzung** (*mhd.* satzunge „[Fest]setzung, gesetzliche Bestimmung; Vertrag; Verpfändung, Pfand"; im *Plural* 'Satzungen' im 19. Jh. Ersatz für 'Statuten').

Sau: Die *germ.* Bezeichnungen für das Mutterschwein *mhd., ahd.* sū, *aengl.* sū, *aisl.* sȳr beruhen mit verwandten Wörtern in anderen *idg.* Sprachen auf *idg.* *sū̆-s „[Haus]schwein, Sau", vgl. z. B. *griech.* sȳs „Schwein", *griech.* hȳs „Schwein", besonders „Eber" (↑Hyäne) und *lat.* sus „Schwein". Das *idg.* Wort gehört entweder im Sinne von „Gebärerin" zu der unter ↑*Sohn* dargestellten *idg.* Verbalwurzel *sū̆-, *seu- „gebären", oder es ist eine Bildung zu einer Nachahmung des Grunzlautes und würde dann eigentlich „Su[su]-Macherin" bedeuten. Anders gebildet sind *niederl.* zeug „Sau, Mutterschwein", *aengl.* sugu „Sau" (daher *engl.* sow) und *schwed.* sugga „Sau". Siehe auch den Artikel *Schwein.* Im 18. Jh. tritt der *Plural* Sauen neben den älteren *Plural* Säue, zunächst ohne Bedeutungsunterschied, dann gilt 'Sauen' besonders weidmännisch von Wildschweinen. – Abl.: **sauen** „(vom Schwein) Junge bekommen; derb auch für: Zoten reißen" (17. Jh.), dazu die Präfixbildung **versauen** derb für „verschmutzen; völlig verderben, zunichte machen" (17. Jh.), das Substantiv **Sauerei** derb für „Unreinlichkeit, Schweinerei, Zote" (17. Jh.) und das Adjektiv **säuisch** „unanständig; *(ugs.:)* sehr groß, sehr stark" (*spätmhd.* seuwisch, die heutige Form seit dem 17. Jh.). – In *ugs.* Zusammensetzungen wird 'sau-, Sau-' oft als bloße Verstärkung gebraucht, z. B. **saudumm** „sehr dumm", **Saufraß** „sehr schlechtes Essen" (19. Jh.), **Saukerl** „gemeiner Mensch" (19. Jh.).

sauber: Das *westgerm.* Adjektiv *mhd.* sūber, *ahd.* sūbar, *niederl.* zuiver, *aengl.* sȳfre ist über *vlat.* suber „mäßig, besonnen" entlehnt aus *lat.* sobrius „nüchtern, mäßig, enthaltsam; besonnen, verständig". Die Bedeutungen des *aengl.* Wortes „nüchtern, mäßig; keusch; rein, sauber" zeigen am besten den Gang der Bedeutungsentwicklung: Das Wort wurde zuerst von sittlicher Reinheit gebraucht und dann auf die äußere übertragen. Abl.: **Sauberkeit** „sauberer Zustand; Anständigkeit, Lauterkeit" (*mhd.* sūberheit, *ahd.* in der Verneinung unsūbarheit; in der heutigen Form seit *frühnhd.* Zeit); **säuberlich** „sorgfältig, ordentlich" (*mhd.* sūberlich, *ahd.* in der Verneinung unsūbarlīh und als Adverb sūberlīcho); **säubern** „den Schmutz von etwas entfernen, reinigen" (*mhd.* sūbern, *ahd.* sūbaran, sūberen), dazu **Säuberung** (*mhd.* sūberunge); **unsauber** (*mhd.* unsūber, *ahd.* unsūbar), dazu **Unsauberkeit** (*mhd.* unsūberheit, -keit, *ahd.* unsūbarheit).

Sauce, Sauciere ↑Soße.

saudumm ↑dumm, ↑Sau.

sauer: Das *altgerm.* Adjektiv *mhd., ahd.* sūr, *niederl.* zuur, *engl.* sour, *schwed.* sur ist verwandt mit der *balt.* Sippe von *lit.* sūras „salzig" und mit der *slaw.* Sippe von *russ.* syroj „feucht, roh; sauer". Die weiteren Beziehungen sind unsicher. Vielleicht liegt dem Adjektiv *germ.*

*sura- „sauer, salzig; feucht" zugrunde, das sich wohl auf die bei der Milchgerinnung entstehende Säure bezog. Das Adjektiv könnte dann ursprünglich den säuerlich-salzigen Geschmack so gewonnener Milchprodukte bezeichnet haben (vgl. *lit.* sūris „gesalzener Käse", *altkirchenslaw.* syrŭ „sauer", *russ.* syr „Käse"). – Der alte Sinn des Wortes war umfassender als heute, wo 'sauer' Gegenwort zu 'süß' ist. Übertragen wird es im Sinne von „mühevoll, beschwerlich", auch „mürrisch, unzufrieden, böse" gebraucht. – Abl.: **säuerlich** „ein wenig sauer" (17. Jh., älter sauerlächt); **Säuerling** „säuerliches Mineralwasser" (im 16. Jh. Saurling); **säuern** „sauer machen" (*mhd.* siuren, *ahd.* sūren): die heute veraltete Ableitung sauern „sauer sein oder werden" (*mhd.* sūren, *ahd.* sūrēn) steckt noch in **versauern** „die [geistige] Frische verlieren" (*mhd.* versūren „ganz sauer werden"; die übertragene Bedeutung seit dem 16. Jh.); **Säure** (*mhd.* siure, sure, *ahd.* sūri; heute nur noch „saurer Geschmack; saure flüssige chemische Verbindung"). – Zus.: **Sauerampfer** „sauer schmeckender Ampfer" (16. Jh.; der zweite Bestandteil *mhd.* ampfer, *ahd.* ampf[a]ro „[Sauer]ampfer" ist eigentlich ein substantiviertes Adjektiv mit der Bed. „bitter, sauer", vgl. z. B. älter *niederl.* amper „scharf, bitter, sauer" und die *nord.* Sippe von *schwed.* amper „scharf, bitter"; 'Sauerampfer' ist also eine tautologische Bildung); **Sauerkraut** (im 14. Jh. sawer craut, seit dem 16. Jh. Zusammenschreibung; vgl. *Kraut*); **Sauerstoff** (chemischer Grundstoff; 18. Jh., für *frz.* oxygène, das eigentlich „Säuremacher" bedeutet, nach dem sauren Charakter vieler Oxyde); **süßsauer** „säuerlich und süß zugleich schmeckend; freundlich, aber dabei mißgestimmt" (17. Jh.); **Sauerteig** „alter, gärender Teig als Lockerungsmittel für Brotteig" (*spätmhd.* sūwerteic). – Die Zusammensetzung **Sauregurkenzeit** ist seit dem 18. Jh. bezeugt als ursprüngliches Scherzwort von Berliner Geschäftsleuten, die mit diesem Wort die Zeit des Hochsommers (Juli, August) bezeichneten, in der die Gurken reifen und eingelegt werden, in der Ferien sind und daher stille Geschäftszeit herrscht. Der Ausdruck wurde dann von den Journalisten auch für die politisch ruhige Zeit des Hochsommers verwendet.

saufen: Das *altgerm.* Verb *mhd.* sūfen, *ahd.* sūfan, *niederl.* zuipen, *engl.* to sup, *schwed.* supa gehört mit verwandten Wörtern in anderen *idg.* Sprachen zu der vielfach weitergebildeten und erweiterten *idg.* Wurzel *seu-, *seuə- „schlürfen, saugen, ausquetschen", vgl. z. B. *aind.* sunṓti „preßt aus, keltert", sṓma-ḥ „Opfertrank, Soma", sū́pa-ḥ „Brühe; Suppe", *lat.* sugere „saugen", sucus „Saft", *lit.* sulà „Birkensaft, abfließender Baumsaft". Aus dem *germ.* Sprachbereich gehören zu dieser Wurzel auch die unter ↑*Suppe*, ↑*saugen* und ↑*sudeln* behandelten Wörter, ferner z. B. *ahd.* sou „Saft", *aengl.* sēaw „Saft, Feuchtigkeit" und *mhd.*, *ahd.* sol „Schlamm, Pfütze", *ahd.* sullen, *mhd.* süln, suln „sich im Schmutz wälzen, sich beschmutzen", *nhd.* **suhlen,** sich (*mdal.* auch **sühlen, sielen**) „sich im Schmutz wälzen, sich in einer Suhle wälzen (vom Wild)". Aus dem Verb rückgebildet ist das Substantiv **Suhle** „sumpfige Stelle, in der sich das Schwarzwild wälzt" (17. Jh.). Zu 'saufen' gehören die unter ↑*Suff* und ↑*seufzen* behandelten Wörter. Im heutigen Sprachgebrauch bezieht sich 'saufen' auf das Aufnehmen von Flüssigkeit bei Tieren und auf das unmäßige oder gewohnheitsmäßige Trinken bei Menschen. Zum Wortgebrauch im Sinne von „gewohnheitsmäßig Alkohol trinken" beachte z. B. **Säufer** „Gewohnheitstrinker, Trunkenbold" (16. Jh.), **Sauferei** „Trinkgelage" (15. Jh.) und die Präfixbildungen **besaufen,** sich *ugs.* für „sich betrinken" (beachte besonders das zweite Partizip **besoffen**) und **versaufen** *ugs.* für „vertrinken, durchbringen" (beachte besonders das zweite Partizip **versoffen**). Die Präfixbildung **versaufen** (*mhd.* versūfen „versinken; ertränken") wird *ugs.* auch im Sinne von „ertrinken, versinken" verwendet, beachte die Präfixbildung **ersaufen** *ugs.* für „ertrinken, untergehen" (schon *ahd.* arsūfan), dazu **ersäufen** „ertränken" (*mhd.* ersoufen). In den Präfixbildungen haben sich z. T. das starke Verb *mhd.* sūfen, *ahd.* sūfan und das im *Nhd.* untergegangene schwache Verb *mhd.*, *ahd.* soufen „untertauchen; versenken, ersäufen; tränken" vermischt.

saugen: Das *altgerm.* Verb *mhd.* sūgen, *ahd.* sūgan, *niederl.* zuigen, *aengl.* sūgan (daneben sūcan, *engl.* to suck), *schwed.* suga gehört zu der unter ↑*saufen* dargestellten *idg.* Wortgruppe. *Außergerm.* eng verwandt sind z. B. *lat.* sugere „saugen" und sucus „Saft". – Um 'saugen' gruppieren sich das aus dem *Niederd.* ins *Hochd.* übernommene **Sog** „abziehende Strömung; saugende Nachströmung" (*mhd.* soch, entsprechend *niederl.* zog „Sog", *norw.* sog „Sog", eigentlich „das Saugen"), die Intensivbildung **suckeln** *mdal.* für „[in kleinen Zügen] saugen" (18. Jh.), die Substantivbildung **Säugling** „Kind, das noch gestillt oder genährt wird" (14. Jh., *mitteld.* sūgelinc; durch Luthers Bibelübersetzung gemeinsprachlich geworden) und das Veranlassungswort ↑säugen.

säugen: Das *altgerm.* Verb *mhd.* söugen, *ahd.* sougen, *niederl.* zogen, *norw. mdal.* søygja ist das Veranlassungwort zu dem unter ↑*saugen* behandelten Verb und bedeutet demnach eigentlich „saugen machen oder lassen". Zus.: **Säugetier** „Tier, das seine Jungen säugt" (18. Jh.).

Säugling ↑saugen.

¹Säule „meist walzenförmige, senkrechte Stütze eines Bauwerks": *Mhd.* sūl (*Plural* siule), *ahd.* sūl (*Plural* sūli), *niederl.* zuil, *aengl.* sȳl, *aisl.* sūl[a] stehen im Ablaut zu *got.* sauls „Säule". Die *außergerm.* Beziehungen dieser Wortsippe sind unklar. Die Form 'Säule' hat sich aus dem *Plural mhd.* siule entwickelt.

²Säule ↑¹Saum.

¹Saum „Rand; Besatz": Das *altgerm.* Wort *mhd.*, *ahd.* soum, *niederl.* zoom, *engl.* seam, *schwed.* söm gehört zu dem im *Nhd.* untergegangenen *gemeingerm.* Verb *mhd.*, *ahd.* siuwen „nähen", *got.* siujan „annähen", *engl.* to sew „nähen", *schwed.* sy „nähen". Dazu stellt sich im *germ.* Sprachbereich z. B. auch *landsch.* [2]**Säule** „Ahle" (*mhd.* siule, *ahd.* siula; eigentlich „Gerät zum Nähen"). Diese *germ.* Wortgruppe beruht mit verwandten Wörtern in anderen *idg.* Sprachen auf der *idg.* Wurzel *sịū, *seu- „binden, nähen", vgl. z. B. *aind.* sīvyati „näht", syūman- „Naht, Band, Riemen", sūtra-m „Faden", *griech.* hymḗn „Häutchen", eigentlich „Band" (↑Hymne), *lat.* suere „nähen", sutor „Schuster", subula „Ahle" und *russ.* šit' „nähen", šilo „Ahle". – Abl.: [1]**säumen** „mit einem Saum versehen" (15. Jh., vgl. *niederl.* zomen, *engl.* to seam, *schwed.* sömma).

[2]**Saum** ↑Saumtier.

[1]**säumen** ↑[1]Saum.

[2]**säumen** „zögern": Das seit *mhd.* Zeit gebräuchliche einfache Verb (*mhd.* sūmen), das früher auch transitiv im Sinne von „aufhalten, abhalten, hindern, hemmen" verwendet wurde, ist unbekannten Ursprungs. Älter bezeugt als das einfache Verb ist die Präfixbildung *ahd.* firsūmen, *mhd.* versūmen, *nhd.* **versäumen** „ungenutzt verstreichen lassen, verpassen". Um 'säumen' gruppieren sich **säumig** „langsam, träge; sich verspätend" (*mhd.* sūmic, *ahd.* sūmig), **Säumnis** „Verzögerung, Aufschub" (*mhd.* sūmnisse; beachte auch **Versäumnis**), **Saumsal** veraltet für „Versäumnis, Nachlässigkeit" (*mhd.* sūmesal; gebildet wie z. B. 'Labsal'), dazu **saumselig** „langsam, träge, nachlässig" (*mhd.* sūmeselic; dazu **Saumseligkeit,** 17. Jh.).

Saumpfad ↑Saumtier.

Saumsal, saumselig, Saumseligkeit ↑[2]säumen.

Saumtier: Die seit dem 16. Jh. bezeugte Bezeichnung für „Lasttier" enthält als Bestimmungwort das heute veraltete Substantiv [2]**Saum** „Last", das auch in der Zusammensetzung **Saumpfad** „Gebirgsweg für Saumtiere" steckt. *Mhd., ahd.* soum „Traglast; Last als Maßbezeichnung; Lasttier" ist entlehnt aus *vlat.* sauma „Packsattel", das auf gleichbed. *lat.* sagma beruht. Das *lat.* Wort ist aus *griech.* ságma „Decke, Überzug; Packsattel" entlehnt.

Sauna „Dampfbad": Das Wort wurde im 20. Jh. aus gleichbed. *finn.* sauna (eigentlich „Schwitzstube") entlehnt. Dazu die Ableitungen **saunen, saunieren** „ein Saunabad nehmen".

Saus, Sause ↑sausen.

säuseln: Das seit dem 17. Jh. bezeugte Verb ist eine verkleinernde Weiterbildung zu ↑*sausen* und bedeutet demnach eigentlich „ein wenig sausen". Beachte dazu das zusammengesetzte Verb **ansäuseln,** sich *ugs.* für „sich einen kleinen Rausch antrinken", von dem besonders das zweite Partizip **angesäuselt** gebräuchlich ist.

sausen: *Mhd.* sūsen, *ahd.* sūsōn „brausen, rauschen; zischen; knarren; knirschen; sich schnell bewegen", *niederl.* suizen „rauschen, brausen, sausen; säuseln", *schwed.* susa „rauschen, sausen; säuseln" sind lautnachahmenden Ursprungs. Elementarverwandt ist z. B. die *baltoslaw.* Sippe von *kirchenslaw.* sysati „zischen, pfeifen". Abl.: **Saus** nur noch in der Wendung 'in Saus und Braus (= verschwenderisch) leben' (*mhd.* sūs „das Sausen, Brausen, Lärm"; vgl. 'Braus' unter *brausen*); **Sause** *ugs.* für „Zechtour, Gelage" (20. Jh.); **säuseln** (s. d.).

Savanne „tropische Baumsteppe": Die im *Dt.* seit dem 17. Jh. in Reisebeschreibungen bezeugte Bezeichnung stammt aus zavana, einem Wort der Tainosprache Haitis. Sie wurde den Europäern durch gleichbed. *span.* zavana, savane (heute: sabana) vermittelt (beachte entsprechend *engl.* savanna[h] und *frz.* savane).

Saxophon: Das Blasinstrument ist nach dem belgischen Instrumentenbauer Adolphe Sax (1814–1894) benannt, der dieses Instrument 1841 in Brüssel erfand. Zum zweiten Bestandteil s. den Artikel *Phonetik.*

Schabe: *Mhd.* schabe „Mottenlarve" gehört zu dem unter ↑*schaben* behandelten Verb in seiner Bed. „abkratzen, nagen" (vgl. *aengl.* mælsceafa, älter *engl.* malshave „Raupe"). Diese Bezeichnung gilt heute noch *oberd. mdal.* für „Motte". Seit *frühnhd.* Zeit wurde das Wort auch für andere schädliche Insekten gebraucht und (zuerst wohl im 18. Jh.) auf die Küchenschabe übertragen. Für diese gilt mit Anlehnung an den deutschen Stammesnamen auch die Bezeichnung **Schwabe** (17. Jh.).

schaben: Das *gemeingerm.,* früher starke Verb *mhd.* schaben, *ahd.* scaban, *got.* skaban, *engl.* to shave, *schwed.* skava geht zurück auf die *idg.* Wurzel *[s]kē̆-bh-, [s]kā̆-bh- (-b-, -p-) „mit einem scharfen Werkzeug arbeiten, schneiden; behauen, spalten; kratzen", vgl. z. B. *lit.* skabė́ti „schneiden, hauen", *lit.* skóbti „aushöhlen", *lat.* scabere „schaben, reiben", scabies „Krätze, Räude", mit -p- *griech.* kóptein „schlagen, hauen" (↑Komma), *aslaw.* skopiti „verschneiden" (↑Schöps), *lat.* capo „verschnittener Hahn" (↑Kapaun) und wahrscheinlich *dt.* ↑Hippe „Sichelmesser". Auch ↑Schaft und ↑Zepter (*griech.* skēptron „Stab") gehören mit der Grundbedeutung „abgeschnittener Ast" wohl hierher. Auf einer nur im *Germ.* bezeugten Wurzelform *skab- mit der Sonderbedeutung „[schnitzend] gestalten, erschaffen" beruht die Wortgruppe um ↑schaffen. – Das Verb schaben, zu dem ablautend auch ↑Schuppe gehört, erscheint im *Got.* mit der Bed. „[die Haare] scheren" (*engl.* „rasieren", *dt.* nur *ugs.* 'den Bart schaben'). *Mhd.* schaben ist „kratzen, radieren, scharren, polieren; sich abscheuern, fortstoßen". Im *Nhd.* ist der Bereich des Wortes auf „[ab]kratzen, scharren" eingeschränkt. Abl.: **Schabe** (s. d.); **schäbig** (s. d.).

Schabernack „übermütiger Streich, Ulk": Die Herkunft des Substantivs (*mhd. [mitteld.]* schabirnack, *mnd.* schavernak „Beschimpfung, Spott") ist nicht geklärt.

schäbig „abgeschabt; geizig, kleinlich": Das Adjektiv gehört nicht unmittelbar zu ↑*schaben,* sondern zu dem veralteten Substantiv 'Schabe, Schäbe' „Krätze, Schafräude", das zwar erst im 18. Jh. bezeugt ist, aber gleichbed. *aengl.* sceabb, *aisl.* skabb entspricht (beachte auch das wurzelverwandte *lat.* scabies „Räude"). Auch *mhd.* schebic bedeutet „räudig" und zeigt bereits die Bed. „abgeschabt aussehend", die vom Bild des räudigen Schafes bestimmt ist.

Schablone „ausgeschnittene Vorlage, Muster", auch übertragen gebraucht im Sinne von „vorgeprägte, herkömmliche Form, geistlose Nachahmung": Das seit dem 18. Jh. zuerst als 'Schablon' bezeugte Substantiv geht zurück auf *mnd.* schampelīōn, schaplūn (= *mniederl.* scampelioen) „Muster, Form, Modell". Die weitere Herkunft des Wortes ist nicht gesichert.

Schabracke: Die Herkunft des seit dem 17. Jh. bezeugten Ausdrucks für „verzierte Satteldecke; Zierdecke, -behang" ist nicht sicher geklärt. Vielleicht stammt das Wort aus älter *ung.* csábrák (csáprák, csábrág) „Pferde-, Satteldecke" oder ist über das *Ung.* aus *türk.* çaprak „Satteldecke" entlehnt. – Die *ugs.* Bedeutungen „alte, abgenutzte Sache" und „alte [häßliche] Frau" gehen wohl auf die übertragene Verwendung von 'Schabracke' im Sinne von „Kleidung, Rock" zurück.

Schach: Das königliche Spiel, dessen Ursprünge wohl in Indien zu suchen sind, gelangte im 11. Jh. durch die Araber, die es ihrerseits von den Persern übernommen hatten, nach Europa. Der Name des Spiels *mhd.* schāch (vgl. aus anderen europäischen Sprachen z. B. gleichbed. *engl.* chess und im Sinne von „Stellung im Schachspiel, bei der der König unmittelbar bedroht wird", *russ.* šach, *span.* jaque, *port.* xaque, *it.* scacco, *frz.* échec) beruht auf *pers.* šāh „König" (vgl. *Schah*). Er hat sich aus dem im Schachspiel üblichen Ausruf *pers.-arab.* 'šāh māta „der König ist gestorben" verselbständigt (vgl. hierzu auch den Artikel *matt*).

Schächer: Das aus den Passionsberichten der Evangelien bekannte Wort stand schon in den frühen Bibelübersetzungen vor Luther. *Mhd.* schāchære, *ahd.* scāhhāri „Räuber" entsprechen gleichbed. *aengl.* scēacere und gehören zu einem im *Nhd.* untergegangenen Substantiv *mhd.* schāch, *ahd.* scāh, *afries.* skāk „Raub" (vgl. älter *niederl.* schaken „rauben"). Weitere Beziehungen sind nicht gesichert.

schachern „feilschen, Tauschgeschäfte machen": Das seit dem Anfang des 17. Jh.s bezeugte Verb stammt aus dem *Rotwelschen.* Es gehört zu *hebr.* śạḵạr „mieten, anstellen"; *hebr.* śạḵar „Belohnung, Bezahlung, Entgelt".

schachmatt ↑matt.

Schacht: Als bergmännische Bezeichnung der senkrechten Grube (Ggs.: Stollen) erscheint im 13. Jh. *ostmitteld.* schaht, ursprünglich wohl ein *niederd.* Wort des Harzer Bergbaus. Mit dem Blick auf *engl.* shaft, *niederl.* schacht „Schaft; Bergschacht" und *mnd.* schacht „Schaft" erklärt sich das Wort als *niederd.* Lautform von ↑*Schaft.* Die Grube heißt wahrscheinlich nach der Meßstange, die bei ihrer Anlage verwendet wurde (beachte das veraltete Flächenmaß 'Schacht' „Quadratrute"). Abl.: **ausschachten** „Keller, Gruben o. ä. ausheben" (19. Jh.).

Schachtel: Das Substantiv *spätmhd.* schahtel, älter schattel, scatel ist im 15. Jh. zuerst in Tirol aus *it.* scatola „Behälter" entlehnt worden, dessen weitere Herkunft dunkel ist. Das entsprechende *mlat.* Wort scatula „Schrein" hat im 17. Jh. in der Form Schattul, Skatulle unser Fremdwort **Schatulle** ergeben, das seit dem 18. Jh. als vornehmes Wort besonders die fürstlichen Privatkassen bezeichnete. Die *ugs.* Bezeichnung 'alte Schachtel' für eine ältliche Frau (16. Jh.) meint ursprünglich verhüllend die weibliche Scham. Abl.: **schachteln** (19. Jh., meist als 'ein-, ineinanderschachteln').

Schachtelhalm: Der *nhd.* Name der Pflanze (18. Jh.) zeigt *niederd.* -cht- für *hochd.* -ft-. Andere Bezeichnungen sind 'Schafthalm' und *oberd.* Schaftheu (*mhd.* schafthöuwe, schaftelhowe, *ahd.* scafthō), beachte auch *mhd.* schaftel „Binse" und *norw. mdal.* skjeftegras „Schachtelhalm". Das erste Wortglied ist wahrscheinlich das unter ↑*Schaft* behandelte Wort. Die Pflanze ist also nach ihrem auffälligsten Teil, dem Stiel, benannt. Das heutige Sprachgefühl schließt den Namen wegen der 'ineinandergeschachtelten' Stengelglieder an 'Schachtel' an.

Schädel: Das im anatomischen Bereich im Sinne von „Skelett des Kopfes" und allgemeinsprachlich in der Bed. „Kopf (in seiner vom Knochenbau bestimmenden Form)" gebrauchte Wort ist erst *mhd.* bezeugt als 'schedel' (im 14. Jh. auch für ein Trockenmaß), hirnschedel. Die entsprechenden Wörter *mnd.* schedel „Schachtel, Dose", *mniederl.* scedel „Deckel, Augenlid" (*niederl.* schedel) weisen auf eine alte Gefäßbezeichnung, die aber sonst nicht nachzuweisen und daher etymologisch nicht sicher erklärt ist. Vielleicht ist 'Schädel' mit der *schweiz.* Mundartform Schidel als „abgeschnittene Schädeldecke" an die unter ↑*scheiden* behandelte Wortgruppe anzuschließen. Beziehungen zu Gefäßnamen bestehen auch bei den sinnverwandten Wörtern 'Haupt' und 'Kopf' (beachte auch *frz.* tête „Schädel" zu *lat.* testa „Tongefäß"). Siehe auch den Artikel *Giebel.*

Schaden: Das *altgerm.* Substantiv *mhd.* schade, *ahd.* scado, *niederl.* schade, *aengl.* sceađa, *schwed.* skada stellt sich mit dem anders gebildeten *got.* skaþis „Schaden, Unrecht" zu einem im *Got.* und *Aengl.* bewahrten starken Verb, vgl. *got.* skaþjan „schaden" und *aengl.* scieđđan „schaden". *Außergerm.* ist vielleicht *griech.* a-skēthḗs „unbeschädigt, unversehrt, wohlbehalten" verwandt. Das n der heutigen Nominativform ist aus den obliquen Fällen übernommen. *Mhd.* schade ist durch Verwendung in der Satzaussage auch zum Adjektiv geworden und hat sich so als *nhd.* **schade** „bedauerlich" erhalten. Das schwache Verb **schaden,** schädlich, nachteilig sein, Schaden zufügen" (*mhd.* schaden, *ahd.* scadōn, entsprechend *aengl.* sceađian, *schwed.* skada) ist vom Substantiv abgeleitet. Da dies für das Sprachgefühl nicht deutlich wird, tritt vielfach **schädigen** „Schaden tun, bringen" an seine Stelle (*mhd.* schadegen, schedigen, zum Adjektiv *mhd.* schadec „schädlich"), dazu die Präfixbildungen **beschädigen** „Schaden an etwas verursachen, schadhaft machen" und **entschädigen** „einen Schaden [angemessen] ausgleichen; Ersatz schaffen" (*mhd.* beschedegen, entschadegen, besonders in der Rechts- und Verwaltungssprache). Wie eine Präposition mit dem Genitiv wird **unbeschadet** „ohne Nachteil für" gebraucht (Kanzleiwort des 17. Jh.s, 2. Partizip zu dem heute veralteten 'beschaden' „beschädigen"). Als Adjektive erscheinen **schadhaft** „einen Schaden aufweisend" (*mhd.* schadehaft „schädlich; ge-, beschädigt", *ahd.* scadohaft) und **schädlich** „zu Schädigungen führend, nicht zuträglich" (*mhd.* schedelich, *ahd.* un-scadelīh). Jung ist **Schädling** „schädliches Tier, schädliche Pflanze" (19. Jh., für schädliche Tiere und Pflanzen). Zus.: **Schadenfreude** „boshafte Freude über das Mißgeschick eines anderen" (16. Jh.); **schadenfroh** „voller Schadenfreude" (16. Jh.); **schadlos** (*mhd.* schadelōs „unschädlich, unbenachteiligt"; nur noch in 'sich schadlos halten').

Schaf: Das Schaf gehört zu den wichtigsten Haustieren der Indogermanen (↑Vieh). An Stelle der *idg.* Bezeichnung *ou̯i-s (vgl. z. B. *lat.* ovis „Schaf"), die in allen *germ.* Sprachen vertreten war und noch in *oberd. mdal.* Aue „Mutterschaf" fortlebt, haben sich jedoch bei West- und Nordgermanen andere Wörter durchgesetzt. Die Herkunft des *westgerm.* Substantivs *mhd.* schāf, *ahd.* scāf, *niederl.* schaaf, *engl.* sheep ist allerdings nicht geklärt. Die *nordgerm.* Sippe von *schwed.* får, *dän.* får (im Namen der „Schafinseln" Färöer) gehört mit der Grundbedeutung „Wolltier" zur Wortgruppe von ↑Vieh. Die Redensart 'sein[e] Schäfchen ins trockene bringen' „sich Gewinn, Vorteile verschaffen" (Ende des 16. Jh.s) bezieht sich wohl darauf, daß Schafe auf nasser Weide eingehen. Abl.: **Schäfer** (*mhd.* schǣfære, *spätahd.* scāphare; im 17./18. Jh. Gegenstand idyllischer Naturdichtung nach antikem Vorbild, daher die Zusammensetzungen **Schäferstunde, Schäferstündchen** „Beisammensein der Verliebten" (im 18. Jh. nach *frz.* heure du berger gebildet). Zus.: **Schafgarbe** (s. d.); **Schaf[s]kopf** (s. d.).

Schaff: Die *oberd.* Bezeichnung des offenen Bottichs ist ein alter Gefäßname, der ursprünglich „Ausgehöhltes" bedeutete (zur Wurzel *skab- „schaben, schnitzen"; vgl. *schaffen*). In der Bed. „offenes Gefäß, Kornmaß, kleines Schiff" ist *mhd.* schaf belegt, *ahd.* scaph, *asächs.* scap bedeuten „Gefäß". Ablautend ist ↑Schoppen verwandt, als alte Ableitung ↑Scheffel. Auch das Verb ↑schöpfen gehört wahrscheinlich hierher.

schaffen: Das *Nhd.* unterscheidet ein starkes Verb mit der Bed. „schöpferisch gestaltend hervorbringen" und ein schwaches, das „zustande bringen; tätig sein" bedeutet und *südwestd.* für „arbeiten" gebraucht wird. In den älteren *dt.* Sprachzuständen lassen sich die beiden Verben nicht eindeutig trennen; das jüngere schwache und das ältere starke haben einander beeinflußt. *Mhd.* schaffen „erschaffen, gestalten, tun, einrichten, [an]ordnen" entspricht in der starken Form (schuof, geschaffen) dem *ahd.* scaffan, in der schwachen (schaffete, geschaffet) dem gleichbed. *ahd.* scaffōn (vgl. *aisl.* skapa). Der Präsensstamm scaff- dieser *ahd.* Verben ist zu dem Präteritum und dem 2. Partizip des starken Verbs *ahd.* scepfen (scuof, giscaffan) „erschaffen" neu gebildet worden. Das *ahd.* Verb scepfen setzt sich in *mhd.* schepfen und älter *nhd.* schöpfen „erschaffen" fort, zu ihm wird um 1500 **Geschöpf** gebildet (↑Schöpfer ist schon *ahd.*). Ihm entsprechen *got.* (ga)skapjan „erschaffen", *aengl.* scieppan „schaffen, bilden, machen, anordnen" und *aisl.* skepja „schaffen, bestimmen". Die *gemeingerm.* Grundbedeutung dieses Verbs, nämlich „schaffen, gestalten", hat sich aus älterem „schnitzen, mit dem Schaber bearbeiten" entwickelt. Damit gehört das Verb zu der unter ↑*schaben* behandelten Wortgruppe. Zu dieser gehört auch der Gefäßname ↑Schaff, eigentlich „Ausgehöhltes" (s. d. über Scheffel, schöpfen, Schoppen). Im Sinne von „anordnen, bestimmen" (noch *bayr.-österr.*) hat 'schaffen' zu dem Rechtswort ↑Schöffe geführt. Verbale Zusammensetzungen kennt das *Nhd.* bes. beim schwachen Verb (z. B. **abschaffen** „weggeben, aufheben", **anschaffen** „kaufen, erwerben", [2]**beschaffen** „besorgen", **herbeischaffen** „bringen"); zum starken Verb gehören u. a. das verdeutlichende **erschaffen** und **nachschaffen** „schöpferisch nachgestalten" (besonders von Künstlern); s. auch 'rechtschaffen' unter *recht*. Abl.: **beschäftigen** (s. d.); **Geschäft** (s. d.); **Schaffner** (*mhd.* schaffenǣre „Aufseher, Verwalter" ist nach Wörtern wie hafen-ǣre „Hafner" umgebildet aus gleichbed. *mhd.* schaffǣre; im 19. Jh. zuerst *nordd.* Bezeichnung für Beamte des einfachen Dienstes bei Bahn und Post).

Schafgarbe: Der *westgerm.* Name der Wiesenpflanze *mhd.* garwe (*spätmhd.* garb), *ahd.* gar[a]wa, älter *niederl.* gerwe, *engl.* yarrow wird im 15. Jh. als schaff-, schofgarbe näher bestimmt, weil die Schafe sie gern fressen und das unverwandte 'Garbe' (s. d.) lautlich zu nahe stand. Das Grundwort ist nicht sicher gedeutet. Es gehört vielleicht zu ↑*gar* in dessen Bedeutung „fertig, bereit"; die Pflanze wäre dann als „bereitgestelltes" Wundheilkraut bezeichnet worden.

Schafkopf, Schafskopf: Der Name eines der ältesten deutschen volkstümlichen Kartenspiele geht zurück auf die dem Kopf eines Schafs ähnliche Figur, die durch die Strichnotierung der gewonnenen und verlorenen Spiele entsteht.

Schafott: Die Bezeichnung für „erhöhte Stätte, Gerüst für Hinrichtungen" wurde im 17. Jh. wohl durch *niederl.* Vermittlung (vgl. entsprechend *niederl.* schavot, *mniederl.* scafaut, scafot „Gerüst, auf dem Verbrecher zur Schau gestellt und dann hingerichtet werden; Schafott") aus gleichbedeutend *afrz.* chafaud, chafaut (dafür heute: échafaud), ursprünglich „Baugerüst" entlehnt. Über weitere etymologische Zusammenhänge vgl. *Katafalk*.

Schafskopf ↑Schafkopf.

Schaft: Das *altgerm.* Substantiv *mhd.* schaft, *ahd.* scaft, *niederl.* schacht, *engl.* shaft, *schwed.* skaft bezeichnete ursprünglich den Speerschaft, auch den Speer als Ganzes. Es gehört im Sinne von „abgeschnittener Ast, Stab" wie *griech.* skē̆ptron „Stab" (↑Zepter) zu dem unter ↑*scha-*

ben behandelten Verb. Dasselbe Wort in *niederl.-niederd.* Lautform ist ↑Schacht „Grube"; s. auch *Schachtelhalm.* Abl.: **schäften** „mit einem Schaft versehen" (*mhd.* scheften, schiften, *ahd.* im zweiten Partizip giscaft „geschäftet").

...schaft: In der Ableitungssilbe *mhd.* -schaft, *ahd.* -scaf[t] (entsprechend *niederl.* -schap, *schwed.* -skap, *engl.* -ship) sind zwei ehemals selbständige Substantive zusammengeflossen, die in den *germ.* Sprachen schon früh in Zusammensetzungen auftreten und wie Suffixe gebraucht werden. *Ahd.* scaf, *aisl.* skap „Gestalt, Beschaffenheit" (entsprechend *engl.* shape „Gestalt") gehört ebenso wie *mhd.* schaft „Geschöpf, Gestalt, Eigenschaft", *ahd.* gi-scaft, *got.* ga-skafts, *aengl.* ge-sceaft „Schöpfung, Geschöpf" zum Stamm des Verbs ↑*schaffen.* Aus der Bed. „Zustand, Beschaffenheit, Verhalten" in abstrakten Substantiven wie *ahd.* friuntscaf, botascaft „Freund-, Botschaft", eiginscaft „Eigentum, -tümlichkeit" entwickelte sich in Wörtern wie 'Bruder-, Ritter-, Gemeinschaft' bald ein kollektiver Sinn, der auch räumlich gefaßt wurde ('Land-, Grafschaft'). Erst *nhd.* sind Ableitungen von Verbformen wie 'Bekannt-, Gefangen-, Leidenschaft'.

schäften ↑Schaft.

Schah: Quelle für den Titel des iranischen Herrschers bis zur Abschaffung der Monarchie im Jahre 1979 ist *pers.* šāh „König", das im 19. Jh. in die *europ.* Sprachen gelangte. – Gleicher Herkunft ist unser Lehnwort ↑Schach.

Schakal: Der Name des hundeartigen Raubtieres (Asiens, Afrikas und Südosteuropas) stammt letztlich aus *aind.* śṛgālá-ḥ „Schakal". Er wurde den *europ.* Sprachen durch *pers.* šaġāl und *türk.* çakal im 17. Jh. vermittelt (beachte z. B. entsprechend *frz.* chacal, *it.* sciacallo und *engl.* jackal).

Schäkel „Metallbügel mit Bolzen" (zum Verbinden von Ketten, Tauen usw.): Das *niederd.* Wort, im 19. Jh. in der Form Schakel *hochd.,* ist wohl nach gleichbed. *engl.* shackle umgelautet worden. Es bezeichnete ursprünglich wohl eine zusammengebogene Fessel, vgl. *ostfries.* schakkel, *mniederl.* schakel „hölzerne Fußfessel für Pferde", *aengl.* sceacel „Fessel, Kettenglied", *schwed.* skakel „[Gabel]deichsel". Die Wörter sind abgeleitet von einem in *niederd.* (seemännisch) Schake „Kettenglied", *aengl.* sceac „Fessel", *schwed. mdal.* skāk „[Hals]kette" vorliegenden *germ.* Wort unsicherer Herkunft. Abl.: **schäkeln** „Kettenstücke mit Schäkeln verbinden" (im 19. Jh. in der Form 'schakeln').

Schäker „jemand, der gerne schäkert", **schäkern** „scherzen, necken, flirten": Die seit dem 18. Jh. als 'Schä[k]ker' und '[t]schäckern, schökern' u. ä. belegten Wörter sind wahrscheinlich Ableitungen von *jidd.* chek „Busen, weiblicher Schoß" (< *hebr.* ḥeq).

schal: *Mnd.* schal „ohne Geschmack" tritt seit dem 14. Jh. in *mitteld.* Quellen als „fade, trüb, unklar" auf und wird *nhd.* für „fade" (von Getränken) und für „geistlos" (von Geschwätz, Vergnügungen usw.) gebraucht. Es ist identisch mit *niederd.* schal „trocken, dürr", wie das verwandte *schwed.* skäll „fade, säuerlich" (von Milch), „mager" (vom Boden) und weiter *engl.* shallow „seicht, flach; einfältig" zeigen, und gehört mit verwandten Wörtern in anderen *idg.* Sprachen zu der *idg.* Wurzel *[s]kel- „austrocknen, dörren', vgl. z. B. *griech.* skéllein „austrocknen" *griech.* skeletós „ausgetrocknet" (↑Skelett). Zu dieser Wurzel stellen sich auch die unter ↑*behelligen* genannten Wörter. Unsicher ist die Zugehörigkeit von ↑Hallig.

Schal „langes, schmales Halstuch": Quelle des Wortes ist letztlich *pers.* šāl „Umschlagetuch", das bei uns zuerst in einer Reisebeschreibung des 17. Jh.s erscheint. Regelrecht entlehnt wurde das Wort jedoch erst um 1800 durch Vermittlung von entsprechend *engl.* shawl.

Schalander „Pausenraum in Brauereien": Die Herkunft dieses besonders im *Südd.* üblichen Ausdrucks ist nicht sicher geklärt. Wahrscheinlich geht das Wort zurück auf den Namen einer im 13. Jh. gegründeten religiösen Bruderschaft, auf die 'Kalanden' oder 'Kalandsbrüder', die ihre Versammlungen immer am Monatsersten (*lat.* calendae, vgl. *Kalender*) abhielten. Da sich die Mahlzeiten bei diesen Zusammenkünften zu Schwelgereien, Festen entwickelten, wurde der Name 'Kaland' seit dem 17. Jh. (besonders im *Niederd.*) im Sinne von „gesellschaftliche Zusammenkunft", „Ort für diese Zusammenkunft", „Festessen" und dann „Gasthof" verwendet (beachte das Verb 'kalandern' „schmausen, zechen"). In diesen Zusammenhang gehört wohl auch das *südd.* Schalander in seiner älteren Bedeutung „Nebenraum der Braustube". Der sch-Anlaut könnte dabei auf Einfluß von *frz.* chaland „Kunde, Kundschaft" beruhen, da in diesem Nebenraum vermutlich ein Ausschank zu günstigem Preis erfolgte und dieser auch als Aufenthaltsraum für die Beschäftigten diente.

¹Schale „flache Schüssel": *Mhd.* schāle, *ahd.* scāla, *niederl.* schaal, *schwed.* skål bezeichnen gewöhnlich die Trinkschale (wie noch *oberd.* Schale für „Tasse" steht) oder die Waagschale. Das ablautend mit ↑²Schale verwandte Wort gehört zu der unter ↑*Schild* dargestellten Wurzel *[s]kel- „schneiden, spalten". Ob dabei die von den Langobarden und anderen germanischen Stämmen berichtete Sitte, Trinkschalen aus den abgetrennten Schädeldecken toter Feinde zu machen, zugrunde lag, oder ob nicht eher an flach ausgeschnittene Holzschalen zu denken ist, muß offenbleiben.

²Schale „Hülse": Das mit ↑¹Schale wurzelverwandte Wort ist in den Mundarten und in den älteren Sprachzuständen lautlich von ihm getrennt: *Mhd.* schal[e] „Fruchthülse, Eier-, Schneckenschale; Steinplatte", *ahd.* scala, *aengl.* scealu „Hülse, Schale" (*engl.* shale „Schieferton") stehen neben andersgebildeten *mnd.* schelle, *mniederl.* schel, schil „Hülse, Schuppe" (↑Schellfisch), *got.* skalja „Ziegel" (wohl eigentlich „Schindel"), *aisl.* skel „Schale", *engl.* shell „Hülse; Muschel" und gehören mit diesen zu der unter ↑*Schild* behandelten Wortsippe. Weidmännisch bezeichnet

'Schalen' die Hufe des zweihufigen Wilds (dazu die Zusammensetzung **Schalenwild**). Abl.: **schalen** „mit einer Schale oder Schalbrettern versehen" (17. Jh.; beachte *mhd.* schale „Brettereinfassung"; jetzt meist **verschalen**); **schälen** „die Schale abtrennen" (*mhd.* scheln, *ahd.* scelan).

Schälhengst, Schellhengst „Zuchthengst": Die *frühnhd.* Zusammensetzung verdeutlicht *mhd.* schel[e], *ahd.* scelo „Zuchthengst", das mit *mhd.* schel[lec] „springend, zornig auffahrend", schelch „männliches Jagdtier" und *aisl.* skelkr „Furcht" wahrscheinlich auf eine Wurzel *[s]kel- „[auf]springen" zurückgeht, die auch in *aind.* śalabha-s „Heuschrecke" enthalten ist. Dazu das erst *nhd.* bezeugte Verb **beschälen** „bespringen" (vom Hengst) mit der Ableitung **Beschäler** „Schälhengst" (im 15. Jh. [be]scheler).

Schalk: Das *altgerm.* Substantiv *mhd.* schalc, *ahd.* scalc, *got.* skalks, *niederl.* schalk, *aengl.* scealc bedeutete ursprünglich „Knecht, Sklave, unfreier Dienstmann". Seine Herkunft ist nicht geklärt. In der alten Bedeutung wurde es zu *it.* scalco „Küchenmeister, Truchseß; Vorschneider" entlehnt. Auch die Hofämter Marschalk (eigentlich „Pferdeknecht"; ↑Marschall) und Seneschalk, -schall „ältester Diener, Oberhofmeister" wurden besonders im *roman.* Gebiet ausgebildet. In *mhd.* Zeit entwickelte 'Schalk' die Bed. „Mensch von knechtischer Sinnesart, Bösewicht" (so in 'Schalk[sknecht], Schalkheit' der Lutherbibel), die Ende des 18. Jh.s zu „schadenfroher Spötter" gemildert wurde; heute ist sie etwa „listiger Spaßvogel". Abl.: **schalkhaft** „schelmisch, neckisch" (*mhd.* schalchaft „arglistig, boshaft"); **Schalkheit** „Schelmerei" (*mhd.* schalcheit auch „Arglist, Bosheit", *ahd.* scalcheit „Sklaverei, Dienstbarkeit").

Schall: *Mhd.* schal „lauter Ton, Geräusch; Gesang, Geschrei", *ahd.* scal ist wie *schwed.* skall eine ablautende Bildung zu dem im *Nhd.* untergegangenen starken Verb *mhd.* schellen, *ahd.* scellan „tönen, lärmen" (vgl. [1]*Schelle*). Abl.: **schallen** (*mhd.* schallen; durch Vermischung mit dem untergegangenen starken Verb 'schellen' seit dem 17. Jh. teilweise stark flektiert: Präteritum scholl für *mhd.* schal, 2. Partizip geschallt, beachte aber erschollen und ↑verschollen).

Schalmei: „altes Holzblasinstrument der Hirten; Blechblasinstrument mit mehreren Schallröhren": Der Name des seit dem höfischen Mittelalter bei uns bekannten Musikinstruments (*mhd.* schalemī[e]) ist aus *afrz.* chalemie entlehnt, das seinerseits aus *griech.* kalamaía „Rohrflöte" stammt. Dies ist eine Bildung zu *griech.* kálamos „Rohr", das mit *dt.* ↑*Halm* urverwandt ist.

schalten: Das nur *dt.*, ursprünglich reduplizierende Verb *mhd.* schalten, *ahd.* scaltan „stoßen, schieben" wurde besonders von der Fortbewegung eines Schiffes mit der Stange (*mhd.* schalte, *ahd.* scalta) gebraucht. Es gehört wahrscheinlich zu der unter ↑*Schild* dargestellten *idg.* Wurzel *skel- „schneiden, spalten", dann auch „hauen, stoßen". Die übertragene Bedeutung „frei mit etwas verfahren" hat sich erst im *Nhd.* ausgebildet, z. T. unter Einfluß der Reimformel 'schalten und walten'. Dagegen schließt der weit geläufigere elektrotechnische Gebrauch des Verbs an seine konkrete Bedeutung an (s. u. Schalter). Abl.: **Schalter** (*spätmhd.* schalter „Riegel, Schieber", daher im 18. Jh. „Schiebefenster", im 20. Jh. auch „Schieber zum Schließen oder Verändern eines elektrischen Stromkreises"; beide Bezeichnungen haben sich trotz Gestaltveränderungen ihrer Gegenstände erhalten). Zus.: **Schaltjahr** (*mhd.* schaltjār, *ahd.* scaltjār, eigentlich „Jahr, in dem [ein Tag] eingestoßen, -geschaltet wird").

Scham: Das *altgerm.* Substantiv *mhd.* scham[e]. scheme, *ahd.* scama, *afries.* skome, *engl.* shame, *schwed.* skam bedeutete ursprünglich „Beschämung, Schande". Im *Dt.* hatte es zudem die besondere Bedeutung „Schamgefühl". Später wurde es auch verhüllend für „Geschlechtsteile" gebraucht. Die Herkunft des Wortes, das auch dem Substantiv ↑Schande zugrunde liegt, ist ungeklärt. Abl.: **schämen,** sich „Scham empfinden" (*mhd.* schemen, schämen, *ahd.* scamēn, -ōn; auch transitiv für „schmähen, schänden" [dafür jetzt **beschämen,** *mhd.* beschemen]); **verschämt** „sich schämend, sich zierend" (*mhd.* verschamt, verschemt, 2. Partizip zu *mhd.* [sich] verschamen „in Scham versinken"); dazu **unverschämt** „schamlos, frech" (*spätmhd.* unverschamet); **schamhaft** „voller Scham" (*mhd.* scham[e]haft, *ahd.* scamahaft); **schamlos** „ohne Schamgefühl" (*mhd.* scham[e]lōs, *ahd.* scamalos).

Schamleiste ↑Leiste.

Schande: Das *altgerm.* Wort *mhd.* schande, *ahd.* scanta, *got.* skanda, *niederl.* schande, *aengl.* scand ist eine Ableitung vom Stamm des unter ↑*Scham* behandelten Substantivs, wobei -md- zu -nd- angeglichen wurde. Schon *ahd.* ist 'zuschanden werden' für „beschämt, enttäuscht werden", später mit der Bed. „verderben, vernichten" (z. B. 'ein Perd zuschanden reiten'; eigentlich erstarrter *Plural* von 'Schande'). Abl.: **schänden** „in Schande bringen" (*mhd.* schenten, *ahd.* scenten; *mdal.* auch für „schimpfen", eigentlich „erfolglos schänden"; dazu *ugs.* **Schandmaul**); **schandbar** „abscheulich" (*mhd.* schandebære); **schändlich** „abscheulich, niederträchtig; unerhört, überaus schlimm" (*mhd.* schantlich, schentlich, *ahd.* scantlīh).

Schank: Zu der alten Bed. „(als Getränk) ausschenken" des unter ↑*schenken* behandelten Verbs gehört die Rückbildung *mhd.* schanc „Schenkgefäß", die im *Nhd.* die Bed. „[Raum zum] Kleinverkauf von Getränken" entwickelte (vgl. *spätmhd.* weinschanc „Ausschankraum"). Sie ist heute veraltet, außer in Zusammensetzungen wie 'Schankgerechtigkeit' „behördliche Genehmigung zum Ausschank", 'Schankstube, -wirt'. Üblich ist auch die Zusammensetzung **Ausschank** „Gastwirtschaft; Raum, in dem [alkoholische] Getränke ausgeschenkt werden". Siehe auch den Artikel *Schenke*.

Schanker: Die Bezeichnung der Geschlechtskrankheit wurde im 18. Jh. aus *frz.* chancre „Krebs; krebsartiges Geschwür; Schanker" entlehnt. Das *frz.* Wort selbst beruht auf *lat.* cancer „Krebs (als Tiername); Krebsgeschwür", das mit entsprechend *griech.* karkínos „Krebstier; Krebsgeschwür" zusammenhängt. Vgl. zur Bedeutungsübertragung (Krebs – Krebsgeschwür) den Artikel *Krebs.*

[1]Schanze: Das aus *afrz.* cheance „glücklicher Würfelfall" (vgl. *Chance*) entlehnte Substantiv *mhd.* schanze „Glückswurf, -spiel; Zufall", *nhd.* im 18. Jh. noch geläufig, ist jetzt nur noch in der Wendung '[sein Leben] in die Schanze schlagen' „sein Leben riskieren" erhalten, die zuerst im 16. Jh. bezeugt ist. Dazu **zuschanzen** „jemandem heimlich zukommen lassen", ein Kartenspielerwort des 16. Jh.s, zu *frühnhd., mhd.* schanzen „Glücksspiel treiben". Siehe auch *Mummenschanz* unter *mummen.*

[2]Schanze: Die Verteidigungsanlage ist nach den Reisigbündeln benannt, mit denen sie ursprünglich befestigt war. *Spätmhd.* schanze „Reisigbündel, Schutzbefestigung" (15. Jh.) ist in der ersten Bedeutung noch *mdal.* erhalten. Die Herkunft des Wortes ist dunkel. Abl.: **schanzen** „Schanzen bauen, sich eingraben" (16. Jh.; seit dem 18. Jh. übertragen für „schwer arbeiten"). Zus.: **Sprungschanze** (zum Schispringen; 20. Jh.).

[1]Schar „Menge": Das Substantiv *mhd.* schar, *ahd.* scara, *niederl.* schaar bezeichnete ursprünglich eine Heeresabteilung. Es gehört wahrscheinlich im Sinne von „Abgeschnittenes" zu dem unter ↑[1]*scheren* behandelten Verb. Schon in *mhd.* Zeit wurde die Bedeutung des Wortes verallgemeinert zu „Gefolge, Gesellschaft, Menge", im *Nhd.* bezeichnet es meist eine Gruppe lebender Wesen, in der Fügung 'Scharen von (Vögeln und dgl.)' eine große Menge. Mit '[1]Schar' identisch ist *aengl.* scearu „Haarschnitt; Anteil; Gebiet, Grenze", dessen zweite Bedeutung (*engl.* share „Anteil, Aktie") auch im *Mhd.* und *Ahd.* als „reihum zugeteilte Fronarbeit" erscheint (s. auch den Artikel *bescheren*). – Abl.: **scharen,** sich (*mhd.* schar[e]n, *ahd.* scarōn „in Scharen einteilen oder sammeln").

[2]Schar „Pflugeisen": Das *westgerm.* Substantiv *mhd.* schar, *ahd.* scara, scar[o], *niederl.* schaar, *engl.* share ist eine ablautende Bildung zu ↑[1]*scheren* „schneiden": die Pflugschar schneidet ins Erdreich. Aus dem gleichbedeutenden *ahd.* scār[a] ist ↑Schere entstanden. Die verdeutlichende Zusammensetzung **Pflugschar** lautet *mhd.* phluocschar, *ahd.* phluochscar (vgl. *niederl.* ploegschaar).

Schäre: Die Felseninsel vor den nordischen Küsten heißt *mnd.* schere, *hochd.* im 17. Jh. Schere nach *schwed.* skär (*aisl.* sker) „Klippe". Das *nord.* Wort gehört im Sinne von „Abgeschnittenes" zur Sippe von ↑[1]*scheren.* Es ist ablautend verwandt mit *mnd.* schār, schōr „Uferland", *engl.* shore „Küste" und *mhd.* schor[re], *ahd.* scorra „schroffer Fels".

scharf: Das *altgerm.* Adjektiv *mhd.* scharf, scharpf, *ahd.* scarf, scarph, *niederl.* scherp, *engl.* sharp, *schwed.* skarp gehört im Sinne von „schneidend" zu der unter ↑[1]*scheren* dargestellten, vielfach erweiterten Wurzel *[s]ker- „schneiden". Näher verwandt sind die unter ↑*schürfen,* ↑*schröpfen,* ↑*schrappen* und ↑*Schrippe* behandelten Wörter. Mit dem Adjektiv verwandt sind *außergerm.* z. B. *mir.* cerb „scharf, schneidend" und *lett.* skar̂bs „scharf, rauh". Abl.: **Schärfe** (*mhd.* scher[p]fe, *ahd.* scarfī, scarphī; eigentlich „Schneide", aber auch übertragen für „Grausamkeit, Strenge"); **schärfen** (*mhd.* scher[p]fen, *ahd.* scerfan „scharf machen"), dazu **einschärfen** „scharf, eindringlich sagen" (17. Jh.). Zus.: **scharfmachen** (Ende des 19. Jh.s übertragen für „aufhetzen"), dazu **Scharfmacher** „Hetzer"; **Scharfrichter** (14. Jh.; das ursprünglich *niederd.* und *westmitteld.* Wort bezeichnete zunächst den mit Schwert oder Beil richtenden Beamten, wurde aber im 16. Jh. auch auf den ↑Henker übertragen und ist heute die übliche Bezeichnung); **Scharfsinn** „wacher Verstand, hervorragendes Denkvermögen" (Rückbildung des 16. Jh.s aus **scharfsinnig** [*spätmhd.* scharpfsinnic]).

Scharlach: Der seit dem 18. Jh. zuerst in der Zusammensetzung 'Scharlachfieber' bezeugte Name der ansteckenden Krankheit beruht – wie entsprechend *frz.* (fièvre) scarlatine, *it.* (febbre) scarlatina und *span.* (fiebre) escarlatina – auf einer Lehnübersetzung von *vlat.* febris scarlatina. Das Bestimmungswort 'Scharlach' ist identisch mit der Farbbezeichnung **Scharlach** „rote Farbe; roter Stoff" (= entsprechend *frz.* écarlate, *it.* scarlatto und *span.* escarlata; alle aus gleichbed. *mlat.* scarlatum). Die Krankheit ist also nach dem intensiv roten Hautausschlag benannt.

Scharlatan: Die Bezeichnung für einen „Schwätzer, Aufschneider, Schwindler; Quacksalber, Kurpfuscher" ist im 17. Jh. über *frz.* charlatan aus gleichbed. *it.* ciarlatano entlehnt worden. Das *it.* Wort selbst ist unter dem Einfluß von *it.* ciarlare „schwatzen" aus *it.* cerretano „Kurpfuscher; Marktschreier" umgestaltet. Letzteres bedeutet eigentlich „Mann aus der Stadt Cerreto". Die Einwohner dieser Stadt waren bekannt als marktschreierisch herumziehende Verkäufer von allerlei Drogen und Heilmitteln.

Scharm, scharmant ↑Charme.

Scharmützel „kleines Gefecht, Geplänkel": *Mhd.* scharmutzel, -mützel ist wohl aus *oberit.* scaramuzza, *it.* scaramuccia „Gefecht" entlehnt. Beachte auch gleichbed. *frz.* escarmouche. Herkunft und Entstehung der *roman.* Wörter sind umstritten. Abl.: **scharmützeln** „ein kleines Gefecht führen" (*spätmhd.*).

Scharnier „drehbares Gelenkband (an Türen, Deckeln usw.)": Das Fremdwort wurde im 18. Jh. aus gleichbed. *frz.* charnière entlehnt, das wohl von einem *afrz.* *charne „Türangel" abgeleitet ist. Dies geht auf gleichbed. *lat.* cardo (cardinis) zurück.

scharren: Das Verb (*mhd.* scharren) steht neben **schurren** „knirschend über den Boden gleiten, scharren" (*mnd.* schurren, entsprechend *schwed.* skorra) und ist eine Intensivbildung zu dem im *Nhd.* untergegangenen starken Verb *mhd.* scherren, *ahd.* scerran „abkratzen, schaben“, dessen Herkunft unklar ist.

Scharte: Zum Stamm des unter ↑¹*scheren* „schneiden“ behandelten Verbs gehört ein im *Nhd.* untergegangenes Adjektiv mit der Bed. „verstümmelt, zerhauen“ (*mhd.* schart, *ahd.* scart, *aengl.* sceard, *aisl.* skarðr). Aus ihm ist *mhd.* schart[e] „Einschnitt, Bruch, Öffnung“ substantiviert worden, dem *engl.* shard „Scherbe“, *aisl.* skarð „Scharte, Loch“ entsprechen. Eine angeborene Mißbildung bezeichnet das Wort heute nur in ‘Hasenscharte’ (siehe unter *Hase*). Schwert und Messer werden durch Scharten beschädigt, daher steht ‘eine Scharte auswetzen’ bildlich für „einen Fehler oder erlittenen Schaden wiedergutmachen“. Zus.: **Schießscharte** „Öffnung im Mauerwerk einer Burg, Festung, von der aus auf den Feind geschossen wurde“ (18. Jh.). Abl.: **schartig** (im 17. Jh. für *frühnhd.* schartecht, *mhd.* scherteht).

Scharteke „altes, wertloses Buch; unsympathische ältere Frau“: *Mnd.* scarte (daneben scarteke) tritt seit der 1. Hälfte des 16. Jh.s in der Bedeutung „Urkunde“ auf. Schon früh wurde es auch in der Bedeutung „altes, wertloses Schriftstück oder Buch“ verwendet. Das Wort ist wahrscheinlich eine Entlehnung aus *frz.* charte „Urkunde“ (< *lat.* charta, siehe *Karte*). Seit dem 19. Jh. diente es dann allgemein zur Bezeichnung von alten, wertlosen Gegenständen, woraus sich schließlich der übertragene Gebrauch im Sinne von „alte Frau“ entwikkelte.

schartig ↑Scharte.

scharwenzeln „sich übertrieben geschäftig in jemandes Nähe zu schaffen machen (und eilfertig seine Dienste anbieten)“; dafür heute meist die Zusammensetzung ‘herumscharwenzeln’: Das seit dem 17. Jh. bezeugte Wort bedeutete ursprünglich „das Kartenspiel Scharwenzel spielen“ und geht zurück auf *landsch.* Scharwenzel „Bube (im Kartenspiel)“, übertragen „jemand, der wie eine Trumpfkarte beliebig eingesetzt werden kann“. Zugrunde liegt – wohl beeinflußt von *landsch.* Wenzel „Unter“ – *tschech.* červenec „Herzbube“ (zu červený „rot“, nach der Spielkartenfarbe). Vielleicht hat auch ‘schwänzeln’ (s. unter *Schwanz*) auf die Bedeutungsentwicklung eingewirkt.

Schaschlik: Die Bezeichnung für „am Spieß gebratene Fleischstückchen“ wurde im 20. Jh. aus dem *Slaw.* übernommen (vgl. gleichbed. *russ.* šašlyk). Das *slaw.* Wort stammt seinerseits aus dem *Turkotatarischen.*

Schatten: Das *altgerm.* Substantiv lautet älter *nhd.* Schatte, Schatten, *mhd.* schate[we], *ahd.* scato, *got.* skadus, *niederl.* schaduw, *engl.* shade, shadow und ist verwandt mit *norw.* skodde „Nebel“. Es beruht mit verwandten Wörtern in anderen *idg.* Sprachen auf der *idg.* Wurzel *skot- „Schatten, Dunkel“, vgl. z. B. *air.* scāth „Schatten“ und *griech.* skótos „Dunkel“. Das n der heute üblichen *nhd.* Form stammt aus den flektierten Fällen. Im *Dt.* ist die Bed. „Dunkel“ (z. B. Waldesschatten; bildlich ‘in den Schatten stellen’) aus der eigentlichen Bed. „dunkles Abbild“ übertragen, die auch sonst vielen bildlichen Wendungen zugrunde liegt. Die dichterische Bed. „Seele eines Verstorbenen“ (z. B. in Schattendasein, -reich) geht auf griechische Vorstellungen vom Zustand der Toten zurück. Abl.: **schatten** „Schatten geben“ (*mhd.* schatewen, *ahd.* scatewen; heute nur dichterisch), dazu **beschatten** (*mhd.* beschatewen; im 20. Jh. auch für „heimlich beobachten“, eigentlich „wie ein Schatten folgen“, nach gleichbed. *engl.* to shadow); **schattieren** „(eine Farbe) abtönen“ (Malerwort des 16. Jh.s mit fremder Endung wie ‘halbieren, hausieren’ u. a.); **schattig** „Schatten aufweisend, im Schatten liegend“ (15. Jh.). Zus.: **Schattenbild** „Traumbild“ (17. Jh.); **Schattenriß** (17. Jh.; ursprünglich die Umrißzeichnung [vgl. *reißen*] des auf einen Schirm geworfenen Körperschattens); **Schattenspiel** (17. Jh.).

Schatulle ↑Schachtel.

Schatz: Das *gemeingerm.* Substantiv *mhd.* scha[t]z, *ahd.* scaz „Geld[stück], Vermögen“, *got.* skatts „Geld[stück]“, *aengl.* sceatt „Schatz, Geld, Besitz, Reichtum, Tribut“, *aisl.* skattr „Geld, Steuer, Besitz“ ist unerklärt. *Afries.* sket zeigt auch die Bed. „Vieh“, die in *russ.* skot „Vieh“ wiederkehrt und an den unter ↑*Vieh* behandelten Bedeutungswandel erinnert. Vielleicht handelt es sich in beiden Sprachbereichen um ein östliches Wanderwort. In der Bed. „aufbewahrter Reichtum“ ist ‘Schatz’ erst seit dem 13. Jh. für ↑Hort eingetreten; seit Anfang des 15. Jh.s steht es übertragen für „Liebste[r]“. Abl.: **schatzen** „mit Abgaben belegen“ (heute nur in ‘brandschatzen’ [s. unter *Brand*]; *mhd.* schatzen, *ahd.* scazzōn „Schätze sammeln“ entwickelte im *Mhd.* die Bed. „ein Vermögen taxieren, besteuern“); **schätzen** (*mhd.* schetzen bedeutete wie ‘schatzen’ zunächst „einen Wert veranschlagen“ und „besteuern“, hat aber nur die erste Bedeutung bewahrt, daraus dann „beurteilen“ [z. B. in ‘gering-, wertschätzen’] und „vermuten“; besonders steht ‘schätzen’ für „hochachten“), dazu **schätzbar** (17. Jh.) und **Schätzung** (*mhd.* schetzunge „Steuer“).

schaudern: Neben *mnd.* schüdden „schütte[l]n“ (vgl. *schütten*) steht eine Iterativbildung *niederd.* schuddern „beben“ (vgl. gleichbed. *engl.* to shudder) mit der *niederrhein.* Nebenform schūdern (14./15. Jh.). Diese gelangt im 16. Jh. als ‘schaudern’ ins *Nhd.* Das Verb bezeichnete zunächst fröstelndes Zittern und wurde bald auf körperliche und seelische Angstgefühle übertragen (wie ↑Schauer, schauern). Dazu die Rückbildung **Schauder** (16. Jh.) und das Adjektiv **schauderhaft** (Ende des 18. Jh.s für „Schauder erregend“, jetzt *ugs.* für „gräßlich, sehr unangenehm“).

schauen: Das *westgerm.* Verb *mhd.* schouwen, *ahd.* scouwōn „sehen, betrachten“, *niederl.* schouwen „schauen, besichtigen“, *engl.* to show „zeigen“ (↑Show) gehört mit ablautend *aisl.* skygn „scharfsichtig“ und *aisl.* skygna „spähen“ zu einer Wurzel *[s]keu-, *[s]kēu- „auf etwas achten, aufpassen, bemerken“, die auch der Sippe von ↑schön zugrunde liegt (eigentlich

„ansehnlich"; dazu 'schon' und 'schonen'). *Außergerm.* ist z. B. *griech.* thyo-skóos „Opferschauer" verwandt. Über weitere Zusammenhänge vgl. den Artikel *hören.* Im Unterschied zu 'sehen' (s. d.) bezeichnet 'schauen' meist das absichtliche Blicken und Beobachten. In gehobener Sprache steht 'schauen' auch für das innere geistige Sehen. Abl.: **Schau** (*mhd.* schouwe „prüfendes Blicken, [amtliche] Besichtigung"). Zusammensetzungen und Präfixbildungen: **anschauen** (*mhd.* aneschouwen, *ahd.* anascouwōn, *frühnhd.* auf geistiges Betrachten übertragen), dazu **anschaulich** (*mhd.* anschouwelich „beschaulich"; beachte dazu **veranschaulichen**) und **Anschauung** (*mhd.* anschouwunge „Anblick", jetzt „Erkenntnis eines Gegenstandes, Meinung"); **beschauen** (*mhd.* beschouwen, *ahd.* biscouwōn), dazu **Beschauer** „amtlicher Prüfer" (z. B. in Fleischbeschauer) und **beschaulich** (*mhd.* 'beschouwelichez leben' übersetzt das *lat.* vita contemplativa der Mönche und Mystiker); **zuschauen** (16. Jh.), dazu **Zuschauer** (16. Jh.; besonders im Theater, wohl nach *lat.* spectator). Als Bestimmungswort steht 'schauen' u. a. in **Schaufenster** (19. Jh.), **Schauplatz** (im 16. Jh. für „Theater", beachte die Zusammensetzung 'Kriegsschauplatz'); **Schauspiel** (im 15. Jh. schowspiel), dazu **Schauspieler** (16. Jh.) und das junge **schauspielern** „etwas vortäuschen".

Schauer „kurzes Unwetter; heftige Empfindung von Angst, Entsetzen": Das *gemeingerm.* Substantiv *mhd.* schūr, *ahd.* scūr „Sturm, Hagel, Regenschauer", *got.* skūra windis „Sturmwind", *engl.* shower, *schwed.* skur ist wahrscheinlich verwandt mit *lat.* caurus „Nordwestwind", *lit.* šiaurỹs „Nordwind" und *armen.* çurt „Kälte, Schauer". Als Wetterbezeichnung ist das Wort im *Nhd.* abgeschwächt (*mhd.* bedeutete es auch „Anprall, Vernichtung"). Der übertragene Sinn „Frösteln, Angst, Entsetzen" (schon *mnd.* bedeutet schūr „Fieberanfall") ist im *Nhd.* wohl von dem unverwandten 'Schauder' (↑schaudern) beeinflußt. Abl.: **schauerlich** (17. Jh.) und **schaurig** (18. Jh.), beide zuerst vom Wetter gebraucht, jetzt für „grausig"; **schauern** (*spätmhd.* schawern; im 15. Jh. „gewittern, hageln", im 16. Jh. „frösteln"). Zus.: **Schauerroman** (20. Jh.).

Schauermann (*Plural:* Schauerleute): Die Kai- u. Schiffsarbeiter der *dt.* Nordseehäfen heißen seit dem 19. Jh. Schauerleute, vorher, zuerst im 17. Jh., **Schauer,** nach *niederl.* sjouwer[man] „Hafenarbeiter, Lastträger". Das Wort gehört zu *niederl.* sjouwen, *fries. mdal.* seeuwe „schleppen, schuften" und damit wahrscheinlich zu ↑See (weil diese Männer mit ihren Lasten früher durchs Meer waten mußten).

Schaufel: Die *germ.* Bezeichnungen des Geräts gehören (wie gleichbed. ↑Schippe) zu dem unter ↑*schieben* behandelten Verb. *Mhd.* schūvel, *ahd.* scūvala, mit kurzem Vokal *niederl.* schoffel, *engl.* shovel, *schwed.* skovel sind mit dem *germ.* l-Suffix der Gerätenamen gebildet. In der Jägersprache heißen die Geweihe von Elch- und Damwild 'Schaufeln', dazu **Schaufler** „Elch-, Damhirsch" (18. Jh.). Abl.: **schaufeln** „mit der Schaufel arbeiten" (*mhd.* schūveln).

Schaufenster ↑schauen.

Schaukel „an zwei Seilen o. ä. aufgehängtes Brett, auf dem man sitzend hin und her schwingt": Das Substantiv erscheint ebenso wie das Verb **schaukeln** erst im 17. Jh. im *Nhd.* Es ist wohl aus einem gleichbed. *niederd. mdal.* (z. B. *ostfries.*) Schūkel verhochdeutscht worden. Daneben stehen andere *niederd.* und *mitteld.* Formen, für das Substantiv z. B. 'Schuckel' und 'Schucke' (*mnd., mhd.* schocke, vgl. *asächs.* scocca „schaukelnde Bewegung"), für das Verb z. B. 'schuckeln, schockeln' und 'schucken' (*mnd., mhd.* schocken; beachte *mniederl.* schokken „stoßen"; ↑Schock), daneben die nasalierte Form ↑schunkeln. Zus.: **Schaukelpferd** (18. Jh.); **Schaukelstuhl** (19. Jh.).

Schaum: Das Substantiv *mhd.* schūm, *ahd.* scūm, *niederl.* schuim, *schwed.* skum gehört vielleicht im Sinne von „Bedeckendes" zu der unter ↑*Scheune* behandelten Sippe. Abl.: **schäumen** „Schaum bilden; in Schaum umwandeln; außer sich sein vor Wut" (*mhd.* schūmen, *ahd.* scūman); **schaumig** „aus Schaum bestehend; mit Schaum bedeckt" (im 15. Jh. schūmig). Zus.: **Schaumwein** (im 18. Jh. für *frz.* vin mousseux; zum Sachlichen ↑Sekt); **Abschaum** „Unreinheit" (bildlich zuerst im 15. Jh. für „schlechter, ausgestoßener Mensch; Pöbel").

Schauplatz, Schauspiel, Schauspieler, schauspielern ↑schauen.

Schaute ↑²Schote.

Scheck „Zahlungsanweisung auf eine Bank (oder Post)": Das Wort wurde als kaufmännischer Terminus im 19. Jh. aus gleichbed. *engl.* cheque (oder *amerik.* check) entlehnt. Das *engl.* Wort gehört wohl zum Verb to check „überprüfen, kontrollieren". Die Schreibung mit q ist vielleicht beeinflußt von *engl.* exchequer „Finanzministerium, Finanzbehörde". – Zus.: **Scheckbuch** (19. Jh.; nach entsprechend *engl.* cheque-book).

scheel „mißgünstig, neidisch": Das *altgerm.* Adjektiv *mhd.* schelch, *ahd.* scelah, *niederl.* scheel, *aengl.* sceolh, mit grammatischem Wechsel *aisl.* skjalgr bedeutete ursprünglich „schief, krumm", dann speziell „schiefäugig, schielend". Es gehört mit verwandten *außergerm.* Wörtern, z. B. *griech.* skélos „Schenkel", skoliós „krumm, unredlich" und *lat.* scelus „Bosheit", zu der *idg.* Wurzel *[s]kel- „biegen, anlehnen; krumm, verkehrt" (s. auch den Artikel *Schulter*). Ohne den s-Anlaut liegt die Wurzel wahrscheinlich auch *griech.* kylíndein „wälzen" (↑Zylinder) und kōlon „(biegsames) Glied; Darm" (↑Kolik, ↑Semikolon) zugrunde. Die *nhd.* Form scheel geht auf *mnd.* schēl zurück. Die Bed. „schielend" galt schon im *Mhd.* fast ausschließlich, wie auch die Ableitung ↑schielen zeigt. Dazu die Adjektive **scheeläugig** und **scheelsüchtig** (im 17. Jh. 'scheelsichtig') mit der Rückbildung **Scheelsucht** „Neid" (18. Jh.).

Scheffel: Das Substantiv *mhd.* scheffel, *ahd.* sceffil, *niederl.* schepel gehört zu dem unter ↑*Schaff* „Gefäß" behandelten Wort. Das alte

Kornmaß (30 bis etwa 222 l) erscheint nur noch in bildlichen Wendungen wie 'sein Licht nicht unter den Scheffel stellen' für „seine Leistungen, sein Können nicht aus Bescheidenheit verbergen" (nach Matth. 5, 13 f.). Abl.: **scheffeln** „in Scheffel füllen" (17. Jh.; noch bildlich in 'Geld scheffeln').

Scheibe: Das *altgerm.* Substantiv *mhd.* schībe, *ahd.* scība, *niederl.* schijf, älter *engl.* shive, *schwed.* skiva bezeichnete ursprünglich die vom Baumstamm abgeschnittene runde Platte und gehört mit dem näher verwandten ↑Schiefer zu der unter ↑*Schiene* dargestellten *idg.* Wurzel *skĕ̄i- „schneiden, trennen". Außerhalb des *Germ.* sind z. B. *griech.* skīpōn „Stab, Stock" und *lat.* scipio „Stab" (eigentlich „abgeschnittener Ast") verwandt. Die Scheibe war also ursprünglich kreisrund, wie heute noch die Zielscheibe, Dreh- und Töpferscheibe. Auch die Fensterscheibe war einst eine runde Butzenscheibe (s. d.).

Scheich: Der Titel für das Oberhaupt eines *arab.* Herrschaftsgebietes, auch eines Dorfes oder Sippenverbandes wurde im 17. Jh. aus *arab.* šaiẖ „Ältester; Stammesoberhaupt" entlehnt. In der Umgangssprache wird 'Scheich' auch im Sinne von „fester Begleiter, Freund" gebraucht.

Scheide: *Mhd.* scheide, *ahd.* sceida, *niederl.* schede, *aengl.* scēađ, *aisl.* skeiđir (Plural), alle mit der Bed. „[Schwert]scheide", gehören zu dem unter ↑*scheiden* behandelten Verb und bezeichneten ursprünglich eine Hülse aus zwei Holzplatten, vgl. *aisl.* skeiđ „gespaltenes Holzstück" (z. B. als Weberkamm oder Löffel). Die *nhd.* medizinische Bed. „weibliche Scham" hat das Wort im 17. Jh. nach *lat.* vagina „Schwertscheide; weibliche Scham" erhalten.

scheiden: Das *altgerm.* starke Verb *mhd.* scheiden, *ahd.* sceidan, *got.* skaidan, *niederl.* scheiden, *engl.* to shed gehört mit dem näher verwandten ↑Scheit zu einer t-Erweiterung der *idg.* Wurzel *skĕ̄i- „schneiden, trennen" (vgl. *Schiene*). Die gleichbedeutenden Nebenformen *mhd.* schīden und schiden (↑gescheit und Schiedsrichter) sind untergegangen. Die Grundbedeutung „spalten, trennen" (s. auch *Scheide* und *Scheitel*) gilt bis heute (besonders in der Wendung 'die Ehe scheiden' und in den Zusammensetzungen 'aus-, abscheiden'); aus reflexivem 'sich scheiden' hat sich die Bed. „weggehen" entwickelt (↑Abschied; beachte auch das Hüllwort 'verscheiden' für „sterben", ↑verschieden). Übertragen gebraucht werden die Präfixbildungen und Zusammensetzungen [1]**bescheiden** (s. d., mit dem Adjektiv [2]bescheiden); **entscheiden** (*mhd.* entscheiden „sondern; richterlich schlichten; ein Urteil fällen, bestimmen", im *Nhd.* mit der Sonderbedeutung „den Ausschlag geben"), dazu **Entscheid, Entscheidung** (14. Jh.) und das Adjektiv **entschieden** „bestimmt, entschlossen" (18. Jh., vorher nur als 2. Part.); **unterscheiden** (*mhd.* underscheiden „[als nicht in besonderen Merkmalen o. ä. übereinstimmend] trennen, festsetzen, erklären", *ahd.* undarsceidan), dazu **Unterschied** „das, worin zwei oder mehrere Dinge nicht übereinstimmen" (*mhd.* underschied, -scheit, *ahd.* untarsceid). Substantivische Zusammensetzungen sind: **Scheidekunst** (im 17. Jh. für „[praktische] Chemie", jetzt veraltet); **Scheidemünze** „kleine Münze ohne vollen Metallwert" (17. Jh., nicht sicher erklärt).

scheinen: Das *gemeingerm.* Verb *mhd.* schīnen, *ahd.* scīnan, *got.* skeinan, *engl.* to shine, *schwed.* skina gehört zu der *idg.* Wurzel *sk̑āi- „[stumpf] glänzen, schimmern", (substantivisch:) „Glanz, Abglanz, Schatten". Zu ihr gehören die Sippen von ↑Schemen, ↑Schimmel, ↑schimmern und ↑[2]schier „rein". *Außergerm.* verwandt sind z. B. *griech.* skiā́ „Schatten", skēnḗ „Zelt" (↑Szene) und *russ.* sijat' „glänzen". Während 'Schemen' und 'Schimmel' von der Bed. „matter Abglanz" ausgehen, hat 'scheinen' im *Germ.* von Anfang an den Sinn „leuchten, glänzen" (besonders von den Gestirnen). Daraus entwickelte sich im *Dt.* früh die Bed. „sich zeigen, offenbar werden", wofür heute nur **erscheinen** gilt (*mhd.* erschīnen, *ahd.* irscīnan). Weiter wird 'scheinen' auch vom trügerischen äußeren Bild gebraucht, dem keine Wirklichkeit entspricht. So drückt es schließlich, besonders im *Nhd.*, vorsichtige Vermutung aus: 'es scheint, daß ...'. An diesen Wortgebrauch schließen sich an die Adverbien **wahrscheinlich** (im 17. Jh.; nach *niederl.* waarschijnlijk, einer Lehnübersetzung von *frz.* vraisemblable) und **anscheinend** „dem Aussehen, Anschein nach" (1. Partizip von *frühnhd.* anscheinen „sich zeigen"; s. u. 'scheinbar'). Die *westgerm.* Substantivbildung **Schein** (*mhd.* schīn, *ahd.* scīn, *niederl.* schijn, *engl.* shine; vgl. ablautend *schwed.* sken) bedeutete ursprünglich „Glanz, Helligkeit", im *Dt.* seit dem 15. Jh. auch „[trügendes] Aussehen, Vorwand" und entwickelte *spätmhd.* die konkrete Bed. „beweisende Urkunde" (eigentlich „Sichtbares"), zu der sich das *nhd.* Verb **bescheinigen** stellte (17. Jh., im Sinne von „offenbaren, beweisen"; in der heutigen Bedeutung seit dem 18. Jh.). Von 'Schein' abgeleitet ist **scheinbar** (*mhd.* schīnbære, *ahd.* scīnbāre „leuchtend, sichtbar", jetzt „nur dem [trügerischen] Scheine nach"; während **unscheinbar** „nicht auffallend" den alten Sinn bewahrte). Zusammensetzungen sind z. B. **scheinheilig** (16. Jh.), **scheintot** (19. Jh.), **Scheinwerfer** (Ende des 18. Jh.s für *frz.* réverbère „Lampenspiegel").

scheißen: Das *altgerm.* starke Verb *mhd.* schīȥen, *ahd.* scīȥan, *niederl.* schijten, *engl.* to shit, *schwed.* skita gilt in allen genannten Sprachen als derb, bedeutet aber eigentlich nichts anderes als „ausscheiden". Es gehört zu der unter ↑*Schiene* dargestellten *idg.* Wurzel *skĕ̄i- „spalten, trennen, absondern". Die gleiche Begriffsbildung zeigt *lat.* ex-crementum „Kot", eigentlich „Ausscheidung"; (s. auch *Harn*). Abl.: **Scheiße** „Kot" (*mhd.* schīȥe, heute häufig als derbes Kraftwort für etwas, was als schlecht, mißglückt o. ä. angesehen wird, verwendet), daneben auch im übertragenen Gebrauch (der) **Scheiß,** beachte auch die *niederd.* Form **Schiet,**

die *nordd. ugs.* auch für „Schlechtes, Unangenehmes" steht. Erst eine *nhd.* Bildung ist **Schiß** (16. Jh., die heute gewöhnlich übertragen im Sinne von „Angst" verwendet wird. Übertragen werden auch gebraucht: **anscheißen** *ugs.* für „anschmieren; derb zurechtweisen", dazu **Anschiß** *ugs.* für „derbe Zurechtweisung" und **bescheißen** „betrügen" (*mhd.* beschīzen „besudeln"), dazu im Sinne von **Beschiß** *ugs.* für „Betrug" (*mhd.* beschiz).

Scheit: Das *altgerm.* Wort für „gespaltenes Holzstück" *mhd.* schīt, *ahd.* scīt, *mnd.* schīt, *aengl.* scīd, *aisl.* skīđ (↑Schi) ist ablautend mit dem unter ↑*scheiden* behandelten Verb verwandt. Neben dem *Plural* Scheite gilt *ugs.* (besonders *österr.* und *schweiz.*) die Form Scheiter. Sie liegt auch dem Verb **scheitern** „erfolglos aufgeben müssen; mißlingen", älter „zerschellen" (eigentlich „in Stücke gehen"; 17. Jh. für *frühnhd.* zerscheitern) und der Zusammensetzung **Scheiterhaufen** (16. Jh.) zugrunde. Ein Gerät bezeichnet das Wort z. B. in **Richtscheit** „Richtlatte der Bauleute" (*mhd.* rihteschīt; siehe den Artikel *richten*).

Scheitel: Zu dem unter ↑*scheiden* behandelten Verb gehört als alte, ursprünglich weibliche Ableitung *ahd.* sceitila „Kopfwirbel", *mhd.* scheitel[e] „oberste Kopfstelle, wo die Haare sich scheiden; Haarscheitel". Verwandt ist z. B. das anders gebildete *aengl.* scēada „Scheitel". Seit dem 14. Jh. bezeichnet das Wort übertragen auch Bergspitzen, in der Mathematik (beachte hier die Zusammensetzungen 'Scheitelpunkt, -winkel') erscheint es um 1700 als Lehnübersetzung von *lat.* vertex. Abl.: **scheiteln** (*mhd.* scheiteln, *ahd.* [zi]sceitilōn).

Schellack: Der Name des indischen Naturharzes wurde im 18. Jh. aus *niederl.* schellak entlehnt, einer Zusammensetzung aus *niederl.* schel „Schale; Schuppe" und lak „Lack" (vgl. [2]*Schale* und *Lack*). Schellack wird in dünne, schalenartige Tafeln gepreßt.

[1]**Schelle** „Glöckchen, Klingel": Das auf das *dt.* und *niederl.* Sprachgebiet beschränkte Wort (*mhd.* schelle, *ahd.* scella „Glöckchen", *niederl.* schel) ist eine Bildung zu dem im *Nhd.* untergegangenen starken Verb *mhd.* schellen, *ahd.* scellan „tönen, schallen" (vgl. *aengl.* sciellan, *aisl.* skjalla), zu dem auch das unter ↑*Schall* behandelte Wort gehört. Eine Sonderbedeutung hat das stammverwandte ↑schelten entwickelt. Über die zugrundeliegende Wurzel *[s]kel- „schallen" vgl. den Artikel ↑*hell;* zu ihr gehört auch *lett.* skaļš „helltönend; klar". Neben dem starken Verb 'schellen' ist auch sein schwaches Veranlassungswort *mhd.* schellen, *ahd.* scellan „ertönen lassen" untergegangen. Beide Wörter wirken aber in *nhd.* ↑zerschellen fort; s. auch [2]*Schelle.* An ihre Stelle ist das (teilweise stark flektierte) schallen (zu ↑Schall) getreten. Unser jetziges **schellen** „läuten" ist dagegen erst im 17. Jh. zum Substantiv 'Schelle' neu gebildet worden. Im Gegensatz zur gegossenen Glocke (s. d.) ist die Schelle meist kugelförmig geschmiedet, vgl. auch die Bezeichnung **Schellen** (eigentlich *Plural*) als Farbe im deutschen Kartenspiel (16. Jh.). Zus.: **Schellenbaum** (19. Jh.; ursprünglich türkisches Instrument der Militärmusik); **Schellenkappe** „Narrenkappe" (18. Jh.).

[2]**Schelle** „Backenstreich": Das im 18. Jh. erscheinende, heute *landsch. ugs.* Wort ist gekürzt aus **Maulschelle** (16. Jh.) und wohl aus *frühnhd.* schellen „schallen" abgeleitet (vgl. [1]*Schelle*).

[3]**Schelle:** Das heute im Sinne von „mit einer kurzen Kette verbundene, um die Handgelenke eines Gefangenen gelegte Metallringe als Fessel" nur noch in der Zusammensetzung **Handschelle** gebräuchliche Wort ist erst im 17. Jh. nachzuweisen. Beachte aber *ahd.* fuozscal „Holzpflock zur Fesselung des Fußes", das wohl zu ↑[2]Schale gehört. In der technischen Fachsprache (beachte die Zusammensetzung 'Rohrschelle') bezeichnet 'Schelle' einen Befestigungsring.

Schellfisch: *Mnd.* schellevisch (entsprechend *niederl.* schelvis) wird im 16. Jh. ins *Hochd.* übernommen. Der Nordseefisch heißt nach seinem muschelig blätternden Fleisch (zu *mnd.* schelle „Hülse, Schale"; vgl. [2]*Schale*).

Schellhengst ↑Schälhengst.

Schelm: Das heute meist scherzhaft gebrauchte Scheltwort bedeutet eigentlich „Aas, toter Körper". Das Wort ist nur im *Dt.* überliefert: *mhd.* schelm[e], schalm[e], *ahd.* scelmo, scalmo „Aas; Pest, Seuche". Seine Herkunft ist unklar. Als Schimpfwort bedeutete es schon *spätmhd.* „verworfener Mensch, Betrüger". Über „toter Tierkörper" gelangte das Wort zur Bedeutung „Abdecker", auch als Schimpfname für den Henker gebraucht. Seit dem 18. Jh. wird es verblaßt im heutigen Sinne „listiger Schalk" verwendet. Abl.: **schelmisch** (*frühnhd.* im Sinne von „schurkisch", seit dem 18. Jh. im Sinne von „neckisch").

schelten: Das auf das *dt.* und *niederl.* Sprachgebiet beschränkte Verb *mhd.* schelten, schelden, *ahd.* sceltan „tadeln, schmähen", *niederl.* schelden „schimpfen, schmähen" ist eng verwandt mit der unter ↑*Schall* behandelten Wortgruppe und gehört zu der unter ↑[1]*Schelle* dargestellten *idg.* Wurzel. Abl.: **Schelte** „Tadel, strafendes Wort" (*mhd.* schelte, *ahd.* scelta); **unbescholten** „frei von öffentlichem Tadel" (*mhd.* unbescholten) ist eigentlich verneintes 2. Partizip zu der im *Nhd.* untergegangenen Präfixbildung *mhd.* beschelten, *ahd.* bisceltan „schmähend herabsetzen".

Schema „Muster; Entwurf, Grundform": Das Fremdwort wurde im 17. Jh. aus *griech.-lat.* schēma „Haltung; Stellung; Gestalt, Figur, Form" entlehnt. Über das zugrundeliegende Stammwort *griech.* échein „haben, [fest]halten" vgl. den Artikel *hektisch.* – Abl.: **schematisch** „in den Grundzügen dargestellt; anschaulich zusammengefaßt; gleichförmig; gedankenlos" (18. Jh.).

Schembart ↑Schemen.

Schemel: Die kleine Bank heißt *mhd.* schemel, *ahd.* [fuoz]scamil, *niederl.* schemel, ähnl. *aengl.* scamol. Die *westgerm.* Wörter sind früh aus *spätlat.* scamillus, scamellum „Bänkchen" (zu *lat.* scamnum „Bank") entlehnt worden. Älteste Bedeutung im *Dt.* ist „Fußbank" (heute besonders *mitteld.* und *südd.*), dann „[niedriger] Sitz ohne Lehne".

Schemen: Das *altgerm.* Substantiv *mhd.* schem[e] „Schatten, Schattenbild", *mniederl.* scēme „Schatten, Schimmer, Lichtglanz", *aengl.* scima „Dämmerung", *aisl.* skim[i] „Glanz, Licht" gehört wie ablautendes *got.* skeima „Leuchte" zu der unter ↑*scheinen* dargestellten Wortgruppe; s. auch *schimmern*. *Außergerm.* ist z. B. *griech.* skiā̆ „Schatten" verwandt. Das n der heutigen Nominativform ist aus den flektierten Fällen übernommen und erscheint seit dem 16. Jh. Die alte Bed. „Schatten[bild]" wandelte sich im 16. Jh. zu „Trugbild, wesenloses Gespenst" (dazu **schemenhaft** [19. Jh.]). Schon *ahd.* ist die *oberd.* Bed. „Maske", dazu **Schembart** „Maske mit Bart" (*mhd.* schembart).

Schenke „Gastwirtschaft": Die in dieser Bedeutung erst im 15. Jh. im *Ostmitteld.* auftretende Ableitung von ↑*schenken* „einschenken" hat sich von Sachsen und Thüringen aus verbreitet. Sie hat vielfach abschätzigen Sinn, der allerdings Zusammensetzungen wie 'Wald-, Burg-, Klosterschenke' nicht anhaftet. Siehe auch den Artikel *Schank*.

Schenkel: Das *westgerm.* Substantiv *mhd.* schenkel, *niederl.* schenkel, *aengl.* scencel ist eine alte Weiterbildung eines in *mnd.* schenke, *aengl.* scanca, *engl.* shank, *schwed.* skank erhaltenen *germ.* Substantivs mit der Bed. „Bein", das mit *aisl.* skakkr „schief, krumm" verwandt ist. Zur Begriffsbildung vgl. das ablautende ↑*Schinken*. Als Bezeichnung der Winkelseiten tritt 'Schenkel' erst im 18. Jh. auf (Lehnübersetzung von *lat.* crus anguli).

schenken: Das *westgerm.* Verb *mhd.* schenken, *ahd.* scenken, *niederl.* schenken, *aengl.* scencan bedeutete ursprünglich „zu trinken geben" (dafür heute 'einschenken' und 'ausschenken' mit der Rückbildung 'Ausschank'; s. auch *Schank*). Im *Spätmhd.* hat sich daraus über „darreichen" die Bed. „unentgeltlich geben" entwickelt, die auch im *Niederl.* erscheint. Als eigentliche Grundbedeutung des Verbs ist „schief halten" anzusehen. Es ist verwandt mit *aisl.* skakkr „schief, lahm" und gehört zu der *idg.* Wurzel *[s]keng- „schief, schräg, krumm", zu der sich auch die Sippen von ↑Schenkel, ↑Schinken und ↑hinken stellen. Abl.: **Schenke** (s. d.); **Schenkung** „Stiftung, Geschenk (im 14. Jh. schenkunge, älter für „Einschenken; Tränken, Stillen des Kindes"); **Geschenk** (*mhd.* geschenke, im 12. Jh. „Eingeschenktes", im 14. Jh. „Gabe").

Scherbe: *Mhd.* scherbe, schirbe, *ahd.* scirbi bezeichnen das Bruchstück eines irdenen Gefäßes. Das Wort ist eng verwandt mit *aisl.* skarfr „schräg abgehauenes Balkenende", *norw.* skarv „Felsklippe" und *mhd.* scharben, scherben, *ahd.* scarbōn „zerschneiden", *aengl.* scearflan „abschneiden". Weiterhin verwandt sind ↑Schorf und ↑schroff und ohne anlautendes s- ↑Herbst, *außergerm.* z. B. *aind.* karparaḥ „Scherbe, [Hirn]schale", *ukrain.* čerep „Scherbe, Hirnschädel" und *lett.* šķirpta „Scharte" (vgl. [1]*scheren*). Zus.: **Scherbengericht** (Lehnübertragung um 1800 für *griech.* ostrakismós; im alten Athen konnten zu mächtig gewordene Bürger, besonders Politiker, durch Volksabstimmung verbannt werden, wobei Scherben, *griech.* óstraka [Singular: óstrakon], als Stimmzettel dienten).

Schere: Die älteste Form des Schneidewerkzeugs, das den Germanen in der Römerzeit bekannt wurde, war ein federnder Bügel, dessen Enden zu zwei übereinandergreifenden Klingen ausgeschmiedet waren. Die heutige Form mit vernieteten Einzelklingen wurde erst seit dem 14. Jh. allgemein. *Mhd.* schǣre ist aus dem Plural scāri von *ahd.* scār „Messer, Schere" entstanden (vgl. [2]*Schar*), die wohl einen ursprünglichen Dual („zwei Messer") vertrat. Entsprechende Pluralformen zeigen *engl.* shears „Schere" (wie *aengl.* scēara zu scēar) und *aisl.* skǣri „Schere, Messer".

[1]scheren „abschneiden": Das *altgerm.* starke Verb *mhd.* schern, *ahd.* sceran, *niederl.* scheren, *engl.* to shear, *schwed.* skära geht mit verwandten Wörtern in anderen *idg.* Sprachen (z. B. *griech.* keírein „abschneiden, scheren", *lit.* skìrti „trennen", *air.* scaraim „ich trenne") auf die *idg.* Wurzel *[s]ker- „schneiden" zurück, die u. a. „ein-, abschneiden; abhäuten; kratzen; verstümmeln; trennen", übertragen auch „geistig unterscheiden" bedeutet. Zu dieser Wurzel gehört eine umfangreiche *idg.* Sippe, die sich im *dt.* Wortschatz vor allem um drei Bedeutungsbereiche gruppiert: 1. „Einschnitt, Kerbe" in ↑Scharte und ↑Schramme. 2. „Abgeschnittenes" in den Wortgruppen um ↑[1]Schar (eigentlich „Abteilung; Anteil"; s. auch *bescheren*), ↑Schirm (eigentlich „Fell"), ↑Schurz und dem frühen Lehnwort ↑kurz, weiter in *schwed.* skär „Klippe" (↑Schäre) und wohl auch in ↑Schornstein. Als „Zeit des Pflückens" stellt sich noch ↑Herbst hierher. 3. „schneidend; scharfes Werkzeug" in ↑[2]Schar „Pflugeisen", ↑Schere, ↑scharf (hierzu auch ↑schürfen, ↑schröpfen) und ↑Scherbe (hierzu auch ↑Schorf, ↑schroff), vielleicht auch in ↑herb. Mit der Grundbedeutung „scharren, kratzen, rupfen" gehören wahrscheinlich auch die Sippen von ↑raffen und ↑raspeln hierher. Die Wurzelform *[s]keru-, *[s]kreu- liegt den Sippen von ↑schroten „hauen, schneiden" und ↑schrubben zugrunde. Zu der Wurzelform *[s]krēi-, *[s]krī̆- in der Bedeutung „[aus]scheiden, sieben" gehören z. B. *griech.* krínein „scheiden, urteilen" (in der Fremdwortgruppe um *kritisch*) und *lat.* cernere „sondern, scheiden" (in den zahlreichen unter ↑*Dezernent* genannten Wörtern) sowie die *dt.* Sippe von ↑rein (eigentlich „gesiebt") und die Lehn- und Fremdwortgruppe um *schreiben*. Vielleicht gehört auch ↑Harn im Sinne von „Ausgeschiedenes" hierher. – 'Scheren' bedeutete im *Dt.* schon früh „glatt-, kahlschneiden" (zu der alten umfassenden Bedeutung s. den Artikel *Geschirr*, eigentlich „das [Zurecht]geschnittene"). Bis in die *nhd.* Zeit steht 'scheren' auch für „rasieren" (heute noch *niederl.;* dazu die heute veraltete Berufsbezeichnung 'Feldscher', ↑Feld). Die Wendung 'alles über einen Kamm scheren' (16. Jh.) meint „ohne Unterschied behandeln". Auf die Schaf- und Bartschur bezog sich die heute nur mundartliche übertragene Bed. „ausbeuten, quälen", die *ugs.* im Partizip **ungeschoren** (bleiben oder lassen), in der Ableitung **Schererei** „Unannehmlichkeit, unnötige Schwierigkeit" und reflexiv als schwach gebeugtes 'sich [nicht] um etwas scheren' für „sich kümmern" nachklingt. Letzteres ist wohl von dem unverwandten ²scheren (s. d.) beeinflußt. Eine Substantivbildung zu ¹scheren ist ↑Schur.

²scheren, sich „laufen, sich fortmachen": Das schwach gebeugte, heute nur *ugs.* Wort (*spätmhd.* schern „schnell weglaufen", *niederl.* zich wegscheren „sich packen") geht zurück auf *ahd.* scerōn „ausgelassen sein". Das *ahd.* Verb ist z. B. mit *griech.* skairein „hüpfen, tanzen" verwandt und beruht auf einer *idg.* Wurzel *[s]ker- „springen", die erweitert auch den Wortgruppen um ↑Scherz und ↑schrecken zugrunde liegt. Mit '²scheren' identisch ist wohl das seemännische ³**scheren** „seitlich abtreiben, ausweichen", vor allem bekannt in der Zusammensetzung **ausscheren** „aus dem Kurs laufen; aus dem Schiffsverband herausfahren; eine Linie, Gruppe (seitlich ausbiegend) verlassen", *ugs.* „eigene Wege gehen". Dieses 'scheren' ist *niederd.* seit dem 18. Jh. bezeugt und bedeutet ursprünglich „in Bogen Schlittschuh laufen, hin und her schweben".

Schererei ↑¹scheren.

Scherflein: Das aus der Lutherbibel (Mark. 12, 42) bekannte Wort ist die Verkleinerung von *frühnhd.* Scherf, *mhd., mnd., niederl.* scherf, *ahd.* scerf, das seit dem 12. Jh. zuerst am Niederrhein als Name einer Scheidemünze bezeugt ist und zu *ahd.* scarbōn, *mniederl.* scharven „einschneiden" gehört (vgl. *Scherbe*). Es ist wahrscheinlich ursprünglich der *westgerm.* Name einer römischen Kleinmünze mit gezähntem Rand gewesen. Heute steht es übertragen im Sinn von „bescheidener [finanzieller] Beitrag".

Scherge: Das heute nur noch verächtlich für „Häscher, Polizeiknecht" gebrauchte Wort (*mhd.* scherge, scherje, *ahd.* scario) bezeichnete seit *ahd.* Zeit bis ins 18. Jh. Gerichtsboten, Herolde, Büttel und andere niedere Beamte. Ursprünglich aber war *ahd.* scario die Bezeichnung eines Unterführers im Heer. Es ist von dem unter ↑¹*Schar* behandelten Substantiv abgeleitet und bedeutet eigentlich „Scharführer".

Scherz „Spaß, witzige Äußerung": Das auf den *dt.* Sprachbereich beschränkte Substantiv (*mhd.* scherz „Vergnügen, Spiel") taucht ebenso wie das Verb **scherzen** „Scherze machen, spaßen" (*mhd.* scherzen „lustig springen, hüpfen, sich vergnügen") erst im 13. Jh. auf. Mit den ablautenden Substantiven *mhd.* scharz „Sprung" und schurz „Lauf" gehören die Wörter zu der unter ↑²*scheren* behandelten Wortsippe. – Zu 'Scherz' wurde im 17. Jh. **scherzhaft** gebildet, zu 'scherzen' **verscherzen** „durch Scherzen vertun; leichtfertig, gedankenlos verlieren" (*mhd.* verscherzen). Siehe auch den Artikel *Scherzo.*

Scherzo: Der musikalische Fachausdruck für ein „Tonstück von heiterem Charakter" wurde im 18. Jh. aus gleichbed. *it.* scherzo (eigentlich „Spaß, Scherz") entlehnt, einer Ableitung von *it.* scherzare „spaßen, scherzen". Quelle des Wortes ist *langob.* *skerzōn, das im Grunde mit unserem Zeitwort ↑*scherzen* identisch ist.

scheu: Das *mhd.* Adjektiv schiech „scheu, verzagt; abschreckend, häßlich" (noch *bayr., österr. mdal.* schiech), dem *aengl.* sceoh (*engl.* shy) „scheu" entspricht, hat sich im *Nhd.* lautlich an die Ableitungen 'Scheu' und 'scheuen' (s. u.) angeglichen. Es ist verwandt mit *niederl.* schuw und *schwed.* skygg „scheu". Die *außergerm.* Beziehungen sind unklar. Abl.: **Scheu** (*mhd.* schiuhe „[Ab]scheu; Schreckbild"), dazu im 16. Jh. **Abscheu** „Widerwille" und **abscheulich** „abschreckend, schauderhaft"; **scheuen** (*mhd.* schiuhen „scheu machen; scheu sein, meiden", *ahd.* sciuhen; s. auch die Artikel *scheuchen, scheußlich, schüchtern*), dazu **Scheusal** (*spätmhd.* schiusel „Schreckbild, Vogelscheuche"; seit dem 18. Jh. für „grauenerregendes Wesen"); zu 'scheuen' gehört auch die Zusammensetzung **Scheuklappe** („zu beiden Seiten am Kopfgeschirr des Pferdes angebrachte Klappe, die die Sicht nach der Seite und nach hinten verwehrt", 19. Jh., gern bildlich gebraucht).

scheuchen „verjagen, vertreiben": Das mit 'scheuen' (vgl. *scheu*) identische Verb hat den *mhd.* Hauchlaut fortgebildet und ist schriftsprachlich jetzt nur noch transitiv. Das Substantiv **Scheuche** (meist in der Zusammensetzung 'Vogelscheuche', ↑Vogel) steht im entsprechenden Verhältnis zu ↑Scheu.

Scheuer: Das besonders *südwestd.* Wort für „Scheune" lautet *mhd.* schiur[e], *ahd.* sciura. Daneben steht ohne Umlaut gleichbed. *ahd.* scūra (*niederl.* schuur). Die Grundform zeigt das männliche Substantiv *mhd.* schūr, *ahd.* scūr „Wetterdach, Schutz, Schirm" (entsprechend *norw.* skur „Schuppen"). Über weitere Beziehungen vgl. den Artikel *Scheune.*

scheuern „(mit Bürste und Sand) reinigen; reiben": Das besonders *nordd.* Wort, *frühnhd.* schewren, *mhd. (mitteld.)* schiuren, schūren, *mnd.* schüren, ist nicht sicher erklärt. Vielleicht geht es über *[m]niederl.* schuren „reiben" auf *afrz.* escurer (*frz.* écurer) „reinigen" zurück, das auf gleichbed. *vlat.* *excurare beruht. Die Zusammensetzungen 'ab-, durchscheuern' bedeuten „zerreiben". *Nordd.* sind 'Scheuerfrau, -tuch' u. a.

Scheune: *Mhd.* schiun[e] geht zurück auf *ahd.* scugin[a] „Schuppen, Obdach". Das *germ.* Wort (vgl. *norw. mdal.* skygne „Hütte, Versteck") gehört zu der *idg.* Wurzel *[s]keu- „bedecken, einhüllen, verbergen", vgl. z. B. *aind.* skunāti „bedeckt". Vielfach erweitert und weitergebildet erscheint die Wurzel vor allem in Substantiven der Bed. „Dach, Decke; Bedecktes; Haus; Hülse; hüllendes Kleidungsstück". Von *dt.* Wörtern stellen sich außer 'Scheune' hierher noch die Substantive ↑Schuh, ↑Schote, vielleicht auch ↑Schaum, ohne s-Anlaut die Wortgruppen um ↑Haus (mit Hose und Hort) und ↑Haut (mit Hode[n] und Hütte). Aus anderen *idg.* Sprachen ist besonders *lat.* obscurus „dunkel" (eigentlich „bedeckt") zu nennen (↑obskur). Als Bezeichnung des Gebäudes für die eingebrachte Ernte ist 'Scheune' heute das vorherrschende *dt.* Wort, es hat das wurzelverwandte *südwestd.* Wort ↑Scheuer und *oberd. mdal.* Stadel zurückgedrängt. *Ugs.* steht es auch für „schlechtes, baufälliges Haus". Die Zusammensetzung 'Scheunendrescher' begegnet in der *ugs.* Wendung 'fressen wie ein Scheunendrescher' seit dem 17. Jh.

Scheusal ↑scheu.

scheußlich: Zu 'scheuen' (vgl. *scheu*) gehört eine *mhd.* Intensivbildung schiuzen „[Ab]scheu empfinden". Dazu ist das Adjektiv *mhd.* schiuzlich, *frühnhd.* scheutzlich „scheu; abscheulich" gebildet. Es wurde schon um 1500 unter Einfluß von 'Scheusal' zu 'scheuslich, scheußlich' umgebildet und bedeutet jetzt „sehr übel, unerträglich; gräßlich; äußerst unangenehm".

Schi, Ski „Schneeschuh (als Sportgerät)": Das Substantiv wurde im 19. Jh. aus gleichbed. *norw.* ski (eigentlich „Scheit") entlehnt, das seinerseits *anord.* skīđ „Scheit; Schneeschuh" fortsetzt (vgl. *Scheit*).

Schicht: Die Geschichte des Wortes begann im 13. Jh. auf *niederd.* und *mitteld.* Boden und wurde entscheidend durch die Bergmannssprache beeinflußt. *Mnd., mitteld.* schicht bedeutete „Ordnung, Reihe, Abteilung von Menschen" und ist eine Ableitung von *mnd.* schichten, schiften „ordnen, reihen, trennen, aufteilen" (entsprechend *mniederl.* schichten, *niederl.* schiften, *engl.* to shift, *schwed.* skifta), das im Sinne von „scheiden, trennen", zu der unter ↑*Schiene* dargestellten Wurzel gehört. Zu *niederd.* -cht- statt *hochd.* -ft- s. den Artikel *Gracht.* Bergmännisch bedeutete 'schicht' schon um 1300 sowohl „[waagerechte] Gesteinslage" als auch „nach Stunden eingeteilte Arbeitszeit". Das erste lebt bei Geologen und Archäologen und in der allgemeinen Bed. „künstliche Lage von Steinen, Holz u. a. Stoffen" fort (übertragen z. B. in 'Bevölkerungsschicht'), das zweite gilt bis heute im Bergbau und in der Industrie. Das Verb **schichten** (s. o.) wird heute als Ableitung von 'Schicht' empfunden und bedeutet „in Schichten legen" (dazu 'auf-, umschichten'). Echte Ableitung ist **-schichtig,** z. B. in **umschichtig** „abwechselnd" (19. Jh.).

Schick: Das Substantiv wird seit der zweiten Hälfte des 19. Jh.s unter dem Einfluß von *frz.* chic für „[modische] Feinheit" gebraucht, ist aber ursprünglich eine Rückbildung aus ↑[sich] *schicken* (*mnd.* schick „Gestalt, Form; Lebensart, Brauch", *frühnhd.* schick „Art und Weise, Gelegenheit"). Vielleicht ist das *frz.* Substantiv selbst aus dem *Mnd.* entlehnt. Es tritt im 19. Jh. auch als Adjektiv chic auf und ist in dieser Form als **schick** „modisch" eingedeutscht worden (*ugs.* gesteigert zu **todschick**). Dagegen ist **schicklich** „geziemend, angemessen" schon im 14. Jh. bezeugt (*mitteld.* schicklich „geordnet"). In der Mode- und Werbesprache findet man heute überwiegend die *frz.* Formen **Chic** und **chic.**

schicken: Das Verb *mhd., mnd.* schicken bedeutete „[ein]richten, ordnen, ins Werk setzen; abfertigen, entsenden", reflexiv „sich vorbereiten, sich einfügen". Es ist ursprünglich *mitteld.* und *niederd.* und gehört, wohl als Veranlassungswort, zu dem unter ↑*geschehen* behandelten Verb. Im *Nhd.* erinnern nur der reflexive Gebrauch (dazu sich **anschicken**), und die Ableitungen (s. u.) an die alte Bedeutungsfülle, sonst wird 'schicken' nur noch im Sinne von „senden" verwendet. Abl.: **Geschick, geschickt, Schick** (s. diese Artikel); **Schicksal** (im 16. Jh. übernommen aus älter *niederl.* schiksel „Anordnung; Fatum"; heute gewöhnlich im Sinne der leidvollen Fügung gebraucht oder als Ersatz für 'göttliche Vorsehung'); **Schickung** (*spätmhd.* schickunge „Anordnung, Einrichtung; göttliche Fügung").

Schickeria: Die seit der 2. Hälfte des 20. Jh.s üblich gewordene Bezeichnung für „in der Mode und im Gesellschaftsleben tonangebende Schicht" ist eine (vom Adjektiv 'schick' beeinflußte) Bildung zu *it.* sciccheria „Schick, Eleganz", einer Ableitung von *it.* scicche „elegant, modisch" (entlehnt aus gleichbed. *frz.* chic; vgl. *Schick*).

schieben: Das *gemeingerm.* Verb *mhd.* schieben, *ahd.* scioban, *got.* (af)skiuban, *engl.* to shove, *norw.* skyve geht mit verwandten *baltoslaw.* Wörtern, z. B. *lit.* skùbti „eilen", auf die *idg.* Wurzelform *skeub[h]- „dahinschießen; werfen, schieben" zurück (vgl. *schießen*). Verwandt sind die unter ↑*Schaufel* und ↑*Schippe* behandelten Gerätenamen. Zu 'schieben' gehört die Substantivbildung ↑Schub. In substantivischen Zusammensetzungen steht 'Schiebe-' (z. B. 'Schiebedach') neben häufigerem 'Schub-' (s. *Schub*). Abl.: **Geschiebe** „durch Wasser oder Eis verschobene Steinbrocken" (im 17. Jh. bergmännisch); **Schieber** (im 18. Jh. für „Schiebegerät, Schiebverschluß"; als Bezeichnung des gewinnsüchtigen [Zwischen]händlers zuerst um 1900 unter Einwirkung der Gaunersprache, wie entsprechendes **Schiebung** „Betrug" und die Wendung '[Waren] schieben' „fragwürdige Geschäfte machen").

Schiedsrichter: Das heute besonders im Sport gebräuchliche Wort bezeichnete ursprünglich dasselbe wie **Schiedsmann:** einen ehrenamtlich bestellten Vermittler in privaten Streitigkeiten. Älter *nhd.* Schiderichter steht neben dem schon *mhd.* schideman. Das Bestimmungswort *mhd.* schit, schiet „[Ent]scheidung" gehört zu alten Nebenformen des unter ↑*scheiden* behandelten Verbs. Es ist auch in der Ableitung **schiedlich** (*mhd.* schidelich) bewahrt, die heute nur noch in 'schiedlich-friedlich' „ohne Streit, im guten" vorkommt.

schief: Das Adjektiv tritt in dieser Form im 13. Jh. auf und hat sich schriftsprachlich erst in neuerer Zeit durchgesetzt. *Mdal.* gilt scheib, scheif (*mnd.* schēf, entsprechend *aengl.* scāf, *schwed.* skev), andersgebildet *westmd.* schepp (*mhd.* schep). *Außergerm.* sind z. B. *lett.* škibs „schief" und *griech.* skimbós „lahm" verwandt.

Schiefer: Das in dünnen ebenen Platten brechende Gestein ist als „Abgespaltenes, Bruchstück" benannt worden. *Mhd.* schiver[e], *ahd.* scivaro „Stein-, Holzsplitter" entspricht *engl.* shiver „Splitter, Scheibe, Schiefer". Die Wörter gehören wie ↑Scheibe zu der unter ↑*Schiene* dargestellten *idg.* Wurzel *skē̆i- „schneiden, spalten, trennen". Erst im *Nhd.* ist 'Schiefer' auf die heutige Bedeutung eingeschränkt worden (dafür *spätmhd.* schiferstein); im 17. Jh. erscheinen Zusammensetzungen wie 'Schieferdach, -decker, -tafel'. Abl.: **schieferig** (im 16. Jh. „splitterig", im 18. Jh. „schieferähnlich, -haltig"); **schiefern** „abblättern (*mhd.* schiveren „[zer]splittern").

schielen: Das *westgerm.* Verb *mhd.* schilhen, *ahd.* scilihen, *mnd.* schēlen, *aengl.* (be)scīelan (ähnlich *aisl.* skelgja „schielend machen") ist von dem unter ↑*scheel* behandelten Adjektiv abgeleitet. An die heute veraltete Bed. „in mehreren Farben spielen" knüpft die Intensivbildung ↑schillern an.

Schienbein: Als Bezeichnung für den vorderen Knochen des Unterschenkels treten neben *mhd.* schine, *ahd.* scina, *aengl.* scinu (eigentlich „spanförmiger Knochen"; vgl. *Schiene*) die Zusammensetzungen *mhd.* schinebein, *niederl.* scheenbeen, *aengl.* scinebān, *engl.* shinbone auf. In ihnen wird das einfache Wort durch das Substantiv ↑Bein „Knochen" verdeutlicht. *Nhd.* Schienbein hat sich wegen des abweichenden Sinns von 'Schiene' als alleinige Bezeichnung durchgesetzt.

Schiene: Das *germ.* Wort hat erst durch die technische Entwicklung seit dem 18. Jh. seine heutige Hauptbedeutung „Eisenbahn-, Straßenbahnschiene" bekommen (die ersten Schienen dieser Art gab es im Harzer Bergbau um 1750). *Mhd.* schine, *ahd.* scina bezeichnete wie heute noch *niederl.* scheen, *engl.* shin das ↑Schienbein. Diese und andere Bedeutungen wie „Nadel" (*ahd.*), „[Knochen]schlittschuh" (*schwed. mdal.* skener), „Holzleiste, Metallstreifen" (*mhd., nhd.,* s. u.) führen auf eine Grundbedeutung „schmales, abgespaltenes Stück, Span". Das Substantiv gehört mit verwandten Wörtern in anderen *idg.* Sprachen zu der vielfach weitergebildeten und erweiterten Wurzel *skē̆i- „schneiden, spalten, trennen", vgl. z. B. *lat.* scindere „spalten" (↑Abszisse) und *griech.* schízein „spalten, trennen". Im *germ.* Sprachbereich stellen sich die unter ↑*scheiden* (mit Scheit, Scheitel usw.) und ↑*schütter* (eigentlich „zersplittert") behandelten Wörter zu dieser Wurzel. Nominalbildungen, die von der konkreten Grundbedeutung der Wurzel ausgehen, sind die unter ↑*Scheibe* (eigentlich „abgeschnittene Platte"), ↑*Schiefer* (eigentlich „Bruchstück") und ↑*Schiff* (eigentlich „ausgehöhlter Baum") behandelten Wörter. Übertragen hat sich einerseits der Begriff „[geistig] unterscheiden, ordnen" entwickelt (z. B. in *lat.* scire „erfahren haben, wissen", in ↑[1]schier „beinahe" (eigentlich „leicht trennend, unterscheidend") und in ↑Schicht (eigentlich „Geordnetes"), andererseits der von „ausscheiden, absondern" (↑scheißen). – 'Schiene' bedeutet in vielen technischen Ausdrücken noch „Leiste", so in der Zusammensetzung **Reißschiene** „Zeichenlineal" (18. Jh.). Das abgeleitete Verb **schienen** (von Knochenbrüchen) gilt als medizinisches Fachwort seit dem 17. Jh.

Schienenbus ↑Omnibus.

[1]schier „geradezu, nahezu": Das heutige Adverb geht über *mhd.* schiere „bald" zurück auf *ahd.* scēro, scioro „schnell, sofort", das eine Adverbialbildung zu dem *ahd.* Adjektiv scēri „scharf, schnell im Aufspüren (vom Jagdhund)" ist. Dieses Adjektiv gehört zu der unter ↑*Schiene* behandelten Wurzel *skē̆i- „schneiden, spalten, trennen; unterscheiden". Seine Grundbedeutung ist demnach etwa „leicht trennend, leicht unterscheidend". Die heutige Bedeutung tritt seit dem 15. Jh. auf.

[2]schier „lauter, rein": Das *gemeingerm.* Adjektiv *mhd.* schīr „lauter, hell", *got.* skeirs „klar, deutlich", *engl.* sheer „rein, lauter", *schwed.* skir „klar, rein" gehört zu der unter ↑*scheinen* dargestellten Wortgruppe. Ablautend ist z. B. *schwed.* skär „hellrot, rosig" verwandt. 'Schier' ist in *niederd.* Form (*mnd.* schīr) bereits in *mhd.* Zeit ins *Hochd.* übernommen worden. Die heutige, besonders *nordd.* Verwendung bezieht sich nicht mehr auf Farb- oder Lichteindrücke, sondern auf die Unvermischtheit (schieres Fleisch).

Schierling: Der Name der Pflanze (*mhd.* scherlinc, schirlinc, *ahd.* scer[i]linc) geht auf älter bezeugtes *ahd., asächs.* scerning zurück und gehört wahrscheinlich zu einem im *Hochd.* untergegangenen Wort für „Mist" (*mnd.* scharn; vgl. *Harn*); beachte *niederd. mdal.* Scharnpipen, *dän.* skarntyde „Schierling" (die 2. Bestandteile bezeichnen das länglich-röhrenförmige Aussehen des Pflanzenstengels). Die Pflanze wächst vorwiegend bei Dunghaufen, an Hecken und Gräben. Sie enthält ein Gift, das im antiken Athen einem Trank beigemischt wurde, der einem zum Tode Verurteilten gereicht wurde. Mit einem solchen **Schierlingsbecher** wurde auch Sokrates hingerichtet.

schießen: Das *gemeingerm.* Verb *mhd.* schieȥen, *ahd.* scioȥan, *krimgot.* schieten, *engl.* to shoot, *schwed.* skjuta gehört mit verwandten Wörtern in andren *idg.* Sprachen, z. B. *russ.* kidat' „werfen", zu der nur erweitert bezeugten *idg.* Wurzel *[s]kē̆u- „treiben, jagen, eilen", zu der sich auch die unter ↑*schieben* behandelten Wörter stellen. Das *dt.* Verb schießen bezeichnet konkret und übertragen schnellstes Bewegen in vielerlei Arten. Zu der heute veralteten Bed. „emporragen, vorspringen" s. die Artikel [1]*Schoß, Geschoß* und *Überschuß*. Siehe auch den Artikel *Schute* (eigentlich „schneller Segler"). In der Bed. „Geld beisteuern" gelten jetzt nur Zusammensetzungen wie 'vor-, zu-, beischießen' (dazu im 18. Jh. **Vorschuß, Zuschuß** und das heute veraltete '[3]Schoß' „Abgabe" [s. d.]). Eine große Zahl von Nominalbildungen hat 'schießen' hervorgebracht. Eine bereits *alt-*

germ. Substantivbildung ist **Schuß** (*mhd.* schuz, *ahd.* scuz; vgl. *niederl.* scheut, *aengl.* scyte und *aisl.* skuter „vorspringender Schiffssteven"; beachte auch die Kollektivbildung ↑Geschütz). Als alte Personenbezeichnung gilt bis heute ↑Schütze. Aber auch ↑[1]Schoß „Rockzipfel" (eigentlich „vorspringende Ecke"), ↑[2]Schoß „Pflanzentrieb, Schößling", ↑Geschoß „aus oder mit Hilfe einer [Feuer]waffe geschossener, meist länglicher Körper" und ↑Schott „wasserdichte Querwand im Schiff" (eigentlich „eingeschossener Riegel") zählen dazu.

Schiet ↑scheißen.

Schiff: Das *gemeingerm.* Wort bedeutete – wie auch ↑Boot und ↑Nachen – ursprünglich „ausgehöhlter Stamm, Einbaum". *Mhd.* schif, *ahd.* scif, *got.* skip, *engl.* ship, *schwed.* skepp gehören zu der unter ↑*Schiene* behandelten *idg.* Wurzel *skĕi- „schneiden, trennen". Schon im *Ahd.* bedeutete das Wort auch „Gefäß", wie es früher noch beim Kohleherd eine auf einer Seite der Herdplatte eingelassene kleine Wanne für warmes Wasser, das 'Wasserschiff' (ursprünglich ein fußloses, in die heiße Asche gestelltes Gefäß), bezeichnete. Im Sinne von „Langhaus der Kirche" (16. Jh., dazu 'Mittel-, Seiten-, Querschiff usw.') ist es Bedeutungslehnwort nach *mlat.* navis. *Germ.* *skip liegt auch *frz.* équiper „ausrüsten" (eigentlich „ein Schiff ausrüsten") zugrunde, aus dem unser Fremdwort ↑equipieren entlehnt ist. Abl.: [1]**schiffen** veraltet für „zu Wasser fahren" (nur noch in 'verschiffen, sich einschiffen', bildlich in 'Klippen, d. h. Schwierigkeiten umschiffen'; dem *mhd.* schiffen entspricht *mnd.* schēpen, das auch wie *aengl.* scipian „einschiffen; ausladen" bedeutet), dazu **schiffbar** „mit Schiffen befahrbar" (17. Jh.); [2]**schiffen** *ugs.* für „harnen" (18. Jh. studentensprachlich; zu Schiff „Gefäß", das in der Studentensprache „Nachtgeschirr" bedeutete); **Schiffer** „Schiffsführer" (15. Jh.). Zus.: **Schiffbruch** (*spätmhd.* schifbruch).

Schikane „Bosheit, böswillig bereitete Schwierigkeit": Das Fremdwort wurde im ausgehenden 17. Jh. aus *frz.* chicane „Spitzfindigkeit, Rechtsverdrehung, Schikane" entlehnt, dessen weitere Herkunft dunkel ist. – Dazu: **schikanieren** „Schikane bereiten, quälen" (17. Jh.; aus gleichbed. *frz.* chicaner).

Schild: Die *gemeingerm.* Bezeichnung der alten Schutzwaffe (*mhd.* schilt, *ahd.* scilt, *got.* skildus, *engl.* shield, *schwed.* sköld) gehört im Sinne von „Abgespaltenes" zu der *idg.* Wurzel *[s]kel- „schneiden, zerspalten, aufreißen", vgl. z. B. *aisl.* skilja „spalten, scheiden", *aengl.* scielian „trennen" und außerhalb des *Germ.* z. B. *lit.* skélti „spalten", skìltis „abgeschnittene Scheibe". Die Schilde der Germanen waren nach römischem Zeugnis aus Brettern hergestellt. – Auf die vielfach weitergebildete und erweiterte Wurzel gehen zahlreiche *germ.* und *außergerm.* Wörter zurück, die auch im *Dt.* fortleben. Mit der Grundbedeutung „Ab- oder Ausgeschnittenes" gehören dazu besonders die unter ↑*Schale* „Schüssel", ↑[2]*Schale* „Hülse" und unter ↑[1]*Scholle* behandelten Wörter, weiter das *nord.-engl.* Fremdwort ↑Skalp. Gerätenamen mit der Grundbedeutung „abgeschnittenes Stück, Handhabe" sind z. B. Helm „[Axt]stiel" (in ↑Hellebarde), ↑[1]Holm „waagrechtes Holz" und ↑[1]Halfter „Zaum"; vgl. auch den Artikel ↑*Schulter*. Von der Grundbedeutung „schneiden" gehen u. a. die *lat.* Verben scalpere, sculpere „kratzen, schneiden, meißeln" (s. die Fremdwörter *Skalpell* und *Skulptur*) und das *dt.* Adjektiv ↑*halb* (eigentlich „durchgeschnitten") aus, weiter die Wortgruppe um ↑verschleißen „abnutzen". Auch das unter ↑*schallen* behandelte Verb gehört wohl hierher. Nicht klar abzutrennen ist schließlich die unter ↑*Holz* dargestellte Sippe der Wurzel *kel- „schlagen, stoßen". – Seit der Ritterzeit trug der Schild das aufgemalte (daher ↑schildern) farbige Erkennungszeichen seines Besitzers, das Wappen. Darauf bezieht sich die Wendung 'etwas [Böses] im Schilde führen' für „im Sinn haben" (aus dem Wappen erkannte man, ob sich Freund oder Feind nahte). Als Erkennungszeichen wurde der Schild auch Amts- und Hauszeichen (Wirtshausschild, später Firmen- oder Namensschild; danach übertragen das Etikett auf Heften, Behältern usw.). Besonders in dieser Bedeutung wird das Wort seit dem 18. Jh. als Neutrum verwendet. Zus.: **Schildbürger** (16. Jh.; ursprünglich wohl „mit Schild bewaffneter Bürger", ↑Spießbürger unter [2]*Spieß*, dann auf die Einwohner des sächsischen Städtchens Schilda[u] bezogen, die Helden eines bekannten Schwankbuches des 16. Jh.s); **Schilddrüse** (am 'Schildknorpel' des Kehlkopfs; um 1800); **Schildkröte** (*mhd.* schildkrote, nach ihrem Schutzpanzer; gleichbed. *niederd.*, *niederl.* schildpad [zu *niederd.* padde „Kröte"] ergab im 18. Jh. *nhd.* **Schildpatt** „Hornplatte einer Seeschildkröte"; der Name des Tieres wurde auf seinen Rückenpanzer übertragen); **Schildwache** (*mhd.* schiltwache, -waht[e] „Wacht in voller Rüstung", *frühnhd.* auf die Wachmannschaft bezogen, später für „Wachtposten"); dazu gehört **Schilderhaus** (17. Jh., gebildet mit dem damals soldatensprachlichen Verb 'schildern' „Schildwache stehen"). Beachte auch den Artikel *Schilling*.

schildern: *Mnd.*, *niederl.* schilderen „malen, anstreichen" (16. Jh.) bezeichnete ursprünglich die Tätigkeit des Wappenmalers (*mhd.* schiltære, *mnd.* schilder, zu ↑*Schild*). Seit dem 18. Jh. erscheint es *hochd.* für „beschreiben, ausführlich darstellen" (beachte noch die Wendung 'in lebhaften Farben schildern'). Abl.: **Schilderung** (im 18. Jh. für „Darstellung", vorher – wie älteres **Schilderei** [entsprechend *niederl.* schilderij] – für „Gemälde").

Schilf: Die besonders *mitteld.* Bezeichnung des Wassergrases (sonst Rohr, Ried, auch Binse genannt) ist früh aus dem *Lat.* entlehnt worden: *Mhd.* schilf, *ahd.* sciluf gehen auf *lat.* scirpus „Binse" zurück, wobei ähnlich wie in den Lehnwörtern 'Maulbeere' und 'Pflaume' r zu l gewandelt wurde. Den Anlaß zur Entlehnung mögen die römischen Flechtarbeiten aus Binsen gegeben haben.

schillern: Das erst im 15. Jh. bezeugte Verb ist eine Intensivbildung zu dem unter ↑*schielen* behandelten Verb in dessen früherer Nebenbedeutung „in mehreren Farben spielen".

Schilling: Der in Österreich heute noch und in Großbritannien offiziell bis 1971 gebräuchliche, im Mittelalter weit verbreitete Münzname ist *gemeingerm.: mhd.* schillinc, *ahd.* scilling, *got.* skilliggs, *engl.* shilling, *schwed.* skilling. Das Wort ist nicht sicher erklärt. Im *Got.* bezeichnete es die römische Goldmünze (solidus), die auch als Schmuck getragen wurde. Vielleicht ist *germ.* *skildulingaz „Schildartiges" (vgl. *Schild*) eine Lehnübersetzung von *lat.* clipeolus „kleiner Schild, Medaillon".

schilpen, tschilpen „zwitschern" (vom Sperling): Das erst im 20. Jh. bezeugte Wort ist wie älter *nhd.* tschülpen „saugen, lutschen" lautnachahmenden Ursprungs.

Schimmel: Die Bezeichnung des Pilzbelages *mhd.* schimel (auf die *mhd.* Form hat das verwandte schīme „Glanz" eingewirkt) gehört zu der unter ↑*scheinen* behandelten Wortsippe. Erst im 15. Jh. erhielt 'Schimmel' den Sinn „weißes Pferd", nachdem ältere Fügungen wie schemeliges perd, *mhd.* schimel pfert vorausgegangen waren. Das Tier wurde ursprünglich wohl scherzhaft als „schimmelfarben" bezeichnet. Siehe auch den Artikel *Amtsschimmel.* Abl.: **schimmeln** (*mhd.* schimelen, *ahd.* scimbalōn); **schimm[e]lig** (*mhd.* schimelec, *ahd.* scimbalag).

schimmern: *Mnd.* schēmeren, *mitteld.* schemmern (15. Jh.) ist eine Intensivbildung zu gleichzeitigem *mitteld.* schemen „blinken", die durch Luther schriftsprachlich wurde. Es gehört wie gleichbed. *engl.* to shimmer zur Sippe von ↑*scheinen* (s. auch *Schemen*). Rückbildung zum Verb ist **Schimmer** (18. Jh.).

Schimpanse: Der Name jener dem Menschen entwicklungsgeschichtlich am nächsten stehenden Menschenaffengattung Äquatorialafrikas entstammt einer westafrikanischen Sprache.

Schimpf: Das auf das *dt.* und *niederl.* Sprachgebiet beschränkte Substantiv hat wie das zugehörige Verb **schimpfen** keine sicheren *außergerm.* Beziehungen. *Mhd.* schimph, *ahd.* scimph bedeutet „Scherz, Kurzweil, Kampfspiel", *mhd.* schimphen, *ahd.* scimphen „scherzen, spielen, verspotten". Noch im 18. Jh. steht 'Schimpf und Ernst' für „Scherz und Ernst", aber schon seit *frühnhd.* Zeit wird 'Schimpf' aus dieser Bedeutung durch die Wörter 'Scherz' und 'Spaß' verdrängt und entwickelte über „Spott, Hohn" (so *niederl.* schimp) den heutigen Sinn „Ehrenkränkung, Schmach" ('jemandem einen Schimpf antun'); dazu im 18. Jh. die Formel 'mit Schimpf und Schande'. Das Verb steht *nhd.* meist als kräftiges Wort für „schelten". Abl.: **schimpflich** (im 17. Jh. „schmachvoll"; *mhd.* schimphlich bedeutete „kurzweilig, scherzhaft, spöttisch").

Schindanger ↑Anger.

Schindel: Das Wort (*mhd.* schindel, *ahd.* scindula; entsprechend *aengl.* scindel „Holzbrettchen als Dach- und Wandbedeckung") ist – mit anderen Fachwörtern des römischen Hausbaus wie 'Mauer, Pfosten, Ziegel' – aus *lat.* scindula „[Dach]schindel" entlehnt worden. Abl.: **schindeln** „Schindeln machen, mit Schindeln dekken" (17. Jh.; aber schon im 16. Jh. im jetzt veralteten chirurgischen Sinn „ein gebrochenes Glied mit Schindeln schienen").

schinden: Das nur *dt.* Verb *mhd.* schinden, *ahd.* scinten „enthäuten, schälen" ist eine Ableitung von einem *germ.* Substantiv mit der Bed. „Haut", das in *mhd.* schint „Obstschale", in *aisl.* skinn „Haut, Fell" (daraus gleichbed. *engl.* skin) und wohl auch in *niederd.* **Schinnen** „Schuppen im Haar" (*mnd.* schin „Schorf") erhalten ist. Diese *germ.* Wortgruppe ist verwandt mit der *kelt.* Sippe von *bret.* skant „Schuppen". Seine starke Flexion hat 'schinden' erst im *Mhd.* entwickelt. Es bezeichnet im eigentlichen Sinn das Abhäuten gefallener Tiere (s. u. Schinder). Schon *mhd.* bedeutete es übertragen „ausrauben, mißhandeln, quälen" (dazu 'Leuteschinder', s. unter *Leute*), woraus über „erpressen" die *ugs.* (studentensprachliche) Bed. „nicht bezahlen" wurde: 'eine Vorlesung, das Fahrgeld schinden' (19. Jh.). Abl.: **Schinder** „Abdecker" (*mhd.* schindære), **Schund** (s. d.). Zus.: **Schindluder** (im 18. Jh. *niederd.* für „gefallenes Vieh, das geschunden wird"; zum zweiten Bestandteil vgl. *Luder;* dazu im 19. Jh. die Wendung 'mit etwas, jemandem Schindluder spielen oder treiben' für „verächtlich behandeln"); **Schindmähre** „altes Pferd" (17. Jh.; zum zweiten Bestandteil vgl. *Mähre*).

Schinken: Das Substantiv bezeichnete ursprünglich das menschliche und tierische Bein. *Mhd.* schinke „Knochenröhre, Schenkel, Schinken", *ahd.* scinco „Knochenröhre, Schenkel" (daneben *aengl.* ge-scincio „Nierenfett") gehören wie das ablautend verwandte ↑Schenkel zu der unter ↑*schenken* dargestellten *idg.* Wurzel *[s]keng- „schief, krumm", bezeichnen also einen krummen oder gekrümmten Körperteil (vgl. z. B. *griech.* skélos „Schenkel" neben skoliós „krumm"). Übertragen bedeutet 'Schinken' seit dem 18. Jh. (zuerst studentensprachlich) „altes, dickes Buch" (in Schweinsleder), jetzt *ugs.* auch „schlechtes Ölbild".

Schinnen ↑schinden.

Schippe: Die *nordd.* und *westd.* Bezeichnung der Schaufel gehört wie 'Schaufel' selbst (s. d.) zur Sippe von ↑*schieben,* genauer zu der Intensivbildung **schupfen** (*mhd.* schupfen) „schnell und heftig schieben". *Mnd., mitteld.* schüppe (16. Jh.) ist besonders in der entrundeten Form mit i weit ins *südwestd.* Gebiet eingedrungen. Beachte die *ugs.* Wendung 'jemanden auf die Schippe nehmen' „aufziehen, verspotten". Dasselbe Wort ist **Schippen** als *dt.* Bezeichnung der Spielkartenfarbe ↑[1]Pik (im 17. Jh. Schüppen, eigentlich *Plural*). Abl.: **schippen** „mit der Schippe [be]arbeiten" (17. Jh.).

Schirm: Das Substantiv *mhd.* schirm, *ahd.* scirm, *mnd., niederl.* scherm bezeichnete ursprünglich den Schild des Kämpfers, das heißt eigentlich wohl den Fellüberzug des Schildes, und ist somit wie *aind.* cárman- „Fell, Haut" und *lat.* corium, scortum „Leder" zur Sippe von ↑[1]*scheren* zu stellen. Übertragen bezeichnete das Substantiv schon früh die Kunst des Parierens (s. u. schirmen) und entwickelte allgemein den Begriff des militärischen und rechtlichen Schutzes, wie er in der Formel 'Schutz und Schirm' (16. Jh.) und in **Schirmherr** „Protektor" (16. Jh.) deutlich wird. Anders als diese Ausdrücke der gehobenen Sprache ist 'Schirm' als „Schutzvorrichtung" allgemein verbreitet in Zusammensetzungen wie 'Ofen-, Lampen-, Mützenschirm', während das einfache Wort heute meist den Regen- oder Sonnenschirm meint. Nach dessen Gestalt ist der **Fallschirm** (s. unter *fallen*) ebenso benannt wie der **Schirmpilz** oder Parasol[pilz] (19. Jh.). Abl.: **schirmen** gehoben für „schützen" (*mhd.* schirmen, *ahd.* scirmen „schützen, verteidigen, [mit dem Schild] parieren"; im *Dt.* sind heute **abschirmen** [19. Jh., auch technisch] und **beschirmen** [*mhd.* beschirmen, *ahd.* biscirman] häufiger).

schirpen ↑zirpen.

schirren: Das *dt.* Verb erscheint im 17. Jh. als Bildung zu ↑*Geschirr* in seiner Bed. „Bespannung". Üblicher sind die Zusammensetzungen 'an-, ab-, ausschirren'. Der **Schirrmeister** (im 15. Jh. schirremeister) ist der Geräteverwalter, besonders im Pferdestall. Als Bezeichnung eines Troßunteroffiziers wurde es im 20. Jh. wieder eingeführt.

Schiß ↑scheißen.

schlabbern (*ugs.* für:) „schlürfend und kleckernd trinken und essen; schwatzen": Das lautmalende Wort, zunächst auf Hunde und Katzen angewandt, geht auf *nd., mnd.* slabbe[re]n „schlurfen, plappern" zurück und erscheint *nhd.* seit dem 16. Jh. (auch in der Form **schlappe[r]n**). Entsprechende Bildungen sind: älter *niederl.* slabben „schlurfen, kleckern", *engl.* to slabber, *schwed. mdal.* slabbra. Zus.: **Schlabberlatz** (*ugs.* für:) „Kinderlätzchen". S. auch den Artikel *schlapp.*

Schlacht: *Mhd.* slaht[e], *ahd.* slahta „Tötung" ist eine Bildung zu dem unter ↑*schlagen* behandelten Verb, mit der *aisl.* slātta „Mahd, Mähzeit", anders gebildet *aengl.* slieht „Schlag, Tötung, Kampf", und *got.* slaúhts „das Schlachten" nahe verwandt sind. Die heutige Bed. „Kampf zwischen Heeren" tritt erst im 16. Jh. auf (dazu *nhd.* 'Feld-, Seeschlacht' und junge Bildungen wie 'Abwehrschlacht'). Abl.: **schlachten** (*mhd.* slahten, *ahd.* slahtōn „[Vieh] töten", übertragen auch vom Hinmetzeln von Menschen), dazu *nordd.* **Schlachter, Schlächter** (auch *mitteld.*) „Fleischer" (*mhd.* vleischslahter, -slehter, *ahd.* slahtari) und die Zusammensetzung **ausschlachten** (*nordd.,* eigentlich „ein Schwein zerlegen", übertragen *ugs.* abwertend für „etwas für seine Zwecke ausnutzen").

Schlachtenbummler ↑bummeln.

Schlacke: *Mnd.* slagge „unreiner Abfall beim Erzschmelzen" wurde im 16. Jh. in der Form schlacke[n] ins *Hochd.* übernommen. Es bezeichnete ursprünglich den Abfall beim Schmieden und gehört zu dem unter ↑*schlagen* behandelten Verb. Übertragen wird es besonders medizinisch für Rückstände des Stoffwechsels (Körper-, Blutschlacken) gebraucht.

[1]schlackern: Das *nordd.* Wort für „regnen und schneien zugleich" (daher **Schlackerwetter,** *mnd.* slacker) steht neben gleichbed. *frühnhd.* schlacken, *mnd.* slaggen und dem Substantiv **Schlack** „breiige Masse, Schmutzwetter" (*mnd.* slagge; entsprechend *aisl.* slag, *schwed. mdal.* slagg „Regennässe"). Die Herkunft der Wortgruppe ist nicht sicher erklärt; vielleicht gehört sie zu *mdal.* schlack „schlaff, träge" (*mhd.* slach, *mnd.* slak), das z. B. in *nordd.* Schlackdarm „Mastdarm", **Schlackwurst** „Mettwurst" vorliegt. Ein anderes *landsch.* **[2]schlackern** „schlenkern" gehört als Intensivbildung zu ↑schlagen.

Schlaf: Das *altgerm.* Substantiv *mhd., ahd.* slāf, *got.* slēps, *niederl.* slaap, *engl.* sleep stellt sich zu dem Verb **schlafen:** *mhd.* slāfen, *ahd.* slāf[f]an, *got.* slēpan, *niederl.* slapen, *engl.* to sleep. Dieses Verb bedeutet eigentlich „schlapp, matt werden" und ist mit dem Adjektiv ↑schlaff verwandt, beachte das zu 'Schlaf' gehörende *aisl.* slāpr „träger Mensch". Die zugrundeliegende *idg.* Wurzel *[s]lēb-, *[s]lāb- „schlaff [herabhängend]" hat sich besonders im *Germ.* reich entwickelt. Im *dt.* Wortschatz stellen sich zu ihr z. B. die Wörter ↑Lappen „herabhängendes Zeugstück", ↑Lippe (eigentlich „Herabhängendes", anders gebildet *oberd.* ↑Lefze), ↑labern (zu *mdal.* Lappe „Lippe, Maul"), mit übertragenem Sinn ↑läppisch, ↑Schlampe und wohl auch ↑Laffe und ↑labberig. Außerhalb des *Germ.* ist besonders die unter ↑*labil* dargestellte Wortgruppe um *lat.* labi „wanken, schwanken" und *lat.* labor „Mühe, Last, Arbeit" zu nennen. Auf einer nasalierten Wurzelform beruhen *aind.* lámbatē „hängt herab", *lat.* limbus „Kleidersaum" und besonders Bildungen wie *dt.* ↑Lump, ↑Lumpen, ↑glimpflich (eigentlich „schlaff, locker") und wohl auch ↑Schlamm (eigentlich „träge Masse"). Schließlich gibt es eine Reihe einzelsprachlicher Bildungen, die ausdrucksbetont oder schallmalend sind und sich von den genannten Wörtern nicht scharf trennen lassen, z. B. *dt.* ↑Schlappe „Niederlage" und ↑schlemmen „prassen". Siehe auch den Artikel *schlakkern.* – Sonderbedeutungen haben die Präfixbildungen **beschlafen** „koitieren" (*mhd.* beslāfen, *frühnhd.* auch „bis zum nächsten Tag überdenken") und **entschlafen** (*mhd.* entslāfen, *ahd.* intslāfan „einschlafen", jetzt nur Hüllwort für „sterben"). Zum Verb 'schlafen' gehören die Bildungen **Schläfer** (*mhd.* slafære); **schläfern** (nur in 'mich schläfert' „ich bin müde", *mhd.* mih slāfert, zu slāfern, *ahd.* slāfarōn „schlafen wollen"), dazu **einschläfern** „in Schlaf versetzen; narkotisieren; schmerzlos töten; beruhigen" (im 17. Jh. neben älterem 'einschläfen', entsprechend *mhd.* entslǣfen) und **schläfrig** „müde, Schlafbedürfnis verspürend" (*mhd.* slāferic, *ahd.* slāfarag; mit anderer Bedeutung **zweischläf[e]rig, zweischläfig** „zwei Schläfer fassend", 18. Jh.). Zum Substantiv 'Schlaf' gehören vor allem die Körperteilbezeichnung ↑Schläfe

und die Zusammensetzung **Beischlaf** (15. Jh.). Offen bleibt die Zuordnung zu Verb oder Substantiv bei Zusammensetzungen wie **Schlafmütze** (17. Jh.; schon im 18. Jh. übertragen gebraucht) und **Schlafrock** (*spätmhd.* slāfrock).
Schläfe: Die Bezeichnung der zwischen Auge und Ohr oberhalb der Wange liegenden Schädelregion (älter *nhd.* Schlaf) *mhd., ahd.* slāf, *niederl.* slaap ist ursprünglich dasselbe Wort wie ↑*Schlaf*. Erst seit dem 18. Jh. wird der *nhd. Plural* Schläfe als Singular gebraucht. Die Stelle ist so benannt, weil der Schlafende darauf liegt.
schlaff: Das Adjektiv *mhd., ahd.* slaf „kraftlos, träge", *mnd.* slap (daraus ↑schlapp), *niederl.* slap gehört zu der unter ↑*Schlaf* dargestellten Wortgruppe. Im *germ.* Sprachbereich ist z. B. verwandt *schwed.* slapp „schlaff, schlapp", *außergerm.* z. B. *russ.* slabyj „schwach, matt". Abl.: **erschlaffen** (18. Jh.; *mhd.* nicht belegt, *ahd.* arslafēn).
Schlafittchen, Schlafittich ↑Fittich.
Schlag: Die *gemeingerm.* Substantivbildung zu ↑*schlagen* (*mhd.* slac, *ahd.* slag, *got.* slahs, *engl.* slay, *schwed.* slag) folgt in ihren Bedeutungen dem Verb. Zur eigentlichen Bedeutung gehören die *nhd.* Wendungen 'Schlag auf Schlag' für „schnell hintereinander" (dafür *mhd.* slage slacs) und 'mit einem Schlag' für „plötzlich" (ähnlich **schlagartig;** 19. Jh.). Für eine zuschlagende Tür oder Falltür steht das Substantiv in 'Wagen-, Taubenschlag'. Als Krankheitsname ist 'Schlag' eine schon *mhd.* Lehnübertragung für *griech.-lat.* apoplexia (dazu im 17. Jh. **Schlagfluß,** im 19. Jh. **Schlaganfall**). Die Bed. „Art" (z. B. in 'Pferde-, Menschenschlag') ist wohl erst vom Münzschlag her übertragen worden (*mnd.* slach „was auf einmal gemünzt wird; Art, Gattung").
Schlagbaum ↑Baum.
Schlägel ↑Schlegel.
schlagen: Das *gemeingerm.* Verb lautet *mhd.* slahen, slā[he]n, *ahd., got.* slahan, *engl.* to slay „erschlagen", *schwed.* slå. Das *Nhd.* hat den Stammauslaut des Präteritums (*mhd.* sluoc, geslagen) verallgemeinert, doch erinnern die alten Ableitungen ↑Schlacht, ↑Geschlecht und ↑ungeschlacht an die ursprüngliche Form. Außerhalb des *Germ.* zeigt nur das *Irische* verwandte Wörter, z. B. *mir.* slachta „geschlagen", slacc „Schwert". Das Schlagen als eine Grundform menschlicher Tätigkeit bleibt auch in dem reich entwickelten übertragenen Gebrauch des Verbs meist erkennbar. Eine Sonderbedeutung „in eine bestimmte [Fach]richtung gehen; nach jemandem geraten" zeigt sich schon früh in den Wörtern 'Geschlecht' und 'ungeschlacht' (s. d.), heute besonders in 'ein-, umschlagen' (s. u.) und in Wendungen wie 'in ein Fach schlagen', 'aus der Art schlagen'. Abl.: **Schlacke** (s. d.); [2]**schlakkern** (↑[1]schlackern); **Schlag** (s. d.); **Schlager** „erfolgreiches Lied" (um 1880 *wienerisch,* wohl nach dem zündenden Blitzschlag); **Schläger** (in Zusammensetzungen *mhd.* -sleger, *ahd.* -slagari „schlagende Person"; *nhd.* seit dem 18. Jh. für „Raufbold"; seit dem 18. Jh. auch Bezeichnung der studentischen Hiebwaffe); **Schlegel** (s. d.). An verbalen Zusammensetzungen mit übertragener Bedeutung seien genannt: **abschlagen** (*mhd.* abeslahen, *ahd.* abaslahan; für „verweigern" und „im Preis ermäßigen" schon *mhd.*), dazu **abschlägig** „ablehnend, verweigernd" (15. Jh.) und **Abschlagzahlung** (18. Jh.); **anschlagen** (*mhd.* aneslahen, *ahd.* anaslahan; *spätmhd.* für „ungefähr berechnen"), dazu im 19. Jh. gleichbed. **veranschlagen** und das Substantiv **Voranschlag;** anders **Anschlag** „Attentat" und „öffentlich angeschlagene Bekanntmachung", das *frühnhd.* „Plan" bedeutet; **aufschlagen** (*mhd.* ūfslahen, in der Bed. „den Preis erhöhen" schon *mhd.*), dazu **Aufschlag** (*mhd.* ūfslac „Preiserhöhung"; im 17. Jh. für „umgeschlagener Teil der Kleidung"); **ausschlagen** (*mhd.* ūzslahen, *ahd.* ūzslahan; *spätmhd.* für „zurückweisen", eigentlich wohl „einen Fechthieb parieren"; in den *nhd.* Wendungen 'zum Nutzen oder Nachteil ausschlagen', 'den Ausschlag geben' ist ursprünglich der Ausschlag des Züngleins an der Waage gemeint); erst im 18. Jh. erscheint **Ausschlag** im medizinischen Sinn (dafür *frühnhd.* außschlecht); **einschlagen** (*nhd.* mit der Bed. „einwickeln, in Papier schlagen", s. a. Umschlag); die Ableitung **einschlägig** „in Betracht kommend, zugehörig" geht von der Sonderbedeutung „hineinreichen, -wirken" (18. Jh.) aus; **überschlagen** (*mhd.* überslahen, *ahd.* ubirslahan; *mhd.* für „schätzen", ↑anschlagen); **umschlagen** (meist wie 'auf-, hin-, sich überschlagen' für „stürzen" gebraucht, aber schon *mhd.* umbeslahen „sich ändern", eigentlich „in andere Richtung schlagen"; heute besonders von Wind und Wetter), dazu **Umschlag** (*mhd.* umbeslac „Wendung, Umkehr", *frühnhd.* für „[Brief]hülle; heilende Auflage"; in der kaufmännischen Bed. „Umsatz, Umladung von Waren" zuerst *mnd.* ummeslach „Tausch, Jahrmarkt"); **unterschlagen** (*mhd.* underslahen; *spätmhd.* für „beiseite legen, [unter etwas] verbergen", im 17. Jh. „rechtswidrig behalten"); **vorschlagen** (*mhd.* vürslahen; *ahd.* furislahan; die im *Nhd.* vorherrschende übertragene Bed. „anbieten, zur Entscheidung vorlegen" hat sich seit dem 16. Jh. aus allgemeinerem „vor Augen bringen, darlegen, vorhalten, zeigen" entwikkelt), dazu **Vorschlag** „vorausgehender Schlag" (z. B. ein Verzierungston in der Musik, 18. Jh.), „Anerbieten, Rat" (16. Jh.; *mhd.* vürslac bedeutete „Sperrbefestigung; Voranschlag"). Von den Präfixbildungen zu 'schlagen' mit übertragener Bedeutung seien genannt: [1]**beschlagen** (*mhd.* beslahen, *ahd.* bislahan „daraufschlagen; [schlagend] bedecken"; daher *nhd.* 'das Fenster beschlägt'), dazu **Beschlag** „[Metall]auflage" (*mhd.* beslac) und *nhd.* **Beschlagnahme** (schon *mnd.* beslān bedeutete „mit Beschlag belegen, einziehen"); das adjektivische 2. Part. [2]**beschlagen** „kenntnisreich" (17. Jh.) geht wohl vom gut beschlagenen Pferde aus; [1]**verschlagen** (*mhd.* verslahen, *ahd.* farslahan „erschlagen, abhauen; versperren"; im *Mhd.* u. a. übertragen für „[zu weit] wegtreiben" und „verstecken"), dazu **Verschlag** „[mit Brettern] abgesonderter, versperrter Raum" (18. Jh.) und das adjektivi-

sche 2. Part. [2]**verschlagen** „listig, durchtrieben" (16. Jh.; eigentlich wohl „versteckt", aber an 'schlagen' „prügeln" angelehnt; beachte die ähnliche Vorstellung bei 'verschmitzt'). Nominale Zusammensetzungen sind z. B. **schlagfertig** „fähig, schnell und mit passenden Worten zu reagieren" (18. Jh., ursprünglich besonders militärisch gebraucht), dazu **Schlagfertigkeit; Schlaglicht** (Malerwort des 18. Jh.s zur Bezeichnung eines scharf begrenzten Lichteinfalls; daher oft übertragen gebraucht); **Schlagwort** (im 18. Jh. „Stichwort des Schauspielers", später etwa „allgemein verbreitetes [scheinbar] treffendes Wort"), ähnlich **Schlagzeile** (in der Zeitung, 20. Jh.); **Schlagzeug** (im 20. Jh. für die Gruppe der „geschlagenen" Orchesterinstrumente: Trommel, Becken, Xylophon usw.). Siehe auch 'Schlafittchen' unter *Fittich*.

Schlagsahne ↑Sahne.

Schlamassel „Unglück; verfahrene Situation": In dem aus der Gaunersprache in die allgemeine Umgangssprache gelangten Substantiv haben sich zwei Wörter miteinander vermischt, das *dt.* Adjektiv ↑*schlimm* und *jidd.* massel „[Glücks]stern; Schicksal", aus gleichbed. *hebr.* mazzal (zuerst als *jidd.* schlimasel).

Schlamm: Das erst von Luther ins *Hochd.* eingeführte Wort erscheint nach 1300 als *mitteld.* slam (Genitiv slammes) „Kot", *mnd.* slam „Schmutz, Morast; Abfall beim Getreidemahlen". Es läßt sich mit den nasalierten Formen aus der Wortgruppe um ↑*schlafen* verbinden, so daß als Grundbedeutung „schlaffe, weiche Masse" angesetzt werden kann. Abl.: **schlämmen** „von Schlamm reinigen; aufschwemmen" (im 14. Jh. *mitteld.* slemmen), dazu **Schlämmkreide** „gereinigtes Kreidepulver" (19. Jh.); **schlammig** (16. Jh.). Siehe den Artikel *schlemmen*.

Schlampe: Zu dem unter ↑*schlafen* behandelten Verb mit der Grundbedeutung „schlaff herabhängend" gehört *oberd.* Schlamp[en] „Fetzen, Lumpen, Kleiderschleppe", das seit dem 17. Jh. als abwertende Bezeichnung für die nachlässig gekleidete, unordentliche Frau gebräuchlich ist. Entsprechend bedeutet **schlampen** „unordentlich sein" auch: „schlecht, nachlässig arbeiten" (im 14. Jh. „herabhängen, schleppen"). Dazu **Schlamperei** (19. Jh.), **schlampig** „unordentlich; nachlässig (gekleidet)" (16. Jh.).

Schlange: Der Tiername *mhd.* slange, *ahd.* slango gehört ablautend zu dem unter ↑[1]*schlingen* behandelten Verb in dessen Bedeutung „sich winden". Eine gewundene Linie heißt **Schlangenlinie** (16. Jh.; s. auch *Serpentine*), und **schlängeln** (17. Jh., seit dem 18. Jh. meist reflexiv) bezeichnet bildlich die schlangenartige Bewegung. In Wendungen und Redensarten ist das Bild der Schlange meist biblisch beeinflußt ('falsche Schlange', 'klug wie die Schlangen'). Erst das 20. Jh. kennt den Ausdruck 'Schlange stehen' „in einer langen Reihe anstehen".

schlank: Das ursprünglich *nordd.* Adjektiv *mhd.* (*mitteld.*) slanc „mager", *mnd.* slank „biegsam", *niederl.* slank „schlank" gehört wie *mnd., niederl.* slinken „dünner werden, einschrumpfen" zu der unter ↑[1]*schlingen* behandelten Wortgruppe. Die Grundbedeutung „biegsam" wird z. B. in der Fügung 'schlank wie eine Tanne' deutlich. Abl.: **Schlankheit** (17. Jh.). Zus.: **schlankweg** „ohne Umschweife" (19. Jh.).

schlapp: Die *niederd.* Entsprechung von ↑*schlaff* (*mnd., mitteld.* slap, 13. Jh.) wurde im 16. Jh. ins *Hochd.* übernommen und hat sich in neuerer Zeit besonders durch die Soldatensprache verbreitet (dazu *ugs.* **schlappmachen** „nicht mehr können, aufgeben"). Abl.: **schlappen** „lose sitzen" (*ugs.,* besonders von Schuhen; nicht klar von lautmalendem 'schlabben, schlabbern, schlappern' zu trennen; s. *schlabbern*); **Schlappen** „Hausschuh" (*niederd.* im 18. Jh.). Zus.: **Schlapphut** „Hut mit schlaff hängender Krempe" (17. Jh.; dafür *mhd.* slappe); **Schlappschwanz** *ugs.* für „Schwächling" (17. Jh., eigentlich wohl „Mann mit einem schlaffen Penis, nicht potenter Mann").

Schlappe „[leichte] Niederlage": Das gefühlsmäßig meist zum Adjektiv ↑schlapp gestellte Wort bedeutet eigentlich „Klaps, Ohrfeige" (so *frühnhd.* schlappe, *niederd.* slappe, entsprechend *engl.* slap). Es gehört zum Schallwort **schlapp!** „patsch!". Die militärische Bedeutung ist seit dem 16. Jh. bezeugt.

Schlaraffe: *Spätmhd.* slūr-affe, ein wie Maulaffe gebildetes, heute veraltetes Schimpfwort für den Faulenzer, enthält *mhd.* slūr „das Herumtreiben; träge oder leichtsinnige Person". In der Nebenform sluderaffe steckt schludern „liederlich arbeiten". Beide Formen gehören zur Sippe von ↑*schlummern. Frühnhd.* Schlau[d]raffe hat seit dem 17. Jh. durch Verlagerung des Tons (wie bei 'Forelle', 'lebendig') die heutige Form ergeben. Mit diesem Wort verband sich in Deutschland die verbreitete, schon antike Vorstellung von einem Märchenland voll guter Speisen. Es heißt zuerst bei Hans Sachs Schlauraffen-, später **Schlaraffenland,** das „Land der Schlemmer und Faulenzer".

schlau: Das *niederd.* Adjektiv slū „schlau" (*niederl.* sluw) wurde im 16. Jh. ins *Hochd.* übernommen. *Mnd.* Zusammensetzungen wie slūhōrer „Horcher", slū-betsch „hinterlistig" weisen auf eine Grundbedeutung „schleichend". Das Adjektiv gehört demnach ähnlich wie das unter ↑*Schlauch* behandelte Substantiv zu der unter ↑*schlüpfen* dargestellten Wortgruppe. Abl.: **Schlauheit** (17. Jh.), dafür auch **Schläue** (um 1880, wohl nach 'Bläue' gebildet). Zus.: **Schlaukopf** „schlauer, pfiffiger Mensch" (18. Jh.); *ugs.* **Schlauberger, Schlaumeier** „Schlaukopf" (19. Jh.).

Schlauch: Das Substantiv *mhd.* slūch „abgestreifte Schlangenhaut, Röhre, Schlauch" (*asächs.* slūk „Schlangenhaut") bedeutet eigentlich „Schlupfhülse, -hülle" und gehört wie die anders gebildeten Wörter *engl.* slough „Schlangenhaut, Schorf" und *mnd.* slū „Fruchthülse, Schale" zu der unter ↑*schlüpfen* dargestellten Wortgruppe; siehe auch den Artikel *schlau*. Schläuche zum Füllen der Weinfässer begegnen zuerst im 15. Jh., sie waren wohl aus Leder genäht. Die mittelmeerisch-orientalische Verwendung ganzer Tierhäute als Weingefäße war schon früher vor allem aus der Bibel bekannt (daher 'neuen Most in alte Schläuche füllen'). Jung ist die Zusammensetzung **Schlauchboot** „aufblasbares Gummiboot" (20. Jh.). *Ugs.* **schlauchen** „scharf hernehmen", eigentlich „weich machen wie einen Schlauch", ist ein Soldatenwort des ersten Weltkrieges.

Schlaufe: Die *südwestd.* und *schweiz. mdal.* erhaltene ältere Form von ↑*Schleife* gilt in der Schriftsprache nur für Sonderbedeutungen wie „Lederring, feste Schlinge" (am Gürtel, Schistock usw.).

Schlawiner „schlauer, durchtriebener Mensch": Das Substantiv wurde wohl Anfang des 20. Jh.s im kaiserlichen Österreich gebildet, und zwar zu 'Slowene', der Bezeichnung für den Angehörigen des slawischen Volks der Slowenen (bzw. zu 'Slawonier' als Bezeichnung für den Bewohner des Gebietes Slawonien in Kroatien). Slowenische Händler galten als besonders gerissene Geschäftemacher.

schlecht: Das *gemeingerm.* Adjektiv *mhd.*, *ahd.* sleht, *got.* slaihts, *aengl.* sliht, *schwed.* slät bedeutete ursprünglich „geglättet; glatt, eben". Es gehört zu dem unter ↑*schleichen* behandelten Verb in dessen Bedeutung „leise gleitend gehen". Außerhalb des *Germ.* sind z. B. *air.* sliachtad „das Glätten" und slige „Kamm" verwandt. In der alten Bedeutung ist 'schlecht' im *Nhd.* durch die Nebenform ↑schlicht abgelöst worden (s. a. *schlichten*), nachdem es seit dem 15. Jh. über „einfach" die Bed. „gering-, minderwertig" erreicht hatte. Heute ist es vor allem Gegenwort zu 'gut' (s. d.), auch in moralischem Sinne. An die alte Bedeutung erinnern noch Zusammensetzungen wie **schlechthin** „durchaus, geradezu, einfach" (17. Jh.), **schlechtweg** „ohne Umstände" (im 14. Jh. slehtis weg, zum *mhd.* Adverb slehtes „gerade[aus], einfach") und **schlechterdings** „durchaus" (im 17. Jh. schlechter Dinge; vgl. *Ding*). In der Fügung 'schlecht und recht', eigentlich „schlicht und richtig, so gut es geht", wird das Adjektiv meist im heutigen Sinn verstanden. Abl.: **Schlechtigkeit** (*spätmhd.* slehtecheit „Glätte, Ebene; Geradheit, Aufrichtigkeit"; im 17. Jh. für „Geringheit", heute für „böse Gesinnung oder Tat").

schlecken „lecken; (besonders *südd.* für:) naschen": *Spätmhd.* slecken „naschen" ist verwandt mit den unter ↑*²lecken* genannten Wörtern und steht neben ähnlichen Bildungen wie *mhd.* slicken „schlingen, schlucken", *mnd.* slikken „lecken, naschen" und *aisl.* sleikja „lekken". Abl.: **Schleckerei** besonders *südd., österr.* für „Süßigkeit, Leckerei" (16. Jh.).

Schlegel: Die *hochd.* Ableitung zu ↑*schlagen* (*mhd.* slegel, *ahd.* slegil) bezeichnet vor allem *südd.* einen schweren, kurzen, auch keulenförmigen Hammer aus Eisen (Schmied, Maurer) oder Holz (Steinmetz, Böttcher), in der Schreibung **Schlägel** den Bergmannshammer. Ebenfalls in Süddeutschland heißt auch der Hinterschenkel von Schlachtvieh, Wild und Geflügel nach seiner Gestalt 'Schlegel' (*nordd.* Keule, s. d.). Auch ein Holzstab zum Anschlagen von Schlaginstrumenten wird nach seiner Form als 'Schlegel' bezeichnet (Trommel-, Paukenschlegel).

Schlehe: Die Frucht des Schwarzdorns gehört zu den wenigen Obstarten, die ihren *altgerm.* Namen im *Dt.* bewahrt haben. *Mhd.* slēhe, *ahd.* slēha, slēwa, *niederl.* slee, *engl.* sloe, *schwed.* slån beruhen mit verwandten *außergerm.* Wörtern, z. B. *russ.* sliva „Pflaume" (vgl. den aus dem *Slaw.* übernommenen Branntweinnamen **Slibowitz**), auf einer *idg.* Wurzel *[s]lī- „bläulich", die auch in *lat.* livere „bläulich sein" und in *air.* lī „Farbe" (eigentlich „Bläue") erscheint. Die Schlehenfrucht heißt also nach ihrer blauen Farbe. Zus.: **Schlehdorn** „Schwarzdornstrauch" (15. Jh.). Siehe auch den Artikel *Lein*.

Schlei, auch: Schleie: Der karpfenartige Fisch ist nach seinen schleimigen Schuppen benannt. Das *westgerm.* Substantiv *mhd.* slīge, slīhe, *ahd.* slīo, *niederl. mdal.* slij, *aengl.* sliw gehört wie *aisl.* slȳ „schleimige Wasserpflanzen" zu der unter ↑*Leim* dargestellten Wortgruppe.

schleichen: Das starke Verb *mhd.* slīchen, *ahd.* slīhhan, *mnd., mengl.* slīken „leise gleitend gehen" ist in anderen *germ.* Sprachen nicht bezeugt. Es gehört mit ↑schlecht, schlicht (eigentlich „geglättet") und verwandten Wörtern anderer *idg.* Sprachen zu der unter ↑*Leim* dargestellten *idg.* Wurzel *[s]lei- „feucht, schleimig, glitschig; gleiten, glätten". Die Grundbedeutung des Verbs ist demnach „gleiten". Abl.: **Schleiche** (Kurzform für 'Blindschleiche', ↑blind; seit dem 19. Jh. naturwissenschaftliche Bezeichnung einer Echsenfamilie); **Schleicher** „heuchlerischer Mensch" (*mhd.* slīchære); **¹Schlich** *ugs.* für „List, Kniff" (*mhd.* slich „schleichender Gang; Schleichweg, List"). Siehe auch den Artikel *Schlick*.

Schleie ↑Schlei.

Schleier: Das seit dem 13. Jh. zuerst in höfischen Kreisen gebrauchte Wort (*mhd.* sleier, sloi[g]er) ist unerklärt. Schon um 1300 wird es auf die Nonnenkleidung übertragen (daher 'den Schleier nehmen' für „ins Kloster gehen"). Heute ist der Schleier ein feines, durchsichtiges Gewebe, beachte die Zusammensetzungen 'Braut-, Witwen-, Hutschleier'. Abl.: **schleierhaft** (um 1900 *ugs.* für „unklar, rätselhaft"); **verschleiern** (18. Jh., „mit einem Schleier bedekken", oft übertragen für „verstecken, tarnen"). Zus.: **Schleiereule** (16. Jh.; nach dem weidmännisch 'Schleier' genannten Federkranz um die Augen).

Schleife „Schlinge, geknüpftes Band": Zu der unter ↑*schlüpfen* dargestellten Wortgruppe gehört das Veranlassungswort *mhd., ahd.* sloufen „schlüpfen machen, an- und ausziehen", *got.* afslaupjan „abstreifen". Daraus abgeleitet ist *mhd.* sloufe „Schleife, Hülle" (*ahd.* slouf), das *nhd.* z. T. als ↑Schlaufe fortlebt und über umgelautetes *frühnhd.* Schleuffe die von Luther vorgezogene entrundete Form 'Schleife' ergeben hat.

[1]schleifen „schärfen": Das nur im *Dt.* und *Niederl.* bezeugte starke Verb *mhd.* slīfen, *ahd.* slīfan, *mnd.* slīpen, *niederl.* slijpen hat die Grundbedeutung „gleiten, glitschen", die sich im *Spätahd.* zu „glätten, schärfen" (durch Gleitenlassen auf dem Schleifstein) entwickelte. Es gehört mit seinem Veranlassungswort ↑[2]schleifen (dazu auch ↑schleppen) zu der unter ↑*Leim* dargestellten *idg.* Wurzel *[s]lei- „schleimig, schlüpfrig; gleiten". Von einer Intensivbildung *ahd.* slipfen stammen das unter ↑*schlüpfrig* behandelte Adjektiv und *mnd., niederl.* slippen „gleiten" (daraus wohl *engl.* to slip; ↑Slipper). – In der Soldatensprache wird 'schleifen' im Sinne von „hart ausbilden, schikanierend drillen" (eigentlich „Schliff geben") verwendet, daran schließt sich **[1]Schleifer** „jemand, der Soldaten schleift" an. Abl.: **[2]Schleifer** „jemand, der etwas schleift", beachte 'Diamant-, Glas-, Scherenschleifer' (*mhd.* slīfære); **Schliff** (*mhd.* slif; zunächst „das Schleifen; Art, in der etwas geschliffen ist", seit dem 19. Jh. auch für „Bildung, gute Umgangsformen").

[2]schleifen „über den Boden ziehen": Als schwach flektiertes Veranlassungswort zu ↑[1]*schleifen* „gleiten" bedeutete *mhd., ahd.* slei[p]fen, *mnd.* slēpen „gleiten machen, schleppen" (s. auch *schleppen*). Schon *spätmhd.* erscheint die militärische Wendung 'eine Burg, Festung schleifen', d. h. „dem Erdboden gleichmachen".

Schleim: Das *altgerm.* Wort *mhd.* slīm, *niederl.* slijm, *engl.* slime, *aisl.* slīm gehört mit *ahd.* slīmen „glatt machen" und verwandten Wörtern in andern *idg.* Sprachen (z. B. *griech.* leimāx, *russ.* slimak „Schnecke") zu der unter ↑*Leim* dargestellten Wortgruppe; s. auch *Schlei.* Die ältere Bedeutung ist „Schlamm, klebrige Flüssigkeit"; seit dem 17. Jh. ist das Wort vor allem auf den medizinischen Sprachgebrauch eingeschränkt worden. Abl.: **schleimen** „Schleim absetzen; von Schleim reinigen" (17. Jh.); **schleimig** (*mhd.* slīmic „klebrig, schlammig").

schleißen ↑verschleißen.

schlemmen „besonders gut und reichlich essen und trinken": Das *spätmhd.* Verb slemmen „[ver]prassen" (15. Jh.) ist eine wohl von ↑Schlamm beeinflußte Umbildung des gleichbedeutenden lautmalenden *spätmhd.* slampen „schmatzen, schlürfen". Abl.: **Schlemmer** (15. Jh.); **Schlemmerei** (16. Jh.).

schlendern: Das im 17. Jh. aus *niederd.* slendern, slentern „gemächlich gehen" ins *Hochd.* aufgenommene und besonders von Studenten verbreitete Verb entspricht gleichbed. *niederl.* slenteren, *schwed. mdal.* släntra und ist Weiterbildung eines *germ.* Verbs, das in *norw. mdal.* slenta und *oberd. mdal.* schlenzen „faulenzen, sich herumtreiben" erscheint. Die Wörter gehören wohl mit der Grundbedeutung „gleiten" zu der unter ↑[1]*schlingen* dargestellten Sippe. Dazu **Schlendrian** „Schlamperei, hergebrachte Weise" (*humanistische* Bildung des 17. Jh.s, vielleicht mit *frühnhd.* jān „Arbeitsgang" als Grundwort).

schlenkern: *Spätmhd.* slenkern „schleudern" (zu *mhd.* slenker, slenger, *ahd.* slengira „Schleuder") gehört zu der unter ↑[1]*schlingen* dargestellten Wortgruppe. Heute bedeutet es nur „[die Arme] pendelnd hin und her bewegen".

schleppen: *Mhd. (mitteld.)* slepen ist im 13. Jh. aus *mnd.* slēpen, das dem *hochd.* ↑[2]*schleifen* entspricht, übernommen worden. In dessen Bed. „am Boden hinziehen" gilt es im *Nhd.* nur begrenzt (z. B. 'ein Schiff oder Netze schleppen'). Die Hauptbedeutung ist „schwer tragen", reflexiv und im 1. Partizip **schleppend** auch „langsam und mühselig gehen". Abl.: **Schleppe** „sehr langer, am Boden nachschleifender Teil eines festlichen Kleides" (im 17. Jh. aus *niederd.* slepe für älteres *hochd.* Schleife aufgenommen; entsprechend *niederl.* sleep); **Schlepper** „Schleppdampfer", *ugs.* auch „jemand, der einem [unseriösen] Unternehmen Kunden zuführt" (im 19. Jh. nach gleichbed. *niederd.* Slepper; auch für „Traktor" und in der jungen Zusammensetzung **Sattelschlepper** „Zugmaschine für Anhänger ohne eigene Vorderachse"). Zus.: **Schlepptau** (im 19. Jh. seemännisch; dazu 'ins Schlepptau nehmen', *ugs.* für „behilflich sein" und das verkürzte 'in Schlepp nehmen', 19. Jh.).

schleudern: Das erst im 16. Jh. bezeugte Verb gehört mit den verwandten Bildungen 'schlottern, lottern' und 'liederlich' (s. d.) zu der unter ↑*schlummern* dargestellten *idg.* Wurzel *[s]leu- „schlaff [herabhängend]". Als „unter Wert, zu billig verkaufen" erscheint '[ver]schleudern' seit dem 17. Jh. (dazu 'Schleuderpreis, -ware'). Abl.: **Schleuder** „Steinschleuder", (auch:) „Zentrifuge" (*frühnhd.* sleuder hat *mhd.* slinge, slenker, die älteren Bezeichnungen der Waffe, verdrängt).

schleunig: Das Adjektiv wird heute in der Grundstufe seltener gebraucht, häufiger ist das *ugs.* Adverb **schleunigst** „schnellstens". *Mhd.* sliunec „eilig", als Adverb sliune, sliume, geht zurück auf *ahd.* sliumo, älter sniumo „sofort" (n ist vor m zu l geworden). Verwandt sind die Verben *aengl.* snēowan, *got.* sniwan, sniumjan „eilen", *aisl.* snūa, *schwed.* sno „wenden, drehen; eilen". Die Bed. „schnell" scheint aus „[sich] schnell drehend" entwickelt zu sein (vgl. *nähen*). Abl.: **beschleunigen** (im 17. Jh. für „rasch fördern, wegschaffen", jetzt besonders als technisches und physikalisches Fachwort für „die Geschwindigkeit erhöhen"), dazu **Beschleunigung** (17. Jh.).

Schleuse „Stauvorrichtung in fließenden Gewässern": Das im *Hochd.* seit dem 16. Jh. bezeugte Substantiv geht über gleichbed. *niederl.* sluis (*mniederl.* slūse, sluise; daraus schon im 13. Jh. *mnd.* slūse) und *afrz.* escluse (= *frz.* écluse) auf *mlat.* exclusa, sclusa „Schleuse, Wehr" zurück, eine Bildung zu *lat.* ex-cludere „ausschließen; absondern; abhalten" (vgl. dazu den Artikel *Klause*). – Abl.: **schleusen** „ein Schiff durch eine Schleuse bringen" (20. Jh.), auch übertragen gebraucht im Sinne von „jemanden oder etwas durch einen Engpaß manövrieren", dafür meist **durchschleusen.**

[1]**Schlich** ↑schleichen.

[2]**Schlich** ↑Schlick.

schlicht: Die *mitteld.* und *niederd.* Nebenform von ↑*schlecht* (*mnd.* slicht) ist im 17. Jh. in dessen alter Bedeutung „eben, einfach" schriftsprachlich geworden, als schlecht schon „minderwertig, böse" bedeutete. Gestützt wird das Adjektiv durch das Verb **schlichten** „ebnen, glätten; Streitigkeiten beilegen" (*mhd., ahd.* slihten, *mnd.* slichten; zu 'schlecht' gebildet wie 'richten' zu 'recht').

Schlick: Der fette, schlüpfrige Schlamm im Meer und in Binnengewässern heißt *mnd.* slīk, slick, *niederl.* slijk. Das *Nhd.* hat seit dem 17. Jh. die im *Nd.* vorherrschende kurz gesprochene Form übernommen. Das entsprechende *mhd., ahd.* slīch, slich „[Graben]schlamm" lebt noch fachsprachlich als [2]**Schlich** „feinkörniges [geschlämmtes] Erz". Beachte aus dem *germ.* Sprachbereich noch *aisl.* slīkr „Schleim". Die Wörter gehören zur Sippe von ↑*schleichen.*

schliefen ↑schlüpfen.

schließen: Das auf das *dt.* und *niederl.* Sprachgebiet beschränkte Verb *mhd.* sliezen, *ahd.* sliozan, *niederl.* sluiten mit seinen ablautenden Substantiven ↑Schloß, ↑Schluß und ↑Schlüssel ist nicht sicher erklärt. Seit dem 16. Jh. steht 'schließen' für „[logisch] folgern", d. h. „an Voraufgehendes gedanklich anschließen". Siehe auch die Artikel *beschließen* und *entschließen.* Abl.: **Schließe** „Schließhaken" (18. Jh.); **Schließer** „Pförtner" (17. Jh.); **schließlich** „endlich, zum Schluß" (als Adverb im 17. Jh., *frühnhd.* als Adjektiv).

Schliff ↑[1]schleifen.

schlimm: Das Adjektiv *mhd.* slim[p], Genitiv slimbes, „schief, schräge" (dazu *ahd.* slimbī „Schräge") hat erst im *Nhd.* den Sinn „übel, schlecht, böse" entwickelt, zuerst wohl in Wendungen wie 'die Sache steht schlimm' (beachte die ähnliche Entwicklung von 'schief' in 'schiefgehen'). Die Herkunft des Adjektivs ist dunkel. Abl.: **verschlimmern** „schlimmer machen" (17. Jh.); **verschlimmbessern** „durch Verbessern verschlimmern" (18. Jh.).

Schlingel: Das seit dem 15. Jh. zuerst im *Niederd.* bezeugte Wort hat im älteren *Nhd.* die Formen 'Schlüngel' und 'Schlingel' (neben ablautendem *niederd., niederl.* slungel). Es meint eigentlich den Müßiggänger und gehört zu *mhd., mnd.* slingen in der Bedeutung „schleichen, schlendern" (vgl. [1]*schlingen*). Heute bezeichnet es scherzhaft einen [gerissenen] Jungen, der Streiche anstellt.

[1]**schlingen:** *Mhd.* slingen, *ahd.* slingan „hin und her ziehend schwingen, winden, flechten" bedeutet auch (wie *aengl.* slingan) „sich winden, kriechen, schleichen". Mit *aisl.* slyngva „werfen, schleudern" (daraus gleichbed. *engl.* to sling) und mit verwandten *baltoslaw.* Wörtern (z. B. *lit.* slìnkti „schleichen") gehören diese Verben zu *idg.* *slen-k-, -g- „winden, sich schlingen". Ablautend sind ↑Schlange und ↑schlank mit '[1]schlingen' verwandt. Zu dessen früherer Bedeutung „schwingen" stellen sich die unter ↑*schlenkern* behandelten Wörter, zur Bedeutung „schleichen" das Substantiv ↑Schlingel (eigentlich „Müßiggänger"). Abl.: **Schlinge** „geknüpftes Band, Schlaufe" (16. Jh.; *mhd.* slinge, *ahd.* slinga „Schleuder" ging im 17. Jh. unter). Zus.: **Schlinggewächs, Schlingpflanze** (19. Jh.).

[2]**schlingen** „schlucken": Das *germ.* Verb *mhd.* [ver]slinden, *ahd.* [far]slintan, *niederl.* verslinden entspricht *got.* fra-slindan „verschlingen". Es ist erst im *Nhd.* lautlich mit '[1]schlingen' zusammengefallen, weil Luther die *mitteld.* Mundartform mit -ng- verwendete. Dazu gehören das ablautende Substantiv ↑Schlund und wahrscheinlich die unter ↑*schlendern* genannten Verben. Als Grundbedeutung der etymologisch ungeklärten Wortgruppe ist wohl „gleiten lassen" anzusetzen. Dazu die gleich alte Präfixbildung **verschlingen** (s. o. die aufgezählten Verbformen).

schlingern: Als Weiterbildung zu ↑[1]*schlingen* bedeutet *mnd., niederl.* slingeren „schlenkern, schwingen, schwanken". Seit dem 17. Jh. bezeichnet das Wort seemännisch das Schwanken (Rollen) des Schiffs in seitlichem Seegang (Gegensatz: stampfen in der Längsrichtung).

Schlips „Krawatte": Das ursprünglich nur *nordd.* Wort, *niederd.* Slips, ist eine Nebenform von *niederd.* Slip[p]e, Slippen „Hemd-, Rock-, Tuchzipfel", *mnd.* slippe „Zipfel". Um 1840 bezeichnete es die losen Enden des seidenen Halstuchs oder der Schleifenkrawatte, später ging es auf den aus England übernommenen langen Selbstbinder über. Neben ↑Krawatte ist es heute der familiärere Ausdruck. In der *ugs.* Wendung 'jemandem auf den Schlips treten' für „beleidigen" (ursprünglich *berlinisch*) sind eigentlich die Rockschöße gemeint.

Schlitten: *Mhd.* slite, *ahd.* slito, *niederl.* sle[d]e (daraus entlehnt *engl.* sleigh), *schwed.* släde beruhen auf einer Bildung zu dem im *Nhd.* untergegangenen starken Verb *mhd.* slīten, *mnd.* slīden, *engl.* to slide, älter *schwed.* slida „gleiten". Dieses Verb gehört zu der unter ↑*Leim* dargestellten *idg.* Wurzel in der Bedeutungswendung „schlüpfrig; gleiten". *Ugs.* Wendungen sind das veraltete 'unter den Schlitten kommen' für „sittlich herunterkommen" (19. Jh.) und das wohl soldatensprachliche 'mit jemandem Schlitten fahren' „rücksichtslos behandeln".

schlittern „[auf dem Eise] gleiten": Die besonders *nordd.* Bezeichnung des beliebten Kindervergnügens erscheint *hochd.* im 18. Jh. und steht neben zahlreichen *landsch.* Ausdrücken. *Nd.* sliddern (entsprechend *engl.* to slither „ausgleiten") ist eine Intensivbildung zum starken Verb *mnd.* slīden (vgl. *Schlitten*). Das zusammengesetzte Verb **hineinschlittern** „in eine Unannehmlichkeit geraten" ist seit dem 19. Jh. in der Umgangssprache gebräuchlich.

Schlittschuh: Der Name des Eislaufgeräts ist im *Oberd.* des 17. Jh.s in Anlehnung an ↑Schlitten umgebildet worden aus älterem 'Schrittschuh' (vgl. *schreiten*) das in dieser Bedeutung ebenfalls erst im 17. Jh. belegt ist. *Mhd.* schritschuoch, *ahd.* scritescuoh bezeichnet einen „Schuh zu weitem Schritt" (vielleicht eine Art

Schneereifen). Seit Anfang des 19. Jh.s hat sich 'Schlittschuh' allgemein durchgesetzt.

Schlitz: *Mhd.* sliz, *ahd.* sliz, sliz „Schlitz, Spalte" (besonders im Kleid) bezeichnete ursprünglich einen durch Reißen entstandenen Spalt. Es ist wie gleichbed. *mnd.* slete, *aengl.* slite, *aisl.* slit eine Substantivbildung zu 'schleißen' (↑*verschleißen*). Das Verb **schlitzen** (*mhd.* slitzen, *engl.* to slit) ist eine davon unabhängige Intensivbildung zu 'schleißen'. Siehe auch den Artikel *Schlitzohr*.

Schlitzohr „listiger, durchtriebener Mensch": Wurde Dieben früher zur Strafe die rechte Hand abgehackt, so verfuhr man mit kleineren Betrügern weniger hart. Sie wurden durch Einschlitzen der Ohren bestraft und so gleichzeitig für jedermann gekennzeichnet. Abl.: **schlitzohrig** „listig, durchtrieben".

schlohweiß ↑Schloße.

Schloß: Das heute in zwei getrennten Hauptbedeutungen gebrauchte Substantiv ist von ↑*schließen* abgeleitet. *Mhd., ahd.* sloz bedeutete zunächst „[Tür]verschluß, Riegel", seit dem 13. Jh. auch „feste Burg, Kastell". In der Bed. „Burg" kann 'Schloß' sowohl passivisch als „Verschlossenes" gefaßt werden (entsprechend ↑Klause) wie aktivisch als „Sperrbau" (an einer Straße oder Talenge). Jedoch sind diese Vorstellungen verblaßt, seit 'Schloß' in der Renaissancezeit zur Bezeichnung prunkvoller Wohnbauten der Fürsten und des Adels wurde und sich von 'Burg, Feste, Festung' bedeutungsmäßig absetzte. Abl.: **Schlosser** (um 1300 *mhd.* slozzer).

Schloße: Das besonders *mitteld.* Wort für „Hagelkorn", *mhd.* slōz[e], entspricht *mnd.* slōten *(Plural)* „Hagel" und ist mit *norw. mdal.* slutr „Schnee mit Regen" und *engl.* sleet „Schneeregen, Graupeln" verwandt. Abl.: **schloßen** „hageln" (*mhd.* slōzen). Auch das Adjektiv **schlohweiß,** älter *nhd.* schlōßweiß „weiß wie Schloßen" gehört hierher.

Schlot: Die *landsch.* (besonders *ostfränk.-mitteld.*) Bezeichnung des Schornsteins (*mhd., ahd.* slāt) ist vielleicht mit *mhd.* slāte „Schilfrohr" (*nhd. landsch.* **Schlotte** „röhrenförmiges Zwiebelblatt; Schilfrohr") verwandt. Dann wäre der Schornstein ursprünglich mit einem hohlen Halm verglichen worden.

schlottern: *Mhd.* slot[t]ern „wackeln, zittern" (entsprechend *niederd.* sluddern, *niederl.* slodderen) ist eine Intensivbildung zu gleichbed. *mhd.* sloten und gehört wie ↑schleudern und ↑lottern zu der unter ↑*schlummern* dargestellten *idg.* Wurzel *[s]leu- „schlaff [herabhängend]". Im *Nhd.* wird 'schlottern' vor allem von frierenden Gliedern und losen Kleidern gesagt. Dazu die Adjektive **angstschlotternd** (20. Jh.) und **schlott[e]rig** (16. Jh.).

Schlucht „tiefer Geländeeinschnitt": Das seit dem 16. Jh. zuerst *nordd.* und *mitteld.* bezeugte Wort entspricht – mit *niederd.* -cht- für *hochd.* -ft- (vgl. *Gracht*) – dem heute veralteten **Schluft** (*mhd.* sluft „das Schlüpfen; Schlucht"). *Mhd.* sluft ist eine Ableitung von schliefen (vgl. *schlüpfen*).

schluchzen: Das Verb schluchzen „krampfhaft, verzweifelt weinen" ist seit *frühnhd.* Zeit bezeugt. Es ist eine Intensivbildung zu *mhd.* slūchen „schlingen". Abl.: **Schluchzer** (17. Jh.; gebildet wie 'Seufzer').

schlucken: *Mhd., mnd.* slucken, *niederl.* slokken ist eine Intensivbildung zu einem *germ.* starken Verb, das in *mnd.* slūken, *schwed.* sluka „hinunterschlingen" erscheint. *Ahd.* ist nur die Ableitung slucko „Schlemmer" bezeugt. Zu der wohl lautmalenden Wurzel *[s]leu-g-, -k- „schlucken" gehören auch *außergerm.* Wörter wie *griech.* lýzein „den Schlucken haben" und *air.* slucim „ich schlucke". Abl.: **Schluck** (*mhd.* sluc, *niederl.* slok; heute nur vom Trinken); **Schlucken** „Zwerchfellkrampf" (17. Jh.), dafür auch **Schluckauf** (nach der *niederd.* Imperativbildung Sluck-up, 19. Jh.); **Schlucker** (*frühnhd.* für „Schlemmer", aber auch wie heute als 'armer Schlucker', der alles herunterschlucken muß).

schludern: Der *ugs.* Ausdruck für „nachlässig, liederlich arbeiten" geht (mit *niederd.* ū) auf *spätmhd.* slūdern „schlenkern" zurück, dem *hochd.* schlaudern veraltet, aber noch mundartlich für „schlenkern" und „nachlässig, liederlich arbeiten" entspricht. Dazu: **schlud[e]rig** „nachlässig, liederlich, unordentlich".

Schluft ↑Schlucht.

schlummern „im Schlummer liegen": Das zunächst nur *mitteld.* und *niederd.* Verb ist durch Luther in die Schriftsprache gelangt. *Mitteld.* slummern (15. Jh.), *mnd.* slomern (entsprechend *niederl.* sluimeren, *engl.* to slumber) ist eine Weiterbildung des älteren *mitteld.* slummen, *mnd.* slo[m]men „schlafen", vgl. auch *aengl.* slūma „Schlummer". Die Wörter gehören mit *norw. mdal.* sluma „schlaff gehen", slum „schlaff, welk" (von Gras) zu der *idg.* Wurzel *[s]leu- „schlaff [herabhängend]". *Außergerm.* verwandt ist z. B. *russ.* lytat' „sich drücken, müßiggehen". Ferner stellen sich die unter ↑*Schlaraffe,* ↑*liederlich,* ↑*lottern,* ↑*schlottern* und ↑*schleudern* genannten Wörter zu dieser Wurzel. Das Substantiv **Schlummer** „leichter Schlaf" (im 14. Jh. *mitteld.* slummer) ist wohl aus dem Verb rückgebildet.

Schlund: Das auf das *dt.* und *niederl.* Sprachgebiet beschränkte Wort *mhd., ahd.* slunt, *mniederl.* slont gehört als ablautende Bildung zu ↑[2]*schlingen* „schlucken" (*mhd.* slinden). Die Grundbedeutung „Schluck" ist *mhd.* noch erhalten.

schlüpfen: *Mhd.* slüpfen, slupfen, *ahd.* slupfen „durch eine Öffnung kriechen oder gleiten" ist eine nur *dt.* Intensivbildung zu dem *altgerm.* starken Verb *nhd.* **schliefen** (*mhd.* sliefen, *ahd.* sliofan, *got.* sliupan, *niederl.* sluipen, *aengl.* slūpan), das weidmännisch für das Hineinkriechen des Hundes in den Fuchs- oder Dachsbau) gebraucht wird. Zum gleichen Verb gehören die Substantivbildung *mhd.* sluft (vgl. *Schlucht*) und das Veranlassungswort *mhd., ahd.* sloufen „schlüpfen machen", das *nhd.* in ↑Schleife und ↑Schlaufe fortlebt. Zu dieser Wortgruppe stellt sich außerhalb des *Germ.* nur *lat.* lubricus

„schlüpfrig, gleitend, glatt". Zugrunde liegt die vielfach erweiterte *idg.* Wurzel *sleu- „gleiten, schlüpfen", zu der auch die Wortgruppen um ↑Schlauch (eigentlich „Schlupfhülse") und ↑schlau (eigentlich „schleichend") gehören. Abl.: **Schlupf** (*mhd.* slupf „Schlüpfen; Schlinge, Strick", *nhd.* besonders in 'Durch-, Unterschlupf'); **Schlüpfer** „Damen-, Kinderunterhose" (20. Jh.; älter *nhd.* Schlupfer bedeutete „Muff"). Zus.: **Schlupfloch** „Versteck", auch „Loch zum Durchschlüpfen" (*mhd.* slupfloch); **Schlupfwespe** (18. Jh.); **Schlupfwinkel** „Versteck" (16. Jh.).

schlüpfrig „glatt": Das Adjektiv wurde erst seit dem 16. Jh. an das unverwandte 'schlüpfen' (s. d.) angelehnt. *Mhd.* slipfec, slipferic „glatt, glitschig" gehört zu dem Verb *mhd.* slipfe[r]n, *ahd.* slipfen „ausgleiten", einer Intensivbildung zu ↑[1]*schleifen*. Erst im 18. Jh. wird 'schlüpfrig' in moralischem Sinn übertragen für „lüstern, zweideutig, anstößig" gebraucht.

schlürfen „(Flüssigkeit) geräuschvoll in den Mund einsaugen". Das seit dem 16. Jh. gebräuchliche Verb ist – wie auch gleichbed. *mnd., niederl.* slorpen und *norw.* slurpe – lautnachahmenden Ursprungs. Eine ähnliche Lautnachahmung ist z. B. *mhd.* sür[p]feln „schlürfen". *Mdal.* bezeichnet 'schlürfen' wie seine Nebenform **schlurfen** (17. Jh.) auch das schleifende Gehen.

Schluß: Das Substantiv *spätmhd.* sluz ist eine Bildung zu dem unter ↑*schließen* behandelten Verb. Aus der philosophischen Fachsprache stammt die Bed. „Folgerung, Ergebnis logischen Denkens" (17. Jh.). Abl.: **schlüssig** „überzeugend, zwingend" (16. Jh.).

Schlüssel: Das Substantiv *mhd.* slüzzel, *ahd.* sluzzil, *niederl.* sleutel ist eine Bildung zu dem unter ↑*schließen* behandelten Verb. Bildlicher Gebrauch führt schon im 13. Jh. zur Bed. „Musik-, Notenschlüssel", später im Anschluß an das biblische 'clavis scientiae' zum 'Schlüssel der Erkenntnis', der heute in vielen Wendungen geläufig ist. Als „Erklärung einer Geheimschrift" ist 'Schlüssel' erst im 18. Jh. bezeugt (dazu die jungen Verben 'ent-, verschlüsseln' „dechiffrieren bzw. chiffrieren", ähnlich 'aufschlüsseln' „in bestimmter Weise aufteilen"). Zus.: **Schlüsselbein** („Knochen, der das Brustbein mit dem Schulterblatt verbindet", im 17. Jh. für *frühnhd.* 'Schlüssel der Brust' nach gleichbed. *lat.* clavicula, einer Lehnübersetzung aus *griech.* kleis; die S-Form des Knochens entspricht altgriechischen Schlüsseln für Fallriegel); **Schlüsselblume** (im 15. Jh. slussilblome neben *mhd.* himelsslüzzel, nach der schlüsselähnlichen Blütenform; s. auch *Primel*).

Schmach: Das nur *deutsche* Substantiv *mhd.* smāch, smæhe, *ahd.* smāhī „Kleinheit, Geringfügigkeit" hat schon *ahd.* die Bed. „Verachtung, Kränkung, Unehre" entwickelt, in der es *nhd.* oft neben 'Schande' steht. Es ist eine Bildung zu dem Adjektiv *mhd.* smæhe, *ahd.* smāhi „klein, gering, verächtlich", zu dem sich auch ↑schmähen, schmählich und die unter ↑*schmachten* und ↑*schmächtig* behandelten Wörter stellen.

schmachten: Das nur *dt.* Verb erscheint *hochd.* im 17. Jh. mit der gleichen Bed. „heftig hungern" wie *mnd.* smachten. Im *Mhd.* ist nur versmahten bezeugt, auf das *nhd.* **verschmachten** „verhungern, verdursten" zurückgeht, im *Ahd.* gismāhteōn „schwinden, schwach werden". Die Wörter gehören zu dem unter ↑*Schmach* genannten Adjektiv *ahd.* smāhi „klein, gering"; s. auch *schmächtig.* Die übertragene Bed. „sehnend verlangen" tritt erst im 18. Jh. auf. Dazu ironisch **anschmachten** „schmachtend, schwärmerisch ansehen" (18. Jh.). Die Zusammensetzung **Schmachtriemen** in der *landsch. ugs.* Wendung 'den Schmachtriemen umschnallen' für „hungern" bezieht sich auf einen breiten Gürtel, den Fuhrleute und Wanderer noch im 18. Jh. zur Stützung des leeren Magens trugen.

schmächtig: *Mhd.* smahtec, *mnd.* smachtich „hungerleidend" (13. Jh.) ist von einem mit ↑*schmachten* verwandten Substantiv smaht „Hunger, Durst" abgeleitet. Seit dem 17. Jh. hat sich die Bedeutung gewandelt zu „mager, dünn, schlecht genährt".

schmackhaft ↑schmecken.

schmähen „mit verächtlichen Reden beleidigen": *Mhd.* smæhen, *ahd.* smāhen „klein, gering, verächtlich machen; erniedrigen; schwächen" gehört zu dem unter ↑*Schmach* genannten Adjektiv *ahd.* smāhi „klein". Im *Aisl.* vergleicht sich smā „spotten, höhnen". Früher galt 'schmähen' auch in der Bed. „verachtend zurückweisen", wofür jetzt das ursprünglich nur verstärkende Präfixverb **verschmähen** eingetreten ist (*mhd.* versmæhen, *ahd.* farsmāhjan). Das Adjektiv **schmählich** „schmachvoll" ist ebenfalls von *ahd.* smāhi „klein" abgeleitet (*mhd.* smæh[e]lich „verächtlich; schimpflich", *ahd.* smāhlīh „gering").

schmal: Das *gemeingerm.* Adjektiv *mhd., ahd.* smal, *got.* smals, *engl.* small, *schwed.* smal bedeutete ursprünglich „klein, gering" und wurde besonders vom Kleinvieh gebraucht (das noch *nhd. landsch.* Schmalvieh heißt, wie weidmännisch 'Schmaltier, -reh' usw. junges Wild bezeichnet). Außerhalb des *Germ.* sind wahrscheinlich die Wörter ohne anlautendes s- *russ.* malyj „klein", *griech.* mēlon „Kleinvieh, Schaf", *air.* mīl „[kleines] Tier" verwandt; vgl. auch *niederl. mdal.* maal „junge Kuh". Die *ugs.* Wendung 'Dort ist **Schmalhans** Küchenmeister' begegnet *hochd.* zuerst im 17. Jh. ('Schmalhans', *mnd.* smalehans bezeichnete den Hungerleider und Geizhals). Abl.: **schmälern** (*spätmhd.* smelern „schmäler machen", heute nur noch übertragen im Sinne von „geringer machen, herabsetzen" gebraucht).

Schmalz: Als Substantivbildung zu dem unter ↑[1]*schmelzen* behandelten Verb bezeichnen *mhd., ahd.* smalz, *niederl.* smout (neben ablautendem *aengl.* smolt, älter *schwed., norw.* smult) zerlassenes tierisches Fett, ursprünglich ohne Einschränkung auf eine bestimmte Art. *Nordd.* gilt das Wort heute nur für Schweine- und Gänseschmalz. Beachte auch **Ohrenschmalz** „schmalzähnliches Sekret im äußeren Gehörgang" (*spätmhd.* ōrsmalz). Abl.: **schmalzen, schmälzen** „mit Schmalz zubereiten" (*mhd.* smalzen, smelzen); **schmalzig** (*mhd.* smalzec „fettig" steht auch übertragen für „schmeichlerisch", wie die *nhd.* Form auch „sentimental" bedeutet).

Schmant: Die *landsch.,* besonders *westmitteld.* Bezeichnung für die Fettschicht auf der Milch (s. a. 'Rahm' und 'Sahne') ist erst seit dem 15. Jh. (*spätmhd.* smant, *mnd.* smand) belegt. Wahrscheinlich geht sie mit den Adjektiven *asächs.* smōđi „sanftmütig", *aengl.* smōđ „weich, sanft", *engl.* smooth „glatt" auf *westgerm.* *smanþi „weich" zurück. In die *ostd.* Mundarten gelangte 'Schmant' durch *westd.* Siedler.

schmarotzen: Das erst im 15. Jh. als smorotzen „betteln", im 16. Jh. mit der heutigen Bed. „auf Kosten anderer leben" als schmorotzen bezeugte, nur *hochd.* Verb ist unerklärt. Abl.: **Schmarotzer** (im 15. Jh. smorotzer „Bettler", im 16. Jh. smarotzer „Parasit", seit Ende des 18. Jh.s in der biologischen Fachsprache gebraucht).

Schmarre (veraltend für:) „lange Hiebwunde; Narbe": *Frühnhd.* schmarr ist aus gleichbed. *mnd.* smarre übernommen. Es ist wohl verwandt mit ↑Schmer „Fett", beachte die *ugs.* Wendung 'jemandem eine schmieren' „jemandem einen Schlag versetzen, eine Ohrfeige geben". Gleicher Herkunft ist das vor allem in Österreich gebräuchliche **Schmarren** „fett gebackene Mehlspeise" (16. Jh.), das *ugs.* auch im Sinne von „wertlose Sache, Minderwertiges; Unsinn" verwendet wird.

schmatzen: *Mhd.* smatzen, älter smackezen ist eine Weiterbildung zu *mhd.* smacken (vgl. *schmecken*). Es zeigt schon die heutigen Bedeutungen „behaglich laut essen" und „laut küssen". Abl. **Schmatz** *landsch.* für „[lauter] Kuß" (im 15. Jh. smaz neben smuz).

schmauchen „behaglich [Pfeife] rauchen": Das seit dem 17. Jh. bezeugte Verb gehört zu dem heute veralteten Substantiv **Schmauch** „qualmender Rauch" (*mhd.* smouch), vgl. *mnd.* smōk „Rauch, Qualm", dazu smōken „rauchen", *niederl.* smook „Rauch, Qualm", *aengl.* smīec „Rauch, Dampf", im Ablaut dazu *aengl.* smoca „Rauch", smocian „rauchen, räuchern" (*engl.* smoke, to smoke, ↑Smoking). Diese Wörter gehören mit dem starken Verb *aengl.* smēocan „rauchen, räuchern" zu der *idg.* Wurzel *smeu-g[h]- „rauchen", vgl. z. B. *griech.* smýchein „verschwelen lassen". Siehe auch den Artikel *Schmöker.*

schmausen „vergnügt und mit Genuß essen": Das Verb taucht mit seinem Substantiv **Schmaus** erst im 17. Jh. auf. Es war bis ins 18. Jh. ein Lieblingswort der Studenten, bei denen 'Schmaus' – ähnlich wie später ↑Kommers – ein reichhaltiges, gutes Essen bezeichnete. Ursprünglich meint 'schmausen' aber wohl „unsauber essen und trinken". Es ist verwandt mit älter *niederl.* smuisteren „beschmieren, schmausen"; daneben stehen *mnd.* smudden „schmutzen" (z. B. in *ugs.* **schmudd[e]lig** „unsauber [im Essen]") und gleichbed. *niederl. landsch.* smodderen, das früher ebenfalls „schmausen" bedeutete. Die Wörter gehören alle zu der unter ↑*Moder* dargestellten Wortsippe.

schmecken: Das Verb *mhd.* smecken „kosten, wahrnehmen; riechen, duften" ist in *nhd.* Schriftsprache auf den eigentlichen Geschmackssinn begrenzt worden. Aus der gleichbed. Nebenform *mhd.* smacken ist das unter ↑*schmatzen* behandelte Verb abgeleitet. Im *Ahd.* stand transitives smecken „Geschmack empfinden" neben intransitivem smakkēn „Geschmack von sich geben". Dazu das Substantiv *mhd., ahd.* smac (*nhd.* ↑*Geschmack*) mit der Ableitung **schmackhaft** (*mhd.* smachaft „wohlschmeckend, -riechend"). Siehe auch *abgeschmackt.* Die Wortgruppe, zu der noch z. B. *aengl.* smæccen „schmecken" und *engl.* smack „Geschmack" gehören, geht zurück auf die *idg.* Wurzel *smeg[h]- „schmecken", die sonst nur im *Lit.* erscheint, vgl. *lit.* smagùris „Zeige-, Leckfinger", smaguriáuti „naschen".

schmeicheln: *Mhd.* smeicheln ist weitergebildet aus gleichbed. *mhd.* smeichen, dem *mnd.* smēken „schmeicheln", *aengl.* smācian „streicheln, schmeicheln, verlocken" und *norw. mdal.* smeikja „liebkosen" entsprechen. Die Grundbedeutung „streichen" zeigt sich auch in älter *nhd.* schmeichen „Gewebe mit Brei glätten" und in dem unter ↑*Schminke* behandelten Wort. Im *Nhd.* ist sie ganz verblaßt, 'schmeicheln' bedeutet heute nur noch „schöntun, in übertriebener Weise loben; sanft eindringen, eingehen" (z. B. von Musik). Abl.: **Schmeichelei** (17. Jh.); **schmeichelhaft** (16. Jh.); **Schmeichler** (*spätmhd.* smeicheler).

[1]**schmeißen:** Das *gemeingerm.* starke Verb *mhd.* smīzen, *ahd.* [bi]smīzan, *got.* bi-, gasmeitan, *aengl.* smītan, *norw. mdal.* smita bedeutet eigentlich „beschmieren, bestreichen, beschmutzen". Es ist vielleicht mit den unter ↑*schmeicheln* und ↑*Schminke* behandelten Wörtern verwandt, *außergerm.* Beziehungen bleiben ungewiß. Die Grundbedeutung ist einerseits im schwachen Verb [2]**schmeißen** (*mhd.* smeizen) zu „Kot auswerfen, besudeln" vergröbert worden (dazu 'Geschmeiß, Schmeißfliege', s. u.), andererseits hat sich (wohl über eine Zwischenstufe „[Lehm] anwerfen") die Bed. „werfen, schleudern" entwickelt, in der 'schmeißen' heute *ugs.* gilt. Wieder veraltet ist die Bed. „schlagen" (*mhd.,* älter *nhd.* und in *engl.* to smite), mit der eigentlich wohl ein „geschleuderter" Ruten- oder Peitschenhieb gemeint ist; an sie schließt sich das studentensprachliche **Schmiß** „Narbe von einer Wunde, die einem Mitglied einer schlagenden Verbindung beim Fechten im Gesicht beigebracht wurde" an (17. Jh.; *ugs.* heute auch für „Schwung", dazu **schmissig** „schwungvoll, flott"). Abl.: **Geschmeiß** (*mhd.* gesmeize „Auswurf, Unrat, Schmetterlingseier; Gezücht"; *nhd. ugs.* „widerliche, verabscheuungswürdige Menschen"). Zus.: **Schmeißfliege** (im 16. Jh. verdeutlichend neben gleichbed. 'Schmeiße'; man hielt die besonders auf Fleisch und Exkremente abgelegten Eier für ihren Kot).

[1]schmelzen „flüssig werden“: Das auf das *dt.* und *niederl.* Sprachgebiet beschränkte starke Verb *mhd.* smelzen, *ahd.* smelzan, *niederl.* smelten ist verwandt mit *aengl.* smolt, smylte „sanft, ruhig“, *schwed. mdal.* smulter „weich“. Als Grundbedeutung ergibt sich „weich werden, zerfließen“. Ohne das anlautende s entsprechen *aengl.* meltan, *engl.* to melt, *aisl.* melta „schmelzen, auflösen, verdauen“ (↑Malz), mit denen ‘schmelzen’ zu der großen unter ↑*mahlen* dargestellten *idg.* Sippe gehört. Neben dem starken Verb stehen das ablautende Substantiv ↑Schmalz und das ursprünglich schwach flektierende Veranlassungswort **[2]schmelzen** „flüssig machen“ (*mhd., ahd.* smelzen), das heute fast durchweg die starken Formen von ‘[1]schmelzen’ übernommen hat. Abl.: **Schmelz** „glänzender Überzug; Deckschicht der Zahnkrone“ (18. Jh.; entsprechend *mhd.* goltsmelz „Bernstein“, *ahd.* smelzi „aus Gold und Silber geschmolzene Masse“; beachte auch *mnd., mniederl.* smelt „Email“ und die unter ↑*Email* genannten *roman.* Lehnwörter).

Schmer: Die *altgerm.* Bezeichnung für tierisches Fett lautet *mhd.* smer, *ahd.* smero, *engl.* smear („Schmiere, Fettfleck“), *schwed.* smör („Butter“), mit anderer Stammbildung *got.* smaírþr. Außerhalb des *Germ.* sind *kelt.* Wörter verwandt, z. B. *air.* smi[u]r „[Knochen]mark“, wahrscheinlich auch die Sippe von *griech.* smýris „Schmirgel“ (dazu ↑[1]Schmirgel). Im *Dt.* gilt ‘Schmer’ heute nur noch *mdal.* für „rohes Fett, Schmalz; Schmierfett“. Siehe auch den Artikel [2]*Schmirgel. Ugs.* ist die Zusammensetzung **Schmerbauch** „Bauch mit starkem Fettansatz“ (16. Jh.) gebräuchlich. Eine alte Ableitung von ‘Schmer’ ist ↑schmieren.

Schmerz: Das *westgerm.* Substantiv *mhd.* smerze, *ahd.* smerzo, *niederl., engl.* smart gehört wie das Verb **schmerzen** (*mhd., ahd.* smerzen, *niederl.* smarten, *engl.* to smart) zu der erweiterten *idg.* Wurzel *[s]mer- „aufreiben, scheuern“ (vgl. *mürbe*). *Außergerm.* sind z. B. *griech.* smerdnós „schrecklich, furchtbar“ (eigentlich „aufreibend“) und *lat.* mordere „beißen“ verwandt. An die frühere schwache Beugung des Substantivs erinnern noch Zusammensetzungen wie **Schmerzensmutter** (im 18. Jh. für *mlat.* Mater dolorosa als Bezeichnung der trauernden Mutter Jesu) und die alten Formen von **schmerzhaft** (*spätmhd.* smerzenhaft) und **schmerzlich** „Kummer, Leid verursachend“ (*mhd.* smerz[en]lich). Jünger ist **schmerzlos** (17. Jh.).

Schmetterling: Das ursprünglich *obersächs.* Wort (16. Jh.) hat sich erst seit dem 18. Jh. in der Schriftsprache ausgebreitet, in der es heute neben ↑Falter steht. Es gehört wohl zu *ostmitteld.* **Schmetten** „Sahne“, einem Lehnwort aus gleichbed. *tschech.* smetana. Nach altem Volksglauben fliegen Hexen in Schmetterlingsgestalt, um Milch und Sahne zu stehlen (daher auch *mdal.* Namen des Schmetterlings wie ‘Molkendieb’ und ‘Buttervogel’ und *aengl.* butorflēge, *engl.* butterfly).

schmettern: Das lautmalende, nur *hochd.* Wort erscheint *frühnhd.* in der Bed. „krachend hinwerfen“ (*mhd.* smetern bedeutet „klappern, schwatzen“). Seit dem 18. Jh. bezeichnet es auch den durchdringenden Schall von Blechmusik oder lautem Gesang. Die *ugs.* Wendung ‘einen schmettern’ für „etwas Alkoholisches trinken“ kam Ende des 19. Jh.s auf. Das Präfixverb **zerschmettern** „krachend zerschlagen, vernichten“ (16. Jh.) schließt an die ältere Bedeutung des Grundverbs an.

Schmied: Die *gemeingerm.* Handwerkerbezeichnung (*mhd.* smit, *ahd.* smid, *got.* in der Zusammensetzung aiza-smiþa „Erzarbeiter“, *engl.* smith, *schwed.* smed) beruht auf einer Bildung zu der *idg.* Verbalwurzel *smēi- „schnitzen, mit scharfem Werkzeug arbeiten“, zu der auch die unter ↑*Schmiede,* ↑*schmieden* und ↑*Geschmeide* genannten Wörter gehören. Die Wurzel erscheint außerhalb des *Germ.* noch in *griech.* smílē „Schnitzmesser“, sminýē „Hacke“. Zu ihr stellen sich ferner das *altgerm.* Substantiv **Schmiede** „Schmiedewerkstatt“ (*mhd.* smitte, *ahd.* smitta, entsprechend *niederl.* [umgebildet] smidse, *engl.* smithy, *schwed.* smedja) und das *gemeingerm.* Verb **schmieden** (*mhd.* smiden, *ahd.* smidōn, *got.* ga-smiþōn „bewirken“, *aengl.* smiđian, *schwed.* smida).

schmiegen: Das *altgerm.* Verb *mhd.* smiegen „in etwas eng Umschließendes drücken; sich zusammenbiegen, ducken“, älter *niederl.* smuigen „heimlich naschen“, *aengl.* smūgan „kriechen“, *schwed.* smyga „schleichen, sich anschmiegen“ ist verwandt mit *russ.* smykat’sja „kriechen, schlendern“, *lit.* smùkti „gleitend sinken“ und gehört wohl zu der unter ↑*Moder* dargestellten *idg.* Wurzel in der Bedeutungswendung „rutschen, gleiten“. Mit ‘schmiegen’ nächstverwandt sind die ursprüngliche Intensivbildung ↑schmücken und das Verb ↑schmuggeln (eigentlich „sich ducken, verstecken“). Abl.: **schmiegsam** (im 19. Jh. für älter *nhd.* schmugsam „sich anschmiegend, gefügig“).

[1]Schmiere: Der seit dem 18. Jh. bezeugte Ausdruck für „Wache“, der allerdings nur in der *ugs.* weit verbreiteten Wendung ‘Schmiere stehen’ lebt, hat nichts zu tun mit ‘[2]Schmiere’ „fettig-klebrige Masse; Schmutz“ (↑schmieren). Er stammt vielmehr aus der Gaunersprache und beruht auf *jidd.* schmiro „Bewachung; Wächter“ (zu *hebr.* šạmar „bewachen“).

[2]Schmiere ↑schmieren.

schmieren „mit Fett bestreichen; einfetten“: Das *altgerm.* Verb (*mhd.* smir[we]n, *ahd.* smirwen, *niederl.* smeren, *engl.* to smear, *schwed.* smörja) ist eine Ableitung von dem *altgerm.* Substantiv *nhd. mdal.* ‘Schmer’ „Fett“ (s. d.). Vgl. auch [1,2]*Schmirgel.* – Die übertragene Bed. „bestechen“ (dazu *nhd.* **Schmiergeld**) ist seit dem 14. Jh. bezeugt, die Bedeutungen „unsauber schreiben“ und „prügeln“ seit dem 16. Jh. *Ugs.* **anschmieren** für "täuschen, betrügen“ ist aus älterem ‘einem etwas anschmieren’ „betrügerisch aufhalsen“ (18. Jh.) entstanden. Abl.: **[2]Schmiere** (im 15. Jh. schmir „Schmierfett“, heute z. B. in ‘Wagen-, Stiefelschmiere’; seit dem 19. Jh. für „schlechte Wanderbühne“); **schmierig** „fettig, schmutzig“ (16. Jh.).

Schminke: Das Substantiv erscheint *spätmhd.* als smicke, nasaliert sminke. Es entspricht *ostfries.* Smicke „fette Tonerde". Das Verb **schminken** lautet *spätmhd.* smicken, sminken. Die Wörter gehen wohl von der gleichen Grundbedeutung „streichen, schmieren" aus wie die unter ↑*schmeicheln* behandelte Wortsippe; vielleicht ist auch ↑schmeißen (eigentlich „bestreichen") wurzelverwandt.

[1]**Schmirgel:** Die Bezeichnung des Schleifmittels (*frühnhd.* smirgel, smergel) wurde im 16. Jh. aus gleichbed. *it.* smeriglio entlehnt, das seinerseits auf einer Weiterbildung von *mgriech.* smerí (*griech.* smýris) „Schmirgelpulver" beruht. Das *griech.* Wort ist wahrscheinlich verwandt mit der unter ↑*schmieren* behandelten Wortgruppe (s. auch [2]*Schmirgel*). Abl.: **schmirgeln** „mit Schmirgel glätten" (18. Jh.).

[2]**Schmirgel:** Die ursprünglich *mitteld.* Bezeichnung des klebrigen Rückstands in der Tabakspfeife (im 18. Jh. Schmergel, *niederd.* smurgel) gehört zur älter *nhd.* schmirgeln, schmurgeln „übel nach verbranntem Fett riechen; brutzeln" und damit zu ↑Schmer.

Schmiß, schmissig ↑[1]schmeißen.

Schmöker: Die *ugs.*, ursprünglich studentensprachliche Bezeichnung für ein altes, minderwertiges Buch tritt zuerst im 18. Jh. als 'Schmöker, Schmöcher, Schmaucher' auf. Sie gehört zu *niederd.* smöken „rauchen" (vgl. *schmauchen*) und meint eigentlich wohl ein altes Buch, das der Student zum 'Schmauchen' benutzte, indem er sich einen Fidibus herausriß, um die Pfeife anzustecken. Heute bezeichnet das Wort auch schlechte Unterhaltungsbücher (z. B. 'Kriminalschmöker'). Dazu **schmökern** *ugs.* für „gemütlich und längere Zeit etwas Unterhaltsames, Spannendes lesen".

schmollen „gekränkt schweigen (und einen entsprechenden Gesichtsausdruck zeigen)": Das nur im *Hochd.* verbreitete Verb (im 13. Jh. *mhd.* smollen „unwillig schweigen") ist vom 15. bis ins 18. Jh. auch in der Bed. „lächeln" bezeugt, aus der es aber durch das unverwandte 'schmunzeln' (s. d.) verdrängt wurde. Den Übergang zwischen beiden Bedeutungen bildet wie bei 'greinen' und 'grinsen' (s. d.) die Vorstellung „den Mund verziehen". Die Herkunft von 'schmollen' ist unklar; vielleicht ist es verwandt mit dem untergegangenen *mhd.* smielen „lächeln" und dem gleichbedeutenden *engl.* to smile. Zus.: **Schmollwinkel** in Wendungen wie 'sich in den Schmollwinkel zurückziehen' „gekränkt, beleidigt und nicht ansprechbar sein" (18. Jh.) und 'im Schmollwinkel sitzen' „schmollen".

schmoren: Das *westgerm.* Verb *niederd., mnd., niederl.* smoren, *aengl.* smorian (verwandt mit *engl.* smother „Dampf, Qualm") bedeutete ursprünglich „ersticken", hat aber im *Niederl.* und *Mnd.* daneben die Bed. „im bedeckten Gefäß unter Dampf gar machen" entwickelt. In diesem Sinn wurde es im 17. Jh. als Küchenwort ins *Hochd.* aufgenommen und gilt seitdem besonders *nordd.* (gegenüber *südd.* dämpfen, dünsten). Zus.: **Schmorbraten** (18. Jh.).

Schmu „kleiner leichter Betrug, auf nicht ganz redliche Weise erzielter Gewinn", meist nur in der Wendung 'Schmu machen' „etwas beiseite schaffen, für sich behalten" gebraucht: Die Herkunft des aus der Gaunersprache in die Umgangssprache gelangten Substantivs ist nicht sicher geklärt.

schmücken: Als Intensivbildung zu dem unter ↑*schmiegen* behandelten Verb bedeutete *mhd.* smücken, smucken, *mnd.* smucken „in etwas hineindrücken; an sich drücken; sich dukken" (s. auch *Grasmücke, schmuggeln*). Aus der *mhd.* Wendung 'sich in ein kleit smücken' ist im *Mitteld.* um 1300 über „[köstlich] kleiden" der heutige Sinn „zieren, schmücken" entwickelt worden. Er wurde im *Nhd.* verallgemeinert. Abl.: **schmuck** „hübsch" (im 17. Jh. aus gleichbed. *niederd.* smuck; *mnd.* smuk bedeutete „geschmeidig, biegsam"); **Schmuck** (*frühnhd.* mit der Bed. „prächtige Kleidung, Ornat; Zierat" aus dem *Mitteld.* und *Niederd.*, dafür im 15. Jh. *mitteld.* gesmuck, während *mhd.* smuc „Anschmiegen, Umarmung" bedeutete).

schmudd[e]lig ↑schmausen.

schmuggeln „Waren unter Umgehung des Zolls ein- oder ausführen": Als Wort der *germ.* Nordseesprachen ist *niederd.* smuggeln, *dän.* smugle, *engl.* to smuggle seit dem 17. Jh. bezeugt (*schwed.* smuggla ist nach 1800 entlehnt worden). Daneben stehen Formen mit -k[k]- wie *niederl.* smokkelen, *niederd.* smuckeln „schmuggeln" und *norw. mdal.* smokla „lauern, sich versteckt halten". Die letzte weist auf die Grundbedeutung der Wortgruppe, die zu der unter ↑*schmiegen* behandelten Wortsippe gehört (*mhd.* sich smucken „sich ducken"). Im *Hochd.* erscheint das Wort zu Anfang des 18. Jh.s. Abl.: **Schmuggel** „gesetzeswidrige Warenein- oder -ausfuhr" (nach 1800 aus dem Verb rückgebildet); **Schmuggler** „jemand, der schmuggelt" (18. Jh.; neben älterem Schmuckeler).

schmunzeln: Das erst seit dem 19. Jh. allgemein schriftsprachliche Wort erscheint im 15. Jh. als smonczelen und ist eine Iterativbildung zu älterem *mitteld.* smunzen „lächeln". Daneben stehen Formen ohne -n- wie *spätmhd.* smuceln, *mhd.* smutzen, deren weitere Beziehungen ungeklärt sind. Die Fügung 'schmutzig (auch: dreckig) lachen' ist aus einem zu *mhd.* smutzen gebildeten *mhd.* smutzelachen „schmunzeln" umgedeutet worden.

Schmus (*ugs.* für:) „leeres Gerede, Geschwätz; Schöntun": Das aus dem *Rotwelschen* in die Mundarten und in die Umgangssprache gelangte Substantiv stammt aus *jidd.* schmuo (*Plural* schmuoss) „Gerücht, Erzählung, Geschwätz" (aus gleichbed. *hebr.* šĕmûạ̄). – Dazu gehört das Verb **schmusen** „(mit jemandem) zärtlich sein; schmeicheln, schöntun" (*rotwelsch* schmußen „schwatzen").

Schmutz: *Spätmhd.* smuz steht neben smotzen „schmutzig sein" und smutzen „beflecken", auf das *nhd.* **schmutzen** zurückgeht. Verwandt sind *mengl.* bismoteren „besudeln", *engl.* smut „Schmutz", ohne den s-Anlaut *mnd.* mūten

„das Gesicht waschen" und *niederl.* mot[regen] „feiner Regen". Über die weiteren Beziehungen vgl. die unter ↑*Moder* behandelte Wortgruppe. Abl.: **schmutzig** (15. Jh.; *nhd.* oft übertragen für „gemein, unflätig"); zu 'schmutzig lachen' siehe *schmunzeln*.

Schnabel: Das auf das *dt.* und *niederl.* Sprachgebiet beschränkte Wort *mhd.* snabel, *ahd.* snabul, *niederl.* snavel steht neben andersgebildeten Bezeichnungen wie *niederl., mnd.* sneb[be], snibbe (s. a. *Schnepfe*) und s-losen Wörtern wie *niederl.* neb „Schnabel, Spitze, Vorsprung", älter *engl.* neb „Schnabel, Spitze", *aisl.* nef „Nase". Die Wörter gehören wohl zu der unter ↑*schnappen* dargestellten Wortgruppe. Vgl. im *außergerm.* Sprachbereich noch *lit.* snāpas „Schnabel". Abl.: **schnäbeln** (*spätmhd.* snäbeln, zunächst vom Liebesspiel der Tauben, danach für „küssen"); **schnabulieren** *ugs.* für „mit Behagen verzehren" (scherzhafte Bildung, im 17. Jh. 'schnabelieren').

Schnake: Die nur im *dt.* Sprachbereich bezeugte, heute *landsch.* Bezeichnung der [Stech]mücke ist nicht sicher erklärt. *Spätmhd.* snāke steht neben einem älteren *oberd.* Adjektiv snākelt (aus *snākeleht) „dünn wie eine Schnake".

Schnalle: Zu der unter ↑*schnell* behandelten Wortgruppe gehören *mhd.* snal „rasche Bewegung; Schneller" und snallen „schnellen". Davon abgeleitet ist *mhd.* snalle „[Schuh]schnalle" (wohl nach dem Auf- und Zuschnellen des Schließdorns benannt). Abl.: **schnallen** (17. Jh.; heute auch *ugs.* in der Bedeutung „begreifen, verstehen" gebraucht, wohl „(sich) etwas aufschnallen", d. h. „(sich) etwas im Gedächtnis festmachen"); s. auch *schnalzen*.

schnalzen: Zu dem unter ↑*Schnalle* genannten *mhd.* Verb snallen „schnellen, sich mit schnappendem Laut bewegen" gehört als Intensivbildung *spätmhd.* snalzen (aus *snallezen). Abl.: **Schnalzer** „schnalzender Laut" (*frühnhd.*).

schnappen: Das zuerst im *Mitteld.* und *Niederd.* bezeugte Verb *mhd.* snappen (vgl. *[m]nd., [m]niederl.* snappen) ist eine Intensivbildung zu *mhd.* snaben „schnappen, schnauben" (beachte auch gleichbed. *aisl.* snapa). Es ist wohl mit der unter ↑*Schnabel* und ↑*Schnepfe* behandelten Wortgruppe verwandt und ahmte ursprünglich den Schall und die Bewegung klappender Kiefer nach. Dazu die Interjektion **schnapp!** (18. Jh.), mit spielerischem Ablaut **schnipp, schnapp!** (*spätmhd.* snippensnap); s. auch *Schnippchen*. Ableitungen von 'schnappen' sind **Schnäpper** (*frühnhd.* „leichte Armbrust", später als Vogelname und als Bezeichnung eines ärztlichen Instrumentes) und **Schnaps** (s. d.). Die Zus. **überschnappen** (17. Jh.) wird seit dem 18. Jh. im Sinne von „den Verstand verlieren" gebraucht (häufig auch im 2. Partizip **übergeschnappt**). Zugrunde liegt die Vorstellung eines Riegels, der im Türschloß über die Zuhaltung „schnappt", ohne jedoch richtig zu schließen.

Schnaps: Das ursprünglich *nordd.* Wort (*niederd.* Snap[p]s) bezeichnet seit dem 18. Jh. den Branntwein, ursprünglich aber einen Mundvoll oder einen schnellen Schluck, wie er gerade beim Branntweintrinken üblich ist. Es ist eine Substantivbildung zu ↑*schnappen*. Abl. **schnapsen** *ugs.* für „Schnaps trinken" (im 18. Jh. *niederd.* snappsen). Zus.: **Schnapsidee** „unsinniger, seltsamer Einfall" (20. Jh.; ein derartiger Einfall kann nur durch zu reichlichen Alkoholgenuß bedingt sein); **Schnapszahl** „Zahl, die aus mehreren gleichen Ziffern besteht" (20. Jh.; wohl nach der Vorstellung, daß ein Betrunkener beim Lesen einfache Ziffern doppelt oder mehrfach sieht).

schnarchen: *Mhd.* snarchen „schnarchen, schnauben" (gleichbed. *niederd., niederl.* snorken, *schwed.* snarka) ist wie ↑*schnarren* lautmalenden Ursprungs, vgl. dazu *engl.* to snore „schnarchen".

schnarren: *Mhd.* snarren „schnarren, schmettern, schwatzen", *niederl.* snarren, snorren, *engl.* to snarl „knurren" sind wie das ablautende ↑schnurren und die Verben ↑schnarchen und ↑nörgeln lautnachahmenden Ursprungs.

schnattern: *Mhd.* snateren „schnattern, quaken, klappern (vom Storch), schwatzen", *niederl.* snateren „schnattern, plappern" (mit *nord.* Entsprechungen wie *schwed.* snattra) sind lautnachahmende Bildungen.

schnauben „laut atmen": Das ursprünglich *niederd.* und *mitteld.* Verb (im 14. Jh. *schles.* snūben „schnarchen"; entsprechend *mnd.* snūven, *niederl.* snuiven „schnauben") gehört zu einer großen Gruppe lautnachahmender Bildungen mit dem Anlaut sn- und wechselndem Stammauslaut, die in den meisten *germ.* Sprachen vertreten ist und Bedeutungen wie „hörbar atmen, prusten; wittern; schneuzen", nominal „Schnupfen; Schnauze" in sich schließt. Im einzelnen s. die Artikel *schnaufen, schnüffeln, schnupfen, Schnupfen* und *Schnuppe* sowie *Schnauze* und *schneuzen*. Eine Iterativbildung zu 'schnauben' ist das meist vom Schnüffeln der Tiere gebrauchte **schnobern** (im 18. Jh. zur Nebenform schnoben gebildet). Siehe auch 'schnuppern' unter *schnupfen*.

schnaufen „schwer atmen": Das erst im *Nhd.* häufigere Wort geht z. T. auf *niederd.* snūven (vgl. *schnauben*), z. T. auf *mhd.* snūfen, eine *oberd.* Nebenform von 'schnauben' zurück. Abl.: **Schnaufer** *ugs.* für „Atemzug" (17. Jh.).

Schnauze: Als *frühnd.* Form von *[m]niederd.* snūt[e] „Schnauze" (*nhd. ugs.* **Schnute**; entsprechend gleichbed. *niederl.* snuit, *engl.* snout; vgl. *schnauben*) erscheint im 16. Jh. 'Schnauße', das seine Lautgestalt unter dem Einfluß des verwandten ↑schneuzen bald zu 'Schnauze' verändert. Abl.: **schnauzen** „grob anfahren" (17. Jh.; meist in der Zusammensetzung 'anschnauzen' (s. d.); **Schnauzer** *ugs.* für „Schnauzbart" (19. Jh.), auch Bezeichnung einer Hunderasse (nach dem schnauzbartähnlichen Haar der Schnauze, um 1900). Zus.: **Schnauzbart** „Schnurrbart" (18. Jh.).

Schnecke: Das Weichtier heißt *mhd.* snecke, *ahd.* snecko (daher noch *oberd. mdal.* die maskuline Form **Schneck**), entsprechend *mnd.* snigge, *mengl.* snegge. Diese *germ.* Namen gehen von einer Grundbedeutung „Kriechtier" aus. Sie gehören zu einem *germ.* Verb für „kriechen" (in gleichbed. *ahd.* snahhan erhalten), mit dem auch *engl.* snake und *schwed.* snok „[Ringel]natter" verwandt sind. Auf die Langsamkeit des Tieres beziehen sich scherzhafte Zusammensetzungen wie **Schneckengang** (18. Jh.), **Schneckenpost** (17. Jh.). Technische Fachwörter wie **Schneckenrad, Schneckengetriebe** sind mit 'Schnecke' in der fachsprachlichen Bedeutung „in einen zylindrischen, kegelförmigen o. ä. Schaft eingeschnittenes endloses Gewinde" gebildet und beziehen sich einmal auf die spiralige Form des Gewindes und zum anderen auf den langsamen Lauf.

Schnee: Das *gemeingerm.* Substantiv *mhd.* snē, *ahd.* snēo, *got.* snaiws, *engl.* snow, *schwed.* snö entspricht gleichbedeutenden Wörtern anderer *idg.* Sprachen, z. B. *russ.* sneg, *griech.* nipha (Akkusativ Singular), *lat.* nix (Genitiv: nivis), *kymr.* nyf. Die *idg.* Wurzel *[s]neigᵘh- „schneien" liegt auch dem ehemals starken Verb **schneien** zugrunde (*mhd.* snīen, *ahd.*, *aengl.* sniwan, *aisl.* in der unpersönlichen Form snȳr „es schneit"; *außergerm.* entspricht *lit.* snìgti „schneien", *griech.* neíphein, *lat.* nivere „schneien"). Die Wendung 'sich freuen wie ein Schneekönig' meint den auch im Winter munteren Zaunkönig (*ostmitteld.* im 16. Jh. schneekōning). Zus.: **Schneeball** (*mhd.* sneballe; im 16. Jh. Pflanzenname); **schneeblind** „durch die Strahlung des Schnees in der Sonne im Sehvermögen beeinträchtigt" (*mhd.* snēblint); **Schneeflocke** (*mhd.* snēvlocke); **Schneeglöckchen** (18. Jh.; so benannt, weil die glockenförmigen Blüten im Frühjahr oft bereits aus dem Schnee ragen); **Schneeschuh** (18. Jh.).

schneiden: Das *gemeingerm.* starke Verb *mhd.* snīden, *ahd.* snīdan, *got.* sneiþan, *aengl.* snīðan, *schwed.* snida hat keine sicheren *außergerm.* Beziehungen. Ablautend gehören die *dt.* Substantive ↑Schneise, ↑Schnitt, Schnitte und die Intensivbildung ↑schnitzen zu ihm. Seine Grundbedeutung „mit scharfem Gerät schneiden oder hauen" hat das Verb bis heute bewahrt, doch wird es im *Nhd.* meist auf Messer, Schere und Säge, weniger auf hauende Geräte wie Schwert, Sense, Axt bezogen. In mathematischem Sprachgebrauch bezeichnet 'schneiden' das Kreuzen von Linien oder Ebenen (seit dem 16. Jh.; s. auch 'Schnittpunkt' unter *Schnitt*). Eine Lehnübersetzung des 19. Jh.s für *engl.* to cut a person ist 'jemanden schneiden' „absichtlich, demonstrativ nicht beachten". Abl.: **Schneid** *ugs.* für „Mut, Tatkraft" (seit dem 18. Jh. aus *südd.* Mundarten aufgenommen, wo 'Schneid[e]' „Messerschneide, Schärfe" [s. u.] die Bed. „Kraft, Mut" entwickelt hatte; im 19. Jh. besonders soldatensprachlich), dazu **schneidig** „tatkräftig, forsch" (*mhd.* snīdec „schneidend, scharf, kräftig"; in der heutigen Bedeutung seit der 2. Hälfte des 19. Jh.s); **Schneide** (*mhd.* snīde „scharfe Seite von Waffen und Werkzeugen"), dazu **zweischneidig** (im 15. Jh. zweisnīdic, heute übertragen für „mit Vor- und Nachteilen behaftet"); **Schneider** „jemand, der aus Stoff Kleidung schneidet und näht" (*mhd.* snīdære), dazu das Verb **schneidern** (17. Jh.). Beim Skatspiel hat 'Schneider' die Bedeutung „Punktzahl 30" (beachte dazu '[im] Schneider sein' „weniger als 30 Punkte haben" und 'aus dem Schneider sein' "mehr als 30 Punkte haben", übertragen als Wendung „eine schwierige Situation überstanden haben"). Früher spottete man, ein Schneider wiege nicht mehr als 30 Lot und spielte damit auf den unzureichenden Verdienst und die dadurch bedingte sozial schlechte Stellung der in diesem Handwerk Arbeitenden an. Zus.: **abschneiden** (*mhd.* abesnīden, *ahd.* abasnīdan; seit dem 19. Jh. 'gut, schlecht abschneiden' für „Erfolg bzw. Mißerfolg haben"); dazu **Abschnitt** (z. B. eines Buches oder Lebens; seit dem 17. Jh. zunächst im Festungsbau für Trennungsgräben oder -schanzen und die dadurch geschützten Teile oder 'Kampfabschnitte'); **anschneiden** (*mhd.* anesnīden „ein Kleid anpassen, anmessen", dann auch „ein erstes Stück abschneiden", von daher übertragen 'eine Frage anschneiden'); **aufschneiden** (*mhd.* ūfsnīden; seit dem 17. Jh. für „prahlen", ursprünglich '[den Braten] mit dem großen Messer aufschneiden'), dazu **Aufschneider** „Prahler" (17. Jh.) und **Aufschnitt** „[verschiedene Sorten von] Wurst, Braten, Schinken, Käse in Scheiben" (19. Jh.); **durchschneiden** (*mhd.* durchsnīden; im 16. Jh. wie 'schneiden' mathematisches Fachwort für „kreuzen", s. o.), dazu **Durchschnitt** (s. d.); ähnlich sich **überschneiden** „kreuzen, teilweise dekken" (*mhd.* übersnīden „übertreffen"; seit dem 19. Jh. in der heutigen Bedeutung, wohl nach einem älteren Zimmermannsausdruck). Präfixbildungen: **beschneiden** (*mhd.* besnīden, *ahd.* bisnīdan „stutzen, zurückschneiden", besonders von der rituellen Beschneidung der Juden und der Muslime); **verschneiden** (*mhd.* versnīden, *ahd.* farsnīdan „weg- oder zerschneiden, falsch schneiden", seit *mhd.* Zeit auch „kastrieren" und „zurechtschneiden"; zur ersten Bedeutung gehört das substantivierte 2. Partizip **Verschnittener** „Kastrierter, Eunuch", 16. Jh.; von der zweiten Bedeutung geht wohl der fachsprachliche Gebrauch für „Wein, Rum u. ä. durch Mischen zurichten" aus, zuerst *niederd.* im 18. Jh., dazu nach 1900 **Verschnitt** „Mischung alkoholischer Flüssigkeiten").

schneien ↑Schnee.

Schneise „[gerader] Durchhau im Walde, Waldweg": Das ursprünglich *mitteld.* Wort erscheint zuerst um 1400 als sneyße. Es gehört wie die gleichbedeutenden Wörter *mhd.* sneite, *ahd.* sneida, *aengl.* snǣd „Grenze, Grenzweg" zu der unter ↑*schneiden* behandelten Wortsippe.

schnell „rasch, geschwind": Der *nhd.* Gebrauch dieses *altgerm.* Adjektivs ist gegenüber dem der älteren Sprachzustände stark eingeschränkt (ebenso bedeutet *niederl.* snel heute nur noch „rasch, geschwind"). *Mhd., ahd.* snel dagegen bedeutete „behende, kräftig, tapfer", seit Anfang des 11. Jh.s auch „rasch", *aengl.* snell „schnell, kühn, tatkräftig", *aisl.* snjallr „tüchtig, beredt" (*schwed.* snäll bedeutet heute

„lieb, freundlich"; die Zusammensetzungen snällpress „Schnellpresse" und snälltåg „Schnellzug" sind Lehnübertragungen aus dem *Dt.*). Die Grundbedeutung des Wortes mag also etwa „tatkräftig" gewesen sein, seine Herkunft ist ungeklärt. Ablautend gehören die unter ↑*Schnalle* und ↑*schnalzen* genannten Wörter hierher. Abl.: **schnellen** „[sich] rasch bewegen" (nur *dt.* Verb, *mhd.* snellen), dazu **Stromschnelle** „Strecke in einem Fluß mit starkem Gefälle und reißender Strömung" (Ende des 18. Jh.s); **Schnelligkeit** (*mhd.* snel[lec]heit „Raschheit, Behendigkeit, Tapferkeit").

Schnepfe: Der Vogel ist nach seinem langen, spitzen Schnabel benannt. *Mhd.* snepfe, *ahd.* snepfa, *niederl.* snip stehen im Ablaut zu *aisl.* [mýri-]snīpa „[Moor]schnepfe" (*norw.* snipe, *engl.* snipe) und sind verwandt mit Ausdrücken für „Schnabel, Spitze" wie *mnd.* snippe, sneppel, snebbe und *schweiz. mdal.* Schnepf „Schlittenschnabel". Vgl. weiter die unter ↑*Schnabel* und ↑*schnappen* genannten Wörter. Die Schnepfe wird besonders bei ihrem Balzflug, dem **Schnepfenstrich,** geschossen.

schneuzen: Das *altgerm.* Verb *mhd.* sniuzen, *ahd.* snūzen, *niederl.* snuiten, *aengl.* snȳtan, *schwed.* snyta gehört mit den Substantiven *mhd.* snuz, *ahd.* snuzza, *engl.* snot „Nasenschleim" zu der unter ↑*schnauben* dargestellten lautmalenden Wortgruppe. Nächstverwandt ist das unter ↑*Schnauze* behandelte Wort.

Schnippchen: Die *nhd.* Redensart 'jemandem ein Schnippchen schlagen' für „einen Streich spielen" (17. Jh.) meint eigentlich die schnellende Bewegung des Mittelfingers zum Daumenballen als Ausdruck der Geringschätzung. Schnippchen ist die Verkleinerungsbildung zu gleichbed. *frühnhd.* Schnipp und gehört zu **schnippen** „fortschnellen, schnell mit der Schere abschneiden" (*mhd.* snippen, snipfen „schnappen"), das wohl – wie das unter ↑*schnappen* behandelte Verb – lautnachahmenden Ursprungs ist.

schnippisch: Im 16. Jh. ist das Adjektiv 'aufschnüppich' in der Bedeutung „hochmütig" bezeugt. Es gehört zu *ostmitteld.* aufschnuppen „die Luft durch die Nase ziehen" (vgl. *schnupfen*). Als 'schnuppisch, schnippisch' u. ä. bedeutete es später „frech, dreist", seit dem 18. Jh. „kurz angebunden, naseweis, keck" (besonders von jungen Mädchen und Frauen). Die zu -i- entrundete Form hat sich schließlich durchgesetzt.

schnipp, schnapp! ↑schnappen.

Schnitt: *Mhd., ahd.* snit „Schnitt mit Messer, Säge, Sichel usw.; Ernte; Wunde", (*mhd.* auch:) „Zuschnitt von Kleidern", *aengl.* snide „Schnitt; Tötung; Säge", *aisl.* snid „Schnitt, Abgeschnittenes" sind Substantivbildungen zu dem unter ↑*schneiden* behandelten Verb. Abl.: **Schnitter** „jemand, der das Korn schneidet, Mäher" (*mhd.* snitære, *ahd.* snitari); **schnittig** „gut geschnitten, von eleganter Form" (Ende des 19. Jh.s; älter „reif zum Schneiden [vom Korn]" und „schneidig, forsch"). Zus.: **Schnittlauch** (s. unter *Lauch*); **Schnittpunkt** (mathematisches Fachwort des 19. Jh.s). Eine nur *dt.* Bildung zu ↑schneiden ist **Schnitte** „abgeschnittenes Stück" (*mhd.* snite, *ahd.* snita „Brotschnitte, Bissen").

schnitzen: Als nur im *dt.* Sprachgebiet bezeugte Intensivbildung zu dem unter ↑*schneiden* behandelten Verb bedeutet *mhd.* snitzen „in Stücke schneiden; durch Ausschneiden aus Holz formen". Abl.: **Schnitz** (*mhd.* sniz „Schnitt; abgeschnittenes Stück"; heute *landsch.* für „kleineres [geschnittes] Stück Obst"), dazu die Verkleinerungsbildung **Schnitzel** „abgeschnittenes Stückchen; Rippenstück zum Braten" (*spätmhd.* snitzel; in der zweiten Bedeutung im 19. Jh. *österr.*) mit dem Verb **schnitzeln** (16. Jh.; *mhd.* ver-, zersnitzelen „zerschneiden") und der Zusammensetzung **Schnitzeljagd** (19. Jh.); **Schnitzer** (*mhd.* snitzære, *ahd.* snizzāre „Bildschnitzer"; in der Bed. „grober Fehler" [eigentlich „falscher Schnitt"] seit dem 17. Jh.), dazu **Schnitzerei** „Schnitzwerk" (17. Jh.).

schnobern ↑schnauben.

schnodd[e]rig (*ugs.* für:) „großsprecherisch, unverschämt": Das ursprünglich *niederd.* Adjektiv hat sich seit der 2. Hälfte des 19. Jh.s von Berlin aus verbreitet. Es gehört zu *nordd.* **Schnodder** „Nasenschleim", bedeutet also eigentlich „rotznäsig", vgl. *niederd.* snodder „Rotz", *mhd.* snuder, snudel „Katarrh" und *mhd.* snuderen, snūden „schnaufen, schnarchen". Alle diese Wörter gehören zu der unter ↑*schnauben* dargestellten Wortgruppe.

schnöd[e] „verächtlich, erbärmlich": Das *mhd.* Adjektiv snæde „vermessen, rücksichtslos; verächtlich, erbärmlich, gering; dünn behaart (von Pelzen)" geht wie *mnd.* snōde „schlecht, elend", *niederl.* snood „niederträchtig, verrucht" von einer Grundbedeutung „geschoren" aus. Diese wird noch deutlich in den verwandten Adjektiven *norw.* snau, *aisl.* snauđr „kahl, dürftig" und den ursprünglichen Partizipien *aisl.* snođinn „kahlköpfig", *mhd.* besnoten „knapp, spärlich", die zu einem verlorenen starken Verb gehören. Weitere Beziehungen der Wortgruppe sind ungeklärt.

Schnorchel: Das Wort geht auf *nordostd. mdal.* Schnorgel, Schnörgel „Nase, Schnauze, Mund" zurück, das als lautmalendes Wort mit ↑schnarchen verwandt ist. Es bezeichnete im 2. Weltkrieg zunächst das ein- und ausfahrbare Rohr zum Ansaugen von Luft für die Maschinen von U-Booten. Später wurde die Bezeichnung auf das von Sporttauchern benutzte Atemrohr übertragen. Abl.: **schnorcheln** „mit Hilfe eines Schnorchels tauchen" (20. Jh.); **Schnorchler** „jemand, der mit Hilfe eines Schnorchels taucht" (20. Jh.).

Schnörkel „Verzierung in gewundenen Linien": Das nur *hochd.* Wort begegnet im 17. Jh. als Schnörchel, Schnörckel; daneben steht *frühnhd.* Schnirkel „unnützes Beiwerk; Laub- und Blumenwerk an Säulen und Geräten". Die Wörter sind vermutlich aus Kreuzungen von älter *nhd.* Schnögel „Schnecke, Schneckenlinie" mit Zirkel „Kreis" und älter *nhd.* Schnirre

„Schleife" entstanden. Abl.: **schnörkeln** (17. Jh.); **verschnörkeln** „[geschmacklos] verzieren" (19. Jh.).

schnorren, ²schnurren (*ugs.* für:) „betteln, nassauern": Da die alten Bettelmusikanten gern mit Lärminstrumenten wie Schnurre und Schnurrpfeife herumzogen (beachte **Schnurrpfeiferei** [meist im Plural] „unnützer Kram; absonderliche Idee", 18. Jh.), erhielten ↑*²schnurren* und seine *mdal.*, besonders *jidd.* Nebenform schnorren im 18. Jh. die Bedeutung „betteln". In der gleichen Zeit kamen die Bildungen **Schnorrer** „Bettler, Nassauer" und das latinisierte **Schnurrant** (veraltet für:) „Bettelmusikant" auf.

Schnucke ↑Heidschnucke (unter ²*Heide*).

schnüffeln „in kurzen, hörbaren Zügen Luft durch die Nase einziehen, um einen Geruch wahrzunehmen": Das erst in *nhd.* Zeit aus *niederd.* snüffeln (*mnd., [m]niederl.* snuffelen) ins *Hochd.* aufgenommene Wort gehört zu *niederd.* Snüff „Nase, Schnauze" (vgl. *niederl.* snuf „Geruch; (älter:) das Schnüffeln; der Schnupfen") und damit zu der unter ↑*schnauben* dargestellten Wortgruppe. Beachte auch *engl.* to snuff, sniff „schnaufen, schnüffeln". Übertragen wird 'schnüffeln' *ugs.* im Sinne von „spionieren" gebraucht, dazu **Schnüffler** (im 18. Jh. *niederd.*).

Schnuller: Der Gummisauger des Kleinkindes war früher ein zusammengebundenes Sauglàppchen. Seine *ugs.* Bezeichnung ist abgeleitet von dem lautmalenden Verb **schnullen** „lutschen, saugen" (17. Jh.).

Schnulze: Das *ugs.* Wort für „sentimentales Kino- oder Theaterstück, Lied und dgl." soll 1948 in einer Redaktionssitzung des Nordwestdeutschen Rundfunks entstanden sein, als ein Orchesterleiter statt 'Schmalz' oder 'Schmachtfetzen' versehentlich 'Schnulze' sagte. Doch können auch ähnlich klingende Wörter wie *niederd.* snulten „gefühlvoll reden" und *ugs.* schnulle „nett, lieb, süß" bei der Entstehung des treffenden Ausdrucks mitgewirkt haben.

schnupfen: *Mhd.* snupfen „schnaufen" ist eine Intensivbildung zu dem unter ↑*schnauben* behandelten Verb. Im *Frühnhd.* bedeutet es „die Luft einziehen" (dazu ↑schnippisch) und „schluchzen", wird aber seit dem 17. Jh. besonders vom Tabakschnupfen gebraucht, das damals von Frankreich her Mode wurde. Zu dem entsprechenden *mitteld.* schnuppen „schnaufen, schneuzen" gehört die Iterativbildung **schnuppern** „in kurzen Zügen Luft durch die Nase einziehen, um einen Geruch wahrzunehmen"; s. auch *Schnuppe*. Zus.: **Schnupftabak** (17. Jh.); **Schnupftuch** (*mitteld.* im 16. Jh. schnoptüchlin; heute veraltet).

Schnupfen: Das Substantiv *spätmhd.* snupfe, snūpfe gehört zu der unter ↑*schnauben* dargestellten lautmalenden Wortgruppe. Das auslautende n der *nhd.* Nominativform stammt aus den flektierten Fällen. Als *mitteld.* und *nordd.* Wort hat sich 'Schnupfen' gegen zahlreiche *mdal.* Bezeichnungen der Krankheit durchgesetzt.

Schnuppe: Das abgeschnittene verkohlte Ende des Kerzendochts heißt *mnd.* und *mitteld.* im 15. Jh. snup[p]e, weil man das Putzen des Lichts (*mitteld.* snuppen, 16. Jh.) mit dem Schneuzen der Nase verglich (↑schnupfen). Die Zusammensetzung **Sternschnuppe** bezeichnet seit dem 18. Jh. die glühenden Meteore am Himmel, die man früher als Putzabfälle der Sterne ansah. Als Adjektiv mit der Bed. „gleichgültig" steht **schnuppe** in der *ugs.* Wendung 'das ist mir schnuppe' (eigentlich „wertlos wie eine Kerzenschnuppe"; Ende des 19. Jh.s *berlinisch*).

schnuppern ↑schnupfen.

Schnur: *Mhd., ahd.* snuor, *niederl.* snoer, *norw.* snor steht neben Ableitungen wie *aengl.* snēre „Harfensaite" und *got.* snōrjō „geflochtener Korb, Netz". Die *germ.* Wörter gehören wahrscheinlich zu der unter ↑*nähen* behandelten Wortgruppe; als Grundbedeutung ergibt sich „gedrehtes oder geflochtenes Band". Von der Richtschnur des Zimmermanns stammt u. a. die Redensart 'über die Schnur hauen' für „übermütig sein, des Guten zuviel tun". Auch Zusammensetzungen wie **schnurgerade** (18. Jh.) und **schnurstracks** (16. Jh.; s. *stracks*) schließen hier an. In der Wendung 'etwas geht [jemandem] über die Hutschnur' „etwas geht [für jemanden] über das Zumutbare hinaus" ist dagegen ein altes Maß für die Stärke eines Wasserleitungsstrahls gemeint (14. Jh.); wer dieses Maß beim Wasserholen überschritt, verstieß gegen die Nutzungsvorschrift. Die Wendung 'wie am Schnürchen gehen' „ohne Stocken vonstatten gehen" bezieht sich auf das Beten des Rosenkranzes und dessen auf einer Schnur aufgereihte Perlen. Abl.: **schnüren** „mit einer Schnur [zu]binden" (*mhd.* snüeren, auch: „lenken, abmessen") und weidmännisch „die einzelnen Tritte in einer Linie hintereinandersetzend laufen" (besonders vom Fuchs; 18. Jh.).

¹schnurren: Das Verb *mhd., mnd.* snurren, *niederl.* snorren „rauschen, sausen" ist wie ↑schnarren lautnachahmenden Ursprungs. Es bezeichnet seit alters Geräusche von Tieren (Katze, Insekten) und Geräten (Spinnrad). Ein altes Lärmgerät heißt **Schnurre** (im 16. Jh. für „Knarre; Brummkreisel"; vgl. *mhd.* snurre „sausende Bewegung"). Da Possenreißer (*mhd.* snürrinc) und Bettler damit umgingen, wurde 'Schnurre' zu „Posse, komischer Einfall" (18. Jh.), dazu das Adjektiv **schnurrig** „possierlich, lächerlich", *frühnhd.* für „brummig"; beachte dazu auch '²schnurren' „betteln" unter *schnorren*). Die Zusammensetzung **Schnurrbart,** ein Soldatenwort des 18. Jh.s nach *niederd.* Snurbaard, besagt dasselbe wie *südd.* Schnauzbart (↑Schnauze); *niederd.* snurre (eigentlich „Lärmgerät") bedeutet „Schnauze".

Schnute ↑Schnauze.

Schober: Die *südd.* und *österr.* Bezeichnung für den Heu- oder Getreidehaufen lautet *mhd.* schober, *ahd.* scobar und ist verwandt mit *ahd.* scubil „Haar-, Strohbüschel, Haufen", weiter mit den unter ↑*Schopf* „Haarschopf" und ↑*Schuppen* (eigentlich „strohgedecktes Vordach") genannten Wörtern. Die vorausliegende Wurzel *[s]keup-, *[s]keub[h]- „Büschel, Schopf, Quaste" erscheint auch in *oberd. mdal.* Schaub, *niederd.* Schof „Garbe" (*mhd.* schoup, *ahd.* scoub, *mnd.* schōf, entsprechend *engl.* sheaf „Garbe"), außerhalb des *Germ.* nur in *slaw.* Wörtern, z. B. *russ.* čub „Schopf".

Schock: Das im 18. Jh. aus dem *Frz.* entlehnte Wort bezeichnet im allgemeinen eine starke seelische Erschütterung, eine Erschütterung des Nervensystems. Diese Erschütterung kann natürliche Ursachen (Verletzung, belastendes Erlebnis) haben, sie kann aber auch zum Zwecke einer psychiatrischen Heilbehandlung künstlich herbeigeführt sein (beachte Zusammensetzungen wie **Schockbehandlung, Elektroschock** und die Verbalableitung **schocken** „mit einem [elektrischen] Schock behandeln", *ugs.* auch „heftig schockieren"; 20. Jh.). – *Frz.* choc „Stoß, Schlag; Erschütterung", das auch ins *Engl.* gelangte (beachte gleichbed. *engl.* shock), ist eine Bildung zu *frz.* choquer „anstoßen; beleidigen", aus dem im 17. Jh. **schockieren** „einen Schock versetzen; beleidigen; bestürzt machen, sittlich entrüsten" entlehnt wurde. Das *frz.* Verb seinerseits stammt vermutlich aus *mniederl.* schokken „stoßen", das seinerseits zu den unter ↑*Schaukel* genannten *germ.* Wörtern gehört.

schofel, schof[e]lig „gemein, schäbig, lumpig": Das *mdal.* und *ugs.* weit verbreitete Adjektiv stammt aus dem *Rotwelschen.* Schriftsprachlich ist es seit dem 18. Jh. bezeugt. Quelle des Wortes ist *hebr.* šạfạl „niedrig" bzw. das darauf beruhende gleichbed. *jidd.* schophol.

Schöffe: Das auf *dt.* und *niederl.* Sprachgebiet beschränkte Wort *mhd.* scheffe[ne], schepfe[ne], *ahd.* sceffino, scaffin, *niederl.* schepen ist von einem *germ.* Verb mit der Bed. „[an]ordnen" (vgl. *schaffen*) abgeleitet. Die Schöffen hatten also ursprünglich das Urteil zu bestimmen. Heute sind sie Beisitzer des Berufsrichters, besonders im **Schöffengericht** (19. Jh.).

Schokolade: Das in *dt.* Texten seit dem 17. Jh. bezeugte Fremdwort stammt aus dem Nahuatl, einer mittelamerikanischen Indianersprache, die von den Azteken in Mexiko gesprochen wurde. Die Spanier brachten das *mexikanische* Wort chocolatl, das eine Art Kakaotrank bezeichnet, nach Europa (*span.* chocolate) und vermittelten es den anderen europäischen Sprachen, vgl. z. B. entsprechend *frz.* chocolat, *engl.* chocolate und *niederl.* chocolade (älter: chocolate). Uns erreichte das Wort vermutlich durch *niederl.* Vermittlung.

[1]Scholle „Erd-, Eisklumpen": Das auf das *dt.* und *niederl.* Sprachgebiet beschränkte Wort *mhd.* scholle, *ahd.* scolla, scollo, *niederl.* schol gehört im Sinne von „Abgespaltenes" zu der unter ↑*Schild* behandelten Wortgruppe. Dasselbe Wort ist **[2]Scholle** „Flunder" (*mnd.* scholle, *niederl.* schol, *hochd.* im 16. Jh.); der Fisch ist nach seiner Form benannt.

schon: *Mhd.* schōn[e], *ahd.* scōno ist das Adverb des unter ↑*schön* behandelten Adjektivs (beachte das Verhältnis von 'fast' zu 'fest'). Seit dem 13. Jh. hat es sich von 'schön' gelöst und ist von der Bed. „in schöner, gehöriger Weise" über „vollständig" zu der heutigen Bed. „bereits" gelangt. Siehe auch den Artikel *schonen.*

schön: Das *altgerm.* Adjektiv *mhd.* schœne, *ahd.* scōni „schön, glänzend, rein", *got.* *skaun[ei]s „anmutig", *niederl.* schoon „schön; rein, sauber", *engl.* sheeny „glänzend" gehört zu der unter ↑*schauen* behandelten Wortgruppe und bedeutete ursprünglich „ansehnlich, was gesehen wird". Altes Adverb zu 'schön' ist das unter ↑*schon* behandelte Wort. Abl.: **[1]Schöne** (dichterisch für „Schönheit"; *mhd.* schœne, *ahd.* scōnī, entsprechend *got.* skaunei „Gestalt"); **[2]Schöne** „schöne Frau" (*mhd.* schœne, *ahd.* scōna ist das substantivierte Adjektiv); **Schönheit** (*mhd.* schœnheit); **schönen** (*mhd.* schœnen „schönmachen, schmücken"; heute besonders technisch gebraucht für „Glanz und Geschmeidigkeit von Chemiefasergeweben durch Nachbehandlung erhöhen" und „Flüssigkeiten, bes. Wein klären", sonst gilt jetzt **verschöne[r]n,** dazu **beschönigen** (im 18. Jh. für älteres beschönen, *mhd.* beschœnen „schönmachen; bemänteln, entschuldigen"; s. auch **Schönfärberei** im Artikel *Farbe*). Zus.: **Schöngeist** (im 18. Jh. für älteres 'schöner Geist', nach *frz.* bel esprit; beachte ähnliche Lehnbildungen des 18. Jh.s wie 'schöne Literatur', 'schöne Wissenschaften, Künste'), dazu **schöngeistig** (Anfang des 19. Jh.s für „belletristisch", im Gegensatz zu 'Schöngeist' nicht ironisch gebraucht); **schöntun** „sich zieren; schmeicheln" (18. Jh.).

schonen: Das *mhd.* Verb schōnen „schön, d. h. rücksichtsvoll, behutsam behandeln" schließt an das Adverb *mhd.* schōne in dessen Bed. „freundlich, rücksichtsvoll" an (vgl. *schön* und *schon*). Abl.: **[1]Schoner** „Schondecke" (19. Jh.); **Schonung** (*mhd.* schōnunge „das Schonen"; in der Bed. „junge Baumpflanzung" erst im 18. Jh.), dazu **schonungslos** (18. Jh.). Zus.: **Schonzeit** „Zeit, in der ein Wild nicht gejagt werden darf" (18. Jh.).

[2]Schoner: Die seemännische Bezeichnung eines meist zweimastigen Segelschifftyps wurde im 18. Jh. – wie gleichbed. *niederl.* schoener, schooner – aus *engl.-amerik.* schooner entlehnt. Dies gehört wohl zu *engl. mdal.* to scoon „übers Wasser gleiten; Steine übers Wasser hüpfen lassen" und bedeutet dann eigentlich „Gleiter".

Schopf: *Mhd.* schopf „Haar auf dem Kopfe, Haarbüschel" und die anders gebildeten Wörter *ahd.* scuft, *got.* skuft, *aisl.* skopt „Haupthaar" gehören im Sinne von „Büschel" zu der *idg.* Wurzel *[s]keu-b[h]-, -p- „Büschel, Quaste". Aus dem *germ.* Sprachbereich ist z. B. *engl.* sheaf „Garbe", *außergerm.* die *slaw.* Sippe von *russ.* čub „Schopf" verwandt. Mit der Grundbedeutung „Strohbündel, strohgedecktes Dach" stellen sich wahrscheinlich *aengl.* scoppa „Schuppen" (*engl.* shop „Laden, Geschäft") und die unter ↑*Schober* und ↑*Schuppen* genannten Wörter zu der gleichen Wurzel.

schöpfen „Flüssigkeit entnehmen": Das schwache Verb *mhd.* schepfen, scheffen, *ahd.* scephen ist kaum mit dem ehemals gleichlautenden starken Verb für „erschaffen" (↑*schaf-*

fen) identisch, sondern gehört wohl als alte Ableitung zu ↑*Schaff* in seiner Bed. „Schöpfgefäß". Dazu das nur übertragen gebrauchte **erschöpfen** „vollständig verbrauchen, aufbrauchen; ermatten, völlig ermüden" (*mhd.* erschepfen „ausschöpfen, leeren") mit dem 2. Partizip **erschöpft** „verbraucht, ermattet" und dem Substantiv **Erschöpfung** „das Erschöpfen; völlige Ermüdung" sowie dem Adjektiv **unerschöpflich** „nicht versiegend, nicht aufbrauchbar" (16. Jh.).

Schöpfer: Das Wort geht über *mhd.* schepfære auf *ahd.* scepfāri zurück, das von *ahd.* scepfen in seiner Grundbedeutung „erschaffen" abgeleitet ist. Es gibt als Bezeichnung Gottes *lat.* creator wieder (vgl. *schaffen*). Erst seit dem 18. Jh. wird es auch auf Menschen angewandt. Abl.: **schöpferisch** „etwas Bedeutendes schaffend; kreativ" (18. Jh.); **Schöpfung** (*mhd.* schepf[en]unge „Schöpfung, Geschöpf" nur von Gottes Werken; im 18. Jh. dichterisch für „Welt" nach *engl.* creation, dann auch für das künstlerische Schaffen und sein Ergebnis).

Schoppen: Das Hohlmaß für Getränke (ein Viertelliter, auch ein halber Liter) ist ursprünglich der Inhalt eines Schöpfgefäßes der Brauer. *Mnd.* schōpe[n] „Schöpfkelle", das wie gleichbed. *mhd.* schuofe ablautend zu ↑Schaff gehört, wurde im 12. Jh. als chopine ins *Afrz.* entlehnt und gelangte als Maßbezeichnung in der *lothringischen* Form chopenne etwa im 16. Jh. in die *südwestd.* Mundarten. Als Maß ist 'Schoppen' heute noch besonders *schweiz.* und *südwestd.* verbreitet. Dazu *mdal.* **schöppeln** „gern oder gewohnheitsmäßig trinken" (Anfang des 19. Jh.s).

Schöps: Die *ostmitteld.* und *österr.* Bezeichnung des Hammels ist *slaw.* Herkunft. *Mhd.* schopʒ, schöpʒ entspricht *tschech.* skopec „verschnittener Schafbock", dem *aslaw.* skopiti „verschneiden" zugrunde liegt. Dies gehört zu der unter ↑*schaben* dargestellten Wortgruppe. Zur Begriffsbildung s. auch den Artikel *Hammel.*

Schorf „krustenartig eingetrocknetes Hautgewebe": Ein nur in *aengl.* sceorfan „beißen, zerfressen", gesceorfan „kratzen, zerreißen" bewahrtes *germ.* starkes Verb, das ablautend mit dem unter ↑*Scherbe* behandelten Wort verwandt ist, ergab das Substantiv *mhd.* schorf, *ahd.* scorf- (im Namen der Heilpflanze scorfwurz), *aengl.* sceorf „Grind, Krätze", *aisl.* skurfa „Schorf, Kruste". Es bedeutete eigentlich „rissige Haut"; vgl. auch *lit.* kárpa „Warze". Erst *nhd.* (18. Jh.) ist die Bed. „Blutkruste auf einer Wunde". Abl.: **schorfig** „mit Schorf bedeckt" (im 17. Jh. schorbig, -ficht).

Schorle, gekürzt aus: Schorlemorle: Die seit dem 18. Jh. zuerst als 'Schurlemurle' in Niederbayern bezeugte Bezeichnung für ein Mischgetränk aus Wein und Mineralwasser ist unsicherer Herkunft. Das Wort ist vielleicht eine sprachspielerische Bildung wie die schon für das 16. Jh. bezeugten Bezeichnungen für Bier scormorrium in Münster und Murlepuff in Straßburg. Beachte dazu auch das im *Südd.* seit dem 16. Jh. bezeugte Schurimuri „aufgeregter, hektischer Mensch" und das älter *niederd.* Schurrmurr „Mischmasch".

Schornstein: Die *nordd.* und *westd.* Bezeichnung des anderwärts 'Kamin, Schlot, Esse, Rauchfang' genannten Bauteils lautet *mhd.* schor[n]stein, *spätahd.* scor[en]stein, *niederl.* schoorsteen. Das Wort bezeichnete ursprünglich wohl den Kragstein, der den Rauchfang über dem Herd trug. Bestimmungswort der Zusammensetzung ist *mnd.* schore, *niederl.* schoor, *engl.* shore „Stütze", das zu dem Verb *mhd.* schorren, *ahd.* scorrēn, *aengl.* scorian „herausragen" und damit zu der unter ↑[1]*scheren* behandelten Sippe gehört. Seit dem Verschwinden des offenen Rauchfangs (beachte noch 'etwas in den Schornstein schreiben' für „als verloren betrachten") gilt die Bezeichnung nur noch für den gemauerten, aus dem Dach ragenden Abzugskanal des Rauches; im 19. Jh. wurde sie auf die Schlote der Fabriken und die entsprechenden Teile von Schiffen und Lokomotiven übertragen; das Wort wird heute nicht mehr als Zusammensetzung mit dem Grundwort -stein empfunden. Zus.: **Schornsteinfeger** (17. Jh.).

[1]**Schoß** (Genitiv: Schoßes): Das *gemeingerm.* Substantiv *mhd.* schōʒ, *ahd.* scōʒ[o], scōʒa „Kleiderschoß, Mitte des Leibes", *got.* skaut „Schoß, Saum", *aengl.* scēat, *aisl.* skaut „Schoß, Ecke, Zipfel" ist zu dem unter ↑*schießen* behandelten Verb gebildet mit der Grundbedeutung „Vorspringendes, Ecke" (beachte *ahd.* drī-scōʒ „dreieckig"). 'Schoß' bezeichnete zunächst den Zipfel eines Kleides (Rockschoß), dann mit dem Wandel der Tracht vor allem die Bedekkung des Unterleibs. Dadurch wird es zur Bezeichnung der Leibesmitte besonders beim Sitzenden. Zus.: **Schoßhund** (eine Zwerghundrasse; 16. Jh.); **Schoßkind** „Lieblingskind; Kind, das man besonders verwöhnt" (17. Jh.).

[2]**Schoß** (Genitiv: Schosses) „junger Trieb": *Mhd.* schoʒ, *ahd.* scoʒ, scoʒʒa, ist eine Substantivbildung zu dem unter ↑*schießen* behandelten Verb. Dazu gehört gleichbed. **Schößling** (im 15. Jh. für *mhd.* schüʒ[ʒe]linc).

[3]**Schoß** (Genitiv: Schosses) „Zoll, Steuer, Abgabe" (veraltet): Das westgermanische Substantiv *mhd.* schoʒ, *niederl.* schot, *engl.* shot „Rechnung [in einer Gaststätte]" gehört zu dem unter ↑*schießen* genannten Verb in dessen Bedeutung „unterstützend hinzugeben, zuschießen".

[1]**Schote** „Kapselfrucht; Schale der Hülsenfrüchte": *Mhd.* schōte gehört ebenso wie *aisl.* skauđ „Schwertscheide" und das erste Glied von *got.* skauda-raip „Schuhriemen" zu der unter ↑*Scheune* dargestellten Wortgruppe und bedeutet also eigentlich „die Bedeckende".

[2]**Schote, Schaute** (*mdal.* für:) „Narr, Einfaltspinsel": Das im *Dt.* seit dem 16. Jh. belegte Wort (älter auch 'Schaude, Schode' *niederl.* schudde) geht über die Gaunersprache auf gleichbed. *jidd.* schōte, schaute (*hebr.* šôṭę̄) zurück.

Schott (seemännisch für:) „wasserdichte [Quer]wand im Schiff": Als ablautende Bildung zu ↑*schießen* bedeutet *mnd.* schot „Scheidewand; [Schleusen]falltor“ eigentlich „eingeschossener, vorgestoßener Verschluß oder Riegel“ (vgl. auch *schützen*). Das Wort wurde im 18. Jh. in der Bedeutung „Schiffsscheidewand“ ins *Hochd.* übernommen. Dazu stellt sich **abschotten** „mit Schotten versehen; abkapseln“.

Schotter „Geröll; Kleinschlag von Steinen“: Die Bezeichnung, die mit den unter ↑*Schutt* und ↑*schütten* behandelten Wörtern verwandt ist, wurde im 19. Jh. von Geologen und Straßenbauern aus *mitteld.* Mundarten aufgenommen. Abl.: **[be]schottern** „mit Schotter belegen“ (19. Jh.).

schraffieren „(durch parallele Linien) stricheln“: Das seit dem 15. Jh. zuerst im *Niederd.* bezeugte Verb ist (durch Vermittlung von entsprechend *mniederl.* schraeffeeren) aus *it.* sgraffiare „kratzen; stricheln“ entlehnt. Dessen weitere Herkunft ist nicht sicher geklärt.

schräg: Das im *germ.* Sprachbereich nur im *Dt.* gebräuchliche und erst seit dem 16. Jh. bezeugte Adjektiv gehört zu der vielfach weitergebildeten und erweiterten *idg.* Wurzel *[s]ker- „[sich] drehen, krümmen“ und bedeutet demnach eigentlich „gekrümmt, gebogen“. Eng verwandt sind die unter ↑*Schrank* und ↑*Schranke* behandelten Wörter. Aus anderen *idg.* Sprachen gehören zu dieser Wurzel z. B. *lat.* curvus „krumm“ (↑Kurve) und *lat.* circus „Kreis“ (↑Zirkus). Aus dem *germ.* Sprachbereich stellen sich u. a. hierher die unter ↑*Harfe*, ↑*Ring* und ↑*Runge* behandelten Wörter, ferner wohl auch die unter ↑*schreiten* (eigentlich „sich bogenförmig bewegen“) und ↑*Rücken* (eigentlich „der Gekrümmte“) dargestellten Wortsippen. – Abl.: **Schräge** (*frühnhd.* schreg, *spätmhd.* schreck); **schrägen** (*mhd.* schregen „mit schrägen Beinen gehen“; heute meist als **abschrägen** „schräg machen“).

Schramme: *Mhd.* schram[me] „lange Wunde“, *niederl.* schram „Kratzer“ gehören wie ablautendes *schwed.* skråma „Schramme“ zu der unter ↑ [1]*scheren* „schneiden“ dargestellten Wurzel. Dazu das Verb **schrammen** „ritzen“ (*mnd.* schrammen, *hochd.* im 17. Jh.; *spätmhd.* schrammen bedeutete „[den Mund] aufreißen, öffnen“).

Schrammelmusik: Die volkstümliche Musik der *bayr.* und *österr.* ‘Schrammelquartette’ (2 Geigen, Klarinette oder Akkordeon, Gitarre) hat ihren Namen nicht nach dem Klang oder der Ausführung, sondern nach ihren Begründern, den österreichischen Musikern Johann und Josef Schrammel, die 1877 das erste Quartett dieser Art und dem Namen „D' Schrammeln“ gründeten.

schrammen ↑Schramme.

Schrank: Das nur *dt.* Substantiv hat seine heutige Bedeutung erst in *spätmhd.* Zeit entwickelt. *Mhd.* schranc bedeutete ursprünglich wie *ahd.* scranc „Verschränkung, Verflechtung“. Es gehört wie das Verb ↑schränken zu der unter ↑*schräg* dargestellten *idg.* Wortgruppe. Aus der konkreten Bed. „kreuzweise übereinander Gelegtes, Gitter, Einfriedigung“ (s. dazu *Schranke*) entwickelten sich im 15. Jh. die Bedeutungen „[vergittertes] Gestell“ und „abgeschlossener Raum“. Der Schrank als Möbel ist aus der aufrechtgestellten Kastentruhe entstanden, auf die dann der Name des Gittergestells übertragen wurde.

Schranke: *Mhd.* schranke hat im Gegensatz zu dem gleichbed. starken Substantiv schranc (↑Schrank) die alte Bed. „absperrendes Gitter“ festgehalten. Heute bezeichnet es besonders die Absperrungen in Amtsräumen und die Eisenbahnschranke. Die bildliche Wendung ‘für jemanden in die Schranken treten’ „für jemanden eintreten“ erinnert an die Turnierplätze der Ritterzeit, die durch Schranken abgegrenzt waren. Ähnlich steht ‘Schranken setzen’ übertragen für „begrenzen, einengen“, und in gleichem Sinne wird die *nhd.* Bildung **einschränken** gebraucht (17. Jh., meist reflexiv für „sparen“; zu ‘beschränken’ siehe *schränken*). Beachte auch das Adjektiv **schrankenlos** „durch nichts behindert; grenzenlos“ (18. Jh.).

schränken: Das *westgerm.* Verb *mhd.* schrenken „schräg stellen, verschränken, flechten“, *ahd.* screnken „schräg stellen, hintergehen“, *mniederl.* screnken „betrügen, durch List zu Fall bringen“, *aengl.* screncan „zu Fall bringen, täuschen“ gehört wie ↑Schrank und ↑Schranke zu der unter ↑*schräg* dargestellten *idg.* Wortgruppe. Der übertragene Gebrauch im *Ahd., Aengl.* und *Mniederl.* meint eigentlich „ein Bein stellen“. Im *Nhd.* gilt das einfache Verb nur noch fachsprachlich: ‘eine Säge schränken’ bedeutet „ihre Zähne auseinanderbiegen“. Häufiger sind die Präfixbildungen: **beschränken** (*mhd.* beschrenken „umklammern, versperren“, *ahd.* biscrenken „zu Fall bringen“; vom *nhd.* Sprachgefühl wird es mit der Bed. „einengen, begrenzen“ zu ↑Schranke gezogen, daher steht das 2. Partizip **beschränkt** seit Anfang des 19. Jh.s für „geistig eng, unfähig“); **verschränken** „quer oder kreuzweise legen“ (*mhd.* verschrenken „mit Schranken umgeben, einschließen; verschränken“, *ahd.* forscrenchen; *nhd.* besonders von Armen und Händen gesagt). Zu ‘einschränken’ siehe den Artikel *Schranke.*

Schrapnell: Die Bezeichnung für ein früher verwendetes mit Bleikugeln gefülltes Artilleriegeschoß wurde im 19. Jh. aus gleichbed. *engl.* shrapnel entlehnt. Das Geschoß ist nach seinem Erfinder, dem britischen Offizier H. Shrapnel (1761–1842), benannt. Später wurde das Wort auch übertragen im Sinne von „als nicht mehr attraktiv empfundene, ältere Frau“ verwendet.

schrappen: Zu der unter ↑*scharf* dargestellten Wurzel *skreb[h]- „kratzen“ gehört *mnd., mitteld.* schrāpen (*engl.* to scrape, *schwed.* skrapa) „schaben, kratzen, rasieren“ mit der Intensivform schrappen, die seit dem 16. Jh. im *Nhd.* erscheint. *Außergerm.* sind z. B. *lett.* skrabêt und *russ.* skrobat' „schaben, kratzen“ verwandt. Vgl. auch die Artikel *schröpfen, Schrippe* und *schraffieren.* Abl.: **Schrapper** „Fördergefäß des Betonmischers“ (im 16. Jh. für „Geizhals“); **Schrape** *nordd.* für „Kratzeisen (im 16. Jh. *mnd., mitteld.* schrape; entsprechend *mhd.* schrapfe).

Schraube: Die Herkunft des seit dem 14. Jh. bezeugten Substantivs *mhd.* schrūbe (entsprechend *mnd.* schrūve, *niederl.* schroef), das irgendwie mit *frz.* écrou (*afrz.* escroue) „Schraubenmutter" (aus dem *Afrz.* vermutlich *engl.* screw „Schraube") zusammenhängt, ist nicht gesichert. – Abl.: **schrauben** (*spätmhd.* schrūben). Zus.: **Schraubenzieher** (18. Jh.); **Schraubenmutter** (18. Jh.; zum Grundwort ↑*Mutter*); **Schraubstock** (17. Jh.). Siehe auch *verschroben*.

Schrebergarten: Die Bezeichnung für „Kleingarten innerhalb einer Gartenkolonie am Stadtrand" geht zurück auf den Namen des Leipziger Arztes D. G. Schreber (1808–1861), der eine intensive Betätigung der Kinder befürwortete und nach dessen Vorstellungen eigens für Kinder am Rand von Spielplätzen Gartenbeete angelegt wurden.

[1]schrecken: Das starke Verb hat seine heutige Bed. „in Schrecken geraten" aus der Grundbedeutung „[auf]springen" entwickelt, die sich noch im Tiernamen 'Heuschrecke' zeigt (↑Heu) und auch in den Zusammensetzungen 'auf-, empor-, zurück-, zusammenschrecken' und in der Präfixbildung **[1]erschrecken** „in Schrecken geraten" noch spürbar ist. Das Verb *mhd.* [er]schrecken „auffahren, in Schrecken geraten", *ahd.* screckan „springen" hat sich erst im 11. Jh. unter Anlehnung an die Flexion starker Verben wie 'brechen' aus dem schwachen *ahd.* scricken „[auf]springen" (*mhd.* schricken) entwickelt. Die genannten Verben gehören zu der unter ↑[2]*scheren* dargestellten *idg.* Wurzel *[s]ker- „springen", vgl. noch *niederl.* schrikken „erschrecken" und *norw. mdal.* skrikka „hüpfen". Abl.: **Schreck[en]** (*frühnhd.* schreck[en], *mhd.* schrecke), dazu **schreckhaft** „leicht erschreckend" (15. Jh.) und **schrecklich** „Schrekken auslösend, furchtbar, sehr [schlimm]" (im 15. Jh. für *spätmhd.* schriclich). Das Veranlassungswort **[2]schrecken** „in Schrecken versetzen" (*mhd.* schrecken, *ahd.* screcchen), meint eigentlich „springen machen, aufscheuchen". Dazu **abschrecken** (*mhd.* abeschrecken „durch Schrecken von etwas abbringen"; seit dem 16. Jh. auch für „plötzlich abkühlen") und **[2]erschrecken** „in Schrecken versetzen" (*mhd.* erschrecken; *ahd.* irscrecchen).

schreiben: Das *westgerm.* starke Verb *mhd.* schrīben, *ahd.* scrīban, *niederl.* schrijven, *aengl.* scrīfan „vorschreiben, anordnen" ist wie die Lehnwörter 'Brief' und 'Tinte' (s. d.) mit der römischen Schreibkunst aus dem *Lat.* entlehnt worden. Es beruht auf *lat.* scribere „schreiben" (↑Manuskript, subskribieren), das eigentlich „mit dem Griffel eingraben, einzeichnen" bedeutet und zu der unter ↑[1]*scheren* „schneiden" dargestellten *idg.* Sippe gehört. Die gleiche Grundbedeutung „ritzen" zeigt auch *aengl.* wrītan, *engl.* to write „schreiben" (eigentlich „Runen ritzen", ↑reißen), das im Englischen auf die neue Schreibkunst übertragen wurde. Abl.: **Schreiben** „Schriftstück, Brief" (16. Jh.), dazu das junge **Anschreiben** „Begleitbrief"; **Schreiber** (*mhd.* schrībære, *ahd.* scrībāri; im Mittelalter Bezeichnung höherer Beamter, z. B. der Kanzler und Notare, später der niederen Kanzlisten); **Schrift** (s. d.). Zus.: **abschreiben** (*mhd.* abeschrīben „abschreiben, kopieren"; auf der Bed. „in einer Liste löschen" beruht die Wendung 'jemanden abschreiben' für „nicht mehr mit ihm rechnen"; zur Grundbedeutung „kopieren" gehört **Abschrift** [15. Jh.]); **anschreiben** (*mhd.* aneschrīben für „aufschreiben", weil man die Folianten offen auf ein Pult stellte; vom kaufmännischen Anschreiben der Schulden und Guthaben stammt die Wendung 'bei jemandem gut, schlecht angeschrieben sein' für „bei jemandem in gutem/schlechtem Ansehen stehen"; jünger ist 'jemanden anschreiben' für „sich schriftlich an jemanden wenden"); **aufschreiben** „auf etwas schreiben, notieren" (19. Jh.), dazu **Aufschrift; ausschreiben** (*spätmhd.* ūzschrīben; *nhd.* z. B. vom Bekanntmachen offener Stellen oder zu vergebender Arbeiten); **einschreiben** „in eine Liste eintragen" (*mhd.* īnschrīben; postamtlich seit 1875 für „rekommandieren", dazu ebenfalls seit 1875 **Einschreib[e]brief**), dazu **Einschreiben** „eingeschriebener Brief" (20. Jh.); **vorschreiben** (*mhd.* vorschrīben; *frühnhd.* „als Muster hinschreiben", später für „befehlen, bestimmen"), dazu **Vorschrift** (17. Jh.); **zuschreiben** (*mhd.* zuoschrīben für „schriftlich zusichern, melden", *ahd.* zuoscrīban „hinzu-, zusammenfügen; be-, vermerken"; *nhd.* für „zurechnen, in Verbindung bringen", von Eigenschaften, anonymen Schriften usw.), dazu **Zuschrift** „Brief" (18. Jh., älter für „Widmung"). Präfixbildungen: **beschreiben** (*mhd.* beschrīben „aufzeichnen; darstellen, schildern", im 16. Jh. mathematisches Fachwort für „konstruieren", daher noch übertragen 'einen Kreis beschreiben'), dazu **Beschreibung** „Schilderung" (*mhd.* beschrībunge; wie das Verb meist ohne die Vorstellung des Schreibens gebraucht); **verschreiben** (*mhd.* verschrīben „aufschreiben, schriftlich festsetzen, zuweisen, vermachen", seit dem 17. Jh. besonders von Arzneien; reflexiv „sich verpflichten"; in der Bed. „falsch schreiben" erst *nhd.*).

schreien: Das nur im *dt.* und *niederl.* Sprachgebiet altbezeugte starke Verb *mhd.* schrīen, *ahd.* scrīan, *mniederl.* scrīen steht neben den schwach flektierten Verben *niederl.* schreeuwen, *niederd.* schrēwen „schreien", *engl.* to scream „kreischen". Ohne den s-Anlaut stellt sich *aisl.* hrīna „schreien, jammern" dazu. Die Wörter gehen auf die unter ↑*Harke* dargestellte lautmalende Wurzel zurück. Abl.: **Schrei** „unartikuliert ausgestoßener, oft schriller Laut" (*mhd.* schrī, schrei, *ahd.* screi); **Schreier** (*mhd.* schrī[g]er „Ausrufer, Herold"), dazu **Marktschreier** (17. Jh.) und **marktschreierisch** (18. Jh.); **Geschrei** „[dauerndes] Schreien" (*mhd.* geschrei[e], *ahd.* giscreigi, Kollektivbildung zum Substantiv Schrei). Zus.: **Schreihals** *ugs.* für „jemand, der häufig schreit" (16. Jh.). Die früher sehr wichtige Rolle des Schreiens im Recht und im Volksglauben zeigt noch der Gebrauch der Präfixverben **beschreien** (*mhd.* beschrīen „ins Gerede bringen; öffentlich anklagen"; *nhd.* auch wie ↑berufen für „unbedacht reden") und **verschreien** (*mhd.* verschrīen, verschreien „sich überschreien; öffentlich verklagen", *nhd.* „verleumden"), dazu noch die mit dem 2. Partizip gebildete Wendung 'verschrie[e]n sein' (z. B. als Geizhals).

Schrein: Wie andere Behälternamen (s. die Artikel *Arche, Kiste, Sarg*) ist auch 'Schrein' früh aus dem *Lat.* entlehnt worden. Zugrunde liegt *lat.* scrinium „zylindrische Kapsel für Buchrollen, Salben und dgl.", ein etymologisch nicht sicher erklärtes Wort. Es ergab einerseits *ahd.* scrīni „Behälter", *mhd.* schrīn „Geld-, Kleiderkasten; Reliquienschrein; Sarg; Archivtruhe", *niederl.* schrijn „Kasten", andererseits *aengl.* scrīn „Kiste, Koffer, Käfig; Heiligenschrein", *engl.* shrine „Schrein, Altar, Tempel" (daher die junge *dt.* Nebenbedeutung „japanischer Tempel" [Schintoschrein]). In *nhd.* Zeit ist 'Schrein' allmählich auf den dichterischen und bildlichen Sprachgebrauch eingeschränkt worden. Anders die Ableitung **Schreiner** (im 13. Jh. *mhd.* schrīnære), die im *dt.* Westen und Süden den Möbelbauer bezeichnet wie 'Tischler' (↑Tisch) im Norden und Osten. Dazu **schreinern** „Schreinerarbeit machen" (19. Jh.).

schreiten: Das *altgerm.* starke Verb *mhd.* schrīten „schreiten, sich aufs Pferd schwingen", *ahd.* scrītan „schreiten, gehen, weichen", *niederl.* schrijden, *aengl.* scrīđan „sich bewegen, kriechen, gleiten", *schwed.* skrida „schreiten, gleiten" meinte ursprünglich wahrscheinlich eine gewundene, bogenförmige Bewegung. Es stellt sich mit *balt.* Wörtern wie *lit.* skriẽsti „im Kreise drehen", skriẽti „einen Kreis beschreiben; schnell laufen, fliegen" zu der unter ↑*schräg* dargestellten *idg.* Wurzel *[s]ker- „drehen, biegen". Dazu die Substantivbildung ↑Schritt. Zus.: **abschreiten** (16. Jh.; auch für „mit Schritten messen"); **ausschreiten** „große Schritte machen" (früher [16. Jh.] auch „vom Weg abgehen"; dazu **Ausschreitung** „Übergriff, Gewalttätigkeit", 19. Jh.); **überschreiten** (*mhd.* überschrīten); **einschreiten** (im 18. Jh. für „Maßregeln ergreifen"); **fortschreiten** (18. Jh.), dazu **Fortschritt** (s. d.).

Schrift: Die Substantivbildung zu dem unter ↑*schreiben* behandelten Lehnwort (*mhd.* schrift, *ahd.* scrift „Geschriebenes, Schriftwerk; Schreibkunst") ist wie 'Trift, Gift, Kluft' gebildet, steht aber auch unter dem Einfluß von gleichbed. *lat.* scriptum. Abl.: **schriftlich** „in geschriebener Form" (*mhd.* schriftlich); **Schrifttum** „Gesamtheit der veröffentlichten Schriften" (im 19. Jh. für „Literatur, Buchwesen"). Zus.: **Schriftgießer** (16. Jh.); **Schriftsetzer** (17. Jh.; s. setzen); **Schriftsprache** (Ende des 18. Jh.s für die Hochsprache im Gegensatz zu den Mundarten geprägt); **Schriftsteller** (im 17. Jh. zusammengebildet aus Wendungen wie '[in] eine Schrift stellen' für „verfassen"; seitdem Ersatz für die Fremdwörter 'Autor' und 'Skribent' und Berufsbezeichnung).

schrill: Das Adjektiv erscheint erst nach 1800 im *Nhd.*, wohl unter Einfluß des gleichbed. *engl.* shrill (*mengl.* schril[le]). Voraus ging Ende des 18. Jh.s das Verb **schrillen** „laut tönen", das unter Einfluß von *engl.* to shrill umgebildet ist aus älter *nhd.* schrellen, schrallen „laut bellen". Beachte auch *niederl.* schril „schrill, gellend; grell; schroff" (17. Jh.). Die lautnachahmenden Wörter sind verwandt mit *schwed.* skrälla, *norw.* skrella „krachen" und *aengl.* scrallettan „schallen". Vgl. auch den Artikel *Schrulle*.

Schrippe: Das Berliner Wort für „Brötchen" (im 18. Jh. *märkisch*) bezeichnet eigentlich die Einkerbung auf der Oberfläche des Backwerks und gehört zu *frühnhd.* schripfen „kratzen, aufreißen", das wie 'schrappen' und 'schröpfen' mit ↑*scharf* verwandt ist.

Schritt: Die *altgerm.* Substantivbildung zu dem unter ↑*schreiten* behandelten Verb lautet *mhd.* schrit, *ahd.* scrit „Schritt", *niederl.* schrede „Schritt", *aengl.* scriđe „Lauf", *aisl.* skriđr „Lauf" (beachte *aengl.* scrid „Wagen, Sänfte"). Das *dt.* Wort wird früh zum Längenmaß. Zus.: **Fortschritt** (s. d.); **Rückschritt** (17. Jh.); **Schrittmacher** „Läufer oder Fahrer, der das Tempo angibt" (besonders als windfangender Kraftradfahrer im Radsport; Lehnübersetzung für *engl.* pacemaker, Ende des 19. Jh.s; oft übertragen gebraucht).

schroff: Zu der unter ↑*Scherbe* behandelten Wortgruppe gehört *mhd.* schrof[fe], schrove „zerklüfteter Fels, Steinwand". Aus ihm wurde im 16. Jh. das Adjektiv schroff „zerklüftet, rauh, steil" rückgebildet, das seit dem 17. Jh. übertragen für „zurückstoßend, abweisend, unfreundlich" auch vom menschlichen Charakter gebraucht wird. Abl.: **Schroffheit** (17. Jh.).

schröpfen: Das früher viel geübte Ritzen der Haut zu kleinerem Blutentzug (im Gegensatz zum kräftigen Aderlaß) heißt *mhd.* schreffen, schrepfen, *frühnhd.* schröpfen. Das nur *dt.* Verb steht neben stark flektierendem *mhd.* schreffen „reißen, ritzen, kratzen" (*aengl.* screpan „kratzen") und gehört zu der unter ↑*scharf* behandelten Wortsippe. Seit dem 17. Jh. wird schröpfen „Blut entziehen" übertragen gebraucht für „zuviel Geld abnehmen, übervorteilen".

Schrot: Als Substantivbildung zu dem unter ↑*schroten* behandelten Verb bedeutet *mhd.* schrōt, *ahd.* scrōt zunächst „Schnitt, Hieb", dann „abgeschnittenes Stück". Im *Engl.* entspricht shred „Schnitzel, Fetzen". Das *dt.* Wort bedeutet jetzt nur noch „grob zerkleinertes Getreide" (dazu 'Schrotbrot, -mühle') und „körnige Flintenmunition" (16. Jh.; ursprünglich gehacktes Blei; das einzelne Korn heißt 'Schrotkorn'). Im Münzwesen kennt man noch die Bed. „Rauhgewicht" (Bruttogewicht einer Münze) im Gegensatz zum Feingehalt oder Korn; daher die seit dem 16. Jh. bildlich gebrauchte Wendung '[ein Mann] von echtem Schrot und Korn' „[ein Mann] von Redlichkeit und Tüchtigkeit". Eine Nebenform zu 'Schrot' ist ↑Schrott. Abl.: **vierschrötig** „massiv, plump" (*mhd.* vierschrœtic „gewaltig groß und stark", vierschrœte „viereckig zugehauen", *ahd.* fiorscrōti; 'Schrot' bedeutet hier wohl „Ecke, Kante").

schroten „grob zerkleinern": Das auf das *dt.* und *niederl.* Sprachgebiet beschränkte Verb *mhd.* schrōten, *ahd.* scrōtan, *mniederl.* scrōden (*niederl.* schroeien) bedeutet eigentlich „hauen, [ab]schneiden“ und gehört zu der unter ↑[1]*scheren* behandelten Wortsippe. Verwandt ist z. B. *aengl.* screadian „abschneiden“ (*engl.* to shred „zerreißen“). Ableitungen sind ↑Schrot und ↑Schrott.

Schrott: Die Bezeichnung des Altmetalls stammt aus der *niederrhein.* Mundart, in der das Wort ↑*Schrot* „abgeschnittenes Stück“ kurz gesprochen und seit Anfang des 20. Jh.s in der heutigen Bedeutung gebraucht wurde. Dazu das heute nicht mehr verwendete Verb **schrotten** „zu Schrott machen“, noch üblich in **verschrotten.**

schrubben: *Mnd.* schrubben „kratzen“, dem *schwed.* skrubba „hart reiben“ entspricht, ist in der Bed. „scheuern, putzen“ im 18. Jh. ins *Hochd.* übernommen worden. Es gehört wohl zu der unter ↑[1]*scheren* dargestellten Wortsippe. Abl.: **Schrubber** „langstieliger Scheuerbesen“ (18. Jh.).

Schrulle „seltsame Angewohnheit, unberechenbarer Einfall“: Das nur *dt.* Wort wurde im 18. Jh. aus *niederd.* Schrullen *(Plural)* „tolle Einfälle“ aufgenommen. *Mnd.* schrul, schrol „Groll; Anfall von Raserei, Laune; Verrücktheit“ ist verwandt mit älter *niederl.* schrollen „brummen, schimpfen“, das wie *niederl.* schril „schrill, gellend“ (↑schrill) lautnachahmenden Ursprungs ist. Abl.: **schrullenhaft** „schrullig“ (19. Jh.); **schrullig** „seltsam, närrisch“ (20. Jh.).

schrumpfen: Das *nhd.* schwache Verb ist erst im 17. Jh. an die Stelle des älteren, stark flektierten ‘schrimpfen’ getreten (*mhd.* schrimpfen „rümpfen, einschrumpfen“). Daneben steht unverschobenes *mitteld.* und *niederd.* schrumpen mit der noch gebräuchlichen Weiterbildung **schrumpeln, verschrumpeln** (17. Jh.) und dem Adjektiv **schrump[e]lig** „runzlig“ (16. Jh.). Verwandt sind *niederl.* schrompelen, *dän.* skrumpe „schrumpfen“ und *engl.* shrimp „Knirps“; s. auch *rümpfen.* Die Wörter gehören mit der Grundbedeutung „sich krümmen, zusammenziehen“ zu der unter ↑*Harfe* dargestellten Wortgruppe.

Schrunde: Das *landsch.* für „[Haut]riß; Spalte“ gebrauchte Wort (*mhd.* schrunde, *ahd.* scrunta „Riß, Scharte, Felshöhle“) gehört zu dem veralteten starken Verb ‘schrinden’ „bersten, rissig werden“ (*mhd.* schrinden, *ahd.* scrintan; beachte *norw. mdal.* skrinda „Kerbe“). Die *germ.* Wurzel *skrenþ- ist eine nasalierte Weiterbildung von *sker- „schneiden“ (vgl. [1]*scheren*). Abl.: **schrundig** „rissig“ (von der Haut, *spätmhd.* schründig).

Schub: Die nur *dt.* Substantivbildung zu dem unter ↑*schieben* behandelten Verb (*mhd.* schup, schub „Aufschub; Abschieben der Schuld auf andere“) gehörte ursprünglich nur der Rechtssprache an. Erst *nhd.* wird es in weiterem Sinn gebraucht, z. B. in den Zusammensetzungen **Schubkarre[n]** (16. Jh.) und **Schublade** (s. unter *Lade*). Im 15. Jh. erscheint das Militärwort **Nachschub.** Vor allem bedeutet ‘Schub’ „etwas, was auf einmal geschoben wird“ (z. B. ‘ein Schub Brot im Backofen’). In der technischen Fachsprache steht ‘Schub’ seit dem 19. Jh. für „Schubkraft“. Abl.: **Schuber** „[Buch]kassette“ (20. Jh.).

Schublade ↑Lade.

Schubs: Der *ugs.* Ausdruck für „leichter Stoß“ ist eine an ‘Schub’ angelehnte junge Weiterbildung von älterem ‘Schupp, Schupf’, das zu älter *nhd.* schupfen „stoßen“ gehört. Dies ist eine Intensivbildung zu ↑*schieben.* Dazu: **schubsen** „leicht stoßen“ (19. Jh.).

schüchtern: Das erst im 16. Jh. als schüchter, schuchter[n] „scheu gemacht, ängstlich“ aus dem *Mnd.* ins *Hochd.* übernommene Adjektiv wurde ursprünglich von Tieren gesagt. Voraus liegt das Verb *mnd.* schüchteren „verscheuchen; scheu weglaufen“, eine Weiterbildung von ‘scheu[ch]en’ (vgl. *scheu;* ähnlich *aengl.* ā-scyhtan „vertreiben“). Dieses Verb lebt *nhd.* nur noch in **einschüchtern** und dem 2. Partizip **verschüchtert.** Zum Auslaut des Adjektivs vgl. *albern.* Abl. **Schüchternheit** (17. Jh.).

Schuft: Das im 17. Jh. aus dem *Niederd.* ins *Hochd.* übernommene Schimpfwort bezeichnete zuerst den heruntergekommenen Edelmann, dann allgemein einen gemeinen, niederträchtigen Menschen. Möglicherweise ist es zusammengezogen aus *niederd.* Schufut „Uhu; elender Mensch“ (18. Jh.), *mnd.* schūvūt „Uhu“, einem ursprünglich lautnachahmenden Wort. Der Name des lichtscheuen, als häßlich verschrienen Vogels wäre dann auf den Menschen übertragen worden.

schuften (*ugs.* für:) „hart arbeiten“: Das Verb wurde im 19. Jh. aus *mitteld. (thüring.)* Mundarten in die Studentensprache aufgenommen. Seine Herkunft ist nicht sicher geklärt. Vielleicht gehört es zu *niederd.* schoft „Vierteltagewerk“ (entsprechend älter *niederl.* schoft), das mit ↑Schub verwandt ist, und bedeutet dann eigentlich etwa „in einem Schub arbeiten“.

Schuh: Das *gemeingerm.* Wort für die Fußbekleidung lautet *mhd.* schuoch, *ahd.* scuoh, *got.* skōhs, *engl.* shoe, *schwed.* sko. Es gehört wahrscheinlich im Sinne von „Schutzhülle“ zu der unter ↑*Scheune* behandelten Wortsippe. Bis heute ist ‘Schuh’ (auch in den *nhd.* Zusammensetzungen ‘Schuhwerk, -zeug’) der Oberbegriff geblieben, der Sandalen, Stiefel, Pantoffeln u. a. umfaßt. Als Längenmaß gilt das Wort schon in *mhd.* Zeit. Zus.: **Schuhmacher** (*mhd.* schuochmacher; s. auch *Schuster*); **Schuhplattler** (*oberbayr.* und *tirol.* Volkstanz, im 19. Jh. *kärnt.* Schuochplattlar, zu platteln „Platten zusammenschlagen“ [hier: Handflächen und Schuhsohlen]).

Schuld: Als *altgerm.* Substantivbildung zu dem unter ↑*sollen* behandelten Verb bezeichnet *mhd.* schulde, schult, *ahd.* sculd[a], *niederl.* schuld, *aengl.* scyld, *schwed.* skuld zunächst die rechtliche Verpflichtung zu einer Leistung (Abgabe, Dienst, Strafe und dgl.). Denselben Sinn zeigen verwandte *balt.* Wörter, z. B. *lit.* skolà „Geldschuld“, skilti „in Schulden geraten“. Aus der Bed. „Verpflichtung zur Buße“ erwächst schon in *ahd.* Zeit die Bed. „Vergehen,

Übeltat, Sünde", die im rechtlichen und religiösen Bereich gilt und daneben im allgemeinen Sinn zu „Ursache, Grund [für Unangenehmes oder Schädliches]" verblaßt. In 'schuld haben, sein' wird das *dt.* Substantiv seit dem 17. Jh. als Adjektiv in aussagender Stellung gebraucht. Abl.: **schulden** (*mhd.* schulden „schuldig, verpflichtet sein; sich schuldig machen", *ahd.* sculdōn „sich etwas zuziehen, es verdienen"); **schuldig** „Schuld tragend; zur Begleichung einer Geldschuld verpflichtet" (*mhd.* schuldec, *ahd.* sculdig), dazu **beschuldigen** und **anschuldigen** „jemandem die Schuld geben, jemanden bezichtigen" (*mhd.* [be]schuldigen, *ahd.* scūldigōn), **entschuldigen** „einen Fehler o. ä. als geringfügig ansehen und hingehen lassen; einen Fehler, ein Versäumnis o. ä. begründen", besonders reflexiv „für einen Fehler, ein Versäumnis o. ä. um Nachsicht, Verzeihung bitten" (*mhd.* entschuld[ig]en „lossagen, freisprechen"), dazu **Entschuldigung; Schuldner** (*mhd.* schuldenære, *ahd.* sculdenāre). Die verneinten Wörter **Unschuld, unschuldig** drücken neben dem rechtlichen Begriff schon in *mhd.* Zeit den der sittlichen Reinheit und Unverdorbenheit aus.

schuldbewußt ↑bewußt.

Schule: Das Substantiv *mhd.* schuol[e], *ahd.* scuola (vgl. entsprechend *niederl.* school und *engl.* school) wurde im Bereich des Klosterwesens aus *lat.* schola „Muße, Ruhe; wissenschaftl. Beschäftigung während der Mußestunden; Unterrichtsstätte, Unterricht" entlehnt, das seinerseits Lehnwort ist aus gleichbed. *griech.* scholḗ. Das *griech.* Substantiv gehört im Sinne von „das Innehalten (in der Arbeit)" zum Stamm von *griech.* échein „haben, halten, besitzen; zurückhalten; einhalten, innehalten usw." (vgl. *hektisch*). – Abl.: **schulen** „unterrichten; einüben" (18. Jh.; zuvor schon im 17. Jh. mit der Bed. „zurechtweisen"); **Schüler** „jemand, der in einer Schule unterrichtet wird; Lernender" (*mhd.* schuolære, *ahd.* scuolāri; aus *lat.-mlat.* scholaris „zur Schule gehörig; Schüler").

Schulter: Die Herkunft der nur im *Westgerm.* altbezeugten Körperteilbezeichnung (*mhd.* schulter, *ahd.* scult[er]ra, *niederl.* schouder, *engl.* shoulder) ist nicht eindeutig geklärt. Das Wort bedeutete in *mhd.* und *ahd.* Zeit auch „Vorderschinken, Vorderbug von Tieren" und bezeichnete ursprünglich wohl das Schulterblatt. Es kann wie *griech.* skélos „Schenkel", skelís „Hinterfuß, Hüfte" auf der unter ↑*scheel* behandelten Wurzel *[s]kel- „schief" beruhen, aber auch wie *griech.* skállein „graben", skalís „Hacke" zu der gleichlautenden Wurzel *[s]kel- „schneiden" gehören (vgl. *Schild;* vielleicht nach der Ähnlichkeit des Schulterblatts mit dem Schaufelblatt eines Grabwerkzeugs). Abl.: **schultern** „auf die Schulter nehmen" (17. Jh., besonders vom Gewehr). Zus.: **Schulterblatt** (*mhd.* sculterren-, schulterblat).

Schultheiß: Die heute veraltete Amtsbezeichnung für „Gemeindevorsteher" (im Schweizer Kanton Luzern wird allerdings der Vorsitzende der Kantonsregierung noch so bezeichnet) ist eine *westgerm.* Substantivbildung zu ↑Schuld und ↑heißen „befehlen", der im *Got.* schon dulga-haitja „Gläubiger" (zu *got.* dulgs „Schuld" entspricht. Im langobardischen Volksrecht (7./8. Jh.) war der sculdhais Vollstreckungsbeamter, ebenso bezeichnete *ahd.* sculdheiz̧e[o], *mhd.* schultheiz̧e den Beamten, der Verpflichtungen und Leistungen einfordert (entsprechend *aengl.* scyldhǣta „Schuldeintreiber"). Im deutschen Mittelalter wurde der Schultheiß zum obrigkeitlichen Vorsteher besonders in den Dörfern, er hat bei der deutschen Ostkolonisation eine wichtige Rolle gespielt. Die häufige Form **Schulze** entstand *spätmhd.* aus verkürztem schulteß, schult[e]s, wie das entsprechende *mnd.* schulte aus schultete. In den verbreiteten Familiennamen 'Schulz[e], Scholz, Schulte' usw. lebt die alte Amtsbezeichnung bis heute fort.

schummeln: Die Herkunft des *ugs.* Ausdrucks für „(beim Kartenspiel) betrügen" ist nicht sicher geklärt. Vielleicht ist das Verb identisch mit einem *mdal.* weit verbreiteten schummeln (*niederl.* schommelen) „sich hastig bewegen, schlenkern, schaukeln" und bezog sich ursprünglich auf die schnellen Bewegungen, die Geschicklichkeit der Taschenspieler.

Schund: Die *frühnhd.* Substantivbildung zu ↑*schinden* erscheint im 16. Jh. mit der Bedeutung „Unrat, Kot", eigentlich „Abfall beim Schinden". Seit dem 18. Jh. gilt das Wort verächtlich für „schlechte Ware, Trödel", besonders auch für „schlechte Literatur".

schunkeln „schaukeln, [sich] hin und her wiegen": Das besonders vom geselligen Singen im Karneval bekannte und zuerst im 18. Jh. belegte Verb ist eine *niederd.* und *mitteld.* Nebenform zu *mdal.* schuckeln „schaukeln" (vgl. *Schaukel*).

schupfen ↑Schippe.

Schuppe: *Mhd.* schuop[p]e, *ahd.* scuobba, scuoppa bezeichnete ursprünglich die Fischschuppe, die abgeschabt wird; das Wort gehört ablautend zu dem unter ↑*schaben* behandelten Verb (vgl. *norw.* skove „Kruste"). Abl.: **schuppen** „Schuppen entfernen" (im 15. Jh. schūpen, schūppen); **schuppig** „mit Schuppen bedeckt" (im 15. Jh. schūpig, schuppig).

Schuppen: Die im ganzen *dt.* Sprachgebiet verbreitete Bezeichnung eines Schutzbaus (Geräte-, Wagenschuppen) ist in ihrer heutigen Form erst im 17. Jh. aus *mitteld.* und *niederd.* Mundarten ins *Hochd.* übernommen worden. Sie entspricht *aengl.* scypen, *engl. mdal.* shippen „Stall" und gehört wahrscheinlich zu der unter ↑*Schopf* im Sinne von „Büschel, Bündel" behandelten Wortgruppe: das Schutzdach war ursprünglich mit Strohbündeln gedeckt.

Schur: Die Substantivbildung zu dem unter ↑[1]*scheren* behandelten Verb (*mhd.* schuor „das Scheren, Plage") ist eine nur *dt.* ablautende Bildung. Verwandt ist *aisl.* skœra „Streit".

schüren „Feuer durch Stochern anfachen": Das nur im *dt.* Sprachbereich übliche Wort (*mhd.* schürn „Feuer anfachen; einen Anstoß geben, antreiben, reizen", *ahd.* scuren „Feuer anfachen") steht neben einem weitergebildeten *mhd.* schürgen, *ahd.* scurgan „stoßen, wegantreiben". Es ist verwandt mit *mhd.* schorn „[an]stoßen, fortschieben", *aengl.* scorian „verwerfen, verschmähen", ferner mit *mhd.* schor, *ahd.* scora „Schaufel, Haue" und *got.* winþiskaurō „Worfelschaufel". Die Grundbedeutung des Verbs wäre demnach etwa „stoßen, zusammenschieben" gewesen. Weitere Beziehungen der Wortgruppe sind ungewiß. Siehe auch den Artikel *schurigeln.*

schürfen: Das bergmännische Fachwort *frühnhd.* schürffen, schorfen (16. Jh.) geht zurück auf *mhd.* schür[p]fen, *ahd.* scurphen „aufschneiden, ausweiden; [Feuer] anschlagen", das auch vom Ritzen der Haut gebraucht wurde (dafür heute 'auf-, abschürfen'). Das Verb ist verwandt mit der unter ↑*scharf* dargestellten Wortsippe.

schurigeln: Das *ugs.* Verb für „schikanieren" ist seit dem 17. Jh. bezeugt. Es hat sich aus einem *mdal.* schurgeln, schürgeln „hin- und herschieben" entwickelt. Dies ist eine Iterativbildung zu *mdal.* schürgen „schieben, stoßen, treiben", einer Nebenform von ↑schüren.

Schurke „Bösewicht, Schuft": Das erst seit dem 17. Jh. als Schurk[e], Schork bezeugte *dt.* Substantiv (*niederl.* schurk, *schwed.* skurk sind entlehnt) ist nicht sicher erklärt. Abl.: **Schurkerei** „schurkische Tat" (17. Jh.); **schurkisch** „gemein, niederträchtig" (17. Jh.).

schurren ↑scharren.

Schurz: Das zum Schutz der Unterkleidung getragene Tuch (*mhd.* schurz; aus Leder: **Schurzfell,** 15. Jh.) bezeichnet eigentlich ein „kurzes Kleidungsstück". Das Substantiv ist eng verwandt mit dem Adjektiv *mhd.* schurz, *ahd.* scurz „abgeschnitten, kurz" (gleichbed. *engl.* short, s. *Shorts*), das früh durch das urverwandte *lat.* Lehnwort ↑kurz verdrängt worden ist. Die weibliche Form **Schürze** erscheint *hochd.* erst im 17. Jh., beachte aber *mnd.* schörte „Panzerschurz, Schürze" und *niederl.* schort „Schürze", denen *aisl.* skyrta und *engl.* shirt „Hemd" entsprechen. Die Wörter gehen mit der Grundbedeutung „Abgeschnittenes" auf die unter ↑[1]*scheren* dargestellte *idg.* Wurzel *sker- „schneiden" zurück. Seit dem 18. Jh. wird 'Schürze' auch übertragen für „Frauenzimmer" gebraucht; dazu im 19. Jh. das Spottwort **Schürzenjäger.** Das Verb **schürzen** „die Kleider raffen" (*mhd.* schürzen) ist vom Adjektiv *mhd.* schurz (s. o.) abgeleitet.

Schuß ↑schießen.

Schüssel: Wie andere Gefäßbezeichnungen (siehe besonders *Becken, Kessel, Pfanne*) ist auch 'Schüssel' als Fachwort der römischen Küche zu den Germanen gekommen. Das Substantiv *mhd.* schüȥȥel[e], *ahd.* scuȥȥila, *niederl.* schotel, *aengl.* scutel „Schüssel" (*engl.* scuttle „Korb") geht auf *lat.* scutula, scutella „Trinkschale" zurück, eine Verkleinerungsbildung zu dem nicht sicher erklärten *lat.* scutra „flache Schüssel, Schale, Platte".

Schuster: Die älteste *dt.* Bezeichnung des Schuhmachers ist *ahd.* sūtāri, *mhd.* sūter, das wie *aengl.* sūtēre auf *lat.* sutor „[Flick]schuster" (eigentlich „Näher") zurückgeht. Dieses Wort, das gelegentlich auch den Schneider bezeichnen konnte, wurde im *Mhd.* verdeutlicht zu schuoch-sūter, das weiterhin *spätmhd.* schuo[ch]ster, schuster ergab. Seit dem 17. Jh. belegt ist die Wendung 'auf Schusters Rappen' für „zu Fuß". Abl.: **schustern** (17. Jh.; *ugs.* für „Pfuscharbeit machen", besonders in **zurechtschustern, zusammenschustern**), dazu **zuschustern** „heimlich zukommen lassen" (18. Jh.).

Schute „Lastkahn; haubenartiger Frauenhut": Das aus dem *Niederd.* ins *Hochd.* übernommene Substantiv bezeichnete früher kleine Schiffe sehr verschiedener Art, im Gebiet der Hanse seit dem 13. Jh. meist breite, spitz zulaufende Binnenschiffe, aber auch leichte, schnelle Boote. *Mnd.* schūte, *mniederl.* scūte, *niederl.* schuit, *mengl.* shoute entspricht *aisl.* skūta „leichtes Segelboot". Die ursprüngliche Heimat des Nordseeworts ist unbekannt. Es gehört zu ↑*schießen,* wahrscheinlich mit der Grundbedeutung „Schießer, dahinschießendes Boot, schneller Segler" (beachte die ähnliche Begriffsbildung bei 'Jacht, Kutter, Schoner'). Erst um 1900 wird 'Schute' in Berlin zur Bezeichnung eines breiten Frauenhutes (zunächst scherzhaft nach der Form der Spreekähne), die dann nachträglich auf Hutformen der Biedermeierzeit angewendet wird.

Schutt: Das erst *frühnhd.* bezeugte Substantiv (im 15. Jh. schut) ist eine Ableitung von dem unter ↑*schütten* behandelten Verb. Es bezeichnete ursprünglich künstliche Aufschüttungen (z. B. Bollwerke bei Belagerungen), aber auch wie heute den Bauschutt und anderen Abfall, seit dem 17. Jh. Gebäude- und Felstrümmer. Siehe auch den Artikel *Schotter.*

schütteln: *Mhd.* schüt[t]eln, *ahd.* scutilōn ist eine nur *dt.* Intensivbildung zu dem unter ↑*schütten* behandelten Verb in dessen Grundbedeutung „heftig bewegen". Zus.: **Schüttelfrost** (19. Jh.); **Schüttelreim** „Reimspiel mit vertauschten Silbenanlauten" (Ende des 19. Jh.s.).

schütten: Das auf das *dt.* und *niederl.* Sprachgebiet beschränkte Verb *mhd.* schüt[t]en, *ahd.* scutten, *niederl.* schudden „schütteln" steht im Ablaut zu *aengl.* scūdan „eilen" und ist mit der *baltoslaw.* Sippe von *russ.* skitat'sja „umherirren, -streichen" verwandt. Die Grundbedeutung hat sich schon in *mhd.* Zeit weiterentwickelt zu „ausgießen, aufhäufen, anschwemmen". Die alte Bedeutung setzt im *Nhd.* nur die Intensivbildung ↑schütteln fort. Eine andere Weiterbildung ist **schüttern** „beben" (16. Jh.; dazu ↑schaudern, ↑erschüttern). Siehe auch die Artikel *Schutt* und *Schotter.*

schütter: Das ursprüngliche Mundartwort (*oberd., österr.*) wurde in der jungen Form mit -ü- erst im 19. Jh. schriftsprachlich. *Mhd.* schiter, *ahd.* scetar „dünn, lückenhaft" gehört wie *griech.* skidarós „dünn, gebrechlich" zu der unter ↑*Schiene* dargestellten Wortgruppe. Als Grundbedeutung ist „gespalten, zersplittert" anzusetzen.

schüttern ↑erschüttern ↑schütten.

Schutz: Als Substantivbildung zu dem unter ↑*schützen* behandelten Verb bedeutet *mhd.* schuz „[Stau]damm, Wehr; Aufstauung des Wassers" (beachte das *nhd.* Fachwort **Schütz** „bewegliches Mühlenwehr"), übertragen „Schutz, Schirm". Im *Nhd.* bedeutet das Wort „Abschirmung, Sicherung". Zus.: **Schutzengel** (im 17. Jh. für *kirchenlat.* angelus tutelaris); **Schutzmann** (17. Jh.; seit dem 19. Jh. für „Polizist").

Schütze: Als *altgerm.* Ableitung von dem unter ↑*schießen* behandelten Verb bedeutet *mhd.* schütze, *ahd.* scuzz[i]o, *aengl.* scytta, *aisl.* skyti „Schießender". Es meint ursprünglich den Bogenschützen, später den Armbrust- und Gewehrschützen und wurde im *Dt.* zur militärischen Bezeichnung vor allem des Infanteristen. Seit dem Mittelalter sind die wehrhaften Stadtbürger in Schützengilden und -bruderschaften vereinigt (beachte Zusammensetzungen wie 'Schützenfest, -könig' usw.). Wohl unter Einfluß des Verbs ↑schützen heißt der Feldhüter **Flurschütz** (*spätmhd.* vluorschütze).

schützen: *Mhd.* schützen „aufdämmen, (Wasser) aufstauen" entwickelte übertragen die heute allein gültige Bed. „Schutz gewähren, beschirmen". Es entspricht wohl *mnd.* schütten „stauen; einsperren; abwehren" und *aengl.* scyttan, *engl.* to shut „schließen, verriegeln", die zu dem unter ↑*schießen* behandelten Verb in seiner Bed. „[einen Riegel] vorstoßen" gehören. Doch kann das *mhd.* Wort auch zu *mhd.* schüten „Erde anhäufen, umwallen, bewahren", beschüten „beschützen" und damit zur Sippe von ↑*schütten* gestellt werden. Die Grundbedeutung zeigt sich noch in **vorschützen** (mit Akkusativ) „als Vorwand benutzen", eigentlich „eine Schutzwehr errichten" (17. Jh.). Abl.: **Schutz** (s. d.); **Schützling** „jemand, der dem Schutz, der Fürsorge eines anderen anvertraut ist" (im 17. Jh. 'Schützlinger').

schwabbeln: Das *ugs.* für „sich zitternd bewegen, wackeln", *landsch.* auch für „unnötig viel reden" gebrauchte Wort ist die *mitteld.* Form zu *oberd. mdal.* schwappeln (*elsässisch* im 15. Jh. schwaplen) und bedeutet eigentlich „plätschern, fortgesetzt überschwappen" (vgl. *schwappen*).

Schwabe ↑Schabe.

schwach: Das auf das *dt.* und *niederl.* Sprachgebiet beschränkte Adjektiv *mhd.* swach „schlecht, gering, unedel, armselig, kraftlos", *niederl.* zwak „schwach, geschmeidig" ist verwandt mit *mnd.* swaken „wackeln, schwach sein" und *norw.* svaga „schwanken, schlenkern". Die Wörter gehören zu der unter ↑*schwingen* behandelten *germ.* Wortgruppe; als Grundbedeutung des Adjektivs ist demnach „schwankend, sich biegend" anzusetzen. Im *Nhd.* setzte sich die Bed. „kraftlos", übertragen „dünn, gehaltlos", durch und veränderte auch den Sinn der Ableitungen: **Schwäche** „das Schwachsein, fehlende Kraft; Mangel (an etwas)" (*mhd.* sweche „dünner Teil der Messerklinge", swache „Unehre"); **Schwachheit** „schwacher Zustand" (*mhd.* swachheit „Unehre, Schmach"); **schwächen** „schwach machen" (*mhd.* swechen bedeutete neben „kraftlos machen" besonders „beschimpfen; schänden"): **schwächlich** „ziemlich schwach" (*mhd.* swechlich „schmählich, schlecht", *nhd.* besonders vom Körperbau); **Schwächling** „schwächlicher Mensch" (um 1700). Zus.: **Schwachsinn** (im 18. Jh. neben dem Adjektiv **schwachsinnig** für „Mangel an Empfindung und Verstand", erst später als mildernder Ausdruck für ↑Blödsinn in medizinischem Sinne gebraucht).

Schwade, [1]Schwaden: Die aus dem *Niederd.* stammende Bezeichnung für eine Reihe gemähten Grases oder Getreides erscheint *hochd.* erst im 16. Jh. Das gleichbed. *mnd.* swat, swaden (entsprechend *niederl.* zwad[e], *engl.* swath[e]) bedeutet auch „Furche", wie *aengl.* swađu „Spur, Pfad, Narbe" und *afries.* swethe „Grenze". Beachte auch *aisl.* swǫđu-sār „Streifwunde". Weitere Beziehungen dieser *germ.* Wortgruppe sind nicht gesichert.

[2]Schwaden „Dampf, Dunst", bergmännisch für: „schlechte Grubenluft": *Mhd., mnd.* swadem, swaden „Dunst", dem *aengl.* swađul „Rauch" entspricht, gehört zu dem untergegangenen starken Verb *ahd.* swedan „schwelend verbrennen". Nächstverwandt ist *aisl.* svíđa, *schwed.* svida „brennen, schmerzen".

Schwadron: Die Bezeichnung für die im früheren deutschen Heerwesen einer Kompanie entsprechenden kleinsten taktischen Kavallerieeinheit ist seit dem Anfang des 17. Jh.s als militärischer Fachausdruck bezeugt. Sie geht zurück auf *it.* squadrone „Schwadron" (wörtlich: „großes Viereck", danach: „im Viereck aufgestellte Reitertruppe"). Die Bedeutungsentwicklung des *it.* Wortes ist bereits in dem zugrundeliegenden Substantiv *it.* squadra „Viereck; im Karree aufgestellte [Reiter]truppe; Mannschaft" vorweggenommen, das seinerseits unser Lehnwort ↑*Geschwader* lieferte. – Das dazugehörige Verb **schwadronieren** „prahlerische Reden führen, aufschneiden" ist zuerst im 18. Jh. als Fechterausdruck mit der Bedeutung „nach Reitermanier mit dem Degen oder Säbel nach allen Seiten dreinhauen" bezeugt. Die davon übertragene, heute gültige Bedeutung entwickelte sich wohl in der Studentensprache, vermutlich unter dem Einfluß des etymologisch nicht verwandten, aber anklingenden Verbs älter *nhd.* schwadern „viel schwatzen". Abl.: **Schwadroneur** „jemand, der viel, gerne schwadroniert" (18./19. Jh.; französierende Bildung).

schwafeln: Die Herkunft des *ugs.* Ausdrucks für „unsinnig, töricht daherreden" ist nicht sicher geklärt.

Schwager: Das auf das *dt.* Sprachgebiet beschränkte Wort *mhd.* swāger „Schwager, Schwiegervater, -sohn", *ahd.* suāgur „Bruder der Frau" (*niederl.* zwager, *dän.* svoger, *schwed.* svåger sind Lehnwörter aus dem *Mnd.*) entspricht lautlich dem *aind.* Adjektiv śvāśura-ḥ „zum Schwiegervater gehörig". Es stellt sich also im Sinne von „der zum Schwiegervater Gehörige" zu dem *gemeingerm.*, heute noch *mdal.*

Wort **Schwäher** „Schwiegervater“: *Mhd.* sweher, *ahd.* swehur, *got.* swaíhra, *aengl.* swēor, *aschwed.* svēr entsprechen gleichbed. *lat.* socer (aus *svecer), *russ.* svëkor, *aind.* śvāśura-ḥ. Beachte die weibliche Gegenbildung Schwieger (in ↑Schwiegermutter). Schriftsprachlich gilt 'Schwager' im *Nhd.* nur für den Ehemann der Schwester und den Bruder der Frau oder des Mannes. Im älteren *Nhd.* war es auch vertraute Anrede an Nichtverwandte (z. T. unter studentischem Einfluß) und wurde so im 18. Jh. besonders zur Bezeichnung des Postillions. – Abl.: **Schwägerin** (*mhd.* swǣgerinne); [sich] **verschwägern** (17. Jh.), meist im Partizip **verschwägert** „durch Heirat verwandt“.

Schwaige: Die *bayr.* und *österr.* Bezeichnung für „Alm-, Sennhütte mit Bergweide“ (*mhd.* sweige, *ahd.* sweiga) hat außerhalb des *Dt.* keine sichere Entsprechungen.

Schwalbe: Der *altgerm.* Vogelname (*mhd.* swalwe, swalbe, *ahd.* swal[a]wa, *niederl.* zwaluw, *engl.* swallow, *schwed.* svala) hat keine sicheren *außergerm.* Entsprechungen. Nach dem gegabelten Schwanz des Vogels heißen ein Schmetterling und eine bestimmte Holzverbindung des Zimmermanns und Schreiners seit dem 18. Jh. **Schwalbenschwanz,** ebenso seit Anfang des 19. Jh.s. scherzhaft der Frack (beachte auch *engl. ugs.* swallow-tail „Frack“).

Schwall ↑schwellen.

Schwamm: Die *germ.* Wörter *mhd., ahd.* swamm, swamp, *aengl.* swamm, *schwed.* svamp bezeichnen ursprünglich den Pilz, seit alters aber auch den Meerschwamm (so schon *got.* swamms), der den Germanen erst durch die Mittelmeervölker bekannt wurde. Nächstverwandt sind die unter ↑*Sumpf* genannten ablautenden Bildungen. Die Grundbedeutung „schwammig, porös“ zeigt auch das verwandte *griech.* Adjektiv somphós. In der biologischen Fachsprache gilt 'Schwamm' heute nur für den Badeschwamm und für bestimmte Pilzarten ('Haus-, Baumschwamm, Stockschwämmchen'). In der Gemeinsprache ist es seit langem dem Lehnwort ↑Pilz gewichen. Abl.: **schwammig** „unfest, porös“ (17. Jh.).

Schwan: Der *altgerm.* Vogelname *mhd., ahd.* swan, *niederl.* zwaan, *engl.* swan, *schwed.* svan ist verwandt mit *aengl.* swinn „Musik, Gesang“, *aengl.* swinsian „tönen, singen“ und geht auf die lautnachahmende *idg.* Wurzel *su̯en- „tönen, schallen“ zurück, die *außergerm.* z. B. *lat.* sonare „tönen“ (s. die Fremdwortgruppe um ↑*sonor*) und *aind.* svánati „ertönt, schallt“ zugrunde liegt. Der Name bezeichnet ursprünglich wohl den Singschwan, der auf dem Zug Rufe ertönen läßt. Daß der Schwan vor dem Sterben singe, ist eine schon in der Antike verbreitete Sage. Danach heißt *nhd.* seit dem 16. Jh. das letzte Werk eines Dichters **Schwanengesang** (*schwed.* svanesång, im 19. Jh. *engl.* swansong). Ungewiß ist die Zugehörigkeit des Verbs **schwanen** in der nur *dt.* Fügung 'es schwant mir' für „ich ahne“ (zuerst *mnd.* im 16. Jh., vielleicht mit falscher Abtrennung aus älterem 'es wanet mir' [zu ↑wähnen]; es handelt sich aber eher wohl um einen humanistischen Sprachscherz, der *lat.* olet mihi „ich rieche, vermute etwas“ mit *lat.* olor „Schwan“ verknüpfte).

Schwang: Das Substantiv *mhd.* swanc „schwingende Bewegung, Hieb, lustiger Streich“, *ahd.* hina-swang „Ungestüm“, *niederl.* zwang „Schwang; Gebrauch, Gewohnheit“, *aengl.* sweng „Streich, Schlag“ ist eine alte *westgerm.* Substantivbildung zu dem unter ↑*schwingen* behandelten Verb. Im *Dt.* wurde 'Schwang' seit dem 18. Jh. durch ↑Schwung verdrängt; es lebt nur noch in der Wendung 'im Schwange (d. h. sehr gebräuchlich) sein'. Dasselbe Wort ist *nhd.* ↑Schwank „lustige Erzählung“, von dem sich 'Schwang' erst in *frühnhd.* Zeit unter lautlicher Angleichung an 'schwingen' geschieden hat.

schwanger: *Mhd.* swanger, *ahd.* swangar, *niederl.* zwanger „ein Kind erwartend“ bedeutet eigentlich „schwer[fällig]“, vgl. das entsprechende *aengl.* swangor „schwer, langsam, träge“. Weitere Beziehungen des *westgerm.* Adjektivs sind nicht gesichert. Bildlich gebraucht werden die Zusammensetzungen **unglücksschwanger, unheilschwanger** (18. Jh.). Abl.: **schwängern** (*mhd.* swengern); **Schwangerschaft** (17. Jh.).

Schwank: *Mhd.* swanc, das auch dem *nhd.* ↑Schwang vorausliegt, hat aus der Bed. „Schlag, Fechthieb“ im 15. Jh. den Sinn „lustiger Einfall, Streich; Erzählung eines solchen“ entwickelt und wurde so zur Bezeichnung für eine besonders im 16. Jh. blühende Form derbkomischer kurzer Erzählungen (seit dem 19. Jh. auch für possenartige Bühnenstücke). Der *mhd.* Auslaut blieb bei dem literarischen Fachwort erhalten. Abl.: **schwankhaft** „nach Art eines Schwankes“ (19. Jh.).

schwanken: Das erst *spätmhd.* als swanken bezeugte Verb ist ebenso wie ↑schwenken vom Stamm des heute seltenen Adjektivs **schwank** „biegsam, schmächtig, unsicher“ (*mhd., mnd.* swanc) abgeleitet, das seinerseits mit *aisl.* svangr „dünn, biegsam, hungrig“ und *aengl.* svancor „mager, geschmeidig“ zu der unter ↑*schwingen* dargestellten *germ.* Wortgruppe gehört. Abl.: **Schwankung** (16. Jh.).

Schwanz: Das ursprünglich nur im *hochd.* Sprachbereich gültige Wort *mhd.* swanz ist eine Rückbildung aus *mhd.* swanzen „sich schwenkend bewegen“, das seinerseits als Intensivbildung zur Sippe von ↑*schwingen* gehört. *Mhd.* swanz bedeutete zunächst „wiegende Bewegung beim Tanz“, dann „Schleppe, Schleppkleid“ und erhielt erst von daher die Bed. „Tierschweif“. In dieser Bedeutung hat es das alte, heute nur *mdal.* Wort ↑Zagel verdrängt; s. auch *Schweif.* Ebenfalls schon im *Mhd.* tritt die *ugs.* Bed. „Penis“ auf. Das Verb **schwänzen** (*mhd.* swenzen „schwenken, putzen, zieren“) stand ursprünglich selbständig neben dem erwähnten *mhd.* swanzen, wurde aber früh auf 'Schwanz' bezogen. Im 16. Jh. erscheint *rotw.* schwentzen „herumschlendern“, das auch Luther für „stolzieren“ brauchte. Es erhielt im 18. Jh. die studentische Bed. „bummeln, eine Vorlesung versäumen" und gilt so besonders in der Schülersprache ('die Schule schwänzen'). Dem älteren Sinn blieb **schwänzeln** „geziert auf und ab gehen, schmeicheln" nahe (*mhd.* swenzeln „schwenken, zieren").

schwappen: Die lautmalende Interjektion **schwapp!** für ein klatschendes Geräusch ist – neben 'schwipp!' (↑*Schwips*) – seit dem 16. Jh. bezeugt. Davon abgeleitet ist das Verb **schwappen** „sich hin und her bewegen, über den Rand schlagen (von Flüssigkeiten)", zu dem als Iterativbildung *mdal.* schwappeln (↑*schwabbeln*) gehört. – Lautmalende Bildungen sind auch **schwupp!, schwups!** (18. Jh., für schnelle Bewegung).

schwären: Das früher starke Verb *mhd.* swern „schmerzen, schwellen, eitern", *ahd.* sweran „schmerzen", *niederl.* zweren „eitern" kommt in anderen *germ.* Sprachen nicht vor. *Außergerm.* ist wahrscheinlich die Sippe von *russ.* chvoryj „kränklich" verwandt. Die Ableitung **Schwäre** „Geschwür" (*mhd.* [ge]swer, *ahd.* swero, gaswer „leiblicher Schmerz, Geschwür") zeigt, daß der allgemeine Sinn „schmerzen" schon früh besonders auf eiternde Wunden bezogen wurde. Jünger ist ↑Geschwür. Siehe auch den Artikel *schwierig*.

Schwarm: Das *altgerm.* Substantiv *mhd., ahd.* swarm „Bienenschwarm", *niederl.* zwerm, *engl.* swarm, *schwed.* svärm „Schwarm" bezeichnete ursprünglich wohl den Bienenschwarm. Es gehört mit *mhd.* surm „Gesums" und *aisl.* svarra „brausen, sausen" zu der unter ↑*schwirren* dargestellten lautnachahmenden Wortgruppe. Als *ugs.* Rückbildung zu 'schwärmen' bedeutet das Wort „Liebhaberei", auch „Geliebte[r]". Abl.: **schwärmen** (*mhd.* swarmen, swermen; vgl. *aengl.* swierman, *schwed.* svärma „sich als Schwarm bewegen", besonders von Bienen; in der Reformationszeit für das Treiben der Sektierer gebraucht, erhält 'schwärmen' die übertragene Bed. „wirklichkeitsfern denken; sich begeistern"), dazu **Schwärmer** (im 16. Jh. für „Sektierer", später „begeisterter Phantast"; jetzt auch für bestimmte Abendfalter und Feuerwerkskörper) und **Schwarmgeist** „Phantast" (bei Luther Schwermgeist).

Schwarte: Das *westgerm.* Substantiv *mhd.* swart[e], *niederl.* zwoerd, *engl.* sward (beachte *aisl.* svorđr) bezeichnet ursprünglich die behaarte menschliche Kopfhaut oder die Haut von Tieren. Im *Engl.* und z. T. im *Nord.* hat sich die Bed. „Rasendecke" entwickelt. Die Herkunft des Wortes ist unbekannt. Im *Nhd.* bezeichnet 'Schwarte' vor allem die Schweinshaut (Speckschwarte; dazu **Schwartenmagen** „Preßwurst mit gehackten Schwarten", 18. Jh.). Alte (in Schweinsleder gebundene) Bücher heißen seit dem 17. Jh. verächtlich 'Schwarten'. Die Bed. „rindiges Außenbrett eines zersägten Stammes" ist seit *mhd.* Zeit bezeugt.

schwarz: Das *gemeingerm.* Farbadjektiv *mhd., ahd.* swarz, *got.* swarts, älter *engl.* swart, *schwed.* svart (dazu ablautend *aisl.* sorti „Dunkel, dichter Nebel", sorta „schwarz werden") ist verwandt mit der Sippe von *lat.* sordere „schmutzig sein" und bedeutet ursprünglich etwa „dunkel, schmutzfarbig". Noch jetzt bezeichnet es oft das Dunkle, z. B. in 'schwarze Rasse', 'schwarzer Tee' und den Zusammensetzungen **Schwarzbrot** (14. Jh.) und **Schwarzwild** (*mhd.* swarzwilt). So wird es in neuerer Sprache auch auf Dinge übertragen, die im verborgenen geschehen ('Schwarzhandel', *ugs.* 'schwarzfahren, -hören, -sehen' usw.). Abl.: **Schwärze** (*mhd.* swerze, *ahd.* swerza; *nhd.* auch „Mittel zum Schwärzen", z. B. Druckerschwärze); **schwärzen** „schwarz machen" (*mhd.* swerzen, *ahd.* swerzan „schwarz machen"), dazu **anschwärzen** „verleumden" (17. Jh.); **schwärzlich** (*frühnhd.* schwartzlich, -lecht; *mhd.* swarzlot).

Schwarzspecht ↑Specht.

schwatzen, schwätzen: *Spätmhd.* swatzen, swetzen ist umgebildet aus dem wohl lautnachahmenden *mhd.* swateren „rauschen, klappern" (älter *nhd.* schwadern „plätschern; schlemmen; schwätzen"). Schon früher bezeugt ist das Substantiv **Geschwätz** „dummes, inhaltloses Gerede" (*mhd.* geswetze). Abl.: **Schwatz, Schwätzchen** *ugs.* für „Geplauder" (*spätmhd.* swaz); **Schwätzer** „jemand, der viel und gern redet" (*spätmhd.* swetzer); **schwatzhaft** „viel und gern redend" (im 18. Jh. für älteres schwetzhaftig).

schweben: Das *westgerm.* Verb *mhd.* sweben, *ahd.* swebēn „sich hin und her bewegen", *niederl.* zweven „schweben", *aengl.* for[đ]-swēfian „Erfolg haben" beruht auf der unter ↑*schweifen* genannten *idg.* Wurzel. Abl.: **Schwebe** (*mhd.* swebe; meist in Wendungen wie 'in der Schwebe sein, halten, bleiben'). Zus.: **Schwebebahn** „an Drahtseilen oder an einer Schiene hängende Bahn zur Personen- und Lastenbeförderung" (19. Jh.); **Schwebebalken** „Turngerät für Gleichgewichtsübungen" (Anfang des 19. Jh.s Schwebebaum).

Schwefel: Die *altgerm.* Bezeichnung des chemischen Stoffes lautet *mhd.* swevel, swebel, *ahd.* sweval, swebal, *got.* swibls, *mniederl.* swēvel (ablautend *niederl.* zwavel), *aengl.* swefel. Das Wort ist mit gleichbed. *lat.* sulp[h]ur verwandt und gehört wahrscheinlich zu der unter ↑*schwelen* dargestellten *idg.* Wurzel. Der Schwefel wäre dann als „der Schwelende" benannt worden. Abl.: **schwefeln** „mit brennendem Schwefel behandeln" (besonders von Weinfässern; 15. Jh.); **schwef[e]lig** (*mhd.* swebelic, *ahd.* swebeleg). Zus.: **Schwefelbande** *ugs.* für „mutwillige Gesellschaft" (1770 Name für eine sich sehr rüde gebärdende Studentenverbindung in Jena); **Schwefelsäure** (18. Jh.).

Schweif „[langer] Schwanz": Die *germ.* Substantivbildung zu dem unter ↑*schweifen* behandelten Verb bedeutete ursprünglich „schwingende Bewegung", so noch in *mhd.* sweif und der *nhd.* Fügung 'ohne Umschweife' „geradezu" (*mhd.* umbesweif „Kreisbewegung"). In konkretem Sinn bedeutete *ahd.* sweif „Schuhband", *aisl.* sveipr „Schlingung, gekräuseltes Haar". Die *nhd.* Hauptbedeutung „Schwanz" ist seit dem 14. Jh. bezeugt; heute gilt 'Schweif' für gewählter als ↑Schwanz. Dazu die Zusammensetzung **Schweifstern** „Komet" (18./19. Jh.; nach der leuchtenden Schweifbildung des Kometen).

schweifen: Das *altgerm.* Verb *mhd.* sweifen, *ahd.* sweifan „schwingen, in Drehung versetzen, bogenförmig gehen", *afries.* swēpa „fegen", *engl.* to swoop „sich stürzen", *aisl.* sveipa „werfen, umhüllen" gehört mit dem unter ↑*schweben* behandelten Verb zu der vielfach erweiterten *idg.* Wurzel *su̯ĕi- „biegen, drehen, schwingen", vgl. z. B. *lit.* svíesti „werfen, schleudern, schlagen". Im *Nhd.* bedeutet 'schweifen' „umherstreifen", besonders vom Blick und den Gedanken. Von Gedankengängen werden auch 'ab-, ausschweifen' und die Ableitung **weitschweifig** (*mhd.* wītsweific) gebraucht. Dagegen bezeichnen **ausschweifend** und **Ausschweifung** meist das Überschreiten moralischer Grenzen. Zum transitiven Verb schweifen „bogenförmig gestalten" gehört das adjektivische 2. Partizip **geschweift.** Siehe auch den Artikel *Schweif.*

schweigen: Das *westgerm.* Verb *mhd.* swīgen, *ahd.* swīgēn, *niederl.* zwijgen, *aengl.* swīgian ist im *Nhd.* mit seinem Veranlassungswort *mhd., ahd.* sweigen „zum Schweigen bringen" zusammengefallen. Es ist vielleicht mit *griech.* sīgḗ „Schweigen", sīgáein „schweigen" verwandt; andere Beziehungen sind ungeklärt. Der substantivierte Infinitiv **Schweigen** (*mhd.* swīgen) steht häufig in Fügungen wie 'eisiges Schweigen', 'sich in Schweigen hüllen'. Abl.: **schweigsam** (18. Jh.). Zus.: **geschweigen** (*mhd.* geswīgen, *ahd.* giswīgēn „stillschweigen"; heute nur in 'geschweige denn' [eigentlich: ich geschweige ...] und 'zu geschweigen von ...'); **stillschweigen** (*mhd.* stille swīgen; im *Nhd.* verstärkende Zusammenrückung [16. Jh.], ↑still), dazu **stillschweigend** „ohne Widerrede, nicht ausdrücklich" (16. Jh.); **verschweigen** (*mhd.* verswīgen „nicht nennen, für sich behalten"), dazu das adjektivische 2. Partizip **verschwiegen** „geheimhaltend; geheim" (*mhd.* verswigen) und das Substantiv **Verschwiegenheit** (16. Jh.).

Schwein: Der *gemeingerm.* Tiername *mhd., ahd.* swīn, *got.* swein, *engl.* swine, *schwed.* svin ist eigentlich ein substantiviertes Adjektiv mit der Bed. „zum Schwein, zur Sau gehörig", vgl. z. B. *lat.* suinus „vom Schwein" und *russ.* svinoj „vom Schwein". Das zugrundeliegende *idg.* *su̯ino-s ist von dem unter ↑*Sau* behandelten Wort abgeleitet. 'Schwein' bezeichnete demnach zunächst das junge Tier, ist aber in den *germ.* Sprachen seit alters zur allgemeinen Bezeichnung des wilden Schweins wie des Hausschweins geworden (s. weiter die Artikel *Sau, Eber, Ferkel, Frischling*). Als Schimpfwort bezieht sich Schwein schon in *mhd.* Zeit auf die sprichwörtliche Schmutzigkeit und Gefräßigkeit des Tieres. Die Wendung 'Schwein haben' „Glück haben" (im 19. Jh. studentensprachlich) geht wohl auf den alten Schützenbrauch zurück, dem schlechtesten Schützen eine Sau als Trostpreis zu geben. Abl.: **Schweinerei** „unordentlicher [schmutziger] Zustand; ärgerliche Angelegenheit; Anstößiges" (im 17. Jh. zu älter *nhd.* schweinen „sich wie ein Schwein benehmen" gebildet); **schweinern** „vom Schwein stammend" (im 17. Jh. für älteres schweinen, *mhd.* swīnīn); **schweinisch** „unflätig" (18. Jh.; anders *mhd.* swīnisch fleisch, smalz). Zus.: **Schweinehund** (ursprünglich „Hund für die Saujagd", im 19. Jh. zuerst studentensprachlich als grobes Schimpfwort); **Schweinigel** (im 17. Jh. volkstümliche Bezeichnung des Igels nach seiner Schnauzenform, wie gleichbed. *niederd.* 'Swinegel'; aber schon im 18. Jh. Schimpfwort), dazu **schweinigeln** „Zoten reißen, obszöne Reden führen".

Schweiß: Die *germ.* Substantive *mhd., ahd.* sweiz, *niederl.* zweet, *aengl.* swāt, *aisl.* sveiti bezeichnen seit alters die körperliche Ausdünstung bei Erhitzung und Krankheit. Sie gehen mit verwandten Wörtern gleicher Bedeutung in andern *idg.* Sprachen, z. B. *aind.* svḗda-ḥ, *lat.* sudor, *lett.* sviedri, auf die *idg.* Wurzel *su̯eid- „schwitzen" zurück, zu der auch ↑schweißen und ↑schwitzen gehören. Eine Besonderheit der *germ.* Sprachen ist die Bed. „quellendes Blut von Tieren", die im *Aengl., Aisl.* und vor allem seit *mhd.* Zeit in der *dt.* Weidmannssprache begegnet. Ihr Ursprung liegt wohl in religiöser Scheu: man wollte das Blut nicht unmittelbar nennen. Zu dieser Bedeutung gehört die Zusammensetzung **Schweißhund** „Hund[erasse] zum Suchen krankgeschossenen Wildes" (17. Jh.). Abl.: **schweißig** (*mhd.* sweiz̧ic „schweißnaß, blutig", *ahd.* sweiz̧ig).

schweißen: Das *altgerm.* Verb *mhd.* sweiz̧en, *ahd.* sweiz̧z̧en, *niederl.* zweten, *engl.* to sweat, *aisl.* sveitask gehört zu der unter ↑*Schweiß* dargestellten *idg.* Wortgruppe. Es bedeutete ursprünglich „Schweiß absondern" (dafür *nhd.* seit dem 18. Jh. nur ↑schwitzen), hat aber dem Substantiv entsprechend früh die Bed. „bluten" entwickelt, die *dt.* weidmännisch noch heute gilt. Die heutige technische Bedeutung des Verbs „Metallstücke bei Weißglut zusammenfügen" (zuerst im 14. Jh.) geht von dem schon *ahd.* bezeugten transitiven Gebrauch in der Bed. „braten, rösten" (eigentlich „schwitzen machen") aus. Dabei ist heute nur die Vorstellung „fest, untrennbar verbinden" lebendig, besonders auch bei dem häufigen bildlichen Gebrauch von **zusammenschweißen** (19. Jh.). Dazu: **Schweißer** „Facharbeiter, der schweißen kann" (19. Jh.).

schweißig ↑Schweiß.

schwelen „ohne Flamme langsam brennen": Das Verb wurde im 18. Jh. aus dem *Niederd.* ins *Hochd.* übernommen. Es geht zurück auf *mnd.* swelen „schwelen; dörren; Heu machen", mit dem z. B. *aengl.* swelan „[ver]brennen, sich entzünden" verwandt ist, und beruht mit verwandten Wörtern in anderen *idg.* Sprachen, z. B. *lit.* svelti „glimmen, schwelen", auf der *idg.* Wurzel *su̯el- „schwelen, brennen". Zu dieser Wurzel stellt sich auch die unter ↑*schwül* behandelte Wortsippe. Im *Nhd.* wird 'schwelen' von Asche, Petroleumlampen und verborgenen Bränden gesagt (beachte die Zusammensetzung **Schwelbrand**), technisch von bestimmten Verfahren zur Gas- und Teerbereitung (dazu **Schwelerei** „Industrieanlage zum Schwelen", 19. Jh.).

schwelgen: Das *altgerm.*, auch im *Dt.* früher starke Verb bedeutet eigentlich „[ver]schlucken, schlingen" (so in *mhd.* swelgen, *ahd.* swelgan und heute noch in *niederl.* zwelgen, *engl.* to swallow, *schwed.* svälja). Es ist verwandt mit *mhd.* swalch, *schwed.* svalg „Schlund", *mnd.* swellen „üppig leben", *engl.* to swill „verschlingen, gierig trinken" u. a. *germ.* Wörtern. Besonders in *frühnhd.* Zeit entwickelte 'schwelgen' die Bed. „unmäßig essen und trinken" (schon *mhd.* swelgen bedeutete auch „saufen"). Daraus entstand im 18. Jh. der heutige Sinn „üppig leben; übermäßig genießen". Abl.: **Schwelger** (*mhd.* swelher „Schlucker, Säufer", *ahd.* swelgāri „Schlemmer"), dazu **Schwelgerei** (16. Jh.) und **schwelgerisch** (17. Jh.).

Schwelle: Das nur *dt.*, früher besonders *ostmitteld.* Wort (*mhd.* swelle, *ahd.* swelli, swella) hat sich durch den Sprachgebrauch der Lutherbibel gegen andere *mdal.* Wörter durchgesetzt. Es ist ablautend verwandt mit gleichbed. *mnd.* sül[le], *engl.* sill, *schwed.* syll, *außergerm.* z. B. mit *griech.* sélma „Balken, Verdeck, Ruderbank" und *lit.* súolas „Bank" und gehört zu der *idg.* Wurzel *s[u̯]el- „Balken, Brett; aus Brettern Hergestelltes". 'Schwelle' bezeichnet also den „Grundbalken" des Hauses, der als tragender Bauteil auch unter der Türöffnung durchlief. – Dazu das in der Fachsprache der Psychologie gebrauchte Adjektiv **unterschwellig** „unterhalb der Bewußtseinsschwelle liegend" (Anfang des 20. Jh.s). Beachte auch den Artikel *Schwellenangst.*

[1]**schwellen:** Das *altgerm.* starke Verb *mhd.* swellen, *ahd.* swellan, *niederl.* zwellen, *engl.* to swell, *schwed.* svälla hat keine sicheren *außergerm.* Beziehungen. Ablautend gehören die Substantive **Schwall** „Welle, Guß [Wasser]" (*mhd.* swal), ↑Schwiele, ↑Geschwulst und ↑Schwulst zu ihm. Das 2. Partizip **geschwollen** wird *ugs.* gern für „hochtrabend und wichtigtuerisch; schwülstig" gebraucht. Das zugehörige Veranlassungswort [2]**schwellen** (*mhd., ahd.* swellen) flektiert schwach.

Schwellenangst „Hemmung eines potentiellen Käufers, eine Ladenschwelle zu überschreiten": Der besonders in der Werbepsychologie verwendete Fachausdruck ist eine in der 2. Hälfte des 20. Jh.s gebildete Lehnübersetzung von gleichbedeutend *niederl.* drempelvrees (aus *niederl.* drempel „Schwelle" und vrees „Furcht").

schwemmen: Als *westgerm.* Veranlassungswort zu ↑*schwimmen* bedeutet *mhd., mniederl.* swemmen, *aengl.* be-swemman „schwimmen machen, durch Eintauchen reinigen". Insbesondere werden Pferde geschwemmt. Dazu die Ableitung **Schwemme** „Badeplatz für Vieh und Pferde" (*spätmhd.* swemme; die Bed. „einfache Schankstube", zuerst im 16. Jh. belegt, beruht auf einem scherzhaften Vergleich). Häufiger als das einfache Verb sind unfeste Zusammensetzungen wie 'an-, wegschwemmen'. Erst *nhd.* sind **aufschwemmen** „dick machen, auftreiben" und **überschwemmen** „überfluten" (16. Jh.), dazu **Überschwemmung.**

Schwengel „bewegliche Stange an einer Pumpe, die durch Vor- und Rückwärtsbewegung die Saugvorrichtung in Tätigkeit setzt": Das Substantiv (*mhd.* swengel, entsprechend *niederl.* zwengel) gehört zu dem unter ↑*schwingen* behandelten Veranlassungswort: älter *nhd.* schwengen „schwenken" (eigentlich „schwingen lassen") *mnd.* swengen, älter *engl.* to swinge „geißeln". Beachte auch die Zusammensetzung 'Glockenschwengel' „Klöppel". Auf Menschen übertragen erscheint das Wort in **Galgenschwengel** (s. *Galgen*) und **Ladenschwengel** (s. *Laden*).

schwenken: Das *westgerm.* Verb *mhd., ahd.* swenken „schwingen machen, schleudern; schwanken, schweben, sich schlingen", *niederl.* zwenken „sich drehen", *aengl.* svencan „plagen, quälen" stellt sich zu dem unter ↑*schwanken* genannten Adjektivstamm und weiter zur Sippe von ↑*schwingen.* Im *Nhd.* hat es sich durch Ausgleich mit 'schwanken' auf seine ursprüngliche Rolle als Veranlassungswort beschränkt. Abl.: **Schwenker** (*ostd.* im 18. Jh. für „Jacke mit angesetzten Schößen"; jetzt auch „Kognakglas"); **Schwenkung** (17. Jh.; seit dem 18. Jh. für „Drehung").

schwer: Das *gemeingerm.* Adjektiv *mhd.* swære, *ahd.* swār[i] „schwer", *got.* swers „geachtet, geehrt", *aengl.* swǣr[e], *schwed.* svår „schwer" geht von der Grundbedeutung „Gewicht habend" aus und ist verwandt mit der *baltoslaw.* Sippe von *lit.* svarùs „schwer, schwerwiegend, wichtig" und sver̃ti „wägen, wiegen". Neben der bis heute festgehaltenen Grundbedeutung hat 'schwer' schon in *ahd.* Zeit den übertragenen Sinn „drückend, beschwerlich, lastend" entwickelt, in dem es besonders Arbeit, Not, Krankheit und Sünde kennzeichnet. An weiteren Übertragungen ist vor allem die Bed. „schwierig" zu nennen. Hierher gehört die Zusammenbildung **schwerhörig** (aus 'schwer, d. h. mit Anstrengung hörend', 19. Jh.). Nicht sicher erklärt ist **schwerfällig** „unbeholfen, schwer beweglich" (18. Jh., aber schon *mnd.* swārvellich). Abl.: **Schwere** „das Schwersein, lastendes Gewicht; hoher Grad, Ausmaß" (*mhd.* swære, *ahd.* swārī); **schwerlich** (als Adverb *mhd.* swærliche „drückend, mühsam", *ahd.* swārlīhho; seit dem 16. Jh. für „kaum", eigentlich „mit Mühe"); **beschweren** (s. d.). Zus.: **Schwerenot** (*frühnhd.* verhüllende Bezeichnung der als Behexung angesehenen Epilepsie; daher später als [verwünschender] Fluch gebraucht), dazu **Schwerenöter** (im 18. Jh. „verfluchter Kerl", im 19. Jh. gemildert zu „schlauer Geselle" und „Schürzenjäger"); **Schwermut** (*frühnhd.* Rückbildung zum Adjektiv **schwermütig,** *mhd.* swærmüetec); **Schwerkraft, Schwerpunkt** (18. Jh.).

Schwert: Die Herkunft des *altgerm.* Substantivs *mhd., ahd.* swert, swerd, *niederl.* zwaard, *engl.* sword, *schwed.* svärd ist nicht geklärt. In der Neuzeit ist das Wort mit dem Aufkommen anderer Hiebwaffen (z. B. Degen, Säbel) außer Gebrauch gekommen und wird nur noch historisch oder bildlich angewendet (z. B. 'Schwert des Geistes'). Nach seinem schwertförmig verlängerten Kieferfortsatz ist der **Schwertfisch** (18. Jh.) benannt worden, nach ihren schwertartigen Blättern die 'Schwertlilie' (18. Jh.).

Schwester: Der *gemeingerm.* Verwandtschaftsname *mhd., ahd.* swester, *got.* swistar, *aengl.* sweostor, *aisl.* systir (daraus entlehnt *engl.* sister), *schwed.* syster geht zurück auf *idg.* *suesor- „Schwester“. Außerhalb des *Germ.* entsprechen z. B. gleichbed. *aind.* svásar-, *lat.* soror (dazu con-sobrinus „Geschwisterkind“, ↑Cousin) und (aus *sesor-) *lit.* sesuõ, *russ.* sestra. Wie ↑Bruder wird auch 'Schwester' übertragen gebraucht, besonders für die Mitglieder der religiösen Gemeinschaften. Da die Krankenpflege ursprünglich zu den Aufgaben geistlicher Orden gehörte, ist **Krankenschwester** im 20. Jh. schließlich zur Berufsbezeichnung geworden (ähnlich 'Säuglings-, Kinderschwester'). Die Zusammensetzung **Betschwester** (*mhd.* betswester „Nonne“) bezeichnet seit dem 16. Jh. abfällig eine überfromme weibliche Person. Abl.: **schwesterlich** (*mhd.* swesterlich); **verschwistert** „als Geschwister verbunden, zusammengehörig“ (2. Partizip zu dem Verb sich verschwistern, 18. Jh.) Siehe auch *Geschwister.*

Schwiegermutter: Die *nhd.* Zusammensetzung tritt erst im 16. Jh. verdeutlichend neben das gleichbedeutende alte Wort **Schwieger** (*mhd.* swiger, *ahd.* swigar, *aengl.* swegar, ähnlich *got.* swaíhrō, *aisl.* sværa). Dieses Substantiv ist, wie entsprechende Wörter in andern *idg.* Sprachen zeigen (z. B. *lat.* socrus, *russ.* svekrov', *aind.* śvaśrū́-ḥ), eine schon *idg.* weibliche Gegenbildung zu dem unter ↑*Schwager* genannten Wort für „Schwiegervater“ (*dt. mdal.* Schwäher). Nach dem Muster von 'Schwiegermutter' entstanden ebenfalls im 16. Jh. die Zusammensetzungen **Schwiegervater** und **Schwiegersohn,** später auch **Schwiegertochter** (17. Jh.) und **Schwiegereltern** (18. Jh.). Erst im Laufe des 18. Jh.s bürgern sich alle diese Zusammensetzungen in der Schriftsprache ein.

Schwiele: Das *westgerm.* Substantiv *mhd.* swil[e], *ahd.* swil[o] „Geschwulst, harte Hautstelle“, *mniederl.* swil „Schwiele“, *aengl.* swile „Geschwulst, Schwellung“ gehört ablautend zu dem unter ↑[1]*schwellen* behandelten Verb. Das weibliche Geschlecht hat sich im 16. Jh. (*frühnhd.* Schwillen) aus dem alten schwachen Plural entwickelt, die heutige Form erscheint zuerst im 17. Jh. Abl.: **schwielig** (im 17. Jh. schwillig, schwielicht).

schwierig „viel Mühe machend, Anstrengungen erfordernd, nicht einfach“: Das nur *dt.* Adjektiv *mhd.* swiric, sweric „voll Schwären, eitrig“ wird in diesem Sinn als schwirig, schwürig bis ins 19. Jh. gebraucht. Es gehört zu der unter ↑*schwären* behandelten Wortsippe. Seit dem 16. Jh. steht es häufig übertragen für „aufrührerisch, aufsässig“. Daraus entsteht um 1800 die Bed. „schwer zu behandeln“. Vom Sprachgefühl wird das Adjektiv als Weiterbildung von ↑schwer aufgefaßt. Abl.: **Schwierigkeit** (18. Jh.; in dem Wort sind die Formen *frühnhd.* schwerig-, schwirigkeit „Vereiterung“ und *spätmhd.* swærecheit „Schwere, Beschwerlichkeit“ zusammengeflossen).

Schwimmdock ↑Dock.

schwimmen: Das *altgerm.* starke Verb *mhd.* swimmen, *ahd.* swimman, *niederl.* zwemmen, *engl.* to swim, *aisl.* svim[m]a (*schwed.* simma) bildet mit seinem *westgerm.* Veranlassungswort ↑schwemmen und einigen ablautenden Wörtern (z. B. *schwed.* svamla „faseln“, eigentlich „herumplätschern“) eine Wortgruppe, deren *außergerm.* Beziehungen nicht geklärt sind. Die Hauptbedeutung „sich im Wasser fortbewegen“ gilt von Anfang an, und zwar ursprünglich nur vom Menschen. Die Bed. „ineinanderfließen, undeutlich werden“ ('es schwimmt mir vor den Augen') kommt im 18. Jh. auf; dazu gleichbedeutend **verschwimmen** (18. Jh.) und besonders das 2. Partizip **verschwommen** „nebelhaft, unklar, unscharf“. Abl.: **Schwimmer** (*spätmhd.* swimmer „jemand, der schwimmt“; seit dem 19. Jh. auch für schwimmende Teile von Geräten).

schwindeln: *Mhd.* swindeln, *ahd.* swintilōn bedeutet als Weiterbildung des unter ↑*schwinden* behandelten Verbs ursprünglich „in Ohnmacht fallen“, wird aber schon im *Ahd.* unpersönlich gebraucht für „Schwindelgefühle haben“ ('mir schwindelt'). Rückbildung dazu ist **Schwindel** „Taumel, Benommenheit“ (*spätmhd.* swindel). Die heutige zweite Bedeutung der Wortgruppe („betrügen, Betrug“) hat sich aus der Ableitung **Schwindler** entwickelt, die im 17. Jh. „Schwärmer, Phantast“ bedeutete, zu Ende des 18. Jh.s aber unter den Einfluß von *engl.* swindler „Betrüger“ geriet (das als Wort selbst aus dem *Dt.* stammt). Dazu **Schwindelei** „[leichter] Betrug“ (*nordd.,* Ende des 18. Jh.s). Das Adjektiv **schwind[e]lig** (16. Jh.) bezieht sich dagegen stets auf den körperlichen Schwindel.

schwinden: Das starke Verb *mhd.* swinden, *ahd.* swintan „abnehmen, sich verzehren, vergehen“, *aengl.* swindan „abnehmen, schmachten“ ist wahrscheinlich mit der *slaw.* Sippe von *russ.* vjanut' „welken“ verwandt. Zu 'schwinden' gehören auch das Veranlassungswort *mhd.* swenden „schwinden machen, vertilgen; ausroden“ (↑verschwenden), die Weiterbildung ↑schwindeln und die Substantivbildung **Schwund** „das Schwinden, Verringerung, Abnahme“ (Anfang des 19. Jh.s). Völliges Vergehen drückt die Präfixbildung **verschwinden** (*mhd.* verswinden, *ahd.* farsuindan) aus; sie kann für „verzehrt, vernichtet werden“ ebenso stehen wie für „außer Gebrauch kommen“ und bloßes „unsichtbar werden“. Die Zusammensetzung **Schwindsucht** (*spätmhd.* swintsucht, Wiedergabe von *griech.* phthísis „das Schwinden, Auszehrung“) bezeichnete früher die Tuberkulose.

schwingen: Das *westgerm.* starke Verb *mhd.* swingen, *ahd.* swingan, *mniederl.* swingen, *engl.* to swing (↑Swing) bedeutet „mit Kraft bewegen oder schlagen“, reflexiv „aufspringen, -fliegen; schweben“. Nahe verwandt ist die Sippe von ↑schwanken, die von einer Grundbedeutung „biegsam, schmächtig“ ausgeht, ebenso die nasallose Sippe von ↑schwach (eigentlich „schwankend, biegsam"). Mit diesen *germ.* Wortgruppen vergleicht sich z. B. *air.* seng „schlank". Ableitungen sind (neben den ablautenden ↑Schwang und ↑Schwung): **Schwinge** „Schwinggerät, Vogelflügel" (*mhd.* swinge „Schwingholz für Flachs; flacher, ovaler Korb, der zum Reinigen der Getreidekörner hin und her geschwungen wird"; als „Flügel" zuerst in der Falknerei, 16. Jh.), dazu **beschwingt** „beflügelt, leicht" (18. Jh.); **Schwingung** (18. Jh., besonders in physikalischem Sinn). Die heute selten gebrauchte Präfixbildung **erschwingen** (*mhd.* erswingen „schwingend in Bewegung setzen; im Schwung erreichen") bedeutet „Kosten aufbringen" (16. Jh.), dazu **erschwinglich** „finanziell gut zu bewältigen, billig" (18. Jh.).

Schwips (*ugs.* für:) „leichter Rausch": Das Wort erscheint zuerst *österr.* im 19. Jh. Es gehört zu *mdal.* schwippen „leicht hin und her schwanken" (eigentlich von Flüssigkeiten, vgl. die Interjektion *schwipp!,* die lautnachahmenden Ursprungs ist).

schwirren: Das im 17. Jh. aus *[m]nd.* swirren ins *Hochd.* übernommene Verb entspricht gleichbed. *niederl.* zwirrelen und *aisl.* sverra „wirbeln". Die lautmalende Wortgruppe, zu der auch die unter ↑*Schwarm* und ↑*surren* behandelten Wörter gehören, läßt sich mit *außergerm.* Wörtern wie *lat.* susurrus „das Zischen" und *aind.* svárati „ertönt, schallt" vergleichen, ohne daß Urverwandtschaft bestehen müßte.

schwitzen: Das nur *dt.* Verb *mhd.* switzen, *ahd.* swizzen „Schweiß absondern" (dafür früher auch ↑schweißen) gehört ablautend zu der unter ↑*Schweiß* genannten Wurzel, vgl. das entsprechend gebildete *aind.* svídyati „schwitzen". Die Wendung 'etwas verschwitzen' *ugs.* für „vergessen" ist seit dem 18. Jh. belegt.

Schwof: Die *ugs.* Bezeichnung für ein öffentliches Tanzvergnügen beruht auf einer *ostmitteld.* Form von ↑*Schweif* „Schwanz". Sie kam Anfang des 19. Jh.s in Studentenkreisen auf und ist wohl in der Bedeutung durch das Verb **schwofen** „schweifen, sich hin und her bewegen, tanzen" beeinflußt worden.

schwören: Das *gemeingerm.* starke Verb *mhd.* swern, swer[i]gen, *ahd.* swerian, *got.* (andersgebildet) swaran, *engl.* to swear, *schwed.* svär[j]a ist von Anfang an ein Wort des Rechtswesens. Die Grundbedeutung „sprechen, [vor Gericht] Rede stehen" zeigt sich noch in den Ableitungen *aisl., schwed.* svar, *aengl.* and-swaru, *engl.* answer „Antwort". Außerhalb des *Germ.* ist z. B. die Sippe von *russ.* svara „Streit, Zank" (eigentlich „Rede und Gegenrede") verwandt. – Zu 'schwören' gehören die Substantive **Geschworene** (s. d.), **Schwur** (s. d.). Die Präfixbildung **beschwören** (*mhd.* beswern, *ahd.* biswerian) bedeutet ursprünglich, wohl unter Nachwirkung der alten Grundbedeutung von schwören (s. o.), „inständig, feierlich bitten", seit *mhd.* Zeit auch „durch Zauberworte bannen oder rufen". Erst *nhd.* ist die Bed. „durch Eid bekräftigen". Dagegen stand **verschwören** (*mhd.* verswern, *ahd.* farswerian) ursprünglich verstärkend für 'schwören'. Seine heutige Bed. „sich heimlich [durch Eide] verbünden" ist dem *lat.* coniurare entlehnt, das im 16. Jh. durch 'zusammen schwören', 'sich zusammen verschwören' übersetzt worden war. Dazu **Verschwörer** (19. Jh.; in anderem Sinn *mhd.* verswerer) und **Verschwörung** (17. Jh.; in anderem Sinn *mhd., ahd.* verswerunge).

schwül: Das Adjektiv wurde im 17. Jh. in der Form schwul aus dem *Niederd.* ins *Hochd.* übernommen. *Niederd.* swōl, swūl, swöl, *niederl.* zwoel „drückend heiß" gehört ablautend zu der unter ↑*schwelen* dargestellten Wortgruppe. Die *nhd.* Form ist im 18. Jh. wohl unter Einfluß von 'kühl' entstanden. Die nicht umgelautete Form **schwul** ist seit dem 19. Jh. *ugs.* für „homosexuell" gebräuchlich (beachte dazu 'warmer Bruder' *ugs.* für „Homosexueller"), substantiviert **Schwule** „Homosexuelle[r]". Abl.: **Schwüle** „drückende Hitze" (18. Jh.); eine scherzhafte studentische Bildung des 18. Jh.s ist **Schwulität** „Beklemmung, Verlegenheit", heute besonders in der *ugs.* Wendung 'in Schwulitäten (d. h. in Verlegenheit, Bedrängnis) sein'.

Schwulst: *Mhd.* swulst „Schwiele, Geschwulst" gehört zu dem unter ↑¹*schwellen* behandelten Verb. Es ist im *Nhd.* durch die ältere Bildung ↑Geschwulst aus seiner eigentlichen Bedeutung verdrängt worden. Der übertragene Sinn „Aufgeblasenheit" erschien im 18. Jh.; das Wort wurde bald auf den überladenen Stil der Barockdichtung angewandt. Das abgeleitete Adjektiv **schwulstig** „aufgeschwollen, aufgeworfen" (16. Jh.) wird schon von Luther für „aufgeblasene" Worte verwendet. Im übertragenen Sinn „überladen, weitläufig" gilt seit dem 18. Jh. die umgelautete Form **schwülstig** (s. auch 'geschwollen' unter *schwellen*).

Schwund ↑schwinden.

Schwung „kraftvolle, rasche [bogenförmige] Bewegung; Elan": Das Substantiv *spätmhd.* swunc ist eine nur *dt.* Substantivbildung zu dem unter ↑*schwingen* behandelten Verb und bedeutet eigentlich „das Schwingen". Abl.: **schwunghaft** (Anfang des 19. Jh.s, meist in der Wendung 'einen schwunghaften Handel treiben'). Zus.: **Schwungfeder** (im 18. Jh. für älteres Schwingfeder); **Schwungkraft, Schwungrad** (18. Jh.); **schwungvoll** (18. Jh.).

schwupp!, schwups! ↑schwappen.

Schwur: Die nur *dt.* Substantivbildung zu dem unter ↑*schwören* behandelten Verb (*mhd.* swuor, *ahd.* eid-swuor) ist gegenüber dem alten Rechtswort ↑Eid immer selten geblieben. Meist bedeutet es „Beteuerung", früher auch „Fluch". Zus.: **Schwurgericht** (Ende des 19. Jh.s für älteres 'Geschworenengericht').

Scotchterrier ↑Terrier.

sechs: Das *gemeingerm.* Zahlwort *mhd., ahd.* sehs, *got.* saíhs, *engl.* six, *schwed.* sex geht mit Entsprechungen in den meisten anderen *idg.* Sprachen auf *idg.* *s[u̯]eks „sechs" zurück, vgl. z. B. gleichbed. *lat.* sex und *griech.* héx (↑Samt). Abl.: **sechste** (Ordnungszahl; *mhd.* sehste, *ahd.* seh[s]to; vgl. *außergerm.* z. B. *lat.* sextus, ↑Sexta). Zus.: **Sechstel** (*mhd.* sehsteil; vgl. *Teil*);

sechzehn (*mhd.* sehzehen, *ahd.* seh[s]zēn); **sechzig** (*mhd.* sehzic, *ahd.* seh[s]zug; zum zweiten Bestandteil vgl. *...zig*), dazu der Name des Kartenspiels **Sechsundsechzig** (19. Jh.; nach der Zahl der zum Gewinnen nötigen Punkte).

Sediment „Ablagerung; Bodensatz (z. B. beim Harn)“: Der fachsprachliche Ausdruck wurde im 19. Jh. aus gleichbed. *lat.* sedimentum entlehnt. Dies gehört zu *lat.* sedere „sitzen; sich setzen, sich senken“ (vgl. *Assessor*).

See: Das *gemeingerm.* Substantiv *mhd.* sē, *ahd.* sē[o] „Binnensee, Meer“, *got.* saiws „Binnensee, Marschland“, *engl.* sea „Meer“, *schwed.* sjö „Meer, Binnensee“ ist etymologisch unerklärt. Zu dem ursprünglich männlichen Geschlecht kam in den *westgerm.* Sprachen das weibliche. Die Unterscheidung nach der Bedeutung hat sich erst im *Nhd.* voll ausgebildet, doch ist schon *mnd.* sē in der Bed. „Meer“ meist weiblich. Zus.: **Seemann** (*nhd.* im 17. Jh.; älter ist *niederl.* zeeman); **Seehund** (*frühnhd.* für *mnd.* sēlhunt, das mit *engl.* seal „Robbe, Seehund“ verwandt ist); **seekrank** (17. Jh.). Dagegen gehört **Seerose** (18. Jh.; entsprechend *mhd.* sēbluome) zur Bed. „Binnensee“.

Seele: Das *altgerm.* Wort *mhd.* sēle, *ahd.* sē[u]la, *got.* saiwala, *niederl.* ziel, *engl.* soul ist wahrscheinlich eine Ableitung von dem unter ↑*See* behandelten Wort mit der Grundbedeutung „die zum See Gehörende“. Nach alter germanischer Vorstellung wohnten die Seelen der Ungeborenen und der Toten im Wasser. Der heutige Inhalt des Wortes ist stark vom Christentum geprägt worden. In übertragenem Sinn steht ‘Seele’ für „Inneres eines Dings“, z. B. in der Bed. „Inneres des Laufs oder Rohrs einer Feuerwaffe“ (18. Jh., dazu **Seelenachse**). Abl.: **seelisch** „die Seele betreffend, psychisch“ (16. Jh.); **beseelen** „mit einer Seele, mit Eigenleben erfüllen; innerlich ausfüllen“ (17. Jh.); **entseelt** „tot“ (16. Jh.).

Seemannsgarn ↑Garn.

Seestern ↑Stern.

Segel: Das *altgerm.* Substantiv *mhd.* segel, *ahd.* segal, *niederl.* zeil, *engl.* sail, *schwed.* segel gehört wahrscheinlich im Sinne von „abgeschnittenes Tuchstück“ zu der unter ↑*Säge* behandelten Wortgruppe, vgl. die verwandten Wörter *aisl.* segi „Fleischstreifen“, sœgr „losgerissenes Stück“. Abl.: **segeln** (*mhd.* sigelen, *mnd.* sēgelen, seilen; vgl. *engl.* to sail, *schwed.* segla), dazu **Segler** (*spätmhd.* segeler, *mnd.* sēgeler „Schiffer“, seit dem 18. Jh. für „Segelschiff“). Zus.: **Segelflug** (im 20. Jh. für den motorlosen Flug); **Segelschiff** (seit dem 16. Jh. Gegenwort zu ‘Ruderschiff’, jetzt zu ‘Dampfschiff’ und ‘Motorschiff’); **Segeltuch** „grobes Leinen für Segel“ (18. Jh.; *mhd.* segeltuoch bedeutete „Segel“).

Segge ↑Säge.

Segment „Kreis- oder Kugelabschnitt; Körperabschnitt“: Der hauptsächlich mathematische Terminus wurde im 16. Jh. aus *lat.* segmentum „Schnitt; Einschnitt; Abschnitt“ entlehnt. Dies gehört zu *lat.* secare „schneiden, abschneiden“ (vgl. *sezieren*).

segnen: Das *altgerm.* Verb *mhd.* segenen „das Zeichen des Kreuzes machen, bekreuzigen, segnen“, *ahd.* seganōn, *niederl.* zegenen, *aengl.* segnian, *aisl.* signa beruht auf einer frühen Entlehnung aus *lat.-kirchenlat.* signare „mit einem Zeichen versehen, [be]zeichnen, siegeln, versiegeln; das Zeichen des Kreuzes machen“, das von *lat.* signum „Zeichen, Merkzeichen, Kennzeichen; *(kirchenlat.:)* Zeichen des Kreuzes“ abgeleitet ist. Über weitere etymologische Zusammenhänge vgl. den Artikel *Signum.* – Eine alte Rückbildung aus dem Verb ‘segnen’ ist das Substantiv **Segen** (*mhd., mnd.* segen „Zeichen des Kreuzes, Segen, Segensspruch; Gnade“, *ahd.* segan; vgl. entsprechend *niederl.* zegen). Zu ‘segnen’ gehört ferner das abgeleitete Substantiv **Segnung** (*mhd.* segenunge).

sehen: Das *gemeingerm.* starke Verb *mhd.* sehen, *ahd.* sehan, *got.* saiƕan, *engl.* to see, *schwed.* se beruht mit verwandten Wörtern in anderen *idg.* Sprachen auf der *idg.* Wurzel *sek[u]- „bemerken, sehen“. Deren eigentliche Bed. „[mit den Augen] verfolgen“ ergibt sich aus den verwandten Sippen von *lat.* sequi "[nach]folgen, verfolgen“ (s. die Fremdwortgruppe um *konsequent*), *aind.* sácatē „er begleitet, folgt“ und *lett.* sekt „folgen, spüren, wittern“. Wahrscheinlich liegt ein alter Jagdausdruck zugrunde, der sich auf den verfolgenden und spürenden Hund bezog. Aus der Bed. „bemerken“ hat sich weiterhin über „zeigen, ankündigen“ die Bed. „sagen“ entwickelt, die in der unter ↑*sagen* behandelten Wortgruppe erscheint. Siehe auch den Artikel *seltsam.* – Abl.: **Seher** (von Luther für „Prophet“ gebraucht, aber erst seit dem 18. Jh. eingebürgert; *mhd.* sternseher bedeutet „Astronom“; im *Nhd.* steht ‘Seher’ in Zusammensetzungen wie ‘Hell-, Fern-, Schwarzseher’); **Sicht** (s. d.; s. auch *Gesicht*). Zus.: **sehenswürdig** (18. Jh.), dazu **Sehenswürdigkeit** (nach 1800); **Sehkraft** (im 17. Jh. ‘Sehenskraft’). Die verbalen Zusammensetzungen haben wie das einfache Verb viele übertragene Bedeutungen entwickelt, z. B.: **absehen** (*frühnhd.* für „abmessen, -schätzen“, besonders „mit der Büchse zielen“; daher die Wendung ‘es auf jemanden abgesehen haben’), dazu **absehbar** „überschaubar“ (18. Jh.) und **Absicht** „Bestreben, Wollen“ (im 17. Jh. für älteres ‘Absehen’, eigentlich „Zielrichtung, -punkt“), dazu **absichtlich** „mit Absicht, vorsätzlich“ (18. Jh.) und **beabsichtigen** (18. Jh.; daneben auch das heute nicht mehr gebräuchliche beabsichten); **ansehen** (*mhd.* anesehen, *ahd.* anasehan), dazu **Ansicht** (*mhd.* anesiht, *ahd.* anasiht „Anblick“, im 18. Jh. aus dem *Niederd.* wiederaufgenommen; jetzt meist übertragen für „geistige Auffassung“ und für „Wiedergabe eines Anblicks“, z. B. in **Ansichtskarte,** Ende des 19. Jh.s); eine andere Bedeutung entwickelten **Ansehen** (*frühnhd.* für „Achtung, Wertschätzung“; *mhd.* ansehen bedeutete nur „Anblick, Angesicht“) sowie die Adjektive **angesehen** „geachtet“ (18. Jh.) und **ansehnlich** „auffallend, bedeutend“ (16. Jh.); **aufsehen** (*mhd.* ūfsehen, *ahd.* ūfsehan „emporblicken“, *frühnhd.* für „auf etwas achten"), dazu im 16. Jh. **Aufsehen** „öffentliche Beachtung", **Aufseher** „jemand, der auf etwas achtet, aufpaßt" und **Aufsicht** „das Achten auf etwas" (schon im 15. Jh. **beaufsichtigen**); **aussehen** (*mhd.* ūzsehen „hinaussehen", *nhd.* für „sich den Augen zeigen"), dazu **Aussehen** „äußere Erscheinung" (17. Jh.) und **Aussicht** „Blick nach draußen, in die Zukunft" (um 1700 in der Gartenkunst gebraucht); **einsehen** (zu *mhd.* īnsehen „geistiges Hineinblicken"; im 18. Jh. für „erkennen"), dazu **Einsicht** „das Einsehen; Erkenntnis" und **einsichtig** „vernünftig, verständnisvoll" (18. Jh.); **nachsehen** (in der Bed. „gewähren lassen, nicht tadeln" erst im 16. Jh.), dazu **Nachsicht** „verzeihendes Verständnis" und **nachsichtig** „voller Nachsicht" (18. Jh.); **vorsehen** (*mhd.* vürsehen „vorwärts sehen", reflexiv „Vorsorge tragen"), dazu **Vorsehung** (*mhd.* vürsehunge „Aufsicht, Schutz"; im 18. Jh. eingeengt auf die Bed. „nicht beeinflußbare, nicht berechenbare über die Welt herrschende göttliche Macht") und die Wörter **Vorsicht** „aufmerksames, besorgtes Verhalten (zur Verhütung eines möglichen Schadens)" (*mhd.* vürsiht, *ahd.* foresiht „Vorsorge") und **vorsichtig** „mit Vorsicht" (*mhd.* vür-, vorsihtic, *ahd.* foresihtig), die sich jetzt an 'sich vorsehen' „behutsam sein" angeschlossen haben. – Die Präfixbildung [sich] **versehen** (*mhd.* versehen, *ahd.* far-, firsehan) hat mehrere Bedeutungen, jetzt besonders „[stellvertretend] verwalten" (16. Jh.), „ausstatten, versorgen" (*mhd.*), „sich irren, etwas falsch machen" (*nhd.;* schon *mhd.* für „verwechseln"), dazu **Versehen** „Fehler" (17. Jh.). Schon im *Ahd.* steht 'sich firsehan' für „hoffend erwarten, vertrauen" (daher *nhd.* 'ehe man sich's versieht' „unerwartet"); dazu gehört das Substantiv **Zuversicht** (*mhd.* zuoversiht, *ahd.* zuofirsiht „Vertrauen, Hoffnung").

Sehne: Das *altgerm.* Substantiv *mhd.* sen[e]we, sene, *ahd.* sen[a]wa, *niederl.* zenuw, zeen, *engl.* sinew, *schwed.* sena gehört mit verwandten *außergerm.* Wörtern, z. B. *awest.* hinu- „Band, Fessel", *mir.* sin „Kette, Halsband", zu der unter ↑*Seil* dargestellten Wortgruppe. Bis in die Neuzeit hinein wurden oft auch Adern, Nerven und Muskeln als Sehnen bezeichnet, daher bedeutet das Adjektiv **sehnig** (im 15. Jh. synnig, senicht) oft auch „muskulös". Als mathematischer Begriff geht 'Sehne' schon in *mhd.* Zeit von der Vorstellung der Bogensehne aus, wird aber erst im 16. Jh. neben *lat.* chorda (eigentlich „Darmsaite") als Fachwort benutzt. Als verdunkeltes Grundwort kann 'Sehne' in den Wörtern 'Hachse' und 'Ochsenziemer' (s. d.) enthalten sein.

sehnen, sich: Das auf das *dt.* Sprachgebiet beschränkte Verb (*mhd.* senen „sich härmen, liebend verlangen") ist unbekannter Herkunft. An den alten Gebrauch ohne Reflexiv erinnern noch Fügungen wie 'sehnende Liebe' und die transitive Präfixbildung **ersehnen** „sehnsüchtig erwarten, verlangen" (18. Jh.). Abl.: **sehnlich** „sehnsüchtig verlangend" (*mhd.* sen[e]lich „schmachtend, schmerzlich"). Zus.: **Sehnsucht** „inniges, schmerzliches Verlangen" (*mhd.* sensuht), dazu **sehnsüchtig** „voller Sehnsucht" (18. Jh.).

sehnig ↑Sehne.

sehr: Das Adverb dient in der *nhd.* Schriftsprache zur Bezeichnung des hohen Grades bei Verben und Adjektiven und ist auch im *Mhd.* schon so gebraucht worden. *Mhd.* 'sēre wunt' bedeutet aber eigentlich „schmerzhaft wund", denn *mhd.* sēre „schmerzlich, gewaltig, heftig", *ahd.* sēro, *aengl.* sāre „schmerzlich" ist das Adverb des *altgerm.* Adjektivs *mhd., ahd.* sēr „wund, verwundet, schmerzlich", *niederl.* zeer, *engl.* sore, *norw.* sår „wund". Neben diesem steht ein *gemeingerm.* Substantiv *mhd., ahd.* sēr, *got.* sair „Schmerz", *engl.* sore, *schwed.* sår „Wunde". Im *Dt.* ist die Bed. „wund" nur noch im Verb ↑versehren erhalten. Die *germ.* Wörter sind wahrscheinlich mit *lat.* ṣaevus „wütend, schrecklich, grausam" und *air.* sāeth „Leid, Krankheit" verwandt.

seichen: Das *landsch. ugs.* Verb für „urinieren" (*mhd.* seichen, *ahd.* seihhen) ist ursprünglich Veranlassungswort zu *ahd.* sīhan „durchseihen" (s. *seihen*) und bedeutet eigentlich „ausfließen machen". Abl.: **Seiche** „Urin" (*mhd.* seiche, seich, *ahd.* seih).

seicht: Das Adjektiv ist nicht sicher erklärt. Ursprünglich bedeutete es wohl „sumpfig, feucht" (so *aengl.* sīhte). *Mhd.* sīht[e] wird wie das *nhd.* Adjektiv von Furten und flachen Stellen im Wasser gesagt. Die Übertragung auf geistige Flachheit ist erst *nhd.*

Seide: Die Bezeichnung für das aus dem Gespinst der Raupen verschiedener Seidenspinner, dann auch künstlich hergestellte Gewebe (*mhd.* sīde, *ahd.* sīda) beruht auf einer Entlehnung aus gleichbed. *mlat.* seta bzw. aus einem *roman.* Abkömmling von diesem, in dem das -t- zu -d- erweicht ist (vgl. z. B. *aprov.* seda „Seide"). Die weitere Herkunft des *mlat.* Wortes, das auch die Quelle ist für entsprechend *it.* seta, *span.* seda und *frz.* soie, ist nicht sicher geklärt. – Abl.: **seiden** „aus Seide" (*mhd.* sīdīn, sīden, *ahd.* sīdīn); **seidig** „seidenartig, seidenweich, wie Seide glänzend" (*frühnhd.* für „seiden", in der heutigen Bedeutung seit dem 19. Jh.).

Seife: Das *westgerm.* Substantiv *mhd.* seife, *ahd.* seifa, seipfa, *niederl.* zeep, *engl.* soap, das im *Ahd.* und *Aengl.* auch „[tropfendes] Harz" bedeutete, gehört mit *mhd.* sīfen, *aengl.* sīpian „tröpfeln, sickern" zu der unter ↑*Sieb* behandelten Wortgruppe. Außerhalb des *Germ.* ist z. B. *lat.* sebum „Talg" verwandt. Die germanische Seife wurde nach römischem Zeugnis (*lat.* sapo „Seife" ist *germ.* Lehnwort) in fester oder flüssiger Form aus Talg, Asche und Pflanzensäften bereitet und diente vor allem zum rituellen Rotfärben der Haare vor dem Kampf. Erst später ist sie auch als Reinigungsmittel bezeugt. Abl.: **seifen** „mit Seife behandeln" (*frühnhd.;* dafür jetzt meist 'ab-, einseifen'); **einseifen** bedeutet *ugs.* seit dem 19. Jh. auch „übervorteilen, betrunken machen" (vielleicht unter dem Einfluß von *rotw.* beseibeln, besefeln „betrügen", die zu *jidd.* sewel „Mist, Kot" gehören). Zus.: **Seifen-**

blase (17. Jh., oft bildlich gebraucht); **Seifensieder** (15. Jh.; da das Handwerk auch Kerzen herstellte, erklärt sich die um 1810 als studentisch bezeugte Wendung 'mir geht ein Seifensieder auf' als scherzhafte Verdrehung von 'mir geht ein Licht auf').

seihen: *Mhd.* sīhen, *ahd.* sīhan, *aengl.* sīon „seihen; ausfließen", ähnlich *aisl.* sīa „seihen" stehen in grammatischem Wechsel mit *mhd.* sīgen, *ahd., aengl.* sīgan „tröpfelnd fallen, sinken" (*nhd.* veraltet seigen; dazu ↑versiegen). Als Iterativum gehört ↑sickern zur gleichen Sippe, als Kausativum ↑seichen. Die Wortgruppe beruht mit verwandten Wörtern in anderen *idg.* Sprachen, z. B. *aind.* sḗcatē „gießt aus, begießt", auf der *idg.* Wurzel *seik^{u}- „ausgießen; rinnen, träufeln". Das Verb 'seihen' (mit der häufigeren Zusammensetzung **durchseihen**) bezeichnet im Gegensatz zu dem Verb sieben (↑Sieb) das Klären und Reinigen von Flüssigkeiten, z. B. von frisch gemolkener Milch.

Seil: Das *altgerm.* Substantiv lautet *mhd., ahd.* seil, *niederl.* zeel, *aengl.* sāl, *aisl.* seil „Seil, Strick, Fessel". Von ihm abgeleitet ist das Verb *mhd., ahd.* seilen, *got.* in-sailjan „anseilen, herablassen", *aengl.* sǣlan „mit Seilen binden" (*nhd.* in **anseilen, abseilen**). Aus anderen *idg.* Sprachen gehören z. B. *lit.* saĩlas „Band, Eimerschnur" und *russ.* silo „Schlinge" (aus *si-dlo) hierher. Die zugrundeliegende *idg.* Wurzel *sēi- „binden" erscheint mit anderen Weiterbildungen auch in den *dt.* Wörtern ↑Sehne, ↑Saite, ↑Siele und wahrscheinlich auch in ↑Sitte. Abl.: **Seiler** „jemand, der Seile herstellt" (*spätmhd.* seiler); **Seilschaft** „Bergsteigergruppe an gemeinsamem Seil" (20. Jh.). Zus.: **Seiltänzer** (im 17. Jh. für älteres Seilgänger, *spätmhd.* seilgenger, -ganger).

Seim, seimig ↑sämig.

sein: Die Formen des Hilfszeitworts werden in allen *germ.* Sprachen aus drei verschiedenen Stämmen gebildet: 1. Das Präteritum *nhd.* war, waren (*mhd.* was, wāren, *ahd.* was, wārun, entsprechend *got.* was, *engl.* was usw.) und das zweite Partizip gewesen (*mhd.* Neubildung) gehören zu dem unter ↑*Wesen* dargestellten *gemeingerm.* Verb *ahd.* wesan, *got.* wisan „sein"; 2. Die Präsensformen *nhd.* ist, sind, seid (Indikativ), sei, seist, seien, seiet (Konjunktiv) werden in allen *germ.* Sprachen von der *idg.* Wurzel *es- „sein" gebildet, die auch den Präsensformen von *lat.* esse (s. die Fremdwörter um *Essenz*) und *griech.* eĩnai „sein" zugrunde liegt. Beachte besonders die Übereinstimmung von *mhd., ahd., got.* ist, *engl.* is, *aisl.* es mit *lat.* est, *griech.* estí, *aind.* ásti „er ist" und von *mhd., ahd.* sint, *got., aengl.* sind mit *lat.* sunt, *aind.* sánti „sie sind". Deutsche Neubildungen zu diesem Stamm sind der Infinitiv *mhd., ahd.* sīn, *nhd.* sein, das erste Partizip *mhd.* sīnde, *nhd.* seiend und der Imperativ *mhd.* bis (s. unter 3), sīt, *nhd.* sei, seid. Hier galten früher nur Formen von *ahd.* wesan; 3. Ursprünglich wurden auch die 1. und 2. Person des Indikativs mit Formen der *idg.* Wurzel *es- gebildet (z. B. *engl.* I am, *got.* im, *aisl.* em „ich bin", entsprechend *griech.* eimí, *aind.* ásmi). In den *westgerm.* Sprachen hat hier jedoch die Wurzel *bheu- „wachsen, werden, sein" eingewirkt, die z. B. in *engl.* to be „sein", aber auch in *lat.* fui „bin gewesen" zugrunde liegt (vgl. *bauen*). So kam es zu den Mischbildungen *nhd.* bin (*mhd., ahd.* bin, älter bim, entsprechend *aengl.* bēom) und *nhd.* bist (*mhd., ahd.* bis[t], *aengl.* bis). Der substantivierte Infinitiv **Sein** wird erst in *nhd.* Zeit gebräuchlich und bezeichnet im Unterschied zu dem ursprünglich gleichbedeutenden Wort 'Wesen' (s. d.) vor allem die Tatsache oder Art des Vorhandenseins von Lebewesen und Dingen. Siehe auch den Artikel *Dasein*.

seit: Die *dt.* Konjunktion und Präposition *mhd.* sīt, *ahd.* sīd bedeutet eigentlich „später als". Sie hat sich in *ahd.* Zeit aus dem komparativischen Adverb *ahd.* sīd[ōr] (*mhd.* sīt, sider) „später" entwickelt, dem *aengl.* sīđ „spät[er]", *aisl.* sīđr „weniger, kaum" entsprechen. Das vorausliegende *germ.* Adjektiv (vgl. *got.* seiþus „spät") erscheint im *Westgerm.* nur gesteigert: *aengl.* sīđra „der spätere", sīđest „der späteste". Die *germ.* Wortgruppe stellt sich mit verwandten Wörtern in anderen *idg.* Sprachen zu der unter ↑*säen* dargestellten Wortgruppe, vgl. z. B. *lat.* setius „später, weniger [gut]". In Zeitsätzen steht 'seit' als unterordnende Konjunktion, während als nebenordnende Konjunktion oder Adverb **seitdem** gebraucht wird (wohl verkürzt aus *mhd.* sīt dem māle „seit der Zeit"). Ein zweites Adverb, *nhd.* **seither,** ist zusammengerückt aus *mhd.* sīt her, z. T. aber auch aus dem Komparativ *mhd.* sider (s. o.) umgedeutet worden.

Seite: Das *altgerm.* Substantiv *mhd.* sīte, *ahd.* sīta, *niederl.* zij[de], *engl.* side, *schwed.* sida ist die Substantivierung eines alten Adjektivs mit der Grundbedeutung „schlaff herabfallend", vgl. *aisl.* sīđr, *aengl.* sīd „herabhängend, lang, weit, geräumig", *afries., mnd.* sīde „niedrig", als Adverb *ahd.* sīto „schlaff". Es bezeichnete ursprünglich wohl die unter dem Arm abfallende Flanke des menschlichen Körpers, danach auch die Flanke von Tieren (dazu 'Speckseite'), und gehört mit der Sippe von ↑seit und verwandten *außergerm.* Wörtern (z. B. *mir.* sith- „lang, andauernd") wahrscheinlich zu der unter ↑*säen* dargestellten Wortgruppe. Das Wort bezeichnet übertragen auch die Seitenflächen von Dingen und ist schließlich zur allgemeinen Richtungsangabe geworden. Im Buchwesen bezeichnet es die beschriebene oder bedruckte Blattseite (*spätmhd.;* die **Seitenzahl** gibt es neben der älteren Blattzählung etwa seit 1500). In der Fachsprache der Geometrie bedeutet 'Seite' „begrenzende Gerade einer Figur" (15. Jh.; Lehnübersetzung für *lat.* latus). – Abl.: **seitens** (Präposition mit Genitiv, im 19. Jh. neben das ältere 'von seiten' getreten); **...seits** (*nhd.* in adverbialen Zusammensetzungen wie 'einer-, ander[er]seits, dies-, jenseits', deren -s- sekundär an *mhd.* akkusativische Formen wie ein-, ander-, dis-, jensīt getreten ist); **seitlich** (als Adjektiv erst im 19. Jh.; beachte aber *mhd.* sītelīchen

„nach der Seite hin"); **beseitigen** (nach 1800 für „zur Seite stellen" wohl aus der *oberd.* Kanzleisprache aufgenommen, zum Adverb älter *nhd.* beseit, *mhd.* besīt „beiseite"; heute nur übertragen für „wegschaffen", verhüllend für „ermorden").

Seitengewehr ↑Gewehr.

Sekante: Die mathematisch-fachsprachliche Bezeichnung für jede Gerade, die eine Kurve schneidet, beruht auf einer Entlehnung des 16. Jh.s aus *lat.* secans (secantis), dem Partizip Präsens von *lat.* secare „[ab]schneiden" (vgl. *sezieren*).

Sekret: Der medizinische Fachausdruck für „Drüsen-, Wundabsonderung" ist eine Entlehnung des 19. Jh.s aus *lat.* secretum, dem substantivierten Neutrum des Partizps Perfekt von *lat.* secernere „absondern, ausscheiden". Das *lat.* Verb selbst lieferte das entsprechende medizinisch-fachsprachliche Fremdwort **sezernieren** „Sekret absondern". – Über die etymologischen Zusammenhänge dieser Wörter vgl. den Artikel *Dezernent*.

Sekretär: Das Fremdwort wurde im 15. Jh. (*spätmhd.* secrētāri) im ursprünglichen Sinne von „Geheimschreiber" (dann allgemein „Schreiber") aus gleichbed. *mlat.* secretarius entlehnt. Zugrunde liegt *lat.* secretus „abgesondert; geheim" (vgl. *Dezernent*). Etwa seit dem 18. Jh. macht sich der Einfluß von entsprechend *frz.* secrétaire auf unser Wort geltend. – Abl.: **Sekretärin** (20. Jh.); **Sekretariat** „Kanzlei, Geschäftsstelle; Schriftführeramt" (17. Jh.; aus *mlat.* secretariatus „Amt eines Geheimschreibers").

Sekt „Schaumwein": Der früheste Beleg des Wortes in *dt.* Texten stammt aus dem Jahre 1647. Es erscheint hier in der ursprünglichen Form 'Seck' und bezeichnet eine Art süßen Likörweines. Die Form 'Sekt' mit unorganischem -t ist jünger (zuerst 1663 'Sect'). Die Herkunft des Wortes ist eindeutig gesichert. Ausgangspunkt ist *it.* 'vino secco' „trockener Wein" (zu *lat.* siccus „trocken"), das ursprünglich einen süßen, schweren, aus Trockenbeeren gekelterten Wein bezeichnete. Über entsprechend *frz.* 'vin sec' gelangte diese Bezeichnung als Kurzform in andere europäische Sprachen: *dt.* Seck, Sekt, *niederl.* sek, *schwed.* seck und *engl.* sack. Der Bedeutungswandel von „süßer Trockenbeerwein" zu „Schaumwein" (etwa um 1830) geht wahrscheinlich von einer Episode in der Weinstube von 'Lutter und Wegner' in Berlin aus, in der sich der Schauspieler L. Devrient, indem er die Rolle des Falstaff aus Shakespeares 'König Heinrich IV.' weiterspielte, mit den Worten 'a cup of sack' ein Glas Champagner bestellt haben soll.

Sekte: Die Bezeichnung kleinerer, meist von einer größeren christlichen Kirche abgespaltener religiöser Gemeinschaften (*mhd.* secte) beruht auf einer gelehrten Entlehnung aus *lat.-mlat.* secta „befolgter Grundsatz, Richtlinie; Partei; philosophische Lehre; Sekte". Das *lat.* Substantiv gehört vermutlich zu *lat.* sequi (secutum) „folgen" (vgl. *konsequent*), wohl auf Grund eines alten Partizips *sectum „befolgt". – Dazu das Substantiv **Sektierer** „Anhänger einer Sekte" (Anfang des 16. Jh.s, unmittelbar abgeleitet von einem älteren Verb 'sektieren' „eine Sekte bilden").

Sektion ↑sezieren.

Sektor „Kreis- oder Kugelausschnitt" (Mathematik), auch allgemein gebraucht im Sinne von „Bezirk, Gebiet; Sachgebiet", beachte dazu die junge Zusammensetzung **Sektorengrenze** (20. Jh.): Das Fremdwort wurde als mathematischer Terminus im 16. Jh. aus *lat.* sector „Kreisausschnitt" (eigentlich „[Ab]schneider") entlehnt, das seinerseits zu *lat.* secare „schneiden, abschneiden" (vgl. *sezieren*) gehört.

Sekunda: Die Bezeichnung für die fünfte Klasse der Unterstufe einer höheren Schule geht zurück auf *lat.* secunda classis „zweite Klasse" (über die Bedeutungsentwicklung vgl. den Artikel *Sexta*), das zu *lat.* secundus „(der Zeit, der Reihe nach) folgend; zweiter" (vgl. *Sekunde*) gehört. Abl.: **Sekundaner** „Schüler einer Sekunda" (18./19. Jh.).

sekundär: Das Adjektiv mit der Bedeutung „zur zweiten Ordnung gehörend; in zweiter Linie in Betracht kommend; nachträglich hinzukommend; Neben...", auch als Bestimmungswort von Zusammensetzungen wie **Sekundärliteratur** wurde im 18. Jh. über entsprechend *frz.* secondaire aus gleichbed. *lat.* secundarius entlehnt und in der Lautung relatinisiert. Zugrunde liegt *lat.* secundus „(der Zeit, der Reihe nach) folgend; zweiter" (vgl. *Sekunde*).

Sekunde: Die seit dem 15. Jh. bezeugte Bezeichnung für den 60. Teil einer ↑Minute als Grundeinheit der Zeit wurde verselbständigt aus der *lat.* Fügung 'pars minuta secunda', mit der im Sexagesimalsystem des Ptolemäus (2. Jh. n. Chr.) der zweite Teil (das ist der Teil, der entsteht, wenn der „erste verminderte Teil" [1 Minute] durch 60 geteilt wird) bezeichnet worden war. Das zugrundeliegende Adjektiv *lat.* secundus „(der Reihe oder der Zeit nach) folgend; zweiter", das auch Ausgangspunkt für die Fremdwörter ↑Sekunda, Sekundaner, ↑sekundär und ↑sekundieren, Sekundant ist, ist eigentlich ein altes Partizip (*sequondos) von *lat.* sequi „folgen" (vgl. *konsequent*).

sekundieren: Das seit dem 17. Jh. zunächst in der allgemeinen Bed. „unterstützen, begünstigen" bezeugte Verb (im 16. Jh. schon in der Bedeutung „jemanden [die zweite Stimme singend oder spielend] begleiten"), das auf gleichbed. *lat.* secundare zurückgeht, entwickelte unter dem Einfluß von entsprechend *frz.* seconder die spezielle Bed. „beim Duell Beistand leisten". Ähnliches gilt von dem abgeleiteten Substantiv **Sekundant** (Ende 17. Jh.; aus *lat.* secundans, dem Partizip Präsens von secundare), das heute einerseits im Sinne von „Beistand, Zeuge beim Duell" gilt, andererseits in dem davon übertragenen Sinne „Berater, Betreuer eines Sportlers beim Wettkampf". *Lat.* secundare ist abgeleitet von *lat.* secundus „(der Zeit, der Reihe nach) folgend; zweiter" (vgl. *Sekunde*) in dessen übertragener Bed. „begleitend; begünstigend".

selb: Das *gemeingerm.* Pronomen *mhd.* selp (Genitiv selbes), *ahd.* selb, *got.* silba, *engl.* self, *schwed.* själv ist etymologisch nicht sicher erklärt. In der einfachen Form erscheint 'selb' heute nur noch in **derselbe, dieselbe, dasselbe** (getrennt: am selben Tag, zur selben Zeit), in *ugs.* **selber** „selbst", dem schon im *Mhd.* erstarrten starken Nominativ Singular und in der Zusammensetzung **selbständig** (im 16. Jh. zu *frühnhd.* selbstand „Person" gebildet, dafür *spätmhd.* selbstēnde „für sich bestehend"). Die gewöhnliche Form des Pronomens ist **selbst** (aus dem früh erstarrten Genitiv Singular mit *frühnhd.* t-Auslaut wie in 'Papst', 'Obst'). Dazu die Substantivierung **Selbst** „das seiner selbst bewußte Ich" (18. Jh.; nach dem Vorbild von *engl.* the self; zuerst in religiös-moralischem Sinn). Abl.: **selbstisch** „egoistisch" (18. Jh.; nach *engl.* selfish). Zus.: **selbstbewußt** „voller Selbstbewußtsein" (18. Jh.), dazu **Selbstbewußtsein** „das Überzeugtsein von seinen Fähigkeiten, von seinem Wert als Person" (18. Jh.); **selbstgefällig** „sehr von sich überzeugt, eitel" (18. Jh.); **Selbstlaut** „Vokal" (im 18. Jh. neben älterem 'Selbstlauter', Gegenbildung zur Lehnübersetzung Mitlaut[er] für 'Konsonant' [16. Jh.]); **selbstlos** „ohne Selbstsucht" (nach 1800); **Selbstmord** (Lehnübersetzung von *nlat.* suicidium, 17. Jh.), älter bezeugt ist **Selbstmörder** (16. Jh.); **Selbstsucht** „auf den eigenen Vorteil bedachte Einstellung", **selbstsüchtig** „voller Selbstsucht" (18. Jh.); **selbstverständlich** „sich aus sich selbst verstehend; ohne Frage, natürlich" (18. Jh.), dazu **Selbstverständlichkeit; Selbstverwaltung** (Anfang des 19. Jh.s nach *engl.* self-government).

selbander ↑ander.

selig: Das Adjektiv *mhd.* sælec, *ahd.* sālīg „wohlgeartet, gut, glücklich; gesegnet; heilsam", *niederl.* zalig „selig", *aengl.* sǣlig, *aisl.* sælligr „glücklich" ist die *altgerm.* Weiterbildung eines älteren Adjektivs, das noch in *got.* sēls „tauglich, gütig", *schwed.* säll „glückselig" und *aengl.* un-sǣle „boshaft" erscheint. Als abgeleitetes Substantiv steht daneben *mhd.* sælde „Güte, Glück, Segen, Heil" (*ahd.* sālida, *aengl.* sǣld, *aisl.* sæld), das im *Nhd.* durch **Seligkeit** (*mhd.* sælec-, *ahd.* sālicheit) abgelöst wurde. Außerhalb des *Germ.* ist vielleicht *lat.* solari „trösten" verwandt; weitere Beziehungen bleiben ungewiß. Nicht verwandt ist das unter ↑*Seele* behandelte Wort. Die heutige Bedeutung des Wortes ist entscheidend vom Christentum geprägt worden. Abl.: **beseligen** „beglücken" (16. Jh.). Von den zahlreichen Zusammensetzungen mit dem Grundwort **-selig** enthalten nur wenige das Adjektiv, so **glückselig** (↑Glück), **gottselig** (16. Jh.), **leutselig** (↑Leute). Meist sind sie in Analogie zu den Ableitungen von Substantiven auf ↑*-sal* gebildet ('Mühsal – mühselig', danach z. B. 'feind-, red-, rührselig'). Doch empfindet das Sprachgefühl diese Herkunft nicht mehr.

Sellerie: Der seit dem 17. Jh. bezeugte Name der Gemüsepflanze ist wie entsprechend *frz.* céleri aus der Pluralform selleri von *nordit.* sellero „Sellerie" entlehnt, das eine Dialektform von gleichbed. *it.* sedano darstellt. Letzte bekannte Quelle des Wortes ist *griech.(-lat.)* sélīnon „Eppich; Sellerie". Siehe auch *Petersilie.*

selten: Das *altgerm.* Adverb *mhd.* selten, *ahd.* seltan, *niederl.* zelden, *engl.* seldom, *schwed.* sällan ist nicht sicher erklärt. Im *Got.* erscheint es nur in der Zusammensetzung silda-leiks „wunderbar" (*aengl., asächs.* seld-līc, eigentlich „von seltener Gestalt", ähnlich wie *dt.* ↑seltsam). Als Adjektiv hat sich 'selten' erst seit dem 15. Jh. entwickelt, dabei ist die gewöhnliche Bedeutung „nicht häufig" zu „außergewöhnlich, vortrefflich" erweitert worden. Abl.: **Seltenheit** „etwas selten Vorkommendes" (um 1500).

Selters, Selterswasser ↑Salz.

seltsam: Das nur *dt.* Adjektiv ist erst im *Nhd.* an die Bildungen auf -sam (heil-, wachsam usw.) angelehnt worden. *Mhd.* seltsæne, *ahd.* seltsāni „fremdartig, wunderbar, kostbar; befremdlich" enthält als ersten Bestandteil das unter ↑*selten* behandelte Wort. Der zweite Bestandteil ist ein *germ.* Verbaladjektiv, das zu dem unter ↑*sehen* behandelten Verb gehört und das verneint in *ahd.* un-sāni „ungestalt" erscheint, vgl. dazu auch *got.* anasiuns, *aengl.* gesīene, *aisl.* synn „sichtbar" (beachte *schwed.* sällsynt „selten"). Die Grundbedeutung von 'seltsam' ist also „nicht häufig zu sehen". Heute bedeutet es nur „verwunderlich, merkwürdig, eigenartig". Abl.: **Seltsamkeit** (*spätmhd.* selzenkeit).

Semester „Studienhalbjahr": Das Wort ist eine gelehrte Substantivbildung des 16. Jh.s zu *lat.* semestris (< *sex-mens-tris) „sechsmonatig" in der Fügung 'semestre tempus' „Zeitraum von sechs Monaten". Bestimmungswort ist *lat.* sex „sechs" (vgl. *sechs*), Grundwort *lat.* mensis „Monat" (vgl. *menstruieren*).

semi..., Semi...: Das aus dem *Lat.* stammende Bestimmungswort von Zusammensetzungen mit der Bed. „halb", wie in 'Semifinale' „Halbfinale" und ↑Semikolon, ist entlehnt aus *lat.* semi... „halb" (in Zusammensetzungen), das seinerseits urverwandt mit gleichbed. *griech.* hēmi... (↑hemi...) ist.

Semikolon „Strichpunkt" (Zeichen ;): Der Name des am Ende des 15. Jh.s eingeführten Interpunktionszeichens für die Gliederung von Satzperioden ist eine gelehrte hybride Neubildung aus *lat.* semi... „halb" (vgl. *semi...*) und *griech.* kōlon in dessen übertragener Bed. „Glied einer Satzperiode" (über die eigentliche Bedeutung von *griech.* kōlon „Körperglied; gliedartiges Gebilde" vgl. den Artikel *Kolik*).

Seminar: *Lat.* seminarium „Pflanzschule, Baumschule", das von *lat.* semen „Samen; Setzling; Sprößling" (urverwandt mit *dt.* ↑*Samen*) abgeleitet ist, gelangte im 16. Jh. ins Deutsche. In übertragenem Gebrauch entwickelte das Wort im schulischen und akademischen Bereich die neue Bed. „vorbereitende Bildungsanstalt". Davon ausgehend gilt 'Seminar' heute einerseits im Sinne von „Anstalt zur Vorbereitung auf den geistlichen Stand" (beachte die Zusammensetzungen 'Priesterseminar' und 'Predigerseminar'), andererseits bezeichnet es ein für wissenschaftliche Arbeit und Forschung eingerichtetes Hochschulinstitut oder die an einem solchen Institut im Rahmen des akademischen Unterrichts abgehaltenen Übungen. – Über die *idg.* etymologischen Zusammenhänge des *lat.* Wortes vgl. den Artikel *säen.*

Semmel: *Lat.* simila „feingemahlenes Weizenmehl" wurde früh ins *Dt.* entlehnt (*mhd.* semel[e], *ahd.* semala). Im *Mhd.* entwickelte sich dann die Bedeutung „Brot aus Weizenmehl; Brötchen". Diese Bezeichnung für das *nordd.* und *mitteld.* Brötchen wird heute besonders im *Bayr.* und *Österr.* sowie teilweise auch im *Ostmitteld.* gebraucht.

Senat: *Lat.* senatus, abgeleitet von *lat.* senex „alt, bejahrt; Greis" (vgl. *Senior*), bedeutet wörtlich etwa „Rat der Alten". Im antiken Rom bezeichnete es eine Art Staatsrat (als Träger des Volkswillens), bestehend aus erfahrenen, durch Alter und Weisheit ausgezeichneten Männern, die über das Wohl des Staates zu wachen hatten. In *mhd.* Zeit gelangte das Wort als Fremdwort ins *Dt.* (*mhd.* senāt „Staatsrat"). Heute lebt es in verschiedenen staats- und verwaltungspolitischen Anwendungsbereichen. In Amerika z. B. ist der Senat die erste Kammer des Kongresses. In der Bundesrepublik Deutschland heißen die Regierungsbehörden in Berlin (West), Hamburg und Bremen 'Senat'. Ferner bezeichnet Senat das Organ der Selbstverwaltung an Hochschulen. Im juristischen Sinne schließlich versteht man unter 'Senat' ein Richterkollegium an Obergerichten. – Abl.: **Senator** „Vertreter, Mitglied des Senats; Ratsherr" (in *mhd.* Zeit aus *lat.* senator „Mitglied des römischen Senats" entlehnt).

Sendbrief ↑Brief.

senden „schicken; ausstrahlen": Das *gemeingerm.* Verb *mhd.* senden, *ahd.* senten, *got.* sandjan, *engl.* to send, *schwed.* sända gehört als Veranlassungswort mit der Grundbedeutung „reisen machen" zu einem unbezeugten *germ.* Verb *sinÞan „reisen" (vgl. *Sinn*). Im Präteritum stehen seit *ahd.* Zeit Formen mit und ohne Umlaut nebeneinander. Um 'senden' gruppieren sich 'absenden' (dazu 'Absender' „absendende Person; Adresse der absendenden Person"), 'aussenden, entsenden' und 'versenden' (s. u.). Abl.: **Sender** (*spätmhd.* für „Absender"; jetzt für „sendende Funkanlage", dazu die Zusammensetzungen 'Rundfunk-, Fernsehsender'); **Sendung** (*mhd.* sendunge, sandunge „Übersendung; gesandtes Geschenk", *ahd.* santunga; jetzt für „Paket, Brief" und „Funk- und Fernsehdarbietung", übertragen seit dem 18. Jh. für „Berufung, [göttlicher] Auftrag", ähnlich wie ↑Mission); **Gesandter** (s. d.). Zur Präfixbildung **versenden** „verschicken" (*mhd.* versenden) gehört kaufmännisch **Versand** „das Versenden von Waren; Abteilung, die für das Versenden von Waren zuständig ist" (19. Jh.).

Senf: 'Senf' heißen zunächst verschiedene, zu den Kreuzblütlern gehörende Futter-, Gewürz- und Ölpflanzen. Im speziellen Sinn bezeichnet das Wort ein scharfes, breiiges, aus den zerriebenen Samenkörnern des sogenannten 'weißen Senfs' mit Weinessig oder Most bereitetes Gewürz, den 'Tafelsenf' oder ↑Mostrich. Die Zubereitung von Tafelsenf lernten die Germanen von den Römern kennen und übernahmen von diesen auch die Bezeichnung. *Ahd.* senef, *mhd.* sen[e]f, *asächs.* senap, *aengl.* senap, senep gehen zurück auf *lat.* sinapi „Senf", das seinerseits Lehnwort aus gleichbed. *griech.* sínapi ist. Das Wort ist vielleicht *ägypt.* Ursprungs.

Senge: Der besonders im *Nord-* und *Mitteld.* gebräuchliche Ausdruck für „Prügel, Schläge" gehört wohl im ursprünglichen Sinne von „Hieb, Schlag, der brennt" zu ↑sengen.

sengen „leicht an der Oberfläche brennen": Das *westgerm.* Verb *mhd.* sengen, *ahd.* bi-sengen, *niederl.* zengen, *engl.* to singe bedeutete ursprünglich „brennen, dörren". Es ist u. a. verwandt mit *mhd.* senge „Trockenheit", sungen „anbrennen", *niederd.* sangeren „prickeln" und *norw. mdal.* sengla „brenzlig riechen". Außerhalb des *Germ.* ist vielleicht die Sippe von *kirchenslaw.* (prě)sęčiti „trocknen" verwandt. An die alte umfassendere Bedeutung des Wortes erinnert noch die Fügung 'sengen und brennen' „plündern und durch Brand zerstören". Häufiger ist heute **versengen** (*mhd.* versengen). Vgl. auch den Artikel *Senge.*

senil „greisenhaft": Das Adjektiv wurde im 19. Jh. aus gleichbed. *lat.* senilis entlehnt. Dies gehört zu *lat.* senex „alt, bejahrt; Greis" (vgl. *Senior*).

Senior „Ältester, Vorsitzender; Altmeister; Sportler einer bestimmten, der Juniorenklasse folgenden Altersstufe": Das seit dem ausgehenden 17. Jh. bezeugte Fremdwort geht zurück auf *lat.* senior „älter, bejahrter, reifer; erwachsener Mann (von 45–60 Jahren)", die Komparativform von *lat.* senex „alt, bejahrt; der Alte, der Greis" (urverwandt u. a. mit *griech.* hénos „nicht mehr neu, alt" und gleichbed. *aind.* sána-ḥ). Dazu auch *lat.* senatus „Rat der Alten, Ratsversammlung" (s. die Fremdwörter *Senat* und *Senator*) und *lat.* senilis „greisenhaft" (↑senil). – Vgl. in diesem Zusammenhang noch die folgenden auf *lat.* senior (Ablativ: seniore) beruhenden *roman.* Wörter *frz.* seigneur „Herr", gleichbed. *it.* signore, *span.* señor, *port.* senhor (dazu als Femininbildungen *it.* signora, *span.* señora „Herrin, Frau" und *it.* signorina „Fräulein", gleichbed. *span.* señorita, *port.* senhora, senhorita), ferner mit Possessivpronomen *frz.* monseigneur = *it.* monsignore „gnädiger Herr; Euer Gnaden, Euer Hochwürden" (als Anrede für hohe Geistliche); von einer *vlat.* Kurzform *seior (für senior) geht *frz.* sire „Herr" (veraltet), Sire „Majestät" aus (dazu als alter Akkusativ sieur, noch erhalten in monsieur „mein Herr; Herr") und das aus dem *Afrz.* vermittelte Substantiv *engl.* sir „Herr" (in der Anrede). Fast alle diese *roman.* Wörter werden im *Dt.* gelegentlich als Fremdwörter gebraucht.

Senkel „Schnürriemen": Das zu ↑*senken* gebildete Substantiv bezeichnete in alter Zeit den Anker und das steinbeschwerte Fischnetz (*mhd.* senkel, *ahd.* senchil), seit dem 16. Jh. auch das

Senkblei der Bauleute und Schiffer. Besonders hieß im *Mhd.* das herabhängende, oft kostbar verzierte Ende des Gürtels senkel. Diese Bezeichnung wurde bald auf den ganzen Gürtel und weiter auf die (mit Metallspitzen versehenen) Bänder und Schnüre der Kleidung übertragen. Zus.: **Schnürsenkel** „Schuhband".

senken: Als *gemeingerm.* Veranlassungswort zu dem unter ↑*sinken* behandelten Verb bedeutet *mhd., ahd.* senken, *got.* sagqjan, *aengl.* sencan, *schwed.* sänka eigentlich „sinken machen, versenken". Abl.: **Senke** (*mhd.* senke „Vertiefung, Tal"); **Senker** „in die Erde gesenktes Reis" (18. Jh.; heute meist **Absenker**); **Senkung** (17. Jh.; „das Senken", auch für „unbetonte Silbe im Vers"). Zus.: **senkrecht** (im 17. Jh. für 'perpendikular' [< *lat.* perpendicularis, zu perpendiculum „Richt-, Senkblei"; vgl. *Perpendikel*]). Das Wort knüpft wie das *lat.* Adjektiv an die Vorstellung des Senkbleis an, beachte die veralteten Ausdrücke 'blei-, senkelrecht' und das noch heute gebräuchliche 'lotrecht', s. *Lot*), dazu **Senkrechte** (im 19. Jh. für 'senkrechte Linie'). Beachte ferner die Präfixbildung **versenken** „bewirken, daß etwas untergeht, nach unten gelangt", reflexiv „sich vertiefen, sich ganz auf etwas konzentrieren" (*mhd.* versenken, *ahd.* far-, firsenken), dazu **Versenkung** (16. Jh.; die *ugs.* Wendung 'in der Versenkung verschwinden' „aus der Öffentlichkeit verschwinden" bezieht sich ursprünglich auf die bekannte Theatermaschine).

Senn, Senner: Die *bayr., österr.* und *schweiz.* Bezeichnung für den Almhirten, der auf der Alm die Milch zu Butter und Käse verarbeitet (*mhd.* sennære, zu gleichbed. *ahd.* senno), ist wohl im Schweizer Alpengebiet aus einem *kelt.* *sanion- „Melker" entlehnt worden, das seinerseits zu einem Verb mit der Bedeutung „melken" gebildet ist (urverwandt mit dem unter ↑*Spanferkel* genannten *idg.* Wort für „Zitze"). Abl.: **Sennerin** (19. Jh.); **Sennerei** „Alm, auf der die Milch zu Butter und Käse verarbeitet wird" (18. Jh.).

Sensation „aufsehenerregendes Ereignis; Riesenüberraschung; verblüffende Leistung": Das Fremdwort wurde im 18. Jh. – zunächst in der Bed. „Empfindung, Sinneseindruck" – aus gleichbed. *frz.* sensation entlehnt. Später (18./19. Jh.) übernahm es dann die im *Frz.* entwickelten Bedeutungen „Erregung, lebhaftes Interesse (an einer Begebenheit)" und (mit Umkehrung des Aspektes) „Ereignis, das Aufsehen erregt". *Frz.* sensation geht auf *mlat.* sensatio „das Empfinden; das Verstehen" zurück. Das zugrundeliegende Adjektiv *spätlat.* sensatus „mit Empfindung, Verstand begabt" ist abgeleitet von *lat.* sensus „Wahrnehmung; Empfindung usw." Über das Stammverb *lat.* sentire (sensum) „fühlen, empfinden, wahrnehmen" vgl. den Artikel *Sentenz.* – Abl.: **sensationell** „aufsehenerregend, verblüffend" (19. Jh.; aus gleichbed. *frz.* sensationnel).

Sense: Die ursprünglich *mitteld.* Form des Gerätenamens hat sich gegen zahlreiche andere Mundartformen in der Schriftsprache durchgesetzt. *Mhd.* segens[e], seinse, sēnse, *ahd.* segensa gehört mit anders gebildeten *germ.* Bezeichnungen (z. B. *asächs.* segisna, *niederl.* zeis[en] und *mnd.* sichte, *engl.* scythe, *aisl.* sigđ[r]) zu der *idg.* Wurzel *sek- „schneiden" (vgl. *Säge*). Aus anderen *idg.* Sprachen ist z. B. *lat.* sacena (*sacesna) „Spitzhacke des Oberpriesters" verwandt. Zus.: **Sensenmann** (im 17. Jh. sinnbildliche Bezeichnung des Todes, der schon im späten Mittelalter als Schnitter dargestellt wird).

sensibel „feinfühlig, empfindsam; empfindlich": Das Adjektiv wurde im 17. Jh. über gleichbed. *frz.* sensible aus *lat.* sensibilis „der Empfindung fähig" entlehnt. Dies gehört zu *lat.* sentire (sensum) „fühlen, empfinden; wahrnehmen". Über etymologische Zusammenhänge vgl. den Artikel *Sentenz.*

Sentenz „kurz und treffend formulierter, einprägsamer Ausspruch, Sinnspruch, Denkspruch": Das Fremdwort wurde in *mhd.* Zeit aus *lat.* sententia „Meinung, Ansicht, Urteil; Sinn, Gedanke, Sinnspruch, Denkspruch" entlehnt, einer Bildung zu *lat.* sentire (sensum) „fühlen, empfinden, wahrnehmen; urteilen, denken usw." Das *lat.* Verb gehört mit den unter ↑*sentimental,* ↑*Sensation* und ↑*sensibel* behandelten Ableitungen zu der unter ↑*Sinn* dargestellten *idg.* Wortsippe.

Sentiment „Empfindung, Gefühl": Das Fremdwort wurde in der 2. Hälfte des 17. Jh.s (zunächst in der Bed. „Meinung, Ansicht") aus gleichbed. *frz.* sentiment entlehnt, das seinerseits auf gleichbed. *mlat.* sentimentum (s. *sentimental*) zurückgeht.

sentimental „[übertrieben] gefühlvoll; rührselig": Das Adjektiv wurde im 18. Jh. (zunächst in der Bedeutung „empfindsam") aus gleichbed. *engl.* sentimental entlehnt. Das ihm zugrundeliegende Substantiv *engl.* sentiment „Gefühl, Empfindung; gefühlvolle Stimmung" geht über entsprechend *afrz.* sentement (= *frz.* sentiment) auf gleichbed. *mlat.* sentimentum zurück. Dies gehört zu *lat.* sentire „fühlen, empfinden; wahrnehmen". Über etymologische Zusammenhänge vgl. den Artikel *Sentenz.*

separat „abgesondert; einzeln": Das Wort wurde im 17. Jh. aus *lat.* separatus „abgesondert, getrennt" entlehnt, einem Partizipialadjektiv von *lat.* separare „absondern, trennen" (eigentlich etwa „etwas für sich gesondert bereiten"; zu *lat.* se[d] „für sich; beiseite" und *lat.* parare „bereiten", vgl. *parat*). Abl.: **Separatismus** „Streben nach Absonderung, nach Abtrennung" (zuerst im kirchlichen Bereich; 18. Jh.); beachte auch den Artikel *Separatist.* – Gleichen Ausgangspunkt wie das Adjektiv (*lat.* separare) hat das Fremdwort **Séparée** „Sonderraum; Nebenraum in einer Gaststätte". Es hat sich im späten 19. Jh. aus der dem *Frz.* entstammenden vollständigen Bezeichnung 'Chambre séparée' herausgelöst (zu *frz.* séparer „trennen, absondern" < *lat.* separare).

Separatist: Die Bezeichnung für „Anhänger, Verfechter einer Abtrennung, einer Loslösungsbewegung" wurde zu Anfang des 18. Jh.s aus gleichbed. *engl.* separatist entlehnt, das ursprünglich im kirchlich-religiösen Bereich „Abtrünniger, Sektierer" bedeutete. Das *engl.* Wort gehört zu *engl.* to separate „trennen" (< *lat.* separare, s. *separat*).

Séparée ↑separat.

September: Der schon *mhd.* bezeugte Name für den neunten Monat des Jahres, der im *Ahd.* witumānōt „Holzmonat" (zu *ahd.* witu „Brennholz") und später herbistmānōt „Herbstmonat" genannt wurde, ist aus *lat.* (mensis) September entlehnt, dem *lat.* septem „sieben" (verwandt mit *dt.* ↑*sieben*) zugrunde liegt. Im altrömischen Kalenderjahr, das mit dem Monat März begann, war der September der „siebte Monat". Dieser Name wurde auch nach der Kalenderreform beibehalten. (Vgl. zum Sachlichen den Artikel *Januar*).

Serenade „Abendmusik; Ständchen": Der musikalische Fachausdruck wurde im 17. Jh. über entsprechend *frz.* sérénade aus gleichbed. *it.* serenata entlehnt. Das *it.* Wort, das zu *it.* sereno „heiter" (< *lat.* serenus), serenare „aufheitern" gehört, bedeutet eigentlich etwa „heiterer Himmel". Durch sekundären Anschluß an *it.* sera „Abend" entwickelte es die neue Bed. „Abendständchen (das der Liebhaber seiner Geliebten bei schönem Wetter unter dem geöffneten Fenster darbringt)".

Sergeant „Unteroffizier": Die heute im deutschen Heerwesen nicht mehr übliche Dienstgradbezeichnung wurde bereits im Anfang des 17. Jh.s aus *frz.* sergent „Gerichtsdiener; Unteroffizier" entlehnt. In jüngster Zeit begegnet das Wort infolge erneuter Übernahme aus *engl.* sergeant, das selbst aus dem *Frz.* stammt, häufig auch in *engl.* Aussprache. – *Frz.* sergent, das im *Afrz.* ganz allgemein „Diener", daneben auch schon „bewaffneter Mann" bedeutete (daraus *mhd.* sarjant, serjant „Knappe"), geht seinerseits zurück auf *lat.* serviens (Akkusativ: servientem) „Dienender", dem Partizip Präsens von *lat.* servire „dienen" (vgl. *servieren*).

Serie „Reihe, Folge (gleichartiger Dinge)": Das seit *mhd.* Zeit als serje „Reihen[folge]; Streifen; Zeitlauf" bezeugte Fremdwort ist aus *lat.* series „Reihe, Reihenfolge" entlehnt. Stammwort ist das *lat.* Verb serere (sertum) „fügen, reihen, knüpfen", das sich mit dem verwandten Substantiv *lat.* sors (sortis) „Los, Losstäbchen; Schicksal; Stand, Rang; (*spätlat.* auch:) Art und Weise" (ursprünglich wohl „Reihe von Losstäbchen für das Orakel"), im außeritalischen Bereich z. B. mit *griech.* eírein „aneinanderreihen", unter einer *idg.* Wurzel *ser- „aneinanderreihen, verknüpfen" vereinigen läßt. – Von dem schwundstufigen *lat.* sors (sortis) oder von dem davon abgeleiteten Verb *lat.* sortiri „losen, erlosen; auswählen" gehen die Fremdwörter ↑Sorte, sortieren und Sortiment aus, dazu auch *lat.* con-sors „gleichen Loses teilhaftig; Gefährte, Genosse" in ↑Konsorten und Konsortium. Beachte ferner die zu *lat.* serere gehörenden Komposita *lat.* de-serere „abreihen, abtrennen; verlassen", *lat.* dis-serere „auseinanderreihen; erörtern; entwickeln" (dazu das Intensiv *lat.* dis-sertare „auseinandersetzen, entwickeln") und *lat.* in-serere „einfügen, einschalten" in den Fremdwörtern ↑Deserteur, desertieren, ↑Dissertation und ↑inserieren, Inserat.

seriös „ernsthaft, ernstgemeint; gediegen, anständig; würdig": Das Adjektiv wurde im späten 17. Jh. über gleichbed. *frz.* sérieux aus entsprechend *mlat.* seriosus entlehnt, das seinerseits zu *lat.* serius „ernsthaft, ernstlich" gehört.

Sermon: Das seit dem 14. Jh. bezeugte, auf *lat.* sermo (sermonis) „Wechselrede, Gespräch; Vortrag" (*spätlat.* auch „Predigt") zurückgehende Fremdwort galt früher im Sinne von „Rede, Gespräch; Predigt". Heute wird das Wort nur mehr in der Umgangssprache als abfällige Bezeichnung für „Redeschwall; langweiliges Geschwätz" gebraucht, wohl beeinflußt von entsprechend *frz.* sermon.

Serpentine „in Schlangenlinie ansteigender Weg an Berghängen; Windung, Kehrschleife": Das Femdwort ist eine gelehrte Bildung des 19. Jh.s zu *spätlat.* serpentinus „von Schlangen, Schlangen-" (Adjektiv), das hier in der Bed. „schlangenförmig (sich windend)" aufgefaßt wird. Das dem Adjektiv zugrundeliegende Substantiv *lat.* serpens (serpentis) „Schlange" ist von *lat.* serpere „kriechen" abgeleitet.

Serum „wäßriger Bestandteil des Blutes und der Lymphe; Impfstoff": Das Fremdwort ist eine gelehrte Entlehnung des späten 17. Jh.s aus *lat.* serum „wäßriger Teil der geronnenen Milch, Molke" (verwandt mit den unter ↑*Strom* genannten Wörtern).

[1]Service [*...wiß*]: Die Bezeichnung für „zusammengehörendes Tafelgeschirr" wurde im 17. Jh. aus gleichbed. *frz.* service entlehnt. Das *frz.* Wort bedeutet – entsprechend seiner Herkunft aus *lat.* servitium „Sklavendienst" (zu *lat.* servire „dienen", vgl. *servieren*) – eigentlich „Dienst, Dienstleistung, Bedienung". Erst durch Rückanlehnung an das Stammwort *frz.* servir „dienen; aufwarten; die Speisen auftragen, servieren" entwickelte es die sekundäre Bed. „Tafelgeschirr (in dem serviert wird)". – Die Grundbedeutung des *frz.* Wortes ist uns noch faßbar in dem jungen Fremdwort **[2]Service** [*ßöʳwiß*] „Kundendienst, Kundenbetreuung" (20. Jh.), das aus dem *Engl.* entlehnt ist (*engl.* service stammt seinerseits aus dem *Afrz.*).

servieren „bei Tisch bedienen, Speisen und Getränke auftragen": Das Verb wurde im 18. Jh. aus gleichbed. *frz.* servir (eigentlich allgemein „dienen") entlehnt, das auf *lat.* servire „Sklave sein; dienen" zurückgeht. Stammwort ist *lat.* servus „Sklave, Diener". – Abl.: **Serviererin** „weibliche Bedienung in einer Gaststätte" (20. Jh.). – Zu *lat.* servire oder *frz.* servir gehören auch die Fremdwörter ↑[1]Service, ↑[2]Service, ↑Serviette und ↑Dessert.

Serviette: Die Bezeichnung „Mundtuch" wurde im 16. Jh. aus gleichbed. *frz.* serviette entlehnt. Das *frz.* Wort ist von *frz.* servir „dienen; aufwarten, die Speisen auftragen, servieren" abgeleitet (vgl. *servieren*), bedeutet also ursprünglich etwa „Gegenstand, der beim Servieren benötigt wird".

Sessel: Das *gemeingerm.* Substantiv *mhd.* sezzel, *ahd.* sezzal, *got.* sitls, *aengl.* seotul, (mit anderer Bedeutung) *aisl.* sjǫtull „jemand, der etwas zum Stehen bringt, Beendiger" gehört zu der unter ↑*sitzen* dargestellten *idg.* Wurzel. Es ist verwandt mit *außergerm.* Wörtern wie *lat.* sella „Sitz", *griech.* hellá „Sitz", *russ.* sedlo „Sattel". Neben der allgemeinen Bedeutung wird das *germ.* Wort schon im *Got.* auch für den Fürstenthron, im *Ahd.* für den Richtersitz verwendet (der ursprünglich neben den üblichen Bänken der einzige Stuhl war).

setzen: Das *gemeingerm.* Verb *mhd.* setzen, *ahd.* sezzen, *got.* satjan, *engl.* to set, *schwed.* sätta bedeutet als Veranlassungswort zu dem unter ↑*sitzen* behandelten Verb eigentlich „sitzen machen". *Außergerm.* ist es z. B. verwandt mit *aind.* sādayati „er setzt" und *russ.* sadit' „setzen, pflanzen". Die alte Bed. „bestimmen, anordnen" (14.–18. Jh.; eigentlich „Recht setzen", dazu ↑Gesetz und ↑Satzung) bewahrt noch die Zusammensetzung **festsetzen** (Zusammenschreibung seit dem 19. Jh.). Abl.: **Satz** (s. d.); **Setzer** (*mhd.* setzer „Aufsteller, Taxator", *ahd.* sezzari „Stifter"; *nhd.* in Zusammensetzungen wie 'Ofen-, Steinsetzer', auch 'Tonsetzer' „Komponist"; besonders aber seit dem 16. Jh. Bezeichnung des Schriftsetzers im Druckgewerbe); **Setzling** „junge Pflanze; Zuchtfisch" (*mhd.* setzelinc, im Weinbau); **gesetzt** (als Adjektiv für „ruhig, ernst" seit dem 18. Jh.; als Partizip z. B. in der seit dem 16. Jh. bezeugten Wendung 'gesetzt, [daß] ...' „wir wollen einmal annehmen, daß ..."). – Zus.: **absetzen** „heruntersetzen; von einem Amt entfernen", (*mhd.* abesetzen, eigentlich „vom Amtssessel setzen"), „verkaufen" (15. Jh., ursprünglich wohl „vom Frachtwagen heruntersetzen"), „ab-, unterbrechen; sich zurückziehen" (17. Jh.), dazu **Absatz** (*mhd.* abesaz „Verringerung"; kaufmännisch im Sinne von „Warenverkauf" seit dem 16. Jh. bezeugt, häufiger seit dem 18. Jh., heute auch im Sinne von „Unterbrechung im Text; Abschnitt" und „erhöhter Teil der Schuhsohle unter der Ferse" gebräuchlich) und **Absetzung** (15. Jh.); **aufsetzen** (*mhd.* ūfsetzen, *ahd.* ūfsezzan; seit dem 18. Jh. auch „schriftlich entwerfen"), dazu **Aufsatz** (z. B. 'Tafelaufsatz'; seit dem 18. Jh. besonders „aufgesetzter Text; schriftliche Darstellung"; *mhd.* ūfsaz bedeutete „[Auflegen von] Steuern; Verordnung, Plan usw."); **aussetzen** „hinaussetzen; preisgeben; beanstanden" (in der letzten Bedeutung eigentlich „bei der Warenprüfung als fehlerhaft aus der Reihe setzen", 15. Jh.; s. auch *Ausschuß*), intransitiv „unterbrechen, aufhören" (18. Jh.); zu *mhd.* ūzsetzen in der Bed. „absondern" gehört **Aussatz** (s. d.); **beisetzen** (im 17. Jh. für „neben anderes setzen, Geld zuschießen", auch in der Bed. „einen Sarg neben andere in die Gruft setzen", daher heute noch gehobener Ausdruck für „begraben"), dazu **Beisetzung** „Bestattung" (Ende des 19. Jh.s); [1]**durchsetzen** „gegenüber Widerständen verwirklichen" (18. Jh.); [2]**durchsetzen** „vollständig besetzen, durchdringen" (*mhd.* durchsetzen); **einsetzen** „hineinsetzen; bestimmen, ernennen; verpfänden; zweckbestimmt verwenden", reflexiv „für etwas eintreten", intransitiv „beginnen" (*mhd.* īnsetzen „hineinsetzen, -legen"), dazu **Einsatz** „das Einsetzen; Eingesetztes; einsetzbarer Teil; das Sicheinsetzen, Anstrengung" (*mhd.* īnsaz); **nachsetzen** (in der Bed. „nachjagen, verfolgen" seit dem 17. Jh.; beachte schon *spätmhd.* nāchsetzig „nachstellend" [von der Schlange]); [1]**übersetzen** „über ein Wasser bringen" (*mhd.* übersetzen, *ahd.* ubarsezzen); [2]**übersetzen** „in eine andere Sprache übertragen" (17. Jh.; wohl nach gleichbed. *lat.* traducere, transferre; *mhd.* übersetzen bedeutete hingegen „übermäßig besetzen, überlasten; bedrängen"), dazu **Übersetzung** (eines Buches und dgl., 17. Jh.; in technischem Sinn, z. B. beim Fahrrad, erst um 1900); **umsetzen** „an einen andern Ort setzen" (*mhd.* umbesetzen, 14. Jh.; die kaufmännische Bed. „auf dem Waren- und Geldmarkt um-, eintauschen" wurde im 17. Jh. aus dem *Niederd.* aufgenommen [*mnd.* ummesetten „tauschen"], ebenso das Substantiv **Umsatz** „Gesamtwert oder Gesamtmenge abgesetzter Waren, erbrachte Leistungen o. ä. in einem bestimmten Zeitraum" [*mnd.* ummesat „Tausch"]); [1]**untersetzen** „daruntersetzen" (*mhd.* undersetzen), dazu **Untersatz** „etwas, was untergesetzt, untergestellt wird" (*mhd.* undersaz); zu veraltet [2]**untersetzen** „stützen" (*mhd.* undersetzen) gehört das adjektivische Partizip **untersetzt** „gedrungen, kräftig" (16. Jh., eigentlich „gestützt, gefestigt"); **vorsetzen** (*mhd.* vürsetzen, *ahd.* furisezzen „vor Augen setzen, voranstellen"; in der Bed. „sich etwas vornehmen" zuerst *mhd.*), dazu das substantivierte Partizip **Vorgesetzte** (17. Jh.) und die Bildung **Vorsatz** „Vorgesetztes; Vorhaben, Plan" (*mhd.* vür-, vorsaz, wohl nach *lat.* propositum); **zusetzen** „hinzufügen; bedrängen" (*mhd.* zuosetzen „auf jemanden eindringen, ihn verfolgen" [zuerst wohl auf den Schwertkampf bezogen]), dazu **Zusatz** „Hinzugefügtes" (*spätmhd.* zuosaz). – Präfixbildungen: **besetzen** „auf etwas setzen; mit etwas versehen; belegen, reservieren; an jemanden vergeben; (ein Gebiet o. ä.) erobern und darin Truppen stationieren; in seine Gewalt bringen; dafür sorgen, daß bestimmte Tiere in einem Bereich sind" (*mhd.* besetzen, *ahd.* bisezzen), dazu **Besatz** „das Besetzen; Borte, Spitze; Wild-, Fischbestand" (18. Jh.), **Besatzung** „Truppen, die ein Gebiet besetzt halten; Mannschaft eines Schiffes, Flugzeugs o. ä." (*spätmhd.* besatzunge „Befestigung", seit dem 16. Jh. in der heutigen Bedeutung); **entsetzen** (s. d.); **ersetzen** „an die Stelle setzen, erstatten" (*mhd.* ersetzen, *ahd.* irsetzen), dazu **Ersatz** „das Ersetzen, Erstatten; an die Stelle von etwas anderem gesetzte Person oder Sache" (18. Jh.); **versetzen** (*mhd.* versetzen, *ahd.* firsezzen; zu den *mhd.* Bedeutungen „hinsetzen, verpfänden, versperren, abwehren usw." traten im *Nhd.* zahlreiche weitere Verwendungen, so um 1600 „entgegnen, erwidern" und „einen Schlag geben"; die Bed. „an einen anderen Platz bringen", besonders auf Beamte und Schüler bezogen, lebt verblaßt auch in Fügungen wie 'in Furcht, in die Notwendigkeit versetzen'); **zersetzen** „[sich] auflösen, verderben" (im 18. Jh. bergmännisch für „zerschlagen"; erst seit dem 19. Jh. im heutigen Sinn).

Seuche: *Mhd.* siuche, *ahd.* siuhhī, *got.* siukei sind Substantivbildungen zu dem unter ↑*siech* behandelten Adjektiv mit der Grundbedeutung „Krankheit, Siechtum" (vgl. das anders gebildete *niederl.* ziekte „Krankheit"; s. a. *Sucht*). Im *Dt.* bezeichnet 'Seuche' seit dem 17./18. Jh. die „ansteckende Epidemie" und gilt in dieser Bedeutung besonders im amtlichen Bereich (beachte dazu die Zus. 'Seuchenpolizei') und in der Tierheilkunde. Abl.: **verseuchen** „mit Krankheitskeimen verunreinigen" (19. Jh.).

seufzen: Das in dieser Form nur *hochd.* Wort (*mhd.* siufzen) ist unter dem Einfluß von Wörtern ähnlicher Bedeutung wie 'ächzen', 'lechzen' umgebildet worden aus älterem *mhd.* siuften, *ahd.* sūft[e]ōn (vgl. *mnd.* suften, suchten, *niederl.* zuchten „seufzen"). Dieses Verb gehört zu einer noch in *mhd.* sūft „Seufzer" bewahrten Ableitung von *ahd.* sūfan „schlürfen" (vgl. *saufen*): Mit 'seufzen' wird also das hörbare Einziehen des Atems bezeichnet. Abl.: **Seufzer** (im 17. Jh. für älteres Seufze, *mhd.* siufze, siufte, eine Nebenform von *mhd.* sūft, s. o.).

Sex „Geschlecht, Geschlechtstrieb; Erotik": Das Wort wurde im 20. Jh. aus gleichbed. *engl.* sex übernommen, das wie entsprechend *frz.* sexe auf *lat.* sexus „(männliches oder weibliches) Geschlecht" zurückgeht. Aus dem *Engl.-Amerik.* stammt auch die Zusammensetzung **Sex-Appeal** „erotische Anziehungskraft auf das andere Geschlecht" (20. Jh.; der zweite Bestandteil *engl.* appeal bedeutet „Appell; Anziehungskraft, Reiz") sowie die substantivische Ableitung **Sexismus** „Haltung, Grundeinstellung, die darin besteht, jemanden auf Grund seines Geschlechts zu benachteiligen und zu diskriminieren; insbesondere das diskriminierende Verhalten Frauen gegenüber" (*engl.* sexism), dazu das Adjektiv **sexistisch** „den Sexismus betreffend, darauf beruhend" und das Substantiv **Sexist** „Vertreter des Sexismus". Ebenfalls *engl.* Herkunft ist das Adjektiv **sexy** *ugs.* für „erotisch-attraktiv" (*engl.* sexy). – Beachte in diesem Zusammenhang auch die Adjektive **sexual** und **sexuell** „geschlechtlich", die *spätlat.* sexualis „zum Geschlecht gehörig" fortsetzen. Sie erscheinen als Fremdwörter im 18. Jh., wobei letzteres unmittelbar aus entsprechend *frz.* sexuel entlehnt ist. Dazu als *nlat.* Bildung das Substantiv **Sexualität** „Geschlechtsleben; geschlechtliches Verhalten" (19. Jh.).

Sexbombe ↑Bombe.

Sexta „die erste Klasse der Unterstufe einer höheren Schule": Die Bezeichnung stammt aus der Reformationszeit, in der die Einteilung und Benennung der Unterrichtsklassen nach römischen Ordinalzahlen allgemein üblich wurde. Man zählte damals von der obersten Klasse der Oberstufe (der ↑Prima) abwärts. Die unterste Klasse, die 'sexta classis' (daraus die Kurzform), war also ursprünglich, wie der *lat.* Name besagt, die „sechste Klasse". Diese wie auch die anderen entsprechenden Bezeichnungen (↑Quinta, ↑Quarta usw.) behielt man später bei, als man in umgekehrter Folge von der Unterstufe aufwärts zählte. Die zugrundeliegende Ordinalzahl *lat.* sextus „sechster" entspricht der *lat.* Kardinalzahl sex „sechs" (urverwandt mit *dt.* ↑*sechs*). – Abl.: **Sextaner** „Schüler einer Sexta".

sezernieren ↑Sekret.

sezieren: Der medizinische Fachausdruck für „einen Leichnam öffnen und anatomisch zerlegen" wurde im Anfang des 18. Jh.s aus *lat.* secare (sectum) „[ab]schneiden; mähen; zerschneiden, zerlegen; operieren" (urverwandt mit *dt.* ↑*Säge*) entlehnt. – Dazu gehört auch das Substantiv **Sektion** „kunstgerechte Leichenöffnung" (18. Jh.; aus *lat.* sectio „das [Zer]schneiden, das Zerlegen"). Letzteres wird auch allgemeinsprachlich mit einer seit dem 18. Jh. bezeugten, von entsprechend *frz.* section übernommenen neuen Bed. „Abteilung, Gruppe, Zweig[verein]" verwendet. – Zu *lat.* secare als Stammwort gehören auch die Fremdwörter ↑Segment, ↑Sektor, ↑Insekt, ferner das Lehnwort ↑Sichel.

Shorts „kurze, sportliche (Damen- oder Herren)hose": Das Fremdwort gehört zu den zahlreichen, im 20. Jh. aus dem *Engl.* übernommenen Bezeichnungen für Kleidungsstücke wie ↑Blue jeans, ↑Petticoat, ↑Pullover u. a. *Engl.* shorts bedeutet wörtlich „die Kurzen". Es ist der substantivierte Plural des Adjektivs short „kurz", das gleichbed. *ahd.* scurz (vgl. *Schurz*) entspricht.

Show „Schau, Darbietung; buntes, aufwendiges Unterhaltungsprogramm": Das Fremdwort wurde im 20. Jh. aus gleichbed. *engl.* show entlehnt, einer Substantivbildung zu *engl.* to show „zeigen, darbieten, zur Schau stellen" (verwandt mit *dt.* ↑*schauen*).

sich: Das *germ.* Reflexivpronomen (*mhd.* sich, *ahd.* sih, *got.* sik, *anord.* sik) geht zurück auf *idg.* *se- „sich". *Außergerm.* Ableitungen hiervon sind z. B. *lat.* se [Akkusativ], sibi (Dativ) „sich" und *altkirchenslaw.* sę (Akkusativ), sebě (Dativ) „sich".

Sichel: Der *westgerm.* Gerätename (*mhd.* sichel, *ahd.* sihhila, *niederl.* sikkel, *engl.* sickle) beruht auf einer frühen Entlehnung aus einer *vlat.* Form von *lat.* secula „kleine Sichel". Dies gehört im Sinne von „Werkzeug zum Mähen" zum Stamm von *lat.* secare „[ab]schneiden; mähen" (vgl. *sezieren*).

sicher: Das *westgerm.* Adjektiv *mhd.* sicher, *ahd.* sichur, *niederl.* zeker, *aengl.* sicor ist schon früh aus *lat.* securus „sorglos, unbekümmert, sicher" entlehnt worden, einer Bildung zu *lat.* cura „Sorge; Pflege" (vgl. *Kur; lat.* se[d] bedeutet „ohne; beiseite, weg", vgl. *separat*). Ursprünglich wurde 'sicher' in der Rechtssprache mit der Bed. „frei von Schuld, Pflichten, Strafe" gebraucht. Abl.: **Sicherheit** (*mhd.* sicherheit, *ahd.* sichurheit); **sicherlich** „gewiß" (nur als Adverb; *mhd.* sicherlīche, *ahd.* sichurlīcho); **sichern** „sicher machen, sicherstellen" (*mhd.* sichern, *ahd.* sihhurōn; ursprünglich Rechtswort mit der Bed. „rechtfertigen"), dazu **Sicherung** (*mhd.* sicherunge „Bürgschaft, Schutz"; heute besonders im technischen Sinn „Vorrichtung, mit der etwas gesichert, im Notfall blockiert wird"); das Präfixverb **versichern** (*mhd.* versichern „sicher machen; erproben; versprechen") bedeutet heute „beteuern, garantieren, sicherstellen" und besonders „gegen Schaden vertraglich sichern" (in dieser Bedeutung seit dem 17. Jh. zuerst im Seehandel neben dem Fremdwort 'assekurieren' [*it.* assicurare] gebraucht; doch hatte 'versichern' im *Dt.* schon vorher den ähnlichen Sinn „für etwas bürgen" entwickelt), dazu **Versicherung** „Beteuerung; vertraglicher Risikoschutz" (*mhd.* versicherunge „Sicherstellung, Sicherheit"; im 18. Jh. für „Assekuranz").

Sicht: Die *westgerm.* Substantivbildung zu dem unter ↑*sehen* behandelten Verb (*mhd., ahd.* siht, *niederl.* zicht, *engl.* sight) bezeichnet wie Gesicht (s. d.) eigentlich sowohl das Sehen und Anblicken wie auch das Gesehene. So steht es in *nhd.* Zusammensetzungen wie 'Fern-, Rund-, Rücksicht' und in zahlreichen Ableitungen zu den verbalen Zusammensetzungen von 'sehen' (s. d.). In der heutigen Hauptbedeutung „Sehweite" (*mnd.* sicht, 15. Jh.) wurde das Wort erst im 19. Jh. aus der Seemannssprache ins *Hochd.* übernommen. Auch als Fachwort des Wechselverkehrs stammt 'Sicht' aus dem *Niederd.* ('auf, bei Sicht zahlbar'; *mnd.* [ge]sicht, 15. Jh., ist in dieser Bedeutung Lehnübersetzung von *it.* vista). Dazu auch die Wendung 'auf lange Sicht' „für lange Zeit, Dauer" (eigentlich „Laufzeit des Wechsels", 18. Jh.). Abl.: **sichtbar** „mit den Augen wahrnehmbar; deutlich, offenkundig" (16. Jh.); **sichtig** „klar" (vom Wetter, um 1800 aus der Seemannssprache; *mhd.* sihtec „sichtbar, sehend" hat sich nur in Bildungen wie 'durch-, umsichtig, kurz-, weitsichtig' erhalten); **sichtlich** „deutlich, offenbar" (*mhd.* sihtlich bedeutete „sichtbar"); [1]**sichten** „erblicken" (im 19. Jh. aus der Seemannssprache); älter ist **besichtigen** (16. Jh.; weitergebildet aus älterem 'besichten' „in Augenschein nehmen"), dazu **Besichtigung** (16. Jh.).

[1]**sichten** ↑Sicht.

[2]**sichten** „auswählen, ausscheiden": Das ursprünglich *niederd.* Verb bedeutet eigentlich „durch Sieben reinigen". *Mnd.* sichten „sieben" ist wie gleichbed. *niederl.* ziften, *engl.* to sift von dem unter ↑*Sieb* behandelten Substantiv abgeleitet (zu *niederd.* -cht- statt *hochd.* -ft- vgl. den Artikel *Gracht*). Durch Luther, der das Wort auch schon bildlich gebrauchte, ist 'sichten' in die *nhd.* Schriftsprache gelangt.

sickern: Das in *dt.* Mundarten als sikern, sikkern weitverbreitete Verb gelangte erst im 17. Jh. in die Schriftsprache. Es entspricht *aengl.* sicerian „tröpfeln, einsickern" und gehört als alte Iterativbildung zu dem unter ↑*seihen* behandelten Verb in dessen intransitiver Bed. „ausfließen".

sie: Die im *Ahd.* noch unterschiedenen Formen des weiblichen Personalpronomens der 3. Person Singular (Nominativ siu, sī, Akkusativ sia) und der 3. Person Plural aller drei Geschlechter (Nominativ, Akkusativ sie, sio, siu) sind im *Mhd.* zu sī, si, sie vereinfacht worden und im *Nhd.* in der Form 'sie' zusammengefallen. In anderen *germ.* Sprachen entspricht nur *got.* si „sie" (Nominativ Singular), außerhalb des *Germ.* gleichbed. *air.* sī und der Akkusativ *aind.* sīm. Das *nhd.* **Sie** der Anrede stand ursprünglich als Pronomen der 3. Person neben einem der im 16. Jh. für hochgestellte Personen aufgekommenen pluralischen Titel (z. B. 'Euer Gnaden haben ..., sie haben ...'). Seit dem 17. Jh. wird 'Sie' auch ohne vorherige Nennung des Titels gebraucht, im 18. Jh. ist es als Anrede unter Adligen und Bürgern von Stand neben dem älteren 'Ihr' allgemein üblich geworden und wird seitdem groß geschrieben. Dazu **siezen** „mit Sie anreden" (17. Jh.; s. auch 'duzen' unter *du*).

Sieb: Das *westgerm.* Substantiv *mhd.* sip, *ahd.* sib, *niederl.* zeef, *engl.* sieve bezeichnet seit alters ein Flechtwerk zum Reinigen von Getreide, Mehl und dgl. Aus Roßhaaren geflochtene Haarsiebe (*aengl.* hǣrsife) waren schon in *germ.* Zeit bekannt. Als alte Ableitung gehört ↑[2]sichten „auswählen" (eigentlich „sieben") zu 'Sieb'. Die zugrundeliegende *idg.* Wurzel *seip- „ausgießen, seihen" ist auch in *serb.* sipiti „rieseln, fein regnen" enthalten; zu ihrer Nebenform *seib- gehört die Sippe von ↑Seife. Abl.: [1]**sieben** (*spätmhd.* si[e]ben „durch ein Sieb schütten", *nhd. ugs.* auch für „aussondern, untaugliche Personen entfernen", ähnlich wie ↑[2]sichten).

[2]**sieben:** Das *gemeingerm.* Zahlwort *mhd.* siben, *ahd.* sibun, *got.* sibun, *engl.* seven, *schwed.* sju geht mit Entsprechungen in den meisten anderen *idg.* Sprachen auf *idg.* *septm̥ „sieben" zurück, vgl. *lat.* septem „sieben" (↑September), *griech.* heptá „sieben" und *aind.* saptá „sieben". – Die Bezeichnung 'böse Sieben' für ein böses Weib geht auf die Trumpfkarte eines alten Kartenspiels (16. Jh.) zurück. In den Ableitungen ist 'sieb...' jetzt an Stelle der alten Form 'sieben...' getreten: **siebte** (Ordnungszahl; *mhd.* sibende, sib[en]te, *ahd.* sibunto; mit verwandten Bildungen in vielen *idg.* Sprachen, z. B. *lat.* septimus). Zus.: **Siebtel** (im 16. Jh. 'siebenteil'; vgl. *Teil*); **siebzehn** (*mhd.* sibenzehen); **siebzig** (*mhd.* sibenzec, *ahd.* sibunzug; zum zweiten Bestandteil vgl. *...zig*).

siech: Das *gemeingerm.* Adjektiv *mhd.* siech, *ahd.* sioh, *got.* siuks, *engl.* sick, *schwed.* sjuk „krank" ist in *spätmhd.* Zeit aus seiner allgemeinen Bedeutung durch das jüngere Wort 'krank' (s. d.) verdrängt worden, nachdem es schon vorher besonders für den ansteckenden Zustand der Aussätzigen gebraucht worden war. Im *Nhd.* bedeutet es „schwer leidend, hinfällig". Zusammen mit dem gleichfalls alten Verb **siechen** „lange Zeit krank sein" (*mhd.* siechen, *ahd.* siuchan, siuchēn; vgl. *got.* siukan „krank sein", *aisl.* sjukask „erkranken"; *nhd.* meist in der Zusammensetzung **dahinsiechen**) und den Substantiven ↑Seuche und ↑Sucht bildet 'siech' eine *germ.* Wortsippe, deren *außer-*

germ. Beziehungen unklar sind. Abl.: **Siechtum** „langwierige Krankheit“ (*mhd.* siechtuom, *ahd.* siohtuom).

siedeln: *Mhd.* sidelen, *ahd.* gi-sidalen „einen Sitz anweisen, ansässig machen“ ist eine nur *hochd.* Ableitung zu dem *westgerm.* Substantiv *mhd.* sedel, *ahd.* sedal, *asächs.* seđal, *aengl.* seđel „Sitz, Wohnsitz“ (vgl. *sitzen*). Das Verb wird erst im *Nhd.* intransitiv gebraucht; häufiger sind die *nhd.* Zusammensetzungen ‘an-, über-, umsiedeln’ und das ältere **besiedeln** „ein Gebiet bebauen und bewohnen“ (*mhd.* besidelen). Abl.: **Siedler** „jemand, der siedelt“ (im 17. Jh. [Land]siedler, *spätmhd.* in der Zusammensetzung sidlerguot; dazu Bildungen wie ‘An-, Um-, Neusiedler’; das *ahd.* Substantiv sidilo „Landbauer“, zu *ahd.* sedal „Sitz“ gebildet, liegt in der Zusammensetzung *ahd.* einsidilo dem Wort ↑Einsiedler voraus); **Siedlung** (*spätmhd.* in der Zusammensetzung sidlungrecht „Siedlungsabgabe“; im 19. Jh. allgemein für „bewohnter Ort“, besonders in wissenschaftlichen Fachwörtern wie ‘Siedlungsgeschichte, -geographie’; auch für „Stadtrandsiedlung“).

sieden: Das *altgerm.* starke Verb *mhd.* sieden, *ahd.* siodan, *niederl.* zieden, *engl.* to seethe, *schwed.* sjuda „kochen, aufwallen“ ist etymologisch nicht sicher erklärt. Als ablautende Substantive gehören dazu *got.* sauþs „Opfer“, *aisl.* sauđr „Schaf“, eigentlich „etwas, was zum Opfer gekocht wird“, ferner das heute im *Dt.* veraltete Wort Sod, das unter ↑*Sodbrennen* behandelt ist sowie **Sud** und **Absud** (siehe unter *sudeln*). – In übertragenem Sinne bedeutet **hartgesotten** (18. Jh.) „seelisch verhärtet“. Eine junge Zusammenbildung ist **Tauchsieder.** Zus.: **Siedehitze** (Anfang des 19. Jh.s; eigentlich die Temperatur, bei der eine Flüssigkeit kocht, heute meist übertragen gebraucht); **Siedepunkt** (19. Jh.).

Siedler, Siedlung ↑siedeln.

Sieg: Das *gemeingerm.* Substantiv *mhd.* sic, sige, *ahd.* sigi, sigu, *got.* sigis, *aengl.* sige, *schwed.* seger geht auf die *idg.* Wurzel *seĝh- „festhalten, im Kampf überwältigen; Sieg“ zurück, vgl. z. B. *aind.* sáhatē „er bewältigt, vermag, erträgt“ (mit dem Substantiv sáhas- „Gewalt, Sieg“) und *griech.* échein (ischein) „halten, besitzen, haben“ (vgl. den Artikel *hektisch*). Abl.: **siegen** „den Sieg davontragen“ (*mhd.* sigen, ähnlich *ahd.* ubarsiginōn, -sigirōn), dazu **Sieger** „jemand, der den Sieg errungen hat“ (16. Jh.; *rhein.* im 13. Jh. segere); **sieghaft** (*mhd.* sigehaft, *ahd.* sigihaft „siegreich“; heute auch „des Erfolges sicher“). Zus.: **siegreich** „den Sieg errungen habend; oft siegend, erfolgreich“ (*mhd.* sigerīche).

Siegel „Stempelabdruck (als Verschluß von Briefen u. a. oder zur Beglaubigung von Urkunden und dgl.)“, auch übertragen im Sinne von „Bekräftigung“, ferner im Sinne von „geheimnisvoll Verschlossenes, großes Geheimnis, Unverständliches“ (beachte die Wendung ‘ein Buch mit sieben Siegeln sein’ „unverständlich, nicht durchschaubar sein“; nach Off. 5, 1–5): Das Substantiv *mhd.* sigel, *mnd.* seg[g]el beruht wie z. B. auch entsprechend *niederl.* zegel auf einer Entlehnung aus *lat.* sigillum „kleine Figur, Bildchen; Abdruck des Siegelrings“, das als Verkleinerungsbildung (Grundform *signolom) zu *lat.* signum „Zeichen, Kennzeichen; Bildnis; Siegel“ gehört (vgl. das Fremdwort *Signum*). Abl. und Zus.: **siegeln** „mit einem Siegel versehen“ (*mhd.* sigelen), dazu die Präfixbildungen **besiegeln** „durch ein Siegel bekräftigen; unabdingbar festsetzen, entscheiden“ (*mhd.* besigelen) und **versiegeln** „mit einem Siegel verschließen“ (*mhd.* versigelen); **Siegellack** (17. Jh.); **Siegelring** (16. Jh.).

Siel: Das *niederd.* Wort für „kleine Schleuse, Abwasserkanal“ (*mnd., afries.* sīl; entsprechend *mniederl.* sīle) ist verwandt mit *schwed.* sil „Sieb, Filter[tuch]“ und geht auf ein *germ.* *sihwila „Gerät zum Seihen“ zurück (entlehnt in *finn.* siivilä „Sieb, Filter[tuch]“). Dies gehört zu der unter ↑*seihen* genannten *idg.* Wurzel.

Siele (meist *Plural*): Die besonders *nordd.* und *ostd.* Bezeichnung der Pferdeanspannung mit breitem Brustriemen (‘Sielengeschirr, Sielzeug’) ist durch die Wendung ‘in den Sielen sterben’ für „bis zum Tod arbeiten“ allgemein bekannt. *Mhd.* sil „Seil, Riemen[werk]“, *ahd.* silo, *mnd.* sēle, *aisl.* seli „Zugseil“ beruhen auf einer *germ.* Ablautform des unter ↑*Seil* behandelten Wortes.

sielen ↑saufen.

Siesta: Die Bezeichnung für „Mittagsruhe, -schläfchen“, auch allgemein „Ruhe, Entspannung“ wurde im 17. Jh. aus gleichbed. *span.* siesta entlehnt, das auch in andere europäische Sprachen gelangte (*it.* siesta, *engl.* siesta, *frz.* sieste). Das *span.* Wort geht auf *lat.* sexta (hora) zurück und bezeichnet demnach eigentlich „die sechste Tagesstunde“ nach Sonnenaufgang, also die (in südlichen Gegenden) besonders heiße und darum für die Arbeit ungeeignete Mittagszeit. – Die zugrundeliegende *lat.* Ordinalzahl sextus „sechster“ entspricht der Kardinalzahl *lat.* sex „sechs“ (urverwandt mit *dt.* ↑sechs).

siezen ↑sie.

Signal „Zeichen mit festgelegter Bedeutung; Warnzeichen, Startzeichen“: Das Fremdwort wurde im 16. Jh. aus gleichbed. *frz.* signal (*afrz.* seignal) entlehnt, das seinerseits auf *spätlat.* signale, dem substantivierten Neutrum von *lat.* signalis „bestimmt, ein Zeichen zu geben“, beruht. Dies gehört zu *lat.* signum „Zeichen“ (vgl. *Signum*). Abl.: **signalisieren** „Signal geben; ankündigen, benachrichtigen, warnen“ (18. Jh.; französierende Bildung; im *Frz.* entspricht gleichbed. signaler, daraus schon Ende des 17. Jh.s die Form ‘signalieren’).

Signatur: Die Bezeichnung für „Kurzzeichen (als Unterschrift, Namenszug usw.); Künstlerzeichen; Kenn-, Bildzeichen; [Buch]nummer“ wurde im 16. Jh. aus *mlat.* signatura „Siegelzeichen, Unterschrift“ entlehnt. Dies gehört zu *lat.* signum „Zeichen“ (vgl. *Signum*) oder dem davon abgeleiteten Verb *lat.* signare „mit einem Zeichen versehen, besiegeln, unterzeichnen“.

Letzteres lieferte im 15. Jh. unser Fremdwort **signieren** „mit einer Signatur versehen; unterzeichnen, abzeichnen".

Signum „Zeichen; Siegel; Unterschrift in Form einer Abkürzung": Das Fremdwort ist im 16. Jh. aus *lat.* signum „Zeichen, Kennzeichen, Vorzeichen" übernommen worden, das seinerseits vermutlich im Sinne von „(auf Holzstäben) eingekerbtes, eingeschnittenes Zeichen" zum Stamm von *lat.* secare „schneiden" und damit zu der unter ↑*Säge* dargestellten Wortsippe der *idg.* Wurzel *sek- „schneiden" gehört. – Verschiedene Ableitungen von *lat.* signum sind in diesem Zusammenhang von Interesse, soweit sie Ausgangspunkt für Lehn- oder Fremdwörter sind. Beachte im einzelnen: *lat.* signare „mit einem Zeichen versehen; bezeichnen" im Lehnwort ↑segnen und in dem jüngeren Fremdwort ↑signieren (unter 'Signatur'), dazu die Bildungen *lat.* de-signare „im Abriß zeichnen; abgrenzen" (z. B. Dessin) und *lat.* re-signare „entsiegeln; ungültig machen; verzichten" (↑resignieren, Resignation); *lat.* signalis „bestimmt, ein Zeichen zu geben" (↑Signal, signalisieren); *mlat.* signatura „Siegelzeichen" (↑Signatur); die Verkleinerungsbildung *lat.* sigillum (< *signolom) „kleine Figur, kleines Bildnis; Abdruck des Siegelrings" (in ↑Siegel usw.); *lat.* insignis „ausgezeichnet; auffallend", dazu *lat.* insignia „die Abzeichen" (↑Insignien).

Silbe: Das Substantiv *mhd.* silbe, sillabe, *ahd.* sillaba wurde im Bereich der klösterlichen Schulsprache aus *lat.* syllaba „Silbe" entlehnt, das selbst aus gleichbed. *griech.* syl-labḗ stammt. Das *griech.* Wort bedeutet eigentlich „das Zusammenfassen, das Zusammengefaßte", im speziellen Sinne als grammatischer Terminus demnach etwa „die zu einer Einheit zusammengefaßten Laute". Es gehört zu *griech.* syl-lambánein „zusammennehmen, -fassen" (lambánein „nehmen, fassen, ergreifen").

Silber: Der *gemeingerm.* Metallname *mhd.* silber, *ahd.* sil[a]bar, *got.* silubr, *engl.* silver, *schwed.* silver ist wahrscheinlich ebenso wie die *baltoslaw.* Wörter *lit.* sidābras, *russ.* serebro „Silber" ein sehr altes Lehnwort aus einer unbekannten *nichtidg.* Sprache. Abl.: **silb[e]rig** „silberfarben" (älter *nhd.* neben silbericht in der Bed. „silberhaltig" [von Erzen]); **silbern** „aus Silber; hell schimmernd" (*mhd.* silberīn, *ahd.* silbarīn; vgl. *got.* silubreins, *engl.* silvern); **versilbern** „mit Silber überziehen" (*mhd., ahd.* silber[e]n; in der jetzt *ugs.* Bed. „zu Geld machen" schon im 15. Jh. bezeugt). Zus.: **Silberblick** *ugs.* scherzhaft für „leicht schielender Blick" (im 19. Jh. ursprünglich Bezeichnung für den eigenartigen Schimmer des flüssigen Silbers zu Ende des Schmelzprozesses kurz vor dem Erstarren); **silberhell** (17. Jh.); **Silberhochzeit** (im 18. Jh. für den 50. Jahrestag der Eheschließung, jetzt für den 25.); **Silberpappel** (18. Jh.; nach der hellen Unterseite der Blätter).

Sild ↑Hering.

Silhouette: Die Bezeichnung für „Umriß[linie], Kontur", in der bildenden Kunst für „Schattenriß, Scherenschnitt" ist aus gleichbed. *frz.* silhouette entlehnt. Das *frz.* Wort geht zurück auf den Namen des französischen Politikers Etienne de Silhouette (1709–1767), der in seinem Schloß statt kostbarer Gemälde selbstgefertigte Scherenschnitte aufhängte.

Silo: Die Bezeichnung für „Großspeicher (für Getreide, Erz u. a.); Gärfutterbehälter" wurde im 19. Jh. aus *span.* silo „Getreidegrube" entlehnt, dessen weitere Herkunft unsicher ist. Ursprünglich waren diese Lagerbehälter unterirdisch angelegt.

Silvester: Der letzte Tag des Jahres ist nach dem Tagesheiligen des 31. Dezembers, dem Papst Silvester I. (314–335 n. Chr.), benannt.

simpel „einfach; einfältig": Das Adjektiv (*mnd., spätmhd.* simpel „einfältig") ist aus *frz.* simple „einfach" entlehnt, das auf *lat.* simplex (Akkusativ simplicem) „einfach" beruht (vgl. *sammeln*). – Dazu stellt sich **Simpel** „Einfaltspinsel, Dummkopf" (*mdal.* und *ugs.;* zuerst im 17. Jh. für das *Oberd.* bezeugt).

simpeln ↑fachsimpeln.

Sims „vorspringende Baukante, Rand, Leiste": Die Herkunft des nur *dt.* Wortes *mhd.* sim[e]ʒ, *ahd.* verdeutlichend simiʒstein „Säulenknauf" ist nicht gesichert. Es hängt vermutlich irgendwie mit *lat.* sima „Rinnleiste, Glied des Säulenkranzes" zusammen. – Dazu stellt sich als Kollektivbildung **Gesims** „waagerecht vorspringender Mauerstreifen an Gebäuden" (14. Jh.).

simulieren „[eine Krankheit] vortäuschen; sich verstellen": Das Verb wurde im 16. Jh. aus *lat.* simulare „ähnlich machen, nachbilden; nachahmen; etwas zum Schein vorgeben, sich den Anschein von etwas geben, etwas vortäuschen" entlehnt, das von *lat.* similis „ähnlich" abgeleitet ist. Über weitere etymologische Zusammenhänge vgl. den Artikel *sammeln.* Abl.: **Simulant** „jemand, der eine Krankheit vortäuscht" (aus simulans [simulantem], dem Part. Präs. von *lat.* simulare). – Vgl. auch die zum gleichen Stammwort gehörenden Fremdwörter ↑assimilieren, Assimilation, ↑Faksimile und ↑Ensemble. – In neuester Zeit wird das Verb auch fachsprachlich in der Bedeutung „(zu Übungs-, Erkenntniszwecken) modellhaft nachahmen, wirklichkeitsgetreu im Modell nachvollziehen" gebraucht. Dazu die substantivische Ableitung **Simulator** „Gerät, Anlage zur modellhaften Nachahmung wirklichkeitsgetreuer Vorgänge".

Sinfonie, Symphonie „mehrsätziges, auf das Zusammenklingen des ganzen Orchesters hin angelegtes Instrumentaltonwerk": 'Sinfonia' hießen im 17. Jh. selbständige Vor- oder Zwischenspiele einer Oper, Kantate oder Suite. Ihren musikalischen Eigencharakter als vollendete Instrumentalkomposition entwickelte die Sinfonie erst im 18. Jh. Die Bezeichnung selbst wurde im 17. Jh. aus gleichbed. *it.* sinfonia entlehnt, das auf *lat.* symphonia „Zusammenstimmen, Einklang; mehrstimmiger musikalischer Vortrag" zurückgeht. Dies war schon im 13. Jh. – wohl über gleichbed. *afrz.* symphonie, sinfonie – in der Bed. „Wohlklang, Harmonie" übernommen worden. *Lat.* symphonia seinerseits stammt aus gleichbed. *griech.* sym-phōnía, einer Bildung zu *griech.* sým-phōnos „zusammentönend". Über das Stammwort *griech.* phōnḗ „Stimme; Ton, Klang usw." vgl. den Artikel *Phonetik. Lat.* symphonia wurde bereits im 13. Jh. (wohl über das *Afrz.*) entlehnt als *mhd.* symphonīe „Einklang, Wohlklang". – Abl.: **sinfonisch** „im Stil und Charakter einer Sinfonie" (19. Jh.); **Sinfoniker** „Mitglied eines Sinfonieorchesters" (20. Jh.).

singen: Das *gemeingerm.* starke Verb *mhd.* singen, *ahd.* singan, *got.* siggwan, *engl.* to sing, *schwed.* sjunga geht auf *idg.* *sengᵘh- „mit feierlicher Stimme vortragen" zurück, vgl. *griech.* omphḗ (*songᵘhā) „Stimme, Prophezeiung". Es bezeichnete ursprünglich wohl das feierliche Sprechen von Weissagungen und religiösen Texten, in christlicher Zeit zuerst das Vorlesen der heiligen Schriften und den liturgischen Gesang. Von den Ableitungen ist besonders die unter ↑*Sang* behandelte Wortgruppe wichtig, ferner: **singbar** (18. Jh.); **Singer** (*mhd.* singære „Sänger, lyrischer Dichter", heute nur noch in der Zusammensetzung 'Meistersinger'). Die *ugs.* lautnachahmende Bildung **Singsang** erscheint im 18. Jh.

singulär „vereinzelt [vorkommend]; selten": Das Adjektiv wurde im 17. Jh. – zuerst in der Form 'singular' und auch mit der heute unüblichen Bed. „sonderbar" – aus *lat.* singularis „zum einzelnen gehörig; vereinzelt; eigentümlich" entlehnt. Dies gehört seinerseits zu *lat.* singulus „jeder einzelne; je einer, einzeln". – Gleichen Ausgangspunkt (*lat.* singularis) hat der grammatische Terminus **Singular** „Einzahl", der im 18. Jh. aus *lat.* 'numerus singularis' gekürzt worden ist.

sinken: Das *gemeingerm.* starke Verb *mhd.* sinken, *ahd.* sinkan, *got.* sigqan, *engl.* to sink, *schwed.* sjunka bildet mit seinem unter ↑*senken* dargestellten Veranlassungswort eine *germ.* Wortgruppe, deren weitere Beziehungen nicht geklärt sind. Die Präfixbildung **versinken** bedeutete schon zu *mhd.* Zeit auch übertragen „sich in etwas vertiefen". Siehe auch den Artikel *versacken.*

Sinn: Das auf das *dt.* und *niederl.* Sprachgebiet beschränkte Substantiv (*mhd., ahd.* sin, *niederl.* zin) wurde schon in *ahd.* Zeit wie heute auf Verstand und Wahrnehmung bezogen. Auf eine ältere Bedeutung weist das starke Verb 'sinnen' (s. d.), das im *Ahd.* „streben, begehren", ursprünglich aber „gehen, reisen" bedeutete. Diese Grundbedeutung „Gang, Reise, Weg" hat ein anderes *gemeingerm.* Substantiv, das z. B. als *mhd.* sint, *ahd.* sind „Reise, Weg" und als *got.* sinþs „Gang; Mal" (in Zahladverbien) erscheint und auch das Stammwort des Substantivs ↑Gesinde (eigentlich „Begleitung, Gefolgschaft") ist. Zu ihm gehört ein unbezeugtes *germ.* Verb mit der Bedeutung „reisen", dessen Veranlassungswort ↑senden (eigentlich „reisen machen") ist. Die gesamte *germ.* Wortgruppe beruht auf der *idg.* Wurzel *sent- „gehen, reisen, fahren", deren ursprüngliche Bedeutung wohl „eine Richtung nehmen, eine Fährte suchen" war. Zu dieser Wurzel gehören außerhalb des *Germ.* z. B. *air.* sēt „Weg" und die Sippe von *lat.* sentire „fühlen, wahrnehmen", sensus „Gefühl, Sinn, Meinung" (s. die Fremdwortgruppe um *Sentenz*), deren Bedeutungsgehalt dem der *dt.* Wörter 'Sinn' und 'sinnen' entspricht. Vergleiche auch *lit.* sintĕti „denken". Zahlreiche Zusammensetzungen mit Adjektiven, z. B. 'Scharf-, Stumpf-, Leicht-, Eigen-, Froh-, Tief-, Blöd-, Schwach-, Wahnsinn' bestimmen Teile des Gesamtbegriffs von 'Sinn' näher. Sie sind meist erst im *Nhd.* aus entsprechenden Adjektiven wie 'scharf-, blöd-, tiefsinnig' rückgebildet worden. Aus dem alten **unsinnig** (*mhd.* unsinnec, *ahd.* unsinnig „verrückt, töricht, rasend") entstand die Rückbildung **Unsinn** (*mhd.* unsin „Unverstand, Torheit, Raserei"), die im 18. Jh. unter dem Einfluß von *engl.* nonsense ihre jetzige Bed. „Albernheiten" bekam. Abl.: **sinnig** (das Adjektiv *mhd.* sinnec „verständig, besonnen, klug", *ahd.* sinnig „empfänglich, gedankenreich" wurde Ende des 18. Jh.s. wieder belebt und bedeutet heute „sinnreich, sinnvoll", oft mit ironischem Nebenton); **sinnlich** (*mhd.* sin[ne]lich wurde meist auf die Empfindung der Sinne bezogen und entwickelte sich zum Gegenwort von 'geistig'; im *Nhd.* bedeutet es vor allem „sexuell triebhaft"), dazu **Sinnlichkeit** (*mhd.* sin[ne]līcheit) und **übersinnlich** „über die Sinne hinausgehend" (18. Jh.), **gesinnt** (s. d.). Zus.: **Sinnbild** (im 17. Jh. für 'Emblem' „allegorisches Bildzeichen" geprägt, heute für „bedeutsames Zeichen, Symbol" gebraucht); **sinnlos** (*mhd., ahd.* sinnelōs „wahnsinnig; bewußtlos, von Sinnen"; heute nur noch im Sinne von „ohne Sinn, ohne Vernunft; zwecklos" und „übermäßig, maßlos" gebraucht); **sinnreich** (*mhd.* sinnerīche „verständig, scharfsinnig"); **sinnvoll** (im 18. Jh. „gehaltvoll", jetzt auch „zweckdienlich").

sinnen: *Mhd.* sinnen, *ahd.* sinnan bedeutete „die Gedanken auf etwas richten; streben, begehren; gehen, sich begeben", *aengl.* sinnan auch „achthaben, für etwas sorgen". Die unter ↑*Sinn* dargestellte Grundbedeutung „gehen, reisen" kam in *frühmhd.* Zeit außer Gebrauch, doch behielt das Verb neben der vorherrschenden Bed. „nachdenken" bis heute den richtungsbestimmten Sinn „streben, planen, vorhaben" (z. B. 'auf Abhilfe, auf Flucht sinnen, [veraltet:] Verderben sinnen'), entsprechend bedeutet 'gesonnen sein' „etwas vorhaben (s. aber *gesinnt*). Auf *mhd.* ansinnen „begehren, zumuten" beruht das *frühnhd.* Substantiv **Ansinnen.** Unter den Präfixbildungen ist neben sich **entsinnen** (*mhd.* für „in den Sinn aufnehmen, erkennen, sich erinnern") und **ersinnen** (*mhd.* für „erforschen, erdenken, erwägen"), besonders sich **besinnen** wichtig (*mhd.* besinnen bedeutete transitiv „über etwas nachdenken, etwas ausdenken", reflexiv „sich bewußt werden, überlegen"; heute wird das Verb nur reflexiv gebraucht: 'sich auf etwas besinnen', 'sich eines Besseren besinnen'), dazu das adjektivische 2. Part. **besonnen** (*mhd.* besunnen „verständig, klug"), die Ableitung **besinnlich** „nachdenklich" (*spätmhd.* besinlich „verständig") und das Substantiv **Besinnung** „ruhige Überlegung, Bewußtsein" (18. Jh.). Aus untergegangenen Präfixbildungen stammen ↑Gesinnung und ↑versonnen. Eine erst seit dem 19. Jh. bezeugte Weiterbildung von 'sinnen' ist **sinnieren** „grübeln, in Gedanken versunken sein".

Sinnesorgane ↑Organ.

Sint ↑Sankt.

Sinter „poröses, aus Ablagerungen von fließendem Wasser entstandenes [Kalk]gestein": Das *altgerm.* Wort bezeichnete ursprünglich die glühende, beim Schmelzen und ersten Schmieden ausgeschiedene Metallschlacke sowie den sogenannten Hammerschlag. Diese Bedeutungen haben *mhd.* sinder, sinter, *ahd.* sintar, *mniederl.* sinder, *aengl.* sinder (auf gleichbed. *engl.* cinder hat *frz.* cendre „Asche" eingewirkt) und *aisl.* sindr. Da dann auch die erstarrte Metallschlacke so bezeichnet wurde, konnte 'Sinter' im 17. Jh. auf die festgewordenen mineralischen Ausscheidungen von Quellen, Kalkgestein usw. übertragen werden (dazu die Zusammensetzungen 'Kalk-, Kieselsinter, Sinterterrasse'; s. a. 'Tropfstein' unter *Tropf*). Nur in diesem fachsprachlichen Sinn gilt das Wort heute. Außerhalb des *Germ.* ist vielleicht die Sippe von *aslaw.* sędra „geronnene Flüssigkeit" (*serbokroat.* sedra „Kalksinter") urverwandt. Abl.: **sintern** „Sinter bilden" (16. Jh.; jetzt auch für ein technisches Verfahren in der Metallverarbeitung).

Sintflut: Das Substantiv *mhd., ahd.* sin[t]vluot (mit eingeschobenem Gleitlaut -t-) bezeichnet die „große, allgemeine Überschwemmung", in der nach biblischem Bericht die sündige Menschheit unterging. Gebildet ist es mit der *gemeingerm.* Vorsilbe *mhd.* sin[e]-, *ahd.* sin[a]-, *got.* sin-, *aengl.* sin[e]-, *aisl.* sī- „immerwährend, durchaus, gewaltig", die wie z. B. *lat.* sem-per „immer" zu der unter ↑*sammeln* dargestellten Wortgruppe gehört. Seit *mhd.* Zeit wurde das Wort auch zu **Sündflut** (*spätmhd.* süntvluot) umgedeutet, die ältere Form setzte sich erst im 20. Jh. wieder durch. Da die Sintflut (*lat.* diluvium) seit dem 17. Jh. auch in der zeitlichen Einteilung der Erdgeschichte eine Rolle spielte, wurde das Adjektiv **vorsintflutlich** (um 1800, für 'antediluvianisch') zuerst in geologischem Sinn gebraucht. Heute steht es *ugs.* für „uralt, unmodern".

Siphon: Die Bezeichnung für „Ausschankgefäß mit Schraubverschluß; Geruchsverschluß bei Wasserausgüssen" wurde im 19. Jh. aus gleichbed. *frz.* siphon entlehnt, das auf *lat.* sipho (siphonis) zurückgeht. Dies stammt aus *griech.* siphōn „[Wasser]röhre; Saugröhre, Heber", das vermutlich lautmalenden Ursprungs ist.

Sippe: Das Substantiv *mhd.* sippe, *ahd.* sipp[e]a bezeichnete in erster Linie das Verhältnis der Blutsverwandtschaft und die darauf aufgebauten vaterrechtlichen Gruppen, die in *german.* Zeit von großer politischer Bedeutung waren. Es entspricht *got.* sibja „Verwandtschaftsverhältnis", *aengl.* sibb „Verwandtschaft, Freundschaft, Liebe, Friede" und *aisl.* sifjar *(Plural)* „Verwandtschaft". Das *gemeingerm.* Wort bedeutete ursprünglich „eigene Art" und beruht auf einer Bildung zu der *idg.* Wurzel *se- „abseits, getrennt, für sich". Heute ist es in den meisten *germ.* Sprachen untergegangen. Im *Nhd.* wurde 'Sippe' erst seit Anfang des 19. Jh.s wieder belebt. Es bezeichnet heute die Gruppe der entfernten Verwandten im Gegensatz zur engeren 'Familie' (s. d.). Abl.: **Sippschaft** (*mhd.* sippeschaft „Verwandtschaft[sgrad]"; seit dem 16. Jh. für „Gesamtheit der Verwandten", jetzt meist abwertend gebraucht); **versippt** „durch Heirat mit einer Familie verwandt" (16. Jh.; 2. Part. eines heute ungebräuchlichen Verbs 'versippen').

Sirene „Warnvorrichtung, Alarmanlage; Warnsignal": Die Sirene in ihrer ursprünglichen Verwendung als Dampfpfeife (in Fabriken) und als Nebelhorn (auf Schiffen) ist eine französische Erfindung des beginnenden 19. Jh.s. Erst im 20. Jh. wird die Sirene auch speziell für den zivilen [Luft]warndienst entwickelt. Das Wort selbst wurde im 19. Jh. aus entsprechend *frz.* sirène entlehnt. Dies ist im Grunde eins mit dem aus *griech.* Seirēn (> *spätlat.* Siren[a]) entlehnten, schon *afrz.* (als syrene) bezeugten *frz.* sirène (= *mhd.* sirēn[e], syrēn[e]), dem Namen jener aus Homers 'Odyssee' bekannten sagenhaften Meerfrauen in der altgriechischen Mythologie, die durch ihren betörenden Gesang dem Seefahrer zum Verhängnis wurden. Dieses Bild vom „helltönenden, betörenden Gesang" schwebte dem französischen Erfinder bei der Benennung der Sirene vor.

Sirup „eingedickter brauner Zuckerrübenauszug; dickflüssiger Fruchtsaft": Das seit *mhd.* Zeit belegte Substantiv (*mhd.* sirup, syrop) galt zuerst im Bereich der Medizin und Pharmazie als Bezeichnung für einen schwerflüssigen, süßen Heiltrank. Quelle des Wortes ist *arab.* šarāb „Trank", das den europäischen Sprachen durch *mlat.* siropus, sirupus vermittelt wurde (beachte z. B. gleichbed. *frz.* sirop, *it.* s[c]iroppo). Unmittelbar aus dem *Arab.* stammt hingegen entsprechend *span.* jarope.

Sitte: Das *gemeingerm.* Substantiv *mhd.* site, *ahd.* situ, *got.* sidus, *aengl.* sidu, *aisl.* siðr (*schwed.* sed) bezeichnete ursprünglich die Gewohnheit, den Brauch, die Art und Weise des Lebens. Wahrscheinlich gehört es mit der Grundbedeutung „Bindung" zu der unter ↑*Seil* dargestellten Wortgruppe und steht dann mit ↑Saite im Ablautverhältnis. *Mhd.* site wird meist im Plural gebraucht, was die Entstehung des *nhd.* Femininums begünstigte (zuerst *mitteld.* im 14. Jh.). Aus dem Gemeinschaftscharakter der Sitte ergab sich schon früh die Bed. „Anstand, geziemendes Verhalten", die dann in neuerer Zeit 'Sitte' und 'Sittlichkeit' zu moralischen Begriffen werden ließ. Beachte dazu das Gegenwort **Unsitte** (*mhd.* unsite „üble Sitte, unfeines Benehmen") und die Ableitungen **sittlich** (*mhd.* sitelich, *ahd.* situlīh „dem Brauch gemäß"; seit dem 15. Jh. für „moralisch") und **un-**

sittlich (*mhd.* und *ahd.* für „unziemlich, ungesittet"; seit dem 18. Jh. in moralischem, besonders in sexuellem Sinn), ferner **sittsam** „gesittet" (im 15. Jh. für „ruhig"; *ahd.* situsam bedeutete „geschickt").

Situation „[Sach]lage, Stellung, [Zu]stand": Das Fremdwort wurde im späten 16. Jh. – zuerst in der heute veralteten Bedeutung „geographische Lage; Lageplan; Gegend" – aus gleichbed. *frz.* situation entlehnt, einer Substantivbildung zu *frz.* situer „in die richtige Lage bringen". Diesem voraus liegt gleichbed. *mlat.* situare, das zu *lat.* situs „Lage, Stellung" gehört. Das *frz.* Verb lieferte im 19. Jh. unser Fremdwort **situieren** „in einen Zusammenhang stellen" und aus seinem Partizipialadjektiv situé wurde schon im 17. Jh. unser Wort **situiert** „in bestimmter Weise gestellt, lebend" entlehnt (heute fast nur in Verbindung mit Adjektiven, wie in 'gutsituiert').

sitzen: Das *gemeingerm.* starke Verb *mhd.* sitzen, *ahd.* sizzen, *got.* sitan, *engl.* to sit, *schwed.* sitta gehört mit verwandten Wörtern in anderen *idg.* Sprachen zu der *idg.* Wurzel *sed- „sich setzen; sitzen", vgl. z. B. *lit.* sėdėti, *russ.* sidet' „sitzen", *griech.* hézesthai „sitzen, sich setzen" (s. die Fremdwörter *Katheder* und *Kathedrale*) und *lat.* sedere „sitzen" (s. die Fremdwörter um *Assessor* und den Artikel *residieren*). Auf einem Bedeutungsübergang von „sitzen" zu „gehen" beruht u. a. *griech.* hodós „Weg" (s. die Fremdwörter um *Periode*). Zahlreiche alte Nominalbildungen der *idg.* Wurzel bezeichnen den Platz, auf dem man sitzt, oder den Ort, wo man sich aufhält. *Germ.* Substantive mit dieser Bedeutung und Ableitungen davon leben in mehreren *nhd.* Wörtern fort, s. im einzelnen die Artikel *Sessel, siedeln, Gesäß, ansässig, aufsässig, Sattel, Insasse* (unter ↑in). Auch zwei schon sehr früh verdunkelte Zusammensetzungen mit Bildungen der *idg.* Wurzel gehören hierher, nämlich ↑Ast (eigentlich „was [am Stamm] ansitzt" und ↑Nest (eigentlich „Niedersetzung"). Veranlassungswort zu 'sitzen' ist ↑setzen. Eine *dt.* Substantivbildung zu 'sitzen' ist **Sitz** (*mhd., ahd.* siz). Das jüngere Substantiv **Sitzung** (im 15. Jh. für „Sichniedersetzen") bezeichnet meist die Versammlung einer Körperschaft, seit dem 18. Jh. auch das Modellsitzen für ein Porträt und dgl. Als Zusammensetzungen sind besonders **Sitzfleisch** (im 17. Jh. 'Sitzefleisch') und **vorsitzen** zu nennen (im 15. Jh. für „obenan sitzen, eine Versammlung leiten"), dazu das substantivierte 1. Part. **Vorsitzende** (18. Jh.) und die Ableitungen **Vorsitz** (17. Jh.) und **Vorsitzer** (16. Jh.). Die Präfixbildung **besitzen** (*mhd.* besitzen, *ahd.* bisizzan; vgl. *aengl.* besittan, *got.* bisitan) bedeutete ursprünglich „um etwas sitzen" (daher *mhd.* auch „belagern"), dann „sich auf etwas setzen; etwas in Besitz nehmen, haben" (*mhd.;* als Rechtswort z. T. unter dem Einfluß von *lat.* possidere „besitzen"), dazu **Besitz** „das, was man besitzt, worüber man verfügt" (im 15. Jh. für *mhd.* besez), **Besitztum** „Gesamtheit dessen, was man besitzt" (17. Jh.), **Besitzung** (*mhd.* besitzunge „Besitznahme, Eigentum") und **Besitzer** *(spätmhd.)*; das 2. Part. **besessen** wird schon im *Mhd.* selbständiges Adjektiv (*mhd.* besezzen „besetzt, bewohnt; ansässig"; im 13. Jh. erscheint die Bed. „vom Teufel bewohnt" (nach *lat.* possessus „besessen, beherrscht"), die auf antik-christlicher Vorstellung beruht und heute zu „leidenschaftlich, fanatisch" abgeschwächt ist). Das 2. Partizip **versessen** – in der ähnlich gebrauchten Wendung 'versessen sein' „gern haben, unbedingt haben wollen" – begegnet erst Anfang des 18. Jh.s und gehört zu veraltetem 'sich versitzen' „hartnäkkig auf etwas bestehen".

Skala „Maßeinteilung auf Meßinstrumenten": Das Wort ist eine gelehrte Entlehnung des 17. Jh.s aus gleichbed. *it.* scala, das aus *lat.* scalae *(Plural)* „Treppe, Leiter" stammt. Dies gehört mit einer Grundform *scand-sla „Steiggerät" zu *lat.* scandere „[be]steigen" (verwandt mit *griech.* skándalon „Fallstrick; Anstoß, Ärgernis" in ↑Skandal). – Siehe auch den Artikel *transzendent*.

Skalp: Einem getöteten Feind die Kopfhaut abzuziehen gehörte früher bei bestimmten Indianerstämmen Nordamerikas zum Siegeszeremoniell. Die *engl.* Bezeichnung für eine solche abgezogene Kopfhaut, *engl.* scalp, gelangte im 18. Jh. als Fremdwort ins *Deutsche*. Heute begegnet das Wort zuweilen noch in scherzhafter Verwendung für „Kopf, Leben". Das *engl.* Wort, das ursprünglich „Hirnschale, Schädel" bedeutete und wohl selbst aus dem *Skand.* entlehnt ist (beachte z. B. *dän. mdal.* skalp „Schale, Hülse"), gehört letztlich zu den b-Erweiterungen der unter ↑*Schild* dargestellten *idg.* Wurzel *[s]kel- „schneiden, spalten". – Abl.: **skalpieren** „den Skalp nehmen" (18./19. Jh.).

Skalpell: Der Fachausdruck für „kleines chirurgisches Messer" wurde im 18. Jh. aus gleichbed. *lat.* scalpellum entlehnt, einer Verkleinerungsbildung zu *lat.* scalprum „scharfes Schneidewerkzeug, Messer". Dies gehört zu *lat.* scalpere (scalptum) „kratzen, ritzen, schneiden, meißeln", das zusammen mit *lat.* sculpere (sculptum) „schnitzen, meißeln" (↑Skulptur) zu den p-Erweiterungen der unter ↑*Schild* dargestellten *idg.* Wurzel *[s]kel- „schneiden, spalten" gehört.

Skandal „Ärgernis; Aufsehen": Das Fremdwort wurde Ende des 16. Jh.s aus gleichbed. *frz.* scandale entlehnt, das auf *kirchenlat.* scandalum zurückgeht. Dies stammt aus *griech.* skándalon „Fallstrick; Anstoß, Ärgernis", von dem *griech.* skandálēthron „Auslösevorrichtung in einer Tierfalle" abgeleitet ist, das sich in der Bedeutung mit skándalon vermischt hat. Das *griech.* Wort ist mit *lat.* scandere „steigen, besteigen" etymologisch verwandt (vgl. *Skala*) und bedeutet wohl eigentlich „losschnellendes Gerät". – Abl.: **skandalös** „ärgerniserregend, anstößig; unerhört, unglaublich" (Anfang 18. Jh.; nach entsprechend *frz.* scandaleux).

Skat: Das seit dem Ende des 18. Jh.s bekannte Kartenspiel ist nach den zwei beiseite gelegten Karten benannt, die der Solospieler in sein Blatt aufnehmen und gegen andere, schlechtere

Karten austauschen darf. Quelle des Wortes ist *it.* scarto „das Wegwerfen der Karten; die abgelegten, gedrückten Karten", das von *it.* scartare „Karten wegwerfen, ablegen" abgeleitet ist, einer Präfixbildung zu *it.* carta (< *lat.* charta) „Papier; Karte; Spielkarte" (vgl. das Lehnwort *Karte*). Die ursprüngliche Form des Lehnwortes ist in der in Tirol gebräuchlichen Zusammensetzung 'Skartkarte' bewahrt. Die r-lose Form beruht auf Erleichterung der Konsonanz. – Abl.: **skaten** „Skat spielen" (19. Jh.).

Skelett „Knochengerüst, Gerippe": Das Fremdwort wurde im 16. Jh. – zuerst in der Form 'Skeleton' – aus *griech.* skeletón (ergänze: sō̄ma) „Mumie" entlehnt, das wörtlich „ausgetrockneter Körper" bedeutet. Das zugrundeliegende Adjektiv *griech.* skeletós „ausgetrocknet, ausgedörrt" ist von *griech.* skéllein „austrocknen, dörren; vertrocknen" abgeleitet (verwandt mit dem *dt.* Adjektiv ↑*schal*).

Skepsis „Zweifel, Bedenken (auf Grund sorgfältiger Überlegung)": Das Fremdwort ist eine gelehrte Entlehnung des späten 17. Jh.s aus *griech.* sképsis „Betrachtung, Untersuchung, Prüfung; Bedenken". Dazu: **skeptisch** „zweifelnd, mißtrauisch; kühl abwägend" (18. Jh.; aus *griech.* skeptikós „zum Betrachten, Bedenken gehörig") und **Skeptiker** „Zweifler, mißtrauischer Mensch" (18. Jh.). Allen zugrunde liegt das *griech.* Verb sképtesthai (< *spékiesthai) „schauen, spähen; betrachten", das mit *dt.* ↑*spähen* urverwandt ist. – Ablautend gehören hierher verschiedene o-stufige Bildungen, die von *griech.* skopeīn „schauen, beobachten" ausgehen. Vgl. hierzu im einzelnen die Fremd- und Lehnwörter ↑*Horoskop*, ↑*Kaleidoskop*, ↑*Mikroskop* und ↑*Bischof* (*griech.* epískopos „Aufseher").

Sketch: Die Bezeichnung für eine besonders im Kabarett oder Varieté aufgeführte kurze, effektvolle Szene mit Schlußpointe wurde im 19. Jh. aus gleichbed. *engl.* sketch (eigentlich „Skizze; Entwurf; Stegreifstudie") entlehnt, das seinerseits aus *niederl.* schets „Entwurf" stammt. Letzteres ist seiner Herkunft nach mit unserem Fremdwort ↑*Skizze* identisch.

Ski ↑Schi.

Skizze „[erster] Entwurf; flüchtig entworfene Zeichnung": Das seit dem 17. Jh. – zuerst in der Form scizzo – bezeugte Fremdwort ist aus *it.* schizzo „Spritzen, Spritzer; Skizze" entlehnt. Gleicher Herkunft ist z. B. *niederl.* schets „Skizze". Aus letzterem stammt *engl.* sketch „Skizze", das unserem Fremdwort ↑Sketch zugrunde liegt. – *It.* schizzo bedeutet ursprünglich „Spritzen, Spritzer", woraus sich über „Spritzer mit der Feder" usw. die Bedeutung „Entwurf, Skizze" entwickelte. *It.* schizzo ist lautnachahmender Herkunft. – Abl.: **skizzieren** „entwerfen; in den Umrissen zeichnen; andeuten" (18. Jh.; nach *it.* schizzare „spritzen; skizzieren").

Sklave „Leibeigener; unfreier, entrechteter Mensch": Das Substantiv *mhd.* slave, *spätmhd.* sclave ist aus gleichbed. *mlat.* slavus, sclavus entlehnt. Das auch in den *roman.* Sprachen lebendige Wort (vgl. z. B. gleichbed. *frz.* esclave, *span.* esclavo und *it.* schiavo) geht zurück auf *mgriech.* sklábos „Slawe; Sklave" (zu gleichbed. sklabēnós). Es ist letztlich identisch mit dem Volksnamen der 'Slawen'. Die appellativische Bedeutung „Sklave" geht auf den Sklavenhandel im mittelalterlichen Orient zurück, dessen Opfer vorwiegend Slawen waren. Abl.: **Sklaverei** „Knechtschaft" (17. Jh.); **Sklavin** (17. Jh.); **sklavisch** „knechtisch, unterwürfig" (17. Jh.); **versklaven** „in die Sklaverei führen; knechten" (17. Jh.).

Skonto „Preisnachlaß bei Barzahlung": Das Fremdwort wurde im 17. Jh. als kaufmännischer Terminus aus gleichbed. *it.* sconto entlehnt, einer Substantivbildung zu *it.* scontare „abrechnen, abziehen". Das zugrundeliegende einfache Verb *it.* contare „zählen, rechnen" stammt wie entsprechend *frz.* compter aus *lat.* computare „berechnen" (vgl. *Konto*).

Skorbut: Die Herkunft der auch in zahlreichen anderen europäischen Sprachen üblichen Bezeichnung einer durch Mangel an Vitamin C hervorgerufenen Krankheit (beachte z. B. entsprechend *frz.* scorbut, *it.* scorbuto, *span.* escorbuto und *engl.* scurvy) ist nicht sicher geklärt.

Skorpion: Der schon im *Ahd.* bezeugte Name (*ahd.* [Akk.] scorpiōn, *mhd.* sc[h]orpiōn, *mnd.* schorpie) des tropischen und subtropischen giftigen Spinnentieres ist aus gleichbed. *lat.* scorpio (scorpionis) entlehnt, das seinerseits aus gleichbed. *griech.* skorpíos übernommen ist. Das *griech.* Wort stammt wohl aus einer Mittelmeersprache.

Skrupel „ängstliche Bedenken; Gewissensbisse": Das Fremdwort ist eine gelehrte Entlehnung des 16. Jh.s aus *lat.* scrupulus „spitzes Steinchen" (Verkleinerungsbildung zu *lat.* scrupus „scharfer, spitzer Stein") in dessen übertragener Bed. „stechendes, ängstliches Gefühl, Besorgnis; Bedenken, peinigender Zweifel".

Skulptur: Der Fachausdruck für „Bildhauerkunst; Bildhauerarbeit" wurde im 17. Jh. aus gleichbed. *lat.* sculptura entlehnt. Dies gehört zu *lat.* sculpere „(durch Graben, Stechen, Schneiden usw.) etwas schnitzen, bilden, meißeln", das mit *lat.* scalpere „ritzen, schneiden usw." verwandt ist (vgl. *Skalpell*).

skurril „absonderlich anmutend": Das Adjektiv wurde im 17. Jh. in der Form 'skurrilisch' aus gleichbed. *lat.* scurrilis entlehnt, das zu dem wohl aus dem *Etrusk.* stammenden Substantiv *lat.* scurra „Spaßmacher, Witzbold" gehört.

Slalom: Die Bezeichnung für „Torlauf" im Schi- und Kanusport wurde im 20. Jh. aus gleichbed. *norw.* slalåm (eigentlich „abschüssige Schispur") entlehnt.

Slibowitz ↑Schlehe.

Slipper: Die Bezeichnung für einen bequemen, nicht zu schnürenden Halbschuh mit flachem Absatz wurde im 20. Jh. aus *engl.* slipper „Hausschuh, Pantoffel" entlehnt. Das zugrundeliegende Verb *engl.* to slip „gleiten, [ent]schlüpfen" ist verwandt mit *dt.* ↑[1]*schleifen*.

Slogan: Das Fremdwort für „Werbespruch; Schlagwort" wurde im 20. Jh. aus dem *Engl.*

übernommen. *Engl.* slogan stammt seinerseits aus *gälisch* sluaghghairm „Kriegsgeschrei".

Slowfox ↑Foxtrott.

Smaragd: Der Name des grünen Edelsteins *mhd.* smaragt, smarāt, *ahd.* smaragdus führt über gleichbed. *lat.* smaragdus auf *griech.* smáragdos „Smaragd" zurück. Die weitere Herkunft des Wortes ist dunkel.

smart „clever, geschäftstüchtig; weltmännisch, elegant": Das Adjektiv wurde im 19. Jh. aus gleichbed. *engl.* smart entlehnt. Dies gehört als Ableitung zu *engl.* to smart (*aengl.* smeortan) „schmerzen, verletzen" (verwandt mit *dt.* 'schmerzen'; vgl. *Schmerz*) und bedeutete demnach ursprünglich „schmerzend, schmerzlich", danach auch „scharf, beißend, schneidend; streng, tatkräftig, rührig".

Smoking „(meist schwarzer) Gesellschaftsanzug": Das am Ende des 19. Jh.s aufkommende Fremdwort ist als Kurzform aus *engl.* Bezeichnungen wie smoking-suit oder smoking-jacket „Rauchjackett, Rauchanzug" hervorgegangen. Gemeint ist ein Jackett (oder Anzug), das man in England nach dem Mittagsmahl zum „Rauchen" anzog, um den Frack zu schonen. – Das zugrundeliegende Verb *engl.* to smoke „rauchen" ist verwandt mit *dt.* ↑schmauchen.

Snob: Die Bezeichnung für „vornehm tuender, eingebildeter Mensch; Geck; Protz" wurde im 19. Jh. aus gleichbed. *engl.* snob übernommen. Die Herkunft des *engl.* Wortes ist dunkel. – Abl.: **Snobismus** „Geckenhaftigkeit; Vornehmtuerei" (19. Jh.; *nlat.* Bildung, aus entsprechend *engl.* snobism). Dazu das Adjektiv **snobistisch** „geckenhaft, vornehmtuerisch" (20. Jh.).

so: Die *gemeingerm.* Partikel lautet *mhd., ahd.* sō, *niederl.* zo, *engl.* so, *schwed.* så. Außerhalb des *Germ.* ist z. B. *alat.* suad „so" verwandt. Ursprünglich ist 'so' nur Adverb mit der Bed. „in dieser Weise", die sich weiter zu „derartig, folgendermaßen, in diesem Grade; etwa" entwickelte. Schon früh wurde es zur Konjunktion, besonders mit der Bed. „dann, deshalb", oft in der Zusammensetzung ↑also. Siehe auch die Artikel *sofort, sogar.* Eine verdunkelte Zusammensetzung ist ↑solch.

Socke, *landsch.* auch: Socken „kurzer Strumpf": Das Substantiv *mhd., ahd.* soc ist wie entsprechend *niederl.* sok und *engl.* sock aus *lat.* soccus „leichter griechischer Schlupfschuh (besonders des Komödienschauspielers)" entlehnt. Das *lat.* Wort stammt aus dem *Griech.* (vgl. *griech.* sykchís, sýkchos „eine Art Schuh") und wurde wohl im Bereich des Theaters von dort aufgenommen. – Vgl. auch den Artikel *Sockel.*

Sockel „Unterbau, Fußgestell (z. B. für Statuen); unterer Mauervorsprung": Der Terminus der Baukunst wurde im 18. Jh. aus gleichbed. *frz.* socle entlehnt, das seinerseits aus entsprechend *it.* zoccolo stammt. Quelle des Wortes ist *lat.* socculus „kleiner Schuh, leichte Sandale", eine Verkleinerungsbildung zu *lat.* soccus „leichter griechischer Schuh" (daraus unser Lehnwort ↑*Socke*), dessen Bed. ins *Roman.* übertragen wurde.

Soda: Die Bezeichnung für „Natriumkarbonat" wurde im 18. Jh. aus gleichbed. *span.* soda, *it.* soda entlehnt, dessen Herkunft umstritten ist.

Sodbrennen: Das erste Glied der zuerst im 16. Jh. bezeugten verdeutlichenden Zusammensetzung geht zurück auf *frühnhd.* sod, *mhd.* sōt[e], sōdem „heißes Aufwallen, Sodbrennen", vgl. *aengl.* *sēada* „Sodbrennen". Es gehört ablautend zu dem unter ↑*sieden* behandelten Verb.

Sodomie: Die Bezeichnung für „Geschlechtsverkehr von Menschen mit Tieren" ist eine gelehrte Entlehnung des 16. Jh.s aus gleichbed. *spätlat.* sodomia. Zugrunde liegt der Name der biblischen Stadt Sodom, die zusammen mit der Stadt Gomorrha nach 1. Mos. 18f. berüchtigt für das lasterhafte und ausschweifende Leben ihrer Einwohner war (beachte dazu 'Sodom und Gomorrha' „Zustand der Lasterhaftigkeit und Verworfenheit"). Ursprünglich wurde 'Sodomie' auch für „Päderastie" und „Onanie" im Sinne von „widernatürliche Unzucht" gebraucht. – Dazu seit dem 15. Jh. **Sodomit** „jemand, der Sodomie treibt" (*spätlat.* Sodomita, ursprünglich Bezeichnung für den Einwohner von Sodom).

Sofa: Quelle dieses seit dem Ende des 17. Jh.s bezeugten Fremdwortes ist *arab.* ṣuffa „Ruhebank", das mit einer erweiterten Bed. „gepolsterte Sitzbank" in die europäischen Sprachen gelangte (beachte gleichbed. *it.* sofà, *frz.* sofa, *span.* sofá und *russ.* sofa).

sofort: *Mnd.* vōrt „vorwärts" (vgl. *fort*) bedeutete auch „alsbald". Verstärktes '[al]so vōrt' wurde dann im 16. Jh. *nordd.* zu 'sofort' zusammengerückt. Abl.: **sofortig** (Adj.; 19. Jh.).

sogar: Die *frühnhd.* (16. Jh.) Fügung 'so gar' „so vollständig, so sehr" (vgl. *gar*) erscheint seit dem 17. Jh. auch zusammengerückt und hat sich im 18. Jh. zu einer bloß steigernden Partikel entwickelt.

Sohle: Das ursprünglich nur *dt.* und *niederl.* Substantiv (*mhd., mnd.* sole, *ahd.* sola, *niederl.* zool) beruht auf einer Entlehnung aus *vlat.* *sola, dem als Femininum Singular aufgefaßten Neutrum *Plural* von *lat.* solum „Unterfläche, Grundfläche; Grund, Boden; Fußsohle; Schuhsohle". – Abl.: **sohlen** „Schuhwerk mit (neuen) Sohlen versehen" (im 13. Jh. *niederrheinisch* solen), dafür meist **besohlen.** In der Umgangssprache weit verbreitet ist das Präfixverb **versohlen** mit der übertragenen Bed. „verprügeln" (18. Jh.; wohl eigentlich „mit der Schuhsohle oder mit dem Pantoffel verprügeln").

Sohn: Wie die anderen Verwandtschaftsnamen für die engsten Familienangehörigen (s. besonders *Tochter, Mutter*) ist auch 'Sohn' ein Wort *idg.* Alters. Das *gemeingerm.* Substantiv *mhd.* sun, son, *ahd.* sun[u], son, *got.* sunus, *engl.* son, *schwed.* son ist verwandt mit gleichbed. *aind.* súnu-ḥ, *lit.* sūnùs, *russ.* syn und beruht mit diesen auf *idg.* sūnú-s „Sohn", einer Bildung zu der Verbalwurzel *seu-, *sŭ̄- „gebären" (vgl. *aind.* sūtē, sūyatē „gebiert, zeugt").

Soja, verdeutlichend **Sojabohne:** Der Name der zu den südostasiatischen Schmetterlingsblütlern gehörenden Nutzpflanze stammt wie die Pflanze selbst aus China. Er gelangte aber erst im 18. Jh. durch Vermittlung der Japaner ins *Dt.* (*jap.* shōyu „Sojasoße").

Solbad ↑Sole.

solch: Das *gemeingerm.* hinweisende Pronomen *mhd.* solch, *ahd.* solīh, *got.* swaleiks, *aengl.* swelc, swylc (*engl.* such), *schwed.* slik ist eine Zusammensetzung aus dem unter ↑*so* dargestellten Adverb und dem Grundwort *germ.* *-līka-z „die Gestalt habend" (vgl. *...lich;* s. auch *welch*). Die Grundbedeutung „so gestaltet, so beschaffen" zeigt das Pronomen noch heute.

Sold „Entlohnung, Entgelt des Soldaten": Das Substantiv (*mhd.* solt „Lohn für geleistete [Kriegs]dienste") ist aus *afrz.* solt „Goldmünze; Sold" entlehnt, das seinerseits wie entsprechend *it.* soldo „Münze; Sold" (dazu *it.* soldare „in [Wehr]sold nehmen", s. das Fremdwort *Soldat*) auf *spätlat.* sol[i]dus (nummus) „gediegene Goldmünze" zurückgeht. Über das zugrundeliegende Adjektiv *lat.* solidus „gediegen, fest; echt" vgl. den Artikel *solid[e].* – Dazu: **solden** „entlohnen, bezahlen" (*mhd.* solden), heute nur mehr in dem gleichbedeutenden Präfixverb **besolden** gebräuchlich; **Soldbuch** (20. Jh.; heute nicht mehr gebräuchliche Bezeichnung für den Ausweis des Soldaten [mit Eintragungen über die Soldauszahlung]); **Söldner** „Berufssoldat in fremdem Kriegsdienst" (*mhd.* soldenære, soldenier).

Soldat: Das seit dem 16. Jh. bezeugte Fremdwort ist wie entsprechend *frz.* soldat aus *it.* soldato „Soldat" (eigentlich „der in Wehrsold genommene Mann") entlehnt, dem substantivierten Part. Perf. von *it.* soldare „in Sold nehmen" (vgl. den Artikel *Sold*). – Abl.: **soldatisch** „in Art und Haltung eines Soldaten" (17. Jh.).

Söldner ↑Sold.

Sole „salzhaltiges Quellwasser, [Koch]salzlösung": Das im 16. Jh. aus *mnd.* sole ins *Hochd.* aufgenommene Wort (entsprechend *spätmhd.* sul, sol „Salzbrühe zum Einlegen") steht neben gleichbed. *niederd.* Sale (*mnd.* zalen „Salzwasser", 14. Jh.). Es ist mit dem unter ↑*Salz* behandelten Wort verwandt und geht wahrscheinlich auf ein zur Sippe von *russ.* sol' „Salz" gehöriges *westslaw.* Wort zurück, das im Gebiet der Lüneburger Salzquellen entlehnt und in der Fachsprache der Salinen weitergegeben wurde. Zus.: **Solbad** „Heilbad in Sole" (19. Jh.); **Solei** „in [Quell]sole gekochtes Ei" (18. Jh.).

solidarisch „gemeinsam; miteinander übereinstimmend, füreinander einstehend, eng verbunden", häufig in der Wendung 'sich mit jemandem solidarisch erklären': Das seit dem Anfang des 19. Jh.s bezeugte Adjektiv (ursprünglich Rechtswort, dann politisches Schlagwort) ist mit *dt.* Suffix aus entsprechend *frz.* solidaire „wechselseitig für das Ganze haftend, solidarisch" umgebildet. Das *frz.* Wort selbst ist eine juristensprachliche Neubildung zu *lat.* solidus „gediegen, echt; fest, unerschütterlich; ganz" (vgl. *solid[e]*) in Fügungen wie 'in solidum (deberi)' „für das Ganze verantwortlich sein, als Gesamtschuldner haften". Abl.: **Solidarität** „Zusammengehörigkeitsgefühl, Gemeinsinn, enge Verbundenheit" (19. Jh.; aus entsprechend *frz.* solidarité).

solid[e] „fest, haltbar; gediegen; zuverlässig; ordentlich, anständig": Das Adjektiv wurde in der 2. Hälfte des 17. Jh.s aus gleichbed. *frz.* solide entlehnt, das seinerseits auf *lat.* solidus „gediegen, echt; fest, unerschütterlich; ganz" beruht. – Das *lat.* Wort, das auch Ausgangspunkt ist für die Fremdwörter ↑solidarisch, Solidarität, ↑Sold, Söldner, ↑Soldat, ↑Saldo und ↑konsolidieren, ist mit *lat.* salvus „heil, gesund" verwandt (vgl. den Artikel *Salve*).

Solist, Solistin, solistisch ↑Solo.

sollen: Die *dt.* u. *niederl.* Formen des Modalverbs (*mhd.* soln, suln, *mnd.* solen, *niederl.* zullen) sind durch Vereinfachung der alten *gemeingerm.* Form mit sk- entstanden: *ahd.* sculan, *got.* skulan „schuldig sein, sollen, müssen", *engl.* shall, *schwed.* skola „sollen, werden". Zu dieser alten Form gehört die Substantivbildung ↑Schuld (eigentlich „Verpflichtung"). Aus anderen *idg.* Sprachen ist nur die *balt.* Sippe von *lit.* skelěti „schuldig sein" mit der *germ.* Wortgruppe verwandt. – Als Vollverb mit der alten Bed. „schuldig sein" war 'sollen' bis Ausgang des 18. Jh.s noch in der Kaufmannssprache üblich ('er soll mir 10 Taler'). Dies ist auch der eigentliche Sinn des in der Kaufmannssprache üblichen substantivierten **Soll** (nach der seit dem 16. Jh. bezeugten Seitenüberschrift '[ich] soll', d. h. „bin schuldig", '[Cassa] soll' u. ä. in kaufmännischen Rechnungsbüchern).

Solo „Einzelgesang, Einzelspiel, Einzelvortrag": Der zunächst nur in der Fachsprache der Musik verwendete Terminus ist gerade in jüngster Zeit auf andere Bereiche übertragen worden (z. B. im Sport für „Alleinspiel, Dribbling"). Das Wort wurde im Anfang des 18. Jh.s aus dem *it.* Adjektiv und Adverb solo (< *lat.* solus) „allein; einzig" entlehnt. Seine substantivische Verwendung verdankt es dabei vermutlich *it.* Fügungen wie 'musica a solo'. Das in unserer Umgangssprache weit verbreitete Adverb **solo** bedeutet „allein, unbegleitet, ohne Partner". – Abl.: **Solist** „Künstler (Musiker oder Sänger), der einen Solopart [mit Orchesterbegleitung] vorträgt" (19. Jh.; aus gleichbed. *frz.* soliste, *it.* solista). Dazu: **Solistin** und das Adjektiv **solistisch** (19./20. Jh.).

Sombrero: Die Bezeichnung für einen breitrandigen leichten Tropenhut wurde im 19. Jh. aus dem *Span.* übernommen. *Span.* sombrero ist von *span.* sombra (< *lat.* umbra) „Schatten" abgeleitet und bedeutet eigentlich etwa „Schattenspender".

Sommer: Die *altgerm.* Bezeichnung der Jahreszeit (*mhd.* sumer, *ahd.* sumar, *niederl.* zomer, *engl.* summer, *schwed.* sommar) geht mit verwandten *außergerm.* Wörtern wie *aind.* sámā „[Halb]jahr, Jahreszeit", *awest.* ham- „Sommer", *air.* sam[rad] „Sommer" auf *idg.* *sem- „Sommer" zurück. Abl.: **sommerlich** (*mhd.* sumerlich, *ahd.* sumarlīh); **sommers** (Adverb; *mhd.* [des] sumers). Zus.: **Sommerfrische**

(↑frisch); **Sommersprosse** (verdeutlichende Zusammensetzung des 16. Jh.s für gleichbed. *frühnhd.* sprusse, *mnd.* sprote[le]; das Grundwort gehört zur Sippe von ↑*sprießen* und bedeutet wahrscheinlich „aufsprießender Hautfleck").

somnambul „schlafwandelnd": Das Adjektiv wurde im 18. Jh. aus gleichbedeutend *frz.* somnambule entlehnt. Das *frz.* Wort ist eine gelehrte Bildung zu *lat.* somnus „Schlaf" (urverwandt mit *griech.* hýpnos in ↑*Hypnose*) und ambulare „herumgehen"; vgl. *ambulant.* Abl.: **Somnambule** „Schlafwandler[in]".

Sonate: Der musikalische Fachausdruck für „Instrumentaltonstück aus drei oder vier Sätzen" wurde in der 1. Hälfte des 17. Jh.s aus gleichbed. *it.* sonata entlehnt. Das *it.* Wort seinerseits ist eine gelehrte Ableitung von *it.* sonare „tönen, klingen usw." (vgl. *sonor*) und bedeutet eigentlich etwa „Klingstück" (zum Unterschied von der als „Singstück" benannten ↑Kantate). – Dazu als Bezeichnung für eine kleinere (und auch leichter zu spielende) Sonate die Verkleinerungsbildung *it.* sonatina in unserem Fremdwort **Sonatine** (18. Jh.).

Sonde: Das seit dem Anfang des 18. Jh.s bezeugte Fremdwort erscheint zuerst einerseits mit einer eigentlichen Bed. „Lot, Senkblei", andererseits als medizinischer Terminus zur Bezeichnung eines stab- oder schlauchförmigen Instrumentes, das der Arzt zu diagnostischen und therapeutischen Zwecken in Körperöffnungen oder Hohlorgane einführt. Im letzteren Sinne spielt das Wort heute eine wichtige Rolle. Daneben wird es aber auch vielfach übertragen im Bereich der Technik gebraucht (beachte z. B. die bergmännische Bed. „Erdbohrer" sowie die Zusammensetzung **Raumsonde** „unbemannter Flugkörper für wissenschaftliche Messungen im Weltraum" [20. Jh.]). Das Wort ist in allen Bedeutungen aus entsprechend *frz.* sonde entlehnt, dessen weitere Herkunft nicht gesichert ist. Neben dem Substantiv findet sich das Verb **sondieren** „mit einer Sonde untersuchen; (allgemein übertragen:) vorsichtig erkunden, vorfühlen, ausforschen", das aus entsprechend *frz.* sonder bereits im 17. Jh. entlehnt wurde.

sonder: Das *gemeingerm.* Adverb *mhd.* sunder, *ahd.* suntar, *got.* sundrō, *engl.* a-sunder, *schwed.* sönder bedeutet „abseits, für sich, auseinander". Außerhalb des *Germ.* entsprechen ihm *aind.* sanu-tár „abseits, weit weg" und *griech.* áter „ohne". Zugrunde liegt *idg.* *sn̥-tér „für sich, abgesondert", eine Bildung zu gleichbed. *idg.* *seni- (vgl. z. B. *lat.* sine „ohne"). Als Adverb ist 'sonder' im älteren *Nhd.* untergegangen (beachte noch die Fügung 'samt und sonders'), an seine Stelle trat das Adverb 'besonders' (s. *besonder*). Auch das *mhd.* Adjektiv sunder „abgesondert, eigen" ist durch ↑besonder abgelöst worden. Es lebt aber noch in zahlreichen Zusammensetzungen wie 'Sonderrecht, -[ab]druck, -zug' (die z. T. das Fremdwort *extra* übersetzen) und in der Ableitung **Sonderling** (16. Jh.). Die Weiterbildung [1]**sondern** (*mitteld.* im 14. Jh. sundern „ohne, außer, aber") steht *nhd.* als Konjunktion nach einem verneinten Satzteil. Noch voll gebräuchlich sind die folgenden Ableitungen: **sonderbar** (*mhd.* sunderbære, -bar „besonder, ausgezeichnet", *spätahd.* sundirbær, -bāre „abgesondert"; seit Anfang des 19. Jh.s meist für „seltsam, merkwürdig"); **sonderlich** (*mhd.* sunderlich, *ahd.* suntarlīh „abgesondert", später „ungewöhnlich"; *nhd.* meist verneint gebraucht); [2]**sondern** (das Verb *mhd.* sundern, *ahd.* suntarōn [vgl. *engl.* to sunder, *schwed.* söndra] bedeutete „trennen, unterscheiden"; im *Nhd.* sind **absondern** [*mhd.* abesundern] und **aussondern** [*mhd.* ūʒsundern] gebräuchlicher).

sondieren ↑Sonde.

Sonett: Die Bezeichnung für eine in Italien entstandene Gedichtform ist seit dem ausgehenden 16. Jh. bezeugt. Sie ist aus gleichbed. *it.* sonetto entlehnt, das eigentlich etwa „Klinggedicht" bedeutet. Dies ist eine Bildung zu *it.* s[u]ono (< *lat.* sonus) „Klang, Ton", das zu *lat.* sonare „tönen, klingen" (vgl. *sonor*) gehört.

Song: Das im 20. Jh. aus dem *Engl.* entlehnte Fremdwort bezeichnet eine von dem Dichter Bertolt Brecht (1898–1956) eingeführte Sonderform des Liedes (verwendet werden besonders Elemente des Kabarettliedes, des Bänkelsangs und der Moritat mit sozialkritischem Inhalt, musikalisch dem Jazz nahestehend). *Engl.* song „Lied; Gesang", das *dt.* ↑*Sang* entspricht, steht im Ablaut zu *engl.* to sing „singen" (↑singen).

Sonnabend: Der besonders *mitteld.* und *nordd.* Name des letzten Wochentags (s. auch *Samstag*) beruht auf einer *aengl.* Bildung, die mit der angelsächsischen Mission (Bonifatius) auf das Festland kam. *Aengl.* sunnan-ǣfen bezeichnete unter Einsparung des Grundwortes -dæg von *aengl.* sunnandæg „Sonntag" den „Vorabend vor Sonntag" (s. den Artikel *Abend*). Auf diesem Wort beruhen *ahd.* sunnūnāband, *mhd.* sun[nen]ābent. Die Bezeichnung wurde früh auf den ganzen Tag ausgedehnt. Gegenüber dieser christlichen Bezeichnung des Tages hat sich sein *lat.* Name Saturni dies „Tag des Saturn" in *niederl.* zaterdag und *engl.* Saturday erhalten.

Sonne: Das *gemeingerm.* Substantiv *mhd.* sunne, *ahd.* sunna, *got.* sunnō, *engl.* sun, *aisl.* sunna setzt einen *idg.* n-Stamm fort, während *got.* sauil „Sonne" und *schwed.* sol „Sonne" einen *idg.* l-Stamm fortsetzen. Zugrunde liegt *idg.* sāu̯el- „Sonne", vgl. z. B. aus anderen *idg.* Sprachen *lat.* sol, *lit.* sáulė und *griech.* hḗlios (↑Helium). In den *germ.* Sprachen ist 'Sonne' gewöhnlich weiblich (beachte aber die männlichen Nebenformen *mhd.* sunne, *ahd.* sunno, *aengl.* sunna). Abl.: **sonnen** „der Sonne aussetzen" (*mhd.* sunnen; oft reflexiv gebraucht); **sonnig** (im 18. Jh. neben 'sönnig' und älterem 'sonnicht'; *mhd.* dafür sunneclich). Zus.: **Sonnabend** (s. d.); **Sonnenblume** (16. Jh.; nach der Gestalt der großen Blütenköpfe und weil die Pflanze sich stets zur Sonne kehrt); **Sonnenfinsternis** (16. Jh.; *mhd.* sunnenvinster); **Sonnenfleck** „Gebiet auf der Oberfläche der Sonne, das sich durch dunklere Färbung von der Oberfläche abhebt" (Astronomie; 17. Jh.); **Sonnenschein** (*mhd.* sunne[n]schīn); **Sonnenstich** (im 16. Jh. für „stechende Sonnenhitze", im 18. Jh. auf die Bed. „Hitzschlag" eingeengt); **Sonnenstrahl** (17. Jh.; ↑Strahl); **Sonnenwende** (erst *mhd.* als sunne[n]wende „Umkehr der Sonne" bezeugt, aber als Jahres- und Fruchtbarkeitsfest uralt; besonders der Johannistag [24. Juni] wurde mit dem **Sonnwendfeuer,** *mhd.* sunnewentviur, gefeiert, das der Sonne neue Kraft geben sollte); **Sonntag** (s. d.).

Sonntag: Wie andere Wochentagsnamen (s. den Artikel *Dienstag*) ist auch der des Sonntags eine *altgerm.* Lehnübersetzung. *Ahd.* sunnūn tag, *mhd.* sun[nen]tac, *niederl.* zondag, *engl.* Sunday, *schwed.* söndag sind eine Wiedergabe des *lat.* dies Solis, das selbst eine Lehnübersetzung von *griech.* hēmérā Hēlíou ist (die Alten rechneten die Sonne zu den Planeten). Die *roman.* Sprachen haben dagegen mit *it.* domenica, *frz.* dimanche (aus *lat.* dominica [dies] „Tag des Herrn") den kirchlichen Ersatz des heidnischen Namens übernommen (s. auch *Mittwoch, Samstag*). Zus.: **Sonntagskind** (16. Jh.; der am Sonntag Geborene hat nach altem Glauben Glück). Siehe auch *Sonnabend.*

sonor „klangvoll, volltönend": Das Adjektiv wurde im 18. Jh. über entsprechend *frz.* sonore aus *lat.* sonorus „schallend, klingend, klangvoll" entlehnt, das von *lat.* sonor (sonoris) „Klang, Ton" abgeleitet ist. Stammwort ist das *lat.* Verb sonare (älter sonere) „[er]tönen, schallen, klingen usw." (wohl verwandt mit *dt.* ↑*Schwan*), das auch Ausgangspunkt für die Fremdwörter ↑Sonate, Sonatine, ↑Sonett, ↑Dissonanz, ↑Konsonant und ↑Resonanz ist.

sonst: Die heutige Bed. „in anderen Fällen, zu anderer Zeit; außerdem" des Adverbs hat sich schon im späteren *Mhd.* entwickelt aus der Fügung sō ne ist „wenn es nicht so ist" (s. *so*), die zu sunst, *mitteld.* sonst zusammengezogen worden ist. Beeinflußt wurden diese kontrahierten Formen wohl von *mhd.* sus[t], *ahd.* sus „so", die ihrerseits vielleicht aus einer gleichbedeutenden Form mit anderem Anlaut umgebildet worden sind, die in *asächs.* thus, *engl.* thus „so" erscheint (vgl. *niederl.* zus „so") und zu dem unter ↑*der* genannten Pronominalstamm gehört. Das unverwandte ↑*so* mag dabei eingewirkt haben. – Die *mitteld.* Form 'sonst' setzte sich seit dem 15. Jh. infolge der Bibelübersetzungen Luthers im *Nhd.* durch. Seit der gleichen Zeit ist auch die Weiterbildung zum heute nicht mehr gebräuchlichen **sonsten** bezeugt, die im 17. und 18. Jh. sehr häufig war. Ein verstärktes 'sonst' ist das seit dem 18. Jh. verbreitete **ansonsten** (bis zum 19. Jh. auch als 'ansonst'). Abl.: **sonstig** (Adjektiv; im 18. Jh. *oberd.*). Zus.: **umsonst** (*mhd.* umbe sus bedeutete „um, für ein So", d. h. „für nichts" [wobei man sich eine wegwerfende Handbewegung vorzustellen hat]; daraus entwickelte sich einerseits die Bed. „kostenlos", andererseits die Bed. „ohne Erfolg; zweck-, grundlos").

Sophist: *Griech.* sophistḗs, das unserem Fremdwort zugrunde liegt, bezeichnete ursprünglich entsprechend seiner Zugehörigkeit zu *griech.* sophós „geschickt; klug, weise" (s. auch *Philosoph*) einen Menschen, der im Besitz einer besonderen Geschicklichkeit oder Kunst ist, im speziellen Sinne dann den im öffentlichen wie privaten Leben erfahrenen Praktiker. Dieser positive Sinn des Wortes ging verloren, als in Athen jene berühmten Sophisten (wie Gorgias, Hippias u. a.) auftraten, die das Volk gegen gute Bezahlung öffentlich in praktischer Philosophie und vor allem in der Rednerkunst unterrichteten. Ihr Wollen wurde von Sokrates als vordergründig entlarvt. Ihre Mittel waren in der Hauptsache Trugschlüsse und rednerische Gaukeltricks. Es ging ihnen nicht um wirkliche Einsicht und Weisheit, sondern vor allem um Ruhm und Gewinn. So entwickelte das Wort sophistḗs seit Sokrates und Platon den verächtlichen Nebensinn „Großprahler, geschwätziger Scheingelehrter, spitzfindiger Wortverdreher". Mit diesen Bedeutungen gelangte das Wort am Ende des 15. Jh.s über entsprechend *lat.* sophistes, sophista als Fremdwort ins *Dt.* – Abl.: **sophistisch** „spitzfindig" (Anfang 16. Jh.; aus entsprechend *griech.* sophistikós > *lat.* sophisticus).

Sopran: Die Bezeichnung für „höchste [weibliche] Stimmlage" wurde im Anfang des 18. Jh.s als musikalische Bezeichnung aus gleichbed. *it.* soprano entlehnt. Das *it.* Wort ist das substantivierte Adjektiv *it.* soprano „darüber befindlich; oberer", das ein *mlat.* Adjektiv superanus „darüber befindlich; überlegen" fortsetzt. Dies gehört zu *lat.* super (Adverb und Präposition) „oben, auf, über" (vgl. *super...*). – Abl.: **Sopranistin** „Sopransängerin" (19. Jh.).

Sorge: Das *gemeingerm.* Substantiv *mhd., mnd.* sorge, *ahd.* sorga, *got.* saúrga, *engl.* sorrow, *schwed.* sorg geht von der Grundbedeutung „Kummer, Gram" aus, die im *Niederd., Schwed.* und *Engl.* noch erhalten ist. Außerhalb des *Germ.* sind wahrscheinlich *air.* serg „Krankheit" und die *baltoslaw.* Sippe von *lit.* sir̃gti „krank sein", *russ.* soroga „mürrischer Mensch" verwandt. Im *Dt.* hat das Wort seit *ahd.* Zeit zwei Hauptbedeutungen: Einerseits bedeutet es als Schattierung der oben genannten Grundbedeutung „Unruhe, Angst, quälender Gedanke" und wird so oft im *Plural* gebraucht ('Sorgen haben'). Dazu gehören Zusammensetzungen wie **sorgenfrei** (*mhd.* sorgenvrī), **sorgenvoll** (17. Jh.), **Sorgenkind** (20. Jh.). Andererseits hat es die Bed. „Bemühung um Abhilfe", so besonders in dem Verb 'sorgen' und seinen Präfixbildungen (s. u.) sowie in **Vorsorge** (17. Jh.) und **Fürsorge** (*mhd.* vürsorge „Besorgnis vor Zukünftigem"; seit dem 16. Jh. im heutigen Sinne von „tätige Bemühung um jemanden, der ihrer bedarf"; die Ableitungen **Fürsorger** „amtlicher Pfleger" [16. Jh.] und **Fürsorgerin** [Anfang des 19. Jh.s] beruhen auf dem veralteten *frühnhd.* Verb 'fürsorgen'). In dieser Richtung haben sich auch die Adjektive **sorglich** (*mhd.* sorclich, *ahd.* sorglīh) und **sorgsam** (*mhd.* sorcsam, *ahd.* sorgsam) entwickelt, die beide ursprünglich „Sorge erregend, bedenklich; besorgt" bedeuteten, aber früh den Sinn „fürsorgend, aufmerksam, genau" zeigen. Ähnliches gilt für **sorgfältig** (*spätmhd.* sorcveltic, *mnd.* sorchvoldich „sorgenvoll, bekümmert", eigentlich wohl „mit Sorgenfalten auf der Stirn"), das seit dem 14. Jh. zuerst im *Niederd.* und *Mitteld.* für „achtsam, genau" gebraucht wird. Rückbildung dazu ist **Sorgfalt** (17. Jh.). – Das *gemeingerm.* Verb **sorgen** (*mhd., mnd.* sorgen, *ahd.* sorgēn, *got.* saúrgan, *engl.* to sorrow, *schwed.* sörja) entspricht in seinen Bedeutungen dem Substantiv. Die Präfixbildung **besorgen** (*mhd.* besorgen, *ahd.* bisorgēn „befürchten; für etwas sorgen") wird heute fast nur für „betreuen, beschaffen" gebraucht; den älteren Sinn zeigen noch die Ableitungen **besorgt** „ängstlich" (*mhd.* besorget) und **Besorgnis** (18. Jh.). Auch **versorgen** bedeutet im *Nhd.* nur noch „betreuen, sicherstellen, mit etwas versehen" (*mnd.* auch „sich in Sorge verzehren").

Sorte „Art, Gattung; Güteklasse, Qualität": Bei der Entlehnung dieses seit dem 16. Jh. allgemein üblichen Handelswortes sind *frz.* sorte „Art; Qualität" und entsprechend *it.* sorta, das selbst wohl aus dem *Frz.* stammt, gleichermaßen beteiligt. Ersteres gelangte bereits im 14. Jh. durch *niederl.* Vermittlung in den *niederd.* Sprachraum, während letzteres seit dem 15. Jh. vom *Oberd.* her eindrang. – Quelle des *frz.* Wortes ist *lat.* sors (sortis) „Los[stäbchen]; Stand, Rang" mit seiner im *Spätlat.* entwickelten Bed. „Art und Weise". Über die etymologischen Zusammenhänge des *lat.* Wortes vgl. den Artikel *Serie.* – Dazu: **sortieren** „in [Güte]klassen einteilen, auslesen, sondern, ordnen" (16. Jh.; aus gleichbed. *it.* sortire, das seinerseits *lat.* sortiri „[er]losen; auswählen" fortsetzt); **Sortiment** „Warenauswahl, Warenangebot" (Anfang 17. Jh.; aus gleichbed. älter *it.* sortimento), häufig auch als Kurzform für 'Sortimentsbuchhandel' „Buchhandelszweig, der ein Sortiment von Büchern aus den verschiedensten Verlagen bereithält" gebraucht und **Sortimenter** „Buchhändler im Sortimentsbuchhandel" (19. Jh.).

Soße „Brühe, Tunke", zuweilen auch in der *frz.* Schreibung **Sauce:** Das aus dem *Frz.* entlehnte Fremdwort ist im *dt.* Sprachbereich bereits für das 15. Jh. mit den Formen soß, sosse, so[o]s, soes bezeugt. *Frz.* sauce (älter sausse) „Tunke, Brühe" geht auf *vlat.* salsa zurück (daraus, unabhängig vom *Frz., mhd.* salse „Brühe"), das im Grunde nichts anderes bedeutet als „die Gesalzene (nämlich: Brühe)". Es handelt sich um das substantivierte Femininum von *lat.* salsus „gesalzen". Über weitere etymologische Zusammenhänge vgl. den Artikel *Saline.* – Dazu: **Sauciere** „Soßenschüssel" (18. Jh.; aus gleichbed. *frz.* saucière).

soufflieren „den Rollentext der Schauspieler flüsternd vorsprechen": Das Verb wurde im 18. Jh. als Terminus der Bühnensprache aus gleichbed. *frz.* souffler entlehnt. Das *frz.* Wort, das eigentlich „blasen, hauchen usw." bedeutet (die übertragene Bedeutung ist etwa als „flüsternd zuhauchen" zu verstehen), geht auf *lat.* suf-flare „[an]blasen, hineinblasen" zurück, eine Bildung aus *lat.* sub „unter" (vgl. *sub..., Sub...*) und *lat.* flare „wehen, blasen" (vgl. *Inflation*). – Abl.: **Souffleur** „Mitarbeiter des Theaters, der dem Schauspieler den Rollentext souffliert" (18. Jh.; aus gleichbed. *frz.* souffleur). Dazu als entsprechende weibliche Form **Souffleuse** (20. Jh.; aus gleichbed. *frz.* souffleuse).

Souper: Die Bezeichnung für „festliches Abendessen" wurde im 18. Jh. aus gleichbed. *frz.* souper entlehnt (anfangs auch in den Schreibungen Soupe[e], Soupé[e]). Das *frz.* Wort ist von *frz.* soupe „Fleischbrühe, Suppe" abgeleitet (vgl. *Suppe*). Dazu tritt seit der 2. Hälfte des 18. Jh.s die verbale Ableitung **soupieren** „ein Souper einnehmen" (beeinflußt von gleichbed. *frz.* souper).

Soutane „langes, enges, talarähnliches Oberbekleidungsstück des katholischen Geistlichen": Das Fremdwort wurde Anfang des 19. Jh.s aus gleichbed. *frz.* soutane entlehnt, das seinerseits aus entsprechend *it.* sottana (eigentlich „Untergewand") stammt. Zugrunde liegt das *it.* Adjektiv sottano „unter, unterst", das von *it.* sotto (< *lat.* subtus) „unten, unterwärts" abgeleitet ist.

Souterrain: Die Bezeichnung für „Kellerwohnung, Kellergeschoß" wurde im Anfang des 18. Jh.s aus gleichbed. *frz.* souterrain entlehnt. Das *frz.* Wort ist eigentlich Adjektiv mit der Bed. „unterirdisch". Es geht auf gleichbed. *lat.* subterraneus zurück, das zu *lat.* sub „unter, unterhalb" (vgl. *sub..., Sub...*) und *lat.* terra „Erde" (vgl. *Terrain*) gehört.

Souvenir „Andenken, Erinnerungsstück": Das Fremdwort wurde im 19. Jh. aus gleichbed. *frz.* souvenir (eigentlich „Erinnerung") entlehnt, einer Ableitung vom *frz.* Verb souvenir „sich erinnern". Dies geht auf *lat.* subvenire „in den Sinn kommen" zurück, einer Bildung aus *lat.* sub „unter" (vgl. *sub..., Sub...*) und *lat.* venire „kommen" (vgl. den Artikel *Advent*).

souverän „die staatlichen Hoheitsrechte uneingeschränkt ausübend", auch allgemein übertragen gebraucht im Sinne von „jeder Situation gewachsen, überlegen": Das Adjektiv wurde im 17. Jh. aus gleichbed. *frz.* souverain entlehnt, das seinerseits ein *mlat.* Adjektiv superanus „darüber befindlich; überlegen" fortsetzt. Zugrunde liegt *lat.* super (Adverb und Präposition) „oben, auf, darüber" (vgl. *super..., Super...*). Das substantivierte Adjektiv *frz.* souverain „Herrscher, Fürst" lieferte im 17. Jh. unser gleichbedeutendes Fremdwort **Souverän.** – Dazu das Substantiv **Souveränität** „Staatshoheit" (17. Jh.; aus gleichbed. *frz.* souveraineté).

Sozia ↑Sozius.

sozial „das Zusammenleben der Menschen in Staat und Gesellschaft betreffend; auf die menschliche Gemeinschaft bezogen; gesellschaftlich; gemeinnützig, wohltätig, menschlich": Das Adjektiv wurde im 18. Jh. – wohl unter dem Einfluß von entsprechend *frz.* social – aus gleichbed. *lat.* socialis entlehnt. Das zugrundeliegende Stammwort *lat.* socius „gemeinsam (Adjektiv); Genosse, Gefährte, Teilnehmer (Substantiv)" gehört vermutlich mit einer ursprünglichen Bed. „mitgehend; Gefolgsmann" zum Stamm von *lat.* sequi „[nach]folgen, begleiten usw." (vgl. *konsequent*). Als Stammform für socius wäre dann ein *soq^{u}ios anzusetzen. – Abl.: **asozial** „außerhalb der menschlichen Gemeinschaft stehend, sich nicht in sie einfügend" (gelehrte Gegenbildung des 20. Jh.s; über das Präfix vgl. ^{2}*a..., A...*). Das Substantiv **Sozialismus** wurde im 19. Jh. aus gleichbed. *engl.* socialism, *frz.* socialisme übernommen, einer *nlat.* Bildung zur Bezeichnung jener antikapitalistischen Bewegung, die durch Vergesellschaftung der Produktionsmittel und gesellschaftliche Kontrolle der Warenproduktion und -verteilung eine Verbesserung der sozialen Verhältnisse im Staat erstrebt. – Dazu: **Sozialist** „Anhänger des Sozialismus" (18. Jh.; aus entsprechend *engl.* socialist, *frz.* socialiste); **sozialistisch** „den Sozialismus betreffend" (19. Jh.). – Beachte in diesem Zusammenhang noch die Fremdwörter ↑Soziologie, ↑Sozius und ↑assoziieren, Assoziation, die gleichfalls zu *lat.* socius gehören.

Soziologie „Wissenschaft, Lehre vom Zusammenleben der Menschen in einer Gemeinschaft, einer Gesellschaft; Gesellschaftslehre": Das Fremdwort wurde aus gleichbed. *frz.* sociologie entlehnt, einer 1830 von dem französischen Philosophen und Begründer dieser Wissenschaft Auguste Comte (1798–1857) geprägten Bildung zu *lat.* socius „Genosse, Gefährte" (s. *sozial*) und *griech.* lógos „Lehre, Wissenschaft" (s. *Logik*). Dazu stellen sich: **Soziologe** „Forscher auf dem Gebiet der Soziologie" (19. Jh.) und **soziologisch** „die Soziologie betreffend" (19. Jh.).

Sozius: Das seit dem Anfang des 18. Jh.s bezeugte Fremdwort, das auf *lat.* socius „Gefährte, Genosse, Teilnehmer" (vgl. *sozial*) zurückgeht, bezeichnet im wirtschaftlichen Bereich den „Geschäftsteilhaber". Die spezielle Bed. „Beifahrer auf einem Motorrad" (auch übertragen „Beifahrersitz") erscheint erst im 20. Jh. (beachte auch die Bildung **Sozia** „Beifahrerin"; 20. Jh.), ebenso den *ugs.* scherzhaften Gebrauch des Wortes im Sinne von „Genosse, Kumpel".

Spachtel ↑Spatel.

Spaghetti: Die Bezeichnung der stäbchenförmigen Teigware wurde im 20. Jh. aus dem *It.* übernommen. Gleichbed. *it.* spaghetti gehört als Verkleinerungsbildung zu *it.* spago „dünne Schnur", dessen weitere Herkunft unbekannt ist.

spähen „scharf hinsehen, Ausschau halten": Das nur im *Dt.* und *Niederl.* altbezeugte Verb (*mhd.* spehen, *ahd.* spehōn, *niederl.* [mit d-Einschub] spieden) geht mit verwandten Wörtern in andern *idg.* Sprachen auf die *idg.* Wurzel *spek̑- „scharf hinsehen, spähen" zurück. Verwandt sind u. a. *lat.* specere „[hin]sehen", *lat.* speculum „Spiegel" (s. die Fremdwortgruppe um *Spiegel*) und *griech.* sképtesthai „schauen, betrachten" (mit Umstellung der Anfangssilbe; s. die unter *Skepsis* genannten Lehn- und Fremdwörter). Das *germ.* Verb ist früh in *roman.* Sprachen entlehnt worden, s. den Artikel *Spion*. Abl.: **Späher** (*mhd.* spehære, *ahd.* spehāri „Kundschafter, Spion").

Spalier „Lattengerüst zum Hochziehen und Anbinden von [Obst]pflanzen", auch übertragen gebräuchlich im Sinne von „Ehrenformation beiderseits eines Weges": Das seit dem 17. Jh. bezeugte Fremdwort ist in beiden Bedeutungen aus *it.* spalliera entlehnt. Das *it.* Wort, das von *it.* spalla „Schulter" (< *lat.* spatula „Rührlöffel; Schulterblatt", vgl. *Spatel*) abgeleitet ist, bedeutet eigentlich „Schulterstütze, Rückenlehne", dann allgemein „Stütze, Stützwand" und schließlich „Pflanzenteppich entlang einer Stützwand".

spalten: Das nur im *Dt.* und *Niederl.* altbezeugte Verb (*mhd.* spalten, *ahd.* spaltan, *mniederl.* spalden, spouden, *niederl.* spouwen) steht neben ablautenden *germ.* Substantiven wie *got.* spilda „[Schreib]tafel", *mhd.* spelte „[Lanzen]splitter", *aengl.* speld „Holzstück, Fackel". Es gehört mit verwandten Wörtern in anderen *idg.* Sprachen zu der *idg.* Wurzel *[s]p[h]el- „platzen, bersten, splittern, [sich] spalten", vgl. z. B. *griech.* sphalássein „spalten; stechen" und *aind.* phálati „birst, springt entzwei". Dazu stellt sich wahrscheinlich auch das unter ↑*Spule* behandelte Wort. Nächstverwandt mit 'spalten' ist wohl der alte Getreidename ↑Spelt. Abl.: **Spalt** „durch Spaltung entstandene Öffnung" (*mhd., ahd.* spalt), dazu die Nebenform **Spalte** (15. Jh.; im 13. Jh. *mitteld.* spalde; seit dem 17. Jh. auch für „Kolumne einer Druckseite"); vom Verb ist auch das zweite Glied von **zwiespältig** abgeleitet (*spätmhd.* zwispeltic, *ahd.* zwispaltig „in zwei Teile gespalten"; zum ersten Glied vgl. *zwei*); dazu die Rückbildung **Zwiespalt** (16. Jh.).

Span: Das *altgerm.* Wort *mhd., ahd.* spān „[Holz]span", *niederl.* spaan „Span; Buttersteсher; Ruderblatt", *engl.* spoon „Löffel", *schwed.* spån „Span; Schindel" bezeichnete ursprünglich ein flaches, lang abgespaltenes Holzstück, wie es bei der Holzbearbeitung abfällt oder zu Schindeln, Löffeln und dgl. zugeschnitten wird. Es ist vielleicht mit *griech.* sphēn „Keil" verwandt und gehört zu *idg.* *sp[h]ē- „langes, flaches Holzstück", auf dem auch das unter ↑*Spaten* „schaufelähnliches Grabwerkzeug" behandelte Wort beruht. Vgl. auch den Artikel *Spat*.

Spanferkel: In der nur *dt.* und *niederl.* Bezeichnung des jungen, noch saugenden Ferkels (*mitteld.* im 15. Jh. spenferkel, *mhd.* spenvarch, spünne verkelīn, *ahd.* spen-, spunnifarah, *niederl.* speenvarken; s. auch *Ferkel*) lebt eine sonst im *Dt.* untergegangene *altgerm.* Bezeichnung der Zitze fort: *mhd.* spen, spünne, *ahd.* spunni „Mutterbrust, Muttermilch", *niederl.* speen „Zitze; Schnuller", *aengl.* spane „Mutterbrust", *schwed.* spene „Zitze". Diese Wörter gehen mit gleichbed. *air.* sine und *lit.* spenỹs auf *idg.* *speno- „Zitze" zurück.

Spange: Das Substantiv *mhd.* spange, *ahd.* spanga bezeichnete ursprünglich die haltgebenden Querbalken (Riegel) im Holzbau, dann auch Eisenbänder und Beschläge an Bauteilen und Waffen (dazu der Handwerkername ↑Spengler). In *mhd.* Zeit übertrug man die Bezeichnung auf Schnallen und Armringe, auf die Heftnadeln zum Schließen der Kleidung und auf andere, oft als Schmuck gestaltete Stücke. Dem *dt.* Wort entsprechen *niederl.* spang „Spange" und *schwed.* spång „schmale Brücke, Steg", vgl. auch das weitergebildete *engl.* spangle „Metallplättchen, Flitter". Die *germ.* Wortgruppe gehört wahrscheinlich zu der unter ↑*spannen* behandelten Sippe (beachte *mnd.* span[n] und *schwed.* spänne „Spange").

Spaniel: Die im 19. Jh. aus dem *Engl.* übernommene Rassenbezeichnung für einen langhaarigen kleinen Jagd- und Luxushund (*engl.* spaniel) stammt aus gleichbed. *afrz.* espagneul (= *frz.* épagneul), das auf *span.* español (über das *Vlat.* aus *lat.* Hispanus „hispanisch; iberisch) „spanisch" zurückgeht. Das Wort bedeutet also eigentlich „Spanier" (= „spanischer Hund").

spannen: Das früher starke Verb *mhd.* spannen, *ahd.* spannan „[sich] dehnen; ziehend befestigen" (entsprechend *aengl.* spannan „spannen, befestigen") ist im *Frühnhd.* mit seinem Veranlassungswort *mhd.* spennen (entsprechend *schwed.* spänna „[an]spannen, schnallen") zusammengefallen. Nahe mit ihm verwandt ist *mhd.* spanen, *ahd.* spanan „locken" (eigentlich „anziehen"), von dem ↑Gespenst und ↑abspenstig abgeleitet sind (anders 'widerspenstig', s. d.). Die genannten Wörter, zu denen wahrscheinlich auch ↑Spange gehört, gehen auf die vielfach weitergebildete und erweiterte *idg.* Wurzel *sp[h]e- „ziehen, spannen, sich ausdehnen" zurück, vgl. *griech.* spáein „ziehen, zerren, verrenken" und *griech.* spasmós „Ziehen, Zuckung, Krampf" (beachte das medizinische Fachwort Spasmus „Krampf"). Aus dem *germ.* Sprachbereich gehören vor allem noch die unter ↑*spinnen* (eigentlich „Fäden ziehen") behandelte Wortgruppe und wahrscheinlich auch die unter ↑*sparen* genannten Wörter (s. dort über *spät* und *sputen*) hierher. – Die häufige übertragene Verwendung von 'spannen' geht ursprünglich vom Bild des gespannten Jagdbogens aus; schon *mhd.* spannen bedeutete auch „voller Verlangen sein; freudig erregt sein". Heute liegt eher die Vorstellung der Stahlfeder oder der gespannten Muskeln zugrunde, besonders im adjektivischen Gebrauch der Partizipien **spannend** „erregend" und **gespannt** „erwartungsvoll" (seit dem 19. Jh.); beachte auch **angespannt** „aufmerksam", **abgespannt** „ermüdet" (18. Jh.), **überspannt** „geistig überreizt" (18. Jh.) und die Präfixbildung [sich] **entspannen** „die Spannung lösen, [sich] ausruhen" (*mhd.* entspannen „losmachen"), ferner auch 'spannen' im Sinne von „seine Aufmerksamkeit auf etwas richten, etwas genau verfolgen; neugierig oder heimlich beobachten", woran sich 'Spanner' im Sinne von „Voyeur" anschließt. – Dagegen beziehen sich **einspannen** „für seine Zwecke verwenden" (*mhd.* īnspannen „in Fesseln legen") wohl auf das Einspannen in den Schraubstock und **ausspannen** „sich erholen" (16. Jh.) auf das Absträngen der Zugtiere. Zu dem ähnlich gebrauchten **vorspannen** gehört das Substantiv **Vorspann** „[zusätzlich] vorgespannte Pferde" (17. Jh.; heute übertragen für „Titel und Verzeichnis der Mitwirkenden eines Films o. ä."); s. auch den Artikel *Gespann.* Ableitungen von 'spannen' sind: **Spann** „obere Fußwölbung, Rist" (so im 18. Jh.; zu *mhd.* span ↑*widerspenstig*); **Spanne** „Maß der ausgespannten Hand zwischen Daumen und Zeigefinger oder kleinem Finger" (*mhd.* spanne, *ahd.* spanna, vgl. *engl.* span, *schwed.* spann; seit dem 18. Jh. auch für „kurzer Zeitabschnitt"); **Spanner** „Vorrichtung zum Spannen" (17. Jh.; seit dem 18. Jh. für eine Raupenart, die sich bogenspannend fortbewegt, und den zugehörigen Schmetterling, z. B. 'Frostspanner'); **Spannung** (17. Jh., meist für „Zustand des Gespanntseins", auch für „gespannte Neugier, erregte Erwartung" und „gespanntes Verhältnis, Mißstimmung"; seit dem 19. Jh. vielfach in technischer Verwendung, besonders bei Dampf und elektrischem Strom), dazu **Hochspannung** „elektrische Spannung über 1 000 Volt" (20. Jh.; oft bildlich gebraucht). Zus.: **Spannkraft** (im 18. Jh. für 'Elastizität'; meist auf den Menschen bezogen).

Spant „Schiffsrippe" (meist im *Plural* Spanten): Das erst Ende des 18. Jh.s ins *Hochd.* aufgenommene Wort (*niederd.* Spant „Dachbalken, Schiffsrippe", beachte gleichbed. *mnd.* span) ist wahrscheinlich eine Ableitung von ↑*spannen.*

sparen: Das *altgerm.* Verb *mhd.* sparn, *ahd.* sparēn, -ōn, *niederl.* sparen, *engl.* to spare, *schwed.* spara hatte ursprünglich den Sinn „bewahren, unversehrt erhalten, schonen", der in andern *germ.* Sprachen bis heute fortlebt. Daraus ist besonders im *Dt.* die Bed. „für später zurücklegen; nicht gebrauchen; weniger ausgeben" entstanden, die seit dem 16. Jh. üblich wird und heute vorherrscht. Das Verb ist von einem *altgerm.* Adjektiv abgeleitet, das in *ahd.* spar „sparsam, knapp", *engl.* spare „spärlich", *aisl.* sparr „sparsam, karg" erscheint und ursprünglich wohl „weit-, ausreichend" bedeutet hat. Das zeigen die *außergerm.* Entsprechungen älter *russ.* sporyj „reichlich" (eigentlich „lang ausreichend") und *aind.* sphirá-ḥ „feist, reichlich". Mit ihnen beruht das *germ.* Adjektiv auf der vielfach weitergebildeten und erweiterten *idg.* Wurzel *sp[h]ē[i]- „sich ausdehnen, gedeihen, vorwärtskommen" (s. auch den Artikel *Speck*). Zu dieser Wurzel gehören auch die *lat.* Wörter spatium „Raum, Strecke, Dauer" (s. das Lehnwort *spazieren*), spes „Erwartung, Hoffnung" und sperare „hoffen" sowie die unter ↑*sputen* (eigentlich „gelingen") und ↑*spät* (eigentlich „sich hinziehend") behandelten *germ.* Wörter. Weiterhin besteht wohl ein Zusammenhang mit der unter ↑*spannen* dargestellten Wortgruppe. Abl.: **Sparer** (16. Jh.); **spärlich** „knapp, kümmerlich" (das Adverb *mhd.* sperlīche, *ahd.* sparalīhho „auf karge Weise" gehört zum Adjektiv *ahd.* spar [s. o.] und wird erst seit dem 16. Jh. selbst als Adjektiv gebraucht, anfangs in der Bed. „sparsam, geizig"); **sparsam** „haushälterisch; knapp" (16. Jh.), dazu **Sparsamkeit** (16. Jh.). Zus.: **Sparbüchse** (*mhd.* sparbuchse, -buss); **Sparkasse** (Ende des 18. Jh.s).

Spargel: Der Name der Gemüsepflanze wurde im 15. Jh. (*spätmhd.* sparger, *frühnhd.* spargen, sparg[e], spargel) durch *roman.* Vermittlung (vgl. *it.* sparagio, älter sparago, *frz.* asperge, *afrz.* sparge, *mlat.* sparagus) aus gleichbed. *lat.* asparagus entlehnt, das seinerseits Lehnwort aus *griech.* asp[h]áragos „Spargel; junger Trieb" ist. Die weitere Herkunft des Wortes ist nicht gesichert.

sparren „mit einem Übungspartner zum Training boxen" (Boxsport): Das Verb wurde im 20. Jh. aus *engl.* to spar „Boxhiebe [zum Schein] machen, boxen" entlehnt, dessen etymologische Zugehörigkeit dunkel ist. – Dazu: **Sparring** „Boxtraining" (20. Jh.; aus gleichbed. *engl.* sparring).

Sparren: Das *altgerm.* Substantiv *mhd.* sparre, *ahd.* sparro, *niederl.* spar, *engl.* spar, *schwed.* sparre gehört zu der unter ↑*Speer* behandelten Wortgruppe. Es bezeichnet einen Schrägbalken oder eine Stange, vor allem die paarweise gegeneinanderstehenden Balken des Dachgerüsts, die das eigentliche Dach tragen (sogenanntes Sparrendach; dazu im 16. Jh. die heute *ugs.* Wendung 'er hat einen Sparren [zuviel oder zuwenig]' für „er ist nicht recht bei Verstand"). Eine alte Ableitung von dem Substantiv ist ↑sperren.

spartanisch „streng und hart gegen sich selbst, genügsam, einfach, anspruchslos": Das im 18. Jh. aufgekommene Adjektiv bezieht sich auf die sprichwörtlich strenge und anspruchslose Lebensweise der Einwohner der altgriech. Stadt Sparta.

Sparte „spezieller [Wissenschafts]bereich; Spalte in einer Zeitung; Rubrik": Die Herkunft des seit dem 19. Jh. bezeugten Fremdwortes ist nicht sicher geklärt. Vielleicht geht es auf eine *nlat.* Wendung 'spartam nancisci' „ein Amt erlangen" zurück, die ihrerseits auf *griech.* ēn élaches Spártēn, kósmei „dir wurde Sparta zugeteilt, [jetzt] verwalte [es]" beruhen soll, einem Vers aus Euripides' Drama „Telaphos".

Spaß „Scherz, Vergnügen, Jux": Das seit dem 16./17. Jh. zuerst als 'Spasso' bezeugte Substantiv ist aus *it.* spasso „Zerstreuung, Zeitvertreib, Vergnügen" entlehnt, einer Substantivbildung zu *it.* spassare „zerstreuen, unterhalten" (spassarsi „sich zerstreuen, sich vergnügen"). Das *it.* Wort setzt ein *vlat.* Verb *ex-passare „ausbreiten; zerstreuen" voraus, das zu *lat.* ex-pandere (expassum) „auseinanderspannen, ausbreiten" gehört, einer Bildung aus *lat.* ex „aus" (vgl. *ex...*, *Ex...*) und *lat.* pandere (passum) „ausspannen, ausbreiten, ausspreizen" (vgl. *Paß*). – Abl.: **spaßen** „Spaß machen, scherzen" (18. Jh.); **spaßig** „lustig, vergnüglich" (17. Jh.). Zus.: **Spaßvogel** „witziger, lustiger Mensch" (18. Jh.).

Spat: Das leicht spaltbare, weil blättrige Mineral (besonders als 'Feld-, Fluß-, Kalkspat' bekannt) heißt *mhd.* im 12. Jh. spāt (*frz.* spath, älter *engl.* spat, *schwed.* spat sind aus dem *Dt.* entlehnt). Das *mhd.* Wort, das auch "Splitter" bedeutet, beruht wohl auf einer *germ.* Weiterbildung zu der unter ↑*Span* dargestellten Wurzel *sp[h]ē- „langes, flaches Stück".

spät: Das Adjektiv *mhd.* spæte, *ahd.* spāti, *niederl.* spa[de] ist außerhalb des *Dt.* und *Niederl.* nur in den *got.* Steigerungsformen spēdiza „der spätere" und spēd[um]ists „der späteste" bezeugt. Neben ihm steht das umlautlose, heute nur noch *landsch.*, sonst veraltete Adverb **spat** (*mhd.* spāt[e], *ahd.* spāto). Mit der Grundbedeutung „sich hinziehend" gehört 'spät' wahrscheinlich zu der unter ↑*sparen* dargestellten *idg.* Wortgruppe. Abl.: **Spätling** „spätgeborenes Tier; späte Frucht" (16. Jh.; oft übertragen gebraucht); sich **verspäten** „zu spät kommen" (*mhd.* verspæten, reflexiv „verweilen").

Spatel, Spachtel: Die Bezeichnung des kleinen schaufel- oder messerförmigen Werkzeugs, *spätmhd.* spatel „schmales und flaches Schäufelchen", *frühnhd.* spattel, spathel (daneben mit eingeschobenem, unorganischem -ch- wie in ↑Schachtel die *frühnhd.* Form 'Spachtel'), beruht auf einer Entlehnung aus *lat.* spatula „kleiner Rührlöffel; Spatel; Schulterblatt" (s. auch *Spalier*). Dies gehört als Verkleinerungsbildung zu *lat.* spatha „länglicher, breiter Rührlöffel, Spatel; breites, flaches Weberholz" (< *griech.* spáthē „breites, flaches Weberholz; breites Unterende am Ruder; Schulterblatt").

Spaten: *Spätmhd.* spat[e] ist trotz seiner späten Bezeugung ein alter Gerätename, wie gleichbed. *mnd.* spade, *asächs.* spado, *aengl.* spada (*engl.* spade) zeigen. Der Spaten war ursprünglich ein hölzernes schaufelähnliches Werkzeug zum Graben. Mit der Grundbedeutung „langes, flaches Holzstück" gehört das Substantiv zu der unter ↑*Span* dargestellten Wortgruppe. Das n der heutigen Nominativform stammt aus den flektierten Formen.

Spatz: *Mhd.* spaz, spatze „Sperling" ist eine Koseform zu gleichbed. *mhd.* spare, *ahd.* sparo (vgl. *Sperling*), die mit demselben z-Suffix gebildet ist wie die Personennamen 'Heinz, Fritz' (zu 'Heinrich, Friedrich'). *Schwäb.* **Spätzle** als Bezeichnung einer Art kleiner, länglicher Mehlklöße ist zuerst im 18. Jh. in der Form 'Wasserspatzen' bezeugt.

spazieren: Das seit dem 13. Jh. bezeugte Verb (*mhd.* spacieren, spazieren) ist aus *it.* spaziare in seiner älteren Bedeutung „sich räumlich ausbreiten; sich ergehen" entlehnt, das auf *lat.* spatiari „einherschreiten, sich ergehen, lustwandeln" zurückgeht. Dies gehört zu *lat.* spatium „Raum, Zwischenraum; Zeitraum; Wegstrecke; Spaziergang" (vgl. den Artikel ↑*sparen*). – Zus.: **Spaziergang** (15. Jh.); **Spazierstock** (17. Jh.).

Specht: Der Vogelname ist ursprünglich nur im *Dt.* und in den *nord.* Sprachen bezeugt. *Mhd.*, *ahd.* speht, dem *aisl.* spettr, *schwed.* hackspett (eigentlich „Hackspecht") entspricht, ist aus gleichbed. *mhd.* spech, *ahd.* speh (ähnlich *schwed. mdal.* hackspik) weitergebildet. Die *germ.* Wörter sind wahrscheinlich verwandt mit *lat.* picus „Specht" und *lat.* pica „Elster". Welche Vorstellung diesen Benennungen zugrunde liegt, ist unklar. Von den einheimischen Spechtarten sind besonders **Schwarzspecht** (16. Jh.), **Grünspecht** (*mhd.* grüen-, *ahd.* gruonspeht) und **Buntspecht** (18. Jh.) bekannt.

Speck: Das *altgerm.* Substantiv *mhd.* spec, *ahd.* spek, *niederl.* spek, *aengl.* spic, *aisl.* spik ist wohl verwandt mit *aind.* sphik „Hinterbacke, Hüfte" und gehört vielleicht im Sinne von „Dickes, Feistes" zu der unter ↑*sparen* behandelten *idg.* Wortgruppe. Das Wort bezeichnet seit alters vor allem das feste Fett unter der Schwarte des Schweines. Abl.: **speckig** „speckartig; wie Speck glänzend; schmutzig" (im 17. Jh. 'speckicht' „fett"); **spicken** (s. d.). Zus.: **Speckseite** „Seitenspeck des Schweins, der als Ganzes geräuchert wird" (16. Jh.; dafür *spätmhd.* ein sīte specks).

Spediteur „Transportunternehmer": Das seit dem Anfang des 18. Jh.s bezeugte Kaufmannswort ist eine französierende Bildung zu dem heute nur noch selten gebrauchten Verb **spedieren** „Güter abfertigen und versenden" (um 1600), das seinerseits aus dem *It.* entlehnt ist. *It.* spedire „abfertigen, versenden" setzt *lat.* expedire „losmachen, entwickeln, aufbereiten" fort und ist somit im Grunde identisch mit unserem Fremdwort ↑*expedieren*. – Dazu stellt sich **Spedition** „Transportunternehmen" (17. Jh.; aus entsprechend *it.* spedizione „Absendung, Beförderung", das seinerseits *lat.* expeditio „Erledigung, Abfertigung" fortsetzt; vgl. *Expedition*).

Speer: Das *altgerm.* Substantiv *mhd.* sper, spar[e], *ahd.* sper, *niederl.* speer, *engl.* spear, *aisl.* spjǫr „Speer" ist nahe verwandt mit dem unter ↑*Sparren* „Balken" behandelten Wort und dessen Ableitung ↑sperren. Zugrunde liegt die *idg.* Wurzel *[s]per- „Sparren, Stange, Speer", die außerhalb des *Germ.* z. B. in *lat.* sparus „kurzer Jagdspeer" erscheint. Im 18. Jh. wurde das Wort durch die Ritterdichtung neu belebt. Zus.: **Rippe[n]speer** (s. d.).

Speiche: Das *westgerm.* Substantiv *mhd.* speiche, *ahd.* speihha, *niederl. mdal.* speek, *engl.* spoke bezeichnet die Radspeiche, ursprünglich wohl als „langes zugespitztes Holzstück". Es gehört wie das ablautend verwandte *engl.* spike „Nagel" (↑Spikes) zu der unter ↑*spitz* behandelten *idg.* Wortgruppe. Auf den Unterarmknochen wurde 'Speiche' erst im 18. Jh. übertragen, wohl in Anlehnung an *lat.* radius in den Bedeutungen „Rad-, Armspeiche".

Speichel: Das auf den *dt.* und *niederl.* Sprachbereich beschränkte Wort (*mhd.* speichel, *ahd.* speihhil[a], *mniederl.* spēkel, *niederl.* mit anderer Endung speeksel) ist eine Substantivbildung zu dem unter ↑*speien* behandelten Verb. Zus.: **Speichellecker,** abschätzig für „unterwürfiger Mensch; Kriecher" (18. Jh.).

Speicher „Lagerraum, Vorratshaus; Dachboden": Das auf das *dt.* und *niederl.* Sprachgebiet beschränkte Substantiv, *mhd.* spīcher, *ahd.* spīhhāri, älter *niederl.* spijker, ist aus *spätlat.* spicarium „Getreidespeicher" entlehnt (zu *lat.* spica „Ähre", eigentlich „Spitze", etymologisch verwandt mit *dt.* ↑*spitz*). – Abl.: **speichern** „lagern, [Vorräte] sammeln, aufhäufen" (18. Jh.).

speien: Das *gemeingerm.* starke Verb *mhd.* spī[w]en, *ahd.* spī[w]an, *got.* speiwan, *engl.* to spew, *schwed.* spy geht mit verwandten Wörtern in anderen *idg.* Sprachen auf die *idg.* Wurzel *[s]p[h]i̯ēu- „speien, spucken" zurück, vgl. z. B. die gleichbed. Verben *lat.* spuere (dazu das medizinische Fachwort 'Sputum' „Auswurf"), *griech.* ptýein und *lit.* spiáuti. Im *germ.* Sprachbereich gehören besonders die unter ↑*spucken* und (mit abweichender Bedeutung) ↑*spotten* behandelten Verben hierher. Von mehreren alten Substantivbildungen zu 'speien' hat sich im *Nhd.* nur ↑Speichel erhalten. Das Verb selbst ist gegenüber dem allgemein üblichen Wort 'spukken' auf die gehobene Sprache eingeschränkt worden; z. T. steht es verhüllend für „sich erbrechen". Eine Ableitung enthält das kunstgeschichtliche Fachwort **Wasserspeier** „Figur an Brunnen oder Dachtraufen" (19. Jh.).

Speise: Das Substantiv *mhd.* spīse „feste Nahrung, Kost, Lebensmittel; Lebensunterhalt", *ahd.* spīsa (entsprechend *niederl.* spijs) wurde im klösterlichen Bereich aus *mlat.* spe[n]sa „Ausgaben, Aufwand; Nahrung" entlehnt, das seinerseits *lat.* expensa (pecunia) „Ausgabe, Aufwand" fortsetzt. Letzteres lieferte durch *it.* Vermittlung auch unser Fremdwort ↑*Spesen*. Im *Mhd.* erhält 'Speise' die fachsprachliche Bedeutung „zum Guß verwendete Metallegierung", beachte dazu die Zusammensetzung *mhd.* glokkenspīse „Glockenspeise" (s. unter *Glocke*). Seit *frühnhd.* Zeit wird das Wort dann auch für „Mörtel" gebraucht. Diese Bedeutung hat in *südd.* und *westmd.* Umgangssprache das Maskulinum **Speis** bis heute bewahrt. – Abl.: **speisen** „essen, dinieren; zu essen geben, nähren; versorgen" (*mhd.* spīsen), dazu die Zusammensetzung **abspeisen** „jemanden mit weniger als erhofft abfertigen, kurz abweisen" (17. Jh.; im 16. Jh. ursprünglich „jemandem zu essen geben"), die Präfixbildung **verspeisen** „aufessen, verzehren" und das Substantiv **Speisung** „Verköstigung" (*mhd.* spīsunge, auch im Sinne von „Proviant"). Zus.: **Speisekammer** „Vorratskammer" (*mhd.* spīsekamer).

Spektakel: *Lat.* spectaculum „Schauspiel", das von *lat.* spectare „schauen" abgeleitet ist (vgl. hierzu das Lehnwort *Spiegel*), gelangte im 16. Jh. als Fremdwort ins *Deutsche* (*frühnhd.* spectacul), ohne sich jedoch auf die Dauer in seiner eigentlichen Bedeutung neben der schon älteren *dt.* Bezeichnung 'Schauspiel' halten zu können. Gleichwohl ging das Fremdwort als solches nicht unter. Es entwickelte im 18. Jh. – besonders wohl unter dem Einfluß der Studentensprache – die Bed. „Lärm, Krach, Gepolter, lautes Sprechen und dgl.". In diesem Sinne hat sich das Wort *ugs.* fest eingebürgert. Für den Genuswechsel (zum Maskulinum) war wohl entsprechend *frz.* le spectacle Vorbild.

Spekulatius: Die Herkunft der Bezeichnung

für das flache, zu Figuren geformte Gebäck aus gewürztem Mürbeteig ist nicht sicher geklärt. Vielleicht liegt, vermittelt durch *ostfries.* und *niederrhein.* Formen, gleichbed. älter *niederl.* speculatie zugrunde. Dessen Herkunft ist aber in dieser Bedeutung ebenfalls dunkel.

spekulieren: Das schon *mhd.* bezeugte Fremdwort ist aus *lat.* speculari „spähen, beobachten; sich umsehen, ins Auge fassen" entlehnt, das seinerseits zu *lat.* specere „sehen, schauen" gehört (vgl. das Lehnwort *Spiegel*). Gegenüber dem *lat.* Verbum hat 'spekulieren' im Laufe der Zeit andere Bedeutungen entwickelt. Es ist *ugs.* im Sinne von „auf etwas rechnen" und „mutmaßen" gebräuchlich, andererseits gilt es seit dem 18. Jh. als kaufmännischer Terminus mit der Bed. „riskante [Börsen]geschäfte tätigen". – Vorwiegend kaufmännisch-wirtschaftliche Geltung haben auch die zu 'spekulieren' gehörenden abgeleiteten Fremdwörter **Spekulant** „jemand, der sich in gewagte Geschäfte einläßt" (18. Jh.; aus *lat.* speculans, -antis, dem Part. Präs. von speculari) und **Spekulation** „auf Gewinne aus Preisveränderungen abzielende Geschäftstätigkeit" (18. Jh.; aus *lat.* speculatio „das Ausspähen, Auskundschaften; Betrachtung"). Letzteres lebt auch im Bereich der Philosophie zur Bezeichnung eines rein gedanklichen Erkenntnisstrebens, unabhängig von sinnlicher Wahrnehmung und Erfahrung und in der daraus in der Allgemeinsprache entwickelten Bedeutung „auf Mutmaßungen beruhende Erwartung".

Spelt, Spelz: Die *westgerm.* Bezeichnung der Weizenart (*mhd.* spelte, spelze, *ahd.* spelta, spelza, *niederl.* spelt, *[a]engl.* spelt) gehört wohl zu der unter ↑*spalten* behandelten Wortgruppe. Sie würde sich dann darauf beziehen, daß die Ähren beim Dreschen in einzelne Teile zerfallen (deren Körner in ihren Hülsen bleiben). Wie bei anderen Getreidebezeichnungen (z. B. 'Korn') wäre dann der Name der Frucht auf die ganze Pflanze übertragen worden. Gleichbed. *spätlat.* spelta (Anfang des 4. Jh.s; daher *it.* spelta, *frz.* épeautre „Spelt") ist wahrscheinlich ein Lehnwort aus *westgerm.* Sprachen, hat aber seinerseits die Erhaltung der unverschobenen Form 'Spelt' im *Hochd.* bewirkt. In ihrem südwestdeutschen und schweizerischen Anbaugebiet heißt die Weizenart meist ↑Dinkel. Dasselbe Wort ist **Spelze** „Getreidehülse; Hüllblatt der Gräserblüten" (im 17. Jh. Speltz, Spälze; der Spelt ergab sehr viel Dreschabfall).

Spelunke (abwertende Bezeichnung für:) „verrufene Kneipe; unsaubere, elende Behausung": Das seit dem 15. Jh. (zuerst am Niederrhein) bezeugte Fremdwort ist aus *lat.* spelunca „Höhle, Grotte" entlehnt. Dies stammt seinerseits aus gleichbed. *griech.* spēlygx (Akkusativ spḗlygga), das dem *Lat.* möglicherweise durch das *Etrusk.* vermittelt worden ist.

Spelz, Spelze ↑Spelt.

spenden: Das schwache Verb *mhd.* spenden „als Geschenk austeilen, Almosen geben", *ahd.* spentōn, spendōn (vgl. entsprechend *mniederl.* spinden und *engl.* to spend „ausgeben, aufwenden") beruht auf Entlehnung aus *mlat.* spendere „ausgeben, aufwenden", das seinerseits *lat.* ex-pendere „gegeneinander aufwägen; (Gold oder Silber) auf der Waage abwiegen; auszahlen, ausgeben; aufwenden" fortsetzt, einer Bildung aus *lat.* ex „aus" (vgl. *ex..., Ex...*) und *lat.* pendere (pensum) „wägen; erwägen; schätzen; zahlen usw." (vgl. hierzu den Artikel *Pensum*). – Dazu: **Spende** (*mhd.* spende „Geschenk, Gabe, Almosen", *ahd.* spenta, spenda; nach gleichbed. *mlat.* spenda, spenta); **Spender** „Schenker, Geber, Stifter" (*mhd.* spendære, *ahd.* spentāri); **spendieren** „schenken, zur Verfügung stellen, ausgeben, freihalten" (Anfang 17. Jh.; mit *roman.* Endung gebildet); **spendabel** „freigebig, großzügig" (18. Jh.; mit *roman.* Endung gebildet). – Vgl. noch die auf Substantivbildungen zu *lat.* expendere beruhenden Lehn- und Fremdwörter ↑Spesen, ↑Speise, ↑Spind.

Spengler: Wie andere Bezeichnungen des Installateurs (z. B. 'Klempner, Flaschner, Blechner') galt auch das im *südd., schweiz., österr.* und *westmitteld.* Gebiet verbreitete Wort 'Spengler' ursprünglich für ein Spezialgewerbe, die Verfertigung von Spangen und Beschlägen verschiedener Art. *Spätmhd.* speng[e]ler ist abgeleitet von *mhd.* spengel[in] „kleine Spange" (vgl. *Spange*).

Sperber: Der Raubvogel ist wohl nach seiner häufigsten Beute (Sperlinge und Finken) als „Sperlingsaar" benannt. *Mhd.* sperwære, *ahd.* sparwāri, *niederl.* sperwer gehen wahrscheinlich zurück auf eine Zusammensetzung aus den unter ↑*Sperling* und ↑*Aar* genannten Wörtern. Ähnlich heißt der Vogel im *Engl.* sparrow-hawk „Sperlingshabicht".

Sperling: Der *dt.* Vogelname *mhd., (mitteld.)* sperlinc, *ahd.* sperilig, *mnd.* sper-, sparlink bezeichnete ursprünglich wohl den jungen Sperling (ähnlich wie das verwandte ↑Spatz). Das Wort ist abgeleitet von dem *gemeingerm.* Namen des gleichen Vogels (*mhd.* spar[e], sparwe, *ahd.* sparo, *got.* sparwa, *engl.* sparrow, *schwed.* sparv). Dieser ist z. B. verwandt mit *griech.* spárasion „sperlingartiger Vogel", ferner mit *griech.* spérgoulos „kleiner Vogel" und *apreuß.* spurglis „Sperling" (beachte auch *spätahd.* sperch „Sperling").

sperren: Das *altgerm.* Verb *mhd.* sperren, *ahd.* sperran, *niederl.* sperren, *schwed.* spärra ist von dem unter ↑*Sparren* behandelten Substantiv abgeleitet und bedeutete daher ursprünglich „mit [Dach]sparren versehen" (so *mhd.* und *aisl.* bezeugt) sowie „mit Balken abschließen, verrammeln". Schon früh erhielt es den übertragenen Sinn „ein-, ab-, verschließen". Im Buchdruck bedeutet 'sperren' seit dem 18. Jh. „mit Zwischenräumen setzen und drucken" (meist: 'gesperrt drucken'). Abl.: **Sperre** „Sperrung, Sperrvorrichtung" (*mhd.* sperre „Klammer, Buchverschluß, Riegel"); **sperrig** „unhandlich, sich schlecht transportieren lassend" (*mhd.* sperric „was beschlagnahmt werden kann; widersetzlich"). Zus.: **sperrangelweit** „sehr weit" (von geöffneten Türen; im 18. Jh. neben älterem 'sperrweit', 17. Jh.; s. auch *Angel*); **Sperrholz** „aus

Holzschichten unter Kreuzung der Faserrichtung zusammengeleimtes Holz" (das sich gegen Verwerfung sperrt; Ende des 19. Jh.s); **Sperrsitz** „bestimmter Theatersitzplatz" (Anfang des 19. Jh.s; früher abgesperrt und nur dem Mieter zugänglich).

Spesen „Auslagen, Unkosten": Das Fachwort der Kaufmannssprache wurde zu Beginn des 17. Jh.s aus gleichbed. *it.* spese, dem *Plural* von *it.* spesa „Ausgabe, Aufwand", entlehnt. Das *it.* Wort seinerseits beruht auf gleichbed. *lat.* expensa (pecunia), das auch die Quelle für unser Lehnwort ↑Speise ist. Über das zugrundeliegende Verb *lat.* ex-pendere „gegeneinander aufwägen, abwägen; auszahlen; (Geld) ausgeben" vgl. den Artikel *spenden.*

Spezerei: Die heute veraltete Bezeichnung für „[überseeisches] Gewürz" ist seit dem 14. Jh. bezeugt (*mhd.* specierīe, spezerīe). Sie ist entlehnt aus gleichbed. *it.* spezieria, das seinerseits aus *mlat.* specieria „Gewürze, Gewürzhandel" stammt. Dies gehört zu *lat.* species „Art, einzelnes Stück (einer Gattung), Sorte" (s. *spezial*), dessen Plural im *Spätlat.* die Bed. „Gewürze (zum Einmachen, für Arzneien)" angenommen hat.

spezial „von besonderer Art; eigentümlich; einzeln; eingehend": Das seit dem 15. Jh. (zuerst in Zusammensetzungen) bezeugte Adjektiv, das wie entsprechend *frz.* spécial auf *lat.* specialis „besonder; eigentümlich" zurückgeht, ist heute weitgehend durch das im 18. Jh. mit französierender Endung hinzugebildete **speziell** ersetzt. Es lebt aber noch als Bestimmungswort in zahlreichen Zusammensetzungen wie 'Spezialgebiet, Spezialarzt' u. a. – *Lat.* specialis ist von *lat.* species „Aussehen, Erscheinung; Vorstellung, Begriff; Art; Eigenheit" abgeleitet, das seinerseits zum Stamm von *lat.* specere „sehen, schauen" gehört (über weitere etymologische Zusammenhänge vgl. den Artikel *Spiegel*). – Abl.: **Spezial** veraltet für „vertrauter Freund", dafür heute die aus dem *Oberd.* vorgedrungene Kurzform **Spezi; Spezialität** „Besonderheit; besondere Fähigkeit, Fachgebiet; Liebhaberei" (Anfang 17. Jh.; aus *spätlat.* specialitas „besondere Beschaffenheit", vgl. entsprechend *frz.* spécialité); **spezialisieren** „gliedern, sondern, einzeln anführen" (19. Jh.; aus *frz.* spécialiser), in jüngster Zeit vorwiegend reflexiv gebraucht im Sinne von „sich [beruflich] einem Spezialgebiet widmen, um darin besondere Fähigkeiten zu entwickeln" (nach entsprechend *frz.* se spécialiser); **Spezialist** „Fachmann, Facharbeiter, Facharzt" (19. Jh.; aus *frz.* spécialiste übernommen). – Ferner stellt sich in diesen Zusammenhang **spezifisch** „einer Sache ihrer Eigenart nach zukommend, kennzeichnend", das im 18. Jh. aus gleichbed. *frz.* spécifique übernommen wurde. Dies geht auf *spätlat.* specificus „von besonderer Art, eigentümlich" zurück (dessen Grundwort zu *lat.* facere „machen, tun" gehört). Siehe auch den Artikel *Spezerei.*

Sphäre: *Griech.* sphaĩra „Ball, Kugel, Himmelskugel", das die Quelle unseres Fremdwortes ist, gelangte bereits in *ahd.* Zeit über gleichbed. *lat.* sphaera ins *Dt.* (beachte *ahd.* himelspēra, *mhd.* sp[h]ēre). Humanisten stellten im 16. Jh. auf gelehrtem Weg die relatinisierte Form her. Seit dem 18. Jh. ist das Fremdwort allgemein üblich, sowohl im Bereich der Astronomie als auch (nach entsprechend *frz.* sphère) allgemeinsprachlich im übertragenen Sinne von „[Geschäfts]bereich, Wirkungskreis, Machtbereich usw." – Abl.: **sphärisch** „die [Himmels]kugel betreffend" (18. Jh.; nach entsprechend *griech.* sphairikós, *lat.* sphaericus). – Beachte noch Fremdwörter wie ↑Atmosphäre, in denen 'Sphäre' als Grundwort erscheint.

Sphinx: In der griechischen Mythologie war die Sphinx ein sagenhaftes Ungeheuer mit dem Leib eines geflügelten Löwen und dem Kopf einer Frau. Sie saß vor den Toren der Stadt Theben. Jedem Vorüberkommenden gab sie ein Rätsel auf und tötete ihn, wenn er es nicht lösen konnte. Von daher wurde der Name Sphinx zum Sinnbild des rätselhaften Geheimnisses. Das Wort wurde ins *Dt.* im 16. Jh. entlehnt aus gleichbed. *lat.* Sphinx, das seinerseits aus *griech.* Sphígx stammt, dessen Herkunft nicht sicher geklärt ist. Vielleicht ist es eine Bildung zu *griech.* sphíggein „(durch Zauber) festbinden".

Spickaal „geräucherter Aal": Das *niederd.* Wort ist seit Ende des 18. Jh.s im *Hochd.* bezeugt. Schon im 13. Jh. kommt *mnd.* spic-herinc „Bückling" vor. Das erste Glied dieser Zusammensetzungen hat nichts mit 'Speck' zu tun. Vielmehr liegt das Adjektiv *mnd.* spik „geräuchert" zugrunde, das verwandt ist mit *schwed.* spicken „gesalzen, geräuchert", *norw. mdal.* spikjen „dürr, geräuchert" (beachte *schwed.* spickelax „Räucherlachs") und wahrscheinlich selbst aus dem *Nordischen* kommt. Die weiteren Beziehungen des Adjektivs sind ungeklärt.

spicken: Das von dem unter ↑*Speck* behandelten Substantiv abgeleitete Verb *mhd.* spicken, *mnd.* specken, *niederl.* spekken bedeutet im eigentlichen Sinn „mageres Fleisch mit Speckstreifen bestecken" (dazu **Spicknadel,** 16. Jh.), im älteren *Nhd.* auch „Speisen mit Füllung versehen". Man spricht daher übertragen von einer gespickten (gut gefüllten) Brieftasche und gebraucht 'spicken' auch für „bestechen" (17. Jh.). In der Bed. „eine Rede oder schriftliche Arbeit mit Zitaten schmücken" wird 'spikken' schon *frühnhd.* bildlich gebraucht. Ein Plagiator (der sich 'mit fremden Federn schmückt') wird im 17. Jh. als 'Spicker' bezeichnet. Das Schülerwort **spicken** „heimlich abgucken, abschreiben" (Anfang des 18. Jh.s bezeugt, ähnlich schon im 17. Jh. 'nachspicken') kann von hier ausgegangen sein, es kann aber auch eine Intensivbildung zu dem unter ↑*spähen* behandelten Verb sein. Dazu seit dem 19. Jh. *ugs.* **Spickzettel** „kleiner Zettel mit Notizen zum Ablesen oder Abschreiben (während einer Klassenarbeit)" und *landsch.* **Spicker** „Spickzettel".

Spiegel: Das auf das *dt.* und *niederl.* Sprachgebiet beschränkte Substantiv *mhd.* spiegel, *ahd.* spiagal, *mnd.* spēgel, *niederl.* spiegel (die *nord.* Sippe von entsprechend *schwed.* spegel stammt unmittelbar aus dem *Niederd.*) ist aus einer *roman.* Folgeform von *lat.* speculum „Spiegel; Spiegelbild, Abbild" entlehnt (vgl. *mlat.* speglum und älter *it.* speglio). Das *lat.* Substantiv, das gleichbed. *griech.* kát-optron (zum Stamm op- „sehen") wiedergibt, gehört als Ableitung zu dem mit *dt.* ↑*spähen* urverwandten Verb *lat.* specere (spectum) „sehen, schauen". Das Verb ist in der klassischen Zeit als Simplex nicht bezeugt. Es findet sich hingegen in zahlreichen Bildungen wie *lat.* a-spicere „hinsehen, anblicken" (s. das Fremdwort *Aspekt*), in-spicere „hin[ein]blicken, besehen, in Augenschein nehmen" (s. die Fremdwörter *inspizieren; Inspizient, Inspektor, Inspektion, Inspekteur*), per-spicere „mit dem Blick durchdringen, deutlich sehen, besehen" (↑Perspektive), pro-spicere „aus der Ferne herabschauen, von fern besehen; sich umsehen; überblicken" (↑Prospekt) und *lat.* re-spicere „zurücksehen; Rücksicht nehmen" (↑Respekt, respektieren). – Auch einige andere Bildungen zu *lat.* specere spielen in unserem Fremdwortschatz eine Rolle. Vgl. hierzu im einzelnen die Artikel *spezial* (Spezialität, speziell, spezialisieren, Spezialist, Spezi, spezifisch), *spekulieren* (Spekulant, Spekulation) und *Spektakel.* – Ableitungen und Zusammensetzungen von 'Spiegel': **spiegeln** „ein Spiegelbild geben, abbilden; (reflexiv:) sich abbilden" (*mhd.* spiegeln „wie ein Spiegel glänzen; hell wie einen Spiegel machen"), davon das Substantiv **Spiegelung** „glänzender Widerschein" (*mhd.* spiegelunge) und das zusammengesetzte Verb **vorspiegeln** „vortäuschen" (18. Jh.; eigentlich etwa „ein Scheinbild von etwas geben, wie in einem Spiegel") mit dem abgeleiteten Substantiv **Vorspiegelung** „Vortäuschung" (18. Jh.); **Spiegelbild** (16. Jh.); **Spiegelei** (18. Jh.; nach dem spiegelnden Glanz des Dotters); **Spiegelfechten** „Scheinkampf, leeres Getue" (Anfang 16. Jh.; der ursprüngliche Sinn des Wortes ist nicht ganz klar, vielleicht ist eigentlich der Scheinkampf mit dem eigenen Spiegelbild gemeint, den ein Fechter zum Training vor einem Spiegel aufführt), davon das Substantiv **Spiegelfechter** „jemand, der mit imaginären Gegnern kämpft; Heuchler, Täuscher" (Anfang 18. Jh.); **Eulenspiegel** (↑Eule); **Rückspiegel** (20. Jh.). Beachte auch Zusammensetzungen wie 'Außen-, Innen-, Seitenspiegel'.

Spiel: Die Herkunft des Substantivs *mhd., ahd.* spil, *niederl.* spel und des zugehörigen Verbs 'spielen' (s. u.) ist unbekannt. Das Substantiv bewahrte seine vermutliche Grundbed. „Tanz, tänzerische Bewegung" (s. unten 'Spielmann') bis in *mhd.* Zeit, doch bedeutete es von Anfang an meist „Kurzweil, unterhaltende Beschäftigung, fröhliche Übung". Länger als das Substantiv bewahrte das Verb **spielen** (*mhd.* spiln, *ahd.* spilōn, *niederl.* spelen, *aengl.* spilian) seine älteste Bed. „sich lebhaft bewegen, tanzen", die freilich vom heutigen Sprachgefühl als „sich spielerisch bewegen" empfunden wird (z. B. von Muskeln, Wellen, Lichtern, beachte die Zusammensetzung **Spielraum,** 18. Jh., eigentlich in technischem Sinn „Bewegungsraum eines Körpers in einem Hohlkörper"). Meist jedoch bedeutet 'spielen' „ein Spiel treiben, musizieren, mimisch darstellen", es wird wie seine Zusammensetzungen vielfach übertragen gebraucht. Beachte besonders: **spielend** „leicht, mühelos", sich **abspielen** „vor sich gehen", sich **aufspielen** „großtun" (beides vom Bühnenspiel stammend, 19. Jh.), 'jemandem etwas in die Hand spielen', **zuspielen** („heimlich verschaffen", 17. Jh., wohl vom Kartenspiel), 'auf etwas **anspielen**' „leicht andeuten" (18. Jh., wohl eine Lehnübersetzung von *lat.* alludere; dazu **Anspielung** „Andeutung", 18. Jh., wohl eine Lehnübersetzung von *lat.* allusio). Abl.: **Spieler** (*mhd.* spilære „[Würfel]spieler", *ahd.* spilāri „Handpaukenschläger, Mime", *nhd.* besonders für „gewohnheitsmäßiger Glücksspieler"), dazu **Spielerei** „unnützes oder leichtes Spielen; aus Spieltrieb geformter Gegenstand" (16. Jh.) und **spielerisch** „tändelnd, verspielt" (17. Jh.). Zum Substantiv 'Spiel' gehört u. a. die Zusammensetzung **Spielmann** (*mhd.* spilman, *ahd.* spiliman, *Plural mhd.* spilliute; das Wort bezeichnete ursprünglich den Schautänzer und Gaukler [zu *ahd.* spil „Tanz"], später den fahrenden Sänger und Musikanten des Mittelalters; seit dem 18. Jh. hießen besonders die Trommler und Pfeifer beim Militär 'Spielleute'). Zu 'spielen' stellen sich **Spielart** (18. Jh.), **Spielsachen, Spielwaren** (18. Jh.), **Spielzeug** (17. Jh.; *frühnhd.* spilzög bedeutete „Brettspiel, Würfel und Karten").

[1]Spieß „Bratspieß": Der Name des alten Küchengeräts ist erst im *Nhd.* mit dem der Waffe zusammengefallen. *Mhd., ahd.* spiz, *niederl.* spit „Bratspieß", *engl.* spit „Bratspieß", *schwed.* [stek]spett „[Brat]spieß" beruhen auf einer Bildung zu dem unter ↑*spitz* behandelten Adjektiv und bedeuten eigentlich „Spitze, spitze Stange" (der Bratspieß war ursprünglich ein zugespitzter Holzstab). Zum Unterschied von der Waffe wird das Gerät im *Nhd.* meist **Bratspieß** (*frühnhd.* bratspiß) genannt. Siehe auch den Artikel *Spießrute.*

[2]Spieß „Kampf-, Jagdspieß": Die Herkunft des Substantivs *mhd.* spiez, *ahd.* spioz, *mniederl.* spit, *schwed.* spjut ist nicht geklärt. Der Spieß war eine Wurf- und Stoßwaffe, die erst im 13. Jh. durch den Speer des Ritters zurückgedrängt wurde, jedoch als typische Waffe der Landsknechte, Stadtbürger (s. u.) und Bauern weiterlebte. Die soldatensprachliche Bezeichnung 'Spieß' für den [Kompanie]feldwebel (um 1900) bezieht sich auf den Offizierssäbel, den dieser früher trug. Abl.: **spießen** „auf den Spieß stecken, durchbohren" (im 17. Jh. vermengt aus *spätmhd. [mitteld.]* spīzen „aufspießen" und *mhd.* spizzen „an den Bratspieß stecken" [zu ↑[1]Spieß], heute meist in der Zusammensetzung 'aufspießen'). Zus.: **Spießbürger** „engstirniger Mensch" (zuerst im 17. Jh. als studentisches Scheltwort bezeugt, ursprünglich wohl, ähnlich wie Schildbürger [↑Schild], spöttische Bezeichnung des bewaffneten Stadtbürgers; seit dem 18. Jh. im heutigen Sinn), dafür jetzt meist die Kurzform **Spießer** (Ende des 19. Jh.s *mdal.*);

entsprechend steht neben dem Adjektiv **spießbürgerlich** (nach 1800) die Kurzform **spießig** „engstirnig, kleinlich" (um 1900); **Spießgeselle** „Mittäter eines Verbrechers" (im 16. und 17. Jh. soldatensprachlich für „Waffengefährte, Kamerad", aber wegen der Zuchtlosigkeit der damaligen Soldaten seit dem 17. Jh. meist im heutigen Sinn gebraucht).

Spießrute: Als Bezeichnung eines biegsamen spitzen Zweiges, der als Reitgerte und zur Züchtigung diente, gehörte älter *nhd.* spiß-, spießrute (17. Jh., ähnlich *mhd.* spizholz) zu dem unter ↑[1]*Spieß* behandelten Wort. Die Wendung 'Spießruten laufen' bezeichnete ursprünglich eine harte militärische Strafe (17.–19. Jh.), wobei der Verurteilte durch eine Gasse seiner Kameraden laufen mußte, die ihn mit Spießruten schlugen. In übertragenem Sinn bedeutete die Wendung früher auch „verleumdet, durchgehechelt werden", seit dem 19. Jh. bis heute nur „vielen [spöttischen] Blicken ausgesetzt sein".

Spikes: Die Bezeichnung für „Rennschuhe" wurde im 20. Jh. aus dem *Engl.* übernommen. *Engl.* spikes (*Plural* von spike) bedeutet eigentlich „lange Nägel, Bolzen, Stacheln, Dornen usw.". Es gehört etymologisch zu den unter ↑*Speiche* genannten Wörtern. Der Rennschuh ist also nach seinen charakteristischen, auf der Sohle angebrachten spitzen Stahldornen benannt.

Spill ↑Spindel.

spinal „zur Wirbelsäule, zum Rückenmark gehörig", häufig in der Fügung 'spinale Kinderlähmung': Das Adjektiv ist eine gelehrte Entlehnung neuerer Zeit aus *lat.* spinalis „zum Rückgrat gehörig" (beachte *lat.* medulla spinalis „Rückenmark"). Stammwort ist *lat.* spina „Dorn, Stachel; Rückgrat" (etymologisch verwandt mit *dt.* ↑*spitz*).

Spinat: Die Heimat der Gemüsepflanze liegt im Orient, vermutlich in Persien. Die Araber brachten die Pflanze im 11. Jh. mit ihrem *pers.-arab.* Namen (*pers.* ispanāğ, *arab.* isbānah̲) nach Spanien (*hispanoarab.* ispināch, *span.* espinaca). Von dort aus gelangte sie in die anderen europäischen Länder (vgl. z. B. *frz.* épinard, *it.* spinace, spinacio, *niederl.* spinazie, *engl.* spinach). Die *roman.* und *germ.* Abkömmlinge des Wortes (im *Dt.* zuerst im 12. Jh. *mhd.* spināt) zeigen dabei lautlichen Anschluß an die Sippe von *lat.* spina „Dorn" (wohl wegen der spitz auslaufenden Blätter der Pflanze).

Spind: Das durch die Soldatensprache verbreitete Wort für „Kleider-, Vorratsschrank" stammt aus dem *Niederd.* Es geht zurück auf *mnd.* spinde „Schrank" (vgl. entsprechend *niederl. mdal.* spinde „Speiseschrank"), das seinerseits aus *mlat.* spinda, spenda „Gabe, Spende; Vorrat zum Austeilen; Vorratsbehälter" entlehnt ist. Das *mlat.* Wort ist eine Substantivbildung zu dem unter ↑*spenden* entwickelten Verb *mlat.* spendere (< *lat.* ex-pendere) „ausgeben, aufwenden".

Spindel „Vorrichtung zum Verdrillen der Fasern beim Spinnen": Das *westgerm.* Substantiv *mhd.* spinnel, spindel, *ahd.* spin[n]ala, *afries.* spindel, *engl.* spindle ist von dem unter ↑*spinnen* behandelten Verb abgeleitet (d ist als Gleitlaut zwischen n und l entstanden). Eine Nebenform *ahd.* spilla, *mhd.* spille „Spindel" lebt noch *mdal.* und in seemännisch **Spill** „Seil-, Kettenwinde" (z. B. Ankerspill). Zus.: **spindeldürr** „mager wie eine Spindel" (19. Jh.).

Spinett: Das bei uns seit dem 16. Jh. bekannte cembaloartige Musikinstrument trägt seinen aus dem *It.* entlehnten Namen (*it.* spinetta) vermutlich nach seinem Erfinder, einem Venezianer namens G. Spinetto.

Spinne: Der auf das *dt.* und *niederl.* Sprachgebiet beschränkte Name des Tieres (*mhd.* spinne, *ahd.* spinna, *niederl.* spin) gehört zu dem unter ↑*spinnen* (eigentlich „Fäden ziehen") behandelten Verb und bedeutet „die Spinnende, Fadenziehende". Auch die andersgebildeten Wörter *engl.* spider (*aengl.* spīđra) „Spinne" und *schwed.* spindel (*aschwed.* spinnil) „Spinne" gehören zum gleichen Verb. Demnach hat also der Faden, nicht das Netz, die Germanen zur Namengebung veranlaßt. Zus.: **spinnefeind** „tödlich verfeindet" (in der jetzt *ugs.* Wendung 'jemandem spinnefeind sein', im 16. Jh. spinne[n]feind; nach der Beobachtung, daß eine Spinne die andere anfällt und tötet); **Spinn[en]gewebe, Spinnwebe,** *landsch.,* besonders *österr.* **Spinnweb** „Spinnennetz" (*mhd.* spinne[n]weppe, *ahd.* spinnunweppi; zum Grundwort vgl. *Gewebe*).

spinnen: Das *gemeingerm.* starke Verb *mhd.* spinnen, *ahd.* spinnan, *got.* spinnan, *engl.* to spin, *schwed.* spinna ist verwandt mit der unter ↑*spannen* dargestellten *idg.* Wortgruppe und bezeichnet wohl das Ausziehen und Dehnen der Fasern, das dem Drehen des Fadens vorangeht. Bildungen zu 'spinnen' sind die unter ↑*Spinne* und ↑*Spindel* genannten Substantive; außerhalb des *Germ.* sind *lit.* spęsti „spannen, Fallstricke legen" und (ohne s-Anlaut) *lit.* pìnti „flechten" zu vergleichen. Das Spinnen von Wolle, Flachs, Hanf und dgl. war seit alters vor allem Frauenarbeit. Seit dem 17. Jh. gab es Spinnhäuser als Strafanstalten, daher bedeutete 'spinnen' früher *ugs.* „im Zuchthaus sitzen". Auf die Spinnarbeit beziehen sich bildliche Wendungen wie 'Gedanken, Ränke spinnen', seemännisch 'ein Garn spinnen' („phantasievoll erzählen"; ↑Garn) und das *ugs.* 'er spinnt' für 'spinnen' „verrückt" (im 19. Jh. *mdal.,* eigentlich „jemand spinnt Gedanken", d. h. „jemand grübelt zuviel"). Siehe auch den Artikel *versponnen.* Abl.: **Gespinst** (s. d.); **Spinner** (im 15. Jh. „Spinnender", seit dem 18. Jh. Bezeichnung bestimmter Schmetterlinge, deren Raupen Fäden spinnen, z. B. des Seidenspinners). Zus.: **Spinnrad** (zuerst im 15. Jh. als spinnredlain bezeugt).

spintisieren „grübeln, ausklügeln; phantasieren" *(ugs.):* Die Herkunft des seit dem 16. Jh. belegten Verbs ist unklar. Dem heutigen Sprachgefühl nach stellt es sich als Bildung zu 'spinnen' in dessen *ugs.* Verwendung im Sinne von „überspannt sein, verrückt sein".

Spion „Späher, Horcher; Person, die verbotene Informationen heimlich übermittelt“: Das seit dem Anfang des 17. Jh.s bezeugte Fremdwort ist aus gleichbed. *it.* spione entlehnt. Dies gehört als Ableitung zu *it.* spia „Späher, Beobachter“ und damit weiter zu *it.* spiare „spähen; heimlich erkunden“ (wie entsprechend *frz.* espion „Spion“ zu *afrz.* espier „ausspähen“). Die *roman.* Wörter stammen ihrerseits aus dem *Germ.* und beruhen letztlich auf dem unter ↑*spähen* genannten Verb. – Abl.: **spionieren** „für eine fremde Macht als Spion tätig sein; aushorchen, auskundschaften“ (18. Jh.; nach gleichbed. *frz.* espionner), dazu seit dem 18. Jh. **Spionage** „Tätigkeit eines Spions“ (nach gleichbed. *frz.* espionnage).

Spirale „ebene Kurve, die in unendlich vielen, immer weiter werdenden Windungen einen festen Punkt umläuft; Uhrfeder“: Das Wort ist eine Neubildung des 18. Jh.s zu *mlat.* spiralis „schneckenförmig sich windend“. Als Bestimmungwort tritt es bereits (in unterschiedlicher Schreibweise) seit dem 16. Jh. auf, vor allem in der Zusammensetzung **Spirallinie** (17. Jh.). Das zugrundeliegende Substantiv *lat.* spira „gewundene Linie, in Schneckenlinie gewundener Körper“ geht auf *griech.* speĩra „Windung; Spirale“ zurück.

Spiritismus: Die Bezeichnung für „Lehre von den vermeintlichen Beziehungen zwischen Verstorbenen und Lebenden; Geisterglaube“ ist eine gelehrte *nlat.* Bildung des 19. Jh.s zu *lat.* spiritus „Hauch, Atem; Seele, Geist“ (vgl. *Spiritus*). – Dazu: **Spiritist** „Anhänger des Spiritismus“ (19. Jh.); **spiritistisch** (19. Jh.).

Spirituosen „alkoholische Getränke“: Das Fremdwort ist eine Bildung des 18. Jh.s (zuerst in der Form ‘Spirituosa’) nach dem Vorbild von gleichbed. *frz.* spiritueux *(Plural)* zu dem aus dem *Frz.* übernommenen und relatinisierten Adjektiv ‘spirituos’ „Weingeist enthaltend“ (< *frz.* spiritueux), das heute nicht mehr gebräuchlich ist. Das *frz.* Adjektiv beruht auf einer gelehrten Bildung zu dem unter ↑*Spiritus* genannten Alchimistenwort (spiritus „Weingeist“).

Spiritus ist die volkstümliche Bezeichnung für vergällten Äthylalkohol, der zu technischen und medizinischen Zwecken verwendet wird; demgegenüber ist ‘Spiritus’ in der Apothekerfachsprache die übliche Bezeichnung für „Weingeist, Alkohol“: Das auf *lat.* spiritus „Hauch, Lufthauch; Atem; Leben; Seele; Geist usw.“ beruhende Fremdwort gelangte im 16. Jh. in die Sprache der Alchimisten und wurde dort zur Bezeichnung einer aus Pflanzen oder anderen Stoffen destillierten Flüssigkeit. Von da aus ging das Wort im 17. Jh. in allgemeinen Sprachgebrauch über. Die spezielle Bed. „Weingeist“ findet sich seit dem 18. Jh. – *Lat.* spiritus, das auch die Quelle für das aus dem *Frz.* aufgenommene Fremdwort ↑Esprit ist, gehört als Substantivbildung zu *lat.* spirare „blasen; hauchen, atmen; leben“ (beachte dazu die auf Komposita von spirare beruhenden Fremdwörter ↑Aspirant und ↑Inspiration, inspirieren). – Jüngere, zu ‘Spiritus’ (bzw. *lat.* spiritus) gehörende Neubildungen erscheinen in den Fremdwörtern ↑Spirituosen, ↑Sprit und ↑Spiritismus, Spiritist.

Spital ↑Hospital.

spitz: Das ursprünglich nur *hochd.* Adjektiv *mhd.* spiz, spitze, *ahd.* spizzi ist nahe verwandt mit dem unter ↑[1]*Spieß* „Bratspieß“ (eigentlich „Spitze“) behandelten *altgerm.* Substantiv. Beide Wörter gehen mit verwandten Wörtern in anderen *idg.* Sprachen auf die vielfach erweiterte und weitergebildete *idg.* Wurzel *[s]p[h]ē̆i- „spitz, spitzes Holzstück“ zurück, vgl. z. B. *aind.* sphyá-ḥ „Holzspan, Stab“, *lat.* spina „Dorn, Rückgrat“ (↑spinal) und *lat.* spica „Ähre“ (s. das Lehnwort *Speicher*). Aus dem *germ.* Bereich stellen sich noch die unter ↑*Speiche* behandelten Substantive hierher. Abl.: **Spitz** „Hunderasse mit spitzer Schnauze und spitzen Ohren“ (im 18. Jh. zuerst in Pommern bezeugt, wohl das substantivierte Adjektiv spitz); **Spitze** „spitzes Ende“ (*mhd.* spitze, *ahd.* spizza, spizzī; in der Bed. „Garngeflecht“, eigentlich „in Zacken auslaufende Borte“, zuerst im 17. Jh.; das Substantiv ist im 20. Jh. auch in adjektivischen Gebrauch übergegangen und wird als ‘spitze’ „großartig, ausgezeichnet“ verwendet; vgl. dazu auch ‘klasse’ unter *Klasse*); **Spitzel** „Aushorcher, Spion“ (zuerst in Wien Anfang des 19. Jh.s, eigentlich wohl Verkleinerungsform der Hunderassenbezeichnung ‘Spitz’; der Spitz ist besonders wachsam), dazu das Verb **[be]spitzeln** (19. Jh.) und die Zusammensetzung **Lockspitzel** (↑[2]locken); **spitzen** „spitz machen“ (*mhd.* spitzen, *ahd.* gispizzan); **spitzig** veraltend für „schmal zulaufend; abgezehrt; anzüglich“ (*mhd.* spitzec). Zus.: **Spitzbube, Spitzbüberei, spitzbübisch** (↑Bube); **spitzfindig** (↑finden); **Spitzmaus** (mäuseähnlicher Insektenfresser mit spitzer Schnauze; *mhd.* spitz-, *spätahd.* spizzimūs; dafür *ahd.* spizza „die spitze [Maus]“); **Spitzname** „scherzhafter oder spottender Name“ (17. Jh.; ursprünglich als „beleidigender Name“ empfunden, zu ‘spitz’ in der Bed. „verletzend“).

Spleen „verrückter Einfall; wunderliche Angewohnheit; Verschrobenheit; Eingebildetheit“: Das seit dem 18. Jh. bezeugte Fremdwort ist aus dem *Engl.* entlehnt. *Engl.* spleen, das auf *griech.-lat.* splēn „Milz“ beruht, bedeutet wie dieses zunächst „Milz“, dann auch etwa „Milzsucht“ und schließlich im übertragenen Sinne „(durch Erkrankung der Milz verursachte) Gemütsverstimmung, Mißlaune“ usw. Abl.: **spleenig** „schrullig, verrückt, überspannt; eingebildet“ (20. Jh.; für älteres ‘spleenisch’).

spleißen: Das nur im *mitteld.-niederd.* und im *niederl.* Sprachgebiet gebräuchliche Verb *mhd.* splīzen „bersten, [sich] spalten“, *mnd.* splīten, *niederl.* splijten „spalten“ erscheint mit mehreren Nebenformen, z. B. gleichbed. *niederd., mniederl.* splitten (daraus *engl.* to split „spalten“ mit dem neuerdings ins *Dt.* entlehnten steuertechnischen Fachwort **Splitting,** eigentlich „das Aufspalten, Teilen“) und jünger *niederd.* **splissen,** *niederl.* splitsen (s. u.). *Landsch.* ist es veraltend noch in der Bed. „in feine Späne spalten“ üblich. Als Substantivbildungen gehören die unter ↑*Splint*, ↑*Splitt* und ↑*Splitter* behandelten Wörter zu dieser Sippe, die sich weiterhin an die unter ↑*spalten* dargestellte *idg.* Wortgruppe anschließt. Verwandt sind wahrscheinlich auch die unter ↑*Fliese* und ↑*Flinte* genannten *germ.* Substantive (ohne s-Anlaut). In der *dt.* Seemannssprache erscheinen 'spleißen' und 'splissen' seit Anfang des 18. Jh.s mit der Bed. „Stränge kunstgerecht ineinanderflechten". Ursprünglich war damit wohl das Auflösen des Taues in seine Stränge gemeint, das dem Flechten vorausgeht.

Splint „gespaltener Vorsteckstift": Das ursprünglich *niederd.* Wort erscheint seit dem 18. Jh. in *hochd.* Texten. *Niederd.* splint „Eisenstift", *mnd.* splinte „flacher Eisenkeil (z. B. in Maueranker n)" entspricht *norw., schwed.* splint „Splitter" (*norw. mdal.* für „Holznagel, Keil") und gehört wie *schwed.* splinta „spalten" zu der unter ↑*spleißen* behandelten Wortgruppe. Siehe auch den Artikel *Splitter*.

Spliß ↑Splitt.

Splitt „beim Straßenbau verwendetes Material aus grobkörnig zerkleinertem Stein": Das ursprünglich *nordd.* Fachwort ist mit der Sache erst im 20. Jh. allgemein bekannt geworden. *Niederd.* Splitt ist eine Substantivbildung zu *niederd.* splitten „spalten" (vgl. *spleißen*) und bedeutet eigentlich „abgeschlagenes Stück, Splitter", im 18. Jh. besonders „Schindel". Im *Hochd.* entspricht das *landsch.* **Spliß** „Splitter" (16. Jh.).

Splitter „abgespaltenes oder abgesprungenes Stück": Das Substantiv *mhd.* splitter, *mnd.* splittere gehört zu der unter ↑*spleißen* behandelten Wortgruppe. Es wurde erst durch die Lutherbibel gemeinsprachlich. Abl.: **splittern** „in Splitter zerbrechen" (16. Jh.). Zus.: **splitternackt** *ugs.* verstärkend für „völlig nackt" (*mnd.* im 15. Jh. splitternaket), mit weiterer Verstärkung **splitterfasernackt** (17. Jh.; beide Ausdrücke sind nicht sicher zu erkären). **Gedankensplitter** „Aphorismus" (20. Jh.).

Splitting ↑spleißen.

spontan „aus eigenem innerem Antrieb, einer plötzlichen Eingebung folgend; unmittelbar; freiwillig; von selbst": Das Adjektiv ist eine gelehrte Entlehnung des frühen 19. Jh.s aus *spätlat.* spontaneus „freiwillig; frei". Dies ist eine Bildung zu *lat.* spons (spontis) „[An]trieb, freier Wille". – *Spätlat.* spontaneus liegt auch dem *frz.* Adjektiv spontané „spontan" zugrunde. Dessen substantivische Ableitung spontanéité wurde im 18. Jh. als **Spontan[e]ität** „spontane Art, Handlung; Impulsivität" ins *Dt.* entlehnt. Wie das *frz.* Wort bedeutete es, besonders in der Fachsprache der Philosophie, ursprünglich auch „Selbstbestimmung; freie Willensäußerung".

sporadisch „vereinzelt [vorkommend]; verstreut; gelegentlich; selten": Das Adjektiv wurde im 18. Jh. aus gleichbed. *frz.* sporadique entlehnt, das seinerseits auf *griech.* sporadikós „verstreut" zurückgeht. Dies gehört zu *griech.* speírein „streuen; säen; sprengen, spritzen" (verwandt mit *dt.* ↑*sprühen*). Das Wort trat anfangs besonders im medizinischen Bereich auf, wo es in Fügungen wie 'sporadische Krankheiten' als Gegensatz von 'epidemisch' verwendet wurde.

Spore: Die fachsprachliche Bezeichnung für „ungeschlechtliche Fortpflanzungszelle von Pflanzen" und „Dauerform von Bakterien" ist eine gelehrte Entlehnung des 19. Jh.s aus *griech.* sporā́ „das Säen, die Saat; der Same". Dies gehört zu *griech.* speírein „streuen; säen usw." (verwandt mit *dt.* ↑*sprühen*).

Sporn: Das *altgerm.* Substantiv *mhd.* spor[e], *ahd.* sporo, *niederl.* spoor, *engl.* spur, *schwed.* sporre gehört zu der unter ↑*Spur* dargestellten Wortgruppe. Das -n der *nhd.* Form ist aus den flektierten Formen in den Nominativ eingedrungen (beachte den *Plural* 'Sporen'). An die alte Stachelform des Sporns erinnert u. a. noch die Übertragung des Wortes auf die Blütenfortsätze bestimmter Pflanzen (z. B. des Rittersporns, ↑Ritter). Goldene Sporen waren früher ein Vorrecht des Ritters, das vor dem Ritterschlag verdient werden mußte; daher bedeutet 'seine Sporen verdienen' noch heute „sich erstmals bewähren". Abl.: **spornen** „dem Pferd die Sporen geben" (17. Jh., dafür älter *nhd.* und *mhd.* sporen; die frühere zweite Bed. „mit Sporen versehen" ist noch in der Fügung 'gestiefelt und gespornt' erhalten), dazu **anspornen** „antreiben, ermuntern" (im 17. Jh. 'ansporen', fast immer übertragen gebraucht) mit der Rückbildung **Ansporn** „Antrieb zu tatkräftigem Handeln" (19. Jh.). Zus.: **Heißsporn** (s. unter *heiß*); **spornstreichs** „in größter Eile" (im 16. Jh. spornstraichs „in schnellstem Galopp", adverbieller Genitiv zu älter *nhd.* Sporenstreich „Schlag mit dem Sporn"; zur Bildung vgl. *flugs*).

Sport: Die großen sportlichen Bewegungen im Europa des 19. und 20. Jh.s sind nicht denkbar ohne die entscheidenden Einflüsse und Impulse, die von England und den angelsächsischen Ländern, in jüngster Zeit gerade auch von den USA ausgegangen sind und die für die strukturelle Entwicklung des Sports als Ausgleichs- und Leistungssport in den anderen Nationen maßgebend geworden sind. Diese Situation spiegelt sich wider in der Fülle von Fremdwörtern auf dem Gebiet des Sports, die im 19. und 20. Jh. aus dem *Engl.* und *Amerik.* gerade auch ins Deutsche übernommen wurden und weiterhin übernommen werden. Es sind dies nicht nur allgemeine Sportausdrücke wie ↑fair, Fairneß, ↑trainieren, Training, Trainer, ↑Champion, ↑Rekord, ↑Handikap u. a. Es sind vor allem Fachausdrücke aus den verschiedensten sportlichen Disziplinen wie ↑foul, foulen, ↑dribbeln, Dribbling, ↑kicken, ↑stoppen, Stopper (Fußball; beachte auch Lehnübersetzungen wie ↑Aus und ↑Halbzeit), ↑boxen, Boxer (Boxsport), ↑Sprint, sprinten, Sprinter, ↑Spurt, spurten, ↑Start, starten (Leichtathletik), ↑Derby, ↑Jockei, ↑Box (Pferdesport), ↑[1]kraulen, ↑Kanu, ↑Paddel, paddeln (Schwimmen u. Wassersport) und zahlreiche andere mehr. – Zu den allgemeinen Sportausdrücken, die aus dem *Engl.* aufgenommen wurden, gehört auch das Wort 'Sport' selbst. Es wurde in den zwanziger Jahren des 19. Jh.s als umfassende Bezeichnung für alle mit der planmäßigen Körperschulung und mit der körperlichen Betätigung im Wettkampf und Wettspiel zusammenhängenden Belange aus gleichbed. *engl.* sport entlehnt. Das *engl.* Wort seinerseits, das eigentlich „Zerstreuung, Vergnügen, Zeitvertreib, Spiel" bedeutet und das seine spezielle Bedeutung mit der Entwicklung des modernen Wettkampfes und Leistungssports erlangte, ist eine Kurzform von *engl.* disport „Zerstreuung, Vergnügen". Dies ist entlehnt aus gleichbed. *afrz.* desport, einer Substantivbildung zu *afrz.* [se] de[s]porter „[sich] zerstreuen, [sich] vergnügen". Dessen Quelle ist *lat.* de-portare „fortbringen" (zu *lat.* portare „tragen, bringen", vgl. *Porto*) mit einer im *Vlat.-Roman.* entwickelten Spezialbedeutung „zerstreuen, vergnügen". – Abl.: **sportlich** (Ende 19. Jh.); **Sportler** (20. Jh.). Zus.: **Sportsmann** (19./20. Jh.; nach *engl.* sportsman).

spotten: Das *altgerm.* Verb *mhd.* spotten, *ahd.* spottōn, *niederl.* spotten, *schwed.* spotta „spukken" steht mit ausdrucksbetonter Konsonantenverdoppelung neben gleichbed. *ahd.* spotōn, spotisōn mit einfachem t. Es ist sehr wahrscheinlich verwandt mit *dt.* Mundartwörtern für „speien" wie *westmitteld.* spützen (14. Jh., entsprechend *engl.* to spit) und *oberd.* speuzen (16. Jh.), bedeutet also eigentlich „vor Abscheu ausspucken". Zur Bedeutungsentwicklung vgl. *lat.* despuere „ausspucken; verabscheuen". Neben 'spotten' steht das Substantiv **Spott** „Hohn" (*mhd., ahd.* spot, *niederl.* spot, *schwed.* spott). Abl. zum Verb: **spötteln** „leicht, ironisch spotten" (16. Jh.); **Spötter** (*mhd.* spottære „Spottender", *spätahd.* spottari „gewerbsmäßiger Spaßmacher"; seit dem 18. Jh. auch Bezeichnung verschiedener Vögel, die die Stimmen anderer Vögel nachahmen); **spöttisch** (16. Jh.; als Adverb *spätmhd.* spöttischen). Zus.: **Spottvogel** (wie 'Spötter' früher Bezeichnung verschiedener Vögel; seit dem 15. Jh. auf spöttische Menschen übertragen).

Sprache: Das *westgerm.* Wort *mhd.* sprāche, *ahd.* sprāhha, *niederl.* spraak, *aengl.* spræc ist eine Substantivbildung zu dem unter ↑*sprechen* behandelten Verb. Es bezeichnet eigentlich den Vorgang des Sprechens und das Vermögen zu sprechen. Die noch im *Mhd.* vorhandenen Bedeutungen „Rede; Beratung, Verhandlung" sind im *Nhd.* auf Zusammensetzungen wie 'An-, Aus-, Mit-, Rücksprache' beschränkt, die meist von verbalen Zusammensetzungen mit ↑sprechen abgeleitet sind; s. auch den Artikel *Gespräch.* Abl.: **sprachlich** „die Sprache betreffend" (19. Jh.). Zus.: **Sprachforscher** (18. Jh.); **Sprachlehre** „Grammatik" (im 17. Jh. neben gleichbed. älterem 'Sprachkunst'); **sprachlos** „im Augenblick unfähig zu sprechen" (*mhd.* sprāchlos, *ahd.* sprāhhalōs); **Sprachwissenschaft** (18. Jh.).

Spray "Sprühflüssigkeit": Das Wort wurde im 20. Jh. aus gleichbed. *engl.* spray entlehnt, zunächst im Sinne von „Dusche", dann „Flüssigkeitszerstäuber". Die heutige Bedeutung entwickelte sich über „durch einen Zerstäuber erzeugter Flüssigkeitsnebel". Neben dem Substantiv steht das Verb *engl.* to spray „[be]spritzen; sprühen, zerstäuben", das unser gleichbedeutendes **sprayen** (20. Jh.) lieferte. Über weitere etymologische Zusammenhänge vgl. den Artikel *sprühen.*

sprechen: Das *westgerm.* starke Verb, zu dem als Substantive ↑Sprache, ↑Spruch und die Zusammensetzung ↑Sprichwort gehören, lautet *mhd.* sprechen, *ahd.* sprehhan, *niederl.* spreken, *aengl.* sprecan. Es ist nicht sicher erklärt; möglicherweise besteht Verwandtschaft mit *aisl., schwed.* spraka „knistern, prasseln", so daß 'sprechen' ursprünglich vielleicht ein lautmalendes Wort war. Unklar bleibt auch das Verhältnis zu den r-losen Verben *ahd.* spehhan, *aengl.* specan, *engl.* to speak „sprechen". – Abl.: **Sprecher** „Sprechender; Wortführer einer Gruppe" (*mhd.* sprechære, *spätahd.* sprehhari; die ältere Bildung *ahd.* [furi] sprehho lebt noch in *schweiz.* **Fürsprech** „Rechtsanwalt" fort), dazu die Gerätenamen **Fernsprecher** (↑fern) und **Lautsprecher** (↑laut). Zus.: **absprechen** (*spätmhd.* für „aberkennen"; „verabreden, vereinbaren"), dazu **Absprache** „Vereinbarung" (18. Jh.), und **absprechend** „ungünstig urteilend" (18. Jh.); **ansprechen** „anreden, bitten; gefallen" (*mhd.* anesprechen, *ahd.* anasprehhan), dazu **Ansprache** „kurze Rede" (älter *nhd.* für „Anspruch, Anklage", wie *mhd.* ansprāche, *ahd.* anasprāhha), **Anspruch** „rechtliche Forderung" (*mhd.* anspruch) und **ansprechend** „wohlgefällig" (um 1800); zu veraltetem **einsprechen** „hineinreden, widersprechen" (*spätmhd.* īnsprechen) stellt sich **Einspruch** „Widerrede" (16. Jh.), „gerichtliche Beschwerde" (18. Jh.); **zusprechen** „trösten, ermuntern, beruhigen; gerichtlich zuerkennen; (Trank und Speise) genießen" (*mhd.* zuosprechen „zu jemandem sprechen, anklagen"), dazu **Zuspruch** „Trost; Zulauf" (17. Jh.). Präfixbildungen: **besprechen** „über etwas beratend reden" (im 20. Jh. 'ein Buch, eine Aufführung besprechen' „rezensieren"), früher auch „anreden" (dazu 'eine Krankheit besprechen', d. h. „beschwörend anreden", 16. Jh.; *mhd.* besprechen „anreden; sich beraten; verabreden", *ahd.* bisprehhan), dazu **Besprechung** (18. Jh.); **entsprechen** „gemäß sein" (*mhd.* entsprechen „entgegnen, antworten"; im 16. Jh. *südwestd.* [wohl nach dem Vorbild von *frz.* répondre] „gemäß sein", im 18. Jh. in dieser Bedeutung schriftsprachlich), dazu das adjektivische 1. Part. **entsprechend** (19. Jh.); **versprechen** „zusichern; hoffen, erwarten lassen", reflexiv „versehentlich falsch sprechen" (*mhd.* versprechen, *ahd.* farsprehhan in teilweise abweichenden Bedeutungen), dazu **Versprechen** „Zusicherung" (substantivierter Infinitiv, 16. Jh.) und gleichbedeutend **Versprechung** (*spätmhd.* versprechunge; heute meist im Plural gebraucht).

spreizen: Das nur *dt.* Verb ist die entrundete Form von älter *nhd., spätmhd.* spreutzen (*mhd.* spriuẓen, spriuzen, *ahd.* spriuẓan) und bedeutete ursprünglich „stemmen, mit einem Strebebalken stützen". Erst im *Nhd.* hat es die Bed. „auseinanderstrecken, -breiten", reflexiv übertragen „sich sperren, sich zieren; großtun" entwickelt. Das Wort gehört zu dem unter ↑*sprießen* dargestellten Verb; es geht wohl von der Vorstellung des gewachsenen Zweiges aus.

Sprengel „Amtsbezirk [eines Bischofs oder Pfarrers]": *Mhd., mnd.* sprengel „Weihwasserwedel" gehört als Gerätename zu ↑sprengen in dessen Bed. „spritzen". Das Gerät galt als Amtszeichen und Sinnbild der geistlichen Gewalt, sein Name wurde daher im *Mnd.* des 15. Jh.s auf den kirchlichen Amtsbezirk übertragen (eigentlich „soweit der Bischof Weihwasser spenden darf"). Durch Luther wurde das Wort in dieser Bedeutung im *Nhd.* üblich, wo es später auch für weltliche Bezirke (Gerichtssprengel) gebraucht werden konnte.

sprengen: Das *altgerm.* Verb *mhd., ahd.* sprengen, *niederl.* sprengen, *aengl.* sprengan, *schwed.* spränga bedeutet als Veranlassungswort zu dem unter ↑*springen* behandelten Verb eigentlich „springen machen". Im *Dt.* hat es drei verschiedene Bedeutungen ausgebildet: Intransitiv steht es für „galoppieren" (früher in der Wendung 'das Pferd sprengen'; schon *mhd.* oft unter Weglassung des Objekts). Transitiv bedeutet 'sprengen' einerseits „spritzen" ('Wasser sprengen', mit Objektswechsel 'die Wäsche, den Rasen sprengen'; dazu **besprengen** [*mhd.* besprengen] und **aussprengen** „versprühen" mit der Wendung 'Lügen, Gerüchte aussprengen' „verbreiten", 16. Jh.; s. a. *Sprengel*). Anderseits hat das Wort die Bed. „bersten lassen, mit Gewalt auseinandertreiben, zerstreuen" entwickelt, wobei seit dem 17. Jh. besonders das Sprengen mit Pulver und anderen 'Sprengstoffen' gemeint ist; dazu **zersprengen** „durch Sprengen zerstören", übertragen „auseinandertreiben, zerstreuen" (in dieser Bedeutung schon *mhd.*) und **versprengen** „auseinanderjagen, abseits treiben" (16. Jh.) mit dem adjektivischen 2. Part. **versprengt** (besonders von Herden und Soldaten).

Sprenkel „Fleck": Das auf das *dt.* und *niederl.* Sprachgebiet beschränkte Substantiv (*mhd.* sprinkel, *mitteld.* sprenkel, *niederl.* sprenkel „Tupfen, Spritzfleck") steht als nasalierte Form neben gleichbed. *mhd.* spreckel, dem außerhalb des *Dt.* z. B. *schwed. mdal.* spräkkel „kleiner Fleck" entspricht. Häufiger ist das abgeleitete Verb **sprenkeln** „durch Flecken bunt machen" (17. Jh.; *niederl.* sprenkelen; älter *nhd.* auch spreckeln) mit dem adjektivischen 2. Part. **gesprenkelt** „getupft" (zum entsprechenden *engl.* to sprinkle „besprengen" gehört das Fremdwort **Sprinkler** „Berieselungsgerät" [aus gleichbed. *engl.* sprinkler]). Diese *germ.* Wörter gehören wohl zu der unter ↑*sprühen* dargestellten *idg.* Wortgruppe.

Spreu „Getreidehülsen, Abfall beim Dreschen": Das nur *dt.* Wort (*mhd.* spriu, *ahd.* spriu) gehört zu der unter ↑*sprühen* dargestellten *idg.* Wortgruppe und bedeutet eigentlich „Stiebendes, Sprühendes". Das gedroschene Korn wurde ursprünglich in den Wind geworfen, wobei die leichte Spreu verstob und die Körner zu Boden fielen. Die übertragene Bed. „Wertloses" (schon *mhd.*) schließt vor allem an den Gebrauch des Wortes in biblischen Gleichnissen an.

Sprichwort: Das erste Glied der Zusammensetzung *mhd.* sprichwort „geläufiges Wort, sprichwörtliche Redensart, Sprichwort" gehört zu dem unter ↑*sprechen* behandelten Verb; doch ist die Entstehung der Zusammensetzung nicht sicher erklärt. Die jetzt veraltete Form 'Spruchwort' (16. Jh.) war irrtümlich an 'Spruch' angelehnt worden; gleichbed. *niederl.* spreekwoord (15. Jh., eigentlich „Sprechwort") ist anders gebildet. Ursprünglich bezeichnete 'Sprichwort' wie die älteren *mhd.* Fügungen 'altsprochen wort', 'gemeinez wort' eine geläufige Redewendung, erst in neuerer Zeit wurde es eingeengt auf die Bed. „kurzer, volkstümlicher Satz, der eine praktische Lebensweisheit enthält" (z. B. 'Gelegenheit macht Diebe'). Abl.: **sprichwörtlich** (18. Jh.).

sprießen: Neben dem starken Verb *mhd.* spriezen „auseinander-, emporwachsen" stehen ablautend mit gleicher Bedeutung *mhd.* sprūzen, *asächs.* sprūtan, *niederl.* spruiten, *engl.* to sprout, mit anderer Bedeutung *schwed.* spruta, *dän.* sprude „spritzen" (älter *dän.* auch „sprießen"). Dazu treten die unter ↑*Sprosse* und ↑*Sproß* behandelten Substantive sowie die unter ↑*spritzen* und ↑*spreizen* dargestellten Verben. Mit der Grundbedeutung „aufspringen, schnell hervorkommen" gehört 'sprießen' zu der unter ↑*sprühen* dargestellten *idg.* Wortgruppe. – Das Adjektiv **ersprießlich** „gedeihlich, förderlich" (zu *mhd.* erspriezen „aufsprießen, frommen, helfen") ist eine Bildung der *frühnhd.* Kanzleisprache (16. Jh.).

Spriet (seemännisch für:) „leichte Segelstange": Das im *Hochd.* seit dem Anfang des 18. Jh.s bezeugte Wort (*mnd.* spriet, sprēt, entsprechend *niederl.* spriet, *engl.* sprit „Stange, Bugspriet") ist eine *westgerm.* Substantivbildung zum Stamm von ↑*sprießen,* die eigentlich „Sproß, junger Ast" bedeutet. Zus.: **Bugspriet** (s. *Bug*).

springen: Das *altgerm.* Verb. *mhd.* springen, *ahd.* springan, *niederl.* springen, *engl.* to spring, *schwed.* springa bedeutete ursprünglich „aufspringen, hervorbrechen". Es ist verwandt mit *griech.* spérchesthai „einherstürmen, eilen" und gehört mit der unter ↑*Sprung* behandelten Substantivbildung zu der unter ↑*Spur* dargestellten *idg.* Wortgruppe. Im *Dt.* wurde 'springen' zuerst von Quellen gesagt (wie heute noch 'entspringen', s. u.). Die Bed. „bersten" (schon im *Aisl.* bezeugt) zeigt sich erst im 17. Jh. (z. B. 'ein Glas springt', 'Knospen springen [auf]'). Zusammensetzungen und Präfixbildungen: **beispringen** „helfen" (17. Jh.); **überspringen** „überholen, übergehen, auslassen" (*mhd.* überspringen „über etwas springen", schon *ahd.* ubarspringan wurde bildlich gebraucht); **vorspringen** „nach vorn springen; [weit] hervorstehen" (*mhd.* vor-, vürspringen „besser springen, vortanzen"; in der Bed. „[weit] hervorstehen" erst im 18. Jh.), dazu **Vorsprung** „Raumgewinn im Wettlauf; Hervorstehendes" (in der 1. Bedeutung *mhd.* vorsprunc); **bespringen** „begatten" (von Tieren, 18. Jh.; älter *nhd.* auch für „angreifen, belagern"); **entspringen** „hervorquellen; entlaufen" (*mhd.* entspringen, *ahd.* intspringan; im *Mhd.* auch für „hervorsprießen"). – Abl.: **Springer** (*mhd.* springer „Tänzer, Gaukler"; seit dem 17. Jh. Name einer Schachfigur). – Nominale Zusammensetzungen: **Springbrunnen** (im 17. Jh. für „Quelle"; nach 1700 als Verdeutschung für 'Fontäne', s. d.); **Springflut** „besonders hohe Flut bei Neu- oder Vollmond" (17. Jh.); **Springkraut** (16. Jh., Name verschiedener Pflanzen, die ihre Samen wegschleudern); **Springinsfeld** (eigentlich „ich springe ins Feld", ursprünglich Spitzname von Landsknechten, Handwerksburschen und dgl., seit Ende des 16. Jh.s allgemeine Bezeichnung für einen unerfahrenen, unbekümmerten jungen Menschen.

Sprinkler ↑Sprenkel.

Sprint: Die sportsprachliche Bezeichnung für „Kurzstreckenlauf" wurde im 20. Jh. aus gleichbed. *engl.* sprint entlehnt. Das Verb *engl.* to sprint „schnell rennen; über eine Kurzstrecke laufen" lieferte gleichzeitig unser gleichbedeutendes Fremdwort **sprinten.** Dazu als Substantivbildung **Sprinter** „Kurzstreckenläufer" (20. Jh.; aus gleichbed. *engl.* sprinter).

Sprit: Das Wort ist eine im 19. Jh. zuerst in Norddeutschland aufgekommene volkstümliche Umbildung von ↑*Spiritus* „Weingeist, Alkohol" und formal stark an *frz.* esprit „Geist, Weingeist" angelehnt. Heute ist das Wort in der allgemeinen Umgangssprache als Bezeichnung für „Treibstoff, Benzin" weit verbreitet.

spritzen: Das nur *dt.* Verb ist die entrundete Form (seit dem 16. Jh.) von älter *nhd., mhd.* sprützen (entsprechend *niederd.* sprütten). Es gehört mit der Grundbedeutung „hervorschießen" zu der unter ↑*sprießen* behandelten Wortgruppe (*spätmhd.* sprutzen bedeutet auch „sprossen"). Abl.: **Spritze** „Gerät zum Spritzen" (*mhd.* sprütze, sprutze; seit dem 15. Jh. in der Bed. „Feuerspritze", seit dem 17. Jh. für ärztliche Instrumente gebraucht, jetzt auch für „Injektion"); **Spritzer** „angespritzter Fleck" (19. Jh.; älter *nhd.* für „Spritzender; Spritzgerät"); **spritzig** „prickelnd, anfeuernd" (im 17. Jh. spritzicht). Zus.: **Spritzfahrt, Spritztour** *ugs.* für „kleiner Ausflug" (vor 1850, studentensprachlich).

spröde: Das erst Ende des 15. Jh.s bezeugte, nur *dt.* Adjektiv bedeutet „unbiegsam, brüchig, leicht springend" (besonders im Hüttenwesen von Metallen gesagt). Es ist wohl verwandt mit *fläm.* sprooi „gebrechlich", *mengl.* sprēþe „gebrechlich", weiterhin vielleicht mit der unter ↑*sprühen* dargestellten Wortgruppe. Von Anfang an oft übertragen gebraucht, bedeutet 'spröde' sowohl „unbildsam, schwer zu bearbeiten" (von [literarischen] Stoffen) wie „unfreundlich, abweisend" (vom menschlichen Charakter). Abl.: **Sprödigkeit** (17. Jh.).

Sproß „Pflanzentrieb": Das ursprünglich von ↑*Sprosse* nicht klar geschiedene *dt.* Wort erscheint im 15. Jh. als spruß, sproß mit der heutigen Bedeutung. Im 18. Jh. kommt die übertragene Bed. „Kind, Nachkomme" auf. Abl.: **sprossen** „Sprossen treiben, wachsen" (16. Jh.); **Sprößling** scherzhaft für „Sohn" (im 15. Jh. sproßling „Pflanzenschößling", sprüßling „heranwachsender Knabe").

Sprosse „Querholz der Leiter", (weidmännisch für:) „Ende am Hirschgeweih oder Rehgehörn": Das *altgerm.* Substantiv *mhd.* sproẓẓe, *ahd.* sproẓẓo „Leitertritt", *mniederl.* sprote (*niederl.* sport) „Leitertritt", *aengl.* sprota „Zweig, Sproß, Pflock, Nagel", *aisl.* sproti „Zweig, Stab" ist eine Bildung zu dem unter ↑*sprießen* behandelten Verb. Das Wort bewahrt vielleicht die Erinnerung an die älteste Form der Leiter, den Baumstamm mit Aststümpfen; doch kann ihm auch der Begriff „kurze Stange" zugrunde liegen. Die Nebenform ↑Sproß wird erst seit dem 18. Jh. von 'Sprosse' getrennt. Die weidmännische Bed. „Geweihende" zeigt 'Sprosse' (seltener 'Sproß') ebenfalls erst im 18. Jh., sie kann als „Querstange" oder als „Zweig" verstanden werden. Beachte auch den Artikel *Sprotte.*

Sprotte: Der kleine, heringsartige Fisch (besonders geräuchert als 'Kieler Sprotte[n]' bekannt) heißt *niederd.* sprot (entsprechend *niederl.* sprot, *engl.* sprat, *aengl.* sprot). Sein Name erscheint seit dem 16. Jh. in *hochd.* Texten. Die eigentliche Heimat des Wortes ist ungewiß; es könnte mit den unter ↑*Sprosse* genannten Wörtern verwandt sein und ursprünglich „Jungfisch" bedeutet haben (beachte besonders *aengl.* sprot, sprota „Zweig, Sproß").

Spruch: Das auf das *dt.* und *niederl.* Sprachgebiet beschränkte Wort (*mhd.* spruch, *mniederl.* sproke, spröke, *niederl.* spreuk) ist eine Substantivbildung zu dem unter ↑*sprechen* behandelten Verb und bedeutete zunächst „Gesprochenes" (heute in Zusammensetzungen wie 'Funkspruch' und abgeleiteten Bildungen wie 'An-, Ein-, Zuspruch'). Gewöhnlich aber bezeichnet es einen einmaligen Ausspruch (z. B. 'Trinkspruch', juristisch 'Schieds-, Urteilsspruch') oder eine in bestimmter Form gefaßte [lehrhafte] Aussage ('Wahl-, Sinn-, Bibelspruch, Zauberspruch' usw.). Als literaturwissenschaftliches Fachwort (schon *mhd.* spruch bedeutete auch „gesprochenes Gedicht") meint 'Spruch' ein lyrisches Gedicht mit politischem oder moralischem Inhalt. Die *ugs.* Wendung 'Sprüche machen' für „leere oder prahlende Reden führen" stammt aus der *südd.* Soldatensprache um 1900. Zus.: **spruchreif** „reif zur Entscheidung" (Ende des 19. Jh.s).

sprudeln: Das seit Ende des 17. Jh.s bezeugte *hochd.* Verb bedeutet „heftig aufwallen" (von kochendem Wasser, Quellen und dgl.), übertragen auch „schnell, überhastet reden". Es ist wohl unter Einwirkung von *landsch.* prudeln „brodeln" aus ↑sprühen weitergebildet worden. Dazu stellt sich das Substantiv **Sprudel** „[Heil]quelle; kohlensaures Mineralwasser" (18. Jh.; besonders Name der Hauptquelle in Karlsbad).

sprühen: Das *dt.* Wort, dem *niederl.* sproeien „besprengen" entspricht, ist erst im 16. Jh. bezeugt (beachte aber das früh entlehnte *afrz.* esproher „besprengen"). Es steht ablautend neben *mhd.* spræjen „spritzen, stieben" und gleichbed. *mniederl.* spraeien (daraus wohl *engl.* to spray, ↑Spray). In den *nord.* Sprachen ist z. B. *schwed. mdal.* språ „sprießen, sich öffnen, bersten" verwandt. Die genannten *germ.* Verben gehören mit verwandten Wörtern in anderen *idg.* Sprachen zu der vielfach weitergebildeten und erweiterten *idg.* Wurzel *sp[h]er[ə]- „streuen, sprengen, sprühen, spritzen", vgl. z. B. *griech.* speírein „streuen, säen, spritzen" (s. die Fremdwörter *Spore* und *sporadisch*). Aus dem *germ.* Sprachbereich stellt sich u. a. das unter ↑*Spreu* (eigentlich „Stiebendes") dargestellte Substantiv in diesen Zusammenhang, vielleicht auch die unter ↑*Sprenkel* (eigentlich „Spritzer") und ↑*spröde* (eigentlich „leicht springend") behandelten Wörter. Ferner gehört die unter ↑*sprießen* (s. dort über 'spritzen, spreizen, Sproß, Sprosse') behandelte Wortsippe zu der genannten *idg.* Wurzel. Diese ist wahrscheinlich identisch mit der unter ↑*Spur* dargestellten *idg.* Wurzel *sp[h]er[ə]- „zucken, schnellen". Siehe auch den Artikel *sprudeln*.

Sprung: Das auf den *dt.* und *niederl.* Sprachbereich beschränkte Wort (*mhd., spätahd.* sprunc, *niederl.* sprong) ist eine Substantivbildung zu dem unter ↑*springen* behandelten Verb. Die Bed. „aufgesprungener Spalt" (in Glas, Porzellan und anderen harten Stoffen) erscheint erst zu Anfang des 18. Jh.s. Abl.: **sprunghaft** „unstet; jäh" (19. Jh.). Zus.: **Gedankensprung** (Ende des 18. Jh.s). Zur *mhd.* Bed. „Quelle" s. den Artikel *Ursprung*.

Sprungschanze ↑[2]Schanze.

spucken: Das zuerst im 16. Jh. im *Ostmitteld.* bezeugte Verb hat im neueren Sprachgebrauch das alte ↑*speien* verdrängt, zu dessen großer Sippe es, wohl als Intensivbildung, gehört. Abl.: **Spucke** *ugs.* für „Speichel" (18. Jh.).

Spuk „Gespenst[ererscheinung], gespenstiges Treiben": Das ursprünglich nur *niederd.* und *niederl.* bezeugte Wort (*mnd.* spōk, spūk, *niederl.* spook) wurde erst im 17. Jh. ins *Hochd.* übernommen. Seine Herkunft ist nicht geklärt. Das zugehörige Verb **spuken** (um 1600 *hochd.* aus *mnd.* spōken, *niederl.* spoken) bedeutet „als Geist umgehen", übertragen auch „sein Unwesen treiben". Das Adjektiv **spukhaft** „gespenstisch" (19. Jh.) geht auf *niederd.* spökhaftig, *mnd.* spōkaftich zurück.

Spule: Die *germ.* Substantive *mhd.* spuol[e], *ahd.* spuolo, spuola, *niederl.* spoel, *schwed.* spole bezeichneten ursprünglich eine Art flaches, langes Holzstück zum Aufwickeln der Webfäden. Sie gehören wahrscheinlich im Sinne von „Span, abgespaltenes Holzstück" zu der unter ↑*spalten* dargestellten Wortgruppe. Abl.: **spulen** (*mhd.* spuolen, *niederl.* spoelen; heute meist als 'auf-, abspulen' gebraucht). Zus.: **Spulwurm** „parasitärer Fadenwurm im Darm von Säugetieren und Menschen" (15. Jh., nach der Gestalt).

spülen: Herkunft und Verwandtschaft des *westgerm.* Verbs (*mhd.* spüelen, *ahd.* ir-spuolen, *niederl.* spoelen, *aengl.* ā-spylian) sind nicht geklärt. Abl.: **Spülicht** veraltend für „gebrauchtes Abwasch-, Putzwasser" (im 17. Jh. für *frühnhd.* spülig, *mhd.* spüelach).

Spur: Das *altgerm.* Substantiv *mhd.* spur, spor, *ahd.* spor, *niederl.* spoor, *aengl.* spor, *schwed.* spår ist im Sinne von „Tritt, Fußabdruck" verwandt mit *ahd.* spurnan „spornen", *aengl.* spurnan „anstoßen, verschmähen" und *aisl.* sporna, sperna „treten, fortstoßen" sowie mit der Sippe von ↑Sporn. Außerhalb des *Germ.* sind z. B. *lat.* spernere „zurückstoßen, verschmähen" und *griech.* spaírein „zucken, zappeln" verwandt. Zugrunde liegt die vielfach weitergebildete und erweiterte *idg.* Wurzel *sp[h]er[ə]- „zucken, zappeln, mit dem Fuß ausschlagen oder treten, schnellen". Zu ihr gehört auch die unter ↑*springen* dargestellte Wortsippe. Vgl. weiterhin den Artikel *sprühen*. Das Substantiv 'Spur' war ursprünglich ein Jägerwort (beachte Wendungen wie 'auf die Spur bringen', die sich auf den Jagdhund beziehen). Schon früh entwickelte sich die übertragene Bedeutung „hinterlassenes Zeichen", die sich im *Nhd.* mit dem Begriff des Geringen, kaum Merkbaren verband 'keine Spur von Leben'. Ferner bezeichnet das Wort die Wagengeleise auf Wegen und übertragen den Querabstand der Wagenräder (auch: **Spurweite**; dazu 'Schmal-, Normalspur' und das Adjektiv **großspurig** „prahlerisch"). Abl.: **spuren** „Spur halten" (Anfang des 19. Jh.s von Wagen, danach *ugs.* für „sich einordnen") und „(mit Schiern) eine Spur legen" (20. Jh.); **spüren** (*mhd.* spürn, *ahd.* spurian „eine Spur suchen, ihr folgen"; seit dem 13. Jh. im Sinne von „wahrnehmen" gebraucht, seit dem 18. Jh. für „empfinden, fühlen"), dazu **spürbar** „fühlbar, merklich" (18. Jh.), **Spürhund** „Jagdhund zur Fährtensuche" (*mhd.* spürhunt, *ahd.* spurihunt), **Spürsinn** (18. Jh.). Zus.: **spurlos** „keine Spur, keinen Anhaltspunkt hinterlassend" (18. Jh.).

Spurt: Das Fachwort aus dem Bereich des Sports (insbesondere der Leichtathletik), das heute auch *ugs.* im Sinne von „schneller Lauf" verwendet wird, wurde im 20. Jh. aus dem *Engl.* übernommen. Es bezeichnet die vorübergehende Steigerung der Geschwindigkeit innerhalb eines Rennens ('Zwischenspurt') oder zum Schluß eines Rennens ('Endspurt'). Das *engl.* Substantiv spurt „Spurt" gehört zu *engl.* to spirt (Nebenform: to spurt) „hervorspritzen, aufspritzen", dessen weitere Herkunft zweifelhaft ist. – Dazu: **spurten** „einen Spurt machen; schnell laufen" (20. Jh.; aus gleichbed. *engl.* to spurt).

sputen, sich „sich beeilen": Das im 17. Jh. aus dem *Niederd.* ins *Hochd.* übernommene Verb geht zurück auf *mnd.* spōden, dem *niederl.* spoeden „beeilen", *engl.* to speed „eilen; (veraltet:) fördern" und *ahd.* gi-spuoten „gelingen lassen, sich eilen" entsprechen. Dieses *westgerm.* Verb ist abgeleitet von dem Substantiv *mhd., ahd.* spuot „glückliches Gelingen,

Schnelligkeit", *niederl.* spoed „Eile", *engl.* speed „Eile", einer Bildung zu dem im *Nhd.* untergegangenen Verb *mhd., ahd.* spuon „vonstatten gehen, gelingen, gedeihen", vgl. das gleichbed. *aengl.* spōwan. Über die weiteren Zusammenhänge vgl. den Artikel *sparen.*

Sputnik: Der Name für die ersten sowjetischen Erdsatelliten (1957) geht zurück auf *russ.* sputnik, das eigentlich „Weggenosse, Gefährte, Begleiter" bedeutet.

Staat: Das seit dem frühen 15. Jh. bezeugte Substantiv (*spätmhd.* sta[a]t „Stand; Zustand; Lebensweise; Würde", vgl. entsprechend *mnd.* stāt „Stand; Ordnung; hohe Stellung; Pracht, Herrlichkeit" und gleichbed. *mniederl.* staet, *niederl.* staat; s. auch *stattlich*) ist aus *lat.-mlat.* status „das Stehen; Stand, Stellung; Zustand, Verfassung; Rang; (im *Mlat.* auch:) Stand der Rechnungsführung" (zu *lat.* stare „stehen", vgl. *stabil;* siehe auch *Status*) entlehnt worden. Im 17. Jh. entwickelte 'Staat' nach dem Vorbild von *frz.* état, das gleicher Herkunft ist, die heute vor allem gültige politische Bedeutung; beachte dazu die abgeleiteten und zusammengesetzten Bildungen **staatlich** „den Staat betreffend; vom Staat ausgehend" (18./19. Jh.), **verstaatlichen** „in Staatseigentum überführen" (19. Jh.) und **Staatsmann** „hochgestellter Politiker (von großer Bedeutung)" (17. Jh.), **Staatsanwalt** „Jurist, der die Interessen des Staates wahrnimmt (besonders als Ankläger in Strafverfahren)" (2. Hälfte 19. Jh.; s. *Anwalt*). An die schon ältere Verwendung von 'Staat' im Sinne von „kostspieliger Aufwand in der Hofhaltung eines Fürsten; Pracht, Prunk, prunkvolle äußere Aufmachung" schließen sich die Zusammensetzung **Hofstaat** (17. Jh.) und die Wendung '[keinen] Staat mit etwas machen' „mit etwas [keinen] Eindruck machen" an. – Siehe auch *Etat.*

Staatsräson ↑Räson.

Stab: Das *gemeingerm.* Substantiv *mhd.* stap, *ahd.* stab, *got.* stafs, *engl.* staff, *schwed.* stav geht mit verwandten Wörtern wie *ahd.* stabēn „starr sein" und *ostfries.* staf „steif, lahm" auf die *idg.* Wurzel *stĕb[h]- „stehen machen, aufstellen, stützen, versteifen" zurück. Auf dieser Wurzel beruhen in mehreren *idg.* Sprachen Wörter für „Ständer, Pfosten", beachte besonders *lit.* stãbas „Pfosten" und aus dem *germ.* Sprachbereich das unter ↑*Stapel* behandelte Wort sowie seemännisch **Steven** „vordere und hintere Verlängerung des Schiffskiels", ein Nordseewort, das ursprünglich „Pfosten" bedeutete. Mit der Bedeutungswendung „treten, stampfen" und „Tritt, Fußspur, Stufe" schließen sich weitere Verben und Substantive an. Zu ihnen gehören im *germ.* Sprachschatz die Wortgruppen um ↑Stapfe, ↑Staffel und ↑Stufe sowie (zu einer nasalierten Wurzelform *stemb[h]-) die Sippe von ↑stampfen (mit Stempel). Siehe auch den Artikel *Stumpf.* Das Wort 'Stab' zeigt nur im *Aisl.* die Bed. „Pfosten, Pfeiler", sonst bezeichnet es einen glatten, meist runden Stock, der besonders als Stütze oder Amtsabzeichen verwendet wird (Hirten-, Bischofsstab, Zepter und dgl.). Nach dem Befehlsstab des Feldherrn (Marschallstab) heißt seit dem 17. Jh. auch der Kreis der führenden Offiziere einer Truppe 'Stab' (entsprechend *engl.* staff). Die Zusammensetzung **Stabreim** wurde als Bezeichnung der altgermanischen Reimformen mit gleichem Anlaut (Stab) betonter Silben in der ersten Hälfte des 19. Jh.s unter dem Einfluß einer *aisl.* Verslehre des 13. Jh.s gebildet. Dazu **staben** „durch gleichen Anlaut reimen". Vgl. auch den Artikel *Buchstabe.*

stabil „beständig, dauerhaft, fest, haltbar; widerstandsfähig": Das Wort wurde im 18. Jh. aus *lat.* stabilis „feststehend, standhaft, dauerhaft usw." entlehnt. Das *lat.* Adjektiv gehört mit zahlreichen anderen verwandten Wörtern (vgl. hierzu im einzelnen die Artikel *assistieren, Distanz, etablieren, Instanz, konstant, Rest, Etage, Staat, Station, Statist, Stativ, Statue, Statur, Statut, Institut, Konstitution, prostituieren* und *Substanz*) zur Sippe von *lat.* stare „stehen", das urverwandt ist mit *dt.* ↑*stehen.* – Abl.: **stabilisieren** „festigen" (Anfang 20. Jh.; vgl. gleichbed. *frz.* stabiliser); **Stabilität** „Festigkeit, Beständigkeit" (18. Jh.; aus gleichbed. *lat.* stabilitas).

Stachel: Die auf das *dt.* Sprachgebiet beschränkte Substantivbildung aus der Sippe von ↑*Stich* (*mhd.* stachel, *spätahd.* stachil, ähnlich *ahd.* stachilla) bezeichnete ursprünglich spitze Geräte, z. B. den alten Stock zum Viehtreiben mit Eisenspitze (↑löcken), dann aber vor allem stechende Spitzen bei Pflanzen und Tieren. Abl.: **stach[e]lig** „voller Stacheln" (im 16. Jh. 'stachlich[t]'); **stacheln** „antreiben" (eigentlich mit dem Stachel des Treibstocks; meist übertragen in 'an-, aufstacheln' gebraucht). Zus.: **Stachelbeere** (17. Jh.); **Stacheldraht** (Ende des 19. Jh.s); **Stachelschwein** (16. Jh.; dafür *mhd.* dornswīn, Lehnübertragung von *mlat.* porcus spinosus; das Nagetier ist so benannt, weil es wie ein Schwein grunzt).

Stadel: Das *oberd.* Wort für „Scheune, kleines [offenes] Gebäude" (*mhd.* stadel, *ahd.* stadal) hat Entsprechungen in *aengl.* stađol „Grundlage, Stellung, Platz" und *aisl.* stǫdull „Melkplatz" und bedeutete ursprünglich „Stand[ort]". Die *germ.* Wörter gehören mit ähnlichen Bildungen in anderen *idg.* Sprachen zu der unter ↑*stehen* dargestellten *idg.* Wortgruppe.

Stadion „mit Zuschauerrängen versehenes ovales Sportfeld; Kampfbahn": Das Fremdwort beruht auf einer gelehrten Entlehnung des 19. Jh.s aus *griech.* stádion „Rennbahn, Laufbahn". Das *griech.* Wort ist eigentlich Bezeichnung für ein Längenmaß (zwischen 179 m und 213 m). Die spezielle Bed. „Rennbahn" geht zurück auf die berühmte Rennbahn der altgriechischen Kampfstätte in Olympia, die gerade die Länge eines 'Stadions' (etwa 185 m) hatte. – Aus der gleichen Quelle wie 'Stadion' stammt das seit dem 18. Jh. bezeugte Fremdwort **Stadium** „Entwicklungsstufe, Abschnitt; Zustand", das uns durch Vermittlung von *lat.* stadium „Rennbahn, Laufbahn" zuerst übertragen als medizinisches Fachwort zur Bezeichnung vorübergehender symptomatischer Zeitabschnitte im Verlauf einer Krankheit begegnet (stadium morbi). Aus der medizinischen Fachsprache gelangte das Wort in den allgemeinen Sprachgebrauch.

Stadt: Das unter ↑*Statt* behandelte Substantiv *mhd., ahd.* stat „Ort, Stelle" entwickelte schon früh die spezielle Bed. „Wohnstätte, Siedlung", die meist in den alten Ortsnamen auf '-stadt, -statt, -städt[en], -stett[en]' steckt. Erst im 12. Jh. wurde *mhd.* stat zur Bezeichnung des mittelalterlichen Rechtsbegriffs 'Stadt' (der u. a. mit dem Marktrecht und dem Recht einer Siedlung auf eigene Verwaltung und persönliche Freiheit ihrer Insassen verbunden war). Das Wort löste in dieser Bedeutung die ältere Bezeichnung 'Burg' (s.d.) ab. Zuerst im 16. Jh., durchgängig seit dem 18. Jh. wurde 'Stadt' dann auch durch die Schreibung von 'Statt' abgehoben. Abl.: **Städter** „Stadtbewohner" (*mhd.* steter; anders als das ältere Wort Bürger [↑Burg] ohne politischen Sinn gebraucht), dazu **verstädtern** „städtische Art annehmen" (19. Jh.); **städtisch** „die Stadt betreffend, ihr entsprechend" (15. Jh.).

Stafette: Das seit dem 17. Jh. bezeugte, aus dem *It.* entlehnte Fremdwort erscheint zuerst mit der heute nicht mehr üblichen Bed. „reitender Eilbote". Heute wird das Wort im Sinne von „Staffel[lauf]" verwendet. *It.* staffetta „reitender Eilbote" gehört als Verkleinerungsbildung zu *it.* staffa „Steigbügel", das selbst aus dem *Germ.* stammt (vgl. *Stapfe*). Es hat seine Bedeutung aus Wendungen wie 'andare a staffetta' „im Steigbügel gehen" (also: „nicht einmal vom Pferd heruntersteigen") entwickelt.

Staffage ↑staffieren.

Staffel: Das *hochd.* Wort, dem *niederd.* ↑Stapel lautlich entspricht, gehört zu der unter ↑*Stab* dargestellten Wortgruppe. *Mhd.* staffel, stapfel „Stufe, Grad", *ahd.* staffal, staphal „Grundlage, Schritt" gehen wohl von einer Grundbedeutung „erhöhter Tritt" aus (beachte die verwandten Wörter 'Stapfe' und 'Stufe'). In der Bed. „Truppenabteilung" ('Gefechts-, Fliegerstaffel') verdeutscht 'Staffel' seit Ende des 19. Jh.s das Fremdwort Echelon (*frz.* échelon „Sprosse, Stufe; gestaffelte Truppenaufstellung"). In der Sportsprache trat 'Staffel' seit den zwanziger Jahren unseres Jh.s für älteres 'Stafette[nlauf]' ein und bezeichnet hier sowohl die Wettkampfart wie die beteiligte Mannschaft. Abl.: **Staffelei** „Arbeitsgestell des Malers mit verstellbarem Stufenbrett" (17. Jh.); **staffeln** „abstufen, in Staffeln aufstellen" (19. Jh., meist übertragen).

staffieren „ausrüsten, ausstatten (insbesondere mit Wäsche, Kleidungsstücken usw.)": Das heute nur noch in dem Kompositum **ausstaffieren** übliche Verb erscheint in *frühnhd.* Texten seit dem 16. Jh. Es beruht auf *afrz.* estoffer (= *frz.* étoffer) „mit Stoff oder Zubehör versehen; ausstatten" (vgl. das Lehnwort *Stoff*), das unserer Schriftsprache durch entsprechend *mniederl.* stofferen und *mnd.* stofferen, stafferen (15. Jh.) vermittelt wurde. – Dazu: **Staffage** „Ausschmückung; nebensächliches Beiwerk" (18. Jh.; mit französierender Endung gebildet).

stagnieren „stocken, sich stauen; sich festfahren": Das Verb ist eine gelehrte Entlehnung des 18. Jh.s aus *lat.* stagnare „gestaut, überschwemmt sein". Dies gehört zu *lat.* stagnum „künstliches Gewässer, See, Lache".

Stahl: Die *altgerm.* Bezeichnung des schmiedund härtbaren Eisens *mhd.* stāl, stahel, *ahd.* stahal, *niederl.* staal, *engl.* (andersgebildet) steel, *schwed.* stål ist eigentlich die Substantivierung eines Adjektivs mit der Bed. „fest, hart", das mit *awest.* staxra „stark, fest" verwandt ist. Bildlich steht 'Stahl' für „Härte", besonders in Zusammensetzungen wie **stahlhart** (Anfang des 19. Jh.s) und den Ableitungen **stählen** „stahlhart machen" (*mhd.* stehelen, stǣlen; ursprünglich von Eisengeräten, seit dem 16. Jh. auch übertragen gebraucht) und **stählern** „aus Stahl" (im 17. Jh. für älteres stählin, *mhd.* stehelin).

Stall: Das *altgerm.* Substantiv *mhd., ahd.* stal, *niederl.* stal, *engl.* stall, *schwed.* stall bedeutet eigentlich „Standort, Stelle" (z. T. bis in *frühnhd.* Zeit; s. auch die Artikel *installieren* und *Gestell*). Von ihm ist das unter ↑*stellen* behandelte Verb abgeleitet (vgl. dort die verwandten *germ.* und *außergerm.* Wörter). 'Viehstall' bezeichnet also eigentlich den „Standort" der Haustiere.

Stamm: Das nur im *dt.* und *niederl.* Sprachgebiet altbezeugte Substantiv (*mhd., ahd.* stam, *niederl.* stam) gehört wahrscheinlich im Sinne von „Ständer" zu der unter ↑*stehen* dargestellten *idg.* Wortgruppe, vgl. z. B. aus anderen *idg.* Sprachen *griech.* stamīnes *Plural* „Schiffsrippen, Ständer", *air.* tamun „Baumstamm" und *tochar. A* ṣtām „Baum". 'Stamm', das zunächst den Baumstamm bezeichnete, wurde schon früh auch übertragen gebraucht. Nach dem Bild des Äste und Zweige treibenden Baumes entstanden die Bedeutungen „Geschlecht" (schon in *ahd.* liutstam „Volksstamm") und „Grundstock" (zuerst *mhd.;* heute z. B. in Zusammensetzungen wie 'Stammkapital, -mannschaft', für die auch einfaches 'Stamm' eintreten kann). In der Sprachwissenschaft meint 'Stamm' den Grundkörper eines Wortes ohne die Flexions- und Wortbildungssilben. Abl.: **stammen** „seinen Ursprung haben" (*mhd.* stammen), dazu **abstammen, Abstammung** (17. Jh.) sowie das adjektivische 2. Part. **angestammt** „ererbt, überkommen" (im 16. Jh. *niederd.* ahngestemmet); **stämmig** „nach Art eines Baumstamms; fest, gedrungen" (17. Jh.; von Bäumen nur in Zusammenbildungen wie 'hochstämmig' „mit hohem Stamm" gebraucht). Zus.: **Stammbaum** „baumartig gestaltetes Verzeichnis der Nachkommen eines Stammvaters" (17. Jh.; Lehnübertragung von *mlat.* arbor consanguinitatis, im Anschluß an das biblische Bild der 'Wurzel Jesse', Jesaja 11,1); **Stammbuch** (im 16. Jh. für „Geschlechtsregister", dann „Gedenkbuch, in das sich Verwandte [und Freunde] eintragen"); **Stammhalter** „erstgeborener männlicher Nachkomme" (18. Jh.).

stammeln „stockend sprechen, stottern": Die Verben *mhd.* stammeln, stamelen, *ahd.* stam[m]alōn, *niederl.* stamelen gehören zu einem untergegangenen Adjektiv, das in *ahd.*

stam[m]al „stammelnd" erhalten ist. Dieses *ahd.* Adjektiv ist eine Bildung zu dem *gemeingerm.*, bereits im *Mhd.* untergegangenen Adjektiv *ahd.* stam, *got.* stamms, *aengl.* stamm, *aisl.* stamr „stammelnd, stotternd" (dazu das *schwed.* Verb stamma „stammeln"), das ablautend mit dem unter ↑*stumm* behandelten Adjektiv verwandt ist und zu der unter ↑*stemmen* dargestellten Wortgruppe gehört. Als Grundbedeutung von 'stammeln' ergibt sich somit „anstoßen, gehemmt sein". Abl.: **Stammler** „Stammelnder" (*spätmhd.* stameler, stem[e]ler, *ahd.* stamilari).

stampfen: Das *altgerm.* Verb *mhd.* stampfen, *ahd.* stampfōn, *niederl.* stampen, *engl.* to stamp, *schwed.* stampa bedeutet eigentlich „mit einem Stoßgerät im Mörser zerstoßen", dann auch „mit den Füßen stampfen" (z. B. von Pferden). Es steht neben einem Substantiv, das in *ahd.* stampf, *asächs.* stamp „Stoßgerät" erscheint. Eine alte *dt.* Ableitung ist das unter ↑*Stempel* behandelte Substantiv. Die *germ.* Wörter gehören als nasalierte Formen zu der unter ↑*Stab* behandelten *idg.* Wortgruppe; *außergerm.* ist z. B. *griech.* stémbein „stampfen, mißhandeln, schmähen" verwandt. Abl.: **Stampfer** „Stampfwerkzeug" (17. Jh.; besonders in der Zusammensetzung 'Kartoffelstampfer').

Stand: Die Substantive *mhd.* stant „Stehen, Ort des Stehens" (14. Jh.), *ahd.* firstand „Verstand", ur-stand „Auferstehung", *aengl.* stand „Aufenthalt, Verzug", *niederl.* stand „Stand, Standort" sind Bildungen zu dem *gemeingerm.* starken Verb *mhd.* standen, *ahd.* stantan, *got.* standan, *engl.* to stand, *aisl.* standa „stehen", das sich aus einer Form mit präsentischer Nasalierung der unter ↑*stehen* behandelten Verbalwurzel entwickelt hat. Dazu stellen sich die unter ↑*Stunde* und ↑*Ständer* behandelten Wörter. Als Verbalsubstantiv bildet 'Stand' meist Ableitungen zu den verbalen Zusammensetzungen von 'stehen' (s. d.). Abl.: **Ständchen** „Musik, die jemandem aus einem besonderen Anlaß vor seinem Haus, seiner Wohnung dargebracht wird" (im 17. Jh. studentensprachlich); **standhaft** „fest zu seinem Entschluß stehend, nicht nachgebend" (um 1500); **ständig** „fortdauernd, stets wiederkehrend" (16. Jh.); **ständisch** „einen [Berufs]stand betreffend" (18. Jh.). Zus.: **Standbild** (Ende des 18. Jh.s, Lehnübertragung für ↑Statue); **Standesamt** „Behörde zur Beurkundung des Personen- und Familienstandes" (Ende des 19. Jh.s); **Standort** (erstmals im 17. Jh. belegt; seit Ende des 19. Jh.s Verdeutschung für das Fremdwort Garnison [s. unter *garnieren*]; s. auch *Standarte*); **Standpauke** *ugs.* für „kräftige Strafrede" (im 19. Jh. zuerst studentensprachlich verstärkend für gleichbedeutend **Standrede,** 18. Jh., das eigentlich eine im Stehen angehörte Grabrede bezeichnete; s. auch *Pauke*); **Standpunkt** (18. Jh., meist übertragen gebraucht); **Standrecht, Standgericht** (seit dem 16. Jh. für kurze, ursprünglich im Stehen durchgeführte Gerichtsverfahren, besonders im Krieg).

Standard „Normalmaß, Richtschnur; herkömmliche Normalausführung (z. B. einer Ware)", vorwiegend in Zusammensetzungen wie 'Standardmodell, Standardwert' u. a.: Das als Terminus der Kaufmannssprache seit dem 19. Jh. allgemein übliche Fremdwort ist aus gleichbed. *engl.* standard entlehnt. Die eigentliche Bedeutung des *engl.* Wortes ist „Standarte, Fahne" (danach dann die Übertragung etwa im Sinne von „Festgelegtes, Vorgeschriebenes"), im *Engl.* bezeichnet es auch den [gesetzlich] festgelegten Münzfuß. Es geht auf *afrz.* estandart (= *frz.* étendard) „Standarte, Flagge" zurück (vgl. *Standarte*). – Abl.: **standardisieren** „(nach einem Muster) vereinheitlichen, normen" (20. Jh.; nach entsprechend *engl.* to standardize).

Standarte „Banner; Feldzeichen; Fahne berittener und motorisierter Truppen": Das seit *mhd.* Zeit bezeugte Substantiv (*mhd., mnd.* stanthart) ist aus *afrz.* estandart „Sammelplatz der Soldaten; Fähnlein; Flagge usw." entlehnt. Quelle des Wortes ist vermutlich *afränk.* *standōrd „Aufstellungsort". – Siehe auch *Standard.*

Ständer: Das Wort bezeichnet seit dem 18. Jh. Gestelle verschiedener Art. Es geht zurück auf *spätmhd.* stander, stentner, *spätahd.* stanter „Stellfaß", eine Bildung zu *ahd.* stantan „stehen" (vgl. *Stand*). In der Bedeutung „Pfosten" ist das Wort ursprünglich *niederd.* (*mnd., mniederl.* stander, stender, entsprechend *niederl.* stander „Pfosten").

Standpauke ↑pauken.

Stange: Das *altgerm.* Substantiv *mhd.* stange, *ahd.* stanga, *niederl.* stang, älter *engl.* stang, *schwed.* stång (daneben anders gebildet *niederd.* **Stenge,** *niederl.* steng „Verlängerung des Schiffsmastes") ist verwandt mit dem starken Verb *engl.* to sting, *schwed.* stinga „stechen" und mit Substantiven wie *schwed.* stagg „stechendes Gras" und *engl.* stag „Hirsch" (eigentlich „Stecher"). Die *germ.* Wortgruppe, zu der auch das unter ↑*Stengel* behandelte Substantiv gehört, geht mit verwandten *außergerm.* Wörtern (z. B. *griech.* stóchos „aufgerichtetes Ziel") auf die *idg.* Wurzel *ste[n]gh- „stechen; Stange, Spitze" zurück. Die Wendung 'jemandem die Stange halten' für „helfen, in Schutz nehmen" erinnert an den gerichtlichen Zweikampf des Mittelalters, bei dem der Aufseher (Grießwart) den Unterlegenen mit einer Stange schützen konnte. Die Wendung 'bei der Stange bleiben' „ausharren, nicht ablassen" erklärt sich wohl am besten als Ausdruck der Spießfechter, die die Waffe des Gegners mit der eigenen zu parieren suchten.

Stank ↑Gestank.

Stänker (*ugs.* für:) „Nörgler, Streitsüchtiger": Das seit dem 17. Jh. bezeugte Wort bedeutete ursprünglich „Gestankmacher" und gehört zu dem untergegangenen Verb *mhd.* stenken, *ahd.* stenchen „stinken machen" oder zu dem heute seltenen Substantiv **Stank** „Gestank; Zank" (s. *Gestank*). Zu Weiterem vgl. den Artikel *stinken.*

stänkern ↑stinken.

Stanniol „zinn- oder silberglänzende Aluminiumfolie": Das seit dem 17. Jh. zuerst als stannyol bezeugte Fremdwort ist eine gelehrte Entlehnung aus älter *it.* stagnolo „Blattzinn", einer Bildung zu stagno „Zinn". Dies stammt aus *lat.* stagnum (Nebenform: stannum) „Mischung aus Blei und Silber; Zinn".

stanzen: Die Herkunft der *mdal.* Bildungen *oberd., mitteld.* stanzen, *niederd.* stenzen „stoßen, schlagen; hart aufsetzen" (17./18. Jh.) ist nicht sicher geklärt. Außerhalb des *Dt.* vergleicht sich *dän. mdal.* stunte „stoßen" (vom Pferd gesagt). Seit dem 19. Jh. wird 'stanzen' in der Fachsprache der Metallbearbeitung im Sinne von „unter Druck in eine bestimmte Form pressen, in einer bestimmten Form ab-, heraustrennen" verwendet. Zum Verb stellt sich das Substantiv **Stanze** „Gerät, Maschine zum Stanzen", das in dieser fachsprachlichen Verwendung seit dem 18. Jh. bezeugt ist.

Stapel: Das *altgerm.* Substantiv *mnd., niederl.* stapel, älter *engl.* staple, *schwed.* stapel, dem *hochd.* ↑Staffel lautlich entspricht, gehört zu der unter ↑*Stab* behandelten Wortgruppe und bedeutete ursprünglich „Pfosten, Block, Stütze, Säule", dann auch (*aengl., niederl., mnd.*) „geschichteter Haufen; Warenlager, Verkaufsplatz". In diesen übertragenen Bedeutungen kam das Wort im 15. Jh. aus der Sprache der niederdeutschen Hansekaufleute ins *Hochd.*, wo es heute meist im Sinn von „aufgeschichteter Haufen" gebraucht wird (dazu die *nhd.* Zusammensetzungen **Stapelplatz** und **Stapelware** „Massenware"; s. a. den Artikel *Etappe*). – Die *mnd.* Bedeutung „Stütze, Unterlage" wurde später eingeengt zu „Gerüst aus Blöcken als Unterlage zum Bau eines Schiffes". So kommt das Wort seit dem 17. Jh. auch in *hochd.* Texten vor (das Schiff wird 'auf Stapel gelegt', 'läuft vom Stapel'). Dazu die Zusammensetzung **Stapellauf** (19. Jh.). Abl.: **stapeln** „in Haufen schichten" (18. Jh., auch in der Zusammensetzung 'aufstapeln'). Ein anderes 'stapeln' steckt in **Hochstapler** (s. d.).

Stapfe, Stapfen „Fußabdruck": Die Substantivbildungen *mhd.* stapfe, *ahd.* stapfo „Schritt, Fußspur, Stufe", *niederl.* stap, *engl.* step „Schritt" (↑Step) stehen neben einem Verb, das in *nhd.* **stapfen** „fest auftretend gehen" (*mhd.* stapfen, *ahd.* stapfōn) und *niederl.* stappen „schreiten" erscheint. Die Wörter gehören wie die unter ↑*Staffel* und ↑*Stufe* behandelten Substantive zu der unter ↑*Stab* dargestellten Wortgruppe. Aus dem *germ.* Substantiv ist *it.* staffa „Steigbügel" (↑Stafette) entlehnt worden. Zu der Zusammensetzung 'Fuß[s]tapfe' s. den Artikel *Fuß*.

[1]**Star:** Die *germ.* Bezeichnungen des Singvogels (*mhd.* star, *ahd.* stara, älter *engl.* stare [mit der heute allein gebrauchten Verkleinerungsform starling, vgl. die Bildung von *dt.* Sperling], *schwed.* stare) sind verwandt mit *niederl.* stern „Seeschwalbe", älter *engl.* starn „Seeschwalbe" und weiterhin mit *lat.* sturnus „Star". Die genannten Wörter ahmten ursprünglich wohl die Stimmen der Vögel nach.

[2]**Star:** Der *dt.* Name der Augenkrankheit ist erst in *frühnhd.* Zeit aus dem zusammengesetzten Adjektiv **starblind** (*mhd.* starblint, *ahd.* staraplint; vgl. *mniederl.* staerblint, *aengl.* stærblind) verselbständigt worden. Das erste Glied der Zusammensetzung geht wahrscheinlich auf ein *germ.* Adjektiv mit der Bed. „starr blickend" zurück, das zu der unter ↑*starren* dargestellten *idg.* Wurzel gehört (vgl. noch *mnd.* star „Starrheit des Auges" und *mniederl.* 'te stāre staen' „gebrochen sein", von den Augen eines Toten). Die heute *ugs.* Wendung 'jemandem den Star stechen' „jemandem die Augen öffnen, ihn über die Wirklichkeit aufklären" (17. Jh.) bezog sich ursprünglich auf die alte Form der Staroperation, bei der die getrübte Linse nur zurückgedrückt wurde.

[3]**Star:** Die im 19. Jh. aus dem *Engl.* übernommene Bezeichnung für eine gefeierte Bühnen- oder Filmgröße hat in jüngster Zeit große Popularität erlangt und wurde auch auf den Bereich des Sports ausgedehnt (beachte Zusammensetzungen wie 'Fernseh-, Film-, Fußball-, Schlager-, Tennisstar'). *Engl.* star bedeutet eigentlich „Stern". Es ist etymologisch mit *dt.* ↑*Stern* verwandt. – Abl.: **Starlet[t]** „Nachwuchs[film]schauspielerin mit den Ambitionen, dem Benehmen eines Stars" (20. Jh.; aus *engl.* starlet „Sternchen").

stark: Das *altgerm.* Adjektiv *mhd.* starc, *ahd.* star[a]ch, *niederl.* sterk, *engl.* stark, *schwed.* stark ist ablautend verwandt mit den Verben *ahd.* gistorchanēn „erstarren", *got.* gastaúrknan „verdorren", *aisl.* storkna „steif werden" und gehört zu der unter ↑*starren* dargestellten *idg.* Wortgruppe. Die wahrscheinliche Grundbedeutung „steif, starr" ist im *Engl.* bis heute erhalten, in den anderen *germ.* Sprachen hat sie sich früh zu „fest, kraftvoll" gewandelt, wobei vor allem die Körperkräfte gemeint sind. Abl.: [1]**Stärke** „Kraft, Dicke, Heftigkeit, Zahl, Gehalt" (*mhd.* sterke, *ahd.* starchī, sterchī); **stärken** „stark machen" (*mhd.* sterken, *ahd.* sterchen; beachte auch die Zusammensetzungen 'be- und verstärken'). Zu der vereinzelt schon *mhd.* bezeugten Bedeutung von 'stärken' „Wäsche steif machen" gehört als Rückbildung [2]**Stärke** „Weizen-, Kartoffel- oder Reismehlbrei zum Steifen" (Anfang des 17. Jh.s, beachte schon *mhd.* im 13. Jh. sterke „Stärkmehl" und sterc-chlei „Stärkkleie"; das Wort bezeichnet heute fachsprachlich einen Vorratsstoff bestimmter Pflanzen).

starren: In dem *nhd.* Verb starren „steif sein, strotzen" und „unbeweglich blicken" sind zwei im *Mhd.* noch getrennte Verben zusammengefallen: 1. *Mhd.* starren, sterren „steif sein" (dazu ablautend *ahd.* storrēn „steif hervorstehen" und die unter ↑*störrisch* genannten Wörter) ist verwandt mit dem Adjektiv *mhd.* sterre „steif, starr" (vgl. gleichbed. *aisl.* starr). Aus diesem Verb ist das *nhd.* Adjektiv **starr** „steif" (17. Jh.; dazu **Starrheit,** 17. Jh.) rückgebildet worden; beachte auch *frühnhd.* starrig in **halsstarrig** (16. Jh.). 2. *Mhd.* star[e]n, *ahd.* starēn „unbeweglich blicken" (entsprechend *aengl.* starian, *aisl.* stara) ist wahrscheinlich abgeleitet von einem *germ.* Adjektiv mit der Bed. „starr blickend", das in der Zusammensetzung *ahd.* staraplint „starblind" enthalten ist (↑ [2]Star). Beide Verben gehen auf eine gemeinsame *idg.* Wurzel *[s]ter-, *[s]terə- „starr, steif, hart" zurück, die ohne den s-Anlaut auch dem unter ↑*Dorn* behandelten Wort zugrunde liegt. Auf dieser vielfach weitergebildeten und erweiterten Wurzel beruht eine große Zahl *germ.* Wörter, die auch im *dt.* Wortschatz lebendig sind. Sie gruppieren sich um Bedeutungswendungen wie „steif, fest sein oder werden; steif gehen" und „steif emporstehen, prall sein". Zur ersten Gruppe gehören z. B. die Sippen von ↑sterben (eigentlich „erstarren"), ↑derb (eigentlich „steif, fest"), ↑stark (eigentlich „steif, fest"), ↑stracks (eigentlich „straff", dazu ↑strecken) und ↑Storch (eigentlich „Stelzer"), zur zweiten Gruppe z. B. die Sippen von ↑Sterz „Schwanz" (mit 'stürzen'), ↑strotzen (mit '[1]Strauß, [2]Strauß' und '[2]Drossel') und ↑sträuben (mit 'struppig, Gestrüpp' usw.), vielleicht auch die unter ↑*Strauch,* ↑*Strunk* und ↑*Strumpf* (eigentlich „Baumstumpf, Reststück") behandelten Wörter. Schließlich läßt sich eine Bedeutungsentwicklung zu „angespannt, widerspenstig sein" erkennen, zu der sich wohl die unter ↑*Streit,* ↑*stramm,* ↑*streben* und ↑*straff* behandelten Wörter stellen; s. auch den Artikel *strafen.*

Start „Ablauf[stelle], Abfahrt, Abflug, Absprung; Beginn, Anfang": Das Fremdwort wurde im 19. Jh. aus gleichbed. *engl.* start entlehnt. Das zugrundeliegende Verb *engl.* to start „fortstürzen, auffahren, losgehen, ablaufen; beginnen usw.", das mit *dt.* ↑*stürzen* verwandt ist, lieferte etwa gleichzeitig unser Zeitwort **starten** „ein Rennen, einen Flug, einen Wettkampf usw. beginnen oder beginnen lassen". Dazu: **Starter** „jemand, der ein Rennen startet" (19. Jh.; aus gleichbed. *engl.* starter). 'Starter' wird in jüngster Zeit häufig auch im motortechnischen Bereich mit der Bed. „Anlasser (eines Motors)" gebraucht. Beim Motorrad kennt man den **Kickstarter** „Anlasser in Form eines Tretbebels" (20. Jh.; aus gleichbed. *engl.* kick-starter; zu *engl.* to kick „treten"; vgl. *kicken*).

Station „Haltestelle, Bahnhof; Haltepunkt; Aufenthalt; Bereich, Krankenhausabteilung; Ort, an dem sich eine technische Anlage befindet, Sende-, Beobachtungsstelle": Das Fremdwort wurde im 15. Jh. aus *lat.* statio „das Stehen, das Stillstehen; Standort, Aufenthaltsort; Aufenthalt; Quartier, Bereich usw." entlehnt, einer Substantivbildung zum Stamm von *lat.* stare (statum) „stehen" (vgl. *stabil*). – Abl.: **stationär** „an einem Standort verbleibend, ortsfest; den Aufenthalt und die Behandlung in einem Krankenhaus betreffend" (18. Jh.; nach *frz.* stationnaire, *spätlat.* stationarius „stillstehend; am Standort verbleibend; zum Standort gehörig"); **stationieren** „an bestimmten Plätzen aufstellen; Truppen an einen bestimmten Standort verlegen" (18. Jh.).

Statist: Das Fachwort der Bühnensprache für einen Darsteller, der als stumme Figur mitwirkt, der gleichsam nur „herumsteht", ist eine *nlat.* Bildung des 18. Jh.s zu *lat.* stare (statum) „stehen" (vgl. *stabil*). Das Wort wird übertragen auch im Sinne von „unbedeutende Person, Nebenfigur" gebraucht.

Statistik „Wissenschaft von der zahlenmäßigen Erfassung, Untersuchung und Auswertung von Massenerscheinungen; Zusammenstellung von Untersuchungsergebnissen in Tabellenform o. ä.": Das Fremdwort ist seit dem 17. Jh. in der Bedeutung „Staatswissenschaft" bezeugt. Es ist eine Bildung zu veraltet 'Statist' „Staatsmann", die wohl von *nlat.* statisticus „staatswissenschaftlich" beeinflußt ist (über das zugrundeliegende *lat.* status „Zustand, Stand [der Dinge]" vgl. *Staat*). Die heutige Bedeutung erlangte das Wort im ausgehenden 18. Jh. Dazu: **statistisch** „die Statistik betreffend, auf Ergebnissen der Statistik beruhend; durch Zahlen belegt" (18. Jh.).

Stativ „dreibeiniges Gestell zum Aufstellen von Geräten": Das Fremdwort ist eine gelehrte Entlehnung des 18. Jh.s aus *lat.* stativus (-vum) „stehend, feststehend, stillstehend". Dies gehört zu *lat.* stare (statum) „stehen" (vgl. den Artikel *stabil*).

Statt: Das *gemeingerm.* Substantiv *mhd., ahd.* stat, *got.* staþs, *engl.* stead, *schwed.* stad ist eine Bildung zu der unter ↑*stehen* dargestellten *idg.* Verbalwurzel und bedeutet „[Stand]ort, Stelle", eigentlich „das Stehen". Verwandte Wörter aus anderen *idg.* Sprachen sind z. B. *griech.* stásis „Stellung" und *lat.* statio „Standort" (↑ Station). Im *Dt.* hat 'Statt' im 12. Jh. die Bedeutung „Ortschaft" (eigentlich „Wohnstätte") erhalten, die später durch die abweichende Schreibung ↑Stadt ausgedrückt wurde. Heute erscheint 'Statt' in der Bed. „Stelle" fast nur noch als Grundwort in Zusammensetzungen wie 'Werk-, Lager-, Ruhestatt', in denen es aber mit der gleichbedeutenden Weiterbildung **Stätte** konkurriert (*spätmhd.* stete, entstanden aus den flektierten Formen von *mhd.* stat). Auch steht 'Statt' noch in bestimmten Fügungen wie 'an meiner Statt', 'an Kindes, an Eides Statt', die eine Stellvertretung bezeichnen. Daraus hat sich im 15. Jh. die Präposition **anstatt** ergeben (zusammengerückt aus *mhd.* an-stat, an-stete). Sie wird seit dem 17. Jh. meist zu **statt** verkürzt und in den Verbindungen '[an]statt zu', '[an]statt daß' auch als Konjunktion gebraucht. Eine Ableitung von Statt „Stelle" ist das im *Frühnhd.* untergegangene Verb *mhd.* staten „an eine Stelle bringen", das fortlebt in den Zusammensetzungen und Präfixbildungen **abstatten** (17. Jh., besonders 'einen Besuch abstatten'), **bestatten** (s. d.) und **erstatten** (*mhd.* erstaten „ersetzen", *nhd.* auch für „leisten", besonders in der Fügung 'Bericht erstatten'). Dagegen gehören die unter ↑*gestatten* behandelten Wörter zu einem andersgebildeten Substantiv *mhd.* stat[e], *ahd.* stata „rechter Ort, Gelegenheit", das im *Spätmhd.* mit stat „Stelle" lautlich zusammenfiel. Auch die erst *nhd.* zusammengerückten Verben **stattfinden** „vor sich gehen" (so im 19. Jh.; eigentlich „eine Stelle finden", *mhd.* stat, state vinden) und **stattgeben** „Raum, Gelegenheit geben" (16. Jh.) gehen wohl vor allem auf dieses *mhd.* state zurück. Die Zusammensetzung **Statthalter** „Stellvertreter (eines Fürsten)" (*spätmhd.* stathalter) ist eine Lehnbildung nach *mlat.* locum tenens „der die Stelle (des Abwesenden) Innehabende" (s. auch den Artikel *Leutnant*).

statthaft ↑ gestatten.

stattlich „ansehnlich, prächtig": Das in dieser Bed. *nhd.* erst seit dem 17. Jh. bezeugte Adjektiv geht wohl zurück auf *mnd.* statelik „ansehnlich" (entsprechend gleichbed. *niederl.* statelijk, *engl.* stately), eine Ableitung von dem unter ↑*Staat* behandelten Wort in seiner Bed. „Prunk, äußere Aufmachung".

Statue „Standbild": Das Wort wurde im 16./17. Jh. aus gleichbed. *lat.* statua entlehnt, das zum Stamm von *lat.* stare (statum) „stehen" gehört (vgl. *stabil*).

Statuette: Die Bezeichnung für „kleine Statue" wurde im 19. Jh. aus gleichbed. *frz.* statuette entlehnt, einer Diminutivbildung von statue „Standbild" (aus *lat.* statua; vgl. *Statue*).

statuieren „aufstellen", besonders in der Wendung 'ein Exempel statuieren' „ein warnendes Beispiel geben (durch empfindliche Bestrafung)": Das Verb wurde im späten 15. Jh. aus *lat.* statuere „festsetzen, bestimmen" (vgl. *Statut*) entlehnt.

Statur „[Körper]gestalt, Wuchs": Das Fremdwort ist eine Entlehnung des 16. Jh.s aus gleichbed. *lat.* statura. Dies gehört zum Stamm von *lat.* stare (statum) „stehen" (vgl. *stabil*).

Status „[Zu]stand, Lage, Verfassung": Das Fremdwort wurde im 16. Jh. aus *lat.* status „Stand [der Dinge]" entlehnt (vgl. *Staat*). Näher verwandt sind 'Etage, Etat, Staat, Statist, Statistik, Stativ, Statue, Statur'. Über weitere Verwandte vgl. den Artikel *stabil*.

Statut „Satzung": Das Fremdwort wurde in *mhd.* Zeit aus dem substantivierten Neutrum des Partizips Perfekt von *lat.* statuere (statutum) „[auf]stellen; errichten; festsetzen, bestimmen" entlehnt, das zum Stamm von *lat.* stare (statum) „stehen" (vgl. *stabil*) gehört. – Auf Komposita von *lat.* statuere beruhen die Fremdwörter ↑ Institut, Institution, ↑ Konstitution, ↑ prostituieren. Siehe auch *statuieren*.

Staub: *Mhd., ahd.* stoup ist eine nur *dt.* Substantivbildung zu dem unter ↑*stieben* behandelten Verb (anders gebildet sind *niederl.* stof „Staub" und das untergegangene *mhd.* stüppe, *ahd.* stuppi „Staub", vgl. *got.* stubjus „Staub"). 'Staub' bedeutet demnach „das Stieben[de]". Abl.: **staubig** „voll Staub, mit Staub bedeckt" (*mhd.* stoubec). Zus.: **Staubfaden, Staubgefäß** (Teile der Blüte, die den Pollen oder Blütenstaub tragen; 18. Jh.). Die Verben **stauben** „Staub aufwirbeln" (meist unpersönlich 'es staubt') und **stäuben** „Staub absondern; zerstieben" werden vom Sprachgefühl zu 'Staub' gezogen, beruhen aber wohl beide auf *mhd.* stouben, stöuben, *ahd.* stouben „stieben machen, Staub erregen, aufscheuchen", dem Veranlassungswort zu dem unter ↑*stieben* behandelten Verb (entsprechend *mnd.* stöven, ↑ stöbern). Unmittelbar zum Substantiv gehören Zusammensetzungen und Präfixbildungen wie **abstauben** „Staub entfernen" (16. Jh.; zuerst häufiger in der umgelauteten Form abstäuben; jetzt *ugs.* auch für „entwenden, ergattern"), **verstauben** „von Staub ganz bedeckt werden" (im 18. Jh. neben gleichbed. 'verstäuben'; das 2. Part. **verstaubt** bedeutet auch „überholt, altmodisch") und **bestäuben** „Blüten befruchten" (1. Hälfte des 19. Jh.s; *mhd.* bestouben „mit Staub bedekken"). Dagegen gehört **zerstäuben** „versprühen" (18. Jh.; *mhd.* zerstouben „auseinanderscheuchen") enger zur Bed. „stieben machen"; dazu **Zerstäuber** „Sprühgerät" (19. Jh.).

stauchen ↑ verstauchen.

Staude „strauchartige Pflanze": Das nur im *Dt.* bezeugte Wort (*mhd.* stūde, *ahd.* stūda „Staude, Strauch, Busch") gehört wahrscheinlich zu der unter ↑*stauen* behandelten Wortgruppe. Beachte vor allem die unter ↑*stützen* genannten ablautenden Substantive.

stauen: Das Verb, das im Sinne von „(Wasser) im Lauf hemmen" und „(Waren) fest schichten" (verstauen, s. u.) verwendet wird, wurde im 17. Jh. aus dem *Niederd.* ins *Hochd.* übernommen. Es beruht auf *mnd.* stouwen, dem *niederl.* stouwen „hemmen, fest schichten", *engl.* to stow „verstauen", das in *frühnhd.* Zeit untergegangene *mhd., ahd.* stouwen „anklagen, schelten", (*mhd.* auch:) „Einhalt tun, gebieten" und *got.* stōjan „richten, urteilen" (eigentlich wohl „festsetzen") entsprechen. Mit der Grundbedeutung „stehen machen, stellen" (vgl. z. B. das verwandte *russ.* stavit' „stellen, setzen") gehören diese Verben zu der unter ↑*stehen* dargestellten *idg.* Wortgruppe. Von nahestehenden Bedeutungen wie „festmachen, versteifen; starr sein" gehen wohl die verwandten unter ↑*stützen,* ↑*Staude* und ↑*staunen* behandelten Wörter aus, vielleicht auch der Krankheitsname ↑ Staupe. Mit der Grundbedeutung „Stütze, Pfahl" gehören die beiden Substantive ↑ [1]Steuer und ↑ [2]Steuer hierher. Zu 'stauen' „Wasser hemmen" stellen sich die Rückbildung **Stau** „Stillstand des Wassers" (18. Jh.; heute auch in der Bed. „gestautes Wasser" und „Stillstand des Verkehrs") und Zusammensetzungen wie 'Staudamm, -mauer, -see' (19. Jh.), ferner die Ableitung **Stauung** (im 18. Jh. aus dem *Niederd.* [*mnd.* stouwinge]). Dagegen bezeichnet *nordd.* **Stauer** (19. Jh.) den Facharbeiter, der Schiffsladungen 'staut'. Die Präfixbildung **verstauen** „fest einpacken" wurde im 19. Jh. aus der Seemannssprache übernommen.

staunen „sich wundern, verwundert blicken": Das erst im 18. Jh. aus dem *Schweiz.* in die *hochd.* Schriftsprache übernommene Verb (*aleman.* stūnen „träumend vor sich hinstarren") bedeutet eigentlich „starr sein" und entspricht *mnd., mniederl.* stūnen „sich widersetzen". Die Wörter gehören wohl zu der unter ↑*stauen* dargestellten Wortgruppe. Schon im 16. Jh. ist, gleichfalls zuerst *schweiz.*, die Präfixbildung **erstaunen** bezeugt, die im älteren *Nhd.* auch „erstarren" bedeuten kann. Dazu das Adjektiv **erstaunlich** „zum Staunen bringend" (17. Jh.).

Staupe „ansteckende Hundekrankheit": Das Substantiv wurde seit dem 17. Jh., besonders in *mitteld.* Umgangssprache, im allgemeinen Sinn von „Krankheitsanfall, Epidemie bei Menschen und Vieh" gebraucht. Die ursprüngliche Bedeutung zeigt wohl der älteste Beleg *mniederl.* stuype „Krampf-, Schüttelanfall" (Ende des 16. Jh.s; *niederl.* stuip „Krampf; Grille, Laune"). Vielleicht läßt sich das Wort mit der Grundbedeutung „Starrheit, Steifwerden" an die unter ↑*stauen* behandelte Wortgruppe anschließen.

Steak: Die Bezeichnung für „kurz gebratene Fleischschnitte", häufig als Bestimmungswort in Zusammensetzungen wie ↑Beefsteak und ↑Rumpsteak, wurde im 20. Jh. aus gleichbed. *engl.* steak entlehnt. Das *engl.* Wort stammt seinerseits aus *aisl.* steik „Braten" (eigentlich wohl „an den Spieß gestecktes Fleisch"). Dies gehört seinerseits zu *aisl.* steikja „braten" (ursprünglich „an den Bratspieß stecken"), das mit *dt.* ↑*stechen* verwandt ist.

Stearin „wachsartiger Rohstoff für die Kerzenfabrikation": Das Fremdwort ist eine gelehrte Bildung des 19. Jh.s zu *griech.* stéār „(hartgewordenes) Fett, Talg" (etymologisch verwandt mit *dt.* ↑*Stein*). Siehe auch die Artikel *Stein, Talg.*

stechen: Das starke Verb *mhd.* stechen, *ahd.* stehhan, *niederl.* steken, *afries.* steka gehört zu der unter ↑*Stich* dargestellten *idg.* Wurzel *[s]teig- „stechen". Zu diesem (in die e-Ablautreihe übergetretenen) Verb stellen sich die unter ↑*stecken* behandelten Verben. – Bei den mittelalterlichen Turnieren versuchten die Gegner einander aus dem Sattel zu stechen (beachte dazu die Zusammensetzung **ausstechen** in der Wendung 'jemanden ausstechen' „übertreffen, verdrängen", 17. Jh.). Daher wird auch heute noch 'stechen' im Sinne von „(bei Punktegleichheit in einem Wettkampf) durch Wiederholung eine Entscheidung herbeiführen" verwendet (häufig als substantivierter Infinitiv, z. B. in Verbindungen wie 'ins Stechen kommen'); auch im Kartenspiel 'sticht' eine Karte die andere (nimmt sie weg; 16. Jh.). Siehe auch den Artikel *bestechen*. Abl.: **Stecher** „Gerät zum Stechen; Kupferstecher" (*mhd.* stechære „Mörder; Turnierkämpfer; Stichwaffe"; s. auch 'Feldstecher' unter *Feld*). Zus.: **Stechapfel** (Giftpflanze; 16. Jh. nach den stachligen Früchten); **Stechmücke** (19. Jh.); **Stechpalme** (16. Jh.; nach den häufig dornigen Blättern); **abstechen** „herunterstechen; schlachten; sich auffällig unterscheiden" (*mhd.* abestechen; in der letzten Bedeutung seit dem 17. Jh.); zu veraltetem seemännischem abstechen „ein Boot mit der Stange abstoßen" (*niederl.* afsteken) gehört **Abstecher** „kleinerer Ausflug zu einem abseits von der Reiseroute gelegenen Ziel" (eigentlich „kurze Fahrt mit dem Beiboot eines Schiffes"; 18. Jh.); **anstechen** „in etwas stechen; (ein Faß) anzapfen" (schon *spätmhd.* 'den Wein anstechen'; *ahd.* anastehhan „durchstechen"), dazu **Anstich** „Anzapfen eines Fasses" (18. Jh.).

stecken: In der *nhd.* Form 'stecken' sind zwei im *Ahd.* noch getrennte Verben zusammengefallen: ein duratives *ahd.* stecchēn „fest haften, steckenbleiben" (ähnlich wohl in ↑ersticken) und ein Veranlassungswort *ahd.* stecchen „stechend befestigen". Beide gehören zu dem unter ↑*stechen* behandelten starken Verb. Erst seit dem 16. Jh. hat 'stecken' in der Bed. „fest haften" auch starke Formen angenommen ('ich stak' neben 'ich steckte'). Abl.: **Stecker** (17. Jh.; seit der 1. Hälfte des 20. Jh.s in der Bed. „Steckvorrichtung zum Herstellen elektrischer Kontakte"); **Steckling** „zur Bewurzelung in die Erde gesteckter Pflanzenteil" (18. Jh.). Zus.: **Steckbrief** „öffentliche Aufforderung zur Festnahme eines gesuchten Verbrechers" (16. Jh., ursprünglich für „Haftbefehl"; beachte die Wendung 'ins Gefängnis stecken' „verhaften"); **Steckdose** (20. Jh.); **Stecknadel** (15. Jh.); **Steckrübe** (16. Jh.; die jungen Pflanzen werden umgesetzt, „gesteckt"). Verbale Zusammensetzungen und Präfixbildungen: **abstecken** „(eine Entfernung) durch gesteckte Pflöcke u. ä. bezeichnen" (16. Jh.; *mniederd.* im 14. Jh.); **anstecken** „an etwas befestigen; anzünden, in Brand stecken; eine Krankheit übertragen" (*mhd.* anestecken „anzünden", eigentlich wohl „Feuer daran stekken"; seit dem 16. Jh. in der Bed. „eine Krankheit übertragen", beachte das adjektivische 1. Part. **ansteckend**); **aufstecken** „auf etwas befestigen" (*mhd.* ūfstecken; beachte die Wendung 'jemandem ein Licht aufstecken' „jemanden aufklären" [*nordd.* Licht „Kerze"]; die *ugs.* Bed. „aufhören, verzichten", seit dem 19. Jh. bezeugt, meint eigentlich wohl „eine unfertige Handwerksarbeit am Feierabend hochstekken"); **bestecken** „darauf-, hineinstecken" (*mhd.* bestecken), dazu **Besteck** „Eßgerät" und „Satz Werkzeuge oder Instrumente" (17. Jh.; eigentlich Bezeichnung eines Werkzeugfutterals und seines Inhalts); **verstecken** „wegstecken, verbergen" (so seit dem 16. Jh. bezeugt, beachte gleichbed. *mnd.* vorstēken), dazu **Versteck** (im 18. Jh. aus dem *Niederd.* aufgenommen, ursprünglich besonders „Hinterhalt"; *mnd.* vorstecke „Heimlichkeit, Hintergedanke").

Stecken: Die Substantive *mhd.* stecke, *ahd.* stecko (daneben *mhd.* steche, *ahd.* stehho), *mniederl.* stecke können einerseits verwandt sein mit *mhd.* stake „langer Stock, Stange" und mit der baltoslaw. Wortgruppe von *lit.* stãgaras „dürrer Stengel oder Ast". Andererseits können sie mit *engl.* stick „Stock" und *schwed.* sticka „Span, Splitter" zu der Wortgruppe von ↑Stich gehören. Zus.: **Steckenpferd** (seit dem 17. Jh. für das Kinderspielzeug; in der übertragenen Bed. „Liebhaberei; [kindische] Neigung" zuerst in der zweiten Hälfte des 18. Jh.s im Anschluß an gleichbed. *engl.* hobby-horse).

Steg: Das *altgerm.* Substantiv *mhd.* stec „Steg, schmaler Fußpfad", *ahd.* steg „Steg, Aufstieg", *niederl.* steg „schmaler Weg, Pfad", älter *schwed.* stegh „Pfad" gehört zu dem unter ↑*steigen* behandelten Verb und bezeichnete zunächst einen schmalen, erhöhten Übergang über ein Gewässer, auf den man meist hinaufsteigen mußte. Die reimende Fügung 'Weg und

Steg' ist schon *mhd.* bezeugt. In ihr bedeutet 'Steg' bereits „Pfad".

Stegreif: In Wendungen wie 'aus dem Stegreif (d. h. ohne Vorbereitung) dichten, reden und dgl.' und in Zusammensetzungen wie **Stegreifspiel** „improvisiertes Schauspiel" (20. Jh.) lebt eine alte, im *Dt.* bis ins 18. Jh. übliche Bezeichnung des Steigbügels fort. Die Zusammensetzung *mhd.* steg[e]reif, *ahd.* stegareif (andersgebildet: *aengl.* stigrāp, *engl.* stirrup, *aisl.* stigreip „Steigbügel") gehören mit dem ersten, nicht eindeutig bestimmbaren Glied zur Sippe von ↑*steigen*. Das zweite Glied ist das unter ↑[1]*Reif* behandelte Substantiv in seiner alten Bed. „Strick": Das Wort 'Stegreif' bezeichnete demnach wohl ursprünglich eine Seil- oder Riemenschlinge am Sattel. Die oben genannte Fügung 'aus dem (älter: im) Stegreif' kam im 17. Jh. auf und meinte ursprünglich soviel wie „ohne vom Pferd zu steigen, schnell entschlossen".

stehen: Die Verben *mhd., ahd.* stān, stēn, *niederl.* staan, *schwed.* stå beruhen mit verwandten Wörtern in den meisten anderen *idg.* Sprachen auf der *idg.* Wurzel *st[h]ā- „stehen, stellen", vgl. besonders *lat.* stare „stehen, stellen" (s. die Fremdwortgruppe um *stabil*) und *griech.* histánai „stellen" (s. die Fremdwörter *Ekstase* und *System*), ferner *lit.* stóti „sich hinstellen, stehenbleiben" sowie *russ.* stat' „werden, anfangen, sich stellen" und *russ.* stojat' „stehen". *Germ.* Nominalbildungen aus der gleichen, vielfach weitergebildeten Wurzel sind vor allem die unter ↑*Statt* (mit Stadt, Stätte), ↑*gestatten* und ↑*Gestade* genannten Wörter mit der Grundbedeutung „Standort, Stelle" sowie das Adjektiv ↑stet „beständig", ferner ↑Stuhl (eigentlich „Gestell") und vielleicht auch das unter ↑*Stamm* behandelte Substantiv; s. auch den Artikel *Stute*. Als zweiter Bestandteil ist die *idg.* Wurzel in den unter ↑*First* (eigentlich „Hervorstehendes") genannten verdunkelten Zusammensetzungen enthalten. Eine erweiterte Wurzelform *st[h]āu- „stehen; stehen machen, stützen" liegt der unter ↑*stauen* behandelten Wortgruppe zugrunde, eine Wurzelform *st[h]eu- „feststehend, dick, groß" dem Adjektiv ↑stur. Andere Erweiterungen sind unter ↑*stellen* und ↑*Stab* mit ihren zugehörigen Wortgruppen dargestellt. Möglicherweise gehört auch die Sippe von ↑stemmen (eigentlich „zum Stehen bringen, hemmen") hierher. – Die Präsensformen *mhd., ahd.* stēn, stān sind wahrscheinlich durch die entsprechenden Formen *mhd., ahd.* gēn, gān (von ↑gehen) beeinflußt. Die Formen des Präteritums (*nhd.* stand, gestanden) gehören dagegen zu dem *gemeingerm.* Verbalstamm *stand- „stehen", der im Artikel ↑Stand behandelt ist (s. dort auch über *Stunde*). Zus.: **abstehen** „ablassen, verzichten; von etwas entfernt stehen" (*mhd.* abestēn „absteigen, abtreten"; in der 2. Bedeutung seit dem 17. Jh.), dazu **Abstand** „Verzichtleistung; Entfernung zwischen zwei Punkten" (16. Jh.; in der 2. Bedeutung verdeutscht es seit dem 17. Jh. das Fremdwort ↑Distanz); **anstehen** (↑Anstand); **auferstehen** (*mhd.* ūferstēn, *ahd.* ūfarstēn „sich erheben, vom Tode erstehen"; erst *nhd.* auf den religiösen Sinn eingeengt, s. auch 'aufstehen' und 'erstehen'), dazu **Auferstehung** (16. Jh.); **aufstehen** „sich erheben; sich empören" (*mhd., ahd.* ūfstēn; in der 2. Bedeutung seit dem 17. Jh.), dazu **Aufstand** „Aufruhr, Empörung" (17. Jh.) und **aufständisch** „aufrührerisch, rebellisch" (im 19. Jh. neben jetzt veraltetem 'aufständig'); **ausstehen** „aushalten, ertragen, überstehen" (16. Jh.), kaufmännisch für „noch nicht eingetroffen sein" (*spätmhd.* ūʒstēn „ausbleiben"), dazu **Ausstand** (*spätmhd.* ūʒstant „ausstehendes Geld", wofür heute meist **Außenstände** gilt; in der Bed. „Streik" wurde 'Ausstand' Ende des 19. Jh.s aus *oberd.* Mundart aufgenommen, wo 'ausstehen' u. a. „aus dem Dienst gehen" bedeutete); **beistehen** „Hilfe leisten" (*mhd., ahd.* bīstēn, eigentlich „im Kampfe bei jemandem stehen"), dazu **Beistand** (*spätmhd.* bīstant „Hilfeleistung"; als Bezeichnung einer Person in *nhd.* **Rechtsbeistand,** 19. Jh.); **einstehen** „sich verbürgen" (16. Jh.; die Wendung 'seinen Einstand geben' „als Neuling die Kollegen bewirten" bezog sich ursprünglich [17. Jh.] auf eine Abgabe beim Antritt eines Amtes und dgl.); **umstehen** (↑Umstand); **[1]unterstehen** „unter einem Schutzdach stehen" (16. Jh.; auch *mhd.* understēn bedeutete „sich unter etwas stellen"), dazu **Unterstand** „Obdach, Unterkunft" (*mhd.* understant; Ende des 19. Jh.s militärisch für „gedeckter Schutzraum"); **[2]unterstehen** „jemandem unterstellt sein" (17. Jh.), reflexiv „etwas unternehmen, wagen" (*spätmhd.;* heute meist in der Wendung 'untersteh dich nicht ...!'); **vorstehen** „nach vorne ragen; ein Amt oder Unternehmen leiten" (*mhd.* vorstēn „bevorstehen; sorgen für, regieren"; im älteren *Nhd.* auch in der Bed. „vorne, vor etwas stehen", daher bedeutet das adjektivische Part. **vorstehend** auch „in einem Schriftstück weiter vorn stehend"; beachte noch die weidmännische Wendung 'der Hund steht vor' „der Hund bleibt vor einem Wild stehen" und die Bezeichnung **Vorstehhund** für bestimmte Hunderassen; 18. Jh.); Ableitungen von 'vorstehen' sind **Vorsteher** „Leiter" (16. Jh.) und **Vorstand** „[Gesamtheit der] Vorsteher; geschäftsführendes Gremium" (im 16. Jh. in der Bed. „Vorsitz", später persönlich gefaßt als „Bürge, Verteidiger" [17. Jh.], seit Anfang des 19. Jh.s im heutigen Sinn); **widerstehen** „entgegen sein" (*mhd.* widerstēn, *ahd.* widarstēn), dazu **Widerstand** „das Sichwidersetzen; etwas, was entgegenwirkt, hinderlich ist" (*mhd.* widerstant); **zustehen** „zugehören, gebühren" (*mhd.* zuostēn „geschlossen sein; beistehen, zuteil werden, zukommen, angehören, zuständig sein"), dazu **Zustand** „Art und Weise des Bestehens" (16. Jh.; seit dem 17. Jh. im heutigen Sinn), **zuständig** (16. Jh. für „zugehörig"; seit dem 19. Jh. für „kompetent", d. h. 'zuständig' ist, „wem die Entscheidung zusteht"). – Präfixbildungen: **bestehen** „vorhanden sein, existieren; fest bleiben; (aus etwas) zusammengesetzt sein; etwas erfolgreich durchstehen" (*mhd.* bestēn, *ahd.* bistān), dazu **Bestand** „Fortdauer, Vorrat" (15. Jh.), **beständig** „festbleibend, ausdauernd“ (*mhd.* bestendec) und die Zusammensetzung **Bestandteil** (18. Jh.); **entstehen** „werden, zu sein beginnen“ (älter *nhd.* auch „fernbleiben, mangeln“; *mhd.* entstēn „wegtreten, entgehen, sich erheben, werden“); **erstehen** „kaufen; auferstehen“ (in der 1. Bedeutung seit dem 17. Jh., eigentlich bezogen auf das lange vom langen Stehen bei Versteigerungen; *mhd.* erstēn „sich erheben, [vom Tode] aufstehen, entstehen, vor Gericht stehend erwerben“, *ahd.* irstēn „aufstehen“); **gestehen** „bekennen“ (eigentlich „zur Aussage vor Gericht treten“; *mhd.* gestēn, *ahd.* gistān war verstärktes ‘stēn’, es bedeutete in der *mhd.* Rechtssprache auch „beipflichten, bekennen, einräumen“; beachte die Zusammensetzungen **eingestehen** „bekennen“ und **zugestehen** „einräumen“), dazu **geständig** „seine Schuld bekennend“ (16. Jh.; *mhd.* gestendec „beständig, beistehend, zustimmend“) und **Geständnis** „das Eingestehen einer Schuld, eines Vergehens“ (17. Jh.); **verstehen** (s. d.).

stehlen: Die Herkunft des *gemeingerm.* Verbs *mhd.* steln, *ahd.* stelan, *got.* stilan, *engl.* to steal, *schwed.* stjäla ist nicht sicher geklärt. Es bezeichnet von Anfang an das heimliche Wegnehmen einer Sache (im Gegensatz zum offenen Raub). Die Vorstellung der Heimlichkeit zeigt sich auch in dem seit *mhd.* Zeit bezeugten reflexiven Gebrauch des Verbs für „unbemerkt weggehen“ (jetzt gewöhnlich ‘sich davon-, sich wegstehlen’). Vgl. dazu *aengl.* stalgang „heimlicher Gang“, s. auch den Artikel *verstohlen.* Eine alte Substantivbildung zu ‘stehlen’, *ahd.* stāla (anders gebildet *aengl.* stalu) ist in der Zusammensetzung **Diebstahl** enthalten (↑Dieb).

steif: Das *westgerm.* Adjektiv *mnd., mitteld.* stīf, *niederl.* stijf, *engl.* stiff ist wohl verwandt mit dem unter ↑[1]*Stift* behandelten Wort, außerhalb des *Germ.* z. B. mit *lat.* stipes „Pfahl, Stamm“, *lat.* stīpare „dicht zusammendrücken“ und *lat.* stipula „Getreidehalm“ (↑Stoppel) sowie mit der *balt.* Sippe von *lit.* stipti „steif oder starr werden“. Das Adjektiv ‘steif’ hatte die Grundbedeutung „unbiegsam, starr, aufrecht“ und wurde ursprünglich wohl von Holzpfählen und dgl. gebraucht (vgl. *mhd., mnd.* stivel „Stütze, Reben-, Bohnenstange“). Das ursprünglich *niederd.* Adjektiv hat sich seit dem 14. Jh. auch im *Hochd.* durchgesetzt. Abl.: **Steife** „Steifheit“ (16. Jh.); **steifen** „steif machen, (Wäsche) stärken“ (im 16. Jh. aus *mnd.* stīven); **versteifen** „(mit Stützen) festmachen“, auch: „steif werden“, reflexiv „auf etwas beharren“ (Anfang des 19. Jh.s; beachte gleichbed. *mnd.* vorstīven, *niederl.* verstijven); **Steifheit** „das Steifsein“ (15. Jh.). Zus.: **steifleinen** „aus steifem Leinen“, seltener ist heute die auf Personen übertragene Bed. „langweilig, unzugänglich“ (19. Jh.); **stocksteif** *ugs.* für „völlig steif“ (17. Jh.).

steigen: Das *gemeingerm.* starke Verb *mhd.* stīgen, *ahd.* stīgan, *got.* steigan, *aengl.* stīgan, *schwed.* stiga geht mit verwandten Wörtern in andern *idg.* Sprachen auf die *idg.* Wurzel *steigh- „schreiten, steigen“ zurück, vgl. z. B. *aind.* stighnōti „steigt“ und *griech.* steíchein „schreiten“. Die Bed. „schreiten“ ist in den *germ.* Sprachen nur resthaft erhalten, z. B. in **Steig** „Fußweg“ (*mhd.* stīc, *ahd.* stīg), das Verb hat hier von Anfang an die Bed. „hinauf-, hinabschreiten, klettern“. *Germ.* Nominalbildungen sind besonders die unter ↑*Steg,* ↑*Stiege* und ↑*steil* behandelten Wörter; s. auch den Artikel *Stegreif.* Die *dt.* Zusammensetzungen des Verbs (z. B. ‘ab-, an-, auf-, einsteigen’) bilden männliche Verbalsubstantive auf ‘-stieg’ (beachte schon *ahd.* ufstic, nidarstic). Siehe auch den Artikel ↑*steigern.* Abl.: **Steiger** „Aufsichtsbeamter im Bergbau“ (16. Jh.; *mhd.* stīger „Kletterer, Bergsteiger, Besteiger einer Sturmleiter“). Zus.: **Steigbügel** „seitlich vom Sattel herabhängende Fußstütze für den Reiter“ (17. Jh.); **Steigeisen** „am Schuh befestigtes, mit Zacken versehenes Eisen zum Schutz gegen Abrutschen“ (18. Jh.). Die Präfixbildung sich **versteigen** „zu weit, falsch steigen“ (16. Jh.) wird meist übertragen gebraucht, s. den Artikel *verstiegen.*

steigern: *Spätmhd.* steigern „erhöhen“ ist eine Weiterbildung des im *Nhd.* untergegangenen Verbs *mhd.* steigen „steigen machen, erhöhen, aufrichten“. Dieses ist das Veranlassungswort zu dem unter ↑*steigen* (*mhd.* stīgen) behandelten Verb. In der allgemeinen Bed. „an Menge, Grad oder Wert zunehmen lassen“ ist ‘steigern’ besonders seit dem 18. Jh. gebräuchlich und dient seit der gleichen Zeit auch als grammatisches Fachwort. Präfixbildungen: **ersteigern** „durch Steigern erwerben“ (so im 19. Jh.; beachte gleichbed. *mhd.* ersteigen); **versteigern** „durch eine Auktion verkaufen“ (*oberd.* im 18. Jh.), dazu das schon vorher bezeugte Substantiv **Versteigerung** (17. Jh.).

steil: Das Adjektiv *spätmhd., mnd.* steil (15. Jh.), *[m]niederl.* steil ist zusammengezogen aus einer älteren Form, die als *mhd.* steigel, *ahd.* steigal, ähnlich *aengl.* stǣgel „steil“ erscheint und ablautend zu dem unter ↑*steigen* behandelten Verb gehört. Vgl. auch *asächs.* stēgili „abschüssige Stelle“. ‘Steil’ bedeutet also eigentlich „(auf- oder ab)steigend“. Es ist in der verkürzten Form zuerst am Niederrhein aufgetreten. Abl.: **Steile** „Steilheit“ (18. Jh.); **Steilheit** „das Steilsein“ (Anfang des 19. Jh.s); **steilen** „steil emporsteigen“ (17. Jh., dichterisch).

Stein: Das *gemeingerm.* Substantiv *mhd., ahd.* stein, *got.* stains, *engl.* stone, *schwed.* sten beruht wie die *slaw.* Sippe von *russ.* stena „Wand, Mauer“, *serbokroat.* stena „Felswand, Stein“ auf einer Bildung zu der *idg.* Wurzel *stāi- „[sich] verdichten, gerinnen“ (vgl. *aind.* styā̆yatē „gerinnt, wird hart“). Aus andern *idg.* Sprachen sind z. B. *griech.* stéār „stehendes Fett, Talg“ (↑Stearin) und *griech.* stia „Steinchen“ verwandt. Der Stein ist demnach wohl als „der Harte“ benannt worden. – In der seit dem 16. Jh. bezeugten Wendung ‘Stein und Bein schwören’ stehen die Substantive wohl nur bekräftigend als Sinnbilder der Härte (‘Bein’, s. d., bedeutet hier noch „Knochen“). Als bloße Verstärkungen werden auch Zusammensetzungen wie ‘steinhart, -alt, -reich’ empfunden, doch bedeutete z. B. *spätmhd.* steinrīche eigentlich

„reich an Edelsteinen". Abl.: **steinern** „aus Stein" (16. Jh., dafür *mhd., ahd.* steinīn); **steinig** „mit vielen Steinen" (*mhd.* steinec, *ahd.* steinag); **steinigen** „mit Steinwürfen töten" (15. Jh., dafür *mhd.* steinen, *ahd.* steinōn); **versteinern** „zu Stein werden oder machen" (17. Jh., oft übertragen gebraucht; dafür älter *nhd.* auch 'versteinen', *mhd.* versteinen), dazu **Versteinerung** (18. Jh.). Zus.: **Steinadler** (17. Jh.); **Steinbock** (*mhd.* steinboc; beide Tiere sind nach ihrem Leben auf den Felsen benannt); **Steinbrech** (Pflanzenname, *mhd.* steinbreche, nach gleichbed. *lat.* saxifraga gebildet; der Name bezieht sich darauf, daß die Pflanze früher zur Heilung von Blasen- und Nierensteinleiden verwendet wurde); **Steinbruch** (15. Jh., s. auch [1]*Bruch*); **Steingut** „porzellanartige Tonware" (18. Jh.); **Steinmetz** „Handwerker, der Steine behaut und bearbeitet" (*mhd.* steinmetze, *ahd.* steinmezzo; der zweite Bestandteil ist aus dem *Galloroman.* entlehnt; das vorausliegende *vlat.* matio, macio „Maurer, Steinmetz" [vgl. *frz.* maçon „Maurer"] gehört aber letztlich zur *germ.* Sippe von ↑*machen* in dessen alter Bed. „bauen, errichten"); **Steinpilz** (Anfang des 18. Jh.s, nach dem festen Fleisch oder dem steinähnlichen Aussehen der jungen Pilze).

Steiß: Das auf das *dt.* und *niederl.* Sprachgebiet beschränkte Wort (*mhd., ahd.* stiuz, *niederl.* stuit) bezeichnet das Hinterteil von Vögeln und Menschen. Auf entsprechendem *mnd.* stūt „dikker Teil des Oberschenkels" beruht *niederd.* **Stuten** „längliches (schenkelförmiges) Weißbrot" (*mnd.* stute[n]). Die Wörter gehören mit der Grundbedeutung „abgestutzter Körperteil" ablautend zur Sippe von ↑*stoßen.* Im *Nhd.* hat die entrundete *mitteld.* Form 'Steiß' seit dem 17. Jh. älter *nhd.* steuß verdrängt. Zus.: **Steißbein** „unterstes Ende der Wirbelsäule" (18. Jh.; zum zweiten Bestandteil vgl. *Bein*).

stellen: *Das westgerm.* Verb *mhd., ahd.* stellen, *niederl.* stellen, *aengl.* stiellan ist abgeleitet von dem unter ↑*Stall* behandelten *altgerm.* Substantiv und bedeutet eigentlich „an einen Standort bringen, aufstellen". Doch wird es allgemein als Veranlassungswort zu 'stehen' gebraucht, besonders in den Bedeutungen „stehen machen, richten, festsetzen". Die zugrundeliegende *idg.* Wurzel *stel- „stehen machen, [auf]stellen; stehend, unbeweglich, steif; Stand[ort], Ständer, Pfosten, Gestell" ist wahrscheinlich eine Erweiterung der unter ↑*stehen* dargestellten *idg.* Wurzel. Zu dieser vielfach weitergebildeten und erweiterten Wurzel *stel- gehören aus dem *germ.* Sprachbereich Nominalbildungen wie die unter ↑*still* (eigentlich „stehend"), ↑*Stollen* (eigentlich „Pfosten, Stütze") und ↑*Stelze* (eigentlich „Pfahl, Holzbein"; s. dort über *stolz*) behandelten Wörter sowie die unter ↑*stolpern* und ↑*stülpen* (mit der Grundbedeutung „steif sein") dargestellten Verben. Von verwandten *außergerm.* Wörtern sind zu nennen *griech.* stéllein „aufstellen, ausrüsten, senden" und *lat.* locus „Stelle, Ort" (*alat.* stlocus; s. die Fremdwörter um *lokal*). Auf den alten Präteritumstamm von 'stellen' (älter *nhd., mhd.* stalte „stellte", *mhd.* gestalt neben gestel[le]t) gehen Bildungen wie die unter ↑*Anstalt,* ↑*Gestalt* und ↑*verunstalten* behandelten zurück. – Abl.: **Stelle** „Ort, Platz; Amt, Behörde" (wahrscheinlich junge Rückbildung zum Verb, die im 16. Jh. mit der Bed. „Ort des Stehens" für gleichbed. *mhd.* stal [↑Stall] eintrat; mit anderer Bedeutung *mhd.* stelle „Gestell", das in *nhd.* **Bettstelle** fortlebt; beachte auch den Artikel *Gestell*); **Stellung** „Art des Stehens, Haltung; Amt, Posten; befestigter Standort" (*spätmhd.* stellung). – Zus.: **abstellen** „niedersetzen; (Übelstände) beseitigen; (Maschinen) anhalten, elektrische Geräte abschalten" (*mhd.* abestellen „absetzen, entfernen"; die letzte Bedeutung seit dem 19. Jh.); **anstellen** „an etwas stellen; in eine Stelle einsetzen, in einem Betrieb beschäftigen; ins Werk setzen, unternehmen" (*mhd.* anestellen „aufschieben"; die zweite Bedeutung zuerst *oberd.* im 18. Jh.), dazu **Angestellter** „jemand, der in einem vertraglichen Arbeitsverhältnis mit monatlicher Gehaltszahlung steht" (19. Jh., substantiviertes 2. Part.), **Anstellung** „das Anstellen, Einstellung" (19. Jh.; im 16. Jh. für „Einrichtung, Verrichtung", s. auch *Anstalt*) und **anstellig** „geschickt" (im 18. Jh. aus dem *Schweizerischen* aufgenommen); **ausstellen** „ausfertigen; zur Schau stellen; tadeln" (zuerst im 16. Jh. für „herausgeben"; zu der letzten Bedeutung vgl. 'aussetzen' unter *setzen*), dazu **Ausstellung** (18. Jh.); **darstellen** „vor Augen stellen, zeigen, schildern" (im 15. Jh. „offen aufstellen"), dazu **Darsteller** „Schauspieler" (18. Jh.) und **Darstellung** „Schilderung" (17. Jh.; im 16. Jh. „öffentliches Zeigen"); **herstellen** „an einen Ort setzen" (16. Jh.), „anfertigen" (so erst um 1900, entwikkelt aus der älteren Bed. „restaurieren, reparieren", in der 'herstellen' aus **wiederherstellen** gekürzt war [18. Jh.]), dazu **Hersteller** „jemand, der etwas herstellt, Produzent" (im 19. Jh. für „Restaurator") und **Herstellung** „das Herstellen, Anfertigung" (im 19. Jh. aus **Wiederherstellung** gekürzt, dessen Bedeutung es zuerst hatte); **nachstellen** „verfolgen" (16. Jh., eigentlich vom Fallenstellen des Jägers gesagt), dazu **Nachstellung; vorstellen** „nach vorn rücken; vorführen, bekannt machen; geistig vor Augen stellen" (seit dem 16. Jh. neben jetzt veraltetem 'fürstellen'), dazu **Vorstellung** „Vor-, Aufführung; geistiges Bild, Gedanke, Begriff; Einwand, Vorhaltung" (17. Jh.). – Präfixbildungen: **bestellen** „an einen Ort bringen; in Auftrag geben, kommen lassen; einsetzen; (den Acker) bearbeiten" (*mhd.* bestellen „rings umstellen, besetzen; bringen; anordnen; einrichten, ordnen", *ahd.* bistellen „umstellen, umgeben", s. auch *bestallen*), dazu **Bestellung** (*mhd.* bestellunge); **entstellen** „verunstalten" (*mhd.* entstellen, eigentlich „aus der rechten Stelle oder Gestalt bringen"); **erstellen** „auf-, herstellen" (19. Jh.); zu veraltetem 'sich gestellen' „sich vor Gericht, bei einer Behörde einfinden" (*mhd.* gestellen, *ahd.* gistellen „herbeischaffen, zum Stehen bringen") gehört das frühere militärische Fachwort

Gestellungsbefehl (19. Jh.); **verstellen** „weg-, umstellen, versperren", reflexiv „heucheln" (*mhd.* [sich] verstellen bedeutete auch „[sich] unkenntlich machen"), dazu **Verstellung** „Heuchelei" (17. Jh.).

Stelze: Die Substantive *mhd.* stelze, *ahd.* stelza „Holzbein, Krücke", *niederl.* stelt „Stelze, Stelzbein", andersgebildet *engl.* stilt „Stelze", *schwed.* stylta „Stelze" bedeuten ursprünglich „Pfahl, Stütze". Sie beruhen wie das zweite Glied des Vogelnamens ↑Bachstelze und das unter ↑*stolz* behandelte Adjektiv auf der unter ↑*stellen* dargestellten *idg.* Wurzel. Die heutige Bedeutung von 'Stelze' „Stange mit Trittklötzen zu erhöhtem Gehen", ist im *Nhd.* erst seit dem 16. Jh. bezeugt. Abl.: **stelzen** „steif gehen" (15. Jh.; eigentlich „auf einem Holzbein gehen"). Zus.: **Stelzfuß** „Holzbein" (17. Jh.; *spätmhd.* stelzervuoʒ).

stemmen: Das *altgerm.* Verb *mhd.* stemmen, *mniederl.* stemmen, *aengl.* forstemman, *schwed.* stämma bedeutet eigentlich „zum Stehen bringen, hemmen", auch „steif machen". Es steht neben *mhd.* [ge]stemen, *ahd.* gistemēn, gistemōn „Einhalt tun" (dazu ↑ungestüm) und ist verwandt mit den unter ↑*stammeln* und ↑*stumm* genannten Wörtern, vielleicht auch mit der unter ↑*stehen* dargestellten *idg.* Wortgruppe. Im älteren *Nhd.* (seit dem 15. Jh.) bedeutete 'stemmen' besonders „Wasser stauen", heute nur noch „gegen etwas drücken", bildlich „sich widersetzen", in der Sportsprache seit Anfang des 19. Jh.s „drückend hochheben". 'Ein Loch stemmen' bedeutet „ein Loch herausstoßen" (dazu **Stemmeisen,** 16. Jh.).

Stempel: Die Gerätebezeichnung *mhd.* stempfel „Stößel, [Münz]prägestock", *spätahd.* stemphil „Stößel" gehört zu der unter ↑*stampfen* behandelten Wortgruppe. Im *Nhd.* drang Ende des 17. Jh.s die *niederd.* Form durch (*mnd.* stempel, entsprechend *niederl.* stempel). In der Bed. „aufgedrücktes Zeichen" wird das Wort erst seit dem 18. Jh. gebraucht, heute besonders für den Abdruck des Gummistempels. Seit dem 18. Jh. heißt auch das weibliche Organ der Pflanzenblüte nach seiner Stößelform 'Stempel'. Eine Sonderbedeutung „kurzer Stützpfosten" hat 'Stempel' seit Anfang des 14. Jh.s in der Bergmannssprache. Abl.: **stempeln** „einen Stempel aufdrücken" (im 16. Jh. stempffeln, *mnd.* stempeln; oft übertragen gebraucht; dazu um 1930 die Wendung 'stempeln gehen' „auf Grund eines amtlichen Stempels Arbeitslosenunterstützung beziehen" und **Stempelgeld** „Arbeitslosengeld, -hilfe").

Stengel: *Mhd.* stengel, *ahd.* stengil ist eine nur *dt.* Ableitung von dem unter ↑*Stange* behandelten Wort. Sie bezeichnet seit alters vor allem den Blatt- oder Blumenstiel.

Stenographie „Kurzschrift": Die Stenographie ist eine englische Erfindung des ausgehenden 16. Jh.s. Am Ende des 18. Jh.s gelangte das System zusammen mit der Bezeichnung nach Deutschland. Seit der 1. Hälfte des 20. Jh.s ist auch die Kurzform **Steno** üblich. *Engl.* stenography ist eine gelehrte Neubildung aus *griech.* stenós „eng, schmal" und *griech.* gráphein „schreiben" (vgl. *Graphik*). – Dazu: **stenographieren** „in Stenographie schreiben" (19. Jh.); **Stenograph** „jemand, der beruflich Stenographie schreibt" (Anfang 19. Jh.); **stenographisch** „kurzschriftlich" (19. Jh.). Das gleichfalls hiergehörende Substantiv **Stenogramm** „in Stenographie nachgeschriebenes Diktat, stenographische Aufzeichnung" (19. Jh.) enthält als Grundwort *griech.* grámma „Geschriebenes, Schrift" (vgl. *...gramm*).

Stenotypistin: Die Berufsbezeichnung für eine Angestellte, zu deren Aufgabenbereich Stenographieren und Maschineschreiben gehören, ist die weibliche Form zu der heute nicht mehr üblichen Berufsbezeichnung **Stenotypist.** Das Wort ist eine Zusammenziehung aus „Stenograph-Typist", die zu Ende des 19. Jh.s von dem *dt.* Stenographen Ferdinand Schrey (1850–1938) mit *engl.* typist „Maschinenschreiber" (abgeleitet von *engl.* type „Druckbuchstabe", typewriter „Schreibmaschine"; vgl. Type unter *Typ*) gebildet worden ist. *Engl.* stenotypist, *frz.* sténotypiste sind aus dem *Dt.* entlehnt.

Step „artistischer Tanz, bei dem der Rhythmus durch Klappen mit den Fußspitzen und Hakken hörbar gemacht wird": Das Wort wurde im 20. Jh. aus gleichbed. *engl.* step (eigentlich „Schritt, Tritt") entlehnt, das mit *dt.* ↑Stapfe verwandt ist. – Abl.: [1]**steppen** „einen Step tanzen" (20. Jh.; aus gleichbed. *engl.* to step).

Steppe: Die Bezeichnung für eine weite, meist baumlose, mit Gras oder Sträuchern spärlich bewachsene Ebene wurde im 18. Jh. aus gleichbed. *russ.* step' entlehnt.

[1]**steppen** ↑Step.

[2]**steppen** „Stofflagen zusammennähen": *Mhd.* steppen „stellenweise stechen, reihenweise nähen, durchnähen, sticken" stammt aus dem *mitteld.-niederd.* Sprachgebiet, vgl. *asächs.* steppōn „(Vieh) durch Einstiche kennzeichnen". Die Grundbedeutung ist „stechen". Zus.: **Steppdecke** (19. Jh.). – Nahe verwandt mit 'steppen' ist **stippen** *nordd. ugs.* für „tupfen, [ein]tauchen" (*mnd.* stippen „stechen, in etwas stoßen, punktieren"). Zu dessen Ableitung **Stipp** „Punkt; kleiner (eingetauchter) Happen; Augenblick" gehört die Zusammensetzung **Stippvisite** *ugs.* für „kurzer Besuch" (18. Jh.). Die gleichbedeutende Nebenform **Stippe** wird besonders *nordd.* auch im Sinne von „Tunke, pikante Soße" verwendet.

Steppke ↑stopfen.

sterben: Das *westgerm.* Verb *mhd.* sterben, *ahd.* sterban, *niederl.* sterven, *aengl.* steorfan „sterben" (*engl.* to starve „verhungern, erfrieren") war ursprünglich ein verhüllender Ausdruck, der „erstarren, steif werden" bedeutete. Es gehört zu der unter ↑*starren* dargestellten *idg.* Wortgruppe; vgl. die verwandten Wörter *norw. mdal.* starva „mühsam gehen, frieren, dem Tode nahe sein" und *mnd.* starven „starr werden". Die Fügung 'kein sterbendes Wörtchen' (18. Jh., im Sinne von „schwach, vergehend") wurde im 19. Jh. zu 'kein Sterbenswörtchen' (d. h. „nichts") zusammengezogen. Abl.: **sterblich** „vergänglich" (*mhd.* sterblich), dazu **Sterblichkeit** (*spätmhd.* sterblīcheit; jetzt als Fachwort der Statistik für „Zahl der Todesfälle") und die Gegenwörter **unsterblich** (*mhd.* unsterbelich) und **Unsterblichkeit** (*mhd.* unsterbelīcheit). Zusammensetzungen und Präfixbildungen: **absterben** „eingehen" (16. Jh.; besonders von Pflanzen und Körperteilen); **aussterben** „untergehen" (*spätmhd.* ūzsterben; besonders von Familien, Völkern, Pflanzen- und Tiergattungen); **ersterben** „vergehen" (nur übertragen gebraucht; *mhd.* ersterben „absterben"); **versterben** „sterben" (nur von Menschen gesagt, *mhd.* versterben), dazu das substantivierte 2. Part. **Verstorbene** (16. Jh.).

Stereophonie, Kurzform: **Stereo:** Die Bezeichnung für eine elektroakustische Schallübertragung über zwei oder mehr Kanäle, die ein räumliches Hören gestattet (z. B. bei Breitwandfilmen, in der Rundfunk- und Schallplatten- und Fernsehtechnik) wurde in der 1. Hälfte des 20. Jh.s aus gleichbed. *engl.* stereophony entlehnt, einer Bildung zu *griech.* stereós „fest, starr, körperhaft" und *griech.* phōnḗ „Klang, Ton, Stimme" (vgl. *Phonetik*). Dazu gehört die adjektivische Ableitung **stereophon[isch],** Kurzform: **stereo** „über zwei oder mehr Kanäle elektroakustisch übertragen; räumlich klingend" (nach gleichbed. *engl.* stereophonic). – Das *griech.* Adjektiv stereós „fest, starr" tritt auch als Bestimmungswort **stereo..., Stereo...** mit der Bed. „räumlich" in fachsprachlichen Zusammensetzungen auf wie z. B. **Stereometrie** „Lehre von der Berechnung der geometrischen Körper" (dazu **stereometrisch**), **Stereoskopie** „Gesamtheit der Verfahren zur Aufnahme und Wiedergabe von raumgetreuen Bildern" (dazu **stereoskopisch**) und ↑stereotyp.

stereotyp: Das zu Beginn des 19. Jh.s aus *frz.* stéréotype entlehnte Adjektiv erscheint zuerst als Fachwort des Buchdrucks in der Bedeutung „mit feststehender Schrift gedruckt". Später übernimmt es aus dem *Frz.* auch die übertragenen Bedeutungen „feststehend, sich ständig wiederholend; leer, abgedroschen". *Frz.* stéréotype ist eine gelehrte Neubildung zu *griech.* stereós „starr, fest" (vgl. *Stereophonie*) und *griech.* týpos „Schlag; Eindruck; Muster, Modell" (vgl. *Typ*).

steril „unfruchtbar; keimfrei": Das Adjektiv wurde im 18. Jh. aus gleichbed. *frz.* stérile entlehnt, das auf *lat.* sterilis „unfruchtbar, ertraglos" zurückgeht. Es erscheint zuerst als „unfruchtbar" im medizinischen Bereich, dann auch übertragen im Sinne von „geistig unfruchtbar, unschöpferisch". Abl.: **Sterilisation** „das Unfruchtbar-, Keimfreimachen" (20. Jh.; aus gleichbed. *frz.* stérilisation); **sterilisieren** „unfruchtbar, zeugungsunfähig machen; (Nahrungsmittel, Obst usw.) keimfrei und dadurch haltbar machen" (20. Jh.; aus gleichbed. *frz.* stériliser). – Ebenfalls aus dem *Frz.* entlehnt ist das Substantiv **Sterilität** „Keimfreiheit; Unfruchtbarkeit, Zeugungsunfähigkeit" (aus gleichbed. *frz.* stérilité < *lat.* sterilitas).

Stern: *Mhd.* stern[e], *ahd.* sterno, *got.* stairnō, *schwed.* stjärna „Stern" stehen neben andersgebildetem *mhd.* (*mitteld.*) sterre, *ahd.* sterro, *niederl.* ster, *engl.* star (↑³Star). *Außergerm.* sind z. B. verwandt *griech.* astḗr, ástron „Stern" (s. den Artikel *Aster*) und *lat.* stella (aus *ster-la; ↑Konstellation). Die genannten Wörter beruhen auf *idg.* stḗr- „Stern", das möglicherweise im Sinn von „am Himmel Ausgestreutes" zu der unter ↑*Strahl* behandelten Wortgruppe gehört. *Deutsche* Bildungen zu 'Stern' sind ↑Gestirn und ↑gestirnt. – Zus.: **Sternbild** „als Bild zusammengefaßte Sterngruppe" (16. Jh., dafür *spätmhd.* himelzaichen); **Sternfahrt** „Wertungsfahrt, meist mit dem Auto oder Motorrad, bei der die Teilnehmer von verschiedenen Richtungen aus nach einem gemeinsamen Ziel fahren" (1. Hälfte des 20. Jh.s); **Sternschnuppe** (↑Schnuppe); **Sternstunde** „Schicksalsstunde" (um 1800 'Sternenstunde'); **Sternwarte** (18. Jh., für 'Observatorium'); **Ordensstern** „sternförmiger Orden" (18. Jh.); **Seestern** (im Meer lebender sternförmiger Stachelhäuter, 18. Jh.); **Unstern** „unheilbringender Stern" (17. Jh., für älteres 'Unglücksstern').

Stert ↑Sterz.

Sterz „Schwanz": Das *altgerm.* Substantiv *mhd.*, *ahd.* sterz, *niederl.* staart, älter *engl.* start, *schwed.* stjärt bezeichnet den Tierschwanz, auch das hervorstehende Hinterteil (Steiß, Bürzel) von Vögeln. Es bedeutet eigentlich „Starres, Steifes" und gehört zu der unter ↑*starren* dargestellten *idg.* Wortgruppe (s. auch *stürzen*). Während *niederd.* **Stert** (*mnd.* stert) die Bed. „Schwanz, Hinterteil" bis heute festhält (s. den Vogelnamen 'Wippstert' unter *Bachstelze*), gilt *hochd.* Sterz fast nur noch in der Zusammensetzung **Pflugsterz** „Griff zum Führen des Pfluges" (im 12. Jh. [ploch]sterz).

stet „beständig, gleichmäßig fortdauernd": Das nur *dt.* Adjektiv (*mhd.* stæt[e], *ahd.* stāti, „fest[stehend], beständig") ist eine Bildung zu der unter ↑*stehen* dargestellten *idg.* Wurzel. Im *Nhd.* häufiger ist die gleichbedeutende Ableitung **stetig** (*mhd.* stætec, *ahd.* stātig) mit dem Substantiv **Stetigkeit** (*mhd.* stætecheit, *ahd.* stātckheit) und dem Verb **bestätigen** (s. d.). Das Adverb **stets** (*mhd.* stætes) ist der erstarrte Genitiv des Adjektivs 'stet'.

¹Steuer „Abgabe": Das Substantiv *mhd.* stiure, *ahd.* stiura „Stütze, Unterstützung; Steuerruder" (beachte *mniederl.* sture „Unterstützung") ist nächstverwandt mit den unter ↑²*Steuer* behandelten Wörtern und bedeutete wie diese ursprünglich „Stütze, stützender Pfahl" (vgl. das ablautend verwandte *aisl.* staurr, *schwed.* stör „Stange, Pfahl"). Die Wörter gehören zu der unter ↑*stauen* „stehen machen" behandelten Wortgruppe. Schon in *ahd.* Zeit wurde '¹Steuer' übertragen gebraucht, zunächst in der Bed. „Unterstützung, Hilfe, Beistand", dann auch im Sinne von „materielle Unterstützung, Gabe; befohlene Abgabe". In der letzten Bedeutung war das Wort eng mit der Entwicklung der Geldwirtschaft im Mittelalter verbunden; es bezeichnet im neueren Sprachgebrauch ausschließlich die Abgaben an die öffentliche Hand. Das abgeleitete Verb **steuern** (*mhd.* stiuren, *ahd.* stiurren „stützen, lenken", s. unter [2]*Steuer*) hat seine zuerst im *Mhd.* bezeugte übertragene Bedeutung „ausstatten, beschenken" heute nur in den Zusammensetzungen **beisteuern** „zu etwas beitragen" (18. Jh.; dazu **Beisteuer,** 18. Jh.; *südd.*) und **aussteuern** „eine Zuwendung zur Einrichtung des Hausstandes bei der Heirat der Tochter geben" (*mhd.* ūzstiuren, dazu **Aussteuer,** 18. Jh.) erhalten. Die Präfixverben **besteuern** „Steuern auferlegen" (*spätmhd.* besteuern) und **versteuern** „Steuern für etwas zahlen" (*spätmhd.* verstiuren) sind Bildungen zu 'Steuer' „Abgabe".

[2]Steuer „Lenkvorrichtung": Das Wort erscheint als Neutrum zuerst in *nordd.* Texten des 17. Jh.s und ist von daher in der Schriftsprache üblich geworden (das Femininum [↑[1]Steuer] war in seiner alten Bed. „Steuerruder, Schiffsheck" im *Hochd.* schon vorher nicht mehr gebräuchlich). Das *nordd.* Wort beruht auf *mnd.* stur[e] (*mitteld.* stūr [um 1300] „Steuerruder"), dem gleichbed. *niederl.* stuur, *schwed.* styre entsprechen; beachte auch *aengl.* stēorrōđor „Steuerruder"). Diese *west-* und *nordgerm.* Substantive sind nächstverwandt mit dem unter ↑[1]*Steuer* behandelten Wort und gehören wie dieses mit der ursprünglichen Bed. „Stütze, Pfahl" zur Sippe von ↑*stauen.* Aus einer langen Stange, mit der ein Schiff in flachem Wasser fortgestoßen und gelenkt werden kann, hat sich zunächst ein langes Ruder an der rechten hinteren Schiffsseite (Steuerbord, s. u.) und schließlich die heutige Form des Steuers am Schiffsheck entwickelt. Abl.: **steuern** „[ein Schiff] lenken" (*mhd.* stiuren, *ahd.* stiur[r]en, *mnd.* stüren „stützen; lenken, abwehren", vgl. *niederl.* sturen „lenken, nach etwas schicken", *got.* stiurjan „[Behauptungen] aufstellen", *engl.* to steer „lenken", *schwed.* styra „lenken, regieren"; das Verb ist im *Dt.* von 'steuern' „ausstatten; Abgaben zahlen" [↑[1]Steuer] nicht geschieden; die übertragene Bed. „abwehren" meint eigentlich wohl „in die gewünschte Richtung lenken"). Zus.: **Steuerbord** „rechte Schiffsseite (von hinten gesehen)" (im 17. Jh.; *nhd.* entsprechend *mnd.* sturbord, *niederl.* stuurbord, *engl.* starboard, *schwed.* styrbord; benannt nach dem ursprünglich an dieser Seite angebrachten Steuerruder; s. auch *Backbord*); **Steuermann** (*mhd.* stiur[e]man, *mnd.* sturman); **Steuerruder** (*mhd.* stiurruoder, *ahd.* stiurruodar; ↑Ruder).

Steven ↑Stab.

Steward: Die Berufsbezeichnung für den offiziellen Betreuer von Passagieren auf Schiffen (später auch in Flugzeugen u. a.) wurde in der 1. Hälfte des 19. Jh.s aus dem *Engl.* übernommen. *Engl.* steward „Verwalter, Aufwärter, Steward" setzt *aengl.* stig-weard „Hauswart" fort (vgl. *Wart*). – Dazu die entsprechende weibliche Bezeichnung **Stewardeß** (Ende 19. Jh.; aus *engl.* stewardess).

stibitzen: Das *ugs.* Wort für „auf listige Weise entwenden, an sich bringen" ist seit dem 18. Jh. bezeugt und stammt wohl aus der Studentensprache. Die weitere Herkunft ist nicht sicher geklärt.

Stich: Das *altgerm.* Substantiv *mhd.* stich, *ahd.* stih, *got.* stiks, *niederl.* steek, *engl.* stitch beruht auf einer Bildung zu der *idg.* Verbalwurzel *[s]teig- „stechen", auf die im *germ.* Sprachbereich auch die unter ↑*stechen* (s. dort über 'stekken' und 'ersticken') und ↑*sticken* behandelten Verben zurückgehen. Weitere *germ.* Substantive gleicher Herkunft sind unter ↑*Stichel* und ↑*Stachel* genannt. Ohne den s-Anlaut ist die Wurzel auch im Pflanzennamen ↑Distel enthalten. Verwandte Wörter in anderen *idg.* Sprachen sind z. B. *griech.* stízein „stechen, tätowieren", *griech.* stígma „Stich, Punkt", *lat.* instigare „anstacheln" und *lat.* stinguere „stechen" (↑Instinkt). – Fügungen wie 'hieb – und stichfest', 'im Stich lassen' (eigentlich „im Kampf verlassen", um 1500) und 'Stich halten' „sich bewähren" (16. Jh.; dazu Anfang des 19. Jh.s die Zusammenbildung **stichhaltig**) gehen wohl auf alte Turnier- und Fechterausdrücke zurück. Zus.: **Stichentscheid, Stichwahl** (19. Jh.; zu 'stechen' [s. d.] in der Bed. „eine Entscheidung herbeiführen"); **Stichprobe** (ursprünglich als Fachwort des Hüttenwesens „herausgestochene Probe" [eigentlich „beim Anstich des Hochofens entnommene Metallprobe], 16. Jh.); **Stichwort** (15.–19. Jh. „verletzendes [eigentlich stechendes] Wort, Beleidigung", seit dem 18. Jh. „Endwort eines Schauspielers, nach dem ein anderer einsetzt oder auftritt", Ende des 19. Jh.s „behandeltes Wort in Nachschlagewerken" und [Plural] „Leitwörter für den Aufbau einer Rede und dgl.", in diesen letzten Bedeutungen wohl eigentlich „herausgestelltes, -gegriffenes [herausgestochenes] Wort").

Stichel: Das *altgerm.* Substantiv *mhd.* stichel, *ahd.* stihhil, *niederl.* stekel, *aengl.* sticel „Stachel, Dorn, Spitze", *aisl.* stikill „Spitze eines Trinkhorns" gehört zu der unter ↑*Stich* behandelten Wortgruppe, vgl. *ahd.* stehhal, *got.* stikls „Becher" (eigentlich „Spitzbecher zum Einstekken in die Erde"). Gewöhnlich bezeichnet das Wort ein spitzes Gerät, im *Nhd.* besonders den **Grabstichel** der Graveure und Kupferstecher (16. Jh.; ähnlich *spätmhd.* grabstickel). Beachte auch den abgeleiteten Fischnamen **Stichling** (*spätmhd.* stichelinc, vgl. *mengl.* stikeling, älter *schwed.* stickling, nach den Stacheln des Fisches). Das Verb **sticheln** „wiederholt stechen", übertragen „reizen, ärgern" (*mhd. [aleman.]* stichelin „umgraben") kann von 'Stichel' abgeleitet oder eine Iterativbildung zu ↑*stechen* sein. Dazu **Stichelei** „[boshafte] Neckerei" (17. Jh.).

sticken „farbige Muster oder Figuren nähen": Das *westgerm.* Verb *mhd.* sticken „heften, stekken, sticken; mit Pfählen versehen", *ahd.* stikken „fest zusammenstecken", *niederl.* stikken „steppen, sticken", *engl.* to stitch „nähen, stikken" beruht auf der unter ↑*Stich* dargestellten *idg.* Wurzel und bedeutet eigentlich „stechen". Die heutige Bedeutung ist seit *mhd.* Zeit bezeugt. Abl.: **Sticker** (Berufsbezeichnung seit dem 15. Jh.); **Stickerei** (17. Jh.).

Stickhusten, stickig, Stickluft ↑Stickstoff.

Stickstoff: Das in der zweiten Hälfte des 18. Jh.s als Bestandteil der Luft entdeckte Gas wurde zuerst Stickluft oder -gas und schließlich Stickstoff genannt, weil es brennende Flammen erstickt und rein nicht geatmet werden kann. Der erste Bestandteil des Namens gehört zu dem im 16. Jh. aus ↑*ersticken* rückgebildeten, heute veralteten Verb sticken „ersticken". Beachte auch das Adjektiv **stickig** „dumpf, dick" (von der Luft in einem Raum, Qualm u. ä.; 18. Jh.) sowie die Zusammensetzung **Stickhusten** veraltet für „Keuchhusten" (18. Jh.) und **Stickluft** „stickige Luft" (18. Jh.).

stieben: Das auf das *dt.* und *niederl.* Sprachgebiet beschränkte starke, im *Nhd.* auch schwach gebeugte Verb (*mhd.* stieben, *ahd.* stioban, *niederl.* stuiven) ist verwandt mit den unter ↑*Staub,* ↑*stäuben* und ↑*stöbern* behandelten Wörtern. Die weitere Herkunft dieser *germ.* Wortgruppe ist unbekannt. Übertragen bedeutet 'stieben' schon *mhd.* „sich schnell bewegen, fliegen" (besonders von Pferden und Vögeln; hierher wahrscheinlich das Grundwort von 'Nasenstüber', ↑Nase). Beachte auch *nhd.* Zusammensetzungen wie 'auseinander-, davonstieben' und die Präfixbildung **zerstieben** „auseinanderstiebend verschwinden, sich zerstreuen" (*mhd.* zerstieben).

Stief...: Beziehungen innerhalb der Familie, die durch Wiederverheiratung eines Elternteils entstanden sind, drücken die *germ.* Sprachen durch Zusammensetzungen aus. Deren Bestimmungswort *mhd.* stief-, *ahd.* stiof-, stiuf-, *niederl.* stief-, *engl.* step-, *schwed.* styv- (beachte auch *aisl.* stjūpr „Stiefsohn") bedeutet ursprünglich wohl „abgestutzt, beraubt, verwaist", vgl. die abgeleiteten Verben *aengl.* ā-, be-stiepan „berauben", *ahd.* ar-, bi-stiufan „(der Eltern oder Kinder) berauben". Die Wörter gehören wohl zu der unter ↑*stoßen* dargestellten *idg.* Wortgruppe, vgl. mit anderem Stammauslaut *niederd.* **Stubben** „Baumstumpf" (*mnd.* stubbe, *engl.* stub, *schwed.* stubbe). Als Beispiel für die Zusammensetzungen seien besonders genannt: **Stiefkind** (*mhd.* stiefkind, *ahd.* stiufchint; *nhd.* auch übertragen für „vernachlässigter Gegenstand", z. B. der Gesetzgebung, der Bildungspolitik) und **Stiefmutter** (*mhd., ahd.* stiefmuoter, seit alters als Typ der bösen Frau angesehen), dazu **stiefmütterlich** (15. Jh.) und der Blumenname **Stiefmütterchen** (16. Jh.; die zugrundeliegende Vorstellung ist nicht eindeutig geklärt).

Stiefel: Die Bezeichnung des hochgeschlossenen [Männer]schuhs (*mhd.* stival, stivel, *ahd.* stival, *mnd., mniederl.* stevel) ist aus dem *Roman.* entlehnt, vgl. z. B. gleichbed. *afrz.* estivel, *it.* stivale und (veraltet:) *span.* estival. Die Herkunft der *roman.* Wörter selbst ist umstritten. Abl.: **stiefeln** *ugs.* für „mit weit ausgreifenden [und schweren] Schritten gehen" (18. Jh.; älter im Sinne von „Stiefel anziehen"). Zus.: **Stiefelknecht** „Stiefelauszieher" (17. Jh.; zum Grundwort ↑Knecht).

Stiege: Das Substantiv *mhd.* stiege „Treppe, Leiter, Stufe", *ahd.* stiega „Anstieg, Treppe" ist eine nur *dt.* Bildung zu dem unter ↑*steigen* behandelten Verb, die heute besoders im *Oberd.* für „Treppe" gebraucht wird.

Stieglitz: Der seit dem 13. Jh. bezeugte, weitverbreitete Name des Distelfinks (*mhd.* stigeliz) ist aus dem *Slaw.* ins *Deutsche* entlehnt worden, vgl. *tschech.* stehlík „Stieglitz". Das *slaw.* Wort ist wohl lautmalenden Ursprungs.

Stiel: Das Substantiv *mhd., ahd.* stil bedeutet seit alters sowohl „Handhabe, Griff an Geräten" wie „Pflanzenstengel". Es ist entweder urverwandt mit dem unter ↑*Stil* genannten *lat.* stilus „spitzer Pfahl, Gartengerät, Pflanzenstengel", oder aber das *lat.* Wort ist als gärtnerischer Fachausdruck ins *Dt.* entlehnt worden.

stier ↑stieren.

Stier: Das *gemeingerm.* Wort (*mhd.* stier, *ahd.* stior, *got.* stiur, *engl.* steer, *aisl.* stjōrr) bezeichnete ursprünglich, wie heute noch im *Engl.,* das Jungtier (Stierkalb). *Außergerm.* ist z. B. *awest.* staora- „Großvieh" verwandt. Weiterhin verwandt sind wahrscheinlich gleichbedeutende Wörter ohne s-Anlaut wie *aisl.* þjōrr, *schwed.* tjur „Stier", *griech.* taūros, *lat.* taurus „Stier" (↑Torero), *mir.* tarb „Stier" und *lit.* taūras „Büffel, Auerochse". Der Ursprung dieser Wörter ist unklar. Siehe auch die Artikel *Bulle* und *Ochse.*

stieren „starr, ausdruckslos blicken": Das seit Ende des 18. Jh.s bezeugte, nur *dt.* Verb ist abgeleitet von dem Adjektiv **stier** „starr, ausdruckslos blickend" (17. Jh.). Dieses Adjektiv ist wahrscheinlich eine Umbildung des unter ↑*stur* behandelten *niederd.* und *niederl.* Wortes unter dem Einfluß des Substantivs ↑Stier. Schon *mniederl.* stuur „streng, barsch" wird um 1600 im Sinne von „wild, drohend, nach Art eines Stieres blickend" verwendet.

[1]Stift „länglicher [zugespitzter] Gegenstand; Nagel [ohne Kopf]": Das ursprünglich auf das *hochd.* Sprachgebiet beschränkte Wort (*mhd.* stift, steft „Stachel, Dorn, Stift", *ahd.* steft „Stachel; Zapfen; Radnabe") gehört wahrscheinlich zu der unter ↑*steif* dargestellten *idg.* Wortgruppe. Die heute vorherrschende Bed. „Schreib-, Zeichen- oder Malgerät" ist seit dem 17. Jh. bezeugt, beachte Zusammensetzungen wie 'Bleistift' (↑Blei), 'Farb-, Kopier-, Lippenstift'. Erst im 20. Jh. erscheint **Stiftzahn** „künstliche, mit einem Stift befestigte Zahnkrone". Mit '[1]Stift' identisch ist wohl **[2]Stift** *ugs.* für „halbwüchsiger Junge, Lehrling" (eigentlich „etwas Kleines, Geringwertiges" oder – Pars pro toto – „[kleiner] Penis" zuerst im 17. Jh. als *rotw.* Stifftgen „Knäblein" bezeugt).

[3]Stift ↑stiften.

stiften: Das nur im *Dt.* und *Afries.* bezeugte Verb (*mhd., ahd.* stiften, *mnd.* stiften „gründen, ins Werk setzen, einrichten", *afries.* stifta „gründen, erbauen, in Ordnung bringen") ist unbekannter Herkunft. Das gleichbed. *mnd.* stichten, *niederl.* stichten kann damit identisch sein (vgl. den Artikel *Gracht*), es kann aber auch mit *aengl.* stiht[i]an „regieren, ordnen, einrichten" zur Sippe von ↑steigen gehören (eigentlich „auf eine Unterlage stellen"). 'Stiften' gilt seit alters besonders im kirchlichen Bereich im Sinne von „gründen" ('ein Kloster, eine Kirche stiften') und „schenken" ('eine Messe stiften'). Beides wurde in *nhd.* Zeit auf den weltlichen Bereich übertragen ('eine Schule, einen Verein stiften', scherzhaft 'eine Flasche Wein stiften' u. ä.). In der alten Bed. „ins Werk setzen" wird das Verb heute noch in Wendungen wie 'Frieden, Unheil, Verwirrung stiften' gebraucht; beachte auch die Zusammensetzung **anstiften** „verursachen, anrichten, verleiten" (16. Jh.). Abl.: [3]**Stift** „gestiftete geistliche oder weltliche Einrichtung; zugehöriges Gebäude" (*mhd.* stift, vgl. *mnd.* sticht[e], *niederl.* sticht, stift; in der Bed. „Bistum" [auch: Hoch-, Erzstift] zuerst im 15. Jh.), dazu viele Zusammensetzungen, z. B. **Stiftskirche** (16. Jh.), **Stiftsdame** (18. Jh.); **Stifter** „Gründer, Schenker" (*mhd.* stiftære); **Stiftung** „Schenkung; gestiftete Einrichtung" (*mhd.* stiftunge, *ahd.* stiftunga).

stiftengehen: Die Herkunft des *ugs.* Ausdrucks für „unauffällig verschwinden, sich absetzen, weglaufen" ist – trotz aller Deutungsversuche – unklar.

Stil „Eigenart der sprachlichen Ausdrucksmittel; Darstellungsweise; Einheit der [besonderen] Ausdrucksformen eines Kunstwerks": Das seit dem 15. Jh. bezeugte Substantiv geht wie entsprechend *it.* stile und *frz.* style auf *lat.* stilus „spitzer Pfahl; Stiel, Stengel; Schreibgerät, Griffel" zurück in dessen übertragener Bed. „Schreibart, Ausdrucksform". Abl.: **Stilist** „jemand, der über gute sprachliche Ausdrucksmittel verfügt" (18. Jh.); **Stilistik** „Stilkunde" (Ende 18. Jh.; nach entsprechend *frz.* stylistique); **stilistisch** „den Stil betreffend" (Anfang 19. Jh.); **stilisieren** „einheitlich durchformen; natürliche Strukturen in künstlerisch vereinfachten Formen darstellen" (17. Jh.; französierende Neubildung). – Vgl. auch *Stiel.*

Stilett „kleiner Dolch": Das Fremdwort wurde Anfang des 17. Jh.s aus gleichbed. *it.* stiletto entlehnt, einer Verkleinerungsbildung zu *it.* stile, stilo „Pfriem; Griffel; Dolch" (< *lat.* stilus „spitzer Gegenstand; Griffel; Stil usw."). Vgl. den Artikel *Stil.*

still: Das *westgerm.* Adjektiv *mhd.* stille, *ahd.* stilli, *niederl.* stil, *engl.* still ist eine Bildung zu der unter ↑*stellen* dargestellten *idg.* Wurzel und bedeutete ursprünglich „stehend, unbeweglich" (so in den erst *nhd.* zusammengerückten Verbindungen 'stillstehen, -sitzen, -halten' usw.). Schon im *Ahd.* wird das Adjektiv auch in der Bed. „ruhig, schweigend, verborgen" gebraucht (beachte Fügungen wie 'stillschweigen, stillschweigend' (↑schweigen) und 'im stillen' „unbemerkt" [17. Jh.]). Abl.: **Stille** „das Stillsein, Ruhe" (*mhd.* stille, *ahd.* stillī); **stillen** (*mhd., ahd.* stillen „still machen, beruhigen, zum Schweigen bringen"; vgl. *niederl.* stillen, *engl.* to still, *schwed.* stilla; im *Nhd.* gilt seit dem 16. Jh. 'ein Kind stillen' für „säugen", eigentlich „ein Kind zum Schweigen bringen, wenn es vor Hunger schreit"). Zus.: **Stilleben** „künstlerische Darstellung von Gruppen lebloser Gegenstände" (als Malerfachwort in der 2. Hälfte des 18. Jh.s aus *niederl.* stilleven entlehnt, z. T. unter Einfluß des gleichfalls aus dem *Niederl.* entlehnten *engl.* still life).

Stimme: Die Herkunft des *altgerm.* Substantivs *mhd.* stimme, *ahd.* stimma, stimna, *got.* stibna, *niederl.* stem, *aengl.* stefn, stemn ist unbekannt. – In der Bed. „abgegebenes Urteil, Votum" erscheint 'Stimme' seit dem 14. Jh., beachte dazu Wendungen wie 'jemandem seine Stimme geben' (*mnd.* um 1500), 'Sitz und Stimme haben' (18. Jh.) und Zusammensetzungen wie **Stimmrecht** (18. Jh.), **Stimmenmehrheit** (18. Jh.). Abl.: **stimmen** (*mhd.* stimmen bedeutete „seine Stimme hören lassen, rufen" [vgl. *nhd.* 'ein Lied anstimmen'], „festsetzen, benennen" [↑bestimmen] und „gleichstimmend, -lautend machen"; aus der ersten Bedeutung entwickelte sich im 16. Jh. der Sinn „sein Votum abgeben" [dazu Zusammensetzungen wie 'ab-, bei-, zustimmen']; die dritte Bedeutung gilt besonders von Musikinstrumenten, übertragen vom menschlichen Gemüt [dazu **umstimmen, verstimmen,** auf etwas **abstimmen,** 19. Jh.; ursprünglich von Musikinstrumenten gesagt]; hierher gehört auch die intransitive Bed. „in Einklang stehen, passend, richtig sein" [16. Jh., dazu **übereinstimmen**]). Von 'stimmen' abgeleitet ist **Stimmung** (seit dem 16. Jh. von Musikinstrumenten, seit dem 18. Jh. vom Menschen im Sinne von „Gemütszustand"; beachte die Zusammensetzung **stimmungsvoll,** (19. Jh.). Zu veraltetem **stimmig** „eine Stimme habend" (17. Jh.) gehören Zusammensetzungen wie **einstimmig** (18. Jh.; schon *ahd.* einstimme „einstimmig"), **mehrstimmig** (19. Jh.) usw., heute wird das Adjektiv im Sinne von „übereinstimmend, zusammenpassend" verwendet.

stinken: *Mhd.* stinken, *ahd.* stincan „stinken, riechen", *niederl.* stinken „üblen Geruch verbreiten", *aengl.* stincan „Geruch, Duft verbreiten; Geruch wahrnehmen; stieben; dampfen", *engl.* to stink „stinken" entsprechen genau *got.* stigqan „[zusammen]stoßen" und *aisl.* støkkva „springen, bersten, spritzen". Das *gemeingerm.* Verb bedeutete demnach ursprünglich „stoßen, puffen", woraus sich im *Westgerm.* die Bedeutung „stieben, dampfen, ausdünsten" entwikkelte. Die *außergerm.* Beziehungen des Verbs sind unklar. Schon in *mhd.* Zeit überwiegt die Bed. „übel riechen". Im Ablaut zu 'stinken' stehen die unter ↑*Gestank* behandelten Substantive und das Substantiv **Stunk** *ugs.* für „Zank, Nörgelei" (Ende des 19. Jh.s aus *Berliner* und *obersächs.* Mundart). Zum alten Veranlassungswort *mhd.* stenken, *ahd.* stenchen „stinken machen" gehören **Stänker** (s. d.) und die Weiterbildung **stänkern** *ugs.* für „die Luft verpesten; nörgeln, Unfrieden stiften" (17. Jh.; dazu die Ableitung **Stänkerer** „Nörgler, Streitsüchtiger"). Zu heute veraltetem **erstinken** „stinkend werden" (*mhd.* erstinken) gehört die Wendung 'das ist erstunken und erlogen' (16. Jh.). Zus.: **Stinkbombe** (18. Jh.); **stinkfaul** *ugs.* für „sehr faul" (17. Jh.; vgl. *faul*); **Stinktier** (Ende des 18. Jh.s; das Tier bespritzt seinen Gegner mit einem stinkenden Afterdrüsensekret).

Stipendium „Stiftung; Geldbeihilfe (insbesondere für Studierende"): Das seit dem 16. Jh. bezeugte Fremdwort wurde im Bereich der Schulsprache aus *lat.* stipendium „Steuer, Abgabe; Sold; Unterstützung" übernommen. Es handelt sich bei dem *lat.* Wort um eine zusammengesetzte Bildung (ursprünglich wohl *stipipendium) zu *lat.* stips (stipis) „Geldbeitrag, Spende" und *lat.* pendere „wägen, zuwägen" (vgl. *Pensum*). Die ursprüngliche Bedeutung von *lat.* stipendium wäre dann etwa „das Geldzuwägen".

Stipp[e], stippen, Stippvisite ↑²steppen.

Stirn[e]: Das auf das *dt.* und *niederl.* Sprachgebiet beschränkte Substantiv *mhd.* stirn[e], *ahd.* stirna, *mnd.* sterne, *mniederl.* stern[e] ist verwandt mit *aengl.* steornede „dreist" (eigentlich „mit breiter Stirn", beachte *nhd.* 'die Stirn bieten' „offen entgegentreten", 'die Stirn haben' „sich erdreisten"). Mit der Grundbedeutung „ausgebreitete Fläche", die auch das verwandte *griech.* stérnon „Brust" zeigt, stellt sich 'Stirn' zu der unter ↑*Strahl* dargestellten Wortgruppe. Die Vorstellung „[breite] Vorderfläche" liegt übertragen auch den *nhd.* Zusammensetzungen **Stirnfläche** (eines Gegenstands, 17. Jh.) und **Stirnwand** (18. Jh.) zugrunde. Beachte noch die junge Zusammenbildung **engstirnig** „in Vorurteilen befangen, borniert" (20. Jh.).

stöbern: In der *nhd.* Form sind zwei verschiedene Verben zusammengefallen. Intransitives 'stöbern' „aufwirbeln, flockenartig umherfliegen" (18. Jh.; dafür im 16. Jh. 'stobern') ist eine Iterativbildung zu *niederd.* stöwen, stöben „stieben" (= *hochd.* stäuben, s. d.). Dazu gehört die Bildung **Gestöber** (*spätmhd.* gestobere, gestöber; z. B. in 'Schneegestöber'). Transitives 'stöbern' „Wild aufscheuchen: hastig durchsuchen" (16. Jh.) ist dagegen als ursprüngliches Jägerwort abgeleitet von **Stöber** „Jagdhund zum Aufscheuchen" (17. Jh.; *mnd.* stöver), der *niederd.-mitteld.* Form für gleichbed. älter *nhd.* Stäuber, *mhd.* stöuwer. Dieses Substantiv, heute durch **Stöberhund** ersetzt, ist von dem oben genannten *niederd.* Verb 'stöben' in dessen Bed. „aufscheuchen" abgeleitet.

stochern „in etwas herumstechen, (Feuer) schüren": Das seit dem 16. Jh. gebräuchliche Verb ist eine Iterativbildung zu dem heute veralteten Verb stochen „Feuer schüren", das wohl auf *mnd.* stōken „stochern, schüren" beruht (vgl. entsprechend *niederl.* stoken, *engl.* to stoke „schüren, einheizen"). Mit der Grundbedeutung „stoßen, stechen" gehören diese Verben wahrscheinlich zu der unter ↑*stoßen* dargestellten Wortgruppe, s. auch *verstauchen*. Ebenfalls von 'stochen' abgeleitet ist **Stocher** „Gerät zum Stochern" (z. B. **Zahnstocher,** 17. Jh.).

Stock: Das *altgerm.* Substantiv *mhd., ahd.* stoc, *niederl.* stok, *engl.* stock, *schwed.* stock bezeichnet seit alters sowohl den Baumstumpf (Wurzelstock oder Klotz) wie den Knüttel. Es gehört wahrscheinlich im Sinne von „abgeschlagener Stamm oder Ast" zu der unter ↑*stoßen* dargestellten *idg.* Wortgruppe. Als Bezeichnung des ausschlagenden Wurzelstocks oder des Haupttriebs einer Pflanze steht 'Stock' z. B. in Zusammensetzungen wie 'Wein-, Rosen-, Blumenstock', übertragen in **Grundstock** „Fonds, Grundbestand" (Ende des 18. Jh.s; vgl. *engl.* stock „Kapital"). Einen „ausgehöhlten Klotz" bezeichnete es ursprünglich z. B. in **Bienenstock** (↑*Biene*). Auch die seit dem 16. Jh. bezeugten verstärkenden Zusammensetzungen 'stockdumm, -taub, -steif' usw. (heute *ugs.*) gehen von der Bed. „Klotz" aus. Schon *mhd.* stoc hat aus der Bed. „Balken" auch den kollektiven Sinn „Geschoß eines Hauses", eigentlich „Balkenwerk", entwickelt (daher noch die Zählung 'erster, zweiter Stock' usw.). Es wurde in diesem Sinn um 1500 durch die Zusammensetzung **Stockwerk** verdeutlicht. Von der Bed. „Pfahl, Ast" geht die Bed. „Stab" (z. B. in 'Prügel-, Spazier-, Taktstock') aus. Hierher gehören auch die Zusammensetzungen **Stockfisch** „gedörrter Kabeljau" (*spätmhd.* im 14. Jh. aus *mnd.* stokvisch, wohl nach dem Trocknen auf Stangengerüsten so benannt) und **Stöckelschuh** (19. Jh.; zu der Verkleinerungsbildung **Stöckel** „hoher Absatz", um 1700). Siehe auch den Artikel *stocken*.

stocken „nicht weiterkommen": Das nur *dt.* Verb bedeutete ursprünglich „fest, dickflüssig werden, gerinnen" und wurde zuerst im 16. Jh. als medizinisches Fachwort vom Blut und den Körpersäften gebraucht (beachte die Zusammensetzung **Stockschnupfen,** 18. Jh.). Es gehört wohl zu dem unter ↑*Stock* behandelten Substantiv und bedeutet eigentlich etwa „steif wie ein Stock, fest wie ein Klotz werden". Schon *spätmhd.* erscheint gleichbed. 'verstocken' mit dem noch heute adjektivisch gebrauchten 2. Part. **verstockt** „verhärtet, unempfindlich" ('ein verstocktes Herz'). Zu 'stocken' im Sinne von „durch Feuchtigkeit verderben" (16. Jh.; eigentlich wohl „unter der Einwirkung stockender Dünste faulen") gehören die Ableitung **stockig** „dumpf, verdorben" und die Zusammensetzung **Stockfleck** „heller oder bräunlicher, muffig riechender Fleck auf Papier oder Textilien" (um 1800).

Stockfisch ↑Stock.

Stockfleck ↑stocken.

Stoff „Gewebe, Tuch; Material; Gegenstand der Betrachtung und Untersuchung": Das Substantiv wurde im 17. Jh. wohl durch *niederl.-niederd.* Vermittlung (vgl. entsprechend *niederl.* stof) aus *afrz.* estoffe (= *frz.* étoffe) „Gewebe; Tuch; Zeug" entlehnt, das auch die unmittelbare Quelle für entsprechend *span.* estofa und *it.* stoffa ist. Das *frz.* Wort gehört wohl als Substantivbildung zu *frz.* étoffer (*afrz.* estoffer) „versehen mit etwas, ausstaffieren", das ursprünglich „ausstopfen, verstopfen" bedeutete. Die weitere Herkunft des *frz.* Wortes ist umstritten. Vielleicht beruht es auf einem *afränk.* *stopfōn, das mit *ahd.* stopfōn „ausstopfen" identisch ist (vgl. *stopfen*). Zus.: **Stoffwechsel** als Bezeichnung für die im Organismus stattfindenden chemischen Umwandlungsprozesse (19. Jh.). – Siehe auch den Artikel *staffieren*.

stöhnen: Die seit dem 16. Jh. bezeugte *nhd.*

Form geht zurück auf *mitteld.* (14. Jh.) stenen, *mnd.* stenen „mühsam atmen, ächzen“, dem die gleichbedeutenden starken Verben *mniederl.* stenen, *aengl.* stenan entsprechen; vgl. auch ablautend *niederl.* steunen, *schwed.* stöna, „stöhnen“. Die *germ.* Verben sind z. B. verwandt mit *griech.* sténein „dröhnen, ächzen, jammern“ und der *baltoslaw.* Sippe von *russ.* stenat' „stöhnen“. Sie gehören damit zu der unter ↑*Donner* behandelten *idg.* Wortgruppe.

stoisch „von unerschütterlicher Ruhe, gleichmütig“: Das seit dem 15. Jh. bezeugte Adjektiv ist aus *lat.* stoicus entlehnt, das seinerseits aus *griech.* stōikós „die Philosophie der Stoa betreffend“ stammt. Die Stoa, um 308 v. Chr. von dem Philosophen Zenon in einer Säulenhalle Athens (der berühmten 'stoá poikílē') begründet und in der Folge nach dieser Säulenhalle benannt, verlangte von ihren Anhängern als oberste und wichtigste Regel die unerschütterliche Ruhe der Seele in allen Lebenslagen. Hier ist der Ausgangspunkt für den späteren allgemeinen Gebrauch des Wortes, der zuerst in den *roman.* Sprachen einsetzt (beachte entsprechend *frz.* stoïque). – Dazu das Substantiv **Stoiker** „Anhänger der Stoa; stoischer Mensch“ (17. Jh.).

Stola: Die Bezeichung für den langen, schmalen, mit Ornamenten versehenen Stoffstreifen als Teil der liturgischen Bekleidung besonders des katholischen Geistlichen (*mhd.* stōl[e], *ahd.* stola) ist aus gleichbed. *mlat.* stola entlehnt, das *klass.-lat.* das über der Tunika getragene lange Gewand der verheirateten römischen Frau bezeichnete. Das *lat.* Wort stammt aus *griech.* stolḗ „Kleid, Gewand; Rüstung“, einer Bildung zu stéllein „(mit Kleidern, Waffen) ausrüsten; fertigmachen“ (vgl. den Artikel *Apostel*). Heute wird in der Mode auch ein breites, schalartiges, über einem Kleid getragenes und über Schultern und Arme gelegtes Kleidungsstück 'Stola' genannt.

Stollen: Das nur *dt.* Wort (*mhd.* stolle, *ahd.* stollo) bedeutet eigentlich „Pfosten, Stütze“ und gehört wohl zu den Nominalbildungen des unter ↑*stellen* dargestellten Verbs. *Außergerm.* ist z. B. *griech.* stḗlē „Säule“ verwandt. Heute bezeichnet 'Stollen' u. a. ein längliches (eigentlich „pfostenähnliches“) Gebäck (im 14. Jh. *ostmitteld.* stollen *Plural,* seit dem 18. Jh. auch **Stolle** genannt, besonders **Christstolle[n]**) und einen waagrechten Gang in Bergwerken (*mhd.* um 1300; vielleicht nach der Abstützung mit Pfosten). Siehe auch den Artikel *Stulle.*

stolpern „mit dem Fuß anstoßen, beinahe fallen“: Das im *Hochd.* seit dem 16. Jh. bezeugte Verb ist eine Iterativbildung zu dem gleichbedeutenden, später untergegangenen 'stolpern, stölpen' (16. Jh.), vgl. *norw.* stolpre „stolpern“, *dän.* stolpe, *norw. mdal.* stolpa „mit steifen Schritten gehen, stolpern“. Weiterhin ist wohl die Sippe von ↑stülpen verwandt; die Wörter gehören im Sinne von „steif sein“ zu der unter ↑*stellen* behandelten Wortgruppe.

stolz: Das auf den *dt.* und *niederl.* Sprachbereich beschränkte Adjektiv *mhd.* stolz, *mnd.* stolt „stattlich, prächtig, hochgemut“, *spätahd.* stolz „hochmütig“, *[m]niederl.* stout „verwegen, kühn, hochmütig“ bedeutete ursprünglich wohl „steif aufgerichtet“ und gehört demnach ablautend zu der unter ↑*Stelze* behandelten Wortgruppe (vgl. die verwandten Verben *mniederl.* stulten „steif werden, gerinnen“, *schwed.* stulta „tappen, trollen“, eigentlich „steif gehen“). Abl.: **Stolz** „Selbstbewußtsein, Hochmut“ (16. Jh.); **stolzieren** „stolz einhergehen“ (*mhd.* stolzieren, mit *roman.* Endung neben *mhd.* stolzen „stolz sein oder gehen“, das im 18. Jh. unterging).

stopfen: Das *westgerm.* Verb *mhd.* stopfen, *ahd.* (bi-, ver)stopfōn „dicht machen, verschließen“, *niederl.* stoppen „[ver]stopfen, flicken; anhalten“, *engl.* to stop „[ver]stopfen, aufhalten“ ist wohl aus *mlat.* stuppare „mit Werg verstopfen“ entlehnt. Dies gehört zu *lat.* stuppa „Werg“. – Im *Dt.* haben sich aus der ursprünglichen Bed. „ein Loch verschließen“ die Bedeutungen „füllen“ und „hineinstecken“ entwikkelt, wobei wohl ein einheimisches Verb (*mhd.* stopfen, *ahd.* stopfōn „stechen“) eingewirkt hat. Die Bed. „mit Nadel und Faden ausbessern“ zeigt 'stopfen' erst im 18. Jh. Siehe auch den Artikel *stoppen.* – Abl.: **Stopfen** *landsch.* für „Korken“ (18. Jh.), dazu **Steppke** *ugs.,* besonders *berlin.* für „kleiner Kerl“ (19. Jh.; *niederd.* Verkleinerungsbildung); **Stöpsel** (s. d.). Zusammensetzungen und Präfixbildungen: **ausstopfen** (17. Jh.); **vollstopfen** (16. Jh.); **verstopfen** (schon *ahd.,* s. o.), dazu **Verstopfung** (15. Jh.; seit dem 16. Jh. Bezeichnung für die Darmverstopfung). – Siehe auch den Artikel *Stoff.*

Stoppel „Halmstumpf“: Das im *germ.* Sprachbereich nur *dt.* und *niederl.* Wort (*mhd.* stupfel, *ahd.* stupfala, *mnd., niederl.* stoppel) hat sich im *Nhd.* in der von Luther gebrauchten *niederd.-mitteld.* Form Stoppel durchgesetzt. Es ist wahrscheinlich aus *spätlat.* stupula „Strohhalm“ entlehnt, einer Nebenform von *lat.* stipula „Halm“ (vgl. *steif*). In der Bedeutung „kurzes Barthaar“ ist 'Stoppel' seit dem 17. Jh. gebräuchlich. Abl.: **stopp[e]lig** „mit Stoppelhaaren besetzt“ (17. Jh.); **stoppeln** „im Stoppelfeld Ähren lesen“ (15. Jh.; ähnlich *mhd.* stupfeln; seit dem 16. Jh. übertragen für „wahllos zusammensuchen; aus Büchern kompilieren“, besonders in der Zusammensetzung **zusammenstoppeln,** 18. Jh.).

stoppen „anhalten, haltmachen“: Die *niederd.-mitteld.* Form von ↑*stopfen* bedeutet seit dem 16. Jh. auch „im Lauf aufhalten“ (eigentlich „durch ein Hindernis sperren“) und wird so seit dem 18. Jh. in der Jagd ('die Meute stoppen') und besonders im Seewesen gebraucht ('ein Tau, eine Maschine stoppen'). Hier und in der neueren Sportsprache (beachte die Ableitung **Stopper** „Mittelläufer im Fußballspiel“) hat auch das entsprechende *engl.* to stop „anhalten“ eingewirkt. Die Befehlsform **stopp!** „halt!“ (*engl.* stop!) ist als seemännischer Zuruf seit Anfang des 19. Jh.s bezeugt, ihre Substantivierung **Stopp** „Einhalt“ schon im 18. Jh. Die Zusammensetzung **Stoppuhr** „Uhr zum genauen Messen von Zeitspannen" erscheint Anfang des 19. Jh.s als Lehnübersetzung von *engl.* stop-watch (18. Jh.).

Stöpsel „Flaschenverschluß aus Glas, Holz, Kork und dgl.": Das ursprünglich *nordd.* Wort (18. Jh.) ist eine Substantivbildung zu dem unter ↑*stopfen* (*niederd., mitteld.* stoppen) dargestellten Verb. In der Umgangssprache wird 'Stöpsel' auch im Sinne von „kleines [dickliches] Kind" gebraucht. Abl.: **zustöpseln** „mit einem Stöpsel verschließen" (18. Jh.).

Stör: Die Herkunft des *altgerm.* Fischnamens *mhd.* stör[e], stür[e], *ahd.* stur[i]o, *niederl.* steur, *aengl.* styria, *schwed.* stör ist nicht geklärt.

Storch: Der *altgerm.* Vogelname *mhd.* storch[e], storc, *ahd.* stor[a]h, *niederl. mdal.* stork, *engl.* stork, *schwed.* stork gehört zu der unter ↑*starren* dargestellten *idg.* Wortgruppe. Näher verwandt sind die bei ↑stark genannten *germ.* Verben für „steif werden, erstarren"; der Storch ist nach seinem steifen Gang als „Stelzer" benannt worden. Die gleiche Vorstellung zeigen noch die *ugs.* Wendung 'gehen wie der Storch im Salat' (erste Hälfte des 19. Jh.s) und das gleichfalls *ugs.* Verb **storchen** „steif gehen" (um 1900). Zus.: **Storchschnabel** (als Pflanzenname *mhd.* storcksnabel, *ahd.* storkessnabul, nach der schnabelförmigen Frucht; seit dem 18. Jh. Bezeichnung eines Zeichengeräts mit spitzwinklig gekreuzten Schienen).

stören: *Mhd.* stœren, *ahd.* stōr[r]en, *niederl.* storen bedeuteten ursprünglich „verwirren, zerstreuen, vernichten" und stehen im Ablaut zu *mhd.* stürn „stochern, antreiben", *engl.* to stir „aufrühren". Weiterhin verwandt sind *aisl.* styrr „Tumult, Kampf" und wohl auch das unter ↑*Sturm* behandelte Substantiv. *Außergerm.* Beziehungen der Wortgruppe sind nicht gesichert. Präfixbildungen: **entstören** „Störungen [des Funkempfangs], etwas als Störungsquelle beseitigen" (1. Hälfte des 20. Jh.s); **verstört** „verwirrt" (16. Jh.; eigentlich 2. Part. zu dem heute veralteten verstören [*mhd.* verstœren „vertreiben; beunruhigen, verwirren; vernichten"]) und **zerstören** „verwüsten, vernichten" (*mhd.* zerstœren), dazu **Zerstörer** (*spätmhd.* zerstœrer; seit dem 19. Jh. Bezeichnung eines schnellen Kriegsschiffstyps). Beachte noch die Zusammenrückung **Störenfried** (16. Jh.; eigentlich '[ich] störe den Frieden').

störrisch „mürrisch, widerspenstig": Das seit dem 16. Jh. neben seltenerem **störrig** bezeugte Adjektiv ist eine Ableitung von dem heute nur *mdal.* gebräuchlichen 'Storren' „Baumstumpf" (*mhd.* storre, *ahd.* storro), das ablautend zur Sippe von ↑*starren* gehört. Das Adjektiv bedeutet also eigentlich „starr wie ein Baumstumpf".

Story: Die Bezeichnung für „[Kurz]geschichte, Erzählung" wurde im 20. Jh. aus gleichbed. *engl.-amerik.* story (bzw. short story „Kurzgeschichte") entlehnt. Dies steht mit anderer lautlicher Entwicklung neben history und geht wie dieses auf *lat.* historia (vgl. *Historie*) zurück, vermittelt durch *afrz.* estoire (entsprechend *frz.* histoire).

stoßen: Die *germ.* starken Verben *mhd.* stōȥen, *ahd.* stōȥan, *got.* stautan, *niederl.* stoten, *aisl.* (schwach) stauta sind eng verwandt mit *lat.* tundere „stoßen, schlagen, hämmern" und *aind.* tudáti „stößt, schlägt, sticht". Sie gehören mit diesen zu der vielfach weitergebildeten und erweiterten *idg.* Wurzel *[s]teu- „stoßen, schlagen". Aus dem *germ.* Sprachbereich stellen sich zu dieser Wurzel z. B. die unter ↑*Steiß* (eigentlich „Abgestutztes"), ↑[1]*stutzen* (eigentlich „anstoßen"), ↑[2]*stutzen* „beschneiden" und ↑*stottern* (eigentlich „wiederholt anstoßen"), ferner die unter ↑*Stief...* (eigentlich „abgestutzt, beraubt") und ↑*Tüpfel* (eigentlich „[leichter] Stoß, Schlag") und wohl auch die unter ↑*verstauchen* (eigentlich „gewaltsam stoßen, zerren"), ↑*stochern* (eigentlich „stoßen, stechen"), ↑*Stück* (eigentlich „Abgeschlagenes") und ↑*Stock* (eigentlich „abgeschlagener Ast oder Stamm") behandelten Wörter. *Außergerm.* sind z. B. verwandt *griech.* týptein „schlagen", *griech.* tȳpos „Schlag, Eindruck" (↑Typ) und *lat.* stupere „betäubt, starr sein" (↑stupid). – Abl.: **Stoß** (*mhd., ahd.* stōȥ „Stoß, Stich"; seit dem 15. Jh. auch „aufgeschichteter [Holz]haufen"); **Stößel** „Stoßgerät" (*mhd.* stœȥel, *ahd.* stōȥil); **Stößer** „Stößel; Sperber" (15. Jh.; im 16. Jh. stosser „Habicht"). Zusammensetzungen und Präfixbildungen: **abstoßen** „weg-, zurückstoßen; verkaufen; (das Schiff) vom Ufer lösen" (*mhd.* abestōȥen, *ahd.* abastōȥan „hinabstoßen, entfernen"), dazu das adjektivische 1. Part. **abstoßend** „Abscheu erregend" (Ende des 18. Jh.s, eigentlich wie 'anziehend' vom Magneten gesagt); **anstoßen** „an etwas stoßen; die Gläser klingen lassen" (*mhd.* anestōȥan; *ahd.* anastōȥan; in der zweiten Bedeutung seit dem 18. Jh. bezeugt), dazu **Anstoß** „Anregung; Ärgernis" (*mhd.* anstōȥ „Angriff, Anfechtung") und **anstößig** „Ärgernis erregend" (16. Jh.; *spätmhd.* für „strittig"); **verstoßen** „forttreiben; zuwiderhandeln" (*mhd.* verstōȥen, *ahd.* firstōȥan), dazu **Verstoß** „Fehler, Vergehen" (17. Jh.); **vorstoßen** „nach vorn stoßen, angreifen" (*ahd.* furistōȥan, *mhd.* nicht belegt; als militärisches Fachwort erst im 19. Jh.), dazu **Vorstoß** „Angriff (19. Jh.; älter in der Bed. „Kleid-, Uniformbesatz").

stottern: Das im 16. Jh. aus *niederd.* stotern, stötern ins *Hochd.* übernommene Verb ist eine Iterativbildung zu *niederd.* stōten „stoßen" (vgl. *stoßen*) und bezeichnet eigentlich das wiederholte Anstoßen mit der Zunge beim Sprechen (als Sprachfehler oder in Erregung, Trunkenheit und dgl.). Mit scherzhafter Übertragung gilt 'stottern', besonders in der Zusammensetzung **abstottern,** auch *ugs.* für „ratenweise [ab]zahlen" (20. Jh.). Abl.: **Stotterer** (17. Jh.).

stracks „geradeaus, sofort": Das *dt.* Adverb, dem *niederl.* straks „vorhin; bald, gleich" entspricht, ist der erstarrte Genitiv des heute veralteten und nur noch *mdal.* gebräuchlichen Adjektivs 'strack' „gerade; straff", auch „völlig betrunken" (s. u.). Es hat sich schon in *mhd.* Zeit (*mhd.* strackes) verselbständigt, wahrscheinlich durch Kürzung von Fügungen wie 'stracks laufs' „in geradem Laufe", 'stracks wegs' „geradewegs", die seit dem 15. Jh. bezeugt sind. In räumlichem Sinn wird heute meist die Zusammensetzung 'schnurstracks' (↑Schnur) gebraucht. Das Adjektiv **strack** (*mhd., ahd.* strac, *niederl.* strak, *aengl.* stræc) gehört im Sinne von „steif, straff" zu der unter ↑*starren* dargestellten Wortgruppe. Von 'strack' abgeleitet ist das Verb ↑strecken.

strafen: Das Verb *mhd.* strāfen „tadelnd zurechtweisen, schelten" (ähnlich *mnd.* straffen, *[m]niederl.* straffen „tadeln, bestrafen", *afries.* straffia „anfechten, schelten") ist nicht sicher erklärt. Möglicherweise besteht ein Zusammenhang mit den unter ↑*straff* genannten Wörtern. Die Bedeutungen „mit einer [gerichtlichen] Strafe belegen" und „züchtigen" treten erst im 13. Jh. auf. Neben dem Verb steht das Substantiv **Strafe** „etwas, womit jemand bestraft wird, was jemandem zur Sühne, als Buße für ein Unrecht, eine schlechte Tat o. ä. auferlegt wird" (*mhd.* strāfe „Schelte, Tadel, Züchtigung", entsprechend *mnd.* straffe, *niederl.* straf). Abgeleitete Bildungen sind **strafbar** „gegen das Gesetz verstoßend und unter Strafe gestellt" (15. Jh.), **sträflich** „verantwortungslos, unverzeihlich" (*mhd.* stræflich „tadelnswert") und **Sträfling** „Strafarbeiter, Strafgefangener" (18. Jh.). – Beachte auch die Präfixbildung **bestrafen** „mit einer Strafe belegen" (*mhd.* bestrafen „tadeln, zurechtweisen").

straff „angespannt, stramm; gut durchorganisiert". Das auf das *dt.* und *niederl.* Sprachgebiet beschränkte Adjektiv (*spätmhd.* straf „streng, hart", *niederl.* straf) ist wohl verwandt mit *mnd.* stref „angespannt" (von der Bogensehne) und *ostfries.* strabben „ausdehnen", weiterhin vielleicht mit der unter ↑*starren* behandelten Wortgruppe; s. auch *streben* und *strafen.* Abl.: **straffen** „fest anziehen" (18. Jh.).

Strahl: Das *westgerm.* Substantiv *mhd.* strāl[e], *ahd.* strāla, *niederl.* straal, *aengl.* strǣl wurde in den älteren Sprachzuständen in der Bed. „Pfeil" gebraucht. Es ist verwandt mit der *baltoslaw.* Sippe von *russ.* strela „Pfeil" und gehört im Sinne von „Streifen, Strich" zu der *idg.* Wurzel *ster[ə]- „über etwas hinwegstreifen, -streichen; ausbreiten, hinstreuen". Ursprünglich „Streifen, Strich" bedeuteten auch die unter ↑*Strieme* und ↑*Strähne* behandelten verwandten Wörter. Zu der vielfach weitergebildeten und erweiterten *idg.* Wurzel stellen sich aus dem *germ.* Sprachbereich ferner die Sippen von ↑streichen, ↑streifen und ↑streuen (mit 'Streu' und ↑Stroh) sowie die unter ↑*Stirn* (eigentlich „ausgebreitete Fläche") und ↑*Strand* (eigentlich „Streifen") behandelten Substantive. Als „Ausgestreutes" gehört vielleicht auch ↑Stern hierher. *Außergerm.* sind z. B. verwandt *aind.* str̥ṇā̆ti „streut hin, bestreut", *russ.* pro-steret' „ausbreiten, -dehnen", *lat.* sternere „hinbreiten, -streuen", dazu 'strata via' „gepflasterter Weg" (↑Straße), *lat.* stramen „Streu" und *lat.* struere „aufschichten, übereinanderlegen" (↑Struktur). – Die Bed. „Pfeil" hat 'Strahl' im *Dt.* bis ins 16. Jh. bewahrt, aber schon in *ahd.* Zeit wurde es, wohl unter dem Einfluß antiker Vorstellungen, auf den Blitz (*ahd.* donarstrāla, eigentlich „Donnergeschoß"), übertragen. Auch in der Bed. „Sonnen-, Lichtstrahl" (seit dem 16. Jh.) war das Wort zunächst bildlich gemeint. Heute ist dieser Ursprung vergessen, der allgemeine wie der fachsprachliche Gebrauch des Wortes geht nur noch von der Vorstellung des geradlinigen Lichtstrahls aus, so besonders in der Physik (seit dem 18. Jh.). Abl.: **strahlen** „Strahlen aussenden; glänzen; sehr froh und glücklich aussehen" (16. Jh.; zuerst vom Blitz), dazu **Strahlung** (17. Jh.; als physikalischer Begriff besonders im 19. Jh. ausgebildet); **strahlig** „strahlenförmig angeordnet" (18. Jh.; neben älterem 'strahlicht').

Strähne: Das auf das *dt.* und *niederl.* Sprachgebiet beschränkte Wort (*mhd.* stren[e], *ahd.* streno, älter *niederl.* streen) bezeichnet einen Streifen oder eine Flechte von Haar, Garn und dgl., das entsprechende *schwed. mdal.* strena einen Striemen auf der Haut. Die Wörter gehören mit der Grundbedeutung „Streifen" zu der unter ↑*Strahl* dargestellten *idg.* Wortgruppe. Abl.: **strähnig** „Strähnen bildend" (19. Jh.; *mhd.* in: drīstrenec „dreifädig").

stramm „gespannt, prall, kräftig; streng": Das zu Anfang des 18. Jh.s aus dem *Niederd.* ins *Hochd.* übernommene Wort wurde erst im 19. Jh. durch die preußische Militärsprache allgemeiner verbreitet. Es geht zurück auf *mnd.* stram „gespannt, steif, aufrecht" (vgl. *niederl.* stram „steif"). Die Wörter sind vielleicht verwandt mit *norw. mdal.* stremba „ausspannen", stremben „aufgebläht" und gehören wohl zu der unter ↑*starren* dargestellten Wortgruppe. Seit Ende des 19. Jh.s erscheinen die jetzt zusammengerückten Fügungen **strammstehen** „militärisch geradestehen" und **strammziehen** „stramm anziehen, fest spannen" (beachte dazu die Wendung 'jemandem die Hosen strammziehen' „jemandem Schläge aufs Gesäß geben").

strampeln „mit den Beinen zappeln" (besonders von Kleinkindern): Das im *Hochd.* seit dem 15. Jh. bezeugte Verb ist wohl eine Iterativbildung zu *mnd.* strampen (*oberd.* strampfen) „mit den Füßen stampfen". Vgl. auch *mnd.* strumpeln, *niederl.* strompelen „stolpern". Die weitere Herkunft der Wörter ist ungewiß.

Strand: Die Bezeichnung des flachen Uferstreifens am Meer (seltener des Fluß- und Seeufers) ist ursprünglich ein *nordgerm.* Wort (*aisl.* strǫnd, *schwed.* strand), das ins *Aengl.* (*engl.* strand) und Ende des 13. Jh.s ins *Dt.* und *Niederl.* entlehnt worden ist (*mhd., mnd.* strant, *niederl.* strand). Es ist ablautend verwandt mit *aisl.* strind „Seite, Rand" und gehört wahrscheinlich im Sinne von „Streifen" zu der unter ↑*Strahl* behandelten Wortgruppe. Abl.: **stranden** „mit dem Schiff auf den Strand geraten, scheitern" (15. Jh.; seit dem 17. Jh. oft übertragen gebraucht). Zus.: **Strandbad** (20. Jh.); **Strandgut** „am Strand angetriebene Sachen" (17. Jh.).

Strang „Strick": Das *altgerm.* Substantiv *mhd., ahd.* stranc, *niederl.* streng „Strähne, Strang", *engl.* string „Schnur, Saite", *schwed.* sträng „Saite, Bogensehne, Strang" gehört mit verwandten Wörtern in anderen *idg.* Sprachen zu einer Wurzelform *stren-k-, *stren-g[h]- „straff, beengt, zusammengedreht", vgl. z. B. *griech.* straggós „gedreht", straggaláein „erdrosseln" (↑strangulieren), *ir.* sreang „Strang" und *lett.* stringt „stramm werden". Im *germ.* Sprachbereich ist z. B. das unter ↑*streng* behandelte Adjektiv verwandt. Abl.: **strängen** „[Pferde] anspannen", meist in der Zusammensetzung **ansträngen** (18. Jh.; s. auch 'anstrengen' unter streng).

strangulieren „erdrosseln": Das Wort wurde im 16. Jh. aus gleichbed. *lat.* strangulare entlehnt, das seinerseits aus gleichbed. *griech.* straggaláein stammt. Das *griech.* Wort ist mit *dt.* ↑*Strang* verwandt.

Strapaze „große Anstrengung, Beschwerlichkeit": Das seit dem 16. Jh. als 'Strapat', dann seit dem 17. Jh. als 'Strapatz' bezeugte Fremdwort (Genuswandel wohl nach deutschen Synonymen wie 'Mühe', 'Anstrengung') ist aus gleichbed. *it.* strapazzo entlehnt. Dies gehört zu *it.* strapazzare „überanstrengen", aus dem Anfang des 17. Jh.s unser Verb **strapazieren** „übermäßig anstrengen, beanspruchen; abnutzen, verbrauchen" übernommen wurde. Die Herkunft von *it.* strapazzare ist unklar. – Abl.: **strapaziös** „anstrengend, beschwerlich" (19. Jh.; mit französierender Endung gebildet).

Straße: Das *westgerm.* Substantiv *mhd.* strāʒe, *ahd.* strāʒ[ʒ]a, *niederl.* straat, *engl.* street beruht auf einer frühen Entlehnung aus *spätlat.* strata (via) „gepflasterter Weg, Heerstraße". Das *lat.* Wort, das auch in *roman.* Sprachen weiterlebt (vgl. z. B. *it.* strada „Straße, Weg" und *span.* estrada „Landstraße"), ist eine Bildung zu *lat.* sternere (stratum) „ausbreiten, hinbreiten, hinstreuen; ebnen; bedecken, bestreuen" (etymologisch verwandt mit *dt.* ↑*streuen*) bzw. singgemäß zu 'sternere viam' „einen Weg (mit Steinen) bestreuen, pflastern". – Beachte in diesem Zusammenhang auch die Bildung *lat.* con-sternere „hin-, ausbreiten; niederstrecken", dessen Intensivum *lat.* consternare „scheu, stutzig machen, verwirren" unserem Fremdwort ↑konsterniert zugrunde liegt.

Stratege „Feldherr, [Heer]führer": Das Fremdwort wurde im 19. Jh. nach dem Vorbild von gleichbed. *frz.* stratège aus *griech.* strat-ēgós „Heerführer, Feldherr; Leiter" entlehnt, das seinerseits zu *griech.* stratós „Heer" und *griech.* ágein „führen" (vgl. *Achse*) gehört. – Dazu: **Strategie** „Kunst der Heerführung, Feldherrnkunst; [geschickte] Kampfplanung" (Ende 18. Jh.; nach entsprechend *frz.* stratégie aus *griech.* strat-ēgía „Heerführung; Feldherrnkunst"); **strategisch** „die Strategie betreffend" (19. Jh.; nach entsprechend *frz.* stratégique aus *griech.* stratēgikós).

sträuben: Das nur *dt.* Verb (*mhd.* strūben, *ahd.* strūbēn) gehört zu dem Adjektiv älter *nhd.* straub, *mhd.* strūp „emporstarrend, rauh" (vgl. *niederl.* stroef „schroff, trotzig"), das im 17. Jh. durch das verwandte ↑struppig abgelöst wurde (s. auch *strubbelig*). Die Wortgruppe stellt sich mit verwandten *außergerm.* Wörtern (z. B. *lit.* strùbas „kurz, abgestutzt") zu der *idg.* Wurzel *[s]ter- „starr" (vgl. *starren*). Im *Nhd.* bedeutet 'sträuben' zunächst „(Federn oder Haare) emporrichten" (wie es angegriffene Tiere tun), danach reflexiv übertragen „sich gegen etwas wehren" (seit dem 14. Jh.). Beachte die Zusammensetzung **haarsträubend** „entsetzlich" (19. Jh.).

Strauch: Das zuerst im *mitteld.* und *niederd.* Sprachgebiet bezeugte Wort (*mhd.* strūch, *mnd.* strūk; entsprechend *niederl.* struik) bezeichnet ein niedriges, verzweigtes Holzgewächs (z. B. den Brombeer-, Rosenstrauch). Es ist wahrscheinlich verwandt mit *lit.* strùgas „kurz, verstümmelt", weiterhin mit der unter ↑*starren* dargestellten *idg.* Wortgruppe. Abl.: **Gesträuch** „Gebüsch" (*spätmhd.* gestriuche); **strauchig** (16. Jh.). Die Zusammensetzung **Strauchdieb** (*mnd.* strūkdēf) bezeichnete ursprünglich den Straßenräuber, der sich im Gebüsch versteckt; sie wird heute noch abschätzig oder scherzhaft gebraucht.

straucheln „stolpern, einen Fehltritt tun": *Spätmhd. (mitteld.)* strūcheln, *niederl.* struikelen sind wahrscheinlich Intensivbildungen zu dem allerdings nur *oberd.* bezeugten Verb *mhd.* strūchen, *ahd.* strūchōn „anstoßen, stolpern, stürzen", dessen Herkunft nicht geklärt ist. In der übertragenen Bed. „eine [sittliche] Verfehlung begehen" ist 'straucheln' zuerst durch die Lutherbibel üblich geworden.

[1]**Strauß** „Kampf, Streit": Das heute nur noch übertragen gebrauchte Wort (*mhd.* strūʒ), dem außerhalb des Deutschen nur *engl. mdal.* strout „Streit, Hader" entspricht, ist verwandt mit dem im *Nhd.* untergegangenen Verb *mhd.* striuʒen „sträuben, spreizen" und bezeichnete ursprünglich den heftigen, plötzlich entstehenden Streit. Über weitere Beziehungen vgl. den Artikel *strotzen.*

[2]**Strauß** „[Blumen]büschel": Das nur *dt.* Wort ist zuerst im 16. Jh. bezeugt und bedeutete anfangs „Federbusch" (bei Vögeln und auf Helmen), z. T. auch „Strauch" (beachte die schon *mhd.* Kollektivbildungen gestriuʒe, striuʒah „Buschwerk"). Die heutige Hauptbedeutung „zusammengebundener Blumenstrauß" begegnet seit Ende des 16. Jh.s. Wahrscheinlich gehört das Wort im Sinne von „Hervorstehendes" zu der unter ↑*strotzen* behandelten Wortgruppe (vgl. *aisl.* strūtr „kegelförmige Hutspitze"). Zus.: **Straußwirtschaft** „vorübergehend betriebener Ausschank für eigenen [neuen] Wein" (Mitte des 19. Jh.s; nach den zur Kennzeichnung über der Eingangstür angebrachten, mit bunten Bändern geschmückten Zweigen [„Strauß"]).

[3]**Strauß:** Der Name des flugunfähigen Laufvogels *mhd.* strūʒ[e], *ahd.* strūʒ (vgl. entsprechend *niederl.* struis[vogel] und *aengl.* strūta, strȳta) beruht auf sehr früher Entlehnung aus einer *vlat.* Form von *lat.* struthio „Strauß", das seinerseits Lehnwort aus gleichbed. *griech.* strouthíōn ist. Letzteres steht für *griech.* stroũthos (mégas) „großer Vogel; Strauß". Die weitere Herkunft des Wortes ist nicht gesichert.

streben: Das auf das *dt.* und *niederl.* Sprachgebiet beschränkte Verb (*mhd.* streben, *ahd.* strebēn, *niederl.* streven) bedeutete ursprünglich „sich [angestrengt] bewegen, kämpfen" und geht auf ein gleichbedeutendes, resthaft noch im *Mhd.* erhaltenes starkes Verb zurück. Daneben zeigt sich in älteren Sprachzuständen die Bed. „steif sein, sich strecken", die auf Verwandtschaft mit *mnd.* stref „straff, ausgespannt" weist (s. auch den Artikel *straff*). Beide Bedeutungen legen die Verknüpfung mit der unter ↑*starren* dargestellten *idg.* Wortgruppe nahe. – Schon in *mhd.* Zeit wurde 'streben' von der körperlichen Bewegung her auf die Anspannung der Gedanken und des Willens übertragen. Die alte Vorstellung der Bewegung im Sinne von Schub und Druck zeigen noch die bautechnischen Fachwörter **Strebe** „schräge Stütze" (16. Jh.; dazu **verstreben** „mit Streben versteifen", 19. Jh.), **Strebebogen** „Stützbogen" (16. Jh.) und **Strebepfeiler** (15. Jh.); sie werden erst seit dem 18. Jh. als „emporragende" Stützen aufgefaßt. Sonst schließen sich die Ableitungen und Zusammensetzungen an die übertragene Bedeutung des Verbs an: **Streber** (im 16. Jh. „jemand, der sich widersetzt", später „jemand, der nach etwas trachtet"; seit der zweiten Hälfte des 19. Jh.s abschätzig für „ehrgeiziger, übertrieben fleißiger Mensch"); **strebsam** „fleißig, zielbewußt" (Anfang des 19. Jh.s); **zielstrebig** (Ende des 19. Jh.s). Schon *mhd.* erscheint **widerstreben** „Widerstand leisten".

strecken: Das *westgerm.* Verb *mhd.* strecken, *ahd.* strecchen, *niederl.* strekken, *engl.* to stretch ist das Bewirkungswort zu dem unter ↑*stracks* behandelten Adjektiv und bedeutet eigentlich „gerade, strack machen", dann „ausdehnen, recken" und „ausgestreckt hinlegen". Zu der letzten Bedeutung gehört die Wendung 'die Waffen strecken' „sich ergeben" (18. Jh.). Abl.: **Strecke** „Linie oder Weg von bestimmter Länge" (17. Jh.; *mhd.* in zilstrecke „Strecke Wegs"), bergmännisch für „waagerechter Grubenbau" (17. Jh.), weidmännisch für „Gesamtheit des auf einer Jagd erlegten Wildes" (das nach bestimmten Regeln in Reihen 'gestreckt' wird, 19. Jh.; dazu die Wendung 'zur Strecke bringen' „erlegen"). Zus.: **niederstrecken** „zu Boden werfen; töten" (Ende des 18. Jh.s; *mhd.* niderstrecken „ausgestreckt hinlegen"); **vollstrecken** (↑voll); **vorstrecken** „nach vorn strekken; leihen" (*mhd.* vürstrecken, *ahd.* furistrecchen; in der 2. Bedeutung seit dem 16. Jh. bezeugt). Die Präfixbildung **erstrecken** (*mhd.* erstrecken „ausstrecken, ausdehnen") wird heute nur reflexiv im Sinne von „eine bestimmte Ausdehnung, Dauer haben, umfassen" gebraucht.

Streich: Das Substantiv *mhd.* streich „Schlag, Hieb", dem gleichbed. *engl.* stroke entspricht, ist eine Bildung zu dem unter ↑*streichen* behandelten Verb in dessen heute veralteter Bed. „schlagen"; beachte die Zusammensetzungen **Backenstreich** (15. Jh.) und **Zapfenstreich** (↑Zapfen). Seit dem 17. Jh. bezeichnet das Wort unerwartete Schläge und Unternehmungen (z. B. **Handstreich,** ↑Hand), vor allem mutwillige, lustige oder [hinter]listige Handlungen, wobei man jemandem einen Schlag versetzt, jemanden täuscht oder hereinlegt (beachte die Wendung 'jemandem einen Streich spielen').

streicheln: Zu dem unter ↑*streichen* (*mhd.* strīchen) behandelten starken Verb gehört das *westgerm.* schwache Verb *mhd.* streichen, *ahd.* streihhōn, *mnd.* strēken, *aengl.* strācian (*engl.* to stroke) „leicht berühren, streicheln". Es ist im *Nhd.* mit seinem Grundverb lautlich zusammengefallen und durch die gleichbedeutende Weiterbildung 'streicheln' (16. Jh.) ersetzt worden.

streichen: Das *westgerm.* starke Verb *mhd.* strīchen, *ahd.* strīhhan, *niederl.* strijken, *engl.* to strike (↑Streik) geht mit verwandten Wörtern in anderen *idg.* Sprachen auf die unter ↑*Strahl* dargestellte *idg.* Wurzel *ster[ə]- „streifen, streichen" zurück, vgl. z. B. *lat.* stringere „[ab]streifen", *lat.* striga „Strich, Streifen" und *lat.* strigilis „Schabeisen" (daher unser Lehnwort **Striegel** „Pferdekamm", *mhd.* strigel, *ahd.* strigil), ferner die *baltoslaw.* Sippe von *russ.* strič' „scheren". Nahe mit 'streichen' verwandt sind die ablautenden unter ↑*Streich,* ↑*streicheln* und ↑*Strich* behandelten *dt.* Wörter. – Abl.: **Streicher** „Spieler eines Streichinstruments (im Orchester)" (19. Jh.; Neubildung zu der jetzt veralteten Fügung 'die Geige streichen', beachte schon *mhd.* strīchen in der Bed. „musizieren"; älter *nhd.* Streicher, *spätmhd.* strīcher bezeichnete verschiedene Handwerker und Kontrollbeamte; s. auch 'Landstreicher' unter *Land*). Zusammensetzungen und Präfixbildungen: **Streichholz** „Zündholz" (19. Jh.; mit anderem Sinn seit dem 15. Jh. Name eines Geräts zum Abstreichen von Maßgefäßen, die 'gestrichen voll' sein sollten); **abstreichen** „Überflüssiges abstreifen und entfernen" (*mhd.* abestrīchen), dazu **Abstrich** „unreiner Schaum beim Erzschmelzen" (16. Jh.), „Probe von Körperabsonderungen" (medizinisches Fachwort, 20. Jh.), „Kürzung [von Geldmitteln]" (19. Jh.); **anstreichen** „durch Striche bezeichnen; anmalen" (*mhd.* anestrīchen „salben"), dazu **Anstreicher** *landsch.* für „Maler" (19. Jh.), **Anstrich** „Tünche, Bemalung" (16. Jh.; oft übertragen gebraucht; in anderm Sinn *mhd.* anstrich „Strich auf der Geige"); **verstreichen** „glattstreichen, verschmieren; vorübergehen, vergehen" (*mhd.* verstrīchen „überstreichen; vergehen", *ahd.* farstrīchan „tilgen").

streifen: Das nur *dt.* Verb (*mhd.* streifen „gleitend berühren; abhäuten; [umher]ziehen, marschieren") gehört wie das ablautende, im *Nhd.* lautlich mit ihm zusammengefallene Substantiv ↑Streif[en] zu der unter ↑*Strahl* behandelten Wortgruppe. Es entspricht in seinen Bedeutungen dem verwandten ↑streichen, doch hat sich die Bed. „umherziehen, schweifen" besonders im *Nhd.* stärker ausgebildet. Beachte die Zusammensetzung **abstreifen** „[eine Hülle] abziehen, entfernen" (*mhd.* abestreifen). Abl.: **Streife** „Polizeipatrouille" (Ende des 18. Jh.s; seit dem 16. Jh. neben veraltetem 'Streif' für „militärischer Streifzug"). Zus.: **Streifband** „zum Versand um etwas herumgelegter breiter Papierstreifen" (19. Jh.); **Streifschuß** (18. Jh.).

Streif[en]: *Mhd.* strīfe, *mnd., mniederl.* strīpe „Streifen" und die *nord.* Sippe von *schwed.* stripa „Strähne" gehören wie das Verb ↑streifen zu der unter ↑*Strahl* behandelten Wortgruppe. Außerhalb des *Germ.* entspricht nur *air.* srīab „Streifen". Das Wort bezeichnet im *Dt.* schmale, bandartige Gegenstände oder farbige Linien auf Stoffen, Fellen und dgl. Abl.: **streifig** „mit Streifen versehen" (18. Jh.; älter *nhd.* streificht, *mhd.* strīfeht, *ahd.* strīphat); **gestreift** (*frühnhd.* gestrytft, gestreifft, zu *mhd.* strīfen „mit Streifen versehen").

Streik „gemeinsame, meist gewerkschaftlich gelenkte Arbeitsniederlegung (als Maßnahme in einem Arbeitskampf)": Das Substantiv wurde im 19. Jh. aus gleichbed. *engl.* strike entlehnt und zunächst auf englische Verhältnisse bezogen. Weitere Verbreitung in Deutschland fand es seit dem Streik der Buchdrucker 1865 in Leipzig, auch setzte sich jetzt langsam die eindeutschende Schreibung mit -ei- durch. *Engl.* strike gehört zum Verb *engl.* to strike „die Arbeit einstellen", aus dem unser Verb **streiken** (19. Jh.) übernommen ist. Es bedeutet eigentlich „streichen; schlagen usw." und ist mit *dt.* ↑*streichen* verwandt. Die übertragene Bedeutung des *engl.* Verbs entwickelte sich wohl aus der Fügung 'to strike work' „die Arbeit streichen" (im Sinne von „die Arbeitsgeräte wegstellen").

Streit: Das *altgerm.* Substantiv *mhd., ahd.* strīt, *niederl.* strijd „Kampf, Hader, Wettstreit, Rechtskonflikt, Meinungsstreit", *schwed.* strid „Kampf, Streit" geht vermutlich von einer Grundbedeutung „Widerstreben, Starrsinn, Aufruhr" aus, die in den älteren *dt.* Sprachstufen und im *Nord.* noch auftritt (vgl. z. B. *aisl.* strīđr „hartnäckig, widerspenstig"). Es gehört also wohl zu der unter ↑*starren* dargestellten Wortgruppe. Als Bezeichnung des Waffenkampfes gilt 'Streit' heute nur dichterisch und in Namen historischer Waffen wie **Streitaxt** (*spätmhd.* strītax) und **Streitwagen** (15. Jh.); beachte noch **Streitmacht** „bewaffneter Verband" (18. Jh.). Sonst bezeichnet 'Streit' heute besonders den Rechts- und den Meinungsstreit (beachte dazu **Streitfall** [19. Jh.] und **Streitschrift** „polemische Abhandlung" [16. Jh.]) sowie den persönlichen Zank (z. B. in *ugs.* **Streithammel** „zänkischer Mensch", nach 1800). Abl.: **streitbar** (*mhd.* strītbære „kriegerisch, kampftüchtig"); **streitig** „umstritten" (in der Wendung 'jemandem etwas streitig machen' „jemandem das Anrecht auf etwas bestreiten", 16. Jh.; *mhd.* strītec, *ahd.* strītig bedeutete u. a. „kampflustig; starrsinnig"; s. auch *strittig*), dazu **Streitigkeit** „Zwist" (17. Jh.). Das Verb **streiten** (*mhd.* strīten, *ahd.* strītan, *niederl.* strijden, mit schwacher Flexion *asächs.* strīdian, *aisl.* strīđa) entspricht in seinen Bedeutungen dem Substantiv. Zu dessen Bed. „Wortstreit" stellen sich im *Nhd.* die Zusammensetzung **abstreiten** „leugnen" (*mhd.* abestrīten „im Kampf abgewinnen") und das adjektivische 2. Part. **umstritten** (19. Jh.) sowie die Präfixbildung **bestreiten** „für nicht zutreffend erklären; streitig machen" (so seit dem 18. Jh.; vorher wie *mhd.* bestrīten für „angreifen, bekämpfen" gebraucht; die Bed. „die Kosten tragen; bewältigen" hat sich im 17. Jh. aus dem übertragenen Gebrauch im Sinne von „einer Sache gewachsen sein" entwickelt). Ableitungen zum Verb sind **Streiter** „Kämpfer" (*mhd.* strīter, *ahd.* strītare) und **Streiterei** „Gezänk" (19. Jh.).

streng: *Mhd.* strenge, *ahd.* strengi „stark, tapfer, tatkräftig", *niederl.* streng „streng, stramm", *engl.* strong „stark, kräftig", *aisl.* strangr „heftig, stark, hart" (*schwed.* sträng „streng") gehören zu der unter ↑*Strang* genannten Wurzelform. Die alte Hauptbedeutung „stark, kräftig" geht wohl auf eine Grundbedeutung „fest gedreht, straff" zurück. Im *Dt.* haben sich daraus die Bedeutungen „hart, grimmig" ('strenger Winter') „scharf" ('strenger Geruch') und seit *frühnhd.* Zeit besonders „unnachgiebig, unerbitterlich, genau" entwickelt. Abl.: **Strenge** (*mhd.* strenge, *ahd.* strengī; anders gebildet *engl.* strength „Stärke"); zu veraltetem **strengen** „einengen; straff anziehen" (*mhd., ahd.* strengen „stark machen; bedrängen") gehört wohl die Zusammensetzung [sich] **anstrengen** „[sich] bemühen, die Kräfte spannen" (im 15. Jh. für „inständig bitten; gerichtlich vorgehen", beachte die Wendung 'einen Prozeß anstrengen'), doch hat dabei auch eine Ableitung von ↑Strang eingewirkt (s. dort über *nhd.* ansträngen), denn vom 15. bis 17. Jh. bedeutet 'anstrengen' auch „in der Folter befragen" (eigentlich „mit Stricken festbinden").

Streß: Die Bezeichnung für „erhöhte Beanspruchung, starke Belastung physischer und/oder psychischer Art" wurde 1936 von dem österreichisch-kanadischen Biochemiker und Mediziner Hans Selye (1907–1982) geprägt. Zugrunde liegt *engl.* stress „Druck, Anspannung", das aus distress „Sorge, Kummer" gekürzt ist. Dies geht über gleichbed. *afrz.* destresse letztlich auf *lat.* distringere „beanspruchen; einengen" (vgl. *Distrikt*) zurück. Abl.: **stressen** *ugs.* für „als Streß auf jemanden wirken"; **stressig** *ugs.* für „starken Streß bewirkend; anstrengend".

streuen: Die heutige Form des Verbs hat sich unter einer großen Zahl *mdal.* Formen allein durchgesetzt. Das *gemeingerm.* Verb *mhd.* streuwen, ströuwen, strouwen, *ahd.* strewen, strouwen, *got.* straujan, *engl.* to strew, *schwed.* strö, zu dem sich auch das unter ↑*Stroh* behandelte Substantiv stellt, ist eng verwandt mit *lat.* struere „über-, nebeneinanderbreiten, aufschichten" (vgl. *Strahl*). Abl.: **Streu** „untergebreitetes Lager des Stallviehs" (*mhd.* strewe, ströu[we], anders gebildet *ahd.* gistreuui); gleichbedeutend war ursprünglich **Streusel** (19. Jh.; *mdal.* für „Streu", wie schon *mnd.* strouwelse; als „aus Butter, Zucker und Mehl zubereitetes Klümpchen zum Bestreuen von Kuchen" besonders in der Zusammensetzung **Streuselkuchen,** Anfang des 19. Jh.s). Die Präfixbildung **zerstreuen** (*mhd.* zerströuwen) wird seit dem 14. Jh. auch übertragen im Sinne von

„ablenken" gebraucht; dazu das adjektivische 2. Part. **zerstreut** (das im 18. Jh. durch *frz.* distrait „abgezogen, abgelenkt" beeinflußt wurde) und das Substantiv **Zerstreuung** „Ablenkung, Träumerei, Zeitvertreib" (*spätmhd.* zerströuwunge).

Strich: Das *altgerm.* Substantiv *mhd., ahd.* strich, *got.* striks, *niederl.* streek, *engl.* streak (beachte auch *schwed.* streck „Strich") gehört ablautend zu dem unter ↑*streichen* behandelten Verb. Ursprünglich bedeutete es „gezogene, gestrichene Linie" (besonders beim Zeichnen und Schreiben), dann auch „Vorgang und Richtung des Streichens" (als Erstreckung oder Fortbewegung). So steht 'Strich' für „Landschaft, Zone" (schon *ahd.*, dazu die Zusammensetzung **Landstrich,** 17. Jh.), für „Haar-, Faserrichtung" (dazu die *ugs.* Wendung 'gegen den Strich gehen' „zuwider sein", 18. Jh.), für „Flug, das Hinundherstreifen der Vögel" (17. Jh.) und das Umhergehen der Prostituierten auf einer bestimmten Straße, in einer bestimmten Gegend, um sich zur Prostitution anzubieten (17. Jh.; dazu die Wendung 'auf den Strich gehen', 18. Jh.). Abl.: **stricheln** „mit kleinen Strichen zeichnen, schraffieren" (18. Jh., schon im 17. Jh. als adjektivisches 2. Part. **gestrichelt**). Zus.: **Beistrich** (s. d.); **Strichpunkt** (1641 von Schottel als 'Strichpünctlein' zur Verdeutschung von ↑Semikolon gebraucht).

Strick: Die Herkunft des auf das *dt.* und *niederl.* Sprachgebiet beschränkten Wortes (*mhd., ahd.* stric „Schlinge, Fessel", *niederl.* strik „Schleife, Schlinge, Strick") ist nicht sicher erklärt. Aus der ältesten Bed. „Schlinge" (besonders zum Tierfang), die noch in **Fallstrick** (16. Jh.; heute meist übertragen gebraucht), in 'stricken' (s. u.) und den Präfixbildungen ↑bestricken und ↑verstricken bewahrt ist, hat sich in *mhd.* und *frühnhd.* Zeit die heutige Bed. „kurzes gedrehtes Seil" entwickelt. Wie 'Strang' (s. d.) bezeichnet 'Strick' das Werkzeug des Henkers, beachte das heute nur scherzhaft gebrauchte Scheltwort **Galgenstrick** (16. Jh.). Abl.: **stricken** (*mhd.* stricken, *ahd.* stricchen „knüpfen, schnüren, flechten"; vgl. *aengl.* strician „[Netze] ausbessern"; seit dem 12. Jh. werden gestrickte Kleidungsstücke hergestellt), dazu **Stricknadel** (15. Jh.).

Striegel ↑streichen.

Strieme, auch: **Striemen:** *Mhd.* strieme „farbiger Streifen; blutunterlaufenes Hautmal", *niederl.* striem „Strieme" gehören zu einer Gruppe gleichbed. *dt.* und *niederl.* Wörter mit verschiedenem Stammvokal, die sonst nur *mdal.* erhalten sind, z. B. *mhd.* strām, strīme, *ahd.* strīmo, *niederl. mdal.* straam. Die genannten Wörter gehen alle im Sinne von „Streifen, Strich" auf die unter ↑*Strahl* dargestellte *idg.* Wortgruppe zurück.

strikt „streng; genau; pünktlich": Das seit dem 16. Jh. bezeugte Wort, das lange Zeit vorwiegend in der Adverbform **strikte** (so gelegentlich noch heute) gebräuchlich war, ist entlehnt aus *lat.* strictus „zusammengeschnürt; dicht, straff, eng; streng" (als Adverb: stricte „streng; genau"), dem Partizipialadjektiv von *lat.* stringere (strictum) „schnüren, zusammenziehen, straffen". – Vgl. auch das auf einer Bildung zu *lat.* stringere beruhende Fremdwort *Distrikt.*

stringent ↑Prestige.

Strippe: Der seit dem 17. Jh. bezeugte und seit dem 19. Jh. besonders *berlin.* Ausdruck für „Bindfaden; Schnur", der *ugs.* auch im Sinne von „Fernsprechleitung, Leitungsdraht" gebraucht wird, ist die endrundete Form von *ostmitteld.* Strüppe „Riemen, gedrehter Strick; Bindfaden". Diesem entsprechen *mniederd.* strop[p], *mniederl.* strop[pe] und *mhd.* strupfe „Lederschlinge", die durch *roman.* Vermittlung (vgl. *it.* stroppo, *span.* estrobo, *frz.* étrope „Schlaufe zur Befestigung des Ruders in der Dolle") aus *lat.* stroppus, struppus „gedrehter Riemen; dünner Kranz" entlehnt sind. Das *lat.* Wort stammt seinerseits aus *griech.* stróphos „Seil, Band", das eigentlich „Gedrehtes" bedeutet und eine Bildung zu stréphein „drefen" (vgl. *Strophe*) ist. Auf die *niederd.-ostmitteld.* Form 'Strüppe' hat wohl *mniederd.* strippe „Riemen; Schleife am Geldbeutel; Schlinge" eingewirkt, das mit *dt.* ↑*streifen* verwandt ist.

Striptease: Die Bezeichnung für „Tanznummer in Nachtlokalen, Varietés, bei der sich die Akteure nach und nach entkleiden" wurde in der 2. Hälfte des 20. Jh.s aus gleichbed. *engl.-amerik.* strip-tease entlehnt, das aus to strip „sich ausziehen" (verwandt mit *dt.* ↑*streifen*) und to tease „necken, reizen" gebildet ist. Dazu die Ableitungen **strippen** „einen Striptease tanzen" und **Stripper[in]** „Stripteasetänzer[in]" sowie die Zusammensetzungen **Stripteasetänzer[in]** und **Stripteaseshow.**

strittig „umstritten": Das seit dem 15. Jh. bezeugte ursprünglich *oberd.* Adjektiv gehört zu dem heute nur noch *mdal.* erhaltenen Substantiv 'Stritt' „Streit", einer Substantivbildung zu ↑streiten (vgl. *Streit*). Es wurde in denselben Bedeutungen wie 'streitig' (↑Streit) gebraucht und hat dieses Wort in der Bed. „umstritten" seit dem 18. Jh. weitgehend abgelöst.

strob[e]lig, strobeln ↑strubb[e]lig.

Stroh: Das *altgerm.* Substantiv *mhd.* strō, *ahd.* strao, strō, *niederl.* stro, *engl.* straw, *schwed.* strå („Halm") gehört zu der unter ↑*streuen* behandelten Wortgruppe und bedeutet demnach eigentlich „Ausgebreitetes, Hingestreutes". Abl.: **strohern** „aus Stroh" (16. Jh.; für älteres strohen, *mhd.* strœwīn) **strohig** „wie Stroh; trocken und ohne Geschmack" (17. Jh.). Zus.: **Strohblume** (17. Jh.); **Strohhalm** (15. Jh.); **Strohmann** (seit dem 16. Jh. für „Strohpuppe", seit dem 19. Jh. kaufmännisch für „vorgeschobene Person", nach *frz.* homme de paille); **Strohwitwe** „Frau, deren Mann verreist ist" (wie **Strohwitwer** seit Anfang des 18. Jh.s bezeugt; eigentlich „auf dem [Bett]stroh Alleingelassene[r]").

strohdumm ↑dumm.

Strolch „jemand, der verwahrlost [und gewalttätig] ist": Das ursprünglich *oberd.* Wort ist seit Anfang des 17. Jh.s bezeugt. Seine Herkunft ist nicht geklärt. Abl.: **strolchen** „sich herumtreiben" (18. Jh.).

Strom: Das *altgerm.* Substantiv *mhd.* stroum, strōm, *ahd.* stroum, *niederl.* stroom, *engl.* stream, *schwed.* ström beruht auf einer Bildung zu der *idg.* Verbalwurzel *sreu- „fließen", vgl. z.B. *aind.* srávati „fließt", *griech.* rhéein „fließen" (s. die Fremdwortgruppe um *Rhythmus*) und *lit.* sravė́ti „fließen, sickern". Mit dem *germ.* Substantiv vergleichen sich näher *griech.* rheũma „das Fließen", *air.* srúaim „Fluß" und *russ.* strumen' „Bach". Auch 'Strom' bedeutet eigentlich „das Fließen", doch ist die konkrete Bed. „fließendes Gewässer" schon alt und überwiegt in *nhd.* Zeit. Seit dem 19. Jh. gilt 'Strom' in diesem Sinne nur für große Flüsse. Die Verwendung des Wortes im Sinne von „fließende Elektrizität" (seit dem 18. Jh.) ist von der Vorstellung einer Strömung ausgegangen. Abl.: **strömen** „mit großer, gleichmäßiger Geschwindigkeit in großen Mengen fließen" (17. Jh.), dazu **Strömung** (Ende des 18. Jh.s). Zus.: **Stromlinie** „Bewegungslinie, die jedes Teilchen einer Strömung beschreibt" (20. Jh.); **Stromlinienform** „der [Luft]strömung angepaßte Gestalt (eines Fahrzeugs und dgl.)"; **Stromschnelle** (↑schnell).

Strophe „mehrere zu einer rhythmischen Einheit zusammengeschlossene Verse; Gedicht-, Liedabschnitt": Das Fremdwort ist eine Entlehnung des 17. Jh.s aus gleichbed. *lat.* stropha, das seinerseits aus *griech.* strophḗ übernommen ist. Das *griech.* Substantiv bedeutet eigentlich „das Drehen, das Wenden, Wendung" (zu *griech.* stréphein „drehen, wenden usw."; vgl. dazu auch die auf Bildungen zu *griech.* stréphein beruhenden Fremdwörter 'Apostroph' und 'Katastrophe'). Speziell bezeichnete *griech.* strophḗ die schnelle Tanzwendung des Chors in der Orchestra und das der jeweiligen Wendung entsprechende, zum Tanz vorgetragene Chorlied. Aus diesem Gebrauch des Wortes entwickelte sich dann die allgemeine Bed. „Strophe".

strotzen: *Mhd.* strotzen „[an]schwellen" bedeutet eigentlich „steif emporragen, starren". Ihm entsprechen *engl.* to strut „stolzieren" und *schwed.* strutta „trippeln, stolzieren" (eigentlich „steif, gespreizt gehen"). Weiterhin sind im *germ.* Sprachbereich verwandt *mhd.* striuzen „spreizen, sträuben" und *aengl.* strūtian „hervorstehen" sowie wahrscheinlich die unter ↑[1]*Strauß* „Streit" und ↑[2]*Strauß* „Büschel" behandelten Substantive, ferner ohne anlautendes s z.B. *aengl.* đrūtian „vor Zorn schwellen", *aisl.* þrūtinn „geschwollen" und die unter ↑[2]*Drossel* genannten Bezeichnungen der Luftröhre. *Außergerm.* eng verwandt ist z.B. *kymr.* trythu „schwellen". Alle diese Wörter gehören zu der unter ↑*starren* dargestellten *idg.* Wurzel.

strubb[e]lig (*ugs.* für:) „wirr, struppig": Das auch in der Form **strob[e]lig** gebräuchliche Wort (im 15. Jh. 'strobelecht, strubbelich') ist eine Ableitung von dem Verb **strobeln** „struppig sein oder machen" (*mhd.* strobelen, *ahd.* arstropolōn), das wie das unter ↑*struppig* behandelte Wort zur Sippe von ↑*sträuben* gehört. Derselbe Verbalstamm steckt in der ursprünglich *mitteld. mdal.* Zusammensetzung **Struwwelpeter** „Mensch mit wirrem Haar" (im 18. Jh. 'Strubbelpeter'), die besonders durch das Bilderbuch Heinrich Hoffmanns (Frankfurt 1844) bekannt wurde.

Strudel: Das zuerst *spätmhd.* als strodel, strudel „Strömung, Stromschnelle" bezeugte, nur *dt.* Wort gehört wie das Verb **strudeln** (*spätmhd.* strodeln, strudeln „sieden, brodeln") zu dem untergegangenen starken Verb *ahd.* stredan „wallen, (leidenschaftlich) glühen" zurück. Zu der seit dem 16. Jh. auftretenden, heute allein gültigen Bed. „Kreisdrehung, Wasserwirbel" stellt sich wahrscheinlich *oberd.* Strudel als Name einer oft schneckenförmig gedrehten Mehlspeise.

Struktur „Gefüge, Bau; Aufbau, innere Gliederung": Das vereinzelt schon im *Mhd.* belegte, aber erst seit dem 16. Jh. allgemeiner üblich gewordene Fremdwort geht zurück auf *lat.* structura „ordentliche Zusammenfügung, Ordnung, Sicherheit, Gefüge; Bauwerk; Bau", das von *lat.* struere (structum) „schichten, neben- oder übereinanderlegen, zusammenfügen, aufbauen, errichten" (urverwandt mit *dt.* ↑*streuen*) abgeleitet ist. – Beachte die auf Bildungen zu *lat.* struere beruhenden Fremdwörter ↑instruieren, instruktiv, Instruktion, ↑Instrument, ↑konstruieren, konstruktiv, Konstruktion, Konstrukteur, ↑rekonstruieren, Rekonstruktion.

Strumpf: Das seit dem 13. Jh. bezeugte Wort (*mhd.* strumpf, *mnd.* strump) bedeutete ursprünglich und z.T. bis ins 18. Jh. „[Baum]stumpf, Rumpf" (vgl. *norw. mdal.* strump „schmaler Kübel", eigentlich „ausgehöhlter Baumstamm"). Es ist mit der *baltoslaw.* Sippe von *lit.* strampas „Knüttel, Stumpf" verwandt und gehört vielleicht im Sinne von „Steifes, Festes" zu der unter ↑*starren* dargestellten *idg.* Wortgruppe. Zur Bezeichnung eines Kleidungsstücks wurde 'Strumpf' erst im 16. Jh., als man die damals als Ganzes gearbeitete Bekleidung der unteren Körperhälfte ('Hose' genannt, s.d.) wieder teilte und nun das obere Stück als 'Hose', das untere als 'Strumpf' (eigentlich „Reststück, Stumpf") bezeichnete. Die weitere Entwicklung der Mode hat diesen Ursprung der Bezeichnung bald vergessen lassen. Zu **Blaustrumpf** s. den Artikel *blau*.

Strunk „Stumpf, dicker Stengel" (besonders von Kohl, Salat usw.): Das auf das *dt.* und *niederl.* Sprachgebiet beschränkte Wort (*spätmhd. [mitteld.]* strunk, *niederl.* stronk) ist verwandt mit *norw. mdal.* strokk „kleiner Holzkübel" (eigentlich „[ausgehöhlter] Baumstumpf") und gehört vielleicht mit der Grundbedeutung „gestutzt, verstümmelt" zu der unter ↑*starren* dargestellten *idg.* Wortgruppe (beachte *lit.* strùngas „gestutzt, gekappt" neben gleichbed. strùgas; ↑Strauch).

struppig „rauh, behaart": Das ursprünglich *niederd.* Adjektiv (im 15. Jh. 'strubbich', älter *nhd.* auch 'strupficht') gehört zur Sippe von ↑*sträuben*. Es wird auch von wirrem, blattarmem Gesträuch gesagt (↑Gestrüpp).

Struwwelpeter ↑strubb[e]lig.

Stubben ↑Stief...

Stube: Das *altgerm.* Substantiv *mhd.* stube, *ahd.* stuba „heizbares Gemach, Baderaum", *niederl.* stoof „heizbarer Fußschemel, Feuerkieke; Ofen", *engl.* stove „Ofen", *schwed.* stuga „Häuschen, Wohnstube" bezeichnete wahrscheinlich zunächst einen heizbaren Baderaum oder den darin befindlichen Ofen. Dieser Baderaum befand sich ursprünglich außerhalb des Hauses und wurde später in das Haus einbezogen. Das Wort ging dann auf die heizbare Wohnstube über. Die Herkunft des *germ.* Wortes ist umstritten, seine Ähnlichkeit mit *roman.* Wörtern wie *frz.* étuve, *it.* stufa „Badestube, Schwitzbad" (zu *vlat.* *extuphare „mit Dämpfen erfüllen" und *griech.* ty̅phos „Dampf") ist vielleicht nur zufällig.

Stück: Das *altgerm.* Substantiv *mhd.* stücke, *ahd.* stucki, *niederl.* stuk, *aengl.* stycce, *schwed.* stycke gehört zu der unter ↑*stoßen* dargestellten Wortgruppe. Es bedeutete ursprünglich „abgeschlagener Teil eines Ganzen; Bruchstück", danach „für sich bestehender Teil" (z. B. 'ein Stück Brot', ↑Frühstück) und „(gezähltes) Exemplar" (z. B. 'fünf Stück Vieh'). Übertragene Bedeutungen sind z. B. „Kanone" (16.–18. Jh., dann veraltet, dazu noch **bestücken** „mit Geschützen ausrüsten", 18. Jh.) und „Schauspiel, Bühnenstück" (18. Jh.). Abl.: **stükkeln** „in Stücke [auf]teilen" (*spätmhd.* stückeln), dazu **zerstückeln** (16. Jh.). Zus.: **Stückwerk** „Unvollkommenes" (so seit Luther; im 15. Jh. für „Akkordarbeit", vgl. **Stücklohn** „Akkordlohn", um 1600).

studieren „lernen, [er]forschen; die Hochschule besuchen": Das seit dem 13. Jh. bezeugte Verb geht auf *lat.* studere „etwas eifrig betreiben; sich wissenschaftlich betätigen, studieren" zurück. Aus dessen Part. Präs. studens (studentis) stammt das in der *mlat.* Schulterminologie entwickelte Substantiv **Student** (schon *mhd.* im Sinne von „Lernender, Schüler"); dazu das Adjektiv **studentisch** (16. Jh.) und die scherzhafte Neubildung **Studiker** „Studierender" (*ugs.*, 20. Jh.). – Neben dem *lat.* Verb wurde das dazugehörige Substantiv *lat.-mlat.* studium „eifriges Streben; intensive Beschäftigung, wissenschaftliche Betätigung" entlehnt, und zwar auf mehreren Wegen. In einer unmittelbaren gelehrten Übernahme lebt es fort in unserem Fremdwort **Studium** „wissenschaftliche [Er]forschung; intensive Beschäftigung mit einer Sache; Hochschulausbildung" (15. Jh.). Die Pluralform **Studien,** die als Vorderglied in zahlreichen Zusammensetzungen wie **Studienrat** (19. Jh.), **Studienreise** (19. Jh.) vorkommt, liefert den daraus rückgebildeten selbständigen Singular **Studie** „Übung[sstück]; Vorarbeit, Entwurf, skizzenhafte Darstellung" (Anfang 19. Jh.). Der zweite Entlehnungsweg, der über *it.* studio „Studium; Studie; Arbeitszimmer, Atelier" führt, brachte im 18. Jh. das Fremdwort **Studio** „Künstlerwerkstatt, Atelier; Aufnahmeraum (bei Film, Funk und Fernsehen); Versuchsbühne (für moderne Kunst)".

Stufe: *Mhd.* stuofe, *ahd.* stuof[f]a „Treppen-, Leiterstufe", *niederl.* stoep „Haustürstufe, Freitreppe; Bürgersteig" entsprechen *asächs.* stōpo „Trift, Spur", das wohl die älteste Bedeutung des Wortes zeigt (vgl. *aengl.* stōpel „Fußspur"). Die Wörter sind ablautend mit den unter ↑*Stapfe* und ↑*Staffel* behandelten Substantiven verwandt (vgl. *Stab*). Abl.: **stufen** „in Stufen ordnen" (Anfang des 19. Jh.s, meist in den Zusammensetzungen 'ab-, einstufen'). Zus.: **stufenweise** (16. Jh.).

Stuhl: Das *gemeingerm.* Substantiv *mhd., ahd.* stuol, *got.* stōls, *engl.* stool, *schwed.* stol gehört zu den Nominalbildungen des unter ↑*stehen* dargestellten Verbs und bedeutet eigentlich „Gestell" (vgl. das verwandte *lit.* pa-stōlas „Gestell, Ständer", weiterhin die *slaw.* Sippe von *russ.* stol „Tisch; Thron"). In den *germ.* Sprachen bezeichnete das Wort zuerst den aufgebauten Hochsitz des Fürsten (so z. B. *got.* stōls „Thron") oder des Richters, im *Dt.* seit dem Mittelalter auch das Katheder des Gelehrten (**Lehrstuhl,** *mhd.* lērstuol). Die gewöhnliche Sitzgelegenheit in germanischer Zeit war die Bank (s. d.), doch ist schon früh auch der Stuhl im heutigen Sinn des Wortes bekannt. Die Zusammensetzung **Stuhlgang** (15. Jh.) bedeutet eigentlich „Gang zum [Nacht]stuhl"; das 1. Glied bezieht sich auf ein Gerät für Kranke oder auf den Abortsitz. Aus der zugehörigen Wendung 'zu Stuhl gehen' (14. Jh., vgl. *nhd. ugs.* 'zu Stuhle kommen' „mit etwas fertig werden, zurechtkommen") ergab sich schon *spätmhd.* für 'Stuhl' die Bed. „menschliche Exkremente", die vor allem im medizinischen Sprachgebrauch gilt.

Stulle: Die *nordd.,* besonders *berlin.* Bezeichnung der [bestrichenen] Brotschnitte (im 18. Jh. 'Butterstolle'; *mdal.* immer mit -u-) könnte eine Nebenform des Gebäcknamens Stolle (↑Stollen) sein oder aber auf *südniederl., ostfries.* stul „Brocken, Klumpen, Torfstück" zurückgehen. Dies ist ein Wort, das wohl mit den flämischen Siedlern des Mittelalters nach Brandenburg gelangte. Die Grundbedeutung von 'Stulle' wäre demnach „Brocken, derbes Stück Brot".

stülpen „umkehren, darüberdecken": Das im *Hochd.* seit dem 15. Jh. bezeugte Verb (heute meist 'um-, aufstülpen') stammt wahrscheinlich aus dem *Niederd.* (*mnd.* stulpen „umstürzen"; vgl. *niederl.* stolpen, stulpen „umstürzen, darüberdecken"). Es ist ablautend verwandt mit *schwed.* stjälpa „umstürzen, -kippen" und *[m]niederl., mnd.* stelpen „hemmen". Vgl. weiterhin die unter ↑*stolpern* genannten Wörter und die Substantive *mnd.* stolpe, *schwed.* stolpe „Pfosten, Pfahl", denen die *baltoslaw.* Sippe von *russ.* stolb „Pfeiler, Säule" entspricht. Alle genannten Wörter gehören zu der unter ↑*stellen* dargestellten *idg.* Wurzel *stel- „aufstellen; steif; Pfosten". Die Bed. „umstürzen" hat sich bei 'stülpen' wohl aus „steif sein" entwickelt. Das Substantiv **Stulpe** „Aufschlag an Ärmeln, Handschuhen, Stiefeln und dgl." (im 16. Jh. 'Stulp' „Hutrand", im 18. Jh. 'Stulpe', 'Stülpe' „Ärmelaufschlag", aus dem *Niederd.*) ist wohl eine Rückbildung zu 'stülpen'; dazu die Zusammensetzung **Stulp[en]stiefel, Stulp[en]handschuh** (um 1800). Unmittelbar zum Verb gehört **Stülpnase** „aufgebogene Nase“ (17. Jh.).

Stülz ↑rumpeln.

stumm: Das auf das *dt.* und *niederl.* Sprachgebiet beschränkte Adjektiv (*mhd., ahd.* stum, *niederl.* stom) bedeutete ursprünglich „sprachlich gehemmt“; es gehört mit den unter ↑*stammeln* genannten Wörtern zur Sippe von ↑*stemmen* (eigentlich „Einhalt tun“). In der Hauptbedeutung „unfähig zu sprechen“ hat es das *gemeingerm.* Wort 'dumm' (s. d.) abgelöst. Abl.: **Stummheit** (*spätmhd.* stumheit); **verstummen** „stumm werden, schweigen“ (*mhd.* verstummen, neben *mhd., ahd.* erstummen). Zus.: **taubstumm** (↑taub).

Stummel: Das Substantiv *mhd.* stumbel (entsprechend *[m]niederl.* stommel „Reststück, Stumpf“) geht auf das substantivierte Adjektiv *ahd.* stumbal „verstümmelt“ zurück und ist mit den unter ↑*Stumpf* behandelten Wörtern verwandt. Beachte die Zusammensetzung **Stummelschwanz** „kurzer [gestutzter] Schwanz“ (19. Jh.) und die Präfixbildung **verstümmeln** „beschneiden, (ein Körperglied) abschneiden“ (17. Jh.; schon *mhd.* verstumeln).

Stumpen: Neben ↑*Stumpf* steht eine *oberd.* Form Stumpe[n] „[Baum]stumpf, verstümmeltes Glied“ (im 14. Jh. *mhd.* stumpe). Sie ist heute als 'Stumpen' gemeinsprachlich in den Sonderbedeutungen „Grund- oder Rohform eines Filzhutes“ (19. Jh.) und „stumpf abgeschnittene, kurze Zigarre“ (20. Jh.; zuerst *schweiz. mdal.*).

Stümper (*ugs.* für:) „Nichtskönner“: Das seit dem 14. Jh. zuerst im *Niederd.* und *Mitteld.* bezeugte Wort (*mnd.* stumper, stümper, entsprechend *niederl.* stumper) ist eine Ableitung von *mnd.* stump „Stumpf“ (vgl. *Stumpf*) und bedeutete ursprünglich „schwächlicher, armseliger Mensch (der bemitleitet oder verachtet wird)“. Erst im 17. Jh. entwickelt sich daraus der heutige Sinn „untüchtiger Mensch, der nichts von seinem Handwerk versteht“. Abl.: **stümperhaft** (17. Jh.); **stümpern** „stümperhaft arbeiten“ (17. Jh.).

stumpf: Das mit dem Substantiv ↑*Stumpf* eng verwandte Adjektiv war ursprünglich besonders im *niederd.* und *niederl.* Sprachgebiet verbreitet (*mhd.* stumpf, *spätahd.* stumph, *mnd., mitteld.* stump, *niederl.* stomp). Es bedeutete zunächst „verkürzt, verstümmelt“, dann „ohne Spitze und Schärfe“ und „rund, breit“. Der mathematische Fachausdruck 'stumpfer Winkel' (von über 90°) erscheint zuerst um 1400 und ist wohl Lehnübersetzung von *lat.* angulus obtusus. Abl.: **stumpfen** „stumpf machen“ (seit dem 18. Jh. meist in der Zusammensetzung **abstumpfen** „stumpf machen oder werden; gefühllos, teilnahmslos machen oder werden“ gebraucht); **Stumpfheit** (*spätmhd.* stumpfheit „Gefühllosigkeit“; im 18. Jh. neu aufgekommen). Zus.: **stumpfsinnig** „teilnahmslos; ermüdend, langweilig, dumm“ (15. Jh.), dazu die Rückbildung **Stumpfsinn** (Ende des 18. Jh.s).

Stumpf: Das nur im *dt.* und *niederl.* Sprachgebiet altbezeugte Substantiv lautet *mhd.* stumpf[e], *ahd.* stumph, *mnd.* stump (↑Stümper), *niederl.* stomp; daneben steht mit abweichendem Stammauslaut *oberd.* Stumpe[n] „Stumpf“ (↑Stumpen). Diese Substantive bilden mit dem nahe verwandten Adjektiv ↑stumpf und den unter ↑*Stummel* genannten Wörtern eine Wortgruppe, die von Bedeutungen wie „verstümmelt; steifer Rest eines Baumes oder Körperteils“ ausgeht und weiterhin vielleicht mit der unter ↑*Stab* dargestellten *idg.* Wortgruppe verwandt ist. Beachte die dorthin gehörigen Wörter *lit.* stam̃bas „[Pflanzen]strunk“ und *aind.* stambha-ḥ „Pfosten“. Die eigentliche Bedeutung „Baum-, Pflanzenrest“ zeigt 'Stumpf' auch in der Wendung 'mit Stumpf und Stiel (d. h. völlig) ausrotten' (16. Jh.).

Stunde: Das *altgerm.* Wort *mhd.* stunde, stunt „Zeit[abschnitt], Zeitpunkt; Gelegenheit, Mal; Frist“, *ahd.* stunta „Zeit[punkt], Stunde“, *niederl.* stond[e] „Stunde“, *aengl.* stund „Zeitpunkt, Augenblick, Stunde“, *schwed.* stund „Weile, Augenblick“ ist wahrscheinlich eine ablautende Bildung zu dem unter ↑*Stand* genannten *gemeingerm.* Verb mit der Bed. „stehen“ (*ahd.* stantan usw.). Es bedeutete demnach ursprünglich „Stehen, Aufenthalt, Rast, Pause“, dann „Weile, [Zeit]raum, -[punkt]“ (vgl. den Artikel *Weile*). Zur Bezeichnung eines genau bemessenen Tagesabschnitts (60 Minuten) ist 'Stunde' erst im 15. Jh. geworden. Abl.: **stunden** „Frist geben“ (17. Jh.; schon *mnd.* stunden bedeutete „aufschieben“), dazu **Stundung** (17. Jh.; meist von Zahlungen gesagt; *mnd.* stundinge); **stündlich** „jede Stunde; ständig“ (17. Jh.; *spätmhd.* stundelich).

Stunk ↑stinken.

stupid[e] „stumpfsinnig; beschränkt, dumm“: Das Adjektiv wurde Anfang des 18. Jh.s aus gleichbed. *frz.* stupide entlehnt, das auf *lat.* stupidus „betäubt; verdutzt, verblüfft; borniert, dumm“ zurückgeht. Das zugrundeliegende Verb *lat.* stupere „starr sein, verblüfft sein“ gehört zu den p-Erweiterungen der unter ↑*stoßen* entwickelten *idg.* Wurzel *[s]teu- „stoßen, schlagen“. Für die Bedeutungsentwicklung von *lat.* stupere finden sich zahlreiche Parallelen in anderen Sprachen, beachte z. B. *dt.* 'betroffen sein' und *ugs.* 'bekloppt sein'.

stupsen (*ugs.* für:) „[leicht] stoßen“: Das seit dem Anfang des 19. Jh.s bezeugte Verb ist eine Intensivbildung zu *mitteld.* stuppen „stoßen“ (= *oberd. mdal.* stupfen) und gehört zu der unter ↑*stoßen* dargestellten Wortgruppe. Eine *ugs.* Rückbildung zu 'stupsen' ist **Stups** „[leichter] Stoß“ (19. Jh.), eine *ugs.* Zusammensetzung **Stupsnase** „aufgeworfene Nase“ (19. Jh.).

stur (*ugs.* für:) „unbeweglich, unnachgiebig, hartnäckig, stumpfsinnig“: Das erst im 19. Jh. aus dem *Niederd.* ins *Hochd.* übernommene Adjektiv geht zurück auf *mnd.* stūr „groß, schwer; störrisch, widerspenstig“, dem *mniederl.* stuur „streng, hartherzig, barsch“, *ahd.* stūri, stiuri „stattlich, stolz, wild“ und *aschwed.* stūr „groß“ entsprechen. Die Wörter gehören mit der

Grundbedeutung „standfest; dick, breit" zu der unter ↑*stehen* dargestellten *idg.* Wortgruppe. Aus anderen *idg.* Sprachen ist z. B. *aind.* sthūrá-ḥ „dick, stark" verwandt. Siehe auch den Artikel *stieren.* Abl.: **Sturheit** „das Stursein".

Sturm: Das *altgerm.* Substantiv *mhd., ahd.* sturm, *niederl.* storm, *engl.* storm, *schwed.* storm gehört wahrscheinlich zu der unter ↑*stören* behandelten Wortgruppe und bedeutet daher eigentlich „Verwirrung, Unruhe, Tumult". Seit alters bezeichnet es sowohl das Unwetter wie den heftigen Kampf, militärisch seit *mhd.* Zeit besonders den Angriff auf eine Festung (beachte die Wendung 'gegen etwas Sturm laufen', *frühnhd.* 'den sturm anlaufen'). Im Sinne von „innerer Aufruhr, geistig-seelischer Trieb" entstand Ende des 18. Jh.s das Schlagwort 'Sturm und Drang' als Bezeichnung der sogenannten Geniezeit der deutschen Dichtung. Abl.: **stürmen** „heftig wehen; angreifen; rennen" (*mhd.* stürmen, *ahd.* sturmen), dazu **anstürmen** „angreifen, berennen" (*mhd.* anestürmen) und die Rückbildung **Ansturm** (19. Jh.); **Stürmer** (*mhd.* sturmære „Kämpfer"; heute besonders Bezeichnung der angreifenden Spieler im Fußball, Hockey usw.); **stürmisch** „stark windig; sehr unruhig; ungestüm, leidenschaftlich; heftig" (*mhd.* als Adverb stürmische).

stürzen: Das *westgerm.* Verb *mhd.* stürzen, sturzen, *ahd.* sturzen „umstoßen, umstülpen; fallen", *niederl.* storten „hineinstoßen, schütten; fallen", *aengl.* styrtan „losstürzen, aufspringen" (dazu wahrscheinlich gleichbed. *engl.* to start, ↑Start) ist ablautend verwandt mit *mhd.* sterzen „steif emporragen" (heute nur *mdal.*) und dem unter ↑*Sterz* „Schwanz, Bürzel" behandelten Substantiv. Die Wörter gehören zu der unter ↑*starren* behandelten *idg.* Wurzel. 'Stürzen' bedeutete demnach ursprünglich wohl „auf den Kopf stellen oder gestellt werden" (vgl. das Verhältnis von 'purzeln' zu 'Bürzel'). Aus dem intransitiven Gebrauch im Sinne von „schnell, mit Wucht fallen" hat sich im *Nhd.* die Bed. „sich schnell [fort]bewegen, ungestüm [weg]eilen" entwickelt, beachte auch den reflexiven Gebrauch im Sinne von „über jemanden herfallen, jemanden anfallen"; auf den transitiven Gebrauch im Sinne von „umstoßen" geht die Bed. „zu Fall bringen, aus einem Amt entfernen" zurück. Abl.: **Sturz** „das Stürzen, Fall; Umstülpung; Übergestülptes" (*mhd., ahd.* sturz; die zweite Bedeutung z. B. in 'Kassensturz', die dritte in 'Glassturz, Türsturz'). Zusammensetzungen und Präfixbildungen: **bestürzen** (s. d.); **umstürzen** „umwerfen; umfallen" (*mhd.* ummesturzen; seit dem 16. Jh. auf politische Gewaltakte bezogen), dazu **Umsturz** „Revolution" (18. Jh.).

Stuß „dummes Zeug, Unsinn": Das seit dem 18. Jh. bezeugte Wort, das in den Mundarten und in der Umgangssprache weit verbreitet ist, beruht auf *jidd.* štus, *hebr.* šĕṭûṯ „Narrheit, Unsinn". – Dazu: **bestußt** „dumm, nicht recht bei Verstand" (19. Jh.).

Stute: Das *altgerm.* Wort *mhd., ahd.* stuot, *mnd.* stōt, *aengl.* stōđ, *aisl.* stōđ bezeichnete ursprünglich eine Herde von Pferden, dann speziell eine Herde von Zuchtpferden, die halbwild im Gelände gehalten wurde, wie es heute z. B. noch im westfälischen Emscherbruch üblich ist. Das Wort ist vermutlich eine Bildung zu dem unter ↑*stehen* behandelten Verb und bedeutet eigentlich „Stand, zusammenstehende Herde" oder „Standort" (einer Herde). Während *engl.* stud „Gestüt" den kollektiven Sinn bis heute bewahrt hat, wurde *mhd.* stuot seit Anfang des 15. Jh.s zur Bezeichnung des einzelnen weiblichen Zuchtpferdes (ebenso *schwed.* sto „Stute"; die Herden bestanden überwiegend aus weiblichen Tieren). Für die alte Bedeutung, die z. B. auch dem Ortsnamen Stuttgart (eigentlich „Pferdegehege") zugrunde liegt, trat im 16. Jh. die Neubildung ↑Gestüt ein.

Stuten ↑Steiß.

[1]**stutzen** „stehenbleiben, zurückschrecken, aufmerken": *Spätmhd.* stutzen „zurückscheuen" bedeutet eigentlich „anstoßen, gehemmt werden" (vgl. *ahd.* stotzōn „heftig, stoßweise ausführen" und *ahd.* erstutzen „wegscheuchen". Die genannten Verben sind Intensivbildungen zu dem unter ↑*stoßen* behandelten Wort. Abl.: **stutzig** „bedenklich, zögernd" (16. Jh.).

[2]**stutzen** „beschneiden, verkürzen": Das erst im 16. Jh. bezeugte *dt.* Verb ist wahrscheinlich von dem Substantiv **Stutz[en]** „Stumpf, verkürztes Ding" abgeleitet, einer auf das *dt.* Sprachgebiet beschränkten Bildung aus der Sippe von ↑*stoßen.* Das Substantiv erscheint seit dem 14. Jh. in mehreren Sonderbedeutungen (z. B. *mhd.* stotze „Stamm, Klotz", *mhd.* stutze „Trinkbecher"), seit dem 18. Jh. *oberd.* für „kurzes Gewehr", „Wadenstrumpf" u. ä.

stützen: Das auf das *dt.* und *niederl.* Sprachgebiet beschränkte und als einfaches Verb im *Hochd.* erst seit dem 17. Jh. bezeugte Wort (*mhd.* be-, ūf-, understützen, *ahd.* er-, untarstuzzen, *mnd.* stutten, *niederl.* stutten) gehört als Intensivbildung zu einem Verb, das in *ahd.* studen, *aisl.* styđja „feststellen, stützen" erscheint. Dieses Verb ist von einem als *spätmhd.* stud, *engl.* stud, *schwed.* stöd „Stütze, Pfosten" bezeugten Substantiv abgeleitet. Über weitere Beziehungen vgl. den Artikel *stauen.* Als einfaches Verb ist 'stützen' im *Hochd.* seit dem 17. Jh. gebräuchlich. Das Verb 'stützen' bedeutet also eigentlich „Stützen unter etwas setzen, von unten halten". Es wird vielfach übertragen gebraucht, besonders in der Zusammensetzung **unterstützen** „helfen; fördern" (*mhd.* understützen, *ahd.* untarstuzzen). Abl.: **Stütz** „das Aufstützen" (Anfang des 19. Jh.s in der Turnersprache); **Stütze** (*mhd.* stütze „stützender, tragender [Bau]teil"; seit dem 16. Jh. auf helfende Personen übertragen). Zus.: **Stützpunkt** (Anfang des 19. Jh.s besonders in militärischem Sinn).

sub..., Sub..., vor Konsonanten vielfach angeglichen zu suf..., Suf..., sug..., Sug..., suk..., sup..., Sup..., sur..., Sur...: Die aus dem *Lat.* stammende Vorsilbe mit den Bed. „unter; unterhalb; von unten heran; nahebei", wie z. B. in

↑subskribieren und ↑Subjekt, ist entlehnt aus *lat.* sub „unter; unterhalb; von unten heran; nahebei usw." (Präfix und Präposition), das mit den verwandten Wörtern *lat.* super „obendrauf, darüber usw." (↑super..., Super...), supra „obendrauf; darüber hinaus" und *lat.* summus (< *sup-mos) „höchster, äußerster, größter" (↑Summe) zu der unter ↑*auf* dargestellten *idg.* Wortfamilie gehört.

subaltern „untergeordnet, unselbständig": Das Adjektiv wurde im 17. Jh. aus gleichbed. *lat.* subalternus entlehnt, einer Bildung aus *lat.* sub „unter" (vgl. *sub..., Sub...*) und *lat.* alternus „abwechselnd" (vgl. den Artikel *Alternative*).

Subjekt „Satzgegenstand"; in der Philosophie Bezeichnung für das erkennende, mit Bewußtsein ausgestattete Ich; auch *ugs.* gebräuchlich für „Person" (mit verächtlichem Nebensinn): Das Fremdwort wurde im 16. Jh. aus *lat.* subiectum „Satzgegenstand; Grundbegriff" entlehnt. Dies gehört im Sinne von „das Daruntergeworfene, das (einer Aussage oder Erörterung) Zugrundegelegte" zu *lat.* sub-icere „darunterwerfen, unterlegen, zugrunde legen", einer Bildung aus *lat.* sub „unter" (vgl. *sub..., Sub...*) und *lat.* iacere „werfen usw." (vgl. den Artikel *Jeton*). – Dazu: **subjektiv** „auf die (handelnde) Person bezogen; ichbezogen; einseitig, parteiisch" (18. Jh.; formal nach *lat.* subiectivus „zum Subjekt gehörig").

sublim „erhaben, fein, nur einem sehr feinen Verständnis oder Empfinden zugänglich": Das Adjektiv wurde gegen Ende des 17. Jh.s aus *lat.* sublimis „in die Höhe gehoben, schwebend; erhaben" entlehnt. – Dazu: **sublimieren** „erhöhen, läutern, veredeln (im geistigen Sinne)", in *spätmhd.* Zeit aus *lat.* sublimare „erhöhen" entlehnt. Im Bereich der Chemie gilt das Verb seit dem 16. Jh. in der Bed. „vom festen in den gasförmigen Zustand überführen oder übergehen".

subskribieren: Der Ausdruck für „ein Buch vor dem Erscheinen durch Namensunterschrift bestellen" erscheint als Fachwort des Buchhandels in diesem Sinne seit dem Ende des 18. Jh.s. Mit einer allgemeinen Bed. „unterschreiben" ist das Wort hingegen schon für das 16. Jh. bezeugt. Es ist aus *lat.* sub-scribere „unterschreiben", einer Bildung aus *lat.* sub „unter" (vgl. *sub..., Sub...*) und *lat.* scribere (scriptum) „schreiben" entlehnt (vgl. den Artikel *schreiben*). – Dazu: **Subskribent** „jemand, der etwas subskribiert" (18. Jh.; aus dem Part. Präs. *lat.* subscribens); **Subskription** „namentliche Zeichnung auf ein später erscheinendes Buch" (18. Jh.; aus *lat.* subscriptio „Unterschrift").

Substantiv „Hauptwort, Dingwort": Das Fremdwort erscheint in der heutigen Form im 18. Jh. Als grammatischer Terminus wurde es im 16. Jh. aus gleichbed. *spätlat.* (nomen) substantivum entlehnt, einer Lehnübertragung von entsprechend *griech.* (rhēma) hyparktikón. Das *lat.* Wort bedeutet eigentlich etwa „Wort, das für sich selbst bestehen kann". Es gehört als Ableitung zu *lat.* substantia „Bestand; Wesenheit, Existenz, Wesen, Inbegriff" (zu *lat.* substare „darunter sein, darin vorhanden sein", einer Bildung aus *lat.* sub „unter" [vgl. *sub..., Sub...*] und *lat.* stare „stehen" [vgl. *stabil*]). Aus *lat.* substantia wurde bereits im Mittelalter in die philosophische Fachsprache **Substanz** „das Beharrende, Dauernde; Wesen einer Sache; Grundbestand" (*mhd.* substancie) übernommen. Das Adjektiv **substantiell** „stofflich, materiell; wesentlich; nahrhaft" kam im 18. Jh. unter dem Einfluß von gleichbed. *frz.* substantiel auf und drängte das ältere **substantial** (16. Jh.; aus *lat.* substantialis „die Substanz betreffend, wesenhaft") zurück.

Substitut: Das Fremdwort für „Stellvertreter, Ersatzmann" wurde bereits im 14. Jh. aus *lat.* substitutus entlehnt, dem substantivierten Part. Perf. von *lat.* sub-stituere „darunter stellen; an jmds. Stelle setzen". Dies ist eine Bildung aus *lat.* sub „unter" (vgl. *sub..., Sub...*) und *lat.* statuere „stellen" (vgl. *Statue*). Aus *lat.* substituere wurde gleichfalls bereits im 14. Jh. **substituieren** „ersetzen, austauschen" übernommen. Dazu: **Substitution** „Ersetzung" (16. Jh.; aus gleichbed. *lat.* substitutio).

subtil „zart, fein; sorgsam, genau; schwierig": Das seit *mhd.* Zeit bezeugte Adjektiv ist aus gleichbed. *lat.* subtilis entlehnt.

subtrahieren „abziehen, vermindern": Das Fachwort der Mathematik ist eine gelehrte Entlehnung des 15. Jh.s aus *lat.* sub-trahere „unter etwas hervorziehen; entziehen, wegnehmen, einer Bildung aus *lat.* sub „unter" (vgl. *sub..., Sub...*) und *lat.* trahere (tractum) „ziehen, schleppen" (vgl. den Artikel *trachten*). Dazu stellt sich das Substantiv **Subtraktion** „das Abziehen (als zweite Grundrechnungsart)", das im 16. Jh. aus *spätlat.* subtractio „das Abweichen" entlehnt worden ist.

Subvention: Der Ausdruck für „(finanzielle) Unterstützung" wurde im 18. Jh. aus *lat.* subventio „Hilfe, Unterstützung" entlehnt. Dies gehört zu *lat.* sub-venire „unterstützend hinzukommen", einer Bildung aus *lat.* sehr „unter" (vgl. *sub..., Sub...*) und *lat.* venire „kommen" (vgl. den Artikel *Advent*). Abl.: **subventionieren** „mit einer Subvention versehen, finanziell unterstützen" (19. Jh.).

suchen: Das *gemeingerm.* Verb *mhd.* suochen, *ahd.* suohhen, *got.* sōkjan, *engl.* to seek, *schwed.* söka bedeutet eigentlich „suchend nachgehen, nachspüren". Es ist z. B. verwandt mit *lat.* sagire „wittern, spüren, ahnen", *air.* saigim „gehe nach, suche" und *griech.* hēgeisthai „vorangehen, führen" (↑Hegemonie). Die zugrundeliegende *idg.* Wurzel *sāg- „witternd nachspüren" bezog sich ursprünglich wohl auf den die Fährte aufnehmenden Jagdhund. Zu ihr gehört auch das unter ↑*Sache* behandelte Substantiv, das zu einem *gemeingerm.* Verb mit der Bed. „anklagen, streiten", eigentlich „eine Spur verfolgen", gehört. Seit *ahd.* Zeit wird 'suchen' nicht nur im Sinne von „sich bemühen, etwas Verstecktes oder Verlorenes zu finden", sondern auch im Sinne von „[er]streben, nach etwas trachten" gebraucht. Abl.: **Suche** „das Suchen" (*mhd.* suoche, *ahd.* in hūs-suacha

„Durchsuchung"; seit dem 16. Jh. besonders weidmännisch für die Arbeit des Spürhundes); **Sucher** (*mhd.* suochære, *ahd.* suochari „Suchender"; im älteren *Nhd.* medizinisch für „Sonde", heute besonders für Teile optischer Geräte); veraltetes **Suchung** (*mhd.* suochunge, *ahd.* suochunga) lebt noch in Zusammensetzungen wie 'Haus-, Heimsuchung'. Zusammensetzungen und Präfixbildungen: **aussuchen** „auswählen" (im 16. Jh. für „durchsuchen"), dazu das adjektivische 2. Part. **ausgesucht** „erlesen" (18. Jh.); **besuchen** (*mhd.* besuochen, *ahd.* bisuohhen war ursprünglich verstärktes 'suchen' und galt besonders in der Rechtssprache für „untersuchen, prüfen"; schon im *Mhd.* wird es auch in der heutigen Bed. „an einen Ort, zu jemandem gehen" gebraucht), dazu **Besuch** (im 18. Jh. rückgebildet aus älterem Besuchung, *mhd.* besuochunge; mit anderen Bedeutungen *mhd.* besuoch „[Recht auf einen] Weideplatz", *ahd.* besuoh „Prüfung") und **Besucher** (18. Jh., älter *nhd.* für „Aufseher, Visitator"); **ersuchen** „[dringlich, förmlich] bitten" (so zuerst im 16. Jh.; mit anderen Bedeutungen *mhd.* ersuochen, *ahd.* irsuohhen); **heimsuchen** (↑Heim); **untersuchen** „prüfen, erforschen" (*spätmhd.* undersuochen), dazu **Untersuchung** (*spätmhd.* undersuochunge; heute besonders in juristischem, medizinischem und wissenschaftlichem Sprachgebrauch); **versuchen** „erproben, sich bemühen" (*mhd.* versuochen bedeutete in weiterem Sinne „zu erfahren suchen"), dazu **Versuch** (*mhd.* versuoch; in der Bed. „Experiment" zuerst im 16. Jh.), **Versucher** (*mhd.* versuocher „[amtlicher] Prüfer, Probierer"; auch schon für „Satan") und **Versuchung** „Verlockung [zur Sünde]" (*mhd.* versuochunge „das Prüfen; das Auf-die-Probe-Stellen"). Siehe auch den Artikel *Gesuch*.

Sucht „krankhafte Abhängigkeit; Manie": Die Substantive *mhd., ahd.* suht, *got.* saúhts, *niederl.* zucht, *schwed.* sot „Krankheit" sind ablautende Bildungen zu dem unter ↑*siech* behandelten Verb 'siechen' „krank sein". Im *Nhd.* steht 'Sucht' häufig in Zusammensetzungen (z. B. 'Bleich-, Gelb-, Wassersucht'; s. auch *Schwindsucht*). In Wörtern wie 'Mondsucht, Tobsucht' konnte das Grundwort als „krankhaftes Verlangen" verstanden werden, wie es auch schon früh übertragen für „Sünde, Leidenschaft" gebraucht wurde. Das *nhd.* Sprachgefühl hat das etymologisch undurchsichtige Wort deshalb mit 'suchen' (s. d.) verknüpft, und Zusammensetzungen wie 'Gefall-, Selbst-, Herrschsucht' werden ebenso in diesem Sinn verstanden wie die älteren Bildungen 'Eifersucht' und 'Sehnsucht' (s. d.). Dazu das Adjektiv **süchtig** „suchtkrank" (*mhd.* sühtec, *ahd.* suhtig „krank").

suckeln ↑saugen.

Süd: Das *dt.* Wort ist seit dem 12. Jh. zweimal vom *Niederl.* beeinflußt worden. Auf *mniederl.* suut „im, nach Süden" beruht *mhd.* sūd „Südwind" und älter *nhd.* Sud „Süden", auf der *niederl. mdal.* Aussprache mit -ü- die seit dem 15. Jh. bezeugte *nhd.* Form 'Süd', die sich besonders seit dem 17. Jh. ausgebreitet hat. Die älteren Formen *mhd.* sunt, *ahd.* sund, sunt „Süd" (heute nur in Orts- und Landschaftsnamen wie 'Sonthofen, Sundgau' erhalten), entsprechen gleichbed. *niederl.* zuid, *engl.* south (mit lautgesetzlichem Ausfall des -n-). Zugrunde liegt ein substantiviertes *germ.* Raumadverb mit der Bed. „nach Süden", dessen Herkunft nicht geklärt ist. Vielleicht hatte es als Gegenwort zu dem unter ↑*Nord* genannten Adverb ursprünglich die Bed. „nach oben" (d. h. in der Richtung der aufsteigenden Sonnenbahn). Es wäre dann verwandt mit *lat.* super, *griech.* hypér „über, über - hinaus". Auch die heute üblichere Form **Süden,** die ebenfalls aus dem *Niederl.* stammt (*mhd.* sūden, sunden, *ahd.* sundan, entsprechend *niederl.* zuiden), geht auf ein solches Raumadverb zurück, vgl. *mhd.* sunden, sūden, *ahd.* sundan[a] „von, im Süden" und gleichbed. *aengl.* sūđan, *aisl.* sunnan. – Abl.: **südlich** (17. Jh., aus *mnd.* sutlick, *mniederl.* zuydelik, 15. Jh.); Zus.: **Südpol** (17. Jh.).

sudeln: In 'sudeln' sind zwei gleichlautende *frühnhd.* Verben zusammengefallen. Das erste ist mit ↑*sieden* verwandt und gehört zu dessen Verbalsubstantiv **Sud** „das Sieden; siedende Flüssigkeit" (*mhd.* sut, heute nur *mdal.* und in Zusammensetzungen wie **Sudhaus** „Brauhaus" und **Absud** „Abgesottenes, Aufguß [von Kräutern]"; 17. Jh.). Dieses 'sudeln' bedeutete im 16. Jh. „sieden, kochen" und wurde meist für die Tätigkeit der Soldatenköche ('Sudelköche') gebraucht. Ein zweites 'sudeln' „beschmutzen, im Schmutz wühlen" (15. Jh.) gehört zu *mdal.* Sudel „Pfütze" und damit wahrscheinlich zu der unter ↑*saufen* dargestellten *idg.* Wortgruppe. Beide Wörter vereinigten sich in den Bedeutungen „schmutzige Arbeit tun; liederlich arbeiten; unsauber schreiben". Dazu: **Sudelei** (16. Jh.); **besudeln** „beschmutzen; in den Schmutz ziehen" (16. Jh.).

suf..., Suf... ↑sub..., Sub...

Suff (*ugs.* für:) „[gewohnheitsmäßiges] Trinken": Die seit dem 16. Jh. bezeugte Substantivbildung zu ↑*saufen* bezeichnete ursprünglich einen guten Schluck oder Zug. Abl.: **süffeln** *ugs.* für „gern trinken" (*oberd.* im 19. Jh.); **süffig** *ugs.* für „gut trinkbar, angenehm mundend" (*oberd.* im 19. Jh.). Siehe auch *Gesöff*.

süffisant „selbstgefällig, spöttisch": Das Adjektiv wurde in der 1. Hälfte des 17. Jh.s – zuerst in den Bedeutungen „genügsam; genügend, ausreichend" und „fähig, geschickt" – aus *frz.* suffisant „genüglich, dünkelhaft, selbstgefällig" entlehnt. Dies ist das Part. Präs. von *frz.* suffire „genügen", das auf gleichbed. *lat.* sufficere (eine Bildung zu *lat.* facere „machen", vgl. *Fazit*) zurückgeht.

Suffix „Nachsilbe" (im Gegensatz zu ↑Präfix): Der sprachwissenschaftliche Terminus ist aus *lat.* suf-fixum, dem substantivierten Neutrum des Part. Perf. von *lat.* suf-figere „unten anheften", entlehnt (vgl. *sub..., Sub...* und über das einfache Verb *lat.* figere „anheften" den Artikel [1]*fix*).

sug..., Sug... ↑sub..., Sub...

suggerieren „gefühlsmäßig beeinflussen; etwas einreden": Das seit dem Ende des 16. Jh.s bezeugte Verb ist entlehnt aus *lat.* sug-gerere (< *sub-gerere) „von unten herantragen; unterderhand beibringen, eingeben; einflüstern", einer Bildung aus *lat.* sub „unter" (vgl. *sub..., Sub...*) und *lat.* gerere (gestum) „tragen, bringen; zur Schau tragen usw." (vgl. *Geste*). – Dazu: **Suggestion** „seelische Beeinflussung, gezieltes Erwecken bestimmter Vorstellungen" (17. Jh.; aus *lat.* suggestio „Eingebung; Einflüsterung); **suggestiv** „beeinflussend, einwirkend; verfänglich" (19. Jh.; *nlat.* Bildung nach entsprechend *engl.* suggestive, *frz.* suggestif) auch in Zusammensetzungen wie 'Suggestivfrage'.

Suhle, suhlen, sühlen ↑saufen.

Sühne: Das nur im *Dt.* und *Niederl.* altbezeugte Substantiv *mhd.* süene, suone „Versöhnung, Schlichtung, Friede", *ahd.* suona „Urteil, Gericht, Versöhnung", *niederl.* zoen „Versöhnung, Buße; Kuß" ist ein altes Wort der Rechtssprache. Im *Nhd.* Ende des 18. Jh.s neu belebt, bedeutet es heute vor allem „Wiedergutmachung, Bußleistung, Strafe". Die Bed. „Versöhnung" ist noch in dem juristischen Ausdruck **Sühneversuch** (19. Jh.) enthalten. Das zugehörige Verb **sühnen** „büßen, wiedergutmachen" (*mhd.* süenen, *ahd.* suonan, vgl. *niederl.* zoenen auch für „küssen") ist ablautend verwandt mit *norw. mdal.* svåna „einschläfern, stillen", svana „abnehmen; gelindert, gestillt werden". Zu ihm gehört als Präfixbildung das unter ↑*versöhnen* behandelte Verb. Die Wortgruppe, für die weitere Beziehungen nicht gesichert sind, geht vielleicht von einer Grundbedeutung „still machen, beschwichtigen; Beschwichtigung, Beruhigung" aus.

Suite: Das im 17. Jh. aus dem *Frz.* übernommene Fremdwort bedeutet wörtlich „Folge", wovon der übertragene Gebrauch ausgeht. Heute wird 'Suite' nur noch im Bereich der Musik zur Bezeichnung einer Kompositionsform, bestehend aus einer Folge zunächst loser, später innerlich verbundener Tanzsätze und in der Bed. „Zimmerflucht in einem Hotel" gebraucht. – *Frz.* suite „Folge usw." beruht auf einer zu *lat.* sequi „folgen" (vgl. *konsequent*) gehörenden *galloroman.* Form *sequita.

Sujet „Gegenstand, Stoff, Vorwurf (einer künstlerischen Gestaltung)": Das Fremdwort wurde im 18. Jh. aus gleichbed. *frz.* sujet entlehnt. Das *frz.* Wort entspricht nach seiner Herkunft genau unserem Fremdwort ↑*Subjekt.*

suk..., Suk... ↑sub..., Sub...

sukzessiv „allmählich eintretend": Das seit dem 15. Jh. – zuerst in der noch heute üblichen Adverbialform **sukzessive** „nach und nach" – bezeugte Adjektiv geht auf *spätlat.* successivus „nachfolgend, einrückend" (Adverb: successive) zurück. Das zugrundeliegende Verb *lat.* suc-cedere „von unten nachrücken, nachfolgen usw." ist eine Bildung aus *lat.* sub „unter" (vgl. *sub..., Sub...*) und *lat.* cedere „einhergehen; vonstatten gehen usw." (vgl. den Artikel *Prozeß*).

Sultan Der in dieser Form seit dem 16. Jh. bezeugte Titel islamischer Herrscher ist aus *arab.* sulṭān „Herrscher" (ursprünglich „Herrschaft") entlehnt. In der Form soldān war das Wort bereits im 13. Jh. aus älter *it.* soldano „Sultan" übernommen worden. Zu 'Sultan' gehört **Sultanine** als Bezeichnung für eine besonders große kernlose Rosinenart (Beginn des 20. Jh.s). Diese große Rosinenart ist entweder als „sultanhaft, fürstlich" oder aber als „aus dem Reich des Sultans stammend" benannt.

Sülze „Fleisch oder Fisch in Gallert": Das auf das *dt.* und *niederl.* Sprachgebiet beschränkte Wort (*mhd.* sulz[e], *mitteld.* sülze, *ahd.* sulza, sulcia „Salzwasser, Gallert", *niederl.* zult „Sülze") bedeutet eigentlich „Salzwasser, Sole" und steht im Ablaut zu dem unter ↑*Salz* behandelten Wort. Abl.: **sülzen** „als Sülze bereiten", *ugs.* auch für „viel, dummes Zeug reden", beachte dazu sich **zusülzen** (15. Jh.).

Summe „Ergebnis einer Addition; Gesamtzahl; Geldbetrag": Das seit dem 13. Jh. bezeugte Substantiv (*mhd.* summe) geht wie entsprechend *frz.* somme „Summe" auf *lat.* summa „Gesamtheit; Gesamtzahl, Summe" (eigentlich „die an der Spitze stehende Zahl, die das Ergebnis einer von unten nach oben ausgeführten Addition ausdrückt") zurück. Zu *lat.* summus „oberster, höchster, äußerster" (< *sup-mos), einer Bildung zum Stamm von *lat.* sub „unter, unterhalb; von unten heran; von unten hinauf", *lat.* super „obendrauf, darüber" (vgl. *sub..., Sub...*). – Abl.: **summarisch** „kurz zusammengefaßt" (16. Jh.; aus gleichbed. *mlat.* summarius); **summieren** „zusammenzählen", reflexiv „zusammenkommen, anwachsen" (*mhd.* summieren).

summen: Das seit *spätmhd.* Zeit bezeugte Verb ist lautnachahmenden Ursprungs. Abl.: **Summer** „summendes Insekt" (19. Jh.), „elektrische Signalvorrichtung, die einen Summton erzeugt" (Anfang des 20. Jh.s).

Sumpf: Das ursprünglich nur *dt.* Wort *mhd.* sumpf, *mnd.* sump[t], *ahd.* (andersgebildet) sunft ist ablautend mit den unter ↑*Schwamm* genannten *germ.* Wörtern verwandt. Es steht vor allem *nordd.* und *mitteld.* neben '[2]Bruch' und 'Moor' zur Bezeichnung nasser, grasbewachsener oder schlammiger Orte. Abl.: **sumpfen** (im 18. Jh. für „sumpfig werden", im 19. Jh. studentensprachlich für „liederlich leben", dazu **versumpfen** [18. Jh., im übertragenen Sinne von „verkommen, verwahrlosen" 19. Jh.]); **sumpfig** „in der Art eines Sumpfes" (17. Jh.).

Sumpfdotterblume ↑Dotter.

Sünde: Die Herkunft des *westgerm.* Substantivs (*mhd.* sünde, sunde, *ahd.* sunt[e]a, *niederl.* zonde, *engl.* sin) ist dunkel. In die *nord.* Sprachen (*dän., norw., schwed.* synd) gelangte es wohl als Lehnwort mit dem Christentum. 'Sünde' bezeichnet von Anfang an einen Begriff der christlichen Kirche, nämlich die Übertretung eines göttlichen Gebotes. Etwa seit dem 16. Jh. bedeutet es im *Dt.* auch allgemein „Übertretung des Sittengesetzes", in der Neuzeit (18. Jh.) kann es auch ohne besondere Wertung im Sinne von „Fehler, Irrtum, Torheit" stehen. Abl.: **Sünder** „jemand, der sündigt" (*mhd.* sündære, sünder, *ahd.* sundāre); **sündhaft** (*mhd.* sündehaft, *ahd.* sunt[a]haft „mit Sünde behaftet, sündig"; seit dem 19. Jh. *ugs.* auch für „überaus", z. B. 'sündhaft teuer'); **sündig** „sündigend; lasterhaft" (*mhd.* sündec, *ahd.* suntig); **sündigen** „gegen göttliche Gebote, Moral, bestimmte Verhaltensnormen verstoßen" (*mhd.* sundigen, Weiterbildung des häufigeren *mhd.* sünden, sunden „sündigen" unter Einfluß des Adjektivs sündec, s. o.); dazu sich **versündigen** „unrecht handeln, schuldig werden" (*mhd.* [sich] versündigen). Zus.: **Sündenbock** (17. Jh.; ursprünglich nach 3. Mos. 16, 21 f. der mit den Sünden des jüdischen Volkes beladene und in die Wüste gejagte Ziegenbock, seit Ende des 18. Jhs. übertragen für „Person, die für die Schuld anderer büßen muß"); **Sündenfall** (*mhd.* sunden vall „sündiges Vergehen", seit dem 17. Jh. besonders für den 'Fall' Adams und Evas); **Sündflut** (↑ Sintflut).

sup..., Sup... ↑ sub..., Sub...

super..., Super...: Dem aus dem *Lat.* stammenden Präfix mit der Bed. „über, über - hinaus" liegt *lat.* super „obendrauf, darüber; über - hinaus" zugrunde, das mit *lat.* sub „unter, unterhalb" verwandt ist (vgl. *sub..., Sub...*) und auch Ausgangspunkt für die Fremdwörter ↑ souverän und ↑ Sopran ist. Schon seit dem 16. Jh. wird 'super...' verstärkend im Sinne von „sehr, überaus, äußerst, höchst" verwendet (etwa 'superfein' oder 'superklug'); dieser Gebrauch ist aber erst in der 2. Hälfte des 20. Jh.s unter dem Einfluß von entsprechend *engl.-amerik.* super... modisch geworden. Nach *engl.-amerik.* Vorbild wird **super** auch als selbständiges Wort im Sinne von „erstklassig, großartig, toll" (etwa 'super!' oder 'das ist super') gebraucht. Viele substantivische Bildungen sind Lehnübersetzungen, z. B. **Supermacht** (*engl.-amerik.* superpower), **Supermarkt** (*engl.-amerik.* supermarket) oder **Supermann** (*engl.-amerik.* superman). Statt **Superbenzin** wird heute meist die Kurzform **Super** gebraucht.

Superintendent „höherer evangelischer Geistlicher, Vorsteher eines Kirchenkreises": Dieses Wort der Kirchensprache ist seit dem 16. Jh. bezeugt. Es geht auf *kirchenlat.* superintendens zurück, das substantivierte Part. Präs. von *kirchenlat.* super-intendere „die Aufsicht haben" (vgl. *super..., Super...* und den Artikel *Intendant*).

Suppe: Das im *Dt.* seit dem 14. Jh. bezeugte Wort bezeichnete ursprünglich eine flüssige Speise mit Einlage oder eine eingetunkte Schnitte (vgl. *aengl.* sopp „eingeweichter Bissen"). Es steht neben Verben wie *frühnhd.* suppen, supfen, *mhd.* supfen „schlürfen, trinken" und *niederl.* soppen, *aengl.* soppian „(etwas in eine Flüssigkeit) eintauchen", die als Intensivbildungen zu dem unter ↑ *saufen* (eigentlich „schlürfen") behandelten Verb gehören. Die genannten Substantive können auch unmittelbar zu den alten Formen von 'saufen' gebildet worden sein, beachte z. B. noch *ahd.* suphili „Süppchen", gasopho „Unrat, Abfall (als Viehfutter bereitet)". Auf die Bedeutung des *dt.* Wortes 'Suppe' hat aber zweifellos auch *frz.* soupe „Fleischbrühe mit Brot, Suppe" (12. Jh.; s. 'soupieren' unter *Souper*) eingewirkt, das selbst wieder aus dem *Germ.* stammt (beachte *galloroman.* supa „mit Brühe übergossene Brotschnitte", 6. Jh.).

sur..., Sur... ↑ sub..., Sub...

surren: Das Wort erscheint *nhd.* erst im 17. Jh. Es gehört zu der unter ↑ *schwirren* dargestellten lautnachahmenden Wortgruppe, vgl. *mnd.* surringe „leises Sausen" und *schwed.* surra „summen, schwirren". Vor allem bezeichnet 'surren' die Geräusche von Insekten und Maschinenrädern.

Surrogat „Ersatz[mittel], Behelf": Das im 16. Jh. zuerst in der Bed. „Stellvertreter" bezeugte, seit dem 17. Jh. dann im Sinne von „Ersatz[mittel]" bezogen auf Genußmittel, besonders Kaffee, verwendete Fremdwort ist entlehnt aus *lat.* sur-rogare „jemanden an die Stelle eines anderen wählen lassen" (2. Part. surrogatum). Dies ist eine Bildung aus *lat.* sub „unter" (vgl. *sub..., Sub...*) und *lat.* rogare „bitten" und bedeutet eigentlich „als einen von unten Nachfolgenden bitten".

suspendieren „aus einem Amt, einer Stellung entlassen, des Dienstes entheben": Das Verb wurde in der 2. Hälfte des 15. Jh.s aus *lat.* suspendere „aufhängen; in der Schwebe lassen; aufheben, beseitigen" entlehnt. Dies ist eine Bildung aus *lat.* sub „unter" (vgl. *sub..., Sub...*) und *lat.* pendere „hängen" (vgl. den Artikel *Pensum*).

süß: Das *altgerm.* Adjektiv *mhd.* süeẓe, *ahd.* suoẓi, *niederl.* zoet, *engl.* sweet, *schwed.* söt geht mit verwandten Wörtern in anderen *idg.* Sprachen auf die *idg.* Wurzel *su̯ād- „süß, wohlschmeckend" zurück, vgl. z. B. *lat.* suavis „lieblich, angenehm", *griech.* hēdýs „süß, erfreulich" und *aind.* svādú-ḥ „süß, lieblich", und bezeichnete ursprünglich wohl den Geschmack süßer Fruchtsäfte. Abl.: **Süße** „das Süßsein" (*mhd.* süeẓe, *ahd.* suoẓī); **süßen** „süß machen" (*mhd.* süeẓen, *ahd.* suoẓen „angenehm machen"; in übertragenem Sinn gilt heute nur **versüßen** [*mhd.* versüeẓen]); **Süßigkeit** (*mhd.* süeẓecheit „Süße", zu dem weitergebildeten Adjektiv *mhd.* süeẓec „süß"; im *Plural* 'Süßigkeiten' seit dem 18. Jh. für „Näscherei, Konfekt"); **süßlich** „etwas süß, widerlich süß; weichlich, geziert, fade" (*mhd.* süeẓlich, *ahd.* suoẓlih „süß, freundlich"; in übertragenem Sinn besonders seit dem 18. Jh.). Zus.: **Süßholz** (Name eines Strauches und seiner als Droge verwendeten zuckerhaltigen Wurzel, *spätmhd.* süeẓholz), dazu **Süßholzraspler** „Schmeichler" (19. Jh.; Zusammenbildung aus der *ugs.* Wendung 'Süßholz raspeln', übertragen für „schmeicheln, den Hof machen"); **Süßstoff** „Saccharin" (Ende des 19. Jh.s).

Sweater: Die veraltete Bezeichnung für „Pullover" wurde in der 1. Hälfte des 20. Jh.s aus gleichbed. *engl.* sweater entlehnt. Dies bedeutet wörtlich „Schwitzer". Es ist eine Bildung zu *engl.* to sweat „schwitzen" (vgl. *schweißen*), beachte das in der 2. Hälfte des 20. Jh.s übernommene **Sweatshirt** (aus *engl.* sweatshirt).

Swimmingpool: Die Bezeichnung für ein meist auf einem Privatgrundstück gelegenes [kleineres] Schwimmbecken wurde im 20. Jh. aus gleichbed. *engl.* swimming-pool (zu to swim „schwimmen" und pool „Teich, Tümpel"; vgl. *Pfuhl*) entlehnt.

Swinegel ↑Schwein.

Swing: Die Bezeichnung des von etwa 1930 bis 1945 charakteristischen Jazzstiles ist aus *engl.-amerik.* swing entlehnt. Es bedeutet wörtlich „das Schwingen, das Schaukeln; der Rhythmus" und gehört zu *engl.* to swing „schwingen, schaukeln usw.", das unserem Verb ↑*schwingen* entspricht. – Abl.: **swingen** „im Swingrhythmus tanzen" (20. Jh.).

sy..., Sy...; syl..., Syl...; sym..., Sym... ↑syn..., Syn...

Symbol „Sinnbild; Zeichen; Kennzeichen": Das seit dem 15. Jh. bezeugte Fremdwort ist aus gleichbed. *lat.* symbolum entlehnt, das seinerseits aus *griech.* sýmbolon „Kennzeichen, Zeichen" übernommen ist. Das *griech.* Wort, das zu *griech.* sym-bállein „zusammenwerfen; zusammenfügen usw." gehört (vgl. *syn..., Syn...* und den Artikel *ballistisch*), bezeichnet eigentlich ein zwischen Freunden oder Verwandten vereinbartes Erkennungszeichen, bestehend aus Bruchstücken (z. B. eines Ringes), die „zusammengefügt" ein Ganzes ergeben und dadurch die Verbundenheit ihrer Besitzer erweisen. – Abl.: **symbolisch** „sinnbildlich" (17. Jh.; nach entsprechend *lat.* symbolicus < *griech.* symbolikós „durch Zeichen andeutend"); **Symbolik** „sinnbildliche Bedeutung oder Darstellung; Verwendung von Symbolen" (18. Jh.).

Symmetrie „Gleich-, Ebenmaß; Spiegelungsgleichheit": Das Fremdwort wurde im 16. Jh. aus *griech.-lat.* symmetría „Ebenmaß" entlehnt, das seinerseits von *griech.* sým-metros „abgemessen, verhältnismäßig, gleichmäßig" abgeleitet ist. Dies ist eine Bildung aus *griech.* sýn „zusammen" (vgl. *syn..., Syn...*) und *griech.* métron „Maß" (vgl. den Artikel *Meter*). – Abl.: **symmetrisch** „gleich-, ebenmäßig; spiegelungsgleich, spiegelbildlich" (18. Jh.).

Sympathie „[Zu]neigung; Wohlgefallen" (im Gegensatz zu ↑Antipathie): Das seit dem 16. Jh. – zuerst im eigentlichen Sinne von „Mitleid; Mitgefühl" – bezeugte Fremdwort ist aus *lat.* sympathia entlehnt, das seinerseits aus *griech.* sym-pátheia „Mitleiden, Mitgefühl; Einhelligkeit, gleiche Empfindung" übernommen ist. Dies gehört zu *griech.* sym-pathḗs „mitleidend, mitfühlend" (vgl. *syn..., Syn...* und zum Grundwort *griech.* páthos „Leid; Schmerz" den Artikel *Pathos*). – Abl.: **sympathisch** „zusagend, angenehm; anziehend, ansprechend" (17. Jh.; nach gleichbed. *frz.* sympathique); **sympathisieren** „Sympathie empfinden; mit jemandem gleicher Ansicht sein" (18. Jh.); dazu in neuester Zeit **Sympathisant** „jemand, der mit einer politischen Gruppe, einer politischen Idee sympathisiert, sie unterstützt".

Symphonie ↑Sinfonie.

Symposion: Das seit dem 16. Jh. – zunächst nur in der Bedeutung „Trinkgelage, Festschmaus, Gastmahl" – bezeugte Fremdwort ist aus gleichbed. *griech.* sympósion entlehnt, einer Bildung zu *griech.* sym-pínein „gemeinsam trinken" (zu *griech.* sýn „zusammen" [vgl. *syn..., Syn...*] und *griech.* pínein „trinken"). Erst in der 2. Hälfte des 20. Jh.s kam unter Einfluß von *engl.-amerik.* symposium die Verwendung im Sinne von „wissenschaftliches Gespräch, Tagung mit Vorträgen, [Fach]kongreß" auf, nun auch in der Form **Symposium.**

Symptom „Anzeichen; Krankheitszeichen; Kennzeichen, Merkmal; Vorbote": Das Fremdwort ist eine gelehrte Entlehnung des 16. Jh.s aus *griech.* sým-ptōma „Zufall; vorübergehende Eigentümlichkeit; zufälliger Umstand einer Krankheit". Das zugrundeliegende Verb *griech.* sym-píptein „zusammenfallen, -treffen; sich zufällig ereignen" ist eine Bildung aus *griech.* sýn „zusammen" (vgl. *syn..., Syn...*) und *griech.* píptein „fallen" (dazu als Nominalbildung *griech.* ptōma „Fall"), das etymologisch mit *dt.* ↑Feder verwandt ist. – Abl.: **symptomatisch** „bezeichnend; alarmierend; Krankheitsmerkmale zeigend" (18. Jh.; nach *griech.* symptōmatikós „zufällig").

syn..., Syn..., (vor b, p und m angeglichen zu:) sym..., Sym..., (vor l zu:) syl..., Syl..., (in bestimmten Fällen verkürzt zu:) sy..., Sy...: Die aus dem *Griech.* stammende Vorsilbe von Fremdwörtern mit der Bed. „zusammen mit, gemeinsam; gleichzeitig; gleichartig usw.", wie in ↑Synthese, synthetisch, ↑Symmetrie, ↑System u. a., stammt aus *griech.* sýn, (älter:) xýn „zusammen mit, gemeinsam; samt; zugleich mit usw." (gebraucht als Adverb, Präposition und Vorsilbe), das ohne sichere *außergriech.* Verwandte ist.

Synagoge: Die seit *mhd.* Zeit bezeugte Bezeichnung für die gottesdienstlichen Versammlungsstätten der Juden ist aus gleichbed. *kirchenlat.* synagoga entlehnt, das aus *griech.* synagōgḗ „Versammlung" übernommen ist. Dies gehört zu *griech.* syn-ágein „zusammenführen", einer Bildung aus *griech.* sýn „zusammen" (vgl. *syn..., Syn...*) und *griech.* ágein „führen" (vgl. den Artikel *Achse*).

synchron „gleichzeitig, zeitgleich; gleichlaufend": Das junge Fremdwort (20. Jh.), das für älteres **synchronisch** (19. Jh.) steht, ist eine Neubildung zu *griech.* sýn „zusammen, zugleich" (vgl. *syn..., Syn...*) und *griech.* chrónos „Zeit, Zeitdauer" (vgl. *chrono..., Chrono...*). Abl.: **synchronisieren** „verschiedenartige Bewegungen in zeitlichen Gleichlauf bringen" (20. Jh.), dazu das Substantiv **Synchronisation** (20. Jh.; *nlat.* Bildung).

Syndikus: Der Ausdruck für „bevollmächtigter Rechtsbeistand einer Körperschaft" wurde als Kanzleiwort im 15. Jh. aus *lat.* syndicus „Rechtsbevollmächtigter einer Stadt oder Gemeinde" übernommen. Das *lat.* Wort seinerseits stammt aus *griech.* sýn-dikos „jemandem vor Gericht beistehend; Sachverwalter, Anwalt", einer Bildung aus *griech.* sýn „zusammen" (vgl. *syn..., Syn...*) und *griech.* díkē „Weise, Sitte; Recht; Rechtssache". Dazu stellt sich **Syndikat,** das im 17. Jh. – zunächst in der Bedeutung „Amt eines Syndikus" – aus *mlat.* syndicatus entlehnt wurde. Die junge Bedeutung des Wortes „Unternehmerverband, Verkaufskartell" kam gegen Ende des 19. Jh.s auf, wohl übernommen aus entsprechend *frz.* syndicat. Aus entsprechend *engl.-amerik.* syndicate stammt die Bedeutung „als geschäftliches Unternehmen getarnter Zusammenschluß von Verbrechern" (20. Jh.).

Syndrom: Das vor allem in der medizinischen Fachsprache im Sinne von „Krankheitsbild, das sich aus dem Zusammentreffen verschiedener Symptome ergibt" verwendete Fremdwort wurde im 18. Jh. aus *griech.* syn-dromḗ „das Zusammenlaufen, das Zusammenkommen" entlehnt. Dies ist eine Bildung aus *griech.* sýn „zusammen" und *griech.* dromḗ „Lauf" (vgl. *syn..., Syn...* und den Artikel *Dromedar*).

Synode: Die Bezeichnung für „Kirchenversammlung" wurde im 18. Jh. aus älterem Synodus eingedeutscht. Dies stammt aus gleichbed. *lat.* synodus, das aus *griech.* sýn-odos „gemeinsamer Weg; Zusammenkunft" übernommen ist. Das *griech.* Wort ist eine Bildung aus *griech.* sýn „zusammen" (vgl. *syn..., Syn...*) und *griech.* hodós „Weg" (vgl. den Artikel *Periode*).

Synonym „sinnverwandtes Wort": Der sprachwissenschaftliche Terminus wurde im 15./16. Jh. aus *lat.* (verbum) synonymum entlehnt, das seinerseits aus *griech.* (rhēma) synṓnymon stammt. *Griech.* syn-ṓnymos „gleichbedeutend; gleichnamig" ist eine Bildung aus *griech.* sýn „zusammen" (vgl. *syn..., Syn...*) und *griech.* ónoma „Name, Begriff" (vgl. den Artikel *anonym*).

Syntax: Der sprachwissenschaftliche Terminus für die (korrekte) Verknüpfung der Wörter im Satz und für die Lehre vom Bau des Satzes wurde im 16. Jh. aus gleichbed. *lat.-griech.* sýntaxis entlehnt. Dies ist eine Bildung aus *griech.* sýn „zusammen" (vgl. *syn..., Syn...*) und *griech.* táxis „Ordnung" und bedeutet eigentlich „Zusammenstellung, Zusammenordnung". Abl.: **syntaktisch** „die Syntax betreffend" (18. Jh.).

Synthese „Zusammenfügung, Verknüpfung einzelner Teile zu einem höheren Ganzen; Aufbau einer [komplizierten] chemischen Verbindung aus einfachen Stoffen": Das seit dem 18. Jh. – zuerst als philosophischer Terminus – bezeugte Fremdwort ist eine gelehrte Entlehnung aus *griech.(-lat.)* sýnthesis „Zusammenlegen, Zusammensetzen; [logische] Verknüpfung" entlehnt. Diesem liegt *griech.* syn-tithénai „zusammenstellen, -setzen, -fügen" zugrunde, eine Bildung aus *griech.* sýn „zusammen" (vgl. *syn..., Syn...*) und *griech.* tithénai „setzen, stellen, legen" (vgl. den Artikel *These*). – Abl.: **synthetisch** „zusammengesetzt; verbindend, verknüpfend; aus einfacheren chemischen Stoffen aufgebaut; künstlich hergestellt" (18. Jh.; nach *griech.* synthetikós „zum Zusammenstellen gehörig").

Syphilis: Die seit dem 18. Jh. im Deutschen bezeugte Bezeichnung für eine bestimmte Geschlechtskrankheit geht zurück auf den Titel des im 16. Jh. verfaßten lateinischen Lehrgedichts „Syphilidis seu morbi gallicis tres", worin die Geschichte des geschlechtskranken Hirten Syphilus (Siphilus) erzählt wird.

System „Gliederung, Aufbau, Ordnungsprinzip; einheitlich geordnetes Ganzes; Regierungs-, Staatsform; Lehrgebäude": Das in dieser Form seit dem 18. Jh. bezeugte Fremdwort, das sowohl allgemeinsprachlich als auch in verschiedenen Fachsprachen eine Rolle spielt, geht auf *griech.(-lat.)* sýstēma „das aus mehreren Teilen zusammengesetzte und gegliederte Ganze" zurück. Dies gehört zu *griech.* synistánai „zusammenstellen, -fügen, vereinigen, verknüpfen", einer Bildung aus *griech.* sýn „zusammen" (vgl. *syn..., Syn...*) und *griech.* histánai (<*si-stánai) „[hin]stellen, aufstellen usw." (vgl. den Artikel *stehen*). – Abl.: **systematisch** „in ein System gebracht, ordentlich gegliedert; planvoll, folgerichtig" (18. Jh.; nach *lat.* systematicus, *griech.* systēmatikós „zusammenfassend; ein System bildend"); **Systematik** „planmäßige Darstellung; methodisch geordneter Aufbau" (18. Jh.).

Szene „Schauplatz einer [Theater]handlung, Bühne; Auftritt (als kleinste Einheit eines Dramas)", auch übertragen gebraucht im Sinne von „Vorgang, Hergang; Ansicht, Anblick; theatralischer Auftritt; Streiterei, Vorhaltungen": Das Fremdwort wurde im 17. Jh. – wohl unter Einwirkung von gleichbed. *frz.* scène – aus *lat.* scena, scaena „Schaubühne, Schauplatz" entlehnt, das seinerseits aus *griech.* skēnḗ „Zelt; Laube, Hütte; Bühne, Szene" stammt. – Unter Einfluß von entsprechend *engl.-amerik.* scene wird 'Szene' in der 2. Hälfte des 20. Jh.s auch im Sinne von „Milieu, Umfeld" gebraucht, beachte Zusammensetzungen wie 'Drogenszene', 'Terroristenszene' und 'Wahlkampfszene'. – Dazu: **szenisch** „die Szene betreffend, bühnenmäßig" (18. Jh.); **Szenerie** „Bühnenbild, Landschaftsbild; Schauplatz" (19. Jh.; zuerst als 'Scenerey' belegt); **inszenieren** „(ein Theaterstück) szenisch vorbereiten; in Szene setzen; vorbereiten, organisieren; vom Zaun brechen usw." (19. Jh.).

T

Tabak: Der Name der zu den Nachtschattengewächsen gehörenden Kulturpflanze, deren getrocknete und fermentierte Blätter in Form von Rauch-, Kau- oder Schnupftabak als Genußmittel dienen, ist in *dt.* Texten seit dem 16. Jh. bezeugt. Er stammt von gleichbed. *span.* tabaco. Die weitere Herkunft des Wortes ist unsicher. Vielleicht wurde es von den Spaniern aus einer *karaibischen* Sprache entlehnt. Falsch ist die Herleitung vom Namen der südamerikanischen Insel Tobago. Ebenfalls aus dem *Span.* stammen *engl.* tobacco und *frz.* tabac (älter auch tobac). Siehe auch den Artikel *Tabatiere.*
Tabatiere: Die heute veraltete Bezeichnung für „Schnupftabaksdose", die aber noch im *Österr.* im Sinne von „Zigarettenetui, Tabaksdose" verwendet wird, wurde im 17. Jh. aus gleichbed. *frz.* tabatière (älter tabaquière) entlehnt, einer Bildung zu *frz.* tabac „Tabak" (s. d.).
Tabelle „Zahlentafel, Liste, Übersicht, Zusammenstellung": Das Fremdwort wurde Ende des 16. Jh.s aus *lat.* tabella „Täfelchen, Brettchen, Merktäfelchen" entlehnt, einer Verkleinerungsbildung zu *lat.* tabula „Brett, Tafel usw." (vgl. das Lehnwort *Tafel*). – Dazu: **tabellarisch** „tabellenmäßig; übersichtlich" (18. Jh.).
Tabernakel: Die Bezeichnung für den kunstvoll gestalteten Schrein in der katholischen Kirche, worin die geweihten Hostien aufbewahrt werden, wurde in *mhd.* Zeit (*mhd.* tabernakel) aus *mlat.* tabernaculum „[heiliges] Zelt; Hütte" entlehnt. Dies ist eine Verkleinerungsbildung zu *lat.* taberna „Hütte, Bude". Auf *lat.* taberna geht *it.* taverna zurück, aus dem im 20. Jh. **Taverne** „italienisches Wirtshaus, Wein- und Eßlokal im Mittelmeerraum" übernommen wurde.
Tablett: Die Bezeichnung für „Servierbrett" wurde im 18. Jh. aus *frz.* tablette „Tafel; Brett, Platte zum Abstellen von Geschirr und dergleichen" entlehnt. Dies ist eine Verkleinerungsbildung zu *frz.* table „Tisch; Tafel; Brett" (< *lat.* tabula, vgl. den Artikel *Tafel*) und bedeutet demnach eigentlich „Täfelchen, kleine Platte". Damit identisch ist *frz.* tablette „in die Form eines Täfelchens, einer flachen Scheibe gepreßtes Arzneimittel", aus dem Anfang des 20. Jh.s unser **Tablette** übernommen wurde.
tabu „unantastbar, unverletzlich", auch substantiviert gebraucht als **Tabu** „Unantastbares; (allgemein:) etwas, wovon man nicht sprechen darf": Das im 19. Jh. bezeugte Fremdwort, das wie entsprechend *engl.* taboo und *frz.* tabou aus *polynes.* tabu (wohl „geheiligt; unberührbar") entlehnt ist, stammt aus der Sakralsphäre. Es bezeichnet ursprünglich alle jene gottgeweihten, heiligen Dinge, die aus religiöser Scheu dem tatsächlichen oder sprachlichen Zugriff des Profanen verboten sind.
Tacheles: Das in der *ugs.* Wendung 'Tacheles reden' „unverblümt die Meinung sagen" gebräuchliche Wort ist aus *jidd.* tachles „Zweck, zweckmäßiges Handeln" (< *hebr.* takhlît) entlehnt. Die Wendung bedeutete ursprünglich also etwa „Zweckmäßiges reden; zur Sache kommen".
Tachometer: Die Bezeichnung für „Geschwindigkeits-, Drehzahlmesser; Kilometerzähler" wurde im 19. Jh. aus gleichbed. *engl.* tachometer entlehnt. Dies ist eine Bildung des englischen Ingenieurs Bryan Donkin (1768–1855) aus *griech.* tachýs „schnell", táchos „Geschwindigkeit" und *griech.* métron „Maß" (hier im modernen Sinne von „Meßgerät"; vgl. den Artikel *Meter*).
Tadel: Die *nhd.* Form geht zurück auf *mhd.* tadel „Fehler, Mangel, Gebrechen", das aus dem *Mnd.* übernommen ist. Im *hochd.* Sprachgebiet entspricht *mhd.* zǎdel, *ahd.* zǎdal „Fehler, Mangel". Im *germ.* Bereich ist *aengl.* tǣl „Tadel, Vorwurf; Verleumdung, Lästerung" verwandt. Die *außergerm.* Beziehungen sind dunkel. – Die heute übliche Bedeutung „Vorwurf" entwickelte sich im 17. Jh. unter dem Einfluß des Verbs 'tadeln' (s. u.). Die alte Bedeutung ist noch bewahrt in der Wendung 'ohne Furcht und Tadel'. Abl.: **tadeln** (15. Jh., zunächst in der Bedeutung „verunglimpfen", seit dem 16. Jh. im Sinne von „vorwerfen"). Zus.: **tadellos** „fehlerfrei, ausgezeichnet" (17. Jh.).
Tafel: Die *nhd.* Form geht über *mhd.* tavel[e] auf *ahd.* taval zurück, das nach der Lautverschiebung durch *roman.* Vermittlung (vgl. *it.* tavola) aus *lat.* tabula „Brett, Tafel, Schreibtafel" entlehnt wurde (s. die Artikel *Tabelle, Tablett*). – Im heutigen Sprachgebrauch wird 'Tafel' außer im umfassenden Sinne von „[recht]eckige Platte aus einem festen Stoff" speziell im Sinne von „Schreibtafel" und „[festlich] gedeckter Tisch" verwendet. Da man im Mittelalter die Tischplatten auf Gestelle legte und nach dem Essen wieder wegräumte, bedeutet die Wendung 'die Tafel aufheben' soviel wie „das Essen beenden". Abl.: **tafeln** „speisen" (*mhd.* tavelen); **täfeln** „Wände mit [Holz]tafeln verkleiden" (*mhd.* tevelen, *ahd.* tavalōn). Zus.: **Tafelrunde** „um einen Tisch sitzende Personen, Tischgesellschaft" (im 18. Jh. wiederaufgenommen aus *mhd.* tavelrunde, das von der höfischen Epik dem *afrz.* table ronde „Tafelrunde des Königs Artus" – eigentlich „runde Tafel" – nachgebildet ist; die Tafel des Königs Artus war rund, damit kein Ritter vor dem anderen einen Vorzug habe; heute wird der zweite Be-

standteil von 'Tafelrunde' als Substantiv empfunden und auf 'Runde' [s. unter *rund*] bezogen).

Taft: Die Bezeichnung für einen leichten Seidenstoff, früher auch in der Form 'Taffet' gebräuchlich, wurde im 16. Jh. aus gleichbed. *it.* taffettà entlehnt, das seinerseits aus *pers.* tāfta[h] (eigentlich „Gewebtes", zu *pers.* tāftan „drehen, winden, weben") stammt.

Tag: Das *gemeingerm.* Wort *mhd.* tac, *ahd.* tag, *got.* dags, *engl.* day, *schwed.* dag gehört wahrscheinlich zu der *idg.* Wurzel *dheg[u]h- „brennen" und bedeutet demnach eigentlich „Zeit, da die Sonne brennt". Zu dieser Wurzel gehören aus anderen *idg.* Sprachen z. B. *aind.* dáhati „brennt", dāha-ḥ „Brand, Hitze" und *lit.* dègti „brennen", dãgas „Brennen; Sommerhitze; Ernte". Das *gemeingerm.* Wort bezeichnete also ursprünglich die Zeit zwischen Sonnenaufgang und Sonnenuntergang, später dann auch den Gesamttag von 24 Stunden (vgl. zum Sachlichen den Artikel *Nacht*). Den früher – besonders in der Rechtssprache – üblichen Gebrauch von 'Tag' im Sinne von „festgesetzter Tag, Termin, Verhandlung" spiegeln noch Zusammensetzungen wie 'Landtag' und 'Reichstag' und 'tagen', 'vertagen' (s. u.) wider. – Abl.: **tagen** „Tag werden" (*mhd.* tagen, *ahd.* tagēn; die Bed. „auf einer Tagung verhandeln" kam zuerst in der älteren Rechtssprache auf [14. Jh.; s. o. unter Tag], blieb im wesentlichen *schweiz.* und wurde erst im 18. Jh. gemeinsprachlich), dazu die Präfixbildungen **vertagen** „aufschieben" (*mhd.* vertagen, im *Nhd.* zunächst *landsch.* noch erhalten, dann Ende des 19. Jh.s im parlamentarischen Leben neu gebildet als Ersatz für *frz.* ajourner und danach allgemein gebraucht) und **betagt** (*mhd.* betaget „ein gewisses Alter habend", 2. Partizip von *mhd.* sich betagen „alt werden"); **täglich** (*mhd.* tagelich, *ahd.* tagalīh); **tags** (*mhd.* tages, *ahd.* dages, adverbiell erstarrter Genitiv Singular). – Zus.: 1. mit 'Tage-', mit altem Stammauslaut (*mhd.* tage-, *ahd.* tago-), z. B. **Tagebau** „Abbau von der Erdoberfläche" (19. Jh.; bergmännisch), **Tageblatt** (im 19. Jh. als Ersatzwort für das Fremdwort 'Journal'), **Tagebuch** (17. Jh.; Ersatz für *lat.* diurnum und für das Fremdwort 'Journal', zuerst kaufmännisch, dann allgemein), **Tagedieb** „Nichtstuer, Müßiggänger" (eigentlich „jemand, der dem lieben Gott den Tag stiehlt" (Ende 17. Jh.), **Tagegelder** (18. Jh.; Ersatzwort für das Fremdwort 'Diäten'), **Tagewerk** „Arbeit eines Tages" (*mhd.* tagewerc, *ahd.* tagawerch). 2. mit 'Tages-', z. B. **Tagesordnung** (Ende des 18. Jh.s nach *frz.* ordre du jour, einem Ausdruck des französischen Revolutionsparlamentarismus, der wiederum auf *engl.* order of the day beruht).

Taifun: Die häufiger erst seit Anfang des 19. Jh.s bezeugte Bezeichnung für einen tropischen Wirbelsturm im Bereich des Indischen und Pazifischen Ozeans wurde aus gleichbed. *engl.* typhoon entlehnt, das seinerseits aus *chin.* (kantonesisch) tai fung (eigentlich „großer Wind") stammt.

Taille „schmalste Stelle des Rumpfes; Gürtelweite; enganliegendes Kleidoberteil": Das Fremdwort wurde im 17. Jh. aus *frz.* taille „Schnitt; Körperschnitt, Wuchs, Figur" entlehnt, einer Substantivbildung zu *frz.* tailler „[zer]schneiden" (vgl. hierzu den Artikel *Teller*). – Siehe auch den Artikel *Detail*.

Takel: Der seemännische Ausdruck für „Segelwerk" wurde im 16. Jh. aus der *niederd.* Seemannssprache ins *Hochd.* übernommen. Er geht auf *mnd.* takel zurück, dem *niederl.* takel „Takelage" und *engl.* tackle „Ausrüstung, Zubehör" entsprechen. Die weiteren Beziehungen sind unklar. – Von 'Takel' abgeleitet ist das Verb **takeln** „mit Takelage versehen" (16. Jh.), dazu **abtakeln** „die Takelage von einem Schiff entfernen", beachte auch **abgetakelt** *ugs.* für „ausgedient, heruntergekommen", und **auftakeln** „mit Tagelage versehen", *ugs.* auch für „sich sehr auffällig kleiden, zurechtmachen". Eine Bildung mit französierender Endung zu 'Takel' ist **Takelage** „Gesamtheit der Vorrichtungen auf einem Schiff zum Setzen der Segel" (18. Jh.).

[1]Takt: „das abgemessene Zeitmaß einer rhythmischen Bewegung, eines musikalischen Ablaufs": Das seit dem 16. Jh. bezeugte Substantiv ist aus *lat.* tactus „das Berühren, die Berührung; das Gefühl, der Gefühlssinn" entlehnt, einer Bildung zu *lat.* tangere (tactum) „berühren" (vgl. den Artikel *Tangente*). – 'Takt' war zunächst wie *lat.* tactus in der allgemeinen Bedeutung „Berührung" gebräuchlich. Die spezielle Bedeutung entwickelte sich bereits im 16. Jh., wohl über „Schlag, Stoß, der den Rhythmus angibt". – Mit 'Takt' ursprünglich identisch ist das seit dem 18. Jh. bezeugte Substantiv **[2]Takt** „Gefühl für Schicklichkeit und Anstand, Feingefühl, vornehme Zurückhaltung", das in diesem speziellen Sinne jedoch unmittelbar aus gleichbed. *frz.* tact (eigentlich „Tastsinn") übernommen ist. Dazu stellen sich die Bildungen **taktvoll** und **taktlos** (beide 19. Jh.).

Taktik: Das Wort diente ursprünglich nur im militärischen Bereich als zusammenfassende Bezeichnung für das Verhalten der Truppenführung und der Truppe auf dem Kampffeld. Diese Bedeutung des über gleichbed. *frz.* tactique aus *griech.* taktikḗ (téchnē) entlehnten und seit dem Anfang des 18. Jh.s bezeugten Fremdwortes ist heute noch gültig. Davon übertragen gilt 'Taktik' heute auch allgemein im Sinne von „kluges, planmäßiges Vorgehen, geschicktes Ausnützen einer Situation". *Griech.* taktikḗ (téchnē) bedeutet wörtlich „die Kunst der Anordnung und Aufstellung". Das zugrundeliegende Adjektiv *griech.* taktikós ist abgeleitet von *griech.* tássein, táttein „auf den rechten Platz stellen, anordnen, aufstellen usw." Dazu das Adjektiv **taktisch** „die militärische Taktik betreffend; geschickt und planvoll vorgehend" (Ende des 18. Jh.s).

Tal: Das *gemeingerm.* Wort *mhd.* tal, *ahd.* tal, *got.* dal, *engl.* dale, *schwed.* dal ist z. B. verwandt mit der *slaw.* Sippe von *russ.* dol „Tal" und *griech.* thólos „Kuppel" und geht zurück auf die *idg.* Wurzel *dhel- „Biegung, Höhlung;

Wölbung". Das Wort bedeutet demnach eigentlich „Biegung, Vertiefung, Senke". Siehe auch den Artikel *Delle*.

Talar: Die Bezeichnung für das weite, lange Amtskleid von Geistlichen, Richtern und (bei besonderen Anlässen) Hochschullehrern wurde im 16. Jh. aus gleichbed. *it.* talare entlehnt, das seinerseits auf *lat.* talaris (vestis) „knöchellanges Gewand" beruht, einer Ableitung von *lat.* talus „Fußknöchel, Fesselknochen".

Talent „Geistesanlage, hohe Begabung": Das seit dem 16. Jh. bezeugte Fremdwort beruht auf einer gelehrten Entlehnung aus *griech.* tálanton „Waage; das Gewogene; bestimmtes Gewicht" (> *lat.* talentum). Das *griech.* Wort war speziell die offizielle Handelsbezeichnung eines bestimmten Gewichts und einer diesem Gewicht entsprechenden Geldsumme. Im Neuen Testament erscheint es mit der erweiterten konkreten Bed. „anvertrautes Vermögen, anvertrautes Gut", woraus sich dann die ins Geistige übertragene Bed. „die (einem von Gott anvertraute) geistige Anlage" entwickelte. Der gleiche Vorgang wird an der Gewichtsbezeichnung 'Pfund' faßbar in der Redewendung 'mit seinen (anvertrauten) Pfunden wuchern' „seine Begabung, seine Fähigkeiten klug anwenden". – Abl.: **talentiert** „begabt" (19. Jh.).

Taler: Der Name der heute nicht mehr gültigen Münze entstand im 16. Jh. durch Kürzung aus 'Joachimstaler'. Die Münze ist nach dem Ort St. Joachimsthal in Böhmen benannt (heute Jáchymov, ČSSR), wo sie seit der ersten Hälfte des 16. Jh.s aus dem im Bergwerk gewonnenen Silber geprägt wurde. – Die Münzbezeichnung wurde in viele europäische Sprachen übernommen (vgl. auch den Artikel *Dollar*).

Talg: Das im 16. Jh. aus dem *Niederd.* ins *Hochd.* übernommene Wort geht zurück auf *mnd.* talch, das mit gleichbed. *niederl.* talk, *engl.* tallow, *schwed.* talg verwandt ist. Diese Wörter stehen vielleicht im Ablaut zu *got.* tulgus „fest", so daß 'Talg' eigentlich „das Festgewordene" bedeuten würde. Beachte zu diesem Benennungsvorgang *griech.* stéār „(hart gewordenes) Fett, Talg", das wahrscheinlich zu der Wortgruppe von ↑Stein gehört. – Abl.: **talgig** „von Talg; wie Talg" (17. Jh.).

Talisman „Glücksbringer, Maskottchen": Das in *dt.* Texten seit dem 17. Jh. bezeugte Fremdwort ist aus gleichbed. *it.* talismano entlehnt. Dies stammt seinerseits wie auch *frz.* talisman, *span.* talismán aus *pers.* ṭilismāt, dem Plural von ṭilism „Zauberbild". Quelle des Wortes ist *mgriech.* télesma „geweihter Gegenstand" (zu *griech.* teleīn „vollbringen; weihen").

Talmi: Kurzwort für **Talmigold** „dünne, mit Walzgold überzogene Kupfer-Zink-Legierung". Das Wort 'Talmigold' selbst soll entsprechend *frz.* Tal. mi-or, die Handelsabkürzung für 'Tallois-demi-or' (wörtlich: "Tallois-Halbgold"), übersetzen, da die Legierung angeblich nach ihrem Erfinder, einem Pariser namens Tallois, benannt worden ist. – Im allgemeinen Sprachgebrauch wird 'Talmi' heute nur im übertragenen Sinn von „Unechtes" gebraucht.

Tambour „Trommler" (veraltend): Das Fremdwort wurde in *mhd.* Zeit in der Bed. „Trommel" aus *frz.* tambour (*afrz.* tabour, tambor) entlehnt. Seit dem 17. Jh. tritt es im *Dt.* auch in der Bed. „Trommler" auf, die dann alleine üblich wurde. Das *frz.* Wort seinerseits stammt wie entsprechend *span.* tambor, *it.* tamburo aus dem *Pers.-Arab.*, ohne daß jedoch die genaue Quelle sicher ermittelt wäre. – Dazu: **Tamburin** „kleine Hand-, Schellentrommel" (*mhd.* tamburīn; aus *frz.* tambourin).

Tampon „[Watte-, Mull]bausch": Das Fremdwort wurde im 19. Jh. aus gleichbed. *frz.* tampon entlehnt, einer nasalierten Nebenform von *frz.* tapon „zusammengeknüllter Stoffklumpen". Das *frz.* Wort stammt seinerseits aus dem *Germ.*, und zwar aus *afränk.* *tappo „Zapfen" (vgl. den Artikel *Zapfen*).

Tamtam „marktschreierischer Lärm, aufdringliche Reklame" *(ugs.)*: Das in diesem Sinne seit der 2. Hälfte des 19. Jh.s gebräuchliche Fremdwort, das mit seiner eigentlichen Bed. „asiatisches, mit einem Klöppel geschlagenes Metallbecken, Gong" schon in der 1. Hälfte des 19. Jh.s vorkommt, ist (in beiden Bedeutungen) aus dem *Frz.* übernommen. *Frz.* tam-tam selbst stammt letztlich aus gleichbed. Hindi ṭamṭam, das lautnachahmenden Ursprungs ist.

Tand ↑tändeln.

tändeln „scherzen, verspielt sein (von jungen Mädchen)": Das seit dem 17. Jh. bezeugte Verb ist eine Iterativbildung zu *spätmhd.* tenten „Unfug, Unsinn machen". Dieses ist abgeleitet von dem Substantiv *mhd.* tant „leeres Geschwätz, Unsinn", *nhd.* **Tand** „Wertloses, wertlose Gegenstände; (veraltet für:) Kinderspielzeug" (vgl. *mnd.* tant van Nurenberch „Nürnberger Spielwaren"). Die Herkunft dieses Substantivs ist nicht sicher geklärt. Vielleicht geht es über ein *roman.* Kaufmannswort (vgl. *span.* tanto „Kaufpreis, Spielgeld") auf *lat.* tantum „so viel" zurück.

Tandem: Ursprünglich bezeichnete das im 18. Jh. aus dem *Engl.* übernommene Fremdwort einen leichten Wagen mit zwei hintereinandergespannten Pferden. Im übertragenen Sinne versteht man heute unter 'Tandem' in der Technik einerseits allgemein zwei hintereinandergeschaltete Antriebe, die auf die gleiche Welle wirken, andererseits speziell ein Doppelsitzerfahrrad mit zwei hintereinander angeordneten Sitzen und Tretlagern. *Engl.* tandem beruht seinerseits auf *lat.* tandem „endlich", das im mittelalterlichen Universitätslatein die Bed. „der Länge nach (hintereinander)" entwickelt hat.

Tang: Die Bezeichnung der Meeresalgen wurde im 18. Jh. aus den *nord.* Sprachen (*dän.*, *norw.* tang, *schwed.* tång; vgl. *aisl.* þang) ins *Nhd.* entlehnt. Gleichbed. *mnd.* danc (15. Jh.) ist nicht erhalten geblieben. Das Wort 'Tang' gehört wahrscheinlich im Sinne von „dichte Masse (von Pflanzen)" zu der unter ↑*gedeihen* behandelten Wortgruppe; s. auch den Artikel *dehnen*.

Tangente „Gerade, die eine Kurve in einem

bestimmten Punkt berührt": Der mathematische Fachausdruck ist eine gelehrte Entlehnung aus *lat.* tangens (tangentis) „berührend", dem Part. Präs. von *lat.* tangere (tactum) „berühren, anfassen" und wurde im 16. Jh. von dem dänischen Mathematiker Thomas Fincke in die Fachsprache eingeführt. Auch das seit dem 19. Jh. bezeugte Fremdwort **tangieren** „(innerlich) berühren, beeinflussen" ist aus *lat.* tangere entlehnt. – Zu *lat.* tangere (tactum) als Stammwort stellen sich neben einigen Präfixbildungen wie *lat.* at-tingere „berühren, beeinflussen" und *lat.* con-tingere „berühren, treffen; zuteil werden, zustreben" (s. die Fremdwörter *Kontingent* und *Kontakt*) u. a. die Adjektiv- und Substantivbildungen *lat.* tactus (Partizipialadjektiv) „berührt", intactus „unberührt" (↑intakt), *lat.* tactus (Substantiv) „Berühren, Berührung; Gefühl[ssinn]" (s. die Fremdwörter [1]*Takt* und [2]*Takt*) und *lat.* integer (< *en-tag-ros) „unberührt, unversehrt; ganz" (s. die Fremdwörter *integer, integrieren* usw.). Auf einer Iterativbildung zu tangere, *lat.* taxare „berühren, antasten; prüfend betasten, im Wert abschätzen" (davon *vlat.* *taxitare), beruhen die unter ↑*taxieren* und ↑*tasten* behandelten Fremd- und Lehnwörter.

Tango: Der in Europa kurz vor dem ersten Weltkrieg aufgekommene Gesellschaftstanz im langsamen 2/4- oder 4/8-Takt stammt wie auch sein Name aus Südamerika. Er wurde uns durch die Spanier vermittelt (*span.* tango).

Tank „(meist transportabler) Flüssigkeitsbehälter (z. B. für Benzin)", früher auch in der übertragenen Bed. „Panzerwagen" (ursprünglich als Deckname) gebraucht: Das seit dem 17. Jh. bezeugte Fremdwort ist in beiden Bedeutungen aus *engl.* tank entlehnt, dessen weitere Herkunft umstritten ist. – Abl.: **tanken** „Treibstoff aufnehmen" (20. Jh.; nach gleichbed. *engl.* to tank), *ugs.* scherzhaft übertragen gebraucht für „Alkohol trinken". Zum Verb 'tanken' gehören Zusammensetzungen wie **Tankstelle** (20. Jh.) und **Tankwart** „Angestellter oder Pächter einer Tankstelle" (20. Jh.), ferner die Substantivbildung **Tanker** „Tankschiff" (20. Jh.; nach gleichbed. *engl.* tanker).

Tanne: Der im *germ.* Sprachbereich nur im *Dt.* gebräuchliche Baumname (*mhd.* tanne, *ahd.* tanna) ist wahrscheinlich verwandt mit *aind.* dhánu-ḥ „Bogen", eigentlich „Bogen aus Tannenholz".

Tannenzapfen ↑Zapfen.

Tantalusqualen: Die quälende Begierde nach etwas Ersehntem, das zwar in greifbarer Nähe ist, aber doch nicht erlangt werden kann, ist benannt nach dem phrygischen König Tantalus der griechischen Sage, der zur Strafe für seine Freveltaten in der Unterwelt bis zum Kinn im Wasser stehen mußte. Gleichwohl konnte er seinen Durst an dem Wasser nicht stillen. Es wich vor ihm zurück, sobald er trinken wollte. Auch von den köstlichen Früchten, die über seinem Kopfe wuchsen, konnte er niemals essen. Der Wind blies sie weg, sobald er nach ihnen greifen wollte.

Tante „Mutters-, Vatersschwester; nahe Verwandte": Die Verwandtschaftsbezeichnung wurde im 17. Jh. aus gleichbed. *frz.* tante entlehnt, das eine in der Kindersprache entstandene Spielform von gleichbed. *afrz.* ante darstellt. Quelle des Wortes ist *lat.* amita „Vatersschwester; Tante", eine Weiterbildung des auch in *lat.* amare „lieben" (vgl. das Fremdwort *Amateur*) vorliegenden kindlichen Lallworts *am[m]a.

Tantieme: Die Bezeichnung für „Gewinnbeteiligung; an einen Autor oder Musiker gezahlte Vergütung für die Aufführung oder Wiedergabe seiner Werke" wurde im 19. Jh. aus gleichbed. *frz.* tantième entlehnt, einer Bildung zu *frz.* tant „so (und so) viel", das seinerseits auf *lat.* tantus „so viel" beruht (s. auch 'Tand' unter *tändeln*).

Tanz: Das seit dem 12./13. Jh. bezeugte Substantiv (*mhd.* tanz, *mnd.* dans, danz) wurde im Bereich des höfischen Rittertums aus gleichbed. *(a)frz.* danse entlehnt, wahrscheinlich durch *niederl.* Vermittlung. Das dem *frz.* Substantiv zugrundeliegende Verb danser (*afrz.* dancier) „tanzen" lieferte etwa gleichzeitig unser Verb **tanzen** (*mhd.* tanzen, *mnd.* dansen). Abl.: **Tänzer** (*mhd.* tenzer, tanzer); **tänzeln** „in kleinen Tanzschritten gehen" (16. Jh.). – Die *frz.* Wörter, deren weitere Herkunft nicht gesichert ist, gelangten auch in die anderen Nachbarsprachen, vgl. z. B. entsprechend *niederl.* dans „Tanz", dansen „tanzen", *engl.* dance „Tanz", to dance „tanzen", *it.* danza „Tanz", danzare „tanzen" und *span.* danza „Tanz", danzar „tanzen".

Tapete „Wandverkleidung": Das Wort wurde im 16. Jh. aus *mlat.* tapeta, dem als Femininum Singular aufgefaßten Neutrum Plural von *lat.* tapetum „Teppich (auf Fußböden, Tischen, Sofas, Wänden usw.)", entlehnt. Über weitere etymologische Zusammenhänge vgl. den Artikel *Teppich*. Unmittelbar aus *lat.* tapetum stammt das heute veraltete Fremdwort **Tapet** „Teppich; Decke des Konferenztisches; Konferenztisch" (16. Jh.). Es lebt nur noch in der Redewendung 'etwas aufs Tapet bringen' „etwas zur Sprache (d. h. eigentlich auf den Konferenztisch) bringen". Diese Redensart kam um 1700 als Übersetzung von *frz.* 'mettre (une affaire) sur le tapis' auf. – Zu 'Tapete' gehört auch das jüngere Fremdwort **tapezieren** „[Wände] mit Tapeten verkleiden" (17. Jh.), das aus gleichbed. *it.* tappezzare stammt. Die früher übliche Form tapessieren (16. Jh.) ist aus entsprechend *frz.* tapisser aufgenommen. Dazu stellt sich die Berufsbezeichnung **Tapezierer** (16. Jh.), in Süddeutschland auch **Tapezier** (18. Jh.).

tapfer: *Mhd.* tapfer „fest, gedrungen; schwer, gewichtig; wichtig, bedeutend, ansehnlich; streitbar", *ahd.* tapfar „schwer, gewichtig", *niederl.* dapper „tapfer, kühn, herzhaft", *norw.* daper „trächtig (von Stuten)" sind wahrscheinlich verwandt mit der *baltoslaw.* Sippe von *russ.* debelyj „dick, fett, stark". Die weiteren Beziehungen sind unklar. – Die Verwendung von 'tapfer' im Sinne von „mutig, kühn", die heute allein üblich ist, kam erst im 15. Jh. auf. – Abl.: **Tapferkeit** (15. Jh.).

tappen „mühsam, unsicher, tastend, (auch:) ungeschickt gehen“: Das seit dem 16. Jh. bezeugte Verb ist von *frühnhd.* tappe, *mhd.* tāpe „Tatze, Pfote“ abgeleitet, dessen Herkunft unklar ist. Vielleicht ist es lautnachahmenden Ursprungs oder beruht auf einer Umstellung von *roman.* *patta (vgl. *frz.* patte „Pfote“). Eine verhochdeutschende Form 'Tapfe' fällt lautlich mit dem in 'Fußstapfe' aus falscher Trennung hervorgegangenen Grundwort 'Tapfe' (↑Fuß[s]tapfe) zusammen. Von dem Substantiv 'Tappe', das heute *mdal.* noch weiterlebt, ist **täppisch** „linkisch“ abgeleitet (*mhd.* tæpisch). Eine Präfixbildung ist **ertappen** „bei Verbotenem überraschen“ (16. Jh.). Siehe auch den Artikel *Depp.*

Taps ↑Depp.

Tara: Der Ausdruck für „Gewicht der Verpackung“ wurde um 1400 als Kaufmannswort aus *it.* tara „Abzug (vom Bruttogewicht einer Ware), Wertverlust, Minderung“ entlehnt, das seinerseits auf *arab.* ṭarḥ „Abzug“ beruht (zu *arab.* ṭaraḥa „entfernen, beseitigen“).

Tarantel: Der Name der südeuropäischen giftigen Wolfsspinne, in *dt.* Texten seit dem 16. Jh. bezeugt, stammt aus *it.* tarantola (Nebenform: tarantella). Dies ist eine Bildung zum *it.* Ortsnamen Taranto „Tarent“, da die Spinne in der Umgebung von Tarent und im südlichen Apulien besonders häufig vorkommt. – Nach dem Spinnentier heißt ein ursprünglich neapolitanischer Volkstanz *it.* tarantella, woraus um 1700 unser Fremdwort **Tarantella** entlehnt wurde. Der Name spielt vermutlich auf die leidenschaftlichen Bewegungen der Tänzer an, die gleichsam 'wie von der Tarantel gestochen' herumspringen, oder bedeutet einfach „Tanz aus Tarent“.

Tarif „Preis-, Lohnstaffel, Gebührenordnung“: Das seit dem 17. Jh. allgemein übliche Kaufmannswort stammt aus gleichbed. *it.* tariffa, das uns durch gleichbed. *frz.* tarif vermittelt wurde. Quelle des Wortes ist *arab.* ta'rīf „Bekanntmachung“ (zu *arab.* 'arafa „wissen“).

tarnen: Das Verb *mhd.* tarnen, *ahd.* tarnan ist abgeleitet von dem Adjektiv *ahd.* tarni „heimlich, verborgen“, das auch als erster Bestandteil in **Tarnkappe** steckt. Diese Zusammensetzung (*mhd.* tarnkappe „Tarnmantel“; zu *mhd.* kappe „Mantel mit Kapuze“; ↑*Kappe*) wurde zu Beginn des 19. Jh.s neu belebt. Durch die Wiederaufnahme von 'Tarnkappe' wurde auch das Verb 'tarnen', das mehrere Jahrhunderte verschollen war, wieder ins Blickfeld gerückt. Schon während des 1. Weltkrieges, besonders aber danach wurde es militärisches Ersatzwort für das aus dem *Frz.* stammende Fremdwort 'camouflieren' (*frz.* camoufler), dazu Camouflage „Tarnung“ (*frz.* camouflage). Verwandt mit dem *ahd.* Adjektiv ist *asächs.* derni „verborgen“, *aengl.* dierne „geheim, heimlich“ (dazu *aengl.* diernan „verbergen“).

Tasche: Die Herkunft des ursprünglich auf das *dt.* und *niederl.* Sprachgebiet beschränkten Substantivs (*mhd.* tasche „Tasche“, *ahd.* tasca „Ranzen, Säckchen, kleines Behältnis“, *niederl.* tas „Tasche, Mappe, Geldbeutel“) ist dunkel. Zus.: **Taschenbuch** „Buch in Taschenformat, d. h. in einem Format, das man in die Tasche stecken kann“ (18. Jh.); **Taschengeld** „(in die Tasche gegebener) kleinerer Geldbetrag, der jemandem (besonders einem Kind) regelmäßig für kleinere persönliche Ausgaben zur Verfügung gestellt wird“ (18. Jh.); **Taschenlampe** (20. Jh.); **Taschenmesser** (*mhd.* taschenmezzer); **Taschenspieler** „jemand, der Gegenstände zur Überraschung der Zuschauer aus der Tasche zieht oder in sie hineinzaubert“ (17. Jh.); **Taschentuch** „Schnupftuch“ (19. Jh.).

Tasse: Der Name des Trinkgefäßes wurde im 16. Jh. aus gleichbed. *frz.* tasse entlehnt. Dies ist aus *arab.* ṭās[a] „Schälchen“ übernommen, das seinerseits aus *pers.* ṭašt „Becken; Untertasse“ stammt.

tasten „herumfühlen, befühlen, berühren“: Das seit *mhd.* Zeit bezeugte Verb ist aus dem *Roman.* entlehnt. Die entsprechenden *roman.* Wörter *it.* tastare und *afrz.* taster (= *frz.* tâter) beruhen ihrerseits auf einem erschlossenen Verb *vlat.* *tastare (kontrahiert aus *vlat.* *taxitare), einem Intensivum von *lat.* taxare „berühren, antasten; prüfend betasten“ (vgl. *taxieren*). – Dazu gehört das Substantiv **Taste** „Griffsteg zum Anschlagen der Saiten eines Saiteninstruments (insbesondere eines Klaviers); Griffbrettchen“, das im 18. Jh. aus gleichbed. *it.* tasto (eigentlich „das Tasten; das Werkzeug zum Tasten“) entlehnt wurde.

Tat: Das *gemeingerm.* Substantiv *mhd.* tāt, *ahd.* tāt, *got.* ga-dēþs, *engl.* deed, *schwed.* dåd gehört zu der unter ↑*tun* dargestellten *idg.* Wurzel. Es ist z. B. eng verwandt mit *lat.* conditio „Gründung“, *griech.* thésis „Satzung“ (↑These) und *lit.* dė́tis „Last, Ladung“. Abl.: **Täter** (*mhd.* -tæter, nur in Zusammensetzungen, z. B. übeltæter, erst im 15. Jh. selbständig und heute zu 'tun' gezogen); **tätig** (*mhd.* -tætec, *ahd.* -tātig, nur in Zusammensetzungen, z. B. übeltætec, und erst im 16. Jh. als selbständiges Wort auftretend); **tätigen** „ausführen, vollziehen“, kaufmännisch in 'einen Abschluß usw. tätigen' (18. Jh.), dazu **betätigen** „tätig sein; bedienen“ (17. Jh.; aus der Kanzlei- und Geschäftssprache übernommen und allgemein geworden); **tätlich** „handgreiflich, gewaltsam“ (16. Jh., älter *mnd.* dātlīk). Zus.: **Tatkraft** (18. Jh.; Ersatzwort für 'Energie'); **Tatsache** (18. Jh.; Nachbildung von *engl.* matter of fact, das wiederum *lat.* res facti wiedergibt). Siehe auch 'Missetat' unter *miß...*

tatauieren ↑tätowieren.

tätowieren „Muster, Figuren usw. mit Farbstoffen in die Haut einritzen“, dafür in der Fachterminologie der Völkerkunde die Form **tatauieren:** Das seit dem 18. Jh. bezeugte Fremdwort, durch gleichbed. *engl.* to tattoo und *frz.* tatouer vermittelt, stammt aus dem *malaio-polynesischen* Sprachbereich. Quelle des Wortes ist *tahit.* tatau „Zeichen, Malerei“.

tätscheln „streicheln, [mit sanften Schlägen] liebkosen“: Das seit dem 16. Jh. gebräuchliche

Verb ist eine Weiterbildung zu *mhd.* tetschen „klatschen, patschen, panschen", das lautnachahmenden Ursprungs ist.

Tatterich: Der *ugs.* Ausdruck für „[krankhaftes] Zittern" gehört zu dem unter ↑*verdattert* behandelten Verb tattern „schwatzen; stottern; zittern", beachte die Adjektivbildung **tatterig** *ugs.* für „zittrig". 'Tatterich' wurde zuerst in der Studentensprache verwendet und bezeichnete zunächst das Zittern der Hände nach starkem Alkoholgenuß. Das in Darmstädter Mundart geschriebene Lustspiel „Der Datterich" (1841) von Niebergall bezieht sich dagegen auf 'tattern' in der Bed. „stottern, stammeln, zerfahren reden".

Tattersall „geschäftliches Unternehmen für reitsportliche Veranstaltungen; Reitbahn, -halle": Die im 19. Jh. aus dem *Engl.* übernommene Bezeichnung ist von dem Namen eines britischen Stallmeisters und Reitlehrers abgeleitet, der im 18. Jh. in London das erste Unternehmen dieser Art gründete.

Tatze „Pfote der Raubtiere, besonders des Bären": Die Herkunft des nur *dt.* Wortes (*mhd.* tatze) ist unklar. Vielleicht handelt es sich um eine Koseform zu einem kindersprachlichen oder lautnachahmenden 'tat'.

¹Tau „in Tropfen niedergeschlagene Luftfeuchtigkeit": Das *altgerm.* Wort *mhd., ahd.* tou, *niederl.* dauw, *engl.* dew, *schwed.* dagg gehört zu der *idg.* Wortgruppe von ↑*Dunst*. Abl.: **¹tauen** „Tau ansetzen" (*mhd.* touwen, *ahd.* touwōn).

²Tau „starkes Seil": Das im 16. Jh. aus dem *Niederd.* ins *Hochd.* übernommene Wort geht auf *mnd.* tou[we] „Werkzeug, [Schiffs]gerät, Tau" zurück, das zu einem im *Nhd.* untergegangenen Verb mit der Bed. "tun, machen" gehört: *mhd., ahd.* zouwen „machen, verfertigen, bereiten", *mnd.* touwen „ausrüsten, bereiten, zustande bringen", *got.* taujan „machen, tun" usw. Die Substantivbildung bedeutete also ursprünglich ganz allgemein „Werkzeug, mit dem etwas gemacht wird, [Schiffs]gerät", dann speziell „[Schiffs]seil".

taub: Das *gemeingerm.* Adjektiv *mhd.* toup „nicht hörend, nichts empfindend, nichts denkend, unsinnig, abgestorben, dürr", *ahd.* toub „gehörlos, unempfindlich, ungereimt, stumpf[sinnig], dumm", *got.* daufs „taub; verstockt", *engl.* deaf „taub, schwerhörig", *schwed.* döv „taub" gehört im Sinne von „benebelt, verwirrt, betäubt" zu der *idg.* Wortgruppe von ↑*Dunst*. In den alten Sprachzuständen wurde es zunächst in der Bed. „empfindungslos, stumpf[sinnig]" verwendet, dann aber auf den Gehörsinn eingeengt und schon früh speziell im Sinne von „gehörlos, schwerhörig" gebraucht. Aus der *mhd.* Bed. „abgestorben, dürr" entwikkelte sich die Bed. „gehaltlos", beachte 'taube Nuß' und 'Taubnessel' (s. u.). Die *niederd.* Entsprechung von *hochd.* taub ist ↑doof. Zu 'taub' stellen sich die unter ↑*toben* behandelten Verben. Abl.: **betäuben** „schmerzunempfindlich, benommen machen" (*mhd.* betouben, eigentlich „taub machen"). Zus.: **Taubnessel** (eigentlich „taube Nessel", d. h. „der Nessel ähnliche Pflanze, die nicht brennt", *mhd.* toupnezzel); **taubstumm** (in der Formel 'taub und stumm' vom 16. bis zum 18. Jh. zurückgehend auf Mark. 7,32 „Und sie brachten zu ihm einen Tauben, der stumm war", in der Zusammenziehung zuerst 2. Hälfte des 18. Jh.s).

Taube: Die Herkunft des *gemeingerm.* Vogelnamens (*mhd.* tūbe, *ahd.* tūba, *got.* [hraiwa] dūbō, *engl.* dove, *schwed.* duva) ist nicht sicher geklärt. Er kann auf einer Nachahmung des Taubenlauts ('dū') beruhen oder aber zu der Wortgruppe von ↑*Dunst* gehören. Im letzteren Falle wäre die Taube nach ihrem rauchfarbenen oder dunklen Gefieder benannt, vgl. die *kelt.* Sippe von *air.* dub „schwarz". Abl.: **Tauber** „männliche Taube" (*mhd.* tūber); **Täuberich** (17. Jh.; nach 'Enterich', s. unter *Ente*).

tauchen: Das *westgerm.* Verb *mhd.* tūchen, *ahd.* īn-tūhhan, *niederl.* duiken, *engl.* to duck ist unbekannter Herkunft. Eine Intensivbildung zu 'tauchen' ist ↑ducken. Abl.: **Taucher** „jemand, der taucht; tauchender Wasservogel" (*mhd.* tūcher, *ahd.* tūhhāri; vgl. *aengl.* dūce „Ente", eigentlich „Taucher", daher *engl.* duck).

Tauchsieder ↑sieden.

¹tauen ↑¹Tau.

²tauen „schmelzen": Das *altgerm.* Verb *mhd.* touwen, *ahd.* douwen, *niederl.* dooien, *engl.* (andersgebildet) to thaw, *schwed.* töa gehört mit verwandten Wörtern in anderen *idg.* Sprachen zu der vielgestaltigen *idg.* Wurzel *tā̆[u]- „schmelzen, sich auflösen, dahingehen", vgl. z. B. *russ.* tajat' „schmelzen, tauen" und *lat.* tabere „schmelzen, hinsiechen". – Die seit *mhd.* Zeit übliche Form mit anlautendem t- beruht auf Anlehnung an '¹Tau'. Den alten Anlaut bewahrt die Präfixbildung ↑verdauen.

taufen: Das *gemeingerm.* Verb *mhd.* toufen, *ahd.* toufan, *got.* daupjan, *aengl.* dīepan, *schwed.* döpa ist von dem unter ↑*tief* behandelten Adjektiv abgeleitet. Es bedeutet also eigentlich „tief machen", d. h. „ein-, untertauchen". Die Verwendung des Verbs in christlichem Sinne („durch Ein-, Untertauchen in Wasser in die Gemeinschaft der Christen aufnehmen") geht von *got.* daupjan aus, das im 5. Jh. mit arianischen Glaubensboten donauaufwärts nach Bayern gelangte. Von dort breitete sich dann die christliche Verwendung des Verbs aus. Abl.: **Taufe** „das Taufen" (*mhd.* toufe, *ahd.* toufi[n]; *got.* daupeins); **Täufer** „jemand, der tauft" (*mhd.* toufære, *ahd.* toufari); **Täufling** „jemand, der getauft wird" (16. Jh.). Siehe auch die Artikel ↑*dopen* und ↑*tupfen*.

taugen: Das *nhd.* Verb geht auf *mhd.* tougen, tugen zurück, das im 12./13. Jh. aus alten Präteritopräsensformen der 1. und 3. Person (z. B. *ahd.* touk, *got.* daug [Indikativ Präsens]) entstanden ist, vgl. entsprechend *niederl.* deugen, *aengl.* dugen, *schwed.* duga. *Außergerm.* sind z. B. verwandt *griech.* tychein „ein Ziel erreichen", teúchein „zurichten; fertigen, erbauen". Um 'taugen' gruppieren sich im *germ.* Sprachbereich die unter ↑*tüchtig* und ↑*Tugend* behandelten Bildungen. Abl.: **tauglich** „brauchbar, geeignet" (16. Jh.).

taumeln „benommen schwanken": Das auf das *dt.* Sprachgebiet beschränkte Verb *mhd.* tūmeln, *ahd.* tūmilōn ist eine Iterativbildung zu dem im *Nhd.* untergegangenen Verb *mhd.* tūmen, *ahd.* tūmōn „sich im Kreise drehen, schwanken", das zu der Wortgruppe von ↑*Dunst* gehört. Eine Nebenform von 'taumeln' ist ↑tummeln. Abl.: **Taumel** „Schwindel[gefühl]" (17. Jh.; Rückbildung aus dem Verb); **taum[e]lig** (17. Jh.).

tauschen: Die *nhd.* Form tauschen geht zurück auf *mhd.* tūschen „unwahr reden, lügnerisch versichern, anführen", eine Nebenform von gleichbed. *mhd.* tiuschen (vgl. *täuschen*). Die heute allein übliche Bed. „Waren oder dergleichen auswechseln, gegen etwas anderes geben", in der das Verb zuerst im 15. Jh. bezeugt ist, hat sich demnach aus „unwahr reden, in betrügerischer Absicht aufschwatzen" entwickelt. Aus dem Verb rückgebildet ist das Substantiv **Tausch** „das Tauschen; Tauschgeschäft" (16. Jh.). Beachte dazu die Zusammensetzung **Tauschhandel** (18. Jh.) und die Präfixbildung **vertauschen** „irrtümlich oder unabsichtlich auswechseln" (*mhd.* vertūschen „umtauschen"; in der heutigen Bedeutung um 1700).

täuschen: *Die nhd.* Form täuschen geht auf *mhd.* tiuschen „unwahr reden, lügnerisch versichern, anführen" zurück, neben dem gleichbed. *mhd.* tūschen steht (vgl. *tauschen*). Das Verb stammt aus dem *Niederd.*, vgl. *mnd.* tūschen „anführen, betrügen; tauschen" und weiterhin *niederl. mdal.* tuisen „betrügen, übervorteilen; schachern". Die weitere Herkunft ist unbekannt. – Die Präfixbildung **enttäuschen** bedeutet eigentlich „aus einer Täuschung herausreißen" und wurde um 1800 als Ersatz für 'desabusiren' (*frz.* désabuser) und 'detrompiren' (*frz.* détromper) geschaffen, dazu **Enttäuschung** (19. Jh.). Abl.: **Täuscher** veraltet für „Betrüger" (*mhd.* tiuschære), beachte dazu **Roßtäuscher** „Pferdehändler" (*mhd.* rostiuscher-, -tūscher, eigentlich „Pferdetauscher"), heute nur noch im Sinne von „jemand, der mit betrügerischen Tricks arbeitet" (wie es früher die Pferdehändler oft taten).

tausend: Das *gemeingerm.* Zahlwort *mhd.* tūsunt, *ahd.* dūsunt, *got.* þūsundi, *engl.* thousand, *schwed.* tusen ist wahrscheinlich eine verdunkelte Zusammensetzung (*þūs-hundi) und bedeutet eigentlich „vielhundert". Das Grundwort gehört zu dem unter ↑*hundert* behandelten Zahlwort, das Bestimmungswort gehört zu der unter ↑*Daumen* dargestellten *idg.* Wurzel *teu- „schwellen" (adjektivisch: „geschwollen, dick, stark"), vgl. z. B. *aind.* taráḥ „stark, kräftig". Zus.: **Tausendfüß[l]er,** früher **Tausendfuß** (Name eines Gliederfüßers mit sehr vielen Beinen, 18. Jh.; Lehnübersetzung von *lat.* mil[l]i-, millepeda, das seinerseits Lehnübersetzung von *griech.* chilíopous ist); **Tausendkünstler** „jemand, der sehr geschickt ist, vielseitig begabt ist" (16. Jh.; eigentlich „jemand, der tausend Künste kann", früher meist auf den Teufel bezogen); **Tausendsas[s]a** *ugs.* für „Schwerenöter, Alleskönner" (18. Jh.; Substantivierung der durch 'tausend' verstärkten Interjektion sa, sa [z. B. in hopsasa!], eines Lockrufes für Hunde, der aus dem *Frz.* stammt [*frz.* çà, aus *lat.* ecce hac = hierher]).

Taverne ↑Tabernakel.

Taxe ↑taxieren.

Taxi: Die Bezeichnung für „Mietauto" wurde in der 1. Hälfte des 20. Jh.s gekürzt aus 'Taxameter', offenbar nach dem Vorbild von entsprechend *frz.* taxi (aus taximètre). Das Wort, das zusammengesetzt ist aus 'Taxe' „Preis; Gebühr" (s. *taxieren*) und ...meter (im Sinne von „Meßgerät"; s. den Artikel *Meter*) bezeichnete ursprünglich nur die in Mietwagen angebrachte Meßuhr mit Fahrpreisanzeiger. Dann ging die Bezeichnung auf den Mietwagen selbst über.

taxieren: Der Ausdruck für „schätzen, abschätzen, veranschlagen, den wahrscheinlichen Wert ermitteln" wurde als Wort der Kaufmannssprache im 14. Jh. aus gleichbed. *frz.* taxer entlehnt, das seinerseits auf *lat.* taxare „berühren, antasten; prüfend betasten, im Wert abschätzen" beruht, einer Iterativbildung von *lat.* tangere „berühren" (vgl. *Tangente*). – Dazu: **Taxe** „Schätzung des Wertes; festgesetzter Preis; Gebühr" (15. Jh.; aus *mlat.* taxa, *frz.* taxe). – Siehe auch die Artikel ↑*Taxi,* ↑*tasten.*

Teak[holz]: Der Name des asiatischen Nutzholzes wurde im 19. Jh. aus *engl.* teak entlehnt, das seinerseits aus gleichbed. *port.* teca übernommen ist. Dies stammt aus tekka, einem Wort der südindischen Drawidasprache *Malayalam.*

Team „Arbeitsgruppe; Mannschaft": Das Fremdwort wurde Anfang des 20. Jh.s aus gleichbed. *engl.* team entlehnt, das *aengl.* tēam „Nachkommenschaft, Familie; Gespann" fortsetzt und mit *dt.* ↑*Zaum* verwandt ist. – Dazu als Zusammensetzung **Teamwork** „Gemeinschaftsarbeit, gemeinsam Erarbeitetes" (20. Jh.; aus gleichbed. *engl.* team-work).

Technik „Handhabung, [Herstellungs]verfahren, Arbeitsweise; Hand-, Kunstfertigkeit", im speziellen Sinne zusammenfassende Bezeichnung für die Ingenieurwissenschaften: Die seit dem 18. Jh. gebräuchliche Form 'Technik' geht auf *nlat.* technica „Kunst, Künste; Anweisung zur Ausübung einer Kunst oder Wissenschaft" zurück. Dies ist eine gelehrte Bildung zu *nlat.* technicus „zur Kunst gehörig, kunstgemäß; wissenschaftlich, fachmännisch", das in dieser *nlat.* Form seit der Mitte des 17. Jh.s bezeugt ist. An seine Stelle trat seit dem 18. Jh. unsere Adjektivbildung **technisch** „die Technik betreffend; kunstgerecht, fachgemäß". – *Nlat.* technicus beruht seinerseits auf *griech.* technikós „kunstvoll, kunstgemäß; sachverständig, fachmännisch". Das diesem zugrundeliegende Substantiv *griech.* téchnē (< *téksnā) „Handwerk, Kunst, Kunstfertigkeit; Wissenschaft" stellt sich zu *griech.* téktōn „Zimmermann, Baumeister" (s. auch *Architekt*). Mit diesen Wörtern verwandt sind in anderen *idg.* Sprachen z. B. *aind.* tákṣan- „Zimmermann", *aind.* tákṣati „bearbeitet, verfertigt, zimmert", *lat.* texere (textum) „flechten, weben; bauen, zimmern;

kunstvoll zusammenfügen" (s. die Fremdwortgruppe um *Text*), ferner der Gerätename *ahd.* dehsa[la] „Queraxt (zur Holzbehauung)", daraus *dt. mdal.* **Dechsel** „Querbeil". Vgl. auch den Artikel *Technologie.* Ableitungen von 'Technik': **Techniker** „Fachmann auf einem Gebiet der Ingenieurwissenschaften; technischer Facharbeiter" (18. Jh., für älteres 'Technikus' [17. Jh.], aus lat. technicus < griech. technikós „in der Kunst Erfahrener; Lehrer"); **Technikum** „technische Fachschule, Ingenieurschule" (19. Jh.; *nlat.* Neubildung); **technisieren** „technische Arbeitsmittel, Geräte einsetzen" (20. Jh.).

Technologie „Gesamtheit der technischen Prozesse in einem Fertigungsbereich; Methodik in einem bestimmten Forschungsgebiet; technisches Verfahren": Die seit der 1. Hälfte des 18. Jh.s gebräuchliche Form 'Technologie' geht auf *nlat.* technologia zurück. 'Technologie' wurde zuerst im Sinne von „Lehre von den Fachwörtern, Systematik der Fachwörter" verwendet. In dieser Bedeutung wurde es später durch 'Terminologie' (↑Termin) ersetzt. Seit der 2. Hälfte des 18. Jh.s bezeichnete es die Wissenschaft und Lehre von der handwerklich-praktischen Fertigung, seit dem 19. Jh. bildete sich dann die heutige Bedeutung heraus. – *Nlat.* technologia ist eine gelehrte Entlehnung aus *griech.* technología „Abhandlung über eine Kunst oder Wissenschaft; Kunstlehre", einer Bildung zu *griech.* téchnē „Kunst[fertigkeit]" (s. *Technik;* zum Grundwort vgl. *Logik*). Abl.: **technologisch** „die Technologie betreffend; verfahrenstechnisch" (18. Jh.; zuerst in der Bed. „die handwerkliche Fertigung betreffend").

Techtelmechtel „Liebschaft, Verhältnis" *(ugs.):* Das im 19. Jh. aus Österreich eingedrungene Substantiv ist etymologisch ohne sichere Deutung.

Teckel ↑Dackel.

Teddy[bär]: Das beliebte, seit Anfang des 20. Jh.s zuerst in Deutschland hergestellte Kinderspielzeug ist in Amerika nach dem Spitznamen Teddy (Theodor) des amerikanischen Präsidenten Theodore Roosevelt (1901–1909) benannt worden (*engl.* teddy bear ist seit 1907 belegt).

Tee: Das seit dem 17. Jh. bezeugte Fremdwort stammt aus dem *Chin.* Quelle ist ein *südchin.* t'e „Tee", das auch in andere westeuropäische Sprachen übernommen wurde (beachte z. B. *engl.* tea, *frz.* thé, *niederl.* thee, *it.* tè).

Teenager: Die Bezeichnung für ein Mädchen oder einen Jungen im Alter zwischen 13 und 19 Jahren wurde in den fünfziger Jahren des 20. Jh.s aus Amerika aufgenommen. Das in der *amerik.* Umgangssprache entstandene Wort teenager bedeutet wörtlich „jemand, der im Teen-Alter ist" (gemeint sind alle mit -teen gebildeten Zehnerzahlen, also thirteen, fourteen usw. bis nineteen „13–19 Jahre") und gehört zu *engl.* ten „zehn" (urverwandt mit *dt.* ↑*zehn*). Dazu die Kurzform **Teen** (*engl.* teen).

Teer: Das im 16. Jh. aus dem *Niederd.* ins *Hochd.* übernommene Wort geht zurück auf *mnd.* ter[e], dem im *germ.* Sprachbereich gleichbed. *niederl.* teer, *engl.* tar, *schwed.* tjära entsprechen (vgl. die verwandten Wörter *lit.* dervà „Teer", *lett.* dar̃va „Teer"). Das den Bewohnern der Küsten von Nord- und Ostsee, für die der Teer ein unentbehrliches Hilfsmittel beim Schiffsbau war, gemeinsame Wort bedeutet eigentlich „der zum Baum Gehörige" und gehört zu *idg.* *deru- „Eiche, Baum", vgl. *asächs.* trēo „Baum", *got.* trin „Holz", *engl.* tree „Baum". Beachte auch das *germ.* Baumnamensuffix -đr[a], das im *Dt.* z. B. in ↑Flieder, ↑Rüster, ↑Holunder und ↑Wacholder bewahrt ist. *Außergerm.* sind z. B. verwandt *griech.* dóry „Baumstamm; Holz; Speer" und *russ.* derevo „Baum". Zu diesem *idg.* Wort für „Baum, Eiche" gehört auch das unter ↑*Trog* (eigentlich „hölzernes Gefäß") behandelte Substantiv und die Sippe von ↑treu (eigentlich „stark, fest, hart wie ein Baum"; s. dort über *Treue, trauen, Trost*). Abl.: **teeren** „mit Teer tränken" (18. Jh.).

Teich: Das im *Hochd.* seit dem 13. Jh. bezeugte Wort (*mhd.* tīch) bezeichnet eigentlich ein künstlich angelegtes Gewässer für die Fischzucht. Es stammt aus dem *nordd.* und *ostd.* Sprachgebiet und war ursprünglich identisch mit dem unter ↑*Deich* „Damm" behandelten Wort. Das *altgerm.* Substantiv *mnd.* dīk „Deich, Teich", *mniederl.* dijc „Damm, Pfuhl" (*niederl.* dijk „Deich"), *aengl.* dīc „Erdwall, Graben" (*engl.* ditch „Graben", dike „Wall, Graben"), *schwed.* (anders gebildet) dike „Damm; Graben" geht zurück auf die *idg.* Wurzel *dhēig[u]- „stechen, stecken", die auch der Sippe von *lat.* figere „anheften" (↑[1]fix) und der *balt.* Sippe von *lit.* díegti „stechen, stecken" zugrunde liegt. Die Grundbedeutung „Ausgestochenes" konnte sowohl auf einen Graben wie auf den daraus aufgeworfenen Erdwall bezogen werden; die Scheidung der Bedeutungen wurde erst mit der Ausbildung des *hochd.* Wortes vollzogen. Siehe auch den Artikel *Weiher.*

Teig: Das *gemeingerm.* Wort *mhd.* teic, *ahd.* teig, *got.* daigs, *engl.* dough, *schwed.* deg gehört mit verwandten Wörtern in anderen *idg.* Sprachen zu der *idg.* Wurzel *dheiĝh- „Lehm kneten und damit arbeiten; Teig kneten", vgl. z. B. *lat.* fingere „kneten, formen, bilden, gestalten; ersinnen, erdichten, vorgeben" (↑fingieren), *lat.* figura „Gebilde, Gestalt, Erscheinung" (↑Figur), *aind.* dēha-ḥ, -m „Körper", *griech.* teĩchos „Mauer" und *griech.* toĩchos „Wand". Vgl. auch das unter ↑*Laib* behandelte *engl.* Lady (eigentlich „Brotkneterin").

Teil: Das *gemeingerm.* Wort *mhd., ahd.* teil, *got.* dails, *engl.* deal, *schwed.* del ist verwandt mit der *baltoslaw.* Sippe von *russ.* del „Teilung". Die weiteren Beziehungen sind unsicher. – Eine alte Ableitung von 'Teil' ist **teilen** (*mhd., ahd.* teilen, *got.* dailjan, *aengl.* dǣlan, *schwed.* dela), dazu **teilbar** (17. Jh.) und **Teilung** (*mnd.* teilunge, *ahd.* teilunga). Präfixbildungen und Zusammensetzungen mit 'teilen' sind z. B. **abteilen** (*mhd.* abeteilen), dazu **Abteilung** (*mhd.* abteilunge „das Abteilen, Abtrennen", *frühnhd.* „[Erb]teilung", der heutige Sinn „durch Abtrennen entstandener Teil" im 16. Jh.) und **Abteil** „Eisenbahnabteil" (aus 'Abteilung' verkürzt, in der 2. Hälfte des 19. Jh.s als Ersatzwort für 'Coupé'); **beteiligen** (19. Jh.; ursprünglich *oberd.*, für älteres 'beteilen' „Anteil geben"); **erteilen** (*mhd.* erteilen, *ahd.* irteilen „Recht zuteilen, ein Urteil sprechen", später auf bestimmte Verbindungen eingeschränkt wie 'einen Rat, Befehl usw. erteilen'), dazu die Substantivbildung **Urteil** (s. d.); **mitteilen** (*mhd.* mite teilen „etwas mit jemandem teilen, einem etwas zukommen lassen", früher allgemein, seit dem 15. Jh. allmählich eingeschränkt auf Nachrichten, Kenntnisse u. a.), dazu **Mitteilung** (16. Jh.; die Bedeutungsentwicklung wie beim Verb); **verteilen** (*mhd.* verteilen „einen Urteilsspruch fällen", *ahd.* farteilen „des Anteils berauben, verurteilen", im heutigen Sinne, den bereits *got.* fradailjan zeigt, seit dem 16. Jh.). – Ableitungen von 'Teil': **teilhaftig**, älter **teilhaft** (*mhd.* teilhaft[ic]); **teils** (17. Jh.; ursprünglich adverbialer Genitiv). – Zusammensetzungen mit 'Teil': **Anteil** (*mhd.* anteil; im 18. Jh. auch übertragen als „Mitgefühl" in der Wendung 'Anteil an etwas nehmen'), dazu **Anteilnahme** (19. Jh.; vielleicht für ein älteres 'Anteilnehmung'; s. unten 'Teilnahme'); **Gegenteil** (*mhd.* gegenteil „Gegenpartei im Rechtsstreit", seit dem 16. Jh. im heutigen allgemeineren Sinn), dazu **gegenteilig** (16. Jh.); **Nachteil** (15. Jh.; Gegenwort zu 'Vorteil'), dazu **nachteilig** (15. Jh.) und **benachteiligen** (19. Jh.); **Vorteil** (*mhd.* vorteil, ursprünglich „was jemand vor anderen im voraus bekommt"), dazu **übervorteilen** „seinen Vorteil über jemanden erringen" (15. Jh.). Als zweiter Bestandteil steckt 'Teil' in Zusammensetzungen wie 'Viertel' usw. (*mhd.* virteil, *ahd.* fiorteil). Es dient heute als Ableitungssilbe zur Bildung jeder beliebigen Bruchzahl. – Zusammenschreibungen sind **teilhaben** (*mhd.* teil haben, *ahd.* teil habēn), dazu **Teilhaber** (18. Jh.; Ersatzwort für 'Kompagnon') und **teilnehmen** (*mhd.* teil nemen, *ahd.* teil neman, schon früh übertragen gebraucht), dazu **Teilnahme** (18. Jh.; für älteres 'Teilnehmung'; s. oben 'Anteilnahme').

Teint „Beschaffenheit oder Tönung der [Gesichts]haut": Das Fremdwort wurde im 18. Jh. aus gleichbed. *frz.* teint (eigentlich „gefärbter Stoff; Färbung, Tönung") entlehnt, dem substantivierten 2. Partizip von *frz.* teindre (< *lat.* tingere) „färben". Über weitere etymologische Zusammenhänge vgl. den Artikel *Tinte*.

tele..., Tele...: Dem Bestimmungswort von Zusammensetzungen mit der Bed. „fern, weit", wie in ↑Telephon, telephonieren, ↑Telegramm u. a., liegt das gleichbed. *griech.* Adverb tēle (daraus gleichbed. *frz.* télé..., *engl.* tele...) zugrunde.

Telefon ↑Telephon.

Telegraf ↑Telegraph (unter Telegramm).

Telegramm: Die Bezeichnung für „telegraphisch übermittelte Nachricht" wurde im 19. Jh. – vermutlich vermittelt durch *frz.* télégramme – aus gleichbed. *engl.* telegram entlehnt. Dies ist eine gelehrte Neubildung des Amerikaners P. Smith aus *griech.* tēle „fern, weit" (vgl. *tele..., Tele...*) und *griech.* grámma „Geschriebenes; Buchstabe; Schreiben usw." (vgl. *...gramm*). – Zum jeweils gleichen Etymon stellt sich **Telegraph** (eindeutschend: Telegraf) „Apparat zur Übermittlung von Nachrichten durch vereinbarte Zeichen, Fernschreiber", das Ende des 18. Jh.s aus gleichbed. *frz.* télégraphe übernommen wurde. Das *frz.* Wort ist eine gelehrte Neubildung des französischen Diplomaten Miot de Mélito (1763–1841). Zu 'Telegraph' gehören die Ableitungen **Telegraphie** (eindeutschend: Telegrafie) „elektrische Fernübertragung von Nachrichten" (Ende des 18. Jh.s; aus gleichbed. *frz.* télégraphie), **telegraphisch** (eindeutschend: telegrafisch) „auf drahtlosem Wege" (Ende des 18. Jh.s; nach gleichbed. *frz.* télégraphique) und **telegraphieren** (eindeutschend: telegrafieren) „Nachrichten telegraphisch übermitteln" (19. Jh.; nach gleichbed. *frz.* télégraphier).

Telepathie „das Wahrnehmen der seelischen Vorgänge eines anderen Menschen ohne Vermittlung der Sinnesorgane; Gedankenlesen": Das besonders in der Fachsprache der Parapsychologie verwendete Fremdwort wurde aus gleichbed. *engl.* telepathy entlehnt, das 1882 von dem englischen Schriftsteller F. W. Myers (1843–1901) aus *griech.* tēle „fern, weit" (vgl. *tele..., Tele...*) und *griech.* páthos „Gefühlserregung, Leidenschaft" (vgl. den Artikel *Pathos*) gebildet wurde. Abl.: **telepathisch** „die Telepathie betreffend, auf dem Wege der Telepathie" (Anfang 20. Jh.; wohl nach gleichbed. *engl.* telepathic).

Telephon (eindeutschend: Telefon) „Fernsprecher": Der Name des von Ph. Reis im Jahre 1861 konstruierten Apparates zur elektromagnetischen Übermittlung der menschlichen Stimme über Drahtleitungen ist eine gelehrte Neubildung des ausgehenden 18. Jh.s zu *griech.* tēle „fern, weit" (vgl. *tele..., Tele...*) und *griech.* phōnḗ „Stimme" (vgl. den Artikel *Phonetik*). – Abl.: **telephonisch** (eindeutschend: telefonisch) „fernmündlich" (20. Jh.); **telephonieren** (eindeutschend: telefonieren) „jemanden anrufen, per Telephon mit jemandem sprechen" (20. Jh.); **Telephonist** (eindeutschend: Telefonist) „Angestellter im Fernsprechdienst" (20. Jh.), entsprechend **Telephonistin** (eindeutschend: Telefonistin; 20. Jh.).

Teleskop „Fernrohr": Das seit Ende des 17. Jh.s bezeugte Fremdwort ist eine von dem Italiener G. Galilei geschaffene *nlat.* Bildung (telescopium) zu *griech.* tēle „fern, weit" (vgl. *tele..., Tele...*) und *griech.* skopeīn „beobachten" (vgl. *Skepsis*).

Teller: Das seit dem 13. Jh. bezeugte Substantiv (*mhd.* tel[l]er, telier) ist aus dem *Roman.* entlehnt, vgl. *afrz.* tailleor „Vorlegeteller; Hackbrett" > *frz.* tailloir „Hackbrett", *it.* tagliere „Hackbrett, kleine Platte". Die *roman.* Wörter gehören im Sinne von „Vorlegeteller, auf dem das Fleisch für die Mahlzeiten zerlegt wird" zu den auf *spätlat.* taliare „spalten; schneiden, zerlegen" beruhenden Verben *frz.* tailler „[zer]schneiden, zerteilen" (s. auch die Fremdwörter *Taille* und *Detail*) und gleichbed. *it.* tagliare.

Tempel „einer Gottheit geweihte Stätte; [heidnisches] Heiligtum“: Das Substantiv *mhd.* tempel, *ahd.* tempal ist aus gleichbed. *lat.* templum entlehnt. Die Zugehörigkeit des *lat.* Wortes, das eigentlich einen vom Augur mit dem Stab am Himmel und auf der Erde zur Beobachtung und Deutung des Vogelfluges abgegrenzten Beobachtungsbezirk bezeichnet, ist umstritten.

Temperament „Wesens-, Gemütsart; Lebhaftigkeit, Schwung, Feuer“: Das Fremdwort wurde im 16. Jh. aus *lat.* temperamentum „das richtige Verhältnis gemischter Dinge, die gehörige Mischung; das rechte Maß“ (wie auch entsprechend *engl.* temperament, *frz.* tempérament) entlehnt. Es wurde dann speziell in der Bed. „Mischungsverhältnis der vier menschlichen Körpersäfte“ verwendet (zum Sachlichen vgl. den Artikel *cholerisch*). Stammwort ist *lat.* temperare „in das gehörige Maß setzen; in das richtige Mischungsverhältnis bringen“, aus dem bereits im 13. Jh. unser Verb **temperieren** „mäßigen; auf eine mäßig warme, gute abgestimmte Temperatur bringen“ übernommen wurde. – Dazu das Adjektiv **temperamentvoll** „lebhaft, schwungvoll“ (20. Jh.). Zum gleichen Stammwort wie ‘Temperament’ gehört das Fremdwort **Temperatur** „(in Graden gemessener) Wärmezustand eines Körpers oder der Luft“ (16. Jh.). Es beruht auf einer gelehrten Entlehnung aus *lat.* temperatura „gehörige Mischung, Beschaffenheit“.

Tempo: Das Fremdwort wurde im 17. Jh. aus *it.* tempo „Zeit; Gelegenheit; Zeitmaß“ entlehnt, das auf *lat.* tempus „Zeit; Zeitspanne, Frist; günstige Zeit, Gelegenheit“ zurückgeht. Es wurde zunächst auch im Sinne von „Zeit; Gelegenheit“ gebraucht, dann speziell im Sinne von „Zeitmaß einer Bewegung“ und – seit dem 18. Jh. – „Zeitmaß eines musikalischen Vortrages; Rhythmus, Takt“. Davon geht die seit dem 19. Jh. bezeugte Verwendung im Sinne von „schnelles Zeitmaß, Schnelligkeit, Geschwindigkeit“ aus. – *Lat.* tempus, das vielleicht mit einer ursprünglichen Bed. „Zeitspanne“ zu der unter ↑*dehnen* genannten p-Erweiterung der *idg.* Wurzel *ten- „dehnen, ziehen, spannen“ gehört, lebt übrigens auch als grammatischer Terminus in unserem Fremdwort **Tempus** „Zeitstufe des Verbs“ fort.

Tender: Die Bezeichnung für „Anhänger der Dampflokomotive, in dem Brennstoff und Wasser mitgeführt werden“ und für „Begleitschiff, das Brennmaterial, Proviant und dgl. transportiert“ wurde im 19. Jh. aus gleichbed. *engl.* tender übernommen, einer Substantivbildung zu *engl.* to tend (Kurzform für to attend) „Sorge tragen für, aufmerken, achten auf usw.“ Quelle des Wortes ist *lat.* attendere (> *frz.* attendre) „hinspannen, hinstrecken; seine Aufmerksamkeit auf etwas richten“, ein Kompositum von *lat.* tendere „spannen, [aus]strecken“ (vgl. *tendieren*).

tendieren „hinstreben, zuneigen, abzielen, auf etwas ausgerichtet sein“: Das im 19. Jh. aus dem älteren Substantiv **Tendenz** „Zweckstreben; Hang, Neigung, Zug, Strömung, Entwicklungslinie; allgemeine Grundstimmung [an der Börse]“ (18. Jh.) rückgebildete Verb setzt formal *lat.* tendere (> *frz.* tendre) „spannen, [aus]strecken; abzielen; sich hinneigen“ fort. Das Substantiv ‘Tendenz’ ist wohl aus gleichbed. älter *engl.* tendence (*engl.* tendency), *frz.* tendance entlehnt, die auf *mlat.* tendentia „das Bewegen in eine Richtung“ zurückgehen. Dazu stellt sich das Adjektiv **tendenziös** „weltanschaulich oder politisch beeinflußt (und daher nicht objektiv)“ (19./20. Jh.; nach entsprechend *frz.* tendancieux). – *Lat.* tendere, das auch dem Fremdwort ↑Tender zugrunde liegt, ist mit zahlreichen Bildungen in unserem Fremdwortschatz vertreten, beachte im einzelnen die Fremdwörter ↑Intendant, ↑Intensität, ↑extensiv und ↑ostentativ. Es gehört mit verwandten Wörtern wie *lat.* tenere (tentum) „(gespannt) halten, festhalten, anhalten usw.“ (s. die auf Bildungen dazu beruhenden Fremdwörter ↑Abstinenz, ↑impertinent, ↑Kontinent und ↑kontinuierlich) und *lat.* tenor (tenoris) „ununterbrochener Lauf, Schwung; Fortgang; Zusammenhang; Sinn, Inhalt“ (s. die Fremdwörter [1]*Tenor* und [2]*Tenor*) zu der unter ↑*dehnen* dargestellten *idg.* Wortfamilie.

Tenne: Die Herkunft des auf den *dt.* Sprachbereich beschränkten Substantivs (*mhd.* tenne, *ahd.* tenni „Dreschplatz“) ist nicht geklärt.

Tennis: Der Name des Ballspiels wurde in der 1. Hälfte des 19. Jh.s aus gleichbed. *engl.* tennis (kurz für lawn tennis „Rasentennis“) entlehnt, das auf *mengl.* tenes, tenetz als Bezeichnung für ein dem Tennis ähnliches Spiel zurückgeht. Zugrunde liegt wohl *[a]frz.* tenez! „nehmt, haltet (den Ball)!“, der Imperativ Plural von tenir „halten“, das auf gleichbed. *lat.* tenere beruht. Die Spielbezeichnung ist vielleicht aus dem Zuruf des Aufschlägers an seinen Mitspieler entstanden.

[1]**Tenor** „Inhalt, Sinn, Wortlaut“: Das Fremdwort wurde im 17. Jh. aus *lat.* tenor „ununterbrochener Lauf; Fortgang; Zusammenhang, Sinn, Inhalt“ entlehnt. Über weitere etymologische Zusammenhänge vgl. den Artikel *tendieren*. – Gleichen Ausgangspunkt hat das Homonym [2]**Tenor** „hohe männliche Stimmlage; Tenorsänger“: Es ist als musikalisches Fachwort seit dem 15. Jh. bezeugt und ist unmittelbar aus gleichbed. *it.* tenore entlehnt (eigentlich die Hauptstimme, welche die Melodie „hält“ und nach der sich die anderen Stimmen richten sollen).

Teppich: Das Substantiv *mhd.* tep[p]ich, *ahd.* tep[p]ih ist mit Suffixwechsel aus einer *vlat.-roman.* Folgeform von *lat.* tapete, tap[p]etum „Teppich; Decke“ entlehnt, das seinerseits ein *griech.* Lehnwort ist (vgl. *griech.* tápēs „Teppich; Decke“ und gleichbed. tápis). Das Wort ist vermutlich südasiatischen Ursprungs. – Siehe auch den Artikel *Tapete*.

Termin „festgesetzter Zeitpunkt; Liefer-, Zahlungs-, Gerichtsverhandlungstag“: Das in Texten des *hochd.* Sprachbereichs seit dem Ende des 13. Jh.s bezeugte Wort (*mhd.* termin) geht über gleichbed. *mlat.* terminus auf *lat.* terminus „Grenzzeichen, Grenzstein, Grenze; Ziel, Ende" zurück. Von 'Termin' abgeleitet ist das Verb **terminieren** „befristen" (20. Jh.; schon *mhd.* terminieren „begrenzen" [< *lat.* terminare]). – Im *Mlat.* entwickelte das *lat.* Substantiv terminus die übertragene Bedeutung „inhaltlich abgegrenzter, festumrissener Begriff". Darauf beruht unser Fremdwort **Terminus** „Fachwort, Fachausdruck, Begriff", beachte dazu die hybride Neubildung **Terminologie** „Gesamtheit der in einem Fachgebiet üblichen Fachwörter und Fachausdrücke" (18. Jh.; zum Grundwort vgl. den Artikel *Logik*).

Termite: Der Name des schabenähnlichen, besonders in den Tropen und Subtropen vorkommenden Insekts ist eine gelehrte Bildung des 18. Jh.s zu *spätlat.* termes (Akkusativ: termitem) „Holzwurm" (für *klass.-lat.* tarmes). Das Baumaterial für das Termitennest besteht u. a. aus zerkautem Holz, und in tropischen Gebieten sind einige Arten des Insekts wegen der Zerstörung von Holzgegenständen, Möbeln und sogar von ganzen Gebäuden gefürchtet.

Terpentin: Die Bezeichnung für das Harz bestimmter Nadelholzarten, die *ugs.* auch für ein aus diesem Harz gewonnenes Lösungsmittel verwendet wird, ist seit dem 15. Jh. bezeugt. Sie ist entlehnt aus *spätlat.* (resina) ter[e]bint[h]ina „Harz der Terebinthe" (zu *lat.* terebinthinus [< *griech.* terebíntinos] „zur Terebinthe gehörend". Die Terebinthe (*lat.* terebinthus < *griech.* terébinthos) ist eine im Mittelmeergebiet heimische Pistazienart, aus deren Rinde ein besonders wohlriechendes Harz gewonnen wird.

Terrain „Gebiet, Gelände; Boden, Baugelände, Grundstück": Das Fremdwort wurde im 17. Jh. aus gleichbed. *frz.* terrain entlehnt, das auf *lat.* terrenum (*vlat.* *terranum) „Erdstoff; Erde, Acker" beruht. Das diesem zugrundeliegende Adjektiv *lat.* terrenus „aus Erde bestehend, erdig, irden" ist von *lat.* terra „Erde; Erdboden; Land" (ursprünglich „die Trockene"; etymologisch verwandt mit *dt.* ↑*dürr*) abgeleitet. – Zum gleichen Stammwort (*lat.* terra) gehören auch die Fremdwörter ↑Souterrain, ↑Terrasse, ↑Terrine, ↑Territorium, territorial und ↑Terrier.

Terrasse „Stufe, Absatz; stufenförmige Erderhöhung; nicht überdachter Austritt am Erdgeschoß eines Gebäudes": Das Fremdwort wurde am Anfang des 18. Jh.s aus gleichbed. *frz.* terrasse entlehnt. Das *frz.* Wort selbst beruht auf einem nicht bezeugten *galloroman.* *terracea, einer Kollektivbildung zu *lat.* terra „Erde" (vgl. *Terrain*). Es bedeutete ursprünglich etwa „Erdaufhäufung".

Terrier ist die Sammelbezeichnung für mehrere Hunderassen wie **Foxterrier** (*engl.* foxterrier, eigentlich „Fuchsterrier"), **Scotchterrier** (*engl.* Scotch terrier, eigentlich „schottischer Terrier") u. a. Der Name wurde in neuester Zeit aus dem *Engl.* übernommen. *Engl.* terrier (Kurzform für terrier dog) bedeutet wörtlich „Erdhund". Der Terrier ist demnach nach seiner charakteristischen Eignung als Jagdhund für die Erdwildjagd benannt. Das *engl.* Wort stammt aus gleichbed. *afrz.* (chien) terrier, dem *spätlat.* terrarius „den Erdboden betreffen, Erd-" zugrunde liegt (zu *lat.* terra „Erde"). Über weitere etymologische Zusammenhänge vgl. den Artikel *Terrain*.

Terrine: Die Bezeichnung für „[Suppen]schüssel" wurde im 18. Jh. aus gleichbed. *frz.* terrine entlehnt, das aus *afrz.* terrin „irden" substantiviert ist, also eigentlich „irdene Schüssel" bedeutet. Zugrunde liegt ein *vlat.* Adjektiv *terrinus „irden", eine Ableitung von *lat.* terra „Erde" (vgl. *Terrain*).

Territorium „Grund (und Boden); Bezirk; Staats-, Hoheitsgebiet": Das Fremdwort wurde Ende des 16. Jh.s nach entsprechend *frz.* territoire aus *lat.* territorium „zu einer Stadt gehörendes Ackerland; Stadtgebiet" entlehnt. Dies gehört seinerseits zu *lat.* terra „Erde; Land" (vgl. *Terrain*). – Abl.: **territorial** „zu einem [Staats]gebiet gehörend, es betreffend" (18./19. Jh.; aus *frz.* territorial).

Terror „Schreckensherrschaft, rücksichtsloses Vorgehen, Unterdrückung": Das Fremdwort wurde im 19. Jh. (wohl unter dem Einfluß von entsprechend *frz.* terreur) aus *lat.* terror „Schrecken, Angst und Schrecken bereitendes Geschehen" entlehnt. Dies gehört zu *lat.* terrere „schrecken, erschrecken". Vgl. auch den Artikel *Terrorismus*. – Abl.: **terrorisieren** „Terror ausüben, Schrecken verbreiten; unterdrücken, einschüchtern" (19. Jh.; aus gleichbed. *frz.* terroriser).

Terrorismus: Die Bezeichnung für „Schrekkensherrschaft; das Verbreiten von Terror zur Durchsetzung politischer Ziele" wurde Ende des 18. Jh.s aus gleichbed. *frz.* terrorisme entlehnt, einer Bildung zu *frz.* terreur „Angst, Schrecken", das auf gleichbed. *lat.* terror (s. *Terror*) beruht. Das Wort wurde zuerst meist auf das gewaltsame Vorgehen Robespierres und der Jakobiner während der Französischen Revolution bezogen. Abl.: **Terrorist** „jemand, der Terroranschläge verübt" (Ende des 18. Jh.s; aus gleichbed. *frz.* terroriste, zuerst meist im Sinne von „Anhänger des Schreckenssystems der Jakobiner" verwendet), dazu **terroristisch** „Terror ausübend" (Ende des 18. Jh.s).

Tertia: Die Bezeichnung für die vierte Klasse der Unterstufe einer höheren Schule geht zurück auf *lat.* tertia classis „dritte Klasse" (über die Bedeutungsentwicklung vgl. den Artikel *Sexta*). Zugrunde liegt die Ordinalzahl *lat.* tertius „dritter" (vgl. *tri..., Tri...*). Abl.: **Tertianer** „Schüler einer Tertia".

Terz: Das Fremdwort bezeichnet in der Musik den „dritten" Ton vom Grundton aus, ferner ein Intervall von drei Tonstufen. In der Fechtkunst ist es der Name eines bestimmten Fechthiebs. Das zuerst (vielleicht schon *mhd.*) als musikalischer Terminus bezeugte Fremdwort beruht auf *lat.* tertia (ergänze: vox) „dritte (Stimme)". Über die zugrundeliegende Ordinalzahl *lat.* tertius „dritter" vgl. *tri..., Tri...*

Tesching: Die Bezeichnung für ein leichtes kleinkalibriges Gewehr kommt im 19. Jh. auf. Ihre Herkunft ist dunkel.

Test „Probe; experimentelle Untersuchung, Prüfung“: Das Wort wurde Anfang des 20. Jh.s aus gleichbed. *engl.* test übernommen. Das davon abgeleitete Verb *engl.* to test „prüfen, erproben, ausprobieren“ lieferte unser entsprechendes Verb **testen** „durch Test feststellen, prüfen, untersuchen, erproben“ (1. Hälfte des 20. Jh.s). – Das *engl.* Wort geht auf *afrz.* test „irdener Topf; Tiegel (für alchimistische Experimente)“ zurück, das seinerseits auf *lat.* testum „Geschirr, Schüssel“ beruht. Stammwort ist *lat.* testa „Platte, Deckel, Tonschale; Scherbe usw.“ – Bereits in *mhd.* Zeit wurde aus dem *Afrz.* das Substantiv *mhd.* test „Topf, Tiegel usw.“ entlehnt, das sich bis ins 19. Jh. in der Bedeutung „Probier-, Schmelztiegel für die Prüfung von Silber“ erhalten hat.

Testament „letztwillige Verfügung“; im christlich-religiösen Bereich bezeichnet ‘Testament’ speziell die Verfügung, die Ordnung Gottes, d. h. den Bund Gottes mit den Menschen (danach das ‘Alte und Neue Testament’): Das Wort wurde in *spätmhd.* Zeit aus gleichbed. *lat.* (bzw. *kirchenlat.*) testamentum entlehnt, das zu *lat.* testari „bezeugen; als Zeugen nehmen; ein Testament machen“ gehört. Stammwort ist *lat.* testis „Zeuge“. – Siehe auch die Fremdwörter *Attest* und *protestieren*.

testen ↑Test.

Tetanus: Der medizinische Fachausdruck für „Wundstarrkrampf“ wurde in neuerer Zeit aus *lat.* tetanus „Halsstarre“ entlehnt, das seinerseits aus *griech.* tétanos „krankhafte Verzerrung, Starre (von Körperteilen)“ stammt. Die eigentliche Bedeutung des *griech.* Wortes ist „Spannen, Spannung“. Es gehört zu *griech.* teínein „spannen; ausdehnen“ (vgl. den Artikel [2]*Ton*).

Tête-à-tête: Der Ausdruck für „vertrauliches Zwiegespräch; zärtliches Beisammensein“ wurde Anfang des 18. Jh.s aus *frz.* tête-à-tête „Zwiegespräch“ (wörtlich: „Kopf an Kopf“) übernommen. Das zugrundeliegende Substantiv *frz.* tête „Kopf“ geht auf *lat.* testa „Platte, Deckel, Tonschale; Scherbe; (*spätlat.*) Hirnschale“ zurück (vgl. hierüber den Artikel *Test*).

teuer: Die Herkunft des *altgerm.* Adjektivs (*mhd.* tiure, *ahd.* tiuri, *niederl.* duur, *engl.* dear [↑Darling], *schwed.* dyr) ist unbekannt. Zu ‘teuer’ gehören die unter [2]*dauern* „leid tun“ behandelten Wörter. Schon in den älteren Sprachzuständen wurde es in den heutigen Bedeutungen „lieb, wert, hochgeschätzt; viel kostend“ gebraucht. Abl.: **Teuerung** „Preisanstieg“ (*spätmhd.* tiurung, ursprünglich nur „Preis“); **verteuern** (*mhd.* vertiuren). Siehe auch den Artikel *beteuern*.

Teufel: Der Name des nach der christlichen Lehre von Gott abgefallenen und zum Widersacher Gottes gewordenen Engels, *mhd.* tiuvel, tievel, *ahd.* tiufal, wurde entweder im Zuge der arianischen Mission aus *got.* diabaúlus, diabulus aufgenommen, das seinerseits über *kirchenlat.* diabolus, diabulus auf *griech.* diá-bolos „verleumdend, schmähend; Verleumder; (im A. T.:) Widersacher, Feind; (im N. T.:) Teufel“ zurückgeht oder direkt aus dem *Kirchenlat.* entlehnt. Das *griech.* Wort ist eine Bildung zu *griech.* dia-bállein „durcheinanderwerfen; entzweien, verfeinden; schmähen, verleumden“, einem Kompositum von *griech.* bállein „werfen; treffen“ (vgl. den Artikel *ballistisch*). Gleichen Ursprungs wie unser Lehnwort ‘Teufel’, das im *Dt.* die einheimische Bezeichnung ‘Unhold’ (*ahd.* unholdo) ablöste, sind aus den *roman.* Sprachen z. B. gleichbed. *it.* diavolo, *span.* diablo und *frz.* diable, die ihrerseits unmittelbar aus dem *Kirchenlat.* stammen. – In übertragener Verwendung begegnet das Wort ‘Teufel’ als Bezeichnung für einen boshaften, heimtückischen Menschen, beachte dazu die Ableitungen **teuflisch** „boshaft, grausam, heimtückisch“ (*mhd.* tiuvelisch) und **Teufelei** „Bosheit, hinterhältige Gemeinheit, Grausamkeit“ (16. Jh.). Siehe auch den Artikel *diabolisch*.

Text „Wortlaut, Beschriftung; [Bibel]stelle“: Das Wort wurde in *spätmhd.* Zeit aus *lat.* textus „Gewebe, Geflecht; Verbindung, Zusammenhang; zusammenhängender Inhalt einer Rede, einer Schrift“ entlehnt. Dies gehört zu *lat.* texere „weben, flechten; fügen, kunstvoll zusammenfügen“, das etymologisch verwandt ist mit *griech.* téktōn „Zimmermann, Baumeister“, *griech.* téchnē „Handwerk, Kunst, Kunstfertigkeit“ (vgl. den Artikel *Technik*). – Abl.: **texten** „einen [Schlager-, Werbe]text gestalten“ (20. Jh.), dazu das Substantiv **Texter** „Verfasser von [Schlager-, Werbe]texten“ (20. Jh.). – Zu *lat.* texere gehören ferner die Fremdwörter ↑textil, Textilien.

textil „gewebt, gewirkt; Gewebe, Tuche oder Stoffe betreffend“, häufig in Zusammensetzungen wie ‘Textilindustrie, Textilkaufmann’ u. a.: Das Adjektiv wurde im 19. Jh. aus gleichbed. *frz.* textile entlehnt, das seinerseits auf *lat.* textilis „gewebt, gewirkt“ beruht. Über das Stammwort *lat.* texere (textum) „weben, flechten; fügen“ vgl. den Artikel *Text*. – Abl.: **Textilien** „gewebte, gestrickte oder gewirkte, aus Faserstoffen hergestellte Waren“ (20. Jh.).

Theater „Schaubühne, Schauspielhaus; Aufführung eines Schauspiels“, *ugs.* auch für „Gezeter, Geschrei, Lärm; Getue“: Das Fremdwort, das bereits seit dem 16. Jh. als ‘Theatrum’ belegt ist und dann im 18. Jh. nach entsprechend *frz.* théâtre eingedeutscht wurde, ist aus *lat.* theatrum entlehnt. Dies stammt seinerseits aus *griech.* théātron „Zuschauerraum, Theater“. Stammwort ist *griech.* théā „das Anschauen, die Schau; das Schauspiel“, das als Vorderglied in *griech.* theōrós „Zuschauer“ (↑Theorie) erscheint. – Dazu stellt sich das Adjektiv **theatralisch** „das Theater betreffend; schauspielerhaft, gespreizt“ (18. Jh.; nach gleichbed. *lat.* theatralis).

Theke: Die Bezeichnung für „Schanktisch; Ladentisch“ wurde im 19. Jh. aus *lat.* theca „Hülle, Decke; Büchse, Schachtel“ entlehnt, das seinerseits aus *griech.* thḗkē „Abstellplatz;

Behältnis, Aufbewahrungsort; Kasten, Kiste, Lade" stammt. Dies ist eine Bildung zum Stamm von *griech.* tithénai „setzen, stellen, legen" (vgl. den Artikel *Thema*). – Das *griech.* Wort erscheint auch als zweites Glied in einigen Bildungen wie *griech.* apo-thḗkē „Abstellplatz, Aufbewahrungsraum; Vorratslager, Magazin" (↑Apotheke, ↑Butike und ↑Bottich), *griech.* hypo-thḗkē „Unterlage; Unterpfand" (↑Hypothek), *griech.* biblio-thḗkē „Bücherablage, -gestell; Bücherei" (↑Bibliothek). Nach dem Vorbild solcher Zusammensetzungen entstanden Neuwörter wie 'Diskothek' und 'Kartothek'.

Thema: Das Fremdwort für „Aufgabe, [zu behandelnder] Gegenstand; Gesprächsstoff; Leitgedanke; Leitmotiv" wurde im 15. Jh. aus *griech.-lat.* théma „das Aufgestellte, der Satz; der abzuhandelnde Gegenstand" entlehnt. Stammwort ist das mit *dt.* ↑*tun* verwandte Verb *griech.* tithénai „setzen, stellen, legen". Abl.: **thematisch** „zum Thema gehörend, dem Thema entsprechend" (19. Jh.); **Thematik** „Komplexität eines Themas; Aufgabenstellung" (19. Jh.). – Neben *griech.* théma sind in diesem Zusammenhang noch zwei weitere zum Stamm von *griech.* tithénai gehörende Nominalbildungen von Interesse, die in unserem Fremdwortschatz eine Rolle spielen: *griech.* thésis „das Setzen, Stellen, Legen; Ordnung, Satzung; Satz" und *griech.* thḗkē „Behältnis, Kasten, Lade". Siehe hierzu im einzelnen die Fremdwörter um *These* und *Theke*.

Theologie: Die Bezeichnung für die Wissenschaft von Gott und seiner Offenbarung und vom Glauben und Wesen der Kirche, von den Glaubensvorstellungen einer Religion oder Konfession ist eine gelehrte Entlehnung des 15. Jh.s aus *griech.-lat.* theología „Götterlehre, Göttersage, Lehre von den göttlichen Dingen". Auf dem zugrundeliegenden Adjektiv und Substantiv *griech.* theo-lógos „der göttlichen Dinge kundig; Gottesgelehrter" (eigentlich „von Gott redend"), das als zusammengesetzte Bildung zu *griech.* theós „Gott, Gottheit" und *griech.* légein „reden", lógos „Wort, Rede; Lehre, Kunde" (vgl. *Lexikon*) gehört, beruht unser entsprechendes Fremdwort **Theologe** „wissenschaftlicher Vertreter der Theologie; Geistlicher" (15. Jh.; vermittelt durch *lat.* theologus). – Dazu das Adjektiv **theologisch** „die Theologie betreffend" (16. Jh.).

Theorie „abstrakte Betrachtungsweise; System wissenschaftlich begründeter Aussagen zur Erklärung bestimmter Erscheinungen o. ä.": Das seit dem 16. Jh. bezeugte Fremdwort, das gewöhnlich als Gegenwort zu ↑Praxis gebraucht wird, ist aus *griech.-lat.* theōría „das Zuschauen; Betrachtung, Untersuchung; wissenschaftliche Erkenntnis usw." entlehnt. Zugrunde liegt das *griech.* Substantiv theōrós „Zuschauer", das zusammengezogen ist aus *theā-(u̯)orós „jemand, der ein Schauspiel sieht" (zu *griech.* théā „Anschauen, Schau" [vgl. *Theater*] und *griech.* horáein „sehen"). – Dazu stellen sich **theoretisch** „rein wissenschaftlich; gedanklich; gedacht, vorstellungsmäßig; ohne hinreichenden Bezug auf die Wirklichkeit" (im Gegensatz zu ↑praktisch), das im 17. Jh. aus *lat.* theoreticus (< *griech.* theōrētikós) „beschauend, untersuchend" übernommen wurde, und **Theoretiker** „Wissenschaftler, Gelehrter; (abschätzig für:) wirklichkeitsfremder Mensch" (18. Jh.).

Therapie: Die Bezeichnung für „Kranken-, Heilbehandlung" wurde im 18. Jh. als medizinischer Terminus aus gleichbed. *griech.* therapeía (eigentlich „das Dienen, Dienst; Pflege") entlehnt. Stammwort ist *griech.* therápōn „Diener; Gefährte". – Dazu stellen sich **Therapeut** „behandelnder Arzt, Heilkundiger" (18. Jh.; aus *griech.* therapeutḗs „Diener; Pfleger"), beachte dazu die Zusammensetzung 'Psychotherapeut' (↑Psyche), und **therapeutisch** „zur Therapie gehörend" (18. Jh.).

thermo..., Thermo...: Dem aus dem *Griech.* stammenden Bestimmungswort von Zusammensetzungen mit der Bed. „Wärme, Wärmeenergie; Temperatur", wie in 'Thermometer, Thermosflasche' und 'Thermostat', liegt das *griech.* Adjektiv thermós „warm, heiß" oder vielmehr das davon abgeleitete Substantiv *griech.* thérmē „Wärme, Hitze" zugrunde. – **Thermometer** „Temperaturmeßgerät" (18. Jh.; *nlat.* Bildung; über das Grundwort vgl. den Artikel *Meter*). **Thermosflasche** Ⓦⓩ „doppelwandiges Gefäß zum Warm- oder Kühlhalten von Getränken" (hybride Bildung des 20. Jh.s). **Thermostat** „Vorrichtung zur Erhaltung konstanter Temperaturen" (gelehrte Neubildung des 19. Jh.s; das Grundwort ist von *griech.* statós „stehend, feststehend" genommen, vgl. den Artikel *stehen*).

These „aufgestellter [Lehr-, Leit]satz; (zu beweisende) Behauptung": Das Fremdwort wurde im 16. Jh. aus *griech.-lat.* thésis „das Setzen, das [Auf]stellen; aufgestellter Satz; Behauptung" entlehnt (vgl. den Artikel *Thema*). – Das *griech.* Wort erscheint auch als Hinterglied in verschiedenen Präfixbildungen. Siehe hierzu im einzelnen die Fremdwörter ↑Hypothese, ↑Prothese und ↑Synthese.

Thing ↑Ding.

Thriller: Die Bezeichnung für „ganz auf Spannungseffekte abgestellter [Kriminal]film, Nervenreißer" ist ein Fremdwort, das in der 1. Hälfte des 20. Jh.s aus dem *Engl.-Amerik.* übernommen wurde. *Engl.* thriller bedeutet wörtlich etwa „etwas, was in gespannte Erregung versetzt". Es ist zu *engl.* to thrill „durchdringen; zittern machen; packen, fesseln" (ursprünglich „durchbohren, durchstoßen") gebildet.

Thron „Herrschersitz, Fürstensitz": Das seit etwa 1200 bezeugte Substantiv (*mhd.* t[h]rōn) wurde über gleichbed. *afrz.* tron (= *frz.* trône) aus gleichbed. *lat.* thronus entlehnt, das seinerseits Lehnwort aus *griech.* thrónos „Sessel, Sitz; Herrschersitz, Thron" ist. Abl.: **thronen** „auf dem Thron sitzen, regieren; feierlich dasitzen" (17. Jh.). – Zu *griech.* thrónos „Thron" stellt sich das Verb *griech.* inthronízein „auf den Thron erheben", woraus gleichbed. *mlat.* inthronizare entlehnt worden ist (ursprünglich in der Kirchensprache bezogen auf die feierliche Amtseinsetzung des neuen Papstes). Dies lieferte dann, wohl unter Einfluß von *frz.* introniser, unser Fremdwort **inthronisieren.**

Thunfisch: Der Name des makrelenartigen Speisefisches, der in allen warmen und gemäßigten Meeren vorkommt, ist aus *lat.* thynnus, thunnus entlehnt, das seinerseits aus *griech.* thýnnos (Wort einer Mittelmeersprache) stammt. Der Name erscheint in *dt.* Texten zuerst im 16. Jh. als 'Thunnfisch' (mit dem verdeutlichenden Grundwort Fisch, ähnlich wie in 'Walfisch' [s. unter *Wal*]). Gleicher Herkunft sind in anderen europäischen Sprachen z. B. entsprechend *it.* tonno, *frz.* thon und *engl.* tunny.

Thymian: Der Name der in kleinen Sträuchern mit würzig riechenden Blättern wachsenden Heil- und Gewürzpflanze, *mhd.* thimean, tymian, *frühmhd.* timiām, beruht auf einer Entlehnung aus *lat.* thymum, das seinerseits Lehnwort aus *griech.* thýmon ist. Das *griech.* Wort ist eine Bildung zum Verb thýein „ein Rauch-, Brandopfer darbringen" (ursprünglich „rauchen; räuchern"). Die Pflanze ist also nach ihrem starken Duft benannt. *Griech.* thýein stellt sich zum Substantiv *griech.* thȳmós „Geist, Mut, Sinn", das ursprünglich „Rauch" bedeutete (urverwandt mit *lat.* fumus „Rauch" [s. den Artikel *Parfüm*], Bedeutungsentwicklung über „Rauch" zu „Hauch", dann „Geist"). – Auf die *mhd.* Formen hat wohl *lat.* thymiama „Räucherwerk" eingewirkt, das seinerseits aus gleichbed. *griech.* thymíama entlehnt ist, einer Ableitung von *griech.* thȳmós in der ursprünglichen Bed. „Rauch".

Tick: Der *ugs.* Ausdruck für „wunderliche Eigenart, Schrulle; Fimmel, Stich" wurde im 18. Jh. entlehnt. Dies ist auch in der medizinischen Fachsprache, meist in der Form **Tic,** mit der Bed. „nervöse Muskelzuckung" gebräuchlich. Die weitere Herkunft von *frz.* tic ist nicht gesichert.

ticken: Das seit dem 18. Jh. bezeugte Verb ist von der Interjektion 'tick!' abgeleitet. Eine Interjektion ahmt den Laut nach, wie ihn Uhren, Holzwürmer u. a. hervorbringen; verbunden mit 'tack!' steht sie in **ticktack!** (18. Jh.).

Ticket „Fahrschein (besonders für Flug- und Schiffsreisen); Eintrittskarte": Das Wort wurde bereits im 18. Jh. aus *engl.* ticket „Berechtigungsschein, Nachweiskarte; Wettschein" entlehnt. Erst im 20. Jh. wurde es im Sinne von „Fahrschein" und „Eintrittskarte" gebräuchlich und verdrängte ↑Billett. – *Engl.* ticket geht auf *afrz.* e[s]tiquet[te] „Einkerbung an einem Pflock; Zeichen; Zettel, Aufschrift" zurück (vgl. den Artikel *Etikett*).

Tide ↑Zeit.

tief: Das *gemeingerm.* Adjektiv *mhd.* tief, *ahd.* tiuf, *got.* diups, *engl.* deep, *schwed.* djup gehört mit verwandten Wörtern in anderen *idg.* Sprachen zu der *idg.* Wurzel *dheu-b- „tief, hohl", vgl. z. B. *lit.* dubùs „eingesunken, tief". Zu dieser Wurzel stellen sich aus dem *germ.* Sprachbereich auch die unter ↑*taufen* (eigentlich „tief machen") und ↑*tupfen* (eigentlich „tief machen, eintauchen") behandelten Wörter. Auf einer nasalierten Form beruht das unter ↑*Tümpel* (eigentlich „Vertiefung") dargestellte Substantiv. Siehe auch den Artikel *Topf.* Abl.: **Tief** „Gebiet niedrigen Luftdrucks" (Anfang 20. Jh.); **Tiefe** (*mhd.* tiefe, *ahd.* tiufī; vgl. *got.* diupei, *engl.* depth, *schwed.* djup). Zus.: **tiefsinnig** „bemüht, in das Wesen der Dinge einzudringen; grüblerisch" (im 16. Jh. „scharfsinnig, schlau", in der heutigen Bedeutung seit dem 18. Jh.), daraus rückgebildet **Tiefsinn** (18. Jh., aber bereits *mhd.* der tiefe sin).

Tiegel „Pfanne": Das *nhd.* Wort geht über *mhd.* tegel, tigel „Tiegel" auf *ahd.* tegel „irdener Topf" zurück, dessen weitere Beziehungen nicht geklärt sind. Vielleicht beruht das Substantiv im Sinne von „geformtes irdenes Gefäß" auf einer Bildung zu der unter ↑*Teig* dargestellten *idg.* Wurzel, wobei in der Bedeutung *spätlat.* tegula „Bratpfanne" (entlehnt aus gleichbed. *griech.* tḗganon) eingewirkt haben mag. Die *niederd.-niederl.* Formen des Wortes haben d-Anlaut (*mnd.* dēgel, *mniederl.* degel „Pfanne, Topf"), ebenso *aisl.* digull „Tiegel".

Tier: Das *gemeingerm.* Wort *mhd.* tier, *ahd.* tior, *got.* dius, *engl.* deer, *schwed.* djur bezeichnete ursprünglich das wildlebende Tier im Gegensatz zum Haustier (↑Vieh). So benennt jetzt noch weidmännisch 'Tier' das weibliche Stück Rotwild und *engl.* deer das Rotwild überhaupt. Das *germ.* Wort ist eine Bildung zu der unter ↑*Dunst* dargestellten *idg.* Wurzel *dheu- „stieben, blasen" und bedeutet wahrscheinlich eigentlich „atmendes Wesen", beachte das verwandte *aslaw.* duša „Atem, Seele" und das ähnliche Verhältnis von *lat.* animal „Tier" zu *lat.* anima „Lebenshauch; Seele" (↑animieren). Abl.: **tierisch** „zum Tier gehörig; wie ein Tier, dumpf; triebhaft; roh, grausam" (16. Jh.; für *mhd.* tierlich). Zus.: **Tiergarten** „Wildpark" (zur alten Bed. „Wild"; *mhd.* tiergarte); **Tierkreis** (im 17. Jh. für älteres 'Tierzirkel' als Lehnübertragung von *lat.* zodiacus, *griech.* zōdiakós); **Untier** „ungestaltes Tier, Ungeheuer" (*mhd.* untier, wohl mit verstärkendem Präfix, ↑un...).

Tiger: Der Name des Raubtiers (*mhd.* verdeutlichend tigertier, ebenso *ahd.* tigirtior) geht zurück auf gleichbed. *griech.-lat.* tígris, das selbst vermutlich *iranischen* Ursprungs ist.

tilgen: Das auf das *dt.* und *niederl.* Sprachgebiet beschränkte Verb (*mhd.* tīligen, tilgen, *ahd.* tīligōn; *mniederl.* [ver]delighen, *niederl.* delgen) wurde im Zuge der angelsächsischen Mission aus *aengl.* dīlegian „vernichten, wegschaffen; unleserlich machen, ausradieren" entlehnt, das seinerseits aus *lat.* delere „vernichten; (Geschriebenes) auslöschen" stammt. – Dazu die Zusammensetzung **austilgen** „vernichten, gänzlich tilgen" (*mhd.* uztīligen, -tilgen) und die Präfixbildung **vertilgen** „gänzlich zum Verschwinden bringen; *(ugs.:)* restlos aufessen" (*mhd.* vertīligen, -tilgen, *ahd.* fertīligōn).

timen, Timing ↑Zeit.

Tingeltangel: Die Bezeichnung für ein Lokal,

in dem verschiedenerlei Unterhaltung ohne großes Niveau geboten wird und auch für die hier gespielte entsprechend niveaulose Unterhaltungs- und Tanzmusik kam Ende des 19. Jh.s in der *berlin.* Umgangssprache auf für *frz.* Café chantant „Café mit Musik-, Gesangsdarbietung". Das Wort ist eine lautmalende Bildung zur älteren Interjektion 'tingel tangel' für die in diesen Lokalen gespielte Musik. – Dazu die Rückbildung **tingeln** *ugs.* für „in einem Tingeltangel auftreten; an verschiedenen Orten bei Veranstaltungen unterschiedlicher Art auftreten".

Tinktur: Die in der Fachsprache der Pharmazie gebräuchliche und seit dem 16. Jh. bezeugte Bezeichnung für dünnflüssige „gefärbte" Auszüge aus pflanzlichen oder tierischen Stoffen, (meist) in Form alkoholischer Lösungen ist aus *lat.* tinctura „das Färben, farbig ausgezogene Flüssigkeit" entlehnt. Dies gehört zu *lat.* tingere (tinctum) „benetzen, tränken, eintauchen; färben" (vgl. das Lehnwort *Tinte* und den Artikel *tunken*).

Tinnef „Schund, wertlose Ware; dummes Zeug": Das im 19. Jh. aus der Gaunersprache als Scheltwort in die Kaufmannssprache und von da in die allgemeine Umgangssprache gelangte Wort stammt aus *hebr.* ṭinnûf (> *jidd.* tinnef) „Kot, Schmutz".

Tinte: Die Bezeichnung der Schreibflüssigkeit *mhd.* tincte, (mit Konsonanzerleichterung:) tinte, *ahd.* tincta ist aus *mlat.* tincta (aqua) „gefärbte Flüssigkeit; Tinktur" entlehnt. Zugrunde liegt das mit *dt.* ↑*tunken* urverwandte Verb *lat.* tingere (tinctum) „färben". – Im *Frz.* wurde *lat.* tingere zu teindre „färben", s. dazu das Fremdwort *Teint.* Vgl. auch den Artikel *Tinktur.*

Tip „Andeutung, Wink; Hinweis auf gute Gewinnaussichten (bei Sportwetten); Voraussage des wahrscheinlichen Ergebnisses eines Sportwettkampfes (besonders im Fußballtoto)": Das seit dem Ende des 19. Jh.s zuerst im Bereich der Börsensprache und des Pferderennsports bezeugte Wort ist entlehnt aus *engl.* tip „Anstoß, Andeutung, geheime Information, Wink; Hinweis auf eine Gewinnaussicht" (wohl zu *engl.* to tip „leicht berühren, anstoßen"). – Dazu stellt sich das Verb [1]**tippen** (20. Jh.), das einerseits im speziellen Sinne von „eine Wettvoraussage abgeben (Toto)" gilt – beachte auch die Zusammensetzung **Tippzettel** – und andererseits auch allgemein im Sinne „auf jemanden oder etwas setzen; annehmen, vermuten" (vorwiegend *ugs.*) verwendet wird (nach *engl.* to tip „einen [Gewinn]hinweis geben"). Vgl. aber [2]*tippen.*

[1]**tippen** ↑Tip.

[2]**tippen** „[mit einer Spitze] leicht berühren; maschineschreiben": Das seit dem 16. Jh. bezeugte, ursprünglich *niederd.-mitteld.* Verb ist vermutlich lautnachahmenden Ursprungs, hat sich aber früh mit den *niederd.-mitteld.* Formen dippen, tippen des unter ↑*tupfen* behandelten Verbs vermischt.

Tirade „Wortergu߸ Wortschwall": Das Fremdwort wurde im 18. Jh. aus gleichbed. *frz.* tirade (wörtlich etwa „länger anhaltendes Ziehen", danach „langgezogener Vortrag") entlehnt. Das *frz.* Substantiv gehört entweder unmittelbar als Ableitung zu *frz.* tirer „ziehen", oder es ist selbst aus gleichbed. *it.* tirata entlehnt, das von entsprechend *it.* tirare „ziehen" abgeleitet ist.

Tisch: Das *westgerm.* Substantiv *mhd.* tisch „Speisetafel; Ladentisch", *ahd.* tisc „Schüssel; Tisch", *niederl.* dis „Tisch", *engl.* dish „Platte, Schüssel; Gericht, Speise" (die *nord.* Sippe von *schwed. mdal.* disk „Teller; Ladentisch" stammt wohl unmittelbar aus dem *Aengl.* oder *Asächs.*) beruht auf einer frühen Entlehnung aus *lat.* discus „Wurfscheibe; flache Schüssel, Platte", das seinerseits aus *griech.* dískos „Wurfscheibe; scheibenförmiger Gegenstand; Teller, Schüssel" stammt. Dies bedeutete ursprünglich „Wurfscheibe" und gehört zu *griech.* diskeĩn „werfen"; s. das Fremdwort *Diskus.* Der Bedeutungswandel von „flache Schüssel" zu „Tisch" (so auch im *Roman.;* vgl. z. B. *it.* disco „[Wurf]scheibe" neben *it.* desco „[Eß]tisch", beide aus *lat.* discus) erklärt sich aus der Tatsache, daß in alter Zeit zu den Mahlzeiten jede einzelne Person ihren eigenen Eßtisch, der zugleich Eßschüssel war, vorgesetzt bekam (für germanische Verhältnisse von dem römischen Schriftsteller Tacitus überliefert). – Abl.: **tischen** „tafeln; den Tisch decken, zu essen geben" (16. Jh.; heute veraltet), dafür heute die Zusammensetzung **auftischen** (18. Jh.); **Tischler** „Holzhandwerker, Möbelschreiner" (eigentlich „Tischmacher", *spätmhd.* tischler, tischer), dazu **Tischlerei** „Tischlerhandwerk; Tischlerwerkstatt" (18. Jh.).

Titel „Überschrift, Aufschrift; Name eines Buches; Amts-, Dienstbezeichnung; Ehrenbezeichnung, Anredeform": Das Substantiv *mhd.* tit[t]el, *ahd.* titul[o] ist aus gleichbed. *lat.* titulus entlehnt. Die weitere Herkunft des *lat.* Wortes, das auch die Quelle für entsprechend *frz.* titre ist, ist nicht gesichert. – Abl.: **titeln** „einen Titel geben, mit einem Titel versehen" (*spätmhd.* titelen), dafür heute nur mehr das Präfixverb **betiteln; titulieren** „[mit dem Titel] anreden; bezeichnen, nennen, heißen; mit einem Schimpfnamen belegen" (14. Jh.; aus gleichbed. *spätlat.* titulare).

Toast „geröstete Weißbrotschnitte; Trinkspruch": Das in beiden Bedeutungen aus *engl.* toast entlehnte Fremdwort erscheint in *dt.* Texten im 18. Jh. Der Bedeutungswandel von „geröstete Brotschnitte" zu „Trinkspruch" erklärt sich wohl aus einer früher in England geübten Trinksitte, wonach derjenige, der einen Trinkspruch anbringen wollte, zuvor eine Scheibe geröstetes Brot in sein Glas eintauchte. – *Engl.* toast gehört zum Verb *engl.* to toast „rösten", das aus gleichbed. *afrz.* toster stammt; dies beruht auf *lat.* tostus „gedörrt, getrocknet", dem Part. Perf. des mit *dt.* ↑*dürr* etymologisch verwandten Verbs *lat.* torrere „dörren, trocknen". – Abl.: **toasten** „Brot rösten; einen Trinkspruch ausbringen" (18. Jh.; nach entsprechend *engl.* to toast); **Toaster** „Brotröster" (20. Jh.; aus gleichbed. *engl.* toaster).

toben: *Mhd.* toben, *ahd.* tobōn, tobēn, *aengl.* dofian gehören zu dem unter ↑*taub* behandelten Adjektiv und bedeuten eigentlich „taub, dumm, unsinnig werden" (vgl. über die weiteren Zusammenhänge den Artikel *Dunst*). Zus.: **Tobsucht** „ungezügelte Wut" (*mhd.* tobesuht „Wahnsinn; Raserei"), dazu **tobsüchtig** (*mhd.* tobesühtic „wahnsinnig; rasend").

Tochter: Die *gemeingerm.* Verwandtschaftsbezeichnung *mhd., ahd.* tohter, *got.* daúhtar, *engl.* daughter, *schwed.* dotter beruht mit Entsprechungen in anderen *idg.* Sprachen auf *idg.* *dhug[h]əter- „Tochter", vgl. z. B. gleichbed. *aind.* duhitár-, *griech.* thygátēr, *lit.* duktē̃. Zur Bildung vgl. den Artikel *Mutter*. – An die besonders *schweiz.* Verwendung von 'Tochter' im Sinne von „Mädchen; Fräulein; Angestellte" schließen sich an **Töchterschule** (18. Jh.; heute veraltet) und **Saaltochter** (↑Saal).

Tod: Das *gemeingerm.* Substantiv *mhd.* tōd, *ahd.* tōt, *got.* dauþus, *engl.* death, *schwed.* död gehört zu dem unter ↑*tot* behandelten Verb. Abl.: **tödlich** (*mhd.* tōtlich, *ahd.* tōdlih; entsprechend *niederl.* dodelijk, *engl.* deadly). Zusammensetzungen (als 1. Glied seit *mhd.* Zeit oft übertragen in verstärkender Bedeutung „sehr, überaus"): **Todfeind** (*mhd.* tōtvīent); **todkrank** „bis auf den Tod krank" (16. Jh.); **todmüde** „sehr müde" (18. Jh.); **Todsünde** „schwere, den Verlust der ewigen Seligkeit bewirkende Sünde (katholische Kirche)" (*mhd.* tōtsünde); **Todesangst** (17. Jh.); **Todesfall** (16. Jh.); **Todesstrafe** (17. Jh.).

Todeskandidat ↑Kandidat.

todschick ↑Schick.

Tohuwabohu „Wirrwarr, Durcheinander": Das Wort wurde übernommen aus dem *hebr.* Urtext der Bibel 1. Mos. 1,2 tohû wạ vohû „Wüste und Öde" (von Luther übersetzt „[die Erde war] wüst und leer").

Toilette: Das *frz.* toilette, eine Verkleinerungsform zu *frz.* toile „Tuch" (< *lat.* tela „Tuch") mit der ursprünglichen Bedeutung „Tüchlein", bezeichnete vom 16. Jh. an das auf den Tisch gebreitete Tuch, worauf man Waschzeug und Gegenstände zur Haarpflege legte. Später bezeichnete es die Tätigkeit des Sichwaschens und Kämmens sowie die Ausstattung (Kleidung, Haartracht usw.) einer Dame der Gesellschaft. Im 18. Jh. wurde das Wort in diesen Bedeutungen aus dem *Frz.* entlehnt. Seit dem Ende des 19. Jh.s bezeichnet es auch verhüllend einen Waschraum mit Klosettbecken (*frz.* cabinet de toilette) oder das Klosettbecken selbst.

toi, toi, toi!: Die Interjektion, mit der man jemandem Glück und Erfolg besonders für einen künstlerischen Auftritt wünscht oder mit der man ausdrückt, daß man etwas nicht berufen will, gibt lautmalend ein dreimaliges Ausspuken wieder, das nach altem Volksglauben dämonenbannend wirkt.

Töle: Die Herkunft der seit dem 17. Jh. im *Niederd.* bezeugten, heute *ugs.* abwertend gebrauchten Bezeichnung für „Hund" (ursprünglich nur für „Hündin") ist nicht sicher geklärt.

tolerieren „dulden, gewähren lassen": Das Verb wurde im 16. Jh. aus *lat.* tolerare „tragen, ertragen, erdulden" (etymologisch verwandt mit *dt.* ↑*dulden*) entlehnt. Dazu stellt sich das Adjektiv **tolerant** „duldsam, nachsichtig; großzügig, weitherzig" (18. Jh.; wohl über gleichbed. *frz.* tolérant aus dem Part. Präs. *lat.* tolerans) mit der Gegenbildung **intolerant** „unduldsam; keine andere Meinung, Weltanschauung usw. gelten lassend als die eigene" (18. Jh.; nach entsprechend *frz.* intolérant), ferner das Substantiv **Toleranz** „Duldsamkeit, großzügige Geisteshaltung" (16. Jh.; aus *lat.* tolerantia „Ertragen, Erdulden, Geduld") mit der Gegenbildung **Intoleranz** „Unduldsamkeit" (18. Jh.; nach entsprechend *frz.* intolérance).

toll: Das *westgerm.* Adjektiv *mhd.* tol, dol, *ahd.* tol „dumm, töricht", *niederl.* dol „toll, ausgelassen", *engl.* dull „stumpf, unempfindlich; schwerfällig" gehört im Sinne von „getrübt, umnebelt, verwirrt" zu der unter ↑*Dunst* behandelten Wortgruppe. Verwandt sind z. B. *got.* (ablautend) dwals „einfältig, töricht" und weiterhin *lett.* duls „betäubt, dunkel", *air.* dall „blind" und *griech.* tholerós „trübe, verwirrt". Schon *mhd.* tritt das Adjektiv in der Bed. „ansehnlich, bewundernswert" auf, im *Frühnhd.* wurde es dann auch im Sinne von „erstaunlich; sehr, stark" verwendet (dafür heute *ugs.* meist die *landsch.* Nebenform **doll**). Abl.: **[1]tollen** (15. Jh.; ursprünglich „toll sein", heute eingeengt auf Kinder: „ausgelassen umherspringen"); **Tollheit** (*mhd.* tolheit). Zus.: **Tollhaus** „Irrenanstalt" (17. Jh.; heute veraltet); **Tollkirsche** (17. Jh.; der Genuß der mit Kirschen verglichenen glänzend schwarzen Beeren des Nachtschattengewächses ruft wegen der darin enthaltenen Alkaloide beim Menschen Erregungs- und Verwirrtheitszustände hervor); **tollkühn** „in toller Weise kühn" (17. Jh.); **Tollwut** (Hundekrankheit, Ende des 18. Jh.s, Zusammenrückung aus älterem 'tolle Wut').

Tolle (*ugs.* für:) „Büschel, Haarschopf, Quaste": Das besonders *nordd.* und *mitteld.* Wort ist eine Nebenform von *mhd.* tolde „Pflanzenkrone, Quaste" (vgl. *Dolde*), die zuerst im 16. Jh. als 'tollen' „Baumwipfel", doln „Quaste" erscheint.

[2]tollen „kräuseln, fälteln": Das *mittel-* und *nordd.* Wort lautet *ostpreuß.* tullen, tüllen. Mit dem Tolleisen (*mnd.* duliser, *ostpreuß.* Tull-, Tülleisen) werden röhrenförmige Wäschefalten oder Haarlocken gepreßt, somit ist ↑Tülle verwandt.

Tollwut ↑Wut.

Tolpatsch „ungeschickter, tapsiger Mensch; Tölpel": Das in der Umgangssprache weitverbreitete Substantiv ist in *dt.* Texten seit dem Ende des 17. Jh.s bezeugt (zuerst in der Form 'Tolbatz'). Es war ursprünglich Neckname für den ungarischen Fußsoldaten und wurde in diesem Sinne aus *ung.* talpas „breitfüßig; breiter Fuß, Infanterist; Bär, Tolpatsch" (zu *ung.* talp „Sohle, Fuß") entlehnt.

Tölpel: Der seit dem 16. Jh. bezeugte abwertende Ausdruck für „plumper, ungeschickter Mensch" ist durch Luther gemeinsprachlich geworden. Das Verhältnis von 'Tölpel' zu den älteren Formen dörpel, törpel und anklingenden Mundartformen gleicher Bedeutung und die weitere Herkunft sind nicht sicher geklärt. Abl.: **Tölpelei** „tölpelhaftes Verhalten" (17. Jh.); **tölpisch** „in der Art eines Tölpels, plump, ungeschickt" (16. Jh., zu einer nicht mehr gebräuchlichen Form 'Tölp' „Tölpel"). Beachte den Artikel *übertölpeln*.

Tomate: Der Name der zu den Nachtschattengewächsen gehörenden, aus Mittelamerika eingeführten Kulturpflanze wurde Anfang des 17. Jh.s über *frz.* tomate aus *span.* tomate entlehnt, das seinerseits aus gleichbed. tomatl, einem Wort aus dem Nahuatl, der Sprache der Azteken in Mexiko, stammt.

Tombola „Warenlotterie (besonders bei Festveranstaltungen)": Das Fremdwort wurde in der 1. Hälfte des 19. Jh.s aus gleichbed. *it.* tombola entlehnt, einer Bildung zu *it.* tombolare „purzeln, kullern" (nach dem „Purzeln" der Lose in der Lostrommel).

[1]Ton (verwittertes Sedimentgestein): Die *nhd.*, durch die Lutherbibel verbreitete Form des Wortes ist durch Verdumpfung der *frühnhd.* Form tahen, than entstanden. Das auslautende n stammt aus den flektierten Formen des ursprünglich weiblichen Wortes. Das *altgerm.* Substantiv *mhd.* tāhe, dāhe (Genitiv dāhen), *ahd.* dāha, *got.* þāhō, *mnd.* dā, *aengl.* dō[he] bedeutet eigentlich „(beim Austrocknen) Dichtwerdendes" und gehört zu der unter ↑*gedeihen* behandelten Wortgruppe (beachte z. B. *steirisch* dahen „trocknen, dorren"). Vom Lehm wird der Ton als feinerer Stoff erst in neuerer Zeit unterschieden. Abl.: **tönern** „aus [gebranntem] Ton" (17. Jh.; für *frühnhd.* thenen); **tonig** „tonhaltig, -artig (17. Jh.). Zus.: **Tonerde** „Ton; Oxyd des Aluminiums" (18. Jh.).

[2]Ton „Klang, Laut, Hall; Akzent; Farbton; Umgangston": Das Substantiv *mhd.* tōn, dōn „Melodie, Lied; Laut, Ton, Stimme", *ahd.* tonus ist aus *lat.* tonus „das [An]spannen; die Spannung der Saiten; Ton, Laut, Klang" entlehnt, das seinerseits aus gleichbed. *griech.* tónos übernommen ist. Das *griech.* Substantiv steht im Ablaut zu dem mit *dt.* ↑*dehnen* urverwandten Verb *griech.* teínein (< *tén-i̯ein) „spannen, anspannen, dehnen usw." Ableitungen und Zusammensetzungen: **betonen** „mit Nachdruck sprechen, akzentuieren; hervorheben" (18. Jh.), dazu das Substantiv **Betonung** „Nachdruck, Akzent" (18. Jh.); **vertonen** „die Musik zu einem Text komponieren" (19./20. Jh.); **Tonart** (18. Jh.); **Tonleiter** „Abfolge von Tönen innerhalb einer Oktave" (18. Jh.); **tönen** „[er]klingen, hallen; laut [prahlend] reden" (*mhd.* dœnen, tœnen „singen, spielen; [er]klingen"; heute meist im Präfixverb **ertönen,** 16. Jh.), in neuerer Zeit auch übertragen gebraucht im Sinne von „im Farbton abstufen, abschattieren; färben" (beachte auch das zusammengesetzte Verb abtönen, 19. Jh.). – Siehe auch die Fremdwörter *Bariton* und *monoton*.

Tonbank (*nordd.* für:) „Ladentisch, Schanktisch": Das Wort wurde im 18. Jh. aus *niederl.* toonbank „Auslagetisch" (des Kaufmanns) entlehnt. Dies gehört zu *niederl.* tonen „zeigen", das wohl aus *t-ōgenen „vor Augen bringen" zusammengezogen ist und mit der gleichen Vorsilbe wie *got.* at-augjan „zeigen" zu ↑*Auge* gehört.

Tonne „größeres Faß; Boje, verankertes, schwimmendes Seezeichen", auch Bezeichnung eines Gewichtsmaßes (1000 kg): Das Substantiv *mhd.* tunne, tonne, *ahd.* tunna (vgl. entsprechend *niederl.* ton und *engl.* tun) ist aus *mlat.* tunna „Faß" entlehnt, das vermutlich *kelt.* Ursprungs ist. – Das *mlat.* Wort lebt auch in den *roman.* Sprachen fort, vgl. z. B. *frz.* tonne „Tonne, großes Faß" mit den Ableitungen tonneau „Faß, Gewichtstonne", tonnelle „Tonnengewölbe". Letzteres lieferte durch *engl.* Vermittlung unser Lehnwort ↑Tunnel.

Tonsur: Die Bezeichnung für die kreisrund kahlgeschorene Stelle auf dem Kopf der katholischen Mönche und Weltgeistlichen (das Standeszeichen des Klerikers) wurde im 14. Jh. in der Kirchensprache aus gleichbed. *mlat.* tonsura entlehnt. Dies geht auf *lat.* tonsura „das Scheren, die Schur" zurück, eine Bildung zu *lat.* tondere (tonsum) „scheren, abschneiden".

Topas: Der seit *mhd.* Zeit bezeugte Edelsteinname (*mhd.* topāze, daneben *mhd.* topasius) geht auf gleichbed. *lat.* topazus (Nebenform: topazius) zurück, das seinerseits aus gleichbed. *griech.* tópazos (Nebenformen: topázios und topázion) stammt. Die weitere Herkunft des Wortes ist dunkel.

Topf: Die Herkunft des im 16. Jh. durch den Einfluß der Lutherschen Bibelübersetzung aus dem *Ostmitteld.* in die Schriftsprache gelangten Substantivs (*mhd. [mitteld.]* topf) ist nicht sicher erklärt. Vielleicht gehört es im Sinne von „trichterförmige Vertiefung" zu der unter ↑*tief* dargestellten Wortgruppe, vgl. *mnd.* dop (top), das „Topf", aber auch „Schale, Kappe, Kapsel, Deckel, Kelch von Eicheln oder Eckern, Knauf" bedeutet. – Abl.: **Töpfer** „jemand, der Tonwaren herstellt" (14. Jh.), dazu **Töpferei** „Töpferhandwerk; Töpferwerkstatt" (17. Jh.) und **töpfern** „aus Ton herstellen".

topfit ↑fit.

topp!: Der zur Bekräftigung einer Abmachung, Wette oder dgl. meist einen Handschlag begleitende Ausdruck gelangte im 17. Jh. aus dem *Niederd.* in die Schriftsprache. In der alten *niederd.* Rechtssprache bezeichnete das Substantiv 'topp' die feierliche, die Rechtsgültigkeit symbolisierende und bekräftigende Berührung. Seine Herkunft ist unklar.

Topp ↑Zopf.

[1]Tor „große Tür": Das *altgerm.* Substantiv *mhd., ahd.* tor, *got.* daúr „Pforte", *asächs.* dor, *engl.* door gehört zu dem unter ↑*Tür* behandelten Wort.

[2]Tor „Dummkopf": Das Substantiv *mhd.* tōre ist eigentlich ein substantiviertes Adjektiv, dessen r aus altem s entstanden ist. Dieser sogenannte grammatische Wechsel wird bezeugt durch verwandte Wörter wie z. B. ↑dösen, ↑Dusel, *aengl.* dysig „töricht, unwissend, blödsinnig“, *aisl.* dos „Stille“, *aisl.* dūsa „still sein“, *engl.* to doze „schlummern, dösen“. Das zugrundeliegende Adjektiv bedeutete etwa „umnebelt, verwirrt“ und gehört zu der unter ↑*Dunst* behandelten Wortgruppe. Abl.: **Torheit** „Dummheit, Unvernunft“ (*mhd.* tōrheit); **töricht** „dumm, unvernünftig“ (*mhd.* tōreht); **betören** „in sich verliebt machen, verführen“ (*mhd.* betœren „zum Toren machen, betrügen; betäuben“.

Torero „Stierkämpfer“, gegenüber dem **Toreador** „berittener Stierkämpfer“: Beide Fremdwörter wurden im 19./20. Jh. aus dem *Span.* übernommen. Die *span.* Wörter selbst, torero und toreador, gehören zu dem auf *lat.* taurus „Stier“ (etymologisch verwandt mit *dt.* ↑Stier) zurückgehenden Substantiv *span.* toro „Stier“. Während jedoch toreador eine *span.* Bildung zu dem von *span.* toro abgeleiteten Verb *span.* torear „mit dem Stier kämpfen“ ist, setzt torero unmittelbar *lat.* taurarius „Stierkämpfer“ fort.

Torf „Brennstoff aus vermoderten Pflanzenresten“: Das im 16. Jh. aus dem *Niederd.* ins *Hochd.* übernommene Wort geht auf *mnd.* torf „Rasen[stück], Torf“ zurück, vgl. *asächs.* turf „Rasen; Torf“, *ahd.* zurf, zurba „Rasen[stück]“, *niederl.* turf „Torf“, *engl.* turf „Rasen“ und *schwed.* torv „Torf“. Damit verwandt ist z. B. die *slaw.* Sippe von *russ.* dërn „Rasen“. Diese Wörter gehören zu der *idg.* Wurzel *der- „spalten, reißen“. 'Torf' bedeutet also eigentlich das „Abgestochene, Losgelöste“. Siehe auch den Artikel *Turf.* Zu 'Torfmull' vgl. den Artikel *Müll.*

Torheit, töricht ↑²Tor.

torkeln „(besonders von einem Betrunkenen) taumeln, schwankend gehen“: Das nur *dt.* Verb (*spätmhd.* torkeln) ist aus *mlat.* torculare „keltern“ entlehnt, einer Bildung zu *lat.* torculum (*mlat.* torcula) „Kelter“. Dies gehört zu *lat.* torquere „[ver]drehen“ (↑Tortur). Das stampfende Hin- und Hergehen beim Keltern (zum Sachlichen vgl. den Artikel Kelter) wurde also mit dem schwankenden Gang eines Betrunkenen verglichen.

Tornado: Die Bezeichnung für einen tropischen Wirbelsturm in Nordamerika und Westafrika wurde im 18. Jh. aus *span.* tornado „Wirbelsturm“ entlehnt, einer Bildung zu *span.* tornar (< *lat.* tornare) „drehen“. Über weitere etymologische Zusammenhänge vgl. den Artikel *Turnus.*

Tornister: Die zu Beginn des 18. Jh.s aus der Soldatensprache in die Gemeinsprache gelangte Bezeichnung für den Fell- oder Segeltuchranzen (speziell der Soldaten) ist aus gleichbed. 'Tanister' umgebildet, das im *ostmitteld.* Sprachbereich bereits für das 17. Jh. bezeugt ist. Das aus dem *Slaw.* entlehnte Wort (vgl. die *mdal.* Formen *tschechoslowak., poln.* tanistra „Ranzen“ und weiterhin älter *ung.* tanisz[t]ra „Ranzen“, deren Quelle *mgriech.* tágistron „Futtersack“ ist) hat die ältere einheimische Bezeichnung 'Habersack' (beachte das daraus entlehnte *frz.* havresac „Tornister“) abgelöst.

Torpedo „Unterwassergeschoß“: Der Torpedo ist eine Erfindung des 19. Jh.s. Die Bezeichnung ist übertragen vom *lat.* Namen des Zitterrochens (der seinen Gegner bei Berührung durch elektrische Schläge „lähmt“): *lat.* torpedo. Dies bedeutet eigentlich „Erstarrung, Lähmung“ und gehört zu *lat.* torpere „erstarrt sein“. – Abl.: **torpedieren** „ein Schiff mit Torpedos beschießen“ (20. Jh.), auch übertragen gebraucht im Sinne von „(einen Plan u. a.) durchkreuzen, vereiteln“.

Torso: Die Bezeichnung für „Bruchstück, insbesondere einer Bildhauerarbeit; (übertragen:) unvollendetes Werk“ wurde im 18. Jh. aus gleichbed. *it.* torso entlehnt. Das *it.* Wort bedeutet eigentlich „Kohlstrunk, Fruchtkern“. Es beruht auf *spätlat.* tursus, das für *klass.-lat.* thyrsus „Stengel (eines Gewächses), Strunk“ steht. Quelle des Wortes ist *griech.* thýrsos „Bacchusstab (ein leichter mit Efeu und Weinblättern umwundener Stab, in einen Pinienzapfen auslaufend)“.

Torte: Der Name des Feingebäcks wurde im 16. Jh. aus gleichbed. *it.* torta entlehnt, das u. a. mit entsprechend *frz.* tourte „Fleischtorte; Ölkuchen“ und *span.* torta „Torte“ auf *spätlat.* torta „rundes Brot, Brotgebäck“ beruht. Die weitere Herkunft des Wortes ist dunkel.

Tortur „Folter, Qual, Quälerei“: Das Fremdwort wurde im 16. Jh. aus gleichbed. *mlat.* tortura entlehnt, das auf *lat.* tortura „die Krümmung; das Grimmen; die Verrenkung“ zurückgeht. Dies gehört zu *lat.* torquere (tortum) „drehen, verdrehen; martern“, das etymologisch verwandt ist mit *dt.* ↑*drechseln.* – Siehe auch den Artikel *Retorte.*

tosen: Das bis zum 16. Jh. selten bezeugte Verb (*mhd.* dōsen, *ahd.* dōsōn) ist im *germ.* Sprachbereich z. B. verwandt mit *aengl.* (in Zusammensetzungen) đyssa „Tos[end]er“, *aisl.* þysja „stürzen, stürmen“, þyss „Getümmel“, *norw.* tosa „rasseln“. Die Wörter gehören zu der unter ↑*Daumen* dargestellten *idg.* Wurzel *teu- „schwellen, anschwellend rauschen“. *Nhd.* t für altes d tritt seit dem 16. Jh. auf und herrscht seit dem Ende des 18. Jh.s.

tot: Das *gemeingerm.* Adjektiv *mhd., ahd.* tōt, *got.* dauþs, *engl.* dead, *schwed.* död ist eine alte Partizipialbildung zu dem im *Mhd.* untergegangenen Verb *ahd.* touwen, *asächs.* dōian, *aisl.* deyja „sterben“ (beachte das aus dem *Nord.* entlehnte *engl.* to die). Dieses Verb gehört im Sinne von „betäubt, bewußtlos werden; hinschwinden“ zu der unter ↑*Dunst* behandelten Wortgruppe. – Abl.: **töten** (*mhd.* tœten, *ahd.* tōden, entsprechend *got.* dauþjan; Bewirkungswort zu 'tot', also eigentlich „tot machen“), dazu **abtöten** „Kleinstlebewesen u. a. vernichten“ (15. Jh.; schon *got.* afdauþjan, aber *ahd.* und *mhd.* nicht bezeugt) und **ertöten** „vernichten, ersticken, unterdrücken“ (*mhd.* ertœten, *ahd.* artōdan „töten“, seit dem 18. Jh. im heutigen Sinn). Das substantivierte Adjektiv zu 'tot' ist **Tote** (*mhd.* tōte, *ahd.* tōto); dazu stellen sich Zusammensetzungen wie **Totenbahre** (*mhd.* tōtenbāre), **Totenbett** (*mhd.* tōt[en]bette), **Toten-**

sonntag (17. Jh.; ursprünglich der Sonntag Lätare, an dem der Tod ausgetrieben wurde, später evangelischer Feiertag zur Erinnerung an die Toten, meist der letzte Sonntag des Kirchenjahres) und **Totentanz** (16. Jh., im 14. Jh. aufkommende allegorische Darstellung des Tanzes, zu dem der Tod als Spielmann die Menschen sammelt und zu dem er ihnen aufspielt).

total „ganz und gar, vollständig, restlos; Gesamt...": Das Adjektiv wurde im 16. Jh. aus gleichbed. *frz.* total übernommen, das auf *mlat.* totalis „gänzlich" beruht; Stammwort ist *lat.* totus „ganz; gänzlich". – Zu 'total' gehören folgende Bildungen: **Totalisator** „amtliche Wettstelle auf Pferderennplätzen" (19. Jh.), übernommen und dann latinisiert aus *frz.* totalisateur „Zählwerk, Registriermaschine" (> *engl.* totalizator „Maschine zum Registrieren der Zahl und des Betrages der abgeschlossenen Wetten bei Pferderennen"). *Frz.* totalisateur ist eine Bildung zum Verb *frz.* totaliser „alles zusammenzählen, addieren" (beachte 'totalisieren' veraltet für „zusammenzählen"). – Aus 'Totalisator' ist die junge Kurzbezeichnung **Toto** (20. Jh.; heute vorwiegend im Sinne von 'Fußballtoto' verstanden) hervorgegangen, die lautliche Anlehnung an das dem gleichen Bereich (des Glücksspiels) angehörende Wort ↑Lotto zeigt. – Ein Staat, in dem alle Bürger mit ihrem Leben und ihrem Eigentum ohne Sicherung durch Grundrechte einem diktatorischen Regime unterworfen sind, wird **totalitär** genannt. Das Wort, im 20. Jh. mit französierender Endung gebildet, bedeutet wörtlich etwa „alles erfassend, alles beanspruchend". Dazu gebildet ist **Totalitarismus** „totalitäre Machtausübung" (20. Jh.).

Totem: Das aus der Sprache der Algonkinindianer im Nordosten Nordamerikas stammende Fremdwort (vermutlich zu *Algonkin* ote „Familie, Sippe") ist in deutschen Reisebeschreibungen seit dem Ende des 18. Jh.s bezeugt. Es bezeichnet ein bei Naturvölkern übliches Stammeszeichen (meist in Tiergestalt) mit Tabucharakter, das als Schützer des Stammes und zauberischer Helfer verehrt wird.

Tour „Umlauf, [Um]drehung (z. B. eines Maschinenteils); Ausflug, Wanderung; [Geschäfts]reise; Fahrt, Strecke; Art und Weise, [mit Tricks] etwas zu erreichen, Manier": Das seit dem 17. Jh. bezeugte Fremdwort ist in allen Bedeutungen aus *frz.* tour („Dreheisen", unter Anschluß an das Verb *frz.* fourner „drehen, wenden" auch „Drehung, Wendung; Ausflug, Fahrt usw.") entlehnt. Das *frz.* Wort (*afrz.* torn, tor) beruht auf *griech.-lat.* tornus „Dreheisen" (vgl. *Turnus*). – Dazu: **Tourismus** „Reiseverkehr in organisierter Form, Fremdenverkehr" (19. Jh.; vgl. gleichbed. *frz.* tourisme, *engl.* tourism); **Tourist** „Urlaubsreisender; Ausflügler, Wanderer" (18. Jh.; wohl unmittelbar aus gleichbed. *engl.* tourist übernommen, einer Neubildung zu *engl.* tour „Ausflug" < *[a]frz.* tour), dazu **Touristik** „Reiseverkehr, Reisewesen" (19. Jh.). Siehe auch den Artikel *Tournee.*

Tournee: Die Bezeichnung für „Rundreise, Gastspielreise (von Künstlern)" wurde im 19. Jh. aus gleichbed. *frz.* tournée entlehnt. Dies ist eigentlich das substantivierte 2. Partizip von *frz.* fourner „drehen, wenden; einen Ausflug, eine Fahrt machen" (< *lat.* tornare „drechseln", vgl. *Turnus*).

Trabant „abhängiger, unselbständiger Begleiter einer einflußreichen Persönlichkeit, Gefolgsmann; künstlicher Erdmond, Satellit"; der *Plural* 'Trabanten' gilt daneben in der Umgangssprache als scherzhafte Bezeichnung für „lebhafte Kinder, Rangen": Die Herkunft des in *dt.* Texten seit dem 15. Jh. zuerst als drabant „Krieger zu Fuß; Landsknecht" (später auch „Leibwächter") bezeugten Substantivs ist bis heute nicht sicher geklärt. Als mögliche Quelle kommt gleichbed. *tschech.* drabant in Frage, das dann im Verlauf der Hussitenkriege übernommen worden wäre.

traben „Trab reiten": Das im 12. Jh. aus dem *Niederd.* ins *Hochd.* übernommene Verb (*mhd.* draben, *mnd.* draven, *asächs.* thrabōn) gehört zu der *idg.* Wurzel *trep- „trampeln, treten", die wahrscheinlich lautnachahmenden Ursprungs ist. [Elementar]verwandt sind z. B. *griech.* trapeĩn „keltern, die Trauben austreten" und die *slaw.* Wortgruppe von *russ.* tropat' „stampfen". – Das Verb wurde zunächst im Sinne von „laufen (von vierfüßigen Tieren, besonders von Pferden)" gebraucht, seit dem 16. Jh. dann auf die mittelschnelle Gangart des Pferdes zwischen Schritt und Galopp festgelegt. Abl.: **Trab** „mittelschnelle Gangart, besonders des Pferdes" (*mhd.* drap); **Traber** (14. Jh.; im Sinne von „Rennpferd, das Trab läuft" erst seit Ende des 19. Jh.s).

Tracht „Kleidung": Das auf das *dt.* und *niederl.* Sprachgebiet beschränkte Substantiv (*mhd.* traht[e], *ahd.* draht[a], *niederl.* dracht [*dän.* dragt, *norw.* drakt, *schwed.* dräkt sind Entlehnungen aus dem *Mnd.*]) gehört zur Wortgruppe von ↑*tragen* und bedeutete ursprünglich ganz allgemein „das Tragen; das Getragenwerden; das, was getragen wird". Von den früher üblichen Bedeutungen sind heute noch bewahrt „Kleidung" (15. Jh.) und „Honigeinbringen" (von Bienen). In der Fügung 'eine Tracht Prügel' (17. Jh.) liegt die alte Bedeutung „aufgetragene Speise" vor. Prügel werden gern mit Gerichten verglichen, vgl. z. B. 'Prügelsuppe', 'Steckensalat', 'die Rute zu kosten geben' u. a. Abl.: **trächtig** (*mhd.* trehtec „Leibesfrucht tragend", zum heute veralteten 'Tracht' „Last, Leibesfrucht, Schwangerschaft", früher auch von Frauen, heute nur noch von Säugetieren und im Sinne von „mit etwas angefüllt, von etwas erfüllt" gebraucht). Siehe auch den Artikel *Eintracht* (mit 'Zwietracht' und 'zwieträchtig') sowie 'Niedertracht' (mit 'niederträchtig') unter *nieder.*

trachten: Das Verb *mhd.* trahten „an etwas denken, über etwas nachdenken; auf etwas achten; erwägen; nach etwas streben; bedenken, aussinnen", *ahd.* trahtōn (entsprechend *niederl.* trachten) ist aus *lat.* tractare „herumzerren; behandeln, sich mit etwas beschäftigen, bearbeiten, untersuchen, erwägen usw." entlehnt, einer Intensivbildung zu *lat.* trahere (tractum) „ziehen, schleppen usw." Auf einer Entlehnung des 15. Jh.s aus *lat.* tractare beruht das in der Umgangssprache gebräuchliche Fremdwort **traktieren** „plagen, quälen, mißhandeln" (s. d.). Eine wichtige Präfixbildung zu 'trachten' ist ↑betrachten. – Verschiedene Bildungen zu *lat.* trahere spielen in unserem Fremdwortschatz eine Rolle, vgl. hierzu im einzelnen die Artikel *abstrahieren (abstrakt, Abstraktion), Attraktion (attraktiv), Extrakt, kontrahieren (Kontrahent, Kontrakt), Porträt (porträtieren), subtrahieren (Subtraktion), trainieren (Training, Trainer), Traktat* und *Traktor.*

Tradition „Überlieferung, Herkommen; Brauch, Gepflogenheit": Das Fremdwort wurde im 16. Jh. aus *lat.* traditio „Übergabe; Überlieferung" entlehnt. Dies gehört zu *lat.* tradere „übergeben; überliefern", einer Bildung zu *lat.* dare „geben" (vgl. den Artikel *Datum*). – Abl.: **traditionell** „überliefert, herkömmlich; dem Brauch entsprechend, üblich" (19. Jh.; aus gleichbed. *frz.* traditionnel).

Tragbahre ↑Bahre.

träg[e]: Das auf das *dt.* und *niederl.* Sprachgebiet beschränkte Adjektiv (*mhd.* træge, *ahd.* trāgi, *niederl.* traag) steht im Ablaut zu *aisl.* tregr „widerstrebend, langsam" und *got.* trigō „Trauer". *Außergerm.* verwandt ist wahrscheinlich die *balt.* Sippe von *lit.* drižti „schwach, elend werden; fürchten, erschrecken". Abl.: **Trägheit** (*mhd., ahd.* trācheit, mit Umlaut seit dem 15. Jh.).

tragen: Das *gemeingerm.* Verb *mhd.* tragen, *ahd.* tragan „tragen", *got.* ga-dragan „ziehen", *engl.* to draw „ziehen", *aisl.* draga „ziehen" hat keine *außergerm.* Beziehungen. Im *germ.* Sprachbereich gehören dazu die unter ↑*Tracht* und ↑*Getreide* behandelten Wörter. Abl.: **Trage** „Transportgerät, Tragbahre" (15. Jh.); **tragbar** „was getragen werden kann" (18. Jh.), dazu **untragbar** (18. Jh.); **Träger** (*mhd.* trager, *ahd.* tragari, seit dem 14. Jh. mit Umlaut). Zus.: **Tragbahre** (s. den Artikel *Bahre*); **Tragweite** (Anfang des 19. Jh.s; ursprünglich von Geschützen, Lehnübersetzung von *frz.* portée; seit der Mitte des 19. Jh.s auch übertragen gebraucht). Präfixbildungen und verbale Zusammensetzungen: **abtragen** (*mhd.* abetragen), dazu das heute veraltete **Abtrag** „Schaden" (*mhd.* abetrac), von dem **abträglich** „schädlich" (16. Jh.) abgeleitet ist; **antragen** (*mhd.* anetragen, *ahd.* anatragan „herantragen"), daraus rückgebildet **Antrag** „Gesuch, Forderung; Formular für einen Antrag; Vorschlag; Angebot" (*mhd.* antrac „Anschlag", in der heutigen Bedeutung seit dem 16. Jh., ein Wort der Rechts- und Verwaltungssprache), von dem **beantragen** „die Gewährung, die Durchführung von etwas verlangen" (19. Jh.; für älteres 'antragen') abgeleitet ist; **auftragen** (*mhd.* ūftragen, seit dem 17. Jh. in der Bedeutung „einen Auftrag geben"), daraus rückgebildet **Auftrag** „übertragene Aufgabe, Weisung; Bestellung" (17. Jh.), von dem **beauftragen** „jemandem einen Auftrag erteilen" (Anfang des 19. Jh.s) abgeleitet ist; **betragen** (*mhd.* betragen, im Sinne von „ausmachen" 17. Jh., reflexiv im Sinne von „sich aufführen, sich benehmen" seit dem 18. Jh.), daraus rückgebildet **Betrag** „bestimmte Geldsumme" (*mhd.* betrac „Vergleich", in der heutigen Bedeutung seit dem 18. Jh.); **eintragen** (*mhd.* īn tragen „hineintragen", in der Bedeutung „Gewinn bringen" seit dem 16. Jh., im Sinne von „einen Eintrag machen" seit dem 17. Jh.), dazu **Eintrag** (*mhd.* īntrac „Schaden, Nachteil" [noch in 'Eintrag tun', wozu **beeinträchtigen,** 17. Jh., aus der *ostmitteld.* Form 'Eintracht' für 'Eintrag'], dann auch, seit dem 16. Jh., „Gewinn"), wozu **einträglich** „gewinnbringend"; **ertragen** (im Sinne von „einbringen, Nutzen abwerfen" 16. Jh., heute veraltet, daraus aber rückgebildet **Ertrag** [17. Jh.], im Sinne von „aushalten" 16. Jh., dazu **erträglich** „sich ertragen lassend; leidlich" [17. Jh.], **unerträglich** [16. Jh.]); **vertragen** (*mhd.* vertragen, *ahd.* fartragan im Sinne von „ertragen", dazu **verträglich** [*mhd.* vertregelich]; im Sinne von „etwas abmachen, einen Vertrag abschließen" heute veraltet, daraus aber rückgebildet **Vertrag** „rechtsgültige Abmachung" [15. Jh.]); **zutragen** [sich] „zu jemandem hintragen, bringen; sich ereignen" (16. Jh.), dazu **Zuträger** „jemand, der einem etwas heimlich berichtet" (*mhd.* zuotrager) und **zuträglich** „nicht schädlich" (17. Jh., zu 'zutragen' in der heute veralteten Bedeutung „nützen" oder zu dem veralteten Substantiv 'Zutrag' „Nutzen").

Tragikomödie: Die literaturwissenschaftliche Bezeichnung für ein Drama mit sich durchdringenden tragischen und komischen Elementen wurde im 16. Jh. aus gleichbed. *lat.* tragicomoedia entlehnt, einer Bildung aus *lat.* tragicus „schicksalhaft, tragisch" (s. 'tragisch' unter *Tragödie*) und *lat.* comoedia „Lustspiel" (vgl. *Komödie*). Dazu: **tragikomisch** „tragisch und komisch zugleich" (18. Jh.); **Tragikomik** „Vermischung von Tragik und Komik; Tragik, die auch Komisches aufweist" (19. Jh.).

Tragödie „Trauerspiel" (eine der Hauptgattungen des Dramas); auch übertragen gebraucht im Sinne von „schreckliches Geschehen, Unglück": Das seit dem 16. Jh. belegte Fremdwort ist aus *lat.* tragoedia entlehnt, das seinerseits aus gleichbed. *griech.* trag-ōdía übernommen ist. Das *griech.* Wort, eine Bildung aus *griech.* trágos „Bock" und *griech.* ōdḗ „Gesang" (vgl. den Artikel *Ode*), bedeutet wörtlich „Bocksgesang". Über die Entstehung der Bezeichnung gibt es verschiedene Theorien, die sich auf den Ursprung der Tragödie aus den kultischen Feiern zu Ehren des Fruchtbarkeitsgottes Dionysos beziehen. Nach der wahrscheinlichsten sollen bei den kultischen Chorgesängen, aus denen sich im Laufe der Zeit die Tragödie als Drama entwickelt hat (durch Einführung des Dialogs zwischen Chorführer und Chor und durch Einführung eines, später mehrerer Schauspieler), die Mitglieder des Chors ursprünglich in Bocksfellen als Satyrn verkleidet aufgetreten sein. Mit der Ausgestaltung des kultischen Chorgesangs zur dramatischen Form empfing die Bezeichnung 'trag-ōdía' ihren neuen Sinn. Dazu: **tragisch** „schicksalhaft; erschütternd, ergreifend" (18. Jh.; aus *lat.* tragicus < *griech.* tragikós), davon: **Tragik** „das Tragische, Schicksalhafte; schweres, schicksalhaftes Leid" (19. Jh.).

Tragweite ↑tragen.

trainieren „sich oder andere systematisch auf einen Wettkampf vorbereiten; üben": Das seit dem 19. Jh. bezeugte, zuerst im Bereich des Pferdesports übliche Fremdwort ist aus gleichbed. *engl.* to train entlehnt. Das *engl.* Verb, das eigentlich „ziehen; aufziehen, erziehen; abrichten" bedeutet, stammt aus *frz.* traîner „ziehen, nachziehen, nachschleppen", das auf ein *vlat.* Verb *traginare „ziehen, schleppen" zurückgeht. Dies ist eine Bildung zu *vlat.* *tragere, das für *klass.-lat.* trahere „ziehen, schleppen usw." steht (vgl. das Lehnwort *trachten*). – Dazu: **Training** „systematische Wettkampfvorbereitung; Übung" (19. Jh.; aus gleichbed. *engl.* training), **Trainingsanzug** (19./20. Jh.); **Trainer** „Sportlehrer" (19. Jh; aus gleichbed. *engl.* trainer).

Trakt: Die Bezeichnung für „Gebäudekomplex", die in der medizinischen Fachsprache auch im Sinne von „Strang, Ausdehnung in die Länge" verwendet wird (beachte z. B. 'Magen-Darm-Trakt'), wurde im 15. Jh. in der Bedeutung „Gegend, Gebirgszug" aus lat. tractus „das [Sichhin]ziehen; Ausdehnung, Gegend" entlehnt. Das *lat.* Substantiv ist eine Bildung zu *lat.* trahere (tractum) „ziehen, schleppen usw." (vgl. das Lehnwort *trachten*). Siehe auch den Artikel *Trasse*.

Traktat „kurze Abhandlung; Flug-, Streitschrift": Das seit dem 15. Jh. bezeugte Fremdwort ist aus *lat.* tractatus „Behandlung, Erörterung; *(mlat.:)* Abhandlung, Predigt" entlehnt, einer Bildung zu *lat.* tractare „bearbeiten, behandeln" (s. *traktieren*).

traktieren „plagen, quälen, mißhandeln" *(ugs.)*: Das Verb wurde im 15. Jh. aus *lat.* tractare „behandeln, bearbeiten" entlehnt. Dies ist eine Intensivbildung zu *lat.* trahere (tractum) „ziehen, schleppen" (vgl. das Lehnwort *trachten*), die im *Mlat.* neben „bewirten, verpflegen" auch im Sinne von „mißhandeln" verwendet wurde. Diese Bedeutung ist für unser Fremdwort seit dem 16. Jh. bezeugt. – Auf *lat.* tractare geht auch *frz.* traiter „behandeln, umgehen" zurück, das in ↑maltraitieren enthalten ist.

Traktor: Die Bezeichnung für eine Zugmaschine, die besonders in der Landwirtschaft eingesetzt wird, ist eine Entlehnung der 1. Hälfte des 20. Jhs. aus gleichbed. *engl.* tractor, einer Bildung zu *lat.* trahere (tractum) „ziehen, schleppen" (vgl. das Lehnwort *trachten*). Siehe auch 'Trecker' unter *trecken*.

trällern: Das erst seit dem 18. Jh. bezeugte Verb ist eine Ableitung von der lautnachahmenden Bildung 'tralla', die so oder in ähnlicher Form als Liedanfang, Liedende oder Kehrreim auftritt und eine Melodie ohne Worte trägt. 'Trällern' bedeutet also eigentlich 'tralla singen', dann „eine Melodie ohne Worte singen". Vielleicht hat das unverwandte ↑*trillern* eingewirkt.

trampeln „derb auftreten": Das seit *spätmhd.* Zeit bezeugte Verb ist eine Iterativbildung zu dem heute veralteten trampen „derb, geräuschvoll auftreten", einer Nebenform mit ausdrucksbetonter Nasalierung zu ↑*trappen* (wie 'pantschen' aus 'patschen'). Verwandt sind *engl.* to tramp „derb auftreten, wandern", tramp „Landstreicher", die aus dem *Engl.* ins *Deutsche* als **trampen** „ein Auto anhalten und sich mitnehmen lassen" (1. Hälfte des 20. Jh.s; dazu **Tramper** [2. Hälfte des 20. Jh.s]) und als **Tramp** „Landstreicher" (2. Hälfte des 19. Jh.s) entlehnt wurden. – Aus dem Verb 'trampeln' rückgebildet ist **Trampel** „plumpe, schwerfällige Person" (17. Jh.). Zus.: **Trampeltier** „[zweihöckriges] Kamel" (16. Jh.; nach dem plumpen Gang; übertragen „plump, schwerfällig auftretender Mensch").

Trampolin: Die Bezeichnung für ein von Artisten und auch im Sport verwendetes stark federndes Sprunggerät wurde im 19. Jh. aus gleichbed. *it.* trampolino entlehnt, das seinerseits wohl von *it.* trampoli „Stelzen" abgeleitet ist. Weitere Anknüpfungen sind unsicher.

Tramway, Kurzform: **Tram:** Die im *Österr.* und *Schweiz.* übliche Bezeichnung für „Straßenbahn" wurde im 19. Jh. aus *engl.* tramway „Straßenbahn[schienen, -strecke]" entlehnt. Das *engl.* Wort ist eine Bildung aus *engl.* tram „[Holz]schiene; Schienenstrecke (einer Grubenbahn); Grubenbahnwagen (< *mniederd., mniederl.* trame „[Quer]balken" (die ältesten Schienen bestanden aus Holzbalken) und *engl.* way „Weg" (verwandt mit *dt.* ↑*Weg*).

Tran: Das im 16. Jh. aus dem *Niederd.* ins *Hochd.* übernommene Substantiv (*mnd.* trān; *niederl.* traan) gehört zu der unter ↑*Träne* behandelten Wortgruppe. Grundbedeutung ist „[durch Auslassen von Fischfett gewonnener] Tropfen". Die Wendung 'im Tran sein' *ugs.* für „betrunken sein" bezieht sich vielleicht auf eine *mdal.* Bedeutung „alkoholischer Tropfen, geistiges Getränk".

Trance „schlafähnlicher Bewußtseinszustand": Das Fremdwort wurde im 20. Jh. aus gleichbed. *engl.* trance entlehnt, das seinerseits aus *afrz.* transe „das Hinübergehen (in den Todesschlaf); Angstzustand" übernommen ist. Das zugrundeliegende Verb *(a)frz.* transir „hinübergehen; verscheiden" geht auf *lat.* transire „hinübergehen" zurück, eine Bildung aus *lat.* trans „hinüber" (vgl. *trans..., Trans...*) und *lat.* ire „gehen" (vgl. hierzu das Fremdwort *Abiturient*).

tranchieren „Fleisch und Geflügel kunstgerecht in Stücke schneiden, zerlegen": Das Verb aus dem Bereich der Kochkunst wurde am Anfang des 17. Jh.s aus *frz.* trancher „abschneiden, zerschneiden, zerlegen" entlehnt. Die Herkunft des *frz.* Wortes selbst ist unsicher. – Zus.: **Tranchiermesser** „Vorschneidemesser" (18. Jh.).

Träne: *Mhd.* trēne, worauf die heutige Form beruht, ist eigentlich eine starke Pluralform von 'tran', die im 15. Jh. nicht mehr als solche verstanden und als Singular aufgefaßt wurde. Zu dieser Form wurde dann ein neuer schwacher Plural 'trenen' gebildet. *Mhd.* tran ist zusammengezogen aus trahen, *ahd.* trahan „Träne, Tropfen". Das nur deutsche Wort geht zusammen mit ↑Zähre und verwandten *außergerm.* Wörtern, z. B. *griech.* dákryon „Träne, Harz[tropfen]" und *lat.* lacrima (*alat.* dacruma) „Träne" auf *idg.* *d(r)akru- „Träne" zurück. Ob die engere Bedeutung „Träne" oder die allgemeinere „Tropfen" die ursprüngliche ist, ist nicht zu entscheiden. Abl.: **tränen** „Tränen absondern" (*mhd.* trahenen, kontrahiert trēnen).

Trank: Das *altgerm.* Wort *mhd.* tranc, *ahd.* trank, *got.* dragk, *niederl.* drank, *engl.* drench ist eine Bildung zu dem unter ↑*trinken* behandelten Verb. Es ist im heutigen Sprachgebrauch durch die Kollektivbildung ↑Getränk zurückgedrängt, ist aber in Zusammensetzungen wie **Liebestrank** (17. Jh.), **Zaubertrank** (16. Jh.) usw. noch gebräuchlich.

tränken: Das *gemeingerm.* Verb *mhd.* trenken, *ahd.* trenkan, *got.* dragkjan, *engl.* to drench, *schwed.* dränka ist das Veranlassungswort zu dem unter ↑*trinken* behandelten Verb und bedeutet demnach eigentlich „trinken machen". Abl.: **Tränke** „Stelle [an einem Gewässer], wo Tiere getränkt werden" (*mhd.* trenke, *ahd.* trenka). Präfixbildung: **ertränken** (*mhd.* ertrenken, *ahd.* irtrenchen; Veranlassungswort zu 'ertrinken', vgl. *trinken*).

trans..., Trans...: Die in zahlreichen Zusammensetzungen auftretende Vorsilbe mit der Bed. „hindurch, hinüber, durch; über – hinaus", wie in den Fremdwörtern ↑Transaktion, ↑Transfer, ↑Transfusion, ↑transparent, ↑transzendent u. a., ist aus dem *Lat.* entlehnt. *Lat.* trans (Präposition und Präfix) „hinüber, hindurch; darüber hinaus, jenseits usw." ist etymologisch verwandt mit *dt.* ↑*durch*.

Transaktion „größere [riskante] geschäftliche Unternehmung": Das Fremdwort wurde Anfang des 20. Jh.s entlehnt aus *lat.* trans-actio „das Hinüberführen, Vollendung, Abschluß", einer Bildung zu trans-igere (< *trans-agere) „zu Ende bringen" (vgl. *trans..., Trans...* und *agieren*).

Transfer „Zahlung ins Ausland in fremder Währung; Überführung, Weitertransport im Reiseverkehr; Wechsel eines Berufsspielers zu einem anderen Verein; Übertragung": Das Fremdwort ist bereits im 18. Jh. mit der heute unüblichen kaufmännischen Bed. „Übertragung des Eigentumsrechts einer Aktie", im 19. Jh. auch im Sinne von „Überweisung, Übertrag; Auszahlung" bezeugt. Die anderen Bedeutungen sind jung (20. Jh.). Das Wort ist aus *engl.* transfer „Übertragung; Überweisung; Umbuchung usw." entlehnt, einer Bildung zu *engl.* to transfer (< lat. transferre, aus *lat.* trans „hinüber" [vgl. *trans..., Trans...*] und *lat.* ferre „tragen, bringen" [vgl. *gebären*]) „übertragen; überweisen; umbuchen usw.".

Transformator: Die seit dem Anfang des 20. Jh.s bezeugte Bezeichnung für „Gerät zur Umformung von Stromspannungen" ist eine *nlat.* Bildung nach entsprechend *frz.* transformateur zu *lat.* trans-formare „umformen, verwandeln" (vgl. die Artikel *trans..., Trans...* und *Form*).

Transfusion: Der medizinische Fachausdruck für „Blutübertragung", meist in der verdeutlichenden Zusammensetzung 'Bluttransfusion', wurde Ende des 18. Jh.s aus *lat.* transfusio „das Hinübergießen" entlehnt. Dies ist eine Bildung zu *lat.* trans-fundere „hinübergießen", das aus *lat.* trans „hinüber" (vgl. *trans..., Trans...*) und *lat.* fundere (fusum) „gießen, fließen lassen" (vgl. *Fusion*) zusammengesetzt ist.

Transistor „Teil eines Verstärkers (z. B. für Fernsprechanlagen, Rechenmaschinen u. a.)": Das Fachwort aus dem Bereich der Elektronik wurde in den fünfziger Jahren des 20. Jh.s aus dem *Engl.-Amerik.* übernommen. *Engl.* transistor, das zusammengezogen ist aus *engl.* transfer „Übertragung" (von *lat.* transferre „hinübertragen"; vgl. *Transfer*) und *nlat.* resistor „Widerstand" (von *lat.* re-sistere „sich widersetzen") bedeutet wörtlich „Übertragungswiderstand". Dazu die Zusammensetzung **Transistorradio** „Rundfunkgerät mit Transistoren (statt Röhren)".

Transit „Durchgang, Durchfuhr [von Waren]", meist in Zusammensetzungen wie 'Transithandel, Transitverkehr, Transitvisum' u. a.: Das Wort wurde im 16. Jh. aus gleichbed. *it.* transito eingedeutscht; dies geht auf *lat.* transitus „Übergang, Durchgang" zurück. Das *lat.* Substantiv gehört zu *lat.* trans-ire „hinübergehen", einer Bildung aus *lat.* trans „hinüber, hindurch" (vgl. *trans..., Trans...*) und *lat.* ire „gehen" (vgl. *Abiturient*).

transitiv (in bezug auf Verben:) „ein Akkusativobjekt nach sich ziehend und ein persönliches Passiv bildend; zielend": Der grammatische Terminus ist aus *spätlat.* transitivus entlehnt, einer Bildung zu *lat.* trans-ire „hinübergehen" (vgl. *Transit*). Dazu stellt sich die Gegenbildung **intransitiv** (< *spätlat.* intransitivus).

transparent „durchscheinend, durchsichtig (auch übertragen)": Das Adjektiv wurde im Anfang des 18. Jh.s aus gleichbed. *frz.* transparent entlehnt, das auf *mlat.* transparens zurückgeht. Dies gehört zu *mlat.* trans-parere „durchscheinen", einer Bildung aus *lat.* trans „hinüber, hindurch" (vgl. *trans..., Trans...*) und *lat.* parere „erscheinen, sichtbar werden, sich zeigen; Folge leisten" (vgl. [3]*parieren*). – Dazu gehören die Substantive **Transparent** „durchscheinendes Bild; Spruchband" (18. Jh.) und **Transparenz** „Durchsichtigkeit, Lichtdurchlässigkeit" (1. Hälfte des 19. Jh.s; heute besonders übertragen gebraucht im Sinne von „Durchschaubarkeit, Erkennbarkeit" in bezug auf Vorgänge und Entscheidungsprozesse im Bereich von Politik und Wirtschaft).

transpirieren „ausdünsten, schwitzen" (Med.): Der medizinisch-fachsprachliche Ausdruck, der in der Allgemeinsprache als gespreizt gilt, wurde im 18. Jh. aus gleichbed. *frz.* transpirer entlehnt. Dies beruht auf einem *vlat.*

transpirare (wörtlich etwa „durchhauchen, -atmen; ausduften"), einer Bildung aus lat. trans „hindurch" (vgl. trans..., Trans...) und *lat.* spirare „blasen, wehen, hauchen, atmen usw." (vgl. den Artikel *Spiritus*). Dazu stellt sich **Transpiration** „Hautausdünstung; Absonderung von Schweiß" (18. Jh.; aus gleichbed. *frz.* transpiration).

transportieren „befördern, versenden; fortschaffen": Das Verb wurde im 16. Jh. aus gleichbed. *frz.* transporter entlehnt, das auf *lat.* transportare „hinüberbringen" zurückgeht. Dies ist eine Bildung aus *lat.* trans „hindurch" (*trans..., Trans...*) und *lat.* portare „tragen, bringen" (vgl. den Artikel *Porto*). – Dazu stellen sich **Transport** „Versendung, Beförderung (von Menschen, Tieren oder Sachen); Fracht" (17. Jh.; aus gleichbed. *frz.* transport; auch *it.* trasporto hat eingewirkt); **Transporter** „Transportflugzeug, -schiff" (20. Jh.; aus *engl.* transporter); **Transporteur** „jemand, der etwas transportiert" (19. Jh.; aus gleichbed. *frz.* transporteur); **transportabel** „so beschaffen, daß man es transportieren kann" (18. Jh.; aus gleichbed. *frz.* transportable).

transzendent „die Grenzen der Erfahrung und des sinnlich Erkennbaren übersteigend, übersinnlich, übernatürlich": Der von dem Philosophen Kant aus der scholastischen Philosophie übernommene Terminus beruht auf *lat.* transcendens (...dentis), dem Part. Präs. von *lat.* transcendere (< trans-scendere) „hinübersteigen; übersteigen, überschreiten", einer Bildung mit der *lat.* Präposition trans „hinüber" (vgl. trans..., Trans...). Über das zugrundeliegende einfache Verb *lat.* scandere „[be]steigen" vgl. den Artikel *Skala*.

Trapez „Viereck mit zwei parallelen, aber nicht gleich langen Seiten (Geom.); Schaukelreck (Artistik)": Das seit dem 15. Jh. zuerst als geometrischer Terminus bezeugte Fremdwort ist aus gleichbed. *spätlat.* trapezium entlehnt, das seinerseits aus *griech.* trapézion „ungleichseitiges Viereck" (eigentlich „Tischchen") stammt. Dies ist eine Verkleinerungsbildung zu *griech.* trápeza „Tisch, Tafel."

trappen „laut auftreten, stampfen": Das im 17. Jh. aus dem *Niederd.* ins *Hochd.* übernommene Verb geht auf gleichbed. *mnd.* trappen zurück, das mit *niederl.* trappen „treten" und *schwed. mdal.* trappa „trippeln" verwandt ist. Diese Sippe ist – wie auch das unter ↑trippeln behandelte Verb – lautnachahmenden Ursprungs. Weiterbildungen von 'trappen' sind **trappeln** (16. Jh.) und **trapsen** (19. Jh.); eine nasalierte Nebenform ist ↑trampeln. Zur gleichen Wortfamilie gehören das unter ↑*Treppe* behandelte Wort und das *afränk.* Substantiv *trappa „(Fuß-, Tret)falle", das *frz.* trappe „Falle" (↑Attrappe) zugrunde liegt.

Trasse: Der fachsprachliche Ausdruck für „im Gelände abgesteckte Linienführung eines Verkehrswegs, einer Versorgungsleitung o. dgl." wurde im 19. Jh. aus gleichbed. *frz.* tracé entlehnt, einer Ableitung vom Verb *frz.* tracer „vorzeichnen, entwerfen". Das *frz.* Verb geht über *afrz.* tracier „eine Spur ziehen" auf *vlat.* *tractiare „ziehen" zurück, eine Bildung zu *lat.* tractus „Ziehen, Zug; Verlauf" (↑*Trakt*).

tratschen, *landsch.* auch: **trätschen:** „spritzen, klatschen, schwatzen, schwerfällig gehen": Das seit dem 17. Jh. bezeugte Verb ist – wie z. B. auch 'klatschen' und 'patschen' – lautnachahmenden Ursprungs. Dazu gehört das Substantiv **Tratsch** *ugs.* für „übles Gerede" (16. Jh.).

Traube: Die Herkunft des nur *dt.* und *niederl.* Wortes (*mhd.* trūbe, *ahd.* thrūbo, *niederl.* druif) ist nicht sicher geklärt. Vielleicht hängt es mit *ostfries.* drūv[e] „Klumpen" und *niederd.* drubbel „Klumpen" zusammen. Es würde dann eigentlich „Büschel, Klumpen" bedeuten. Zus.: **Traubenzucker** (19. Jh.; natürliche Zuckerart, ursprünglich aus Trauben gewonnen).

trauen: Das *gemeingerm.* Verb *mhd.* trūwen, *ahd.* trū[w]ēn, *got.* trauan, *engl.* to trow, *schwed.* tro gehört im Sinne von „fest werden" zu der unter ↑*treu* behandelten Wortgruppe. Aus dem ursprünglichen Wortgebrauch im Sinne von „glauben, hoffen, zutrauen" entwickelte sich die Bed. „Vertrauen schenken" und aus reflexivem „sich zutrauen" die Bed. „wagen". Seit dem 13. Jh. bedeutet das Verb auch „ehelich verbinden", ursprünglich „dem Manne zur Frau geben". Diese Bedeutung hat sich aus „anvertrauen" entwickelt. – Abl.: **Trauung** „Eheschließung" (*spätmhd.* trūunge „Vertrauen", im heutigen Sinne im 16. Jh.). Zus.: **Trauring** „Ehering" (16. Jh.); **Trauzeuge** „Zeuge bei einer Eheschließung" (19. Jh.). Präfixbildungen und Zusammensetzungen: **betrauen** „mit Wichtigem beauftragen" (im 17. Jh. „anvertrauen"), beachte besonders das 2. Partizip **betraut; vertrauen** „glauben, Vertrauen schenken" (*ahd.* fertrūēn, *mhd.* vertrūwen), dazu der substantivierte Infinitiv **Vertrauen** (*mhd.* vertrūwen), das Adjektiv **vertraulich** „intim, diskret" (16. Jh.) und die Verbalbildung **anvertrauen** „vertrauensvoll der Obhut eines anderen übergeben" (im 16. Jh. im Sinne von „zutrauen, vertrauen"); **zutrauen** „etwas von jemandem erwarten" (16. Jh.), dazu **Zutrauen** (18. Jh.) und **zutraulich** „Vertrauen, Zutrauen habend, vertrauend" (18. Jh.). – Wohl in Analogie zu der Entsprechung 'vertraulich - vertraut' wurde im 18. Jh. das Adjektiv **traulich** „gemütlich, anheimelnd" zu dem unverwandten 'traut' (s. d.) gebildet. In der Bedeutung ist diese Bildung stark von 'traut', 'vertraulich' und 'zutraulich' beeinflußt.

trauern: Das Verb *mhd.* trūren, *ahd.* trūrēn (*niederl.* treuren ist aus dem *Dt.* entlehnt) ist wahrscheinlich verwandt mit *got.* driusan „fallen", *aengl.* dreosan „[nieder]fallen" und *aengl.* drūsian „sinken; matt, kraftlos werden". Seine eigentliche Bedeutung wäre demnach etwa „den Kopf sinken lassen" oder „die Augen niederschlagen" als typische Trauergebärde des Menschen. Zu 'trauern' stellen sich das Adjektiv **traurig** „von Trauer erfüllt, betrübt; betrüblich, schmerzlich; jämmerlich" (*mhd.* trūrec, *ahd.* trūrac) und das Substantiv **Trauer** „seelischer Schmerz über einen Verlust oder ein Unglück“ (*mhd.* trūre), das in zahlreichen Zusammensetzungen erscheint, z. B. **Trauerkloß** *ugs.* scherzhaft für „langweiliger, energieloser, unlustiger Mensch“ (19. Jh.; zunächst soldatensprachlich; zum zweiten Bestandteil vgl. *Kloß*), **Trauerspiel** (17. Jh.; Ersatzwort für ↑Tragödie, nach dem Vorbild von ‘Lustspiel’ für ↑Komödie) und **Trauerweide** „Weide mit herabhängenden Ästen“ (18. Jh.).

Traufe „Unterkante des Dachs; das von der Unterkante des Dachs ablaufende Wasser“: Das auf das *dt.* Sprachgebiet beschränkte Wort (*mhd.* trouf[e], *ahd.* trouf) ist eine Bildung zu dem unter ↑*triefen* behandelten Verb und bedeutet demnach eigentlich „die Triefende“. Die Redensart ‘vom Regen in die Traufe kommen’ (17. Jh.) bezieht sich darauf, daß ein vor dem Regen unter einem Dach Schutz suchender Mensch unter der Traufe erst recht naß wird.

träufeln: Das seit dem 16. Jh. bezeugte Verb ist eine Iterativbildung zu dem heute veralteten **träufen** „tropfen“ (*mhd.* tröufen, *ahd.* troufan), das das Veranlassungswort zu dem unter ↑*triefen* behandelten Verb ist.

traulich ↑trauen.

Traum „im Schlaf auftretende Vorstellungen; sehnlicher Wunsch; traumhaft Schönes“: Das *altgerm.* Substantiv *mhd., ahd.* troum, *niederl.* droom, *engl.* dream, *schwed.* dröm gehört zu der unter ↑*trügen* behandelten Wortgruppe. Abl.: **träumen** „einen Traum haben“ (*mhd.* tröumen, troumen, *ahd.* troumen), dazu die Ableitung **Träumer** „weltfremder Mensch“ (*mhd.* troumære), wovon wiederum **träumerisch** „versonnen“ (18. Jh.) gebildet ist; **Träumerei** „Wunsch-, Phantasievorstellung“ (16. Jh.) und die Präfixbildung **verträumen** „das Leben nutzlos vertun“ (17. Jh.) mit dem 2. Partizip **verträumt** „gedankenverloren“.

Trauma: Die fachsprachliche Bezeichnung für „Verletzung, Wunde“ (Medizin) und „seelischer Schock, starke seelische Erschütterung“ (Psychologie) ist eine gelehrte Entlehnung des 19. Jh.s aus *griech.* traũma „Wunde“.

traun „fürwahr“: Das veraltete Adverb ist aus einer Verkürzung von *mhd.* in triuwen, entriuwen „in Treue, in Wahrheit“ entstanden (zur Bildung vgl. auch *weg, zwischen*). Die *nhd.* Form ‘traun’ geht auf *mitteld.* trūwen, trūn zurück und gelangte durch Luthers Bibelübersetzung in die Schriftsprache.

Trauring ↑trauen.

traut „innig zugeneigt, geliebt“: Das auf das *dt.* und *niederl.* Sprachgebiet beschränkte Adjektiv (*mhd., ahd.* trūt, *mniederl.* druut) ist wahrscheinlich verwandt mit *ir.* drūth „unkeusch“. Die weiteren Beziehungen sind unklar. Vom heutigen Sprachgefühl wird ‘traut’ mit ‘trauen’ verbunden, mit dem es jedoch nicht verwandt ist.

Trauung, Trauzeuge ↑trauen.

Trebe: Das Substantiv ist nur in Wendungen wie ‘auf [der] Trebe sein’ „sich herumtreiben“ oder ‘auf [die] Trebe gehen’ „ausreißen, davonlaufen und sich herumtreiben“ und als erster Bestandteil in der Zusammensetzung **Trebegänger** „Ausreißer, Herumtreiber“ gebräuchlich. Seine Herkunft ist nicht sicher geklärt. Vielleicht gehört es zu *jidd.* tre[i]fe, trebe (< *hebr.* ṭaref) „nicht koscher“.

Treber „Rückstand beim Keltern oder Bierbrauen“: Das *altgerm.* Substantiv *mhd.* treber *Plural, ahd.* trebir *Plural, niederl.* draf, *engl.* draff, *schwed.* drav gehört zu der unter ↑*trüb[e]* behandelten Wortgruppe. *Außergerm.* eng verwandt sind z. B. *mir.* drab „Treber, Hefe“ und die *slaw.* Sippe von *russ.* droba „Bodensatz, Bierhefe, Treber“.

trecken „von einer Gegend in eine andere ziehen, ein Schiff mit einem Tau längs des Ufers ziehen“: Das auf das *dt.* und *niederl.* Sprachgebiet beschränkte Verb (*mhd.* trekken, *mnd.* trekken, *niederl.* trekken) ist eine Intensivbildung zu dem heute veralteten Verb trechen „ziehen“ (*mhd.* trechen, vgl. das 2. Partizip *ahd.* pi-trohhan), dessen weitere Herkunft unsicher ist. Das Verhältnis von ‘trechen’ zu ‘trecken’ entspricht dem von ‘stechen’ zu ‘stecken’. Abl.: **Treck** „Zug; Flucht“ (*mnd.* trek „Zug, Kriegszug, Prozession“); **Trecker** (im 15. Jh. „Zapfen“; im 17. Jh. „Schiffszieher“; die heutige Bed. „Zugmaschine, Schlepper“ seit der 1. Hälfte des 20. Jh.s; eine entsprechende Bildung ist das gleichbedeutende ↑Traktor). Eine alte Präfixbildung *mhd.* vertrecken „verziehen, verzerren, verwirren“ ist noch erhalten in dem adjektivisch gebrauchten 2. Partizip **vertrackt** *ugs.* für „verzwickt, unangenehm“ (17. Jh.).

treffen: Das *altgerm.* Verb *mhd.* treffen, *ahd.* trefan, *mniederl.* drepen, *aengl.* drepan, *aisl.* drepa bedeutete ursprünglich „schlagen, stoßen“ und ist im *germ.* Sprachbereich mit der Sippe von *got.* ga-draban „aushauen“ verwandt. *Außergerm.* ist verwandt die *slaw.* Sippe von *russ.* drobit', „zerstückeln“, *russ.* drob' „Bruch[teil]; Schrot“. – Der substantivierte Infinitiv **Treffen** in der Bed. „kleines Gefecht“ – im Anschluß an die alte Bedeutung von ‘treffen’ „dem Feind begegnen, ein Gefecht liefern“ – ist seit dem 15. Jh. bezeugt (beachte die übertragen gebrauchte Wendung ‘ins Treffen führen’ „als Beweis anführen“); die Verwendung im Sinne von „Begegnung, Zusammenkunft“ kam in der 1. Hälfte des 20. Jh.s auf. – Abl.: **Treffer** „Schuß, der trifft; Gewinnlos“ (16. Jh.); **trefflich** „vorzüglich, ausgezeichnet“ (15. Jh.; für *mhd.* treffe[n]lich). Zus.: **Treffpunkt** „Versammlungsplatz“ (18. Jh.). Präfixbildungen und Zusammensetzungen: **betreffen** „ertappen, überraschen“ (16. Jh.), beachte das 2. Partizip **betroffen** „unangenehm berührt, betreten“ (18. Jh.), dazu **Betroffenheit; eintreffen** „ankommen, in Erfüllung gehen“ (16. Jh.); **übertreffen** „besser sein“ (*mhd.* übertreffen, *ahd.* ubartreffan), dazu **unübertroffen** „nicht besser vorhanden“ (19. Jh.) und **unübertrefflich** „nicht besser möglich“ (2. Hälfte des 18. Jh.s); **zutreffen** „einer Sache gemäß sein“ (16. Jh.), dazu **zutreffend** „angemessen, richtig“ (adjektivisch gebrauchtes 1. Partizip). Siehe auch den Artikel *vortrefflich.*

treiben: Das *gemeingerm.* Verb *mhd.* trīben,

ahd. trīban, *got.* dreiban, *engl.* to drive, *schwed.* driva hat keine *außergerm.* Entsprechungen. Zu 'treiben' stellen sich die unter ↑*Trift,* ↑*Trieb* und ↑*Getriebe* behandelten Wörter. Außer im allgemeinen Sinne von „in Bewegung setzen" wird 'treiben' vielfach speziell verwendet, so z. B. auf Pflanzen bezogen im Sinne von „wachsen lassen" (s. unten 'Treibhaus'). – Abl.: **Treiber** (*mhd.* trīber, *ahd.* trīpāri, heute meist „Helfer bei der Treibjagd"). Zus.: **Treibeis** „auf dem Wasser treibendes Eis" (18. Jh.); **Treibhaus** „heizbares Glashaus zum Treiben von Pflanzen" (18. Jh.); **Treibjagd** „Jagd, bei der das Wild auf die Schützen zugetrieben wird" (18. Jh.); **Treibriemen** „Riemen zur Übertragung einer Bewegung" (19. Jh.); **Treibstoff** (18. Jh.; im heutigen Sinne von „Brennstoff für Verbrennungskraftmaschinen" seit der 1. Hälfte des 20. Jh.s). Präfixbildungen und Zusammensetzungen: **abtreiben** „aus der Richtung bringen oder geraten", auch „entfernen", veraltet für „durch Treiben ermüden" (*mhd.* abetrīben „ab-, wegtreiben"; zur 2. Bedeutung gehört **Abtreibung** „Schwangerschaftsabbruch" (16. Jh.), zur 3. Bedeutung **abgetrieben** „erschöpft [von Zugtieren]"); **antreiben** „vorwärts treiben; in Bewegung setzen; anstacheln" (*mhd.* anetrīben), dazu **Antrieb** „antreibende Kraft, Anreiz" (16. Jh.); **auftreiben** (*mhd.* ūftrīben, *ahd.* ūftrīban; die Bed. „ausfindig machen" seit dem 16. Jh.), dazu **Auftrieb** „nach oben wirkender Druck von Flüssigkeiten oder Gasen" (als physikalischer Fachausdruck seit dem 19. Jh., dann auch übertragen als „Belebung, Aufschwung"); **betreiben** „sich mit etwas beschäftigen" (17. Jh.), dazu **Betrieb** „kaufmännisches oder gewerbliches Unternehmen; lebhaftes Treiben" (18. Jh.), davon wieder **betriebsam** „emsig, unternehmend" (18. Jh.); **durchtrieben** (s. d.); **vertreiben** „forttreiben, verjagen; mit etwas handeln, etwas verkaufen" (*mhd.* vertrīben, *ahd.* fartrīban), dazu **Vertrieb** „Verkauf" (16. Jh.).

Trenchcoat „Wettermantel": Der Name des Kleidungsstückes wurde im 20. Jh. aus gleichbed. *engl.* trench coat entlehnt. Dies ist ein Bildung aus *engl.* trench „[Schützen]graben" und *engl.* coat „Mantel" (vgl. den Artikel [1]*Kotze*) und bedeutet wörtlich „Schützengrabenmantel". Der Trenchcoat wurde im 1. Weltkrieg als wetterfester Gabardinemantel für die britischen Frontsoldaten geschaffen.

Trend „Grundrichtung einer statistisch erfaßten Entwicklung, [wirtschaftliche] Entwicklungstendenz": Das Wort wurde im 20. Jh. aus gleichbed. *engl.* trend entlehnt, das zu *engl.* to trend „sich neigen, sich erstrecken, in einer bestimmten Richtung verlaufen" gehört (< *aengl.* trendan in der Zusammensetzung for-trendan „durch Davorrollen eines Steins verschließen"). Das *engl.* Verb gehört mit *dt.* ↑*trendeln* zu der unter ↑*zehren* behandelten Wortgruppe. Vgl. auch die Artikel *Trendel, trendeln.*

Trendel „Rundung, Kuppe; Kreisel": Das *dt.* Substantiv (*mhd.* trendel) ist verwandt mit *aengl.* trendel, *aschwed.* trindhel „Kreis, Scheibe" und gehört mit verwandten Wörtern in anderen Sprachen zu der unter ↑*zehren* behandelten Wortgruppe. Seine ursprüngliche Bedeutung ist „abgespaltenes Stammstück als Scheibe, Rad". Vgl. auch die Artikel *Trend, trendeln.*

trendeln „rollen, wälzen": Das *dt.* Verb (*mhd.* trendeln, *ahd.* in thuruhtrennilōn) gehört mit *aengl.* ā-trendlian „rollen" und den Substantiven *aengl.* trendel, *aschwed.* trindhel „Kreis, Scheibe" und verwandten Wörtern in anderen Sprachen zu der unter ↑*zehren* behandelten Wortgruppe. Die ursprüngliche Bedeutung des Wortes ist „ein abgespaltenes Stammstück als Scheibe oder Rad bewegen" (vgl. auch die Artikel *Trend, Trendel*).

trennen: Das auf das *dt.* und *niederl.* Sprachgebiet beschränkte Verb (*mhd.* trennen, *ahd.* en-, za-trennen, *niederl.* tornen) gehört zu der unter ↑*zehren* dargestellten *idg.* Wortgruppe. Eng verwandt sind im *germ.* Sprachbereich z. B. *ahd.* antrunneo „Flüchtling", *ahd.* ab[a]trunnig „treulos" (↑abtrünnig), *mhd.* trünne „Schar, Herde, Schwarm" (eigentlich „Teil, Abteilung") und *schwed. mdal.* trinna „Zaunstange" (eigentlich „abgespaltenes Stück Holz"). Abl.: **Trennung** „Auflösung einer Gemeinschaft; Abschied; Silbentrennung" (16. Jh.).

Trense „leichter Pferdezaum" (gegenüber der ↑Kandare): Das seit dem 16. Jh. bezeugte Fremdwort wurde durch Vermittlung von älter *niederl.* trensse (heute: trens) aus *span.* trenza „Flechte, Seil" entlehnt.

Treppe „Stiege, Aufgang aus Stufen": Das *dt.* und *niederl.* Wort (*mhd.* treppe, *mnd.* treppe, *niederl.* trap) gehört zu der unter ↑*trappen* behandelten Wortgruppe und ist z. B. mit *aengl.* treppan „treten" verwandt. Es bedeutet demnach eigentlich „Tritt". Das Wort war dem *Oberd.* ursprünglich fremd und wurde in *mhd.* Zeit aus dem *Mnd.* übernommen. Es bezeichnete zunächst die einzelne Stufe; die Verwendung im Sinne von „Gesamtheit der Stufen, von Stufen gebildeter Aufgang" setzte sich erst im 16. Jh. durch. Zus.: **Treppenhaus** „abgeschlossener Teil eines Hauses, in dem sich die Treppe befindet" (19. Jh.; ursprünglich wohl Bezeichnung für einen eigenen Gebäudeteil, der einen Treppenaufgang umschloß); **Treppenwitz** (19. Jh.; Wiedergabe von *frz.* esprit d'escalier, das einen Einfall bezeichnet, der einem zu spät kommt, d. h., wenn man nach einem Besuch die Treppe wieder hinuntergeht; der Fügung „Treppenwitz der Weltgeschichte" liegt der Titel des 1882 erschienenen Buches von W. L. Hertslet zugrunde; die Bedeutung entwickelte sich über „verspäteter Einfall, versäumte Gelegenheit" zu „wie ein alberner Witz wirkende Begebenheit, die zu einem sie begleitenden historisch bedeutsamen Vorgang in keinem angemessenen Verhältnis steht").

Tresor „Panzerschrank, Stahlkammer (zur Aufbewahrung von Geld und Wertsachen)": Das bereits in *mhd.* Zeit mit der Bed. „Schatz, Schatzkammer" bezeugte Fremdwort, das aber erst im 19. Jh. mit seiner modernen Bedeutung üblich wird, ist aus gleichbed. *frz.* trésor entlehnt (daraus *engl.* treasure). Das *frz.* Wort beruht auf *lat.* thesaurus, das aus *griech.* thēsaurós „Schatz, Schatzkammer, Vorratskammer; Geldkasten" stammt.

Tresse „Litze, Borte": Das Wort wurde im 18. Jh. aus *frz.* tresse „Haarflechte, gewebtes Band" entlehnt. Die weitere Herkunft des *frz.* Wortes ist ungewiß.

Trester: Die Bezeichnung für den Rückstand beim Keltern (*mhd.* trester, *ahd.* trestir) gehört zu der unter ↑*trüb[e]* dargestellten Wortgruppe. Eng verwandt ist *aengl.* dræst „Hefe; Bodensatz; Abfall".

treten: Das *westgerm.* Verb (jüngere Neubildung) *mhd.* treten, *ahd.* tretan, *niederl.* treden, *engl.* to tread steht neben gleichbedeutend *got.* trudan und *aisl.* troða. Die Herkunft dieser Wortgruppe ist unbekannt. Eine Substantivbildung zu 'treten' ist ↑Tritt. Zus.: **Tretmühle** (15. Jh.; ursprünglich die von Menschen oder Tieren durch Treten in Gang gesetzte Mühle; seit dem 19. Jh. übertragen *ugs.* für „einförmige tägliche Berufsarbeit"). Präfixbildungen und Zusammensetzungen: **abtreten** „beiseite treten, wegtreten; überlassen" (*mhd.* abetreten), dazu **Abtritt** (16. Jh.; in der Bed. „Abort" seit dem 17. Jh.); **antreten** „anfangen, übernehmen; sich aufstellen" (*mhd.* anetreten), dazu **Antritt** (*mhd.* anetrit „das Antreten, Angriff; Schemel, Stufe"); **auftreten** „auf den Boden treten, sich öffentlich zeigen" (*mhd.* ūftreten „aufgehen; sich erheben"), dazu **Auftritt** (*mhd.* ūftrit „Höhe"; die Bed. „Szene eines Bühnenstükkes" seit dem 18. Jh.); **austreten** (*mhd.* ūʒtreten „heraus-, hervortreten; abweichen, ausweichen"; die seit dem 19. Jh. bezeugte verhüllende Bed. „seine Notdurft verrichten" beruht auf der alten Bed. „aus dem Zimmer gehen"), dazu **Austritt** „Verlassen eines Vereins" (*mhd.* ūʒtrit „Ausgang, Entweichung"); **betreten** (*mhd.* betreten „antreffen, überraschen, ergreifen"), dazu das adjektivisch gebrauchte 2. Partizip **betreten** „überrascht, verlegen" (16. Jh.); **übertreten** „gegen eine Vorschrift verstoßen; sich einer anderen Gemeinschaft anschließen; über die Ufer fließen" (*mhd.* übertreten in teilweise anderen Bedeutungen), dazu **Übertritt** (*mhd.* übertrit „Fehltritt, Vergehen", auch schon „Lossagung, Abfall"); **vertreten** (*mhd.* vertreten, *ahd.* fartretan „niedertreten, zertreten", die Bed. „an jemandes Stelle treten" ist schon *mhd.*), davon **Vertreter** „jemand, der einen anderen vertritt; jemand, der etwas repräsentiert, verkörpert; Handelsvertreter" (*mhd.* vertreter); **vortreten** „nach vorn treten; herausragen" (*mhd.* vortreten), dazu **Vortritt** „das Recht, vorauszugehen" (*mhd.* vortrit „das Vortreten"); zu einem heute veralteten Verb 'zutreten' „heran-, herzutreten" ist **Zutritt** „Zugang, Eintritt" gebildet (*mhd.* zuotrit).

treu: Die heutige Form geht auf *mhd.* triuwe zurück, das im 14. Jh. neben gleichbedeutendes älteres *mhd.* getriuwe, *ahd.* gitriuwi (daraus *nhd.* **getreu**) trat. Vgl. aus anderen *germ.* Sprachen *got.* triggws „treu, zuverlässig", *aengl.* [ge]trīewe „treu, ehrlich" (*engl.* true „treu, wahr, richtig, echt") und *schwed.* trygg „sicher, getrost". *Außergerm.* ist z. B. *lit.* drūtas „stark, fest, dick" verwandt. Die Wortgruppe gehört zu dem unter ↑*Teer* dargestellten *idg.* *deru- „Eiche, Baum", zu dem auch die unter ↑*Trost* (eigentlich „[innere] Festigkeit") und ↑*trauen* (eigentlich „fest werden") behandelten Wörter gehören. Das Adjektiv 'treu' bedeutet demnach eigentlich „stark, fest wie ein Baum". Zu 'treu' gebildet ist **Treue** (*mhd.* triuwe, *ahd.* triuwa, *got.* triggwa, *niederl.* trouw, *aengl.* trēow, dazu im Ablaut die *nord.* Sippe von *schwed.* tro „Treue, Glauben"). Zum Substantiv stellt sich das Verb **betreuen** (*mhd.* betriuwen „in Treue erhalten, schützen"). Zus.: **Treuhänder** „Person, der etwas zu treuen Händen übergeben worden ist" (13. Jh.; ein Begriff der alten Rechtssprache).

tri..., Tri...: Das aus dem *Lat.* oder *Griech.* stammende Bestimmungswort von Zusammensetzungen mit der Bed. „drei", in Fremdwörtern wie ↑Triangel, ↑trivial oder **Trigonometrie** („Dreiecksberechnung"; 16. Jh. zu *griech.* trígōnon „Dreieck" und ...metrie [↑*Meter*]) ist entlehnt aus *lat.* tres (tria) „drei" (davon auch das Fremdwort ↑Trio) bzw. aus gleichbed. *griech.* treĩs (tría). Über die *idg.* Zusammenhänge vgl. den Artikel *drei.* – Beachte noch die von der zu *lat.* tres gehörenden Ordnungszahl *lat.* tertius „dritter" ausgehenden Fremdwörter ↑Tertia, Tertianer.

Triangel „Schlaginstrument in Form eines dreieckig gebogenen, freihängenden Stahlstabes": Das seit dem 15. Jh. bezeugte Fremdwort ist aus *lat.* triangulus „dreieckig; Dreieck" entlehnt, einer Bildung aus *lat.* tres „drei" (vgl. *tri..., Tri...*) und *lat.* angulus „Winkel, Ecke" (verwandt mit *dt.* ↑*Angel*).

Tribunal „[hoher] Gerichtshof": Das Fremdwort ist aus *lat.* tribunal „Hochsitz der Tribunen; erhöhte Feldherrnbühne; Gerichtshof" entlehnt (vgl. hierzu *Tribut*). Es erscheint zuerst in *mhd.* Zeit mit der Bed. „Richterstuhl" in einer unmittelbaren Übernahme aus dem *Lat.* Im 16. Jh. wurde es im heutigen Sinne neu über entsprechend *frz.* tribunal entlehnt. – Gleichen Ausgangspunkt wie 'Tribunal' hat das Fremdwort **Tribüne** „Rednerbühne, Empore; erhöhtes Zuschauergerüst" (18. Jh.), das aus *frz.* tribune (< *it.* tribuna) „Rednerbühne; Galerie usw." übernommen ist.

Tribut: Das in *spätmhd.* Zeit aus *lat.* tributum „öffentliche Abgabe, Steuer, Beitrag usw." aufgenommene Fremdwort erscheint zuerst mit der heute veralteten Bed. „Steuer, Abgabe". Heute ist das Wort nur mehr in der übertragenen Bed. „Opfer; pflichtschuldige Verehrung" gebräuchlich – vorwiegend in festen Wendungen wie 'Tribut zollen'. – *Lat.* tributum ist das substantivierte Neutrum des Part. Perf. von *lat.* tribuere „[zu]teilen, zuwenden; einteilen", das seinerseits zu *lat.* tribus „Gau, Bezirk für die Steuererhebung und Aushebung" gehört. *Lat.* tributum bedeutet demnach eigentlich etwa „die den einzelnen Bürgern zugeteilte Abgabeleistung". Ebenfalls zu *lat.* tribus stellen sich die Bildungen *lat.* tribunus „Gauvorsteher;

Zahlmeister; Oberst" und *lat.* tribunal „Hochsitz der Tribunen; erhöhte Feldherrnbühne; Gerichtshof". Letzteres liegt unseren Fremdwörtern ↑Tribunal und ↑Tribüne zugrunde. – Siehe auch den Artikel *Attribut.*

Trichine „parasitischer Fadenwurm": Die fachsprachliche Bezeichnung ist eine aus dem *Engl.* übernommene gelehrte *nlat.* Bildung des 19. Jh.s zu *griech.* thríx, trichós „Haar".

Trichter: Das *westgerm.* Substantiv *mhd.* trahter, trehter, trihter, *spätahd.* trahtare, trahter, træhter, *aengl.* tracter, *niederl.* trechter beruht auf einer frühen Entlehnung im Rahmen der Übernahme römischer Weinkultur (s. den Artikel Wein) aus *lat.* traiectorium „Trichter" (eigentlich „Gerät zum Hinüberschütten"). Das zugrundeliegende Verb *lat.* tra-icere (traiectum) „hinüberwerfen; hinüberbringen; hinübergießen, -schütten" ist eine Bildung zu *lat.* iacere „werfen, schleudern" (vgl. das Fremdwort *Jeton*). – Dazu **eintrichtern** „jemandem etwas mühsam beibringen" (18. Jh.; eigentlich etwa „wie durch einen Trichter Wissen in jemanden hineinschütten". In seiner konkreten Bed. „Flüssigkeit durch einen Trichter einfüllen" erscheint das Verb schon im 16. Jh.).

Trick „Kniff, Kunstgriff": Das Wort wurde im 19. Jh. aus gleichbed. *engl.* trick entlehnt, das seinerseits aus dem *Frz.* stammt, und zwar aus einem Mundartwort *[a]norm.* trique „Betrug, Kniff". Das zugrundeliegende Verb *norm.* trekier, das *frz.* tricher „beim Spiel betrügen, mogeln" entspricht, setzt ein etymologisch ungeklärtes *vlat.* Verb *triccare voraus. – Dazu stellen sich die Zusammensetzung **Trickfilm** (20. Jh.) und das in der Umgangssprache entwickelte Verb **tricksen** „einen Gegner geschickt ausmanövrieren, ausspielen, umspielen" (20. Jh.; Sportjargon), beachte auch die Zusammensetzung **austricksen.**

Trieb: „innere treibende Kraft; Keimkraft; Keim, Schößling": Das Substantiv (*mhd.* trīp) ist eine Bildung zu dem unter ↑*treiben* behandelten Verb und bedeutet demnach eigentlich „das Treiben", früher und *landsch.* noch heute „Treiben des Viehs oder des Wildes; Viehweg; Trift". Es ersetzte allmählich das ältere ↑Trift in dessen allgemeiner Bedeutung. Abl.: **triebhaft** „sinnlich, leidenschaftlich" (18. Jh.). Zus.: **Triebfeder** „treibende Feder im Uhrwerk, Antrieb" (18. Jh.); **Triebwagen** „Schienenfahrzeug mit eigenem Antrieb" (19. Jh.).

triefen „in Tropfen fallen; ganz naß sein": Das *altgerm.* Verb *mhd.* triefen, *ahd.* triufan, *niederl.* druipen, *aengl.* drēopan (daneben gleichbed. dryppan, *engl.* to drip), *schwed.* drypa hat keine sicheren *außergerm.* Entsprechungen. Um dieses Verb gruppieren sich im *germ.* Sprachbereich die unter ↑*Traufe,* ↑*träufeln,* ↑*Tropf,* ↑*Tropfen* und ↑*Tripper* behandelten Bildungen.

triezen *ugs.* für: „quälen, necken": Das aus dem *Niederd.* ins *Hochd.* übernommene Verb geht auf *mnd.* tritzen „aufziehen, hochwinden" zurück, das von *mnd.* tritzen „Winde[block], Flaschenzug" abgeleitet ist. Früher wurde häufig auf Segelschiffen als Strafe für ein Vergehen der Verurteilte an einem unter den Armen durchgeschlungenen Seil an der Rahe hochgezogen.

Trift „Weide; Holzflößung; Meeresströmung": Das *altgerm.* Substantiv *mhd.* trift, *mnd.* drift, *niederl.* drift, *engl.* drift, *schwed.* drift ist eine Bildung zu dem unter ↑*treiben* behandelten Verb und bedeutet demnach eigentlich „das Treiben" (vgl. den Artikel *Trieb*).

triftig „beweisend, stichhaltig": Das seit dem 15. Jh. bezeugte Adjektiv ist eine Bildung zu dem unter ↑*treffen* behandelten Verb und bedeutete ursprünglich „[zu]treffend".

Trigonometrie ↑tri..., Tri...

Trikot „maschinengestricktes Gewebe; enganliegendes, gewirktes, hemdartiges Kleidungsstück": Das Fremdwort wurde im 18. Jh. aus gleichbed. *frz.* tricot entlehnt, dessen etymologische Zugehörigkeit unsicher ist.

Triller „schnelle Wiederholung nebeneinanderliegender Töne": Das seit dem 17. Jh. bezeugte Substantiv ist durch *österr.* Vermittlung aus gleichbed. *it.* trillo entlehnt, das selbst wohl lautnachahmenden Ursprungs ist. Davon abgeleitet ist das Verb **trillern** „mit Trillern, Trillern ähnlichen Tönen singen oder pfeifen". (17. Jh.; nach entsprechend *it.* trillare).

Trillion ↑Million.

trimmen: Das Ende des 19. Jh.s aus *engl.* to trim „in Ordnung bringen, zurechtmachen; schmücken, putzen" entlehnte Verb gehörte zunächst der Seemannssprache an. Es bedeutet dort einerseits allgemein „das Schiff und seine Teile in Ordnung, in einen gepflegten Zustand bringen", andererseits speziell „die Schiffsladung (besonders die Kohlenladung) sachgemäß im Schiffsraum verstauen (um ein Verrutschen der Ladung zu verhindern)" und als 'Kohlen trimmen' „Kohlen ordnungsgemäß in Kohlenbunkern unterbringen" bzw. „Kohlen von den Bunkern zur Feuerung schaffen". Aber auch im binnenländischen Bereich spielt 'trimmen' eine Rolle, z. B. als 'Hunde trimmen' im Sinne von „Hunden durch Scheren und Ausdünnen des Fells das für ihre Rasse übliche, der Mode entsprechende Aussehen geben". Übertragen wird das Verb dann auch *ugs.* in der Bed. „zu einem bestimmten Aussehen, zu einer bestimmten Verhaltensweise, in einen bestimmten Zustand bringen" verwendet. Seit der 2. Hälfte des 20. Jh.s schließlich ist 'trimmen' im Sinne von „durch sportliche Betätigung, körperliche Übung leistungsfähig machen" verbreitet (beachte dazu die Ableitung **Trimmer** „jemand, der sich durch Trimmen ertüchtigt" und Substantivbildungen wie **Trimmtrab** „Dauerlauf, durch den sich jemand trimmt" und **Trimm-dich-Pfad** „meist als Rundstrecke durch einen Wald angelegter Weg mit verschiedenartigen Geräten und Anweisungen für Übungen, die der körperlichen Ertüchtigung dienen").

trinken: Das *gemeingerm.* Verb *mhd.* trinken, *ahd.* trinkan, *got.* drigkan, *engl.* to drink, *schwed.* dricka hat keine sicheren *außergerm.* Beziehungen. Um das Verb gruppieren sich die unter ↑*Trank*, ↑*tränken*, ↑*Trunk* und ↑*trunken* behandelten Wörter. Abl.: **Trinker** „jemand, der gewohnheitsmäßig große Mengen Alkohol trinkt" (*mhd.* trinker, *ahd.* trinkari). Zus.: **Trinkgeld** „kleines Geldgeschenk für Dienstleistungen" (14. Jh.; ursprünglich zum Vertrinken bestimmt); **Trinkspruch** „kurze Rede auf jemandes Wohl oder zu Ehren eines festlichen Ereignisses, wozu [angestoßen und] getrunken wird" (17. Jh.). Präfixbildungen: **betrinken,** sich „zuviel Alkohol trinken" (*mhd.* betrinken „aus etwas trinken"; die jetzige Bedeutung seit dem 18. Jh.), dazu das adjektivisch gebrauchte 2. Partizip **betrunken** „stark berauscht"; **ertrinken** „im Wasser umkommen" (*mhd.* ertrinken, *ahd.* irtrinkan), dazu das Veranlassungswort **ertränken** (s. unter *tränken*).

Trio „Musikstück für drei Instrumente", auch Bezeichnung für die drei ausführenden Musiker; daneben in allgemeiner Verwendung im Sinne von „Dreizahl [von Menschen]": Das Wort wurde Anfang des 18. Jh.s als musikalischer Fachausdruck aus gleichbed. *it.* trio entlehnt, einer Substantivbildung zu *lat.-it.* tri- „drei-" (vgl. *tri..., Tri...*).

trippeln „kleine, schnelle Schritte machen": Das seit dem 15. Jh. bezeugte, auf das *dt.* und *niederl.* Sprachgebiet beschränkte Verb ist lautnachahmenden Ursprungs wie 'trappen' und 'trappeln' (s. d.).

Tripper „Gonorrhö": Das seit dem 17. Jh. bezeugte Substantiv ist eine Bildung (mit verhochdeutschtem Anlaut) zu *niederd.* drippen „tropfen, in Tropfen fallen", das zu der unter ↑*triefen* behandelten Wortgruppe gehört. Das Wort bedeutet demnach eigentlich „Tropfer" (nach dem bei der Krankheit auftretenden eitrigen Ausfluß aus der Harnröhre).

trist „traurig, trostlos; öde; langweilig": Das bereits in *mhd.* Zeit bezeugte Adjektiv (*mhd.* triste), das jedoch erst seit dem Ende des 18. Jh.s durch die Studentensprache allgemeinere Geltung erlangte, ist aus gleichbed. *frz.* (bzw. *afrz.*) triste entlehnt. Quelle des Wortes ist *lat.* tristis „traurig; finster gestimmt".

Tritt: Das auf das *dt.* und *niederl.* Sprachgebiet beschränkte Substantiv *mhd.* trit, *niederl.* tred ist eine Bildung zu dem unter ↑*treten* behandelten Verb. Der formelhafte Ausdruck 'Schritt und Tritt' (17. Jh.) kehrt in vielen Redensarten wieder und setzt 'Schritt' und 'Tritt' in der Bedeutung gleich. Zus.: **Trittbrett** „Fläche, Stufe vor der Tür eines Fahrzeugs, die das Ein- und Aussteigen erleichtert" (19. Jh.; ursprünglich aus Holz gefertigt).

Triumph „Siegesfreude, -jubel; Sieg, Erfolg; Genugtuung": Das seit dem 15. Jh. bezeugte Fremdwort ist aus *lat.* triumphus „feierlicher Einzug des siegreichen Feldherrn, Siegeszug; Sieg" entlehnt. Das aus 'Triumph' hervorgegangene Wort ↑Trumpf zeigt eine für die Volkssprache charakteristische Vereinfachung in der Lautung. – Dazu: **triumphieren** „als Sieger einziehen; in Siegesjubel ausbrechen, frohlocken; Erfolg haben über jmdn." (15. Jh.; aus entsprechend *lat.* triumphare); **triumphal** „sieghaft, herrlich" (19. Jh.; für älteres 'triumphalisch'; aus entsprechend *lat.* triumphalis).

trivial „platt, abgedroschen, alltäglich, niedrig": Das Adjektiv wurde im 17. Jh. aus gleichbed. *frz.* trivial entlehnt, das auf *lat.* trivialis „jedermann zugänglich, allbekannt, gewöhnlich" zurückgeht. Das zugrundeliegende Substantiv *lat.* trivium „Ort, wo drei Wege zusammenstoßen, Wegkreuzung; öffentlicher Weg" ist eine Bildung zu *lat.* tri- „drei-" (vgl. *tri..., Tri...*) und *lat.* via „Weg, Straße".

trocken: Die auf das *dt.* Sprachgebiet beschränkte Adjektivbildung (*mhd.* trucken, *ahd.* truckan) ist im *germ.* Sprachbereich verwandt mit dem andersgebildeten *niederl.* droog „trokken" und mit *engl.* dry „trocken". Die weiteren *außergerm.* Entsprechungen dieser Sippe sind unsicher. In der Ableitung **trocknen** sind zwei ursprünglich verschiedene Verben zusammengefallen, nämlich intransitives *mhd.* truckenen, *ahd.* truckanēn „trocken werden" und transitives *mhd.* trücke[ne]n, *ahd.* trucknen „trocken machen" (Bewirkungswort zu 'trocken'). Beachte dazu auch **austrocknen** (16. Jh.) und **vertrocknen** (*mhd.* vertruckenen). Im heutigen Sprachgebrauch ist 'trocken' vor allem Gegenwort zu 'naß', wird aber auch vielfach übertragen verwendet, beachte z. B. 'trocken Brot, trokkener Humor, trockener Husten'. Zus.: **Trokkenbeere** „an der Rebe eingetrocknete Beere" (19. Jh.) **Trockendock** (s. unter *Dock*). Siehe auch den Artikel ↑*Droge*.

Troddel „Quaste, Fransenbündel": Das seit dem 15. Jh. bezeugte Wort beruht auf einer Bildung zu dem in *mhd.* Zeit untergegangenen Substantiv *ahd.* trădo „Franse, Quaste", das außerhalb des *Dt.* keine Entsprechungen hat.

Trödel „Kleinhandel, Altwaren": Die Herkunft des seit dem 15. Jh. bezeugten Wortes für „Kleinhandel; Kleinkram, Altwaren" ist dunkel. Abl.: [1]**trödeln** „mit altem Kram handeln" (16. Jh.), dazu **Trödler** „Altwarenhändler" (15. Jh.). Unklar ist das Verhältnis zu dem seit dem 16. Jh. bezeugten Verb [2]**trödeln** „Zeit verschwenden, langsam sein; sich langsam, ohne festes Ziel irgendwohin bewegen" (beachte dazu auch die Präfixbildung **vertrödeln** „[Zeit] trödelnd verbringen").

Trog: Das *altgerm.* Substantiv *mhd.* troc, *ahd.* trog, *niederl.* troch, *engl.* trough, *schwed.* tråg gehört im Sinne von „hölzernes Gefäß, [ausgehöhlter] Baumstamm" zu dem unter ↑*Teer* behandelten *idg.* Wort für „Baum, Eiche". Die Zusammensetzungen mit dem Wort weisen auf den jeweiligen Verwendungszweck hin, beachte z. B. 'Backtrog, Futtertrog, Waschtrog'.

Troll „Kobold, Dämon": Das im 17. Jh. aus dem *Nord.* (vgl. gleichbed. *schwed.* troll) entlehnte Substantiv hat sich mit einem heimischen Wort älter *nhd.* Troll (*mhd.* troll „grober, ungeschlachter Kerl") vermischt, das wohl zu dem unter ↑*trollen* behandelten Verb zu stellen ist.

trollen, sich (*ugs.* für:) „fortgehen, sich entfernen": Die Herkunft des seit *mhd.* Zeit bezeugten Verbs (*mhd.* trollen), das wahrscheinlich mit *engl.* to troll „umhergehen, hin und her gehen, rollen" verwandt ist, ist nicht sicher geklärt. Vielleicht gehört es zu der unter ↑*zittern* behandelten *idg.* Wortgruppe.

Trommel: Die *nhd.* Form geht auf gleichbed. *mhd.* trumel zurück, das von dem lautnachahmenden *mhd.* trum[m]e „Schlaginstrument" abgeleitet ist. Zus.: **Trommelfell** „über die Trommel gespanntes Fell" (17. Jh.), „Häutchen, das den Gehörgang des Ohres abschließt" (18. Jh.). Abl.: **trommeln** (15. Jh.), dazu **Trommler** (18. Jh.; für älteres 'Trommelschläger' [17. Jh.]) und die Zusammensetzung **Trommelfeuer** „anhaltendes, starkes Artilleriefeuer" (seit dem 1. Weltkrieg).

Trompete: Der Name des Blasinstrumentes (*mhd.* trum[p]et) ist aus gleichbed. *frz.* trompette entlehnt, einer Weiterbildung von *(a)frz.* trompe „Trompete". Das Wort ist sehr wahrscheinlich *germ.* Ursprungs (vgl. *ahd.* trumba, *mhd.* trumbe „Posaune, Trompete"). Abl.: **trompeten** „Trompete blasen; laute Töne von sich geben; sich laut die Nase schneuzen" (15. Jh.); **Trompeter** „jemand, der Trompete spielt" (Anfang 15. Jh.).

Tropen: Die seit dem Beginn des 19. Jh.s bezeugte geographische Bezeichnung für die heißen Zonen zwischen den Wendekreisen ist eine zuerst im *Engl.* vorkommende (beachte *engl.* [veraltet:] trope „Wende der Sonne am Sonnenwendkreis") gelehrte Entlehnung aus griech. tropḗ (bzw. aus dem *Plural* tropaí) „Wende" (hier im Sinne von „Sonnenwende"). Dies gehört zu *griech.* trépein „wenden". – Abl.: **tropisch** „die Tropen betreffend; südlich, heiß" (18. Jh.; von gleichbed. *engl.* tropic).

Tropf „einfältiger Mensch": Das seit dem 15. Jh. gebräuchliche Substantiv gehört zu der unter ↑*triefen* behandelten Wortgruppe. Diese Bezeichnung eines einfältigen Menschen geht von der Vorstellung „nichtig, unbedeutend wie ein Tropfen" aus.

Tropfen: Das *altgerm.* Wort *mhd.* tropfe, *ahd.* tropfo, *niederl.* drop, *engl.* drop (↑Drops), *schwed.* droppe ist eine Bildung zu dem unter ↑*triefen* behandelten Verb. Das Sprichwort 'steter Tropfen höhlt den Stein' ist eine Übertragung von *lat.* gutta cavat lapidem. Abl.: **tropfen** (*mhd.* tropfen, *ahd.* tropfōn), dazu die Weiterbildung **tröpfeln** (15. Jh.) und die Zusammensetzung **Tropfstein** „durch Kalkabsonderung aus tropfendem Wasser entstandener Stein, besonders in Höhlen" (18. Jh.).

Trophäe „Siegeszeichen; Jagdbeute": Das seit dem 16. Jh. bezeugte Fremdwort wurde – wohl unter dem Einfluß von entsprechend *frz.* trophée – aus gleichbed. *lat.* tropaeum (*spätlat.* trophaeum) entlehnt. Dies stammt seinerseits aus *griech.* trópaion „Siegeszeichen", das zu *griech.* trépein „wenden; sich umwenden, die Flucht ergreifen" oder unmittelbar zu *griech.* tropḗ „Wendung; Flucht" gehört und ursprünglich wohl im Sinne von „Fluchtdenkmal" (d. h.: Denkmal, das an der Stelle, wo die Feinde geschlagen wurden und die „Flucht ergriffen", errichtet wurde) zu verstehen ist.

Troß: Der früher in der militärischen Fachsprache verwendete Ausdruck für „die Truppe mit Munition und Verpflegung versorgender Wagenpark", der heute auch im Sinne von „Gefolge, Anhang, Begleitung" verwendet wird, wurde in *mhd.* Zeit aus *frz.* trousse „Bündel, Gepäckstück" entlehnt. Dies gehört zu *frz.* trousser „aufladen (und festschnüren)", das auf ein *vlat.* *forsare „drehen" (zu *lat.* torquere „drehen, winden"; vgl. *Tortur*) zurückgeht. Die Bedeutungsentwicklung des frz. Verbs erklärt sich daraus, daß Lasten auf Tragtieren mit Seilen umwunden und so gesichert wurden. Siehe auch den Artikel *Trosse.*

Trosse „starkes Tau aus Hanf oder Draht": Das seit dem Anfang des 19. Jh.s im *Hochd.* bezeugte Wort stammt aus dem *Niederd.* Das gleichbedeutende *mnd.* trosse (14. Jh.) ist entweder entlehnt aus *frz.* trousse „Bündel, Paket" (s. *Troß*) oder aus *frz.* drosse „Ruder-, Steuertau", das über das *Roman.* (vgl. gleichbed. *it.* trozza) vielleicht auf *lat.* tradux „Weinranke, Reis" zurückgeht.

Trost: Das *altgerm.* Substantiv *mhd., ahd.* trōst, *niederl.* troost, *schwed.* tröst gehört mit dem andersgebildeten *got.* trausti „Vertrag, Bündnis" zu der unter ↑*treu* dargestellten *idg.* Wortgruppe. Das Wort bedeutet demnach eigentlich „[innere] Festigkeit", vgl. *aisl.* traustr „stark, fest". Abl.: **trösten** „Trost spenden" (*mhd.* trœsten, *ahd.* trōsten), dazu die Ableitung **Tröster** (*mhd.* trœster „Tröster; Helfer; Bürge" und in spezieller Bed. „Heiliger Geist") und die Präfixbildung **vertrösten** „durch das Erwecken von Hoffnung hinhalten" (*mhd.* vertrœsten, *ahd.* fertrōsten „Bürgschaft leisten"); **tröstlich** „Trost gewährend" (*mhd.* trœstelich). Zus.: **trostlos** „ohne Trost" (*mhd.* trōst[e]lōs, *ahd.* drōstolōs). Siehe auch den Artikel *Trust.*

Trott „Trab": Das seit dem 16. Jh. bezeugte Substantiv stammt wahrscheinlich aus dem *Roman.*, vgl. *ital.* trotto „Trab" und *frz.* trot „Trab", die zu *it.* trottare „traben" und *frz.* trotter „traben" gehören. Die *roman.* Wörter können ihrerseits zu der *germ.* Wortgruppe von ↑treten gehören. Abl.: **trotten** „sich langsam, schwerfällig fortbewegen" (16. Jh.), dazu die Weiterbildung **trotteln** „mit kleinen Schritten langsam und unaufmerksam gehen" (16. Jh.). Siehe auch die Artikel *Trottoir* und *Trottel.*

Trottel „Schwachsinniger, Dummkopf": Das im 19. Jh. aus dem *Oberd.* in die Schriftsprache gelangte Wort gehört wahrscheinlich im Sinne von „Mensch mit täppischem Gang" zu den unter ↑*Trott* behandelten Verben 'trotten, trotteln' (beachte das Verhältnis von 'Trampel' zu 'trampeln').

Trottoir: Die Bezeichnung für „Bürgersteig, Gehsteig" wurde Ende des 18. Jh.s aus gleichbed. *frz.* trottoir übernommen. Das *frz.* Wort ist eine Substantivbildung zu *frz.* trotter „traben, trippeln", das seinerseits wohl *germ.* Ursprungs ist (vgl. *Trott*).

Trotz „Widersetzlichkeit, Unfügsamkeit, Widerspruchsgeist": Das nur *dt.* Wort (*mhd.* traz, *oberd.* truz, *mitteld.* trotz) ist dunkeln Ursprungs. Während 'Tratz' zu Beginn des 17. Jh.s ausstarb, sind 'Trotz' und 'Trutz' – in der Bedeutung differenziert – heute noch gebräuchlich, 'Trutz' allerdings nur noch in bestimmten Verbindungen wie 'zu Schutz und Trutz' und 'Schutz-und-Trutz-Bündnis'. Aus Wendungen wie 'Trotz sei ...', 'zu[m] Trotz' entwickelte sich seit dem 16. Jh. die Verwendung von 'Trotz' als Präposition **trotz,** der Entstehung gemäß ursprünglich mit dem Dativ, dann mit dem Genitiv (18. Jh.), beachte aber **trotzdem** (19. Jh.; als unterordnende Konjunktion entstanden aus '..., trotz dem, daß ...') sowie die festen Fügungen 'trotz allem' und 'trotz alledem'. Abl.: **trotzen** „Trotz bieten" (*mhd.* tratzen, trutzen); **trotzig** „voller Trotz" (*mhd.* tratzic, *mitteld.* trotzic). Zus.: **Trotzkopf** „trotziger Mensch" (17. Jh.).

trüb[e]: Das auf das *dt.* und *niederl.* Sprachgebiet beschränkte Adjektiv (*mhd.* trüebe, *ahd.* truobi, *niederl.* droef; beachte das andersgebildete *aengl.* drōf) ist wahrscheinlich eine Rückbildung aus dem *altgerm.* Verb **trüben** (*mhd.* trüeben „trüb machen, betrüben", *ahd.* truoben „verwirren, in Unruhe bringen", *got.* drōbjan „irremachen, aufwiegeln", *mniederl.* droeven „trüb sein", *aengl.* drēfan „Unruhe machen"). Das Adjektiv bedeutete demnach ursprünglich „aufgerührt, aufgewühlt". Das *altgerm.* Verb gehört mit verwandten Wörtern in anderen *idg.* Sprachen zu der *idg.* Wurzel *dher[ə]- „trüber Bodensatz einer Flüssigkeit, Schmutz", vgl. z. B. *russ.* drožži „Hefe" und *lit.* dérgti „beschmutzen"; es bedeutete demnach ursprünglich „den Bodensatz aufrühren". Zu dieser Wurzel gehören auch die unter ↑*Treber* und ↑*Trester* behandelten Wörter. Zusammensetzungen mit 'trüb': **Trübsinn** „krankhafte Schwermut" (18. Jh.; entweder aus 'trübsinnig' rückgebildet oder in Analogie zu älteren Bildungen mit 'Sinn'); **trübsinnig** (18. Jh.). – Ableitungen von 'trüben': **Trübsal** „Leiden, Kummer" (*mhd.* trüebesal, *ahd.* truobisal; die Wendung 'Trübsal blasen' „trüben Gedanken nachhängen" bezieht sich wohl auf die Blasmusik bei einem Trauerfall), dazu **trübselig** (16. Jh.; älter bezeugt ist die Ableitung **Trübseligkeit,** 15. Jh.). Präfixbildung zu 'trüben': **betrüben** „Kummer bereiten" (*mhd.* betrüeben auch „verdunkeln, trübe machen"), dazu das adjektivisch gebrauchte 2. Partizip **betrübt** und das Adjektiv **betrüblich** (16. Jh.).

Trubel „lärmendes Treiben; wirres Durcheinander": Das Wort wurde im 17. Jh. aus *frz.* trouble „Verwirrung; Unruhe" entlehnt. Dies gehört zu *frz.* troubler „trüben; verwirren, beunruhigen", das auf *vlat.* *turbulare (für *lat.* turbidare „trüben") beruht. Zugrunde liegt *lat.* turba „Verwirrung; Lärm, Schar, Haufe" bzw. das davon abgeleitete Adjektiv *lat.* turbidus „verwirrt, unruhig". Über weitere etymologische Zusammenhänge vgl. *turbulent.*

Truchseß „[oberster] Hofbeamter, der den Tafeldienst am Hofe versieht" (im Mittelalter): Die auf das *dt.* Sprachgebiet beschränkte Bildung (*mhd.* truh[t]sæ̜ze, *ahd.* truh[t]sāz[z]o) enthält als Bestimmungswort *mhd., ahd.* truht „Schar" (entsprechend *aengl.* dryht „Volk, Menge", *aisl.* drōtt „Schar, Gefolge"). Das Grundwort, das u. a. heute noch in dem Wort 'Insasse' bewahrt ist, gehört zu der unter ↑*sitzen* behandelten Wortgruppe. 'Truchseß' bezeichnete demnach ursprünglich einen Mann, der in einer Schar, in einem Gefolge einen Sitz hat und zu den nächsten Vertrauten gehört. Mit der Zeit wurde das Amt des Truchsessen, das ursprünglich die gesamte Hausverwaltung des Fürsten umfaßte, abgewertet und auf die Aufsicht und Bedienung bei der Tafel beschränkt.

trudeln „langsam und ungleichmäßig rollen; sich um sich selbst drehend langsam fallen": Die Herkunft des seit dem 18. Jh. zuerst im *Niederd.* bezeugten Verbs ist dunkel. Vielleicht besteht eine Beziehung zu dem unter ↑Trödel behandelten Verb [2]trödeln „sich langsam und ohne festes Ziel irgendwohin bewegen". Die *landsch.* Verwendung im Sinne von „würfeln" bezieht sich auf die „trudelnde" Bewegung des rollenden Würfels.

Trüffel: Der seit dem 18. Jh. bezeugte Name des zu den Schlauchpilzen gehörenden eßbaren Erdschwamms ist aus einer Nebenform truffle von gleichbed. *frz.* truffe entlehnt. Das *frz.* Wort geht durch *it.* oder *aprovenz.* Vermittlung auf *vlat.* tufera zurück, das auf einer *italischen* Dialektform *(oskisch-umbrisch)* *tūfer von *klass.-lat.* tuber „Höcker, Beule, Geschwulst; Wurzelknollen; Erdschwamm, Trüffel" beruht. Die Trüffel ist also nach ihrem unterirdischen, knollenartigen (kartoffelförmigen) Fruchtkörper benannt. – Siehe auch den Artikel *Kartoffel.*

trügen „irreführen, täuschen": Das auf das *dt.* und *niederl.* Sprachgebiet beschränkte Verb (*mhd.* triegen, *ahd.* triugan, *mniederl.* driegen) ist im *germ.* Sprachbereich eng verwandt mit *aisl.* draugr „Gespenst" und weiterhin mit dem unter ↑*Traum* (eigentlich etwa „Trugbild") behandelten Substantiv. *Außergerm.* sind z. B. verwandt *aind.* drúhyati „sucht zu schaden, tut zuleide", *awest.* druj- „Lüge, Trug" und *mir.* aurddrach „Gespenst". Zum Verb gebildet ist das Substantiv **Trug** (16. Jh.; für älteres *mhd.* trüge, *ahd.* trugī; heute nur noch in der Fügung 'Lug und Trug'), dazu die Zusammensetzung **Trugbild** (*mhd.* trugebilde „Teufelsbild, Gespenst", *ahd.* trugebilde „täuschendes Bild", im 18. Jh. wohl neu gebildet als Ersatz für 'Phantom') und **Trugschluß** „irreführender Schluß" (18. Jh.). Von dem heute veralteten Substantiv 'Trüger' ist das Adjektiv **trügerisch** „irreführend, täuschend, unwirklich" (16. Jh.) abgeleitet. Präfixbildung zu 'trügen': **betrügen** „bewußt täuschen; hintergehen" (*mhd.* betriegen, *ahd.* bitriugan), dazu **Betrug** „bewußte Täuschung" (16. Jh.; für *mhd.* betroc). Das ü in 'trügen' und 'betrügen' hat sich erst im 19. Jh. völlig durchgesetzt (zuvor [be]triegen).

Truhe „kastenartiges Möbelstück mit aufklappbarem Deckel": *Mhd.* truhe, truche, *ahd.* truha, trucha ist mit ↑*Trog* verwandt und gehört wie dieses im Sinne von „hölzernes Gefäß" zu dem unter ↑*Teer* behandelten *idg.* Wort für „Baum, Eiche".

Trümmer „[Bruch]stücke“: Das Wort ist die Pluralform (seit dem 15. Jh.) zu dem heute nur noch *ugs.* und *mdal.* gebräuchlichen **Trumm** „Ende, Stück; Fetzen; kleiner Erzgang“ (*mhd., ahd.* drum „Endstück, Splitter“, entsprechend *niederl.* drom „Menge, Haufen“, *engl.* thrum „Stück, Ende, Saum“, *schwed. mdal.* trum „Klotz, Strunk“). Die weitere Herkunft dieses *altgerm.* Wortes ist unklar. Die *nhd.* Form mit t- ist seit dem 15. Jh. bezeugt.

Trumpf: Das seit dem 16. Jh. bezeugte Substantiv, das aus dem Fremdwort ↑*Triumph* durch (in der Volkssprache vollzogene) Lautvereinfachung hervorgegangen ist, ist von Anfang an ein Ausdruck der Kartenspieler. Es bezeichnet dabei eine der [wahlweise] höchsten Karten eines Spiels, mit denen Karten anderer Farbe gestochen werden können. Diese spezielle Bedeutung hat das Wort von dem unserem Fremdwort 'Triumph' entsprechenden *frz.* Wort triomphe übernommen. Gelegentlich wird 'Trumpf' aber auch in einem übertragenen Sinne gebraucht, ohne daß dabei jedoch der unmittelbare Bezug zum Kartenspiel verlorengeht. Beachte z. B. Wendungen wie 'seine Trümpfe gegen jemanden ausspielen'. Noch deutlicher wird dieser bildliche Gebrauch an den Zusammensetzungen **auftrumpfen** „sich stark machen, nachdrücklich seinen Standpunkt vertreten“ (18. Jh.; im eigentlichen Sinne bereits für das 16. Jh. bezeugt) und **übertrumpfen** „eine mit Trumpf gestochene Karte überstechen; jemanden überbieten, ausstechen“ (19. Jh.). Beide Zusammensetzungen gehören zu dem von 'Trumpf' abgeleiteten einfachen Verb **trumpfen** „Trumpf ausspielen, mit Trumpf stechen“ (16. Jh.).

Trunk „Getränk (das man gerade zu sich nimmt); gewohnheitsmäßiger Genuß von Alkohol“: Das *altgerm.* Substantiv *mhd.* trunc, *ahd.* trunk, *niederl.* dronk, *engl.* drink (beachte das Fremdwort 'Drink' „alkoholisches [Misch]getränk“), *schwed.* dryck ist eine Bildung zu dem unter ↑*trinken* behandelten Verb. Zus.: **trunksüchtig** „dem Trunk ergeben“ (17. Jh.), davon rückgebildet **Trunksucht** (19. Jh.); **Umtrunk** „gemeinsames Trinken in einer Runde“ (17. Jh.).

trunken „stark berauscht; rauschhaft von etwas erfüllt“: Das *gemeingerm.* Wort *mhd.* trunken, *ahd.* trunchan, trunkan, *got.* drugkans, *engl.* drunk[en], *aisl.* drukkenn ist ein altes Partizipialadjektiv zu dem unter ↑*trinken* behandelten Verb. Abl.: **Trunkenheit** „Rausch, Betrunkensein“ (*mhd.* trunkenheit, *ahd.* drunkanheit); **Trunkenbold** „Trinker, Säufer“ (*mhd.* trunkenbolt, zum zweiten Bestandteil vgl. den Artikel *bald*).

Trupp „Schar, Haufen, Gruppe (besonders von Solaten)“: Das Wort wurde im 17. Jh. aus gleichbed. *frz.* troupe entlehnt. Aus dem gleichen *frz.* Wort, jedoch unabhängig von 'Trupp' entlehnt, stammt das Lehnwort **Truppe** „[größerer] militärischer Verband, Heeresabteilung, das Landheer im Kampfeinsatz“ (17. Jh.), in dem das feminine Geschlecht von *frz.* troupe bewahrt ist. Die Herkunft des *frz.* Wortes ist nicht gesichert.

Trust: Die Bezeichnung für einen „Zusammenschluß von wirtschaftlichen Unternehmungen zum Zwecke der Monopolisierung, wobei die einzelnen Unternehmen ihre rechtliche und wirtschaftliche Selbständigkeit aufgeben“ wurde im ausgehenden 19. Jh. aus gleichbed. *engl.-amerik.* trust entlehnt, das als Kurzbezeichnung für 'trust-company' (wörtlich etwa „Treuhandgesellschaft“) steht. Zugrunde liegt *engl.* trust „Vertrauen; Treuhand usw.“, das aus dem mit *dt.* ↑*Trost* verwandten Substantiv *aisl.* traust „Zuversicht“ stammt.

Truthahn: Die seit dem 17. Jh. bezeugte Bezeichnung für den Puter, der im 16. Jh. aus Amerika eingeführt wurde, enthält als ersten Bestandteil den Ruf 'trut!', mit dem man den Vogel anlockte, vgl. den Lockruf 'put!', zu dem ↑ Pute gebildet ist.

Tschako: Die Bezeichnung für den früher im Heer und dann auch bei der Polizei getragenen zylinderartigen Helm wurde im 18. Jh. aus gleichbed. *ung.* csákó entlehnt.

Tschardasch, Csárdás: Der Name des ungarischen Nationaltanzes im $^2/_4$-Takt wurde im 19. Jh. aus *ung.* csárdás entlehnt, einer Bildung zu *ung.* csárda „Gasthof in der Pußta“ (also eigentlich „Tanz, der in einem Pußtagasthof getanzt wird“).

tschüs!: Der Abschiedsgruß ist gekürzt aus der im *Niederd.* seit dem Anfang des 20. Jh.s bezeugten Form atschüs!, die durch Erweichung des j aus *niederd.* adjüs (dafür auch kurz: tjüs) entstanden ist. Diesem liegt wohl der früher bei Seeleuten beliebte *span.* Abschiedsgruß adiós zugrunde (= a diós „zu Gott“). Über weitere etymologische Zusammenhänge vgl. den Artikel *adieu!*

Tube „röhrenförmiger, biegbarer Behälter (für Farben, Salben u. a.)“: Das Wort wurde im 19. Jh. aus gleichbed. *engl.* tube entlehnt, das über *frz.* tube auf *lat.* tubus „Röhre“ zurückgeht. Beachte dazu den medizinischen Fachausdruck **Tubus** „Röhrchen, das [für Narkosezwecke] in die Luftröhre eingeführt wird“ und **Intubation** „das Einführen eines Tubus“. – Neben dem Maskulinum *lat.* tubus steht das Femininum *lat.* tuba „Röhre; Kriegstrompete“, aus dem im 18. Jh. **Tuba** „Kriegstrompete“, dann auch „tieftönendes Blasinstrument“ übernommen wurde.

Tuberkel: Die medizinisch-fachsprachliche Bezeichnung für „knötchenförmige, umschriebene Zellwucherung im Organismus, hervorgerufen durch Bazillen“ ist eine gelehrte Entlehnung des 19. Jh.s aus *lat.* tuberculum „kleiner Höcker, kleine Geschwulst“, einer Verkleinerungsbildung zu *lat.* tuber „Höcker, Beule, Geschwulst“. – Dazu stellen sich das Adjektiv **tuberkulös** „mit Tuberkeln durchsetzt; an Tuberkulose leidend, schwindsüchtig“ (19. Jh.; nach entsprechend *frz.* tuberculeux) und die Krankheitsbezeichnung **Tuberkulose** „durch Tuberkelbazillen hervorgerufene chronische Infektionskrankheit“ (19. Jh.; *nlat.* Bildung).

Tuch: Das auf das *dt.* und *niederl.* Sprachgebiet beschränkte Wort (*mhd., ahd.* tuoch, *niederl.* doek) ist dunklen Ursprungs. Die im *Dt.* üblichen verschiedenen Pluralformen 'Tuche' „Tucharten" und 'Tücher' „Tuchstücke (für einen bestimmten Zweck)" sind erst im 19. Jh. bedeutungsmäßig streng geschieden worden.

tüchtig „fähig, wertvoll; viel": Das Adjektiv *mhd.* tühtic ist eine Bildung zu dem im *Nhd.* untergegangenen Substantiv *mhd., ahd.* tuht „Tüchtigkeit, Tapferkeit, Gewalt", das zu der unter ↑*taugen* behandelten Wortgruppe gehört. *Dt.* tüchtig entsprechen *niederl.* duchtig „tüchtig; gehörig" und *engl.* doughty „tapfer, tüchtig". Abl.: **Tüchtigkeit** (*mhd.* tühtecheit). Für die vereinzelt auftretende verbale Ableitung 'tüchtigen' wird heute **ertüchtigen** „leistungsfähig machen, stählen" (19. Jh.) gebraucht.

Tücke: *Mhd.* tücke, tucke „Handlungsweise, Benehmen, Tun, Gewohnheit; Arglist, Tücke" ist entweder eine Femininbildung zu dem Maskulinum *mhd.* tuc „Schlag, Stoß, Streich; schnelle Bewegung, Gebärde; Handlungsweise, Benehmen, Tun, Gewohnheit; listiger Streich, Kunstgriff, Arglist" oder hat sich aus dem Plural dieses Wortes verselbständigt. Seine heutige abschätzige Bedeutung erhielt das Substantiv durch die Zusammenstellung mit abwertenden Adjektiven. Abl.: **tückisch** „boshaft" (15. Jh.; Ableitung von *mhd.* tuc, s. o.). Zus.: **Heimtücke** „hinterlistige Bosheit" (18. Jh.).

tuckern *ugs.* für: „[schmerzhaft] pochen, zukken; ein gleichmäßig aufeinanderfolgendes dumpfes Geräusch von sich geben": Die Herkunft des aus dem *Niederd.* stammenden Verbs ist nicht sicher geklärt. Wahrscheinlich sind darin ein Wort lautnachahmenden Ursprungs – wie z. B. 'ticken' und 'tacken' – und ein Wort, das zu der unter ↑*zucken* behandelten Wortgruppe gehört, zusammengeflossen.

tüfteln „schwierige, kleinliche Arbeit leisten; grübeln": Das erst seit dem 18. Jh. bezeugte Verb ist dunkler Herkunft. Abl.: **Tüftelei** „Arbeit, die besondere Geschicklichkeit erfordert, schwierige Überlegung" (19. Jh.); **Tüft[e]ler** „jemand, der gerne tüftelt", (18. Jh.); **tüft[e]lig** „kleinlich, übergenau bei der Arbeit" (19. Jh.). Beachte auch die Zusammensetzungen **austüfteln** „herausfinden" (19. Jh.), **herumtüfteln** „an einer Sache langwierig arbeiten" (20. Jh.).

Tugend: Das *westgerm.* Substantiv *mhd.* tugent, *ahd.* tugund, *niederl.* deugd, *aengl.* duguđ gehört mit dem andersgebildeten *schwed.* dygd zu dem unter ↑*taugen* behandelten Verb und bedeutete ursprünglich „Tauglichkeit, Kraft, Vortrefflichkeit". Unter dem Einfluß der Anschauungen des Christentums bekam das Wort einen sittlichen Sinn (als Gegensatz zu 'Laster'). Abl.: **tugendhaft** „moralisch untadelig, vorbildlich, ehrbar" (*mhd.* tugenthaft „tüchtig, gewaltig, mächtig; edel, fein gesittet"; die heutige Bedeutung seit dem 16. Jh.); **Tugendbold** „ein mit seiner Anständigkeit prahlender Mensch" (19. Jh.; zum zweiten Bestandteil vgl. den Artikel *bald*).

Tüll „netzartiges Gewebe": Das Wort wurde im 19. Jh. aus gleichbed. *frz.* tulle entlehnt. Die Bezeichnung beruht auf dem Namen der französischen Stadt Tulle, in der solches Gewebe zuerst hergestellt wurde.

Tülle: Die *landsch.* Bezeichnung für die kleine Röhre zum Ausgießen an einer Kanne oder einem Krug und für den röhrenartigen Teil eines Gerätes oder dergleichen (*mhd.* tülle, *ahd.* tulli „röhrenförmige Verlängerung der Pfeil- oder Speerspitze") gehört zu der unter ↑*Tal* behandelten *idg.* Wurzel *dhel- „Biegung, Höhlung, Wölbung" und ist verwandt mit ↑*Delle* und ↑²*tollen*.

Tulpe: Der Name der im 16. Jh. aus dem Vorderen Orient nach Europa eingeführten Blume taucht zuerst in Reiseberichten des 16. Jh.s als 'Tulipa[n]' auf. Durch *niederl.* Vermittlung erscheint im 17. Jh. die Form 'Tulpe', die später allgemein üblich wurde. Der aus dem *Türk.* stammende Pflanzenname ist in fast allen europäischen Sprachen vertreten, vgl. z. B. entsprechend *it.* tulipano, *frz.* tulipe (älter: tulipan), *span.* tulipán, *port.* tulipa, *engl.* tulip, *niederl.* tulp[e], *schwed.* tulpan u. a. Diese alle gehen letztlich auf *pers.-osmanisch* tülbant, tülbent „Turban" zurück. Die Pflanze ist also (von Europäern) nach ihrem turbanförmigen Blütenkelch benannt worden.

...tum: Das *altgerm.* Suffix *mhd., ahd.* -tuom, *niederl.* -dom, *engl.* -dom, *schwed.* -dom war ursprünglich ein selbständiges Wort, das erst im *Nhd.* unterging: *mhd., ahd.* tuom „Macht; Würde, Besitz; Urteil", *got.* dōms „Urteil, Ruhm", *aengl.* dōm „Urteil, Gesetz", *schwed.* dom „Urteil". Dieses *gemeingerm.* Wort gehört zu der unter ↑*tun* dargestellten *idg.* Wurzel. – Beachte z. B. die Bildungen 'Altertum' (↑alt), 'Königtum' (↑König), 'Irrtum' (↑irre), 'Eigentum' (↑eigen).

tummeln „lebhaft bewegen; (veraltet:) ausreiten": Das auf das *dt.* Sprachgebiet beschränkte Verb *mhd., ahd.* tumelen gehört zu dem unter ↑*taumeln* behandelten Wort. Zus.: **Tummelplatz** „Vergnügungsplatz" (16. Jh.; zuerst als „Reitbahn", dann als „Kampfplatz", seit dem 17. Jh. auch übertragen). Siehe auch die Artikel ↑*Tümmler* und ↑*Getümmel*.

Tümmler: Der Name des delphinähnlichen Säugetiers ist seit dem 18. Jh. zuerst im *Niederd.* belegt. Das Wort gehört zum Verb ↑*tummeln* in dessen heute veralteter Bedeutung „tanzen, springen, Purzelbaum schlagen" und bezieht sich auf das lebhafte Gebaren des Tieres im Wasser. Auch eine Rassengruppe von Haustauben, von denen die Vertreter mancher Rassen sich im Fluge mehrmals rückwärts überschlagen können, wird seit dem 18. Jh. als 'Tümmler' bezeichnet (beachte dazu gleichbed. *engl.* tumbler [zu *engl.* to tumble „sich heftig, lebhaft hin und her bewegen" bzw. *niederl.* tuimelaar [zu *niederl.* tuimelen „purzeln, stürzen"]).

Tumor: Der medizinisch-fachsprachliche Ausdruck für „Geschwulst" ist eine gelehrte Entlehnung neuerer Zeit aus *lat.* tumor „das Anschwellen, die Geschwulst". Dies gehört seinerseits zu *lat.* tumere „geschwollen sein", das mit *lat.* tumultus „Unruhe, Lärm; Aufruhr" (s. *Tu-*

mult) verwandt ist und im *außeritalischen* Sprachraum z. B. mit *dt.* ↑*Daumen*.

Tümpel „Wasserlache, Pfütze“: Die heute gemeinsprachliche, ursprünglich *mitteld.* Form Tümpel, die sich erst im 19. Jh. in der Schriftsprache allgemein durchgesetzt hat, entspricht älterem *hochd.* Tümpfel (*mhd.* tümpfel, *ahd.* tumphilo). Die auf das *dt.* Sprachgebiet beschränkte Substantivbildung gehört im Sinne von „Vertiefung“ zu der Wortgruppe von ↑*tief* und ist z. B. verwandt mit *engl.* dump „tiefes, mit Wasser gefülltes Loch“, *engl.* dimple „Wangengrübchen“ und *norw.* dump „Vertiefung in der Erde“, *außergerm.* z. B. mit *lit.* dumburỹs „Einsenkung, Grube, Wasserloch“.

Tumult „Lärm, Unruhe; Auflauf, Aufruhr“: Das seit dem 15. Jh. bezeugte Fremdwort ist aus gleichbed. *lat.* tumultus entlehnt. Dies ist mit *lat.* tumere „geschwollen sein“ verwandt. Siehe auch den Artikel ↑*Tumor*.

tun: Das *westgerm.* Verb *mhd., ahd.* tuon, *niederl.* doen, engl. to do gehört mit verwandten Wörtern in anderen *idg.* Sprachen zu der vielfach weitergebildeten *idg.* Wurzel *dhē- „setzen, legen, stellen“, vgl. z. B. *aind.* dádhāti „setzt, stellt, legt“, *griech.* tithénai „setzen, stellen, legen“, *griech.* théma „hinterlegtes Geld, aufgestellte Behauptung, Satz“ (↑Thema), *griech.* thésis „Satzung, Satz, Ordnung“ (↑These), *griech.* thḗkē „Kiste, Behältnis“ (↑Theke), *lat.* addere „hinzufügen“ (↑addieren), *lat.* facere „tun, machen“ (s. die Fremdwortgruppe um *Fazit*). Aus dem *germ.* Sprachbereich gehören ferner zu dieser Wurzel die unter ↑*Tat* und ↑*...tum* behandelten Wörter (s. auch *Ungetüm*). – Abl.: **tunlich** „zu tun, zum Tun geeignet, möglich“ (16. Jh.). Präfixbildungen und Zusammensetzungen: **abtun** „ablegen, erledigen“ (*mhd.* abetuon „eine Sache aufgeben“); **antun** „anlegen; zufügen“ (*mhd.* reflexiv für „sich ankleiden“, *ahd.* anatuon „auferlegen, zufügen“); zu einem heute veralteten Verb 'betun', sich „sich geschäftig zeigen“ stellt sich das Adjektiv **betulich** „in umständlicher Weise freundlich und geschäftig“ (18. Jh.); **umtun** „umlegen“; reflexiv für „sich umsehen, bemühen“ (16. Jh.); **vertun** „vergeuden“ (*mhd.* vertuon, *ahd.* fertuon); **zutun** „hinzufügen“ (*mhd., ahd.* zuotuon), dazu der substantivierte Infinitiv **Zutun** „Beihilfe“ (seit dem 14. Jh.) und das Substantiv **Zutat** (im 16. Jh. „zweckvolles Tun“; in der Bed. „das Hinzugetane“ heute meist im Plural **Zutaten** (18. Jh.). Siehe auch den Artikel *Witwe*.

tünchen: Das schwache Verb *mhd.* tünchen, *ahd.* '(mit kalke) tunihhōn' „mit Kalk bestreichen, verputzen“ bedeutet eigentlich etwa „bekleiden, verkleiden“ und ist eine Ableitung von *ahd.* tunihha „Gewand, Kleid“. Dies ist aus *lat.* tunica „Untergewand; Haut, Hülle“ entlehnt (über weitere etymologische Zusammenhänge vgl. den Artikel *Kattun*). – Dazu stellen sich die Bildungen **Tünche** „Kalkputz, weißer Überzug, Anstrich; (übertragen:) Schminke; beschönigende, verhüllende Aufmachung, Schein“ (*frühnhd.* tünche, *mhd.* tuniche, *ahd.* tunicha „[Kalk]verputz, weißer Überzug, Anstrich“; aus dem Verb rückgebildet) und **Tüncher** „Weißbinder, Verputzer“ (*frühnhd.*) als *landsch.* Berufsbezeichnung.

tunken *landsch.* für „(in eine Flüssigkeit) eintauchen“: Das auf das *dt.* Sprachgebiet beschränkte Verb *mhd.* tunken, *ahd.* thunkōn gehört mit verwandten Wörtern in andern *idg.* Sprachen zu der *idg.* Wurzel *teng- „benetzen, anfeuchten“, vgl. z. B. *lat.* tingere, tinctum „benetzen, anfeuchten; färben“ (↑Tinte), *lat.* tinctura „Färben“ (↑Tinktur) und *griech.* téggein „benetzen, befeuchten“. Abl.: **Tunke** „Soße“ (17. Jh.).

Tunnel „unter der Erde angelegter, durch einen Berg führender Verkehrsweg“: Das Wort wurde im 19. Jh. aus *engl.* tunnel „unterirdischer Gang, Stollen; Tunnel“ entlehnt, das seinerseits aus *afrz.* tonnel (= *frz.* tonnelle) „Tonnengewölbe; Faß“ stammt. Dies ist eine kollektive Femininbildung zu *frz.* tonneau „Faß, Tonne“ (vgl. den Artikel *Tonne*).

Tüpfel „Punkt, runder Fleck“: Das seit dem 15. Jh. bezeugte Wort ist eine Verkleinerungsbildung zu dem noch im *Oberd.* gebräuchlichen **Tupf** „Punkt, Fleck“ (*mhd.* topfe, *ahd.* topho). Dieses Substantiv gehört im Sinne von „[leichter] Stoß, Schlag“ zu der unter ↑*stoßen* dargestellten *idg.* Wurzel *[s]teu- „stoßen, schlagen“. Es hat sein u im *Nhd.* durch Anlehnung an das unverwandte 'tupfen' erhalten. Die Verkleinerungsbildung **Tüpfelchen** „kleiner Punkt“ ist besonders in der Redewendung 'das Tüpfelchen auf dem i' „die Zutat, die einer Sache noch die letzte Abrundung gibt“ gebräuchlich.

tupfen „benetzen, sprenkeln; leicht stoßen“: Das *westgerm.* Verb *ahd.* tupfen, *niederl.* dippen, *engl.* to dip gehört mit der *nord.* Sippe von *schwed.* doppa „[ein]tauchen, tunken“ zu der unter ↑*tief* behandelten Wortgruppe und bedeutet demnach eigentlich „tief machen, eintauchen“. In der Bedeutung wurde 'tupfen' schon früh von 'stupfen' „[an]stoßen“ beeinflußt, so daß die beiden Wörter zu ihrer Bedeutung nicht mehr streng geschieden werden können. Beachte die Präfixbildung **betupfen** „tupfend berühren“ (18. Jh.). Abl.: **Tupfer** „leichte Berührung; kleiner Mull- oder Wattebausch zum Abtupfen von Flüssigkeiten“ (17. Jh.). Siehe auch den Artikel [2]*tippen*.

Tür: Das *altgerm.* Substantiv *mhd.* tür, *ahd.* turi, *niederl.* deur, *aengl.* (u-Stamm) duru, *schwed.* dörr beruht mit verwandten Wörtern in anderen *idg.* Sprachen auf *idg.* *dhu̯er-, *dhur- „Tür“, vgl. z. B. *griech.* thýrā „Tür, Torflügel“ und *lit.* dùrys „Tür, Pforte“. Mit 'Tür' eng verwandt ist im *germ.* Sprachbereich das unter ↑[1]*Tor* behandelte Wort. Zus.: **Türangel** „Drehzapfen, an dem die Tür hängt“ (15. Jh.; zum 2. Bestandteil s. *Angel*).

Turban: Die Bezeichnung für die aus einem in bestimmter Weise um den Kopf geschlungenen langen, schmalen Tuch [mit kleiner, eng anliegender Kappe darunter] bestehende Kopfbedeckung besonders der Moslems und Hindus wurde während der Türkenkriege des 16. Jh.s –

zuerst als 'Tulban[t], Turban[t]' – aus gleichbed. *türk.* tülbent entlehnt, das seinerseits aus gleichbed. *pers.* dulband stammt.

Turbine: Die Bezeichnung für „Kraftmaschine, die Strömungsenergie mit Hilfe eines Schaufelrades unmittelbar in Drehenergie umsetzt" wurde im 19. Jh. aus gleichbed. *frz.* turbine übernommen. Dies ist eine gelehrte Entlehnung aus *lat.* turbo, turbinis „Wirbel; Sturm; Kreisel", das mit *lat.* turba „Verwirrung; Lärm; Gedränge" verwandt ist (vgl. *turbulent*).

turbulent „stürmisch, lärmend": Das seit dem 15. Jh. vereinzelt bezeugte, seit dem 18. Jh. gebräuchliche Adjektiv ist aus *lat.* turbulentus „unruhig, bewegt, stürmisch usw." entlehnt. Stammwort ist *lat.* turba „Verwirrung; Lärm; Gedränge; Schar, Haufe", das zusammen mit *lat.* turbo (turbinis) „Wirbel; Sturm; Kreisel" (↑Turbine) zu der unter ↑*Quirl* genannten *idg.* Wortfamilie gehört. Beachte auch das Lehnwort ↑*Trubel.*

Turf: Der Ausdruck für „Pferderennbahn; Pferdesport" wurde im 19. Jh. aus gleichbed. *engl.* turf übernommen. Die eigentliche Bedeutung des *engl.* Wortes ist „Rasen, Rasenstück; Torf". Es ist etymologisch identisch mit *dt.* ↑*Torf.*

Türke: Die Herkunft der mit der Bezeichnung für den Einwohner der Türkei gebildeten ugs. Wendung 'einen Türken bauen (älter: stellen)' „in der Absicht, jemanden zu täuschen, etwas als wirklich, echt hinstellen" ist trotz aller Deutungsversuche ungeklärt. Beachte dazu auch das Verb **türken** „fingieren, fälschen" (20. Jh.; häufig als adjektivisches 2. Partizip **getürkt**).

Türkenbund: Die Lilienart wird im 17. Jh. nach ihrer Blüte benannt, die einem Turban (älter *nhd.* Türkenbund, s. *Bund*) ähnelt.

Türkis: Der Name des blauen bis blaugrünen Edelsteins erscheint in *dt.* Texten seit *mhd.* Zeit (*mhd.* turkīs, turkoys). Er ist aus *frz.* turquoise entlehnt, dem substantivierten Femininum des *afrz.* Adjektivs turquois „türkisch" und bedeutet demnach eigentlich „türkischer (Edelstein)". Vermutlich fand man die ersten Türkise in der Türkei und benannte sie dementsprechend. Der gleiche Name ist auch in anderen europäischen Sprachen üblich, beachte z. B. entspr. *it.* turchina, *span.* turquesa, *niederl.* turkoois und *engl.* turquoise.

Turm: Das Substantiv *mhd.* turn, jünger: turm, *spätahd.* torn ist durch Vermittlung von *afrz.* *torn „Turm" (das man wegen der Verkleinerungsbildung *frz.* tournelle „Türmchen" voraussetzen muß) aus dem Akkusativ turrim von *lat.* turris „Turm" entlehnt. Auf einer älteren Entlehnung unmittelbar aus dem *Lat.* beruhen demgegenüber die untergegangenen Formen *ahd.* turri, turra. – Abl.: [1]**türmen** „turmähnlich aufbauen" (*mhd.* turnen, türnen; jünger: turmen „mit einem Turm versehen"), dafür heute das zusammengesetzte Verb **auftürmen** (auch reflexiv gebraucht). – Damit nicht verwandt ist das in der Umgangssprache weit verbreitete, aus der Gaunersprache stammende Verb [2]**türmen** „weglaufen, ausreißen, abhauen" (20. Jh.).

turnen: Das zu Beginn des 19. Jh.s von Fr. L. Jahn als angeblich urdeutsches Wort in die Sportsprache eingeführte Verb ist eine Bildung zu dem in *ahd.* turnēn „drehen, wenden" und auch in *frühnhd.* Turner „junger Soldat; munterer Geselle" vorliegenden Wortstamm. In Wirklichkeit handelt es sich bei diesen Wörtern um Lehnwörter: *ahd.* turnēn stammt aus *lat.* tornare „mit dem Dreheisen runden, drechseln" (vgl. den Artikel *Turnus*). – Abl.: **Turner** „jemand, der turnt" (19. Jh.).

Turnier „sportlicher Wettkampf": Das seit *mhd.* Zeit bezeugte Substantiv, *mhd.* turnier, turnīr „ritterliches Waffenspiel, Kampfspiel, Wettkampf", ist eine Bildung zu *mhd.* turnieren „die Pferde bewegen, im Kreis laufen lassen; am ritterlichen Kampfspiel teilnehmen". Dies ist entlehnt aus *afrz.* torn[e]ier, tourn[o]ier „Drehungen, Bewegungen machen; die Pferde bewegen, im Kreis laufen lassen; am ritterlichen Kampfspiel teilnehmen", das von *afrz.* torn „Dreheisen; Drehung, Wendung" (< *lat.* tornus „Dreheisen", vgl. *Turnus*) abgeleitet ist.

Turnus „festgelegte, bestimmte Wiederkehr, regelmäßiger Wechsel; Reihenfolge": Das Wort wurde im 17./18. Jh. aus *mlat.* turnus „Wechsel; Reihenfolge" entlehnt, das im „übertragenen Sinne *lat.* tornus „Dreheisen; Grabstichel" fortsetzt. Dies stammt aus *griech.* tórnos „Zirkel; Dreheisen; Kreisbewegung", das etymologisch mit *dt.* ↑*drehen* verwandt ist. – Auf *lat.* tornus und auf dem davon abgeleiteten Verb *lat.* tornare „mit dem Dreheisen runden, drechseln" beruhen letztlich auch die Lehn- und Fremdwörter ↑turnen, ↑Turnier, ↑Tour, Tourismus, Tourist, ↑Tournee und ↑Kontur.

Turteltaube: Der erste Bestandteil der *westgerm.* Zusammensetzung *mhd.* turteltūbe, *ahd.* turtul[a]tūba, *niederl.* torteldulf, *engl.* turtledove ist aus *lat.* turtur „Turteltaube" (mit Dissimilation des r zu l) entlehnt. *Lat.* turtur ist lautnachahmenden Ursprungs. Zum zweiten Bestandteil vgl. *Taube.*

Tusch: Die Bezeichnung für eine von einer Musikkapelle schmetternd gespielte kurze, markante Folge von Tönen wurde im 18. Jh. – wohl unter Einfluß von *frz.* touche „das Anschlagen eines Musikinstrumentes" – rückgebildet aus *landsch.* tuschen „schlagen, stoßen; stoßartig dröhnen (besonders von Schlaginstrumenten)", das lautmalenden Ursprungs ist.

Tusche „Zeichentinte": Das seit dem Anfang des 18. Jh.s bezeugte Substantiv ist eine Rückbildung aus dem Verb **tuschen** „mit Tusche zeichnen" (17. Jh.; zuerst im Sinne von „einfarbig ausgestalten, darstellen"). Dies ist aus *frz.* toucher „streichend berühren; Farbe auftragen" entlehnt. Das *frz.* Wort ist vermutlich lautmalenden Ursprungs. – Dazu: **retuschieren** „eine Fotographie, Druckvorlage o. dgl. nachbessern, nachzeichnen" (18. Jh.; aus gleichbed. *frz.* retoucher) und **Retusche** „nachträgliche Veränderung, Korrektur einer Fotografie, Druckvorlage o. dgl." (19. Jh.; aus gleichbed. *frz.* retouche).

tuscheln „flüstern": Das seit dem 18. Jh. bezeugte Verb ist eine Weiterbildung zu dem heute nur noch *mdal.* gebrauchten 'tuschen' „zum Schweigen bringen, stillen" (*mhd.* tuschen), das wahrscheinlich lautnachahmender Herkunft ist. Zur Bildung beachte z. B. das Verhältnis von 'zischeln' zu 'zischen'.

Tüte „[trichterförmiger] Papierbeutel": Das im 16. Jh. aus dem *Niederd.* ins *Hochd.* übernommene Wort geht zurück auf *mnd.* tute „Trichterförmiges" (entsprechend *mniederl.* tute), dessen Herkunft dunkel ist. Das Substantiv ist eine umgelautete Nebenform des heute nicht mehr gebräuchlichen 'Tute', das zunächst ganz allgemein etwas Horn- oder Trichterförmiges bezeichnete, aber dann – seit dem 17. Jh. – unter Anlehnung an ↑tuten „blasen" die Bed. „Blashorn, Blasrohr" annahm. Heute sind 'Tüte' „Papiertüte" und 'Tute' „trompetenähnliches Blasinstrument (für Kinder); Signalhorn" geschieden.

tuten: Das im 14. Jh. aus dem *Niederd.* ins *Hochd.* übernommene Verb beruht auf *mnd.* tūten, dem *mniederl.* toeten, tuten, *niederl.* tuiten entspricht. *Engl.* to toot, *dän.* tude, *schwed.* tuta „tuten" stammen aus dem *Mnd.* Die Wörter sind lautnachahmenden Ursprungs. Über 'Tute' „Blasinstrument; Signalhorn" s. den Artikel *Tüte.*

Tweed: Die Warenbezeichnung für ein gemischtes Wollgewebe wurde in der 1. Hälfte des 20. Jh.s aus *engl.* tweed übernommen. Das *engl.* Wort resultiert vermutlich aus einer Verlesung von *schott.* tweel (= *engl.* twill) „Köper", die wohl durch Anlehnung an den Flußnamen Tweed begünstigt wurde.

Twen: Die Bezeichnung für einen jungen Mann, seltener für eine junge Frau um die Zwanzig, zu Beginn der Zwanziger ist eine anglisierende Bildung zu *engl.* twenty „zwanzig" (urverwandt mit *dt.* ↑*zwanzig*), die Ende der 50er Jahre des 20. Jh.s in Analogie zur Kurzform 'Teen' für ↑Teenager gebildet worden ist.

Twist: Dem Namen des zu Beginn der sechziger Jahre des 20. Jh.s aus Amerika übernommenen Modetanzes im 4/4-Takt liegt *engl.* twist zugrunde, das wörtlich etwa „das Drehen, das Verrenken (der Glieder)" bedeutet. Es ist substantiviert aus *engl.* to twist „drehen; flechten, winden; verrenken" (etymologisch verwandt mit *dt.* ↑*Zwist*).

Typ, auch: **Typus** „Urbild, Grundform, Muster; durch bestimmte gemeinsame Merkmale, die einer Gruppe von Individuen in vergleichbarer Weise eigentümlich sind, ausgeprägtes Persönlichkeits- oder Erscheinungsbild; Gattung, Bauart, Modell": Das seit dem 16. Jh. bezeugte und seit dem 18. Jh. sowohl fachsprachlich als auch gemeinsprachlich gebräuchliche Fremdwort ist aus *lat.* typus „Gepräge, Figur, Bild; Muster" entlehnt, das seinerseits aus *griech.* týpos „Schlag; Gepräge, Form, Gestalt, Abbild; Vorbild, Muster, Modell" übernommen ist. Dies gehört zu dem mit *dt.* ↑*stoßen* etymologisch verwandten Verb *griech.* týptein „schlagen, hauen". – Dazu stellen sich: **Type** „gegossener Druckbuchstabe, Letter", *ugs.* auch – häufig in der Form 'Typ' – „Mensch von ausgeprägt absonderlicher, schrulliger Eigenart; männliche Person, zu der man irgendwie in einer Beziehung steht" (18. bzw. 19. Jh.; nach dem Vorbild von entsprechend *frz.* type „Typ; Type" aus der Pluralform 'Typen' rückgebildet); **typisch** „einen Typus kennzeichnend; ausgeprägt, mustergültig; eigentümlich; bezeichnend; unverkennbar" (18. Jh.; nach *spätlat.* typicus < *griech.* typikós „figürlich, bildlich").

Typhus: 'Typhus' ist die in der Allgemeinsprache übliche Kurzbezeichnung für 'Typhus abdominalis', den medizinischen Namen einer mit schweren Bewußtseinsstörungen verbundenen fieberhaften Infektionskrankheit des Unterleibs. Die Bezeichnung kam im 19. Jh. auf, auch in anderen europäischen Sprachen, vgl. z. B. gleichbed. *engl., frz.* typhus, *schwed.* tyfus, *it.* tifo. Sie ist eine gelehrte Entlehnung (mit latinisierender Endung) aus *griech.* t̄ýphos „Qualm, Rauch, Dampf; Umnebelung der Sinne" (zu *griech.* t̄ýphein „dampfen; Qualm, Rauch machen"), das bereits in der antiken Medizin auch als Krankheitsname (wohl für die „Blödsinnskrankheit") bezeugt ist.

Typus ↑Typ.

Tyrann „unumschränkter Gewaltherrscher", heute vorwiegend übertragen gebraucht im Sinne von „Gewaltmensch, herrschsüchtiger Mensch, Bedrücker, Peiniger": Das Fremdwort wurde in *mhd.* Zeit (*mhd.* tyranne) aus *lat.* tyrannus „Gewaltherrscher" entlehnt, das seinerseits aus *griech.* týrannos „Herr, Gebieter; Alleinherrscher, Gewaltherrscher" stammt. Das *griech.* Wort ist selbst wohl kleinasiatischer Herkunft. – Dazu: **Tyrannei** „Gewaltherrschaft; Willkür[herrschaft]" (2. Hälfte des 14. Jh.s; zuerst im *Niederd.* nachweisbar; Denominativbildung nach entsprechend *frz.* tyrannie = *engl.* tyranny zur Wiedergabe von gleichbed. *griech.* tyrannís); **tyrannisch** „herrschsüchtig, herrisch, diktatorisch, grausam" (15. Jh.; nach gleichbed. *lat.* tyrannicus < *griech.* tyrannikós); **tyrannisieren** „tyrannisch behandeln, unterdrücken" (16. Jh.; aus gleichbed. *frz.* tyranniser).

U

übel „schlecht, böse, schlimm; arg, furchtbar; unangenehm; unwohl“: Die Herkunft des *altgerm.* Adjektivs *mhd.* übel, ubel, *ahd.* ubil, *got.* ubils, *niederl.* euvel, *engl.* evil ist nicht sicher geklärt. Vermutlich gehört es mit den unter ↑*über*, ↑*ob* und ↑*obere* behandelten Wörtern zu der *idg.* Wortgruppe von ↑*auf.* Es bedeutete demnach ursprünglich etwa „über das Maß hinausgehend, überheblich“ (vgl. *ahd.* uppi „bösartig“). – Substantivierung: **Übel** (*mhd.* übel, *ahd.* ubil). Abl.: **Übelkeit** „Neigung zum Erbrechen“ (18. Jh.); **verübeln** „übelnehmen“ (17. Jh.). Zus.: **Übelstand** „Mißstand“ (16. Jh.); **Übeltäter** (*mhd.* übeltæter, zu dem heute veralteten 'Übeltat' [*mhd.* übeltāt, *ahd.* ubiltāt]; ursprünglich „Verbrecher“, heute meist nur noch scherzhaft für jemanden, der etwas Unrechtes getan hat).

üben: Das auf das *dt.* Sprachgebiet beschränkte Wort (*mhd.* üeben, uoben „bebauen; hegen, pflegen; ausüben, ins Werk setzen; beständig gebrauchen“, *ahd.* uoben „Landbau treiben; die Gewohnheit haben, etwas Bestimmtes zu tun, pflegen; verehren“) ist im *germ.* Sprachbereich verwandt mit den anders gebildeten Verben *niederl.* oefenen „üben“, *aengl.* efnan „ausführen, vollbringen, tun“ und *aisl.* efna „ausführen, leisten“. Zu 'üben' stellen sich im *Dt.* z. B. *ahd.* uobo „Landbauer“, *ahd.* uoba „Feier“ und *mhd.* uop „Landbau; Gebrauch, Sitte“. Diese *germ.* Wortgruppe geht mit verwandten Wörtern in anderen *idg.* Sprachen auf die *idg.* Wurzel *op- „verrichten, ausführen“ (speziell Feldarbeit und gottesdienstliche Handlungen) zurück, vgl. z. B. *aind.* ápas- „Werk, heilige Handlung“, *lat.* opus „Arbeit, Werk“ (↑Opus), *lat.* operari „arbeiten, mit etwas beschäftigt sein; opfern“ (↑operieren und ↑opfern), *lat.* opera „Arbeit, Mühe, Tätigkeit“ (↑Oper) und *lat.* ops „Reichtum, Vermögen“ (↑opulent). – Die heutige Hauptbedeutung des *dt.* Verbs „etwas zum Erwerben einer Fähigkeit wiederholt tun“ erscheint im 15. Jh. – Abl.: **üblich** „den allgemeinen Gewohnheiten entsprechend, immer wieder vorkommend“ (16. Jh., eigentlich „was geübt wird“); **Übung** „das Üben; das Geübtsein, Erfahrung; öfter wiederholte Handlung, Folge von Bewegungen“ (*mhd.* üebunge, *ahd.* uobunga).

über: Das *gemeingerm.* Wort (Adverb, Präposition) *mhd.* über, *ahd.* ubar (Adverb: ubiri), *got.* ufar, *engl.* over, *schwed.* över gehört mit den unter ↑*ob,* ↑*obere* und ↑*offen* behandelten Wörtern zu der Wortgruppe von ↑*auf. Außergerm.* eng verwandt sind z. B. *griech.* hypér „über, über – hinaus“ und *lat.* super „über [- hin], über-hinaus“, die in zahlreichen aus dem *Griech.* und *Lat.* entlehnten Wörtern als erster Bestandteil stecken (↑hyper..., Hyper...; ↑super..., Super...). – Die *nhd.* Form 'über' (mit Umlaut) geht auf das Adverb *ahd.* ubiri zurück. Groß ist die Zahl der festen und unfesten Zusammensetzungen von 'über' mit Verben, beachte z. B. 'ụ̈bersetzen' „über einen Fluß, See fahren“, aber 'übersẹtzen' „in eine andere Sprache übertragen“, der Zusammensetzungen mit Substantiven, beachte z. B. 'Übergang, Übermut', und mit Adjektiven, beachte z. B. 'übereifrig, überreif'. Abl.: **übrig** „als Rest vorhanden, verbleibend, restlich“, älter „überschüssig, über das erforderliche Maß hinaus vorhanden“ (*mhd.* überec), dazu **übrigens** „nebenbei bemerkt, außerdem“ (17. Jh.; gebildet nach 'erstens' usw.) und **erübrigen** „übrigbehalten, einsparen; überflüssig sein“ (das im 16. Jh. in der Kanzleisprache ein älteres 'erübern' ersetzte).

überantworten „(der Gerechtigkeit) ausliefern“: Das seit dem 15. Jh. bezeugte zusammengesetzte Verb hat die Bedeutung „übergeben, überlassen“ bewahrt, die das einfache Verb 'antworten' bis in *frühnhd.* Zeit hatte (vgl. *Antwort*). Es erscheint von Anfang an häufig als Wort der Rechtssprache, ist heute jedoch kaum noch gebräuchlich.

Überbein „verhärtete Sehnengeschwulst an den Gelenken“: Die Zusammensetzung *mhd.* überbein (entsprechend *niederl.* overbeen, *schwed.* överben) bedeutet eigentlich „obenliegender Knochen“. Man hielt in früherer Zeit diese Geschwulst fälschlich für einen Knochenauswuchs. Zum zweiten Bestandteil des Wortes vgl. den Artikel *Bein.*

überbrücken ↑Brücke.

überbürden ↑Bürde.

Überdruß „Übersättigung, Unlust, Widerwillen“: Der zweite Bestandteil des seit dem 16. Jh. bezeugten Wortes gehört zu dem starken Verb *mhd.* -drieʒen, *ahd.* -driuʒan, das im *Nhd.* in der Präfixbildung ↑*verdrießen* bewahrt ist. Abl.: **überdrüssig** (16. Jh.).

übereinkommen, Übereinkunft ↑kommen.

übereinstimmen ↑Stimme.

überflügeln ↑Flügel.

Überfluß: *Mhd.* übervluʒ „große Fülle, Reichlichkeit“, das *lat.* abundantia „Überfluß, reicher Ertrag“ oder *mlat.* superfluitas „das Überflüssige“ wiedergibt, gehört zu dem zusammengesetzten Verb *nhd.* überfließen, *mhd.* übervlieʒen, *ahd.* ubarvlioʒan (vgl. den Artikel *fließen*). Es bedeutet demnach wie das *lat.* und *mlat.* Wort eigentlich „das Überquellen, -strömen“. Abl.: **überflüssig** (*mhd.* übervlüʒʒec „überströmend; überreichlich“, nach *lat.* superfluus; seit dem 16. Jh. nur noch im Sinne von „überreich-

lich", woraus sich seit dem 18. Jh. die Bed. „nutzlos, zwecklos" entwickelte).
überfordern ↑fordern.
Übergabe ↑geben.
Übergang ↑gehen.
übergeben ↑geben.
übergehen ↑gehen.
Übergewicht ↑Gewicht.
überhandnehmen ↑Hand.
Überhang ↑hängen.
überhaupt „aufs Ganze gesehen, im allgemeinen; ganz und gar (bei Negationen)": *Mhd.* über houbet „ohne die Köpfe der einzelnen Tiere nochmals zu zählen" war ein Ausdruck des Viehhandels, in dem 'houbet' (vgl. *Haupt*) ein Stück Vieh bezeichnete. Noch im 17. Jh. drückte 'überhaubt kaufen oder verkaufen' den Gegensatz zu 'stückweise, einzeln kaufen oder verkaufen' aus, bis sich dann im 18. Jh. die heutige Bedeutung durchsetzte.
überholen, Überholung ↑holen.
überhören ↑hören.
überirdisch ↑irdisch.
überkommen ↑kommen.
überlassen ↑lassen.
überlaufen, Überläufer ↑laufen.
überleben ↑leben.
[1]**überlegen:** Das seit dem 16. Jh. im Sinne von „stärker, leistungsfähiger" verwendete Wort ist das in adjektivischen Gebrauch übergegangene zweite Partizip des zusammengesetzten Verbs *frühnhd.* überliegen „überwinden", *mhd.* überligen „im Ringkampf oben zu liegen kommen; überlagern, besetzen" (vgl. den Artikel *liegen*). Abl.: **Überlegenheit** (18. Jh.).
[2]**überlegen, Überlegung** ↑legen.
überliefern ↑liefern.
übermächtig ↑machen.
übermannen ↑Mann.
Übermensch ↑Mensch.
übermitteln ↑Mittel.
Übermut, übermütig ↑Mut.
übernachten ↑Nacht.
überraschen „mit etwas Unerwartetem in Erstaunen versetzen": Das seit dem 16. Jh. bezeugte, seit dem 18. Jh. häufiger verwendete Verb ist eine Bildung zu dem Adjektiv ↑*rasch* und bedeutete ursprünglich „plötzlich über jemanden herfallen, (im Krieg) überfallen". Abl.: **Überraschung** (17. Jh.).
überrumpeln „überraschend überfallen, unvermutet erwischen, überwinden": Das seit dem Anfang des 16. Jh.s bezeugte Verb hat sich in der Bedeutung vom einfachen Verb ↑*rumpeln* „poltern, rasseln, dumpf schallen" gelöst. Es bedeutete ursprünglich „mit Getöse überfallen".
überschlagen ↑schlagen.
überschneiden ↑schneiden.
überschreiten ↑schreiten.
Überschuß: Das seit dem 14. Jh. bezeugte Substantiv (*mhd.* überschuz „das über etwas Hinausragende", besonders „der über die senkrechte Linie hinausragende Teil eines Gebäudes") ist eine Bildung zu dem zusammengesetzten Verb *mhd.* überschiezen „über etwas hinwegschießen; über etwas hinausragen, überragen" (vgl. den Artikel *schießen*). Es bedeutet demnach eigentlich „das Überschreiten eines erwarteten Maßes". In der Kaufmannssprache des 16. Jh.s ist es erstmals bezeugt als „ein bestimmtes Maß übersteigender Betrag; Gewinn". Dann wurde das Wort auch im Sinne von „Rest" gebräuchlich. Abl.: **überschüssig** (18. Jh.).
Überschwang: *Mhd.* überswanc „Überfließen, -strömen; Ent-, Verzückung" ist eine Bildung zu dem zusammengesetzten Verb *mhd.* überswingen „überwallen (vom Gemüt)" (vgl. den Artikel *schwingen*). In der Sprache der *mhd.* Mystiker bedeutete es „Ekstase", heute ist es beschränkt auf allzu starke Gefühle. Abl.: **überschwenglich** (*mhd.* überswenclich „übermäßig groß, übermächtig").
überschwemmen, Überschwemmung ↑schwemmen.
übersetzen, Übersetzung ↑setzen.
übersinnlich ↑Sinn.
überspannt ↑spannen.
überspringen ↑springen.
übertölpeln „in grober Weise betrügen, übervorteilen": Das seit dem 16. Jh. bezeugte Verb ist wohl eine Bildung zu dem unter ↑*Tölpel* behandelten Substantiv und bedeutet eigentlich „zum Tölpel machen". Beeinflußt kann die Bildung von der vom 16. bis 18. Jh. häufig verwendeten Redensart 'über den Tölpel werfen' „anführen, übervorteilen" sein.
übertreffen ↑treffen.
übertreten, Übertritt ↑treten.
übertrumpfen ↑Trumpf.
übervorteilen ↑Teil.
überwältigen ↑Gewalt.
überweisen, Überweisung ↑weisen.
überwerfen ↑werfen.
überwinden „besiegen": Das zusammengesetzte Verb, *mhd.* überwinden, überwinnen, *ahd.* ubarwintan, ubarwinnan, enthält als zweiten Bestandteil das im *Nhd.* untergegangene einfache Verb *mhd.* winnen, *ahd.* winnan „kämpfen, sich abmühen, erobern" (vgl. den Artikel *gewinnen*). Mit 'winden' hatte es also ursprünglich nichts zu tun, das -d- (*mhd.* -d-, *ahd.* -t-) ist sekundär. Volksetymologisch wurde das Verb dann an 'winden' angelehnt. Ein ähnliches Schicksal erlitt das Präfixverb **verwinden** „über etwas hinwegkommen" (*mhd.* verwinden, verwinnen). Abl.: **Überwindung** (*mhd.* überwindunge).
Überwurf ↑werfen.
überzeugen, Überzeugung ↑Zeuge.
überziehen, Überzieher, Überzug ↑ziehen.
überzwerch ↑zwerch.
üblich ↑üben.
übrig, übrigens ↑über.
Übung ↑üben.
Ufer: Das *westgerm.* Wort *mhd.* uover, *mnd.* ōver, *niederl.* oever, *aengl.* ōfer ist verwandt mit *griech.* ḗpeiros „Küste". Zugrunde liegt diesen Wörtern wahrscheinlich eine alte Komparativbildung zu dem unter ↑*ab* dargestellten *idg.* *ap[o]- „ab, weg". Die Komparativbildung be-

deutete etwa „weiter rückwärts gelegener Teil" (vom Binnenland aus gesehen). – Im *oberd.* Sprachraum war 'Ufer' ursprünglich nicht heimisch (s. den Artikel *Gestade*). Es hat sich von Norddeutschland ausgehend erst allmählich im *dt.* Sprachgebiet durchgesetzt. Zus.: **uferlos** (18. Jh.).

Uhr: Das seit *mhd.* Zeit bezeugte Substantiv ist durch *roman.* Vermittlung aus dem *Lat.* entlehnt worden. *Lat.* hora „Zeit, Jahreszeit; Tageszeit, Stunde; (*Plural* horae:) Uhr", das seinerseits aus *griech.* hṓra „Jahreszeit; Tageszeit; Stunde" (urverwandt mit *dt.* ↑*Jahr*) stammt, wurde im *Roman.* zu *afrz.* [h]ore, eure (= *frz.* heure), *it.* ora, *span.* hora. In unmittelbarer Übernahme aus dem *(A)frz.*, das auch die Quelle für entsprechend *engl.* hour „Stunde" ist, erscheint das Wort im 14. Jh. am Niederrhein (*mnd.* ūr[e] „Stunde"), von wo es sich allmählich über das gesamte *dt.* Sprachgebiet ausgebreitet hat (*mhd.* ūr[e], [h]ōre „Stunde"). Die alte Bedeutung des Wortes (nämlich „Stunde") ist bewahrt in Fügungen wie 'Es ist zwei Uhr' oder 'Wieviel Uhr ist es?'. Demgegenüber hat das Substantiv in selbständiger Verwendung in neuerer Zeit die spezielle Bedeutung „Stundenmesser, Zeitanzeiger" entwickelt, beachte dazu Zusammensetzungen wie 'Taschenuhr, Sanduhr, Armbanduhr, Uhrmacher, Uhrwerk' u. a. – Siehe auch den Artikel *Horoskop*.

Uhu: Der seit dem 16. Jh. bezeugte Name der größten Eulenart ist lautmalend und beruht auf der Nachahmung des diesem Vogel eigentümlichen Rufes, vgl. z. B. *lat.* bubo „Uhu", *griech.* býas „Uhu", *armen.* bu „Eule". Unter vielen lautmalenden Bildungen im *dt.* Sprachbereich (z. B. 'Schuhu, Buhu') hat sich *ostmitteld.* 'Uhu' gegenüber *frühnhd.* 'Huhu' durchgesetzt.

Ukas: Der Ausdruck für „Anordnung, Erlaß" wurde im 18. Jh. aus *russ.* ukaz „kaiserlicher Befehl" entlehnt. Dies gehört zu *russ.* ukazat' „auf etwas hinweisen; befehlen".

Ulan: Die seit dem 18. Jh. bezeugte Bezeichnung für einen leichten Lanzenreiter ist aus gleichbed. *poln.* ułan entlehnt, das seinerseits aus *türk.* oğlan „Knabe, Bursche" stammt.

Ulenflucht ↑Eule.

Ulk „harmloser Unfug": Das seit dem 17. Jh. gebräuchliche Wort, das aus den Mundarten über die Studentensprache in die Umgangssprache gedrungen ist, stammt aus dem *niederd.-ostfries.* Raum, vgl. *mnd.* ulk „Lärm, Unruhe, Händel". Es handelt sich um eine Rückbildung aus dem Verb *niederd.* ulken „sich auffallend herausputzen", *ostfries.* ulken „sein Unwesen treiben, schreien, spotten", das verwandt ist mit *schwed. mdal.* alken „knurren, keifen" und mit *norw. mdal.* alka „Händel anfangen". Diese Sippe ist lautnachahmenden Ursprungs. Abl.: **ulken** „spotten, Unsinn treiben" (19. Jh.), dazu **verulken** „jemanden auf gutmütige Weise anführen oder aufziehen" (19. Jh.); **ulkig** „scherzhaft, komisch" (19. Jh.).

Ulme: Die seit dem 15. Jh. bezeugte, heute gebräuchliche Form des Baumnamens (älter ist die Zusammensetzung *mhd.* ulmboum „Ulmbaum", 12. Jh.) ist entweder mit *lat.* ulmus „Ulme" urverwandt oder daraus entlehnt. Die nichtentlehnten, heimischen Bezeichnungen des Baumes, die im Ablaut zu 'Ulme' stehen könnten, spielen im *Nhd.* nur noch in Namen eine Rolle, beachte den Bergnamen 'Elm' und den Fluß- und Stadtnamen 'Ilmenau'. Sie lauten *mhd.* elm[boum], ilm[boum], *mnd.* elm, *ahd.* elm[boum], vgl. dazu im *germ.* Sprachbereich *engl.* elm und *schwed.* alm. Die *germ.* Bezeichnungen und der *lat.* Name gehören zu der unter ↑*Eller* dargestellten *idg.* Wurzel *el-, ol- „[rötlich, bräunlich] glänzend". Der Baum wurde demnach nach der rotbraunen Farbe seines Holzes benannt.

Ulster „langer, weiter Wintermantel (besonders für Herren) aus schwerem Stoff": Der Name des Kleidungsstücks wurde im 20. Jh. aus gleichbed. *engl.* ulster entlehnt. Dies ist identisch mit dem Namen der Provinz Ulster in Nordirland, wo dieser schwere Stoff zuerst hergestellt und Mäntel daraus gefertigt wurden.

Ultimatum „letzte, äußerste Aufforderung (zur befriedigenden Lösung einer schwebenden Angelegenheit innerhalb einer bestimmten Frist)": Das seit dem 18. Jh. gebräuchliche Fremdwort ist eine gelehrte Entlehnung der Diplomatensprache aus gleichbed. *mlat.* ultimatum, dem substantivierten Part. Perf. von *kirchenlat.* ultimare „zu Ende gehen, zum Ende kommen, im letzten Stadium sein". Dies ist eine Bildung zu *lat.* ultimus „der äußerste, letzte" (vgl. *ultra..., Ultra...*). Abl.: **ultimativ** „in Form eines Ultimatums; nachdrücklich" (20. Jh.). Vgl. auch den Artikel *Ultimo*.

Ultimo: Der Ausdruck für „Monatsletzter, Monatsende" war ursprünglich ein Fachwort der Kaufmannssprache, das heute auch in der Umgangssprache allgemein gebräuchlich ist. Das Wort wurde Anfang des 16. Jh.s aus gleichbed. *it.* ultimo entlehnt, wohl aus Fügungen wie *it.* 'a dì ultimo' „am letzten Tag". *It.* ultimo geht auf *lat.* ultimus „der äußerste, der letzte" zurück (vgl. *ultra..., Ultra...*). S. auch den Artikel *Ultimatum*.

ultra..., Ultra...: Die aus dem *Lat.* stammende Vorsilbe mit der Bed. „jenseits von; über – hinaus", wie z. B. in den Bildungen **Ultrakurzwelle** (dafür meist die Abkürzung **UKW**), **Ultraschall** und **ultraviolett** ist entlehnt aus *lat.* ultra (Adverb und Präposition) „jenseits; über – hinaus". Dies ist ursprünglich der erstarrte Ablativ Femininum des Adjektivs *lat.* ulter „jenseitig", das seinerseits von *lat.* uls (Präposition) „jenseits" abgeleitet ist. Als Superlativ von *lat.* ulter fungiert *lat.* ultimus „der am weitesten jenseits gelegene; der entfernteste, äußerste, letzte" (s. die Artikel *Ultimatum* und *Ultimo*). Das Substantiv **Ultra** „Vertreter des äußersten Flügels einer Partei, [Rechts]extremist" wurde im 19. Jh. aus gleichbed. *frz.* ultra entlehnt, das vermutlich aus ultra-royaliste „Verfechter des Ancien régime" gekürzt ist.

um: Das *altgerm.* Wort (Adverb, Präposition) *mhd.* umbe, *ahd.* umbi, *niederl.* om, *aengl.* ymb[e], *schwed.* om geht mit Entsprechungen in anderen *idg.* Sprachen auf *idg.* *ambhi „um - herum, zu beiden Seiten" zurück. Verwandt sind z. B. *griech.* amphí „um" und *lat.* am[b]... „[her]um, ringsum", die in zahlreichen aus dem *Griech.* und *Lat.* entlehnten Wörtern als erster Bestandteil vorkommen (↑*amphi...*, *Amphi...* und *amb...*, *Amb...*). Zu diesem *idg.* *ambhi gehören auch die unter ↑*bei* und ↑*beide* behandelten Wörter. Die ursprünglich räumliche Bed. von 'um' „rings, um - herum" hat sich bis heute erhalten. Daneben wird es in vielfacher Weise übertragen verwendet. In Zusammensetzungen behält es die räumliche Vorstellung des Umfassens bei (z. B. in 'umarmen, umzingeln'), oder es gibt die Änderung einer Richtung, Haltung oder eines Standpunktes an (wie in 'umkehren, umstürzen, umziehen') oder die Veränderung der Gestalt (wie in 'umformen').

umarmen ↑Arm.

umbringen ↑bringen.

umfangen „umarmen, umschließen": Die heute übliche Form 'umfangen' hat sich im *Frühnhd.* gegenüber der älteren Form 'umfahen' (*mhd.* umbevāhen, *ahd.* umbifāhan) durchgesetzt, wie auch beim einfachen Verb die jüngere Form 'fangen' die ältere Form 'fahen' verdrängt hat (vgl. *fangen*). Das Verb ist eine Zusammensetzung aus ↑*um* und ↑*fangen* in dessen alter Bedeutung „fassen". Abl.: **Umfang** (Rückbildung aus dem Verb, *mhd.* umbevanc „umschließende Linie, Kreis; Umarmung", *nhd.* übertragen für „Ausdehnung"), dazu **umfänglich** „ausgedehnt" (18. Jh.).

umfried[ig]en ↑Friede[n].

Umgang ↑gehen.

umgarnen ↑Garn.

umgeben, Umgebung ↑geben.

umgehen ↑gehen.

umhalsen ↑Hals.

Umhang ↑hängen.

umkommen ↑kommen.

ummodeln ↑Modell.

umnachten ↑Nacht.

umnebeln ↑Nebel.

umringen ↑Ring.

umrühren ↑rühren.

umsatteln ↑Sattel.

Umsatz ↑setzen.

umschichtig ↑Schicht.

Umschlag, umschlagen ↑schlagen.

Umschweife ↑Schweif.

umsetzen ↑setzen.

umsonst ↑sonst.

Umstand „Sachverhalt", im *Plural* „besondere Verhältnisse": Das Substantiv (*mhd.* umbestant) ist eine Bildung zu dem zusammengesetzten Verb **umstehen** „um etwas herumstehen" (*mhd.* umbestēn, *ahd.* umbistēn; vgl. *stehen*) und bedeutete zunächst „das Herumstehen, die Herumstehenden". Daraus entwickelte sich der heutige allgemeine Wortgebrauch. In der Bildung und in der Bedeutungsgeschichte vergleichen sich *lat.* circumstantia, das in *frz.* circonstance „Umstand" weiterlebt, und *griech.* perístasis „Umstand, Verhältnis". Die Wendung 'in anderen Umständen sein' wird seit dem 18. Jh. verhüllend für „schwanger sein" gebraucht, beachte dazu auch die Bildung **Umstandskleid.** Abl.: **umständlich** „viele Einzelheiten berücksichtigend, zeitraubend" (16. Jh.).

umstimmen ↑Stimme.

umstritten ↑Streit.

Umsturz, umstürzen ↑stürzen.

Umtrunk ↑Trunk.

umtun ↑tun.

Umwelt: Das seit 1800 bezeugte Wort ist eine Lehnübersetzung von *dän.* omverden „umgebendes Land; umgebende Welt". In der 2. Hälfte des 19. Jh.s wurde 'Umwelt' als Ersatzwort für *frz.* milieu gebräuchlich. Im biologischen Sinne von „Umgebung eines Lebewesens, die auf es einwirkt und seine Lebensbedingungen beeinflußt", wurde es zuerst 1909 von dem deutschen Biologen V. Uexküll (1864–1944) verwendet. Zu 'Umwelt' stellen sich in der 2. Hälfte des 20. Jh.s zahlreiche Bildungen wie 'Umweltbelastung, umweltfreundlich, Umweltschutz'.

umwinden ↑[2]winden.

umzäunen ↑Zaun.

umziehen, Umzug ↑ziehen.

un...: Die *gemeingerm.* verneinende Vorsilbe *mhd., ahd.* un, *got.* un, *engl.* un, *schwed.* o geht mit Entsprechungen in anderen *idg.* Sprachen auf die *idg.* Wortnegation *n̥-zurück. Verwandt sind z. B. *griech.* a[n]... und *lat.* in..., die in zahlreichen aus dem *Griech.* und *Lat.* entlehnten Wörtern als erster Bestandteil stecken (↑[2]a..., A...) und [2]in..., In...). Die *idg.* Wortnegation *n̥- steht im Ablaut zu der *idg.* Satznegation *nĕ̄, *nei, die im *germ.* Sprachbereich z. B. bewahrt ist in den unter ↑*nein,* ↑*nicht,* ↑*nie* und ↑*nur* behandelten Wörtern. Das besonders häufig mit Partizipien und Adjektiven verbundene Präfix verneint einen Begriff und verkehrt ihn dadurch in sein Gegenteil, beachte z. B. 'ungesäuert, unrein' oder 'unmenschlich', aus dem 'Unmensch' rückgebildet ist. Es kann aber auch das Abweichen von einer Idealvorstellung angeben, von dem, was sein sollte, beachte z. B. 'unangebracht'. In Zusammensetzungen, in denen das Grundwort einen negativen Begriff enthält, konnte 'un-' vielfach als Steigerung empfunden (beachte z. B. 'Ungewitter, Unkosten') und daher auch verstärkend und nachdrücklich gebraucht werden (beachte z. B. 'Unsumme, Unmenge').

unabdingbar ↑dingen.

unablässig ↑lassen.

Unannehmlichkeit ↑genehm.

unbändig ↑bändigen.

unbedarft „unerfahren, harmlos, ungeschickt": Das erst zu Beginn des 20. Jh.s ins *Hochd.* übernommene Adjektiv *niederd.* unbedarft geht auf *mnd.* unbederve, unbedarve „untüchtig" zurück, das Gegenwort zu *mnd.* bederve „bieder, tüchtig" (= *hochd.* bieder, s. d.). Die Form des *niederd.* Adjektivs ist wohl vom 2. Part. 'bedarft' des verwandten *mnd.* bedarven, einer Nebenform von ↑bedürfen, beeinflußt.

unbedingt ↑bedingen.

unbefangen, Unbefangenheit ↑befangen.
unbehaust ↑Haus.
unbeholfen ↑helfen.
unbekümmert ↑Kummer.
unbenommen ↑nehmen.
unbeschadet „ohne Rücksicht auf, ungeachtet, trotz; ohne Schaden, ohne Nachteil für": Das seit dem 17. Jh. bezeugte, in der Kanzleisprache aufgekommene Wort ist eigentlich das verneinte 2. Partizip zu dem heute veralteten Verb 'beschaden' „Schaden bringen, beschädigen". Als Präposition im Sinne von „trotz" wird 'unbeschadet' seit dem 18. Jh. verwendet.
unbescholten ↑schelten.
unbewußt ↑bewußt.
Unbill „Unrecht", Plural: **Unbilden** (besonders der Witterung): In den Formen des Singulars und des Plurals liegen zwei verschiedene, wenn auch etymologisch eng verwandte Wörter vor. Der Singular 'Unbill' erscheint im 16. Jh. in der Schriftsprache. Er ist ursprünglich *schweiz.* und die Substantivierung des Adjektivs *mhd.* unbil „ungemäß" (vgl. *billig*). Der Plural 'Unbilden' dagegen gehört zu einem Singular 'Ungebild[e]' (*mhd.* unbilde „Unrecht", *ahd.* unpilide „Unförmigkeit"), der heute unüblich geworden ist und der wahrscheinlich eine Bildung zu dem oben aufgeführten Adjektiv *mhd.* unbil „ungemäß" ist.
unbillig ↑billig.
und: Die *westgerm.* Konjunktion *mhd.* und[e], *ahd.* unta, unti, älter enti, anti, *niederl.* en, *engl.* and, die im *germ.* Sprachbereich mit *aisl.* en[n] „auch, und, aber" verwandt ist, ist unbekannter Herkunft. Vielleicht besteht Verwandtschaft mit *aind.* átha „darauf, dann".
unendlich ↑Ende.
unentgeltlich ↑gelten.
unentwegt „beharrlich, stetig": Das ursprünglich *schweiz.* Wort ist die Verneinung des ebenfalls *schweiz.* entwegt „unruhig", dem zweiten Partizip von *schweiz.* entwegen „von der Stelle rücken" (*mhd.* entwegen „auseinanderbewegen, scheiden, trennen", vgl. *bewegen*). Als *schweiz.* Modewort der vierziger Jahre des 19. Jh.s fand das Wort auch in Deutschland Eingang und wurde hier im letzten Drittel des 19. Jh.s ebenfalls zum Modewort.
unerfindlich ↑finden.
unerhört ↑hören.
unerläßlich ↑lassen.
unerschöpflich ↑schöpfen.
unerschütterlich ↑erschüttern.
unerträglich ↑tragen.
Unfall: Das seit dem 15. Jh. bezeugte Wort (*spätmhd.* unval „Unglück, Mißgeschick") enthält als zweiten Bestandteil das unter ↑*Fall* (↑*fallen*) behandelte Substantiv, dessen konkrete Bedeutung – wie z. B. auch in den Zusammensetzungen 'Anfall, Notfall, Zufall' – völlig verblaßt ist. 'Un-' steht in dieser Bildung im Sinne von „übel, schlecht, miß...".
unfaßbar ↑fassen.
unfehlbar ↑fehlen.
Unflat „ekelhafter Schmutz": Das seit dem 12. Jh. bezeugte Substantiv (*mhd.* unvlāt „Schmutz, Unsauberkeit") ist eine Bildung aus der verneinenden Vorsilbe ↑*un...* und dem Substantiv *mhd.* vlāt, *ahd.* flāt „Sauberkeit, Schönheit". Dies gehört zu dem im *Nhd.* untergegangenen Verb *mhd.* vlǣjen, *ahd.* flāwen „spülen, waschen, säubern" und bedeutet demnach eigentlich „Unsauberkeit". Früher wurde 'Unflat' auch auf Personen bezogen und im Sinne von „Rüpel, Flegel" gebraucht. Abl.: **unflätig** „unanständig; abscheulich" (*mhd.* unvlǣtic „schmutzig, unsauber").
Unfug ↑fügen.
ungefähr: Die *nhd.* Form hat sich über *frühnhd.* ongefer aus *mhd.* āne gevǣre „ohne böse Absicht, ohne Betrug" (vgl. *Gefahr*) entwickelt. Die heutige Bedeutung „etwa" (16. Jh.) erklärt sich daraus, daß man in der alten Rechtssprache besonders bei der Angabe von Zahlen und Maßen häufig die Erklärung abgab, daß eine eventuelle Ungenauigkeit „ohne böse Absicht" gewesen sei. – Das Zusammenwachsen der beiden Wörter zu einem Wort begann im 15. Jh. Durch *mdal.* Kürzung des langen ā in āne zu kurzem u oder o und durch Anlehnung an das un- eines gleichbedeutenden 'ungefährlich' (*mhd.* ungevǣrliche) wurde die Präposition 'ohne' langsam zur Vorsilbe 'un...' umgedeutet. Seit dem 16. Jh. wird 'ungefähr' auch als Adjektiv verwendet.
ungefüge ↑fügen.
ungeheuer, Ungeheuer, ungeheuerlich ↑geheuer.
ungelenk ↑Gelenk.
Ungemach ↑Gemach.
ungeniert ↑genieren.
ungenießbar ↑genießen.
ungeschlacht „roh, grob": Das nur *dt.* Adjektiv *mhd.* ungeslaht „von anderem, niedrigem Geschlecht; unartig, böse; roh", *ahd.* ungislaht „entartet" ist die Verneinung des im *Nhd.* untergegangenen *mhd.* geslaht, *ahd.* gislaht „wohlgeartet, fein, schön". Dies gehört zu *mhd.* slahte, *ahd.* slahta „Geschlecht, Herkunft, Art", einer Substantivbildung zu dem unter ↑*schlagen* behandelten Verb in dessen Bed. „arten".
ungeschoren ↑[1]scheren.
ungestalt ↑verunstalten.
ungestüm „heftig, wild": Das Adjektiv *mhd.* ungestüeme, *ahd.* ungistuomi ist die Verneinung der im *Nhd.* untergegangenen Adjektivbildung *mhd.* gestüeme „sanft, still, ruhig". Dieses Adjektiv stellt sich zu *mhd.* [ge]stemen „Einhalt tun, besänftigen" und gehört zu der unter ↑*stemmen* behandelten Wortgruppe. Beachte dazu die Substantivierung **Ungestüm** (*mhd.* ungestüeme „Ungestüm, Sturm", *ahd.* ungistuomi „Ausgelassenheit, Getöse").
Ungetüm „riesiges, ungeschlachtes Wesen, übergroßes Gebilde": Das seit dem 16. Jh. bezeugte Wort, dem im *Nord.* genau *aisl.* ūdœmi „Greuel; beispiellose Begebenheit" entspricht, enthält als zweiten Bestandteil eine im *germ.* Sprachbereich als selbständiges Wort untergegangene Substantivbildung (*germ.* *ga-dōmia-), die sich zu *mhd., ahd.* tuom „Macht, Herrschaft, Würde, Stand; Besitz; Zustand, Art"

stellt (vgl. ...*tum*). 'Ungetüm' bedeutet demnach eigentlich etwa „etwas, was nicht seine rechte Stelle hat".

Ungeziefer: Das auf das *dt.* Sprachgebiet beschränkte Wort (*mhd.* ungezībere) enthält als zweiten Bestandteil eine Bildung zu dem in *mhd.* Zeit untergegangenen Substantiv *ahd.* zebar „Opfertier", dem *aengl.* tīber „Opfer" und *aisl.* tīvurr „Opfer" entsprechen. Die Herkunft dieser Wörter ist nicht geklärt. 'Ungeziefer' bezeichnete demnach ursprünglich alles das, was sich nicht als Opfertier eignete. Nach dem Schwinden der alten heidnischen Vorstellungen engte sich der Begriff immer mehr auf kleinere schädliche oder lästige Tiere, besonders Insekten ein. – Das Wort **Geziefer** (17. Jh.), *landsch.* früher als Bezeichnung für kleinere Haustiere wie Ziegen, Schafe u. a. gebraucht, ist erst eine Rückbildung aus 'Ungeziefer'.

ungezogen ↑ziehen.

ungezwungen ↑zwingen.

Unglimpf ↑glimpflich.

unglücksschwanger, unheilschwanger ↑schwanger.

Unhold ↑hold.

uni „einfarbig, nicht gemustert": Das Adjektiv wurde im 18. Jh. aus gleichbed. *frz.* uni (eigentlich „einfach; eben") entlehnt, dem adjektivisch gebrauchten Part. Perf. von *frz.* unir „verbinden, vereinigen; ebnen, glätten, vereinfachen". Dies geht auf *kirchenlat.* unire „vereinigen" (vgl. den Artikel *Union*) zurück.

Uniform „einheitliche Dienstkleidung (besonders des Militärs)": Das Fremdwort wurde im 18. Jh. aus gleichbed. *frz.* uniforme entlehnt. Dies ist eine Substantivierung des Adjektivs *frz.* uniforme „einförmig, gleichförmig, einheitlich", das auf *lat.* uni-formis „einförmig" zurückgeht, einer Bildung aus *lat.* unus „einer, ein einziger" (vgl. *Union*) und *lat.* forma „Form, Bild, Gestalt usw." (vgl. *Form*). – Abl.: **uniformieren** „einheitlich kleiden, in Uniformen stekken; vereinheitlichen, gleichförmig machen" (19. Jh.).

Unikum „einziges Exemplar, Einzelstück (eines Drucks, einer Münze u. a.)": Das Fremdwort, das in der Umgangssprache auch im Sinne von „origineller Mensch, Kauz" gebräuchlich ist, wurde im 19. Jh. aus *lat.* unicum entlehnt, dem Neutrum von *lat.* unicus „der einzige; einzig in seiner Art; ungewöhnlich". Dies gehört zu *lat.* unus „einer, ein einziger" (vgl. den Artikel *Union*).

Union „Bund, Vereinigung, Verbindung (besonders im politischen und kirchlichen Bereich)": Das Fremdwort wurde im 16. Jh. aus *kirchenlat.* unio „Einheit; Vereinigung" entlehnt. Dies ist eine Bildung zu *lat.* unus „einer, ein einziger", das etymologisch mit *dt.* ↑*ein* verwandt ist. Andere wichtige Ableitungen von *lat.* unus sind *kirchenlat.* unire „vereinigen" (↑uni) und *lat.* unicus „der einzige; einzig in seiner Art, ungewöhnlich" (↑Unikum). Als Bestimmungswort erscheint *lat.* unus in zahlreichen Zusammensetzungen. Unter diesen sind für uns von Interesse: *lat.* uniformis „einförmig" (↑Uniform) und *lat.* universus „in eins gekehrt; ganz, sämtlich; umfassend; allgemein" (s. die Fremdwörter *universal, Universität, Universum*).

universal „allgemein, gesamt, umfassend; weltweit": Das Adjektiv wurde im 16. Jh. aus *spätlat.* universalis „zur Gesamtheit gehörig, allgemein" entlehnt. Dies ist eine Bildung zu *lat.* universus „in eins gekehrt, zu einer Einheit zusammengefaßt; ganz, sämtlich; allgemein; umfassend", einer Zusammensetzung aus *lat.* unus „einer, ein einziger" (vgl. *Union*) und *lat.* versus „gewendet" (vgl. *Vers*). Neben 'universal' begegnet seit dem 18. Jh. gleichbedeutend das Adjektiv **universell,** das aus entsprechend *frz.* universel übernommen ist. – Um 'universal' gruppieren sich die Bildungen **Universalismus** „Denkart, Lehre, die den Vorrang des Allgemeinen, des Ganzen gegenüber dem Besonderen und Einzelnen betont" (19. Jh.), dazu **Universalist** und **universalistisch,** und **Universalität** „umfassender Charakter von etwas; umfassende Bildung, schöpferische Vielseitigkeit" (17. Jh.; aus *lat.* universalitas „Gesamtheit"). Vgl. auch die Artikel *Universität* und *Universum.*

Universität: Die Bezeichnung für „Hochschule" wurde im 14. Jh. (*mhd.* universitēt) aus *lat.* universitas (magistrorum et scolarium) „Gesamtheit (der Lehrenden und Lernenden)" entlehnt. *Lat.* universitas „Gesamtheit; gesellschaftlicher Verband; Rechtskollegium" ist eine Bildung zu *lat.* universus „ganz, gesamt, allgemein" (vgl. *universal*). Im 20. Jh. wird statt 'Universität' häufig die Kurzform **Uni** gebraucht. Abl.: **universitär** „die Universität betreffend" (20. Jh.).

Universum „Weltall": Das Fremdwort wurde im 17. Jh. aus *lat.* universum „das Ganze als Inbegriff aller Teile; die ganze Welt, das Weltall" entlehnt. Dies ist das substantivierte Neutrum von *lat.* universus „ganz, gesamt, allgemein" (vgl. *universal*).

Unke: Die *nhd.* Form beruht auf der Verschmelzung dreier verschiedener Wörter, nämlich von *mhd., ahd.* unc „Schlange" (verwandt mit *lat.* anguis „Schlange") mit *mhd.* ūche, *ahd.* ūcha „Kröte" und älter *nhd.* eutze „Kröte" (vgl. gleichbed. *mnd.* ūtze). Die Verschmelzung erklärt sich daraus, daß die Kröte wie die Schlange früh in den abergläubischen Vorstellungen der Menschen als etwas Unheimliches und Ekelhaftes eine große Rolle spielten. Erst seit Ende des 18. Jh.s setzt sich auf Grund des weiblichen Geschlechts von 'uche' die weibliche Form 'Unke' als volkstümliche Bezeichnung für 'Kröte' sowie als wissenschaftliche Bezeichnung für die gelbbauchige Tiefland- und die rotbauchige Berglandkröte durch. Abl.: **unken** *ugs.* für „[immer wieder] Unheil, Schlimmes voraussagen" (18. Jh.).

Unkosten ↑Kosten.

Unkraut ↑Kraut.

unlängst ↑lang.

unlogisch ↑Logik.

Unmensch ↑Mensch.

unparteiisch ↑Partei.
unpäßlich ↑passen.
Unrat: *Mhd.* unrāt „schlechter Rat; Mangel, Schaden; nichtige Dinge; Unkraut", *ahd.* unrāt „übler Rat" enthält als zweiten Bestandteil das unter ↑*Rat* behandelte Wort in dessen alter Bed. „Mittel, die zum Lebensunterhalt notwendig sind". Es bedeutet demnach ursprünglich „Mangel, Not [an Mitteln, die zu Gebote stehen sollten], Hilflosigkeit" und dann „der daraus entstehende Nachteil, Schaden", auch „Unheil" (vgl. die Wendung 'Unrat wittern'). Über „Wertloses" entwickelte sich die jetzige Bed. „Schmutz, Kot".
Unruh, Unruhe ↑Ruhe.
Unruheherd ↑Herd.
uns: Der *gemeingerm.* Dativ und Akkusativ Plural des Personalpronomens der 1. Person *mhd., ahd.* uns, *got.* uns, *engl.* us, *schwed.* oss ist z. B. verwandt mit *lat.* nos „wir" und *aind.* naḥ „uns, unser". Abl.: **unser** (Possessivpronomen, *mhd.* unser, *ahd.* unsēr, entsprechend *got.* unsar, *engl.* our), dazu **unsrig** (16. Jh.). Siehe auch 'Vaterunser' unter *Vater*.
unsagbar, unsäglich ↑sagen.
unsauber, Unsauberkeit ↑sauber.
unscheinbar ↑scheinen.
Unschuld, unschuldig ↑Schuld.
Unsinn, unsinnig ↑Sinn.
Unsitte, unsittlich ↑Sitte.
unsterblich, Unsterblichkeit ↑sterben.
Unstern ↑Stern.
unter: In dem *gemeingerm.* Wort (Adverb, Präposition) *mhd.* under, *ahd.* untar, *got.* undar, *engl.* under, *schwed.* under sind zwei ursprünglich verschiedene Wörter zusammengefallen: 1. ein z. B. mit *aind.* antár „zwischen" und mit *lat.* inter „zwischen" (↑inter..., Inter...) verwandtes Wort (vgl. den Artikel *in*); 2. ein z. B. mit *lat.* infra „unter[halb]" (↑infra..., Infra...) verwandtes Wort, das auf *idg.* *n̥dheri „unter" beruht. Beide Bedeutungen leben noch heute in 'unter' weiter. Das Adverb dient häufig als Verbzusatz in festen und unfesten Zusammensetzungen mit Verben, z. B. 'unterbrechen, unterbringen', erscheint aber auch als erster Bestandteil in zusammengesetzten Substantiven, z. B. **Unterseeboot** (19. Jh.) und Partizipien, z. B. 'unterernährt, unterentwickelt'. Abl.: **untere** (zur Präposition 'unter' gebildetes Adjektiv, *mhd.* under, *ahd.* untaro), dazu Zusammensetzungen wie **Unterwelt** (16. Jh.); **Unter** „Spielkarte" (15. Jh.; ursprünglich 'der Untere'; ↑Ober).
Unterbewußtsein ↑bewußt.
unterbinden ↑binden.
unterbleiben ↑bleiben.
unterbreiten ↑breit.
Untergang ↑gehen.
untergeben, Untergebener ↑geben.
untergehen ↑gehen.
Unterhalt, unterhalten, Unterhaltung ↑halten.
unterhandeln, Unterhändler ↑handeln.
unterirdisch ↑irdisch.
unterjochen ↑Joch.
unterkommen, Unterkunft ↑kommen.
unterkühlen ↑kühl.
Unterlage ↑legen.
Unterlaß, unterlassen ↑lassen.
unterlegen ↑legen.
unterliegen ↑liegen.
untermauern ↑Mauer.
Untermensch ↑Mensch.
unterminieren ↑Mine.
unternehmen, Unternehmen, Unternehmer ↑nehmen.
Unterpfand ↑Pfand.
Unterricht, unterrichten ↑richten.
untersagen ↑sagen.
Untersatz ↑setzen.
unterscheiden, Unterschied ↑scheiden.
unterschlagen ↑schlagen.
unterschwellig ↑Schwelle.
untersetzen, untersetzt ↑setzen.
Unterstand, unterstehen ↑stehen.
unterstützen ↑stützen.
untersuchen, Untersuchung ↑suchen.
untertan: Das Adjektiv *mhd.* undertān, *ahd.* untartān „unterjocht; verpflichtet" ist eigentlich das zweite Partizip des zusammengesetzten Verbs *mhd.* undertuon, *ahd.* untartuon „unterwerfen" (vgl. *tun*). Die Substantivierung **Untertan** (*mhd.* undertān[e]) ist durch den Kampf gegen den Obrigkeitsstaat zurückgedrängt worden und wird heute meist nur noch spöttisch oder abwertend gebraucht. Eine Weiterbildung zu 'untertan' ist **untertänig** (*mhd.* untertænec).
unterweisen, Unterweisung ↑weisen.
Unterwelt ↑unter.
unterwerfen, unterwürfig ↑werfen.
unterzeichnen, Unterzeichnung ↑zeichnen.
Untier ↑Tier.
untragbar ↑tragen.
unübertrefflich, unübertroffen ↑treffen.
unumwunden ↑[2]winden.
unverbindlich ↑verbinden.
unverblümt ↑Blume.
unverbrüchlich ↑Bruch.
unverdrossen ↑verdrießen.
unverfroren „keck, frech, unverschämt": Das seit der 2. Hälfte des 19. Jh.s gebräuchliche Wort ist wahrscheinlich eine auf Anlehnung an 'verfrieren' beruhende volksetymologische Umbildung des nicht mehr verstandenen *niederd.* unverfehrt (*mnd.* unvorvērt „unerschrokken"). Dieses Wort ist eigentlich das verneinte zweite Partizip von *mnd.* [sik] vorvēren „erschrecken", einer Bildung zu *mnd.* vāre „Gefahr, Angst" (vgl. *Gefahr*). Abl.: **Unverfrorenheit** (19. Jh.).
unverhofft ↑hoffen.
unverhohlen ↑hehlen.
unverschämt ↑Scham.
unversehrt, Unversehrtheit ↑versehren.
unwillkürlich ↑Willkür.
unwirsch: Die seit dem 18. Jh. übliche Form unwirsch hat sich über *frühnhd.* unwirdsch aus *mhd.* unwirdesch „unwert, verächtlich, schmählich, unwillig, zornig" entwickelt. Dies ist eine Ableitung von dem Substantiv *mhd.* unwirde „Unwert" (↑Wert, ↑Würde). Seit dem 19. Jh.

wird 'unwirsch' gewöhnlich im Sinne von „unfreundlich, mürrisch" gebraucht.

unwirtlich ↑Wirt.

Unze: Der Name des früher üblichen Gewichts *(mhd.* unze, *ahd.* unze, unza) ist aus *lat.* uncia „12. Teil eines römischen Asses" entlehnt. Das Gewicht entsprach etwa 32 Gramm. – *Lat.* uncia ist eine Bildung zu *lat.* unus „einer" (vgl. den Artikel *Union*). Als Bezeichnung eines englischen Gewichts (28,35 Gramm), nach dem z. B. das Gewicht von Boxhandschuhen festgelegt wird, ist 'Unze' aus entsprechend *engl.* ounce (< *afrz.* once < *lat.* uncia) übernommen.

Unzucht, unzüchtig ↑Zucht.

üppig: Die Herkunft des Adjektivs *mhd.* üppic, *ahd.* uppig „überflüssig, unnütz, nichtig, übermütig" ist nicht gesichert. Vielleicht ist es mit den unter ↑*über* und ↑*übel* behandelten Wörtern verwandt und bedeutet demnach eigentlich „über das Maß hinausgehend". Diese Bedeutung führte negativ gesehen zu der in älterer Zeit häufigeren Bed. „nichtig, eitel", positiv gesehen zu der heute üblichen von „überquellend, strotzend". Siehe auch den Artikel *auf.*

Ur ↑Auerochse.

ur..., Ur...: Das *gemeingerm.* Präfix *mhd., ahd.* ur-, *got.* us-, uz-, *aengl.* or-, *aisl.* ōr- wird, außer im *Got.,* nur in nominalen Zusammensetzungen gebraucht. Vor Verben erscheint es im *Dt.* als ↑er... (z. B. in 'erlauben' neben ↑Urlaub). Das im *Got., Aisl.* und *Ahd.* auch als Präposition in der Bedeutung „aus, von - her" auftretende Wort gehört zu dem unter ↑*aus* behandelten *idg.* Adverb. Die Grundbedeutung „[her]aus" zeigt 'ur...' noch in Wörtern wie ↑Ursprung „Quelle" und ↑Ursache „Veranlassung". Heute bezeichnet das Präfix vor allem den Anfangszustand einer Sache oder den ersten Vertreter einer Gattung: 'Urwald, Urmensch'. In **Urabstimmung** „Abstimmung aller Mitglieder einer [gewerkschaftlichen] Organisation zur Entscheidung grundsätzlicher Fragen" (20. Jh.), das eigentlich „unmittelbare, direkte Abstimmung bedeutet, bezeichnet 'ur...' das Unmittelbare, das Erste, Grundlegende. In 'uralt', 'urgemütlich', 'urplötzlich' u. ä. Wörtern wirkt es nur noch verstärkend. Abl.: **urig,** *schweiz.* **urchig** „urwüchsig, echt", auch „originell" *(mhd.* urich); **urtümlich** (im 18. Jh. rückgebildet aus 'Urtümlichkeit', einer Lehnbildung nach 'Originalität'). Siehe auch den Artikel *urbar.*

Urahn ↑Ahn.

Uran: Das im ausgehenden 18. Jh. entdeckte radioaktive Schwermetall erhielt seinen fachsprachlichen Namen *(nlat.* Uranium) nach dem einige Jahre zuvor entdeckten Planeten Uranus.

urban: Das Adjektiv wurde im 18. Jh. aus *lat.* urbanus „fein, vornehm, gebildet" entlehnt. Dies ist von *lat.* urbs „Stadt" abgeleitet und bedeutet eigentlich „zur Stadt gehörend". Das Adjektiv wurde zunächst nur im Sinne von „gebildet und weltgewandt" gebraucht, im 20. Jh. – vielleicht unter dem Einfluß von entsprechend *frz.* urbain, *engl.* urban – dann im Sinne von „städtisch, für städtisches Leben charakteristisch". Dazu stellen sich die Bildungen **urbanisieren** „verfeinern, kultivieren; städtebaulich erschließen" (19. Jh.) und **Urbanität** „Feinheit, Vornehmheit, Gebildetheit; städtischer Charakter, großstädtische Atmosphäre" (18. Jh.).

urbar (meist nur noch in der Fügung 'urbar machen'): Das seit dem 17. Jh. gebräuchliche Wort stammt aus dem *Niederd.* Das zugrundeliegende *mnd.* Adjektiv ist zwar nicht bezeugt, wird aber durch das Substantiv *mnd.* orbarheit „Nutzen, Vorteil" und das Verb *mnd.* orbaren „Land durch Bearbeitung ertragbringend machen" vorausgesetzt (vgl. *mniederl.* orbare „nützlich"). Es hat sich aus dem Substantiv *mnd.* orbor, orbar „Ertrag, Nutzen, Vorteil" entwickelt, vgl. *mhd.* urbor „zinstragendes Grundstück, Einkünfte, Rente", auf dem **Urbar** „Güter- und Abgabenverzeichnis mittelalterlicher Grundherrschaften" (15./16. Jh.) beruht. Das *mnd.* Substantiv ist eine Bildung zu dem im *Nhd.* untergegangenen Präfixverb *mhd.* erbern, *ahd.* urberan „hervorbringen" (vgl. *gebären*). Die Grundbedeutung von 'urbar' ist demnach „ertragreich"; die heutige Bedeutung ist eingeschränkt auf die erste Bestellung eines Bodens, der dann „zum Anbau geeignet" ist.

Urbild ↑Bild.

urchig ↑ur...

Urenkel ↑Enkel.

Urfehde ↑Fehde.

Urheber „jemand, der für eine Tat verantwortlich ist, von dem etwas ausgeht; Verfasser, Erfinder": Das seit dem 15. Jh. bezeugte Substantiv ist eine Ableitung von *mhd.* urhap, *ahd.* urhab „Anfang, Ursache, Ursprung" (vgl. *heben*). Bei der Herausbildung der Bedeutung wirkte vor allem *lat.* auctor mit, als dessen Übersetzung 'Urheber' verwendet wurde. Zus.: **Urheberrecht** (19. Jh.).

urig ↑ur...

Urin „Harn": Das Fremdwort ist eine gelehrte Entlehnung des 16. Jh.s aus gleichbed. *lat.* urina. Das *lat.* Wort gehört im Sinne von „Feuchtigkeit, Wasser" zu der unter ↑*Wasser* dargestellten *idg.* Wortfamilie. Abl.: **urinieren** „Harn ausscheiden" (16. Jh.; aus gleichbed. *mlat.* urinare).

Urkunde „rechtskräftiges Schriftstück": Das auf das *dt.* und *niederl.* Sprachgebiet beschränkte Wort *(mhd.* urkünde, *ahd.* urchundi, *niederl.* oorkonde) ist eine Bildung zu dem unter ↑*erkennen* behandelten Präfixverb. Es bedeutete demnach ursprünglich „Erkenntnis". In der Rechtssprache wurde es dann im Sinne von „Bekundung, Beweis" verwendet. Dies wurde entscheidend für den Übergang zur heutigen Bedeutung. Abl.: **beurkunden** „durch Urkunde bezeugen" (19. Jh.); **urkundlich** „durch Urkunde beglaubigt" (17. Jh.).

Urlaub: Das Substantiv *(mhd., ahd.* urloup) ist eine Bildung zu dem unter ↑*erlauben* behandelten Präfixverb und bedeutete ursprünglich ganz allgemein „Erlaubnis". In der höfischen Sprache der *mhd.* Zeit bezeichnete es dann die Erlaubnis wegzugehen, die ein Höherstehender oder eine Dame dem Ritter zu geben hatte. In der Neuzeit bezeichnet 'Urlaub' die [offizielle] vorübergehende Freistellung von einem Dienstverhältnis, allgemeiner dann die dienst- oder arbeitsfreien Tage, die der Erholung dienen. Abl.: **Urlauber** „jemand, der Urlaub macht" (im 19. Jh. „vom [Militär]dienst vorübergehend Freigestellter" wahrscheinlich ursprünglich *österr.*); **beurlauben** „Urlaub gewähren" (15./16. Jh.; Präfixbildung zu dem heute untergegangenen Verb 'urlauben').

Urne: Die Bezeichnung „Ton- oder Metallgefäß, vornehmlich zur Aufbewahrung von Totenasche" wurde im 16. Jh. auf gelehrtem Wege aus *lat.* urna „Wasserkrug; Topf, Krug; Aschenkrug; Lostopf" entlehnt. *Lat.* urna war zuvor schon übernommen worden: *mhd.* urn „Flüssigkeitsmaß (besonders für Wein)". – Heute wird 'Urne' auch häufig kurz für 'Wahlurne' gebraucht.

Ursache: Das aus der Rechtssprache stammende Wort ist eine Bildung aus dem unter ↑*ur...* dargestellten Präfix und dem unter ↑*Sache* behandelten Substantiv in dessen alter Bedeutung „Streitsache, Rechtshandel". 'Ursache' bedeutete also demnach ursprünglich „erster, eigentlicher Anlaß zu einem gerichtlichen Vorgehen". Anfänglich neben und für 'Sache' gebraucht, das schon früh im allgemeinen Sinne verwendet wurde, teilt es bald mit diesem das Schicksal der Verallgemeinerung und wurde zum mehr oder weniger fest umrissenen Begriff der Kausalität (vgl. *lat.* causa, das den gleichen Weg gegangen ist und die Bedeutungen von 'Sache' und 'Ursache' wesentlich mit beeinflußt hat). Abl.: **ursächlich** „die Ursache bildend, kausal" (15. Jh.); **verursachen** „die Ursache, der Urheber von etwas sein" (16. Jh.).

Ursprung: Das Substantiv *mhd.* ursprunc, *ahd.* ursprung (*niederl.* oorsprong, *schwed.* ursprung sind aus dem *Dt.* entlehnt) ist eine Bildung zu dem im *Nhd.* untergegangenen Präfixverb *mhd.* erspringen, *ahd.* irspringan „entsprießen, entstehen, entspringen" und bedeutete ursprünglich „das Hervorspringen (besonders von Wasser), Quelle". Die konkrete Bedeutung hielt sich bis weit ins *Nhd.*, während umgekehrt die übertragene Verwendung bis ins *Ahd.* hinaufreicht. Abl.: **ursprünglich** „anfänglich, zuerst; echt, unverfälscht" (*mhd.* ursprunclich, ein Wort der Mystik, das aber erst im 18. Jh. unter dem Einfluß von gleichbed. *frz.* original gebräuchlich wird), dazu **Ursprünglichkeit** (*mhd.* ursprunclīcheit, Bedeutungsentwicklung wie bei 'ursprünglich').

Urständ: Das nur noch in der Wendung '[fröhliche] Urständ feiern' „aus der Vergessenheit wieder zum Vorschein kommen" gebräuchliche Wort geht zurück auf *mhd., spätahd.* urstende „Auferstehung", eine Bildung zu *ahd.* er-stān „aufstehen, sich erheben; auferstehen" (vgl. *stehen*). In christlicher Verwendungsweise wurde 'Urständ' im *Nhd.* durch 'Auferstehung' verdrängt.

Urteil: Das Substantiv *mhd.* urteil, *ahd.* urteil[i] ist eine Bildung zu dem unter ↑*Teil* behandelten Präfixverb 'erteilen' und bedeutete ursprünglich „das, was man erteilt". Diese allgemeine Bedeutung wurde früh eingeengt auf „Wahrspruch, den der Richter erteilt; richterliche Entscheidung in einem Rechtsstreit". Erst in jüngerer Zeit wird das Wort auch im Sinne von „Äußerung einer Ansicht; abwägende Stellungnahme" verwendet. Abl.: **urteilen** „seine Meinung äußern; sich ein Urteil bilden" (*mhd.* urteilen, die Bedeutungsentwicklung wie beim Substantiv), dazu **aburteilen** „verurteilen" (17. Jh.), **beurteilen** „zu etwas Stellung nehmen, seine Meinung äußern" (18. Jh.) und **verurteilen** „durch Gerichtsbeschluß mit einer Strafe belegen; völlig ablehnen, verdammen" (*mhd.* verurteilen).

urtümlich ↑ur...

urwüchsig ↑Wuchs.

usurpieren „sich widerrechtlich aneignen; widerrechtlich die Staatsgewalt an sich reißen": Das Verb wurde im 16. Jh. aus *lat.* usurpare „in Anspruch nehmen, in Besitz nehmen; sich widerrechtlich aneignen" entlehnt. Das *lat.* Wort ist zusammengezogen aus 'usu rapere' „durch Gebrauch rauben" (d. h. „durch tatsächlichen Gebrauch eine Sache in seinen Besitz bringen"). – Dazu **Usurpator** „jemand, der widerrechtlich die Staatsgewalt an sich reißt; Thronräuber" (17. Jh.; aus gleichbed. *spätlat.* usurpator).

Usus „Brauch, Gewohnheit, Herkommen, Sitte": Das Fremdwort wurde im 17. Jh. in der Studentensprache aus *lat.* usus „Gebrauch; Übung, Praxis" aufgenommen und gelangte von dort in die Umgangssprache. *Lat.* usus gehört zu *lat.* uti (usum) „von etwas Gebrauch machen, etwas anwenden, benutzen usw." – Das Adjektiv **usuell** „üblich, gebräuchlich" wurde im 18. Jh. aus gleichbed. *frz.* usuel entlehnt. Es verdrängte älteres, heute nicht mehr gebräuchliches 'usual', das direkt aus *lat.* usualis „zum Gebrauch dienend; gewöhnlich" übernommen worden war. Siehe auch den Artikel *Utensilien*.

Utensilien: Der Ausdruck für „Gebrauchsgegenstände; Hilfsmittel; Zubehör" wurde im 17. Jh. aus *lat.* utensilia „brauchbare Dinge, Gebrauchsgegenstände", dem substantivierten Neutrum Plural von *lat.* utensilis „brauchbar", entlehnt. Dies ist eine Bildung zu *lat.* uti „gebrauchen, anwenden, benutzen" (vgl. den Artikel *Usus*).

Utopie „als undurchführbar geltender Plan, nicht realisierbare Idee; Zukunfts-, Wunschtraum, Hirngespinst": Das seit dem frühen 19. Jh. gebräuchliche Fremdwort ist – vermutlich unter dem Einfluß von gleichbed. *frz.* utopie – aus älterem **Utopia** (auch: Utopien) „erdachtes Land, Traumland, in dem ein gesellschaftlich-politischer Idealzustand herrscht" aufgekommen. 'Utopia' wurde im 16. Jh. aus *gelehrtenlat.* Utopia übernommen, nach dem Titel eines 1516 erschienenen Werkes des englischen Humanisten Thomas Morus (1478–1535), in dem das Bild eines republikanischen Idealstaates entworfen wird. Das Wort ist eine Bildung zu *griech.* ou „nicht" und *griech.* tópos „Ort, Stelle, Land" und bedeutet demnach eigentlich „Nichtland, Nirgendwo". Abl.: **utopisch** „nicht realisierbar, phantastisch" (17. Jh.; wohl nach gleichbed. *frz.* utopique); **Utopismus** „utopische Vorstellung; Neigung zu utopischen Vorstellungen"; **Utopist** „jemand, der utopische Vorstellungen, Pläne hat; Phantast" (19. Jh.; wohl nach gleichbed. *frz.* utopiste), davon **utopistisch** „in der Art eines Utopisten" (19. Jh.).

uzen „hänseln, necken": Das seit dem 16. Jh. bezeugte, in der Umgangssprache gebräuchliche Verb ist vermutlich eine Ableitung von **Uz,** der im südwestdeutschen Raum gebräuchlichen Koseform zu 'Ulrich', die zur Bezeichnung eines Menschen geworden war, den man verspottet oder verächtlich behandelt.

V

va banque in der Wendung 'va banque spielen' „alles aufs Spiel setzen; alles wagen, um alles zu gewinnen oder alles zu verlieren": Die Wendung ist seit dem 18. Jh. gebräuchlich. *Frz.* va banque stammt aus dem Jargon der Glücksspieler und bedeutete zunächst konkret „es gilt die Bank", d. h. das Spiel geht um die gesamte in der Bank des Bankhalters befindliche Summe. *Frz.* va ist die 3. Pers. Sing. von aller „gehen", das zurückgeht auf gleichbed. *lat.* vadere (↑*Invasion*), während *frz.* banque „Bank" aus *it.* banca (↑[2]*Bank*) entlehnt ist. Dazu stellen sich **Vabanquespiel** und **Vabanquespieler.**

Vagabund „Landstreicher, Herumtreiber": Das seit dem 17. Jh. zuerst in der Form 'Vagabond' bezeugte Fremdwort ist unter dem Einfluß von gleichbed. *frz.* vagabond (Adjektiv und Substantiv) aus *spätlat.* vagabundus „umherschweifend; unstet" entlehnt (vgl. den Artikel *vag[e]*). Die heutige, seit dem Ende des 18. Jh.s übliche Form 'Vagabund' ist relatinisiert. – Abl.: **vagabundieren** „herumstrolchen, ohne festen Wohnsitz sein, als Landstreicher leben" (19. Jh.; aus gleichbed. *frz.* vagabonder).

vag[e] „unbestimmt, unsicher; dunkel, verschwommen": Das seit dem 18. Jh. zuerst auch in der ursprünglichen Bed. „umherschweifend; unstet" bezeugte Adjektiv ist – unter dem Einfluß von gleichbed. *frz.* vague – aus *lat.* vagus „umherschweifend; unstet" entlehnt. Dazu gehört das *lat.* Verb vagari „umherschweifen" mit dem abgeleiteten Adjektiv *spätlat.* vagabundus „umherschweifend; unstet" (↑Vagabund) und u. a. der Bildung *mlat.* extra-vagari „ausschweifen" (↑extravagant).

Vagina ↑Vanille.

vakant „frei, leer; unbesetzt, offen": Das seit dem 17. Jh. bezeugte, zunächst in der Verwaltungssprache gebräuchliche Adjektiv ist aus *lat.* vacans (-antis), dem Part. Präs. von *lat.* vacare „leer sein; frei sein von etwas; unbesetzt sein", entlehnt. Dazu stellt sich das Substantiv **Vakanz** „freie Stelle; das Unbesetztsein" (15. Jh.; aus *mlat.* vacantia „Ruhetage"). – Zum gleichen Stamm gehören ↑Vakuum und ↑evakuieren.

Vakuum „luftverdünnter, d. h. nahezu luftleerer Raum; Leere": Das seit dem 17. Jh. bezeugte Fremdwort ist aus *lat.* vacuum „leerer Raum; Leere", dem substantivierten Neutrum von *lat.* vacuus „leer; entblößt; frei", entlehnt. Dies gehört zu *lat.* vacare „leer sein" (vgl. *vakant*).

Valuta: Die Bezeichnung für „Wert, Gegenwert; Geld, Zahlungsmittel ausländischer Währung" wurde im 16. Jh. in der Kaufmannssprache aus gleichbed. *it.* valuta entlehnt. Dies ist eine Bildung zu *it.* valere (valuto) „gelten, wert sein", das auf *lat.* valere „stark sein; gelten, vermögen; wert sein" (etymologisch verwandt mit *dt.* ↑*walten*) beruht. – Zum gleichen Stamm (*lat.* valere) gehört u. a. das *lat.* Adjektiv validus „stark, gesund", dessen Gegenbildung *lat.* invalidus „kraftlos, schwach" unserem Fremdwort ↑invalid[e] zugrunde liegt. Vgl. auch den Artikel *Rekonvaleszent.*

Vamp: Die Bezeichnung für eine verführerische, erotisch anziehende, oft kühl berechnende Frau (besonders als Typ des amerikanischen Films) wurde im 20. Jh. aus gleichbed. *engl.-amerik.* vamp entlehnt. Dies ist eine Kürzung aus *engl.* vampire „Vampir", das – wie unser **Vampir** (18. Jh.) – aus *serbokroat.* vampir „Verstorbener, der nachts aus dem Grab steigt, um Lebenden Blut auszusaugen" stammt.

Vanille: Die im tropischen Amerika beheimatete, auf Bäumen wachsende Orchideenpflanze ist nach ihren Fruchtschoten benannt, die nach Fermentation ein wertvolles Gewürz liefern. Die seit dem ausgehenden 17. Jh. (zuerst als 'Vanilla') bezeugte Bezeichnung beruht wie gleichbed. *frz.* vanille, das die Form unseres Wortes beeinflußt hat, auf Entlehnung aus gleichbed. *span.* vainilla. Das *span.* Wort bedeutet eigentlich „kleine Scheide; kleine Schote". Es ist eine Verkleinerungsbildung zu *span.* vaina „Scheide; [Samen]hülse; Schote", das aus *lat.* vagina „Schwertscheide; Scheide; Ährenhülse" stammt, aus dem auch **Vagina** „weibliche Scheide" entlehnt ist.

variabel, Variante, Variation ↑variieren.

Varieté „Theater mit bunt wechselndem Programm artistischer, tänzerischer und gesanglicher Darbietungen": Die im 19. Jh. aufkommende Bezeichnung hat sich als Kurzform für 'Varietétheater' durchgesetzt, das nach gleichbed. *frz.* 'théâtre des variétés' gebildet ist. Das zugrundeliegende Substantiv *frz.* variété „Abwechslung, bunte Vielfalt" beruht auf gleichbed. *lat.* varietas. Stammtwort ist *lat.* varius „verschiedenartig; mannigfaltig, bunt; wechselnd" (vgl. den Artikel *variieren*).

variieren „verschieden sein, abweichen; verändern, abwandeln": Das seit dem 16. Jh. bezeugte Verb ist – wohl unter dem Einfluß von gleichbed. *frz.* varier – aus *lat.* variare „mannigfaltig machen; verändern; wechseln; verschieden sein, bunt schillern" zurück. Stammwort ist das *lat.* Adjektiv varius „verschiedenartig; mannigfaltig, bunt; wechselnd". Dazu stellen sich: **variabel** „veränderlich, abwandelbar; schwankend" (17. Jh.; aus gleichbed, *frz.* variable < *spätlat.* variabilis); **Variante** „Abweichung, Abwandlung; Spielart; verschiedene Lesart" (18. Jh.; aus gleichbed. *frz.* variante; dies ist das substantivierte Femininum von *frz.* variant, dem Part. Präs. von *frz.* varier „variieren"); **Variation** „Abwechslung; Abwandlung; melodische Veränderung eines musikalischen Themas" (16. Jh.; unter dem Einfluß von gleichbed. *frz.* variation aus *lat.* variatio „Verschiedenheit; Veränderung"). Vgl. auch den Artikel *Varieté*.

Vasall: Die historische Bezeichnung für einen durch Treueid dem Lehnsherrn verpflichteten Gefolgsmann wurde in *mhd.* Zeit (*mhd.* vassal) aus gleichbed. *afrz.* vassal (< *mlat.* vas[s]alus) entlehnt. Dies stammt aus dem *Kelt.*, vgl. *walisisch* gwasawl „dienend" zu *walisisch* gwes „Diener".

Vase „Ziergefäß (meist für Schnittblumen)": Das bereits im 16. Jh. bezeugte, aber erst seit dem 18. Jh. allgemein übliche Wort ist aus gleichbed. *frz.* vase entlehnt, das auf *lat.* vas (vasis) „Gefäß, Geschirr" zurückgeht.

Vater: Die *gemeingerm.* Bezeichnung für „Haupt der Familie, Erzeuger, Ernährer" (*mhd.* vater, *ahd.* fater, *got.* fadar, *engl.* father, *schwed.* fader) geht mit Entsprechungen in anderen *idg.* Sprachen auf *idg.* *pətḗr „Vater, Haupt der Familie" zurück, vgl. z. B. *aind.* pitár „Vater", *griech.* patḗr „Vater" (↑Patriot und ↑Patriarch), *lat.* pater „Vater" (s. die Fremdwortgruppe um *Pater*). Die Deutung des *idg.* Wortes ist unsicher. Der alte *idg.* Verwandtschaftsname, der mit demselben Suffix gebildet ist wie die Verwandtschaftsbezeichnungen 'Mutter', 'Bruder' und 'Tochter', ist möglicherweise eine Bildung zu einem alten Lallwort der Kindersprache wie 'Papa' (vgl. auch *griech.* páppas, *lat.* papa) oder gehört zur *idg.* Wurzel *pō[i]- „hüten, schützen". Eine alte Bildung zu 'Vater' ist das unter ↑Vetter behandelte Wort. Siehe auch den Artikel *Gevatter*. Abl.: **väterlich** „vom Vater stammend; fürsorglich und voller Zuneigung" (*mhd.* veterlich, *ahd.* faterlīh). Zus.: **Vaterland** (12. Jh., *mhd.* vaterlant „Heimat, Himmel"; freie Übertragung von *lat.* patria „Vaterland"), dazu **vaterländisch** (18. Jh.); **Vatermörder** *ugs.* für „hoher, steifer Stehkragen" (19. Jh.; wohl volksetymologische Umdeutung von *frz.* parasite „Mitesser" [an den langen, nach oben gerichteten Ecken blieben leicht Speisereste hängen] zu parricide „Vatermörder", ein Wort also, das einem Mißverständnis seine Existenz verdankt); **Vaterunser** (nach den Anfangsworten des Gebetes, das Jesus in Matth. 6, 9 spricht, mit nachgestelltem Possessivpronomen, *mhd.* vater unser, *ahd.* fater unser, *got.* atta unsar, nach *lat.* pater noster, vgl. den Artikel *Paternoster*).

Vegetarier „jemand, der sich [ausschließlich] von pflanzlicher Kost ernährt": Die im 20. Jh. aufgekommene Form 'Vegetarier' ist aus älterem 'Vegetarianer' gekürzt, das im 19. Jh. aus gleichbed. *engl.* vegetarian entlehnt worden ist. Dies ist eine Bildung zu *engl.* vegetable „pflanzlich" (< *lat.* vegetabilis „belebend" zu *lat.* vegetare „beleben", vgl. den Artikel *Vegetation*). Abl.: **vegetarisch** „pflanzlich, Pflanzen..." (20. Jh.).

Vegetation „Pflanzenwuchs; gesamte Pflanzenwelt eines Gebietes": Das Fremdwort ist eine gelehrte Entlehnung des 17. Jh.s aus *mlat.* vegetatio „Wachstum", das auf *lat.* vegetatio „Belebung, belebende Bewegung" zurückgeht. Dies ist eine Bildung zu *lat.* vegetare „in Bewegung setzen, beleben", das zu *lat.* vegetus „rührig, lebhaft, munter" und weiter zu *lat.* vegere „munter, lebhaft sein" (etymologisch verwandt mit *dt.* ↑*wecken*) gehört. – Auf *lat.* vegetare beruht formal unser Verb **vegetieren** „kümmerlich, kärglich [dahin]leben", das im 18. Jh. aus *mlat.* vegetare „nähren, hegen" übernommen wurde. Gleichen Ausgangspunkt haben die Fremdwörter ↑Vegetarier, vegetarisch.

vehement „heftig, stürmisch, ungestüm": Das Adjektiv wurde Anfang des 18. Jh.s – wohl unter dem Einfluß von *frz.* véhement – aus gleichbed. *lat.* vehemens (-entis) entlehnt oder aber zu 'Vehemenz' (s. u.) gebildet. Das *lat.* Adjektiv gehört wahrscheinlich mit einer ursprünglichen Bed. „einherfahrend, auffahrend" zu *lat.* vehere „fahren" (vgl. den Artikel *Vehikel*). – Das Substantiv **Vehemenz** „Heftigkeit, Wildheit; Schwung" wurde Anfang des 18. Jh.s aus gleichbed. *lat.* vehementia entlehnt.

Vehikel: Der Ausdruck für „klappriges, altmodisches Fahrzeug" wurde im 17. Jh. aus *lat.* vehiculum „Fahrzeug, Transportmittel" entlehnt. Dies ist eine Bildung zu *lat.* vehere (vectum) „fahren; führen usw.", das mit *dt.* ↑*bewegen* etymologisch verwandt ist. Zu *lat.* vehere gehört wahrscheinlich auch ↑vehement „heftig, stürmisch" (ursprünglich wohl „einherfahrend, auffahrend").

Veilchen: Der in der heute üblichen Form seit dem 16. Jh. bezeugte Blumenname ist eine Verkleinerungsbildung zu gleichbed. älter *nhd.* Vei[e]l (*mhd.* vīel, *frühmhd.* vīol[e], *ahd.* viola). Der Name der Blume ist aus *lat.* viola „Veilchen" entlehnt (s. auch das Fremdwort *violett*), das seinerseits mit gleichbed. *griech.* íon (↑Levkoje und ↑Jod) zusammenhängt. Beide stammen vermutlich in unabhängiger Entlehnung aus einer gemeinsamen Quelle, vielleicht aus einer *nichtidg.* Mittelmeersprache.

Veitstanz: Die seit dem 16. Jh. bezeugte Krankheitsbezeichnung ist eine *frühnhd.* Lehnübersetzung von *mlat.* chorea sancti Viti. Der hl. Vitus, *hochd.* Veit, wurde als Helfer bei dieser Krankheit, die sich in nervösen Muskel- und Gliederzuckungen äußert, angerufen. Weshalb gerade der hl. Vitus, ein sizilianischer Märtyrer des 4. Jh.s, angerufen wurde, ist nicht sicher geklärt.

Velours: Die Bezeichnung für das samtartige Gewebe mit gerauhter, weicher Oberfläche wurde in neuerer Zeit aus *frz.* velours „Samt" entlehnt, das für älteres velous steht. Das *frz.* Wort stammt aus gleichbed. *aprov.* velos (eigentlich „zottig, haarig"), das auf *lat.* villosus „zottig, haarig" beruht. Dies gehört seinerseits zu *lat.* villus „zottiges Tierhaar" und weiter zu *lat.* vellus „abgeschorene, noch zusammenhängende Schafwolle" (etymologisch verwandt mit *dt.* ↑*Wolle*). – Siehe auch den Artikel [2]*Flor.*

Vene „Blutader": Das Fremdwort wurde im 17. Jh. als medizinischer Fachausdruck aus *lat.* vena „Blutader" entlehnt.

Ventil „Luft-, Dampfklappe; Absperrvorrichtung": Das Fremdwort ist eine gelehrte Entlehnung des 16. Jh.s aus *mlat.* ventile „Schleuse eines Wasserkanals". Dies gehört zu *lat.* ventus „Wind" (vgl. den Artikel *ventilieren*).

ventilieren „lüften, die Luft erneuern", auch übertragen gebraucht im Sinne von „sorgfältig erwägen, von allen Seiten durchdenken, eingehend erörtern": Das mit seiner eigentlichen Bed. „lüften" schon im 16. Jh. bezeugte Verb (die übertragene Verwendung setzte erst im 18. Jh. nach entsprechend *frz.* ventiler ein) ist aus *lat.* ventilare „in die Luft schwenken, schwingen; Luft fächeln; eingehend erörtern" entlehnt. Dies ist eine Bildung zu dem mit *dt.* ↑*Wind* urverwandten Substantiv *lat.* ventus „Wind". Abl.: **Ventilation** „Lufterneuerung, Lüftung, Luftwechsel" (18. Jh.; aus gleichbed. *frz.* ventilation < *lat.* ventilatio „das Lüften"); **Ventilator** „Gerät zum Absaugen und Bewegen von Luft; Lüfter" (18. Jh.; aus gleichbed. *engl.* ventilator, einer gelehrten Bildung zu *lat.* ventilare).

ver...: In dem Präfix ver... (*mhd.* ver-, *ahd.* fir-, far-, *mnd.* vör-, vor-) sind mehrere Vorsilben zusammengeflossen, die im *Got.* als faír- „heraus-", faúr „vor-, vorbei-" und fra- „weg-" noch getrennt sind, vgl. z. B. die *außergerm.* Entsprechungen *lat.* per-, por-, pro-, *griech.* peri-, par-, pro- und *aind.* pári, pr̥-, prá-. Die zugrundeliegenden *idg.* Formen *per[i], *pr̥-, *pro gehören zu dem *idg.* Wurzelnomen *per, das etwa „das Hinausführen über ..." bedeutete und die Grundlage zahlreicher Adverbien, Präpositionen und Präfixe bildet. Außer den obengenannten (s. die Artikel *per..., Per..., peri..., Peri..., pro..., Pro...*) gehören hierher z. B. noch *lat.* prae „vor, voraus" (↑prä..., Prä...), *dt.* ↑für (mit 'Fürst'), ↑vor (mit 'vorn, vorder, fordern'; nahe verwandt mit *griech.* pará „entlang, über – hinaus", ↑para..., Para...), ↑fort (mit 'fördern'), ↑früh (mit 'Frühling') und ↑fern. Darüber hinaus liegt *idg.* *per-, vielfach weitergebildet und erweitert, zahlreichen Nominalbildungen in fast allen *idg.* Sprachen zugrunde. Aus dem *dt.* Wortschatz gehören hierher die unter ↑*Frau* (mit 'Fron'), ↑*fremd,* ↑*frommen* (mit 'fromm') behandelten Wörter, ferner die verdunkelte Zusammensetzung ↑First (eigentlich „Hervorstehendes") und das ähnlich gebildete Wort ↑Frist (eigentlich „Bevorstehendes"), dem *giech.* présbys „alt" (s. den Artikel *Priester*) nahesteht. Zu der gleichen großen Sippe stellen sich schließlich die unter ↑*fahren* (eigentlich „hinüberführen, -kommen, übersetzen") und ↑*Gefahr* (zu *per- in der Bed. „unternehmen, wagen") behandelten *idg.* Wortgruppen, deren Bedeutungen sich schon sehr früh selbständig ausgebildet haben. – Die heutige Verwendung des Verbalpräfixes 'ver...' ist sehr vielseitig und mit den Bedeutungen der drei *got.* Präfixe kaum zu verbinden. Am ehesten entspricht 'ver...' *got.* fra- „weg" in den Verben, die ein Verarbeiten, Verbrauchen, Verderben oder Verschwinden bezeichnen. Dem stehen die Begriffe des „Verschließens" (in 'verkleben, verbauen'), des „Hinbringens der Zeit" (in 'verschlafen, versäumen') und des „Irregehens oder -führens" (in 'verlaufen, verführen') nahe. Zu Adjektiven bildet 'ver...' Bewirkungsverben (z. B. 'vergüten, verschönern'), zu Substantiven Verben des Verwandelns (z. B. 'versklaven, verfilmen') und Versehens (z. B. 'vergolden, verschalen'). Zu Weiterem s. die folgenden Artikel. *Ugs.* und *mdal.* ist 'ver...' oft an die Stelle von 'er...' und 'zer...' getreten ('verzählen' für 'erzählen', 'verreißen' für 'zerreißen').

verabfolgen ↑folgen.

verachten, verächtlich ↑[2]Acht.

veralten ↑alt.

Veranda: Die Bezeichnung für einen gedeckten und an den Seiten verglasten Anbau oder Vorbau an [Land]häusern wurde im 19. Jh. aus gleichbed. *engl.* veranda[h] übernommen. Das *engl.* Wort seinerseits stammt aus *port.* varanda „Geländer; Balustrade; Balkon". Die weitere Herkunft des Wortes ist ungewiß.

verankern ↑Anker.

veranlassen ↑lassen.

veranschaulichen ↑schauen.

veranschlagen ↑schlagen.

veranstalten ↑Anstalt.

verantworten: Das seit *mhd.* Zeit gebräuchliche Verb (*mhd.* verantwürten, verantworten) bedeutete zunächst verstärkt „antworten", dann speziell „vor Gericht antworten, eine Frage beantworten", danach „für etwas einstehen, etwas vertreten" und reflexiv „sich rechtfertigen". Um das Verb gruppieren sich die Bildungen **verantwortlich** „für etwas die Verantwortung tragend; Rechenschaft schuldend" (17. Jh.), dazu **Verantwortlichkeit,** und **Verantwortung** „das Verantworten; Verpflichtung, für etwas einzutreten oder die Folgen zu tragen" (15. Jh.), dazu **verantwortungslos, verantwortungsvoll, Verantwortungsgefühl** u. a.

veräppeln: Die Herkunft des *ugs.* Ausdrucks für „veralbern, zum besten halten", der erst in der ersten Hälfte des 20. Jhs. Verbreitung fand, ist unklar. Vielleicht gehört er im Sinne von „mit [faulen] Äpfeln bewerfen" zu 'Appel', der *niederd.* Entsprechung von *hochd.* ↑Apfel.

verargen ↑arg.
verarmen ↑arm.
verarschen ↑Arsch.
verarzten ↑Arzt.
verästeln ↑Ast.
Verb, Verbum „Zeitwort“: Der grammatische Fachausdruck ist eine gelehrte Entlehnung des 16. Jh.s aus *lat.* verbum „Wort, Ausdruck; Zeitwort“, das mit *dt.* ↑*Wort* urverwandt ist. Dazu stellt sich **verbal** „das Zeitwort betreffend; wörtlich, mit Worten, mündlich“, das im 18. Jh. aus *spätlat.* verbalis „das [Zeit]wort betreffend“ übernommen wurde. Siehe auch den Artikel *Adverb.*
verballhornen „(besonders ein Wort, einen Namen) aus Unkenntnis entstellen“: Das seit Beginn des 19. Jh.s bezeugte Verb ist von dem Namen des Lübecker Buchdruckers Joh. Ballhorn abgeleitet, bei dem im 16. Jh. eine fehlerhaft korrigierte Ausgabe des lübischen Rechtes erschien. Eine gleichbedeutende Ableitung ist das seltenere **ballhornisieren.**
Verband ↑binden.
verbannen ↑bannen.
verbarrikadieren ↑Barrikade.
verbauern ↑[3]Bauer
verbergen ↑bergen.
verbeugen, sich; Verbeugung ↑beugen.
verbiestern „verwirren, verstören; verärgern“, reflexiv „sich verirren; in eine falsche Richtung geraten; krampfhaft an etwas festhalten“: Das vor allem in der *nordd.* Umgangssprache gebräuchliche Verb geht zurück auf *mnd.* vorbīsteren „umherirren“. Dies gehört zu *mnd.* bīster (< *[m]niederl.* bijster) „umherirrend; gereizt“.
verbieten ↑bieten.
verbilligen ↑billig.
verbimsen ↑Bimsstein.
verbinden, verbindlich, Verbindlichkeit, Verbindung ↑binden.
verbittern, Verbitterung ↑bitter.
verblassen ↑blaß.
Verbleib, verbleiben ↑bleiben.
verbleichen „bleich, farblos werden“: Das Verb (*mhd.* verblīchen, *ahd.* farblīchan) ist eine Präfixbildung zu dem im *Nhd.* außer in 'verbleichen' und ↑erbleichen nicht mehr erhaltenen *altgerm.* einfachen starken Verb *mhd.* blīchen, *ahd.* blīchan „glänzen“, *niederl.* blijken „klar, deutlich sein, sich zeigen“, *aengl.* blīcan „glänzen, leuchten; erscheinen“, *aisl.* blīkja „glänzen, scheinen“. Dies ist eng verwandt mit dem unter ↑*bleich* behandelten Adjektiv und gehört mit diesem zu der unter ↑*Blei* dargestellten *idg.* Wurzelform. Im Gegensatz zu ↑erbleichen hat sich bei 'verbleichen' die starke Beugung erhalten, beachte besonders das substantivierte 2. Partizip **Verblichene** (altertümlich verhüllend für:) „Verstorbene“.
verbleuen ↑bleuen.
verblöden ↑blöd[e].
verblüffen: Das Verb gelangte im 18. Jh. aus dem *Niederd.* ins *Hochd.* und wurde schriftsprachlich. *Mnd.* vorblüffen „überraschen, überrumpeln“, dem *niederl.* verbluffen „einschüchtern“ entspricht, gehört zu dem einfachen Verb *niederd.* bluffen „jemandem einen Schrecken einjagen“, *[m]niederl.* bluffen, *engl.* to bluff „prahlen, großtun“ (vgl. den Artikel *Bluff*), das wohl lautnachahmenden Ursprungs ist.
verblümt ↑Blume.
verbohrt ↑bohren.
Verbot ↑bieten.
verbrämen „[ein Kleidungsstück] mit einem Rand (besonders aus Pelz) verzieren; (Negatives) verdecken“: Das Verb *mhd.* verbremen ist eine Präfixbildung zu dem einfachen Verb *mhd.* bremen „verbrämen“, das von dem Substantiv *mhd.* brem „Einfassung, Rand“ abgeleitet ist (beachte das noch in der Kürschnersprache gebräuchliche *nhd.* **Bräme** „kostbarer Kleider-, besonders Pelzbesatz“). Verwandt sind z. B. *niederl.* braam „Rand“ und *engl.* brim „Rand“. Die Herkunft der Wortgruppe ist ungewiß.
Verbrauch, verbrauchen, Verbraucher ↑brauchen.
verbrechen, Verbrechen, Verbrecher, verbrecherisch ↑brechen.
verbriefen ↑Brief.
verbringen ↑bringen.
verbrüdern ↑Bruder.
verbrühen ↑brühen.
Verbum ↑Verb.
Verbund ↑binden.
verbünden ↑Bund.
Verdacht: Das zuerst im 16. Jh. bezeugte Substantiv (beachte aber schon *mnd.* vordacht „Argwohn“) ist eine Bildung zu dem unter ↑*denken* behandelten Präfixverb 'verdenken' in dessen alter Bedeutung „Übles von jemandem denken, jemanden in Verdacht haben“. Abl.: **verdächtig** (*mhd.* verdæhtic „überlegt, vorbedacht“, dann „argwöhnisch, Verdacht hegend“, die passivische Bedeutung „mit Verdacht behaftet“ erst seit dem 17. Jh.), dazu **verdächtigen** „einen Verdacht gegen jemanden hegen“ (17. Jh.).
verdammen „für strafwürdig erklären, verurteilen, verwerfen“: Das nur *dt.* Verb (*mhd.* verdam[p]nen, *ahd.* firdamnōn) ist aus *lat.* damnare „büßen lassen, verurteilen, verwerfen“ entlehnt, das von *lat.* damnum „[Geld]buße; Verlust, Schaden, Nachteil“ abgeleitet ist. Daß das Verb 'verdammen' ursprünglich in der Kirchensprache im Sinne von „aus der göttlichen Gnade ausstoßen, verfluchen“ eine besondere Rolle spielte, zeigt einerseits das zum Fluchwort gewordene zweite Partizip **verdammt!,** andererseits das abgeleitete Substantiv **Verdammnis** „ewige Verworfenheit vor Gott, ewige Strafe“ (*mhd.* verdam[p]nisse).
verdattert: Der seit dem 18. Jh. gebräuchliche *ugs.* Ausdruck für „verwirrt“ ist das 2. Partizip von dem in mannigfachen Formen vorliegenden Verb 'dattern, fattern, taddern' „schwatzen, stottern; zittern“. Dieses Verb ist wahrscheinlich lautnachahmenden Ursprungs. Vgl. auch den Artikel *Tatterich.*
verdauen „genossene Speisen im Körper verarbeiten“: Das auf das *dt.* und *niederl.* Sprach-

gebiet beschränkte Präfixverb (*mhd.* verdöu[we]n, *ahd.* firdouwen, *niederl.* verduwen) gehört vermutlich zu dem unter ↑[1]*Tau* behandelten Verb und bedeutet eigentlich „verflüssigen, auflösen". Abl.: **verdaulich** „bekömmlich" (*mhd.* verde[u]wlich); **Verdauung** „das Verdauen" (15. Jh.).

Verdeck ↑Deck.

verdenken ↑denken.

verderben „schlecht werden, zugrunde gehen, beschädigen, zugrunde richten": Das seit *mhd.* Zeit bezeugte starke intransitive Verb (*mhd.* verderben „zunichte werden, umkommen, sterben"), mit dem sich das zugehörige schwache Veranlassungswort (*mhd.* verderben „zu Schaden bringen, zugrunde richten, töten") im *Nhd.* vermischt hat, ist im *germ.* Sprachbereich z. B. verwandt mit *aengl.* deorfan „sich anstrengen; arbeiten; in Gefahr sein; umkommen", *asächs.* đerbi „kräftig, böse" und *aisl.* djarfr „kühn", *außergerm.* z. B. mit der *balt.* Sippe von *lit.* dirbti „arbeiten". Abl.: **Verderb** „Verderben, Untergang" (*mhd.* verderp); **Verderben** (*mhd.* verderben, substantivierter Infinitiv); **verderblich** „Schaden bringend, nicht haltbar (von Speisen)" (15. Jh.); das Substantiv **Verderbnis** (*mhd.* verderpnisse) und das adjektivisch gebrauchte 2. Partizip des schwachen Verbs **verderbt** bezeichnen den Zustand moralischer Verkommenheit; das adjektivisch gebrauchte 2. Partizip des starken Verbs **verdorben** bedeutet „schlecht, unbrauchbar; verkommen".

verdeutlichen ↑deuten.

verdeutschen ↑deutsch.

verdienen, Verdienst, verdienstlich ↑dienen.

verdonnern ↑Donner.

verdoppeln ↑doppelt.

verdorben ↑verderben.

verdorren ↑dorren.

verdrehen ↑drehen.

verdreschen ↑dreschen.

verdrießen „Unwillen erregen": Die Präfixbildung (*mhd.* verdriezen „Überdruß, Langeweile erregen") enthält ein im *Dt.* untergegangenes einfaches Verb, das sich in Präfixbildungen wie *mhd.* be-, er-, verdriezen, *ahd.* ar-, bidriuzan erhalten hat, vgl. *got.* us-þriutan „beschwerlich fallen", *aengl.* đrēotan „plagen, ermüden", *aisl.* þrjōta „ermüden, mangeln". Dieses Verb gehört mit verwandten Wörtern in anderen *idg.* Sprachen zur *idg.* Wurzelform *treu-d- „quetschen, stoßen, drücken", vgl. z. B. *lat.* trudere „stoßen, drängen" (↑abstrus) und die *slaw.* Sippe von *russ.* trudit'sja „sich mühen". Siehe auch den Artikel *Überdruß*. – Adjektivisch gebraucht wird das 2. Partizip **verdrossen** „mißmutig und lustlos" (*mhd.* verdrozzen) mit der Verneinung **unverdrossen** (*mhd.* unverdrozzen). Zu 'verdrießen' stellen sich die Bildungen **Verdruß** „Mißmut, Ärger" (*mhd.* verdruz) und **verdrießlich** „mißmutig; ärgerlich" (15. Jh.).

verdrücken ↑drücken.

verdummen ↑dumm.

verdunkeln ↑dunkel.

verdünnen ↑dünn.

verdunsten ↑Dunst.

verdüstern ↑düster.

verdutzt: Das 2. Partizip von *mnd.* vordutten „verwirren" erscheint in *hochd.* Texten im 17. Jh. als 'verduttet', im 18. Jh. als 'vertutzt'. Das *mnd.* Verb gehört wie *mniederl.* dutten „verrückt sein", *engl. mdal.* to dudder „erschauern, zittern", *norw. mdal.* dudra „zittern" zu der unter ↑*Dunst* dargestellten *idg.* Wortgruppe.

verebben ↑Ebbe.

verehelichen ↑Ehe.

Verein ↑[1]ein.

vereinbaren: Das Verb *mhd.* vereinbæren „einträchtig machen, vereinigen, übereinkommen" ist eine Präfixbildung zu *mhd.* einbæren, das von dem Adjektiv *mhd.* einbære „einhellig, einträchtig" (zu ↑[1]ein und ↑...bar) abgeleitet ist. Abl.: **Vereinbarung** „das Vereinbaren; Abmachung" (16. Jh.).

vereinen ↑[1]ein.

vereinigen ↑[1]einig.

vereiteln ↑eitel.

verenden ↑Ende.

verengen ↑eng.

vererben ↑[1]Erbe.

verfahren: Das Verb (*mhd.* vervarn, *mnd.* vorvāren, *ahd.* firfaran, *aengl.* forfaran) ist eine *westgerm.* Präfixbildung zu dem unter ↑*fahren* behandelten Verb. Es bedeutete zunächst „vorüberziehen, weggehen (sterben, verderben); irrefahren", dann auch – zuerst in der *mnd.* Rechtssprache – „(in einer bestimmten Weise) vorgehen; etwas behandeln". Die Bed. „irrefahren" lebt in 'sich verfahren' und in der Wendung 'eine verfahrene Situation' fort. Abl.: **Verfahren** „Behandlungsweise; Prozeß" (18. Jh.).

Verfall, verfallen ↑fallen.

verfangen, verfänglich ↑fangen.

verfassen, Verfasser, Verfassung ↑fassen.

verfehlen, Verfehlung ↑fehlen.

verfeinden, sich ↑Feind.

verfeinern ↑fein.

verfemen ↑Feme.

verfilzen ↑Filz.

verfinstern ↑finster.

verflechten ↑flechten.

verflixt ↑fluchen.

verfluchen, verflucht ↑fluchen.

verflüchtigen ↑[2]Flucht.

verfolgen, Verfolger, Verfolgung ↑folgen.

verfremden ↑fremd.

verfügen: Das Präfixverb *mhd.* vervüegen „passen, anstehen" hat wie *mnd.* vorvögen auch die Bed. „veranlassen; bestimmen, was geschehen soll; anordnen" (eigentlich „einrichten") und ist in dieser Bedeutung im *Nhd.* ein typisches Behördenwort geworden. *Frühnhd.* bedeutete es auch „schicken", daher noch jetzt das papierdeutsche 'sich an einen Ort verfügen' „sich irgendwohin begeben". Als 'über etwas verfügen' (19. Jh.) bedeutet es „etwas besitzen, haben, sich einer Sache uneingeschränkt bedienen". Abl.: **verfügbar** „zur Verfügung stehend" (19. Jh.; als Übersetzung des Fremdwortes 'disponibel'); **Verfügung** (im 17. Jh. für „Anordnung"; auch „das Verfügenkönnen, -dürfen", besonders in den Wendungen 'zur Verfügung stellen' und 'zur Verfügung stehen').

verführen, Verführer, verführerisch ↑führen.

vergällen ↑[1]Galle.

vergattern „vor der Wachablösung zusammenrufen und zur Einhaltung der Vorschriften verpflichten", heute auch *ugs.* im Sinne von „jemanden zu etwas [dienstlich] verpflichten" verwendet: Das Grundwort der *mhd.* Präfixbildung vergatern „versammeln" entspricht *mnd.* gāderen „sammeln, zusammenbringen" und *engl.* to gather „sammeln". Es ist eng verwandt mit den unter ↑*Gatte,* ↑*Gatter* und ↑*Gitter* behandelten Wörtern (vgl. den Artikel *gut*). Abl.: **Vergatterung** „das Vergattern" (*mhd.* vergaterunge „Vereinigung, Versammlung").

vergeben, vergebens, vergeblich ↑geben.

vergegenwärtigen ↑gegen.

vergehen, Vergehen ↑gehen.

vergeistigen ↑Geist.

vergelten ↑gelten.

vergessen: Das *westgerm.* Präfixverb *mhd.* vergeȥȥen, *ahd.* firgeȥȥan, *niederl.* vergeten, *aengl.* forgietan enthält – wie auch *got.* bigitan „finden" – als Grundwort ein einfaches Verb, das in *aisl.* geta „erreichen, erlangen" (aus dem *Nord.* entlehnt *engl.* to get „bekommen, erhalten") vorliegt. Dies geht mit verwandten Wörtern in anderen *idg.* Sprachen auf die *idg.* Wurzel *ghed- „fassen, ergreifen" zurück, zu deren nasalierter Form *ghend- z. B. auch *lat.* praehendere „fassen, ergreifen" (↑Prise) gehört. Die Grundbedeutung von 'vergessen' ist also, da die Vorsilbe ↑*ver...* die Bedeutung des Verbs in ihr Gegenteil verkehrt, „aus dem [geistigen] Besitz verlieren". Das Veranlassungswort zu dem einfachen Verb steckt in dem unter ↑*ergötzen* behandelten Verb. Abl.: **Vergessenheit** „das Vergessensein" (*mhd.* vergeȥȥenheit); **vergeßlich** „leicht und immer wieder etwas vergessend" (*mhd.* vergeȥȥe[n]lich, die heutige kürzere Form seit dem 15. Jh.), dazu **Vergeßlichkeit** (16. Jh.). Siehe auch den Artikel *Vergißmeinnicht.*

vergeuden „nutzlos vertun": *Mhd.* vergiuden ist eine Präfixbildung zu dem im *Nhd.* untergegangenen einfachen Verb *mhd.* giuden „prahlen, großtun; verschwenderisch leben". Dieses Verb gehört vermutlich im Sinne von „den Mund aufreißen" zu der unter ↑*gähnen* behandelten *idg.* Wortgruppe.

vergewaltigen ↑Gewalt.

vergewissern ↑gewiß.

vergilben ↑gelb.

Vergißmeinnicht: Der Blumenname ist seit dem 15. Jh. bezeugt. Er setzt sich aus der verneinten Befehlsform von ↑*vergessen* und ihrem Objekt, dem heute veralteten Genitiv Singular des Personalpronomens der 1. Person, zusammen. Liebende pflegten die Blumen einander beim Abschied zu schenken, um die Erinnerung wachzuhalten.

vergittern ↑Gitter.

verglasen ↑[1]Glas.

Vergleich, vergleichen ↑gleich.

vergnatzen: Der *ugs.* Ausdruck für „verärgern" – gebräuchlich ist vor allem das 2. Partizip **vergnatzt** „ärgerlich; mürrisch" – stammt aus dem *Niederd.* Er gehört zu einem veralteten einfachen Verb **gnatzen** „mürrisch sein, nörgeln", das wie 'knottern' lautnachahmenden Ursprungs ist und eigentlich „knurren" o. ä. bedeutet. Beachte auch die Adjektivbildung **gnatzig** *ugs.* für „mürrisch, gereizt".

vergnügen: Das Verb *mhd.* vergenüegen ist von dem *mhd.* Adjektiv genuoc „hinreichend" (vgl. den Artikel *genug*) abgeleitet. Es bedeutete zunächst „zufriedenstellen, befriedigen", dann „jemandem eine Freude machen" und seit dem 18. Jh. auch „fröhlich machen, ergötzen". Die ursprüngliche Bedeutung ist in *niederl.* vergenoegen „zufriedenstellen" bewahrt. Sehr gebräuchlich ist das adjektivisch verwendete 2. Partizip **vergnügt** „heiter und zufrieden; fröhlich". Der substantivierte Infinitiv **Vergnügen** „Freude, Belustigung" war ursprünglich ein Wort der Geschäfts- und Rechtssprache (*mhd.* vergenüegen „Bezahlung, Zufriedenstellung"), lehnte sich jedoch in der Bedeutungsentwicklung an das Verb an. Abl.: **vergnüglich** „besinnlich, heiter" (17. Jh.); **Vergnügungen** (im Singular seit dem 16. Jh., dann gegenüber 'Vergnügen' zurücktretend, aber als Ersatz für den nicht üblichen Plural von 'Vergnügen' seit dem 18. Jh.).

vergolden ↑Gold.

vergöttern ↑Gott.

vergreifen ↑greifen.

vergreisen ↑greis.

vergriffen ↑greifen.

vergröbern ↑grob.

vergrößern ↑groß.

vergüten ↑gut.

verhaften, verhaftet ↑haften.

verhallen ↑Hall.

verhalten, Verhalten, Verhältnis ↑halten.

verhandeln, Verhandlung ↑handeln.

Verhängnis: *Mhd.* verhencnisse „Zulassung, Einwilligung, Schickung" ist eine Substantivbildung zu dem zusammengesetzten Verb *mhd.* verhengen „hängen lassen oder schießenlassen; nachgeben, geschehen lassen; ergehen lassen" (vgl. *hängen*). In der Reformationszeit wurde 'Verhängnis' im Sinne von „[göttliche] Fügung", in der Aufklärungszeit im Sinne von „Schicksal" gebraucht. Heute bedeutet das Wort besonders „schlimmes Schicksal, Unheil, Unglück".

verhaspeln, sich (*ugs.* für:) „sich [dauernd] versprechen; die Worte durcheinanderbringen": Das seit dem 16. Jh. bezeugte Wort ist eine Präfixbildung zu dem heute wenig gebräuchlichen Verb **haspeln** „[auf]winden, -spulen; hastig sprechen" (*spätmhd.* haspelen „Garn wickeln"). Es wurde von Anfang an nur übertragen im Sinne von „verwirren" gebraucht. Das einfache Verb 'haspeln' ist eine Ableitung von dem Substantiv **Haspel** „Seil-, Garnwinde, -spule" (*mhd.* haspel „Seil-, Garnwinde", *ahd.* haspil „Garnwinde"), einer Bildung zu dem Substantiv **Haspe** „Fenster-, Türhaken" (*mhd.* haspe „Türhaken; Garnwinde", *ahd.* haspa „Strang oder Knäuel Garn"; vgl. *engl.* hasp „[Tür-, Fenster]haken, Spange; Spule [für Garn]", *schwed.* hasp „[Tür-, Fenster]haken, Krampe"). Die Herkunft dieser *germ.* Wortgruppe ist ungeklärt. Der reflexive Gebrauch im Sinne von „sich [dauernd] versprechen" ist seit dem 18. Jh. belegt.

verhätscheln ↑ hätscheln.

Verhau, verhauen ↑ hauen.

verheddern, [sich] (*ugs.* für:) „[sich beim Sprechen] verwirren": Das seit dem Ende des 18. Jh.s bezeugte ursprünglich *niederd.* Verb ist von *niederd.* ↑*Hede* „Werg, in der Hechel zurückbleibendes Gewirr kürzerer Fasern" abgeleitet.

verheeren „verwüsten, zerstören": Das Verb *mhd.* verhern, *ahd.* farheriōn „mit einer Heeresmacht überziehen, verwüsten, verderben" ist eine verstärkende Präfixbildung zu dem im *Nhd.* untergegangenen einfachen Verb *mhd.* her[e]n, herjen, *ahd.* heriōn „verwüsten, raufen, plündern", *engl.* to harry, (älter:) to harrow „verwüsten, plündern, berauben", *aisl.* herja „einen Raubzug unternehmen". Dieses Verb ist von dem unter ↑*Heer* behandelten Substantiv abgeleitet. Beachte dazu das adjektivisch verwendete erste Partizip **verheerend** „furchtbar, scheußlich" und die Substantivbildung **Verheerung** „das Verheeren, Zerstörung" (*spätmhd.* verherunge).

verhehlen ↑ hehlen.

verheimlichen ↑ heimlich.

verheißen, Verheißung ↑ heißen.

verherrlichen ↑ herrlich.

verhexen ↑ hexen.

verhoffen ↑ hoffen.

verhökern ↑ Höker.

verhohnepipeln: Der *ugs.* Ausdruck für „verspotten, ins Lächerliche ziehen" ist unter volksetymologischer Anlehnung an ↑ Hohn aus *obersächs.* hohlhippeln „verspotten, schmähen" entstellt. Dies geht auf *mhd.* holhipen „schelten, schmähen" zurück, eine Ableitung von *mhd.* holhipe „dünnes Gebäck, Waffel", das wohl zunächst „'holhipen' ausrufen und verkaufen" bedeutete.

verholen ↑ holen.

Verhör, verhören ↑ hören.

verhunzen ↑ hunzen.

verhüten ↑ hüten.

verhütten, Verhüttung ↑ Hütte.

verifizieren „durch Überprüfen die Richtigkeit einer Sache bestätigen": Das Verb wurde im 17. Jh. aus *mlat.* verificare „prüfen" entlehnt, einer Bildung aus *lat.* verus „wahr, richtig" (vgl. *wahr*) und *lat.* facere „machen" (vgl. *Fazit*). Dazu: **Verifikation** (19. Jh.; aus gleichbed. *mlat.* verificatio).

verirren ↑ irren.

verjubeln ↑ jubilieren.

verjüngen ↑ jung.

verkappen, verkappt ↑ Kappe.

verkapseln ↑ Kapsel.

verkarsten ↑ Karst.

Verkauf, verkaufen, Verkäufer ↑ kaufen.

verkehren: Das Verb *mhd.* verkēren „umkehren, umwenden, verdrehen, ins Entgegengesetzte verändern, eine falsche Richtung geben" ist eine Präfixbildung zu dem unter ↑ [1]*kehren* „[um]wenden" behandelten einfachen Verb. Die ursprüngliche Bedeutung ist besonders noch im adjektivisch gebrauchten 2. Partizip **verkehrt** „entgegengesetzt, falsch" bewahrt. Die jetzt vorherrschende Bedeutung des Verbs „Umgang mit jemandem haben" entwickelte sich erst im 18. Jh. vielleicht aus der Verwendung im Sinne von „in Austausch bringen, Handel treiben", vgl. bereits *mnd.* vorkēren „in Handelsverkehr treten; unterwegs sein, um Handel zu treiben". Dies wird gestützt durch die Substantivbildung **Verkehr** (18. Jh.), deren ursprüngliche Bedeutung „Handel[sverkehr], Umsatz, Vertrieb von Waren" war. Aus ihr hat sich die allgemeinere Bedeutung „Umgang, gesellschaftlicher Kontakt" entwickelt. Die heute vorherrschende Verwendung des Wortes im Sinne von „Bewegung, Beförderung von Personen, Gütern, Fahrzeugen auf dafür vorgesehenen Wegen" kam in der 2. Hälfte des 19. Jh.s auf, beachte dazu Zusammensetzungen wie 'Verkehrsampel, Verkehrshindernis, Verkehrsunterricht' und 'Straßenverkehr, Schienenverkehr'. Verhüllend wird 'Verkehr' auch für 'Geschlechtsverkehr' gebraucht, beachte dazu die Fügung 'mit jemandem Verkehr haben'. – Vom 2. Partizip abgeleitet ist **Verkehrtheit** (*spätmhd.* verkērtheit „Arglist"; die heutige Bedeutung seit der 2. Hälfte des 18. Jh.s).

Verkehrsampel ↑ Ampel.

verkennen ↑ kennen.

verketten ↑ Kette.

verklagen ↑ klagen.

verklären ↑ klar.

verklausulieren ↑ Klausel.

verknacken ↑ knacken.

verknacksen ↑ Knacks.

verknallen ↑ Knall.

verknappen ↑ knapp.

verkneifen, verkniffen ↑ kneifen.

verknöchern, verknöchert ↑ Knochen.

verknorpeln ↑ Knorpel.

verknusen: Das Verb ist heute nur noch in der Wendung 'jemanden, etwas nicht verknusen können' *ugs.* für „jemanden, etwas nicht leiden können" gebräuchlich. Es ist eine Präfixbildung zu einem im *Hochd.* untergegangenen einfachen Verb, das in *niederd.* knusen „zerdrücken, mit den Zähnen zermalmen" vorliegt, beachte dazu *mhd.* verknüsen „zerreiben" und *ahd.* firknussan „zermalmen". Verwandt sind z. B. *aengl.* cnyssan „[zer]schlagen, zermalmen überwältigen" und *niederl.* kneuzen „quetschen". Das Wort gehört zu einer umfangreichen Gruppe *germ.* Wörter, die mit kn- anlauten und von einer Bed. „zusammendrücken, ballen, pressen, klemmen" ausgehen (vgl. den Artikel *Knust*). Demnach hatte 'verknusen' zunächst den Sinn „verdauen" und wurde dann übertragen im Sinne von „innerlich verarbeiten, mit etwas fertig werden" verwendet.

verkohlen ↑Kohl.
verkommen, Verkommenheit ↑kommen.
verkorksen: Die Herkunft des *ugs.* Ausdrucks für „falsch, schlecht machen; verderben" ist nicht sicher geklärt. Vielleicht handelt es sich dabei um eine Präfixbildung zu einem nur noch *mdal.* gebräuchlichen Verb 'gork[s]en' „gurgelnde o. ä. Laute hervorbringen", die dann volksetymologisch an 'verkorken' als „falsch korken" angelehnt wurde.
verkörpern ↑Körper.
verköstigen ↑Kost.
verkrachen ↑krachen.
verkraften ↑Kraft.
verkrümeln ↑Krume.
verkrüppeln ↑Krüppel.
verkühlen ↑kühl.
verkümmern ↑Kummer.
verkünden, verkündigen ↑künden.
verkuppeln ↑kuppeln.
Verlag ↑legen.
verlagern ↑lagern.
verlanden ↑Land.
verlangen „begehren, fordern": *Mhd.* verlangen „sehnlichst begehren" ist eine Präfixbildung zu dem einfachen Verb *mhd.* langen, *ahd.* langēn „verlangen, gelüsten", dem *engl.* to long „sich sehnen" und *aisl.* langa „sich sehnen" entsprechen. Die Verben sind von dem unter ↑*lang* behandelten Adjektiv abgeleitet. 'Verlangen' wurde ursprünglich unpersönlich gebraucht. Die Bedeutung „begehren" entwikkelte sich aus „(zeitlich) lang dünken". Der substantivierte Infinitiv **Verlangen** ist seit dem 16. Jh. bezeugt.
verläppern ↑läppern.
Verlaß, verlassen, verläßlich ↑lassen.
Verlaub: Die im *Hochd.* seit dem 16. Jh. belegte Formel 'mit Verlaub' setzt *mnd.* 'mit vorlōve' „mit Erlaubnis" fort, das ebenfalls schon zur Einführung einer freimütigen Bemerkung diente. *Mnd.* vorlōf ist eine Substantivbildung zu *mnd.* verlöven „erlauben, genehmigen", einer Nebenform zu dem unter ↑*erlauben* behandelten Verb.
Verlauf, verlaufen ↑laufen.
verlautbaren, verlauten ↑laut.
verleben, verlebt ↑leben.
¹verlegen „befangen, leicht verwirrt, beschämt, unsicher": Das Adjektiv *mhd.* verlegen ist eigentlich das 2. Partizip zu einem heute nicht mehr gebräuchlichen Verb *mhd.* verligen „durch Liegen Schaden nehmen, durch zu langes Liegen in Trägheit versinken" (vgl. *liegen*). Die Bedeutungsgeschichte führt von „träge, untätig" über „unschlüssig, zweifelhaft, ratlos" zu dem heutigen, seit dem 18. Jh. geltenden Sinn. Abl.: **Verlegenheit** (*mhd.* verlegenheit „schimpfliche Untätigkeit"; erst im 18. Jh. – im Anschluß an die heutige Bedeutung von 'verlegen' – kam die Verwendung im Sinne von „Befangenheit, Unsicherheit" auf).
²verlegen, Verleger ↑legen.
verleiden ↑leid.
verleiten ↑leiten.
verlernen ↑lernen.
verlesen ↑lesen.
verletzen ↑letzen.
verleugnen ↑leugnen.
verleumden, Verleumder, verleumderisch, Verleumdung ↑Leumund.
verlieren: Das Präfixverb *mhd.* verliesen, *ahd.* farliosan (beachte auch *got.* fraliusan und *aengl.* forlēosan) enthält ein im *germ.* Sprachbereich untergegangenes einfaches Verb, das zu der unter ↑*los* behandelten Wortgruppe gehört. Das r von 'verlieren' (gegenüber *mhd.* verliesen) stammt aus Formen mit grammatischem Wechsel; die alten s-Formen kamen erst in *frühnhd.* Zeit völlig außer Gebrauch, sie sind aber bewahrt in den dazugehörigen Bildungen ↑*Verlies* und ↑*Verlust*.
Verlies: Das im 18. Jh. durch die Ritterromane in die Schriftsprache gelangte *niederd.* Wort ist eine Substantivbildung zu dem unter ↑*verlieren* behandelten Verb. Ursprünglich bedeutete es auch noch „Verlust" (vgl. *niederl.* verlies „Verlust"), dann „das Sichverlieren; Zustand, in dem man für andere nicht mehr sichtbar ist", schließlich „unterirdischer Raum, der sich verliert oder in dem man sich verliert; unterirdischer Kerker".
verloben, Verlöbnis, Verlobung ↑loben.
verlogen ↑lügen.
verlohnen ↑Lohn.
verlosen ↑Los.
verlottern ↑lottern.
verludern ↑Luder.
verlügen ↑lügen.
Verlust: Die Substantive *mhd.* verlust, *ahd.* farlust, *got.* fralusts sind Bildungen zu dem unter ↑*verlieren* behandelten Verb. Zur Bildung vgl. das Verhältnis von 'Frost' und 'frieren'. Abl.: **verlustig** (*mhd.* verlustec „Verlust erleidend", heute fast nur in festen Verbindungen wie 'jemanden einer Sache verlustig erklären' und 'einer Sache verlustig gehen').
vermachen, Vermächtnis ↑machen.
vermählen: Das seit dem 15. Jh. bezeugte Verb (*spätmhd.* vermehelen) ist eine Präfixbildung zu dem einfachen Verb *mhd.* mehelen „versprechen, verloben, vermählen", *ahd.* mahelen „vermählen", einer Ableitung von dem Substantiv *mhd.* mahel, *ahd.* mahal „Versammlung[sort], Gericht[sstätte]; Vertrag; Ehevertrag" (vgl. den Artikel *Gemahl*). In der Bed. „heiraten" wird das Verb reflexiv gebraucht und gehört heute dem gehobenen Sprachgebrauch an. – Dazu gebildet ist **Vermählung** „Heirat" (16. Jh.).
vermaledeien ↑maliziös.
vermehren ↑mehr.
vermeiden ↑meiden.
vermeinen, vermeintlich ↑meinen.
Vermerk ↑merken.
vermessen, Vermessenheit ↑messen.
vermieten ↑²Miete.
vermindern ↑minder.
vermissen ↑missen.
vermitteln ↑mittel.
vermöbeln ↑Möbel.
vermodern ↑Moder.

vermögen, Vermögen, vermögend ↑mögen.
vermummen ↑mummen.
vermuten, vermutlich, Vermutung ↑Mut.
vernachlässigen ↑lassen.
vernarben ↑Narbe.
vernarren ↑Narr.
vernebeln ↑Nebel.
vernehmen, vernehmlich, Vernehmung ↑nehmen.
verneigen, Verneigung ↑neigen.
verneinen ↑nein.
verniedlichen ↑niedlich.
Vernunft: Das nur *dt.* Substantiv *mhd.* vernunft, *ahd.* vernumft ist eine Bildung zu dem unter ↑*nehmen* behandelten Präfixverb vernehmen in dessen veralteter Bedeutung „erfassen, ergreifen" (beachte zur Bildung z. B. das Verhältnis von 'Zukunft' zu 'Zukommen'). 'Vernunft' bedeutete zunächst „Erfassung, Wahrnehmung", dann, auf Geistiges übertragen, „Erkenntnis[kraft], Einsicht". Abl.: **vernünfteln** „die Vernunft übertrieben genau anwenden" (17. Jh.; veraltend); **vernünftig** „voller Vernunft; einsichtig und besonnen; sinnvoll, klug" (*mhd.* vernünftic).
veröden ↑öde.
veröffentlichen ↑offen.
verpassen ↑passen.
verpatzen ↑patzen.
verpesten ↑Pest.
verpetzen ↑petzen.
verpfänden ↑Pfand.
verpfeifen ↑pfeifen.
verpflegen, Verpflegung ↑pflegen.
verpflichten ↑Pflicht.
verpfuschen ↑pfuschen.
verpichen ↑erpicht.
verplempern ↑plempern.
verpönt „verrufen, allgemein abgelehnt, mißbilligt": Das Wort ist das in adjektivischen Gebrauch übergegangene zweite Partizip des heute veralteten Verbs 'verpönen' (*mhd.* verpēnen) „mit einer Geldstrafe bedrohen, bei Strafe verbieten; mißbilligen". Das Verb ist von *mhd.* pēn[e] „Strafe" abgeleitet, das wie das Lehnwort ↑Pein auf *lat.* poena „Buße, Sühnegeld; Strafe; Kummer" zurückgeht.
verprassen ↑prassen.
verproviantieren ↑Proviant.
verpulvern ↑Pulver.
verpuppen ↑Puppe.
Verputz, verputzen ↑putzen.
verquicken: Das seit dem 17. Jh. bezeugte Wort war ein Fachausdruck der Alchimisten und Goldmacher und bedeutete ursprünglich „Metalle mit Quecksilber legieren" (vgl. *Quecksilber*). Seit dem 18. Jh. wird das Verb nur noch allgemein im Sinne von „fest vereinigen, vermengen" gebraucht.
verramschen ↑[1]Ramsch.
verraten: In dem *westgerm.* Präfixverb *mhd.* verrāten, *ahd.* farrātan, *niederl.* verraden, *aengl.* forrǣdan gibt die Vorsilbe ↑*ver...* dem Grundwort ↑*raten* die negative Bed. „durch falschen Rat irreleiten; auf jemandes Verderben sinnen". Daraus entwickelten sich die Bedeutungen „etwas zu jemandes Verderben unternehmen" und später dann „durch die Preisgabe von Geheimnissen verderben; etwas, worüber nicht gesprochen werden sollte, weitersagen". Diese negative Bedeutung, die in der Verwendung des Verbs im Sinne von „etwas erkennen lassen" vollständig verlorengegangen ist, ist im Substantiv **Verrat** (17. Jh.) erhalten. Die Zusammensetzung **Hochverrat,** in der 'hoch' eine Steigerung des Grundwortes bezeichnet, ist seit dem 17. Jh. bezeugt. Abl.: **Verräter** (*mhd.* verrāter, verrǣter); **verräterisch** „auf Vorrat zielend; ungewollt erkennend lassend" (*spätmhd.* verrǣterisch).
verräuchern ↑Rauch.
verrechnen ↑rechnen.
verrecken: Der derbe Ausdruck für „jämmerlich sterben, krepieren" (*mhd.* verrecken „die Glieder starr ausstreckend sterben") ist eine Präfixbildung zu dem unter ↑*recken* behandelten Verb. Er konnte ursprünglich ohne verächtlichen Nebensinn das Sterben des Menschen bezeichnen, wurde aber seit dem 17. Jh. fast nur noch auf das Vieh angewandt.
verreißen ↑reißen.
verrenken ↑renken.
verrennen ↑rennen.
verrichten ↑richten.
verrohen ↑roh.
verrosten ↑[2]Rost.
verrotten „durch Fäulnis mürbe werden und zerbröckeln": Das im 17. Jh. aus dem *Niederd.* ins *Hochd.* übernommene Verb geht auf *mnd.* vorrotten „verfaulen" zurück, eine Präfixbildung zu dem einfachen Verb *mnd.* rotten „faulen" (vgl. entsprechend *mniederl.* rotten „faulen"). Damit sind im *germ.* Sprachbereich verwandt z. B. *ahd.* rozēn „faulen", *engl.* to rot „faulen", *schwed.* rutten „verfault", ruttna „verfaulen", weiterhin *mnd.* rōten „Flachs rösten", *niederl.* roten „Flachs rösten", *schwed.* röta „Fäulnis, Eiterung verursachen; rösten" und *mhd.* rœzen „Flachs rösten". Die *außergerm.* Beziehungen sind unklar.
verrucht „verbrecherisch, verworfen": Das Adjektiv *mhd.* verruochet „achtlos, sorglos; ruchlos" ist eigentlich das 2. Part. zu *mhd.* verruochen „sich nicht kümmern, vergessen", dessen Präfix das Grundwort *mhd.* ruochen „sich kümmern, Sorge tragen" ins Gegenteil verkehrt. Verwandt sind die unter ↑*geruhen* und ↑*ruchlos* behandelten Wörter. Die heute übliche Bedeutung hat sich aus „achtlos gegenüber dem, was als geheiligt gilt", entwickelt.
verrückt „überspannt, närrisch": Das seit dem 16. Jh. gebräuchliche Adjektiv ist eigentlich das 2. Part. von **verrücken** (*mhd.* verrücken „von der Stelle rücken; aus der Fassung bringen, verwirren"; vgl. *rücken*).
Verruf, verrufen ↑rufen.
verrühren ↑rühren.
Vers „Gedichtzeile; kleinster Abschnitt des Bibeltextes": Das Substantiv *mhd., ahd.* vers „Vers; Strophe" ist wie entsprechend *niederl.* vers und *aengl.* fers aus *lat.* versus „das Um-

wenden; die gepflügte Furche; Reihe, Linie, Zeile; Vers" entlehnt. Das *lat.* Wort bedeutete ursprünglich „das Umwenden der Erde durch den Pflug und die dadurch entstandene Erdfurche" und ist eine Bildung zu *lat.* vertere (versum, älter auch: vorsum) „kehren, wenden, drehen". Dies gehört mit *lat.* vertex „Wirbel, Scheitel" (↑vertikal) zu der unter ↑*Wurm* dargestellten *idg.* Wortsippe. Groß ist die Zahl der *lat.* Bildungen zu *lat.* vertere, die in unserem Fremdwortschatz eine Rolle spielen. Vgl. hierzu im einzelnen die Artikel *versiert, Version, Aversion, Konversation, Konvertit, Kontroverse, pervers, Prosa, Revers, universal, Universität, Universum.*

versachlichen ↑Sache.

versacken „versinken, untergehen; sich senken": Das seit dem 19. Jh. zuerst in der Seemannssprache bezeugte Wort ist eine Präfixbildung zu dem ursprünglich *niederd.* Verb [2]**sacken** „sich senken" (*mnd.* sik sacken, entsprechend *niederl.* zakken, beachte auch gleichbed. *engl.* to sag), das seinerseits wahrscheinlich eine Intensivbildung zu dem unter ↑*sinken* behandelten Verb ist. Seit Anfang des 20. Jh.s wird 'versakken' *ugs.* für „eine liederliche, unsolide Lebensweise annehmen" gebraucht. Beachte auch **absacken** „sich nach unten senken; nachlassen, schlechter werden; herunterkommen, verkommen" (19. Jh.; *ugs.*).

versaften ↑Saft.

versagen, Versager ↑sagen.

versalzen ↑salzen.

Versand ↑senden.

versauen ↑Sau.

versauern ↑sauer.

versaufen ↑saufen.

versäumen, Versäumnis ↑[2]säumen.

verschalen ↑[2]Schale.

verschämt ↑Scham.

verscherzen ↑Scherz.

verschieden: Das zuerst im 17. Jh. in der Bed. „unterschiedlich, voneinander abweichend" bezeugte Adjektiv bedeutet eigentlich „sich getrennt habend" und ist das 2. Partizip zu **verscheiden** (*mhd.* verscheiden „weggehen, verschwinden; sterben"; vgl. *scheiden*). Abl.: **Verschiedenheit** (18. Jh.); **verschiedentlich** „verschiedene Male, mehrmals, öfter" (18. Jh.).

Verschlag, verschlagen ↑schlagen.

verschleiern ↑Schleier.

verschleißen „abnutzen": *Mhd.* verslīzen, *ahd.* farslīzan „abfasern [machen], abnutzen, aufbrauchen" ist eine verstärkende Präfixbildung zu *mhd.* slīzen, *ahd.* slīzan „spalten, reißen, abschälen" (entsprechend *aengl.* slītan, *schwed.* slita), das früher wie das Präfixverb gebraucht wurde, dann aber nur noch begrenzt als 'Federn schleißen' „den Flaum vom Kiel der Vogelfeder lösen" üblich war und schließlich nur noch *landsch.* veraltend für „Holz in feine Späne spalten" verwendet wird. *Mhd.* slīzen gehört zu der unter ↑*Schild* behandelten *idg.* Wurzel *[s]kel- „schneiden, zerspalten, aufreißen" (siehe auch *Schlitz*). Beachte auch das adjektivische 2. Partizip **verschlissen** „zerfasert, abgenutzt" (besonders von Kleidern). In Österreich ist 'verschleißen' auch im Sinne von „im Kleinhandel verkaufen" gebräuchlich. – Dazu: **Verschleiß** „Abnutzung" (1. Hälfte des 20. Jh.s), das in der in Österreich gebräuchlichen Bed. „Kleinverkauf" aber schon früher bezeugt ist.

verschlimmbessern, verschlimmern ↑schlimm.

verschlingen ↑[2]schlingen.

verschlissen ↑verschleißen.

verschlüsseln ↑Schlüssel.

verschmachten ↑schmachten.

verschmähen ↑schmähen.

verschmitzt: Das Adjektiv ist eigentlich das 2. Partizip zu *frühnhd.* verschmitzen „mit Ruten schlagen". Es entwickelte im 16. Jh. die Bed. „listig, schlau", eigentlich „durch Schlagen klug geworden" (↑verschlagen unter *schlagen*). Das einfache Verb *mhd.* smitzen kann aus *smick[e]zen entstanden sein und zu *mhd.* smicke „Rute, Peitschenende" oder aber unmittelbar zu *mhd.* smīzen in seiner Bed. „schlagen" (vgl. *schmeißen*) gehören.

verschneiden, Verschnitt, Verschnittener ↑schneiden.

verschnörkeln ↑Schnörkel.

verschollen: Das Adjektiv ist eigentlich das 2. Partizip des wenig gebräuchlichen starken Verbs **verschallen** „verklingen" (vgl. den Artikel *Schall*). Es bedeutet also eigentlich „verhallt, verklungen" und gilt seit dem Ende des 18. Jh.s als gerichtlicher Ausdruck: verschollen ist, von wem man seit langem nichts mehr gehört hat und wer sich auf wiederholte öffentliche Aufforderung nicht meldet.

verschöne[r]n ↑schön.

verschränken ↑schränken.

verschreiben ↑schreiben.

verschreien, verschrie[e]n ↑schreien.

verschroben „seltsam, wunderlich": Das seit dem 18. Jh. bezeugte Adjektiv ist eigentlich das im *Niederd.* und *Mitteld.* stark flektierte 2. Partizip des Verbs **verschrauben** „falsch schrauben", einer nicht mehr gebräuchlichen Präfixbildung zu dem Verb 'schrauben', das von dem unter ↑*Schraube* behandelten Substantiv abgeleitet ist.

verschrotten ↑Schrott.

verschrumpeln ↑schrumpfen.

verschüchtert ↑schüchtern.

verschwägern, verschwägert ↑Schwager.

verschweigen ↑schweigen.

verschwenden: Das Präfixverb *mhd., ahd.* verswenden „verschwinden machen, vernichten, vertilgen, aufbrauchen" ist das Veranlassungswort zu dem unter ↑*schwinden* behandelten starken Verb verschwinden. Aus der ursprünglichen Bedeutung „verschwinden machen" hat sich die heutige Bedeutung „leichtsinnig und nutzlos vertun", positiv gesehen im gehobenen Sprachgebrauch „in reicher Fülle austeilen, verschenken" entwickelt. Abl.: **Verschwender** (16. Jh.), dazu **verschwenderisch** (17. Jh.); **Verschwendung** (16. Jh.).

verschwiegen, Verschwiegenheit ↑schweigen.

verschwimmen ↑schwimmen.
verschwinden ↑schwinden.
verschwistert ↑Schwester.
verschwitzen ↑schwitzen.
verschwommen ↑schwimmen.
verschwören, Verschwörer, Verschwörung ↑schwören.
versehen, Versehen ↑sehen.
versehren (veraltet für:) „verletzen, beschädigen": *Mhd.* versēren „verletzen, verwunden" ist eine verstärkende Präfixbildung zu dem im *Nhd.* untergegangenen Verb *mhd.* sēren „verwunden", das von dem Substantiv *mhd., ahd.* sēr „Schmerz" abgeleitet ist (vgl. den Artikel *sehr*). Die Grundbedeutung ist also „Schmerz verursachen". Allgemein gebräuchlich sind heute noch das verneinte 2. Partizip **unversehrt** (*mhd.* unversēret), dazu **Unversehrtheit** (18. Jh.), und das substantivierte 2. Partizip **Versehrter** „Körperbehinderter" (vor dem 2. Weltkrieg; ursprünglich „durch Wehrdienstbeschädigung körperlich beeinträchtigter Soldat"), dazu die Zusammensetzungen **Kriegsversehrter, Versehrtensport** u. a.
versenden ↑senden.
versengen ↑sengen.
versenken, Versenkung ↑senken.
versessen ↑sitzen.
versetzen ↑setzen.
verseuchen ↑Seuche.
versichern, Versicherung ↑sicher.
versiegeln ↑Siegel.
versiegen „aufhören hervorzuquellen, vertrocknen": Das seit dem 17. Jh. bezeugte schwache Verb geht aus von dem 2. Partizip 'versiegen' des heute veralteten starken Verbs *frühnhd.* verseigen, verseihen (*mhd.* versīhen, 2. Partizip versigen) „vertrocknen", einer Präfixbildung zu dem unter ↑*seihen* behandelten einfachen Verb.
versiert „erfahren, bewandert, beschlagen, gewitzt": Das Adjektiv ist eigentlich das 2. Partizip des heute veralteten Verbs 'versieren' „sich aufhalten, verkehren; sich mit etwas beschäftigen". Vorbild war entsprechend *frz.* versé „versiert". Quelle des Verbs ist *lat.* versari „sich irgendwo herumbewegen; sich aufhalten, verweilen; sich mit einer Sache abgeben, sich beschäftigen" (eigentlich etwa „sich herumdrehen"), dessen 2. Partizip versatus gleichfalls schon im Sinne von „versiert" galt. Zugrunde liegt *lat.* versare „drehen, wälzen", eine Intensivbildung zu *lat.* vertere (versum) „kehren, wenden, drehen" (vgl. den Artikel *Vers*).
versilbern ↑Silber.
versimpeln ↑fachsimpeln.
versinken ↑sinken.
Version „Lesart; Fassung, Wiedergabe, Darstellung": Das Fremdwort ist in *dt.* Texten bereits für das 16. Jh. mit der Bed. „Übersetzung (eines Textes)" bezeugt. Es ist aus *frz.* version „Übersetzung; Lesart, Fassung" entlehnt, das auf einer *nlat.* Bildung (versio, -ionis) zu *lat.* vertere (versum) „kehren, wenden, drehen" beruht (vgl. den Artikel *Vers*).
versippt ↑Sippe.
versklaven ↑Sklave.
versoffen ↑saufen.
versohlen ↑Sohle.
versöhnen: Die *nhd.* Form mit ursprünglich *mdal.* -ö- hat sich im 19. Jh. gegenüber älterem 'versühnen' durchgesetzt. *Mhd.* versüenen, versuonen „sühnen, gutmachen; aussöhnen, versöhnen" ist eine verstärkende Präfixbildung zu dem unter ↑*Sühne* behandelten Verb 'sühnen'. Abl.: **versöhnlich** „zur Versöhnung bereit; tröstlich, erfreulich" (*spätmhd.* versüenlich); **Versöhnung** (*mhd.* versüenunge).
versonnen „in sich gekehrt, gedankenverloren": Das Adjektiv ist eigentlich das 2. Partizip zu dem heute nicht mehr gebräuchlichen Verb 'sich versinnen' „sich in Gedanken verlieren" (vgl. *sinnen*). *Mhd.* sich versinnen bedeutete noch „sich besinnen, verständig sein", das 2. Partizip versunnen „wohlbedacht, besonnen".
versorgen ↑Sorge.
verspäten ↑spät.
verspeisen ↑Speise.
versponnen „in sich gekehrt, verträumt": Das Adjektiv ist eigentlich das 2. Partizip des heute nur selten gebrauchten Verbs sich verspinnen (vgl. *spinnen*), von dessen Bedeutung „sich [wie ein Seidenwurm] durch Einspinnen verbergen" der heutige Wortgebrauch ausgeht.
versprechen, Versprechen, Versprechung ↑sprechen.
versprengen, versprengt ↑sprengen.
verstaatlichen ↑Staat.
verstädtern ↑Stadt.
Verstand „Auffassungsgabe, Denkfähigkeit, rechnende Klugheit": Das vereinzelt schon in älterer Zeit vorkommende Wort (*mhd.* verstant, *ahd.* firstand „Verständigung, Verständnis") hat seine heutige Bedeutung erst seit dem 16. Jh. entwickelt und besonders im 18. Jh. ausgeprägt. Es ist eine Bildung zu *ahd.* firstantan „verstehen" (vgl. verstehen). Zum Substantiv gebildet ist das Adjektiv **verständig** „mit Verstand begabt, klug" (*mhd.* verstendic „verständig, aufmerkend"), davon abgeleitet ist das Verb [sich] **verständigen** „mitteilen, sich verständlich machen; sich einigen" (17. Jh.). Das Adjektiv **verständlich** „gut zu verstehen" (*mhd.* verstentlich, *ahd.* firstantlīh) ist dagegen vom Verb *ahd.* firstantan abgeleitet, ebenso das Substantiv **Verständnis** „Verstehen; Einfühlungsvermögen" (*mhd.* verstentnisse, *ahd.* firstantnissi, entsprechend *mniederl.* verstandenisse), das im *Mhd.* und *Ahd.* auch in der Bedeutung von *nhd.* Verstand (s. o.) gebraucht wurde. Dazu stellen sich **verständnislos** und **verständnisvoll** (19. Jh.).
verstauben, verstaubt ↑Staub.
verstauchen „(ein Gelenk) durch eine gewaltsame oder unglückliche Bewegung verletzen": Das im 17. Jh. aus dem *Niederd.* ins *Hochd.* übernommene Verb (*niederd.* verstūken, entsprechend *niederl.* verstuiken) ist eine Präfixbildung zu dem heute nur noch fachsprachlich gebrauchten **stauchen** „stoßen" (16. Jh.; *niederd.* stūken, entsprechend *niederl.* stuiken).

Das einfache Verb, zu dem auch *ugs.* **zusammenstauchen** „energisch zurechtweisen" gehört, stellt sich wohl zu der unter ↑*stoßen* dargestellten Wortgruppe. Siehe besonders den Artikel *stochern.*

verstauen ↑stauen.

Versteck, verstecken ↑stecken.

verstehen: *Mhd.* verstēn, verstān, *ahd.* firstān, *niederl.* verstaan, anders gebildet *ahd.* firstantan, *aengl.* forstanden sind *westgerm.* Präfixbildungen zu dem unter ↑*stehen* behandelten Verb. Sie zeigen schon im *Ahd.* und *Aengl.* die übertragene Bed. „wahrnehmen, geistig auffassen, erkennen", deren Entstehung nicht sicher geklärt ist. Dazu tritt in *mhd.* Zeit die Bed. „klare Vorstellungen von etwas haben, etwas können" (z. B. '[sich auf] sein Handwerk verstehen'). Eine Substantivbildung zu 'verstehen' ist ↑Verstand. Zu einem veralteten zusammengesetzten Verb 'sich einverstehen' „übereinstimmen" (18. Jh.) gehören **einverstanden** „billigend, zustimmend" und **Einverständnis** „Billigung, Zustimmung; Übereinstimmung" (18. Jh.).

versteifen ↑steif.

versteigen ↑steigen.

versteigern, Versteigerung ↑steigern.

versteinern, Versteinerung ↑Stein.

verstellen, Verstellung ↑stellen.

versterben ↑sterben.

versteuern ↑Steuer.

verstiegen „überspannt; wirklichkeitsfern": Das seit dem 17. Jh. bezeugte Adjektiv ist eigentlich das 2. Partizip des Verbs (sich zu etwas) **versteigen** „(in etwas) zu weit gehen". Dies ist eine Präfixbildung zu ↑steigen. Abl.: **Verstiegenheit** „Überspanntheit, Wirklichkeitsfremdheit" (19. Jh.).

verstimmen ↑Stimme.

verstockt ↑stocken.

verstohlen „heimlich, unbemerkt": Das schon seit *mhd.* Zeit bezeugte Adjektiv (*mhd.* verstoln) ist eigentlich das 2. Partizip zu *mhd.* versteln „heimlich wegnehmen" (vgl. *stehlen*).

verstopfen, Verstopfung ↑stopfen.

Verstorbener ↑sterben.

verstört ↑stören.

Verstoß, verstoßen ↑stoßen.

verstreben ↑streben.

verstreichen ↑streichen.

verstricken „in etwas verwickeln": Das Verb *mhd.* verstricken „mit Stricken umschnüren, verflechten" ist eine verstärkende Präfixbildung zu *mhd.* stricken „knüpfen, schnüren, flechten" (vgl. den Artikel *Strick*).

verstümmeln ↑Stummel.

verstummen ↑stumm.

Versuch, versuchen, Versucher, Versuchung ↑suchen.

versumpfen ↑Sumpf.

versündigen, sich ↑Sünde.

versüßen ↑süß.

vertagen ↑Tag.

vertauschen ↑tauschen.

verteidigen: Zu dem unter ↑*Ding* behandelten Substantiv in seiner alten Bedeutung „Gericht[sversammlung]" gehört die Zusammensetzung *mhd.* tage-dinc, teidinc, *ahd.* taga-ding „Verhandlung [an einem bestimmten Tage]" (vgl. den Artikel *Tag*). Davon ist das Verb *mhd.* tagedingen, teidingen „tagen, gerichtlich verhandeln" abgeleitet, das mit dem Präfix 'ver...' die Bed. „vor Gericht vertreten, verteidigen" erhielt. Diese Bedeutung wurde seit dem 14. Jh. verallgemeinert. Danach wurde 'verteidigen' im Sinne von „[vor Angriffen] schützen" gebräuchlich. – Abl.: **Verteidiger, Verteidigung** (16. Jh.).

verteilen ↑Teil.

verteuern ↑teuer.

vertikal „senkrecht, lotrecht": Das Adjektiv wurde im 17. Jh. aus gleichbed. *spätlat.* verticalis (wörtlich etwa „scheitellinig"), einer Bildung zu *lat.* vertex (verticis) „Wirbel, Scheitel", gebildet. Stammwort ist *lat.* vertere (versum) „kehren, wenden, drehen" (vgl. den Artikel *Vers*). Beachte auch die Substantivierung **Vertikale** „vertikal verlaufende Linie, Senkrechte".

Vertiko: Der mit einem Aufsatz versehene Zierschrank soll nach einem Berliner Tischler namens Vertikow benannt sein (19. Jh.).

vertilgen ↑tilgen.

vertonen ↑²Ton.

vertrackt ↑trecken.

Vertrag, vertragen ↑tragen.

vertrauen, Vertrauen, vertraulich ↑trauen.

verträumen ↑Traum.

vertreiben ↑treiben.

vertreten, Vertreter ↑treten.

Vertrieb ↑treiben.

vertrocknen ↑trocken.

vertrösten ↑Trost.

vertun ↑tun.

vertuschen „einen peinlichen Vorfall nicht öffentlich bekanntwerden lassen; etwas geflissentlich verbergen": Die Herkunft des Präfixverbs (*mhd.* vertuschen „bedecken, verbergen, verheimlichen"), das im heutigen Sprachgefühl fälschlich mit dem unter ↑*Tusche* behandelten Wort verbunden wird, ist unklar.

verübeln ↑Übel.

verulken ↑Ulk.

verunglimpfen ↑glimpflich.

verunreinigen ↑rein.

verunstalten „entstellen": Das seit dem 16. Jh. bezeugte Verb gehört zu dem Adjektiv **ungestalt** „übel beschaffen, häßlich" (*mhd.* ungestalt, *ahd.* ungistalt). Das Adjektiv entstand als Gegenwort zu *mhd.* gestalt, *ahd.* gistalt „beschaffen, eingerichtet" (vgl. die Artikel *Gestalt* und *stellen*).

verursachen ↑Ursache.

verurteilen ↑Urteil.

vervielfältigen ↑viel.

vervollkommnen ↑voll.

verwahren ↑wahren.

verwahrlosen: Das auf das *dt.* und *niederl.* Sprachgebiet beschränkte ursprünglich transitive Verb (*mhd.* verwarlōsen „unachtsam behandeln oder betreiben", *niederl.* verwaarlozen „vernachlässigen, verwahrlosen") ist von dem Adjektiv *mhd.* warlōs „unbewußt", *ahd.* waralōs „achtlos" abgeleitet (vgl. den Artikel *wah-*

ren). Die heute übliche intransitive Verwendung des Verbs findet sich seit dem 16. Jh.

verwaisen ↑Waise.

verwalten, Verwalter, Verwaltung ↑walten.

verwandeln, Verwandlung ↑wandeln.

verwandt „zur Familie gehörig; innere Übereinstimmungen oder Beziehungen aufweisend": Das seit dem 15. Jh. bezeugte Adjektiv (*spätmhd.* verwant „zugewandt, zugehörig, verwandt", entsprechend *niederl.* verwant) ist eigentlich das 2. Partizip von *mhd.* verwenden in der Bed. „hinwenden" (vgl. den Artikel *wenden*). Beachte auch die Substantivierung **Verwandter** (16. Jh.). Abl.: **Verwandtschaft** „das Verwandtsein; Gesamtheit der Verwandten" (16. Jh.).

verwarnen, Verwarnung ↑warnen.

verwässern ↑Wasser.

verwechseln, Verwechslung ↑Wechsel.

verwegen „[toll]kühn, draufgängerisch, dreist": Das seit *mhd.* Zeit bezeugte Adjektiv (*mhd.* verwegen „frisch entschlossen") ist eigentlich das 2. Partizip zu dem starken Verb *mhd.* sich verwegen „sich frisch zu etwas entschließen". Dies ist eine Präfixbildung zu dem einfachen Verb *mhd.* [sich] wegen „die Richtung wohin nehmen, sich wohin bewegen" (vgl. *wägen*).

verwehren ↑wehren.

verweichlichen ↑weich.

verweigern ↑weigern.

verweilen ↑Weile.

[1]verweisen: *Mhd.* verwīzen, *ahd.* farwīzan „strafend oder tadelnd vorwerfen", *got.* fraweitan „Recht verschaffen, rächen", *niederl.* [ver]wijten „vorwerfen" sind Präfixbildungen zu dem im *Nhd.* untergegangenen einfachen Verb *mhd.* wīzen, *ahd.* wīzan „strafen, peinigen". Dieses Verb gehört im Sinne von „wahrnehmen" zu der unter ↑*wissen* dargestellten *idg.* Wurzel *u̯eid- „erblicken, sehen". Die heutige Bedeutung „tadeln, vorwerfen" hat sich aus dem Wortgebrauch im Sinne von „eine Schuld wahrnehmen, ein Vergehen bemerken" entwickelt (vgl. die gleiche Bedeutungsentwicklung bei *lat.* animadvertere „wahrnehmen, bemerken; rügen, ahnden, strafen"). Eine Rückbildung aus dem Verb ist **[1]Verweis** „Rüge, Tadel" (*spätmhd.* verwīz). – Verwandt mit '[1]verweisen' ist **[2]verweisen** „hinweisen; an eine andere Stelle weisen; verbannen" (*mhd.* verwīsen; vgl. *weisen*). Die beiden heute gleichlautenden Verben sind seit dem 15. Jh. formal zusammengefallen. Eine Rückbildung aus '[2]verweisen' ist **[2]Verweis** „Hinweis auf eine andere Textstelle".

verwelken ↑welk.

verweltlichen ↑Welt.

verwenden, Verwendung ↑wenden.

verwerfen, verwerflich, Verwerfung ↑werfen.

verwerten ↑wert.

verwesen „verfaulen, vermodern": In dem Verb *mhd.* verwesen sind zwei in *ahd.* Zeit noch getrennte Verben zusammengefallen, nämlich ein schwaches intransitives Verb *ahd.* firwesenen „verfallen, vergehen" und ein starkes transitives Verb *ahd.* firwesan „aufbrauchen, verzehren" (eigentlich „verschmausen", beachte z. B. *aengl.* wesan „schmausen"). Die heute allein gültige Bed. „vermodern" ist seit dem Ende des 15. Jh.s bezeugt. Abl.: **verweslich** (17. Jh.); **Verwesung** (*spätmhd.* verwesunge).

Verweser „Stellvertreter, Verwalter eines Amtes oder Landes": Das Substantiv *mhd.* verweser „Stellvertreter, Verwalter" ist eine Bildung zu dem Verb *mhd.* verwesen, *ahd.* firwesan „jemandes Stelle vertreten", dessen Grundwort 'wesen' „sein" bedeutet (vgl. den Artikel *Wesen*). Das Präfix 'ver...' hat hier den Sinn von „vor, für, an Stelle von". Häufiger als das einfache Wort sind heute die Zusammensetzungen 'Amts-, Pfarr-, Reichsverweser' u. a.

verwichsen ↑wichsen.

verwickeln, verwickelt, Verwicklung ↑wickeln.

verwildern ↑wild.

verwinden ↑überwinden.

verwirken, verwirklichen ↑wirken.

verwirren: Das Verb *mhd.* verwirren, verwerren, *ahd.* farwerran ist eine verstärkende Präfixbildung zu dem heute veralteten einfachen Verb 'wirren', älter *nhd., mhd.* werren, *ahd.* werran „verwickeln, durcheinanderbringen". Dies beruht vielleicht auf einer Erweiterung der unter ↑*Wurm* behandelten *idg.* Wurzel und bedeutete ursprünglich „drehen, [ver]wickeln". – Hierher kann auch das unter ↑*Wurst* behandelte Substantiv gehören. – Eine Bildung zu 'wirren' ist das bis ins 16. Jh. gebräuchliche Substantiv *mhd.* werre, *ahd.* werra „Krieg, Verwirrung", das dem Fremdwort ↑Guerilla zugrunde liegt. In der ersten Hälfte des 19. Jh.s kam das Substantiv **Wirren** „[politische] Verwicklungen" auf. – Eine Rückbildung aus 'wirren' ist das Adjektiv ↑wirr. Das Adjektiv **verworren** „unklar, unübersichtlich" (*mhd., ahd.* verworren) ist das 2. Partizip des ehemals starken Verbs 'verwirren'; dazu gebildet ist **Verworrenheit** (16. Jh.). Eine weitere Präfixbildung zu 'wirren' ist **entwirren** „ordnend auflösen, überschaubar machen" (*mhd.* entwirren), beachte auch die Bildung **Gewirr** „Durcheinander; wirre Ungeordnetheit" (*mhd.* gewerre). Eine lautspielerische Reduplikationsbildung zu 'wirren' ist **Wirrwarr** „Durcheinander, heillose Unordnung" (Ende des 15. Jh.s). Abl.: **Verwirrung** „Durcheinander; Verstörtheit" (15. Jh.).

verwittern „durch Witterungseinwirkung zerfallen, zerbröckeln": Das Verb gehört zu dem Substantiv 'Witterung', das in der alten Bergmannssprache „Dämpfe, die sich über Erzgängen lagern" bedeutete (vgl. den Artikel *wittern*). 'Verwittern' ist als bergmännisches Wort zuerst im 18. Jh. bezeugt und wurde ursprünglich nur auf den Verfall von Mineralien bezogen.

verwöhnen: *Mhd.* verwenen „in übler Weise an etwas gewöhnen; verwöhnen" ist eine Präfixbildung zu dem im *Nhd.* untergegangenen einfachen Verb *mhd.* wenen „gewöhnen", das auch in den unter ↑*gewöhnen* und ↑*entwöhnen* behandelten Verben steckt (vgl. *gewinnen*). Die

Form mit -ö- tritt seit dem 16. Jh. auf. 'Verwöhnen' bedeutete ursprünglich ganz allgemein „zu schlechten Gewohnheiten veranlassen", dann (meist mit Beziehung auf Kinder) „verziehen, verzärteln, verweichlichen". In adjektivischen Gebrauch übergegangen ist das Partizip **verwöhnt** „verzogen, anspruchsvoll" (*mhd.* verwenet „verwöhnt, bevorzugt, köstlich").

verworren, Verworrenheit ↑verwirren.

verwunden ↑wund.

verwundern ↑Wunder.

verwurzeln ↑Wurzel.

verwüsten ↑wüst.

verzagen ↑zag.

verzahnen ↑Zahn.

verzärteln ↑zart.

verzaubern ↑Zauber.

Verzehr, verzehren ↑zehren.

verzeichnen, Verzeichnis ↑zeichnen.

verzeihen ↑zeihen.

verzerren, Verzerrung ↑zerren.

[1]verzetteln „vertun, vergeuden": Das seit dem 16. Jh. bezeugte Verb ist eine Iterativbildung zu dem heute veralteten 'verzetten' „aus-, verstreuen, vereinzelt fallen lassen, verlieren" (*mhd.* verzetten). Dieses Verb ist eine Präfixbildung zu *mhd.* zetten „[ver-, aus]streuen, vereinzelt fallen lassen", *ahd.* zetten „ausbreiten", das mit der *nord.* Sippe von *aisl.* teđja „düngen" (eigentlich „Mist streuen") verwandt ist (vgl. [1]*Zettel*).

[2]verzetteln ↑[2]Zettel.

Verzicht: Das Substantiv *mhd.* verziht „Verzichtleistung, Entsagung", das ursprünglich vorwiegend in der Rechtssprache verwendet wurde, ist eine Bildung zu dem unter ↑*zeihen* behandelten Präfixverb 'verzeihen'. Auszugehen ist von 'zeihen' in der ursprünglichen Bed. „sagen", die bei der Präfixbildung 'verzeihen' zu der im 18. Jh. veraltenden Bedeutung „versagen, verzichten" führte. Diese Bedeutung hat sich im Substantiv 'Verzicht' erhalten. Das seit dem Ende des 18. Jh.s bezeugte, von 'Verzicht' abgeleitete Verb **verzichten** „einen Anspruch aufgeben" löste das bis dahin gebräuchliche Verb 'verzeihen' in der entsprechenden Bedeutung ab.

verziehen ↑ziehen.

verzieren, Verzierung ↑Zier.

verzinsen ↑Zins.

verzögern, Verzögerung ↑zögern.

verzollen ↑[1]Zoll.

verzücken, verzückt ↑entzücken.

Verzug ↑ziehen.

verzweifeln ↑Zweifel.

verzweigen ↑Zweig.

Vesper „Abendandacht, Abendgottesdienst", in Süddeutschland und Österreich auch für „Zwischenmahlzeit (besonders am Nachmittag); Abendbrot": Das Wort *mhd.* vesper, *ahd.* vespera „die vorletzte kanonische Stunde (6 Uhr abends)" wurde im Bereich des Klosterwesens aus *lat.-kirchenlat.* vespera „Abend, Abendzeit; die Zeit von sechs Uhr abends" entlehnt. Dies ist urverwandt mit *griech.* hespéra „Abend[zeit]" (vgl. den Artikel *Westen*). – Abl.: **vespern** „einen [Nachmittags- oder Abend]imbiß einnehmen" (18. Jh.; vorwiegend in Süddeutschland und in Österreich gebräuchlich).

Vestibül: Die Bezeichnung für „Vorhalle, Eingangshalle (in einem Theater oder Hotel)" wurde im 19. Jh. aus gleichbed. *frz.* vestibule entlehnt, das auf *lat.* vestibulum „Vorhof, Vorplatz; Eingang" zurückgeht.

Veteran „altgedienter Soldat; im Dienst ergrauter, bewährter Mann": Das Fremdwort wurde im 18. Jh. aus gleichbed. *lat.* veteranus entlehnt, einer Bildung zu *lat.* vetus „alt". Über weitere etymologische Zusammenhänge vgl. den Artikel *Widder*.

Veterinär „Tierarzt": Die Anfang des 19. Jh.s im Heereswesen als Amtsbezeichnung aufgekommene Bezeichnung ist aus gleichbed. *frz.* vétérinaire entlehnt, das auf *lat.* veterinarius „Tierarzt" zurückgeht. Dies gehört zu *lat.* veterinae (oder veterina, Neutrum Plural) „Zugvieh" und weiter zu *lat.* veterinus „zum Lastziehen geeignet (vom Zugvieh)". Die Verbindung der Wörter mit *lat.* vetus „alt" (vgl. den Artikel *Veteran*) erklärt sich wohl aus der Tatsache, daß die „alten" und schwächeren Tiere im Heerestroß als Zugvieh verwendet wurden, während die jungen und kräftigen Tiere im eigentlichen militärischen Einsatz waren.

Veto „Einspruch[srecht]": Das seit dem 18. Jh. bezeugte, dem politischen und parlamentarischen Bereich angehörende Fremdwort ist aus gleichbed. *frz.* veto entlehnt. Dies ist substantiviert aus *lat.* veto „ich verbiete", der ersten Person Singular Präsens von *lat.* vetare „verbieten".

Vetter: Die *westgerm.* Verwandtschaftsbezeichnung *mhd.* veter, *ahd.* fetiro, *mnd.* vedder[e], vēdere, *aengl.* fædera ist eine Bildung zu dem unter ↑*Vater* behandelten Wort und bedeutete ursprünglich „Vatersbruder". Die Bezeichnung wurde dann auf den Bruder der Mutter und später auf alle männlichen Verwandten übertragen. Heute bezeichnet 'Vetter' nur noch den Sohn des Onkels oder der Tante. Beachte auch den Bedeutungswandel von ↑Base und ↑Neffe. Zus.: **Vetternwirtschaft** „Begünstigung von Verwandten oder aus bestimmten Gründen bevorzugten Personen besonders bei der Stellenbesetzung" (20. Jh.); **Namensvetter** (s. d.).

Vexierbild „Suchbild, das eine nicht sofort erkennbare Figur enthält" (1. Hälfte des 20. Jh.s): Das Bestimmungswort dieser Zusammensetzung gehört zu dem heute veralteten Verb **vexieren** „plagen; necken, zum besten haben, irreführen" (16. Jh.), das aus *lat.* vexare „stark bewegen, schütteln; plagen; quälen" entlehnt ist.

Viadukt: Die Bezeichnung für „Talbrücke; Überführung" ist eine Neubildung des 19. Jh.s aus *lat.* via „Weg, Straße" und *lat.* ducere (ductum) „ziehen; führen".

vibrieren „schwingen; zittern, beben": Das Verb wurde im 18. Jh. aus *lat.* vibrare „in zitternde Bewegung versetzen; sich zitternd bewegen, schwingen, zittern" entlehnt. Dazu stellen sich **Vibration** „das Vibrieren; Schwingung" (18. Jh.; aus *spätlat.* vibratio „schnelle, zitternde

Bewegung"), die Neubildungen **Vibrator** „Gerät zur Erzeugung mechanischer Schwingungen; Massagegerät" (20. Jh.) und **Vibraphon** „dem Xylophon ähnliches Schlaginstrument, das schwingende Töne hervorbringt" (20. Jh.; aus gleichbed. *engl.-amerik.* vibraphone; zum 2. Bestandteil vgl. den Artikel *Phonetik*). Beachte auch die musikalische Vortragsanweisung **vibrato** „leise schwingend, zitternd, bebend", die im 19. Jh. aus gleichbed. *it.* vibrato übernommen wurde, substantiviert: das **Vibrato.**

Video-: Der erste Bestandteil von Zusammensetzungen wie 'Videoband, Videokassette, Videorecorder' wurde in der 2. Hälfte des 20. Jh.s aus *engl.-amerik.* video- „Fernseh-" übernommen, einer Bildung zu *lat.* videre „sehen" (vgl. den Artikel *Vision*). Als selbständiges Substantiv ist **Video** auch als Kurzform für 'Videotechnik' und im Sinne von „kurze, optische Präsentation eines Musiktitels in Videotechnik" gebräuchlich.

Vieh: Das *gemeingerm.* Substantiv *mhd.* vihe „Vieh", *ahd.* fihu „Vieh", *got.* faíhu „Vermögen, Geld", *aengl.* feoh „Vieh; Eigentum, Geld" (vgl. *engl.* fee „Eigentum, Besitz; Gebühr"), *schwed.* fä „Vieh" beruht auf *idg.* *péku- „[Klein]vieh". Dieses *idg.* Wort gehört zu der *idg.* Verbalwurzel *pek̂- „Wolle, Haare rupfen; zausen", vgl. z. B. *griech.* pékein „kämmen", pékos, pókos „[Schaf]fell, Vlies", *lat.* pectere „kämmen", *lit.* pèšti „rupfen" (s. auch fechten). Die Grundbedeutung des *idg.* Wortes war demnach „Rupftier, Wolltier" (= „Schaf"). Im *außergerm.* Sprachbereich sind mit 'Vieh' z. B. verwandt *aind.* paśú-ḥ „Vieh" und *lat.* pecu[s] „Vieh". – Die Bedeutung des Wortes entwickelte sich von „Schaf" zu „Gesamtheit nützlicher Haustiere". Da das als Tauschmittel wie als Götteropfer gleich wertvolle Vieh den Hauptbesitz ausmachte, erklärt sich leicht der sowohl in *germ.* wie in anderen *idg.* Sprachen vorliegende Bedeutungsübergang zu „Vermögen, Besitz", beachte z. B. das *germ.* Lehnwort *mlat.* feum, feudum „Lehen, Lehngut" (dazu ↑feudal) und das von *lat.* pecu[s] „Vieh" abgeleitete Substantiv pecunia „Geld" (↑pekuniär). Abl.: **viehisch** „verroht" (*mhd.* vihisch). Die *mdal.* Form **Viech** (*mhd.* vich) ist in der Umgangssprache meist als abschätzige Bezeichnung für ein Tier gebräuchlich. Davon abgeleitet ist **Viecherei** *ugs.* für „große Strapaze, Schinderei; Gemeinheit".

viel: Das *gemeingerm.* Wort *mhd.* vil, *ahd.* filu, *got.* filu, *aengl.* fela, *aisl.* fjǫl- ist das substantivierte Neutrum eines im *germ.* Sprachbereich untergegangenen Adjektivs und beruht mit verwandten Wörtern in anderen *idg.* Sprachen auf *idg.* *pₑlu „viel", vgl. z. B. *aind.* purú-ḥ „viel" und *griech.* polýs „viel" (beachte auch poly..., Poly... in Fremdwörtern wie 'polyphon, Polygamie'). Zugrunde liegt die vielfach weitergebildete und erweiterte *idg.* Verbalwurzel *pel[ə]- „gießen, schütten, füllen". Zu ihr stellen sich aus dem *germ.* Sprachbereich noch die Wortgruppen von ↑voll (eigentlich „gefüllt"), ↑Fülle (Substantivbildung zu 'voll'), ↑füllen (eigentlich „voll machen") und wahrscheinlich auch das unter ↑*Volk* behandelte Substantiv, auf dem die *slaw.* Wortgruppe von *russ.* polk „Regiment, Schar (Soldaten)" beruht (↑Pulk). Aus dem *außergerm.* Bereich gehören hierher z. B. *lat.* plebs „Volksmenge" (↑Plebs), *lat.* plenus „voll" (s. die Fremdwortgruppe um *Plenum*) und *lat.* mani-pulus „eine Handvoll" (↑Manipulation). Von der aus „gießen, schütten" entwickelten Bedeutung „triefen, fließen, sich im Wasser bewegen, schwimmen, strömen, treiben" geht die Wortgruppe um ↑fließen (mit *Fluß, Flut, Floß, flößen, Flosse, flott, Flotte*) aus. Auf der Bedeutungswendung „treiben, schweben, fliegen, flattern" beruht die Wortgruppe um ↑fliegen (mit *Fliege, Flug,* [1]*Flucht, Flügel, flügge;* s. auch *Flitzbogen* und *Flocke*) und die um ↑flattern (mit *Fledermaus, Falter, flittern;* s. auch den Artikel *Pavillon*). – Abl.: **vielerlei** (16. Jh.; zur Bildung vgl. *...lei*); **vielfach** (16. Jh.; vgl. '...fach' unter *Fach*); **Vielfalt** „große Mannigfaltigkeit" (18. Jh.; als Gegenwort zu ↑Einfalt gebildet), dazu **vielfältig** (16. Jh.; Erweiterung des älteren, heute untergegangenen Adjektivs 'vielfalt') und **vervielfältigen** (17. Jh.; an Stelle eines älteren, heute nicht mehr gebrauchten 'vielfältigen'). – Zus.: **vielleicht** (im 15. Jh. zusammengerückt aus *mhd.* vil lîhte „sehr leicht, vermutlich, möglicherweise"); **Vielweiberei** (17. Jh.; nach gleichbed. *griech.* polygamía).

Vielfraß: *Mnd.* vilvrāz, *ahd.* vilifrāz „der Gefräßige" ist eine Zusammensetzung mit *ahd.* frāz „Fresser" (vgl. *fressen*). Zum Namen der nordischen Marderart wurde das Wort wohl durch hansische Pelzhändler des 15. Jh.s, die den älteren *norw.* Namen des Tieres, fjeldfross „Bergkater" (zum ersten Glied vgl. *Fels*), zu *mnd.* vēlvratze, velevras „Vielfresser" umdeuteten.

vielleicht ↑viel.

vier: Das *gemeingerm.* Zahlwort *mhd.* vier, *ahd.* fior, *got.* fidwōr, *engl.* four, *schwed.* fyra beruht mit verwandten Wörtern in anderen *idg.* Sprachen auf *idg.* *kᵘetu̯er- „vier", vgl. z. B. *aind.* cátur- „vier", *russ.* četyre „vier", *lat.* quattuor „vier" (s. die Fremdwortgruppe um *Quader*). Vgl. auch den Artikel *acht*. – *Abl.:* **Geviert** „Rechteck, Quadrat" (16. Jh.); **vierte** (*mhd.* vierde, *ahd.* fiordo); **vierzig** (*mhd.* vierzec, *ahd.* fiorzug; zum zweiten Bestandteil vgl. *...zig*). Zus.: **Viereck** (16. Jh.; substantiviert aus dem untergegangenen Adjektiv *mhd.* viereck, *ahd.* fiorecki, einer Lehnübersetzung von *lat.* quadrangulus „viereckig"; vgl. *Eck*), dazu **viereckig** (*mhd.* viereckeht; die heutige Form seit *frühnhd.* Zeit); **Viertel** (*mhd.* viertel, *ahd.* fiorteil; zum zweiten Bestandteil vgl. *Teil*); **vierzehn** (*mhd.* vierzehen, *ahd.* fiorzehan).

vierschrötig ↑Schrot.

Vikar „Stellvertreter in einem geistlichen Amt in der katholischen Kirche; Kandidat der evangelischen Theologie nach der ersten theologischen Prüfung": Das in älteren Sprachzuständen noch im allgemeinen Sinne von „Stellvertreter; Verweser" (so *mhd.* vicār[i]) gebräuchliche Substantiv ist aus *lat.* vicarius „stellvertretend; Stellvertreter; Statthalter" entlehnt. Dies ist eine Bildung zu *lat.* vicis „Wechsel; Wechselseitigkeit; Platz, Stelle, Rolle" (vgl. *Vize...*).

Villa: Die Bezeichnung für „Landhaus, vornehmes Einfamilienhaus, Einzelwohnhaus" wurde im 17. Jh. aus gleichbed. *it.* villa entlehnt, das auf *lat.* villa „Landhaus, Landgut" beruht. Das *lat.* Wort stellt sich wohl als *vicsla zu *lat.* vicus „Gehöft, Häusergruppe; Dorf, Flecken" (vgl. hierüber den Artikel *Weichbild*). – Beachte in diesem Zusammenhang noch das von *lat.* villa abgeleitete Adjektiv *lat.* villaris „zum Landgut gehörig", das Ausgangspunkt für unser Lehnwort ↑Weiler ist.

violett „veilchenblau": Das bereits in *spätmhd.* Zeit als fiolet bezeugte, aber erst seit dem 18. Jh. häufiger gebrauchte Farbadjektiv ist aus gleichbed. *frz.* violet entlehnt. Dies ist von *frz.* violette „Veilchen" abgeleitet, einer Verkleinerungsbildung zu gleichbed. *afrz.* viole (< *lat.* viola). Über weitere etymologische Zusammenhänge vgl. das Lehnwort *Veilchen.*

Violine: Der Name des Streichinstruments wurde im 17. Jh. mit Genuswandel aus *it.* violino „Geige" entlehnt. Das *it.* Wort ist eine Verkleinerungsbildung zu *it.* viola „Bratsche", das vermutlich wie entsprechend *frz.* viole und *span.* viola auf *aprov.* viola, viula beruht. Die weitere Herkunft des Wortes ist nicht gesichert. Zu 'Violine' stellt sich **Violinist** „Violinspieler", das im 18. Jh. aus gleichbed. *it.* violinista übernommen wurde. – Über 'Violoncello' s. den Artikel *Cello.*

Viper „Giftschlange, Otter": Das Wort wurde bereits in *mhd.* Zeit (*mhd.* viper[e], vipper) aus gleichbed. *lat.* vipera entlehnt. Dies geht wohl auf *vivipera (aus *lat.* vivus „lebendig" und -pera zu parere „gebären") zurück und bedeutet demnach eigentlich „die Lebendgebärende", weil die meisten Vipern lebendgebärend sind.

Virtuose „jemand, der eine [künstlerische] Technik mit vollendeter Meisterschaft beherrscht": Das Fremdwort wurde Anfang des 18. Jh.s aus gleichbed. *it.* virtuoso entlehnt. Dies ist die Substantivierung des *it.* Adjektivs virtuoso „tugendhaft, tüchtig, gut" und bedeutet demnach eigentlich „tugendhafter, tüchtiger Mensch". *It.* virtuoso gehört zu *it.* virtù „Tugendhaftigkeit, Tüchtigkeit", das auf *lat.* virtus (Akkusativ: virtutem) „Mannhaftigkeit; Tüchtigkeit; Tugend" beruht. Stammwort ist *lat.* vir „Mann" (etymologisch verwandt mit *ahd.* wer „Mann" in ↑Werwolf). – Aus dem *it.* Adjektiv virtuoso „tugendhaft, tüchtig, gut" wurde im 17. Jh. **virtuos** „meisterhaft, technisch vollendet" übernommen. Dazu stellt sich das Substantiv **Virtuosität** „vollendete Beherrschung einer [künstlerischen] Technik; meisterhaftes Können" (18. Jh.).

Virus: Der Fachausdruck wurde im 19. Jh. – vielleicht vermittelt durch gleichbed. *frz.* und *engl.* virus – aus *lat.* virus „Schleim, Saft, Gift" entlehnt, das u. a. mit *griech.* īós „Gift" und *aind.* viṣá-m „Gift" etymologisch verwandt ist. – In der Biologie und Medizin bezeichnet man mit 'Virus' (*Plural* Viren) sehr kleine, im Ultramikroskop sichtbare, zum großen Teil aus Eiweiß bestehende Körper, die ausschließlich in lebenden Zellen existieren und häufig als Krankheitserreger bei Mensch, Tier und Pflanze auftreten. Allgemeinsprachlich wird 'Virus' im Sinne von „Krankheitserreger" gebraucht.

Visage: Der abwertende Ausdruck für „Gesicht" wurde im 17. Jh. mit Genuswechsel aus *frz.* (le) visage „Gesicht, Antlitz" entlehnt. Das *frz.* Wort ist von dem im *Frz.* untergegangenen Substantiv *afrz.* vis „Gesicht" abgeleitet, das noch im Adverb vis-à-vis „gegenüber" erhalten ist (daraus wurde im 18. Jh. **vis-à-vis** „gegenüber" übernommen). – *Afrz.* vis „Gesicht" beruht auf *lat.* visus „Anblick, Erscheinung; Gesicht", das zu *lat.* videre (visum) „sehen" gehört (vgl. *Vision*). – Siehe auch den Artikel [1]*Visier.*

[1]Visier „beweglicher, das Gesicht bedeckender Teil des [mittelalterl.] Helms": Das Fremdwort wurde im 15. Jh. aus *frz.* visière „Helmgitter" (eigentlich etwa „Gesichtseinfassung, Gesichtsschutz") entlehnt, das von *afrz.* vis „Gesicht" (vgl. *Visage*) abgeleitet ist.

[2]Visier: Die Bezeichnung für „Zielvorrichtung an Handfeuerwaffen" wurde im 16. Jh. im militärischen Bereich aus gleichbed. *frz.* visière entlehnt. Dies ist wortgeschichtlich von *frz.* visière „Helmgitter" (↑[1]Visier) zu trennen, da es eine Bildung zu *frz.* viser „aufmerksam hinblicken; ins Auge fassen, nach etwas zielen" ist. Daraus wurde im 17. Jh. unser Verb **visieren** „aufs Korn nehmen, zielen" übernommen, beachte dazu **anvisieren** „als Ziel nehmen; anstreben". Quelle von *frz.* viser ist ein *vlat.* Verb *visare, ein Intensivum zu *lat.* videre (visum) „sehen" (vgl. den Artikel *Vision*).

Vision „Erscheinung; Trugbild": Das seit *mhd.* Zeit bezeugte Fremdwort (*mhd.* vision, visiun „Traumgesicht; Erscheinung") ist aus *lat.* visio (visionis) „das Sehen, der Anblick; die Erscheinung" entlehnt. Dies gehört zu dem mit *dt.* ↑*wissen* urverwandten Verb *lat.* videre (visum) „sehen". – Groß ist die Zahl der Bildungen zu *lat.* videre, die in unserem Fremdwortschatz eine Rolle spielen. Siehe hierzu im einzelnen die Artikel ↑Visage, ↑[1]Visier, ↑[2]Visier, visieren, ↑Visite, ↑visitieren, Visitation, ↑Visum, ↑Voyeur, ↑Provision, Provisor, provisorisch, ↑improvisieren, Improvisation, ↑ revidieren, Revision, Revisor, ↑Revue, ↑Interview, interviewen. – Zu 'Vision' stellen sich **visionär** „in der Art einer Vision; seherisch" und das seltenere **Visionär** „jemand, der [Zukunfts]visionen hat; seherisch begabter Mensch", die beide im 18. Jh. aus gleichbed. *frz.* visionnaire (Adjektiv und Substantiv) übernommen wurden (zu *frz.* vision < *lat.* visio, s. o.).

Visite „Besuch (veraltet, aber noch scherzhaft); Krankenbesuch des Arztes": Das Fremdwort wurde im 17. Jh. aus gleichbed. *frz.* visite entlehnt, das von *frz.* visiter „besuchen; besichtigen; durchsuchen" (s. u.) abgeleitet ist. Dazu stellt sich die Zusammensetzung **Visitenkarte** „Karte mit aufgedrucktem Namen und aufgedruckter Adresse, die man jemandem [bei einem Besuch] aushändigt" (Anfang 18. Jh.; früher bei Antrittsbesuchen überreicht). – Aus dem *[a]frz.* Verb visiter (bzw. aus *mlat.* visitare), das auf *lat.* visitare „oft sehen; besichtigen" zurückgeht (zu *lat.* videre, visum „sehen"; vgl. *Vision*), wurde bereits in *mhd.* Zeit unser Verb **visitieren** „durchsuchen; zur Überprüfung besichtigen" entlehnt. Dazu stellt sich das Substantiv **Visitation** „Durchsuchung", das gleichfalls bereits in *mhd.* Zeit aus *afrz.* visitation bzw. aus *mlat.* visitatio (< *lat.* visitatio „Besichtigung") übernommen wurde.

Visum: Die seit dem Beginn des 20. Jh.s gebräuchliche Bezeichnung für „Sichtvermerk im Reisepaß" ist entweder aus *lat.* visum „gesehen" (zu *lat.* videre „sehen", vgl. *Vision*) substantiviert oder aber aus älterem 'Visa' relatinisiert. Dies war im 18. Jh. aus *frz.* visa „amtlicher Vermerk, Siegel, Beglaubigung" (eigentlich auch „Gesehenes") übernommen worden.

vital „lebenskräftig; lebensvoll, wendig, munter, unternehmungsfreudig; lebenswichtig": Das Adjektiv wurde im 19. Jh. – wohl unter dem Einfluß von entsprechend *frz.* vital – aus *lat.* vitalis „zum Leben gehörig; Leben enthaltend, Lebenskraft habend" entlehnt. Dies ist eine Bildung zu *lat.* vita „Leben", das zum Stamm von *lat.* vivere (victum) „leben" gehört (vgl. den Artikel *Weiher*). Im Sinne von „lebenswichtig" ist das Adjektiv Bedeutungslehnwort aus gleichbedeutend *engl.* vital. – Dazu stellt sich das Substantiv **Vitalität** „Lebenskraft, Lebensfülle, Lebendigkeit" (19. Jh.), das nach gleichbed. *frz.* vitalité oder *lat.* vitalitas „Lebenskraft" gebildet ist. Vgl. auch den Artikel *Vitamin*.

Vitamin: Die Bezeichnung für den die biologischen Vorgänge im Organismus regulierenden, lebenswichtigen, vorwiegend in Pflanzen gebildeten Wirkstoff wurde in der 1. Hälfte des 20. Jh.s aus gleichbed. *engl.-amerik.* vitamin entlehnt. Dies ist eine gelehrte Bildung des amerikanischen Biochemikers polnischer Herkunft Casimir Funk (1884–1967) aus *lat.* vita „Leben" (vgl. *vital*) und *engl.* amin[e] „organische Stickstoffverbindung, Amin".

Vitrine: Die Bezeichnung für „gläserner Schaukasten, Glasschrank" wurde im 19. Jh. aus gleichbed. *frz.* vitrine entlehnt. Das *frz.* Wort ist nach *frz.* vitre „Glas-, Fensterscheibe" umgebildet aus *frz.* verrine „Glaskasten", das auf *spätlat.* vitrinus „gläsern, aus Glas" beruht (zu *lat.* vitrum „Glas").

vivat! „er lebe hoch!": Der Hochruf wurde im 17. Jh. in der Studentensprache aus *lat.* vivat „er soll leben!" übernommen, der 3. Person Singular Konjunktiv Präsens von *lat.* vivere „leben" (vgl. hierzu den Artikel *Weiher*). – Dazu das substantivierte **Vivat** „Lebehoch, Hochruf" (17. Jh.).

Vize...: Das Bestimmungswort von Zusammensetzungen mit der Bed. „an Stelle von ..., stellvertretend", wie z. B. 'Vizekanzler' oder 'Vizepräsident' ist aus *lat.* vice „an Stelle von" entlehnt. Dies ist der zum Adverb erstarrte Ablativ Singular von *lat.* vicis „Wechsel, Wechselseitigkeit; Platz, Stelle", das mit *dt.* ↑*Wechsel* etymologisch verwandt ist. – Siehe auch den Artikel *Vikar*.

Vlies „[Schaf]fell, Rohwolle": Während *mhd.* vlius, vlus „Schaffell" (vgl. *Flaus*) früh untergegangen ist, wurde seit dem 16. Jh. die *niederl.* Form vlies übernommen, vor allem als Name des 1429 in Brügge gestifteten burgundischen (später habsburgischen) Ordens vom Goldenen Vlies und des damit symbolisch erneuerten goldenen Widderfells der griechischen Argonautensage. Erst im 18. Jh. wurde das Wort, zunächst literarisch, allgemein für „Schaffell" gebräuchlich; bei den Schafzüchtern bezeichnet es die zusammenhängende Wolle nach der Schur, in der Spinnerei ein breite Faserschicht.

Vogel: Das *gemeingerm.* Substantiv *mhd.* vogel, *ahd.* fogal, *got.* fugls, *engl.* fowl, *schwed.* fågel hat keine *außergerm.* Entsprechungen. Seine Herkunft ist nicht sicher geklärt. Vielleicht gehört es zu der unter ↑*fliegen* behandelten Wortgruppe. Der Ausfall des l wäre dann durch Dissimilation bewirkt. – Die *ugs.* Wendung 'den Vogel abschießen' „die beste Leistung erzielen" (16. Jh.) bezieht sich auf den künstlichen Vogel, der auf dem Schützenfest, auf der 'Vogelwiese' das Ziel der Schützen bildet. Die Übertragung auf den Menschen ('ein lockerer, seltsamer usw. Vogel') ist seit *frühnhd.* Zeit üblich. 'Vogel' als „fixe Idee" (*ugs.* 'einen Vogel haben') geht wohl von der Vorstellung aus, daß ein Vogel den Betreffenden gepickt hat. – Abl.: **vögeln** (*mhd.* vogelen, *ahd.* fogalōn „Vögel fangen"; die Bedeutung „begatten [vom Vogel]" ist bereits in *mhd.* Zeit vorhanden, in derber Redeweise auch übertragen vom Menschen); **Vogler** (*mhd.* vogelære, *ahd.* fogalāri „Vogelfänger, -steller", noch bekannt durch den Namen 'Heinrich der Vogler'). Zus.: **Vogelbauer** (*mhd.* vogelbūr; zum zweiten Bestandteil vgl. [2]*Bauer*); **Vogelbeere** (17. Jh.; so benannt, weil die rote Frucht der Eberesche als Köder beim Vogelfang verwendet wurde); **vogelfrei** (15. Jh., „völlig frei von Diensten wie die Vögel"; in der heutigen Bedeutung „rechtlos, geächtet", eigentlich „den Vögeln [zum Fraß] freigegeben wie ein Gehenkter", seit dem 16. Jh.); **Vogelperspektive** „Sicht von einem sehr hoch gelegenen Punkt aus, bei der man einen Überblick gewinnt" (19. Jh.; für *frz.* à vue d'oiseau, dafür auch **Vogelschau**); **Vogelscheuche** (15. Jh.; zum zweiten Bestandteil vgl. den Artikel *scheuchen*).

Vogeldunst ↑ Dunst.

Vogelherd ↑ Herd.

Vogt: Die historische Bezeichnung für „Verwalter, Schirmherr" (*mhd.* vog[e]t, *ahd.* fogāt) ist aus *mlat.* vocatus entlehnt, das für *lat.* advocatus „der Herbeigerufene" (vgl. den Artikel *Advokat*) steht. – An die früher übliche Verwendung von 'Vogt' im Sinne von „Vormund" schließt sich *schweiz.* **vogten** „bevormunden" an. Abl.: **Vogtei** „Amt, Amtssitz eines Vogts" (*mhd.* vogetie).

Vokabel „[Einzel]wort": Das Fremdwort ist eine gelehrte Entlehnung *frühnhd.* Zeit aus *lat.*

vocabulum „Benennung, Bezeichnung; Nomen, Substantiv". Dies gehört zu *lat.* vocare „nennen, rufen" (vgl. den Artikel *Vokal*). Zu *lat.* vocabulum gehört *mlat.* vocabularium „Wörterverzeichnis, Wortschatz", aus dem im 16. Jh. unser gleichbedeutendes Fremdwort **Vokabular** entlehnt worden ist.

Vokal „Selbstlaut": Der grammatische Fachausdruck ist eine gelehrte Entlehnung *frühnhd.* Zeit aus gleichbed. *lat.* vocalis (littera). Das zugrundeliegende Adjektiv *lat.* vocalis „stimmreich, tönend" ist von *lat.* vox (vocis) „Laut, Ton, Schall; Stimme; Wort; Rede" abgeleitet, das etymologisch zu der unter ↑*erwähnen* behandelten *idg.* Sippe gehört. – Zu *lat.* vox als Stammwort bzw. zu dem abgeleiteten Verb *lat.* vocare „nennen, rufen; anrufen" gehören auch die Fremdwörter ↑Vokabel, ↑Vokativ, ↑Advokat und ↑provozieren. Vgl. auch den Artikel *Vogt.*

Vokativ: Der Name des Kasus der Anrede ist eine gelehrte Entlehnung aus *lat.* (casus) vocativus, eigentlich „zum Rufen, Anreden dienender Fall". *Lat.* vocativus gehört zu *lat.* vocare „rufen" (vgl. den Artikel *Vokal*).

Volant: Das Fremdwort wurde im 17. Jh. aus *frz.* volant, dem substantivierten 1. Partizip von *frz.* voler „fliegen", entlehnt und bedeutet demnach eigentlich „Fliegendes, Flatterndes". Es wurde zunächst als Bezeichnung für einen Federball verwendet; im 18. Jh. wurde es dann im Sinne von „lose schwingender, rüschenähnlich gekräuselter Besatz (an der Frauenkleidung)" gebräuchlich. Seit dem Beginn des 20. Jh.s wird 'Volant' auch im Sinne von „Steuer, Lenkrad (eines Autos)" gebraucht. – *Frz.* voler geht auf *lat.* volare „fliegen" zurück.

Volk: Die Herkunft des *altgerm.* Substantivs *mhd.* volc „Leute, Volk; Kriegsschar", *ahd.* folc „Haufe, Kriegerschar; Volk", *niederl.* volk „Volk", *engl.* folk „Leute, Angehörige", *schwed.* folk „Leute, Volk" ist nicht sicher geklärt. Wahrscheinlich gehört es zu der unter ↑*viel* behandelten *idg.* Wurzel, so daß *lat.* plebs „Volksmenge" verwandt wäre. Eine der ältesten Bedeutungen des *germ.* Substantivs „Kriegerschar, Heerhaufen" liegt sowohl in Personennamen wie 'Volkhart' und 'Volkmar' (dazu der Familienname Fol[t]z, Vol[t]z) als auch in Zusammensetzungen wie 'Fußvolk, Kriegsvolk' vor. Die Bed. „Gesamtheit der durch Sprache, Kultur und Geschichte verbundenen (und zu einem Staat vereinten) Menschen" hat sich eigentlich erst mit dem Erwachen eines Nationalbewußtseins im Zeitalter des Humanismus herausgebildet. Die Romantik erweiterte den Begriff um eine gefühlsmäßige Nuance, von der Wörter wie 'Volkslied' (s. unten) und 'Volkstum' (s. unten) zeugen. Daneben bezeichnete 'Volk' schon früh die Masse der Bevölkerung (im Gegensatz zu einer Oberschicht). – Überaus groß ist die Zahl teils alter, teils neuer Zusammensetzungen mit 'Volk', beachte z. B. 'Volksabstimmung, -demokratie, -fest, -genosse, -mund, -musik, -seele, -vertreter, -weisheit' und 'Völkerball, -freundschaft, -recht, -verständigung'. – Abl.: **bevölkern** „bewohnen, besiedeln; in großer Zahl füllen, scharenweise beleben" (17. Jh.), dazu **Bevölkerung** „alle Einwohner eines Gebietes" (18. Jh.); **völkisch** (15. Jh., älter 'volckisch'; zunächst für *lat.* popularis „zum Volk gehörend, volkstümlich" gebräuchlich, dann im Sinne von „national" – häufig [im Nationalsozialismus] mit besonderer Betonung von Volk und Rasse verwendet); **Volkstum** „Eigenart eines Volkes, wie sie sich in seinem Leben, in seiner Kultur ausprägt" (Anfang des 19. Jh.s), dazu **volkstümlich** „dem Denken und Fühlen eines Volkes entsprechend; populär, gemeinverständlich". Zus.: **Volkslied** „volkstümliches, im Volk gesungenes Lied" (18. Jh.; wahrscheinlich nach *engl.* popular song); **Volksschule** „allgemeinbildende öffentliche Pflichtschule" (18. Jh.; ursprünglich „Schule für die Kinder der niederen Stände"); **Volkswirtschaft** „Gesamtwirtschaft eines Volkes; Betriebswirtschaftslehre" (19. Jh.; für *engl.* national economy). Vgl. auch den Artikel *Pulk.*

voll: Das *gemeingerm.* Adjektiv *mhd.* vol, *ahd.* fol, *got.* fulls, *engl.* full, *schwed.* full beruht auf einer alten Partizipialbildung zu der unter ↑*viel* dargestellten *idg.* Verbalwurzel und bedeutet eigentlich „gefüllt". Verwandt ist z. B. *lat.* plenus „voll" (vgl. den Artikel *Plenum*). – Abl.: **vollends** „völlig, ganz und gar" (*mhd.* vollen „völlig", erscheint im 16. Jh. mit d und seit dem 17. Jh. mit adverbialem s); **völlig** „ganz, ohne Einschränkung" (*mhd.* vollic). Zus.: **Vollblut** „reinrassiges Pferd, das aus englischer oder arabischer Zucht stammt" (19. Jh.; für *engl.* full blood); **vollkommen** „vollständig, gänzlich; ohne Fehler, unübertrefflich" (*mhd.* volkomen „ausgebildet, vollständig", eigentlich das 2. Partizip zu *mhd.* volkomen „zu Ende führen, vollendet werden"), dazu **vervollkommnen** (16. Jh.); **Vollmacht** (14. Jh.; Lehnübersetzung von *lat.* plenipotentia); **vollständig** „völlig, alles umfassend" (16. Jh.; zu *mhd.* volstān „bis zu Ende stehen, ausharren", dann im Sinne von „vollen Stand, d. h. alle nötigen Teile habend"); **vollstrecken** (15. Jh.; eigentlich „bis zu Ende strecken", dann „[zeitlich] verlängern, ausdehnen" und „ins Werk setzen, durchführen"). Siehe auch die Artikel *Fülle* und *füllen.*

Volleyball: Der Name des Ballspiels wurde zu Beginn des 20. Jh.s aus *engl.-amerik.* volleyball entlehnt. Bestimmungswort ist *engl.* volley „Flugball" (bzw. das Verb *engl.* to volley „aus der Luft schlagen oder spielen, ohne daß der Ball aufspringt"), das aus *frz.* volée „Flug" (zu *frz.* voler „fliegen", vgl. *Volant*) stammt. Beachte die besonders im Tennis und Fußball gebräuchlichen **volley** „aus der Luft geschlagen" und **Volley** „aus der Luft geschlagener Ball".

vollkotzen ↑kotzen.

vollstopfen ↑stopfen.

vollwertig ↑wert.

vollziehen, Vollzug ↑ziehen.

Volontär „jemand, der sich ohne oder gegen eine nur kleine Vergütung in die Praxis eines (insbesondere journalistischen oder kaufmännischen) Berufs einarbeitet": Das seit dem

17. Jh. bezeugte Fremdwort erscheint zuerst im Militärwesen als Bezeichnung für einen „freiwillig" ohne Sold dienenden Soldaten. In die Kaufmanns- und Handelssprache gelangt das Wort erst im 18. Jh. im Sinne von „unbesoldeter Handlungsgehilfe". Entlehnt ist das Fremdwort aus *frz.* volontaire „freiwillig; Freiwilliger; Volontär", das auf *lat.* voluntarius „freiwillig" beruht. Dies gehört zu *lat.* voluntas „Wille" und weiter zu dem mit *dt.* ↑*wollen* etymologisch verwandten Verb *lat.* velle (1. Pers. Sing. volo) „wollen". Abl.: **Volontariat** „Ausbildungszeit eines Volontärs" (19. Jh.); **volontieren** „als Volontär arbeiten" (20. Jh.).

Volt: Die 1898 in Deutschland gesetzlich eingeführte Einheit der elektrischen Spannung ist zu Ehren des italienischen Physikers A. Volta (1745–1827) benannt, dessen Arbeiten auf dem Gebiet der Elektrizitätslehre bahnbrechend waren.

Volumen: Das seit dem 16. Jh. bezeugte Fremdwort erscheint zuerst in der heute nur noch fachsprachlich vorhandenen Bedeutung „Schriftrolle, Band". Es ist aus *lat.* volumen „etwas, was gerollt, gewickelt oder gewunden wird; Schriftrolle, Buch, Band" entlehnt. Seit dem 18. Jh. ist 'Volumen' unter dem Einfluß von entsprechend *frz.* volume im Sinne von „Rauminhalt" gebräuchlich (aus „Umfang, Ausdehnung"). *Lat.* volumen ist eine Bildung zu *lat.* voluere (volvere), volutum „rollen, wälzen; drehen, wirbeln", das zu der unter ↑[1]*wallen* „sprudeln" dargestellten Wortsippe der *idg.* Wurzel *u̯el- „drehen, winden, wälzen" gehört. Vgl. noch die auf einer Bildung zu *lat.* voluere beruhenden Fremdwörter *Revolver, Revolte, revoltieren* und *Revolution.* – Das Adjektiv **voluminös** „von beträchtlichem Umfang" wurde im 18. Jh. aus gleichbed. *frz.* volumineux übernommen.

von: Die Herkunft der auf das *dt.* und *niederl.* Sprachgebiet beschränkten Präposition (*mhd.* von, *ahd.* fon, *niederl.* van) ist nicht gesichert. Vielleicht ist sie verwandt mit *lat.* po-, z. B. in po-situs „ab-, weggelegt" (↑Position) und der *russ.* Präposition po „auf, nach, weg". Dann gehörte sie zu *idg.* *[a]po- „ab, weg" (vgl. *ab*). Die Präposition gibt die Trennung, den Ausgangspunkt in Raum und Zeit, die Herkunft und die Ursache an. Außerdem dient sie zur Angabe von Quantitäts- und Qualitätsbestimmungen.

vonstatten ↑gestatten.

vor: Das *gemeingerm.* Wort (Adverb, Präposition) *mhd.* vor, *ahd.* fora, *got.* faúr[a], *aengl.* for, *schwed.* för[e] beruht mit verwandten Wörtern in anderen *idg.* Sprachen auf der unter ↑*ver...* dargestellten *idg.* Wurzel *per- „über etwas hinaus" und ist z. B. eng verwandt mit *griech.* pará „an etwas entlang, über etwas hinaus" (↑para..., Para...). Eine Komparativbildung zu 'vor' ist ↑vorder, davon abgeleitet ist ↑fordern. Vgl. auch die Wortgruppe um ↑fort. – Im *Dt.* wird 'vor' seit alters in räumlichem und zeitlichem Sinn gebraucht (über das Verhältnis zu 'für' s. d.); Gegenwörter sind 'hinter' und 'nach'. Aus der räumlichen hat sich schon im *Ahd.* die kausale Bedeutung abgezweigt (z. B. 'den Wald vor lauter Bäumen nicht sehen', entsprechend 'vor Schreck, Freude'). Als Adverb ist 'vor' durch davor, hervor, voran, voraus, vorher u. a. Zusammensetzungen verdrängt worden, vor allem aber durch ↑vorn (s. auch *bevor*). Ein Rest ist die Fügung 'nach wie vor'. Auch in zahlreichen verbalen und nominalen Bildungen ist 'vor' Adverb (s. die folgenden Artikel).

Voranschlag ↑schlagen.

vorbauen ↑bauen.

vorbeugen ↑beugen.

Vorbild ↑Bild.

Vorbote ↑Bote.

vorbringen ↑bringen.

vorder: Das Adjektiv *mhd.* vorder, *ahd.* fordaro „vorn befindlich, früher" ist eine allein im *Dt.* erhaltene *germ.* Komparativbildung zu ↑vor, die heute nur räumlich gebraucht wird. Als Gegenwort zu ↑hinter bildet es Zusammensetzungen mit Substantiven, z. B. **Vorderfuß** (17. Jh.), **Vordergrund** (18. Jh.), **Vordermann** (18. Jh.). Eine Ableitung von 'vorder' ist ↑fordern.

Vorderlader ↑[1]laden.

vorerst ↑erst.

Vorfahr ↑fahren.

Vorgang, Vorgänger, vorgehen ↑gehen.

Vorgesetzter ↑setzen.

vorgestern ↑gestern.

vorhanden ↑Hand.

Vorhang ↑hängen.

Vorhaut ↑Haut.

Vorhut ↑[2]Hut.

vorknöpfen ↑Knopf.

vorkommen, Vorkommnis ↑kommen.

vorladen ↑[2]laden.

vorlaut: Das seit dem 16. Jh. bezeugte Adjektiv war ursprünglich ein Wort der Jägersprache und bezeichnete einen Hund, der zu früh anschlägt, also „vor der Zeit laut" wird (vgl. *laut*). Später wurde es auf den Jäger übertragen, der voreilig das Wild erkennen und beurteilen will, dann allgemein auf Menschen, die sich vorschnell zu einer Sache äußern.

vorliebnehmen: Der Ausdruck für „sich mit etwas zufriedengeben" steht für älteres fürliebnehmen „(mangels einer besseren Möglichkeit) als lieb, angenehm akzeptieren" (vgl. den Artikel *für*).

Vormittag ↑Mittag.

Vormund „rechtlicher Vertreter minderjähriger oder entmündigter Personen": *Mhd.* vormunde „Beschützer, Fürsprecher, Vormund", *ahd.* foramundo „Beschützer, Fürsprecher" ist eine Bildung zu dem Substantiv älter *nhd.* Mund „Schutz, Vormundschaft", *mhd., ahd.* munt „[Rechts]schutz, Schirm" (s. die Artikel *Mündel, mündig, mundtot*), vgl. entsprechend *aengl.* mund „Schutz, Vormundschaft; Hand" und *aisl.* mund „Hand". *Außergerm.* ist z. B. verwandt *lat.* manus „Hand" (s. die Fremdwortgruppe um *manuell*). – Das Wort wandelt früh seine Bedeutung von „(schützend über jemanden gehaltene) Hand" zu „Schutz" oder „Macht", besonders „Macht über Sippenangehörige ohne rechtliche Selbständigkeit". Abl.: **bevormunden** „jemanden an der freien Willensentscheidung hindern; gängeln" (16. Jh.; an Stelle eines älteren *mhd.* vormunden „Vormund sein, sich als Vormund betätigen").

vorn, auch: vorne: Das Adverb *mhd.* vorn[e] „vorn, vorher", *ahd.* forna „vorn" ist eine nur *dt.* Bildung zu dem unter ↑*vor* behandelten Wort, das es als Raumadverb ersetzt hat.

vornehm: Der Bildung *mhd.* vürnæme „wichtig, hauptsächlich, vorzüglich, ausgezeichnet" liegt ein zu ↑*nehmen* gebildetes Verbaladjektiv zugrunde, das auch in 'angenehm' und 'genehm' (s. d.) steckt. Grundbedeutung des Wortes ist also „[aus einer weniger wichtigen oder wertvollen Menge] hervor-, herauszunehmen". Im *Nhd.* wurde sie auf den Vorzug durch Geburt, Rang, Stand, Gesinnung eingeengt, erhielt sich aber im Superlativ des Adjektivs im Sinne von „hauptsächlich" und im Adverb **vornehmlich** „vorzugsweise, hauptsächlich". Über das Verhältnis von 'vor' und 'für' siehe den Artikel *für*.

Vorrat: Das auf das *dt.* Sprachgebiet beschränkte Substantiv (*mhd.* vorrāt „Vorrat; Vorbedacht, Überlegung") ist eine Bildung zu dem unter ↑*Rat* behandelten Wort, das in der alten Bedeutung „das, was an Mitteln zur Befriedigung der Bedürfnisse zu Gebote steht" auch ↑Gerät, ↑Hausrat (↑Haus) und ↑Unrat zugrunde liegt, vgl. auch den Artikel *Heirat*. Abl.: **vorrätig** „verfügbar, vorhanden" (17. Jh.); **bevorraten** „mit einem Vorrat versehen" (20. Jh.).

vorrichten, Vorrichtung ↑richten.

Vorsatz ↑setzen.

Vorschlag, vorschlagen ↑schlagen.

vorschreiben, Vorschrift ↑schreiben.

Vorschuß ↑schießen.

vorschützen ↑schützen.

vorsehen, Vorsehung ↑sehen.

vorsetzen ↑setzen.

Vorsicht, vorsichtig ↑sehen.

vorsintflutlich ↑Sintflut.

Vorsitz, vorsitzen, Vorsitzender, Vorsitzer ↑sitzen.

Vorsorge ↑Sorge.

Vorspann, vorspannen ↑spannen.

vorspiegeln, Vorspiegelung ↑Spiegel.

vorspringen, Vorsprung ↑springen.

Vorstand, vorstehen, vorstehend, Vorsteher, Vorstehhund ↑stehen.

vorstellen, Vorstellung ↑stellen.

Vorstoß, vorstoßen ↑stoßen.

vorstrecken ↑strecken.

Vorteil ↑Teil.

vortrefflich: Das seit dem 16. Jh. bezeugte Adjektiv trat an die Stelle des älteren 'fürtrefflich', das sich noch bis ins 19. Jh. hielt und zu einem untergegangenen Verb *mhd.* vürtreffen „vorzüglicher, mächtiger sein", *ahd.* furitreffan „sich auszeichnen, übertreffen, hervorragen" (vgl. *treffen*) gehört.

vortreten, Vortritt ↑treten.

Vorwand „vorgeschützter Grund": Das seit dem 15. Jh. vorwiegend als Wort der Rechtssprache bezeugte Substantiv ist zu dem heute veralteten Verb 'vorwenden' „vorbringen, einwenden" gebildet (vgl. *wenden*). Es hatte ursprünglich die neutrale Bedeutung „etwas, was jemand zu seiner Rechtfertigung vorbringt; Einwand". Daher ist die Annahme, es handle sich um eine Lehnübersetzung von *lat.* praetextus „Vorwand", zweifelhaft.

vorwärts ↑...wärts.

vorwerfen ↑werfen.

vorwiegend ↑[2]wiegen.

Vorwitz: Das *westgerm.* Wort *mhd.* virwiz, vorwiz, *ahd.* firiwizzi, furewizze, *mniederl.* veurwitte, *aengl.* fyrwit ist eine Bildung aus dem unter ↑*Witz* behandelten Substantiv in dessen alter Bedeutung „Kenntnis, Wissen" und einer alten Nebenform der unter ↑*ver...* behandelten Vorsilbe im Sinne von „hinüber, über etwas hinaus". Die Grundbedeutung von 'Vorwitz' ist also „das über das übliche Wissen Hinausgehende; Wunder". Der tadelnde Sinn „ungehörige Neugier, Naseweisheit, unpassendes Besserwissen" ist schon in *ahd.* Zeit vorhanden, aber hier zunächst noch religiös bestimmt. Das Adjektiv **vorwitzig** „neugierig; vorlaut" (*mhd.* vir-, vür-, vorwitzec, *ahd.* fir[i]wizic) ist nicht von 'Vorwitz' abgeleitet, sondern die Weiterbildung eines untergegangenen Adjektivs (*mhd.* virwiz, *ahd.* firiwizi „neugierig").

Vorwurf: Bei diesem Substantiv handelt es sich um zwei verschiedene Bildungen: 1. Als „tadelnde Vorhaltung" ist es eine seit dem 16. Jh. bezeugte Bildung zu 'vorwerfen' in dessen übertragener Bed. „vorbringen, geltend machen, tadelnd vorhalten" (vgl. *werfen*). 2. In der Bed. „Gegenstand künstlerischer Bearbeitung" ist es eine seit dem 14. Jh. bezeugte Lehnübersetzung (*mhd.* vür-, vorwurf) von *lat.* obiectum „Gegenstand" (vgl. das Fremdwort *Objekt*), das seinerseits *griech.* próblēma wiedergibt. Das Wort bezeichnete in der Sprache der Mystiker zunächst „das vor die Sinne Geworfene, das den Sinnen, dem Subjekt Gegenüberstehende", später den „Gegenstand seelischer Anteilnahme" oder „wissenschaftlicher Betrachtung" und seit dem 18. Jh. „Stoff, Thema, Motiv der Literatur, Musik oder bildenden Kunst".

Vorzeichen ↑Zeichen.

vorziehen, Vorzug, vorzüglich ↑ziehen.

Votum „Gelübde; Urteil, Stimmabgabe; [Volks]entscheid; Gutachten": Das Fremdwort wurde im 16. Jh. aus *mlat.* votum „Gelübde; Stimme, Stimmrecht" entlehnt. *Klass.-lat.* votum „feierliches Versprechen, Gelöbnis; Gelübde; Wunsch, Verlangen" gehört zu *lat.* vovere (votum) „feierlich versprechen, geloben; wünschen". Dazu stellt sich die Ableitung **votieren** „für etwas stimmen; entscheiden". Siehe auch den Artikel *devot*.

Voyeur „jemand, der durch [heimliches] Zuschauen bei sexuellen Handlungen Lust empfindet": Das Fremdwort wurde zu Beginn des 20. Jh.s aus gleichbed. *frz.* voyeur (< *afrz.* veor, véeur „Beobachter, Späher") entlehnt. Es gehört zu *frz.* voir „sehen, betrachten", das auf *lat.* videre „sehen" zurückgeht (vgl. den Artikel *Vision*).

vulgär „gewöhnlich; gemein, niedrig“: Das Adjektiv wurde im 18. Jh. aus gleichbed. *frz.* vulgaire entlehnt, das auf *lat.* vulgaris „allgemein; alltäglich, gewöhnlich; gemein, niedrig“ beruht. Dies ist eine Bildung zu *lat.* volgus (vulgus) „die Menge, das gemeine Volk“. Abl.: **vulgarisieren** „vereinfachen, verständlich machen; unter das Volk bringen“; **Vulgarität** „vulgäre Art; Trivialität“ (19. Jh.; wohl unter dem Einfluß von gleichbed. *engl.* vulgarity aus *lat.* vulgaritas).

Vulkan: Die Bezeichnung für „feuerspeiender Berg“ wurde im 17. Jh. aus *lat.* Vulcanus „Gott des Feuers; Flamme, Feuer“ entlehnt. Abl.: **vulkanisch** „auf Vulkanismus beruhend“ (18. Jh.); **Vulkanismus** „Gesamtheit vulkanischer Vorgänge“ (19. Jh.). Siehe auch *vulkanisieren.*

vulkanisieren „Rohkautschuk mit Hilfe bestimmter Chemikalien zu Gummi verarbeiten; Gegenstände aus Gummi reparieren“: Das Verb wurde im 19. Jh. aus gleichbed. *engl.* to vulcanize entlehnt. Dies bedeutet eigentlich „dem Feuer übergeben“, weil bei dem Verfahren Hitze angewendet wird. Es gehört zu Vulcan, dem *engl.* Namen des Gottes des Feuers (vgl. den Artikel *Vulkan*). Dazu stellen sich **Vulkanisierung** (19. Jh.) und **Vulkanisation** „das Vulkanisieren“ (20. Jh.) und **Vulkaniseur** „Facharbeiter im Bereich der Gummiverarbeitung“ (20. Jh.).

Waage: Das *altgerm.* Substantiv *mhd.* wāge, *ahd.* wāga, *niederl.* waag, *aengl.* wǣg, *schwed.* våg gehört zu der unter ↑[1]*bewegen* behandelten *idg.* Wurzel *u̯eĝh- „sich bewegen, schwingen, fahren, ziehen“. Es bedeutet eigentlich „das (auf und ab) hin und her Schwingende“. Daraus entstand die *germ.* Grundbedeutung „Gewicht, Gerät zum Wiegen“. Die im *Ahd.* verbreitete Bedeutung „Gewicht“ war schon im *Mhd.* fast ganz geschwunden. Eine Ableitung von *mhd.* wāge, das auch die übertragene Bed. „Wagnis“ hatte, ist ↑wagen. Vgl. auch den Artikel *wägen.* Zus.: **waag[e]recht** „horizontal“ (16. Jh.; eigentlich „wenn die Waage recht steht, wenn der Waagebalken in der Ausgangsstellung steht“); **Waagschale** (15. Jh.).

Wabe: Das Wort (*mhd.* wabe, *ahd.* waba, wabo) gehört zu dem unter ↑*weben* behandelten Verb und bedeutet also eigentlich „Gewebe (der Bienen)“. Vgl. die ähnliche Bedeutungsentwicklung bei ↑Wachs. Siehe auch den Artikel *Waffel.*

wach: Das seit dem 16. Jh. bezeugte Adjektiv hat sich aus dem unter ↑*Wache* behandelten Substantiv entwickelt, und zwar in Sätzen wie ‘er ist (in) Wache’, d. h. er befindet sich im Zustand des Wachens.

Wache: Das *altgerm.* Substantiv *mhd.* wache, *ahd.* wacha, *niederl.* waak, engl. wake, *aisl.* vaka ist eine Ableitung von dem unter ↑*wachen* behandelten Verb. Diese Bildung ist wohl jünger als das ebenfalls zu ‘wachen’ gebildete ↑Wacht. Aus ‘Wache’ hat sich das Adjektiv ↑*wach* entwickelt. Abl.: **wachsam** „vorsichtig, gespannt, sehr aufmerksam“ (17. Jh.; heute auf ‘wachen’ bezogen), dazu **Wachsamkeit** (17. Jh.).

wachen: Das *gemeingerm.* Verb *mhd.* wachen, *ahd.* wachēn, *got.* wakan, *engl.* to wake, *schwed.* vaka gehört zu der unter ↑*wecken* behandelten *idg.* Wurzel. Es bedeutet eigentlich „frisch, munter sein“. Zu ‘wachen’ gebildet sind ↑Wache und ↑Wacht. Präfixbildungen: **bewachen** „über etwas wachen, auf etwas aufpassen“ (*mhd.* bewachen); **erwachen** „wach werden“ (*mhd.* erwachen, *ahd.* irwachen).

Wacholder: Das Substantiv *mhd.* wecholter, *ahd.* wechalter ist mit dem *germ.* Baumnamensuffix -đr[a]- (vgl. *Teer*) gebildet. Der erste Wortteil gehört wahrscheinlich zu der unter ↑*wickeln* dargestellten *idg.* Wurzel. Danach würde sich die Benennung auf die Zweige des Baumes beziehen, die zum Flechten benutzt worden sind.

Wachs: Das *altgerm.* Substantiv *mhd., ahd.* wahs, *niederl.* was, *engl.* wax, *schwed.* vax gehört zu der unter ↑*wickeln* dargestellten *idg.* Wurzel. Vgl. auch die urverwandten Wörter *lit.* vãškas „Wachs“, *russ.* vosk „Wachs“. Das Wort bedeutet eigentlich „Gewebe (der Bienen)“. Eine ähnliche Bedeutungsentwicklung liegt bei ↑Wabe vor. Eine Ableitung von ‘Wachs’ ist das heute nur *mdal., mhd.* nicht belegte Verb **wächsen** „mit Wachs bestreichen“ (*ahd.* wahsen), das von seiner Nebenform ↑wichsen seit dem 18. Jh. verdrängt worden ist. Die Bedeutung „mit Wachs glätten“ ist heute nur noch mit [1]**wachsen** (15. Jh.) verbunden.

wachsam, Wachsamkeit ↑Wache.

[1]**wachsen** ↑Wachs.

[2]**wachsen:** Das *gemeingerm.* Verb *mhd.* wahsen, *ahd.* wahsan, *got.* wahsjan, *engl.* (veraltet) to wax, *schwed.* växa geht mit den nahe verwandten Verben *aind.* vakṣáyati „läßt wachsen“ und *griech.* aéxein „mehren“, aéxesthai „wachsen“ auf die *idg.* Wurzel *[a]u̯eg-, *aug- „vermehren, zunehmen“ zurück. Aus dem *germ.* Bereich gehören zu dieser Wurzel noch *got.* aukan „sich mehren“ und die unter ↑auch genannten Substantive sowie das unter ↑*Wucher* behandelte Wort. Vgl. im *außergerm.* Bereich z. B. *lat.* augere „vermehren“ (↑Autor) und *lit.* áugti „wachsen“. Bildungen zu ‘wachsen’ sind ↑Wuchs und ↑Gewächs. Abl.: **Wachstum** „das Wachsen“ (*mhd.* wahstuom). Präfixbildungen

und Zusammensetzungen: **erwachsen** „heranwachsen, entstehen; sich für jemanden ergeben" (*mhd.* erwahsen, *ahd.* irwahsan), beachte besonders das in adjektivischen Gebrauch übergegangene 2. Partizip **erwachsen** „dem Jugendalter entwachsen; volljährig"; **nachwachsen** „wieder wachsen" (17. Jh.), dazu **Nachwuchs** „das Nachwachsen; Kinder; junge, heranwachsende Kräfte" (1. Hälfte des 19. Jh.s); **zuwachsen** „überwuchert werden; sich schließen; jemandem zufallen, zuteil werden" (16. Jh.), dazu **Zuwachs** „Zunahme, Vermehrung" (Ende des 16. Jh.s).

Wachsfigurenkabinett ↑ Kabinett.

Wacht: Das nur im *Dt.* und *Niederl.* bezeugte Substantiv *mhd.* wachte, *ahd.* wahta, *niederl.* wacht (vgl. dazu das anders gebildete *got.* wahtwō „Wache") ist eine Bildung zu dem unter ↑*wachen* behandelten Verb. Es ist wohl älter als das ebenfalls zu 'wachen' gebildete ↑ Wache. Mit Ausnahme des poetischen Bereiches ist 'Wacht' heute meist durch 'Wache' verdrängt worden. Abl.: **Wächter** „jemand, der über etwas wacht, etwas bewacht" (*mhd.* wahtære, *ahd.* wahtāri). Zus.: **Wachtmeister** (*spätmhd.* wache-, wachtmeister „mit der Einteilung der städtischen Nachtwachen beauftragter Zunftmeister", seit dem 16. Jh. als Bezeichnung des Befehlshabers der Wachen, des Feldwebels, ins Kriegswesen übernommen, später auf die reitenden Truppen eingeschränkt; dann auch als Bezeichnung für den Polizisten des untersten Dienstgrades verwendet).

Wächte „Schneeanwehung": Das seit dem 19. Jh. belegte, ursprünglich *schweizerische* Wort ist eine Bildung zu dem unter ↑*wehen* behandelten Verb. Es bedeutet eigentlich „[An]gewehtes".

Wachtel: Der Vogelname *mhd.* wahtel[e], *ahd.* wahtala (entsprechend *niederl. mdal.* wachtel) ist eine Bildung zu einem lautmalenden 'wak', das den Ruf des Vogels wiedergibt. Zus.: **Wachtelkönig** (im 16. Jh. wachtelkünig; so benannt, weil der der Wachtel ähnliche Wiesenvogel größer ist als diese).

wackeln: Das seit dem 14. Jh. bezeugte Verb ist eine Iterativbildung zu dem bis ins 16. Jh. gebräuchlichen Verb 'wacken' „sich hin und her bewegen", *mhd.* wacken (vgl. den Artikel watscheln). Das untergegangene Verb ist seinerseits eine Intensivbildung zu *mhd.* wagen, *ahd.* wagōn „sich hin und her bewegen", das wohl eine Ableitung von dem zu ↑*bewegen* gehörenden Substantiv *mhd.* wage, *ahd.* waga „Bewegung" ist. Das Verb 'wackeln' bedeutet demnach eigentlich „sich wiederholt (oder ein wenig) hin und her bewegen".

wacker: Das *altgerm.* Adjektiv *mhd.* wacker „wach, wachsam, frisch, tüchtig, tapfer", *ahd.* wacchar „wach, wachsam", *niederl.* wakker „wach, munter, tüchtig", *aengl.* wacor „wach, wachsam", *schwed.* vacker „schön" gehört zu der unter ↑*wecken* behandelten *idg.* Wortgruppe. Es bedeutet eigentlich „frisch, munter".

Wade: Das Substantiv *mhd.* wade, *ahd.* wado „Muskelbündel des Unterschenkels", *mniederl.* wade „Kniekehle, Kniescheibe", *aisl.* vǫđvi „(dicke) Muskeln (an Armen und Beinen)" ist wahrscheinlich verwandt mit *lat.* vatax „krumm- oder schiefbeinig" und *lat.* vatius „einwärtsgebogen, krumm[beinig]". Das Wort bedeutet demnach wohl eigentlich etwa „Krümmung, Biegung (am Körper)".

Waffe: Die *gemeingerm.* Bezeichnung für „Kampfgerät" *mhd.* wāfen, *ahd.* wāf[f]an, *got.* wēpn, *engl.* weapon, *schwed.* vapen ist ohne sichere *außergerm.* Anknüpfungen. Im *Mhd.* bedeutet das Wort auch „Schildzeichen, Wappen" (eigentlich „Zeichen auf der Waffe"), eine Bedeutung, die vom 16. Jh. an der Nebenform ↑ Wappen zufällt. Abl.: **waffnen** [sich] „mit Waffen ausrüsten; sich wappnen" (*mhd.* wāfenen, *ahd.* wāffanen „Waffen anlegen"), dazu die Präfixbildungen **bewaffnen** „mit Waffen ausrüsten" (18. Jh.), **entwaffnen** „die Waffen abnehmen; in Staunen versetzen" (*mhd.* entwāfenen).

Waffel: Die Bezeichnung für ein flaches Gebäck mit wabenähnlichem Aussehen erscheint im 17. Jh. im *Hochd.* Sie geht auf *niederl.* wafel (*mniederl.* wāfel) zurück. Das Wort bezeichnete sowohl das Gebäck als auch die Eisenplatte, mit der es gebacken wurde. Es gehört zu der unter ↑*weben* behandelten *idg.* Wurzel. Das Wort bedeutete demnach ursprünglich „Gewebe, Geflecht", dann „Wabe, Wabenförmiges".

wagen: Das Verb *mhd.* wāgen ist eine Ableitung von dem unter ↑*Waage* behandelten Substantiv. Es bedeutet eigentlich „etwas auf die Waage legen, ohne zu wissen, wie sie ausschlägt", dann übertragen „etwas riskieren, dessen Ausgang ungewiß ist". Abl.: **Wagnis** „gewagtes Vorhaben; Gefahr" (16. Jh.). Zus.: **Wagehals** „waghalsiger Mensch" (15. Jh.; substantiviert aus 'ich wage den Hals' [= wage das Leben], beachte zur Bildung z. B. 'Habenichts'), dazu die Ableitung **wag[e]halsig** „verwegen, tollkühn" (18. Jh.).

Wagen: Das *altgerm.* Substantiv *mhd.* wagen, *ahd.* wagan, *niederl.* wagen, *engl.* (dichterisch) wain, *schwed.* vagn gehört zu der unter ↑*bewegen* dargestellten *idg.* Wurzel. Das Wort bedeutet eigentlich „das sich Bewegende, Fahrende". Vgl. aus anderen *idg.* Sprachen *aind.* váhana-m „eine Art Wagen", *griech.* óchos „Wagen", *lat.* vehiculum „Fahrzeug" (s. das Fremdwort *Vehikel*), *russ.* voz „Wagen". Vgl. auch den Artikel *Waggon*. Abl.: **Wagner** *landsch.* für „Stellmacher" (*mhd.* wagener, *ahd.* waginari).

wägen: Das *gemeingerm.* Verb *mhd.* wegen „sich bewegen; Gewicht haben, wiegen", *ahd.* wegan „bewegen, wiegen", *got.* [ga]wigan „(sich) bewegen", *aengl.* wegan „bewegen, wiegen", *engl.* to weigh „wiegen", *aisl.* vega „schwingen, heben; wiegen" ist mit dem unter ↑ [1]*bewegen* behandelten Verb (vom Präfix 'be...' abgesehen) identisch. Im *Nhd.* wurde das Wort zunächst im Sinne von „Gewicht haben, auf die Waage legen" verwendet, wofür heute fast ausschließlich die Neubildung ↑ [2]wiegen gebraucht wird. In Anlehnung an das nächstverwandte Substantiv ↑ Waage setzte sich seit dem 16. Jh.

die Schreibung mit -ä- durch. Heute gilt 'wägen' in der Schriftsprache nur noch übertragen im Sinne von „vorsichtig bedenken". Zusammensetzungen und Präfixbildungen: **abwägen** „prüfend bedenken" (15. Jh.); **erwägen** „überlegen, bedenken; ins Auge fassen" (*mhd.* erwegen „bewegen, erheben; bedenken"). Um 'wägen' gruppieren sich die unter ↑Gewicht, ↑verwegen, ↑wagen und ↑Wucht behandelten Wörter.

Wagenpark ↑Park.

Waggon: Die Bezeichnung für „Eisenbahnwagen, Güterwagen" wurde im 19. Jh. mit anderen Fachwörtern aus dem Bereich des Eisenbahnwesens wie ↑Lokomotive, ↑Lore und ↑Tender aus dem *Engl.* entlehnt. Die bei uns übliche *frz.* Aussprache von 'Waggon' hat sich in Analogie zu anderen Fremdwörtern auf -on wie 'Salon, Perron' u. a. herausgebildet. – *Engl.* waggon seinerseits ist aus *niederl.* wagen (vgl. *Wagen*) übernommen.

Wagnis ↑wagen.

Wahl: Das Substantiv *mhd.* wal[e], *ahd.* wala ist eine Bildung zu dem unter ↑*wählen* behandelten Verb. Zus.: **wahllos** „gedankenlos verfahrend, unüberlegt vorgehend" (19. Jh.); **Wahlspruch** „Motto" (17. Jh.).

wählen: Das *gemeingerm.* Verb *mhd.* weln, *ahd.* wellan, *got.* waljan, *schwed.* välja gehört zu der unter ↑*wollen* behandelten *idg.* Wurzel. Eine Bildung zu 'wählen' ist ↑Wahl. Beachte auch die Präfixbildung **erwählen** „aussuchen, auswählen" (*mhd.* erweln, *ahd.* irwellen), dazu **auserwählen** (*mhd.* ūȥerweln), üblich ist vor allem das adjektivisch gebrauchte 2. Partizip **auserwählt** (*mhd.* ūȥerwelt). Abl.: **Wähler** „jemand, der an einer Wahl teilnimmt" (*mhd.* welære), dazu **wählerisch** „anspruchsvoll" (Ende des 17. Jh.s).

Wahn: Das *gemeingerm.* Substantiv *mhd., ahd.* wān „Meinung, Hoffnung, Verdacht", *got.* wēns, *aengl.* wǣn, *aisl.* vān „Hoffnung" gehört zu der unter ↑*gewinnen* behandelten *idg.* Wurzel. Die Bedeutung „krankhafte Einbildung" hat sich erst in neuester Zeit entwickelt. Beachte auch die Zusammensetzung ↑Argwohn (*mhd.* arcwān). 'Wahn' ist schon früh mit dem unter ↑Wahnwitz behandelten Kompositionsglied 'wahn-' in Beziehung gebracht worden, ist aber damit nicht verwandt. Abl.: **wähnen** „irrigerweise annehmen" (*mhd.* wǣnen, *ahd.* wān[n]en).

Wahnsinn „krankhafte Verwirrtheit; Geistesgestörtheit; grenzenlose Unvernunft": Das nur *dt.* Substantiv ist im 16. Jh. aus dem älteren Adjektiv **wahnsinnig** „geistig gestört; unvernünftig; übermäßig groß oder stark; sehr" (15. Jh.) rückgebildet worden. Beide Wörter sind in Analogie zu ↑Wahnwitz, wahnwitzig entstanden.

Wahnwitz „Irrsinn, völliger Unsinn": Das seit dem 16. Jh. belegte Substantiv ist eine Bildung zu dem im *Frühnhd.* untergegangenen Adjektiv 'wahnwitz' „wahnwitzig" (*mhd.* wanwiz, *ahd.* wanawizzi), das eigentlich „ohne Verstand, des Verstandes mangelnd" bedeutet. Der erste Bestandteil 'wahn-' (*mhd., ahd.* wan „leer", *got.* wans „mangelnd"), der mit *griech.* eūnis „ermangelnd", *lat.* vanus „leer" urverwandt ist, gehört zu der unter ↑*wüst* dargestellten *idg.* Wurzel. Über den zweiten Bestandteil vgl. den Artikel *Witz*. Neben 'wahnwitzig' tritt im 15. Jh. auch 'wahnsinnig' auf, das heute 'wahnwitzig' weitgehend verdrängt hat. Abl.: **wahnwitzig** „völlig unsinnig, wahnsinnig" (15. Jh.; dieses Adjektiv hat das alte 'wahnwitz' seit dem 16. Jh. ersetzt). Siehe auch den Artikel *Wahnsinn*.

wahr: Das Adjektiv *mhd., ahd.* wār (vgl. *niederl.* waar) ist mit *lat.* verus „wahr" und *air.* fīr „wahr" urverwandt. Alle diese Wörter gehören im Sinne von „vertrauenswert" zu der *idg.* Wurzel *u̯er- „Gunst, Freundlichkeit [erweisen]", vgl. *griech.* ēra phérein „einen Gefallen tun" und die *slaw.* Sippe von *russ.* vera „Glaube" (davon der weibliche Vorname Vera). Vgl. dazu auch *mhd.* wāre, *ahd.* wāra „Vertrag, Treue". Zu der genannten *idg.* Wurzel gehören aus dem *germ.* Sprachbereich auch der zweite Bestandteil des unter ↑albern behandelten Adjektivs und die unter ↑gewähren und ↑Wirt behandelten Wörter, beachte auch **bewähren** „beweisen, zeigen; sich als geeignet erweisen" (*mhd.* bewæren „als wahr, richtig erweisen"). Abl.: **wahrhaft** „echt, wirklich" (*mhd., ahd.* wārhaft), dazu **wahrhaftig** „wahr; wirklich, tatsächlich, fürwahr" (*mhd.* wārhaftic); **Wahrheit** „das Wahrsein; richtige Erkenntnis" (*mhd., ahd.* wārheit); **wahrlich** „in der Tat, wirklich" (*mhd.* wærlich, *ahd.* wārlīh). Zus.: **Wahrsager** „jemand, der mit Hilfe bestimmter Praktiken Vorhersagen macht" (*frühnhd.;* dafür *mhd.* wārsage „Wahrsager", *asächs.* wārsago „Prophet"; der zweite Bestandteil gehört zu 'sagen', beachte auch das Verb **wahrsagen** [*mhd.* wārsagen „prophezeien"]); **wahrscheinlich** „mit ziemlicher Sicherheit" (17. Jh.; vermutlich nach dem Vorbild des gleichbed. *niederl.* waarschijnlijk; das *niederl.* Adjektiv ist wohl eine Lehnübertragung von *lat.* verisimilis „wahrscheinlich" [aus *lat.* verus „wahr" und *lat.* similis „ähnlich"]).

wahren: Das *altgerm.* Verb *mhd.* war[e]n, *ahd.* bi-warōn, *mniederl.* waren, *aengl.* warian, *aisl.* vara gehört zu dem untergegangenen Substantiv 'Wahr' (*mhd.* war, *ahd.* wara „Aufmerksamkeit, Acht, Obhut, Aufsicht"), einem Wort, das in ↑wahrnehmen (eigentlich „in Wahr [= Obhut] nehmen") und in ↑verwahrlosen (eigentlich „wahrlos [= aufsichtslos] werden") weiterlebt. Demnach bedeutet 'wahren' eigentlich „beachten, in Obhut nehmen". Damit verwandt ist auch das Adjektiv *got.* war[s], *aengl.* wær, *aisl.* varr „behutsam", das in der Präfixbildung ↑gewahr steckt. Ferner hängen damit zusammen die unter ↑warnen und ↑Warte behandelten Wörter. Vgl. im *außergerm.* Bereich *griech.* (epi) órontai „sie achten (darauf), sie sehen (danach)", *lat.* vereri „verehren, fürchten" (s. das Fremdwort *Reverenz*), *lett.* vērties „beachtet werden". Alle genannten Wörter gehören zu der unter ↑*wehren* behandelten *idg.* Wurzel und bedeuten eigentlich „hüten, aufpassen, schützen". – Abl.: **Wahrung** „das Wahren" (*mhd.* warunge). Präfixbildungen: **bewahren**

„behüten, schützen; aufbewahren; beibehalten, erhalten" (*mhd.* bewarn, *ahd.* biwarōn); **verwahren** „aufheben" (*spätmhd.* verwarn), dazu das heute veraltete **Verwahrsam** „Verwahrung". Siehe auch den Artikel *Wahrzeichen*.

währen „dauern": Das Verb *mhd.* wern, *ahd.* werēn gehört zu dem unter ↑*Wesen* behandelten Verb *mhd.* wesen, *ahd.* wesan „sein, aufhalten, dauern". Es bedeutet eigentlich „dauernd sein". Vgl. auch den Artikel *langwierig*. Aus dem ersten Partizip von 'währen' hat sich seit dem 18. Jh. **während** als Präposition und Konjunktion entwickelt.

wahrhaft, Wahrheit, wahrlich ↑wahr.

wahrnehmen: Das Verb (*mhd.* war nemen, *ahd.* wara neman) enthält als ersten Bestandteil das unter ↑*wahren* behandelte Substantiv 'Wahr' „Aufmerksamkeit, Acht, Obhut, Aufsicht". Es bedeutet demnach eigentlich „in Aufmerksamkeit nehmen, einer Sache Aufmerksamkeit schenken". Abl.: **Wahrnehmung** (16. Jh.).

Wahrsager ↑wahr.

wahrscheinlich ↑scheinen, ↑wahr.

Währung: Das Substantiv *mhd.* werunge ist eine Bildung zu *mhd.* wern „gewähren" (vgl. *gewähren*). Es bedeutete ursprünglich „Gewährleistung (eines Rechts, einer Qualität, eines Maßes, eines Münzgehalts)".

Wahrzeichen: Die Zusammensetzung *mhd.* warzeichen (*ahd.* wortzeichen ist wohl durch 'Wort' beeinflußt) enthält als ersten Bestandteil das unter ↑*wahren* behandelte Substantiv 'Wahr' „Aufmerksamkeit, Acht, Obhut, Aufsicht". 'Wahrzeichen' bedeutet demnach eigentlich „Zeichen zur Aufmerksamkeit".

Waise: Das auf das *dt.* und *niederl.* Sprachgebiet beschränkte Wort *mhd.* weise, *ahd.* weiso, *niederl.* wees ist verwandt mit *mhd.* entwisen „verlassen von, leer von", *ahd.* wīsan „meiden" und gehört wahrscheinlich zu der unter ↑*Witwe* entwickelten *idg.* Wurzel *u̯eidh-, *u̯idh- „trennen". Eine Ableitung von 'Waise' ist **verwaisen** „die Eltern durch Tod verlieren; einsam, menschenleer werden" (*mhd.* verweisen).

Wal, volkstümlich dafür: Walfisch: Die Herkunft des *altgerm.* Namens des großen, im Meer lebenden Säugetiers *mhd., ahd.* wal, *niederl.* walvis, *engl.* whale, *schwed.* val ist nicht sicher geklärt. Vielleicht besteht Verwandtschaft mit *apreuß.* kalis „Wels" und mit *lat.* squalus „Meersau" (= ein größerer, plump aussehender Mittelmeerfisch). Mit 'Wal' verwandt ist der unter ↑*Wels* behandelte Fischname. Siehe auch den Artikel *Walroß*.

Wald: Das *altgerm.* Substantiv *mhd., ahd.* walt, *niederl.* woud „Wald", *engl.* wold „Hügelland", *schwed.* vall „Weide" bezeichnete ursprünglich das nicht bebaute Land. Es ist vielleicht mit der Wortgruppe von *lat.* vellere „rupfen, zupfen, raufen" (vgl. *Walstatt*) verwandt und bedeutet dann eigentlich „gerupftes Laub" (vgl. zum Sachlichen den Artikel Laub). Mit 'Wald' können auch die unter ↑wild behandelten Wörter verwandt sein. Abl.: **waldig** „mit Wald bestanden, bewaldet" (16. Jh.), **Waldung** „größerer Wald, Waldgebiet" (17. Jh.). Zus.: **Waldmeister** (15. Jh.; die im Walde wachsende Pflanze ist vielleicht wegen ihrer großen [„meisterhaften"] Heilkraft so benannt).

Walhall „Aufenthalt der im Kampf Gefallenen": Das *nhd.* Substantiv ist eine im 18. Jh. aufgekommene Nachbildung des gleichbedeutenden *aisl.* valhǫll. Der erste Bestandteil ist das unter ↑Walstatt behandelte 'Wal-' (*aisl.* valr „Toter auf dem Kampfplatz"), der zweite Bestandteil entspricht dem unter ↑*Halle* behandelten Substantiv. 'Walhall' bedeutet demnach eigentlich „Halle der auf dem Kampfplatz Gefallenen".

walken: Das *altgerm.* Verb *mhd.* walken „walken; prügeln", *ahd.* walchan „kneten", *niederl.* walken „walken", *mengl.* walken „[sich] wälzen, gehen", *engl.* to walk „gehen", *schwed.* valka „walken" ist z. B. verwandt mit *aind.* válgati „hüpft, springt" (eigentlich „dreht sich") und gehört zu der unter ↑[1]*wallen* dargestellten Wortgruppe. – Das Verb 'walken' spielt seit alters in der Tuch- und Lederverarbeitung eine Rolle. Der Walker trat oder stampfte die Wolle ursprünglich mit den Füßen oder wälzte sie in einem Trog und knetete die Häute mit den Händen, um sie geschmeidig zu machen. Auch die übertragene Verwendung im Sinne von „durchprügeln, verbleuen" ist alt, beachte dazu 'durchwalken' und 'verwalken'.

Walküre „Botin Wotans, die die Gefallenen nach Walhall geleitet" (germanische Mythologie): Das *nhd.* Substantiv ist eine seit dem 18. Jh. auftretende Nachbildung des *aisl.* valkyria „Walküre", deren erster Bestandteil das unter ↑*Walstatt* behandelte 'Wal-' (*aisl.* valr „Toter auf dem Kampfplatz") ist. Der zweite Bestandteil gehört zu ↑*Kür* „Wahl[übung]". 'Walküre' bedeutet eigentlich „Wählerin der Toten auf dem Kampfplatz".

Wall: Das Substantiv *mhd.* wal, *niederl.* wal, *engl.* wall wurde von den Germanen aus *lat.* vallum entlehnt, das in der römischen Militärsprache „Pfahlwerk auf dem Schanzwall" bedeutete und zu *lat.* vallus „[Schanz]pfahl" gehört.

Wallach „kastriertes männliches Pferd": Das seit dem Ende des 15. Jh.s bezeugte Substantiv bezeichnete ursprünglich das aus der Walachei eingeführte kastrierte Pferd. Der Volksname 'Walachen' stammt aus dem *Slaw.*, vgl. *bulgar.* vlach „Walache". Das *slaw.* Wort ist seinerseits aus dem unter ↑*welsch* behandelten Wort entlehnt.

[1]wallen „sprudeln, bewegt fließen": Das *westgerm.* Verb *mhd.* wallen, *ahd.* wallan, *mniederl.* wallen, *aengl.* weallan gehört zur *idg.* Wurzel *u̯el „drehen, winden, wälzen". Vgl. aus anderen *idg.* Sprachen *aind.* válati „wendet sich, dreht sich", *griech.* eileīn „drehen, winden", *lat.* voluere „rollen, wälzen, drehen" (↑Volumen), *russ.* volna „Welle". Zu dieser auch weitergebildeten und erweiterten *idg.* Wurzel gehören ferner die unter ↑Welle und ↑wühlen behandelten Wörter, vermutlich auch ↑Wulst, weiterhin ↑[2]walzen, ↑Walze und ↑walken sowie der zweite

Bestandteil des unter ↑Wurzel behandelten Substantivs. Vgl. auch den Artikel *Wolle*. Abl.: **Wallung** „das Wallen; Hitzegefühl" (17. Jh.).

²wallen „gehen, pilgern": Das *westgerm.* Verb *mhd.* wallen, *ahd.* wallōn, *mniederl.* wallen, *aengl.* weallian geht wohl auf *germ.* *wađlōjan zurück und ist dann mit dem unter ↑Wedel behandelten Substantiv näher verwandt (vgl. *wehen*). Es bedeutete ursprünglich etwa „[umher]schweifen, unstet sein". Zus.: **Wallfahrt** „aus religiösen Motiven unternommene Reise (zu einer heiligen Stätte)" (*mhd.* wallevart); **wallfahren** „eine Wallfahrt machen" (bei Luther); **Wallfahrer** „jemand, der eine Wallfahrt macht" (17. Jh.).

Walnuß: Das im *Hochd.* seit dem 18. Jh. bezeugte Wort stammt aus dem *Niederd.* (vgl. *mnd.* walnut „Walnuß"). Der erste Bestandteil der Zusammensetzung geht auf das unter ↑*welsch* behandelte *germ.* Substantiv zurück. Die Frucht, die aus Italien zu uns kam, hieß deshalb auch bis ins 18. Jh. 'welsche Nuß'.

Walroß: Der Tiername ist aus *niederl.* walrus entlehnt, das auf Umstellung und Vermischung von *aisl.* hrosshvalr „eine Art Wal" und *aisl.* rosmhvalr „Walroß" beruht. Der zweite Bestandteil der beiden *aisl.* Wörter -hvalr ist das unter ↑*Wal* behandelte Wort. Der erste Bestandteil hross- ist das unter ↑*Roß* behandelte Wort. Der Bestandteil rosm-, der mit *ahd.* rosamo „Röte, Rost" näher verwandt ist, gehört zu der unter ↑*Rost* behandelten Wortgruppe. 'Walroß' ist demnach eigentlich eine Mischung von 'Roßwal' und 'Ro[s]twal'. Das Tier hat eine leicht rotbraune Farbe.

Walstatt „Kampfplatz, Schlachtfeld": Der erste Bestandteil der Zusammensetzung (*mhd.* walstat) ist das im *Nhd.* untergegangene Substantiv *mhd., ahd.* wal „Kampfplatz", *aengl.* wæl „Walstatt; Gefallene", *aisl.* valr „Toter auf dem Kampfplatz". Es ist verwandt mit *tochar. A* wäl- „sterben" und mit der *balt.* Sippe von *lit.* vẽlės „geisterhafte Gestalten der Verstorbenen". Weiterhin gehören diese Wörter wohl zu der *idg.* Wurzel *u̯el- „[an sich] reißen, rauben; ritzen, verwunden; töten", vgl. *lat.* vellere „[aus]rupfen", vulnus „Wunde", *air.* fuil „Blut", *mir.* fuili „blutige Wunden". Weitere Zusammensetzungen mit demselben ersten Bestandteil sind ↑Walhall und ↑Walküre. Es ist möglich, daß auch ↑Wolle (eigentlich „die Gezupfte") und ↑Wolf (eigentlich „der Reißer") zu der obigen *idg.* Wurzel gehören.

walten: Das *gemeingerm.* Verb *mhd.* walten, *ahd.* waltan, *got.* waldan, *aengl.* wealdan, älter *schwed.* vålla (heute = „verursachen") gehört zu *idg.* *u̯al-dh- „stark sein, beherrschen", vgl. z. B. *lit.* valdýti „regieren" und *russ.* vladet' „besitzen, [be]herrschen". *Idg.* *u̯al-dh- ist seinerseits eine Erweiterung zu *idg.* *u̯al- „stark sein", vgl. z. B. *lat.* valere „stark sein" (↑Valuta). Bildungen zum Verb 'walten' sind die unter ↑Anwalt und ↑Gewalt behandelten Wörter. Präfixbildung: **verwalten** „ordnungsgemäß führen, betreuen, in Ordnung halten" (*mhd.* „verwalten, in Gewalt haben, für etwas sorgen"), dazu **Verwalter** (16. Jh.) und **Verwaltung** (15. Jh.).

Walze: Die Substantive *spätmhd.* walze „Seilrolle", *ahd.* walza „Falle, Schlinge", *mnd.* walte „Walze", *aengl.* wealte „Ring", *aisl.* vǫlt „Walze, Rolle, Winde" sind Bildungen zu den unter ↑*walzen* behandelten Verben und bedeuten eigentlich „Gedrehtes". Im *Nhd.* ist die Bed. „zylindrische Rolle" (z. B. 'Ackerwalze') seit dem 16. Jh. bezeugt. Abl.: **¹walzen** „mit der Walze bearbeiten" (18. Jh.). Zu der Wendung 'auf der Walze sein' ↑²walzen.

¹walzen ↑Walze.

²walzen: Das ehemals starke Verb älter *nhd., mhd.* walzen „[sich] rollen, drehen", *spätahd.* walzan „rollen; erwägen" steht im Ablaut zu *aisl.* velta „sich wälzen" und gehört zu der unter ↑¹*wallen* dargestellten Wortgruppe. Im *Oberd.* wird 'walzen' seit der 2. Hälfte des 18. Jh.s in der Bed. „mit drehenden Füßen auf dem Boden schleifen, tanzen" gebraucht. Zu dieser Bed. gehört die Bildung **Walzer** „Drehtanz" (Ende des 18. Jh.s). Entsprechend gilt 'walzen' *ugs.* für „Walzer tanzen" (veraltend). Die gleichfalls *ugs.* Bed. „auf der Wanderschaft sein" tritt im 19. Jh. zuerst in der Handwerkersprache auf und beruht wohl auf *mdal.* walzen „müßig hin und her schlendern". Dazu gehört die Wendung 'auf die Walze (d. h. Wanderschaft) gehen' (19. Jh.; ebenfalls veraltend). Siehe auch den Artikel *wälzen*.

wälzen: Das *gemeingerm.* Verb *mhd., ahd.* welzen, *got.* waltjan, *aengl.* wieltan, *schwed.* välta ist das Veranlassungswort zu dem in *aisl.* velta „sich wälzen" bewahrten starken Verb (vgl. ²*walzen*). Abl.: **Wälzer** „unhandliches Buch" (Ende des 18. Jh.s; eigentlich „Ding, das so schwer ist, daß man es nur durch Wälzen fortbewegen kann"; wahrscheinlich scherzhafte Lehnübersetzung von *lat.* volumen „Schriftrolle, Band", das zu *lat.* voluere „drehen, wälzen" gehört; ↑Volumen).

Wamme „vom Hals herabhängende Hautfalte (z. B. bei Rindern); Bauchseite der Felle (Kürschnerei); Schmer-, Hängebauch *(landsch.)*": Das *gemeingerm.* Substantiv *mhd.* wamme, wambe, *ahd.* wamba „Bauch, Mutterleib, -schoß; Bauchseite, Eingeweide", *got.* wamba „Bauch, Leib", *engl.* womb „Mutterschoß; Gebärmutter", *schwed. mdal.* våmm „Wanst; Pansen" ist unbekannter Herkunft.

Wams: Das Substantiv *mhd.* wams ist aus *afrz.* wambais „Wams" entlehnt. Dies geht auf *mlat.* wambasium zurück, dem das unter ↑*Bombast* behandelte *griech.* pámbax „Baumwolle" zugrunde liegt. Abl.: **wamsen** *landsch.* für „verprügeln" (18. Jh.; eigentlich „das Wams ausklopfen"), dafür gewöhnlich **verwamsen.**

Wand: Das *dt.* und *niederl.* Substantiv (*mhd., ahd.* want, *niederl.* wand) gehört zu dem unter ↑*winden* behandelten Verb. Es bedeutet also eigentlich „das Gewundene, das Geflochtene". Wände wurden ursprünglich geflochten (Vgl. zum Sachlichen den Artikel *Fach*).

wandeln: Das Verb *mhd.* wandeln, *ahd.* wantalōn (entsprechend *niederl.* wandelen) ist –

ähnlich wie ↑wandern – eine Iterativbildung zu *ahd.* wantōn „wenden", das seinerseits zu dem unter ↑²*winden* behandelten Verb gehört. Es bedeutet demnach eigentlich „wiederholt wenden". Die Bedeutung „hin und her gehen" kam im 14. Jh. auf. Die Bedeutung „[sich] ändern" ist schon *ahd.* bezeugt. Abl.: **Wandel** „das Sichwandeln; Veränderung" (*mhd.* wandel, *ahd.* wandil); **wandelbar** „dem Wandel unterworfen, veränderlich" (*mhd.* wandelbære); **Wandlung** „das Sichwandeln" (*mhd.* wandelunge, *ahd.* wantalunga). Präfixbildung: **verwandeln** „völlig verändern, anders erscheinen lassen; umformen, umwandeln" (*mhd.* verwandeln, *ahd.* farwantalōn), dazu **Verwandlung** (*mhd.* verwandelunge). Beachte auch **anwandeln** „befallen, überkommen" (17. Jh., zunächst in der Bed. „sich nähern", dann „sich jemandem nähern, jemanden überkommen, erfassen"), dazu **Anwand[e]lung** „plötzlich auftretende Stimmung, Laune".

wandern: Das *westgerm.* Verb *mhd.* wanderen, *mniederl.* wanderen, *engl.* to wander ist – ähnlich wie ↑wandeln – eine Iterativbildung und stellt sich zu *ahd.* wantōn „wenden" und den unter ↑²*winden* und ↑*wenden* behandelten Verben. Es bedeutet demnach eigentlich „wiederholt wenden". Daraus entwickelten sich die Bedeutungen „hin und her gehen, irgendwohin gehen, seinen Standort ändern". Abl.: **Wand[e]rer** „jemand, der [gerne] wandert" (14. Jh.); **Wanderschaft** „das Wandern, Umherziehen" (um 1500); **Wand[e]rung** (*spätmhd.* wanderunge). – Das adjektivisch verwendete 2. Partizip **bewandert** „aus eigener Erfahrung kennend", eigentlich „vielgereist" (17. Jh.), gehört zu einem ungebräuchlichen Verb 'bewandern'.

Wange: Das *altgerm.* Subst. *mhd.* wange, *ahd.* wanga, *niederl.* wang, *aengl.* wange, *aisl.* vangi ist wahrscheinlich verwandt mit *bayr.-österr.* Wang „Wiesenabhang", *got.* waggs „Paradies" (eigentlich „Wiese"), *aengl.* wang „Feld, Ebene, Land", *aisl.* vangr „Feld, eingefriedeter Platz". Allen diesen Substantiven ist wahrscheinlich die Grundbedeutung „Biegung, Krümmung" gemeinsam, vgl. z. B. *aengl.* wōh (*wanha-) „krumm, verkehrt".

Wankelmut: Das Substantiv *mhd.* wankelmuot ist eine Zusammensetzung mit dem heute nicht mehr gebräuchlichen Adjektiv 'wankel' „schwankend, unbeständig" (*mhd.* wankel, *ahd.* wanchal, entsprechend *niederl.* wankel, *aengl.* wancol „schwankend, unbeständig, schwach"). Dieses Adjektiv ist von dem unter ↑*wanken* behandelten Substantiv 'Wank' abgeleitet. Zum zweiten Bestandteil vgl. den Artikel *Mut.*

wanken: Das *altgerm.* Verb *mhd.* wanken, *ahd.* wankōn, *mniederl.* wanken, *aisl.* vakka ist vermutlich eine Ableitung von dem veralteten Substantiv 'Wank' „Bewegung nach einer Richtung hin, Schwanken; Zweifel" (*mhd., ahd.* wanc, *mniederl.* wanc). Dieses Substantiv gehört zu der unter ↑*winken* behandelten Wortgruppe.

wann, wenn: *Mhd.* wanne, wenne, *ahd.* hwanne, hwenne, *engl.* when (vgl. auch *got.* han „wann") gehören zu dem unter ↑*wer, was* behandelten *idg.* Stamm. Die schriftsprachliche Scheidung zwischen 'wann' als Adverb und 'wenn' als Konjunktion hat sich erst im 19. Jh. durchgesetzt.

Wanne „Becken, Gefäß": Das Substantiv *mhd.* wanne „Wanne; Getreide-, Futterschwinge", *ahd.* wanna „Getreide-, Futterschwinge" ist aus *lat.* vannus „Getreide-, Futterschwinge" entlehnt. Die Bezeichnung der Getreideschwinge wurde zusammen mit dem Gegenstand von den Römern übernommen. Erst im 14. Jh. wurde das Wort 'Wanne' auf das wie eine Getreideschwinge geformte Gefäß zum Baden übertragen.

Wanst: Das Substantiv *mhd.* wanst, *ahd.* wanast steht im Ablaut zu der andersgebildeten Sippe von *isl.* vinstr „Blättermagen". *Außergerm.* lassen sich damit vergleichen *aind.* vaniṣṭú-ḥ „Mastdarm", *griech.* ḗnystron „Labmagen", *lat.* ve[n]sica „Blase".

Wanze: Der auf das *dt.* Sprachgebiet beschränkte Insektenname (*mhd.* wanze) ist eine vom ersten Wortteil aus gebildete Kurzform zu *mhd., ahd.* wantlūs „Wanze", eigentlich „Wandlaus".

Wappen: Die *nhd.* Form geht auf *mhd.* wāpen „Waffe, Wappen" zurück, das in der Blütezeit des flandrischen Rittertums aus *mniederl.* wāpen „Waffen, Wappen" (= *hochd.* Waffe, s. d.) entlehnt wurde. 'Wappen' wurde früher als Nebenform von 'Waffe' verwendet. Es bedeutete im *Dt.* zunächst „Waffe", vom Ende des 12. Jh.s an auch „Schildzeichen, Wappen". Erst im 16. Jh. vollzieht sich die Scheidung zwischen 'Waffe' als „Kampfgerät" und 'Wappen' als „[Schild]zeichen". Von der Bedeutung „Waffe" von 'Wappen' ist auch für das abgeleitete, heute noch übertragen und dichterisch verwendete Verb **wappnen** (*mhd.* wāpenen) auszugehen, das zunächst „[sich] mit Waffen versehen" bedeutete, dann „gerüstet sein, bestehen können, sich einstellen".

Ware: Das *altgerm.* Substantiv *mhd.* war[e], *niederl.* vaar, *engl.* ware, *schwed.* vara ist unsicherer Herkunft. Vielleicht gehört es zu dem unter ↑*wahren* behandelten Substantiv 'Wahr' „Aufmerksamkeit, Acht, Hut, Aufsicht". 'Ware' würde demnach eigentlich „das, was man in Verwahrung nimmt" bedeuten.

warm: Das *altgerm.* Adjektiv *mhd., ahd.* warm, *niederl.* warm, *engl.* warm, *schwed.* varm (vgl. *got.* warmjan „warm machen") gehört wohl zur *idg.* Wurzel *u̯er- „[ver]brennen, schwärzen". Vgl. aus anderen *idg.* Sprachen *armen.* vaṙem „zünde an", *russ.* varit' „kochen" (vgl. *Samowar*), *hethit.* u̯ar- [ver]brennen". Abl.: **Wärme** „das Warmsein; Warmherzigkeit" (*mhd.* werme, *ahd.* warmī); **wärmen** „warm machen" (*mhd., ahd.* wermen), dazu **erwärmen** (*mhd.* erwermen).

warnen: Das *altgerm.* Verb *mhd.* warnen, *ahd.* warnōn, *mniederl.* warnen, *engl.* to warn, *schwed.* varna gehört zu der unter ↑*wahren* entwickelten *germ.* Wortgruppe. Die eigentliche Bedeutung ist "[sich] vorsehen". Aus dem *germ.* Sprachbereich stammt die *roman.* Sippe von *frz.* garnir, eigentlich „zum Schutz mit etwas versehen" (↑garnieren). Abl.: **Warnung** „Hinweis auf eine Gefahr, auf drohende Folgen" (*mhd.* warnunge, *ahd.* warnunga). Präfixbildung: **verwarnen** „zurechtweisen, jemandem Konsequenzen androhen" (16. Jh.), dazu **Verwarnung** (*mhd.* verwarnunge).

Wart: *Mhd., ahd.* wart, *got.* daúra-wards („Türhüter"), *aengl.* weard (↑Steward), *aisl.* vǫrđr gehören mit der unter ↑Warte behandelten Substantivbildung zu der Wortgruppe von ↑*wahren.* Im heutigen *dt.* Sprachgebrauch ist 'Wart' hauptsächlich in Zusammensetzungen gebräuchlich, beachte z. B. 'Haus-, Tank-, Torwart'.

Warte „Ort der Ausschau": Das *altgerm.* Substantiv *mhd.* warte, *ahd.* warta „Ausschauen, Lauern; Ausguck, Wachtturm", *mniederl.* waerde „Wacht[turm]", *engl.* ward (veraltet) „Wache, Obhut, Verwahrung", *aisl.* varđa „Steinhaufen (als Wegzeichen)" gehört zu der unter ↑*wahren* behandelten *germ.* Wortgruppe. Eine Ableitung von 'Warte' ist das Verb ↑warten.

warten: Das *altgerm.* Verb *mhd.* warten, *ahd.* wartēn „ausschauen, aufpassen, erwarten", *mniederl.* waerden „wachen, [er]warten", *aengl.* weardian „warten, hüten; bewohnen", *schwed.* vårda „pflegen" ist von dem unter ↑*Warte* behandelten Substantiv abgeleitet. Es bedeutet also eigentlich „Ausschau halten". Heute ist es auf die Bed. „Kommendem entgegensehen" eingeschränkt. Eine zweite Bed. „pflegen" hat sich in *mhd.* Zeit aus „auf etwas achthaben" entwickelt; sie lebt besonders in den Ableitungen **Wärter** „jemand, der auf jemanden, etwas aufpaßt, jemanden oder etwas betreut" (*mhd.* werter, *ahd.* wartari) und **Wartung** „Pflege, Betreuung" (15. Jh.). Das Adjektiv **gewärtig** „erwartend" (*mhd.* gewertec) ist von der heute veralteten Präfixbildung *mhd.* gewarten, *ahd.* giwartēn „beobachten, erwarten" abgeleitet. Siehe auch den Artikel *Anwärter.* Weitere Zusammensetzungen und Präfixbildungen: **abwarten** „auf etwas, auf das Ende von etwas warten" (16. Jh.); **aufwarten** „anbieten, vorsetzen; zu bieten haben; jemandem einen Höflichkeitsbesuch abstatten" (*mhd.* ūfwarten), dazu **Aufwartung** „das Aufwarten; Aufwartefrau; Höflichkeitsbesuch" (17. Jh.); **erwarten** „auf jemanden, etwas warten, einer Sache entgegensehen; für wahrscheinlich halten; erhoffen, sich versprechen" (*mhd.* erwarten, *ahd.* erwartēn). Siehe auch den Artikel *Garde.*

...wärtig ↑...wärts.

...wärts: Das seit alters nur in Zusammensetzungen auftretende Wort (*mhd., ahd.* wertes) ist der adverbiale Genitiv des nur in der Zusammensetzung vorkommenden Adjektivs *mhd., ahd.* -wert, vgl. entsprechend *got.* -wairþs, *aengl.* -weard, *aisl.* -verđr. Dieses *gemeingerm.* Adjektiv bedeutet eigentlich „auf etwas hin gewendet oder gerichtet" und gehört zu der unter ↑*werden* behandelten Wortgruppe, vgl. *außergerm.* z. B. *lat.* versus, adversus „in die Richtung von, gegen". Am gebräuchlichsten sind Bildungen wie **aufwärts** (*mhd.* ūfwert[es]), **vorwärts** (*mhd.* vorwert), **rückwärts** (17. Jh.). Aus *mhd., ahd.* -wert weitergebildet ist *nhd.* **...wärtig** (*mhd.* -wertec, *ahd.* -wertig). Siehe auch ↑'gegenwärtig' unter *gegen* und 'widerwärtig' unter *wider.*

warum ↑wo.

Warze: Das *altgerm.* Substantiv *mhd.* warze, *ahd.* warza, *niederl.* wrat, *engl.* wart, *schwed.* vårta gehört zu einer Erweiterung der *idg.* Wurzel *u̯er- „erhöhte Stelle (im Gelände oder in der Haut)". Vgl. dazu aus anderen *idg.* Sprachen *aind.* várṣiṣṭha- „höchst...", *lat.* verruca „Warze", *russ.* vered „Geschwür, Eiterbeule".

was ↑wer.

waschen: Das *altgerm.* Verb *mhd.* waschen, weschen, *ahd.* wascan, *niederl.* wassen, *engl.* to wash, *schwed.* vaska gehört wahrscheinlich zu der unter ↑*Wasser* behandelten *idg.* Wurzel *[a]u̯ed- „benetzen, befeuchten, fließen". Abl.: **Wäsche** „Gesamtheit der Textilien, die gewaschen werden; Gesamtheit der Kleidungsstücke, die man unter anderen Kleidungsstükken trägt" (*mhd.* wesche, *ahd.* wesca); **Wäscherei** „Betrieb, in dem Wäsche gewaschen wird"; **Wäscherin** (*mhd.* wescherinne). Zus.: **Waschlappen** (in der Bed. „Lappen, der zum Waschen von Gesicht und Körper dient" Ende des 17. Jh.s; in der Bed. „schwacher, willenloser Mensch" seit der Mitte des 19. Jh.s); **Waschzettel** „als separater Zettel oder als Klappentext einem Buch vom Verlag beigegebene kurze, Werbezwecken dienende Ausführung zum Inhalt des Buches" (in dieser Bedeutung seit dem 19. Jh. gebräuchlich; ursprünglich „Liste, Verzeichnis der in die Wäscherei gegebenen Stücke", dann allgemein „Verzeichnis, Zusammenstellung"). Vgl. den Artikel *Gewäsch.*

Wasser: Das *gemeingerm.* Substantiv *mhd.* waȥȥer, *ahd.* waȥȥar, *got.* watō, *engl.* water, *schwed.* vatten geht auf *idg.* *u̯édōr, *u̯ódōr, Genitiv *udnés „Wasser" zurück. Vgl. aus anderen *idg.* Sprachen *griech.* hýdōr „Wasser" (↑hydro..., Hydro... und die darunter erwähnten Fremdwörter) und *russ.* voda „Wasser" (s. das Fremdwort *Wodka,* eigentlich „Wässerchen"). Dazu stellt sich auch der unter ↑[1]Otter (eigentlich „der zum Wasser Gehörige") behandelte Tiername. Das *idg.* Wort gehört zu einer *idg.* Wurzel *[a]u̯ed- „benetzen, befeuchten, fließen", vgl. z. B. *aind.* undati „quellt, benetzt" und *lat.* unda „Woge" (s. das Fremdwort *ondulieren,* eigentlich „Wellen machen"), ferner das unter ↑waschen behandelte Verb. Ob auch das unter ↑Winter (vielleicht eigentlich „nasse Jahreszeit") behandelte Wort dazu gehört, ist unsicher. Neben *idg.* *[a]u̯ed- steht *idg.* *[a]u̯er-, vgl. z. B. *aind.* vā̆r „Wasser" und *lat.* urina „Harn" (s. das Fremdwort *Urin*). Zu dieser Wurzelform gehört wahrscheinlich auch der erste Bestandteil des unter ↑Auerochse (eigentlich „Befeuchter, [Samen]spritzer") behandelten Wortes. – Abl.: **wässerig, wäßrig** „Wasser enthaltend; hell und farblos" (*mhd.* weȥȥeric, *ahd.* waȥȥirig);

wässern „längere Zeit in Wasser einlegen; mit Wasser begießen" (*mhd.* wezzeren), dazu die Präfixbildung **verwässern** „mit zuviel Wasser versetzen, verdünnen; abschwächen" (16. Jh.). Zus.: **Wasserfall** (*spätmhd.* wazzerval); **Wasserfarbe** (zum Malen; 15. Jh.); **Wasserhose** „Wasser mitführender Wirbelsturm" (18. Jh.; vgl. *Hose*); **Wasserkopf** (18. Jh.; wohl Lehnübersetzung von *nlat.* hydrocephalus aus *griech.* hydroképhalos „Wasserkopf"); **Wassermann** (*mhd.* wazzerman „Schiffer; Wasserungetüm", *ahd.* wazzirman „Wasserträger"; als Bezeichnung des elften Sternbildes im Tierkreis [*lat.* aquarius] seit dem 15. Jh. gebräuchlich); **Wasserratte** (16. Jh.; seit dem 19. Jh. auch übertragen für „[guter] Seemann" und „jemand, der gerne schwimmt"); **Wasserstoff** (Ende des 18. Jh.s; für *frz.* hydrogène „Wasserstoff"); **Wassersucht** (*mhd.* wazzersucht, *ahd.* wazzarsuht; für *lat.* hydrops „Wassersucht" von gleichbed. *griech.* hýdrōps).

Wassergraf ↑Graf.

Wasserspeier ↑speien.

Wasserstelz[er] ↑Bachstelze.

wäßrig ↑wässerig (unter Wasser).

waten: Das *altgerm.* Verb *mhd.* waten „gehen", *ahd.* watan „gehen", *niederl.* waden „waten", *engl.* to wade „waten", *schwed.* vada „waten" ist verwandt mit *lat.* vadere „gehen, schreiten" (s. das Fremdwort *Invasion*), vadum „Furt". Eine Bildung zu 'waten' ist ↑[1]Watt.

watscheln: Das seit dem 16. Jh. bezeugte Verb ist eine Verkleinerungsbildung zu dem Verb *spätmhd.* wakzen „hin und her bewegen" und bedeutet demnach eigentlich „sich ein wenig hin und her bewegen". Das *spätmhd.* Verb ist seinerseits eine Intensivbildung zu dem unter ↑*wackeln* behandelten Verb 'wacken'.

[1]**Watt** „seichter, von Prielen durchzogener Streifen des Meeresbodens aus Sand und Schlick, der bei Ebbe nicht überflutet ist": Das im 17. Jh. aus dem *Niederd.* in die *hochd.* Schriftsprache übernommene Wort geht zurück auf gleichbed. *mnd.* wat, vgl. entsprechend *ahd.* wat „Furt", *niederl.* wad „Watt", *aengl.* wæd „Furt; Wasser, See", *schwed.* vad „Furt". Dieses *altgerm.* Wort gehört zu dem unter ↑*waten* behandelten Verb und bedeutet eigentlich „Stelle, die sich durchwaten läßt".

[2]**Watt** ↑Kilowatt.

Watte: Das seit Ende des 17. Jh.s belegte Wort wurde über *niederl.* watten *(Plural)* „Watte" aus gleichbed. *mlat.* wadda entlehnt. Die weitere Herkunft des Wortes, das auch in den *roman.* Sprachen lebendig ist (vgl. z. B. entsprechend *frz.* ouate und *it.* ovatta), ist dunkel.

weben: Das *altgerm.* Verb *mhd.* weben, *ahd.* weban, *niederl.* weven, *engl.* to weave, *schwed.* väva beruht mit verwandten Wörtern in anderen *idg.* Sprachen auf der *idg.* Wurzel *u̯ebh- „weben, flechten, knüpfen; sich hin und her bewegen, wimmeln", vgl. z. B. *aind.* ūrṇa-vábhi-ḥ „Spinne" (eigentlich „Wollweber"), *griech.* hýphos „das Weben", *lit.* vebždė́ti „wimmeln, durcheinander bewegen". Eine alte Bildung zu dieser Verbalwurzel ist der unter ↑*Wespe* behandelte Insektenname. Um 'weben' gruppieren sich die Bildungen ↑Wabe (eigentlich „Gewebe, Geflecht") und ↑Waffel (eigentlich „Gewebe, Geflecht"). Abl.: **Weber** „jemand, der webt, Handweber" (*mhd.* webære, *ahd.* weberi); **Weberei** „Betrieb, in dem gewebt wird" (16. Jh.). Zus.: **Webstuhl** „[stuhlartiges] Gestell oder Maschine zum Weben" (Beginn des 16. Jh.s). Siehe auch den Artikel *Gewebe.*

Wechsel: Das *westgerm.* Substantiv *mhd.* wehsel, *ahd.* wehsal, *niederl.* wissel, *aengl.* wrixl (aus *wixl unter dem Einfluß von *aengl.* wrīgian „sich wenden") ist mit dem unter ↑[2]*weichen* behandelten Verb verwandt. Es bedeutet eigentlich „das Weichen, Platzmachen". Daraus entwickelten sich Bedeutungen wie „Tausch, Abwechslung, Reihenfolge". Besonders nah ist 'Wechsel' mit ↑Woche (eigentlich „Wechsel, Reihenfolge") verwandt. *Außergerm.* läßt sich *lat.* vicis „Wechsel, Reihenfolge, Stelle, Rolle" vergleichen (s. das Fremdwort *Vikar*). Im *Dt.* gehört 'Wechsel' seit ältester Zeit der Sprache des Handels an, zuerst in der Bed. „Austausch von Waren oder Geld" (s. unten 'Wechsler'). Seit dem 14. Jh. tritt es als Lehnübersetzung von *it.* cambio, *mlat.* cambium „Wechselzahlung" auf; zu seiner heutigen Bed. „Urkunde mit Zahlungsanweisung an Dritte" ist das Wort seit Ende des 16. Jh.s durch Kürzung der Zusammensetzung 'Wechselbrief' (*spätmhd.* wehselbrief) gelangt. Abl.: **wechseln** „ersetzen, neu wählen; in Scheine, Münzen von geringerem Wert umtauschen; in eine andere Währung umtauschen; sich verändern" (*mhd.* wehseln, *ahd.* wehsalōn), dazu **abwechseln** „im Wechsel aufeinander folgen; sich ablösen" (15. Jh.; dazu **Abwechslung,** 16. Jh.), **verwechseln** „nicht unterscheiden; vertauschen" (*mhd.* verwehseln, *ahd.* farwehsalōn), dazu **Verwechslung** (16. Jh.); **Wechsler** „jemand, der Geld wechselt" (*mhd.* wehselære, *ahd.* wehselari). Zus.: **Wechselbalg** „mißgebildetes oder untergeschobenes Kind" (*mhd.* wehselbalc, wehselkint, dafür *ahd.* wihseling; nach *german.* Volksglauben stehlen Zwerge oder Geister neugeborene Menschenkinder und tauschen sie gegen ihre eigenen häßlichen Kinder aus; zum Grundwort vgl. den Artikel *Balg*); **Wechselfieber** „Malaria" (17. Jh.; weil das Fieber periodisch auftritt); **wechselseitig** (Mitte des 18. Jh.s); **Wechselwähler** „Wähler, der nicht für immer auf eine bestimmte Partei festgelegt ist" (2. Hälfte des 20. Jh.s; Lehnübersetzung von *engl.* floating voter).

Weck, auch: **Wecken** „Weizenbrötchen": Das *altgerm.* Substantiv *mhd.* wecke, *ahd.* wecki „Keil; keilförmiges Gebäck", *niederl.* wegge „Weizenbrötchen", älter „Keil", *engl.* wedge „Keil", *aisl.* veggr „Keil" ist vielleicht urverwandt mit *lit.* vā̃gis „hölzerner Haken". Das Gebäck ist also nach seiner keilartigen Form benannt worden. Die ursprüngliche Bedeutung „Keil", die *mdal.* noch weiterlebt, schwand in der Schriftsprache im 17. Jh.

wecken: Das *gemeingerm.* Verb *mhd.* wecken, *ahd.* wecchen, *got.* us-wakjan, *aengl.* weccan, *schwed.* väcka ist das Veranlassungswort zu einem nicht bezeugten Verb *germ.* *wekan „munter sein", das zur *idg.* Wurzel *u̯eĝ- „frisch, stark sein" gehört. Vgl. aus anderen *idg.* Sprachen *aind.* vāja-ḥ „Kraft, Schnelligkeit", *lat.* vegere „munter sein" (s. das Fremdwort *Vegetation*). Das Verb 'wecken' bedeutet demnach „frisch, munter machen". Zu dieser Wurzel gehören auch die unter ↑wachen (eigentlich „frisch, munter sein") und ↑wacker (eigentlich „frisch, munter") behandelten Wörter. Abl.: **Wecker** „Weckuhr" (17. Jh.). Präfixbildungen und Zusammensetzungen: **aufwecken** „wach machen" (16. Jh.); **erwecken** „wach machen; ins Leben zurückrufen; hervorrufen" (*mhd.* erwekken, *ahd.* erwekken), dazu **auferwecken** (*mhd.* ūferwecken).

Wecken ↑Weck.

Wedel „Gerät mit einem Büschel (zum Sprengen, Wischen oder dgl.), Quaste; Schwanz": Das Substantiv *mhd.* wedel, *ahd.* wadil (vgl. *aisl.* vēli „Vogelschwanz") gehört zu der unter ↑*wehen* dargestellten *idg.* Wurzel und bedeutet wohl eigentlich „[Hinundher]schwingendes", vgl. die unter ↑[2]wallen (eigentlich „schweifen, unstet sein") behandelten verwandten Wörter und *ahd.* wadal, *mhd.* wadel „schweifend, unstet", *ahd.* wadalōn, *mhd.* wadelen „schweifen, schwanken". Abl.: **wedeln** „rasch hin und her bewegen" (*mhd.* wedelen).

weder: Die Partikel geht zurück auf das Fragepronomen *mhd.* weder, *ahd.* hwedar „welcher von beiden", dem älter *engl.* whether „welcher von beiden" und mit anderem Stammvokal gleichbed. *got.* hvaþar, *aisl.* hvađarr entsprechen. Zugrunde liegt *idg.* *k^{u}o-tero- „wer von zweien", eine Ableitung aus dem unter ↑*wer, was* behandelten *idg.* Stamm. Vgl. aus anderen *idg.* Sprachen z. B. *aind.* katará-ḥ „wer von zweien", *griech.* póteros „wer von beiden" und *russ.* kotoryj „welcher". Dem schon *mhd.* verneinenden Konjunktionspaar 'weder – noch' geht ein gleichbed. *mhd.* 'ne-weder (enweder) – noh', *ahd.* 'ni-hwedar – noch' voraus, dessen Verneinungspartikel *mhd.* ne-, en-, *ahd.* ni- „nicht" ('eweder' bedeutet eigentlich „nicht einer von beiden") ausgefallen ist. Die zusammengesetzte Partikel **entweder** geht zurück auf *mhd.* entweder, eintweder „eins von beiden, entweder", *ahd.* ein weder „eins von beiden" und bedeutet soviel wie „eine von zwei Möglichkeiten".

Weekend ↑Woche.

Weg: Das *gemeingerm.* Substantiv *mhd., ahd.* wec, *got.* wigs, *engl.* way, *schwed.* väg gehört zu der unter ↑[1]*bewegen* dargestellten *idg.* Wurzel *u̯egh- „sich bewegen, schwingen, fahren, ziehen". Ursprünglich dasselbe Wort wie das Substantiv 'Weg' ist das mit kurzem e ausgesprochene Adverb **weg** „von einem Ort entfernt oder sich entfernend; fort" (entstanden aus *mhd.* enwec, in wec „auf den Weg"; vgl. *nhd.* 'sich auf den Weg machen, weggehen' und *engl.* away „weg" aus *aengl.* on weg „auf den Weg"). – Eigentlich der Dativ Plural von 'Weg' ist die Präposition **wegen.** Sie ist durch Kürzung aus *mhd.* von – wegen „von seiten" entstanden. Als erster Bestandteil tritt 'Weg' auch in dem Pflanzennamen ↑Wegerich auf. – Zus.: **Wegweiser** (*mhd.* wegewīser).

Wegerich: Der auf das *hochd.* Sprachgebiet beschränkte Pflanzenname *mhd.* wegerīch, *ahd.* wegarīh enthält als ersten Bestandteil das unter ↑*Weg* behandelte Wort (die Pflanze wächst häufig auf Wegen). Er ist wohl nach dem Muster der altdeutschen Personennamen auf -rich (z. B. 'Dietrich, Heinrich') gebildet, vgl. das ähnlich gebildete Wort 'Wüterich' (↑Wut).

Wegzehrung ↑zehren.

weh!: Die *gemeingerm.* Interjektion *mhd., ahd.* wē, *got.* wai, *engl.* woe, *schwed.* ve ist z. B. [elementar] verwandt mit *awest.* vayōi „wehe!", *lat.* vae „wehe!" und *lett.* var „wehe!, ach!". Eine Bildung zu 'weh' ist das unter ↑weinen (eigentlich „weh rufen") behandelte Verb. Die Interjektion wird seit *ahd.* Zeit als Adverb gebraucht (z. B. in der Wendung 'weh[e] tun', *mhd., ahd.* wē tuon). Die Verwendung von 'weh' als Adjektiv findet sich erst im 18. Jh. Die Substantivierung geht dagegen auf *ahd.* Zeit zurück: **Weh** „Schmerz, Leid" (*mhd.* wē, *ahd.* wē[wo]), beachte dazu das meist im Plural gebrauchte Substantiv **Wehe** „[Geburts]schmerz" (*mhd.* wēwē „Schmerz, Leid; Geburtswehe"). Zus.: **Wehklage** „laute Klage" (16. Jh.; dazu **wehklagen,** 16. Jh.). Das Adjektiv **wehleidig** „überempfindlich" (17. Jh.; zuerst *mdal.*) ist wohl aus der früher geläufigen Fügung 'Weh und Leid' zusammengebildet. Siehe auch den Artikel *Wehmut.*

wehen: *Mhd.* wæjen, *ahd.* wāen, *niederl.* waaien, daneben (reduplizierend) *got.* waian, *aengl.* wāwan gehören zur *idg.* Wurzel *[a]u̯ē- „wehen, blasen, hauchen", vgl. z. B. aus anderen *idg.* Sprachen *aind.* vāyati, vāti „weht" und *russ.* vejat' „wehen". Zu dieser Wurzel gehören auch die unter ↑Wind (eigentlich „der Wehende") und ↑Wetter (eigentlich „das Wehen"), ferner die unter ↑[2]wallen (eigentlich „[umher]schweifen, unstet sein") und ↑Wedel (eigentlich „[Hinundher]schwingendes") behandelten Wörter. Eine Bildung zu 'wehen' ist ↑Wächte.

Wehmut: Das Substantiv (*spätmhd.* wēmuot) wurde im 15. Jh. aus *mnd.* wēmōd ins *Hochd.* übernommen. Das *mnd.* Wort ist seinerseits eine Rückbildung aus dem Adjektiv *mnd.* wēmōdich (*nhd.* im 16. Jh. **wehmütig,** beachte schon *spätmhd.* wēmüetecheit „Zorn"). – Der erste Bestandteil von 'Wehmut' ist das unter ↑*weh!* behandelte Wort. Zum zweiten Bestandteil vgl. den Artikel *Mut.* Im 16. Jh. hatte das Wort noch die Bedeutung „Zorn". Seit Ende des 17. Jh.s bedeutet es nur noch „innerer Schmerz, Trauer".

[1]Wehr: Das Substantiv *mhd.* wer[e], *ahd.* werī, warī „Befestigung, Verteidigung, Schutzwaffe", *niederl.* weer „Verteidigung", *aisl.* verja „Verteidigung" (*schwed.* värja „Degen") ist eine Bildung zu dem unter ↑*wehren* behandelten Verb. Damit ist vielleicht ↑[2]Wehr „Stauwerk" identisch. Eine Kollektivbildung zu '[1]Wehr' ist das unter ↑Gewehr behandelte Substantiv. Abl.: **wehrhaft** (*mhd.* werehaft); **wehrlos** (*mhd.* werlōs).

²Wehr „Stauwerk": Das Substantiv *mhd.* wer (vgl. *aengl.* wer „Stauwerk, Wehr; Fischfang, Zug") kann mit ↑¹Wehr identisch sein und bedeutet dann eigentlich „Befestigung gegen das Wasser". Andererseits kann es im Sinne von „Flechtwerk, Geflecht" unmittelbar zu der unter ↑*wehren* dargestellten Wortgruppe gehören und bezeichnete dann ursprünglich das Fischwehr.

wehren: Das *gemeingerm.* Verb *mhd.* wern, *ahd.* werian, *got.* warjan, *aengl.* werian, *schwed.* värja ist näher verwandt mit ↑Werder, außerhalb des *Germ.* z. B. mit *aind.* vr̥ṇóti „umschließt, wehrt", *griech.* érysthai „abwehren, bewahren". Alle diese Wörter gehören zu der *idg.* Wurzel *u̯er- „mit einem Flechtwerk, Zaun, Schutzwall umgeben, verschließen, bedecken, schützen" (vgl. über die weiteren Zusammenhänge den Artikel *Wurm*). Mit 'wehren' ist die unter ↑*wahren* behandelte Wortgruppe verwandt. Bildungen zu 'wehren' sind die unter ↑¹Wehr und ↑²Wehr behandelten Wörter. Zu 'wehren' gehört auch der zweite Bestandteil von ↑Bürger (eigentlich „Burgverteidiger"). Urverwandt mit 'wehren' ist das unter ↑Kuvert genannte *lat.* Verb operire (< *op-u̯erire) „bedekken, verschließen". Um 'wehren' gruppieren sich die Bildungen **abwehren** „erfolgreich abwenden, vereiteln; zurückschlagen" (16. Jh.), dazu **Abwehr** (18. Jh.) und **verwehren** „nicht zu tun erlauben, verweigern" (*mhd.* verwern, *ahd.* firwerian).

wehrhaft ↑¹Wehr.

wehrlos ↑²Wehr.

Weib: Das *altgerm.* Substantiv *mhd.* wīp, *ahd.* wīb, *niederl.* wijf, *engl.* wife, *schwed.* viv ist unsicherer Herkunft. Vielleicht gehört es zu *idg.* *u̯ei-b-, *u̯ei-p- „drehen, umwinden, umhüllen; sich drehend, schwingend bewegen", vgl. z. B. *aind.* vēpatē „regt sich, zittert", *lat.* vibrare „zittern" (s. das Fremdwort *vibrieren*), *lett.* viepe „Decke, Umschlagtuch der Frauen", *lett.* viebt „sich drehen" (vgl. über die weiteren Zusammenhänge den Artikel ¹*Weide*). 'Weib' würde demnach eigentlich „die sich hin und her bewegende, geschäftige [Haus]frau" bedeuten (vgl. das unter ↑Feldwebel genannte *ahd.* weibōn „schwanken, unstet sein; sich hin und her bewegen"). Es wäre auch möglich, daß 'Weib' ursprünglich die „umhüllte Braut" bezeichnete (vgl. die zur obigen Wurzelform gehörenden Verben *got.* biwaibjan „umwinden", *aisl.* vīfa „umhüllen"). Siehe auch die Artikel *Wimpel, Wipfel, wippen*. Abl.: **weibisch** „feminin, nicht männlich" (*spätmhd.* wībisch); **weiblich** „die Geschlechtsmerkmale der Frau habend, die Frau betreffend" (*mhd.* wīplich, *ahd.* wīblīh), dazu **Weiblichkeit.**

Weibsbild ↑Bild.

weich: Das *altgerm.* Adjektiv *mhd.* weich, *ahd.* weih, *niederl.* week, *aengl.* wāc (*engl.* weak „schwach, dünn"), *schwed.* vek gehört zu dem unter ↑*weichen* behandelten Verb. Es bedeutet eigentlich „nachgebend". Abl.: **¹Weiche** (*mhd.* weiche, *ahd.* weihhī „Weichheit", seit *frühnhd.* Zeit auch übertragen verwendet; im Sinne von „weicher Körperteil" seit dem 16. Jh. gebräuchlich); **¹weichen** (*mhd., ahd.* weichen „weich werden oder machen"), dazu **erweichen** „weich machen; rühren, milde stimmen" (*mhd.* erweichen, *ahd.* irweichen); **Weichheit** „das Weichsein, weiche Beschaffenheit" (*mhd.* weichheit); **weichlich** „ein wenig weich; verzärtelt" (*mhd.* weichlich), dazu **verweichlichen** „verzärteln" (2. Hälfte des 18. Jh.s); **Weichling** „weichlicher Mann, Schwächling" (*mhd.* weichelinc). Zus.: **Weichteile** „knochenlose Teile des Körpers" (1. Hälfte des 19. Jh.s); **Weichtier** (1. Hälfte des 19. Jh.s; für *frz.* mollusque „Weichtier").

Weichbild „Ortsgebiet": Das ursprünglich *niederd.-mitteld.* Wort (*mhd.* wīchbilde, *mnd.* wīkbelde, entsprechend *mniederl.* wijcbelt) enthält als erstes Glied das Substantiv *mhd.* wīch-, *ahd.* wīh, *mnd., asächs.* wīk (*mniederl.* wīk, *aengl.* wīc) „Wohnstätte, Siedlung", das in die *westgerm.* Sprachen aus *lat.* vicus „Dorf, Gehöft" entlehnt worden ist. Das *lat.* Wort, mit dem auch *lat.* villa „Landgut" (↑Villa) zusammenhängt, ist urverwandt mit *griech.* oĩkos „Haus" (↑Ökumene) und *got.* weihs „Dorf, Flecken". Das zweite Glied der Zusammensetzung 'Weichbild' ist vielleicht das unter ↑*Bild* behandelte Wort, dann hätte 'Weichbild' ursprünglich ein Marktkreuz oder ein anderes Sinnbild des Ortsrechts bezeichnet. Doch ist '...bild' wohl eher eine Substantivbildung mit der Bed. „Recht" und gehört dann zu den unter ↑*Unbill* behandelten Wörtern. 'Weichbild' würde demnach ursprünglich „Ortsrecht" bedeutet haben. Die Bed. „[Rechts]gebiet einer Siedlung" ist auf jeden Fall erst durch Übertragung entstanden.

¹Weiche ↑weich.

²Weiche: Das seit dem 18. Jh. belegte Wort bezeichnet ursprünglich eine Ausweichstelle in der Flußschiffahrt. Seit der ersten Hälfte des 19. Jh.s wird es für die Umstellvorrichtung bei Eisenbahngleisen verwendet. Das Wort kann auf *[m]niederd.* wīk „Bucht" zurückgehen oder aber eine Bildung zu ↑²*weichen* sein.

¹weichen ↑weich.

²weichen „sich entfernen, weggehen; Platz machen": Das *altgerm.* Verb *mhd.* wīchen, *ahd.* wīchan, *niederl.* wijken, *aengl.* wīcan, *schwed.* vika ist eng verwandt mit den unter ↑Wechsel (eigentlich „Weichen, Platzmachen") und ↑Woche (eigentlich „Wechsel, Reihenfolge") behandelten Wörtern. *Außergerm.* sind z. B. *aind.* vijátē „flieht" und *griech.* eíkein „weichen" verwandt. Diese Wörter gehören im Sinne von „ausbiegen, nachgeben" zu der unter ↑¹*Weide* dargestellten *idg.* Wurzel. – Zu 'weichen' gehören die unter ↑weich und ↑²Weiche behandelten Wörter, ferner **abweichen** (15. Jh.), dazu **Abweichung** (16. Jh.); **ausweichen** (Anfang des 16. Jh.s) und **entweichen** (*mhd.* entwīchen, *ahd.* entwīchan).

Weichheit, weichlich, Weichling ↑weich.

Weichsel: Die *landsch.* Bezeichnung für die Sauerkirsche *mhd.* wīhsel, *ahd.* wīhsela ist verwandt mit der *slaw.* Sippe von *russ.* višnja „Kirsche" und weiterhin mit *griech.* ixós

„Vogelleim", *lat.* viscum „Vogelleim" (Kirschbaumharz diente als Vogelleim).

Weichteile, Weichtier ↑weich.

[1]**Weide:** Der *altgerm.* Baumname *mhd.* wīde, *ahd.* wīda, *mnd.* wīde, *engl.* withy, *schwed.* vide ist eng verwandt mit *griech.* itéā „Weide", *lat.* vitis „Ranke, Rebe", *apreuß.* witwan „Weide" und *russ.* vitvina „Rute, Zweig". Diese Wörter gehören zu der vielfach weitergebildeten und erweiterten *idg.* Wurzel *u̯ei-, *u̯ei̯ə- „biegen, winden, drehen", vgl. z. B. *aind.* vā́yati „flicht, webt", *lat.* viere „binden, flechten", *russ.* vit' „winden", vgl. auch *griech.* īris „Regenbogen" (↑Iris). Zu dieser Wurzel gehören auch die Wortgruppen von ↑weichen (eigentlich „ausbiegen, nachgeben") und ↑Wisch (eigentlich „[zusammengedrehtes] Büschel") sowie die unter ↑Weib behandelten Wörter. – Die Weide ist also nach ihren biegsamen, zum Flechten dienenden Zweigen benannt.

[2]**Weide** „Grasland": *Mhd.* weide, *ahd.* weida „Jagd, Fischfang, Nahrungserwerb; Futter, Speise; Weideplatz; Unternehmung, Fahrt, Tagereise, Weg", *niederl.* weide „Grasland, Weideplatz", *aengl.* wāđ „Jagd, Verfolgung; Unternehmung, Reise", *aisl.* veiđr „Jagd" gehören mit verwandten Wörtern in anderen *idg.* Sprachen zu der *idg.* Wurzel *u̯ei-, *u̯ei̯ə- „auf Nahrungssuche, auf die Jagd gehen, nach etwas trachten", vgl. z. B. *aind.* vḗti, vā́yati „verfolgt, strebt", *griech.* híemai „eile, strebe, trachte, begehre" und die *baltoslaw.* Sippe von *lit.* výti „nachjagen, verfolgen". Dazu gehört wohl auch der unter ↑Weih (eigentlich „Jäger, Fänger") behandelte Vogelname. – Von 'Weide' im Sinne von „Futter, Speise" geht ↑Eingeweide aus (s. dort über 'ausweiden' und 'weidwund'). An 'Weide' im Sinne von „Unternehmung, Fahrt, Tagereise, Weg, Mal" schließt sich der zweite Bestandteil von 'anderweitig' (vgl. *ander*) an. Die alte Bed. „Jagd" bewahren z. B. die Zusammensetzungen **weidgerecht** „der Jagd und dem jagdlichen Brauchtum gemäß" (Ende des 18. Jh.s), **Weidmann** „weidgerechter Jäger" (*mhd.* weideman „Jäger; Fischer"), dazu **weidmännisch** (16. Jh.), **Weidwerk** „Jagd[kunst]" (*mhd.* weidewerc „Jägerei; die zur Jagd gehörigen Tiere"). In der Jägersprache wird hier die Schreibung mit ai bevorzugt, obwohl diese Schreibung sprachgeschichtlich nicht begründet ist. Sie erklärt sich vermutlich daraus, daß die Schreibweise mit ai in einigen alten bayrischen und österreichischen Quellen vorkommt. Abl.: **weiden** „auf die Weide führen, grasen lassen; hüten", reflexiv „sich laben, sich erfreuen" (*mhd.* weiden, *ahd.* weidōn, daneben *mhd.* weidenen, *ahd.* weidanōn „jagen, Futter suchen; weiden", vgl. *niederl.* weiden „grasen lassen, weiden", *aengl.* wǣđan „wandern, streifen, jagen", *aisl.* veiđa „jagen, erbeuten"). Zus.: **Augenweide** „was den Augen gefällt" (*mhd.* ougenweide, eigentlich „Speise, Labsal für die Augen", beachte die Bildung 'Ohrenschmaus'). Siehe auch den Artikel *weidlich.*

weidlich „gehörig, sehr": Das Adjektiv *mhd.* weide[n]lich ist wahrscheinlich eine Bildung zu *mhd.* weiden, weidenen, *ahd.* weidōn, weidanōn „jagen, weiden" (vgl. [2]*Weide*). Es bedeutet demnach eigentlich „dem Jagen gemäß". Aus der Bedeutung „jagdgemäß" entwickelte sich die Bedeutung „sehr, gehörig", die sich in adverbieller Verwendung (z. B. 'sich weidlich freuen') am längsten gehalten hat.

Weidmann, weidmännisch, Weidwerk ↑[2]Weide.

weidwund ↑Eingeweide.

weigern: Das Verb *mhd.* weigeren, *ahd.* weigarōn ist eine Ableitung von dem Adjektiv *mhd.* weiger, *ahd.* weigar „widerstrebend, tollkühn", das zu dem Verb *mhd.* wīgen „streiten", *aengl.* wīgan „streiten" gehört, vgl. *got.* weihan „kämpfen". Diese Wörter sind z. B. verwandt mit *lat.* vincere „[be]siegen", *air.* fichid „kämpft" und *lit.* apveĩkti „bezwingen". Abl.: **Weigerung** „das [Sich]weigern" (*mhd.* weigerunge). Präfixbildung: **verweigern** „nicht gewähren, ablehnen" (16. Jh.).

Weih, auch: **Weihe:** Der Vogelname *mhd.* wīe, *ahd.* wīo ist unsicherer Herkunft. Vielleicht gehört er zu dem unter ↑[2]*Weide* entwickelten *idg.* *u̯ei- „jagen". 'Weih[e]' würde dann eigentlich „Jäger, Fänger" bedeuten.

weihen: Das Verb *mhd., ahd.* wīhen ist eine Bildung zu dem im 16. Jh. ausgestorbenen Adjektiv weich „heilig" (*mhd.* wīch, *ahd.* wīh, *got.* weihs; vgl. *Weihnachten* und *Weihrauch*) und bedeutet demnach eigentlich „heilig machen". Dazu stellt sich im *außergerm.* Bereich *lat.* victima „Opfer[tier]" (eigentlich „das für das Opfer Geweihte"). – Zu dem ausgestorbenen Adjektiv weich „heilig" ist das Substantiv **Weihe** „das Weihen" (*mhd.* wīhe, *ahd.* wīhī „Heiligkeit") gebildet. Zus.: **einweihen** (16. Jh.), dazu **Einweihung** (16. Jh.).

Weiher: Das Substantiv (*mhd.* wī[w]ære, *ahd.* wī[w]āri) ist aus *lat.* vivarium „Fischteich; Behälter oder Gehege für lebende Tiere" entlehnt. Dies gehört zu *lat.* vivere „leben" (↑Konvikt und ↑vivat). Über die weiteren Zusammenhänge vgl. den Artikel *keck.*

Weihnacht: Die seit der 2. Hälfte des 12. Jh.s belegte Zusammensetzung *mhd.* wīhenaht besteht aus dem unter ↑*weihen* behandelten, untergegangenen Adjektiv 'weich' „heilig" und dem Substantiv ↑*Nacht.* Die Form **Weihnachten** (*mhd.* wīhennahten) beruht auf einem alten Dativ *Plural mhd.* ze wīhen nahten „in den heiligen Nächten". Damit waren ursprünglich die schon in germanischer Zeit als heilig gefeierten Mittwinternächte gemeint.

Weihrauch: Die Zusammensetzung *mhd.* wī[h]rouch, *ahd.* wīhrouch enthält als ersten Bestandteil das unter ↑*weihen* behandelte, untergegangene Adjektiv 'weich' „heilig", bedeutet also „heiliger Rauch". Der aus Arabien und Äthiopien stammende Weihrauch wurde im 7. Jh. vom Christentum nach dem Westen gebracht. Eine ähnliche Zusammensetzung ist das Substantiv **Weihwasser** (*mhd.* wī[c]hwazzer).

weil, weiland ↑Weile.

Weile: Das *altgerm.* Substantiv *mhd.* wīl[e], *ahd.* [h]wīla, *got.* ƕeila, *engl.* while, beruht auf einer Bildung zu der *idg.* Wurzel *kᵘei̯ə- „ruhen". Vgl. aus anderen *idg.* Sprachen z. B. *aind.* cirá-ḥ „lang[dauernd]", *lat.* quietus „ruhig" (↑quitt). 'Weile' bedeutete also ursprünglich „Ruhe, Rast, Pause", woraus sich die Bed. „Zeit[raum]" entwickelt hat. Die Konjunktion **weil** (*spätmhd.* wīle „während", vgl. *engl.* while „während") ist eigentlich der Akkusativ Singular des Substantivs; sie ist durch Kürzung der Fügung *mhd.* die wīle, *ahd.* dia wīla so „in der Zeitspanne [, als]" entstanden. Seit dem 18. Jh. wird das bis dahin temporale 'weil' nur noch als kausale Konjunktion verwendet. Abl.: **weiland** veraltet für „ehemals" (*mhd.* wīlen[t]; *ahd.* wīlōn, eigentlich Dativ Plural zu 'Weile'); **weilen** „sich irgendwo aufhalten" (*mhd.* wīlen, *ahd.* wīlōn), dazu **verweilen** „irgendwo bleiben; innehalten" (*spätmhd.* verwīlen). Zus.: **Langeweile** (↑lang).

Weiler „keine eigene Gemeinde bildende kleine Ansiedlung": Das Substantiv *mhd.* wīler, *ahd.* -wīlāri (nur in zusammengesetzten Ortsnamen) ist aus *mlat.* villare „Gehöft" entlehnt, das von *lat.* villa „Landhaus, Landgut" abgeleitet ist (vgl. den Artikel *Villa*).

Wein: Das *gemeingerm.* Substantiv *mhd., ahd.* wīn, *got.* wein, *engl.* wine, *schwed.* vin ist aus *lat.* vinum „Wein" entlehnt. *Lat.* vinum stammt wahrscheinlich aus einer pontischen Sprache, vgl. *georgisch* ġwino „Wein". Der Pontus war die Heimat der Weinkultur. Die Germanen lernten die Weinkultur durch die Römer kennen und übernahmen außer 'Wein' auch die Wörter 'Kelch, Kelter, ²Kufe, Most, Presse, Trichter' (s. die einzelnen Artikel). Vgl. auch *Winzer.* Zus.: **Weinberg** „ansteigendes, mit Weinreben bepflanztes Land" (*mhd.* wīnberc); **Weinbrand** „aus Wein destillierter Branntwein" (Ende des 19. Jh.s).

weinen „Tränen vergießen": Das *altgerm.* Verb *mhd.* weinen, *ahd.* weinōn, *niederl.* wenen, *aengl.* wānian, *aisl.* veina ist eine Bildung zu dem unter ↑*weh* behandelten Wort. Es bedeutet demnach eigentlich „weh rufen". Abl.: **weinerlich** „kläglich und dem Weinen nahe" (Anfang des 16. Jh.s; für *mhd.* wein[e]lich, wohl nach dem Muster von 'jämmerlich' gebildet).

weise: Das *altgerm.* Adjektiv *mhd., ahd.* wīs, *niederl.* wijs, *engl.* wise, *schwed.* vis gehört zu der unter ↑*wissen* dargestellten *idg.* Wortgruppe und bedeutet eigentlich „wissend" (s. auch den Artikel *weismachen*). Abl.: **weisen** (s. d.); **Weisheit** „einsichtsvolle Klugheit; weiser Rat" (*mhd., ahd.* wīsheit), dazu **Weisheitszahn** (17. Jh.; so benannt, weil der Zahn in einem Alter wächst, in dem der Mensch klug, weise geworden ist); **Weistum** (s. d.).

Weise: Das *altgerm.* Substantiv *mhd.* wīs[e], *ahd.* wīsa, *niederl.* wijs, *engl.* wise (veraltet), *schwed.* vis gehört zu der unter ↑*wissen* behandelten *idg.* Wortgruppe und bedeutet eigentlich „Aussehen, Erscheinungsform". Daraus hat sich die Bedeutung „Art und Weise" entwikkelt, die sich auch in dem seit *frühnhd.* Zeit gebräuchlichen Adverbialsuffix **-weise** (wie in 'glücklicherweise') findet. Die Verwendung von 'Weise' im Sinne von „Melodie, Lied" (schon *ahd.*) hat sich wohl unter dem Einfluß von *lat.* modulatio „Modulation, taktmäßiges Singen, melodisches Spielen" (zu *lat.* modus „Art und Weise", ↑Modus) herausgebildet.

Weisel: Das im heutigen Sprachgebrauch im Sinne von „Bienenkönigin" verwendete Wort geht auf *mhd.* wīsel „[An]führer, Oberhaupt; Bienenkönigin" zurück, das zu dem unter ↑*weisen* behandelten Verb gebildet ist. Die Bienenkönigin ist demnach als „[An]führer" benannt worden. Ihr weibliches Geschlecht hat man erst später erkannt.

weisen: Das *altgerm.* Verb *mhd., ahd.* wīsen, *niederl.* wijzen, *aengl.* wīsan, *schwed.* visa ist eine Ableitung von dem unter ↑*weise* behandelten Adjektiv. Das Verb, das bis ins 16. Jh. schwach flektierte, bedeutet eigentlich „wissend machen". Siehe auch den Artikel *Weisel.* Präfixbildungen und Zusammensetzungen: **anweisen** „zuteilen, zuweisen; beauftragen; anleiten; die Auszahlung von etwas veranlassen" (16. Jh.), dazu **Anweisung; ausweisen** „des Landes verweisen; seine Identität nachweisen; rechnerisch nachweisen, belegen" (*mhd.* ūzwīsen), dazu **Ausweis** (17. Jh.); **beweisen** „als wahr, richtig nachweisen; zeigen" (*mhd.* bewīsen), dazu **Beweis** (15. Jh.); **überweisen** „zu jemandem, an jemanden schicken; einen Geldbetrag auf jemandes Konto einzahlen" (in *frühnhd.* Zeit aus *mnd.* overwīsen „[Geld] überweisen" übernommen), dazu **Überweisung** (16. Jh.); **unterweisen** „lehren, unterrichten" (*mhd.* underwīsen), dazu **Unterweisung** (*mhd.* underwīsunge); **verweisen** „hinweisen" (↑²*verweisen*).

Weisheit ↑weise.

weismachen „vorschwindeln": Das Verb (*mhd.* wīs machen „klug machen, belehren, kundtun") enthält als ersten Bestandteil das unter ↑*weise* behandelte Adjektiv. Die heutige abwertende Bedeutung „vormachen, vorschwindeln" tritt seit dem 16. Jh. auf.

weiß: Das *gemeingerm.* Adjektiv wīz, *ahd.* (h)wīz, *got.* ƕeits, *engl.* white, *schwed.* vit gehört mit dem unter ↑Weizen behandelten Wort zu der *idg.* Wurzel *kᵘei- „leuchten, glänzen; leuchtend, licht, hell", vgl. z. B. *aind.* śvindatē „glänzt" und *griech.* Píndos (Bergname, eigtl. „der Weiße"), ferner z. B. *aind.* śvētá-ḥ „weiß", *lit.* šviẽsti „leuchten", *russ.* svet „Licht".

weissagen „prophezeien": Das auf das *dt.* Sprachgebiet beschränkte Verb lautete in *ahd.* Zeit ursprünglich wīzagōn. Diese Form wurde durch volksetymologische Anlehnung an *ahd.* wīs (vgl. *weise*) und *ahd.* sagēn (vgl. *sagen*) in wīssagen umgedeutet, woraus sich über *mhd.* wīssagen dann *nhd.* weissagen entwickelte. – *Ahd.* wīzagōn ist eine Ableitung von *ahd.* wīzago „Prophet" (vgl. *aengl.* wīt[e]ga „Weiser, Prophet" und *aisl.* vitki „Zauberer") und bedeutet demnach eigentlich „als Prophet wirken". Das *ahd.* Wort ist eine Substantivierung des Adjektivs *ahd.* wīz[z]ag „merkend, sehend, wissend", das zu der unter ↑*wissen* dargestellten *idg.* Wortgruppe gehört. – Abl.: **Weissagung** (*mhd.* wīssagunge, *ahd.* wīzagunga).

Weistum: Das *altgerm.* Substantiv *mhd., ahd.* wīstuom, *engl.* wisdom, *schwed.* visdom ist eine Bildung zu dem unter ↑*weise* behandelten Adjektiv. Es bedeutete ursprünglich – so noch im *Engl.* und *Schwed.* – „Weisheit". Unter dem Einfluß des Verbs 'weisen' kam das Wort im *Dt.* zur Bedeutung „Rechtsspruch, gesetzliche Bestimmung". Der Plural 'Weistümer' in der Bedeutung „Sammlungen von alten Rechtssatzungen" wurde im 18. Jh. neu geschaffen.

weit: Das *altgerm.* Adjektiv *mhd., ahd.* wīt, *niederl.* wijd, *engl.* wide, *schwed.* vid beruht auf der alten Zusammensetzung *idg.* *u̯i-itós „auseinandergegangen". Der erste Bestandteil *u̯i- „auseinander" steckt auch in ↑wi[e]der und ↑Witwe, vgl. dazu *aind.* vi- „auseinander", *lat.* vitium „Fehler" (eigentlich „Abweichung"). Der zweite Bestandteil *itós gehört zu der unter ↑*eilen* dargestellten *idg.* Wurzel. Abl.: **Weite** „das Weitsein; weiter Raum" (*mhd.* wīte, *ahd.* wītī); **weiten** „weiter machen" (*mhd., ahd.* wīten); **erweitern** „vergrößern" (Anfang des 16. Jh.s; Präfixbildung zu dem heute veralteten einfachen Verb 'weitern', *mhd.* wītern). Zusammenbildungen: **weitläufig** „weit ausgedehnt, geräumig; umständlich; entfernt" (16. Jh.); **weitsichtig** (16. Jh.).

weitschweifig ↑schweifen.

Weizen: Das *gemeingerm.* Substantiv *mhd.* weize, *ahd.* [h]weizi, *got.* ƕaiteis, *engl.* wheat, *schwed.* vete gehört zu der unter ↑*weiß* behandelten *idg.* Wortgruppe. Das Getreide ist nach der weißen Farbe des daraus gewonnenen Mehls benannt.

welch: Das Pronomen *mhd.* wel[i]ch, *ahd.* [h]welīch (vgl. auch *got.* ƕileiks „wie beschaffen", *engl.* which „welcher", *schwed.* vilken „welcher") beruht auf einer Zusammensetzung. Der erste Bestandteil gehört zu dem unter ↑*wer, was* behandelten *idg.* Stamm, der zweite ist das unter ↑*...lich* behandelte Wort. Das Pronomen 'welch' bedeutet demnach eigentlich „was für eine Gestalt habend".

Welf ↑Welpe

welk: Das auf das *dt.* und *niederl.* Sprachgebiet beschränkte Adjektiv *mhd.* welc, *ahd.* welk „feucht; milde; welk", *mniederl.* welc „verwelkt" gehört zu der unter ↑*Wolke* behandelten Wortgruppe. Die ursprüngliche Bedeutung des Adjektivs ist also „feucht". Der Bedeutungswandel von „feucht" zu „nicht feucht" vollzog sich bereits in *ahd.* Zeit, vermutlich unter dem Einfluß von *ahd.* arwelkēn „die Feuchtigkeit, die Säfte verlieren". Die Bedeutung dieses Präfixverbs hat sich dann auf das einfache Verb **welken** (*mhd.* welken, *ahd.* welkēn) und auf das Adjektiv 'welk' übertragen. Neben dem einfachen Verb 'welken' steht seit *mhd.* Zeit die Präfixbildung **verwelken.**

Welle: Das Substantiv *mhd.* welle „Reisigbündel; zylindrischer Körper; Wasserwoge", *ahd.* wella „Wasserwoge" (vgl. *mniederl.* welle „Walze") ist eine Bildung zu dem heute veralteten Verb wellen „wälzen" (*mhd.* wellen, *ahd.* wellan). Dies gehört zu der unter ↑[1]*wallen* behandelten *idg.* Wortgruppe. An 'Welle' in der Bedeutung „Wasserwoge" schließen sich an die junge Ableitung **wellen** „wellig formen" (19. Jh.; z. B. vom Haar) und die Zusammensetzungen **Wellblech** (19. Jh.) und **Wellensittich** (19. Jh.; nach den Wellenlinien auf dem Gefieder). Das Adjektiv **wellig** (*mhd.* wellec) bedeutete zunächst „rund, zylindrisch", dann „wellenförmig". Die Zusammensetzung **Wellfleisch** „gekochtes Bauchfleisch von frisch geschlachteten Schweinen" gehört dagegen zu dem veralteten Verb 'wellen' „[auf]kochen" (eigentlich „wallen, kochen machen"), dem Veranlassungswort zu '[1]wallen'.

Welpe „Junges von Hunden, Füchsen, Wölfen": Das Wort ist die *niederd.* Entsprechung von gleichbed. *hochd.* **Welf** (*mhd.* welf[e], *ahd.* welph; entsprechend *niederl.* welp, *engl.* whelp, *schwed.* valp). Die Herkunft des *altgerm.* Substantivs ist nicht sicher geklärt. Vielleicht gehört es im Sinne von „Heulendes, Winselndes" zu *aengl.* hwelan „brüllen", *aisl.* hvellr „gellend".

Wels: Der seit dem 15. Jh. belegte Fischname ist mit dem unter ↑*Wal* behandelten Wort verwandt.

welsch: Das *altgerm.* Adjektiv *mhd.* walhisch, welsch, *ahd.* wal[a]hisc „romanisch", *niederl.* Waals „wallonisch", *engl.* Welsh „walisisch", *schwed.* välsk „romanisch" geht auf ein *germ.* Substantiv zurück, das ursprünglich die keltischen Bewohner westeuropäischer Gebiete bezeichnete und dem der keltische Stammesname *lat.* Volcae zugrunde liegt. Dieses Substantiv ist in *mhd.* walch, *ahd.* walah, *aengl.* wealh „Welscher" erhalten. Nach der Besetzung der keltischen Gebiete durch die Römer ging die Bezeichnung auf die dortige romanische Bevölkerung über, besonders auf diejenige in Gallien und Italien. Mit 'welsch' verwandt ist auch ↑Wallach und das erste Glied der Zusammensetzung ↑Walnuß. In der Bezeichnung der Gaunersprache **Rotwelsch** bedeutet '-welsch' soviel wie „fremde, unverständliche Sprache". Siehe auch den Artikel *kauderwelsch.*

Welt: Das *altgerm.* Substantiv *mhd.* we[r]lt, *ahd.* weralt „Zeitalter; Welt; Menschengeschlecht", *niederl.* wereld, *engl.* world, *schwed.* värld „Welt" ist eine alte Zusammensetzung, deren erster Bestandteil das unter ↑*Werwolf* behandelte *germ.* Wort für „Mann, Mensch" ist. Der zweite Bestandteil ist ein z. B. in *got.* alds „Menschenalter, Zeit", *aisl.* ǫld „Menschheit, Zeit" bewahrtes *germ.* Substantiv, das zu der unter ↑*alt* entwickelten *idg.* Wurzel gehört. Demnach bedeutet 'Welt' eigentlich „Menschenalter, Menschenzeit". Abl.: **weltlich** „der Welt angehörend, irdisch; nicht kirchlich" (*mhd.* wereltlich, *ahd.* weraltlīh), dazu **verweltlichen** (Mitte des 17. Jh.s). Zus.: **Weltall** „Universum" (18. Jh.; vgl. *all*); **Weltanschauung** „Gesamtheit der Anschauungen von der Welt und der Stellung des Menschen in der Welt; Einstellung gegenüber der Welt, geistige Grundhaltung" (18. Jh.; zunächst in der Bed. „subjektive Vorstellung von der Welt"); **Weltkrieg** „Krieg, an dem viele Länder beteiligt sind" (19. Jh.); **Weltmann** (*mhd.* werltman „weltlich Gesinnter", *ahd.* weraltman „irdischer Mensch"; seit dem 16. Jh. „Mann von Welt"), dazu **weltmännisch; Weltschmerz** „tiefe Traurigkeit über die Unzulänglichkeit der Welt" (1. Hälfte des 19. Jh.s); **Weltwunder** „etwas ganz Außergewöhnliches, das Bewunderung erregt" (17. Jh.; nach *lat.* mirabilia mundi oder miraculum orbis). – S. auch den Artikel *Umwelt.*

Weltall ↑all.

Wendeltreppe: Die seit dem 16. Jh. bezeugte Zusammensetzung hat das *frühnhd.* Wendelstein „gewundene steinerne Treppe" (*mhd.* wendelstein) verdrängt. Das Bestimmungswort beider Zusammensetzungen gehört zu dem Verb ↑*wenden.*

wenden: Das *gemeingerm.* Verb *mhd.* wenden, *ahd.* wenten, *got.* wandjan, *engl.* to wend „sich wenden, gehen" (veraltet; vgl. *engl.* went „ging"), *schwed.* vända ist das Veranlassungswort zu dem unter ↑²*winden* behandelten Verb und bedeutet eigentlich „winden machen". Siehe auch die Artikel *bewenden, gewandt, verwandt, Vorwand.* Abl.: **Wende** (*mhd.* wende, *ahd.* wentī), dazu die Zusammensetzungen **Wendekreis** (Lehnübersetzung von *griech.* tropikòs kýklos; 17. Jh.) und **Wendepunkt** (2. Hälfte des 18. Jh.s); **wendig** „sich leicht steuern lassend; [geistig] beweglich" (16. Jh.; mit ganz anderer Verwendung *mhd.* wendec, *ahd.* wendīg), dazu wohl **auswendig** „aus dem Gedächtnis" (*mhd.* ūzwendec „äußerlich, auf der Außenseite"; die heutige Bed. seit dem 16. Jh.) und **inwendig** „innen, auf der Innenseite" (*mhd.* in[ne]wendic). Präfixbildungen und Zusammensetzungen: **anwenden** „beziehen; gebrauchen" (*mhd.* an[e]wenden, *ahd.* anawenten „auf etwas hinwenden"), dazu **Anwendung; aufwenden** „(Kosten) aufbringen" (17. Jh.), dazu **Aufwand** (18. Jh.); **einwenden** „[kritisch] gegen etwas vorbringen" (17. Jh.), dazu **Einwand** (17. Jh.); **entwenden** „wegnehmen, stehlen" (*mhd.* entwenden „abwendig machen, entziehen"); **verwenden** „benutzen, gebrauchen" (*mhd.* verwenden „abwenden, umwenden, seit dem 16. Jh. „aufwenden, gebrauchen"), dazu **Verwendung** (16. Jh.).

wenig: Das Adjektiv *mhd.* weinic, wēnec „klein, gering, schwach, beklagenswert", *ahd.* wēnag „bejammernswert", *got.* wainahs „geplagt, elend", *niederl.* weinig „wenig" ist eine Bildung zu dem unter ↑*weinen* behandelten Verb und bedeutet demnach eigentlich „beweinenswert". Daraus entwickelte sich die Bedeutung „schwach, gering". Eine Bildung zu 'wenig' ist das unter ↑winzig behandelte Adjektiv.

wenn ↑wann.

wer, was: Das Pronomen *mhd.* wer, waz, *ahd.* [h]wer, [h]waz (vgl. *got.* ƕas, ƕa, *engl.* who, what, *schwed.* vem, vad) gehört zum *idg.* Pronominalstamm *k^u̯o-, *k^u̯e- „wer, was". Vgl. aus anderen *idg.* Sprachen *aind.* kaḥ „wer", *lat.* qui „wer", quod „was", *lit.* kàs „wer, was". Zu diesem *idg.* Pronominalstamm gehören auch ↑wann, ↑wie und ↑wo. Siehe auch den Artikel *welch.*

werben: Das *gemeingerm.* Verb *mhd.* werben, *ahd.* hwerban „sich drehen; sich bewegen; sich umtun, bemühen", *got.* ƕaírban „wandeln", *aengl.* hweorfan, *aisl.* hverfa „sich wenden, gehen" ist z. B. verwandt mit *griech.* karpós „Handwurzel" (Drehpunkt der Hand) und *tochar. A* kārp „sich wenden nach, gehen". – Die Bedeutung „sich um jemanden bemühen, jemanden für etwas zu interessieren, zu gewinnen suchen" hat sich also aus „sich drehen, sich [um jemanden] bewegen" entwickelt; beachte die speziellen Verwendungsweisen 'Rekruten, Soldaten (zum Militärdienst) werben', 'um eine Frau werben' und 'Käufer werben' (= Reklame für etwas machen), an die sich die Bildungen **Werber** (*mhd.* werbære) und **Werbung** (*mhd.* werbunge) anschließen. Weitere Bildungen zu 'werben' sind die unter ↑Wirbel, ↑Werft (eigentlich „Ort, wo man geschäftig hin und her geht") und ↑Gewerbe behandelten Wörter. Präfixbildungen: **bewerben,** sich (*mhd.* bewerben „erwerben, anwerben", *ahd.* bihwerban „erwerben"; unsere heutige Bed. „sich bemühen [besonders um ein Amt, eine Stellung]" hat sich seit dem 17. Jh. entwickelt); **erwerben** (*mhd.* erwerben, *ahd.* irhwerban „durch tätiges Bemühen erreichen"), dazu **Erwerb** (17. Jh.).

werden: Das *gemeingerm.* Verb *mhd.* werden, *ahd.* werdan, *got.* waírþan, *aengl.* weorđan, *schwed.* varda ist z. B. verwandt mit *aind.* vártati „dreht", *lat.* vertere (verti, versum) „kehren, wenden, drehen" (↑Vers), *lat.* vertex „Wirbel, Scheitel" (↑vertikal) und *lit.* ver̃sti „drehen, wenden, kehren". Es bedeutet eigentlich „[sich] drehen, wenden", woraus sich die Bedeutung „sich zu etwas wenden, etwas werden" entwickelt hat. Das Verb 'werden' ist schon im *Got.* als Hilfsverb verwendet worden. Alle diese Wörter gehören zu der unter ↑*Wurm* behandelten Wortgruppe. Vielleicht lassen sich hier auch die unter ↑wert und ↑Wurst genannten Wörter anschließen. Eine Bildung zu 'werden' ist das unter ↑Wirtel behandelte Substantiv. Siehe auch den Artikel *...wärts.* Zus.: **Werdegang** „Vorgang, Verlauf einer Entwicklung" (19. Jh.).

Werder „Flußinsel; Landstrich zwischen Fluß und stehendem Gewässer": Das in Norddeutschland gebräuchliche Wort (*mnd., ostmitteld.* werder) geht zurück auf eine Nebenform von *mhd.* wert, *ahd.* warid, werid „Insel", das *nhd.* noch in Ortsnamen wie 'Kaiserswerth' und 'Wörth' erscheint. Beachte auch *niederl.* waard „eingedeichtes Land", *aengl.* warođ „Ufer". Die Wörter gehören zu der unter ↑*wehren* behandelten *idg.* Wortgruppe (vgl. z. B. *aind.* várū-tha-m „Schutz, Schild"); sie bedeuten eigentlich „gegen Wasser geschütztes oder schützendes Land".

werfen: Das *gemeingerm.* Verb *mhd.* werfen, *ahd.* werfan, *got.* waírpan, *engl.* to warp „sich werfen, krümmen", *schwed.* värpa „Eier legen" ist verwandt mit *lit.* ver̃pti „spinnen" (eigentlich „drehen"), *russ.* vérba „Weide" (nach den biegsamen, zum Flechten dienenden Zweigen benannt). Das Verb 'werfen' bedeutet demnach eigentlich „drehen, winden", woraus sich die Bedeutung „mit drehend geschwungenem Arm schleudern“ entwickelt hat. Alle erwähnten Wörter gehören zu der unter ↑*Wurm* dargestellten *idg.* Wortgruppe. Bildungen zu 'werfen' sind ↑Wurf und ↑Würfel. Seit *mhd.* Zeit wird 'werfen' auch im Sinne von „Jung zur Welt bringen“ verwendet; beachte auch den reflexiven Gebrauch im Sinne von „uneben werden, sich verziehen“. – Präfixbildungen und Zusammensetzungen: **abwerfen** „herabfallen lassen; von sich werfen; ablegen; als Ertrag einbringen“ (*mhd.* ab[e]werfen); **anwerfen** „an etwas werfen; in Gang setzen“ (*mhd.* an[e]werfen, *ahd.* anawerfan), dazu **Anwurf** (in der Bed. „Schmähung“ 2. Hälfte des 19. Jh.s); **aufwerfen** (*mhd.* ūfwerfen; im Sinne von „eine Frage aufwerfen“ seit dem 16. Jh.); **auswerfen** „nach außen schleudern; irgendwohin werfen; (Schleim) absondern und ausspucken; produzieren; zur Ausgabe bestimmen“ (*mhd.* ūʒwerfen, *ahd.* ūʒwerfan), dazu **Auswurf** (im 14. Jh. auʒwurf); **einwerfen** „in etwas werfen, fallen lassen; durch einen Wurf zertrümmern; einwenden“ (*mhd.* īnwerfen, *ahd.* inwerfan), dazu **Einwurf** (in der Bed. „Einwand“ *frühnhd.*); **entwerfen** (s. d.); **überwerfen** „über etwas werfen, lose umhängen“ (*mhd.* überwerfen, *ahd.* ubarwerfan; 'sich mit jemandem überwerfen' im Sinne von „mit jemandem in Streit geraten“ seit dem 16. Jh., eigentlich „sich mit jemandem am Boden rollen“, dazu **Überwurf** (in der Bed. „Kleidungsstück“ seit dem 17. Jh.); **unterwerfen** „in seine Gewalt, unter seine Herrschaft bringen; sich in jemandes Herrschaft stellen; sich beugen, sich fügen; sich unterziehen“ (*mhd.* underwerfen, *ahd.* untarwerfan), dazu *mhd.* underwurf „Unterwerfung“, das dem Adjektiv **unterwürfig** „knechtisch, hündisch ergeben, devot“ (15. Jh.) zugrunde liegt; **verwerfen** „als unbrauchbar, nicht gut o. ä. aufgeben; als unberechtigt ablehnen; sich werfen, sich verziehen“ (*mhd.* verwerfen, *ahd.* farwerfan), dazu **verwerflich** „schlecht, unmoralisch und daher tadelnswert“ (17. Jh.) und **Verwerfung** (*mhd.* verwerfunge); **vorwerfen** „nach vorne werfen; vor jemanden hinwerfen; tadelnd vor Augen führen“ (*mhd.* vürwerfen, *ahd.* furiwerfan; in der Bed. „tadeln“ seit dem 15. Jh.), dazu **Vorwurf** (*mhd.* vürwurf „Gegenstand, Objekt“; in der Bed. „Tadel“ seit dem 16. Jh.).

Werft „Schiffsbauplatz“: Das im 17. Jh. aus dem *Niederd.* ins *Hochd.* übernommene Wort stammt aus *niederl.* werf „Schiffszimmerplatz“. Es gehört zu dem unter ↑*werben* behandelten Verb und bedeutet wohl eigentlich „Ort, wo man geschäftig ist“. Das t ist sekundär hinzugetreten (wie z. B. in ↑Saft).

Werg „Flachs-, Hanfabfall“: Das Substantiv (*mhd.* werc, *ahd.* werich) war ursprünglich identisch mit dem unter ↑*Werk* behandelten Wort. Es bedeutet eigentlich „das, was bei jemandem durch Werk (= Arbeit) abfällt“.

Werk: Das *altgerm.* Substantiv *mhd.* werc, *ahd.* werc[h], *niederl.* werk, *engl.* work, *schwed.* verk ist – wie das unter ↑*wirken* behandelte Verb – verwandt mit *griech.* érgon „Arbeit, Werk“ (↑Energie) und *armen.* gorc „Arbeit“, weiterhin wahrscheinlich mit *aind.* vrajá-ḥ „Hürde, Umhegung“, *awest.* varəz- „absperren“, *griech.* eírgein „einschließen“, *air.* fraig „Wand“. Alle diese Wörter bedeuten wahrscheinlich „flechten, mit Flechtwerk umgeben“ und gehören damit zu der unter ↑*Wurm* behandelten *idg.* Wortgruppe. Ursprünglich mit 'Werk' identisch ist das unter ↑Werg behandelte Substantiv. Siehe auch den Artikel *Wurst.* – Eine Bildung zu 'Werk' ist das heute veraltete **Gewerke** (*mhd.* gewerke „Handwerks-, Zunftgenosse; Teilhaber an einem Bergwerk“). Dazu trat im 16. Jh. die Ableitung **Gewerkschaft** „Angehörige eines bestimmten Berufes“, besonders aber „bergbauliche Genossenschaft“; die Verwendung im Sinne von „Zusammenschluß von Industriearbeitern; Organisation der Arbeitnehmer zur Durchsetzung ihrer sozialen Interessen“ kam in der 2. Hälfte des 19. Jh.s auf, beachte dazu die Bildungen **Gewerkschafter, Gewerkschaftler** und **gewerkschaftlich.** Eine weitere Bildung zu 'Werk' ist das Verb **bewerkstelligen,** das Ende des 17. Jh.s die Fügung 'werkstellig machen' „ins Werk setzen“ verdrängte. Abl.: **werken** „handwerklich arbeiten, praktisch tätig sein“ (*mhd.* werken, *ahd.* werkōn), dazu **werkeln** „(als Nichtfachmann) handwerklich arbeiten, tätig sein“ (17. Jh.; vielleicht in Anlehnung an veraltetes 'Werkeltag' „Werktag“). Zus.: **Werkmeister** „Leiter einer Werkstatt oder Arbeitsgruppe in einem Betrieb“ (*mhd.* wercmeister, *ahd.* wercmeistar „Handwerker“); **Werkstatt** „(handwerkliche) Arbeitsstätte“ (*spätmhd.* wercstat); **Werkstoff** (als Ersatzwort für 'Material' zu Beginn des 19. Jh.s geschaffen); **Werktag** „Arbeitstag“ (*mhd.* werctac); **werktätig** „arbeitend, einen Beruf ausübend“ (16. Jh.), dazu **Werktätige** „jemand, der werktätig ist“ (erste Hälfte des 20. Jh.s); **Werkzeug** „handwerkliches Gerät“ (*mhd.* wercziug, für älteres [ge]ziuc).

Wermut: Der *westgerm.* Pflanzenname *mhd.* wermuot, *ahd.* wer[i]muota, *mniederl.* wermoede, *aengl.* vermōd ist dunklen Ursprungs. Das Wort bezeichnet heute auch ein mit Wermut angesetztes alkoholisches Getränk.

wert: Das *gemeingerm.* Adjektiv *mhd.* wert, *ahd.* werd, *got.* wairþs, *engl.* worth, *schwed.* värd gehört vielleicht zu der unter ↑*werden* behandelten *idg.* Wortgruppe. Es würde dann eigentlich „gegen etwas gewendet“ bedeuten, woraus sich die Bed. „einen Gegenwert habend“ ergeben hätte. Das Adjektiv 'wert' erscheint auch in substantivierter Form als **Wert** „positive Bedeutung, Gewichtigkeit, besondere Qualität; [Kauf-, Markt]preis; Ergebnis einer Messung“ (*mhd.* wert, *ahd.* werd). Siehe auch die Artikel *unwirsch* und *Würde.* Abl.: **werten** „einen bestimmten Wert beimessen, einschätzen“ (*mhd.* werden, *ahd.* werdōn), dazu **abwerten** „im Wert herabsetzen“ (18. Jh.), **bewerten** „den Wert von etwas einschätzen oder festlegen“ (2. Hälfte des 19. Jh.s), **entwerten** „den Wert nehmen, ungültig machen“ (*ahd.* antwerdōn „verachten, zurückweisen“; im heutigen Sinne seit der Mitte des

19. Jh.s), **verwerten** „nutzen, verwenden" (19. Jh.), und das Substantiv **Wertung** „Einschätzung, Würdigung" (19. Jh.). Zusammensetzungen mit 'Wert': **wertlos** „ohne Wert" (Anfang des 19. Jh.s); **Wertpapier** „Urkunde über ein privates Vermögensrecht" (19. Jh.); **Werturteil** „wertendes Urteil" (19. Jh.); **wertvoll** „von hohem Wert, kostbar" (1. Hälfte des 19. Jh.s). Beachte auch **...wertig** in Zusammenbildungen wie 'gleichwertig, minderwertig, vollwertig' (alle 19. Jh.).

Werwolf „Mensch, der sich zeitweise in einen Wolf verwandelt": Das Wort (*mhd.* werwolf; vgl. *niederl.* weerwolf, *aengl.* wer[e]wulf, *schwed.* varulv) ist eine Zusammensetzung, deren Grundwort der unter ↑*Wolf* behandelte Tiername ist. Das Bestimmungswort ist das *gemeingerm.* Substantiv *ahd.* wer, *got.* waír, *aengl.* wer, *aisl.* verr „Mann, Mensch", das auch als erster Bestandteil in ↑Welt steckt. Es ist z. B. verwandt mit *aind.* vīrá-ḥ „Mann, Held", *lat.* vir „Mann" (s. das Fremdwort *Virtuose*) und *lit.* výras „Mann". 'Werwolf' bedeutet also eigentlich „Mannwolf, Menschenwolf". Der Volksglaube, daß ein Mensch Wolfsgestalt annehmen könne, war in alter Zeit weit verbreitet.

Wesen: Das Wort (*mhd.* wesen, *ahd.* wesan „Sein; Aufenthalt; Hauswesen; Wesenheit, Ding" ist die Substantivierung des im *Nhd.* veralteten *gemeingerm.* Verbs wesen, *mhd.* wesen „sein, sich aufhalten, dauern, geschehen", *ahd.* wesan (vgl. aber den Artikel sein), *got.* wisan, *aengl.* wesan, *aisl.* vesa. Es gehört zur *idg.* Wurzel *u̯es- „verweilen, wohnen, übernachten". Vgl. aus anderen *idg.* Sprachen z. B. *aind.* vásati „verweilt, wohnt, übernachtet", vástu-ḥ „Aufenthalt, Übernachten". Eine Bildung zu dem *gemeingerm.* starken Verb ist das unter ↑*währen* behandelte Verb. Siehe auch die Artikel *abwesend, Abwesenheit, Verweser, Anwesen* und *hiesig.* – Abl.: **wesentlich** „besonders wichtig; grundlegend" (*mhd.* wesen[t]lich, *ahd.* als Adverb wesentliho „wesentlicherweise").

Wespe: Der *altgerm.* Insektenname *mhd.* wespe, wefse, *ahd.* wefsa, wafsi, *niederl.* wesp, *engl.* wasp, *dän.* hveps beruht mit verwandten Wörtern in anderen *idg.* Sprachen auf *idg.* *u̯obhsā „Wespe", einer Bildung zu der unter ↑*weben* behandelten *idg.* Wurzel. Wegen seines gewebeartigen Nestes wurde das Insekt wohl als „die Webende" benannt. Vgl. aus anderen *idg.* Sprachen *russ.* osa „Wespe", *lit.* vapsvà „Wespe" und *lat.* vespa „Wespe". Es ist möglich, daß *lat.* vespa die Formentwicklung des *dt.* Substantivs 'Wespe' beeinflußt hat.

Weste: Der Name des Kleidungsstücks wurde im 17. Jh. aus *frz.* veste in dessen älterer Bed. „ärmelloses Wams" entlehnt. Das *frz.* Wort selbst stammt aus *it.* veste „Kleid, Gewand", das auf *lat.* vestis „Kleid, Gewand" zurückgeht. – Beachte auch *lat.* vestire „bekleiden", dazu *lat.* in-vestire „einkleiden", aus dem unser ↑investieren übernommen ist.

Westen: Der Name der Himmelsrichtung *mhd.* westen, *ahd.* westan ist das substantivisch gebrauchte *altgerm.* Richtungsadverb *mhd.* westen[e] „von, nach, im Westen", *ahd.* westana, *aengl.* westan[e], *aisl.* vestan „von, nach, im Westen". Die kürzere Form **West** – in Analogie zu 'Nord' und 'Süd' gebildet – ist erst seit dem 15. Jh. gebräuchlich. Daneben wurde früher auch das Richtungsadverb und Adjektiv *mhd.* wester, *ahd.* westar „nach Westen; westlich" verwendet, das z. B. im Namen des Westerwaldes erhalten ist; beachte auch *engl.* western „auf den Westen bezogen", *engl.-amerik.* western „Film, Geschichte o. ä. über den Wilden Westen", aus dem im 20. Jh. **Western** „Wildwestfilm" übernommen wurde. In den anderen *germ.* Sprachen sind als Bezeichnung der Himmelsrichtung gebräuchlich *niederl.* west[en], *engl.* west, *schwed.* väster. Die *germ.* Wortgruppe ist wahrscheinlich verwandt mit *griech.* hésperos „Abend" und *lat.* vesper „Abend" und gehört vielleicht zu der unter ↑*öde* behandelten *idg.* Wurzel mit der Bed. „von etwas weg, fort", vgl. z. B. *aind.* áva „von etwas herab". 'Westen' würde demnach den Ort (oder die Zeit) bedeuten, wo die Sonne fort-, untergeht. – Abl.: **westlich** (*hochd.* seit der Mitte des 17. Jh.s; im 15. Jh. bereits *mnd.*).

wett „quitt": Das Adjektiv hat sich in formelhaften Verbindungen aus dem unter ↑*Wette* behandelten Substantiv in *mhd.* Zeit entwickelt. Bereits im *Mhd.* wird das Substantiv wette (↑Wette) als Artangabe verwendet, und zwar in der Bed. „abbezahlt, beendet". Die ältere Form des Adjektivs ist dementsprechend 'wette'. Die Form ohne Schluß-e setzte sich im 17. Jh. durch. Zus.: **wettmachen** „ausgleichen, sich erkenntlich zeigen" (15. Jh.; die Zusammenschreibung wurde erst im 19. Jh. fest).

Wette: Das *gemeingerm.* Substantiv *mhd.* wet[t]e „Wette; Pfand, Einsatz, Preis; Bezahlung, Vergütung; Geldbuße", *ahd.* wet[t]i, *got.* wadi „Pfand", *aengl.* wed „Pfand", *aisl.* veđ „Pfand, Einsatz, Spiel" ist mit *lat.* vas (Genitiv: vadis) „Bürge" und *lit.* vãdas „Pfand, Bürge" verwandt. Das Wort bedeutete ursprünglich „Pfand". Daraus entstand die Bedeutung „Pfand oder Einsatz beim Spiel, Wette" (vgl. den Artikel *wett*). Abl.: **wetten** „eine Wette abschließen" (*mhd.* wetten, *ahd.* wettōn). Zus.: **Wettbewerb** (im 19. Jh. als Ersatz für 'Konkurrenz' gebildet); **Wettkampf** (16. Jh.); **Wettlauf** (15. Jh.); **Wettrennen** (16. Jh.); **Wettstreit** (Ende des 17. Jh.s). S. auch den Artikel *Gage.*

Wetter: Das *altgerm.* Substantiv *mhd.* weter, *ahd.* wetar, *niederl.* weder, *engl.* weather, *schwed.* väder gehört zu der unter ↑*wehen* dargestellten *idg.* Wurzel. Das Wort bedeutet eigentlich „Wehen, Wind, Luft". Eng verwandt ist die *slaw.* Sippe von *russ.* vëdro „schönes Wetter". Bildungen zu 'Wetter' sind die unter ↑Gewitter und ↑wittern behandelten Wörter. Abl.: **wettern** (*mhd.* wetern „an der Luft trocknen"; in der Bed. „donnern und blitzen", übertragen „fluchen, schimpfen" seit dem 16. Jh.). Zus.: **Wetterleuchten** (s. d.); **wetterwendisch** „unbeständig, wankelmütig" (eigentlich „sich wie das Wetter wendend"; 16. Jh.).

Wetterleuchten: Das nur *dt.* Wort entstand

in *frühnhd.* Zeit durch Umdeutung des *mhd.* Substantivs weterleich „Blitz" (noch *aleman. mdal.*, vgl. *norweg.* vederleik „Blitzstrahl, Nordlicht") unter dem Einfluß von 'leuchten'. Der zweite Bestandteil des *mhd.* Wortes ist das unter ↑*Leich* behandelte Substantiv in seiner älteren Bed. „Tanz, Spiel" (vgl. *mhd.* leichen „hüpfen, spielen"); *mhd.* weterleich bedeutet also eigentlich „Wettertanz, -spiel".

Wettkampf, Wettlauf ↑Wette.

wettmachen ↑wett.

Wettrennen, Wettstreit ↑Wette.

wetzen: Das *altgerm.* Verb *mhd.* wetzen, *ahd.* wezzen, *niederl.* wetten, *engl.* to whet, *aisl.* hvetja ist das Bewirkungswort zu einem in *ahd.* hwaʒ „scharf", *aengl.* hwæt „scharf, lebhaft, munter", *aisl.* hvatr „rasch, feurig" vorliegenden *germ.* Adjektiv und bedeutet demnach eigentlich „scharf machen". Außerhalb des *Germ.* ist wahrscheinlich *lat.* tri-quetrus „dreispitzig" verwandt.

Whisky „aus Getreide (Roggen oder Gerste) oder Mais hergestellter Trinkbranntwein": Der Name des alkoholischen Getränks wurde im 18. Jh. aus gleichbed. *engl.* whisky übernommen. Das *engl.* Wort selbst steht als Kurzform für älter whiskybae (< *gälisch* uisge-beatha) „Lebenswasser". Es entspricht also in der Bildung der Bezeichnung ↑Aquavit. Stammwort ist das mit *dt.* ↑*Wasser* verwandte Substantiv *air.* uisce „Wasser".

wichsen: Das seit dem 15. Jh. belegte *dt.* Verb ist eine Nebenform von *mdal.* wächsen „mit Wachs bestreichen" (vgl. *Wachs*), das es seit dem 18. Jh. verdrängt hat. Es bedeutet meist „blank machen, putzen", seit dem 18. Jh. *ugs.* auch „prügeln" (dafür heute **verwichsen,** 19. Jh.; im 20. Jh. wird 'wichsen' *ugs.* auch im Sinne von „onanieren" verwendet, woran sich **Wichser** (auch derbes Schimpfwort) anschließt; beachte auch das adjektivisch gebrauchte zweite Partizip **gewichst** *ugs.* für „schlau, aufgeweckt, flink" (19. Jh.). Eine Bildung zu 'wichsen' ist **Wichse** „Putzmittel", *ugs.* „Prügel" (18. Jh.), das seit dem Ende des 18. Jh.s auch in der kürzeren Form **Wichs** „Festkleidung von Korpsstudenten" (eigentlich „Putz, Staat") erscheint.

Wicht „Wesen, Kobold; elender Kerl": Das *gemeingerm.* Substantiv *mhd., ahd.* wiht „Ding, Sache; Wesen, Kreatur; Kobold", *got.* waíhts „Ding, Sache", *engl.* (veraltet) wight „Wicht, Kerl", *schwed.* vätte „Erdgeist, Wicht, Heinzelmännchen" ist vermutlich mit der *slaw.* Sippe von *russ.* vešč' „Ding, Sache" verwandt. In der ursprünglichen Bedeutung „Sache, Ding" ist das Substantiv auch in der Negation ↑*nicht* enthalten. Für die Verwendung von 'Wicht' im Sinne von „Kobold" und „elender Kerl" ist von „Wesen; Kreatur" auszugehen. Dazu: **Wichtelmännchen** „Heinzelmännchen" (16. Jh.; verdeutlichende Zusammensetzung für *mhd.* wihtel[în] „kleiner Wicht").

wichtig: Das Adjektiv geht über *mhd. (mitteld.)* wihtec auf *mnd.* wichtich[t] zurück, eine Ableitung von *mnd.* wicht[e] „Gewicht" (vgl. den Artikel *Gewicht*). Das Adjektiv hatte ursprünglich den konkreten Sinn „abgewogen, volles Gewicht besitzend". Vom 16. Jh. an wandelte sich die konkrete Bedeutung zu der abstrakten „bedeutend, wesentlich". Abl.: **Wichtigkeit** (16. Jh.). Die Form **Wichte** wird seit der 1. Hälfte des 20. Jh.s als Terminus für „spezifisches Gewicht" verwendet.

Wicke: Der auf das *dt.* und *niederl.* Sprachgebiet beschränkte Pflanzenname *mhd.* wicke, *ahd.* wicca, *niederl.* wikke ist aus *lat.* vicia „Wicke" entlehnt.

wickeln: Das Verb (*mhd.* wickeln) ist eine Ableitung von dem Substantiv **Wickel** (*mhd., ahd.* wickel „Faserbündel"). Dieses Substantiv ist wie *ahd.* wicchilîn eine Verkleinerungsbildung zu *ahd.* wich[a], *mhd.* wicke „Faserbündel, Docht", das im *germ.* Sprachbereich z. B. mit *engl.* wick „Docht" verwandt ist. Zugrunde liegt die *idg.* Wurzel *u̯eg- „weben, knüpfen; Gespinst". Vgl. aus anderen *idg.* Sprachen *aind.* vāgurā́ „Fangstrick, Netz zum Wildfang, Garn", *lat.* velum „Segel, Hülle, Tuch", *air.* figim „webe". Zu derselben Wurzel gehören das unter ↑Wachs (eigentlich „Gewebe der Bienen") behandelte Substantiv und wahrscheinlich auch der erste Bestandteil der unter ↑Wacholder behandelten Zusammensetzung. Das abgeleitete Verb 'wickeln' bedeutet eigentlich „ein Faserbündel um einen Rocken winden", aber schon in den ersten Belegen tritt es in der allgemeinen Bedeutung „um etwas winden" auf. Diese Bedeutung hat sich dann vom 15. Jh. an auch auf das Substantiv 'Wickel' ausgedehnt, das seitdem „etwas zum Wickeln, etwas Gewickeltes" bedeutet. – Abl.: **Wick[e]lung** (16. Jh.). Präfixbildungen und Zusammensetzungen: **abwickeln** (16. Jh.); seit dem 18. Jh. auch übertragen „zum Abschluß bringen, erledigen"); **einwickeln** (16. Jh.); **entwickeln** (im 17. Jh. für „auf-, auseinanderwickeln", seit dem Ende des 18. Jh.s im übertragenen Sinne von „(sich) entfalten; (sich) stufenweise herausbilden", seit der zweiten Hälfte des 19. Jh.s auch als phototechnischer Ausdruck „ein Bild auf einem Film sichtbar werden lassen", dazu **Entwicklung** (17. Jh.); **verwickeln** „verwirren, durcheinanderbringen; einbeziehen, hineinziehen; durcheinandergeraten" (*spätmhd.* verwickeln), dazu **verwickelt** (im Sinne von „kompliziert", 18. Jh.) und **Verwicklung** (Anfang des 16. Jh.s; in der Bed. „Komplikation, Schwierigkeit" seit dem 18. Jh.).

Widder: Die *altgerm.* Bezeichnung des Schafbocks (*mhd.* wider, *ahd.* widar, *niederl.* we[d]er, *engl.* wether „Hammel", *schwed.* vädur) gehört wie das anders gebildete Wort *got.* wiþrus „Lamm" zu *idg.* *u̯et- „Jahr" (vgl. dazu *aind.* vatsará-ḥ „Jahr", *griech.* étos „Jahr" und *lat.* vetus „alt, bejahrt" [↑Veteran]). Ähnliche *außergerm.* Bildungen sind z. B. *aind.* vatsá-ḥ „Jährling, Kalb, Rind" und *griech.* ételon „Jährling von Haustieren". Das Substantiv 'Widder' bedeutet also eigentlich „einjähriges Tier, Jährling".

Widem ↑Wittum.

wider, wieder: Das *gemeingerm.* Wort (Präposition, Adverb) *mhd.* wider, *ahd.* widar[i], *got.* wiþra, *aengl.* wiđer, *aisl.* viđr geht auf einen *idg.* Komparativ *u̯i-t[e]ro- „mehr auseinander, weiter weg" zurück, vgl. *aind.* vítaram „weiter, ferner", wohl auch *russ.* vtoroj „der zweite" (eigentlich „der, der weiter weg ist"). Dieses Komparativ ist eine Bildung zu dem unter ↑*weit* behandelten *idg.* *u̯i- „auseinander". Aus der Bedeutung „weiter weg" entwickelte sich „gegenüber, gegen", dann „hin und zurück, zurück, abermals". Die unterschiedliche Schreibung der Präposition 'wider' „gegen" und des Adverbs 'wieder' „abermals" geht auf Gelehrte des 17. Jh.s zurück. Als Adverb wird 'wider' heute nur in verbalen Zusammensetzungen (s. u.) und in **zuwider** „jemandes Wünschen entgegengesetzt; nicht günstig; entgegen" (16. Jh.) gebraucht. Abl.: **widerlich** „Ekel hervorrufend, abstoßend, unsympathisch" (16. Jh.); **widern** veraltet für „jemandem ekelhaft sein" (*mhd.* wider[e]n, *ahd.* widarōn „entgegen sein, entgegentreten, sich sträuben"), dazu **anwidern** „zuwider sein, ekeln" (um 1800) und **erwidern** (*mhd.* erwideren „entgegnen, antworten", mit anderer Bedeutung *ahd.* irwidarōn „verwerfen"), dazu **Erwiderung** „Entgegnung, Antwort" (17. Jh.); **widrig** „ungünstig, hinderlich" (16. Jh.). Zus.: **Widerhall** (*spätmhd.* widerhal, Ersatzwort für 'Echo'); **widerlegen** (*mhd.* widerlegen „ersetzen, vergelten"; seit dem 16. Jh. in der Bed. „als unrichtig erweisen"), dazu **Widerlegung** (*mhd.* widerlegunge „Gegengabe"; seit dem 16. Jh. im heutigen Sinn); **widerrufen** (*mhd.* widerruofen „zurückrufen; für ungültig erklären"), dazu **Widerruf** (*mhd.* widerruof[t] „Widerspruch, Weigerung"); **Widersacher** (s. d.); **widerspenstig** (s. d.); **widersprechen** (*mhd.* widersprechen, *ahd.* widarsprechan „Einspruch erheben; ablehnen, leugnen; sich lossagen", im *Nhd.* auch „im Widerspruch stehen, nicht übereinstimmen"), dazu **Widerspruch** (*spätmhd.* widerspruch); **widerstehen** (*mhd.* widerstēn, *ahd.* widarstēn „entgegentreten, sich widersetzen; zuwider sein"), dazu **Widerstand** (*spätmhd.* widerstant „das Entgegentreten, das Sichwidersetzen", seit der 1. Hälfte des 19. Jh.s auch als elektrotechnischer Terminus verwendet); **widerwärtig** „hinderlich; höchst unangenehm" (*mhd.* widerwertec, *ahd.* widarwartīg „entgegengesetzt, feindlich"; Ableitung von einem im *Nhd.* untergegangenen Adverb *mhd.* widerwert, *ahd.* widarwert „entgegen; verkehrt", vgl. *...wärts; mhd.* auch schon für „unangenehm, abstoßend"), dazu **Widerwärtigkeit** (*mhd.* widerwerticheit „Gegensatz, Unglück"); **Widerwille** „heftige Abneigung" (*mhd.* widerwille „Ungemach, Widersetzlichkeit"; seit dem 16. Jh. für „Abscheu, Ekel"), dazu **widerwillig** „widerstrebend, höchst ungern; voller Unmut" **wiederholen** (*mhd.* nicht bezeugt, *ahd.* widarholōn „zurückrufen; seit dem 15. Jh. für „noch einmal sagen oder tun" neben unfestem 'wiederholen' „zurückholen", 16. Jh.), dazu **Wiederholung** (17. Jh.).

widerborstig ↑Borste.

Widerpart ↑Part.

Widersacher „persönlicher Gegner": Das Wort ist eine seit dem 14. Jh. bezeugte Bildung zu dem Verb *mhd.* widersachen „widerstreben", *ahd.* widarsachan „rückgängig machen". Der erste Teil dieses zusammengesetzten Verbs ist das unter ↑*wider* behandelte Wort in der Bed. „gegen", der zweite Teil gehört zu *mhd.* sachen, *ahd.* sahhan „streiten, anklagen" (vgl. den Artikel *Sache*). 'Widersacher' bezeichnete also ursprünglich den Gegner in einem gerichtlichen Streitfall.

widerspenstig „widersetzlich, widerstrebend": Das seit dem 15. Jh. bezeugte Adjektiv hat gleichbedeutende ältere Bildungen wie *mhd.* widerspæne[c], -spen[n]ic verdrängt. Es gehört zu ↑spannen (beachte die Bildungen *mhd.* span, spān „Spannung, Streitigkeit", widerspān „Streit, Zank; Härte des Holzes"), wurde aber früher vom Sprachgefühl auch mit 'Span' „Holzspan" verbunden. Siehe auch den Artikel *abspenstig.*

widersprechen, Widerspruch ↑wider.

Widerstand, widerstehen ↑stehen.

widerstreben ↑streben.

widerwärtig, Widerwärtigkeit, Widerwille, widerwillig ↑wider.

widmen: Das Verb *mhd.* widemen, *ahd.* widimen ist von dem unter ↑*Wittum* behandelten Substantiv *mhd.* wideme, *ahd.* widimo „Brautgabe, Kirchengut" abgeleitet. Es bedeutet eigentlich „mit einer Schenkung ausstatten". Daraus entwickelte sich in *nhd.* Zeit die Verwendung im Sinne von „[feierlich] zueignen, für jemanden oder etwas bestimmen. Abl.: **Widmung** (*spätmhd.* widemunge „Ausstattung"; in der Bed. „Zueignungstext" seit dem 18. Jh.).

widrig ↑wider.

wie: Das Wort *mhd.* wie, *ahd.* [h]wio, *got.* ƕaiwa (vgl. auch *engl.* how „wie") gehört zu dem unter ↑*wer, was* behandelten *idg.* Stamm. Zus.: **wieso** „warum" (16. Jh.).

Wiedehopf: Der Vogelname *mhd.* witehopf[e], *ahd.* witihopfa ist lautnachahmenden Ursprungs. Zugrunde liegt etwa *wudhup, das den Paarungsruf des Vogels wiedergibt, vgl. gleichbed. *lat.* upupa, *griech.* épops und *lett.* pupuķis.

wieder ↑wider.

wiederherstellen, Wiederherstellung ↑stellen.

wiederholen, Wiederholung ↑wider.

wiederkäuen, Wiederkäuer ↑kauen.

Wiege: Das auf das *dt.* und *niederl.* Sprachgebiet beschränkte Wort (*mhd.* wige, wiege, *spätahd.* wīga, wiega, *niederl.* wieg) gehört wahrscheinlich zu der unter ↑[1]*bewegen* entwickelten *idg.* Wurzel u̯eg̑h- „sich bewegen, schwingen, fahren, ziehen". Es würde dann eigentlich „das Sichbewegende, Schwingende" bedeuten. Ablautend verwandt sind z. B. *aisl.* vagga „Wiege" und *engl.* to wag „schütteln, bewegen". Abl.: **[1]wiegen** (15. Jh.; das Verb bedeutete anfänglich nur „ein Kind in der Wiege wiegen"; seit dem 18. Jh. wird es auch übertragen im Sinne von „[sich] sanft hin und her bewegen" verwendet). Siehe auch den Artikel *gewiegt.* Zus.: **Wiegen-**

druck (Ende des 19. Jh.s; Lehnübertragung aus *nlat.* incunabula [beachte das Fremdwort 'Inkunabel'), das im 17. Jh. zu *lat.* cunabula „Wiege“ geschaffen worden war und Drucke aus der Frühzeit der Buchdruckerkunst bis 1500 bezeichnete); **Wiegenlied** (15. Jh.).

[1]wiegen ↑Wiege.

[2]wiegen „ein bestimmtes Gewicht haben; das Gewicht von etwas bestimmen“: Das Verb ist eine Neubildung des 16. Jh.s zu ↑*wägen*, und zwar aus den Formen der 2. und 3. Person Singular 'du wiegst, er wiegt' dieses Verbs. Beachte auch das seit dem 19. Jh. gebräuchliche **vorwiegend**, das wahrscheinlich aus einer Kreuzung von 'vorherrschend' und 'überwiegend' hervorgegangen ist.

wiehern: Das Verb *mhd.* wiheren ist eine Iterativbildung zu *mhd.* wihen „wiehern“, das zusammen mit den verwandten Bildungen *ahd.* [h]weiōn, *mhd.* weien „wiehern“ lautnachahmenden Ursprungs ist.

wienern: Der seit dem 19. Jh. bezeugte, aus der Soldatensprache in die Umgangssprache gedrungene Ausdruck für „polieren, blank machen“ ist eine Ableitung von 'Wiener ([Putz]kalk)', dem veralteten Namen eines Poliermittels.

Wiese: Die Herkunft des auf das *dt.* Sprachgebiet beschränkten Worts (*mhd.* wise, *ahd.* wisa) ist nicht sicher geklärt. Einerseits könnte es zu der *idg.* Wurzel *u̯eis- „sprießen, wachsen“ gehören, vgl. dazu auch *aengl.* wīse „Sproß, Stengel“, *aisl.* vīsir „Keim, Sproß“. *Außergerm.* stellen sich zu dieser Wurzel *lat.* viridis „grün“ (↑Wirsing), *lit.* veĩstis „sich vermehren“. Andererseits kann das Wort aber auch – zusammen mit dem anders gebildeten *engl.* ooze „Schlamm“ und dem ablautenden *aisl.* veisa „Schlamm“ – auf der *idg.* Wurzel *u̯eis- „[zer]fließen (besonders von faulenden Pflanzen und stinkenden Flüssigkeiten)“ beruhen. Vgl. dazu *aind.* vēṣati zerfließt“, *aind.* viṣá-m „Gift“, *griech.* īós „Gift“, *lat.* virus „Schleim, Gift“ (↑Virus). Zu dieser Wurzel gehören vielleicht auch die unter ↑Wiesel und ↑Wisent behandelten Wörter.

Wiesel: Die Herkunft des *altgerm.* Tiernamens *mhd.* wisele, *ahd.* wisula, *niederl.* wezel, *engl.* weasel, *schwed.* vessla ist nicht sicher geklärt. Vielleicht beruht er auf der unter ↑*Wiese* dargestellten *idg.* Wurzel *u̯eis- „[zer]fließen (besonders von faulenden Pflanzen und stinkenden Flüssigkeiten)“. 'Wiesel' würde dann eigentlich „Stinker“ bedeuten. Vgl. den Artikel *Wisent.* Die vermutete Verwandtschaft mit dem zweiten Kompositionsglied der unter ↑Iltis behandelten Zusammensetzung ist ebenfalls fraglich.

Wigwam: Die Bezeichnung für die zeltartige Hütte der Indianer wurde im 17. Jh. über *engl.* wigwam aus der nordamerikanischen Indianersprache Algonkin (zu wig „wohnen“) entlehnt.

wild: Das *gemeingerm.* Adjektiv *mhd.* wilde, *ahd.* wildi, *got.* wilþeis, *engl.* wild, *aisl.* villr ist unsicherer Herkunft. Vielleicht gehört es zu der unter ↑*Wald* genannten Wortsippe. Dann könnte es ursprünglich „im Wald wachsend, nicht angebaut“ bedeutet haben. Siehe auch den Artikel *Wild.* – Abl.: **Wildheit** (17. Jh.); **verwildern** „überwuchern, zur Wildnis werden; verwahrlosen; wieder als Wildtier leben“ (17. Jh.; für älteres 'verwilden'); **Wildling** „durch Aussaat entstandene Pflanze; sich wild gebärdender Mensch; lebhaftes Kind“ (16. Jh.); **Wildnis** „unbebautes, nicht besiedeltes Gebiet“ (*mhd.* wiltnisse). – Zus.: **Wildbret** „Fleisch von Wild“ (*mhd.* wildbræte, wildbrāt; der zweite Teil gehört zu dem unter ↑*Braten* behandelten Wort, das ursprünglich „Fleisch“ bedeutete); **Wildfang** (*spätmhd.* wiltvanc „eingefangene Person, die umherirrte“; die ursprüngliche Bed. ist „eingefangenes, wildes Tier“; die heutige Bed. „lebhaftes Kind“ ist bereits im 17. Jh. belegt); **Wildschwein** (*mhd.* wiltswīn); **Wildwest** (20. Jh.; Lehnübersetzung aus *amerik.-engl.* Wild West, Bezeichnung des westlichen Teils der Vereinigten Staaten zur Zeit der Landnahme und des Goldrausches, als dort noch Gesetzlosigkeit herrschte; heute auch übertragen gebraucht).

Wild: Das *westgerm.* Substantiv *mhd.* wilt, *ahd.* wild, *niederl.* wild, *aengl.* wild, wildor ist unsicherer Herkunft. Vielleicht ist es eine Kollektivbildung zu dem unter ↑*wild* behandelten Adjektiv. Abl.: **Wilderer** (*mhd.* wilderære „Jäger“; seit dem 16. Jh. „Wilddieb“), dazu **wildern** „unbefugt jagen; herumstreunen“ (Ende des 18. Jh.s). Zus.: **Wilddieb** (17. Jh.); **Wildschütz** (16. Jh.; zuerst „Jäger“, dann „Wilddieb“).

Wille: Das *gemeingerm.* Substantiv *mhd.* wille, *ahd.* willio, *got.* wilja, *engl.* will, *schwed.* vilja ist eine Bildung zu dem unter ↑[2]*wollen* behandelten Verb. Abl.: **willig** „gerne bereit, etwas zu tun“ (*mhd.* willec, *ahd.* willig), dazu **willigen** veraltet für „sich einverstanden erklären“ (*mhd.* willigen „willig machen; bewilligen; einwilligen“) mit **bewilligen** „gewähren, zugestehen“ (15. Jh.) und **einwilligen** „sich einverstanden erklären“ (17. Jh.). Siehe auch die Artikel *willkommen* und *Willkür.*

Willensakt ↑Akt.

Willkommen: Die Zusammensetzung *mhd.* willekomen, *spätahd.* willechomen enthält als zweiten Bestandteil das 2. Partizip von 'kommen'. Der erste Bestandteil ist das Substantiv ↑*Wille.* Die Zusammensetzung bedeutet demnach etwa „(du bist) nach Willen (d. h. nach Wunsch) gekommen“.

Willkür: Das Substantiv (*mhd.* wil[le]kür) ist eine Zusammensetzung aus den unter ↑*Wille* und ↑*Kür* behandelten Wörtern. Es bedeutet demnach eigentlich „Entschluß, Beschluß des Willens“, d. h. „freie Wahl oder Entschließung“. Die abwertende Bedeutung „Handeln nach eigenem Gutdünken ohne Rücksicht auf andere“ (wie in 'Willkürherrschaft'), die in Ansätzen schon im *Mhd.* vorhanden war, gilt seit der zweiten Hälfte des 18. Jh.s fast ausschließlich. Abl.: **willkürlich** „auf Willkür beruhend; zufällig“ (*spätmhd.* willekürlich), beachte dazu die Verneinung **unwillkürlich** „ohne Absicht“ (18. Jh.).

wimmeln: Das Verb *mhd.* wimelen ist eine Iterativbildung zu *mhd. (mitteld.)* wimmen „sich schnell hin und her bewegen". Vgl. dazu auch das *ahd.* Verb wimidōn „sprudeln, zittern". Die *außergerm.* Beziehungen sind unsicher.

wimmern: Das seit dem 16. Jh. bezeugte Verb ist eine Ableitung von *mhd.* wimmer „Gewinsel", das lautnachahmenden Ursprungs ist. Vgl. dazu *engl.* to whimper „wimmern".

Wimpel: Das *altgerm.* Substantiv *mhd.* wimpel „Binde zum Zusammenhalten des Haares, Kopfschutz", *ahd.* wimpal „Frauengewand, Schleier", *niederl.* wimpel „[Schiffs]wimpel", *engl.* wimple „Schleier; Wimpel", *aisl.* vimpill „Schleier" bedeutete ursprünglich wohl „Hülle, Binde". Die Herkunft des Wortes ist nicht sicher geklärt. Es beruht vielleicht auf einer nasalierten Form der unter ↑*Weib* entwickelten *idg.* Wurzelform in ihrer Bedeutung „umhüllen". Seit dem 15. Jh. breitete sich die heutige Bed. „Schiffswimpel, Fähnlein" vom *Niederd.* her aus.

Wimper: Das Substantiv *mhd.* wintbrā[we], *ahd.* wintbrāwa ist eine Zusammensetzung, deren zweiter Teil das unter ↑*Braue* behandelte Wort ist. Die Herkunft des ersten Bestandteils (*mhd., ahd.* wint-) ist unsicher. Vielleicht ist er mit *griech.* íonthos „junger Bart, Flaum" und *mir.* find „Haupthaar" verwandt. 'Wimper' würde dann eigentlich „Haarbraue" bedeuten. Es ist aber auch möglich, daß das Wort zu dem unter ↑¹*winden* behandelten Verb gehört. In diesem Falle würde 'Wimper' eigentlich „die gewundene Braue" oder „die sich windende (= sich auf und ab bewegende) Braue" bedeuten.

Wind: Das *gemeingerm.* Substantiv *mhd.* wint, *ahd.* wind, *got.* winds, *engl.* wind, *schwed.* vind gehört mit Entsprechungen in anderen *idg.* Sprachen zu der unter ↑*wehen* dargestellten *idg.* Wurzel, vgl. z. B. *tochar. A* wänt „Wind", *lat.* ventus „Wind" (↑ Ventil) und die *kelt.* Sippe von *kymr.* gwynt „Wind". Es bedeutet demnach eigentlich „der Wehende". Nicht zu 'Wind' gehört der erste Bestandteil von ↑ Windhund und ↑ windschief. Abl.: **¹winden** „wehen" (*spätmhd.* winden); **windig** „stark wehend, windreich; nicht zuverlässig; zweifelhaft" (*mhd.* windic). Zus.: **Windbeutel** (18. Jh.; eigentlich „mit Luft gefüllter Beutel"; heute nur übertragen gebraucht im Sinne von „hohles Gebäck", *ugs.* für „leichtfertiger Mensch"); **Windfang** „Vorrichtung zum Abfangen des Windes" (*mhd.* wintvanc, *ahd.* wintvanga); **Windjammer** (s. d.).

Windel: Das Substantiv *mhd.* windel, *ahd.* windila ist eine Bildung zu dem unter ↑²*winden* behandelten Wort und bedeutet eigentlich „Binde zum Winden, Wickeln". Zus.: **windelweich** (19. Jh.; eigentlich „weich wie eine zarte Windel", dann „sehr weich").

¹winden ↑ Wind.

²winden: Das *gemeingerm.* Verb *mhd.* winden, *ahd.* wintan, *got.* bi-windan „umwinden", *engl.* to wind, *schwed.* vinda gehört mit verwandten Wörtern in anderen *idg.* Sprachen zu der *idg.* Wurzelform *u̯endh- „drehen, winden, wenden, flechten", (vgl. z. B. *aind.* vandhúra-ḥ „Wagensitz" (ursprünglich „geflochtener Wagenkorb") und *griech.* kánn-athron „geflochtener Wagen[korb]". Um 'winden' gruppieren sich die Bildungen ↑ Wand (eigentlich „Gewundenes, Geflochtenes"), ↑ Windel, das Bestimmungswort von ↑ Wendeltreppe und ↑ Gewinde. Das Veranlassungswort zu 'winden' ist ↑ wenden. Das Verb 'winden' steckt auch in ↑ windschief und vielleicht in ↑ Wimper. Die Verben 'überwinden' und 'verwinden' haben ursprünglich nichts mit 'winden' zu tun (vgl. *überwinden*). Abl.: **Winde** (als Bezeichnung einer Hebevorrichtung *mhd.* winde, *ahd.* wazzar-winda „Wasserwinde"; als Pflanzenname *mhd.* winde, *ahd.* winda, eigentlich „die Sichwindende"); **Windung** „gewundene Linie, Bogen" (16. Jh.). Zus.: **umwinden** (15. Jh.), dazu das verneinte 2. Partizip **unumwunden** „offen, freiheraus" (Ende des 18. Jh.s).

Windfang ↑ Wind.

Windhose ↑ Hose.

Windhund: Die seit dem 16. Jh. bezeugte verdeutlichende Zusammensetzung ist an die Stelle des einfachen Substantivs älter *nhd.* Wind „Windhund" (*mhd., ahd.* wint) getreten, das nichts mit dem unter ↑ Wind behandelten Wort zu tun hat, sondern wohl zur slawischen Völkerbezeichnung 'Wenden' gehört. Demnach würde 'Windhund' eigentlich „wendischer Hund" bedeuten.

windig ↑ Wind.

Windjammer: Der seemannssprachliche Ausdruck für ein großes Segelschiff wurde im 20. Jh. aus gleichbed. *engl.* windjammer (eigentlich etwa „Windpresser") übernommen. Der 1. Bestandteil ist *engl.* wind „Wind", der 2. Bestandteil gehört zu *engl.* to jam „pressen".

windschief: Das seit dem 18. Jh. bezeugte Adjektiv hat nichts mit dem Substantiv ↑ Wind zu tun, sondern gehört zu dem unter ↑²*winden* behandelten Verb. Es bedeutet eigentlich „gewunden schief" und bezog sich ursprünglich auf Bäume mit Drehwuchs.

Windung ↑²winden.

Winkel: Das *westgerm.* Substantiv *mhd.* winkel, *ahd.* winkil, *niederl.* (veraltet) winkel, *aengl.* wincel gehört zu der unter ↑*winken* behandelten *idg.* Wortgruppe. Es bedeutet demnach eigentlich „Biegung, Krümmung, Knick". Abl.: **wink[e]lig** „voller Winkel" (19. Jh.; für älteres 'winklicht'); **winkeln** „zu einem Winkel beugen" (15. Jh.; beachte dazu 'an-, abwinkeln'). Zus.: **Winkeladvokat** (1. Hälfte des 19. Jh.s; eigentlich der „unbefugte, heimlich im 'Winkel' arbeitende Advokat"; heute meist „schlechter, mit fragwürdigen Mitteln arbeitender Rechtsanwalt oder Rechtsberater"); **Winkelzug** „schlaues Vorgehen, Trick" (16. Jh.; zuerst im *Niederd.* bezeugt).

winken „mit der Hand oder einem Gegenstand ein Zeichen geben": Das Verb *mhd., ahd.* winken „schwanken; winken" (entsprechend *engl.* to wink „blinzeln") gehört – wie das unter ↑ wanken behandelte ablautende Verb – zu *idg.* *u̯e-n-g- „sich biegen, schwankende Bewegungen machen". Vgl. aus anderen *idg.* Sprachen *aind.* vȧŋgati „geht, hinkt", *alban.* vank „Felge", *lit.* véngti „meiden" (eigentlich „ausbiegen"). Zur gleichen *idg.* Wurzel gehört auch das unter ↑Winkel behandelte Substantiv. Abl.: **Wink** „Zeichen mit der Hand o. ä., Hinweis; Fingerzeig" (*mhd.* wink, *ahd.* winch).

winseln: Das Verb *mhd.* winseln ist eine Weiterbildung zu dem untergegangenen gleichbedeutenden Verb *mhd.* winsen, *ahd.* winsōn, das wohl lautmalender Herkunft ist.

Winter: Das *gemeingerm.* Subst. *mhd.* winter, *ahd.* wintar, *got.* wintrus, *engl.* winter, *schwed.* vinter gehört vielleicht zu der unter ↑*Wasser* entwickelten *idg.* Wurzel *[a]u̯ed- „benetzen, befeuchten, fließen". Das Wort würde dann eigentlich „feuchte Jahreszeit" bedeuten. Zum Sachlichen vgl. den Artikel Jahr.

Winzer: Das Substantiv *spätmhd.* wīnzer, *mhd.* wīnzürl, *ahd.* wīnzuril ist aus *lat.* vinitor „Weinleser" (zu *lat.* vinum „Wein", vgl. *Wein*) entlehnt. Das *lat.* Wort wurde bei der Übernahme in der Form an Berufsnamen auf *ahd.* -il (wie in ↑Büttel) angeglichen. Das Suffix ging später wieder verloren.

winzig: Das nur *dt.* Adjektiv (*mhd.* winzic) ist eine intensivierende Bildung zu dem unter ↑*wenig* behandelten Wort.

Wipfel: Das nur *dt.* Substantiv (*mhd.* wipfel, *ahd.* wiphil) ist eine Bildung zu dem im *Nhd.* untergegangenen Verb *mhd.* wipfen „sich schwingend bewegen, hüpfen, springen" (vgl. *wippen*). Es bedeutet also eigentlich „das Hinundherschwingende".

wippen: Das im 16. Jh. aus dem *Niederd.* ins *Hochd.* übernommene Verb geht auf *mnd.* wippen „springen, hüpfen" zurück, vgl. *niederl.* wippen „schaukeln, wippen", *engl.* to whip „sich bewegen, springen", *schwed.* vippa „wippen, kippen" (vgl. über die weiteren Zusammenhänge den Artikel *Weib*). Das entsprechende *oberd.* Verb *mhd.* wipfen „hüpfen, springen" (dazu ↑Wipfel) ist untergegangen. Abl.: **Wippe** „Schaukel" (im 17. Jh. aus *niederd.* wippe übernommen, dort seit dem 14. Jh. als Rückbildung zu 'wippen' bezeugt).

Wippstert ↑Bachstelze.

Wirbel: Das *altgerm.* Substantiv *mhd.* wirbel, *ahd.* wirbil, *niederl.* wervel, *schwed.* virvel ist eine Bildung zu dem unter ↑*werben* behandelten Verb in dessen alter Bed. „sich drehen". Es bedeutete zunächst „schnelle Drehung, kreisförmige Bewegung" (besonders der Luft und des Wassers), dann auch „spiraliger oder kreisförmiger Gegenstand; drehbarer Stift". Die Bed. „Haarwirbel" ist seit dem 12. Jh., die Bed. Knochenwirbel" seit dem 16. Jh., die Bed. „Trommelwirbel" (von der wirbelnden Bewegung der Trommelstöcke) seit dem 18. Jh. bezeugt. In der Umgangssprache ist 'Wirbel' auch im Sinne von „Aufregung, Trubel" gebräuchlich. Abl.: **wirbeln** (16. Jh.). Zus.: **Wirbelsäule** (19. Jh.); **Wirbelsturm** (17. Jh.).

wirken: Das *westgerm.* Verb *mhd., ahd.* wirken, *niederl.* werken, *aengl.* wircan ist wahrscheinlich eine Ableitung von dem unter ↑*Werk* behandelten Substantiv. Es steht neben dem älteren *gemeingerm.* Verb *ahd.* wurchen, *mhd.* würken (*nhd.* veraltet: würken), *got.* waúrkjan, *aengl.* wyrc[e]an (*engl.* to work), *schwed.* yrka, das zu der unter ↑*Werk* dargestellten *idg.* Wurzel gehört. Abl.: **wirklich** „real, wahr, tatsächlich" (*mhd.* würke[n]lich, würklich, 13. Jh.; *spätmhd.* wirkelich „tätig, wirksam, wirkend"; die heutige Bed. ist zuerst im 15. Jh. bezeugt), dazu **Wirklichkeit** „das als Gegebenheit oder Erscheinung Faßbare" (*spätmhd.* wirkelicheit) und **verwirklichen** „in die Tat umsetzen, realisieren" (2. Hälfte des 18. Jh.s); **wirksam** „mit Erfolg wirkend" (16. Jh.), dazu **Wirksamkeit** (17. Jh.); **Wirkung** „Einfluß, erzielte Veränderung, Effekt" (*spätmhd.* wirkunge). Präfixbildungen: **bewirken** „verursachen, herbeiführen" (*mhd.* bewirken „umfassen"; die heutige Bed. seit dem 18. Jh.); **verwirken** „einbüßen" (*mhd.* verwirken „einfassen, verlieren", *ahd.* firwirken „verlieren").

wirr: Das seit dem 17. Jh. bezeugte Adjektiv ist eine Rückbildung aus dem unter ↑*verwirren* behandelten Verb 'wirren'. Abl.: **Wirrnis** „Verworrenheit, Durcheinander" (19. Jh.); **Wirrsal** „Wirrnis" (19. Jh.). Zus.: **Wirrkopf** „jemand, der wirre Gedanken hat" (17. Jh.).

Wirren, Wirrwarr ↑verwirren.

Wirsing: Das in dieser Form seit dem 17. Jh. bezeugte Substantiv beruht auf einer Entlehnung aus *lombardisch* verza „Wirsingkohl", das auf *lat.* viridia „grüne Gewächse" (zu *lat.* viridis „grün", vgl. *Wiese*) zurückgeht.

Wirt: *Mhd., ahd.* wirt „Ehemann, Gebieter, Gastfreund, Gastwirt", *got.* waírdus „Gastfreund", *niederl.* waard „[Gast]wirt" (vgl. *aisl.* verđr „Mahlzeit, Speise") gehören wohl zu der unter ↑*wahr* behandelten *idg.* Wurzel *u̯er- „Gunst, Freundlichkeit [erweisen]". Eine Bildung zu 'Wirt' ist ↑Wirtschaft. Abl.: **wirten** *schweiz. mdal.* für „den Wirtsberuf ausüben" (*mhd.* wirten „bewirten"), dazu **bewirten** „einem Gast zu essen und zu trinken geben" (*mhd.* bewirten); **wirtlich** (*mhd.* wirtlich „einem Wirt angemessen"; in der heute veraltenden Bed. „gastlich, einladend" seit dem 17. Jh.), dazu **unwirtlich** (18. Jh.). Zus.: **Wirtshaus** (*mhd.* wirtshūs).

Wirtel „scheiben- oder kugelförmiges Schwunggewicht an der Spindel des Spinnrads" und „ringförmiger Mauerstein am Schaft einer Säule, der sie mit der Wand verbindet" (Architektur): Das seit *spätmhd.* Zeit bezeugte Substantiv ist eine Bildung zu dem unter ↑*werden* behandelten Verb in dessen alter Bed. „[sich] drehen".

Wirtschaft: Das auf das *dt.* und *niederl.* Sprachgebiet beschränkte Wort (*mhd.* wirtschaft, *ahd.* wirtscaft, *niederl. mdal.* waardschap „Besuch; Gastmahl") ist von dem unter ↑*Wirt* behandelten Substantiv abgeleitet und bezeichnete zunächst die Tätigkeit des Hausherrn und Wirtes, die Bewirtung, dann bedeutete es auch „Gastmahl" und seit dem 16. Jh. auch „Gastwirtschaft". Im 17. Jh. kam die Verwendung im Sinne von „Verwaltung (eines

Hauses, Hofes), Hauswesen, Haushalt" auf. Daraus entwickelte sich der Gebrauch von 'Wirtschaft' als Bezeichnung für die Gesamtheit der Einrichtungen und Maßnahmen zur Deckung des menschlichen Bedarfs an Gütern und persönlichen Leistungen. Abl.: **wirtschaften** „rationell mit etwas umgehen, verwenden; im Haushalt tätig sein" (*mhd., ahd.* wirtscheften); **Wirtschafter** „Verwalter; Unternehmer" (15. Jh.; seit dem 18. Jh. in den heutigen Bedeutungen), dazu **Wirtschafterin** (18. Jh.); **wirtschaftlich** „die Wirtschaft betreffend; haushälterisch, sparsam" (in der heutigen Bedeutung seit der ersten Hälfte des 18. Jh.s).

Wirtshaus ↑Wirt.

Wisch: Das *altgerm.* Substantiv *mhd.* wisch, *ahd.* ars-wisc „Arschwisch", *mniederl.* wisch, *engl.* whisk, *aisl.* visk ist z. B. näher verwandt mit *aind.* vēṣká-ḥ „Schlinge" und *lat.* viscus „Gekröse, Eingeweide" (vgl. [1]*Weide*). Es bedeutete ursprünglich „zusammengedrehtes Bündel, Strohbüschel", dann „Mittel zum Wischen" und übertragen „wertloses Zeug". Siehe auch den Artikel *Flederwisch*. Abl.: **wischen** „reiben; säubern; entfernen" (*mhd.* wischen „wischen; sich schnell bewegen", *ahd.* wisken „wischen"), dazu **entwischen** „entkommen" (*mhd.* entwischen, *ahd.* intwisken); **Wischer** (15. Jh.; heute meist kurz für 'Scheibenwischer').

Wisent: Der *westgerm.* Tiername *mhd.* wisent, *ahd.* wisant, *mniederl.* wesent, *aengl.* wesand gehört vielleicht zu der unter ↑*Wiese* behandelten *idg.* Wurzel *u̯eis- „[zer]fließen" (besonders von faulen Pflanzen und stinkenden Flüssigkeiten). Das Tier würde dann nach seinem eigentümlichen Moschusgeruch während der Brunstzeit benannt worden sein. Siehe auch den Artikel *Wiesel*. Beachte auch das aus *lat.* bison „Auerochse" übernommene **Bison.** Das *lat.* Wort seinerseits ist aus einer dem Tiernamen 'Wisent' zugrundeliegenden *germ.* Form entlehnt.

Wismut: Die Herkunft der seit dem 14. Jh. bezeugten Metallbezeichnung ist unklar. Vielleicht bezieht sich der Name auf den ersten *Mut*ungsort 'in den *Wies*en' bei St. Georgen (Schneeberg, Erzgebirge). Vgl. 'muten' unter *Mut.*

wispern: Das seit dem 16. Jh. bezeugte Verb ist lautnachahmenden Ursprungs, vgl. *engl.* to whisper „wispern".

wissen: Das *gemeingerm.* Verb (Präteritopräsens) *mhd.* wiẓẓen, *ahd.* wiẓẓan, *got.* witan, *aengl.* witan, *schwed.* veta gehört mit verwandten Wörtern in anderen *idg.* Sprachen zu der *idg.* Wurzel *u̯eid- „erblicken, sehen", dann auch „wissen" (eigentlich „gesehen haben"). Vgl. z. B. *griech.* ideīn „sehen, erkennen", eidénai „wissen", idéa „Erscheinung, Gestalt, Urbild" (s. die Fremdwortgruppe um *Idee*), *lat.* videre „sehen" (s. die Fremdwortgruppe um *Vision*) und *russ.* videt' „sehen". Aus dem *germ.* Sprachbereich gehören ferner zu dieser Wurzel die unter ↑weise, ↑weissagen, ↑[1]verweisen, ↑Witz und ↑gewiß behandelten Wörter. Von der ursprünglichen Bed. „erblicken, sehen" geht die Substantivbildung ↑Weise (eigentlich „Aussehen, Erscheinung") aus. – Im *Dt.* gruppieren sich um 'wissen' die Bildungen ↑Gewissen und ↑bewußt. – Abl.: **Wissenschaft** (*mhd.* wiẓẓen[t]schaft „Wissen; Vorwissen; Genehmigung"; seit dem 16./17. Jh. als Entsprechung für *lat.* scientia „geordnetes, in sich zusammenhängendes Gebiet von Erkenntnissen; forschende Tätigkeit"), dazu **Wissenschafter** („ein Wissenschaft Treibender", um 1800; heute nur im *Österr.* und *Schweiz.* gebräuchlich, sonst veraltet, dafür das ursprünglich abwertend gebrauchte **Wissenschaftler,** Ende des 18. Jh.); **wissenschaftlich** (17. Jh.); **wissentlich** „bewußt" (*mhd.* wiẓẓen[t]lich „bewußt, bekannt, offenkundig"). Beachte auch die Zusammenbildung **Besserwisser** (19. Jh., aus '[wer alles] besser weiß').

wittern: Das Verb *mhd.* witeren „ein bestimmtes Wetter sein oder werden", weidmännisch „Geruch in die Nase bekommen" ist eine Bildung zu dem unter ↑*Wetter* behandelten Wort. Im heutigen Sprachgebrauch wird 'wittern' auch übertragen im Sinne von „ahnen" verwendet. Abl.: **Witterung** „Wetter; Geruch, Geruchssinn" (16. Jh.). Siehe auch *verwittern.*

Wittum veraltet für: „Brautgabe": Das Substantiv geht auf *mhd.* wideme, *ahd.* widimo „Brautgabe; Dotierung einer Kirche mit Grundstücken" zurück, vgl. dazu *aengl.* wituma „Brautgabe". Diese Wörter sind z. B. mit *griech.* hédna „Brautgeschenke; Mitgift" näher verwandt und gehören zu der *idg.* Wurzel *u̯edh- „[heim]führen; heiraten (vom Mann)". Vgl. aus anderen *idg.* Sprachen *aind.* vadhū́-ḥ „Braut", *air.* fedid „führt, geht, trägt, bringt" und *lit.* vedýs „Freier". – Seit dem 15. Jh. stellt sich neben die alte Form *mhd.* wideme, die nur *mdal.* als **Widem** in der Bedeutung „Pfarrgut" fortlebt, die in Anlehnung an die Wörter auf -tum gebildete neue Form 'Wittum' mit der Bed. „Brautgabe". Volksetymologisch wird das Wort seitdem an 'Witwe' angelehnt und als „Witwengut" verstanden. Eine Ableitung von 'Widem' ist das Verb ↑widmen.

Witwe: Das *altgerm.* Substantiv *mhd.* witewe, *ahd.* wituwa, *got.* widuwō, *niederl.* weduwe, *engl.* widow beruht mit Entsprechungen in anderen *idg.* Sprachen auf *idg.* *u̯idheu̯ā „Witwe", vgl. z. B. *aind.* vidhávā „Witwe", *lat.* vidua „Witwe", *russ.* vdova „Witwe". Das *idg.* Wort gehört wahrscheinlich zu der *idg.* Wurzel *u̯eidh-, *u̯idh- „trennen" (wohl aus *u̯i- „auseinander" [↑*weit*] und *dhē- „setzen" [↑tun] entstanden), vgl. *aind.* vídhyati „durchbohrt", *lat.* di-videre „trennen" (↑dividieren). Es würde demnach etwa „die (ihres Mannes) Beraubte" bedeuten. Hierher gehört vielleicht auch das unter ↑Waise behandelte Wort. Abl.: **Witwer** (*mhd.* witewæ̂re).

Witz: Das Substantiv *mhd.* witz[e], *ahd.* wizzī (entsprechend *engl.* wit) gehört mit der andersgebildeten *nord.* Sippe von *schwed.* vett „Verstand" zu der unter ↑*wissen* dargestellten *idg.* Wurzel und bedeutete ursprünglich „Wissen", woraus sich die Bedeutung „Verstand, Klugheit, Schlauheit" entwickelte. Im 17. Jh. kam im *Dt.* die Verwendung im Sinne von „Esprit, Gabe des geistreichen Formulierens" unter dem Einfluß von *frz.* esprit „Geist, Witz" und *engl.* wit „Geist, Witz" auf. Die Bedeutung „Spott, Scherz; scherzhafte Äußerung" erscheint seit dem 18. Jh. Abl.: **witzeln** „spötteln" (Ende des 16. Jh.s für „klug reden"; im heutigen Sinne seit dem 18. Jh.), dazu **Witzelei** (18. Jh.); **witzig** „voller Witz; einfallsreich; spaßig; komisch" (*mhd.* witzec „kundig, verständig, klug", *ahd.* wizzīg), dazu **gewitzigt** „erfahren" (*mhd.* gewitziget, 2. Part. zu jetzt veraltetem witzigen, *mhd.* witzegen „klug machen"). Beachte auch **Witzbold** (im 16. Jh., seit dem Anfang des 19. Jh.s „Spaßmacher, Spötter"; zum zweiten Bestandteil vgl. den Artikel *bald*).

wo: Das *westgerm.* Ortsabverb *mhd.* wā, *ahd.* [h]wār, *niederl.* waar, *engl.* where (vgl. auch mit Kürze *got.* ƕar, *schwed.* var „wo") gehört zu dem unter ↑*wer, was* behandelten *idg.* Stamm. Es bedeutet eigentlich „an was (für einem Ort), zu was (für einem Ort)". Das schon im *Mhd.* geschwundene r hat sich in Zusammensetzungen mit anlautendem Vokal gehalten: **woran, worin, worüber.** Das a des *Mhd.* und *Ahd.* hat sich in **warum** (*mhd.* warumbe) erhalten.

Woche: Das *gemeingerm.* Substantiv *mhd.* woche, *ahd.* wohha, wehha „Woche", *got.* wikō „(an jemanden kommende) Reihenfolge", *engl.* week „Woche" (beachte das Fremdwort 'Weekend' „Wochenende"), *schwed.* vecka „Woche" ist mit dem unter ↑*weichen* behandelten Verb verwandt. Besonders nah ist es mit dem unter ↑Wechsel behandelten Substantiv verwandt und bedeutet wie dieses eigentlich „das Weichen, Platzmachen". Daraus entwickelte sich die Bedeutung „Reihenfolge (in der Zeit), regelmäßig wiederkehrender Zeitabschnitt". Als die Germanen von den Römern den Begriff des kalendarischen Abschnitts von sieben Tagen kennenlernten, verwendeten sie als Bezeichnung dafür das heimische Wort 'Woche'. – Beachte auch den Plural 'Wochen' im Sinne von „Wochenbett, Kindbett"; gemeint sind die sechs Wochen, während deren die junge Mutter Bett und Zimmer zu hüten pflegte. Daran schließen sich an **Wöchnerin** (17. Jh.; gekürzt aus älterem 'Sechswöchnerin') und **Wochenbett** (16. Jh.). Abl.: **wöchentlich** (*mhd.* wochenlich).

Wodka: Die Bezeichnung für „russischer Trinkbranntwein" wurde im 20. Jh. aus gleichbed. *russ.* vodka entlehnt. Das *russ.* Wort bedeutet eigentlich „Wässerchen". Es gehört als Verkleinerungsbildung zu *russ.* voda „Wasser" (urverwandt mit *dt.* ↑Wasser).

Woge: Das aus dem *Niederd.* in das *Mitteld.* eingedrungene Substantiv (*mnd., mitteld.* wage) ist durch Luthers Bibelübersetzung in der Form 'Woge' schriftsprachlich geworden. Es ist verwandt mit *mhd.* wāc, *ahd.* wāg „[bewegtes] Wasser, Fluß, See", *got.* wēgs „Sturm, Brandung", *aengl.* wǣg „Woge, Flut", *aisl.* vāgr „Meer". Alle diese Wörter gehören zu der unter ↑[1]*bewegen* dargestellten *idg.* Wortgruppe. 'Woge' bedeutete also ursprünglich „bewegtes Wasser". Abl.: **wogen** „Wellen schlagen" (18. Jh.).

wohl: Das *altgerm.* Adverb *mhd.* wol[e], *ahd.* wola, wela, *niederl.* wel, *engl.* well, *schwed.* väl (vgl. auch *got.* waila „wohl") gehört zu der unter ↑*wollen* dargestellten *idg.* Wurzel. Es bedeutet demnach eigentlich „erwünscht, nach Wunsch". Es tritt auch in der Zusammensetzung ↑Wollust auf. Seit dem 15. Jh. ist die substantivierte Form **Wohl** „Wohlergehen, guter, glücklicher Zustand" gebräuchlich. Abl.: **wohlig** „Wohlbehagen ausdrückend, angenehm" (Anfang des 18. Jh.s). Zus.: **wohlauf** „gesund, munter; wohlan, los" (17. Jh.; zusammengerückt aus 'wohl' und 'auf'); **Wohlfahrt** (↑Hoffart); **wohlfeil** (↑feil); **wohlgemut** (↑Mut); **wohlhabend** „reich begütert" (14. Jh.; zu *mhd.* wol haben „sich wohl befinden"); **Wohlstand** „gute Vermögensverhältnisse, hoher Lebensstandard" (16. Jh.); **Wohltat** „gute Handlung zum Wohle eines anderen; Annehmlichkeit, Erleichterung" (*mhd.* woltāt, *ahd.* wolatāt; Lehnübersetzung von *lat.* beneficium), dazu **Wohltäter** (*mhd.* woltǣter) und **wohltätig** (*mhd.* woltǣtic „rechtschaffen; milde"); **Wohlwollen** „freundliche Gesinnung" (16. Jh.; Lehnübersetzung von *lat.* benevolentia).

wohnen: *Mhd.* wonen, *ahd.* wonēn „sich aufhalten, bleiben, wohnen; gewohnt sein", *got.* unwunands „sich nicht freuend" (verneintes erstes Partizip), *aengl.* wunian „bleiben, wohnen; gewohnt sein", *aisl.* una „Behagen empfinden, zufrieden sein; bleiben" gehören zu der unter ↑*gewinnen* dargestellten *idg.* Wurzel. Die eigentliche Bedeutung des Verbs ist demnach „nach etwas trachten, gern haben", woraus sich die Bedeutungen „Gefallen finden, zufrieden sein, sich gewöhnen" (vgl. *gewohnt*) und schließlich die heute allein bestehende Bedeutung „wohnen, sich aufhalten" entwickelt haben. Abl.: **Wohnung** (*mhd.* wonunge „Wohnung, Unterkunft; Gegend; Gewohnheit"); **wohnhaft** (*mhd.* wonhaft „ansässig, bewohnbar").

wölben: Das *altgerm.* Verb *mhd.* welben, *niederl.* welven „bogenförmig gestalten, wölben", *aengl.* be-hwielfan „bedecken", *schwed.* välva „wölben" ist das Veranlassungswort zu einem z. B. in *aschwed.* hvälva „sich wölben" vorliegenden starken Verb. *Außergerm.* ist z. B. verwandt *griech.* kólpos „Busen", eigentlich „Rundung" (s. das Fremdwort *Golf*). Abl.: **Wölbung** (Ende des 16. Jh.s). Siehe auch den Artikel *Gewölbe.*

Wolf: Der *gemeingerm.* Tiername *mhd., ahd.* wolf, *got.* wulfs, *engl.* wolf, *schwed.* ulv beruht mit verwandten Wörtern in anderen *idg.* Sprachen auf *idg.* *u̯l̥ko-s „Wolf", vgl. z. B. *lat.* lupus „Wolf", *griech.* lýkos „Wolf" (↑Lyzeum). Das *idg.* Wort ist wahrscheinlich eine Bildung zu einer k-Erweiterung der unter ↑*Walstatt* dargestellten *idg.* Wurzel *u̯el- „[an sich] reißen". Der Wolf wäre dann als der „Reißer" benannt worden. In übertragenem Sinne bezeichnet *nhd.* 'Wolf' auch reißende (wie ein Wolf gierig fressende) Geräte und Maschinen (z. B. 'Fleischwolf, Reißwolf'; vgl. die ähnlichen Bedeutungsübertragungen bei ↑Kran und ↑Ramme). Als Bezeichnung einer schmerzhaften Hautkrankheit, besonders der Entzündung zwischen den Beinen bei langem Reiten oder Marschieren ist 'Wolf' seit dem Ende des 15. Jh.s bezeugt.

Wolfram: Das zuerst im 16. Jh. belegte Substantiv bezeichnete bis zum 19. Jh. das Wolframerz, seitdem das chemische Element Wolfram. Es enthält als ersten Bestandteil den Tiernamen 'Wolf' (weil eine Beimischung von Wolframerz das Zinn in der Schmelze verringerte, sozusagen auffraß). Der zweite Bestandteil ist das *landsch.* noch vorkommende Wort 'Rahm' „Ruß, Schmutz" (*mhd., ahd.* rām; vgl. *aind.* rāmá-h „dunkelfarbig, schwarz"; nicht mit 'Rahm' „Sahne" verwandt); es bezieht sich auf die schwärzliche Farbe und die leichte Zerreibbarkeit des Wolframs. Der Metallname ist also ursprünglich ein Scheltwort mit der Bed. „Wolfsschmutz".

Wolke: Das Substantiv *mhd.* wolke, *ahd.* wolka, *niederl.* wolk ist eine jüngere Form des gleichbed. *westgerm.* Substantivs *mhd.* wolken, *ahd.* wolkan, *mniederl.* wolken, *aengl.* wolcen (vgl. *engl.* welkin „Wolkenhimmel"). Die Wörter gehören wie das unter ↑welk (eigentlich „feucht") behandelte Adjektiv zu *idg.* *u̯elg- „feucht, naß", vgl. z. B. *lit.* vilgyti „befeuchten" und *russ.* vologa „Feuchtigkeit". 'Wolke' bedeutet also eigentlich „die Feuchte" (d. h. „die Regenhaltige"). Abl.: **wolkig** „mit Wolken bedeckt" (15. Jh.). Präfixbildungen: **bewölken,** sich „sich mit Wolken bedecken" (17. Jh., meist im 2. Part. **bewölkt** gebräuchlich), dazu **Bewölkung** (Anfang des 19. Jh.s); **Gewölk** „größere Anzahl Wolken" (*mhd.* gewülke).

Wolle: Das *gemeingerm.* Substantiv *mhd.* wolle, *ahd.* wolla, *got.* wulla, *engl.* wool, *schwed.* ull beruht mit Entsprechungen in anderen *idg.* Sprachen auf *idg.* *u̯ḷnā̆ „Wolle", vgl. z. B. *aind.* ū́rṇa „Wolle", *lit.* vìlna „Wollfaser" und *russ.* volna „Wolle". Damit verwandt sind z. B. *aind.* valká-ḥ „Bast", *lat.* villus „zottiges Tierhaar" (↑Velours), *kymr* gwlan „Wolle" (↑Flanell), *russ.* volokno „Faser". Die eigentliche Bedeutung von 'Wolle' ist unklar. Vielleicht gehört das Wort zu der unter ↑*Wallstatt* dargestellten *idg.* Wurzel *u̯el- „[an sich] reißen, rupfen" oder aber zu der unter ↑¹*wallen* dargestellten *idg.* Wurzel *u̯el- „drehen, winden". Je nachdem könnte 'Wolle' ursprünglich „das Ausgerissene, Gerupfte" oder „das Gedrehte, Gekräuselte" bedeutet haben. Abl.: **¹wollen** „aus Wolle" (*mhd.* wullīn, *ahd.* wullinen); **wollig** „aus Wolle; kraus" (16. Jh.).

¹wollen ↑Wolle.

²wollen: Das *gemeingerm.* Verb *mhd.* wollen, wellen, *ahd.* wellen, *got.* wiljan, *engl.* will, *schwed.* vilja gehört zu der *idg.* Wurzel *u̯el- „wollen, wählen". Vgl. aus anderen *idg.* Sprachen z. B. *aind.* vára-ḥ „Wunsch", *lat.* velle „wollen" (↑Volontär), *russ.* velet' „befehlen". Zu dieser Wurzel gehören auch die unter ↑*wählen* und ↑*wohl* behandelten Wörter. Eine Bildung zu 'wollen' ist ↑Wille.

Wollust: Das Wort *mhd., spätahd.* wollust „Wohlgefallen, Freude, Genuß" (entsprechend *niederl.* wellust „Wonne, Sinnenlust") ist eine Zusammensetzung aus den unter ↑*wohl* und ↑*Lust* behandelten Wörtern. Die Verwendung des Wortes im erotischen Sinne begegnet schon im *Mhd.* Abl.: **wollüstig** „geschlechtlich erregt, voller Wollust" (*mhd.* wollustec „Freude erwekkend, reizend").

Wonne: Das Substantiv *mhd.* wünne, wunne, *ahd.* wunn[i]a, *aengl.* wynn gehört zu der unter ↑*gewinnen* dargestellten *idg.* Wurzel *u̯en[ə]- „umherziehen, streifen, nach etwas suchen oder trachten". 'Wonne' bedeutete zunächst „Verlangen, Lust, Freude, Genuß", dann „was Genuß, Freude bereitet", anfänglich mehr in materiellem Sinne, später auch in geistigem. Schon in *ahd.* Zeit konnte 'Wonne' auch für das damit verwandte, bereits damals absterbende *ahd.* winne "Weide[platz]" in dessen Bedeutung eintreten. Vgl. dazu den Artikel *Wonnemonat.* Abl.: **wonnig** „voller Wonne; entzückend" (im 14. Jh., *mitteld.* wunnic).

Wonnemonat „Mai": Die heute veraltete Monatsbezeichnung wurde im 16. Jh. aus der Monatsliste Karls des Großen wiederaufgenommen. Im *Ahd.* sind die beiden Formen winnimānōd, wunnimānōd „Weidemonat" belegt. Die erste Form enthält als Bestimmungswort *ahd.* winne „Weide[platz]", dem *got.* winja „Weide, Futter" und *aisl.* vin „Weideplatz" entsprechen. Diese Wörter beruhen auf einer Bildung zu der unter ↑*gewinnen* dargestellten *idg.* Wurzel *u̯en[ə]- „umherziehen, streifen, nach etwas suchen oder trachten". – Die zweite Form 'wunnimānōd' enthält als Bestimmungswort das verwandte Substantiv *ahd.* wunnia (↑Wonne), das das bereits damals veraltende 'winne' ersetzte. Dieser Austausch bewirkte, daß bei der Neuaufnahme des Wortes im 16. Jh. 'Wonnemonat' als „Monat der Freude" und nicht als „Weidemonat" verstanden wurde.

Wonneproppen ↑Pfropfen.

Wort: Das *gemeingerm.* Substantiv *mhd., ahd.* wort, *got.* waúrd, *engl.* word, *schwed.* ord ist z. B. verwandt mit *lat.* verbum „Wort" (↑Verb) und *lit.* var̃das „Name" und gehört mit diesen zu der *idg.* Wurzel *u̯er- „feierlich sprechen, sagen" (vgl. *griech.* eírein „sagen" [↑Rhetorik] und *russ.* vrat' „lügen, faseln"). Siehe auch den Artikel *Antwort.* Abl.: **wörtlich** „dem [Original]text entsprechend; in der eigentlichen Bedeutung" (*mhd.* wortlich, *ahd.* als Adverb wortlīcho). Zus.: **Wortbildung** (18. Jh.); **Wörterbuch** (1. Hälfte des 17. Jh.s); **Wortführer** „Sprecher einer Gruppe oder Richtung" (16. Jh.); **Wortschatz** (17. Jh.); **Wortwechsel** „Disput, Wortgefecht" (17. Jh.); **wortwörtlich** „Wort für Wort, ganz genau" (19. Jh.).

Wortklauber, Wortklauberei ↑klauben.

Wrack: Das am Anfang des 18. Jh.s aus dem *Niederd.* ins *Hochd.* übernommene Wort geht auf *mnd.* wrack zurück, vgl. *niederl.* wrak „Wrack", *engl.* wrack „Strandanschwemmung von Algen, Tang, Unrat", *schwed.* vrak „Wrack". Dieses *altgerm.* Substantiv gehört zu der unter ↑*rächen* behandelten Wortgruppe. Es bedeutet eigentlich „herumtreibender Gegenstand". Dazu gehört das Verb **abwracken** „ein unbrauchbares Schiff verschrotten" (Ende des 19. Jh.s für älteres gleichbed. 'wracken').

wriggeln, wriggen ↑Rist.

wringen „nasse Wäsche auswinden": Das aus dem *Niederd.* stammende Verb geht auf *mnd.* wringen „zusammendrehen, winden, drücken, pressen" zurück, vgl. gleichbed. *niederl.* wringen, *engl.* to wring. Dieses Verb beruht auf einer nasalierten Nebenform der unter ↑*würgen* behandelten *idg.* Wurzelform. Eng verwandt ist es auch mit dem unter ↑renken behandelten Verb. In Gebieten, in denen wr- am Wortanfang nicht vorkommt, hat sich 'wringen' z. T. mit dem unverwandten ↑ringen vermischt.

Wucher: Das *altgerm.* Substantiv *mhd.* wuocher, *ahd.* wuochar „Frucht, Nachwuchs, [Zins]gewinn", *got.* wōkrs „Zins", *niederl.* woeker „Wucher", *aengl.* wōcor „Zuwachs, Nachkommen" gehört zu der unter ↑[2]*wachsen* behandelten *idg.* Wurzel und bedeutet eigentlich „Vermehrung, Zunahme". Das Wort wurde zunächst neutral im Sinne von „Zinsgewinn" verwendet, seit *mhd.* Zeit dann abwertend im Sinne von „unverhältnismäßig hoher Gewinn von ausgeliehenem Geld". Abl.: **Wucherer** „jemand, der Wucher treibt" (*mhd.* wuocheræere, *ahd.* wuocherari; das Wort könnte auch vom Verb 'wuchern' abgeleitet sein); **wuchern** „überaus üppig wachsen; Wucher treiben" (*mhd.* wuochern, *ahd.* wuocherōn „Gewinn erstreben; Frucht bringen, sich vermehren"); **Wucherung** „krankhaft vermehrte Bildung von Gewebe; Geschwulst" (*mhd. [mitteld.]* wocherunge, *ahd.* wuocherunga; in medizinischer Bedeutung seit der 1. Hälfte des 19. Jh.s).

Wuchs: Das seit Beginn des 18. Jh.s bezeugte Substantiv ist eine Bildung zum Verb ↑[2]*wachsen*. Abl.: **wüchsig** „gut wachsend" (forstliches Fachwort des 17. Jh.s, seit der Mitte des 18. Jh.s meist in Zusammenbildungen wie 'hoch-, schnellwüchsig'), beachte auch **urwüchsig** „naturhaft, ursprünglich, echt" (19. Jh.).

Wucht: Das seit dem 17. Jh. bezeugte Substantiv beruht auf einer *mdal.* Form von *niederd.* wicht „Gewicht" (↑Gewicht). Es erlangte erst im 19. Jh. allgemeine Verbreitung. Abl.: **wuchten** „hochstemmen, [auf]laden; schwer arbeiten" (Ende des 18. Jh.s); **wuchtig** „schwer, stark, gewaltig" (17. Jh.; üblicher erst seit Mitte des 19. Jh.s).

wühlen: Das auf das *dt.* und *niederl.* Sprachgebiet beschränkte Verb *mhd.* wüelen, *ahd.* wuol[l]en, *niederl.* woelen gehört zu der unter ↑[1]*wallen* behandelten *idg.* Wurzel. Es bedeutet eigentlich „[um]wälzen". Abl.: **Wühler** (17. Jh.; die Bedeutung „Hetzer, Aufwiegler" tritt in der 1. Hälfte des 19. Jh.s auf und ist wohl in der deutschsprachigen Schweiz entstanden). Zus.: **Wühlmaus** (Ende des 18. Jh.s).

Wulst „gerundete Verdickung, wurstförmiges Gebilde": Die Herkunft des Substantivs *mhd.* wulst[e], *ahd.* wulsta ist unsicher. Vielleicht gehört es zu der unter ↑[1]*wallen* behandelten Wortgruppe. Es würde dann eigentlich „das Gedrehte, das Gewundene" bedeuten. Abl.: **wulstig** (18. Jh.).

wund: Das *altgerm.* Adjektiv *mhd., ahd.* wunt, *got.* wunds, *niederl.* wond, *aengl.* wund beruht auf einer Partizipialbildung zu der *idg.* Verbalwurzel *u̯en- „schlagen, verletzen". Die eigentliche Bedeutung des Adjektivs ist „geschlagen, verletzt". Vgl. das verwandte Substantiv *engl.* wen „Geschwulst" (eigentlich „geschlagene Beule") und die *kelt.* Sippe von *mittelkymr.* gweint „ich durchbohrte". Zu einem im 17. Jh. untergegangenen Verb wunden „verletzen" (*mhd.* wunden, *ahd.* wuntōn) gehört die Präfixbildung **verwunden** „verletzen, eine Wunde beibringen" (*mhd.* verwunden). Das *altgerm.* Substantiv **Wunde** (*mhd.* wunde, *ahd.* wunta, *niederl.* wond, *engl.* wound, *aisl.* und) ist wohl eine selbständige Bildung zu der obengenannten *idg.* Wurzel und bedeutet eigentlich „Schlag, Verletzung". Dazu gehören die Zusammensetzungen **Wundarzt** „Chirurg" (*mhd.* wuntarzāt) und **Wundfieber** (17. Jh.).

Wunder: Das *altgerm.* Substantiv *mhd.* wunder, *ahd.* wuntar, *niederl.* wonder, *engl.* wonder, *schwed.* under ist außerhalb des *Germ.* ohne sichere Anknüpfung. – Abl.: **wunderbar** „wie ein Wunder; schön, entzückend" (*mhd.* wunderbære); **wunderlich** „ungewöhnlich, absonderlich, seltsam" (*mhd.* wunderlich, *ahd.* wuntarlīh „wunderbar"); **wundern** „in Erstaunen versetzen", reflexiv „erstaunt, überrascht sein" (*mhd.* wundern, *ahd.* wuntarōn), dazu [sich] **verwundern** (*mhd.* [sich] verwundern). Zus.: **Wunderkind** (16. Jh.).

Wunderkur ↑Kur.

Wundmal ↑[2]Mal.

Wunsch: Das *altgerm.* Substantiv *mhd.* wunsch, *ahd.* wunsc, *mniederl.* wonsc, *aengl.* wūsc-, *aisl.* ōsk gehört im Sinne von „Trachten, Streben" zu der unter ↑*gewinnen* dargestellten *idg.* Wortgruppe. Eine Ableitung von 'Wunsch' ist wohl ↑wünschen.

Wünschelrute: Die seit dem 13. Jh. bezeugte Zusammensetzung (*mhd.* wünschelruote) enthält als ersten Bestandteil das nicht selbständig vorkommende *mhd.* wünschel-, eine Bildung zu dem unter ↑*wünschen* behandelten Verb, die etwa „Mittel, einen Wunsch zu erfüllen" bedeutet. Die Verwendung von Wünschelruten zum Aufspüren von Erzen und Wasseradern ist seit dem 16. Jh. bezeugt.

wünschen „einen Wunsch hegen": Das *altgerm.* Verb *mhd.* wünschen, *ahd.* wunsken, *niederl.* wenschen, *engl.* to wish, *aisl.* œskja ist wohl eine Ableitung von dem unter ↑*Wunsch* behandelten Substantiv. Eine Bildung zu 'wünschen' ist der erste Bestandteil der Zus. ↑Wünschelrute. Abl.: **wünschbar** (Beginn des 18. Jh.s).

Würde „Achtung gebietender Wert, der einem Menschen innewohnt": Das Substantiv *mhd.* wirde, *ahd.* wirdī ist eine Bildung zu dem unter ↑*wert* behandelten Adjektiv. Abl.: **würdig** „voller Würde, achtunggebietend; der Ehrung wert" (*mhd.* wirdec, *ahd.* wirdīg), dazu **würdigen** „ehren, anerkennen; für wert halten" (*mhd.*

wirdigen) mit der Präfixbildung **entwürdigen** (um 1800). Zus.: **Würdenträger** „jemand, der ein hohes Amt innehat" (Anfang des 19. Jh.s); **würdevoll** (Ende des 18. Jh.s).

Wurf: Das *westgerm.* Substantiv *mhd., ahd.* wurf, *niederl.* worp, *aengl.* wyrp ist eine Bildung zu dem unter ↑*werfen* behandelten Verb und bedeutet „das Werfen", häufig speziell „das Werfen, Rollenlassen des Würfels", beachte auch die Verwendung im Sinne von „Gesamtheit der auf einmal geworfenen Jungen eines Muttertieres".

Würfel: Das Wort (*mhd.* würfel, *ahd.* wurfil) ist eine Bildung zu dem unter ↑*werfen* behandelten Verb. Es bedeutet eigentlich „Mittel zum Werfen" und bezeichnete in *mhd.* und *ahd.* Zeit den Spielwürfel, besonders den sechsflächigen. Erst seit *frühnhd.* Zeit bezeichnet 'Würfel' den von sechs Quadraten begrenzten geometrischen Körper. Abl.: **würf[e]lig** „in Würfeln" (18. Jh.); **würfeln** „mit Würfeln spielen" (16. Jh.).

würgen: Das Verb *mhd.* würgen, *ahd.* wurgen (entsprechend *aengl.* wyrgan) ist verwandt mit *lit.* veȓžti „einengen, schnüren, pressen", *russ.* ot-verzat' „öffnen" (eigentlich „los-binden"). Die Bed. „die Kehle zusammendrücken" hat sich also aus „drehend [zusammen]pressen, schnüren" entwickelt. Die genannten Wörter gehören zu der Erweiterung *u̯er-ĝh der unter ↑*Wurm* dargestellten *idg.* Wurzel. Auf einer nasalierten Nebenform dieser Erweiterung beruht das unter ↑wringen behandelte Wort. Abl.: **Würger** (*spätmhd.* würger; als Vogelname seit dem 18. Jh.). Präfixbildung und Zus.: **abwürgen** „unterbinden, unmöglich machen" (*mhd.* ab[e]würgen); **erwürgen** „durch Würgen töten" (*mhd.* erwürgen, *ahd.* erwurgen).

Wurm: Das *gemeingerm.* Substantiv *mhd., ahd.* wurm „Kriechtier, Schlange, Insekt", *got.* waúrms „Schlange", *engl.* worm „Wurm", *schwed.* orm „Schlange" beruht mit verwandten Wörtern in anderen *idg.* Sprachen auf einer Bildung zu der *idg.* Wurzel *u̯er- „drehen, biegen, winden, flechten", vgl. z. B. *lat.* vermis „Wurm" und *aruss.* vermie „Würmer, Heuschrecken". 'Wurm' bedeutet demnach eigentlich „der Sichwindende". Zu der vielfach weitergebildeten und erweiterten *idg.* Wurzel gehören auch die Sippen von ↑werfen (eigentlich „mit drehend geschwungenem Arm schleudern"; s. dort über *Wurf, Würfel*), ↑werden (eigentlich „[sich] drehen, wenden"; s. dort über *Wirtel, ...wärts;* dazu können auch ↑wert, ↑Würde und ↑unwirsch gehören), ↑würgen (eigentlich „drehend [zusammen]pressen, schnüren; s. dort über *wringen*), auch ↑Rist (eigentlich „Dreher, Drehpunkt der Hand, des Fußes"), ↑renken („drehend hin und her bewegen"; s. dort über *Ränke*). Verwandt sein können ferner die unter ↑Werk, ↑Wurst, ↑reiben und ↑verwirren behandelten Wörter. – Aus anderen *idg.* Sprachen gehören zu der genannten Wurzel z. B. *aind.* várjati „wendet, dreht", vártati „dreht", *griech.* rémbein „im Kreis herumdrehen", ratánē „Rührlöffel", *lat.* vertere „kehren, wenden, drehen" (↑Vers, ↑vertikal), vergere „sich neigen", *lit.* veȓpti „spinnen", veȓsti „wenden, drehen", *russ.* verba „Weide", vertet' „drehen". – Weiterhin verwandt sind die umfangreichen Wortgruppen von ↑wehren und ↑wahren, die auf einem alten Bedeutungsübergang von „flechten, mit einem Flechtwerk, mit einem Zaun umgeben" zu „verschließen, bedecken, schützen" und weiter zu „hüten, aufpassen, beobachten" beruhen. – 'Wurm' mit der früher üblichen Bed. „Schlange, Drache" steckt in der verdeutlichenden Zus. ↑Lindwurm. Eine Kollektivbildung zu 'Wurm' ist **Gewürm** (*mhd.* gewürme „Menge von Würmern, Schlangen"). Abl.: **wurmen** (15. Jh.; besonders in der Bed. „Würmer haben"; die heute übliche Bed. „ärgern" [eigentlich „wie ein Wurm nagen, bohren"] tritt seit der 2. Hälfte des 18. Jh.s auf); **wurmig** „wurmstichig" (*mhd.* wurmec). Zus.: **Wurmfortsatz** „wurmförmiger Fortsatz am Blinddarm" (Anfang des 19. Jh.s; Übersetzung von gleichbed. *lat.* processus vermiformis); **wurmstichig** (16. Jh.; eigentlich „vom Wurm gestochen").

Wurst: Das auf das *dt.* und *niederl.* Sprachgebiet beschränkte Substantiv (*mhd., ahd.* wurst, *niederl.* worst) ist unsicherer Herkunft. Folgende drei Deutungen sind möglich: 1. 'Wurst' gehört im Sinne von „etwas Gemischtes, Vermengtes" zu der unter ↑*verwirren* behandelten Wortgruppe um 'wirren'; 2. 'Wurst' gehört im Sinne von „etwas Gemachtes" zur Wortsippe von ↑*Werk;* 3. 'Wurst' gehört im Sinne von „etwas Gedrehtes" zur Wortsippe von ↑*werden.* Die Wendung 'Wurst wider Wurst' „so wird Gleiches mit Gleichem vergolten" bezieht sich auf den früheren Brauch, beim Schlachten dem Nachbarn etwas Wurst und Fleisch abzugeben; die Wendung 'es geht um die Wurst' „es geht um die Entscheidung" rührt daher, daß bei ländlichen Wettspielen früher häufig eine Wurst als Preis ausgesetzt war. Die Herkunft der Wendung 'das ist mir Wurst/Wurscht' „das ist mir gleichgültig" ist unklar (vielleicht bezieht sie sich auf die beiden gleichen Enden der Wurst). Abl.: **wursten** „Würste machen" (15. Jh.; *ugs.* für „drehen, verwirren, unordentlich arbeiten" seit dem 17. Jh.), dazu **wursteln** *ugs.* für „unordentlich arbeiten" (19. Jh.); **wurstig** *ugs.* für „gleichgültig" (19. Jh.), dazu **Wurstigkeit** (19. Jh.).

Wurz „Wurzel, Pflanze": Das *gemeingerm.* Substantiv *mhd., ahd.* wurz, *got.* waúrts, *engl.* wort, *schwed.* ört beruht auf *idg.* *u̯[e]rād- „Zweig, Rute; Wurzel". Vgl. aus anderen *idg.* Sprachen z. B. *lat.* radix „Wurzel" (↑Radieschen, ↑radikal und ↑Rettich). 'Wurz' wurde seit dem 17. Jh. in der Hochsprache durch ↑Wurzel verdrängt. Bildungen zu 'Wurz' sind die unter ↑Würze behandelten Wörter. Zus.: **Nieswurz** (↑niesen).

Würze: Das Substantiv (*mhd.* würze) ist eine Bildung zu dem unter ↑*Wurz* behandelten Wort. Es wurde inhaltlich von *mhd.* wirz „Bierwürze", das unsicherer Herkunft ist, beeinflußt. Abl.: **würzig** „kräftig schmeckend oder duftend" (Ende des 18. Jh.s). Das Verb **würzen** „schmackhaft oder wohlriechend machen" (*mhd.* würzen

„mit wohlschmeckenden oder wohlriechenden Kräutern versehen") ist eine Ableitung von ↑Wurz, die seit *frühnhd.* Zeit auf 'Würze' bezogen wurde.

Wurzel: Das *westgerm.* Substantiv *mhd.* wurzel, *ahd.* wurzala, *niederl.* wortel, *aengl.* wyrtwalu beruht auf einer Zusammensetzung *wurtwalu-, die etwa „Krautstock" bedeutet. Der erste Bestandteil ist das unter ↑*Wurz* behandelte Wort. Dem zweiten entsprechen z. B. *got.* walus „Stab" und *aisl.* vǫlr „Stab", die zu der unter ↑[1]*wallen* entwickelten *idg.* Wurzel gehören und eigentlich „Gewundenes, Runde" bedeuten. Abl.: **wurzeln** „Wurzeln schlagen; seinen Ursprung in etwas haben" (*mhd.* wurzeln, *ahd.* wurzellōn), dazu **verwurzeln** (14. Jh.).

würzig ↑Würze.

Wust „Durcheinander, ungeordnete Menge": Das Substantiv (*mhd.* wuost) ist eine Rückbildung aus dem unter ↑*wüst* behandelten Adjektiv und dem davon abgeleiteten Verb wüsten. 'Wust' bedeutet demnach eigentlich „Wüstes, Verwüstetes".

wüst „öde, unbebaut; unbewohnt, einsam; wild, ungezügelt; häßlich, widerwärtig": Das *westgerm.* Adjektiv *mhd.* wüeste, *ahd.* wuosti, *niederl.* woest, *aengl.* wēste gehört mit den engverwandten *lat.* vastus „leer, öde, wüst" und *air.* fās „leer" zur *idg.* Wurzel *eu-, *eu̯ə- „mangeln; leer". Zu dieser Wurzel gehört auch der erste Bestandteil von ↑Wahnwitz. Abl.: **Wüste** „vegetationsloses Gebiet, heißes, trockenes Sandgebiet" (*mhd.* wüeste, *ahd.* wuostī), dazu **Wüstenei** „öde Gegend" (*mhd.* wüestenie); **wüsten** „verschwenderisch mit etwas umgehen, vergeuden" (*mhd.* wüesten, *ahd.* wuosten), dazu **verwüsten** „zerstören" (*mhd.* verwüesten); **Wüstling** „ausschweifender Mensch" (17. Jh.). Siehe auch den Artikel *Wust*.

Wut: Das Substantiv *mhd., ahd.* wuot ist eine Bildung zu dem *gemeingerm.* Adjektiv *ahd.* wuot „unsinnig", *got.* wōds „wütend, besessen", *aengl.* wōd, *aisl.* ōđr „rasend". Daneben steht das andersgebildete Substantiv *aengl.* wōđ „Ton, Stimme, Dichtung", *aisl.* ōđr „Dichtung, Dichtkunst". Damit ist wohl der Göttername *ahd.* Wuotan, *aengl.* Wōden, *aisl.* Ođinn verwandt, der wahrscheinlich eigentlich „rasender Gott, Dämon" bedeutet. Die *germ.* Wörter sind wohl verwandt mit *lat.* vates „Wahrsager, Seher" und *air.* fāith „Seher, Prophet". – 'Wut' tritt als erster Bestandteil des Wortes **Wüterich** (*mhd.* wüeterĭch, *ahd.* wuoterĭch) auf, das nach dem Muster der Personennamen auf -rich gebildet ist. Das Wort diente schon frühzeitig als Übersetzung von *griech.-lat.* tyrannus „Tyrann". In dieser Bedeutung ist es heute völlig von 'Tyrann' und 'Despot' verdrängt worden. Abl.: **wüten** „toben, (rasend) zerstören" (*mhd.* wüeten, *ahd.* wuoten, dazu das seit der 2. Hälfte des 18. Jh.s als Adjektiv verselbständigte 1. Partizip **wütend** „voller Wut, zornig"); **wütig** „wütend, zornig" (*mhd.* wuotic, *ahd.* wuotac, veraltet). Zus.: **Tollwut** (eine Tierkrankheit; Anfang des 19. Jh.s zusammengerückt aus älterem 'tolle Wut', 18. Jh.).

Xanthippe „zanksüchtiges Eheweib, Hausdrachen": Die Bezeichnung geht auf den Namen der Ehefrau des altgriechischen Philosophen Sokrates (*griech.* Xanthíppē) zurück, die in der griechischen Literatur (speziell in Xenophons 'Gastmahl') als zanksüchtig geschildert wird.

Xylophon: Der seit dem Ende des 19. Jh.s bezeugte Name des Schlaginstruments, bei dem auf einem Holzrahmen befestigte Holzstäbe mit zwei Holzschlegeln angeschlagen werden, ist eine künstliche Bildung aus *griech.* xýlon „Holz" und *griech.* phōnḗ „Stimme; Klang, Ton" (vgl. Phonetik).

Y

Yard: Der Name des in Großbritannien und in den USA gebräuchlichen Längenmaßes (91,44 cm) wurde im 19. Jh. aus gleichbedeutendem *engl.* yard übernommen. Das *engl.* Wort bedeutet eigentlich „Gerte; Meßrute". Es ist etymologisch verwandt mit *dt.* ↑*Gerte*.

Yoga ↑Joga.

Yucca: Die Bezeichnung für eine Art Palmlilie stammt aus gleichbed. *span.* yuca. Das Wort wurde wahrscheinlich im 17. Jh. aus einer *zentralamerikan.* Indianersprache ins *Spanische* entlehnt.

Z

Zacke, auch: **Zacken:** *Mhd. (mitteld.)* zacke „vorragende Spitze, Zinke", *mnd.* tacke „Spitze, Zacke; Zweig", *niederl.* tak „Zweig, Ast", *engl.* tack „Stift, kleiner Nagel" stehen neben *mnd.* tagge „Spitze, Zacke", *engl.* tag „Stift", *schwed.* tagg „Zinke, Zacke, Stachel, Dorn". Die *außergerm.* Beziehungen dieser Wortgruppe sind unklar. Unsicher ist auch, ob mit diesen Wörtern seemännisch ↑Takel zusammenhängt. – Abl.: **zackig** „viele Zacken habend" (18. Jh., für älteres 'zackicht', 16. Jh.; die *ugs.* Bed. „schneidig" [erste Hälfte des 20. Jh.s] stammt aus der Soldatensprache und geht wohl von der Bed. „schroff" aus, wird aber auf die Interjektion 'zack, zack', beachte auch die Wendung 'auf Zack sein' „seine Sache sehr gut machen; bestens funktionieren", bezogen). Siehe auch den Artikel *zanken.*

zackern ↑Acker.

zag: Das auf das *dt.* Sprachgebiet beschränkte Adjektiv ist seit *mhd.* Zeit (*mhd.* zage „feige, furchtsam") gebräuchlich. Älter bezeugt ist das Verb **zagen** (*mhd.* zagen „feige, furchtsam sein", *ahd.* in: er-zagēn „furchtsam werden"), zu dem sich das Substantiv *mhd.* zage, *ahd.* zago „Feigling, furchtsamer Mensch" stellt. Die weiteren Beziehungen sind unklar. Üblicher als 'zagen' ist die Präfixbildung **verzagen** „den Mut verlieren" (*mhd.* verzagen). Zum Substantiv gehört die Ableitung **zaghaft** „furchtsam zögernd" (*mhd.* zag[e]haft).

Zagel *landsch.* für: „Schwanz; [Haar]büschel": Das *gemeingerm.* Substantiv *mhd.* zagel, *ahd.* zagal „Schwanz", *got.* tagl „einzelnes Haar", *engl.* tail „Schwanz" (im Fremdwort ↑Cocktail), *schwed.* tagel „Roßhaar" gehört wahrscheinlich im Sinne von „Faser, Haarbüschel" zu der *idg.* Wurzel *dek̑- „[zer]reißen, zerfasern", vgl. z. B. *aind.* daśā „Fransen" und *ir.* dūal „Locke".

zagen, zaghaft ↑zag.

zäh „fest (zusammenklebend); hart, widerstandsfähig; ausdauernd; langsam, mühsam, schleppend": Die Herkunft der *westgerm.* Adjektive *mhd.* zæhe, *ahd.* zāhi, *niederl.* taai, andersgebildet *mhd., ahd.* zāch, *engl.* tough ist unsicher. Vielleicht sind sie verwandt mit *ahd.* gizengi „eindringend, beharrend", *aengl.* getenge „drückend, auf etwas ruhend". Sie könnten dann im Sinne von „fest anliegend" zu der unter ↑*Zange* behandelten *idg.* Wortgruppe gehören. Abl.: **Zähigkeit** „zähes Wesen, Widerstandsfähigkeit, Ausdauer" (17. Jh.).

Zahl: Das *altgerm.* Substantiv *mhd.* zal, *ahd.* zala „Zahl; Menge; Aufzählung; Bericht, Rede", *niederl.* taal „Sprache", *engl.* tale „Erzählung", *dän.* tale „Rede" gehört wahrscheinlich zur *idg.* Wurzel *del[ə]- „spalten, kerben, schnitzen, behauen", vgl. z. B. *aind.* dā̆lāyati „spaltet", *lat.* dolare „behauen", *lit.* dilti „sich abnutzen, abschleifen". 'Zahl' würde demnach eigentlich „Eingekerbtes, Einschnitt" bedeuten. Man pflegte früher Merkstriche auf Holz einzukerben, vgl. dazu *armen.* tał „Einprägung, Eindruck, Zeichen, Vers". Die sogenannten Kerbhölzer (zum Zählen, Abrechnen usw.) waren noch im Mittelalter gebräuchlich. Aus der Bedeutung „eingekerbtes Merkzeichen" entwickelte sich die Bed. „Zahl, Zählen", daraus dann „Aufzählung, Erzählung, Rede, Sprache". Zu derselben *idg.* Wurzel gehört auch die Maßbezeichnung ↑[2]Zoll, eigentlich „abgeschnittenes Holz". Zu 'Zahl' stellt sich das unter ↑zählen behandelte Verb. Eine *dt.* Ableitung vom Substantiv ist **zahlen** „einen Preis, eine Geldschuld begleichen" (*mhd.* zal[e]n, *ahd.* zalōn „zählen, [be]rechnen"), das seine Bed. „eine Geldsumme hingeben" (16. Jh.) gewann, weil das mittelalterliche Zahlbrett zugleich ein Rechengerät war. Dazu gehören die Ableitungen **zahlbar** kaufmännisch für „zu [be]zahlen" (18. Jh.) und **Zahlung** (15. Jh.), ferner Zusammensetzungen wie 'ab-, an-, aus-, einzahlen' und die Präfixbildung **bezahlen** (*mhd.* bezaln). Zusammensetzung mit dem Substantiv: **Anzahl** (*spätmhd.* anzal[e] „zukommende Zahl, Anteil"; später auch für „bestimmte Menge"); **Zahlwort** (17. Jh., Übersetzung von *lat.* nomen numerale).

zählen: Das *altgerm.* Verb *mhd.* zel[le]n, *ahd.* zellan „zählen; rechnen; aufzählen, berichten, sagen", *niederl.* tellen „zählen", *engl.* to tell „erzählen, zählen", *aisl.* telja „zählen, erzählen" stellt sich zu dem unter ↑*Zahl* behandelten Substantiv. Im *Nhd.* ist die Verwendung von 'zählen' wie die des Substantivs 'Zahl' auf das Rechnerische eingeschränkt, während die Bed. „berichten, mitteilen" der Präfixbildung ↑erzählen zugefallen ist. Abl.: **Zähler** (*mhd.* zel[l]er „Zählender, Rechner"; in der mathematischen Bed. „Zahl über dem Bruchstrich" [die die Bruchteile „zählt"] zuerst um 1400 als Lehnübersetzung von *mlat.* numerator; seit dem 19. Jh. auch für mechanische Geräte mit einem Zählwerk, beachte z. B. 'Kilometerzähler'); **Zählung** (17. Jh.).

Zahlung, Zahlwort ↑Zahl.

zahm „an den Menschen gewöhnt, nicht wild; zutraulich; brav": Das *altgerm.* Adjektiv *mhd., ahd.* zam, *niederl.* tam, *engl.* tame, *schwed.* tam ist entweder eine Rückbildung aus einem untergegangenen, nur in *mhd.* zamen „zähmen, vertraut werden", *ahd.* zamōn „zähmen" bezeugten Verb oder gehört unmittelbar zu der unter ↑*zähmen* dargestellten *idg.* Wurzel.

zähmen: Das *gemeingerm.* Verb *mhd.* zem[m]en, *ahd.* zemmen, *got.* ga-tamjan, *aengl.* temian, *schwed.* tämja gehört zu der *idg.* Wurzel *dem[ə]- „zähmen, bändigen", die wahrscheinlich mit der unter ↑*ziemen* behandelten *idg.* Wurzel *dem[ə]- „zusammenfügen, bauen" identisch ist und demnach wohl eigentlich „ans Haus fesseln, domestizieren" bedeutet. Vgl. aus anderen *idg.* Sprachen z. B. *aind.* damyáti „ist zahm; zähmt", *griech.* damnánai „bezwingen" (↑Diamant <*griech.* a-dámas „unbezwingbar"), *lat.* domare „bändigen, zähmen" (↑Dompteur). Siehe auch den Artikel *zahm.*

Zahn: Das *altgerm.* Substantiv *mhd.* zant, zan, *ahd.* zand, zan, *niederl.* tand, *engl.* tooth, *schwed.* tand (vgl. das ablautende *got.* tunþus „Zahn") geht auf ein *idg.* Substantiv *[e]dont- „Zahn" zurück, das eine Partizipialbildung zu der unter ↑*essen* entwickelten *idg.* Wurzel *ed- „kauen, essen" ist. Vgl. aus anderen *idg.* Sprachen *griech.* odṓn „Zahn", *lat.* dens „Zahn" (beachte das Fremdwort **Dentist** als früher übliche Bezeichnung für „Zahnarzt ohne Hochschulbildung") und *lit.* dantis „Zahn". Das Substantiv bedeutet demnach eigentlich „der Kauende". Siehe auch den Artikel *zanken.* Abl.: **zahnen** „Zähne bekommen" (16. Jh.), dazu **verzahnen** „durch Zahnreihen, zahnartig verbinden" (im 18. Jh. fachsprachl.). Zus.: **Zahnarzt** (18. Jh.); **Zahnfleisch** (*mhd.* zan[t]vleisch, *spätahd.* zandfleisc); **Zahnklempner** (↑Klempner); **Zahnkrone** (↑Krone); **Zahnrad** (18. Jh.); **Zahnstocher** (↑stochern). Siehe auch die Artikel *Zinke* und *Zinne.*

Zähre (veraltet für:) „Träne": Das *gemeingerm.* Wort (*mhd.* zaher, *ahd.* zah[h]ar, *engl.* tear, *schwed.* tår, mit grammatischem Wechsel *got.* tagr) ist gleichen Ursprungs wie ↑Träne.

Zain ↑Zinn.

Zange: Das *altgerm.* Substantiv *mhd.* zange, *ahd.* zanga, *niederl.* tang, *engl.* (Plural) tongs, *schwed.* tång ist eine Bildung zu der *idg.* Wurzelform *denk̑- „beißen", vgl. *aind.* dáṣati „beißt", *griech.* dáknein „beißen". Das Wort bedeutete also ursprünglich „Beißerin". Nimmt man eine alte Bedeutungsverschiebung zu „die Kneifende, Zusammendrückende" an (vgl. die Zus. 'Beißzange' neben 'Kneifzange', beide 17. Jh.), so lassen sich vielleicht die unter ↑*zäh* (eigentlich „fest anliegend") behandelten Wörter anschließen.

zanken: Die Herkunft des seit dem 15. Jh. bezeugten Verbs (*spätmhd.* zanken „sich mit jemandem streiten") ist nicht sicher geklärt. Es kann zu dem unter ↑*Zahn* behandelten Substantiv gehören und bedeutet dann eigentlich „mit den Zähnen reißen", andererseits kann es von *mhd.* zanke „Spitze", einer Nebenform des unter ↑*Zacke* behandelten Wortes, abgeleitet sein. Abl.: **Zank** „Streit, (gehässige) Auseinandersetzung" (Ende des 15. Jh.s), dazu **zänkisch** „zum Zanken neigend, streitsüchtig" (16. Jh.); **Zänker** „zänkischer Mensch" (16. Jh.). Zus.: **Zankapfel** (16. Jh.; Lehnübertragung aus *lat.* pomum Eridis; nach der griechischen Sage warf Eris, die Göttin der Zwietracht, einen Apfel mit der Aufschrift „der Schönsten" unter die Gäste bei der Hochzeit der Thetis und des Peleus, was zum Streit und schließlich zum Trojanischen Krieg führte).

Zapfen: Das *altgerm.* Substantiv *mhd.* zapfe, *ahd.* zapho, *niederl.* tap, *engl.* tap, *isl.* tappi (ähnlich *schwed.* tapp) bezeichnet einen spitzen Holzpflock, der ein Loch verschließt und herausgezogen werden kann. Es ist verwandt mit den unter ↑Zipfel und ↑Zopf behandelten Wörtern. *Außergerm.* Anknüpfungen fehlen. Nach ihrer länglich-spitzen Gestalt sind Gebilde wie der **Eiszapfen** (16. Jh.) und der **Tannenzapfen** (15. Jh.) benannt. Abl.: **Zäpfchen** (18. Jh.; älter 'Zäpflein', in den Bedeutungen „Halszäpfchen" und „Arzneizäpfchen" seit dem 16. Jh.); **zapfen** „mit Hilfe eines Zapfens, Hahns herausfließen lassen, einschenken" (*mhd.* zapfen, zepfen), dazu **anzapfen** (15. Jh.). Zus.: **Zapfenstreich** (17. Jh.; eigentlich „Streich [= Schlag] auf den Zapfen des Fasses, um den Soldaten das Ende des Ausschanks bekanntzugeben", dann die „Begleitmusik dazu", schließlich „militärisches Abendsignal zur Rückkehr in die Unterkunft").

zappeln: Das seit dem 16. Jh. bezeugte ursprünglich *oberd.* Verb steht neben gleichbed. *mdal.* zabbeln (*mhd.* zabelen, *ahd.* zabalōn). Die Herkunft dieser Wörter ist unklar.

Zar ↑Kaiser.

zart: Das ursprünglich auf das *hochd.* Sprachgebiet beschränkte Adjektiv *mhd.* zart „lieb, geliebt, wert, vertraut; lieblich, fein, schön; zart, weich, schwächlich", *ahd.* zart „schwächlich" ist dunklen Ursprungs. Abl.: **zärtlich** „liebevoll [und sanft]" (*mhd.* zertlich, zartlich „anmutig, liebevoll, weich", *ahd.* zartlich), dazu **Zärtlichkeit** (*spätmhd.* zertlīcheit „Anmut"); **verzärteln** „übertrieben fürsorglich behandeln, verweichlichen" (16. Jh., für *mhd.* verzerten). Zus.: **Zartgefühl** „Einfühlungsvermögen, Taktgefühl" (18. Jh.; als Ersatzwort für 'Delikatesse').

Zaster: Der aus dem *Rotwelschen* stammende Ausdruck für „Geld", der von Berlin und Mitteldeutschland ausgehend in die Umgangssprache gelangte, beruht auf *zigeunerisch* sáster „Eisen".

Zäsur „Verseinschnitt; gedanklicher Einschnitt; Unterbrechung": Das Fremdwort wurde im 17. Jh. als Terminus der Metrik aus gleichbed. *lat.* caesura (eigentlich „das Hauen, der Hieb; der Schnitt") entlehnt. Dies gehört zu *lat.* caedere (caesum) „schlagen, hauen", in Komposita -cidere, -cisum (beachte z. B. *lat.* prae-cidere „vorn abschneiden", prae-cisus „vorn abgeschnitten; abgekürzt, zusammengefaßt" in unserem Fremdwort ↑präzis). – Zum gleichen Stamm gehören ↑ziselieren und ↑Zement.

Zauber: Das *altgerm.* Substantiv *mhd.* zouber, *ahd.* zaubar „Zauberhandlung, -spruch, -mittel", *mniederl.* tōver „Zauberei", *aengl.* tēafor „rote Farbe, Ocker, Rötel", *aisl.* taufr „Zauber[mittel]" ist dunklen Ursprungs. Die Bedeutung des *aengl.* Wortes erklärt sich daraus, daß Zauberzeichen (Runen) mit roter Farbe versehen wurden. – Im *Nhd.* wird 'Zauber' außer in der Bed. „magische Kraft, magische Handlung" auch übertragen im Sinne von „Ausstrahlung, geheimnisvolle Wirkung, Reiz" verwendet. Abl.: **Zauberei** (*mhd.* zouberīe); **Zaub[e]rer** (*mhd.* zouberære, *ahd.* zaubarari; vom Sprachgefühl heute gewöhnlich zum Verb gestellt); **zauberhaft** „entzückend" (18. Jh.); **zauberisch** „zauberkräftig; unwirklich" (16. Jh.); **zaubern** „mit übernatürlichen Kräften bewirken; Tricks, Zauberkunststücke vollführen" (*mhd.* zoubern, *ahd.* zouberōn), dazu die Präfixbildungen **bezaubern** „mit seinem Reiz gefangennehmen, entzücken" (*mhd.* bezoubern, *ahd.* bizouberōn) und **verzaubern** „durch Zauberei verwandeln; bezaubern, entzücken" (*mhd.* verzoubern, *ahd.* firzaubirōn). Zus.: **Zaubertrank** (↑Trank).

zaudern „zögern": Das zu Beginn des 16. Jh.s im *ostmitteld.* Sprachgebiet aufkommende Verb ist eine Iterativbildung zu dem untergegangenen starken Verb *mhd.* *(mitteld.)* zūwen „[weg]ziehen, sich hinwegbegeben". Dieses hängt wohl mit dem ablautenden *mhd.* zouwen, *ahd.* zawēn „vonstatten gehen, eilen" zusammen. Ähnlich wie bei 'zögern' (s. d.) wurde aus der Vorstellung eines wiederholten schnellen Tuns die des langsamen Vorankommens entwickelt. Abl.: **Zauderer** (17. Jh.).

Zaum „Riemenwerk und Trense, die einem Reit- und Zugtier, besonders einem Pferd, am Kopf angelegt werden": Das *altgerm.* Substantiv *mhd.* zoum, *ahd.* zaum „Seil; Riemen; Zügel", *niederl.* toom „Zaum; Zügel", *aengl.* tēam „Gespann (Ochsen); Stamm, Familie" (*engl.* team „Gespann; Gruppe"; s. das Fremdwort *Team*), *schwed.* töm „Zügel, Leine" ist eine Bildung zu dem unter ↑*ziehen* behandelten Verb. Es bedeutet eigentlich – wie das anders gebildete ↑Zügel – „das, womit man zieht". Abl.: **zäumen** „den Zaum anlegen" (*mhd.* zöumen, zoumen), dazu **aufzäumen** (16. Jh.).

Zaun: Das *altgerm.* Substantiv *mhd., ahd.* zūn „Umzäunung, Hecke, Gehege", *niederl.* tuin „Garten", *engl.* town „Stadt" (*aengl.* tūn „Zaun; Garten; Hof; Dorf, Ortschaft"), *aisl.* tūn „eingezäuntes Land, Hof, Ortschaft" ist verwandt mit *air.* dūn „Burg" und *gallisch* -dūnum, das als zweites Glied in Städtenamen auftritt, vgl. *lat.* Noviodunum („Neuenburg", Name mehrerer keltischer Städte). Weitere Anknüpfungen sind unsicher. Abl.: **zäunen** (*mhd.* ziunen, *ahd.* zūnen „einen Zaun errichten", jetzt meist in Zusammensetzungen wie 'ein-, umzäunen'). Zus.: **Zaunkönig** (Vogelname; im 15. Jh. *mitteld.* czune künnyck neben *mhd.* zūnslüpfel „Zaunschlüpfer"; der Vogel heißt *mhd.* auch küniclīn, *ahd.* kuningilīn „Königlein", das eine Lehnübersetzung von *lat.* regulus [eigentlich Name des Goldhähnchens] ist und an die schon antike Sage von der Königswahl der Vögel anschließt, bei der der Zaunkönig gewinnen wollte, indem er sich im Gefieder des Adlers verbarg und noch höher flog als dieser).

zausen „zupfen, zerren": Das einfache Verb kommt erst seit dem 16. Jh. vor. Aus älterer Zeit sind nur Präfixbildungen wie **zerzausen** (*mhd.* zerzūsen, *ahd.* zerzūsōn) belegt. In anderen *germ.* Sprachen sind *engl. mdal.* to touse „zausen" und *schwed. mdal.* tösa „Heu ausbreiten" verwandt. *Außergerm.* Beziehungen sind unsicher.

Zebra: Der in *dt.* Texten seit dem 17. Jh. bezeugte Tiername ist – vielleicht vermittelt durch *frz.* zèbre oder *engl.* zebra – aus gleichbed. *span.* cebra entlehnt. Dies bezeichnete zuvor den Wildesel und geht über das *Vlat.* auf *lat.* equiferus „Wildpferd" (aus equus „Pferd" und ferus „wild") zurück. – Beachte die Zus. **Zebrastreifen** „durch Streifen markierter Fußgängerüberweg" (2. Hälfte des 20. Jh.s).

Zeche: Das erst seit *mhd.* Zeit bezeugte Substantiv (*mhd.* zeche „reihum gehende Verrichtung; Anordnung; Reihenfolge; Einrichtung; Gesellschaft, Genossenschaft") steht neben dem älter bezeugten Verb *mhd.* zechen „anordnen, veranstalten", *ahd.* [gi]zehōn „in Ordnung bringen, [wieder]herstellen, färben". In anderen *germ.* Sprachen sind verwandt *aengl.* tiohh „Geschlecht, Schar, Gesellschaft", tiohhian, tiogan „bestimmen, vorschlagen, urteilen", vielleicht auch *aisl.* tē (aus *tehwa) „Erlaubnis". *Außergerm.* Beziehungen der Wortgruppe sind nicht gesichert. Das Substantiv 'Zeche' scheint ursprünglich „Ordnung, geordneter Kreis, Versammlung" bedeutet zu haben. In *mhd.* Zeit konnte es Genossenschaften, Zünfte und Bruderschaften aller Art bezeichnen. Die heutige Hauptbedeutung „Wirtshausrechnung" (seit dem 15. Jh.) hat sich aus der älteren Bedeutung „Beitrag zu gemeinsamem Gelage einer Gesellschaft" entwickelt. Mit der seit dem 13. Jh. bezeugten Bed. „Bergwerk, Grube" (jetzt besonders für „Kohlengrube") war ursprünglich die an einer solchen Grube beteiligte bergmännische Genossenschaft gemeint. Das Verb **zechen** „[in Gesellschaft] trinken" (*spätmhd.* zechen) setzt wohl nicht das alte Verb (s. o.) fort, sondern ist eine jüngere Ableitung von *mhd.* zeche in der Bed. „gemeinsamer Schmaus". Dazu stellen sich **Zecher** „Zechender" (16. Jh.) und **bezecht** „betrunken" (16. Jh.), dazu sich **bezechen** „sich betrinken" (17./18. Jh.).

Zechpreller, Zechprellerei ↑prellen.

Zecke „Milbe, die sich auf der Haut von Menschen und Tieren festsetzt; Holzbock": Das *westgerm.* Substantiv *mhd.* zecke, *ahd.* cecho, *niederl.* teek, *engl.* tick hat keine sicheren *außergerm.* Entsprechungen. Vielleicht ist es mit *lit.* dėgti „stechen" verwandt und bedeutet dann eigentlich „stechendes, zwickendes Insekt".

Zeder: Der Baumname (*mhd.* zēder, cēder[boum], *ahd.* cēdarboum) ist aus *lat.* cedrus „Zeder[wacholder]" entlehnt, das seinerseits aus *griech.* kédros „Wacholder; Zeder" stammt.

Zehe, auch: **Zeh:** Das *altgerm.* Substantiv *mhd.* zēhe, *ahd.* zēha, *niederl.* teen, *engl.* toe, *schwed.* tå gehört vermutlich zu der unter ↑*zeihen* dargestellten *idg.* Wurzel *deik̑- „zeigen". Es würde dann eigentlich „Zeiger" bedeuten und wäre ursprünglich eine Bezeichnung des Fingers gewesen, die auf die Zehe als „Finger des Fußes" erst übertragen wurde. Vgl. die entsprechende Bedeutungsübertragung bei *lat.* digitus „Finger, Zehe", das vielleicht auf die gleiche Wurzel zurückgeht.

zehn: Das *gemeingerm.* Zahlwort *mhd.* zehen, *ahd.* zehan, *got.* taíhun, *engl.* ten, *schwed.* tio geht mit Entsprechungen in den meisten anderen *idg.* Sprachen auf *idg.* *dek̂m̥ „zehn" zurück, vgl. z. B. *aind.* dáśa „zehn", *griech.* déka „zehn" (↑deka..., Deka...), *lat.* decem „zehn" (↑Dezi...). Siehe auch den Artikel *...zig.* Abl.: **zehnte** Ordnungszahl (*mhd.* zehende, *ahd.* zehanto), dazu die Substantivierung **Zehnt[e],** früher für „Abgabe im Betrag des zehnten Teiles der Einnahmen" (*mhd.* zehende, zehent, *ahd.* zehanto); beachte auch die Zus. **Jahrzehnt** (im 18. Jh. 'Jahrzehend', wohl nach 'Jahrhundert' gebildet). Zus.: **Zehntel** (*mhd.* zehenteil; die heutige Form seit dem 18. Jh.; zum zweiten Bestandteil ↑Teil).

zehren: Das nur *dt.* und *niederl.* Verb (*mhd.* zern „für Essen und Trinken aufwenden; sich nähren; [essend] verbrauchen", *niederl.* teren „zehren") gehört zu dem in *mhd.* Zeit untergegangenen starken Verb *ahd.* zeran „zerreißen; kämpfen", dem *got.* (ga-, dis-)tairan „zerreißen" und *engl.* to tear „[zer]reißen" entsprechen. Die *germ.* Verben gehen mit verwandten Wörtern in anderen *idg.* Sprachen auf die *idg.* Wurzel *der- „schinden, [ab]spalten" zurück, vgl. z. B. *griech.* dérein „schinden, abhäuten", dérma „Haut", eigentlich „das Abgezogene" (beachte das Fremdwort **Dermatologe** „Hautarzt"). Aus dem *germ.* Sprachbereich gehört auch das unter ↑*zerren* behandelte Verb hierher, ferner die Sippen von ↑trennen (eigentlich „abspalten") und möglicherweise auch von ↑Zorn. – Die Bed. „[essend] verbrauchen" hat sich demnach aus „vertilgen, vernichten, zerreißen" entwickelt. – Gebräuchlich als 'zehren' ist heute die Präfixbildung **verzehren** „essen und trinken; aufbrauchen; (reflexiv:) sich sehnen" (*mhd.* verzern „aufzehren, verbrauchen", vgl. *ahd.* firzeran „zerreißen, vernichten"), dazu die Rückbildung **Verzehr** „Verbrauch, Einnahme von Speisen [und Getränken]" (18. Jh.), beachte auch die Zus. **auszehren** „schwächen, entkräften" (*spätmhd.* ūzzern), dazu **Auszehrung** „krankhafte Abmagerung, Schwindsucht" (18. Jh.). Zu dem heute veralteten **Zehrung** „Nahrung, Zehrgeld" (*mhd.* zerunge) gehört die Zus. **Wegzehrung** „Reiseproviant" (16. Jh.).

Zeichen: Das *gemeingerm.* Substantiv *mhd.* zeichen, *ahd.* zeihhan „[An]zeichen, Merkmal; Sinnbild; Sternbild; Vorzeichen; Wunder", *got.* taikn, taikns „[Wunder]zeichen", *engl.* token „Zeichen, Merkmal", *schwed.* tecken „Zeichen" gehört zu der unter ↑*zeihen* entwickelten *idg.* Wurzel. Eine *gemeingerm.* Bildung dazu ist das Verb ↑zeichnen. Zus.: **Abzeichen** „Anstecknadel; Plakette; Merkmal" (17. Jh.); **Anzeichen** „Vorzeichen, Symptom; Kennzeichen" (17. Jh.); **Kennzeichen** (↑*kennen*); **Vorzeichen** (*mhd.* vorzeichen „Vorzeichen, Sinnbild", *ahd.* forazeihhan „Wunderzeichen, Sinnbild"; seit dem 19. Jh. auch für „vorgesetztes Zeichen [in der Mathematik und Musik]").

zeichnen: Das *gemeingerm.* Verb (*mhd.* zeichenen, *ahd.* zeihhannen, zeihhonōn, *got.* taiknjan, *aengl.* tǣcnan, *schwed.* teckna ist eine Ableitung von dem unter ↑*Zeichen* behandelten Substantiv. Es ist seit alters in den beiden Hauptbedeutungen „mit einem Zeichen ausdrücken, anzeigen, darstellen" und „mit einem Zeichen, mit einer Markierung versehen" überliefert. Von der ersten Bedeutung gehen die Verwendungen von 'zeichnen' im Sinne von „mit Linien und Strichen [künstlerisch] darstellen" (16. Jh.) aus, ferner im Sinne von „niederschreiben" (*spätmhd.;* jetzt nur in 'auf-, einzeichnen' und in 'verzeichnen', s. u.) und im Sinne von „rechtsgültig unterschreiben, seine Unterschrift unter etwas setzen" (seit dem 17. Jh. kaufmännisch, sonst meist in 'unterzeichnen', s. u.). Die zweite Bedeutung erscheint z. B. in Fügungen wie 'Wäsche, Vieh zeichnen' oder in der Wendung 'vom Tode gezeichnet sein' (dazu noch 'aus-, bezeichnen', s. u.). Abl.: **Zeichner** „jemand, der [künstlerisch] zeichnet, technische Zeichnungen verfertigt" (17. Jh.; in der älteren Bed. „Zeichengeber, -macher" wie *mhd.* zeichenære „Wundertäter" vom Substantiv 'Zeichen' abgeleitet), dazu **zeichnerisch** „das Zeichnen betreffend" (17. Jh.); **Zeichnung** (*mhd.* zeichenunge, *ahd.* zeichenunga „Bezeichnung, Kennzeichnung", seit dem 17. Jh. besonders für „zeichnerische Darstellung"). Zusammensetzungen und Präfixbildungen: **abzeichnen** „zeichnend wiedergeben; mit seinem Namenszug versehen; sich abheben, erkennbar werden" (15. Jh.); **auszeichnen** „kennzeichnen; mit einem Preisschild versehen; herausheben, hervorheben; bevorzugt behandeln, ehren", reflexiv „sich hervortun" (*mhd.* ūzzeichenen „mit einem Zeichen versehen, herausheben"), dazu **ausgezeichnet** „hervorragend" (18. Jh.) und **Auszeichnung** „das Auszeichnen; Ehrung; Orden; Preis" (18. Jh.); **bezeichnen** „mit Zeichen kenntlich machen, benennen" (*mhd.* bezeichenen, *ahd.* bizeichanōn „bildlich vorstellen, bedeuten"), dazu **Bezeichnung** „Kennzeichnung, Benennung" (*mhd.* bezeichenunge, *ahd.* pizeihinunga „Vorzeichen, Symbol"); **unterzeichnen** „unterschreiben" (17. Jh.), dazu **Unterzeichnung** (17. Jh.); **verzeichnen** „listenmäßig aufschreiben; eintragen" (15. Jh.), dazu **Verzeichnis** „listenmäßige Zusammenstellung" (15. Jh.).

Zeigefinger ↑Finger.

zeigen: Das Verb *mhd.* zeigen, *ahd.* zeigōn ist eine nur *dt.* Bildung zu dem unter ↑*zeihen* behandelten Verb. Abl.: **Zeiger** (*mhd.* zeiger „Zeigefinger; An-, Vorzeiger", seit dem 14. Jh. auch „Uhrzeiger", *ahd.* zeigari „Zeigefinger"). Zusammensetzungen und Präfixbildungen: **anzeigen** „zeigen, angeben; bekanntgeben; ankündigen; Strafanzeige erstatten" (16. Jh.), dazu **Anzeige** „das Anzeigen; Bekanntgabe; Annonce; Meldung einer Straftat" (um 1500); **bezeigen** „erweisen" (*mhd.* bezeigen „kundtun"); **erzeigen** (*mhd.* erzeigen „dartun, erweisen"); **Zeigefinger** (15. Jh.).

zeihen: Das *gemeingerm.* Verb *mhd.* zīhen,

ahd. zīhan „be-, anschuldigen", *got.* ga-teihan „anzeigen", *aengl.* tēon „anklagen", *aisl.* tjā „zeigen" gehört mit verwandten Wörtern in anderen *idg.* Sprachen zu der *idg.* Wurzel *deik- (-ĝ-) „zeigen", vgl. z.B. *aind.* diśáti „zeigt", *griech.* deiknýnai „zeigen" (vgl. den Artikel *apodiktisch*), *lat.* dicere „sagen" (↑diktieren). Das Verb 'zeihen' bedeutete ursprünglich „[an]zeigen, kundtun", dann speziell „auf einen Schuldigen hinweisen, anzeigen, beschuldigen". Das einfache Verb 'zeihen' kommt heute nur noch in dichterischer Sprache vor. Zu derselben *idg.* Wurzel gehört wahrscheinlich ↑Zehe (eigentlich „Zeiger, Finger"). Ferner gehört dazu (mit auslautendem -ĝ-) das unter ↑Zeichen behandelte Wort. Eine *dt.* Bildung zu 'zeihen' ist ↑zeigen. Präfixbildungen sind das heute ungebräuchliche **bezeihen** „beschuldigen" (*mhd.* bezīhen, *ahd.* bizīhan; dazu ↑bezichtigen) und **verzeihen** „Verschuldetes nicht anrechnen" (älter *nhd.* „einen Anspruch aufgeben"; *mhd.* verzīhen „versagen, abschlagen, sich lossagen", *ahd.* farzīhan „versagen, verweigern"; dazu ↑Verzicht).

Zeile: Das auf das *dt.* Sprachgebiet beschränkte Substantiv *mhd.* zīle, *ahd.* zīla „Reihe, Linie" gehört wahrscheinlich zu der unter ↑*Zeit* behandelten Wortgruppe. Es bedeutet wohl eigentlich „abgeteilte Reihe". Früher wurde 'Zeile' auch in der Bed. „Häuserreihe, Straße" gebraucht, beachte den Straßennamen 'Zeil[e]'. Seit dem 16. Jh. wird 'Zeile' gewöhnlich im Sinne von „geschriebene oder gedruckte Wortreihe" verwendet.

Zeisig: Der Vogelname *mhd.* zīse ist aus dem gleichbedeutenden älteren *tschech.* čiž entlehnt, das lautnachahmenden Ursprungs ist, vgl. auch *russ.* čiž „Zeisig". Die heutige Form (*spätmhd.* zīsic) beruht auf der *tschech.* Verkleinerungsform čížek.

Zeit: Das *altgerm.* Substantiv *mhd., ahd.* zīt „Zeit; Tages-, Jahreszeit; Lebensalter", *niederl.* tijd „Zeit", *engl.* tide „Gezeiten", *schwed.* tid „Zeit" gehört im Sinne von „Abgeteiltes, Abschnitt" zu der *idg.* Wurzel *dā[i]- „teilen; zerschneiden; zerreißen", vgl. z.B. aus anderen *idg.* Sprachen *aind.* dā́ti „schneidet ab; mäht; trennt; teilt", díti-ḥ „das Verteilen", *armen.* ti „Lebenszeit, Alter, Jahre" und *griech.* daíesthai „[ver]teilen" (↑Dämon). Zu derselben Wurzel gehört auch das andersgebildete Wort *engl.* time (*aengl.* tīma) „Zeit" (entsprechend *schwed.* timme „Stunde"), das sich im *Engl.* durchgesetzt hat, während *engl.* tide auf die Bed. „Gezeiten (des Meeres)" eingeschränkt wurde (vgl. dazu *niederd.* **Tide** „Gezeiten"; s. auch den Artikel *Gezeiten*). Mit *engl.* time – beachte dazu to time „zeitlich abstimmen", timing „zeitliche Abstimmung, woraus unsere Fremdwörter **timen** und **Timing** übernommen sind – ist z.B. *griech.* dēmos „Volk, Gau" (eigentlich „Volksabteilung"; ↑demo..., Demo...) näher verwandt. *Germ.* Bildungen zur Wurzel *dā[i]- sind u.a. wahrscheinlich das unter ↑Zeile (eigentlich „abgeteilte Reihe") und vielleicht das unter ↑Ziel (eigentlich „Eingeteiltes, Abgemessenes") behandelte Wort. Siehe auch den Artikel *Zeitung*. Abl.: **zeitig** „früh" (*mhd.* zītig, *ahd.* zītec „zur rechten Zeit geschehend", *mhd.* auch „reif"), dazu **zeitigen** „hervorbringen; reifen lassen" (*mhd.* zītigen „reifen"); **zeitlich** „die Zeit betreffend; vergänglich" (*mhd.* zītlīch, *ahd.* zītlīh). Zus.: **Zeitalter** „größerer Zeitraum in der Geschichte, Ära" (18. Jh.); **Zeitgenosse** „mit jemandem in der gleichen Zeit lebender Mensch; Mitmensch" (16. Jh.); **Zeitlose** (der Blumenname *mhd.* zītelōse, *ahd.* zītelōsa bezeichnete ursprünglich sehr frühe Frühlingsblumen [Krokus u.a.] und bedeutet eigentlich „nicht zur richtigen Zeit blühende Blume"; seit dem 16. Jh. wurde der Name auf die spät blühende Herbstblume übertragen, die seit dem Anfang des 18. Jh.s genauer **Herbstzeitlose** genannt wird); **Zeitschrift** (18. Jh.); **Zeitwort** (17. Jh.; Übersetzung für *lat.* verbum in der Grammatik).

Zeitung: Das zuerst um 1300 als zīdunge „Nachricht, Botschaft" im Raum von Köln bezeugte Wort stammt aus *mnd.(-mniederl.)* tīdinge „Nachricht". Dieses Substantiv ist eine Bildung zu *mnd., mniederl.* tīden „streben, gehen" (in der Bedeutungswendung „vor sich gehen, vonstatten gehen, sich ereignen"), vgl. das zu *aengl.* tīdan „vor sich gehen, sich ereignen" gebildete tīdung „Ereignis, Nachricht". Das Verb ist von dem unter ↑*Zeit* behandelten Substantiv im Sinne von „Begebenheit[en], Ereignis[se]" abgeleitet. – Bis ins 19. Jh. hinein wurde 'Zeitung' im Sinne von „Nachricht von einer Begebenheit" gebraucht. Der heutigen Verwendung des Wortes als Bezeichnung für ein Druck-Erzeugnis, das einen breiten Leserkreis in regelmäßiger Folge über allgemeine [Tages]ereignisse unterrichtet, geht der Gebrauch des Wortes im Plural im Sinne von „periodisch ausgegebene Zusammenstellung der neuesten Nachrichten" voraus.

zelebrieren „feierlich begehen; eine Messe lesen": Das Verb wurde im 15. Jh. aus *lat.* celebrare „häufig besuchen; festlich begehen, feiern, preisen" entlehnt. Dies ist eine Bildung zu *lat.* celeber „häufig; gefeiert".

Zelle: Das Substantiv ist in *ahd.* Zeit aus *lat.* cella „Vorratskammer, enger Wohnraum" entlehnt worden, und zwar in dessen *kirchenlat.* Sonderbedeutung „Wohnraum eines Mönches, Klause". Es ist zuerst in *ahd.* Ortsnamen wie 'Hupoldes-, Eberhardescella' (nach dem Namen des ersten Bewohners) bezeugt, in *mhd.* Zeit dann als selbständiges Wort: *mhd.* zelle „Kammer, Zelle, kleines Kloster". Zur Zeit der Entlehnung von *lat.* cella wurde *lat.* c vor e, i schon wie z gesprochen. Die älteren Lehnwörter ↑Keller und ↑Kellner (zu dem von cella abgeleiteten *lat.* cellarium „Vorratskammer") beruhen dagegen auf der alten *lat.* k-Aussprache von c. Die *lat.* Substantive gehören mit ihrer ursprünglichen Bed. „Vorratskammer" zu den unter ↑okkult genannten Verben mit der Bed. „verbergen" und weiterhin zu der unter ↑*hehlen* dargestellten *idg.* Wortgruppe. Seit dem 14. Jh. bezeichnet 'Zelle' auch die Bienenzelle (nach gleichbed. *lat.* cella), seit dem 18. Jh. auch die Gefängniszelle. Als biologisches Fachwort wird 'Zelle' seit der ersten Hälfte des 19. Jh.s gebraucht, nachdem schon im 17. Jh. das Pflanzengewebe mit den Bienenzellen verglichen worden war. Vgl. auch *Zellulose, Zelluloid.*

Zellulose: Der fachsprachliche Ausdruck für „Zellstoff" ist eine gelehrte Bildung zu *lat.* cellula „kleine Kammer, kleine Zelle", einer Verkleinerungsbildung zu *lat.* cella (s. den Artikel *Zelle*). – Zu der *engl.* Entsprechung cellulose wurde von dem amerikanischen Fabrikanten John Wesley Hyatt (1837–1920) *engl.-amerik.* celluloid (2. Bestandteil *griech.* -oeidēs „ähnlich") gebildet, aus dem in der 2. Hälfte des 19. Jh.s **Zelluloid** „Kunststoff aus Zellulosenitrat" übernommen wurde.

Zelot: Der Ausdruck für „Eiferer (im Glauben)" wurde im 16. Jh. aus gleichbed. *griech.-lat.* zelotes der Vulgata übernommen. *Griech.* zēlōtēs „Nacheiferer, Bewunderer" gehört zu *griech.* zēlóein „nacheifern, bewundern". Abl.: **Zelotismus** und **Zelotentum** „Eiferertum, (religiöse) Unduldsamkeit" (beide 19. Jh.).

Zelt: Das *altgerm.* Substantiv *mhd., ahd.* zelt, *mniederl.* telt, *aengl.* teld, *aisl.* tjald gehört zu einem noch in *aengl.* be-teldan „überdecken, umgeben" bewahrten *germ.* starken Verb, dessen *außergerm.* Beziehungen unklar sind. 'Zelt' bedeutet demnach eigentlich „Decke, Hülle". Abl.: **zelten** „ein Zelt aufschlagen, im Zelt übernachten" (Anfang des 17. Jh.s).

Zement: Das Wort erscheint *mhd.* als zīment[e], das aus *afrz.* ciment „Zement" entlehnt ist. Das *afrz.* Wort geht zurück auf *spätlat.* cimentum < *klass.-lat.* caementum „Bruchstein", das zu *lat.* caedere „[mit dem Meißel] schlagen" (vgl. *Zäsur*) gehört. Bruchstein wurde mit Kalkmörtel und Lehm vermischt als Bindemasse beim Bauen verwendet. Im *Spätmhd.* wurde dann *mhd.* zīment[e] zu cēment, wohl in Anlehnung an *frz.* cément „Zementierpulver", das auf dem obengenannten *klass.-lat.* caementum beruht. Abl.: **zementieren** „mit Zement versehen, (aus)füllen; unverrückbar machen, endgültig festlegen" (Ende des 15. Jh.s, älter auch 'zimentieren').

Zenit „senkrecht über dem Beobachtungspunkt gelegener höchster Punkt des Himmelsgewölbes, Scheitelpunkt" (Astronomie), häufig auch übertragen gebraucht im Sinne von „Gipfelpunkt, Höhepunkt": Das seit dem 15. Jh. bezeugte Fremdwort ist aus gleichbed. *it.* zenit[h] entlehnt. Das *it.* Wort selbst stammt aus *arab.* samt (ar-ra's) „Weg, Richtung" (des Kopfes). Bei der Übernahme wurde das m des *arab.* Wortes zu ni verschrieben.

zensieren „prüfen, beurteilen; bewerten, benoten": Das Verb wurde im 16. Jh. aus *lat.* censere „begutachten, schätzen, taxieren, beurteilen" entlehnt. – Dazu stellt sich **Zensur** „behördliche Prüfung und Überwachung von Druckschriften; Bewertung einer Leistung, Note", das im 16. Jh. aus *[m]lat.* censura „Prüfung; Beurteilung" übernommen wurde. Ferner gehören hierher das Lehnwort ↑Zins (*lat.* census „Abschätzung, Vermögensschätzung; Vermögenssteuer") und das Fremdwort ↑rezensieren (*lat.* re-censere „sorgfältig prüfen; kritisch besprechen").

Zentimeter ↑Meter.

Zentner: Der Name der Maßeinheit (*mhd.* zentenǣre, *ahd.* centenāri) ist entlehnt aus *spätlat.* centenarium „Hundertpfundgewicht" (zu *klass.-lat.* centenarius „aus hundert bestehend", einer Bildung zu *lat.* centum „hundert", vgl. den Artikel *hundert*). Vgl. auch 'Zentimeter' unter *Meter.*

Zentrum „Mittelpunkt", meist übertragen gebraucht im Sinne von „innerster Bezirk; Brennpunkt; Innenstadt": Das seit *mhd.* Zeit (zuerst in der eingedeutschten Form 'zenter') bezeugte Wort ist – wie entsprechend *frz.* centre – aus *lat.* centrum „Mittelpunkt" entlehnt. Dies stammt seinerseits aus *griech.* kéntron „Stachel, Stachelstab; ruhender Zirkelschenkel; Mittelpunkt eines Kreises", das zu *griech.* kenteīn (älter *kéntein) „stechen" gehört. – Um 'Zentrum' gruppieren sich folgende Bildungen: **zentrisch** „mittig, im Mittelpunkt befindlich" (19. Jh.); **zentral** „im Zentrum befindlich, vom Zentrum ausgehend: bedeutend, entscheidend, wichtig; Haupt..., Sammel... usw." (17. Jh., zunächst als 1. Bestandteil von Zusammensetzungen, seit dem 19. Jh. als selbständiges Wort; nach *lat.* centralis „in der Mitte befindlich"), häufig in Zusammensetzungen wie **Zentralbehörde** „oberste Behörde" (19. Jh.) oder **Zentralheizung** „von einer Ofenanlage gespeiste Gesamtheizung eines Gebäudes" (19. Jh.); **Zentrale** „Mittel-, Ausgangspunkt; Hauptort; Hauptgeschäft[sstelle]; Hauptfernsprechvermittlung eines Betriebs" (20. Jh.); **zentralisieren** „zusammenziehen, zentraler Leitung unterwerfen, straff organisieren" (Anfang 19. Jh.; aus gleichbed. *frz.* centraliser), dazu **Zentralisation** und **Zentralisierung** (beide 19. Jh.); **Zentralismus** „Festigung der Staatsgewalt durch Konzentration der politischen Macht, Streben nach Konzentration aller Befugnisse in einer obersten Instanz" (19. Jh.), dazu **zentralistisch** „den Zentralismus betreffend" (19. Jh.); **zentrieren** „in den Mittelpunkt stellen, um den Mittelpunkt gruppieren" (19. Jh.); **zentrifugal** „vom Mittelpunkt wegstrebend" (18. Jh.; *nlat.* Neubildung, deren Grundwort zu *lat.* fugere „fliehen, meiden" gehört), meist in der Zusammensetzung **Zentrifugalkraft** „Fliehkraft" (18./19. Jh.); dazu die Substantivbildung **Zentrifuge** „Schleudergerät zur Trennung von Stoffgemischen" (19. Jh.; aus gleichbed. *frz.* centrifuge übernommen). – Vgl. ferner das Fremdwort *exzentrisch* und die Fremdwortgruppe um *konzentrieren.*

Zeppelin: Das Luftschiff ist nach seinem Erfinder Ferdinand Graf von Zeppelin (1838–1917) benannt (Anfang des 20. Jh.s).

Zepter „Herrscherstab": Das Wort (*mhd.* cepter) ist aus *lat.* sceptrum „Zepter" entlehnt, das seinerseits aus *griech.* skēptron „Stab, Zepter, Stütze" übernommen ist. Dies gehört zu *griech.* skēptein „stützen" (vgl. den Artikel *Schaft*).

zer...: Das Präfix *mhd.* zer-, *ahd.* zar-, zur- ist wohl eine Verquickung von *ahd.* zi-, ze- und *ahd.* ir- (vgl. *er...*). *Ahd.* zi-, ze- (vgl. entsprechend *aengl.* te- „zer...") gehört wahrscheinlich zu dem unter ↑*zwei* behandelten Zahlwort. Es bedeutet „entzwei, auseinander" und ist verwandt mit *griech.* diá „durch, entzwei, auseinander" (↑dia..., Dia...) und *lat.* dis- „auseinander..., zer..." (↑dis..., Dis...).

Zerberus: Der Name des die Unterwelt bewachenden Höllenhundes der altgriechischen Sage (*griech.* Kérberos) dient seit der zweiten Hälfte des 19. Jh.s in *lat.* Form (*lat.* Cerberus) zur scherzhaften Bezeichnung für einen grimmigen Wächter, heute auch für einen fast unüberwindlichen Torhüter (z. B. im Fußball).

zerbrechen, zerbrechlich ↑brechen.

Zeremonie „Gesamtheit der zu einem Ritus gehörenden äußeren Zeichen und Handlungen; feierliche Handlung; Förmlichkeit": Das seit dem 14. Jh. bezeugte Fremdwort ist aus *mlat.* ceremonia, cerimonia (< *lat.* caerimonia „religiöse Handlung; Feierlichkeit") entlehnt. Vom 16. Jh. an geriet es – daher auch die Endbetonung – unter den Einfluß von entsprechend *frz.* cérémonie. Das Adjektiv **zeremoniell** „feierlich; förmlich; steif, umständlich" wurde im 18. Jh. aus gleichbed. *frz.* cérémonial entlehnt, das auf *spätlat.* caerimonialis „zur Gottesverehrung gehörig; feierlich" beruht. Das Substantiv **Zeremoniell** „Gesamtheit der durch die Etikette vorgeschriebenen Regeln des höfischen und gesellschaftlichen Verkehrs" wurde um 1700 aus gleichbed. *frz.* le cérémonial übernommen.

zerfasern ↑Faser.

zerfetzen ↑Fetzen.

zerfledern, auch: **zerfleddern** „auseinanderreißen, zerfetzen, zerlesen": Das erst seit dem 19. Jh. bezeugte Präfixverb gehört zu *mhd.* vlederen „flattern" (vgl. *Fledermaus*).

zerfleischen ↑Fleisch.

zergen ↑zerren.

zerklüftet ↑²Kluft.

zerknirscht: Das Wort ist das zweite Partizip zu dem heute veralteten Verb 'zerknirschen' „zermalmen; mit Reue erfüllen", in dem sich wohl zwei verschiedene Verben vermischt haben: *mhd.* zerknürsen, zerknüs[t]en „zerdrükken, zerquetschen" und das lautmalende 'knirschen' (vgl. *knirren*). In religiöser Sprache bedeutet seit *frühnhd.* Zeit ein 'zerknirschtes' Herz soviel wie ein „von Reue gebrochenes" Herz. Von da aus entwickelte sich die Bedeutung „niedergedrückt" im allgemein seelischen Bereich.

zerkratzen ↑Krätze.

zerlaufen ↑laufen.

zerlegen ↑legen.

zerlesen ↑lesen.

zerlöchern ↑Loch.

zerlumpt ↑Lumpen.

zermalmen ↑malmen.

zermürben ↑mürbe.

zerreiben ↑reiben.

zerreißen ↑reißen.

zerren: Das Verb *mhd., ahd.* zerren gehört zu der unter ↑*zehren* dargestellten *idg.* Wurzel. Es bedeutete zunächst „[zer]reißen", dann „(ruckweise) ziehen", beachte das verwandte **zergen** *mitteld.* und *nordostd.* für „necken" (eigentlich „reißen, zerren"). Präfixbildung: **verzerren** (*mhd.* verzerren „auseinanderzerren"), dazu **Verzerrung** (18. Jh.). Zus.: **Zerrbild** „Darstellung, die etwas verzerrt wiedergibt" (Ende 18. Jh.; ursprünglich als Ersatz für das heute üblichere ↑Karikatur geschaffen).

zerrissen ↑reißen.

zerrütten „vollständig erschöpfen, zerstören" Das Verb *mhd.* zerrütten ist eine Präfixbildung zu dem im *Nhd.* untergegangenen einfachen Verb *mhd.* rütten „erschüttern", das im Sinne von „Bäume losrütteln" zu der unter ↑*roden* behandelten Wortgruppe gehört. Eine Weiterbildung zu 'rütten' ist das unter ↑rütteln behandelte Verb. Abl.: **Zerrüttung** (*spätmhd.* zerrüttunge).

zerschellen „in Trümmer gehen": Das heute schwach gebeugte und gewöhnlich intransitiv gebrauchte Verb geht zurück auf ein starkes *mhd.* zerschellen „schallend zerspringen", hat aber schon *frühnhd.* die schwachen Formen von *mhd.* schellen „mit Schall zerschlagen" übernommen (vgl. ¹*Schelle*).

zerschmettern ↑schmettern.

zersetzen ↑setzen.

zersprengen ↑sprengen.

zerstäuben, Zerstäuber ↑Staub.

zerstieben ↑stieben.

zerstören, Zerstörer ↑stören.

zerstreuen, zerstreut, Zerstreuung ↑streuen.

zerstückeln ↑Stück.

Zertifikat „Beglaubigung; Bescheinigung, Zeugnis": Das Fremdwort wurde im 18. Jh. – vielleicht unter dem Einfluß von entsprechend *frz.* certificat – aus *mlat.* certificatum „Beglaubigung" entlehnt. Dies ist das substantivierte Part. Perf. von *mlat.* certificare „gewiß machen, beglaubigen" (zu *lat.* certus „gewiß, sicher").

Zervelatwurst: Der erste Bestandteil der seit Beginn des 18. Jh.s belegten Bezeichnung für eine Art Dauerwurst ist aus *it.* cervellata „Hirnwurst" entlehnt, das zu *it.* cervello „Gehirn" gehört (aus *lat.* cerebellum, einer Verkleinerungsform von *lat.* cerebrum „Gehirn"; zum Weiteren vgl. den Artikel *Hirn*).

zerzausen ↑zausen.

¹Zettel „Längsfaden, Kette (in der Weberei)": Das Substantiv (*spätmhd.* zettel) gehört zu dem unter ↑¹*verzetteln* behandelten *mhd.* Verb zetten „ausstreuen, ausbreiten". Dazu: **anzetteln** „anstiften" (16. Jh.; eigentlich „ein Gewebe durch das Aufziehen der Längsfäden beginnen").

²Zettel „kleines [rechteckiges] Stück Papier": Das Substantiv *mhd.* zedel[e] ist aus *it.* cedola entlehnt, das über *mlat.* cedula auf älteres schedula, eine Verkleinerungsbildung zu *lat.* scheda „Zettel", zurückgeht. Eine Präfixbildung zu dem von '²Zettel' abgeleiteten, im *Nhd.* untergegangenen einfachen Verb *mhd.* zedelen „eine schriftliche Abmachung ausfertigen" ist das

Verb [2]**verzetteln** (im 15. Jh. in der gleichen Bedeutung wie das einfache Verb; in der Bedeutung „in Zettelkarteien festhalten" seit Mitte des 18. Jh.s).

Zeug: Das *altgerm.* Substantiv *mhd.* [ge]ziuc, *ahd.* [gi]ziuch, *niederl.* tuig, *aengl.* in sulh-getēog „Pfluggerät", *schwed.* tyg gehört zu dem unter ↑*ziehen* behandelten Verb. Es bedeutet eigentlich „das Ziehen", dann „Mittel zum Ziehen". Daraus entwickelten sich Bedeutungen wie „Mittel, Gerät, Stoff, Vorrat". Seit dem 18. Jh. wird 'Zeug' auch abwertend im Sinne von „Kram, Plunder" gebraucht. Eine Ableitung zu 'Zeug' ist ↑[2]zeugen. – Zus.: **Zeughaus** „Lager für Waffen und Vorräte" (16. Jh.).

Zeuge: Das Substantiv *mhd.* [ge]ziuc, geziuge „Zeugnis, Beweis; Zeuge" gehört zu dem unter ↑*ziehen* behandelten Verb. Es bedeutete ursprünglich „das Ziehen", dann speziell „das Ziehen vor Gericht", schließlich „die vor Gericht gezogene Person". Eine Bildung zu 'Zeuge' ist **Zeugnis** „urkundliche Bescheinigung (besonders mit Bewertungen der Leistungen eines Schülers)" (*mhd.* [ge]ziugnisse). Abl.: [1]**zeugen** „Zeugnis ablegen" (*mhd.* ziugen, *ahd.* ge-ziugōn), dazu **bezeugen** „beglaubigen, bestätigen" (*mhd.* beziugen) und **überzeugen** (*mhd.* überziugen, ursprünglich „vor Gericht durch Zeugen überführen", seit dem 18. Jh. in allgemeiner Bedeutung „jemanden mit Beweisen dazu bringen, etwas als wahr, richtig, notwendig anzuerkennen"), dazu **Überzeugung** (16. Jh.).

[1]**zeugen** ↑Zeuge.

[2]**zeugen** „erschaffen": Das Verb *mhd.* ziugen, geziugen, *ahd.* gi-ziugōn ist eine Ableitung von dem unter ↑*Zeug* behandelten Substantiv. Es bedeutete ursprünglich „Zeug, Gerät usw. anschaffen, besorgen", dann „herstellen, erzeugen"; heute ist es nur noch in der Bed. „durch Geschlechtsverkehr, Befruchtung ein Kind entstehen lassen (vom Mann gesagt)" gebräuchlich. Abl.: **Zeugung** „das Zeugen" (*mhd.* ziugunge „Machen, Tun"). Präfixbildung: **erzeugen** „entstehen lassen; herstellen, produzieren" (*mhd.* erziugen), dazu **Erzeuger** (18. Jh.), **Erzeugnis** (18. Jh.) und **Erzeugung** (18. Jh.).

Zeughaus ↑Zeug.

Zeugnis ↑Zeuge.

Zichorie: Der seit dem 16. Jh. bezeugte Name der Wegwarte, aus deren Wurzeln ein Kaffee-Ersatz hergestellt wird, ist aus gleichbed. *it.* cicoria entlehnt, das über *mlat.* cichorea auf *lat.* cichorium zurückgeht. Dies stammt aus *griech.* kichṓrion, richtiger kichórion „Wegwarte; Endivie". Die weitere Herkunft des Wortes ist dunkel. – Eine veredelte Form der Zichorie findet seit dem 20. Jh. unter dem Namen **Chicorée** als Salatpflanze Verwendung. Dieser Name ist aus gleichbed. *frz.* chicorée (< *mlat.* cichorea) übernommen.

Zicke, Zickel, Zicklein ↑Ziege.

Zickzack „in abwechselnd ein- und ausspringenden Winkeln verlaufend": Das seit. dem 18. Jh. bezeugte Adverb ist eine lautmalende Doppelbildung zu der Interjektion 'zack!' (vgl. z. B. die Lautnachahmung 'klipp, klapp!' und Bildungen wie 'Mischmasch' oder 'Krimskrams'). Dazu die Substantivierung **Zickzack**, besonders in der Fügung 'im Zickzack' gebräuchlich.

Ziege: Der Name des Haustieres (*mhd.* zige, *ahd.* ziga) ist entweder mit *griech.* díza „Ziege" und *armen.* tik „Schlauch aus Tierfell" (wohl ursprünglich aus Ziegenfell) verwandt oder aber eine unabhängige Bildung aus einem Lockruf. Abl.: **Zicke** (*ahd.* zikkīn „junge Ziege, [junger] Bock", vgl. *aengl.* ticcen „junge Ziege"), dazu **Zickel, Zicklein** (*mhd.* zickel[īn]). Zus.: **Ziegenpeter** „Mumps" (19. Jh.; vielleicht kommt die Bezeichnung daher, daß eine ähnliche Krankheit bei Ziegen auftritt. Der Personenname 'Peter' steht hier als Gattungsname im Sinne von „Tölpel" und meint den durch die Krankheit entstellten, dumm aussehenden Menschen).

Ziegel: Das *westgerm.* Substantiv *mhd.* ziegel, *ahd.* ziegal, *niederl.* tegel, *engl.* tile (die nord. Sippe von *schwed.* tegel stammt wohl aus dem *Niederl.*) ist aus *lat.* tegula „Dachziegel" entlehnt, einer Bildung zu *lat.* tegere „decken" (vgl. *decken*). Abl.: **Ziegelei** (zuerst *niederd.* im 18. Jh.; *hochd.* Anfang des 19. Jh.s).

ziehen: Das *altgerm.* Verb *mhd.* ziehen, *ahd.* ziohan, *got.* tiuhan, *aengl.* tēon (vgl. *aisl.* togenn „gezogen") gehört zu einer *idg.* Wurzel *deuk- „ziehen"; vgl. aus anderen *idg.* Sprachen z. B. *lat.* ducere „ziehen, führen" (s. die Fremdwortgruppe um *Dusche*) und *mittelkymr.* dygaf „bringe". Im *germ.* Sprachbereich stellen sich zu 'ziehen' die unter ↑Zaum, ↑Zeug, ↑Zeuge, ↑zögern, ↑Zögling, ↑Zucht, ↑zucken, ↑Zug, ↑Zügel behandelten Wörter. Auch in ↑Herzog (eigentlich „Heerführer") steckt eine Bildung zu 'ziehen'. Zu dem 2. Part. 'gezogen' von 'ziehen' im Sinne von „erziehen" gehört das Adjektiv **ungezogen** „unartig" (*mhd.* ungezogen, *ahd.* ungazogan). Zusammensetzungen und Präfixbildungen: **abziehen** (*mhd.* abeziehen „weg-, herunter-, zurückziehen", *ahd.* abaziohan „herunterziehen"), dazu **Abzug** (*mhd.* abezuc „das Abziehen; Aufhören; Abbruch", im *Nhd.* dann auch „Hebel an einer Schußwaffe zum Auslösen des Schusses; Vorrichtung, Öffnung, durch die etwas abziehen kann; von einem Negativ hergestelltes Positiv", im Plural auch „Abgaben, Steuern") und **abzüglich** „nach Abzug" (19. Jh.); **anziehen** (*mhd.* aneziehen „an sich ziehen; bekleiden; beschuldigen [eigentlich „etwas als Beweis heranziehen"]; beanspruchen; zu ziehen anfangen"), dazu **Anzug** (in der Bed. „aus Hose und Jacke bestehendes Kleidungsstück für Männer" erst seit dem 18. Jh.; *spätmhd.* anzuc bedeutete „Stellung von Zeugen; Beschuldigung, Vorwurf; Ankunft"; zu der *spätmhd.* Verwendung stellt sich im 17. Jh. das Adj. **anzüglich** „auf etwas Unangenehmes anspielend; anstößig"); **aufziehen** (*mhd.* ūfziehen „in die Höhe ziehen; auf-, erziehen; fördern; beanspruchen; verschieben", *ahd.* ūfziohan „emporziehen"), dazu **Aufzug** (*mhd.* ūfzuc „Vorrichtung zum Aufziehen; Verzögerung, Verzug; Einfluß"; im *Nhd.* dann auch „das [feierliche] Aufziehen, Art und Weise, wie man vor anderen erscheint, Aufmachung, Kleidung"; seit dem 17. Jh. in der Bed. „Schauspielakt", nach dem Aufziehen des Vorhangs oder nach dem feierlichen Auftreten der Schauspieler, schließlich auch für „Fahrstuhl, Lift"); **ausziehen** (*mhd.* ūzziehen „[her]ausziehen; entkleiden; ausnehmen, befreien", *ahd.* ūzziohan „herausziehen"), dazu **Auszug** (*mhd.* ūzzuc „das Ausziehen; Einwand, Einspruch; Ausnahme"; seit dem 16. Jh. für „gekürzte Wiedergabe einer Schrift"); **beziehen** (*mhd.* beziehen „zu etwas kommen, erreichen; überziehen; an sich nehmen, einziehen", *ahd.* biziohan „überziehen, wegziehen"; seit dem 17. Jh. reflexiv für „gerichtlich appellieren", dann „beweisend anführen"), dazu **Beziehung** „(menschliche) Verbindung; innerer Zusammenhang" (17. Jh.), **Bezug** „Beziehung, Verbindung; das [regelmäßige] Beziehen", im Plural „Einkünfte, Gehalt", ferner „etwas, womit man etwas bezieht, [Bett]überzug" (18. Jh.; vgl. *mhd.* bezoc „Unterfutter"), dazu **bezüglich** „sich auf etwas beziehend" (um 1800); **erziehen** (*mhd.* erziehen, *ahd.* irziohan „zu etwas anleiten, jemandes Geist und Charakter bilden und seine Entwicklung fördern", eigentlich „herausziehen"; nach dem Vorbild von *lat.* educare „großziehen, ernähren, erziehen" entwickelte sich in *ahd.* Zeit die heutige Bedeutung), dazu **Erzieher** (17. Jh.) und **Erziehung** (17. Jh.); **nachziehen** (*mhd.* nāchziehen, *ahd.* nāhziohan „hinter sich herziehen"), dazu **Nachzügler** „jemand, der verspätet [an]kommt" (Ende des 18. Jh.s zu jetzt veraltetem 'Nachzug' „Nachhut eines Heeres" gebildet); **überziehen** (*mhd.* überziehen „über etwas ziehen; bedekken; überfallen; besetzen; gewinnen"), dazu **Überzieher** „Herrenmantel" (Mitte des 19. Jh.s für „Wettermantel"), **Überzug** „Hülle; Schicht" (15. Jh.); **umziehen** (*mhd.* umbeziehen „herumziehen; umzingeln, überfallen; belästigen"), dazu **Umzug** (seit dem 16. Jh. „festlicher Aufmarsch", seit dem 19. Jh. für „Wohnungswechsel"); **verziehen** (*mhd.* verziehen „auseinanderziehen; verstreuen; hinziehen, verzögern; wegziehen; entfernen; wegnehmen, entziehen; verweigern", *ahd.* farziohan „wegnehmen; falsch erziehen"), dazu **Verzug** „Verzögerung, Rückstand" (*mhd.* verzuc, verzoc); **vollziehen** (*mhd.* vollziehen, *ahd.* follaziohan „ausführen, vollenden"), dazu **Vollzug** (*mhd.* volzuc „das Vollenden, Ausführen"); **vorziehen** (*mhd.* fürziehen, *ahd.* furiziohan „vorziehen, hervorholen"; die Bed. „lieber mögen, bevorzugen" entwickelte sich im *Mhd.*), dazu **Vorzug** „gute Eigenschaft; Vorrang; Vorrecht" (im 15. Jh. für „bevorzugte Eigenschaft") und **vorzüglich** „besonders gut, ausgezeichnet" (18. Jh.); **zuziehen** (*mhd.* zuoziehen „zufügen; verschließen", *ahd.* zuozihen „anziehen"), dazu im 19. Jh. **zuzüglich** „hinzukommend, zuzurechnend" (wohl nach 'abzüglich' gebildet).

Ziel: Das Substantiv *mhd., ahd.* zil (vgl. *got.* tila-rids „zum Ziel strebend" als Name eines Speers und *aisl.* aldr-tili „Lebensende") gehört vielleicht zu der unter ↑*Zeit* behandelten Wortgruppe. Es würde demnach eigentlich „das Eingeteilte, Abgemessene" bedeuten, woraus sich dann die Bedeutung „räumlicher oder zeitlicher Endpunkt" entwickelt hätte. In anderen *germ.* Sprachen sind verwandt *engl.* till „bis [zu]", *schwed.* till „bis [zu]". Abl.: **zielen** „auf ein Ziel richten; zum Ziel haben" (*mhd.* zil[e]n, *ahd.* zilēn, zilōn]. Zus.: **ziellos** (17. Jh.; zuerst in der Bed. „endlos"; seit dem 19. Jh. in der Bed. „ohne Ziel"); **zielstrebig** (↑streben).

ziemen: *Mhd.* zemen, *ahd.* zeman, *got.* gatiman, *mniederl.* temen gehören zur *idg.* Wurzel *dem[ə]- „[zusammen]fügen, bauen" und sind mit dem unter ↑Zimmer behandelten Substantiv eng verwandt. Vgl. aus anderen *idg.* Sprachen z. B. *griech.* démein „bauen", despótēs „Herrscher" (eigentlich „Hausherr", s. das Fremdwort *Despot*), *lat.* domus „Bau, Haus" (s. das Lehnwort *Dom*), *russ.* dom „Haus". Das Verb 'ziemen' bedeutet demnach eigentlich „sich fügen, passen". Mit der genannten *idg.* Wurzel ist wahrscheinlich die unter ↑*zähmen* behandelte Wurzel identisch. Eine Bildung zu 'ziemen' ist ↑Zunft. Abl.: **ziemlich** (*mhd.* zimelich „gebührend", *ahd.* zimilīh; das Adjektiv bedeutete ursprünglich „was sich ziemt", die Bedeutung „maßvoll, mäßig, ausreichend" entwickelte sich im 15. und 16. Jh. Seit dieser Zeit ist das Wort auch im Sinne von „beträchtlich, in nicht geringem Maße" gebräuchlich).

Ziemer ↑Ochse.

Zier: Das Substantiv *mhd.* ziere, *ahd.* ziarī „Schönheit, Pracht, Schmuck" ist eine Ableitung von dem heute ungebräuchlichen Adjektiv zier „glänzend, prächtig, herrlich" (*mhd.* ziere, *ahd.* ziari); dies beruht auf einer Bildung zu der *idg.* Wurzel *dei-, *dei̯ə- „hell glänzen, schimmern, scheinen", vgl. im *germ.* Sprachbereich *aisl.* tīrr „Glanz, Ruhm, Ehre", *aengl.* tīr „Ruhm, Ehre, Schmuck". *Außergerm.* sind z. B. verwandt *aind.* dīdēti „strahlt, leuchtet", dyáu-ḥ „Himmel, Tag" (auch als Gottheit), eigentlich „der Leuchtende, Strahlende", *griech.* Zeús „Himmelsgott", *lat.* deus „Gott", *altlat.* deivos, eigentlich „Himmlischer" (s. die Fremdwörter *adieu* und *Diva*), *lat.* Iovis, *alat.* auch Diovis (s. das Fremdwort *jovial*), *lat.* dies „Tag" und diurnus „täglich" (s. das Fremdwort *Journal*). Aus dem *germ.* Sprachbereich gehört dazu der Göttername *ahd.* Ziu (s. den Artikel *Dienstag*). – Weitere Ableitungen vom Adjektiv 'zier' sind **Zierde** „Schmuck" (*mhd.* zierde, *ahd.* zierida) und **zieren** „schmücken", reflexiv „sich gekünstelt verhalten, sich bitten lassen" (*mhd.* zieren, *ahd.* ziarōn). Zu 'zieren' gehören **Zierat** „Verzierung, schmückendes Beiwerk" (*mhd.* zierōt; gebildet mit demselben Suffix wie ↑Einöde) und die Präfixbildung **verzieren** „(aus)schmücken" (15. Jh.), dazu **Verzierung** (16. Jh.).

Ziffer: Das Wort für „Zahlzeichen" (*spätmhd.* zifer) wurde im 15. Jh. aus *afrz.* cifre „Null" entlehnt, das auf *mlat.* cifra „Null" zurückgeht. Beachte auch *it.* cifra, *span.* cifra. Das *mlat.* Wort ist aus *arab.* ṣifr „Null" (zu *arab.* ṣafira „leer sein") entlehnt, das seinerseits eine Lehnübertragung von *aind.* śūnya-m „das Leere" ist. Für den Bedeutungswandel von „Null" zu „Zahlzeichen" gilt folgendes: Als im *It.* das Wort *it.* nulla „Nichts" (vgl. *Null*) an die Stelle von *it.* cifra „Null" trat, übernahm *it.* cifra die Aufgabe von *it.* figura, das bisher „Zahlzeichen" bedeutet hatte. Entsprechend verlor im *Deutschen* das Wort 'Ziffer' die Bedeutung „Null" und bekam die heute übliche Bedeutung „Zahlzeichen". Vom 15./16. Jh. an treten die Ziffern in Geheimschriften anstelle von Buchstaben auf, so daß 'Ziffer' auch „Geheimschrift", dann „Buchstaben (ohne geheimen Sinn)" bedeuten kann. Im Sinne von „Geheimschrift" verwendet man seit dem 17./18. Jh. das aus dem *Frz.* entlehnte ↑Chiffre, das denselben Ursprung hat. Das obenerwähnte *[a]frz.* cifre, das bis zum 17. Jh. „Null" und vom 15. Jh. an auch „Ziffer", später zudem „Geheimschrift" bedeutete, war im 16. Jh. zu chiffre geworden, wahrscheinlich infolge lautlicher Beeinflussung durch *it.* cifra – vermutlich im Zusammenhang mit dem Geldverkehr (vgl. den Artikel ²*Bank*). Zu 'Ziffer' in der Bedeutung „Geheimschrift" gehört das heute nicht mehr gebräuchliche Verb ziffern „Ziffern schreiben, rechnen; in Geheimzeichen schreiben; Schriftzeichen schreiben" (um 1700), dazu könnte **entziffern** „(mühsam) lesen; entschlüsseln" (18. Jh.) gehören, das aber wohl eher eine Nachbildung von *frz.* déchiffrer „entziffern, dechiffrieren" ist (s. 'dechiffrieren' unter *Chiffre*).

...zig: Die für die Zehnerzahlen von zwanzig bis neunzig charakteristische Endung *mhd.* -zec, *ahd.* -zig, -zug, *niederl.* -tig, *engl.* -ty, *aisl.* -tigr (vgl. *got.* tigus „Zehner") gehört zu dem unter ↑*zehn* behandelten *idg.* Zahlwort. Sie bedeutet eigentlich „Zehner, Zehnheit". Zur unbestimmten Angabe von Zehnerstellen tritt '...zig' *ugs.* auch als selbständiges Wort in der Bedeutung „sehr viel" auf, z. B. 'er fuhr zig Kilometer'.

Zigarre: Der Name der aus walzenförmig gerollten Tabaksblättern hergestellten Tabakware, in *dt.* Texten seit dem 18. Jh. (zuerst als 'Cigarr') bezeugt, beruht wie entsprechend *frz.* cigare, *engl.* cigar, *it.* sigaro u. a. auf gleichbed. *span.* cigarro. Die weitere Herkunft des Wortes ist unsicher. – Dazu: **Zigarette** (19. Jh., eigentlich „kleine Zigarre"; aus gleichbed. *frz.* cigarette, einer Verkleinerungsbildung zu *frz.* cigare); **Zigarillo** „kleine Zigarre, deren Spitze abgeschnitten ist" (20. Jh.; aus *span.* cigarrillo, einer Verkleinerungsbildung zu cigarro [heute = „Zigarette"]).

Zigeuner: Die Zigeuner treten zum ersten Mal im 15. Jh. in Deutschland auf. Die Herkunft ihres Namens (vgl. *it.* zingaro, *ung.* cigány, *rum.* ţigan, *bulgar.* ciganin, *mgriech.* tsígganos) ist ungewiß.

Zikade „Zirpe": Der seit dem 15. Jh. bezeugte Insektenname beruht mit den entsprechenden *roman.* Wörtern *it.* cicala, *prov.* cigala (> *frz.* cigale) und *span.* cigarra auf gleichbed. *lat.* cicada, das seinerseits einer Mittelmeersprache entstammt.

Zimbel: Der Name des Musikinstruments (*mhd.* zimbel; *ahd.* cymba) ist aus *lat.* cymbalum entlehnt, das seinerseits aus *griech.* kýmbalon „Schallbecken" übernommen ist. Dies ist eine Verkleinerungsbildung zu *griech.* kýmbos „Hohlgefäß, Schüssel, Becken" (vgl. *Humpen*).

Zimmer: Das *altgerm.* Substantiv *mhd.* zimber, *ahd.* zimbar „Bau[holz]", *mniederl.* timmer „Baumaterial; Gebäude", *engl.* timber „Bauholz", *schwed.* timmer „Bauholz" gehört zu der unter ↑*ziemen* entwickelten *idg.* Wurzel *dem[ə]- „[zusammen]fügen, bauen". Es bedeutete ursprünglich „Bauholz", woraus sich im *Westgerm.* die Bed. „[Holz]gebäude" entwikkelte. Auf das *Dt.* beschränkt ist die weitere Bedeutungsentwicklung zu „Wohnraum" (15. Jh.). Das -b- in den *mhd., ahd.* und *engl.* Formen ist der leichteren Aussprache wegen eingeschoben. Abl.: **zimmern** „aus Holz bauen, herstellen" (*mhd.* zimbern, *ahd.* zimbrōn). Zus.: **Zimmermann** (*mhd.* zimberman, *ahd.* zimbarman).

zimperlich „geziert, überempfindlich": Das seit dem 16. Jh. bezeugte Adjektiv ist eine Ableitung vom gleichbedeutenden Adjektiv *mdal.* zimper, das dunklen Ursprungs ist. – Abl.: **Zimperlichkeit** (18. Jh.).

Zimt: Der Name des Gewürzes (*mhd.* zinemīn, zinment, *spätmhd.* zimet) ist aus *lat.* cinnamum entlehnt, das seinerseits aus *griech.* kínnamon übernommen ist. Das *griech.* Wort stammt aus dem *Semitischen,* vgl. *hebr.* qinnạmôn „Zimt".

Zink: Das seit dem 16. Jh. in den Formen 'Zinken, Zink' belegte Substantiv ist wohl identisch mit dem unter ↑Zinke behandelten Wort. Das Destillat des Metalls setzt sich nämlich an den Wänden des Schmelzofens in Form von Zinken, d. h. Zacken, ab.

Zinke, auch: **Zinken** „Zacke, Spitze": Das Substantiv *mhd.* zinke, *ahd.* zinko ist vermutlich eine Bildung zu dem untergegangenen Substantiv Zind „Zahn, Zacke" (*mhd.* zint). Dies beruht – wie ↑Zinne – auf einer *idg.* Form, die zu dem unter ↑*Zahn* behandelten *idg.* *[e]dont- „Zahn" gehört. 'Zinke' würde demnach eigentlich „Zahn" bedeuten. Siehe auch den Artikel *Zink.*

Zinn: Die *altgerm.* Metallbezeichnung *mhd., ahd.* zin, *niederl.* tin, *engl.* tin, *schwed.* tenn ist unsicherer Herkunft. Vielleicht ist sie verwandt mit dem *gemeingerm.*, im *Dt.* nur noch *mdal.* bewahrten Wort 'Zain' „Zweig, Metallstab, Rute" (*mhd., ahd.* zein, *got.* tains, *engl.* -toe in *engl.* mistletoe „Mistel[zweig]", *schwed.* ten „Metallstäbchen"). Das Metall wurde in Stabform gegossen. 'Zinn' würde demnach eigentlich „Stab[förmiges]" bedeuten. Abl.: **zinnern** „aus Zinn bestehend" (15. Jh., für älteres 'zinnen', *mhd., ahd.* zinīn).

Zinne „zwischen zwei Schießscharten zahnartig emporragender Mauerteil": Das Substantiv *mhd.* zinne, *ahd.* zinna (entsprechend *niederl.* tinne) gehört wie ↑Zinke zu der unter ↑*Zahn* dargestellten *idg.* Wortgruppe. 'Zinne' bedeutet eigentlich „Zahn, Zacke".

Zinnober: Der Name des roten Minerals (*mhd.* zinober) ist aus gleichbed. *afrz.* cenobre entlehnt, das auf *lat.* cinnabaris zurückgeht. Dies stammt aus *griech.* kinnábari „Zinnober".

Zins: Das Wort *mhd., ahd.* zins „Abgabe, Tribut, [Pacht-, Miet]zins" ist aus *lat.* census „Vermögensschätzung, Steuerliste, Vermögen" entlehnt (vgl. *Zensur*). Die Bed. „(nach Prozenten berechneter) Betrag für die Überlassung von Kapital" ist seit *mhd.* Zeit belegt; für sie gilt seit Ende des 18. Jh.s meist der Plural 'Zinsen'. Abl.: **zinsen,** veraltet für „Zins[en] zahlen" (*mhd., ahd.* zinsen), dazu **verzinsen** (*mhd.* verzinsen „Zins bezahlen", seit dem 16. Jh. auf die Kapitalzinsen bezogen, reflexiv „Zinsen bringen").

Zipfel: Das erst *spätmhd.* auftretende Substantiv ist eine Bildung zu *mhd.* zipf „spitzes Ende, Zipfel", dem *niederl.* tip „Zipfel", *engl.* tip „Spitze, Zipfel", *schwed.* tipp „Spitze" entsprechen. Im *germ.* Sprachbereich sind die unter ↑Zapfen und ↑Zopf behandelten Wörter verwandt. *Außergerm.* Anknüpfungen sind unsicher.

zirka, circa „ungefähr, etwa" (Abk.: ca.): Das seit dem 18. Jh. gebräuchliche Wort ist aus *lat.* circa „ringsherum, nahe bei; ungefähr, gegen" (Adverb und Präposition) entlehnt. Das *lat.* Adverb ist eine Ableitung von dem *lat.* Substantiv circus „Kreis, Kreislinie" (vgl. *Zirkus*) nach dem Vorbild anderer Adverbien auf -a wie *lat.* extra „außerhalb", infra „unterhalb".

Zirkel: Das Substantiv (*mhd.* zirkel, *ahd.* circil) ist aus *lat.* circinus „Gerät zum Zeichnen von Kreisen" unter möglicher Beeinflussung durch *lat.* circulus „Kreis[linie]" entlehnt. *Lat.* circinus und *lat.* circulus sind Bildungen zu *lat.* circus „Ring, Kreis" (vgl. *Zirkus*). Aus der Bedeutung „(mit einem Zirkel gezogener) Kreis" entwickelte sich im 18. Jh. die Bedeutung „Gesellschaftskreis", wohl unter dem Einfluß von *frz.* cercle „gesellschaftlicher Kreis" (< *lat.* circulus, das auch schon diese Bedeutung hatte; s. auch *zirkulieren*). – Abl.: **abzirkeln** „genau abmessen" (16. Jh.). Zus.: **Zirkelschluß** (18. Jh.; Übersetzung von *lat.* probatio circularis „Beweis, bei dem das zu Beweisende bereits in der Voraussetzung enthalten ist" [eigentlich „sich im Kreis drehender Beweis"]).

zirkulieren „in Umlauf sein, umlaufen, kreisen": Das seit dem 16. Jh. bezeugte Fremdwort ist aus *lat.* circulare „im Kreis herumgehen" entlehnt. Dies ist von *lat.* circulus „Kreis, Kreislinie, Ring" abgeleitet, einer Verkleinerungsbildung zu gleichbed. *lat.* circus (vgl. *Zirkus*). – Abl.: **Zirkulation** „Kreislauf, Umlauf; Blutkreislauf" (17. Jh.; aus *lat.* circulatio „Kreislauf, Umlauf").

zirkum..., Zirkum...: Die Vorsilbe stammt aus *lat.* circum- „um..." (z. B. in **Zirkumflex** „Dehnungszeichen, Akzent besonders für lange Vokale oder Diphthonge" von *lat.* circumflexus „umgebogen", zu circumflectere; vgl. *flektieren*). *Lat.* circum- entspricht dem Adverb *lat.* circum „rings[um]", das eine Bildung zu *lat.* circus „Ring" (vgl. *Zirkus*) ist.

Zirkus: Das seit dem 16. Jh. bezeugte Fremdwort ist aus *lat.* circus (maximus) „Arena für Wettkämpfe und Spiele; Rennbahn" entlehnt und war zunächst in dieser Bedeutung gebräuchlich. Die heutige Bedeutung erlangte 'Zirkus' im 19. Jh. unter dem Einfluß von *engl.* circus und *frz.* cirque (in England und Frankreich entstand Ende des 18. Jh.s der Zirkus der Neuzeit). – *Lat.* circus bedeutet eigentlich „Kreis, Ring" und stammt aus *griech.* kírkos „Ring" (vgl. *schräg*). Zu *lat.* circus in der Bedeutung „Kreis" gehören auch die Fremdwörter *zirka, Zirkel, zirkulieren, zirkum..., Zirkum...*

zirpen: Das seit dem 17. Jh. belegte Verb ist lautnachahmenden Ursprungs, vgl. die ähnliche Lautnachahmung **schirpen** (entsprechend *engl.* to chirp „zirpen, zwitschern"). Siehe auch den Artikel *schilpen.*

zischen: Das seit dem 16. Jh. belegte Verb ist lautnachahmenden Ursprungs.

ziselieren „Metall mit Grabstichel, Meißel, Feile u. a. bearbeiten; Figuren und Ornamente aus Gold oder Silber herausarbeiten": Das Verb wurde im 18. Jh. aus gleichbed. *frz.* ciseler entlehnt. Dies ist von *frz.* ciseau „Meißel" abgeleitet, das ein *vlat.* Substantiv *cisellus voraussetzt. Letzteres ist wohl umgebildet aus *vlat.* *caesellus „Schneidewerkzeug" nach Vorbildern wie *lat.* abscisus „abgeschnitten" und *spätlat.* cisorium „Schneidewerkzeug". Alle diese Wörter gehören zum Stamm von *lat.* caedere, caesum (in Komposita: -cidere, -cisum) „(die Bäume) schneiden, stutzen; abhauen, abschlagen" (vgl. *Zäsur*).

Zisterne: Das Wort (*mhd.* zisterne) ist aus *lat.* cisterna „Zisterne, unterirdischer Behälter zur Ansammlung von Regenwasser" entlehnt. Dies ist eine Bildung zu *lat.* cista „Kiste" (vgl. den Artikel *Kiste*).

Zitadelle: Die Bezeichnung für „Befestigungsanlage, Kernstück einer Festung" wurde im 15./16. Jh. unter Einfluß von gleichbed. *frz.* citadelle aus *it.* cittadella „Stadtfestung" entlehnt. Dies ist eine Verkleinerungsbildung zu *ait.* cittade „Stadt" und bedeutet demnach eigentlich „kleine Stadt". Dem *it.* Wort liegt *lat.* civitas „Bürgerschaft" (zu *lat.* civis „Bürger"; vgl. *zivil*) zugrunde.

Zither: Der Name des Musikinstruments wurde bereits in *ahd.* Zeit (*ahd.* zitara) aus *lat.* cithara „Zither" entlehnt, aus dem auch *niederl.* citer, *schwed.* cittra und (durch *frz.* Vermittlung) *engl.* zither stammen. Das *lat.* Wort seinerseits ist aus *griech.* kithárā „Zither" übernommen, das unbekannter Herkunft ist. *Ahd.* zitara wurde durch *mhd.* zitōl[e] abgelöst, das aus *afrz.* citole entlehnt war. Daneben blieb *lat.* cithara bekannt, das im Anfang des 17. Jh.s erneut entlehnt wurde. Vgl. auch den Artikel *Gitarre.*

zitieren „(Geschriebenes oder Gesprochenes) wörtlich anführen; jemanden herbeirufen, vorladen": Das bereits in der Rechtssprache des 15. Jh.s im Sinne von „vor Gericht laden" bezeugte Verb ist aus *lat.* citare „herbeirufen, vorladen; sich auf jemandes Zeugenaussage berufen; anführen, erwähnen" (eigentlich „in schnelle Bewegung setzen") entlehnt. Dies gehört zu *lat.* ciere (citum) „in Bewegung setzen, erregen, antreiben; aufrufen, herbeirufen usw.", das mit *dt.* ↑*heißen* urverwandt ist. – Dazu stellt sich **Zitat** „wörtlich angeführte Stelle (aus einer Schrift oder Rede); bekannter Ausspruch, geflügeltes Wort", eine gelehrte Entlehnung des 18. Jh.s aus *lat.* citatum „das Angeführte, Erwähnte" (substantiviertes Part. Perf. von citare). – Siehe auch *rezitieren.*

Zitrone: Der im Deutschen seit dem 16. Jh. bezeugte Name für die Frucht des ursprünglich im indisch-malaiischen Gebiet heimischen Zitronenbaumes ist aus gleichbed. älter *it.* citrone (dafür heute *it.* limone, ↑Limonade) entlehnt. Das *it.* Wort selbst beruht wie gleichbed. *frz.* citron auf einer Bildung zu *lat.* citrus „Zitronenbaum, Zitronatbaum". – Dazu: **Zitronat** „kandierte Fruchtschale einer großen Zitronenart" (16. Jh.; über gleichbed. *frz.* citronnat aus älter *it.* citronata entlehnt).

zittern: Das *altgerm.* Verb *mhd.* zit[t]ern, *ahd.* zitterōn, *engl. mdal.* to titter, *aisl.* titra ist unsicherer Herkunft. Vielleicht beruht es auf einer reduplizierenden Präsensbildung zur *idg.* Wurzel *der- „laufen, sich schnell bewegen", vgl. aus anderen *idg.* Sprachen *aind.* drā́ti „läuft", *griech.* apo-didrā́skein „weglaufen", zu dem sich *griech.* drómos „Lauf" (↑Dromedar) stellt. Zu dieser Wurzel gehört vielleicht auch das unter ↑trollen behandelte Verb. Dazu: **zittrig** „(ständig) leicht zitternd" (Ende des 15. Jh.s); **erzittern** „heftig zu zittern anfangen" (*mhd.* erziteren, erzittern).

Zitze „Milch bildendes, paariges Organ bei weiblichen Säugetieren; (derb:) weibliche Brust": *Mhd.* zitze ist wie *niederl. mdal.* tit, *aengl.* titt, *schwed. mdal.* tiss, titt „Brustwarze" ein Lallwort der Kindersprache, vgl. dazu *armen.* tit „Mutterbrust" und *griech.* títthē „Brustwarze, Mutterbrust".

zivil „bürgerlich": Das seit dem 16. Jh. bezeugte Adjektiv ist – vermutlich unter Einwirkung von entsprechend *frz.* civil – aus gleichbed. *lat.* civilis entlehnt. Dies ist eine Bildung zu *lat.* civis „Bürger" (ursprüngliche Bed. „Haus- oder Gemeindegenosse"), das u. a. verwandt ist mit den unter ↑*Heirat* genannten *germ.* Wörtern *ahd.* hī[w]o „Hausgenosse, Familienangehöriger; Gatte" usw. Von der Bedeutung „bürgerlich" geht die heute veraltete Verwendung von 'zivil' im Sinne von „verfeinert, höflich, umgänglich" aus, an die sich der Gebrauch im Sinne von „entgegenkommend, annehmbar, angemessen" (besonders von Preisen) anschließt. Dazu stellen sich **Zivil** „bürgerliche Kleidung" (im Gegensatz zur militärischen ↑Uniform), im 19. Jh. aufgekommen nach gleichbed. *frz.* 'tenue civile', dann auch im Sinne von „Zivilpersonen" gebraucht; **Zivilist** „jemand, der nicht Soldat oder Uniformträger ist" (18. Jh.); **zivilisieren** „gesittet machen, verfeinern, kultivieren; mit der Zivilisation vertraut machen" (Anfang 18. Jh.; aus gleichbed. *frz.* civiliser), beachte dazu **zivilisiert** „gesittet kultiviert" (17. Jh.; nach *frz.* civilisé); **Zivilisation** „die Gesamtheit der durch den Fortschritt von Wissenschaft und Technik geschaffenen [verbesserten] Lebensbedingungen" (18. Jh.; aus gleichbed. *frz.* civilisation bzw. *engl.* civilization).

Zobel: Die Bezeichnung der Marderart und ihres Felles (*mhd.* zobel, *ahd.* zobil) wurde im Rahmen des Fellhandels mit den *Slawen* aus dem *Slawischen* entlehnt, vgl. die gleichbed. Wörter *tschech.* sobol, *russ.* sobol'. Die Herkunft des slawischen Wortes ist unsicher.

Zofe: Das zuerst im 17. Jh. als 'Zofe, Zoffe' in Sachsen bezeugte Substantiv gehört wohl zu dem untergegangenen *mitteld.* Verb zoffen „zögern" (16. Jh.), das auch in *frühnhd.* Zoffmagd „der Herrin nachfolgende Magd" enthalten ist und etwa „hinterherzotteln" bedeutet. Das Verb ist eine Nebenform zu *mdal.* zaufen „zurücktreten, -gehen". 'Zofe' bedeutet also eigentlich „Hinterhertrotterin".

zögern: Das seit dem 17. Jh. belegte Verb ist eine Iterativbildung zu *frühnhd.* zogen „sich von einem Ort zum anderen bewegen", *mhd.* zogen, *ahd.* zogōn „gehen, ziehen, [ver]zögern" (entsprechend *engl.* to tow „ziehen, schleppen", *aisl.* toga „ziehen, zerren"). Dies gehört zu dem unter ↑*ziehen* behandelten Verb. Das Verb 'zögern' bedeutet demnach eigentlich „wiederholt hin und her ziehen". Abl.: **zögerlich** „langsam, schleppend" (schon im 18. Jh. belegt, aber erst in der 2. Hälfte des 20. Jh.s gebräuchlich geworden). Präfixbildung: **verzögern** „verlangsamen, hinausschieben" (17. Jh.), dazu **Verzögerung** (Ende des 17. Jh.s).

Zögling: Das im 18. Jh. als Übersetzung von gleichbed. *frz.* élève gebildete Wort ist von dem Präteritumstamm (zog-) des Verbs ↑*ziehen* (im Sinne von „erziehen") abgeleitet.

Zölibat „Ehelosigkeit, besonders aus religiösen Gründen": Das der Kirchensprache entstammende, seit dem 16. Jh. bezeugte Fremdwort ist aus *lat.* caelibatus „der ehelose Stand, die Ehelosigkeit" entlehnt. Dies gehört zu *lat.* caelebs (-libis) „ehelos". Die heute übliche ö-Form des Fremdwortes resultiert aus einer irrtümlichen Lesung.

¹Zoll „Abgabe": Das Substantiv *mhd., ahd.* zol, *niederl.* tol, *engl.* toll, *schwed.* tull ist aus *mlat.* telonium entlehnt, das auf *griech.* telṓnion „Zoll[haus]" zurückgeht. Dies ist eine Bildung zu *griech.* télos „Ziel; Grenze". Siehe auch *Zöllner.* Abl.: **zollen** „erweisen, entgegenbringen" (*mhd.* zollen „als Zoll entrichten"), dazu **verzollen** „für etwas Zoll bezahlen" (seit 1300). Zus.: **zollfrei** (*mhd.* zollvrī).

²Zoll: Der Name des Längenmaßes (*mhd.* zol „zylinderförmiges Stück, Klotz"; entsprechend *niederl.* tol „Kreisel") gehört zu der unter ↑*Zahl* dargestellten *idg.* Wurzel *del[ə]- „spalten, kerben, schnitzen, behauen". Es bedeutet demnach eigentlich „abgeschnittenes Holz". Seit dem 16. Jh. wird das Wort als Bezeichnung für ein kleines Längenmaß gebraucht.

Zöllner „jemand, der Zoll einnimmt": Das Substantiv (*mhd.* zolnære, *ahd.* zolōnāri; entsprechend *niederl.* tollenaar) ist aus gleichbed. *mlat.* telanarius entlehnt, einer Bildung zu *mlat.* telonium „Zoll[haus]" (vgl. ¹*Zoll*).

Zone: Das Wort für „[Erd]gürtel; Gebiet[sstreifen]" wurde im 18. Jh. aus *lat.* zona „Gürtel; Erdgürtel" entlehnt, das seinerseits aus gleichbed. *griech.* zṓnē stammt. Dies gehört zu *griech.* zōnnýnai „sich gürten".

Zoologie „Tierkunde": Das seit dem Ende des 18. Jh.s bezeugte Fremdwort ist aus gleichbed. *frz.* zoologie übernommen. Dies ist eine gelehrte Bildung aus *griech.* zō̦ion „Lebewesen; Tier" (zu *griech.* zēn, zṓein „leben", etymologisch verwandt mit *dt.* ↑*keck*) und *griech.* lógos „Rede, Wort; Vernunft" (vgl. *Logik*). *Griech.* zō̦ion „Lebewesen, Tier" liegt auch **zoo..., Zoo...** in anderen Bildungen zugrunde, z. B. 'zoophag' „fleischfressend". Dazu: **Zoologe** „Wissenschaftler auf dem Gebiet der Zoologie" (Ende 18. Jh.); **zoologisch** „die Zoologie betreffend" (19. Jh.); **Zoo** „Tiergarten, Tierpark" (19. Jh.; Kurzwort für 'zoologischer Garten').

Zopf: Das *altgerm.* Substantiv *mhd.* zopf „Haarflechte; geflochtenes Backwerk; hinterstes Ende, Zipfel", *ahd.* zoph „Locke", *niederl.* top „Spitze, Gipfel, Wipfel", *engl.* top „Spitze, Gipfel, Wipfel; oberes Ende", *schwed.* topp „Gipfel, Wipfel, Spitze" bedeutete ursprünglich wohl „Spitze", dann „Gipfel, Wipfel; aufgestecktes Haar, Haarbüschel (besonders auf dem Scheitel)". Nur im *hochd.* Sprachbereich hat sich daraus die Bed. „geflochtenes Haar" entwickelt. Beachte dagegen die *niederd.* Entsprechung **Topp** „oberstes Ende eines Mastes" (im 18. Jh. schriftsprachlich). Im *germ.* Sprachbereich sind mit 'Zopf' die unter ↑Zapfen und ↑Zipfel behandelten Substantive verwandt, vielleicht auch ↑zupfen. *Außergerm.* Anknüpfungen sind unsicher.

Zores: Der *ugs.* Ausdruck für „Ärger, Krach, Durcheinander" stammt aus *jidd.* zores (Plural) „Sorgen". Dies gehört zu *hebr.* ẓarā̦ „Kummer".

Zorn: Das *westgerm.* Substantiv *mhd., ahd.* zorn „Wut, Beleidigung; Streit", *niederl.* toorn „Zorn, Grimm", *aengl.* torn „Zorn, Grimm; Kummer, Leid, Elend" (vgl. *aengl.* torn „bitter, grausam, schmerzlich") ist unsicherer Herkunft; vielleicht gehört es zu der unter ↑*zehren* dargestellten *idg.* Wurzel. Abl.: **zornig** „voller Zorn, wütend" (*mhd.* zornec, *ahd.* zornac); **zürnen** „zornig sein, grollen" (*mhd.* zürnen, *ahd.* zurnen), dazu **erzürnen** „zornig machen" (*mhd.* erzürnen, *ahd.* irzurnen).

Zote: „unanständiger Witz": Das seit dem Ende des 15. Jh.s, zuerst gewöhnlich im Plural 'Zot[t]en' auftretende Substantiv ist wahrscheinlich identisch mit ↑*Zotte,* das früher speziell „unsauberes Haar, Schamhaar; unsaubere Frau, Schlampe" bedeutete.

Zotte, auch: **Zottel:** Das Substantiv *mhd.* zot[t]e, *ahd.* zota, zata „herabhängendes [Tier]haar, Flausch" ist im *germ.* Sprachbereich verwandt mit *niederl.* todde „Fetzen, Lumpen", *engl.* (veraltet) tod „Busch, ein bestimmtes Wollgewicht", *aisl.* toddi „Stückchen". Die weiteren Beziehungen sind unklar. Die Verkleinerungsform 'Zottel' ist erst *spätmhd.* belegt. Siehe auch den Artikel *Zote.* Abl.: **zotteln** *ugs.* für „langsam gehen", eigentlich „hin und her baumeln" (17. Jh.); **zottig** „struppig; wirr und kraus" (16. Jh.; für *mhd.* zoteht, *ahd.* zatoht).

zu: Das *westgerm.* Wort (Adverb, Präposition) *mhd.* zuo, ze, *ahd.* zuo, za, zi, *niederl.* toe, te, *engl.* too, to ist wahrscheinlich verwandt mit *griech.* -de „zu" (z. B. in *griech.* oikón-de „nach Hause"), *lat.* de „von, über, betreffs" (↑de..., De...), *russ.* do „bis". Als Adverb steht 'zu' vor allem in unfest zusammengesetzten Verben, die eine Richtung, ein Schließen oder Hinzufügen bezeichnen, ferner in Zusammensetzungen wie 'nahezu, dazu'. Als Präposition bezeichnet 'zu' die absichtliche, zweckhafte Bewegung auf ein Ziel hin, früher auch die Ruhelage (beachte noch 'zu Hause', 'zu Ostern'). Auch als Infinitivkonjunktion ist 'zu' ursprünglich Präposition gewesen, ebenso als Bezeichnung des zu hohen Grades bei Adjektiven und Adverbien.

Zubehör: Das seit dem 18. Jh. gebräuchliche Wort ist wohl aus dem *Niederd.* übernommen (vgl. *mnd.* tobehōre). Es gehört dann zu *mnd.* [to]behōren „zukommen, gebühren", dem gleichbed. älter *nhd.* behören entspricht. Diese Verben sind Präfixbildungen zu ↑*hören.*

Zuber „großer Bottich": Das Substantiv *mhd.* zuber, *ahd.* zubar, zwipar ist eine Zusammensetzung, deren erster Bestandteil zu ↑*zwei* und deren zweiter Bestandteil zum *ahd.* Verb beran „tragen" (vgl. *gebären*) gehört. Es bedeutet eigentlich „Zweiträger, Gefäß mit zwei Henkeln". Vgl. auch den Artikel *Eimer.*

zubilligen ↑billig.

zubuttern ↑Butter.

Zucht: Das *westgerm.* Substantiv *mhd., ahd.* zuht, *niederl.* tucht, *aengl.* tyht ist eine Bildung zu dem unter ↑*ziehen* behandelten Verb. Es bedeutet eigentlich „das Ziehen". Daraus entwickelten sich früh die Bedeutungen „das Aufziehen, Erziehung, Nachkommenschaft (besonders von Tieren und Pflanzen)" und „Disziplin, Strafe; Anstand, Sittsamkeit". Abl.: **züchten** „(paarend) aufziehen" (*mhd.* zühten, *ahd.* zuhten „aufziehen, nähren"); **Züchter** „jemand, der Pflanzen, Tiere züchtet" (*mhd.* zühter „jemand, der junge Tiere aufzieht", *ahd.* zuhtari „Lehrer, Erzieher"); **züchtig** „anständig, sittsam" (*mhd.* zühtec, *ahd.* zuhtig „wohlerzogen"), dazu **züchtigen** „durch Schläge bestrafen" (*mhd.* zühtegen „strafen"). Beachte auch die Gegenwörter **Unzucht** „widernatürliches Geschlechtsverhalten" (*mhd., ahd.* unzuht) und **unzüchtig** „unsittlich, pornographisch" (*mhd.* unzühtec, *ahd.* unzuhtig). Zus.: **Inzucht** „Geschlechtsverkehr, Fortpflanzung unter nahe verwandten Lebewesen" (19. Jh.); **Zuchthaus** (im 16. Jh. für „Erziehungsanstalt", seit dem 17. Jh. auch für „Arbeitshaus; Strafvollzugsanstalt").

zucken: Das *westgerm.* Verb *mhd.* zucken, *ahd.* zucchōn, *mniederl.* tucken, *mengl.* tukken gehört – wie 'zücken' (s. d.) – zu dem unter ↑*ziehen* behandelten Verb. Es bedeutet eigentlich „heftig oder wiederholt ziehen". Abl.: **Zuckung** (15. Jh. für „Verzückung", heute für „heftige, krampfartige Bewegung"). Beachte auch die Zusammensetzungen **zurückzucken** und **zusammenzucken.**

zücken: Das auf das *dt.* Sprachgebiet beschränkte Verb *mhd.* zücken, *ahd.* zucchen gehört – wie 'zucken' (s. d.) – zu dem unter ↑*ziehen* behandelten Verb und bedeutet eigentlich „heftig ziehen oder reißen". Bis zum 18. Jh. wurde 'zücken' gleichbedeutend mit 'zucken' verwendet, von da an nur noch transitiv, speziell auf das schnelle Ziehen einer Waffe bezogen. Beachte die Präfixbildung ↑entzücken (s. dort auch über 'verzücken').

Zucker: Das Wort für die süß schmeckende Substanz in kristalliner Form wurde bereits in *mhd.* Zeit (*mhd.* zuker) aus gleichbed. *it.* zucchero entlehnt, das seinerseits aus gleichbed. *arab.* sukkar übernommen ist. Das *arab.* Wort stammt letzten Endes – wie *griech.* sákcharon „Zucker" (beachte das Fremdwort ↑Saccharin) – aus *aind.* śárkarā „Kieselsteine; gemahlener Zucker". Abl.: **zuckern** „mit Zucker süßen" (17. Jh.).

Zuckerhut ↑[1]Hut.

Zuckung ↑zucken.

zudringlich ↑Drang.

zuerst ↑erst.

Zufall: Das seit *mhd.* Zeit bezeugte Wort ist eine Bildung zum Verb **zufallen** „zuteil werden" (*mhd.* zuovallen). *Mhd.* zuoval bedeutete zunächst „das, was jemandem zufällt, zuteil wird, zustößt", daher „Abgabe, Einnahme; Beifall, Zustimmung; Anfall" (vgl. *fallen*). Bei den Mystikern des 14. Jhs. wurde es im Anschluß an *lat.* accidens, accidentia für „äußerlich Hinzukommendes" gebraucht. Daraus entwickelte sich die heutige Bed. „etwas, was nicht vorauszusehen war, was unerwartet geschieht". Abl.: **zufällig** „auf Zufall beruhend" (*spätmhd.* zuovellic).

Zuflucht ↑[2]Flucht.

zufrieden, Zufriedenheit ↑Friede[n].

Zug: Das *westgerm.* Substantiv *mhd., ahd.* zuc, *mnd.* toch, *aengl.* tyge ist eine Bildung zu dem unter ↑*ziehen* behandelten Verb und bedeutet eigentlich „das Ziehen" (beachte dazu Zusammensetzungen wie 'Feldzug, Flaschenzug' und 'Zug im Brettspiel'). In der Bed. „geschlossen ziehende Menschenmenge" erscheint 'Zug' seit dem 16. Jh., zuerst in der Heeressprache. Daran schloß sich in der ersten Hälfte des 19. Jh.s die Verwendung im Sinne von „Eisenbahnzug" (Bedeutungslehnwort von *engl.* train) an. Seit dem 16. Jh. ist 'Zug' auch im Sinne von „stetige Luftbewegung" gebräuchlich. Abl.: **zugig** „der Zugluft ausgesetzt, windig" (19. Jh.); **zügig** „in einem Zuge, schnell und stetig" (16. Jh.).

Zugabe, zugeben ↑geben.

Zügel: Das *altgerm.* Substantiv *mhd.* zügel, *ahd.* zugil, *niederl.* teugel, *aengl.* tygel, *schwed.* tygel ist eine Bildung zu dem unter ↑*ziehen* behandelten Verb. Es bedeutet eigentlich – wie das anders gebildete ↑Zaum – „Mittel zum Ziehen", woraus sich die heutige Bedeutung entwickelt hat. Abl.: **zügeln** „durch das Straffen des Zügels zurückhalten, beruhigen; zurückhalten, beherrschen" (seit Mitte des 18. Jh.s). Zus.: **zügellos** „unbeherrscht" (17. Jh.).

zugig, zügig ↑Zug.

Zuhälter: Das seit dem 19. Jh. bezeugte Wort ist eine Ableitung von dem zusammengesetzten Verb **zuhalten** (*spätmhd.* zuohalten „geschlossen halten; sich aufhalten; außerehelichen Geschlechtsverkehr haben"; vgl. *halten*). 'Zuhälter' bedeutet demnach eigentlich „Geliebt[r], außerehelicher Geschlechtspartner", beachte das veraltete 'Zuhälterin' „Dirne" (15. Jh.). Daraus entwickelte sich die Bedeutung „Dirnenbeschützer".

zuhanden ↑Hand.

zukommen ↑kommen.

Zukost ↑Kost.

Zukunft, zukünftig ↑kommen.

zulassen, zulässig ↑lassen.

zumuten, Zumutung ↑Mut.

zünden: Das ursprünglich nur *oberd.* Verb *mhd.* zünden, *ahd.* zunden „Feuer anzünden" stellt sich wie das anders gebildete *got.* tundnan „brennen" und die Veranlassungswörter *got.* tandjan, *aengl.* on-tendan, *schwed.* tända „anzünden, brennen machen" zu einem untergegangenen *germ.* starken Verb, das in *mhd.* 'ich zinne' „glühe" vorliegt. Siehe auch den Artikel *Zunder. Außergerm.* Anknüpfungen der Wortgruppe sind nicht gesichert. Abl.: **Zünder** „Zündvorrichtung" (18. Jh.); **Zündung** „das Zünden; Zündvorrichtung" (19. Jh.). Präfixbildung und Zusammensetzungen: **anzünden** „in Brand setzen" (*mhd.* anzünden); **entzünden** „anzünden; in Brand geraten; sich krankhaft röten und [schmerzhaft] anschwellen" (*mhd.* enzünden, *ahd.* inzunden; im medizinischen Sinne seit dem 18. Jh.), dazu **Entzündung** (18. Jh.; meist im medizinischen Sinne); **Zündholz** „Streichholz" (Anfang des 18. Jh.s).

Zunder „Zündschwamm": Das *altgerm.* Substantiv *mhd.* zunder, *ahd.* zuntra, *niederl.* tonder, tondel, *engl.* tinder, älter *schwed.* tunder gehört zu dem unter ↑*zünden* behandelten Verb und bedeutet demnach eigentlich „Mittel zum Anzünden".

zuneigen, Zuneigung ↑neigen.

Zunft: Das auf das *dt.* Sprachgebiet beschränkte Substantiv *mhd.* zunft, *ahd.* zumft ist eine Bildung zu dem unter ↑*ziemen* behandelten Verb (beachte zur Bildung z. B. das Verhältnis von 'Vernunft' zu 'vernehmen'). Es bedeutet eigentlich „das, was sich fügt, paßt oder sich schickt". Daraus entwickelte sich die Bedeutung „Übereinkommen, Ordnung, Vertrag", wie sie im *Ahd.* üblich war. In *mhd.* Zeit entwikkelte sich daraus die Bedeutung „Ordnung, nach der eine Gesellschaft lebt; Verband, Gruppe, besonders von Handwerkern". Abl.: **zünftig** „zu einer Zunft gehörend; fachmännisch; ordentlich, gut" (*mhd.* zünftic „zur Zunft gehörig", *ahd.* zumftig „friedlich").

Zunge: Das *gemeingerm.* Substantiv *mhd.* zunge, *ahd.* zunga, *got.* tuggō, *engl.* tongue, *schwed.* tunga ist z. B. verwandt mit *lat.* lingua „Zunge" (mit l- von *lat.* lingere „lecken", *alat.* dingua). Welche Vorstellung dieser Benennung zugrunde liegt, ist unbekannt. Abl.: **züngeln** „(mit der Zunge) schnelle, unregelmäßige Bewegungen ausführen" (17. Jh.).

zupfen: Die Herkunft des seit dem 15. Jh. bezeugten, ursprünglich nur *oberd.* Verbs ist nicht sicher geklärt. Vielleicht ist es mit dem unter ↑*Zopf* behandelten Substantiv verwandt, das *mdal.* auch „Flachs-, Hanfbüschel" bedeutet; es würde dann eigentlich „Flachs, Hanf raufen" bedeuten.
zuprosten ↑prost!
zurechtschustern ↑Schuster.
zurichten ↑richten.
zürnen ↑Zorn.
zurück ↑Rücken.
Zusage, zusagen ↑sagen.
zusammen: Das Adverb *mhd.* zesamen[e], *ahd.* zasamane enthält als zweiten Bestandteil *mhd.* samen, *ahd.* saman „gesamt, zusammen", das zu der unter ↑*sammeln* behandelten Wortgruppe gehört. Der erste Bestandteil ist die Präposition 'zu' (s. d.). Ähnlich ist **beisammen** (16. Jh.; beachte gleichbed. *mhd.* besamen) gebildet.
zusammenläppern ↑läppern.
zusammenpferchen ↑pferchen.
zusammenrotten ↑Rotte.
zusammenschustern ↑Schuster.
zusammenschweißen ↑schweißen.
zusammenstauchen ↑verstauchen.
zusammenstoppeln ↑Stoppel.
Zusatz ↑setzen.
zuschanzen ↑[1]Schanze.
zuschauen, Zuschauer ↑schauen.
zuschreiben, Zuschrift ↑schreiben.
Zuschuß ↑schießen.
zuschustern ↑Schuster.
zusetzen ↑setzen.
zuspielen ↑Spiel.
zusprechen, Zuspruch ↑sprechen.
Zustand, zuständig ↑stehen.
zustatten ↑gestatten.
zustehen ↑stehen.
zustimmen ↑Stimme.
zustöpseln ↑Stöpsel.
Zutat, Zutaten ↑tun.
zutragen, Zuträger, zuträglich ↑tragen.
zutrauen, Zutrauen, zutraulich ↑trauen.
zutreffen ↑treffen.
Zutritt ↑treten.
zutun, Zutun ↑tun.
zuverlässig ↑lassen.
Zuversicht ↑sehen.
Zuwachs, zuwachsen ↑[2]wachsen.
zuwider ↑wider.
zuziehen, zuzüglich ↑ziehen.
Zwang: Das Substantiv *mhd.* zwanc, dwanc, twanc, *ahd.* thwanga (Plural) ist eine Bildung zu dem unter ↑*zwingen* behandelten Verb und bedeutet demnach eigentlich „das Zusammenpressen, das Drücken". Zus.: **zwanglos** „ohne Zwang" (18. Jh.).
zwängen: Das Verb *mhd.* zwengen, twengen, *ahd.* dwengen ist das Veranlassungswort zu dem unter ↑*zwingen* behandelten Verb und bedeutet eigentlich „drücken machen". Eine Ableitung von 'zwängen' ist wahrscheinlich ↑quengeln.
zwanzig: Das *westgerm.* Zahlwort *mhd.* zweinzec, zweinzic, *ahd.* zweinzug, *niederl.* twintig, *engl.* twenty ist zusammengesetzt aus der männlichen Form des Zahlwortes ↑zwei (z. B. *ahd.* *zweine, nur als zwēne belegt) und dem unter ↑...zig behandelten Wort; es bedeutet eigentlich „zwei Zehner" (vgl. dazu *got.* twai tigus „zwanzig").
zwar „allerdings, wie man weiß; genauer gesagt": Das Adverb geht auf *mhd.* z[e]wāre „fürwahr" zurück, das aus zuo „zu" (vgl. *zu*) und wār (vgl. *wahr*) zusammengerückt ist.
Zweck: Das Substantiv *mhd.* zwec „Nagel aus Holz oder Eisen", *ahd.* zwec „Nagel" gehört zu dem unter ↑*zwei* behandelten Zahlwort. Es bedeutete ursprünglich – wie das näher verwandte Wort ↑Zweig – „gegabelter Ast, Gabelung". Im 15. und 16. Jh. bezeichnete 'Zweck' dann den Nagel, an dem die Zielscheibe aufgehängt ist, oder den Nagel, der in der Mitte der Zielscheibe sitzt, woraus sich die Bed. „Zielpunkt", übertragen „Absicht, Sinn" entwikkelte. Abl.: **bezwecken** „einen Zweck verfolgen, beabsichtigen" (18. Jh.). Zus.: **zwecklos** „nutzlos, vergeblich" (18. Jh.); **zweckmäßig** „einem Zweck dienend, sinnvoll, nützlich" (18. Jh.). – Als sich die Bedeutung von 'Zweck' „Nagel" zu „Absicht, Sinn" gewandelt hatte, kam im 18. Jh. für „Nagel" die Nebenform **Zwecke** auf (beachte dazu 'Reißzwecke' „kleiner Nagel mit kurzem Dorn und breitem, flachem Kopf). Zu dem alten Wort 'Zweck' „Nagel" gehört die (heute nur noch *landsch.* gebräuchliche) Ableitung **zwecken** „mit Zwecken befestigen" (Anfang des 17. Jh.s), dazu **anzwecken** (18. Jh.).
Zwehle, auch: **Quehle** *landsch.* für: „Hand-, Tischtuch": Das *westgerm.* Substantiv *mhd.* twehel[e], zwehel, *ahd.* twahilla, dwahilla, *niederl.* dwaal, *aengl.* đwǣle bezeichnete ursprünglich ein Badetuch. Es ist abgeleitet von dem *gemeingerm.* Substantiv *ahd.* dwahal, *got.* þwahl, *aengl.* đwēal „[Laugen]bad", *schwed.* tvål „Seife", das seinerseits zu einem *gemeingerm.* starken Verb mit der Bed. „waschen, baden" gebildet ist (z. B. erhalten in *mhd.* dwahen, *ahd.* dwahan, in *oderd. mdal.* zwagen „den Kopf waschen", vgl. *schwed.* två „waschen"). *Außergerm.* Beziehungen dieser *germ.* Wortgruppe, die durch die Sippen von 'baden' und 'waschen' verdrängt worden ist, sind nicht gesichert. Über die *oberd.* und *mitteld.* Nebenform 'Quehle' (*spätmhd.* quehel) s. den Artikel *quer.*
zwei: Die heute übliche Form geht auf die sächliche Form *mhd., ahd.* zwei zurück. Nur noch *mdal.* gebräuchlich sind die alte männliche Form zween (*mhd., ahd.* zwēne) und die alte weibliche Form zwo (*mhd., ahd.* zwō, zwā). Die Form 'zwo' wurde im 20. Jh. aus Deutlichkeitsgründen neu belebt, um Verwechslungen von 'zwei' mit dem gleich auslautenden 'drei' zu verhindern. Das Zahlwort ist *gemeingerm.*, vgl. noch *got.* twai, twōs, twa, *engl.* two, *schwed.* två. Es beruht auf *idg.* *du̯ō[u], *du̯ai „zwei". In anderen *idg.* Sprachen sind z. B. verwandt *aind.* dvau „zwei", *griech.* dýo „zwei" (↑[2]*di..., Di...*), *lat.* duo „zwei" (s. das Fremdwort *Duo*). Wahrscheinlich gehört zu 'zwei' das unter ↑zer... be-

handelte Präfix. Bildungen zu 'zwei' sind die unter ↑Zuber (eigentlich „Gefäß mit zwei Henkeln"), ↑zwanzig (eigentlich „zwei Zehner"), ↑Zweck (eigentlich „Astgabel, Gabelung"), ↑Zweifel (eigentlich „zweifach[e Möglichkeit]"), ↑Zweig (eigentlich „gegabelter Ast"), ↑Zwillich (eigentlich „zweifach"), ↑Zwilling (eigentlich „Zweiling"), ↑Zwirn (eigentlich „zweifacher Faden"), ↑zwischen (eigentlich „[in der Mitte von] beiden"), ↑Zwist (eigentlich „Entzweiung"), ↑Zwitter (eigentlich „zweierlei") und ↑zwölf (eigentlich „zwei plus [zehn]") behandelten Wörter. Vgl. auch die unter *zwie..., Zwie...* behandelten Bildungen und ↑Zwickmühle sowie den Artikel *entzwei*. Abl.: **zweite** (Ordnungszahl, 14. Jh.; an Stelle von ↑ander).

Zweidecker ↑Deck.

zweideutig ↑deuten.

Zweifel: Die Substantive *mhd.* zwîvel, *ahd.* zwîfal, *niederl.* twijfel, *got.* tweifls beruhen auf einer Zusammensetzung, deren erster Teil zu dem unter ↑*zwei* behandelten Wort gehört und deren zweiter Teil auf der unter ↑*falten* behandelten *idg.* Wurzel *pel- „falten" beruht. Verwandte Bildungen sind *griech.* diplós „doppelt", *lat.* duplus „doppelt" (↑doppelt). 'Zweifel' bedeutet demnach eigentlich „[Ungewißheit bei] zweifach[er Möglichkeit]". – Abl.: **zweifelhaft** „unsicher, fraglich; fragwürdig" (*mhd.* zwîvelhaft); **zweifeln** „unsicher sein, Zweifel an etwas haben" (*mhd.* zwîveln, *ahd.* zwîfalen, zwîfalōn), dazu die Präfixbildungen **bezweifeln** „in Frage stellen" (*mhd.* bezwîveln) und **verzweifeln** „völlig hoffnungslos werden" (*mhd.* verzwîveln).

Zweig: Das auf das *dt.* und *niederl.* Sprachgebiet beschränkte Substantiv *mhd.* zwîc, *ahd.* zwîg, *niederl.* twijg (vgl. das andersgebildete *engl.* twig „Zweig") gehört zu dem unter ↑*zwei* behandelten Wort. Es bedeutet eigentlich „der Aus-zwei-Bestehende" (= „gegabelter Ast"). Mit 'Zweig' ist das unter ↑Zweck behandelte Wort näher verwandt. Abl.: **zweigen** veraltet für „Zweige treiben" (*mhd.* zwîgen); ob **abzweigen** „seitlich abgehen" (18. Jh.; davon **Abzweigung**, 1. Hälfte des 19. Jh.s) und **verzweigen** „sich in Zweige teilen" (19. Jh.) Bildungen zu 'zweigen' oder unmittelbar von 'Zweig' abgeleitet sind, ist nicht sicher zu entscheiden.

zweischläfig, zweischläfrig ↑Schlaf.

zweischneidig ↑schneiden.

zweite ↑zwei.

zweitklassig ↑Klasse.

zwerch: Das *gemeingerm.* Adjektiv *mhd.* twerch, *ahd.* twerah, dwerah „schräg, verkehrt, quer", *got.* þwaírhs „zornig", *aengl.* đweorh „verkehrt, quer", *schwed.* tvär „quer; barsch" ist nicht sicher erklärt. Wahrscheinlich bedeutet es eigentlich „verdreht" und gehört zu der *idg.* Sippe von 'drechseln' (vgl. *drehen*). Der abweichende Anlaut (*germ.* þw-) beruht wohl auf einer schon *vorgerm.* Vermischung mit Wörtern der unter ↑*Quirl* behandelten Sippe. Der jetzige Anlaut zw- ist zuerst im 14. Jh. bezeugt. In der Schriftsprache ist 'zwerch' seit dem 18. Jh. von seiner ursprünglich *mitteld.* Nebenform 'quer' (s. d.) verdrängt worden. Es steht heute fast nur in Zusammensetzungen, z. B. **überzwerch** *mdal.* für „quer, über Kreuz" (*mhd.* übertwerch, über twerch) und **Zwerchfell** „Trennwand zwischen Brust- und Bauchraum" (16. Jh.), dazu **zwerchfellerschütternd** „(vom Lachen) sehr heftig; zu heftigem Lachen reizend" (19. Jh.).

Zwerg: Das *altgerm.* Substantiv *mhd., ahd.* twerc, *niederl.* dwerg, *engl.* dwarf, *schwed.* dvärg ist unsicherer Herkunft. Vielleicht hängt es im Sinne von „Trugwesen" mit *ahd.* gidrog „Gespenst" zusammen. Vgl. auch den Artikel *Quarz.*

Zwetsche, *oberd.*: **Zwetschge, Zwetschke:** Der Name der Pflaumenart erscheint im 15. und 16. Jh. zuerst im *dt.* Südwesten in Formen wie 'tzwetzschken, zwetsch[g]en' und (mit ähnlicher Lautentwicklung wie bei ↑quer) 'quetzig, quetschgen' (daraus *nhd. landsch.* **Quetsche** „Zwetsche"). Diese verschiedenen Bildungen sind wohl durch Angleichung von Formen entstanden, die aus den benachbarten Mundarten Südostfrankreichs und Norditaliens entlehnt sind und über *vlat.* *davascena „Zwetsche" auf *lat.* damascena „Damaszenerpflaume" zurückgehen. Das letztere beruht auf *griech.* Damaskēná „die damaskische [Frucht]". Als Heimat der Obstart galt schon in der Antike die Gegend von Damaskus in Syrien.

zwicken: Das Verb *mhd., ahd.* zwicken ist wohl eine Intensivbildung zu *ahd.* zwîgōn „ausreißen, rupfen, pflücken", einer Ableitung von *ahd.* zwîg „Zweig". In *mhd.* Zeit lehnte sich 'zwicken' an *mhd.* zwec „Nagel" (↑Zweck) an und wurde im Sinne von „mit Nägeln befestigen, einklemmen" gebräuchlich. Abl.: **Zwicker** „Kneifer" (Mitte des 19. Jhs.; woher die Verwendung von 'Zwicker' als Bezeichnung eines elsässischen Weißweins rührt, ist unklar; heute wird es als „sehr trockener Wein, der zwickt" verstanden).

Zwickmühle: Die seit dem 15. Jh. belegte Zusammensetzung hat nichts mit ↑zwicken zu tun. Der Bestandteil 'Zwick-' gehört zu dem unter ↑*zwei* behandelten Wort. 'Zwickmühle' bedeutet demnach eigentlich „Zweimühle, Zwiemühle", nach der Möglichkeit im Mühlespiel, durch den gleichen Zug eine Mühle zu öffnen und eine zweite zu schließen.

zwie..., Zwie...: Die als Bestimmungswort auftretenden Bildungen *mhd., ahd.* zwi-, *niederl.* twee-, *engl.* twi-, *schwed.* tve- gehören zu dem unter ↑*zwei* behandelten Zahlwort (siehe auch die Artikel *bi..., Bi...* und [2]*di..., Di...*). Bildungen mit diesem Bestimmungwort sind z. B. **Zwieback** (eigentlich „zweimal Gebackenes", eine Lehnübersetzung des 17. Jh.s aus *it.* biscotto oder *frz.* biscuit, vgl. das Fremdwort *Biskuit*); **zwiefach** „zweifach" (*mhd.* zwivach); **Zwiefalt** „das Zweifache" (*mhd.* zwivalt, *ahd.* als zwifaltī), dazu **zwiefältig** „zweifach" (*mhd.* zwivaltic); **Zwiegespräch** „Gespräch zwischen zwei Personen" (Anfang des 19. Jh.s); **zwiespältig, Zwiespalt** (↑spalten); **Zwiesprache** „das Sichaussprechen mit einem imaginären Partner" (um 1800); **Zwietracht** „Uneinigkeit,

Streit" und **zwieträchtig** „voller Zwietracht" (↑Eintracht).

Zwiebel: Der Pflanzenname *mhd.* zwibel, zwibolle, *ahd.* zwibollo, cipolle ist durch *roman.* Vermittlung aus *spätlat.* cepulla „Zwiebel" entlehnt. Dies beruht auf *lat.* cepula, das eine Verkleinerungsbildung zu *lat.* cepa „Zwiebel" ist. Das *lat.* Wort selbst stammt aus einer unbekannten Sprache. – Das *dt.* Wort wurde wohl schon im *Ahd.* volksetymologisch als 'zwiebolle' (zweifache Bolle; 'Bolle' „runder Körper, Knolle") gedeutet. Es bezeichnet auch den knollenförmig verdickten [unterirdischen] Sproß der Zwiebelpflanze und anderer Pflanzen. Das seit dem 17. Jh. bezeugte, von 'Zwiebel' abgeleitete Verb **zwiebeln** „jemanden hart heranннehmen, quälen" ist wohl als „wie eine Zwiebel abblättern, schinden" zu verstehen.

Zwiespalt, zwiespältig ↑spalten.

Zwietracht, zwieträchtig ↑Eintracht.

Zwillich: *Mhd.* zwil[i]ch ist das substantivierte Adjektiv *mhd.* zwil[l]ich, *ahd.* zwilīh „zweifach, doppelt", eine Bildung zu dem unter ↑*zwei* behandelten Wort. Das *mhd.* Adjektiv gewann die Bedeutung „zweifädig" in Anlehnung an *lat.* bilix „zweifädig"(zu *lat.* licium „Faden"), vgl. noch *aengl.* twilic „doppelt; Zwillich". Vgl. auch den Artikel *Drillich.*

Zwilling: Das Substantiv *mhd.* zwillinc, zwinlinc, zwinelinc, *ahd.* zwiniling ist eine Ableitung von dem *ahd.* Adjektiv zwinal „doppelt", das zu dem unter ↑*zwei* behandelten Zahlwort gehört. Es bedeutet demnach eigentlich „Zweiling". Das n ist in *mhd.* Zeit an l angeglichen worden. Vgl. noch die gleichgebildeten Formen *schwed.* tvilling und *mengl.* tvinling. Nach 'Zwilling' wurde ↑Drilling gebildet.

zwingen: Das *altgerm.* Verb *mhd.* zwingen, twingen, dwingen, *ahd.* twingen, dwingan, *niederl.* dwingen, *mengl.* twingen, *schwed.* tvinga bedeutet eigentlich „zusammendrücken, -pressen, einengen". *Außergerm.* Beziehungen sind unsicher. Vielleicht ist die *balt.* Sippe von *lit.* tvankùs „drückend, schwül', tviñkti „anschwellen" verwandt. Der Anlaut zw- setzte sich im Laufe des 14./15. Jh.s durch. Bildungen zu 'zwingen' sind ↑Zwang und ↑zwängen. Eine Verneinung des 2. Partizips ist das adjektivisch verwendete **ungezwungen,** das seit dem 18. Jh. in der Bedeutung „einfach, natürlich" auftritt. Abl.: **zwingend** notwendigerweise, stringent" (16. Jh.); **Zwinger** (*mhd.* twingære „Bedränger, Zwingherr", auch „[befestigter] Raum zwischen Mauer und Graben"; die darauf beruhende Bed. „umzäumter Auslauf für wilde Tiere und Hunde" ist seit dem 15. Jh. belegt). Präfixbildung: **bezwingen** „überwinden, besiegen" (*mhd.* betwingen, *ahd.* bidwingan).

zwinkern „die Lider wiederholt zuckend bewegen": Das seit dem 17. Jh. belegte Verb ist eine Iterativbildung zum veralteten Verb zwinken (*mhd.* zwinken „blinzeln"). Dazu stellt sich im *germ.* Bereich *engl.* to twinkle „zwinkern". Weitere Anknüpfungen fehlen.

zwirbeln „(mit den Fingerspitzen) drehen": Das seit *mhd.* Zeit gebräuchliche Verb (*mhd.* zwirbeln) ist eine Iterativbildung zu *mhd.* zwirben „[herum]drehen, wirbeln", das vielleicht aus einer Vermischung von *mhd.* zirben „[herum]drehen" und *mhd.* wirbel (vgl. *Wirbel*) hervorgegangen ist.

Zwirn: Das Substantiv *mhd.* zwirn gehört zu dem unter ↑*zwei* behandelten Zahlwort, vgl. *aisl.* tvennr, tvinnr „doppelt". Es bedeutet demnach eigentlich „Doppelter" (= „zweifacher Faden"). Verwandt sind im *germ.* Sprachbereich *engl.* twine „zweifach zusammengedrehter Faden" und *niederl.* twijn „Zwirn", im *Außergerm. lat.* bini „je zwei" und *lett.* dvinis „Zwilling". Abl.: **zwirnen** „durch Zusammendrehen zu Zwirn verarbeiten" (*mhd.* zwirnen, *ahd.* gezwirnōt „gezwirnt").

zwischen: Die Präposition (ursprünglich auch Adverb) *mhd.* zwischen ist aus einer Verkürzung der Fügung *mhd.* in zwischen (enzwischen), *ahd.* in zuisken „in der Mitte von beiden, innerhalb von Zweifachem" entstanden. Diese Fügung enthält den Dativ Plural von *mhd.* zwisc, *ahd.* zuiski „zweifach, je zwei" (vgl. *zwei*). Vgl. das ähnlich gebildete *aind.* dviká-ḥ „zweifach". Die *mhd.* Zusammenrückung enzwischen ergab auch das Adverb *nhd.* **inzwischen.**

Zwist „Streit, Zerwürfnis": Das im 16./17. Jh. aus dem *Niederd.* ins *Hochd.* übernommene Wort geht auf *mnd.* twist zurück, das aus gleichbed. *mniederl.* twist übernommen ist. Es gehört zu dem unter ↑*zwei* behandelten Zahlwort und bedeutet demnach eigentlich „Zweiteilung, Entzweiung; Trennung". Im *germ.* Sprachbereich sind z. B. verwandt *aisl.* tvistra „trennen" und *aengl.* -twist „Gabel". *Außergerm.* läßt sich *aind.* dviṣ- „hassen" vergleichen.

zwitschern: Das in der heutigen Form seit dem 17. Jh. bezeugte Wort ist die verstärkende Form eines älteren, heute nicht mehr gebräuchlichen Verbs zwitzern „einen feinen Laut von sich geben" (*mhd.* zwitzern, *ahd.* zwizzirōn). Dieses Verb ist lautnachahmenden Ursprungs und verwandt mit *engl.* to twitter „zwitschern, zirpen". Für die Wendung 'einen zwitschern' *ugs.* für „Alkohol trinken" ist wohl von dem Geräusch des Ausschlürfens des Schnapsglases oder des Reibens des Korkens am Flaschenhals als Aufforderung zum Trinken auszugehen.

Zwitter: Das Substantiv *mhd., ahd.* zwitarn (vgl. *schwed. mdal.* tvetorna) gehört mit seinem ersten Bestandteil zwi- zu dem unter ↑*zwei* behandelten Zahlwort. Die Herkunft des zweiten Bestandteils ist unsicher. Das Wort bedeutet wohl eigentlich „zweifach, zweierlei", dann „zweifacher Rasse oder Abstammung". Die Bedeutung „zweigeschlechtiges Wesen" tritt zwar schon im 13. Jh. auf, dringt aber erst im 16. Jh. durch.

zwölf: Das *gemeingerm.* Zahlwort *mhd.* zwelf, zwelif, *ahd.* zwelif, *got.* twalif, *engl.* twelve, *schwed.* tolv ist eine Zusammensetzung aus ↑*zwei* und dem unter ↑*bleiben* behandelten Stamm *germ.* *lib- mit der Bed. „Überbleibsel, Rest"; s. dazu den Artikel *elf.* Auf der Zwölfzahl beruhen viele alte Maß- und Münzsysteme

(↑Dutzend); sie hat in Astronomie und Mathematik, in der Kultur- und Religionsgeschichte wie im Volksglauben eine große Rolle gespielt. – Abl.: **zwölfte** (Ordnungszahl; *mhd.* zwelft, *ahd.* zwelifto). Zus.: **Zwölffingerdarm** „Anfangsstück des menschlichen Dünndarms" (zwölf Fingerbreiten lang; die Bezeichnung wurde im 17. Jh. nach gleichbed. *griech.* dōdeka-dáktylon gebildet, vgl. *mlat.* intestinum duodenum „zwölffacher Darm", daraus medizinisch 'Duodenum' „Zwölffingerdarm").

Zyklus „Kreislauf, periodische Folge; Ideen-, Themenkreis; in sich geschlossene Reihe inhaltlich zusammengehörender Dinge (Gedichte, Geschichten, Vorträge u. a.)": Das seit dem 18. Jh. bezeugte Fremdwort ist aus *lat.* cyclus entlehnt, das seinerseits aus *griech.* kýklos „Kreis; Kreislauf, Ring; Rad usw." übernommen ist. Das *griech.* Wort gehört zu den unter ↑*Hals* genannten Wörtern der *idg.* Wurzel *kᵘel- „[sich] herumdrehen". – Dazu stellt sich das Adjektiv **zyklisch** „kreisläufig; zu einem Zyklus gehörend; in periodischer Folge erscheinend" (18. Jh.; aus *lat.* cyclicus < *griech.* kyklikós „kreisförmig").

¹Zylinder „Walze, walzenförmiger Körper; röhrenförmiger Hohlkörper": Das in dieser Form seit dem 16. Jh. gebräuchliche Fremdwort ist aus gleichbed. *lat.* cylindrus entlehnt, das seinerseits aus *griech.* kýlindros „Walze, Rolle, Zylinder" übernommen ist. Dies ist eine Bildung zu *griech.* kylíndein „rollen, wälzen". 'Zylinder' war zunächst mathematischer Fachausdruck für den geometrischen Körper, dann wurde es auch im Sinne von „walzenförmiger Körper, Walze, Rundsäule" gebräuchlich und schließlich im technischen Bereich als Bezeichnung für einen röhrenförmigen Hohlkörper (in dem sich ein Kolben bewegt) verwendet. Abl.: **zylindrisch** „zylinderförmig" (17. Jh.). Mit 'Zylinder' identisch ist das im 19. Jh. aufkommende **²Zylinder** als Bezeichnung für einen hohen, röhrenförmigen, steifen Herrenhut. Voraus geht die Zusammensetzung 'Zylinderhut.'

zynisch „verletzend spöttisch, schamlos, bissig, giftig": Das seit dem 16. Jh. bezeugte Adjektiv, das in seiner Verwendung von entsprechend *frz.* cynique beeinflußt worden ist, ist aus *lat.* cynicus „zur Philosophenschule der Kyniker gehörend" entlehnt. Das *lat.* Wort seinerseits stammt aus *griech.* kynikós „zur Philosophenschule der Kyniker gehörend", eigentlich „hündisch" (zu *griech.* kýōn „Hund", urverwandt mit *dt.* ↑*Hund*). Auszugehen ist für das Adjektiv von dem Namen der altgriechischen Philosophenschule der Kyniker (*griech.* Kynikoí). Der Gründer der Schule, der Philosoph Antisthenes, lehrte im Gymnasium 'Kynósarges'. Die Anhänger der Schule waren in ihrer Haltung in gewissem Sinne „hündisch" (kynikós), und zwar einerseits in ihrer Bedürfnislosigkeit und gewollten Armut, andererseits hinsichtlich ihrer bissigen und schamlosen Art, mit der sie über geltende Vorstellungen und Lebensformen herfielen. – Dazu stellen sich **Zyniker** „zynischer Mensch" (um 1800; zuvor für „Kyniker") und **Zynismus** „zynische Einstellung, verletzender, bissiger Spott, Schamlosigkeit" (19. Jh.; zuvor als Bezeichnung für die Lebensphilosophie der altgriechischen Kyniker; *spätlat.* cynismus, *griech.* kynismós „kynische Philosophie").

Zypresse: Der Baumname (*mhd.* zipresse[nboum], *ahd.* cipresenboum) ist aus *lat.* cupressus, cypressus „Zypresse" entlehnt, das wie gleichbed. *griech.* kypárissos wahrscheinlich aus einer Mittelmeersprache oder aus einer kleinasiatischen Sprache stammt.

Literaturverzeichnis

Bammesberger, Alfred (Hrsg.): Das etymologische Wörterbuch. Fragen der Konzeption und Gestaltung (Eichstätter Beiträge Bd. 8, Sprache und Literatur). Regensburg 1983.

Battisti, Carlo/Alessio, Giovanni: Dizionario etimologico italiano. 5 Bde. Florenz 1975.

Birkhan, Helmut: Etymologie des Deutschen. Bern/Frankfurt am Main/New York 1985.

Bloch, Otto/Wartburg, Walther von: Dictionnaire étymologique de la langue française. 6. Aufl., Paris 1975.

Buck, Carl D.: A Dictionary of Selected Synonyms in the Principal Indo-European Languages. Chicago 1949.

Corominas, Joan: Diccionario crítico etimológico de la lengua castellana. 4 Bde. Bern 1954.

Corominas, Joan: Breve diccionario etimológico de la lengua castellana. 3. Aufl., Madrid 1973 (4. Nachdruck 1987).

Drube, Helmut: Zum deutschen Wortschatz. Historische und kritische Betrachtungen. München 1968.

Ernout, A./Meillet, A.: Dictionnaire étymologique de la langue latine. 4. Aufl. 1959.

Falk, Hjalmar S./Torp, Alf: Norwegisch-Dänisches etymologisches Wörterbuch. 2. Aufl. 1960.

Feist, Sigmund: Vergleichendes Wörterbuch der gotischen Sprache mit Einschluß des Krimgotischen. 3. Aufl., Leiden 1939.

Fraenkel, Ernst: Litauisches etymologisches Wörterbuch. 2 Bde. Heidelberg und Göttingen 1962–1965.

Franck's Etymologisch Woordenboek der Nederlandsche Taal. 2. Aufl., 's-Gravenhage 1912 (bearbeitet von N. van Wijk).

Frisk, Hjalmar: Griechisches etymologisches Wörterbuch. 3 Bde. Heidelberg 1960–1972.

Grimm, Jacob und Wilhelm: Deutsches Wörterbuch. 16 Bde. in 32 Teilen. Leipzig 1854–1960, Quellenverzeichnis 1971. Neubearbeitung A-Aktionszentrum, Leipzig 1966–1986, D 1970–1983, E-Ehrbarkeit 1984–1987.

Hellquist, Elof: Svensk Etymologisk Ordbok. 3. Aufl., Lund 1966.

Hiersche, Rolf: Deutsches etymologisches Wörterbuch. Buchstabe A, 1. und 2. Lieferung. Heidelberg 1986.

Karg-Gasterstädt, Elisabeth/Frings, Theodor: Althochdeutsches Wörterbuch. Bd. 1, Bd. 2, Lieferung 1–4, Bd. 3, Bd. 4, Lieferung 1 u. 2, Berlin (Ost) 1968 ff.

Klein, Ernest: A Comprehensive Etymological Dictionary ot the English Language. 2 Bde. 2. Aufl., Amsterdam/London/New York 1969 (5. Nachdruck in 1 Bd. 1979).

Kluge, Friedrich: Etymologisches Wörterbuch der deutschen Sprache. 20. Aufl. von W. Mitzka, Berlin (West) 1967.

Kretschmer, Paul: Wortgeographie der hochdeutschen Umgangssprache. 2. Aufl., Göttingen 1969.

Lasch, Agathe/Borchling, Conrad: Mittelniederdeutsches Handwörterbuch. Fortgeführt von G. Cordes. Bd. 1 u. 2, Bd. 3, Lieferung 1–5, Neumünster 1956 ff.

Lexer, Matthias: Mittelhochdeutsches Handwörterbuch. 3 Bde. Leipzig 1872–1878 (Nachdruck 1979).

Maurer, Friedrich/Rupp, Heinz (Hrsg.): Deutsche Wortgeschichte. 3 Bde. 3. Aufl., Berlin (West) 1974–1978.

Mayrhofer, Manfred: Kurzgefaßtes etymologisches Wörterbuch des Altindischen. 4 Bde. Heidelberg 1956–1980.

Mühlenbach, K./Endzelin, Jänis: Lettisch-deutsches Wörterbuch. 4. Bde. Riga 1923–1932 (dazu: J. Endzelin/E. Hausenberg: Ergänzungen und Berichtigungen. 2 Bde. Riga 1934).

Onions, C. T./Friedrichsen, G. W. S./Burchfield, R. W.: The Oxford Dictionary of English Etymology. Oxford 1966 (verbesserter Nachdruck 1969).

Paul, Hermann: Deutsches Wörterbuch. Bearbeitet von Werner Betz. 7., durchgesehene Aufl., Tübingen 1976.

Pfister, Max: Lessico etimologico italiano (LEI). Bd. 1 u. 2 Wiesbaden 1984, Bd. 3, Lieferung 1–6, 1987 ff.

Picoche, Jacqueline: Dictionnaire étymologique du français. Paris 1979.

Pokorny, Julius: Indogermanisches etymologisches Wörterbuch. Bern und München. 1959 (Register 1969).

Polenz, Peter von: Geschichte der deutschen Sprache. 9., überarbeitete Aufl., Berlin (West) 1978.

Reallexikon der Germanischen Altertumskunde von Johannes Hoops. 2., völlig neu bearbeitete u. stark erweiterte Aufl. unter Mitwirkung zahlreicher Fachgelehrter, hrsg. von H. Beck u. a. Bd. 1–6, Bd. 7, Lieferung 1 u. 2, Berlin/New York 1973 ff.

Reichmann, Oskar: Germanistische Lexikologie. 2., vollständig umgearbeitete Aufl. von „Deutsche Wortforschung". Stuttgart 1976.

Röhrich, Lutz: Lexikon der sprichwörtlichen Redensarten. 2 Bde. Freiburg 1973.

Schiller, Karl/Lübben, August: Mittelniederdeutsches Wörterbuch. 6 Bde. Bremen 1875–1881 (Nachdruck 1969).

Schirmer, Alfred: Deutsche Wortkunde. Kulturgeschichte des deutschen Wortschatzes. 6., verbesserte und erweiterte Aufl. von W. Mitzka, Berlin (West) 1969.

Schmitt, Rüdiger (Hrsg.): Etymologie. Darmstadt 1977 (Wege der Forschung; Band 373).

Schulz, Hans/Basler, Otto: Deutsches Fremdwörterbuch. Begonnen von H. Schulz, fortgeführt von O. Basler, weitergeführt vom Institut für deutsche Sprache. Bd. 1 Straßburg 1913, Bd. 2 Berlin 1942, Bd. 3–7 Berlin (West) 1977–1988.

Schützeichel, Rudolf: Althochdeutsches Wörterbuch. 3., durchgesehene u. vermehrte Aufl., Tübingen 1981.

Seebold, Elmar: Vergleichendes und etymologisches Wörterbuch der germanischen starken Verben. Den Haag/Paris 1970.

Seebold, Elmar: Etymologie. Eine Einführung am Beispiel der deutschen Sprache. München 1981.

Sonderegger, Stefan: Grundzüge deutscher Sprachgeschichte. Diachronie des Sprachsystems. Bd. 1: Einführung – Genealogie – Konstanten. Berlin (West)/New York 1979.

Trübners Deutsches Wörterbuch. Begründet von A. Götze, herausgegeben von W. Mitzka. 8 Bde. Berlin 1939–1957.

Tschirsch, Fritz: Geschichte der deutschen Sprache. Bd. 1 (3., durchgesehene Aufl.), Berlin (West) 1983 u. Bd. 2 (2., verbesserte u. vermehrte Aufl.), Berlin (West) 1975.

Vasmer, Max: Russisches etymologisches Wörterbuch. 3 Bde. Heidelberg 1953–1958.

Vries, Jan de: Nederlands Etymologisch Woordenboek. Leiden 1971.

Walde, Alois/Hofmann, Johann Baptist: Lateinisches etymologisches Wörterbuch. 2 Bde. 4. Aufl., Heidelberg 1965.

Weigand, Friedrich Ludwig Karl: Deutsches Wörterbuch. Neubearbeitet von K. v. Bahder, H. Hirt u. K. Kant. 2 Bde. 5. Aufl., Gießen 1909–1910.

Jedes Wort hat seine Zeit

AWACS? Burli, Ribisel, Placebo und m. W.: Die Sprache hat viele Gesichter und jede Situation ihre eigene Sprache, ihre eigenen Begriffe und Regeln. Vom Medizinerdeutsch über landschaftliche Varianten bis hin zu Anleitungen, wie man im Büro richtig formuliert. Wörter aber müssen sitzen, damit wir auch wirklich das sagen, was wir meinen, und andere verstehen, was wir sagen wollen. In Zusammenarbeit mit verschiedenen Ausschüssen, Arbeitsstellen und Instituten, die sich gleichfalls mit der deutschen Gegenwartssprache beschäftigen – z. B. das »Deutsche Institut für Normung« (DIN) oder der Ausschuß »Sprache und Technik« des »Vereins Deutscher Ingenieure« (VDI) – erforscht und dokumentiert die DUDEN-Redaktion alle Bereiche der deutschen Sprache. DUDEN – das heißt nicht nur langjährige Erfahrung in der Konzeption und Redaktion lexikographischer Nachschlagewerke. Das heißt auch höchste Sorgfalt bei der Herausgabe buchstäblich von der ersten bis zur letzten Zeile – und Aktualität. Die DUDEN-Redakteure erarbeiten und überarbeiten deshalb Ausgabe für Ausgabe die einzelnen Stichwortartikel und bringen so alle Informationen auf den neuesten Stand.

Für jede Situation garantiert die breite Palette der Nachschlagewerke von DUDEN, daß Sie immer »schnell und sicher die gewünschte Belehrung« finden. Eine Maxime, die seit Konrad Duden die Arbeit der DUDEN-Redaktion prägt.

Dr. Konrad Duden.
Vater der deutschen Einheitsschreibung

Prof. Dr. Günther Drosdowski.
Leiter der DUDEN-Redaktion

DUDENVERLAG
Mannheim · Leipzig · Wien · Zürich